DUDEN

Rechtschreibung

der deutschen Sprache und der Fremdwörter

19., neu bearbeitete und erweiterte Auflage

Herausgegeben von der Dudenredaktion

Auf der Grundlage
der amtlichen Rechtschreibregeln

DUDEN BAND 1

Bibliographisches Institut Mannheim/Wien/Zürich
Dudenverlag

Redaktionelle Bearbeitung:

Dr. Werner Scholze-Stubenrecht
unter Mitwirkung von Dr. Dieter Berger
und weiteren Mitarbeitern der Dudenredaktion
sowie des österreichischen und schweizerischen Dudenausschusses

Weitere Informationen über rechtschreibliche, grammatische
und stilistische Zweifelsfälle bietet der DUDEN, Band 9,
»Richtiges und gutes Deutsch«

Telefonische und schriftliche Anfragen beantwortet außerdem die
Sprachberatungsstelle der Dudenredaktion,
Postfach 311, 6800 Mannheim 1
Telefon (06 21) 3 90 14 26
(Montag bis Freitag von 9 bis 12 Uhr)

CIP-Kurztitelaufnahme der Deutschen Bibliothek

Der DUDEN: in 10 Bd.; d. Standardwerk zur dt. Sprache/
hrsg. vom Wiss. Rat d. DUDEN-Red.: Günther
Drosdowski...– Mannheim; Wien; Zürich;
Bibliographisches Institut.
  Frühere Ausg. u. d. T.: der Große DUDEN.
NE: Drosdowski, Günther [Hrsg.]

Bd. 1. DUDEN »Rechtschreibung der deutschen Sprache
und der Fremdwörter«.
– 19., neu bearb. u. erw. Aufl. – 1986.

DUDEN »Rechtschreibung der deutschen Sprache und der
Fremdwörter«/hrsg. von d. DUDEN-Red. Auf d. Grundlage
d. amtl. Rechtschreibregeln. [Red. Bearb.: Werner Scholze-
Stubenrecht unter Mitw. von Dieter Berger u. weiteren
Mitarb. d. DUDEN-Red. ...]. – 19., neu bearb. u. erw. Aufl. –
Mannheim; Wien; Zürich;
Bibliographisches Institut, 1986.
  (Der DUDEN; Bd. 1)
  ISBN 3-411-20900-3
NE: Scholze-Stubenrecht, Werner [Bearb.]; Recht-
schreibung der deutschen Sprache und der Fremdwörter.

SCHÜLERDUDEN

Die DUDEN-Bibliothek für den Schüler

Rechtschreibung und Wortkunde
Vom 4. Schuljahr an. 324 Seiten mit einem Wörterverzeichnis mit 15 000 Stichwörtern.

Bedeutungswörterbuch
Erklärung des deutschen Grundwortschatzes.
460 Seiten mit über 500 Abbildungen.

Grammatik
Eine Sprachlehre mit Übungen und Lösungen.
412 Seiten.

Fremdwörterbuch
Herkunft und Bedeutung fremder Wörter.
478 Seiten.

Die richtige Wortwahl
Ein vergleichendes Wörterbuch sinnverwandter Ausdrücke. 480 Seiten mit rund 13 000 Wörtern.

Die Literatur
Die wichtigsten literarischen Begriffe. 480 Seiten.
2 000 Stichwörter, zahlreiche Abbildungen.
Register.

Die Mathematik I
Ein Lexikon zur Schulmathematik, Sekundarstufe I (5.–10. Schuljahr). 539 Seiten mit über 1 000 meist zweifarbigen Abbildungen. Register.

Die Mathematik II
Ein Lexikon zur Schulmathematik, Sekundarstufe II (11.–13. Schuljahr). 468 Seiten mit über 500 meist zweifarbigen Abbildungen. Register.

Die Physik
Von der ersten Physikstunde bis zum Abitur.
490 Seiten. 1 700 Stichwörter, 400 Abbildungen.
Register.

Die Chemie
Ein Lexikon der gesamten Schulchemie.
424 Seiten. 1 600 Stichwörter, 800 Abbildungen.
Register.

Die Biologie
Das Grundwissen der Schulbiologie. 484 Seiten.
2 500 Stichwörter, zahlreiche Abbildungen.

Die Geographie
Von der Geomorphologie zur Sozialgeographie.
420 Seiten. 1 800 Stichwörter, 200 Abbildungen und Tabellen.

Die Geschichte
Die wichtigsten historischen Begriffe. 503 Seiten.
2 400 Stichwörter, 150 Abbildungen.
Personen- und Sachregister.

Die Musik
Ein Sachlexikon der Musik. 464 Seiten.
2 500 Stichwörter, 350 Notenbeispiele und Bilder. Register.

Die Kunst
Der gesamte Stoff für den modernen Kunstunterricht. 528 Seiten. 3 000 Stichwörter, 96 Farbtafeln, zahlreiche Abbildungen. Register.

Die Philosophie
Ein Sachlexikon speziell für Schüler. 492 Seiten,
1 100 Stichwörter, Literaturverzeichnis, Übersicht über die Symbole der Logik. Register.

Politik und Gesellschaft
Ein Lexikon zur politischen Bildung. 468 Seiten.
2 300 Stichwörter, 120 Abbildungen, Literaturverzeichnis. Register.

Die Psychologie
Ein Fachwörterbuch speziell für Schüler.
408 Seiten. 3 000 Stichwörter, 200 Abbildungen.
Register.

Die Religionen
Ein Lexikon aller Religionen der Welt.
464 Seiten. 4 000 Stichwörter, 200 Abbildungen.
Register.

Das Wissen von A bis Z
Ein allgemeines Lexikon für die Schule.
560 Seiten. 8 000 Stichwörter, 1 000 Abbildungen und Zeichnungen im Text, davon 350 farbig auf 24 Bildtafeln.

DUDEN-Schülerlexikon
Verständliche Antwort auf Tausende von Fragen.
680 Seiten, rund 10 000 Stichwörter.
1 200 Abbildungen, Zeichnungen und Graphiken im Text.

SCHÜLERDUDEN-ÜBUNGSBÜCHER

Band 2: Aufgaben zur modernen Schulmathematik mit Lösungen II
11.–13. Schuljahr. Ausbau der Strukturtheorien – Analysis. Analytische Geometrie.
270 Seiten mit Abbildungen.

Band 3: Übungen zur deutschen Rechtschreibung I
Die Schreibung schwieriger Laute.
Mit Lösungsschlüssel. 239 Seiten.

Band 4: Übungen zur deutschen Rechtschreibung II
Groß- und Kleinschreibung.
Mit Lösungsschlüssel. 256 Seiten.

Band 5: Übungen zur deutschen Sprache I
Grammatische Übungen. Mit Lösungsschlüssel.
239 Seiten.

Band 6: Aufgaben zur Schulphysik mit Lösungen
Bis 10. Schuljahr. 200 vollständig gelöste Aufgaben. 208 Seiten.

Band 7: Übungen zur Schulbiologie
Mehr als 400 Aufgaben mit Lösungen. 224 Seiten mit 180 Abbildungen.

Band 8: Übungen zur deutschen Rechtschreibung III
Die Zeichensetzung. Mit Lösungsschlüssel.
205 Seiten.

Bibliographisches Institut
Mannheim/Wien/Zürich

DUDEN
Band 1

Der Duden in 10 Bänden

Das Standardwerk
zur deutschen Sprache

*Herausgegeben vom Wissenschaftlichen Rat
der Dudenredaktion:
Prof. Dr. Günther Drosdowski,
Dr. Rudolf Köster, Dr. Wolfgang Müller,
Dr. Werner Scholze-Stubenrecht*

Vorwort

Der sich wandelnde Wortschatz der deutschen Gegenwartssprache, seine geradezu explosionsartige Ausfächerung macht eine Aktualisierung des Dudens in bestimmten zeitlichen Abständen unerläßlich. Gesellschaftliche und kulturelle Veränderungen, wissenschaftlicher und technischer Fortschritt führen zu neuen Wortschöpfungen, lassen Fachtermini in die Allgemeinsprache eindringen, begünstigen Entlehnungen aus anderen Sprachen. Die Dudenredaktion, die die Bewegungen im Wortschatz des Deutschen sorgfältig beobachtet und registriert, hat für die 19. Auflage der Rechtschreibung eine Fülle von neuen Wörtern aus allen Bereichen unseres Lebens erfaßt und ihre Schreibung auf der Grundlage der amtlichen Regeln festgelegt.

Der Wert einer einheitlichen, im gesamten deutschen Sprachraum verbindlichen und anerkannten Regelung der Rechtschreibung wird heute kaum noch in Frage gestellt. Auch der Rechtschreibunterricht an den Schulen erhält vielfach wieder einen höheren Stellenwert in den Lehrplänen. Nach wie vor sollte aber gelten, daß die Beherrschung der Rechtschreibung nicht als Gradmesser für Begabung und Intelligenz angesehen werden darf. Rechtschreibfehler sollten niemals überbewertet werden. Die Rechtschreibung ist als das anzusehen, was sie ausschließlich sein soll: ein Mittel zur Erleichterung und Verbesserung der schriftlichen Kommunikation.

Die Dudenredaktion dankt allen Mitgliedern des österreichischen und des schweizerischen Dudenausschusses und besonders Herrn Dr. Jakob Ebner, Linz, und Herrn Dr. Kurt Meyer, Aarau, für die Überprüfung der österreichischen und schweizerischen Besonderheiten.

Mannheim, im Februar 1986   Die Dudenredaktion

Inhaltsverzeichnis

Hinweise für den Benutzer

I. Zeichen von besonderer Bedeutung

.   Ein untergesetzter Punkt kennzeichnet die kurze betonte Silbe, z. B. Referẹnt.

–   Ein untergesetzter Strich kennzeichnet die lange betonte Silbe, z. B. Fassạde.

| Der senkrechte Strich dient zur Angabe der Silbentrennung, z. B. Mi|kro|be, dar|auf.

ⓦ   Als Warenzeichen geschützte Wörter sind durch das Zeichen ⓦ kenntlich gemacht. Etwaiges Fehlen dieses Zeichens bietet keine Gewähr dafür, daß es sich hier um ein Wort handelt, das von jedermann als Handelsname frei verwendet werden darf.

-   Der waagerechte Strich vertritt das Stichwort buchstäblich, z. B. ab; - und zu; oder: Brett *das;* -[e]s, -er; oder: Allerlei *das;* -s; Leipziger -.

...   Drei Punkte stehen bei Auslassung von Teilen eines Wortes, z. B. Buntdruck (*Plur.* ...drucke); oder: Streß *der;* ...sses, ...sse.

‿   Der Bogen steht innerhalb einer Ableitung oder Zusammensetzung, um anzuzeigen, daß der vor ihm stehende Wortteil bei den folgenden Wörtern an Stelle der drei Punkte zu setzen ist, z. B. Augen‿braue, ...diagnose.

[]   Die eckigen Klammern schließen Aussprachebezeichnungen, zusätzliche Trennungsangaben (z. B. Ecke [*Trenn.:* Ek|ke]), Zusätze zu Erklärungen in runden Klammern und beliebige Auslassungen (Buchstaben und Silben, wie z. B. in abschnitt[s]weise, Wißbegier[de]) ein.

()   Die runden Klammern schließen Erklärungen, Verdeutschungen und Hinweise zum heutigen Sprachgebrauch ein, z. B. ausglühen (z. B. einen Draht). Sie enthalten außerdem Angaben zur Stilschicht und zur regionalen Verbreitung des Stichwortes. Auch grammatische Angaben bei Ableitungen und Zusammensetzungen innerhalb von Wortgruppen werden von runden Klammern eingeschlossen, z. B. Außen‿alster, ...aufnahme (meist *Plur.*).

⟨⟩   Die Winkelklammern schließen Angaben zur Herkunft des Stichwortes ein, z. B. paradieren ⟨franz.⟩.

R   Die Abschnitte der Richtlinien zur Rechtschreibung, Zeichensetzung und Formenlehre sind zur besseren Übersicht mit Nummern versehen, auf die mit einem Pfeil verwiesen wird, z. B. ↑ R 71. Der Punkt ● kennzeichnet hier einen besonders wichtigen Zusatz zu der voranstehenden Grundregel.

II. Auswahl der Stichwörter

Der Duden ist kein vollständiges deutsches Wörterbuch. Das Wörterverzeichnis enthält Erbwörter, Lehnwörter, Fremdwörter[1] und aus nichtdeutschen Sprachen unverändert übernommene Wörter (fremde Wörter) der Hochsprache und der Umgangssprache, seltener der Mundarten. Es erfaßt auch Wörter aus Fachsprachen, z. B. der Mathematik, Medizin, Chemie und Physik. Für die Auswahl waren hauptsächlich rechtschreibliche und grammatische Gründe maßgebend. Aus dem Fehlen eines Wortes darf also nicht geschlossen werden, daß es ungebräuchlich oder nicht korrekt ist.

---

[1] Wer in diesem Band ein Fremdwort vermißt oder wer sich ausführlich über die Bedeutung eines Fremdwortes unterrichten will, schlage im Duden-Fremdwörterbuch nach.

Über den Grundwortschatz hinaus wurden von den Ableitungen, den Zusammensetzungen (Komposita) und den Wörtern mit Vorsilbe außer den sehr gebräuchlichen nur folgende aufgenommen:

1. Von den Verben:
a) diejenigen, deren zweiter Bestandteil als selbständiges Verb nicht mehr vorkommt oder selten ist, z. B. abstatten, ablisten, entbehren,
b) diejenigen, deren Bedeutung vom Grundverb stark abweicht, z. B. ausrasten, vorziehen, erfahren,
c) diejenigen, die gleich oder ähnlich lauten, z. B. abblasen, abblassen, ablassen,
d) diejenigen, bei denen über Betonung, getrennte Schreibung usw. etwas Besonderes zu bemerken ist, z. B. durchkreuzen, durchgekreuzt (kreuzweise durchstreichen); aber: durchkreuzen, durchkreuzt (zunichte machen).
2. Von den Substantiven diejenigen, die als Beispiele für die Art der Bildung dienen, z. B. für den Gebrauch des Fugen-s (Hofanlage, aber: Friedhofskapelle) oder für die Auslassung des e (Abriegelung, Abrieglung).
3. Von den Verkleinerungsformen auf **-chen** oder **-lein** diejenigen, deren Stammwort sich verändert oder von denen es verschiedene Formen gibt, z. B. Hut, Hütchen, Hütlein; Kind, Kindchen *das;* -s, - u. Kinderchen; Kindlein *das;* -s, - u. Kinderlein.

III. Anordnung und Behandlung der Stichwörter

1. Allgemeines

a) Die Stichwörter sind **halbfett** gedruckt.

b) Die Anordnung der Stichwörter ist alphabetisch.
Die Umlaute ä, ö, ü, äu werden wie die nichtumgelauteten Vokale (Selbstlaute) a, o, u, au behandelt. Die Schreibungen ae, oe, ue (in Namen) werden nach ad usw. eingeordnet. Der Buchstabe ß (vgl. S. 59) wird wie ss eingeordnet. Bei gleichlautenden Wörtern steht das Wort mit ß vor dem mit ss.

Beispiele: harken   Godthåb   Faß   Neinstimme
                Härlein   Goedeke   Fassade   Neiße
                Harlekin   Goethe   faßbar   Neisse
                Harm   Gof   Faßbier   Nekrobiose

c) Stichwörter, die sprachlich verwandt sind, werden in der Regel in Wortgruppen (Absätzen) zusammengefaßt, soweit die alphabetische Ordnung das zuläßt.

d) Gleichlautende Stichwörter werden durch hochgestellte Zahlen unterschieden, z. B. [1]Elf (Naturgeist); [2]Elf (Fluß); [3]Elf (Zahl).

2. Verben (Zeitwörter)

a) Bei den schwachen Verben werden im allgemeinen keine Formen angegeben, da sie regelmäßig im Präteritum (erste Vergangenheit) auf -te und im Partizip Perfekt (2. Mittelwort) auf -t ausgehen.
Bei den starken und unregelmäßigen Verben werden im allgemeinen folgende Formen angegeben: die 2. Person Singular (Einzahl) im Indikativ des Präteritums (Wirklichkeitsform der ersten Vergangenheit), die [umgelautete] 2. Person Singular im Konjunktiv des Präteritums (Möglichkeitsform der ersten Vergangenheit), das Partizip Perfekt (2. Mittelwort), der Singular des Imperativs (Befehlsform). Andere Besonderheiten werden nach Bedarf angegeben.

Beispiel: biegen; du bogst; du bögest; gebogen; bieg[e]!

Bei den Verben, deren Stammvokal e (ä, ö) zu i wechselt, und bei Verben, die Umlaut haben, werden ferner angegeben: 2. u. 3. Person Singular im Indikativ des Präsens (Wirklichkeitsform der Gegenwart).

Beispiele: (e/i-Wechsel:) geben; *du gibst, er gibt;* du gabst; du gäbest; gegeben; *gib!*
                    (mit Umlaut:) fallen; *du fällst, er fällt;* du fielst; du fielest; gefallen; fall[e]!

Bei zusammengesetzten oder mit einer Vorsilbe gebildeten Verben werden die obengenannten Formen nicht besonders aufgeführt. Alle grammatischen Hinweise sind also beim einfachen Verb nachzuschlagen, z. B. vorziehen bei ziehen, behandeln bei handeln, abgrenzen bei grenzen.

b) Bei den Verben, deren Stamm mit einem Zischlaut endet (s, ß, sch, z, tz), wird die 2. Person Singular im Indikativ des Präsens (Wirklichkeitsform der Gegenwart) angegeben, weil -e- oder -es- der Endung gewöhnlich ausfällt.

Beispiele: zischen; du zischst (zischest); lesen; du liest (liesest); sitzen; du sitzt (sitzest).

Bei den starken Verben, deren Stamm mit -ß endet, steht wegen des Wechsels von ss und ß zusätzlich die 1. Person Singular im Indikativ des Präteritums (Wirklichkeitsform der ersten Vergangenheit).

Beispiel: beißen; du beißt (beißest); *ich biß;* du bissest.

3. Substantive (Hauptwörter)

a) Bei einfachen Substantiven sind mit Ausnahme der Fälle unter b der Artikel (das Geschlechtswort), der Genitiv Singular (Wesfall der Einzahl) und, soweit gebräuchlich, der Nominativ Plural (Werfall der Mehrzahl) angeführt.

Beispiel: Knabe *der;* -n, -n (das bedeutet: der Knabe, des Knaben, die Knaben).

Substantive, die nur im Plural (Mehrzahl) vorkommen, werden durch ein nachgestelltes *Plur.* gekennzeichnet.

Beispiel: Imponderabilien *Plur.* (Unwägbarkeiten).

b) Die Angabe des Artikels und der Beugung fehlt meistens bei abgeleiteten Substantiven, die mit folgenden Silben gebildet sind:

-chen:	Mädchen	*das;* -s, -	**-keit:**	Ähnlichkeit	*die;* -, -en
-lein:	Brüderlein	*das;* -s, -	**-ling:**	Jüngling	*der;* -s, -e
-ei:	Bäckerei	*die;* -, -en	**-schaft:**	Landschaft	*die;* -, -en
-er:	Lehrer	*der;* -s, -	**-tum:**	Besitztum	*das;* -s, ...tümer
-heit:	Keckheit	*die;* -, -en	**-ung:**	Prüfung	*die;* -, -en

Ausnahmen: Bei Ableitungen, die in Artikel und Beugung von diesen Beispielen abweichen, sind die grammatischen Angaben hinzugefügt, z. B. bei all denen, die keinen Plural bilden, wie: Besorgtheit *die;* - oder: Christentum *das;* -s.

c) Bei zusammengesetzten Substantiven und bei Substantiven, die von zusammengesetzten Verben oder von solchen mit Vorsilbe abgeleitet sind, fehlen im allgemeinen Artikel und Beugungsendungen. In diesen Fällen ist beim Grundwort oder bei dem vom einfachen Verb abgeleiteten Substantiv nachzusehen.

Beispiele: Eisenbahn bei Bahn, Fruchtsaft bei Saft; Abschuß (Ableitung von abschie-
                    ßen) und Beschuß (Ableitung von beschießen) bei Schuß (Ableitung von
                    schießen).

Artikel und Endungen werden immer dann angegeben, wenn sie sich von denen des Grundwortes unterscheiden, wenn von zwei Bildungsmöglichkeiten nur eine zutrifft oder wenn keine augenfällige (inhaltliche) Verbindung zwischen den vom einfachen und vom nichteinfachen Verb abgeleiteten Substantiven besteht.

Beispiele: Stand *der;* -[e]s, Stände, aber: Besitzstand *der;* -[e]s (kein Plural); Teil *der*
                    od. *das;* aber: Vorteil *der;* Sage *die;* -, -n: ebenso: Absage *die;* -, -n.

4. Adjektive (Eigenschaftswörter)

Bei Adjektiven sind Besonderheiten und Schwankungen in der Bildung der Steigerungsformen vermerkt, vor allem hinsichtlich des Umlautes und der Bildung mit -este statt des häufigeren -ste.

Beispiele: alt, älter, älteste; glatt, glatter (auch: glätter), glatteste (auch: glätteste); rauh, -[e]ste; süß, -este; konsequent, -este.

IV. Herkunft der Wörter

Die Herkunft der Stichwörter wird in knapper Form in Winkelklammern angegeben. Durch den B i n d e s t r i c h zwischen den Herkunftsangaben wird gezeigt, daß das Wort über die angegebenen Sprachen zu uns gekommen ist.

Beispiel: Bombast ⟨pers.-engl.⟩

Steht dabei eine Sprachbezeichnung in runden Klammern, so heißt das, daß auch diese Sprache die gebende Sprache gewesen sein kann.

Beispiel: Bronze ⟨ital.(-franz.)⟩

Durch das S e m i k o l o n (Strichpunkt) zwischen den Herkunftsangaben wird deutlich gemacht, daß es sich um eine Zusammensetzung aus Wörtern oder Wortteilen der angegebenen Sprachen handelt.

Beispiel: bipolar ⟨lat.; griech.⟩

V. Erklärungen und Verdeutschungen

Der Duden ist kein Bedeutungswörterbuch. Er enthält daher keine ausführlichen Bedeutungsangaben. Nur wo es für das Verständnis eines Wortes erforderlich ist, werden kurze Hinweise zur Bedeutung gegeben. Solche Erklärungen stehen in r u n d e n K l a m m e r n. Zusätze, die nicht notwendig zu den Erklärungen gehören, stehen innerhalb der runden Klammern in e c k i g e n K l a m m e r n.

Beispiel: Akteur (Handelnder; [Schau]spieler).

Die wörtliche Bedeutung eines Wortes wird gelegentlich in Anführungszeichen an den Anfang einer Erklärung gesetzt.

Beispiel: Arkturus („Bärenhüter"; ein Stern).

VI. Aussprache

1. Aussprachebezeichnungen stehen hinter Fremdwörtern und einigen deutschen Wörtern, deren Aussprache von der sonst üblichen abweicht. Die im Duden verwendete besondere L a u t s c h r i f t (phonetische Schrift) ergänzt das lateinische Alphabet:

å	ist das dem *o* genäherte *a*, z. B. Alderman [*åld*ʳ*rm*ᵉ*n*]
ch	ist der am Vordergaumen erzeugte Ich-Laut (Palatal), z. B. Jerez [*chⱥräß*]
eh	ist der am Hintergaumen erzeugte Ach-Laut (Velar), z. B. autochthon [*...ehton*]
ᵉ	ist das schwache *e*, z. B. Blamage [*...maseh*ᵉ]
ng	bedeutet, daß der Vokal davor durch die Nase (nasal) gesprochen wird, z. B. Arrondissement [*arongdiß*ᵉ*mang*]
ʳ	ist das nur angedeutete *r*, z. B. Girl [*gö*ʳ*l*]
ⁱ	ist das nur angedeutete *i*, z. B. Lady [*le*ⁱ*di*]
s	ist das stimmhafte (weiche) *s*, z. B. Diseuse [*disös*ᵉ]
ß	ist das stimmlose (harte) *s*, z. B. Malice [*...liß*ᵉ]
seh	ist das stimmhafte (weiche) *sch*, z. B. Genie [*seh*...]
th	ist der mit der Zungenspitze hinter den oberen Vorderzähnen erzeugte stimmlose Reibelaut, z. B. Commonwealth [*kom*ᵉ*n*ᵘ*älth*]
dh	ist der mit der Zungenspitze hinter den oberen Vorderzähnen erzeugte stimmhafte Reibelaut, z. B. Rutherford [*radh*ᵉ*rf*ᵉ*rd*]
ᵘ	ist das nur angedeutete *u*, z. B. Paraguay [*...g*ᵘ*ai*]

Die Lautschrift steht hinter dem Stichwort in eckigen Klammern. Vorangehende oder nachgestellte Punkte (...) zeigen an, daß der erste oder letzte Teil des Wortes wie im Deutschen ausgesprochen wird.

Beispiel: Ingrediens [...diänß].

2. Ein unter den Vokal (Selbstlaut) gesetzter Punkt gibt betonte Kürze an, ein Strich betonte Länge.

Beispiele: Aigrette [ägrät*]; Plateau [...to].

Sollen bei schwieriger auszusprechenden Fremdwörtern zusätzlich unbetonte Längen gekennzeichnet werden, dann wird die Betonung durch einen Akzent angegeben.

Beispiele: Beefsteak [bifßtek]; Algier [álsehir]; Bulldozer [búldos*r].

VII. Im Wörterverzeichnis verwendete Abkürzungen

Abkürzungen, bei denen nur die Nachsilbe -isch zu ergänzen ist, sind nicht aufgeführt, z. B. ägypt. = ägyptisch. Die Nachsilbe -lich wird ...l. abgekürzt, z. B. ähnl. = ähnlich.

Abk.	Abkürzung	d.	dies
afrik.	afrikanisch	Dat.	Dativ (Wemfall)
Akk.	Akkusativ (Wenfall)	dicht.	dichterisch
allg.	allgemein	Druckerspr.	Druckersprache
alltagsspr.	alltagssprachlich	Druckw.	Druckwesen
altdt.	altdeutsch	dt.	deutsch
alttest.	alttestamentlich		
amerik.	amerikanisch	ehem.	ehemals, ehemalig
Amtsdt.	Amtsdeutsch	Eigenn.	Eigenname
Amtsspr.	Amtssprache	eigtl.	eigentlich
angels.	angelsächsisch	Eisenbahnw.	Eisenbahnwesen
Anm.	Anmerkung	eskim.	eskimoisch
Anthropol.	Anthropologie	europ.	europäisch
aram.	aramäisch	ev.	evangelisch
argent.	argentinisch		
astron.	astronomisch	fachspr.	fachsprachlich
Astron.	Astronomie	fam.	familiär
Ausspr.	Aussprache	Familienn.	Familienname
austr.	australisch	Finanzw.	Finanzwesen
		Fliegerspr.	Fliegersprache
		Flugw.	Flugwesen
Bankw.	Bankwesen	Forstw.	Forstwirtschaft
Bauw.	Bauwesen	fotogr.	fotografisch
Bed.	Bedeutung	Fotogr.	Fotografie
Bergmannsspr.	Bergmannssprache	franz.	französisch
Berufsbez.	Berufsbezeichnung		
bes.	besonders	Gastr.	Gastronomie
Bez.	Bezeichnung	Gaunerspr.	Gaunersprache
bild. Kunst	bildende Kunst	gebr.	gebräuchlich
Biol.	Biologie	geh.	gehoben
Bot.	Botanik	Geldw.	Geldwesen
bras.	brasil[ian]isch	gen.	genannt
bret.	bretonisch	Gen.	Genitiv (Wesfall)
Buchw.	Buchwesen	Geogr.	Geographie
byzant.	byzantinisch	Geol.	Geologie
		germ.	germanisch
chald.	chaldäisch	Ges.	Gesellschaft
chin.	chinesisch	Ggs.	Gegensatz

Handw.	Handwerk
hebr.	hebräisch
Heerw.	Heerwesen
hist.	historisch
hochd.	hochdeutsch
Hochschulw.	Hochschulwesen
Hptst.	Hauptstadt
Hüttenw.	Hüttenwesen
idg.	indogermanisch
ital.	italienisch
Jägerspr.	Jägersprache
jap.	japanisch
jav.	javanisch
Jh.	Jahrhundert
jmd.	jemand
jmdm.	jemandem
jmdn.	jemanden
jmds.	jemandes
kalm.	kalmückisch
kath.	katholisch
Kaufmannsspr.	Kaufmannssprache
Kinderspr.	Kindersprache
Konj.	Konjunktion (Bindewort)
Kunstw.	Kunstwissenschaft
Kurzw.	Kurzwort
l.	linker, linke, linkes
landsch.	landschaftlich
landw.	landwirtschaftlich
Landw.	Landwirtschaft
langob.	langobardisch
lat.	lateinisch
latinis.	latinisiert
lit.	litauisch
Literaturw.	Literaturwissenschaft
luxemb.	luxemburgisch
m.	männlich
Math.	Mathematik
mdal.	mundartlich
Mech.	Mechanik
med.	medizinisch
Med.	Medizin
Meteor.	Meteorologie
mexik.	mexikanisch
mgriech.	mittelgriechisch
milit.	militärisch
Milit.	Militärwesen
mitteld.	mitteldeutsch
mlat.	mittellateinisch
mong.	mongolisch
Münzw.	Münzwesen
Mythol.	Mythologie
nationalsoz.	nationalsozialistisch
neutest.	neutestamentlich

ngriech.	neugriechisch
niederd.	niederdeutsch
niederl.	niederländisch
nlat.	neulateinisch
Nom.	Nominativ (Werfall)
nordamerik.	nordamerikanisch
nordd.	norddeutsch
nordgerm.	nordgermanisch
norw.	norwegisch
o. ä.	oder ähnliches
od.	oder
offz.	offiziell
ökum.	ökumenisch (Ökumenisches Verzeichnis der biblischen Eigennamen nach den Loccumer Richtlinien. Stuttgart 1971)
Ortsn.	Ortsname
ostd.	ostdeutsch
österr.	österreichisch
Österr.	Österreich
ostmitteld.	ostmitteldeutsch
ostpr.	ostpreußisch
Päd.	Pädagogik
palästin.	palästinensisch
Papierdt.	Papierdeutsch
pharm.	pharmazeutisch
Pharm.	Pharmazie
philos.	philosophisch
Philos.	Philosophie
Physiol.	Physiologie
Plur.	Plural (Mehrzahl)
Polizeiw.	Polizeiwesen
port.	portugiesisch
Postw.	Postwesen
Präp.	Präposition (Verhältniswort)
Psych.	Psychologie
r.	rechter, rechte, rechtes
Rechtsspr.	Rechtssprache
Rechtsw.	Rechtswissenschaft
Rel.	Religion[swissenschaft]
Rhet.	Rhetorik
s.	sächlich
sanskr.	sanskritisch
scherzh.	scherzhaft
Schülerspr.	Schülersprache
Schulw.	Schulwesen
schweiz.	schweizerisch
Seemannsspr.	Seemannssprache
Seew.	Seewesen
Sing.	Singular (Einzahl)
singhal.	singhalesisch
skand.	skandinavisch

Soldatenspr.	Soldatensprache	veralt.	veraltet
Soziol.	Soziologie	Verkehrsw.	Verkehrswesen
Sportspr.	Sportsprache	Verlagsw.	Verlagswesen
Sprachw.	Sprachwissenschaft	Versicherungsw.	Versicherungswesen
Stilk.	Stilkunde	Versl.	Verslehre
stud.	studentisch	vgl. [d.]	vergleiche [dort]
Studentenspr.	Studentensprache	Völkerk.	Völkerkunde
südd.	süddeutsch	volksm.	volksmäßig
südwestdt.	südwestdeutsch	Vorn.	Vorname
svw.	soviel wie		
		w.	weiblich
Theol.	Theologie	Wappenk.	Wappenkunde
Trenn.	Trennung	Weidw.	Weidwerk
turkotat.	turkotatarisch	Werbespr.	Werbesprache
		westmitteld.	westmitteldeutsch
u.	und	Wirtsch.	Wirtschaft
u. a.	und andere		
u. ä.	und ähnliches	Zahnmed.	Zahnmedizin
übertr.	übertragen	Zeitungsw.	Zeitungswesen
ugs.	umgangssprachlich	Zollw.	Zollwesen
ung.	ungarisch	Zool.	Zoologie
urspr.	ursprünglich	Zus.	Zusammensetzung

Richtlinien zur Rechtschreibung, Zeichensetzung und Formenlehre in alphabetischer Reihenfolge

Abkürzungen

Schreibung der Abkürzungen

> **R1** Nach Abkürzungen, bei denen statt der Abkürzung der volle Wortlaut gesprochen wird, steht ein **Punkt**.

usw. (gesprochen: und so weiter)
z. B. (gesprochen: zum Beispiel)
Weißenburg i. Bay. (gesprochen: Weißenburg in Bayern)
Bad Homburg v. d. H. (gesprochen: Bad Homburg vor der Höhe)
Abk.-Verz. (gesprochen: Abkürzungsverzeichnis)

Das gilt auch für Abkürzungen von Zahlwörtern und für fremdsprachige Abkürzungen in deutschem Text.

Tsd. (für: Tausend)
Mio. (für: Million[en])
Mr. Smith (für: Mister Smith)

Einige Abkürzungen, die besonders in der Alltagssprache nicht mehr im vollen Wortlaut gesprochen werden, haben trotzdem einen Punkt behalten.

a. D. (für: außer Dienst)
i. V. (für: in Vertretung)
ppa. (für: per procura)
K. o. (für: Knockout)

Die Abkürzung „Co." kann je nach der Schreibung des Firmennamens mit oder ohne Punkt stehen.

Müller & Co.
Meier & Co

● Der Punkt steht nicht nach Abkürzungen der metrischen Maße und Gewichte, der Einheiten in Naturwissenschaft und Technik, der Himmelsrichtungen und der meisten Münzbezeichnungen.

m (für: Meter)
g (für: Gramm)
NO (für: Nordost[en])
DM (für: Deutsche Mark)

Der Punkt steht aber bei bestimmten herkömmlichen Einheiten:

Pfd. (für: Pfund)
Ztr. (für: Zentner)

Bei ausländischen Maß- und Münzbezeichnungen wird im Deutschen gewöhnlich die landesübliche Schreibung der Abkürzungen gebraucht.

yd. (für: Yard)
L. (für: Lira; im Bankwesen auch: *Lit* = italienische Lira)
Fr., sFr. (für: Schweizer Franken; im Bankwesen auch: *sfr*)

Abkürzungen von längeren Zusammensetzungen und Fügungen werden in vielen Fachbereichen aus technischen Gründen ohne die Punkte (und Bindestriche, vgl. R 38) geschrieben, die nach den Regeln gesetzt werden müßten. Außerhalb der Fachsprachen sollte man solche Abkürzungen möglichst vermeiden.

RücklVO (für: Rücklagenverordnung)
LadschlG (für: Ladenschlußgesetz)
SaZgm (für: Sattelzugmaschine)
BStMdI (für: Bayerisches Staatsministerium des Innern)

Steht eine Abkürzung mit Punkt am Satzende, dann ist der Abkürzungspunkt zugleich Schlußpunkt des Satzes (vgl. aber R 27).

Er verwendet gern Zitate von Goethe, Schiller u. a.
Sein Vater ist Regierungsrat a. D.

> **R2** Nach Abkürzungen, die als selbständige Wörter gesprochen werden, steht **kein Punkt**.

BGB (gesprochen: begeb̩e, für: Bürgerliches Gesetzbuch)
TÜV (gesprochen: tüf, für: Technischer Überwachungs-Verein)
Na (gesprochen: e̩n-a̩, für: Natrium)

Steht am Satzende eine Abkürzung, die an sich ohne Punkt geschrieben wird, dann muß trotzdem der Schlußpunkt gesetzt werden.

Diese Bestimmung finden Sie im BGB.
Zur Abkürzung „Co." vgl. R 1.

Beugung der Abkürzungen

> **R 3** Bei Abkürzungen, die im vollen Wortlaut gesprochen werden, wird die **Beugungsendung im Schriftbild** meist nicht wiedergegeben.

lfd. J. (= laufenden Jahres)
d. M. (= dieses Monats)
im Ndl. (= im Niederländischen)

Wenn man die Beugungsendungen wiedergeben will, z. B., um Mißverständnisse zu vermeiden, gilt folgendes:
Endet eine Abkürzung mit dem letzten Buchstaben des abgekürzten Wortes, so wird die Beugungsendung unmittelbar angehängt.

dem Hrn. (= dem Herrn)
die Bde. (= die Bände)

Sonst folgt die Endung nach dem Abkürzungspunkt.

des Jh.s (= des Jahrhunderts)
die Jh.e (= die Jahrhunderte)
B.s Reden (= Bismarcks Reden)

Gelegentlich wird der Plural durch Buchstabenverdoppelung ausgedrückt.

Mss. (= Manuskripte)
Jgg. (= Jahrgänge)
ff. (= folgende [Seiten])

> **R 4** Abkürzungen, die als selbständige Wörter gesprochen werden, bleiben im Singular oft **ohne Beugungsendung**.

des Pkw (auch: *des Pkws*)
des EKG (auch: *des EKGs*)

Im Plural ist die Beugung häufiger, besonders bei den weiblichen Abkürzungen, weil bei ihnen der Artikel im Singular und Plural gleich lautet.

die Lkws, neben: *die Lkw* (weil im Singular: *der Lkw*)
die GmbHs, selten: *die GmbH* (weil der Singular gleich lautet: *die GmbH*)

Weitere Hinweise finden Sie unter den Stichwörtern ↑Apostroph (R 21, 24 u. 25), ↑Bindestrich (R 38), ↑Groß- und Kleinschreibung (R 78 u. 83) sowie in den Abschnitten ↑Maschinenschreiben (S. 67) und ↑Schriftsatz (S. 71).

Abschnittsgliederung

> **R 5** Bei der Abschnittsgliederung **mit Ziffern**[1] steht zwischen den Zahlen ein Punkt.

Nach der jeweils letzten Zahl wird kein Punkt gesetzt.

1   Punkt
2   Komma
2.1   Komma zwischen Satzteilen
2.1.1 Komma bei Aufzählungen
2.1.2 Komma bei Einschüben
2.2   Komma zwischen Sätzen

In dieser Form werden die Abschnittsnummern auch im fortlaufenden Text angeführt.

Es gilt das unter 1.1.4.3 Gesagte.
Vgl. hierzu auch die Abschnitte 1.4.3 und 1.4.4.

> **R 6** Bei der Abschnittsgliederung **mit Ziffern und Buchstaben** steht der Punkt nach römischen und arabischen Zahlen und nach Großbuchstaben.

Kleinbuchstaben dagegen erhalten gewöhnlich eine Klammer.

I. Groß- und Kleinschreibung
  A. Großschreibung
    1. Satzanfänge
    2. Nach Doppelpunkt
      a) Groß schreibt man ...
      b) Groß schreibt man ...

Werden solche Abschnittskennzeichen im fortlaufenden Text angeführt, dann erhalten sie weder Punkt noch Klammer.

Wie schon in Kapitel I erwähnt, ist die unter 3, a genannte (oder: die unter 3 a genannte) Ansicht überholt.

---

[1] Vgl. Normblatt DIN 1421, Teil 1, Benummerung von Texten (Juni 1975).

Adjektiv (Eigenschaftswort)
Zur Deklination (Beugung) des Adjektivs und des Partizips

Jedes Adjektiv oder Partizip, das als Beifügung (Attribut) verwendet wird, hat eine starke und eine schwache Deklination. Das stark gebeugte Adjektiv oder Partizip hat dieselben Endungen wie der gebeugte bestimmte Artikel; die schwache Deklination ist gekennzeichnet durch die Endung -en im Genitiv (Wesfall) und Dativ (Wemfall) Singular und in allen Formen des Plurals. Entsprechendes gilt für substantivierte Adjektive und Partizipien.

R 7 Das Adjektiv oder Partizip wird **stark gebeugt,** wenn es allein vor einem Substantiv steht oder wenn ein Artikel, Pronomen (Fürwort) oder Zahlwort ohne starke Endung vorangeht.

guter Ton, gute Fahrt, gutes Wetter; mit rotem Kopf, mit roter Nase, mit rotem Gesicht; ein (mein, dein, sein, unser[1], euer[1], ihr, kein) an das Amt gerichtetes Schreiben; viel (wenig) frisches Heu; es sind anständige Menschen, die Hilfe anständiger Menschen

Auch substantivierte Adjektive und Partizipien werden stark gebeugt, wenn sie allein stehen oder wenn ein Artikel, Pronomen oder Zahlwort ohne starke Endung vorangeht.

mein Lieber, viel Neues, mit Gebratenem, Unglaubliches ist geschehen, das hat auch sein Gutes, drei Geschädigte, du Ärmster

● Das Adjektiv oder Partizip wird aber schwach gebeugt nach den Personalpronomen „wir" und „ihr" und (schwankend) nach „mir" und „dir".

wir bescheidenen Leute, ihr lieben Kinder, wir Armen!
weiblich: *mir/dir armen* (selten: *armer*) *Frau; mir Armen* (selten: *Armer*)
männlich: *mir/dir jungem* (auch: *jungen*) *Mann; mir Verachtetem* (auch: *Verachteten*)

---

[1] Das -er in „unser" und „euer" gehört zum Wortstamm und ist daher keine Beugungsendung.

Nur schwach wird heute im Genitiv vor männlichen und sächlichen Substantiven gebeugt.

frohen Sinnes, reinen Gemütes, voll süßen Weines

R 8 Das Adjektiv oder Partizip wird **schwach gebeugt,** wenn ein Artikel, Pronomen oder Zahlwort mit starker Endung vorangeht.

der (dieser, jener, jeder, mancher) gute Freund, des (dieses, jenes, meines, unseres, keines) kleinen Hauses, in dem (einem, meinem, unserem, euerem) geliehenen Auto, die (meine, unsere, keine) wohlhabenden Verwandten

Dasselbe gilt für substantivierte Adjektive und Partizipien.

die Guten, unsere Bekannten, dieser Vermißte, die Arbeit zweier Angestellten (seltener: *Angestellter*)

Nach „zweier" und „dreier" (Genitiv von „zwei" und „drei") wird jedoch das Adjektiv oder Partizip heute meist stark gebeugt, wenn es nicht substantiviert ist.

die Spielsachen dreier kleiner (seltener: *kleinen*) *Kinder*

R 9 Mehrere Adjektive oder Partizipien, die vor einem Substantiv stehen, werden **parallel,** d. h. in gleicher Weise, **gebeugt.**

der tiefe, breite Graben
ein tiefer, breiter Graben
nach langem, schwerem Leiden

Das gilt auch dann, wenn das unmittelbar vor dem Substantiv stehende Adjektiv oder Partizip mit dem Substantiv einen Gesamtbegriff bildet. (Zur Kommasetzung vgl. R 90.)

der Wert hoher künstlerischer Leistungen; mit gutem französischem Rotwein

Im Dativ Singular wird bei Adjektiven, die vor einem männlichen oder sächlichen Substantiv stehen, das zweite Adjektiv aus lautlichen Gründen gelegentlich auch schwach gebeugt.

auf schwarzem hölzernem (auch: *hölzernen*) *Sockel; mit dunklem bayrischem* (auch: *bayrischen*) *Bier; mit frischem, rotem* (auch: *roten*) *Gesicht*

Entsprechendes gilt, wenn substantivierte Adjektive oder Partizipien eine adjektivische Beifügung bei sich haben. Jedoch überwiegt im Dativ Singular die schwache Beugung des Substantivs.

der gute Bekannte; ein guter Bekannter; mit überraschendem Neuen (auch: *Neuem*)

Die Deklination des Adjektivs oder Partizips nach unbestimmten Für- und Zahlwörtern ist schwankend; vgl. deshalb das Wörterverzeichnis, z. B. unter „all", „solch", „folgend".

Weitere Hinweise zum Adjektiv finden Sie unter den Stichwörtern ↑ Groß- und Kleinschreibung (R 65 u. 74 ff.), ↑ Namen (R 133 f. u. 136 f.) und ↑ Zusammen- und Getrenntschreibung (R 209 u. 211).

Adresse (Anschrift)
↑ Hinweise für das Maschinenschreiben (S. 67 f.)

Adverb (Umstandswort)
↑ Groß- und Kleinschreibung (R 67), ↑ Zusammen- und Getrenntschreibung (R 206)

Akkusativ (Wenfall)
↑ Substantiv (R 197)

Aneinanderreihungen
↑ Bindestrich (R 41 f.), ↑ Zusammen- und Getrenntschreibung (R 212)

Anführungszeichen (Gänsefüßchen)

R 10 Anführungszeichen stehen vor und hinter einer **direkten Rede.**

Sokrates sagte: „Ich weiß, daß ich nichts weiß."

Dies gilt auch für wörtlich wiedergegebene Gedanken.

„Wenn nur schon alles vorüber wäre", *dachte Karl.*

Wird eine angeführte direkte Rede unterbrochen, so werden ihre beiden Teile in Anführungszeichen gesetzt.

„Wir sollten nach Hause gehen", meinte *er. „Hier ist jede Diskussion zwecklos."*

R 11 Anführungszeichen stehen vor und hinter einer **wörtlich angeführten Textstelle** aus Büchern, Schriftstücken, Briefen u. a.

Sie schreibt in ihren Memoiren: „Nie werde ich den Tag vergessen, an dem der erste Zeppelin über der Stadt schwebte."

Wird ein Zitat unterbrochen, so werden die einzelnen Zitatteile in Anführungszeichen gesetzt.

„Der Mensch", so heißt es in diesem Buch, *„ist ein Gemeinschaftswesen."*

R 12 Anführungszeichen dienen zur **Hervorhebung** einzelner Teile eines Textes.

Dabei kann es sich um Wortteile, Wörter, kurze Aussprüche oder Titel von Büchern, Gedichten, Zeitungen u. ä. handeln.

fälisch, gebildet in Anlehnung an West„falen"

Viele verwenden den Begriff „Sozialethik", *ohne sich darunter etwas vorstellen zu können. Mit den Worten „Mehr sein als scheinen" hat Schlieffen Moltke charakterisiert. Der Film „Einer flog über das Kuckucksnest" erhielt fünf Oscars.*

Gelegentlich stehen Anführungszeichen auch zur ironischen Hervorhebung.

Dieser „treue Freund" verriet ihn als erster.

● Der zu einem Titel gehörende Artikel kann mit in die Anführungszeichen gesetzt werden, wenn der volle Titel unverändert bleibt.

„Das Schloß" ist ein Roman von Kafka. *Wir lasen das „Schloß" (oder: „Das Schloß") von Kafka.* *Wir mußten das „Lied von der Glocke" (oder: „Das Lied von der Glocke") auswendig lernen.*

Ändert sich der Artikel durch die Deklination, dann bleibt er außerhalb der Anführungszeichen.

Es war ein Zitat aus dem „Lied von der Glocke". Er arbeitet in der Redaktion der „Zeit".

Weglassen kann man die Anführungszeichen, wenn eindeutig erkennbar ist, daß ein Titel, eine Gedichtüberschrift o. ä. vorliegt.

Goethes Faust wurde schon mehrfach verfilmt.

Keine Anführungszeichen stehen, wenn die hervorzuhebenden Textteile (besonders im Druck) durch Sperrung oder durch eine andere Schriftart gekennzeichnet werden.

Nach der Präposition längs *kann der Genitiv oder der Dativ stehen.*

R 13 Eine **Anführung in einer Anführung** wird durch halbe Anführungszeichen deutlich gemacht.

„Gehen wir doch ins Kino, heute läuft ‚Der Untergang des Römischen Reiches‘", schlug er vor. Er schreibt in seinem Brief: „Ich kann Euch nur empfehlen, den ‚Fänger im Roggen‘ selbst einmal zu lesen."

R 14 Trifft ein **Komma mit Anführungszeichen** zusammen, so steht es nach dem schließenden Anführungszeichen.

„Das weiß ich nicht", antwortete sie. „Morgen früh", versprach sie, „komme ich zurück." Als er mich fragte: „Weshalb darf ich das nicht?", war ich sehr verlegen.

R 15 Treffen **Punkt, Frage- oder Ausrufezeichen mit Anführungszeichen** zusammen, so stehen sie v o r dem Schlußzeichen, wenn sie zur wörtlichen Rede oder Anführung gehören.

Er erwiderte: „Das muß jeder selbst entscheiden." „Wie geht es dir?" redete er ihn an. Sie fragte: „Weshalb darf ich das nicht?" und schaute mich wütend an. „Bleib sofort stehen!" brüllte er.

Es steht dann kein Punkt mehr nach dem Schlußzeichen.

Immer kommt er mit seinem „Ich kann nicht!"

In allen anderen Fällen stehen Punkt, Frage- und Ausrufezeichen nach dem Schlußzeichen.

Ich habe erst die „Buddenbrooks" gelesen und dann den „Zauberberg". Wer kennt das Theaterstück „Der Stellvertreter"? Kennst du den Roman „Quo vadis?"? Ich brauche dringend den Text der Oper „Figaros Hochzeit"! Laß doch dieses ewige „Ich will nicht!"!

Weitere Hinweise finden Sie unter dem Stichwort ↑ Groß- und Kleinschreibung (R 78 ff.) und im Abschnitt ↑ Richtlinien für den Schriftsatz (S. 71).

Anmerkungszeichen
↑ Richtlinien für den Schriftsatz (S. 73)

Anrede
↑ Ausrufezeichen (R 30), ↑ Groß- und Kleinschreibung (R 71 f.), ↑ Komma (R 95)

Anschrift
↑ Hinweise für das Maschinenschreiben (S. 65 f.)

Apostroph (Auslassungszeichen)
Der Apostroph deutet an, daß Laute (Buchstaben), die gewöhnlich gesprochen und geschrieben werden, ausgelassen worden sind.

R 16 Der Apostroph steht für **weggelassene Laute am Wortanfang**.

Wirf die Decken und 's (das) Gepäck ins Auto. So 'n (ein) Blödsinn! Das war 'ne (eine) Wucht! Wir steigen 'nauf (hinauf).

Die verkürzten Formen sind auch am Satzanfang klein zu schreiben.

's (Es) ist unglaublich!

Vor dem Apostroph steht der gewöhnliche Wortzwischenraum, außer bei geläufigen Verbindungen wie „geht's", „sich's".

Er macht sich's (es) gemütlich. Wie geht's (es) dir? Mir macht's (es) nichts aus.

● Im Gegensatz zu „'nauf", „'naus" usw. (statt „hinauf", „hinaus" usw.) werden die mit -r anlautenden Kürzungen heute im allgemeinen ohne Apostroph geschrieben.

Runter vom Balkon! Reich mir mal das Buch rüber! Er ließ ihn rauswerfen. Was für ein Reinfall!

Kein Apostroph steht bei „mal" und „was", die als umgangssprachliche Nebenformen von „einmal" und „etwas" allgemein üblich sind.

Kommen Sie mal vorbei. Haben Sie noch was auf dem Herzen?

R 17 Kein Apostroph steht bei **Verschmelzungen aus Präposition (Verhältniswort) und Artikel,** die allgemein gebräuchlich sind.

Präposition + das:

ans, aufs, durchs, fürs, hinters, ins, übers, ums, unters, vors

Präposition + dem:

am, beim, hinterm, überm, unterm, vorm, zum

Präposition + den:

hintern, übern, untern, vorn

Präposition + der:

zur

Umgangssprachliche und mundartliche Verschmelzungen werden dagegen mit Apostroph geschrieben.

Er sitzt auf'm (auf dem) Tisch. Wir gehen in'n (in den) Zirkus.

R 18 Der Apostroph steht für das **weggelassene Schluß-e** bei Substantiven und bestimmten Verbformen (1. und 3. Person Singular).

Lieb', Gebirg', Näh', Freud', Hos', Sünd', Füß'

Das hör' ich gern. Ich schreib' dir bald. Ich lass' das nicht zu. Ich stoß' ihn weg. Ich werd' kommen. Ich hatt' einen Kameraden. Das Wasser rauscht', das Wasser schwoll ... Behüt' dich Gott! Könnt' ich das nur erreichen! Hol's der Teufel!

Diese Regel gilt vereinzelt auch für Wörter aus anderen Wortarten.

Eh' der Hahn dreimal kräht.

● Kein Apostroph steht bei Doppelformen und bei Wörtern in festen Verbindungen.

Bursch (neben: Bursche), *Hirt* (neben: Hirte)

meiner Treu!, auf Treu und Glauben, Hab und Gut, mit Müh und Not, eh und je

Kein Apostroph steht bei festen Grußformeln und bei allgemein üblichen verkürzten Imperativformen (Befehlsformen).

Grüß Gott!, bleib!, geh!, trink!, laß!, leg den Mantel ab!, führ den Hund aus!

Kein Apostroph steht bei den verkürzten Formen der Adjektive und Adverbien auf -e, weil sie als selbständige Nebenformen gelten und (auch in der Standardsprache) allgemein üblich sind.

blöd, bös, fad, gern, heut, leis, öd, trüb

R 19 Der Apostroph steht bei Wörtern, die (umgangssprachlich) **in Auslaut und Endung verkürzt** sind.

Wissen S' (Sie) *schon? Er begehrt kein'* (keinen) *Dank.*

Kein Apostroph steht bei Adjektiven und unbestimmten Pronomen, die ungebeugt bleiben.

gut Wetter, solch Glück, manch tapfrer Held, ein einzig Wort, welch Freude

---

R 20 Im Wortinnern steht der Apostroph gewöhnlich für **ausgelassenes -i-** der mit -ig oder -isch gebildeten Adjektive oder Pronomen (Fürwörter).

---

ein'ge Leute, wen'ge Stunden, heil'ge Eide, ew'ger Bund; ird'sche Güter, märk'sche Heimat

Kein Apostroph steht aber in Adjektiven auf -sch (für: -isch), die von Eigennamen abgeleitet sind.

Goethesche (auch: Goethische) *Lyrik, Mozartsche Sonate, Grimmsche Märchen, Hegelsche Schule, Heusssche Schriften*

R 21 Der Apostroph steht, wenn größere Lautgruppen von Namen der Kürze wegen weggelassen werden.

Lu'hafen (Ludwigshafen am Rhein)
Ku'damm (Kurfürstendamm)
D'dorf (Düsseldorf)

R 22 Es steht kein Apostroph, wenn ein **unbetontes -e- im Wortinnern** ausfällt und diese verkürzte Form des Wortes allgemein gebräuchlich ist.

ich wechsle (wechsele), *du tratst* (tratest), *auf verlornem* (verlorenem) *Posten, Abrieglung* (Abriegelung), *Wandrer* (Wanderer), *Englein* (Engelein), *wacklig* (wakkelig), *wäßrig* (wässerig), *edle* (edele) *Menschen, finstre* (finstere) *Gestalten, trockner* (trockener) *Boden, unsre* (unsere)

Dies gilt auch für Wörter und Namensformen mundartlicher Herkunft.

Brettl, Dirndl, Hansl, Rosl

Bei ungebräuchlichen Auslassungen dagegen muß der Apostroph stehen.

Well'n (Wellen), *g'nug* (genug), *Bau'r* (Bauer)

R 23 Der Apostroph steht zur Kennzeichnung des Genitivs (Wesfalls) von **Namen, die auf s, ss, ß, tz, z, x enden.**

Hans Sachs' Gedichte, Aristoteles' Schriften, Le Mans' Umgebung, Grass' Blechtrommel, Voß' Übersetzung, Ringelnatz' Gedichte, Giraudoux' Werk, das Leben Johannes' des Täufers

Auch bei Abkürzungen dieser Namen muß im Genitiv der Apostroph gesetzt werden.

A.' Schriften (Aristoteles' Schriften)

Ebenso kennzeichnet der Apostroph häufig den Genitiv nichtdeutscher Namen, die [etwa] so ausgesprochen werden, als ob sie auf einen Zischlaut endeten.

Anatole France' Werke, George Meredith' Dichtungen, Cyrankiewicz' Staatsbesuch

R 24 Kein Apostroph steht vor dem **Genitiv-s von Namen,** auch nicht, wenn sie abgekürzt werden.

Brechts Dramen (B.s Dramen), Bismarcks Politik, Hamburgs Hafen, Ludwig Thomas Erzählungen, Shelleys Briefe

R 25 Kein Apostroph steht bei **Abkürzungen** in der Genitiv- oder Pluralform auf -s.

(Vgl. hierzu R 4.)

des Lkws, die MGs, die GmbHs

Apposition (Beisatz)
↑ Komma (R 97 f.)

Attribut (Beifügung)
↑ Komma (R 98 f.)

Aufforderungssatz
↑ Ausrufezeichen (R 28), ↑ Punkt (R 160)

Aufzählungen
↑ Doppelpunkt (R 48), ↑ Komma (R 90)

Auslassung von Buchstaben
↑ Apostroph (R 16 ff.)

Auslassungspunkte

R 26 Drei Auslassungspunkte kennzeichnen den **Abbruch einer Rede,** das Verschweigen eines Gedankenabschlusses.

Der Horcher an der Wand ...
Er gab den Takt an: „Eins – zwei, eins – zwei ..."

Die Auslassungspunkte sind oft deutlicher als der gleichfalls mögliche Gedankenstrich (vgl. R 56), besonders wenn im gleichen Satz schon Gedankenstriche verwendet wurden.

Ich kann dir – so gern ich es auch möchte – nur helfen, wenn ...

R 27 Die Auslassungspunkte stehen bei **Auslassungen in Zitaten.**

Vollständiges Zitat:
„Ich gehe, sagte er mit Entschiedenheit. Er nahm seinen Mantel und ging hinaus."
Verkürztes Zitat:
„Ich gehe', sagte er ... und ging hinaus."

Am Ende eines Satzes stehen nur drei Auslassungspunkte ohne einen zusätzlichen Schlußpunkt. Ein Abkürzungspunkt darf jedoch nicht in die Auslassungspunkte einbezogen werden.

Es geschah im Jahre 44 v. Chr. ...

Weiteres zu den Auslassungspunkten finden Sie im Abschnitt ↑ Hinweise für das Maschinenschreiben (S. 68).

Auslassungssatz
↑ Komma (R 114)

Auslassungszeichen
↑ Apostroph

Ausrufewort (Interjektion)
↑ Ausrufezeichen (R 29), ↑ Groß- und Kleinschreibung (R 67), ↑ Komma (R 96)

Ausrufezeichen

R 28 Das Ausrufezeichen steht nach **Aufforderungssätzen** (Wunsch- oder Befehlssätzen).

Hätte ich doch besser aufgepaßt! Verlassen Sie sofort den Raum, wenn Sie sich nicht anständig benehmen können!

Dies gilt auch bei verkürzten Sätzen dieser Art und bei Grußformeln und Glückwünschen.

Achtung! Ruhe! Einfahrt freihalten! Guten Tag! Prosit Neujahr!

● Kein Ausrufezeichen steht jedoch nach Aufforderungs-, Wunsch- oder Befehlssätzen, die ohne Nachdruck gesprochen werden oder von einem Aussage- oder Fragesatz abhängig sind.

Servieren Sie jetzt bitte den Nachtisch. Er befahl ihm, er solle sich auf den Boden legen. Hast du ihm gesagt, er solle kommen?

R 29 Das Ausrufezeichen steht nach **Ausrufen.**

Das ist herrlich! Oh! Schade! „Pfui!" rief sie entrüstet.

Folgen mehrere Ausrufewörter (Interjektionen) aufeinander, dann steht das Ausrufezeichen in der Regel erst hinter dem letzten Ausrufewort.

Na, na, na! „Nein, nein!" rief er.

Liegt aber auf jedem Ausrufewort ein besonderer Nachdruck, dann steht hinter jedem ein Ausrufezeichen.

„Na! Na! Passen Sie doch auf!" Nein! Nein! Und noch einmal: Nein!

● Ein Ausrufewort, das eng zu dem folgenden Satz gehört, wird nicht durch ein Ausrufezeichen abgetrennt. Man setzt je nach dem Grad der Hervorhebung ein Komma oder gar kein Satzzeichen (Vgl. R 96).

Au, das tut weh! He, was machen Sie da? Ach lassen wir das lieber. Ei was soll ich denn machen?

Nach Ausrufen, die die Form einer Frage haben, wird ein Ausrufezeichen gesetzt.
Wie lange soll ich denn noch warten!
Nach einem von einem Aussage- oder Fragesatz abhängenden Ausruf steht kein Ausrufezeichen.

Sie jammerte, wie kalt es sei.

R 30 Das Aufrufezeichen steht häufig nach der **Anrede** am Briefanfang.

Sehr geehrter Herr Schmidt!
Gestern erhielt ich ...

(Vgl. hierzu auch R 95).

Kein Ausrufezeichen steht am Briefschluß hinter Wendungen wie „hochachtungsvoll", „mit herzlichem Gruß".

... wünschen wir Ihnen viel Erfolg.

Mit freundlichen Grüßen
Ihr Arbeitsamt

R 31 Das Ausrufezeichen steht eingeklammert nach **Angaben, die man bezweifelt oder hervorheben will.**

Nach Zeugenaussagen hatte der Angeklagte 24 (!) Schnäpse getrunken, bevor er sich ans Steuer setzte. Alle drei Einbrecher arbeiteten früher als Schweißer (!) und galten als tüchtige Fachleute.

Weitere Hinweise finden Sie unter den Stichwörtern ↑ Anführungszeichen (R 15), ↑ Gedankenstrich (R 57), ↑ Groß- und Kleinschreibung (R 81), ↑ Klammern (R 86).

Befehlsform (Imperativ)
↑ Apostroph (R 18)

Binde-s
↑ Fugen-s

Befehlssatz
↑ Ausrufezeichen (R 28), ↑ Punkt (R 161)

Beifügung (Attribut)
↑ Komma (R 98 f.)

Beisatz (Apposition)
↑ Komma (R 97 ff.)

Beistrich
↑ Komma

Beugung (Deklination)
↑ Adjektiv (R 7 ff.), ↑ Maß-, Mengen- und Münzbezeichnungen (R 128 f.), ↑ Namen (R 139 ff.), ↑ Substantiv (R 194 ff.)

Bindestrich
Bindestrich zur Ergänzung: R 32
Bindestrich zur Verdeutlichung: R 33–40
Bindestrich zur Aneinanderreihung: R 41–43

Bindestrich zur Ergänzung

R 32 Wird in zusammengesetzten oder abgeleiteten Wörtern ein **gemeinsamer Bestandteil nur einmal genannt,** so wird als Ergänzungszeichen ein Bindestrich gesetzt.

Feld- und Gartenfrüchte, Ein- und Ausgang, Lederherstellung und -vertrieb, Balkon-, Garten- und Campingmöbel, Geld- und andere Sorgen; kraft- und saftlos; bergauf und -ab, ein- bis zweimal, 1- bis 2mal, drei- oder mehrfach; herbeirufen und -winken, ab- und zunehmen (abnehmen und zunehmen), aber: *ab und zu nehmen* (gelegentlich nehmen)

Eine getrennt geschriebene Fügung darf hierbei keinen Bindestrich erhalten.

öffentliche und Privatmittel, aber: *Privat- und öffentliche Mittel; Auto und radzufahren,* aber: *rad- und Auto zu fahren*

● Zwei Bindestriche stehen, wenn dreigliedrige Wörter mit mehr als einem gemeinsamen Bestandteil zusammengefaßt werden.

Warenein- und -ausgang (für: Wareneingang und Warenausgang), *Textilgroß- und -einzelhandel, Mondlande- und -erkundungsfahrzeuge*

Nur in Ausnahmefällen wird der Wortteil hinter dem Ergänzungsbindestrich groß geschrieben, nämlich wenn bereits die erste Zusammensetzung einen Bindestrich hat oder wenn zu dem ersten Bestandteil ein erklärender Zusatz tritt.

Haftpflicht-Versicherungsgesellschaft und -Versicherte, Primär-(Haupt-)Strom, Natrium-(Na-)Lampe

Bindestrich zur Verdeutlichung

R 33 **Zusammengesetzte Wörter** werden grundsätzlich ohne Bindestrich geschrieben.

Arbeiterbewegung, Windschutzscheibe, Oberstudiendirektor, Kundendienst, Lohnsteuerzahlung, Rotwild, Ichsucht, Jawort, Jazzmusiker, Leinenjeans, Nildelta, moskaufreundlich, Rheinallee, Bismarckpromenade

In Ausnahmefällen (vgl. im einzelnen das Wörterverzeichnis) ist die Schreibung mit Bindestrich fest geworden.

Ich-Laut, Ich-Roman (aber: *Ichform, ichbezogen*), *Ist-Stärke, Soll-Bestand, daß-Satz, das Als-ob*

Man beachte weiterhin R 34–40.

R 34 Einen Bindestrich setzt man in **unübersichtlichen Zusammensetzungen** aus mehr als drei Gliedern.

Arbeiter-Unfallversicherungsgesetz, Donau-Dampfschiffahrtsgesellschaft, Gemeindegrundsteuer-Veranlagung

Kein Bindestrich steht in übersichtlichen Zusammensetzungen

Eisenbahnfahrplan, Steinkohlenbergwerk, Fußballbundestrainer, Eishockeyländerspiel

---

R 35 Einen Bindestrich setzt man, wenn **Mißverständnisse** auftreten können.

Druck-Erzeugnis (Erzeugnis einer Druckerei)
oder: *Drucker-Zeugnis* (Zeugnis eines Druckers)

In Einzelfällen kann man einen Bindestrich setzen, um Teile eines Wortes besonders hervorzuheben.

die Hoch-Zeit der Renaissance; etwas be-greifen

R 36 Ein Bindestrich steht beim **Zusammentreffen von drei gleichen Vokalen** (Selbstlauten) in substantivischen Zusammensetzungen.

Kaffee-Ersatz, Tee-Ernte, Schnee-Eifel, Hawaii-Insel

● Dies gilt nicht für zusammengesetzte Adjektive und Partizipien.

schneeerhellt, seeerfahren

Kein Bindestrich steht, wenn verschiedene Vokale oder nur zwei gleiche Vokale zusammentreffen

Gewerbeinspektor, Seeufer, Gemeindeumlage, Verandaaufgang, polizeiintern, blauäugig, Seeaal, Bauausstellung, Klimaanlage, Werbeetat, Augustaallee

---

R 37 Ein Bindestrich steht in Zusammensetzungen mit einzelnen **Buchstaben und Formelzeichen.**

I-Punkt, A-Dur, a-Moll, O-Beine, x-beliebig, Zungen-R, Dehnungs-h, Fugen-s; n-Eck, γ-Strahlen

Dies gilt auch für Ableitungen.

n-fach, 2π-fach, n-tel, x-te (aber: *8fach, 32stel, 5%ig;* vgl. R 212)

R 38 Ein Bindestrich steht in Zusammensetzungen mit **Abkürzungen.**

Kfz-Papiere, UKW-Sender, Lungen-Tbc, ABC-Staaten, US-amerikanisch, km-Zahl, Tbc-krank, Rh-Faktor

Ein Bindestrich steht auch bei abgekürzten Zusammensetzungen.
Masch.-Schr. (= Maschine[n]schreiben)
Reg.-Rat (= Regierungsrat)
Abt.-Leiter (= Abteilungsleiter)
röm.-kath. (= römisch-katholisch)
Rechnungs-Nr. (= Rechnungsnummer)

● Kein Bindestrich steht aber bei Ableitungen von Abkürzungen.

FDJler, FKKler

R 39 In **adjektivischen Zusammensetzungen** steht ein Bindestrich, wenn jedes der beiden Adjektive seine Eigenbedeutung bewahrt, beide zusammen aber eine Gesamtvorstellung ausdrücken.

---

die schaurig-schöne Erzählung, ein heiter-verspielter Roman, die südost-nordwestliche Richtung, die griechisch-orthodoxe Kirche

Kein Bindestrich steht jedoch, wenn das erste Wort das zweite näher bestimmt.

ein altkluges Kind, ein bitterböser Brief

Vgl. hierzu auch R 40.

R 40 Zusammengesetzte **Farbbezeichnungen** werden ohne Bindestrich geschrieben, wenn das Nebeneinander der Farben eindeutig ist oder wenn die zusammengesetzte Bezeichnung nur eine Farbe angibt.

---

die schwarzrotgoldene Fahne, ein blaugelbes Emblem, ein schwarzweiß verzierter Rand; Schwarzweißfilm, Grünrotblindheit, Blauweißporzellan;
aber (zur besonderen Hervorhebung): *die Fahne Schwarz-Rot-Gold;*

das blaurote Kleid (die Farbe ist ein bläuliches Rot); *eine gelbgrün gestreifte Bluse* (eine Bluse mit gelblichgrünen Streifen)

● Ein Bindestrich steht jedoch, um das Nebeneinander zweier Farben gegenüber einer Mischfarbe oder Farbtönung deutlich abzugrenzen.

das blau-rote Kleid (das Kleid hat die Farben Blau und Rot), *eine gelb-grün gestreifte Bluse* (eine Bluse mit gelben und grünen Streifen)

Bindestrich zur Aneinanderreihung

> **R 41** In einer Aneinanderreihung aus einem **Grundwort und mehreren Bestimmungwörtern** werden alle Wörter durch Bindestriche verbunden (durchgekoppelt).

September-Oktober-Heft, Magen-Darm-Katarrh, Ost-West-Gespräch, Warschauer-Pakt-Staaten, Ritter-und-Räuber-Romane, Frage-und-Antwort-Spiel, Do-it-yourself-Bewegung, In-dubio-pro-reo-Grundsatz, Links-rechts-Kombination, Schlaf-wach-Rhythmus, Sankt-Josefs-Kirche, Albrecht-Dürer-Allee, Dortmund-Ems-Kanal, Chrom-Molybdän-legiert

Das gilt auch, wenn ein einzelner Buchstabe an Stelle eines Wortes steht.

A-Dur-Tonleiter, Vitamin-C-haltig, Blitz-K.-o., E.-T.-A.-Hoffmann-Straße; aber: *[DIN-]A4-Blatt* (Buchstabe und Zahl bilden eine Einheit); *Côte-d'Azur-Reise, Giro-d'Italia-Gewinner*

Übersichtliche Aneinanderreihungen dieser Art werden jedoch meist zusammengeschrieben.

Sauregurkenzeit, Loseblattausgabe

> **R 42** Besteht die Bestimmung zu einem **substantivierten Infinitiv** (zu einer substantivierten Grundform) aus mehreren Wörtern, dann werden alle Wörter durch Bindestriche verbunden.

das An-den-Haaren-Herbeiziehen, das Ins-Blaue-Fahren, das In-den-April-Schicken, das Für-sich-haben-Wollen, zum Aus-der-Haut-Fahren.
Aber (↑ R 68): *das Sichausweinen*

Übersichtliche und geläufige Aneinanderreihungen dieser Art schreibt man jedoch zusammen.

das Außerachtlassen, das Inkrafttreten

Sehr umständliche Bildungen mit dem substantivierten Infinitiv ersetzt man besser durch eine Infinitivgruppe (Grundformgruppe) oder einen Nebensatz.

statt: *das Gefühl des Noch-nicht-über-die-Lippen-Bringens*
besser: *das Gefühl, es noch nicht über die Lippen zu bringen*
oder: *das Gefühl, daß man es noch nicht über die Lippen bringt*

> **R 43** Aneinanderreihungen mit **Zahlen in Ziffern** werden durch Bindestriche verbunden.

Als Aneinanderreihungen gelten auch Zusammensetzungen mit Bruchzahlen und Formeln. (Vgl. hierzu auch R 212)

10-Pfennig-Briefmarke, $\frac{3}{4}$-Liter-Flasche, $\frac{3}{8}$-Takt, 2-kg-Dose, 70-kW-Motor, 110-kV-Bahnstromleitung, 400-m-Lauf, 4 × 100-m-Staffel, 4mal-100-Meter-Staffel, 5-km-Gehen, Formel-3-Rennwagen, 1.-Klasse-Kabine, 4- bis 5-Zimmer-Wohnung, 4–5-Zimmer-Wohnung, 3:1(2:0)-Sieg
aber (bei in Worten geschriebenen Zahlen): *Dreiachteltakt, Zehnpfennigmarke*

Bindewort (Konjunktion)
↑ Groß- und Kleinschreibung (R 67), ↑ Komma (R 101 ff.)

„bis"-Zeichen
↑ Richtlinien für den Schriftsatz (S. 77)

bitte
↑ Komma (R 115)

Brief
↑ Ausrufezeichen (R 30), ↑ Groß- und Kleinschreibung (R 71), ↑ Komma (R 95), ↑ Hinweise für das Maschinenschreiben (S. 67), ↑ Punkt (R 167)

Buchtitel

↑ Anführungszeichen (R 12), ↑ Groß- und Kleinschreibung (R 73), ↑ Namen (R 158), ↑ Punkt (R 163)

c im Fremdwort

↑ Fremdwörter (R 53)

Dativ (Wemfall)

↑ Datum (R 45), ↑ Substantiv (R 195)

Datum

> **R 44** Steht bei Angabe des Datums der Wochentag **ohne „am"**, dann steht der Monatstag im Akkusativ (Wenfall).

Wir haben heute Sonntag, den 31 März.
Die Spiele beginnen nächsten Samstag, den 17. Juli.

Der Monatstag kann als Glied einer Aufzählung aufgefaßt werden (ohne Komma hinter dem Monatsnamen) oder als erklärender Beisatz (mit Komma hinter dem Monatsnamen). Beide Formen sind korrekt.

Die Familie kommt Montag, den 5. September an.
Die Familie kommt Montag, den 5. September, an.

> **R 45** Steht bei Angabe des Datums der Wochentag im Dativ (Wemfall) **mit „am"**, dann steht auch der nachfolgende Monatstag im Dativ (mit Komma hinter dem Monatsnamen), wenn er als erklärender Beisatz aufgefaßt wird.

Die Familie kommt am Montag, dem 5. September, an.

Der nachfolgende Monatstag steht aber im Akkusativ (Wenfall; ohne Komma hinter dem Monatsnamen), wenn er als Glied einer Aufzählung aufgefaßt wird. Der Monatstag ist dann eine selbständige Zeitangabe im Akkusativ. Auch hier sind beide Formen korrekt.

Die Familie kommt am Montag, den 5. September an.

Weitere Hinweise finden Sie unter den Stichwörtern ↑ Komma (R 100), ↑ Punkt (R 165) und auf S. 68.

Deklination (Beugung)

↑ Adjektiv (R 7 ff.), ↑ Maß-, Mengen- und Münzbezeichnungen (R 128 f.), ↑ Namen (R 139 ff.), ↑ Substantiv (R 194 ff.)

Doppellaut (Diphthong)

↑ Silbentrennung (R 180)

Doppelpunkt

> **R 46** Der Doppelpunkt steht vor **angekündigter direkter Rede.**

Friedrich der Große sagte: „Ich bin der erste Diener meines Staates."

> **R 47** Der Doppelpunkt steht vor ausdrücklich **angekündigten Sätzen oder Satzstücken.**

Das Sprichwort heißt: Der Apfel fällt nicht weit vom Stamm.
Diagnose: chronische Bronchitis.

> **R 48** Der Doppelpunkt steht vor **angekündigten Aufzählungen.**

Folgende Teile werden nachgeliefert: gebogene Rohre, Muffen, Verbindungsschläuche, Schlauchklemmen und Dichtungen.

● Kein Doppelpunkt steht, wenn der Aufzählung „d. h.", „d. i.", „nämlich" u. a. vorausgehen. In diesen Fällen wird ein Komma vor „d. h." usw. gesetzt.

Das Jahr hat zwölf Monate, nämlich Januar, Februar, März usw.

> **R 49** Der Doppelpunkt steht vor Sätzen, die das Vorangegangene **zusammenfassen** oder daraus eine **Folgerung** ziehen.

Der Wald, die Felder, der See: all das gehörte früher einem einzigen Mann.
Du arbeitest bis spät in die Nacht, rauchst eine Zigarette nach der anderen, gehst kaum noch an die frische Luft: du machst dich kaputt, mein Lieber!

Weitere Hinweise zum Doppelpunkt finden Sie in den Abschnitten ↑ Gedankenstrich (R 57), ↑ Groß- und Kleinschreibung (R 79).

Eigennamen
↑ Namen

Eigenschaftswort
↑ Adjektiv

Einzelbuchstaben
↑ Bindestrich (R 37), ↑ Groß- und Kleinbuchstaben (R 82)

Empfindungswort
(Interjektion)
↑ Ausrufezeichen (R 29), ↑ Groß- und
Kleinschreibung (R 67), ↑ Komma (R 96)

Erdkundliche Namen
↑ Namen (R 145 ff.)

Ergänzungsbindestrich
↑ Bindestrich (R 32)

Familien- und
Personennamen
↑ Namen (R 130 ff.)

Farben
↑ Bindestrich (R 40), ↑ Groß- und Kleinschreibung (R 65)

Fernruf- und
Fernschreibnummern
↑ Richtlinien für den Schriftsatz (S. 73)

Firmennamen
↑ Namen (R 159)

Fragesatz
↑ Fragezeichen (R 50), ↑ Punkt (R 160)

Fragezeichen

> **R 50** Das Fragezeichen steht nach ei-
> nem **direkten Fragesatz.**

*Wo wohnst du? Wie heißt du? Wie spät ist
es, und wie komme ich zum Bahnhof?
„Weshalb darf ich das nicht?" fragte er.
Woher soll ich wissen, daß er krank ist?*

Dies gilt auch für sogenannte rhetorische
Fragen, bei denen man keine Antwort erwartet.

*Dürfen wir Sie darauf hinweisen, daß die
Frist morgen abläuft?*

● Kein Fragezeichen steht nach indirek-
ten Fragesätzen, die von einem Aussage-,
Wunsch- oder Befehlssatz abhängen.

*Er fragte, wann er kommen solle. Sag mir,
woher du das Geld hast!*

Kein Fragezeichen steht nach Ausrufen,
die die Form einer Frage haben.

Was erlauben Sie sich!

> **R 51** Das Fragezeichen steht nach
> einzelnen **Fragewörtern,** wenn sie al-
> lein oder im Satzzusammenhang auf-
> treten.

*Wie? Warum? Wohin?
Auf die Frage wem? steht der Dativ, auf die
Frage wen? der Akkusativ.*

Wird ein Fragewort aber nicht besonders
hervorgehoben, dann setzt man ein Komma dahinter. Das Fragezeichen steht
dann erst am Satzende.

*Was, du bist umgezogen?
Wie denn, wo denn, was denn?*

> **R 52** Ein eingeklammertes Fragezei-
> chen steht nach **Angaben, die man be-
> zweifelt.**

*Der Mann behauptet, das Geld gefunden
(?) zu haben.*

Weitere Hinweise zum Fragezeichen finden Sie unter den Stichwörtern ↑ Anführungszeichen (R 15), ↑ Gedankenstrich
(R 57), ↑ Groß- und Kleinschreibung
(R 81), ↑ Klammern (R 86).

Fremdwörter

> **R 53** **Häufig gebrauchte** Fremdwör-
> ter, vor allem solche, die keine dem
> Deutschen fremden Laute enthalten,
> gleichen sich nach und nach der deut-
> schen Schreibweise an.

Übergangsstufe:

Friseur neben: *Frisör*
Photograph neben: *Fotograf*
Telephon neben: *Telefon*

Endstufe:

Bluse für: *Blouse*
Fassade für: *Façade*
Likör für: *Liqueur*

● Ob c im reinen Fremdwort im Zuge der Eindeutschung k oder z wird, hängt von seiner ursprünglichen Aussprache ab. Es wird in der Regel zu k vor a, o, u und vor Konsonanten (Mitlauten). Es wird zu z vor e, i, y, ä und ö.

Kopie für: *Copie*
Prokura für: *Procura*
Krematorium für: *Crematorium*
Spektrum für: *Spectrum*
Penizillin für: *Penicillin*
Zyklamen für: *Cyclamen*
Zäsur für: *Cäsur*

In Fremdwörtern aus dem Griechischen und in einigen Lehnwörtern blieb th erhalten.

Bibliothek, Mathematik, Pathos, Theke, katholisch, Asthma, Äther, Thron, Thermometer

Fremdwörter, die [noch] nicht angeglichen sind, werden in der fremden Schreibweise geschrieben.

Milieu, Jalousie, Jeans, Moiré, Computer, Breakdance, Macho

Weitere Hinweise finden Sie unter den Stichwörtern ↑Groß- und Kleinschreibung (R 70), ↑Silbentrennung (R 179) und ↑Substantiv (R 194).

Fugen-s

Das Fugen-s kennzeichnet die Verbindungsstelle bestimmter Zusammensetzungen. Häufig handelt es sich um eine Beugungsendung, die in die Zusammensetzung eingegangen ist. Viele Zusammensetzungen sind jedoch in Anlehnung an bereits bestehende Muster gebildet worden. (So ist z. B. die Bischofskonferenz nicht die Konferenz eines Bischofs, sondern mehrerer Bischöfe.) Im Zweifelsfalle orientiere man sich an Beispielen mit dem gleichen Bestimmungswort im Wörterverzeichnis.

R 54 Zusammensetzungen mit **starken[1] männlichen und sächlichen Bestimmungswörtern** werden häufig mit Fugen-s gebildet.

Wolfsmilch, Bootsmann, Glückstag, Friedensbedingung

● Zusammensetzungen mit „Armut" oder mit Ableitungen auf -heit, -keit, -schaft, -tum und -ung als Bestimmungswort haben ebenfalls das Fugen-s.

Armutszeugnis, weisheitsvoll, Kleinigkeitskrämer, Erbschaftssteuer (behördlich: *Erbschaftsteuer*), *Altertumsforschung, Richtungswechsel*

Im allgemeinen steht kein Fugen-s, wenn das Bestimmungswort Akkusativobjekt (Satzergänzung im Wenfall) des im Grundwort enthaltenen Verbs ist.

achtunggebietend, richtungweisend

Das Fugen-s steht auch bei fremden Bestimmungswörtern auf -ion und -tät sowie bei substantivierten Infinitiven (substantivierten Grundformen) als Bestimmungswörtern.

Funktionstheorie, Universitätsprofessor (aber bei Zusammensetzungen mit „Kommunion": *Kommunionbank, Kommunionkind*); *Schlafenszeit, Schaffensdrang*

Im allgemeinen steht das Fugen-s bei Zusammensetzungen mit den Bestimmungswörtern „Hilfe", „Geschichte", „Liebe" sowie mit Ableitungen auf -ing und -ling.

Hilfszug, hilfsbereit (aber: *hilflos*), *Geschichtslehrer, Liebesbrief* (aber: *liebevoll*); *Heringssalat, Frühlingssturm* (aber: *frühlinghaft* neben *frühlingshaft*)

Oft steht das Fugen-s auch bei Zusammensetzungen mit selbst schon zusammengesetzten Bestimmungswörtern.

Handwerksmeister, Friedhofstor

● In einigen Fällen kennzeichnet das Fugen-s einen Bedeutungsunterschied.

Wassernot (Wassermangel), *Wassersnot* (Überschwemmungskatastrophe), *Landmann* (Bauer), *Landsmann* (jmd., der aus dem gleichen Lande stammt)

---

[1] Vgl. Substantiv (R 194)

Fürwort (Pronomen)
↑ Apostroph (R 19), ↑ Groß- und Kleinschreibung (R 66 u. 71 f.)

Fußnotenzeichen
↑ Richtlinien für den Schriftsatz (S. 73)

Gänsefüßchen
↑ Anführungszeichen

Gebäudenamen
↑ Namen (R 159)

Gedankenstrich

> **R 55** Zwischen Sätzen kennzeichnet
> der Gedankenstrich den **Wechsel des
> Themas oder des Sprechers.**

*Wir sprachen in der letzten Sitzung über
das Problem der Getreideversorgung. –
Hat übrigens jemand inzwischen Herrn
Müller gesehen?*
*„Mein Sohn, was birgst du so bang dein
Gesicht?" – „Siehst, Vater, du den Erlkö-
nig nicht?"*

Bei Inhaltsangaben trennt der Gedankenstrich die Themen einzelner Abschnitte.

*Inhalt: Grundregeln – Eröffnung – Kom-
binationsspiel – Endspiel – Meisterpar-
tien – Problemschach*

> **R 56** Innerhalb eines Satzes kenn-
> zeichnet der Gedankenstrich eine **län-
> gere Pause.**

Dies gilt besonders in folgenden Fällen:
zwischen Ankündigungs- und Ausfüh-
rungskommando,

Rumpf vorwärts beugen – beugt!

zur Vorbereitung auf etwas Unerwartetes
oder zur Erhöhung der Spannung,

Plötzlich – ein gellender Aufschrei!

bei Abbruch der Rede, beim Verschweigen eines Gedankenabschlusses. (Vgl.
hierzu auch R 26.)

„Sei still, du –!" schrie er ihn an.

> **R 57** Der Gedankenstrich steht vor
> und nach **eingeschobenen Satzstücken
> und Sätzen,** die das Gesagte erläutern
> oder ergänzen.

*Dieses Bild – es ist das letzte und bekann-
teste des Künstlers – wurde vor einigen
Jahren nach Amerika verkauft.*

Hinter dem zweiten Gedankenstrich
steht ein Komma, wenn es auch ohne das
eingeschobene Satzstück oder den eingeschobenen Satz stehen müßte.

*Sie wundern sich – so schreiben Sie –, daß
ich nur selten von mir hören lasse.*
*Er weigert sich – leider! –, nach Frankfurt
zu kommen.*

Schließt der eingeschobene Satz mit einem Nebensatz, einer nachgestellten genaueren Bestimmung o. ä. (vgl. R 98),
dann steht am Ende des Einschubs kein
Komma, weil der Gedankenstrich bereits
die Trennung vom Hauptsatz übernimmt.

*Philipp verließ – im Gegensatz zu seinem
Vater, der 40 weite Reisen unternommen
hatte – Spanien nicht mehr.*

Ausrufe- und Fragezeichen bei einem
eingeschobenen Satzstück oder Satz stehen vor dem zweiten Gedankenstrich.

*Er behauptete – und das in aller Öffent-
lichkeit! –, ich hätte ihm sein Geld gestoh-
len. Unsere kleine Absprache – Sie erinnern sich doch noch? – sollte besser unter
uns bleiben.*

Der Doppelpunkt dagegen steht nach einem eingeschobenen Satz hinter dem
zweiten Gedankenstrich.

*Verächtlich rief er ihm zu – er wandte
kaum den Kopf dabei –: „Was willst du
hier?"*

> **R 58** Der Gedankenstrich kann **statt
> des Kommas** bei einer besonderen Beto-
> nung des Gegensatzes stehen.

*Er versuchte es mehrmals – aber ohne Er-
folg.*

> **R 59** Der Gedankenstrich kann **an
> Stelle des Doppelpunktes** stehen, wenn
> dieser zu schwach erscheint.

Hier hilft nur noch eins – sofort operieren.
Weitere Hinweise finden Sie unter den Stichwörtern ↑ Auslassungspunkte (R 26), ↑ Klammern (R 85) und ↑ Komma (R 110).

Genitiv (Wesfall)
↑ Apostroph (R 23), ↑ Substantiv (R 194 u. 199)

Geographische Namen
↑ Namen (R 145 ff.)

Groß- und Kleinschreibung
Die Schwierigkeiten der deutschen Groß- und Kleinschreibung erfordern die nachstehenden umfangreichen Richtlinien, die trotz ihrer Ausführlichkeit nicht alle auftretenden Fälle einschließen können. In Zweifelsfällen, die hier nicht behandelt werden, schreibe man mit kleinen Anfangsbuchstaben.

Schreibung der Substantive R 60–64
Substantivischer Gebrauch anderer Wortarten R 65–70
Anredepronomen (Anredefürwörter) R 71 f.
Titel und Namen R 73–77
Satzanfang R 78–81
Einzelbuchstaben und Abkürzungen R 82 f.

Schreibung der Substantive

> **R 60** **Substantive** werden groß geschrieben.

Man beachte aber R 61–64.

Himmel, Erde, Kindheit, Aktion, Verständnis, Verwandtschaft, Reichtum, Verantwortung, Fremdling, Genie, Rhythmus, Copyright, daß-Satz

> **R 61** Substantive, die **als Adverbien gebraucht** werden, schreibt man klein.

anfangs, rings, teils, spornstreichs, flugs, mitten, morgens, abends, sonntags, dienstags

> **R 62** Substantive, die **als Präpositionen (Verhältniswörter) gebraucht** werden, schreibt man klein.

dank, kraft, laut, statt, trotz, angesichts, wegen, behufs, betreffs

> **R 63** Substantive, die **als unbestimmte Zahlwörter gebraucht** werden, schreibt man klein.

ein bißchen (= ein wenig)
ein paar (= einige),
aber: *ein Paar* (= zwei zusammengehörende) *Schuhe*

> **R 64** In vielen stehenden Verbindungen mit Verben wird das Substantiv **in verblaßter Bedeutung gebraucht;** es wird nicht mehr als Substantiv empfunden und klein geschrieben.

schuld sein, feind sein, willens sein
Mir ist angst. Aber: Ich habe Angst.
Das ist schade. Aber: Das ist sein eigener Schaden.
recht bekommen, aber: *sein Recht bekommen*

● In festen Verbindungen mit Verben werden die Wörter bang[e], gram, leid, weh klein geschrieben, da es sich nicht um die Substantive die Bange, der Gram, das Leid, das Weh handelt, sondern um alte Adjektive oder Adverbien.

Er macht ihm bange. Aber: Er hat keine Bange.
Er ist mir gram. Aber: Sein Gram war groß.
Es tut ihm leid. Aber: Ihm soll kein Leid geschehen.
Es ist mir weh ums Herz. Aber: Es ist sein ständiges Weh und Ach.

Weitere Hinweise zur Schreibung von Substantiven in festen Verbindungen mit Verben finden Sie unter dem Stichwort ↑ Zusammen- und Getrenntschreibung (R 207).

Substantivischer Gebrauch anderer Wortarten

> **R 65** Substantivisch gebrauchte **Adjektive und Partizipien** werden groß geschrieben.

das Gute, der Abgeordnete, das Nachstehende, das Schaurig-Schöne, Gutes und Böses, Altes und Neues; das in Kraft Getretene; das dem Schüler Bekannte; das überschaubar Gewordene; der aufrichtig Bittende; das dort zu Findende; Stoffe in Blau und Gelb; er ist bei Rot über die Kreuzung gefahren.

Adjektive und Partizipien werden vor allem dann groß geschrieben, wenn sie mit
  allerlei, alles, etwas,
  genug, nichts, viel, wenig
und ähnlichen Wörtern in Verbindung stehen.

allerlei Schönes, alles Gewollte, etwas Wichtiges, etwas derart Banales, nichts Besonderes, wenig Angenehmes

● Adjektive und Partizipien, die durch einen Artikel der Form nach substantiviert sind, werden dennoch klein geschrieben, wenn sie durch ein bloßes Adjektiv, Partizip oder Adverb ersetzt werden können.

des weiteren (= weiterhin)
aufs neue (= wiederum)
im allgemeinen (= gewöhnlich)
in folgendem oder *im folgenden* (= weiter unten)
um ein beträchtliches (= sehr)
Diese Methode ist genau das richtige (= richtig).
Es ist das gegebene (= gegeben), ...

Man muß hier unterscheiden:

Sie liest am besten (= sehr gut). Aber: *Es fehlt im am Besten* (= an der besten Sache).
Er erschrak aufs äußerste (= sehr). Aber: *Er war auf das Äußerste gefaßt* (= auf den äußersten Fall).

● Adjektive und Partizipien, die in unveränderlichen Wortpaaren oder in festen Verbindungen [mit Verben] stehen, werden ebenfalls klein geschrieben, auch wenn sie der Form nach substantiviert sind.

alt und jung, groß und klein, arm und reich, durch dick und dünn, über kurz oder lang, im großen und ganzen; den kürzeren ziehen, im reinen sein, auf dem laufenden bleiben, ins reine bringen; von klein auf

Man schreibt in einzelnen Fällen noch groß, weil die substantivische Vorstellung überwiegt.

ins Schwarze treffen, bis ins Aschgraue, ins Lächerliche ziehen

● Ein Adjektiv oder Partizip mit vorangehendem Artikel u. ä. wird immer klein geschrieben, wenn es Beifügung zu einem vorangehenden oder nachstehenden Substantiv ist.

Er war der aufmerksamste und klügste meiner Zuhörer.
Mir gefallen alle neuen Krawatten sehr gut. Besonders mag ich die gestreiften und die gepunkteten.

Bei größerer Selbständigkeit des Adjektivs oder Partizips schreibt man es groß.

Er war ihr Bruder. Sie hat den früh Verstorbenen sehr geliebt.

● Ein Adjektiv oder Partizip [mit vorangehendem Artikel u. ä.] wird klein geschrieben, wenn es wie ein Pronomen (Fürwort) gebraucht wird.

jeder beliebige, der erste beste, der folgende (der Reihe nach), *alle folgenden* (= anderen), *folgendes* (= dieses)

Man muß hier unterscheiden:

Wir versuchten alles mögliche (= viel, allerlei).
Aber: *Wir versuchten alles Mögliche* (= alle Möglichkeiten).

> **R 66** Substantivisch gebrauchte **Pronomen (Fürwörter) und Zahlwörter** werden groß geschrieben.

die Acht, ein Dritter (= ein Unbeteiligter), *die verhängnisvolle Dreizehn, ein Achtel, ein Zweites möchte ich noch erwähnen; jedem das Seine, die Deinigen, das vertraute Du, ein gewisser Jemand*

● Sonst werden Pronomen und Zahlwörter klein geschrieben, in vielen Fällen auch dann, wenn sie mit einem Artikel oder Pronomen gebraucht werden oder mit

allerlei, alles, etwas,
genug, nichts, viel, wenig u. ä.

in Verbindung stehen.

du, ihr, man, jemand, niemand, derselbe, einer, keiner, jeder, zwei, beide; der einzelne, der nämliche, das wenigste, das mindeste, ein jeder, die beiden, die ersten drei, der achte, ein achtel Liter, der eine, der andere, die übrigen

allerlei anderes, etwas anderes, alle übrigen, alle drei, alle beide

Vgl. im einzelnen das Wörterverzeichnis sowie die besonderen Regelungen für Anredepronomen (R 71 f.).

R 67 Substantivisch gebrauchte **Adverbien, Präpositionen (Verhältniswörter), Konjunktionen (Bindewörter) und Interjektionen (Ausrufewörter)** werden groß geschrieben.

---

das Drum und Dran, das Auf und Nieder, das Vor und Nach, das Wenn und Aber, das Entweder-Oder, das Als-ob, das Weh und Ach, das Ja und Nein, das Bimbam, nach vielem Hin und Her

---

R 68 Substantivisch gebrauchte **Infinitive (Grundformen)** werden groß geschrieben.

---

das Ringen, das Lesen, das Schreiben, [das] Verlegen von Rohren, [durch] Anwärmen und Schmieden einer Spitze, im Sitzen und Liegen, lautes Schnarchen, das Zustandekommen, zum Verwechseln ähnlich, das Geradesitzen, das Sichausweinen, beim (landsch.: *am*) *Kuchenbacken sein, für Hobeln und Einsetzen [der Türen], das In-den-Tag-hinein-Leben, das Für-sich-haben-Wollen*

Bei Infinitiven ohne Artikel, Präposition oder nähere Bestimmung ist es oft zweifelhaft, ob sie substantivisch gebraucht sind. In diesen Fällen ist sowohl Groß- als auch Kleinschreibung gerechtfertigt.

…, weil Geben seliger denn Nehmen ist. Oder: *…, weil geben seliger denn nehmen ist.*
Er übte mit den Kindern Kopfrechnen. Oder: *Er übte mit den Kindern kopfrechnen.*

R 69 In substantivischen **Aneinanderreihungen** wird das erste Wort auch dann groß geschrieben, wenn es kein Substantiv ist.

Als-ob-Philosophie, Pro-Kopf-Verbrauch, Ad-hoc-Arbeitsgruppe, das Auf-der-faulen-Haut-Liegen

Vgl. hierzu auch R 33, 37 f. u. 41 f.

R 70 Bei **fremdsprachigen Wortgruppen,** die für einen substantivischen Begriff stehen, schreibt man in deutschen Texten das erste Wort groß.

Heute mittag gab es Corned beef. Emilio ist ein Musico senza pari. Möchten Sie einen Irish coffee? Das ist eine Conditio sine qua non.

Fremdsprachige Ausdrücke, die häufig im Deutschen vorkommen, sind durch den Schreibgebrauch oft sehr uneinheitlich festgelegt. Im Zweifelsfalle schlage man daher im Wörterverzeichnis nach.

Hot dog, Cherry Brandy, Irish-Stew, Rock and Roll, Clair-obscur, Chambre séparée

---

Anredepronomen (Anredefürwort)

R 71 Das **Anredepronomen in Briefen** wird groß geschrieben.

Lieber Bruder,
seit Du Dich mit der Firmenkasse und der Sekretärin Deines Chefs nach Südamerika abgesetzt hast, hat Deine Familie Deinetwegen einige Unannehmlichkeiten gehabt … Wir hoffen, daß Ihr Euch inzwischen an das Klima gewöhnen und Euer Vermögen gewinnbringend anlegen konntet …

Dasselbe gilt auch für Anredepronomen in feierlichen Aufrufen und Erlassen, Grabinschriften, Widmungen, Mitteilungen des Lehrers an einen Schüler unter Schularbeiten, auf Fragebogen, bei schriftlichen Prüfungsaufgaben usw.

Die Erde möge Dir leicht sein. Dieses Buch sei Dir als Dank für treue Freundschaft gewidmet. (Mitteilung des Lehrers unter einem Aufsatz:) *Immerhin hast Du Dir Mühe gegeben, deshalb: noch ausreichend.*

● Bei der Wiedergabe von Reden, Dialogen u.ä., in Protokollen, Prospekten, Lehrbüchern u.ä. wird jedoch k l e i n geschrieben.

Liebe Freunde! Ich habe euch heute zusammengerufen ... Lies die Sätze langsam vor. Wo machst du eine Pause?

R 72 Die **Höflichkeitsanrede „Sie"** und das entsprechende besitzanzeigende Pronomen „Ihr" werden immer groß geschrieben.

Haben Sie alles besorgen können? Er sagte damals: „Das kann ich Ihnen nicht versprechen." Wie geht es Ihren Kindern?

● Das rückbezügliche Pronomen „sich" wird dagegen immer k l e i n geschrieben.

Bei diesen Zahlen müssen Sie sich geirrt haben.

Auch in festgelegten Höflichkeitsanreden und Titeln wird das Pronomen groß geschrieben.

Haben Eure Exzellenz noch einen Wunsch? Seine Heiligkeit (der Papst), *Ihre Königliche Hoheit*

Veraltet ist die Anrede in der 3. Person Singular.

Schweig' Er! Höre Sie mir gut zu!

Mundartlich lebt hier und da noch die Anrede „Ihr" gegenüber einer älteren Person.

Kommt Ihr auch, Großvater? Kann ich Euch helfen, Hofbauer?

Titel und Namen

R 73 Das erste Wort eines **Buch-, Film- oder Zeitschriftentitels,** einer Überschrift o.ä. wird groß geschrieben.

(Vgl. R 158.)

Der Aufsatz stand in der Neuen Rundschau. Diesen offenen Brief hat Die Zeit vorige Woche veröffentlicht. Jean Anouilh: Beckett oder Die Ehre Gottes. Er hat in dem Film „Ich bin ein Elefant, Madame" die Hauptrolle gespielt. Welche Schulklasse kennt heute noch „Die Kraniche des Ibykus", das Gedicht Schillers?

R 74 Das erste Wort eines **Straßennamens oder Gebäudenamens** wird groß geschrieben, ebenso alle zum Namen gehörenden Adjektive und Zahlwörter.

In der Mittleren Holdergasse, Am Warmen Damm, An den Drei Pfählen, Breite Straße, Lange Gasse; Zur Alten Post, Zum Löwen (Gasthäuser), aber: *Gasthaus zur Alten Post*

R 75 Alle zu einem **mehrteiligen Titel oder Namen** gehörenden Adjektive, Partizipien, Pronomen (Fürwörter) und Zahlwörter werden groß geschrieben.

Erster Vorsitzender (als Titel, sonst: *erster Vorsitzender*), *Regierender Bürgermeister* (als Titel, sonst: *regierender Bürgermeister*), *Seine Eminenz, Klein Dora, Friedrich der Große, der Große Kurfürst, der Alte Fritz, der Goldene Schnitt, das Blaue Band des Ozeans, die Ewige Stadt* (Rom), *die Sieben Schwaben, der Große Bär* (Sternbild), *die Medizinische Klinik des Städtischen Krankenhauses Wiesbaden*

Nicht am Anfang des Titels oder Namens stehende Adjektive werden gelegentlich auch klein geschrieben.

Gesellschaft für deutsche Sprache, Gesellschaft für evangelische Theologie

● Es gibt Wortverbindungen, die keine Namen sind, obwohl sie häufig als Namen angesehen werden. Hier werden die Adjektive k l e i n geschrieben.

italienischer Salat, römisches Bad, westfälischer Schinken, blauer Montag, neues Jahr

Vor allem in der Botanik und in der Zoologie werden die Adjektive in Verbindungen dieser Art oft groß geschrieben, weil man Benennungen aus der wissenschaftlichen Systematik von den allgemeinen Gattungsbezeichnungen abheben will.

der Rote Milan (Milvus milvus), *die Weiße Lilie* (Lilium candidum), *die Gefleckte Hyäne* (Crocuta crocuta)

R 76 Als Teile von **geographischen Namen** werden Adjektive und Partizipien groß geschrieben.

das Rote Meer, der Große Ozean, der Atlantische Ozean, die Holsteinische Schweiz

Die von geographischen Namen abgeleiteten Wörter auf -er schreibt man immer groß.

das Ulmer Münster, eine Kölner Firma, die Schweizer Industrie, der Holländer Käse

● Die von geographischen Namen abgeleiteten Adjektive auf -isch werden k l e i n geschrieben, wenn sie nicht Teil eines Eigennamens sind.

chinesische Seide, westfälischer Schinken, böhmische Dörfer

R 77 Von **Personennamen** abgeleitete Adjektive werden groß geschrieben, wenn sie die persönliche Leistung oder Zugehörigkeit ausdrücken.

Platonische Schriften (von Plato), *die Heineschen Reisebilder* (von Heine geschrieben), *die Mozartschen Kompositionen* (von Mozart)

● Diese Adjektive werden k l e i n geschrieben, wenn sie aussagen, daß etwas nach einer Person benannt worden ist oder ihrer Art, ihrem Geist entspricht.

platonische Liebe (nach Plato benannt), *eine heinesche Ironie* (nach der Art Heines), *die Kompositionen wirken mozartisch* (wie die Kompositionen Mozarts)

● Immer k l e i n schreibt man die von Personennamen abgeleiteten Adjektive auf -istisch, -esk und -haft, weil sie die Art angeben, und die Zusammensetzungen mit vor-, nach- u. ä.

darwinistische Auffassungen, kafkaeske Gestalten, eulenspiegelhaftes Treiben; vorlutherische Bibelübersetzungen

Satzanfang

R 78 Groß schreibt man das **erste Wort eines Satzganzen.**

Wir fangen um 9 Uhr an. Was hast du gesagt? Manche tragen schon Wintermäntel. Wenn das Wetter so bleibt, fahren wir morgen ins Grüne. Schön hat er das gesagt! De Gaulle starb am 9. November 1970.

Dies gilt auch für Abkürzungen.

Vgl. hierzu § 110 StVO.

Das Adelsprädikat „von" wird am Satzanfang mit großem Anfangsbuchstaben geschrieben, wenn es ausgeschrieben ist; abgekürzt steht ein kleiner Buchstabe, um Verwechslungen zu vermeiden.

Von Bülow kommt später.
Aber: *v. Bülow kommt später.*
(Nicht: *V. Bülow*, denn das könnte verwechselt werden mit: Viktor, Volker usw. Bülow)

● Klein schreibt man, wenn am Satzanfang ein Apostroph steht.

's ist unglaublich!
'ne Menge Geld ist das!

Ein am Satzanfang mit Anführungszeichen, anderer Schriftart o. ä. gekennzeichnetes zitiertes Wort wird klein geschrieben, wenn es auch sonst klein geschrieben wird.

„von" ist eine Präposition. jedermann schreibt man mit zwei n.

R 79 Das erste Wort einer direkten Rede oder eines selbständigen Satzes **nach einem Doppelpunkt** schreibt man groß.

Er rief mir zu: „Es ist alles in Ordnung!"
Gebrauchsanweisung: Man nehme alle 2 Stunden eine Tablette.

● Klein schreibt man dagegen nach einem Doppelpunkt, der vor einer angekündigten Aufzählung, einem angekündigten Satzstück oder vor einer Zusammenfassung oder Folgerung steht.

Er hat alles verspielt: sein Haus, seine Jacht, seine Pferde. Richtig muß es heißen: bei weniger als 5 %. 1 000 DM, in Worten: eintausend DM. Rechnen: sehr gut. Das Haus, die Wirtschaftsgebäude, die Scheune und die Stallungen: alles war den Flammen zum Opfer gefallen.

R 80 Das erste Wort eines **angeführten selbständigen Satzes** wird groß geschrieben.

Mit seinem ständigen „Das mag ich nicht!" ging er uns allen auf die Nerven.

Ein einzelnes angeführtes Wort, das kein Substantiv ist, schreibt man klein, auch wenn es in Verbindung mit einem Artikel oder einer Präposition steht.

Er hat das „und" in diesem Satz übersehen. Das Signal steht auf „frei".

R 81 Nach Frage- und Ausrufezeichen, die innerhalb des Satzganzen stehen, wird klein geschrieben.

(Vgl. hierzu auch R 15.)

„Wohin gehst du?" fragte er. „Grüß' dich, altes Haus!" rief er über die Straße. Sie schrie: „Niemals!" und schlug die Tür zu.

Einzelbuchstaben und Abkürzungen

R 82 Substantivisch gebrauchte **Einzelbuchstaben** schreibt man im allgemeinen groß.

---

das A und O; ein X für ein U vormachen

Meint man aber den Kleinbuchstaben, wie er im Schriftbild vorkommt, dann schreibt man klein.

der Punkt auf dem i; das n in Land; das Dehnungs-h; das Fugen-s

Meint man den gesprochenen Laut, der durch den Buchstaben wiedergegeben wird, so schreibt man gewöhnlich klein, in Zusammensetzungen mit Bindestrich jedoch meist groß.

das stimmhafte sch; der Sch-Laut (auch: sch-Laut); das gerollte r; das Zungen-R

R 83 Die Groß- und Kleinschreibung bleibt bei **Abkürzungen und Zeichen** auch dann erhalten, wenn sie als erster Bestandteil von Zusammensetzungen oder in Ableitungen verwendet werden.

Tbc-krank, US-amerikanisch, km-Zahl, das n-Eck, das n-fache

Das gilt auch für bestimmte Zusammensetzungen mit Wörtern oder Wortteilen.

daß-Satz, ung-Bildung

Grundform (Infinitiv)

↑Groß- und Kleinschreibung (R 68), ↑Komma (R 107 f.), ↑Zusammen- und Getrenntschreibung (R 205 f.)

Hauptwort

↑Substantiv

Imperativ (Befehlsform)

↑Apostroph (R 18)

Infinitiv (Grundform)

↑Groß- und Kleinschreibung (R 68), ↑Komma (R 107 f.), ↑Zusammen- und Getrenntschreibung (R 205 f.)

Interjektion (Ausrufe-, Empfindungswort)

↑Ausrufezeichen (R 29), ↑Groß- und Kleinschreibung (R 67), ↑Komma (R 96)

Klammern

R 84 In runden Klammern stehen **erklärende Zusätze.**

Frankenthal (Pfalz)
Grille (Insekt) – Grille (Laune)
Als Hauptwerk Matthias Grünewalds gelten die Gemälde des Isenheimer Altars (vollendet 1511 oder 1515).

In Nachschlagewerken werden hierbei oft auch eckige Klammern verwendet.

R 85 Bei **eingeschobenen Sätzen,** die ohne Nachdruck gesprochen werden, können an Stelle von Kommas oder Gedankenstrichen runde Klammern gesetzt werden.

In seiner Vergangenheit (nur wenige kannten ihn noch von früher) gab es manchen dunklen Punkt.

R 86 **Andere Satzzeichen** stehen nach der zweiten runden Klammer, wenn sie auch ohne den eingeklammerten Zusatz stehen müßten.

Sie wohnen in Ilsenburg (Harz). Sie wundern sich (so schreiben Sie), daß ich so wenig von mir hören lasse. Lebt er in Cambridge (USA) oder in Cambridge (England)? Er sagte (es war kaum zu hören): „Ich komme wieder".

Vor der schließenden Klammer stehen Ausrufe- und Fragezeichen, wenn der eingeklammerte Zusatz sie verlangt.

Der Antrag ist vollständig ausgefüllt an die Bank zurückzusenden (bitte deutlich schreiben!). Es gab damals (erinnern Sie sich noch?) eine furchtbare Aufregung.

Der Schlußpunkt steht nur dann vor der schließenden Klammer, wenn ein ganzer Satz eingeklammert ist, der nicht an den vorhergehenden Satz angeschlossen ist.

Dies halte ich für das wichtigste Ergebnis meiner Ausführungen. (Die entsprechenden Belege finden sich auf Seite 25.) Aber: Mit der Produktion der neuen Modelle wurde bereits begonnen (im einzelnen werden wir noch darüber berichten).

R 87   **Erläuterungen zu einem bereits eingeklammerten Zusatz** werden in eckige Klammern gesetzt.

Mit dem Wort Bankrott (vom italienischen „banca rotta" [zusammengebrochene Bank]) bezeichnet man die Zahlungsunfähigkeit.

R 88   **Eigene Zusätze** in Anführungen oder eigene Ergänzungen bei nicht lesbaren oder zerstörten Texten werden durch eckige Klammern kenntlich gemacht.

In seinem Tagebuch heißt es: „Ich habe das große Ereignis [gemeint ist die Verleihung des Friedenspreises] ganz aus der Nähe miterlebt und war sehr beeindruckt."

R 89   **Buchstaben, Wortteile oder Wörter,** die man auch weglassen kann, werden in eckige Klammern eingeschlossen.

Kopp[e]lung
gern[e]
acht[und]einhalb
sieb[en]tens
Besucher mit [schulpflichtigen] Kindern

Kleinschreibung
↑ Groß- und Kleinschreibung

Kolon
↑ Doppelpunkt

Komma (Beistrich)
Das Komma hat im Deutschen in erster Linie die Aufgabe, den Satz grammatisch zu gliedern. Daneben dient es dem ursprünglichen Zweck der Satzzeichen, die beim Sprechen entstehenden Pausen anzugeben. Beide Prinzipien, das grammatische und das rhetorische, lassen sich nicht immer in Übereinstimmung bringen. Zuweilen fordert das grammatische Prinzip ein Komma, wo der Redende keine Pause macht, und umgekehrt. Andererseits vermag das grammatische Prinzip, vor allem bei Partizipial- und Infinitivgruppen, nicht alle Fälle eindeutig zu bestimmen. Daher gilt gerade beim Komma der Grundsatz, daß dem Schreibenden ein bestimmter Freiraum für feinere Unterscheidungen zugestanden werden muß.

Das Komma zwischen Satzteilen R 90 bis 104
Das Komma bei Partizipial- und Infinitivgruppen R 105–108
Das Komma zwischen Sätzen R 109–115
Das Komma vor „und" oder „oder" (Zusammenfassung) R 116–124
Das Komma beim Zusammentreffen einer Konjunktion (eines Bindewortes) mit einem Adverb, Partizip u. a. R 125–127

Das Komma zwischen Satzteilen

Alles, was den ungehemmten Fluß eines Satzes unterbricht, wird durch das Komma abgetrennt. Dies betrifft vor allem Aufzählungen, herausgehobene Satzteile sowie Einschübe und Zusätze aller Art.

R 90   Das Komma steht bei **Aufzählungen** zwischen Wörtern gleicher Wortart und zwischen gleichartigen Wortgruppen, wenn sie nicht durch „und" oder „oder" verbunden sind.

Am Schluß einer Aufzählung steht k e i n Komma, wenn der Satz weitergeht.
Feuer, Wasser, Luft und Erde. Er sägte, hobelte, hämmerte die ganze Nacht. Es war ein süßes, klebriges, kaum genießbares Getränk. Sie ist viel, viel schöner.

● Das Komma steht aber nicht vor dem letzten der aufgezählten Attribute eines Substantivs, wenn dieses mit dem Substantiv einen Gesamtbegriff bildet.

ein Glas dunkles bayrisches Bier
Sehr geehrte gnädige Frau!
Er machte bedeutende, lehrreiche physikalische Versuche.

Gelegentlich hängt es vom Sinn des Satzes ab, ob ein Gesamtbegriff vorliegt oder nicht.

die höher liegenden unbewaldeten Hänge
(ohne Komma, weil es auch tiefer liegende unbewaldete Hänge gibt)
die höher liegenden, unbewaldeten Hänge
(mit Komma, weil die tiefer liegenden bewaldet sind)

R 91 Mehrteilige **Wohnungsangaben** werden durch Komma gegliedert.

Gustav Meier, 6200 Wiesbaden, Wilhelmstr. 24, I. Stock, links
Peter Schmidt, Landgraf-Georg-Straße 4, 6100 Darmstadt

Wird die Wohnungsangabe mit einer Präposition (einem Verhältniswort) an den Namen angeschlossen oder auf andere Weise in den Satz einbezogen, dann steht nach dem letzten Bestandteil kein Komma.

Herr Thomas Meyer in Heidelberg, Hauptstraße 15 hat den ersten Preis gewonnen.
Herr Schmitt ist von Bonn, Königstraße 20 nach Mannheim-Feudenheim, Eberbacher Platz 14 umgezogen.

Folgt aber die Wohnungsangabe unmittelbar auf den Namen, dann ist sie eine nachgestellte genauere Bestimmung, die nach R 98 in Kommas eingeschlossen wird.

Herr Thomas Meyer, Heidelberg, Hauptstraße 15, hat den ersten Preis gewonnen.
Die Firma Voß, Köln, Hansaring 12, hat mitgeteilt ...

R 92 Mehrteilige **Angaben von Stellen** aus Büchern, Zeitschriften o. ä. werden durch Komma gegliedert.

Man findet diese Regel im Duden, Rechtschreibung, S. 37, R 92. Der Artikel erschien im „Spiegel", Heft 48, 1976, S. 25 f.

Bei Hinweisen auf Gesetze, Verordnungen usw. wird gewöhnlich kein Komma gesetzt.

§ 6 Abs. 2 Satz 2 der Personalverordnung

R 93 Mehrere vorangestellte **Namen und Titel** werden nicht durch Komma getrennt.

Hans Albert Schulze (aber: *Schulze, Hans Albert*)
Direktor Professor Dr. Max Müller
Seine Heiligkeit Papst Johannes Paul II.

Das gilt auch für mehrere Vornamen einer Person.

Unser Stammhalter Heiko Thomas ist angekommen.

In der Regel steht auch kein Komma bei „geb.", „verh.", „verw." usw.

Martha Schneider geb. Kühn

Der Geburtsname o. ä. kann aber auch als Beisatz aufgefaßt werden und wird dann in Kommas eingeschlossen.

Dr. Karl Schneider und Frau Martha[,] geb. Kühn[,] geben sich die Ehre ...

R 94 Das Komma steht nach **herausgehobenen Satzteilen,** die durch ein Pronomen (Fürwort) oder Adverb erneut aufgenommen werden.

Deinen Vater, den habe ich gut gekannt. In diesem Krankenhaus, da haben sie mir die Mandeln herausgenommen.

R 95 Das Komma trennt die **Anrede** vom übrigen Satz.

Kinder, hört doch mal zu! Haben Sie meinen Brief bekommen, Herr Müller? Das, mein Lieber, kannst du nicht von mir verlangen.

Nach der Anrede am Anfang eines Briefes wird statt des Ausrufezeichens häufig ein Komma gesetzt. Dann wird das erste Wort des Brieftextes klein geschrieben, wenn es kein Substantiv oder Anredepronomen ist. (Vgl. R 30.)

Sehr geehrter Herr Schmidt,
gestern erhielt ich ...

R 96 Das Komma trennt die **Interjektion** (das Ausrufe-, Empfindungswort) vom Satz, wenn sie mit besonderem Nachdruck gesprochen wird.

Ach, das ist schade! Au, du tust mir weh!

Dies gilt auch für die bekräftigende Bejahung und Verneinung.

Ja, daran ist nicht zu zweifeln. Nein, das sollte er nicht sagen.

Kein Komma steht, wenn sich die Interjektion o. ä. eng an den folgenden Text anschließt.

Ach laß mich doch in Ruhe! Ja wenn er nur käme! Seine ach so große Vergeßlichkeit ...

R 97 Das Komma trennt den **nachgestellten Beisatz** ab.

Johannes Gutenberg, der Erfinder der Buchdruckerkunst, wurde in Mainz geboren. Die Röntgenstrahlen, eine Entdeckung Wilhelm Conrad Röntgens, hießen zuerst X-Strahlen. Das Auto, Massenverkehrsmittel und Statussymbol zugleich, bestimmt immer mehr das Gesicht unserer Städte.

● Kein Komma steht dagegen, wenn der Beisatz zum Namen gehört.

Heinrich der Löwe wurde im Dom zu Braunschweig begraben. Das ist ein Gemälde von Hans Holbein dem Jüngeren.

Gelegentlich entscheidet allein das Komma, ob eine Aufzählung oder ein Beisatz vorliegt. In diesen Fällen kann also das Komma den Sinn eines Satzes verändern.

Gertrud, meine Schwester, und ich wohnen im selben Haus (2 Personen).
Gertrud, meine Schwester und ich wohnen im selben Haus (3 Personen).

R 98 **Nachgestellte genauere Bestimmungen** werden durch das Komma abgetrennt oder, wenn der Satz weitergeführt wird, in Kommas eingeschlossen.

Das gilt vor allem für Bestimmungen, die durch „und zwar", „und das", „nämlich", „d. h.", „d. i.", „z. B." u. a. eingeleitet werden.

Das Schiff kommt wöchentlich einmal, und zwar sonntags. Wir müssen etwas unternehmen, und das bald. Bei unserer nächsten Sitzung, das ist am Donnerstag, werde ich diese Angelegenheit zur Sprache bringen. Mit einem Scheck über 2 000,– DM, in Worten: zweitausend Deutsche Mark, hat er die Rechnung bezahlt. Es gibt vier Jahreszeiten, nämlich Frühling, Sommer, Herbst und Winter.

In Preislisten, Speisekarten u. ä., die spaltenweise gedruckt sind, steht nach der letzten nachgestellten genaueren Bestimmung kein Komma.

Armband, 18 Karat Gold, ausgesuchte Zuchtperlen, 3reihig   590,– DM
Kabeljau, gedünstet, mit holländischer Soße   14,90 DM

Wird eine adjektivische Beifügung durch eine zweite Beifügung näher bestimmt, dann setzt man kein schließendes Komma, um den Zusammenhang der Fügung nicht zu stören.

Ausländische, insbesondere holländische Firmen traten als Bewerber auf. Das Buch enthält viele farbige, und zwar mit der Hand kolorierte Holzschnitte.

Das schließende Komma steht auch dann nicht, wenn ein Teil des Prädikats (der Satzaussage) näher bestimmt und die zugehörige Personalform des Verbs nur einmal gesetzt wird.

Er wurde erst wieder ruhiger, als er sein Herz ausgeschüttet, d. h. alles erzählt hatte.

● Gelegentlich werden nachgestellte Beisätze oder nachgestellte genauere Bestimmungen nicht als Einschübe gewertet, die den Satz unterbrechen, sondern wie ein Satzglied behandelt und nicht durch Komma abgetrennt. Die Entscheidung liegt in diesen Fällen beim Schreibenden.

Der Kranke hatte, entgegen ärztlichem Verbot, das Bett verlassen.
Oder: *Der Kranke hatte entgegen ärztlichem Verbot das Bett verlassen.*
Alle, bis auf Karl, wollen mitfahren.
Oder: *Alle bis auf Karl wollen mitfahren.*
Der Angeklagte Max Müller erschien nicht zur Verhandlung.
Oder: *Der Angeklagte, Max Müller, erschien nicht zur Verhandlung.*

● Kein Komma steht bei genaueren Bestimmungen, die zwischen dem Artikel (Pronomen, Zahlwort) und dem zugehörigen Substantiv stehen.

eine wenn auch noch so bescheidene Forderung; diese den Betrieb stark belastenden Ausgaben; zwei mit allen Wassern gewaschene Betrüger

---

R 99 Das Komma trennt dem Substantiv **nachgestellte Adjektive und Partizipien** ab.

Der November, kalt und naß, löste eine heftige Grippewelle aus. Er schaut zum Fenster hinaus, müde und gelangweilt. Sie erzählte allerlei Geschichten, erlebte und erfundene. Dein Wintermantel, der blaue, muß in die Reinigung.
Kabeljau, gedünstet

Das Komma steht aber nicht, wenn in festen oder dichterischen Wendungen ein alleinstehendes Adjektiv nachgestellt ist.

Aal blau
Karl Meyer junior
Bei einem Wirte wundermild ...

R 100 Das **Datum** wird von Orts-, Wochentags- und Uhrzeitangaben durch Komma getrennt.

Berlin, den 26. 12. 1976
Mannheim, im Januar 1980
Mittwoch, den 25. Juli, [um] 20 Uhr findet die Sitzung statt.

Folgt der Monatstag auf den Wochentag, so muß man beachten, ob eine Aufzählung vorliegt oder ob dem Wochentag ein erklärender Beisatz nachgestellt ist. (Vgl. R 44.)

Er kommt am Montag, dem 5. September, an. (Wochen- und Monatstag stehen im Dativ; Beisatz.) *Er kommt am Montag, den 5. September an.* (Der Wochentag steht im Dativ, der Monatstag im Akkusativ; Aufzählung.)
Er kommt Montag, den 5. September, an. Oder: *Er kommt Montag, den 5. September an.* (Wochen- und Monatstag stehen im Akkusativ; Beisatz oder Aufzählung.)

R 101 Das Komma steht zwischen Satzteilen, die durch **anreihende Konjunktionen** (Bindewörter)[1] in der Art einer Aufzählung verbunden sind.

Dies gilt vor allem bei:
bald – bald
einerseits – and[e]rerseits (anderseits)
einesteils – ander[e]nteils
jetzt – jetzt
ob – ob
teils – teils
nicht nur – sondern auch
halb – halb

Die Kinder spielen teils auf der Straße, teils im Garten. Er ist nicht nur ein guter Schüler, sondern auch ein guter Sportler. Halb zog sie ihn, halb sank er hin.

● Kein Komma steht vor den anreihenden Konjunktionen, die eng zusammengehörige Satzteile verbinden (vgl. aber R 109). Hierzu gehören:
und
sowie
wie
sowohl – als auch
weder – noch

Der Becher war innen wie außen vergoldet. Ich weiß weder seinen Nachnamen noch seinen Vornamen.

Vor „und" steht bei Aufzählungen auch dann kein Komma, wenn eine Infinitivgruppe (Grundformgruppe) oder ein Nebensatz folgt.

Die Mutter kaufte der Tochter einen Koffer, einen Mantel, ein Kleid und was sie sonst noch für die Reise brauchte.

Wird der übergeordnete Satz nach der Infinitivgruppe oder nach dem Nebensatz weitergeführt, dann ist es dem Schreibenden freigestellt, ein Komma zu setzen oder nicht.

Er hat nur einige zuverlässige Freunde oder wen er dafür hält[,] ins Vertrauen gezogen.
Bei Regen oder wenn es kalt ist[,] ziehe ich den Mantel an.

---

[1] Als Konjunktionen werden hier der Einfachheit halber auch die einem Satzteil vorangestellten Adverbien (z. B. teils – teils) bezeichnet.

> **R 102** Kein Komma steht vor den **ausschließenden Konjunktionen** (Bindewörtern).

Hierzu gehören:
oder
beziehungsweise (bzw.)
respektive (resp.)
entweder – oder

Heute oder morgen will er dich besuchen.
Du mußt dich entweder für das eine oder für das andere entscheiden.

> **R 103** Das Komma steht vor den **entgegensetzenden Konjunktionen** (Bindewörtern).

Hierzu gehören vor allem:
aber
allein
[je]doch
vielmehr
sondern

Er schimpft zwar, aber er tut seine Arbeit.
Ich wollte ihm helfen, doch er ließ es nicht zu. Das war kein Pkw, sondern ein größerer Lieferwagen.

> **R 104** Kein Komma steht vor den **vergleichenden Konjunktionen** (Bindewörtern) „als", „wie" und „denn", wenn sie nur Satzteile verbinden.

Es ging besser als erwartet. Die neuen Geräte gingen weg wie warme Semmeln. Mehr denn je kommt es heute darauf an, gediegenes Fachwissen zu besitzen.

● Das Komma steht dagegen bei Vergleichssätzen und bei dem Infinitiv (der Grundform) mit „zu".

Es ging besser, als wir erwartet hatten. Komm so schnell, wie du kannst (aber: *Komm, so schnell du kannst). Für ihn gibt es nichts Schöneres, als weiterzuschlafen, wenn der Wecker geklingelt hat.*

Das Komma sollte auch gesetzt werden, wenn der Vergleichssatz nur durch sein Prädikat mit nachgestellter Personalform erkennbar wird.

Wir haben mehr Stühle[,] als nötig sind.

Bei den mit „wie" angeschlossenen Fügungen ist es dem Schreibenden gelegentlich freigestellt, ob er die Fügung als eng zum Bezugswort gehörend oder als nachgetragen ansehen will.

Die Auslagen[,] wie Post- und Fernsprechgebühren, Eintrittsgelder, Fahrkosten u. dgl.[,] ersetzen wir Ihnen.

Das Komma bei Partizipial- und Infinitivgruppen (Mittelwort- und Grundformgruppen)

Partizipien und Infinitive bilden mit einer näheren Bestimmung Partizipialbzw. Infinitivgruppen, die ihrer Wertigkeit nach zwischen Satzglied und Satz stehen. Infinitive mit „zu" ohne eine nähere Bestimmung sind demgegenüber einfache Satzglieder. Sie werden der Übersichtlichkeit wegen in diesem Abschnitt mitbehandelt.

> **R 105** **Partizipien** ohne nähere Bestimmung oder mit nur einem Wort als näherer Bestimmung stehen ohne Komma.

(Vgl. hierzu aber R 99.)

Lachend kam er auf mich zu. Gelangweilt sah er zum Fenster hinaus. Schreiend und johlend durchstreiften sie die Straßen. Verschmitzt lächelnd schaute er zu.

> **R 106** Die **Partizipialgruppe** wird durch Komma abgetrennt.

Aus vollem Halse lachend, kam er auf mich zu. Er sank, zu Tode getroffen, zu Boden.

Eine Ausnahme machen die mit „entsprechend" gebildeten Gruppen; da dieses Wort hier wie eine Präposition (ein Verhältniswort) gebraucht wird, steht kein Komma.

Seinem Vorschlag entsprechend ist das Haus verkauft worden.

Auch bei „betreffend" wird oft schon kein Komma mehr gesetzt.

Ihre Wohnung betreffend[,] möchte ich Ihnen folgenden Vorschlag machen.

Ist die vorangestellte Partizipialgruppe Subjekt des Satzes (Satzgegenstand), steht ebenfalls kein Komma.

Schlecht gefahren ist besser als gut gegangen.

● Einige Wortgruppen sind den Partizipialgruppen gleichzustellen, weil man sie durch „habend", „seiend", „werdend", „geworden" ergänzen kann. Sie werden ebenfalls durch Komma abgetrennt.

Neben ihm saß sein Freund, den Kopf im Nacken, und hörte der Unterhaltung zu.
Seit mehreren Jahren kränklich, hatte er sich in ein Sanatorium zurückgezogen.

R 107 Der **erweiterte Infinitiv** mit „zu" (die Infinitivgruppe, Grundformgruppe) wird in den meisten Fällen durch Komma abgetrennt.

Ein Infinitiv ist bereits erweitert, wenn „ohne zu", „um zu", „als zu", „[an]statt zu" an Stelle des bloßen „zu" stehen.

Sie ging in die Stadt, um einzukaufen. Du brauchst nichts zu tun, als ruhig abzuwarten. Er hatte keine Gelegenheit, sich zu waschen. Wir hoffen, hiermit Ihre Fragen beantwortet zu haben, und grüßen Sie ... Die Ursache des Unglücks festzustellen, hat die Polizei als sehr schwierig bezeichnet.

Die mehrgliedrigen Infinitve des Aktivs im Perfekt (der Tatform in der 2. Vergangenheit) und des Passivs (der Leideform) werden auch dann durch Komma abgetrennt, wenn sie nicht erweitert sind.

Ich erinnere mich, widersprochen zu haben. Er war der Überzeugung, verraten worden zu sein. Er wünschte sich, eingeladen zu werden.

Es steht aber kein Komma:

● wenn der erweiterte Infinitiv mit dem Hauptsatz verschränkt ist oder wenn er innerhalb der verbalen Klammer steht;

Diesen Vorgang wollen wir zu erklären versuchen. (Hauptsatz: Wir wollen versuchen.)
Wir hatten den Betrag zu überweisen beschlossen. (Hauptsatz: Wir hatten beschlossen.)

● wenn ein Glied des erweiterten Infinitivs an den Anfang des Satzgefüges tritt und der Hauptsatz dadurch von dem erweiterten Infinitiv eingeschlossen wird;

Diesen Betrag bitten wir auf unser Konto zu überweisen. (Hauptsatz: Wir bitten.)

● wenn der voranstehende erweiterte Infinitiv das Subjekt (den Satzgegenstand) vertritt (es sei denn, ein hinweisendes Wort wie „es", „das", „dies" weist auf den Infinitiv zurück);

Sich selbst zu besiegen ist der schönste Sieg.
Aber: *Sich selbst zu besiegen, das ist der schönste Sieg.*

● wenn der erweiterte Infinitiv auf Hilfsverben oder als Hilfsverben gebrauchte Verben folgt.

Nur als Hilfsverben werden gebraucht: sein, haben, brauchen, pflegen, scheinen.

Die Spur war deutlich zu sehen. Sie haben nichts zu verlieren. Er pflegt abends ein Glas Wein zu trinken. Du scheinst heute schlecht gelaunt zu sein.

Als Hilfsverben oder als selbständige Verben können die Wörter „drohen" und „versprechen" gebraucht werden.

Als Hilfsverben:
Der Kranke drohte (= lief Gefahr) *bei dem Anfall zu ersticken.*
Er verspricht ein tüchtiger Kaufmann zu werden (= allem Anschein nach wird er ein tüchtiger Kaufmann).

Als selbständige Verben:
Der Kranke drohte (= sprach die Drohung aus), *sich umzubringen.*
Er hat versprochen (= gab das Versprechen), *mir das Buch zu bringen.*

● Bei einigen Verben kann zwischen dem Gebrauch als Hilfsverb und der Verwendung als selbständiges Verb nicht eindeutig unterschieden werden. Hier ist es dem Schreibenden überlassen, ob er ein Komma setzt oder nicht.
Zu diesen Verben gehören: anfangen, aufhören, beginnen, bitten, denken, fürchten, gedenken, glauben, helfen, hoffen, meinen, verdienen, verlangen, versuchen, wagen, wünschen u. a.

Er glaubt[,] mir damit imponieren zu können. Wir bitten[,] diesen Auftrag möglichst schnell zu erledigen. Sie verlangte[,] ihren Bruder zu sprechen. Das verdient[,] an dieser Stelle erwähnt zu werden. Er half[,] den Schrank in die Wohnung zu tragen.

Tritt aber eine Umstandsangabe oder eine Ergänzung zu einem dieser Verben, dann ist es ein selbständiges Verb. Folglich muß in diesen Fällen ein Komma gesetzt werden.

Der Arzt glaubte fest, den Kranken durch eine Operation retten zu können. Er bat mich, morgen wiederzukommen.

R 108 Der **reine Infinitiv** mit „zu" wird in den meisten Fällen nicht durch Komma abgetrennt.

Der Abgeordnete beginnt zu sprechen. Seine Bereitschaft zu helfen muß man anerkennen. Zu klagen wagte sie nicht.

Ein Komma steht jedoch:
● wenn ein hinweisendes Wort wie „es", „das", „dies" auf den vorangestellten reinen Infinitiv mit „zu" hindeutet (folgt der reine Infinitiv mit „zu" diesen Wörtern, dann braucht kein Komma gesetzt zu werden);
Zu tanzen, das ist ihre größte Freude.
Aber:
Ich wage es nicht zu kommen.
Auch:
Ich wage es nicht, zu kommen.

● wenn mehrere reine Infinitive mit „zu" dem Hauptsatz folgen oder in ihn eingeschoben sind oder wenn ein reiner und ein erweiterter Infinitiv zusammenstehen;
Er war immer bereit, zu raten und zu helfen. Ohne den Willen, zu lernen und zu arbeiten, wirst du es zu nichts bringen. Es ist sein Wunsch, zu arbeiten und in Ruhe zu leben.

● wenn in einem Gleichsetzungssatz der reine Infinitiv mit „zu" dem Prädikat (der Satzaussage) folgt;
Seine Absicht war, zu gewinnen.

● wenn das „zu" des reinen Infinitivs in der Bedeutung von „um zu" verwendet wird;
Ich komme, [um] zu helfen.

● wenn es gilt, Mißverständnisse zu vermeiden.
Wir rieten ihm zu folgen.
Zur Unterscheidung von:
Wir rieten, ihm zu folgen.

● Wird ein reiner Infinitiv durch einen nachfolgenden Nebensatz näher bestimmt, dann ist es dem Schreibenden freigestellt, ein Komma vor den Infinitiv zu setzen oder nicht. Setzt er das Komma, so gehört der Infinitiv enger zum Nebensatz, im anderen Fall zum Hauptsatz.

Er hatte keinen Grund zu glauben,| daß er übervorteilt wurde.
oder:
Er hatte keinen Grund,| zu glauben, daß der übervorteilt wurde.

Wenn aber dem reinen Infinitiv ein als Hilfsverb gebrauchtes Verb vorausgeht, darf vor dem Infinitiv kein Komma stehen.

Wir bitten zu entschuldigen, daß ...

Das Komma zwischen Sätzen

Das Komma zwischen Sätzen hat in erster Linie die Aufgabe, den Nebensatz von seinem Hauptsatz und von anderen Nebensätzen zu trennen. Dabei ist es gleichgültig, ob die Sätze vollständig sind oder nicht. Darüber hinaus trennt das Komma aber auch selbständige Sätze an Stelle des Punktes oder des Semikolons, wenn diese Sätze in enger gedanklicher Verbindung aneinandergereiht sind.

R 109 Das Komma trennt **nebengeordnete selbständige Sätze.**

Die Musik wird leiser, der Vorhang hebt sich, das Spiel beginnt.

Dies gilt auch dann, wenn sie durch Konjunktionen (Bindewörter) wie
und
oder
beziehungsweise
weder – noch
entweder – oder
verbunden sind.

Sie machten es sich bequem, die Kerzen wurden angezündet, und der Gastgeber versorgte sie mit Getränken. Er hat ihm weder beruflich geholfen, noch hat er seine künstlerischen Anlagen gefördert. Willst du mitkommen, oder hast du etwas anderes vor? Setzen Sie sich dort drüben hin, und verhalten Sie sich ganz ruhig!

Kein Komma steht aber:

● bei durch „und" oder „oder" verbundenen selbständigen Sätzen, wenn sie kurz sind und eng zusammengehören;

Er grübelte und er grübelte. Er lief oder er fuhr. Tue recht und scheue niemand!
(Aber bei verschiedenen Subjekten: *Er ruderte, und sie steuerte.*)

● nach formelhaften Aufforderungssätzen wie „Sei so gut", „Seien Sie bitte so freundlich", wenn der folgende Satz mit „und" angeschlossen ist;

Seien Sie bitte so nett und geben Sie mir das Buch.

● bei durch „und" oder „oder" verbundenen Sätzen, die einen Satzteil gemeinsam haben. Dies gilt auch, wenn zwei Hauptsätze einen vorangestellten gemeinsamen Nebensatz haben.

Sie stiegen ins Auto und fuhren nach Hause. Er wohnt in Mannheim und ich in Darmstadt. Samstags wäscht er den Wagen oder mäht den Rasen. Als der Mann in den Hof trat, bellte der Hund und schnatterten die Gänse.
(Aber bei normaler Wortstellung: *Als der Mann in den Hof trat, bellte der Hund, und die Gänse schnatterten.*)

R 110 Das Komma trennt selbständige **Sätze, die ineinandergeschoben sind.**

Eines Tages, es war mitten im Winter, stand ein Reh in unserem Garten.

R 111 Das Komma steht zwischen **Haupt- und Nebensatz** (Gliedsatz).

Der Nebensatz kann Vordersatz, Zwischensatz oder Nachsatz sein. Der Zwischensatz wird von Kommas eingeschlossen.

Wenn es möglich ist, erledigen wir den Auftrag sofort. Was er sagt, stimmt nicht. „Ich kenne Sie nicht", antwortete er. Hunde, die bellen, beißen nicht. Alles, was du brauchst, sollst du bekommen. Es freut

mich sehr, daß du wieder gesund bist. Ich weiß, er ist unschuldig. Er fragt, mit welchem Zug du kommst. Sie rief: „Du hast mir gerade noch gefehlt!", als ich hereinkam.

● Nach der wörtlichen Rede steht kein Komma, wenn sie durch ein Frage- oder Ausrufezeichen abgeschlossen ist und der Hauptsatz unmittelbar anschließt.

„Was ist das für ein Käfer?" fragte er. „Du sollst mich in Ruhe lassen!" fauchte sie.

Bei hinweisendem „so", „das" o. ä. wird dagegen ein Komma gesetzt.

„Diese Betrüger, diese Schufte!", so rief er immer wieder.

R 112 Das Komma trennt **Nebensätze** (Gliedsätze) **gleichen Grades,** die nicht durch „und" oder „oder" verbunden sind.

Wenn das wahr ist, wenn du ihn wirklich nicht gesehen hast, dann brauchst du dir keine Vorwürfe zu machen. Er kannte niemanden, der ihm geholfen hätte, an den er sich hätte wenden können.
Aber: *Sie sagte, sie wisse Bescheid und der Vorgang sei ihr völlig klar.*

R 113 Das Komma trennt **Nebensätze** (Gliedsätze) **verschiedenen Grades.**

Er war zu klug, als daß er in die Falle gegangen wäre, die man ihm gestellt hatte.

R 114 Für das Komma in **Auslassungssätzen** gelten dieselben Richtlinien wie bei vollständigen Sätzen.

Vielleicht, daß er noch eintrifft. (Vielleicht geschieht es, daß ...)
Ich weiß nicht, was anfangen. (..., was ich anfangen soll.)
Ehre verloren, alles verloren. (Wenn die Ehre verloren ist, ist alles verloren.)

Unvollständige Nebensätze, die mit „wie" oder „wenn" u. a. eingeleitet sind, stehen oft ohne Komma; sie sind formelhaft geworden und wirken wie eine einfache Umstandsangabe.

Komma

Er ging wie immer (= gewohntermaßen) *nach dem Essen spazieren.*
Wir wollen die Angelegenheit wenn möglich (= möglichst) *heute noch erledigen.*
Seine Darlegungen endeten wie folgt (= folgendermaßen): ...

Ich habe ihn oft besucht, und wenn er in guter Stimmung war, dann saßen wir bis spät in die Nacht zusammen. Es waren schlechte Zeiten, und um zu überleben, nahm man es mit vielen Dingen nicht so genau.

R 115 Das Wort „bitte" wird meist als bloße Höflichkeitsformel verwendet und steht dann ohne Komma im Satz.

Bitte gehen Sie voran. Geben Sie mir bitte das Buch.

Bei besonderer Betonung kann es aber auch durch Komma abgetrennt bzw. in Kommas eingeschlossen werden.

Bitte, kommen Sie einmal zu mir! Geben Sie mir, bitte, noch etwas Zeit.

Das Komma vor „und" oder „oder" (Zusammenfassung)

R 116 Das Komma steht, wenn „und" oder „oder" **selbständige Sätze** verbindet.

Es wurde immer kälter, und der Südwind türmte Wolken um die Gipfel.

Dies gilt auch für selbständige Sätze mit Auslassungen.

Nur noch wenige Minuten, und wir können beginnen.

R 117 Das Komma steht, wenn ein **Zwischensatz** vorausgeht.

Wir glauben, daß wir richtig gehandelt haben, und werden diesen Weg weitergehen.

Als Zwischensatz gilt auch ein eingeschobener erweiterter Infinitiv (eine eingeschobene erweiterte Grundform).

Wir hoffen, Ihre Bedenken hiermit zerstreut zu haben, und grüßen Sie ...

R 118 Das Komma steht, wenn „und" oder „oder" ein Satzgefüge anschließt, das mit einem **Nebensatz oder** einem **erweiterten Infinitiv** beginnt.

R 119 Das Komma steht, wenn ein **Beisatz** vorausgeht.

Mein Onkel, ein großer Tierfreund, und seine vierzehn Katzen leben jetzt in einer alten Mühle.

R 120 Das Komma steht, wenn „und zwar" oder „und das" **nachgestellte genauere Bestimmungen** einleitet.

Ich werde kommen, und zwar bald, Er gab nicht nach, und das mit Recht.

R 121 Es steht **kein** Komma, wenn „und" oder „oder" **kurze und eng zusammengehörige selbständige Sätze** verbindet.

Seid vernünftig und geht nach Hause! Er schrie und er tobte.

● Bei verschiedenen Subjekten dagegen muß das Komma stehen.

Er ruderte, und sie steuerte.

R 122 Es steht **kein** Komma, wenn „und" oder „oder" **selbständige Sätze mit einem gemeinsamen Satzteil** verbindet.

Sie öffnete die Tür und ging in den Garten. Er spielt Geige und sie Klarinette.

R 123 Es steht **kein** Komma, wenn „und" oder „oder" **Nebensätze** (Gliedsätze) **gleichen Grades** verbindet.

Weil sie die Schwäche ihres Sohnes für den Alkohol kannte und damit er nicht wieder entgleisen sollte, schickte sie ihn schon früh nach Hause.

R 124 Es steht kein Komma, wenn „und" oder „oder" bei **Aufzählungen** von Wörtern steht, die der gleichen Wortart angehören, oder wenn in einer Aufzählung ein erweiterter Infinitiv oder ein Nebensatz folgt.

Sie zogen Tomaten, Gurken, Weißkohl und Wirsing in ihrem Kleingarten. Wir bewegten uns auf Zehenspitzen und ohne ein Wort zu sprechen. Sie lachte über ihn wegen seiner großen Füße und weil er vor Aufregung stotterte.

Das Komma beim Zusammentreffen einer Konjunktion (eines Bindewortes) mit einem Adverb, Partizip u. a.

Bei bestimmten Fügungen, in denen eine Konjunktion mit einem Adverb, Partizip u. a. zusammentrifft (z. B. „vorausgesetzt, daß"; „auch wenn"), sind besondere Richtlinien für die Kommasetzung zu beachten.

R 125 Haben beide Teile der Fügung Eigenständigkeit, dann steht das Komma zwischen den Teilen, d. h. **vor der eigentlichen Konjunktion.**

Zu diesen Fügungen gehören:
  abgesehen davon, daß
  angenommen, daß
  ausgenommen, daß/wenn
  es sei denn, daß
  gesetzt [den Fall], daß
  in der Annahme/Erwartung/Hoffnung, daß
  unter der Bedingung, daß
  vorausgesetzt, daß
u. a.

Angenommen, daß morgen gutes Wetter ist, wohin wollen wir fahren? Ich komme gern, es sei denn, daß ich im Büro aufgehalten werde. Er befürwortete den Antrag unter der Bedingung, daß alle Voraussetzungen erfüllt seien. Ich mag ihn gern, ausgenommen, wenn er schlechter Laune ist.

R 126 Wird die Fügung als Einheit verstanden, dann steht das Komma nur **vor der Fügung als Ganzem,** nicht vor der eigentlichen Konjunktion.

Hierzu gehören die Fügungen:
  als daß
  [an]statt daß
  auch wenn
  außer daß/wenn/wo
  namentlich wenn
  nämlich daß/wenn
  ohne daß
  selbst wenn
  ungeachtet daß (aber: ungeachtet dessen, daß)
u. a.

Sie hat uns geholfen, ohne daß sie es weiß. Du mußt dich zusammennehmen, auch wenn es dir schwerfällt. Der Plan ist viel zu umständlich, als daß wir ihn ausführen könnten. Anstatt daß der Direktor kam, erschien nur sein Stellvertreter. Selbst wenn er mir das Doppelte bietet, werde ich ihm die Uhr nicht verkaufen. Eins weiß ich, nämlich daß er mich betrogen hat.

R 127 Bei einigen Fügungen ist ein **schwankender Gebrauch** des Kommas zu verzeichnen.

Wird das vor der Konjunktion stehende Adverb u. ä. betont und hervorgehoben, dann sind beide Teile eigenständig; das Komma steht nach R 125 vor der eigentlichen Konjunktion. Wird die Fügung jedoch als Einheit verstanden, dann steht nach R 126 das Komma vor der Fügung als Ganzem.

Solche Schwankungen treten auf bei:
  besonders[,] wenn
  geschweige[,] daß (aber immer: geschweige denn, daß)
  gleichviel[,] ob/wann/wo
  im Fall[,] daß/im Falle[,] daß
  insbesondere[,] wenn
  insofern/insoweit[,] als
  je nachdem[,] ob/wie
  kaum[,] daß
  um so eher/mehr/weniger[,] als
  vor allem[,] wenn/weil
u. a.

Ich habe ihn nicht gesehen, geschweige, daß ich ihn sprechen konnte.
Neben: *Ich glaube nicht einmal, daß er anruft, geschweige daß er vorbeikommt.*

Ich werde es tun, gleichviel, ob er darüber böse ist.
Neben: *Ich werde dir schreiben, gleichviel wo ich auch bin.*

Je nachdem, wie geschickt er ist, kann er hier oder im Garten arbeiten.

Neben: *Je nachdem wie geschickt er ist, kann er hier oder im Garten arbeiten.*

Weitere Hinweise zur Kommasetzung finden Sie unter den Stichwörtern ↑ Anführungszeichen (R 14), ↑ Fragezeichen (R 51), ↑ Gedankenstrich (R 57 f.), ↑ Klammern (R 85), ↑ Zahlen (R 200 ff.).

Konjunktion (Bindewort)
↑ Groß- und Kleinschreibung (R 67), ↑ Komma (R 101 ff.)

Konsonant (Mitlaut)
↑ Silbentrennung (R 178 f., 181), ↑ Zusammentreffen dreier gleicher Konsonanten (R 204)

Korrekturvorschriften
↑ S. 79 ff.

Länder- und Völkernamen
↑ Namen (R 145 ff.)

Maß-, Mengen- und Münzbezeichnungen

R 128 Folgt auf eine **stark gebeugte Maß- oder Mengenangabe** ein starkes männliches oder sächliches Substantiv, ohne daß durch ein Begleitwort der Fall deutlich wird, dann bleibt im Genitiv (Wesfall) Singular entweder die Angabe oder das davon abhängende Substantiv ungebeugt.

eines Glas Wassers oder: *eines Glases Wasser*
eines Pfund Fleisches oder: *eines Pfundes Fleisch*

● Beugung oder Nichtbeugung beider Glieder ist nicht korrekt.

Nicht: *eines Glases Wassers, eines Pfund Fleisch.*

Geht aber dem Gezählten oder Gemessenen ein Adjektiv voran, dann werden in der Regel sowohl die Maß- oder Mengenangabe als auch das Gezählte oder Gemessene gebeugt.

der Preis eines Pfundes gekochten Schinkens (selten: *eines Pfund gekochten Schinkens*)

In den anderen Beugungsfällen steht das Gezählte oder Gemessene im gleichen Fall wie die Maß- oder Mengenangabe.

fünf Sack feinstes Mehl; mit einem Tropfen [warmem] Öl; von einem Sack [schlechten] Nüssen; ein Glas guter Wein

Nur selten wird hier der Genitiv gewählt, der im allgemeinen als gehoben (oder gespreizt) empfunden wird.

ein Glas guten Weines

R 129 Im Plural bleiben Maß-, Mengen- und Münzbezeichnungen **in Verbindung mit Zahlwörtern** meist ungebeugt.

10 Faß, 2 Dutzend, 3 Zoll, 2 Fuß, 7 Paar, 9 Sack, 30 Pfennig, 10 Schilling, 342 Dollar, zwanzig Grad Kälte, zehn Schritt, 5 Karton (auch: *Kartons*) *Seife*

Fremde Bezeichnungen werden jedoch häufig gebeugt, bei manchen schwankt der Gebrauch.

4 Peseten (Singular: *Peseta*), *100 Lei* (Singular: *Leu*), *500 Lire* (Singular: *Lira*), *100 Centesimi* (Singular: *Centesimo*); *10 Inch* oder *Inches, 5 Yard* oder *Yards, 20 Bushel* oder *Bushels*

Weibliche Bezeichnungen, die auf -e ausgehen, werden immer gebeugt.

zwanzig norwegische Kronen, zwei Flaschen Wein, drei Tassen Kaffee, drei Tonnen, 5 Ellen, 2 Kannen Wasser, drei Dosen Milch

Die Beugung schwankt auch, wenn der Zahl ein Verhältniswort vorangeht, das den Dativ (Wemfall) fordert.

von 10 Metern an, auch: *von 10 Meter an; ein Gewicht von zwei Zentnern,* auch: *von zwei Zentner*

Folgt aber das Gemessene oder Gezählte, dann wird meist die ungebeugte Form gebraucht

Die Steckdose ist in 90 Zentimeter Höhe angebracht. Ein Schwein von 3 Zentner Lebendgewicht.

● Die Bezeichnungen werden immer gebeugt, wenn das betreffende Substantiv
den konkreten, einzeln gezählten Gegenstand o. ä. bezeichnet.

er trank 2 Glas, aber: *er zerbrach zwei
Gläser; er hatte 30 Schuß Munition,* aber:
es fielen zwei Schüsse

Mehrzahl (Plural)

↑ Maß-, Mengen- und Münzbezeichnungen (R 129), ↑ Namen (R 141), ↑ Substantiv (R 194 ff.)

Mengenangaben

↑ Maß-, Mengen- und Münzbezeichnungen

Mitlaut (Konsonant)

↑ Silbentrennung (R 178 f., 181), ↑ Zusammentreffen dreier gleicher Konsonanten
(R 204)

Mittelwort (Partizip)

↑ Silbentrennung (R 7 ff.), ↑ Groß- und
Kleinschreibung (R 65), ↑ Komma
(R 105 f.), ↑ Zusammen- und Getrennt-
schreibung (R 209)

Münzbezeichnungen

↑ Maß-, Mengen- und Münzbezeichnungen

Namen

Familiennamen, Vornamen, historische
Personennamen R 130–144
Geographische (erdkundliche) Namen
R 145–156
Sonstige Namen R 157–159
(Straßennamen werden gesondert unter
dem entsprechenden Stichwort behan-
delt; vgl. R 189–193.)

**Familiennamen, Vornamen, historische
Personennamen**

R 130 Die **Schreibung der Familiennamen** unterliegt nicht den allgemeinen Richtlinien der Rechtschreibung.
Für sie gilt die standesamtlich jeweils
festgelegte Schreibung.

Goethe neben: *Götz*
Franz Liszt neben: *Friedrich List*
Schmidt neben: *Schmitt, Schmid*
Grossmann neben: *Großmann*

Zur Trennung vgl. R 179.

R 131 Für die **Schreibung der Vornamen** gelten im allgemeinen die heutigen Rechtschreibregeln.

Gewisse Abweichungen sind jedoch zu-
lässig.

Claus neben üblichem *Klaus; Clara* neben üblichem *Klara*

Deutschstämmige Vornamen werden
nicht mehr mit dem sprachgeschichtlich
falschen ph, sondern mit f geschrieben.

Rudolf, Adolf

Sie können ein angestammtes h bewah-
ren, aber auch aufgeben.

Eckhart neben: *Eckart, Berthold* neben:
Bertold, Günther, Walther neben:
Walter; auch: *Bertha* neben: *Ber-
ta* (obwohl das h hier sprachgeschichtlich nicht gerechtfertigt ist)

Das h bleibt in bestimmten Fällen nach
dem Vorbild von berühmten Namensträ-
gern erhalten.

Lothar, Mathilde

Ebenso in den germanischen Namen
Theoderich und *Theobald.*

Fremde Vornamen werden in der fremden Schreibweise geschrieben.

Jean, Christa, Dorothea, auch (aus dem
Griechischen): *Theodor, Theodora, Theo-
phil*

Volkstümlich gewordene fremde Vornamen gleichen sich nach und nach der
deutschen Schreibweise an.

Josef, Zita, Käte, Felizitas

R 132 **Zweiteilige Vornamen** werden
zusammengeschrieben, wenn nur ein
Bestandteil stark betont wird.

*Lieselotte, Ingelore, Annemarie, Hansjoa-
chim, Karlheinz* (auch: *Hans-Joachim,
Karl-Heinz*)
aber: *Johann Wolfgang, Ute Ursula, Edith
Hildegard*

> **R 133** Zu einem **mehrteiligen Personennamen** gehörende Adjektive, Partizipien, Pronomen (Fürwörter) und Zahlwörter werden groß geschrieben.

Katharina die Große, Albrecht der Entartete, der Alte Fritz, der Große Kurfürst, Klein Erna, Heinrich der Achte (üblicher: *Heinrich VIII.*), *Unsere Liebe Frau* (Maria, Mutter Jesu)

> **R 134** Von Personennamen **abgeleitete Adjektive** werden groß geschrieben, wenn sie die persönliche Leistung oder Zugehörigkeit ausdrücken.

Platonische Schriften (von Plato)
die Heineschen Reisebilder (von Heine geschrieben)
die Mozartschen Kompositionen (von Mozart)

Diese Adjektive werden klein geschrieben, wenn sie aussagen, daß etwas nach einer Person benannt worden ist oder ihrer Art, ihrem Geist entspricht.

platonische Liebe (nach Plato benannt)
eine heinesche Ironie (nach der Art Heines)
die Kompositionen wirken mozartisch (wie die Kompositionen Mozarts)

● Immer klein schreibt man die von Personennamen abgeleiteten Adjektive auf -istisch, -esk und -haft, weil sie die Art angeben, und die Zusammensetzungen mit vor-, nach- u.ä.

darwinistische Auffassungen
kafkaeske Gestalten
eulenspiegelhaftes Treiben
vorlutherische Bibelübersetzungen
in nachchristlicher Zeit (zu: *Christus*)

> **R 135** Bildet ein **Familien- oder Personenname** zusammen mit einem Substantiv eine geläufige Bezeichnung, so schreibt man zusammen.

Vgl. hierzu R 33.

Dieselmotor, Röntgenstrahlen, Thomasmehl, Litfaßsäule, Kneippkur, Achillesferse, Bachkantate

● Einen Bindestrich kann man setzen, wenn der Name hervorgehoben werden soll.

Schiller-Theater, Opel-Vertretung, Paracelsus-Ausgabe

Man setzt einen Bindestrich, wenn dem Namen ein zusammengesetztes Grundwort folgt. So wird die Fügung übersichtlicher.

Mozart-Konzertabend, Beethoven-Festhalle

● Bindestriche setzt man auch, wenn die Bestimmung zum Grundwort aus mehreren oder aus mehrteiligen Namen besteht.

Richard-Wagner-Festspiele, Max-Planck-Gesellschaft, Goethe-und-Schiller-Denkmal, Johann-Sebastian-Bach-Gymnasium, De-Gaulle-Besuch, Van-Allen-Gürtel, Sankt-Marien-Kirche (St.-Marien-Kirche), aber: *Marienkirche*

Es steht ein Bindestrich, wenn Vor- und Familienname umgestellt sind und der Artikel vorangeht,

der Huber-Franz, die Hofer-Marie

wenn der Name als Grundwort steht

Möbel-Müller, Bier-Meier

und wenn ein Doppelname vorliegt.

Müller-Frankenfeld, Kaiser-Kootz

> **R 136** Zusammensetzungen von **einteiligen Namen mit einem Adjektiv** werden zusammengeschrieben.

goethefreundlich, lutherfeindlich

Bei mehrteiligen Namen dagegen schreibt man die Verbindung mit Bindestrich.

de-Gaulle-treu, Fidel-Castro-freundlich, McNamara-feindlich, O'Connor-treu

> **R 137** Aus **mehrteiligen Namen** abgeleitete **Adjektive** werden mit Bindestrich geschrieben.

die Heinrich-Mannschen Romane
die von-Bülowschen Zeichnungen
die de-Morganschen Gesetze

Dies gilt auch, wenn Titel mit Namen oder mehrere Namen das Adjektiv bilden.

die Dr.-Müllersche Apotheke
die Thurn-und-Taxissche Post

durch ein vorgesetztes „von",
die Schriften von Paracelsus; die „Elektra"
von Strauss

durch einen Apostroph (vgl. R 23)
Demosthenes' Reden, Paracelsus' Schriften, Ringelnatz' Gedichte, France' Werke

---

R 138 Zusammensetzungen aus einem **Substantiv und einem Vornamen** schreibt man in der Regel zusammen.

Wurzelsepp, Schützenliesel, Suppenkaspar

Wird aber eine Berufsbezeichnung mit einem Vornamen zusammengesetzt, so steht ein Bindestrich.

Bäcker-Anna, Schuster-Franz

R 139 Stehen Familien-, Personen- und Vornamen **ohne Artikel oder Pronomen (Fürwort)** im Genitiv (Wesfall), so erhalten sie in der Regel das Genitiv-s.

Goethes, Beethovens, Siegfrieds, Hildegards, Kaiser Karls des Großen

Bei Familiennamen mit von, van, de, ten usw. wird heute gewöhnlich der Familienname gebeugt. Der Vorname wird nur dann gebeugt, wenn der Familienname – besonders bei historischen Namen – als Ortsname erkennbar ist und das übergeordnete Substantiv vorangeht.

Karl Zur Mühlens
Wolfgang von Goethes
Friedrich von Hardenbergs
Wolfram von Eschenbachs Lieder
aber: *die Lieder Wolframs von Eschenbach*

● Gehen die Familien-, Personen- und Vornamen auf s, ß, x, z, tz aus, dann gibt es folgende Möglichkeiten, den Genitiv zu bilden oder zu umschreiben:

durch die altertümliche Endung -ens (selten),
Brahms, Brahmsens; Horaz, Horazens; Götz, Götzens

durch Voranstellung des Artikels oder Pronomens (Fürworts) mit oder ohne Gattungsnamen,
des Tacitus, des Geschichtsschreibers Tacitus; unseres Paracelsus, unseres großen Gelehrten Paracelsus

---

R 140 Stehen Familien-, Personen- und Vornamen **mit Artikel oder Pronomen (Fürwort)** im Genitiv (Wesfall), so bleiben sie ungebeugt.

des Lohengrin, des Anton Meier, eines Schiller; des Kaisers Karl, des Vetters Fritz Frau, die Krönung der Königin Elisabeth, die Reise unseres Onkels Paul

Ist ein männlicher Personenname völlig zu einem Gattungsnamen geworden, dann erhält er in der Regel wie ein gewöhnliches Substantiv die Genitivendung -s.
des Dobermanns, des Zeppelins; schwankend: *des Diesel[s]*

R 141 Der **Plural der Familiennamen** wird heute meist mit -s gebildet.

Buddenbrooks, die Rothschilds, die Barrings; Meiers besuchen Müllers

Gelegentlich bleiben die Familiennamen ohne Beugungsendung, besonders wenn sie auf -en, -er, -el ausgehen.

auch: *die (Brüder) Grimm, die Münchhausen, die Schiller, die beiden Schlegel*

R 142 Steht vor dem Namen **ein Titel, eine Berufs- oder Verwandtschaftsbezeichnung o.ä. ohne Artikel oder Pronomen (Fürwort),** dann wird im allgemeinen nur der Name [und der Beiname] gebeugt.

Professor Lehmanns Sprechstunde, Kaiser Karls des Großen Krönung, Tante Klaras Brief

● Der Titel „Herr" wird in Verbindung mit einem Namen immer gebeugt.

Herrn Müllers Meldung; das müssen Sie Herrn Müller sagen; würden Sie bitte Herrn Müller rufen?

R 143 Steht vor dem Namen **ein Titel, eine Berufs- oder Verwandtschaftsbezeichnung o. ä. mit Artikel oder Pronomen (Fürwort),** dann wird nur der Titel usw. gebeugt.

des Herrn Müller, des Professors Lehmann, die Reise unseres Onkels Karl

● Der Titel „Doktor" („Dr.") bleibt, da er als Teil des Namens gilt, immer ungebeugt.

das Gesuch des Dr. Meier

R 144 Stehen vor dem Namen **mehrere mit dem Artikel verbundene Titel,** dann wird meist nur der erste Titel gebeugt.

Der Titel „Doktor" („Dr.") bleibt auch in diesen Fällen ungebeugt.

die Sprechstunde des Geheimrats Professor Dr. Lehmann; die Rede des Vorsitzenden Regierungsrat Doktor Pfeifer

Ist der erste Titel „Herr", dann wird meist auch der folgende Titel gebeugt.

die Akte des Herrn Finanzrats Heller (seltener: *... des Herrn Finanzrat Heller*)

Für die Beugung der Titel in Anschriften gelten dieselben Richtlinien, auch dann, wenn Präposition (Verhältniswort) und Artikel wegfallen.

[An den] Herrn Regierungspräsidenten Müller (seltener: *[An den] Herrn Regierungspräsident Müller*); *Herrn Ersten Bürgermeister Dr. Meier*

Geographische (erdkundliche) Namen

R 145 Für die **Schreibung der deutschen geographischen Namen** gelten im allgemeinen die heutigen Rechtschreibregeln.

Köln, Zell, Freudental, Freiburg im Breisgau

(Zur Schreibung abgekürzter Zusätze vgl. R 1.)

Die Behörden halten jedoch gelegentlich an alten Schreibweisen fest.

Cottbus, Celle, Frankenthal, Freyburg/Unstrut

Fremde geographische Namen werden in der fremden Schreibweise geschrieben.

Toulouse, Marseille, Rio de Janeiro, Reykjavik

Häufig gebrauchte fremde geographische Namen sind weitgehend eingedeutscht.

Neapel (für: Napoli)
Rom (für: Roma)
Belgrad (für: Beograd)
Kalifornien (für: California)
Kanada (für: Canada)

R 146 Zu einem geographischen Namen gehörende **Adjektive und Partizipien** werden groß geschrieben.

die Hohe Tatra, der Kleine Belt, das Schwarze Meer, der Bayerische Wald

R 147 Die von geographischen Namen **abgeleiteten Wörter auf -er** schreibt man immer groß.

der Hamburger Hafen, ein Frankfurter Sportverein, ein Schwarzwälder Rauchschinken

R 148 Die von geographischen Namen abgeleiteten **Adjektive auf -isch** werden klein geschrieben, wenn sie nicht Teil eines Eigennamens sind.

(Vgl. R 157).

indischer Tee, italienischer Salat, ein österreichischer Skiläufer

aber: *die Holsteinische Schweiz*

R 149 Zusammensetzungen aus Grundwort und einfachem oder zusammengesetztem geographischem Namen schreibt man im allgemeinen zusammen.

Nildelta, Perubalsam, Rheinfall, Manilahanf, Großglocknermassiv; moskaufreundlich

Bei unübersichtlichen Zusammensetzungen (vor allem bei zusammengesetztem Grundwort) setzt man einen Bindestrich.

Donau-Dampfschiffahrtsgesellschaft, Mosel-Winzergenossenschaft

Bleibt die Zusammensetzung übersichtlich, dann schreibt man zusammen.

Weserbergland, Alpenvorland, Rheinseitenkanal

Ein Bindestrich kann gesetzt werden, um den Namen besonders hervorzuheben.

Jalta-Abkommen

R 150 Bindestriche setzt man, wenn die **Bestimmung zum Grundwort aus mehreren oder mehrteiligen Namen** besteht.

Dortmund-Ems-Kanal, Saar-Nahe-Bergland; Rio-de-la-Plata-Bucht, Sankt-Gotthard-Tunnel, Kaiser-Franz-Josef-Land, König-Christian-IX.-Land

Dies gilt auch für Abkürzungen.

St.-Lorenz-Strom, USA-freundlich

R 151 **Ableitungen auf -er** von geographischen Namen schreibt man zusammen, wenn sie Personen bezeichnen.

Schweizergarde (päpstliche Garde, die aus Schweizern besteht), *Römerbrief* (Brief an die Römer), *Danaergeschenk* (Geschenk der Danaer)

● Man schreibt solche Ableitungen getrennt, wenn sie die geographische Lage bezeichnen.

Walliser Alpen (die Alpen im Wallis), *Glatzer Neiße* (die von Glatz kommende Neiße), *Köln-Bonner Flughafen*

Besonders in Österreich und in der Schweiz wird in diesen Fällen oft zusammengeschrieben.

Bregenzerwald, Bielersee

Es gibt geographische Namen, die auf -er enden und keine Ableitungen der oben genannten Art sind. Diese Namen werden zusammengeschrieben.

Glocknergruppe, Brennerpaß

R 152 Zusammensetzungen aus **ungebeugten Adjektiven und geographischen Namen** schreibt man im allgemeinen zusammen.

Großbritannien, Kleinasien, Mittelfranken, Hinterindien, Oberammergau, Niederlahnstein, Untertürkheim

Das gilt auch für Zusammensetzungen mit Bezeichnungen für Himmelsrichtungen.

Ostindien, Südafrika, Norddeutschland, Nordkorea, Südvietnam

Bezeichnungen politisch geteilter Staaten werden gelegentlich auch mit Bindestrich geschrieben.

Nord-Korea

Ein Bindestrich steht dagegen häufig bei nichtamtlichen Zusätzen.

Alt-Wien, Groß-London, Alt-Heidelberg, West-Berlin

Bei Ableitungen schreibt man auch in diesen Fällen zusammen.

altheidelbergisch, Westberliner

Die behördliche Schreibung der Ortsnamen schwankt.

Neuruppin, Groß Räschen, Klein-Auheim

Endet das ungebeugte Adjektiv auf -isch und ist es eine Ableitung von einem Orts-, Völker- oder Ländernamen, so setzt man einen Bindestrich.

Spanisch-Guinea, Französisch-Indochina, Britisch-Kolumbien, Böhmisch-Kamnitz, Mährisch-Ostrau

Auch hier gibt es Abweichungen bei behördlich festgelegten Schreibungen.

Schwäbisch Gmünd, Bergisch Gladbach, Bayrischzell

R 153 Die Wörter „**Sankt**" und „**Bad**" stehen vor geographischen Namen ohne Bindestrich und getrennt.

Sankt Blasien (St. Blasien), Sankt Gotthard (St. Gotthard); Bad Ems, Bad Kissingen, Bad Kreuznach; Stuttgart-Bad Cannstatt

Dies gilt auch für Ableitungen auf -er. (Vgl. aber R 150.)

Sankt Galler, die Bad Kreuznacher Salinen, Bad Hersfelder Festspiele; aber: Sankt-Gotthard-Tunnel, Bad-Kissingen-Straße

> **R 154** Man setzt einen Bindestrich, wenn **ein geographischer Name aus zwei geographischen Namen zusammengesetzt** ist.

Berlin-Schöneberg, München-Schwabing, Hamburg-Altona, Wuppertal-Barmen; Rheinland-Pfalz, Nordrhein-Westfalen; Stuttgart-Bad Cannstatt

Bei Ableitungen bleibt dieser Bindestrich erhalten.

Schleswig-Holsteiner, schleswig-holsteinisch

Der Bindestrich steht im allgemeinen auch, wenn bei Ortsnamen nähere Bestimmungen nachgestellt sind.

Frankfurt-Stadt, Frankfurt-Land, Frankfurt-Stadt und -Land, Autobahnausfahrt Frankfurt-Süd

Bahnamtlich werden solche Angaben meist ohne Bindestrich nachgestellt.

Wiesbaden Süd, Köln Hbf.

> **R 155** **Adjektivische Verbindungen von geographischen Bezeichnungen** werden mit Bindestrich geschrieben, wenn sie eine Beziehung, ein Verhältnis o. ä. ausdrücken.

Beide Wörter werden in diesen Fällen stark betont.

der deutsch-amerikanische Schiffsverkehr (zwischen Deutschland und Amerika), *die deutsch-schweizerischen Wirtschaftsverhandlungen, afro-asiatische Beziehungen*

● Zusammen schreibt man, wenn die Verbindung eine Begriffseinheit ausdrückt.

die deutschamerikanische Literatur (Literatur der Deutschamerikaner), *die schweizerdeutsche Mundart, frankokanadische Familien*

Das gilt besonders für Zusammensetzungen, deren erster Bestandteil auf -o ausgeht.

serbokroatisch, tschechoslowakisch, baltoslawisch

Entsprechend werden auch die zugehörigen Substantive geschrieben.

Anglo-Amerikaner (Sammelname für Engländer und Amerikaner) aber: *Angloamerikaner,* auch: *Angloamerikaner* (aus England stammender Amerikaner)

> **R 156** Sächliche geographische Namen ohne Artikel bilden den **Genitiv (Wesfall) mit -s.**

Kölns, Bayerns, Deutschlands, Europas, Amerikas

Männliche oder sächliche geographische Namen mit Artikel erhalten im Genitiv meist ein -s. Das -s wird jedoch, besonders bei fremden Namen, häufig schon weggelassen.

des Brockens, des Rheins; aber: *des heutigen Europa[s], des Mississippi[s], des Sudan[s]*

● Geographische Namen auf s, ß, x, z, tz bilden den Genitiv wie Familien- und Personennamen, die in gleicher Weise enden (vgl. R 139).

Bordeaux' Hafenanlage; die Einwohner von Pirmasens, der Schuhstadt Pirmasens

Sonstige Namen

> **R 157** Zu einem **mehrteiligen Namen** gehörende Adjektive, Partizipien und Zahlwörter werden groß geschrieben.

(Vgl. hierzu auch R 75 u. 133.)

der Kleine Bär, die Hängenden Gärten der Semiramis, die Sieben Freien Künste, Institut für Angewandte Geodäsie, Römisch-Germanisches Museum

Bei Namen von Gaststätten o. ä. schreibt man auch das erste Wort des Namens groß.

Zur Neuen Post, Bei Egon, In der Alten Schmiede

Adjektive, die nicht am Anfang des mehrteiligen Namens stehen, werden in einigen Fällen auch klein geschrieben.

Institut für deutsche Sprache

● Es gibt Wortverbindungen, die keine Namen sind, obwohl sie häufig als Namen angesehen werden. Hier werden die Adjektive klein geschrieben. (Vgl. R 148.

Im Zweifelsfall schlage man im Wörterverzeichnis nach.)

schwarzer Tee, rote Bete, der blaue Brief, die katholische Kirche, neues Jahr

Vor allem in der Botanik und in der Zoologie werden die Adjektive in Verbindungen dieser Art oft groß geschrieben, weil man Benennungen aus der wissenschaftlichen Systematik von den allgemeinen Gattungsbezeichnungen abheben will.

Schwarzer Holunder (Sambucus nigra), *Kleines Sumpfhuhn* (Porzana parva)

R 158 Das **erste Wort** eines Buch-, Film- oder Zeitschriftentitels, einer Überschrift o. ä. wird groß geschrieben.

(Vgl. R 73.)

Er war Mitarbeiter der Neuen Rheinischen Zeitung. Wir haben den Film ,,Der Tod in Venedig" zweimal gesehen.

R 159 Auch wenn sie in Anführungszeichen stehen, ist bei Titeln von Büchern, Zeitungen usw. die **Beugung unerläßlich**.

Zitate aus Büchmanns ,,Geflügelten Worten", das Titelbild der ,,Frankfurter Illustrierten", die Schriftleitung der ,,Frankfurter Allgemeinen Zeitung", aus Wagners ,,Meistersingern", die neue Auflage des Dudens

Dies gilt auch für Firmen-, Gebäude- und Straßennamen o. ä.

der Senat der Freien Hansestadt Bremen, das Verwaltungsgebäude der Vereinigten Stahlwerke, die Leistungen des Rheinisch-Westfälischen Elektrizitätswerkes, der Vorstand des Bibliographischen Instituts, die Öffnungszeiten des Hauses der Kunst, er wohnt in der Oberen Riedstraße

Soll ein solcher Titel oder Firmenname unverändert wiedergegeben werden, dann muß mit einem entsprechenden Substantiv umschrieben werden.

aus der Zeitschrift ,,Die Kunst des Orients", aus Wagners Oper ,,Die Meistersinger", im Hotel ,,Europäischer Hof", die Maschinen der Luftverkehrsgesellschaft ,,Deutsche Lufthansa AG"

Nominativ (Werfall)
↑Substantiv (R 194 ff.)

Ordinalzahl (Ordnungszahl)
↑Punkt (R 162)

Ortsangabe
↑Komma (R 91 u. 100)

Ortsnamen
↑Namen (R 145 ff.)

Parenthese
↑Klammern

Partizip
↑Adjektiv (R 7 ff.), ↑Groß- und Kleinschreibung (R 65), ↑Komma (R 105 f.), ↑Zusammen- und Getrenntschreibung (R 209)

Personennamen
↑Namen (R 130 ff.)

Plural (Mehrzahl)
↑Maß-, Mengen- und Münzbezeichnungen (R 129), ↑Namen (R 141), ↑Substantiv (R 194 ff.)

Präposition (Verhältniswort)
↑Groß- und Kleinschreibung (R 67), ↑Zusammen- und Getrenntschreibung (R 208)

Pronomen (Fürwort)
↑Apostroph (R 22), ↑Groß- und Kleinschreibung (R 66 u. 71 f.)

Punkt

R 160 Der Punkt steht nach einem **Aussagesatz**.

Es wird Frühling. Wir freuen uns. Wenn du willst, kannst du mitkommen.

Das gilt auch für Frage-, Ausrufe-, Wunsch- und Befehlssätze, die von einem Aussagesatz abhängig sind.

Sie fragte ihn, wann er kommen wolle. Er rief ihm zu, er solle sich nicht fürchten. Er wünschte, alles wäre vorbei.

● Der Punkt steht nicht nach einem Aussagesatz, der als Satzglied oder Beifügung am Anfang oder innerhalb eines anderen Satzes steht.

„Aller Anfang ist schwer" ist ein tröstlicher Spruch. Das Sprichwort „Eigener Herd ist Goldes wert" gilt nicht für jeden.

R 161   Der Punkt steht an Stelle des Ausrufezeichens nach **Wunsch- und Befehlssätzen,** die ohne Nachdruck gesprochen werden.

Bitte geben Sie mir das Buch. Vgl. Seite 25 seiner letzten Veröffentlichung.

R 162   Der Punkt steht nach Zahlen, um sie als **Ordnungszahlen** zu kennzeichnen.

Sonntag, den 15. April
Friedrich II., König von Preußen

Steht eine Ordnungszahl am Satzende, so wird kein zusätzlicher Satzschlußpunkt gesetzt.

Katharina von Aragonien war die erste Frau Heinrichs VIII.

R 163   Der Punkt steht nicht nach **Überschriften, Buch- und Zeitungstiteln,** die durch ihre Stellung vom übrigen Text deutlich abgehoben sind.

Der Friede ist gesichert
Nach den schwierigen Verhandlungen zwischen den Vertragspartnern ...

R 164   Der Punkt steht nicht am Schluß der einzelnen Zeilen in **Tabellen, Listen** u. dgl.

Religion: gut
Deutsch: mangelhaft
Mathematik: sehr gut

R 165   Der Punkt steht nicht nach der **Jahreszahl** bei selbständigen Datumsangaben.

Mannheim, den 1. 4. 1986
Frankfurt, am 28. 8. 49

R 166   Der Punkt steht nicht nach der **Anschrift** in Briefen und auf Umschlägen.

Herrn
K. Meier
Rüdesheimer Straße 29
6200 Wiesbaden

Vgl. zur korrekten Form der Anschriften S. 67 f.

R 167   Der Punkt steht nicht nach **Grußformeln und Unterschriften** unter Briefen und anderen Schriftstücken.

Mit herzlichem Gruß
Dein Peter

Mit freundlichen Grüßen
die Schüler der Klasse 9b

Weitere Hinweise finden Sie unter den Stichwörtern ↑Abkürzungen (R 1 ff.), ↑Abschnittsgliederung (R 5 f.), ↑Klammern (R 86), ↑Zahlen und Ziffern (R 200 ff.) sowie in den Hinweisen für das Maschinenschreiben (S. 68 u. 70).

Schrägstrich

R 168   Der Schrägstrich kann zur Angabe von Größen- oder Zahlenverhältnissen **im Sinne von „je"** gebraucht werden.

durchschnittlich 60 km/h
100 Ew./km² (= 100 Einwohner je Quadratkilometer)
Vor allem in nichtmathematischen Texten wird der Schrägstrich häufig als Bruchstrich verwendet.

Das Guthaben wurde mit $3^{1}/_{2}$ % verzinst.

R 169   Der Schrägstrich kann zur **Angabe mehrerer Möglichkeiten** gebraucht werden.

Ich/Wir überweise[n] von meinem/unserem Konto ...
für Männer und/oder Frauen
so bald wie/als möglich

R 170   Der Schrägstrich kann **Namen verschiedener Personen** o. ä. verbinden, wenn ein Bindestrich mißverständlich oder nicht üblich ist.

*Meiler/Faßbender erreichten durch einen
3 : 1-Erfolg das Endspiel.*
*Es siegte die Renngemeinschaft Ratze-
burg/Kiel.*

Dies gilt vor allem, wenn Verwechslung
mit einem Doppelnamen möglich ist.

Es ist ein Buch von Schulze/Delitzsch
(zwei Autoren).
aber: *Es ist ein Buch von Schulze-De-
litzsch* (ein Autor).

R 171 Bei **abgekürzten Parteinamen**
ist der Schrägstrich üblich geworden,
um Fraktionsgemeinschaften o. ä. zu
kennzeichnen.

*Die Pressekonferenz der CDU/CSU wurde
mit Spannung erwartet. Er kandidierte für
die FDP/DVP.*

R 172 Der Schrägstrich kann zur Zusammenfassung zweier **aufeinander-
folgender Jahreszahlen,** Monatsnamen
o. ä. gebraucht werden.

1870/71
im Wintersemester 1978/79
der Beitrag für März/April

R 173 Der Schrägstrich steht häufig
zur Gliederung von **Akten- oder Dik-
tatzeichen** o. ä.

M/III/47
Dr. Dr/Ko
Rechn.-Nr. 195/75

Schriftsatz
↑ Richtlinien für den Schriftsatz S. 71 ff.

Selbstlaut (Vokal)
↑ Bindestrich (R 36), ↑ Silbentrennung
(R 180)

Semikolon (Strichpunkt)

Das Semikolon vertritt das Komma,
wenn dieses zu schwach, den Punkt,
wenn dieser zu stark trennt. Da das Urteil
darüber, ob einer dieser Fälle vorliegt,
verschieden sein kann, lassen sich für die
Anwendung des Semikolons nicht so
strenge Richtlinien geben wie für die anderen Satzzeichen.

R 174 Das Semikolon kann **an Stelle
des Punktes** zwischen eng zusammen-
gehörenden selbständigen Sätzen stehen.

*Die Stellung der Werbeabteilung im Orga-
nisationsplan ist in den einzelnen Unternehmen verschieden; sie richtet sich nach
den Anforderungen, die an die Werbung
gestellt werden.*

R 175 Das Semikolon kann **statt des
Kommas** zwischen den nebengeordne-
ten Sätzen einer Satzverbindung stehen.

Dies gilt besonders vor den Konjunktionen (Bindewörtern) oder Adverbien
denn, doch, darum,
daher, allein u. a.

*Die Angelegenheit ist erledigt; darum wol-
len wir nicht länger streiten. Ich wollte im
Oktober zur Herbstmesse gehen; doch leider hatte ich damals keine Zeit.*

R 176 Das Semikolon steht zur besseren Gliederung bei **mehrfach zusammengesetzten Sätzen.**

*Wer immer nur an sich selbst denkt; wer
nur danach trachtet, andere zu übervorteilen; wer sich nicht in die Gemeinschaft ein-
fügen kann: der kann von uns keine Hilfe
erwarten.*

R 177 Das Semikolon kann bei Aufzählungen **Gruppen gleichartiger Begriffe** abgrenzen.

*Unser Proviant bestand aus gedörrtem
Fleisch, Speck und Rauchschinken; Ei-
und Milchpulver; Reis, Nudeln und Grieß.*

Silbentrennung

Als Silbentrennungszeichen dient der
einfache Bindestrich. Der früher ge-
bräuchliche doppelte Trennungsstrich
(=) wird in der heutigen Normalschrift
und im Antiquadruck nicht angewandt.

R 178 Mehrsilbige **einfache und ab-geleitete Wörter** trennt man nach Sprechsilben, die sich beim langsamen Sprechen von selbst ergeben.

Freun-de, Män-ner, for-dern, wei-ter, Or-gel, kal-kig, Bes-se-rung
Bal-kon, Fis-kus, Ho-tel, Pla-net, Kon-ti-nent, Fas-zi-kel, Re-mi-nis-zenz, El-lip-se, Ber-lin, El-ba, Tür-kei

● Ein einzelner Konsonant (Mitlaut) kommt in diesen Fällen auf die folgende Zeile; von mehreren Konsonanten kommt der letzte auf die folgende Zeile.

tre-ten, nä-hen, Ru-der, rei-ßen, bo-xen; Ko-kon, Na-ta-li-tät; Kre-ta, Chi-na
An-ker, Fin-ger, war-ten, Fül-lun-gen, Rit-ter, Was-ser, Knos-pen, kämp-fen, Ach-sel, steck-ten, Kat-zen, Städ-ter, Drechs-ler, dunk-le, gest-rig, an-dere, and-re, neh-men, Beß-rung; Ar-sen, Hip-pie, Kas-ko, Pek-tin; Sän-tis, Un-garn, Hes-sen, At-lan-tik

Nachsilben, die mit einem Vokal (Selbstlaut) beginnen, nehmen bei der Trennung den vorangehenden Konsonanten zu sich.

Schaffne-rin, Freun-din, Bäcke-rei, Be-steue-rung, Lüf-tung

● Ein einzelner Vokal wird nicht abgetrennt.

Ader, Eber, Amor, eben, Ödem (nicht: A-der, E-ber ...)

In Ableitungen mit der Nachsilbe -heit lebt bei der Silbentrennung ein ursprünglich zum Stamm gehörendes, später abgestoßenes h nicht wieder auf.

Ho-heit, Rau-heit, Ro-heit
(nicht: Roh-heit)

R 179 Die **Konsonantenverbindungen ch und sch, in Fremdwörtern auch ph, rh, sh und th** bezeichnen einfache Laute und bleiben ungetrennt.

Bü-cher, Fla-sche, Ma-chete, Pro-phet, Myr-rhe, Bu-shel, ka-tholisch

● ß bezeichnet immer e i n e n Laut und wird nicht getrennt.

schie-ßen, hei-ßen

● Ebenso trennt man in Fremdwörtern im allgemeinen nicht die Buchstabengruppen

bl, pl, fl, gl, cl, kl, phl; br, pr, dr, tr, fr, vr, gr, cr, kr, phr, str, thr; chth; gn, kn

Pu-bli-kum, fle-xi-bler, Di-plom, Tri-fle, Re-gle-ment, Bou-clé, Zy-klus, Ty-phli-tis; Fe-bru-ar, Le-pra, Hy-drant, neu-tral, Chif-fre, Li-vree, ne-grid, Su-cre, Sa-kra-ment, Ne-phri-tis, In-du-strie, Ar-thri-tis; Ere-chthei-on; Ma-gnet, py-knisch

● Steht ss als Ersatz für ß (z. B. bei einer Schreibmaschine ohne ß), dann wird das Doppel-s wie das ß als einfacher Laut angesehen und nicht getrennt.

Grü-sse (für: *Grü-ße*), *hei-ssen* (für: *hei-ßen*)

● **ck** wird bei Silbentrennung in k-k aufgelöst. Bei Namen sollte die Trennung von ck möglichst vermieden werden, da sie das Schriftbild verändert.

Zuk-ker, bak-ken; (nur in Notfällen:) *Bek-ker, Zwik-kau*

Tritt in Namen oder in Ableitungen von Namen ck nach einem Konsonanten (Mitlaut) auf, dann wird ck wie ein einfacher Konsonant auf die nächste Zeile gesetzt.

Sen-ckenberg, Fran-cke, bismar-ckisch

● **st** wird nicht getrennt.

la-sten, We-sten, Bast-ler, sech-ste, brem-ste, Dien-stes, verwahrlo-stes Kind, sie sau-sten, Aku-stik, Hy-sterie

Eine Ausnahme bildet die Wortfuge bei Zusammensetzungen.

Diens-tag, Haus-tier

Die Regel gilt auch nicht für ßt.

muß-te (nicht: mu-ßte)

R 180 **Vokalverbindungen** dürfen nur getrennt werden, wenn sie keine Klangeinheit bilden und sich zwischen ihnen eine deutliche Silbenfuge befindet.

Befrei-ung, Trau-ung, bö-ig, europä-isch, Nere-ide, faschisto-id, Muse-um, kre-ieren, sexu-ell, Ritu-al

● Enger zusammengehörende Vokale bleiben, wenn das möglich ist, besser ungetrennt.

Natio-nen, natio-nal, Flui-dum, kolloi-dal, asia-tisch, Idea-list, Sexua-lität, poe-tisch, böi-ge, europäi-sche

Wenn i und i zusammentreffen, gilt:

einei-ige, Unpartei-ische

● Zwei [gleiche] Vokale (Selbstlaute), die eine Klangeinheit darstellen, und Doppellaute (Diphthonge) dürfen nicht getrennt, sondern nur zusammen abgetrennt werden.

Waa-ge, Aa-le, Ei-er, Mau-er, Neu-ron, Kai-ro, Beef-steak

● Die stummen Dehnungsbuchstaben e und i werden nicht abgetrennt.

Wie-se
Coes-feld (gesprochen: koß...)
Trois-dorf (gesprochen: troß...)

Das gilt auch für das w in der Namenendung -ow.

Tel-tow-er Rübchen (gesprochen: tältoᵉr)

● Nicht trennbar sind die Wörter:

Feen, knien, [auf] Knien, Seen

R 181 Zusammengesetzte Wörter und Wörter mit einer Vorsilbe werden nach ihren sprachlichen Bestandteilen, also nach Sprachsilben, getrennt.

Kleider-schrank, Hosen-träger, Diens-tag, war-um, dar-auf, dar-in, ge-schwungen, be-treten, Be-treuung, Ver-gnügen

Dasselbe gilt auch für Fremdwörter.

Atmo-sphäre, Mikro-skop, Inter-esse, Synonym, At-traktion, Ex-spektant, De-szendenz, in-szenieren

Manche Fremdwörter trennt man aber bereits nach Sprechsilben, da die sprachliche Gliederung eines Fremdwortes oft nicht allgemein bekannt ist.

Epi-sode (statt: Epis-ode)
Tran-sit (statt: Trans-it)
ab-strakt (statt: abs-trakt)

Auch zusammengesetzte geographische Namen werden nur dann nach Sprachsilben getrennt, wenn sich ihre Bestandteile erkennen lassen. Sonst trennt man nach Sprechsilben.

Im Zweifelsfall schlage man im Wörterverzeichnis nach.

Main-au, Schwarz-ach
aber: *Norder-ney;* nicht: Nordern-ey (ey = Insel)

● Ist bei einer Zusammensetzung an der Wortfuge einer von drei gleichen Konsonanten (Mitlauten) weggefallen (vgl. R 204), so tritt dieser Konsonant bei der Silbentrennung wieder ein.

Schiff-fahrt, Brenn-nessel, Ballett-theater, wett-turnen

Eine Ausnahme bilden die Wörter „dennoch", „Dritteil" und „Mittag".

den-noch, Drit-teil, Mit-tag

Trennungen, die zwar den Vorschriften entsprechen, aber den Leseablauf stören, sollte man vermeiden.

Spar-gelder, aber nicht: Spargel-der; *bestehende,* aber nicht: beste-hende; *beinhalten,* aber nicht: bein-halten; *Gehörnerven,* aber nicht: Gehörner-ven

---

R 182 Treten in einem deutschen Text einzelne **fremdsprachige Wörter,** Wortgruppen oder kurze Sätze auf, dann trennt man nach den deutschen Regeln ab.

---

a po-ste-rio-ri, per as-pe-ra ad astra, Coming man, Swin-ging Lon-don

Die Trennungsregeln fremder Sprachen sollen nur bei längeren Zitaten, d. h. bei fortlaufendem fremdsprachigem Text, angewandt werden.

as-tra, com-ing, swing-ing

ss und ß

R 183 Man schreibt **ß im Inlaut** nach langem Vokal (Selbstlaut) oder nach Doppellaut (Diphthong).

Blöße, Maße, grüßen; außer, reißen, Preußen

R 184 Man schreibt **ß im Auslaut** aller Stammsilben, die im Inlaut ß oder ss haben.

Gruß (grüßen), *Maß* (messen), *ihr haßt* (hassen), *mißachten* (missen), *Kongreß* (Kongresse)

Nur mit s werden die Bildungen auf -nis und bestimmte Fremdwörter geschrieben.

Zeugnis (trotz: Zeugnisse), *Geheimnis* (trotz: Geheimnisse), *Bus* (trotz: Busse), *Atlas* (trotz: Atlasse)

Man schreibt ß an Stelle von ss, wenn ein tonloses -e entfällt (vgl. R. 22).

vergeßne (für: vergessene), *wäßrig* (für wässerig), *laß!* (für: lasse!)

R 185 Man schreibt **ss im Inlaut** zwischen zwei Vokalen (Selbstlauten), deren erster kurz ist.

Masse, Missetat, Flüsse, hassen, essen, Zeugnisse, Dissertation

---

R 186 Man schreibt **ss im Auslaut** vor einem Apostroph.

(Vgl. R 18.)

ich lass' (für: ich lasse; aber als Imperativ, weil ohne Apostroph geschrieben: laß!)

R 187 Bei der Verwendung von **Großbuchstaben** steht SS für ß.

Das gilt besonders für Überschriften, Buchtitel, Plakate u. ä.

STRASSE, AUSSEN, KONGRESS

● Nur wenn Mißverständnisse möglich sind, schreibt man SZ.

MASSE, aber: *MASZE* (wenn Masse u. Maße verwechselt werden können)

R 188 Treffen **drei große S-Zeichen** zusammen, dann fügt man zweckmäßig den Bindestrich ein.

SCHLOSS-SCHULE
MASS-STAB
FUSS-SOHLE

(Vgl. auch S. 77.)

Straßennamen

R 189 Das **erste Wort** eines Straßennamens wird groß geschrieben, ebenso alle zum Namen gehörenden Adjektive und Zahlwörter.

Im Trutz, Am Alten Lindenbaum, Kleine Bockenheimer Straße, An den Drei Tannen

---

R 190 Straßennamen, die aus einem **einfachen oder zusammengesetzten Substantiv** (auch Namen) und einem für Straßennamen typischen Grundwort bestehen, werden zusammengeschrieben.

Solche typischen Grundwörter sind:
...allee, ...brücke, ...chaussee, ...damm, ...gasse, ...graben, ...markt, ...platz, ...promenade, ...ring, ...steg, ...straße, ...tor, ...ufer, ...weg u. a.

Schloßstraße, Brunnenweg, Bahnhofstraße, Rathausgasse, Bismarckring, Beethovenplatz, Augustaanlage, Römerstraße, Wittelsbacherallee, Becksweg, Marienwerderstraße, Drusweilerweg, Herderstraße, Stresemannplatz

Soll in einem Straßennamen ein [altes] Besitzverhältnis ausgedrückt werden, tritt oft ein Genitiv-s (Wesfall-s) auf. In solchen Fällen ist gelegentlich auch Getrenntschreibung möglich.

Brandtstwiete, Oswaldsgarten; Graffelsmanns Kamp

R 191 Straßennamen, die aus einem **ungebeugten Adjektiv** und einem Grundwort zusammengesetzt sind, werden zusammengeschrieben.

Altmarkt, Neumarkt, Hochstraße

Getrennt schreibt man dagegen, wenn das Adjektiv gebeugt ist.

Große Bleiche, Langer Graben, Neue Kräme, Französische Straße

● Getrennt schreibt man auch bei Ableitungen auf -er von Orts- und Ländernamen.

Münchener Straße, Bad Nauheimer Weg, Am Saarbrücker Tor, Schweizer Platz, Herner Weg, Kalk-Deutzer Straße

Bei Ortsnamen, Völker- oder Familiennamen auf -er wird jedoch nach R 190 zusammengeschrieben.

Drusweilerweg, Römerplatz, Herderstraße

Zur Beugung mehrteiliger Straßennamen vgl. R 159.

R 192 Den Bindestrich setzt man, wenn die Bestimmung zum Grundwort aus **mehreren Wörtern** besteht.

Albrecht-Dürer-Allee, Paul-von-Hindenburg-Platz, Kaiser-Friedrich-Ring, Van-Dyck-Straße, Ernst-Ludwig-Kirchner-Straße, E.-T.-A.-Hoffmann-Straße, Professor-Sauerbruch-Straße, Berliner-Tor-Platz, Bad-Kissingen-Straße, Sankt-Blasien-Straße, Am St.-Georgs-Kirchhof, Bürgermeister-Dr.-Meier-Platz, Von-Repkow-Platz, v.-Repkow-Platz

Zum abgekürzten Adelsprädikat vgl. R 78.

R 193 Bei der **Zusammenfassung von Straßennamen** schreibt man entsprechend den vorstehenden Richtlinien.

Ecke [der] Ansbacher und Motzstraße, Ecke [der] Motz- und Ansbacher Straße Ecke [der] Schiersteiner und Wolfram-von-Eschenbach-Straße, Ecke [der] Wolfram-von-Eschenbach- und Schiersteiner Straße

Strichpunkt
↑ Semikolon

Substantiv (Hauptwort)

Man unterscheidet drei Arten der Deklination (Beugung) des Substantivs: die starke (R 194–196), die schwache (R 197 u. 198) und die gemischte (R 199) Deklination.

R 194 Die **stark gebeugten männlichen und sächlichen** Substantive bilden den Genitiv (Wesfall) Singular mit -es oder -s; der Nominativ (Werfall) Plural endet auf -e, -er oder -s, er kann auch endungslos sein oder Umlaut haben.

des Überflusses, des Glases des Wagens, des Papiers die Reflexe, die Schafe

die Geister, die Bretter die Uhus, die Autos die Lehrer, die Gitter die Gärten, die Klöster

Stark gebeugte männliche und sächliche Fremdwörter haben im Nominativ Plural oft die Endung -s. Fremdwörter, die sich schon mehr eingebürgert haben, zeigen daneben auch die Endung -e.

die Büros, die Salons die Ballone neben: *die Ballons die Menuette* (auch: *die Menuetts*)

R 195 Das **Dativ-e** (Wemfall-e) im Singular starker männlicher und sächlicher Substantive ist im heutigen Sprachgebrauch vielfach geschwunden.

● Bei Wörtern, die auf Vokal (Selbstlaut) oder auf -en, -em, -el, -er enden, wird der Dativ immer ohne -e gebildet.

dem Uhu, dem Echo, dem Hurra; dem Garten, dem Atem, dem Gürtel, dem Lehrer

Dasselbe gilt für Wörter, die ohne Artikel von einer Präposition (einem Verhältniswort) oder von einem Mengenbegriff abhängen.

aus Holz, in Öl malen, von Haß getrieben, von Ast zu Ast, von Kopf bis Fuß; mit einem Glas Bier, aus einem Faß Wein, mit ein wenig Geist

● Der Dativ wird überwiegend ohne -e gebildet bei Wörtern, die auf Doppellaut (Diphthong) enden, und bei mehrsilbigen Wörtern, die nicht auf der letzten Silbe betont werden. Dies gilt auch für stark gebeugte Fremdwörter.

dem Bau, im Heu, dem Ei; dem Frühling, dem Ausflug, dem Schicksal; im Senat, mit dem Tabak, dem Konfekt

Sonst hängt der Gebrauch des -e weitgehend vom rhythmischen Gefühl des Schreibenden oder Sprechenden ab.

R 196 Die **stark gebeugten weiblichen** Substantive sind im Singular endungslos; der Nominativ (Werfall) Plural endet auf -e oder -s, er kann auch endungslos sein und Umlaut haben.

die Trübsale, die Muttis, die Kräfte, die Töchter

> **R 197** Die **schwach gebeugten männlichen** Substantive enden in allen Formen mit Ausnahme des Nominativs (Werfalls) Singular auf -en oder -n.

des Menschen, dem Hasen, den Boten, die Studenten

● Die Endung -en bzw. -n darf im Dativ (Wemfall) und Akkusativ (Wenfall) Singular im allgemeinen nicht weggelassen werden.

Der Professor prüfte den Kandidaten (nicht: den Kandidat).
Man wählte ihn zum Präsidenten (nicht zum Präsident).
Er begrüßte den Fabrikanten (nicht: den Fabrikant).
Der Arzt gab dem Patienten (nicht: dem Patient) *eine Spritze.*
Er sandte ihn als Boten (nicht: als Bote).
Dir als Juristen (nicht: als Jurist) *legt man die Frage vor.*

Nur in folgenden Fällen ist die endungslose Form richtig: wenn das Substantiv ohne Artikel oder Beifügung nach einer Präposition (einem Verhältniswort) steht oder wenn alleinstehende Substantive durch „und" verbunden sind.

eine Seele von Mensch
ein Forstmeister mit Assistent
Die neue Regelung betrifft Patient und Arzt gleichermaßen.

> **R 198** Die **schwach gebeugten weiblichen** Substantive sind im Singular endungslos, im Plural enden sie auf -en oder -n.

die Frauen, die Gaben, die Kammern

> **R 199** Die **gemischt gebeugten männlichen und sächlichen** Substantive werden im Singular stark gebeugt (der Genitiv endet auf -es oder -s) und im Plural schwach (der Nominativ endet auf -en oder -n).

des Staates, die Staaten
des Sees, die Seen
des Doktors, die Doktoren

th oder t
↑ Namen (R 131)

Titel oder sonstige Namen
↑ Anführungszeichen (R 12), ↑ Bindestrich (R 41), ↑ Groß- und Kleinschreibung (R 73 ff.), ↑ Namen (R 142 ff. u. R 157 ff.)

Transkriptions- und Transliterationssysteme
↑ S. 85 ff.

Trennung
↑ Silbentrennung

Überschriften
↑ Namen (R 158), ↑ Punkt (R 163)

Verb (Zeitwort)
↑ Apostroph (R 18 u. 22), ↑ Bindestrich (R 32), ↑ Groß- und Kleinschreibung (R 68), ↑ Zusammen- und Getrenntschreibung (R 205 ff.)

Vokal (Selbstlaut)
↑ Bindestrich (R 36), ↑ Silbentrennung (R 180)

Völkernamen
↑ Namen (R 151 f.)

Vornamen
↑ Namen (R 131 f. u. 139 f.)

Wemfall (Dativ)
↑ Substantiv (R 195 u. 197)

Wenfall (Akkusativ)
↑ Substantiv (R 197)

Werfall (Nominativ)
↑ Substantiv (R 194 u. 196 ff.)

Wesfall (Genitiv)
↑ Substantiv (R 194, 197 u. 199)

Wunschsatz
↑ Ausrufezeichen (R 28), ↑ Punkt (R 161)

Zahlen und Ziffern

Hinweise zur Schreibung der Zahlen in Buchstaben und als Bestandteile von Ableitungen und Zusammensetzungen finden Sie in den Abschnitten Groß- und Kleinschreibung (R 66), Zusammen- und Getrenntschreibung (R 212), Bindestrich (R 37 u. 43).

R 200 Ganze Zahlen aus **mehr als drei Ziffern** werden von der Endziffer aus in dreistellige Gruppen zerlegt.

---

3 417 379 DM   25 000 kg   4 150
Man gliedert hierbei durch Zwischenraum, nicht durch Komma.
Eine Gliederung durch Punkt ist möglich, kann aber zu Verwechslungen führen, da z. B. im Englischen der Punkt die Dezimalstelle angibt.

10.000.000 kW

Bei Zahlen, die eine Nummer darstellen, sind auch andere Gruppierungen als die Dreiergliederung möglich.

Tel. 70 96 14
Kundennummer 2 1534 5677
Bestellnummer 042/1789
Postgirokontonummer 640 74–208
Fernschreibnummer 4 62 527

Vgl. auch S. 73 f.

R 201 **Dezimalstellen** werden von den ganzen Zahlen durch ein Komma getrennt.

52,36 m
8,745 032 kg
1 244,552 12

Auch nach dem Komma ist eine Gliederung in Dreiergruppen durch Zwischenraum (nicht durch Punkt oder Komma!) möglich.

R 202 Bei der Angabe von **Geldbeträgen** in DM wird die Pfennigzahl durch ein Komma abgetrennt.

3,45 DM, auch (besonders in Aufstellungen und im Zahlungsverkehr): *DM 3,45*

Bei vollen Markbeträgen können die Dezimalstellen zusätzlich angedeutet werden.

5 DM
oder: *5,00 DM*
oder: *5,– DM*

In der Schweiz steht zwischen Franken- und Rappenzahl gewöhnlich ein Punkt.

Fr. 4.20

Will man eine Spanne zwischen zwei Geldbeträgen angeben, so achte man auf Eindeutigkeit.

10–25 000 DM (wenn die erste Zahl 10 DM bezeichnet)
10 000–25 000 DM (wenn die erste Zahl 10 000 DM bezeichnet)

R 203 Bei **Zeitangaben** wird die Zahl der Minuten von der Zahl der Stunden nicht durch ein Komma, sondern durch einen Punkt oder durch Hochstellung abgehoben.

6.30 [Uhr]
6³⁰ [Uhr]

Zeitwort (Verb)

↑Apostroph (R 18 u. 22), ↑Bindestrich (R 32), ↑Groß- und Kleinschreibung (R 68), ↑Zusammen- und Getrenntschreibung (R 205 ff.)

Ziffern

↑Zahlen und Ziffern

Zusammentreffen von drei gleichen Konsonanten (Mitlauten)

R 204 Treffen bei Wortbildungen **drei gleiche Konsonanten** zusammen, dann setzt man nur zwei, wenn ein Vokal (Selbstlaut) folgt.

Schiffahrt, Brennessel, Balletttheater (th, griech. ϑ, gilt hier als ein Buchstabe), *wetturnen*

● Bei Silbentrennung tritt der dritte Konsonant wieder ein.

Schiff-fahrt, Brenn-nessel, Ballett-theater, wett-turnen

In den Wörtern „dennoch", „Dritteil" und „Mittag" wird jedoch auch bei der Silbentrennung der Konsonant nur zweimal gesetzt.

den-noch, Drit-teil, Mit-tag

● Nach **ck** darf **k** nicht ausfallen, und nach **tz** bleibt **z** erhalten.

Postscheckkonto, Rückkehr; Schutzzoll

Wo ein Mißverständnis möglich ist, kann ein Bindestrich gesetzt werden.

Bettuch (Laken für das Bett)
Bettuch oder *Bet-Tuch* (Gebetsmantel der Juden)

● Folgt auf drei gleiche Konsonanten noch ein anderer, vierter Konsonant, dann darf keiner von ihnen wegfallen.

Auspuffflamme, Pappplakat, Balletttruppe, fetttriefend

Treffen durch die behelfsmäßige Auflösung von ß in ss (vgl. R 187 f.) drei s aufeinander, dann werden immer alle drei s geschrieben, also auch bei folgendem Vokal.

Kongressstadt, Fusssohle, Masssachen

Dies gilt auch, wenn ein Name auf ss endet.

die Heusssschen Schriften

Zum Zusammentreffen von drei gleichen Vokalen ↑ R 36.

Zusammen- und Getrenntschreibung

Im Bereich der Zusammen- und Getrenntschreibung gibt es keine allgemeingültige Regel. Es ist jedoch ein Grundzug der deutschen Rechtschreibung, den Bedeutungswandel von Wortverbindungen durch Zusammenschreibung auszudrükken.
Wo die folgenden Hinweise nicht ausreichen und auch das Wörterverzeichnis nicht weiterhilft, schreibe man getrennt.

R 205 Verbindungen mit einem Verb als zweitem Glied schreibt man in der Regel dann zusammen, wenn durch die Verbindung ein **neuer Begriff** entsteht, den die bloße Nebeneinanderstellung nicht ausdrückt.

(Vgl. im Zweifelsfall das Wörterverzeichnis.)

Wenn du nicht fleißiger bist, wirst du sitzenbleiben (nicht versetzt werden). *Du sollst dich nicht gehenlassen* (nicht nachlässig sein). *Er wird uns bei diesem Fest freihalten* (für uns bezahlen).

Wir werden Ihnen die Summe gutschreiben (anrechnen). *Wie die Tage dahinfliegen* (vergehen)! *Diese Arbeit ist ihm schwergefallen* (sie war schwierig für ihn).

Bei zusammengeschriebenen Verbindungen schreibt man auch die mit „zu" gebildeten Infinitve (Grundformen) zusammen.

Du kannst es dir nicht leisten, noch einmal sitzenzubleiben. Man hat mir versprochen, uns diese Summe gutzuschreiben.

● Verbindungen mit „sein" oder „werden" dürfen nur im Infinitiv und Partizip zusammengeschrieben werden.

er wollte dabeisein; er ist dabeigewesen; der Brief war bekanntgeworden
aber: *wenn er dabei ist, dabei war; als der Brief bekannt wurde*

● Ein zusammengesetztes Verb wird getrennt geschrieben, wenn das erste Glied am Anfang des Satzes steht und dadurch besonderes Eigengewicht erhält.

Fest steht, daß ...
Auf fällt, daß ...
Hinzu kam noch etwas anderes.

Dies gilt nicht für Infinitiv und Partizip.

Hinzugekommen war noch etwas anderes.

Zu substantivierten Verbverbindungen vgl. die Beispiele unter R 68.

R 206 Getrennt schreibt man, wenn beide Wörter noch ihre **eigene Bedeutung** haben.

Du sollst auf dieser Bank sitzen bleiben. Du kannst ihn um fünf Uhr gehen lassen. Er wird seine Rede frei halten. Dieser Schüler kann gut schreiben.

Besonders bei Verbindungen mit einem Adverb liegt hier die Betonung deutlich auf beiden Wörtern.

Es wird daher kommen, daß ...
Es ist sicher, daß er dahin fliegen wird.

Bei getrennt geschriebenen Verbindungen schreibt man auch die mit „zu" gebildeten Infinitive (Grundformen) getrennt.

Es ist besser, ihn jetzt gehen zu lassen. Das scheint mir daher zu kommen, daß ...

Wird aber das erste Partizip mit „zu" als Beifügung gebraucht, dann sind beide Schreibungen möglich.

das instandzusetzende oder *instand zu setzende Gerät*

● Es gibt auch Verbindungen, die man herkömmlicherweise zusammenschreibt, obwohl kein neuer Begriff entsteht. (Vgl. im einzelnen das Wörterverzeichnis.)

sauberhalten (sauberzuhalten), ebenso: *totschießen, kennenlernen, spazierengehen*

R 207 Man schreibt ein Substantiv mit einem Verb zusammen, wenn das **Substantiv verblaßt** ist und die Vorstellung der Tätigkeit vorherrscht.

---

wetterleuchten, es wetterleuchtet, es hat gewetterleuchtet
hohnlachen, er hohnlacht (auch: *er lacht hohn), er hat hohngelacht*
kopfstehen, er hat kopfgestanden, er steht kopf
radfahren, er ist radgefahren, aber: *er fährt Rad*
kegelschieben, aber: *er schiebt Kegel, er hat Kegel geschoben*

Getrennt schreibt man dagegen, wenn die Eigenbedeutung des Substantivs noch empfunden wird.

Rat holen, Gefahr laufen, Sorge tragen, Posten stehen, Auto fahren, Ski laufen, Seil ziehen, Klavier spielen, Karten spielen; aber: *das Skilaufen, das Kartenspielen*

R 208 Man schreibt ein verblaßtes **Substantiv mit einer Präposition** (einem Verhältniswort) zusammen, wenn die Fügung zu einer neuen Präposition oder einem Adverb geworden ist.

(Vgl. im einzelnen das Wörterverzeichnis.)

zuzeiten (bisweilen), *infolge, inmitten, dortzulande, vorderhand, zugunsten, außerstande [sein], imstande [sein], instand [halten, setzen], zustande [bringen, kom-*

men], beiseite [legen], vonnöten [sein], vonstatten [gehen], zugrunde [gehen], zupaß od. zupasse [kommen], zuschulden [kommen lassen]*

Getrennt schreibt man, wenn die Eigenbedeutung des Substantivs noch empfunden wird.

zu Zeiten [Karls d. Gr.], zu Händen, in Frage, in Kraft, unter Bezug auf, mit Bezug auf (aber bereits mit Kleinschreibung: *in bezug auf, in betreff*)

Gelegentlich stehen Getrennt- und Zusammenschreibung nebeneinander.

an Stelle oder *anstelle*
an Hand oder *anhand*
auf Grund oder *aufgrund*

R 209 Verbindungen mit einem **Adjektiv oder Partizip als zweitem Glied** werden zusammengeschrieben, wenn sie als Einheit empfunden werden.

---

ein halblauter Warnungsruf, der Mann war hochbetagt, in schwindelerregender Höhe

Dies gilt vor allem, wenn die Zusammensetzung eine Präposition (ein Verhältniswort) oder einen Artikel erspart.

mondbeschienen (= vom Mond beschienen), *freudestrahlend* (= vor Freude strahlend), *sagenumwoben* (= von Sagen umwoben), *herzerquickend* (= das Herz erquickend)

● Man schreibt auch immer dann zusammen, wenn die Zusammensetzung eine [dauernde] Eigenschaft bezeichnet, die vielen Dingen in gleicher Weise eigen ist, d. h., wenn sie klassenbildend gebraucht wird.

eine fleischfressende Pflanze, die Tücher sind reinseiden, die eisenverarbeitende Industrie; wärmeisolierende Stoffe, wärmeleitende Stoffe

● In bestimmten Fällen ist es der Entscheidung des Schreibenden überlassen, ob er zusammenschreibt (dann liegt beim Sprechen die Hauptbetonung auf dem ersten Bestandteil) oder getrennt (dann werden beide Glieder gleichmäßig betont). In der Regel schreibt man solche Fügungen getrennt, wenn sie in prädikativer Stellung (in der Satzaussage) stehen. (Vgl. auch R 206.)

die reichgeschmückten Häuser
oder: *die reich geschmückten Häuser*
die obenerwähnte Auffassung
oder: *die oben erwähnte Auffassung*
eine leichtverdauliche Speise
oder: *eine leicht verdauliche Speise*
kochendheißes Wasser
oder: *kochend heißes Wasser*
die Häuser waren reich geschmückt
die Speisen sind leicht verdaulich
das Wasser ist kochend heiß

Getrennt schreibt man dagegen immer, wenn eine nähere Bestimmung hinzutritt.

dieser auffallend hell leuchtende Stern
eine besonders schwer verständliche Sprache
die bereits oben erwähnte Auffassung
heftiges Grauen erregend
die von den Einwohnern reich geschmückten Häuser
die in Deutschland wild lebenden Tiere

Zur Schreibung von Substantivierungen vgl. die Beispiele unter R 65.

R 210 **Ableitungen auf -er von geographischen Namen** schreibt man zusammen, wenn sie Personen bezeichnen.

(Vgl. R 151.)

Schweizergarde (päpstliche Garde, die aus Schweizern besteht), *Römerbrief* (Brief an die Römer), *Danaergeschenk* (Geschenk der Danaer)

Man schreibt solche Ableitungen getrennt, wenn sie die geographische Lage bezeichnen.

Walliser Alpen (die Alpen im Wallis), *Glatzer Neiße* (die von Glatz kommende Neiße), *Köln-Bonner Flughafen*

Besonders in Österreich und in der Schweiz wird in diesen Fällen oft zusammengeschrieben.

Böhmerwald, Wienerwald, Bielersee

Es gibt geographische Namen, die auf -er enden und keine Ableitungen der oben genannten Art sind. Diese Namen werden zusammengeschrieben.

Glocknergruppe, Brennerpaß

R 211 **Straßennamen** werden zusammengeschrieben, wenn sie aus einem ungebeugten Adjektiv und einem Grundwort zusammengesetzt sind.

(Vgl. R 191.)

Altmarkt, Neumarkt, Hochstraße

Getrennt schreibt man dagegen, wenn das Adjektiv gebeugt ist.

Große Bleiche, Langer Graben, Breite Gasse, Neue Kräme

● Getrennt schreibt man auch bei Ableitungen von Ländernamen auf -er und -isch.

Münchener Straße, Bad Nauheimer Weg, Französische Straße, aber: *Römerplatz* (nach den Römern)

R 212 In **Buchstaben** geschriebene **Zahlen** unter einer Million werden zusammengeschrieben.

neunzehnhundertfünfundfünfzig, dreiundzwanzigtausend, tausendsechsundsechzig

● Ableitungen, die eine Zahl enthalten, werden zusammengeschrieben, unabhängig davon, ob die Zahl in Buchstaben oder in Ziffern geschrieben wird. Das gilt auch für Zusammensetzungen (vgl. auch R 43).

achtfach, 8fach, achtmal, 8mal, Achtpfünder, 8pfünder, 14karätig, $3^{1}/_{2}$prozentig, 32eck, 32stel, 10^{6}fach, das 10^{-18}fache, 1,5fach, ver307fachen, 103er, 80er Jahre, 48er Raster, Dreikant[stahl], 3kant[stahl], Elfmeter[marke],

aber bei Aneinanderreihung:

400-m-Lauf, 2-kg-Dose, $^{3}/_{8}$-Takt

Getrennt schreibt man Angaben für Zahlen über eine Million.

zwei Millionen dreitausendvierhundertneunzehn

In Ableitungen und Zusammensetzungen werden auch diese Zahlen zusammengeschrieben.

der einmilliardste Teil, dreimillionenmal (aber: *drei Millionen Male*)

Hinweise für das Maschinenschreiben

Die folgenden Hinweise beschränken sich auf die in der Praxis am häufigsten auftretenden Probleme.

Abkürzungen

Nach Abkürzungen folgt ein Leerschritt.

```
... desgl. ein Paar
Strümpfe ...
Sie können das Programm auf
UKW empfangen.
```

Das gilt auch für mehrere aufeinanderfolgende Wörter, die jeweils mit einem Punkt abgekürzt sind.

```
... z. B. ein Zeppelin ...
... Hüte, Schirme, Taschen
u. a. m.
```

Anführungszeichen

Anführungszeichen setzt man ohne Leerschritt vor und nach den eingeschlossenen Textabschnitten, Wörtern u. a.

```
Deine "Überraschungen" kenne
ich!
"Wir haben viel nachzuholen",
sagte er.
Plötzlich rief er: "Achtung!"
```

Dasselbe gilt für halbe Anführungszeichen.

```
"Man nennt das einen 'Doppel-
axel'", erklärte sie ihm.
```

Anrede und Gruß in Briefen

Anrede und Gruß werden vom übrigen Brieftext durch jeweils eine Leerzeile abgesetzt.

```
Sehr geehrter Herr Schmidt,

gestern erhielten wir Ihre
Nachricht vom ... Wir würden
uns freuen, Sie bald hier
begrüßen zu können.

Mit freundlichen Grüßen

Kraftwerk AG
```

Anschrift

Anschriften auf Postsendungen werden durch Leerzeilen gegliedert.
Man unterteilt hierbei wie folgt:

[Art der Sendung];

[Firmen]name; Postfach oder Straße und Hausnummer [Wohnungsnummer];

Postleitzahl, Bestimmungsort [Zustellpostamt]

Die Postleitzahl wird vierstellig geschrieben und nicht ausgerückt, der Bestimmungsort nicht unterstrichen[1]. Die Länderkennzeichnungen A-, CH-, D- usw. sollen beim Schriftverkehr innerhalb des jeweiligen Landes nicht verwendet werden. Bei Postsendungen ins Ausland empfiehlt die Deutsche Bundespost, Bestimmungsort (und Bestimmungsland) in Großbuchstaben zu schreiben.

```
Einschreiben

Bibliographisches Institut
Dudenstraße 6

6800 Mannheim

Herrn
Helmut Schildmann
Jenaer Str. 18

DDR-5300 Weimar
```

[1] In der Schweiz wird jedoch die Unterstreichung des Bestimmungsortes von der Postverwaltung empfohlen.

```
Frau
Wilhelmine Baeren
Münsterplatz 8

CH-3000 BERN
```

Am Zeilenende stehen keine Satzzeichen; eine Ausnahme bilden Abkürzungspunkte sowie die zu Kennwörtern o. ä. gehörenden Anführungs-, Ausrufe- oder Fragezeichen.

```
Herrn Major a. D.
Dr. Kurt Meier
Postfach 90 10 98

6000 Frankfurt 90

Reisebüro
Krethi und Kunz
Kennwort "Ferienlotterie"
Postfach 70 96 14

A-1121 WIEN
```

Auslassungspunkte

Um eine Auslassung in einem Text zu kennzeichnen, schreibt man drei Punkte. Vor und nach den Auslassungspunkten ist jeweils ein Leerschritt anzuschlagen, wenn sie für ein selbständiges Wort oder mehrere Wörter stehen. Bei Auslassung eines Wortteils werden sie unmittelbar an den Rest des Wortes angeschlossen.

```
Keiner der genannten Para-

graphen ... ist im vorliegen-

den Fall anzuwenden.

Sie glaubten in Sicherheit zu

sein, doch plötzlich ...

Mit "Para..." beginnt das

gesuchte Wort
```

Am Satzende wird kein zusätzlicher Schlußpunkt gesetzt. Satzzeichen werden ohne Leerschritt angeschlossen.

```
Bitte wiederholen Sie den

Abschnitt nach "Wir möchten

uns erlauben ..."
```

Ausrufezeichen

↑Punkt ...

Bindestrich

Als Ergänzungsbindestrich steht der Mittestrich unmittelbar vor oder nach dem zu ergänzenden Wortteil.

```
Büro- und Reiseschreibmaschi-

nen

Eisengewinnung und -verarbei-

tung
```

Bei der Kopplung oder Aneinanderreihung gibt es zwischen den verbundenen Wörtern oder Schriftzeichen und dem Mittestrich ebenfalls keine Leerschritte.

```
Hals-Nasen-Ohren-Arzt,

St.-Martins-Kirche,

C-Dur-Tonleiter,

Berlin-Schöneberg,

Hawaii-Insel, UKW-Sender
```

Datum

Das nur in Zahlen angegebene Datum wird ohne Leerschritte durch Punkte gegliedert. Tag und Monat sollten jeweils zweistellig angegeben werden. Die Reihenfolge im deutschsprachigen Raum ist: Tag, Monat, Jahr

```
09.08.1978

09.08.78
```

Schreibt man den Monatsnamen in Buchstaben, so schlägt man zwischen den Angaben je einen Leerschritt an.

```
9. August 1978

9. Aug. 78
```

Doppelpunkt

↑Punkt ...

Fehlende Zeichen

Auf der Schreibmaschinentastatur fehlende Zeichen können in einigen Fällen durch Kombinationen anderer Zeichen ersetzt werden:

Die Umlaute ä, ö, ü kann man als ae, oe, ue schreiben. Das ß kann durch ss wiedergegeben werden.

```
südlich - suedlich
SÜDLICH - SUEDLICH
mäßig - maessig
Schlößchen - Schloesschen
Fußsohle - Fusssohle
```

Die Ziffern 0 und 1 können durch das große O und das kleine l ersetzt werden.

```
110 - llO
```

Fragezeichen
↑ Punkt ...

Gedankenstrich
Vor und nach dem Gedankenstrich ist ein Leerschritt anzuschlagen.

```
Es wurde - das sei nebenbei
erwähnt - unmäßig gegessen
und getrunken.
```

Ein dem Gedankenstrich folgendes Satzzeichen wird jedoch ohne Leerschritt angehängt.

```
Wir wissen - und zwar schon
lange -, weshalb er nichts
von sich hören läßt.
```

Gradzeichen
Als Gradzeichen verwendet man das hochgestellte kleine o. Bei Winkelgraden wird es unmittelbar an die Zahl angehängt.

```
ein Winkel von 30°
```

Bei Temperaturgraden ist (vor allem in fachsprachlichem Text) nach der Zahl ein Leerschritt anzuschlagen; das Gradzeichen steht dann unmittelbar vor der Temperatureinheit. (Vgl. auch S. 74.)

```
eine Temperatur von 30 °C
Nachttemperaturen um -3 °C
```

Grußformel
↑ Anrede und Gruß in Briefen

Hochgestellte Zahlen
Hochzahlen und Fußnotenziffern werden ohne Leerschritt angeschlossen.

```
eine Entfernung von 10⁸ Licht-
jahren
ein Gewicht von 10⁻⁶ Gramm
Nach einer sehr zuverlässigen
Quelle⁴ hat es diesen Mann
nie gegeben.
```

Klammern
Klammern schreibt man ohne Leerschritt vor und nach den Textabschnitten, Wörtern, Wortteilen oder Zeichen, die von ihnen eingeschlossen werden.

```
Das neue Serum (es wurde erst
vor kurzem entwickelt) hat
sich sehr gut bewährt.
Der Grundbetrag (12 DM) wird
angerechnet.
Lehrer(in) für Deutsch
gesucht.
```

Komma
↑ Punkt ...

Paragraphzeichen
Das Paragraphzeichen wird nur in Verbindung mit darauffolgenden Zahlen gebraucht. Es ist durch einen Leerschritt von der zugehörigen Zahl getrennt.

```
Wegen eines Verstoßes gegen
§ 21 StVO werden Sie ...
Wir verweisen auf § 7 Abs. 1
Satz 4 ...
Wir verweisen auf § 7 (1)
4 ...
Beachten Sie besonders die
§§ 112 bis 114 ...
```

Prozentzeichen
Das Prozentzeichen ist durch einen Leerschritt von der zugehörigen Zahl zu trennen.

Bei Barzahlung 3 1/2 %
Rabatt.
Der Verlust beträgt 8 %.

Der Leerschritt entfällt bei Ableitungen oder Zusammensetzungen.

eine 10%ige Erhöhung
eine 5%-Anleihe

Punkt, Komma, Semikolon, Doppelpunkt, Frage- und Ausrufezeichen

Die Satzzeichen Punkt, Komma, Semikolon, Doppelpunkt, Fragezeichen und Ausrufezeichen werden ohne Leerschritt an das vorangehende Wort oder Schriftzeichen angehängt. Das nächste Wort folgt nach einem Leerschritt.

Wir haben noch Zeit.
Gestern, heute und morgen.
Es muß heißen: Hippologie.
Wie muß es heißen? Hör doch
zu!
Am Mittwoch reise ich ab;
mein Vertreter kommt nicht
vor Freitag.

Schrägstrich

Vor und nach dem Schrägstrich wird im allgemeinen kein Leerschritt angeschlagen. Der Schrägstrich kann als Bruchstrich verwendet werden; er steht außerdem bei Diktat- und Aktenzeichen sowie bei zusammengefaßten Jahreszahlen.

2/3, 3 1/4 % Zinsen
Aktenzeichen c/XII/14
Ihr Zeichen: Dr/Ls

Er begann sein Studium im
Wintersemester 1967/68.

Semikolon

↑ Punkt ...

Silbentrennung

Zur Silbentrennung wird der Mittestrich ohne Leerschritt an die Silbe angehängt.

        ... Vergiß-
meinnicht ...

ss/ß

↑ Fehlende Zeichen

Umlaut

↑ Fehlende Zeichen

Unterführungen

Unterführungszeichen stehen jeweils unter dem ersten Buchstaben des zu unterführenden Wortes.

Duden, Band 2, Stilwörterbuch
  "   "   5, Fremdwörter-
              buch
  "   "   7, Herkunftswör-
              terbuch

Zahlen dürfen nicht unterführt werden.

1 Hängeschrank mit Befestigung
1 Regalteil   "   "
1 "   ohne Rückwand
1 "   "   Zwischen-
                        boden

Ein übergeordnetes Stichwort, das in Aufstellungen wiederholt wird, kann durch den Mittestrich ersetzt werden. Er steht unter dem ersten Buchstaben des Stichwortes.

Nachschlagewerke; deutsche
und fremdsprachige Wörter-
bücher
-; naturwissenschaftliche
und technische Fachbücher
-; allgemeine Enzyklopädien
-; Atlanten

Zahlen

↑ Hochgestellte Zahlen

Richtlinien für den Schriftsatz

Bei der Herstellung von Drucksachen sind die folgenden Richtlinien zu beachten. Einzelheiten, die hier nicht erfaßt sind, und sachlich begründete Abweichungen sollten in einer besonderen Satzanweisung für das betreffende Werk eindeutig festgelegt werden.

Abkürzungen

(Vgl. hierzu auch R 1 f. u. R 38.)

a) Am Satzanfang

Abkürzungen, die für mehr als ein Wort stehen, werden am Satzanfang in der Regel ausgesetzt.

Zum Beispiel hat ... (für: *Z. B. hat ...*)
Mit anderen Worten ... (für: *M. a. W. ...*)

b) S., Bd., Nr., Anm.

Abkürzungen wie S., Bd., Nr., Anm. sollen nur verwendet werden, wenn ihnen kein Artikel und keine Zahl vorangeht.

S. 5, Bd. 8, Nr. 4, Anm. B;
aber: *die Seite 5, der Band 8, die Nummer 4, die Anmerkung B; 5. Seite, 8. Band, 4. Nummer.*

c) Mehrgliedrige Abkürzungen

Bei mehrgliedrigen Abkürzungen wird zwischen den einzelnen Gliedern nach dem Punkt ein kleinerer Zwischenraum gesetzt.

z. B., u. v. a. m., i. V., u. dgl. m.

Die Trennung mehrgliedriger Abkürzungen ist zu vermeiden.

nicht: *Die Hütte liegt 2 800 m ü. d. M.*

sondern: *Die Hütte liegt 2 800 m ü. d. M.*

Auch abgekürzte Maß- und Währungseinheiten sollen nach Möglichkeit nicht von den dazugehörigen Zahlen getrennt werden.

nicht: *Wir bestellten für 590 DM Gardinenstoff.*

sondern: *Wir bestellten für 590 DM Gardinenstoff.*

Anführungszeichen

Im deutschen Schriftsatz werden vornehmlich die Anführungszeichen „..." und »...« angewendet.
(Vgl. auch R 10 ff.)

„Ja", sagte er.
Sie rief:»Ich komme!«

Die französische Form «...» ist im Deutschen weniger gebräuchlich; in der Schweiz hat sie sich für den Antiquasatz eingebürgert.

Bei einzelnen aus fremden Sprachen angeführten Wörtern und Wendungen setzt man die Anführungszeichen wie im deutschen Text.

Der „guardia" ist mit unserem Schutzmann zu vergleichen.

Wird ein ganzer Satz oder Absatz aus einer fremden Sprache angeführt, dann verwendet man die in dieser Sprache üblichen Anführungszeichen.

Ein englisches Sprichwort lautet: "Early to bed and early to rise makes a man healthy, wealthy, and wise."
Cavours letzte Worte waren: «Frate, frate! Libera chiesa in libero stato!»

Anmerkungszeichen

† Fußnoten- und Anmerkungszeichen

Antiqua im Frakturatz

a) Wörter aus Fremdsprachen
Fremdsprachige Wörter und Wortgruppen, die nicht durch Schreibung, Beugung oder Lautung als eingedeutscht erscheinen, sind im Frakturatz mit Antiqua zu setzen.

en avant, en vogue, all right, in praxi, in petto, a conto, dolce far niente; Agent provocateur, Tempi passati, Lapsus linguae, Agnus Dei; last, not least

Dies gilt besonders für die italienischen Fachausdrücke in der Musik.

andante, adagio, moderato, vivace

Man setzt aber solche fremden Wörter in Fraktur, wenn sie in Schreibung, Beugung oder Lautung eingedeutscht sind oder mit einem deutschen Wort zusammengesetzt werden.

Er spielte ein Adagio (nicht: adagio). Die Firma leistete eine Akontozahlung (nicht: A-conto-Zahlung).

Auch fremdsprachige Personennamen und geographische Namen werden im Fraktursatz aus Fraktur gesetzt.

Michelangelo Buonarroti war ein berühmter Künstler. Eberbourg ist eine Stadt an der Kanalküste.

b) Bindestriche im gemischten Satz
Treffen bei zusammengesetzten Wörtern Teile in verschiedener Schriftart aufeinander, dann ist der Bindestrich aus der Textschrift zu setzen.

Das sinkende Schiff sandte SOS-Rufe.

Innerhalb der gleichen Schriftart darf aber ein Bindestrich anderer Art nicht stehen.

Die Tänze des Staatstheater-Corps-de-ballet wurden begeistert aufgenommen.

Apostroph
(Vgl. auch R 16 ff.)
Dem Apostroph am Wortanfang geht der regelmäßige Wortzwischenraum voran.

aber 's kam anders
so 'n Mann

Eine Ausnahme machen nur einige übliche Verbindungen.

sich's, geht's, kommt's

Bindestriche im gemischten Satz
↑Antiqua im Fraktursatz (b)

„bis"
↑Strich für „gegen" und „bis"

Datum
Bei Datumsangaben in Ziffern setzt man einen Punkt nach den Zahlen für Tag und Monat. Die Jahresangabe steht ohne Punkt.

Mannheim, den 1. 9. 1976
am 10. 5. 08 geboren

Zur Zusammenfassung von aufeinanderfolgenden oder aus der Geschichte geläufigen Jahreszahlen verwendet man den Schrägstrich.
(Vgl. auch R 172.)

1960/61
1914/18

Et-Zeichen (&)
Das Et-Zeichen & ist gleichbedeutend mit „u.", darf aber nur bei Firmenbezeichnungen angewendet werden.

Voß & Co.
Meyer & Neumann

In allen anderen Fällen darf nur „u." als Abkürzung für „und" gesetzt werden.

Kosten für Verpflegung u. Unterbringung
Erscheinungstermin für Bd. I u. II

Fraktursatz
↑Antiqua im Fraktursatz, ↑S-Laute im Fraktursatz, ↑Ligaturen (c)

Fremdsprachige Namen (Besonderheiten)
Im Dänischen und Norwegischen setzt man Å, å für älteres, nicht mehr offizielles Aa, aa. Außerdem kommen Æ, æ und Ø, ø (für nicht mehr offizielles Ö, ö) vor.

Martin Andersen-Nexø, Århus, Næstved, Østfold, Håkon IV. Håkonsson, Ærø

Im Schwedischen gibt es die Zeichen å, ä, ö. Die Großbuchstaben Å, Ä, Ö müssen stets so (mit Kreis bzw. Punkten) wiedergegeben werden, sie dürfen nicht durch Aa, Ae, Oe ersetzt werden.

Ångström, Öland, Hälsingborg

Vgl. auch: ↑Antiqua im Fraktursatz, ↑S-Laute im Fraktursatz, ↑Ligaturen

Fußnoten- und Anmerkungszeichen

Als Fußnoten- und Anmerkungszeichen sind hochgestellte Ziffern ohne Klammer den anderen Möglichkeiten wie Sterne, Kreuze oder Ziffern mit Klammern vorzuziehen.

Die verschiedenen Holzsorten[1] werden mit Spezialklebern[2] verarbeitet und später längere Zeit[3] getrocknet.

[1] *Zum Beispiel Fichte, Eiche, Buche.*
[2] *Vorwiegend Zweikomponentenkleber.*
[3] *Etwa 4 bis 6 Wochen.*

Treffen Fußnotenziffern mit Satzzeichen zusammen, gilt folgende Grundregel: Wenn sich die Fußnote auf den ganzen Satz bezieht, steht die Ziffer nach dem schließenden Satzzeichen; wenn die Fußnote sich nur auf das unmittelbar vorangehende Wort oder eine unmittelbar vorangehende Wortgruppe bezieht, steht die Ziffer vor dem schließenden Satzzeichen.

In dem Tagungsbericht heißt es, der Vortrag behandele ,,einige neue Gesichtspunkte der Heraldik".[1]

[1] *Ein ergänzendes Referat wurde von Dr. Meyer gehalten.*
(Anmerkung zu dem ganzen Satz)

In dem Tagungsbericht heißt es, der Vortrag behandele ,,einige neue Gesichtspunkte der Heraldik"[1].

[1] *Tagungsbericht S. 12.*
(Stellenangabe für das Zitat.)

In dem Tagungsbericht heißt es, der Vortrag behandele ,,einige neue Gesichtspunkte der Heraldik[1]".

[1] *Wappenkunde.*
(Erklärung zu dem einzelnen Wort.)

,,gegen"

↑Strich für ,,gegen" und ,,bis"

Genealogische Zeichen

Familiengeschichtliche Zeichen können in entsprechenden Texten zur Raumersparnis verwendet werden.

* = geboren (geb.), (*) = außerehelich geboren, †* = tot geboren, *† = am Tag der Geburt gestorben, ⁓ = getauft (get.),

○ = verlobt (verl.), ⚭ = verheiratet (verh.), ⚮ = geschieden (gesch.), ⚭○ = außereheliche Verbindung, † = gestorben (gest.), ✕ = gefallen (gef.), ☐ = begraben (begr.), ⚱ = eingeäschert

Gliederung von Nummern

Telefonnummern und Postfachnummern werden, von der letzten Ziffer ausgehend, in Zweiergruppen gegliedert.

14 28
1 14 23
17 09 14

In der Schweiz werden bei siebenstelligen Telefonnummern die ersten drei Ziffern zusammengefaßt.

922 71 31

Die Ortsnetzkennzahl wird für sich ebenso gegliedert und in runde Klammern gesetzt oder durch einen Schrägstrich abgetrennt.

(0 62 81) 4 91
0 62 81/4 91

In der Schweiz wird sie nicht gegliedert.

(064) 24 79 39
064/24 79 39

Fernschreibnummern (Telexnummern) bestehen aus voranstehender Kennzahl und Rufnummer. Die Kennzahl wird ohne Null geschrieben und von der Rufnummer abgesetzt. Die Rufnummer wird von der Endziffer aus jeweils in Dreiergruppen gegliedert.

8 582 404 (8 = Kennzahl von Düsseldorf)
4 62 527 (4 = Kennzahl von Mannheim)

Bei Postgirokontonummern werden die beiden letzten Ziffern vor dem Divis (Bindestrich) durch Zwischenraum abgetrennt.

3 49-603
640 74-208
1749 28-802

In der Schweiz erfolgt keine Gliederung durch Zwischenraum.

50-16154-3

Die ISBN (Internationale Standardbuchnummer) besteht aus Landes-, Verlags-, Artikelnummer und Reihenschlüssel.

Diese vier Angaben werden durch Divis (Bindestrich) oder Zwischenraum voneinander getrennt.

ISBN 3-411-00911-X
ISBN 3-7610-9301-2
ISBN 3 406 067808

Jahreszahlen und Postleitzahlen werden nicht gegliedert.

1986
6100 Darmstadt

Gradzeichen

Bei Temperaturangaben ist zwischen der Zahl und dem Gradzeichen ein Zwischenraum zu setzen; der Kennbuchstabe der Temperaturskala folgt ohne weiteren Zwischenraum.

−3 °C
+17 °C

In allgemeinsprachlichen Texten ist auch die frühere Form noch üblich.

−17° C

Bei anderen Gradangaben wird das Gradzeichen ohne Zwischenraum an die Zahl angeschlossen.

ein Winkel von 30°
50° nördlicher Breite

Hervorhebung von Eigennamen

↑ Schriftauszeichnung

Klammern

↑ Zusätze in Wortverbindungen

Ligaturen

In der modernen Satztechnik, besonders im Foto- bzw. Lichtsatz und im Schreibsatz (Composersatz), werden Ligaturen kaum noch angewendet. Im Handsatz werden sie nach wie vor gebraucht.
Soweit Ligaturen verwendet werden, muß das innerhalb eines Druckwerkes einheitlich geschehen.

a) Im deutschsprachigen Schriftsatz

In der Antiqua sind heute die nachstehenden Ligaturen gebräuchlich. (Die Ligatur ß gilt heute als ein Buchstabe.)

ff, fi, fl, z. T. auch *ft, ch, ck*

Die Ligatur faßt Buchstaben zusammen, die im Wortstamm zusammengehören.

schaffen, schafft, erfinden, Pfiff, abflauen, Leidenschaft, heftig

Keine Ligatur steht zwischen Wortstamm und Endung (Ausnahme: *fi*).

ich schaufle, ich kaufte, höflich; aber: *streifig, affig*

Keine Ligatur steht in der Wortfuge von Zusammensetzungen.

Schaffell, Kaufleute, Schilfinsel; aber: bei Ausfall eines f: *Schiffahrt*

In Zweifelsfällen setzt man die Ligatur entsprechend der Gliederung des Wortes nach Sprechsilben.

Rohstofffrage, Sauerstoffflasche, knifflig, schafften

Schließt eine Abkürzung mit zwei Buchstaben, die eine Ligatur bilden können, dann wird diese angewendet.

Aufl. (aber: *Auflage*), *gefl.* (aber: *gefällig, gefälligst*)

b) Im Fremdsprachensatz

In französischen Wörtern werden die Ligaturen Œ und œ verwendet, in dänischen und norwegischen Wörtern die Ligaturen Æ und æ. Das gilt auch, wenn solche Wörter vereinzelt in deutschem Text vorkommen. Bei lateinischen Wörtern darf nur Ae, ae, Oe, oe gebraucht werden.

Œuvres, sœur; fadœse, œre, Ærø; aber: *Asa foetida, Caelius mons*

In polnischen und tschechischen Eigennamen wird ck nicht als Ligatur angewandt.

Chodowiecki, Hrdlicka, Potocki

c) Im Fraktursatz

Im Fraktursatz werden die nachstehenden Ligaturen gebraucht.

ch, ck, ff, fi, fl, ft, ll, ich, fi, ff, ft, ß, ß

Für die Anwendung dieser Ligaturen gilt das oben Gesagte. Im Sperrsatz werden nur die Ligaturen ch, ck, ß und ß verwendet. Die Ligaturen fi und fi werden wie Antiqua-*fi* behandelt.

Namen

↑ Fremdsprachige Namen (Besonderheiten), ↑ Ligaturen (b), ↑ Schriftauszeichnung (b), ↑ S-Laute im Fraktursatz (b)

Nummerngliederung

↑ Gliederung von Nummern

Paragraphzeichen

Steht das Wort „Paragraph" in Verbindung mit einer nachgestellten Zahl, dann setzt man das Zeichen §.

§ 9
§ 17ff.
der § 17

Zwei Paragraphzeichen (§§) kennzeichnen den Plural.

§§ 10 bis 15, §§ 10–15
die §§ 10 bis 15, die §§ 10–15

Ohne Zahlenangabe wird das Wort „Paragraph" ausgesetzt.

Der Paragraph wurde geändert.

Prozent- und Promillezeichen

Vor dem Prozent- und dem Promillezeichen ist ein kleinerer Zwischenraum zu setzen.

25 %
0,8 %₀

Der Zwischenraum entfällt bei Ableitungen oder Zusammensetzungen.

eine 25%ige Umsatzsteigerung
die 5%-Klausel

Rechenzeichen

Rechenzeichen werden zwischen den Zahlen mit kleinerem Zwischenraum gesetzt.

6 + 2 = 8
6 − 2 = 4
6 × 2 = 12; 6 · 2 = 12
6 : 2 = 3

Vorzeichen werden aber kompreß gesetzt.

− 2a
+ 15

Satzzeichen in der Hervorhebung

↑ Schriftauszeichnung (c)

Schriftauszeichnung

Die wichtigsten Schriftauszeichnungen sind: halbfette Schrift, Kursive, Sperrsatz, Versalien, Kapitälchen.

a) Sperrsatz

Im allgemeinen werden die Satzzeichen im Sperrsatz mit gesperrt.

Warum?
Darum!

Dies gilt in der Regel nicht für den Punkt und die Anführungszeichen. Auch Zahlen werden nicht gesperrt.

Der Tagesausstoß beträgt 10 000 Stück.

b) Hervorhebung von Eigennamen

Bei der Hervorhebung von Eigennamen wird das Beugungs-s stets mit hervorgehoben.

M e y e r s Lexikon, *Meyers* Lexikon, **Meyers** Lexikon, Meyers Lexikon

Die Silbe -sche usw. wird dagegen aus der Grundschrift gesetzt.

der V i r c h o w sche Versuch, der *Virchow*sche Versuch, der **Virchow**sche Versuch, der Virchowsche Versuch

c) Satzzeichen

Die Satzzeichen werden – auch am Ende eines ausgezeichneten Textteils – in der Regel in der Auszeichnungsschrift gesetzt.

flaggen: *die Fahne[n] hissen:* wir flaggen heute.

Wird ein gemischt gesetzter Textteil von Klammern eingeschlossen, so werden die Klammern im allgemeinen beide aus der Grundschrift gesetzt.

Zur Großschreibung von Beinamen (z. B. *Friedrich der Große*) ↑ R 133.

S-Laute im Fraktursatz

Das s der Antiqua wird in der Fraktur (sog. deutsche Schrift) durch ſ oder s wiedergegeben. Für ss steht ſſ, für ß steht ß. Dabei sind die nachstehenden Richtlinien zu beachten.

a) Das lange ſ

Für Antiqua-s im Anlaut einer Silbe steht langes ſ.

ſagen, ſeben, ſieben, ſezieren, Heldenſage, Höhenſonne; Erbſe, Rätſel, wachſen, kleckſen; leſen, Roſe, Baſis, Friſeur, Muſeum; Mikroſkop; Manuſkript, Aſphalt, Abſzeß, Proſzenium.

Das gilt auch dann, wenn ein sonst im Silbenanlaut stehender S-Laut durch den Ausfall eines unbetonten e in den Auslaut gerät.

auserleſne (für: auserleſene), ich preiſ' (für: ich preiſe), Verwechslung (für: Verwechſelung); Wechſler (zu: wechſeln)

In Zusammensetzungen mit trans-, deren zweiter Bestandteil mit einem s beginnt, ist das s von trans (transſ) meist ausgefallen. Hier steht also ſ.

tranſpirieren, tranſzendent, Tranſkription (aber: transſibiriſch, Transſubſtantiation)

Dies gilt vereinzelt auch, wenn der zweite Bestandteil mit einem Vokal beginnt.

Tranſit, tranſitiv (aber: Transaktion, Transuran)

In polnischen Namen wird der Laut [sch] durch ſz (nicht ß oder ſʒ) wiedergegeben; das ſ steht auch in der Endung -ſki (nicht: -ſki).

Łukaſzewſki

Das lange ſ steht in den Buchstabenverbindungen ſch, ſp, ſt.

ſchaden, Fiſch, maſchinell; Knoſpe, Weſpe, Veſper; geſtern, Herbſt, Optimiſt, er lieſt

Kein ſ steht aber, wenn in Zusammensetzungen s + ch, s + p und s + t zusammentreffen.

Zirkuschef, Lackmuspapier, Dispens, transparent, Dienstag, Preisträger

b) Das Schluß-s

Für Antiqua-s im Auslaut einer Silbe steht Schluß-s.

dies, Gans, Maske, Muskel, Riesling, Klausner, bösartig, Desinfektion, ich las, aus, als, bis; Dienstag, Donnerstag, Ordnungsliebe, Häschen; Kindes, Vaters, welches; Gleichnis, Kürbis, Globus, Atlas, Kirmes; Kubismus, Mesner, Arabeske, Ischias, Schleswig

Dasselbe gilt für -sk in bestimmten Fremdwörtern.

brüsk, grotesk, Obelisk

In skandinavischen Personennamen, die auf -ſen oder -ſon enden, ist der vorangehende S-Laut mit Schluß-s zu setzen.

Gulbransſen, Jonasſon

c) Das ſſ

Für Doppel-s der Antiqua steht ſſ.

Maſſe, Miſſetat, Flüſſe, Diſſertation, Aſſeſſor, Gleichniſſe, ich laſſ'

Kein ſſ steht aber, wenn in Zusammensetzungen s + s zusammentreffen.

Ausſatz, desſelben, Reisſuppe, transſilvaniſch

Sperrsatz
↑ Schriftauszeichnung

ss/ß

a) In deutschsprachigem Satz

Nur wenn in einer Antiquaschrift kein ß vorhanden ist, darf – als Notbehelf – dafür ss gesetzt werden. Manuskripte ohne ß müssen im Normalfall den Regeln gemäß mit ß abgesetzt werden.

Reissbrett (für: *Reißbrett*), *Masse* (für: *Maße*)

Die Buchstabengruppe ss darf nicht getrennt werden, wenn sie für ß steht (↑ R 179).

Mei-ssel, Grü-sse, muss-te, grüss-te

Stößt für ß verwendetes ss innerhalb eines Wortes mit s zusammen, dann werden deren drei s gesetzt.

Fussohle, Kongressstadt, Reissschiene, massstabgerecht

Will man nur Großbuchstaben verwenden, so wird das ß durch SS ersetzt.

STRASSE, MASSE (für: *Masse* oder *Maße*)

Nur wenn Mißverständnisse möglich sind, schreibt man SZ (dies gilt nicht für Kleinbuchstaben!).

MASSE (für: *Masse*)
MASZE (für: *Maße*)

Treffen mehrere S-Zeichen als Großbuchstaben zusammen, dann ist eine
Gliederung durch Bindestrich sinnvoll.

GROSS-STADT, SCHLOSS-SCHULE,
MASS-STAB

In Ortsnamen wird jedoch nur dann ein
Bindestrich gesetzt, wenn dies der amtlichen Schreibung entspricht.

GROSS-SIEGHARTS
aber: *GROSSSÖLK, MESSSTETTEN*

b) In fremdsprachigem Satz

Wird ein deutsches Wort mit ß latinisiert
oder erscheint ein deutscher Name mit ß
in fremdsprachigem Satz, dann bleibt das
ß erhalten.

Weißenburg – der Codex Weißenburgensis
Monsieur Aßmann était à Paris.

Streckenstrich

Bei Streckenangaben setzt man den
Streckenstrich, der die Ortsbezeichnun-
gen ohne Zwischenraum verbindet.

Hamburg–Berlin
Köln–München

Strich für „gegen" und „bis"

Der Gedankenstrich als Zeichen für „gegen" (z. B. in Sportberichten) wird mit
Zwischenraum gesetzt.

Schalke 04 – Eintracht Frankfurt 1 : 3
McEnroe/Fleming – Becker/Maurer 2 : 3

Der Gedankenstrich als Zeichen für
„bis" wird ohne Zwischenraum (kompreß) gesetzt.

Das Buch darf 10–12 Mark kosten.
Sprechstunde 8–11, 14–16 Uhr
Burgstraße 14–16

Bei Hausnummern kann auch der Bindestrich (Divis) oder der Schrägstrich stehen.

Burgstraße 14–16
Burgstraße 14/16

Das „bis"-Zeichen sollte nicht mit den
Strichen zusammentreffen, die bei Wäh-
rungsbeträgen auftreten können.

nicht: *4,––4,80 DM*
sondern: *4,00–4,80 DM*
oder: *4,– bis 4,80 DM*

Am Zeilenende oder -anfang ist das Wort
„bis" auszusetzen. Vgl. auch das Stichwort „bis" im Wörterverzeichnis.

Unterführungszeichen

Das Unterführungszeichen wird im
Schriftsatz unter die Mitte des zu unterführenden Wortes gesetzt. Die Unterfüh-
rung gilt auch für Bindestrich und Komma. Zahlen dürfen nicht unterführt werden.

Hamburg-Altona
    „   *Finkenwerder*
    „   *Fuhlsbüttel*
    „   *Blankenese*

1 Regal, 50 × 80 cm mit Rückwand
1   „   50 × 80 cm ohne   „

Ist mehr als ein Wort zu unterführen, so
wird das Unterführungszeichen auch
dann unter jedes einzelne Wort gesetzt,
wenn die Wörter nebeneinanderstehend
ein Ganzes bilden.

Unterlauterbach b. Treuen
        „   „   „

In der Schweiz wird als Unterführungszeichen das schließende Anführungszeichen der Schweizer Form (») verwendet.

Basel-Stadt
    »   *Land*

Zahlen (Schreibung von Ziffern)

Die Zahlen vor Zeichen und Abkürzungen von Maßen, Gewichten, Geldsorten
usw. sind in Ziffern zu setzen.

21,5 kg
6 DM
14½ cm

Setzt man solche Bezeichnungen aus,
dann kann die Zahl in Ziffern oder in
Buchstaben gesetzt werden.

2 Mark
oder: *zwei Mark*
(nicht: *zwei DM*)

Bei Ableitungen und Zusammensetzungen mit Zahlen wird kein Zwischenraum
hinter die Zahl gesetzt.

4teilig, 5%ig, 10fach, ½-, ¼- und ⅛zöllig,
20stündig

Vgl. auch: ↑Datum, ↑Gliederung von
Nummern, ↑Rechenzeichen

Zeichen

↑ Et-Zeichen, ↑ Genealogische Zeichen, ↑ Gradzeichen, ↑ Paragraphzeichen, ↑ Prozent- und Promillezeichen, ↑ Rechenzeichen

Ziffern

↑ Gliederung von Nummern, ↑ Zahlen (Schreibung von Ziffern)

Zusätze in Wortverbindungen

Erklärende Zusätze innerhalb von Wortverbindungen werden in Klammern gesetzt (vgl. dazu R 84–89).

Gemeinde(amts)vorsteher (= Gemeindevorsteher oder Gemeindeamtsvorsteher), aber: *Gemeinde-(Amts-)Vorsteher (= Gemeindevorsteher oder Amtsvorsteher); Privat-(Haus-)Briefkasten, Magen-(und Darm-)Beschwerden, Ostende-Belgrad-(Tauern-)Expreß, die wappen-(oder medaillon-)tragenden Figuren,* aber ohne Klammer: *Fuhr- u. a. Kosten*

In Wörterverzeichnissen werden Erklärungen oft mit Hilfe von eckigen Klammern zusammengezogen.

[Gewebe]streifen (= Gewebestreifen und auch: *Streifen)*

Korrekturvorschriften[1]

I. Hauptregel

Jedes eingezeichnete Korrekturzeichen ist auf dem Rand zu wiederholen. Die erforderliche Änderung ist rechts neben das wiederholte Korrekturzeichen zu ~~zeichn~~en, sofern dieses nicht (wie⌐, ⌐) für sich selbst spricht.

⊢——⊣ *schreib*

II. Wichtigste Korrekturzeichen

1. **Andere Schrift** für Wörter oder Zeilen wird verlangt, indem man die betreffende Stelle unterstreicht und auf dem <u>Rand</u> die gewünschte <u>Schriftart</u> (fett, kursiv usw.) oder den gewünschten Schriftgrad (Korpus, <u>Borgis</u>, Petit usw.) oder beides (fette Petit, <u>Borgis kursiv</u> usw.) vermerkt. Gewünschte <u>Kursivschrift</u> wird oft nur durch eine Wellenlinie unter dem Wort und auf dem Rand bezeichnet.

   __ *halbfett* ∟ *kursiv*
   __ *Borgis*
   __ *Borgis kursiv*
   ～～～

2. **Beschädigte Buchstaben** werden durchgestrichen und auf dem ~~R~~and einmal unterstrichen.

   /<u>R</u>

3. **Fälschlich aus anderen Schriften gesetzte Buchstaben** (**Zwiebelfische**) werden durchgestrichen und auf dem ~~R~~and zwei~~m~~al unterstrichen.

   /<u>R</u>   ⌐<u>m</u>

4. Um **verschm**~~utzte~~ Buchstaben und **zu** (**stark**) erscheinende **Stellen** wird eine Linie gezogen. Dieses Zeichen wird auf dem Rand wiederholt.

   ◯ ◯

5. **Falsche Buchstaben** oder **Wörter** sowie **auf dem Kopf stehende Buchstaben** ⬛ (**Fliegenköpfe**) werden durchgestrichen und auf dem R~~a~~nd durch die richtigen ersetzt. Dies gilt auch für quer ~~s~~tehende und umgedre~~h~~te Buchstaben. K~~o~~mmen in ~~e~~iner Ze~~i~~le mehrere Fehler vor, dann erhalten sie ihrer Reihenfolge nach verschie-

   /a
   L s ⌐h
   7o ⌐e Fi

---

[1] Der folgende Text wurde von der Dudenredaktion in Zusammenarbeit mit dem DIN Deutsches Institut für Normung e. V. und den Vertretern der Korrektorenverbände festgelegt. Er entspricht sachlich dem Normblatt DIN 16511.

dene Zeichen. Für ein und denselben falschen Buchstaben wird aber nur ein Korrekturzeichen verwendet, das am Rande mehrfach vor den richtigen Buchstaben gesetzt wird. ⌐⌐⌐ a

6. **Ligaturen** (zusammengegossene Buchstaben) werden verlangt, indem man die fälschlich einzeln nebeneinandergesetzten Buchstaben durchstreicht und auf dem Rand mit einem Bogen darunter wiederholt, z. B. Schiff.

Fälschlich gesetzte Ligaturen werden durchgestrichen, auf dem Rand wiederholt und durch einen Strich getrennt, z. B. Auflage.

7. **Falsche Trennungen** werden am Zeilenschluß und folgenden Zeilenanfang angezeichnet.

8. Wird nach **Streichung eines Bindestrichs** oder **Buchstabens** die Schreibung der verbleibenden Teile zweifelhaft, dann wird außer dem Tilgungszeichen die Zusammenschreibung durch einen Doppelbogen, die Getrenntschreibung durch das Zeichen ⊐ angezeichnet, z. B. blendend weiß.

9. **Fehlende Buchstaben** werden angezeichnet, indem der vorangehende oder folgende Buchstabe durchgestrichen und zusammen mit dem fehlenden wiederholt wird. Es kann auch das ganze Wort oder die Silbe durchgestrichen und auf dem Rand berichtigt werden.

10. **Fehlende Wörter (Leichen)** werden in der Lücke durch Winkelzeichen ⌐ gemacht und auf dem Rand angegeben.

Bei größeren Auslassungen wird auf die Manuskriptseite verwiesen. Die Stelle ist auf der Manuskriptseite zu kennzeichnen.

Diese Presse bestand aus befestigt war.

11. **Überflüssige Buchstaben** oder **Wörter** werden durchgestrichen und auf dem Rand durch ⌐ (für: deleatur, d. h. „es werde getilgt") angezeichnet.

12. Fehlende oder **überflüssige** Satzzeichen werden wie fehlende oder überflüssige Buchstaben angezeichnet.

13. **Verstellte Buchstaben** werden durchgestrichen und auf dem Rand in der richtigen Reihenfolge angegeben.
Verstellte Wörter werden durch das Umstellungszeichen gekennzeichnet.
Die Wörter werden bei größeren Umstellungen beziffert.
Verstellte Zahlen sind immer ganz durchzustreichen und in der richtigen Ziffernfolge auf den Rand zu schreiben, z. B. 1684

14. **Für unleserliche** oder **zweifelhafte Manuskriptstellen,** die noch nicht blockiert sind, wird vom Korrektor eine Blockade verlangt, z. B.
Hyladen sind Insekten mit unbeweglichem Prothorax (s. S. ...).

15. Sperrung oder **Aufhebung einer Sperrung** wird wie beim Verlangen einer anderen Schrift (vgl. S. 79, 1) durch Unterstreichung gekennzeichnet.

16. **Fehlender Wortzwischenraum** wird mit ⅂ bezeichnet. **Zu weiter Zwischenraum** wird durch ⋂ , zu enger Zwischenraum durch ⋂ angezeichnet. Soll ein **Zwischenraum ganz wegfallen,** so wird dies durch zwei Bogen ohne Strich angedeutet.

17. **Spieße,** d. h. im Satz mitgedruckter Ausschluß, Durchschuß oder ebensolche Quadrate, werden unterstrichen und auf dem Rand durch ⊞ angezeigt.

18. **Nicht Linie haltende Stellen** werden durch $\overline{\text{über}}$ und $\underline{\text{unter}}$ der Zeile gezogene parallele Striche angezeichnet.
Fehlender Durchschuß wird durch einen zwischen die Zeilen gezogenen Strich mit nach außen offenem Bogen angezeichnet.
Zu großer Durchschuß wird durch einen zwischen die Zeilen gezogenen Strich mit einem nach innen offenen Bogen angezeichnet.

19. Ein **Absatz** wird durch das Zeichen ⌐ im Text und
auf dem Rand verlangt:

> Die ältesten Drucke sind so gleichmäßig schön ausge-
> führt, daß sie die schönste Handschrift übertreffen. Die
> älteste Druckerpresse scheint von der, die uns Jost
> Amman im Jahre 1568 im Bilde vorführt, nicht wesent-
> lich verschieden gewesen zu sein.

20. Das **Anhängen eines Absatzes** verlangt man durch eine
den Ausgang mit dem Einzug verbindende Linie:

> Die Presse bestand aus zwei Säulen, die durch ein
> Gesims verbunden waren. ⌐
> In halber Manneshöhe war auf einem verschiebbaren
> Karren die Druckform befestigt.

21. **Zu tilgender Einzug** erhält das Zeichen ├──, z. B.

> Die Buchdruckerpresse ist eine Maschine, deren
> ├─kunstvollen Mechanismus nur der begreift, der
> selbst daran gearbeitet hat.

22. Fehlender Einzug wird durch ⌐ möglichst genau
bezeichnet, z. B. (wenn der Einzug um ein Geviert
verlangt wird):

> ... über das Ende des 14. Jahrhunderts hinaus führt
> keine Art des Metalldruckes.
> Der Holzschnitt kommt in Druckwerken ebenfalls nicht
> vor dem 14. Jahrhundert vor.

23. Aus Versehen falsch Korrigiertes wird rückgängig gemacht, indem man die Korrektur ~~auf~~ dem Rand
durchstreicht und Punkte unter die fälschlich korri-
gierte Stelle setzt. Ausradieren der Anzeichnung ist
unzulässig.

III. Maschinensatzkorrektur

1. Neu zu setzende Zeilen: Sind bei Zeilenguß-Maschinen-
satz in einer Zeile mehrere schlechte Buchstaben,
sogenannte „Kratzer", Buchstaben, die nicht Linie
halten, oder andere Schäden, wodurch es nötig wird,
die Zeile neu zu setzen, so wird an diese Zeile ein
waagerechter Strich (───) gemacht.

2. **Aussparen von Raum**: Zur Kennzeichnung von unleserlichen Buchstaben oder Wörtern im Manuskript wird bei Maschinensatz oft freier Raum gelassen, weil die Blockade (vgl. S. 81, 14) hier technisch oft unmöglich ist. Besser ist es, auffällige Typen, z. B. ----?----, mmmm, zu verwenden. Noch deutlicher sind, besonders bei Zahlen, auffällige Blockaden in Form von ● oder ▮▮, die meistens als Matrizen vorhanden sind. Einfache Nullen können bei der Richtigstellung leicht übersehen werden.

3. **Verstellte (versteckte) Zeilen** werden mit waagerechten Randstrichen versehen und in der richtigen Reihenfolge numeriert, z. B.

Sah ein Knab' ein Röslein stehn, ————————————— 1
lief er schnell, es nah zu sehn, ————————————— 4
war so jung und morgenschön, ————————————— 3
Röslein auf der Heiden, ————————————————— 2
sah's mit vielen Freuden. ————————————————— 5
         Goethe ——————————————————— 6

Das griechische Alphabet

Buchstabe	Name	Buchstabe	Name
$A,\ \alpha$	Alpha	$N,\ \nu$	Ny
$B,\ \beta$	Beta	$\Xi,\ \xi$	Xi
$\Gamma,\ \gamma$	Gamma	$O,\ o$	Omikron
$\Delta,\ \delta$	Delta	$\Pi,\ \pi$	Pi
$E,\ \varepsilon$	Epsilon	$P,\ \varrho$	Rho
$Z,\ \zeta$	Zeta	$\Sigma,\ \sigma,\ \varsigma$	Sigma
$H,\ \eta$	Eta	$T,\ \tau$	Tau
$\Theta,\ \theta(\vartheta)$	Theta	$Y,\ \upsilon$	Ypsilon
$I,\ \iota$	Jota	$\Phi,\ \varphi$	Phi
$K,\ \varkappa$	Kappa	$X,\ \chi$	Chi
$\Lambda,\ \lambda$	Lambda	$\Psi,\ \psi$	Psi
$M,\ \mu$	My	$\Omega,\ \omega$	Omega

Transkriptions- und Transliterationssysteme

Die folgenden Transkriptions- und Transliterationstabellen wurden von Professor Dr. Max Mangold, Saarbrücken, durchgesehen und bearbeitet. Bei den Tabellen für das Griechische wurde aus Gründen der Übersichtlichkeit auf die Großbuchstaben verzichtet.

Klassisch-griechisches Transkriptions- und Transliterationssystem

I[1]	II[2]	III[3]	IV[4]	I[1]	II[2]	III[3]	IV[4]
α	a	a	a	o	o	o	o
β	b	b	b	π	p	p	p
γ	g	g	g	ϱ	r	r	r
γγ	ng	gg	gg	σ, ς	s	s	s
γκ	nk	gk	gk	τ	t	t	t
γξ	nx	gx	gx	υ[5]	y	u	y
γχ	nch	gh	gch	φ	ph	f	ph
δ	d	d	d	χ	ch	h	ch
ε	e	e	e	ψ	ps	ps	ps
ζ	z	z	z	ω	o	ō	ō
η	e	ē	ē	ʼ[6]			
θ	th	th	th	ʽ[7]	h	'	h
ι	i	i	i	ʼ[8]		´	´
κ	k	k	k	ʽ[8]		`	`
λ	l	l	l	~[8]		~	~
μ	m	m	m	„, ι[9]		j	.
ν	n	n	n	¨[8]		¨	¨

[1] I = Griechische Buchstaben (Minuskeln) und diakritische Zeichen
[2] II = Transkription (*ts.*)
[3] III = ISO-Transliteration (*ISO-tl.*)
[4] IV = Klassische Transliteration (*kl. tl.*)
[5] αυ, ευ = *ts., kl. tl.* au, eu; ηυ = *ts.* eu, *kl. tl.* ēu; ου = *ts.* u, *kl. tl.* ou; ωυ = *ts.* ou, *kl. tl.* ōu
[6] Nicht wiedergegeben
[7] a) h, ʽ steht vor [Doppel]vokalbuchstabe; z. B. ὁ = *ts., kl. tl.* ho, *ISO-tl.* 'o; οἱ = *ts., kl. tl.* hoi, *ISO-tl.* 'oi. b) ῥ = r
[8] In *ts.* nicht wiedergegeben
[9] In *ts.* nicht wiedergegeben; in *ISO-tl.* j nachgesetzt, z. B. ῳ = ōj, ῼ = Ōj; in *kl. tl.* Punkt untergesetzt, z. B. ῳ = ọ, ῼ = Ọ

Neugriechisches Transkriptions- und Transliterationssystem

I¹	II²	III³
α	a	a
αι	ä	ai
αί	ä	aí
άι	ai	ái
αυ	af⁴	au
	aw⁴	
αύ	af⁴	aú
	aw⁴	
άυ	ai	áy
β	w	b
γ	j⁵	g
	g⁵	
γγ	ng	gg
γκ	g⁶	gk
	ng⁶	
γξ	nx	gx
γχ	nch	gch
δ	d	d
ε	e	e
ει	i	ei
εί	i	eí
έι	ei	éi

I¹	II²	III³
ευ	ef⁴	eu
	ew⁴	
εύ	ef⁴	eú
	ew⁴	
έυ	ei	éy
ζ	s	z
η	i	ē
ηυ	if⁴	ēu
	iw⁴	
ηύ	if⁴	ēú
	iw⁴	
ήυ	ii	éy
θ	th	th
ι	i	i
κ	k	k
λ	l	l
μ	m	m
μπ	b⁷	mp
	mb⁷	
ν	n	n
ντ	d⁸	nt
	nd⁸	

[1] I = Griechische Buchstaben (Minuskeln) und diakritische Zeichen
[2] II = Transkription (*ts.*)
[3] III = Transliteration (*tl.*)
[4] af, ef, if vor θ, κ, ξ, π, σ (plus a, c, e, f, i, k, o, p, t, u), ς, τ, φ, χ, ψ, Spatium; sonst aw, ew, iw
[5] j vor ä, e, i; sonst g
[6] g, wenn Aussprache [g]; sonst ng
[7] b, wenn Aussprache [b]; sonst mb
[8] d, wenn Aussprache [d]; sonst nd

I[1]	II[2]	III[3]
ξ	x	x
o	o	o
οι	i	oi
οί		oí
όι	oi	ói
ου	u	ou
ού		oú
π	p	p
ρ	r	r
σ, ς	s	s

I[1]	II[2]	III[3]
τ	t	t
τζ	ds	tz
υ	i	y
φ	f	ph
χ	ch	ch
ψ	ps	ps
ω	o	ō
ʹ 9		ʹ
¨ 10		¨
ͺ 11		ͺ

[9] ά, έ, ή, ί, ῐ, ό, ύ, ῠ, ώ = *ts.* a, e, i, i, i, o, i, i, o; = *tl.* á, é, ē̆, í, ῐ́, ó, ý, ῠ́, ō̆; vgl. aber αί, αύ, εί, εύ, ηύ, οί, ού
[10] αϊ, αϋ, εϊ etc. = *ts.* ai, ai, ei etc.; = *tl.* aï, aÿ, eï etc.
[11] αί, αύ, εί etc. = *ts.* ai, ai, ei etc.; = *tl.* aḯ, aÿ́, eḯ etc.

Russisches Transkriptions- und Transliterationssystem

Russischer Buchstabe [1]	Tran-skription	Trans-literation	Russischer Buchstabe [1]	Tran-skription	Trans-literation
А а	a	a	П п	p	p
Б б	b	b	Р р	r	r
В в	w	v	С с	s [10] [11]	s
Г г	g [2]	g	Т т	t	t
Д д	d	d	У у	u	u
Е е	e [3]	e	Ф ф	f	f
Е [4] е [4]	jo [5]	e	Х х	ch	h [12]
Ё ё	jo [5]	ë	Ц ц	z	c
Ж ж	sch	ž	Ч ч	tsch	č
З з	s	z	Ш ш	sch	š
И и	i [6]	i	Щ щ	schtsch	šč
Й й	i [7] [8]	j	Ъ ъ	[13]	'' [14]
К к	k [9]	k	Ы ы	y	y
Л л	l	l	Ь ь	[15]	' [16]
М м	m	m	Э э	e	ė
Н н	n	n	Ю ю	ju	ju
О о	o	o	Я я	ja	ja

[1] Russische Vokalbuchstaben sind: а, е, ё, и, о, у, ы, ю, э, я.
[2] In den Genitivendungen -ero und -oro wird г mit w wiedergegeben.
[3] e = je am Wortanfang, nach russischem Vokalbuchstaben, nach ъ und nach ь.
[4] Wenn im Russischen für E, e auch Ё, ë geschrieben werden kann.
[5] e, ë = o nach ж, ч, ш, щ.
[6] и = ji nach ь.
[7] й wird nach и und nach ы nicht wiedergegeben.
[8] й = i am Wortende sowie zwischen russischem Vokalbuchstaben und russischem Konsonantenbuchstaben.
[9] кс = x in allen Fällen.
[10] кс = x in allen Fällen.
[11] c = ss zwischen russischen Vokalbuchstaben.
[12] x = ch in der deutschen Bibliothekstransliteration.
[13] ъ wird nicht wiedergegeben; vgl. aber Fußnote 3.
[14] ъ = ″ oder '' in der ISO-Transliteration; in der deutschen Bibliothekstransliteration mit Bindestrich wiedergegeben.
[15] ь = j vor o; ь wird sonst nicht wiedergegeben, vgl. aber Fußnote 3 und 6.
[16] ь = ′ oder ' in der ISO-Transliteration.

Bulgarisches Transkriptions- und Transliterationssystem

Bulgarischer Buchstabe [1]		Tran-skription	Trans-literation	Bulgarischer Buchstabe [1]		Tran-skription	Trans-literation
А	а	a	a	П	п	p	p
Б	б	b	b	Р	р	r	r
В	в	w	v	С	с	s [3][4]	s
Г	г	g	g	Т	т	t	t
Д	д	d	d	У	у	u	u
Е	е	e	e	Ф	ф	f	f
Ж	ж	sch	ž	Х	х	ch	h
З	з	s	z	Ц	ц	z	c
И	и	i	i	Ч	ч	tsch	č
Й	й	i [2]	j	Ш	ш	sch	š
К	к	k [3]	k	Щ	щ	scht	št
Л	л	l	l	Ъ	ъ	a	ǎ
М	м	m	m	Ь	ь	j	' [5]
Н	н	n	n	Ю	ю	ju	ju
О	о	o	o	Я	я	ja	ja

[1] Vokalbuchstaben sind: а, е, и, о, у, ъ, ю, я.
[2] й = j am Wortanfang und zwischen bulgarischen Vokalbuchstaben. Nach и wird й am Wortende oder vor Konsonantenbuchstaben nicht transkribiert.
[3] кс = x in allen Fällen.
[4] с = ss zwischen bulgarischen Vokalbuchstaben.
[5] ь = ' oder ı in der ISO-Transliteration.

Persisches Transliterations- und Transkriptionssystem

Das untenstehende Transkriptionssystem gilt für neupersische Namen aus dem Iran bei bekannter voller persischer Schreibung.

Trans-literation	Tran-skription	Trans-literation	Tran-skription	Trans-literation	Tran-skription
a	a	ḫ	ch	t	t
ā	a	ḫḫ	hh	ṯ	s
à	a	ḥḥ	hh	ṭ	t
aʰ	e	ḫ̱ḫ̱	chch	tt	tt
aw	au [1]	i	e	ṯṯ	ss
aww	auw	ī	i	ṭṭ	tt
ay	ai [1]	iyy	ijj	u	o
ayy	aij	k	k	ū	u
b	b	kk	kk	uww	uww
bb	bb	l	l	uyy	ujj
č	tsch	ll	ll	w	w [2][3]
d	d	m	m	y	j [4]
ḏ	s	mm	mm	z	s
ḍ	s	n	n	ẕ	s
dd	dd	nn	nn	z̧	sch
ḏḏ	ss	p	p	zz	ss
ḍḍ	ss	q	gh	z̧z̧	ss
f	f	qq	ghgh	ʿ	nicht wieder-gegeben
ff	ff	r	r	'	nicht wieder-gegeben
g	g	rr	rr	''	nicht wieder-gegeben
ǧ	dsch	s	s	''	nicht wieder-gegeben
ḡ	gh	ṣ	s	''	nicht wieder-gegeben
ǧ̌ǧ̌	ddsch	š	sch	''	nicht wieder-gegeben
ḡḡ	ghgh	ss	ss		
h	h	ṣ̌ṣ̌	ss	Izafet	e [5]
ḥ	h	š̌š̌	schsch		

[1] Vor Konsonantenbuchstabe der Transkription; am Wortende.
[2] Vgl. aber aw, aww.
[3] Wird am Wortanfang, wenn nach ḫ, vor Vokal nicht wiedergegeben.
[4] Vgl. aber ay, ayy.
[5] Getrennt, ohne Bindestrich davor und danach sowie mit Minuskelinitiale geschrieben.

Arabisches Transliterations- und Transkriptionssystem

Das untenstehende Transkriptionssystem gilt für klassisch-arabische Namen sowie neu-arabische Namen aus der Arabischen Halbinsel, aus dem Irak, Jordanien, dem Libanon, Libyen, Syrien und aus der Arabischen Republik Ägypten bei bekannter voller arabischer Schreibung. Namen aus der Republik Sudan sollen nach Möglichkeit ebenso behandelt werden.

Trans-literation	Tran-skription	Trans-literation	Tran-skription	Trans-literation	Tran-skription
a	a¹	ḫ	ch	šš	schsch
ā	a	hh	hh	t	t¹
à	a	ḥḥ	hh	ṯ	th¹
aʰ	a	ḫḫ	chch	ṭ	t¹
aw	au²	i	i	tt	tt
aww	auw	ī	i	ṯṯ	thth
ay	ai²	iyy	ijj	ṭṭ	tt
ayy	aij	k	k	u	u
b	b	kk	kk	ū	u
bb	bb	l	l	uww	uww
d	d¹	ll	ll	uyy	ujj
ḏ	dh¹	m	m	w	w⁵
ḍ	d¹	mm	mm	y	j⁶
dd	dd	n	n¹	z	s¹
ḏḏ	dhdh	nn	nn	ẕ	s¹
ḍḍ	dd	q	k	zz	ss
f	f	qq	kk	ẕẕ	ss
ff	ff	r	r¹	'	nicht wieder-gegeben
ǧ	dsch³	rr	rr		
ġ	gh	ṣ	s¹	'	nicht wieder-gegeben
ǧǧ	ddsch⁴	š	sch¹		
ġġ	ghgh	ss	ss	"	nicht wieder-gegeben
h	h	ṣṣ	ss		
ḥ	h			"	nicht wieder-gegeben

[1] Der arabische Artikel al wird getrennt, ohne Bindestrich davor und danach sowie mit Majuskel-A geschrieben, z. B. Al Kahira. Das l des arabischen Artikels al wird dem folgenden Buchstaben oder der folgenden Buchstabengruppe angepaßt, und zwar: l D > d D, l Dh > dh Dh, l N > n N, l R > r R, l S > s S, l Sch > sch Sch, l T > t T, l Th > th Th, z. B. Al Raschid > Ar Raschid; in den übrigen Fällen bleibt das l des arabischen Artikels al erhalten, z. B. Al Dschauf, Al Kahira.

[2] Vor Konsonantenbuchstabe der Transkription; am Wortende.

[3] Dafür g in Ägypten und Sudan bei geographischen Namen und bei modernen Personennamen.

[4] Dafür gg in Ägypten und Sudan bei geographischen Namen und bei modernen Personennamen.

[5] Vgl. aber aw, aww.

[6] Vgl. aber ay, ayy.

A

A (Buchstabe); das A; des A, die A, aber: das a in Land (↑R 82); der Buchstabe A, a; von A bis Z (ugs. für: alles, von Anfang bis Ende; falsch: von A–Z; vgl. Anm. bei Stichwort „bis"); das A und [das] O (der Anfang und das Ende, das Wesentliche [nach dem ersten und letzten Buchstaben des griech. Alphabets]); A-Laut (↑R 37)

Ä (Buchstabe; Umlaut); das Ä; des Ä, die Ä, aber: das ä in Bäcker (↑R 82); der Buchstabe Ä, ä

a = ¹Ar; Atto...

a, A das; -, - (Tonbezeichnung); a (Zeichen für: a-Moll); in a; A (Zeichen für: A-Dur); in A

A = Ampere; Autobahn

A (röm. Zahlzeichen) = 5 000

Å = Ångström

A, α = Alpha

à [a] ⟨franz.⟩ (bes. Kaufmannsspr.: zu [je]); 3 Stück à 20 Pfennig, dafür besser: ... zu [je] 20 Pfennig

a. = am (bei Ortsnamen, z. B. Frickenhausen a. Main); vgl. a. d.

a. = alt (schweiz.; vor Amtsbezeichnungen, z. B. a. Bundesrat)

a., (häufiger:) A. = anno, Anno

a. a. = ad acta

Aa das; - (Kinderspr.: Kot); - machen

AA = Auswärtiges Amt

Aalchen (Stadt in Nordrhein-Westfalen); Aalchelner (↑R 147)

Aal der; -[e]s, -e; aber: Älchen (vgl. d.); aallen, sich (ugs. für: behaglich ausgestreckt sich ausruhen); aallglatt

Aall [ol] (norw. Philosoph)

Aalltierlchen (ein Fadenwurm)

a. a. O. = am angeführten, (auch:) angegebenen Ort

Aar der; -[e]s, -e (dicht. für: Adler)

Aarlau (Hptst. des Kantons Aargau); Aalre die; - (schweiz. Fluß); Aarlgau der; -s (schweiz. Kanton); Aarlgauler (↑R 147); aarlgaulisch

Aalron (bibl. m. Eigenn.)

Aas das; -es, (selten) -e (Tierleichen) u. Äser (als Schimpfwort); Aaslblulme (Pflanze, deren Blütengeruch Aasfliegen anzieht); aalsen (ugs. für: verschwenderisch umgehen); du aast (aasest), er aaste; Aaslgeiler; aalsig (ekelhaft; gemein); Aast das; -es, Äster (landsch.; Schimpfwort)

A. B. = Augsburger Bekenntnis

ab; Adverb: - und zu, (landsch.:) - und an (von Zeit zu Zeit); von ... ab (ugs. für: von ... an); ab und zu (gelegentlich) nehmen, aber (in Zus.; ↑R 32): ab- und zunehmen (abnehmen und zunehmen); Präp. mit Dat.: - Bremen, - [unserem] Werk; - erstem März; bei Zeitangaben, Mengenangaben o. ä. auch Akk.: ab ersten März, - vierzehn Jahre[n], - 50 Exemplare[n]

ab... (in Zus. mit Verben, z. B. abschreiben, du schreibst ab, abgeschrieben, abzuschreiben)

Aba die; -, -s ⟨arab.⟩ (sackartiger Mantelumhang der Araber)

Abalkus der; -, - ⟨griech.⟩ (Rechenod. Spielbrett der Antike; Säulendeckplatte)

Abälllard [...lar(t), auch: ab...] (franz. Philosoph)

ablänlderllich; ablänldern; Ablänldelrung; Ablänldelrungslvorlschlag

Abandon [abangdong] der; -s, -s ⟨franz.⟩ (Rechtsspr.: Abtretung, Preisgabe von Rechten od. Sachen); abanldonlnielren

ablarlbeilten

Ablart; ablarlten (selten für: von der Art abweichen); ablarltig; Ablarltiglkeit; Ablarltung

Abalsie die; -, ...ien ⟨griech.⟩ (Med.: Gehunfähigkeit)

ablasten, sich (ugs. für: sich abplagen)

ablästen; einen Baum -

Abalte der; -[n], ...ti od. ...ten ⟨ital.⟩ (kath. Kirche: Titel der Weltgeistlichen in Italien)

Abalton [auch: ab...] das; -s, ...ta ⟨griech.⟩ (Rel.: das Allerheiligste, der Altarraum in den Kirchen des orthodoxen Ritus)

Abb. = Abbildung

Ablba ⟨aram.⟩ („Vater!" [neutest. Anrede Gottes im Gebet])

ablbalcken [Trenn.:...bak|ken]

Ablbalsilde der; -n, -n; ↑R 197 (Angehöriger eines aus Bagdad stammenden Kalifengeschlechtes)

Ablbau der; -[e]s, -e (Bergmannsspr. für: Abbaustellen) u. -ten (landsch. für: abseits gelegenes Anwesen); Ablbau.feld, ...gelrechltigkeit, ...recht; ablbaulwürldig

Ablbe (dt. Physiker)

Ablbé [abe] der; -s, -s ⟨franz.⟩ (kath. Kirche: Titel der niederen Weltgeistlichen in Frankreich)

ablbeilßen

ablbeilzen

ablbelkomlmen

ablbelrulfen; Ablbelrulfung

ablbelstelllen; Ablbelstelllung

ablbeulteln (südd., österr. für: abschütteln)

ablbelzahllen

ablbielgen; Ablbielgelspur

Ablbild; ablbillden; Ablbilldung (Abk.: Abb.)

ablbimlsen (ugs. für: abschreiben)

ablbinlden

Ablbitlte; - leisten, tun; ablbitlten

ablblalsen

ablblaslsen

ablblätltern

ablblenlden; Ablblendllicht (Plur. ...lichter)

ablblitlzen; jmdn. - lassen (ugs.)

ablblocken [Trenn.: ...blok|ken] (Sportspr.: abwehren)

Ablbrand (Hüttenw.: Röstrückstand; Metallschwund durch Oxydation und Verflüchtigung beim Schmelzen); Ablbrandller; Ablbrändller (österr. ugs. für: durch Brand Geschädigter)

ablbraulsen

ablbrelchen

ablbremlsen; Ablbremlsung

ablbrenlnen

Ablbrelvialtilon [...wiazion] die; -, -en (↑R 180) die; -, -en (Abkürzung); ablbrelvilielren

ablbrinlgen; jmdn. von etwas -

ablbröckeln [Trenn.: ...brök|keln]; Ablbröckellung [Trenn.: ...brök-ke...], Ablbröckllung; ablbröcken [Trenn.: ...brok|ken] (südd., österr. für: abpflücken)

Ablbruch der; -[e]s, ...brüche; jmdm. - tun; Ablbruch.arlbeilten (Plur.), ...firlma; ablbruchlreif

ablbulchen; Ablbulchung

ablbürlsten

Abc, Abelce, das; -, -; Abc-Buch, Abelce|buch (Fibel); Abc-Code der; -s (internationaler Telegrammschlüssel); ABC-Flug ⟨engl.; dt.⟩ (verbilligter Flug mit einem Linienflugzeug)

ablchecken [...tschäk'n; Trenn.: ...chek|ken] (ugs. für: überprüfen)

Abc-Schütlze, Abeceschütze; ABC-Staalten Plur.; ↑R 38 (Argentinien, Brasilien und Chile); **ABC-Waf|fen** *Plur.;* ↑R 38 (atomare, biologische u. chemische Waffen)

ab|da|chen; Ab|da|chung

Ab|dampf; ab|damp|fen (Dampf abgeben; als Dampf abgeschieden werden; ugs. für: abfahren); **ab|dämp|fen** ([in seiner Wirkung] mildern); **Ab|dampf|wär|me**

ab|dan|ken; Ab|dan|kung (schweiz. auch für: Trauerfeier)

ab|decken[1]**; Ab|decker**[1] (Schinder); **Ab|decke|rei**[1]**; Ab|deckung**[1]

Ab|de|ra (altgriech. Stadt); **Ab|de|rit** *der;* -en, -en; ↑R 180 (Bewohner von Abdera; übertr. für: einfältiger Mensch, Schildbürger)

ab|dich|ten; Ab|dich|tung

Ab|di|ka|ti|on [...*zion*] *die;* -, -en ⟨lat.⟩ (veralt. für: Abdankung)

ab|ding|bar (Rechtsspr.: durch -reie Vereinbarung ersetzbar)

ab|di|zie|ren ⟨lat.⟩ (veralt. für: abdanken)

Ab|do|men *das;* -s, - u. ...mina ⟨lat.⟩ (Med.: Unterleib, Bauch; auch: Hinterleib der Gliederfüßer); **ab|do|mi|nal**

ab|dor|ren; abgedorrte Zweige

ab|drän|gen

ab|dre|hen

Ab|drift vgl. Abtrift

ab|dros|seln; Ab|dros|se|lung, Ab|droß|lung

Ab|druck *der;* -[e]s, ...drücke (in Gips u. a.) u. ...drucke (Druckw.); **ab|drucken**[1]; ein Buch u. **ab|drücken**[1]; das Gewehr -

abds. = abends

ab|ducken [*Trenn.:* ...duk|ken]

Ab|duk|ti|on [...*zion*] *die;* -, -en ⟨lat.⟩ (Med.: das Bewegen von Körperteilen von der Körperachse weg, z. B. das Heben des Armes); **Ab|duk|tor** *der;* -s, ...oren (Med.: eine Abduktion bewirkender Muskel, Abziehmuskel); **ab|du|zie|ren**

ab|eb|ben

Abe|ce vgl. Abc; **Abe|ce|buch** vgl. Abc-Buch; **abe|ce|lich; Abe|ce|schütz|e** vgl. Abc-Schütze

Abee [auch: *abe*] *der* u. *das;* -s, -s (landsch. für: [1]Abort)

ab|ei|sen (österr. für: abtauen)

Abel (bibl. m. Eigenn.)

Abel|mo|schus [auch: *ab'lmo...*] *der;* -, -se ⟨arab.⟩ (eine Tropenpflanze)

Abend *der;* -s, -e. **I.** *Großschreibung:* des, eines Abends; gegen Abend; den Abend über; es ist, wird Abend; am Abend; diesen Abend; zu Abend essen; guten Abend sagen; guten Abend! (Gruß). **II.** *Kleinschreibung:*

(↑R 61): abend; [bis, von] gestern, heute, morgen abend; [am] Dienstag abend (an dem bestimmten, einmaligen); abends (Abk.: abds.); von früh bis abends; vor morgens bis abends; spätabends, abends spät; [um] 8 Uhr abends, abends [um] 8 Uhr; Dienstag od. dienstags abends (unbestimmt, wiederkehrend). **III.** *Zusammenschreibung:* vgl. Dienstagabend; **Abend_brot,** ...**däm|me|rung;** **aben|de|llang,** aber: drei od. mehrere Abende lang; **Abend_essen,** ...**frie|de[n]** (*der;* ...dens); **abend|füll|end; Abend_gym|na|si|um,** ...**kas|se,** ...**kleid,** ...**kurs,** ...**kur|sus; Abend|land** *das;* -[e]s; **Abend|län|der** *der;* **abend|län|disch; abend|lich; Abend|mahl** (*Plur.* ...mahle); **Abend|mahls|kelch; Abend_pro|gramm,** ...**rot** od. ...**rö|te; abends** (Abk.: abds.); ↑R 61; vgl. Abend u. Dienstag; **Abend_schu|le,** ...**stern,** ...**zei|tung**

Aben|teu|er *das;* -s, -; **Aben|teu|e|rin, Aben|teu|re|rin** *die;* -, -nen; **aben|teu|er|lich; Aben|teu|er|lust** *die;* -; **aben|teu|ern;** ich ...ere (↑R 22); geabenteuert; **Aben|teu|er|spiel|platz; Aben|teu|rer; Aben|teu|re|rin, Aben|teu|er|rin** *die;* -, -nen; **Aben|teu|rer|na|tur**

aber; *Konj.:* er sah sie, aber ([je]doch) er hörte sie nicht. *Adverb* in Fügungen wie: aber und abermals (wieder und wiederum); tausend und aber (wieder[um]) tausend (österr. nur: abertausend); Tausende und aber Tausende (österr. nur: Abertausende); tausend- und aber tausendmal. *In Zusammenschreibung* mit „hundert, tausend": aberhundert (viele hundert) Sterne; abertausend (viele tausend) Vögel; Aberhunderte, Abertausende kleiner Vögel (vgl. hundert, tausend); (↑R 67:) **Aber** *das;* -s, -; es ist ein - dabei; viele Wenn und - vorbringen

Aber|glau|be, (seltener:) **Aber|glau|ben; aber|gläu|big** (kaum noch für: abergläubisch); **aber|gläu|bisch;** -ste

ab|er|ken|nen; ich erkenne ab, (selten:) ich aberkenne ich erkannte ab, (selten:) ich aberkannte; jmdm. etwas -; **Ab|er|ken|nung**

aber|ma|lig; aber|mals

Aber|ra|ti|on [...*zion*] *die;* -, -en ⟨lat.⟩ (Optik, Astron., Biol.: Abweichung)

Aber|see vgl. Sankt-Wolfgang-See

aber|tau|send vgl. aber; **Aber|witz** *der;* -es (Wahnwitz); **aber|wit|zig**

ab|es|sen

Abes|si|ni|en [...*i'n*] (ältere Bez. für Äthiopien); **Abes|si|ni|er** [...*i'r*]; **abes|si|nisch**

ABF = Arbeiter-und-Bauern-Fakultät

Abf. = Abfahrt

ab|fackeln [*Trenn.:* ...fak|keln] (Technik: überflüssige Gase durch Abbrennen beseitigen)

ab|fä|deln; Bohnen -

ab|fah|ren; Ab|fahrt (Abk.: Abf.); **Ab|fahrt[s]_be|fehl,** ...**ge|lei|se** od. ...**gleis; Ab|fahrts_lauf,** ...**ren|nen; Ab|fahrt[s]|si|gnal; Ab|fahrts|strecke** [*Trenn.:* ...strek|ke]; **Ab|fahrt[s]_tag,** ...**zei|chen,** ...**zeit**

Ab|fall *der;* **Ab|fall|ei|mer; ab|fal|len; ab|fäl|lig;** - beurteilen; **Ab|fall_pro|dukt,** ...**quo|te**

ab|fäl|schen (Sportspr.)

ab|fan|gen; Ab|fang_jä|ger (ein Jagdflugzeug), ...**sa|tel|lit**

ab|fär|ben

ab|fa|sen (abkanten)

ab|fas|sen (verfassen; abfangen); **Ab|fas|sung**

ab|fau|len

ab|fe|dern

ab|fei|len

ab|fer|ti|gen; Ab|fer|ti|gung; Ab|fer|ti|gungs_dienst, ...**schal|ter**

ab|feu|ern

ab|fie|ren (Seemannsspr.: an einem Tau herablassen); das Rettungsboot -

ab|fin|den; Ab|fin|dung; Ab|fin|dungs_er|klä|rung, ...**sum|me**

ab|fla|chen; sich -

ab|flau|en (schwächer werden)

ab|flie|gen

ab|flie|ßen

Ab|flug; Ab|flug_ge|schwin|dig|keit, ...**tag,** ...**zeit**

Ab|fluß; Ab|fluß_hahn, ...**rohr**

Ab|fol|ge

ab|fra|gen; jmdn. od. jmdm. etwas -

ab|fres|sen

ab|fret|ten, sich (österr. ugs. für: sich abmühen)

ab|frie|ren

ab|frot|tie|ren

ab|füh|len

Ab|fuhr *die;* -, -en; **ab|füh|ren; Ab|führ|mit|tel** *das;* **Ab|füh|rung**

ab|fül|len

ab|füt|tern; Ab|füt|te|rung

Abg. = Abgeordneter

Ab|ga|be (für: Steuer usw. meist *Plur.*); **ab|ga|ben_frei,** ...**pflich|tig; Ab|ga|be_preis** (vgl. [2]Preis), ...**soll** (vgl. [1]Soll), ...**ter|min**

Ab|gang *der;* **Ab|gän|ger** (Amtsdt.: von der Schule Abgehender); **ab|gän|gig; Ab|gän|gig|keits|an|zei|ge** (österr. für: Vermißtenmeldung); **Ab|gangs|zeug|nis**

---

[1] *Trenn.:* ...k|k...

Ab|gas (bei Verbrennungsvorgängen entweichendes Gas); ab|gas|arm; Ab|gas|ent|gif|tung; ab|gas|frei; Ab|gas_ka|ta|ly|sa|tor, ...son|der|un|ter|su|chung (Abk.: ASU)

ABGB = Allgemeines Bürgerliches Gesetzbuch (für Österreich)

ab|ge|ar|bei|tet

ab|ge|ben

ab|ge|blaßt; -este

ab|ge|brannt; -este (ugs. für: ohne Geldmittel; österr. auch: von der Sonne gebräunt); Ab|ge|brann|te der u. die; -n, -n (↑ R 7 ff.)

ab|ge|brüht; -este (ugs. für: [sittlich] abgestumpft, unempfindlich); Ab|ge|brüht|heit

ab|ge|dro|schen; -e (ugs. für [zu] oft gebrauchte) Redensart

ab|ge|feimt; -este (durchtrieben); Ab|ge|feimt|heit

ab|ge|grif|fen

ab|ge|hackt; -este

ab|ge|han|gen

ab|ge|härmt; -este

ab|ge|här|tet

ab|ge|hen

ab|ge|hetzt; -este

ab|ge|kämpft; -este

ab|ge|kar|tet (ugs); -e Sache

ab|ge|klärt; -este; Ab|ge|klärt|heit die; -, (selten:) -en

ab|ge|la|gert

Ab|geld (für: Disagio)

ab|ge|lebt; -este

ab|ge|le|dert (landsch. für: abgenutzt, abgerissen); eine -e Hose

ab|ge|le|gen

ab|ge|lei|ert; -e (ugs. für: [zu] oft gebrauchte, platte) Worte

ab|gel|ten; Ab|gel|tung

ab|ge|macht (ugs.); -e Sache

ab|ge|ma|gert

ab|ge|mer|gelt (erschöpft; abgemagert); vgl. abmergeln

ab|ge|mes|sen

ab|ge|neigt; -este

ab|ge|nutzt; -este

ab|ge|ord|net; Ab|ge|ord|ne|te der u. die; -n, -n; ↑ R 7 ff. (Abk.: Abg.); Ab|ge|ord|ne|ten|haus

ab|ge|plat|tet

ab|ge|rech|net

ab|ge|ris|sen; -e Kleider

ab|ge|run|det

ab|ge|sagt; ein -er (ausgesprochener) Feind des Nikotins

Ab|ge|sand|te der u. die; -n, -n (↑ R 7 ff.)

Ab|ge|sang (Verslehre: abschließender Strophenteil)

ab|ge|schabt; -este

ab|ge|schie|den (geh. für: einsam [gelegen]; verstorben); Ab|ge|schie|de|ne der u. die; -n, -n; ↑ R 7 ff. (geh.); Ab|ge|schie|den|heit die; -

ab|ge|schlafft; -este (müde, erschöpft); vgl. abschlaffen

ab|ge|schla|gen; Ab|ge|schla|gen|heit die; - (landsch. für: [Zustand der] Erschöpfung)

ab|ge|schlos|sen; -e Menge, -es Intervall (Math.)

ab|ge|schmackt; -este; -e (platte) Worte; Ab|ge|schmackt|heit

ab|ge|se|hen; abgesehen von ...; abgesehen [davon], daß (↑ R 125)

ab|ge|son|dert

ab|ge|spannt; -este

ab|ge|spielt; -este

ab|ge|stan|den

ab|ge|stor|ben

ab|ge|sto|ßen

ab|ge|stuft

ab|ge|stumpft; -este; Ab|ge|stumpft|heit die;-

ab|ge|ta|kelt (ugs. für: heruntergekommen, ausgedient); vgl. abtakeln

ab|ge|tan; -e (erledigte) Sache; vgl. abtun

ab|ge|tra|gen

ab|ge|wetzt; -este

ab|ge|win|nen; jmdm. etwas -

ab|ge|wo|gen; Ab|ge|wo|gen|heit die; -

ab|ge|wöh|nen

ab|ge|zehrt; -este

ab|ge|zir|kelt

ab|ge|zo|gen; -er (geh. für: abstrakter) Begriff; vgl. abziehen

ab|gie|ßen

Ab|glanz

ab|glei|chen (fachspr. für: abstimmen, gleichmachen)

ab|glei|ten

ab|glit|schen (ugs.)

Ab|gott der; -[e]s, Abgötter; Ab|göt|te|rei; ab|göt|tisch; -ste; Ab|gott|schlan|ge

ab|gra|ben; jmdm. das Wasser -

ab|gra|sen

ab|gra|ten; ein Werkstück -

ab|grät|schen; vom Barren -

ab|grei|fen

ab|gren|zen; Ab|gren|zung

Ab|grund; ab|grün|dig; ab|grund|tief

ab|gucken [Trenn.: ...guk|ken] (ugs.); [von od. bei] jmdm. etwas -

Ab|guß

Abh. = Abhandlung

ab|ha|ben (ugs.); ..., daß er seine Brille abhat; er soll sein[en] Teil abhaben

ab|hacken [Trenn.: ...hak|ken]

ab|hä|keln

ab|hau|en

ab|half|tern

ab|hal|ten; Ab|hal|tung

ab|han|den; - kommen (verlorengehen); Ab|han|den|kom|men

Ab|hand|lung (Abk.: Abh.)

Ab|hang; [1]ab|hän|gen (mdal. u. schweiz.: abhangen); das hing von ihm ab, hat von ihm abge-

hangen; vgl. [1]hängen; [2]ab|hän|gen; er hängte das Bild ab, hat es abgehängt; vgl. [2]hängen; ab|hän|gig; -e (indirekte) Rede; -e Funktionen (Math.); Ab|hän|gig|keit; Ab|hän|gig|keits|ver|hält|nis

ab|här|men, sich

ab|här|ten; Ab|här|tung

ab|hau|en (ugs. auch für: davonlaufen); ich hieb den Ast ab; wir hauten ab

ab|he|ben

ab|he|bern (eine Flüssigkeit mit einem Heber entnehmen); ich hebere ab (↑ R 22)

ab|hef|ten

ab|hel|fen; einem Mangel -

ab|het|zen; sich -

ab|heu|ern; jmdn. -; er hat abgeheuert

Ab|hil|fe

Ab|hit|ze vgl. Abwärme

ab|hold; jmdm., einer Sache - sein

ab|ho|len; Ab|ho|ler

ab|hol|zen; Ab|hol|zung

ab|hor|chen

ab|hö|ren; jmdn. od. jmdm. etwas -; Ab|hör_ge|rät, ...wan|ze (ugs.)

Abi das; -s, (selten:) -s (Kurzw. für: Abitur)

Abid|jan [...dschaṇ] (Regierungssitz der [2]Elfenbeinküste)

Abio|ge|ne|se, Abio|ge|ne|sis [auch: ...gän...] die; - (griech.) (Entstehung von Lebewesen aus unbelebter Materie)

ab|ir|ren

ab|iso|lie|ren; Ab|iso|lier|zan|ge

Ab|itur das; -s, (selten:) -e (lat.) (Reifeprüfung); Ab|itu|ri|ent der; -en, -en; ↑ R 197 (Reifeprüfling); Ab|itu|ri|en|ten|prü|fung; Ab|itu|ri|en|tin die; -, -nen

ab|ja|gen

Ab|ju|di|ka|ti|on [...zion] die; -, -en (lat.) (veralt. für: [gerichtliche] Aberkennung); ab|ju|di|zie|ren

Abk. = Abkürzung

ab|kan|ten

ab|kan|ten; ein Brett, Blech -

ab|kan|zeln (ugs. für: scharf tadeln); ich kanz[e]le ab (↑ R 22); Ab|kan|ze|lung, Ab|kanz|lung (ugs.)

ab|ka|pi|teln (ugs. für: schelten)

ab|kap|seln; ich kaps[e]le ab (↑ R 22); Ab|kap|se|lung, Ab|kaps|lung

ab|ka|sie|ren

ab|kau|fen

Ab|kehr die; -; ab|keh|ren

ab|kip|pen

ab|klap|pern (ugs. für: suchend, fragend ablaufen)

ab|klä|ren

ab|klatsch; ab|klat|schen

ab|klem|men

ab|klin|gen; Ab|kling_kon|stan|te (Physik), ...zeit (Physik)

ab|klop|fen
ab|knab|bern
ab|knal|len (ugs. für: niederschie-
ßen)
ab|knap|pen (landsch. für: ab-
knapsen); ab|knap|sen; jmdm.
etwas - (ugs. für: wegnehmen)
ab|knicken [Trenn.: ...knik|ken];
abknickende Vorfahrt
ab|knöp|fen; jmdm. Geld - (ugs.
für: abnehmen)
ab|ko|chen
ab|kom|man|die|ren
Ab|kom|me der; -n, -n; ↑R 197
(geh. für: Nachkomme); ab-
kom|men; Ab|kom|men das; -s, -;
Ab|kom|men|schaft die; - (ver-
alt.); ab|kömm|lich; Ab|kömm-
ling (auch für: Derivat [Chemie])
ab|kön|nen (nordd. ugs. für: aus-
halten, vertragen); du weißt
doch, daß ich das nicht abkann
ab|kon|ter|fei|en (veralt. für: ab-
malen, abzeichnen)
ab|kop|peln
ab|kra|gen (Bauw.: abschrägen)
ab|krat|zen (ugs. auch: sterben)
ab|krie|gen
ab|küh|len; Ab|küh|lung
ab|kün|di|gen; Ab|kün|di|gung
Ab|kunft die; -
ab|kup|fern (ugs. für: abschrei-
ben)
ab|kür|zen; Ab|kür|zung (Abk.:
Abk.); Ab|kür|zungs|spra|che
die; -, (selten:) -n (Kurzw.: Akü-
sprache); Ab|kür|zungs.ver-
zeich|nis, ...zei|chen
ab|la|den; vgl. ¹laden; Ab|la|de-
platz; Ab|la|der; Ab|la|dung
Ab|la|ge (schweiz. auch: Annah-
me-, Zweigstelle); ab|la|gern;
Ab|la|ge|rung
ab|lan|dig (Seemannsspr.: vom
Lande her wehend od. strömend)
Ab|laß der; Ablasses, Ablässe;
Ab|laß|brief; ab|las|sen
Ab|la|ti|on [...zion] die; -, -en (lat.)
(Abschmelzung [von Schnee u.
Eis]; Geol.: Abtragung des Bodens; Med.: Wegnahme; Ablö-
sung, bes. der Netzhaut); Ab|la-
tiv [auch: ...tif] der; -s, -e [...wʳ]
(Sprachw.: Kasus in idg. Spra-
chen); Ab|la|ti|vus ab|so|lu|tus
[auch: ...tiwuß -] der; - -, ...vi ...ti
(Sprachw.: eine bestimmte Konstruktion in der lat. Sprache)
Ab|lauf; ab|lau|fen; Ab|lauf|rin-
ne
ab|lau|gen
Ab|laut (Sprachw.: gesetzmäßiger
Vokalwechsel in der Stammsilbe
etymologisch verwandter Wörter, z. B. „singen, sang, gesun-
gen"); ab|lau|ten (Ablaut ha-
ben); ab|läu|ten (zur Abfahrt läu-
ten)
Ab|le|ben das; -s (Tod)
ab|lecken [Trenn.: ...lek|ken]

ab|le|dern (mdal. auch für: ver-
prügeln); vgl. abgeledert
ab|le|gen; Ab|le|ger (Pflanzen-
trieb; ugs. scherzh. für: Sohn,
Sprößling)
ab|leh|nen; einen Vorschlag -; Ab-
leh|nung
ab|lei|sten; Ab|lei|stung
ab|lei|ten; Ab|lei|tung (Sprachw.:
Bildung eines Wortes durch
Lautveränderung [Ablaut] oder
durch das Anfügen von Nachsilben, z. B. „Trank" von „trinken",
„königlich" von „König"); Ab-
lei|tungs|sil|be
ab|len|ken; Ab|len|kung; Ab|len-
kungs|ma|nö|ver
ab|le|sen; Ab|le|ser
ab|leug|nen
ab|lich|ten; Ab|lich|tung
ab|lie|fern; Ab|lie|fe|rung; Ab|lie-
fe|rungs|soll (vgl. ²Soll)
ab|lie|gen (landsch. auch: durch
Lagern gut, reif werden); weit -
ab|li|sten; jmdm. etwas -
ab|lo|chen (auf Lochkarten über-
tragen); Ab|lo|cher; Ab|lo|chung
ab|locken [Trenn.: ...lok|ken]
ab|loh|nen; jmdn. - (bezahlen [u.
entlassen])
ab|lö|schen
Ab|lö|se die; -, -n (bes. österr. für:
Ablösungssumme); ab|lö|sen;
Ab|lö|se|sum|me; Ab|lö|sung;
Ab|lö|sungs|sum|me
ab|luch|sen (ugs.); jmdm. etwas -
Ab|luft die; - (Technik: ver-
brauchte, abgeleitete Luft)
ABM = Arbeitsbeschaffungs-
maßnahme
ab|ma|chen; Ab|ma|chung
ab|ma|gern; Ab|ma|ge|rung; Ab-
ma|ge|rungs|kur
ab|mah|nen; Ab|mah|nung
ab|ma|len; ein Bild -
Ab|marsch der; ab|mar|schie|ren
ab|meh|ren (schweiz. für: abstim-
men durch Handerheben)
ab|mei|ern; jmdn. - (hist. für:
jmdm. den Meierhof, das Pacht-
gut, den Erbhof entziehen; veralt. für: jmdn. absetzen); ich
meiere ab (↑R 22); Ab|meie|rung
ab|mel|den; Ab|mel|dung
Ab|melk|wirt|schaft (Rinderhal-
tung nur zur Milchgewinnung)
ab|mer|geln, sich (ugs. für: sich
abmühen, abquälen); ich
merg[e]le mich ab (↑R 22); vgl.
abgemergelt
ab|mes|sen; Ab|mes|sung
ab|mon|tie|ren
ab|mü|den, sich (geh.)
ab|mü|hen, sich
ab|mur|ksen (ugs. für: umbringen)
ab|mu|stern (Seemannsspr.: ent-
lassen; den Dienst aufgeben);
Ab|mu|ste|rung
ab|na|beln; ich nab[e]le mich ab (↑R 22)
ab|na|gen

ab|nä|hen; Ab|nä|her
Ab|nah|me die; -, (selten:) -n; ab-
neh|men; vgl. ab; Ab|neh|mer;
Ab|neh|mer|land (Plur. ...länder)
Ab|nei|gung
ab|nib|beln (landsch. derb für:
sterben); ich nibb[e]le ab (↑R 22)
ab|norm (vom Normalen abwei-
chend, regelwidrig; krankhaft);
ab|nor|mal [auch: ...maʲl] (ugs.
für: nicht normal, ungewöhn-
lich); Ab|nor|mi|tät die; -, -en
ab|nö|ti|gen; jmdm. etwas -
ab|nut|zen, (bes. südd., österr.:)
ab|nüt|zen; Ab|nut|zung, (bes.
südd., österr.:) Ab|nüt|zung; Ab-
nut|zungs|ge|bühr
A-Bom|be; ↑R 37 (Atombombe)
Abon|ne|ment [abon(ᵉ)mãᵑᵍ,
schweiz. auch: ...mänt] das; -s, -s
(schweiz. auch: -e) ⟨franz.⟩ (Dau-
erbezug von Zeitungen od.
Dauermiete für Theater u. ä.);
Abon|ne|ment[s].kar|te (An-
rechtskarte), ...preis (vgl. ²Preis),
...vor|stel|lung; Abon|nent der;
-en, -en; ↑R 197 (Inhaber eines
Abonnements); abon|nie|ren;
auf etwas abonniert sein
ab|ord|nen; Ab|ord|nung
¹Ab|ort [ugs. auch: abort] der;
-[e]s, -e (Klosett)
²Ab|ort der; -s, -e ⟨lat.⟩ (Med.:
Fehlgeburt); ab|or|tie|ren; Ab-
or|ti|on [...zion] die; -, -en (Med.:
Abtreibung); ab|or|tiv (einen
²Abort bewirkend, abtreibend)
ab ovo ⟨lat.⟩ (von Anfang an)
ab|packen [Trenn.: ...pak|ken]
ab|pas|sen
ab|pau|sen; eine Zeichnung -
ab|per|len
ab|pfei|fen; Ab|pfiff (Sportspr.)
ab|pflücken [Trenn.: ...pflük|ken]
ab|pin|nen (ugs. für: abschreiben)
ab|pla|gen, sich
ab|plat|ten (platt machen)
ab|prall der; -[e]s, (selten:) -e; ab-
pral|len; Ab|pral|ler (Sportspr.)
ab|pres|sen
Ab|pro|dukt (DDR: Abfall, Müll;
Abfallprodukt)
ab|pro|pt|zen
Ab|putz ([Ver]putz); ab|put|zen
ab|quä|len, sich
ab|qual|li|fi|zie|ren
ab|rackern [Trenn.: ...rak|kern],
sich (ugs. für: sich abarbeiten)
Abra|ham (bibl. m. Eigenn.);
Abra|ham a Sanc|ta Cla|ra (dt.
Prediger)
ab|rah|men; Milch -
Abra|ka|da|bra [auch: abrakada-
bra] das; -s (Zauberwort; [sinnlo-
ses] Gerede)
Abra|sax vgl. Abraxas
ab|ra|sie|ren
Ab|ra|si|on die; -, -en ⟨lat.⟩ (Geol.:
Abtragung der Küste durch die
Brandung)

ab|ra|ten; jmdm. von etwas -
Ab|raum der; -[e]s (Bergmannsspr.: Deckschicht über
Lagerstätten; landsch. für: Abfall); ab|räu|men; Ab|raum|salz
Abra|xas, Abra|sax (Zauberwort)
ab|rea|gie|ren; sich -
ab|re|beln (österr. für: [Beeren]
einzeln abpflücken)
ab|rech|nen; Ab|rech|nung; Abrech|nungs|ter|min
Ab|re|de; etwas in - stellen
ab|re|gen, sich (ugs.)
ab|rei|ben; Ab|rei|bung
Ab|rei|se (Plur. selten); ab|rei|sen
Ab|reiß|block (vgl. Block); ab|rei
ßen; vgl. abgerissen; Ab|reiß|kalen|der
ab|rei|ten
ab|rich|ten; Ab|rich|ter (Dresseur); Ab|rich|tung
Ab|rieb der; -[e]s, (abgeriebene
Teilchen:) -e (Technik); ab|riebfest; Ab|rieb|fe|stig|keit
ab|rie|geln; Ab|rie|ge|lung, Abrieg|lung
ab|rin|gen; jmdm. etwas -
Ab|riß der; Abrisses, Abrisse
ab|rol|len
ab|rücken [Trenn.: ...rük|ken]
Ab|ruf (Plur. selten); auf -; ab|rufbe|reit; sich - halten; ab|ru|fen
ab|run|den; eine Zahl [nach oben,
unten] -; Ab|run|dung
ab|rup|fen
ab|rupt; -este ⟨lat.⟩ (abgebrochen,
zusammenhanglos, plötzlich)
ab|rü|sten; Ab|rü|stung; Ab|rüstungs|kon|fe|renz
ab|rut|schen
Abruz|zen Plur. (Gebiet im südl.
Mittelitalien; auch für: Abruzzischer Apennin); Abruz|zi|scher
Apen|nin (Teil des Apennins)
ABS = Antiblockiersystem
(Technik)
Abs. = Absatz; Absender
ab|sacken [Trenn.: ...sak|ken] (ugs.
für: [ab]sinken)
Ab|sa|ge der; -, -n; ab|sa|gen
ab|sä|gen
ab|sah|nen (die Sahne abschöpfen; ugs. für: sich das Beste,
Wertvollste aneignen)
Ab|sa|lom, (ökum.:) Ab|scha|lom
(bibl. m. Eigenn.)
Ab|sam (österr. Ort)
Ab|satz der; -es, Absätze (Abk.
[für: Abschnitt]: Abs.); Absatz_flau|te, ...ge|biet, ...kick,
...trick; ab|satz|wei|se
ab|sau|fen (ugs.)
ab|sau|gen
ab|scha|ben
ab|schaf|fen; vgl. ¹schaffen; Abschaf|fung
Ab|scha|lom vgl. Absalom
ab|schal|ten; Ab|schal|tung
ab|schat|ten; ab|schat|tie|ren; abschat|tie|rung; Ab|schat|tung

ab|schät|zen; ab|schät|zig
Ab|schaum der; -[e]s
ab|schei|den; vgl. abgeschieden
ab|sche|ren; den Bart -; vgl. ¹scheren
Ab|scheu der; -[e]s (seltener: die;
-); ab|scheu|er|re|gend (↑ R 209);
ab|scheu|lich; Ab|scheu|lich|keit
ab|schicken [Trenn.: ...schik|ken]
ab|schie|ben; Ab|schie|bungs|haft
Ab|schied der; -[e]s, (selten:) -e;
Ab|schieds_be|such, ...brief,
...fei|er, ...schmerz, ...stun|de,
...sze|ne
ab|schie|ßen
ab|schil|fern; Ab|schil|fe|rung
(Abschuppung)
ab|schin|den, sich (ugs.)
ab|schir|men; Ab|schir|mung
ab|schir|ren
ab|schlach|ten; Ab|schlach|tung
ab|schlaf|fen (ugs. für: schlaff
werden; kraftlos, müde werden)
Ab|schlag; auf -; ab|schla|gen; abschlä|gig (Amtsdt.); jmdn. od. etwas - bescheiden ([jmdm.] etwas
nicht genehmigen); ab|schläglich (veralt.); -e Zahlung; Abschlags|zah|lung
ab|schläm|men (Bodenteilchen
wegspülen u. als Schlamm absetzen)
ab|schlei|fen
Ab|schlepp|dienst; ab|schlep|pen;
Ab|schlepp|seil
ab|schlie|ßen; Ab|schlie|ßung;
Ab|schluß; Ab|schluß_ex|amen,
...fei|er, ...prü|fung, ...trai|ning
ab|schmal|zen (österr. für: abschmälzen); ab|schmäl|zen (mit
gebräunter Butter übergießen)
ab|schmecken¹
ab|schmel|zen; das Eis schmilzt
ab; vgl. ¹,²schmelzen
ab|schmet|tern (ugs.)
ab|schmie|ren; Ab|schmier|fett
ab|schmin|ken
ab|schmir|geln (durch Schmirgeln
glätten, polieren, entfernen)
Abschn. = Abschnitt
ab|schnal|len
ab|schnei|den; Ab|schnitt (Abk.:
Abschn.); ab|schnitt[s]|wei|se
Ab|schnit|zel das; -s, - (südd.,
österr. für: abgeschnittenes
[Fleisch-, Papier]stückchen)
ab|schnü|ren; Ab|schnü|rung
ab|schöp|fen; Ab|schöp|fung
ab|schot|ten
ab|schrä|gen
ab|schrau|ben
ab|schrecken¹; vgl. ²schrecken;
ab|schreckend¹; -ste; Abschreckung¹; Ab|schreckungsstra|fe¹
ab|schrei|ben; Ab|schrei|bung;
Ab|schrift; ab|schrift|lich (Papierdt.)

¹ Trenn.: ...k|k...

Ab|schrot der; -[e]s, -e (meißelförmiger Amboßeinsatz); ab|schroten (Metallteile auf dem Abschrot abschlagen)
ab|schrub|ben
ab|schuf|ten, sich (ugs. für: sich
abarbeiten)
ab|schup|pen; Ab|schup|pung
ab|schür|fen; Ab|schür|fung
Ab|schuß; ab|schüs|sig; Abschuß_li|ste, ...ram|pe
ab|schüt|teln; Ab|schüt|te|lung,
Ab|schütt|lung
ab|schwä|chen; Ab|schwä|chung
ab|schwei|fen; Ab|schwei|fung
ab|schwel|len; vgl. ¹schwellen
ab|schwem|men
ab|schwin|gen
ab|schwir|ren (ugs. auch für: weggehen)
ab|schwö|ren
Ab|schwung
ab|seg|nen (ugs. für: genehmigen)
ab|seh|bar [auch: apse...]; ab|sehen; vgl. abgesehen
ab|sei|len; sich -
ab|sein (ugs. für: entfernt, getrennt sein; abgespannt sein);
der Knopf ist ab, ist abgewesen,
aber: ..., daß der Knopf ab ist,
ab war
ab|seit, Ab|seit (österr. Sportspr.
neben: abseits, Abseits)
¹Ab|sei|te die; -, -n (landsch. für:
Nebenraum, -bau)
²Ab|sei|te (Stoffrückseite); Ab|seiten|stoff (für: Reversible); absei|tig; Ab|sei|tig|keit; ab|seits;
Präp. mit Gen.: - der Hauptstra
ße; Adverb: - stehen, sein; die -
stehenden Kinder; Ab|seits das;
-, - (Sportspr.): - pfeifen; Abseits_fal|le, ...stel|lung, ...tor
(das; -[e]s, -e)
Ab|sence [...ßangß] die; -, -n
[...ß'n] ⟨franz.⟩ (Med.: kurzzeitige Bewußtseinstrübung, bes. bei
Epilepsie)
ab|sen|den; Ab|sen|der (Abk.:
Abs.); Ab|sen|dung
ab|sen|ken; Ab|sen|ker (vorjähriger Trieb, der zur Vermehrung
der Pflanze in die Erde gelegt
wird)
ab|sen|tie|ren, sich (veralt. für:
sich entfernen); Ab|senz die; -,
-en ⟨lat.⟩ (österr., schweiz., sonst
veralt. für: Abwesenheit, Fehlen;
schweiz. auch svw. Absence)
ab|ser|beln (schweiz. für: dahinsiechen, langsam absterben); ich
...[e]le ab (↑ R 22)
ab|ser|vie|ren (auch ugs. für: seines Einflusses berauben)
ab|serz|bar; ab|set|zen; sich -; Abset|zung
ab|si|chern
Ab|sicht die; -, -en; ab|sicht|lich
[auch: ...sicht...]; Ab|sicht|lich-

keit [auch: ...*sicht*...]; ab-
sichts_los, ...voll
Ab|sin|gen *das;* -s; unter - (nicht:
unter Absingung)
ab|sin|ken
Ab|sinth *der;* -[e]s, -e ⟨griech.⟩
(Wermutbranntwein)
ab|sit|zen
ab|so|lut ⟨lat.⟩ (völlig; ganz und
gar; uneingeschränkt); -e (nicht-
euklidische) Geometrie; -e Musik; (Sprachw.:) -er Ablativ, Nominativ, Superlativ (vgl. Elativ);
Ab|so|lut|heit *die;* -; Ab|so|lu|ti-
on [...*zion*] *die;* -, -en (Los-, Frei-
sprechung, bes. Sündenverge-
bung); Ab|so|lu|tis|mus *der;* -
(unbeschränkte Herrschaft eines
Monarchen, Willkürherrschaft);
Ab|so|lu|tist *der;* -en, -en; ↑ R 197
(veralt. für: Anhänger des Abso-
lutismus); ab|so|lu|tis|tisch, -ste;
Ab|sol|vent [...*wänt*] *der;* -en, -en;
↑ R 197 (Schulabgänger mit Ab-
schlußprüfung); ab|sol|vie|ren
(Absolution erteilen; erledigen,
ableisten; [eine Schule] durch-
laufen); Ab|sol|vie|rung *die;* -
ab|son|der|lich; Ab|son|der|lich-
keit; ab|son|dern; sich -; Ab|son-
de|rung
Ab|sor|bens *das;* -, ...benzien
[...*i"n*] u. ...bentia [...*zia*] ⟨lat.⟩
(der bei der Absorption aufneh-
mende Stoff); Ab|sor|ber *der;* -s,
- ⟨engl.⟩ (Vorrichtung zur Absorption von Gasen, Strahlen;
vgl. Absorbens); ab|sor|bie|ren
⟨lat.⟩ (aufsaugen; [gänzlich] be-
anspruchen); Ab|sorp|ti|on
[...*zion*] *die;* -, -en; Ab|sorp|ti-
ons|spek|trum; ab|sorp|tiv (zur
Absorption fähig)
ab|spal|ten; Ab|spal|tung
ab|spa|nen (Technik: ein metalli-
sches Werkstück durch Abtren-
nung von Spänen formen)
ab|spä|nen (landsch. für: die Mut-
termilch entziehen)
ab|span|nen; Ab|spann|mast *der*
(Elektrotechnik); Ab|span|nung
die; -
ab|spa|ren, sich; sich etwas am
Munde -
ab|spei|chern (EDV)
ab|spei|sen
ab|spen|stig; jmdm. jmdn. od. et-
was - machen
ab|sper|ren; Ab|sperr_hahn, ...ket-
te, ...kom|man|do, ...mau|er; Ab-
sper|rung
ab|spie|geln; Ab|spie|ge|lung, Ab-
spieg|lung
Ab|spiel *das;* -[e]s; ab|spie|len
ab|split|tern; Ab|split|te|lung
Ab|spra|che (Vereinbarung); ab-
spra|che|ge|mäß; ab|spre|chen
ab|sprin|gen; Ab|sprung; Ab-
sprung|ha|fen (Militär); vgl. ²Ha-
fen

ab|spu|len; ein Tonband -
ab|spü|len; Geschirr -
ab|stam|men; Ab|stam|mung
Ab|stand; von etwas - nehmen (et-
was nicht tun); Ab|stand|hal|ter
(am Fahrrad); ab|stän|dig; -er
(Forstw.: dürrer, absterbender)
Baum; Ab|stands|sum|me
ab|stat|ten; jmdm. einen Besuch -
(geh.)
ab|stau|ben, (landsch.:) ab|stäu-
ben; Ab|stau|ber; Ab|stau|ber|tor
das (Sportspr. für: durch Fehler
des Gegners od. Vorarbeit der
Mitspieler mühelos erzieltes Tor)
ab|ste|chen; Ab|ste|cher
ab|stecken [*Trenn.:* ...stek|ken];
vgl. ²stecken
ab|ste|hen
ab|stei|fen; Ab|stei|fung
Ab|stei|ge *die;* -, -n (ugs.); ab-
stei|gen; Ab|stei|ge|quar|tier,
(österr.:) Ab|steig|quar|tier; Ab-
stei|ger (Sportspr.)
Ab|stell|bahn|hof; ab|stel|len; Ab-
stell_ge|lei|se od. ...gleis, ...kam-
mer, ...raum; Ab|stel|lung
ab|stem|peln; Ab|stem|pe|lung,
Ab|stemp|lung
ab|step|pen
ab|ster|ben
Ab|stich
Ab|stieg *der;* -[e]s, -e; ab|stiegs|ge-
fähr|det (Sportspr.)
ab|stil|len
ab|stim|men; Ab|stimm_kreis,
...schär|fe *(die;-)*; Ab|stim|mung;
Ab|stim|mungs|er|geb|nis
ab|sti|nent ⟨lat.⟩ (enthaltsam, alko-
hol. Getränke meidend); Ab|sti-
nent *der;* -en, -en; ↑ R 197
(schweiz., sonst veralt. für: Ab-
stinenzler); Ab|sti|nenz *die;* -;
Ab|sti|nenz|ler (enthaltsam le-
bender Mensch, bes. in bezug
auf Alkohol); Ab|sti|nenz|tag
(kath. Kirche: Tag, an dem die
Gläubigen kein Fleisch essen
dürfen)
ab|stop|pen
Ab|stoß; ab|sto|ßen; ab|sto|ßend;
-ste; ab|sto|ßung
ab|stot|tern (ugs. für: in Raten be-
zahlen)
Ab|strakt [*äp*ß*träkt*] *der;* -s, -s ⟨lat.-
engl.⟩ (kurze Inhaltsangabe eines
Artikels od. Buches)
ab|stra|fen; Ab|stra|fung
ab|stra|hie|ren ⟨lat.⟩ (das Allge-
meine vom Einzelnen absondern, verallgemeinern)
ab|strah|len
ab|strakt, -este ⟨lat.⟩ (begrifflich,
nur gedacht); -e (vom Gegen-
ständlichen absehende) Kunst;
-es Substantiv (vgl. Abstraktum);
Ab|strakt|heit *die;* -; Ab|strak|ti|on
[...*zion*] *die;* -, -en; Ab|strak|tum
das; -s, ...ta (Philos.: allgemeiner
Begriff; Sprachw.: Substantiv,

das etwas Nichtgegenständliches
benennt, z. B. „Liebe")
ab|stram|peln, sich (ugs.)
ab|strän|gen ([ein Zugtier] abspan-
nen)
ab|strei|chen; Ab|strei|cher
ab|strei|fen
ab|strei|ten
Ab|strich
ab|strus, -este ⟨lat.⟩ (verworren,
schwer verständlich)
ab|stu|fen; Ab|stu|fung
ab|stump|fen; Ab|stump|fung
Ab|sturz; ab|stür|zen
Ab|stüt|zen
Ab|sud [auch: ...*sut*] *der;* -[e]s, -e
(veralt. für: durch Abkochen ge-
wonnene Flüssigkeit)
ab|surd, -este ⟨lat.⟩ (ungereimt,
unvernünftig, sinnwidrig, sinn-
los); vgl. ad absurdum; -es Drama (eine moderne Dramen-
form); Ab|sur|di|tät *die;* -, -en
Ab|szeß *der* (österr. ugs. auch:
das); Abszesses, Abszesse ⟨lat.⟩
(Med.: eitrige Geschwulst)
Ab|szis|se *die;* -, -n ⟨lat.⟩ (Math.:
auf der Abszissenachse abgetra-
gene erste Koordinate eines
Punktes); Ab|szis|sen|ach|se
Abt *der;* -[e]s, Äbte (Kloster-,
Stiftsvorsteher)
Abt. = Abteilung
ab|ta|keln; ein Schiff - (das Takel-
werk entfernen, außer Dienst
stellen); vgl. abgetakelt; Ab|ta-
ke|lung, Ab|tak|lung
ab|tas|ten; Ab|tast|na|del (am
Plattenspieler); Ab|tas|tung
ab|tau|en; einen Kühlschrank -
Ab|tausch; ab|tau|schen
Ab|tei
Ab|teil [ugs. auch, schweiz. nur:
ap...] *das;* -[e]s, -e; ab|tei|len;
¹Ab|tei|lung *die;* - (Abtrennung)
²Ab|tei|lung *die* [österr., schweiz.:
ap...] (abgeteilter Raum; Teil eines Unternehmens, einer Behör-
de o. ä.; Abk.: Abt.); Ab|tei-
lungs|lei|ter *der*
ab|teu|fen (Bergmannsspr.); einen
Schacht - (senkrecht nach unten
bauen)
ab|tip|pen (ugs.)
Äb|tis|sin *die;* -, -nen (Kloster-,
Stiftsvorsteherin)
Abt.-Lei|ter = Abteilungsleiter
(↑ R 38)
ab|tö|nen; Ab|tö|nung
ab|tö|ten; Ab|tö|tung
Ab|trag *der;* -[e]s, Äbträge; jmdm.
od. einer Sache - tun (geh. für:
schaden); ab|tra|gen; ab|träg-
lich (schädlich); jmdm. od. einer
Sache - sein; Ab|träg|lich|keit;
Ab|tra|gung
ab|trai|nie|ren [...*trä*... od.
...*tre*...]; zwei Kilo -
Ab|trans|port; ab|trans|por|tie|ren
ab|trei|ben; Ab|trei|bung; Ab|trei-

Accrochage

bungs_pa|ra|graph (§ 218 des Strafgesetzbuches), ...ver|such
ab|tren̲n|bar; ab|tren|nen; Ab̲tren|nung
ab|tre̲|ten; Ab̲|tre|ter; Ab̲|tre|tung
Ab̲|trieb der; -[e]s, -e (auch: Ab-holzung; österr. auch: Rührteig)
Ab̲|trift die; -, -en (Treiben des Viehs von den Almen; See-mannsspr., Fliegerspr.: durch Wind od. Strömung hervorgerufene Kursabweichung)
Ab̲|tritt (ugs. auch für: ¹Abort)
ab̲|trock|nen
ab̲|trop|fen
ab̲|trot|zen
ab̲|trump|fen (auch ugs. für: scharf zurechtweisen, abweisen)
ab̲|trün̲|nig; Ab̲|trün|nig|keit die; -Abts_stab, ...wür|de
ab̲|tun; etwas als Scherz -
ab̲|tup|fen
Ab̲t|wahl
Abu [auch: abu] (in arab. Eigenn.: „Vater"); Ab̲u Dha̲|bi (Scheichtum der Vereinigten Arabischen Emirate; dessen Hauptstadt); Abu̲|kir (ägypt. Stadt)
ab|un|da̲nt ⟨lat.⟩ (häufig [vorkommend]); Ab|un|da̲nz die; -([große] Häufigkeit)
ab und zu vgl. ab
ab u̲r|be con|di̲|ta [- - kon...] ⟨lat.⟩ („seit Gründung der Stadt" [Rom]; altröm. Zeitrechnung, beginnend mit 753 v. Chr.; Abk.: a. u. c.)
ab|ur|tei|len; Ab̲|ur|tei|lung
Ab̲|ver|kauf (österr. für: Ausverkauf); ab̲|ver|kau|fen (österr.)
ab̲|ver|lan|gen
ab̲|vie|ren (vierkantig zuschneiden); Ab̲|vie|rung
ab̲|wä̲|gen; du wägst ab; du wägtest, wogst ab; abgewogen, abgewägt; ab̲|wäg|sam (bedächtig); Ab̲|wä|gung
Ab̲|wahl; ab̲|wäh|len
ab̲|wäl|zen
ab̲|wan|deln; Ab̲|wan|de|lung, Ab̲wand|lung
ab̲|wan|dern; Ab̲|wan|de|rung
Ab̲|wär|me (Technik: nicht genutzte Wärmeenergie)
Ab̲|wart der; -s, -e (schweiz. für: Hausmeister, -wart); ab̲|war|ten; Ab̲|war|tin die; -, -nen (schweiz. für: Hausmeisterin)
ab̲|wärts; Schreibung in Verbindung mit Verben (↑ R 205): I. Getrenntschreibung in ursprünglicher Bedeutung, z. B. abwärts (nach unten) gehen; er ist diesen Weg abwärts gegangen. II. Zusammenschreibung, wenn durch die Verbindung ein neuer Begriff entsteht, z. B. abwärtsgehen (ugs. für: schlechter werden); es ist mit ihm abwärtsgegangen; Ab̲wärts|trend

¹Ab̲|wasch der; -[e]s (Geschirrspülen; schmutziges Geschirr); ²Ab̲wasch die; -, -en (landsch. für: Abwaschbecken); ab̲|wasch|bar; ab̲|wa̲|schen; Ab̲|wa|schung; Ab̲wasch|was|ser (Plur. ...wässer)
Ab̲|was|ser (Plur. ...wässer); Ab̲was|ser|auf|be|rei|tung
ab̲|wech|seln; ab̲|wech|selnd; ab̲wech|se|lung; ab̲|wechs|lung; ab̲wechs|lungs_los, ...reich
Ab̲|weg (meist Plur.); ab̲|we|gig; Ab̲|we|gig|keit
Ab̲|wehr die; -; ab̲|weh|ren; Ab̲wehr_ge|schütz, ...kampf, ...reak|ti|on, ...spie|ler (Sportspr.)
¹ab̲|wei|chen; ein Pflaster -; vgl. ¹weichen
²ab̲|wei|chen; vom Kurs -; vgl. ²weichen; Ab̲|weich|ler (DDR: jmd., der von der Linie der Partei abweicht); Ab̲|wei|chung
ab̲|wei|den
ab̲|wei|sen; Ab̲|wei|ser (Prellstein); Ab̲|wei|sung
ab̲|wen̲d|bar; ab̲|wen|den; ich wandte od. wendete mich ab, habe mich abgewandt od. abgewendet; er wandte od. wendete den Blick ab, hat den Blick abgewandt od. abgewendet; aber nur: er hat das Unheil abgewendet; ab̲|wen|dig (veraltend für: abspenstig, abgeneigt); Ab̲|wendung die; -
ab̲|wer|ben; Ab̲|wer|ber; Ab̲|werbung
ab̲|wer|fen
ab̲|wer|ten; Ab̲|wer|tung
ab̲|we̲|send; Ab̲|we|sen|de der u. die; -n, -n (↑ R 7 ff.); Ab̲|we|senheit die; -
ab̲|wet|tern; einen Sturm - (Seemannsspr.: auf See überstehen); einen Schacht - (Bergmannsspr.: abdichten)
ab̲|wet|zen (ugs. auch für: schnell weglaufen)
ab̲|wich|sen; sich einen - (derb für: onanieren)
ab̲|wi̲ckeln [Trenn.: ...wik|keln]; Ab̲|wicke|lung [Trenn.: ...wikke...], Ab̲|wick|lung
ab̲|wie|geln (Ggs. von: aufwiegeln); Ab̲|wieg|ler
ab̲|wie|gen; vgl. ²wiegen
ab̲|wim|meln (ugs. für: [mit Ausflüchten] abweisen)
Ab̲|wind (absteigender Luftstrom)
ab̲|win|ken
ab̲|wirt|schaf|ten; abgewirtschaftet
ab̲|wi̲|schen
ab̲|woh|nen
ab̲|wra|cken [Trenn.: ...wrak|ken]; ein Schiff - (verschrotten); Ab̲wrack|fir|ma
Ab̲|wurf; Ab̲|wurf|vor|rich|tung
ab̲|wür|gen
aby̲s|sisch ⟨griech.⟩ (aus der Tiefe

der Erde stammend; zum Tiefseebereich gehörend; abgrundtief); Aby̲s|sus der; - (veralt. für: Tiefe der Erde, Abgrund)
ab̲|zah|len; ab̲|zäh|len; Ab̲|zählreim; Ab̲|zah|lung; Ab̲|zahlungs|ge|schäft
ab̲|zap|fen; Ab̲|zap|fung
ab̲|zap|peln, sich
ab̲|zäu|men
ab̲|zäu|nen; Ab̲|zäu|nung
ab̲|zeh|rung (Abmagerung)
ab̲|zei|chen; ab̲|zeich|nen; sich -
Ab̲|zieh|bild; ab̲|zie|hen; vgl. abgezogen; Ab̲|zie|her
ab̲|zie|len
ab̲|zir|keln; Ab̲|zir|ke|lung, Ab̲zirk|lung die; -
ab̲|zi̲|schen (ugs. für: sich rasch entfernen)
Ab̲|zug; ab̲|züg|lich (Kaufmannsspr.); Präp. mit Gen.: - des gewährten Rabatts; ein alleinstehendes, stark gebeugtes Substantiv steht im Sing. ungebeugt: - Rabatt; ab̲|zugs_fä|hig, ...frei; Ab̲|zugs_ka|nal, ...schacht
ab̲|zu̲p|fen
ab̲|zwa̲cken [Trenn.: ...zwak|ken] (ugs. für: entziehen, abnehmen)
ab̲|zwe̲cken [Trenn.: ...zwek|ken]; auf eine Sache -
Ab̲|zweig (Amtsdt. für: Abzweigung); Ab̲|zweig|do|se; ab̲|zweigen; Ab̲|zweig|stel|le; Ab̲|zweigung
Ac = chem. Zeichen für: Actinium
a c. = a conto
à c. = à condition
Aca|dé|mie fran|çai|se [akademi-frangßä̲s] die; - - ⟨franz.⟩ (Akademie für franz. Sprache und Literatur)
a cap|pe̲l|la [- ka...] ⟨ital.⟩ (Musik: ohne Begleitung von Instrumenten); A-cap|pe̲l|la-Chor (↑ R 41); vgl. ²Chor
acc. c. inf. = accusativus cum infinitivo; vgl. Akkusativ
ac|ce̲l. = accelerando; ac|ce|leran|do [atschelerando] ⟨ital.⟩ (Musik: schneller werdend)
Ac|cent ai|gu [akßangtägü̲] der; - -, -s -s [akßangsägü̲] (Akut; Zeichen: ´, z. B. é); Ac|cent cir|conflexe [akßangßirkongfläkß] der; - -, -s -s [akßangßirkongfläkß] (Zirkumflex; Zeichen: ^, z. B. â); Ac|cent gra|ve [akßanggra̲w] der; - -, -s -s [akßanggra̲w] (Gravis; Zeichen: `, z. B. è)
Ac|ces|soire [akßäßoa̲r] das; -s, -s (meist Plur.) ⟨franz.⟩ (modisches Zubehör, z. B. Gürtel, Schmuck)
Ac|cra [a̲kra] (Hauptstadt von Ghana)
Ac|cro|chage [akroscha̲sch] die; -, -n ⟨franz.⟩ (Ausstellung einer Privatgalerie)

Ace|tat [*az...*] *das;* -s, -e ⟨lat.⟩ (Salz der Essigsäure; Chemiefaser); Ace|tat|sei|de; *das;* -s (ein Lösungsmittel); Ace|ty|len *das;* -s (gasförmiger Kohlenwasserstoff); Ace|ty|len|gas

ach!; ach so!; ach ja!; ach je!; ach und weh schreien; (↑R 67:) **Ach** *das;* -s, -[s]; mit - und Krach; mit - und Weh

Achä|er (Angehöriger eines altgriech. Stammes); Acha|ia [*..ja,* auch: *aehaia*] (griech. Landschaft)

Achä|me|ni|de *der;* -n, -n; ↑R 197 (Angehöriger einer altpers. Dynastie)

Achä|ne *die;* -, -n ⟨griech.⟩ (Bot.: Schließfrucht)

Achat *der;* -[e]s, -e ⟨griech.⟩ (ein Halbedelstein); acha|ten

Acha|ti|us [*...zius*], Achaz (m. Vorn.)

Ache [auch: *a...*] *die;* - (Bestandteil von Flußnamen); Tiroler - achel|n (jidd.) (landsch. für: essen); ich ach[e]le (↑R 22)

Achen|see *der;* -s (See in Tirol)

Ache|ron *der;* -[s] (Unterweltsfluß der griech. Sage)

Acheu|lé|en [*aschöleäng*] *das;* -[s] ⟨franz.⟩ (Stufe der älteren Altsteinzeit)

Achill, Achil|les (Held der griech. Sage); Achil|le|is *die;* - (Heldengesang über Achill); Achil|les_fer|se (↑R 135; verwundbare Stelle), ...seh|ne (sehniges Ende des Wadenmuskels am Fersenbein); Achil|leus [*aehileuß*]; vgl. Achill

Achim (Kurzform von: Joachim)

Ach-Laut (↑R 33)

Ach|med (arab. m. Vorn.)

a. Chr. [n.] = ante Christum [natum]

Achro|ma|sie [*akro...*] *die;* -, ...ien ⟨griech.⟩ (Physik: Brechung der Lichtstrahlen ohne Zerlegung in Farben); Achro|mat *der;* -[e]s, -e (Linsensystem, das Lichtstrahlen nicht in Farben zerlegt); achro|ma|tisch [österr.: *a...*] (Achromasie aufweisend); Achro|ma|tis|mus *der;* -, ...men (Achromasie); Achro|mat|op|sie *die;* -, ..ien (Med.: Farbenblindheit)

Achs_bruch od. Ach|sen|bruch, ...druck ⟨Plur. ...drücke⟩; Ach|se *die;* -, -n

Ach|sel *die;* -, -n; Ach|sel_griff, ...höh|le, ...klap|pe; ach|sel|stän|dig (Bot.: in der Blattachsel stehend); Ach|sel|zucken *das;* -s [*Trenn.:* ...zuk|ken]; ach|sel|zuckend [*Trenn.:* ...zuk|kend]

Ach|sen|bruch od. Ach|sbruch; ach|sig (für: axial); ...ach|sig (z. B. einachsig); Ach|sig|keit (für: Axialität); Achs|ki|lo|me|ter (Maßeinheit bei der Eisenbahn); Achs_la|ger (*Plur.* ...lager), ...last; achs|recht (für: axial); Achs|schen|kel|bol|zen

acht; I. *Kleinschreibung* (↑R 66): wir sind [unser] acht; eine Familie von achten (ugs.); wir sind zu acht; die ersten, letzten acht; acht und eins macht, ist (nicht: machen, sind) neun; die Zahlen von acht bis zwölf; acht Millionen; acht zu vier (8:4); ein Kind von acht [Jahre]; ein Kind von acht [bis zehn] Jahren; es ist [um] acht [Uhr]; es schlägt eben acht; ein Viertel auf, vor acht; halb acht; Punkt, Schlag acht; im Jahre acht; die Linie acht; das macht acht fünfzig (ugs. für: 8,50 DM); er sprang acht und-zwanzig (ugs. für: 8,22 m). II. *Großschreibung* (↑R 66): die Acht usw. (vgl. ¹Acht [Ziffer, Zahl]). III. *Ableitungen und Zusammensetzungen:* achtens; achtel (vgl. d.); das Achtel (vgl. d.); der Achter (vgl. d.); acht[und]einhalb; achtundzwanzig; achterlei; achtfach; achtjährig (vgl. d.); achtmal (vgl. d.); achtmillionste; Achtpfennigmarke (vgl. d.). IV. *Schreibung mit Ziffer:* 8jährig; 8mal; aber: 8 mal 2; 8-Pfennig-Marke (↑R 43); ¹Acht *die;* -, -en (Ziffer, Zahl); die Zahl, Ziffer -; eine - schreiben; eine arab., röm. -; eine - fahren (Eislauf); mit der - (ugs. für: [Straßenbahn]linie 8) fahren

²Acht *die;* - (Aufmerksamkeit; Fürsorge); (↑R 64:) [ganz] außer acht lassen; sich in acht nehmen; achtgeben (vgl. d.); achthaben (vgl. d.); aber: aus der Acht, außer aller Acht lassen; das Außerachtlassen (↑R 42 u. R 68)

³Acht *die;* - (Ausschließung [vom Rechtsschutz], Ächtung); in Acht und Bann tun

acht_ar|mig, ...bän|dig

acht|bar; Acht|bar|keit *die;* -

ach|te; I. *Kleinschreibung* (↑R 66): der achte (der Reihe nach); der achte, den ich treffe; das achte Gebot; der achte, am achten Januar; jeder achte. II. *Großschreibung:* a) (↑R 66:) der Achte (der Leistung nach); der Achte, am Achten [des Monats]; b) (↑R 133:) Heinrich der Achte; Acht|eck; acht|eckig [*Trenn.:* ...ek|kig]; acht|ein|halb, acht-und|ein|halb

ach|tel; ein - Zentner, drei - Liter, aber (Maß): ein Achtelliter; Ach|tel *das* (schweiz. meist: *der*); -s, -; ein, das - vom Zentner; ein - Rotwein; drei - des Ganzen,

aber: im Dreiachteltakt (mit Ziffern: im $^3/_8$-Takt; ↑R 43); Ach|tel_fi|na|le (Sportspr.), ...li|ter (vgl. achtel), ...los, ...no|te

ach|ten

äch|ten

Ach|ten|der (ein Hirsch mit acht Geweihenden); ach|tens; Ach|ter (Ziffer 8; Form einer 8; ein Boot für acht Ruderer)

Äch|ter (hist. für: Geächteter)

ach|ter|aus (Seemannsspr.: nach hinten)

Ach|ter|bahn; [auf, mit der] Achterbahn fahren

Ach|ter_deck (Hinterdeck); ach|ter|la|stig (Seemannsspr.: achtern tiefer liegend als vorn); ein -es Schiff

ach|ter|lei

ach|ter|lich (Seemannsspr.: von hinten kommend); ach|tern (Seemannsspr.: hinten); nach -

Ach|ter_ren|nen (Rudersport)

Ach|ter|ste|ven (Seemannsspr.)

acht|fach; acht|fa|che (mit Ziffer: 8fache) *das;* -n (↑R 7 ff.); [um] ein -s; um das -; acht_fal|tig (acht Falten habend), ...fäl|tig (veralt. für: achtfach); Acht|flach *das;* -[e]s, -e, Acht|fläch|ner (für: Oktaeder); Acht|fü|ßer (für: Oktopode)

acht|ge|ben; er gibt acht (↑R 64); achtgegeben; achtzugeben; gib acht!; aber: auf etwas größte Acht geben

acht|ha|ben; vgl. achtgeben

acht_hun|dert; vgl. hundert; acht_jäh|rig (mit Ziffer: 8jährig; Acht|jäh|ri|ge (mit Ziffer: 8jährige) der u. die; -n, -n (↑R 7 ff.); Acht|kampf (Sportspr.)

acht|kan|tig

acht|los, -este; Acht|lo|sig|keit

acht|mal, aber: acht mal zwei (mit Ziffern: 8 mal 2) ist (nicht: sind) sechzehn; achtmal so groß wie (seltener: als) ...; acht- bis neunmal (↑R 32); vgl. bis; acht_ma|lig; Acht|me|ter (Strafstoß beim Hallenfußball); acht|mil|lio|nen|mal (aber: acht Millionen Male, vgl. ¹Mal, I u. II); acht_mil|li|on|ste; Acht|pfen|nig|mar|ke (mit Ziffer: 8-Pf-Marke oder 8-Pfennig-Marke; ↑R 43)

acht|sam; Acht|sam|keit

acht_spän|nig, ...stöckig [*Trenn.:* ...stök|kig]

Acht_stun|den|tag; acht_tau|send (vgl. tausend); Acht_tau|sen|der ([über] 8 000 m hoher Berg); Acht|ton|ner (mit Ziffer: 8tonner; ↑R 212); Acht|uhr|zug (mit Ziffer: 8-Uhr-Zug; ↑R 43); acht_[und]ein|halb, ...und|zwan|zig; vgl. acht

Ach|tung *die;* - vor ...; Achtung!

Äch|tung

ach|tung|ge|bie|tend; Ach|tungs-
_ap|plaus, ...be|zei|gung, ...er-
folg; Ach|tung|stel|lung die; -
(schweiz. milit. für: Strammste-
hen); ach|tungs|voll
acht|zehn; vgl. acht; im Jahre
achtzehnhundert; Acht|zehn|en-
der (ein Hirsch mit achtzehn Ge-
weihenden); acht|zehn|hun|dert;
acht|zehn|jäh|rig; vgl. achtjährig
acht|zig; **I.** _Kleinschreibung_
(↑R 66): er ist, wird achtzig [Jah-
re alt]; mit achtzig [Jahren] (vgl.
achtzig, II); im Jahre achtzig [ei-
nes Jahrhunderts]; mit achtzig
[Sachen] (ugs. für: achtzig Stun-
denkilometer) fahren; Tempo
achtzig; auf achtzig bringen (ugs.
für: wütend machen). **II.** _Groß-_
schreibung (↑R 66): Mitte [der]
Achtzig; der Mensch über Achtzig (auch: achtzig [Jahre]); mit
Achtzig (auch: achtzig [Jahren])
kannst du das nicht mehr; in die
Achtzig kommen; vgl. acht;
Acht|zig die; -, -en (Zahl); vgl.
¹Acht

acht|zi|ger (mit Ziffern: 80er); **I.**
Kleinschreibung (↑R 66): - Jahrgang (aus dem Jahre achtzig [ei-
nes Jahrhunderts]); in den achtziger Jahren [des vorigen Jahr-
hunderts], aber: in den Achtzi-
gerjahren (über achtzig Jahre alt)
war er noch rüstig. **II.** _Groß-_
schreibung (↑R 66): Mitte der
Achtziger; in den Achtzigern
(über achtzig Jahre alt) sein;
Acht|zi|ger (jmd., der [über] 80
Jahre ist; Wein aus dem Jahre
achtzig [eines Jahrhunderts];
österr. auch: 80. Geburtstag);
Acht|zi|ge|rin die; -, -nen; **Acht-**
zi|ger|jah|re [auch: _aehzig'rjar'_]
Plur.; vgl. achtziger, I; acht|zig-
fach; vgl. achtfach; acht|zig.jäh-
rig (vgl. achtjährig), ...mal; **acht-**
zig|ste (Großschreibung: er feiert
seinen Achtzigsten [= 80. Ge-
burtstag]; vgl. achte); acht|zig-
stel; vgl. achtel; **Acht|zig|stel** das
(schweiz. meist: der); -s, -; vgl.
Achtel

acht_zöl|lig, (auch:) ...zol|lig;
Acht|zy|lin|der [...zül..., auch:
...zil...] (ugs. für: Achtzylinder-
motor od. damit ausgerüstetes
Kraftfahrzeug); **Acht|zy|lin|der-**
mo|tor; acht|zy|lin|drig
äch|zen; du ächzt (ächzest)
a. c. i. = accusativus cum infinitivo; vgl. Akkusativ
Aci|di|tät [azi...] die; - ⟨lat.⟩ (Säure-
grad einer Flüssigkeit); **Aci|do|se**
die; -, -n (krankhafte Vermehrung des Säuregehaltes im Blut)
Acker¹ der; -s, Äcker; 30 - Land
(↑R 128 f.); **Acker|bau¹** der; -[e]s

Acker|bau|er¹ der; -n (seltener
-s), -n (veraltet für: Landwirt) u.
-s, - (Bebauer von Äckern; meist
Plur.); acker|bau|trei|bend¹; die
ackerbautreibenden Bewohner,
aber (↑R 209): es gibt viele noch
Ackerbau treibende Einwohner;
Äcker|chen¹; **Acker|flä|che¹**;
Acker|mann¹ vgl. Ackersmann;
Acker|men|nig¹, **Oder|men|nig**
der; -[e]s, -e (ein Heilkraut);
ackern¹; ich ...ere (↑R 22);
Acker|nah|rung¹ die; - (Ackerflä-
che, die zum Unterhalt einer Fa-
milie ausreicht); **Acker[s]|mann¹**
(Plur. ...leute u. ...männer; veralt.)
Ack|ja der; -[s], -s ⟨schwed.⟩ (lap-
pischer Schlitten in Bootsform;
auch: Rettungsschlitten)
à con|di|ti|on [a kõgdißjõng]
⟨franz.⟩ („auf Bedingung"; Abk.:
à c.)
a con|to [- konto] ⟨ital.⟩ (auf [lau-
fende] Rechnung von ...; Abk.: a
c.); vgl. Akontozahlung
Acre [e'k'r] der; -s, -s ⟨engl.⟩ (Flä-
chenmaß); 7 - Land (↑R 128 f.)
Acro|le|in vgl. Akrolein; **Acryl**
[akrül] ⟨griech.⟩ das; -s (eine Che-
miefaser); **Acryl|säu|re** (stechend
riechende Säure [Ausgangsstoff
vieler Kunstharze])
ACS = Automobil-Club der
Schweiz
Ac|ti|ni|um [akt...] das; -s ⟨griech.⟩
(chem. Grundstoff; Zeichen: Ac)
Ac|tion [äksch'n] die; - ⟨engl.⟩
(spannende [Film]handlung);
Ac|tion-pain|ting [äksch'npe'n-
ting] das; - (moderne Richtung in
der amerik. abstrakten Malerei)
a d. = a dato
a. d. = an der (bei Ortsnamen,
z. B. Bad Neustadt a. d. Saale)
a. D. = außer Dienst
A. D. = Anno Domini
Ada (w. Vorn.)
Ada|bei der; -s, -s (österr. ugs. für:
jmd., der überall dabeisein will)
ad ab|sur|dum ⟨lat.⟩ - - führen
(das Widersinnige nachweisen)
ADAC = Allgemeiner Deutscher
Automobil-Club
ad ac|ta ⟨lat.⟩ („zu den Akten";
Abk.: a. a.); - - legen
ada|gio [adadscho, auch: adasehio]
⟨ital.⟩ (Musik: sanft, langsam, ru-
hig); **Ada|gio** das; -s, -s (langsa-
mes Tonstück)
Adal|bert, **Adel|bert** (m. Vorn.);
Adal|ber|ta, **Adel|ber|ta** (w.
Vorn.)
Adam (m. Vorn.); vgl. ¹Riese;
Ada|mit der; -en, -en; ↑R 197
(Angehöriger einer religiösen
Sekte); ada|mi|tisch; **Adams_ap-**
fel, ...ko|stüm
Ad|ap|ta|ti|on [...zion] die; -, (für:)

Umarbeitung, Bearbeitung eines
literarischen Werkes auch Plur.:)
-en ⟨lat.⟩ (Physiol.: Anpassungs-
vermögen [bes. des Auges gegenüber Lichtreizen]; Biol.: Anpassung an die Umwelt; österr.
auch: Anpassung eines Hauses
o. ä. an einen bes. Zweck); **Ad-**
ap|ter der; -s, - ⟨engl.⟩ (Verbin-
dungsstück [zum Anschluß von
Zusatzgeräten]); ad|ap|tie|ren
⟨lat.⟩ (anpassen [Biol. und Physiol.]; ein literarisches Werk für
Film u. Funk umarbeiten; österr.
auch: eine Wohnung, ein Haus
o. ä. herrichten); **Ad|ap|tie|rung**;
Ad|ap|ti|on [...zion] die; -, -en;
vgl. Adaptation; ad|ap|tiv
ad|äquat [-este ⟨lat.⟩ (angemessen;
entsprechend); **Ad|äqu|at|heit**
die; -
a da|to ⟨lat.⟩ (vom Tage der Aus-
stellung [an]; Abk.: a d.)
ADB = Allgemeine Deutsche
Biographie
ad cal|len|das grae|cas [- ka... grä-
kaß] ⟨lat.⟩ (niemals)
Ad|den|dum das; -s, ...da (meist
Plur.) ⟨lat.⟩ (Zusatz, Nachtrag,
Ergänzung); ad|die|ren (zusam-
menzählen); **Ad|dier|ma|schi|ne**
Ad|dis Abe|ba [auch: - abeba]
(Hptst. Äthiopiens)
Ad|di|ti|on [...zion] die; -, -en ⟨lat.⟩
(Zusammenzählung); ad|di|tio-
nal (zusätzlich); **Ad|di|ti|ons|wort**
(Plur. ...wörter; svw. Kopulati-
vum); ad|di|tiv (hinzufügend; auf
Addition beruhend); -es Verfah-
ren (Fotogr.); **Ad|di|tiv** das; -s, -e
[...w'] ⟨engl.⟩ (Zusatz, der einen
chem. Stoff verbessert)
ad|di|zie|ren ⟨lat.⟩ (zusprechen, zu-
erkennen)
Ad|duk|ti|on [...zion] die; -, -en
⟨lat.⟩ (Med.: Anziehen eines
Gliedes zur Körperachse hin);
Ad|duk|tor der; -s, ...oren (eine
Adduktion bewirkender Muskel)
ade! ich age sagen; **Ade** das; -s, -s
Adel|bar der; -s, -e (niederd. für:
Storch)
¹Adel der; -s
²Adel, auch: **Odel** der; -s (bes.
bayr. u. österr. für: Mistjauche)
¹Ade|laide [äd'lid] (Hptst. von
Südaustralien)
²Ade|la|ide (w. Vorn.); **Adel|bert**,
Adal|bert (m. Vorn.); **Adel|ber-**
ta, **Adal|ber|ta** (w. Vorn.)
Ade|le (w. Vorn.)
Adel|gund, **Adel|heid** (w. Vorn.);
ade|lig, ad|lig; adeln; ich ...[e]le
(↑R 22); **Adels_brief**, ...prä|di-
kat; **Ade|lung**
Aden (Hptst. der Demokratischen
Volksrepublik Jemen)
Ade|nau|er (erster dt. Bundes-
kanzler)

---

¹ _Trenn.:_ ...k|k...   ¹ _Trenn.:_ ...k|k...

Ade|nom *das;* -s, -e ⟨griech.⟩ (Drüsengeschwulst); ade|no|ma|tös

Ad|ept *der;* -en, -en (↑ R 197) ⟨lat.⟩ ([als Schüler] in eine Geheimlehre Eingeweihter)

Ader *die;* -, -n; Äder|chen, Äder|lein; ad|e||rig, äd|e||rig; Äder|laß *der;* ...lasses, ...lässe; ädern; ich ...ere (↑ R 22); Äde|rung

à deux mains [*a dö mäng*] ⟨franz.⟩ (Klavierspiel: mit zwei Händen)

Ad|go *die;* - (Allgemeine Deutsche Gebührenordnung für Ärzte)

ad|hä|rie|ren ⟨lat.⟩ (veralt. für: anhaften; anhängen); Ad|hä|si|on *die;* -, -en (Aneinanderhaften von Stoffen od. Körpern); Ad|hä|si|ons|ver|schluß (Postw.: Verschluß für Drucksachensendungen, der geöffnet und wieder geschlossen werden kann)

ad hoc [auch: - *hok*] ⟨lat.⟩ ([eigens] zu diesem [Zweck]; aus dem Augenblick heraus [entstanden])

Ad-hoc-Bil|dung [auch: ...*hok*...]

adia|ba|tisch ⟨↑ R 180⟩ ⟨griech.⟩ (Physik, Meteor.: ohne Wärmeaustausch)

Adia|pho|ra *Plur.* (↑ R 180) ⟨griech.⟩ (Philos., Theol.: sittlich neutrale Werte)

adieu! [*adiö*] ⟨franz.⟩ (veralt., landsch. für: lebe [lebt] wohl!); jmdm. - sagen; Adieu *das;* -s, -s (veralt. für: Lebewohl)

Adi|ge [*adidsche*] (ital. Name für: Etsch); vgl. Alto Adige

Ädil *der;* -s u. -en, -en; ↑ R 197 (altröm. Beamter)

ad in|fi|ni|tum, in in|fi|ni|tum ⟨lat.⟩ (ohne Ende, unaufhörlich)

Ad|jek|tiv [auch: ...*tif*] *das;* -s, -e [...*w*ᵉ] ⟨lat.⟩ (Sprachw.: Eigenschaftswort, z. B. „schön"); ad|jek|ti|visch [auch: ...*ti*...]

Ad|ju|di|ka|ti|on [...*zion*] *die;* -, -en ⟨lat.⟩ (richterl. Zuerkennung); ad|ju|di|zie|ren

Ad|junkt *der;* -en, -en (↑ R 197) ⟨lat.⟩ (veralt. für: [Amts]gehilfe; österr. u. schweiz. Beamtentitel)

ad|ju|stie|ren ⟨lat.⟩ ([Werkstücke] zurichten; eichen; fein einstellen; österr. auch: ausrüsten, dienstmäßig kleiden); Ad|ju|stie|rung (österr. auch: Uniform)

Ad|ju|tant *der;* -en, -en (↑ R 197) ⟨lat.⟩ (beigeordneter Offizier); Ad|ju|tan|tur *die;* -, -en (Amt, Dienststelle des Adjutanten); Ad|ju|tum *das;* -s, ...ten (veralt. für: [Bei]hilfe; österr.: erste, vorläufige Entlohnung)

ad l. = ad libitum

Ad|la|tus *der;* -, ...ten (auch: ...ti) ⟨lat.⟩ (Gehilfe; Helfer)

Ad|ler *der;* -s, -; Ad|ler|blick

ad lib. = ad libitum

ad li|bi|tum ⟨lat.⟩ (nach Belieben; Abk.: ad l., ad lib., a. l.)

ad|lig, ade|lig; Ad|li|ge *der* u. *die;* -n, -n (↑ R 7 ff.)

ad maio|rem Dei glo|ri|am (↑ R 180), (meist für:) omnia ad maiorem Dei gloriam ⟨lat.⟩ („[alles] zur größeren Ehre Gottes"; Wahlspruch der Jesuiten)

Ad|mi|ni|stra|ti|on [...*zion*] *die;* -, -en ⟨lat.⟩ (Verwaltung[sbehörde]); ad|mi|ni|stra|tiv (zur Verwaltung gehörend); ad|mi|ni|stra|tor *der;* -s, ...oren (Verwalter); ad|mi|ni|strie|ren

ad|mi|ra|bel ⟨lat.⟩ (veralt. für: bewundernswert); ...a|ble Schriften

Ad|mi|ral *der;* -s, -e (seltener: ...äle) ⟨franz.⟩ (Marineoffizier im Generalsrang; ein Schmetterling); Ad|mi|ra|li|tät *die;* -, -en; Ad|mi|ra|li|täts|in|seln *Plur.* (Inselgruppe in der Südsee); Ad|mi|rals|rang; Ad|mi|ral|stab (oberster Führungsstab einer Kriegsmarine)

ADN = Allgemeiner Deutscher Nachrichtendienst (DDR)

Ad|nex *der;* -es, -e ⟨lat.⟩ (Anhang)

ad no|tam ⟨lat.⟩; - - (zur Kenntnis) nehmen

ad ocu|los [- *ok*...] ⟨lat.⟩; - - demonstrieren („vor Augen" führen, klar darlegen)

Ado|les|zenz *die;* - ⟨lat.⟩ (späterer Abschnitt des Jugendalters)

Adolf (m. Vorn.)

Ado|nai (hebr.) („mein Herr"; alttest. Name Gottes)

¹Ado|nis (schöner Jüngling der griech. Sage); ²Ado|nis *der;* -, -se (schöner Jüngling, Mann); ado|nisch (schön wie Adonis; der Vers antiker griech. Vers)

ad|op|tie|ren ⟨lat.⟩ (als Kind annehmen); Ad|op|ti|on [...*zion*] *die;* -, -en; Ad|op|tiv_el|tern, ...kind

ad|ora|bel ⟨lat.⟩ (veralt. für: anbetungswürdig); ...a|ble Heilige; Ad|ora|ti|on [...*zion*] *die;* -, -en (Anbetung; Huldigung); ad|orie|ren (anbeten, verehren)

Adr. = Adresse

ad rem ⟨lat.⟩ (zur Sache [gehörend])

Adre|ma ⓦ *die;* -, -s (Kurzw.: eine Adressiermaschine); adre|mie|ren (mittels einer Adrema beschriften)

Adre|na|lin *das;* -s ⟨nlat.⟩ (Hormon des Nebennierenmarks)

Adres|sant *der;* -en, -en; ↑ R 197 (Absender); Adres|sat *der;* -en, -en; ↑ R 197 (Empfänger; [bei Wechseln:] Bezogener); Adreß|buch; Adres|se *die;* -, -n (Abk. [für: Anschrift]: Adr.); Adres|sen|ver|zeich|nis; adres|sie|ren; Adres|sier|ma|schi|ne

adrett, -este ⟨franz.⟩ (nett, hübsch, ordentlich, sauber)

Adria *die;* - (Adriatisches Meer); Adri|an (m. Vorn.); vgl. Hadrian; Adria|ne, Adria|ne; ↑ R 180 (w. Vorn.); Adria|no|pel; ↑ R 180 (alter Name von Edirne); Adria|ti|sche Meer *das;* -n -[e]s (↑ R 180)

ad|rig, ade|rig; äd|rig, äde|rig

Adrio *das;* -s, -s (schweiz. für: im Netz eines Schweinebauchfells eingenähte Bratwurstmasse aus Kalb- od. Schweinefleisch)

ad|sor|bie|ren ⟨lat.⟩ ([Gase od. gelöste Stoffe an der Oberfläche fester Körper] anlagern); Ad|sorp|ti|on [...*zion*] *die;* -, -en; ad|sorp|tiv (zur Adsorption fähig)

ad|strin|gens *das;* -, ...genzien [...*i*ᵉ*n*], (auch:) ...gentia [...*zia*] ⟨lat.⟩ (zusammenziehendes, blutstillendes Mittel); ad|strin|gie|ren

Ädu|ler *der;* -s, - (Angehöriger eines gall. Stammes)

Adu|lar *der;* -s, -e (ein Feldspat [Schmuckstein])

A-Dur [auch: *adur*] *das;* - (Tonart; Zeichen: A); A-Dur-Ton|lei|ter (↑ R 41)

ad us. = ad usum

ad usum ⟨lat.⟩ („zum Gebrauch"; Abk.: ad us.); ad usum Del|phi|ni (für Schüler bestimmt)

Ad|van|tage [*dwantidsch*] *der;* -s, -s ⟨engl.⟩ (der erste gewonnene Punkt nach dem Einstand beim Tennis)

Ad|vent [...*wänt*, österr. auch: ...*f*...] *der;* -[e]s, (selten:) -e ⟨lat.⟩ („Ankunft"; Zeit vor Weihnachten); Ad|ven|tist *der;* -en, -en (↑ R 197) ⟨engl.⟩ (Angehöriger einer christl. Sekte); Ad|vent..ka|len|der (österr.), ...kranz (österr.), ...sonntag (österr.); Ad|vents..ka|len|der (österr.), ...kranz, ...sonn|tag

Ad|verb [...*wärp*] *das;* -s, -ien [...*i*ᵉ*n*] ⟨lat.⟩ (Sprachw.: Umstandswort, z. B. „dort"); ad|ver|bi|al [...wär-bi...] (umstandswörtlich); -e Bestimmung; Ad|ver|bi|al *das;* -s, -e (Umstandsbestimmung); Ad|ver|bi|al_be|stim|mung, ...satz; ad|ver|bi|ell (seltener für: adverbial)

ad|ver|sa|tiv [...*wär*...] ⟨lat.⟩ (gegensätzlich, entgegensetzend); -e Konjunktion (entgegensetzendes Bindewort, z. B. „aber")

Ad|vo|ca|tus Dei [...*woka*...] *der;* -, ...ti ⟨lat.⟩ (Geistlicher, der im kath. kirchl. Prozeß für eine Heilig- od. Seligsprechung eintritt); Ad|vo|ca|tus Dia|bo|li *der;* -, ...ti -; ↑ R 180 (Geistlicher, der im kath. kirchl. Prozeß Gründe gegen die Heilig- oder Seligsprechung vorbringt; allg.: zugespitzt scharfer Kritiker); Ad|vo|kat *der;* -en, -en; ↑ R 197 (veralt.; landsch. [bes. schweiz.] für: [Rechts]anwalt); Ad|vo|ka|tur die; -, -en (veralt. für: Anwaltschaft; Büro eines Anwalts); Ad|vo|ka|tur|bü|ro (schweiz.); Ad|vo|ka|turs|kanz|lei (österr. veraltend) AdW = Akademie der Wissenschaften

Aech|mea [äch...] die; -, ...meen (griech.) (eine Zimmerpflanze)

AEG ⓦ = Allgemeine Elektricitäts-Gesellschaft

ae|ro... [a-ero, auch: äro] (griech.) (luft...); Ae|ro... (Luft...); ae|rob (Biol.: Sauerstoff zum Leben brauchend); Ae|ro|bic [äröbik] das; -s (meist ohne Artikel) ⟨engl.-amerik.⟩ (Fitneßtraining mit tänzerischen u. gymnastischen Übungen); Ae|ro|bi|er [...i°r] (Biol.: Organismus, der nur mit Luftsauerstoff leben kann); Ae|ro|bi|ont der; -en, -en; ↑ R 197 (svw. Aerobier); Ae|ro|dy|na|mik (Lehre von der Bewegung gasförmiger Körper); ae|ro|dy|na|misch; Ae|ro|flot die; - ⟨griech.; russ.⟩ (sowjet. Luftfahrtgesellschaft); Ae|ro|gramm das; -s, -e (Luftpostleichtbrief); Ae|ro|lith der; -en u. -s, -e[n] (↑ R 197) ⟨griech.⟩ (veralt. für: Meteorstein); Ae|ro|lo|gie die; - (Wissenschaft von der Erforschung der höheren Luftschichten); Ae|ro|me|cha|nik die; - (Lehre vom Gleichgewicht und der Bewegung der Gase); Ae|ro|me|di|zin (Teilgebiet der Medizin, das sich mit den physischen Einwirkungen der Luftfahrt auf den Organismus befaßt); Ae|ro|me|ter das; -s, - (Gerät zum Bestimmen der Luftgewichtes, der Luftdichte); Ae|ro|nau|tik die; - (veralt. für: Luftfahrt); Ae|ro|plan der; -[e]s, -e ⟨griech.; lat.⟩ (veralt. für: Flugzeug); Ae|ro|sal|lon [a-ero...] der; -s, -s ⟨griech.; franz.⟩ (Luftfahrtausstellung); Ae|ro|sol das; -s, -e ⟨griech.; lat.⟩ (feinste Verteilung fester oder flüssiger Stoffe in Gas [z. B. Rauch od. Nebel]); Ae|ro|sta|tik (griech.) (Lehre von den Gleichgewichtszuständen bei Gasen); ae|ro|sta|tisch; Ae|ro|tel das; -s, -s (Flughafenhotel); Ae|ro|train [a-eroträng] der; -s, -s (Luftkissenzug)

AF = Air France

AFC = automatic frequency control [ătomätik frik°°nßi kontro°l] ⟨engl.⟩ (automatische Scharfeinstellung bei Rundfunkgeräten)

Af|fä|re die; -, -n ⟨franz.⟩ (Angelegenheit; [unangenehmer, peinlicher] Vorfall; Streitsache)

Äff|chen, Äff|lein; Af|fe der; -n, -n (↑ R 197)

Af|fekt der; -[e]s, -e ⟨lat.⟩ (Gemüts-

bewegung, stärkere Erregung); Af|fek|ta|ti|on [...zion] die; - (selten für: Getue, Ziererei); Af|fekt|hand|lung; af|fek|tiert; -este (geziert, gekünstelt); Af|fek|tiert|heit; Af|fek|ti|on [...zion] die; -, -en (Med.: Befall eines Organs mit Krankheitserregern; veralt. für: Wohlwollen); af|fek|tiv (gefühlsbetont); Af|fek|ti|vi|tät die;-; Af|fekt|stau (Psych.)

äf|fen; Af|fen|art; af|fen|ar|tig; Af|fen|brot|baum (eine afrik. Baumart); vgl. Baobab; Af|fen.hit|ze (ugs.), ...lie|be (die; -), ...schan|de (ugs.), ...thea|ter (das; -s; ugs.), ...zahn (der; -s; ugs.), ...zeck (der; -s; ugs.); Äf|fer (veralt. für: äffende Person); Af|fe|rei (ugs. abwertend für: eitles Gebaren); Äf|fe|rei (veralt. für: Irreführung)

Af|fi|che [afisch°, auch: ...i...] die; -, -n ⟨franz.⟩ (schweiz., sonst selten für: Anschlag[zettel], Aushang); af|fi|chie|ren [afischi...] Af|fi|da|vit [...wit] das; -s, -s ⟨lat.⟩ (eidesstattl. Versicherung)

af|fig (ugs. abwertend für: eitel); Af|fig|keit

Af|fi|lia|ti|on [...zion] die; -, -en (↑ R 180) ⟨lat.⟩ (Wechsel der Loge eines Freimaurers; Tochtergesellschaft)

af|fin ⟨lat.⟩; -e Geometrie

Äf|fin die; -, -nen

af|fi|nie|ren ⟨franz.⟩ (läutern; scheiden [z. B. Edelmetalle]) Af|fi|ni|tät die; -, -en ⟨lat.⟩ (Verwandtschaft; Ähnlichkeit)

Af|fir|ma|ti|on [...zion] die; -, -en ⟨lat.⟩ (Bejahung, Zustimmung); af|fir|ma|tiv (bejahend, zustimmend); af|fir|mie|ren (bejahen, bekräftigen)

äf|fisch; -ste

Af|fix das; -es, -e ⟨lat.⟩ (Sprachw.: an den Wortstamm angefügte Vor- od. Nachsilbe); vgl. Präfix und Suffix

af|fi|zie|ren ⟨lat.⟩ (Med.: reizen; krankhaft verändern)

Af|fo|dill, As|pho|dill der; -s, -e (griech.) (ein Liliengewächs)

Af|fri|ka|ta, Af|fri|ka|te die; -, ...ten ⟨lat.⟩ (Sprachw.: Verschlußlaut mit folgendem Reibelaut, z. B. pf)

Af|front [afrong, auch: afront] der; -s, -s (auch: -e) ⟨franz.⟩ (Schmähung; Beleidigung)

Af|gha|ne der; -n, -n; ↑ R 197 (Angehöriger eines vorderasiat. Volkes); Af|gha|ni der; - [s], -[s] (afghan. Münzeinheit); af|gha|nisch; Af|gha|ni|stan (Staat in Vorderasien)

AFL [e'-äf-äl] ⟨engl.⟩ = American Federation of Labor [°märik°n fä-

d°re'sch°n °w le'b°r] (amerik. Gewerkschaftsverband)

Af|la|to|xin das; -s, -e ⟨lat.⟩ (Giftstoff in Schimmelpilzen)

AFN [e'-äf-än] ⟨engl.⟩ = American Forces Network [°märik°n fo°ßis nät°°ö'k] (Rundfunkanstalt der außerhalb der USA stationierten amerik. Streitkräfte)

à fonds per|du [a fong pärdü] ⟨franz.⟩ (auf Verlustkonto; [Zahlung] ohne Aussicht auf Gegenleistung od. Rückerhalt)

AFP = Agence France-Presse

Afra (w. Vorn.)

a fres|co [- ...ko] ⟨ital.⟩ (auf den noch feuchten Verputz [gemalt])

Afri|ka [auch: af...]; Afri|kaan|der, Afri|kan|der (selten für: weißer Südafrikaner mit Afrikaans als Muttersprache); afri|kaans; die -e Sprache; Afri|kaans das; - (Sprache der Buren); Afri|ka|na Plur. (Werke über Afrika); Afri|ka|ner (Eingeborener, Bewohner von Afrika); afri|ka|nisch; Afri|ka|nist der; -en, -en; ↑ R 197 (Wissenschaftler auf dem Gebiet der Afrikanistik); Afri|ka|ni|stik die; - (wissenschaftl. Erforschung der Geschichte, Sprachen u. Kulturen Afrikas); Afro|ame|ri|ka|ner [auch: af...] (aus Afrika stammender Amerikaner); afro|ame|ri|ka|nisch [auch: af...] (die Neger in Amerika betreffend); Musik; afro-ame|ri|ka|nisch [auch: af...] (Afrika und Amerika betreffend); -e Beziehungen (↑ R 155); afro-asia|tisch [auch: af...] (↑ R 155; 180); Afro-Look [...luk; auch: af...] der; -s ⟨engl.⟩ (Frisur, bei der das Haar in stark gekrausten, dichten Locken nach allen Seiten absteht)

Af|ter der; -s, -; Af|ter.le|der (österr.: Hinterleder des Schuhes), ...mie|ter (veralt. für: Untermieter)

Af|ter-shave-Lo|tion [aft°r sche'w lo°sch°n] die; -, -s (↑ R 41) ⟨engl.⟩ (Rasierwasser zum Gebrauch nach der Rasur)

Ag = Argentum (chem. Zeichen für: Silber)

a. G. = auf Gegenseitigkeit; (beim Theater:) als Gast

AG = Aktiengesellschaft

AG = Amtsgericht

Aga der; -s, -s ⟨türk.⟩ (früherer türk. Titel für Offiziere u. Beamte)

Äga|di|sche In|seln Plur. (westl. von Sizilien)

Ägä|is die; - (Ägäisches Meer); Ägä|i|sche Meer das; -n -[e]s (↑ R 146; 180)

Aga Khan der; - -s, - -e ⟨türk.⟩ (Oberhaupt eines Zweiges der Ismailiten)

Aga|mẹm|non (sagenhafter König von Mykenä)

Agal|pe die; - (griech.) (schenkende [Nächsten]liebe); **Aga|pet, Aga-pe|tus** (Papstname)

Agar-Agar der od. das; -s (malai.) (Gallerte aus ostasiat. Algen)

Aga|the (w. Vorn.); **Aga|thon** [auch: aga...] (m. Eigenn.)

Aga|ve [...wᵉ] die; -, -n (griech.) ([sub]trop. Pflanze)

Agence France-Presse [aschangß frangß präß] die; - - (franz.) (Name einer franz. Nachrichtenagentur; Abk.: AFP)

Agen|da die; -, ...den (lat.) (Merkbuch; Aufstellung der Gesprächspunkte bei Verhandlungen); **Agen|de** die; -, -n (Gottesdienstordnung); **Agen|den** Plur. (österr. für: Obliegenheiten, Aufgaben)

Agens das; -, Agen|zien [...iᵉn] (lat.) (Philos.: tätiges Wesen od. Prinzip; Med.: wirkendes Mittel; Sprachw.: Träger eines im Verb genannten aktiven Verhaltens);

Agent der; -en, -en; ↑ R 197 (Spion, veralt. für: Geschäftsvermittler, Vertreter); **Agen-ten_ring, ...tä|tig|keit; Agen|tie** [...zi] die; -, ...tien [...ziᵉn] (ital.) (österr. für: Geschäftsstelle der Donau-Dampfschiffahrtsgesellschaft); **agen|tie|ren** (österr. für: Kunden werben); **Agen|tin** die; -, -nen (lat.); **Agent pro|vo|ca|teur** [aschang prowokatör] der; - -, -s -s [aschang ...tör] (franz.) (Lockspitzel); **Agen|tur** die; -, -en (lat.) (Geschäfts[neben]stelle, Vertretung); **Agen|zi|en** (Plur. von: Agens)

Age|si|la|os vgl. Agesilaus; **Age|si-la|us** (König von Sparta)

¹**Ag|fa** die; - (Actien-Gesellschaft für Anilin-Fabrikation); ²**Ag|fa** ⓌZ (fotogr. Erzeugnisse); **Ag|fa-co|lor** ⓌZ [...kolor] (Farbfilme, Farbfilmverfahren)

Ag|glo|me|rat das; -[e]s, -e (lat.) (Anhäufung; Geol.: Ablagerung loser Gesteinsbruchstücke); **Ag-glo|me|ra|ti|on** [...zion] die; -, -en (Anhäufung; Zusammenballung); **ag|glo|me|rie|ren**

Ag|glu|ti|na|ti|on [...zion] die; -, -en (lat.) (Med.: Verklebung, Verklumpung; Sprachw.: Anfügung von Bildungselementen an das unverändert bleibende Wort); **ag|glu|ti|nie|ren;** -de Sprachen

Ag|gre|gat das; -[e]s, -e (lat.) (Maschinensatz; aus mehreren Gliedern bestehender mathematischer Ausdruck); **Ag|gre|ga|ti|on** [...zion] die; -, -en (Zusammenlagerung [von Molekülen]); **Ag-gre|gat|zu|stand** (Erscheinungsform eines Stoffes)

Ag|gres|si|on die; -, -en (lat.) (Angriff[sverhalten], Überfall); **Ag-gres|si|ons...krieg, ...trieb; ag-gres|siv** (angriffslustig); **Ag|gres-si|vi|tät** die; -, -en; **Ag|gres|sor** der; -s, ...oren (Angreifer)

Ägid, Ägi|di|us (m. Vorn.); **Ägi|de** die; - (griech.) (Schutz, Obhut); unter der - von ...

agie|ren (lat.) (handeln; Theater: eine Rolle spielen)

agil (lat.) (flink, wendig, beweglich); **Agi|li|tät** die; -

Ägi|na (griech. Insel; Stadt); **Ägi-ne|te** der; -n, -n; ↑ R 197 (Bewohner von Ägina); **Ägi|ne|ten** Plur. (Giebelfiguren des Tempels von Ägina)

Agio [adscho, auch: aschio] das; -s, -s u. Agien [adschᵉn, auch: aschiᵉn] (ital.) (Aufgeld); **Agio-ta|ge** [aschiotaschᵉ, österr.: ...taseh] die; -, -n (franz.) (Ausnutzung von Kursschwankungen an der Börse); **Agio|teur** [aschiotör] der; -s, -e (Börsenmakler); **agio|tie|ren**

Agir (nord. Mythol.: Meerriese)

Ägis die; - (Schild des Zeus und der Athene)

Agi|ta|ti|on [...zion] die; -, -en (lat.) (politische Hetze; intensive politische Aufklärungs-, Werbetätigkeit); **Agi|ta|tor** der; -s, ...oren (jmd., der Agitation betreibt); **agi|ta|to|risch; agi|tie|ren; Agit-prop** (Kurzw. aus: Agitation und Propaganda); **Agit|prop|thea|ter** (Laientheater in sozialist. Ländern)

Aglaia („Glanz"; eine der drei griech. Göttinnen der Anmut, der Chariten; w. Vorn.)

Agnat der; -en, -en (↑ R 197) (lat.) (Blutsverwandte[r] der männl. Linie); **agna|tisch**

Agnes (w. Vorn.)

Agni (ind. Gott des Feuers)

Agno|sie die; -, ...ien (griech.) (Med.: Störung des Erkennens; Philos.: Nichtwissen); **Agno|sti-ker** (Verfechter des Agnostizismus); **Agno|sti|zis|mus** der; - (philos. Lehre, die das übersinnliche Sein für unerkennbar hält); **agno|szie|ren** (lat.) (veralt. für: anerkennen); (österr. Amtsspr.:) einen Toten - (identifizieren)

Agnus Dei das; -, - - - (lat.) („Lamm Gottes"; Bezeichnung Christi [ohne Plur.]; Gebet; geweihtes Wachstäfelchen)

Ago|gik die; - (griech.) (Musik: Lehre von der individuellen Gestaltung des Tempos); **ago|gisch**

à gogo [agogo] (franz.) (ugs. für: in Hülle u. Fülle, nach Belieben)

Agon der; -s, -e (griech.) (Wettkampf der alten Griechen; Streitgespräch als Teil der att.

Komödie); **ago|nal** (kämpferisch); **Ago|nie** die; -, ...ien (Todeskampf); **Ago|nist** der; -en, -en; ↑ R 197 (Teilnehmer an einem Agon)

¹**Ago|ra** die; -, Agoren (griech.) (Markt u. auch die dort stattfindende Volksversammlung im alten Griechenland)

²**Ago|ra** die; -, Agorot (hebr.) (israel. Währungseinheit)

Ago|ra|pho|bie die; -, -n [...iᵉn] (griech.) (Platzangst beim Überqueren freier Plätze)

Agraf|fe die; -, -n (franz.) (Schmuckspange; Bauw.: klammerförmige Rundbogenverzierung; Med.: Wundklammer; schweiz. auch für: Krampe)

Agram (früher für: Zagreb)

Agra|phie die; -, ...ien (griech.) (Med.: Verlust des Schreibvermögens)

Agrar|be|völ|ke|rung; Agra|ri|er [...iᵉr] (lat.) (Großgrundbesitzer; Landwirt); **agra|risch; Agrar_po-li|tik, ...re|form, ...staat**

Agreement [´grim´nt] das; -s, -s (engl.) (Politik: formlose Übereinkunft im zwischenstaatl. Verkehr); vgl. Gentleman's Agreement; **Agré|ment** [agremang] das; -s, -s (franz.) (Politik: Zustimmung zur Ernennung eines diplomat. Vertreters); **Agré-ments** [agremangß] Plur. (musik. Verzierungen)

Agri|col|la [...kola], Georgius (dt. Naturforscher)

Agri|kul|tur (lat.) (Ackerbau, Landwirtschaft); **Agri|kul|tur-che|mie**

Agrip|pa (röm. m. Eigenn.); **Agrip|pi|na** (röm. w. Vorn.)

Agro|nom der; -en, -en (↑ R 197) (griech.) (wissenschaftlich ausgebildeter Landwirt); **Agro|no|mie** die; - (Ackerbaukunde, Landwirtschaftswissenschaft); **agro-no|misch; Agro|tech|nik** (DDR: Lehre von der Technisierung der Landwirtschaft)

Ägyp|ten (Staat); **Ägyp|ter; ägyp-tisch;** (↑ R 148:) eine -e (tiefe) Finsternis; -e Augenkrankheit; vgl. deutsch; **Ägyp|tisch** das; -[s] (Sprache); vgl. Deutsch; **Ägyp-tische** das; -n; vgl. Deutsche das; **Ägyp|to|lo|ge** der; -n, -n; ↑ R 197 (Wissenschaftler auf dem Gebiet der Ägyptologie); **Ägyp-to|lo|gie** die; - (wissenschaftl. Erforschung des ägypt. Altertums); **ägyp|to|lo|gisch**

A. H. = Alter Herr (einer student. Verbindung)

Ah = Amperestunde

ah! [auch: a]; ah so!; ah was!; **Ah** das; -s, -s; ein lautes - ertönte;

äh! [auch: *ä*]; aha! [auch: *ahа*];
Aha-Er|leb|nis [auch: *ahа*...]; ↑ R
33 (Psych.)
Ahas|ver [...*wer*, auch: *ahаß*...]
der; -s, -s u. -e; Ahas|ve|rus *der;* -,
(selten:) -se ⟨hebr.-lat.⟩ (ruhelos
umherirrender Mensch; der
Ewige Jude); ahas|ve|risch
ahd. = althochdeutsch
ahi|sto|risch (nicht historisch)
Äh|le *die;* -, -n (Pfriem)
Ähm|ing *die;* -, -e u. -s (Tiefgangsmarke am Schiff)
Ahn *der;* -[e]s u. -en, -en; ↑ R 197
(Stammvater, Vorfahr)
ahn|den (geh. für: strafen; rächen); Ahn|dung
¹Äh|ne *der;* -n, -n; ↑ R 197 (geh.
Nebenform von: Ahn); ²Äh|ne
die; -, -n (Stammutter, Vorfahrin)
äh|neln; ich ...[e]le (↑ R 22)
ah|nen
Ahn|en_ga|le|rie, ...kult, ...rei|he,
...ta|fel; Ahn_frau, ...herr
ähn|lich; I. *Kleinschreibung* (↑ R
66): ähnliches (solches); und
ähnliche[s] (Abk.: u. ä.); und
dem ähnliche[s] (Abk.: u. d. ä.).
II. *Großschreibung:* a) (↑ R 65:)
das Ähnliche, Ähnliches und
Verschiedenes; b) (↑ R 65:) etwas, viel, nichts Ähnliches; Ähnlich|keit
Ah|nung; ah|nungs|los; -este; Ahnungs|lo|sig|keit; ah|nungs|voll
ahoi! [*ahеu*] (Seemannsspr.: Anruf [eines Schiffes]; Boot ahoi!
Ahorn *der;* -s, -e (ein Laubbaum)
Ahr *die;* - (l. Nebenfluß des
Rheins)
Äh|re *die;* -, -n; Äh|ren|le|se; ...äh-
rig (z. B. kurzährig)
Ahu|ra Mas|dah (Gestalt der iran.
Religion); vgl. Ormuzd
AHV = Alters- und Hinterlassenenversicherung (Schweiz)
Ai *das;* -s, -s ⟨indian.⟩ (Dreifingerfaultier)
Ai|chin|ger (österr. Schriftstellerin)
Ai|da (Titelgestalt der gleichnamigen Oper von Verdi)
Aide [*äd*] *der;* -n, -n (↑ R 197)
⟨franz.⟩ (Mitspieler, Partner;
schweiz. für: Küchengehilfe,
Hilfskoch); Aide-mé|moire
[...*memоar*] *das;* -, -s [s] (Politik:
Niederschrift von mündl. getroffenen Vereinbarungen)
Aids [*e¹dß*] *das;* - (meist ohne Artikel) ⟨aus engl. acquired immune
deficiency syndrome = erworbenes Immundefektsyndrom⟩ (eine
gefährliche Infektionskrankheit); Aids|kran|ke
Ai|gret|te [ägrät*] *die;* -, -n ⟨franz.⟩
([Reiher]federschmuck; büschelförmiges Gebilde)
Ai|ki|do *das;* -[s] ⟨jap.⟩ (jap. Form
der Selbstverteidigung)

Ai|nu *der;* -[s], -[s] (Ureinwohner
der jap. Inseln u. Südsachalins)
Air [*är*] *das;* -s, (selten:) -s ⟨franz.⟩
(Aussehen, Haltung; Fluidum)
Air|bag [*ärbäg*] *der;* -s, -s ⟨engl.⟩
(Luftkissen im Auto, das sich bei
einem Aufprall automatisch vor
dem Armaturenbrett aufbläst);
Air|bus [*är*...] (im Kurzstrecken[passagier]dienst eingesetztes
[Großraum]flugzeug); Air-con-
di|tio|ner [*ärkondisch*n*r] *der;* -s,
-, Air-con|di|tio|ning [*ärkondi-
sch*ning] *das;* -s, -s (Klimaanlage)
Aire|dale|ter|ri|er [*ärde¹l*...] ⟨engl.⟩
(eine Hunderasse)
Air France [*är frangß*] *die;* - -
(franz. Luftfahrtges.; Abk.: AF)
Air|port [*ärport*] *der;* -s, -s ⟨engl.⟩
(Flughafen)
ais, Ais *das;* -, - (Tonbezeichnung)
Ais|chy|los vgl. Äschylus
Aisne [*än*] *die;* - (franz. Fluß);
Aisne|tal *das;* -[e]s
Ai|tel (südd., österr., schweiz. für:
¹Döbel [ein Fisch])
Aja *die;* -, - ⟨ital.⟩ (veralt. für: Erzieherin; Scherzname für Goethes Mutter)
Aja|tol|lah *der;* -[s], -s ⟨pers.⟩
(schiit. Ehrentitel)
Ajax (griech. Sagengestalt)
à jour [*a sehur*] ⟨franz.⟩ (bis zum
[heutigen] Tag; - - sein: auf dem
laufenden sein; durchbrochen
[von Spitzen und Geweben]; - -
gefaßt: nur am Rande gefaßt
[von Edelsteinen]; Bauw.: frei
gegen den Raum stehend [von
Bauteilen]); Ajour|ar|beit (Stikkerei); ajou|rie|ren (österr. für:
Ajourarbeit machen)
AK = Armeekorps
Aka|de|mie *die;* -, ...ien ⟨griech.⟩
(wissenschaftliche Gesellschaft;
[Fach]hochschule; österr. auch:
literar. od. musik. Veranstaltung); Aka|de|mi|ker (Person mit
Hochschulausbildung); Aka|de-
mi|ke|rin *die;* -, -nen; aka|de-
misch; das -e Viertel
Akan|thit *der;* -s ⟨griech.⟩ (ein Mineral); Akan|thus *der;* -, - (stachliges Staudengewächs); Akan-
thus|blatt
Aka|ro|id|harz ⟨griech.; dt.⟩ (ein
Baumharz)
aka|ta|lek|tisch ⟨griech.⟩ (Verslehre: unverkürzt)
Aka|tho|lik [auch: ...*lik*] *der;* -en,
-en (↑ R 197) ⟨griech.⟩ (nichtkatholischer Christ); aka|tho|lisch
[auch: ...*olisch*]
Aka|zie [...*i*] *die;* -, -n ⟨griech.⟩
(trop. Laubbaum od. Strauch)
Ake|lei *die;* -, -en ⟨mlat.⟩ (eine
Zier- u. Wiesenpflanze)
Aki *das;* -[s], -[s] (= Aktualitätenkino)

Akk. = Akkusativ
Ak|kad (ehemalige Stadt in Nordbabylonien); ak|ka|disch; vgl.
deutsch; Ak|ka|disch *das;* -[s]
(Sprache); vgl. Deutsch; Ak|ka-
di|sche *das;* -n; vgl. Deutsche *das*
Ak|kla|ma|ti|on [...*zion*] *die;* -, -en
⟨lat.⟩ (Zuruf; Beifall); ak|kla-
mie|ren
Ak|kli|ma|ti|sa|ti|on [...*zion*] *die;* -,
-en ⟨lat.⟩ (Anpassung); ak|kli-
ma|ti|sie|ren; sich -; Ak|kli|ma-
ti|sie|rung
Ak|ko|la|de *die;* -, -n ⟨franz.⟩ (feierliche Umarmung beim Ritterschlag u. a.; Druckw.: Klammer
⏜)
ak|kom|mo|da|bel ⟨franz.⟩ (anpassungsfähig; zweckmäßig);
...able Organe; Ak|kom|mo|da-
ti|on [...*zion*] *die;* -, -en (Anpassung); Ak|kom|mo|da|ti|ons|fä-
hig|keit; ak|kom|mo|die|ren
Ak|kom|pa|gne|ment [akompanj*-
mang*] *das;* -s, -s ⟨franz.⟩ (Musik:
Begleitung); ak|kom|pa|gnie|ren
Ak|kord *der;* -[e]s, -e ⟨lat.⟩ (Musik:
Zusammenklang; Wirtsch.:
Stücklohn; Übereinkommen);
Ak|kord.ar|beit, ...ar|bei|ter;
Ak|kor|de|on *das;* -s, -s (Handharmonika); Ak|kor|de|o|nist *der;*
-en, -en; ↑ R 180, 197 (Akkordeonspieler); ak|kor|die|ren (zusammenstimmen; vereinbaren)
ak|kre|di|tie|ren ⟨franz.⟩ (Politik:
beglaubigen; bevollmächtigen)
⟨ital.⟩ (Kredit einräumen, zur
Verfügung stellen; jmdn. bei einer
Bank für einen Betrag -; Ak|kre|di|tiv
das; -s, -e [...*w*⟨e⟩] ⟨franz.⟩ (Politik:
Beglaubigungsschreiben eines
Botschafters; Wirtsch.: Handelsklausel, Kreditbrief)
Ak|ku *der;* -s, -s (Kurzw. für: Akkumulator)
Ak|ku|lul|tu|ra|ti|on [...*zion*] *die;* -,
-en ⟨lat.⟩ (kultureller Anpassungsprozeß); ak|kul|tu|rie|ren
Ak|ku|mu|lat *der;* -[e]s, -e ⟨lat.⟩
(Anhäufung von Gesteinstrümmern); Ak|ku|mu|la|ti|on [...*zion*]
die; -, -en (Anhäufung); Ak|ku-
mu|la|tor *der;* -s, ...oren (ein
Stromspeicher; ein Druckwasserbehälter; Kurzw.: Akku); ak-
ku|mu|lie|ren (anhäufen; sammeln, speichern)
ak|ku|rat; -este ⟨lat.⟩ (sorgfältig,
ordentlich; landsch. für: genau);
Ak|ku|ra|tes|se *die;* - ⟨franz.⟩
Ak|ku|sa|tiv [auch: ...*tif*] *der;* -s, -e
[...*w*⟨e⟩] ⟨lat.⟩ (Sprachw.: Wenfall,
4. Fall; Abk.: Akk.); Akkusativ
mit Infinitiv, (lat.:) accusativus
cum infinitivo (Sprachw.: eine
bestimmte grammatische Konstruktion; Abk.: acc. c. inf. od. a.
c. i.); Ak|ku|sa|tiv|ob|jekt [auch:
...*tif*...]

Ak|me *die;* - ⟨griech.⟩ (Med.: Gipfel; Höhepunkt [einer Krankheit])

Ak|ne *die;* -, -n ⟨griech.⟩ (Med.: Hautausschlag)

Ako|luth (selten für: Akolyth); Ako|lyth *der;* -en (↑R 197) u. -s, -en ⟨griech.⟩ (früher: kath. Kleriker im 4. Grad der niederen Weihen)

Akon|to *das;* -s, ...ten u. -s ⟨ital.⟩ (österr. für: Anzahlung); Akon|to|zah|lung (Abschlagszahlung); vgl. a conto

ak|qui|rie|ren ⟨lat.⟩ (als Akquisiteur tätig sein; veralt. für: erwerben); Ak|qui|si|teur [...tör] *der;* -s, -e ⟨franz.⟩ (Kunden-, Anzeigenwerber); Ak|qui|si|teu|rin [...törin] *die;* -, -nen; Ak|qui|si|ti|on [...zion] *die;* -, -en (Kundenwerbung durch Vertreter); Ak|qui|si|tor *der;* -s, ...oren (österr.; vgl. Akquisiteur; ak|qui|si|to|risch

Akri|bie *die;* - ⟨griech.⟩ (höchste Genauigkeit); akri|bisch; -ste

Akro|bat *der;* -en, -en (↑R 197) ⟨griech.⟩; Akro|ba|tik *die;* -; Akro|ba|tin *die;* -, -nen; akro|ba|tisch

Akro|le|in *das;* -s ⟨griech.; lat.⟩ (eine chem. Verbindung)

Akro|nym *das;* -s, -e (aus den Anfangsbuchstaben mehrerer Wörter gebildetes Wort, z. B. „Hapag"); Akro|po|lis *die;* ...polen (altgriech. Stadtburg [von Athen]); Akro|sti|chon *das;* -s, ...chen u. ...cha (die Anfangsbuchstaben, -silben oder -wörter der Verszeilen eines Gedichtes, die ein Wort oder einen Satz ergeben); Akro|ter *der;* -s -e u. Akro|te|ri|on *das;* -s, ...ien [...i*n*] (Giebelverzierung); Akro|ze|pha|le *der* u. *die;* -n, -n; ↑R 197 (Med.: Hoch-, Spitzkopf); Akro|ze|phal|lie *die;* ...ien

äks! (ugs. für: pfui!)

Akt *der;* -[e]s, -e ⟨lat.⟩ (Abschnitt, Aufzug eines Theaterstückes; Handlung, Vorgang; künstler. Darstellung des nackten Körpers; vgl. Akte)

Ak|tant *der;* -en, -en (↑R 197) ⟨franz.⟩ (Sprachw.: abhängiges Satzglied)

Ak|ta|ä|on (griech. Heros)

Ak|te *die;* -, -n, (auch:) Akt *der;* -[e]s, -e u. (österr. u. bayr.:) -en ⟨lat.⟩; zu den -n (erledigt; Abk.: z. d. A.); Ak|tei (Aktensammlung); ak|ten|kun|dig; Ak|ten|la|ge; nach - (Amtsdt.); Ak|ten.schrank, ...ta|sche, ...zei|chen (Abk.: AZ od. Az.); Ak|teur [aktör] *der;* -s, -e ⟨franz.⟩ (Handelnder; [Schau]spieler); Ak|tie [...zi*e*] *die;* -, -n (meist *Plur.*) ⟨niederl.⟩ (Anteil[schein]); Ak|ti|en.ge|sell|schaft (Abk.: AG), ...ka|pi|tal, ...pa|ket

Ak|ti|nie [...i*e*] *die;* -, -n ⟨griech.⟩ (eine sechsstrahlige Koralle); ak|ti|nisch (durch Strahlung hervorgerufen); -e Krankheiten; Ak|ti|ni|um vgl. Actinium; Ak|ti|no|me|ter *das;* -s, - (Meteor.: Strahlungsmesser); ak|ti|no|morph (Biol.: strahlenförmig)

Ak|ti|on [akzion] *die;* -, -en ⟨lat.⟩ (Unternehmung; Handlung); eine konzertierte -

Ak|tio|när [akzi...] *der;* -s, -e ⟨franz.⟩ (Besitzer von Aktien); Ak|tio|närs|ver|samm|lung

Ak|tio|nis|mus [akzi...] *der;* - ⟨lat.⟩ (Bestreben, das Bewußtsein der Menschen od. bestehende Zustände durch [provozierende, revolutionäre, künstlerische] Aktionen zu verändern); Ak|tio|nist [akzi...] *der;* -en, -en; ↑R 197 (Verfechter des Aktionismus); ak|tio|nis|tisch; -ste

Ak|ti|ons.art [akzionß...] (Sprachw.: Geschehensweise beim Verb, z. B. perfektiv: „verblühen"), ...ra|di|us (Wirkungsbereich, Reichweite; Fahr-, Flugbereich), ...ko|mi|tee

Ak|ti|um [akzium] (griech. Landzunge)

ak|tiv [bei Gegenüberstellung zu passiv auch: ak...] ⟨lat.⟩ (tätig, rührig, im Einsatz; seltener für: aktivisch); -e [...w*e*] Bestechung; -e Bilanz; -er Wortschatz; -es Wahlrecht; ¹Ak|tiv [auch: *aktif*] *das;* -s, (selten:) -e [...w*e*] (Sprachw.: Tat-, Tätigkeitsform); ²Ak|tiv *das;*-s, -s u. (seltener) -e [...w*e*] (DDR: Gruppe von Personen, die gemeinsam an der Lösung bestimmter Aufgaben arbeiten); Ak|ti|va [...wa], Ak|tiven [...w*e*n] *Plur.* (Summe der Vermögenswerte eines Unternehmens); Ak|tiv|bür|ger (schweiz. für: Bürger im Besitz des Stimm- u. Wahlrechts); Ak|ti|ven vgl. Aktiva; Ak|tiv|for|de|rung [*aktif*...] (ausstehende Forderung); ak|ti|vie|ren [...wi...] (in Tätigkeit setzen; Vermögensteile in die Bilanz einsetzen); ak|ti|visch ⟨lat.⟩ (Sprachw.: das Aktiv betreffend, in der Tatform stehend); Ak|ti|vis|mus *der;* - (zielstrebiges Handeln); Ak|ti|vist *der;* -en, -en; ↑R 197 (zielbewußt Handelnder; DDR: Arbeiter, dessen Leistungen vorbildlich sind); Ak|ti|vis|ten.be|we|gung, ...bri|ga|de (DDR); ak|ti|vi|stisch; Ak|ti|vi|tas *die;* -, ...tates (Gesamtheit der zur aktiven Beteiligung in einer studentischen Verbindung Verpflichteten); Ak-

ti|vi|tät *die;* -, -en (Tätigkeit[sdrang]; Wirksamkeit); Ak-tiv_koh|le [*aktif*...] (staubfeiner, poröser Kohlenstoff), ...le|gi|ti|ma|ti|on [...zion] (im Zivilprozeßrecht die Feststellung, daß der Kläger zur Klage befugt ist), ...po|sten, ...sal|do (Einnahmeüberschuß), ...ver|mö|gen (wirkliches Vermögen), ...zin|sen *Plur.*

Ak|tri|ce [aktrißʻ] *die;* -, -n ⟨franz.⟩ (veralt. für: Schauspielerin)

ak|tua|li|sie|ren (↑R 180) ⟨lat.⟩ (aktuell machen); Ak|tua|li|sie|rung; Ak|tua|li|tät *die;* -, -en; ↑R 180 (Gegenwartsbezogenheit; Bedeutsamkeit für die unmittelbare Gegenwart); Ak|tua|li|tä|ten|ki|no; ↑R 180 (Kurzw.: Aki) Ak|tu|ar *der;* -s, -e (schweiz. auch für: Schriftführer) u. Ak|tu|a|ri|us *der;* -, ...ien [...i*n*] (↑R 180) ⟨lat.⟩ (veralt. für: Gerichtsangestellter)

ak|tu|ell ⟨franz.⟩ (im augenblickl. Interesse liegend; zeitgemäß)

Aku|pres|sur *die;* -, -en ⟨lat.⟩ (Heilbehandlung durch leichten Druck und kreisende Bewegung der Fingerkuppen an bestimmten Körperpunkten)

aku|punk|tie|ren ⟨lat.⟩; Aku|punk|tur *die;* -, -en (Heilbehandlung durch Nadelstiche)

Akü|spra|che *die;* -, (selten:) -n (kurz für: Abkürzungssprache) Aku|stik *die;* - ⟨griech.⟩ (Lehre vom Schall, von den Tönen; Klangwirkung); aku|stisch

akut; -este ⟨lat.⟩; -es (dringendes) Problem; -e (unvermittelt auftretende, heftig verlaufende) Krankheit; Akut *der;* -[e]s, -e (ein Betonungszeichen: ´, z. B. é); Akut|kran|ken|haus (für intensive u. möglichst kurze Behandlung)

Ak|ze|le|ra|ti|on [...zion] *die;* -, -en ⟨lat.⟩ (Beschleunigung); Ak|ze|le|ra|tor *der;* -s, ...oren (Beschleuniger); ak|ze|le|rie|ren

Ak|zent *der;* -[e]s, -e ⟨lat.⟩ (Betonung[szeichen]; Tonfall, Aussprache; Nachdruck); Ak|zent|buch|sta|be; ak|zent|frei; ak|zen|tu|a|ti|on [...zion] *die;* -, -en; ↑R 180 (Betonung); ak|zen|tu|ie|ren; Ak|zen|tu|ie|rung

Ak|zept *das;* -[e]s, -e ⟨lat.⟩ (Annahmeerklärung des Bezogenen auf einem Wechsel; der akzeptierte Wechsel selbst); ak|zep|ta|bel (annehmbar); ...a|ble Bedingungen; Ak|zep|tant *der;* -en, -en; ↑R 197 (der zur Bezahlung des Wechsels Verpflichtete; Bezogener); Ak|zep|tanz, Ak|zep|ta|ti|on [...zion] *die;* -, -en (Annahme); ak|zep|tie|ren (annehmen); Ak|zep|tie|rung; Ak|zep|tor *der;* -s, ...oren (Annehmer, Empfänger)

Ak|zes|si|on *die;* -, -en ⟨lat.⟩ (Zugang; Erwerb; Beitritt [zu einem Staatsvertrag]); Ak|zes|so|rie|tät [...*i-e*...] *die;* -, -en; ↑R 180 (Rechtsw.: Abhängigkeit des Nebenrechtes von dem zugehörigen Hauptrecht); ak|zes|so|risch (hinzutretend; nebensächlich, weniger wichtig)

Ak|zi|dens *das;* -, ...denzien [...*i^en*] u. ...dentia [...*zia*] ⟨lat.⟩ (das Zufällige, was einer Sache nicht wesenhaft zukommt); ak|zi|den|tell, ak|zi|den|ti|ell [...*ziäl*] (zufällig; unwesentlich); Ak|zi|denz *die;* -, -en (meist *Plur.;* Druckarbeit, die nicht zum Buch-, Zeitungs- u. Zeitschriftendruck gehört [z. B. Formulare]); Ak|zi|denz.druck (*Plur.* ...drucke), ...set|zer

Ak|zi|se *die;* -, -n ⟨franz.⟩ (Verbrauchs-, Verkehrssteuer; Zoll)

Al = chem. Zeichen für: Aluminium

AL = Alternative Liste

Al. = Alinea

a. l. = ad libitum

ä. L. = ältere[r] Linie (Genealogie)

à la ⟨franz.⟩ (im Stile von, nach Art von)

Ala. = Alabama

alaaf! (niederrheinischer Hochruf); Kölle -

à la baisse [*a la bäß*] ⟨franz.⟩ (auf Fallen der Kurse [spekulieren])

Ala|ba|ma (Staat in den USA; Abk.: Ala.)

Ala|ba|ster *der;* -s, (selten:) - ⟨griech.⟩ (eine Gipsart); ala|ba-stern (aus od. wie Alabaster)

à la bonne heure! [*a la bonör*] ⟨franz.⟩ (so ist es recht!)

à la carte [*a la kart*] ⟨franz.⟩ (nach der Speisekarte)

Ala|din (m. Eigenn.; Gestalt aus „1001 Nacht")

à la hausse [*a la oß*] ⟨franz.⟩ (auf Steigen der Kurse [spekulieren])

à la longue [*a la longg^(e)*] (auf längere Zeit)

à la mode [*a la mod*] ⟨franz.⟩ (nach der neuesten Mode); Ala|mo|de-.li|te|ra|tur (*die;* -), ...zeit (*die;* -)

Åland *der;* -[e]s, -e (ein Fisch)

Åland|in|seln [*ol*...] *Plur.* (finnische Inselgruppe in der Ostsee)

Ala|ne *der;* -n, -n; ↑R 197 (Angehöriger eines alten, urspr. iran. Nomadenvolkes)

Alant *der;* -[e]s, -e (eine Heilpflanze)

Ala|rich (König der Westgoten)

Alarm *der;* -[e]s, -e ⟨ital.⟩ (Warnung[szeichen, -signal]); Alarm-an|la|ge; alarm|be|reit; Alarm-.be|reit|schaft, ...ge|rät; alarm|ie|ren (zu Hilfe rufen; warnen; aufschrecken); Alarm.si|gnal, ...stu|fe

---

Alas. = Alaska

Alas|ka (nordamerik. Halbinsel; Staat der USA; Abk.: Alas.)

Alaun *der;* -s, -e ⟨lat.⟩ (ein Salz); alau|ni|sie|ren (mit Alaun behandeln); Alaun|stein

A-Laut (↑R 37 u. 82)

¹Alb *der;* -[e]s, -en; meist *Plur.* (unterirdischer Naturgeist in der germ. Mythologie); vgl. ¹Alp

²Alb *die;* - (Gebirge); Schwäbische -, Fränkische - (↑R 146)

Al|ban, Al|ba|nus (m. Vorn.)

Al|ba|ner; Al|ba|ni|en [...*i^en*] (Balkanstaat); al|ba|nisch; vgl. deutsch; Al|ba|nisch *das;* -[s] (Sprache); vgl. Deutsch; Al|ba|ni|sche *das;* -n; vgl. Deutsche *das*

Al|ba|nus vgl. Alban

Al|ba|tros *der;* -, -se ⟨angloind.-niederl.⟩ (ein Sturmvogel)

Al|be *die;* -, -n ⟨lat.⟩ (weißes liturg. Gewand)

Al|be|rei

Al|be|rich (den Nibelungenhort bewachender Zwerg)

¹al|bern; ich ...ere (↑R 22); ²al-bern; Al|bern|heit

Al|bert (m. Vorn.); ¹Al|ber|ta [meist dt. Ausspr., engl. Ausspr.: *älbö't^e*] (kanad. Provinz); ²Al-ber|ta, Al|ber|ti|ne (w. Vorn.); Al|ber|ti|na *die;* - (Sammlung graphischer Kunst in Wien); Al-ber|ti|ni|sche Li|nie *die;* -n - (sächsische Linie der Wettiner)

Al|bin, Al|bi|nus (m. Vorn.)

Al|bi|nis|mus *der;* - ⟨lat.⟩ (Unfähigkeit, Farbstoffe in Haut, Haaren u. Augen zu bilden); Al|bi|no *der;* -s, -s ⟨span.⟩ (Mensch, Tier od. Pflanze mit fehlender Farbstoffbildung); al|bi|no|tisch

Al|bi|nus vgl. Albin

Al|bi|on ⟨kelt.-lat.⟩ (alter dicht. Name für: England)

Al|bo|in, Al|bu|in (langobard. König)

Al|brecht (m. Vorn.)

Al|bu|in vgl. Alboin

Al|bu|la *die;* - (schweiz. Fluß); Al-bu|la|paß (*der;* ...passes)

Al|bum *das;* -s, ...ben ⟨lat.⟩ (Gedenk-, Stamm-, Sammelbuch); Al|bu|men *das;* -s ⟨Med., Biol.⟩ (Eiweiß); Al|bu|min *das;* -s, -e (meist *Plur.;* ein Eiweißstoff); al-bu|mi|nös (eiweißhaltig); Al|bu-min|urie *die;* -, ...ien ⟨lat.; griech.⟩ (Med.: Ausscheidung von Eiweiß im Harn); Al|bus *der;* -, -se (Weißpfennig, alte dt. Silbermünze)

al|cä|isch [*alz*...] vgl. alkäisch

Al|can|tal|ra ⓦ *das;* -[s] (Kunstwort) (Velourslederimitat)

Al|cä|us [*alz*...] vgl. Alkäus

Al|ce|ste [*alz*...] vgl. Alkeste

Al|che|mie usw. vgl. Alchimie usw.

Äl|chen (kleiner Aal; Fadenwurm)

Al|chi|mie *die;* - ⟨arab.⟩ (hist.: Chemie des MA.s; vermeintl. Goldmacherkunst; Schwarzkunst); Al|chi|mist *der;* -en, -en; ↑R 197 (die Alchimie Ausübender); al|chi|mi|stisch

Al|ci|bia|des [*alzi*...] (↑R 180) vgl. Alkibiades

Al|cy|o|ne [auch: *alzü*...] (↑R 180) usw. vgl. Alkyone usw.

Al|de|ba|ran [auch: ...*baran*] *der;* -s ⟨arab.⟩ (ein Stern)

Al|de|hyd *der;* -s, -e (eine chem. Verbindung)

Al|der|man [*âld^erm^en*] *der;* -s, ...men ⟨engl.⟩ (Ratsherr, Vorsteher in angels. Ländern)

¹Al|di|ne *die;* -, -n (Druckwerk des venezian. Druckers Aldus Manutius); ²Al|di|ne *die;* - (halbfette Antiquaschrift)

Ale [*e'l*] *das;* -s ⟨engl.⟩ (engl. Bier)

alea iac|ta est ⟨lat.⟩ („der Würfel ist geworfen"; die Entscheidung ist gefallen, es ist entschieden)

Alea|to|rik *die;* - (↑R 180) ⟨lat.⟩ (Musik: moderner Kompositionsstil, bei dem der Gestaltung des Musikstücks durch den Interpreten ein breiter Spielraum gelassen wird); alea|to|risch; ↑R 180 (vom Zufall abhängig); -e Verträge (Spekulationsverträge)

Alek|to (eine der drei Erinnyen)

Ale|man|ne *der;* -n, -n; ↑R 197 (Angehöriger eines germ. Volksstammes); ale|man|nisch; vgl. deutsch; Ale|man|nisch *das;* -[s] (dt. Mundart); vgl. Deutsch; Ale|man|ni|sche *das;* -n; vgl. Deutsche *das*

Alep|po|kie|fer ⟨nach der syr. Stadt Aleppo⟩ (Kiefernart des Mittelmeerraumes)

alert; -este ⟨ital.⟩ (landsch. für: munter, frisch)

Aleu|ron [auch: *a...*] *das;* -s ⟨griech.⟩ (Biol.: Reserveeiweiß der Pflanzen)

Aleu|ten [...*e-u*...] *Plur.;* ↑R 153 (Inseln zwischen Beringmeer und Pazifischem Ozean)

Alex (Kurzform von Alexander)

Alex|an|der (m. Vorn.); Alex|an-der Lu|cas *der;* -, -, - - (eine Birnensorte); Alex|an|dra (w. Vorn.); Alex|an|dria [auch: ...*ia*], Alex|an|dri|en [...*i^en*] (ägypt. Stadt); Alex|an|dri|ner (w. Vorn.); Alex|an|dri|ner (Bewohner von Alexandria [↑R 147]; ein Reimvers); alex|an|dri|nisch

Ale|xia|ne *der;* -s, - ⟨↑R 180⟩ ⟨griech.⟩ (Angehöriger einer Laienbruderschaft)

Ale|xi|ne *Plur.* ⟨griech.⟩ (Schutzstoffe gegen Bakterien)

Ạl|fa|gras ⟨arab.; dt.⟩ (Grasart, die als Rohstoff zur Papierfabrikation verwendet wird)

al|fan|zen ⟨ital.⟩ (veralt. für: Possen reißen; schwindeln); du alfanzt (alfanzest); Ạl|fan|ze|rei (veralt.)

Ạl|fons (m. Vorn.)

Ạl|fred (m. Vorn.)

al frẹs|co (häufig für: a fresco)

Ạl|fried (m. Vorn.)

Ạl|gar|ve [...*w^e*] *die;* - (südlichste Provinz Portugals)

Ạl|ge *die;* -, -n ⟨lat.⟩ (eine blütenlose Wasserpflanze)

Ạl|ge|bra [österr.: ...*gebra*] *die;* -, (für: algebraische Struktur auch *Plur.:*) ...e|bren ⟨arab.⟩ (Lehre von math. Gleichungen); al|ge|bra|isch

Ạl|ge|nib *der;* -s ⟨arab.⟩ (ein Stern)

Ạl|ge|ri|en [...*i^e n*] (Staat in Nordafrika); Ạl|ge|ri|er [...*i^e r*]; al|ge|risch; Ạl|gier [*alsehir*; schweiz.: *algir*] (Hptst. Algeriens)

Ạl|gol [auch: *al*...] *der;* -s ⟨arab.⟩ (ein Stern)

ẠLGOL *das;* -[s] ⟨engl.⟩ (Kunstwort aus: **al**gorithmic **l**anguage; eine Programmiersprache)

Ạl|go|lo|ge *der;* -n, -n (↑R 197) ⟨lat.; griech.⟩ (Algenforscher); Ạl|go|lo|gie *die;* - (Algenkunde)

Ạl|gọn|kin *Plur.* (eine indian. Sprachfamilie in Nordamerika); Ạl|gọn|ki|um *das;* -s (Abschnitt der erdgeschichtl. Frühzeit)

Ạl|go|rịth|mus *der;* -, ...men ⟨arab.⟩ (nach einem bestimmten Schema ablaufender Rechenvorgang)

Ạl|gra|phie[1] *die;* -, ...ien ⟨lat.; griech.⟩ (Flachdruckverfahren u. danach hergestelltes Kunstblatt)

Ạl|hạm|bra *die;* - ⟨arab.⟩ (Palast bei Granada)

Ạli [auch: *ali, alj*] (arab. m. Vorn.)

ali|as ⟨lat.⟩ (anders; sonst, auch)

Ali|bi *das;* -s, -s ⟨[Nachweis der] Abwesenheit [vom Tatort des Verbrechens]; Unschuldsbeweis, Rechtfertigung); Ali|bi|be|weis

Ali|ce [*aliß^c*, österr.: *aliß*] (w. Vorn.)

Alie|na|ti|on [*ali-enazion*] *die;* -, -en (↑R 180) ⟨lat.⟩ (veralt. für: Entfremdung; Verkauf); alie|nie|ren (↑R 180)

Ali|gne|ment [*alinj^e mang*] *das;* -s, -s ⟨franz.⟩ ([Abstecken einer] Richtlinie); ali|gnie|ren

Ali|men|ta|ti|on [...*zion*] *die;* -, -en ⟨lat.⟩ (Lebensunterhalt); Ali|men|te *Plur.* (Unterhaltsbeiträge, bes. für uneheliche Kinder); ali|men|tie|ren (Lebensunterhalt gewähren)

---

[1] Auch eindeutschend: Algrafie.

Ali|nea *das;* -s, -s ⟨lat.⟩ (veralt. für: [mit Absatz beginnende] neue Druckzeile; Abk.: Al.)

ali|pha|tisch ⟨griech.⟩; -e Verbindungen (Verbindungen mit offenen Kohlenstoffketten in der Strukturformel)

ali|quant ⟨lat.⟩ (Math.: mit Rest teilend); ali|quot (Math.: ohne Rest teilend)

Al|ita|lia *die;* - ⟨ital.⟩ (italien. Luftfahrtgesellschaft)

Ali|za|rin *das;* -s ⟨arab.⟩ (ein [Pflanzen]farbstoff)

Ạlk *der;* -[e]s od. -en, -e[n] (↑R 197) ⟨nord.⟩ (arkt. Meeresvogel)

Al|kai|os vgl. Alkäus; al|kä|isch (nach Alkäus benannt); -e Strophe

Al|kạl|de *der;* -n, -n (↑R 197) ⟨span.⟩ (span. Bürgermeister, Dorfrichter)

Al|ka|li [auch: *al*...] *das;* -s, ...alien [...*i^e n*] ⟨arab.⟩ (eine laugenartige chem. Verbindung; Al|ka|li|me|tal|le *Plur.* (Gruppe chem. Grundstoffe); al|ka|lisch (laugenhaft); Al|ka|lo|id *das;* -[e]s, -e ⟨arab.; griech.⟩ (eine in Pflanzen vorkommende Stickstoffverbindung)

Al|kä|us ⟨griech. Dichter⟩

Al|ka|zar [...*asar*, auch: ...*asar*] *der;* -s, ...zare ⟨arab.-span.⟩ (Burg, Schloß, Palast [in Spanien])

Ạl|ke, Alk|je (w. Vorn.)

Al|kẹ|ste (w. Gestalt der griech. Mythol.)

Al|ki|bia|des; ↑R 180 ⟨griech. Staatsmann⟩

Ạlk|je, Ạl|ke (w. Vorn.)

Alk|man [auch: *alkman*] ⟨griech. Dichter⟩; alk|ma|nisch; -er Vers

Alk|me|ne (Gattin des Amphitryon, Mutter des Herakles)

Ạl|ko|hol [auch: *alkohol*] *der;* -s, -e ⟨arab.⟩ (eine organ. Verbindung; Äthylalkohol [vgl. d.], Bestandteil der alkohol. Getränke); al|ko|hol|ab|hän|gig, ...arm, ...frei; Al|ko|ho|li|ka *Plur.* (alkohol. Getränke); Al|ko|ho|li|ker; al|ko|ho|lisch; al|ko|ho|li|sie|ren (mit Alkohol versetzen; scherzh. für: unter Alkohol setzen); al|ko|ho|li|siert; -este (betrunken); Al|ko|ho|li|sie|rung; Al|ko|ho|lis|mus *der;* -; Ạl|ko|hol.spie|gel, ...sün|der, ...ver|gif|tung

Al|kor [auch: *alkor*] *der;* -s ⟨arab.⟩ (ein Stern)

Al|ko|ven [...*w^e n*, auch: *al*...] *der;* -s, - ⟨arab.⟩ (Nebenraum; Bettnische)

Al|ku|in (angels. Gelehrter)

Al|kyl *das;* -s, -e ⟨arab.; griech.⟩ (einwertiger Kohlenwasserstoff); al|ky|lie|ren (eine Alkylgruppe einführen)

[1] Al|kyo|ne [auch: ...*üone*]; ↑R 180

(Tochter des Äolus); [2]Al|kyo|ne *die;* -; ↑R 180 (ein Stern); al|kyo|nisch; ↑R 180 (friedlich, windstill); -e Tage

ạll; (nach R 66 immer klein geschrieben:) all und jeder; all der Schmerz; mit all[er] seiner Habe; all das Schöne; in, vor, bei allem; bei, in, mit, nach, trotz, von, zu allem dem od. all[e]dem, all[em] diesem; dem allen (häufiger für: dem allem), diesem allen (auch: diesem allem); unter allem Guten; aller erwiesene Respekt; allen Übels (meist für: alles Übels); allen Ernstes; das Bild allen (auch: alles) geistigen Lebens; trotz aller vorherigen Planung; aller guten Dinge sind drei

alle; diese alle; all[e] diese; alle beide; alle, die geladen waren; sie kamen alle; sie alle (als Anrede: Sie alle); er opferte sich für alle; (im Brief:) ich grüße Euch alle; alle ehrlichen Menschen; all[e] die Mühe; all[e] die Fehler; bei, mit all[e] diesem; alle vier Jahre; alle zehn Schritte; alle neun[e] (beim Kegeln); (ugs.:) alle nase[n]lang, naslang; alle Anwesenden; alle (ugs. für: zu Ende, aufgebraucht) sein, werden

alles; alles und jedes; alles oder nichts; das, dies[es], was, wer alles; all[es] das, dies[es], alles, was; für, um alles; alles in allem; (↑R 65:) alles Gute, alle Summe alles Guten, alles Mögliche; er versuchte alles Mögliche [alle Möglichkeiten], aber (↑R 66:) alles mögliche (er versuchte alles mögliche [viel, allerlei]); alles andere, beliebige, übrige; mein ein und [mein] alles

Zusammenschreibung: allemal, ein für allemal, aber: ein für alle Male; all[e]zeit; allesamt; allenfalls; allenthalben; allerart (vgl. d.); allerdings; allerhand (vgl. d.); allerlei (vgl. d.); allerorten, allerorts; all[er]seits; allerwärts; all[er]wege (vgl. d.), allerwegen, allerwegs; alltags (vgl. d.); allwöchentlich; allzuoft (vgl. allzu)

Ạll *das;* -s (Weltall)

all|abend|lich; all|abends

ạl|la bre|ve [- *brewe*] ⟨ital.⟩ (Musik: beschleunigt); Ạl|la-bre|ve-Takt (↑R 65)

Ạl|lah ⟨arab.⟩ (islam. Rel.: Gott)

ạl|la mar|cia [- *martscha*] ⟨ital.⟩ (Musik: marschmäßig)

ạl|la pol|la|ca [- ...*ka*] ⟨ital.⟩ (Musik: in der Art der Polonäse)

Ạl|lasch *der;* -[e]s, -e (Kümmellikör)

ạl|la te|dẹs|ca ⟨ital.⟩ (Musik: in der Art eines deutschen Tanzes) al|la tur|ca ⟨ital.⟩ (Musik: in der Art der türkischen Musik)

al|la zin|ga|re|se [- *zingga*...] ⟨ital.⟩ (Musik: in der Art der Zigeunermusik)

all|be|kannt

all|da (veralt.)

all|dem, al|le|dem; bei -; aber: er hörte von all dem, was der Mann gesagt hatte

all|die|weil, die|weil (veralt.)

al|le vgl. all

alle|ben|dig [*Trenn.:* all|le..., ↑R 204] (dicht. veralt.)

al|le|dem, al|le|dem; bei -

Al|lee die; -, Alleen ⟨franz.⟩ (mit Bäumen eingefaßte Straße); *Schreibung in Straßennamen:* ↑R 190 ff.

Al|le|ghe|nies [*äligänis*] *Plur.* (svw. Alleghenygebirge); Al|le|ghe|ny|ge|bir|ge [*äligäni*...] *das;* -s (nordamerik. Gebirge)

Al|le|go|rie die; -, ...ien ⟨griech.⟩ (Sinnbild; Gleichnis); al|le|go|risch; al|le|go|ri|sie|ren (versinnbildlichen)

al|le|gret|to ⟨ital.⟩ (Musik: mäßig schnell, mäßig lebhaft); Al|le|gret|to *das;* -s, -s u. ...tti (mäßig schnelles Musikstück); al|le|gro (Musik: lebhaft); Al|le|gro *das;* -s, -s u. ...gri (schnelles Musikstück)

al|lein; - sein, stehen, bleiben; jmdn. - lassen; von allein[e] (ugs.); al|lei|ne (ugs. für: allein); Al|lein|er|zie|hen|de ⟨der u. die; -n, -n; ↑R 7 ff.), ...flug, ...gang *der,* ...gän|ger

Al|lein|heit die; - (Philos.)

Al|lein.herr|schaft, ...herr|scher; al|lei|nig; Al|lein.mäd|chen, ...sein ⟨*das;* -s⟩; al|lein|se|lig|machend (kath. Kirche); al|lein ste|hen, aber: al|lein|ste|hend; Al|lein|ste|hen|de der u. die; -n, -n (↑R 7 ff.); Al|lein.un|ter|hal|ter, ...ver|die|ner, ...ver|trieb

al|lel ⟨griech.⟩; Al|lel *das;* -s, -e (meist *Plur.;* Biol.: eines von zwei einander entsprechenden Genen in homologen Chromosomen)

al|le|lu|ja! usw. vgl. halleluja! usw.

al|le|mal; ein für -, aber: ein für alle Male

Al|le|man|de [*al^emangd^e*] die; -, -n ⟨franz.⟩ (alte dt. Tanzform)

al|len|falls; vgl. Fall *der;* al|lent|hal|ben

Al|ler die; - (Nebenfluß der Weser)

al|ler|al|ler|letz|te

al|ler|art (allerlei); allerart Dinge, aber: Dinge aller Art (↑R 205)

Al|ler|bar|mer *der;* -s (Bez. für: Christus)

al|ler|be|ste; (↑R 65:) am allerbe-

---

sten; es ist das allerbeste (sehr gut), daß ...; es ist das Allerbeste, was ...

al|ler|christ|lich|ste; Al|ler|christ|lich|ste Ma|je|stät die; -n - (hist.: Titel der franz. Könige)

al|ler|dings

al|ler|durch|lauch|tig|ste; Al|ler|durch|lauch|tig|ster ... (hist.: Anrede an einen Kaiser)

al|ler|en|den (geh. für: überall)

al|ler|er|ste

al|ler|frü|he|stens

Al|ler|gen *das;* -s, -e (meist *Plur.*) ⟨griech.⟩ (Stoff, der eine Allergie hervorrufen kann); Al|ler|gie die; -, ...ien (Med.: Überempfindlichkeit); Al|ler|gi|ker; al|ler|gisch

al|ler|hand (ugs.); - Neues (↑R 65); - Streiche; er weiß - (ugs. für: viel); das ist ja, doch - (ugs.)

Al|ler|hei|li|gen *das;* - (kath. Fest zu Ehren aller Heiligen); Al|ler|hei|li|gen|fest; al|ler|hei|lig|ste, aber (↑R 157): das Allerheiligste Sakrament; Al|ler|hei|lig|ste *das;* -n (↑R 7 ff.)

al|ler|höch|ste; allerhöchstens; auf das, aufs allerhöchste (↑R 65)

Al|ler|ka|tho|lisch|ste Ma|je|stät die; -n - (Titel der span. Könige)

al|ler|lei; - Wichtiges (↑R 65); - Farben; Al|ler|lei *das;* -s, -s; Leipziger -

al|ler|letz|te

al|ler|liebst; Al|ler|lieb|ste der u. die; -n, -n (↑R 7 ff.)

Al|ler|manns|har|nisch (Pflanze)

al|ler|meist; vgl. zuallermeist

al|ler|näch|ste; al|ler|neu|e|ste; (↑R 65:) das Allerneu[e]ste

al|ler|or|ten, al|ler|orts

Al|ler|see|len *das;* - (kath. Gedächtnistag für die Verstorbenen); Al|ler|see|len|tag

al|ler|seits, allseits

al|ler|spä|te|ste; al|ler|spä|te|stens

al|ler|wärts

al|ler|we|ge, al|ler|we|gen, al|ler|wegs (veralt. für: überall, immer)

al|ler|weil vgl. allweil

Al|ler|welts.kerl (ugs.), ...wort (*Plur.* ...wörter; ugs.)

al|ler|we|nig|ste; das allerwenigste, was ...; am allerwenigsten; allerwenigstens

Al|ler|wer|te|ste *der;* -n, -n; ↑R 7 ff. (ugs. scherzh. für: Gesäß)

al|les vgl. all

al|le|samt

Al|les.bes|ser|wis|ser, ...bren|ner (Ofen), ...fres|ser, ...kle|ber

al|le|we|ge vgl. alle[r]wege

al|le|weil vgl. allweil

al|lez! [*ale*] ⟨franz.⟩ („geht!"; vorwärts!)

al|le|zeit, allzeit (immer)

all|fäl|lig [auch: ...*fäl*...] (österr.,

---

schweiz. für: etwaig, allenfalls [vorkommend], eventuell); All|fäl|li|ge *das;* -n (österr.: letzter Punkt einer Tagesordnung)

All|gäu *das;* -s (ein Alpengebiet); All|gäu|er (↑R 147); all|gäu|isch

All|ge|gen|wart; all|ge|gen|wär|tig

all|ge|mach (veralt. für: allmählich)

all|ge|mein; (↑R 65:) im allgemeinen (gewöhnlich; Abk.: i. allg.), aber: er bewegt sich stets nur im Allgemeinen (beachtet nicht das Besondere); die -e Schul-, Wehrpflicht; -e Geschäfts-, Versicherungsbedingungen. *Großschreibung* (↑R 157): Allgemeine Deutsche Biographie (Abk.: ADB), Allgemeine Elektricitäts-Gesellschaft (vgl. AEG), Allgemeine Ortskrankenkasse (Abk.: AOK), Allgemeiner Deutscher Automobil-Club (Abk.: ADAC), Allgemeiner Deutscher Nachrichtendienst (DDR; Abk.: ADN), Allgemeiner Studentenausschuß (Abk.: AStA), Allgemeines Bürgerliches Gesetzbuch (in Österreich geltend; Abk.: ABGB); all|ge|mein|be|fin|den *das;* -s; all|ge|mein|bil|dend (↑R 209); die -en Schulen; All|ge|mein|bil|dung der; -; all|ge|mein|gül|tig; die allgemeingültigen Ausführungen (↑jedoch R 209), aber: die Ausführungen sind allgemein gültig; All|ge|mein|gut; All|ge|mein|heit die; -; All|ge|mein.me|di|zin, ...platz (meist *Plur.;* abgegriffene Redensart); all|ge|mein|ver|ständ|lich; vgl. allgemeingültig; All|ge|mein-.wohl, ...zu|stand

All|ge|walt; all|ge|wal|tig

All|heil|mit|tel *das;* -s, -

All|heit die; - (Philos.)

Al|li|anz die; -, -en ⟨franz.⟩ ([Staaten]bündnis); die Heilige -

al|lie|rend [*Trenn.:* al|li|e..., ↑R 204]

Al|li|ga|tor *der;* -s, ...oren ⟨lat.⟩ (Panzerechse)

al|li|ie|ren, sich ⟨franz.⟩ (sich verbünden); Al|li|ier|te der u. die; -n, -n (↑R 7 ff.)

all|jähr|lich

All|macht die; -; all|mäch|tig; All|mäch|ti|ge der; -n (Gott); All|mäch|ti|ger!

all|mäh|lich

All|meind, All|mend die; -, -en (schweiz. svw. Allmende); All|men|de die; -, -n (gemeinsam genutztes Gemeindegut); All|mend|recht

all|mo|nat|lich

all|mor|gend|lich

All|mut|ter *die;* - (dicht.); - Natur

all|nächt|lich

al|lo|chthon [...*ehton*] ⟨griech.⟩
(Geol.: an anderer Stelle entstanden)

Al|lod *das;* -[e]s, -e (mittelalterl.
Recht: dem Lehensträger persönlich gehörender Grund und
Boden); al|lo|di|al ⟨germ.-mlat.⟩
(zum Allod gehörend)

Al|lo|ga|mie *die;* -, ...ien ⟨griech.⟩
(Bot.: Fremdbestäubung)

Al|lo|ku|ti|on [...*zion*] *die;* -, -en ⟨lat.⟩ (feierliche [päpstliche] Ansprache [an die Kardinäle])

Al|lon|ge [*alongsch*ᵉ] *die;* -, -n
⟨franz.⟩ (Verlängerungsstreifen
[bei Wechseln]); Al|lon|ge|pe|rücke [*Trenn.:* ...*rük|ke*] (langlockige Perücke des 17. u. 18. Jh.s)

al|lons! [*along*] ⟨franz.⟩ („gehen
wir!"; vorwärts!, los!)

Al|lo|path *der;* -en, -en (↑R 197)
⟨griech.⟩ (Anhänger der Allopathie); Al|lo|pa|thie *die;* - (ein
Heilverfahren der Schulmedizin); al|lo|pa|thisch

Al|lo|tria *Plur.,* heute meist: *das;* -
⟨griech.⟩ (Unfug)

Al|par|tei|en|re|gie|rung

All|rad|an|trieb

all right! [*ăl rait*] ⟨engl.⟩ (richtig!,
in Ordnung!)

All|roun|der [*ălraund*ᵉ*r*] *der;* -s, - u.

All|round|man [*ălraundm*ᵉ*n*] *der;*
-s, ...men ⟨engl.⟩ (jmd., der
in vielen Bereichen Bescheid
weiß); All|round|sport|ler (Sportler, der viele Sportarten beherrscht)

all|sei|tig; All|sei|tig|keit; all|seits, al|ler|seits

All-Star-Band [*ălßta·bänt*] *die;* -,
-s ⟨engl.⟩ (Jazzband, die nur aus
berühmten Spielern besteht)

All|strom|ge|rät (für Gleich- u.
Wechselstrom)

all|stünd|lich

All|tag; all|täg|lich [auch: *altäk*...]
(= alltags) od. *altäk*... (= üblich, gewöhnlich); All|täg|lich-
keit; all|tags (↑R 61), aber: des
Alltags stets wie feiertags;
All|tags_be|schäf|ti|gung, ...sorgen *Plur.,* ...spra|che (*die;* -)

all|über|all

all|um|fas|send

All|ü|re *die;* -, -n ⟨franz.⟩ (Gangart
des Pferdes); All|ü|ren *Plur.* (eigenwilliges Benehmen, Gehabe)

al|lu|vi|al [...*wi*...] ⟨lat.⟩ (Geol.: angeschwemmt, abgelagert); Al|lu-
vi|on (Geol.: angeschwemmtes
Land); Al|lu|vi|um *das;* -s (jüngster Abschnitt der Erdgeschichte; neuere Bez.: Holozän)

All|va|ter *der;* -s (Bez. für: Gott)

all|ver|ehrt

all|weil, alle[r]weil (bes. österr.
ugs. für: immer)

All|wet|ter|jä|ger (ein Flugzeugtyp)

all|wis|send; Doktor Allwissend
(Märchengestalt); All|wis|sen-
heit *die;* -

all|wö|chent|lich

all|zeit, al|le|zeit (immer)

all|zu; allzubald, allzufrüh, allzugern, allzulang[e], allzuoft, allzusehr, allzuselten, allzuviel, allzuweit, aber (bei deutlich unterscheidbarer Betonung [und Beugung des zweiten Wortes] getrennt): die Last ist allzu schwer,
er hatte allzu viele Bedenken

all|zu|mal (veralt. für: alle zusammen); all|zu|sam|men (veralt.)

All|zweck|tuch (*Plur.* ...tücher)

Alm *der;* -[e]s, -en (Bergweide)

Al|ma (w. Vorn.)

Al|ma ma|ter *die;* - - ⟨lat.⟩ (Bez.
für: Universität, Hochschule)

Al|ma|nach *der;* -s, -e ⟨niederl.⟩
(Kalender, [bebildertes] Jahrbuch)

Al|man|din *der;* -s, -e (Abart des
¹Granats)

al|men (österr. für: Vieh auf der
Alm halten); Al|men|rausch,
Almlrausch *der;* -[e]s (Alpenrose); Al|mer (österr. neben: Senner); Al|me|rin *die;* -, -nen

Al|mo|sen *das;* -s, - ⟨griech.⟩; Al-
mo|se|ni|er *der;* -s, -e (geistl. Würdenträger)

Alm|rausch vgl. Almenrausch

Alm|ro|se (südd., österr. neben:
Alpenrose)

Al|mut (w. Vorn.)

Aloe [*alo-e*] *die;* -, -n [*alo*ᵉ*n*]
⟨griech.⟩ (eine Zier- und Heilpflanze)

alo|gisch [auch: *alo*...] ⟨griech.⟩
(nicht logisch)

Alo|is [*aloiß*], Aloi|si|us (m.
Vorn.); Aloi|sia; ↑R 180 (w.
Vorn.)

¹Alp *der;* -[e]s, -e (gespenstisches
Wesen; Alpdrücken); vgl. ¹Alb

²Alp, Al|pe *die;*-, ...pen (svw. Alm)

¹Al|pa|ka *das;* -s, -s ⟨indian.-span.⟩
(Lamaart Südamerikas); ²Al|pa-
ka *das* u. (für: Gewebeart) *der;* -s
(Wolle und Gewebe aus Alpaka;
Reißwolle); ³Al|pa|ka (als ⓦ: Alpacca) *das;*
-s (Neusilber)

al pa|ri ⟨ital.⟩ (zum Nennwert [einer Aktie]); vgl. pari

Alp.druck *der;* -[e]s, ...drücke,
...drücken [*Trenn.:* ...drük|ken]
das; -s

Al|pe vgl. ²Alp; al|pen (schweiz.
für: Vieh auf einer ²Alp halten);
Al|pen *Plur.* (Gebirge); Al-
pen.jä|ger, ...ro|se, ...veil|chen;
Al|pen|vor|land (↑R 149)

Al|pha *das;* -[s], -s (griech. Buchstabe: A, α); das - und [das]
Omega (griech. für: der Anfang
und das Ende); Al|pha|bet *das;*

-[e]s, -e (Abc); al|pha|be|tisch; al-
pha|be|ti|sie|ren; Al|pha Cen|tau-
ri [- *zän*...] *der;* - - (hellster Stern
im Sternbild Zentaur)

al|pha|me|risch, al|pha|nu|me-
risch ⟨griech.; lat.⟩ (EDV: Buchstaben und Ziffern enthaltend)

Al|phard *der;* - ⟨arab.⟩ (ein Stern)

Al|pha|strah|len, α-Strah|len
Plur.; ↑R 37 (Physik: beim Zerfall von Atomkernen bestimmter
radioaktiver Elemente auftretende Strahlen)

Al|phe|i|os vgl. Alpheus; Al|phe|us
der; - (peloponnes. Fluß)

Alp|horn (*Plur.* ...hörner)

al|pin ⟨lat.⟩ (die Alpen, das Hochgebirge betreffend od. darin vorkommend); -e Kombination
(Skisport); Al|pi|na|ri|um *das;* -s,
...ien (Naturwildpark im Hochgebirge); Al|pi|ni *Plur.* ⟨ital⟩ (ital.
Alpenjäger); Al|pi|nis|mus *der;* -
⟨lat.⟩ (sportl. Bergsteigen); Al|pi-
nist *der;* -en, -en; ↑R 197 (sportl.
Bergsteiger im Hochgebirge);
Al|pi|ni|stik *die;* - (svw. Alpinismus); Al|pi|num *das;* -s, ...nen
(Alpenpflanzenanlage); Älp|ler
(Alpenbewohner); älp|le|risch

Alp|traum

Al|raun *der;* -[e]s, -e u. Al|rau|ne
die; -, -n (menschenähnliche
Zauberwurzel; Zauberwesen)

al s. = al segno

als; - ob; sie ist schöner als ihre
Freundin, aber (bei Gleichheit): sie ist so schön wie ihre
Freundin; (↑R 104:) er ist größer
als Ludwig; Ilse ist größer, als
ihre Mutter im gleichen Alter
war; ich konnte nichts Besseres
tun, als ins Bett zu gehen; als-
bald; als|bal|dig; als|dann; als_
daß (↑R 126)

al se|gno [- *ßänjo*] ⟨ital.⟩ (Musik:
bis zum Zeichen [bei Wiederholung eines Tonstückes]; Abk.: al
s.)

al|so

Als-ob *das;* -; Als-ob-Phi|lo|so-
phie (↑R 41)

Al|ster *die;* - (r. Nebenfluß der unteren Elbe); Al|ster|was|ser (*Plur.*
...wässer; landsch. für: Getränk
aus Bier und Limonade)

alt, älter, älteste; alten Stils (Zeitrechnung; Abk.: a. St.); alte
Sprachen; ein alter Mann; alter
Mann (Bergmannsspr.: abgebaute Teile der Grube). I. *Kleinschreibung:* a) (↑R 66:) er ist immer der alte (derselbe); wir bleiben die alten (dieselben);
(↑R 65:) er ist der ältere, älteste
meiner Söhne; alt und jung (jedermann); beim alten bleiben; es
bleibt alles beim alten; alles wird
neu. II. *Großschreibung:* a)
(↑R 65:) der Alte (Greis); österr.

auch: Wein aus einem vergangenen Jahr), die Alte (Greisin); an das Alte denken; Altes und Neues; Alte und Junge; der Konflikt zwischen Alt und Jung (Generationen); die Alten (alte Leute, Völker); der Älteste (Kirchenälteste); mein Ältester (ältester Sohn); die Ältesten (der Gemeinde); **b)** (↑ R 65:) etwas Altes; **c)** (↑ R 157:) der Ältere (Abk.: d. Ä.; als Ergänzung bei Eigenn.); der Alte Fritz; Alter Herr (Studentenspr. für: Vater u. für: Altmitglied einer student. Verbindung; Abk.: A. H.); die Alte Geschichte (Geschichte des Altertums); das Alte Testament (Abk.: A. T.); die Alte Welt (Europa, Asien u. Afrika im Gegensatz zu Amerika)

Alt *der;* -s, -e ⟨lat.⟩ (tiefe Frauenod. Knabenstimme; Sängerin mit dieser Stimme)

Alt... (z. B. Altbundespräsident; in der Schweiz gewöhnlich so geschrieben: alt Bundesrat)

Alltai *der;* -[s] (Gebirge in Zentralasien)

Alltalir vgl. Atair

altltallisch; -e Sprachen

Alltalmilra (Höhle in Spanien mit altsteinzeitlichen Malereien)

Altlamlmann [auch: ...al*tam*...]

Alltan *der;* -[e]s, -e ⟨ital.⟩ (Balkon; Söller)

Alltar *der;* -[e]s, ...täre ⟨lat.⟩; **Alltarlbild; Alltalrlist** *der;* -en, -en; ↑ R 197 (kath. Priester, der nur die Messe liest); **Alltarlslsalkralment** *das;* -[e]s

altlbacken [*Trenn.:* ...bak|ken]; -es Brot

Altlbau *der;* -[e]s, -ten; **Alltlbauwohlnung**

altlbelkannt

Alt-Berllin (↑ R 152)

altlbelwährt

Alltlbier (obergäriges, meist dunkles Bier)

Altlbunldeslprälsildent

altldeutsch; -e Bierstube

Alltldorf (Hauptort von Uri)

Alltldorlfer (dt. Maler)

Allte *der* u. *die;* -n, -n; ↑ R 7 ff. (ugs. für: Vater u. Mutter, Ehemann u. Ehefrau, Chef u. Chefin)

altlehrlwürldig

altleinlgelseslsen

Altleilsen

Allte Land *das;* -n -[e]s (Teil der Elbmarschen)

Alltelna (Stadt im Sauerland); **Alltelnaler** (↑ R 147); **alltelnalisch**

altlenglisch

Allten.heim, ...hillfe (*die;* -), **...pflelger, ...teil** *das*

Allter *das;* -s, -; (↑ R 61:) seit alters, vor alters, von alters her

Allteiralltilon [...*zion*] *die;* -, -en ⟨lat.⟩ (Musik: chromatische Veränderung eines Tones innerhalb eines Akkords)

Allterlchen

Allter ego [auch: - *ägo*] *das;* - - ⟨lat.⟩ (zweites, anderes Ich; vertrauter Freund)

alltelrielren, sich ⟨franz.⟩ (sich aufregen); alterierter Klang (Alteration)

alltern; ich ...ere (↑ R 22); vgl. Alterung; **Alltern** *das;* -s

Alltelrnanz *die;* -, -en ⟨lat.⟩ (Wechsel zwischen Dingen, Vorgängen); **alltelrnaltiv** (wahlweise; zwischen zwei Möglichkeiten die Wahl lassend; eine andere Lebensweise vertretend, für als menschen- und umweltfreundlicher angesehene Formen des [Zusammen]lebens eintretend); -e Wählervereinigungen; **Alltelrnaltivlbelwelgung; Alltelrnaltilve** [...*wᵉ*] *die;* -, -n (Entscheidung zwischen zwei [oder mehr] Möglichkeiten; die andere, zweite Möglichkeit); **Alltelrnaltivlenerlgie; Alltelrnaltivller** (jmd., der einer Alternativbewegung angehört); **Alltelrnaltivlprolgramm;** **alltelrnielren** [ab]wechseln); **alltelrnielrend;** -e Blattstellung (Bot.); -e Reihe (Math.)

Alltelrns.forlschung *die;* - (für: Gerontologie), **...volrlgang**

altlerlprobt

allters vgl. Alter; **alltlterslbeldingt; Allters.belschwerlden** (*Plur.*), **...grenlze, ...gruplpe, ...heim, ...jahr** (schweiz. für: Lebensjahr), **...pylralmilde** (graph. Darstellung des Altersaufbaus einer Bevölkerung in Form einer Pyramide), **...rulhelgeld; alltlterslschwach; Allters.schwälche** (*die;* -), **...sichltiglkeit** (*die;* -), **...starrsinn, ...verlsilchelrung, ...verlsorgung, ...werk**

Alltlertum *das;* -s; des klassische -; **Alltlertülmellei;** **alltlertümlln** (das Wesen des Altertums [übertrieben] nachahmen); ich ...[e]le (↑ R 22); **Alltlertümler** *Plur.* (Gegenstände aus dem Altertum); **alltlertümllich; Alltlertümllichlkeit** *die;* -; **Alltlertumslforlscher, ...forlschung, ...kunlde**

Alltelrung (auch: Reifung; Veränderung durch Altern)

Ällteslte *der* u. *die;* -n, -n; ↑ R 7 ff. (in einer Kirchengemeinde u. a.); **Ällteslten.rat, ...recht** (für: Seniorat)

altlfränlkisch; -ste (veralt. für: altmodisch)

altlgeldient

Alltlgeldilge

Alltlgelsellle

altlgelwohnt

Altlglas (*Plur.* ...gläser); **Alltlglasbelhälllter**

Alltlgold

Alltlgrad vgl. Grad

altlgrielchisch

Alltlhändller

Alllthee *die;* -, -n ⟨griech.⟩ (Eibisch)

Alt-Heildellberg (↑ R 152)

altlherlgelbracht; **altlherlkömmlich**

Alltlherlrenlmannlschaft (Sport); **Alltlherlrenlschaft** (Studentenspr.)

altlhochldeutsch (Abk.: ahd.); vgl. deutsch; **Alltlhochldeutsch** *das;* -[s] (Sprache); vgl. Deutsch; **Allthochldeutlsche** *das;* -n; vgl. Deutsche *das*

Alltlist *der;* -en, -en (↑ R 197) ⟨lat.⟩ (Knabe mit Altstimme); **Alltlistin** *der;* -, -nen

Alltljahrlslabend [auch: ...*jar*...] (landsch., schweiz. für: Silvesterabend); **Alltljahrsltag** [auch: ...*jarß*...] (österr. für: Silvester)

altljünlferllich

Alltlkanzller

Alltlkalthollik¹; altlkalthollisch¹; Alltlkalthollilzislmus¹

altlklug (↑ R 39)

ältllich

Alltlmark *die;* - (Landschaft westl. der Elbe)

Alltlmalterilal

Alltlmeilster (urspr.: Vorsteher einer Innung; [als Vorbild geltender] altbewährter Meister in einem Fachgebiet)

Alltlmeltall

Alltlmoldisch; -ste

altlnorldisch; vgl. deutsch; **Alltlnorldisch** *das;* -[s] (älteste nordgermanische Sprachstufe); vgl. Deutsch; **Alltlnorldilsche** *das;* -n; vgl. Deutsche *das*

Alllto Adilge [- *adidsehe*] (ital. Name für: Südtirol)

Alltolna (Stadtteil von Hamburg); **Alltolnaler** (↑ R 147); **alltolnalisch**

Alltlpalpier; Alltlpalpier.belhälllter, ...samlmllung

Alltlphilloollolge

Alt-Rom (↑ R 152); **alltlrölmisch**

altlrolsa

Alltltruljislmus *der;* - ⟨lat.⟩ (Selbstlosigkeit); **Alltlruljist** *der;* -en, -en (↑ R 197); **alltlruljilstisch;** ↑ R 180 (selbstlos)

Alltlsitz (veralt. für: Altenteil)

altlsprachllich; -er Zweig

Alltlstadtlsalnielrung (Schaffung besserer Lebensverhältnisse in überalterten Stadtteilen)

Alltlsteinlzeit *die;* - (für: Paläolithikum)

¹ Die Kirchengemeinschaft selbst verwendet den Bindestrich: Alt-Katholik, alt-katholisch, Alt-Katholizismus.

Alt|stim|me
alt|te|sta|men|ta|risch; Alt|te|sta-
ment|ler (Erforscher des A. T.);
alt|te|sta|ment|lich
Alt|tier (Jägerspr.: Muttertier
beim Rot- u. Damwild)
alt|über|lie|fert
alt|vä|te|risch; -ste (altmodisch);
alt|vä|ter|lich (ehrwürdig)
alt|ver|traut
Alt|vor|dern Plur. (geh. für: Vor-
fahren)
Alt|wa|ren Plur.; Alt|wa|ren|händ-
ler
Alt|was|ser das; -s, ...wasser (ehe-
maliger Flußarm mit stehendem
Wasser)
Alt|wei|ber.ge|schwätz (ugs.),
...fas|t|nacht (landsch. für: letz-
ter Donnerstag vor Aschermitt-
woch), ...som|mer (warme Spät-
herbsttage; vom Wind getragene
Spinnweben)
Alt-Wien (↑ R 152); alt|wie|ne-
risch; -ste
[1]Alu (ugs.) = Arbeitslosenunter-
stützung
[2]Alu das;-s (Kurzwort für: Alumi-
nium); Alu|fo|lie (Kurzw. für:
Aluminiumfolie); Alu|mi|nat
das; -[e]s, -e ⟨lat.⟩ (Salz der Alu-
miniumsäure); alu|mi|nie|ren
(Metallteile mit Aluminium
überziehen); Alu|mi|nit der; -s
(ein Mineral); Alu|mi|ni|um das;
-s (chem. Grundstoff, Metall;
Zeichen: Al); Alu|mi|ni-
um.druck (Plur. ...drucke), ...fo-
lie, ...sul|fat
Alum|nat das; -[e]s, -e ⟨lat.⟩ (Schü-
lerheim; österr. für: Einrichtung
zur Ausbildung von Geistli-
chen); Alum|ne der; -n, -n
(↑ R 197) u. Alum|nus der;-, ...nen
(Alumnatszögling)
Al|veo|lar [...we...] der; -s, -e ⟨lat.⟩
(Sprachw.: am Gaumen unmittelbar hinter den Zähnen gebil-
deter Laut, z. B. d); Al|veo|le die;
-, -n; ↑ R 180 (Zahnmulde im Kiefer; Lungenbläschen)
Al|weg|bahn ⟨Kurzw. nach dem
Schweden Axel Leonard Wen-
ner-Gren⟩ (Einschienenbahn)
Al|win (m. Vorn.); Al|wi|ne (w.
Vorn.)
Am = chem. Zeichen für: Ameri-
cium
am; ↑ R 17 (an dem; Abk.: a. [bei
Ortsnamen, z. B. Ludwigshafen
a. Rhein]; vgl. an); - [nächsten]
Sonntag, dem (od. den) 27. März
(↑ R 44); - besten usw. (↑ R 65)
a. m. = ante meridiem; ante mortem
Amal|de|us (m. Vorn.)
Amal|ler, Amel|lun|gen Plur. (ost-
got. Königsgeschlecht)
Amal|gam das; -s, -e ⟨mlat.⟩
(Quecksilberlegierung); Amal-

ga|ma|ti|on [...zion] die; -, -en;
amal|ga|mie|ren (mit Quecksil-
ber legieren; Gold und Silber mit
Quecksilber aus Erzen gewinnen)
Ama|lia, Ama|lie [...i[e]] (w. Vorn.)
Aman|da (w. Vorn.); Aman|dus
(m. Vorn.)
am an|ge|führ|ten, (auch:) an|ge|-
ge|be|nen Ort (Abk.: a. a. O.)
Ama|rant der; -s, -e ⟨griech.⟩ (eine
Zierpflanze; ein Farbstoff);
ama|rant, ama|ran|ten (dunkel-
rot); ama|rant|rot
Ama|rel|le die; -, -n ⟨lat.⟩ (Sauer-
kirsche)
Ama|ryl der; -s, -e ⟨griech.⟩
(künstl. Saphir); Ama|ryl|lis die;
-, ...llen (eine Zierpflanze)
Ama|teur [...tör] der; -s, -e ⟨franz.⟩
([Kunst-, Sport]liebhaber; Nicht-
fachmann); Ama|teur.film, ...fo-
to|graf, ...sport|ler, ...sta|tus
(Sportspr.)
[1]Ama|ti (ital. Meister des Geigen-
baus); [2]Ama|ti die; -, -s (von der
Geigenbauerfamilie Amati hergestellte Geige)
Ama|zo|nas der; - (südamerik.
Strom); Ama|zo|ne die; -, -n (An-
gehörige eines krieger. Frauen-
volkes der griech. Sage; auch:
Turnierreiterin); Ama|zo|nen-
sprin|gen das; -s, - (Springreiten,
an dem nur Reiterinnen teilneh-
men)
Am|bas|sa|deur [...dör] der; -s, -e
(veralt. für: Botschafter, Gesandter)
Am|be die; -, -n ⟨lat.⟩ (Math.: Ver-
bindung zweier Größen in der
Kombinationsrechnung)
Am|ber der; -s, -[n] u. Am|bra die;
-, -s ⟨arab.⟩ (Ausscheidung des
Pottwals; Duftstoff)
Am|bi|en|te das; - ⟨ital.⟩ (Umwelt,
Atmosphäre)
Am|bi|gui|tät [...u-i...] die; -, -en
(↑ R 180) ⟨lat.⟩ (Zweideutigkeit,
Doppelsinnigkeit, bes. von ein-
zelnen Wörtern); Am|bi|ti|on
[...zion] die; -, -en (Ehrgeiz; ho-
hes Streben); am|bi|tio|niert;
↑ R 180; -este (bes. österr. für:
ehrgeizig, strebsam); am|bi|ti|ös;
-este (ehrgeizig)
am|bi|va|lent [...wa...] ⟨lat.⟩ (dop-
pelwertig); Am|bi|va|lenz die; -,
-en (Doppelwertigkeit)
Am|bo der; -s, -s u. ...ben ⟨lat.⟩
(österr. für: Doppeltreffer beim
Lotto)
Am|boß der; ...bosses, ...bosse;
Am|böß|chen; Am|boß|klotz
Am|bra vgl. Amber
Am|bro|sia die; - ⟨griech.⟩ (dicht.:
Götterspeise)
am|bro|sia|nisch (↑ R 180), aber
(↑ R 134): Am|bro|sia|nisch; -er
Lobgesang; -e Liturgie

am|bro|sisch ⟨griech.⟩ (dicht.:
himmlisch)
Am|bro|si|us (Kirchenlehrer)
am|bu|lant ⟨lat.⟩ (wandernd); -es
Gewerbe (Wandergewerbe); -e
(nicht stationäre) Behandlung;
Am|bu|lanz die; -, -en (bewegli-
ches Lazarett; Krankentrans-
portwagen; Abteilung einer Klinik für ambulante Behandlung);
am|bu|la|to|risch; -e Behand-
lung; Am|bu|la|to|ri|um das; -s,
...ien [...i[e]n] (Raum, Abteilung
für ambulante Behandlung)
Amei|se der; -, -n; Amei|sen.bär,
...hau|fen, ...säu|re (die; -)
Ame|lia, Ame|lie [...li[e]; auch: ame-
li, ameli] (w. Vorn.)
Ame|lio|ra|ti|on [...zion] die; -, -en
(↑ R 180) ⟨lat.⟩ (Verbesserung
[bes. des Ackerbodens]); ame|lio-
rie|ren (↑ R 180)
Ame|lun|gen vgl. Amaler
amen (hebr.); zu allem ja und - sagen (ugs.); Amen das; -s, - (feierliche Bekräftigung); sein - (Ein-
verständnis) zu etwas geben
Amen|de|ment [amangd[e]mang]
das; -s, -s ⟨franz.⟩ (Zusatz-, Abän-
derungsantrag zu Gesetzen);
amen|die|ren [amän...]
Amen|ho|tep, Ame|no|phis (ägypt.
Königsname)
Ame|nor|rhö[1], Ame|nor|rhöe die; -,
...rrhöen ⟨griech.⟩ (Med.: Aus-
bleiben der Menstruation); ame-
nor|rho|isch
Ame|ri|ci|um [...zium] das; -s
(nach Amerika) (chem. Grundstoff, Transuran; Zeichen: Am)
Ame|ri|ka; Ame|ri|ka|deut|sche
der u. die; Ame|ri|ka|ner; ame|ri-
ka|nisch; vgl. deutsch; ame|ri-
ka|ni|sie|ren; Ame|ri|ka|ni|sie-
rung; Ame|ri|ka|nis|mus der; -,
...men (sprachliche Besonderheit
im amerik. Englisch; Entleh-
nung aus dem Amerikanischen);
Ame|ri|ka|nist der; -en, -en;
↑ R 197 (Wissenschaftler auf dem
Gebiet der Amerikanistik); Ame-
ri|ka|ni|stik die; - (Erforschung
der Geschichte, Sprache u. Kultur Amerikas)
Ame|thyst der; -[e]s, -e ⟨griech.⟩
(ein Halbedelstein)
Ame|trie die; -, ...ien ⟨griech.⟩ (Un-
gleichmäßigkeit; Mißverhält-
nis); ame|trisch; -ste
Am|ha|ra Plur. (hamit. Volk in
Äthiopien); am|ha|risch; vgl.
deutsch; Am|ha|risch das; -[s]
(Sprache); vgl. Deutsch
Ami der;-s, -s (Kurzw. für: Amerikaner)
Ami|ant der; -s ⟨griech.⟩ (ein Mi-
neral)

---

[1] Vgl. die Anmerkung zu „Diarrhö, Diarrhoe".

Amin das; -s, -e (organ. Stickstoffverbindung); **Ami|no|säu|ren** Plur. (Eiweißbausteine)

Ami|to|se die; - ⟨griech.⟩ (Biol.: einfache Zellkernteilung)

Am|man (Hptst. Jordaniens)

Am|mann der; -[e]s, ...männer (schweiz.); vgl. Gemeinde-, Landammann

Am|me die; -, -n; **Am|men|mär|chen**

[1]**Am|mer** die; -, -n u. (fachspr.:) der; -s, -n (ein Vogel)

[2]**Am|mer,** (im Unterlauf:) Amper die; - (Isarzufluß)

Am|mon (altägypt. Gott); Jupiter - **Am|mo|ni|ak** [auch: am...; österr.: amo...] das; -s ⟨ägypt.⟩ (gasförmige Verbindung von Stickstoff u. Wasserstoff)

Am|mo|nit der; -en, -en (↑R 197) ⟨ägypt.⟩ (Ammonshorn)

Am|mo|ni|ter der; -s, - ⟨ägypt.⟩ (Angehöriger eines alttest. Nachbarvolks der Israeliten)

Am|mo|ni|um das; -s ⟨ägypt.⟩ (eine Atomgruppe)

Am|mons|horn das; -[e]s, ...hörner ⟨ägypt.; dt.⟩ (Versteinerung)

Amne|sie die; -, ...ien ⟨griech.⟩ (Med.: Gedächtnisschwund); **Amne|stie** die; -, ...ien (Begnadigung, Straferlaß); **amne|stie|ren; Amne|sty In|ter|na|tio|nal** [ämnᵉßti intᵉnäschᵉnᵉl] ⟨engl.⟩ (internationale Organisation zum Schutz der Menschenrechte)

Amö|be die; -, -n ⟨griech.⟩ (ein Einzeller); **amö|bo|id** (amöbenartig)

Amok [auch: amok] der; -s ⟨malai.⟩; - laufen (in einem Anfall von Geistesgestörtheit mit einer Waffe umherlaufen und blindwütig töten); **Amok.fah|rer, ...lau|fen** (das; -s), **...läu|fer, ...schüt|ze**

a-Moll [auch: amol] das; - (Tonart; Zeichen: a); **a-Moll-Ton|lei|ter** (↑R 41)

Amor (röm. Liebesgott)

amo|ra|lisch ⟨lat.⟩ (sich über die Moral hinwegsetzend); **Amo|ra|lis|mus** der; - (gleichgültige od. feindl. Einstellung gegenüber der geltenden Moral); **Amo|ra|li|tät** die; - (amoralische Lebenshaltung)

Amo|ret|te die; -, -n (meist Plur.) ⟨franz.⟩ (Figur eines geflügelten Liebesgottes)

amorph ⟨griech.⟩ (ungeformt, gestaltlos); **Amor|phie** die; -, ...ien ⟨griech.⟩ (Physik: formloser Zustand [eines Stoffes])

amor|ti|sa|bel ⟨franz.⟩ (tilgbar); ...able Anleihen; **Amor|ti|sa|ti|on** [...zion] die; -, -en ⟨lat.⟩ ([allmähliche] Tilgung; Abschreibung, Abtragung [einer Schuld]); **amor|ti|sie|ren**

Amos (bibl. Prophet)

Amou|ren [amurᵉn] Plur. ⟨franz.⟩ (Liebschaften, Liebesabenteuer); **amou|rös** [amuröß] (Liebes...; verliebt)

Am|pel die; -, -n (Hängelampe; Hängevase; Verkehrssignal)

Am|per vgl. [2]Ammer

Am|pere [...pär] das; -[s], - ⟨nach dem franz. Physiker Ampère⟩ (Einheit der elektr. Stromstärke; Zeichen: A); **Am|pere.me|ter** (das; -s, -; Strommesser), **...stun|de** (Einheit der Elektrizitätsmenge; Zeichen: Ah)

Am|pex|ver|fah|ren (Fernsehtechnik: Verfahren zur Bildaufzeichnung)

Amp|fer der; -s, - (eine Pflanze)

Am|phet|amin das; -s, -e (als Weckamin gebrauchte chemische Verbindung)

Am|phi|bie [amfibiᵉ] die; -, -n (meist Plur.) u. **Am|phi|bi|um** das; -s, ...ien [...iᵉn] ⟨griech.-lat.⟩ (sowohl im Wasser als auch auf dem Land lebendes Kriechtier, Lurch); **Am|phi|bi|en.fahr|zeug** (Land-Wasser-Fahrzeug), **...panzer; am|phi|bisch**

Am|phi|bi|um vgl. Amphibie

Am|phi|bo|lie die; -, ...ien (Mehrdeutigkeit; Doppelsinn); **am|phi|bo|lisch**

Am|phi|go|nie die; - ⟨griech.⟩ (Biol.: zweigeschlechtige Fortpflanzung)

Am|phi|k|tyo|ne der; -n, -n (↑R 197) ⟨griech.⟩ (Mitglied einer Amphiktyonie); **Am|phi|k|tyo|nie** die; -, ...ien; ↑R 180 (kultisch-polit. Verband altgriech. Nachbarstaaten od. -stämme)

Am|phio|le 🄦 die; -, -n; ↑R 180 (Kombination aus Ampulle und Injektionsspritze)

Am|phi|po|den Plur. ⟨griech.⟩ (Flohkrebse)

Am|phi|thea|ter (↑R 180) ⟨griech.⟩ (elliptisches, meist dachloses Theatergebäude mit stufenweise aufsteigenden Sitzen); **am|phi|thea|tra|lisch** (↑R 180)

Am|phi|tri|te (griech. Meeresgöttin)

Am|phi|try|on (sagenhafter König von Tiryns, Gemahl der Alkmene)

Am|pho|ra, Am|pho|re die; -, ...oren ⟨griech.⟩ (zweihenkliges Gefäß der Antike)

am|pho|ter ⟨griech.⟩ („zwitterhaft"; Chemie: teils als Säure, teils als Base sich verhaltend)

Am|pli|fi|ka|ti|on [...zion] die; -, -en ⟨lat.⟩ (Erweiterung; kunstvolle Ausweitung einer Aussage); **am|pli|fi|zie|ren; Am|pli|tu|de** die; -, -n (Physik: Schwingungsweite, Ausschlag)

Am|pul|le die; -, -n ⟨griech.⟩ (Glasröhrchen [bes. mit sterilen Lösungen zum Einspritzen])

Am|pu|ta|ti|on [...zion] die; -, -en ⟨lat.⟩ (operative Abtrennung eines Körperteils); **am|pu|tie|ren**

Am|rum (Nordseeinsel)

Am|sel die; -, -n

Am|ster|dam [auch: am...] (Hptst. der Niederlande); **Am|ster|da|mer** (↑R 147)

Amt das; -[e]s, Ämter; von Amts wegen; ein - bekleiden; **Amt|chen,** Ämt|lein; **am|ten** (schweiz., sonst veralt.); **Äm|ter|pa|tro|na|ge** die; -, -n; **am|tie|ren; Ämt|lein,** Ämt|chen; **amt|lich; Amt|mann** (Plur. ...männer u. ...leute); **Amt-män|nin** die; -, -nen; **amts|ärztlich; Amts_deutsch, ...ent|hebung, ...ge|heim|nis, ...ge|richt** (Abk.: AG), **...ge|richts|rat** (Plur. ...räte); **amts|hal|ber; amts|han-deln** (österr.); ich amtshandelte; amtsgehandelt; **Amts_hand|lung, ...hil|fe, ...kap|pel** (das; -s, -n; österr. ugs. für: engstirniger Beamter), **...mie|ne; amts|mü-de, Amts_per|son, ...rich|ter, ...schim|mel** (der; -s; ugs.), **...spra|che, ...vor|stand, ...weg**

Amu|lett das; -[e]s, -e ⟨lat.⟩ (Gegenstand, dem unheilabwehrende Kraft zugeschrieben wird)

Amund|sen (norw. Polarforscher)

amü|sant -este ⟨franz.⟩ (unterhaltend; vergnüglich); **Amü|se|ment** [amüsᵉmang] das; -s, -s; **Amü-sier|be|trieb; amü|sie|ren;** sich - **amu|sisch** ⟨griech.⟩ (ohne Kunstverständnis)

Amyg|da|lin das; -s ⟨griech.⟩ (Geschmacksstoff in bitteren Mandeln u. ä.)

an (Abk.: a.; bei Ortsnamen, die durch weibl. Flußnamen bezeichnet sind, nur: a. d., z. B. Bad Neustadt a. d. Saale); Präp. mit Dat. und Akk.: an dem Zaun stehen, aber: an den Zaun stellen; es ist nicht an dem; an [und für] sich (eigentlich, im Grunde); am (an dem; vgl. am); ans (an das; vgl. ans); Adverb: Gemeinden von an [die] 1000 Einwohnern; ab und an (landsch. für: ab und zu)

an... (in Zus. mit Verben, z. B. anbinden, du bindest an, angebunden, anzubinden)

...ana, ...iana Plur. ⟨lat.⟩ (z. B. Africana; vgl. d.)

Ana|bap|tis|mus der; - ⟨griech.⟩ (Wiedertäufertum); **Ana|bap-tist** der; -en, -en; ↑R 197 (Wiedertäufer)

Ana|ba|sis die; - ⟨griech.⟩ (Geschichtswerk Xenophons)

ana|bol (griech.); -e Medikamen-
te; Ana|bo|li|kum *das;* -s, ...ka
(meist *Plur.*) (griech.-lat.) (mus-
kelbildendes Präparat)
Ana|cho|ret [...*cho...,* auch: ...*ko...,*
...*eho...*] *der;* -en, -en (↑ R 197)
(griech.) (Klausner, Einsiedler)
Ana|chro|nis|mus [...*kro...*] *der;* -,
...men (griech.) (falsche zeitliche
Einordnung; veraltete Einrich-
tung); ana|chro|ni|stisch
Ana|dyo|me|ne [auch: ...*me*ne od.
...*ome*ne od. ...*ome*ne] (↑ R 180)
(griech.) („die [aus dem Meer]
Aufgetauchte"; Beiname der
griech. Göttin Aphrodite)
an|ae|rob [...*a-erop*] (griech.)
(Biol.: ohne Sauerstoff lebend)
Ana|gly|phen|bril|le (griech.; dt.)
(für das Betrachten von dreidi-
mensionalen Bildern od. Filmen)
Ana|gramm *das;* -s, -e (griech.)
(Buchstabenversetzrätsel)
An|ako|luth *das,* auch: *der;* -s, -e
(griech.) (Sprachw.: Satzbruch);
an|ako|lu|thisch
Ana|kon|da *die;* -, -s (eine Boa-
schlange)
Ana|kre|on (altgriech. Lyriker);
Ana|kre|on|ti|ker (Nachahmer
der Dichtweise Anakreons);
ana|kre|on|tisch, aber (↑ R 134):
Ana|kre|on|tisch
anal (lat.) (Med.: den Anus betreffend)
Ana|lek|ten *Plur.* (griech.) (gesam-
melte Aufsätze, Auszüge)
Ana|lep|ti|kum *das;* -s, ...ka
(griech.) (Med.: wiederbeleben-
des Mittel); ana|lep|tisch
Anal|ero|tik (lat.; griech.) (Psych.:
[frühkindliches] sexuelles Lust-
empfinden im Bereich des Af-
ters); Anal|fis|sur (Med.)
An|al|ge|sie, An|al|gie *die;* -, ...ien
(griech.) (Med.: Schmerzlosig-
keit); An|al|ge|ti|kum *das;* -s,
...ka (Med.: schmerzstillendes
Mittel); An|al|gie vgl. Analgesie
ana|log (griech.) (ähnlich; ent-
sprechend); - [zu] diesem Fall;
Ana|lo|gie *die;* -, ...ien (griech.)
Ana|lo|gie|bil|dung; Ana|lo|gon [auch:
ana...] *das;* -s, ...ga (ähnlicher
Fall); Ana|log.rech|ner (eine Re-
chenanlage), ...uhr (Uhr mit Zei-
gern)
An|al|pha|bet [auch: *an...*] *der;*
-en, -en (↑ R 197) (griech.) (jmd.,
der nicht lesen und schreiben ge-
lernt hat); An|al|pha|be|ten|tum
[auch: *an...*] *das;* -s
Anal|ver|kehr (lat.; dt.) (Variante
des Geschlechtsverkehrs)
Ana|ly|sand *der;* -en, -en (↑ R 197)
(griech.) (Psychoanalyse: die zu
analysierende Person); Ana|ly|se
die; -, -n (Zergliederung, Unter-
suchung); Ana|ly|sen|waa|ge
(chem. Waage); ana|ly|sie|ren;

Ana|ly|sis *die;* - (Gebiet der Ma-
thematik, in dem mit Grenzwer-
ten u. veränderlichen Größen ge-
arbeitet wird; Voruntersuchung
beim Lösen geometr. Aufgaben);
Ana|lyst *der;* -en, -en; ↑ R 197
(Fachmann, der das Geschehen
an der Börse beobachtet und
analysiert); Ana|ly|tik *die;* -
(Kunst od. Lehre der Analyse);
Ana|ly|ti|ker; ana|ly|tisch; -e
Geometrie
An|ämie *die;* -, ...ien (griech.)
(Med.: Blutarmut); an|ämisch
Ana|mne|se *die;* -, -n (griech.)
(Med.: Vorgeschichte einer
Krankheit); ana|mne|stisch,
auch: ana|mne|tisch
Ana|nas *der;* -, u. -se (indian.-
span.) (eine tropische Frucht)
Ana|ni|as, (ökum.:) Ha|na|ni|as
(bibl. m. Eigenn.)
An|an|kas|mus *der;* -, ...men
(griech.) (Psych.: krankhafter
Zwang zu bestimmten Handlun-
gen)
Ana|päst *der;* -[e]s, -e (griech.) (ein
Versfuß); ana|pä|stisch
Ana|pha|se *die;* -, -n (griech.)
(Biol.: dritte Phase der indirek-
ten Zellkernteilung)
Ana|pher *die;* -, -n u. Ana|pho|ra
die; -, ...rä (griech.) (Rhet.: Wiederholung des Anfangswortes [in
aufeinanderfolgenden Sätzen],
z. B.: mit all meinen Gedanken,
mit all meinen Wünschen ...);
ana|pho|risch
ana|phy|lak|tisch (griech.) (Med.);
-er Schock; Ana|phy|la|xie *die;* -,
...ien (Med.: schockartige allergi-
sche Reaktion)
An|ar|chie *die;* -, ...ien (griech.)
([Zustand der] Herrschafts-, Ge-
setzlosigkeit; Chaos in polit.,
wirtschaftl. o. ä. Hinsicht); an|ar-
chisch; -ste; An|ar|chis|mus *der;* -
(Lehre, die sich gegen jede Auto-
rität richtet u. für unbeschränkte
Freiheit des Individuums ein-
tritt); An|ar|chist *der;* -en, -en;
↑ R 197 (Vertreter des Anarchis-
mus); an|ar|chi|stisch; An|ar|cho
der; -[s], -[s] (ugs. für: jmd., der
sich gegen die bürgerliche Gesellschaft mit [gewaltsamen] Aktionen auflehnt)
Ana|sta|sia (w. Vorn.); Ana|sta|si-
us (m. Vorn.)
ana|sta|tisch (griech.) (wiederauf-
frischend; neubildend); -er
Druck (Nachdruckverfahren)
An|äs|the|sie *die;* -, ...ien (griech.)
(Med.: Schmerzunempfindlich-
keit; Schmerzbetäubung); an|äs-
the|sie|ren, an|äs|the|ti|sie|ren; An-
|äs|the|sist *der;* -en, -en;
↑ R 197 (Narkosefacharzt); An-
|äs|the|ti|kum *das;* -s, ...ka (Med.:
schmerzstillendes Mittel); an|äs-

the|tisch; an|äs|the|ti|sie|ren, an-
äs|the|sie|ren
An|astig|mat *der;* -en, -en, auch:
das; -s, -e (griech.) (ein [fotogr.]
Objektiv); an|astig|ma|tisch (un-
verzerrt)
Ana|sto|mo|se *die;* -, -n (griech.)
(Verbindung zwischen Blut- od.
Lymphgefäßen od. zwischen
Nerven)
Ana|them *das;* -s, -e u. Ana|the|ma
das; -s, ...themata (griech.) (Ver-
fluchung, Kirchenbann); ana-
the|ma|ti|sie|ren
ana|tio|nal [...*zi...*] (↑ R 180) (lat.)
(gleichgültig gegenüber der Nation, der man angehört)
Ana|tol (m. Vorn.); Ana|to|li|en
[...*i*ⁿ] „Morgenland"; asiat.
Teil der Türkei); ana|to|lisch
Ana|tom *der;* -en, -en (↑ R 197)
(griech.) (Lehrer der Anatomie);
Ana|to|mie *die;* -, ...ien (Lehre
von Form u. Körperbau der Lebewesen; anatomisches Insti-
tut); ana|to|mie|ren (zerglie-
dern); ana|to|misch
Ana|xa|go|ras (altgriech. Philo-
soph)
an|backen [*Trenn.:* ...bak|ken]
an|bah|nen; An|bah|nung
an|ban|deln (südd., österr. für: an-
bändeln); an|bän|deln (ugs.); ich
bänd[e]le an (↑ R 22); An|bän|de-
lung; An|bänd|lung (ugs.)
An|bau *der;* -[e]s, (für: Gebäude-
teil auch *Plur.*) -ten; an|bau|en;
an|bau|fä|hig; An|bau..flä|che,
...mö|bel
An|be|ginn; seit -, von - [an]
an|be|hal|ten
an|bei [auch: *anbei*] (Amtsspr.)
an|bei|ßen; zum Anbeißen sein
(ugs.)
an|be|llan|gen; was mich an[be]-
langt
an|be|que|men, sich
an|be|rau|men; ich beraum[t]e an,
(selten:) ich anberaum[t]e; an-
beraumt; anzuberaumen; An|be-
rau|mung
an|be|ten
An|be|tracht; in - dessen, daß ...
an|be|tref|fen; was mich anbe-
trifft, so ...
An|be|tung
an|be|quemen, sich; ich biedere mich
an (↑ R 22); An|bie|de|rung
an|bie|ten
an|bin|den; angebunden (vgl. d.)
An|blick; an|blicken [*Trenn.:*
...blik|ken]
an|blin|ken
an|boh|ren
An|bot *das;* -[e]s, -e (österr. neben:
Angebot)
an|bras|sen (Seemannsspr.: die
Rahen in Längsrichtung bringen)
an|bra|ten

an|bre|chen; der Tag bricht an
an|bren|nen
an|brin|gen; etwas am Haus[e] -
An|bruch der; -[e]s, (Berg-
mannsspr. für: bloßgelegte Erz-
gänge auch Plur.:) ...brüche
an|brül|len
An|cho|vis [...chowiß]; vgl. An-
schovis
An|ci|en|ni|tät [angßiänität] die; -
⟨franz.⟩ (veralt. für: [Reihenfolge
nach dem] Dienstalter); An|ci|en
ré|gime [angßiäng reschim] das; -
- (Zeit des franz. Absolutismus
[vor der Franz. Revolution])
An|dacht die; -, (für: Gebetsstun-
de auch Plur.:) -en; an|däch|tig;
An|dachts|übung; an|dachts|voll
An|da|lu|si|en [...i°n] (span. Land-
schaft); An|da|lu|si|er [...i°r]; an-
da|lu|sisch; An|da|lu|sit der; -s, -e
(ein Mineral)
an|dan|te ⟨ital.⟩ („gehend"; Mu-
sik: mäßig langsam); An|dan|te
das; -[s], -s (mäßig langsames
Tonstück); an|dan|ti|no (Musik:
etwas beschleunigter als andan-
te); An|dan|ti|no das; -s, -s u. ...ni
(kürzeres Musikstück im Andan-
te- od. Andantinotempo)
an|dau|en (Med.); angedaute
Speisen (Speisen im ersten Abschnitt des Verdautwerdens)
an|dau|ern; an|dau|ernd
An|dau|ung die; - (zu: andauen)
An|den Plur. (südamerik. Gebirge)
An|den|ken das; -s, (für: Erinne-
rungsgegenstand auch Plur.:) -
an|de|re, ande|re; (nach ↑R 66 im-
mer klein geschrieben:) der, die,
das, eine, keine, alles and[e]re;
die, keine, alle and[e]ren, andern; ein, kein and[e]rer; ein,
kein, etwas, allerlei, nichts
and[e]res; der eine, der and[e]re;
und and[e]re, und and[e]res
(Abk.: u. a.); und and[e]re mehr,
und and[e]res mehr (Abk.:
u. a. m.); von etwas and[e]rem,
anderm sprechen; unter
and[e]rem, anderm (Abk.: u. a.);
eines and[e]ren, andern beleh-
ren; sich eines and[e]ren, andern
besinnen; ich bin and[e]ren, andern Sinnes; and[e]res gedruck-
tes Material; and[e]re ähnliche
Fälle; andere Gute; ein andermal, aber: ein and[e]res Mal;
das and[e]re Mal; ein um das
and[e]re Mal; ein und das
and[e]re Mal; vgl. anders; an|de-
ren|falls[1]; vgl. Fall der; an|de-
ren|orts[1], an|der|orts (geh.); an-
de|ren|tags[1]; an|de|ren|teils[1], ei-
nesteils ... u. and[e]rerseits, and-
/rer|seits; einerseits
... -; An|der|ge|schwi|ster|kind
[auch: and°rg°schwi...] (landsch.

[1] Auch: an|dern|...

für: Verwandte, deren Großväter
oder Großmütter Geschwister
sind); An|der|kon|to (Treuhand-
konto); an|der|lei; an|der|mal;
ein -, aber: ein and[e]res Mal
An|der|matt (schweiz. Ortsn.)
än|dern; ich ...ere (↑R 22)
an|dern|falls usw. vgl. anderen-
falls usw.; an|der|orts (geh.), an-
de|ren|orts, an|dern|orts
an|ders; jemand, niemand, wer
anders (südd., österr.: and[e]rer);
mit jemand, niemand anders
(südd., österr.: and[e]rem, anderm) reden; ich sehe jemand,
niemand anders (südd., österr.:
and[e]ren, andern); irgendwo anders (irgendwo sonst), wo anders? (wo sonst?; vgl. aber: woanders); anders als ... (nicht: an-
ders wie ...); vgl. andere; an|ders-
ar|tig; An|ders|ar|tig|keit die; -
An|dersch (dt. Schriftsteller)
an|ders|den|kend; an|ders|den-
ken|de der u. die; -n, -n (↑R 7 ff.)
an|der|seits, an|de|rer|seits, and-
rer|seits
An|der|sen (dän. Dichter)
An|der|sen-Ne|xø (Andersen Ne-
xö), Martin (dän. Dichter)
an|ders|far|big; an|ders|ge|ar|tet
(↑R 209); An|ders|ge|sinn|te der
u. die; -n, -n (↑R 7 ff.); An|ders-
gläu|bi|ge der u. die; -n, -n
(↑R 7 ff.); an|ders|her|um, an-
ders|rum; An|ders|sein; an|ders-
spra|chig; an|ders|wie; an|ders-
'wo; an|ders|wo|her; an|ders|wo-
hin
an|dert|halb; in - Stunden; -
Pfund; an|dert|halb|fach; An-
dert|halb|fa|che das; -n; vgl.
Achtfache; an|dert|halb|mal; - so
groß wie (seltener: als)
Än|de|rung; Än|de|rungs|kün|di-
gung (Betriebsrecht)
an|der|wär|tig; an|der|wärts; an-
der|weit; an|der|wei|tig
an|deu|ten; An|deu|tung; an|deu-
tungs|wei|se
an|dich|ten; jmdm. etwas -
an|die|nen (Kaufmannsspr.: [Wa-
ren] anbieten); An|die|nung die;
-; An|die|nungs|pflicht die; -
(Versicherungsw.)
an|din (die Anden betreffend)
an|docken [Trenn.: ...dok|ken] ⟨dt.;
engl.⟩ (ein Raumfahrzeug an das
andere koppeln)
An|dorn der; -[e]s, -e (eine Pflanze)
An|dor|ra (Staat in den Pyrenä-
en); An|dor|ra|ner; an|dor|ra-
nisch
An|drang der; -[e]s
and|re vgl. andere
An|dré [angdre] (franz. Form von:
Andreas); An|drea (w. Vorn.);
An|dre|as (m. Vorn.); An|dre-
as.kreuz, ...or|den (ehem. höch-
ster russ. Orden)

an|dre|hen; jmdm. etwas - (ugs.
für: jmdm. etwas Minderwertiges aufschwatzen)
and|rer|seits, an|de|rer|seits, an-
der|seits
An|dres (dt. Schriftsteller)
an|dro|gyn ⟨griech.⟩ (Biol.: männ-
liche und weibliche Merkmale
vereinigend; zwittrig); An|dro-
gy|nie die; -
an|dro|hen; An|dro|hung
An|dro|ide der; -n, -n (↑R 197)
⟨griech.⟩ (künstlicher Mensch)
An|dro|ma|che [...ehe] (griech. Sa-
gengestalt, Gattin Hektors)
[1]An|dro|me|da (weibl. griech. Sa-
gengestalt); [2]An|dro|me|da die; -
(ein Sternbild)
An|druck der; -[e]s, -e (Druckw.:
Probe-, Prüfdruck); an|drucken
[Trenn.: ...druk|ken]
an|du|deln; sich einen - (ugs.: sich
betrinken); ich dud[e]le mir einen an (↑R 22)
Äne|as (Held der griech.-röm. Sa-
ge)
an|ecken [Trenn.: ...ek|ken] (ugs.
für: Anstoß erregen)
Äne|ide, Äne|is die; - (eine Dich-
tung Vergils)
an|ei|fern (südd., österr. für: an-
spornen); An|ei|fe|rung
an|eig|nen, sich; ich eigne mir an;
An|eig|nung
an|ein|an|der; Schreibung in Ver-
bindung mit Verben (↑R 205): I.
Getrenntschreibung, wenn aneinander [als Ausdruck einer Wech-
selbezüglichkeit, einer Gegensei-
tigkeit] seine Selbständigkeit bewahrt, z. B. weil sie aneinander
(an sich gegenseitig) denken, gedacht haben, oder wenn aneinander zu einem bereits zusammengesetzten Verb tritt, z. B. er
hat die Teile aneinander ange-
fügt. II. Zusammenschreibung,
wenn aneinander nur den vom
Verb bezeichneten Vorgang nä-
her bestimmt, z. B. an|ein|an|der-
fü|gen; er hat die Teile aneinan-
der-, nicht aufeinandergefügt;
an|ein|an|der|ge|ra|ten (sich strei-
ten); an|ein|an|der|gren|zen; an-
einandergrenzende Grundstük-
ke; an|ein|an|der|le|gen; an|ein-
an|der|rei|hen usw.
Äne|is vgl. Äneide
An|ek|döt|chen; An|ek|do|te die; -,
-n ⟨griech.⟩ (kurze, jmdn. od. etwas [humorvoll] charakterisie-
rende Geschichte); an|ek|do|ten-
haft; an|ek|do|tisch
an|ekeln; du ekelst mich an
Ane|mo|graph der; -en, -en
(↑R 197) ⟨griech.⟩ (selbstschrei-
bender Windmesser); Ane|mo-
me|ter das; -s, - (Windmesser);
Ane|mo|ne die; -, -n (Windrös-
chen)

an|emp|feh|len (besser das einfache Wort: empfehlen); ich empfehle (empfahl) an u. ich anempfehle (anempfahl); anempfohlen; anzuempfehlen

An|er|be der; -n, -n (veralt. für: bäuerlicher Alleinerbe, Hoferbe); An|er|ben.fol|ge, ...recht

an|er|bie|ten, sich; ich erbiete mich an; anerboten; anzuerbieten; vgl. bieten; An|er|bie|ten das; -s, -; An|er|bie|tung

an|er|kann|ter|ma|ßen; an|er|ken|nen; ich erkenne (erkannte) an, (seltener:) ich anerkenne (anerkannte); anerkannt; anzuerkennen; vgl. kennen; an|er|ken|nens|wert; An|er|kennt|nis das; -ses, -se (Rechtsspr., sonst: die; -, -se); An|er|ken|nung; An|er|ken|nungs|schrei|ben

Ane|ro|id das; -[e]s, -e ⟨griech.⟩ u.

Ane|ro|id|ba|ro|me|ter (Gerät zum Anzeigen des Luftdrucks)

an|es|sen; er hat sich einen Bauch angegessen; ich habe mich angegessen (österr. für: bin satt)

An|eu|rys|ma das; -s, ...men ⟨griech.⟩ (Med.: Erweiterung der Schlagader)

an|fa|chen; er facht die Glut an

an|fah|ren (auch für: heftig anreden); An|fahrt; An|fahrts|weg

An|fall der; an|fal|len; an|fäl|lig; An|fäl|lig|keit die; -, (selten:) -en

An|fang der; -[e]s, ...fänge; vgl. anfangs, im -; von - an; zu - ; Januar; an|fan|gen; An|fän|ger; An|fän|ge|rin die; -, -nen; An|fän|ger|kurs; an|fäng|lich; an|fangs (↑R 61); An|fangs_buch|sta|be, ...ge|halt das, ...sta|di|um

an|fas|sen; vgl. fassen

an|fecht|bar; An|fecht|bar|keit die; -; an|fech|ten; das ficht mich nicht an; An|fech|tung

an|fein|den; An|fein|dung

an|fer|ti|gen; An|fer|ti|gung

an|feuch|ten; An|feuch|ter

an|feu|ern; An|feue|rung

an|flan|schen

an|fle|hen; An|fle|hung

an|flie|gen; An|flug

an|for|dern; An|for|de|rung

An|fra|ge; die kleine oder große - [im Parlament]; an|fra|gen; bei jmdm. -, (schweiz.:) jmdn. -

an|freun|den, sich; An|freun|dung

an|fü|gen; An|fü|gung

An|fuhr die; -, -en; an|füh|ren; An|füh|rer; An|füh|rung; An|füh|rungs_strich, ...zei|chen

an|fun|ken (durch Funkspruch anrufen)

An|ga|be (ugs. [nur Sing.] auch für: Prahlerei, Übertreibung)

an|gän|gig

an|geb|bar; an|ge|ben; An|ge|ber (ugs.); An|ge|be|rei (ugs.); an|ge|be|risch; -ste (ugs.)

An|ge|bel|te|te der u. die; -n, -n (↑R 7 ff.)

An|ge|bin|de das; -s, - (Geschenk)

an|geb|lich

an|ge|bo|ren

An|ge|bot das; -[e]s, -e

an|ge|bracht

an|ge|bro|chen; eine Flasche ist - an|ge|bun|den; kurz - (ugs. für: mürrisch, abweisend) sein

an|ge|dei|hen; jmdm. etwas - lassen

an|ge|den|ken das; -s (veralt.)

an|ge|führt; am -en Ort (Abk.: a. a. O.)

an|ge|ge|ben; am -en Ort (Abk.: a. a. O.)

an|ge|graut

an|ge|grif|fen (auch für: erschöpft, geschwächt); An|ge|grif|fen|heit die; -

an|ge|hei|ra|tet

an|ge|hei|tert

an|ge|hen; das geht nicht an; es geht mich [nichts] an; jmdn. um etwas - (bitten); an|ge|hend (künftig)

an|ge|hö|ren; einem Volk[e] -; an|ge|hö|rig; An|ge|hö|ri|ge der u. die; -n, -n (↑R 7 ff.); An|ge|hö|rig|keit die; -

an|ge|jahrt

Angekl. = Angeklagte[r]

An|ge|klag|te der u. die; -n, -n; (↑R 7 ff. (Abk.: Angekl.)

an|ge|knackst

an|ge|krän|kelt

An|gel die; -, -n

An|gel|la [anggela, österr.: ...gela, ital.: andsehela] (w. Vorn.)

an|ge|le|gen; ich lasse mir etwas - sein; An|ge|le|gen|heit; an|ge|le|gent|lich; -st; auf das, aufs -ste (↑R 65)

An|ge|l|hal|ken

¹An|ge|li|ka [angge...] (w. Vorn.); ²An|ge|li|ka die; -, ...ken u. -s (Engelwurz)

An|ge|li|na [andsehelina] (ital. w. Vorn.)

an|ge|ln; ich ...[e]le (↑R 22)

An|ge|ln Plur. (germ. Volksstamm)

An|ge|lo [andsehelo] (ital. m. Vorn.)

an|ge|lo|ben (österr. für: feierlich vereidigen); An|ge|lo|bung

An|gel_punkt, ...ru|te

An|gel|sach|se der; -n, -n (Angehöriger eines germ. Volksstammes); an|gel|säch|sisch; vgl. deutsch; An|gel|säch|sisch das; -[s] (Sprache); vgl. Deutsch; An|gel|säch|si|sche das; -n; vgl. Deutsche das

An|gel|schein

An|ge|lus [angge...] der; -, - ⟨lat.⟩ (kath. Gebet; Glockenzeichen); An|ge|lus|läu|ten die; -s

an|ge|mes|sen; An|ge|mes|sen|heit die; -

an|ge|nä|hert

an|ge|nehm

an|ge|nom|men; -er Standort; angenommen, daß ... (↑R 125)

an|ge|paßt; -este; An|ge|paßt|heit die; -

An|ger der; -s, -; An|ger|dorf

an|ge|regt

an|ge|säu|selt (ugs. für: leicht betrunken)

an|ge|schmutzt (leicht schmutzig)

An|ge|schul|dig|te der u. die; -n, -n (↑R 7 ff.)

an|ge|se|hen (geachtet); -ste

An|ge|sicht (Plur. Angesichter u. Angesichte); an|ge|sichts (↑R 62); Präp. mit Gen.: - des Todes

an|ge|spannt

an|ge|stammt

An|ge|stell|te der u. die; -n, -n (↑R 7 ff.); An|ge|stell|ten|ver|si|che|rung; An|ge|stell|ten|ver|si|che|rungs|ge|setz (Abk.: AVG)

an|ge|stie|felt; - kommen (ugs.)

an|ge|strengt; An|ge|strengt|heit die; -

an|ge|tan

an|ge|trun|ken (leicht betrunken)

an|ge|wandt; -e Kunst; -e Mathematik, Physik; vgl. anwenden

an|ge|wie|sen; auf eine Person oder eine Sache - sein

an|ge|wöh|nen; ich gewöhne mir etwas an; An|ge|wohn|heit; An|ge|wöh|nung

an|ge|wur|zelt; wie - stehenbleiben

An|gi|na [anggina] die; -, ...nen ⟨lat.⟩ (Mandelentzündung); An|gi|na pec|to|ris [- päk...] die; - - (Herzkrampf)

An|gi|om [anggiom] das; -s, -e ⟨griech.⟩ (Gefäßgeschwulst); An|gio|sper|men Plur. (bedecktsamige Blütenpflanzen)

Ang|kor (Ruinenstadt in Kamputschea)

An|glai|se [angglä:['] die; -, -n ⟨franz.⟩ („englischer“ Tanz)

an|glei|chen; An|glei|chung

Ang|ler

an|glie|dern; An|glie|de|rung

an|gli|ka|nisch [anggli...] ⟨mlat.⟩; -e Kirche (engl. Staatskirche); An|gli|ka|nis|mus der; - (Lehre u. Wesen[s]form der engl. Staatskirche); an|gli|sie|ren (englisch machen; englisieren); An|glist der; -en, -en (Wissenschaftler auf dem Gebiet der Anglistik); An|gli|stik die; - (engl. Sprach- u. Literaturwissenschaft); An|gli|zis|mus der; -, ...men (engl. Spracheigentümlichkeit in einer anderen Sprache); An|glo|ame|ri|ka|ner [anglo..., auch: ang...]; ↑R 155 (aus England stammender Amerikaner); An|glo-Ame|ri|ka|ner; ↑R 155 (Sammelname für Engländer u. Amerikaner); an|glofran|zö|sisch [auch: *ang*...]; An|glo|ma|ne *der;* -n, -n (↑ R 197) ⟨lat; griech.⟩ (jmd., der alles Englische in übertriebener Weise schätzt und nachahmt); An|glo|ma|nie *die;* -; an|glo|nor|man|nisch [auch: *ang*...]; an|glo|phil (englandfreundlich); An|glo|phi|lie *die;* -; an|glo|phob (englandfeindlich); An|glo|pho|bie *die;* - An|go|la [*anggola*] (Staat in Afrika); An|go|la|ner; an|go|la|nisch An|go|ra_kat|ze, ...wol|le [*anggora*...] ⟨nach Angora, dem früheren Namen von Ankara⟩ An|go|stu|ra Ⓦz [*anggo*...] *der;* -s, -s ⟨span.⟩ (ein Likör)

an|grei|fen; vgl. angegriffen; An|grei|fer

an|gren|zen; An|gren|zer; An|gren|zung

An|griff *der;* -[e]s, -e; in - nehmen; an|grif|fig (schweiz. für: zupackend, angriffslustig); An|griffs_drit|tel (Eishockey), ...krieg; an|griffs|lu|stig; An|griffs_spie|ler (Sportspr.), ...waf|fe; an|griffs|wei|se

Angst *die;* -, Ängste; in Angst, in [tausend] Ängsten sein; Angst haben; aber (↑ R 64): jmdm. angst [und bange] machen; mir ist, wird angst [und bange]; äng|sten, sich (nur noch dicht. für: ängstigen); angst|er|füllt; Angst_ge|fühl, ...geg|ner (Sportspr.: Gegner, der einem nicht liegt, den man fürchtet), ...hal|se (ugs.); äng|sti|gen; Ängst|lich; Ängst|lich|keit *die;* -; Angst_neu|ro|se (krankhaftes Angstgefühl), ...psy|cho|se, ...röh|re (scherzh. für: Zylinder)

Äng|ström [*ongßtröm,* auch: *angßtröm*] *das;* -[s] (veralt. Einheit der Licht- u. Röntgenwellenlänge; Zeichen: Å)

Angst_ruf, ...schweiß; angst|voll an|gu|lar [*anggu*...] ⟨lat.⟩ (zu einem Winkel gehörend, Winkel...)

an|gur|ten; sich -

Anh. = Anhang

an|ha|ben (ugs.); ..., daß er nichts anhat, angehabt hat; er kann mir nichts -

an|hä|gern (von Gewässern: Schlamm, Sand ablagern)

an|hä|keln (hinzuhäkeln)

an|ha|ken

¹An|halt (früheres Reichsland); ²An|halt (Anhaltspunkt); an|hal|ten; an|hal|tend; ¹An|hal|ter, An|hal|ti|ner; ²An|hal|ter (ugs.); per - fahren (Fahrzeuge anhalten, um mitgenommen zu werden); an|hal|tisch (¹Anhalt betreffend); An|halts|punkt

an Hand, (jetzt häufig:) an|hand; mit *Gen.:* an Hand od. anhand des Buches; an Hand od. anhand von Unterlagen; vgl. Hand u. ↑ R 208

An|hang (Abk.: Anh.); ¹an|hän|gen; er hing einer Sekte an; vgl. ¹hängen; ²an|hän|gen; er hängte den Zettel [an die Tür] an; vgl. ²hängen; An|hän|ger; An|hän|ger|schaft; an|hän|gig (Rechtsspr.: beim Gericht zur Entscheidung liegend); eine Klage - machen (Klage erheben); an|häng|lich (ergeben); An|häng|lich|keit *die;* -; An|häng|sel *das;* -s, -; an|hangs|wei|se

An|hauch *der;* -[e]s; an|hau|chen an|hau|en (ugs. auch für: formlos ansprechen, um etwas bitten); wir hauten das Mädchen an

an|häu|fen; An|häu|fung

an|he|ben (auch für: anfangen); er hob, (veralt.:) hub an (geh. für: begann) zu singen; An|he|bung an|hef|ten; am Hut[e] od. an den Hut -

an|hei|meln; es heimelt mich an an|heim_fal|len (zufallen; es fällt anheim; anheimgefallen), anheimzufallen), ...ge|ben, ...stel|len

an|hei|schig; sich - machen an|hei|zen; den Ofen -; (übertr.:) die Stimmung -

an|herr|schen; jmdn. -

an|heu|ern; jmdn. -; auf einem Schiff -

An|hieb, nur in: auf -

an|him|meln

an|hin; bis - (schweiz.: bis jetzt)

An|hö|he

an|hö|ren; An|hö|rung (für: Hearing)

An|hy|drid *das;* -s, -e ⟨griech.⟩ (eine chem. Verbindung); An|hy|drit *der;* -s, -e (wasserfreier Gips) änig|ma|tisch ⟨griech.⟩ (rätselhaft) Ani|lin *das;* -s ⟨arab.-port.⟩ (Ausgangsstoff für Farben u. Heilmittel); Ani|lin_far|be, ...le|der ani|ma|lisch ⟨lat.⟩ (tierisch; tierhaft; triebhaft); Ani|ma|lis|mus *der;* - (religiöse Verehrung von Tieren); Ani|ma|teur [...*tör*] *der;* -s, -e ⟨franz.⟩ (Spielleiter in einem Freizeitzentrum); Ani|ma|ti|on [...*zion*] *die;* -, -en ⟨lat.⟩ (Belebung, Bewegung der Figuren im Trickfilm); ani|ma|to ⟨ital.⟩ (Musik: beseelt, belebt); ani|mie|ren ⟨franz.⟩ (beleben, anregen, ermuntern); Ani|mier_knei|pe (ugs.), ...mäd|chen (ugs.); Ani|mis|mus *der;* - ⟨lat.⟩ (Lehre von der Beseeltheit aller Dinge); Ani|mo *das;* -s ⟨ital.⟩ (österr. für: Schwung, Lust; Vorliebe); Ani|mo|si|tät *die;* -, -en ⟨lat.⟩ (Feindseligkeit); Ani|mus *der;* - (,,Seele"; scherzh. für: Ahnung)

An|ion *das;* -s, -en ⟨griech.⟩ (negativ geladenes elektrisches Teilchen)

Anis [*aniß,* auch, österr. nur: *aniß*] *der;* -es, -e ⟨griech.⟩ (eine Gewürz- u. Heilpflanze); Anis_bo|gen od. ...schar|te (österr.; eine Gebäckart); Ani|set|te [...*sät*] *der;* -s, -s ⟨franz.⟩ (Anislikör)

Ani|ta (w. Vorn.)

An|ja (russ. Vorn.)

An|jou [*angschu*] (altfranz. Grafschaft; Fürstengeschlecht)

Ank. = Ankunft

An|ka|ra [*angkara*] (Hptst. der Türkei)

An|ka|the|te *die;* -, -n

An|kauf; an|kau|fen; An|kaufs_etat, ...recht

¹An|ke (w. Vorn.)

²An|ke *der;* -n, -n; ↑R 197 (ein Fisch)

³An|ke *die;* -, -n (mdal. für: Nakken, Genick)

an|keh|rig (schweiz. neben: anstellig)

an|ken (schweiz. mdal. für: buttern); An|ken *der;* -s (schweiz. mdal. für: Butter)

¹An|ker *der;* -s, - (früheres Flüssigkeitsmaß)

²An|ker *der;* -s, - ⟨griech.⟩; vor - gehen, liegen; An|ker_bo|je, ...ket|te; an|kern; ich ...ere (↑R 22); An|ker_platz, ...spill, ...tau (*das;* -[e]s, -e), ...win|de

an|ket|ten

An|kla|ge; An|kla|ge_bank (*Plur.* ...bänke); an|kla|gen; An|klä|ger; An|kla|ge|schrift

An|klam [*angklam*] (Stadt in Vorpommern)

an|klam|mern; sich -

An|klang; - finden

an|klei|den

An|klei|de|ka|bi|ne; an|klei|den; sich -; An|klei|de|raum

an|klop|fen

an|knip|sen; das Licht - (ugs.)

an|knüp|fen; An|knüp|fung; An|knüp|fungs|punkt

an|koh|len; jmdn. - (ugs. für: zum Spaß belügen)

an|kom|men; mich (veralt.: mir) kommt ein Ekel an; es kommt mir nicht darauf an; An|kömm|ling

an|kön|nen (ugs. für: sich gegen jmdn. durchsetzen können)

an|kop|peln

an|kö|ren (ein Haustier für die Nachzucht auswählen)

an|kör|nen (zu bohrende Löcher mit dem Körner markieren)

an|kot|zen (derb); jmdn. - (anwidern)

an|krat|zen (ugs. auch: sich - [einschmeicheln])

an|krei|den; jmdm. etwas - (ugs. für: zur Last legen)

An|kreis (Geometrie)
an|kreu|zen
an|kün|den, (älter u. schweiz. für:) an|kün|di|gen; An|kün|di|gung
An|kunft die; - (Abk.: Ank.); An|kunfts_stem|pel, ...zeit
an|kur|beln; An|kur|be|lung, An|kurb|lung
An|ky|lo|se [angkü...] die; -, -n ⟨griech.⟩ (Med.: Gelenkversteifung)
an|lä|cheln; an|la|chen
An|la|ge; etwas als od. in der - übersenden; An|la|ge_be|ra|ter (Wirtsch.), ...pa|pier (Wirtsch.), ...ver|mö|gen (Wirtsch.)
an|la|gern (Chemie); An|la|gerung
an|lan|den; etwas, jmdn. - (an Land bringen); irgendwo - (anlegen); (Geol.:) das Ufer landet an (verbreitert sich durch Sandansammlung); An|lan|dung
an|lan|gen vgl. anbelangen
An|laß der; ...lasses, ...lässe (schweiz. auch für: Veranstaltung); - geben, nehmen; an|lassen; An|las|ser; an|läß|lich (Amtsdt.); Präp. mit Gen.: - des Festes
an|la|sten (zur Last legen)
An|lauf; an|lau|fen; An|lauf_geschwin|dig|keit, ...stel|le, ...zeit
An|laut; an|lau|ten (von Wörtern, Silben: mit einem bestimmten Laut beginnen); an|läu|ten; jmdn. (südd. u. schweiz. ugs. auch: jmdm.) - (jmdn. [telefonisch] anrufen)
an|le|gen; An|le|ge|platz; An|leger (jmd., der Kapital anlegt; Druckw.: Papiereinführer); Anle|ge|rin die; -, -nen (Druckw.); An|le|ge|stel|le
an|leh|nen; ich lehne mich an die Wand an; An|leh|nung; an|lehnungs|be|dürf|tig
an|lei|ern (ugs. für: ankurbeln)
An|lei|he; An|lei|he|ab|lö|sung; An|lei|hen das; -s, - (schweiz. neben: Anleihe); An|lei|he|pa|pier
an|lei|men
an|lei|nen; den Hund -
an|lei|ten; An|lei|tung
An|lern|be|ruf; an|ler|nen; jmdn. -; das habe ich mir angelernt (ugs.); An|lern|ling; An|lern|zeit
an|le|sen
an|lie|fern
an|lie|gen; eng am Körper -; vgl. angelegen; An|lie|gen das; -s, - (Wunsch); an|lie|gend (Kaufmannsspr.); - (anbei, hiermit) der Bericht; An|lie|ger (Anwohner); An|lie|ger_staat (Plur. ...staaten), ...ver|kehr
an|lie|ken (Seemannsspr.: das Liek an einem Segel befestigen)
an|locken [Trenn.: ...lok|ken]
an|lö|ten

an|lü|gen
an|lu|ven [...luf...] (Seemannsspr.: Winkel zwischen Kurs u. Windrichtung verkleinern)
Anm. = Anmerkung
an|ma|chen
an|mah|nen
an|ma|len
An|marsch der; An|marsch|weg
an|ma|ßen, sich; du maßt (maßest) dir etwas an; an|ma|ßend; -ste; An|ma|ßung
an|meckern [Trenn.: ...mek|kern] (ugs.)
an|mei|ern (ugs. für: betrügen)
An|mel|de|for|mu|lar; an|mel|den; An|mel|de|pflicht; an|mel|depflich|tig; An|mel|dung
an|men|gen (landsch.); Mehl [mit Sauerteig] - (anrühren)
an|mer|ken; ich ließ mir nichts -; An|mer|kung (Abk.: Anm.)
an|mes|sen; jmdm. etwas -
an|mie|ten; An|mie|tung
an|mon|tie|ren
an|mu|stern (Seemannsspr.: anwerben; den Dienst aufnehmen); An|mu|ste|rung
An|mut die; -; an|mu|ten; es mutet mich komisch an; an|mu|tig; anmut[s]|voll; An|mu|tung (schweiz. für: Zumutung)
¹An|na (w. Vorn.); Anna selbdritt (Anna, Maria u. das Jesuskind)
²An|na der; -[s], -[s] ⟨Hindi⟩ (frühere Münzeinheit in Indien; ¹/₁₆ Rupie)
An|na|bel|la (w. Vorn.)
an|na|deln (österr. für: mit einer Stecknadel befestigen); ich nad[e]le an (↑ R 22)
an|nä|hen
an|nä|hern; sich -; an|nä|hernd; An|nä|he|rung; An|nä|he|rungsver|such; an|nä|he|rungs|wei|se
An|nah|me die; -, -n; An|nahme_er|klä|rung, ...stel|le, ...vermerk, ...ver|wei|ge|rung
An|na|len Plur. ⟨lat.⟩ ([geschichtliche] Jahrbücher)
An|na|pur|na der; -[s] (Gebirgsmassiv im Himalaja)
An|na|ten Plur. ⟨lat.⟩ (finanzielle Abgaben an die päpstl. Kurie)
Änn|chen (Verkleinerungsform von: Anna); An|ne, Än|ne (für: Anna); An|ne|do|re (w. Vorn.); An|ne|gret (w. Vorn.)
an|neh|m|bar; an|neh|men; vgl. angenommen; an|nehm|lich (veralt.); An|nehm|lich|keit
an|nek|tie|ren ⟨lat.⟩ (sich [gewaltsam] aneignen)
An|ne|li (Verkleinerungsform von: Anna); An|ne|lie, An|nelo|re; An|ne|ma|rie, An|ne|ro|se; ↑ R 132 (w. Vorn.)
An|net|te (w. Vorn.)
An|nex der; -es, -e ⟨lat.⟩ (Zubehör; Anhängsel); An|ne|xi|on die; -,

-en ([gewaltsame] Aneignung); An|ne|xio|nis|mus der; -; ↑ R 180 (Bestrebungen, eine Annexion herbeizuführen)
An|ni, Än|ni (Koseformen von: Anna)
An|ni|ver|sar [...wär...] das; -s, -e ⟨lat.⟩ u. An|ni|ver|sa|ri|um das; -s, ...ien [...iⁿn] (meist Plur.; kath. Kirche: Jahrgedächtnis, bes. für einen Toten)
an|no (österr. nur so), auch: An|no ⟨lat.⟩ (im Jahre; Abk.: a. od. A.); - elf; - dazumal; - Tobak (ugs. für: in alter Zeit); An|no Do|mi|ni (im Jahre des Herrn; Abk.: A. D.)
An|non|ce [anõngß', österr.: anõngß] die; -, -n ⟨franz.⟩ (Zeitungsanzeige); An|non|cen|ex|pedi|ti|on (Anzeigenvermittlung); An|non|ceu|se [...ßös'] die; -, -n (Angestellte im Gaststättenwerbe); an|non|cie|ren
An|no|ne die; -, -n ⟨indian.⟩ (trop. Baum mit eßbaren Früchten)
An|no|ta|ti|on [...zion] die; -, -en (meist Plur.) ⟨lat.⟩ (veraltet für: Aufzeichnung, Vermerk)
an|nu|ell ⟨franz.⟩ (Bot.: einjährig); An|nui|tät [...u-i...] die; -, -en (↑ R 180) ⟨lat.⟩ (jährliche Zahlung zur Tilgung einer Schuld)
an|nul|lie|ren ⟨lat.⟩ (für ungültig erklären); An|nul|lie|rung
An|nun|zia|ten|or|den; ↑ R 180 (ehem. höchster ital. Orden)
An|ode die; -, -n ⟨griech.⟩ (positive Elektrode, Pluspol)
an|öden (ugs. für: langweilen)
An|oden_bat|te|rie, ...span|nung (die; -), ...strah|len (Plur.)
an|omal [auch: a...] ⟨griech.⟩ (unregelmäßig, regelwidrig); Anoma|lie die; -, ...ien
Ano|mie die; -, -n ⟨griech.⟩ (Soziol.: Zustand, in dem die Stabilität der sozialen Beziehungen gestört ist)
an|onym ⟨griech.⟩ (ohne Nennung des Namens, ungenannt); Anony|mi|tät die; - (Unbekanntheit des Namens, Namenlosigkeit); An|ony|mus der; -, ...mi u. ...nymen (Ungenannter)
An|ophe|les die; -, - ⟨griech.⟩ (Malariamücke)
Ano|rak der; -s, -s ⟨eskim.⟩ (Windbluse mit Kapuze)
an|ord|nen; An|ord|nung
an|or|ga|nisch ⟨griech.⟩ (unbelebt); -e Chemie, Natur
anor|mal ⟨mlat.⟩ (regelwidrig, ungewöhnlich, krankhaft)
An|or|thit der; -s ⟨griech.⟩ (ein Mineral)
Anouilh [anuj] (franz. Dramatiker)
an|packen [Trenn.: ...pak|ken]
An|pad|deln das; -s (jährl. Beginn des Paddelsports)

an|pas|sen; An|pas|sung die; -, (selten:) -en; an|pas|sungs|fä|hig
an|pei|len
an|pfei|fen (ugs. auch für: heftig tadeln); An|pfiff
an|pflan|zen; An|pflan|zung
an|pflau|men (ugs. für: necken, verspotten); An|pflau|me|rei
an|picken [Trenn.: ...pik|ken] (österr. ugs. für: ankleben)
an|pin|keln (ugs.)
an|pö|beln (in ungebührlicher Weise belästigen)
An|prall; an|pral|len
an|pran|gern; ich prangere an (↑R 22); An|pran|ge|rung
an|prei|en (Seemannsspr.); ein anderes Schiff - (anrufen)
an|prei|sen; An|prei|sung
An|pro|be; an|pro|ben; an|pro|bie|ren
an|pum|pen (ugs.); jmdn. - (sich von ihm Geld leihen)
an|quas|seln (ugs. für: ungeniert ansprechen)
an|quat|schen (ugs. für: ungeniert ansprechen)
an|rai|nen; An|rai|ner (Rechtsspr., bes. österr. für: Anlieger, Grenznachbar); An|rai|ner|staat
an|ran|zen (ugs. für: scharf tadeln); du ranzt (ranzest) an; An|ran|zer (ugs.)
an|ra|ten; An|ra|ten das; -s; auf -
an|rau|chen; die Zigarre -
an|rau|hen; angerauht
an|raun|zen (ugs. für: scharf zurechtweisen)
an|rech|nen; das rechne ich dir hoch an; An|rech|nung; (Papierdt.:) in - bringen, dafür besser: anrechnen
An|recht; An|recht|ler; An|rechts|kar|te
An|re|de; An|re|de_fall der (für: Vokativ), ...für|wort (z. B. du, Sie); an|re|den; jmdn. mit Sie, du -
an|re|gen; an|re|gend; -ste; An|re|gung; An|re|gungs|mit|tel das
an|rei|chern; er reichere an (↑R 22); An|rei|che|rung
an|rei|hen; an|rei|hend (für: kopulativ)
An|rei|se; an|rei|sen; An|rei|se|tag
an|rei|ßen; An|rei|ßer (Vorzeichner in Metallindustrie und Tischlerei; aufdringlicher Kundenwerber); an|rei|ße|risch (aufdringlich; marktschreierisch)
An|reiz; an|rei|zen
an|rem|peln (ugs.); An|rem|pe|lung, An|remp|lung
an|ren|nen
An|rich|te die; -, -n; an|rich|ten; An|rich|te|tisch
An|riß der; ...isses, ...isse (Technik: Vorzeichnung; Sport: kräftiges Durchziehen zu Beginn eines Ruderschlages)

an|rü|chig; An|rü|chig|keit
an|rucken [Trenn.: ...ruk|ken] (mit einem Ruck anfahren); an|rücken [Trenn.: ...rük|ken] (in einer Formation näher kommen)
An|ru|dern das; -s (jährl. Beginn des Rudersports)
An|ruf; An|ruf|be|ant|wor|ter; an|ru|fen; An|ru|fer; An|ru|fung
an|rüh|ren
ans; ↑R 17 (an das); bis - Ende
An|sa|ge die; -, -n; An|sa|ge|dienst; an|sa|gen
an|sä|gen
An|sa|ger (kurz für: Fernseh- od. Rundfunkansager); An|sa|ge|rin die; -, -nen
an|sam|meln; An|samm|lung
an|säs|sig; An|säs|sig|keit die; -
An|satz; An|satz_punkt, ...rohr (Phonetik), ...stück
an|sau|fen (derb); sich einen -
an|sau|gen
an|säu|seln; ich säusele mir einen an (ugs. für: betrinke mich leicht); vgl. angesäuselt
Ans|bach (Stadt in Mittelfranken)
An|schaf|fe die; - (ugs.; auch für: Prostitution); an|schaf|fen (bayr., österr. auch für: anordnen); vgl. ¹schaffen; An|schaf|fung; An|schaf|fungs|ko|sten Plur.
an|schäf|ten; Pflanzen - (veredeln)
an|schal|ten
an|schau|en; an|schau|lich; An|schau|lich|keit die; -; An|schau|ung; An|schau|ungs_ma|te|ri|al, ...un|ter|richt
An|schein der; -[e]s; allem, dem - nach; an|schei|nend; vgl. scheinbar
an|schei|ßen (derb für: heftig tadeln)
an|schicken [Trenn.: ...schik|ken], sich
an|schie|ben
an|schie|ßen
an|schir|ren; ein Pferd -
An|schiß der; ...schisses, ...schisse (derb für: heftiger Tadel)
An|schlag; an|schla|gen; das Essen schlägt an; er hat angeschlagen (südd., österr.: das Faß angestochen, angezapft); An|schlä|ger (Bergmannsspr.); an|schlä|gig (landsch. für: schlau, geschickt); An|schlag|säu|le
an|schlei|chen; sich -
¹an|schlei|fen; er hat das Messer angeschliffen (ein wenig scharf geschliffen); vgl. ¹schleifen; ²an|schlei|fen; er hat den Sack angeschleift (ugs. für: schleifend herangezogen); vgl. ²schleifen
an|schlep|pen
an|schlie|ßen; an|schlie|ßend; An|schluß; An|schluß_ka|bel, ...strecke [Trenn.: ...strek|ke], ...tref|fer (Sport)

an|schmei|cheln, sich
an|schmie|gen, sich; an|schmieg-sam; An|schmieg|sam|keit die; -
an|schmie|ren (ugs. auch für: betrügen)
an|schmut|zen; angeschmutzt
an|schnal|len; An|schnall|pflicht die; -
an|schnau|zen (ugs. für: grob tadeln); An|schnau|zer (ugs.)
an|schnei|den; An|schnitt
An|schop|pung (Med.: vermehrte Ansammlung von Blut in den Kapillaren)
An|scho|vis [...wiß] die; -, - ⟨griech.⟩ ([gesalzene] kleine Sardelle)
an|schrau|ben
an|schrei|ben; An|schrei|ben
an|schrei|en
An|schrift
an|schul|di|gen; An|schul|di|gung; An|schuß (Jägerspr.)
an|schwär|zen (ugs. auch für: verleumden)
an|schwei|ßen
¹an|schwel|len; der Strom schwillt an, war angeschwollen; vgl. ¹schwellen; ²an|schwel|len; der Regen hat die Flüsse angeschwellt; vgl. ²schwellen; An|schwel|lung
an|schwem|men; An|schwem|mung
an|schwin|deln
An|schwung (Sportspr.)
An|se|geln das; -s (jährl. Beginn des Segel[flug]sports)
an|se|hen; vgl. angesehen; An|se|hen das; -s; ohne - der Person (ganz gleich, um wen es sich handelt); an|sehn|lich; An|sehn|lich|keit die; -
an|sei|len; sich -
an|sein (ugs.); das Licht ist an, ist angewesen, aber: ..., daß das Licht an ist, war
An|selm (m. Vorn.); vgl. Anshelm; An|sel|ma (w. Vorn.)
an|set|zen; am oberen Ende -, aber (Akk.): an die Hose -
Ans|gar (m. Vorn.); Ans|helm (ältere Form von: Anselm)
¹an sich (eigentlich); ²an sich (m. Vorn.); etw. - - haben, bringen
An|sicht die; -, -en; meiner - nach (Abk.: m. A. n.); an|sich|tig; mit Gen.: des Gebirges - werden (geh.); An|sichts_kar|te, ...sa|che, ...sen|dung
an|sie|deln; An|sie|de|lung, An|sied|lung; An_sied|ler, ...sied|le|rin (die; -, -nen)
An|sin|nen das; -s, -; ein - an jmdn. stellen
An|sitz (Jägerspr.; österr. auch für: repräsentativer Wohnsitz)
an|sonst (schweiz. für: anderenfalls); an|son|sten (ugs. für: im übrigen, anderenfalls)
an|span|nen; An|span|nung

an|spa|ren
an|spei|en; jmdn. - (anspucken)
An|spiel das; -[e]s (Sportspr.); an|spiel|bar; an|spie|len; An|spie|lung
an|spin|nen
an|spit|zen
An|sporn der; -[e]s; an|spor|nen
An|spra|che; an|sprech|bar; an|spre|chen; an|spre|chend; am -sten (↑ R 65); An|sprech|part|ner
an|sprin|gen
an|sprit|zen
An|spruch; etwas in - nehmen; an|spruchs|los; -este; An|spruchs|lo|sig|keit die; -; an|spruchs|voll
An|sprung
an|spucken [Trenn.: ...spuk|ken]
an|spü|len; An|spü|lung
an|sta|cheln
An|stalt die; -, -en; An|stalts_er|zie|hung (die; -), ...lei|ter der
An|stand; keinen - an dem Vorhaben nehmen (geh. für: keine Bedenken haben); (Jägerspr.:) auf dem - stehen; an|stän|dig; An|stän|dig|keit die; -; an|stands-_hal|ber, ...los; An|stands_re|gel, ...wau|wau (ugs.)
an|stän|kern (ugs.); gegen etw., jmdn. -
an|star|ren
an|statt; vgl. statt u. Statt; anstatt daß (↑ R 126); anstatt zu (↑ R 107)
an|stau|en
an|stau|nen
an|ste|chen; ein Faß - (anzapfen)
an|stecken[1]; vgl. [2]stecken; an|steckend[1]; An|steck|na|del; An|steckung[1]; An|steckungs|ge|fahr[1]
an|ste|hen (auch Bergmannsspr. von nutzbaren Mineralien: vorhanden sein); ich stehe nicht an (habe keine Bedenken); (Geol.:) anstehendes (zutageliegendes) Gestein; auf jmdn. - (österr. für: angewiesen sein)
an|stei|gen
an Stel|le, (jetzt häufig:) an|stel|le (↑ R 208); mit Gen.: an Stelle od. anstelle des Vaters; an Stelle od. anstelle von Worten; aber: an die Stelle des Vaters ist der Vormund getreten
an|stel|len; sich -; An|stel|le|rei; an|stel|lig (geschickt); An|stel|lig|keit die; -; An|stel|lung; An|stel|lungs|ver|trag
An|stich (eines Fasses [Bier])
An|stieg der; -[e]s, -e
an|stie|ren
an|stif|ten; An|stif|ter; An|stif|tung
an|stim|men
An|stoß; - nehmen an etwas; an|sto|ßen; An|stö|ßer (schweiz. für: Anlieger, Anrainer); an|stö|ßig; An|stö|ßig|keit

an|strah|len; An|strah|lung
an|strän|gen; ein Pferd -
an|stre|ben; an|stre|bens|wert; -este
an|strei|chen; An|strei|cher
an|stren|gen; sich - (sehr bemühen); einen Prozeß -; an|stren|gend; An|stren|gung
An|strich
an|stücken [Trenn.: ...stük|ken]
An|sturm der; -[e]s; an|stür|men
an|su|chen; um etwas - (Papierdt.: um etwas bitten); An|su|chen das; -s, - (Papierdt.: förmliche Bitte; Gesuch); auf -; An|su|cher
Ant|ago|nis|mus der; -, ...men ⟨griech.⟩ (Widerstreit; Gegensatz); Ant|ago|nist der; -en, -en; ↑ R 197 (Gegner); ant|ago|ni|stisch; -ste
an|tail|lie|ren (Schneiderei: mit leichter Taille versehen); leicht, modisch antailliert
An|ta|na|na|ri|vo [...wo] (Hptst. von Madagaskar)
an|tan|zen (ugs. für: kommen)
Ant|ares der; - ⟨griech.⟩ (ein Stern)
Ant|ark|tis die; - ⟨griech.⟩ (Südpolgebiet); ant|ark|tisch
an|ta|sten
an|tau|chen (österr. ugs. für: anschieben; sich mehr anstrengen)
an|tau|en
An|tä|us (Gestalt der griech. Sage)
an|täu|schen (Sport)
An|te die; -, -n (meist Plur.) ⟨lat.⟩ (antikes Bauw.: viereckiger Wandpfeiler)
an|te Chri|stum [na|tum] ⟨lat.⟩ (veralt. für: vor Christi Geburt, vor Christus; Abk.: a. Chr. [n.])
an|te|da|tie|ren ⟨lat.⟩ (veralt. für: [ein Schreiben] vorausdatieren od. zurückdatieren)
an|te|di|lu|via|nisch [...wi...] (↑ R 180) ⟨lat.⟩ (aus der Zeit vor der Sintflut)
an|tei|gen (einen Teig anrühren)
An|teil der; -[e]s, -e; - haben, nehmen; an|tei|lig; An|teil|nah|me die; -; An|teil|schein; An|teils|eig|ner (Inhaber eines Anteilscheins); an|teil[s]|mä|ßig
an|te me|ri|di|em [- ...diäm] ⟨lat.⟩ (vormittags; Abk.: a. m.)
an|te mor|tem ⟨lat.⟩ (Med.: kurz vor dem Tode; Abk.: a. m.)
An|ten|ne die; -, -n ⟨lat.⟩ (Vorrichtung zum Senden od. Empfangen elektromagnet. Wellen; Fühler der Gliedertiere); An|ten|nen|an|la|ge
an|ten|tem|pel ⟨lat.⟩ (altgriech. Tempel mit Anten)
An|te|pen|di|um das; -s, ...ien [...i°n] ⟨lat.⟩ (Verkleidung des Altarunterbaus)
An|the|mi|on das; -s, ...ien [...i°n] ⟨griech.⟩ ([altgriech.] Schmuckfries); An|the|re die; -, -n (Staub-

beutel der Blütenpflanzen); An|tho|lo|gie die; -, ...ien ([Gedicht]sammlung; Auswahl); an|tho|lo|gisch (ausgewählt)
An|thra|cen, (auch:) An|thra|zen das; -s, -e ⟨griech.⟩ (aus Steinkohlenteer gewonnene chem. Verbindung); an|thra|zit (schwarzgrau); An|thra|zit der; -s, -e (glänzende Steinkohle); an|thra|zit_far|ben od. ...far|big
an|thro|po|gen ⟨griech.⟩ (durch den Menschen beeinflußt, verursacht); -e Faktoren; An|thro|po|ge|nie die; - ([Lehre von der] Entstehung des Menschen); an|thro|po|id (menschenähnlich); An|thro|po|iden Plur. (Menschenaffen); An|thro|po|lo|ge der; -n, -n; ↑ R 197 (Wissenschaftler auf dem Gebiet der Anthropologie); An|thro|po|lo|gie die; - (Menschenkunde, Geschichte der Menschenrassen); an|thro|po|lo|gisch; an|thro|po|morph (menschenähnlich); an|thro|po|mor|phisch (die menschliche Gestalt betreffend); An|thro|po|mor|phis|mus der; -, ...men (Vermenschlichung [des Göttlichen]); An|thro|po|pha|ge der; -n, -n; ↑ R 197 (Menschenfresser); An|thro|po|pho|bie die; - (Menschenscheu); An|thro|po|soph der; -en, -en; ↑ R 197 (Vertreter der Anthroposophie); An|thro|po|so|phie die; - (Weltanschauungslehre Rudolf Steiners); an|thro|po|so|phisch; an|thro|po|zen|trisch (den Menschen in den Mittelpunkt stellend)
an|ti..., ...griech.⟩ (gegen...; gegen...)
An|ti... ...(Gegen...)
An|ti|al|ko|ho|li|ker[1] ⟨griech.; arab.⟩ (Alkoholgegner)
an|ti|ame|ri|ka|nisch[1] (gegen die USA gerichtet)
an|ti|au|to|ri|tär[1] ⟨griech.; lat.⟩ (autoritäre Normen ablehnend)
An|ti|ba|by|pil|le, (auch:) An|ti-Ba|by-Pil|le [...bebi...] ⟨griech.; engl.; lat.⟩ (ein hormonales Empfängnisverhütungsmittel)
An|ti|bio|ti|kum das; -s, ...ka (↑ R 180) ⟨griech.⟩ (Med.: biologischer Wirkstoff gegen Krankheitserreger)
An|ti|bol|sche|wis|mus[1] ⟨griech.; russ.⟩
an|ti|cham|brie|ren [...schambrir°n] ⟨franz.⟩ (im Vorzimmer warten; katzbuckeln, dienern)
An|ti|christ [...krißt] der; -[s] (der Widerchrist, Teufel) u. der; -en, -en (↑ R 197) ⟨griech.⟩ (Gegner des Christentums); an|ti|christ|lich
an|ti|de|mo|kra|tisch[1] ⟨griech.⟩

___

[1] Trenn.: ...k|k...

[1] Auch: anti...

An|ti|dia|be|ti|kum _das;_ -s, ...ka (↑ R 180) ⟨griech.⟩ (Medikament gegen Diabetes)

An|ti|dot _das;_ -[e]s, -e u. **An|ti|do|ton** _das;_ -s, ...ta ⟨griech.⟩ (Med.: Gegengift)

An|ti|dum|ping|ge|setz[1] [...damping...] ⟨griech.; engl.; dt.⟩ (Verbot des Dumpings)

An|ti|fa|schis|mus[1] ⟨griech.; ital.⟩ (Gegnerschaft gegen Faschismus und Nationalsozialismus); **An|ti|fa|schist**[1] _der;_ -en, -en; ↑ R 197 (Gegner des Faschismus); **an|ti|fa|schi|stisch**[1]

An|ti|fou|ling [_ántifauling_] _das;_ -s ⟨griech.; engl.⟩ (Anstrich für den unter Wasser befindlichen Teil des Schiffes, der pflanzl. u. tier. Bewuchs verhindert)

An|ti|gen _das;_ -s, -e ⟨griech.⟩ (artfremder Eiweißstoff, der im Körper die Bildung von Abwehrstoffen gegen sich selbst bewirkt)

An|ti|go|ne (griech. Sagengestalt, Tochter des Ödipus)

An|ti|gua|ner; an|ti|gua|nisch; An|ti|gua und Bar|bu|da (Inselstaat in der Karibik)

An|ti|held ⟨griech.; dt.⟩ (negative Hauptfigur)

an|tik ⟨lat.⟩ (altertümlich; dem klass. Altertum angehörend); **An|ti|ke** _die;_ - (das klass. Altertum u. seine Kultur) u. _die;_ -, -n (meist _Plur.;_ antikes Kunstwerk); **An|ti|ken|samm|lung; an|ti|kisch** (der Antike nachstrebend); **an|ti|ki|sie|ren** (nach der Art der Antike gestalten; die Antike nachahmen)

an|ti|kle|ri|kal[1] ⟨griech.⟩ (kirchenfeindlich); **An|ti|kle|ri|ka|lis|mus An|ti|kli|max** _die;_ -, (selten:) -e ⟨griech.⟩ (Rhet., Stilk.: Übergang vom stärkeren zum schwächeren Ausdruck)

an|ti|kli|nal ⟨griech.⟩ (sattelförmig [von geol. Falten])

An|ti|klopf|mit|tel _das;_ -s, - (Zusatz zu Vergaserkraftstoffen)

an|ti|kom|mu|ni|stisch[1]

an|ti|kon|zep|tio|nell [...zio...] (↑ R 180) ⟨griech.; lat.⟩ (die Empfängnis verhütend)

An|ti|kör|per _Plur._ ⟨griech.; dt.⟩ (Abwehrstoffe im Blut gegen artfremde Eiweiße)

An|ti|kri|tik[1] ⟨griech.⟩ (Erwiderung auf eine Kritik)

An|ti|l|len _Plur._ (westind. Inselgruppe)

An|ti|lo|pe _die;_ -, -n ⟨franz.⟩ (ein Huftier)

An|ti|ma|chia|vell [...makiawäll] _der;_ -s (↑ R 180) ⟨griech.; ital.⟩ (Schrift Friedrichs d. Gr. gegen Machiavelli)

An|ti|mi|li|ta|ris|mus[1] _der;_[1] - ⟨griech.; lat.⟩ (Ablehnung militärischer Rüstung)

An|ti|mon [österr.: _ánti..._] _das;_ -s ⟨arab.⟩ (chem. Grundstoff, Metall; Zeichen: Sb [vgl. Stibium])

an|ti|mon|ar|chisch[1] ⟨griech.⟩ (der Monarchie feindlich)

An|ti|neur|al|gi|kum _das;_ -s, ...ka ⟨griech.⟩ (schmerzstillendes Mittel)

An|ti|no|mie _die;_ -, ...ien ⟨griech.⟩ (Widerspruch eines Satzes in sich oder zweier gültiger Sätze)

An|ti|no|us (schöner griech. Jüngling)

an|tio|che|nisch [...ehe...] (↑ R 180); **An|tio|chia** [auch: ...ehia] ↑ R 197 (altsyr. Stadt); **An|tio|chi|en** [...iⁿn] ↑ R 180 (mittelalterl. Patriarchat in Kleinasien); **An|tio|chi|er** [...iⁿr] (↑ R 180); **An|tio|chos, An|tio|chus;** ↑ R 180 (m. Eigenname)

An|ti|pa|thie _die;_ -, ...ien ⟨griech.⟩ (Abneigung; Widerwille); **an|ti|pa|thisch;** -ste

An|ti|phon _die;_ -, -en ⟨griech.⟩ (liturg. Wechselgesang; **An|ti|pho|na|le** _das;_ -s, ...lien [...iⁿn] u. **An|ti|pho|nar** _das;_ -s, -ien [...iⁿn] (Sammlung von Wechselgesängen)

An|ti|po|de _der;_ -n, -n (↑ R 197) ⟨griech.⟩ (auf dem gegenüberliegenden Punkt der Erde wohnender Mensch; übertr.: Gegner)

an|tip|pen

An|ti|py|re|ti|kum _das;_ -s, ...ka ⟨griech.⟩ (fiebersenkendes Mittel)

An|ti|qua _die;_ - ⟨lat.⟩ (Lateinschrift); **An|ti|quar** _der;_ -s, -e (jmd., der mit alten Büchern handelt; Antiquitätenhändler); **An|ti|qua|ri|at** _das;_ -[e]s, -e (Handel mit alten Büchern; Geschäft, in dem alte Bücher ge- u. verkauft werden); **an|ti|qua|risch; An|ti|qua|schrift; an|ti|quiert;** -este (veraltet; altertümlich); **An|ti|quiert|heit; An|ti|qui|tät** _die;_ -, -en (meist _Plur.;_ altertümliches Kunstwerk, Möbel u. a.); **An|ti|qui|tä|ten_han|del, ...samm|ler**

An|ti|ra|ke|te, An|ti|ra|ke|ten|ra|ke|te

An|ti|se|mit _der;_ -en, -en; ↑ R 197 (Judengegner); **an|ti|se|mi|tisch; An|ti|se|mi|tis|mus** _der;_ -

An|ti|sep|sis, An|ti|sep|tik _die;_ - ⟨griech.⟩ (Med.: Vernichtung von Krankheitskeimen [bes. in Wunden]); **An|ti|sep|ti|kum** _das;_ -s, ...ka (keimtötendes Mittel [bes. bei der Wundbehandlung]); **an|ti|sep|tisch**

An|ti|se|rum _das;_ -s, ...ren u. ...ra ⟨griech.; lat.⟩ (Heilserum mit Antikörpern)

an|ti|so|wje|tisch (gegen die UdSSR gerichtet)

an|ti|spa|stisch ⟨griech.⟩ (Med. für: krampflösend)

an|ti|sta|tisch ⟨griech.⟩ (elektrostatische Aufladung aufhebend)

An|ti|stes _der;_ -, ...stites ⟨lat.⟩ (kath. Kirche: Ehrentitel für Bischof u. Abt)

An|ti|stro|phe[1] ⟨griech.⟩ (Chorlied im antiken griech. Drama)

An|ti|the|se[1] ⟨griech.⟩ (entgegengesetzte Behauptung); **An|ti|the|tik** _die;_ -; **an|ti|the|tisch**

An|ti|to|xin[1] _das;_ -s, -e ⟨griech.⟩ (Med. für: Gegengift)

An|ti|tran|spi|rant _das;_ -s, -e u. -s ⟨griech.; lat.⟩ (schweißhemmendes Mittel)

An|ti|zi|pa|ti|on [...zion] _die;_ -, -en ⟨lat.⟩ (Vorwegnahme); **an|ti|zi|pie|ren**

an|ti|zy|klisch [auch: ...zü..., _ánti..._] (Wirtsch.: einem Konjunkturzustand entgegenwirkend); **An|ti|zy|klo|ne**[1] (Meteor.: Hochdruckgebiet)

Ant|lje (w. Vorn.)

Ant|litz _das;_ -es, (selten:) -e

An|toi|nette [_angtoanät_] (w. Vorn.); **An|ton** (m. Vorn.)

an|tö|nen (schweiz. für: andeuten)

An|to|nia, An|to|nie [...i⁰] (w. Vorn.); **An|to|ni|us Pius** (röm. Kaiser); **An|to|ni|us** (röm. m. Eigenn.; Heiliger)

Ant|onym _das;_ -s, -e ⟨griech.⟩ (Sprachw.: Gegen[satz]wort, Wort mit entgegengesetzter Bedeutung, z. B. „gesund – krank")

an|tör|nen vgl. ²anturnen

An|trag _der;_ -[e]s, ...träge; einen - auf etwas stellen; (österr.:) über von, des ...; **an|tra|gen; An|trags|for|mu|lar; an|trags|ge|mäß; An|trag|stel|ler**

an|trai|nie|ren

an|trau|en; angetraut

an|tref|fen

an|trei|ben; An|trei|ber

an|tren|zen; sich - (österr. ugs. für: sich bekleckern)

an|tre|ten

An|trieb; An|triebs_kraft, ...schei-be, ...sy|stem, ...wel|le

an|trin|ken; sich - (österr. ugs. für: sich betrinken); sich einen - (ugs.)

An|tritt; An|tritts_be|such, ...re|de

an|trock|nen

an|tun; jmdm. etwas -; sich etwas - (österr. ugs. auch für: sich über etwas [grundlos] aufregen)

¹an|tur|nen (ugs.)

²an|tur|nen [_antö'nen_] ⟨dt.; engl.⟩ (in einen Rausch versetzen)

---

[1] Auch: _anti..._

Antw. = Antwort
Ant|wer|pen (belg. Stadt)
Ạnt|wort die; -, -en (Abk.: Antw.);
um [od. Um] - wird gebeten
(Abk.: u. [od. U.] A. w. g.); ạnt-
wor|ten; ạnt|wort|lich; - Ihres
Briefes (Papierdt.: auf Ihren
Brief); Ạnt|wort|schein (Postw.)
an und für sich [auch: ... für ...]
Ạn|urie die; -, ...ien ⟨griech.⟩
(Med.: Versagen der Harnaus-
scheidung)
Ạnus der; -, Ani ⟨lat.⟩ (After);
Ạnus prae|ter [- prä...] der; - -,
Ani - (Med.: künstlicher Darm-
ausgang)
ạn|ver|trau|en; jmdm. einen Brief
-; sich jmdm. -; ich vertrau[t]e an,
(seltener:) ich anvertrau[t]e; an-
vertraut; anzuvertrauen
ạn|ver|wan|deln; sich etwas -; Ạn-
ver|wand|lung
Ạn|ver|wand|te der u. die; -n, -n
(↑ R 7 ff.)
ạn|vi|sie|ren
Anw. = Anweisung
ạn|wach|sen
ạn|wäh|len (Fernsprechwesen)
Ạn|walt der; -[e]s, ...wälte; Ạn|wäl-
tin die; -, -nen; Ạn|walt|schaft
die; -, (selten:) -en; Ạn|walts-
kam|mer
ạn|wan|deln; Ạn|wan|de|lung,
(häufiger:) Ạn|wand|lung
ạn|wär|men
Ạn|wär|ter; Ạn|wart|schaft die; -,
(selten:) -en
ạn|wend|bar; Ạn|wend|bar|keit
die; -; ạn|wen|den; ich wandte
od. wendete die Regel an, habe
angewandt od. angewendet; die
angewandte od. angewendete
Regel; vgl. angewandt; Ạn|wen-
dung
ạn|wer|ben; Ạn|wer|bung
ạn|wer|fen
Ạn|wert der; -[e]s (bayr., österr.
für: Wertschätzung); - finden,
haben
ạn|we|sen (Grundstück [mit
Wohnhaus, Stall usw.]); ạn|we-
send; Ạn|we|sen|de der u. die; -n,
-n (↑ R 7 ff.); Ạn|we|sen|heit die; -;
Ạn|we|sen|heits|lis|te
ạn|wi|dern; es widert mich an
ạn|win|keln
Ạn|woh|ner
Ạn|wuchs
Ạn|wurf
ạn|wur|zeln; vgl. angewurzelt
Ạn|zahl die; -; eine - gute[r] Freun-
de; ạn|zah|len; ạn|zäh|len; Ạn-
zah|lung; Ạn|zah|lungs|sum|me
ạn|zap|fen; Ạn|zap|fung
Ạn|zei|chen
ạn|zeich|nen
Ạn|zei|ge die; -, -n; ạn|zei|gen; Ạn-
zei|ge[n]|blatt; Ạn|zei|gen|teil;

Ạn|zei|ge|pflicht; ạn|zei|ge-
pflich|tig; -e Krankheit; Ạn|zei-
ger; Ạn|zei|ge|ta|fel
Ạn|zel|ten das; -s (jährl. Beginn
des Zeltens u. des Campings)
Ạn|zen|gru|ber (österr. Schriftstel-
ler)
ạn|zet|teln (ugs.); Ạn|zet|te|ler,
Ạn|zett|ler; Ạn|zet|te|lung, Ạn-
zett|lung
ạn|zie|hen; sich -; ạn|zie|hend;
Ạn|zie|hung; Ạn|zie|hungs|kraft
ạn|zie|len (zum Ziel haben)
ạn|zi|schen
[1]An|zucht die; -, ...züchte (Berg-
mannsspr.: Abwassergraben)
[2]An|zucht die; - (junger An-
wuchs); Ạn|zucht|gar|ten
Ạn|zug der; -[e]s, ...züge (schweiz.
auch: [Bett]bezug, Überzug;
schweiz. [Basel] auch: Antrag [im
Parlament]); es ist Gefahr im -;
ạn|züg|lich; Ạn|züg|lich|keit;
Ạn|zugs|kraft; Ạn|zug|stoff; Ạn-
zugs|ver|mö|gen
ạn|zün|den; Ạn|zün|der
ạn|zwe|cken [Trenn.:...zwek|ken]
ạn|zwei|feln; Ạn|zwei|fe|lung, Ạn-
zwei|f|lung
ạn|zwit|schern; sich einen - (ugs.
für: sich betrinken)
ao., a. o. [Prof.] = außerordentlich[er Professor]
AOK = Allgemeine Ortskranken-
kasse
Äo|li|en [...i'n] (antike Landschaft
an der Nordwestküste von
Kleinasien); Äo|li|er [...i'r]; [1]äo-
lisch (zu: Äolien); -er Dialekt; -e
Tonart; -e Versmaße; Äolische
Inseln vgl. Liparische Inseln;
[2]äo|lisch (zu: Äolus) (durch
Windeinwirkung entstanden); -e
Sedimente; Äols|har|fe (Wind-
harfe); Äo|lus (griech. Windgott)
Äon der; -s, -en (meist Plur.)
⟨griech.⟩ (Zeitraum, Weltalter;
ägypt.) Äo|nen|lang
Aorist der; -[e]s, -e ⟨griech.⟩
(Sprachw.: eine Zeitform, bes.
im Griechischen)
Aor|ta die; -, ...ten ⟨griech.⟩
(Hauptschlagader); Aor|ten-
klap|pe
AP [e'pi] = Associated Press
APA = Austria Presse Agentur
(so die von den Richtlinien der
Rechtschreibung abweichende
Schreibung)
Apa|che [apatsch' u. apaeh'] der;
-n, -n; ↑ R 197 (Angehöriger eines
Indianerstammes; [nur: apaeh':]
Verbrecher, Zuhälter [in Paris])
Apa|na|ge [apanasch'] die; -, -n
⟨franz.⟩ (regelmäßige finanzielle
Zuwendung)
apart; -este ⟨franz.⟩ (geschmack-
voll, reizvoll); Apart|be|stel|lung
(Buchhandel; Einzelbestellung
[eines Heftes oder Bandes aus ei-

ner Reihe]); [1]Apar|te das; -n;
↑ R 7 ff. (Reizvolles); [2]Apar|te
das; -[s], -s (Theater veralt.: bei-
seite Gesprochenes); Apart|heid
die; - ⟨afrikaans⟩ (völlige Trennung zwischen Weißen und Far-
bigen in der Republik Südafri-
ka); Apart|ment ['pa'tm'nt] das;
-s, -s ⟨engl.⟩ (kleinere Wohnung
[in meist komfortablem Miets-
haus]); vgl. Appartement; Apart-
ment|haus
Apa|thie die; -, (selten:) ...ien
⟨griech.⟩ (Teilnahmslosigkeit);
apa|thisch; -ste
Apa|tit der; -s, -e ⟨griech.⟩ (ein Mi-
neral)
Apel|les (altgriech. Maler)
Apen|nin der; -s, (auch:) Apen-
ni|nen Plur. (Gebirge in Italien);
Apen|ni|nen|halb|in|sel die; -;
apen|ni|nisch; aber (↑ R 146) die
Apenninische Halbinsel
aper (südd., schweiz., österr. für:
schneefrei); -e Wiesen
Aper|çu [apärßü] das; -s, -s ⟨franz.⟩
(geistreiche Bemerkung)
Ape|ri|tif der; -s, -s ⟨franz.⟩ (appe-
titanregendes alkohol. Getränk)
apern ⟨zu: aper⟩ (südd., schweiz.,
österr. für: schneefrei werden);
es apert (taut)
Apé|ro der; -s, -s ⟨franz.⟩ (Kurz-
form von: Aperitif)
Aper|tur die; -, -en ⟨lat.⟩ (Maß für
die Fähigkeit eines optischen Systems, sehr feine Details abzubil-
den; Med.: Öffnung, Eingang eines Organs)
Apex der; -, Apizes ⟨lat.⟩ (Astron.:
Zielpunkt eines Gestirns;
Sprachw.: Zeichen zur Bezeichnung langer Vokale, z. B. â, á)
Ạp|fel der; -s, Äpfel; Ạp|fel|baum;
Ạp|fel|chen; ạp|fel|för|mig; Ạp-
fel_gel|lee, ...kraut (Sirup),
...most, ...mus; äp|feln; das
Pferd mußte -; Ạp|fel_saft,
...schim|mel (vgl. [2]Schimmel),
Ạp|fel|si|ne die; -, -n; Ạp|fel|si-
nen|schal|le; Ạp|fel_stru|del,
...wein, ...wick|ler (ein Klein-
schmetterling)
Aph|äre|se, Aph|äre|sis die; -, ...re-
sen ⟨griech.⟩ (Sprachw.: Abfall
eines Lautes od. einer Silbe am
Wortanfang, z. B. 's für: „es")
Apha|sie die; -, ...ien ⟨griech.⟩ (Phi-
los.: Urteilsenthaltung; Med.:
Verlust des Sprechvermögens)
Aph|el das; -s, -e ⟨griech.⟩ (Punkt
der größten Sonnenferne eines
Planeten od. Kometen; Ggs.: Pe-
rihel)
Aphel|an|dra die; -, ...dren
⟨griech.⟩ (eine Pflanzengattung;
z. T. beliebte Zierpflanzen)
Aphon|ge|trie|be (griech.; dt.) (ge-
räuscharmes Schaltgetriebe)
Apho|ris|mus der; -, ...men

⟨griech.⟩ (geistreicher, knapp formulierter Gedanke); **Apho|ri|sti-ker; apho|ri|stisch**
Aphro|di|si|a|kum *das;* -s, ...ka (↑ R 180) ⟨griech.⟩ (den Geschlechtstrieb anregendes Mittel); **aphro|di|sisch** (auf Aphrodite bezüglich; den Geschlechtstrieb steigernd); **Aphro|di|te** (griech. Göttin der Liebe; **aphro|di|tisch** (auf Aphrodite bezüglich)
Aph|the *die;* -, -n (meist *Plur.*) ⟨griech.⟩ (Med.: [schmerzhaftes] kleines Geschwür der Mundschleimhaut); **Aph|then|seu|che** (Maul- u. Klauenseuche)
Apia (Hptst. von Samoa)
api|kal ⟨lat.⟩ (den Apex betreffend)
Apis *der;* -, Apisstiere (heiliger Stier der alten Ägypter)
Api|zes (*Plur.* von: Apex)
apl. = außerplanmäßig
Apla|nat *der;* -en, -en, auch: *das;* -s, -e ⟨griech.⟩ (Optik: Linsensystem, durch das die Aberration korrigiert wird); **apla|na|tisch**
Aplomb [*aplong*] *der;* -s ⟨franz.⟩ (veralt. für: Sicherheit im Auftreten, Nachdruck; Abfangen einer Bewegung im Ballettanz)
APO, (auch:) **Apo** *die;* - (außerparlamentarische Opposition)
Apo|chro|mat [*apokromat*] *der;* -en, -en, auch: *das;* -s, -e ⟨griech.⟩ (Optik: Linsensystem, das Farbfehler korrigiert); **apo|chro|ma|tisch**
apo|dik|tisch; -ste ⟨griech.⟩ (unwiderleglich, sicher; keinen Widerspruch duldend)
Apo|gä|um *das;* -s, ...äen ⟨griech.⟩ (Punkt der größten Erdferne des Mondes od. eines Satelliten; Ggs.: Perigäum)
Apo|ka|lyp|se *die;* -, -n ⟨griech.⟩ (Schrift über das Weltende, bes. die Offenbarung des Johannes; Unheil, Grauen); **apo|ka|lyp-tisch,** aber (↑ R 157): die Apokalyptischen Reiter
Apo|ko|pe [...*pe*] *die;* -, -kopen ⟨griech.⟩ (Sprachw.: Abfall eines Lautes od. einer Silbe am Wortende, z. B. „hatt'" für: „hatte"); **apo|ko|pie|ren**
apo|kryph [...*krüf*] ⟨griech.⟩ (unecht); **Apo|kryph** *das;* -s, -en (meist *Plur.*) ⟨griech.⟩ (nicht anerkannte Schrift [der Bibel])
Apol|da (Stadt in Thüringen)
apo|li|tisch ⟨griech.⟩ (unpolitisch)
Apoll (geh., dicht. für: ¹Apollo); **Apol|li|na|ris** (Heiliger); **apol|li-nisch** (in der Art Apollos; harmonisch, ausgeglichen, maßvoll); **¹Apol|lo** (griech.-röm. Gott [der Dichtkunst]; übertr. [*der;* -s, -s]: schöner [junger] Mann); **²Apol|lo** *der;* -s, -s (ein Schmet-

terling); **³Apol|lo** (Bez. für ein amerik. Raumfahrtprogramm, das die Landung bemannter Raumfahrzeuge auf dem Mond zum Ziel hatte); **Apol|lon** vgl. ¹Apollo; **Apol|lo|nia** (w. Vorn.); **Apol|lo|ni|us** (m. Vorn.); **Apol-lo-Raum|schiff** (vgl. ³Apollo)
Apo|lo|get *der;* -en, -en (↑ R 197) ⟨griech.⟩ (Verfechter, Verteidiger); **Apo|lo|ge|tik** *die;* -, -en (Verteidigung, Rechtfertigung [der christl. Lehren]); **apo|lo|ge-tisch; Apo|lo|gie** *die;* -, ...ien (Verteidigung[srede, -schrift])
Apo|phthe̱g|ma *das;* -s, ...men u. ...mata ⟨griech.⟩ (Aus-, Sinnspruch)
Apo|phy|se *die;* -, -n ⟨griech.⟩ (Knochenfortsatz)
Apo|plek|ti|ker ⟨griech.⟩ (zu Schlaganfällen Neigender; an den Folgen eines Schlaganfalls Leidender); **apo|plek|tisch; Apo-ple|xie** *die;* -, ...ien (Schlaganfall)
Apo|rie *die;* -, ...ien ⟨griech.⟩ (Unmöglichkeit, eine philos. Frage zu lösen; allg. übertr.: Unmöglichkeit, eine richtige Entscheidung zu treffen)
Apo|sta|sie *die;* -, ...ien ⟨griech.⟩ (Abfall [vom Glauben]); **Apo|stat** *der;* -en, -en; ↑ R 197 (Abtrünniger)
Apo|stel *der;* -s, - ⟨griech.⟩; **Apo-stel|ge|schich|te**
a po|ste|ri|o̱|ri ⟨lat.⟩ ↑ R 180 (Philos.: aus der Wahrnehmung gewonnen, aus Erfahrung); **Apo-ste|ri|o̱|ri** *das;* -, -; ↑ R 180 (Erfahrungssatz); **apo|ste|ri|o̱|risch;** ↑ R 180 (erfahrungsgemäß)
Apo|stilb *das;* -s, - ⟨griech.⟩ (veralt. photometr. Einheit der Leuchtdichte; Zeichen: asb)
Apo|sto|lat *das* (Theologie auch: *der*); -[e]s, -e ⟨griech.⟩ (Apostelamt); **Apo|sto|li|kum** *das;* -s (Apostolisches Glaubensbekenntnis); **apo|sto|lisch** (nach Art der Apostel; von den Aposteln ausgehend); die -e Sukzession; die -en Väter; das -e Glaubensbekenntnis; die Apostolische Majestät; der Apostolische Delegat, Nuntius, Stuhl
Apo|stroph *der;* -s, -e ⟨griech.⟩ (Auslassungszeichen, Häkchen, z. B. in „hatt'"); **Apo|stro|phe** [auch: *apoßtrofe*] *die;* -, ...ophen (feierliche Anrede); **apo|stro-phie|ren** ([feierlich] anreden; [jmdn.] nachdrücklich bezeichnen); jmdn. als Ignoranten -; **Apo|stro|phie|rung**
Apo|the̱|ke *die;* -, -n ⟨griech.⟩; **Apo|the|ken|hel|fe|rin** *die;* -, -nen; **Apo|the̱|ker**

Apo|theo|se *die;* -, -n ⟨griech.⟩ (Vergottung; Verklärung)
apo|tro|pä|isch ⟨griech.-nlat.⟩ (Unheil abwehrend)
Ap|pa|la|chen *Plur.* (nordamerik. Gebirge)
Ap|pa|rat *der;* -[e]s, -e ⟨lat.⟩ (größeres Gerät, Vorrichtung technischer Art); **Ap|pa|ra̱|te.bau** (*der;* -[e]s), **...me|di|zin** (*die;* -; med. Versorgung mit [übermäßigem] Einsatz technischer Apparate); **ap|pa|ra|tiv** (den Apparat[ebau] betreffend); -e Diagnostik; **Ap-pa|rat|schik** *der;* -s, -s (Funktionär im Staats- u. Parteiapparat totalitärer Staaten des Ostens, der Weisungen und Maßnahmen bürokratisch durchzusetzen sucht); **Ap|pa|ra|tur** *die;* -, -en (Gesamtanlage von Apparaten)
Ap|par|te|ment [...*mang*, schweiz.: ...*mänt*] *das;* -s, -s (schweiz.: -e) ⟨franz.⟩ (Zimmerflucht in einem Hotel; auch für: Apartment); **Ap|par|te|ment|haus**
Ap|pas|sio|na|ta *die;* - ⟨ital.⟩ (eine Klaviersonate von Beethoven)
Ap|peal [*'pil*] *der;* -s ⟨engl.⟩ (Anziehungskraft, Ausstrahlung)
Ap|pease|ment [*'pism'nt*] *das;* -s ⟨engl.⟩ (nachgiebige Haltung, Beschwichtigungspolitik)
Ap|pell *der;* -s, -e ⟨franz.⟩ (Aufruf; Mahnruf; Militär: Antreten zur Befehlsausgabe usw.); **Ap|pel|la-ti|on** [...*zion*] *die;* -, -en (schweiz., sonst veralt. für: Berufung); **Ap|pel|la|ti|ons|ge|richt; Ap|pel|la-tiv** *das;* -s, -e [...*w*'] (Sprachw.: Gattungsname, Wort, das eine Gattung gleichgearteter Dinge od. Wesen u. zugleich jedes einzelne Wesen od. Ding dieser Gattung bezeichnet, z. B. „Mensch"); **ap|pel|lie|ren** (sich mahnend, beschwörend an jmdn. wenden; veralt. für: Berufung einlegen); **Ap|pell|platz**
Ap|pen|dix *der;* - (auch: -es), ...dizes (auch: -e) (Anhängsel) u. *die;* -, ...dices [...*zeß*] (alltagsspr. auch: *der;* -, ...dizes) ⟨lat.⟩ (Med.: Wurmfortsatz des Blinddarms); **Ap|pen|di|zi|tis** *die;* -, ...itiden (Entzündung des Appendix)
Ap|pen|zell (Ort in der Schweiz); Appenzell Außerrhoden u. Appenzell Innerrhoden (Halbkantone in der Schweiz); **Ap|pen|zel-ler** (↑ R 147); **ap|pen|zel|lisch**
Ap|per|zep|ti|on [...*zion*] *die;* -, -en ⟨lat.⟩ (Psych.: bewußte Wahrnehmung); **ap|per|zi|pie|ren** (bewußt wahrnehmen)
Ap|pe|tenz *die;* -, -en ⟨lat.⟩ (Biol.: Trieb); **Ap|pe|tenz|ver|hal|ten; Ap|pe|tit** *der;* -[e]s, -e; **ap|pe|tit-an|re|gend;** aber (↑ R 209): den Appetit anregend; **Ap|pe|tit.hap-**

pen, ...**hem|mer** (svw. Appetitzügler); **ap|pe|tit|lich;** **ap|pe|titlos;** **Ap|pe|tit|lo|sig|keit** *die;* -; **Ap|pe|tit|züg|ler** (den Appetit zügelndes Medikament); **Ap|pe|tizer** [*äpitais'r*] *der;* -s, - ⟨lat.-engl.⟩ (appetitanregendes Mittel) **ap|plau|die|ren** ⟨lat.⟩ (Beifall klatschen); jmdm. -; **Ap|plaus** *der;* -es, (selten:) -e (Beifall) **Ap|pli|ka|ti|on** [...*zion*] *die;* -, -en ⟨lat.⟩ (Anwendung; Med.: Verabreichung [von Heilmitteln]; aufgenähte Verzierung; **ap|pli|zieren**

ap|port! ⟨franz.⟩ ([Anruf an den Hund:] bring es her!); **Ap|port** *der;* -s, -e (Herbeibringen; Zugebrachtes); **ap|por|tie|ren; Apportl** *das;* -s, -n (österr. ugs. für: geworfener und vom Hund zurückgebrachter Gegenstand) **Ap|po|si|ti|on** [...*zion*] *die;* -, -en ⟨lat.⟩ (Sprachw.: substantivische Beifügung, meist im gleichen Fall wie das Bezugswort, z. B. der große Forscher, „Mitglied der Akademie ..."); **ap|po|si|tionell**

Ap|pre|teur [...*tör*] *der;* -s, -e ⟨franz.⟩ (Zurichter, Ausrüster [von Geweben]); **ap|pre|tie|ren** ([Gewebe] zurichten, ausrüsten); **Ap|pre|tur** *die;* -, -en ⟨lat.⟩ ([Gewebe]zurichtung, -veredelung) **Ap|proach** [*'pro"tsch*] *der;* -[e]s, -s ⟨engl.⟩ (Art der Annäherung an ein Problem; Werbespr.: besonders wirkungsvolle Werbezeile; Flugw.: Landeanflug) **Ap|pro|ba|ti|on** [...*zion*] *die;* -, -en ⟨lat.⟩ (staatl. Zulassung als Arzt od. Apotheker); **ap|pro|bie|ren;** approbierter Arzt **Ap|pro|xi|ma|ti|on** [...*zion*] *die;* -, -en ⟨lat.⟩ (Annäherung); **ap|proxi|ma|tiv** (annähernd, ungefähr) **Apr.** = April **Après-Ski** [*apräschi*] *das;* - ⟨franz.; norw.⟩ (bequeme [modische] Kleidung, die man nach dem Skilaufen trägt; Vergnügung nach dem Skilaufen); **Après-Ski-Klei|dung** (↑ R 41) **April|ko|se** *die;* -, -n ⟨lat.⟩; vgl. Marille; **April|ko|sen|mar|me|la|de Apr|il** *der;* -[s], -e ⟨lat.⟩ (vierter Monat im Jahr, Ostermond, Wandelmonat; Abk.: Apr.); **April.scherz,** ...**tag,** ...**wet|ter** **a pri|ma vi|sta** [- - *wißta*] ⟨ital.⟩ (ohne vorherige Kenntnis) **a prio|ri** (↑ R 180) ⟨lat.⟩ (von der Wahrnehmung unabhängig, aus Vernunftgründen; von vornherein); **Aprio|ri** *das;* -, -; ↑ R 180 (Vernunftsatz); **aprio|risch;** ↑ R 180 (allein durch Denken gewonnen; aus Vernunftgründen [erschlossen]); **Aprio|ris|mus** *der;*

-; ↑ R 180 (philos. Lehre, die eine von der Erfahrung unabhängige Erkenntnis annimmt) **apro|pos** [*apropo*] ⟨franz.⟩ (nebenbei bemerkt; übrigens) **Ap|si|de** *die;* -, -n ⟨griech.⟩ (Punkt der kleinsten od. größten Entfernung eines Planeten von dem Gestirn, das er umläuft; auch für: Apsis); **Ap|sis** *die;* -, ...**si|den** ⟨griech.⟩ (halbrunde, auch vielekkige Altarnische; [halbrunde] Nische im Zelt zur Aufnahme von Gepäck u. a.) **ap|tie|ren** ⟨lat.⟩ (Philatelie: [einen Stempel] so ändern, daß eine weitere Benutzung möglich ist) **Apu|li|en** [...*i'n*] (Region in Italien) **Aqua de|stil|la|ta** *das;* - - ⟨lat.⟩ (destilliertes Wasser); **Aquä|dukt** *der,* auch: *das;* -[e]s, -e (über eine Brücke geführte antike Wasserleitung); **Aqua|kul|tur** (Bewirtschaftung des Meeres, z. B. durch Muschelkulturen); **Aquama|rin** *der;* -s, -e (ein Edelstein); **Aqua|naut** *der;* -en, -en; ↑ R 197 (Unterwasserforscher); **Aquapla|ning** [auch: ...*ple'ning*] *das;* -[s] ⟨lat.; engl.⟩ (Wasserglätte; das Rutschen der Reifen eines Kraftfahrzeugs auf aufgestautem Wasser bei regennasser Straße); **Aqua|rell** *das;* -s, -e ⟨ital. (-franz.)⟩ (mit Wasserfarben gemaltes Bild); in - ⟨Wasserfarben⟩ malen; **Aqua|rell|far|be; aquarell|lie|ren** (in Wasserfarben malen); **Aqua|ria|ner** (↑ R 180) ⟨lat.⟩ (Aquarienliebhaber); **Aqua|rien|glas** [...*i'n...*] (*Plur.* ...gläser); **Aqua|ri|stik** *die;* - (sachgerechtes Halten und Züchten von Wassertieren u. -pflanzen); **Aqua|ri|um** *das;* -s, ...ien [...*i'n*] (Behälter zur Pflege und Züchtung von Wassertieren und -pflanzen; Gebäude für diese Zwecke); **Aqua|tel** *das;* -s, -s ⟨lat.; franz.⟩ (Hotel, das statt Zimmern Hausboote vermietet); **Aqua|tin|ta** *die;* - ⟨ital.⟩ (ein Kupferstichverfahren; nach diesem Verfahren hergestellte Graphik [*Plur.:* ...ten]); **aquatisch** ⟨lat.⟩ (dem Wasser angehörend); -e Fauna **Äqua|tor** *der;* -s ⟨lat.⟩ (größter Breitenkreis); **äqua|to|ri|al** (unter dem Äquator befindlich); **Äqua|to|ri|al|gui|nea** (Staat in Afrika); vgl. Guinea; **Äqua|tortau|fe** **Aqua|vit** [*akwawit*] *der;* -s, -e ⟨lat.⟩ (ein Branntwein) **äqui|di|stant** ⟨lat.⟩ (Math.: gleich weit voneinander entfernt) **Äqui|li|brist, Equil|li|brist** *der;* -en, -en (↑ R 197) ⟨franz.⟩ (Gleichewichtskünstler, bes. Seiltänzer);

äqui|nok|ti|al [...*zial*] ⟨lat.⟩ (das Äquinoktium betreffend); **Äquinok|ti|al|stür|me** *Plur.;* **Äqui|nokti|um** [...*zium*] *das;* -s, ...ien [...*i'n*] (Tagundnachtgleiche) **Aqui|ta|ni|en** [...*i'n*] (hist. Landschaft in Südwestfrankreich) **äqui|va|lent** [...*iwa...*] ⟨lat.⟩ (gleichwertig); **Äqui|va|lent** *das;* -[e]s, -e (Gegenwert; Ausgleich); **Äquiva|lenz** *die;* -, -en (Gleichwertigkeit); **äqui|vok** [...*wok*] (mehrdeutig, doppelsinnig) **¹Ar** *das* (auch: *der*); -s, -e ⟨lat.⟩ (ein Flächenmaß; Zeichen: a); drei - (↑ R 129) **²Ar** = chem. Zeichen für: Argon **Ara,** Ara|ra *der;* -s, -s ⟨indian.⟩ (trop. Langschwanzpapagei) **Ära** *die;* -, (selten:) Ären ⟨lat.⟩ (Zeitalter, -rechnung); christliche - **Ara|bel|la** (w. Vorn.) **Ara|ber** [auch: *ar...;* österr. auch u. schweiz.: *arab'r*] *der;* -s, -; ⟨franz.⟩ (Pflanzenornament); **Ara|bi|en** [...*i'n*]; **ara|bisch;** (↑ R 148:) -es Vollblut; -e Ziffern, aber (↑ R 157): Arabische Republik Ägypten; Arabisches Meer; Arabische Liga; vgl. deutsch; **Arabisch** *das;* -[s] (eine Sprache); vgl. Deutsch; **Ara|bi|sche** *das;* -n; vgl. Deutsche *das;* **ara|bi|sie|ren;** **Ara|bist** *der;* -en, -en; ↑ R 197 (Wissenschaftler auf dem Gebiet der Arabistik); **Ara|bi|stik** *die;* - (Erforschung der arabischen Sprache u. Literatur) **Arach|ni|den, Arach|no|i|den** *Plur.* (↑ R 180) ⟨griech.⟩ (Spinnentiere); **Arach|no|lo|ge** *der;* -n, -n; ↑ R 197 (Wissenschaftler auf dem Gebiet der Arachnologie); **Arach|no|logie** *die;* - (Wissenschaft von den Spinnentieren) **Ara|gón** (span. Schreibung für: Aragonien); **Ara|go|ne|se** *der;* -n, -n (↑ R 197), besser: **Ara|go|ni|er** [...*i'r*]; **Ara|go|ni|en** [...*i'n*] (hist. Provinz in Spanien); **ara|gonisch; Ara|go|nit** *der;* -s (ein Mineral) **Aral** ⟨W⟩ *das;* -s (Kraftstoffmarke) **Ara|lie** [...*i'*] *die;* -, -n (Pflanzengattung; Zierpflanze) **Aral|see** *der;* -s (abflußloser See in Mittelasien) **Ara|mäa** (Hochland"; alter Name für Syrien); **Ara|mä|er** *der;* -s, - (Angehöriger eines westsemit. Nomadenvolkes); **ara|mä|isch;** vgl. deutsch; **Ara|mä|isch** *das;* -[s] (eine Sprache); vgl. Deutsch; **Ara|mä|ische** *das;* -n (↑ R 180); vgl. Deutsche *das* **Aran|ci|ni** [*arantschini*], **Aran|zi|ni** *Plur.* ⟨pers.-ital.⟩ (bes. österr. für: überzuckerte od. schokoladenüberzogene gekochte Orangenschalen)

Aran|ju|ez [aranehuáß, span. Aussspr.: arangehuắth] (span. Stadt)

Ärar das; -s, -e ⟨lat.⟩ (Staatsschatz, -vermögen; österr. für: Fiskus)

Ara|ra vgl. Ara

Ara|rat [auch: ạr...] der; -[s] (höchster Berg der Türkei)

ära|risch ⟨lat.⟩ (zum Ärar gehörend; staatlich)

Arau|ka|ner (chilen. u. argentin. Indianer); Arau|ka|rie [...iᵉ] die; -, -en (Zimmertanne)

Arạz|zo der; -s, ...zzi (ital. Bez. für einen Bildteppich [aus Arras])

Ạr|beit die; -, -en; ạr|bei|ten; Ạr|bei|ter; Ạr|bei|ter.be|we|gung, ...dich|ter; Ạr|bei|te|rin die; -, -nen; Ạr|bei|ter.klas|se, ...par|tei, ...prie|ster (kath. Priester, der unter denselben Bedingungen wie die Arbeiter lebt); Ạr|bei|terschaft die; -; Ạr|bei|ter-und-Bau|ern-Fa|kul|tät (in der DDR; Abk.: ABF); Ạr|bei|ter-Ụn|fall|ver|si|che|rungs|ge|setz (↑R 84); Ạr|beit.ge|ber, ...ge|ber|ver|band, ...neh|mer, ...neh|me|rin (die; -, -nen); ạr|beit|sam; Ạr|beit|sam|keit die; -; Ạr|beits.amt, ...be|schaf|fung, ...be|schaf|fungs|maß|nah|me (Abk.: ABM), ...be|such (Politik), ...di|rek|tor, ...es|sen (bes. Politik); ạr|beits|fä|hig; Ạr|beits_fä|hig|keit (die; -), ...feld, ...gang der, ...ge|mein|schaft, ...ge|richt, ...haus; ạr|beits|in|ten|siv; Ạr|beits.ka|me|rad, ...kampf, ...kli|ma, ...kraft die, ...la|ger, ...lohn; ạr|beits|los; Ạr|beits|lo|se der u. die; -n, -n, ...hil|fe (die; -), ...quo|te, ...un|ter|stüt|zung, ...ver|si|che|rung (die; -); Ạr|beits_lo|sig|keit (die; -), ...markt, ...mi|ni|ste|ri|um, ...mo|ral, ...platz, ...recht, ...stät|te; ạr|beit[s]|su|chend; Ạr|beit[s]|su|chen|de der u. die; -n, -n (↑R 7 ff.); Ạr|beits|tag; ạr|beits_täg|lich, ...teil|ig; Ạr|beits.tei|lung, ...un|ter|richt (method. Prinzip der Unterrichtsgestaltung), ...ver|hält|nis, ...ver|mitt|lung; ạr|beits|wil|lig; Ạr|beits|wil|li|ge der u. die; -n, -n (↑R 7 ff.); Ạr|beits_zeit, ...zeit|ver|kür|zung, ...zim|mer

Ạr|bi|tra|ge [arbitrasẹᵉ, österr.: ...aseh] die; -, -n ⟨franz.⟩ (Schiedsgerichtsvereinbarung im Handelsrecht; [Ausnutzen der] Kursunterschiede an verschiedenen Börsen); ạr|bi|trär (nach Ermessen, willkürlich); Ạr|bi|tra|ti|on [...zion] die; -, -en (Schiedswesen für Streitigkeiten an der Börse)

Ạr|bo|re|tum das; -s, ...ten ⟨lat.⟩ (Bot.: Pflanzung verschiedener Bäume zu Studienzwecken)

Ạr|bu|se die; -, -n ⟨pers.-russ.⟩ (Wassermelone)

arc = Arkus

Arc de Tri|omphe [aʳkdᵉtriõngf] der; - - - (Triumphbogen in Paris)

Ar|chai|kum, Ar|chäi|kum das; -s (↑R 180) ⟨griech.⟩ (ältestes Zeitalter der Erdgeschichte); ar|cha|isch (aus sehr früher Zeit [stammend], altertümlich); ar|chä|isch (das Archäikum betreffend); ar|chai|sie|ren; ↑R 180 (archaische Formen verwenden; altertümeln); Ar|cha|is|mus der; -, ...men (altertümliche Ausdrucksform, veraltetes Wort); ar|chai|stisch (↑R 180)

Ar|chan|gelsk (sowjet. Stadt)

Ar|chäo|lo|ge der; -n, -n (↑R 197; R 180) ⟨griech.⟩ (Wissenschaftler auf dem Gebiet der Archäologie, Altertumsforscher); Ar|chäo|lo|gie die; -; ↑R 180 (Altertumskunde); ar|chäo|lo|gisch, aber (↑R 157): das Deutsche Archäologische Institut in Rom; Ar|chäo|pte|ryx der (auch: die); -, -e und ...pteryges [...geß]; ↑R 180 (Urvogel)

Ar|che die; -, -n ⟨lat.⟩ (schiffähnlicher Kasten); - Noah

Ar|che|typ [auch: ạr...] der; -s, -en u. Ar|che|ty|pus der; -, ...pen ⟨griech.⟩ (Urbild, Urform; älteste erreichbare Gestalt [einer Schrift]); ar|che|ty|pisch [auch: ạr...] (dem Urbild, der Urform entsprechend)

Ar|chi|bald (m. Vorn.)

Ar|chi|dia|kon (↑R 180) ⟨griech.⟩ (Titel von Geistlichen [der anglikanischen Kirche]); Ar|chi|man|drit der; -en, -en (↑R 197 (Ostkirche: Klostervorsteher)

Ar|chi|me|des (altgriech. Mathematiker); ar|chi|me|disch; -e Spirale, aber (↑R 134): Ar|chi|me|disch; -es Prinzip, -er Punkt (Angelpunkt)

Ar|chi|pel der; -s, -e ⟨griech.-ital.⟩ (Inselmeer, -gruppe); Ar|chi|tekt der; -en, -en (↑R 197) ⟨griech.⟩; Ar|chi|tek|ten|bü|ro; Ar|chi|tek|to|nik die; -, -en (Wissenschaft der Baukunst [nur Singular]; Bauart; planmäßiger Aufbau); ar|chi|tek|to|nisch (baulich; baukünstlerisch); Ar|chi|tek|tur die; -, -en (Baukunst; Baustil); Ar|chi|trav der; -s, -e [...wᵉ] (antikes Bauw.: Tragbalken)

Ar|chiv das; -s, -e [...wᵉ] (Akten-, Urkundensammlung; Titel wissenschaftlicher Zeitschriften); Ar|chi|va|le [...wal̃ᵉ] das; -s, ...lien [...iᵉn] (meist Plur.; Aktenstück [aus einem Archiv]); ar|chi|va-

lisch (urkundlich); Ar|chi|var der; -s, -e (Archivbeamter); Ar|chiv|bild; ar|chi|vie|ren (in ein Archiv aufnehmen)

Ar|chon der; -s, Archọnten ⟨griech.⟩, Ar|chọnt der; -en, -en; ↑R 197 (höchster Beamter im alten Athen)

Ar|cus vgl. Arkus

ARD = Arbeitsgemeinschaft der öffentlich-rechtlichen Rundfunkanstalten der Bundesrepublik Deutschland

Ar|da|bil, Ar|de|bil der; -[s], -s ⟨iran. Teppich⟩

Ar|dẹn|nen Plur. (Gebirge); Ar|dẹn|ner Wạld der; - -[e]s (früher für: Ardennen)

Ar|dey [ạrdai] der; -s (gebirgiger Teil des Sauerlandes)

Are die; -, -n (schweiz. für: ¹Ar); Are|al das; -s, -e ([Boden]fläche, Gelände; schweiz. für: Grundstück)

Are|ka|nuß ⟨Malayalam-port.; dt.⟩ (Frucht der Arekapalme; Betelnuß)

Ären (Plur. von: Ära)

Are|na die; -, ...nen ⟨lat.⟩ ([sandbestreuter] Kampfplatz; Sportplatz; Manege im Zirkus; österr. veraltend auch: Sommerbühne)

Areo|pag der; -s (↑R 180) ⟨griech.⟩ (Gerichtshof im alten Athen)

Ares (griech. Kriegsgott)

Arẹz|zo (ital. Stadt)

arg; ärger, ärgste. I. Kleinschreibung (↑R 65): im argen liegen. II. Großschreibung: a) (↑R 65:) der Arge (vgl. d.); zum Ärgsten kommen; vor dem Ärgsten bewahren; das Ärgste verhüten; b) (↑R 65:) nichts Arges denken; Ạrg; -s (geh.); ohne -; kein - an einer Sache finden; es ist kein - an ihm; Ạr|ge der; -n (Teufel)

Ar|gen|ti|ni|en [...iᵉn] (südamerik. Staat); Ar|gen|ti|ni|er [...iᵉr]; ar|gen|ti|nisch; -e Literatur, aber (↑R 146): die Argentinische Republik; Ar|gen|tit der; -s (Silberglanz; chem. Silbersulfid); Ar|gen|tum das; -[s] (lat. Bez. für: Silber; Zeichen: Ag)

Ạr|ger der; -s; ạr|ger|lich; är|gern; ich ...ere (↑R 22); sich über etwas -; Ạr|ger|nis das; ...nisses, ...nisse; Ạrg|list die; -; arg|li|stig; ạrg|los; -este; Ạrg|lo|sig|keit die; -

Ạr|go die; - ⟨griech.⟩ (Name des Schiffes der Argonauten; ein Sternbild)

Ar|go|lis (griech. Landschaft)

Ạr|gon [auch: argọn] das; -s ⟨griech.⟩ (chem. Grundstoff, Edelgas; Zeichen: Ar)

Ar|go|naut der; -en, -en (↑R 197) ⟨griech.⟩ (Held der griech. Sage; bes. Art des Tintenfisches)

Ar|gọn|nen Plur. (franz. Gebirge)

Ar|got [*argo*] das od. der; -s, -s ⟨franz.⟩ (Bettler- u. Gaunersprache, Jargon [in Frankreich])
Ar|gu|ment das; -[e]s, -e ⟨lat.⟩ (Beweis[mittel, -grund]); Ar|gu|men|ta|ti|on [...*zion*] die; -, -en (Beweisführung); ar|gu|men|ta|tiv (Argumente betreffend; mit Argumenten); ar|gu|men|tie|ren
¹Ar|gus (Riese der griech. Sage);
²Ar|gus der; -, -se (scharf beobachtender Wächter); Ar|gus|augen Plur.; ↑ R 135 (scharfe, wachsame Augen); ar|gus|äu|gig
Arg|wohn der; -[e]s; arg|wöh|nen; ich argwöhne; geargwöhnt; zu -; arg|wöh|nisch; -ste
Arhyth|mie vgl. Arrhythmie
Ari|ad|ne (griech. weibliche Sagengestalt); Ari|ad|ne|fa|den der; -s (↑ R 135)
Aria|ne (w. Vorn.; Name einer europ. Trägerrakete)
Aria|ner; ↑ R 180 (Anhänger des Arianismus); aria|nisch (↑ R 180); -e Auffassung, aber (↑ R 134): Aria|nisch (↑ R 180); der -e Streit; Aria|nis|mus der; -; ↑ R 180 (Lehre des Arius)
Ari|bert (m. Vorn.)
arid; -este ⟨lat.⟩ (trocken; dürr; wüstenhaft); Ari|di|tät die; -
Arie [*ariͤ*] die; -, -n ⟨ital.⟩ (Sologesangstück mit Instrumentalbegleitung)
Ari|el [...*iäl*] ⟨hebr.⟩ (alter Name Jerusalems; Name eines Engels; Luftgeist in Shakespeares „Sturm"; [der; -s:] Uranusmond)
Ari|er [...*iͤr*] der; -s, - ⟨sanskr.⟩ (Angehöriger frühgeschichtl. Völker mit idg. Sprache; nationalsoz.: Nichtjude, Angehöriger der „nordischen" Rasse)
Aril|es [*ariäß*] der; - ⟨lat.⟩ („Widder"; ein Sternbild)
Ari|mat|hia, (ökum.:) Ari|ma|täa (altpalästin. Ort)
Ari|on (altgriech. Sänger)
ario|so (↑ R 180) ⟨ital.⟩ (Musik: liedmäßig [vorgetragen]); Ario|so das; -s, -s u. ...si; ↑ R 180 (liedmäßiges Tonstück)
Ari|ost, Ario|sto; ↑ R 180 (ital. Dichter)
Ario|vist [...*wißt*]; ↑ R 180 (Heerkönig der Sweben)
arisch (zu: Arier); ari|sie|ren (nationalsoz.: in arischen Besitz überführen)
Ari|sti|des (athen. Staatsmann u. Feldherr)
Ari|sto|gei|ton vgl. Aristogiton
Ari|sto|gi|ton (athen. Tyrannenmörder, Freund des Harmodius)
Ari|sto|krat der; -en, -en (↑ R 197) ⟨griech.⟩ (Angehöriger des Adels; vornehmer Mensch); Ari|sto|kra|tie die; -, ...ien; ari|sto|kra|tisch; -ste

Ari|sto|pha|nes (athen. Lustspieldichter); ari|sto|pha|nisch; von -er Laune, aber (↑ R 134): Ari|sto|pha|nisch; die -e Komödie
Ari|sto|te|les (altgriech. Philosoph); Aristoteles' Schriften (↑ R 139); Ari|sto|te|li|ker (Anhänger der Lehre des Aristoteles); ari|sto|te|lisch, aber (↑ R 134): Ari|sto|te|lisch
Arith|me|tik [auch: ...*tik*] die; - ⟨griech.⟩ (Zahlenlehre, Rechnen mit Zahlen); Arith|me|ti|ker; arith|me|tisch (auf die Arithmetik bezüglich); -es Mittel (Durchschnittswert); Arith|mo|graph der; -en, -en; ↑ R 197 (Zahlenrätsel)
Ari|us (alexandrin. Presbyter)
Ariz. = Arizona
Ari|zo|na (Staat in den USA; Abk.: Ariz.)
Ark. = Arkansas
Ar|ka|de die; -, -n ⟨franz.⟩ (Bogen auf zwei Pfeilern od. Säulen); Ar|ka|den Plur. (Bogenreihe)
Ar|ka|di|en [...*iͤn*] (griech. Landschaft); Ar|ka|di|er [...*iͤr*]; ar|ka|disch; -e Poesie (Hirten- u. Schäferdichtung)
Ar|kan|sas (Staat in den USA; Abk.: Ark.)
Ar|ka|num das; -s, ...na ⟨lat.⟩ (Geheimnis; Geheimmittel)
Ar|ke|bu|se die; -, -n ⟨niederl.⟩ („Hakenbüchse"; Gewehr im 15./16. Jh.); Ar|ke|bu|sier der; -s, -e (Soldat mit Arkebuse)
Ar|ko|na (Vorgebirge Rügens)
Ar|ko|se die; - ⟨franz.⟩ (feldspatreicher Sandstein)
Ark|ti|ker der; -s, - ⟨griech.⟩ (Bewohner der Arktis); Ark|tis die; - (Gebiet um den Nordpol); ark|tisch; Ark|tur, Ark|tu|rus der; - („Bärenhüter"; ein Stern)
Ar|kus, (auch:) Arcus der; -, - [*ár-kuß*] ⟨lat.⟩ (Math.: Kreisbogen eines Winkels; Zeichen: arc)
Ar||berg der; -[e]s (Alpenpaß); Ar||berg|bahn die; -
Arles [*arl*] (franz. Stadt)
arm; ärmer, ärmste. I. *Kleinschreibung:* a) (↑ R 157:) arme Ritter (eine Süßspeise); b) (↑ R 65:) [bei] arm und reich (verält. für: [bei] jedermann). II. *Großschreibung* (↑ R 65): Arm und Reich (arme u. reiche Menschen), Arme und Reiche, bei Armen und Reichen, der Arme (vgl. d.) und der Reiche; wir Armen (↑ R 7)
Arm der; -[e]s, -e; vgl. Armvoll
Ar|ma|da die; -, ...den u. -s ⟨span.⟩ ([mächtige] Kriegsflotte)
Ar|ma|gnac [*armanjak*] der; -[s], -s ⟨franz.⟩ (franz. Weinbrand)
Arm|am|pu|tiert, ein -er Mann
Ar|ma|tur die; -, -en ⟨lat.⟩); Ar|ma|tu|ren|brett

Arm|band das (Plur. ...bänder); Arm|band|uhr; Arm.beu|ge, ...bin|de, ...blatt (Einlage gegen Achselschweiß in Kleidungsstücken)
Arm|brust die; -, ...brüste, (auch:) -e; Arm|bru|ster (Armbrustschütze, -macher)
Ärm|chen, Ärm|lein; arm|dick; -er Ast, aber: einen Arm dick
Ar|me der u. die; -n, -n (↑ R 7 ff.)
Ar|mee die; -, ...meen ⟨franz.⟩ (Heer; Heeresabteilung); Ar|mee-Ein|heit (↑ R 36); Ar|mee|korps (Abk.: AK)
Är|mel der; -s, -
Ar|mel|leu|te|vier|tel ...är|mel|lig, ...ärm|lig (z. B. kurzärm[e]lig; Är|mel|ka|nal der; -s; Är|mel|län|ge; är|mel|los
Ar|men.haus (verält.), ...häus|ler
Ar|me|ni|en [...*iͤn*] (Hochland in Vorderasien); Ar|me|ni|er [...*iͤr*]; ar|me|nisch
Ar|men.pfle|ger (verält.), ...recht (das; -[e]s); Ar|men|sün|der|glocke die; -, -n [*Trenn.*: ...glok-ke] (österr. für: Armesünderglocke); Ar|men|vier|tel
Ar|mes|län|ge; auf - an jmdn. herankommen; um - voraus sein
Ar|me|sün|der der; des Armensünders, die Armensünder; ein Armesünder, zwei Armesünder; Ar|me|sün|der|glocke die; der Arme[n]sünderglocke, die Arme[n]sünderglocken [*Trenn.*: ...glok|ke] (vgl. Armesünderglocke, Armensünderglocke)
ar|mie|ren ⟨lat.⟩ (Technik: ausrüsten, bestücken, bewehren); Ar|mie|rung; Ar|mie|rungs|ei|sen ...ar|mig (z. B. langarmig)
Ar|min (m. Vorn.); Ar|mi|nia|ner ↑ R 180 (Anhänger des Arminianismus); ar|mi|nia|nisch (↑ R 180); Ar|mi|nia|nis|mus der; -; ↑ R 180 (Lehre des Jacobus Arminius); Ar|mi|ni|us (Cheruskerfürst)
arm|lang; -er Stiel, aber: einen Arm lang; Arm.län|ge, ...leh|ne; Ärm|lein, Ärm|chen; Arm|leuch|ter
ärm|lich; Ärm|lich|keit die; - ...ärm|lig vgl. ...ärmelig; Ärm|ling (Ärmel zum Überstreifen)
Ar|mo|ri|ka (kelt. Bez. für die Bretagne); ar|mo|ri|ka|nisch, aber (↑ R 146): das Armorikanische Gebirge (Geol.)
Ärm|rief der; -[e]s, -e
arm|se|lig; Arm|se|lig|keit die;-
¹Arm|strong [*a'mßtrong*], Louis [*lui*] (amerik. Jazzmusiker);
²Arm|strong, Neil [*nil*] (amerik. Astronaut, der als erster Mensch den Mond betrat)
Arm|sün|der|glocke die; -, -n [*Trenn.*: ...glok|ke]; (auch:) Ar-

mesünderglocke, (österr.:) Armensünderglocke; vgl. d.

Ar|mu|re [*armür*], Ar|mü|re *die;* -, -n ⟨franz.⟩ (kleingemustertes [Kunst]seidengewebe)

Ar|mut *die;* -; Ar|mu|tei *die;* - (landsch. für: Zustand allgemeiner Armut u. daraus erwachsender Verwahrlosung); Ar|muts|zeug|nis

Arm|voll *der;* -, -; (↑ R 205 f.:) zwei - Reisig

Arndt (dt. Dichter)

Ar|ni|ka *die;* -, -s ⟨griech.⟩ (eine Heilpflanze); Ar|ni|ka|tink|tur

Ar|nim (märk. Adelsgeschlecht)

¹Ar|no *der;* -[s] (ital. Fluß)

²Ar|no (Kurzform der mit Arn... gebildeten Vornamen); Ar|nold (m. Vorn.); Ar|nulf (m. Vorn.)

Arom *das;* -s, -e ⟨griech.⟩ (dicht. für: Aroma); Aro|ma *das;* -s, ...men, -s u. (älter:) -ta; aro|ma|tisch; -ste; -e Verbindungen (Gruppe chem. Verbindungen); aro|ma|ti|sie|ren

Aron[s]|stab ⟨griech.; dt.⟩ (eine Pflanze)

Aro|sa (Ort in Graubünden); Aro|ser (↑ R 147)

Ar|pad (erster Herzog der Ungarn); Ar|pa|de *der;* -n, -n; ↑ R 197 (Angehöriger eines ung. Fürstengeschlechtes)

Ar|peg|gia|tur [*arpädsehatur*] *die;* -, -en ⟨ital.⟩ (Musik: Reihe gebrochener Akkorde); ar|peg|gie|ren [*arpädsehir^en*] (nach Harfenart spielen); ar|peg|gio [*arpädseho*] (nach Harfenart); Ar|peg|gio *das;* -s, -s u. ...ggien [...*i^en*]

Ar|rak *der;* -s, -e u. -s ⟨arab.⟩ (Branntwein aus Reis od. Melasse)

Ar|ran|ge|ment [*arangseh^emang*] *das;* -s, -s ⟨franz.⟩ (Anordnung; Übereinkunft; Einrichtung eines Musikstücks); Ar|ran|geur [*arangsehör*] *der;* -s, -e (jmd., der etwas arrangiert; jmd., der ein Musikstück einrichtet, einen Schlager instrumentiert); ar|ran|gie|ren [*arangsehir^en*]; Ar|ran|gier|pro|be (Theater: Stellprobe)

Ar|ras (franz. Stadt)

Ar|rest *der;* -[e]s, -e ⟨lat.⟩ (Beschlagnahme; Haft; Nachsitzen); Ar|re|stant *der;* -en, -en; ↑ R 197 (Häftling); Ar|rest|zel|le; ar|re|tie|ren (anhalten; sperren; veralt. für: verhaften); Ar|re|tie|rung (Sperrvorrichtung)

Ar|rhe|ni|us (schwed. Chemiker u. Physiker)

Ar|rhyth|mie *die;* -, ...ien ⟨griech.⟩ (Unregelmäßigkeit in einer sonst rhythm. Bewegung; Med.: Unregelmäßigkeit des Herzschlags)

Ar|ri|val [*raiw^l*] *das;* -s, -s ⟨engl.⟩ (Ankunft[shalle] auf Flughäfen);

ar|ri|vie|ren [...*wir^n*] ⟨franz.⟩ (in der Karriere vorwärtskommen); ar|ri|viert; -este (anerkannt, erfolgreich); Ar|ri|vier|te *der* u. *die;* -n, -n; ↑ R 7 ff. (anerkannte[r] Künstler[in]; Emporkömmling)

ar|ro|gant; -este ⟨lat.⟩ (anmaßend); Ar|ro|ganz *die;* -

ar|ron|die|ren [*arongdir^n*] ⟨franz.⟩; Grundbesitz - (abrunden, zusammenlegen); Ar|ron|die|rung; Ar|ron|dis|se|ment [*arongdiß^mang*] *das;* -s, -s (Unterabteilung eines Departements; Bezirk)

Ar|row|root [*áro^rut*] *das;* -s ⟨engl.⟩ („Pfeilwurz"; ein Stärkemehl)

Ar|sa|ki|de *der;* -n, -n; ↑ R 197 (Angehöriger eines pers. u. armen. Herrschergeschlechtes)

Arsch *der;* -[e]s, Ärsche (derb); Arsch.backe [*Trenn.:* ...bak|ke] (derb), ...gei|ge (derb), ...krie|cher (derb für: übertrieben schmeichlerischer Mensch), ...le|der (Bergmannsspr.), ...loch (derb), ...pau|ker (derb abschätzig für: Lehrer)

Ar|sen *das;* -s ⟨griech.⟩ (chem. Grundstoff; Zeichen: As)

Ar|se|nal *das;* -s, -e ⟨arab.-ital.⟩ (Geräte-, Waffenlager)

ar|se|nig ⟨griech.⟩ (arsenikhaltig); Ar|se|nik *das;* -s ⟨gift. Arsenverbindung); ar|se|nik|hal|tig; Ar|sen|kies (ein Mineral)

Ar|sis *die;* -, Arsen ⟨griech.⟩ (Verslehre: Hebung)

Art *die;* -, -en; (↑ R 205 f.:) ein Mann [von] der Art (solcher Art), aber: er hat mich derart (so) beleidigt, daß ..; vgl. allerart

Art. = Artikel

Art|an|gal|be (Sprachw.: Umstandsangabe der Art u. Weise)

Art de|co *die;* - - ⟨franz.⟩ (Kunst[gewerbe]stil der Jahre 1920–40)

Art-di|rec|tor [*á^t diräkt^r*] *der;* -s, -s ⟨engl.⟩ (künstlerischer Leiter des Layouts in einer Werbeagentur)

Ar|te|fakt *das;* -[e]s, -e ⟨lat.⟩ (von Menschen geformter vorgeschichtlicher Gegenstand)

art|ei|gen (Biol.: einer bestimmten Art entsprechend, eigen)

Ar|tel [auch: ...*tjäl*] *das;* -s, -s ⟨russ.⟩ („Gemeinschaft"; [Arbeiter]genossenschaft im alten Rußland u. in der sowjetischen Kollektivwirtschaft)

Ar|te|mis (griech. Göttin der Jagd)

ar|ten; nach jmdm. -; Ar|ten|reich|tum *der;* -[e]s; art|er|hal|tend

Ar|te|rie [...*i^e*] *die;* -, -n ⟨griech.⟩ (Schlagader); ar|te|ri|ell; Ar|te|ri|en|ver|kal|kung; Ar|te|ri|i|tis *die;* -, ...itiden (Arterienentzündung); Ar|te|rio|skle|ro|se (Arte-

rienverkalkung); ar|te|rio|skle|ro|tisch

ar|te|sisch ⟨zu Artois; vgl. d.⟩; -er Brunnen (Brunnen, dessen Wasser durch Überdruck des Grundwassers selbsttätig aufsteigt)

art|fremd (Biol.); -es Gewebe

Art|ge|nos|se

Ar|thral|gie *die;* -, ...ien ⟨griech.⟩ (Gelenkschmerz, Gliederreißen); Ar|thri|ti|ker (an Arthritis Leidender); Ar|thri|tis *die;* -, ...itiden (Gelenkentzündung); ar|thri|tisch; Ar|thro|pol|den Plur. (Gliederfüßer); Ar|thro|se *die;* -, -n (chron. Gelenkerkrankung)

Ar|thur vgl. Artur

ar|ti|fi|zi|ell ⟨franz.⟩ (künstlich)

...ar|tig (z. B. gleichartig; ar|tig (gesittet; folgsam); Ar|tig|keit

Ar|ti|kel [auch: ...*ti...*] *der;* -s, - ⟨lat.⟩ (Geschlechtswort; Abschnitt eines Gesetzes u. ä. [Abk.: Art.]; Ware; Aufsatz); Ar|ti|kel|se|rie [auch: ...*ti...*] (Folge von Artikeln zu einem Thema); ar|ti|ku|lar (Med.: zum Gelenk gehörend); Ar|ti|ku|la|ti|on [...*zion*] *die;* -, -en (Sprachw.: Lautbildung; [deutliche] Aussprache); ar|ti|ku|la|to|risch; ar|ti|ku|lie|ren (deutlich aussprechen, formulieren)

Ar|til|le|rie [auch: *ar...*] *die;* -, ...ien ⟨franz.⟩; Ar|til|le|rist [auch: *ar...*] *der;* -en, -en (↑ R 197); ar|til|le|ri|stisch

Ar|ti|schocke *die;* -, -n [*Trenn.:* ...schok|ke] ⟨ital.⟩ (eine Zier- u. Gemüsepflanze)

Ar|tist *der;* -en, -en (↑ R 197) ⟨franz.⟩; Ar|ti|sten|fa|kul|tät (an den mittelalterl. Hochschulen: Fach der Freien Künste); ar|ti|stik *die;* - (Kunst der Artisten); Ar|ti|stin *die;* -, -nen; ar|ti|stisch

Ar|tois [*artoa*] *das;* - ⟨hist. Provinz in Nordfrankreich)

Ar|to|thek *die;* -, -en ⟨lat.; griech.⟩ (Galerie, die Bilder od. Plastiken ausleiht)

Ar|tung *die;* - (Beschaffenheit, Veranlagung)

Ar|tur, Ar|thur (m. Vorn.); Ar|tus (sagenhafter walis. König); Ar|tus|hof *der;* -[e]s

art|ver|wandt; Art|wort (für: Adjektiv); *Plur.* ...wörter)

Ar|ve [*arw^e*, schweiz.: *arf^v*] *die;* -, -n (alemann. für: Zirbelkiefer)

Ar|wed (m. Vorn.)

Arz|nei; Arz|nei|kun|de *die;* -; arz|nei|lich; Arz|nei|mit|tel *das;* Arz|nei|mit|tel|leh|re; Arzt *der;* -es, Ärzte; Ärz|te|kam|mer; Ärz|te|schaft *die;* -; Ärzt|hel|fe|rin; Ärz|tin *die;* -, -nen; ärzt|lich; Arzt|rech|nung

¹as, ¹As *das;* -, - (Tonbezeichnung); ²as (Zeichen für: as-

Moll); in as; ²**As** (Zeichen für: As-Dur); in As

³**As** der; Asses, Asse ⟨lat.⟩ (altröm. Gewichts- und Münzeinheit)

⁴**As** das; Asses, Asse ⟨franz.⟩ (Eins [auf Karten]; das od. der Beste [z. B. im Sport]; Tennis: für den Gegner unerreichbarer Aufschlagball); vgl. ¹AB

⁵**As** = chem. Zeichen für: Arsen

A-Sai|te (z. B. bei der Geige)

asb = Apostilb

As|best der; -[e]s, -e ⟨griech.⟩ (feuerfeste mineralische Faser); **As|be|sto|se** die; -, -n (durch Asbeststaub hervorgerufene Lungenerkrankung); **As|best|plat|te**

Asch der; -[e]s, Äsche (ostmitteld. für: Napf, [tiefe] Schüssel)

¹**Aschan|ti** der; -, - (Angehöriger eines Negerstammes in Ghana); ²**Aschan|ti** die; -, - (österr. für: Erdnuß); **Aschan|ti|nuß** (österr.)

Asch|be|cher, Aschen|be|cher; **asch_ble̲ich, ...blond; Asche** die; -, (techn.:) -n

Äsche die; -, -n (ein Fisch)

Asche|ge|halt der; aschen|arm; **Aschen|bahn; Asch|en||be|cher; Aschen|brö|del** das; -s, (für: jmd., der ein unscheinbares Leben führt, auch Plur.:) - (Märchengestalt); **Aschen|gru|be; aschen|hal|tig; Aschen|put|tel** das; -s, - (hess. für: Aschenbrödel); **Ascher** (ugs. für: Aschenbecher); **Ascher** (Gerberei: Aschen- und Kalklauge); **Ascher|mitt|woch** (Mittwoch nach Fastnacht); **asch_fahl, ...far|ben** od. **...farbig, ...grau**, aber (↑R 65): bis ins Aschgraue (bis zum Überdruß); **aschig**

Asch|ke|na|sim [auch: ...sim] Plur. ⟨hebr.⟩ (Bez. für die ost- u. mitteleuropäischen Juden)

Asch|ku|chen (ostmitteld. für: Napfkuchen)

Asch|mo|dai vgl. ¹Asmodi

Asch|ram der; -s, -s ⟨sanskr.⟩ (Zentrum für Meditation in Indien)

äschy|le|isch, aber (↑R 134): **Äschy|le|isch; Äschy|lus** [auch: ä...] (altgriech. Tragiker)

As|co|na (schweiz. Ort am Lago Maggiore)

Ascor|bin|säu|re vgl. Askorbinsäure

As|cot [äßk't] (Dorf in der Nähe von London, berühmter Austragungsort für Pferderennen)

As-Dur [auch: aßdur] das; - (Tonart; Zeichen: As); **As-Dur-Ton|lei|ter** (↑R 41)

Ase der; -n, -n (meist Plur.); ↑R 197 (germ. Gottheit)

ASEAN [e̲'s'än] der; - ⟨Kurzw. aus: Association of South East Asian Nations [ˈβo͜uˈβˈe̲'sch'n ˈe̲͜wˈβauth ißt e̲'sch'n ne̲'sch'ns]⟩ (Vereinigung

südostasiat. Staaten zur Förderung von Frieden und Wohlstand)

äsen; das Rotwild äst (weidet)

Asep|sis die; - ⟨griech.⟩ (Med.: Keimfreiheit); **asep|tisch** (keimfrei)

Aser (südd. für: Jagdtasche)

Äser (Plur. von: Aas)

Aser|bai|dschan, Aser|bei|dschan (Landschaft u. Provinz im nordwestl. Persien; Unionsrepublik der UdSSR); **Aser|bai|dscha|ner**, **Aser|bei|dscha|ner; aser|bai-dscha|nisch, aser|bei|dscha|nisch**

ase|xu|al [auch: ...al̲], **ase|xu|ell** [auch: ...el̲] ⟨griech.; lat.⟩ (geschlechtslos)

As|gard (germ. Mythologie: Sitz der Asen)

Asi|at der; -en, -en (↑R 197) ⟨lat.⟩; **asia|tisch;** (↑R 180; ↑R 148:) -e Grippe; **Asi|en** [...i'n]

As|ka|ni|er [...i'r] der; -s, - (Angehöriger eines alten dt. Fürstengeschlechtes)

As|ka|ri der; -s, -s ⟨arab.⟩ (eingeborener Soldat im ehemal. Deutsch-Ostafrika)

As|ka|ris der; -, ...iden (meist Plur.) ⟨griech.⟩ (Spulwurm)

As|ke|se die; - ⟨griech.⟩ (enthaltsame Lebensweise); **As|ket** der; -en, -en; (↑R 197 (enthaltsam lebender Mensch); **As|ke|tik** vgl. Aszetik; **as|ke|tisch; -ste**

As|kle|pi|os, As|kle|pi|us vgl. Äskulap

Askor|bin|säu|re, (chem. fachspr.:) Ascor|bin|säu|re (Vitamin C)

Äs|ku|lap [auch: äß...] ⟨griech.-röm. Gott der Heilkunde); **Äs|ku|lap_schlan|ge, ...stab**

¹**As|mo|di**, (ökum.:) Asch|mo|dai ⟨aram.⟩ (ein Dämon im A. T. u. im jüd. Volksglauben); ²**As|mo|di** (dt. Dramatiker)

as-Moll [auch: aßmol̲] das; - (Tonart; Zeichen: as); **as-Moll-Ton|lei|ter** (↑R 41)

As|mus (Kurzform von: Erasmus)

Äsop (altgriech. Fabeldichter); **äso|pisch** (auch: witzig), (↑R 134): **Äso|pisch; Äso|pus** vgl. Äsop

Asow|sche Meer [asof... -] das; -n -[e]s (Teil des Schwarzen Meeres)

aso|zi|al [auch: ...al̲] ⟨griech.; lat.⟩ (gemeinschaftsschädigend; gemeinschaftsunfähig); **Aso|zia|li|tät** die; - (↑R 180)

As|pa|ra|gin das; -s ⟨griech.⟩ (chem. Verbindung); **As|pa|ra|gus** [auch: ...pa... u. ...raguß] der; - (Zierspargel)

As|pa|sia (Geliebte [und später Frau] des Perikles)

As|pekt der; -[e]s, -e ⟨lat.⟩ (Ansicht,

Gesichtspunkt; Sprachw.: [den slaw. Sprachen eigentümliche] grammat. Kategorie, die die subjektive Sicht u. Auffassung des Geschehens durch den Sprecher ausdrückt; Astron.: bestimmte Stellung der Planeten zueinander)

Asper|gill das; -s, -e ⟨lat.⟩ (Weihwasserwedel); **Asper|si|on** die; -, -en ⟨lat.⟩ (Besprengung mit Weihwasser)

As|phalt [auch: aß...] der; -[e]s, -e ⟨griech.⟩; **as|phal|tie|ren; as-phal|tisch; As|phalt_pap|pe, ...stra|ße**

As|pho|dill vgl. Affodill

Aspik [auch: aßpik u. aßpik] der (auch: das); -s, -e ⟨franz.⟩ (Gallert aus Gelatine od. Kalbsknochen)

As|pi|rant der; -en, -en (↑R 197) ⟨lat.⟩ (Bewerber; Anwärter; DDR: wissenschaftliche Nachwuchskraft in der Weiterbildung; schweiz. auch für: Offiziersschüler); **As|pi|ran|tur** der; -, -en (DDR: Institution zur Ausbildung des wissenschaftlichen Nachwuchses); **As|pi|ra|ta** die; -, ...ten u. ...tä (Sprachw.: behauchter Verschlußlaut, z. B. griech. θ [= tʰ]); **As|pi|ra|teur** [...tör] der; -s, -e ⟨franz.⟩ (Maschine zum Vorreinigen des Getreides); **As|pi|ra|ti|on** [...zion] die; -, -en ⟨lat.⟩ (veralt. für: Bestrebung [meist Plur.]; Sprachw.: [Aussprache mit] Behauchung; Med.: Ansaugung); **As|pi|ra|tor** der; -s, ...oren (Luft-, Gasansauger); **aspi|ra|to|risch** (Sprachw.: mit Behauchung gesprochen); **aspi|rie|ren** (Verb zu: Aspiration; österr. auch: sich um etwas bewerben)

As|pi|rin Ⓦ das; -s (ein Fiebermittel); **As|pi|rin|ta|blet|te**

¹**AB** das; Asses, Asse (österr. neben: ⁴As)

²**AB** das; Asses, Asse (österr. ugs. für: Abszeß)

Ass. = Assessor

As|sal|gai der; -s, -e ⟨berberisch⟩ (Wurfspeer der Kaffern)

As|sam (Bundesstaat der Republik Indien)

as|sa|nie|ren ⟨franz.⟩ (österr.: Grundstücke, Wohngebiete o. ä. aus hygienischen, sozialen o. a. Gründen verbessern); **As|sa|nie-rung** (österr.)

As|sas|si|ne der; -n, -n (↑R 197) ⟨arab.-ital.⟩ (Angehöriger einer mohammedan. religiösen Gemeinschaft; veralt. für: Meuchelmörder)

As|saut [aßo̲] das; -s, -s ⟨franz.⟩ (Übungsform des Fechtens)

As|se|ku|ranz der; -, -en ⟨lat.⟩ (veralt. für: Versicherung, Versicherungsgesellschaft)

As|sel die; -, -n (ein Krebstier)

As|sem|bla|ge [aßaᵑɡblaseʰᵉ] die; -, -n ⟨franz.⟩ (Kunst: Hochrelief; Kombination verschiedener Objekte); **As|sem|blee** [aßaᵑɡble] die; -, ...bleen ⟨franz.⟩ (franz. Bez. für: Versammlung)

As|ser|ti|on [...zion] die; -, -en ⟨lat.⟩ (Philos.: bestimmte Behauptung); **as|ser|to|risch** (behauptend)

As|ser|vat [...waːt] das; -[e]s, -e ⟨lat.⟩ (Rechtsw.: amtlich aufbewahrte Sache); **As|ser|va|tenkam|mer**

As|ses|sor der; -s, ...oren ⟨lat.⟩ (Anwärter der höheren Beamtenlaufbahn; Abk.: Ass.); **as|ses|soral; As|ses|so|rin** die; -, -nen; **asses|so|risch**

As|si|bi|la|ti|on [...zion] die; -, -en ⟨lat.⟩ (Sprachw.: Aussprache eines Verschlußlautes in Verbindung mit einem Zischlaut, z. B. z = ts in „Zahn"; Verwandlung eines Verschlußlautes in einen Zischlaut, z. B. niederd. „Water" = hochd. „Wasser"); **as|si|bi|lieren; As|si|bi|lie|rung**

As|si|gna|ten Plur. ⟨lat.⟩ (Papiergeld der ersten franz. Republik

As|si|mi|la|ti|on [...zion] die; -, -en ⟨lat.⟩; **As|si|mi|lie|rung** (Angleichung; Sprachw.: Angleichung eines Mitlautes an einen anderen, z. B. das m in „Lamm" aus mittelhochd. „lamb"); **as|si|milie|ren**

As|si|sen Plur. ⟨lat.⟩ (Schwurgericht in der Schweiz u. in Frankreich)

As|si|si (ital. Stadt)

As|si|stent der; -en, -en (↑ R 197) ⟨lat.⟩ (Gehilfe, Mitarbeiter); **Assi|sten|tin** die; -, -nen; **As|si|stenz** die; -, -en (Beistand); **As|sistenz|arzt, ...pro|fes|sor; as|sistie|ren** (beistehen)

As|so|cia|ted Press [ᵊßoᵘschie'tid -] die; - - ⟨engl.⟩ (US-amerik. Nachrichtenbüro; Abk.: AP)

As|so|cié [aßoßie] der; -s, -s ⟨franz.⟩ (veralt. für: Teilhaber)

As|so|lu|ta die; -, -s ⟨ital.⟩ (weibl. Spitzenstar in Ballett u. Oper)

As|so|nanz die; -, -en ⟨lat.⟩ (Gleichklang nur der Vokale am Versende, z. B. „haben"; „klagen")

as|sor|tie|ren ⟨franz.⟩ (nach Warenarten ordnen und vervollständigen); **As|sor|ti|ment** das; -[e]s, -e (veralt. für: Lager; Auswahl)

As|so|zia|ti|on [...zion] die; -, -en (↑ R 180) ⟨lat.⟩ (Vereinigung; Psych.: Vorstellungsverknüpfung); **as|so|zia|tiv;** ↑ R 180 (durch Vorstellungsverknüpfung bewirkt); **as|so|zi|ie|ren** ⟨franz.⟩

(verknüpfen); sich - (sich [genossenschaftlich] zusammenschließen); assoziierte Staaten; **As|sozi|ie|rung**

ASSR = Autonome Sozialistische Sowjetrepublik

As|su|an (ägypt. Stadt); **As|su|anstau|damm** der; -[e]s (↑ R 149)

As|sump|tio|nist [...zi...] der; -en, -en; ↑ R 197; ↑ R 180 (Angehöriger einer kath. Ordensgemeinschaft); **As|sum|ti|on** die; - (Mariä Himmelfahrt; für: bildliche Darstellung auch Plur.: -en)

As|sy|ri|en [...iᵉn] (altes Reich in Mesopotamien); **As|sy|rer, Assy|ri|er** [...iᵊr]; **As|sy|rio|lo|ge** der; -n, -n; ↑ R 197; ↑ R 180 (Wissenschaftler auf dem Gebiet der Assyriologie); **As|sy|rio|lo|gie** die; -; ↑ R 180 (Erforschung der assyrisch-babylon. Kultur u. Sprache; auch für: Keilschriftforschung); **as|sy|risch**

a. St. = alten Stils (Zeitrechnung)

Ast der; -[e]s, Äste

Asta (w. Vorn.)

AStA [aßta] der; -[s], -[s] (auch: ASten) = Allgemeiner Studentenausschuß

Astar|te (altsemit. Liebes- u. Fruchtbarkeitsgöttin)

Astat, das; -s ⟨griech.⟩ (chem. Grundstoff; Zeichen: At); **astatisch** (Physik: gegen den Einfluß elektr. od. magnet. Felder geschützt); -er Werkstoff

Äst|chen, Äst|lein; **asten** (ugs. für: sich abmühen); geastet; **ästen** (Äste treiben)

Aster die; -, -n ⟨griech.⟩ (eine Gartenblume); **Aste|ris|kus** der; -, ...ken (Druckw.: Sternchen; Zeichen: *); **Astern|art; Aste|ro|id** der; -en, -en; ↑ R 197 (Planetoid)

ast|frei; -es Holz; **Ast|ga|bel**

Asthe|nie die; -, ...ien ⟨griech.⟩ (Med.: allgemeine Körperschwäche); **Asthe|ni|ker** (schmaler, schmächtiger Mensch); **asthe|nisch; -ste**

Äst|het der; -en, -en; ↑ R 197 (überfeinerter) Freund des Schönen); **Äst|he|tik** die; -, (selten:) -en (Wissenschaft von den Gesetzen der Kunst, bes. vom Schönen; das Schöne, Schönheit); **Äst|he|ti|ker** (Vertreter od. Lehrer der Ästhetik); **äs|the|tisch** (auch für: überfeinert); **äs|the|tisie|ren** ([einseitig] nach den Gesetzen des Schönen urteilen, gestalten); **Äs|the|ti|zis|mus** der; - ([einseitig] das Ästhetische betonende Haltung)

Asth|ma das; -s ⟨griech.⟩ (anfallsweise auftretende Atemnot); **Asth|ma|an|fall; Asth|ma|ti|ker; asth|ma|tisch; -ste**

¹**Asti** (ital. Stadt); ²**Asti** der; -[s], -

(Wein [von ¹Asti]); - spumante (ital. Schaumwein)

astig|ma|tisch ⟨griech.⟩ (Optik: Punkte strichförmig verzerrend); **Astig|ma|tis|mus** der; -

äs|ti|mie|ren ⟨franz.⟩ (veraltend für: schätzen, würdigen)

Äst|lein, Äst|lchen; **Ast|loch**

¹**Astra|chan** (sowjetische Stadt); ²**Astra|chan** der; -s, -s (eine Lammfellart); **Astra|chan|ka|viar** (↑ R 149)

astral ⟨griech.⟩ (die Gestirne betreffend; Stern...); **Astral|leib** (Okkultismus: nach dem Tode fortlebender, unsichtbarer Leib); **ast|rein;** etwas ist nicht ganz - (ugs. für: ist anrüchig)

Astrid (w. Vorn.)

Astro|graph der; -en, -en (↑ R 197) ⟨griech.⟩ (Vorrichtung zur fotograf. Aufnahme von Gestirnen, zum Zeichnen von Sternkarten); **Astro|gra|phie** die; -, ...ien (Sternbeschreibung); **Astro|la|bi|um** das; -s, ...ien [...iᵉn] (altes astron. Instrument); **Astro|lo|ge** der; -n, -n; ↑ R 197 (Sterndeuter); **Astrolo|gie** die; - (Sterndeutung); **astro|lo|gisch; Astro|naut** der; -en, -en; ↑ R 197 (Weltraumfahrer); **Astro|nau|tik** die; - (Wissenschaft von der Raumfahrt, auch: die Raumfahrt selbst); **astro|nautisch; Astro|nom** der; -en, -en; ↑ R 197 (Stern-, Himmelsforscher); **Astro|no|mie** die; - (Stern-, Himmelskunde); **astrono|misch; Astro|phy|sik** (Teilgebiet der Astronomie)

Ästu|ar das; -s, -e u. ...rien [...iᵉn] ⟨lat.⟩ (trichterförmige Flußmündung)

Astu|ri|en [...iᵉn] (hist. Provinz in Spanien); **Astu|ri|er** [...iᵊr]; **asturisch**

Ast|werk das; -[e]s

ASU = Abgassonderuntersuchung

Asun|ción [...thion] (Hptst. von Paraguay)

Äsung ⟨zu: äsen⟩

Asyl das; -s, -e ⟨griech.⟩ (Zufluchtsort); **Asy|lant** der; -en, -en; ↑ R 197 (Bewerber um Asylrecht); **Asyl|recht** die; -[e]s

Asym|me|trie die; -, ...ien ⟨griech.⟩ (Mangel an Symmetrie; Ungleichmäßigkeit); **asym|metrisch; -ste**

Asym|pto|te die; -, -n ⟨griech.⟩ (Math.: Gerade, der sich eine ins Unendliche verlaufende Kurve beliebig nähert, ohne sie zu erreichen); **asym|pto|tisch**

asyn|de|tisch ⟨griech.⟩ (Sprachw.: nicht durch Konjunktion verbunden); **Asyn|de|ton** das; -s, ...ta (Sprachw.: Wort- od. Satzreihe, deren Glieder nicht durch Kon junktionen verbunden sind, z. B. „alles rennet, rettet, flüchtet“)

Aszen|dent der; -en, -en (↑ R 197) ⟨lat.⟩ (Genealogie: Vorfahr; Verwandter in aufsteigender Linie; Astron.: Aufgangspunkt eines Gestirns); Aszen|denz die; - (Verwandtschaft in aufsteigender Linie; Aufgang eines Gestirns); aszen|die|ren (von Gestirnen: aufsteigen)

As|ze|se usw. vgl. Askese usw.; As|ze|tik die; - (kath. Kirche: Lehre vom Streben nach christlicher Vollkommenheit)

at (veralt.) = technische Atmosphäre

At = chem. Zeichen für: Astat

A. T. = Altes Testament

Ata|ir der; -s ⟨arab.⟩ (ein Stern)

Ata|man der; -s, -e ⟨russ.⟩ (frei gewählter Stammes- u. militär. Führer der Kosaken)

Ata|ra|xie die; - ⟨griech.⟩ (Unerschütterlichkeit, Seelenruhe [in der griech. Philosophie])

Ata|vis|mus [...wiß...] der; -, ...men ⟨lat.⟩ (Wiederauftreten von Merkmalen od. Verhaltensweisen aus einem früheren entwicklungsgeschichtlichen Stadium); ata|vi|stisch; -ste

Ate ⟨griech. Göttin des Unheils⟩

Ate|lier [at°lie] das; -s, -s ⟨franz.⟩ ([Künstler]werkstatt; [fotogr.] Aufnahmeraum); Ate|lier_auf|nah|me, ...fen|ster, ...fest

Atem der; -s; - holen; außer - sein; atem|be|rau|bend; Atem|be|schwer|den Plur.; Atem|ho|len das; -s; atem|los; -este; Atem-_not, ...pau|se

a tem|po ⟨ital.⟩ (ugs.: schnell, sofort; Musik: im Anfangstempo)

atem|rau|bend; Atem|zug

Athan, (chem. fachspr. auch:) Ethan; des; -s ⟨griech.⟩ (gasförmiger Kohlenwasserstoff)

Atha|na|sia (w. Vorn.); atha|na|sia|nisch (↑ R 180); aber (↑ R 134): das Athanasianische Glaubensbekenntnis

Atha|na|sie die; - ⟨griech.⟩ (Unsterblichkeit)

Atha|na|si|us (Kirchenlehrer)

Athe|is|mus der; - ⟨griech.⟩ (Leugnung der Existenz [eines gestalthaften] Gottes); Athe|ist der; -en, -en (↑ R 197); athe|istisch (↑ R 180)

Athen (Hptst. Griechenlands); Athe|nä|um das; -s, ...äen (Tempel der Athene); Athe|ne (griech. Göttin der Weisheit); Athe|ner (↑ R 147); athe|nisch

¹Äther der; -s ⟨griech.⟩ (feiner Urstoff in der griech. Philosophie; geh. für: Himmel); ²Äther, (chem. fachspr. auch:) Ether der; -s, - (chem. Verbindung; Betäu-

bungs-, Lösungsmittel); äthe|risch (ätherartig; himmlisch; zart); -e Öle; äthe|ri|sie|ren (mit Äther behandeln)

ather|man ⟨griech.⟩ (für Wärmestrahlen undurchlässig)

Äthio|pi|en [...i°n] (↑ R 180) ⟨griech.⟩ (Staat in Ostafrika); Äthio|pi|er [...i°r] (↑ R 180); äthio|pisch (↑ R 180)

Ath|let der; -en, -en (↑ R 197) ⟨griech.⟩ (kräftig gebauter, muskulöser Mann; Wettkämpfer im Sport); ath|le|tik die; -; bes. in: Leichtathletik, Schwerathletik; Ath|le|ti|ker (Mensch von athletischer Konstitution); ath|le|tisch; -ste

Athos (Berg auf der nordgriech. Halbinsel Chalkidike)

Äthyl, (chem. fachspr. auch:) Ethyl das; -s ⟨griech.⟩ (Atomgruppe zahlreicher chem. Verbindungen); Äthyl|al|ko|hol (gewöhnl. Alkohol, Weingeist); Äthy|len, (chem. fachspr. auch:) Ethy|len das; -s (im Leuchtgas enthaltener ungesättigter Kohlenwasserstoff)

Ätio|lo|gie die; - (↑ R 180) ⟨griech.⟩ (Lehre von den Ursachen, bes. der Krankheiten); ätio|lo|gisch; ↑ R 180 (ursächlich, begründend)

At|lant der; -en, -en (↑ R 197) ⟨griech.⟩ (Bauw.: Gebälkträger in Form einer Männerfigur); vgl. ²Atlas; At|lan|tik der; -s (Atlantischer Ozean); At|lan|tik_char|ta [...kar...] die; - (1941 abgeschlossene Vereinbarung zwischen Großbritannien u. den USA über die Kriegs- u. Nachkriegspolitik), ...pakt (NATO), ...wall (im 2. Weltkrieg errichtete dt. Befestigungsanlagen am Atlantik); At|lan|tis (sagenhaftes, im Meer versunkenes Inselreich); at|lan|tisch; aber (↑ R 146): der Atlantische Ozean; ¹At|las (griech. Sagengestalt); ²At|las der; - u. ...lasses, ...lasse u. ...lanten (selten für: Atlant); ³At|las der; - (Gebirge in Nordwestafrika); ⁴At|las der; - u. ...lasses, ...lasse u. ...lanten ([als Buch gebundene] Sammlung geographischer Karten; Bildatlasfelwerk); ⁵At|las der; - u. ...lasses (Med.: erster Halswirbel); ⁶At|las der; - u. ...lasses, ...lasse ⟨arab.⟩ (ein Seidengewebe); at|las|sen ⟨zu ⁶Atlas⟩

atm (veralt.) = physikal. Atmosphäre

at|men; ...at|mig (z. B. kurzatmig)

At|mo|sphä|re die; -, -n ⟨griech.⟩ (Lufthülle; als Druckeinheit früher für: Pascal [Zeichen für die physikal. A.: atm; für die techn. A.: at]; Stimmung, Umwelt); At|mo|sphä|ren|über|druck (Plur.

...drücke; Zeichen [veralt.]: atü); At|mo|sphä|ri|li|en [...i°n] Plur. (Bestandteile der Luft); at|mo|sphä|risch

AT-Mo|tor = Austauschmotor

At|mung; at|mungs|ak|tiv

Ät|na [auch: ätna] der; -[s] (Vulkan auf Sizilien)

Äto|li|en [...i°n] (altgriech. Landschaft; Gebiet im westl. Griechenland); Äto|li|er [...i°r] der; -s, - (Angehöriger eines altgriech. Stammes); äto|lisch

Atoll das; -s, -e ⟨drawid.⟩ (ringförmige Koralleninsel)

Atom das; -s, -e ⟨griech.⟩ (kleinste Einheit eines chem. Elements); ato|mar (das Atom, die Kernenergie, die Atomwaffen betreffend; mit Atomwaffen [versehen]); Atom|bom|be (kurz: A-Bombe); Atom|bom|ben|ver|such; Atom.ener|gie (die; -s), ...ge|wicht; Ato|mi|seur [...sör] der; -s, -e (Zerstäuber); ato|mi|sie|ren (in Atome auflösen; völlig zerstören); Ato|mi|sie|rung; Ato|mis|mus der; - (Weltanschauung, die alle Vorgänge in der Natur auf Atome und ihre Bewegungen zurückführt); Ato|mist der; -en, -en (↑ R 197 (Anhänger des Atomismus); ato|mi|stisch; Ato|mi|um das; -s (Bauwerk in Brüssel); Atom.kern, ...klub der; -s (ugs. für: Großmächte, die Atomwaffen besitzen), ...kraft|werk, ...krieg, ...macht (Staat mit Atomwaffen), ...mei|ler, ...mi|ne, ...müll, ...phy|sik, ...re|ak|tor, ...strom; Atom.test|stopp|ab|kom|men; Atom-U-Boot (↑ R 41); Atom|waf|fe (meist Plur.); atom|waf|fen|frei; -e Zone; Atom|waf|fen|sperr|ver|trag der; -[e]s; Atom.zeit|al|ter (das; -s), ...zer|trüm|me|rung (früher für: Kernspaltung)

ato|nal [auch: atonal] ⟨griech.⟩ (Musik: an keine Tonart gebunden); -e Musik; Ato|na|li|tät die; -

Ato|nie die; -, ...ien ⟨griech.⟩ (Muskelerschlaffung); ato|nisch

Atos|sa (altpers. Königin)

Atout [atu] das; -s, -s ⟨franz.⟩ (Trumpf im Kartenspiel); à tout prix [a tu pri] (um jeden Preis)

ato|xisch [auch: ato...] ⟨griech.⟩ (ungiftig)

Atreus [atreuß] (griech. Sagengestalt)

Atri|um das; -s, ...ien [...i°n] ⟨lat.⟩ (hist.: offene [Vor]halle; Architektur: Innenhof)

Atro|phie die; -, ...ien ⟨griech.⟩ (Med.: Schwund von Organen, Geweben, Zellen); atro|phisch

Atro|pin das; -s ⟨griech.⟩ (Gift der Tollkirsche)

Atro|pos [auch: _at_...] (eine der drei Parzen)

ätsch! (ugs.)

At|ta|ché [_atasche_] _der;_ -s, -s ⟨franz.⟩ (Anwärter des diplomatischen Dienstes; Auslandsvertretungen zugeteilter Berater); **at|ta|chie|ren** (Militär veralt. für: zuteilen); **At|ta̱cke** _die;_ -, -n [_Trenn._: ...tak|ke] ([Reiter]angriff); **at|tackie|ren** [_Trenn._: ...tak|kie...] (angreifen)

At|ten|tat [auch: ..._tat_] _das;_ -[e]s, -e ⟨franz.⟩ [Mord]anschlag); **At|ten|tä|ter** [auch: ..._tä_...] _der;_ -s, - ⟨österr. See⟩

At|test _das;_ -[e]s, -e ⟨lat.⟩ (ärztl. Bescheinigung; Gutachten; Zeugnis); **At|te|sta̱|ti|on** [..._zion_] _die;_ -, -en ⟨lat.⟩ (DDR: Qualifikationsbescheinigung ohne Prüfungsnachweis); **at|te|stie|ren**

A̱t|ti _der;_ -s ⟨südwestd. u. schweiz. für: Vater)

¹**A̱t|ti|ka** (griech. Halbinsel)

²**A̱t|ti|ka** _die;_ -, ...ken ⟨griech.-lat.⟩ ([Skulpturen tragender] Aufsatz über dem Hauptgesims eines Bauwerks); **At|ti|ka|woh|nung** (schweiz. für: Penthouse)

¹**A̱t|ti|la** (Hunnenkönig); vgl. Etzel; ²**A̱t|ti|la** _die;_ -, -s (mit Schnüren besetzte Husarenjacke)

at|tisch (aus Attika)

At|ti|tü|de _die;_ -, -n ⟨franz.⟩ (Haltung; [innere] Einstellung; Ballett: eine [Schluß]figur)

At|ti|zis|mus _der;_ -, ...men ⟨griech.⟩ (an klassischen Vorbildern orientierter Sprachstil im antiken Griechenland); **At|ti|zi̱st** _der;_ -en, -en; ↑R 197 (Anhänger des Attizismus); **at|ti|zi|stisch**

A̱t|nang-Pu̱ch|heim (österr. Ort)

A̱t|to... ⟨skand.⟩ (ein Trillionstel einer Einheit, z. B. Attofarad = 10^{-18} Farad; Zeichen: a)

At|trak|ti|on [..._zion_] _die;_ -, -en ⟨lat.⟩ (etwas, was große Anziehungskraft hat); **at|trak|tiv** (anziehend); **At|trak|ti|vi|tät** [..._wi_...] _die;_ - (Anziehungskraft)

At|trap|pe _die;_ -, -n ⟨franz.⟩ ([täuschend ähnliche] Nachbildung; Schau-, Blindpackung)

at|tri|bu|ie|ren ⟨lat.⟩ (als Attribut beifügen); **At|tri|but** _das;_ -[e]s, -e (Sprachw.: Beifügung; auch: Eigenschaft, Merkmal; Beigabe); **at|tri|bu|tiv** (beifügend); **At|tri|but|satz**

atü (veralt.) = Atmosphärenüberdruck

aty|pisch [auch: _atü_...] (nicht typisch, von d. Regel abweichend)

Ätz|al|ka|li|en _Plur._ (stark ätzende Hydroxyde der Alkalimetalle); **Ätz|druck** (_Plur._ ...drucke)

Ä̱t|zel _die;_ -, -n ⟨landsch.: Elster⟩

ä̱t|zen (füttern [von Raubvögeln]);

---

du atzt (atzest); **ä̱t|zen** (mit Säure, Lauge o. ä. bearbeiten); du ätzt (ätzest); **ä̱t|zend** (ugs. auch für: sehr schlecht, [seltener:] sehr gut); **Ätz|flüs|sig|keit**; **A̱t|zung** (Fütterung, Nahrung [der jungen Raubvögel]); **Ät|zung** (geätzte Druckplatte)

au!; au Backe!; auweh! (ugs.)

Au = Aurum (chem Zeichen für: Gold)

Au, **Aue** _die;_ -, Auen ⟨landsch. od. dicht.: flaches Wiesengelände⟩

AUA = Austrian Airlines (österr. Luftverkehrsgesellschaft)

au|ber|gi|ne [_obärsehin_ᵉ] ⟨arab.-franz.⟩ (rötlichviolett); **Au|ber|gi|ne** _die;_ -, -n (Pflanze mit gurkenähnlichen [violetten] Früchten; Eierpflanze)

a. u. c. = ab urbe condita

auch; wenn auch; auch wenn (↑R 126); **Auch|künst|ler**

au con|traire [_o kongträr_] ⟨franz.⟩ (im Gegenteil)

Au|di ⓦ (Kraftfahrzeuge)

au|dia|tur et al|te|ra pars (↑R 180) ⟨lat.⟩ (röm. Rechtsgrundsatz: auch die Gegenpartei soll angehört werden); **Au|di|enz** _die;_ -, -en (feierl. Empfang; Zulassung zu einer Unterredung); **Au|di|max** _das;_ - (stud. Kurzw. für: Auditorium maximum); **Au|di|on** _das;_ -s, -s u. ...onen (Schaltung in Rundfunkempfängern zur Verstärkung der hörbaren Schwingungen); **Au|dio|vi|si|on** _die;_ - (audiovisuelle Technik; Information durch Wort und Bild); **au|dio|vi|su|ell** (zugleich hör- u. sichtbar, Hören u. Sehen ansprechend); -er Unterricht; **au|di|tiv** ⟨lat.⟩ (Med.: das Hören betreffend; Psych.: vorwiegend mit Gehörsinn begabt); **Au|di|tor** _der;_ -s, ...oren (Beamter der röm. Kurie, Richter im kanonischen Recht; österr., schweiz. früher: öffentl. Ankläger bei einem Militärgericht; **Au|di|to̱|ri|um** _das;_ -s, ...i⁵n] (ein Hörsaal [der Hochschule]; Zuhörerschaft); **Au|di|to̱|ri|um ma̱|xi|mum** _das;_ - - (größter Hörsaal einer Hochschule; stud. Kurzw.: Audimax)

Aue vgl. Au; **Au|en|land|schaft**; **Au|en|wald**, **Au|wald**

Au|er|hahn

Au|er|licht _das;_ -[e]s ⟨nach dem Erfinder ein Gasglühlicht⟩

Au|er|och|se

Au|er|stedt (Dorf in Thüringen)

auf; _Präp._ mit _Dat._ u. _Akk.:_ auf dem Tisch liegen, aber: auf den Tisch legen; aufs neue (vgl. neu); auf Grund (vgl. Grund); aufs beste (vgl. beste); aufs gute (vgl. gute); auf seiten (vgl. d.); auf einmal; auf seine Auf-

---

forderung hin; _Adverb:_ auf und ab (vgl. d.), (seltener:) auf und nieder; auf und davon (vgl. d.). _Großschreibung_ (↑R 67): das Auf und Nieder, das Auf und Ab **auf...** (_in Zus. mit Verben, z. B._ aufführen, du führst auf, aufgeführt, aufzuführen)

auf|ad|die|ren

auf|ar|bei|ten; **Auf|ar|bei|tung**

auf|at|men

auf|backen¹

auf|bag|gern

auf|bah|ren; **Auf|bah|rung**

auf|bän|ken; einen Steinblock - (Steinmetzerei: auf zwei Haublöcke legen)

Auf|bau _der;_ -[e]s, (für Gebäude-, Schiffsteil auch _Plur._:) -ten; **Auf|bau_ar|beit**, **...dar|le|hen**; **auf|bau|en**; eine Theorie auf einer Annahme -; jmdn. - (an jmds. Gestaltung arbeiten)

auf|bäu|men, sich

auf|bau|schen (übertreiben)

Auf|bau_schu|le, **...spie|ler** (Sportspr.), **...trai|ning**, **...wil|le**

auf|bau|ten vgl. Aufbau

auf|be|geh|ren

auf|be|hal|ten; den Hut -

auf|bei|ßen

auf|be|kom|men; Aufgaben -

auf|be|rei|ten; **Auf|be|rei|tung**

auf|bes|sern; **Auf|bes|se|rung**, **Auf|beß|rung**

auf|be|wah|ren; **Auf|be|wah|rung**; **Auf|be|wah|rungs|ort** _der;_ -[e]s, -e

auf|bie|gen

auf|bie|ten; **Auf|bie|tung** _die;_ -; unter - aller Kräfte

auf|bin|den; jmdm. etwas - (ugs. für: weismachen)

auf|blä|hen; **Auf|blä|hung**

auf|blas|bar; **auf|bla|sen**

auf|blät|tern

auf|blei|ben

auf|blen|den

auf|blicken¹

auf|blin|ken

auf|blit|zen

auf|blü|hen

auf|bocken¹

auf|boh|ren

auf|brau|chen

auf|brau|sen; **auf|brau|send**

auf|bre|chen (Jägerspr. auch für: ausweiden)

auf|bren|nen

auf|brin|gen (auch für: kapern); vgl. aufgebracht; **Auf|brin|gung** _die;_ -

auf|bro|deln; Nebel brodelt auf

Auf|bruch _der;_ -[e]s, ...brüche (Jägerspr. auch: Eingeweide des er-

---

¹ _Trenn.:_ ...k|k...

legten Wildes; Bergmannsspr.:
senkrechter Blindschacht); Auf-
bruchs|stim|mung die; -
auf|brü|hen
auf|brül|len
auf|brum|men (ugs. für: auferle-
gen); eine Strafe -
Auf|bü|gel|mu|ster; auf|bü|geln
auf|bür|den; Auf|bür|dung
auf|däm|mern
auf|damp|fen
auf daß (veraltend für: damit)
auf|decken[1]; Auf|deckung[1]
auf|don|nern, sich (ugs. für: sich
auffällig kleiden u. schminken);
ich donnere mich auf (↑ R 22)
auf|drän|geln, sich (ugs.); ich
dräng[e]le mich auf; auf|drän-
gen; jmdm. etwas -; sich jmdm. -
auf|dre|hen (südd., österr. auch
für: einschalten; zu schimpfen
anfangen, wütend werden)
auf|dring|lich; Auf|dring|lich|keit
auf|drö|seln (landsch. für: [etwas
Verheddertes, Wolle o. ä. müh-
sam] auflösen)
Auf|druck der; -[e]s, -e; auf-
drucken[1]
auf|drücken[1]
auf|ein|an|der; Schreibung in Ver-
bindung mit Verben (↑ R 205 f.):
aufeinander (auf sich gegenseitig) achten, warten, aufeinander
auffahren usw., aber: aufeinan-
derfahren (vgl. aneinander; auf-
ein|an|der|bei|ßen; die Zähne -;
Auf|ein|an|der|fol|ge die; -; auf-
ein|an|der_fol|gen; ...le|gen,
...pral|len, ...pres|sen, ...sto|ßen,
...tref|fen, ...tür|men
auf|en|tern; vgl. entern
Auf|ent|halt der; -[e]s, -e; Auf|ent-
hal|ter (schweiz. für: jmd., der an
einem Ort nur vorübergehend
seinen Wohnsitz hat); Auf|ent-
halts|ge|neh|mi|gung, ...ort (der;
-[e]s, -e), ...raum
auf|er|le|gen; ich erlege ihm etwas
auf, (seltener:) ich auferlege;
auferlegt; aufzuerlegen
auf|er|ste|hen; üblich sind nur un-
getrennte Formen, z. B. wenn er
auferstünde, er ist auferstanden;
Auf|er|ste|hung die; -
auf|er|wecken[1]; vgl. auferstehen;
Auf|er|weckung[1]
auf|es|sen
auf|fä|chern; Auf|fä|che|rung
auf|fä|deln; Auf|fä|de|lung, Auf-
fäd|lung
auf|fah|ren; Auf|fahrt die; -, -en
(südd. u. schweiz. auch für: Him-
melfahrt [ohne Plur.]); Auf-
fahrt|ram|pe; Auf|fahrts|stra|ße;
Auf|fahr|un|fall
auf|fal|len; auf fällt, daß ...
(↑ R 205); auf|fal|lend; -ste; auf-
fäl|lig; Auf|fäl|lig|keit die; -

[1] Trenn.: ...k|k...

auf|fan|gen; Auf|fang_la|ger,
...stel|le, ...vor|rich|tung
auf|fas|sen; Auf|fas|sung; Auf-
fas|sungs_ga|be, ...sa|che (ugs.;
das ist -)
auf|fin|den; Auf|fin|dung
auf|flackern [Trenn.: ...flak|kern]
auf|flam|men
auf|flat|tern
auf|flie|gen
auf|for|dern; Auf|for|de|rung;
Auf|for|de|rungs|satz
auf|for|sten (Wald [wieder] an-
pflanzen); Auf|for|stung
auf|fres|sen
auf|fri|schen; der Wind frischt
auf; Auf|fri|schung
auf|führ|bar; Auf|führ|bar|keit
die; -; auf|füh|ren; Auf|füh|rung;
Auf|füh|rungs|recht
auf|fül|len; Auf|fül|lung
auf|fut|tern (ugs. für: aufessen)
Auf|ga|be
auf|ga|beln (ugs. auch für: zufällig
treffen und mitnehmen)
Auf|ga|ben_be|reich der, ...heft,
...stel|lung; Auf|ga|be|stem|pel
auf|ga|gen [...gäg'n] (mit Gags
versehen, ausstatten)
Auf|ga|lopp (Reiten: Probegalopp
an den Schiedsrichtern vorbei
zum Start)
Auf|gang der; Auf|gangs|punkt
(Astron.)
auf|ge|ben
auf|ge|bläht; -este
auf|ge|bla|sen; ein -er (eingebil-
deter) Kerl; Auf|ge|bla|sen|heit
die; -
Auf|ge|bot; Auf|ge|bots|schein
auf|ge|bracht; -este (erregt, er-
zürnt)
auf|ge|don|nert vgl. aufdonnern
auf|ge|dreht; -este (ugs. für: ange-
regt)
auf|ge|dun|sen
auf|ge|hen; es geht mir auf (es
wird mir klar)
auf|ge|gei|en (Seemannsspr.: Segel
mit Geitauen zusammenholen)
auf|ge|gei|len; sich -
auf|ge|klärt; -este; Auf|ge|klärt-
heit die; -
auf|ge|knöpft; -este (ugs. für: mit-
teilsam)
auf|ge|kratzt; -este; in -er (ugs.
für: froher) Stimmung sein
Auf|geld (für: Agio)
auf|ge|legt (auch für: zu etwas be-
reit, gelaunt; österr. ugs. auch:
klar, offensichtlich); zum Spazierengehen -; (österr.:) ein
-er Blödsinn
auf|ge|paßt!
auf|ge|rauht; -este
auf|ge|räumt; -este (auch für: hei-
ter); in -er Stimmung sein; Auf-
ge|räumt|heit die; -
auf|ge|regt; -este; Auf|ge|regt|heit
die; -

Auf|ge|sang (Verslehre: erster Teil
der Strophe beim Meistersang)
auf|ge|schlos|sen; - (mitteilsam)
sein; Auf|ge|schlos|sen|heit die; -
auf|ge|schmis|sen; - (ugs. für: hilf-
los) sein
auf|ge|schos|sen; hoch -
auf|ge|schwemmt; -este
auf|ge|ta|kelt (ugs. für: auffällig,
geschmacklos gekleidet)
auf|ge|wärmt
auf|ge|weckt; -este; ein -er (klu-
ger) Junge; Auf|ge|weckt|heit
die; -
auf|ge|wor|fen; eine -e Nase
auf|gie|ßen
auf|glei|sen (auf Gleise setzen);
du gleist (gleisest) auf; er glei|ste
auf; Auf|glei|sung
auf|glie|dern; Auf|glie|de|rung
auf|glim|men
auf|glü|hen
auf|gra|ben; Auf|gra|bung
auf|grät|schen; auf den Barren -
auf|grei|fen
auf Grund, (jetzt häufig:) aufgrund (vgl. Grund)
Auf|guß; Auf|guß_beu|tel, ...tier-
chen (für: Infusorium)
auf|ha|ben (ugs.); ..., daß er einen
Hut aufhat; er wird einen Hut -;
für die Schule viel - (als Aufgabe); ein Laden, der mittags aufhat (geöffnet ist)
auf|hacken [Trenn.: ...hak|ken]
(den Boden)
auf|ha|ken (einen Hakenver-
schluß lösen)
auf|hal|sen (ugs. für: aufbürden)
auf|hal|ten; Auf|hal|tung
auf|hän|gen; sich -; vgl. [2]hängen;
Auf|hän|ger; vgl. Auf|hän|ge|vor-
rich|tung; Auf|hän|gung
auf|hau|en (ugs.)
auf|häu|fen
auf|he|ben; Auf|he|ben das; -s;
[ein] großes -, viel -[s] von dem
Buch machen; Auf|he|bung die; -
auf|hei|tern; ich heitere auf
(↑ R 22); Auf|hei|te|rung
auf|hei|zen
auf|hel|fen
auf|hel|len; auf|hel|ler; Auf|hel-
lung
auf|het|zen; Auf|het|zung
auf|heu|len
auf|hol|len; Auf|hol|jagd
auf|hor|chen; die Nachricht ließ -
auf|hö|ren
auf|hucken [Trenn.: ...huk|ken]
(ugs.: auf den Rücken nehmen)
auf|jauch|zen
Auf|kauf; auf|kau|fen; Auf|käu-
fer
auf|keh|ren
auf|kei|men
auf|klapp|bar; auf|klap|pen
auf|kla|ren (Seemannsspr.: auf-
räumen; klar werden, sich auf-
klären [vom Wetter]); es klart

auf; auf|klä|ren (Klarheit in etwas Ungeklärtes bringen; belehren); der Himmel klärt sich auf (wird klar); Auf|klä|rer; auf|klä|re|risch; Auf|klä|rung; Auf|klä-rungs.flug|zeug, ...kam|pa|gne

auf|klat|schen

auf|klau|ben (südd., österr. für: aufheben)

auf|kle|ben; Auf|kle|ber

auf|klin|gen

auf|klin|ken

auf|knacken [Trenn.: ...knak|ken]

auf|knöp|fen; vgl. aufgeknöpft

auf|kno|ten

auf|knüp|fen; Auf|knüp|fung

auf|ko|chen (südd., österr. auch: für einen bes. Anlaß reichlich kochen)

auf|kom|men; Auf|kom|men das; -s, - (Summe der [Steuer]einnahmen)

auf|krat|zen; vgl. aufgekratzt

auf|krei|schen

auf|krem|peln

auf|kreu|zen

auf|krie|gen (ugs.)

auf|kün|den, (älter u. schweiz. für:) auf|kün|di|gen; Auf|kün|di|gung

Aufl. = Auflage

auf|la|chen

auf|la|den; vgl. ¹laden; Auf.la|de-platz, ...la|der

Auf|la|ge (Abk.: Aufl.); Auf|la-ge|n|hö|he

Auf|la|ger (Bauw.)

auf|lan|dig (Seemannsspr.: auf das Land zu wehend od. strömend)

auf|las|sen (aufsteigen lassen; Bergmannsspr.: [eine Grube] stillegen; Rechtsspr.: [Grundeigentum] übertragen; österr. allgemein: stillegen, schließen, aufgeben; ugs. für: geöffnet lassen)

auf|läs|sig (Bergmannsspr.: außer Betrieb); Auf|las|sung

auf|la|sten (für: aufbürden)

auf|lau|ern; jmdm. -

Auf|lauf (Ansammlung; überbakkene [Mehl]speise); Auf|lauf-brem|se; auf|lau|fen (anwachsen [von Schulden]; Seemannsspr.: auf Grund geraten); Auf|lauf-form

auf|le|ben

auf|lecken [Trenn.: ...lek|ken]

Auf|le|ge|ma|trat|ze; auf|le|gen; vgl. aufgelegt; Auf|le|ger

auf|leh|nen, sich; Auf|leh|nung

auf|le|sen

auf|leuch|ten

auf|lich|ten; Auf|lich|tung

Auf|lie|fe|rer; auf|lie|fern; Auf-lie|fe|rung

auf|lie|gen (offen ausgelegt sein; auch: sich wundliegen); Auf|lie-ge|zeit (Ruhezeit der Schiffe)

auf|li|sten; Auf|li|stung

auf|lockern [Trenn.: ...lok|kern]; Auf|locke|rung [Trenn.: ...lok-ke...]

auf|lo|dern

auf|lö|sen; Auf|lö|sung; Auf|lö-sungs.er|schei|nung, ...pro|zeß, ...zei|chen (Musik)

auf|lüp|fisch (schweiz., für: rebellisch, aufrührerisch)

auf|lut|schen (ugs.); den Bonbon -

auf|lu|ven [...lufᵉn] (Seemannsspr.: den Winkel zwischen Kurs und Windrichtung verkleinern)

auf'm; ↑ R 17 (ugs. für: auf dem, auf einem)

auf|ma|chen; auf- und zumachen; Auf|ma|cher (wirkungsvoller Titel; eingängige Schlagzeile); Auf|ma|chung

auf|ma|len

Auf|marsch der; Auf|marsch|ge-län|de; auf|mar|schie|ren

Auf|maß (Bauw.)

auf|mei|ßeln

auf|mer|ken; auf|merk|sam; jmdn. auf etwas - machen; Auf-merk|sam|keit

auf|mes|sen (Bauw.)

auf|mö|beln (ugs. für: aufmuntern; erneuern); ich möb[e]le auf (↑ R 22)

auf|mon|tie|ren

auf|mot|zen (ugs. für: effektvoller gestalten, zurechtmachen)

auf|mucken [Trenn.: ...muk|ken] (ugs.)

auf|mun|tern; ich muntere auf (↑ R 22); Auf|mun|te|rung

auf|müp|fig (landsch. für: aufsässig, trotzig); Auf|müp|fig|keit

auf|mut|zen (landsch. für: Vorwürfe machen); jmdm. seine Fehler -

auf'n; ↑ R 17 (ugs. für: auf den, auf einen)

auf|nä|hen

Auf|nah|me die; -, -n; auf|nah|me-fä|hig; Auf|nah|me-.fä|hig|keit, ...ge|bühr, ...lei|ter der, ...prü-fung, ...tech|nik; auf|nahms|fä-hig (österr.); Auf|nahms|prü|fung (österr.); auf|neh|men; auf|neh-mer (landsch. für: Scheuerlappen)

äu|ßen (schweiz. für: [Güter, Bestände, Fonds] vermehren)

auf|ne|steln

auf|nö|ti|gen

auf|ok|troy|ie|ren [...oktroajir'n] (aufdrängen, aufzwingen)

auf|op|fern; sich -; Auf|op|fe|rung die; -, (selten:) -en; auf|op|fe-rungs|voll

auf|packen [Trenn.: ...pak|ken]

auf|päp|peln

auf|pas|sen; Auf|pas|ser

auf|peit|schen

auf|pel|zen (österr.: aufbürden)

auf|pep|pen (einer Sache Pep, Schwung geben)

auf|pflan|zen

auf|prop|fen

auf|picken [Trenn.: ...pik|ken] (österr. ugs. auch für: aufkleben)

auf|plat|zen

auf|plu|stern; sich -

auf|po|lie|ren

auf|pop|pen (nach Art der Popkunst aufmachen)

auf|prä|gen

Auf|prall der; -[e]s, (selten:) -e; auf|pral|len

Auf|preis (Mehrpreis); vgl. ²Preis

auf|pro|bie|ren

auf|pul|vern

auf|pum|pen

auf|pu|sten

auf|put|schen; Auf|putsch|mit|tel

auf|put|zen; sich -

auf|quel|len; vgl. ¹quellen

auf|raf|fen; sich -

auf|ra|gen

auf|rap|peln, sich (ugs. für: sich aufraffen)

auf|räu|feln (landsch. für: [Gestricktes] wieder auflösen); ich räuf[e]le auf (↑ R 22)

auf|rau|hen

auf|räu|men; vgl. aufgeräumt; Auf.räu|mer, ...räu|mung; Auf-räu|mungs|ar|bei|ten Plur.

auf|rech|nen; Auf|rech|nung

auf|recht -este; - (gerade, in aufrechter Haltung) halten, sitzen, stehen, stellen; er kann sich nicht - halten; aber: auf|rech-ter|hal|ten (weiterbestehen lassen; ↑ R 205 f.); ich erhalte aufrecht, habe -; aufrechtzuerhalten; vgl. halten; Auf|recht|er|hal-tung die; -

auf|re|gen; auf|re|gend; -ste; Auf-re|gung

auf|rei|ben; auf|rei|bend; -ste

auf|rei|hen; sich -

auf|rei|ßen

auf|rei|ten (auch Zool.: [von bestimmten Säugetieren] begatten)

auf|rei|zen; auf|rei|zend; -ste

auf|rib|beln (landsch. für: aufräufeln)

Auf|rich|te die; -, -n (schweiz. für: Richtfest); auf|rich|ten; auf|rich-tig; Auf|rich|tig|keit die; -; Auf-rich|tung die; -

Auf|riß (Bauzeichnung)

auf|rol|len; Auf|rol|lung die; -

auf|rücken [Trenn.: ...rük|ken]

Auf|ruf; auf|ru|fen

Auf|ruhr der; -[e]s, (selten:) -e; auf|rüh|ren; Auf|rüh|rer; auf-rüh|re|risch; -ste

auf|run|den (Zahlen nach oben runden); Auf|run|dung

auf|rü|sten; Auf|rü|stung

auf|rüt|teln; Auf|rüt|te|lung, Auf-rütt|lung

aufs; ↑ R 17 (auf das); vgl. auf

auf|sa|gen; Auf|sa|gung (geh. für: Kündigung)

auf|sam|meln

auf|säs|sig; Auf|säs|sig|keit

Auf|satz; Auf|satz|the|ma

auf|sau|gen

auf|schär|fen (Jägerspr.): [den Balg] aufschneiden)

auf|schau|en

auf|schau|keln

auf|schäu|men

auf|schei|nen (österr. für: erscheinen, auftreten, vorkommen)

auf|scheu|chen

auf|scheu|ern; sich -

auf|schich|ten; Auf|schich|tung

auf|schie|ben; Auf|schie|bung

auf|schie|ßen

Auf|schlag; auf|schla|gen; Auf|schlä|ger; Auf|schlag_feh|ler, ...zün|der

auf|schläm|men (in einer Flüssigkeit fein verteilen)

auf|schlie|ßen; vgl. aufgeschlossen; Auf|schlie|ßung

auf|schlit|zen

Auf|schluß; auf|schlüs|seln; Auf|schlüs|se|lung; auf|schlüß|lung; auf|schluß|reich

auf|schmei|ßen (österr. ugs. für: bloßstellen)

auf|schnap|pen

auf|schnei|den; Auf|schnei|der; Auf|schnei|de|rei; auf|schnei|derisch; Auf|schnitt

auf|schnü|ren

auf|schrau|ben

¹auf|schrecken [Trenn.: ...schrek|ken]; sie schrak od. schreckte auf; sie war aufgeschreckt; vgl. ¹schrecken; ²auf|schrecken [Trenn.: ...schrek|ken]; ich schreckte ihn auf; sie hatte ihn aufgeschreckt; vgl. ²schrecken

Auf|schrei; auf|schrei|en

auf|schrei|ben; Auf|schrift

Auf|schub

auf|schür|fen

auf|schüt|teln; das Kopfkissen -

auf|schüt|ten; Auf|schüt|tung

auf|schwän|zen (ugs. für: hochscheuchen)

auf|schwat|zen, (landsch.:) auf|schwät|zen

auf|schwei|ßen

¹auf|schwel|len; der Leib schwoll auf, ist aufgeschwollen; vgl. ¹schwellen; ²auf|schwel|len; der Exkurs schwellte das Buch auf, hat das Buch aufgeschwellt; vgl. ²schwellen; Auf|schwel|lung

auf|schwem|men

auf|schwin|gen, sich; Auf|schwung

auf|se|hen; Auf|se|hen das; -s; auf|se|hen|er|re|gend, aber (↑R 209): großes Aufsehen erregend; Auf|se|her; Auf|se|he|rin die; -, -nen

auf|sein (ugs. für: geöffnet sein; nicht [mehr] im Bett sein); der Kranke ist aufgewesen, aber: ..., daß der Kranke auf ist, war

auf sei|ten (↑R 208); mit Gen.: - - der Regierung

auf|set|zen; Auf|set|zer (Sportspr.)

auf|seuf|zen

Auf|sicht die; -, -en; auf|sicht|füh|rend, aber (↑R 209): eine strenge Aufsicht führend; Auf|sicht|füh|ren|de der u. die; -n, -n (↑R 7 ff.); Auf|sichts_be|am|te, ...be|hör|de; auf|sicht[s]|los; Auf|sichts|rat (Plur. ...räte); Auf|sichts|rats_sit|zung, ...vor|sit|zen|de

auf|sit|zen; jmdn. - lassen (jmdn. im Stich lassen); jmdm. - (auf jmdn. hereinfallen); Auf|sit|zer (österr. für: Reinfall)

auf|spal|ten; Auf|spal|tung

auf|span|nen

auf|spa|ren; Auf|spa|rung

auf|spei|chern; Auf|spei|che|rung

auf|sper|ren

auf|spie|len; sich -

auf|spie|ßen

auf|split|tern; Auf|split|te|rung

auf|spray|en [...ßpre¹-'n; auch: ...schpre¹-'n]

auf|spren|gen; einen Tresor -

auf|sprie|ßen

auf|sprin|gen

auf|sprit|zen

auf|sprü|hen

Auf|sprung

auf|spu|len; ein Tonband -

auf|spü|len; Sand -

auf|spü|ren; Auf|spü|rung

auf|sta|cheln; Auf|sta|che|lung, Auf|stach|lung

auf|stamp|fen

Auf|stand; auf|stän|dern (Technik: auf Ständern errichten); ich ständere auf (↑R 22); Auf|stän|de|rung; auf|stän|disch; Auf|stän|di|sche der u. die; -n, -n (↑R 7 ff.); Auf|stands|ver|such

auf|sta|peln; Auf|sta|pe|lung, Auf|stap|lung

Auf|stau (aufgestautes Wasser)

auf|stäu|ben

auf|stau|en

auf|stel|chen

auf|stecken [Trenn.: ...stek|ken]; vgl. ²stecken

auf|ste|hen

auf|stei|gen (österr. auch: in die nächste Klasse kommen, versetzt werden); Auf|stei|ger

auf|stel|len; Auf|stel|lung

auf|stem|men (mit dem Stemmeisen öffnen); sich -

Auf|stieg der; -[e]s, -e; Auf|stiegs_mög|lich|keit, ...spiel (Sport)

auf|stö|bern

auf|stocken [Trenn.: ...stok|ken] ([um ein Stockwerk] erhöhen); Auf|stockung [Trenn.: ...stok|kung]

auf|stöh|nen

auf|stöp|seln

auf|stö|ren

auf|sto|ßen; mir stößt etwas auf

auf|strei|ben; auf|stre|bend; -ste

auf|strei|chen; Auf|strich

Auf|strom der; -[e]s (Technik: aufsteigender Luftstrom)

auf|stu|fen (höher einstufen); Auf|stu|fung

auf|stül|pen

auf|stüt|zen

auf|su|chen

auf|sum|men, auf|sum|mie|ren (Datenverarbeitung: Werte addieren od. subtrahieren)

auf|ta|keln (Seemannsspr.: mit Takelwerk ausrüsten); sich - (ugs. für: sich sehr auffällig kleiden und schminken); vgl. aufgetakelt; Auf|ta|ke|lung, Auf|tak|lung

Auf|takt der; -[e]s, -e

auf|tan|ken; ein Auto -; das Flugzeug tankt auf

auf|tau|chen

auf|tau|en

auf|tei|len; Auf|tei|lung

auf|ti|schen ([Speisen] auftragen; ugs. für: vorbringen)

auf|top|pen (Seemannsspr.: die Rahen in senkrechter Richtung bewegen)

Auf|trag der; -[e]s, ...trä|ge; im -[e] (Abk.: i. A. od. I. A.; vgl. d.); auf|tra|gen; Auf|trag_ge|ber, ...neh|mer; Auf|trags_be|stand, ...be|stä|ti|gung, ...buch; auf|trags|ge|mäß; Auf|trags_la|ge, ...pol|ster (Wirtsch.: Vorrat an Aufträgen), ...rück|gang; Auf|trag[s]|wal|ze (Druckw.)

auf|tref|fen

auf|trei|ben

auf|tren|nen

auf|tre|ten; Auf|tre|ten das; -s

Auf|trieb; Auf|triebs|kraft

Auf|tritt; Auf|tritts|ver|bot

auf|trump|fen

auf|tun; sich -

auf|tür|men; sich -

auf und ab; - - - gehen (ohne bestimmtes Ziel), aber (in Zus.; ↑R 32): auf- und absteigen (aufsteigen und absteigen); das Auf und Ab das; - - -[s]; Auf|und|ab|ge|hen das; -s; ein Platz zum -, aber (↑R 32 u. R 68): das Auf- und Absteigen (Aufsteigen und Absteigen)

auf und da|von; - - - gehen (ugs.); sich - - - machen (ugs.)

auf|wa|chen

auf|wach|sen

auf|wal|len; Auf|wal|lung

auf|wäl|ti|gen (Bergmannsspr.: svw. gewältigen)

Auf|wand der; -[e]s; Auf|wands_ent|schä|di|gung

auf|wär|men; Auf|wär|mung

Auf|war|te|frau; auf|war|ten; Auf|wär|ter; Auf|wär|te|rin die; -, -nen

auf|wärts; auf- und abwärts. *Schreibung in Verbindung mit Verben:* ↑R 205 f. (vgl. abwärts): aufwärts (nach oben) gehen usw., aber: aufwärtsgehen (besser werden); Auf|wärts_ent|wick|lung, ...ha|ken (Boxen), ...trend
Auf|war|tung
Auf|wasch der; -[e]s (Geschirrspülen; schmutziges Geschirr); auf|wa|schen; Auf|wasch_tisch, ...was|ser (Plur. ...wässer)
auf|wecken [Trenn.: ...wek|ken]; vgl. aufgeweckt
auf|wei|chen; vgl. ¹weichen; Auf|wei|chung
Auf|weis der; -es, -e; auf|wei|sen
auf|wen|den; ich wandte od. wendete viel Zeit auf, habe aufgewandt od. aufgewendet; aufgewandte od. aufgewendete Zeit; auf|wen|dig; Auf|wen|dung
auf|wer|fen; sich zum Richter -
auf|wer|ten; Auf|wer|tung
auf|wickeln [Trenn.: ...wik|keln]; Auf|wicke|lung [Trenn.: ...wik|ke...], Auf|wick|lung
Auf|wie|ge|lei; auf|wie|geln; Auf|wie|ge|lung, Auf|wieg|lung
auf|wie|gen
Auf|wieg|ler; auf|wieg|le|risch
Auf|wind (aufsteigender Luftstrom)
auf|wir|beln
auf|wi|schen; Auf|wisch|lap|pen
auf|wöl|ben
auf|wöl|ken
Auf|wuchs
auf|wüh|len
Auf|wurf
auf|zah|len (südd., österr. für: dazuzahlen); Auf|zah|lung (auch schweiz. für: Aufpreis)
auf|zäh|len; Auf|zäh|lung
auf|zäu|men; das Pferd am od. beim Schwanz - (ugs. für: etwas verkehrt beginnen)
auf|zeh|ren
auf|zeich|nen; Auf|zeich|nung
auf|zei|gen (dartun)
auf Zeit (Abk.: a. Z.)
auf|zie|hen; Auf|zucht; auf|züch|ten
auf|zucken [Trenn.: ...zuk|ken]
Auf|zug; Auf|zug|füh|rer; Auf|zug[s]|schacht
auf|zün|geln
auf|zwin|gen
Aug. = August (Monat)
Aug|ap|fel; Au|ge das; -s, -n; - um -; Äu|gel|chen, Äug|lein; äu|geln (veralt. für: [verstohlen] blicken; auch für: okulieren); ich ...[e]le (↑R 22); äu|gen ([angespannt] blicken); Au|gen_arzt, ...auf|schlag, ...bank (Plur. ...banken), ...blick¹; au|gen|blick|lich¹; au|gen|blicks¹ (veralt.); Au|gen-

¹ Auch: ...blik...

blicks_idee, ...sa|che; Au|gen_braue, ...deckel [Trenn.: ...dek|kel], ...dia|gno|se; au|gen|fäl|lig; Au|gen_far|be, ...glas (veraltend; vgl. ¹Glas), ...heil|kun|de, ...kli|nik, ...licht (das; -[e]s), ...lid; Au|gen-Make-up; Au|gen_maß das, ...merk (das; -[e]s), ...op|ti|ker, ...pul|ver (das; -s; ugs. für: sehr kleine, die Augen anstrengende Schrift), ...rin|ge (Plur.; Schatten unter den Augen), ...schein (der; -[e]s); au|gen|schein|lich [auch: ...schain...]; Au|gen_trost (volkstümlich ...weil|de (die; -), ...win|kel, ...wi|sche|rei, ...zeu|ge; Au|gen|zeu|gen|be|richt; Au|gen|zwin|kern das; -s; au|gen|zwin|kernd
Au|gi|as (Gestalt der griech. Sage); Au|gi|as|stall (bildl.: korrupte Verhältnisse)
...äu|gig (z. B. braunäugig)
Au|git der; -s, -e (griech.) (ein Mineral)
Äug|lein; Äu|gel|chen
Aug|ment das; -s, -e (lat.) (Sprachw.: Vorsilbe des Verbstammes zur Bezeichnung der Vergangenheit; bes. im Sanskrit u. im Griechischen); Aug|men|ta|ti|on [...zion] die; -, -en (Musik: Vergrößerung der Notenwerte)
Augs|burg (Stadt am Lech); Augs|bur|ger (↑R 147); - Bekenntnis (Abk. [österr.]: A. B.); augs|bur|gisch; aber (↑R 157): die Augsburgische Konfession
Aug_sproß od. ...spros|se (unterste Sprosse am Hirschgeweih)
Au|gur der; -s u. ...uren, ...uren (meist Plur.; ↑R 197) (lat.) (altröm. Priester u. Vogelschauer; Wahrsager); Au|gu|ren|lä|cheln das; -s (wissendes Lächeln der Eingeweihten)
¹Au|gust der; -[e]s u. -, -e (lat.) (achter Monat im Jahr, Ernting, Erntemonat; Abk.: Aug.); ²Au|gust (m. Vorn.); der dumme - (Clown); Au|gu|sta, Au|gu|ste, (w. Vorn.); Au|gust|abend; au|gu|ste|lisch; der (bei der Kunst und Literatur günstiges) Zeitalter, aber (↑R 134): das Augustei|sch; das -e Zeitalter (das Zeitalter des Kaisers Augustus); ¹Au|gu|stin (m. Vorn.); ²Au|gu|stin vgl. Augustinus; Au|gu|sti|ne (w. Vorn.); Au|gu|sti|ner der; -s, - (Angehöriger eines kath. Ordens); Au|gu|sti|nus, Augustin (Heiliger, Kirchenlehrer); Au|gu|stus (Beiname des röm. Kaisers Oktavian)
Auk|ti|on [...zion] die; -, -en (lat.) (Versteigerung); Auk|tio|na|tor der; -s, ...oren; ↑R 180 (Versteigerer); auk|tio|nie|ren (↑R 180)

Au|la die; -, ...len u. -s (lat.) (Fest-, Versammlungssaal in [Hoch]schulen)
Au|le die; -, -n (landsch.; derb für: Auswurf)
Au|los der; -, ...oi (griech.) (antikes griech. Musikinstrument)
au na|tu|rel [o natürál] (franz.) (Gastr.: ohne künstlichen Zusatz [bei Speisen, Getränken])
au pair [o pär] (franz.) (ohne Bezahlung, nur gegen Unterkunft u. Verpflegung); Au-pair-Mäd|chen; Au-pair-Stel|le (↑R 41)
Au|ra die; -, -; ⟨lat.⟩ (besondere Ausstrahlung; Med.: Unbehagen vor epileptischen Anfällen)
Au|ra|min das; -s ⟨nlat.⟩ (gelber Farbstoff)
Au|rar vgl. Eyrir
Au|re|lia, Au|re|lie [...iᵉ] (w. Vorn.); Au|re|li|an (röm. Kaiser); Au|re|li|us (altröm. Geschlechtername)
Au|re|o|le die; -, -n (↑R 180) ⟨lat.⟩ (Heiligenschein; Hof [um Sonne und Mond])
Au|ri|gna|ci|en [orinjaßiäng] das; - ⟨franz.⟩ (Stufe der jüngeren Altsteinzeit); Au|ri|gnac|mensch [orinjak...] (Mensch des Aurignacien)
Au|ri|kel die; -, -n ⟨lat.⟩ (eine Primelart); au|ri|ku|lar (Med.: die Ohren betreffend)
Au|ri|pig|ment das; -[e]s ⟨lat.⟩ (ein Mineral, Rauschgelb)
¹Au|ro|ra (röm. Göttin der Morgenröte); ²Au|ro|ra die; -, -s (ein Schmetterling; Lichterscheinung in der oberen Atmosphäre); Au|ro|ra|fal|ter
Au|rum das; -[s] ⟨lat.⟩ (lat. Bez. für: Gold; Zeichen: Au)
aus; Präp. mit Dat.: - dem Hause; - aller Herren Länder[n]; Adverb: aus und ein gehen (verkehren), aber (in Zus.; ↑R 32): aus- und eingehende (ausgehende und eingehende) Waren; weder aus noch ein wissen; Aus das; - (Sportspr.: Raum außerhalb des Spielfeldes)
aus... (in Zus. mit Verben, z. B. ausbeuten, du beutest aus, ausgebeutet, auszubeuten)
aus|agie|ren (Psych.)
aus|apern (schneefrei werden)
aus|ar|bei|ten; sich -; Aus|ar|bei|tung
aus|ar|ten; Aus|ar|tung
aus|at|men; Aus|at|mung
aus|backen [Trenn.: ...bak|ken]
aus|ba|den; etwas - müssen (ugs.)
aus|bag|gern
aus|bal|ken (mit Baken versehen)
aus|ba|lan|cie|ren
aus|bal|do|wern ⟨dt.; jidd.⟩ (ugs. für: auskundschaften)
Aus|ball (Sportspr.)

Aus|bau der; -[e]s, (für: Gebäude-
teil, abseits gelegenes Anwesen
auch Plur.:) ...bauten
aus|bau|chen; Aus|bau|chung
aus|bau|en; aus|bau|fä|hig; Aus-
bau|woh|nung
aus|be|din|gen; sich etwas -
aus|bei|nen (landsch. für: Kno-
chen aus dem Fleisch lösen)
aus|bei|ßen
aus|bes|sern; Aus|bes|se|rung,
(selten:) Aus|beß|rung; aus|bes-
se|rungs|be|dürf|tig
aus|beu|len
Aus|beu|te die; -, -n
aus|beu|teln (österr. für: ausschüt-
teln)
aus|beu|ten; Aus|beu|ter; Aus-
beu|te|rei; aus|beu|te|risch; -ste;
Aus|beu|ter|klas|se; Aus|beu-
tung
aus|be|zah|len
aus|bie|gen
aus|bie|ten (feilbieten)
aus|bil|den; Aus|bil|den|de der u.
die; -n, -n (↑ R 7 ff.); Aus|bil|der;
Aus|bild|ner (österr. u. schweiz.);
Aus|bil|dung; Aus|bil|dungs. bei-
hil|fe, ...för|de|rungs|ge|setz,
...ver|trag
aus|bit|ten; sich etwas -
aus|bla|sen; Aus|blä|ser (ausge-
branntes, nicht auseinanderge-
sprengtes Artilleriegeschoß)
aus|blei|ben
¹aus|blei|chen (bleich machen); du
bleichtest aus; ausgebleicht; vgl.
¹bleichen; ²aus|blei|chen (bleich
werden); es blich aus; ausgebli-
chen (auch schon: ausgebleicht);
vgl. ²bleichen
aus|blen|den
Aus|blick; aus|blicken [Trenn.:
...blik|ken]
aus|blu|ten
aus|bo|gen; ausgebogte Zacken
aus|boh|ren
aus|bo|jen (ein Fahrwasser mit
Seezeichen versehen); er bojet
aus, hat ausgebojet
aus|bom|ben; vgl. Ausgebombte
aus|boo|ten (ugs. auch für: ent-
machten, entlassen)
aus|bor|gen; sich etwas von
jmdm. -
aus|blei|chen; Aus|bre|cher
aus|brei|ten; Aus|brei|tung
aus|brem|sen (Rennsport)
aus|bren|nen
aus|brin|gen; einen Trinkspruch -
Aus|bruch der; -[e]s, ...brüche
(auch: Wein besonderer Güte);
Aus|bruchs|ver|such
aus|brü|ten
aus|bu|chen (Kaufmannsspr.: aus
dem Rechnungsbuch streichen);
vgl. ausgebucht
aus|buch|ten; Aus|buch|tung
aus|bud|deln (ugs.)
aus|bü|geln

aus|bu|hen (durch Buhrufe sein
Mißfallen ausdrücken)
Aus|bund der; -[e]s; aus|bün|dig
(veraltend für: außerordentlich,
sehr)
aus|bür|gern; ich bürgere aus
(↑ R 22); Aus|bür|ge|rung
aus|bür|sten
aus|büxen (landsch. für: weglau-
fen); du büxt (büxest) aus
Ausch|witz (poln. Stadt; im 2.
Weltkrieg Konzentrationslager
der Nationalsozialisten)
Aus|dau|er; aus|dau|ernd; -ste
aus|deh|nen; sich -; Aus|deh|nung;
Aus|deh|nungs|ko|ef|fi|zi|ent
aus|den|ken; sich etwas -
aus|deu|ten (interpretieren)
aus|die|nen; vgl. ausgedient
aus|dif|fe|ren|zie|ren; sich -
aus|dis|ku|tie|ren
aus|docken [Trenn.: ...dok|ken]
(aus dem Dock holen)
aus|dre|hen
aus|dor|ren; aus|dör|ren
Aus|druck der; -[e]s, ...drücke u.
(Druckw.:) ...drucke; aus-
drucken [Trenn.: ...druk|ken]
([ein Buch] fertig drucken); aus-
drücken [Trenn.: ...drük|ken];
sich -; aus|drück|lich [auch:
...drük...]; Aus|drucks|kunst die;
- (auch für: Expressionismus);
aus|drucks|los; -este; Aus-
drucks|lo|sig|keit die; -; aus-
drucks|voll; Aus|drucks|wei|se
Aus|drusch der; -[e]s, -e (Ertrag
des Dreschens)
aus|dün|nen; Obstbäume -
aus|dun|sten, (häufiger:) aus|dün-
sten; Aus|dun|stung, (häufiger:)
Aus|dün|stung
aus|ein|an|der; Schreibung in Ver-
bindung mit Verben (↑ R 205 f.):
auseinander sein; auseinander
(voneinander getrennt) setzen,
liegen, aber: auseinandersetzen
(erklären); vgl. aneinander; aus-
ein|an|der|bre|chen; aus|ein|an-
der|di|vi|die|ren; aus|ein|an|der-
fal|len; aus|ein|an|der|ge|hen
(sich trennen, unterscheiden;
ugs. für: dick werden); aus|ein-
an|der|hal|ten (sondern); aus|ein-
an|der|lau|fen (sich trennen; sich
ausdehnen); aus|ein|an|der|le-
ben, sich; aus|ein|an|der|neh-
men; aus|ein|an|der|rei|ßen; aus-
ein|an|der|set|zen (erklären); sich
mit jmdm. od. etwas -; vgl. aus-
einander; Aus|ein|an|der|set-
zung
aus|er|ko|ren (auserwählt)
aus|er|le|sen
aus|er|se|hen
aus|er|wäh|len; aus|er|wählt; Aus-
er|wähl|te der u. die; -n, -n
(↑ R 7 ff.); Aus|er|wäh|lung
aus|fä|chern
aus|fä|deln, sich (Verkehrsw.)

aus|fah|ren; aus|fah|rend (heftig);
Aus|fahr|si|gnal (fachspr.); Aus-
fahrt; Aus|fahrt[s]_er|laub|nis,
...ge|lei|se, ...gleis; Aus|fahrts-
schild das; Aus|fahrt[s]|si|gnal;
Aus|fahrts|stra|ße
Aus|fall der; aus|fal|len; vgl. aus-
gefallen; aus|fäl|len (Chemie:
gelöste Stoffe in Form von Kri-
stallen, Flocken, Tröpfchen ausscheiden; schweiz.: verhängen
[eine Strafe usw.]); aus|fal|lend
od. aus|fäl|lig (beleidigend);
Aus|fall[s]_er|schei|nung (Med.),
...tor das; Aus|fall|stra|ße; Aus-
fäl|lung (Chemie); Aus|fall|zeit
aus|fech|ten
aus|fe|gen; Aus|fe|ger
aus|fei|len
aus|fer|ti|gen; Aus|fer|ti|gung
aus|fet|ten; die Backform -
aus|fil|tern
aus|fin|dig; - machen; Aus|fin|dig-
ma|chen das; -s
aus|fit|ten ([ein Schiff] mit see-
männischem Zubehör ausrüsten)
aus|flag|gen (mit Flaggen kenn-
zeichnen lassen)
aus|flie|gen
aus|flie|ßen
aus|flip|pen (ugs. für: sich der
Realität durch Drogenkonsum
entziehen; sich [bewußt] außerhalb der gesellschaftlichen
Norm stellen; außer sich geraten); ausgeflippt sein
aus|flocken [Trenn.: ...flok|ken]
(Flocken bilden)
Aus|flucht die; -, ...flüchte
Aus|flug; Aus|flüg|ler; Aus-
flugs_ort (der; -[e]s, -e), ...schiff,
...ver|kehr, ...ziel
Aus|fluß
aus|fol|gen (österr. für: überge-
ben, aushändigen); Aus|fol|gung
aus|for|men
aus|for|mu|lie|ren
Aus|for|mung
aus|for|schen (österr. auch für:
ausfindig machen); Aus|for-
schung (österr. auch für: [polizei-
liche] Ermittlung)
aus|fra|gen; Aus|fra|ge|rei
aus|fran|sen; vgl. ausgefranst
aus|fres|sen; etwas ausgefressen
(ugs. für: verbrochen) haben
aus|fu|gen; eine Mauer -
Aus|fuhr die; -, -en; aus|führ|bar;
Aus|führ|bar|keit die; -; aus|füh-
ren; Aus|füh|rer (für: Expor-
teur); Aus|fuhr|land (Plur. ...län-
der; Wirtsch.); aus|führ|lich[1];
Ausführlicheres in meinem näch-
sten Brief (↑ R 65); Aus|führ|lich-
keit[1] die; -; Aus|fuhr|prä|mie;
Aus|füh|rung; Aus|füh|rungs-
be|stim|mung; Aus|fuhr|ver|bot
aus|fül|len; Aus|fül|lung

---

[1] Auch: ...für...

aus|füt|tern

Ausg. = Ausgabe

Aus|ga|be (Abk. für Drucke: Ausg.); Aus|ga|be|n|buch; Aus-ga|ben|po|li|tik; Aus|ga|be-stel-le, ...ter|min

Aus|gang; aus|gangs (Papierdt.; ↑ R 61 u. 62); mit Gen.: - des Tunnels; Aus|gangs-ba|sis, ...la|ge, ...punkt, ...sper|re, ...stel|lung

aus|gä|ren (fertig gären)

aus|ga|sen

aus|ge|ben; Geld -; sich -

aus|ge|bil|det

aus|ge|bleicht; vgl. ¹ausbleichen; aus|ge|bli|chen; vgl. ²ausbleichen

Aus|ge|bomb|te der u. die; -n, -n (↑ R 7 ff.)

aus|ge|bucht (voll besetzt, ohne freie Plätze); ein -es Flugzeug

aus|ge|bufft; -este (ugs. für: raffiniert)

Aus|ge|burt

aus|ge|dehnt; -este

aus|ge|dient; ein -er Soldat; - haben

Aus|ge|din|ge das; -s, - (landsch. für: Altenteil); Aus|ge|din|ger

aus|ge|dorrt; aus|ge|dörrt

aus|ge|fal|len (auch für: ungewöhnlich); -e Ideen

aus|ge|feilt; -este

aus|ge|feimt; -este (landsch. für: abgefeimt)

aus|ge|flippt; -este; vgl. ausflippen

aus|ge|franst; eine -e Hose

aus|ge|fuchst; -este (ugs. für: durchtrieben)

aus|ge|gli|chen; ein -er Mensch; Aus|ge|gli|chen|heit die; -

Aus|geh|an|zug; aus|ge|hen; es geht sich aus (österr. für: es reicht, paßt)

aus|ge|hun|gert (sehr hungrig)

Aus|geh|ver|bot

aus|ge|klü|gelt

aus|ge|kocht; -este (ugs. auch für: durchtrieben); ein -er Kerl

aus|ge|las|sen (auch für: übermütig); ein -er Junge; Aus|ge|las-sen|heit die; -, (selten:) -en

aus|ge|la|stet

aus|ge|latscht; -este (ugs.)

aus|ge|laugt; -este; -e Böden

aus|ge|lei|ert

aus|ge|lernt; ein -er Schlosser; Aus|ge|lern|te der u. die; -n, -n (↑ R 7 ff.)

aus|ge|lit|ten; - haben

aus|ge|macht; -este (feststehend); als - gelten; ein -er (ugs. für: großer) Schwindel

aus|ge|mer|gelt

aus|ge|mu|gelt (österr.); -e (stark ausgefahrene) Skipisten

aus|ge|nom|men; alle waren zugegen, er ausgenommen (od. ausgenommen er); ich erinnere mich aller Vorgänge, ausgenom-men dieses einen (od. diesen einen ausgenommen); der Tadel galt allen, ausgenommen ihm (od. ihn ausgenommen); ausgenommen, daß/wenn (↑ R 125)

aus|ge|picht; -este (ugs. für: gerissen, durchtrieben)

aus|ge|po|wert (vgl. auspowern)

aus|ge|prägt; -este; eine -e Vorliebe; Aus|ge|prägt|heit die; -

aus|ge|pumpt (ugs. für: erschöpft)

aus|ge|rech|net

aus|ge|schamt; -este (landsch. für: unverschämt)

aus|ge|schlos|sen (unmöglich); es ist [nicht] -, daß ...

aus|ge|schnit|ten

aus|ge|sorgt; - haben

aus|ge|spielt; - haben

aus|ge|spro|chen (entschieden, sehr groß); eine -e Abneigung; aus|ge|spro|che|ner|ma|ßen

aus|ge|stal|ten; Aus|ge|stal|tung

aus|ge|steu|ert; Aus|ge|steu|er|te der u. die; -n, -n (↑ R 7 ff.)

aus|ge|sucht; -este ([aus]erlesen; ausgesprochen)

aus|ge|wach|sen (voll ausgereift)

aus|ge|wo|gen (sorgfältig abgestimmt, harmonisch); Aus|ge|wo-gen|heit die; -

aus|ge|zehrt

aus|ge|zeich|net; -e Leistungen

aus|gie|big (reichlich); Aus|gie-big|keit die; -

aus|gie|ßen; Aus|gie|ßer

Aus|gleich der; -[e]s, -e; aus-gleich|bar; aus|glei|chen; vgl. ausgeglichen; Aus|gleichs.ab|ga-be, ...amt, ...fonds, ...ge|trie|be (für: Differential), ...sport, ...tref|fer; Aus|glei|chung

aus|glei|ten

aus|glü|hen (z. B. einen Draht)

aus|gra|ben; Aus.grä|ber, ...gra-bung, ...gra|bungs|stät|te

aus|grei|fen; Aus|griff

aus|grün|den (Wirtsch.: einen Teil eines Betriebes getrennt als selbständiges Unternehmen weiterführen); aus|grün|dung

Aus|guck der; -[e]s, -e; aus|gucken [Trenn.: ...guk|ken]

Aus|guß

aus|ha|ben (ugs.); ..., daß er den Mantel aushat; das Buch -; um 12 Uhr Schule -

aus|hacken [Trenn.: ...hak|ken]; Unkraut -

aus|ha|ken (ugs. auch für: zornig werden)

aus|hal|ten; (↑ R 68:) es ist nicht zum Aushalten

aus|han|deln

aus|hän|di|gen; Aus|hän|di|gung

Aus|hang; Aus|hän|ge|bo|gen (Druckw.); ¹aus|hän|gen (älter u. mdal.: aushangen); die Verordnung hat ausgehangen; vgl. ¹hängen; ²aus|hän|gen; ich habe die Tür ausgehängt; vgl. ²hängen; Aus|hän|ger vgl. Aushängebogen; Aus|hän|ge|schild das

aus|har|ren

aus|här|ten (Technik); Aus|här-tung

aus|hau|chen; sein Leben -

aus|hau|en

aus|häu|sig (landsch. für: außer Hauses; selten zu Haus); Aus-häu|sig|keit die; -

aus|he|ben (herausheben; zum Heeresdienst einberufen; österr. auch: [einen Briefkasten] leeren); Aus|he|ber (Griff beim Ringen); aus|he|bern (mit einem Heber herausnehmen; bes. den Magen zu Untersuchungszwecken entleeren); ich hebere aus (↑ R 22); Aus|he|be|rung; Aus|he-bung (österr. auch: Leerung des Briefkastens)

aus|hecken [Trenn.: ...hek|ken] (ugs. für: mit List ersinnen)

aus|hei|len; Aus|hei|lung

aus|hel|fen; Aus|hel|fer; Aus|hil-fe; Aus|hilfs.ar|beit, ...kraft die, ...stel|lung; aus|hilfs|wei|se

aus|höh|len; Aus|höh|lung

aus|hol|len

aus|hol|zen; Aus|hol|zung

aus|hor|chen; Aus|hor|cher

aus|hor|sten (junge Raubvögel aus dem Horst nehmen)

Aus|hub der; -[e]s

aus|hun|gern; vgl. ausgehungert

aus|hu|sten; sich -

aus|ixen (ugs. für: [durch Übertippen] mit dem Buchstaben x ungültig machen); du ixt (ixest) aus

aus|jä|ten

aus|kal|ku|lie|ren

aus|käm|men; Aus|käm|mung

aus|kei|geln (landsch. auch für: ausrenken)

aus|keh|len; Aus|keh|lung (das Anbringen einer Hohlkehle)

aus|keh|ren; Aus|keh|richt der; -s

aus|kei|len; ein Pferd keilt aus (schlägt aus); eine -e Gesteinsschicht keilt aus (läuft nach einer Seite hin keilförmig aus)

aus|kei|men

aus|ken|nen, sich

aus|ker|ben; Aus|ker|bung

aus|ker|nen

aus|kip|pen

aus|kla|gen (Rechtsspr.); Aus|kla-gung

aus|klam|mern; Aus|klam|me-rung

aus|kla|mü|sern (ugs. für: austüf-teln)

Aus|klang

aus|klapp|bar; aus|klap|pen

aus|kla|rie|ren (Schiff und Güter vor der Ausfahrt verzollen)

aus|klau|ben (landsch. für: mit den Fingern [mühsam] auslesen)

aus|klei|den; sich -; Aus|klei|dung

aus|klin|gen
aus|klin|ken
aus|klop|fen; Aus|klop|fer
aus|klü|geln; Aus|klü|ge|lung, Aus|klüg|lung
aus|knei|fen (ugs. für: feige u. heimlich weglaufen)
aus|knip|sen
aus|kno|beln (ugs. auch für: ausdenken)
aus|knocken [...nokⁿn] [Trenn.: ...knok|ken] ⟨engl.⟩ (Boxsport: durch K. o. besiegen)
aus|knöpf|bar; aus|knöp|fen
aus|ko|chen; vgl. ausgekocht
aus|kof|fern (eine vertiefte Fläche für den Straßenunterbau schaffen); ich koffere aus (↑R 22); Aus|kof|fe|rung
Aus|kol|kung (Geol.: Auswaschung)
aus|kom|men; Aus|kom|men das; -s; aus|kömm|lich
aus|kop|peln
aus|ko|sten
aus|kot|zen (derb); sich -
aus|kra|gen (Bauw.: herausragen [lassen]); Aus|kra|gung
aus|kra|men
aus|krat|zen
aus|krie|chen
aus|krie|gen (ugs.)
aus|kri|stal|li|sie|ren; sich -
aus|ku|geln
aus|küh|len; Aus|küh|lung
Aus|kul|tant der; -en, -en (↑R 197) ⟨lat.⟩ (veralt. für: Beisitzer ohne Stimmrecht); Aus|kul|ta|ti|on [...zion] die; -, -en (Med.: das Abhorchen); aus|kul|ta|to|risch (Med.: durch Abhorchen); aus|kul|tie|ren (Med.: abhorchen)
aus|kund|schaf|ten; Aus|kund|schaf|ter
Aus|kunft die; -, ...künfte; Aus|kunf|tei; Aus|kunfts|stel|le
aus|kup|peln; den Motor -
aus|ku|rie|ren
aus|la|chen
Aus|lad der; -s (schweiz. für: Ausladung [bei der Eisenbahn]); ¹aus|la|den; Waren -; vgl. ¹laden; ²aus|la|den; jmdn. -; vgl. ²laden; aus|la|dend (weit ausgreifend); Aus|la|de|ram|pe; Aus|la|dung
Aus|la|ge
aus|la|gern; Aus|la|ge|rung
Aus|land das; -[e]s; Aus|län|der; aus|län|der|feind|lich; Aus|län|de|rin die; -, -nen; aus|län|disch; Aus|lands_ab|satz, ...auf|ent|halt, ...be|zie|hun|gen (Plur.); Aus|land|schwei|zer; Aus|lands_deutsch; Aus|lands_deut|sche (der u. die; ↑R 7 ff.), ...ge|spräch, ...kun|de (die; -), ...kor|re|spon|dent, ...rei|se, ...schutz|brief, ...sen|dung, ...ver|tre|tung
aus|lan|gen (landsch. für: zum Schlag ausholen; ausreichen);

Aus|lan|gen das; -s; das - finden (österr.: auskommen)
Aus|laß der; ...lasses, ...lässe; aus|las|sen (österr. auch für: frei-, loslassen); vgl. ausgelassen; Aus|las|sung; Aus|las|sungs_punk|te (Plur.), ...satz (für: Ellipse), ...zei|chen (für: Apostroph); Aus|laß|ven|til (beim Viertaktverbrennungsmotor)
aus|la|sten; Aus|la|stung
aus|lat|schen (ugs.); die Schuhe -
Aus|lauf; Aus|lauf|bahn (Skisport); aus|lau|fen; Aus|läu|fer
aus|lau|gen
Aus|laut; aus|lau|ten; auf „n" -
aus|läu|ten
aus|le|ben; sich -
aus|lecken [Trenn.: ...lek|ken]
aus|lee|ren; Aus|lee|rung
aus|le|gen; Aus|le|ger; Aus|le|ger_boot, ...brücke [Trenn.: ...brük|ke]; Aus|le|ge|wa|re (Teppichmaterial zum Auslegen von Fußböden); Aus|le|gung
aus|lei|ern
Aus|lei|he; aus|lei|hen; Aus|lei|hung
aus|ler|nen; vgl. ausgelernt
Aus|le|se; aus|le|sen; Aus|le|se|pro|zeß
aus|leuch|ten
aus|lich|ten
aus|lie|fern; Aus|lie|fe|rung
aus|lie|gen
Aus|li|nie
aus|lo|ben (Rechtsspr.: als Belohnung aussetzen); Aus|lo|bung
aus|löf|feln
aus|lo|gie|ren [...schir'n] (anderswo einquartieren)
¹aus|lö|schen; er löschte das Licht aus, hat es ausgelöscht; vgl. ¹löschen; ²aus|lö|schen (veralt.); das Licht losch (auch: löschte) aus, ist ausgelöscht; vgl. ²löschen
aus|lo|sen
aus|lö|sen; Aus|lö|ser
Aus|lo|sung (durch das Los getroffene [Aus]wahl)
Aus|lö|sung (das Auslösen: Loskaufen [eines Gefangenen])
aus|lo|ten
Aus|lucht die; -, -en (Architektur: Vorbau an Häusern; Quergiebel einer Kirche)
aus|lüf|ten
Aus|lug der; -[e]s, -e (veralt. für: Ausguck); aus|lu|gen
aus|lut|schen
aus'm; ↑R 17 (ugs. für: aus dem, aus einem)
aus|ma|chen; vgl. ausgemacht
aus|mah|len; Aus|mah|lung die; - (z. B. des Kornes)
aus|ma|len; Aus|ma|lung (z. B. des Bildes)
aus|ma|nö|vrie|ren
aus|mar|chen (schweiz. für: seine

Rechte, Interessen abgrenzen; sich auseinandersetzen); Aus|mar|chung (schweiz.)
aus|mä|hen, sich (bes. ostmitteld. für: trödeln; auch: zu trödeln aufhören)
Aus|maß das
aus|mau|ern; Aus|maue|rung (↑R 180)
aus|mei|ßeln
aus|mer|geln; ich mergele aus (↑R 22); Aus|mer|ge|lung, Aus|merg|lung
aus|mer|zen (radikal beseitigen); du merzt (merzest) aus; Aus|mer|zung
aus|mes|sen; Aus|mes|sung
aus|mie|ten (schweiz. neben: vermieten)
aus|mi|sten
aus|mit|teln (veraltend für: ermitteln); ich mitt[e]le aus (↑R 22); Aus|mit|te|lung, Aus|mitt|lung; aus|mit|tig, au|ßer|mit|tig (für: exzentrisch [Technik])
aus|mon|tie|ren
aus|mu|geln (österr. für: ausfahren, uneben machen [Skipiste])
aus|mün|den
aus|mün|zen; Aus|mün|zung (Münzprägung)
aus|mu|stern; Aus|mu|ste|rung
Aus|nah|me die; -, -n (österr. auch für: Altenteil); Aus|nah|me_er|schei|nung, ...fall der, ...zu|stand; Aus|nahms|fall (österr.); aus|nahms_los, ...wei|se; Aus|nahms|zu|stand (österr.); aus|neh|men; sich -; vgl. ausgenommen; aus|neh|mend (sehr); Aus|neh|mer (österr. für: Bauer, der auf dem Altenteil lebt)
aus|nüch|tern; Aus|nüch|te|rung; Aus|nüch|te|rungs|zel|le
aus|nut|zen, (bes. südd., österr. u. schweiz.:) aus|nüt|zen; Aus|nut|zung, (bes. südd., österr.:) Aus|nüt|zung
aus|packen [Trenn.: ...pak|ken]
aus|par|ken
aus|peit|schen; Aus|peit|schung
aus|pen|deln (Boxsport: mit dem Oberkörper seitlich od. nach hinten ausweichen); Aus|pend|ler (Person, die außerhalb ihres Wohnortes arbeitet)
aus|pfäh|len (einzäunen; Bergmannsspr.: mit Pfählen Gesteinsmassen abstützen)
aus|pfei|fen
aus|pflan|zen
aus|pflücken [Trenn.: ...pflük|ken]
Au|spi|zi|um das; -s, ...ien [...i'n] (meist Plur.) ⟨lat.⟩ (Vorbedeutung; Aussichten); unter jemandes Auspizien, unter den Auspizien von ... (unter der Schirmherrschaft, Oberhoheit von ...)
aus|plau|dern
aus|plau|schen (österr.)

aus|plün|dern; Aus|plün|de|rung
aus|pol|stern; Aus|pol|ste|rung
aus|po|sau|nen (ugs. für: [gegen
den Willen eines anderen] be-
kanntmachen)
aus|po|wern ⟨dt.; franz.⟩ (bis zur
Verelendung ausbeuten); ich po-
were aus (↑ R 22); Aus|po|we|rung
aus|prä|gen; vgl. ausgeprägt; Aus-
prä|gung
aus|prei|sen (Waren mit einem
²Preis versehen)
aus|pres|sen
aus|pro|bie|ren
Aus|puff der; -[e]s, -e; Aus|puff-
an|la|ge;   Aus|puff|flam|me
(↑ R 204); Aus|puff|topf
aus|pum|pen; vgl. ausgepumpt
aus|punk|ten (Boxsport: nach
Punkten besiegen)
aus|pu|sten
aus|put|zen; Aus|put|zer
aus|quar|tie|ren;   Aus|quar|tie-
rung
aus|quat|schen; sich -
aus|quet|schen
aus|ra|deln, aus|rä|deln (mit einem
Rädchen ausschneiden, übertragen); ich ...[e]le aus (↑ R 22)
aus|ra|die|ren
aus|ran|gie|ren [...sehir'n] (ugs.
für: aussondern; ausscheiden)
aus|ra|sie|ren
aus|ra|sten (ugs. auch für: zornig
werden; südd., österr. für: ausruhen)
aus|rau|ben; aus|räu|bern
aus|räu|chern
aus|rau|fen
aus|räu|men; Aus|räu|mung
aus|rech|nen; Aus|rech|nung
aus|recken [Trenn.: ...rek|ken]
Aus|re|de; aus|re|den; jmdm. et-
was -
aus|reg|nen, sich
aus|rei|ben (österr. auch für:
scheuern); die Küche -; Aus-
reib|tuch (österr. für: Scheuer-
tuch)
aus|rei|chen; aus|rei|chend; er hat
[die Note] „ausreichend" erhalten; er hat mit [der Note] „ausreichend" bestanden
aus|rei|fen; Aus|rei|fung
Aus|rei|se; Aus|rei|se_er|laub|nis,
...ge|neh|mi|gung; aus|rei|sen;
Aus|rei|se|sper|re
aus|rei|ßen; Aus|rei|ßer
aus|rei|ten
aus|rei|zen; die Karten -
aus|ren|ken; Aus|ren|kung
aus|rich|ten; etwas -; Aus|rich|ter,
Aus|rich|tung
aus|rin|gen (landsch. für: auswrin-
gen)
aus|rin|nen
aus|rip|pen (von den Rippen lö-
sen)
Aus|ritt
aus|ro|den; Aus|ro|dung

aus|rol|len
aus|rot|ten; Aus|rot|tung
aus|rücken [Trenn.: ...rük|ken]
(ugs. auch für: fliehen)
Aus|ruf; aus|ru|fen; Aus|ru|fer;
Aus|ru|fe_satz, ...wort (für: Inter-
jektion; Plur. ...wörter), ...zei-
chen; Aus|ru|fung; Aus|ru|fungs-
zei|chen;   Aus|ruf|zei|chen
(schweiz.)
aus|ru|hen
aus|rup|fen
aus|rü|sten; Aus|rü|ster; Aus|rü-
stung;   Aus|rü|stungs_ge|gen-
stand, ...stück
aus|rut|schen; Aus|rut|scher
Aus|saat; aus|sä|en
Aus|sa|ge die; -, -n; aus|sa|gen
aus|sä|gen
Aus|sa|ge_kraft, ...satz, ...wei|se
(die; Sprachw. für: Modus),
...wert
Aus|satz der; -es (eine Krankheit);
aus|sät|zig; Aus|sät|zi|ge der od.
die; -n, -n (↑ R 7 ff.)
aus|sau|fen
aus|sau|gen
Aussch. = Ausschuß
aus|scha|ben; Aus|scha|bung
aus|schach|ten; Aus|schach|tung
aus|schal|len (Verschalung entfer-
nen; verschalen)
aus|schä|len
aus|schal|men; Bäume - (Forstw.:
durch Kerben kennzeichnen)
aus|schal|ten; Aus|schal|ter; Aus-
schal|tung
Aus|scha|lung
Aus|schank
Aus|schau die; -; - halten; aus-
schau|en
Aus|scheid der; -[e]s, -e (DDR für:
Ausscheidungskampf); aus-
schei|den; Aus|schei|dung; Aus-
schei|dungs_kampf, ...spiel
aus|schel|ten
aus|schen|ken (Bier, Wein usw.)
aus|sche|ren (die Linie, Spur ver-
lassen); scherte aus; ausgeschert
aus|schicken [Trenn.: ...schik|ken]
aus|schie|ßen (Druckw.); Aus-
schieß|plat|te (Druckw.)
aus|schif|fen; Aus|schif|fung
aus|schil|dern (mit Schildern mar-
kieren); Aus|schil|de|rung
aus|schimp|fen
aus|schir|ren
aus|schlach|ten (ugs. auch für: für
sich ausnutzen); Aus|schlach|te-
rei; Aus|schlach|tung
aus|schla|fen; sich -
Aus|schlag; aus|schla|gen; aus-
schlag|ge|bend; -ste
aus|schläm|men (von Schlamm be-
freien)
aus|schlecken [Trenn.: ...schlek-
ken]
aus|schlei|men; sich - (ugs. für:
sich aussprechen)
aus|schlie|ßen; vgl. ausgeschlos-

sen; aus|schlie|ßend; aus|schließ-
lich[1]; Präp. mit Gen.: - der Verpackung; ein alleinstehendes,
stark gebeugtes Substantiv steht
im Sing. ungebeugt: - Porto;
Dat., wenn bei Pluralformen der
Gen. nicht erkennbar ist: - Ge-
tränken;   Aus|schließ|lich|keit[1]
die; -, (selten:) -en; Aus|schlie-
ßung
aus|schlip|fen (schweiz. für: aus-
rutschen)
Aus|schlupf; aus|schlüp|fen
aus|schlür|fen
Aus|schluß;   Aus|schluß_fach,
...ka|sten (Druckw.)
aus|schmie|ren
aus|schmücken [Trenn.: ...schmük-
ken]; Aus|schmückung [Trenn.:
...schmük|kung]
aus|schnau|ben
aus|schnei|den; Aus|schnitt
aus|schnüf|feln
aus|schöp|fen; Aus|schöp|fung
aus|schop|pen (österr. ugs. für:
ausstopfen)
aus|schrei|ben; Aus|schrei|bung
aus|schrei|en
aus|schrei|ten;   Aus|schrei|tung
(meist Plur.)
aus|schro|ten (österr. für: [Fleisch]
zerlegen, ausschlachten)
aus|schu|len (aus der Schule neh-
men); Aus|schu|lung
Aus|schuß (Abk. für Kommission:
Aussch.); Aus|schuß_mit|glied,
...quo|te, ...sit|zung, ...wa|re
aus|schüt|teln
aus|schüt|ten; Aus|schüt|tung
aus|schwär|men
aus|schwe|feln
aus|schwei|fen;   aus|schwei|fend;
-ste; Aus|schwei|fung
aus|schwei|gen, sich
aus|schwem|men;   Aus|schwem-
mung
aus|schwen|ken
aus|schwin|gen (schweiz. auch:
den Endkampf im Schwingen
kämpfen); Aus|schwin|get der; -s
(schweiz.)
aus|schwit|zen; Aus|schwit|zung
Aus|see, Bad (Solbad in der Stei-
ermark); Aus|seer (↑ R 147, 151 u.
180); Aus|seer Land (Gebiet in
der Steiermark)
aus|seg|nen (einem Verstorbenen
den letzten Segen erteilen); Aus-
seg|nung
aus|se|hen; Aus|se|hen das; -s
aus|sein (ugs. für: zu Ende sein);
das Theater ist aus, ist ausgewe-
sen, aber: ..., daß das Theater
aus ist, war; auf etwas - (ugs. für:
versessen sein)
au|ßen; von - [her]; nach innen
und -; nach - [hin]; Farbe für -
und innen; - vor lassen (nordd.

---

[1]Auch: _außschliß..._ od. _...schliß..._

für: unberücksichtigt lassen); er spielt - (augenblickliche Position eines Spielers), aber vgl. Außen; Au|ßen der; -, - (Sportspr.: Außenspieler); er spielt - (als Außenspieler), aber vgl. außen; Au|ßen_al|ster, ...an|ten|ne, ...ar|bei|ten (Plur.), ...auf|nah|me (meist Plur.), ...bahn (Sport), ...be|zirk, ...bor|der ([Boot mit] Außenbordmotor), ...bord|mo|tor; au|ßen|bords (außerhalb des Schiffes)

aus|sen|den; Aus|sen|dung die; - Au|ßen|dienst; Au|ßen|dienst|ler; au|ßen|dienst|lich; Au|ßen_el|be, ...han|del, ...han|dels|po|li|tik, ...kur|ve; au|ßen|lie|gend; Au|ßen_mi|ni|ster, ...mi|ni|ste|ri|um, ...po|li|tik; au|ßen|po|li|tisch; Au|ßen_rist (bes. Fußball: äußere Seite des Fußrückens), ...sei|te, ...sei|ter, ...spie|gel, ...stän|de (Plur.; ausstehende Forderungen), ...ste|hen|de (der u. die; -n, -n; ↑ R 7 ff.), ...stel|le, ...stür|mer, ...tem|pe|ra|tur, ...tür, ...wand, ...welt (die; -), ...wirt|schaft (die; -)

au|ßer; Konj.: - daß/wenn/wo: wir fahren in die Ferien, - [wenn] es regnet (↑ R 126); niemand kann diese Schrift lesen - er selbst; Präp. mit Dat.: niemand kann es lesen - ihm selbst; - [dem] Haus[e]; - allem Zweifel; - Dienst (Abk. a. D.); - Rand und Band; ich bin - mir (empört); (↑ R 64:) außerstande sein; - acht lassen, aber (↑ R 64): - aller Acht lassen; mit Akk. (bei Verben der Bewegung): - Kurs, - allen Zweifel, - Tätigkeit setzen; ich gerate - mich (auch: mir) vor Freude; außerstand setzen; mit Gen. nur in: - Landes gehen, sein; - Hauses (neben: Haus[e]); Au|ßer|acht|las|sen das; -s (↑ R 68); Au|ßer|acht|las|sung; au|ßer_amt|lich, ...be|ruf|lich; au|ßer daß (↑ R 126); au|ßer|dem; au|ßer|dienst|lich; äu|ße|re; die - Mission, aber (↑ R 146): die Äußere Mongolei; Äu|ße|re das; ...r[e]n (↑ R 7 ff.); im Außer[e]n; sein -s; ein erschreckendes Äußere[s]; Minister des -n; au|ßer_ehe|lich, ...eu|ro|pä|isch; au|ßer|ge|richt|lich; - e Kosten; -er Vergleich; au|ßer|ge|wöhn|lich; au|ßer|halb; Präp. mit Gen.: - des Lagers; - Münchens; Adverb: - von ...; au|ßer|ir|disch; Au|ßer|kraft|set|zung; äu|ßer|lich; Äu|ßer|lich|keit

äu|ßerln (österr. ugs.); seinen Hund - (auf die Straße) führen; - gehen

au|ßer|mit|tig vgl. ausmittig

äu|ßern; ich ...ere (↑ R 22); sich -

au|ßer|or|dent|lich [auch: auß'r-or...]; -er [Professor] (Abk.: ao., a. o. [Prof.]); au|ßer|orts (schweiz. für: außerhalb einer Ortschaft); au|ßer|par|la|men|ta|risch; die -e Opposition (Abk.: APO, auch: Apo); au|ßer|plan|mä|ßig (Abk.: apl.); au|ßer|schu|lisch

äu|ßerst (auch: sehr, in hohem Grade). I. Kleinschreibung (↑ R 65): bis zum äußersten (sehr); auf das, aufs äußerste (sehr) erschrocken sein. II. Großschreibung (↑ R 65): das Äußerste befürchten; 20 Mark sind od. ist das Äußerste; das Äußerste, was ...; auf das, aufs Äußerste (auf die schlimmsten Dinge) gefaßt sein; es auf das, aufs Äußerste ankommen, zum Äußersten kommen lassen; bis zum Äußersten gehen; es bringt mich zum Äußersten (zur Verzweiflung)

au|ßer|stand [auch: au...]; - setzen; vgl. außer; au|ßer|stan|de [auch: au...]; - sein; sich - sehen; sich [als] - erweisen; vgl. außer

äu|ßer|sten|falls; vgl. Fall der

au|ßer|tour|lich [áußr'tur...] (österr. für: außerhalb der Reihenfolge; zusätzlich)

Äu|ße|rung

au|ßer wenn/wo (↑ R 126)

aus|set|zen; Aus|set|zung

Aus|sicht die; -, -en; aus|sichts|los; -este; Aus|sichts|lo|sig|keit die; -; Aus|sichts|punkt; aus|sichts|reich; Aus|sichts|turm; aus|sichts|voll; Aus|sichts|wa|gen

aus|sie|ben

aus|sie|deln; Aus|sied|ler; Aus|sied|ler|hof; Aus|sie|de|lung; Aus|sied|lung

aus|söh|nen; sich -; Aus|söh|nung

aus|son|dern; Aus|son|de|rung

aus|sor|gen; ausgesorgt haben

aus|sor|tie|ren

aus|spä|hen

Aus|spann der; -[e]s, -e (früher: Wirtshaus mit Stall); aus|span|nen (ugs. auch für: abspenstig machen); Aus|span|nung

aus|spa|ren; Aus|spa|rung

aus|spei|en

aus|sper|ren; Aus|sper|rung

aus|spie|len; Aus|spie|lung

aus|spin|nen

aus|spio|nie|ren

aus|spra|che; Aus|spra|che_an|ga|be, ...be|zeich|nung, ...wör|ter|buch; aus|sprech|bar; aus|spre|chen; sich -; vgl. ausgesprochen

aus|spren|gen; ein Gerücht -

aus|sprit|zen; Aus|sprit|zung

Aus|spruch

aus|spucken [Trenn.: ...spuk|ken]

aus|spü|len; Aus|spü|lung

aus|staf|fie|ren (ausstatten); Aus|staf|fie|rung

Aus|stand der; -[e]s; in den - treten (streiken); aus|stän|dig (südd., österr. für: ausstehend); -e Beträge; Aus|ständ|ler (Streikender)

aus|stan|zen

aus|stat|ten; Aus|stat|tung; Aus|stat|tungs|film

aus|ste|chen

aus|stecken [Trenn.: ...stek|ken]; etwas mit Fähnchen -

aus|ste|hen; jmdn. nicht - können

aus|stei|fen (Bauw.); Aus|stei|fung

aus|stei|gen; Aus|stei|ger (jmd., der seinen Beruf, seine gesellschaftlichen Bindungen o. ä. plötzlich aufgibt)

aus|stei|nen; Obst -

aus|stel|len; Aus|stel|ler; Aus|stell|fen|ster (Kfz); Aus|stel|lung; Aus|stel|lungs_flä|che, ...ge|län|de, ...ka|ta|log, ...stand, ...stück

Aus|ster|be|etat [...eta], in Wendungen wie: auf dem - stehen, auf den - setzen (ugs.); aus|ster|ben

aus|steu|er die; aus|steu|ern; Aus|steue|rung

Aus|stich (das Beste [vom Wein]; schweiz. Sportspr. auch für: Entscheidungskampf)

Aus|stieg der; -[e]s, -e; Aus|stieg_lu|ke

aus|stop|fen; Aus|stop|fung

Aus|stoß der; -es, (selten:) Ausstöße (z. B. von Bier); aus|sto|ßen; jmdn. -; Aus|sto|ßung

aus|strah|len; Aus|strah|lung

aus|strecken [Trenn.: ...strek|ken]

aus|strei|chen

aus|streu|en; Gerüchte -

Aus|strich (Med.)

aus|strö|men

aus|su|chen; vgl. ausgesucht

aus|süßen (zu Süßwasser werden)

aus|ta|pe|zie|ren

aus|ta|rie|ren (ins Gleichgewicht bringen); österr. auch: [auf der Waage] das Leergewicht feststellen)

Aus|tausch der; -[e]s; aus|tausch|bar; Aus|tausch|bar|keit die; -; aus|tau|schen; Aus|tausch_mo|tor ([als neuwertig geltender] Ersatzmotor), ...schü|ler, ...stoff (künstlicher Roh- u. Werkstoff); aus|tausch|wei|se

aus|tei|len; Aus|tei|lung

Aus|te|nit der; -s, -e (nach dem engl. Forscher Roberts-Austen) (sehr widerstandsfähiger Stahl)

Au|ster der; -, -n (niederl.) (eßbare Meeresmuschel)

Au|ste|ri|ty [áßtäriti] die; - (engl.) (engl. Bez. für: Strenge; wirtschaftl. Einschränkung)

Au|stern_bank (Plur. ...bänke), ...fi|scher (Watvogel), ...zucht

aus|te|sten

aus|til|gen

aus|to|ben; sich -

aus|ton|nen (ausbojen)

Aus|trag der; -[e]s (südd. u. österr. auch für: Altenteil); zum - kommen (Papierdt.); aus|tra|gen; Aus|trä|ger (Person, die etwas austrägt); Aus|träg|ler (südd. u. österr. für: Bauer, der auf dem Altenteil lebt); Aus|tra|gung; Aus|tra|gungs.mo|dus, ...ort

aus|trai|niert (völlig trainiert)

au|stra|lid ⟨lat.⟩ (Rassenmerkmale der Australiden zeigend); -er Zweig; Au|stra|li|de der u. die; -n, -n (↑R 7 ff.); Au|stra|li|en [...i⁰n]; Au|stra|li|er [...i⁰r]; au|stra|lisch, aber (↑R 157): die Australischen Alpen; au|stra|lo|id (den Australiden ähnliche Rassenmerkmale zeigend); Au|stra|lo|i|de der u. die; -n, -n (↑R 7 ff.)

aus|träu|men; ausgeträumt

aus|trei|ben; Aus|trei|bung

aus|tre|ten

Au|stria („Österreich"); Au|stria|zis|mus der; -, ...men (↑R 180) ⟨lat.⟩ (österr. Spracheigentümlichkeit)

aus|trick|sen (auch Sportspr.)

aus|trin|ken

Aus|tritt; Aus|tritts|er|klä|rung

au|stro|asia|tisch (↑R 180); -e Sprachen

aus|trock|nen; Aus|trock|nung

Au|stro|mar|xis|mus [auch: au...] (österr. Sonderform des Marxismus)

aus|trom|pe|ten (ugs. für: aller Welt verkünden)

aus|tüf|teln; Aus|tüf|te|lung, Aus|tüft|lung

aus|tun; sich - können (ugs. für: sich ungehemmt betätigen können)

aus|üben; Aus|übung

aus|ufern (über die Ufer treten; das Maß überschreiten)

Aus|ver|kauf; aus|ver|kau|fen; aus|ver|kauft

aus|ver|schämt; -este (landsch. für: dreist, unverschämt)

aus|wach|sen; (↑R 68:) es ist zum Auswachsen (ugs.); vgl. ausgewachsen

aus|wä|gen (fachspr. für: das Gewicht feststellen, vergleichen)

Aus|wahl; aus|wäh|len; Aus|wahl.mann|schaft, ...mög|lich|keit, ...spie|ler, ...wet|te (Wette, bei der Fußballspiele mit unentschiedenem Ausgang vorausgesagt werden müssen)

aus|wal|len (schweiz., auch bayr. für: [Teig] ausrollen)

aus|wal|zen

Aus|wan|de|rer; Aus|wan|de|rer|schiff; aus|wan|dern; Aus|wan|de|rung

aus|wär|tig; -er Dienst, aber (↑R 157): das Auswärtige Amt (Abk.: AA); Minister des Auswärtigen (↑R 65); aus|wärts; nach, von -; nach - gehen. Schreibung in Verbindung mit Verben: ↑R 205 f. (vgl. abwärts): auswärts (außer dem Hause) essen, aber: auswärtsgehen, auswärtslaufen (mit auswärts gerichteten Füßen); Aus|wärts|spiel

aus|wa|schen; Aus|wa|schung

Aus|wech|sel|bank; aus|wech|sel|bar; aus|wech|seln; Aus|wech|se|lung; Aus|wechs|lung

Aus|weg; aus|weg|los; -este; Aus|weg|lo|sig|keit die; -

Aus|wei|che; aus|wei|chen; aus|wei|chend; Aus|weich.ma|nö|ver, ...mög|lich|keit, ...stel|le

aus|wei|den (Eingeweide entfernen [bei Wild usw.])

aus|wei|nen; sich -

Aus|weis der; -es, -e; aus|wei|sen; sich -; Aus|weis.kon|trol|le; aus|weis|lich (Papierdt.: nach Ausweis); Präp. mit Gen.: - der Akten; Aus|weis|pa|pier (meist Plur.)

aus|wei|ßen (z. B. einen Stall)

Aus|wei|sung

aus|wei|ten; Aus|wei|tung

aus|wen|dig; - lernen, wissen; Aus|wen|dig|ler|nen das; -s

aus|wer|fen; Aus|wer|fer (Technik)

aus|wer|keln; das Türschloß ist ausgewerkelt (österr. ugs. für: ausgeleiert, stark abgenutzt)

aus|wer|ten; Aus|wer|tung

aus|wickeln [Trenn.: ...wik|keln]

aus|wie|gen; vgl. ausgewogen

aus|win|den (landsch. u. schweiz. für: auswringen)

aus|win|tern (über Winter absterben; die Saat wintert aus; Aus|win|te|rung die; -

aus|wir|ken, sich; Aus|wir|kung

aus|wi|schen; jmdm. eins - (ugs. für: schaden)

aus|wit|tern (verwittern; an die Oberfläche treten lassen)

aus|wrin|gen; Wäsche -

Aus|wuchs der; -es, ...wüchse

aus|wuch|ten (bes. Kfz-Technik); Aus|wuch|tung

Aus|wurf; Aus|würf|ling (Geol.: von einem Vulkan ausgeworfenes Magma- od. Gesteinsbruchstück); Aus|wurfs|mas|se (Geol.)

aus|zah|len; das zahlt sich nicht aus (ugs. für: das lohnt sich nicht); aus|zäh|len; Aus|zah|lung; Aus|zäh|lung

aus|zan|ken

aus|zeh|ren; Aus|zeh|rung die; - (Schwindsucht; Kräfteverfall)

aus|zeich|nen; sich -; Aus|zeich|nung; Aus|zeich|nungs|pflicht

Aus|zeit (Basketball, Volleyball: [einer Mannschaft zustehende] Spielunterbrechung)

aus|zieh|bar; aus|zie|hen; Aus|zieh|tisch

aus|zir|keln

aus|zi|schen

Aus|zu|bil|den|de der u. die; -n, -n (↑R 7 ff.)

Aus|zug (südd. auch für: Altenteil; schweiz. auch: erste Altersklasse der Wehrpflichtigen); Aus|zü|ger, ¹Aus|züg|ler (schweiz. für: Wehrpflichtiger der ersten Altersklasse); ²Aus|züg|ler (landsch. für: Bauer, der auf dem Altenteil lebt); Aus|zugs|bau|er (österr. für: Bauer, der auf dem Altenteil lebt); Aus|zugs|mehl (feines, kleiefreies Weizenmehl); aus|zugs|wei|se

aus|zup|fen

aut|ark ⟨griech.⟩ (sich selbst genügend; wirtschaftlich unabhängig vom Ausland); Aut|ar|kie die; -, ...ien (wirtschaftliche Unabhängigkeit vom Ausland)

Au|then|tie die; - ⟨griech.⟩ (svw. Authentizität); au|then|ti|fi|zie|ren ⟨griech.; lat.⟩ (die Echtheit bezeugen; beglaubigen); au|then|tisch; ⟨griech.⟩ (im Wortlaut verbürgt; echt); au|then|ti|sie|ren (glaubwürdig, rechtsgültig machen); Au|then|ti|zi|tät die; - (Echtheit; Rechtsgültigkeit)

Au|tis|mus der; - ⟨griech.⟩ (Med.: [krankhafte] Ichbezogenheit, Kontaktunfähigkeit); au|ti|stisch

Au|to das; -s, -s ⟨griech.⟩ (kurz für: Automobil); (↑R 207:) Auto fahren; ich bin Auto gefahren; (↑R 32:) Auto und radfahren, aber: rad- und Auto fahren

Au|to... ⟨griech.⟩ (selbst...); Au|to... (Selbst...)

Au|to-at|las, ...bahn (Zeichen: A, z. B. A 14); au|to|bahn|ar|tig; Au|to|bahn.auf|fahrt, ...aus|fahrt, ...drei|eck, ...ein|fahrt, ...kreuz, ...rast|stät|te, ...vi|gnet|te (Gebührenvignette), ...zu|brin|ger

Au|to|bio|gra|phie die; -, ...ien (↑R 180) ⟨griech.⟩ (literar. Darstellung des eigenen Lebens); au|to|bio|gra|phisch (↑R 180)

Au|to|bus der; -busses, ...busse ⟨griech.; lat.⟩; vgl. auch: Bus

Au|to|car [áutokar] der; -s, -s ⟨franz.⟩ (schweiz. für: [Reise]omnibus); vgl. Car

au|to|chthon [...éḥton] ⟨griech.⟩ (an Ort und Stelle [entstanden]; eingesessen); Au|to|chtho|ne der u. die; -n, -n (Ureinwohner[in], Eingeborene[r])

Au|to|coat [...ko⁰t] der; -s, -s (kurzer Mantel für den Autofahrer)

Au|to-Cross *das;* -, -e (Geländeprüfung für Autosportler)
Au|to|da|fé [...da*fé*] *das;* -s, -s ⟨port.⟩ (Ketzergericht u. -verbrennung)
Au|to|di|dakt *der;* -en, -en (↑ R 197) ⟨griech.⟩ (durch Selbstunterricht sich Bildender); au|to|di|dak|tisch
Au|to|drom *das;* -s, -e ⟨griech.-franz.⟩ (ringförmige Straßenanlage für Renn- u. Testfahrten; österr.: [Fahrbahn für] Skooter)
Au|to_drosch|ke (veralt.), ...fäh|re, ...fah|ren (*das;* -s; ↑ R 68; aber: Auto fahren), ...fah|rer, ...fahrt; au|to|frei; -er Sonntag; Au|to_fried|hof (ugs.), ...gas (Gasgemisch als Treibstoff für Kraftfahrzeuge)
au|to|gen ⟨griech.⟩ (ursprünglich; selbsttätig; -e Schweißung (mit heißer Stichflamme); -es Training (eine Methode der Selbstentspannung)
Au|to|gi|ro [...*sehiro*] *das;* -s, -s ⟨span.⟩ (Flugzeug mit Drehflügeln)
Au|to|gramm *das;* -s, -e ⟨griech.⟩ (eigenhändig geschriebener Name); Au|to|gramm|jä|ger; Au|to|graph[1] *das;* -s, -en (seltener: -e; eigenhändig geschriebenes Schriftstück); Au|to|gra|phie[1] *die;* -, ...ien (Druckw.: Umdruckverfahren)
Au|to_hil|fe, ...hof (Einrichtung des Güterfernverkehrs)
Au|to|hyp|no|se ⟨griech.⟩ (Selbsthypnose)
Au|to_in|du|strie, ...kar|te, ...ki|no (Freilichtkino, in dem man Filme vom Auto aus betrachtet)
Au|to|klav *der;* -s, -en [...*w^e^n*] ⟨griech.; lat.⟩ (Gefäß zum Erhitzen unter Druck)
Au|to_knacker [*Trenn.:* ...knak|ker], ...ko|lon|ne, ...kor|so
Au|to|krat *der;* -en, -en (↑ R 197) ⟨griech.⟩ (Alleinherrscher; selbstherrlicher Mensch); Au|to|kra|tie *die;* -, ...ien (unumschränkte [Allein]herrschaft); au|to|kra|tisch
Au|to|ly|se *die;* - ⟨griech.⟩ (Med.: Abbau von Körpereiweiß ohne Bakterienhilfe)
Au|to|mar|ke
Au|to|mat *der;* -en, -en (↑ R 197) ⟨griech.⟩; Au|to|ma|ten_kas|se [*Trenn.:* ...knak|ker], ...re|stau|rant; Au|to|ma|tik *die;* -, -en (Vorrichtung, die einen techn. Vorgang steuert u. regelt); Au|to|ma|tik|ge|trie|be; Au|to|ma|ti|on [...*zion*] *die;* - ⟨engl.⟩ (vollautomatische Fabrikation); au|to|ma|tisch ⟨griech.⟩ (selbsttätig; selbst-

regelnd; unwillkürlich; zwangsläufig); au|to|ma|ti|sie|ren (auf vollautomatische Fabrikation umstellen); Au|to|ma|ti|sie|rung; Au|to|ma|tis|mus *der;* -, ...men (sich selbst steuernder, unbewußter Ablauf)
Au|to|me|cha|ni|ker; Au|to|mi|nu|te (Strecke, die ein Auto in einer Minute fährt); zehn -n entfernt; Au|to|mo|bil *das;* -s, -e ⟨griech.; lat.⟩; Au|to|mo|bil_aus|stel|lung, ...bau (*der;* -[e]s), ...in|du|strie; Au|to|mo|bi|list *der;* -en, -en; ↑ R 197 (bes. schweiz. für: Autofahrer); Au|to|mo|bil|klub, aber: Allgemeiner Deutscher Automobil-Club (Abk.: ADAC); Automobilclub von Deutschland (Abk.: AvD)
au|to|nom ⟨griech.⟩ (selbständig, unabhängig; eigengesetzlich); -es Nervensystem; Au|to|no|mie *die;* -, ...ien (Selbständigkeit, Unabhängigkeit)
Au|to_num|mer, ...öl
Au|to|pi|lot (automatische Steuerung von Flugzeugen u. ä.)
Au|to|pla|stik (Med.: Verpflanzung körpereigenen Gewebes)
Au|top|sie *die;* -, ...ien ⟨griech.⟩ (Prüfung durch Augenschein; Med.: Leichenöffnung)
Au|tor *der;* -s, ...oren ⟨lat.⟩ (Verfasser; dem, den Autor (nicht: Autoren)
Au|to_ra|dio, ...rei|fen, ...rei|se|zug
Au|to|ren|kol|lek|tiv; Au|to|ren_kor|rek|tur, (selten für:) Au|tor_kor|rek|tur
Au|to_ren|nen, ...re|pa|ra|tur
Au|to|re|verse [*autoriwö'ß*] *das;* - ⟨engl.⟩ (Umschaltautomatik bei Tonbandgeräten u. Kassettenrecordern)
Au|to|rin *die;* -, -nen ⟨lat.⟩; Au|to|ri|sa|ti|on [...*zion*] *die;* -, -en (Ermächtigung, Vollmacht); au|to|ri|sie|ren; au|to|ri|siert ([einzig] berechtigt); au|to|ri|tär (unbedingten Gehorsam fordernd; diktatorisch); ein -er Lehrer; -es Regime; Au|to|ri|tät *die;* -, -en (anerkanntes Ansehen; bedeutender Vertreter seines Faches; maßgebende Institution); au|to|ri|ta|tiv (sich auf echte Autorität stützend; maßgebend); au|to|ri|täts|gläu|big; au|tor|ker|rek|tur, (selten:) Au|to|ren|kor|rek|tur; Au|tor|re|fe|rat (Referat des Autors über sein Werk); Au|tor|schaft *die;*
Au|to_schlan|ge, ...schlos|ser, ...schlüs|sel, ...ser|vice, ...skoo|ter [...*ßku*...], ...stopp (vgl. Anhalter); Au|to|strich (ugs.: Prostitution an Autostraßen)
Au|to|sug|ge|sti|on *die;* -, -en

⟨griech.; lat.⟩ (Selbstbeeinflussung)
Au|to|te|le|fon
Au|to|to|xin ⟨griech.⟩ (Eigengift)
Au|to|ty|pie *die;* -, ...ien ⟨griech.⟩ (netzartige Bildätzung für Buchdruck; Netz-, Rasterätzung)
Au|to_un|fall, ...ver|kehr, ...ver|leih, ...werk|statt
Au|to|zoom [*au̯tosum*] (automatische Abstimmung von Brennweite und Entfernungseinstellung bei einer Filmkamera)
autsch!
↑ R 197 (bes. schweiz. für:
Au|ver|gne [*owãrnj^e*] *die;* - (Region in Frankreich)
Au|wald, Au|en|wald
au|weh!; au|wei!; au|weia!
Au|xin *das;* -s, -e ⟨griech.⟩ (Pflanzenwuchsstoff)
a v. = a vista
Aval [*awal*] *der* (seltener: *das*); -s, -e ⟨franz.⟩ (Wechselbürgschaft); ava|lie|ren ([Wechsel] als Bürge unterschreiben)
Avan|ce [*awangß^e*] *die;* -, -n ⟨franz.⟩ (veralt. für: Vorsprung; Geldvorschuß); jmdm. Avancen machen (versuchen, jmdn. für sich zu gewinnen); Avan|ce|ment [*awangß^e'mang*], österr.: *awangßmang*] *das;* -s, -s (veralt. für: Beförderung); avan|cie|ren [*awangßir'n*] (befördert werden)
Avant|gar|de [*awang*..., auch: ...*gard*[1] *die;* -, -n ⟨franz.⟩ (die Vorkämpfer für eine Idee); Avant_gar|dis|mus (*der;* -), ...gar|dist (*der;* -en, -en; ↑ R 197; Vorkämpfer); avant|gar|di|stisch
avan|ti! [*awanti*] ⟨ital.⟩ (ugs. für: „vorwärts!")
AvD = Automobilclub von Deutschland
Ave [*awe*] *das;* -[s], -[s] ⟨lat.⟩ (kurz für: Ave-Maria); Ave-Ma|ria *das;* -[s], -[s] („Gegrüßet seist du, Maria!"; kath. Gebet); Ave-Ma|ria-Läu|ten *das;* -s (↑ R 41)
Aven|tin [*awän*...] *der;* -s (Hügel in Rom); Aven|ti|ni|sche Hü|gel *der;* -n -s
Aven|tiu|re [*awäntür^e*] *die;* -, -n ⟨franz.⟩ (mittelhochd. Rittererzählung); (als Personifikation:) Frau -
Aven|tu|rin [*awän*...] *der;* -s, -e ⟨lat.⟩ (goldflimmriger Quarzstein); Aven|tu|rin|glas
Ave|nue [*aw^e^nü*] *die;* -, ...uen [...*ü'n*] (Prachtstraße)
Aver|ro|es [*awäroäß*] (arab. Philosoph u. Theologe des Mittelalters)
Avers [*awärß*, österr.: *awär*] *der;* -es, -e ⟨franz.⟩ (Vorderseite [einer Münze]); Aver|si|on *die;* -, -en ⟨lat.⟩ (Abneigung, Widerwille)
AVG = Angestelltenversicherungsgesetz

---
[1] Auch: Autograf usw.

Avia|ri|um [*awi...*] *das; -s, ...ien* [...*i*ⁿ] (↑ R 180) ⟨lat.⟩ (großes Vogelhaus)

Avi|cen|na [*awizäna*] (pers. Philosoph u. Arzt des Mittelalters)

Avi|gnon [*awinjoŋg*] (franz. Stadt)

Avis [*awi*] *der* od. *das; -, -*; auch: [*awiß*] *der* od. *das; -es, -e* ⟨franz.⟩ (Wirtsch.: Nachricht, Anzeige); avi|sie|ren (anmelden, ankündigen); ¹Avi|so *der; -s, -s* ⟨span.⟩ (veralt.; leichtbewaffnetes, kleines, schnelles Kriegsschiff); ²Avi|so *das; -s, -s* ⟨ital.⟩ (österr. für: Avis)

a vi|sta [*a wißta*] ⟨ital.⟩ (bei Vorlage zahlbar; Abk.: a v.); vgl. a prima vista; Avi|sta|wech|sel (Sichtwechsel)

Avit|ami|no|se [*awi...*] *die; -, -n* ⟨lat.⟩ (durch Vitaminmangel hervorgerufene Krankheit)

avi|vie|ren [*awiwir'n*] ⟨franz.⟩ (Färberei: Gewebe nachbehandeln, ihnen mehr Glanz verleihen)

Avo|ca|do vgl. Avocato; Avo|ca|to [*awokato*] *die; -, -s* ⟨indian.-span.⟩ (birnenförmige Frucht eines südamerik. Baumes)

Avo|ga|dro [*awo...*] (ital. Physiker u. Chemiker)

Avus [*awuß*] *die; -* (Kurzw. für: Automobil-Verkehrs- u. -Übungsstraße [Autorennstrecke in Berlin, Teil der Stadtautobahn])

AWACS (= Airborne early warning and control systems [*ä'rbã'n ö'li wá'ning 'nd k'ntro'l ßißt'ms*]; Frühwarnsystem der Nato)

Awa|re *der; -n, -n*; ↑ R 197 (Angehöriger eines untergegangenen türk.-mongol. Steppennomadenvolkes); awa|risch

Awe|sta *das; -* ⟨pers.⟩ (heilige Schriften der Parsen); awe|stisch; -e Sprache

¹Axel (Kurzform von: Absalom] (m. Vorn.); ²Axel *der; -s, -* (kurz für: Axel-Paulsen-Sprung); doppelter -; Axel-Paul|sen-Sprung; ↑ R 135 (nach dem norw. Eiskunstläufer A. Paulsen benannter Kürsprung)

Axen|stra|ße *die; -* (in der Schweiz)

axi|al ⟨lat.⟩ (in der Achsenrichtung; längs der Achse); Axia|li|tät *die; -, -en*; ↑ R 180 (Achsigkeit); Axi|al|ver|schie|bung

axil|lar ⟨lat.⟩ (Bot.: achsel-, winkelständig); Axil|lar|knos|pe (Knospe nahe dem Blattansatz)

Axi|om *das; -s, -e* ⟨griech.⟩ (keines Beweises bedürfender Grundsatz); Axio|ma|tik *die; -*; ↑ R 180 (Lehre von den Axiomen); axio|ma|tisch (↑ R 180); -es System

Ax|min|ster|tep|pich [*äkß...*] ⟨nach dem engl. Ort⟩; ↑ R 149

Axo|lotl *der; -s, -* ⟨aztekisch⟩ (mexik. Schwanzlurch)

Axon *das; -s, Axone* u. Axonen (Biol.: zentraler Strang einer Nervenfaser)

Axt *die; -, Äxte*; Axt|helm (Axtstiel); vgl. ²Helm; Axt|hieb

Aya|tol|lah [*aja...*] vgl. Ajatollah

AZ, Az. = Aktenzeichen

a. Z. = auf Zeit

Aza|lee, (auch:) Aza|lie [*...i'*] *die; -, -n* ⟨griech.⟩ (eine Zierpflanze aus der Familie der Heidekrautgewächse)

Aze|tat usw. vgl. Acetat usw.

Azid *das; -[e]s, -e* ⟨griech.⟩ (Salz der Stickstoffwasserstoffsäure)

Azid... (chem. fachsprachl. nicht mehr gewünschte Schreibung in Zusammensetzungen, die sich auf Säure beziehen, z. B. Acidität, Acidose)

Azi|mut *das* (auch: *der*); *-s, -e* ⟨arab.⟩ (Astron.: eine bestimmte Winkelgröße)

Azo|farb|stof|fe *Plur.* ⟨griech.; dt.⟩ (wichtige Gruppe von Teerfarbstoffen); Azo|ikum *das; -s* (↑ R 180) ⟨griech.⟩ (erdgeschichtl. Urzeit ohne Spuren organ. Lebens); azo|isch (Geol.: keine Lebewesen enthaltend); Azoo|sper|mie [*azo-oßpärmi*] *die; -, ...ien* (Fehlen reifer Samenzellen in der Samenflüssigkeit)

Azo|ren *Plur.* (Inselgruppe im Atlantischen Ozean)

Az|te|ke *der; -n, -n*; ↑ R 197 (Angehöriger eines Indianerstammes in Mexiko); Az|te|ken|reich

Azu|bi *der; -s, -s* u. *die; -, -s* (ugs. für: Auszubildende[r])

Azu|le|jos [*azuläehoß*] *Plur.* ⟨span.⟩ (bunte, bes. blaue Wandkacheln)

Azur *der; -s* ⟨pers.⟩ (dicht. für: Himmelsblau); azur|blau; Azu|ree|li|ni|en *Plur.* (waagerechtes, meist wellenförmiges Linienband auf Vordrucken [z. B. auf Schecks]); azur|riert (mit Azureelinien versehen); Azu|rit *der; -s* (ein dunkelblaues Mineral); azurn (dicht. für: himmelblau)

azy|klisch ⟨griech.⟩ (zeitlich unregelmäßig; bei Blüten: spiralig gebaut)

Az|zur|ri, Az|zur|ris *Plur.* ⟨ital.⟩ ("die Blauen", Bez. für ital. Sportmannschaften)

B

B (Buchstabe); das B; des B, die B, aber: das b in Abend (↑ R 82); der Buchstabe B, b

---

b, B *das; -, -* (Tonbezeichnung); b (Zeichen für: b-Moll); in b; **B** (Zeichen für: B-Dur); in B

B = Zeichen für: Bel; Bundesstraße

B = chem. Zeichen für: Bor

B (auf dt. Kurzzetteln) = Brief (d. h., das Wertpapier wurde zum angegebenen Preis angeboten)

B, β = Beta

b. = bei[m]

B. = Bolivar

Ba = chem. Zeichen für: Barium

BA [*bi-e'*] = British Airways [*britisch ä'r''e'ß*] (brit. Luftverkehrsgesellschaft)

Baal [*bal*] ⟨hebr.⟩ (semit. Wetter- und Himmelsgott); **Baal|bek** (Stadt im Libanon); **Baals|dienst** *der; -[e]s*

Baar *die; -* (Gebiet zwischen dem Schwarzwald u. der Schwäbischen Alb)

Baas *der; -es, -e* ⟨niederl.⟩ (niederd. für: Herr, Meister, Aufseher [bes. Seemannsspr.])

ba|ba, ba|bä (Kinderspr.; das ist -!

bab|beln (landsch. für: schwatzen); ich ...[e]le (↑ R 22)

Ba|bel vgl. Babylon

Ba|ben|ber|ger *der; -s, -* (Angehöriger eines Fürstengeschlechtes)

Ba|bet|te (Nebenform von: Barbara od. Elisabeth)

Ba|bu|sche, Pam|pu|sche [auch: *...usch'*] *die; -, -n* (meist *Plur.*) ⟨pers.⟩ (landsch., bes. ostmitteld. für: Stoffpantoffel)

Ba|by [*bebi*] *das; -s, -s* ⟨engl.⟩ (Säugling, Kleinkind); **Ba|by|jahr** (für Mütter ein zusätzlich anzurechnendes Rentenversicherungsjahr für jedes Kind; DDR: ein Jahr dauernder Mutterschaftsurlaub)

Ba|by|lon, Ba|bel (Ruinenstadt am Euphrat); **Ba|by|lo|ni|en** [...*i'n*] (antiker Name für das Land zwischen Euphrat u. Tigris); **Ba|by|lo|ni|er** [...*i'r*]; **ba|by|lo|nisch**; -e Kunst, Religion, aber (↑ R 157): die Babylonische Gefangenschaft; der Babylonische Turm

Ba|by|nah|rung; ba|by|sit|ten (nur im Infinitiv gebräuchlich); **Ba|by-sit|ter** (*der; -s, -*), ...**speck**

Bac|cha|nal [*bachanal,* österr. auch: *bakanal*] *das; -s, -e* u. -ien [...*i'n*] ⟨griech.⟩ (altröm. Bacchusfest; wüstes Trinkgelage); **Bac|chant** *der; -en, -en*; ↑ R 197 (geh. für: weinseliger Trinker); **Bac|chan|tin** *die; -, -nen*; **bac|chan|tisch** (trunken; ausgelassen); **bac|chisch** (nach Art des Bacchus); **Bac|chi|us** *der; -, ...ien* (antiker Versfuß); **Bac|chus** ⟨griech.-röm.⟩ (Gott des Weines); **Bac|chus|fest** (↑ R 135)

¹Bạch *der;* -[e]s, Bäche

²Bạch, Johann Sebastian (dt. Komponist); vgl. Bach-Werke-Verzeichnis

bach|ab (schweiz.); - gehen (zunichte werden); - schicken (verwerfen, ablehnen)

Bạl|che *die;* -, -n (w. Wildschwein)

Bạ̈|chel|chen, Bạ̈ch|lein; Bạch_fo-rel|le, ...stel|ze

Bach-Wer|ke-Ver|zeich|nis; ↑R 135 (so die nicht den Regeln entsprechende Schreibung im Buchtitel; Abk.: BWV)

bạck (niederd. u. Seemannsspr.: zurück)

Bạck *die;* -, -en (Seemannsspr.: [Eß]schüssel; Eßtisch; Tischgemeinschaft; Aufbau auf dem Vordeck)

Bạck|blech

Bạck|bord *das;* -[e]s, -e (linke Schiffsseite [von hinten gesehen]); bạck|bord[s]; Bạck|deck

Bạ̈ck|chen) Bạcken¹ *der;* -s, - u. (landsch.) Bạcken¹ *der;* -s, -

bạcken¹ (Brot usw.); du bäckst od. backst; er bäckt od. backt; du backtest (älter: buk[e]st); du backtest (älter: bükest); gebakken; back[e]!; Beugung in der Bed. von „kleben" (vgl. „festbakken"): der Schnee backte, backte, hat gebackt

Bạcken|bart¹; Bạcken|zahn¹

Bạ̈cker¹; Bạ̈cke|rei¹ (österr. auch: süßes Kleingebäck); Bạ̈cker¹-_jun|ge, ...la|den; Bạ̈cker[s]|frau¹

Bạck|fisch (veraltend. auch für: junges Mädchen)

Bạck|gam|mon [*bäkgäm'n*] *das;* -[s] ⟨engl.⟩ (dem Tricktrack ähnliches Würfelspiel)

Bạck|ground [*bäkgraunt*] *der;* -s ⟨engl.⟩ (Hintergrund; übertr.: [Lebens]erfahrung)

Bạck|hendl *das;* -s, -n (österr. für: paniertes Hähnchen); Bạck-hendl|sta|ti|on (österr.)

...backig¹, ...bäckig¹ (z. B. rotbak-kig, rotbäckig)

Bạck|list [*bäk...*] *die;* - ⟨engl.⟩ (Liste lieferbarer Bücher [ohne Neuerscheinungen])

Bạck_obst, ...ofen, ...pa|pier

Bạck|pfei|fe (Ohrfeige); bạck-pfei|fen (landsch.); er backpfeif-te ihn, hat ihn gebackpfeift; Bạck|pfei|fen|ge|sicht (ugs.)

Bạck_pflau|me, ...pul|ver, ...rohr (österr. für: Backofen), ...röh|re

Bạck|schaft (Seemannsspr.: Tischgemeinschaft); Bạck|stag (den Mast von hinten haltendes [Draht]seil)

Bạck|stein; Bạck|stein|bau (*Plur.* ...bauten)

Bạck|wa|re (meist *Plur.*)

¹ Trenn.: ...k|k...

Bạck|zahn (veraltet.)

¹Bạl|con [*be̯ĺk'n*] *der;* -s ⟨engl.⟩ (Frühstücksspeck)

²Bạl|con [*be̯ĺk'n*] (engl. Philosoph)

Bad *das;* -[e]s, Bäder; Bad Ems, Bad Homburg v. d. H., Stuttgart-Bad Cannstatt (↑R 153); Bad... (südd., österr., schweiz. in Zusammensetzungen neben: Bade..., z. B. Badanstalt)

Bad Aus|see vgl. Aussee

Ba|de_an|stalt, ...an|zug, ...arzt, ...ho|se, ...man|tel, ...mat|te, ...mei|ster; ba|den; - gehen

Ba|den; Ba|den-Ba|den (Badeort im nördl. Schwarzwald); Ba|de-ner, (auch:) Ba|den|ser (↑R 147); Ba|den-Würt|tem|berg (↑R 154); Ba|den-Würt|tem|ber|ger (↑R 147); ba|den-würt|tem|ber|gisch

Ba|de|ort *der;* -[e]s, -e

Bạl|der (veraltet. für: Barbier; Heilgehilfe)

Ba|de_sai|son, ...salz, ...tuch, ...wan|ne, ...zeit, ...zim|mer

Bad|ga|stein (österr. Badeort)

ba|disch; ↑R 157 (aus Baden)

Bad Ischl vgl. Ischl

Bad|min|ton [*bädmint'n*] *das;* - ⟨nach dem Landsitz des Herzogs von Beaufort in England⟩ (Federballspiel)

Bad Oeyn|hau|sen vgl. Oeynhausen

Bad Pyr|mont vgl. Pyrmont

Bad Ra|gaz vgl. Ragaz

Bad Wö|ris|ho|fen vgl. Wörishofen

Bae|de|ker Ⓦ [*bä...*] *der;* -s ⟨auch: -⟩, - (ein Reisehandbuch)

Bạl|fel *der;* -s, - ⟨jidd.⟩ (ugs. für: Ausschußware; nur *Sing.:* Geschwätz)

baff (ugs. für: verblüfft); - sein

BAföG, auch: Bafög *das;* -[s] (= Bundesausbildungsförderungsgesetz; auch für: ein Stipendium nach diesem Gesetz)

Ba|ga|ge [*bagaseʰᵉ*, österr.: *...aseʰ*] *die;* -, -n ⟨franz.⟩ (veralt. für: Gepäck; ugs. für: Gesindel)

Ba|gas|se *die;* -, -n ⟨franz.⟩ (Preßrückstand bei der Rohrzuckergewinnung)

Ba|ga|tel|le *die;* -, -n ⟨franz.⟩ (unbedeutende Kleinigkeit; kleines, leichtes Musikstück); ba|ga|tel|li|sie|ren (als unbedeutende Kleinigkeit behandeln); Ba|ga-tell|sa|che, ...scha|den

Bag|dad [auch: *...dat*] (Hptst. des Iraks); Bag|da|der [auch: *...da...*]

Bag|ger *der;* -s, - (Baumaschine zum Abtragen von Erdreich od. Geröll); Bag|ge|rer; bag|gern; ich ...ere (↑R 22); Bag|ger|füh-rer, ...prahm, ...schau|fel, ...see

Ba|gno [*banjo*] *das;* -s, -s u. ...gni ⟨ital.⟩ (früher für: Kerker [in Italien und Frankreich])

Ba|guette [*bagät*] *die;* -, -n (auch: *das;* -s, -s) ⟨franz.⟩ (franz. Stangenweißbrot)

bah!, pah (ugs.)

bäh! (ugs.)

Ba|hai *der;* -, -[s] ⟨pers.⟩ (Anhänger des Bahaismus); Ba|ha|is|mus *der;* - (aus dem Islam hervorgegangene Religion)

Ba|ha|ma|in|seln, Ba|ha|mas *Plur.* (Inselstaat im Atlantischen Ozean); Ba|ha|ma|er, (auch:) Ba|ha-mer; ba|ha|ma|isch, (auch:) ba-ha|misch

bä|hen (südd., österr., schweiz.: [Brot] leicht rösten)

Bahn *die;* -, -en; sich Bahn brechen (ich breche mir Bahn); bahn|amt|lich; bahn|bre|chend; -ste; eine -e Erfindung; Bahn-bre|cher; Bahn|bus (Kurzw. für: Bahnomnibus); Bahn|ca|mion-na|ge [*...kamjonaseʰᵉ*] *die;* - ⟨dt.-franz.⟩ (schweiz. für: Bahn-Haus-Lieferdienst); Bahn|ca-mion|neur [*...nör*] *der;* -s, -e (schweiz. für: Bahn-Haus-Spediteur); bahn|ei|gen; bahn|en; bah-nen|wei|se; Bahn|hof (Abk.: Bf., Bhf.); Bahn|hof|buf|fet [*...büfe*] (schweiz.); Bahn|hofs_buch-hand|lung, ...buf|fet od. ...büf|fet (österr.), ...hal|le, ...mis|si|on, ...vor|stand (österr. u. schweiz. für: Bahnhofsvorsteher); bahn-la|gernd; Bahn.li|nie, ...schran-ke, ...steig; Bahn|steig_kan|te, ...kar|te; Bahn_über|gang, ...wär|ter

Ba|höl *der;* -s (österr. ugs. für: großer Lärm, Tumult)

Bah|rain (Inselgruppe u. Scheichtum im Persischen Golf); Bah-rai|ner (↑R 147); bah|rai|nisch

Bah|re *die;* -, -n; Bahr|tuch (*Plur.* ...tücher)

Baht *der;* -, - (Währungseinheit in Thailand)

Bä|hung (Heilbehandlung mit warmen Umschlägen oder Dämpfen)

Bai *die;* -, -en ⟨niederl.⟩ (Bucht)

Bai|er vgl. Bayer

Bai|kal|see [auch: *baikạl...*] *der;* -s (See in Südsibirien)

Bai|ko|nur (sowjet. Raketenstartplatz nordöstlich des Aralsees)

Bai|ri|ki (Hptst. von Kiribati)

bai|risch vgl. bay[e]risch

Bai|ser [*bäse*] *das;* -s, -s ⟨franz.⟩ (Schaumgebäck)

Bais|se [*bäßᵉ*] *die;* -, -n ⟨franz.⟩ ([starkes] Fallen der Börsenkurse od. Preise); Bais|sier [*bäßie*] *der;* -s, -s (auf Baisse Spekulierender)

Ba|ja|de|re *die;* -, -n ⟨franz.⟩ (ind. [Tempel]tänzerin)

Ba|ja|zzo *der;* -s, -s ⟨ital.⟩ (Possenreißer; auch Titel einer Oper von Leoncavallo)

Ba|jo|nętt *das;* -[e]s, -e ⟨nach der Stadt Bayonne in Südfrankreich⟩ (Seitengewehr); ba|jo|nett|tie|ren (mit dem Bajonett fechten); Ba|jo|nętt|ver|schluß (Schnellverbindung von Rohren, Stangen o. ä.)

Ba|ju|wa|re *der;* -n, -n; ↑R 197 ⟨älterer Name für einen Bayern [vgl. ²Bayer]; heute scherzh. verwendet⟩; ba|ju|wa|risch

Ba|ke *die;* -, -n (festes Orientierungszeichen für Seefahrt, Luftfahrt, Straßenverkehr; Vorsignal auf Bahnstrecken)

Ba|ke|lit Ⓦ *das;* -s ⟨nach dem belg. Chemiker Baekeland⟩ (ein Kunststoff)

Ba|ken|ton|ne (ein Seezeichen)

Bak|ka|lau|re|at *das; -*[e]s, -e ⟨lat.⟩ (unterster akadem. Grad [in England u. Nordamerika]; Abschluß der höheren Schule [in Frankreich]); Bak|ka|lau|re|us [...*e-uß*] *der;* -, ...rei [...*re-i*] (Inhaber des Bakkalaureats)

Bak|ka|rat [...*ra*] *das;* -s ⟨franz.⟩ (ein Kartenglücksspiel)

Bak|ken *der; -*[s], - ⟨norw.⟩ (Skisport: Sprungschanze)

Bak|schisch *das;* -[(e)s], -e ⟨pers.⟩ (Almosen; Trinkgeld)

Bak|te|ri|ämie *der;* -, ...ien ⟨griech.⟩ (Überschwemmung des Blutes mit Bakterien); Bak|te|rie [...*iᵉ*] *die;* -, -n (einzelliges Kleinstlebewesen, Spaltpilz); bak|te|ri|ęll; bak|te|ri|en|be|stän|dig (widerstandsfähig gegenüber Bakterien); Bak|te|ri|en|trä|ger; Bak|te|rio|lo|ge *der;* -n, -n; ↑R 197 u. R 180 (Wissenschaftler auf dem Gebiet der Bakteriologie); Bak|te|rio|lo|gie *die;* -; ↑R 180 (Lehre von den Bakterien); bak|te|rio|lo|gisch (↑R 180); -e Fleischuntersuchung; Bak|te|rio|ly|se *die;* -, -n; ↑R 180 (Auflösung, Zerstörung von Bakterien); Bak|te|rio|pha|ge *der;* -n, -n; ↑R 197 u. R 180 (Kleinstlebewesen, das Bakterien vernichtet); Bak|te|rio|se *die;* -, -n; ↑R 180 (durch Bakterien verursachte Pflanzenkrankheit); Bak|te|ri|um *das;* -s, ...ien [...*iᵉn*] (veralt. für: Bakterie); bak|te|ri|zid (bakterientötend); Bak|te|ri|zid *das;* -s, -e (keimtötendes Mittel)

Bak|tri|en [...*iᵉn*] (altpers. Landschaft)

Ba|ku [auch: *baku*] (sowjet. Stadt am Kaspischen Meer)

Ba|la|lai|ka *die;* -, -s u. ...ken ⟨russ.⟩ (russ. Saiteninstrument)

Ba|lan|ce [*balangßᵉ⁽ᵉ⁾*] *die;* -, -n [...*β⁽ᵉ⟩n*] ⟨franz.⟩ (Gleichgewicht); Ba|lan|ce|akt; ba|lan|cie|ren [*ba-langßir⁽ᵉ⟩n*] (das Gleichgewicht halten, ausgleichen); Ba|lan|cier-bal|ken, ...stan|ge

Ba|la|ta [auch: *balạta*] *die;* - ⟨indian.-span.⟩ (kautschukähnliches Naturerzeugnis)

Ba|la|ton [*boloton*] *der;* -[s] ⟨ung.⟩ (ung. Name für den Plattensee)

bal|bie|ren (veralt. für: rasieren); jmdn. über den Löffel - [auch: barbieren] (ugs. für: betrügen)

Bal|boa *der;* -[s], -[s] ⟨nach dem gleichnamigen span. Entdecker⟩ (Münzeinheit in Panama)

bald; Steigerung: eher, am ehesten; möglichst - (besser als: baldmöglichst); so - als od. wie möglich

Bal|da|chin [*bạldaᴄᴧin*, österr. geh. auch: ...*ᴄᴧin*] *der;* -s, -e ⟨nach der Stadt Baldacco, d. h. Bagdad⟩ (Trag-, Betthimmel); bạl|da|chin-ar|tig

Bäl|de, nur in: in - (Papierdt. für: bald); bạl|dig; -st; bạld|mög-lichst (dafür besser: möglichst bald)

bal|do|wern (seltener für: ausbaldowern; vgl. d.)

Bạl|dr; Bạl|dur (nord. Mythol.: Lichtgott)

Bạl|dri|an *der;* -s, -e (eine Heilpflanze); Bạl|dri|an-tee, ...tink-tur, ...trop|fen *(Plur.)*

Bạl|du|in (m. Vorn.)

Bạl|dung, Hans, genannt Grien (dt. Maler)

Bạl|dur (m. Vorn.; auch für: Baldr)

Ba|lea|ren *Plur.;* ↑R 180 (Inselgruppe im westl. Mittelmeer)

Ba|lę|ster *der;* -s, - ⟨lat.⟩ (Armbrust, mit der Kugeln abgeschossen werden können)

¹Balg *der;* -[e]s, Bälge (Tierhaut; Luftsack; ausgestopfter Körper einer Puppe; auch für: Ragien); ²Balg *der od. das;* -[e]s, Bälger (ugs. für: unartiges Kind)

Bạl|ge *die;* -, -n (nordd. für: Waschfaß; Wasserlauf im Watt)

bạl|gen, sich (ugs. für: raufen); Bạl|gen *der;* -s, - (ausziehbarer Verbindungsteil zwischen Objektiv u. Gehäuse beim Fotoapparat); Bạlg|en|ka|me|ra; Bạl|ge-rei; Bạlg|ge|schwulst

Ba|li (westlichste der Kleinen Sundainseln); Ba|li|ne|se *der;* -n, -n (↑R 197); ba|li|ne|sisch

Bạl|kan *der;* -s (Gebirge; auch für: Balkanhalbinsel); Bạl|kan-halb|in|sel (↑R 149); bạl|ka-nisch; bạl|ka|ni|sie|ren (ein Land in Kleinstaaten aufteilen, polit. Verwirrung schaffen); Bạl|ka|ni-sie|rung *die;* -; Bạl|kan|krieg; Bạl|ka|no|lo|ge *der;* -n, -n; ↑R 197 (Wissenschaftler auf dem Gebiet der Balkanologie); Bạl-ka|no|lo|gie *die;* - (wissenschaftl. Erforschung der Balkansprachen u. -literaturen)

Bälk|chen; Bạl|ken *der;* -s, -; Bạl-ken.kon|struk|ti|on, ...kopf, ...schrö|ter (Zwerghirschkäfer), ...waa|ge; Bạl|kon [*balkong*, franz.: ...*kong;* auch, bes. südd., österr. u. schweiz.: ...*kon*] *der;* -s, -s u. (bei nichtnasalierter Ausspr.:) -e ⟨franz.⟩); Bạl|kon|mö|bel

¹Ball *der;* -[e]s, Bälle (kugelförmiges Spielzeug, Sportgerät); Ball spielen (↑R 207), aber: das Ballspielen (↑R 68)

²Ball *der;* -[e]s, Bälle ⟨franz.⟩ (Tanzfest); Bạll|abend

Bạll|ab|ga|be (Sportspr.)

Bal|la|de *die;* -, -n ⟨griech.⟩ (episch-dramatisches Gedicht); bal|la|den|haft, bal|la|desk; -e Erzählung; Bal|la|den|stoff

Bạll|an|nah|me (Sportspr.)

Bạl|last [auch, österr. u. schweiz. nur: ...*ạßt*] *der;* -[e]s, (selten:) -e (tote Last; Bürde); Bạl|last|stof-fe *Plur.* (Nahrungsbestandteile, die der Körper nicht verwertet)

Bạl|la|watsch vgl. Pallawatsch

Bạll|be|hand|lung (Sportspr.)

Bäll|chen

Bạll|ei *die;* - ⟨lat.⟩ ([Ritter]ordensbezirk); bạl|len; Bạl|len *der;* -s, -; Bạl|lei-sen, Bạl|len|ei|sen (ein Werkzeug)

Bạl|len|stedt (Stadt am Harz)

Bạl|le|rei (sinnloses, lautes Schießen)

Bạl|le|ri|na, Bạl|le|ri|ne *die;* -, ...nen ⟨ital.⟩ (Ballettänzerin)

Bạl|ler|mann *der;* -s, ...männer (scherzh. für: Revolver); bạl|lern (ugs. für: knallen, schießen); ich ...ere (↑R 22)

Bạl|le|ron *der;* -s, -s ⟨franz.⟩ (schweiz.: eine dicke Aufschnittwurst)

bạl|le|stern; ↑R 22 (österr. ugs. für: Fußball spielen)

Bal|lett *das;* -[e]s, -e ⟨ital.⟩ (künstlerischer Tanz auf der Bühne; Tanzgruppe); Bal|lett|tän|zer [*Trenn.:* Bal|lett|tän|ze|rin, ↑R 204] *die;* -, -nen u. Bal|lett|teu|se [*balätö̈ß⁽ᵉ⟩*] *die;* -, -n (Ballettänzerin); Bal|lett|thea|ter [*Trenn.:* Bal-lett|thea|ter, ↑R 204]; Bal|lett|korps (Theatertanzgruppe), ...mei|ster; Bal|lett|trup|pe (↑R 204)

Ball-füh|rung (Sportspr.), ...ge-fühl (Sportspr.)

ball|hor|ni|sie|ren vgl. verballhornen

bal|lig (ballförmig, gerundet); - drehen (Mech.)

Bạl|li|ste *die;* -, -n ⟨griech.⟩ (antikes Wurfgeschütz); Bạl|li|stik *die;* - (Lehre von der Bewegung geschleuderter od. geschossener Körper); Bạl|li|sti|ker; bạl|li-stisch; -e Kurve (Flugbahn); -es Pendel (Stoßpendel)

Ball|jun|ge (Junge, der beim Tennis die Bälle aufsammelt)

Ball_kleid, ...nacht; Ballokal [Trenn.: Ball|lo|kal, ↑ R 204]

Bal|lon [balong, franz.: ...long], auch, bes. südd., österr. u. schweiz.: ...lon] der; -s, -s u. (bei nichtnasalierter Ausspr.:) -e ⟨franz.⟩ (mit Gas gefüllter Ball; Korbflasche; Glaskolben; Luftfahrzeug); Bal|lo|nett das; -[e]s, -e u. -s (Luftkammer im Innern von Fesselballons und Luftschiffen); Bal|lon_müt|ze, ...rei|fen, ...sper|re; Bal|lot [balo] das; -s, -s (kleiner Warenballen); Bal|lo|ta|de die; -, -n (Sprung des Pferdes bei der Hohen Schule); Bal|lo|ta|ge [...aseh∘] die; -, -n (geheime Abstimmung mit weißen od. schwarzen Kugeln); bal|lo|tie|ren

Ball|spiel, Ball|spie|len das; -s, aber (↑ R 207): Ball spielen; Ball|tech|nik (Sportspr.)

Bal|lung; Bal|lungs_ge|biet, ...raum

Ball|wech|sel (Sportspr.)

Bal|ly|hoo [bälihu od. bälihu] das; - ⟨engl.⟩ (Reklamerummel)

Bal|mung (Name von Siegfrieds Schwert)

Bal|neo|gra|phie die; -, ...ien (↑ R 180) ⟨griech.⟩ (Bäderbeschreibung); Bal|neo|lo|gie die; -; ↑ R 180 (Bäderkunde); Bal|neo|the|ra|pie die; -; ↑ R 180 (Heilung durch Bäder)

Bal pa|ré [bal pare] der; - -, -s -s [bal pare] ⟨franz.⟩ (festlicher Ball)

Bal|sa das; - ⟨span.⟩ (sehr leichte Holzart); Bal|sa|holz

Bal|sam der; -s, -e ⟨hebr.⟩ (Gemisch von Harzen mit ätherischen Ölen, bes. als Linderungsmittel; in gehobener Sprache auch: Linderung, Labsal); bal|sa|mie|ren (einsalben); Bal|sa|mie|rung; Bal|sa|mi|ne die; -, -n (eine Zierpflanze); bal|sa|misch (würzig; lindernd)

Bal|te der; -n, -n; ↑ R 197 (Angehöriger der baltischen Sprachfamilie; früherer [deutscher] Bewohner des Baltikums); Bal|ten|land

Bal|tha|sar (m. Vorn.)

Bal|ti|kum das; -s (die balt. Randstaaten; Baltenland)

Bal|ti|more [báltimor] (Stadt in den USA)

bal|tisch, aber (↑ R 146): der Baltische Höhenrücken; bal|to|sla|wisch (↑ R 155)

Ba|lu|ba der; -[s], -[s]; vgl. Luba

Ba|lu|ster der; -s, - ⟨franz.⟩ (kleine Säule als Geländerstütze); Ba|lu|ster|säu|le; Ba|lu|stra|de die; -, -n (Brüstung, Geländer)

Balz die; -, -en (Paarungsspiel und Paarungszeit bestimmter Vögel)

Bal|zac [balsak] (franz. Schriftsteller)

bal|zen (werben [von bestimmten Vögeln]); Balz_ruf, ...zeit

Ba|ma|ko (Hauptstadt von Mali)

Bam|berg (Stadt an der Regnitz); Bam|ber|ger (↑ R 147); - Reiter (bekanntes Standbild im Bamberger Dom); bam|ber|gisch

Bam|bi der; -s, -s (Filmpreis); Bam|bi|no der; -s, ...ni u. (ugs.:) -s ⟨ital.⟩ (Jesuskind; ugs. für: kleines Kind, kleiner Junge)

Bam|bu|le die; -, -n ⟨franz.⟩ (Krawall protestierender Häftlinge od. Heiminsassen)

Bam|bus der; ...busses u. -, ...busse ⟨malai.⟩ (trop. baumartige Graspflanze); Bam|bus_hüt|te, ...rohr

Ba|mi-go|reng das; -[s], -s ⟨malai.⟩ (indonesisches Nudelgericht)

Bam|mel der; -s ⟨ugs. für: Angst); bam|meln ⟨ugs. für: baumeln); ich bamm[e]le (↑ R 22)

Bam|per|letsch, Pam|per|letsch der; -[en], -[en] ⟨ital.⟩ ⟨österr. ugs. für: kleines Kind)

¹Ban der; -s, -e u. Ba|nus der; -, - (früherer ung. u. kroat. Gebietsvorsteher)

²Ban der; -[s], Bani (rumän. Münze)

ba|nal ⟨franz.⟩ (alltäglich, fade, flach); Ba|na|li|tät die; -, -en

Ba|na|ne die; -, -n ⟨afrik.-port.⟩ (eine trop. Pflanze u. Frucht); Ba|na|nen_flan|ke (Fußball), ...re|pu|blik, ...split (das; -s, -s; Banane mit Eis und Schlagsahne), ...stecker [Trenn.: ...stek|ker] (Elektrotechnik)

Ba|nat das; -[e]s (Gebiet zwischen Donau, Theiß u. Maros); Ba|na|ter (↑ R 147)

Ba|nau|se der; -n, -n (↑ R 197) ⟨griech.⟩ (Mensch ohne Kunstsinn; Spießbürger); Ba|nau|sen|tum das; -s; ba|nau|sisch

¹Band das; -[e]s, Bände (Buch; Abk. Sing.: Bd., Plur.: Bde.); ²Band das; -[e]s, -e (Fessel); außer Rand und -; ³Band das; -[e]s, Bänder ([Gewebe]streifen; Gelenkband); auf - spielen, sprechen; am laufenden Band; ⁴Band [bänt] das; -, -s ⟨engl.⟩ (Gruppe von Musikern, bes. Tanzkapelle, Jazz- u. Rockband)

Ban|da|ge [...aseh∘, österr.: ...aseh] die; -, -n ⟨franz.⟩ (Stütz- od. Schutzverband); ban|da|gie|ren [...sehir∘n] (mit Bandagen versehen); Ban|da|gist [...sehißt] der; -en, -en; ↑ R 197 (Hersteller von Bandagen u. Heilbinden)

Band|brei|te; Bänd|chen das; -s, - u. (für: [Gewebe]streifen:) Bänderchen; Bändlein

¹Ban|de die; -, -n (Einfassung, z. B. Billardbande)

²Ban|de die; -, -n ⟨franz.⟩ (abwertend für: Schar, z. B. Räuber-, Schülerbande)

Band|ei|sen; Ban|del das; -s, - (bayr., österr.), Bän|del der; -s, - (schweiz. für: Bendel)

Ban|den|spek|trum (Physik)

Ban|den|wer|bung ([Plakat]werbung auf der Einfassung von Spielflächen u. -feldern)

Bän|der|chen (Plur. von: Bändchen)

Ban|de|ril|la [...rilja] die; -, -s ⟨span.⟩ (mit Bändern geschmückter kleiner Spieß, den der Banderillero dem Stier in den Nacken stößt); Ban|de|ril|le|ro [...riljero] der; -s, -s (Stierkämpfer, der den Stier mit den Banderillas reizt)

bän|dern; ich ...ere (↑ R 22)

Ban|de|rol|le die; -, -n ⟨franz.⟩ (Steuerband); Ban|de|rol|len|steu|er die (Streifensteuer); ban|de|rol|lie|ren (mit Banderole[n] versehen; versteuern)

Bän|der|ton der; -[e]s, ...tone (Geol.); Bän|de|rung

Band_för|de|rer, ...ge|ne|ra|tor, ...ge|schwin|dig|keit

...bän|dig (z. B. vielbändig)

bän|di|gen; Bän|di|ger

Ban|dit der; -en, -en (↑ R 197) ⟨ital.⟩ ([Straßen]räuber); Ban|di|ten|we|sen

Band|ke|ra|mik die; - (älteste steinzeitliche Kultur Mitteleuropas)

Band|lea|der [bäntlid∘r] der; -s, - ⟨engl.⟩ (Leiter einer Jazz- od. Rockgruppe)

Bänd|lein, Bänd|chen; Band_maß das, ...nu|deln Plur.

Ban|do|ne|on u. Ban|do|ni|on das; -s, -s ⟨nach dem dt. Erfinder Band) (ein Musikinstrument)

Band|sä|ge; Band|schei|ben|scha|den; Bänd|sel das; -s, - (Seemannsspr.: dünnes Tau)

Ban|dung (Stadt in Westjava); Ban|dung|kon|fe|renz (↑ R 149)

Band|wurm; Band|wurm|be|fall

Ban|gal|le, Ben|gal|le der; -n, -n; ↑ R 197 (Einwohner von Bangladesch); ban|ga|lisch, ben|ga|lisch

Bang_büx od. ...bü|xe od. ...bu|xe die; -, ...xen (nordd. scherzh. für: Angsthase); bang, ban|ge; banger u. bänger; am bangsten u. am bängsten (↑ R 65); mir ist angst und bang[e] (↑ R 64); bange machen, aber (↑ R 68): das Bangemachen; Bangemachen (auch: bange machen) gilt nicht; Ban|ge die; - (landsch. für: Angst); ban|gen; Bang|ig|keit die; -

Bang|ka (eine Sundainsel)

Bang|kok (Hptst. von Thailand)

Bang|la|desch (Staat am Golf von Bengalen); ban|gla|de|scher; ban|gla|de|schisch

bäng|lich; Bäng|nis *die;* -, -se
Bäng|sche Krank|heit *die;* -n -
⟨nach dem dän. Tierarzt B. Bang⟩
(auf Menschen übertragbare
Rinderkrankheit)
Ban|gui [*banggi*] (Hauptstadt der
Zentralafrikanischen Republik)
Ba|ni vgl. ²Ban
Ban|jo [auch: *bändseho*] *das;* -s, -s
⟨amerik.⟩ (ein Musikinstrument)
Ban|jul (Hptst. von Gambia)
¹Bank *die;* -, Bänke (Sitzgelegen-
heit); **²Bank** *die;* -, -en ⟨ital.
(-franz.)⟩ (Kreditanstalt)
Ban|ka vgl. Bangka; **Ban|ka|zinn**
Bank_ak|zept (ein auf eine ²Bank
bezogener Wechsel), **...be|am|te,
...be|am|tin, ...buch; Bänk|chen,**
Bänk|lein; Bank|ei|sen (geloch-
tes Flacheisen an Tür- u. Fen-
sterrahmen)
Bän|kel_lied, ...sang, ...sän|ger;
bän|kel|sän|ge|risch
Ban|ker (ugs. für: Bankier, Bank-
fachmann); **ban|ke|rott** usw. vgl.
bankrott usw.
Ban|kert *der;* -s, -e (abwertend
für: uneheliches Kind)
¹Ban|kett *das;* -[e]s, -e ⟨ital.⟩ (Fest-
mahl); **²Ban|kett** *das;* -[e]s, -e
⟨franz.⟩, (auch:) **Ban|ket|te** *die;* -,
-n ⟨franz.⟩ ([unfester] Randstrei-
fen neben einer Straße)
bank|fä|hig; -er Wechsel;
Bank_fei|er|tag, ...ge|heim|nis,
...gut|ha|ben, ...hal|ter (Spiellei-
ter bei Glücksspielen); **Ban|kier**
[*bangkie*] *der;* -s, -s ⟨franz.⟩ (Inhaber eines Bankhauses); **Bank-
_kauf|frau, ...kauf|mann, ...kon-
to; Bänk|lein, Bänk|chen;**
Bank_leit|zahl, ...no|te, ...raub,
...räu|ber
bank|rott ⟨ital.⟩ (zahlungsunfähig;
auch übertr.: am Ende, erledigt);
- gehen, sein, werden; **Bank|rott**
der; -[e]s, -e; - machen; **Bank-
rott|er|klä|rung; Bank|rot|teur**
[...*tör*] *der;* -s, -e (Person, die
Bankrott macht); **bank|rot|tie-
ren; Bank_über|fall, ...we|sen**
Bann *der;* -[e]s, -e (Ausschluß [aus
einer Gemeinschaft]; beherr-
schender Einfluß, magische Wir-
kung); **Bann_bruch** *der,* **...bul|le**
die; **bann|nen**
Ban|ner *das;* -s, - (Fahne); **Ban-
ner|trä|ger**
Bann_fluch, ...gut
ban|nig (nordd. ugs. für: sehr)
Bann_kreis, ...mei|le, ...strahl,
...wald (Schutzwald gegen Lawi-
nen), **...wa|re, ...wart** (schweiz.
für: Flur- und Waldhüter)
Ban|se *die;* -, -n (mitteld. u. nie-
derd. für: Lagerraum in einer
Scheune); **ban|sen,** (auch:) ban-
seln; Getreide, Holz - (mitteld. u.
niederd. für: aufladen, auf-
schichten); du banst (bansest)

Ban|tam (Ort auf Java); **Ban|tam-
ge|wicht** (Körpergewichtsklasse
in der Schwerathletik); **Ban|tam-
huhn** (Zwerghuhn)
Ban|tu *der;* -[s], -[s] ⟨Angehöriger
einer Sprach- u. Völkergruppe in
Afrika); **Ban|tu|ne|ger**
Ba|nus vgl. ¹Ban
Bao|bab *der;* -s, -s ⟨afrik.⟩ (Affen-
brotbaum)
Ba|pho|met *der;* -[e]s ⟨arab.⟩ ([an-
gebl.] Götzenbild der Tempel-
herren)
Bap|tis|mus *der;* - ⟨griech.⟩ (Lehre
evangel. Freikirchen, die nur
die Erwachsenentaufe zuläßt);
¹Bap|tist (m. Vorn.); **²Bap|tist**
der; -en, -en; ↑ R 197 (Anhänger
des Baptismus); **Bap|ti|ste|ri|um**
das; -s, ...ien [*iⁿn*] (Taufbecken;
Taufkirche, -kapelle)
¹bar = ¹Bar
²bar (bloß); aller Ehre[n] -; bares
Geld, aber: Bargeld; bar zah-
len; in -; gegen -; -er Unsinn
...bar (z. B. lesbar, offenbar)
¹Bar *die;* -s, -s ⟨griech.⟩ (Maßeinheit des [Luft]druckes; Zeichen:
bar; Meteor. nur: b); 5 -
²Bar *die;* -, -s ⟨engl.⟩ (kleines
[Nacht]lokal; Schanktisch)
³Bar *der;* -[e]s, -e (Meistersinger-
lied)
¹Bär *der;* -en, -en; ↑ R 197;
(↑ R 157:) der Große, der Kleine -
(Sternbilder); **²Bär** *der;* -s, -en u.
(fachspr.:) -e (Maschinenham-
mer); vgl. Rammbär
Ba|rab|bas (bibl. Gestalt)
Ba|ra|ber *der;* -s, - ⟨ital.⟩ (österr.
ugs. für: schwer arbeitender
Hilfs-, Bauarbeiter); **ba|ra|bern**
(österr. ugs. für: schwer arbeiten)
Ba|racke *die;* -, -n [*Trenn.:* ...rak-
ke] ⟨franz.⟩ (leichtes, meist einge-
schossiges Behelfshaus); **Ba-
racken|la|ger** *das;* -s, - [*Trenn.:*
...rak|ken...]; **Ba|rack|ler** (ugs.
für: Barackenbewohner)
Ba|ratt *der;* -[e]s ⟨ital.⟩ (Kauf-
mannsspr.: Austausch von Wa-
ren); **ba|rat|tie|ren**
Bar|ba|di|er [...*iᵉr*] (Bewohner von
Barbados); **bar|ba|disch; Bar|ba-
dos** (Inselstaat im Osten der
Kleinen Antillen)
Bar|bar *der;* -en, -en (↑ R 197)
⟨griech.⟩ (urspr.: Nichtgrieche;
jetzt: roher, ungesitteter, wilder
Mensch); **Bar|ba|ra** (w. Vorn.);
Bar|ba|ra|zweig; Bar|ba|rei (Ro-
heit); **bar|ba|risch; -ste** (roh);
Bar|ba|ris|mus *der;* -, ...men (gro-
ber sprachlicher Fehler)
Bar|ba|ros|sa („Rotbart"; Beina-
me des Kaisers Friedrich I.)
Bar|be *die;* -, -n ⟨lat.⟩ (Fisch; frü-
her: Spitzenband an Frauenhau-
ben)
Bar|be|cue [*báʳbikju*] *das;* -[s], -s

⟨engl.⟩ (Gartenfest mit Spießbra-
ten)
bär|bei|ßig (grimmig; verdrieß-
lich); **Bär|bei|ßig|keit**
Bär|bel (Koseform von: Barbara)
Bar|bier *der;* -s, -e ⟨franz.⟩ (veralt.
für: Herrenfriseur); **bar|bie|ren**
(veralt. für: rasieren); vgl. auch:
balbieren
Bar|bi|tu|rat *das;* -s, -e ⟨Kunstw.⟩
(Schlaf- u. Beruhigungsmittel);
Bar|bi|tur|säu|re (chem. Sub-
stanz mit narkotischer Wirkung)
bar|bu|sig (busenfrei)
Bar|ce|lo|na [*barze...*, *barße...*]
(span. Stadt)
Bar|chent *der;* -s, -e ⟨arab.⟩ (Baum-
wollflanell)
Bar|da|me
¹Bar|de *der;* -, -n ⟨arab.-franz.⟩
(Speckscheibe um gebratenes
Geflügel)
²Bar|de *der;* -n, -n (↑ R 197) ⟨kelt.-
franz.⟩ ([altkelt.] Sänger u. Dichter; abwertend für: lyr. Dichter)
bar|die|ren (mit ¹Barden umwik-
keln)
Bar|diet *der;* -[e]s, -e ⟨germ.-lat.⟩ u.
Bar|di|tus *der;* -, - ⟨Schlachtge-
schrei der Germanen vor dem
Kampf); **bar|disch** (zu ²Barde);
Bar|di|tus vgl. Bardiet
Bar|do|wick [auch: *bar...*] (Ort in
Niedersachsen)
Bä|ren_dienst (ugs. für: schlechter
Dienst), **...dreck** (südd., österr.
ugs. für: Lakritze), **...fang** *der;*
-[e]s; Honiglikör), **...fell, ...haut,**
...hun|ger (ugs. für: großer Hun-
ger); **Bä|ren|klau** *die;* - oder *der;*
-s (eine Pflanze); **bä|ren|mä|ßig;**
Bä|ren|na|tur (bes. kräftiger,
körperlich unempfindlicher
Mensch); **bä|ren|ru|hig** (ugs. für:
sehr ruhig); **bä|ren|stark** (ugs.
für: sehr stark); **Bä|ren|trau|be**
(eine Heilpflanze); **Bä|ren|trau-
ben|blät|ter|tee**
Ba|rents|see *die;* - ⟨nach dem nie-
derl. Seefahrer W. Barents⟩ (Teil
des Nordpolarmeeres)
Bä|ren|zucker [*Trenn.:* ...k|k...]
(österr. neben: Bärendreck)
Ba|rett *das;* -[e]s, -e u. (selten:) -s
⟨lat.⟩ (flache, randlose Kopfbedeckung, auch als Teil der
Amtstracht)
Bar|frei|ma|chung
Bar|frost (landsch. für: Frost oh-
ne Schnee)
bar|fuß; - gehen; **Bar|fuß|arzt** ([in
der Volksrepublik China] jmd.,
der medizin. Grundkenntnisse
hat und auf dem Land einfache-
re Krankheiten behandelt); **Bar-
fü|ßer** *der;* -s, - (barfuß gehender
od. nur Sandalen tragender
Mönch); **bar|fü|ßig; Bar|fü|ßler**
(svw. Barfüßer)
Bar|geld *das;* -[e]s; **bar|geld|los;**

-er Zahlungsverkehr; **Bar|ge|schäft**

bar|haupt; bar|häup|tig

Bar|hocker [*Trenn.: ...hok|ker*]

Ba|ri (Stadt in Apulien)

Ba|ri|bal *der;* -s, -s (nordamerik. Schwarzbär)

bä|rig (landsch.) (Meteor.: bärenhaft, stark; westösterr. ugs.: gewaltig)

ba|risch ⟨griech.⟩ (Meteor.: den Luftdruck betreffend); -es Windgesetz

Ba|ri|ton [auch: *ba...*] *der;* -s, -e ⟨ital.⟩ (Männerstimme zwischen Tenor u. Baß; auch: Sänger mit dieser Stimme); **Ba|ri|to|ni|st** *der;* -en, -en; ↑R 197 (Baritonsänger)

Ba|ri|um *das;* -s ⟨griech.⟩ (chem. Grundstoff, Metall; Zeichen: Ba)

Bark *die;* -, -en ⟨niederl.⟩ (ein Segelschiff); **Bar|ka|ro|le** *die;* -, -n ⟨ital.⟩ (Boot; Gondellied); **Bar|kas|se** *die;* -, -n ⟨niederl.⟩ (Motorboot; auf Kriegsschiffen: größtes Beiboot)

Bar|kauf

Bar|ke *die;* -, -n (kleines Boot)

Bar|kee|per [*bárkip'r*] *der;* -s, - ⟨engl.⟩ (Inhaber od. Schankkellner einer ²Bar)

Bar|lach (dt. Bildhauer, Graphiker u. Dichter)

Bär|lapp *der;* -s, -e (moosähnliche Pflanze)

Bar|lauf *der;* -[e]s (früheres Turnspiel)

Bar|mann *der;* -[e]s, ...männer (svw. Barkeeper)

Barm|bek (Stadtteil von Hamburg)

Bär|me *die;* - (nordd. für: Hefe)

bar|men (nord- u. ostd. abwertend für: klagen)

Bar|men (Stadtteil von Wuppertal); **Bar|mer** (↑R 147)

barm|her|zig, aber (↑R 157): Barmherzige Brüder, Barmherzige Schwestern (religiöse Genossenschaften für Krankenpflege); **Barm|her|zig|keit** *die;* -

Bar|mi|xer (Getränkemischer in einer ²Bar)

Bar|na|bas (urchristlicher Missionar); **Bar|na|bit** *der;* -en, -en; ↑R 197 (Angehöriger eines kath. Männerordens)

ba|rock ⟨franz.⟩ (im Stil des Barocks; verschnörkelt, überladen); **Ba|rock** *das* od. *der;* -s, auch (fachspr.): - ⟨[Kunst]stil des 17. u. 18. Jhs.); **Ba|rock.kir|che, ...kunst, ...per|le** (unregelmäßig geformte Perle), **...stil** (*der;* -[e]s), **...zeit** (*die;* -)

Ba|ro|graph *der;* -en, -en (↑R 197) ⟨griech.⟩ (Meteor.: Gerät zur Registrierung des Luftdrucks); **Ba|ro|me|ter** *das* (österr., schweiz. auch: *der*); -s, - (Luftdruckmes-

ser); **Ba|ro|me|ter|stand; ba|ro|me|trisch;** -e Höhenformel

Ba|ron *der;* -s, -e ⟨franz.⟩ (Freiherr); **Ba|ro|neß** *die;* -, ...essen u. (häufiger:) **Ba|ro|nes|se** *die;* -, -n (Freifräulein); **Ba|ro|net** [*baronät,* auch: *bä...,* engl. Ausspr.: *bär'nit*] *der;* -s, -s ⟨engl.⟩ (engl. Adelstitel); **Ba|ro|nie** *die;* -, ...ien ⟨franz.⟩ (Besitz eines Barons; Freiherrnwürde); **Ba|ro|nin** *die;* -, -nen (Freifrau); **ba|ro|ni|sie|ren** (in den Freiherrnstand erheben)

Bar|ra|ku|da *der;* -s, -s ⟨span.⟩ (Pfeilhecht, ein Raubfisch)

Bar|ras *der;* - (Soldatenspr.: Heerwesen; Militär)

Bar|re *die;* -, -n ⟨franz.⟩ (Schranke aus waagerechten Stangen; Sand-, Schlammbank)

Bar|rel [*bä...*] *das;* -s, -s ⟨engl.⟩ (engl. Hohlmaß; Faß, Tonne); drei Barrel[s] Weizen (↑R 129)

Bar|ren *der;* -s, - (Turngerät; Handelsform der Edelmetalle; südd., österr. auch für: Futtertrog)

Bar|rie|re *die;* -, -n (↑R 180) ⟨franz.⟩ (Schranke; Sperre); **Bar|ri|ka|de** *die;* [Straßen]sperre, Hindernis)

Bar|ri|ster [*bä...*] *der;* -s, - ⟨engl.⟩ (Rechtsanwalt bei den englischen Obergerichten)

barsch; -este (unfreundlich, rauh)

Barsch *der;* -[e]s, -e (ein Fisch)

Bar|schaft; Bar|scheck (in bar einzulösender Scheck)

Barsch|heit

Bar|soi [*...seu*] *der;* -s, -s ⟨russ.⟩ (russ. Windhund)

Bar|sor|ti|ment (Buchhandelsbetrieb zwischen Verlag u. Einzelbuchhandel)

Bart *der;* -[e]s, Bärte; **Bärt|chen, Bärt|lein; Bar|te** *die;* -, -n (Hornplatte im Oberkiefer der Bartenwale, Fischbein); **Bar|tel** *die;* -, -n (meist *Plur.;* Bartfaden bei Fischen); **Bar|ten|wal; Bar|tel** *das;* -s, -n (bayr. u. österr. für: Kinderlätzchen); **Bart.flech|te, ...haar**

Bar|thel, Bar|tho|lo|mä|us (m. Vorn.)

Bär|tier|chen (mikroskopisch kleines, wurmförmiges Tier)

bär|tig; Bär|tig|keit *die;* -; **Bärt|lein, Bärt|chen; bart|los; Bart|lo|sig|keit** *die;* -

Bar|tók [*bartok,* ung.: *bórtok*], Béla (ung. Komponist)

Bart.stop|pel, ...trä|ger, ...wisch (bayr., österr. für: Handbesen), **...wuchs**

Ba|ruch (Gestalt im A. T.)

ba|ry... ⟨griech.⟩ (schwer...); **Ba|ry...** (Schwer...); **Ba|ry|on** *das;* -s, ...onen (schweres Elementarteilchen); **Ba|ry|sphä|re** *die;* - (Erdkern); **Ba|ryt** *der;* -[e]s, -e

(Schwerspat; chem. Bariumsulfat); **Ba|ry|ton** *das;* -s, -e (einer Gambe ähnliches Saiteninstrument des 18. Jh.s); **Ba|ryt|pa|pier; ba|ry|zen|trisch** (auf das Baryzentrum bezüglich); -e Koordinaten; **Ba|ry|zen|trum** *das;* -s, ...tra u. ...tren (Physik: Schwerpunkt)

Bar|zah|lung

ba|sal (die Basis betreffend)

Ba|salt *der;* -[e]s, -e ⟨griech.⟩ (Gestein)

Ba|sal|tem|pe|ra|tur (Med.: morgens gemessene Körpertemperatur bei der Frau zur Feststellung des Zyklus)

ba|sal|ten, ba|sal|tig, ba|sal|tisch; Ba|salt|tuff *der;* -s, -e

Ba|sar *der;* -s, -e ⟨pers.⟩ (orientalisches Händlerviertel; Warenverkauf zu Wohltätigkeitszwecken; DDR: Verkaufsstätte)

Bäs|chen, Bäs|lein

Basch|ki|re *der;* -n, -n; ↑R 197 (Angehöriger eines turkotat. Stammes); **Basch|ki|ri|en; basch|ki|risch**

Basch|lik *der;* -s, -s ⟨turkotat.⟩ (Wollkapuze)

¹**Ba|se** *die;* -, -n (Kusine; österr. veraltet. u. schweiz. auch noch: Tante)

²**Ba|se** *die;* -, -n ⟨griech.⟩ (Verbindung, die mit Säuren Salze bildet); vgl. Basis

Base|ball [*béßbál*] *der;* -s ⟨engl.⟩ (amerik. Schlagballspiel)

Ba|se|dow [*bas'do*] *der;* -s (kurz für: Basedow-Krankheit); **Ba|se|dow-Krank|heit** *die;* - (nach dem Arzt K. v. Basedow) (auf vermehrter Tätigkeit der Schilddrüse beruhende Krankheit, Glotzaugenkrankheit)

Ba|sel (schweiz. Stadt am Rhein); **Ba|sel|biet** (vgl. Biet); **Ba|sel|ler, Bas|ler** (schweiz. nur so; ↑R 147); **Baseler Friede; Ba|sel-Land|schaft,** (kurz auch:) **Ba|sel-Land** (Halbkanton); **ba|sel|land|schaft|lich; Ba|sel-Stadt** (Halbkanton); **ba|sel|städ|tisch**

Ba|sen (*Plur.* von: Base, Basis)

BASF = Badische Anilin- & Soda-Fabrik AG

BASIC [*be'ßik*] *das;* -[s] ⟨engl.⟩ (Kunstwort aus: beginner's all purpose symbolic instruction code; eine einfache Programmiersprache)

Ba|sic English [*be'ßik ingglisch*] *das;* - - ⟨Grundenglisch; vereinfachte Form des Englischen)

ba|sie|ren ⟨franz.⟩; etwas basiert auf der Tatsache (beruht auf der Tatsache); gründet sich auf die Tatsache)

Ba|si|li|a|ner; ↑R 180 (nach der Regel des hl. Basilius [4. Jh.]) lebender Mönch

Ba|si|lie [...*i*⁷] *die;* -, -n ⟨griech.⟩, Ba|si|li|en|kraut u. Basilikum *das;* -s, -s u. ...ken (Gewürzpflanze)

Ba|si|li|ka *die;* -, ...ken ⟨griech.⟩ (Halle; Kirchenbauform mit überhöhtem Mittelschiff); ba|si|li|kal; ba|si|li|ken|för|mig

Ba|si|li|kum vgl. Basilie

Ba|si|lisk *der;* -en, -en (↑ R 197) ⟨griech.⟩ (Fabeltier; trop. Echse); Ba|si|lis|ken|blick (böser, stechender Blick)

Ba|si|li|us (griech. Kirchenlehrer)

Ba|sis *die;* -, Basen ⟨griech.⟩ (Grundlage, -linie, -fläche; Grundzahl; Fuß[punkt]; Sockel; Unterbau; Stütz-, Ausgangspunkt; Masse des Volkes, der Parteimitglieder o. ä.); ba|sisch (Chemie: sich wie eine Base verhaltend); -e Farbstoffe, Salze; -er Stahl; Ba|sis_de|mo|kra|tie, ...grup|pe ([links orientierter] politisch aktiver [Studenten]arbeitskreis); Ba|sis|kurs (Börsenwesen); Ba|si|zi|tät *die;* - (Chemie)

Bas|ke *der;* -n, -n; ↑ R 197 (Angehöriger eines Pyrenäenvolkes); Bas|ken_land (*das;* -[e]s), ...müt|ze

Bas|ket|ball *der;* -[e]s ⟨engl.⟩ (Korbball[spiel])

bas|kisch; -e Sprache; vgl. deutsch; Bas|kisch *das;* -[s] (Sprache); vgl. Deutsch; Bas|ki|sche *das;*-n; vgl. Deutsche das

Bas|kü|le *die;* -, -n ⟨franz.⟩ (Riegelverschluß für Fenster u. Türen, der zugleich oben u. unten schließt); Bas|kü|le|ver|schluß

Bäs|lein, Bäs|chen

Bas|ler (schweiz. nur so), Ba|se|ller (↑ R 147); Basler Leckerli; bas|le|risch

Bas|re|li|ef [*bárеljäf*] ⟨franz.⟩ (Flachrelief)

baß (veralt., noch scherzh. für: sehr); er war baß erstaunt

Baß *der;* Basses, Bässe ⟨ital.⟩ (tiefe Männerstimme; Sänger; Streichinstrument); Baß_arie, ...ba|ri|ton, ...blä|ser, ...buf|fo

Bas|se *der;* -n, -n; ↑ R 197 (niederd. Jägerspr. für: [älterer] starker Keiler)

Bas|sel|sis|se|stuhl [*baß⁽ᵉ⁾liß⁽ᵉ⁾...*] ⟨franz.; dt.⟩ (ein Webstuhl)

Bas|se|na *die;* -, -s ⟨ital.⟩ (ostösterr. für: Wasserbecken für mehrere Mieter im Flur eines Altbaus); Bas|se|na|tratsch (ostösterr. für: Klatsch niedrigsten Niveaus)

Bas|set [franz.: *baßε*, engl.: *bäßit*] *der;* -s, -s (eine Hunderasse)

Basse|terre [*baßtär*] (Hptst. von St. Christoph und Nevis)

Bas|sett|horn (*Plur.:* ...hörner; Blasinstrument des 18. Jh.s)

Baß|gei|ge

Bas|sin [*baßäng*] *das;* -s, -s ⟨franz.⟩ (künstliches Wasserbecken)

Bas|sist *der;* -en, -en (↑ R 197) ⟨ital.⟩ (Baßsänger); Bas|so *der;* -, Bassi (Musik); - con|ti|nuo (Generalbaß); - osti|na|to (sich oft wiederholendes Baßthema); Baß_sän|ger, ...schlüs|sel, ...stim|me

Bast *der;* -[e]s, -e (Pflanzenfaser; Jägerspr.: Haut am Geweih)

ba|sta ⟨ital.⟩ (ugs. für: genug!); [und] damit -!

Ba|stard *der;* -[e]s, -e ⟨franz.⟩ (in der Allgemeinsprache abwertend: Mischling, uneheliches Kind); ba|star|die|ren (Arten kreuzen); Ba|star|die|rung (Artkreuzung); Ba|stard_pflan|ze, ...schrift (Druckschrift, die Merkmale zweier Schriftarten vermischt), ...spra|che

Ba|ste *die;* -, -n ⟨franz.⟩ (Trumpfkarte in verschiedenen Kartenspielen)

Ba|stei ⟨ital.⟩ (vorspringender Teil an alten Festungsbauten; *Sing.:* Felsgruppe im Elbsandsteingebirge)

Ba|stel|ar|beit; ba|steln ([in der Freizeit, aus Liebhaberei] kleine handwerkliche Arbeiten machen); ich ...[e]le (↑ R 22)

ba|sten (aus Bast); bast|far|ben, bast|far|big

Ba|sti|an (Kurzform von: Sebastian)

Ba|stil|le [*baßtij*] *die;* -, -n ⟨franz.⟩ (festes Schloß, bes. das 1789 erstürmte Staatsgefängnis in Paris); Ba|sti|on (Bollwerk)

Bast|ler

Ba|sto|na|de *die;* -, -n ⟨franz.⟩ (bis ins 19. Jh. im Orient übl. Prügelstrafe, bes. Schläge auf die Fußsohlen)

Ba|su|to *der;* -[s], -[s] (Angehöriger eines Bantustammes)

BAT = Bundesangestelltentarif

Bat. = Bataillon

Ba|tail|le [*bataj⁽ᵉ⁾*] *die;* -, -n ⟨franz.⟩ (veralt. für: Schlacht; Kampf); Ba|tail|lon [*bataljon*] *das;* -s, -e (Truppenabteilung; Abk.: Bat.); Ba|tail|lons|kom|man|deur

Ba|ta|te *die;* -, -n ⟨indian.-span.⟩ (trop. Süßkartoffel[pflanze])

Ba|ta|ver [*batawᵉr*] *der;* -s, - (Angehöriger eines germ. Stammes); Ba|ta|via [*batawia*] (alter Name von: Jakarta); ba|ta|visch

Bath|sel|ba, (ökum.:) Bat|se|ba (bibl. w. Eigenn.)

Ba|thy_scaphe [...*ßkaf*] *der* u. *das;* -[s], - [...*ßⁱ*] ⟨griech.⟩ u. ...skaph *der;* -en, -en; ↑ R 197 (Tiefseetauchgerät); Ba|thy|sphä|re *die;* - (tiefste Schicht des Weltmeeres)

Ba|tik *der;* -s, -en (auch: *die;* -, -en) ⟨malai.⟩ (aus Südostasien

---

stammendes Textilfärbeverfahren mit Verwendung von Wachs [nur *Sing.*]; derart gemustertes Gewebe); Ba|tik|druck (*Plur.* ...drucke); ba|ti|ken; gebatikt

Ba|tist *der;* -[e]s, -e ⟨franz.⟩ (feines Gewebe); ba|ti|sten (aus Batist)

Bat|se|ba vgl. Bathseba

Batt., Battr. = Batterie (Militär)

Bat|te|rie *die;* -, ...ien ⟨franz.⟩ (Einheit der Artillerie [Abk.: Batt(r).]; [aus mehreren Elementen bestehender] Stromspeicher); Bat|te|rie|ge|rät

Bat|zen *der;* -s, - (ugs. für: Klumpen; frühere Münze; schweiz. noch für: Zehnrappenstück)

Bau *der;* -[e]s, -ten (Gebäude) u. *der;* -[e]s, -e (Höhle als Unterschlupf für Tiere; Bergmannsspr.: Stollen); sich im od. in - befinden; Bau_ar|bei|ter, ...art, ...auf|sicht (*die;* -s); Bau|auf|sichts|be|hör|de; Bau|block (*Plur.:* ...blocks)

Bauch *der;* -[e]s, Bäuche; Bauch_bin|de, Bäu|chel|chen, Bäuch|lein; Bauch_fell, ...grim|men (Bauchweh), ...höh|le; bau|chig, bäu|chig; Bauch_knei|fen, ...knei|pen (*das;* -s; landsch. für: Bauchweh), ...la|den, ...lan|dung; Bäuch|lein, Bäu|chel|chen; bäuch|lings; Bauch|na|bel; bauch|re|den (meist nur im Infinitiv gebr.); Bauch_red|ner, ...schmerz (meist *Plur.*), ...spei|chel|drü|se, ...tanz; bauch|tan|zen (meist nur im Infinitiv gebr.); Bau|chung; Bauch|weh *das;* -s

Bau|cis [*bauziß*] (Gattin des Philemon [vgl. d.])

Baud [auch: *bot*] *das;* -[s], - ⟨nach dem franz. Ingenieur Baudot⟩ (Maßeinheit der Telegrafiergeschwindigkeit)

Bau|de *die;* -, -n (ostmitteld. für: Unterkunftshütte im Gebirge, Berggasthof)

Bau|de|laire [*bodᵉlär*] ⟨franz. Dichter⟩

Bau|denk|mal *das;* -[e]s, ...mäler (geh. auch: ...male)

Bau|dou|in [*boduäng*] („Balduin"; franz. m. Vorn.)

bau|en; Bau_ele|ment, ...ent|wurf

¹Bau|er *der;* -s, - (Be-, Erbauer)

²Bau|er *der;* -n (selten: -s), -n (Landmann; Schachfigur; Spielkarte)

³Bau|er *das* (auch: *der*); -s, - (Käfig)

Bäu|er|chen, Bäu|er|lein; Bäue|rin *die;* -, ...nen (↑ R 180); bäue|risch; -ste; ↑ R 180 (seltener für: bäurisch); Bäu|er|lein, Bäu|er|chen; bäu|er|lich; Bau_ern_brot, ...bur|sche, ...fän|ger (abwertend); Bau|ern|fän|ge|rei; Bau|ern|frau, Bau|ers|frau; Bau_ern_früh|stück

(Bratkartoffeln mit Rührei und Speck), ...haus, ...hof, ...krieg, ...le|gen (das; -s; hist.: Einziehen von Bauernhöfen durch den Großgrundbesitzer); Bau|er[n]|sa|me die; - (schweiz. neben: Bauernschaft); Bau|ern|schaft die; - (Gesamtheit der Bauern); bau|ern|schlau; Bau|ern_schläue, ...stand (der; -[e]s), ...stu|be; Bau|er|sa|me vgl. Bauernsame; Bau|er|schaft (landsch. für: Bauernsiedlung); Bau|ers|frau, Bau|ernfrau; Bau|ers_leu|te Plur., ...mann (der; -[e]s); Bäu|ert die; -, -en (schweiz. [Berner Oberland] für: Gemeindefraktion)

Bau|er|war|tungs|land; Bau|fachwer|ker; bau|fäl|lig; Bau|fäl|ligkeit die; -; Bau_fir|ma, ...flucht (vgl. ¹Flucht), ...füh|rer, ...geneh|mi|gung, ...ge|nos|sen|schaft, ...ge|spann (schweiz. für: Stangen, die die Ausmaße eines geplanten Gebäudes anzeigen), ...ge|wer|be, ...gru|be

Bau|haus das; -es (dt. Hochschule für Gestaltung, an der bekannte Maler und Architekten der zwanziger Jahre arbeiteten)

Bau_herr, ...her|ren|mo|dell (Finanzierungsmodell für Bauobjekte, bei dem bestimmte Steuervorteile erzielt werden können), ...holz, ...hüt|te, ...jahr, ...kasten; Bau|klotz der; -es, ...klötze (ugs. auch: ...klötzer); Bauklötze[r] staunen; Bau|ko|sten, Bauko|sten|zu|schuß; Bau_kunst (die; -), ...land (das; -[e]s; auch: eine bad. Landschaft); bau|lich; Bau|lich|keit (meist Plur.; Papierdt.); Bau|lücke [Trenn.: ...lük|ke]

Baum der; -[e]s, Bäume

Bau_ma|schi|ne, ...ma|te|ri|al

Baum|blü|te die; -; Bäum|chen, Bäum|lein

Bau|mé|grad die; - (nach dem franz. Chemiker Baumé) (Maßeinheit für das spezifische Gewicht von Flüssigkeiten; ↑R 135; Zeichen: °Bé); 5 °Bé (vgl. S. 74)

Bau|mei|ster

bau|meln; ich ...[e]le (↑R 22)

¹bau|men vgl. aufbaumen; ²baumen, ¹bäu|men (mit dem Wiesbaum befestigen); ²bäu|men; sich -; Baum_farn, ...gren|ze (die; -); baum|kan|tig (von Holzbalken: an den Kanten noch die Rinde zeigend); Baum|ku|chen; baum|lang; Baum|läu|fer (ein Vogel); Baum|lein, Bäum|chen; Baum|nuß (schweiz. für: Walnuß); baum|reich; Baum_schei|be, ...schu|le, ...stamm; baum|stark; Baum_strunk, ...stumpf, ...wipfel, ...wol|le; baum|wol|len (aus Baumwolle); Baum|woll_garn,

---

...hemd, ...in|du|strie, ...pi|kee, ...spin|ne|rei

Baun|zerl das; -s, -n (österr. für: längliches, mürbes Milchbrötchen)

Bau_ord|nung, ...plan (vgl. ²Plan), ...platz, ...po|li|zei; bau|po|li|zeilich; Bau_rat (Plur. ...räte), ...recht; bau|reif; ein -es Grundstück

bäu|risch, (seltener:) bäue|risch

Bau_rui|ne, ...satz (Fertigteile zum Zusammenbauen)

Bausch der; -[e]s, -e u. Bäusche; in - und Bogen (ganz und gar); Bäusch|chen, Bäusch|lein (kleiner Bausch)

Bäu|schel, Päu|schel der od. das; -s, - (Bergmannsspr.: schwerer Hammer)

bau|schen; du bauschst (bauschest); sich -; Bau|schen der; -s, - (österr. neben: Bausch); bauschig; Bäusch|lein, Bäusch|chen

bau|spa|ren (fast nur im Infinitiv gebräuchlich); bauzusparen; Bau_spa|rer, ...spar|kas|se, ...spar|ver|trag, ...stein, ...stel|le, ...stil, ...stoff, ...stopp

Bau|ta|stein ‹altnord.› (Gedenkstein der Wikingerzeit)

Bau|te die; -, -n (schweiz. Amtsspr. für: Bau[werk], Gebäude); Bau|teil (als Gebäudeteil: der; als Bauelement: das); Bauten vgl. Bau; Bau|trä|ger

Bautz|en (Stadt in der Oberlausitz); Bautz|ze|ner (↑R 147); bautz|nisch

Bau_un|ter|neh|mer, ...vor|ha|ben, ...wei|se (vgl. ²Weise), ...werk, ...wer|ker, ...we|sen; Bau|wich der; -[e]s, -e (Bauw.: Häuserzwischenraum); bau|wür|dig (Bergmannsspr. von einer Lagerstätte: mit Gewinn abbaubar)

Bau|xerl das; -s, -n (österr. ugs. für: kleines, herziges Kind)

Bau|xit der; -s, -e (nach dem ersten Fundort Les Baux [lä bo] in Südfrankreich) (ein Mineral)

bauz!

Bau|zaun

Ba|va|ria [...wa...] die; - ‹lat.› (Frauengestalt als Sinnbild Bayerns)

Ba|yard [bajar] (franz. Ritter u. Feldherr)

¹Bay|er ⓌⒻ (chem. u. pharm. Produkte)

²Bay|er, (in der Sprachw. für den Mundartsprecher:) Bai|er der; -n, -n (↑R 197); bay|e[l]risch, (in der Sprachw. für die Mundart:) bai|risch, aber (↑R 157): Bayerische Motorenwerke AG (Abk.: BMW); (↑R 146:) der Bayerische Wald; Bay|er|land das; -[e]s; Bay|ern (Land)

Bay|reuth (Stadt am Roten Main)

Ba|zar [basar] vgl. Basar

Ba|zi der; -, - (bayr., österr. ugs. für: Wichtigtuer; Taugenichts)

Ba|zil|len|trä|ger ‹lat.; dt.›; Ba|zillus der; -, ...llen ‹lat.› (sporenbildender Spaltpilz, oft Krankheitserreger)

¹BBC [engl. Ausspr.: bibißi] die; - = British Broadcasting Corporation [britisch brådkåßting kåp°ré'sch°n] (brit. Rundfunkgesellschaft)

²BBC Ⓦ = Brown, Boveri & Cie.

BBk = Deutsche Bundesbank

BCG = Bazillus Calmette-Guérin (nach zwei franz. Tuberkuloseforschern); BCG-Schutz|impfung (vorbeugende Tuberkuloseimpfung)

Bd. = Band (Buch); Bde. = Bände

BDA = Bund Deutscher Architekten

BDPh = Bund Deutscher Philatelisten

BDÜ = Bundesverband der Dolmetscher und Übersetzer

B-Dur [bedur, auch: bedur] das; - (Tonart; Zeichen: B); B-Dur-Ton|lei|ter (↑R 41)

Be = chemisches Zeichen für: Beryllium

BE = Broteinheit

Bé = Baumé; vgl. Baumégrad

be... (Vorsilbe von Verben, z. B. beabsichtigen, du beabsichtigst, beabsichtigt, zu beabsichtigen)

be|ab|sich|ti|gen

be|ach|ten; be|ach|tens|wert; -este; be|acht|lich; Be|ach|tung

be|ackern [Trenn.: ...ak|kern] ([den Acker] bestellen; ugs. auch für: gründlich bearbeiten)

Bea|gle [big'l] der; -s, -[s] ‹engl.› (eine Hunderasse)

be|am|peln; eine beampelte Kreuzung

Be|am|te der; -n, -n (↑R 7 ff.); Beam|ten_be|lei|di|gung, ...schaft (die; -), ...stand der; -[e]s), ...tum (das; -s); be|am|tet; Be|am|te|te der u. die; -n, -n (↑R 7 ff.); Be|amtin die; -, -nen

be|äng|sti|gend; -ste

be|an|schrif|ten (Amtsdt.)

be|an|spru|chen; Be|an|spru|chung

be|an|stan|den, (österr. meist:) bean|stän|den; Be|an|stan|dung, (österr. meist:) Be|an|stän|dung

be|an|tra|gen; du beantragtest; beantragt; Be|an|tra|gung

be|ant|wor|ten; Be|ant|wor|tung

be|ar|bei|ten; Be|ar|bei|ter; Be|arbei|tung

Beards|ley [bi'dsli] (engl. Zeichner)

be|arg|wöh|nen

Beat [bit] der; -[s] ‹engl.› (im Jazz: Schlagrhythmus; betonter Taktteil; kurz für: Beatmusik)

Bea|ta, Bea|te; ↑ R 180 (w. Vorn.)
bea|ten [*bit'n*] ⟨engl.⟩ (ugs.: Beatmusik spielen; nach Beatmusik tanzen); Beat|fan [*bitfän*]
Beat ge|ne|ra|ti|on [*bit dsehän're'sch'n*] die; - - - ⟨amerik.⟩ (antibürgerliche amerikan. [Schriftsteller]gruppe der fünfziger Jahre, die das Ideal einer gesteigerten Lebensintensität durch Sexualität, Jazz, Drogen u. ä. zu verwirklichen suchte)
Bea|ti|fi|ka|ti|on [...*zion*] die; -, -en (↑ R 180) ⟨lat.⟩ (Seligsprechung); bea|ti|fi|zie|ren (↑ R 180)
Bea|tle [*bit'l*] der; -s, -s ⟨engl.⟩ (Name der Mitglieder einer Liverpooler Popmusikgruppe; veraltend für: Jugendlicher mit langen Haaren); Bea|tle|mäh|ne
be|at|men (Med.: Luft od. Gasgemische in die Atemwege blasen); Be|at|mung; Be|at|mungs_an|la|ge, ...ge|rät, ...stö|rung
Beat|mu|sik [*bit*...] die; - ([Tanz]musik mit betontem Schlagrhythmus, meist mit elektrisch verstärkten Instrumenten gespielt)
Beat|nik [*bit*...] der; -s, -s ⟨amerik.⟩ (Vertreter der Beat generation)
Bea|tri|ce [ital. Ausspr.: *tritsche*; dt. Ausspr.: ...*triß'*] (↑ R 180), Bea|trix; ↑ R 180 (w. Vorn.)
Beat|schup|pen [*bit*...] (salopp)
Bea|tus (↑ R 180) ⟨lat.⟩ (m. Vorn.)
Beau [*bo*] der; -, -s ⟨franz.⟩ (spöttisch für: schöner Mann)
be|auf|la|gen (DDR Wirtsch.: eine Auflage erteilen; zu einem Plansoll verpflichten)
Beau|fort|ska|la [*bof'rt*...] die; - ⟨nach dem engl. Admiral⟩ (Skala für Windstärken; ↑ R 135)
be|auf|schla|gen (Technik: vom Wasser- od. Dampfstrahl: [die Turbinenschaufeln] treffen); er beaufschlagte; beaufschlagt; Be|auf|schla|gung
be|auf|sich|ti|gen; Be|auf|sich|ti|gung
be|auf|tra|gen; du beauftragtest; beauftragt; Be|auf|trag|te der u. die; -n, -n (↑ R 7 ff.)
be|aug|ap|feln (landsch. scherzh.); ich ...[e]le (↑ R 22); be|äu|geln (ugs. scherzh.); ich ...[e]le (↑ R 22); beäugelt; be|äu|gen; du beäugst; be|au|gen|schei|ni|gen (Papierdt.); beaugenscheinigt
Beau|jo|lais [*boseholä*] der; -, - ⟨franz.⟩ (ein franz. Rotwein)
Beau|mar|chais [*bomarschä*] (franz. Schriftsteller)
Beau|té [*bote*] die; -, -s ⟨franz.⟩ (Schönheit; schöne Frau)
Beau|ty|farm [*bjutifarm*] die; -, -en ⟨engl.⟩ (eine Art Klinik, in der man sich zur Schönheitsbehandlung aufhält)

Beau|voir, de [*bowoar*] (franz. Schriftstellerin)
be|bän|dern
be|bar|tet
be|bau|en; Be|bau|ung
Bé|bé [*bebe*] das; -s, -s ⟨franz.⟩ (schweiz. für: kleines Kind)
Be|bel (Mitbegründer der dt. Sozialdemokratischen Partei)
be|ben; Be|ben das; -s, -
be|bil|dern; ich ...ere (↑ R 22); Be|bil|de|rung
Be|bop [*bibop*] der; -[s], -s ⟨amerik.⟩ (Jazzstil der 40er Jahre; Tanz in diesem Stil)
be|brillt
be|brü|ten
be|bun|kern ([ein Schiff] mit Brennstoff versehen)
be|buscht; ein be|busch|ter Hang
Bé|cha|mel_kar|tof|feln [*beschamäl*...] ⟨nach dem Marquis de Béchamel⟩, ...so|ße
Be|cher der; -s, -; be|chern (ugs. scherzh. für: tüchtig trinken); ich ...ere (↑ R 22); Be|cher|werk (Fördergerät)
be|cir|cen [*b'zirz'n*] ⟨nach der sagenhaften griech. Zauberin Circe⟩ (ugs. für: verführen, bezaubern)
Becken das; -s, - [*Trenn.:* Bek|ken]; Becken|bruch der [*Trenn.:* Bek|ken*...]
Beckett (ir.-franz. Schriftsteller); ↑ R 179
Beck|mann (dt. Maler)
Beck|mes|ser (Gestalt aus Wagners „Meistersingern"; kleinlicher Kritiker); Beck|mes|se|rei; beck|mes|sern (kleinlich tadeln, kritteln); ich beckmessere u. ...meßre (↑ R 22); gebeckmessert
Bec|que|rel [*bäk'räl*] ⟨nach dem franz. Physiker⟩ (Einheit der Radioaktivität; Zeichen: Bq)
be|da|chen (Handw.: mit einem Dach versehen)
be|dacht; -este; auf eine Sache - sein; be|dacht der; -[e]s; mit -; auf etwas - nehmen (Papierdt.); Be|dacht der u. die; -, -n; ↑ R 7 ff. (jmd., dem ein Vermächtnis ausgesetzt worden ist); be|däch|tig; Be|däch|tig|keit die; -; be|dacht|sam; Be|dacht|sam|keit die; -
Be|da|chung (Handw.)
be|damp|fen (Technik: durch Verdampfen von Metall mit einer Metallschicht überziehen)
be|dan|ken; sich; sei bedankt!
Be|darf der; -[e]s, (fachspr. auch Plur.:) -e; nach -; - an (Kaufmannsspr. auch: in) etwas; bei -; Be|darfs_ar|ti|kel, ...deckung [*Trenn.:* ...dek|k], ...fall (der; im -[e]); be|darfs|ge|recht; Be|darfs_gü|ter (Plur.), ...hal|te|stel|le

be|dau|er|lich; be|dau|er|li|cher|wei|se; be|dau|ern; ich ...ere (↑ R 22); Be|dau|ern das; -s; be|dau|erns|wert; -este
Bel|de die; -, -n (Abgabe im MA.)
be|decken [*Trenn.:* ...dek|ken]; be|deckt; -er Himmel; Be|deckt|sa|mer der; -s, - (meist *Plur.;* Bot.: Pflanze, deren Samenanlage im Fruchtknoten eingeschlossen ist; Ggs.: Nacktsamer); be|deckt|sa|mig (Bot.); Be|deckung [*Trenn.:* ...dek|kung]
be|den|ken; bedacht (vgl. d.); sich eines Besser[e]n -; Be|den|ken das; -s, -; be|den|ken|los; -este; be|denk|lich; Be|denk|lich|keit; Be|denk|zeit
be|dep|pert (ugs. für: eingeschüchtert, ratlos, gedrückt)
be|deu|ten; be|deu|tend; -ste. I. *Kleinschreibung* (↑ R 65): am bedeutendsten; um ein bedeutendes (sehr) zunehmen. II. *Großschreibung* (↑ R 65): das Bedeutendste; etwas Bedeutendes; be|deut|sam; Be|deut|sam|keit die; -; Be|deu|tung; Be|deu|tungs_er|wei|te|rung (Sprachw.), ...leh|re (die; -; Sprachw.); Be|deu|tungs|los; -este; Be|deu|tungs|lo|sig|keit; Be|deu|tungs|voll; Be|deu|tungs|wan|del (Sprachw.)
be|die|nen; sich eines Kompasses - (geh.); jmdn. - (österr. ugs. für: benachteiligen); bedient sein (ugs. für: von etwas, jmdm. genug haben); Be|die|ner; Be|die|ne|rin (österr., auch: österr. für: Aufwartefrau); be|dien|stet (in Dienst stehend); Be|dien|ste|te der u. die; -n, -n (↑ R 7 ff.); Be|dien|te der u. die; -n, -n; ↑ R 7 ff. (veralt. für: Diener[in]); Be|die|nung (österr. auch: Stelle als Bedienerin); Be|die|nungs_an|lei|tung, ...auf|schlag, ...feh|ler, ...geld, ...zu|schlag
be|din|gen; du bedangst u. bedingtest; bedungen (ausbedungen, ausgemacht, z. B. der bedungene Lohn); vgl. bedingt; Be|ding|nis das; -ses, -se (österr. Amtsspr. für: Bedingung); be|dingt (eingeschränkt, an Bedingungen geknüpft); -er Reflex; -e Verurteilung (schweiz. für: Verurteilung mit Bewährungsfrist); Be|dingt_gut der; -[e]s (für Kommissionsgut), ...heit (die; -), ...sen|dung (für: Kommissionssendung); Be|din|gung; Be|din|gungs|form (für: Konditional); be|din|gungs|los; -este; Be|din|gungs|satz (für: Konditionalsatz); be|din|gungs|wei|se
be|drän|gen; be|dräng|nis die; -, -se; Be|dräng|te der u. die; -n, -n (↑ R 7 ff.); Be|dräng|ung

be|dräu|en (veralt. u. dicht. für: bedrohen)

be|drip|st; -este (nordd. für: kleinlaut; betrübt)

be|dro|hen; be|droh|lich; Be|droh|lich|keit; Be|dro|hung

be|drucken[1]; be|drücken[1]; Be|drücker[1]; be|drückt; Be|druckung[1] die; - (das Bedrucken); Be|drückung[1]

Be|dui|ne der; -n, -n (↑R 197, ↑R 180) ⟨arab.⟩ ⟨arab. Nomade⟩

be|dun|gen vgl. bedingen

be|dün|ken (veralt.); es will mich -; be|dün|ken das; -s; meines -s (veralt. für: nach meiner Ansicht)

be|dür|fen (geh.); eines guten Zuspruches -; Be|dürf|nis das; -ses, -se; Be|dürf|nis|an|stalt; be|dürf|nis|los; -este; be|dürf|tig; mit Gen.; der Hilfe -; Be|dürf|tig|keit

be|du|seln, sich (ugs. für: sich betrinken); er ist beduselt

Bee|fa|lo [bifalo] der; -[s], -s ⟨amerik.⟩ (Kreuzung aus Bison und Hausrind); Beef|ea|ter [bíf-ít°r] der; -s, -s ⟨engl.⟩ (Angehöriger der königl. Leibwache im Londoner Tower); Beef|steak [bíftßtek] das; -s, -s (Rinds[lenden]stück); deutsches - (↑R 157); Beef|tea [bíftí] der; -s, -s (Rindfleischbrühe)

be|eh|ren; sich -

be|ei|den; be|ei|di|gen (geh. für: beeiden, vereidigen; österr. für: in Eid nehmen); gerichtlich beeidigter Sachverständiger

be|ei|fern, sich (sich eifrig bemühen); Be|ei|fe|rung (Bemühung)

be|ei|len, sich; Be|ei|lung! (ugs. für: bitte schnell!)

be|ein|drucken [Trenn.: ...drukken]; von etwas beeindruckt sein

be|ein|fluß|bar; Be|ein|fluß|bar|keit die; -; be|ein|flus|sen; du beeinflußt (beeinflusst); Be|ein|flus|sung

be|ein|träch|ti|gen; Be|ein|träch|ti|gung

be|elen|den (schweiz. für: nahegehen; dauern); es beelendet mich

Be|el|ze|bub [auch: bél...] der; - ⟨hebr.⟩ (Herr der bösen Geister, oberster Teufel im N. T.)

be|en|den; beendet; be|en|di|gen; beendigt; Be|en|di|gung; Be|en|dung

be|en|gen; Be|engt|heit; Be|en|gung

be|er|ben; jmdn. -; Be|er|bung

be|er|den ([Pflanzen] mit Erde versehen); be|er|di|gen; Be|er|di|gung; Be|er|di|gungs|in|sti|tut

Bee|re die; -, -n; Bee|ren|aus|le|se; bee|ren|för|mig; Bee|ren|obst

Beet das; -[e]s, -e

Bee|te vgl. Bete

Beet|ho|ven [béthof°n], Ludwig van (dt. Komponist)

be|fä|hi|gen; ein befähigter Mensch; Be|fä|hi|gung; Be|fä|hi|gungs|nach|weis

be|fahr|bar; Be|fahr|bar|keit die; -; [1]be|fah|ren; -er (Jägerspr.: bewohnter) Bau; -es (Seemannsspr.: im Seedienst erprobtes) Volk; [2]be|fah|ren; eine Straße -

Be|fall der; -[e]s; be|fal|len

be|fan|gen (schüchtern; voreingenommen); Be|fan|gen|heit die; -

be|fas|sen; befaßt; sich -; jmdn. mit etwas - (Amtsdt.)

be|feh|den (mit Fehde überziehen; bekämpfen); sich -; Be|feh|dung

Be|fehl der; -[e]s, -e; be|feh|len; du befiehlst; du befahlst; du beföhlest (auch: befählest); befohlen; befiehl!; be|feh|le|risch; -ste; be|feh|li|gen; Be|fehls_aus|ga|be, ...emp|fän|ger, ...form (Imperativ); be|fehls|ge|mäß; Be|fehls_ge|walt (die; -), ...ha|ber; be|fehls|ha|be|risch; -ste; Be|fehls_not|stand, ...satz, ...ton (der; -[e]s), ...ver|wei|ge|rung

be|fein|den; sich -; Be|fein|dung

be|fe|sti|gen; Be|fe|sti|gung; Be|fe|sti|gungs|an|la|ge (meist Plur.)

be|feuch|ten; Be|feuch|tung

be|feu|ern; Be|feue|rung

Beff|chen (Halsbinde mit zwei Leinenstreifen vorn am Halsausschnitt von Amtstrachten, bes. des ev. Geistlichen)

be|fie|dern; ich ...ere (↑R 22)

be|fin|den; befunden; den Plan für gut usw. -; sich -; Be|fin|den das; -s; be|find|lich (vorhanden); falsch: sich -; richtig: sich befindend

be|fin|gern (ugs. für: betasten)

be|fi|schen; einen See -; Be|fi|schung

be|flag|gen; Be|flag|gung die; -

be|flecken [Trenn.: ...flek|ken]; Be|fleckung [Trenn.: ...flek|kung]

be|fle|geln (österr. für: beschimpfen)

be|flei|ßen, sich (veralt., selten noch für: sich befleißigen); du befleißt (befleißest) dich; ich befleiß mich, du beflissest dich; beflissen (vgl. d.); befleiß[e] dich!; be|flei|ßi|gen, sich; mit Gen.: sich eines guten Stils -

be|flie|gen; eine Strecke -

be|flis|sen (eifrig bemüht); um Anerkennung -; kunstbeflissen; Be|flis|sen|heit die; -; be|flis|sent|lich (seltener für: geflissentlich)

be|flü|geln

be|flu|ten (unter Wasser setzen); Be|flu|tung

be|fol|gen; Be|fol|gung

be|för|der|bar; Be|för|de|rer, Be-

---

för|der|rer; be|för|der|lich (schweiz. für: beschleunigt, rasch); be|för|dern; Be|för|de|rung; Be|för|de|rungs_be|din|gun|gen, ...ko|sten, ...mit|tel das, ...ta|rif; Be|förd|rer, Be|för|de|rer

be|for|sten (forstlich bewirtschaften); be|för|stern; ↑R 22 (nichtstaatliche Waldungen durch staatliche Forstbeamte verwalten lassen); Be|för|ste|rung die; -; Be|for|stung

be|frach|ten; Be|frach|ter; Be|frach|tung

be|frackt (einen Frack tragend)

be|fra|gen; du befragst; du befragtest; befragt; befrag[e]!; (↑R 68:) auf Befragen; Be|fra|gung

be|franst

be|frei|en; sich -; Be|frei|er; Be|frei|ung; Be|frei|ungs_be|we|gung, ...kampf, ...schlag (Eishockey)

be|frem|den; es befremdet; Be|frem|den das; -s; be|frem|dend; be|fremd|lich; Be|frem|dung die; -

be|freun|den, sich; be|freun|det

be|frie|den (Frieden bringen); geh. für: einhegen); befriedet; be|frie|di|gen (zufriedenstellen); be|frie|di|gend; -ste; vgl. ausreichend; Be|frie|di|gung; Be|frie|dung die; -

be|fri|sten; Be|fri|stung die; -

be|fruch|ten; Be|fruch|tung

be|fu|gen; Be|fug|nis die; -, -se; be|fugt; - sein

be|füh|len

be|fum|meln (ugs. für: untersuchen, befühlen, bearbeiten)

Be|fund der; -es, -e (Feststellung); nach -; ohne - (Med.; Abk.: o. B.)

be|fürch|ten; Be|fürch|tung

be|für|sor|gen (österr. für: betreuen)

be|für|wor|ten; Be|für|wor|ter; Be|für|wor|tung

Beg der; -s, -s (höherer türk. Titel); vgl. Bei

be|ga|ben; be|gabt; -este; Be|gab|te der u. die; -n, -n (↑R 7 ff.); Be|gab|ten|för|de|rung; Be|ga|bung; Be|ga|bungs|re|ser|ve

be|gaf|fen (ugs. abwertend)

Be|gäng|nis das; -ses, -se (feierliche Bestattung)

be|ga|sen; du begast (begasest); Be|ga|sung (Schädlingsbekämpfung; eine Heilmethode)

be|gat|ten; sich -; Be|gat|tung

be|gau|nern (ugs. für: betrügen)

be|geb|bar; [1]be|ge|ben (Bankw.: verkaufen, in Umlauf setzen); einen Wechsel -; [2]be|ge|ben, sich (irgendwohin gehen); sich ereignen; verzichten); er begibt sich eines Rechtes (er verzichtet darauf); Be|ge|ben|heit; Be|ge|ber

---

[1] Trenn.: ...k|k...

(für: Girant [eines Wechsels]);
Be|geb|nis *das;* -ses, -se (veraltend für: Begebenheit, Ereignis);
Be|ge|bung; die - von Aktien
be|geg|nen; jmdm. -; Be|geg|nis
das; -ses, -se (veralt.); Be|gegnung
be|geh|bar; Be|geh|bar|keit; begehen; Be|ge|hung
Be|gehr *das,* auch: *der;* -s (veralt.);
be|geh|ren; Be|geh|ren *das;* -s;
be|geh|rens|wert; be|gehr|lich;
Be|gehr|lich|keit
be|gei|fern; Be|gei|fe|rung
be|gei|stern; ich ...ere (↑R 22); sich -; Be|gei|ste|rung *die;* -; be|geiste|rungs|fä|hig; Be|gei|sterungs|sturm; vgl. ¹Sturm
be|gich|ten (Erz in den Schachtofen einbringen); Be|gich|tung
Be|gier; Be|gier|de *die;* -, -n; begie|rig
be|gie|ßen; Be|gie|ßung
Be|gi|ne *die;* -, -n ‹niederl.› (Angehörige einer halbklösterl. Frauenvereinigung)
Be|ginn *der;* -[e]s; von - an; zu -;
be|gin|nen; du begannst; du begännest (seltener: begönnest);
begonnen; beginn[e]!; Be|gin|nen
das; -s (Vorhaben)
be|glän|zen
be|gla|sen (für: glasieren); du beglast (beglasest); er be|gla|ste;
Be|gla|sung
be|glau|bi|gen; beglaubigte Abschrift; Be|glau|bi|gung; Beglau|bi|gungs|schrei|ben
be|glei|chen; Be|glei|chung
Be|gleit_adres|se (Begleitschein),
...brief; be|glei|ten (mitgehen);
begleitet; Be|glei|ter; Be|glei|terin *die;* -, -nen; Be|gleit_er|scheinung, ...flug|zeug, ...mu|sik,
...per|son, ...schein, ...schrei|ben,
...text, ...um|stand; Be|glei|tung
Beg|ler|beg *der;* -s, -s ‹türk.› (Provinzstatthalter in der alten Türkei)
be|glot|zen (ugs. für: anstarren)
be|glü|cken [*Trenn.:* ...glük|ken];
Be|glü|cker [*Trenn.:* ...glük|ker];
Be|glü|ckung [*Trenn.:* ...glükkung]; be|glück|wün|schen; beglückwünscht; Be|glück|wünschung
be|gna|det (begabt); be|gna|di|gen
(jmdm. seine Strafe erlassen);
Be|gna|di|gung; Be|gna|di|gungsrecht *das;* -[e]s
be|gnü|gen, sich
Be|go|nie [...*i*ə] *die;* -, -n ‹nach dem
Franzosen Michel Bégon› (eine
Zierpflanze)
be|gön|nern; ich ...ere (↑R 22)
be|gö|schen (nordd. für: beschwichtigen); du begöschst (begöschest)
begr. (Zeichen: □) = begraben;
be|gra|ben; Be|gräb|nis *das;* -ses,

-se; Be|gräb|nis_fei|er, ...fei|erlich|keit, ...ko|sten (*Plur.*), ...stätte
be|gra|di|gen ([einen ungeraden
Weg od. Wasserlauf] geradelegen, [eine gebrochene Grenzlinie] ausgleichen); Be|gra|di|gung
be|grannt (mit Grannen versehen)
be|grap|schen (landsch. für: betasten, anfassen)
be|grei|fen; vgl. begriffen; begreif|lich; be|greif|li|cher|wei|se
be|gren|zen; Be|gren|zer (bei Erreichen eines Grenzwertes einsetzende Unterbrechervorrichtung); be|grenzt; -este; Begrenzt|heit; Be|gren|zung
Be|griff *der;* -[e]s, -e; im Begriff[e]
sein; be|grif|fen; diese Tierart ist
im Aussterben -; be|griff|lich;
begriffliches Hauptwort (für:
Abstraktum); Be|griffs_be|stimmung, ...bil|dung, ...form (für:
Kategorie); be|griffs_mä|ßig,
...stut|zig, ...stüt|zig (österr.); Begriffs|ver|wir|rung
be|grün|den; be|grün|dend; Begrün|der; Be|grün|dung; Begrün|dungs_an|ga|be (Sprachw.:
Umstandsangabe des Grundes),
...satz (Sprachw.: Kausalsatz),
...wei|se
be|grü|nen (mit Grün bedecken);
sich - (grün werden); Be|grünung
be|grü|ßen (schweiz. auch: jmdn.,
eine Stelle befragen); be|grüßens|wert; -este; Be|grü|ßung;
Be|grü|ßungs_an|spra|che, ...kuß,
...trunk
be|gu|cken [*Trenn.:* ...guk|ken]
(ugs.)
Be|gum [auch: *be|gam*] *die;* -, -en
‹angloind.› (Titel ind. Fürstinnen)
be|gün|sti|gen; Be|gün|sti|gung
be|gut|ach|ten; begutachtet; Begut|ach|ter; Be|gut|ach|tung
be|gü|tert
be|gü|ti|gen; Be|gü|ti|gung
be|haa|ren, sich; be|haart; -este;
Be|haa|rung
be|hä|big (schweiz. auch für:
wohlhabend); Be|hä|big|keit
die; -
be|hacken [*Trenn.:* ...hak|ken];
Pflanzen -
be|haf|ten (schweiz.); jmdn. bei etwas - (jmdn. auf eine Äußerung
festlegen, beim Wort nehmen);
be|haf|tet; mit etwas - sein
be|ha|gen; Be|ha|gen *das;* -s; behag|lich; Be|hag|lich|keit
be|hal|ten; be|häl|ter; Be|hält|nis
das; -ses, -se
be|häm|mern; be|häm|mert (ugs.
für: verrückt)
be|han|deln
be|hän|di|gen (schweiz. Amtsspr.
für: an sich nehmen)

Be|hand|lung; Be|hand|lungs-
_pflicht, ...stuhl, ...wei|se
be|hand|schuht (Handschuhe tragend)
Be|hang *der;* -[e]s, Behänge (Jägerspr. auch: Schlappohren); behan|gen; der Baum ist mit Äpfeln -; be|hän|gen; vgl. ²hängen;
be|hängt; eine grün -e Wand
be|har|ken; sich - (ugs. für: bekämpfen)
be|har|ren; be|harr|lich; Be|harrlich|keit *die;* -; Be|har|rung; Behar|rungs|ver|mö|gen
be|hau|chen; behauchte Laute
(für: Aspiraten); Be|hau|chung
be|hau|en; ich behaute den
Stamm
be|haup|ten; sich -; be|haup|tet
(Börse: fest, gleichbleibend); Behaup|tung
be|hau|sen; Be|hau|sung
Be|ha|vio|ris|mus [*bihe'wjˈriß...*]
der; - ‹engl.› (amerik. sozialpsychologische Forschungsrichtung); be|ha|vio|ri|stisch
be|he|ben (beseitigen); österr.
auch: abheben, abholen, z. B.
Geld von der Bank); Be|he|bung
(österr. für: Abhebung, Abholung)
be|hei|ma|ten; be|hei|ma|tet; Behei|ma|tung *die;* -
be|hei|zen; Be|hei|zung *die;* -
Be|helf *der;* -[e]s, -e; be|hel|fen,
sich; ich behelfe mich; Be|helfsheim; be|helfs|mä|ßig
be|hel|li|gen (belästigen); Be|helli|gung
be|helmt
be|hel|met
Be|he|mot[h] [auch: *be...*] *der;* -[e]s,
-s ‹hebr.› („Riesentier"; im A. T.
Name des Nilpferdes)
be|hend (-este), be|hen|de; Be|hendig|keit *die;* -
Be|hen|nuß, Ben|nuß (span.; dt.)
(ölhaltige Frucht eines afrik.
Baumes)
be|her|ber|gen; Be|her|ber|gung
be|herrsch|bar|keit *die;* -; be|herrschen; sich -; Be|herr|scher; beherrscht; eine (↑R 7 ff.); Be|herrscht|heit
die; -; Be|herr|schung; Be|herrschungs|ver|trag (Wirtsch.)
be|her|zi|gen; be|her|zi|gens|wert;
-este; Be|her|zi|gung; be|herzt;
-este (entschlossen); Be|herztheit *die;* -
be|he|xen
be|hilf|lich
be|hin|dern; be|hin|dert; geistig -;
Be|hin|der|te *der* u. *die* (↑R 7 ff.);
die geistig -n; Be|hin|der|tensport; Be|hin|de|rung; Be|hin|derungs|fall *der;* im -[e]
Behm|lot ‹nach dem dt. Physiker
Behm› (Echolot)
be|ho|beln

be|hor|chen (abhören; belauschen)
Be|hör|de die; -, -n; Be|hörden_deutsch, ...schrift|ver|kehr; be|hörd|lich; be|hörd|li|cher|seits
be|host (ugs. für: mit Hosen bekleidet)
Be|huf der; -[e]s, -e (Papierdt.: Zweck, Erfordernis); zum -[e]; zu diesem -[e]; be|hufs (Amtsdt.; ↑ R 62); mit Gen.: - des Neubaues
be|hum|p|sen (ostmitteld. für: übervorteilen, bemogeln)
be|hü|ten; behüt' dich Gott!; behut|sam; Be|hut|sam|keit die; -; Be|hü|tung
bei (Abk.: b.); Präp. mit Dat.; beim (vgl. d.); bei weitem (↑ R 65); bei all[e]dem; bei dem allen (häufiger für: allem); bei diesem allen (neben: allen); bei der Hand sein; bei[m] Abgang des Schauspielers; bei aller Bescheidenheit; bei all dem Treiben
Bei der; -s, -e u. -s (türk.⟩ („Herr"; türk. Titel, oft hinter Namen, z. B. Ali-Bei); vgl. Beg
bei... (in Zus. mit Verben, z. B. beidrehen, du drehst bei, beigedreht, beizudrehen)
bei|be|hal|ten;   Bei|be|hal|tung die; -
bei|bie|gen (ugs.: jmdm. etw. beibringen; mit diplomatischem Geschick sagen)
Bei|blatt
Bei|boot
bei|brin|gen; jmdm. etwas - (lehren); eine Bescheinigung -
Beicht die; -, -en (südd. für: Beichte); Beich|te die; -, -n; beich|ten; Beicht|ge|heim|nis; beicht|hö|ren (österr. für die Beichte hören); Beicht|ti|ger (veralt. für: Beichtvater); Beicht_kind (der Beichtende), ...sie|gel (das; -s; sonw. Beichtgeheimnis), ...stuhl, ...va|ter (die Beichte hörender Priester)
beid|ar|mig (Sportspr.: mit beiden Armen [gleich geschickt]); -es Reißen; -er Stürmer; beid|bei|nig (Sportspr.); ein -er Absprung; bei|de; (↑ R 66:) -s; alles -s; - jungen Leute; alle -; wir - (selten: wir -n); ihr -[n] (in Briefen usw.: Ihr -[n]); wir (ihr) -n jungen Leute; sie - (als Anrede: Sie -); die[se] -n; dies[es] -s; einer von -n; euer (ihrer) -r Anteilnahme; mit unser -r Hilfe; für uns -; von -r Leben ist nichts bekannt; man bedarf aller -r; bei|de|mal, aber: beide Male; einer von -n -n; Geschlecht[e]s; bei|der|sei|tig; bei|der|seits; mit Gen.: - des Flusses; Bei|der|wand die; - od. das; -[e]s (grobes Gewebe); beid|fü|ßig (Sportspr.: mit beiden Füßen

gleich geschickt spielend); -er Stürmer; Beid|hän|der (jmd., der mit beiden Händen gleich geschickt ist); beid|hän|dig; Beid|recht das; -[e]s, -e (beidseitig gleiches Gewebe)
bei|dre|hen (Seemannsspr.: die Fahrt verlangsamen)
beid|sei|tig; vgl. beiderseitig; beid|seits (schweiz. für: zu beiden Seiten); - des Rheins
bei|ein|an|der; Schreibung in Verbindung mit Verben (↑ R 205 f.): beieinander (einer bei dem andern) sein, aber: beieinandersein (ugs. für: bei Verstand sein; gesund sein); er ist gut -; vgl. aneinander; bei|ein|an|der_ha|ben, ...hocken [Trenn.: ...hok|ken], ...sit|zen, ...ste|hen
bei|ern (westd. für: mit dem Klöppel läuten); ich beiere (↑ R 22)
beif. = beifolgend
Bei|fah|rer; Bei|fah|rer|sitz
Bei|fall der; -[e]s; bei|fal|len (veralt. für: einfallen, in den Sinn kommen);   bei|fall|heischend; bei|fäl|lig;   Bei|falls|s|klat|schen das; -s; Bei|falls_kund|ge|bung, ...sturm (vgl. ¹Sturm)
Bei|film
bei|fol|gend (Amtsdt.; Abk.: beif.); - (anbei) der Bericht
bei|fü|gen; Bei|fü|gung (auch für: Attribut)
Bei|fuß der; -es (eine Gewürz- u. Heilpflanze)
Bei|fut|ter (Zugabe zum gewöhnlichen Futter); vgl. ¹Futter
Bei|ga|be (Zugabe)
beige [bäsch', auch: bäsch] ⟨franz.⟩ (sandfarben); eine - (ugs.: -s) Kleid; vgl. blau, III–V; ¹Beige das; -, -(ugs.: -s) (ein Farbton)
²Bei|ge die; -, -n (südd. u. schweiz. für: Stoß, Stapel)
bei|ge|ben (auch für: sich fügen); klein -
bei|ge|far|ben [bäsch..., auch: bäsch...]; eine - Couch
bei|gen (südd. u. schweiz. für: [auf]schichten, stapeln)
Bei|ge|ord|ne|te der u. die; -n, -n (↑ R 7 ff.)
Bei|ge|schmack der; -[e]s
bei|ge|sel|len
Bei|gnet [bänje] der; -s, -s ⟨franz.⟩ (Schmalzgebackenes mit Füllung, Krapfen)
Bei|heft; bei|hef|ten; beigeheftet
Bei|hil|fe; bei|hil|fe|fä|hig (Amtsspr.)
Bei|hirsch (Jägerspr.: im Rudel mitlaufender, in der Brunft vom Platzhirsch verdrängter Hirsch)
Bei|klang
Bei|koch der (Hilfskoch); Bei|kö|chin die; -, -nen
bei|kom|men; sich - (ugs. für: einfallen) lassen

Bei|kost (zusätzliche Nahrung)
Beil das; -[e]s, -e
beil. = beiliegend
bei|la|den (vgl. ¹laden; Bei|la|dung
Bei|la|ge
Bei|la|ger (veralt. für: Beischlaf)
bei|läu|fig (österr. auch für: ungefähr, etwa); Bei|läu|fig|keit
bei|le|gen; Bei|le|gung
bei|lei|be; - nicht
Bei|leid; Bei|leids_be|zei|gung od. ...be|zeu|gung, ...schrei|ben
bei|lie|gend (Abk.: beil.); Bei|lie|gen|de das; -n (↑ R 7 ff.)
Beiln|gries (Stadt in der Oberpfalz)
beim; ↑ R 17 (bei dem; Abk.: b.); es - alten lassen (↑ R 65); (↑ R 68:) beim Singen und Spielen
Bei|mann (Plur. ...männer; schweiz. für: Gehilfe, Hilfsarbeiter)
bei|men|gen; Bei|men|gung
bei|mes|sen; Bei|mes|sung
bei|mi|schen; Bei|mi|schung
be|imp|fen
Bein das; -[e]s, -e
bei|nah, bei|na|he [auch: baina(e), baina(e)]; Bei|na|he|zu|sam|men|stoß (bei Flugzeugen)
Bei|na|me
bein|am|pu|tiert; ein -er Mann; Bein|am|pu|tier|te der u. die (↑ R 7 ff.); Bein|ar|beit (Sport)
Bein|brech der; -[e]s (Liliengewächs; Bein|bruch der; bei|nern (aus Knochen); Bein|fleisch (österr. für: Rindfleisch mit Knochen)
be|in|hal|ten (Papierdt. für: enthalten); es beinhaltete; beinhaltet
bein|hart (südd., österr. für: sehr hart); Bein|haus (Haus zur Aufbewahrung ausgegrabener Gebeine); ...bei|nig (z. B. hochbeinig); Bein|kleid; Bein|ling (Strumpfoberteil; auch: Hosenbein; Bein_pro|the|se, ...ring, ...sche|re (Sport), ...schlag (Sport), ...stumpf; bein|ver|sehrt; Bein|well der; -[e]s (eine Heilpflanze); Bein|zeug (Beinschutz der Rüstung)
bei|ord|nen; bei|ord|nend (für: koordinierend); Bei|ord|nung
Bei|pack der; -[e]s (zusätzliches Frachtgut;   Fernmeldetechnik: um den Mittelleiter liegende Leitungen bei Breitbandkabeln); bei|packen [Trenn.: ...pak|ken]; beigepackt; Bei|pack|zet|tel (einer Ware beiliegender Zettel mit Angaben zur Zusammensetzung und Verwendung)
bei|pflich|ten
Bei|pro|gramm
Bei|rat (Plur. ...räte)
Bei|ried das; -[e]s u. die; - (österr. für: Rippen-, Rumpfstück)

be|ir|ren; sich nicht - lassen
Bei|rut [auch: *báirut*] (Hptst. des Libanons)
bei|sam|men; beisammen sein, aber (↑R 206): beisammenhaben (z. B. Geld), beisammensein (ugs. für: rüstig sein; bei Verstand sein), beisammenbleiben, -sitzen, -stehen; Bei|sam|men|sein *das; -*s
Bei|sas|se *der; -*n, -n; ↑R 197 (Einwohner ohne Bürgerrecht im MA., Häusler)
Bei|satz (für: Apposition)
bei|schie|ßen (einen [Geld]beitrag leisten)
Bei|schlaf (geh. für: Geschlechtsverkehr); vgl. ²Schlaf; bei|schla|fen; Bei|schlä|fe|rin *die; -*, -nen
Bei|schlag *der; -[e]*s, Beischläge (erhöhter Vorbau an Häusern)
bei|schla|gen (Jägerspr.: in das Bellen eines anderen Hundes einstimmen)
Bei|schluß (das Beigeschlossene; Anlage); unter - von ...
Bei|sein *das; -*s; in seinem Beisein
bei|sei|te (↑R 208); beiseite legen, schaffen, stoßen usw.; Bei|sei|te|schaf|fung *die; -*; bei|seits (südwestd. für: beiseite)
Bei|sel, auch: Beisl *das; -*s, -[n] (bayr. ugs., österr. für: Kneipe)
bei|set|zen; Bei|set|zung, ...sit|zer
Beisl vgl. Beisel
Bei|spiel *das; -[e]*s, -e; zum - (Abk.: z. B.); bei|spiel.ge|bend, ...haft (-este), ...los (-este); Bei|spiel|satz; Bei|spiels|fall *der;* bei|spiels.hal|ber, ...wei|se
bei|sprin|gen (helfen)
Bei|ßel *der; -*s, - (mitteld. für: Beitel, Meißel)
bei|ßen; du beißt (beißest); ich biß, du bissest; gebissen; beiß[e]; der Hund beißt ihn (auch: ihm) ins Bein; sich - ([von Farben:] nicht harmonieren); Bei|ßer (österr. auch für: Brecheisen); Bei|ße|rei; Beiß.korb, ...ring; beiß|wü|tig; Beiß|zan|ge
Bei|stand *der; -[e]*s, Beistände (österr. auch für: Trauzeuge); bei|stands|pakt; bei|ste|hen
bei|stel|len (österr. für: [zusätzlich] zur Verfügung stellen); Bei|stell|mö|bel; Bei|stel|lung
Bei|steu|er *die;* bei|steu|ern
bei|stim|men
Bei|strich (für: Komma)
Bei|tel *der; -*s, - (meißelartiges Werkzeug)
Bei|trag *der; -[e]*s, ...träge; bei|tra|gen; er hat das Seine, sie hat das Ihre dazu beigetragen; Bei|trä|ger; Bei|trags|be|mes|sungs|gren|ze; Bei|trags.klas|se, ...rück|er|stat|tung, ...satz, ...zah|lung
bei|trei|ben; Schulden -; Bei|trei|bung

bei|tre|ten; Bei|tritt; Bei|tritts|er|klä|rung
Bei|wa|gen; Bei|wa|gen|fah|rer
Bei|werk (Nebenwerk; auch für: Unwichtiges)
bei|woh|nen; Bei|woh|nung
Bei|wort (*Plur.* ...wörter; für: Adjektiv)
Beiz *die; -*, -en (schweiz. ugs. für: Dorfschenke, Wirtshaus)
Bei|zäu|mung (Pferdesport)
¹Bei|ze *die; -*, -n (chem. Flüssigkeit zum Färben, Gerben u. ä.)
²Bei|ze *die; -*, -n (Beizjagd)
bei|zei|ten (↑R 208)
bei|zen; du beizt (beizest)
Bei|zer (landsch.; Besitzer einer Kneipe)
bei|zie|hen; Bei|zie|hung *die; -*
Beiz|jagd
Bei|zung (Behandlung mit ¹Beize)
Beiz|vo|gel (für die Jagd abgerichteter Falke)
be|ja|gen; Be|ja|gung
be|ja|hen; be|ja|hen|den|falls (Papierdt.); vgl. Fall *der*
be|jahrt; -este
Be|ja|hung
be|jam|mern; be|jam|merns|wert; -este
be|ju|beln
be|ka|keln (nordd. ugs. für: gemeinsam besprechen)
be|kämp|fen; Be|kämp|fung
be|kannt; -este; *Schreibung in Verbindung mit Verben* (↑R 205 f.): **a)** *Getrenntschreibung* in ursprünglicher Bedeutung, z. B. bekannt machen, sein; er soll mich mit ihm bekannt machen; sich mit einer Sache bekannt (vertraut) machen; einen Schriftsteller bekannt machen; **b)** *Zusammenschreibung,* wenn durch die Verbindung ein neuer Begriff entsteht; vgl. jmdm. bekanntgeben, bekanntmachen, bekanntwerden; Be|kann|te *der u. die; -*n, -n (↑R 7 ff.); jemand -s; liebe -; Be|kann|ten|kreis; be|kann|ter|ma|ßen; Be|kannt|ga|be *die; -*; be|kannt|ge|ben (↑R 205); er hat die Verfügung bekanntgegeben; Be|kannt|heit; Be|kannt|heits|grad; be|kannt|lich; be|kannt|ma|chen; (↑R 205 (veröffentlichen, öffentlich mitteilen); das Gesetz wurde bekanntgemacht; aber: ich habe mit ihm bekannt gemacht; Be|kannt.ma|chung, ...schaft; be|kannt|wer|den; ↑R 205 (veröffentlicht werden; in die Öffentlichkeit dringen); der Wortlaut ist bekanntgeworden; wenn der Wortlaut bekannt wird; über ihn ist nichts Nachteiliges bekanntgeworden; aber: ich bin bald mit ihm bekannt geworden; das Dorf ist durch eine Schlacht bekannt geworden

be|kan|ten (mit Kanten versehen); Be|kan|tung *die; -*
Be|kas|si|ne *die;* -, -n ⟨franz.⟩ (Sumpfschnepfe)
be|kau|fen, sich (landsch. für: zu teuer, unüberlegt einkaufen)
be|keh|ren; sich -; Be|keh|rer; Be|keh|re|rin *die; -*, -nen; Be|kehr|te *der u. die; -*n, -n (↑R 7 ff.); Be|keh|rung
be|ken|nen; sich -; Bekennende Kirche (Name einer Bewegung in den dt. ev. Kirchen); ↑R 157; Be|ken|ner|brief (Brief, in dem sich jmd. zu einem [politischen] Verbrechen bekennt); Be|kennt|nis *das;* ...nisses, ...nisse (österr. auch für: Steuererklärung); Be|kennt|nis.buch, ...frei|heit (*die;* -), ...kir|che (Bekennende Kirche); be|kennt|nis|mä|ßig; Be|kennt|nis|schu|le (Schule mit Unterricht im Geiste eines religiösen Bekenntnisses)
be|kie|ken (landsch. für: betrachten)
be|kiest; -e Wege
be|kla|gen; sich -; be|kla|gens|wert; -este; Be|klag|te *der u. die;* -n, -n; ↑R 7 ff. (jmd., gegen den eine [Zivil]klage erhoben wird)
be|klat|schen (mit Händeklatschen begrüßen)
be|klau|en (ugs. für: bestehlen)
be|kle|ben; Be|kle|bung
be|klecksen [*Trenn.:* ...klek|kern] (ugs. für: beklecksen); sich -; be|kleck|sen; sich -; bekleckst
be|klei|den; ein Amt -; Be|klei|dung; Be|klei|dungs|in|du|strie
be|klem|men; beklemmt; be|klem|mend; -ste; Be|klemm|nis *die; -*, -se; Be|klem|mung; be|klom|men (ängstlich, bedrückt); Be|klom|men|heit *die; -*
be|klop|fen
be|kloppt; -este (ugs. für: blöd)
be|knab|bern
be|knackt; -este (ugs. für: dumm, unerfreulich)
be|knien (ugs. für: jmdn. dringend u. ausdauernd bitten)
be|ko|chen; jmdn. - (ugs. für: jmdm. regelmäßig das Essen kochen)
be|kö|dern (Angelsport: mit einem Köder versehen)
be|koh|len (fachspr. für: mit Kohlen versorgen); Be|koh|lung
be|kom|men; ich habe es -; es ist mir gut -; be|köm|mlich; der Wein ist leicht bekömmlich, aber (↑R 209:) ein leichtbekömmlicher Wein; Be|kömm|lich|keit *die; -*
be|kom|pli|men|tie|ren (jmdm. viele Komplimente machen)
be|kö|sti|gen; Be|kö|sti|gung
be|kot|zen (derb)
be|kräf|ti|gen; Be|kräf|ti|gung

be|krallt (mit Krallen versehen)
be|krän|zen; Be|krän|zung
be|kreu|zen (mit dem Kreuzzeichen segnen); bekreuzt; be|kreu|zi|gen, sich
be|krie|chen
be|krie|gen
be|krit|teln (bemängeln, [kleinlich] tadeln); Be|krit|te|lung, Be|krit|t|lung
be|krö|nen; Be|krö|nung
be|küm|mern; das bekümmert ihn; sich um jmdn. oder etwas -; Be|küm|mer|nis die; -, -se; Be|küm|mert|heit; Be|küm|me|rung
be|kun|den; sich -; Be|kun|dung
Bel das; -s, - ⟨nach dem amerik. Physiologen A. G. Bell⟩ (eine physikal. Zählungseinheit; Zeichen: B)
Bélla [béla] (ung. m. Vorn.)
be|lä|cheln; be|la|chen
bela|den; vgl. ¹laden; Be|la|dung
Bel|lag der; -[e]s, ...läge
Bel|la|ge|rer; be|la|gern; Be|la|ge|rung; Be|la|ge|rungs|zu|stand
Bel|ami der; -[s], -s ⟨franz.⟩ (Frauenliebling)
Bel|lang der; -[e]s, -e; von - sein; be|lan|gen; was mich belangt (veralt. für: an[be]langt); jmdn. - (zur Rechenschaft ziehen; verklagen); be|lang|los; -este; Be|lang|lo|sig|keit; be|lang|reich; Bel|lan|gung; be|lang|voll
bel|las|sen; Bel|las|sung
bel|last|bar; Bel|last|bar|keit; be|la|sten; be|la|stend; -ste
bel|lä|stigen; Be|lä|sti|gung
Be|la|stung; Be|la|stungs-EKG (vgl. EKG); Be|la|stungs|gren|ze, ...ma|te|ri|al, ...pro|be, ...zeu|ge
be|lau|ben, sich; Be|lau|bung
be|lau|ern; Be|lau|e|rung (↑R 180)
¹Be|lauf der; -[e]s (veralt. für: Betrag; Höhe [der Kosten]); ²Be|lauf (Forstbezirk); be|lau|fen; sich -; die Kosten haben sich auf ... belaufen
be|lau|schen
Bel|can|to, (auch:) Bel|kan|to der; -s ⟨ital. Gesangsstil⟩
Bel|chen der; -s; ↑R 146 (Erhebung im südl. Schwarzwald; Großer -, Elsässer - (Erhebung in den Vogesen)
be|le|ben; be|lebt; -este; ein belebter Platz; Be|lebt|heit; Be|le|bung die; -
bel|lecken [Trenn.: ...lek|ken]
Bel|leg der; -[e]s, -e (Beweis[stück]); zum -[e]; be|leg|bar; be|le|gen; Be|leg|exem|plar; Be|leg|schaft; Be|leg|schafts-ak|tie, ...stär|ke; Be|leg|sta|ti|on (Krankenhausabteilung ohne festangestellten Arzt); Be|leg|stück; belegt; -este; Be|le|gung die; -; Be|le|gungs|dich|te

bel|leh|nen (in ein Lehen einsetzen); Be|leh|nung
be|lehr|bar; be|leh|ren; (↑R 66:) eines and[e]ren od. andern -, aber (↑R 65): eines Besser[e]n od. Beßren -; Be|leh|rung
be|leibt; -este; Be|leibt|heit die; -
bel|lei|di|gen; Be|lei|di|ger; be|lei|digt; Be|lei|di|gung; Be|lei|di|gungs..kla|ge, ...pro|zeß
be|leih|bar; be|lei|hen; Be|lei|hung
be|lem|mern (nordd. für: [mit dauernden Bitten] belästigen); be|lem|mert (ugs. für: betreten, eingeschüchtert; übel)
Bel|lem|nit der; -en, -en (↑R 197) ⟨griech.⟩ (fossiler Schalenteil von Tintenfischen)
bel|le|sen (unterrichtet; viel wissend); Be|le|sen|heit die; -
Bel|les|prit [bäläßpri] der; -s, -s ⟨franz.⟩ (veralt., noch spöttisch für: Schöngeist); Bel|eta|ge [...ta-seh⁽ᵉ⁾] die; -, -n (veralt. für: Hauptgeschoß, erster Stock)
be|leuch|ten; Be|leuch|ter; Be|leuch|tung; Be|leuch|tungs..an|la|ge, ...ef|fekt, ...tech|nik
be|leum|det, be|leu|mun|det; er ist gut, übel -
Bell|fast (Hptst. von Nordirland)
bel|fern (ugs. für: bellen; mit rauher Stimme schimpfen); ich ...ere (↑R 22)
Bel|gi|en [...i⁽ᵉ⁾n]; Bel|gi|er [...i⁽ᵉ⁾r]; bel|gisch
Bel|grad (Hptst. Jugoslawiens); vgl. Beograd
Bellli|al, (ökum.:) Be|li|ar der; -[s] ⟨hebr.⟩ (Teufel im N. T.)
bel|lich|ten; Be|lich|tung; Be|lich|tungs..mes|ser der, ...zeit
be|lie|ben (wünschen): es beliebt (gefällt) mir; Be|lie|ben das; -s; nach -; es steht in seinem -; be|lie|big; x-beliebig (↑R 37); alles -e (was auch immer), jeder -e (↑R 66), aber (↑R 65): etwas Beliebiges (etwas nach Belieben); be|liebt; -este; Be|liebt|heit; be|lie|fern; Be|lie|fe|rung die; -
Bel|lin|da (w. Vorn.)
Be|lize [bälis] (Staat in Mittelamerika); Bel|li|zer [bälis⁽ᵉ⁾r]; be|li|zisch [bälisisch]
Bel|kan|to vgl. Belcanto
Bel|la (w. Vorn.; auch Kurzform von.: Isabella)
Bel|la|don|na die; -, ...nnen ⟨ital.⟩ (Tollkirsche)
Bel|la|gio [bäladseho] (norditai. Kurort)
Belle-Al|li|ance [bälaliangß] (belg. Schlachtort)
Belle Époque [bälepók] die; - ⟨franz.⟩ (Bez. für die Zeit des gesteigerten Lebensgefühls in Frankreich zu Beginn des 20. Jh.s.)
bel|len; Bel|ler

Bel|le|trist der; -en, -en (↑R 197) ⟨franz.⟩ (Unterhaltungsschriftsteller); Bel|le|tri|stik die; - (Unterhaltungsliteratur); bel|le|tri|stisch
¹Belle|vue [bälwü] die; -, -n [...wü-⁽ᵉ⁾n] ⟨franz.⟩ (veralt. für: Aussichtspunkt); ²Belle|vue das; -[s], -s (Bez. für: Schloß, Gaststätte mit schöner Aussicht)
Bel|li|ni (ital. Malerfamilie; ital. Komponist)
Bel|lin|zo|na (Hptst. des Kantons Tessin)
Bel|lo (ein Hundename)
Bel|lo|na (röm. Kriegsgöttin)
Bel|mo|pan (Hptst. von Belize)
be|lo|ben (veralt. für: belobigen); be|lo|bi|gen; Be|lo|bi|gung; Be|lo|bung (veralt. für: Belobigung)
be|loh|nen; Be|loh|nung
be|lo|rus|sisch (weißrussisch)
Bel-Pae|se der; - ; ↑R 180 (ein ital. Weichkäse)
Belt der; -[e]s, -e; ↑R 146 (Meerenge); der Große Belt, der Kleine Belt
be|lüf|ten; Be|lüf|tung
¹Bel|lu|ga die; -, -s ⟨russ.⟩ (Hausen [vgl. d.]; Weißwal); ²Bel|lu|ga der; -s (der aus dem Rogen des Hausens bereitete Kaviar)
be|lü|gen
be|lu|sti|gen; sich -; Be|lu|sti|gung
Be|lu|tsche [auch: belu...] der; -n, -n; ↑R 197 (Angehöriger eines asiat. Volkes); be|lu|tschisch; Be|lu|tschi|stan (westpakistan. Hochland)
Bel|ve|de|re [...we...] das; -[s], -s ⟨ital.⟩ („schöne Aussicht"; Aussichtspunkt; Bez. für: Schloß, Gaststätte mit schöner Aussicht)
¹bel|zen (landsch. für: sich vor der Arbeit drücken); vgl. ¹pelzen
²bel|zen (landsch. für: ²pelzen)
Belz|nickel der; -s, - [Trenn.: ...nik|kel] (westmitteld. für: Nikolaus)
be|ma|chen (ugs. für: besudeln; betrügen); sich - (ugs. auch für: sich aufregen)
be|mäch|ti|gen, sich; sich des Geldes -; Be|mäch|ti|gung
be|mä|keln (ugs. für: bemängeln, bekritteln); Be|mä|ke|lung, Be|mäk|lung
be|ma|len; Be|ma|lung
be|män|geln; ich ...[e]le (↑R 22); Be|män|ge|lung; Be|män|g|lung
be|man|nen (ein Schiff)
be|män|teln (beschönigen); ich ...[e]le (↑R 22); Be|män|te|lung, Be|mänt|lung
Be|ma|ßung (fachspr. für: Maßeintragung auf Zeichnungen)
be|ma|sten (mit einem Mast versehen); Be|ma|stung

Bęm|bel der; -s, - (landsch. für: [Apfelwein]krug; kleine Glocke) be|meh|len; Be|meh|lung be|mei|ern (ugs. für: überlisten); ich ...ere (↑ R 22) be|merk|bar; sich - machen; be|mer|ken; Be|mer|ken das; -s; mit dem -; be|mer|kens|wert; -este; Be|mer|kung be|męs|sen; sich -; Be|męs|sung be|mit|lei|den; Be|mit|lei|dung be|mit|telt (wohlhabend) Bęmm|chen; Bęm|me die; -, -n ⟨slaw.⟩ (ostmitteld. für: Brotschnitte mit Aufstrich, Belag) be|mo|geln (ugs. für: betrügen) be|moost be|mü|hen; sich -; er ist um sie bemüht; be|mü|hend (schweiz. für: unerfreulich, peinlich); Be|mü|hung be|mü|ßi|gen (Papierdt.: veranlassen, nötigen); be|mü|ßigt; ich sehe mich - be|mu|stern (Kaufmannsspr.: mit Warenmustern versehen); einen Katalog -; Be|mu|ste|rung be|mut|tern; ich ...ere (↑ R 22); Be|mut|te|rung be|mützt Bęn (bei hebr. u. arab. Eigennamen: Sohn od. Enkel) be|nach|bart be|nach|rich|ti|gen; Be|nach|rich|ti|gung be|nach|tei|li|gen; Be|nach|tei|li|gung be|na|geln (mit Nägeln versehen); Be|na|ge|lung; Be|nag|lung be|na|gen be|na|men (ugs. u. scherzh. für: jmdm. einen Namen geben); du benamst (benamsest) be|nannt be|narbt; -este (mit Narben versehen) Be|na|res (früherer Name für: Varanasi) be|näs|sen Bęn|del der od. das; -s, - ([schmales] Band, Schnur); vgl. Bändel Bęn|dix (Kurzform von: Benedikt) be|ne ⟨lat.⟩ („gut") be|ne|beln (verwirren, den Verstand trüben); be|ne|belt (ugs. für: [durch Alkohol] geistig verwirrt); Be|ne|be|lung, Be|neb|lung die; - be|ne|dei|en ⟨lat.⟩ (segnen; seligpreisen); du benedeist (benedeiest); du benedeitest; benedeit (älter: gebenedeit); die Gebenedeite (vgl. d.) Be|ne|dic|tus das; -, - ⟨lat.⟩ (Teil der lat. Liturgie); Be|ne|dikt, Be|ne|dik|tus (m. Vorn.); Be|ne|dik|ta (w. Vorn.) Be|ne|dikt|beu|ern (Ort u. Kloster in Bayern)

Be|ne|dik|ten|kraut das; -[e]s (eine Heilpflanze); Be|ne|dik|ti|ner (Mönch des Benediktinerordens; auch: Likörsorte); Be|ne|dik|ti|ner|or|den der; -s (Abk.: OSB [vgl. d.]); Be|ne|dik|ti|on [...zion] die; -, -en (Segnung, kath. kirchl. Weihe); Be|ne|dik|tus vgl. Benedict; be|ne|di|zie|ren (segnen, weihen) Be|ne|fiz das; -es, -e ⟨lat.⟩ (Vorstellung zugunsten eines Künstlers; Ehrenvorstellung); Be|ne|fi|zi|ar der; -s, -e u. Be|ne|fi|zi|at der; -en, -en; ↑ R 197 (Inhaber eines [kirchl.] Benefiziums); Be|ne|fi|zi|um das; -s, ...ien [...i⁀'n] (mit einer Pfründe verbundenes Kirchenamt; mittelalterl. Lehen); Be|ne|fiz_kon|zert, ...spiel, ...vor|stel|lung be|neh|men; sich -; vgl. benommen; Be|neh|men das; -s; sich mit jmdm. ins - setzen be|nei|den; be|nei|dens|wert; -este Be|ne|lux [auch: ...lukß] (Kurzw. für die seit 1947 in einer Union zusammengefaßten Länder Belgique [Belgien], Nederland [Niederlande] u. Luxembourg [Luxemburg]); Be|ne|lux|staa|ten Plur. be|nen|nen; Be|nen|nung be|net|zen; Be|net|zung Ben|ga|le der; -n, -n; ↑ R 197 (Angehöriger eines ind. Volksstammes; Einwohner von Bangladesch); Ben|ga|len (Provinz in Indien); Ben|ga|li das; -[s] (Sprache); ben|ga|lisch; -es Feuer (Buntfeuer); -e Beleuchtung Bęn|gel der; -s, - u. (ugs.) -s (veralt. für: Stock, Prügelholz; auch: [ungezogener] Junge) be|nie|sen; etwas - Be|nimm der; -s (ugs. für: Betragen, Verhalten) Be|nin (Staat in Afrika, früher Dahome[y]); Be|ni|ner (Einwohner von Benin); be|ni|nisch Be|ni|to (ital. u. span. m. Vorn.) ¹Ben|ja|min (m. Vorn.); ²Ben|ja|min; -s, -e (übertr. für: Jüngster) Bęnn (dt. Dichter) Bęn|ne die; -, -n ⟨lat.⟩ (schweiz. mdal. für: Schubkarren) Bęn|no (m. Vorn.) Bęnn|nuß vgl. Behennuß be|nom|men (fast betäubt); Be|nom|men|heit die; - be|no|ten; Be|no|tung be|nö|ti|gen Ben|thal das; -s ⟨griech.⟩ (Bodenregion eines Gewässers); Ben|thos das; - (in der Bodenregion eines Gewässers lebende Tierund Pflanzenwelt) be|num|mern; Be|num|me|rung be|nutz|bar, (bes. südd., österr. u.

schweiz.:) be|nütz|bar; Be|nutz|bar|keit die; -; be|nut|zen, be|nüt|zen; Be|nut|zer, Be|nüt|zer; Be|nut|zer|kreis; Be|nut|zung, Be|nüt|zung; Be|nut|zungs|ge|bühr Ben|ve|nu|to (ital. m. Vorn.); Ben|ve|nu|ta (ital. w. Vorn.) Bęnz (dt. Ingenieur) ben|zen vgl. penzen Ben|zin das; -s, -e ⟨arab.⟩ (Treibstoff; Lösungsmittel); Ben|zin_hahn, ...ka|nis|ter, ...kut|sche (ugs. scherzh. für: Auto), ...preis, ...preis|er|hö|hung, ...tank, ...uhr, ...ver|brauch; Ben|zoe [bänzo-e] die; - (ein duftendes ostind. Harz); Ben|zoe|harz; Ben|zoe|säu|re (Konservierungsmittel); Ben|zol das; -s, -e (Teerdestillat aus Steinkohlen; Lösungsmittel); Ben|zo|py|ren das; -s (ein als krebserzeugend geltender Kohlenwasserstoff); Ben|zyl das; -s (Atomgruppe in zahlreichen chem. Verbindungen); Ben|zyl|al|ko|hol (aromat. Alkohol; Grundstoff für Parfüme) Beo der; -s (indones.) (Singvogel aus Indien) be|ob|ach|ten; Be|ob|ach|ter; Be|ob|ach|tung; Be|ob|ach|tungs_ga|be, ...ma|te|ri|al, ...sta|ti|on Beo|grad; ↑ R 180 (serbokroat. Name für: Belgrad) be|or|dern; ich ...ere (↑ R 22) be|packen [Trenn.: ...pak|ken] be|pelzt be|pflan|zen; Be|pflan|zung be|pfla|stern; Be|pfla|ste|rung be|pin|keln (ugs.) be|pin|seln; Be|pin|se|lung, Be|pins|lung be|pis|sen (derb) be|pu|dern; Be|pu|de|rung be|quas|seln (ugs. für: bereden) be|quem; be|que|men, sich; be|quem|lich (veralt. für: bequem); Be|quem|lich|keit be|ran|ken; Be|ran|kung Be|rapp der; -[e]s (rauher Verputz); ¹be|rap|pen ²be|rap|pen (ugs. für: bezahlen) be|ra|ten; beratender Ingenieur; Be|ra|ter; Be|ra|ter|ver|trag; be|rat|schla|gen; du beratschlagtest; beratschlagt; Be|rat|schla|gung; Be|ra|tung; Be|ra|tungs_aus|schuß, ...stel|le, ...ver|trag be|rau|ben; Be|rau|bung be|rau|schen; sich -; be|rau|schend; -ste; be|rauscht; -este; Be|rausch|heit die; -; Be|rau|schung Ber|ber der; -s, - (Angehöriger einer Völkergruppe in Nordafrika; auch Selbstbezeichnung Nichtseßhafter); Ber|be|rei die; - (alter Name für die Küstenländer im westl. Nordafrika); ber|be|risch

Berberitze

Ber|be|ri̱t|ze *die;* -, -n ⟨lat.⟩ (Sauerdorn, ein Zierstrauch)
Ber|ber.pferd, ...tep|pich
Ber|ceu|se [*bärßö̱s*"] *die;* -, -n ⟨franz.⟩ (Musik: Wiegenlied)
Berch|tes|ga̱|den (Luftkurort in Oberbayern); Berch|tes|ga|de|ner (↑ R 147); Berchtesgadener Alpen
Berch|told (ältere Form von Bertold); Berch|tolds|tag (2. Januar; in der Schweiz vielerorts Feiertag)
be|re̱ch|en|bar; Be|re̱ch|en|bar|keit *die;* -; be|re̱ch|nen; be|re̱ch|nend; Be|re̱ch|nung
be|re̱ch|ti|gen; be|re̱ch|tigt; Be|re̱ch|tig|te *der* u. *die;* -n, -n (↑ R 7 ff.); be|re̱ch|tig|ter|wei|se; Be|re̱ch|ti|gung; Be|re̱ch|ti|gungs|schein
be|re̱d|en; be|re̱d|sam; Be|re̱d|sam|keit *die;* -; be|re̱dt; auf das, aufs -este (↑ R 65); Be|re̱dt|heit *die;* -; Be|re̱|dung
be|ree̱|dert (zu einer Reederei gehörend od. von ihr betreut)
be|re̱g|nen; Be|re̱g|nung; Be|re̱g|nungs|an|la|ge
Be|reich *der* (selten: *das*); -[e]s, -e
be|rei̱|chern; ich - (↑ R 22); sich -; Be|rei̱|che|rung; Be|rei̱|che|rungs_ab|sicht, ...ver|such
be|rei̱|fen (mit Reifen versehen); be|rei̱ft
be|rei̱ft (mit Reif bedeckt)
Be|rei̱|fung
be|rei̱|ni|gen; Be|rei̱|ni|gung
be|rei̱|sen; ein Land -; Be|rei̱|sung
be|rei̱t; (↑ R 205 f.:) zu etwas - sein, etwas - haben, sich - erklären, sich - finden, sich - halten, sich - machen; vgl. aber: bereithalten, bereitlegen, bereitliegen, bereitmachen, bereitstehen, bereitstellen; ¹be|rei̱|ten (zubereiten); bereitet
²be|rei̱|ten (zureiten); beritten; Be|rei̱|ter (Zureiter)
be|rei̱t|hal|ten (↑ R 205); ich habe es berei̱tgehalten; (↑ R 32:) berei̱t- u. zur Verfügung halten, aber: zur Verfügung u. bereithalten; be|rei̱t|le|gen (↑ R 205); ich habe das Buch bereitgelegt; be|rei̱t|lie|gen (↑ R 205); die Bücher werden -; be|rei̱t|ma|chen (↑ R 205); ich habe alles bereitgemacht; be|rei̱ts (schon); Be|rei̱t|schaft; Be|rei̱t|schafts_dienst, ...po̱l|li|zei; be|rei̱t|ste|hen (↑ R 205); ich habe bereitgestanden; be|rei̱t|stel|len (↑ R 205); ich habe das Paket bereitgestellt; Be|rei̱t|stel|lung, Be|rei̱|tung; be|rei̱t|wil|lig; -st; Be|rei̱t|wil|lig|keit *die;* -
Be|re|ni|ce [...*ize*] vgl. Berenike;
Be|re|ni|ke (w. Vorn.)
be|ren|nen; das Tor - (Sportspr.)

be|ren|ten (Amtsdt.: eine Rente zusprechen)
Be|re|si|na [auch: *bere...*] *die;* - (sowjet. Fluß)
Bé|ret [*berä̱*] *das;* -s, -s ⟨schweiz. für: Baskenmütze)
be|reu|en
¹Berg (früheres Großherzogtum)
²Berg, Alban (österr. Komponist)
³Berg *der;* -[e]s, -e; zu -[e] fahren; die Haare stehen einem zu -[e] (ugs.); berg|a̱b; - gehen; berg|a̱b|wärts; Berg_ahorn, ...aka|de|mie
Ber|ga|ma̱s|ke *der;* -n, -n; ↑ R 197 (Bewohner von Bergamo); Ber|ga|ma̱s|ker (↑ R 147); ber|ga|ma̱s|kisch; Ber|ga|mo (ital. Stadt)
Ber|ga|mo̱t|te *die;* -, -n ⟨türk.⟩ (eine Birnensorte; eine Zitrusfrucht);
Ber|ga|mo̱tt|öl
Berg|amt (Aufsichtsbehörde für den Bergbau); berg|a̱n; - gehen; Berg|ar|bei|ter; berg|a̱uf; - steigen; berg|a̱uf|wärts; Berg_bahn, ...bau *der;* -[e]s), ...bau|er (*der;* -n, -n), ...be|hör|de, ...be|woh|ner; Ber|ge *Plur.* (taubes Gestein); ber|ge|hoch, berg|hoch
Ber|ge|lohn; ber|gen; sich -; du birgst; du bargst; du bärgest; geborgen; birg!
Ber|ges|hö̱|he; ber|ge|wei|se (ugs.: in großen Mengen); Berg|fahrt (Fahrt den Strom, den Berg hinauf; Ggs.: Talfahrt); berg|fern; Berg|fex (leidenschaftlicher Bergsteiger); Berg|fried *der;* -[e]s, -e (Hauptturm auf Burgen; Wehrturm); vgl. auch: Burgfried; Berg_füh|rer, ...gip|fel; berg|hoch, berg|el|hoch; Berg_ho|tel, ...hüt|te; berg|gig
ber|gisch (zum Lande Berg gehörend), aber (↑ R 146): das Bergische Land (Gebirgslandschaft zwischen Rhein, Ruhr und Sieg)
Berg Isel *der;* - - u. (österr.:) Berg isel *der;* - (Berg bei Innsbruck)
Berg_ket|te, ...knap|pe (veraltet), ...krank|heit, ...kri|stall (*der;* -s, -e; ein Mineral), ...kup|pe; Berg|ler *der;* -s, - (im Bergland Wohnender); Berg|mann *der* (*Plur.* ... leute, seltener: ...männer); berg|män|nisch; Berg|manns|spra|che; Berg_mas|siv, ...mie̱|ter, ...not, ...par|tie (*die;* -, -en); Bergmannsspr.: Paradebeil der Bergleute), ...pfad, ...pre|digt (*die;* -); berg|reich; Berg_ren|nen (Motorsport), ...ret|tungs|dienst, ...rutsch, ...schä|den (*Plur.;* durch den Bergbau oder der Erdoberfläche hervorgerufene Schäden), ...schi (vgl. ...ski), ...schuh; berg|schüs|sig (Bergmannsspr.: reich

an taubem Gestein); Berg|see; berg|seits; Berg|ski, Berg|schi (bei der Fahrt am Hang am obere Ski); Berg|spit|ze; berg|stei|gen (nur im Infinitiv und 2. Partizip gebräuchlich); berg|gestiegen; Berg_stei|gen (*das;* -s), ...stei|ger; berg|steil|ge|risch; Berg|stra̱|ße (am Westrand des Odenwaldes); Berg|strä̱|ßer (↑ R 147); - Wein; Berg_tod (*der;* -[e]s), ...tour; Berg-und-Ta̱l-Bahn *die;* -, -en (↑ R 41)
Ber|gung; Ber|gungs|mann|schaft
Berg_wacht, ...wand, ...wan|de|rung, ...werk; Berg|werks|ab|gal|be
Be|ri|be|ri [*beriberi*] *die;* - ⟨singhal.⟩ (eine Krankheit infolge Mangels an Vitamin B₁)
Be|richt *der;* -[e]s, -e; - erstatten; be|rich|ten; falsch, gut berichtet sein; Be|rich|ter; Be|rich|ter|stat|ter; Be|rich|ter|stat|tung; Be|richt|haus (schweiz. für: Informationsbüro); be|rich|ti|gen; Be|rich|ti|gung; Be|richts_heft (Heft für wöchentl. Arbeitsberichte von Auszubildenden), ...jahr
be|rie̱|chen; sich - (ugs. für: vorsichtig Kontakte herstellen)
be|rie̱|seln; ich ...[e]le (↑ R 22); Be|rie̱|se|lung, Be|rie̱s|lung; Be|rie̱|se|lungs|an|la|ge
be|rin|gen (⟨Vögel u. a.⟩ mit Ringen [am Fuß] versehen)
Be|ring_meer (*das;* -[e]s; nördlichstes Randmeer des Pazifischen Ozeans), ...stra̱|ße (*die;* -); ↑ R 149
Be|rin|gung (von Vögeln u. a.)
Be|ritt (⟨Forst⟩bezirk; [kleine] Abteilung Reiter); be|rit|ten
Ber|ke|li|um *das;* -s ⟨nach der Universität Berkeley in den USA⟩ (chem. Grundstoff, Transuran; Zeichen: Bk)
Ber|lin (Stadt an der Spree; Hptst. des ehem. Deutschen Reiches); heute geteilt in Berlin (West) und Berlin (Ost); Ber|li|na̱|le *die;* -, -n (Bez. für die Filmfestspiele in Berlin); Ber|lin-Char|lo̱t|ten|burg [- *schar...*]; Ber|lin-Da̱h|lem; Ber|li|ner; ↑ R 147 (auch kurz für: Berliner Pfannkuchen); ein - Kind; - Bär (Wappen von Berlin); - Pfannkuchen; Ber|li|ner Blau *das;* - -s (ein Farbstoff); ber|li|ne|risch; ber|li|nern (berlinerisch sprechen); ich ...erne (↑ R 22); ber|li|nisch; Ber|lin-Jo̱|han|nis|thal; Ber|lin-Kö̱|pe|nick; Ber|lin-Neu|köl|ln; Ber|lin-Prenz|lau|er Berg; Ber|lin-Rei̱|nicken|dorf [*Trenn.* ...nik|ken...]; Ber|lin-Span|dau; Ber|lin-Ste̱g|litz; Ber|lin-Tre̱p|tow [- *trepto*]; Ber|lin-Wei̱ßen|see; Ber|lin-Wi̱l|mers|dorf; Ber|lin-Ze̱h|len|dorf

Ber|li|oz [*bärljos,* auch: *bärljoß*] (franz. Komponist)

Ber|litz|schu|le ⟨nach dem Gründer⟩ (Sprachschule); ↑ R 135

Ber|lo|cke *die;* -, -n [*Trenn.:* ...lok-ke] ⟨franz.⟩ (kleiner Schmuck an [Uhr]ketten)

Ber|me *die;* -, -n (Absatz an einer Böschung)

Ber|mu|da|drei|eck *das;* -s (Teil des Atlantiks, in dem sich auf bisher nicht befriedigend geklärte Weise Schiffs- und Flugzeugunglücke häufen); Ber|mu|da|in|seln od. Ber|mu|das *Plur.* (Inseln im Atlantik); Ber|mu|da-shorts [...*schá'z*] *Plur.* (fast knielange Shorts od. Badehose)

Bern (Hptst. der Schweiz und des gleichnamigen Kantons)

Ber|na|dette [...*dát*] (franz. w. Vorn.)

Ber|na|dotte [...*dọt*] (schwed. Königsgeschlecht)

Ber|na|nos (franz. Schriftsteller)

Ber|nar|di|no *der;* -[s] (ital. Form von: Bernhardin)

Bern|biet; vgl. Biet

Bernd, (auch:) Bernt (Kurzform von: Bernhard)

Ber|ner (↑ R 147); die Berner Alpen, das Berner Oberland

Bern|hard (m. Vorn.); Bern|har|de (w. Vorn.); Bern|har|din *der;* -s, (auch:) Bern|har|din|paß *der;* ...passes (kurz für: Sankt-Bernhardin-Paß); vgl. Bernardino; Bern|har|di|ne (w. Vorn.); Bern|har|di|ner *der;* -s, - (eine Hunderasse); Bern|har|di|ner|hund

Bern|hild, Bern|hil|de (w. Vorn.)

Ber|ni|na *die;* -s (auch: *die;* -; kurz für: Piz Bernina, höchster Gipfel der Ostalpen, bzw. für: Berninagruppe, -massiv); Ber|ni|na|bahn *die;* -

ber|nisch ⟨zu: Bern⟩

¹Bern|stein [engl.: *bö̈'nßtain*], Leonard (amerik. Komponist u. Dirigent)

²Bern|stein ([als Schmuckstein verarbeitetes] fossiles Harz); bern|stei|ne[r]n (aus Bernstein); Bern|stein|ket|te

Bernt vgl. Bernd; Bern|ward (m. Vorn.); Bern|wards|kreuz *das;* -es

Be|rol|li|na *die;* - (Frauengestalt als Sinnbild Berlins)

Ber|sa|glie|re [*bärßaljär°*] *der;* -[s], ...ri (ital.) (ital. Scharfschütze)

Ber|ser|ker [auch: *bär...*] *der;* -s, - ⟨altnord.⟩ (wilder Krieger; auch für: blindwütig tobender Mensch); ber|ser|ker|haft; Ber|ser|ker|wut

ber|sten; du birst (veralt.: du berstest); du barstest; du bärstest; geborsten; (selten:) birst!; Berst-schutz

Bert (m. Vorn.)

Ber|ta; ↑ R 131 (w. Vorn.); Bert-hil|de (w. Vorn.); Bert|hold vgl. Bertold; Ber|ti (Koseform von: Berta usw.)

Ber|ti|na, Ber|ti|ne (w. Vorn.)

Ber|told, Bert|hold (m. Vorn.)

Bert|ram (m. Vorn.); Bert|rand (m. Vorn.)

be|rüch|tigt

be|rücken [*Trenn.:* ...rük|ken] (betören); be|rückend; -ste [*Trenn.:* ...rük|kend]

be|rück|sich|ti|gen; Be|rück|sich|ti|gung

Be|rückung [*Trenn.:* ...rük|kung] (Bezauberung)

Be|ruf *der;* -[e]s, -e; be|ru|fen (österr. auch: Berufung einlegen); sich auf jmdn. od. etwas -; be|ruf|lich; Be|rufs-.auf|bau-schu|le (Schulform des zweiten Bildungsweges zur Erlangung der Fachschulreife), ...aus|bil-dung, ...aus|sich|ten *Plur.,* ...be-am|te; be|rufs_be|dingt, ...be-glei|tend; die -en Schulen; Be-rufs_be|ra|ter, ...be|ra|tung, ...be-zeich|nung; be|rufs|bil|dend; die -en Schulen; Be|rufs|bil|dungs-werk (Einrichtung zur Berufsausbildung für behinderte Jugendliche); Be|rufs|bo|xen *das;* -s; Be|rufs|eig|nung; be|rufs|er-fah|ren; Be|rufs.er|fah|rung, ...ethos, ...fach|schu|le, ...fah|rer, ...feu|er|wehr; be|rufs|fremd; Be-rufs_ge|heim|nis, ...ge|nos|sen-schaft, ...heer, ...klas|se, ...klei-dung, ...krank|heit, ...lei|ben; be-rufs_los, ...mä|ßig; Be|rufs_or-ga|ni|sa|ti|on, ...päd|ago|gik, ...re|vo|lu|tio|när, ...ri|si|ko, ...schu|le, ...sol|dat, ...spie|ler, ...sport|ler, ...stand; be|rufs-_stän|disch, ...tä|tig; Be|rufs|tä-ti|ge *der* u. *die;* -n, -n (↑ R 7 ff.); Be|rufs_ver|band, ...ver|bot, ...ver|bre|cher, ...ver|kehr, ...wahl (*die;* -), ...wech|sel, ...wett|be-werb (DDR: Wettbewerb der Jugend um die besten beruflichen Leistungen); Be|ru|fung; Be|ru-fungs_in|stanz, ...recht, ...ver-fah|ren

be|ru|hen; auf einem Irrtum -; etwas auf sich - lassen; be|ru|hi-gen; sich -; Be|ru|hi|gung; Be|ru-hi|gungs_mit|tel *das,* ...sprit|ze

be|rühmt; -este; be|rühmt-be-rüch|tigt; Be|rühmt|heit

be|rüh|ren; Be|rüh|rung; Be|rüh-rungs_li|nie, ...punkt

be|ru|ßen; berußt sein

Be|ryll *der;* -[e]s, -e ⟨griech.⟩ (ein Edelstein); Be|ryl|li|um *das;* -s (chem. Grundstoff, Metall; Zeichen: Be)

bes. = besonders

be|sab|beln (ugs. für: mit Speichel beschmutzen); ich ...[e]le (↑ R 22)

be|sab|bern (ugs. für: mit Speichel beschmutzen); ich ...ere (↑ R 22)

be|sä|en

be|sa|gen; das besagt nichts; be-sagt (Amtsdt. für: erwähnt)

be|sai|ten; besaitet; vgl. zartbesai-tet

be|sa|men

be|sam|meln (schweiz. für: sammeln [von Truppen u. ä.]; auch refl. für: sich versammeln); ich ...[e]le (↑ R 22); Be|samm]lung

Be|sa|mung (Befruchtung); Be|sa-mungs_sta|ti|on, ...zen|trum

Be|san *der;* -s, -e ⟨niederl.⟩ (Seemannsspr.: Segel am hintersten Mast)

be|sänf|ti|gen; Be|sänf|ti|gung

Be|san|mast (Seemannsspr.: hinterster Mast eines Segelschiffes)

be|sät; mit etwas - sein

Be|satz *der;* -es, ...sätze; Be|sat|zer *der;* -s, - (ugs. abwertend für: Angehöriger einer Besatzungsmacht); Be|satz|strei|fen; Be|sat-zung; Be|sat|zungs_ko|sten *Plur.,* ...macht, ...sol|dat, ...zo|ne

be|sau|fen, sich (derb für: sich betrinken); besoffen; ¹Be|säuf|nis *die;* -, -se od. *das;* -ses, -se (ugs. für: Sauferei, Zechgelage); ²Be-säuf|nis *die;* - (ugs. für: Volltrunkenheit)

be|säu|seln, sich (ugs. für: sich [leicht] betrinken); be|säu|selt

be|schä|di|gen; Be|schä|di|gung

be|schaff|bar; ¹be|schaf|fen (besorgen); vgl. ¹schaffen; ²be-schaf|fen (geartet); mit seiner Gesundheit ist es gut beschaffen; Be|schaf|fen|heit; Be|schaf-fung; Be|schaf|fungs_kri|mi|na-li|tät (kriminelle Handlungen zur Beschaffung von [Geld für] Drogen)

be|schäf|ti|gen; sich -; beschäftigt sein; Be|schäf|tig|te *der* u. *die;* -n, -n (↑ R 7 ff.); Be|schäf|ti|gung; be|schäf|ti|gungs|los; Be|schäf|ti-gungs_stand (*der;* -[e]s), ...the|ra-pie

be|schä|len (vom Pferd: begatten); Be|schä|ler (Zuchthengst)

be|schal|len (starken Schall eindringen lassen; Technik u. Med.: Ultraschall einwirken lassen); Be|schal|lung

be|schä|men; be|schä|mend; -ste; be|schä|men|der|wei|se; Be|schä-mung

Be|schau *die;* -; be|schau|en; Be-schau|er; be|schau|lich; Be-schau|lich|keit *die;* -

Be|scheid *der;* -[e]s, -e; - geben, sagen, tun, wissen; ¹be|schei|den; ein -er Mann; ²be|schei|den; be-schied; beschieden; ein Gesuch abschlägig - (Amtsdt.: ablehnen); jmdn. irgendwohin - (geh.

für: kommen lassen); sich - (sich zufriedengeben); Be|schei|den|heit *die;* -; be|schei|dent|lich (veralt.)

be|schei|nen

be|schei|ni|gen; Be|schei|ni|gung

be|schei|ßen (derb für: betrügen); beschissen

be|schen|ken; Be|schenk|te *der* u. *die;* -n, -n (↑R 7 ff.)

¹be|sche|ren (beschneiden); beschoren; vgl. ¹scheren

²be|sche|ren (schenken; zuteil werden lassen; auch für: beschenken); beschert; jmdm. [etwas] -; die Kinder wurden [mit vielen Geschenken] beschert; Be|sche|rung

be|scheu|ert (derb. für: dumm, schwer von Begriff)

be|schich|ten (fachspr.); Be|schich|tung

be|schi|cken [Trenn.: ...schik|ken]

be|schi|ckert [Trenn.: ...schik|kert] (ugs. für: leicht betrunken)

Be|schi|ckung [Trenn.: ...schik-kung]

be|schie|den; das ist ihm beschieden; vgl. ²bescheiden

be|schie|ßen; Be|schie|ßung

be|schil|dern (mit einem Schild versehen)

be|schimp|fen; Be|schimp|fung

be|schir|men; Be|schir|mer

Be|schiß *der;* ...isses (derb für: Betrug); be|schis|sen (derb für: sehr schlecht); vgl. bescheißen

be|schlab|bern, sich (sich beim Essen beschmutzen)

Be|schlächt *das;* -[e]s, -e (hölzerner Uferschutz)

be|schla|fen; ich muß das noch -

Be|schlag *der;* -[e]s, Beschläge; mit - belegen; in - nehmen, halten; Be|schläg *das;* -s, -e (schweiz. für: Beschlag, Metallteile an Türen, Fenstern, Schränken); ¹be|schla|gen; gut - (bewandert; kenntnisreich); ²be|schla|gen; Pferde -; die Fenster sind -; die Glasscheibe beschlägt [sich] (läuft an); die Hirschkuh ist - [worden] (Jägerspr. für: befruchtet, begattet [worden]); Be|schla|gen|heit *die;* - (zu: ¹beschlagen); Be|schlag|nah|me *die;* -, -n; be|schlag|nah|men; beschlagnahmt; Be|schlag|nah|mung

be|schlei|chen

be|schleu|ni|gen; Be|schleu|ni|ger; be|schleu|nigt (schnellstens); Be|schleu|ni|gung; Be|schleu|ni|gungs_an|la|ge (Kernphysik), ...ver|mö|gen, ...wert

be|schleu|sen (mit Schleusen versehen)

be|schlie|ßen; Be|schlie|ßer (Aufseher, Haushälter); Be|schlie|ße|rin *die;* -, -nen; be|schlos|sen; be|schlos|se|ner|ma|ßen; Be|schluß;

be|schluß|fä|hig; Be|schluß|fä|hig|keit *die;* -; Be|schluß_fas|sung, ...or|gan, ...recht

be|schmei|ßen (ugs.)

be|schmie|ren

be|schmut|zen; Be|schmut|zung

be|schnei|den; Be|schnei|dung; - Jesu (kath. Fest)

be|schnei|en; beschneite Dächer

be|schnüf|feln (ugs. auch für: vorsichtig prüfen)

be|schnup|pern

be|schö|ni|gen; Be|schö|ni|gung

be|schot|tern; Be|schot|te|rung

be|schrän|ken; sich -; be|schrankt (mit Schranken versehen); -er Bahnübergang; be|schränkt; -este (beengt; geistesarm); Be|schränkt|heit *die;* -; Be|schrän|kung

be|schreib|bar; be|schrei|ben; Be|schrei|bung

be|schrei|en; etwas nicht -

be|schrei|ten (geh.)

Be|schrieb *der;* -s, -e (schweiz. neben: Beschreibung)

be|schrif|ten; Be|schrif|tung

be|schu|hen; be|schuht

be|schul|di|gen; eines Verbrechens -; Be|schul|di|ger; Be|schul|dig|te *der* u. *die;* -n, -n (↑R 7 ff.); Be|schul|di|gung

be|schu|len; Be|schu|lung; Be|schu|lungs|ver|trag

be|schum|meln (ugs. für: [in Kleinigkeiten] betrügen)

be|schup|pen vgl. beschupsen

be|schuppt (mit Schuppen bedeckt)

be|schup|sen (ugs. für: betrügen)

be|schürzt

Be|schuß *der;* ...schusses

be|schüt|zen; Be|schüt|zer

be|schwat|zen (ugs.), (landsch.:) be|schwät|zen

Be|schwer *das;* -[e]s od. *die;* - veralt. für: Anstrengung, Bedrückung); Be|schwer|de *die;* -, -n; -führen; Be|schwer|de|buch; be|schwer|de|frei; Be|schwer|de_füh|ren|de (*der* u. *die;* -n, -n; ↑R 7 ff.), ...füh|rer, ...in|stanz, ...ord|nung, ...recht; be|schwe|ren; sich -; be|schwer|lich; Be|schwer|lich|keit; Be|schwer|nis *die;* -, -se (auch: *das;* -ses, -se); Be|schwe|rung

be|schwich|ti|gen; Be|schwich|ti|gung

be|schwin|deln

be|schwin|gen (in Schwung bringen); be|schwingt; -este (hochgemut; begeistert); Be|schwingt|heit *die;* -

be|schwipst; -este (ugs. für: leicht betrunken); Be|schwip|ste *der* u. *die;* -n, -n (↑R 7 ff.)

be|schwö|ren; du beschworst (beschworest); er beschwor; du beschwörest; beschworen; be-

schwör[e]!; Be|schwö|rer; Be|schwö|rung; Be|schwö|rungs|for|mel

be|see|len (beleben; mit Seele erfüllen); be|seelt; -e Natur; Be|seelt|heit *die;* -; Be|see|lung

be|se|hen

be|sei|ti|gen; Be|sei|ti|gung

be|se|li|gen (geh.); be|se|ligt; Be|se|li|gung

Be|sen *der;* -s, -; Be|sen_bin|der, ...kam|mer; be|sen|rein; Be-sen_schrank, ...stiel; Be|serl-baum (österr. ugs. für: unansehnlicher Baum); Be|serl|park (österr. ugs. für: kleiner Park)

be|ses|sen; vom Teufel -; Be|ses|se|ne *der* u. *die;* -n, -n (↑R 7 ff.); Be|ses|sen|heit *die;* -

be|set|zen; besetzt; Be|setzt|zei|chen (Telefon); Be|set|zung; Be|set|zungs|li|ste (Liste der Rollenverteilung für ein Theaterstück)

be|sich|ti|gen; Be|sich|ti|gung

be|sie|deln; Be|sie|de|lung, Be|sied|lung

be|sie|geln; Be|sie|ge|lung, Be|sieg|lung

be|sie|gen; Be|sieg|te *der* u. *die;* -n, -n (↑R 7 ff.)

be|sin|gen

be|sin|nen, sich; sich eines and[e]ren, andern -, aber (R 65): sich eines Besseren, Beßren -; be|sinn|lich; Be|sinn|lich|keit *die;* -; Be|sin|nung *die;* -; Be|sin|nungs|auf|satz; be|sin|nungs|los

Be|sitz *der;* -es; Be|sitz|an|spruch; be|sitz|an|zei|gend; -es Fürwort (für: Possessivpronomen); Be|sitz_bür|ger, ...bür|ger|tum; be|sit|zen; Be|sit|zer; Be|sit|zer|grei|fung; Be|sit|zer_stolz, ...wech|sel; Be|sitz|ge|sell|schaft; be|sitz|los; Be|sitz_lo|se (*der* u. *die;* -n, -n; ↑R 7 ff.), ...lo|sig|keit (*die;* -), ...nah|me (*die;* -, -n), ...stand, ...tum; Be|sit|zung; Be|sitz_ver|hält|nis|se *Plur.*, ...ver-tei|lung, ...wech|sel

Bes|ki|den *Plur.* (Teil der Karpaten)

be|sof|fen (derb für: betrunken); Be|sof|fen|heit *die;* -

be|sohl|en; Be|soh|lung

be|sol|den; Be|sol|de|te *der* u. *die;* -n, -n (↑R 7 ff.); Be|sol|dung; Be|sol|dungs_grup|pe, ...ord|nung, ...recht, ...ta|rif

be|söm|mern (Landw.: den Boden nur im Sommer nutzen)

be|son|de|re; zur -n Verwendung (Abk.: z. b. V.). **I.** *Kleinschreibung* (↑R 65): im besond[e]re, im besondren; insbesond[e]re; bis aufs einzelne und besond[e]re. **II.** *Großschreibung* (↑R 65): das Besond[e]re (das Seltene, Außergewöhnliche); etwas, nichts Besond[e]res; Be|son-

der|heit; be|son|ders (Abk.: bes.); besonders[,] wenn (↑ R 127)
¹be|son|nen (überlegt, umsichtig)
²be|son|nen; sich - (von der Sonne bescheinen) lassen
Be|son|nen|heit die; -
be|sor|gen; Be|sorg|nis die; -, -se; be|sorg|nis|er|re|gend; -ste; be|sorgt; -este; Be|sorgt|heit die; -; Be|sor|gung
be|span|nen; Be|span|nung
be|spei|en (geh. für: bespucken)
be|spickt
be|spie|geln; Be|spie|ge|lung, Be|spieg|lung
be|spiel|bar; be|spie|len; eine Schallplatte -; einen Ort - (dort Aufführungen geben)
be|spi|ken [bᵉ'ßpaik⁵n] (mit Spikes versehen)
be|spit|zeln; Be|spit|ze|lung, Be|spitz|lung
be|spöt|teln; Be|spöt|te|lung, Be|spött|lung; be|spot|ten
be|spre|chen; sich -; Be|spre|cher; Be|spre|chung
be|spren|gen; mit Wasser -
be|spren|keln
be|sprin|gen (begatten [von Tieren])
be|sprit|zen
be|sprü|hen; Be|sprü|hung; Be|sprü|hungs|bad (Med.)
be|spucken [Trenn.: ...spuk|ken]
Bes|sa|ra|bi|en [...iᵉn] (Landschaft nordwestl. vom Schwarzen Meer)
Bes|se|mer|bir|ne; ↑ R 135 ⟨nach dem engl. Erfinder⟩ (techn. Anlage zur Stahlgewinnung)
bes|ser; I. Schreibung in Verbindung mit Verben (↑ R 205 f.): a) Getrenntschreibung in ursprünglicher Bedeutung, z. B. besser ge|hen; mit den neuen Schuhen wird es besser gehen; b) Zusammenschreibung, wenn durch die Verbindung ein neuer Begriff entsteht, z. B. bessergehen; dem Kranken wird es bald bessergehen, wenn ... II. Kleinschreibung (↑ R 65): es ist das bessere (es ist besser), daß ... III. Großschreibung (↑ R 65): eines Besser[e]n, (auch:) Beßren belehren; sich eines Besser[e]n, (auch:) Beßren besinnen; eine Wendung zum Besser[e]n, (auch:) Beßren; das Bessere, (auch:) Beßre ist des Guten Feind; nichts Besseres, (auch:) Beßres war zu tun; bes|ser|ge|hen; vgl. besser I, b; Bes|ser|ge|stell|te der u. die; -n, -n (↑ R 7 ff.); bes|sern; ich bessere, (auch:) beßre (↑ R 22); sich -; bes|ser|stel|len; ↑ R 205 f. (in eine bessere finanzielle, wirtschaftliche Lage versetzen), aber: du solltest das Glas besser stellen (nicht: legen); Bes|se|rung,

(auch:) Beß|rung; Bes|se|rungs|an|stalt; Bes|ser|wis|ser; der Allesbesserwisser; Bes|ser|wis|se|rei; bes|ser|wis|se|risch; Best das; -s, -e (bayr., österr. für: ausgesetzter [höchster] Preis, Gewinn); best... (z. B. bestgehaßt)
be|stal|len ([förmlich] in ein Amt einsetzen, mit einer Aufgabe betrauen); wohlbestallt; Be|stal|lung; Be|stal|lungs|ur|kun|de
Be|stand der; -[e]s, Bestände; - haben; von - sein; der zehnjährige - (österr. für: Bestehen) des Vereins; ein Gut in - (österr. für: Pacht) haben, nehmen; be|stan|den (auch für: bewachsen); mit Wald - sein; (schweiz. auch für: gesetzt, in vorgerücktem Alter:) ein -er Mann; Be|stan|des|ver|trag, Be|stand|ver|trag (österr. Amtsspr. für: Pachtvertrag); be|stän|dig; das Barometer steht auf „beständig“; Be|stän|dig|keit die; -; Be|stands|auf|nah|me, Be|stand[s]|ju|bi|lä|um (österr. für: Jubiläum des Bestehens); Be|stand|teil der; Be|stand|ver|trag vgl. Bestandesvertrag
be|stär|ken; Be|stär|kung
be|stä|ti|gen; Be|stä|ti|gung
be|stat|ten; Be|stat|ter u. Be|stät|te|rer (südwestd. für: Spediteur); Be|stät|te|rei; Be|stat|tung; Be|stat|tungs|in|sti|tut
be|stau|ben; bestaubt; sich - (staubig werden); be|stäu|ben; Be|stäu|bung
be|stau|nen
best_aus|ge|rü|stet, ...be|währt, ...be|zahlt; Best|bie|ter
be|ste; bestens; bestenfalls. I. Kleinschreibung: a) das beste [Buch] seiner Bücher; dieser Wein ist der beste; b) (↑ R 65:) auf das, aufs beste (aber [nach II]: seine Wahl ist auf das, aufs Beste gefallen); am besten; nicht zum besten (nicht gut) gelungen; zum besten geben, haben, halten, stehen; c) (↑ R 66:) der erste, nächste beste; d) (↑ R 65:) es ist das beste, er hält es für das beste (am besten), daß ... II. Großschreibung (↑ R 65): das Beste auslesen; das (aufs) Beste hoffen; aus etwas das Beste machen; das Beste ist für ihn gerade gut; das Beste waren noch die Spaziergänge; er hält dies für das Beste (die beste Sache), was er je gesehen hat; er ist der Beste in der Klasse; eine[r] unserer Besten; es fehlt ihm am Besten; zu deinem Besten; zum Besten der Armen; zum Besten kehren, lenken, wenden; er hat sein Bestes getan; das Beste vom Besten; das Beste von allem ist, daß ... (vgl. aber: I, d)

be|ste|chen; be|stech|lich; Be|stech|lich|keit die; -; Be|ste|chung; Be|ste|chungs_geld, ...skan|dal, ...sum|me, ...ver|such
Be|steck das; -[e]s, -e (ugs.: -s); be|stecken¹; Be|steck|ka|sten
Be|steg der; -[e]s, -e (Geol.: dünner mineral. Überzug)
be|ste|hen; auf etwas -; ich bestehe auf meiner (heute selten: meine) Forderung; Be|ste|hen das; -s; seit - der Firma; be|ste|hen|blei|ben; es bleibt bestehen; bestehengeblieben; bestehenzubleiben; be|ste|hen|las|sen (beibehalten)
be|steh|len
be|stei|gen; Be|stei|gung
be|stel|len; Be|stel|ler; Be|stell_block (Plur. ...blocks), ...geld; Be|stell|li|ste die; -, -n [Trenn.: Bestell|li|ste, ↑ R 204]; Be|stell_kar|te, ...num|mer; Be|stel|lung
be|sten|falls; vgl. Fall der; be|stens
be|sternt; der -e Himmel
be|steu|ern; Be|steue|rung (↑ R 180)
Best|form die; - (Sport)
best_ge|haßt, ...ge|pflegt
be|stia|lisch; -ste; (↑ R 180) ⟨lat.⟩ (unmenschlich, viehisch); Be|stia|li|tät die; -, -en; ↑ R 180 (tierisches, grausames Verhalten); Be|stia|ri|um das; -s, ...ien [...iᵉn] ↑ R 180 (Titel mittelalterlicher Tierbücher)
be|sticken¹; Be|stick|hö|he (Deichbau); Be|stickung¹
Be|stie [...iᵉ] die; -, -n (wildes Tier; Unmensch)
be|stie|felt
be|stimm|bar; be|stim|men; be|stimmt; -este; an einem -en Tage; bestimmter Artikel; Be|stimmt|heit; Be|stim|mung; Be|stim|mungs|bahn|hof; Be|stim|mungs|ge|mäß; Be|stim|mungs_ha|fen, ...ort, ...wort (Plur. ...wörter; Sprachw.: Wort als Vorderglied einer Zusammensetzung, das das Grundwort [vgl. d.] näher bestimmt, z. B. „Speise“ in „Speisewagen“)
be|stim|for|miert
be|stirnt; der -e Himmel
Best|lei|stung
Best|mann der; -[e]s, ...männer (Seemannsspr.: erfahrener Seemann, der auf kleinen Küstenschiffen den Schiffsführer vertritt)
Best|mar|ke (Rekord)
best|mög|lich; falsch: bestmöglichst
be|stocken¹; Be|stockung¹ (Bot.: Seitentriebbildung; Forstw.: Aufforstung)

¹ Trenn.: ...k|k...

be|sto|ßen (durch Stoßen beschädigen; schweiz auch für: [eine Alp] mit Vieh besetzen)

be|stra|fen; Be|stra|fung

be|strah|len; Be|strah|lung; Be|strah|lungs_do|sis, ...zeit

be|stre|ben, sich; Be|stre|ben das; -s; be|strebt; - sein; Be|stre|bung

be|strei|chen; Be|strei|chung

be|strei|ken; Be|strei|kung

be|strei|ten; Be|strei|tung

best|re|nom|miert; das bestrenommierte Hotel

be|streu|en; Be|streu|ung

¹be|stricken¹ (bezaubern); ²be|stricken¹ (für jmdn. stricken); be|strickend¹; -ste; Be|strickung¹

be|strumpft

Best|sel|ler der; -s, ⟨engl.⟩ (Ware [bes. Buch] mit bes. hohen Verkaufszahlen); Best|sel|ler_au|tor, ...lis|te

be|stücken¹ (mit Teilstücken ausrüsten); Be|stückung¹

Be|stuh|lung

be|stür|men; Be|stür|mung

be|stür|zen; be|stür|zend; -ste; be|stürzt; - sein; Be|stürzt|heit die; -; Be|stür|zung

be|stußt; -este (ugs. für: dumm, nicht bei Verstand)

best|vor|be|rei|tet

Best|wert (für: Optimum), ...zeit, ...zu|stand

Be|such der; -[e]s, -e; auf, zu - sein; be|su|chen; Be|su|cher; Be|su|cher_fre|quenz, ...strom, ...zahl; Be|suchs_er|laub|nis, ...kar|te, ...rit|ze (scherzh. für: Spalt zwischen zwei Ehebetten), ...tag, ...zeit, ...zim|mer

be|su|deln; Be|su|de|lung, Be|sud|lung

Be|ta das; -[s], -s (griech. Buchstabe: B, β)

be|tagt; -este; vgl. hochbetagt; Be|tagt|heit die;

be|ta|keln (Seemannsspr.: ein Drahttau mit Garn umwickeln; österr. ugs. für: beschwindeln); Be|ta|ke|lung, Be|tak|lung

Be|ta|ni|en vgl. Bethanien

be|tan|ken; Be|tan|kung

Be|ta|re|zep|to|ren|blocker, β-Re|zep|to|ren-Blocker [Trenn.: ...k|ker]; ↑R 41 (Heilmittel für bestimmte Herzkrankheiten)

be|ta|sten

Be|ta|strah|len, β-Strah|len Plur. (↑R 37); Be|ta|strah|ler (Med.: Bestrahlungsgerät); Be|ta|strah|lung

Be|ta|stung

be|tä|ti|gen; sich -; Be|tä|ti|gung; Be|tä|ti|gungs|feld

Be|ta|tron das; -s, ...one od. -s (Elektronenschleuder)

be|tat|schen (ugs.)

be|täu|ben; Be|täu|bung; Be|täu|bungs|mit|tel das

be|tau|en; betaute Wiesen

Be|ta|zer|fall (Atomphysik)

Bet_bank, ...bru|der

Be|te (landsch. Nebenform: Beete) die; -, -n (Wurzelgemüse; Futterpflanze); rote -

Be|tei|geu|ze der; ⟨arab.⟩ (ein Stern)

be|tei|len (österr. für: beschenken; versorgen); be|tei|li|gen; sich -; Be|tei|lig|te der u. die; -n, -n (↑R 7 f.); Be|tei|ligt|sein; Be|tei|li|gungs|fi|nan|zie|rung; Be|tei|li|gung (österr. für: Beschenkung, Zuteilung)

Be|tel der; -s ⟨malai.-port.⟩ (Kau- u. Genußmittel aus der Betelnuß); Be|tel_kau|er, ...nuß

be|ten; Be|ter

Be|tes|da vgl. Bethesda

be|teu|ern; ich ...ere (↑R 22); Be|teue|rung (↑R 180)

be|tex|ten

Be|tha|ni|en, (ökum.:) Be|ta|ni|en [...iⁿ] (bibl. Ortsn.)

Be|thel (Heimstätte für körperlich u. geistig Hilfsbedürftige bei Bielefeld)

Be|thes|da, (ökum.:) Be|tes|da der; -[s] (ehem. Teich in Jerusalem)

Beth|le|hem, (ökum.:) Bet|le|hem (paläst. Stadt); beth|le|he|mi|tisch; (↑R 148:) der -e Kindermord

Beth|männ|chen ⟨nach der Frankfurter Bankiersfamilie Bethmann⟩ (ein Gebäck aus Marzipan und Mandeln)

Be|ti|se die; -, -n ⟨franz.⟩ (Dummheit)

be|ti|teln [auch: ...tit...]; Be|ti|te|lung, Be|tit|lung

Bet|le|hem vgl. Bethlehem

be|töl|peln; Be|töl|pe|lung

Be|ton [betong, (franz.:) betong, auch, österr. nur dt. Ausspr.: beton] der; -s, -s, (bei dt. Aussprache:) -e ⟨franz.⟩ (Baustoff aus einer Mischung von Zement, Wasser, Sand usw.); Be|ton_bau (Plur. ...bauten), ...block (Plur. ...blök|ke)

be|to|nen

Be|to|nie [...iⁿ] die; -, -n ⟨lat.⟩ (eine Wiesenblume; Heilpflanze)

be|to|nie|ren (auch übertr. für: festlegen, unveränderlich machen); Be|to|nie|rung; Be|ton_misch|ma|schi|ne

be|ton|nen (Seemannsspr.: ein Fahrwasser durch Seezeichen [Tonnen usw.] bezeichnen)

be|tont; be|ton|ter|ma|ßen; Be|to|nung

be|tö|ren; Be|tö|rer; Be|tö|rung

Bet|pult

betr. = betreffend, betreffs; Betr. = Betreff

Be|tracht der; nur noch in Fügungen wie: in - kommen, ziehen; außer - bleiben; be|trach|ten; sich -; Be|trach|ter; be|trächt|lich; (↑R 65:) um ein -es (bedeutend, sehr); Be|trach|tung; Be|trach|tungs_wei|se die, ...win|kel

Be|trag der; -[e]s, Beträge; be|tra|gen; sich -; Be|tra|gen das; -s

be|tram|peln (ugs.)

be|trau|en; mit etwas betraut

be|trau|ern

be|träu|feln

Be|trau|ung

Be|treff der; -[e]s, -e (Amtsdt.; Abk.: Betr.); in dem - (in dieser Beziehung); (↑R 65 u. R 208:) in betreff, betreffs (vgl. d.) des Neubaues; be|tref|fen; vgl. betroffen; was mich betrifft; be|tref|fend (zuständig; sich auf jmdn., etwas beziehend; Abk.: betr.); die -e Behörde; den Neubau -; Be|tref|fen|de der u. die; -n, -n (↑R 7 ff.); Be|treff|nis das; -ses, -se (schweiz. für: Anteil; Summe, die auf jmdn. entfällt); be|treffs (Amtsdt.; Abk.: betr.; ↑R 62); mit Gen.: - des Neubaus (besser: wegen)

be|trei|ben (schweiz. auch für: jmdn. durch das Betreibungsamt zur Zahlung einer Schuld veranlassen); Be|trei|ben das; -s; auf mein -; Be|trei|bung (Förderung, das Voranbringen; schweiz. auch für: Beitreibung)

be|treßt (mit Tressen versehen)

¹be|tre|ten (verwirrt; verwundert)

²be|tre|ten; er hat den Raum -; Be|tre|ten das; -s; Be|tre|ten|heit die; -

be|treu|en; Be|treu|er; Be|treu|te der u. die; -n, -n (↑R 7 ff.); Be|treu|ung die; -; Be|treu|ungs|stel|le

Be|trieb der; -[e]s, -e; in - setzen; die Maschine ist in - (läuft); aber: er ist im - (hält sich an der Arbeitsstelle auf); be|trieb|lich; be|trieb|sam; Be|trieb|sam|keit die; -; Be|triebs_an|ge|hö|ri|ge, ...an|lei|tung, ...arzt, ...aus|flug, ...aus|schuß, ...be|leg|hung; be|triebs_be|reit, ...blind; Be|triebs_blind|heit, ...di|rek|tor; be|triebs|ei|gen; Be|triebs_er|laub|nis, ...fä|hig; Be|triebs_fe|ri|en (Plur.), ...fest, ...form; be|triebs_fremd, ...frie|den, ...füh|rer, ...ge|heim|nis, ...ge|mein|schaft, ...ge|werk|schafts|lei|tung (DDR; Abk.: BGL), ...grö|ße, ...in|ha|ber; be|triebs|in|tern; Be|triebs_kampf|grup|pe (DDR), ...ka|pi|tal, ...kli|ma, ...kol|lek|tiv|ver|trag (DDR), ...ko|sten (Plur.), ...kran|ken|kas|se, ...kü|che, ...lei|ter der, ...lei|tung; Be-

---

¹ Trenn.: ...k|k...

triebs␣nu|del (ugs.: jmd., der immer Betrieb zu machen versteht), ...ob|mann, ...or|ga|ni|sa|ti|on, ...rat (Plur. ...räte); Be|triebs␣rats␣mit|glied, ...vor|sit|zen|de; Be|triebs␣ru|he, ...schluß (der; ...schlusses), ...schutz; be|triebs␣si|cher; Be|triebs␣stät|te[1], ...stoff, ...stö|rung; be|trieb|stö|rend; Be|triebs␣treue, ...un|fall, ...ver|fas|sung; Be|triebs|ver|fas|sungs|ge|setz; Be|triebs␣wirt, ...wirt|schaft; Be|triebs|wirt|schafts|leh|re

be|trin|ken, sich; betrunken
be|trof|fen; Be|trof|fen|heit die; -
be|trü|ben; be|trüb|lich; be|trüb|li|cher|wei|se; Be|trüb|nis die; -, -se; be|trübt; -este; Be|trübt|heit die; -

Be|trug; be|trü|gen; Be|trü|ger; Be|trü|ge|rei; be|trü|ge|risch; -ste
be|trun|ken; Be|trun|ke|ne der u. die; -n, -n (↑R 7 ff.)

Bet|schwe|ster (abwertend)
Bett das; -[e]s, -en; zu -[e] gehen
Bet|tag; vgl. Buß- und Bettag
Bett␣bank (Plur. ...bänke; österr.: auch als Bett benutzbare Couch), ...be|zug, ...couch, ...decke [Trenn.: ...dek|ke]
Bet|tel der; -s; bet|tel|arm; Bet|te|lei; Bet|tel␣mann (Plur. ...leute; veraltet), ...mönch; bet|teln; ich ...[e]le (↑R 22); Bet|tel|stab; jmdn. an den - bringen (finanziell ruinieren)
bet|ten; sich -; Bet|ten␣bau (der; -[e]s), ...ma|chen (das; -s), ...man|gel (der; -s), Bett␣fe|der, ...ge|her (österr. für: Mieter einer Schlafstelle), ...ge|stell, ...ha|se, ...him|mel, ...hup|ferl (das; -s, -)
Bet|ti (Kurzform von: Elisabeth, Babette); Bet|ti|na, Bet|ti|ne (ital. Kurzform von: Elisabeth)
Bett␣jacke [Trenn.: ...jak|ke], ...kan|te, ...ka|sten, ...la|de (landsch. für: Bett[stelle]); bett|lä|ge|rig; Bett␣la|ken, ...lek|tü|re
Bett|ler; Bett|ler␣stolz, ...zin|ken
Bett␣näs|ser, ...pfan|ne, ...pfo|sten, ...rand; bett|reif (ugs.), ...ruhe, ...schwe|re (ugs.), ...statt (Plur. ...stätten, schweiz.: ...statten; landsch. u. schweiz. für: Bett[stelle]), ...stel|le, ...sze|ne; Bett|tru|he (↑R 204); [1]Bett|tuch das; -[e]s, ...tücher [Trenn.: Bett-tuch, ↑R 204]
[2]Bet|tuch; ↑R 204 (Plur. ...tücher; beim jüdischen Gottesdienst)
Bett|um|ran|dung; Bet|tung; Bett␣vor|le|ger, ...wä|sche
Bet|ty (engl. Kurzform von: Elisabeth)
Bett|zeug

be|tucht; -este ⟨jidd.⟩ (ugs. für: vermögend, wohlhabend)
be|tu|lich (in umständlicher Weise freundlich u. geschäftig; gemächlich); Be|tu|lich|keit die; -; be|tun, sich (sich umständlich benehmen; sich zieren); betan
be|tup|fen
be|tu|sam
be|tü|tert (nordd. ugs. für: verrückt)

Beu|che die; -, -n (Lauge zum Bleichen von Textilien); beu|chen (in Lauge kochen)

beug|bar (auch für: flektierbar); Beu|ge die; -, -n (Turnübung; selten für: Biegung); Beu|ge|haft die; Beu|gel das; -s, - (österr.: ein bogenförmiges Gebäck, Hörnchen); Beu|ge|mus|kel; beu|gen (auch für: flektieren, deklinieren, konjugieren); sich -; Beu|ger (Beugemuskel); beug|sam (veralt.); Beu|gung (für: Flexion, Deklination, Konjugation); Beu|gungs|en|dung; Beu|gungs-s das; -, - (↑R 37)
Beu|le die; -, -n; beu|len; sich -; Beu|len|pest die; -; beu|lig
be|un|ru|hi|gen; sich -; Be|un|ru|hi|gung -
be|ur|grun|zen (ugs. scherzh. für: näher untersuchen)
be|ur|kun|den; Be|ur|kun|dung
be|ur|lau|ben; Be|ur|lau|bung
be|ur|tei|len; Be|ur|tei|ler; Be|ur|tei|lung; Be|ur|tei|lungs|maß|stab
Beu|schel das; -s, - (österr. für: [Gericht aus] Lunge u. Herz)
beut, beutst (veralt. u. dicht. für: bietet, bietest); vgl. bieten
[1]Beu|te die; - (Erbeutetes)
[2]Beu|te die; -, -n (landsch. für: Holzgefäß; Bienenstock)
beu|tel|gie|rig; Beu|tel|gut
Beu|tel der; -s, -; beu|teln; ich ...[e]le (↑R 22); das Kleid beutelt [sich]; Beu|tel␣rat|te, ...schnei|der, ...tier
beu|tel|lü|stern; beu|tel|lu|stig
beu|ten; Bienen - (Imkerspr. einsetzen); du beutst (beutest), er beutet; gebeutet; Beu|ten|ho|nig
Beu|te␣recht, ...stück, ...zug
Beut|ler (Beuteltier)
Beut|ner (Bienenzüchter); Beut|ne|rei die; -
beutst; vgl. beut
Beuys [bøʏs], Joseph (dt. Zeichner u. Aktionist)
be|völ|kern; ich ...ere (↑R 22); Be|völ|ke|rung; Be|völ|ke|rungs␣dich|te, ...ex|plo|si|on, ...grup|pe, ...kreis, ...po|li|tik, ...schicht, ...schwund, ...sta|ti|stik, ...wis|sen|schaft, ...zahl, ...zu|nah|me
be|voll|mäch|ti|gen; Be|voll|mäch|tig|te der u. die; -n, -n (↑R 7 ff.); Be|voll|mäch|ti|gung

be|vor
be|vor|mun|den; Be|vor|mun|dung
be|vor|ra|ten (mit einem Vorrat ausstatten); Be|vor|ra|tung die; -
be|vor|rech|ten (älter für: bevorrechtigen); bevorrechtet; be|vor|rech|ti|gen; bevorrechtigt; Be|vor|rech|ti|gung; Be|vor|rech|tung (älter für: Bevorrechtigung)
be|vor|schus|sen; du bevorschußt (bevorschussest)
be|vor|ste|hen
be|vor|tei|len (jmdm. einen Vorteil zuwenden; veralt. für: übervorteilen); Be|vor|tei|lung
be|vor|zu|gen; Be|vor|zu|gung
be|wa|chen; Be|wa|cher
be|wach|sen
Be|wa|chung
be|waff|nen; Be|waff|ne|te der u. die; -n, -n (↑R 7 ff.); Be|waff|nung
be|wah|ren (hüten; aufbewahren); jmdn. vor Schaden -; Gott bewahre uns davor!; be|wäh|ren, sich; Be|wah|rer; be|wahr|hei|ten, sich; Be|wahr|hei|tung; be|währt; -este; Be|währt|heit die; -; Be|wah|rung (Schutz; Aufbewahrung); Be|wäh|rung (Erprobung); Be|wäh|rungs␣frist, ...hel|fer, ...pro|be, ...zeit
be|wal|den; be|wal|det; be|wald|rech|ten (gefällte Bäume behauen); Be|wal|dung
be|wäl|ti|gen; Be|wäl|ti|gung
be|wan|dert (erfahren; unterrichtet)
be|wandt (veralt. für: gestaltet, beschaffen); Be|wandt|nis die; -, -se
be|wäs|sern; Be|wäs|se|rung, Be|wäß|rung
[1]be|we|gen (Lage ändern); du bewegst; du bewegtest; bewegt; bewe|g[e]!; [2]be|we|gen (veranlassen); du bewegst; du bewogst; du bewögest; bewogen; bewe|g[e]!; Be|weg|grund; be|weg|lich; Be|weg|lich|keit die; -; be|wegt; -este; - sein; Be|wegt|heit die; -; Be|we|gung; Be|we|gungs␣ab|lauf, ...drang, ...frei|heit; be|we|gungs|los; Be|we|gungs␣stu|die, ...the|ra|pie; be|we|gungs|un|fä|hig
be|weh|ren (ausrüsten; bewaffnen); Be|weh|rung
be|wei|ben, sich (ugs. für: sich verheiraten); ich beweibe mich
be|wei|den
be|weih|räu|chern (auch abwertend für: übertrieben loben); Be|weih|räu|che|rung
be|wei|nen
be|wein|kau|fen (einen Kauf durch Weintrinken besiegeln)
Be|wei|nung - Christi
Be|weis der; -es, -e; unter - stellen (Amtsdt.; besser: beweisen); Be-

weis_an|trag, ...auf|nah|me; be|weis|bar; Be|weis|bar|keit *die;* -; be|wei|sen; bewiesen; Be|weis-_er|he|bung, ...füh|rung, ...kraft; be|weis|kräf|tig; Be|weis_last, ...mit|tel *das,* ...stück be|wen|den, nur in: - lassen; Be|wen|den *das;* -s; es hat dabei sein Bewenden (es bleibt dabei) Be|werb *der;* -s, -e (österr. Sportspr. für: Wettbewerb); aus dem - werfen; be|wer|ben, sich; sich um eine Stelle -; Be|wer|ber; Be|wer|bung; Be|wer|bungs-_schrei|ben, ...un|ter|la|gen *Plur.* be|wer|fen; Be|wer|fung be|werk|stel|li|gen; Be|werk|stel|li|gung be|wer|ten; Be|wer|tung Be|wet|te|rung (Bergmannsspr.: Versorgung der Grubenbaue mit Frischluft) be|wickeln [*Trenn.:* ...wik|keln]; Be|wicke|lung [*Trenn.:* ...wik-ke...], Be|wick|lung be|wil|li|gen; Be|wil|li|gung be|will|komm|nen; du bewillkommnest; bewillkommnet; Be|will|komm|nung be|wim|pert be|wir|ken; Be|wir|kung be|wir|ten; be|wirt|schaf|ten; Be|wirt|schaf|tung; Be|wir|tung; Be|wir|tungs|ver|trag Be|wit|te|rung (Methode der Werkstoffprüfung, bei der Verwitterungsvorgänge simuliert werden) be|wit|zeln be|wohn|bar; be|woh|nen; Be|woh-ner; Be|woh|ner|schaft be|wöl|ken, sich; be|wölkt; -este; -er Himmel; Be|wöl|kung *die;* -; Be|wöl|kungs_auf|locke|rung [*Trenn.:* ...lok|ke...], ...zu|nah|me be|wu|chern Be|wuchs *der;* -es Be|wun|de|rer, Be|wund|rer; Be-wun|de|rin, Be|wund|re|rin *die;* -, -nen; be|wun|dern; be|wun|derns-wert; -este; be|wun|derns|wür-dig; Be|wun|de|rung; be|wun|de-rungs|wert; be|wun|de-rungs|wür|dig; Be|wund|rer, Be-wun|de|rer; Be|wund|re|rin, Be-wun|de|rin *die;* -, -nen Be|wurf be|wur|zeln, sich (Wurzeln bilden) be|wußt; -este; (mit *Gen.:*) ich bin mir keines Vergehens -; ich war mir's (vgl. ²es [alter *Gen.*]) od. mir dessen -; ich stehe eines Versäumnisses - werden; vgl. bewußtma-chen; Be|wußt|heit *die;* -; be-wußt|los; Be|wußt|lo|sig|keit *die;* -; be|wußt|ma|chen; ↑ R 205 f. (klarmachen); er hat ihm den Zusammenhang bewußtge-macht; aber: er hat den Fehler bewußt (mit Absicht) gemacht;

Be|wußt|ma|chung; Be|wußt|sein *das;* -s; Be|wußt|seins_bil|dung, ...er|wei|te|rung, ...spal|tung, ...trü|bung; Be|wußt|wer|dung Bey vgl. Bei bez., bez, bz = bezahlt bez. = bezüglich Bez. = Bezeichnung Bez., Bz. = Bezirk be|zah|len; eine gut-, schlechtbe-zahlte Stellung (↑ R 209), aber: die Stellung ist gut bezahlt; Be-zah|ler; be|zahlt (Abk.: bez., bez, bz); sich - machen (lohnen); Be-zah|lung be|zähm|bar; be|zäh|men; sich -; Be|zäh|mung be|zau|bern; be|zau|bernd; -ste; Be|zau|be|rung be|zech|t; -este be|zeich|nen; be|zeich|nend; -ste; be|zeich|nen|der|wei|se; Be|zeich-nung (Abk.: Bez.); Be|zeich-nungs|leh|re *die;* - (für: Onomasiologie) be|zei|gen (zu erkennen geben, kundgeben); Gunst, Beileid, Ehren -; Be|zei|gung be|zei|gen (Zeugnis ablegen; aus eigenem Erleben bekunden); die Wahrheit -; Be|zeu|gung be|zich|ti|gen; jemanden eines Verbrechens -; Be|zich|ti|gung be|zieh|bar; be|zie|hen; sich auf eine Sache -; Be|zie|hent|lich (Amtsdt.: mit Bezug auf); mit *Gen.:* - des Unfalles; Be|zie|her; Be|zie|hung; in - setzen; Be|zie-hungs|ki|ste (ugs. für: Beziehung zu einem [Lebens]partner); Be-zie|hungs|leh|re (Theorie der Soziologie); be|zie|hungs|los; Be|zie-hungs|lo|sig|keit; be|zie-hungs_reich, ...wei|se (Abk.: bzw.) be|zif|fern; ich ...ere (↑ R 22); sich - auf; Be|zif|fe|rung Be|zirk *der;* -[e]s, -e (Abk.: Bez. od. Bz.); be|zirk|lich; Be-zirks_amt, ...ge|richt (österr. u. schweiz.), ...haupt|mann (österr.), ...haupt|mann|schaft (österr.), ...ka|bi|nett (DDR), ...klas|se (Sport), ...kom|mis|sar (österr.), ...land|wirt|schafts|rat (DDR), ...lei|ter (*der;* DDR), ...li|ga (Sport), ...re|dak|teur (DDR), ...rich|ter (österr.), ...vor|ste|her (österr.); be|zirks-wei|se be|zir|zen vgl. becircen Be|zo|ar *der;* -s, -e ⟨pers.⟩ (Magenstein von Wiederkäuern, in der oriental. u. mittelalterl. Medizin verwendet) Be|zo|ge|ne *der;* -n, -n; ↑ R 7 ff. (für: Adressat u. Akzeptant [eines Wechsels]); Be|zo|gen|heit; Be|zug (österr. auch für: Gehalt; vgl. Bezüge); in bezug auf

(↑ R 208), aber: mit Bezug auf; auf etwas Bezug haben, nehmen (dafür besser: sich auf etwas beziehen); Bezug nehmend auf (dafür besser: mit Bezug auf); Be|zü|ge *Plur.* (Einkommen); Be-zü|ger (schweiz. für: Bezieher); be|züg|lich; -es Fürwort (für: Relativpronomen); als *Präp.* mit *Gen.* (Amtsdt.; Abk.: bez.); - Ihres Briefes; Be|züg|lich|keit; Be-zug|nah|me *die;* -, -n; be|zugs|fer-tig; Be|zugs_per|son, ...punkt, ...quel|le, ...recht; Be|zugs|_schein, ...stoff, ...sy|stem be|zu|schus|sen (einen Zuschuß gewähren); du bezuschußt (bezuschussest); Be|zu|schus|sung be|zwecken [*Trenn.:*...zwek|ken] be|zwei|feln; Be|zwei|fe|lung, Be-zweif|lung be|zwing|bar; be|zwin|gen; be-zwin|gend; Be|zwin|ger; Be|zwin-gung; be|zwun|gen BF = belgischer Franken Bf. = Bahnhof; Brief BfA = Bundesversicherungsanstalt für Angestellte bfn. = brutto für netto bfr vgl. Franc Bg. = Bogen (Papier) BGB = Bürgerliches Gesetzbuch BGBl. = Bundesgesetzblatt BGL = Betriebsgewerkschaftsleitung BGS = Bundesgrenzschutz ¹BH (österr.) = Bezirkshauptmannschaft; Bundesheer ²BH [*beha*] *der;* -[s], -[s] (ugs. für: Büstenhalter) Bha|rat (amtl. Bez. der Republik Indien) Bhf. = Bahnhof Bhu|tan (Königreich im Himalaja); Bhu|ta|ner (Einwohner von Bhutan); bhu|ta|nisch bi (ugs. für: bisexuell) Bi = Bismutum (chem. Zeichen für: Wismut) bi... ⟨lat.⟩ (in *Zusammensetzungen:* zwei...; doppel[t]...); Bi... (Zwei...; Doppel[t]...) Bia|fra; ↑ R 180 (Teil von Nigeria) Bia|ły|stok [*bialíßtok*] ↑ R 180 (Stadt in Polen) Bian|ca [*bjanka*] (eingedeutschte Schreibung:) Bian|ka; ↑ R 180 (ital. w. Vorn.) Bi|ath|let *der;* -en, -en ⟨lat.; griech.⟩ (jmd., der Biathlon betreibt); Bi|ath|lon *das;* -s, -s (Kombination aus Skilanglauf u. Scheibenschießen) bjb|bern (ugs. für: zittern); ich ...ere (↑ R 22) Bi|bel *die;* -, -n ⟨griech.⟩ (die Hl. Schrift); Bi|bel|druck *der;* -[e]s, -e Bi|bel|les|käs, *od.* -es, Bi|bel|les-käs der; -s (alemannisch für: Quark)

Bildfunk

bi|bel|fest; -este; Bi|bel_kon|kor-
danz, ...le|se, ...re|gal (kleine,
tragbare Orgel des 16. bis 18.
Jh.s), ...spruch, ...stun|de, ...vers,
...wort (*Plur.* ...worte)
¹Bi|ber *der;* -s, - (ein Nagetier;
Pelz); ²Bi|ber *der* od. *das;* -s
(Rohflanell); Bi|ber|bettuch
[*Trenn.:* ...bett|tuch]
Bi|ber|ach an der Riß (Stadt in
Oberschwaben)
Bi|ber|geil *das;* -[e]s (Drüsenab-
sonderung des Bibers)
Bi|ber|nel|le *die;* -, -n (Nebenform
von: Pimpernell)
Bi|ber_pelz, ...schwanz (auch:
Dachziegelart)
Bi|bi *der;* -s, -s (ugs. für: steifer
Hut; Kopfbedeckung)
Bi|blio|graph *der;* -en, -en (↑ R 197)
⟨griech.⟩ (Bearbeiter einer Biblio-
graphie); Bi|blio|gra|phie *die;* -,
...ien (Bücherkunde, -verzeich-
nis); bi|blio|gra|phie|ren (den Ti-
tel einer Schrift bibliographisch
verzeichnen, auch: genau fest-
stellen); bi|blio|gra|phisch (bü-
cherkundlich), aber (↑ R 157):
das Bibliographische Institut;
Bi|blio|ma|ne *der;* -n, -n; ↑ R 197
(Büchernarr); Bi|blio|ma|nie *die;*
- (krankhafte Bücherliebe); bi-
blio|phil (schöne od. seltene Bü-
cher liebend; für Bücherliebha-
ber); eine -e Kostbarkeit; Bi-
blio|phi|le *der* u. *die;* -n, -n (Bü-
cherliebhaber[in]); zwei -[n]; Bi-
blio|phi|lie *die;* - (Bücherliebha-
berei); Bi|blio|thek *die;* -, -en
([wissenschaftliche] Bücherei);
Deutsche Bibliothek (in Frank-
furt); Bi|blio|the|kar *der;* -s, -e
(Beamter od. Angestellter in wissenschaftl. Bibliotheken od.
Volksbüchereien); Bi|blio|the-
ka|rin *die;* -, -nen; bi|blio|the|ka-
risch; Bi|blio|theks_saal, ...si-
gna|tur, ...we|sen (*das;* -s)
bi|blisch ⟨griech.⟩; eine biblische
Geschichte (Erzählung aus der
Bibel), aber (↑ R 157): die Bibli-
sche Geschichte (Lehrfach)
Bick|bee|re (nordd. für: Heidel-
beere)
bil|dern (altertümelnd für: bilder-
beere)
Bi|det [*bide*] *das;* -s, -s ⟨franz.⟩
(längliches Sitzbecken für Spü-
lungen u. Waschungen)
Bieb|rich (Vorort von Wiesbaden)
bie|der; Bie|der|keit *die;* -; Bie-
der_mann (*Plur.* ...männer),
...mei|er (*das;* -s [fachspr. auch:
-]; [Kunst]stil in der Zeit des Vor-
märz [1815 bis 1848]); bie|der-
mei|er|lich; Bie|der|mei|er_stil
(*der;* -[e]s), ...zeit (*die;* -), ...zim-
mer; Bie|der|sinn *der;* -[e]s
bieg|bar; Bie|ge *die;* -, -n (landsch.
für: Krümmung); bie|gen; du
bogst; du bögest; gebogen;

bieg[e]!; sich -; (↑ R 68:) es geht
auf Biegen oder Brechen (ugs.);
bieg|sam; Bieg|sam|keit *die;* -;
Bie|gung
Biel (BE) (schweiz. Stadt)
Bie|le|feld (Stadt am Teutoburger
Wald); Bie|le|fel|der (↑ R 147)
Bie|ler See *der;* - -s; ↑ R 151 (in der
Schweiz)
Bien *der;* -s (Gesamtheit des Bie-
nenvolkes); Bien|chen, Bien-
lein; Bie|ne *die;* -, -n; Bie|nen-
fleiß; bie|nen|haft; Bie-
nen_haus, ...ho|nig, ...kö|ni|gin,
...korb, ...schwarm, ...spra|che,
...stich (auch: Hefekuchen mit
Kremfüllung und Mandelbelag),
...stock (*Plur.* ...stöcke), ...volk,
...wachs; Bie|nen|wachs|ker|ze;
Bien|lein, Bien|chen
Bi|en|na|le [*biä...*] *die;* -, -n ⟨ital.⟩
(zweijährliche Veranstaltung od.
Schau, bes. in der bildenden
Kunst u. im Film)
Bier *das;* -[e]s, -e; (↑ R 128 f.:) 5 Liter helles -; 3 [Glas] -; untergäri-
ges, obergäriges -; Bier_abend,
...bank|po|li|tik, ...baß, ...bauch
(ugs.), ...brau|er, ...deckel
[*Trenn.:* ...dek|kel], ...do|se, ...ei-
fer; bier|ernst (ugs. für: übertrie-
ben ernst); Bier_faß, ...fla|sche,
...glas (*Plur.* ...gläser), ...ka|sten,
...kel|ler, ...krug, ...lachs (beim
Skat ein Spiel um eine Runde
Bier), ...lei|che (ugs. scherzh. für:
Betrunkener), ...rei|se, ...ru|he
(ugs. für: unerschütterliche Ru-
he), ...schin|ken (eine Wurstsor-
te), ...sei|del; bier|se|lig; Bier-
_sie|der (Berufsbez.), ...ver|lag
(Unternehmen für den Zwi-
schenhandel mit Bier), ...zei-
tung, ...zelt
Bie|se *die;* -, -n (farbiger Streifen
an Uniformen; Säumchen)
Bies|flie|ge (Dasselfliege)
¹Biest *das;* -[e]s, -er (ugs. für: Tier;
Schimpfwort)
²Biest *der;* -[e]s (Biestmilch)
Bie|ste|rei ⟨zu: ¹Biest⟩ (ugs.: Ge-
meinheit); bie|stig (ugs.); eine -e
Kälte
Biest|milch ⟨zu: ²Biest⟩ (erste
Kuhmilch nach dem Kalben)
Biet *das;* -s, -e (schweiz. für: Gebiet; meist in Zusammensetzungen wie Baselbiet)
bie|ten; du bietest (selten: bietst);
vgl. beut; du botst (geh.: botest);
du bötest; geboten; biet[e]!; sich
-; Bie|ter
Bi|fo|kal|bril|le ⟨lat.; dt.⟩ (Brille
mit Bifokalgläsern); Bi|fo|kal-
glas (*Plur.* ...gläser; Brillenglas
mit Fern- und Nahteil)
Bi|ga *die;* -, -gen ⟨lat.⟩ (von zwei
Pferden gezogener [Renn]wagen
in der Antike)
BIGA, Bi|ga = Bundesamt für

Industrie, Gewerbe und Arbeit
(in der Schweiz)
Bi|ga|mie *die;* -, ...ien ⟨lat.; griech.⟩
(Doppelehe); Bi|ga|mist *der;* -en,
-en (↑ R 197); bi|ga|mi|stisch
Big Band [- *bänd*] *die;* -, - -s
⟨engl.-amerik.⟩ (großes Jazz- od.
Tanzorchester)
Big Ben *der;* - - ⟨engl.⟩ (Stunden-
glocke der Uhr im Londoner
Parlamentsgebäude; auch der
Glockenturm)
Big Busi|ness [- *bisniß*] *das;* - -
⟨engl.-amerik.⟩ (Geschäftswelt
der Großunternehmer)
bil|gott; -este ⟨franz.⟩ (engherzig
fromm; scheinheilig; blindgläu-
big); Bil|got|te|rie *die;* -, ...ien
Bi|jou [*bischu*] *der* od. *das;* -s, -s
⟨franz.⟩ (Kleinod, Schmuck-
stück); Bi|jou|te|rie *die;* -, ...ien
([Handel mit] Schmuckwaren;
schweiz. auch für: Schmuckwa-
rengeschäft)
Bi|kar|bo|nat, (chem. fachspr.:)
Bi|car|bo|nat ⟨lat.⟩ (doppeltkoh-
lensaures Salz)
Bi|ki|ni *der;* -s, -s ⟨nach dem Süd-
seeatoll⟩ (zweiteiliger Badean-
zug)
bi|kon|kav ⟨lat.⟩ (beiderseits hohl
[geschliffen])
bi|kon|vex [...*wäkß*] ⟨lat.⟩ (beider-
seits gewölbt [geschliffen])
bi|la|bi|al ⟨lat.⟩ (Lautlehre: mit
beiden Lippen gebildet); Bi|la-
bi|al *der;* -s, -e (mit Ober- u. Un-
terlippe gebildeter Laut, z. B. p)
Bi|lanz *die;* -, -en ⟨ital.⟩ (Gegen-
überstellung von Vermögen und
Kapital für ein Geschäftsjahr;
übertr. für: Ergebnis); Bi|lanz-
buch|hal|ter; bi|lan|zie|ren
(Wirtsch.: sich ausgleichen; eine
Bilanz abschließen); Bi|lan|zie-
rung; bi|lanz|si|cher; ein -er
Buchhalter; Bi|lanz|sum|me
bi|la|te|ral [auch: ...*al*] ⟨lat.⟩ (zwei-
seitig); -e Verträge
Bilch *der;* -[e]s, -e ⟨slaw.⟩ (ein Na-
getier); Bilch|maus
Bild *das;* -[e]s, -er; im -e sein;
Bild_ar|chiv, ...aus|schnitt,
...band *der,* ...bei|la|ge, ...be-
richt, ...be|richt|er|stat|ter, ...be-
schrei|bung; Bild|chen *das;* -s, -
,u. Bilderchen; Bild|lein; bil|den;
sich -; die bildenden Künste
(↑ R 157); Bil|der_at|las, ...bo-
gen, ...buch; Bil|der|buch_lan-
dung (ugs.: genau nach Plan ver-
laufende Landung [einer Raum-
kapsel], ...tor (Sport), ...wet|ter
(ugs.); Bil|der|chen (*Plur.* von:
Bildchen); Bil|der_chro|nik,
...rah|men, ...rät|sel; bil|der-
reich; Bil|der_schrift, ...sturm
(*der;* -[e]s), ...stür|mer; Bil|der-
stür|me|rei; Bild_flä|che, ...fol-
ge, ...fre|quenz, ...funk, ...ge-

schich|te, ...ge|stal|tung; bild|haft; -este; Bild|haf|tig|keit die; -; Bild|hau|er; Bild|haue|rei; bild|haue|risch; Bild|hau|er|kunst; Bild|haue|lern; ich ...ere (↑R 22); gebildhauert; bild|hübsch; Bild_in|halt, ...kon|ser|ve (Fernsehjargon), ...kraft (die; -); bild|kräf|tig; Bild|lein, Bild|chen; bild|lich; bild|mä|ßig; Bild|mi|scher (Fernsehen); Bild|ner; bild|ne|risch; Bild|nis das; -ses, -se; Bild_plat|te, ...re|por|ta|ge, ...re|por|ter, ...röh|re; bild|sam; Bild|sam|keit die; -; Bild_säu|le, ...schär|fe, ...schirm, ...schirm|le|xi|kon, ...schirm|text, ...schirm|zei|tung; bild|schön; Bild_stel|le, ...stock (Plur. ...stök|ke), ...stö|rung, ...strei|fen; bild|syn|chron; -er Ton; Bild_ta|fel, ...te|le|fon, ...te|le|gra|fie; Bild-Ton-Ka|me|ra (↑R 41)

Bil|dung; bil|dungs|be|flis|sen; Bil|dungs_bür|ger|tum (Soziol.), ...chan|cen (Plur.), ...er|leb|nis; bil|dungs_fä|hig, ...feind|lich; Bil|dungs_gang der, ...grad, ...lücke [Trenn.: ...lük|ke], ...mög|lich|keit, ...not|stand, ...plan, ...po|li|tik, ...pri|vi|leg, ...rei|se, ...stu|fe, ...ur|laub, ...weg, ...we|sen (das; -s)

Bild_vor|la|ge, ...wer|bung, ...wer|fer (für: Projektionsapparat), ...wör|ter|buch, ...zu|schrift

Bil|ge die; -, -n ⟨engl.⟩ (Seemannsspr.: Kielraum, in dem sich das Leckwasser sammelt); Bil|ge|was|ser das; -s

Bil|har|zio|se die; -, -n; ↑R 180 ⟨nach dem dt. Arzt Bilharz⟩ (eine Wurmkrankheit)

bi|lin|gu|al ⟨lat.⟩ (zwei Sprachen sprechend; zweisprachig); bi|lin|gu|isch (in zwei Sprachen geschrieben; zweisprachig)

Bi|li|ru|bin das; -s ⟨lat.⟩ (Gallenfarbstoff)

¹Bill die; -, -s ⟨engl.⟩ (Gesetzentwurf im engl. Parlament)

²Bill (engl. Kurzform von: William)

Bil|lard [biljart, österr.: bijar] das; -s, -e (österr.: -s) ⟨franz.⟩ (Kugelspiel; dazugehörender Tisch); bil|lar|die|ren [österr.: bijar...] (beim Billard in regelwidriger Weise stoßen); Bil|lard|queue [...kö] (Billardstock)

Bill|ber|gie [...i⁰] die; -, -n ⟨nach dem schwed. Botaniker Billberg⟩ (eine Zimmerpflanze)

Bil|le|teur [biljatör, österr.: bijätör] der; -s, -e (österr. für: Platzanweiser; schweiz. für: Schaffner); Bil|let|teu|se [...tös⁰] die; -, -n; Bil|lett [biljät, österr.: bijä] das; -[e]s, -s u. -e (veraltet für: Zettel, kurzes Briefchen; bes. österr.

---

für: Glückwunschbriefchen; schweiz., sonst veraltend für: Einlaßkarte, Fahrkarte, -schein)

Bil|li|ar|de die; -, -n ⟨franz.⟩ (10¹⁵; tausend Billionen)

bil|lig; das ist nur recht und -; bil|lig|den|kend; bil|li|gen; bil|li|ger|ma|ßen; bil|li|ger|wei|se; Bil|lig|keit die; -; Bil|li|gung; Bil|lig_preis, ...wa|re

Bil|li|on die; -, -en ⟨franz.⟩ (10¹²; eine Million Millionen od. 1 000 Milliarden); bil|li|on|[s]tel; vgl. achtel; Bil|li|on|[s]tel das (schweiz. meist: der; -s, -; vgl. Achtel

Bil|lon [biljong] der od. das; -s ⟨franz.⟩ (Silberlegierung für Münzen mit hohem Kupfergehalt)

Bil|sen|kraut das; -[e]s (ein giftiges Kraut)

Bil|wiß der; ...isses (landsch. für: Kobold, Zauberer)

bim!; bim, bam!; Bim|bam das; -s; aber: heiliger Bimbam! (ugs.)

Bi|me|ster das; -s, - ⟨lat.⟩ (veraltet für: Zeitraum von zwei Monaten)

Bi|me|tall (Elektrotechnik: zwei miteinander verbundene Streifen aus verschiedenem Metall); Bi|me|tall|is|mus der; - (auf zwei Metallen beruhende Münzwährung)

Bim|mel die; -, -n (ugs. für: Glocke); Bim|mel|bahn (ugs.); Bim|me|lei die; - (ugs.); bim|meln (ugs.); ich ...[e]le (↑R 22)

bim|sen (ugs.: schleifen; durch angestrengtes Lernen einprägen); du bimst (bimsest); Bims|stein

bi|nar, bi|när, bi|na|risch ⟨lat.⟩ (fachspr.: aus zwei Einheiten bestehend, Zweistoff...)

Bin|de die; -, -n; Bin|de|ge|we|be; Bin|de|ge|webs_ent|zün|dung, ...fa|ser, ...mas|sa|ge, ...schwä|che; Bin|de_glied, ...haut, ...haut|ent|zün|dung, ...mit|tel das; bin|den; du bandst (bandest); du bändest; gebunden (vgl. d.); bind[e]!; sich -; Bin|der; Bin|de|rei; Bin|de|rin die; -, -nen; Bin|de-s das; -, - (↑R 37); Bin|de_strich, ...wort (Plur. ...wörter; für: Konjunktion); Bind|fa|den; bin|dig; -er (schwerer, zäher) Boden; Bin|dung

Bin|ge, Pin|ge die; -, -n (Bergmannsspr.: durch Einsturz alter Grubenbaue entstandene trichterförmige Vertiefung an der Erdoberfläche)

Bin|gel|kraut (ein Gartenunkraut)

Bin|gen (Stadt am Rhein); Bin|ger (↑R 147); das - Loch; bin|ge|risch

Bin|go [binggo] das; -[s] ⟨engl. Glücksspiel; eine Art Lotto⟩

Bin|kel, Bin|kl der; -s, -[n] (bayr., österr. ugs. für: Bündel)

bin|nen; mit Dat.: - einem Jahre (geh. auch mit Gen.: - eines Jahres); - drei Tagen (auch: - dreier Tage); - kurzem; - Jahr und Tag; bin|nen|bords (innerhalb des Schiffes); Bin|nen_deut|sche (der u. die; -n, -n), ...eis, ...fi|sche|rei, ...han|del, ...land (Plur. ...länder), ...markt, ...meer, ...schif|fer, ...see der, ...wäh|rung

Bin|okel das; -s, - ⟨franz.⟩ (veraltet für: Brille, Fernrohr, Mikroskop für beide Augen); bin|oku|lar ⟨lat.⟩ (mit beiden Augen, für beide Augen; für beide zugleich)

Bi|nom das; -s, -e ⟨lat.; griech.⟩ (Math.: Summe aus zwei Gliedern); Bi|no|mi|al_ko|ef|fi|zi|ent, ...rei|he; bi|no|misch (Math.: zweigliedrig); -er Lehrsatz

Bin|se die; -, -n (grasähnliche Pflanze); in die - gehen (ugs. für: verlorengehen; unbrauchbar werden); Bin|sen_wahr|heit (allgemein bekannte Wahrheit), ...weis|heit

bio... ⟨griech.⟩ (leben[s]...); Bio... (Leben[s]...); Bio|ak|tiv (biologisch aktiv); ein -es Waschmittel; Bio|che|mie (Lehre von den chemischen Vorgängen in Lebewesen); Bio|che|mi|ker; bio|che|misch; bio|dy|na|misch (nur mit organischer Düngung); bio|gen (Biol.: von Lebewesen stammend); Bio|ge|ne|se die; -, -n (Entwicklung[sgeschichte] der Lebewesen); bio|ge|ne|tisch; -es Grundgesetz; Bio|geo|gra|phie die; - (Beschreibung der geogr. Verbreitung der Lebewesen); Bio|ge|o|zö|no|se die; - (Wechselbeziehungen zwischen Pflanzen u. Tieren einerseits u. der unbelebten Umwelt andererseits); Bio|graph der; -en, -en; ↑R 197 (Verfasser einer Lebensbeschreibung); Bio|gra|phie die; -, ...ien (Lebensbeschreibung); bio|graphisch; Bio|ka|ta|ly|sa|tor (die Stoffwechselvorgänge steuernder biolog. Wirkstoff); Bio|la|den (Laden, in dem nur chemisch unbehandelte Produkte verkauft werden); Bio|lo|ge der; -n, -n (↑R 197); Bio|lo|gie die; - (Lehre von der belebten Natur); Bio|lo|gie|un|ter|richt; bio|lo|gisch; -e Schädlingsbekämpfung, aber (↑R 157): Biologische Anstalt Helgoland; bio|lo|gisch-dy|na|misch (nur mit organischer Düngung [arbeitend]); Bio|ly|se die; -, -n (chem. Zersetzung durch lebende Organismen); bio|ly|tisch; Bio|me|trie, Bio|me|trik die; - ([Lehre von der] Zählung u. [Körper]messung an Lebewe-

sen); Bio|nik die; ⟨nach engl.-amerik. bionics, Kurzw. aus bio... u. electronics⟩ (Wissenschaft, die elektronische Probleme nach dem Vorbild biologischer Funktionen zu lösen versucht); bio|nisch; Bio|phy|sik (Lehre von den physikalischen Vorgängen in u. an Lebewesen; heilkundlich angewandte Physik); Bi|op|sie die; -, -n (Untersuchung von Gewebe, das dem lebenden Organismus entnommen ist); Bio|sphä|re [auch: bio...] (gesamter irdischer Lebensraum der Pflanzen und Tiere); Bio|tech|nik (Nutzbarmachung biologischer Vorgänge); bio|tisch (auf Leben bezüglich); Bio|top der u. das; -s, -e (durch bestimmte Lebewesen gekennzeichneter Lebensraum); Bio|typ, Bio|ty|pus (Biol.: Erbstamm); Bio|zö|no|se die; - (Lebensgemeinschaft von Pflanzen u. Tieren); bio|zö|no|tisch
bi|po|lar ⟨lat.; griech.⟩ (zweipolig); Bi|po|la|ri|tät die; -
Bi|qua|drat ⟨lat.⟩ (Math.: Quadrat des Quadrats, vierte Potenz); bi|qua|dra|tisch; -e Gleichung (Gleichung vierten Grades)
Bir|cher_mus od. ...mües|li; ↑ R 135 ⟨nach dem Arzt Bircher-Benner⟩; vgl. Müesli u. Müsli
Bir|die [bö'di] das; -s, -s ⟨engl.⟩ (Golf: ein Schlag unter Par)
Bi|re|me die; -, -n ⟨lat.⟩ („Zweiruderer"; antikes Kriegsschiff)
Bi|rett das; -[e]s, -e ⟨lat.⟩ (Kopfbedeckung des katholischen Geistlichen)
Bir|ger (schwed. m. Vorn.)
Bir|git, Bir|git|ta (w. Vorn.)
Bir|ke die; -, -n (Laubbaum); bir|ken (aus Birkenholz); Bir|ken|wald; Birk_hahn, ...huhn
Bir|ma (Staat in Hinterindien); vgl. Burma; Bir|ma|ne der; -n, -n (Einwohner von Birma); bir|ma|nisch
Bir|ming|ham [bö'ming'm] (engl. Stadt)
Bir|n|baum; Bir|ne die; -, -n; bir|nen|för|mig, bir|n|för|mig; Bir|n|stab (Stilelement aus der got. Baukunst)
bis[1]; - [nach] Berlin; - hierher; - wann?; - jetzt; - nächsten Montag; - ans Ende der Welt; - auf die Haut; - zu 50%; wir können - zu vier gebundene Exemplare abgeben („bis zu" hier ohne Einfluß auf die folgende Beugung, weil adverbial gebraucht), aber: Gemeinden - zu 10 000 Einwohnern („bis zu" hier Präposition mit Dativ); vier- bis fünfmal (↑ R 32; mit Ziffern: 4- bis 5mal); - auf weiteres (↑ R 65); - und mit

---

(schweiz.: bis einschließlich); - und mit achtem August
Bi|sam der; -s, -e u. -s ⟨hebr.⟩ (Moschus [nur Sing.]; Pelz); Bi|sam|rat|te (große Wühlmaus)
bi|schen (mitteld. für: [ein Baby] beruhigend auf dem Arm wiegen); du bischst
Bi|schof der; -s, Bischöfe (kirchl. Würdenträger); bi|schöf|lich; Bi|schofs_hut der, ...kon|fe|renz; bi|schofs|li|la; Bi|schofs_müt|ze, ...sitz, ...stab, ...stuhl
Bi|se die; -, -n (schweiz. für: Nord[ost]wind)
bi|se|xu|ell [auch: bi...] ⟨lat.⟩ (mit beiden Geschlechtern verkehrend; zweigeschlechtig)
bis|her (bis jetzt); bis|he|rig; (↑ R 65:) im bisherigen (im obigen, weiter oben), aber: das Bisherige (das bisher Gesagte, Erwähnte); vgl. folgend
Bis|ka|ya [...kaja] die; - (kurz für: Golf von Biskaya; Bucht des Atlant. Ozeans)
Bis|kot|te die; -, -n ⟨ital.⟩ (österr. für: Löffelbiskuit)
Bis|kuit [...kwit] das (auch: der); -[e]s, -s (auch: -e) ⟨franz.⟩ (feines Gebäck aus Mehl, Zucker, Eierschaum); Bis|kuit|teig [...kwit...]
bis|lang (bis jetzt)
Bis|marck (Gründer und erster Kanzler des Deutschen Reiches); Bis|marck_ar|chi|pel (der; -s; Inselgruppe nordöstl. von Neuguinea), ...he|ring; bis|marckisch, bis|marcksch; ein Politiker von bismarck[i]schem Format; aber (↑ R 134): Bismarckisch [zur Trenn.: ↑ R 179], Bismarcksch; die Bismarck[i]schen Sozialgesetze
Bis|mark (Stadt in der Altmark)
Bis|mut vgl. Wismut; Bis|mu|tum das; -[s] (lat. Bez. für: Wismut; Zeichen: Bi)
Bi|son der; -s, -s (nordamerik. Büffel)
Biß der; Bisses, Bisse
Bis|sau (Hptst. von Guinea-Bissau)

---

biß|chen (↑ R 63); das -; ein - (ein wenig); ein klein -; mit ein - Geduld; Biß|chen, Biß|lein (kleiner Bissen); bis|sel, bis|serl (landsch. für: bißchen); ein - Brot; Bis|sen der; -s, -; bis|sen|wei|se; bis|serl vgl. bissel; Biß|gurn die; -, - (bayr., österr. ugs. für: zänkische Frau); bis|sig; Bis|sig|keit; Biß|lein vgl. Bißchen
Bi|sten der; -s (Lockruf der Haselhenne)
Bi|ster der od. das; -s ⟨franz.⟩ (braune Wasserfarbe)
Bi|stro der; -s, -s ⟨franz.⟩ (kleine Schenke od. Kneipe)
Bis|tum das; -s, ...tümer (Amtsbezirk eines kath. Bischofs)
bis|wei|len
Bis|wind der; -[e]s (schweiz., südbad. neben: Bise)
Bit das; -[s], -[s] ⟨engl.; Kurzw. aus: binary digit⟩ (Nachrichtentechnik: Informationseinheit); Zeichen: bit
Bi|thy|ni|en [...i'n] (antike Landschaft in Kleinasien); Bi|thy|ni|er [...i'r]; bi|thy|nisch
Bitt|tag der; -[e]s, -e [Trenn.: Bitt-tag, ↑ R 204]; Bitt|brief; bit|te; - schön!; - wenden! (Abk.: b. w.); geben Sie mir[,] bitte[,] das Buch (↑ R 115); du mußt bitte sagen; Bit|te die; -, -n; du batst (batest); du bätest; gebeten; bitt[e]!; Bit|ten das; -s
bit|ter; es ist - kalt; vgl. aber: bitterkalt; bit|ter|bö|se; Bit|te|re der; ...tere[n], ...ter[e]n u. Bittere der; ...tren, ...tren; ↑ R 7 ff. (bitterer Schnaps); ein -r, zwei -; bit|ter|ernst; es wird - (bitt[e]rer Ernst); bit|ter|kalt; ein -er Wintertag, aber: der Tag war bitter kalt; Bit|ter|keit; bit|ter|klee; bit|ter|lich; Bit|ter|ling (Fisch; Pflanze; Pilz); Bit|ter|man|del|öl das; -s; Bit|ter|nis die; -, -se; Bit|ter|salz (Magnesiumsulfat); bit|ter|süß; Bit|ter|was|ser (Plur. ...wässer; Mineralwasser mit Bittersalzen), ...wurz od. ...wur|zel
Bit|te|schön das; -s; er sagte ein höfliches -; vgl. aber: bitte
Bitt_gang der, ...ge|bet, ...ge|such
Bitt|re vgl. Bittere
Bitt_schrift, ...stel|ler; bitt|wei|se
Bi|tu|men das; -s, - (auch: ...mina) ⟨lat.⟩ (teerartige [Abdichtungs- u. Isolier]masse); bi|tu|mig; bi|tu|mi|nie|ren (mit Bitumen behandeln); bi|tu|mi|nös; -er Schiefer
[1]bit|zeln (bes. südd. für: prickeln; [vor Kälte] beißend weh tun); bitzelnder neuer Wein
[2]bit|zeln (mitteld. für: in kleine Stückchen schneiden; schnitzeln); ich bitz[e]le (↑ R 22)
Bit|zel|was|ser (bes. südd. für: Sprudelwasser)

---

¹ Ein Strich (–) darf, muß aber nicht dafür gesetzt werden, wenn „bis" einen Zwischenwert angibt, z. B.: er hat eine Länge von 6–8 Metern, das Buch darf 3–4 Mark kosten, 4–5mal. Der Strich darf nicht gesetzt werden, wenn „bis" in Verbindung mit „von" eine Erstreckung bezeichnet. Also nicht: die Tagung dauerte vom 5.–9. Mai. Bei verkürzter Wiedergabe ohne „von" kann der Strich jedoch gesetzt werden: Sprechstunde 8–10, 15–17. Am Zeilenanfang od. -ende wird „bis" immer ausgeschrieben.

bivalent   166

bi|va|lent (zweiwertig); -e Verben
(Sprachw.)

Bi|wak das; -s, -s u. -e ⟨niederd.-
franz.⟩ (Feld[nacht]lager); bi|wa-
kie|ren

bi|zarr ⟨franz.⟩ (launenhaft; selt-
sam); Bi|zar|re|rie die; -, ...ien

Bi|zeps der; -[es], -e ⟨lat.⟩ (Beuge-
muskel des Oberarmes)

Bi|zet [bise] (franz. Komponist)

bi|zy|klisch, (chem. fachspr.:) bi-
cy|clisch [auch: ...zü...] (einen
Kohlenstoffdoppelring enthaltend)

Björn|son, Bjørn|son (norweg.
Dichter)

Bk = chem. Zeichen für: Berke-
lium

Bl. = Blatt (Papier)

Bla|bla das; -[s] (ugs.: Gerede;
Diskussion um Nichtigkeiten)

Bla|che (landsch. u. schweiz. Ne-
benform von: Blahe)

Blach|feld (flaches Feld)

Black|out [bläkaut] das u. der; -[s],
-s ⟨engl.⟩ (Theater: plötzliche
Verdunkelung am Szenen-
schluß; auch: kleiner Sketch;
Raumfahrt: Unterbrechung des
Funkkontakts); Black Power
[bläk pau'r] die; - - (Bewegung
nordamerikanischer Neger gegen die Rassendiskriminierung)

blad; -este ⟨österr. ugs. für: dick⟩;
Bla|de der u. die; -n, -n ⟨↑ R 7 ff.⟩

bläf|fen (bellen), bläf|fen; Bläf-
fer, Bläf|fer

Blag das; -s, -en u. Bla|ge die; -, -n
(ugs. für: kleines, meist unartiges, lästiges Kind)

Bläh|bauch (aufgeblähter Bauch)

Bla|he, (landsch. auch:) Bla|che,
(österr.:) Pla|che die; -, -n (Plane,
Wagendecke; grobe Leinwand)

blä|hen; sich -; Blä|hung

bla|ken (niederd. für: schwelen,
rußen)

blä|ken (ugs. für: schreien)

bla|kig (rußend)

bla|ma|bel ⟨franz.⟩ (beschämend);
...a|ble Geschichte; Bla|ma|ge
[...maseh', österr.: ...maseh] die;
-, -n (Schande; Bloßstellung);
bla|mie|ren; sich -

Blan|ca [...ka] (span. Schreibung
von: Blanka)

blan|chie|ren [blangschi...] ⟨franz.⟩
(Kochk.: abbrühen)

bland ⟨lat.⟩ (Med.: milde, reizlos
[von einer Diät]; ruhig verlaufend [von einer Krankheit])

Blan|di|ne (w. Vorn.)

blank (rein, bloß); blanker, blank-
ste; (↑ R 157:) der -e Hans (stür-
mische Nordsee). I. Schreibung
in Verbindung mit dem 2. Partizip: die blankpolierte Dose (↑ jedoch R 209), aber: die Dose ist
blank poliert. II. Schreibung in
Verbindung mit Verben (↑ R

205 f.): blank machen, reiben,
polieren usw., vgl. aber: blank-
ziehen; blank (südd., österr. für:
ohne Mantel) gehen; Blan|ka (w.
Vorn.); Blän|ke die; -, -n (selten
für: kleiner Tümpel; Blank|eis
([Gletscher]eis ohne Schneeauf-
lage)

Blan|ke|ne|se (Stadtteil von Ham-
burg)

Blan|kett das; -[e]s, -e (unter-
schriebenes, noch nicht [voll-
ständig] ausgefülltes Schrift-
stück); blan|ko ⟨ital.⟩ (leer, un-
ausgefüllt); Blan|ko_scheck,
...voll|macht (übertr. für: unbe-
schränkte Vollmacht); Blank-
vers ⟨engl.⟩ (fünffüßiger Jamben-
vers); blank|zie|hen (↑ R 205 f.);
er hat den Säbel blankgezogen

Bläs|chen, Bläs|lein; Bla|se die; -,
-n; Bla|se|balg (Plur. ...bälge);
bla|sen; du bläst (bläsest), er
bläst; ich blies, du bliesest; ge-
blasen; blas[e]!; Bla|sen_bil-
dung, ...kam|mer (Kernphysik:
Gerät zum Sichtbarmachen der
Bahnspuren ionisierender Teil-
chen), ...ka|tarrh, ...ka|the|ter,
...lei|den, ...spie|ge|lung, ...stein,
...tang (eine Braunalgenart); bla-
sen|zie|hend; -e Mittel; Blä|ser;
Bla|se|rei; Bla|se|rei

bla|siert; -este ⟨franz.⟩ (hochnä-
sig); Bla|siert|heit die; -

bla|sig; Blas|in|stru|ment

Bla|si|us (m. Vorn.)

Blas|ka|pel|le; Bläs|lein, Bläs-
chen; Blas|mu|sik

Bla|son [blasong] der; -s, -s ⟨franz.⟩
(Wappen[schild]); bla|so|nie|ren
(Wappen kunstgerecht ausmalen
od. erklären, beschreiben); Bla-
so|nie|rung

Blas|phe|mie die; -, ...ien ⟨griech.⟩
(Gotteslästerung; verletzende
Äußerung über etwas Heiliges);
blas|phe|mie|ren; blas|phe|misch,
blas|phe|mi|stisch; -ste

Blas|rohr

blaß; blasser (auch: blässer), blas-
seste (auch: blässeste); - sein; -
werden; blaß|blau; Bläs|se die; -
(Blaßheit); vgl. aber: Blesse; Blä-
sse; bla|ssen (selten für: blaß wer-
den); du blaßt (blassest); ge-
blaßt; Bläß|huhn, Bleß|huhn;
bläß|lich; blaß|ro|ssa

Bla|sto|ge|ne|se die; - ⟨griech.⟩
(Biol.: ungeschlechtliche Entste-
hung eines Lebewesens); Bla-
stom das; -s, -e (Med.: Ge-
schwulst); Bla|stu|la die; -, ...lä
[...lä] (Biol.: Entwicklungsstadium des Embryos)

Blatt das; -[e]s, Blätter (Jägerspr.
auch für: Schulterstück od. Instrument zum Blatten; Abk.: Bl.
[Papier]; 5 - Papier (↑ R 128 f.);
Blat|tang der; -[e]s [Trenn.: Blatt-

tang, ↑ R 204]; Blätt|chen das; -s,
- u. Blätterchen; Blätt|lein; blät-
ten (Jägerspr.: auf einem Blatt
[Pflanzenblatt od. Instrument]
Rehe anlocken); Blat|ter (Instru-
ment zum Blatten [Jägerspr.]);
Blät|ter|chen (kleine Blätter);
blät|te|rig, blätt|rig; Blät|ter|ma-
gen (der Wiederkäuer)

Blat|tern Plur. (Infektionskrank-
heit)

blät|tern; ich ...ere (↑ R 22)

Blat|ter|nar|be; blat|ter|nar|big

Blät|ter_teig, ...wald (scherzh. für:
viele Zeitungen verschiedener
Richtung); blät|ter|wei|se, blatt-
wei|se; Blät|ter|werk, Blatt|werk
das; -[e]s; Blatt_fe|der, ...gold,
...grün, ...laus; Blätt|lein, Blätt-
chen; blatt|los; Blatt|pflan|ze;
blätt|rig, blät|te|rig; Blatt|schuß;
Blatt|trieb (↑ R 204); blatt|wei|se,
blät|ter|wei|se; Blatt|werk, Blät-
ter|werk das; -[e]s

Blatz, Blätz der; -, - (schweiz. für:
Scheuerlappen)

blau; -er; -[e]ste. I. Kleinschreibung: sein blaues Wunder erle-
ben (ugs. für: staunen); die blaue
Mauritius; der blaue Planet (die
Erde); blauer Montag; jmdm.
blauen Dunst vormachen (ugs.);
einen blauen Brief (ugs. für:
Mahnschreiben der Schule an
die Eltern; auch: Kündigungs-
schreiben) erhalten; Auge blau;
(im Paß o. ä.:) Augen: blau; un-
sere blauen Jungs (ugs. für: Ma-
rinesoldaten); die blaue Blume
(Sinnbild der Romantik); blauer
Fleck (ugs. für: Bluterguß). II.
Großschreibung (↑ R 65): die
Farbe Blau; ins Blaue reden;
Fahrt ins Blaue; (↑ R 157 u.
↑ R 146:) das Blaue Band des
Ozeans; die Blaue Grotte (von
Capri); das Blaue Kreuz (Name
u. Zeichen eines Bundes zur Ret-
tung Trunksüchtiger); der Blaue
Nil; Blauer Eisenhut; der Blaue
Reiter (Name einer Künstlerge-
meinschaft). III. Schreibung in
Verbindung mit Verben (↑ R
205 f.): a) Getrenntschreibung in
ursprünglicher Bedeutung, z. B.
blau färben, machen, werden; b)
Zusammenschreibung, wenn
durch die Verbindung ein neuer
Begriff entsteht, z. B. blau|ma-
chen (nicht arbeiten); vgl. c. IV.
In Verbindung mit dem 2. Partizip
Getrennt- oder Zusammenschreibung: ein blaugestreifter Stoff
(↑ jedoch R 209), aber: der Stoff
ist blau gestreift; blau u. weiß gestreift. V. Farbenbezeichnungen:
a) Zusammenschreibung (↑ R 40):
blaurot usw.; b) Bindestrich
(↑ R 40): blau-rot usw.; Blau das;
-s, - u. (ugs.) -s (blaue Farbe); mit

-; in - gekleidet, gedruckt; mit - bemalt; Stoffe in -; das - des Himmels; blau|äu|gig (↑ R 36); Blau_bart (der; -[e]s, ...bärte; Frauenmörder [im Märchen]), ...ba|salt, ...bee|re (ostmitteld. für: Heidelbeere); blau|blü|tig (ugs. für: adlig); Blau|druck (Plur. ...drucke); Blaue das; -n (↑ R 65); ins - schießen; das - vom Himmel [herunter]reden; Fahrt ins -; Bläue die; - (Himmel[sblau]); Blau|ei|sen|erz; blau|en (blau werden); der Himmel blaut; bläu|en (blau machen, färben); vgl. aber: bleuen; Blau_fel|chen, ...fuchs; blau-_grau (↑ R 40), ...grün (↑ R 40); Blau_jacke [Trenn.: ...jak|ke] (ugs.: Matrose), ...kraut (das; -[e]s; südd., österr. für: Rotkohl); bläu|lich; bläulichgrün, bläu-lichrot usw. (↑ R 40); Blau|licht (Plur. ...lichter); Blau|ling, Bläu-ling (ein Schmetterling; Fisch); blau|ma|chen (ugs. für: nicht arbeiten), aber: blau ma|chen (blau färben); vgl. blau, III; Blau_mann (Pl. ...männer; ugs. für: blauer Monteuranzug), ...mei|se, ...racke [Trenn.: ...rak-ke] (ein Vogel); blau|rot (↑ R 40) das Kleid ist blaurot (seine Farbe ist ein bläuliches Rot); Blau_säu|re (die; -), ...schim|mel; blau|sti|chig; ein -es Farbfoto; Blau|strumpf (abschätzig für: intellektuelle Frau); Blau|weiß-por|zel|lan (↑ R 40)

Bla|zer [blẹsᵉr] der; -s, - ⟨engl.⟩ (Klubjacke; Jackett)

Blech das; -[e]s, -e; Blech_blas|in-stru|ment, ...büch|se, ...do|se; ble|chen (ugs. für: zahlen); ble-chern (aus Blech); Blech|mu|sik; Blech|ner (südd. für: Klempner); Blech_sa|lat (ugs.), ...schach|tel, ...scha|den, ...sche|re

blecken [Trenn.: blek|ken]; die Zähne -

¹Blei der; -[e]s, -e (svw. Brachse)

²Blei der; -[e]s, -e (chem. Grundstoff, Metall; Zeichen: Pb [vgl. Plumbum]; Richtblei; zollamtlich für: Plombe); ³Blei das; (auch: das); -[e]s, -e (ugs. kurz für: Bleistift); Blei|asche

Blei|be die; -, (selten:) -n (Unterkunft); blei|ben; du bliebst (bliebest); geblieben; bleib[e]!; andere Verben mit „bleiben" als Grundwort (↑ R 205 f.): vgl. hängen-, liegen-, sitzen-, stehenbleiben, aber: sitzen bleiben; blei-ben|las|sen (↑ R 205 f.); du sollst du - (unterlassen); er hat es -, (seltener?) bleibengelassen; aber getrennt in ursprünglicher Bedeutung: er wird uns nicht länger hier bleiben lassen

bleich; Blei|che die; -, -n; ¹blei-chen (bleich machen); du bleich-test; gebleicht; bleich[e]!; ²blei-chen (bleich werden); du bleich-test (veralt.: blichst); gebleicht (veralt.: geblichen); bleich[e]!; Blei|che|rei; Blei|chert der; -s, -e (blasser Rotwein); Bleich.ge-sicht (Plur. ...gesichter), ...sand (Geol.: graublaue Sandschicht), ...sucht (die; -); bleich|süch|tig

blei|en (mit Blei versehen); blei-ern (aus Blei); blei|far|ben; blei-frei; -es Benzin; Blei|fuß (ugs.); mit - (ständig mit Vollgas) fahren; Blei_gie|ßen das; -s; Blei-glanz; blei|hal|tig; Blei|kri|stall; blei|schwer; Blei|stift der; - auch: ³Blei; Blei|stift_ab|satz (ugs.), ...spit|zer, ...stum|mel; Blei|weiß (Bleifarbe)

Blen|de die; -, -n (auch: blindes Fenster, Nische; Optik: lichtab-schirmende Scheibe; Mineral); blen|den (auch Bauw.: [ver]dek-ken); Blen|den|au|to|ma|tik (automatische Vorrichtung zum Kamerablenden); blen|dend -ste; ein blendendweißes Kleid (↑ R 209), aber: der Schnee war blendend weiß; Blen|der; blend-frei; Blend_gra|na|te, ...la|ter|ne, ...rah|men, ...schutz, ...schutz-zaun; Blen|dung; Blend|werk

Bles|se die; -, -n (weißer Stirnfleck od. -streifen; Tier mit Blesse); vgl. aber: Blässe; Bleß|huhn vgl. Bläßhuhn

bles|sie|ren (franz.) (veralt. für: verwunden); Bles|sur die; -, -en (veralt. für: Verwundung)

bleu [blö] (franz.) (blau [leicht ins Grünliche spielend]); Bleu das; -s, - (ugs.: -s)

Bleu|el der; -s, - (veralt. für: Schlegel [zum Wäscheklopfen]); bleu-en (ugs. für: schlagen); vgl. aber: bläuen

Blick der; -[e]s, -e; blicken [Trenn.: blik|ken]; Blick_fang, ...feld; blick|los; Blick_punkt, ...rich-tung, ...win|kel

blind; ein -er Mann; -er Alarm; Schreibung in Verbindung mit Verben (↑ R 205 f.): blind sein, werden usw. aber: blindfliegen, blindschreiben; Blind|darm; Blind|darm|ent|zün|dung; Blin-de der u. die; -n, -n (↑ R 7 ff.); Blin|de|kuh (ohne Artikel): - spielen; Blin|den.an|stalt, ...füh-rer, ...hund, ...schrift, ...stock; Blin|den|ver|band; Deutscher -; blind|flie|gen; ↑ R 205 (im Flugzeug); er ist blindgeflogen; Blind_flie|gen (das; -s), ...flug, ...gän|ger; Blind|ge|bo|re|ne, Blind|ge|bor|ne der u. die; -n, -n (↑ R 7 ff.); Blind|heit die; -; blind-lings; Blind_schacht (Berg-

mannsspr.: nicht zu Tage gehender Schacht), ...schlei|che (die; -, -n); blind|schrei|ben; ↑ R 205 (auf der Schreibmaschine); sie hat blindgeschrieben; Blind|schreib-ver|fah|ren; blind|spie|len; ↑ R 139 (Schach: ohne Brett spielen); er hat blindgespielt; Blind_spie|ler, ...wi|der|stand; blind|wü|tig; Blind|wü|tig|keit die; -

blink; - und blank; blin|ken; Blin-ker; Blin|ke|rei; blin|kern; ich ...ere (↑ R 22); Blink_feu|er (Seezeichen), ...leuch|te, ...licht (Plur. ...lichter), ...zei|chen

blin|zeln; ich ...[e]le (↑ R 22)

Blitz der; -es, -e; Blitz|ab|lei|ter; blitz|ar|tig; blitz|blank, (ugs. auch:) blit|ze|blank; blitz|blau, (ugs. auch:) blit|ze|blau; blit|zen (ugs. auch für: mit Blitzlicht fotografieren; [mit der Absicht zu provozieren] nackt über belebte Straßen o. ä. rennen); Blit|zes-schnel|le die; -; Blitz_ge|rät; blitz|ge|scheit; Blitz_ge|spräch, ...kar|rie|re, ...krieg, ...lam|pe (Fototechnik), ...licht (Plur. ...lichter); Blitz|licht|auf|nah|me; blitz|sau|ber; Blitz_schach, ...schlag; blitz|schnell; Blitz_sieg, ...strahl, ...um|fra|ge, ...wür|fel (Fototechnik)

Bliz|zard [blisᵉrt] der; -s, -s ⟨engl.⟩ (Schneesturm [in Nordamerika])

¹Bloch der (auch: das); -[e]s, Blöcher (österr. meist: Bloche (südd. u. österr. für: Holzblock, -stamm)

²Bloch, Ernst (dt. Philosoph)

blo|chen (schweiz. für: bohnern); Blo|cher (schweiz. für: Bohner)

Block der; -[e]s, (für: Beton-, Eisen-, Fels-, Granit-, Hack-, Holz-, Metall-, Motor-, Stein-, Zylinderblock:) Blöcke u. (für: Abreiß-, Brief-, Buch-, Formular-, Häuser-, Kalender-, Kassen-, Notiz-, Rezept-, Schreib-, Steno[gramm]-, Wohn-, Zeichenblock:) Blocks od. schweiz. nur: Blöcke; (für: Macht-, Militär-, Währungs-, Wirtschaftsblock u. a.:) Blöcke, selten: Blocks; Blocka|de¹ die; -, -n ⟨franz.⟩ ([See]sperre, Einschließung; Druckw.: durch Blockieren gekennzeichnete Stelle); Block-_bil|dung, ...buch, blocken¹; Blocker¹ (landsch. für: Bohnerbesen); Block|flö|te; block-frei; -e Staaten; Block|haus; blockie|ren¹ ⟨franz.⟩ (einschließen, [ab]sperren; Druckw.: fehlenden Text durch ▌▌ kennzeichnen); Blockie-rung¹; blockig¹ (klotzig); Block-

¹ Trenn.: ...ok|k...

_malz (Hustenbonbon[s] aus Malzzucker), ...po|li|tik

Blocks|berg der; -[e]s (in der Volkssage für: ²Brocken)

Block.scho|ko|la|de, ...schrift, ...si|gnal, ...stel|le, ...stun|de (Schulwesen: Doppelstunde [für Arbeitsgemeinschaften, Sport, Kunst u. dgl.]); Blockung¹; Block|werk (Eisenbahnw.: Kontrollstelle für einen Streckenabschnitt)

blöd, blö|de; blödeste; Blö|de|lei; blö|deln (ugs.: Unsinn reden, sich blöde benehmen); ich ...[e]le (↑ R 22); Blöd|heit (Dummheit); Blö|di|an der; -[e]s, -e (dummer Mensch); Blö|dig|keit die; - (veralt. für: Schwäche; Schüchternheit); Blöd|ling (Dummkopf); Blöd|mann (Plur. ...männer; ugs. für: Dummkopf, einfältiger Kerl); Blöd|sinn der; -[e]s; blöd|sin|nig; Blöd|sin|nig|keit

blö|ken

blond; -este ⟨franz.⟩; blondgefärbtes Haar (↑ jedoch R 209), aber: ihr Haar war blond gefärbt; ¹Blon|de die u. der; -n, -n (blonde Frau; blonder Mann) und die u. das; -n, -n (Glas Weißbier, helles Bier); zwei Blonde; ein kühles Blondes (↑ R 7 ff.); ²Blon|de [auch: blongd] die; -, -n (Seidenspitze); blond|ge|lockt; Blond|haar das; -[e]s; blon|die|ren (blond färben); Blon|di|ne die; -, -n (blonde Frau); zwei reizende Blondinen; Blond|kopf; blond|lockig [Trenn.: ...lok|kig]

¹bloß (nur); ²bloß (entblößt); Blö|ße die; -, -n; bloß|fü|ßig; bloß_le|gen, ...lie|gen, ...stel|len; Bloß|stel|lung; bloß|stram|peln, sich

Blou|son [busong] das (auch: der); -[s], -s ⟨franz.⟩ (über dem Rock getragene, an den Hüften enganliegende Bluse)

Blow-up [blo⁰-ap] das; -s, -s ⟨engl.⟩ (fotograf. Vergrößerung)

blub|bern (niederd. für: glucksen; rasch u. undeutlich sprechen); ich ...ere (↑ R 22)

Blü|cher (preußischer Feldmarschall)

Blu|denz (österr. Stadt)

Blue|jeans, auch: Blue jeans [blú-dsehins] Plur. ⟨amerik.⟩ (blaue [Arbeits]hose aus geköpertem Baumwollgewebe; Blues [blus] der; -, - (urspr. Volkslied der nordamerik. Neger; ältere Jazzform; langsamer Tanz im ⁴/₄-Takt)

Bluff [auch noch: blöf, österr. auch: blaf] der; -s, -s ⟨engl.⟩ (Verblüffung; Täuschung); bluf|fen

blü|hen; Blü|het der; -s (schweiz.

für: [Zeit der] Baumblüte); Blüm|chen, Blüm|lein, (dicht.:) Blü|me|lein; Blüm|chen|kaf|fee (ugs. scherzh. für: dünner Kaffee); Blu|me die; -, -n; Blu|melein vgl. Blümchen; Blu|men-_beet, ...bu|kett; blu|men|ge-schmückt (↑ R 209); Blu|men-_gruß, ...ka|sten, ...kind, ...kohl, ...ra|bat|te, ...strauß (Plur. ...sträuße), ...topf

blü|me|rant -este ⟨franz.⟩ (ugs. für: übel, flau); es wird mir - blu|mig; Blüm|lein, Blüm|chen

Blun|ze die; -, -n, (auch:) Blun|zen die; -, - (bayr., österr. ugs. für: Blutwurst); das ist mir Blunzen (völlig gleichgültig)

Blüs|chen, Blüs|lein; Blu|se die; -, -n ⟨franz.⟩

Blü|se die; -, -n (Seemannsspr.: Leuchtfeuer)

blu|sig; Blüs|lein, Blüs|chen

Blust der od. das; -[e]s (südd. u. schweiz., sonst veralt. für: Blütenstand, Blühen)

Blut das; -[e]s, (Med. fachspr.:) -e; Blut_ader, ...al|ko|hol; ¹blut|arm (arm an Blut); ²blut|arm (ugs. für: sehr arm); Blut_ar|mut, ...bad, ...bahn, ...bank (Plur. ...banken); blut|be|schmiert; Blut|bild; blut|bil|dend; Blut_bu-che, ...do|ping (Sport: leistungssteigernde Eigenblutinjektion), ...druck (der; -[e]s); blut|druck-sen|kend; Blut|durst; blut|dürstig

Blü|te die; -, -n

Blut_egel, ...ei|weiß; blu|ten

Blü|ten_blatt, ...ho|nig, ...kelch, ...le|se; blü|ten|los; -e Pflanze; Blü|ten_stand, ...staub; blü|ten-weiß; Blü|ten|zweig

Blu|ter (jmd., der zu schwer stillbaren Blutungen neigt); Blut|erguß; Blu|ter|krank|heit die; - Blü|te|zeit

Blut_fa|ser|stoff (Med.), ...ge|fäß, ...ge|rinn|sel, ...grup|pe, ...gruppen|un|ter|su|chung, ...hoch-druck, ...hund; blu|tig; ¹...blü|tig (z. B. heißblütig)

²...blü|tig (zu: Blüte) (z. B. langblütig)

blut_jung (ugs.: sehr jung); Blut-_kon|ser|ve (Med.: konserviertes Blut), ...kör|per|chen, ...krebs (der; -es), ...kreis|lauf, ...la|che; blut|leer (ohne Blut); ...blüt|ler (z. B. Lippenblütler)

blut|mä|ßig, bluts|mä|ßig; Blut-_oran|ge, ...pfropf, ...plas|ma, ...plätt|chen (Med.), ...pro|be, ...ra|che, ...rausch; blut.rei|ni-gend, ...rot, ...rün|stig, ...sau-gend; Blut|sau|ger; Bluts.bru-der, ...brü|der|schaft; Blut-schan|de die; -; blut|schän|de-risch; Blut_sen|kung (Med.),

...se|rum; bluts|mä|ßig, blut|mä-ßig; Blut_spen|der, ...spur; blut-still|lend; -es Mittel, -e Watte (↑ R 209); Bluts|trop|fen; Blut-sturz; bluts|ver|wandt; Bluts_ver-wand|te, ...ver|wandt|schaft; Blut_tat, ...trans|fu|si|on; blut-_trie|fend, ...über|strömt; Blut-über|tra|gung; Blu|tung; blut|un-ter|lau|fen; Blut_un|ter|su|chung, ...ver|gie|ßen, ...ver|gif|tung, ...ver|lust; blut_ver|schmiert, ...voll; Blut_wä|sche, ...was|ser; blut|we|nig (ugs. für: sehr wenig); Blut_wurst, ...zeu|ge (für: Märtyrer), ...zoll, ...zucker [Trenn.: ...zuk|ker], ...zu|fuhr

BLZ = Bankleitzahl

b-Moll [bemol, auch: bemol] das; -(Tonart; Zeichen: b); b-Moll-Ton|lei|ter (↑ R 41)

BMW ⓌⓏ = Bayerische Motoren Werke AG

BMX-Rad (zu engl. bicycle motocross [baißikl mo⁰tokroß]) (kleineres, bes. geländegängiges Fahrrad)

BND = Bundesnachrichtendienst

Bö, (auch:) Böe die;-, Böen (heftiger Windstoß)

Boa die; -, -s (Riesenschlange; langer, schmaler Schal aus Pelz oder Federn)

Boat people [bó⁰t pip'l] Plur. ⟨engl.⟩ (mit Booten, Schiffen geflohene [vietnamesische] Flüchtlinge)

¹Bob (engl. m. Vorn.; Kurzform von Robert)

²Bob der; -s, -s (Kurzform für Bobsleigh); Bob|bahn; bob|ben (beim Bobfahren durch eine ruckweise Oberkörperbewegung die Fahrt beschleunigen)

Bob|by [bobi] der; -s, Bobbies [bóbis] ⟨nach dem Reorganisator der engl. Polizei, Robert („Bobby") Peel⟩ (engl. ugs. für: Polizist)

¹Bo|ber der; -s, - (schwimmendes Seezeichen)

²Bo|ber der; -s (Nebenfluß der Oder)

Bo|bi|ne die; -, -n ⟨franz.⟩ ([Garn]spule in der Baumwollspinnerei; endloser Papierstreifen zur Herstellung von Zigarettenhülsen; Bergmannsspr.: Wikkeltrommel für Flachseile an Fördermaschinen); Bo|bi|net [auch: ...nät] der; -s, -s ⟨engl.⟩ (Gewebe; engl. Tüll)

Bob|sleigh [bóbßle⁰] der; -s, -s ⟨engl.⟩ (Rennschlitten)

Bob|tail [...te⁰l] der; -s, -s ⟨engl.⟩ (Hunderasse)

Boc|cac|cio [bokatscho] (ital. Dichter)

Boc|cia [botscha] das od. die; -, -s ⟨ital.⟩ (ital. Kugelspiel)

---

¹ Trenn.: ...ok|k...

Boche [*bosch*] *der;* -, -s ⟨franz.⟩ (franz. Schimpfname für den Deutschen)

Bo|cholt (Stadt im Münsterland)

Bo|chum (Stadt im Ruhrgebiet);
Bo|chu|mer (↑ R 147)

¹Bock *der;* -[e]s, Böcke (Ziegen-, Rehbock o. ä.; Gestell; Turngerät); - springen; vgl. aber: das Bockspringen

²Bock *das* (auch: *der*); -s (Kurzform für: Bockbier); zwei -

bock|bei|nig

Bock|bier

Böck|chen, Böck|lein; böckeln[1] (mdal. für: nach Bock riechen);

bocken[1]; Bockerl[1] *das;* -s, -n (österr. ugs. für: Föhrenzapfen);

bockig[1]; Bock|kä|fer; Böck|lein, Böck|chen

Böck|lin (schweiz. Maler)

Bock|mist (ugs. für: Blödsinn, Fehler); Bocks_beu|tel (bauchige Flasche; Frankenwein in solcher Flasche), ...dorn (*der;* -[e]s; Strauch); Böck|ser *der;* -s, - (Winzerspr.: fauliger Geruch u. Geschmack bei jungem Wein); Bocks_horn (*Plur.* ...hörner; laß dich nicht ins - jagen [ugs. für: einschüchtern]), ...hörndl (*das;* -s, -n; österr. ugs. für: Frucht des Johannisbrotbaumes); Bocks-horn|klee *der;* -s (eine Pflanze); Bock_sprin|gen (*das;* -s; ↑ R 68), ...sprung, ...wurst

Bod|den *der;* -s, - (niederd. für: Strandsee, [Ostsee]bucht)

Bo|de|ga *die;* -, -s ⟨span.⟩ (span. Weinkeller, -schenke)

Bo|de-Gym|na|stik *die;* -; ↑ R 135 (von Rudolf Bode geschaffene Ausdrucksgymnastik)

Bo|del|schwingh (dt. ev. Theologe)

Bo|den, Böden; Bo|den_be|lag, ...be|ar|bei|tung; Bo|den-Bo|den-Ra|ke|te; Bo|den_ero|si|on (Geol.), ...frei|heit (Technik), ...frost, ...haf|tung (Motorsport), ...kam|mer, ...le|ger (Berufsbez.); bo|den|los; -este; Bo|den_ne|bel, ...per|so|nal, ...reform, ...satz, ...schät|ze *Plur.*

Bo|den|see *der;* -s

Bo|den|spe|ku|la|ti|on; bo|den|stän|dig; Bo|den_sta|ti|on, ...tur|nen, ...va|se, ...wel|le, ...wich|se (schweiz. für: Bohnerwachs); bo|di|gen (schweiz. für: zu Boden werfen, besiegen); Bod|me|rei (Schiffsbeleihung, -verpfändung)

Bo|do (m. Vorn.); vgl. Boto

Bo|do|ni *der;* - ⟨nach dem ital. Stempelschneider Bodoni⟩ (klassizistische Antiquadruckschrift)

Bo|dy|buil|der [*bodibild'r*] *der;* -s, - ⟨engl.⟩ (jmd., der Bodybuilding

---

betreibt); Bo|dy|buil|ding *das;* -[s] (Training[smethode] zur besonderen Ausbildung der Körpermuskulatur); Bo|dy|check [*...tschäk*] *der;* -s, -s (erlaubtes Rempeln des Gegners beim Eishockey); Bo|dy|stocking [*...ßtok...*] *der;* -[s], -s [*Trenn.:* ...stok|king] (vgl. Bodysuit); Bo|dy|suit [*bódißjut*] *der;* -[s], -s (enganliegende, einteilige Unterkleidung)

Böe vgl. Bö

Boe|ing [*bo"ing*] *die;* -, -s (amerik. Flugzeugtyp)

Boe|thi|us (spätröm. Philosoph)

Bo|fist [auch: *bofißt*], Bo|vist [auch: *bowißt*] *der;* -[e]s, -e (ein Pilz)

Bo|gen *der;* -s, - u. (bes. südd., österr. u. schweiz.) Bögen (Abk. für den "Bogen Papier": Bg.); in Bausch und Bogen (ganz und gar); Bo|gen_füh|rung (Musik), ...lam|pe, ...schie|ßen (*das;* -s), ...schüt|ze; bo|gig

Bo|gis|law (russ. m. Vorn.)

Bo|go|tá (Hptst. von Kolumbien)

Bo|heme [*boäm*, auch: *bohäm*] *die;* - (ungezwungenes, unkonventionelles Künstlermilieu); Bo|he|mi|en [*bo-emiäng*, auch: *bohe...*] *der;* -s, -s (Angehöriger der Boheme)

Boh|le *die;* -, -n (starkes Brett); böh|ma|keln (österr. ugs. für: radebrechen); Böh|me *der;* -n, -n (↑ R 197); Böh|men; Böh|mer|land *das;* -[e]s; Böh|mer|wald *der;* -[e]s; ↑ R 151 (Gebirge); Böh|mer|wäld|ler; Böh|min *die;* -, -nen; böh|misch (auch ugs. für: unverständlich); (↑ R 148:) das kommt mir - vor; das sind mir -e Dörfer, aber (↑ R 146): Böhmisches Mittelgebirge

Böhn|chen, Böhn|lein; Boh|ne *die;* -, -n; grüne -n

boh|nen (landsch. für: bohnern)

Boh|nen_ein|topf, ...kaf|fee, ...kraut, ...sa|lat, ...stan|ge; Boh|nen|stroh; dumm wie - (ugs.)

Boh|ner (svw. Bohnerbesen); Boh|ner|be|sen; boh|nern; ich ...ere (↑ R 22); Boh|ner|wachs

Böhn|lein, Böhn|chen

boh|ren; Boh|rer; Bohr_fut|ter, ...ham|mer (Bergmannsspr.: mit Druckluft betriebener Schlagbohrer), ...in|sel, ...loch, ...ma|schi|ne, ...turm; Boh|rung

bö|ig; -er Wind (in kurzen Stößen wehender Wind)

Boi|ler [*beul'r*] *der;* -s, - ⟨engl.⟩ (Warmwasserbereiter)

Bo|jar *der;* -en, -en (↑ R 197) ⟨russ.⟩ (in Altrußland: hoher Adliger; früher in Rumänien: adliger Großgrundbesitzer)

Bo|je *die;* -, -n (Seemannsspr.: [verankerter] Schwimmkörper als Seezeichen od. zum Festmachen); Bo|jen|ge|schirr

Bok|mål [*bókmol*] *das;* -[s] ⟨norw.⟩ (vom Dänischen beeinflußte norw. Schriftsprache [vgl. Riksmål u. Nynorsk])

Bol vgl. Bolus

Bo|la *die;* -, -s ⟨span.⟩ (südamerik. Wurf- und Fangleine); Bo|le|ro *der;* -s, -s (Tanz; kurze Jacke); Bo|le|ro|jäck|chen

Bo|lid, Bo|li|de *der;* ...iden, ...iden (Meteor; schwerer Rennwagen)

Bo|li|var [*boliwar*] *der;* -[s], -[s] (Währungseinheit in Venezuela; Abk.: B.); Bo|li|via|ner; ↑ R 180, (auch:) Bo|li|vi|er [*...wi'r*]; bo|li|via|nisch; ↑ R 180, (auch:) bo|li|visch; Bo|li|via|no *der;* -[s], -[s]; ↑ R 180 (bolivian. Münzeinheit); Bo|li|vi|en [*...i'n*] (südamerik. Staat)

böl|ken (blöken [vom Rind, Schaf]; aufstoßen)

Böll (dt. Schriftsteller)

Bol|lan|dist *der;* -en, -en; ↑ R 197 (Mitglied der jesuit. Arbeitsgemeinschaft zur Herausgabe von Heiligenleben)

Bol|le *die;* -, -n (landsch. für: Zwiebel)

Böl|ler (kleiner Mörser zum Schießen, Feuerwerkskörper); bol|lern (landsch. für: poltern, krachen); böl|lern; ich ...ere (↑ R 22); Bol|ler|wa|gen (landsch. für: Handwagen)

Bol|let|te *die;* -, -n ⟨ital.⟩ (österr. für: Zoll-, Steuerbescheinigung)

Boll|werk

Bo|lo|gna [*bolonja*] (ital. Stadt); Bo|lo|gne|se *der;* -n, -n (↑ R 197); Bo|lo|gne|ser (↑ R 147); bo|lo|gne|sisch

Bo|lo|me|ter *das;* -s, - ⟨griech.⟩ (Strahlungsmeßgerät)

Bol|sche|wik *der;* -en, -i, (abschätzig für: "Kommunist" auch:) -en (↑ R 197) ⟨russ.⟩ (früher: Mitglied der Kommunistischen Partei der Sowjetunion); bol|sche|wi|sie|ren; Bol|sche|wi|sie|rung; Bol|sche|wis|mus *der;* -; Bol|sche|wist *der;* -en, -en (↑ R 197); bol|sche|wi|stisch; Bol|schoi|thea|ter (führende Opern- u. Ballettbühne in Moskau)

Bo|lus, Bol *der;* - ⟨griech.⟩ (Tonerdesilikat; Med.: Bissen; große Pille)

Bol|za|no (ital. Name von: Bozen)

bol|zen (Fußball: derb, systemlos spielen; du bolzt [bolzest]); Bol|zen *der;* -s, -; bol|zen|ge|ra|de; Bol|ze|rei; Bolz|platz

Bom|bal|ge [*...aschĕ*] *die;* -, -n ⟨franz.⟩ (Biegen des Glases im Ofen; Umbördeln von Blech;

Hervorwölbung des Deckels von Konservendosen); **Bom|bar|de** *die;* -, -n (Steinschleudermaschine des 15. bis 17.Jh.s); **Bom|bardelment** [...*d°mang,* österr.: *bombardmang,* schweiz.: ...*d°mänt*] *das;* -s, -s, schweiz.: -e (Beschießung [mit Bomben]); **bom|bardie|ren; Bom|bar|dier|kä|fer; Bom|bar|die|rung; Bom|bar|don** [...*dong*] *das;* -s, -s (Baßtuba) **Bom|bast** *der;* -[e]s ‹pers.-engl.› (abwertend für: [Rede]schwulst, Wortschwall); **bom|ba|stisch Bom|bay** [...*be'*] (Stadt in Indien) **Bom|be** *die;* -, -n ‹franz.› (mit Sprengstoff angefüllter Hohlkörper; auch ugs.: sehr kräftiger Schuß aufs [Fußball]tor); **bom|ben** (ugs.); **Bom|ben.an|griff, ...dro|hung, ...erl|folg** (ugs. für: großer Erfolg); **'bom|ben|fest;** ein -er Unterstand; **2bom|ben|fest** (ugs. für: ganz sicher); er behauptet es bombenfest; **Bomben.flug|zeug, ...form** (ugs.), **...ge|schäft** (ugs.), **...krieg, ...schuß** (Sport); **'bom|ben|si|cher;** ein -er Keller; **2bom|ben|si|cher** (ugs.); er weiß es bombensicher; **Bom|ben.stim|mung** (ugs.), **...tep|pich, ...ter|ror; Bom|ber; Bom|ber|ver|band bom|bie|ren** (Verb zu: Bombage); bombiertes Blech (Wellblech); **Bom|bie|rung bom|big** (ugs. für: hervorragend) **Bom|mel** *die;* -, -n (landsch. für: Quaste) **Bon** [*bong*] *der;* -s, -s ‹franz.› (Gutschein; Kassenzettel) **bo|na fi|de** ‹lat.› (guten Glaubens) **Bo|na|par|te** (Familienn. Napoleons); **Bo|na|par|tis|mus** *der;* -; **Bo|na|par|tist** *der;* -en, -en; ↑R 197 (Anhänger der Familie Bonaparte) **Bon|bon** [*bongbong*] *der* od. (österr. nur:) *das;* -s, -s ‹franz.› (Süßigkeit zum Lutschen); **bonbon|far|ben; Bon|bon|nie|re** [*bongbonier°*] *die;* -, -n (gut ausgestattete Pralinenpackung) **Bond** *der;* -s, -s ‹engl.› (engl. Bez. für: Schuldverschreibung mit fester Verzinsung) **bon|gen** ‹franz.› (ugs. für: einen Kassenbon tippen) **Bon|go** [*bonggo*] *das* od. *die;* -, -s; meist *Plur.* (einfellige, paarweise verwendete [Jazz]trommel) **Bön|ha|se** (niederd. für: Pfuscher; nichtzünftiger Handwerker) **Bon|ho|mie** [*bonomi*] *die;* -, ...ien ‹franz.› (veralt. für: Gutmütigkeit, Einfalt); **Bon|homme** [*bonom*] *der;*-,-s (veralt. für: gutmütiger, einfältiger Mensch)

Bo|ni|fa|ti|us [...*ziuß*], **Bo|ni|faz** [auch: *boni*...] (Verkünder des Christentums in Deutschland; m. Vorn.); **Bo|ni|fa|ti|us|brun|nen Bo|ni|fi|ka|ti|on** [...*zion*] *die;* -, -en ‹lat.› (Vergütung, Gutschrift); **bo|ni|fi|zie|ren** (vergüten, gutschreiben); **Bo|ni|tät** *die;* -, -en (Güte, Wert [in bezug auf den Boden in der Land- und Forstwirtschaft u. ohne *Plur.* in bezug auf Personen u. Firmen in der Wirtschaft]); **bo|ni|tie|ren** ([Grundstück, Boden, Waren] schätzen); **Bo|ni|tie|rung Bon|mot** [*bongmo*] *das;* -s, -s ‹franz.› (geistreiche Wendung) **Bonn** (Hptst. der Bundesrepublik Deutschland) **Bon|nard** [...*nar*] (franz. Maler) **Bon|ne** *die;* -, -n ‹franz.› (veralt. für: Kinderwärterin, Erzieherin) **Bon|ner** ‹zu: Bonn› (↑R 147) **Bon|net** [*bone*] *das;* -s, -s ‹franz.› (Damenhaube des 18.Jh.s) **'Bon|sai** *der;* -[s], -s ‹jap.› (japan. Zwergbaum); **2Bon|sai** *das;* -s, - (Kunst des Ziehens von Zwergbäumen) **Bon|sels** (dt. Dichter) **Bont|je** *der;* -s, -s (landsch. für: Bonbon) **Bo|nus** *der;* - u. Bonusses u. Bonusse (auch: ...ni) ‹lat.› (Vergütung; Rabatt) **Bon|vi|vant** [*bongwiwang*] *der;* -s, -s ‹franz.› (Lebemann) **Bon|ze** *der;* -n, -n (↑R 197) ‹jap.› ([buddhistischer] Mönch, Priester; verächtlich für: höherer Funktionär); **Bon|zen|tum** *das;* -s; **Bon|zo|kra|tie** *die;* -, ...ien ‹jap.; griech.› (Herrschaft der Bonzen) **Boof|ke** *der;* -n, -n (bes. berlin. für: ungebildeter Mensch, Tölpel) **Boo|gie-Woo|gie** [*bugiwugi,* auch: *bugiwugi*] *der;* -[s], -s ‹amerik.› (Jazzart; ein Tanz) **Boom** [*bum*] *der;* -s, -s ‹engl.› ([plötzlicher] Wirtschaftsaufschwung, Hausse an der Börse) **'Boot** *das;* -[e]s, -e, (landsch. auch:) Böte - fahren **2Boot** [*but*] *der;* -s, -s (meist *Plur.*) ‹engl.› (bis über den Knöchel reichender [Wildleder]schuh) **Boot|chen** (landsch.), **Böt|chen,** Böt|lein (vgl. d.) **Bo|otes** - ‹griech.› (ein Sternbild) **Bö|lo|ti|en** [...*zi°n*] (altgriech. Landschaft); **Bö|lo|ti|er** [...*zi°r*]; **bö|otisch** (veralt. auch für: denkfaul, unkultiviert) **Boot|leg|ger** [*but*...] *der;* -s, - ‹amerik.› (amerik. Bez. für: Alkoholschmuggler) **Boots.bau** (*Plur.* ...bauten), **...gast** (*Plur.* -en; Matrose im Boots-

dienst), **...ha|ken, ...haus, ...län|ge, ...mann** (*Plur.* ...leute); **Bootsmanns|maat; Boots.mo|tor, ...steg; boot[s]l|wei|se Bor** *das;* -s ‹pers.› (chem. Grundstoff, Nichtmetall; Zeichen: B) **Bo|ra** *die;* -, -s ‹ital.› (Adriawind) **Bo|ra|go** *der;* -s ‹arab.› (Borretsch) **Bo|rat** *das;* -[e]s, -e ‹pers.› (borsaures Salz); **Bo|rax** *der* (österr. auch: *das*); - u. -e (Borverbindung) **Bor|chardt,** Rudolf (dt. Schriftsteller) **Bor|chert,** Wolfgang (dt. Schriftsteller) **'Bord** *das;* -[e]s, -e ([Bücher-, Wand]brett); **2Bord** *der;* -[e]s, -e ([Schiffs]rand, -deck, -seite; übertr. auch für: Schiff, Luftfahrzeug); heute meist in Fügungen wie: an - gehen; Mann über -!; **3Bord** *das;* -[e]s, -e (schweiz. für: Rand, [kleiner] Abhang, Böschung); **Bord|buch** (Schiffstagebuch; Fahrtenbuch); **Bord|case** [...*ke'ß*] *das* u. *der;* -, - u. -s ⟨dt.; engl.⟩ (kleiner Koffer [für Flugreisen]); **Bord|dienst Bör|de** *die;* -, -n (fruchtbare Ebene; Magdeburger -, Soester - **'Bor|deaux** [*bordo*] (franz. Stadt); Bordeaux' [...*doß*] Hafen (↑R 156); **2Bor|deaux;** - [...*do(ß)*], (Sorten:) - [...*doßo*] (ein Wein); **bor|deaux|rot** (weinrot); **Bor|de|lai|ser** [...*läs°r*] (↑R 147.); - Brühe (Mittel gegen [Reben]krankheiten); **Bor|de|le|se** *der;* -n, -n; ↑R 197 (Einwohner von Bordeaux); **Bor|de|le|sin** *die;* -, -nen **Bor|dell** *das;* -s, -e (Haus, in dem Prostituierte ihrem Gewerbe nachgehen) **bör|deln** (Blech mit einem Rand versehen; umbiegen); ich ...[e]le (↑R 22); **Bör|de|lung Bor|de|reau** [*bord°ro*], (auch:) **Bor|de|ro** *der* od. *das;* -s, -s ‹franz.› (Bankw.: Verzeichnis eingelieferter Wertpapiere); **Bor|der|preis** (engl.; dt.) (Preis frei Grenze) **Bord_funk, ...fun|ker bor|die|ren** (franz.) (einfassen, besetzen); **Bor|die|rung Bord_ka|me|ra, ...kan|te, ...stein Bor|dü|re** *die;* -, -n (franz.) (Einfassung, [farbiger] Geweberand, Besatz); **Bor|dü|ren|kleid Bord_waf|fe** (meist *Plur.*), **...zei|tung bo|re|al** (griech.) (nördlich); **'Bo|re|as** (griech. Gottheit [des Nordwindes]); **2Bo|re|as** *der;* - (Nordwind im Gebiet des Ägäischen Meeres) **Borg** (das Borgen, nur noch in: auf - kaufen); **bor|gen**

Bor|ghe|se [...*ge*...] (röm. Adelsgeschlechter); Bor|ghe|sisch; der -e Fechter (↑ R 134)

Bor|gia [*bordseha*] der; -s, -s (Angehöriger eines span.-ital. Adelsgeschlechtes)

Bor|gis die; - ⟨franz.⟩ (ein Schriftgrad)

borg|wei|se

Bo|ris (m. Vorn.)

Bor|ke die; -, -n (Rinde); Bor|ken.kä|fer, ...krepp, ...scho|ko|la|de; bor|kig

Bor|kum (Insel an der dt. Nordseeküste)

Born der; -[e]s, -e (dicht. für: Wasserquelle, Brunnen)

Bör|ne (dt. Schriftsteller)

Bor|neo (größte der Großen Sundainseln)

Born|holm (eine dän. Insel)

bor|niert; -este ⟨franz.⟩ (unbelehrbar, engstirnig); Bor|niert|heit

Bor|retsch der; -[e]s (ein Küchenkraut)

Bör|ri|les [...*i'ß*] (m. Vorn.)

Bor|ro|mä|us (m. Eigenn.); Bor|ro|mä|us|ver|ein; Bor|ro|mä|isch; -e Inseln (im Lago Maggiore); ↑ R 134

Bor.sall|be (*die;* -; Heilmittel), ...säu|re

Borschtsch der; -s ⟨russ.⟩ (russ. Kohlsuppe mit Fleisch)

Bör|se die; -, -n ⟨niederl.⟩ (Markt für Wertpapiere u. vertretbare Waren; Geldbeutel; Einnahme aus einem Wettkampf); Bör|sen.be|richt, ...kurs, ...mak|ler, ...spe|ku|la|ti|on, ...tip, ...ver|ein; Bör|sia|ner; ↑ R 180 (Börsenspekulant)

Bor|ste die; -, -n (starkes Haar); Bor|sten|vieh; bor|stig; Bor|stig|keit; Borst|wisch (ostmitteld. für: Handfeger)

Bor|te die; -, -n (gemustertes Band als Besatz; Randstreifen)

Bo|rus|se der; -n, -n; ↑ R 197 (Preuße); Bo|rus|sia die; - (Frauengestalt als Sinnbild Preußens)

Bor|was|ser das; -s

bös, bö|se; böser, böseste; -er Blick, eine -e Sieben; *Großschreibung* (↑ R 65): das Gute und das Böse unterscheiden; jenseits von Gut und Böse; sich zum Bösen wenden; der Böse (vgl. d.); *Kleinschreibung* (↑ R 65): im bösen auseinandergehen; bös|ar|tig; Bös|ar|tig|keit

¹Bosch, Robert (dt. Erfinder; die Boschsche Zündkerze (↑ R 20)

²Bosch, Hieronymus (niederländ. Maler)

Bö|schung; Bö|schungs|win|kel

Bos|co, Don [*boßko*] (kath. Priester u. Pädagoge)

bö|se vgl. bös; Bö|se der; -n, -n; ↑ R 7 ff. (auch für: Teufel [nur

Sing.]); Bö|se|wicht der; -[e]s, -er (auch, österr. nur:) -e; bos|haft; -este; Bos|haf|tig|keit; Bos|heit

Bos|kett das; -s, -e ⟨franz.⟩ (Gebüsch[pflanzung])

Bos|koop, schweiz. meist: Bos|koop der; -s, - ⟨nach dem niederl. Ort Boskoop⟩ (Apfelsorte)

Bos|nia|ke der; -n, -n (↑ R 197; R 180); vgl. Bosnier; Bos|ni|en [...*i'n*] (Landschaft in Jugoslawien); Bos|ni|er [...*i'r*]; bos|nisch

Bos|nigl der; -s, -n (bayr., österr. ugs. für: boshafter Mensch)

Bos|po|rus der; - (Meerenge bei Istanbul)

Boß der; Bosses, Bosse ⟨amerik.⟩ ([Betriebs-, Partei]leiter)

Bos|sa No|va [...*wa*] der; - -, - -s ⟨port.⟩ (Modetanz)

Bo|ßel der; -s, - u. die; -, -n (niederd. für: Kugel)

bos|se|lie|ren vgl. bossieren

bos|seln (ugs. für: kleine Arbeiten [peinlich genau] machen; auch für: bossieren); ich bossele u. boßle; bo|ßeln (niederd. für: mit der [dem] Boßel werfen); den Kloot schießen); ich ...[e]le (↑ R 22); Bos|sen.qua|der, ...werk (rauh bearbeitetes Mauerwerk); bos|sie|ren (die Rohform einer Figur aus Stein herausschlagen; Mauersteine behauen; auch: in Ton, Wachs od. Gips modellieren); Bos|sier.ei|sen (Gerät zum Behauen roher Mauersteine); Bos|sie|rer; Bos|sier|wachs

¹Bos|ton [*boßt'n*] (Stadt in England und in den USA); ²Bo|ston das; -s (ein Kartenspiel); ³Bo|ston der; -s, -s (ein Tanz)

bös|wil|lig; Bös|wil|lig|keit

Bot, Bott das; -[e]s, -e (schweiz. für: Mitgliederversammlung)

Bo|ta|nik die; - ⟨griech.⟩ (Pflanzenkunde); Bo|ta|ni|ker; bo|ta|nisch; -e Gärten, aber (↑ R 157): der Botanische Garten in München; bo|ta|ni|sie|ren (Pflanzen sammeln); Bo|ta|ni|sier|trom|mel

Böt|chen, Böt|lein (kleines Boot)

Bo|tel das; -s, -s (Kurzw. aus: Boot u. Hotel; als Hotel ausgebautes Schiff)

Bo|ten.dienst, ...frau, ...gang, ...lohn; Bo|tin die; -, -nen

Bot|lein, Böt|lein (kleines Boot)

bot|mä|ßig; Bot|mä|ßig|keit

Bo|to (ältere Form von: Bodo)

Bo|to|ku|de der; -n, -n; ↑ R 197 (bras. Indianer); bo|to|ku|disch

Bot|schaft; Bot|schaf|ter; Bot|schaf|ter|ebe|ne; Bot|schafts.rat (*Plur.* ...räte), ...se|kre|tär

Bo|tsua|na (Staat in Afrika); Bo|tsua|ner; bo|tsua|nisch

Bott vgl. Bot

Bött|cher (Bottichmacher); vgl.

auch: Büttner u. Küfer; Bött|cher|ar|beit; Bött|che|rei

Bot|ten *Plur.* (landsch. für: Stiefel; große, klobige Schuhe)

Bot|ti|cel|li [...*tschäli*] (ital. Maler)

Bot|tich der; -s, -e

Bot|tle-Par|ty [*bot'l*-] die; -, ...ies ⟨engl.⟩ (Party, zu der die Gäste ⟨Getränke mitbringen⟩)

bott|nisch, aber (↑ R 146): der Bottnische Meerbusen

Bo|tu|lis|mus der; - ⟨lat.⟩ (bakterielle Lebensmittelvergiftung)

¹Bou|clé [*bukle*] das; -s, -s ⟨franz.⟩ (Garn mit Knoten u. Schlingen); ²Bou|clé der; -s, -s (Gewebe u. Teppich aus diesem Garn)

Bou|doir [*budoar*] das; -s, -s ⟨franz.⟩ (veralt. für: elegantes Zimmer der Dame)

Bou|gain|vil|lea [*bugängw*...] die;-, ...leen [...*le-'n*] ⟨nach dem Comte de Bougainville⟩ (eine Zierpflanze)

Bou|gie [*buschi*] die; -, -s ⟨franz.⟩ (Med.: Dehnsonde); bou|gie|ren (Med.: mit der Dehnsonde untersuchen, erweitern)

Bouil|la|baisse [*bujabäß*] die; -, -s [*bujabäß*] ⟨franz.⟩ (provenzal. Fischsuppe)

Bouil|lon [*buljong, buljong* od. *bujong*] die; -, -s ⟨franz.⟩ (Kraft-, Fleischbrühe); Bouil|lon|wür|fel

Boule [*bul*] das; -[s] ⟨franz.⟩ (franz. Kugelspiel)

Bou|le|vard [*bul'war*, österr.: *bulwar*] der; -s, -s ⟨franz.⟩ (breite [Ring]straße); Bou|le|vard.pres|se, ...thea|ter (↑ R 180), ...zei|tung

Bou|lez [*buläs*] (franz. Komponist u. Dirigent)

Bou|lo|gne-Bil|lan|court [*bulonj'-bijangkur*] (Stadt im Bereich von Groß-Paris); Bou|lo|gner (↑ R 147); Bou|lo|gne-sur-Mer [-*ßürmär*] (franz. Stadt)

Bou|quet [*buke*] das; -s, -s ⟨franz.⟩; vgl. Bukett

Bou|qui|nist [*bukinißt*] der; -en, -en ⟨franz.⟩ ([Straßen]buchhändler in Paris)

Bour|bo|ne [*bur*...] der; -n, -n; ↑ R 197 (Angehöriger eines franz. Herrschergeschlechtes); bour|bo|nisch

bour|geois [*burschoa*, in beifügender Verwendung: *burschoas*...] ⟨franz.⟩ (der Bourgeoisie angehörend, entsprechend); Bour|geois [*burschoa*] der; -, - (abwertend für: wohlhabender, selbstzufriedener Bürger); Bour|geoi|sie [*burschoasi*] die; -, ...ien ([wohlhabender] Bürgerstand; marxist.: herrschende Klasse in der kapitalistischen Gesellschaft)

Bour|rée [*bure*] die; -, -s ⟨franz.⟩ (alter Tanz; Teil der Orchestersuite)

Bour|rẹt|te [_bu..._] _die;_ -, -n ⟨franz.⟩ (Gewebe aus Abfallseide)

Bour|lan|ger Moor [_bur..._] _das;_ - -[e]s (teilweise trockengelegtes Moorgebiet westl. der mittleren Ems)

Bou|teille [_butäj_] _die;_ -, -n [_...j'n_] ⟨franz.⟩ (Flasche)

Bou|tique [_butịk_] _die;_ -, -n [_...k'n_] ⟨franz.⟩ (kleiner Laden für [meist exklusive] mod. Neuheiten)

Bou|ton [_butõg_] _der;_ -s, -s ⟨franz.⟩ (Ohrklips in Knopfform)

Bo|vịst vgl. Bofist

Bow|den|zug [_baud'n..._] _der;_ -s, ...züge (↑R 135) ⟨nach dem engl. Erfinder Bowden⟩ (Drahtkabel zur Übertragung von Zugkräften)

Bo|wie|mes|ser [_bowi..._] _das;_ -s, - (↑R 135) ⟨nach dem amerik. Oberst James Bowie⟩ ([nordamerik.] Jagdmesser)

Bow|le [_bọl^r_] _die;_ -, -n ⟨engl.⟩ (Getränk aus Wein, Zucker u. Früchten; Gefäß für dieses Getränk)

bow|len [_bo^ul'n_] ⟨engl.⟩ (Bowling spielen)

Bow|len|glas (_Plur._ ...gläser)

Bow|ling [_bo^uling_] _das;_ -s, -s ⟨engl.⟩ (amerik. Art des Kegelspiels mit 10 Kegeln; engl. Kugelspiel auf glattem Rasen); Bow|ling|bahn

Box _die;_ -, -en ⟨engl.⟩ (Pferdestand; Unterstellraum; Montageplatz bei Autorennen; einfache, kastenförmige Kamera)

Box|calf bzw. Boxkalf

bo|xen ⟨engl.⟩ (mit den Fäusten kämpfen); du boxt (boxest); er boxte ihn (auch: ihm) in den Magen

Bo|xen|stopp (Automobilsport)

Bo|xer _der;_ -s, - (Faustkämpfer; bes. südd., österr. auch: Faustschlag; eine Hunderasse); bo|xe|risch; -es Können; Bo|xer-mo|tor (Technik), ...na|se; Box-_hand|schuh_, ...hieb

Box|kalf, Boxcalf [in engl. Aussprache auch: _bókßkaf_] _das;_ -s, -s ⟨engl.⟩ (Kalbleder); Box|kalf-schuh

Box_kampf, ...ring, ...sport

Boy [_beu_] _der;_ -s, -s ⟨engl.⟩ ([Lauf]junge; Diener, Bote)

Boy|kọtt [_beu..._] _der;_ -[e]s, -s (auch: -e) ⟨nach dem geächteten engl. Gutsverwalter Boycott⟩ (politische, wirtschaftliche od. soziale Ächtung); boy|kot|tie-ren; Boy|kọtt|maß|nah|me (meist _Plur._)

Boy-Scout [_beußkaut_] _der;_ -[s], -s ⟨engl. Bez. für: Pfadfinder⟩

Bo|zen (Stadt in Südtirol); vgl. Bolzano; Bo|zner (↑R 147)

BP ⓦ (Kraftstoffmarke)

Bq = Becquerel

Br = chem. Zeichen für: Brom

BR = Bayerischer Rundfunk

Bra|ban|çonne [_brabangßọn_] _die;_ - ⟨franz.; nach der belg. Provinz Brabant⟩ (belg. Nationalhymne); Bra|bạnt (belg. Provinz); Bra-bạn|ter (↑R 147); - Spitzen

brạb|beln (ugs. für: undeutlich vor sich hin reden); ich ...[e]le (↑R 22)

brạch (unbestellt; unbebaut); brachliegen (vgl. d.); Brạ|che _die;_ -, -n (Brachfeld); Brạ|chet _der;_ -s, -e (alte Bez. für: Juni); Brạch-feld

bra|chi|al ⟨griech.⟩ (den Arm betreffend; mit roher Körperkraft); Bra|chi|al|ge|walt _die;_ - (rohe, körperliche Gewalt); Bra|chio-sau|rus _der;_-, ...rier [_...i^r_] (ausgestorbene Riesenechse)

brạch|le|gen; ↑R 205f. (nicht bebauen; nicht nutzen); brạch|lie-gen; ↑R 205f. (unbebaut liegen; nicht genutzt werden); der Acker liegt brach; brachgelegen; brachzuliegen; Brạch.mo|nat od. ...mond (vgl. Brachet)

Brạch|se _die;_-, -n u. Brạch|sen _der;_ -s, - (ein Fisch); vgl. auch: Brasse u. Brassen

Brạch|vo|gel (Schnepfenart)

bra|chy... [_braehu..._] ⟨griech.⟩ (kurz...); Bra|chy... (Kurz...); Bra|chy|lo|gie _die;_ -, ...ien (Rhet., Stilk.: Kürze im Ausdruck)

Brạck _das;_ -[e]s, -s od. -en (landsch. für: [von Brackwasser gebildeter] Tümpel, kleiner See; Brackwasser)

Brạcke _der;_ -n, -n (↑R 197), (seltener:) _die;_ -, -n [_Trenn.:_ Brak|ke] (Spürhundrasse)

brạckig [_Trenn.:_ brak|kig] (schwach salzig u. daher ungenießbar)

Brạckin _die;_ -, -nen [_Trenn.:_ Bräk-kin] (Hündin); vgl. Bracke

brạckisch [_Trenn.:_ brak|kisch] (Geol.: aus Brackwasser abgelagert); Brạck|was|ser _das;_ -s, ...wasser (Gemisch aus Salz- und Süßwasser)

Brä|gen _der;_ -s, - (Nebenform von Bregen)

Brạ|gi (Skalde; nord. Gott der Dichtkunst)

Brah|ma (sanskr.) (ind. Gott); Brah|ma|huhn vgl. Brahmaputrahuhn; Brah|man _das;_ -s (Weltseele); Brah|ma|ne _der;_ -n, -n (↑R 197 Angehöriger einer ind. Priesterkaste); brah|ma|nisch; Brah|ma|nịs|mus _der;_ - (ind. Religion; auch für: Hinduismus); Brah|ma|pu|tra _der;_ -[s] (südasiat. Strom); Brah-ma|pu|tra|huhn (↑R 149); (auch:) Brah|ma|huhn; ↑R 135 (eine Hühnerrasse)

Brahms (dt. Komponist)

Braille|schrift [_braj..._] _die;_ - (↑R 135) ⟨nach dem franz. Erfinder der Braille⟩ (Blindenschrift)

Brain-Drain [_bre^indre'n_] _der;_ -s ⟨engl.-amerik.⟩ (Abwanderung von Wissenschaftlern [z.B. nach Amerika]); Brain|stor|ming [_bré'nßtā'ming_] _das;_ -s (gemeinsames Bemühen, [in einer Sitzung] durch spontane Äußerung von Einfällen zur Lösung eines Problems beizutragen); Brain-Trust [_bre^intraßt_] _der;_ -[s], -s ([wirtschaftl.] Beratungsausschuß)

Brak|te|at _der;_ -en, -en (↑R 197) ⟨lat.⟩ (einseitig geprägte mittelalterl. Münze)

Bram _die;_ -, -en ⟨niederl.⟩ (Seemannsspr.: zweitoberste Verlängerung der Masten sowie deren Takelung)

bra|mar|ba|sie|ren (aufschneiden, prahlen)

Bram|busch (niederd. für: Ginster)

Brä|me _die;_ -, -n (kostbarer Kleiderbesatz)

Bram|me _die;_ -, -n (Walztechnik: Eisenblock); Bram|men|walz-werk

Bram.se|gel, ...sten|ge; vgl. Bram

brạm|sig (nordd. ugs. für: derb; protzig; prahlerisch)

Bran|che [_brangsch^e_, österr.: _...sch_] _die;_ -, -n ⟨franz.⟩ (Wirtschafts-, Geschäftszweig; Fachgebiet); Bran|che[n]|er|fah|rung; bran-che[n]|fremd; -este; Bran|che[n]-kennt|nis; bran|che[n].kun|dig, ...üb|lich; Bran|chen|ver|zeich|nis

Bran|chi|at _der;_ -en, -en (↑R 197) ⟨griech.⟩ (mit Kiemen atmender Gliederfüßer); Bran|chie [_...i^e_] _die;_ -, -n; meist _Plur._ (Kieme)

Brạnd _der;_ -[e]s, Brände; in - stecken; brạnd|ak|tu|ell; Brạnd.bin-de, ...bla|se, ...bom|be, ...brief (ugs.), ...di|rek|tor; brạnd|ei|lig (ugs. für: sehr eilig); brạn|deln (österr. ugs. für: brenzlig riechen; auch: viel zahlen müssen); brạn|den

Brạn|den|burg; Brạn|den|bur|ger (↑R 147); brạn|den|bur|gisch, aber (↑R 157): die Brandenburgischen Konzerte (von Bach)

Brạnd.en|te (ein Vogel), ...fackel [_Trenn.:_ ...fak|kel], ...grab (Archäologie); brạnd|heiß; Brạnd-herd; brạn|dig; Brạnd.kas|se, ...le|ger (österr. für: Brandstifter), ...le|gung (österr. für: Brandstiftung), ...mal (_Plur._ ...male, seltener: ...mäler); brạnd|mar|ken; gebrandmarkt; Brạnd.mau|er, ...mei|ster; brạnd_neu, ...rot; Brạnd|sal|be; brạnd|schat|zen; du brandschatzt (brandschatzest); gebrandschatzt; Brand␣schat|zung, ...soh|le, ...stif|ter, ...stif|tung, ...teig; Bran|dung; Brand␣ur|sache, ...wa|che, ...wun|de; Bran|dy [brǽndi] der; -s, -s ⟨engl.⟩ (engl. Bez. für: Weinbrand); Brand|zeichen; Brannt␣kalk (Ätzkalk), ...wein; Brannt|wei|ner (österr. für: [Wirt einer] Branntweinschenke); Brannt|wein|steu|er die Braque [brak] (franz. Maler) ¹Bra|sil der; -s, -e u. -s ⟨nach: Brasilien⟩ (Tabak; Kaffeesorte); ²Bra|sil die; -, -[s] (Zigarre); Brasil|holz, Bra|sil|li|en|holz (↑ R 149); Bra|si|lia (Hptst. von Brasilien); Bra|si|lia|ner (↑ R 180); bra|si|lia|nisch (↑ R 180); Bra|si|li|en [...iⁿn] (südamerik. Staat); Bra|si|li|en|holz (↑ R 149), Bra|sil|holz ¹Bras|se die; -, -n u. Bras|sen der; -s, - (niederd., mitteld. für: Brachse) ²Bras|se die; -, -n (Seemannsspr.: Tau zum Stellen der Segel) Bras|se|lett das; -s, -e ⟨franz.⟩ (Armband; Gaunerspr.: Handschelle) bras|sen (Seemannsspr.: sich der ²Brassen bedienen); du braßt (brassest) Bras|sen vgl. ¹Brasse Brät das; -s (landsch., bes. schweiz. für: feingehacktes [Bratwurst]fleisch); Brat|ap|fel; Brät|chen, Brät|lein; brä|teln; ich ...[e]le (↑ R 22); bra|ten; du brätst u. brät; du brietst (brietest); du brietest; gebraten; brat[e]!; Bra|ten der; -s, -; Braten␣duft, ...fett, ...rock (veralt. für: Gehrock), ...saft, ...so|ße; Brä|ter (landsch. für: Schmortopf); brat|fer|tig; Brat␣hähnchen, ...hendl (das; -s, -[n]; südd., österr. für: Brathähnchen); Brathe|ring Bra|ti|sla|va vgl. Preßburg Brat|kar|tof|fel (meist Plur.); Brät|lein, Brät|chen; Brat|ling (gebratener Kloß aus Gemüse, Hülsenfrüchten); Brät|ling (Pilz; Fisch); Brat␣pfan|ne, ...röh|re, ...rost Brat|sche die; -, -n ⟨ital.⟩ (ein Streichinstrument); Brat|scher (Bratschenspieler); Brat|schist der; -en, -en (↑ R 197) Brat␣spieß, ...spill (Seemannsspr.: Ankerwinde mit waagerechter Welle), ...wurst Bräu das; -[e]s, -e u. -s (bes. südd. für: Bier; Brauerei; z. B. in Löwenbräu Brauch der; -[e]s, Bräuche; in od. im - sein; brauch|bar; Brauchbar|keit die; -; brau|chen; du brauchst, er braucht; du brauchtest; du brauchtest (auch:

bräuchtest); gebraucht; er hat es nicht zu tun -; vgl. aber: gebrauchen; Brauch|tum das; -s, ...tümer (Plur. selten); Brauchwas|ser das; -s (für industrielle Zwecke bestimmtes Wasser) Braue die; -, -n brau|en; Brau|er; Braue|rei; Brau␣haus, ...mei|ster braun; vgl. blau; Braun das; -s, - u. (ugs.) -s (braune Farbe); vgl. ¹Brau|ne der; -n, -n; ↑ R 7 ff. (braunes Pferd; österr. auch für: Kaffee mit Milch); ²Brau|ne das; -n (↑ R 65); Bräu|ne die; - (braune Färbung; veralt. für: Halsentzündung); Braun|ei|sen␣erz (das; -es) od. ...stein (der; -[e]s); ¹Braunel|le die; -, -n (Vogel); ²Braunel|le vgl. Brunelle (Pflanze); bräu|nen; braun|ge|brannt; ein braungebrannter Mann (↑ jedoch R 209), aber: die Sonne hat ihn braun gebrannt; Braun␣kehlchen, ...koh|le; Braun|kohlen␣berg|werk, ...bri|kett; bräunlich; bräunlichgelb usw. (↑ R 40) Braun|schweig (Stadt im nördl. Vorland des Harzes); Braunschwei|ger; braun|schwei|gisch Braun|stein der; -[e]s (ein Mineral); Bräu|nung; Bräu|nungs|studio Braus der, nur noch in: in Saus und - (verschwenderisch) leben Brau|sche die; -, -n (landsch. für: Beule, bes. an der Stirn) Brau|se die; -, -n; Brau|se␣bad, ...kopf; brau|se|köp|fig; Brause|li|mo|na|de; brau|sen; du braust (brausest); er brauste; Brau|sen das; -s; Brau|se|pul|ver Bräu|stüb|chen (südd. für: kleines Gasthaus; Gastraum) Braut die; -, Bräute; Bräut|chen, Bräut|lein; Braut␣el|tern Plur., ...füh|rer; Bräu|ti|gam der; -s, -e Braut␣jung|fer, ...kleid, ...kranz; Bräut|lein, Bräut|chen; Brautleu|te; bräut|lich; Braut␣paar, ...schau; auf - gehen; Brautstand der; -[e]s brav [braf]; -er, -ste ⟨franz.⟩ (tüchtig; artig, ordentlich); Brav|heit; bra|vis|si|mo! [...wiß...] ⟨ital.⟩ (sehr gut!); bra|vo! [...wo] (gut!); ¹Bra|vo das; -s, -s (Beifallsruf); ²Bra|vo der; -s, -s u. ...vi [...wi] (ital. Bezeichnung für: Meuchelmörder, Räuber); Bravo|ruf; Bra|vour [...wur] die; - ⟨franz.⟩ (Tapferkeit; meisterhafte Technik); Bra|vour␣arie, ...lei|stung; bra|vou|rös; -este (schneidig; meisterhaft); Bra|vour|stück Braz|za|ville [brasawíl] (Hptst. der Volksrepublik Kongo) BRD = Bundesrepublik Deutschland (nichtamtliche Abk.)

break! [brēk] ⟨engl.⟩ ("trennt euch"; Trennkommando des Ringrichters beim Boxkampf); Break der od. das; -s, -s (Sport: unerwarteter Durchbruch; Tennis: Durchbrechen des gegnerischen Aufschlags; Jazz: kurzes Zwischensolo); Break|dance [...dánß] der; -[s] (tänzerisch-akrobatische Darbietung zu moderner Popmusik); Break|dancer [...dánßⁿ] Brec|cie [brätsche, auch: bräkzi°] od. Brekzie [...zi°] die; -, -n ⟨ital.⟩ (aus kantigen Gesteinstrümmern gebildetes u. verkittetes Gestein) brech|bar; Brech␣boh|ne, ...durchfall; Bre|che die; -, -n (Gerät zum Zerknicken der Flachsstengel u. a.); Brech|ei|sen; bre|chen; du brichst, er bricht; du brachst; du brächest; gebrochen; brich!; sich -; brechend voll; er brach den Stab über ihn (nicht: ihm); auf Biegen oder Brechen (ugs.); Bre|cher (Sturzsee; Grobzerkleinerungsmaschine); Brech␣mit|tel das, ...reiz, ...stan|ge Brecht, Bert[olt] (dt. Schriftsteller u. Regisseur) Bre|chung; Bre|chungs|win|kel Bre|douil|le [bredulj°] die; - ⟨franz.⟩ (landsch. für: Verlegenheit, Bedrängnis); in der - sein Bree|ches [brítsch'ß, auch: bri...] Plur. ⟨engl.⟩ (Sport-, Reithose) Bre|gen der; -s, - (nordd. für: Gehirn [vom Schlachttier]); vgl. auch: Brägen; bre|gen|klü|te|rig (nordd.für: melancholisch) Bre|genz (österr. Stadt; Hptst. des Landes Vorarlberg); Bre|gen|zer (↑ R 147); Bre|gen|zer|wald der; -[e]s, (auch:) Bre|gen|zer Wald der; - -[e]s; ↑ R 151 (Bergland) Brehm, Alfred (dt. Zoologe u. Schriftsteller) Brei der; -[e]s, -e; brei|ig Brein der; -s (österr. mdal. für: Hirse, Hirsebrei) Breis|ach (Stadt am Oberrhein); Breis|gau der (landsch.: das); -[e]s breit; -este; groß u. - dastehen; weit und -. **I.** Kleinschreibung (↑ R 134): des langen und - (umständlich), des -er[e]n darlegen; ein langes und - (viel) sagen. **II.** Großschreibung (↑ R 65): ins Breite fließen. **III.** Schreibung in Verbindung mit Verben (↑ R 205 f.): **a)** Getrenntschreibung in ursprünglicher Bedeutung, z. B. breit machen; er soll den Weg breit machen; **b)** Zusammenschreibung, wenn durch die Verbindung ein neuer Begriff entsteht; vgl. breitmachen, breitschlagen, breittreten. **IV.** In Verbindung mit dem 2. Partizip

breitbeinig

Getrennt- od. Zusammenschreibung: ein breitgefächertes Angebot (↑jedoch R 209), aber: die Angebote sind breit gefächert; **breit|bei|nig**; **Brei|te** *die;* -, -n; nördliche - (Abk.: n. Br.); südliche - (Abk.: s. Br.); in die - gehen; **brei|ten**; ein Tuch über den Tisch -; sich -; **Brei|ten_ar|beit**, ...**grad**, ...**sport**, ...**wir|kung**; **breit|ge|fä|chert**; vgl. breit, IV; **Breit|ling** (Fisch); **breit|ma|chen** (↑ R 205 f.), sich (ugs. für: viel [Platz] in Anspruch nehmen); du hast dich breitgemacht; aber: man wird die Straße breit machen; **breit_na|sig**, ...**ran|dig**; **breit|schla|gen**; ↑ R 205 f. (ugs. für: durch Überredung für etwas gewinnen); er hat mich breitgeschlagen; sich - lassen; aber: er soll den Nagel breit schlagen; **breit_schul|te|rig**, ...**schult|rig**; **Breit_schwanz** (Lammfell), ...**sei|te**; **breit|spu|rig**; **breit|tre|ten**; ↑ R 205 f. (ugs. für: weitschweifig darlegen); er hat sein Lieblingsthema breitgetreten; aber: ich will die Schuhe nicht breit treten; **Breit|wand** (im Kino); **Breit- wand|film**

Brek|zie [..*zi^e*] vgl. Breccie
Bre|me *die;* -, -n (südd. für: Stechfliege, ²Bremse)
Bre|men (Land und Hafenstadt an der Weser); **Bre|mer** (↑ R 147); **Bre|mer|ha|ven** [...*haf^e*n] (Hafenstadt an der Wesermündung); **bre|misch**
Brems_backe [*Trenn.:* ...bak|ke], ...**bel|lag**, ...**berg** (Bergbau); ¹**Brem|se** *die;* -, -n (Hemmvorrichtung)
²**Brem|se** *die;* -, -n (ein Insekt)
brem|sen; du bremst (bremsest)
Brem|sen_pla|ge, ...**stich**
Brem|ser; **Brem|ser|häus|chen**; **Brems_flüs|sig|keit**, ...**hei|bel**, ...**klotz**, ...**licht** (*Plur.* ...lichter), ...**pe|dal**, ...**pro|be**, ...**ra|ke|te**, ...**spur**; **Brem|sung**; **Brems|weg**
brenn|bar; **Brenn|bar|keit** *die;* -; **Brenn|dau|er**; **bren|nen**; du branntest; (selten:) du brenntest; gebrannt; brenn[e]!; brennend gern (ugs.); **Brenn|ele|ment**; ¹**Brenn|er**
²**Bren|ner** *der;* -s (Alpenpaß)
Bren|ner|bahn *die;* - (↑ R 149)
Bren|ne|rei; **Bren|nessel** *die;* -, -n [*Trenn.:* Brenn|nes|sel, ↑ R 204]; **Brenn_glas**, ...**holz**, ...**ma|te|ri|al**, ...**punkt**, ...**sche|re**, ...**spie|gel**, ...**spi|ri|tus**, ...**stoff**, ...**stoff|fra|ge** (↑ R 204), ...**wei|te** (Optik)
Bren|ta|no (dt. Dichter)
Bren|te *die;* -, -n (schweiz. für: Tragbütte)
bren|zeln (landsch. für: nach Brand riechen); **brenz|lich**

(österr. häufiger für: brenzlig); **brenz|lig**
Bre|sche *die;* -, -n ⟨franz.⟩ (große Lücke); eine - schlagen
Bresch|new [*brjäschnif*, dt. auch: *bräschn(j)äf*] (sowjet. Politiker)
Bres|lau (Stadt an der Oder); vgl. Wrocław; **Bres|lau|er** (↑ R 147)
brest|haft; -este (schweiz. u. südwestd., sonst veraltet für: mit Gebrechen behaftet)
Bre|ta|gne [*br^etanj^e*] *die;* - (franz. Halbinsel); **Bre|ton** [*br^etong*] *der;* -s, -s ([Stroh]hut mit hochgerollter Krempe); **Bre|to|ne** [*bre...*] *der;* -n, -n (↑ R 197); **bre|to|nisch**
Brett *das;* -[e]s, -er; **Bret|tel**, **Brettl** *das;* -s, -[n]; meist *Plur.* österr. für: kleines Brett; Ski); **Bret|ter|bu|de**; **bret|tern** (aus Brettern bestehend); **Bret|ter_wand**, ...**zaun**; **brett|tig**; -er Stoff; **Brettl** *das;* -s, - (Kleinkunstbühne; vgl. Brettel); **Brett_se|gel|brett** (DDR: Windsurfing), ...**spiel**
Breu|ghel [*breug^e*l] vgl. Brueg[h]el
Bre|ve [*brewe*] *das;* -s, -n u. -s ⟨lat.⟩ (päpstl. Erlaß in kurzgefaßter Form); **Bre|vet** [*brewä*] *das;* -s, -s (früher: Gnadenbrief des franz. Königs; heute: Schutz-, Verleihungs-, Ernennungsurkunde); **Bre|vier** *das;* -s, -e (Gebetbuch der kath. Geistlichen; Stundengebet; Stellensammlung aus den Werken eines Schriftstellers)
Bre|zel *die;* -, -n (österr. auch: *das;* -s, -); **Bre|zen** *die;* -s, - u. *die;* -, - (österr.)
Bri|and-Kel|logg-Pakt [*briang...*] *der;* -[e]s (↑ R 135) ⟨nach dem franz. Außenminister A. Briand u. dem nordamerik. Staatssekretär F. B. Kellogg⟩ (Kriegsächtungspakt von 1928)
Bricke *die;* -, -n [*Trenn.:* ...ik|ke] (landsch. für: Neunauge)
Bri|de *die;* -, -n (franz.) (schweiz. für: Kabelschelle)
Bridge [*bridsch*] *das;* - ⟨engl.⟩ (Kartenspiel); **Bridge|par|tie**
Bridge|town [*bridschtaun*] (Hptst. von Barbados)
Brief *der;* -[e]s, -e (Abk.: Bf., auf dt. Kurszetteln: B [vgl. d.]); **Brief_adel**, ...**be|schwe|rer**, ...**block** (vgl. Block), ...**bom|be**, ...**bol|gen**, ...**druck|sa|che**
Brie|fing *das;* -s, -s ⟨engl.-amerik.⟩ (kurze Besprechung; Informationsgespräch)
Brief_kar|te, ...**ka|sten** (*Plur.* ...kästen); **Brief|ka|sten_fir|ma** (Scheinfirma), ...**on|kel**, ...**tan|te**; **Brief|kopf**; **brief|lich**; **Brief|mar|ke**; (↑ R 43:) 10-Pfennig-Briefmarke; **Brief|mar|ken_auk|ti|on**, ...**block** (vgl. Block), ...**kun|de** (*die;* -), ...**samm|ler**; **Brief_öff|ner**, ...**pa|pier**, ...**ro|man**, ...**schaf-

ten (*Plur.;* veralt.), ...**schrei|ber**, ...**stel|ler** (veralt.), ...**ta|sche**, ...**tau|be**, ...**trä|ger**, ...**um|schlag**, ...**wahl**, ...**wech|sel**, ...**zu|stel|ler**
Brie|käse (↑ R 149)
Bri|enz (BE) (schweiz. Ort); -er See (See im Berner Oberland)
Bries *das;* -es, -e u. **Brie|sel** *das;* -s, - (innere Brustdrüse bei Tieren, bes. beim Kalb); **Bries|chen**, (auch:) **Brös|chen** (Gericht aus Briesen des Kalbes; Kalbsmilch)
Bri|ga|de *die;* -, -n ⟨franz.⟩ (größere Truppenabteilung; DDR: kleinste Arbeitsgruppe in einem Produktionsbetrieb); **Bri|ga|de_füh|rer**, ...**ge|ne|ral**, ...**lei|ter** *der,* ...**lei|te|rin**, ...**plan** (DDR); **Bri|ga|dier** [...*ie*] *der;* -s, -s (Befehlshaber einer Brigade) u. [...*ie*] (auch: [...*ir*]) *der;* -s, -s [...*ieß*] (auch: -e [...*ir^e*]; DDR: Leiter einer Arbeitsbrigade); **Bri|ga|die|rin**; **Bri|gant** *der;* -en, -en (↑ R 197) ⟨ital.⟩ (früher für: [Straßen]räuber in Italien); **Bri|gan|ti|ne** *die;* -, -n (kleines zweimastiges Segelschiff); **Brigg** *die;* -, -s ⟨engl.⟩ (zweimastiges Segelschiff)
Briggs (engl. Mathematiker); (↑ R 134:) Briggssche Logarithmen (veraltend); **Briggs-Log|arith|mus** (meist *Plur.*)
Bri|git|ta, **Bri|git|te** (w. Vorn.)
Bri|kett *das;* -s, -s (selten: -e) ⟨franz.⟩ (aus kleinen Stücken od. Staub gepreßtes [Kohlen]stück); **bri|ket|tie|ren** (zu Briketts formen); **Bri|ket|tie|rung**; **Bri|kett_trä|ger** (↑ R 204)
bri|kol|lie|ren (franz.) (durch Rückprall [von der Billardbande] treffen)
bril|lant [*briljant*]; -este ⟨franz.⟩ (glänzend; fein); ¹**Bril|lant** *der;* -en, -en; ↑ R 197 (geschliffener Diamant); ²**Bril|lant** *das;* - (Schriftgrad); **Bril|lant_bro|sche**, ...**feu|er|werk**; **Bril|lan|tin** *das;* -s, -e (österr. neben: Brillantine); **Bril|lan|ti|ne** *die;* -, -n (Haarpomade); **Bril|lant_kol|lier**, ...**na|del**, ...**ring**, ...**schliff**, ...**schmuck**; **Bril|lanz** *die;* - (Glanz, Feinheit)
Bril|le *die;* -, -n; **Bril|len_etui**, ...**fut|te|ral**, ...**glas** (*Plur.* ...gläser), ...**schlan|ge**, ...**träger**
bril|lie|ren [*briljir^e*n*, österr.: *briljiren*] (glänzen)
Brim|bo|ri|um *das;* -s ⟨lat.⟩ (ugs. für: Gerede; Umschweife)
Brim|sen *der;* -s, - ⟨tschech.⟩ (österr. für: Schafkäse)
Bri|nell|härte *die;* - ⟨nach dem schwed. Ingenieur Brinell⟩; ↑ R 135 (Maß der Härte eines Werkstoffes; Zeichen: HB)
brin|gen; du brachtest; du brächtest; gebracht; bring[e]!; mit sich

bringen; **Brin|ger** (veralt. für: Überbringer); **Bring|schuld** (Schuld, die beim Gläubiger bezahlt werden muß) **Bri|oche** [*briọsch*] die; -, -s ⟨franz.⟩ (ein Gebäck) **Brio|ni|sche In|seln** Plur.; ↑ R 180 (Inselgruppe vor Istrien) **bri|sạnt;** -este ⟨franz.⟩ (sprengend, hochexplosiv; sehr aktuell); **Bri|sạnz** die; -, -en (Sprengkraft) **Bris|bạ|ne** [*brißbe′n*, auch: *brißb′n*] (austr. Stadt) **Bri|se** die; -, -n ⟨franz.⟩ (leichter Wind [am Meer]) **Bri|sol|lẹtt** das; -s, -e u. **Bri|sol|lẹt|te** die; -, -n ⟨franz.⟩ (gebratenes Fleischklößchen) **Bris|sa|go** (Ort am Lago Maggiore) **Bri|stol** [*brißt′l*] (engl. Stadt am Avon); **Bri|stol_ka|nal** (Bucht zwischen Wales u. Cornwall), **...kar|ton;** ↑ R 149 (Zeichenkarton aus mehreren Lagen) **Bri|tan|nia|me|tall** das; -s; ↑ R 149 (Zinnlegierung); **Bri|tan|ni|en** [...*i′n*]; **bri|tan|nisch; Bri|te** der; -n, -n (↑ R 197); **bri|tisch,** aber (↑ R 157): die Britischen Inseln, das Britische Museum; **Bri|tisch-Hon|du|ras** (vgl. Belize); **Bri|tisch-Ko|lụm|bi|en** (kanad. Provinz); **Bri|ti|zịs|mus** der; -, ...men (Spracheigentümlichkeit des britischen Englisch) **Britsch|ka** die; -, -s ⟨poln.⟩ (leichter, offener Reisewagen) **Brịt|ta** (w. Vorn.) **Brịt|ten** [*brịt′n*] (engl. Komponist) **Brịtz** der; -es, -e (rhein. für: Tuff, Vulkangestein) **Broad|way** [*brǭd°e′*] der; -s ⟨engl.⟩ (Hauptstraße in New York) **Broch** (österr. Dichter) **Bröck|chen,** Bröck|lein; **bröck|chen|wei|se; bröcke|lig[1],** bröck|lig; **Bröcke|lig|keit[1],** Bröck|lig|keit die; -; **bröckeln[1];** ich ...[e]le (↑ R 22); **brocken[1]** (einbrocken; österr. auch für: pflücken); **¹Brọcken** der; -s, - (das Abgebrochene) **²Brọcken[1]** der; -s (höchster Berg des Harzes) **brocken|wei|se[1]** **Brọckes[1]** (dt. Dichter) **Bröck|lein,** Bröck|chen; **bröck|lig,** bröcke|lig[1]; **Bröck|lig|keit** vgl. Bröckeligkeit **Brod** (österr. Schriftsteller) **bro|deln** (dampfend aufsteigen, aufwallen; österr. auch: Zeit vertrödeln); **Bro|dem** der; -s ⟨geh. für: Qualm, Dampf, Dunst⟩ **Bro|de|rie** die; -, ...ien ⟨franz.⟩ (veralt. für: Stickerei; Einfassung)

Brod|ler (österr. für: jmd., der die Zeit vertrödelt) **Broi|ler** [*breul′r*] der; -s, - ⟨engl.⟩ (bes. DDR: Hähnchen zum Grillen); **Broi|ler|mast** die **Bro|kat** der; -[e]s, -e ⟨ital.⟩ (kostbares gemustertes Seidengewebe); **Bro|ka|tẹll** der; -s, -e u. **Bro|ka|tẹll|le** die; -, -n (ein Baumwollgewebe); **bro|ka|ten;** ein -es Kleid **Bro|ker** der; -s, - ⟨engl.⟩ (engl. Bez. für: Börsenmakler) **Brọk|ko|li** Plur. ⟨ital.⟩ (Spargelkohl) **Brom** das; -s ⟨griech.⟩ (chem. Grundstoff, Nichtmetall; Zeichen: Br) **Brọm|bee|re; Brọm|beer|strauch** **brom|hal|tig; Bro|mid** das; -[e]s, -e ⟨griech.⟩ (Salz des Bromwasserstoffs); **Bro|mit** das; -s, -e (Salz der Bromsäure); **Brom_säu|re** (die; -), **...sil|ber, ...sil|ber|pa|pier** **bron|chi|al** ⟨griech.⟩; **Bron|chi|al_asth|ma, ...ka|tarrh** (Luftröhrenkatarrh); **Brọn|chie** [...*i*] die; -, -n; meist Plur. (Luftröhrenast); **Bron|chi|tis** die; -, ...itiden (Bronchialkatarrh) **Brọnn** der; -[e]s, -en u. **Brọn|nen** der; -s, - (dicht. für: Brunnen) **Bron|to|sau|rus** der; -, ...rier [...*i′r*] ⟨griech.⟩ (ausgestorbene Riesenechse) **Bron|ze** [*brọngß′,* österr.: *brọngß*] die; -, -n ⟨ital.(-franz.)⟩ ⟨Metallmischung; Kunstgegenstand aus Bronze; Farbe); **bron|ze_far|ben,** **...far|big; Bron|ze_kunst, ...me|dail|le; bron|zen** (aus Bronze); **Bron|ze|zeit** der; - (vorgeschichtliche Kulturzeit); **bron|ze|zeit|lich;** **bron|zie|ren** (mit Bronze überziehen); **Bron|zit** der; -s (ein Mineral) **Brook|lyn** [*bruklin*] (Stadtteil von New York) **Bro|sa|me** die; -, -n (meist Plur.); **Bro|säm|chen, Bro|säm|lein** **brosch.** = broschiert; **Bro|sche** die; -, -n ⟨franz.⟩ (Anstecknadel) **Brös|chen** vgl. Brieschen **bro|schie|ren** ⟨franz.⟩ (Druckbogen in einen Papierumschlag heften od. leimen); **bro|schiert** (Abk.: brosch.); **¹Bro|schur** die; - (das Heften od. Leimen); **²Bro|schur** die; -, -en (in Papierumschlag geheftete Druckschrift); **Bro|schü|re** die; -, -n (leicht geheftetes Druckwerk) **Brö|sel** der (österr.: das), -s, - (Bröslein); **Brö|sel|lein, Brös|lein** (Bröckchen); **brö|sel|lig, brös|lig;** **brö|seln** (bröckeln); ich ...[e]le (↑ R 22) **Brot** das; -[e]s, -e; **Brot_auf|strich,** **...beu|tel; Bröt|chen; Bröt|chen|ge|ber** (scherzh. für: Arbeitgeber); **Brot_ein|heit** (Med.; Abk.:

BE), **...er|werb, ...fa|brik, ...ge|trei|de, ...korb, ...kru|me, ...krü|mel, ...laib; brot|los;** -e Künste; **Brot_neid, ...preis, ...schei|be, ...schnit|te, ...stu|di|um, ...sup|pe, ...teig, ...zeit** (landsch. für: Zwischenmahlzeit [am Vormittag]) **Brow|ning** [*braun...*] der; -s, -s (nach dem amerik. Erfinder) (Schußwaffe) **brr!** (Zuruf an Zugtiere: halt!) **BRT** = Bruttoregistertonne **¹Bruch** der; -[e]s, Brüche (Brechen; Zerbrochenes; ugs. für: Einbruch); in die Brüche gehen **²Bruch** [auch: *bruch*] der u. das; -[e]s, Brüche u. (landsch.) Brücher (Sumpfland) **Bruch_band** (das; Plur. ...bänder; Med.), **...bu|de** (ugs. für: schlechtes, baufälliges Haus); **bruch|fest; Bruch|fe|stig|keit** die; -; **bru|chig** [auch: *bru...*] (sumpfig) **brü|chig** (morsch); **Brü|chig|keit;** **bruch|lan|den** (fast nur im 2. Partizip gebr.: bruchgelandet); **Bruch|lan|dung; bruch|los;** **bruch|rech|nen** (nur im Infinitiv üblich); **Bruch_rech|nen** (das; -s), **...rech|nung** (die; -), **...scha|den, ...scho|ko|la|de, ...schrift** (für: Fraktur); **bruch|si|cher;** - verpackt; **Bruch_stein, ...stel|le, ...strich, ...stück; bruch|stück|haft; Bruch_teil** der, **...zahl** **Brück|chen,** Brück|lein; **Brücke** die; -, -n [Trenn.: Brük|ke]; Schreibung in Straßennamen: ↑ R 190 ff.; **Brücken_bau** (Plur. ...bauten; Trenn.: Brük|ken...), **...ge|län|der, ...kopf, ...pfei|ler, ...zoll; Brück|lein,** Brück|chen **Bruck|ner** (österr. Komponist) **Brü|den** der; -s (Technik: Schwaden, Abdampf); vgl. Brodem **Bru|der** der; -s, Brüder; die Brüder Grimm; **Brü|der|chen,** Brüderlein; **Brü|der|ge|mei|ne** die; -, -n (pietistische Freikirche); **Bruder_hand, ...herz** (veralt., noch scherzh.), **...krieg, ...kuß; Brüder|lein,** Brüder|chen; **brü|der|lich; Brü|der|lich|keit** die; -; **Bruder Lụ|stig;** Gen.: Bruder Lustigs u. Bruder[s] Lustig, Plur.: Brüder Lustig; **Bru|der|mord; Bru|der|schaft** (rel.) Vereinigung; **Brü|der|schaft** (brüderliches Verhältnis) - trinken; **Bru|der_volk, ...zwist** **Brue|g[h]el** [*breug′l*] (fläm. Malerfamilie) **Brüg|ge** (belg. Stadt) **Brü|he** die; -, -n; **brü|hen; brüh|heiß; brüh|hig; Brüh|kar|tof|feln** Plur.; **brüh|warm; Brüh_wür|fel, ...wurst** **Brüll|af|fe; brül|len; Brül|ler** **Bru|maire** [*brümǟr*] der; -[s], -s

(„Nebelmonat" der Franz. Revolution: 22. Okt. bis 20. Nov.)
Brumm.bär, ...baß; **brum|meln** (ugs. für: leise brummen; undeutlich sprechen); ich ...[e]le (↑R 22); **brum|men; Brum|mer; Brum|mi** der; -s, -s (ugs. scherzh. für: Lastkraftwagen); **brum|mig; Brum|mig|keit** die; -; **Brumm- _kreil|sel,** ...schä|del (ugs.)
Brunch [bran(t)sch] der; -[e]s, -[e]s u. -[e] ⟨engl.⟩ (reichhaltiges, das Mittagessen ersetzendes Frühstück)
Bru|nel|le, Brau|nel|le die; -, -n ⟨franz.⟩ (Pflanze); **brü|nett** (braunhaarig, -häutig); **Brü|net|te** die; -, -n (brünette Frau); zwei reizende Brünette[n]
Brunft die; -, Brünfte (Jägerspr.: beim Wild [bes. Hirsch] svw. Brunst); **brunf|ten; Brunfthirsch; brunf|tig; Brunft_schrei,** ...zeit
Brun|hild, Brun|hil|de (dt. Sagengestalt; w. Vorn.)
brü|nie|ren ⟨franz.⟩ ([Metall] bräunen)
Brunn der; -[e]s, -en (dicht. für: Brunnen); vgl. auch: Born u. Bronn; **Brünn|chen,** Brünn|lein
Brün|ne die; -, -n (Nackenschutz der mittelalterl. Ritterrüstung)
Brun|nen der; -s, -; vgl. auch: Brunn, Bronn u. Born; **Brun_nen.fi|gur,** ...kres|se (Salatpflanze), ...ver|gif|ter, ...ver|gif|tung
Brünn|lein, Brünn|chen
Bru|no (m. Vorn.)
Brunst die; -, Brünste (Periode der geschlechtl. Erregung u. Paarungsbereitschaft bei einigen Tieren); vgl. auch: Brunft; **brun|sten; brün|stig; Brunst|zeit**
brun|zen (landsch. derb für: urinieren)
brüsk; -este (barsch; schroff); **brüs|kie|ren** (barsch, schroff behandeln); **Brüs|kie|rung**
Brüs|sel, niederl. Bruxelles [brüß'l] (Hptst. Belgiens); vgl. Bruxelles; **Brüs|sel|ler, Brüßller** (↑R 147)
Brust die; -, Brüste; **Brust_bein,** ...beu|tel, ...bild; **Brüst|chen, Brüst|lein; brü|sten,** sich; **Brustfell; Brust|fell|ent|zün|dung; brust|hoch; Brust|höh|le;** ...brü|stig (z. B. engbrüstig); **Brust.ka_sten** (Plur. ...kästen), ...kind, ...korb, ...krebs; **brust|schwim_men** (im allg. nur im Infinitiv gebr.); **Brust_schwim|men** (das; -s), ...stim|me, ...ta|sche, ...tee, ...ton (Plur. ...töne), ...um|fang; **Brü|stung; Brust_war|ze,** ...wehr die, ...wickel [Trenn.: ...wik|kel]
brut [brüt] ⟨franz.⟩ ([von Schaumweinen:] sehr trocken)
Brut die; -, -en
bru|tal ⟨lat.⟩ (roh; gefühllos; ge-

walttätig; **bru|ta|li|sie|ren;** Bru-ta|li|sie|rung; **Bru|ta|li|tät** die; -, -en
Brut_ap|pa|rat; brü|ten; brü|tend_heiß; ein brütendheißer Tag (↑ jedoch R 209), aber: der Tag war brütend heiß; **Brü|ter** (Kernreaktor, der mehr spaltbares Material erzeugt, als er verbraucht); schneller -; **Brut|hit|ze** (ugs.); **bru|tig** (österr. auch für: brütig); **brü|tig; Brut_ka|sten,** ...ofen, ...pfle|ge, ...re|ak|tor (svw. Brüter), ...schrank, ...stät|te
bruttto ⟨ital.⟩ (mit Verpackung; ohne Abzug der [Un]kosten; Abk.: btto.); - für netto (Abk.: bfn.); **Brut|to_ein|kom|men,** ...ertrag (Rohertrag), ...ge|halt das, ...ge|wicht, ...raum|zahl (Abk.: BRZ), ...re|gi|ster|ton|ne (früher für: Bruttoraumzahl; Abk.: BRT), ...so|zi|al|pro|dukt, ...verdienst der
Bru|tus (röm. Eigenn.)
brut|zeln (ugs. für: in zischendem Fett braten); ich ...[e]le (↑ R 22)
Bru|xelles [brüßäl] (franz. Form von: Brüssel)
Bru|yère|holz [brüjär...] ⟨franz.; dt.⟩ (rotes Wurzelholz der Baumheide)
Bryo|lo|gie die; - ⟨griech.⟩ (Mooskunde)
BRZ = Bruttoraumzahl
BSA = Bund schweizerischer Architekten
bst! vgl. pst!
Btl. = Bataillon
btto. = brutto
Btx = Bildschirmtext
Bub der; -en, -en; ↑ R 197 (südd., österr. u. schweiz. für: Junge); **Büb|chen,** Büb|lein; **Bu|be** der; -n, -n (veralt. für: gemeiner, niederträchtiger Mensch; Spielkartenbezeichnung); **bu|ben|haft; Bu|ben_streich,** ...stück; **Bü|be|rei; Bu|bi** der; -s, -s (Koseform von: Bub); **Bu|bi|kopf** (Damenfrisur); **Büb|lin** die; -, -nen; **bü|bisch;** -ste; **Büb|lein,** Büb|chen
Bu|bo der; -s, ...onen ⟨griech.⟩ (entzündliche Lymphknotenschwellung in der Leistenbeuge)
Buch das; -[e]s, Bücher - führen; aber: die buchführende Geschäftsstelle (↑R 209); zu -e schlagen
¹Bu|cha|ra (Landschaft u. Stadt in der Usbekischen SSR); **²Bu|cha_ra** der; -[s], -s (handgeknüpfter Teppich); **Bu|cha|re** der; -n, -n (↑ R 197)
Buch_aus|stat|tung, ...be|sprechung, ...bin|der; **Buch|bin|de_rei; buch|bin|dern;** ich ...ere (↑R 22); **ge**buchbindert; **Buch|bin|der|pres|se; Buch_block** (vgl. Block), ...druck (der; -[e]s),

...drucker¹; **Buch|drucke|rei¹; Buch|drucker|kunst¹** die; -; **Buch_druck|ge|wer|be** das; -s
Bu|che die; -, -n; **Buch|ecker** die; -, -n [Trenn.: ...ek|ker]; **Bu|chel** die; -, -n (landsch. für: Buchecker)
Bü|chel|chen, Büch|lein
¹bu|chen (aus Buchenholz)
²bu|chen (in ein Rechnungs- od. Vormerkbuch eintragen; Plätze für eine Reise reservieren lassen)
Bu|chen_holz, ...klo|ben
Bu|chen|land das; -[e]s (dt. Name der Bukowina); **bu|chen|ländisch**
Bu|chen_scheit, ...stamm, ...wald
Bü|cher_bord das, ...brett; **Büchere|rei;** Deutsche Bücherei in Leipzig; **Bü|cher|kun|de** die; -; **bü|cher|kund|lich; Bü|cher_re_gal,** ...re|vi|sor (Buchprüfer), ...schrank, ...stu|be, ...ver|brennung, ...wand, ...wurm der
Buch|fink
Buch_füh|rung, ...ge|mein|schaft, ...ge|wer|be (das; -s), ...hal|ter, ...hal|te|rin; **buch|hal|te|risch; Buch-_hand|lung,** ...kri|tik, ...kunst (die; -), ...lauf|kar|te; **Büch|lein,** Bü|chel|chen; **Buch_ma|cher** (Vermittler von Rennwetten), ...mes|se
Büch|ner (dt. Dichter)
Buch_prü|fer (Bücherrevisor), ...wel|sen (das; -s), ...zei|chen
Buchs der; -es, -e; **Buchs|baum; Buchs|baum_ra|bat|te**
Büchs|chen, Büchs|lein; **Buch|se** die; -, -n (Steckdose; Hohlzylinder zur Aufnahme eines Zapfens usw.); **Büch|se** die; -, -n (zylindrisches [Metall]gefäß mit Deckel; Feuerwaffe); **Büch|sen_fleisch,** ...licht (das; -[e]s; zum Schießen ausreichende Helligkeit), ...macher, ...milch, ...öff|ner, ...schuß; **Büchs|lein,** Büchs|chen
Buch|sta|be der; -ns (selten: -n), -n; **buch|sta|ben|ge|treu; Buch-_sta|ben_kom|bi|na|ti|on,** ...rät|sel, ...rech|nung der; -; **buch|sta|bie|ren;** ...buch|sta|big (z. B. vierbuchstabig); **buch|stäb|lich** (genau nach dem Wortlaut)
Bucht der; -, -en
Buch|tel die; -, -n ⟨tschech.⟩ (österr. für: ein Hefegebäck)
buch|tig
Buch|ti|tel
Bu|chung; Bu|chungs|ma|schi|ne
Buch_ver|leih, ...ver|sand
Buch|wei|zen (Nutzpflanze)
Buch|wei|zen|mehl
Bu|cin|to|ro [butschin...] der; -s ⟨ital.⟩ (ital. für: Buzentaur)

---

¹ Trenn.: ...k|k...

bullrig

Bücke[1] die; -, -n (Turnübung)
[1]Buckel[1] der; -s, -; auch: die; -, -n (erhabene Metallverzierung [auf Schilden]); [2]Buckel[1] der; -s, - (Höcker, Rücken); Buckel|flie|ge[1]; buckellig[1], buck|lig; Buckel|kra|xe[1] die; -, -n (bayr., österr. ugs. für: eine Rückentrage); buckel|kra|xen[1] (österr. für: huckepack); - tragen; buckeln[1] (einen Buckel machen; auf dem Buckel tragen); ich ...[e]le (↑R 22); Buckel|rind[1] (Zebu) bücken[1], sich; Buckerl[1] das; -s, -n (österr. ugs. für: Verbeugung)
Bücking[1] (alte, noch landsch. Nebenform von: [2]Bückling)
Buck|ing|ham [bäking’m] (engl. Orts- u. Familienn.); Buck|ingham-Pa|last der; -[e]s
buck|lig, buckellig[1]; Buck|li|ge der u. die; -n, -n (↑R 197)
[1]Bück|ling (scherzh., auch abschätzig für: Verbeugung)
[2]Bück|ling (geräucherter Hering)
Buck|ram der; -s ⟨nach der Stadt Buchara in der UdSSR⟩ (stark appretiertes Gewebe [für Bucheinbände])
Buck|skin der; -s, -s ⟨engl.⟩ (gerauhtes Wollgewebe)
Bu|cu|re|şti [bukuräschtj] (rumän. Form von: Bukarest)
Bu|da|pest (Hptst. Ungarns); Bu|da|pe|ster (↑R 147)
Büd|chen (kleine Bude)
Bud|del, But|tel die; -, -n (ugs. für: Flasche); Bud|del|schiff
Bud|de|lei; bud|deln, (auch:) pud|deln (ugs. für: im Sand wühlen, graben); ich ...[e]le (↑R 22)
Bud|den|brooks (Titel eines Romans von Thomas Mann)
[1]Bud|dha (ind. Religionsstifter);
[2]Bud|dha der; -s, -s (Verkörperung Buddhas); Bud|dhis|mus der; - (Lehre Buddhas); Bud|dhist der; -en, -en (↑R 197); bud|dhi|stisch
Budd|le|ja die; -, -n ⟨nach dem engl. Botaniker A. Buddle⟩ (ein Gartenzierstrauch)
Bu|de die; -, -n; Bu|del die; -, -[n] (bayr. u. österr. ugs. für: Verkaufstisch); Bu|den|zau|ber (ugs. für: ausgelassenes Fest auf der Bude, in der Wohnung)
Bud|get [büdsche] das; -s, -s ⟨franz.⟩ ([Staats]haushaltsplan, Voranschlag); bud|ge|tär; Budget|be|trag; bud|ge|tie|ren (ein Budget aufstellen)
Bu|ti|ke usw. vgl. Butike usw.
Büd|ner (landsch.: Kleinbauer)
Bu|do das; -s ⟨jap.⟩ (Sammelbezeichnung für Judo, Karate u. ä. Sportarten); Bu|do|ka die; -[s], -[s] (Budosportler)

Bue|nos Ai|res (Hptst. Argentiniens)
Bü|fett das; -[e]s, -s u. -e, Buf|fet [büfe] (österr. auch: Büf|fet [bü-fe], schweiz.: Buf|fet [büfe]) das; -s, -s ⟨franz.⟩ (Anrichte[tisch]; Geschirrschrank; Schanktisch); kaltes -; Bü|fet|tier [...ie] der; -s, -s ([Bier]ausgeber, Zapfer); Bü-fett|mam|sell
Büf|fel der; -s, - (wildlebende Rinderart); Büf|fel|lei (ugs.); Büf|fel|her|de; büf|feln (ugs. für: angestrengt lernen); ich ...[e]le (↑R 22)
Buf|fet, Büf|fet vgl. Büfett
Buf|fo der; -s, -s u. Buffi ⟨ital.⟩ (Sänger komischer Rollen); buf-fo|nesk (im Stil eines Buffos)
Bug der; -[e]s, (selten:) -e (für Schiffsvorderteile nur so) u. Büge (Schulterstück des Pferdes, des Rindes]; Schiffsvorderteil)
Bü|gel der; -s, -; Bü|gel_brett, ...ei|sen, ...fal|te; bü|gel_fest, ...frei; bü|geln; ich ...[e]le (↑R 22); Bü-gel|sä|ge
Bug|gy [bagi] der; -s, -s ⟨engl.⟩ (leichter [offener] Wagen; kleines Auto mit offener Karosserie)
Bü|gle|rin die; -, -nen
bug|sie|ren (niederl.) ([ein Schiff] schleppen, ins Schlepptau nehmen; ugs. für: mühsam an einen Ort befördern); Bug|sie|rer (Seemannsspr.: Bugsierdampfer)
Bug|spriet das u. der; -[e]s, -e (über den Bug hinausragende Segelstange); Bug|wel|le
buh! (Ausruf als Ausdruck des Mißfallens); Buh das; -s, -s (ugs.); es gab viele -s
Bu|hei das; -s (ugs.: unnütze Worte, Theater um etw.); - machen
Bü|hel der; -s, - u. Bühl der; -[e]s, -e (südd. u. österr. für: Hügel)
bu|hen (ugs. für: durch Buhrufe sein Mißfallen ausdrücken)
Bühl vgl. Bühel
[1]Buh|le die; -n, -n; ↑R 197 (dicht. veralt. für: Geliebter); [2]Buh|le die; -, -n (dicht. veralt. für: Geliebte); buh|len; Buh|ler (veralt.); Buh|le|rei die; -, -nen (veralt.); Buh|le|rin die; -, -nen (veralt.); buh|le|risch; -ste (veralt.); Buh|l|schaft (veralt. für: Liebesverhältnis)
Buh|mann (Plur. ...männer; ugs. für: böser Mann, Schreckgespenst, Prügelknabe)
Buh|ne die; -, -n (künstlicher Damm zum Uferschutz)
Büh|ne die; -, -n ([hölzerne] Plattform; Schaubühne; Spielfläche; südd., schweiz. auch: Dachboden; vgl. Heubühne); Büh-nen_ar|bei|ter, ...aus|spra|che, ...be|ar|bei|tung, ...bild, ...bild-ner, ...fas|sung
Buh|nen|kopf (äußerstes Ende einer Buhne [vgl. d.])

büh|nen|mä|ßig; Büh|nen|mu|sik; büh|nen|reif; Büh|nen|schaf|fen-de der u. die; -n, -n (↑R 7 ff.); büh-nen|wirk|sam
Buh|ruf
Bu|hurt der; -[e]s, -e ⟨franz.⟩ (mittelalterl. Reiterkampfspiel)
Bu|jum|bu|ra [...sehum...] (Hptst. von Burundi)
Bu|ka|ni|er [...i'r] der; -s, - ⟨engl.⟩ (westind. Seeräuber im 17. Jh.)
Bu|ka|rest (Hptst. Rumäniens); vgl. Bucureşti; Bu|ka|re|ster (↑R 147)
Bu|ke|pha|los [auch: bukä...] der;- (Pferd Alexanders des Großen)
Bu|kett das; -[e]s, -s u. -e ⟨franz.⟩ ([Blumen]strauß; Duft [des Weines])
Bu|ko|lik die; - ⟨griech.⟩ (Hirtendichtung); bu|ko|lisch; -e Dichtung
Bu|ko|wi|na die; - („Buchenland“; Karpatenlandschaft); Bu|ko|wi-ner; bu|ko|wi|nisch
Bul|bus der; -, ...bi od. (Bot. nur:) ...ben ⟨lat.⟩ (Bot.: Zwiebel; Med.: Augapfel; Anschwellung)
Bu|let|te die; -, -n ⟨franz.⟩ (landsch. für: Frikadelle)
Bul|ga|re der; -n, -n (↑R 197); Bul-ga|ri|en [...i'n]; Bul|ga|rin die; -, -nen; bul|ga|risch; Bul|ga|risch das; -[s] (Sprache); vgl. Deutsch; Bul|ga|ri|sche das; -n; vgl. Deutsche das
Bulk|car|ri|er [bälkkäri'r] der; -s, - ⟨engl.⟩ (Massengutfrachtschiff); Bulk|la|dung (Seemannsspr.: Schüttgut)
Bull|au|ge (rundes Schiffsfenster)
Bull|dog Ⓦ der; -s, -s ⟨engl.⟩ (Zugmaschine); Bull|dog|ge (eine Hunderasse); Bull|do|zer [búldo-s'r] der; -s, - (schwere Zugmaschine, Bagger)
[1]Bul|le der; -n, -n; ↑R 197 (Stier, männl. Zuchtrind; auch männl. Tier verschiedener großer Säugetierarten; ugs. abwertend für: Polizist)
[2]Bul|le die; -, -n ⟨lat.⟩ (mittelalterl. Urkunde; feierl. päpstl. Erlaß); die Goldene - (↑R 157)
Bul|len|bei|ßer (svw. Bulldogge; meist ugs. für: bissiger Mensch); bul|len|bei|ße|risch; Bul|len|hit-ze (ugs.); Bul|len|stark (ugs.)
bul|le|rig, bull|rig (ugs.); bul|lern (poltern, dröhnen; ugs. auch: schimpfen); ich ...ere (↑R 22); das Wasser, der Ofen bullert
Bul|le|tin [bültäng] das; -s, -s ⟨franz.⟩ (amtliche Bekanntmachung; Krankenbericht)
Bull|finch der; -s ...fin(t)sch der; -s, -s ⟨engl.⟩ (Hecke als Hindernis beim Pferderennen)
bul|lig
bull|rig, bulle|rig (ugs.)

---

[1] Trenn.: ...k|k...

Bull|ter|ri|er (engl. Hunderasse)
Bul|ly das; -s, -s ‹engl.› (Anspiel im [Eis]hockey)
Bü|low [bú̄lo] (Familienn.)
Bult der; -s, Bülte od. Bulten u.
Bül|te die; -, -n (niederd. für: feste, grasbewachsene [Moor]stelle; Hügelchen); Bult|sack (Seemannsmatratze)
bum!; bum, bum!
Bum|baß der; ...basses, ...basse (altes Instrument der Bettelmusikanten)
Bum|boot (kleines Händlerboot zur Versorgung großer Schiffe)
Bum|bum das; -s (ugs.: Gepolter)
Bu|me|rang [auch: bu̱...] der; -s, -e od. -s ‹engl.› (gekrümmtes Wurfholz)
¹Bum|mel der; -s, - (ugs. für: Spaziergang); ²Bum|mel vgl. Bommel; Bum|me|lant der; -en, -en (↑R 197); Bum|me|lan|ten|tum das; -s; Bum|me|lei; bum|me|lig, bummllig; Bum|me|lig|keit, die; -; bum|meln; ich ...[e]le (↑R 22); Bum|mel-_streik, ..zug (scherzh.); Bummerl das; -s, -n (österr. ugs. für: Verlustpunkt beim Kartenspiel); das - (der Gefoppte, Benachteiligte) sein; bum|mern (ugs.: dröhnend klopfen); ich ...ere (↑R 22); Bumm|ler; bumm|lig, bum|mellig; Bumm|lig|keit, Bum|me|lig|keit die; -
bums!; Bums der; -es, -e (ugs. für: dumpfer Schlag); bum|sen (ugs. für: dröhnend aufschlagen; derb für: koitieren); du bumst (bumsest); Bums_lo|kal (ugs. für: zweifelhaftes Vergnügungslokal), ...mu|sik (ugs. für: laute, dröhnende Musik); bums|voll (ugs.: sehr voll)
Bu|na ⓦ der od. das; -[s] (synthet. Gummi); Bu|na|rei|fen
¹Bund der; -[e]s, Bünde ("das Bindende"; Vereinigung; der Alte, Neue - (↑R 157); ²Bund das; -[e]s ("das Gebundene"; Gebinde); vier - Stroh (↑R 128 f.)
Bun|da der; -, -s ‹ung.› (Schaffellmantel ung. Bauern)
Bünd|chen, Bünd|lein; Bün|del das; -s, -; Bün|de|lei; bün|deln; ich ...[e]le (↑R 22); Bün|den (schweiz. Kurzform von: Graubünden); Bun|des_amt, ...an|gestell|ten|ta|rif (Abk.: BAT), ...an-walt, ...aus|bil|dungs|för|derungs|ge|setz (Abk.: BAföG), ...au|to|bahn, ...bahn, ...bank (die; -, -s), ...be|hör|de, ...bru|der, ...bür|ger; bun|des|deutsch; Bundes|deut|sche der u. die; Bun|desebe|ne die; -; auf -; bun|des|ei|gen; Bun|des_ge|biet (das; -[e]s), ...ge|nos|se; bun|des|ge|nös|sisch; Bun|des_ge|richt, ...ge|richts|hof

(der; -[e]s), ...ge|setz|blatt (Abk.: BGBl.), ...grenz|schutz, ...haupt-stadt, ...haus (das; -es), ...ka|bi-nett, ...kanz|ler, ...kri|mi|nal|amt (das; -[e]s), ...la|de (der; -, -n; jüd. Rel.), ...land (Plur. ...länder), ...li|ga (in der Bundesrepublik Deutschland die höchste Spielklasse im Fußball u. a.; die erste, zweite -), ...li|gist (der; -en, -en), ...ma|ri|ne, ...mi|ni|ster, ...post (die; -), ...prä|si|dent, ...pres|se-amt, ...rat, ...rech|nungs|hof, ...re|gie|rung; Bun|des|re|pu|blik Deutsch|land (nichtamtl. Abk.: BRD); bun|des|re|pu|bli|ka-nisch; Bun|des_so|zi|al|ge|richt (das; -[e]s), ...staat (Plur. ...staaten), ...stadt (die; -; schweiz. für: Bern als Sitz von Bundesregierung u. -parlament), ...stra|ße (Zeichen: B, z. B. B 38), ...tag, ...trai|ner, ...ver|dienst|kreuz, ...ver|fas|sungs|ge|richt (das; -[e]s), ...ver|samm|lung (die; -), ...vor|stand, ...wehr (die; -); bun-des|weit; Bund|ho|se (m. Kniebund); bün|dig (bindend; Bauw.: in gleicher Fläche liegend); kurz und -; Bün|dig|keit die; -; bün-disch (der freien Jugendbewegung angehörend); die -e Jugend; Bünd|lein, Bünd|chen; Bünd|ner (schweiz. Kurzform von: Graubündner); Bünd|nis das; -ses, -se; Bünd|nis_block (vgl. Block), ...sy|stem, ...treue, ...ver|trag; Bund_schuh (Bauernschuh im MA.), ...steg (Druckw.)
Bun|ga|low [bú̱nggalo] der; -s, -s ‹Hindi-engl.› (eingeschossiges Wohnhaus mit flachem Dach)
Bun|ge die; -, -n (kleine Fischreuse aus Netzwerk od. Draht)
Bun|ker der; -s, - (Behälter zur Aufnahme von Massengut [Kohle, Erz]; Betonunterstand; Golf: Sandloch); bun|kern (Massengüter in den Bunker füllen; [von Schiffen] Brennstoff aufnehmen); ich ...ere (↑R 22)
Bun|ny [bắni] das; -s, ...ies ‹engl.› (als Häschen kostümierte Serviererin in bestimmten Klubs)
Bun|sen|bren|ner (nach dem Erfinder) (↑R 135)
bunt; -este; - bemalen; ein bunter Abend. Schreibung in Verbindung mit dem 2. Partizip: ein buntge-streiftes Tuch (↑jedoch R 209), aber: das Tuch ist bunt gestreift; in Bunt gekleidet
Bunt_bart|schlüs|sel, ...druck (Plur. ...drucke), ...fern|se|hen, ...film, ...fo|to; bunt_ge|fie|dert, ...ge|mischt; vgl. bunt. Bunt_heit (die; -), ...me|tall, ...pa|pier,

...sand|stein (Gestein; Geol. nur Sing.: unterste Stufe des Trias); bunt_sche|ckig [Trenn.: ...schek-kig], ...schil|lernd; Bunt_specht, ...stift der, ...wä|sche
Bunz|lau (Stadt in Niederschlesien)
Buo|nar|ro|ti, Michelangelo (ital. Künstler)
Burck|hardt (Historiker)
Bür|de die; -, -n
Bu|re der; -n, -n; ↑R 197 (Nachkomme der niederl. u. dt. Ansiedler in Südafrika; Bu|ren-krieg der; -[e]s
Bü|ret|te die; -, -n ‹franz.› (Meßröhre für Flüssigkeiten)
Burg die; -, -en
Bür|ge der; -n, -n (↑R 197); bür-gen
Bur|gen|land das; -[e]s (österr. Bundesland); bur|gen|län|disch
Bur|ger der; -s, - (schweiz. landsch. für: Ortsbürger); Bür-ger; Bür|ger_be|geh|ren (das; -s, -), ...haus; Bür|ge|rin die; -, -nen; Bür|ger_in|i|tia|ti|ve (↑R 180), ...ko|mi|tee, ...krieg; bürger|lich; -e Ehrenrechte; -es Recht, aber (↑R 157): das Bürgerliche Gesetzbuch (Abk.: BGB); Bür-ger|lich|keit die; -; Bür|ger|mei-ster [oft auch: ...ma̱ĭßt'r]; Bür-ger|mei|ste|rei; bür|ger|nah; Bür-ger_nä|he, ...pflicht, ...recht, ...recht|ler, ...schaft; bür|ger-schaft|lich; Bür|ger|schreck der; -s (Mensch mit provozierendem Verhalten); Bür|gers|mann (Plur. ...leute; veralt.); Bür|ger_steig, ...tum (das; -s); Burg|fried (vgl. Bergfried; Burg_frie|de[n], ...gra-ben, ...graf
Burg|hild, Burg|hil|de (w. Vorn.)
Bür|gin die; -, -nen
Burg|mair (dt. Maler)
Bur|gos (span. Stadt)
Bürg|schaft
Burg|thea|ter; ↑R 180 (Name des österr. Staatstheaters in Wien)
Bur|gund (franz. Landschaft und früheres Herzogtum); Bur|gun-de der; -n, -n; ↑R 197 (Angehöriger eines germ. Volksstammes); Bur|gun|der; ↑R 147 (Einwohner von Burgund; franz. Weinsorte; auch für: Burgunde); Bur|gun-der|wein (↑R 151); bur|gun|disch, aber (↑R 146): die Burgundische Pforte
Burg_ver|lies, ...vogt
bu|risch (zu: Bure)
Bur|jä|te der; -n, -n; ↑R 197 (Angehöriger eines mongol. Volksstammes)
Burk|hard (m. Vorn.)
Bur|ki|na Fa|so (Staat in Westafrika, früher Obervolta); Bur|ki-ner; bur|ki|nisch
bur|lesk; -este ‹franz.› (possen-

haft); Bur|les|ke die; -, -n (Posse, Schwank)

Bur|ma (engl. und schweiz. Schreibweise von Birma); Bur|me|se der; -n, -n (↑R 197); bur|me|sisch

Burns [bö̱'nß] (schott. Dichter)

Bur|nus der; - u. -ses, -se ⟨arab.⟩ (Beduinenmantel mit Kapuze)

Bü|ro das; -s, -s ⟨franz.⟩; Bü|ro_an|ge|stell|te, ...be|darf, ...haus, ...klam|mer; Bü|ro|krat der; -en, -en (↑R 197); Bü|ro|kra|tie die; -, ...ien; bü|ro|kra|tisch; -ste; bü|ro|kra|ti|sie|ren; Bü|ro|kra|ti|sie|rung; Bü|ro|kra|tis|mus der; -; Bü|ro|kra|ti|us [...ziuß] (scherzh. für: „Heiliger" des Bürokratismus); heiliger -!; Bü|ro|list der; -en, -en (schweiz. veraltend für: Büroangestellter); Bü|ro_ma|te|ri|al, ...mensch, ...mö|bel, ...schluß (der; ...usses), ...zeit

Bursch der; -en, -en; ↑R 197 (landsch. für: junger Mann; Studentenspr.: Verbindungsstudent mit allen Rechten); Bürsch|chen, Bürsch|lein; Bur|sche der; -n, -n; ↑R 197 (Kerl; Studentenspr. auch für: Bursch); ein toller -; Bur|schen|schaft; Bur|schen|schaf|ter; bur|schen|schaft|lich; bur|schi|kos; -este (burschenhaft ungezwungen, formlos; flott); Bur|schi|ko|si|tät die; -, -en; Bürsch|lein, Bürsch|chen; Bur|se die; -, -n (hist.: Studentenheim)

Bürst|chen, Bürst|lein; Bür|ste die; -, -n; bür|sten; Bür|sten_ab|zug (Druckw.: Probeabzug), ...bin|der, ...haar||schnitt

Bu|run|di (Staat in Afrika); Bu|run|di|er [...i'r]; bu|run|disch

Bür|zel der; -s, -s (Schwanz[wur]zel], bes. von Vögeln)

Bus der; Busses, Busse (Kurzform für: Autobus, Omnibus)

¹Busch, Wilhelm (dt. Humorist); die Buschschen Gedichte (↑R 20)

²Busch der; -[e]s, Büsche; Busch|boh|ne; Büsch|chen, Büsch|lein; Bü|schel das; -s, -; bü|sche|lig, büsch|lig; bü|scheln (südd. u. schweiz. für: zu einem Büschel, Strauß zusammenbinden); ich ...[e]le (↑R 22); bü|schel|wei|se; Bu|schen der; -s, - (südd., österr. ugs. für: [Blumen]strauß); Bu|schen|schank (österr. für: Straußwirtschaft); bu|schig; Busch_hemd, ...klep|per (veralt. für: Strauchdieb); Büsch|lein, Büsch|chen; büsch|lig, bü|sche|lig; Busch_mann (Plur. ...männer, auch: ...leute; Angehöriger eines der Südwestafrika lebenden Eingeborenenvolkes), ...mes|ser das, ...werk, ...wind|rös|chen

Bu|sen der; -s, -; bu|sen|frei; Bu|sen_freund, ...star (ugs.)

Bus_fah|rer, ...hal|te|stel|le

Bu|shel [busch'l] der; -s, -s ⟨engl.⟩ (engl.-amerik. Getreidemaß); 6 -[s] (↑R 129)

bu|sig (ugs.); eine -e Schönheit

Busi|neß [bisniß] das; - ⟨engl.⟩ (Geschäft[sleben])

bus|per (südwestd. u. schweiz. für: munter, lebhaft)

Bus|sard der; -s, -e ⟨franz.⟩ (ein Greifvogel)

Bu|ße die; -, -n (auch: Geldstrafe); bü|ßen (schweiz. auch: jmdn. mit einer Geldstrafe belegen); du büßt (büßest); Bü|ßer; Bü|ßerhemd; Bü|ße|rin die; -, -nen

Bus|serl das; -s, -[n] (bayr., österr. ugs. für: Kuß)

buß|fer|tig; Buß|fer|tig|keit die; -; Buß|geld; Buß|geld|be|scheid

Bus|so|le die; -, -n ⟨ital.⟩ (Magnetkompaß)

Buß_pre|di|ger, ...sa|kra|ment (kath.), ...tag; Buß- und Bet|tag

Bü|ste die; -, -n; Bü|sten|hal|ter (Abk.: BH)

Bu|su|ki die; -, -s ⟨ngriech.⟩ (griech. Lauteninstrument)

Bu|ta|di|en das; -s (ungesättigter gasförmiger Kohlenwasserstoff); Bu|tan das; -s ⟨griech.⟩ (gesättigter gasförmiger Kohlenwasserstoff); Bu|tan|gas (Heizu. Treibstoff)

bu|ten (niederd. für: draußen, jenseits [der Deiche])

Bu|ti|ke die; -, -n ⟨franz.⟩ (kleiner Laden; [schlechte] Kneipe); vgl. auch: Budike u. Boutique; Bu|ti|ker (Besitzer einer Butike)

But|ja|din|gen („buten der Jade") (Halbinsel zwischen der Unterweser u. dem Jadebusen)

But|ler [batl'r] der; -s, - ⟨engl.⟩ (Diener in vornehmen [engl.] Häusern)

Bu|tor [bütor] (franz. Schriftsteller)

But|scher vgl. Buttje[r]

Buts|kopf (Schwertwal)

Butt der; -[e]s, -e (niederd. für: Scholle)

Bütt die; -, -en (landsch. für: faßförmiges Vortragspult für Karnevalsredner); in die - steigen; Butte die; -, -n (südd. u. österr. für: Bütte)

But|tel vgl. Buddel

Büt|tel der; -s, - (veralt. für: Gerichtsbote, Ordnungshüter; heute nur abwertend gebraucht)

Büt|ten das; -s ⟨zu: Bütte⟩ (Papierart); Büt|ten_pa|pier, ...re|de

But|ter die; -; But|ter_blu|me, ...brot; But|ter|brot|pa|pier; Butter|creme, But|ter|krem; But|terfahrt (ugs. für: Schiffsfahrt mit der Möglichkeit, [zollfrei] billig einzukaufen)

But|ter|fly [bat'rflai] der; -s ⟨engl.⟩, But|ter|fly|stil der; -[e]s (Schwimmsport: Schmetterlingsstil)

Buttergebackene das; -n [Trenn.: Butter|gebak|kelne]; but|tergelb; but|te|rig, butt|rig; But|terkrem, But|ter|creme; But|termilch; but|tern; ich ...ere (↑R 22); But|ter|stul|le (nordostd.); but|ter|weich

Butt|je[r], Butt|scher der; -s, -s (nordd. für: Junge, Kind)

Bütt|ner (mitteld. für: Böttcher, Küfer); Bütt|ner|tanz (fränk. für: Schäfflertanz)

But|ton [bat'n] der; -s, -s ⟨engl.amerik.⟩ (runde Ansteckplakette)

butt|rig, butt|le|rig

Bu|tyl|al|ko|hol ⟨griech.; arab.⟩ (chem. Verbindung); Bu|tyl|rome|ter das; -s, - ⟨griech.⟩ (Fettgehaltmesser)

Butz der; -en, -en vgl. ¹Butze; Bütz|chen (rhein. für: Kuß); ¹Butz|ze der; -n, -n (landsch. für: Kobold; Knirps); ²Butz|ze die; -, -n (niederd. für: Verschlag, Wandbett); Butz|ze|mann (Plur. ...männer; Kobold, Kinderschreck); Butz|zen der; -s, - (landsch. für: Kerngehäuse; Verdickung [im Glas]; Bergmannsspr.: unregelmäßige Mineralanhäufung im Gestein); büt|zen (rhein. für: küssen); Butz|zen|schei|be (in der Mitte verdickte [runde] Glasscheibe)

Büx, Bu|xe die; -, -n; Büxen u. Buxen (nordd. für: Hose)

Bux|te|hu|de (Stadt a. d. Este; scherzh. für: Nirgendheim)

Bu|zen|taur der; -en, -en (↑R 197) ⟨griech.⟩ (Untier in der griech. Sage; Prunkschiff der Dogen von Venedig); vgl. Bucintoro

Bu|ze|pha|lus [auch: buzá...] vgl. Bukephalos

BV = [schweizerische] Bundesverfassung

BVG = Berliner Verkehrs-Betriebe (früher: Berliner VerkehrsGesellschaft); Bundesversorgungsgesetz

b. w. = bitte wenden!

BWV = Bach-Werke-Verzeichnis (vgl. d.)

bye-bye! [baibai] ⟨engl.⟩ (ugs. auf Wiedersehen!)

By|pass [baipáß] der; -es, ...pässe ⟨engl.⟩ (Med.: Überbrückung eines krankhaft veränderten Abschnittes der Blutgefäße); Bypass|ope|ra|ti|on

Bys|sus der; - ⟨griech.⟩ (feines Gewebe des Altertums; Haftfäden mancher Muscheln)

Byte [bait] das; -[s], -[s] ⟨engl.⟩ (Datenverarbeitung: Zusammenfassung von 8 Bits)

By|zan|ti|ner (Bewohner von Byzanz; veralt. für: Kriecher, Schmeichler); by|zan|ti|nisch; -e Zeitrechnung, aber (↑R 157): das Byzantinische Reich; By|zan|ti|nis|mus der; - (Kriecherei, unwürdige Schmeichelei); By|zanz (alter Name von: Istanbul)
bz, bez, bez. = bezahlt (auf Kurszetteln)
Bz., Bez. = Bezirk
bzw. = beziehungsweise

C

Vgl. auch **K, Sch** und **Z**

C (Buchstabe); das C; des C, die C, aber: das c in Cäcilie (↑R 82); Buchstabe C, c
c = Cent, Centime; Zenti...
c, C das; -, - (Tonbezeichnung); das hohe C; c (Zeichen für: c-Moll); in c; C (Zeichen für: C-Dur); in C
C = Carboneum (chem. Zeichen für: Kohlenstoff); Celsius (fachsprachl.: °C), Coulomb
C ([Abk. aus lat. centum] röm. Zahlzeichen) = 100
C. = Cajus; vgl. Gajus
Ca = chem. Zeichen für: Calcium
ca. = circa (vgl. zirka)
Ca. = Carcinoma (vgl. Karzinom)
Cab [käb] das; -s, -s ⟨engl.⟩ (einspännige engl. Droschke)
Ca|bal|le|ro [kabaljero, auch: kaw...] der; -s, -s ⟨span.⟩ (span. Edelmann, Ritter; Herr)
Ca|ban [kabang] der; -s, -s ⟨franz.⟩ (kurzer Mantel)
Ca|ba|ret [kabare] vgl. Kabarett
Ca|bo|chon [kaboschong] der; -s, -s ⟨franz.⟩ (ein mugelig rund geschliffener Edelstein)
Ca|brio vgl. Kabrio; Ca|brio|let [kabriole] vgl. Kabriolett
Ca|che|nez [kasch⟨e⟩ne] das; - [...ne(β)], - [...neβ] ⟨franz.⟩ ([seidenes] Halstuch)
Ca|chet [kaschä] das; -s, -s ⟨franz.⟩ (schweiz., sonst veralt. für: Gepräge; Eigentümlichkeit)
Ca|che|te|ro [katsche...] der; -s, -s ⟨span.⟩ (Stierkämpfer, der dem Stier den Gnadenstoß gibt)
Cä|ci|lia [zäzi...], Cä|ci|lie [...i⟨e⟩] (w. Vorn.); Cä|ci|li|en-Ver|band der; -[e]s (Vereinigung für kath. Kirchenmusik)
Cad|die der; -s, -s ⟨engl.⟩ (Junge, der den Golfspielern die Schlägertasche trägt; ⓦ Einkaufswagen im Supermarkt)

Ca|dil|lac ⓦ [franz.: kadijak, engl.: kądiläk] (amerik. Kraftfahrzeugmarke)
Cá|diz [kądi̱th] (span. Hafenstadt u. Provinz)
Cad|mi|um vgl. Kadmium
Cae|li|us [zä...] der; - (Hügel in Rom)
Cae|sar [zäsar] vgl. ¹Cäsar
Ca|fé [kafe̱] das; -s, -s ⟨franz.⟩ (Kaffeehaus, -stube); vgl. Kaffee; Ca|fé com|plet [kafekongplä] der; - -, -s -s ⟨schweiz. für: Kaffee mit Milch, Brötchen, Butter und Marmelade); Ca|fé crème [kafekräm] der; - -, -s - ⟨schweiz. für: Kaffee mit Sahne); Ca|fe|te|ria [kafeteria] die; -, -s u. ...ien [...i⟨e⟩n] ⟨amerik.-span.⟩ (Café od. Restaurant mit Selbstbedienung)
Ca|fe|tier [...tie] der; -s, -s ⟨franz.⟩ (veralt. für: Kaffeehausbesitzer); Ca|fe|tie|re [...tier⟨e⟩] die; -, -n (veralt. für: Kaffeehauswirtin; auch für: Kaffeekanne)
Ca|glio|stro [kaljoβtro] (ital. Abenteurer)
Ca|is|sa (Göttin des Schachspiels)
Cais|son [käßong] der; -s, -s ⟨franz.⟩ (Senkkasten für Bauarbeiten unter Wasser)
Ca|jus (vorklassische Schreibung von: Gajus; vgl. d.)
cal = Kalorie
Cal., Calif. = California; vgl. Kalifornien
Ca|lais [kalä] (franz. Stadt)
Ca|la|ma|res Plur. ⟨span.⟩ (Gericht aus Tintenfischstückchen); vgl. ¹Kalmar
ca|lan|do ⟨ital.⟩ (Musik: an Tonstärke u. Tempo gleichzeitig abnehmend)
Ca|lau (Stadt in der Niederlausitz)
Cal|be (Saa|le) (Stadt an der unteren Saale); vgl. aber: Kalbe (Milde)
Calci... usw. vgl. Kalzi... usw.
Cal|de|rón (span. Dichter)
Cal|em|bour, Cal|em|bourg [kalangbur] der; -s, -s ⟨franz.⟩ (veralt. für: Wortspiel; Kalauer)
Ca|li|ban [ka̱..., auch in engl. Aussprache: kä̱liban] vgl. Kaliban
Calif. vgl. Cal.; Ca|li|for|ni|um das; -s (stark radioaktiver chem. Grundstoff, ein Transuran; Zeichen: Cf)
Ca|li|gu|la (röm. Kaiser)
Ca|lix|tus vgl. Kalixt[us]
Cal|la die; -, -s ⟨griech.⟩ (eine Zierpflanze)
Call|boy [kålbeu] der; -s, -s ⟨engl.⟩ (männliches Gegenstück zum Callgirl); Call|girl [kålgö̱rl] das; -s, -s (Prostituierte, die auf telefonischen Anruf hin kommt od. jmdn. empfängt)
Cal|mette [kalmät] (franz. Bakte-

riologe); vgl. BCG-Schutzimpfung
Cal|tex ⓦ (Kraftstoffmarke)
Cal|va|dos [kalw...] der; -, - ⟨franz.⟩ (ein Apfelbranntwein)
Cal|vin [kalwi̱n, österr.: kal...] (Genfer Reformator); cal|vi|nisch usw. vgl. kalvinisch usw.
Calw [kalf] (Stadt a. d. Nagold); Cal|wer [kalw⟨e⟩r] (↑R 147)
Ca|lyp|so [kali...] der; -[s], -s (volkstüml. Gesangsform der afroamerikanischen Musik Westindiens; Tanz im Rumbarhythmus); vgl. aber: Kalypso
Ca|margue [kamarg] die; - (südfranz. Landschaft)
Cam|bridge [ke̱'mbridsch] (engl. u. nordamerik. Ortsn.)
Cam|burg (Stadt a. d. Saale)
Ca|mem|bert [kamangbär, auch: kám⟨e⟩mbär] der; -s, -s (ein Weichkäse)
Ca|me|ra ob|scu|ra [- opβku̱ra] die; - -, ...rae [...rä] ...rae [...rä] ⟨lat.⟩ (Lochkamera)
Ca|mil|la (w. Vorn.); Ca|mil|lo [ital.] m. Vorn.)
Ca|mion [kamiong] der; -s, -s ⟨franz.⟩ (schweiz. für: Lastkraftwagen); Ca|mion|na|ge [kámionaseh⟨e⟩] die; - vgl. Bahncamionnage; Ca|mion|neur [kámionö̱r] der; -s, -e; vgl. Bahncamionneur
Ca|mões [kamongisch] (port. Dichter)
Ca|mor|ra vgl. Kamorra
Ca|mou|fla|ge [kamuflaseh⟨e⟩] die; -, -n ⟨franz.⟩ (veralt. für: Tarnung); ca|mou|flie|ren
Camp [kämp] das; -s, -s ⟨engl.⟩ ([Feld-, Gefangenen]lager)
Cam|pa|gna [kampanja] die; - (ital. Landschaft)
Cam|pa|ni|le vgl. Kampanile
Cam|pa|ri ⓦ der; -s, -s ⟨ital.⟩ (ein Bitterlikör)
Cam|pe|che|holz [kampätsch⟨e⟩...] vgl. Kampescheholz
cam|pen [käm...] ⟨engl.⟩ (im Zelt od. Wohnwagen leben); Cam|per; Cam|pe|si|no [kam...] der; -s, -s ⟨span.⟩ (armer Landarbeiter, Bauer [in Spanien u. Südamerika]); Cam|ping [käm...] das; -s ⟨engl.⟩ (Leben auf Zeltplätzen im Zelt od. Wohnwagen, Zeltleben); Cam|ping.ar|ti|kel, ...aus|rü|stung, ...bus, ...füh|rer, ...platz; Cam|pus [ka̱...; auch in engl. Aussprache: kämp'β] der; -, - ⟨amerik.⟩ (Universitätsgelände, bes. in den USA)
Ca|mus [kamü] (franz. Dichter)
Ca|na|da [engl. Schreibung von: Kanada)
Ca|nail|le vgl. Kanaille
Ca|na|let|to (ital. Maler)
Ca|na|sta das; -s ⟨span.⟩ (ein Kartenspiel)

Ca|na|ve|ral vgl. Kap Canaveral

Can|ber|ra [*känb'r*ʳ] (Hptst. des Austral. Bundes)

Can|can [*kangkang*] *der;* -s, -s ⟨franz.⟩ (ein Tanz)

cand. = candidatus; vgl. Kandidat

Can|del|la *die;* -, - ⟨lat.⟩ (Lichtstärkeeinheit; Zeichen: cd)

Can|di|da (w. Vorn.); Can|di|dus (m. Vorn.)

Ca|net|ti, Elias (deutschsprachiger Schriftsteller)

Can|na *der;* -, -s ⟨sumer.-lat.⟩ (eine Zierpflanze)

Can|na|bis *der;* - ⟨griech.-lat.⟩ (Hanf; auch [bes. amerik.] für: Haschisch u. Marihuana)

Can|nae vgl. Kannä

Can|nel|lo|ni *Plur.* ⟨ital.⟩ (gefüllte Röllchen aus Nudelteig)

Cannes [*kan*] (Seebad an der Côte d'Azur)

Cann|statt, Bad (Stadtteil von Stuttgart); Cann|stat|ter (↑R 147); - Wasen (Volksfest)

Ca|ñon [*kanjon* od. *kanjon*] *der;* -s, -s ⟨span.⟩ (enges, tief eingeschnittenes Tal, bes. im westl. Nordamerika)

Ca|no|pus vgl. ²Kanopus

Ca|nos|sa (Ort u. Burg im Nordapennin); vgl. Kanossa

Can|stein|sche Bi|bel|an|stalt *die;* -n - ⟨nach dem Gründer Frhr. von Canstein⟩

can|ta|bi|le ⟨ital.⟩ (Musik: gesangartig, ausdrucksvoll); Can|ta|te vgl. ²Kantate

Can|ter|bu|ry [*känt'rb'ri*] (engl. Stadt)

Can|tha|ri|din vgl. Kantharidin

Can|to *der;* -s, -s ⟨ital.⟩ (Gesang); Can|tus fir|mus *der;* - -, - [*kántuß*] ...mi (Hauptmelodie eines mehrstimmigen Chor- od. Instrumentalsatzes)

Cape [*kep*] *das;* -s, -s ⟨engl.⟩ (ärmelloser Umhang); Ca|pea|dor *der;* -s, -es (↑R 180) ⟨span.⟩ (Stierkämpfer, der den Stier mit dem Mantel reizt)

Ca|pel|la vgl. Kapella

Cap|puc|ci|no [*kaputschino*] *der;* -[s], -[s] ⟨ital.⟩ (Kaffeegetränk)

Ca|pri (Insel im Golf von Neapel)

Ca|pric|cio, (auch:) Ka|pric|cio [*kapritscho*] *das;* -s, -s ⟨ital.⟩ (scherzhaftes, launiges Musikstück); ca|pric|cio|so [*kapritschoso*] (Musik: scherzhaft, launig, kapriziös); Ca|pri|ce vgl. Kaprice

Cap|ta|tio be|ne|vo|len|tiae [*kaptazio benewolänziä*] *die;* - - ⟨lat.⟩ (Redewendung, mit der man das Wohlwollen des Publikums zu gewinnen sucht)

Ca|pua (ital. Stadt)

Ca|pu|let|ti *Plur.;* vgl. Montecchi

Ca|put mor|tu|um [- ...*tuum*] *das;* - - ⟨lat.⟩ (Eisennot, rote Malerfarbe; veralt. für: Wertloses)

Car *der;* -s, -s ⟨franz.⟩ (schweiz. Kurzform für: Autocar, Reiseomnibus)

Ca|ra|bi|nie|re vgl. Karabiniere

Ca|ra|cal|la (röm. Kaiser)

Ca|ra|cas (Hptst. Venezuelas)

ca|ram|ba! ⟨span.⟩ (ugs. für: Donnerwetter!, Teufel!)

Ca|ra|van [*karawan*, auch: *karawan*, seltener: *kär'wän* od. *kär'wän*] *der;* -s, -s ⟨engl.⟩ (kombinierter Personen- u. Lastenwagen; Wohnwagen); Ca|ra|va|ner; Ca|ra|va|ning *das;* -s (Leben im Wohnwagen)

Car|bid vgl. Karbid

Car|bo... usw. vgl. Karbo... usw.; Car|bo|ne|um *das;* -s ⟨lat.⟩ (veralt. Bez. für: Kohlenstoff, chem. Grundstoff; Zeichen: C)

Car|bo|run|dum ⓦ vgl. Karborund

Car|ci|no|ma vgl. Karzinom

Car|di|gan *der;* -s, -s ⟨engl.⟩ (lange Damenstrickweste)

CARE [*kär*] (= Cooperative for American Remittances to Europe; amerik. Hilfsorganisation) care of [*kär* -] ⟨engl.⟩ (in Briefanschriften usw.: wohnhaft bei ...; Abk.: c/o)

Ca|re|pa|ket [*kär*...] (vgl. CARE)

Ca|ri|na vgl. Karina

Ca|ri|oca *die;* -, -s (↑R 180) ⟨indian.-port.⟩ (lateinamerik. Tanz)

Ca|ri|tas *die;* - (Kurzbez. für den Deutschen Caritasverband der kath. Kirche); vgl. Karitas

Car|los (span. m. Eigenn.)

Car|lyle [*ka'láil*] (schott. Schriftsteller u. Historiker)

Car|ma|gno|le [*karmanjol'*] *die;* -, -n (franz. Revolutionslied [*Sing.*]; auch: ärmellose, locker hängende Jacke der [Jakobiner])

Car|men (w. Vorn.)

Car|nal|lit vgl. Karnallit

Car|ne|gie [*ka'nägi*] (nordamerik. Milliardär); Car|ne|gie Hall [*ka'nägi häl*] *die;* - - (Konzerthalle in New York)

Car|net [de pas|sa|ges] [*karnä* (*d'* *paßasch'*)] *das;* - - -, -s [*karnä*] - - (Sammelheft von Triptiks für Kraftfahrzeuge)

Car|not|zet [...*zät*, auch: ...*zä*] *das;* -s, -s ⟨franz. mdal.⟩ (kleine Kellerschenke [in der französischen Schweiz])

Ca|ro|la vgl. Karola

Ca|ros|sa (dt. Dichter)

Ca|ro|tin vgl. Karotin

Car|pen|ter|brem|se vgl. Kar...

Car|ra|ra (ital. Stadt); Car|ra|rer; car|ra|risch; -er Marmor

Car|roll [*kär'l*], Lewis [*luiß*] (engl. Schriftsteller)

Car|sten vgl. Karsten

Car|sten|s (fünfter dt. Bundespräsident)

Carte blanche [*kart blangsch*] *die;* - -, -s -s [*kart blangsch*] ⟨franz.⟩ (unbeschränkte Vollmacht)

car|te|sia|nisch (↑R 180), car|te|sisch vgl. kartesianisch, kartesisch; Car|te|si|us (lat. Schreibung von: Descartes)

Car|tha|min vgl. Karthamin

Car|toon [*kartun*] *der* od. *das;* -[s], -s ⟨engl.⟩ (Karikatur, Witzzeichnung; kurzer Comic strip); Car|too|nist *der;* -en, -en; ↑R 197 (Cartoonzeichner)

Ca|ru|so (ital. Sänger)

Ca|sa|blan|ca (Stadt in Marokko)

Ca|sals (span. Cellist)

¹Ca|sa|no|va [*kaßanowa*] (ital. Abenteurer, Schriftsteller u. Frauenheld); ²Ca|sa|no|va [*kasa...*] *der;* -[s], -s (ugs. für: Frauenheld, -verführer)

¹Cä|sar [*zä*...] (röm. Feldherr u. Staatsmann; m. Vorn.); ²Cä|sar *der;* Cäsaren, Cäsaren; ↑R 197 (Ehrenname der römischen Kaiser); Cä|sa|ren|wahn; cä|sa|risch (kaiserlich; selbstherrlich); Cä|sa|ris|mus *der;* - (unbeschränkte [despotische] Staatsgewalt); Cä|sa|ro|pa|pis|mus *der;* - (Staatsform, bei der der weltl. Herrscher zugleich geistl. Oberhaupt ist)

cash [*käsch*] ⟨engl.⟩ (engl. für: bar); Cash *das;* - ⟨engl. Bez. für: Kasse, Barzahlung); Cash-and-car|ry-Klau|sel [*käsch'ndkäri*...] *die;* - (Überseehandel: Klausel, nach der der Käufer die Ware bar bezahlen u. im eigenen Schiff abholen muß)

Ca|shew|nuß [*käschu*...] *die;* -, ...nüsse ⟨port.-engl.⟩ (trop. Nußsorte)

Cash-flow [*käschfloᵘ*] *der;* -s ⟨engl.⟩ (Wirtsch.: Überschuß nach Abzug aller Unkosten)

Ca|si|mir vgl. Kasimir

Cä|si|um, (chem. fachspr.:) Cae|sium [*zä*...] *das;* -s ⟨lat.⟩ (chem. Grundstoff, Metall; Zeichen: Cs)

Cas|sa|ta *die;* -, -s (Speiseeisspezialität)

Cas|sio|peia vgl. ²Kassiopeia

Cas|si|us (Name eines röm. Staatsmannes)

Ca|stel Gan|dol|fo (ital. Stadt am Albaner See; Sommerresidenz des Papstes)

Ca|stor vgl. Kastor

Ca|stries [*kaßtriß* u. *kaßtri*] (Hptst. von St. Lucia)

Ca|stro, Fidel (kuban. Politiker)

Ca|sus bel|li *der;* - -, - [*käsuß*] - ⟨lat.⟩ (Kriegsfall; Grund für einen Konflikt); Ca|sus ob|li|quus

der; - -, - [kásuß] ...qui (Sprachw.:
abhängiger Fall, z. B. Genitiv,
Dativ, Akkusativ); Ca|sus rec|tus
der; - -, - [kásuß] ...ti (Sprachw.:
unabhängiger Fall, Nominativ);
Ca|ta|nia (Stadt auf Sizilien)
Cat|boot [kät...] das; -[e]s, -e
⟨engl.; dt.⟩ (kleines Segelboot)
Catch-as-catch-can [kätsch's-
kätschkän] das; - ⟨amerik.⟩ (Frei-
stilringkampf); cat|chen [kät-
sch'n]; Cat|cher [kätsch'r]
Catch|up vgl. Ketchup
Ca|te|nac|cio [katenátscho] der; -[s]
⟨ital.⟩ (Verteidigungstechnik im
Fußball)
Cal|ter|pil|lar [kät'rpil'r] der; -s, -[s]
⟨engl.⟩ (Raupenschlepper)
Cat|gut vgl. Katgut
Ca|ti|li|na (röm. Verschwörer);
vgl. katilinarisch
Ca|to (röm. Zensor)
Cat|ta|ro (ital. Name von: Kotor)
Ca|tull, Ca|tul|lus (röm. Dichter)
Cau|dil|lo [kaudiljo] der; -[s], -s
⟨span.⟩ (Diktator)
Cau|sa die; -, ...sae [...sä] ⟨lat.⟩
(Grund, Ursache, [Streit]sache);
Cause cé|lè|bre [kosßeläbr] die;
- -, - -s -s [kosßeläbr] ⟨franz.⟩ (berühmter Rechtsstreit; berüchtig-
te Angelegenheit); Cau|seur [ko-
sör] der; -s, -e (veralt. für: unter-
haltsamer Plauderer)
ca|ve ca|nem! [kawe -] ⟨lat.⟩ („hüte
dich vor dem Hund!"; Inschrift
auf der Tür od. Schwelle altröm.
Häuser)
Ca|vour [kawur] (ital. Staatsmann)
Ca|yenne [kajän] (Hptst. von
Französisch-Guayana); Ca-
yenne|pfef|fer; ↑ R 149 (ein schar-
fes Gewürz)
CB = Citizen-Band [ßitis'n bänd]
⟨engl.-amerik.⟩ (für den privaten
Funkverkehr freigegebener Wel-
lenbereich); CB-Funk [zebe...]
cbkm (früher für: km³) = Kubikkilometer
cbm (früher für: m³) = Kubikmeter
CC =Corps consulaire
ccm (früher für: cm³) = Kubikzentimeter
cd = Candela
Cd = chem. Zeichen für: Cadmi-
um
CD = Corps diplomatique
cdm (früher für: dm³) = Kubikdezimeter
CD-Plat|te (zu engl. compact
disc) (Kompaktschallplatte);
CD-Spie|ler (Plattenspieler für
CD-Platten)
CDU = Christlich-Demokrati-
sche Union (Deutschlands)
C-Dur [zedur, auch: zedúr] das; -
(Tonart; Zeichen: C); C-Dur-
Ton|lei|ter (↑ R 41)
Ce = chem. Zeichen für: Cer

Ce|dil|le [ßedij'] die; -, -n ⟨franz.⟩
(franz. Zeichen für die Ausspr.
von c als stimmloses s vor a, o, u:
ç)
Cel|le|bes [zele..., auch: zele...] (ei-
ne der Großen Sundainseln)
Cel|le|sta [tsche...] die; -, -s u.
...sten ⟨ital.⟩ (ein Tasteninstrument)
Cel|li|bi|da|che [tschelibidake] (ru-
män. Dirigent)
Cel|la [zäla] die; -, Cellae [...ä]
(Hauptraum im antiken Tempel;
Med. für: Zelle)
Cel|le [zäl'] (Stadt an der Aller);
Cel|ler (↑ R 147); cel|lisch,
(auch:) cel|lesch
Cel|li|ni [tschä...] (ital. Gold-
schmied u. Bildhauer)
Cel|list [(t)schä...] der; -en, -en
(↑ R 197) ⟨ital.⟩ (Cellospieler);
Cel|lo das; -s, -s u. ...lli (Kurz-
form für: Violoncello)
Cel|lo|phan Ⓦ [...fan] das; -s u.
Cel|lo|pha|ne Ⓦ die; - ⟨lat.;
griech.⟩ (glasklare Folie); cel|lo-
pha|nie|ren; Cel|lu|loid vgl. Cel-
luloid; Cel|lu|lo|se vgl. Zellulose
Cel|si|us [zäl...] ⟨nach dem Schwe-
den Anders Celsius⟩ (Einheit der
Grade beim 100teiligen Thermometer; Zeichen: C; fachspr.:
°C); 5° C (fachspr.: 5 °C)
Cem|ba|lo [tschäm...] das; -s, -s u.
...li ⟨ital.; kurz für: Clavicemba-
lo⟩ (ein Tasteninstrument)
Ce|no|man [zeno...] das; -s ⟨nach
der röm. Stadt Cenomanum =
Le Mans⟩ (Geol.: Stufe der Krei-
deformation)
Cent [ßänt] der; -[s], -[s] ⟨engl.⟩
(Münze; Abk.: c u. ct, im Plur.:
cts; Zeichen: ¢); 5 - (↑ R 129)
Cen|ta|vo [ßäntawo] der; -[s], -[s]
⟨port. u. span.⟩ (Münze in Süd- u.
Mittelamerika usw.)
Cen|ter [ßänt'r] das; -s, - ⟨amerik.⟩
(Geschäftszentrum; Großein-
kaufsanlage)
Cen|te|si|mo [tschän...] der; -[s]
...mi ⟨ital.⟩ (ital. Münze)
Cen|té|si|mo [ßänte...] der; -[s], -[s]
⟨span.⟩ (Münze in Chile, Pana-
ma, Uruguay)
Cen|time [ßangtim] der; -s, -s
[...tim(ß)] ⟨franz.⟩ (belg., franz.,
luxemb. usw. Münze; schweiz.
veraltend neben: Rappen; Abk.:
c, ct, im Plur.: ct[s], schweiz. nur:
Ct.)
Cén|ti|mo [ßän...] der; -[s], -[s]
⟨span.⟩ (Münze in Spanien, Mit-
tel- u. Südamerika)
Cen|tre Court [ßänt'r kå't] der;
- -s, - -s ⟨engl.⟩ (Hauptplatz großer Tennisanlagen)
Cephe|us vgl. ²Kepheus
Cer [zer] das; -s ⟨lat.⟩ (chem.
Grundstoff, Metall; Zeichen:
Ce)

Cer|be|rus vgl. Zerberus
Cer|cle [ßärk'l] der; -s, -s ⟨franz.⟩
(Empfang [bei Hofe]; vornehmer
Gesellschaftskreis; österr. auch:
die ersten Reihen im Theater u.
Konzertsaal); - halten; Cer|cle-
sitz (österr. für: Sitz im Cercle)
Ce|rea|li|en [zereali'n] Plur.
(↑ R 180) ⟨lat.⟩ (altröm. Fest zu
Ehren der Ceres); vgl. aber:
Zerealie
Ce|re|bel|lum vgl. Zerebellum;
Ce|re|brum vgl. Zerebrum
Ce|res [zeräß] (röm. Göttin der
Feldfrucht u. des Wachstums)
Ce|re|sin vgl. Zeresin
ce|ri|se [ß'ris] ⟨franz.⟩ (kirschrot)
Cer|to|sa [tschär...] die; -, ...sen
⟨ital.⟩ (Kloster der Kartäuser in
Italien)
Cer|van|tes [ßärwantäß] (span.
Dichter)
Cer|ve|lat [ßärw'la] der; -s, -s
⟨franz.⟩ (schweiz. für: Brühwurst
aus Rindfleisch mit Schwarten
und Speck); vgl. Servela u. Zer-
velatwurst
ces, Ces [zäß] das; -, - (Tonbezeichnung); Ces (Zeichen für:
Ces-Dur); in Ces; Ces-Dur
[auch: zäßdur] das; - (Tonart;
Zeichen: Ces); Ces-Dur-Ton|lei-
ter (↑ R 41)
ce|te|ris pa|ri|bus [ze... -] ⟨lat.⟩ (un-
ter [sonst] gleichen Umständen
od. Bedingungen)
Ce|te|rum cen|seo [ze... zän...] das;
- - ⟨lat.⟩ („übrigens meine ich";
stets betonte Ansicht)
Če|vap|čí|či [tschewaptschitschi]
Plur. (serbokroat.) (gegrillte
Hackfleischröllchen)
Ce|ven|nen [ßew...] Plur. (franz.
Gebirge)
Cey|lon [zailon, österr.: ze'lon]
(früherer Name von: Sri Lanka);
Cey|lo|ne|se der; -n, -n (↑ R 197);
cey|lo|ne|sisch; Cey|lon|tee
Cé|zanne [ßesan] (franz. Maler)
cf = cost and freight [koßt 'nd
fre't] ⟨engl.⟩ (Klausel im Überseehandel: Verladekosten und
Fracht sind im Preis eingeschlossen)
Cf = chem. Zeichen für: Californi-
um
cf., cfr. = confer!
cg = Zentigramm
CGS-Sy|stem das; -s (intern.
Maßsystem, das auf den Grundeinheiten Zentimeter [C],
Gramm [G] u. Sekunde [S] aufge-
baut ist; vgl. MKS-System)
CH = Confoederatio Helvetica
Cha|blis [schabli] der; - [...i(ß)], -
[...iß] ⟨franz.⟩ (franz. Weißwein)
Cha-Cha-Cha [tschatschatscha]
der; -[s], -s (ein Tanz)
Cha|co vgl. Gran Chaco
Cha|conne [schakon] die; -, -s u. ...

[...*nᵉn*] ⟨franz.⟩ u. Cia|co|na [*tschakona*] *die; -, -s* ⟨ital.⟩ (ein Tanz; Instrumentalstück)
Cha|gall [*schagal*] (russ. Maler)
Cha|grin [*schagräng*] *das; -s* ⟨franz.⟩ (Narbenleder; veralt. für: Gram, Kummer); **cha|gri|nie|ren** [*schagrinírᵉn*] (Leder künstlich mit Narben versehen); **Cha|grin|le|der** [*schagräng...*]
Chai|ne [*schänᵉ*] *die; -, -n* ⟨franz.⟩ (Kettfaden)
Chair|man [*tschä'mᵉn*] *der; -, ...men* ⟨engl.⟩ (engl. Bez. für: Vorsitzender)
Chai|se [*schäs'*] *die; -, -n* ⟨franz.⟩ (veralt. für: Stuhl, Sessel; ugs. abwertend für: altes Auto); **Chai|se|longue** [*schäs'lọng*] *die; -, -n*; ugs. auch: *das; -s, -s* (gepolsterte Liege mit Kopflehne)
Chal|däa [*kal...*] (Babylonien); **Chal|dä|er** (Angehöriger eines aramäischen Volksstammes); **chal|dä|isch**
Cha|let [*schalẹ, ...lä*] *das; -s, -s* ⟨franz.⟩ (Sennhütte; Landhaus)
Chal|ki|di|ke [*chal...*] *die; -* (nordgriech. Halbinsel)
Chal|ko|che|mi|gra|phie¹ [*chalko...*] *die; -* ⟨griech.⟩ (Metallgravierung)
Chal|len|ger [*tschäl'ndsch'r*] *die; -* ⟨engl.⟩ („Herausforderer"; Name einer amerik. Raumfähre)
Chal|ze|don [*kal...*] *der; -s, -e* (ein Mineral)
Cham [*kạm*] (Stadt am Regen u. Stadt am Zuger See)
Cha|ma|de vgl. Schamade
Cha|mä|le|on [*ka...*] *das; -s, -s* ⟨griech.⟩ (Echse, die bei Gefahr ihre Hautfarbe wechselt); **cha|mä|le|on|ar|tig**
Cha|ma|ve [*chamaw'*] *der; -n, -n*; ↑ R 197 (Angehöriger eines germ. Volksstammes)
Cham|ber|lain [*tsche'mb'rlin*] (engl. Familienn.)
Cham|bre sé|pa|rée [*schangbr' ßepạrẹ*] *das; - -, -s -s* [*schangbr' ßepạrẹ*] ⟨franz.⟩ (kleiner Nebenraum für ungestörte Zusammenkünfte)
Cha|mis|so [*scha...*] (dt. Dichter)
cha|mois [*schamoạ*] ⟨franz.⟩ (gemsfarben, gelbbräunlich); ein - Hemd; vgl. blau; **Cha|mois** *das; -* (chamois Farbe; weiches Gemsen-, Ziegen-, Schafleder); in -; **Cha|mois|le|der**
Cham|pa|gne [*schangpanj'*] *die; -* (franz. Landschaft); **Cham|pa|gner** [*schampanj'r*] (ein Schaumwein); **cham|pa|gner|far|ben, cham|pa|gner|far|big**; **Cham|pa|gner|wein**; **Cham|pi|gnon** [*schạmpinjong*] *der; -s, -s* (ein

Edelpilz); **Cham|pi|on** [*tschäm-pj'n*, auch: *schangpiọng*] *der; -s, -s* ⟨engl.⟩ (Meister in einer Sportart); **Cham|pio|nat** [*scham...*] *das; -[e]s, -e* ⟨franz.⟩ (Meisterschaft in einer Sportart)
Champs-Ély|sées [*schangselisẹ*] *Plur.* (eine Hauptstraße in Paris)
Chan|ce [*schạngß'*, auch: *schạngß*] *die; -, -n* ⟨franz.⟩ (günstige Möglichkeit, Gelegenheit); vgl. auch: ¹Schanze; **Chan|cen|gleich|heit** *die; -* (Päd.)
Chan|cel|lor [*tschạnß'l'r*] *der; -s, -s* ⟨engl.⟩ (Bez. für den Kanzler in England)
Change [*schạngsch*] *die; -* ⟨franz.⟩ u. [*tsche'ndsch*] *der; -* ⟨engl.⟩ (franz. u. engl. Bez. für: Tausch, [Geld]wechsel); **chan|geant** [*schangsehang*] ⟨franz.⟩ (von Stoffen: in mehreren Farben schillernd); **Chan|geant** *der; -[s], -s* (schillernder Stoff; Edelstein mit schillernder Färbung); **chan|gie|ren** [*schangsehir'n*] (schillern [von Stoffen]; Reitsport: vom Rechts- zum Linksgalopp übergehen; Jägerspr.: von der Fährte wechseln [vom Jagdhund])
Chan|son [*schangßọng*] *das; -s, -s* ⟨franz.⟩ ([Kabarett]lied); **Chan|so|net|te**, (nach franz. Schreibung auch:) **Chan|son|net|te** [*schangßo...*] *die; -, -n* (Chansonsängerin; kleines Chanson); **Chan|son|nier** [*schangßọnie*] *der; -s, -s* (Chansonsänger, -dichter)
Cha|os [*kạọß*] *das; -* ⟨griech.⟩ (Durcheinander, Auflösung aller Ordnungen); **Cha|ot** [*ka...*] *der; -en, -en* (polit. Chaos erstrebender Radikaler); **cha|o|tisch** (↑ R 180)
Cha|peau [*schapọ*] *der; -s, -s* ⟨franz.⟩ (scherzh. für: Hut); **Chapeau claque** [*schapoklạk*] *der; - -, -x -s* [*schapoklạk*] (Klappzylinder)
Chap|lin [*tschäplin*], Charlie (engl. Filmschauspieler, Autor u. Regisseur); **Chap|li|na|de** [*tscha...*] *die; -, -n* (komischer Vorgang [wie in Chaplins Filmen]); **chap|li|nesk**
Cha|ra|de vgl. Scharade
Cha|rak|ter [*ka...*] *der; -s, ...ere* ⟨griech.⟩; **Cha|rak|ter.an|la|ge, ...bild, ...bil|dung, ...dar|stel|ler, ...ei|gen|schaft, ...feh|ler; cha|rak|ter|fest; -este; **Cha|rak|ter|fe|stig|keit** *die; -*; **cha|rak|te|ri|sie|ren; Cha|rak|te|ri|sie|rung; Cha|rak|te|ri|stik** *die; -, -en* (Kennzeichnung; [eingehende, treffende] Schilderung); **Cha|rak|te|ri|sti|kum** *das; -s, ...ka* (bezeichnende, hervorstechende Eigenschaft); **cha|rak|te|ri|stisch** -ste; -e Funktion (Math.); **cha-

rak|te|ri|sti|scher|wei|se; Cha|rak|ter.kopf, ...kun|de (*die; -*; für: Charakterologie); **cha|rak|ter|lich; cha|rak|ter|los**; -este; **Cha|rak|ter|lo|sig|keit; Cha|rak|te|ro|lo|gie** *die; -* (Charakterkunde, Persönlichkeitsforschung); **cha|rak|te|ro|lo|gisch; Cha|rak|ter.rol|le, ...schwä|che, ...stär|ke, ...stu|die; cha|rak|ter|voll; Cha|rak|ter|zug**
Char|ge [*scharsch'*] *die; -, -n* ⟨franz.⟩ (Amt; Rang; Militär: Dienstgrad; Technik: Ladung, Beschickung [von metallurgischen Öfen]; Theater: [stark ausgeprägte] Nebenrolle); **char|gie|ren** [*scharsehir'n*] (Technik: beschicken; Theater: eine Charge spielen); **Char|gier|te** *der; -n, -n*; ↑ R 7 ff. (Mitglied des Vorstandes einer stud. Verbindung)
Cha|ris [auch: *chạriß*] *die; -, ...iten* (meist *Plur.*) ⟨griech.⟩ (griech. Göttin der Anmut [Aglaia, Euphrosyne, Thalia]); **Cha|ris|ma** [auch: *cha... u. ...riß...*] *das; -s, ...rismen u. ...rismata* (besondere Ausstrahlung); **cha|ris|ma|tisch**; **Cha|ri|té** [*scharitẹ*] *die; -, -s* ⟨franz.⟩ („christliche [Nächsten]liebe"; Name von Krankenhäusern); **Cha|ri|ten** vgl. Charis; **Cha|ri|tin** [*cha...*] *die; -, -nen* ⟨griech.⟩ (svw. Charis)
Cha|ri|va|ri [*schariwari*] *das; -s, -s* ⟨franz.⟩ (veralt. für: Durcheinander; Katzenmusik; bayr. für: [Anhänger für die] Uhrkette)
Char|kow [*charkof*, auch: *ch...*] (Stadt in der UdSSR)
Charles [franz.: *scharl*, engl.: *tschạ'ls*] (franz. u. engl. Form von: Karl)
Charles|ton [*tschạ'lßt'n*] *der; -, -s* ⟨engl.⟩ (ein Tanz)
Char|ley, Charlie [*tschạ'li*] (Koseformen von: Charles [engl.])
Char|lot|te [*schar...*] (w. Vorn.); **Char|lot|ten|burg** (Stadtteil Berlins); vgl. Berlin
char|mant [*schar...*]; -este ⟨franz.⟩; (eindeutschend:) **schar|mant; Charme** [*scharm*] *der; -s*; (eindeutschend:) **Scharm** (bezauberndes Wesen, Liebenswürdigkeit); **Char|meur** [...*ör*] *der; -s, -e* (charmanter Plauderer); **Charmeuse** [*scharmös*] *die; -* (maschenfeste Wirkware [aus Kunstseide])
Cha|ron [*charon*] (in der griech. Sage Fährmann in der Unterwelt)
Chart [*tschạrt*] *der* od. *das; -s, -s* ⟨engl.⟩ (grafische Darstellung von Zahlenreihen); vgl. Charts
Char|ta [*karta*] *die; -, -s* ⟨lat.⟩ ([Verfassungs]urkunde, [Staats]grundgesetz); **Char|te** [*schạrt'*]

---

¹ Auch eindeutschend: ...grafie.

die; -, -n ⟨franz.⟩ (wichtige Urkunde im Staats- u. Völkerrecht)
Char|ter [(t)schar...] die; -, -n (auch:) der; -s, -s ⟨engl.⟩ (Freibrief, Urkunde; Frachtvertrag); **Char|te|rer** (Mieter eines Schiffes od. Flugzeuges); **Charter.flug,** ...**ge|schäft,** ...**ge|sellschaft,** ...**ma|schi|ne; char|tern** (ein Schiff od. Flugzeug mieten); ich ...ere (↑ R 22); **gechartert**
Char|tres [schartrᵉ] (franz. Stadt)
¹Char|treu|se [schartrös̈] die; - ⟨franz.⟩ (Hauptkloster des Kartäuserordens); **²Char|treu|se** Ⓦ der; - (Kräuterlikör der Mönche von ¹Chartreuse); **³Char|treu|se** die;-, -n (Pudding aus Gemüse u. Fleischspeisen)
Charts [tscharz] Plur. ⟨engl.⟩ (Liste[n] der beliebtesten Schlager)
Cha|ryb|dis [cha...] die; - ⟨griech.⟩ (Meeresstrudel in der Straße von Messina); vgl. Szylla
Chas|se|pot|ge|wehr [schaßᵉpo...] (nach dem franz. Erfinder); ↑ R 135
Chas|sis [schaßi] das; - [...ßi(ß)], - [...ßiß] ⟨franz.⟩ (Fahrgestell des Kraftwagens; Montagerahmen [eines Rundfunkgerätes])
Cha|suble [schasübl, auch in engl. Aussprache: tschäsjubl] das; -s, -s ⟨franz.⟩ (ärmelloses Überkleid)
Châ|teau [schato] das; -s, -s ⟨franz.⟩ (franz. Bez. für: Schloß)
Cha|teau|bri|and [schatobriang̶] (franz. Schriftsteller u. Politiker)
Chat|le [ka...] der; -n, -n; ↑ R 197 (Angehöriger eines westgerm. Volksstammes)
Chau|cer [tschåßᵉr] (engl. Dichter)
Chau|deau [schodo] das; -[s], -s ⟨franz.⟩ (warme Weinschaumsoße)
Chauf|feur [schoför] der; -s, -e ⟨franz.⟩ (Fahrer); vgl. auch Schofför, **chauf|fie|ren** [schofirᵉn] (veraltend)
Chau|ke [chaukᵉ] der; -n, -n; ↑ R 197 (Angehöriger eines westgerm. Volksstammes)
Chaus|see [schoße] die; -, ...sseen ⟨franz.⟩ (Landstraße); ↑ R 190 ff.; **Chaus|see.baum,** ...**gra|ben**
Chau|vi [schowi] der; -s, -s (ugs. für: Mann, der sich Frauen gegenüber grundsätzlich überlegen fühlt); **Chau|vi|nis̱|mus** [schowi...] der; - ⟨franz.⟩ (einseitiger, überspitzter Patriotismus; Kriegshetze); **Chau|vi|nist** der; -en, -en (↑ R 197); **chau|vi|nis̱|tisch,** -ste
Che [tsche] (volkstüml. Name von: Guevara)
Cheb [chäp] (tschech. Name von: Eger)
¹Check [schäk] (vgl. ¹Scheck);

²Check [tschäk] der; -s, -s ⟨engl.⟩ (Eishockey: Behinderung, Rempeln); **checken** [tschäk'n; Trenn.: ...k|k...] (Eishockey: behindern, [an]rempeln; nachprüfen, kontrollieren); **Check|li|ste** (Kontrollliste); **Check|point** [tschäkpeunt] der; -s, -s (Kontrollpunkt an Grenzübergangsstellen)
chee|rio! [tschirio̱ᵘ, auch: tschi̱rio] ⟨engl.⟩ (ugs. für: auf Wiedersehen!; prost!, zum Wohl!)
Cheese|bur|ger [tschisbö̱'g'r] der; -s, - ⟨engl.⟩ (mit Käse überbackener Hamburger)
Chef [schäf, österr.: schef] der; -s, -s ⟨franz.⟩; **Chef|arzt; Chef de mis|sion** [schäf dᵉ mißiong̱] der; - -, -s - - ⟨franz.⟩ (Leiter einer [sportl.] Delegation); **Chef.etage,** ...**ideo|lo|ge; Chef|fin** die; -, -nen; **Chef_in|ge|nieur,** ...**lek|tor,** ...**pi|lot,** ...**re|dak|teur,** ...**se|kretä|rin,** ...**trai|ner**
Chel|mie [che..., österr.: ke...] die; - ⟨arab.⟩ (Lehre von den Stoffen und ihren Verbindungen); **Chemie_ar|bei|ter,** ...**fa|ser,** ...**in|genieur,** ...**wer|ker; Che|mi|graph¹** der; -en, -en (↑ R 197) ⟨arab.; griech.⟩ (Hersteller von Druckplatten); **Che|mi|gra|phie¹** die; - (Herstellung von Druckplatten mit chem. Mitteln); **Che|mi|kalie** [...iᵉ] die; -, -n (meist Plur.); **Che|mi|kant** der; -en, -en; ↑ R 197 (Chemiefacharbeiter); **Che|miker; Che|mi|ke|rin** die; -, -nen
Che|mi|née [schmi̱ne] das; -s, -s ⟨franz.⟩ (schweiz. für: offener Kamin in modernem Haus)
che|misch [che..., österr.: ke...] ⟨arab.⟩; -e Reinigung; -es Element; -e Verbindungen; -e Waffen; -e Keule (Tränengasspray); **che|misch-tech|nisch** (↑ R 39)
Che|mise [schᵉmi̱s] die; -, -n [...'n] ⟨franz.⟩ (veralt. für: Hemd); **Chemi|sett** das; -[e]s, -s u. -e u. **Chemi|set|te** das; -, -n (Hemdbrust; Einsatz an Damenkleidern)
che|mi|sie|ren [che..., österr.: ke...] ⟨arab.; lat.⟩ (DDR: in der techn. Entwicklung verstärkt die Chemie anwenden); **Che|mi|sierung** der; - (Gesamtheit der chem. Vorgänge bes. beim Stoffwechsel)
Chem|nitz [käm...] (früherer Name von: Karl-Marx-Stadt); **Chem|nit|zer** (↑ R 147)
Che|mo|keu|le [che..., österr.: ke...] ⟨arab.⟩ (chemische Keule); **che|mo|tak|tisch** ⟨arab.; griech.⟩ (die Chemotaxis betreffend); **Che|mo|ta|xis** die; -, ...xen (durch chem. Reizung ausgelöste Orientierungsbewegung von Tie-

ren u. Pflanzen); **Che|mo|tech|niker;** **che|mo|the|ra|peu|tisch; Che|mo|the|ra|pie** die; - (Behandlung mit chem. Heilmitteln)
...**chen** (z. B. Mädchen das; -s, -)
Che|nil|le [schᵉnilᵉ, auch: schᵉnijᵉ] die; -, -n ⟨franz.⟩ (Garn mit seitl. flauschig abstehenden Fasern)
Che|ops [che..., österr.: ke...] (altägypt. Herrscher); **Che|ops|pyra|mi|de** die; - (↑ R 135)
Cher|bourg [schärbu̱r] (franz. Stadt)
cher|chez la femme! [scharsche̱ la fam] ⟨franz.⟩ („sucht nach der Frau!", d. h., hinter der Sache steckt bestimmt eine Frau")
Cher|ry Bran|dy [(t)schäri brändi] der; - -s, - -s ⟨engl.⟩ (feiner Kirschlikör)
Cher|so|nes [chärsoneß] der (fachspr. auch: die); -, -e (antiker Name mehrerer griech. Halbinseln)
Che|rub [che...], (ökum.:) **Ke|rub** der; -s, -im u. -inen (auch: Cherube) ⟨hebr.⟩ (das Paradies bewachender Engel); **che|ru|bi|nisch** (engelgleich), aber: der Cherubinische Wandersmann (↑ R 157)
Che|rus|ker [che...] der; -s, - (Angehöriger eines westgerm. Volksstammes)
Che|ster [tschäßt'r] (engl. Stadt); **Che|ster|field** [tschäßt'rfilt] (engl. Stadt); **Che|ster|kä|se** (↑ R 149)
che|va|le|resk [schᵉwa...]; -este ⟨franz.⟩ (ritterlich); **Che|va|lier** [schᵉwalie̱] der; -s, -s ⟨franz.⟩ (ritterlich; franz. Adelstitel); **Che|vau|le|ger** [schᵉwoleshe̱] der; -s, -s (milit., hist.: leichter Reiter)
Che|vi|ot [(t)schä̱wiot od. sche... od. schä...] (österr. nur so)] der; -s, -s ⟨engl.⟩ (ein Wollstoff)
Che|vreau [schᵉwro̱, auch: schä...] das; -s ⟨franz.⟩ (Ziegenleder); **Che|vreau|le|der**
Che|vro|let Ⓦ [schäwrola̱t] (amerik. Kraftfahrzeugmarke)
Che|vron [schᵉwrong̶] der; -s, -s (Wappenk.: Sparren; franz. Dienstgradabzeichen; Gewebe mit Fischgrätenmusterung)
Chew|ing-gum [tschu̱inggam] der; -[s], -s ⟨engl.⟩ (Kaugummi)
Chey|enne [schaiän] der; -, - (Angehöriger eines nordamerik. Indianerstammes)
Chi [chi] das; -[s], -s (griech. Buchstabe: X, χ)
Chi|ang Kai-shek [tschiangkaischä̱k] (chin. Marschall)
Chi|an|ti [ki...] der; -[s] (ital. Rotwein)
Chi|as|mus [chi...] der; - ⟨griech.⟩ (Sprachw.: Kreuzstellung von Satzgliedern, z. B.: „der Einsatz war groß, gering war der Gewinn")

¹ Auch eindeutschend: ...graf[ie]

Chi|as|so [ki...] (schweiz. Ortsn.)
chia|stisch [chi...] ⟨griech.⟩ (in der Form des Chiasmus)
chic usw. vgl. schick usw. (in den gebeugten Formen nur in der deutschen Schreibung)
Chi|ca|go [schik...] (Stadt in den USA)
Chi|chi [schischi] das; -[s] ⟨franz.⟩ (Getue, Gehabe; verspielte Accessoires)
Chi|co|rée [schikore, auch: ...re] die; -; auch: der; -s (ein Gemüse)
Chief [tschif] der; -s, -s ⟨engl.⟩ (engl. Bez. für: Leiter, Oberhaupt)
Chiem|see [kim...] der; -s
Chif|fon [schifong u. schifong, österr.: ...fon] der; -s, -s, österr.: -e (feines Gewebe); Chif|fon|niere [schifoniere] die; -, -n (schweiz. für: Kleiderschrank)
Chif|fre [schifre, auch: schifºr] die; -, -n ⟨franz.⟩ (Ziffer; Geheimzeichen; Kennwort); Chif|fre|schrift (Geheimschrift); chiffrie|ren (in Geheimschrift abfassen); Chif|frier|kunst die; -
Chi|gnon [schinjong] der; -s, -s ⟨franz.⟩ (im Nacken getragener Haarknoten)
Chi|hua|hua [tschi-ua-ua] der; -s, -s ⟨span.⟩ (eine Hunderasse)
Chi|ka|go (dt. Form von: Chicago)
Chi|le [tschile, oft: chile] (südamerik. Staat); Chi|le|ne der; -n, -n (↑ R 197); Chi|le|nin die; -, -nen; chi|le|nisch; Chi|le|sal|pe|ter (↑ R 149)
Chi|li [tschili] der; -s ⟨span.⟩ (scharfe Gewürztunke)
Chi|li|as|mus [chi...] der; - ⟨griech.⟩ (Lehre von der Erwartung des Tausendjährigen Reiches Christi); Chi|li|ast der; -en, -en; ↑ R 197 (Anhänger des Chiliasmus); chi|lia|stisch (↑ R 180)
Chi|mä|ra, ¹Chi|mä|re [chi...] die; - ⟨griech.⟩ (Ungeheuer der griech. Sage); ²Chi|mä|re usw. vgl. Schimäre usw.
Chim|bo|ras|so [tschim...] der; -[s] (ein südamerik. Berg)
Chi|na [chi..., österr.: ki...]; Chi|na|kohl
Chi|na|rin|de [chi..., österr.: ki...] (eine chininhaltige Droge)
¹Chin|chil|la [tschintschila] die; -, -s od. (österr. nur so:) das; -s, -s ⟨indian.-span.⟩ (Nagetier)
²Chin|chil|la das; -s, -s (Kaninchenrasse; Fell der ¹Chinchilla)
Chi|ne|se [chi..., österr.: ki...] der; -n, -n (↑ R 197); Chi|ne|sin die; -, -nen; chi|ne|sisch; aber (↑ R 157): die Chinesische Mauer; Chi|ne|sisch das; -[s] (Sprache); vgl. Deutsch; Chi|ne|si|sche das; -n; vgl. Deutsche das

Chi|nin [chi..., österr.: ki...] das; -s ⟨indian.⟩ (ein aus Chinarinde gewonnenes Fiebermittel)
Chi|noi|se|rie [schinoaseri] die; -, ...ien ⟨franz.⟩ (kunstgewerbl. Arbeit in chin. Stil)
Chintz [tschinz] der; -[es], -e ⟨Hindi⟩ (bedrucktes [Baumwoll]gewebe)
Chip [tschip] der; -s, -s ⟨engl.⟩ (Spielmarke [bei Glücksspielen]; [meist Plur.:] roh in Fett gebackene Kartoffelscheibe; sehr kleines Halbleiterplättchen mit elektronischen Schaltelementen)
Chip|pen|dale [(t)schipºnde'l] das; -[s] ⟨nach dem engl. Tischler⟩ ([Möbel]stil); Chip|pen|dale|stil der; -[e]s (↑ R 135)
Chir|agra [chi..., österr.: ki...] das; -s ⟨griech.⟩ (Med.: Handgicht); Chi|ro|mant der; -en, -en; ↑ R 197 (Handliniendeuter); Chi|ro|man|tie die; -; Chi|ro|prak|tik die; - (Heilmethode, Wirbel- u. Bandscheibenverschiebungen durch Massagehandgriffe zu beseitigen); Chir|urg der; -en, -en; ↑ R 197 (Facharzt für operative Medizin); Chir|ur|gie die; -, ...ien; chir|ur|gisch
Chi|tin [chi..., österr.: ki...] das; -s ⟨semit.⟩ (hornähnlicher Stoff im Panzer der Gliederfüßer); chi|ti|nig (chitinähnlich); Chi|ton der; -s, -e (altgriech. Untergewand)
Chlad|ni|sche Klang|fi|gur [kl... -] die; -n -, -n -en ⟨nach dem dt. Physiker Chladni⟩
Chla|mys [auch: chla...] die; -, - ⟨griech.⟩ (altgriech. Überwurf für Reiter u. Krieger)
Chlod|wig [klot...] (fränk. König)
Chloe [kloe] (w. Eigenn., bes. in Hirtendichtungen)
Chlor [klor] das; -s ⟨griech.⟩ (chem. Grundstoff; Zeichen: Cl); Chlo|ral das; -s (eine Chlorverbindung); chlo|ren (Technik: mit Chlor behandeln u. dadurch keimfrei machen; Chlor in eine chem. Verbindung einführen); chlor|hal|tig; Chlo|rid das; -[e]s, -e (eine Chlorverbindung); chlo|rie|ren sww. chloren; chlo|rig; ¹Chlo|rit der; -s, -e (ein Mineral); ²Chlo|rit [auch: ...rit] das; -s, -e (ein Salz); Chlor|kalk; Chlo|ro|form das; -s ⟨griech.; lat.⟩ (Betäubungs-, Lösungsmittel); chlo|ro|for|mie|ren (mit Chloroform betäuben); Chlo|ro|phyll das; -s ⟨griech.⟩ (Blattgrün); Chlo|ro|se die; -, -n (Med.: Bleichsucht); Chlo|rung (Behandlung mit Chlor)
Chlot|hil|de [klo...] (alte Schreibung von: Klothilde)
Cho|do|wiec|ki [kodowiązki, auch: ch...] (dt. Kupferstecher)

Choke [tschoºk] der; -s, -s ⟨engl.⟩ u. Cho|ker [tschoºkºr] der; -s, - (Luftklappe am Vergaser; Kaltstarthilfe)
Cho|le|ra [ko...] die; - ⟨griech.⟩ (Med.: eine Infektionskrankheit); Cho|le|ra-an|fall, ...epi|de|mie; Cho|le|ri|ker (leidenschaftlicher, reizbarer, jähzorniger Mensch); Cho|le|ri|ne die; -, -n (Med.: leichter Brechdurchfall); cho|le|risch (jähzornig; aufbrausend); Cho|le|ste|rin [cho..., auch: ko...] das; -s (eine in tierischen Geweben vorkommende organische Verbindung; Hauptbestandteil der Gallensteine); Cho|le|ste|rin|spie|gel (Med.)
Cho|mai|ni vgl. Khomeini
Cho|pin [schopäng] (poln. Komponist)
Chop-suey [tschopsui] das; -[s], -s ⟨chin.-engl.⟩ (Gericht aus Fleisch- od. Fischstückchen mit Gemüse u. anderen Zutaten)
Chor [kor] der; -[e]s, Chöre ⟨griech.⟩ ([erhöhter] Kirchenraum mit [Haupt]altar; Gruppengesangswerk; Gemeinschaft von Sängern); gemischter -; Cho|ral der; -s, ...räle (kirchlicher Gemeindegesang); Cho|ral- _buch, ...vor|spiel; Chör|chen
Chor|da [korda] die; -, ...den ⟨griech.-lat.⟩ (Biol.: knorpeliges Gebilde als Vorstufe der Wirbelsäule)
Cho|rea [ko...] die; - ⟨griech.⟩ (Med.: Veitstanz); Cho|reo|graph der; -en, -en; Cho|reo|gra|phie die; -, ...ien (Gestaltung, Einstudierung eines Balletts); cho|reo|gra|phie|ren; ein Ballett -; Cho|reo|gra|phin die; -, -nen; Cho|reut [cho...] der; -en, -en; ↑ R 197 (altgriech. Chortänzer); Chor_ge|bet [ko...], ...ge|stühl; ...chö|rig (z. B. zwei-, dreichörig); cho|risch; Cho|rist der; -en, -en; ↑ R 197 ([Berufs]chorsänger); Cho|ri|stin die; -, -nen; Chor|kna|be; Chör|lein (vieleckiger kleiner Erker an mittelalterl. Wohnbauten); Chor_lei|ter der, ...re|gent (südd. für: Leiter eines kath. Kirchenchors), ...sän|ger; Cho|rus der; - ⟨für Themen Plur.:⟩ -se (veralt. für: Sängerchor; im Jazz das mehrfach wiederholte u. improvisierte, aber in der Harmonie festliegende Thema)
Cho|se [schosº] die; -, -s ⟨franz.⟩ (Sache, Angelegenheit; peinliches Vorkommnis); vgl. Schose
Chou En-lai [tschu ...] (chin. Politiker)
Chow-Chow [tschautschau] der; -s, -s ⟨chin.-engl.⟩ (chin. Spitz)
Chre|sto|ma|thie [kräß...] die; -,

...jen ⟨griech.⟩ (Auswahl von Texten bekannter Autoren)
Chri|sam [*chri*...] *das* od. *der;* -s ⟨griech.⟩ u. **Chris|ma** [*chriß*...] *das;* -s (Salböl der kath. Kirche)
¹**Christ** [*kr*...] ⟨griech.⟩ (veralt., geh. für: Christus); ²**Christ** *der;* -en, -en; ↑R 197 (Anhänger des Christentums); **Chri|sta** (w. Vorn.); **Christ|baum** (landsch. für: Weihnachtsbaum); **Christ|de|mo|krat** *der;* -en, -en (Anhänger einer christlich-demokratischen Partei); **Chri|stel** (w. Vorn.); **Chri|sten|glau|be[n];** **Chri|sten|heit** *die;* -; **Chri|sten|leh|re** *die;* - (kirchl. Unterweisung der konfirmierten ev. Jugend; DDR: christl. Religionsunterricht); **Chri|sten|tum** *das;* -s; **Chri|sten|ver|fol|gung,** *die;* **Christ|fest** (veraltend für: Weihnachten); **Chri|sti|an** (m. Vorn.); **Chri|stia|ne** (w. Vorn.); **Chri|stia|nia** (früherer Name von: Oslo; ältere Schreibung von: ¹Kristiania); **chri|stia|ni|sie|ren; Chri|stia|ni|sie|rung; Chri|stin** *die;* -, -nen; **Chri|sti|na, Chri|sti|ne** (w. Vorn.); **christ|ka|tho|lisch** (schweiz. für: altkatholisch); **Christ_kind,** **...kind|chen** od. **...kind|lein; Christ|kö|nigs|fest** (kath. Kirche); **christ|lich;** -e Seefahrt, aber (↑R 157): die Christlich-Demokratische Union [Deutschlands] (Abk.: CDU), die Christlich-Soziale Union (Abk.: CSU); **Christ|lich|keit** *die;* -; **Christ_met|te, ...mo|nat** od. **...mond** (veralt. für: Dezember); **Chri|sto|lo|gie** *die;* -, ...ien (Christuslehre); **chri|sto|lo|gisch; Chri|stoph** (m. Vorn.); **Chri|sto|phel** (m. Vorn.); **Chri|sto|pho|rus** [auch: ...*tof*...] (legendärer Märtyrer); **Christ_ro|se, ...stol|le[n]; Chri|stus** („Gesalbter"; Jesus Christus); Christi Himmelfahrt; nach Christo od. nach Christus (Abk.: n.Chr.), nach Christi Geburt (Abk.: n.Chr. G.); vor Christo od. vor Christus (Abk.: v.Chr.), vor Christi Geburt (Abk.: v.Chr. G.); vgl. Jesus Christus; **Chri|stus_dorn** *der;* -s, -e; Zierpflanze), **...kopf, ...mo|no|gramm, ...or|den** (port. geistl. Ritterorden; höchster päpstl. Orden); **Christ|wurz** (Name mehrerer Pflanzen u. Heilkräuter)
Chrom [*krom*] *das;* -s ⟨griech.⟩ (chem. Grundstoff, Metall; Zeichen: Cr); **Chro|ma|tik** *die;* - (Physik: Farbenlehre; Musik: Veränderung der Grundtöne); **chro|ma|tisch** (die Chromatik betreffend; Musik: in Halbtönen fortschreitend); -e Tonleiter;

Chro|ma|to|phor *das;* -s, -en; meist *Plur.* (kugeliger Farbstoffträger in der Pflanzenzelle); **Chro|ma|tron** *das;* -s, ...one, (auch:) -s (spezielle Bildröhre für das Farbfernsehen); **chrom|blitzend; Chrom_gelb** (eine Farbe), **...grün** (eine Farbe); **Chro|mo|lith** *der;* -s u. -en, -e[n]; ↑R 197 (unglasiertes, farbig gemustertes Steinzeug); **Chro|mo|li|tho|gra|phie**[1] (Farben[stein]druck); **Chro|mo|som** *das;* -s, -en; meist *Plur.* (Biol.: in jedem Zellkern vorhandenes, das Erbgut tragendes, fadenförmiges Gebilde); **chro|mo|so|mal; Chro|mo|so|men|zahl; Chro|mo|sphä|re** *die;* - (glühende Gasschicht um die Sonne); **Chrom_rot** (eine Farbe)
Chro|nik [*kro*...] *die;* -, -en ⟨griech.⟩ (Aufzeichnung geschichtl. Ereignisse nach ihrer Zeitfolge; im *Sing.* auch für: Chronika); **Chro|ni|ka** *Plur.* (Geschichtsbücher des A. T.); **chro|ni|ka|lisch; Chro|ni|que scan|da|leuse** [*kronik ßkang̱dalös*] *die;* - -, -s -s [...*nik* ...*lös*] ⟨franz.⟩ (Skandalgeschichten); **chro|nisch** ⟨griech.⟩ (langsam verlaufend, langwierig); **Chro|nist** *der;* -en, -en; ↑R 197 (Verfasser einer Chronik); **Chro|no|gra|phie** *die;* -, ...jen (Geschichtsschreibung nach der Zeitenfolge); **chro|no|gra|phisch; Chro|no|lo|gie** *die;* - ([Lehre von der] Zeitrechnung; zeitliche Folge); **chro|no|lo|gisch** (zeitlich geordnet); **Chro|no|me|ter** *das* (ugs. auch: *der*); -s, - (genau gehende Uhr); **chro|no|me|trisch**
Chru|schtschow [*kr*...] (sowjet. Politiker)
Chrys|an|the|me [*krü*...] *die;* -, -n ⟨griech.⟩ u. **Chrys|an|the|mum** [auch: *chrü*...] *das;* -s, ...emen (Zierpflanze mit großen strahligen Blüten)
Chrys|ler ⓦ [*kraisl^er*] (amerik. Kraftfahrzeugmarke)
Chry|so|be|ryll [*chrü*...] (Schmuckstein); **Chry|so|lith** *der;* -s u. -en, -e[n]; ↑R 197 (ein Mineral); **Chry|so|pras** *der;* -es, -e (Schmuckstein)
Chry|so|sto|mus [*chrü*...] ⟨griech. Kirchenlehrer⟩
chtho|nisch [*chto*...] ⟨griech.⟩ (der Erde angehörend; unterirdisch)
Chur [*kur*] (Hptst. von Graubünden)
Chur|chill [*tschö̱'tschil*] (engl. Familienn.)
Chur|fir|sten [*kur*...] *Plur.* (schweiz. Bergkette)
Chut|ney [*tschạtni*] *das;* -[s], -s ⟨Hindi-engl.⟩ (Paste aus Früchten und Gewürzen)
Chuz|pe [*ẹhuzp^e*] *die;* - ⟨hebr.-jidd.⟩ (ugs. verächtlich für: Dreistigkeit, Unverschämtheit)
Chy|mo|sin [*chü*...] *das;* -s ⟨griech.⟩ (Biol.: Labferment); **Chy|mus** *der;* - (Med.: Speisebrei im Magen)
Ci = Curie
CIA [*ßiaie'*] = Central Intelligence Agency [*ßäntr^l intäli-dseh'nß e'dseh'nßi*] die od. der; - (US-amerik. Geheimdienst)
Cia|co|na vgl. Chaconne
ciao! [*tschau*] ⟨ital.⟩ (kameradschaftlich-burschikoser [Abschieds]gruß); vgl. tschau
¹**Ci|ce|ro** [*ziz^ro*] (röm. Redner); ²**Ci|ce|ro** *die,* (schweiz.:) *der;* - (ein Schriftgrad); 3 -; **Ci|ce|ro|ne** [*tschitscherọne*] *der;* -[s], -s u. ...ni ⟨ital.⟩ (scherzh. für: geschwätziger Fremdenführer); **Ci|ce|ro|nia|ner** [*ziz^c*...] (↑R 180) ⟨lat.⟩ (Anhänger der mustergültigen Schreibweise Ciceros); **ci|ce|ro|nia|nisch** (↑R 180), **ci|ce|ro|nisch** (nach der Art des Cicero; mustergültig, stilistisch vollkommen); ciceronianische Beredsamkeit, aber (↑R 134): **Ci|ce|ro|nia|nisch, Ci|ce|ro|nisch**
Ci|cis|beo [*tschitschiß*...] *der;* -[s], -s ⟨ital.⟩ (Hausfreund)
Cid [*ßit*, auch: *zit*] *der;* -[s] („Herr"; span. Nationalheld)
Ci|dre [*ßid^r*], **Zi|der** *der;* -s ⟨franz.⟩ (franz. Apfelwein)
Cie. (schweiz., sonst veralt. für: Co.)
cif [*zif, ßif*] = cost, insurance, freight [*koßt, inschu̱r'nß, fre'̱t*] ⟨engl.⟩ (Klausel im Überseehandel: frei von Kosten für Verladung, Versicherung, Fracht)
Cil|li [*zili*] (Kurzform von: Cäcilie)
Cin|cin|na|ti [*ßinßinäti*] (Stadt in den USA)
Cin|cin|na|tus [*zinzi*...] (röm. Staatsmann)
Ci|ne|ast [*ßi*...] *der;* -en, -en (↑R 197) ⟨griech.⟩ (Filmfachmann; Filmfan)
Ci|ne|ci|ttà [*tschinetschitạ*] ⟨ital.⟩ (ital. Filmproduktionszentrum bei Rom)
Ci|ne|ma|scope ⓦ [*ßinemạßkop*] *das;* - ⟨engl.⟩ (besonderes Breitwand- u. Raumtonverfahren beim Film); **Ci|ne|mal|thek** [*ßi*...] *die;* -, -en ⟨griech.⟩ (svw. Filmothek); **Ci|ne|ra|ma** ⓦ *das;* - (besonderes Breitwand- u. Raumtonverfahren)
Cin|que|cen|tist [*tschingkwetschän*...] *der;* -en, -en (↑R 197) ⟨ital.⟩ (Dichter, Künstler des Cinquecento); **Cin|que|cen|to** *das;*

---
[1] Auch eindeutschend: ...grafie.

-[s] (Kunstzeitalter in Italien im 16. Jh.)

CIO [$\beta iaio^u$] = Congress of Industrial Organizations [$konggr\ddot{a}\beta$ ^rw ind $a\beta tri^rl$ $\dot{a}^rg^rnais\acute{e}^rsch^rns$] (Spitzenverband der amerik. Gewerkschaften)

CIP = cataloguing in publishing [$k\ddot{a}t^rloging$ in $pablisching$] (Neuerscheinungs-Sofortdienst der Deutschen Bibliothek)

Ci|pol|lin, Ci|pol|li|no [tschi...] der; -s ⟨ital.⟩ (Zwiebelmarmor)

Cip|pus vgl. Zippus

cir|ca (svw. zirka; Abk.: ca.)

Cir|ce [zirz ^{e}] die; -, -n (verführerische Frau, die es darauf anlegt, Männer zu betören; [ohne Plur.;] eine Zauberin der griech. Mythologie); vgl. becircen

cir|cen|sisch vgl. zirzensisch

Cir|cu|lus vi|tio|sus [zir... wiz...] der; - -, ...li ...si; ↑ R 180 (Zirkelschluß, bei dem das zu Beweisende in der Voraussetzung enthalten ist; Teufelskreis)

Cir|cus vgl. Zirkus

¹cis, Cis [$zi\beta$] das; -, - (Tonbezeichnung); ²cis (Zeichen für: cis-Moll); in cis; Cis (Zeichen für: Cis-Dur); in Cis; Cis-Dur [auch: $zi\beta dur$] das; - (Tonart; Zeichen: Cis); Cis-Dur-Ton|lei|ter (↑ R 41)

Cis|la|weng vgl. Zislaweng

cis-Moll [auch: $zi\beta m\rho l$] das; - (Tonart; Zeichen: cis); cis-Moll-Ton|lei|ter (↑ R 41)

ci|tis|si|me [zi...] ⟨lat.⟩ (veralt. für: sehr eilig)

Ci|ti|zen-Band vgl. CB

ci|to [zito] ⟨lat.⟩ (veralt. für: eilig)

Ci|toy|len [$\beta itoaj\ddot{a}ng$] der; -s, -s ⟨franz.⟩ (franz. Bez. für: Bürger)

Ci|trat, Ci|trin vgl. Zitrat, Zitrin

Ci|tro|ën ⟨Ⓦ⟩ [$\beta itro\ddot{a}n$] ⟨franz. Kraftfahrzeugmarke⟩

Ci|ty [βiti] die; -, -s ⟨engl.⟩ (Geschäftsviertel in Großstädten; Innenstadt)

Ci|vet [$\beta iw\ddot{a}$] das; -s, -s ⟨franz.⟩ (Ragout von Hasen u. anderem Wild)

Ci|vi|tas Dei [ziw...] die; - - ⟨lat.⟩ (der kommende [jenseitige] Gottesstaat [nach Augustinus])

Ci|vi|ta|vec|chia [tschiwitawäkia] (ital. Hafenstadt)

cl = Zentiliter

Cl = chem. Zeichen für: Chlor

c. l. = citato loco [zi... lọko] ⟨lat.⟩ (am angeführten Ort)

Claim [kle^im] das; -[s], -s ⟨engl.⟩ (Anspruch, Besitztitel; Anteil an einem Goldgräberunternehmen)

Clair-ob|scur [$kl\ddot{a}ropßk\ddot{u}r$] das; -s ⟨franz.⟩ (bild. Kunst: Helldunkel)

Clair|vaux [$kl\ddot{a}rw\rho$] (ehemalige franz. Abtei)

Clan [$kl\underline{a}n$, engl. Ausspr.: klän] der; -s, -e u. (bei engl. Ausspr.:) -s ⟨engl.⟩ [schott.] Lehns-, Stammesverband)

Claque [$kl\underline{a}k$] die; ⟨franz.⟩ (eine bestellte Gruppe von Claqueuren); Cla|queur [$klak\ddot{o}r$] der; -s, -e (bezahlter Beifallklatscher)

Clau|del [klodäl] (franz. Dichter)

Clau|dia, Clau|di|ne (w. Vorname); Clau|di|us (röm. Kaiser)

Claus|thal-Zel|ler|feld (Stadt im Harz)

Cla|vi|cem|ba|lo [klawitschäm...] das; -s, -s u. ...li ⟨ital.⟩ (älter für: Cembalo; vgl. Klavizimbel); Cla|vi|cu|la vgl. Klavikula

Clea|ring [$kliring$] das; -s, -s ⟨engl.⟩ (Wirtsch.: Verrechnung[sverfahren]); Clea|ring|ver|kehr der; -[e]s

Cle|ma|tis vgl. Klematis

Cle|mens (m. Vorn.); Cle|men|tia [...zia] (w. Vorn.); ¹Cle|men|ti|ne (w. Vorn.)

²Cle|men|ti|ne vgl. ²Klementine

Clerk [$kl\underline{a}^rk$] der; -s, -s ⟨engl.⟩ (kaufmänn. Angestellter, Verwaltungsbeamter in England u. Amerika)

cle|ver [$kl\ddot{a}w^er$] ⟨engl.⟩ (klug, gewitzt); Cle|ver|neß die; -

Cli|burn [$kl\underline{a}ib^ern$], Van [$w\ddot{a}n$] (amerik. Pianist)

Cli|ché vgl. Klischee

Clinch [klin(t)sch] der; -[e]s ⟨engl.⟩ (Umklammerung des Gegners im Boxkampf)

Clip vgl. Klipp, Klips, Videoclip

Clip|per ⟨Ⓦ⟩ ⟨engl.⟩ (amerik. Langstreckenflugzeug); vgl. aber: Klipper

Cli|que [$klik^e$, auch: $klik^c$] die; -, -n (Freundeskreis [junger Leute]; Klüngel); Cli|quen|we|sen (das; -s), ...wirt|schaft (die; -)

Cli|via [$kl\underline{i}wia$] die; -, ...ien [... i^en] ⟨nach Lady Clive (klạiw)⟩ (eine Zierpflanze); vgl. auch: Klivie

Clo|chard [kloschạr] der; -[s], -s ⟨franz.⟩ (franz. ugs. Bez. für: Stadt- od. Landstreicher)

Clog [klog] der; -s (meist Plur.) ⟨engl.⟩ (mod. Holzpantoffel)

Cloi|son|né [kloasone] das; -s, -s ⟨franz.⟩ (Art der Emailmalerei)

Clo|qué [kloke] der; -[s], -s ⟨franz.⟩ (Krepp mit blasiger Oberfläche)

Cloth [klọth] der od. das; -s ⟨engl.⟩ (glänzendes Baumwollgewebe)

Clou [klụ] der; -s, -s ⟨franz.⟩ (Glanzpunkt; Kernpunkt)

Clown [klạun] der; -s, -s ⟨engl.⟩ (Spaßmacher); Clow|ne|rie die; -, ...ien (Betragen nach Art eines Clowns); clow|nesk [klaunäßk] (nach Art eines Clowns)

Club vgl. Klub

Clu|ny [klüni] (franz. Stadt; Abtei)

cm = Zentimeter

Cm = chem. Zeichen für: Curium

cm² = Quadratzentimeter

cm³ = Kubikzentimeter

cmm (früher für: mm³) = Kubikmillimeter

c-Moll [$zemol$, auch: $zem\rho l$] das; - (Tonart; Zeichen: c); c-Moll-Ton|lei|ter (↑ R 41)

cm/s, (früher auch:) cm/sec = Zentimeter in der Sekunde

Cn. = Cnaeus [$gn\ddot{a}u\beta$] (lat. m. Vorn.)

c/o = care of

¹Co = Cobaltum (chem. Zeichen für: Kobalt)

²Co, Co. = Compagnie, Kompanie (↑ R 2); vgl. Komp. u. Cie.

Coach [ko^utsch] der; -[s], -s ⟨engl.⟩ (Sportlehrer; Trainer u. Betreuer eines Sportlers, einer Mannschaft); coa|chen [ko^utsch^en] (trainieren, betreuen)

Coat [ko^ut] der; -[s], -s ⟨engl.⟩ (dreiviertellanger Mantel)

Co|balt vgl. Kobalt; Co|bal|tum das; -[s] (lat. Bez. für: Kobalt; Zeichen: Co)

Cob|bler der; -s, -s ⟨engl.⟩ (Cocktail mit Fruchtsaft)

Cobh [ko^uw] ⟨engl.⟩ (früher: Queenstown; ir. Hafenstadt)

COBOL das; -[s] ⟨engl.⟩ (Kunstwort aus common business oriented language; eine Programmiersprache)

Co|burg (Stadt in Oberfranken); die Veste Coburg

¹Co|ca vgl. Koka; ²Co|ca das; -[s] u. die; - (ugs. kurz für: Coca-Cola); Co|ca-Co|la ⟨Ⓦ⟩ [$kokak\rho la$] das; -[s] u. die; - (Erfrischungsgetränk); 5 [Flaschen] -; Co|ca|lin vgl. Kokain

Col|chem (Stadt a. d. Mosel)

Col|che|nil|le [$kosch^rnilj^c$] vgl. Koschenille

Col|chon|ne|rie [$koschon^rri$] die; -, ...ien ⟨franz.⟩ (veralt. für: Schweinerei)

Cocker|spa|ni|el der; -s, -s [Trenn.: Cok|ker...] ⟨engl.⟩ (engl. Jagdhundeart)

Cock|ney [kọkni] das; -[s] ⟨engl.⟩ (Londoner Mundart)

Cock|pit des; -s, -s ⟨engl.⟩ (vertiefter Sitzraum für die Besatzung von Jachten u. ä.; Pilotenkabine; Fahrersitz in einem Rennwagen)

Cock|tail [$kọkte^rl$] der; -s, -s ⟨engl.⟩ (alkohol. Mischgetränk); Cock|tail.kleid, ...par|ty, ...schür|ze

Coc|teau [kokto] (franz. Dichter)

Co|da vgl. Koda

Code vgl. Kode; Code ci|vil [kod $\beta iwil$] der; - - (bürgerliches Gesetzbuch in Frankreich)

Co|de|in vgl. Kodein

Code Na|po|lé|on [- $napole\underline{o}ng$] der; - - (Bez. des Code civil im 1. u. 2. franz. Kaiserreich); Co|dex usw. vgl. Kodex usw.; co|die|ren, Co|die|rung vgl. kodieren, Kodierung

Coes|feld [ko...] (Stadt in Nordrhein-Westfalen)

Cœur [kör] das; -[s], -[s] ⟨franz.⟩ (Herz im Kartenspiel); Cœur|as [kör-aß, auch ...-aß] das; ...asses, ...asse (↑ R 35)

Cof|fe|in vgl. Koffein

co|gi|to, er|go sum [k... - - -] ⟨lat.⟩ („Ich denke, also bin ich"; Grundsatz des franz. Philosophen Descartes)

¹Co|gnac [konjak] (franz. Stadt); ²Co|gnac Ⓦ [konjak] der; -s, -s ⟨franz. Weinbrand⟩; vgl. aber: Kognak; co|gnac|far|ben

Coif|feur [koaför, (schweiz.:) koaför] der; -s, -e ⟨schweiz., sonst geh. für: Friseur⟩; Coif|feu|se [koafös'] die; -, -n; Coif|fu|re [koafür] die; -, -n ⟨franz. Bez. für: Frisierkunst; schweiz. auch: Coiffeursalon⟩

Co|ir das; -[s] od. die; - ⟨engl.⟩ (Faser der Kokosnuß)

Co|itus usw. vgl. Koitus usw.

Coke Ⓦ [ko"k] das; -[s], -s ⟨amerik.⟩ (Kurzw. für: Coca-Cola)

col. = co|lumna (Spalte)

Col., Colo. = Colorado

Co|la das; -[s] u. die; - (Erfrischungsgetränk); vgl. Coca-Cola

Col|la|ni vgl. Kolani

Cold Cream [ko"ld krim] die; - - od. das; - -s ⟨engl.⟩ (kühlende Hautcreme)

Cole|op|ter der; -s, - ⟨griech.⟩ (senkrecht startendes Ringflügelflugzeug)

Cole|ridge [ko"lridsch] (engl. Dichter)

Cöl|le|stin vgl. ²Zölestin; Cöl|le|stine vgl. Zölestine; Cöl|le|sti|nus vgl. Zölestinus

Col|li|gny [kolinji] (franz. Admiral)

Col|la|ge [kolasch'] die; -, -n ⟨franz.⟩ (aus Papier od. anderem Material geklebtes Bild)

Col|lege [kolidsch] das; -[s], -s ⟨engl.⟩ (in England höhere Schule; in den USA Eingangsstufe der Universität); Col|lège [koläsch] das; -[s], -s ⟨franz.⟩ (höhere Schule in Frankreich, Belgien u. in der Westschweiz); Colle|gi|um mu|si|cum [- ...kum] das; - -, ...gia ...ca ⟨lat.⟩ (freie Vereinigung von Musizierenden, bes. an Universitäten)

Col|li|co Ⓦ [ko...] der; -s, -s (zusammenlegbare, bahneigene Transportkiste); Col|li|co-Ki|ste die; -, -n ⟨engl.⟩ (schott. Schäferhund)

Col|lier vgl. Kollier

Col|mar (Stadt im Elsaß); Colma|rer (↑ R 147); col|ma|risch

Colo., Col. = Colorado

¹Col|lom|bo (ital. Namensform von: Kolumbus); ²Col|lom|bo (Hptst. von Sri Lanka)

¹Col|lón (span. Namensform von: Kolumbus); ²Co|lón der; -[s], -[s] (Münzeinheit von Costa Rica [= 100 Céntimos] u. El Salvador [= 100 Centavos])

Co|lo|nel [kolonäl, in engl. Ausspr.: kö'n'l] der; -s, -e ⟨franz. (-engl.)⟩ (franz. u. engl. Bez. für: Oberst)

Co|lo|nia|kü|bel, Koloniakübel (ostösterr. für: Mülleimer)

Co|lon|na (röm. Adelsname)

Col|or... [ko..., auch: kolor...] ⟨lat.⟩ (in Zus. = Farb..., z. B. Colorfilm, Colornegativfilm)

Co|lo|ra|do (Staat in den USA; Abk.: Col., Colo.); Co|lo|ra|dokä|fer vgl. Koloradokäfer

Colt Ⓦ der; -s, -s ⟨nach dem amerik. Erfinder Samuel Colt⟩ (Revolver); Colt|ta|sche

Co|lum|bia vgl. D. C.

Com|bine vgl. Kombine

Com|bo die; -, -s (kleines Jazz- od. Tanzmusikensemble)

Come|back [kambäk] das; -[s], -s ⟨engl.⟩ (erfolgreiches Wiederauftreten eines bekannten Künstlers, Sportlers, Politikers nach längerer Pause)

CQMECON, Co|me|con = Council for Mutual Economic Assistance/Aid [kaunßil fo' mjutju'l ik'nomik 'ßißt'nß/e'd] der od. das; - (Rat für gegenseitige Wirtschaftshilfe; Wirtschaftsorganisation der Ostblockstaaten)

Co|me|ni|us (tschech. Theologe u. Pädagoge)

Co|mer See der; - -s (in Italien)

Co|me|sti|bles [komäßtibl] Plur. ⟨franz.⟩ (schweiz. für: Feinkost, Delikatessen)]; Komestibilien

Co|mic [komik] der; -s, -s ⟨amerik.⟩ (Kurzw. für: Comic strip); Comic|heft; Co|mic strip [komik ßtrip] der; - -s, - -s (Bildgeschichte [mit Sprechblasentext])

Com|me|dia dell'ar|te die; - - ⟨ital.⟩ (volkstümliche ital. Stegreifkomödie des 16. bis 18. Jh.s)

comme il faut [komilfo] ⟨franz.⟩ (wie sich's gehört, mustergültig)

Com|mis voya|geur [komi woajaschör] der; - -, - -s [- ...schör] ⟨franz.⟩ (veralt. für: Handlungsreisender)

Com|mon sense [kom'n ßänß] der; - - ⟨engl.⟩ (gesunder Menschenverstand)

Com|mon|wealth [kom'n"älth] das; - ⟨engl.⟩ (kurz für: British Commonwealth of Nations [ne'sch'ns]; Gemeinschaft der Staaten des ehemaligen brit. Weltreichs)

Com|mu|ni|qué vgl. Kommuniqué

Com|pa|gnie [kongpanji] vgl. Kompanie

Com|pi|ler [kompail'r] der; -s, - ⟨engl.⟩ (Programm zur Übersetzung einer Programmiersprache in eine andere)

Com|po|ser [kompo"s'r] der; -s, - ⟨engl.⟩ (Druckw.: elektr. Schreibmaschine, die druckfertige Vorlagen liefert)

Com|pound|ma|schi|ne [kompaund...] ⟨engl.; franz.⟩ (Verbunddampfmaschine; Elektrotechnik: Gleichstrommaschine)

Com|pret|te Ⓦ die; -, -n (meist Plur.; ein Arzneimittel)

Com|pu|ter [kompjut'r] der; -s, - ⟨engl.⟩ (elektron. Rechenanlage, Rechner); Com|pu|ter.dia|gnostik, ...ge|ne|ra|ti|on; com|pu|ter-ge|steu|ert, ...ge|stützt; com|pute|ri|sie|ren (dem Computer eingeben); Com|pu|ter|kri|mi|na|lität; com|pu|tern (mit dem Computer arbeiten, umgehen); Compu|ter|to|mo|gra|phie die; -, ...phien (modernes Verfahren der Röntgenuntersuchung; Abk.: CT)

Co|na|kry [konakri] (Hptst. von ¹Guinea)

con|axi|al vgl. koaxial

con brio ⟨ital.⟩ (Musik: lebhaft, feurig)

Con|cept-art [konßäpt -] die; - ⟨engl.⟩ (moderne Kunstrichtung)

Con|cha vgl. Koncha

Con|cier|ge [kongßjärsch] der (od. die); -s ⟨franz.⟩ (franz. Bez. für: Pförtner[in])

Con|cor|de [kongkord] die; -, -s [...kord] (brit.-franz. Überschallverkehrsflugzeug)

Con|cours hip|pique [kongkur ipik] der; - - -s, - -s [- ipik] ⟨franz. Bez. für: Reit- u. Fahrturnier)

Con|di|tio si|ne qua non die; - - - - ⟨lat.⟩ (unerläßliche Bedingung)

conf. = confer

con|fer! [kon...] ⟨lat.⟩ (vergleiche!; Abk.: cf., cfr., conf.)

Con|fé|rence [kongferangß] die; - ⟨franz.⟩ (Ansage); Con|fé|ren|cier [kongferangßie] der; -s ⟨franz.⟩ (Sprecher, Ansager)

Con|foe|de|ra|tio Hel|ve|ti|ca [konfö... hälwetika] die; - - ⟨lat.⟩ (Schweizerische Eidgenossenschaft; Abk.: CH)

Conn. = Connecticut; Con|nec|ticut [k'netik't] (Staat in den USA; Abk.: Conn.)

Con|se|cu|tio tem|po|rum [konsekuzio -] die; - - ⟨lat.⟩ (Sprachw.: Zeitenfolge in einem zusammengesetzten Satz)

Con|si|li|um ab|eun|di das; - - (↑ R 180) ⟨lat.⟩ (Androhung des Ausschlusses aus der höheren Schule)

Coulomb

Con|som|mé [*kong*...] *die;* -, -s od. *das;* -s, -s (Fleischbrühe)

con sor|di|no ⟨ital.⟩ (Musik: mit Dämpfer, gedämpft)

Con|stan|ze vgl. Konstanze

Con|sti|tu|ante [*kongßtitüangt*] *die;* -, -s [...*tüangt*] u. Kon|sti|tuan|te *die;* -, -n ⟨franz.⟩ (grundlegende verfassunggebende [National]versammlung, bes. die der Franz. Revolution vor 1789)

Con|tal|do|ra-Grup|pe *die;* - ⟨nach einer Insel vor der Küste Panamas⟩ (von Kolumbien, Mexiko, Panama und Venezuela gebildete Vereinigung, die sich um eine friedliche Lösung der Konflikte in Mittelamerika bemüht)

Con|tai|ner [*konten^er*] *der;* -s, - ⟨engl.⟩ ([genormter] Großbehälter); Con|tai|ner.schiff, ...ver|kehr

Con|te|nance [*kongt'nangß*] *die;* - ⟨franz.⟩ (veralt. für: Haltung, Fassung)

Con|ti|nuo *der;* -s, -s ⟨ital.⟩ (Generalbaß)

con|tra (lat. Schreibung von: kontra)

con|tre..., Con|tre... [*kongtr^e*...] vgl. konter..., Konter...

Con|troll|ler *der;* -s, - ⟨engl.⟩ (Fachmann für Kostenrechnung u. -planung)

Con|vent vgl. Konvent

Con|vey|er [*konwe^er*] *der;* -s, - ⟨engl.⟩ (Becherwerk, Förderband)

Cook [*kuk*] (brit. Entdecker)

cool [*kul*] ⟨engl.-amerik.⟩ (ugs. für: ruhig, überlegen, kaltschnäuzig); **Cool Jazz** [- *dsehäs*] *der;* - - (Jazzstil der 50er Jahre)

co op [*ko-op*] ⟨engl.⟩ (Symbol der konsumgenossenschaftlichen Unternehmensgruppe)

Cop *der;* -s, -s ⟨amerik.⟩ (amerik. ugs. Bez. für: Polizist)

Co|pi|lot vgl. Kopilot

Co|py|right [*kopirait*] *das;* -s, -s ⟨engl.⟩ (Urheberrecht)

co|ram pu|bli|co ⟨lat.⟩ (vor aller Welt; öffentlich)

Cord *der;* -[e]s, -e u. -s ⟨engl.⟩ (geripptes Gewebe); Cord|an|zug

Cor|de|llia, Cor|de|llie [...*i^e*] (w. Vorn.)

Cord|ho|se

¹Cór|do|ba [*kordoba*, auch: ...*wa*] (span. Stadt); ²Cór|do|ba *der;* -[s], -[s] ⟨nach dem span. Forscher⟩ (Währungseinheit in Nicaragua [= 100 Centavos])

Cor|don bleu [*kordongblö*] *das;* - -, -s - u. [...*dongblö*] ⟨franz.⟩ (mit Käse u. gekochtem Schinken gefülltes [Kalbs]schnitzel)

Cord|samt

Cor|du|la (w. Vorn.)

Core [*kor*] *das;* -[s], -s ⟨engl.⟩ (wichtigster Teil eines Reaktors)

Co|rel|li [*koräli*] (ital. Komponist)

Co|rin|na (w. Vorn.)

Co|rinth, Lovis [*lowiß*] (dt. Maler)

Cor|nea, (auch:) Kor|nea *die;* -, ...neae [...*ne-ä*] ⟨lat.⟩ (Med.: Hornhaut des Auges)

Cor|ned beef [*kå'n^(e)d bif*] *das;* - - (gepökeltes [Büchsen]rindfleisch); Cor|ned|beef|büch|se

Cor|neille [*kornäj*] (franz. Dramatiker)

Cor|ne|lia, Cor|ne|llie [...*i^e*] (w. Vorn.); Cor|ne|li|us (m. Vorn.)

Cor|ner [*kå'n^er*] *der;* -s, - ⟨engl.⟩ (Börsenwesen: planmäßig herbeigeführter Kursanstieg; Ringecke [beim Boxen]; österr. u. schweiz. für: Ecke, Eckball beim Fußballspiel)

Corn-flakes [*kå'nfleⁱkß*] *Plur.* ⟨engl.⟩ (Maisflocken)

Cor|ni|chon [*kornischong*] *das;* -s, -s (kleine Pfeffergurke)

Corn|wall [*kå'n^ul*] (Grafschaft in England)

Co|ro|na [*ko*...] (w. Vorn.); vgl. auch Korona; Co|ro|ner [*kor'n'r*] *der;* -s, -s ⟨engl.⟩ (Beamter in England u. in den USA, der ungeklärte Todesfälle untersucht)

Cor|po|ra (*Plur.* von: Corpus)

Corps vgl. Korps; **Corps con|su-laire** [*kor kongßülär*] *das;* - -, - --s (Konsularisches Korps; Abk.: CC); **Corps de bal|let** [- *d^e balä*] *das;* - - -, - - - - (Ballettgruppe, -korps); **Corps di|plo|ma|tique** [- *diplomatik*] *das;* - -, - - -s (Diplomatisches Korps; Abk.: CD)

Cor|pus *das;* -, ...pora ⟨lat.⟩ (Körperteil); ²Korpus; Cor|pus de|lic|ti [- ...*kti*] *das;* - -, ...pora - ⟨lat.⟩ (Gegenstand od. Werkzeug eines Verbrechens; Beweisstück); Cor|pus ju|ris *das;* - - (Gesetzbuch, -sammlung)

Cor|reg|gio [*korädsceho*] (ital. Maler)

Cor|ril|da |de to|ros] *die;* - - -, -s - - ⟨span.⟩ (span. Bez. für: Stierkampf)

cor|ri|ger la for|tune [*korisehe la fortün*] ⟨franz.⟩ (dem Glück nachhelfen; falschspielen)

Corse [*korß*] (franz. Form von: Korsika); Cor|si|ca [*korßika*] (ital. Schreibung von: Korsika)

Cor|so vgl. Korso

Cor|tes [*korteß*] *Plur.* ⟨span.⟩ (Volksvertretung in Spanien)

Cor|tez (span. Schreibung: Cortés) [*kortåß*] (span. Eroberer)

Cor|ti|na d'Am|pez|zo [*kor*... ...] (Kurort in den Dolomiten)

Cor|ti|sche Or|gan *das;* -n -s, -n -e ⟨nach dem ital. Arzt Corti⟩ (Teil des inneren Ohres)

Cor|ti|son vgl. Kortison

Cor|vey [*korwai*] (ehem. Benediktinerabtei bei Höxter)

cos = Kosinus

Co|sa No|stra [*ko*... -] ⟨ital.: „Unsere Sache"⟩ (amerik. Verbrechersyndikat)

cosec = Kosekans

Co|si f an tut|te [*kosi* - -] ⟨ital.⟩ („So machen's alle" [Frauen]; Titel einer Oper von Mozart)

Co|si|ma (ital. w. Vorn.); Co|si|mo (ital. m. Vorn.)

Co|sta Bra|va [- ...*wa*] *das;* - - (Küstengebiet in Nordostspanien)

Co|sta Ri|ca (Staat in Mittelamerika); Co|sta|ri|ca|ner; co|sta|ri|ca-nisch

Cos|wig (dt. Ortsn.)

cot, cotg, ctg = Kotangens

Côte d'Azur [*kot dasür*] *die;* - - (franz. Riviera); **Côte d'Or** [*kot dår*] *die;* - - (franz. Landschaft)

CO-Test ⟨zu CO = Kohlenmonoxyd⟩ (Messung des Kohlenmonoxydgehalts in Abgasen)

cotg, cot, ctg = Kotangens

Co|to|nou [*kotonu*] (Regierungssitz von Benin)

Cot|tage [*kotidsch*] *das;* -, -s ⟨engl.⟩ (engl. Bez. für: Landhaus)

Cott|bus [*ko*...] (Stadt an der Spree); Cott|bus|ser, (auch:) Cott|bu|ser (↑ R 147)

Co|ti|sche Al|pen *Plur.;* ↑R 146 (Teil der Westalpen)

Cot|ton *das;* od. *der* od. *das;* -s ⟨engl.⟩ (engl. Bez. für: Baumwolle, Kattun); vgl. Koton usw.

Cot|ton|ma|schi|ne [*kot^(e)n*...] ⟨nach dem Erfinder W. Cotton⟩ (Wirkmaschine zur Herstellung von Damenstrümpfen)

Cot|ton|öl [*kot^(e)n*...] *das;* -s ⟨Öl vom Samen der Baumwollpflanze⟩

Cou|ber|tin [*kubärtäng*] (Initiator der Olympischen Spiele der Neuzeit)

Couch [*kautsch*] *die* (schweiz. auch: *der*); -, -es [...*is*] (ugs. auch: -en) ⟨engl.⟩ (Liegesofa); **Couch-tisch**

Cou|den|ho|ve-Ka|ller|gi [*kud^enhô-w^e kalärgi*] (Gründer der Paneuropa-Bewegung)

Coué|is|mus [*ku-e-ißmuß*] *der;* - ⟨nach dem Franzosen Coué⟩ (Heilverfahren durch Autosuggestion)

Cou|leur [*kulör*] *die;* -, -en u. -s ⟨franz.⟩ (bestimmte [Eigen]art [nur *Sing.*]; Trumpf [im Kartenspiel]; Studentenspr.: Band u. Mütze einer Verbindung)

Cou|loir [*kuloar*] *der* od. *das;* -s, -s ⟨franz.⟩ (Alpinistik: Schlucht, schluchtartige Rinne; ovaler Sprunggarten für Pferde)

Cou|lomb [*kulong*] *das;* -s, - ⟨nach dem franz. Physiker⟩ (Maßeinheit für die Elektrizitätsmenge; Zeichen: C); 6 - (↑R 129)

Count [kaunt] der; -s, -s ⟨engl.⟩ (engl. Titel für einen nichtbritischen Grafen)

Count|down [kauntdaun] der u. das; -[s], -s ⟨amerik.⟩ (bis zum Zeitpunkt Null [Startzeitpunkt] rückwärtsschreitende Zeitzählung, oft übertr. gebraucht)

Coun|ter|part [kaunt'rpa't] der; -s, -s ⟨engl.⟩ (einem Entwicklungsexperten in der dritten Welt zugeordnete [heimische] Fachkraft)

Coun|tess [kauntiß] die; -, ...tesses [...tißis], eindeutschend auch: **Coun|teß**, die; -, ...tessen ⟨engl.⟩ (Gräfin)

Coun|try-mu|sic [kántrimjusik] die; - ⟨amerik.⟩ (Volksmusik [der Südstaaten in den USA])

Coun|ty [kaunti] die; -, -ies [kauntis] ⟨engl.⟩ (Verwaltungsbezirk in England u. in den USA)

Coup [ku] der; -s, -s ⟨franz.⟩ (Schlag; [Hand]streich); **Cou|pé** [kupe] das; -s, -s (Auto mit sportlich geschnittener Karosserie; österr., sonst veralt. für: [Wagen]abteil); vgl. auch: Kupee

Cou|plet [kuple] das; -s, -s ⟨franz.⟩ (Lied [für die Kleinkunstbühne])

Cou|pon [kupong] der; -s, -s ⟨franz.⟩ ([Stoff]abschnitt; Zinsschein; schweiz.: Abschnitt eines Vordrucks); vgl. auch: Kupon

Cour [kur] die; - ⟨franz.⟩; jmdm. die - (den Hof) machen

Cou|ra|ge [kurasch'], österr.: ...sch] die; - ⟨franz.⟩ (Mut); **cou|ra|giert** [kuraschirt]; -este (beherzt)

Cour|bet [kurbä] (franz. Maler)

Court [kå't] der; -s, -s ⟨engl.⟩ (Tennisplatz)

Cour|ta|ge [kurtasch'] die; -, -n ⟨franz.⟩ (Maklergebühr bei Börsengeschäften); eindeutschend auch: Kurtage

Courths-Mah|ler [kurz -] (dt. Schriftstellerin)

Cour|toi|sie [kurtoasi] die; -, ...ien ⟨franz.⟩ (ritterliches Benehmen)

Cous|cous [kußkuß] vgl. ²Kuskus

Cou|sin [kusäng] der; -s, -s ⟨franz.⟩ (Vetter); **Cou|si|ne** [kusin'] die; -, -n (Base); vgl. auch: Kusine

Cou|ture [kutür] vgl. Haute Couture; **Cou|tu|rier** [kutürie] der; -s, -s ⟨franz.⟩ (Modeschöpfer)

Cou|vert [kuwär] das; -s, -s usw. vgl. Kuvert usw.

Co|ven|try [kow'ntri] (engl. Stadt)

Co|ver [kaw'r] das; -s, -s ⟨engl.⟩ (Titelbild; Schallplattenhülle); **Co|ver|coat** [kaw'rko"t] der; -[s], -s ([Mantel aus] Wollstoff); **Co|ver-girl** [kaw'rgö'l] das; -s, -s (auf der Titelseite einer Illustrierten abgebildetes Mädchen)

Cow|boy [kaubeu] der; -s, -s ⟨engl.⟩ (berittener amerik. Rinderhirt); **Cow|boy|hut**

Cow|per [kau...] der; -s, -s ⟨nach dem engl. Erfinder⟩ (Winderhitzer bei Hochöfen)

Cox' Oran|ge [kokß orangsch'] die; - -, - -n ⟨nach dem engl. Züchter Cox⟩, eindeutschend auch: Cox Orange der; - -, - - (edler Tafelapfel)

Co|yo|te vgl. Kojote

cr. = currentis

Cr = chem. Zeichen für: Chrom

Crack [kräk] der; -s, -s ⟨engl.⟩ (Sport: bes. aussichtsreicher Spitzensportler); **Cracker** [kräk'r] der; -s, -[s] [Trenn.: Crak|ker] ⟨engl.⟩ (hartes, sprödes Kleingebäck)

Cra|nach (dt. Malerfamilie)

Cra|que|lé [krak'le] das; -s, -s ⟨franz.⟩ (feine Haarrisse in der Glasur von Keramiken, auch auf Glas); vgl. auch: Krakelee

Crash|test [kräsch...] ⟨engl.⟩ (Test zur Erforschung der bei einem Autounfall entstehenden Verletzungen und Beschädigungen)

Cras|sus (altröm. Staatsmann)

Crawl [krål] vgl. Kraul

Cray|lon vgl. Krayon; **Cray|on|ma|nier** vgl. Krayonmanier

Cream [krim] ⟨engl. Bez. für: Creme; Sahne⟩

Cre|do vgl. Kredo

Creek [krik] der; -s, -s ⟨engl.⟩ ([zeitweise ausgetrockneter] Flußlauf, bes. in Nordamerika u. Australien)

creme [kräm, auch: krem] (mattgelb); vgl. blau; in Creme (↑ R 65); **Creme** die; -, -s u. (schweiz. u. österr.) -n (Salbe zur Hautpflege; Süßspeise; Tortenfüllung; gesellschaftl. Oberschicht [nur Sing.]); vgl. auch: Krem; **creme_far|ben** od. ...far|big; Crème fraîche [kräm fräsch] die; - -, -s -s [kräm fräsch] ⟨franz.⟩ (saure Sahne mit hohem Fettgehalt); **cre|men**; die Haut -; **Creme|tor|te; cre|mig** (auch: kremig)

Crêpe [kräp] vgl. Krepp; **Crêpe de Chine** [kräp d' schin] der; - - -, -s - - [kräp - -] ⟨franz.⟩ (Seidenkrepp in Taftbindung); **Crêpe Geor|gette** [kräp schorschät] der; - -, -s - [kräp -] (zartes, durchsichtiges Gewebe aus Kreppgarn); **Crêpe Sa|tin** [kräp ßatäng] der; - -, -s - [kräp -] (Seidenkrepp mit einer glänzenden u. einer matten Seite in Atlasbindung); **Crêpe Su|zette** [kräp ßüsät] die; - -, -s - [kräp -] (dünner Eierkuchen, mit Likör flambiert)

cresc. = crescendo; **cre|scen|do** [kräschändo] ⟨ital.⟩ (Musik: anschwellend; Abk.: cresc.); **Cre|scen|do** das; -s, -s u. ...di

Cres|cen|tia vgl. Kreszentia

Cre|tonne [kreton] die od. der; -, -s ⟨franz.⟩ (Baumwollstoff)

Cre|vet|te vgl. Krevette

Crew [kru] die; -, -s ⟨engl.⟩ ([Schiffs- u. Flugzeug]mannschaft; Kadettenjahrgang der Marine)

c. r. m. = cand. rev. min.; vgl. Kandidat

Crois|sé [kroase] das; -[s], -s ⟨franz.⟩ (Gewebe in Köperbindung)

Crois|sant [kroaßang] das; -[s], -s ⟨franz.⟩ (Blätterteighörnchen)

Cro|ma|gnon|ras|se [kromanjong...] die; - (↑ R 149) ⟨nach dem Fundort⟩ (Menschenrasse der jüngeren Altsteinzeit)

Crom|ar|gan Ⓦ das; -s (rostfreier Chrom-Nickel-Stahl)

Crom|well [krom"'l] (engl. Staatsmann)

Cro|quet|te vgl. Krokette

Cro|quis vgl. Kroki

cross ⟨engl.⟩ (Tennis: diagonal; den Ball - spielen; **Cross** der; - , - (Tennis: diagonal über den Platz geschlagener Ball); **Cross-Coun|try**, (auch:) **Croß-Coun|try** [kroßkantri] das; -[s], -s (Querfeldeinrennen; Jagdrennen)

Crou|pier [krupie] der; -s, -s ⟨franz.⟩ (Angestellter einer Spielbank); **Crou|pon** [krupong] der; -s, -s (Kern-, Rückenstück einer [gegerbten] Haut)

Croû|ton [krutong] der; -[s], -s (gerösteter Weißbrotwürfel)

crt. = courant; vgl. kurant

Cruise-Mis|sile [krusmißail] das; -, -s, -s ⟨engl.-amerik.⟩ (milit.: ein Flugkörpergeschoß)

Crux die; - ⟨lat.⟩ („Kreuz"; Last, Kummer; Schwierigkeit)

Cru|zei|ro [kruse'ru] (port.) der; -s, -s (Münzeinheit in Brasilien)

Cs = chem. Zeichen für: Cäsium

Csár|dás [tschardas, auch: tschár-dasch] der; -, - ⟨ung.⟩ u. (eingedeutscht:) Tschardasch der; -[s], -[e] (ung. Nationaltanz)

C-Schlüs|sel (Musik)

Csi|kós [tschikosch, auch: tschi...] der; -, - ⟨ung.⟩ und (eingedeutscht:) Tschikosch der; -[es], -[e] (ung. Pferdehirt)

Cso|kor [tscho...] (österr. Dichter)

ČSSR = Československá socialistická republika (Name der Tschechoslowakei)

CSU = Christlich-Soziale Union

ct = Centime[s]; Cent[s]

CT = Computertomographie

Ct. = Centime

c. t. = cum tempore

ctg, cot, cotg = Kotangens

cts = Centimes; Cents

Cu = Cuprum; chem. Zeichen für: Kupfer

Cu|ba (span. Schreibung von: Kuba)

Cul de Pa|ris [kydparí] der; - - -, -s - - [kyd...] ⟨franz.⟩ (um die Jahrhundertwende unter dem Kleid getragenes Gesäßpolster)

Cu|le|mey|er der; -s, -s ⟨nach dem Erfinder⟩ (Straßenroller, auf den ein Eisenbahnwaggon verladen werden kann)

Cul|li|nan [kalin'n] der; -s ⟨engl.⟩
, (ein großer Diamant)

Cu|ma|rin usw. vgl. Kumarin usw.

Cum|ber|land|so|ße [kamb'rl'nd...] die; - ⟨nach der engl. Grafschaft⟩ (pikante Würzsoße)

cum gra|no sa|lis ⟨lat.⟩ („mit einem Körnchen Salz"; mit entsprechender Einschränkung, nicht ganz wörtlich zu nehmen)

cum lau|de ⟨lat.⟩ („mit Lob"; drittbeste Note der Doktorprüfung)

cum tem|po|re ⟨lat.⟩ (mit akadem. Viertel, d. h. [Vorlesungsbeginn] eine Viertelstunde nach der angegebenen Zeit; Abk.: c. t.)

Cun|ni|lin|gus der; - ⟨lat.⟩ (Lecken am weibl. Geschlechtsorgan, bes. am Kitzler)

Cup [kap] der; -s, -s ⟨engl.⟩ (Pokal; Ehrenpreis; Schale des Büstenhalters); **Cup|fi|na|le**

Cu|pi|do (röm. Liebesgott, Amor)

Cu|prum [auch: ku...] das; -s (Kupfer; chem. Grundstoff; Zeichen: Cu)

¹**Cu|ra|çao** [küraßao] (Insel im Karibischen Meer); ²**Cu|ra|çao** Ⓦ der; -[s], -s (ein Likör)

Cu|ra po|ste|ri|or die; - - ⟨lat.⟩ („spätere Sorge")

Cu|ra|re vgl. Kurare

Cur|cu|ma vgl. Kurkuma

Cu|ré [küre] der; -s, -s ⟨franz.⟩ (kath. Pfarrer in Frankreich)

Cu|rie [küri] das; - ⟨nach dem franz. Physikerehepaar⟩ (Maßeinheit der Radioaktivität; Zeichen: Ci); **Cu|ri|um** das; -s (chem. Grundstoff, Transuran; Zeichen: Cm)

Cur|ling [kö'ling] das; -s (schott. Eisspiel)

cur|ren|tis ⟨lat.⟩ (veralt. für: „[des] laufenden" [Jahres, Monats]; Abk.: cr.); am 15. cr., dafür besser: am 15. d. M.; **cur|ri|cu|lar** (Päd.: das Curriculum betreffend); **Cur|ri|cu|lum** das; -s, ...la ⟨lat.-engl.⟩ (Päd.: Theorie des Lehr- u. Lernablaufs; Lehrplan, -programm); **Cur|ri|cu|lum vi|tae** [- witä] das; - - ⟨lat.⟩ („Lebenslauf")

Cur|ry [köri, selten: kari] der (auch: das); -s ⟨angloind.⟩ (Gewürzpulver); **Cur|ry|wurst**

Cu|stard [kaßt'rt] der; -s, -s ⟨engl.⟩ (engl. Süßspeise)

Cut [kat, meist: köt] u. **Cut|away** [kat'we', meist: köt'we'] der; -s, -s ⟨engl.⟩ (abgerundet geschnittener Herrenschoßrock)

cut|ten [kat'n] ⟨engl.⟩ (Filmszenen, Tonbandaufnahmen schneiden und zusammenkleben); **Cut|ter** [kat'r] der; -s, - (Fleischwolf zur Wurstbereitung; Film, Rundfunk: Schnittmeister); **Cut|te|rin** die; -, -nen; **cut|tern;** ich ...ere (↑ R 22); vgl. cutten

Cu|vier [küwie] ⟨franz. Zoologe⟩

Cux|ha|ven [...f'n] (Hafenstadt a. d. Elbmündung)

CVJM = Christlicher Verein Junger Männer

CVP = Christlichdemokratische Volkspartei (in der Schweiz)

c_w = Luftwiderstandsbeiwert

cwt. vgl. Hundredweight

Cy|an vgl. Zyan

cy|clisch [auch: zü...] vgl. zyklisch

Cy|pern usw. vgl. Zypern usw.

Cy|ran|kie|wicz [zirangkjäwitsch] (poln. Politiker); Cyrankiewicz' Staatsbesuch (↑ R 139)

Cy|re|nai|ka [zü...] die; - (Landschaft in Nordafrika)

cy|ril|lisch vgl. kyrillisch

Cy|rus [zü...] vgl. Kyros

Cyst... usw. vgl. Zyst... usw.

D

D (Buchstabe); das D; des D, die D, aber: das d in Bude (↑ R 82); der Buchstabe D, d

d = dextrogyr; Denar; Dezi...; Penny, Pence

d, D das; -, - (Tonbezeichnung); **d** (Zeichen für: d-Moll); in d; **D** (Zeichen für: D-Dur); in D

d [stets in Kursiv zu setzen] = Durchmesser

D = Deuterium; (iran.) Dinar

D (röm. Zahlzeichen) = 500

Δ, δ = Delta

D. = Decimus

D. vgl. Doktor

∂ = deleatur; vgl. S. 199

da; hier und -, - und dort; da (weil) er krank war, konnte er nicht kommen. *Schreibung in Verbindung mit Verben* (↑ R 205 f.); **1.** *Getrenntschreibung:* **a)** wenn da, daher, dahin usw. den Umstand des Ortes bezeichnen, z. B. da sein (dort sein; vgl. dasein); **b)** wenn die gen. Adverbien hinweisend gebraucht sind, z. B. es wird daher kommen, daß ... (vgl. daher); **2.** *Zusammenschreibung* (meist nur mit einfachen Verben), wenn durch die Verbindung ein neuer Begriff entsteht (↑ R 205), z. B. dasein (gegenwärtig usw. sein); vgl. da-

sein). Dieselben Gesichtspunkte gelten für die aus dar... mit Präpositionen zusammengesetzten Adverbien, z. B. daran (dran), darauf (drauf)

da = Deka...; Deziar

d. Ä. = der Ältere

DAAD = Deutscher Akademischer Austauschdienst

DAB = Deutsches Arzneibuch

da|be|hal|ten (zurückbehalten, nicht weglassen); sie haben ihn gleich dabehalten; **aber:** sie sollen ihn da behalten und nicht zurückschicken (↑ da u. R 205 f.)

da|bei [auch: da...]: er ist reich und dabei (doch) nicht stolz; *Getrenntschreibung* (↑ da, 1 u. R 206): dabei (bei einer Meinung u. ä.) bleiben (verharren), dabei (bei einer Arbeit u. ä.) sitzen (und nicht stehen); *Zusammenschreibung* (↑ da, 2 u. R 205): z. B. dabeibleiben, dabeisitzen; **da|bei|blei|ben** (bei einer Tätigkeit bleiben); er hat mit dem Training begonnen, ist aber nicht dabeigeblieben (vgl. dabei); **da|bei|ha|ben** (ugs. für: bei sich haben; teilnehmen lassen); weil er nichts dabeihatte; sie wollten ihn gern dabeihaben (vgl.); **da|bei|sein** (anwesend, beteiligt sein): er will immer dabeisein; er ist bei dem Unfall dabeigewesen; **aber:** ..., weil er dabei ist, war (↑ dabei u. R 205); **da|bei|sit|zen** (sitzend zugegen sein); er hat während des Vortrages dabeigesessen (vgl. dabei); **da|bei|ste|hen** (stehend zugegen sein); er hat bei dem Gespräch dabeigestanden (vgl. dabei)

da|blei|ben (nicht fortgehen; in der Schule) nachsitzen); er ist während des Vortrages dageblieben; **aber:** er ist da geblieben, wo es ihm gefiel (↑ da u. R 205 f.)

da ca|po [- kapo] ⟨ital.⟩ (Musik: noch einmal von Anfang an; Abk.: d. c.); vgl. Dakapo

Dac|ca [daka] vgl. Dakka

d'ac|cord [dakor] ⟨franz.⟩ (veralt. für: einig; einverstanden)

Dach das; -[e]s, Dächer; **dach|ar|tig**

Dach|au (Stadt in Bayern; Konzentrationslager der Nationalsozialisten)

Dach.bo|den, ...decker [*Trenn.:* ...dek|ker]; **Dä|chel|chen,** Dächlein; **Dä|cher|chen** *Plur.;* **Dach.fen|ster, ...first, ...gar|ten, ...gau|be, ...gau|pe, ...ge|schoß, ...ge|sell|schaft** (Spitzen-, Muttergesellschaft), **...glei|che** (die; -, -n; österr. svw. Dachgleichenfeier); **Dach|glei|chen|fei|er** (österr. für: Richtfest; **Dach.ha|lse** (ugs. scherzh. für: Katze), **...haut**

(Bauw.: äußerste Schicht der Dachkonstruktion), ...kam|mer, ...lat|te, ...la|wi|ne (vom Hausdach abrutschende Schneemasse); **Däch|lein,** Dä|chel|chen (vgl. d.); **Dach_lu|ke,** ...or|ga|ni|sa|ti|on, ...pap|pe, ...pfan|ne, ...rei|ter, ...rin|ne, ...scha|den (ugs. für: geistiger Defekt) **Dachs** der; -es, -e; **Dachs|bau** (Plur. -e); **Dächs|chen,** Dächslein; **Dächs|sel** der; -s, - (Jägerspr. für: Dachshund); **dach|sen** (landsch. für: fest u. lange schlafen); du dachst (dachsest); **Dachs_fell,** ...haar, ...hund; **Dächs|sin** die; -, -nen; **Dächs|lein,** Dächs|chen; **Dachs|pin|sel** (Rasierpinsel aus Dachshaar; im Hutschmuck) **Dach_spar|ren,** ...stu|be, ...stuhl **Dach|tel** die; -, -n (landsch. für: Ohrfeige) **Dach_trau|fe,** ...ver|band, ...ziegel **Dackel** der; -s, - [Trenn.: Dak|kel] (Dachshund, Teckel) **Da|da|is|mus** der; - ⟨nach kindersprachl. „dada"⟩ (Kunstrichtung nach dem 1. Weltkrieg); **Da|da|ist** der; -en, -en (↑R 197); **da|da|istisch** (↑R 180) **Dä|dal|lus** (Baumeister u. Erfinder in der griech. Sage) **Dad|dy** [dädi] der; -s, -s od. Daddies [dädis] ⟨engl.⟩ (engl. ugs. Bez. für: Vater) **da|durch** [auch: da...]; es geschah -, daß er zu spät kam; dadurch, daß u. dadurch, weil (↑R 125) **Daff|ke** (berlin.); nur in: aus - (aus Trotz) **da|für** [auch: da...]; das Mädchen ist häßlich, - aber reich; ich kann nicht dafür sein (kann nicht zustimmen); **da|für|hal|ten** (meinen); er hat dafürgehalten; aber: er wird ihn dafür halten (für etwas ansehen; ↑da u. R 205 f.); **Da|für|hal|ten** das; -s; nach meinem -; **da|für|kön|nen**; nichts -; **da|für|ste|hen** (veralt. für: für etwas bürgen; österr.: sich lohnen); es steht [nicht] dafür

dag = Dekagramm
DAG = Deutsche Angestellten-Gewerkschaft
da|ge|gen [auch: da...]; euere Arbeit war gut, seine - schlecht; - sein; wenn Sie nichts - haben; Getrenntschreibung (↑da, 1 u. R 206): dagegen (gegen die bezeichnete Sache) halten, setzen, stellen; Zusammenschreibung (↑da, 2 u. R 205): z. B. dagegenhalten; **da|ge|gen|hal|ten** (vorhalten, erwidern); er wird dagegenhalten, das sei zu teuer (vgl. dagegen); **da|ge|gen|set|zen** (entge-

gensetzen, gegen etwas vorbringen); er hatte nichts dagegenzusetzen (vgl. dagegen); **da|ge|gen|stel|len,** sich (sich widersetzen); die Verwaltung hat sich dagegengestellt (vgl. dagegen)
Dag|mar (w. Vorn.); **Dag|ny** [...ni] (w. Vorn.); **Da|go|bert** (m. Vorn.)
Da|gon (Hauptgott der Philister)
Da|guerre [dagär] (Erfinder der Fotografie); **Da|guer|reo|ty|pie** [dagäro...] die; - (fotogr. Verfahren mit Metallplatten)
da|heim; - bleiben, sein, sitzen; **Da|heim** das; -s; **Da|heim|geblie|be|ne** der u. die; -n, -n (↑R 7 f.)
da|her [auch: da...]; - (von da) bin ich; daher, daß u. daher, weil (↑R 125); **da|her|brin|gen** (südd., österr. für: herbeibringen); **da|her|flie|gen;** es kam dahergeflogen (↑da, 2 u. R 205); **da|her|gelau|fen;** ein -er Kerl; **Da|her|gelau|fe|ne** der u. die; -n, -n (↑R 7 f.); **da|her|kom|men;** man sah ihn daherkommen; aber: es wird daher kommen, daß ... (↑da und R 205 f.); **da|her|re|den;** dümmlich -
da|hier (veralt. u. Papierdt. für: an diesem Ort)
da|hin [auch: da...]; wie weit ist es bis -?; etwas - auslegen; er hat es bis - gebracht; dahin|ab, dahin|auf, dahin|aus, dahin|ein, dahingegen, dahin|unter; da- und dorthin (↑R 32); Getrenntschreibung (↑da, 1 u. R 206): dahin (an das bezeichnete Ziel) fahren, gehen, kommen; wir werden dahin fahren; ein dahin gehender Antrag; er äußerte sich dahin gehend; Zusammenschreibung (↑da, 2 u. R 205): z. B. dahinfahren, dahinleben; **da|hin|däm|mern;** ich dämmere dahin (↑R 22); **da|hin|fah|ren** (geh. verhüll. für: sterben); er ist dahingefahren (vgl. dahin); **da|hin|fal|len** (schweiz. für: als erledigt, als überflüssig wegfallen); **da|hin|flie|gen** (vergehen); die Zeit ist dahingeflogen (vgl. dahin)
da|hin|ge|gen [auch: da...]
da|hin|ge|hen (vergehen); wie schnell sind die Tage dahingegangen (vgl. dahin); **da|hin|gestellt;** - bleiben; - sein lassen; **da|hin|le|ben; da|hin|raf|fen; da|hin|se|geln** (vgl. dahin); **da|hin|sie|chen;** elend -; **da|hin|ste|hen** (nicht sicher, noch fraglich sein) **da|hin|ten** [auch: da...]; - auf der Heide; **da|hin|ter** [auch: da...]; der Bleistift liegt -; Getrenntschreibung (↑da, 1 u. R 206): dahinter (hinter dem/den bezeichneten Ort od. Gegenstand) knien, kommen, stehen; er hat

dahinter gekniet; Zusammenschreibung (↑da, 2 u. R 205): z. B. dahinterkommen, dahinterstehen; **da|hin|ter|her;** - sein (ugs. für: eifrig erstreben); **da|hin|terklem|men,** sich (ugs. für: etwas mit Nachdruck betreiben); jetzt mußt du dich aber dahinterklemmen (vgl. dahinter); **da|hin|terknien,** sich (ugs. für: sich bei etwas anstrengen); du mußt dich schon etwas dahinterknien (vgl. dahinter); **da|hin|ter|kom|men** (erkennen, erfahren); sie ist endlich dahintergekommen (vgl. dahinter); **da|hin|ter|stecken** [Trenn.: ...stek|ken] (ugs. für: zu bedeuten haben); was mag dahinterstecken? (vgl. dahinter); vgl. ¹stecken; **da|hin|ter|ste|hen** (unterstützen; vgl. dahinter)
Däh|le, Dä|le die; -, -n (westschweiz. neben: Föhre)
Dah|lie [...iᵉ] die; -, -n ⟨nach dem schwed. Botaniker Dahl⟩ (Zierpflanze); vgl. Georgine
Da|ho|me u. **Da|ho|mey** [...mä] (früher für: Benin)
Dail Ei|reann [dail ä'r'n] der; - - (das irische Abgeordnetenhaus)
Daim|ler-Benz ⓦ (Kraftfahrzeugmarke)
Dai|na die; -, -s ⟨lett.⟩ (lett. od. lit. lyrisches Volkslied)
Dai|sy [dēˈsi] (w. Vorn.)
Da|ka|po der; -s, -s ⟨ital.⟩ (Musik: Wiederholung); vgl. da capo;
Da|ka|po|la|rie
Da|kar [franz. Ausspr.: dakar] (Hptst. des Staates Senegal)
Da|ker; Da|ki|er (im Altertum das Land zwischen Theiß, Donau und Dnjestr); **da|kisch,** aber (↑R 157): die Dakischen Kriege
Dak|ka (Hptst. von Bangladesch)
¹Da|ko|ta der; -[s], -[s] ⟨Angehöriger eines nordamerik. Indianerstammes⟩; **²Da|ko|ta** (Staaten in den USA [Nord- u. Süddakota])
dak|ty|lisch ⟨griech.⟩ (aus Daktylen bestehend [vgl. Daktylus]); **Dak|ty|lo** die; -, -s ⟨kurz für: Daktylographin⟩ (schweiz. für: Maschinenschreiberin); **Dak|ty|lo|gramm** das; -s, -e (Fingerabdruck); **Dak|ty|lo|sko|pie** die; -, ...ien (Fingerabdruckverfahren); **Dak|ty|lus** der; -, ...ylen (ein Versfuß)
dal = Dekaliter
Da|lai-La|ma der; -[s], -s ⟨tibet.⟩ (weltl. Oberhaupt des Lamaismus)
da|las|sen; er hat seinen Mantel dagelassen; aber: er soll seinen Mantel da (an der bestimmten Stelle) lassen (↑da u. R 205 f.)
Dal|be, Dal|ben (Kurzw. für: Duckdalbe, Duckdalben)

Dal|be|rei (ugs. für: Alberei); **dal|be|rig, dalb|rig** (ugs. für: albern); **dal|bern;** ich ...ere; ↑ R 22 (ugs. für: sich albern verhalten)

Dä|le vgl. Dähle

Dal|li (span. Maler)

dal|lie|gen (hingestreckt liegen); er hat völlig erschöpft dagelegen; aber: laß es da (dort) liegen, wo es liegt (↑ da u. R 205 f.)

Dal|li|la vgl. Delila

Dalk der; -[e]s, -e (südd., österr. ugs. für: ungeschickter Mensch); **dal|ken** (österr. ugs. für: kindisch, dumm reden); **dal|kert;** -ste (österr. ugs. für: dumm, ungeschickt; nichtssagend)

Dal|las [dälⁱs] (Stadt in Texas)

Dal|le die; -, -n (landsch. für: Delle)

Dal|les der; - ⟨jidd.⟩ (ugs. für: Armut; Not)

dal|li! ⟨poln.⟩ (ugs. für: schnell!)

Dal|ma|ti|en [...zⁱⁱn] (Küstenland an der Adria); **Dal|ma|tik, Dal|ma|ti|ka** die; -, ...ken (liturg. Gewand); **Dal|ma|ti|ner;** ↑ R 147 (auch: Hunderasse; Wein); **dal|ma|ti|nisch, dal|ma|tisch**

Dal|to|nis|mus der; - ⟨nach dem engl. Physiker J. Dalton⟩ (Med.: angeborene Farbenblindheit)

dam = Dekameter

da|ma|lig; da|mals

Da|mas|kus (Hptst. von Syrien); **Da|mast** der; -[e]s, -e (ein Gewebe); **da|mast|ar|tig; Da|mast|be|zug; da|ma|sten** (aus Damast); **Da|mas|ze|ner** (↑ R 147); - Klinge, Stahl; **da|mas|ze|nisch; da|mas|zie|ren** (Stahl mit flammigen, aderigen Zeichnungen versehen); **Da|mas|zie|rung**

Dam|bock

Däm|chen, Däm||lein; **Da|me** die; -, -n ⟨franz.⟩; **Da|me|brett**

Dä|mel der; -s, - (ugs. für: Dummkopf, alberner Kerl)

Da|men_bart, ...dop|pel, ...ein|zel (Sportspr.); **da|men|haft; Da|men_hut** der, ...mann|schaft, ...schnei|der, ...wahl (beim Tanz); **Da|me_spiel, ...stein**

Dam|hirsch

da|misch; -ste (bayr.-schwäb., österr. ugs. für: dumm, albern; schwindelig; sehr)

¹da|mit [auch: da...]; [und] - basta! (ugs.); was soll ich - tun?

²da|mit; er sprach langsam, - es alle verstanden

Däm|lack der; -s, -e u. -s (ugs. für: Dummkopf)

Dam|le|der; dam|le|dern

Däm|lein, Däm|chen

däm|lich (ugs. für: dumm, albern)

Damm der; -[e]s, Dämme

Dam|mar das; -s (Harz südostasiat. Bäume; **Dam|ma|ra_fich|te, ...lack; Dam|mar|harz**

Damm|bruch der; -[e]s, ...brüche

däm|men (auch für: isolieren)

Däm|mer der; -s (dicht. für: Dämmerung); **däm|me|rig, dämm|rig; Däm|mer|licht** das; -[e]s; **däm|mern;** es dämmert; **Däm|mer_schein, ...schlaf** (der; -[e]s), **...schop|pen, ...stun|de; Däm|me|rung; däm|me|rungs|ak|tiv; -e** Säugetiere; **Däm|me|rungs|schal|ter** (vom Tageslicht abhängiger Lichtschalter); **Däm|mer|zu|stand; dämm|rig,** däm|me|rig

Damm.riß (Med.), **...schnitt** (Med.), **...schutz** (Med.)

Däm|mung (auch für: Isolierung)

Dam|num das; -s, ...na ⟨lat.⟩ (Kaufmannsspr.: Abzug vom Nennwert eines Darlehens)

Da|mo|kles (griech. m. Eigenn.); **Da|mo|kles|schwert** das; -[e]s (↑ R 135)

Dä|mon der; -s, ...onen ⟨griech.⟩; **dä|mo|nen|haft; Dä|mo|nie** die; -, ...ien; **dä|mo|nisch;** -ste; **dä|mo|ni|sie|ren; Dä|mo|nis|mus** der; - (Glaube an Dämonen); **Dä|mo|ni|um** das; -s, ...ien [...iⁱn] (die warnende innere Stimme [der Gottheit] bei Sokrates); **Dä|mo|no|lo|gie** die; -, ...ien (Lehre von den Dämonen)

Dampf der; -[e]s, Dämpfe; **Dampf_bad, ...bü|gel|ei|sen, ...dom** (Technik; vgl. ²Dom), **...druck** (Plur. meist: ...drücke); **damp|fen;** die Speise dampft, hat gedampft; **dämp|fen;** ich dämpfe die Glut, das Gemüse usw., habe gedämpft; **Dampf|er** ([Dampf]schiff); **Dämp|fer;** einen - aufsetzen (ugs. für: mäßigen); **Dampf|er|an|le|ge|stel|le; Dampf|hei|zung; dampf|fig** (voll Dampf); **dämp|fig** (landsch. für: schwül; [vom Pferd:] kurzatmig); **Dämp|fig|keit** die; - (Atembeschwerden bei Pferden); **Dampf_kes|sel, ...koch|topf, ...lo|ko|mo|ti|ve, ...ma|schi|ne, ...nu|del** (meist Plur.), **...schiff, ...schiff|fahrt** [Trenn.: ...schiff|fahrt, ↑ R 204]; **Dämp|fung; Dampf|wal|ze**

Dampf|wild

Dan der; -, - ⟨jap.⟩ (Rangstufe im Budo)

da|nach [auch: da...]; sich - richten

Da|nae [...na-e] (Mutter des Perseus); **Da|na|er|ge|schenk** [...na-ⁱr...]; ↑ R 151 (unheilbringendes Geschenk [der Danaer = Griechen]); **Da|nai|de** die; -, -n; meist Plur. (Tochter des Danaus); **Da|nai|den_ar|beit, ...faß; Da|na|us** [...na-uß] (sagenhafter König, Stammvater der Griechen)

Dan|cing [dänßing] das; -s, -s ⟨engl.⟩ (Tanz[veranstaltung], Tanzlokal)

Dan|dy [dändi] der; -s, -s ⟨engl.⟩ (Stutzer, Geck, Modenarr); **dan|dy|haft;** -este; **Dan|dy|is|mus** der; - (svw. Dandytum); **Dan|dy|tum** das; -s

Dä|ne der; -n, -n (↑ R 197)

da|ne|ben [auch: da...]; Getrenntschreibung (↑ da, 1 u. R 206): daneben (neben dem/den bezeichneten Ort od. Gegenstand) gehen, liegen, stellen; ich will den Stuhl daneben stellen; Zusammenschreibung (↑ da, 2 u. R 205): z. B. danebengreifen, danebenschießen; **da|ne|ben|be|neh|men,** sich (ugs. für: sich unpassend benehmen; vgl. daneben); **da|ne|ben|fal|len** (vorbeifallen); der Ball ist danebengefallen (vgl. daneben); **da|ne|ben|ge|hen** (ugs. für: mißlingen); es ist danebengegangen (vgl. daneben); **da|ne|ben|grei|fen** (vorbeigreifen; einen Fehlgriff tun); beim Klavierspielen danebengreifen; er hat mit seiner Bemerkung ein wenig danebengegriffen (vgl. daneben); **da|ne|ben|hau|en** ([am Nagel] vorbeihauen; ugs. für: aus der Rolle fallen, sich irren; vgl. daneben); **da|ne|ben|schie|ßen** (vorbeischießen; ugs. für: sich irren; vgl. daneben)

Da|ne|brog der; -s ⟨dän.⟩ (dän. Flagge); **Dä|ne|mark; Da|ne|werk** das; -[e]s (dän. Grenzwall)

da|nie|den (veralt. u. dicht. für: [hier] unten auf der Erde); **da|nie|der; da|nie|der|lie|gen** (↑ da, 2 u. R 205); die Wirtschaft hat daniedergelegen

Da|ni|el [...iäl] (m. Vorname; bibl. Prophet); **Da|ni|el|la** (w. Vorn.)

Dä|nin die; -, -nen; **dä|nisch;** (↑ R 148:) -e Dogge, aber (↑ R 146:) Dänischer Wohld (Halbinsel in Schleswig-Holstein); vgl. deutsch; **Dä|nisch** das; -[s] (Sprache); vgl. Deutsch; **Dä|ni|sche** das; dä|ni|sie|ren (dänisch machen)

dank (↑ R 62); mit Gen. od. Dat., im Plur. überwiegend mit Gen.: meinem Fleiße; - eures guten Willens; - raffinierter Verfahren; **Dank** der; -[e]s; Gott sei -!; vielen -!; tausend -!; hab[t] Dank!; er weiß dir dafür (auch: dessen) keinen -; jmdm. - sagen (vgl. danksagen), schulden, wissen; **Dank|adres|se; dank|bar; Dank|bar|keit** die; -; **dan|ke!** du mußt danke sagen; danke schön!; ich möchte ihm danke schön sagen; er sagte: „Danke schön!", vgl. aber: Dankeschön; **dan|ken; dan|kens|wert;** -este; **dan|kens|wer|ter|wei|se; dank|er|füllt** (geh.); -este; **Dan|kes|be|zei|gung**

(nicht: ...bezeugung); **Dan|ke-schön** *das;* -s; er sagte ein herzli-ches -, vgl. aber: danke!; **Dan-kes_for|mel, ...schuld, ...wor|te** *Plur.;* **Dank|ge|bet**

Dank|mar (m. Vorn.); **Dank|rad** (m. Vorn.)

dank|sa|gen u. **Dank sa|gen** (↑ R 207); du danksagtest u. du sagtest Dank; dankgesagt u. Dank gesagt; dankzusagen u. Dank zu sagen; aber: ich sage vielen Dank; vgl. Dank; **Dank-sa|gung; Dank|schrei|ben**

Dank|ward (m. Vorn.)

dann; - und wann; vgl. dannzumal und dazumal

dan|nen, nur in: von - (veralt. für: von da weg); von - gehen, eilen

dann|zu|mal (schweiz. für: dann, in jenem Augenblick)

Danse ma|cabre [*dãgß makabr*] *der;* - -, -s -s [*dãgß makabr*] ⟨franz.⟩ (Totentanz)

Dan|te Ali|ghie|ri [- *aligiäri*] (ital. Dichter)

Dan|tes, Tan|tes *Plur.* ⟨span.⟩ (veralt. für: Spielmarken)

dan|tesk (nach Art der Schöpfungen Dantes); **dan|tisch,** aber (↑ R 134): **Dan|tisch**

Dan|ton [*dãgtõg*] (franz. Revolutionär)

Dan|zig (Hafenstadt an der Ostsee); vgl. Gdańsk; **Dan|zi|ger** (↑ R 147); - Goldwasser (Likör)

¹**Daph|ne** (w. Vorn.); ²**Daph|ne** *die;* -, -n ⟨griech.⟩ (Seidelbast, Zierstrauch); **Daph|nia, Daph-nie** [...*iᵉ*] *die;* -, ...ien (Wasserfloh)

dar... (in *Zus.* mit *Verben,* z. B. dartun, du tust dar, dargetan, darzutun)

dar|an [auch: *dạr...*], (ugs.:) dran; vgl. dran u. die Zusammensetzungen mit dran; *Getrenntschreibung* (↑ da, 1 u. R 206): daran (an der/die bezeichnete[n] Sache) sein, kommen, glauben; er ist daran gewesen; du wirst gut daran tun; *Zusammenschreibung* (↑ da, 1 u. R 205): z. B. darangehen, sich daranmachen; **dar|an|ge|ben** (geh. für: opfern); sie wollte alles darangeben (vgl. daran); **dar|an-ge|hen** (mit etwas beginnen); er ist endlich darangegangen (vgl. daran); **dar|an|hal|ten,** sich (sich anstrengen, beeilen); du mußt dich schon daranhalten, wenn du fertig werden willst (vgl. daran); **dar|an|ma|chen,** sich (ugs. für: mit etwas beginnen; vgl. daran); **dar|an|set|zen** (für etwas einsetzen); sie hat alles darangesetzt, um dies Ziel zu erreichen (vgl. daran)

dar|auf [auch: *dạr...*], (ugs.:) drauf; vgl. drauf und die Zusammensetzungen mit drauf; darauf ausgehen (erstreben), gehen, ein-gehen, kommen usw., aber: draufgehen (vgl. d.); darauf los-gehen (auf ein Ziel), aber: drauflosgehen (vgl. d.); darauf folgen; das Schreiben und der darauf folgende Briefwechsel, aber: am darauffolgenden (nächsten) Tage (↑ da u. R 205 f.); **dar|auf|hin** [auch: *dạr...*] (dem-zufolge, danach, darauf, unter diesem Gesichtspunkt); sein Vermögen wurde daraufhin be-schlagnahmt; wir haben alles daraufhin überprüft, ob ...; aber: darauf hindeuten; alles deutet darauf hin; darauf hin-weisen; er hat darauf hingewie-sen, daß ...

dar|aus [auch: *dạr...*], (ugs.:) draus; sich nichts daraus ma-chen; es wird nichts daraus wer-den; daraus, daß (↑ R 125)

dar|ben

dar|bie|ten; Dar|bie|tung; Dar-bie|tungs|kunst

dar|brin|gen; Dar|brin|gung

Dar|da|nel|len *Plur.* (Meerenge zwischen Ägäis u. Marmara-meer)

dar|ein [auch: *dạr...*], (ugs.:) drein; **dar|ein|fin|den,** sich; er hat sich dreingefunden (vgl. da, 2); **dar-ein|mi|schen,** sich (ugs.:) dreinmi-schen, sich; du darfst dich nicht überall dareinmischen (vgl. da, 2); **dar|ein|re|den,** (ugs.:) drein-re|den; er hat dareingeredet (vgl. da, 2)

Dar|es|sa|lam (frühere Hptst. von Tansania; vgl. Dodoma)

Darg, Dark *der;* -s, -e (niederd. für: fester Moorgrund, torfartige Schicht)

Dar|ge|bot *das;* -[e]s (Technik: die einer Anlage zur Verfügung ste-hende [Wasser]menge)

dar|ge|tan; vgl. dartun

dar|in [auch: *da...*], (ugs.:) drin; wir können alle darin (im Wa-gen) sitzen, aber: drinsitzen (vgl. d.); der Schlüssel bleibt dar-in (im Schloß) stecken, aber: drinstecken (vgl. d.); **dar|in|nen** (geh. für: drin|nen)

Da|ri|us (pers. König)

Dark vgl. Darg

dar|le|gen; Dar|le|gung

Dar|le|hen, Dar|lehn *das;* -s, -; **Dar|le|hens_kas|se** od. **Dar-lehns|kas|se, ...sum|me** od. **Dar-lehns|sum|me, ...ver|trag** od. **Dar-lehns|ver|trag, ...zins** od. **Dar-lehns|zins; Dar|lehn** usw. vgl. Darlehen usw.; **Dar|lei|her**

Dar|ling *der;* -s, -s ⟨engl.⟩ (Lieb-ling)

Darm *der;* -[e]s, Därme; **Darm-bak|te|ri|en** (*Plur.;* die die Darmflora bildenden Bakterien), **...blu|tung, ...bruch** *der,* **...ent-lee|rung, ...flo|ra** (Sammelbez. für die Bakterien im Darm), **...in-fek|ti|on, ...ka|nal, ...ka|tarrh, ...krank|heit, ...krebs, ...pa|ra-sit, ...sai|te, ...spü|lung**

Darm|stadt (Stadt in Hessen); **Darm|städ|ter** (↑ R 147); **darm-städ|tisch**

Darm_tä|tig|keit, ...träg|heit, ...ver|en|gung, ...ver|schlin|gung, ...ver|schluß, ...wand

dar|nach, dar|ne|ben, dar|nie|der (älter für: danach usw.)

dar|ob [auch: *dạr...*], drob

Dar|re *die;* -, -n (Trocken- od. Röstvorrichtung; Tierkrankheit)

dar|rei|chen; Dar|rei|chung

dar|ren (Technik: dörren, trock-nen, rösten); **Darr_ge|wicht, ...ofen, ...sucht** (*die;* -; Tier-krankheit); **Dar|rung**

Darß *der;* -es (Halbinsel an der Ostseeküste); -er Ort

dar|stel|len; darstellende Geome-trie; **Dar|stel|ler; Dar|stel|le|rin** *die;* -, -nen; **dar|stel|le|risch; Dar|stel|lung; Dar|stel|lungs-_form, ...gal|be, ...kunst, ...mit|tel**

dar|strecken [*Trenn.:* ...strek|ken] (veralt. für: hinstrecken)

Darts *das;* - ⟨engl.⟩ (Wurfpfeil-spiel)

dar|tun (zeigen, beweisen); darge-tan

dar|über [auch: *dạr...*], (ugs.:) drü-ber; sie ist - sehr böse; - hinaus (vgl. d.); **dar|über|fah|ren** (über etwas streichen); er wollte mit der Hand darüberfahren, aber: er soll darüber fahren, nicht hier-über (↑ da u. R 205 f.); **dar|über hin|aus** (außerdem); es gab - - nicht viel Neues; aber: darüber hinausgehende Informationen; er wird längst darüber hinaus-sein (die Enttäuschung o. ä. überwunden haben); **dar|über-ma|chen,** sich (ugs. für: mit etwas beginnen); er wollte sich gleich darübermachen; aber: er soll sich keine Gedanken darüber (über diese Sache) machen (↑ da u. R 205 f.); **dar|über|schrei|ben;** sie hat eine Bemerkung darüber-geschrieben; aber: sie hat ein Buch darüber (über dieses The-ma) geschrieben (↑ da u. R 205 f.); **dar|über|ste|hen** (über-legen sein); er hat mit seiner An-schauung weit darübergestan-den; aber: weil die Bücher [oben] darüber stehen (↑ da u. R 205 f.)

dar|um [auch: *dạr...*], (ugs.:) drum; er läßt darum bitten; er wird es darum tun; darum her-um; nicht darum herumkom-

men; er hat nur darum herumge-
redet; da̱rum, daß u. da̱rum, weil
(↑R 125); dar|u̱m|kom|men (nicht
bekommen); er ist darumgekom-
men; aber: weil er nur da̱rum
(aus diesem Grunde) kommt
(↑da u. R 205 f.); dar|u̱m|le|gen
(um etwas legen); sie hat den
Verband daru̱mgelegt (↑da, 2 u.
R 205); dar|u̱m|ste|hen (um etwas
stehen); sie sah das brennende
Auto und die Leute, die daru̱m-
standen (↑da, 2 u. R 205)
dar|u̱n|ter [auch: da̱r...], (ugs.:)
dru̱n|ter; es waren gute Kinder -;
dar|u̱n|ter|fal|len (zu etwas od.
jmdm. gehören); ich kenne die
Bestimmung, er wird auch dar-
unterfallen (↑da, 2 u. R 205);
dar|u̱n|ter|lie|gen; er hat mit sei-
nen Leistungen daruntergele-
gen; aber: er soll daru̱nter liegen und nicht hieru̱nter (↑da u.
R 205 f.)
Dar|win (engl. Naturforscher);
dar|wi|nisch, da̱r|winsch, aber
(↑R 134): Dar|wi|nisch, Da̱r-
winsch; -e Lehre; Dar|wi|nis|mus
der; - (Lehre Darwins); Dar|wi-
ni̱st der; -en, -en (↑R 197); dar|wi-
ni̱s|tisch
da̱s; ↑R 66 (Nom. u. Akk.); vgl.
der; alles das, was ich gesagt habe
da̱|sein (gegenwärtig, zugegen,
vorhanden sein); man muß vor
allen Dingen dasein (zugegen
sein); so etwas ist noch nicht da-
gewesen (vorgekommen); (immer getrennt:) ob sie auch wirklich da ist, da war?; aber: sage
ihr, sie soll um 5 Uhr da (besser:
dort [an der bezeichneten Stelle])
sein; ich bin schon da (dort) ge-
wesen; Da̱|sein da̱s; -s; Da̱|seins-
angst; da̱|seins|be|din|gend; Da̱-
seins.be|din|gung, ...be|rech|ti-
gung, ...form, ...freu|de; da̱-
seins|hung|rig; Da̱|seins|kampf
der; -[e]s; da̱|seins|mä̱ßig (für:
existentiell); Da̱|seins_recht,
...wei|se die, ...zweck
da̱|selbst (veralt., noch landsch.
für: dort)
Dash [däsch] der; -s, -s ⟨engl.⟩
(Spritzer, kleinste Menge [bei der
Bereitung eines Cocktails])
da̱s heißt (Abk.: d. h.); ↑R 98; wir
werden ihn am 27. August, d. h.
an seinem Geburtstage, besuchen; wir teilen ihm mit, daß der
Teilnehmerkreis gemischt ist,
d. h., daß ein Teil bereits gute
Fachkenntnisse besitzt
¹da̱|sig (österr., schweiz. mdal. für:
hiesig)
²da̱|sig (südd., österr. mdal. für:
verwirrt, schüchtern); - machen
(einschüchtern)
da̱s ist (Abk.: d. i.); ↑R 98

da̱|sit|zen; wenn ihr so da̱sitzt ...;
aber: er soll da (dort) si̱tzen;
↑da u. R 205 f.
das|je|ni|ge (↑R 66); Gen.: desjeni-
gen, Plur.: diejenigen
daß; so daß (immer getrennt);
auf daß (veralt.); bis daß (veralt.); ich glaube, daß ...; da̱ß-Satz
(↑R 33)
das|sel|be (↑R 66); Gen.: dessel-
ben, Plur.: dieselben; es ist alles
ein und dasselbe
Da̱s|sel.beu|le, ...flie|ge, ...lar|ve
da̱ß-Satz (↑R 33)
da̱|ste|hen; fassungslos, steif -; die
Firma hat glänzend dagestanden
(war wirtschaftlich gesund); ein
einmalig dastehender Fall;
aber: er soll da (dort) ste̱hen;
↑da u. R 205 f.
Da̱s|y|me|ter das; -s, - ⟨griech.⟩
(Gasdichtemesser)
dat. = datum
Dat. = Dativ
Date [deʳt] das; -[s], -s ⟨amerik.⟩
(ugs.: Verabredung, Treffen);
Da̱|tei (Beleg- u. Dokumenten-
sammlung, bes. in der Datenver-
arbeitung); Da̱|ten (Plur. von:
Datum; Angaben, Tatsachen);
Da̱|ten.bank (Plur. ...banken),
...er|fas|sung, ...schutz, ...schutz-
be|auf|trag|te, ...schutz|ge|setz,
...trä|ger, ...ty|pi|stin (die; -,
-nen), ...über|tra|gung; da̱|ten-
ver|ar|bei|tend; -e Maschine
(↑R 209); Da̱|ten|ver|ar|bei|tung
(Abk.: DV); elektronische -
(Abk.: EDV); Da̱|ten|ver|ar|bei-
tungs|an|la|ge; da̱|tie|ren ⟨franz.⟩
([Brief usw.] mit Zeitangabe versehen); einen Brief [auf den 5.
Mai] -; die Handschrift datiert
(stammt) aus dem 4. Jh.; der
Brief datiert (trägt das Datum)
vom 1. Oktober; Da̱|tie|rung
Da̱|tiv der; -s, -e [...wᵉ] ⟨lat.⟩
(Sprachw.: Wemfall, 3. Fall;
Abk.: Dat.); freier - (Sprachw.);
Da̱|tiv|ob|jekt; Da̱|tiv|us ethicus
[...iwuß ...kuß] der; - -, ...vi ...ci
[...wi ...zi] (Sprachw.)
da̱|to ⟨ital.⟩ (Kaufmannsspr.: heu-
te); bis - (bis heute); Da̱|to|wech-
sel (der auf eine bestimmte Zeit
nach dem Ausstellungstag zahl-
bar gestellte Wechsel)
Da̱t|scha die; -, -s od. ...schen
⟨russ.⟩ u. Da̱t|sche die; -, -n (russ.
Holzhaus; Sommerhaus)
Da̱t|tel die; -, -n; Da̱t|tel_pal|me,
...pflau|me, ...trau|be
da̱|tum ⟨lat.⟩ („gegeben"; veralt.
für: geschrieben; Abk.: dat.)
Da̱|tum das; -s, ...ten; vgl. Daten;
Da̱|tums.an|ga|be, ...gren|ze;
Da̱|tum[s]|stem|pel
Dau, Dhau die; -, -en ⟨arab.⟩
(arab. Segelschiff)
Dau|be die; -, -n (Seitenbrett eines

Fasses; hölzernes Zielstück beim
Eisschießen)
Dau|bel die; -, -n ⟨österr. für:
Fischnetz)
Dau|er die; -, (fachspr. gelegent-
lich:) -n; Dau|er.ar|beits|lo|se
der u. die, ...ar|beits|lo|sig|keit,
...auf|trag, ...aus|weis, ...bella-
stung, ...be|schäf|ti|gung, ...bren-
ner, ...ein|rich|tung, ...frost,
...gast, ...ge|schwin|dig|keit; dau-
er|haft; -este; Dau|er|haf|tig|keit
die; -; Dau|er.lauf, ...lei|stung,
...lut|scher; ¹dau|ern; es dauert
nicht lange
²dau|ern (leid tun); es dauert
mich; mich dauert jeder Pfennig
dau|ernd; Dau|er_par|ker, ...re-
gen, ...ritt, ...schlaf, ...stel|lung,
...test, ...ton, ...wel|le, ...wurst,
...zu|stand
Däum|chen, Däum|lein; Däu|me-
lin|chen (Märchengestalt); Dau-
men der; -s, -; Dau|men.ab-
druck, ...bal|len; dau|men_breit,
...dick; Dau|men.lut|scher, ...na-
gel, ...re|gi|ster, ...schrau|be
Dau|mier [domje] (franz. Graphi-
ker, Zeichner u. Maler)
Däum|lein, Däum|chen; Däum-
ling
Dau|ne die; -, -n (Flaumfeder);
Dau|nen.bett, ...decke [Trenn.:
...dek|ke], ...fe|der, ...kis|sen;
dau|nen|weich
Dau|phin [dofä̱ng] der; -s, -s
⟨franz.⟩ (ehem. franz. Thronfol-
ger); Dau|phi|né [dofine̱] die; -
(franz. Landschaft)
¹Daus (Teufel), nur noch in: was
der -!; ei der -! (veralt.)
²Daus das; -es, Däuser, (auch:) -e
⟨lat.⟩ (zwei Augen im Würfel-
spiel; As in der Spielkarte)
Da̱|vid [da̱f..., auch: da̱w...] (m.
Vorn.; bibl. König); Da̱|vid[s]-
stern; vgl. ²Stern
Da̱|vis-Cup [de̱ʳwißkap], Da̱-
vis-Po|kal der; -s (↑R 135) ⟨nach
dem amerik. Stifter⟩ (internationaler Tenniswanderpreis)
Da̱|vis|stra|ße [de̱ʳwiß...] die; -
⟨nach dem Entdecker⟩ ↑R 149
(Durchfahrt zwischen Grönland
u. Nordamerika)
Da̱|vit [de̱ʳwit] der; -s, -s ⟨engl.⟩
(drehbarer Schiffskran)
da|von [auch: da̱...]; er will etwas,
viel, nichts davon haben; auf
und davon laufen; Getrenntschreibung (↑da, 1 u. R 206): davon (von der bezeichneten Sache) bleiben, kommen, lassen,
tragen; es ist nichts davon geblieben; er mußte schließlich davon lassen; Zusammenschreibung (↑da, 2 u. R 205): z. B. da-
vonbleiben, davongehen; da-
von|blei|ben (sich entfernt halten,
nicht anfassen); er sollte besser

davonbleiben (vgl. davon); **da|von, daß** (↑ R 125); **da|v|on|ge|hen** (weggehen); sie ist davongegangen, aber: auf und davon gehen (vgl. davon); **da|von|kom|men** (glücklich entrinnen); er ist noch einmal davongekommen (vgl. davon); **da|von|las|sen;** er soll die Finger davonlassen (sich nicht damit abgeben; vgl. davon); **da|von|lau|fen** (weglaufen); wenn sie davonläuft; (↑ R 68:) es ist zum Davonlaufen; aber: auf und davon laufen (vgl. davon); **da|von|ma|chen,** sich (ugs. für: davonlaufen, auch für: sterben); er hat sich davongemacht (vgl. davon); **da|von|tra|gen** (wegtragen); weil er den Sack davontrug; er hat den Sieg davongetragen (vgl. davon)

da|vor [auch: *da...*]; ich fürchte mich -; - war alles gut; der Teppich soll davor liegen, nicht hiervor (↑ da u. R 205 f.); **da|vor|hän|gen;** sie soll einen Vorhang davorhängen (vgl. davor); **da|vor|lie|gen;** der Teppich hat davorgelegen (vgl. davor); **da|vor|ste|hen;** er hat schweigend davorgestanden (vgl. davor)

Da|vos [*dawoß*] (Kurort in der Schweiz); **Da|vo|ser** (↑ R 147)

Da|vy [*de'wi*] (engl. Chemiker); **Da|vysch** (↑ R 134); **-e** Lampe

da|wai! ⟨russ.⟩ (los!); dawai, dawai! (los, los!)

Dawes [*dås*] (amerik. Finanzmann); **Dawes|plan** der; -[e]s (↑ R 135)

da|wi|der; - sein; wenn sie nichts - haben; er wird dawider stoßen; **da|wi|der|re|den** (das Gegenteil behaupten); sie hat dawidergeredet (↑ da u. R 205 f.)

Da|zi|len [...*i'n*], **Da|zi|ler** [...*i'r*] usw. vgl. Dakien, Daker usw.

da|zu [auch: *da...*]; dazu bin ich gut; er ist nicht dazu bereit; Getrenntschreibung (↑ da, 1 u. R 206): dazu (zu dem genannten Ziel od. Zweck) geben, führen, gehören, kommen; die Entwicklung wird dazu führen, daß ...; weil viel Mut dazu (zu dieser Sache) gehört; er war nicht dazu gekommen, zu antworten; Zusammenschreibung (↑ da, 2 u. R 205): z. B. dazugehören, sich dazuzählen; **da|zu|ge|ben** (hinzutun); du mußt noch etwas Mehl dazugeben (vgl. dazu); **da|zu|ge|hö|ren** (zu jmdm. od. etw. gehören); ich weiß, daß er auch dazu gehört (vgl. dazu); **da|zu|ge|hö|rig;** **da|zu|hal|ten,** sich (heranhalten, beeilen); er hat sich nach Kräften dazugehalten (vgl. dazu); **da|zu|kom|men** (hinzukommen); sie ist eben dazugekom-

men (vgl. dazu); **da|zu|kön|nen** (nordd. für: dafürkönnen); **da|zu|mal;** Anno ⟨österr.: anno⟩ -; **da|zu|rech|nen** (rechnend hinzufügen); er hat den Betrag dazugerechnet (vgl. dazu); **da|zu|schau|en** (österr. für: sich beranhalten, beeilen); er muß dazuschauen, daß er fertig wird (vgl. dazu); **da|zu|schrei|ben** (hinzufügen); er hat einige Zeilen dazugeschrieben; **da|zu|set|zen** (hinzusetzen); sie hat sich am Nachbartisch dazugesetzt; aber: du mußt dich dazu (zu dieser Tätigkeit) setzen; **da|zu|tun** (hinzutun); er hat viele Äpfel dazugetan; aber: was kann ich noch dazu tun? (vgl. dazu); **Da|zu|tun** das (Hilfe, Unterstützung), noch in: ohne mein -

da|zwi|schen [auch: *da...*] (örtl. od. zeitl. zwischen etwas); Blumen dazwischen pflanzen; weil sie immer Schokolade dazwischen aß (↑ da u. R 205 f.); **da|zwi|schen|fah|ren** (sich in etwas einmischen, Ordnung schaffen); du mußt mal ordentlich dazwischenfahren (↑ da, 2 u. R 205); **da|zwi|schen|kom|men** (auch übertr. für: sich in etwas einmischen); er ist dazwischengekommen (↑ da u. R 205); **Da|zwi|schen|kunft** die; -, ...künfte (veralt.); **da|zwi|schen|ru|fen;** er hat ständig dazwischengerufen (↑ da, 2 u. R 205); **da|zwi|schen|tre|ten** (auch übertr. für: schlichten, ausgleichen); er ist dazwischengetreten (↑ da, 2 u. R 205); **Da|zwi|schen|tre|ten** das; -s

dB = Zeichen für: Dezibel

DB = Deutsche Bundesbahn

DBB = Deutscher Beamtenbund

DBD = Demokratische Bauernpartei Deutschlands (DDR)

DBGM = Deutsches Bundes-Gebrauchsmuster

DBP = Deutsche Bundespost; Deutsches Bundespatent

d. c. = da capo

D. C. = District of Columbia [*dißtrikt °w k°lambi'*] (dem Bundeskongreß unterstellter Bundesdistrikt der USA um Washington)

d. d. = de dato

Dd. = doctorandus; vgl. Doktorand

DDR = Deutsche Demokratische Republik; **DDR-Bür|ger**

DDT ⓦ das; -: = Dichlordiphenyltrichloräthan ([heute weitgehend verbotenes] Mittel zur Ungezieferbekämpfung)

D-Dur [*dedur*, auch: *dedur*] das; - (Tonart; Zeichen: D); **D-Dur-Ton|lei|ter** (↑ R 41)

dea|len [*dil'n*] ⟨engl.⟩ (illegal mit

Rauschgift handeln); **Dea|ler** der; -s, - (Rauschgifthändler)

De|ba|kel das; -s, - ⟨franz.⟩ (Zusammenbruch; blamable Niederlage)

De|bat|te die; -, -n ⟨franz.⟩ (Diskussion, Erörterung [im Parlament]); **de|bat|te|los; De|bat|ten|schrift** (Eilschrift); **De|bat|ter; de|bat|tie|ren** (erörtern, verhandeln)

de Beau|voir [*d° bow"ar*]; vgl. Beauvoir

De|bet das; -s, -s ⟨lat.⟩ (die linke Seite, Sollseite eines Kontos)

de|bil ⟨lat.⟩ (Med.: leicht schwachsinnig); **De|bi|li|tät** die; - (Med.: leichter Grad des Schwachsinns)

de|bi|tie|ren ⟨lat.⟩ (jmdn., ein Konto belasten); **De|bi|tor** der; -s, ...oren; meist Plur. (Schuldner, der Waren auf Kredit bezogen hat); **De|bi|to|ren|kon|to**

De|bo|ra (bibl. w. Eigenn.); **De|bo|rah,** (auch:) Debora (w. Vorn.)

De|bre|cen [*däbräzän*] (ung. Schreibung von: Debreczin); **De|bre|czin** [*däbräzin*], (auch:) **De|bre|zin** (ung. Stadt); **De|brec|zi|ner,** (auch:) **De|bre|zi|ner** Plur. (stark gewürzte Würstchen)

De|bus|sy [*d°büßi*] (franz. Komponist)

De|büt [*debü*] das; -s, -s ⟨franz.⟩ (erstes Auftreten); **De|bü|tant** der; -en, -en; ↑ R 197 (erstmalig Auftretender; Anfänger); **De|bü|tan|tin** die; -, -nen; **De|bü|tan|tin|nen|ball; de|bü|tie|ren**

Decamelrone ⟨ital.⟩ vgl. Dekameron

De|cha|nat [*dächa...*], **De|ka|nat** [*de...*] das; -[e]s, -e ⟨lat.⟩ (Amt od. Sprengel eines Dechanten, Dekans); **De|cha|nei, De|ka|nei** (Wohnung eines Dechanten); **De|chant** [auch, vor allem österr.: *däch...*] der; -en, -en; ↑ R 197 u. Dekan (höherer kath. Geistlicher, Vorsteher eines kath. Kirchenbezirkes u. a.)

De|cher das od. der; -s, - ⟨lat.⟩ (früheres deutsches Maß [= 10 Stück] für Felle u. Rauchwaren)

de|chif|frie|ren [*deschifrir°n*] ⟨franz.⟩ (entziffern; Klartext herstellen); **De|chif|frie|rung**

Dech|sel die; -, -n (beilähnliches Werkzeug)

De|ci|mus [*dezimuß*] (röm. m. Vorn.; Abk.: D.)

Deck das; -[e]s, -s (selten: -e); **Deck_adres|se,** **...an|schrift,** **...bett,** ...**blatt; Decke[1]** die; -, -n; **Deckel[1]** der; -s, -; **Deckel[1]_glas** (Plur. ...gläser), **...kan|ne,** ...**krug; deckeln[1];** ich ...[e]le (↑ R 22);

---
[1] Trenn.: ...k|k...

dęcken¹; Dęcken¹-ge|mäl|de, ...kon|struk|ti|on, ...lam|pe, ...mal|le|rei; Dęck_far|be, ...haar, ...hengst, ...man|tel, ...na|me (*der;* -ns, -n); Dęck|of|fi|zier; Dęck[s]_la|dung, ...last, ...plan|ke; Dęckung¹; Dęckungs|feh|ler¹ (Sportspr.); dęckungs|gleich¹ (für: kongruent); Dęckungs¹-_kar|te (Kfz-Versicherung), ...mit|tel *Plur.,* ...sum|me; Dęck|weiß, ...wort (*Plur.* ...wörter)

de|co|die|ren vgl. dekodieren

De|col|la|ge [*dekolaseʰ*] *die;* -, -n (franz.) (Kunstwerk, das durch zerstörende Veränderung von Materialien entsteht); De|col|la|gist *der;* -en, -en; ↑R 197 (Künstler, der Decollagen herstellt)

Dé|colle|té vgl. Dekolleté

de|cou|ra|giert [*dekuraseʰirt*] (franz.) (mutlos, verzagt)

de|cresc. = decrescendo; de|cre|scen|do [*dekräschǎndo*] (ital.) (Musik: abnehmend; Abk.: decresc.); De|cre|scen|do *der;* -s, -s u. ...di

de da|to (lat.) (veralt. für: vom Tage der Ausstellung an; Abk.: d. d.); vgl. a dato

De|di|ka|ti|on [...*zion*] *die;* -, -en (lat.) (Widmung; Geschenk); de|di|zie|ren (widmen; schenken)

De|duk|ti|on [...*zion*] *die;* -, -en (lat.) (Herleitung des Besonderen aus dem Allgemeinen; Beweis); de|duk|tiv [auch: *de...*]; de|du|zie|ren|bar; de|du|zie|ren

Deern *die;* -, -s (niederd. für: Mädchen)

De|es|ka|la|ti|on [...*zion*] *die;* -, -en (franz.-engl.) (stufenweise Abschwächung); de|es|ka|lie|ren

DEFA *die;* -: = Deutsche Film-AG (DDR)

de fac|to (lat.) (tatsächlich [bestehend]); De-fac|to-Ạn|er|ken|nung (↑R 41)

De|fä|ka|ti|on [...*zion*] *die;* -, -en (lat.) (Med.: Stuhlentleerung); de|fä|kie|ren

De|fä|tis|mus, (schweiz. auch:) De|fai|tis|mus [...*fä...*] *der;* - (franz.) (Miesmacherei); De|fä|tist, (schweiz. auch:) De|fai|tist [...*fä...*] *der;* -en, -en; ↑R 197 (Miesmacher); de|fä|tis|tisch, (schweiz. auch:) de|fai|tis|tisch [...*fä...*]

de|fękt (lat.) (schadhaft; fehlerhaft); De|fękt *der;* -[e]s, -e; de|fek|tiv (mangelhaft); De|fek|ti|vum [...*wum*] *das;* -s, ...va [...*wa*] (Sprachw.: nicht an allen grammatischen Möglichkeiten seiner Wortart teilnehmendes Wort, z. B. „Leute" [ohne Einzahl])

de|fen|siv (lat.) (verteidigend); De|fen|si|ve [...*wᵉ*] *die;* -, -n (Verteidigung, Abwehr); De|fen|siv_krieg, ...spiel (Sportspr.), ...spie|ler (Sportspr.), ...stel|lung, ...tak|tik; De|fen|sor *der;* -s, ...oren (Verteidiger, z. B. in: Defensor fidei = Verteidiger des Glaubens [Ehrentitel des engl. Königs])

De|fer|leg|gen *das;* -s (österr. Alpental); De|fer|leg|gen|tal

De|fi|lee [schweiz.: *de...*] *das;* -s, -s (schweiz. nur so; sonst auch: ...leen) (franz.) ([parademäßiger] Vorbeimarsch); de|fi|lie|ren (parademäßig od. feierlich vorbeiziehen)

de|fi|nier|bar; de|fi|nie|ren (lat.) ([einen Begriff] erklären, bestimmen); de|fi|nit (bestimmt); -e Größen (Math.: Größen, die immer das gleiche Vorzeichen haben); De|fi|ni|ti|on [...*zion*] *die;* -, -en; - eines Dogmas (kath. Kirche: unfehlbare Entscheidung darüber); de|fi|ni|tiv (endgültig, abschließend; ein für allemal); De|fi|ni|ti|vum [...*wum*] *das;* -s, ...va [...*wa*] (endgültiger Zustand); de|fi|ni|to|risch

De|fi|zi|ent *der;* -en, -en (↑R 197) (lat.) (veralt. für: Dienstunfähiger); De|fi|zit *das;* -s, -e (Fehlbetrag; Mangel); de|fi|zit|po|li|tik; de|fi|zi|tär

De|fla|ti|on [...*zion*] *die;* -, -en (lat.) (Geol.: Abblasung lockeren Gesteins durch Wind; Wirtsch.: Abnahme der Preisniveaus); de|fla|tio|när; de|fla|tio|ni|stisch, de|fla|to|risch

De|flek|tor *der;* -s, ...oren (lat.) (Saug-, Rauchkappe; Ablenkungselektrode im Zyklotron)

De|flo|ra|ti|on [...*zion*] *die;* -, -en (lat.) (Zerstörung des Jungfernhäutchens beim ersten Geschlechtsverkehr, Entjungferung); De|flo|ra|ti|ons|an|spruch (Kranzgeld); de|flo|rie|ren; De|flo|rie|rung

De|foe [*dᵉfo*] (engl. Schriftsteller)

De|for|ma|ti|on [...*zion*] *die;* -, -en u. De|for|mie|rung (Formänderung; Verunstaltung); de|for|mie|ren; De|for|mi|tät *die;* -, -en (lat. für: Mißbildung)

De|frau|dant *der;* -en, -en (↑R 197) (lat.) (Betrüger; jmd., der eine Unterschlagung begeht); De|frau|da|ti|on [...*zion*] *die;* -, -en (Unterschlagung, Hinterziehung); de|frau|die|ren

De|freg|ger (Tiroler Maler)

De|fro|ster (engl.), De|fro|ster|an|la|ge (engl.; dt.) (Anlage im Kraftfahrzeug, die das Beschlagen od. Vereisen der Windschutzscheibe verhütet)

def|tig (ugs. für: derb, saftig; tüchtig, sehr); Def|tig|keit (ugs.)

De|ga|ge|ment [*degasché'mãng*] *das;* -s, -s (franz.) (veralt. für: Zwanglosigkeit; Befreiung [von einer Verbindlichkeit]); de|ga|gie|ren [*degasehir'n*] (veralt. für: [von einer Verbindlichkeit] befreien)

De|gas [*dᵉga*] (franz. Maler)

de Gaulle [*dᵉ gol*]; vgl. Gaulle, de; De-Gaulle-Be|such [...*gol...*] (↑R 135); de-Gaulle-freund|lich (↑R 136)

¹De|gen *der;* -s, - (dicht. u. altertüml. für: [junger] Held; Krieger)

²De|gen *der;* -s, - (eine Stichwaffe)

De|ge|ne|ra|ti|on [...*zion*] *die;* -, -en (Ent-, Ausartung); De|ge|ne|ra|ti|ons|er|schei|nung; de|ge|ne|ra|tiv; de|ge|ne|rie|ren

De|gen.fech|ten, ...griff, ...gurt

De|gen|hard (m. Vorn.)

De|gen.klin|ge, ...stoß

De|gout [*degu*] *der;* -s (franz.) (Ekel, Widerwille); de|gou|tant, -este (ekelhaft); de|gou|tie|ren (anekeln; ekelhaft finden)

De|gra|da|ti|on [...*zion*] *die;* -, -en (lat.) (Degradierung; Ausstoßung eines kath. Geistlichen aus dem geistl. Stand); De|gra|die|ren; De|gra|die|rung (Rangverlust; Landw.: Veränderung eines guten Bodens zu einem schlechten)

De|gras [*degra*] *das;* - (franz.) (Gerberfett)

de|gres|siv (lat.) (abnehmend, sich [stufenweise] vermindernd); -e Schulden, Kosten

De|gu|sta|ti|on [...*zion*] *die;* -, -en (lat.) (bes. schweiz. neben: Kostprobe); De gu|sti|bus non est dis|pu|tan|dum („über den Geschmack ist nicht zu streiten"); de|gu|stie|ren (bes. schweiz. neben: proben, kosten)

dehn|bar; Dehn|bar|keit *die;* -; dehn|en; Dęhn.fä|hig|keit, ...son|de; Dęh|nung; Dęh|nungs-h *das;* -, - (↑R 37); Dęh|nungs|zei|chen

De|hors [*deor*] *Plur.* (franz.) (äußerer Schein; gesellschaftlicher Anstand)

De|hy|dra|ta|ti|on [...*zion*] *die;* -, -en (lat.; griech.) (Trocknung [von Lebensmitteln]); De|hy|dra|ti|on [...*zion*] *die;* -, -en; vgl. De|hy|drie|rung; de|hy|dra|ti|sie|ren ([Lebensmitteln] zur Trocknung Wasser entziehen); de|hy|drie|ren (einer chem. Verbindung Wasserstoff entziehen); De|hy|drie|rung (Entzug von Wasserstoff)

Dei|bel vgl. Deiwel

Deich *der;* -[e]s, -e (Damm); Deich.bau *der;* -[e]s), ...bruch *der;* dei|chen; Deich.fuß, ...graf, ...haupt|mann, ...kro|ne

---

¹ *Trenn.:* ...k|k...

¹**Deich|sel** die; -, -n (Wagenteil)
²**Deich|sel** die; -, -n (Nebenform von: Dechsel)
Deich|sel.bruch, ...ga|bel, ...kreuz
deich|seln (ugs. für: [etwas Schwieriges] zustande bringen); ich ...[e]le (↑R 22)
Dei|fi|ka|ti|on [de-ifikazion] die; -, -en ⟨lat.⟩ (Vergottung eines Menschen od. Dinges); **dei|fi|zie|ren** [de-i...]; **Dei gra|tia** [- ...zia] (von Gottes Gnaden; Abk.: D. G.)
deik|tisch [auch: de-ik...] ⟨griech.⟩ (hinweisend; auf Beispiele gegründet)
¹**dein** (in Briefen usw. [↑R 71]: Dein usw.), **deine, dein** (dein Tisch usw.); Wessen Buch ist das? Ist es dein[e]s?; ein Streit über mein und dein; mein und dein verwechseln, aber (↑R 66): das Mein und Dein; ²**dein,** deiner Gen. (von du); ich gedenke dein[er]; **dei|ne,** deinige; der, die, das dein[ig]e (außer in Briefen klein geschrieben, wenn ein vorausgegangenes Substantiv zu ergänzen ist, z. B.: Wessen Garten ist das? Ist es der dein[ig]e?); *Großschreibung* (↑R 66): die Dein[ig]en (deine Angehörigen); das Dein[ig]e (deine Habe, das dir Zukommende); du mußt das Dein[ig]e tun; **dei|ner**¹; vgl. ²dein Gen.; **dei|ner|seits**¹; **dei|nes|glei|chen**¹; **dei|nes|teils**¹; **dei|net|hal|ben**¹; **dei|net|we|gen**¹; **dei|net|wil|len**¹; um -; **dei|nil|ge**¹ vgl. deine
De|is|mus der; - ⟨lat.⟩ (Gottesglaube [aus Vernunftgründen]); **De|ist** der; -en, -en (↑R 197); **de|istisch**
Dei|wel, Dei|xel der; -s (ugs. für: Teufel); pfui -!
Dé|jà-vu-Er|leb|nis [deschawü...] ⟨franz.; dt.⟩ (Psych.: Eindruck, Gegenwärtiges schon einmal „gesehen", erlebt zu haben)
De|jekt das; -[e]s, -e ⟨lat.⟩ (Med.: Ausgeschiedenes [bes. Kot])
De|jeu|ner [deschöne] das; -s, -s ⟨franz.⟩ (Frühstücksgedeck; veralt. für: Frühstück)
de ju|re ⟨lat.⟩ (von Rechts wegen); **De-ju|re-An|er|ken|nung** (↑R 41)
Dek|a das; -[s], - ⟨griech.⟩ (österr. Kurzform für: Dekagramm); **de|ka...** (zehn...); **De|ka...** (Zehn...; das Zehnfache einer Einheit, z. B. Dekameter = 10^1 Meter; Zeichen: da); **De|ka|brist** der; -en, -en (↑R 197) ⟨griech.-russ.⟩ (Teilnehmer an dem Aufstand von 1825 in Rußland); **De|ka|de** die; -, -n ⟨griech.⟩ (eine Stück; Zeitraum von zehn Tagen, Wochen, Monaten oder Jahren)

---

¹ Als Anrede in Briefen stets **groß** geschrieben (↑R 71).

de|ka|dent; -este ⟨lat.⟩ (verfallen; entartet); **De|ka|denz** die; - (Verfall; Entartung)
de|ka|disch ⟨griech.⟩ (zehnteilig); -er Logarithmus, -es System (Math.); **De|ka|eder** das; -s, - (Zehnflächner); **De|ka|gramm** (10 g; Zeichen: dag; vgl. Deka; **De|ka|li|ter** (10 l; Zeichen: dal) **De|kal|kier|pa|pier** ⟨lat.; griech.⟩ (für den Druck von Abziehbildern)
De|ka|log der; -[e]s, ⟨griech.⟩ (die Zehn Gebote)
Dek|ame|ron das; -s ⟨ital.⟩ (Boccaccios Erzählungen der „zehn Tage")
De|ka|me|ter ⟨griech.⟩ (10 m; Zeichen: dam)
De|kan der; -s, -e ⟨lat.⟩ (Vorsteher einer Fakultät; Amtsbezeichnung für Geistliche); vgl. Dechant; **De|ka|nat** das; -[e]s, -e (Amt, Bezirk eines Dekans); vgl. Dechanat; **De|ka|nei** (Wohnung eines Dekans); vgl. Dechanei
de|kan|tie|ren ⟨franz.⟩ ([eine Flüssigkeit vom Bodensatz] abgießen)
de|ka|pie|ren ⟨franz.⟩ ([Metalle] abbeizen; entzundern)
De|ka|po|de der; -n, -n (meist Plur.; ↑R 197) ⟨griech.⟩ (Zehnfußkrebs; **De|kar** das; -s, -e; 3 - (Schweiz.:) **Dek|are** die; -, -n ⟨lat.⟩ (10 Ar)
de|kar|tel|li|sie|ren, (seltener:) **de|kar|tel|lie|ren** ⟨franz.⟩ (Kartelle entflechten, auflösen); **De|kar|tel|li|sie|rung**
De|ka|ster der; -s, -e u. -s ⟨griech.⟩ (10 Ster = 10 Kubikmeter)
De|ka|teur [dekatör] der; -s, -e ⟨franz.⟩ (Fachmann, der dekatiert); **de|ka|tie|ren** ([Wollstoffe durch Dämpfen krumpffrei und bügelecht machen); **De|ka|tie|rer** vgl. Dekateur; **De|ka|tur** die; -, -en (Vorgang des Dekatierens)
De|kla|ma|ti|on [...zion] die; -, -en ⟨lat.⟩ (Vortrag); **De|kla|ma|tor** der; -s, ...oren; **de|kla|ma|to|risch; de|kla|mie|ren**
De|kla|ra|ti|on [...zion] die; -, -en ⟨lat.⟩ ([Zoll-, Steuer]erklärung; Inhalts-, Wertangabe); **de|kla|ra|to|risch;** de Urkunde; **de|kla|rie|ren**
De|klas|sie|ren ⟨lat.⟩ (herabsetzen); **De|klas|sie|rung**
de|kli|na|bel ⟨lat.⟩ (veränderlich, beugbar); ...a|ble Wörter; **De|kli|na|ti|on** [...zion] die; -, -en (Sprachw.: Beugung des Haupt-, Eigenschafts-, Für- u. Zahlwortes; Abweichung der Richtung einer Magnetnadel von der wahren Nordrichtung; Abweichung, Winkelabstand eines Gestirns vom Himmelsäquator); **De|kli-**

na|tor der; -s, ...oren u. **De|kli|na|to|ri|um** das; -s, ...ien [...iʼn] (Gerät zur Bestimmung [zeitlicher Änderungen] der Deklination); **de|kli|nier|bar** (beugbar); **de|kli|nie|ren** (Sprachw.: [Haupt-, Eigenschafts-, Für- und Zahlwörter] beugen)
de|ko|die|ren, (in der Technik meist:) **de|co|die|ren** (eine Nachricht entschlüsseln); **De|ko|die|rung**
De|kokt der; -[e]s, -e ⟨lat.⟩ (Abkochung, Absud [von Arzneimitteln])
De|kol|le|té, (schweiz.:) **Dé|colleté** [dekolte] das; -s, -s ⟨franz.⟩ (tiefer [Kleid]ausschnitt); **de|kol|le|tie|ren; de|kol|le|tiert; De|kol|le|tie|rung**
De|ko|lo|ni|sa|ti|on [...zion] die; -, -en ⟨nlat.⟩ (Entlassung einer Kolonie aus der Abhängigkeit vom Mutterland); **de|ko|lo|ni|sie|ren; De|ko|lo|ni|sie|rung**
de|kom|po|nie|ren ⟨lat.⟩ (zerlegen [in die Grundbestandteile]; **De|kom|po|si|ti|on** [...zion] die; -, -en; **De|kom|po|si|tum** das; -s, ...ta (Sprachw.: Neu- od. Weiterbildung aus einer Zusammensetzung, entweder als Ableitung [z. B. „wetteifern" von „Wetteifer"] od. als mehrgliedrige Zusammensetzung [z. B. „Armbanduhr"])
De|kom|pres|si|on die; -, -en ⟨lat.⟩ (Druckabfall; Druckentlastung)
De|kon|ta|mi|na|ti|on [...zion] die; -, -en ⟨nlat.⟩ (Entgiftung nach [radioaktiver] Verseuchung); **de|kon|ta|mi|nie|ren; De|kon|ta|mi|nie|rung**
De|kon|zen|tra|ti|on [...zion] die; -, -en ⟨nlat.⟩ (Zerstreuung, Zersplitterung); **de|kon|zen|trie|ren**
De|kor der (auch: das); -s, -s u. -e ⟨franz.⟩ ([farbige] Verzierung, Ausschmückung, Vergoldung); **De|ko|ra|teur** [...tör] der; -s, -e ⟨franz.⟩; **De|ko|ra|teu|rin** [...törin] der; -, -nen; **De|ko|ra|ti|on** [...zion] die; -, -en; **De|ko|ra|ti|ons.ma|ler,** ...pa|pier, ...stoff; **de|ko|ra|tiv; de|ko|rie|ren; De|ko|rie|rung** (auch Auszeichnung mit Orden u. ä.)
De|kort [dekor, auch: dekort] der; -s, -s u. (bei dt. Ausspr.:) -e ⟨franz.⟩ (Zahlungsabzug wegen Mindergewicht, Qualitätsmangel u. ä.; Preisnachlaß im Exportgeschäft); **de|kor|tie|ren**
De|ko|rum das; -s ⟨lat.⟩ (Anstand, Schicklichkeit)
De|ko|stoff (Kurzform für: Dekorationsstoff)
De|kre|ment das; -[e]s, -e ⟨lat.⟩ (Med.: Abklingen einer Krankheit; Verminderung, Verfall)

de|kre|pit; -este ⟨franz.⟩ (Med.: abgelebt, verbraucht); De|kre|pi|ta|ti|on [...zion] die; -, -en (Verpuffen, knisterndes Zerplatzen [von Kristallen beim Erhitzen]); de|kre|pi|tie|ren

De|kre|scen|do vgl. Decrescendo; De|kres|zenz die; -, -en (Abnahme)

De|kret das; -[e]s, -e ⟨lat.⟩ (Beschluß; Verordnung; behördliche, richterliche Verfügung); De|kre|ta|le das; -, ...lien [...i°n] od. die; -, -n; meist Plur. ([päpstlicher] Entscheid); de|kre|tie|ren

De|ku|ma|ten|land, De|ku|mat|land das; -[e]s ⟨lat.; dt.⟩ (Zehntland; vom Limes eingeschlossenes altröm. Kolonialgebiet in Deutschland)

de|ku|pie|ren ⟨franz.⟩ (ausschneiden, aussägen); De|ku|pier|sä|ge (Schweif-, Laubsäge)

De|ku|rie [...i°] die; -, -n ⟨lat.⟩ (bei den Römern urspr. Abteilung von zehn Mann; dann allgemein für Gruppe von Senatoren, Richtern, Rittern); De|ku|rio der; -s u. ...onen, ...onen (Vorsteher einer Zehntschaft; dann auch Mitglied des Gemeinderates in altröm. Städten)

De|ku|vert [...wär] das; -s, -s ⟨franz.⟩ (Börse: Überschuß der Baissegeschäfte über die Haussegeschäfte); de|ku|vrie|ren (entlarven)

del. = deleatur; delineavit

Del. = ¹Delaware

De|la|croix [d'lakroa] (franz. Maler)

¹De|la|ware [däl°wär] (Staat in den USA; Abk.: Del.); ²De|la|wa|re der; -n, -n (↑R 197 (Angehöriger eines nordamerik. Indianerstammes)

de|lea|tur ⟨lat.⟩ („man streiche"; Abk.: del.; Druckw.: als Tilgungszeichen ∛); De|lea|tur das; -s, - (Druckw.: Tilgungszeichen ∛); De|lea|tur|zei|chen

De|le|gat der; -en, -en (↑R 197) ⟨lat.⟩ (Bevollmächtigter); Apostolischer - ; De|le|ga|ti|on [...zion] die; -, -en; De|le|ga|ti|ons..lei|ter der, ...mit|glied; de|le|gie|ren; De|le|gier|te der u. die; -n, -n (↑R 7 ff.); De|le|gie|rung

de|lek|tie|ren ⟨lat.⟩ (geh. für: ergötzen, erfreuen); sich -

de|le|tär ⟨nlat.⟩ (Med.: tödlich, verderblich)

Delft (niederl. Stadt); Delf|ter (↑R 147); - Fayencen (Töpferwaren)

De|lhi (Hptst. der Republik Indien); vgl. Neu-Delhi

De|lia (w. Vorn.)

de|li|kat; -este ⟨franz.⟩ (lecker, wohlschmeckend; zart; heikel);

De|li|ka|tes|se die; -, -n (Leckerbissen; Feinkost; im Sing. auch: Zartgefühl); De|li|ka|tes|sen|geschäft, De|li|ka|teß|ge|schäft; De|li|ka|teß.gur|ke, ...senf

De|likt das; -[e]s, -e ⟨lat.⟩ (Vergehen; Straftat)

De|li|la (w. Vorn.; bibl. w. Eigenn.)

de|lin., del. = delineavit; de|li|nea|vit [...wit] ⟨lat.⟩ (unter Bildern: „hat [es] gezeichnet"; Abk.: del., delin.)

de|lin|quent ⟨lat.⟩ (straffällig, verbrecherisch); De|lin|quent der; -en, -en; ↑R 197 (Übeltäter)

de|li|rie|ren ⟨lat.⟩ (Med.: irre sein, irrereden); De|li|ri|um das; -s, ...ien [...i°n] (Fieber-, Rauschzustand); De|li|ri|um tre|mens das; - - (Säuferwahnsinn)

de|lisch (von Delos); (↑R 148:) das delische Problem (von Apollo den Griechen gestellte Aufgabe, seinen würfelförmigen Altar auf Delos zu verdoppeln), aber (↑R 157): der Delische Bund

de|li|zi|ös; -este ⟨franz.⟩ (köstlich); De|li|zi|us der; -, -; vgl. Golden Delicious

Dell|kre|de|re das; -, - ⟨ital.⟩ (Haftung; Wertberichtigung für voraussichtliche Ausfälle)

Del|le die; -, -n (landsch. für: [leichte] Vertiefung; Beule)

de|lo|gie|ren [delosehir°n] ⟨franz.⟩ (bes. österr. für: jmdn. zum Auszug aus einer Wohnung veranlassen); De|lo|gie|rung (Zwangsräumung)

De|los (Insel im Ägäischen Meer)

Del|phi (altgriech. Orakelstätte)

Del|phin der; -s, -e ⟨griech.⟩ (ein Zahnwal); Del|phi|na|ri|um das; -s, ...ien [...i°n] (Anlage zur Pflege, Züchtung und Dressur von Delphinen); Del|phi|no|lo|ge der; -n, -n (↑R 197) ⟨nlat.⟩ (Delphinforscher); del|phin|schwim|men (im allg. nur im Infinitiv gebr.); er kann nicht -; Del|phin_schwim|men (das; -s), ...schwim|mer, ...sprung

del|phisch; (↑R 148:) ein -es [nach Delphi benanntes] doppelsinniges Orakel, aber (↑R 157): das Delphische (in Delphi bestehende) Orakel

¹Del|ta das; -[s], -s (griech. Buchstabe: ⊿, δ); ²Del|ta das; -s, -s u. ...ten (Schwemmland [an mehreren Flußmündungen]); del|ta|för|mig; Del|ta|strah|len, δ-Strah|len Plur. (beim Durchgang radioaktiver Strahlung durch Materie freigesetzte Elektronenstrahlen); Del|to|id das; -[e]s, -e ⟨griech.⟩ (Viereck aus zwei gleichschenkligen Dreiecken); Del|to|id|do|de|ka|eder

(Kristallform mit 12 Deltoiden)

de Luxe [d° lüx] ⟨franz.⟩ (aufs beste ausgestattet, mit allem Luxus); De-Luxe-Aus|stat|tung

dem vgl. der

Dem|ago|ge der; -n, -n (↑R 197) ⟨griech.⟩ (Volksverführer, -aufwiegler); Dem|ago|gie die; -, ...ien; dem|ago|gisch; -ste

De|mant [auch: ...ant] der; -[e]s, -e ⟨franz.⟩ (dicht. für: Diamant); de|man|ten (dicht. für: diamanten); De|man|to|id der; -[e]s, -e ⟨griech.⟩ (ein Mineral)

De|mar|che [demarsch'°] die; -, -n ⟨franz.⟩ (diplomatischer Schritt, mündlich vorgetragener diplomatischer Einspruch)

De|mar|ka|ti|on [...zion] die; -, -en ⟨franz.⟩ (Abgrenzung); De|mar|ka|ti|ons|li|nie; de|mar|kie|ren; De|mar|kie|rung

de|mas|kie|ren ⟨franz.⟩ (entlarven); sich - (die Maske abnehmen); De|mas|kie|rung

De|men (Plur. von: Demos)

dem|ent|ge|gen (dagegen)

De|men|ti das; -s, -s ⟨lat.⟩ (offizieller Widerruf; Berichtigung)

De|men|tia [...zia] die; -, ...tiae [...ziä] ⟨lat.⟩ vgl. Demenz

de|men|tie|ren ⟨lat.⟩ (widerrufen; für unwahr erklären)

dem|ent|spre|chend

De|menz die; -, -en ⟨lat.⟩ (Med.: erworbener Schwachsinn)

De|me|rit der; -en, -en (↑R 197) ⟨franz.⟩ (straffälliger Geistlicher)

De|me|ter [österr.: de...] ⟨griech.⟩ Göttin des Ackerbaues)

dem|gel|gen|über (dagegen, anderseits), aber: dem [Manne] gegenüber saß ...; dem|ge|mäß

De|mi|john [demidschon] der; -s, -s ⟨engl.⟩ (Korbflasche)

de|mi|li|ta|ri|sie|ren (entmilitarisieren); De|mi|li|ta|ri|sie|rung

De|mi|mon|de [d'mimongd'°] die; - ⟨franz.⟩ („Halbwelt")

de|mi|nu|tiv usw. (Nebenform von: diminutiv usw.)

de|mi-sec [...ßäk] ⟨franz.⟩ [von Schaumweinen] halbtrocken)

De|mis|si|on ⟨franz.⟩ (Rücktritt eines Ministers od. einer Regierung); De|mis|sio|när der; -s, -e (schweiz., sonst veralt. für: entlassener, verabschiedeter Beamter); de|mis|sio|nie|ren

De|mi|urg der; -en (↑R 197) u. -s ⟨griech.⟩ (Weltschöpfer, göttlicher Weltbaumeister [bei Platon u. in der Gnosis])

dem|nach; dem|nächst

De|mo [auch: de...] die; -, -s (ugs. kurz für: Demonstration)

De|mo|bi|li|sa|ti|on [...zion] die; -, -en ⟨lat.⟩; de|mo|bi|li|sie|ren; De|mo|bi|li|sie|rung; De|mo|bil|ma|chung

De|mo|gra|phie *die;* -, ...ien ⟨griech.⟩ (Beschreibung der Bevölkerungsbewegung; Bevölkerungsstatistik, -wissenschaft); de|mo|gra|phisch
De|moi|selle *[demoasä]* die;* -, -n [...*'n*] ⟨franz.⟩ (veralt. für: Fräulein)
De|mo|krat *der;* -en, -en (↑R 197) ⟨griech.⟩; De|mo|kra|tie *die;* -, ...ien („Volksherrschaft"); mittelbare, parlamentarische, repräsentative, unmittelbare -; de|mo|kra|tisch; -ste; -e Verfassung, aber (↑R 157): Demokratische Bauernpartei Deutschlands (DDR; Abk.: DBD); de|mo|kra|ti|sie|ren; De|mo|kra|ti|sie|rung
De|mo|krit (griech. Philosoph); De|mo|kri|tos vgl. Demokrit
de|mo|lie|ren ⟨franz.⟩ (gewaltsam beschädigen); De|mo|lie|rung
de|mo|ne|ti|sie|ren ⟨franz.⟩ (außer Umlauf setzen [von Münzen]); De|mo|ne|ti|sie|rung
De|mo|strant *der;* -en, -en (↑R 197) ⟨lat.⟩; De|mon|stra|ti|on [...*zion*] *die;* -, -en ([Protest]kundgebung; nachdrückliche Bekundung; Veranschaulichung; De|mon|stra|ti|ons_recht, ...ver|bot, ...zug; de|mon|stra|tiv; De|mon|stra|tiv *das;* -s, -e [...*w*] ; vgl. Demonstrativpronomen; De|mon|stra|tiv|pro|no|men (Sprachw.: hinweisendes Fürwort, z. B. „dieser, diese, dieses"); De|mon|stra|tor *der;* -s, ...oren (Beweisführer, Vorführer); de|mon|strie|ren (beweisen, vorführen; eine Demonstration veranstalten, daran teilnehmen)
De|mon|ta|ge *[demontasch*°, auch: ...*mong*..., österr.: ...*tasch*] ⟨franz.⟩ (Abbau, Abbruch [insbes. von Industrieanlagen]); de|mon|tie|ren; De|mon|tie|rung
De|mo|ra|li|sa|ti|on [...*zion*] *die;* -, -en ⟨franz.⟩ (Auflösung von Sitte u. Ordnung; Zuchtlosigkeit); de|mo|ra|li|sie|ren (den moralischen Halt nehmen; entmutigen); De|mo|ra|li|sie|rung
de mor|tu|is nil ni|si be|ne ⟨lat.⟩ („von den Toten [soll man] nur gut [sprechen]")
De|mos *der;* -, Dẹmen (Gebiet u. Volksgemeinde eines altgriech. Stadtstaates; heute in Griechenland kleinster staatl. Verwaltungsbezirk); De|mo|skop *der;* -en, -en (↑R 197) ⟨griech.⟩ (Meinungsforscher); De|mo|sko|pie *die;* -, ...ien (Meinungsumfrage, Meinungsforschung); de|mo|sko|pisch; -e Untersuchung
De|mo|sthe|nes (altgriech. Redner); de|mo|sthe|nisch; -e Beredsamkeit, aber (↑R 134): De|mo|sthe|nisch; -e Reden

de|mo|tisch ⟨griech.⟩ (volkstümlich); -e Schrift (altägypt. volkstüml. Schrägschrift); -e Sprache (jüngste altägypt. Sprachstufe); De|mo|tisch *das;* -[s]; vgl. Deutsch; De|mo|ti|sche *das;* -n; vgl. Deutsche *das*
dem|un|er|ach|tet [auch: *dem|un...*], dem|un|ge|ach|tet [auch: *demun...*] (dessenungeachtet)
De|mut *die;* -; de|mü|tig; de|mü|ti|gen; De|mü|ti|gung; De|muts.ge|bär|de, ...hal|tung; de|mut[s]|voll
dem|zu|fol|ge (demnach); - ist die Angelegenheit geklärt, aber: das Vertragswerk, dem zufolge die Staaten sich verpflichten ...
den vgl. der
den = Denier
De|nar *der;* -s, -e ⟨lat.⟩ (altröm. Münze; merowing.-karoling. Münze; Pfennig [Abk.: d])
De|na|tu|ra|li|sa|ti|on [...*zion*] *die;* -, -en ⟨lat.⟩ (Entlassung aus der bisherigen Staatsangehörigkeit); de|na|tu|ra|li|sie|ren; de|na|tu|rie|ren (ungenießbar machen; vergällen); denaturierter Spiritus; De|na|tu|rie|rung
de|na|zi|fi|zie|ren (entnazifizieren); De|na|zi|fi|zie|rung
Den|drit *der;* -en, -en (↑R 197) ⟨griech.⟩ (Geol.: Gestein mit feiner, verästelter Zeichnung; Med.: verästelter Protoplasmafortsatz einer Nervenzelle); den|dri|tisch; -ste (verzweigt, verästelt); Den|dro|lo|gie *die;* - (wissenschaftliche Baumkunde); Den|dro|me|ter *das;* -s, - (Baummeßgerät)
De|neb *der;* -s ⟨arab.⟩ (ein Stern)
de|nen vgl. der
Den|gel *der;* -s, - (Schneide einer Sense, Sichel od. eines Pfluges); Den|gel.am|boß, ...ham|mer; den|geln (Sense, Sichel od. Pflug durch Hammerschlag schärfen); ich ...[e]le (↑R 22)
Den|gue|fie|ber *[dänggе...]* das;* -s ⟨span.⟩ (eine trop. Infektionskrankheit)
Deng Xiao|ping [- *ßjau...*] ⟨chin. Politiker)
Den Haag vgl. Haag, Den
De|nier *[denie] das;* -[s], - ⟨franz.⟩ (Einheit für die Fadenstärke bei Seide u. Chemiefasern; Abk.: den); vgl. Tex
De|nise *[deniß]* (franz. w. Vorn.)
Denk.an|stoß, ...art, ...auf|ga|be; denk|bar; die - günstigsten Bedingungen; den|ken; du dachtest; du dächtest; gedacht; denk[e]!; Den|ken *das;* -s; sein ganzes -; Den|ker; den|ke|risch; Den|ker|stirn; denk|faul; Denk-
.feh|ler, ...form, ...hil|fe, ...in|halt, ...leh|re (für: Logik), ...lei|stung, ...mal (*Plur.:* ...mäler [sel-

tener: ...male]); Dẹnk|mal[s]|kun|de *die;* -; dẹnk|mal[s]|kund|lich; Dẹnk|mal[s].pfle|ge, ...pfle|ger, ...schän|dung, ...schutz; Dẹnk-.modell, ...münze, ...mu|ster; dẹnk|not|wen|dig; Dẹnk.pau|se, ...pro|zeß, ...scha|blo|ne, ...schrift, ...sport; Dẹnk|sport-auf|ga|be; Dẹnk|spruch; dẹnk-ste! (ugs. für: das hast du dir so gedacht!); Dẹnk|stein; Dẹn-kungs|art; Dẹnk.ver|mö|gen *(das;* -s), ...wei|se *der:* dẹnk|wür|dig; Dẹnk|wür|dig|keit; Dẹnk|zet|tel
dẹnn; es sei -, daß ...; vor ... je u. mehr u. zur Vermeidung von doppeltem „als": mehr - je; man kennt ihn eher als Maler - als Dichter; dẹn-noch *[Trenn.:* ↑ R 204]; dẹnn|schon vgl. wennschon
De|no|mi|na|ti|on [...*zion*] *die;* -, -en ⟨lat.⟩ (veralt. für: Benennung; amerik. Bezeichnung für: christliche Glaubensgemeinschaft, Sekte); De|no|mi|na|tiv *das;* -s, -e [...*w*] u. De|no|mi|na|ti|vum [...*iwum*] *das;* -s, ...va [...*wa*] (Sprachw.: Ableitung von einem Haupt- oder Eigenschaftswort, z. B. „trösten" von „Trost", „bangen" von „bang")
De|no|ta|ti|on [...*zion*] *die;* -, -en (Sprachw.: begriffliche od. Sachbedeutung eines Wortes); de|no|ta|tiv
Den|si|me|ter *das;* -s, - ⟨lat.; griech.⟩ (Dichtemesser)
den|tal ⟨lat.⟩ (Med.: die Zähne betreffend; Sprachw.: mit Hilfe der Zähne gebildet); Den|tal *der;* -s, -e (Sprachw.: Zahnlaut, an den oberen Schneidezähnen gebildeter Laut, z. B. t); Den|tal|laut; den|te|lie|ren *[dangt'lie'n]* ⟨franz.⟩ (auszacken [von Spitzen]); Den-tin *das;* -s ⟨lat.⟩ (Med.: Zahnbein; Biol.: Hartsubstanz der Haischuppen); Den|tist *der;* -en, -en; ↑R 197 (früher für: Zahnarzt ohne Hochschulprüfung); Den-ti|ti|on [...*zion*] *die;* -, -en (Med.: Zahnen; Zahndurchbruch)
De|nu|da|ti|on [...*zion*] *die;* -, -en ⟨lat.⟩ (Geol.: flächenhafte Abtragung der Erdoberfläche durch Wasser, Wind u. a.)
De|nun|zi|ant *der;* -en, -en (↑R 197) ⟨lat.⟩ (jmd., der einen anderen denunziert); De|nun|zi|an|ten|tum *das;* -s; De|nun|zia|ti-on [...*zion*] *die;* -, -en; ↑R 180 (Anzeige eines Denunzianten); de|nun|zia|to|risch; de|nun|zie-ren (aus persönlichen, niedrigen Beweggründen anzeigen; als negativ hinstellen, brandmarken)
Den|ver [...*w'r*] (Hptst. des amerik. Bundesstaates Colorado)
Deo *das;* -s, -s (Kurzwort für: Deodorant); De|odo|rant *das;* -s,

-e u. -s ⟨engl.⟩ (geruchtilgendes Mittel); De|odo|rant|spray; de|odo|rie|ren ([Körper]geruch hemmen, überdecken)

Deo gra|ti|as! [- *grázia*ß] ⟨lat.⟩ („Gott sei Dank!")

Deo|spray (Kurzform für: Deodorantspray)

De|par|te|ment [*depart*⁽ᵉ⁾*mang*, österr.: departma̱ng, schweiz.: depart'mänt] das; -s, -s u. (schweiz.:) -e ⟨franz.⟩ (Verwaltungsbezirk in Frankreich; Ministerium beim Bund und in einigen Kantonen der Schweiz; veralt. für: Abteilung, Geschäftsbereich); De|part|ment [*dipa'tm*ᵉ*nt*] das; -s, -s (engl. Form von: Departement)

De|pen|dance [*depangdangß*], (schweiz.:) Dé|pen|dance [*depangdangß*] die; -, -n [...*ß*ᵉ*n*] ⟨franz.⟩ (Zweigstelle; Nebengebäude [eines Hotels]); De|pen|denz die; -, -en ⟨lat.⟩ (Philos.; Sprachw.: Abhängigkeit); De|pen|denz|gram|ma|tik (Forschungsrichtung der modernen Linguistik)

De|pe|sche die; -, -n ⟨franz.⟩ (veralt. für: Telegramm); de|pe|schie|ren

De|pi|la|ti|on [...*zion*] die; -, -en ⟨lat.⟩ (Med.: Enthaarung); De|pi|la|to|ri|um das; -s, ...ien [...*i*ᵉ*n*] (Med.: Enthaarungsmittel); de|pi|lie|ren

De|place|ment [*deplaßmang*] das; -s, -s ⟨franz.⟩ (Seew.: Wasserverdrängung eines Schiffes); de|pla|cie|ren [*deplaßir*ᵉ*n*] (veralt. für: verrücken, verdrängen); de|pla|ciert [*deplaßirt*], (eingedeutscht:) de|pla|ziert (fehl am Platz; unangebracht)

De|po|la|ri|sa|ti|on [...*zion*] die; -, -en ⟨lat.⟩ (Aufhebung der Polarisation); de|po|la|ri|sie|ren

De|po|nens das; -, ...nentia [...*zia*] u. ...nenzien [...*zi*ᵉ*n*] ⟨lat.⟩ (Sprachw.: Verb mit passivischen Formen, aber aktivischer Bedeutung); De|po|nent der; -en, -en; ↑ R 197 (Hinterleger); De|po|nie die; -, ...ien ⟨lat.-franz.⟩ (zentraler Müllabladeplatz); geordnete, wilde -; de|po|nie|ren ⟨lat.⟩; De|po|nie|rung

De|port [auch: *depor*] der; -s, -s u. (bei dt. Ausspr.:) -e ⟨franz.⟩ (Kursabschlag)

De|por|ta|ti|on [...*zion*] die; -, -en ⟨lat.⟩ (zwangsweise Verschickung; Verbannung); De|por|ta|ti|ons|la|ger; De|por|tier|te der u. die; -n, -n (↑ R 7 ff.); De|por|tie|rung

De|po|si|tär ⟨lat.⟩, De|po|si|tär ⟨franz.⟩ der; -s, -e (Verwahrer von Wertgegenständen, -papieren

u. a.); De|po|si|ten Plur. ⟨lat.⟩ (Gelder, die bei einem Kreditinstitut gegen Verzinsung angelegt, aber nicht auf ein Spar- od. Kontokorrentkonto verbucht werden); De|po|si|ten.bank (Plur. ...banken), ...kas|se; De|po|si|ti|on [...*zion*] die; -, -en (Hinterlegung; Absetzung eines kath. Geistlichen); De|po|si|to|ri|um das; -s, ...ien [...*i*ᵉ*n*] (Aufbewahrungsort; Hinterlegungsstelle); De|po|si|tum das; -s (das Hinterlegte; hinterlegter Betrag); vgl. Depositen

De|pot [*depo*] das; -s, -s ⟨franz.⟩ (Aufbewahrungsort; Hinterlegtes; Sammelstelle, Lager; Bodensatz; Med.: Ablagerung); De|pot.fund (Vorgeschichte: Sammelfund), ...prä|pa|rat (Med.), ...schein (Hinterlegungsschein), ...wech|sel (als Sicherheit hinterlegter Wechsel)

Depp der; -en, -en; auch: -s, -e (bes. südd., österr. ugs. für: ungeschickter, einfältiger Mensch); dep|pert (südd., österr. ugs. für: einfältig, dumm)

De|pra|va|ti|on [...*wazion*] die; -, -en ⟨lat.⟩ (Wertminderung im Münzwesen; Med.: Verschlechterung eines Krankheitszustandes); de|pra|vie|ren (verderben; im Wert herabsetzen)

De|pre|ka|ti|on [...*zion*] die; -, -en (veralt. für: Abbitte); vgl. deprezieren

De|pres|si|on die; -, -en ⟨lat.⟩ (Niedergeschlagenheit; Senkung; wirtschaftlicher Rückgang; Meteor.: Tief); de|pres|siv (gedrückt, niedergeschlagen); De|pres|si|vi|tät die; -

de|pre|zie|ren ⟨lat.⟩ (veralt. für: Abbitte leisten)

de|pri|mie|ren ⟨franz.⟩ (niederdrücken; entmutigen); de|pri|miert; -este (entmutigt, niedergeschlagen, schwermütig)

De|pri|va|ti|on [...*wazion*] die; -, -en ⟨lat.⟩ (Psych.: Entzug von Liebe und Zuwendung; Absetzung eines kath. Geistlichen); de|pri|vie|ren (Psych.: [Liebe] entbehren lassen)

De pro|fun|dis das; - - ⟨lat.⟩ („Aus der Tiefe [rufe ich, Herr, zu dir]"; Anfangsworte und Bez. des 130. Psalms nach der Vulgata)

De|pu|tant der; -en, -en (↑ R 197) ⟨lat.⟩ (jmd., der auf ein Deputat Anspruch hat); De|pu|tat das; -[e]s, -e (regelmäßige Leistungen in Naturalien als Teil des Lohnes); De|pu|ta|ti|on [...*zion*] die; -, -en (Abordnung); De|pu|tat.lohn; de|pu|tie|ren (abordnen); De|pu|tier|te der u. die; -n, -n (↑ R 7 ff.); De|pu|tier|ten|kam|mer

der (↑ R 66), die (vgl. d.), das (vgl. d.); des u. dessen (vgl. d.), dem, den; Plur. die, der, deren u. derer (vgl. d.), u. den u. denen, die

De|ran|ge|ment [*derangseh⁽ᵐⁱmang*] das; -s, -s ⟨franz.⟩ (veralt. für: Störung, Verwirrung); de|ran|gie|ren [*derangsehir'n*] (stören, verwirren, durcheinanderbringen); de|ran|giert [...*sehirt*]; -este (verwirrt, zerzaust)

der|art (so); vgl. Art; der|ar|tig; derartige (solches, aber (↑ R 65): etwas Derartiges (so Beschaffenes)

derb; Derb|heit; derb|kno|chig; derb|ko|misch

¹Der|by [*da'bi*] (engl. Stadt)

²Der|by [*därbi*] das; -[s], -s ⟨nach dem 12. Earl of Derby [*da'bi*]⟩ (Pferderennen); Der|by|ren|nen

der|einst

de|ren; Gen. Sing. des zurückweisenden hinweisenden und des bezüglichen Pronomens die, Gen. Plur. der zurückweisenden hinweisenden und der bezüglichen Pronomen der, die, das (vgl. d.); mit - nettem Mann; von - bester Art; seit - erstem Hiersein; mit Ausnahme der Mitarbeiter und - Angehöriger; die Frist, innerhalb - ...; die Freunde, - Geschenke du siehst; ich habe - (z. B. Freunde) nicht viele; vgl. derer; de|rent|hal|ben; de|rent|wegen; de|rent|wil|len; um - der|rer; Gen. Plur. der vorausweisenden hinweisenden Pronomen der, die, das (derer ist richtig, sobald dafür derjenigen stehen kann); der Andrang derer, die ...; gedenkt -, die euer gedenken; das Haus - von Arnim; vgl. deren

Derff|lin|ger (Feldherr des Großen Kurfürsten)

der|ge|stalt (so)

der|glei|chen (Abk.: dgl.); und - [mehr] (Abk.: u. dgl. [m.])

De|ri|vat [...*wat*] das; -[e]s, -e ⟨lat.⟩ (Chemie: chem. Verbindung, die aus einer anderen entstanden ist; Sprachw.: abgeleitetes Wort, z. B. „kräftig" von „Kraft"; Biol.: aus einer Vorstufe abgeleitetes Organ); De|ri|va|ti|on [...*zion*] die; -, -en (Ableitung); de|ri|va|tiv (Sprachw.: durch Ableitung entstanden); De|ri|va|tiv das; -s, -e [...*w*ᵉ]; de|ri|vie|ren

der|je|ni|ge (↑ R 66); Gen. desjenigen, Plur. diejenigen

der|lei (dergleichen)

Der|ma das; -s, -ta (Med.: Haut); der|mal (Med.: die Haut betreffend, an ihr gelegen)

der|mal|einst; der|ma|len [österr.: ...*ma*...] (veralt. für: jetzt); der|ma|lig (österr.: ...*ma*...] (veralt. für: jetzig)

der|ma|ßen (so)
der|ma|tisch vgl. dermal; Der|ma|ti|tis die; -, ...iti|den ⟨griech.⟩ (Med.: Hautentzündung); Der|ma|to|lo|ge der; -n, -n; ↑R 197 (Hautarzt); Der|ma|to|lo|gie die; - (Lehre von den Hautkrankheiten); Der|ma|to|pla|stik die; -, -en (Med.: operativer Ersatz von kranker od. verletzter Haut durch gesunde); Der|ma|to|se die; -, -n (Med.: Hautkrankheit); Der|mo|gra|phie die; - u. Der|mo|gra|phis|mus der; - (Med.: „Hautschrift“; Streifen- od. Striemenbildung auf gereizten Hautstellen); Der|mo|pla|stik die; -, -en ([Verfahren zur] lebensgetreue[n] Präparation von Tieren; Med.: svw. ↑ Dermatoplastik)

Der|nier cri [därni-e kri] der; - -, -s -s [därni-e kri] („letzter Schrei“; neuste Mode)

de|ro (veralt. für: deren); in der Anrede: Dero

De|ro|ga|ti|on [...zion] die; -, -en ⟨lat.⟩ (Teilaufhebung [eines Gesetzes]); de|ro|ga|tiv, de|ro|ga|to|risch ([ein Gesetz] zum Teil aufhebend); de|ro|gie|ren ([ein Gesetz] zum Teil aufheben)

de|ro|hal|ben (veralt.); vgl. dero

De|rou|te [derut⟨r⟩] die; -, -n ⟨franz.⟩ (Kurs-, Preissturz; veralt. für: wilde Flucht)

de|ro|we|gen (veralt.); vgl. dero

Der|rick der; -s, -s ⟨engl.⟩; nach dem engl. Henker Derrick (Drehkran); Der|rick|kran

der|sel|be (↑R 66); Gen. desselben, Plur. dieselben; ein und -; mit ein[em] und demselben; ein[en] und denselben; es war derselbe Hund; der|sel|bi|ge (↑R 66; veralt. für: derselbe)

der|weil, der|wei|le|n]

Der|wisch der; -[e]s, -e ⟨pers.⟩ (Mitglied eines islamischen religiösen Ordens); Der|wisch|tanz

der|zeit (augenblicklich, gegenwärtig; veralt. für: früher, damals; Abk.: dz.); der|zei|tig (vgl. derzeit)

des; auch ältere Form für: dessen (vgl. d.); der Wille - (dessen, der mich gesandt hat [bibl.]); - (dessen) bin ich sicher; vgl. der

des, Des das; -, - ⟨Tonbezeichnung); Des (Zeichen für Des-Dur); in Des

des. = designatus

des|ar|mie|ren ⟨franz.⟩ (veralt. für: entwaffnen; Fechten: dem Gegner die Klinge aus der Hand schlagen)

De|sa|ster das; -s, - ⟨franz.⟩ (Mißgeschick; Zusammenbruch)

des|avou|ie|ren [...awuir⟨r⟩n] ⟨franz.⟩ (nicht anerkennen, in Abrede stellen; im Stich lassen, bloßstellen); Des|avou|ie|rung

Des|cartes [dekart] ⟨franz. Philosoph)

Des|de|mo|na [auch: däßdemona] (Frauengestalt bei Shakespeare)

Des-Dur [auch: däßdur] das; - (Tonart; Zeichen: Des); Des-Dur-Ton|lei|ter (↑R 41)

de|sen|si|bi|li|sie|ren ⟨lat.⟩ (Med.: unempfindlich machen; Fotogr.: Filme weniger lichtempfindlich machen); De|sen|si|bi|li|sie|rung

De|ser|teur [...tör] der; -s, -e ⟨franz.⟩ (Fahnenflüchtiger, Überläufer); de|ser|tie|ren; De|ser|ti|on [...zion] die; -, -en (Fahnenflucht)

desgl. = desgleichen

des|glei|chen (Abk.: desgl.)

des|halb

de|si|de|ra|bel ⟨lat.⟩ (wünschenswert); ...a|ble Erfolge; De|si|de|rat das; -[e]s, -e u. De|si|de|ra|tum das; -s, ...ta (vermißtes u. zur Anschaffung in Bibliotheken vorgeschlagenes Buch; Lücke)

De|sign [disain] das; -s, -s ⟨engl.⟩ (Plan, Entwurf, Muster, Modell); De|si|gna|ti|on [...zion] die; -, -en ⟨lat.⟩ (Bestimmung; vorläufige Ernennung); de|si|gna|tus (im voraus ernannt, vorgesehen; Abk.: des.; z. B. Dr. des.); De|si|gner [disain⟨r] der; -s, - ⟨engl.⟩ (Formgestalter für Gebrauchs- u. Verbrauchsgüter); De|si|gne|rin die; -, -nen; de|si|gnie|ren ⟨lat.⟩ (bestimmen, für ein Amt vorsehen)

Des|il|lu|si|on die; -, -en ⟨franz.⟩ (Enttäuschung; Ernüchterung); des|il|lu|sio|nie|ren; Des|il|lu|sio|nie|rung

Des|in|fek|ti|on [...zion] die; -, -en, Des|in|fi|zie|rung ⟨lat.⟩ (Vernichtung von Krankheitserregern; Entkeimung); Des|in|fek|ti|ons|gut, ...lö|sung, ...mit|tel das; Des|in|fi|zi|ens [...iänß] das; -, ...zienzien [...ziänzi⟨r⟩n] u. ...zientia [...zia] (Entkeimungsmittel); des|in|fi|zie|ren; Des|in|fi|zie|rung vgl. Desinfektion

Des|in|te|gra|ti|on [...zion] die; -, -en ⟨lat.⟩ (Spaltung, Auflösung eines Ganzen in seine Teile); Des|in|te|gra|tor der; -s, ...oren (eine techn. Apparatur)

Des|in|ter|es|se das; -s ⟨franz.⟩ (Uninteressiertheit, Gleichgültigkeit); des|in|ter|es|siert

De|skrip|ti|on [...zion] die; -, -en ⟨lat.⟩ (Beschreibung); de|skrip|tiv (beschreibend); -e Grammatik

Des|odo|rant das; -s, -e u. -s ⟨nlat.⟩; vgl. Deodorant; des|odo|rie|ren, des|odo|ri|sie|ren; vgl. deodorieren; Des|odo|rie|rung, Des|odo|ri|sie|rung

de|sol|lat; -este ⟨lat.⟩ (vereinsamt; trostlos, traurig)

Des|or|dre [desordr⟨r⟩] der; -s, -s ⟨franz.⟩ (veralt. für: Unordnung, Verwirrung)

Des|or|ga|ni|sa|ti|on [...zion] die; -, -en ⟨franz.⟩ (Auflösung, Zerrüttung, Unordnung); des|or|ga|ni|sie|ren

des|ori|en|tiert (nicht od. falsch unterrichtet; verwirrt)

Des|oxy|da|ti|on, (chem. fachspr.:) Des|oxi|da|ti|on [...zion] die; -, -en ⟨griech.⟩ (Entzug von Sauerstoff); vgl. Oxydation; des|oxy|die|ren, (chem. fachspr.:) des|oxi|die|ren vgl. oxydieren; Des|oxy|ri|bo|[se]|nu|kle|in|säu|re [...ribos⟨r⟩nukle-in..., ...okßüribonukle-in...] (Biochemie: Bestandteil des Zellkerns; Abk.: DNS)

des|pek|tier|lich ⟨lat.⟩ (verächtlich, geringschätzig)

Des|pe|ra|do der; -s, -s ⟨span.⟩ (zu jeder Verzweiflungstat entschlossener politischer Abenteurer; Bandit); de|spe|rat; -este ⟨lat.⟩ (verzweifelt, hoffnungslos); De|spe|ra|ti|on [...zion] die; - (Verzweiflung)

Des|pot der; -en, -en (↑R 197) ⟨griech.⟩ (Gewaltherr, Willkürherrscher; herrische Person); Des|po|tie die; -, ...ien; des|po|tisch; -ste; Des|po|tis|mus der; -

Des|sau (Stadt nahe der Mündung der Mulde in die Elbe); Des|sau|er (↑R 147); der Alte Dessauer (Leopold I. von Anhalt-Dessau; ↑R 133); des|sau|isch

des|sel|ben; vgl. der-, dasselbe

des|sen (Gen. Sing. der [als Vertreter eines Substantivs gebrauchten] Pronomen der, das); mit - neuem Wagen; die Ankunft meines Bruders und - Verlobter; des; indessen, währenddessen (vgl. d.); des|sent|hal|ben; des|sent|we|gen, des|we|gen; des|sent|wil|len, des|wil|len; um -; des|sen|un|ge|ach|tet [auch: däß'nun...], des|un|ge|ach|tet

Des|sert [däßär (österr. nur so) od. däßärt, schweiz.: däßär] das; -s, -s ⟨franz.⟩ (Nachtisch); Des|sert|ga|bel, ...löf|fel, ...mes|ser das, ...tel|ler, ...wein

Des|sin [däßäng, schweiz.: däßäng] das; -s, -s ⟨franz.⟩ (Zeichnung; Muster); Des|si|na|teur [däßinatör] der; -s, -e (Musterzeichner [im Textilgewerbe]); des|si|nie|ren ([Muster] zeichnen); des|si|niert (gemustert); Des|si|nie|rung

Des|sous [däßu] das; - [däßu od. däßuß], - [däßuß] (meist Plur.) ⟨franz.⟩ (Damenunterwäsche)

de|sta|bi|li|sie|ren ⟨lat.⟩ (aus dem

Gleichgewicht bringen, weniger stabil machen); De|sta|bi|li|sie|rung

De|stil|lat das; -[e]s, -e ⟨lat.⟩ (wiederverflüssigter Dampf bei einer Destillation); De|stil|lat|bren|ner (Lehrberuf der Industrie); De|stil|la|teur [...tör] der; -s, -e ⟨franz.⟩ (Branntweinbrenner); De|stil|la|ti|on [...zion] die; -, -en ⟨lat.⟩ (Trennung flüssiger Stoffe durch Verdampfen u. Wiederverflüssigung; Branntweinbrennerei); De|stil|la|ti|ons|gas; De|stil|le die; -, -n (ugs. für: Branntweinausschank); De|stil|lier|ap|pa|rat; de|stil|lie|ren; destilliertes Wasser (chemisch reines Wasser); De|stil|lier_kol|ben, ...ofen

De|sti|na|tar ⟨lat.⟩, De|sti|na|tär der; -s, -e ⟨franz.⟩ (auf Seefrachtbriefen: Empfänger von Gütern); De|sti|na|ti|on [...zion] die; -, -en ⟨lat.⟩ (Bestimmung, Endzweck)

de|sto; - besser, - größer, - mehr, - weniger, aber (in einem Wort): nichtsdestoweniger

de|stru|ie|ren ⟨lat.⟩ (selten für: zerstören); De|struk|ti|on [...zion] die; -, -en (Zerstörung; Geol.: Abtragung der Erdoberfläche durch Verwitterung); de|struk|tiv (zersetzend, zerstörend)

des|un|ge|ach|tet [auch: däßun...], des|sen|un|ge|ach|tet; des|we|gen, des|sent|wel|gen; des|wil|len vgl. dessentwillen

de|szen|dent ⟨lat.⟩ (nach unten sinkend, absteigend); des Wasser, -e Lagerstätten; De|szen|dent der; -en, -en; ↑R 197 (Nachkomme, Ab-, Nachkömmling; Astron.: Gestirn im Untergang; Untergangspunkt); De|szen|denz die; -, -en (Abstammung; Nachkommenschaft; Astron.: Untergang eines Gestirns); De|szen|denz|theo|rie die; - (Abstammungslehre); de|szen|die|ren (absteigen, sinken)

De|ta|che|ment [detasch'mang, schweiz.: ...mänt] das; -s, -s u. (schweiz.:) -e ⟨franz.⟩ (veralt. für: abkommandierte Truppe); De|ta|cheur [...schör] der; -s, -e (Maschine zum Lockern des Mehls); ²De|ta|cheur [...schör] der; -s, -e ⟨franz.⟩ (Fachmann für chem. Fleckenentfernung); De|ta|cheu|se [...schös'] die; -, -n (weibl. Detacheur); ¹de|ta|chie|ren [...schi-r'n] (von Flecken reinigen); ²de|ta|chie|ren [...schir'n] ⟨franz.⟩ (Mehl auflockern; veralt. für: abkommandieren, entsenden); De|tail [detaj] das; -s, -s ⟨franz.⟩ (Einzelheit, Einzelteil); vgl. en détail; De|tail_fra|ge, ...han|del

(veralt. für: Einzel-, Kleinhandel); de|tail|lie|ren [detajir'n] (im einzelnen darlegen; veralt.: in kleinen Mengen verkaufen); de|tail|liert; -este

De|tek|tei ⟨lat.⟩ (Detektivbüro); De|tek|tiv der; -s, -e [...w'] dem, den Detektiv; De|tek|tiv_bü|ro, ...ge|schich|te; de|tek|ti|visch [...wisch]; De|tek|tiv_ka|me|ra, ...ro|man; De|tek|tor der; -s, ...oren ⟨lat.⟩ (Hochfrequenzgleichrichter); De|tek|tor_emp|fän|ger, ...ge|rät

Dé|tente [detangt] die; - ⟨franz.⟩ (Entspannung zwischen Staaten); Dé|tente|po|li|tik

De|ter|gens das; -, ...gentia [...zia] u. ...genzien [...i'n] ⟨lat.⟩ (Reinigungsmittel)

De|te|rio|ra|ti|on [...zion] die; -, -en (↑R 180) ⟨lat.⟩, De|te|rio|rie|rung; ↑R 180 (Rechtsw.: Wertminderung einer Sache); de|te|rio|rie|ren (↑R 180)

De|ter|mi|nan|te die; -, -n ⟨lat.⟩ (Hilfsmittel der Algebra zur Lösung eines Gleichungssystems; bestimmender Faktor); De|ter|mi|na|ti|on [...zion] die; -, -en (nähere Begriffsbestimmung); de|ter|mi|na|tiv (bestimmend, begrenzend, festlegend; entschieden, entschlossen); de|ter|mi|nie|ren (bestimmen, begrenzen, festlegen); De|ter|mi|niert|heit die; -; De|ter|mi|nis|mus der; - (Lehre von der Unfreiheit des menschlichen Willens); De|ter|mi|nist der; -en, -en (↑R 197); de|ter|mi|ni|stisch

de|te|sta|bel ⟨lat.⟩ (veralt. für: verabscheuungswürdig); ...a|ble Ansichten

Det|lef [auch: dätläf] (m. Vorn.)

Det|mold (Stadt am Teutoburger Wald)

¹De|to|na|ti|on [...zion] die; -, -en ⟨lat.⟩ (Knall, Explosion)

²De|to|na|ti|on [...zion] die; -, -en ⟨franz.⟩ (Musik: Unreinheit des Tones)

De|to|na|tor der; -s, ...oren ⟨lat.⟩ (Zündmittel); ¹de|to|nie|ren (knallen, explodieren)

²de|to|nie|ren ⟨franz.⟩ (Musik: unrein singen, spielen)

De|tri|tus der; - ⟨lat.⟩ (Med.: Überrest von zerfallenen Zellen od. Geweben; Geol.: zerriebenes Gestein; Biol.: Schwebe- und Sinkstoffe in den Gewässern)

De|troit [ditreut] (Stadt in den USA)

det|to ⟨ital.⟩ (bayr., österr., sonst selten für: dito)

De|tu|mes|zenz die; - ⟨lat.⟩ (Med.: Abschwellung [einer Geschwulst])

Deu|bel vgl. Deiwel

deucht usw. vgl. dünken

Deu|ka|li|on (Gestalt der griech. Sage); Deu|ka|li|o|ni|sche Flut

De|us ex ma|chi|na [- - maehina] der; - - -, Dei [de-i] - - ⟨lat.⟩ (selten) ⟨lat.⟩ („Gott aus der [Theater]maschine"; unerwarteter Helfer)

Deut der ⟨niederl.⟩ (veralt. für: kleine Münze); nur noch in: keinen -, nicht einen - (ugs. für: fast gar nichts) wert sein

deut|bar; Deu|te|lei (abwertend für: kleinliche Auslegung); deu|teln; ich ...[e]le (↑R 22); deu|ten; Deu|ter

Deu|ter|ago|nist der; -en, -en (↑R 197) ⟨griech.⟩ (zweiter Schauspieler auf der altgriech. Bühne)

Deu|te|ri|um das; -s ⟨griech.⟩ (schwerer Wasserstoff, Wasserstoffisotop; Zeichen: D); Deu|te|ron das; -s, ...onen (Atomkern des Deuteriums); Deu|te|ro|no|mi|um das; -s (5. Buch Mosis)

...deu|tig (z. B. zweideutig); Deut|ler; deut|lich; auf das, aufs deutlichste (↑R 65); etwas - machen; Deut|lich|keit; deut|lich|keits|hal|ber

deutsch (Abk.: dt.); -este; **A.** Als Attribut: **I.** Kleinschreibung: das deutsche Volk; die deutschen Meisterschaften [im Eiskunstlauf]; das deutsche Recht; die deutsche Schweiz; die deutsche Bundesrepublik (kein Titel!); Tag der deutschen Einheit (17. Juni); die deutsche Frage; die deutsche Sprache; die deutsche Dogge; der deutsche Schäferhund; der deutsche Michel. **II.** Großschreibung (↑R 133): der Deutsch-Französische Krieg (1870/71) [aber: ein deutsch-französischer Krieg (irgendeiner)]; Deutscher Akademischer Austauschdienst (Abk.: DAAD); Deutsche Angestellten-Gewerkschaft¹ (Abk.: DAG); Deutsches Arzneibuch (Abk.: DAB); die Deutsche Bibliothek (in Frankfurt); die Deutsche Bücherei (in Leipzig); die Deutsche Bucht (Teil der Nordsee); der Deutsche Bund (1815–66); der Deutsche Bundestag; Deutsche Bundesbahn (Abk.: DB); Deutsche Bundesbank (Abk.: BBk); Deutsche Bundespost o. Deutsches Bundespatent (Abk.: DBP); Deutsche Demokratische Republik (Abk.: DDR); Deutscher Fußball-Bund¹ (Abk.: DFB); Deutscher Gewerkschaftsbund (Abk.: DGB); Deutscher Indu-

¹So die von den Regeln (↑R 33) abweichende Schreibung.

strie- und Handelstag[1] (Abk.: DIHT); Deutsches Institut für Normung (Zeichen: DIN; vgl. d.); Deutsche Jugendherberge (Abk.: DJH); Deutsche Jugendkraft (ein kath. Verband für Sportpflege; Abk.: DJK); Deutsche Kommunistische Partei (Abk.: DKP); Deutsche Lebens-Rettungs-Gesellschaft[2] (Abk.: DLRG); der Deutsche Orden; Deutsche Mark (Abk.: DM); Deutsche Presse-Agentur[2] (Abk.: dpa); das Deutsche Reich; Deutsches Rotes Kreuz (Abk.: DRK); Deutscher Turnerbund (Abk.: DTB); Deutscher Touring Automobil Club[2] (Abk.: DTC); Deutscher Sprachatlas (Abk.: DSA); steht das Adjektiv „deutsch" nicht am Anfang des Titels, dann wechselt die Schreibweise: Verein Deutscher Ingenieure; Gesellschaft für deutsche Sprache; Institut für deutsche Sprache (↑R 133); vgl. Deutsch u. Deutsche das – **B.** Als Artangabe: deutsch (auf deutsche Art, in deutscher Weise; von deutscher Abstammung; in deutschem Wortlaut; (↑R 65:) zu deutsch; auf deutsch; auf gut deutsch, in deutsch (in deutschem Text, Wortlaut; vgl. auch: in Deutsch); der Redner hat deutsch (nicht englisch) gesprochen (vgl. aber: Deutsch); [auf] deutsch gesagt; sich deutsch (auf deutsch) unterhalten; der Brief ist deutsch (in deutscher Sprache, auch: in deutscher Schreibschrift) geschrieben; deutsch mit einem reden (ihm die Wahrheit sagen); Staatsangehörigkeit: deutsch (in Formularen u. ä.); **Deutsch** das; des -[s], dem - (die deutsche Sprache, sofern sie die Sprache eines einzelnen oder einer bestimmten Gruppe bezeichnet oder sonstwie näher bestimmt ist; Kenntnis der deutschen Sprache; mein, dein, sein Deutsch ist schlecht; die Aussprache seines Deutsch[s]; das Plattdeutsch Fritz Reuters; das Kanzleideutsch, das Kaufmannsdeutsch, das Schriftdeutsch; er kann, lehrt, lernt, schreibt, spricht, versteht [kein, nicht, gut, schlecht] Deutsch (vgl. aber: deutsch, B); [das ist] gutes Deutsch; er spricht gut[es] Deutsch; er kann kein Wort Deutsch; ein Lehrstuhl für Deutsch; er hat eine Eins in

Deutsch (im Fach Deutsch); am Ende des Artikels steht eine Zusammenfassung in Deutsch (in der Sprache Deutsch); der Prospekt erscheint in Deutsch und in Englisch (in den Sprachen Deutsch und Englisch; vgl. auch: in deutsch); in heutigem Deutsch od. im heutigen Deutsch; vgl. auch Deutsche, das, und deutsch, B; **Deutsch|ame|ri|ka|ner** [auch: ...kan'r]; ↑R 155 (Amerikaner dt. Abstammung); **deutsch|ame|ri|ka|nisch** [auch: ...kanisch]; ↑R 155 (die Deutschamerikaner betreffend); deutschamerikanische Kultur; aber: **deutsch-ame|ri|ka|nisch** (zwischen Deutschland und Amerika bestehend); der deutsch-amerikanische Schiffsverkehr; **deutsch-deutsch;** die -en Beziehungen (zwischen der Bundesrepublik Deutschland und der DDR); [1]**Deut|sche** der u. die; -n, -n (↑R 7 ff.); ich Deutscher; wir Deutschen (auch: wir Deutsche); alle Deutschen; alle guten Deutschen; [2]**Deut|sche** das; des -n, dem -n (die deutsche Sprache überhaupt; in Zusammensetzungen bes. zur Bezeichnung der hist. u. landsch. Teilbereiche der deutschen Sprache); das Deutsche (z. B. im Ggs. zum Französischen); das Althochdeutsche, das Mittelhochdeutsche, das Neuhochdeutsche; die Laute des Deutschen (z. B. im Ggs. zum Englischen); die Formen des Niederdeutschen; im Deutschen (z. B. im Ggs. zum Italienischen); aus dem Deutschen, ins Deutsche übersetzen; vgl. auch Deutsch; **Deut|schen-feind**, ...freund, ...haß; **deutsch--feind|lich**, ...freund|lich; **Deutsch_herr** (meist Plur.) svw. Deutschordensritter; ...kun|de (die; -); **deutsch|kund|lich;** -er Unterricht; **Deutsch|land**; des geteilten -[s]; **Deutsch|land-funk** (in Köln), ...fra|ge (die; - (die Frage der deutschen Wiedervereinigung), ...lied (das; -[e]s; deutsche Nationalhymne), ...po|li-tik, ...sen|der (der; -s); **Deutsch-leh|rer; Deutsch|mei|ster** (Landmeister des Deutschen Ordens); **Deutsch|or|dens|rit|ter; Deutsch-rit|ter|or|den** [auch: deutschritt'r-ord'n] der; -s; **Deutsch|schweiz** die; - (schweiz. für: deutsche Schweiz); **Deutsch|schwei|zer** (Schweizer deutscher Muttersprache); **deutsch|schwei|ze|risch** (die deutsche Schweiz betreffend); (↑R 155:) das deutsch-schweizerische Schrifttum; aber: **deutsch-schwei|ze|risch,**

z. B. ein deutsch-schweizerisches Abkommen; vgl. schweizerdeutsch; **deutsch|spra|chig** (die deutsche Sprache sprechend, in ihr abgefaßt, vorgetragen); -e Bevölkerung; **deutsch|sprach-lich** (die deutsche Sprache betreffend); -er Unterricht; **Deutsch|spre|chen** das; -s; **deutsch|spre|chend;** ein -er (auch: deutsch/Deutsch sprechender) Ausländer; **deutsch-stäm|mig; Deutsch|tum** das; -s (deutsche Eigenart); **Deutsch|tü-me|lei** (aufdringliche Betonung des Deutschtums); **Deutsch|tüm-ler; Deutsch|un|ter|richt** der; -[e]s

Deu|tung; Deu|tungs|ver|such

Deut|zie [...i'e] die; -, -n ⟨nach dem Holländer van der Deutz⟩ (ein Zierstrauch)

Deux-pièces [döpiäß] das; -, - ⟨franz.⟩ (zweiteiliges Kleid)

De|val|va|ti|on [dewalwazion] die; -, -en ⟨lat.⟩ (Abwertung einer Währung); **de|val|va|to|risch,** (auch:) **de|val|va|tio|ni|stisch** (abwertend, Devalvation bewirkend); ↑R 180; **de|val|vie|ren**

De|va|sta|ti|on [...waßtazion] die;-, -en ⟨lat.⟩ (fachspr.: Verwüstung); **de|va|stie|ren**

De|ver|ba|tiv [...wär...] das; -s, -e [...w'] u. **De|ver|ba|ti|vum** [...ti-wum] das; -s, ...va [...wa] ⟨lat.⟩ (Sprachw.: von einem Verb abgeleitetes Substantiv od. Adjektiv, z. B. „Eroberung" von „erobern", „hörig" von „hören")

de|vi|ant [...wi...]; -este ⟨lat.⟩ (abweichend); **De|via|ti|on** [...zion] die; -, -en; ↑R 180 (fachspr.: Abweichung)

De|vi|se [...wis'] die; -, -n ⟨franz.⟩ (Wahlspruch); **De|vi|sen** Plur. (Zahlungsmittel in ausländ. Währung); **De|vi|sen_aus|gleich,** ...be|wirt|schaf|tung, ...kurs, ...markt, ...re|ser|ve, ...ver|kehr

De|von [dewon] das; -[s] ⟨Geol.: eine Formation des Paläozoikums⟩; **de|vo|nisch**

de|vot [dewot] ⟨lat.⟩ (gottergeben; unterwürfig); **De|vo|ti|on** [...zion] die; -, -en (Gottergebenheit; Unterwürfigkeit; Andacht); **De|vo-tio|na|li|en** [...zionali'n] Plur.; ↑R 180 (kath. Kirche: der Andacht dienende Gegenstände)

De|vri|ent [defrint, auch: d'wriäng] (Name einer Schauspielerfamilie)

De|wa|na|ga|ri die; - ⟨sanskr.⟩ (ind. Schrift [bes. für das Sanskrit])

Dex|trin das; -s, -e ⟨lat.⟩ ([Klebe]stärke); **dex|tro|gyr** ⟨lat.; griech.⟩ (Chemie: die Ebene polarisierten Lichtes nach rechts drehend; Zeichen: d); **Dex|tro-kar|die** die; -, ...ien ⟨lat.; griech.⟩

---

[1] So die von den Regeln (↑R 41) abweichende Schreibung.
[2] So die von den Regeln (↑R 33) abweichende Schreibung.

(Med.: anomale rechtsseitige Lage des Herzens); Dex|tro|se der; - (Traubenzucker)

Dez der; -es, -e (mdal. für: Kopf)

Dez. = Dezember

De|zem|ber der; -[s], - ⟨lat.⟩ (zwölfter Monat im Jahr; Christmond, Julmond, Wintermonat; Abk.: Dez.); De|zem|ber_abend, ...tag; De|zem|vir [...wir] der; -n (↑R 197) u. -s, -n (Mitglied des Dezemvirats); De|zem|vi|rat das; -[e]s, -e (altröm. Zehnmännerkollegium); De|zen|ni|um das; -s, ...ien [...i'n] (Jahrzehnt)

de|zent; -este ⟨lat.⟩ (anständig; abgetönt; zart; Musik: gedämpft)

de|zen|tral ⟨nlat.⟩ (vom Mittelpunkt entfernt); De|zen|tra|li|sa|ti|on [...zion] die; -, -en u. De|zen|tra|li|sie|rung (Auseinanderlegung von Verwaltungen usw.; Verlegung des Schwergewichtes in die örtl. od. provinziellen Behörden); de|zen|tra|li|sie|ren

De|zenz die; - ⟨lat.⟩ (veralt. für: Anstand, Zurückhaltung)

De|zer|nat das; -[e]s, -e ⟨lat.⟩ (Geschäftsbereich eines Dezernenten; Sachgebiet); De|zer|nent der; -en, -en; ↑R 197 (Sachbearbeiter [bei Behörden])

De|zi... ⟨lat.⟩ (Zehntel...; ein Zehntel einer Einheit [z. B. Dezimeter = $\frac{1}{10}$ Meter]; Zeichen: d); De|zi|ar [auch: dezi...] das; -s, -e u. (schweiz.:) De|zi|a|re die; -, -n ($\frac{1}{10}$ Ar; Zeichen: da); 3 - (↑R 129); De|zi|bel [auch: dezi...] das; -s, - ($\frac{1}{10}$ Bel [vgl. d.]; Zeichen: dB)

de|zi|diert ⟨lat.⟩ (entschieden, energisch, bestimmt)

De|zi|gramm [auch: dezi...] das; ⟨lat.; griech.⟩ ($\frac{1}{10}$ g; Zeichen: dg); De|zi|li|ter [auch: dezi...] der ($\frac{1}{10}$ l; Zeichen: dl); de|zi|mal ⟨lat.⟩ (auf die Grundzahl 10 bezogen); De|zi|mal|bruch der (Bruch, dessen Nenner mit [einer Potenz von] 10 gebildet wird); De|zi|ma|le die; -[n], -n (eine Ziffer der Zifferfolge, die rechts vom Komma eines Dezimalbruchs steht); de|zi|ma|li|sie|ren (auf das Dezimalsystem umstellen); De|zi|mal|i|sie|rung; De|zi|mal_klas|si|fi|ka|ti|on (die; -; Abk.: DK), ...maß das, ...rech|nung, ...stel|le, ...sy|stem (das; -s), ...waa|ge, ...zahl; De|zi|ma|ti|on [...zion] die; -, -en (Hinrichtung jedes zehnten Mannes); De|zi|me die; -, -n (Musik: zehnter Ton vom Grundton an); De|zi|me|ter [auch: dezi...] ⟨lat.; griech.⟩ ($\frac{1}{10}$ m; Zeichen: dm); de|zi|mie|ren ⟨lat.⟩ (urspr. jeden zehnten Mann mit dem Tode bestrafen; heute: große Verluste beibringen; stark vermindern); de|zi|miert; De|zi|mie|rung

de|zi|siv ⟨lat.⟩ (entscheidend, bestimmt)

De|zi|ton|ne [auch: dezi...] (100 kg; Zeichen: dt)

DFB = Deutscher Fußball-Bund

dg = Dezigramm

Dg = Dekagramm

D. G. = Dei gratia

DGB = Deutscher Gewerkschaftsbund

dgl. = dergleichen

d. Gr. = der Große

d. h. = das heißt

Dhau vgl. Dau

d'Hondt|sche Sy|stem das; -n -s ⟨nach dem belgischen Juristen d'Hondt⟩ (ein Berechnungsmodus bei [Parlaments]wahlen)

d. i. = das ist

Dia das; -s, -s (Kurzform für: Diapositiv)

Dia|bas der; -es, -e ⟨griech.⟩ (ein Ergußgestein)

Dia|be|tes der; - ⟨griech.⟩ (Harnruhr); - mellitus (Med.: Zuckerharnruhr, Zuckerkrankheit); Dia|be|ti|ker; dia|be|tisch

Dia|bo|lie, Dia|bo|lik die; - ⟨griech.⟩ (teuflisches Verhalten); dia|bo|lisch; -ste (teuflisch); -es (magisches) Quadrat; Dia|bo|lo das; -s, -s ⟨ital.⟩ (ein Geschicklichkeitsspiel); Dia|bo|lus der; - ⟨griech.⟩ (der Teufel)

dia|chron [...kron], dia|chro|nisch ⟨griech.⟩ (Sprachw.: [entwicklungs]geschichtlich); Dia|chro|nie die; - (Sprachw.: [Darstellung der] geschichtl. Entwicklung)

Dia|dem das; -s, -e ⟨griech.⟩ (kostbarer [Stirn]reif)

Dia|do|che der; -n, -n (↑R 197) ⟨griech.⟩ (mit anderen konkurrierender Nachfolger [Alexanders d. Gr.]); Dia|do|chen_kämp|fe Plur., ...zeit

Dia|ge|ne|se die; -, -n ⟨griech.⟩ (Veränderung eines Sediments durch Druck u. Temperatur)

Dia|gno|se die; -, -n ⟨griech.⟩ ([Krankheits]erkennung; Zool., Bot.: Bestimmung); Dia|gno|se_ver|fah|ren, ...zen|trum; Dia|gno|stik die; - (Fähigkeit und Lehre, Krankheiten usw. zu erkennen); Dia|gno|sti|ker; dia|gno|stisch; dia|gno|sti|zie|ren

dia|go|nal ⟨griech.⟩ (schräglaufend); Dia|go|nal der; -[s], -e (schräggestreifter Kleiderstoff in Köperbindung); Dia|go|na|le die; -, -n (Gerade, die zwei nicht benachbarte Ecken eines Vielecks miteinander verbindet); drei -[n]; Dia|go|nal|rei|fen

Dia|gramm das; -s, -e ⟨griech.⟩ (zeichnerische Darstellung errechneter Werte in einem Koordinatensystem; Stellungsbild beim Schach; Drudenfuß); Dia-

graph der; -en, -en; ↑R 197 (Gerät zum Zeichnen von Umrissen und Kurven)

Dia|kau|stik die; -, -en ⟨griech.⟩ (die beim Durchgang von parallelem Licht bei einer Linse entstehende Brennfläche); dia|kau|stisch

Dia|kon [österr.: dia...] der; -s u. -en (↑R 197), -e[n] ⟨griech.⟩ (kath., anglikan. od. orthodoxer Geistlicher, der um einen Weihegrad unter dem Priester steht; vor allem in der Seelsorge tätiger Angestellter in ev. Kirchen; Krankenpfleger od. Pfarrhelfer in der ev. Inneren Mission); vgl. Diakonus; Dia|ko|nat das (auch: der); -[e]s, -e (Diakonenamt, -wohnung); Dia|ko|nie die; - ([berufsmäßige] Sozialtätigkeit [Krankenpflege, Gemeindedienst] in der ev. Kirche); Dia|ko|nin die; -, -nen; dia|ko|nisch; Dia|ko|nis|se die; -, -n u. Dia|ko|nis|sin die; -, -nen (ev. Kranken- u. Gemeindeschwester); Dia|ko|nis|sen|haus; Dia|ko|nus der; -, ...kone[n] (veralt. für: zweiter od. dritter Pfarrer einer ev. Gemeinde, Hilfsgeistlicher)

Dia|kri|se, Dia|kri|sis die; -, ...isen ⟨griech.⟩ (Abgrenzung einer Krankheit gegen andere; entscheidende Krise einer Krankheit); dia|kri|tisch (unterscheidend); -es Zeichen

Dia|lekt der; -[e]s, -e ⟨griech.⟩ (Mundart); dia|lek|tal (mundartlich); -e Besonderheiten; Dia|lekt_aus|druck, ...dich|tung, ...fär|bung; dia|lekt|frei; Dia|lekt|geo|gra|phie; Dia|lek|tik die; - (Erforschung der Wahrheit durch Aufweis u. Überwindung von Widersprüchen; Gegensätzlichkeit); Dia|lek|ti|ker (Vertreter, Meister der Dialektik); dia|lek|tisch (mundartlich; die Dialektik betreffend; auch: spitzfindig); -e Methode (von den Sophisten ausgebildete Kunst der Gesprächsführung; das Denken in These, Antithese, Synthese [Hegel]); -er Materialismus [(sowjet.] Lehre von den Grundbegriffen der Dialektik u. des Materialismus; Abk.: DIAMAT, Diamat); -e Theologie (eine Richtung in der ev. Theologie nach dem 1. Weltkrieg); Dia|lek|to|lo|gie die; - (Mundartforschung); dia|lek|to|lo|gisch

Dia|log der; -[e]s, -e ⟨griech.⟩ (Zwiegespräch; Wechselrede); dia|lo|gisch (in Dialogform); dia|lo|gi|sie|ren (in Dialogform kleiden); Dia|log|kunst die; -

Dia|ly|sa|tor der; -s, ...oren ⟨griech.⟩ (Gerät zur Durchführung der Dialyse); **Dia|ly|se** *die;* -, -n (chem. Trennungsmethode; Blutwäsche); **Dia|ly|se.sta|ti|on, ...zen|trum** (für Nierenkranke); **dial|ly|sie|ren; dia|ly|tisch** (auf Dialyse beruhend; auflösend; zerstörend)

¹Dia|mant *die;* - ⟨franz.⟩ (ein Schriftgrad); **²Dia|mant** *der;* -en, -en (↑R 197); vgl. auch: Demant; **Dia|mant|boh|rer; dia|man|ten;** (↑R 133:) -e Hochzeit (60. Jahrestag der Hochzeit); **Dia|mant-_feld, ...gra|vie|rung** (in Glas), **...hals|band, ...leim** (zum Fassen von Schmucksteinen), **...na|del, ...ring, ...schild|krö|te, ...schlei-fer, ...schliff, ...schmuck, ...staub, ...tin|te** (ein Ätzmittel für Glas)

DIAMAT, Dia|mat *der;* - (= dialektischer Materialismus; vgl. dialektisch)

Dia|me|ter *der;* -s, - ⟨griech.⟩ (Durchmesser); **dia|me|tral** (entgegengesetzt [wie die Endpunkte eines Durchmessers]); - entgegengesetzt; **dia|me|trisch** (dem Durchmesser entsprechend)

Dia|na (röm. Göttin der Jagd) **Dia|pa|son** *der;* -s, -s u. ...one ⟨griech.⟩ (Kammerton; Stimmgabel; [auch: dịa, -s, -s:] engl. Orgelregister)

dia|phan ⟨griech.⟩ (durchscheinend); **Dia|phan|bild** (durchscheinendes Bild)

Dia|pho|ra *die;* - ⟨griech.⟩ (Rhet.: Betonung des Unterschieds zweier Dinge); **Dia|pho|re|se** *die;* -, -n (Med.: Schwitzen); **dia|pho-re|tisch** (schweißtreibend)

Dia|phrag|ma *das;* -s, ...men ⟨griech.⟩ (Chemie: durchlässige Scheidewand; Med.: Zwerchfell)

Dia|po|si|tiv [auch: *dia...*] *das;* -s, -e [...wᵉ] ⟨griech.⟩ lat.) (durchscheinendes fotografisches Bild; Kurzform: Dia); **Dia|pro|jek|tor** (Vorführgerät für Dias)

Di|äre|se u. **Di|äre|sis** *die;* -, ...re-sen ⟨griech.⟩ (getrennte Aussprache zweier Vokale, z. B. naiv; Einschnitt im Vers an einem Wortende; Begriffszerlegung in der Philos.; Med.: Zerreißung eines Gefäßes mit Blutaustritt)

Dia|ri|um *das;* -s, ...ien [...iᵉn] ⟨lat.⟩ (Tagebuch; Kladde) **Di|ar|rhö¹, Di|ar|rhöe** *die;* -,

---

¹ In Übereinstimmung mit der Arbeitsgruppe für medizin. Literaturdokumentation in der Deutschen Gesellschaft für Dokumentation und mit führenden Fachverlagen wurde die Form auf -oe zugunsten der Form auf -ö aufgegeben.

...rrhöen ⟨griech.⟩ (Durchfall); **di|ar|rhö|isch**

Dia|skop *das;* -s, -e ⟨griech.⟩ (veralt. für: Diaprojektor); **Dia|sko-pie** *die;* -, ...ien (veralt. für: Röntgendurchleuchtung)

Dia|spo|ra *die;* - ⟨griech.⟩ (Gebiete, in denen religiöse Minderheiten leben; religiöse Minderheit); **Dia|spo|ra|ge|mein|de**

Dia|sto|le [*diaßtole*, auch: *...ßtolᵉ*] *die;* -, ...olen (Med.: mit der Systole rhythmisch abwechselnde Erweiterung des Herzens); **dia-sto|lisch;** -er Blutdruck (Med.)

di|ät ⟨griech.⟩ (der richtigen Ernährung entsprechend; mäßig); - kochen, leben; **Di|ät** *die;* - ([richtige] Ernährung; Schonkost); - halten; [eine salzlose] - kochen; jmdn. auf - setzen; **Di-ät|as|si|sten|tin** (svw. Diätistin)

Di|ät *Plur.* ⟨lat.⟩ (Tagegelder; Entschädigung); **Di|ä|ten.do-zent, ...do|zen|tur**

Di|ät|le|tik *die;* -, -en ⟨griech.⟩ (Ernährungslehre); **Di|ä|te|ti|kum** *das;* -s, ...ka (für eine Diät geeignetes Nahrungsmittel); **di|ä|te-tisch** (der Diätetik gemäß)

Dia|thek *die;* -, -en ⟨griech.⟩ (Diapositivsammlung)

dia|ther|man ⟨griech.⟩ (Med., Meteor.: Wärmestrahlen durchlassend); **Dia|ther|mie** *die;* - (Heilverfahren, bei dem Hochfrequenzströme innere Körperabschnitte durchwärmen)

Dia|the|se *die;* -, -n ⟨griech.⟩ (Veranlagung zu bestimmten Krankheiten)

Di|äthy|len|gly|kol, (chem. fachspr. auch:) **Di|ethy|len|gly|kol** ⟨griech.⟩ (Bestandteil von Frostschutzmitteln u. a.)

di|ä|tisch ⟨griech.⟩ (die Ernährung betreffend); **Di|ä|t|i|stin** *die;* -, -nen (w. Fachkraft, die bei der Aufstellung von Diätplänen mitwirkt); **Di|ät_koch, ...kost, ...kü-che, ...kur**

Dia|to|mee *die;* -, -n (meist *Plur.*) ⟨griech.⟩ (Kieselalge)

dia|to|nisch ⟨griech.⟩ (Musik: in Ganz- und Halbtönen der 7stufigen Tonleiter fortschreitend)

Di|ät|plan
Dia|tri|be *die;* -, -n ⟨griech.⟩ (Abhandlung; Streitschrift)

Dib|bel|ma|schi|ne ⟨engl.; franz.⟩; **dib|beln** (engl.) (in Reihen mit größeren Abständen säen); ich ...[e]le (↑R 22); vgl. aber: tip-peln

Di|be|li|us (dt. ev. Theologe)

dịch; *in Briefen usw.:* Dich (↑R 71)

Di|cho|to|mie [...*cho*...] *die;* -, ...ien ⟨griech.⟩ (Zweiteilung [in Begriffspaare]; Bot.: Gabelung); **di|cho|tom, di|cho|to|misch**

Di|chro|is|mus [...*kro*...] *der;* - ⟨griech.⟩ (Zweifarbigkeit von Kristallen bei Lichtdurchgang); **di|chro|i|tisch** (↑R 180); -e Spiegel; **di|chro|ma|tisch** (zweifarbig); -e Gläser; **Di|chro|skop** *das;* -s, -e (besondere Lupe zur Prüfung auf Dichroismus); **di-chro|sko|pisch**

dịcht; *I. Schreibung in Verbindung mit dem 2. Partizip* (↑R 209): z. B. dichtbehaart (vgl. d.), dichtbevölkert (vgl. d.), dichtgedrängt (vgl. d.), dichtgedrängt (vgl. d.). *II. Schreibung in Verbindung mit Verben* (↑R 205): **a)** *Getrenntschreibung in ursprünglicher Bedeutung,* z. B. dịcht hal-ten; das Faß wird dịcht halten; **b)** *Zusammenschreibung, wenn durch die Verbindung ein neuer Begriff entsteht;* vgl. dichthalten; **dịcht|auf;** - folgen; **dịcht|be-haart;** dichter, am dichtesten behaart; das dichtbehaarte Fell (↑jedoch R 209), aber: das Fell ist dịcht behaart; **dịcht|be|völ-kert;** dichter, am dichtesten bevölkert; ein dichtbevölkertes Land (↑jedoch R 209), aber: das Land ist dịcht bevölkert; **Dịch|te** *die;* -, (selten:) -n (Technik auch: Verhältnis der Masse zur Raumeinheit); **Dịch|te|mes|ser** *der* (für: Densimeter); **¹dịch|ten** (dicht machen)

²dịch|ten (Verse schreiben); **Dịch-ten** *das;* -s; (↑R 68:) das - und Trachten der Menschen; **Dịch-ter; Dịch|te|rin** *die;* -, -nen; **dịch-te|risch;** -ste; -e Freiheit; **Dịch-ter_kom|po|nist** (Dichter u. Komponist in einer Person), **...kreis, ...le|sung, ...spra|che, ...tum** (*das;* -s), **...wort** (*Plur.* ...worte)

dịcht|ge|drängt; dichter, am dichtesten gedrängt; die dichtgedrängten Zuhörer (↑jedoch R 209), aber: die Zuhörer sind dicht gedrängt; **dịcht|hal|ten;** ↑R 205 (ugs. für: schweigen); du hältst dicht; dichtgehalten; dichtzuhalten; aber: dicht halten (undurchlässig bleiben); **Dịcht|heit** *die;* -; **Dịch|tig|keit** *die;* -;

dịcht|ma|chen; ↑R 205 (ugs. für: schließen); er hat seinen Laden dichtgemacht; aber: er hat das Rohr durch Isolierung dicht gemacht (abgedichtet)

¹Dịch|tung (Gedicht)
²Dịch|tung (Vorrichtung zum Dichtmachen)

Dịch|tungs_art, ...gat|tung
Dịch|tungs_mas|se, ...mit|tel *das,* **...ring, ...schei|be, ...stoff**

dịck; durch - und dünn (↑R 65); **dịck|bau|chig; Dịck|darm; Dịck|darm|ent|zün|dung; dịcke**

[Trenn.: dik|ke] (ugs. für: genug); jmdn., eine Sache - haben (ugs. für: jmds., einer Sache überdrüssig sein); ¹Dicke¹ die; -, -n (ohne Plur.: Dicksein; [in Verbindung mit Maßangaben:] Abstand von einer Seite zur anderen); Bretter von 2 mm -, von verschiedenen -n; ²Dicke¹ der u. die; -n, -n (↑ R 7 ff.)

Dickens; ↑ R 179 (engl. Schriftsteller)

Dicken|wachs|tum¹; Dicker|chen¹; dicke|tun¹, dick|tun; ↑ R 205 (ugs. für: sich wichtig machen); ich tue mich dick[e]; dick[e]getan; dick[e]zutun; dick|fel|lig; Dick|fel|lig|keit die; -; dick|flüs|sig; Dick|häu|ter; Dickicht¹ das; -s, -e; Dick|kopf; dick_köp|fig, ...lei|big; dick|lich; Dick_ma|cher (ugs. für: sehr kalorienreiches Nahrungsmittel), ...milch, ...schä|del, ...sein (das; -s); Dick|te die; -, -n (Technik oft für: ¹Dicke); Dick|tu|er; Dick|tue|rei; dick|tun vgl. dicketun; Dickung¹ (Jägerspr. für: Dickicht); dick|wan|dig; Dick_wanst, ...wurz (Runkelrübe)

Di|dak|tik die; -, -en (griech.) (Unterrichtslehre); Di|dak|ti|ker; di|dak|tisch; -ste (unterrichtskundlich; lehrhaft)

di|del|dum!, di|del|dum|dei!

Di|derot [did'ro] (franz. Schriftsteller u. Philosoph)

Di|do (sagenhafte Gründerin Karthagos)

Di|dot [dido] (franz. Buchdrucker); Di|dot|an|ti|qua (↑ R 135)

die (↑ R 66); Gen. der u. deren (vgl. d.); Plur. vgl. der

Dieb der; -[e]s, -e; Die|be|rei; Diebes_ban|de, ...beu|te, ...gut, ...haken (²Dietrich); die|bes|si|cher; Die|bin die; -, -nen; die|bisch; -ste; Diebs|ge|sin|del; Dieb|stahl der; -[e]s, ...stähle; Dieb|stahl|ver|si|che|rung

Dief|fen|ba|chie [...iⁱ] die; -, -n (nach dem österr. Botaniker Dieffenbach) (eine Zierpflanze mit großen, länglichrunden Blättern)

die|je|ni|ge (↑ R 66); Gen. derjenigen; Plur. diejenigen

Die|le die; -, -n

Di|elek|tri|kum das; -s, ...ka (griech.) (elektr. Nichtleiter); di|elek|trisch; Di|elek|tri|zi|täts|kon|stan|te (Wert, der die elektr. Eigenschaften eines Stoffes kennzeichnet; Zeichen: ε)

die|len; Die|len_bo|den, ...lam|pe

Die|me die; -, -n u. Die|men der; -s, - (nordd. für: Heu- od. Getreidehaufen)

---

die|nen; Die|ner; Die|ne|rin die; -, -nen; die|nern; ich ...ere (↑ R 22); Die|ner_schaft, ...schar; dien|lich; Dienst der; -[e]s, -e; zu -en stehen; etw. in - stellen (in Betrieb nehmen); außer Dienst (Abk.: a. D.); Dienst|ab|teil die; -[e]s, -e; ich werde Sie - aufsuchen; alle -e; eines -s; des -s, aber (↑ R 61): dienstags. Tageszeiten (vgl. Abend, II): [am] Dienstag früh beginnen wir; [nächsten] Dienstag abend, am Dienstag abend (an dem bestimmten Dienstag) treffen wir uns, er ist für Dienstag abend bestellt; aber: Dienstag od. dienstags abends (an jedem wiederkehrenden Dienstag) spielen wir Skat; entsprechend in Verbindung mit morgen, morgens usw., aber nur: Dienstag nacht/in der Dienstagnacht; Diens|tag|abend [auch: dinβtákáb'nt]; am - hat sie Gesangstunde; an Donnerstagabend hat sie frei; meine Dienstagabende sind schon alle belegt; vgl. Dienstag; diens|tä|gig vgl. ...tägig; diens|täg|lich vgl. ...täglich; Diens|tag|nacht [auch: dinβtaknácht]; vgl. Dienstag; diens|tags (↑ R 61): vgl. Dienstag Dienst_al|ter, ...äl|te|ste, ...an|tritt, ...auf|fas|sung, ...aus|weis; dienst|bar; Dienst|bar|keit; dienst_be|flis|sen, ...be|reit; Dienst_be|reit|schaft (die; -), ...bo|te; dienst_eif|rig, ...fer|tig, ...frei (- haben, sein); Dienst_ge|heim|nis, ...ge|spräch, ...grad; dienst|ha|bend; Dienst|ha|ben|de der u. die; -n, -n (↑ R 7 ff.); Dienst|lei|stung; Dienst|lei|stungs|ge|wer|be; dienst|lich; Dienst|mäd|chen (veralt. für: Hausgehilfin); ¹Dienst|mann (Plur. ...mannen; veralt. für: Höriger); ²Dienst|mann (Plur. ...männer [österr. nur so] u. ...leute; Gepäckträger); Dienst_per|so|nal, ...pflicht; dienst|pflich|tig; Dienst|prag|ma|tik die; - (österr. früher für: generelle Norm für das öffentl.-rechtl. Dienstverhältnis in Österreich); Dienst_rang, ...recht|lich; Dienst_rei|se, ...sa|che, ...schluß (der; ...usses), ...stel|le, ...stem|pel; dienst_taug|lich, ...tu|end, ...un|fä|hig; Dienst_un|fä|hig|keit die; -; dienst|ver|pflich|tet; Dienst_vor|schrift, ...wa|gen, ...weg, ...woh|nung, ...zeit

dies, dieses (↑ R 66); Gen. dieses; diesjährig, diesmal, diesseits; dies|be|züg|lich

Di|es der; - (kurz für: Dies academicus); Di|es aca|de|mi|cus [- akademikuβ] der; - - ⟨lat.⟩ (vorlesungsfreier Tag an der Universi-

---

tät); Di|es ater der; - - („schwarzer Tag", Unglückstag)

Die|sel der; -[s], - (Kurzform für: [Wagen mit] Dieselmotor)

die|sel|be (↑ R 66); Gen. derselben; Plur. dieselben; ein[e] und -; die|sel|bi|ge; ↑ R 66 (veralt. für: dieselbe)

die|sel|elek|trisch; Die|sel_lo|ko|mo|ti|ve, ...ma|schi|ne, ...mo|tor; ↑ R 135 ⟨nach dem Erfinder⟩; die|seln (wie ein Dieselmotor ohne Zündung weiterlaufen [vom Ottomotor]); Die|sel_öl, ...trieb|wa|gen (↑ R 135)

die|ser (↑ R 66), diese, dieses (dies); Gen. dieses, dieser, dieses; Plur. diese; dieser selbe [Augenblick]; (veralt.:) Schreiber dieses [Gen.], dafür besser: ... dieses Briefes; die|ser|art (selten für: auf diese Weise; so); aber: Fälle [von] dieser Art; die|ser|halb; die|ses vgl. dies; die|ses Jah|res (Abk.: d. J.); die|ses Mo|nats (Abk.: d. M.); dies|falls (veralt.)

die|sig (neblig); Die|sig|keit die; - Di|es irae [- irä] das; - - ⟨lat.⟩ („Tag des Zornes"; Anfang eines mittelalterl. Hymnus auf das Weltgericht)

dies|jäh|rig; dies|mal, aber: dieses Mal, dieses od. dies eine, letzte Mal; dies|ma|lig; dies|sei|tig; Dies|sei|tig|keit die; -; dies|seits; mit Gen.: des Flusses; Dies|seits das; -; im -; Dies|seits|glau|be

Die|ster|weg (dt. Pädagoge)

Die|ter, Die|ther; ↑ R 131 (m. Vorn.); Diet|hild, Diet|hil|de (w. Vorn.)

Di|ethy|len|gly|kol vgl. Diäthylenglykol

Diet|lind, Diet|lin|de (w. Vorn.); Diet|mar (m. Vorn.); ¹Diet|rich (m. Vorn.); ²Diet|rich der; -s, -e (Nachschlüssel)

Dieu le veut! [diölwŏ] ⟨franz.⟩ („Gott will es!"; Kampfruf der Kreuzfahrer auf dem ersten Kreuzzug)

die|weil, all|die|weil (veralt.); vgl. weil

Dif|fa|ma|ti|on [...zion] die; -, -en ⟨lat.⟩ (Verleumdung); dif|fa|ma|to|risch; Dif|fa|mie die; -, ...ien (verleumderische Bosheit; Beschimpfung); dif|fa|mie|ren; Dif|fa|mie|rung

dif|fe|rent ⟨lat.⟩ (verschieden, ungleich); dif|fe|ren|ti|al, dif|fe|ren|ti|ell [...zi...] (einen Unterschied begründend od. darstellend); Dif|fe|ren|ti|al das; -s, -e (Math.: unendlich kleine Differenz; Ausgleichsgetriebe beim Kraftfahrzeug); Dif|fe|ren|ti|al_dia|gno|se (Unterscheidung

---

¹ Trenn.: ...k|k...

ähnlicher Krankheitsbilder), ...geo|me|trie (Math.), ...ge|trie|be (Differential), ...quo|ti|ent (Math.), ...rech|nung (Math.), ...schal|tung (Elektrot.), ...ta|rif (Verkehrsw.); Dif|fe|ren|tia|ti|on [...zion] die; -, -en (Math.: Anwendung der Differentialrechnung; Geol.: Aufspaltung einer Stammschmelze); dif|fe|ren|ti|ell vgl. differential; Dif|fe|renz die; -, -en (Unterschied; Unstimmigkeit); Dif|fe|renz_be|trag, ...ge|schäft (Börsentermingeschäft); dif|fe|ren|zie|ren (trennen; unterscheiden; Math.: Differentialrechnung anwenden); Dif|fe|ren|ziert|heit (Unterschiedlichkeit, Abgestuftsein); Dif|fe|ren|zie|rung (Abstufung, Abweichung); dif|fe|rie|ren (verschieden sein; voneinander abweichen)

dif|fi|zil ⟨franz.⟩ (schwierig, kompliziert; schwer zu behandeln)

Dif|flu|enz die; -, -en ⟨lat.⟩ (Geol.: Gabelung eines Gletschers)

dif|form ⟨lat.⟩ (mißgestaltet); Dif|for|mi|tät die; -, -en (Mißbildung)

Dif|frak|ti|on [...zion] die; -, -en ⟨lat.⟩ (Physik: Strahlenbrechung, Beugung des Lichtes)

dif|fun|die|ren ⟨lat.⟩ (Verb zu: Diffusion); dif|fus; -este (zerstreut; ungeordnet); -es Licht, -e Reflexion; Dif|fu|si|on die; -, -en (Chemie: gegenseitige Durchdringung [von Gasen od. Flüssigkeiten]; Bergmannsspr.: Wetteraustausch; Zuckerherstellung: Auslaugung); Dif|fu|sor der; -s, ...oren (Rohrleitungsteil, dessen Querschnitt sich erweitert)

Di|gam|ma das; -[s], -s (Buchstabe im ältesten griech. Alphabet: Ϝ)

di|gen ⟨griech.⟩ (Biol.: durch Verschmelzung zweier Zellen gezeugt)

di|ge|rie|ren ⟨lat.⟩ (Chemie: auslaugen, -ziehen; Med.: verdauen); Di|gest [daidschäßt] der od. das; -[s], -s ⟨engl.⟩ (bes. in den angels. Ländern übl. Art von Zeitschriften, die Auszüge aus Büchern, Zeitschriften u. ä. bringen); Di|ge|sten Plur. ⟨lat.⟩ (Gesetzessammlung des Kaisers Justinian); Di|ge|sti|on die; -, -en ⟨lat.⟩ (Med.: Verdauung; Chemie: Auslaugen, -ziehen); di|ge|stiv (Verdauung bewirkend; Verdauungs...); Di|ge|stor der; -s, ...oren (Dampfkochtopf)

Di|git [didsehit] das; -[s], -s ⟨engl.⟩ (Ziffer einer elektron. Anzeige); di|gi|tal ⟨lat.⟩ (Med.: mit dem Finger; bei Rechenmaschinen: ziffernmäßig); Di|gi|ta|lis die; -, -

(Fingerhut, Arzneipflanze); di|gi|ta|li|sie|ren (mit Ziffern darstellen; in ein digitales Signal umwandeln); Di|gi|tal_rech|ner (eine Rechenmaschine), ...uhr (Uhr mit Zeitangabe in Zahlen)

Di|glyph der; -s, -e ⟨griech.⟩ (Bauw.: zweigeschlitzte Platte am Gebälk [ital. Renaissance])

Di|gni|tar ⟨lat.⟩, Di|gni|tär ⟨franz.⟩ der; -s, -e (Würdenträger der kath. Kirche); Di|gni|tät die; -, -en ⟨lat.⟩ (kath. kirchl. Würde)

Di|gres|si|on die; -, -en ⟨lat.⟩ (Abschweifung, Abweichung; Astron.: Winkel zwischen dem Meridian u. dem Vertikalkreis, der durch ein polnahes Gestirn geht)

DIHT = Deutscher Industrie- und Handelstag (vgl. deutsch)

di|hy|brid ⟨griech.⟩ (Biol.: sich in zwei erblichen Merkmalen unterscheidend)

Di|jam|bus der; -, ...ben ⟨griech.⟩ (Versfuß: Doppeljambus)

Di|ke (griech. Göttin der Gerechtigkeit, eine der ²Horen)

di|klin ⟨griech.⟩ (von Blüten: eingeschlechtig)

Di|ko|ty|le, Di|ko|ty|le|do|ne die; -, -n ⟨griech.⟩ (zweikeimblättrige Pflanze)

dik|tan|do ⟨lat.⟩ (diktierend, beim Diktieren); Dik|tant der; -en, -en; ↑ R 197 (jmd., der diktiert); Dik|ta|phon das; -s, -e ⟨lat.; griech.⟩ (Tonbandgerät zum Diktieren); Dik|tat das; -[e]s, -e ⟨lat.⟩; Dik|ta|tor der; -s, ...oren (unumschränkter Machthaber); dik|ta|to|risch; Dik|ta|tur die; -, -en; dik|tie|ren (zur Niederschrift vorsprechen; aufzwingen); Dik|tier|ge|rät; Dik|ti|on [...zion] die; -, -en (Schreibart; Ausdrucksweise); Dik|tio|när das u. der; -s, -e ⟨franz.⟩ (Wörterbuch); Dik|tum das; -s, ...ta ⟨lat.⟩ ("Gesagtes"; Ausspruch)

di|la|ta|bel ⟨lat.⟩ (dehnbar); ...table Buchstaben; Di|la|ta|bil|les Plur. (in die Breite gezogene hebr. Buchstaben); Di|la|ta|ti|on [...zion] die; -, -en (Dehnung, Ausdehnung; Med.: Erweiterung [von Körperhöhlen])

Di|la|ti|on [...zion] die; -, -en ⟨lat.⟩ (Rechtsw.: Aufschub[frist]); di|la|to|risch (aufschiebend; hinhaltend; schleppend)

Di|lem|ma das; -s, -s u. -ta ⟨griech.⟩ (Zwangslage; Wahl zwischen zwei [unangenehmen] Dingen)

Di|let|tant der; -en, -en ⟨lat.⟩ ↑ R 197 (ital.) (Nichtfachmann; Laie mit fachmännischem Ehrgeiz; [Kunst]liebhaber; Stümper); di|let|tan|ten|haft, di|let|tan|tisch

(unfachmännisch, laienhaft); Di|let|tan|tis|mus der; - (Oberflächlichkeit; Spielerei); di|let|tie|ren (selten für: sich als Dilettant betätigen; sich vorsuchen)

Di|li|gence [dilisehangß] die; -, -n [...'n] ⟨franz.⟩ (früher für: [Eil]postwagen)

Dill der; -s, -e, (österr. auch:) Dil|le die; -, -n (eine Gewürzpflanze); Dil|len|kraut, Dill|kraut (österr.)

Dil|they (dt. Philosoph)

di|lu|vi|al [...wi...] ⟨lat.⟩ (älter für: pleistozän); Di|lu|vi|um das; -s (älter für: Pleistozän)

dim. = diminuendo

Dime [daim] der; -s, -s (nordamerik. Münze); 10 - (↑ R 129)

Di|men|si|on die; -, -en ⟨lat.⟩ (Ausdehnung; [Aus]maß; Bereich); di|men|sio|nal (die Ausdehnung bestimmend); ↑ R 180; di|men|sio|nie|ren (selten für: abmessen)

Di|me|ter der; -s, - ⟨griech.⟩ (antike Verseinheit aus zwei Füßen)

di|mi|nu|en|do ⟨ital.⟩ (Musik: in der Tonstärke abnehmend; Abk.: dim.); Di|mi|nu|en|do das; -s, -s u. ...di; di|mi|nu|ie|ren ⟨lat.⟩ (verkleinern, verringern); Di|mi|nu|ti|on [...zion] die; -, -en (Verkleinerung, Verringerung; Musik: Verkürzung der Notenwerte; variierende Verzierung); di|mi|nu|tiv (Sprachw.: verkleinernd); Di|mi|nu|tiv das; -s, -e [...w°] u. Di|mi|nu|ti|vum [...wum] das; -s, ...va [...wa] (Sprachw.: Verkleinerungswort, z. B. „Öfchen"); Di|mi|nu|tiv|form (Sprachw.: Verkleinerungsform)

di|mit|tie|ren ⟨lat.⟩ (veralt. für: entlassen, verabschieden)

Dim|mer der; -s, - ⟨engl.⟩ (stufenloser Helligkeitsregler)

di|morph ⟨griech.⟩ (zweigestaltig, -förmig); Di|mor|phis|mus der; -, ...men

DIN Ⓦ [din; Abk. für: Deutsche Industrie-Norm(en), später gedeutet als: Das Ist Norm] (Verbandszeichen des Deutschen Instituts für Normung e. V. [früher: Deutscher Normenausschuß]; Schreibweise: DIN (mit einer Nummer zur Bezeichnung einer Norm [z. B. DIN 16511] u. bei Kopplungen [z. B. DIN-Mitteilungen, DIN-Format]; vgl. auch R 41))

Din = (jugoslaw.) Dinar

Di|na (w. Vorn.; bibl. w. Eigenn.)

Di|nar der; -s, -e (Münzeinheit von Jugoslawien, Tunesien u. a.; iran. Münze [100 Dinar = 1 Rial]; Abk. jugoslaw.: D); 6 - (↑ R 129)

di|na|risch; -e Rasse (nach dem Hauptausstrahlungsgebiet, dem

Dinarischen Gebirge), aber (↑ R 146): Dinarisches Gebirge (Gebirgssystem im Westen Jugoslawiens)

Di|ner [*dine*] das; -s, -s 〈franz.〉 (Mittagessen; [Fest]mahl)

¹Ding das; -[e]s, -e u. (ugs.:) -er (Sache); guter -e sein

²Ding das; -[e]s, -e (germ. Volks-, Gerichts- u. Heeresversammlung); vgl. auch: Thing

Din|gel|chen das; -s, - (auch: Dingerchen), Ding|lein

din|gen (veralt. für: zu Dienstleistungen gegen Entgelt verpflichtet; in Dienst nehmen); du dingtest (selten: dangst, Konj.: dängest); gedungen (seltener: gedingt); ding[e]!

Din|ger|chen (Plur. von: Dingelchen)

ding|fest, nur in: jmdn. - machen

Din|gi [*dinggi*] das; -s, -s 〈Hindi〉 (kleines Beiboot)

Ding|lein vgl. Dingelchen

ding|lich (eine Sache betreffend; gegenständlich); -er Anspruch; Ding|lich|keit die; -

Din|go [*dinggo*] der; -s, -s 〈austr.〉 (austr. Wildhund)

...dings (z. B. neuerdings); Dings der, die, das; -, Dings|bums der, die, das; -, ¹Dings|da der, die, das; - (ugs. für eine unbekannte od. unbenannte Person od. Sache); ²Dings|da, Dings|kir|chen [auch: ...*kirch'n*] (ugs. für einen unbekannten od. unbenannten Ort); Ding|wort (Plur. ...wörter; für: Substantiv)

di|nie|ren 〈franz.〉 (zu Mittag essen, speisen); Di|ning-room [*dáiningrum*] der; -s, -s 〈engl.〉 (engl. Bez. für: Speisezimmer)

Din|kel der; -s, - (nur noch vereinzelt angebaute Weizenart, Spelt)

Din|ner das; -s, -[s] 〈engl.〉 (Hauptmahlzeit in England [abends eingenommen]); Din|ner|jacke [...*dschäkit*] das; -s, -s [Trenn.: ...jak|ket] (engl. Bez. für Smoking[jackett])

Di|no|sau|ri|er [...*i'r*] u. Di|no|sau|rus der; -, ...rier [...*i'r*] 〈griech.〉 (ausgestorbene Riesenkriechtier); Di|no|the|ri|um das; -s, ...ien [...*i'n*] (ausgestorbene Rüsseltier Europas)

Di|ode die; -, -n 〈griech.〉 (Zweipolröhre, Gleichrichterröhre)

Di|o|ge|nes (altgriech. Philosoph)

Di|o|kle|ti|an [...*klezian*] (röm. Kaiser); di|o|kle|ti|a|nisch; -e (blutige, grausame) Verfolgung, aber (↑ R 134): Di|o|kle|ti|a|nisch

Di|o|len ⓌⓏ das; -[s] (synthet. Faser)

Di|on [...*on*] der; -, -en (österr. Kurzwort für: Direktion, selten auch für: Division)

Di|o|nys, Di|o|ny|si|us (m. Vorn.); Di|o|ny|si|en [...*i'n*] Plur. 〈griech.〉 (Dionysosfest); di|o|ny|sisch; ↑ R 134 (dem Gott Dionysos zugehörend; auch: wildbegeistert, tobend; rauschend [von Festen]); Di|o|ny|sos 〈griech. Gott des Weines, des Rausches u. der Fruchtbarkeit)

dio|phan|tisch 〈griech.; nach dem altgriech. Mathematiker Diophantos); -e Gleichung; ↑ R 134

Di|op|ter das; -s, - 〈griech.〉 (Zielgerät; Fotogr.: Rahmensucher); Di|op|trie die; -, ...ien (Maßeinheit für den Brechwert von Linsen u. Linsensystemen); Abk.: dpt, dptr., Dptr.; di|op|trisch (lichtbrechend); -es Fernrohr

Di|o|ra|ma das; -s, ...men 〈griech.〉 (plastisch wirkendes Schaubild)

Di|o|rit der; -s, -e 〈griech.〉 (ein Tiefengestein)

Di|os|ku|ren Plur. 〈griech.〉 („Zeussöhne"; Kastor u. Pollux; auch Bez. für unzertrennliche Freunde)

Di|o|ti|ma [auch: ...*tima*] (myth. Priesterin bei Platon; Gestalt bei Hölderlin)

Di|oxin das; -s 〈griech.〉 (hochgiftige Verbindung von Chlor und Kohlenwasserstoff); Di|oxyd [auch: ...*üt*] (Oxyd, das zwei Sauerstoffatome enthält); vgl. Oxid

Di|öze|san der; -s, -e (↑ R 197) 〈griech.〉 (Angehöriger einer Diözese); Di|öze|se die; -, -n (Amtsgebiet eines kath. Bischofs); Di|özie die; - (Bot.: Zweihäusigkeit); di|özisch (Bot.: zweihäusig)

Dip der; -s, -s 〈engl.〉 (Soße zum Eintunken)

Diph|the|rie die; -, ...ien 〈griech.〉 (Med.: eine Infektionskrankheit); Diph|the|rie-schutz|impfung, ...se|rum; diph|the|risch

Diph|thong der; -s, -e 〈griech.〉 (Sprachw.: Zwielaut, Doppellaut, z. B. ei, au; Ggs.: Monophthong); di|phthon|gie|ren (einen Selbstlaut zum Diphthong entwickeln); Di|phthon|gie|rung; di|phthon|gisch

Dipl.-Bibl. = Diplombibliothekar; Dipl.-Chem. = Diplomchemiker; Dipl.-Dolm. = Diplomdolmetscher

Di|plex|be|trieb vgl. Duplexbetrieb

Dipl.-Gwl. = Diplomgewerbelehrer; Dipl.-Hdl. = Diplomhandelslehrer; Dipl.-Holzw. = Diplomholzwirt; Dipl.-Ing. = Diplomingenieur; Dipl.-Kfm. = Diplomkaufmann; Dipl.-Ldw. = Diplomlandwirt; Dipl.-Math. = Diplommathematiker; Dipl.-Met. = Diplommeteorologe

Di|plo|do|kus der; -, ...ken 〈griech.〉 (ausgestorbene Riesenechse)

di|plo|id 〈griech.〉 (Biol.: mit doppeltem Chromosomensatz)

Di|plo|kok|kus der; -, ...kken 〈griech.〉 (Kokkenpaar [Krankheitserreger])

Di|plom das; -[e]s, -e 〈griech.〉 (amtl. Schriftstück; Urkunde; [Ehren]zeugnis); Di|plo|mand der; -en, -en; ↑ R 197 (jmd., der sich auf die Diplomprüfung vorbereitet); Di|plom|ar|beit; Di|plo|mat der; -en, -en; ↑ R 197 (beglaubigter Vertreter eines Landes bei Fremdstaaten); Di|plo|ma|ten_aus|weis, ...kof|fer, ...lauf|bahn, ...paß, ...schreib|tisch (bes. wuchtiger Schreibtisch); Di|plo|ma|tie die; - (Kunst des [staatsmännischen] Verhandelns mit fremden Mächten; Staatskunst; Gesamtheit der Diplomaten; kluge Berechnung); Di|plo|ma|tik die; - (Urkundenlehre); Di|plo|ma|ti|ker (Urkundenforscher u. -kenner); di|plo|ma|tisch; -ste (die Diplomatie betreffend, urkundlich; staatsmännisch; klug berechnend); das -e Korps, aber (↑ R 157): das Diplomatische Korps in Rom; Di|plom_bi|blio|the|kar[1] (Abk.: Dipl.-Bibl.), ...che|mi|ker[1] (Abk.: Dipl.-Chem.), ...dol|met|scher[1] (Abk.: Dipl.-Dolm.), ...ge|wer|be|leh|rer[1] (Abk.: Dipl.-Gwl.), ...han|dels|leh|rer[1] (Abk.: Dipl.-Hdl.), ...holz|wirt[1] (Abk.: Dipl.-Holzw.); di|plo|mie|ren (Diplom erteilen); Di|plom_in|ge|nieur[1] (Abk.: Dipl.-Ing.), ...kauf|mann[1] (Plur. ...leute; Abk.: Dipl.-Kfm., österr.: Dkfm.), ...land|wirt[1] (Abk.: Dipl.-Ldw.), ...ma|the|ma|ti|ker[1] (Abk.: Dipl.-Math.), ...me|teo|ro|lo|ge[1] (Abk.: Dipl.-Met.), ...phy|si|ker[1] (Abk.: Dipl.-Phys.), ...psy|cho|lo|ge[1] (Abk.: Dipl.-Psych.), ...sport|leh|rer[1] (Abk.: Dipl.-Sportl.), ...volks|wirt[1] (Abk.: Dipl.-Volksw.); Dipl.-Phys. = Diplomphysiker; Dipl.-Psych. = Diplompsychologe; Dipl.-Sportl. = Diplomsportlehrer; Dipl.-Volksw. = Diplomvolkswirt

Di|po|die die; -, ...ien 〈griech.〉 (zweiteilige Taktgruppe in einem Vers); di|po|disch; -e Verse

Di|pol der; -s, -e 〈griech.〉 (Anordnung von zwei entgegengesetzt gleichen elektrischen Ladungen); Di|pol|an|ten|ne

Dip|pel der; -s, - (südd. für: Dübel; österr. ugs. für: Beule; vgl.

---

[1] Heute oft: Diplom-Bibliothekar usw.

Tippel); Dip|pel|baum (österr. für: Trag-, Deckenbalken)

'dip|pen (landsch. für: eintauchen); ²dip|pen ⟨engl.⟩ (Seemannsspr.: die Flagge zum Gruß halb niederholen u. wieder hochziehen)

Dip|tam der; -s ⟨griech.⟩ (eine Zierpflanze, deren ätherische Öle brennbar sind)

Dip|te|ren Plur. ⟨griech.⟩ (zweiflüglige Insekten); Dip|te|ros der; -, ...roi [...reu] (Tempel mit doppelter Säulenreihe)

Dip|ty|chon [...chon] das; -s, ...chen u. ...cha ⟨griech.⟩ (zusammenklappbare Schreibtafel im Altertum; zweiflügeliges Altarbild)

dir; in Briefen usw.: Dir († R 71); († R 7:) dir alten (selten: alter) Frau; dir jungem (auch: jungen) Menschen; dir Geliebten (weibl.; selten: Geliebter); dir Geliebtem (männl.; neben: Geliebten)

Di|rec|toire [diräktoar] das; -[s] ⟨franz.⟩ ([Kunst]stil zur Zeit der Franz. Revolution); di|rekt; -este ⟨lat.⟩; -e Rede (Sprachw.: wörtliche Rede); Di|rekt|flug; Di|rekt|heit; Di|rek|ti|on [...zion] die; -, -en (schweiz. auch: kantonales Ministerium); Di|rek|ti|ons|kraft (Physik); di|rek|ti|ons|los; -este (richtungslos); Di|rek|ti|ons_se|kre|tä|rin, ...zim|mer; Di|rek|ti|ve [...w°] die; -, -n (Weisung; Verhaltensregel); Di|rekt|man|dat; Di|rek|tor der; -s, ...oren; Di|rek|to|rat das; -[e]s, -e; di|rek|to|ri|al (dem Direktor zustehend, von ihm herrührend); Di|rek|to|rin [auch: diräk...] die; -, -nen; Di|rek|to|ri|um das; -s, ...ien [...i°n]; Di|rek|tor|zim|mer; Di|rek|tri|ce [...triß°, österr.: ...triß] die; -, -n ⟨franz.⟩ (leitende Angestellte [bes. in der Bekleidungsindustrie]); Di|rek|trix die; - ⟨lat.⟩ (Richtungslinie in der Mathematik); Di|rekt_sen|dung, ...spiel (Sportspr.), ...über|tra|gung, ...ver|kauf, ...wer|bung; Di|ret|tis|si|ma die; -, -s ⟨ital.⟩ (Route, die ohne Umwege zum Berggipfel führt); Di|rex der; -, -e (Schülerspr. für: Direktor)

Dir|ham, (auch:) Dir|hem der; -s, -s (Münz- u. Gewichtseinheit, bes. im Irak u. in Marokko); 5 - († R 129)

Di|ri|gat das; -[e]s, -e ⟨lat.⟩ (das Dirigieren); Di|ri|gent der; -en, -en († R 197); Di|ri|gen|ten_pult, ...stab; di|ri|gie|ren (leiten; Takt schlagen); Di|ri|gis|mus der; - (staatl. Lenkung der Wirtschaft); di|ri|gis|tisch

di|ri|mie|ren ⟨lat.⟩ (österr. für: zwi-

schen zwei Parteien entscheiden); Di|ri|mie|rungs|recht

Dirk (niederd. Kurzform von: 'Dietrich)

Dirn die; -, -en (bayr., österr. mdal. für: Magd); Dirndl das; -s, -n (bayr., österr. für: junges Mädchen; Dirndlkleid; ostösterr. ugs. auch: [Frucht der] Kornelkirsche); Dirndl|kleid; Dirndl|strauch (ostösterr. ugs. für: Strauch der Kornelkirsche); Dir|ne die; -, -n (Prostituierte; mdal. für: junges Mädchen)

dis, Dis das; -, - (Tonbezeichnung); dis (Zeichen für: dis-Moll); in den

Dis|agio [...adscho] das; -s, -s u. ...gien [...dsch°n] ⟨ital.⟩ (Abschlag, um den der Kurs von Wertpapieren od. Geldsorten unter dem Nennwert od. der Parität steht)

Disc|jockey¹ vgl. Diskjockey

Dis|co vgl. Disko

Dis|coun|ter [dißkaunt°r] der; -s, - (Besitzer eines Discountgeschäftes); Dis|count_ge|schäft, ...la|den, ...preis (vgl. ²Preis)

Dis|co|vel|ry [dißkaw°ri] die; - ⟨engl.⟩ („Entdeckung"; Name einer amerik. Raumfähre)

Dis|en|gage|ment [dißinge'dsch-m°nt] das; -s (milit. Auseinanderrücken der Machtblöcke)

Di|seur [disör] der; -s, -e ⟨franz.⟩ (Sprecher, Vortragskünstler); Di|seu|se [disös°] die; -, -n

Dis|har|mo|nie die; -, ...ien ⟨lat.; griech.⟩ (Mißklang; Uneinigkeit); dis|har|mo|nie|ren; dis|har|mo|nisch; -ste

Dis|junk|ti|on [...zion] die; -, -en ⟨lat.⟩ (Trennung; Sonderung); dis|junk|tiv (trennend); -e Konjunktion (ausschließendes Bindewort, z. B. „oder")

Dis|kant der; -s, -e ⟨lat.⟩ (höchste Stimm- od. Tonlage); Dis|kant-_schlüs|sel, ...stim|me

Dis|ken (Plur. von: Diskus); Dis|ket|te die; -, -n ⟨engl.; franz.⟩; vgl. Floppy-disk; Disk|jockey¹ [dißkdschoke, engl. Ausspr.: ...ki] der; -s, -s ⟨engl.⟩ (jmd., der Schallplatten präsentiert); Disk|ka|me|ra ⟨griech.; lat.⟩ (Kamera, bei der die Fotos auf einer runden Scheibe belichtet werden); Dis|ko die; -, -s ⟨engl.⟩ (Lokal, in dem Schallplatten mit Popmusik gespielt werden; Tanzveranstaltung mit Schallplattenmusik); Dis|ko|gra|phie die; -, ...ien ⟨griech.⟩ (Schallplattenverzeichnis); Dis|ko_mo|de, ...mu|sik

Dis|kont der; -s, -e ⟨ital.⟩ (Zinsvergütung bei noch nicht fälligen

Zahlungen); Dis|kon|ten Plur. (inländische Wechsel); Dis|kont_er|hö|hung, ...ge|schäft, ...her|ab|set|zung; dis|kon|tie|ren (eine später fällige Forderung unter Abzug von Zinsen ankaufen)

dis|kon|ti|nu|ier|lich ⟨lat.⟩ (aussetzend, unterbrochen, zusammenhanglos); Dis|kon|ti|nui|tät die;-, -en; † R 180

Dis|kont_satz (Zinssatz), ...spe|sen (Plur.; Wechselspesen)

Dis|kor|danz die; -, -en ⟨lat.⟩ (Uneinigkeit, Mißklang; Geol.: ungleichförmige Lagerung zweier Gesteinsverbände)

Dis|ko|rol|ler [auch: ...ro°l°r] der; -s, - ⟨engl.⟩ (Rollschuh [mit Kunststoff[rollen]); Dis|ko|thek die; -, -en ⟨griech.⟩ (Schallplattensammlung; auch svw. Disko); Dis|ko|the|kar der;-s, -e (Verwalter einer ¹Diskothek [beim Rundfunk])

Dis|kre|dit der; -[e]s ⟨lat.⟩ (übler Ruf); dis|kre|di|tie|ren (in Verruf bringen)

dis|kre|pant; -este ⟨lat.⟩ (abweichend; zwiespältig); Dis|kre|panz die; -, -en (Unstimmigkeit); dis|kret; -este ⟨lat.⟩ (taktvoll, rücksichtsvoll; unauffällig; vertraulich; Phys., Math.: abgegrenzt, getrennt); -e Zahlenwerte; Dis|kre|ti|on [...zion] die; - (Verschwiegenheit, Takt)

Dis|kri|mi|nan|te die; -, -n ⟨lat.⟩ (math. Ausdruck bei Gleichungen zweiten u. höheren Grades); dis|kri|mi|nie|ren; Dis|kri|mi|nie|rung (unterschiedliche Behandlung; Herabsetzung)

dis|kur|rie|ren ⟨lat.⟩ (veralt., aber noch landsch. für: sich eifrig unterhalten; diskutieren); Dis|kurs der; -es, -e [eifrige] Erörterung; Verhandlung); dis|kur|siv (von Begriff zu Begriff logisch fortschreitend)

Dis|kus der; - u. -ses, ...ken u. -se ⟨griech.⟩ (Wurfscheibe)

Dis|kus|si|on die; -, -en ⟨lat.⟩ (Erörterung; Aussprache; Meinungsaustausch); Dis|kus|si|ons_bei|trag, ...ge|gen|stand, ...grund|la|ge, ...red|ner, ...run|de, ...teil|neh|mer, ...the|ma

Dis|kus_wer|fen (das; -s), ...wer|fer, ...wurf

dis|ku|ta|bel ⟨lat.⟩ (erwägenswert; strittig); ...able Fragen; Dis|ku|tant der; -en, -en; † R 197 (Diskussionsteilnehmer); dis|ku|tier|bar; dis|ku|tie|ren; [über] etwas -

Dis|lo|ka|ti|on [...zion] die; -, -en ⟨lat.⟩ (räumliche Verteilung von Truppen; Geol.: Störung der normalen Lagerung von Gesteinsverbänden; Med.: Ver-

---

¹ Trenn.: ...k|k...

schiebung der Bruchenden); **dis|lo|zie|ren** ([Truppen] räumlich verteilen, verlegen); **Dis|lo|zie|rung**

dis-Moll [auch: *dißmọl*] *das;* - (Tonart; Zeichen: dis); **dis-Moll-Ton|lei|ter** (↑ R 41)

Dis|ney [*dísni*] (amerik. Trickfilmzeichner u. Filmproduzent)

Dis|pa|che [*dißpásch‘*] *die;* -, -n ⟨franz.⟩ (Schadensberechnung u. -verteilung bei Seeschäden); **Dis|pa|cheur** [*dißpaschör*] *der;* -s, -e (Seeschadenberechner); **dis|pa|chie|ren** [*dißpaschir‘n*]

dis|pa|rat, -este ⟨lat.⟩ (ungleichartig; unvereinbar, widersprechend); **Dis|pa|ri|tät** *die;* -, -en (Ungleichheit, Verschiedenheit)

Dis|pat|cher [*dißpätsch‘r*] *der;* -s, - ⟨engl.⟩ (leitender Angestellter in der Industrie, der den Produktionsablauf überwacht); **Dis|pat|cher|sy|stem**

Dis|pens *der;* -es, -e u. (österr. u. im kath. Kirchenrecht nur so:) *die;* -, -en ⟨lat.⟩ (Aufhebung einer Verpflichtung, Befreiung; Ausnahme[bewilligung]); **Dis|pen|saire|be|treu|ung** [*dißpangßär...*] ⟨franz.; griech.⟩ (bes. DDR: vorbeugende med. Betreuung gefährdeter Bevölkerungsgruppen); **Dis|pen|sa|ti|on** [...*zion*] ⟨lat.⟩ *die;* -, -en (Befreiung); **Dis|pen|sa|to|ri|um** *das;* -s, ...ien [...i‘n] (Arznei-, Apothekerbuch); **Dis|pens|ehe;** **dis|pen|sie|ren** (von einer Vorschrift befreien, freistellen; Arzneien bereiten u. abgeben)

di|sper|gie|ren ⟨lat.⟩ (zerstreuen; verbreiten); **di|spers** (feinverteilt; zerstreut); **-e Phase (Physik); Di|sper|si|on** *die;* -, -en (feinste Verteilung eines Stoffes in einem anderen; Abhängigkeit der Fortpflanzungsgeschwindigkeit einer Wellenbewegung von der Wellenlänge); **Di|sper|si|ons|far|be**

Dis|placed per|son [*dißplé‘ßt pö‘ß‘n*] *die;* - -, - -s (Bez. für Ausländer, die während des 2. Weltkriegs nach Deutschland [zur Arbeit] gebracht wurden)

Dis|play [*dißplé‘*] *das;* -s, -s ⟨engl.⟩ (optisch wirksames Ausstellen von Waren; aufstellbares Werbungsmaterial; Datenverarbeitung: [Daten]sichtgerät); **Dis|play|er** *der;* -s, - (Dekorations-, Packungsgestalter); **Dis|play-_gra|phi|ker**, ...**ma|te|ri|al**

Di|spon|de|us *der;* -, ...een ⟨griech.⟩ (Versfuß: Doppelspondeus)

Dis|po|nen|de *die;* -, -n (meist *Plur.*) ⟨lat.⟩ (bis zum Abrechnungstermin unverkauftes Buch, dessen weitere Lagerung beim Sortimentsbuchhändler der Verleger gestattet); **Dis|po|nent** *der;* -en, -en; ↑ R 197 (kaufmänn. Angestellter mit besonderen Vollmachten, der einen größeren Unternehmungsbereich leitet); **Dis|po|nen|tin** *die;* -, -nen; **dis|po|ni|bel** (verfügbar); ...**ible Gelder;** **Dis|po|ni|bi|li|tät** *die;* - (Verfügbarkeit); **dis|po|nie|ren;** **dis|po|niert** (auch für: aufgelegt; gestimmt zu ...; empfänglich [für Krankheiten]); **Dis|po|si|ti|on** [...*zion*] *die;* -, -en (Anordnung, Gliederung; Verfügung; Anlage; Empfänglichkeit [für Krankheiten]); zur - (im einstweiligen Ruhestand; Abk.: z. D.); **dis|po|si|ti|ons|fä|hig** (BGB: geschäftsfähig); **Dis|po|si|ti|ons_fonds,** ...**gel|der** (*Plur.;* Verfügungsgelder), ...**kre|dit** (Überziehungskredit); **dis|po|si|tiv** (anordnend, verfügend; Rechtsw.: abdingbar; vgl. d.); **-es Recht**

Dis|pro|por|ti|on [...*zion*] *die;* -, -en, **Dis|pro|por|tio|na|li|tät** *die;* -, -en ⟨lat.⟩ (Mißverhältnis); **dis|pro|por|tio|nal,** **dis|pro|por|tio|niert** (schlecht proportioniert)

Dis|put *der;* -[e]s, -e ⟨lat.⟩ (Wortwechsel; Streitgespräch); **dis|pu|ta|bel** (strittig); ...**able Fragen;** **Dis|pu|tant** *der;* -en, -en; ↑ R 197 (Disputierender); **Dis|pu|ta|ti|on** [...*zion*] *die;* -, -en (gelehrtes Streitgespräch); **dis|pu|tie|ren**

Dis|qua|li|fi|ka|ti|on [...*zion*] *die;* -, -en, **Dis|qua|li|fi|zie|rung** ⟨lat.⟩ (Untauglichkeitserklärung; Ausschließung vom sportlichen Wettbewerb); **dis|qua|li|fi|zie|ren**

Dis|ra|eli [engl. Ausspr.: *disre‘li*] (brit. Schriftsteller u. Politiker)

Dis|sens *der;* -es, -e ⟨lat.⟩ (Rechtsspr.: Meinungsverschiedenheit); **dis|sen|ter** *der;* -s, -s (meist *Plur.*) ⟨engl.⟩ (sich nicht zur anglikan. Kirche Bekennender); **dis|sen|tie|ren** ⟨lat.⟩ (abweichender Meinung sein)

Dis|ser|tant *der;* -en, -en (↑ R 197) ⟨lat.⟩ (jmd., der eine Dissertation anfertigt); **Dis|ser|ta|ti|on** [...*zion*] *die;* -, -en (wissenschaftl. Abhandlung zur Erlangung der Doktorwürde); **dis|ser|tie|ren** (eine Dissertation anfertigen)

Dis|si|dent *der;* -en, -en (↑ R 197) ⟨lat.⟩ (jmd., der außerhalb einer staatlich anerkannten Religionsgemeinschaft steht; jmd., der von einer offiziellen politischen Meinung abweicht); **dis|si|die|ren** (veralt. für: anders denken; [aus der Kirche] austreten)

Dis|si|mi|la|ti|on [...*zion*] *die;* -, -en ⟨lat.⟩ (Sprachw.: „Entähnlichung" von Lauten, z. B. Wechsel von t zu k in „Kartoffel" [aus „Tartüffel"]; Naturwiss.: Abbau u. Verbrauch von Körpersubstanz unter Energiegewinnung); **dis|si|mil|lie|ren**

Dis|si|mu|la|ti|on [...*zion*] *die;* -, -en ⟨lat.⟩ (Verheimlichung einer Krankheit); **dis|si|mu|lie|ren**

Dis|si|pa|ti|on [...*zion*] *die;* -, -en ⟨lat.⟩ (Übergang einer Energieform in Wärmeenergie); **Dis|si|pa|ti|ons|sphä|re** *die;* - (svw. Exosphäre)

dis|so|lu|bel ⟨lat.⟩ (löslich, auflösbar, zerlegbar); ...**uble Mischungen;** **Dis|so|lu|ti|on** [...*zion*] *die;* -, -en (Auflösung, Trennung)

dis|so|nant, -este ⟨lat.⟩ (mißtönend); **Dis|so|nanz** *die;* -, -en (Mißklang; Unstimmigkeit); **dis|so|nie|ren**

Dis|so|zia|ti|on [...*zion*] *die;* -, -en; ↑ R 180 ⟨lat.⟩ (Zerfall, Trennung, Auflösung); **dis|so|zi|ie|ren**

di|stal ⟨lat.⟩ (weiter von der Körpermitte, von den Blutgefäßen vom Herzen entfernt liegend); **Di|stanz** *die;* -, -en (Entfernung; Abstand); **Di|stanz|ge|schäft** (Verkauf nach Katalog od. Mustern); **di|stan|zie|ren** ([im Wettkampf] überbieten, hinter sich lassen); **sich - (von jmdm. od. etwas abrücken); di|stan|ziert; -este (zurückhaltend); Di|stan|zie|rung; Di|stanz_re|lais, ...ritt** (Dauerritt), ...**wech|sel** (Wechsel mit verschiedenem Ausstellungs- u. Zahlungsort)

Di|stel *die;* -, -n; **Di|stel_fal|ter** (ein Schmetterling), ...**fink** (ein Vogel)

Di|sthen *der;* -s, -e ⟨griech.⟩ (ein Mineral)

Di|sti|chon [...*chon*] *das;* -s, ...chen ⟨griech.⟩ (Verspaar aus Hexameter u. Pentameter)

di|stin|gu|iert [*dißtinggirt*] -este ⟨lat.⟩ (vornehm); **Di|stin|gu|iert|heit; di|stinkt;** -este (klar und deutlich [abgegrenzt]); **Di|stink|ti|on** [...*zion*] *die;* -, -en (Auszeichnung; [hoher] Rang; österr. für: Rangabzeichen); **di|stink|tiv** (unterscheidend)

Di|stor|si|on *die;* -, -en ⟨lat.⟩ (Optik: Verzerrung, Verzeichnung; Med.: Verstauchung)

di|stra|hie|ren ⟨lat.⟩ (fachspr.: auseinanderziehen; trennen); **Di|strak|ti|on** [...*zion*] *die;* -, -en (veralt. für: Zerstreuung; Geol.: Zerrung von Teilen der Erdkruste; Med.: Behandlung von Knochenbrüchen mit Streckverband)

Di|stri|bu|ent *der;* -en, -en (↑ R 197) ⟨lat.⟩ (Verteiler); **dis|tri|bu|ie|ren** (verteilen); **Dis|tri|bu|ti|on** [...*zion*] *die;* -, -en (Verteilung; Auflösung; Wirtsch.: Einkommensverteilung, Verteilung von Handelsgütern; Sprachw.:

die Umgebung eines sprachlichen Elements; Psych.: Verteilung u. Aufspaltung der Aufmerksamkeit); **Dis|tri|bu|ti|ons|for|mel** (Spendeformel beim Abendmahl); **dis|tri|bu|tiv** (verteilend); **Dis|tri|bu|tiv_ge|setz** (Math.), ...**zahl** (im Deutschen mit „je" gebildet, z. B. „je acht") **Di|strikt** der; -[e]s, -e ⟨lat.⟩ (Bezirk, Bereich); **Di|strikts|vor|ste|her** **Dis|zi|plin** die; -, -en ⟨lat.⟩ (Zucht; Ordnung; Fach einer Wissenschaft); (↑R 32:) Disziplin und maßhalten, aber: maß- u. Disziplin halten; **dis|zi|pli|när** (bes. österr. für: disziplinarisch); **Dis|zi|pli|nar_ge|walt** (Ordnungsgewalt); **dis|zi|pli|na|risch**, dis|zi|pli|nell (die Disziplin, Dienstordnung betreffend; streng); **Dis|zi|pli|nar_recht** (Teil des Beamtenrechts), ...**stra|fe**, ...**ver|fah|ren**, ...**ver|ge|hen** (Vergehen im Dienst); **dis|zi|pli|nell** vgl. disziplinarisch; **dis|zi|pli|nie|ren** (zur Ordnung erziehen); **dis|zi|pli|niert**; -este; **Dis|zi|pli|niert|heit**; **dis|zi|plin_los** (-este), ...**wid|rig**
Di|tel|tro|de die; -, -n ⟨griech.⟩ (Elektrot.: Doppelvierpolröhre); **Djth|mar|schen** (Gebiet an der Nordseeküste); **Djth|mar|scher** (↑R 147); **djth|mar|sisch** **Di|thy|ram|be** die;-, -n ⟨griech.⟩ u. **Di|thy|ram|bus** der; -, ...ben (Weihelied [auf Dionysos]; überschwengliches Gedicht); **di|thy|ram|bisch** (begeistert, trunken) **di|to** ⟨lat.⟩ (dasselbe, ebenso; Abk.: do. od. dto.); vgl. detto **Di|tro|chä|us** der; -, ...äen ⟨griech.⟩ (Versfuß: Doppeltrochäus); **Ditt|chen** (ostpr. für: Groschen) **Dit|te** (dän. w. Vorn.) **Dit|to|gra|phie** die; -, ...ien ⟨griech.⟩ (Doppelschreibung von Buchstaben[gruppen]) **Di|ure|se** die; -, -n ⟨griech.⟩ (Med.: Harnausscheidung; **Di|ure|ti|kum** das; -s, ...ka (harntreibendes Mittel); **di|ure|tisch** (harntreibend) **Di|ur|nal** das; -s, -e ⟨lat.⟩ u. **Di|ur|na|lle** das; -, ...lia (Gebetbuch der kath. Geistlichen mit den Tagesgebeten); **Di|ur|num** das; -s, ...nen (österr. veraltet für: Tagegeld) **Di|va** [diwa] die; -, -s u. ...ven [...w'n] ⟨ital.⟩ („die Göttliche"; erste Sängerin, gefeierte Schauspielerin) **di|ver|gent** [diwär...]; -este ⟨lat.⟩ (auseinandergehend; in entgegengesetzter Richtung [ver]laufend); **Di|ver|genz** die; -, -en (Auseinandergehen; Meinungsverschiedenheit); **di|ver|gie|ren**

di|vers [diwärß]; -este ⟨lat.⟩ (verschieden; bei attributivem Gebrauch im Plur.: mehrere); **Di|ver|sant** der; -en, -en; ↑R 197 (im kommunist. Sprachgebrauch: Saboteur); **Di|ver|si|fi|ka|ti|on** [...zion] die;-, -en (Abwechslung, Mannigfaltigkeit; Wirtsch.: Ausweitung des Waren- oder Produktionssortiments eines Unternehmens; **di|ver|si|fi|zie|ren**; **Di|ver|si|on** die; -, -en (veralt. für: Ablenkung; Angriff von der Seite; im kommunist. Sprachgebrauch: Sabotage durch den Klassenfeind); **Di|ver|ti|kel** das; -s, - (Med.: Ausbuchtung an Organen); **Di|ver|ti|men|to** das; -s -s u. ...ti ⟨ital.⟩ (Musik: Tanzeinlage; Potpourri; Zwischenspiel); **Di|ver|tis|se|ment** [diwärtiß'mang] das;-s, -s ⟨franz.⟩ (Divertimento)
di|vi|de et im|pe|ra [diwide - -] ⟨lat.⟩ („teile und herrsche!") **Di|vi|dend** [...wi...] der; -en, -en (↑R 197) ⟨lat.⟩ (Bruchrechnung: Zähler); **Di|vi|den|de** die; -, -en (der auf eine Aktie entfallende Gewinnanteil); **Di|vi|den|den_aus|schüt|tung**, ...**schein** (Gewinnanteilschein); **di|vi|die|ren** (teilen); zehn dividiert durch fünf ist, macht, gibt (nicht: sind, machen, geben) **Di|vi|di|vi** [diwidiwi] Plur. ⟨indian.-span.⟩ (gerbstoffreiche Schoten einer [sub]tropischen Pflanze) **Di|vi|na Com|me|dia** [diwina ko...] die; - - ⟨ital.⟩ (Dantes „Göttliche Komödie") **Di|vi|na|ti|on** [diwinazion] die; -, -en ⟨lat.⟩ (Ahnung; Wahrsagung, Wahrsagekunst); **di|vi|na|to|risch** (vorahnend; seherisch); **Di|vi|ni|tät** die;- (Göttlichkeit; göttliches Wesen) **Di|vis** [diwiß] das; -es, -e ⟨lat.⟩ (Druckw.: Trennungs- od. Bindestrich); **Di|vi|si|on** die; -, -en (Math.: Teilung; Heeresabteilung); **Di|vi|sio|när** der; -s, -e ⟨franz.⟩ (bes. schweiz. für: Befehlshaber einer Division); ↑R 180; **Di|vi|si|ons_kom|man|deur**, ...**la|za|rett**, ...**stab**; **Di|vi|sor** der; -s, ...oren ⟨lat.⟩ (Bruchrechnung: Nenner); **Di|vi|so|ri|um** das;-s, ...ien [...i°n] (Druckw.: gabelförmige Blattklammer [zum Halten der Vorlage]) **Di|vus** [diwuß] ⟨lat.⟩ („der Göttliche"; Titel röm. Kaiser) **Di|wan** der; -s, -e ⟨pers.⟩ (niedriges Liegesofa; [oriental.] Gedichtsammlung; hist.: türk. Staatsrat); [Goethes] „Westöstlicher Diwan") **Dix**, Otto (dt. Maler) **Di|xie** der; -s (ugs. Kurzform für:

Dixieland); **Di|xie|land** [dikßiländ] der; -[s] ⟨amerik.⟩ u. **Di|xie|land-Jazz** (eine nordamerik. Variante des Jazz)
d. J. = dieses Jahres; der Jüngere
Dja|kar|ta [dsehakarta] (ältere Schreibung für: Jakarta)
Djer|ba [dsehärba] (tunes. Insel)
DJH = Deutsche Jugendherberge
DJK = Deutsche Jugendkraft
DK = Dezimalklassifikation
Dkfm. (österr.) = Diplomkaufmann
DKP = Deutsche Kommunistische Partei
dkr = dänische Krone (Münze)
dl = Deziliter
DLF = Deutschlandfunk
DLG = Deutsche Landwirtschafts-Gesellschaft
DLRG = Deutsche Lebens-Rettungs-Gesellschaft
dm = Dezimeter
dm^2 = Quadratdezimeter
dm^3 = Kubikdezimeter
DM = Deutsche Mark
d. M. = dieses Monats
d-Moll [demol, auch: demol] das;- (Tonart; Zeichen: d); **d-Moll-Ton|lei|ter** (↑R 41)
Dnjepr der; -[s] (russ. Strom)
Dnjestr der; -[s] (russ. Strom)
DNS = Desoxyribo[se]nukleinsäure
do. = dito
d. O. = der Obige
Do|bel vgl. Tobel
¹Dö|bel der; -s, - (ein Fisch)
²Dö|bel usw. vgl. Dübel usw.
Do|ber|mann der; -s, ...männer ⟨nach dem Züchter⟩ (Hunderasse); **Do|ber|mann|pin|scher**
Döb|lin (dt. Schriftsteller)
Do|bratsch der; -[e]s (Gebirge in Kärnten)
Do|bru|dscha die; - (Gebiet zwischen Donau u. Schwarzem Meer)
doch; ja -; nicht -!; o daß - ...!
Docht der; -[e]s, -e; **Docht|hal|ter**
Dock das;-s, -s u. (selten:) -e ⟨niederl. od. engl.⟩ (Anlage zum Ausbessern von Schiffen)
Docke¹ die; -, -n (Garnmaß; zusammengedrehter Garnstrang; landschaftl. für: Puppe); vgl. aber: Dogge; **¹docken¹** (Garn, Flachs, Tabak bündeln)
²docken¹ ⟨niederl. od. engl.⟩ (ein Schiff ins Dock bringen; im Dock liegen); **Docker¹** der; -s, - (Dockarbeiter); **Dock|ha|fen**; vgl. ¹Hafen; **Docking¹** das; -s, -s (Ankoppelung an ein Raumschiff); **Docking|ma|nö|ver¹**
dol|de|ka|disch ⟨griech.⟩ (12 Einheiten umfassend, duodezimal)

¹ **Trenn.:** ...k|k...

Do|de|ka|eder *das;* -s, - (von 12 gleichen, regelmäßigen Fünfekken begrenzter Körper); Do|deka|nes *der;* - (die „Zwölfinseln" im Ägäischen Meer); Do|de|ka|pho|nie *die;* - (Zwölftonmusik); do|de|ka|pho|nisch (die Dodekaphonie betreffend); Do|de|ka|pho|nist *der;* -en, -en; ↑R 197 (Komponist od. Anhänger der Zwölftonmusik)

Do|de|rer, Heimito von (österr. Schriftsteller)

Do|do|ma (Hptst. von Tansania)

Do|do|na (Orakelheiligtum des Zeus); do|do|nä|isch

Do|ga|res|sa *die;* -, ...essen ⟨ital.⟩ (Gemahlin des Dogen)

Dog|cart [*dógka't, dokart*] *der;* -s, -s ⟨engl.⟩ (offener, zweirädriger Einspänner)

Do|ge [*doseh'*; ital. Ausspr.: *dodsehe*] *der;* -n, -n ⟨ital.⟩ („Herzog"; hist.: Titel des Staatsoberhauptes in Venedig u. Genua); Do|gen_müt|ze, ...pa|last

Dog|ge *die;* -, -n ⟨engl.⟩ (eine Hunderasse); vgl. aber: Docke

¹Dog|ger *der;* -s ⟨engl.⟩ ⟨Geol.⟩ mittlere Juraformation; Brauner Jura)

²Dog|ger *der;* -s, - ⟨niederl.⟩ (niederl. Fischerfahrzeug); Dog|ger|bank *die;* - (Untiefe in der Nordsee)

Dög|ling ⟨schwed.⟩ (Pott-, Entenwal)

Dog|ma *das;* -s, ...men ⟨griech.⟩ (Kirchenlehre; [Glaubens]satz; Lehrmeinung); Dog|ma|tik *die;* -, -en (Glaubenslehre); Dog|ma|ti|ker (Glaubenslehrer; Verfechter einer Lehrmeinung); dog|ma|tisch (die [Glaubens]lehre betreffend; lehrhaft; streng [an Lehrsätze] gebunden); Dog|ma|ti|sie|ren (zum Dogma erheben); Dog|ma|tis|mus *der;* - (Abhängigkeit von [Glaubens]lehren); Dog|men|ge|schich|te

Dog|skin *das;*-s ⟨engl.⟩ (Leder aus kräftigem Schaffell)

Do|ha (Hptst. von Katar)

Doh|le *die;* -, -n (ein Rabenvogel); Doh|len|nest

Doh|ne *die;* -, -n (Schlinge zum Vogelfang); Doh|nen_steig, ...stieg *der;* -[e]s, -e

do it your|self! [*du it ju'ßälf*] ⟨engl.⟩ („mach es selbst!"; Schlagwort für die eigene Ausführung handwerklicher Arbeiten); Do-it-your|self-Be|we|gung (↑R 41)

Do|ket *der;* -en, -en (↑R 197) ⟨griech.⟩ (Anhänger einer Sekte der ersten christl. Jahrhunderte); do|k|tern; ich ...ere (↑R 22) ⟨lat.⟩ (ugs. u. scherzh. für: den Arzt spielen); Dok|tor *der;* -s, ...oren

(höchster akadem. Grad; auch für: Arzt; Abk.: Dr. [im *Plur.* Dres., wenn mehrere Personen, nicht mehrere Titel einer Person gemeint sind] u. D. [in: D. theol.]); Ehrendoktor, - Ehren halber (Abk.: Dr. eh., Dr. e. h. u. Dr. E. h.; vgl. E. h.), - honoris causa (Abk.: Dr. h. c.); mehrfacher - (Abk.: Dr. mult.); mehrfacher - honoris causa (Abk.: Dr. h. c. mult.); im Brief: Sehr geehrter Herr Doktor!, Sehr geehrter Herr Dr. Schmidt!; - der Arzneikunde (Abk.: Dr. pharm.); - der Bergbauwissenschaften (Abk.: Dr. rer. mont., österr.: Dr. mont.); (österr.:) - der Bodenkultur (Abk.: Dr. nat. techn.); - der Forstwissenschaft (Abk.: Dr. forest.); - der Gartenbauwissenschaften (Abk.: Dr. rer. hort.); habilitierter - [z. B. der Philosophie] (Abk.: Dr. [z. B. phil.] habil.); (österr.:) - der Handelswissenschaften (Abk.: Dr. rer. comm.); - der Ingenieurwissenschaften (Doktoringenieur, Abk.: Dr.-Ing.); - der Landwirtschaft (Abk.: Dr. [sc.] agr.); - der mathematischen Wissenschaften (Abk.: Dr. sc. math.); - der Medizin (Abk.: Dr. med.); (österr.:) - der gesamten Medizin (Abk.: Dr. med. univ.); - der Naturwissenschaften (Abk.: Dr. phil. nat. od. Dr. rer. nat. od. Dr. sc. nat.); - der Pädagogik (Abk.: Dr. paed.); - der Philosophie (Abk.: Dr. phil.); - der Rechte (Abk.: Dr. jur.); - beider Rechte (Abk.: Dr. j. u. od. Dr. jur. utr.); - der Sozialwissenschaften (Abk.: Dr. disc. pol.); (österr.:) - der Sozial- und Wirtschaftswissenschaften (Abk.: Dr. rer. soc. oec.); (schweiz.:) - der Staatswirtschaftskunde (Abk.: Dr. rer. camer.); - der Staatswissenschaften (Abk.: Dr. rer. pol. od. Dr. sc. pol. od. Dr. rer. oec. publ.); - der technischen Wissenschaften (Abk.: Dr. sc[ient]. techn. österr.: Dr. techn.]); - der Theologie (Abk.: Dr. theol.); - Ehrenwürde der ev. Theologie, Abk.: D. od. D. theol.); - der Tierheilkunde (Abk.: Dr. med. vet.); - der Wirtschaftswissenschaft (Abk.: Dr. oec. od. Dr. rer. oec.); - der Zahnheilkunde (Abk.: Dr. med. dent.); Dok|to|rand *der;* -en, -en; ↑R 197 (Student, der sich auf die Doktorprüfung vorbereitet; Abk.: Dd.); Dok|to|ran|din *die;* -, -nen; Dok|tor|ar|beit; Dok|to|rat *das;* -[e]s, -e (Doktorwürde); Dok|tor_di|plom, ...ex|amen, ...fra|ge (sehr schwierige Frage),

...grad, ...hut *der;* dok|to|rie|ren (die Doktorwürde erlangen, an der Doktorschrift arbeiten); Dok|to|rin [auch: *dokt...*] *die;* -, -nen (für: Ärztin); Dok|tor_in|ge|nieur (Abk.: Dr.-Ing.), ...prüfung, ...schrift, ...ti|tel, ...va|ter, ...wür|de; Dok|trin *die;* -, -en (Lehrsatz; Lehrmeinung); dok|tri|när ⟨franz.⟩ (an einer Lehrmeinung starr festhaltend; gedanklich einseitig); Dok|tri|när *der;*-s, -e; Dok|tri|na|ris|mus *der;* - ⟨lat.⟩ (starres Festhalten an einer Lehrmeinung)

Do|ku|ment *das;* -[e]s, -e ⟨lat.⟩ (Urkunde; Schriftstück; Beweis); Do|ku|men|ta|list *der;* -en, -en (↑R 197) u. Do|ku|men|tar *der;* -s, -e (wissenschaftlicher Mitarbeiter in der Dokumentation); Do|ku|men|tar_auf|nah|me, ...film (Film, der Ereignisse u. Zustände tatsachengetreu zu schildern sucht); do|ku|men|ta|risch (urkundlich; belegbar); Do|ku|men|ta|ti|on *der;* ...zion] *die;* -, -en (Zusammenstellung, Ordnung und Nutzbarmachung von Dokumenten u. Materialien jeder Art); Do|ku|men|ten|samm|lung; do|ku|men|tie|ren (beurkunden; beweisen)

Dol|by-Sy|stem ⓦ ⟨nach dem amerik. Elektrotechniker Dolby⟩ (Verfahren zur Rauschunterdrückung bei Tondbandaufnahmen)

dol|ce [*doltsche*] ⟨ital.⟩ ⟨Musik⟩ (sanft, lieblich, weich); dol|ce far ni|en|te („süß [ist's], nichts zu tun"); Dol|ce|far|ni|en|te *das;* - (süßes Nichtstun); Dol|ce vi|ta [- *wi...*] *das* od. *die;* - - („süßes Leben"; ausschweifendes u. übersättigtes Müßiggängertum)

Dolch *der;* -[e]s, -e; Dolch_mes|ser *das,* ...spit|ze, ...stich, ...stoß; Dolch|stoß|le|gen|de *die;* -

Dol|de *die;* -, -n; Dol|den|blüt|ler; dol|den|för|mig; Dol|den-ge|wächs, ...ris|pe; dol|dig

Do|le *die;* -, -n (bedeckter Abzugsgraben)

Dol|le|rit *der;* -s, -e ⟨griech.⟩ (grobkörnige Art des Basalts)

Dolf (m. Vorn.)

do|li|cho|ke|phal usw. vgl. dolichozephal usw.; do|li|cho|ze|phal [...*cho...*] ⟨griech.⟩ (langköpfig); Do|li|cho|ze|pha|lie *die;* - (Langköpfigkeit)

do|lie|ren vgl. dollieren

Do|li|ne *die;* -, -n ⟨slaw.⟩ ⟨Geol.⟩ trichterförmige Vertiefung im Karst)

doll (nordd. ugs. für: unglaublich; großartig; schlimm)

Dol|lar *der;* - [-s], -s ⟨amerik.⟩ (Münzeinheit in den USA, in

Kanada u. Australien; Zeichen: $); 30 - (↑ R 129); Dol|lar|kurs

Dol|lart der; -s (Nordseebucht an der Emsmündung)

Dol|lar_wäh|rung, ...zei|chen

Dol||bord der; -[e]s, -e (obere Planke auf dem Bootsbord); Dol|le die; -, -n (Vorrichtung zum Halten der Riemen [Ruder]); Dol|len der; -s, - (Dübel)

Doll|fuß österr. Politiker)

doll|lie|ren, dol|lie|ren ⟨franz.⟩ ([Leder] abschaben, abschleifen)

Doll|punkt (immer wieder aufgegriffenes Thema, umstrittener Punkt)

Dol|man der; -s, -e ⟨türk.⟩ (Leibrock der alttürk. Tracht; mit Schnüren besetzte Jacke der Husaren; kaftanartiges Frauengewand auf dem Balkan)

Dol|men der; -s, - ⟨bret.-franz.⟩ (tischförmig gebautes urgeschichtliches Steingrab)

Dol|metsch der; -[e]s, -e ⟨türk.ung.⟩ (österr., sonst seltener für: Dolmetscher; meist übertragen: sich zum Dolmetsch machen); dol|met|schen; du dolmetschst (dolmetschest); Dol|met|scher der; -s, - (Übersetzer; Sprachkundiger); Dol|met|sche|rin die; -, -nen; Dol|met|scher_in|sti|tut, ...schu|le

Dol|lo|mit der; -s, -e (nach dem franz. Mineralogen Dolomieu [...miö]) (ein Mineral; Sedimentgestein); Dol|lo|mi|ten Plur. (Teil der Südalpen)

Dol|lo|res (w. Vorn.)

dol|lus; -este ⟨lat.⟩ (BGB: arglistig, mit bösem Vorsatz); -e Täuschung; Dol|lus der; - (Rechtsw.: List; böse Absicht); Dol|lus even|tua|lis [- ewän...]; - - (Rechtsw.: das Inkaufnehmen einer [wenn auch unerwünschten] Folge); ↑ R 180

¹Dom der; -[e]s, -e ⟨lat.⟩ (Bischofs-, Hauptkirche); ²Dom der; -[e]s, -e ⟨griech.⟩ (gewölbeartige Decke; gewölbter Aufsatz); ³Dom der; - ⟨port.⟩ (Herr; in Verbindung mit Namen ohne Artikel); Dol|ma das; -s, ...men ⟨griech.⟩ (Kristallfläche, die zwei Kristallachsen schneidet); Dol|mä|ne die; -, -n ⟨franz.⟩ (Staatsgut, -besitz; besonderes [Arbeits-, Wissens]gebiet); Dol|mä|nen|amt; Dol|mai|nal|be|sitz (staatlicher Landbesitz); Dom_chor (vgl. ²Chor), ...de|chant; Dol|me|stik der; -en, -en (meist Plur.); ↑ R 197 (veraltend: Dienstbote); Dol|me|sti|ka|ti|on [...zion] die; -, -en ⟨lat.⟩ (Umzüchtung wilder Tiere zu Haustieren); Dol|me|sti|ke der; -n, -n; vgl. Domestik; do|me|sti|zie|ren; Dom_frei|heit (der einem ¹Dom zunächst gelegene Bereich, der im MA. unter der geistl. Gerichtsbarkeit des Domstiftes stand), ...herr; Dol|mi|na die; -, ...nä ("Herrin"; Stiftsvorsteherin); do|mi|nant; -este (vorherrschend; überlagernd, überdeckend); Do|mi|nan|te die; -, -n (Musik: die Quinte vom Grundton aus); Dol|mi|nanz die; -, -en (Vererbungslehre: Vorherrschen bestimmter Merkmale); Dol|mi|ni|ca [auch: dominik̇ᶜ] (Inselstaat in Mittelamerika); dol|mi|nie|ren ([vor]herrschen, beherrschen); Dol|mi|nik, Dol|mi|ni|kus [auch: ...min...] (m. Vorn.); ¹Dol|mi|ni|ka|ner der; -s, - (Angehöriger des vom hl. Dominikus gegr. Ordens); ²Dol|mi|ni|ka|ner (Bewohner der Dominikanischen Republik); Dol|mi|ni|ka|ner_klo|ster, ...mönch, ...or|den der; -s; Abk.: O. P. od. O. Pr.; vgl. d.); do|mi|ni|ka|nisch, aber (↑ R 133): Do|mi|ni|ka|ni|sche Re|pu|blik, die; -n - (Staat in Mittelamerika); Do|mi|ni|on [domini̇ᵉn] das; -s, -s u. ...ien [...i̇ᵉn] ⟨engl.⟩ (frühere Bez. für einen sich selbst regierenden Teil des Commonwealth); Do|mi|ni|um das; -s, u. ...ien [...i̇ᵉn] ⟨lat.⟩ (Eigentum; bei den Römern: Herrschaftsgebiet); ¹Do|mi|no der; -s, -s (Maskenmantel, -kostüm); ²Do|mi|no das; -s, -s (Spiel); Do|mi|no_spiel, ...stein; Do|mi|nus vo|bis|cum! [- wobißkum] ("Der Herr sei mit euch!" [liturg. Gruß]); Do|mi|zil das; -s, -e (Wohnsitz; Zahlungsort [von Wechseln]); do|mi|zil|lie|ren (ansässig sein, wohnen; [Wechsel] an einem andern Ort als dem Wohnort des Bezogenen zahlbar anweisen); Do|mi|zil|wech|sel (Wechsel, der an einem besonderen Zahlungsort einzulösen ist); Dom_ka|pi|tel, ...ka|pi|tu|lar (Domherr); Dom|pfaff der; -en (auch: -s), -en (ein Vogel)

Domp|teur [...tör] der; -s, -e ⟨franz.⟩ (Tierbändiger); Domp|teur|kunst; Domp|teu|se [...tös̈ᵉ] die; -, -n

Dom|ra die;-, -s u. ...ren ⟨russ.⟩ (altes russ. Volksinstrument)

¹Don der; -[s] (russ. Fluß)

²Don der; -[s], -s (in Verbindung mit Namen ohne Artikel) ⟨span. u. ital.⟩ ("Herr"; in Spanien höfl. Anrede, w. Form: Doña [vgl. dort]; in Italien Titel der Priester u. bestimmter Adelsfamilien, w. Form: Donna [vgl. d.]); Do|ña [donja] die; -, -s ⟨Frau; in Verbindung mit Namen ohne Artikel⟩

Dol|nar (germ. Gott); vgl. Thor; Dol|na|rit; -s (ein Sprengstoff)

Do|na|tor der; -s, ...oren ⟨lat.⟩ (schweiz., sonst veralt. für: Geber, Schenker; Physik, Chemie: Atom od. Molekül, das Elektronen od. Ionen abgibt)

Do|na|tus (m. Vorn.)

Do|nau die; - (ein Strom); Do|nau-Dampf|schiffahrts|ge|sellschaft die; - [Trenn.: ...schifffahrts..., ↑ R 204]; ↑ R 34; Do|nauwörth (Stadt in Bayern)

Don|bass das od. der; - ⟨russ.⟩ (russ. Kurzw. für: Donez-Steinkohlenbecken; Industriegebiet westl. des Donez)

Don Bos|co vgl. Bosco

Don Car|los (span. Prinz)

Do|nez [russ.: danjäz] der; - (r. Nebenfluß des Don)

Don Gio|van|ni [don dsehowani] ⟨ital.⟩ (Titelgestalt der gleichnamigen Oper von Mozart)

Do|ni|zet|ti (ital. Komponist)

Don|ja die; -, -s ⟨span.⟩ ("Herrin"; scherzh. für: [Dienst]mädchen; Geliebte); vgl. Doña

Don|jon [dongsehong] der; -s, -s ⟨franz.⟩ (Hauptturm mittelalterl. Burgen in Frankreich)

Don Ju|an [don ehuan, auch: don juan od. dong sehuang] der; - -s, - -s ⟨span.⟩ (span. Sagengestalt; Verführer; Frauenheld)

Don|ko|sa|ken (am Don wohnender Stamm der Kosaken); Don|ko|sa|ken|chor der; -[e]s

Don|na die; -, -s u. Donnen ⟨ital.⟩ (Herrin; vor Namen ohne Artikel); vgl. auch Madonna

Don|ner der; -s, -; - und Doria! (vgl. Doria); Don|ner_bal|ken (ugs. scherzh. für: Latrine), ...büch|se (alte Feuerwaffe); Don|ne|rer (Donnergott); Don|ner|keil (Belemnit); Don|nerlitt|chen!, Don|ner|lüt|chen! (landsch. Ausruf des Erstaunens); don|nern; ich ...ere; Don|ner|schlag; Don|ners|tag der; -[e]s, -e; vgl. Dienstag; don|nerstags (↑ R 61); vgl. Dienstag; Don|ner|wet|ter; - [noch einmal]!

¹Don Qui|chotte [don kischot, auch: dong -] ⟨span.⟩ (Romanheld bei Cervantes); Don Quichotte der; - -s, - -s (weltfremder Idealist); Don|qui|chot|te|rie die; -, ...ien (Torheit [aus weltfremdem Idealismus]; Don Qui|jo|te u. Don Qui|xo|te [beide: don kischot] vgl. Don Quichotte

Dont|ge|schäft [dong...] ⟨franz. dt.⟩ (Börse: Termingeschäft)

doof; -er, -ste (ugs. für: dumm; einfältig); Doof|heit die; -

Dope [do⁰p] das; -[s] ⟨niederl.-engl.⟩ (ugs. für: Rauschgift, Droge); do|pen [auch: do...] (Sport: durch [verbotene] Anregungsmittel zu Höchstleistungen antreiben); gedopt; **Do̱**|**ping** [auch: **do̱**...] *das;* -s, -s; **Do̱**|**ping**|**kon**|**trol**|**le** [auch: **do̱**...]

Do̱p|**pel** *das* (schweiz. in der Bedeutung „Einsatz beim Schützenfest": *der*); -s, - (zweite Ausfertigung [einer Schrift], Zweitschrift; [Tisch]tennis: Doppelspiel); **Do̱p**|**pel**... (z. B. Doppel-a, Doppelgänger); **Do̱p**|**pel**-**ad**|**ler**, ...**axel** (doppelter ²Axel), ...**bett**, ...**bock** (*das,* auch: *der;* -s; ein Starkbier); **do̱p**|**pel**|**böl**|**dig** (hintergründig); **Do̱p**|**pel**.**brief**, ...**buch**|**sta**|**be**, ...**ci**|**ce**|**ro** (ein Schriftgrad), ...**decker** [*Trenn.:* ...**dek**|**ker**] (ein Flugzeugtyp; ugs. für: Omnibus mit Oberdeck); **do̱p**|**pel**|**deu**|**tig**; **Do̱p**|**pel**.**feh**|**ler** (Sport), ...**fen**|**ster**, ...**gän**|**ger**; **do̱p**|**pel**|**glei**|**sig**; **Do̱p**|**pel**|**git**|**ter**|**röh**|**re**; **Do̱p**|**pel**|**heit**; **Do̱p**|**pel**-.**he**|**lix** (*die;* -; Struktur des DNS-Moleküls), ...**hoch**|**zeit**, ...**kinn**, ...**kno**|**ten**, ...**kopf** (*der;* -[e]s; Kartenspiel), ...**laut** (für: Diphthong), ...**le**|**ben** (*das;* -s), ...**lutz** (doppelter ²Lutz), ...**mo**|**ral**, ...**mord**; **do̱p**|**peln**; ich ...[e]le (↑R 22); Schuhe - (südd. mdal. u. österr. für: Schuhe sohlen); **Do̱p**-**pel**.**na**|**me**, ...**nel**|**son** (doppelter ⁴Nelson), ...**num**|**mer** (doppeltes Heft einer Zeitschrift u. ä.), ...**paß** (Fußball), ...**punkt**; **do̱p**-**pel**|**rei**|**hig**; **Do̱p**|**pel**.**ritt**|**ber**|**ger** (doppelter Rittberger), ...**rol**|**le**, ...**sal**|**chow** (doppelter Salchow); **do̱p**|**pel**|**sei**|**tig**; eine -e Anzeige; **do̱p**|**pel**|**sin**|**nig**; **Do̱p**|**pel**|**staa**|**ter** (jmd., der zwei Staatsangehörigkeiten besitzt); **do̱p**|**pelt**; -e Buchführung; - gemoppelt (ugs. für: unnötigerweise zweimal); doppelt so groß, a ber: doppelt soviel; er ist doppelt so reich wie (seltener: als) ich; (↑R 65:) um das, ums Doppelte größer, ums Doppelte spielen, das Doppelte an Zeit; **do̱p**|**pelt**|**koh**|**len**|**sau**|**er**; **Do̱p**|**pel**-**T**-**Trä**|**ger** *der;* -s, -; ↑R 41 (von I-förmigem Querschnitt); **Do̱p**|**pel**|**tür**; **do̱p**|**pel**-**wir**|**kend**; **Do̱p**|**pe**|**lung**, Dopplung; **Do̱p**|**pel**.**ver**|**die**|**ner**, ...**zent**-**ner** (100 kg; Zeichen: dz), ...**zim**-**mer**; **do̱p**|**pel**|**zün**|**gig**

Do̱p|**pik** *der;* - (doppelte Buchführung)

Do̱pp|**ler** (südd. mdal., österr. für: erneuerte Schuhsohle)

Do̱pp|**ler**|**ef**|**fekt** *der;* -[e]s (↑R 135) ⟨nach dem österr. Physiker Chr. Doppler⟩ (ein physikal. Prinzip)

Do̱pp|**lung**, Do̱p|pe̱lung

Do̱|**ra** (Kurzform von: Dorothea)

Do̱|**ral**|**de** *die;* -, -n ⟨franz.⟩ (ein Fisch); **Do̱**|**ral**|**do** vgl. Eldorado

Do̱|**rant** *der;* -[e]s, -e ⟨mlat.⟩ (Zauber abwehrende Pflanze)

Do̱r|**chen** (Koseform von: Dora)

Do̱r|**do**|**gne** [...*do̱nj*ᵉ] *die;* - (Fluß u. Departement in Frankreich)

Do̱r|**drecht** (Hafenstadt in Südholland)

Do̱|**ré** (franz. Graphiker)

Do̱|**rer** vgl. Dorier

Do̱rf *das;* -[e]s, Dörfer; **Do̱rf**-**an**-**ger**, ...**bach**, ...**be**|**woh**|**ner**; **Dörf-chen**, **Dörf**|**lein**; **dör**|**fisch**; **Dörf-ler**; **dörf**|**lich**; **Do̱rf**|**lin**|**de**; **Do̱rf-schaft** (schweiz. für: dörfliche Ortschaft); **Do̱rf**.**sche̱n**|**ke**, ...**schul**|**ze**, ...**stra**|**ße**, ...**teich**, ...**trot**|**tel**

Do̱|**ria** (ital. Familienn.); Donner und -! (Ausruf des Erstaunens)

Do̱|**ri**|**er**, **Do̱**|**rer** *der;* -s, - (Angehöriger eines altgriech. Volksstammes); ¹**Do̱**|**ris** (altgriech. Landschaft)

²**Do̱**|**ris** (Kurzform von: Dorothea, Dorothee)

do̱|**risch** (auf die Dorier bezüglich; aus ¹Doris); -e Tonart

Do̱r|**mi**|**to**|**ri**|**um** *das;* -s, ...ien [...*i*ᵉn] ⟨lat.⟩ (Schlafsaal eines Klosters)

Do̱rn *der;* -[e]s, -en (ugs. auch: Dörner) u. (Technik:) -e; **Do̱rn-busch; Dörn**|**chen**, **Dörn**|**lein; Do̱r**|**nen**|**hecke**, Dornhecke [*Trenn.:* ...**hek**|**ke**]; **Do̱r**|**nen**|**kro**-**ne; do̱r**|**nen**|**reich; Do̱r**|**nen**|**weg** (Leidensweg); **Do̱rn**.**fort**|**satz** (Med.: nach hinten gerichteter Wirbelfortsatz), ...**hecke** (vgl. Dornenhecke); **Do̱r**|**nicht** *das;* -s, -e (veralt. für: Dorngestrüpp); **do̱r**|**nig; Dörn**|**lein**, Dörn|chen; **Do̱rn**|**rös**|**chen** (eine Märchengestalt; **Do̱rn**|**rös**|**chen**|**schlaf**

do̱r|**sal** ⟨lat.⟩ (Med.: den Rücken betreffend, rückseitig); **Do̱r**|**sal-laut** (Sprachw.: mit dem Zungenrücken gebildeter Laut)

Do̱rsch *der;* -[e]s, -e (ein Fisch)

do̱rt; - drüben; von - aus; **do̱rt**|**be**-**hal**|**ten** vgl. dabehalten; **do̱rt**-**blei**|**ben** vgl. dableiben; **do̱rt**|**her** [auch: *dorthe̱r, do̱rther*]; von -; **do̱rt**|**hin** [auch: *dorthi̱n, do̱rthin*] (↑R 32:) da- und dorthin; **do̱rt**-**hin**|**ab** [auch: **do̱rt**|**hin**|**aus** (auch: *dort*. *fleisch,* ...**gel**|**mü**|**se**, ...**obst*], **do̱rt**|**hin**|**ab** [auch: *dorthina̱p, do̱rt-hinap*]; **do̱rt**|**hin**|**aus** [auch: *dorthina̱uß, do̱rthinauß*]; bis dorthinaus (ugs. für: sehr, maßlos); **do̱r**-**tig**

Do̱rt|**mund** (Stadt im Ruhrgebiet); **Do̱rt**|**mund**-**E̱ms**-**Ka**|**nal** *der;* -[e]s; ↑R 150; **Do̱rt**|**mun**|**der** (↑R 147)

do̱rt|**sei**|**tig** (Amtsdt. für: dortig); **do̱rt**|**seits** (Amtsdt. für: [von] dort); **do̱rt**|**selbst** [auch: *dortsälp̱ßt, do̱rtsälpßt*]; **do̱rt**|**zu**|**lan**|**de** (↑R 208)

Do̱|**ry**|**pho**|**ros** *der;* - ⟨griech.⟩ („Speerträger"; berühmte Statue des griech. Bildhauers Polyklet)

Do̱s *die;* -, Do̱tes ⟨lat.⟩ (Rechtsspr.: Mitgift)

dos à dos [*doßado̱*] ⟨franz.⟩ (Rükken an Rücken)

Dö̱s|**chen**, Dö̱s|lein; **Do̱**|**se** *die;* -, -n (kleine Büchse; auch für: Dosis); **Do̱**|**sen** (auch *Plur.* von: Dose)

dö̱|**sen** (ugs. für: wachend träumen; halb schlafen; unaufmerksam vor sich hin starren); du döst (dösest); er od dö̱ste

Do̱|**sen**|**bier; do̱**|**sen**|**fer**|**tig; Do̱**-**sen**.**fleisch**, ...**milch**, ...**öff**|**ner**, ...**wurst**

do̱|**sie**|**ren** ⟨franz.⟩ (ab-, zumessen); **Do̱**|**sie**|**rung**

dö̱|**sig** (ugs. für: schläfrig; auch für: stumpfsinnig)

Do̱|**si**|**me**|**ter** *das* ⟨griech.⟩ (Gerät zur Messung der aufgenommenen Menge radioaktiver Strahlen); **Do̱**|**si**|**me**|**trie** *die;* - (Messung der Energiemenge von Strahlen); **Do̱**|**sis** *die;*-, ...sen (zugemessene [Arznei]gabe, kleine Menge)

Do̱s|**sier** [*do̱ßie̱*] *das* (veralt.: *der*); -s, -s ⟨franz.⟩ (Aktenheft, -bündel); **do̱s**|**sie**|**ren** (abschrägen; böschen); **Do̱s**|**sie**|**rung** (flache Böschung)

Do̱st *der;* -[e]s, -e (eine Gewürzpflanze)

Do̱s|**tal**, Nico (österr. Komponist) **Do̱s**|**to**|**jew**|**ski** [*do̱ßtojäßßki*] (russ. Dichter)

Do̱|**ta**|**ti**|**on** [...*zion*] *die;* -, -en ⟨lat.⟩ (Ausstattung; Schenkung; Heiratsgut); **do̱**|**tie**|**ren; Do̱**|**tie**|**rung**

Do̱t|**ter** *der* u. *das;* -s, - (Eigelb); **Do̱t**|**ter**|**blu**|**me; do̱t**|**ter**|**gelb; do̱t-te**|**rig**, do̱tt|rig; **Do̱t**|**ter**|**sack** (Zool.)

Dou|**a**|**ne** [*duan*ᵉ] *die;* -, -n ⟨arab.-franz.⟩ (franz. Bez. für: Zoll[amt]); **Dou**|**a**|**nier** [*duanie̱*] *der;* -s, -e (franz. Bez. für: Zollaufseher)

dou|**beln** [*duḇᵉln*] ⟨franz.⟩ (einen als Double spielen); ich ...[e]le (↑R 22); **Dou**|**ble** [*duḇᵉl*] *das;*-s, -s (Film: Ersatzspieler [ähnlichen Aussehens]); **Dou**|**blé** [*duḇle*] vgl. Dublee; vgl. dublieren

Dou|**gla**|**sie** [*duglasiᵉ*] *die;* -, -n ⟨nach dem schott. Botaniker David Douglas [*dag̱lᵉß*]⟩, **Dou̱**|**glas-**.**fich**|**te** ...**tan**|**ne** [*duglaß*...]; ↑R 135 (schnellwachsender Nadelbaum Nordamerikas)

Dou|ro [_dọru_] der; - ⟨port. Name des Duero⟩

do ut des (lat.) („ich gebe, damit du gibst")

Do|ver [_do^uw^er_] (engl. Stadt)

down! [_daun_] ⟨engl.⟩ (Befehl im Hunde: nieder); **down sein** (ugs. für: bedrückt, ermüdet sein)

Dow|ning Street [_dauning ßtrit_] die; - - ⟨nach dem engl. Diplomaten Sir George Downing⟩ (Straße in London; Amtssitz des Premierministers; übertr. für: die britische Regierung)

Do|xa|le das; -s, -s ⟨lat.⟩ (Gitter zwischen hohem Chor u. Hauptschiff)

Do|xo|lo|gie die; -, ...ien ⟨griech.⟩ (gottesdienstliche Lobpreisungsformel)

Doy|en [_doajäng_] der; -s, -s ⟨franz.⟩ ([Rang]ältester u. Wortführer des diplomatischen Korps)

Do|zent der; -en, -en (↑ R 197) ⟨lat.⟩ (Lehrer [an einer Universität od. Hochschule]); **Do|zen|ten|schaft**; **Do|zen|tin** die; -, -nen **Do|zen|tur** die; -, -en; **do|zie|ren**

dpa = Deutsche Presse-Agentur; **dpa-Mel|dung** (↑ R 38)

Dpf vgl. Pfennig

dpt, dptr., Dptr. = Dioptrie

Dr = Drachme

Dr. = doctor, Doktor; vgl. Doktor

d. R. = der Reserve (Militär); des Ruhestandes

Dra|che der; -n, -n; ↑ R 197 (ein Fabeltier); **Dra|chen** der; -s, - (Fluggerät; zanksüchtige Person); **Dra|chen|fels** der; - (Berg im Siebengebirge); **Dra|chen-flie|gen** (das; -s; Sport), ...flie|ger, ...gift, ...saat

Drach|me die; -, -n ⟨griech.⟩ (griech. Münzeinheit; Abk.: Dr; früheres Apothekergewicht)

Dra|cu|la (Titelfigur eines Vampirromans)

Dra|gée, (auch:) **Dra|gee** [...*sehe*] das; -s, -s ⟨franz.⟩ (überzuckerte Frucht; Arzneipille); **Dra|geur** [...*sehör*] der; -s, -e (jmd., der Dragées herstellt)

Drag|gen der; -s, - (Seemannsspr.: mehrarmiger Anker ohne Stock)

dra|gie|ren [_drasehir'n_] ⟨franz.⟩ (Dragées herstellen)

Dra|go|man der; -s, -e ⟨arab.⟩ (früher: Dolmetscher, Übersetzer im Nahen Osten)

Dra|gon, Dra|gun der od. das; -s ⟨arab.⟩ (Estragon)

Dra|go|na|de die; -, -n ⟨franz.⟩ (früher: gewaltsame [durch Dragoner ausgeführte] Maßregel); **Dra|go|ner** der; -s, - (früher: leichter Reiter; österr. noch für: am Rückenspange am Rock u. am Mantel)

Dr. agr. = doctor agronomiae; vgl. Doktor

Dra|gun vgl. Dragon

drahn (österr. ugs. für: [nachts] feiern, sich vergnügen); **Drah|rer** der; -s, - ⟨österr. ugs. für: Nachtschwärmer⟩

Draht der; -[e]s, Drähte; **Draht--an|schrift**, ...be|sen, ...bür|ste; **Dräht|chen**, Dräht|lein; [1]**drah|ten** (telegrafieren; mit Draht zusammenflechten); [2]**drah|ten** (aus Draht); **Draht_esel** (ugs. scherzh. für: Fahrrad), ...funk (Verbreitung von Rundfunksendungen über Fernsprecher), ...ge|flecht, ...git|ter, ...glas; **Draht|haar|fox** (Hunderasse); **draht|haa|rig**; **drah|tig** od. ...dräh|tig (z. B. dreidrähtig); **Draht_kom|mo|de** (ugs. scherzh. für: Klavier), ...korb; **Dräht|lein**, Dräht|chen; **Draht-leh|re** (Werkzeug zur Bestimmung der Drahtdicke); **draht-los**; -e Telegrafie; **Draht_sche|re**, ...seil, ...seil|bahn, ...ver|hau, ...zan|ge, ...zaun, ...zie|her (auch ugs.: jmd., der wie ein Puppenspieler im verborgenen Vorgänge leitet)

Drain [_dräng_] der; -s, -s, (auch:) **Drän** der; -s, -s u. -e ⟨franz.⟩ (Med.: Wundröhrchen; vgl. auch: Drän); **Drai|na|ge**, (auch:) **Drä|na|ge** [..._ascĥ^e_] die; -, -n ⟨Med.: Ableitung von Wundabsonderungen; vgl. auch: Dränage); **drai|nie|ren**, (auch:) **drä|nie|ren** (Med.: vgl. auch: dränen)

Drai|si|ne [_drai...,_ ugs. auch: _drä..._] die; -, -n ⟨nach dem Erfinder Drais⟩ (Vorläufer des Fahrrades; Eisenbahnfahrzeug zur Streckenkontrolle)

Drake [_dre^ik_] (engl. Seefahrer)

Dra|ko vgl. Drakon; **Dra|kon** (altgriech. Gesetzgeber); **dra|ko|nisch;** -ste; ↑ R 134 (sehr streng)

drall (derb, stramm)

Drall der; -[e]s, -e ⟨[Geschoß]drehung; Windung der Züge in Feuerwaffen; Drehung bei Garn und Zwirn)

Drall|heit die; -

Drall|on ⓦ das; -[s] (synthet. Faser)

Dra|ma das; -s, ...men ⟨griech.⟩ (Schauspiel; erregendes od. trauriges Geschehen); **Dra|ma|tik** die; - (dramatische Dichtkunst; erregende Spannung); **Dra|ma-ti|ker** (dramatischer Dichter, Schauspieldichter); **dra|ma-tisch;** -ste (in Dramenform; auf das Drama bezüglich; gesteigert lebhaft; erregend, spannend); -e Musik; **dra|ma|ti|sie|ren** (als Schauspiel für die Bühne bearbeiten; als besonders aufregend, schlimm darstellen); **Dra|ma|ti-**

sie|rung; **Dra|ma|turg** der; -en, -en; ↑ R 197 (literarischer Berater einer Bühnenleitung); **Dra|ma-tur|gie** die; -, ...ien (Gestaltung, Bearbeitung eines Dramas; Lehre vom Drama); **dra|ma|tur|gisch**

dran (ugs. für: daran); - sein (ugs. für: an der Reihe sein); - glauben müssen (ugs. für: vom Schicksal ereilt werden); das Drum und Dran (↑ R 67)

Drän der; -s, -s u. -e, (schweiz.:) Drain [_dräng_] der; -s, -s ⟨franz.⟩ (der Entwässerung dienendes unterirdisches Abzugsrohr; vgl. auch: Drain); **Drä|na|ge,** (schweiz.:) Drainalge [_dräng- \sim_] die; -, -n (früher für: Dränung; vgl. auch: Drainage); **drä-nen**, (schweiz.:) drai|nie|ren [_drä..._] (Boden entwässern; vgl. auch: drainieren)

Drang der; -[e]s, (selten:) Dränge

dran|ge|ben (ugs. für: darangeben [vgl. d.]); **dran|ge|hen** (ugs. für: darangehen [vgl. d.])

Drän|ge|lei; drän|geln; ich ...[e]le (↑ R 22); **drän|gen;** **Drän|ge|rei**; **Drang|pe|ri|ode** (Ballsport); **Drang|sal** die; -, -e (veralt.: das; -[e]s, -e); **drang|sa|lie|ren;** **drang-voll**

dran|hal|ten, sich (ugs. für: daranhalten, sich [vgl. d.])

drä|nie|ren (älter für: dränen; vgl. auch für: drainieren)

Drank der; -[e]s (niederd. für: Küchenabfälle, Spülicht, flüssiges Viehfutter); **Drank_faß,** ...ton|ne

dran|kom|men (ugs. für: an die Reihe kommen); **dran|krie|gen** (ugs. für: hereinlegen, übertölpeln); **dran|ma|chen** vgl. daranmachen

Drän_netz, ...rohr

dran|set|zen (ugs. für: daransetzen [vgl. d.])

Drän|sy|stem; Drä|nung (Bodenentwässerung durch Dräne)

Dra|pé der; -s, -s ⟨franz.⟩ (ein Stoff); **Dra|pe|rie** die; -, ...ien (Behang; Faltenwurf); **dra|pie-ren** ([mit Stoff] behängen, [aus]schmücken; raffen; in Falten legen); **Dra|pie|rung**

drapp, drapp_far|ben od. ...far|big (österr. für: sandfarben)

Drasch der; -s (landsch. für: lärmende Geschäftigkeit, Hast)

Dra|stik die; - ⟨griech.⟩ (Deutlichkeit, Wirksamkeit, Derbheit); **Dra|sti|kum** das; -s, ...ka (starkes Abführmittel); **dra|stisch;** -ste (sehr deutlich, wirksam; derb); ein -es Beispiel

Drau die; - (r. Nebenfluß der Donau)

dräu|en (veralt. für: drohen)

drauf (ugs. für: darauf); - und dran (ugs. für: nahe daran) sein, etwas zu tun; **Drauf|ga|be** (Handgeld beim Vertrags-, Kaufabschluß); österr. auch: Zugabe des Künstlers); **Drauf|gän|ger; drauf|gän|ge|risch;** -ste; **Draufgän|ger|tum** *das;* -s; **drauf|geben;** jmdm. eins - (ugs. für: einen Schlag versetzen; zurechtweisen); **drauf|ge|hen** (ugs. auch für: verbraucht werden, sterben); er geht drauf; ist draufgegangen; vgl. darauf; **Drauf|geld** (Draufgabe); **drauf|le|gen** (ugs. für: zusätzlich bezahlen); **drauf|los.gehen** (er geht drauflos; drauflosgegangen; draufloszugehen; vgl. darauf), **...re|den, ...rei|ten, ...schie|ßen, ...schimp|fen, ...wirtschaf|ten; drauf|ma|chen;** einen - (ugs. für: ausgiebig feiern); **drauf|sat|teln** (ugs. für: zusätzlich geben); **drauf|schla|gen** (ugs. für: auf etwas schlagen; erhöhen, steigern, aufschlagen); **Drauf|sicht** *die;* - (in der Zeichenlehre); **drauf|ste|hen** (ugs. für: darauf zu lesen sein); **drauf|zah|len** (drauflegen [vgl. d.])

draus (ugs. für: daraus)

drau|ßen

Dra|wi|da [auch: *dra*...] *der;* -[s], -[s] (Angehöriger einer Völkergruppe in Vorderindien); **dra|widisch;** -e Sprachen

Draw|ing-room [*dráingrum*] *der;* -s, -s ⟨engl.⟩ (in England Empfangs- und Gesellschaftszimmer)

Dr. disc. pol. = doctor disciplinarum politicarum; vgl. Doktor

Dread|nought [*drädnất*] *der;* -s, -s ⟨engl.⟩ („Fürchtenichts"; früheres engl. Großkampfschiff)

Drech|se|lei (auch für: geschraubte [Schreib]weise); **drech|seln;** ich ...[e]le (↑ R 22); **Drechs|ler; Drechs|ler|ar|beit; Drechs|le|rei**

Dreck *der;* -[e]s (ugs.); **Dreck.arbeit** od. **Drecks|ar|beit** od. **...ei|mer, ...fink** *(der;* -en [auch: -s], -en), **...hau|fen; dreckig** [*Trenn.:* ...drekkig]; **Dreck|kerl** od. **Drecks|kerl; Dreck|nest** (ugs. abwertend für: Dorf, Kleinstadt), **...pfo|te** (ugs. abwertend für: schmutzige Hand); **Drecks|ar|beit** od. **Dreck|ar|beit; Dreck|sau** (derb); **Drecks|kerl** od. **Dreck|kerl; Dreck|schleu|der** (ugs. abwertend für: freches Mundwerk); **Dreck|spatz**

Dred|sche *die;* -, -n ⟨engl.⟩ (Schleppnetz)

Dreesch usw. vgl. Driesch usw.

Dr. E. h. = Ehrendoktor, Doktor Ehren halber; vgl. E. h.

Dreh *der;* -[e]s, -s od. -e (ugs. für: Einfall od. Weg, der zu einer Lösung führt; Drehung); **Dreh.ach|se, ...ar|beit** *(die;* -, -en; meist *Plur.;* Film), **...bank** *(Plur.*

...bänke; älter für: Drehmaschine); **dreh|bar; Dreh.be|we|gung, ...blei|stift, ...brücke** [*Trenn.:* ...brük|ke], **...buch** (Vorlage für Filmaufnahmen); **Dreh|buch|au|tor; Dreh|büh|ne; dre|hen; Dreher; Dre|he|rei; Dreh.krankheit, ...kreuz, ...ma|schi|ne, ...mo|ment** *(das;* Physik), **...orgel, ...pau|se** (Film), **...punkt, ...re|stau|rant, ...schei|be; Drehstrom; Dreh|strom|mo|tor; Dreh.stuhl, ...tür; Dre|hung; Dreh.wurm, ...zahl** (für: Tourenzahl); **Dreh|zahl|mes|ser** *der*

drei, *Gen.* dreier, *Dat.* dreien, drei; zu dreien od. zu dritt; herzliche Grüße von uns dreien; die drei sagen, daß ...; (im Zeugnis:) Latein: drei Komma fünf (vgl. aber: Drei); er kann nicht bis drei zählen (ugs. für: er ist sehr dumm); ↑ R 66; (↑ R 8:) dreier großer (selten: großen) Völker, aber: dreier Angestellten (seltener: Angestellter); vgl. acht; **Drei** *die;* -, -en; eine Drei würfeln; er schrieb in Latein eine Drei; die Note „Drei"; mit [der Durchschnittsnote] „Drei-Komma-fünf" bestanden; vgl. ¹Acht und Eins; **Drei|ach|ser** (Wagen mit drei Achsen; mit Ziffer: 3achser; ↑ R 212); **drei|ach|sig; Drei|ach|tel|takt** *der;* -[e]s (mit Ziffern: ³/₈-Takt; ↑ R 43); im -; **Drei|an|gel** *der;* -s, - (landsch. für: Winkelriß im Stoff); **drei.ar|mig, ...bän|dig, ...bei|nig; Dreiblatt** (Name von Pflanzen); **drei-.blät|te|rig, ...blätt|rig; Dreibund** *der;* -[e]s; **drei|di|men|sional;** -er Film od. (↑ R 41:) Drei-D-Film od. (mit Ziffer, ↑ R 43:) 3-D-Film; **Drei|eck; drei|eckig** [*Trenn.:* ...ek|kig]; **Drei|eckschal|tung** (Technik); **Drei|ecks.ge|schich|te, ...mes|sung, ...netz; Drei|eck[s]|tuch; drei|ein|halb, drei|und|ein|halb; drei|ei|nig;** der -e Gott; **Drei|ei|nig|keit** *die;* -; **Drei|ei|nig|keits|fest** (Sonntag nach Pfingsten); **Dreier;** vgl. Achter; **Drei|er.kom|bi|na|ti|on** (Sportspr.), **...rei|he** (a in -n); **drei|er|lei; drei|fach; Drei|fa|che** *das;* -n; vgl. Achtfache; **Drei|fal|tig|keit** *die;* -; **Drei|faltig|keits|fest** (Sonntag nach Pfingsten); **Drei|far|ben|druck** *(Plur.* ...drucke); **drei|far|big; Drei|fel|der|wirt|schaft** *die;* -; **drei|fen|strig; Drei|fin|ger|faultier** (Ai); **Drei.fuß, ...ge|stirn; drei|ge|stri|chen** (Musik); -e Note; **drei|hei|t** *die;* -; **drei|hun|dert;** vgl. hundert; **drei|jäh|rig;** vgl. achtjährig; **drei|kai|ser|bündnis; Drei|kant** *das* oder *der;* -[e]s, -e (↑ R 212); **Drei|kan|ter** (Ge-

steinsform); **drei|kan|tig; Drei|kant|stahl** (vgl. ¹Stahl u. ↑ R 212); **Drei|kä|se|hoch** *der;* -s, -[s]; **Drei|klang; Drei|klas|sen|wahl|recht** *das;* -[e]s; **Drei|kö|ni|ge** *Plur.* (Dreikönigsfest); an, auf, nach, vor, zu -; **Drei|kö|nigs.fest** (6. Jan.), **...spiel; Drei|län|der|treffen; Drei|ling** (alte Münze; altes Weinmaß); **drei|mäh|dig** (dreischürig); **drei|mal;** (↑ R 32:) zweibis dreimal (2- bis 3mal); vgl. achtmal; **drei|ma|lig; Drei|master** (dreimastiges Schiff; auch für: Dreispitz); **drei|ma|stig; Drei|mei|len|zo|ne; Drei|me|terbrett** (↑ R 43); **drei|mil|lio|nenmal** (aber: drei Millionen Male, vgl. ¹Mal I u. II)

drein (ugs. für: darein); **drein-blicken** [*Trenn.:* ...blik|ken] (in bestimmter Weise blicken); finster -; **drein|fin|den,** sich (ugs. für: dareinfinden, sich); **Drein-ga|be** (landsch. u. schweiz. für: Zugabe); **drein|mi|schen,** sich (ugs. für: dareinmischen, sich); **drein|re|den** (ugs. für: dareinreden); **drein|schla|gen** (ugs. für: in etwas hineinschlagen)

Drei|paß *der;* ...passes, ...passe (gotisches dreibogiges Maßwerk); **Drei|pha|sen|strom; Dreipunkt|gurt; Drei.rad, ...ru|de|rer** (antikes Kriegsschiff), **...satz, ...schneuß** (Ornament im got. Maßwerk); **Drei|schritt|re|gel** (Handball); **drei|schü|rig;** -e (drei Ernten liefernde) Wiese; **drei.sil|big, ...spal|tig; Drei-.spän|ner, ...spitz** (früher: ein dreieckiger Hut), **...sprung; dreißig** usw. vgl. achtzig usw.; **dreißig|jäh|rig;** eine -e Frau, aber (↑ R 133): der Dreißigjährige Krieg; vgl. achtjährig

dreist; -este; **Drei|stig|keit**

drei.stim|mig, ...stöckig [*Trenn.:* ...stök|kig]; **drei|stu|fig; drei|stu|fen|ra|ke|te; Drei.stu|fig|keit; Drei|ta|ge|fie|ber** (subtrop. Infektionskrankheit); **drei|tau|send;** vgl. tausend; **Dreitau|sen|der** ([über] 3000 m hoher Berg); **drei|tei|lig; drei|und|einhalb, drei|ein|halb; drei|undzwan|zig;** vgl. acht; **drei|vier|tel** [*draifirt'l*]; in - Länge, aber (↑ R 66): in Dreiviertel der Länge; dreiviertel oder drei Viertel der Bevölkerung; in einer viertel Stunde, aber: in drei viertel Stunden mit Ziffern: ³/₄ Stunden), in drei Viertelstunden (dreimal einer Viertelstunde); vgl. acht, viertel, Viertel, Viertelstunde; **drei|vier|tel|lang** [...*fir*...]; **Drei|vier|tel|li|ter|flasche** (mit Ziffern: ³/₄-Liter-Fla-

sche; ↑R 43); Drei|vier|tel|mehr- | (landsch. für: Brache, unbebau- | len); ich ...[e]le (↑R 22); Drit|ten-
heit [...*fir*...]; Drei|vier|tel|stun- | tes Land); Driesch|wirt|schaft, | ab|schla|gen *das;* -s (ein Lauf-
de; Drei|vier|tel|takt [...*fir*...] *der;* | Dreesch|wirt|schaft (alte landw. | spiel); drit|tens; Drit|te-Welt-
-[e]s (mit Ziffern: ³/₄-Takt; | Wirtschaftsform) | La|den (Laden, in dem Erzeug-
↑R 43); im -; Drei|we|ge|ka|ta|ly- | **Drift** *die;* -, -en (vom Wind be- | nisse der Entwicklungsländer [zu
sa|tor (Technik); drei|zack *der;* | wirkte Strömung an der Meeres- | deren Unterstützung] verkauft
-[e]s, -e; drei|zackig [*Trenn.:* | oberfläche; auch svw. Abtrift; | werden); vgl. dritte I a; dritt-
...zak|kig]; drei|zehn; die ver- | vgl. Trift); drif|ten (See- | höch|ste; Dritt|in|ter|es|se; dritt-
hängnisvolle Dreizehn (↑R 66); | mannsspr.: treiben); drif|tig | letz|te, aber (↑R 66): der Dritt-
vgl. acht; drei|zehn|hun|dert; | (Seemannsspr.: treibend) | letzte (in der Leistung); Dritt-
Drei|zim|mer|woh|nung (mit Zif- | **Drilch** *der;* -[e]s, -e (schweiz. für: | mit|tel *Plur.;* Finanzierung aus
fer: 3-Zimmer-Wohnung; ↑R | Drillich) | -n; Dritt_scha|den, ...schuld|ner
43); Drei|zül|ger (mit drei Zügen | ¹**Drill** *der;* -[e]s, -e (Nebenform | **Drive** [*draiw*] *der;* -s, -s ⟨engl.⟩
zu lösende Schachaufgabe) | von: Drell) | (Treibschlag beim Golf u. Ten-
Drell *der;* -s, -e (nordd. für: Dril- | ²**Drill** *der;* -[e]s (Militär: Ein- | nis; Jazz: treibender Rhythmus,
lich) | übung, harte Ausbildung); Drill- | erzielt durch verfrühten Ton-
drem|meln (landsch. für: bittend | boh|rer; drill|len (Militär: ein- | einsatz); **Drive-in-Re|stau|rant**
drängen); ich ...[e]le (↑R 22) | üben, hart ausbilden; mit dem | (Schnellgaststätte für Autofahrer
Drem|pel *der;* -s, - (Mauer zur Ver- | Drillbohrer bohren; Landw.: in | mit Bedienung am Fahrzeug);
größerung des Dachraumes; | Reihen säen) | **Dri|ver** [*draiw⁽ʳ⁾*] *der;* -s, - (ein
Schwelle [im Schleusenbau]) | **Drill|lich** *der;* -s, -e (ein festes Ge- | Golfschläger)
Dres. = doctores; vgl. Doktor | webe); **Drill|lich_an|zug**, ...ho|se, | **Dr. j. u.**, **Dr. jur. utr.** = doctor ju-
Drel|sche *die;* - (ugs. für: Prügel); | ...zeug (*das;* -[e]s); **Drill|ling** | ris utriusque; vgl. Doktor
drel|schen; du drischst (dri- | (auch: Jagdgewehr mit drei Läu- | **Dr. jur.** = doctor juris; vgl. Dok-
schest), er drischt; du droschest | fen) | tor
(droschst), (veralt.: draschest | **Drill|ma|schi|ne** (Maschine, die in | **DRK** = Deutsches Rotes Kreuz
[draschst]); du dröschest (veralt.: | Reihen sät) | **Dr. med.** = doctor medicinae;
dräschest]); gedroschen; drisch!; | **drin** (ugs. für: darin) | vgl. Doktor
Drel|scher; Dresch_fle|gel, ...gut | **Dr.-Ing.** = Doktoringenieur, | **Dr. med. dent.** = doctor medici-
(*das;* -[e]s), ...ma|schi|ne | Doktor der Ingenieurwissen- | nae dentariae; vgl. Doktor
Dres|den; Dres|den-Alt|stadt; | schaften; vgl. Doktor | **Dr. med. univ.** (in Österr.) = doc-
Dres|den-Neu, Dresd|ner (↑R 147); | **drin|gen;** du drang[e]st; du drän- | tor medicinae universae; vgl.
Dres|den-Neu|stadt; Dresd|ner | gest; gedrungen; dring[e]!; drin- | Doktor
Bank *die;* - - | gend; auf das, aufs -ste (↑R 65); | **Dr. med. vet.** = doctor medicinae
Dreß *der;* - u. Dresses, (selten:) | **dring|lich; Dring|lich|keit** *die;* -; | veterinariae; vgl. Doktor
Dresse (österr. auch: *die;* -, Dres- | **Dring|lich|keits_an|fra|ge**, ...an- | **Dr. mont.** (in Österr.) = doctor re-
sen) ⟨engl.⟩ ([Sport]kleidung); | trag | rum montanarum; vgl. Doktor
Dres|seur [*drä̈ßör*] *der;* -s, -e | **Drink** *der;* -[s], -s ⟨engl.⟩ (alkohol. | **Dr. mult.** = doctor multiplex;
⟨franz.⟩ (jmd., der die Tiere abrich- | [Misch]getränk) | vgl. Doktor
tet); **dres|sie|ren; Dres|sing** *das;* | **drin|nen; drin|sit|zen** (ugs. für: in | **Dr. nat. techn.** = doctor rerum
-s, -s ⟨engl.⟩ (Salatsoße; Kräuter- | der Patsche sitzen); er hat ganz | naturalium technicarum; vgl.
od. Gewürzmischung für Füllun- | schön dringesessen; vgl. darin; | Doktor
gen); **Dress|man** [*drä̈ßm⁽ᵉ⁾n*] *der;* | **drin|stecken** [*Trenn.:* ...stek|ken] | **drob**, dar|ob; dro|ben (da oben)
-s, ...men [...*m⁽ᵉ⁾n*] (anglisierend) | (ugs. für: viel Arbeit, Schwierig- | **Dr. oec.** = doctor oeconomiae;
(männl. Person, die auf Mode- | keiten haben); er hat bis über die | vgl. Doktor
schauen Herrenkleidung vor- | Ohren dringesteckt; vgl. darin | **Dr. oec. publ.** = doctor oecono-
führt); **Dres|sur** *die;* -, -en | **drin|ste|hen** (ugs. für: in etwas zu | miae publicae; vgl. Doktor
⟨franz.⟩; **Dres|sur_akt**, ...num- | lesen sein); vgl. darin | **Dro|ge** *die;* -, -n ⟨franz.⟩ (bes. me-
mer, ...prü|fung, ...rei|ten (*das;* | **Dri|schel** *der;* -s, - od. *die;* -, -n | dizin. verwendeter tier. od.
-s) | (bayr. u. österr. für: [Schlagkol- | pflanzl. [Roh]stoff; auch zum
Drey|fus|af|fä|re [*dráifuß*...] *die;* - | ben am] Dreschflegel) | Rauschgift)
(der 1894–1906 gegen den franz. | **dritt** vgl. drei; dritt|el; I. *Klein-* | **dröl|ge** (nordd. für: trocken; lang-
Offizier A. Dreyfus geführte Pro- | *schreibung* (↑R 66): **a)** von dreien | weilig)
zeß u. seine Folgen) | der dritte der eine ..., der andere | **Dro|gen|ab|hän|gi|ge** *der* u. *die;* -n,
Dr. forest. = doctor scientiae re- | ..., jeder dritte; der | -n (↑R 7 ff.); **Dro|gen_ge|schäft**,
rum forestalium; vgl. Doktor | dritte Stand (Bürgerstand); die | ...sze|ne (*die;* -; ugs.: Rauschgift-
DRGM = Deutsches Reichs-Ge- | dritte Welt (die Entwicklungs- | milieu); **Dro|ge|rie** *die;* -, ...ien;
brauchsmuster | länder); **b)** zum dritten (drittens). | **Dro|gist** *der;* -en, -en (↑R 197)
Dr. ... (z. B. phil.) **habil.** = doctor | II. *Großschreibung* (↑R 66): er ist | **Droh|brief; dro|hen**
... (z. B. philosophiae) habilita- | der Dritte im Bunde; ein Dritter | **Drohn** *der;* -en, -en; ↑R 197
tus; vgl. Doktor | (ein Unbeteiligter), z. B. einem | (fachspr. für: Drohne) u. **Droh-**
Dr. h. c. = doctor honoris causa; | Dritten gegenüber; es bleibt | **ne** *die;* -, -n (Bienenmännchen);
vgl. Doktor; **Dr. h. c. mult.** = | noch ein Drittes zu erwähnen; | **dröh|nen**
doctor honoris causa multiplex; | (↑R 157:) das Dritte Reich; | **Droh|nen_da|sein**, ...schlacht
vgl. Doktor | (↑R 133:) Friedrich der Dritte; | **Dro|hung; Droh|wort** (*Plur.* ...wor-
drib|beln ⟨engl.⟩ (Sport: den Ball | vgl. achte; **Drit|teil** *das* [*Trenn.:* | te)
durch kurze Stöße vortreiben); | ↑R 204] (veralt. für: Drittel); **drit-** | **dröl|lig; Dröl|lig|keit**
ich ...[e]le (↑R 22); **Dribb|ling** | **tel;** vgl. achtel; **Drit|tel** *das* | **Dro|me|dar** [auch: *dro*...] *das;* -s,
das; -s, -s (das Dribbeln) | (schweiz. meist: *der*); -s, -; vgl. | -e ⟨griech.⟩ (einhöckeriges Ka-
Driesch, Dreesch *der;* -s, -e | Achtel; **drit|teln** (in drei Teile tei- | mel)

Dron|te die; -, -n (ausgestorbener Vogel)

Dront|heim (norweg. Stadt); vgl. auch: Trondheim

Drop|kick der; -s, -s ⟨engl.⟩ (Schuß, bei dem der Ball in dem Augenblick gespielt wird, in dem er auf dem Boden aufprallt); Drop-out [...au̯t] der; -[s], -s (jmd., der aus seiner sozialen Gruppe ausgebrochen ist; Tonbandtechn.: Aussetzen der Schallaufzeichnung)

Drops der (auch: das); -, - (meist Plur.) (Fruchtbonbon)

Droschke die; -, -n ⟨russ.⟩; Droschken_gaul, ...kut|scher

drö|seln (landsch. ugs. für: [Faden] drehen); ich ...[e]le (↑R 22)

[1]Dros|sel die; -, -n (ein Singvogel)

[2]Dros|sel die; -, -n (Jägerspr.: Luftröhre des Wildes; auch für: Drosselspule); Dros|sel|bart; König - (eine Märchengestalt); Dros|sel|klap|pe (Technik); drosseln; ich drossele u. droßle (↑R 22); Dros|sel|spu|le (Elektrotechnik); Dros|se|lung, Droß|lung

Drost der; -es, -e (niederd. hist.: Verwalter einer Drostei); Droste-Hüls|hoff (dt. Dichterin); Drol|stei (niederd. hist.: Verwaltungsbezirk)

Dr. paed. = doctor paedagogiae; vgl. Doktor

Dr. pharm. = doctor pharmaciae; vgl. Doktor

Dr. phil. = doctor philosophiae; vgl. Doktor

Dr. phil. nat. = doctor philosophiae naturalis; vgl. Doktor

Dr. rer. camer. = doctor rerum cameralium; vgl. Doktor

Dr. rer. comm. (in Österr.) = doctor rerum commercialium; vgl. Doktor

Dr. rer. hort. = doctor rerum hortensium; vgl. Doktor

Dr. rer. mont. = doctor rerum montanarum; vgl. Doktor

Dr. rer. nat. = doctor rerum naturalium; vgl. Doktor

Dr. rer. oec. = doctor rerum oeconomicarum; vgl. Doktor

Dr. rer. pol. = doctor rerum politicarum; vgl. Doktor

Dr. rer. soc. oec. (in Österr.) = doctor rerum socialium oeconomicarumque; vgl. Doktor

Dr. rer. techn. = doctor rerum technicarum; vgl. Doktor

Dr. sc. agr. = doctor scientiarum agrarium; vgl. Doktor

Dr. sc[ient]. techn. = doctor scientiarum technicarum; vgl. Doktor

Dr. sc. math. = doctor scientiarum mathematicarum; vgl. Doktor

Dr. sc. nat. = doctor scientiarum

naturalium od. doctor scientiae naturalis; vgl. Doktor

Dr. sc. pol. = doctor scientiarum politicarum od. doctor scientiae politicae; vgl. Doktor

Dr. techn. (in Österr.) = doctor rerum technicarum; vgl. Doktor

Dr. theol. = doctor theologiae; vgl. Doktor

drü|ben (auf der anderen Seite); drü|ber (ugs. für: darüber)

Druck der; -[e]s, (techn.:) Drücke, (Druckw.:) Drucke u. (Textilw. für bedruckte Stoffe:) -s; Druck_ab|fall (der; -[e]s), ...anstieg (der; -[e]s), ...aus|gleich (der; -[e]s), ...bo|gen (der; -s, -), ...buch|sta|be; Drücke|ber|ger[1]; druck|emp|find|lich; drücken[1]; drücken[1]; drückend[1]; drückendheißes Wetter (↑R 209), aber: das Wetter ist drückend heiß; Drücker[1]; Drücker[1]; Drucke-rei[1]; Drücke|rei[1]; Drücker|fisch[1] (ein Aquarienfisch); Druck|er-laub|nis; Drucker[1]_schwär|ze, ...spra|che; [1]Druck|er|zeug|nis, aber: [2]Drucker|zeug|nis[1] (↑R 35); Druck_fah|ne, ...feh|ler, ...feh|ler|teu|fel (scherzh.); druck_fer|tig, ...fest, ...frisch; Druck_gra|phik (Kunstwiss.), ...kes|sel, ...knopf, ...koch|topf, ...le|gung; Druck|luft|brem|se; druck|luft|ge|steu|ert; Druck-mit|tel das, ...mu|ster, ...pa|pier, ...plat|te, ...punkt; druck|reif; Druck_sa|che, ...schrift, ...sei|te; druck|sen (ugs. für: nicht recht mit der Sprache herauskommen); du druckst (drucksest); Druck|sel|rei;   Druck_sor|te (österr. für: Formular), ...spal|te, ...stel|le, ...stock (Plur. ...stöcke), ...tal|ste, ...ver|band, ...ver|fahren, ...wel|le, ...we|sen, ...zy|linder

Dru|de die; -, -n (Nachtgeist; Zauberin); Dru|den|fuß (Zeichen gegen Zauberei; Pentagramm)

Drug|store [drágßtǫ̈[2]] der; -s, -s ⟨engl.-amerik.⟩ ([in den USA] Verkaufsgeschäft für gängige Bedarfsartikel mit Imbißecke)

Drui|de der; -n, -n; ↑R 197 u. R 180 (kelt. Priester)

drum (ugs. für: darum); drum herum, aber: das Drumherum; das Drum und Dran

Drum [dram] die; -, -s ⟨engl.⟩ (engl. Bez. für: Trommel); vgl. [1]Drums

Drum|her|um das; -s (ugs.)

Drum|lin [selten: dramlin] der; -s, -s u. Drums [selten: dramß] ⟨engl.⟩ (Geol.: elliptisch geformter Hügel der Grundmoräne)

Drum|mer [dram'r] der; -s, - ⟨engl.⟩ (Schlagzeuger in einer [4]Band);

[1]Drums [dramß] Plur. (Bez. für das Schlagzeug)

[2]Drums (Plur. von: Drumlin)

Drum und Dran das; - - -

drun|ten (da unten); drun|ter (ugs. für: darunter); es geht drunter und drüber; Drun|ter und Drüber das; - - -

Drusch der; -[e]s, -e (Dreschen); Dreschertrag)

Drüs|chen, Drüs|lein (kleine Drüse)

Drusch|ge|mein|schaft (DDR)

Dru|schi|na die; - ⟨russ.⟩ (Gefolgschaft altruss. Fürsten)

[1]Dru|se die; -, -n ([Höhlung im] Gestein mit Kristallen; nur Sing. für: eine Pferdekrankheit)

[2]Dru|se der; -n, -n; ↑R 197 (Mitglied einer kleinasiatisch-syrischen Sekte des Islams)

Drü|se die; -, -n

Dru|sen Plur. (veralt. u. mdal. für: Weinhefe, Bodensatz)

Drü|sen_funk|ti|on, ...schwel|lung

dru|sig (zu: 'Druse)

drü|sig (voll Drüsen)

Dru|sin die; -, -nen (zu [2]Druse); dru|sisch

Drüs|lein, Drüs|chen

Dru|sus (röm. Beiname)

dry [drai] ⟨engl.⟩ („trocken"; herb [von alkohol. Getränken])

Dry|a|de die; -, -n (meist Plur.); ↑R 180 (griech.) (Waldnymphe)

DSA = Deutscher Sprachatlas

Dsche|bel der; -[s] ⟨arab.⟩ (in arab. erdkundl. Namen: Gebirge, Berg)

Dschi|bu|ti (Staat u. dessen Hptst. in Nordostafrika)

D-Schicht die; -; ↑R 37 (eine stark ionisierte Luftschicht in der hohen Atmosphäre)

Dschig|ge|tai der; -s, -s ⟨mong.⟩ (wilder Halbesel in Asien)

Dschin|gis-Khan (mongol. Eroberer)

Dschinn der; -s, - u. -en ⟨arab.⟩ (Dämon, Geist im Volksglauben der Araber)

Dschun|gel der (selten: das); -s, - ⟨Hindi⟩ (undurchdringlicher tropischer Sumpfwald); Dschungel_krieg, ...pfad

Dschun|ke die; -, -n ⟨chin.-malai.⟩ (chin. Segelschiff)

DSG = Deutsche Schlafwagen- und Speisewagen-Gesellschaft mbH; vgl. Mitropa

Dsun|ga|rei die; - (zentralasiat. Landschaft); dsun|ga|risch

dt = Dezitonne

dt. = deutsch

DTB = Deutscher Turnerbund

DTC = Deutscher Touring Automobil Club

dto. = dito

Dtzd. = Dutzend

du (in Briefen usw.: Du; ↑R 71);

[1] Trenn.: ...k|k...

jmdn. du nennen; du zueinander sagen; Leute wie du und ich; jmdn. mit du anreden; mit einem auf du und du stehen; **Du** *das;* -[s], -[s]; (↑ R 66:) das traute Du; jmdm. das Du anbieten

Du|al *der;* -s, -e ⟨lat.⟩ (Sprachw.: Zweizahl)

¹**Dua|la;** ↑ R 180 (Hafenstadt in Kamerun); ²**Dua|la** *der;* -[s], -[s] (Angehöriger eines Bantustammes); ³**Dua|la** *das;* - (Sprache)

Dua|lis *der;* -, ...le (↑ R 180) ⟨lat.⟩; vgl. Dual; **Dua|lis|mus** *der;* - (Zweiheit, Gegensätzlichkeit); **Dua|list** *der;* -en, -en (↑ R 197); **dua|li|stisch;** -e Weltanschauung; **Dua|li|tät** *die;* - (Zweiheit; Doppelheit; Vertauschbarkeit); **Du|al|sy|stem** *das;* -s

Du|bai (Hafenstadt u. Scheichtum am Persischen Golf)

Dü|bel *der;* -s, - (kleiner Holzkeil, Zapfen); **dü|beln;** ich ...[e]le (↑ R 22)

du|bi|os ⟨lat.⟩, (seltener:) **du|bi|ös** ⟨franz.⟩ (zweifelhaft; unsicher); -este; **Du|bio|sen** *Plur.* (Wirtsch.: unsichere Forderungen); **du|bi|ta|tiv** (Zweifel ausdrückend)

Du|blee [...*ble*] *das;* -s, -s ⟨franz.⟩ (Metall mit Edelmetallüberzug; Stoß beim Billardspiel); **Du-blee|gold; Du|blett|te** *die;* -, -n; **du|blie|ren** (verdoppeln [Garn]; Dublee herstellen); **Du|blier|ma-schi|ne** (Spinnerei)

Dub|lin [*dáblin*] (Hptst. der Republik Irland)

Du|blo|ne *die;* -, -n ⟨lat.⟩ (frühere span. Goldmünze); **Du|blü|re** *die;* -, -n ⟨franz.⟩ (Unterfutter; Aufschlag an Uniformen; verzierte Innenseite der Buchdeckels)

Du|brov|nik [...*ow*...] (Hafenstadt in Jugoslawien)

¹**Du|chesse** [*düschäß*] *die;* -, -n [...*ß'n*] ⟨franz.⟩ (Herzogin); ²**Du-chesse** *die;* - (ein Seidengewebe)

Ducht *die;* -, -en (Seemannsspr.: Sitzbank im Boot)

Dück|dal|be, (seltener:) **Dück|dal-be** *die;* -, -n (meist *Plur.*), (auch:) **Duck|dal|ben, Dück|dal|ben** *der;* -s, - ; meist *Plur.* (Seemannsspr.: in den Hafengrund gerammte Pfahlgruppe [zum Festmachen von Schiffen])

du|cken [*Trenn.:* duk|ken]; sich -; **Ducker** [*Trenn.:* Duk|ker] (Schopfantilope); **Duck|mäu|ser** (ugs. für: verängstigter, feiger, heuchlerischer Mensch); **duck-mäu|se|risch;** -ste

du|del|dum|dei!; Du|de|lei; Du|de-ler, Dud|ler; **du|deln;** ich ...[e]le (↑ R 22); **Du|del|sack** (türk.) (ein Blasinstrument); **Du|del|sack-pfei|fer,** Dud|ler, Du|del|ler

Du|ell *das;* -s, -e ⟨franz.⟩ (Zweikampf); **Du|el|l|ant** *der;* -en, -en (↑ R 197); **du|el|lie|ren,** sich

Du|en|ja *die;* -, -s ⟨span.⟩ ("Herrin"; veralt. für: Erzieherin)

Due|ro *der;* - (↑ R 180) ⟨span.⟩ (Fluß der Pyrenäenhalbinsel; port.: Douro)

Du|ett *das;* -[e]s, -e ⟨ital.⟩ (Musikstück für zwei Gesangsstimmen)

duff (nordd. für: matt); -es Gold

Düf|fel *der;* -s, - ⟨nach einem belg. Ort⟩ (ein weiches Gewebe); **Duf-fle|coat** [*dáf'lko⁰t*] *der;* -s, -s ⟨engl.⟩ (dreiviertellanger Sportmantel)

Duft *der;* -[e]s, Düfte; **Düft|chen,** Düft|lein

duf|te ⟨jidd.⟩ (ugs., bes. berl. für: gut, fein)

duf|ten; duf|tig; Düft|lein, Düft-chen; **Duft|no|te; duft|reich; Duft_stoff,** ...was|ser (*Plur.* ...wässer)

Du|gong *der;* -s, -e u. -s ⟨malai.⟩ (Seekuh der austr. Gewässer u. des Roten Meeres)

Duis|burg [*düß*...] (Stadt in Nordrhein-Westfalen)

du jour [*düschúr*] ⟨franz.⟩ ("vom Tage"); - - sein (früher für: Tagesdienst haben)

Du|ka|ten *der;* -s, - ⟨ital.⟩ (frühere Goldmünze)

Dül|ker *der;* -s, - (Rohrleitung unter einem Deich, durch ein Flußbett usw.; mdal. für: Tauchente)

duk|til ⟨lat.⟩ (dehn-, verformbar); **Duk|ti|li|tät** *die;* -; **Duk|tus** *der;* - (charakteristische Art, Linienführung)

dul|den; Dul|der; Dul|der|mie|ne; duld|sam; Duld|sam|keit *die;* -; **Dul|dung**

Dult *die;* -, -en (bayr. für: Messe, Jahrmarkt)

¹**Dul|zi|nea** ⟨span.⟩ (Geliebte des Don Quichotte); ²**Dul|zi|nea** *die;* -, ...een u. -s (scherzh. abwertend für: Geliebte, Freundin)

Du|ma *die;* -, -s ⟨russ.⟩ (Rat der fürstl. Gefolgsleute im alten Rußland; russ. Stadtverordnetenversammlung [seit 1870]; russ. Parlament [1906–1917])

Du|mas d. Ä. [*dümá*], **Du|mas d. J.** (Dumas der Ältere u. der Jüngere: franz. Schriftsteller)

Dum|dum *das;* -[s], -[s] ⟨nach dem Ort der ersten Herstellung in Indien⟩ (verbotenes Infanteriegeschoß mit sprenggeschoßartiger Wirkung); **Dum|dum|ge|schoß**

dumm, dümmer, dümmste; -er August (Clown); **Dumm|bar|tel** *der;* -s, - (ugs. für: dummer Mensch); **dumm|dreist; Dum-me|jun|gen|streich** *der; Gen.*

des Dumme[n]jungenstreich[e]s, *Plur.* die Dumme[n]jungenstreiche; ein Dumme[r]jungenstreich; **Dum|men|fang** *der;* -[e]s; auf - ausgehen; **Dum|mer|chen** (fam.); **Dum|mer|jan,** Dummri|an *der;* -s, -e (ugs. für: dummer Kerl); **Dum|mer|ling; dum|mer-wei|se; dumm|frech; Dumm|heit; Dum|mi|an** *der;* -s, -e (landsch. u. österr. für: Dummerjan); **Dumm|kopf; dümm|lich; Dümm-ling; Dümm|ri|an** vgl. Dummerjan; **dumm|stolz**

Dum|my [*dámi*] *der;* -s, -s od. Dummies [*dámis*] ⟨engl.⟩ (Attrappe; Puppe für Unfalltests)

düm|peln (Seemannsspr.: leicht schlingern)

Dum|per [*dámp'r*] *der;* -s, - ⟨engl.⟩ (Kippwagen, -karren)

dumpf; Dumpf|heit *die;* -; **dump-fig; Dumpf|ig|keit** *die;* -

Dum|ping [*dámping*] *das;* -s ⟨engl.⟩ (Unterbieten der Preise im Ausland); **Dum|ping|preis**

dun (niederd. für: betrunken)

Dü|na *die;* - (Westliche Dwina; vgl. Dwina)

Du|nant, Henri, später Henry [*dünáng,* schweiz.: *dünáng*] (schweiz. Philanthrop, Begründer des Roten Kreuzes)

Dü|ne *die;* -, -n (niederd. für: Daune)

Dü|ne *die;* -, -n; **Dü|nen|gras**

Dung *der;* -[e]s; **Dung|ab|la|ge; Dün|ge|mit|tel** *das;* **dün|gen; Dün|ger** *der;* -s, -; **Dün|ger|wirt-schaft** *die;* -; **Dung_gru|be,** ...hau|fen; **Dün|gung**

dun|kel, dunkler, -ste; (↑ R 65:) seine Spuren verloren sich im dunkeln (im ungewissen); im dunkeln (im ungewissen) lassen, aber: im Dunkeln ist gut munkeln; im dunkeln tappen (nicht Bescheid wissen), aber: im Dunkeln (in der Finsternis) tappte er nach Hause; im Sprung ins Dunkle; dunkel färben usw.; vgl. blau, III u. IV; dunkelblau usw.; **Dun|kel** *das;* -s

Dun|kel_ar|rest; dun|kel_äu|gig, ...blau, ...blond, ...braun|rot (vgl. dunkel), ...haa|rig

dün|kel|haft

Dun|kel|häu|tig; Dun|kel|heit; Dun|kel_kam|mer, ...mann (*Plur.* ...männer); **dun|keln;** es dunkelt; **dun|kel|rot; Dun|kel|zif|fer** (nicht bekannte Anzahl)

dün|ken; mich od. mir dünkt (auch: deucht), dünkte (auch: deuchte), hat gedünkt (auch: gedeucht)

Dün|kir|chen, (franz.:) **Dunkerque** [*döngkärk*] (franz. Hafenstadt an der Nordsee)

dünn; I. *Kleinschreibung* (↑R 65): durch dick und -. **II.** *Schreibung in Verbindung mit dem 2. Partizip* (↑R 209), z. B. dünnbevölkert (vgl. d.). **III.** *Schreibung in Verbindung mit Verben* (↑R 205 f.): **a)** *Getrenntschreibung in ursprünglicher Bedeutung, z. B.* dünn machen; sie hat den Teig dünn gemacht; **b)** *Zusammenschreibung, wenn durch die Verbindung ein neuer Begriff entsteht;* vgl. dünnmachen; **dünn|bei|nig; dünn|be|völ|kert;** dünner, am dünnsten bevölkert; das dünnbevölkerte Land (↑R 209), aber: das Land ist dünn bevölkert; **Dünn_bier, ...darm; Dünn|darm|ent|zün|dung; Dünn|druck** (*Plur.* ...drucke); **Dünn|druck_aus|ga|be, ...pa|pier; Dün|ne** *die;* - (damals)

dünn|flüs|sig; dünn|häu|tig (auch übertr. für: empfindlich, sensibel); **Dünn|heit** *die;* -; **dünn|ma|chen,** sich; ↑R 205 (ugs. für: weglaufen); er hat sich dünngemacht; aber: dünn machen, sich (wenig Platz einnehmen); vgl. dünn; **Dünn_pfiff** (ugs. für: Durchfall), **...schiß** (derb. für: Durchfall), **...schliff, ...schnitt; Dün|nung** (Jägerspr.: Flanke des Wildes); **dünn|wan|dig**

Dun|sel *der;* -s, - (mdal. für: Dummkopf, Tolpatsch)

Duns Sco|tus [- *ßkotuß*] (scholastischer Philosoph u. Theologe)

Dunst *der;* -[e]s, Dünste; **dun|sten** (Dunst verbreiten); **dün|sten** (dunsten; in Dampf gar machen); **Dunst|glocke** [*Trenn.:* ...glok|ke]; **dun|stig; Dunst|kreis; Dunst|obst** (österr. nur so), **Dünst|obst; Dunst_schicht, ...wol|ke**

Dü|nung (durch Wind hervorgerufener Seegang)

Duo *das;* -s, -s ⟨ital.⟩ (Musikstück für zwei Instrumente; auch die zwei Ausführenden)

Duo|de|num *das;* -s, ...na ⟨lat.⟩ (Med.: Zwölffingerdarm)

Duo|dez *das;* -es ⟨lat.⟩ (Zwölftelbogengröße [Buchformat]; Zeichen: 12°; in *Zus.* bildl.: Begriff des Kleinen, Lächerlichen); **Duo|dez|für|sten|tum; Duo|de|zi|mal** (zwölfteilig); **Duo|de|zi|mal|sy|stem; Duo|de|zi|me** *die;* -, -n (der zwölfte Ton der diaton. Tonleiter; Intervall von 12 diaton. Tonstufen)

dü|pie|ren ⟨franz.⟩ (täuschen, überlisten); **Dü|pie|rung**

Du|pla (*Plur.* von: Duplum); **Du|plex|be|trieb,** (auch:) **Di|plex|be|trieb** ⟨lat.; dt.⟩ (Doppelbetrieb); **du|plie|ren** ⟨lat.⟩ (verdoppeln);

Du|plie|rung; Du|plik *die;* -, -en ⟨franz.⟩ (veralt. für: Gegenantwort auf eine Replik); **Du|pli|kat** *das;* -[e]s, -e ⟨lat.⟩); **Du|pli|ka|ti|on** [...*zion*] (Verdopplung); **Du|pli|ka|tur** *die;* -, -en (Med.: Verdopplung, Doppelbildung); **du|pli|zie|ren** (verdoppeln); **Du|pli|zi|tät** *die;* -, -en (Doppelheit; doppeltes Vorkommen, Auftreten; Zweideutigkeit); **Du|plum** *das;* -s, ...pla (Duplikat)

Dups *der;* -es, -e ⟨poln.⟩ (bes. schles. für: Gesäß)

Dur *das;* - ⟨lat.⟩ (Tongeschlecht mit großer Terz); A-Dur, A-Dur-Tonleiter (↑R 41); vgl. ¹Moll

du|ra|bel ⟨lat.⟩ (dauerhaft; bleibend); ...a|ble Ausführung

Dur|ak|kord

Dur|alu|min ⓦ *das;* -s (eine Aluminiumlegierung)

du|ra|tiv ⟨lat.⟩ (Sprachw.: verlaufend, dauernd)

durch; mit *Akk.:* - ihn; durch und durch; die ganze Nacht [hin]durch; **durch...** *in Verbindung mit Verben:* **a)** *unfeste Zusammensetzungen, z. B.* durcharbeiten (vgl. d.), durchgearbeitet; durchdürfen (vgl. d.); **b)** *feste Zusammensetzungen, z. B.* durcharbeiten (vgl. d.), durcharbeitet

durch|ackern [*Trenn.:* ...ak|kern] (ugs. für: sorgsam durcharbeiten); sie hat das ganze Buch durchgeackert

durch|ar|bei|ten (sorgsam bearbeiten; pausenlos arbeiten); der Teig ist tüchtig durchgearbeitet; er hat die ganze Nacht durchgearbeitet; **durch|ar|bei|ten** (selten, meist im 2. Partizip); eine durcharbeitete Nacht; **Durch|ar|bei|tung**

durch|at|men; sie hat tief durchgeatmet

durch|aus [auch: *durchauß* u. *durch...*]

durch|backen [*Trenn.:* ...bak|ken]; [gut] durchgebackenes Brot; **durch|backen** [*Trenn.:* ...bak|ken]; mit Rosinen -es Brot

durch|be|ben; von Schauern durchbebt

durch|bei|ßen (beißend trennen); er hat den Faden durchgebissen; sich -; **durch|bei|ßen** (beißend durchdringen); der Hund hat ihm beinahe die Kehle durchbissen

durch|be|ra|ten; der Plan ist durchberaten

durch|bet|teln; er hat sich durchgebettelt [und nichts gearbeitet]; **durch|bet|teln;** er hat das Land durchbettelt

durch|bie|gen; das Regal hat sich durchgebogen

durch|bil|den (vollständig ausbilden); sein Körper ist gut durchgebildet; **Durch|bil|dung**

durch|bla|sen; er hat die Kugel [durch das Rohr] durchgeblasen; **durch|bla|sen;** vom Wind -

durch|blät|tern, durch|blät|tern; sie hat das Buch durchgeblättert od. durchblättert

durch|bleu|en (ugs. für: durchprügeln); er hat ihn durchgebleut

Durch|blick; durch|blicken [*Trenn.:* ...blik|ken] (hindurchblicken); sie hat [durch das Fernrohr] durchgeblickt; - lassen (andeuten); sie hat durchblicken lassen, daß ...

durch|blit|zen; ein Gedanke hat ihn durchblitzt

durch|blu|ten (Blut durch etwas dringen lassen); die Wunde hat durchgeblutet; **durch|blu|ten** (mit Blut versorgen); frisch durchblutete Haut; **Durch|blu|tung; Durch|blu|tungs|stö|rung**

durch|boh|ren; er hat ein Loch durchgebohrt; der Wurm hat sich durchgebohrt; **durch|boh|ren;** eine Kugel hat die Tür durchbohrt; von Blicken durchbohrt; **Durch|boh|rung**

durch|bo|xen (ugs. für: durchsetzen); er hat das Projekt durchgeboxt

durch|bra|ten; das Fleisch war gut durchgebraten

durch|brau|sen; der Zug ist durchgebraust; **durch|brau|sen;** vom Sturm durchbraust

durch|bre|chen; er ist [durch den schadhaften Boden] durchgebrochen; er hat den Stock durchgebrochen; **durch|bre|chen;** er hat die Schranken, die Schallmauer durchbrochen; durchbrochene Arbeit (Stickerei, Goldarbeit); **Durch|bre|chung**

durch|bren|nen (auch ugs. für: sich heimlich davonmachen); der Faden ist durchgebrannt; der Kassierer ist mit einer großen Summe durchgebrannt; **Durch|bren|ner** (ugs. für: Ausreißer)

durch|brin|gen; die Schmuggler haben ihre Waren glücklich durchgebracht; es war schwer, sich ehrlich durchzubringen; er hat die ganze Erbschaft durchgebracht (vergeudet, verschwendet)

Durch|bruch *der;* -[e]s, ...brüche

durch|checken [*Trenn.* ...chek|ken] (vollständig checken; bis zum Zielort abfertigen); wir haben die Liste durchgecheckt

durch|den|ken; ich habe die Sache noch einmal durchgedacht; **durch|den|ken;** ein fein durchdachter Plan

durch|dis|ku|tie|ren; die Frage ist noch nicht durchdiskutiert durch|drän|gen; sich -; sie hat sich durchgedrängt

durch|dre|hen; das Fleisch [durch den Wolf] -; ich bin völlig durchgedreht (ugs. für: verwirrt)

durch|drin|gen; sie ist mit ihrer Ansicht durchgedrungen; durch|drin|gen; sie hat das Urwaldgebiet durchdrungen; sie war von der Idee ganz durchdrungen (erfüllt); Durch|drin|gung die; -

Durch|druck (Plur. ...drucke; ein Druckverfahren); durch|drucken [Trenn.: ...druk|ken] (auf die Rückseite durchschlagen; ohne Pause drucken); die Schrift druckt durch; er hat in der Nacht durchgedruckt

durch|drücken [Trenn.: ...drük|ken]; er hat die Änderung doch noch durchgedrückt (ugs. für: durchgesetzt)

durch|drun|gen; von etwas - (erfüllt); vgl. durchdringen

durch|dür|fen (ugs. für: hindurchgelangen dürfen); wir haben nicht durchgedurft

durch|ei|len; er ist schnell durchgeeilt; durch|ei|len; er hat den Hof durcheilt

durch|ein|an|der; Schreibung in Verbindung mit Verben (↑R 205 f.): durcheinander (verwirrt, konfus) sein, alles durcheinander essen und trinken, aber: durcheinanderbringen (in Unordnung bringen), durcheinanderlaufen, durcheinanderreden (alle reden zugleich), durcheinanderwerfen usw.; vgl. aneinander; Durch|ein|an|der [auch: durch...] das; -s; Durch|ein|an|der|lau|fen das; -s

durch|es|sen, sich; er hat sich überall durchgegessen

durch|ex|er|zie|ren (ugs.); wir haben den Plan durchexerziert

durch|fah|ren; ich bin die ganze Nacht durchgefahren; durch|fah|ren; er hat das ganze Land -; ein Schreck durchfuhr sie; Durch|fahrt; - verboten!; Durch|fahrts_recht, ...stra|ße

Durch|fall der; -[e]s, ...fälle; durch|fal|len; das Mehl ist [durch das Sieb] durchgefallen; er ist durchgefallen (ugs.: hat die Prüfung nicht bestanden); durch|fal|len; der Stein hat den Raum -

durch|fau|len; das Brett ist durchgefault

durch|fech|ten; er hat den Kampf durchgefochten; er hat sich durchgefochten (ugs. für: durchgebettelt)

durch|fe|gen (sauber machen); sie hat tüchtig durchgefegt; durch|fe|gen; der Sturm hat die Wälder durchfegt

durch|fei|ern; sie haben bis zum Morgen durchgefeiert; durch|fei|ern; eine durchfeierte Nacht

durch|fei|len; er hat das Gitter durchgefeilt

durch|feuch|ten; vom Regen durchfeuchtet

durch|fil|zen (ugs. für: genau durchsuchen); die Gefangenen wurden durchgefilzt

durch|fin|den; sich -; ich habe mich gut durchgefunden

durch|flech|ten; er hat das Band [durch den Kranz] durchgeflochten; durch|flech|ten; mit Blumen durchflochten

durch|flie|gen; der Stein ist [durch die Fensterscheibe] durchgeflogen; er ist [bei der Prüfung] durchgeflogen (ugs.: hat die Prüfung nicht bestanden); durch|flie|gen; das Flugzeug hat die Wolken durchflogen; ich habe das Buch nur durchflogen (rasch gelesen)

durch|flie|ßen; das Wasser ist durchgeflossen; durch|flie|ßen; das von einem Bach durchflossene Tal

Durch|flug; Durch|flugs|recht

Durch|fluß

durch|flu|ten; das Wasser ist beim Deichbruch durchgeflutet; durch|flu|ten; das Zimmer ist von Licht durchflutet

durch|for|men (vollständig formen); die Statue ist durchgeformt; Durch|for|mung

durch|for|schen (forschend durchsuchen); er hat alles durchforscht; Durch|for|schung

durch|for|sten (den Wald ausholzen); durchforstet; Durch|for|stung

durch|fra|gen, sich; sie hat sich zum Bahnhof durchgefragt

durch|fres|sen; der Wurm hat sich durchgefressen; er hat sich wieder bei andern durchgefressen (derb für: durchgegessen); durch|fres|sen; von Lauge -

durch|frie|ren; der See ist durchgefroren; die Kinder waren völlig durchgefroren; durch|frie|ren; ich bin ganz durchfroren

Durch|fuhr die; -, -en (Wirtsch.: Transit); durch|führ|bar; durch|füh|ren; er hat die ihm gestellte Aufgabe durchgeführt; Durch|fuhr|er|laub|nis; Durch|füh|rung; Durch|füh|rungs_be|stim|mung, ...ver|ord|nung; Durch|fuhr|ver|bot

durch|fur|chen; ein durchfurchtes Gesicht

durch|füt|tern; wir haben das Vieh durchgefüttert

Durch|ga|be; die - eines Telegramms

Durch|gang; Durch|gän|ger;

durch|gän|gig; Durch|gangs_arzt, ...bahn|hof, ...la|ger, ...sta|di|um, ...sta|ti|on, ...stra|ße, ...ver|kehr, ...zug (Abk.: D-Zug)

durch|ge|ben; er hat die Meldung durchgegeben

durch|ge|dreht (ugs. für: verwirrt); er ist völlig durchgedreht; vgl. durchdrehen

durch|ge|hen; ich bin [durch alle Räume] durchgegangen; das Pferd ist durchgegangen; wir sind den Plan Punkt für Punkt durchgegangen; durch|ge|hen (veralt.); ich habe den Wald durchgangen; durch|ge|hend, (österr.:) durch|ge|hends; das Geschäft ist - geöffnet

durch|gei|stigt

durch|ge|stal|ten; das Motiv ist künstlerisch durchgestaltet

durch|glie|dern, durch|glie|dern (unterteilen); ein gut durchgegliedertes, durchgegliedertes Buch; Durch|glie|de|rung [auch: ...gli...]

durch|glü|hen; das Eisen wird durchgeglüht; durch|glü|hen; durchglüht von Begeisterung

durch|grei|fen (Ordnung schaffen); er hat energisch durchgegriffen

durch|ha|ben (ugs. für: hindurchbewegt haben; ganz gelesen, bearbeitet haben); er hat das Buch bald durchgehabt

durch|hal|ten (bis zum Ende aushalten); er hat bis zum Äußersten durchgehalten; Durch|halte_pa|rol|le, ...ver|mö|gen (das; -s)

durch|hän|gen; das Seil hat stark durchgehangen

Durch|hau vgl. Durchhieb; durch|hau|en; er hieb den Ast mit der Axt durch, hat ihn durchgehauen; er haute den Jungen durch, hat ihn durchgehauen; durch|hau|en; er hat den Knoten mit einem Schlag durchhauen; durchhauener Wald

Durch|haus (österr. für: Haus mit einem Durchgang, der zwei Straßen verbindet)

durch|he|cheln; der Flachs wird durchgehechelt; die lieben Verwandten wurden durchgehechelt (ugs. für: es wurde unfreundlich über sie geredet)

durch|hei|zen; das Haus ist gut durchgeheizt

durch|hel|fen; er hat ihr durchgeholfen

Durch|hieb (Schneise, ausgehauener Waldstreifen)

durch|hun|gern, sich; ich habe mich durchgehungert

durch|ir|ren; sie hat die Straßen durchirrt

durch|ixen (ugs. für: auf der Schreibmaschine mit dem Buch-

staben x ungültig machen); du
ixt (ixest) durch; in dem Text
waren einige Wörter durchgeixt
durch|ja|gen; das Auto ist hier
durchgejagt; **durch|ja|gen;** der
Wagen durchjagte die Stadt
durch|käm|men; das Haar wurde
durchgekämmt; die Soldaten haben den Wald durchgekämmt;
durch|käm|men; die Soldaten
durchkämmten den Wald, haben
ihn durchkämmt; **Durch|käm-
mung** [auch: ...*käm*...]
durch|kämp|fen; er hat den
Kampf durchgekämpft; **durch-
kämp|fen;** manche durchkämpf-
te Stunde
durch|kit|zeln; er wurde gehörig
durchgekitzelt
durch|klet|tern; er ist unterm
Zaun durchgeklettert; **durch-
klet|tern;** der Bergsteiger hat den
Kamin durchklettert; **Durch-
klet|te|rung**
durch|klin|gen; das Instrument
hat zu laut durchgeklungen;
durch|klin|gen; die Musik hat
das ganze Haus durchklungen
durch|knöp|fen; das Kleid ist
durchgeknöpft
durch|kom|men; er ist noch ein-
mal durchgekommen
durch|kom|po|nie|ren (ein Gedicht
von Strophe zu Strophe wech-
selnd vertonen); Schubert hat
viele Lieder durchkomponiert
durch|kön|nen (ugs. für: hindurch-
gelangen, vorbeikommen kön-
nen); wir haben wegen der Ab-
sperrungen nicht durchgekonnt
durch|kon|stru|ie|ren; der Motor
war gut durchkonstruiert
durch|ko|sten; er hat alle Weine
durchgekostet; **durch|ko|sten**
(geh. für: ganz genießen); er hat
die Minuten durchkostet
durch|kreu|zen (kreuzweise
durchstreichen); sie hat den
Brief durchgekreuzt; **durch|kreu-
zen;** man hat ihren Plan durch-
kreuzt; **Durch|kreu|zung**
durch|krie|chen; er ist unter dem
Zaun durchgekrochen; **durch-
krie|chen;** Angst durchkriecht
sie (steigt in ihr hoch)
durch|la|den; eine Schußwaffe -
durch|län|gen (Bergmannsspr.:
Strecken anlegen); durchgelängt
Durch|laß *der;* ...lasses, ...lässe;
durch|las|sen; sie haben ihn
noch durchgelassen; **durch|läs-
sig; Durch|läs|sig|keit** *die;* -
Durch|laucht *die;* -, -en; vgl. euer,
ihr u. sein; **durch|lauch|tig;**
durch|lauch|tigst in der Anrede
u. als Ehrentitel: Durchlauch-
tigst
Durch|lauf; durch|lau|fen; er ist
die ganze Nacht durchgelaufen;
das Wasser ist durchgelaufen;

durch|lau|fen; er hat den Wald -;
das Projekt hat viele Stadien -; es
durchläuft mich eiskalt; **Durch-
lauf|er|hit|zer, Durch|lauf-Was-
ser|er|hit|zer;** ↑ R 34 (ein Gas- od.
Elektrogerät)
durch|la|vie|ren, sich (ugs. für:
sich geschickt durchbringen); er
hat sich überall durchlaviert
durch|le|ben; froh durchlebte Ta-
ge
durch|lei|den; sie hat viel durchlit-
ten
durch|le|sen; ich habe den Brief
durchgelesen
durch|leuch|ten; das Licht hat
[durch das Fenster] durchge-
leuchtet; **durch|leuch|ten** (mit
Licht, auch mit Röntgenstrahlen
durchdringen); er hat den Raum
durchleuchtet; die Brust des
Kranken wurde durchleuchtet;
Durch|leuch|tung
durch|lie|gen (sich wundliegen);
die Kranke hat sich durchgele-
gen
durch|lö|chern; er hat das Papier
durchlöchert; **durch|lö|chern;** von
Kugeln durchlöchert
durch|lot|sen (ugs. für: geschickt
hindurchgeleiten); sie hat uns
durchgelotst
durch|lüf|ten (gründlich lüften);
er hat gut durchgelüftet; **durch-
lüf|ten** (von der Luft durchzie-
hen lassen); das Zimmer wurde
durchlüftet; **Durch|lüf|ter;
Durch|lüf|tung**
durch|ma|chen; die Familie hat
viel durchgemacht
Durch|marsch *der;* **durch|mar-
schie|ren;** die Truppe ist durch-
marschiert
durch|mes|sen (vollständig mes-
sen); er hat alle Räume durchge-
messen; **durch|mes|sen;** er hat
die Strecke laufend -; **Durch-
mes|ser** *der* (Zeichen: *d* [nur kur-
siv] od. ∅)
durch|mo|geln, sich (ugs.); du hast
dich wieder durchgemogelt
durch|müs|sen (ugs. für: hindurch-
gelangen müssen); wir haben
hier durchgemußt
durch|mu|stern, durch|mu|stern;
er hat die Waren durchgemustert
od. durchmustert; **Durch|mu|ste-
rung** [auch: ...*muß*...]
durch|na|gen, durch|na|gen; die
Maus hat den Strick durchge-
nagt
Durch|nah|me *die;* -
durch|näs|sen; sie war völlig
durchnäßt
durch|neh|men; die Klasse hat den
Stoff schon durchgenommen
**durch|nu|me|rie|ren; Durch|nu-
me|rie|rung**
durch|or|ga|ni|sie|ren; es war alles
gut durchorganisiert

durch|ör|tern (Bergmannsspr.:
Strecken anlegen); durchörtert
durch|pau|sen; er hat die Zeich-
nung durchgepaust
durch|peit|schen; man hat ihn
grausam durchgepeitscht; die
Gesetzentwurf wurde im Parlament durchgepeitscht (eilig
durchgebracht)
durch|prü|fen; wir haben alles
noch einmal durchgeprüft
durch|prü|geln; man hat ihn tüch-
tig durchgeprügelt
durch|pul|sen; von Begeisterung
durchpulst
durch|que|ren; sie hat das Land
durchquert; **Durch|que|rung**
durch|ra|sen; der Zug ist durchge-
rast; **durch|ra|sen;** eine von
Kraftwagen durchraste Straße
durch|ras|seln (ugs. für: eine Prü-
fung nicht bestehen); er ist
durchgerasselt
durch|ra|tio|na|li|sie|ren; durchra-
tionalisierte Betriebe
durch|rech|nen; er hat die Aufga-
be noch einmal durchgerechnet
durch|reg|nen; es hat durchgereg-
net; **durch|reg|nen;** ich bin ganz
durchregnet (meist: durchgereg-
net)
Durch|rei|che *die;* -, -n (Öffnung
zum Durchreichen von Speisen);
durch|rei|chen; er hat es ihm
durchgereicht
Durch|rei|se; durch|rei|sen; ich
bin oft durchgereist; **durch|rei-
sen;** er hat das Land durchreist;
**Durch|rei|sen|de; Durch|rei|se|vi-
sum**
durch|rei|ßen; sie hat den Brief
durchgerissen
durch|rei|ten; sie ist nur durchge-
ritten; **durch|rei|ten;** das durch-
rittene Land
durch|rie|seln; der Sand ist durch-
gerieselt; **durch|rie|seln;** von
Wonne durchrieselt
durch|rin|gen; er hat sich zu die-
ser Überzeugung durchgerungen
durch|ro|sten; das Rohr ist ganz
durchgerostet
durch|rut|schen (ugs.); er ist bei
der Prüfung gerade noch durch-
gerutscht
durch|rüt|teln; der Bus hat uns
durchgerüttelt
durchs; ↑ R 17 (durch das); durchs
Haus
Durch|sa|ge *die;* -, -n; **durch|sa-
gen**
Durch|satz (fachspr. für: der in ei-
ner bestimmten Zeit durch
Hochöfen u. ä. geleitete Stoff)
durch|schau|bar; durch|schau|en;
er hat [durch das Fernrohr]
durchgeschaut; **durch|schau|en;**
ich habe ihn durchschaut
durch|schei|nen; die Sonne hat
durchgeschienen; **durch|schei-**

nen; vom Tageslicht durchschienen; **durch|schei|nend**

durch|scheu|ern; der Ärmel ist durchgescheuert

durch|schie|ßen; er hat [durch die Wand] durchgeschossen; **durchschie|ßen;** er hat die Wand durchschossen; ein [mit Schreibpapier] durchschossenes Buch

durch|schim|mern; die Sterne haben durchgeschimmert; **durchschim|mern;** von Licht durchschimmert

durch|schla|fen; sie hat durchgeschlafen (ohne Unterbrechung); **durch|schla|fen;** durchschlafene Tage

Durch|schlag (Bergmannsspr. auch: Treffpunkt zweier Grubenbaue, die aufeinander zulaufen); **durch|schla|gen;** sie hat die Suppe [durch das Sieb] durchgeschlagen; **durch|schla|gen;** die Kugel hat den Panzer durchschlagen; **durch|schla|gend;** am -sten; **durch|schlä|gig** (Bergmannsspr.); **Durch|schlag|papier; Durch|schlags|kraft** die; -

durch|schlän|geln, sich; ich habe mich überall durchgeschlängelt

durch|schlei|chen; er hat sich durchgeschlichen; **durch|schleichen;** er hat das Haus durchschlichen

durch|schleu|sen; das Schiff wurde durchgeschleust

Durch|schlupf; durch|schlüp|fen; er ist durchgeschlüpft

durch|schmo|ren; das Kabel war durchgeschmort

durch|schmug|geln; er hat den Brief durchgeschmuggelt

durch|schnei|den; er hat das Tuch durchgeschnitten; **durch|schneiden;** von Kanälen durchschnittene Landschaft; **Durch|schnitt;** im -; **durch|schnitt|lich; Durchschnitts_al|ter,** ...bil|dung *(die;-),* ...ge|schwin|dig|keit, ...lei|stung, ...mensch, ...schül|er, ...wert

durch|schnüf|feln, durch|schnüffeln (ugs. für: untersuchen); er hat alle Winkel durchgeschnüffelt od. durchschnüffelt

durch|schos|sen; [mit Schreibpapier] -es Buch; (Druckw.:) -er Satz

durch|schrei|ben; er hat diese Rechnung durchgeschrieben; **Durch|schrei|be_block** (*Plur.* ...blocks), ...ver|fah|ren

durch|schrei|ten; er ist [durch den Saal] durchgeschritten; **durchschrei|ten;** sie durchschritten den Fluß

Durch|schrift

Durch|schut|teln; wir wurden im Bus kräftig durchgeschüttelt

durch|schwär|men; eine durchschwärmte Nacht

durch|schwei|fen; er hat den Wald durchschweift

durch|schwim|men; er ist unter dem Seil durchgeschwommen; **durch|schwim|men;** er hat den Fluß durchschwommen

durch|schwit|zen; er hat das Hemd durchgeschwitzt

durch|se|geln; das Schiff ist [durch den Kanal] durchgesegelt; **durch|se|geln;** er hat das Meer durchsegelt

durch|se|hen; sie hat die Akten durchgesehen

durch|sein (ugs. für: durchgekommen sein, fertig sein, entzwei sein); der Zug ist schon durchgewesen: aber: wenn er durch ist, war; bei jmdm. unten - (ugs. für: jmds. Wohlwollen verscherzt haben)

durch|set|zen (erreichen); ich habe es durchgesetzt; **durch|set|zen;** das Gestein ist mit Erzen durchsetzt; **Durch|set|zungs|ver|mögen** *das;* -s

durch|seu|chen; das Gebiet war völlig durchseucht

Durch|sicht *die;* -; **durch|sich|tig; Durch|sich|tig|keit** *die;* -

durch|sickern [*Trenn.:* ...sik|kern]; die Nachricht ist durchgesickert

durch|sie|ben; sie hat das Mehl durchgesiebt; **durch|sie|ben;** die Tür war von Kugeln durchsiebt

durch|sit|zen; er hat die Hose durchgesessen

durch|spre|chen; er hat das Gedicht durchgesprochen

durch|star|ten; der Pilot hat die Maschine durchgestartet

durch|ste|chen; ich habe [durch das Tuch] durchgestochen; **durch|ste|chen;** der Damm wird durchstochen; **Durch|ste|che|rei** (Täuschung, Betrug)

durch|ste|hen; sie hat viel durchgestanden; er hat den Skisprung durchgestanden

durch|stei|gen; er ist [durch das Fenster] durchgestiegen; da steig' ich nicht mehr durch (ugs. für: das verstehe ich nicht); **durch|stei|gen;** er hat die Gebirgswand durchstiegen; **Durchstei|gung**

Durch|stich

Durch|stieg

durch|stö|bern; er hat die Papiere durchstöbert

Durch|stoß; durch|sto|ßen; er hat [durch das Eis] durchgestoßen; **durch|sto|ßen;** er hat das Eis durchstoßen

durch|strei|chen; das Wort ist durchgestrichen; **durch|streichen;** er hat das Land durchstrichen

durch|strei|fen; er hat das Land durchstreift

durch|strö|men; große Scharen sind durchgeströmt; **durch|strömen;** das Land wird durchströmt von ...

durch|su|chen; sie hat den Schrank durchgesucht; **durch|suchen;** durchsuchte Koffer; **Durch|su|chung; Durch|suchungs|be|fehl**

durch|tan|ken, sich (Handball, Fußball: mit kraftvollem körperlichem Einsatz die Abwehr überwinden); er hat sich durchgetankt

durch|tan|zen; er hat die Nacht durchgetanzt; **durch|tan|zen;** durchtanzte Nächte

durch|toben; durchtobte Nächte

durch|trai|nie|ren; mein Körper ist durchtrainiert

durch|trän|ken; das Papier ist mit Öl durchtränkt

durch|trei|ben; ein durchgetriebener Nagel; **durch|trie|ben** (gerissen); ein durchtriebener Bursche; **Durch|trie|ben|heit** *die;* -

durch|tren|nen, durch|tren|nen; er hat das Kabel durchgetrennt od. durchtrennt

durch|tre|ten; er hat das Gaspedal ganz durchgetreten

durch|wa|chen; sie hat bis zum Morgen durchgewacht; **durchwa|chen;** ich habe die Nacht durchwacht

durch|wach|sen; der Baum ist durchgewachsen; **durch|wachsen;** [mit Fleisch] -er Speck

durch|wa|gen, sich; ich habe mich durchgewagt

Durch|wahl *die;* -; **durch|wäh|len** (beim Telefon); wir haben nach Tokio durchgewählt; **Durchwahl|num|mer**

durch|wal|ken; das Tuch wurde durchgewalkt; er wurde durchgewalkt (ugs. für: verprügelt)

Durch|wan|de|rer; durch|wandern; er ist ohne Aufenthalt durchgewandert; **durch|wandern;** er hat das ganze Land durchwandert

durch|wär|men, durch|wär|men; der Tee hat uns durchgewärmt od. durchwärmt

durch|wa|schen; sie hat die Strümpfe durchgewaschen

durch|wa|ten; ich bin durchgewatet; **durch|wa|ten;** ich habe den Bach durchwatet

durch|we|ben; der Stoff ist durchgewebt; **durch|we|ben;** mit Goldfäden durchwebt; mit poetischen Gedanken durchwoben

durch|weg [auch: *durchwäk*]; **durch|wegs** [*durchwekß,* auch: *durchwekß*] (österr. nur so, sonst ugs. neben: durchweg)

durch|wei|chen, durch|wei|chen; ich bin vom Regen ganz durchgeweicht, durchweicht worden; vgl. ¹weichen

durch|win|den, sich; ich habe mich durch diese Schwierigkeiten durchgewunden; **durch|win|den;** ein von einem Bach durchwundenes Tal

durch|win|tern; gut durchwintern Pflanzen; **Durch|win|te|rung**

durch|wir|ken; durchgewirkter Teig; **durch|wir|ken;** durchwirkt mit Seidenfäden

durch|wit|schen; er ist mir durchgewitscht (ugs. für: entkommen)

durch|wol|len (ugs. für: hindurchgelangen wollen); an dieser Stelle haben sie durchgewollt

durch|wüh|len; die Maus hat sich durchgewühlt; **durch|wüh|len;** die Diebe haben alles durchwühlt od. durchgewühlt

durch|zäh|len; er hat durchgezählt; **Durch|zäh|lung**

durch|ze|chen; er hat die Nacht durchgezecht; **durch|ze|chen;** durchzechte Nächte

durch|zeich|nen; er hat die Skizze durchgezeichnet

durch|zie|hen; ich habe den Faden durchgezogen; **durch|zie|hen;** wir haben das Land durchzogen; **Durch|zie|her** (Studenterspr.: ein Fechthieb, auch: Narbe dieses Hiebes)

durch|zit|tern; Freude hat ihn durchzittert

durch|zucken [Trenn.: ...zuk|ken]; grelle Blitze haben die Finsternis durchzuckt

Durch|zug; Durch|züg|ler; Durchzugs|ar|beit (Weberei: eine Art Spitze)

durch|zwän|gen; ich habe mich durchgezwängt

Dur|drei|klang

Dü|rer (dt. Maler)

dür|fen; du darfst, er darf; du durftest; du dürftest; gedurft; du hast [es] nicht gedurft, a b e r : das hättest du nicht tun -

dürf|tig; Dürf|tig|keit die; -

dürr

Dur|ra die; - (arab.) (eine Getreidepflanze; Sorgho)

Dür|re die; -, -n; **Dür|re|ka|ta|strophe**

Dür|ren|matt (schweiz. Dramatiker u. Erzähler)

Dürr|fut|ter (vgl. ¹Futter; Trockenfutter)

Durst der; -[e]s; **dur|sten** (geh. für: dürsten); **dür|sten** (geh.); mich dürstet, ich dürste; **dur|stig;** **durst.lö|schend** (↑ R 209), **...stillend** (↑ R 209); **Durst|strecke** [Trenn.:...strek|ke] (meist übertr.: Zeit der Entbehrung)

Dur_ton|art, ...ton|lei|ter

Dusch|bad [auch: du...]; **Du|sche** [auch: du...] die; -, -n ⟨franz.⟩; **Dusch|ecke** [auch: du...; Trenn.: ...ek|ke]; **du|schen** [auch: du...]; du duschst (duschest); **Dusch.ge|le|gen|heit** [auch: du...], **...kabi|ne, ...raum**

Dü|se die; -, -n

Du|sel der; -s (ugs. für: unverdientes Glück; auch für: Schwindel, Rausch); **Du|se|lei; du|se|lig,** dus|lig, (nordd.) **dü|se|lig; duseln** (träumen); ich ...[e]le (↑ R 22)

dü|sen (ugs. für: sausen); du düst; er düste; **Dü|sen.ag|gre|gat, ...an|trieb, ...flug|zeug, ...jä|ger, ...ma|schi|ne, ...trieb|werk**

dus|lig, du|se|lig

Dus|sel der; -s, - (ugs. für: Dummkopf)

Düs|sel|dorf (Stadt am Rhein); **Düs|sel|dor|fer** (↑ R 147)

Dus|se|lei; dus|se|lig, duß|lig; Dus|se|lig|keit; Duß|lig|keit

Dust der; -[e]s (niederd. für: Dunst, Staub)

du|ster (landsch. für: düster); **düster; düst[e]rer, -ste; Dü|ster** das; -s; **Dü|ster|heit, Dü|ster|keit** die; -; **dü|stern** (dicht.); es düstert; **Dü|ster|nis** die; -, -se

Dutch|man [datschm'n] der; -s, ...men [...m'n] ⟨engl.⟩ (Niederländer; Schimpfwort englischer Matrosen für einen deutschen Seemann)

Dutt der; -[e]s, -s od. -e (landsch. für: Haarknoten)

Dut|te die; -, -n (landsch. für: Zitze)

Du|ty-free-Shop [djuti fri schop] ⟨engl.⟩ (Laden, in dem zollfreie Waren verkauft werden)

Dut|zend das; -s, -e (Abk.: Dtzd.); 6 - (↑ R 129); das Heulen Dutzender von Sirenen; **dut|zen|de|mal, dut|zend|fach; dut|zend|mal;** ein halbes, einige, viele -, a b e r : viele Dutzend Male; **Dut|zendwa|re; dut|zend|wei|se**

Du|um|vir [...wir] der; -n, -n (auch: ...iri; meist Plur.) ⟨lat.⟩ (altröm. Beamtentitel); **Du|um|vi|rat** das; -[e]s, -e (Amt der Duumvirn)

Du|vet [düwä] das; -s, -s ⟨franz.⟩ (schweiz. für: Feder-, Deckbett); **Duve|tine** [düftin] der; -s, -s (ein samtartiges Gewebe)

Du|wock der; -s, -s (niederd. für: Schachtelhalm)

Duz|bru|der; du|zen; du duzt (duzest); **Duz|freund; Duz|fuß,** nur in: mit jmdm. auf [dem] - stehen

DV = Datenverarbeitung

Dvo|řák [dwórsehak] (tschech. Komponist)

DW = Deutsche Welle

dwars (Seemannsspr.: quer); **Dwars.li|nie** (in - [Seemannsspr.: nebeneinander] fahren), **...see** die

---

Dweil der; -s, -e (Seemannsspr.: schrubberähnlicher Aufwischer)

Dwi|na die; - (russ. Fluß, Nördliche Dwina; russ.-lett. Fluß, Düna od. Westliche Dwina)

Dy = chem. Zeichen für: Dysprosium

dya|disch (↑ R 180) ⟨griech.⟩ (dem Zweiersystem zugehörend); -es Zahlensystem; **Dy|as** die; - (veralt. für: ²Perm)

Dyck, van [wan od. fan daik] (flämischer Maler)

dyn = Dyn

Dyn das; -s ⟨griech.⟩ (frühere Einheit der Kraft, 10⁻⁵ Newton; Zeichen: dyn); **Dy|na|mik** die; - (Lehre von den Kräften; Schwung, Triebkraft); **dy|namisch** (die Kraft betreffend; voll innerer Kraft; triebkräftig; Kraft...); -e Belastung; -e Rente; **dy|na|mi|sie|ren; Dy|na|mi|sierung; Dy|na|mis|mus** der; - (Weltanschauung, die die Wirklichkeit auf Kräfte u. deren Wirkungen zurückführt); **Dy|na|mit** das; -s (Sprengstoff); **Dy|na|mitpa|tro|ne; Dy|na|mo** [oft: dünamo] der; -s, -s (Kurzform für: Dynamomaschine); **Dy|na|mo|maschi|ne** (Stromerzeuger); **Dy|namo|me|ter** das; -s, - (Vorrichtung zum Messen von Kräften u. von mechan. Arbeit); **Dy|nast** der; -en, -en; ↑ R 197 (Herrscher; [kleiner] Fürst); **Dy|na|stie** die; -, ...ien (Herrschergeschlecht, -haus); **dy|na|stisch**

dys... ⟨griech.⟩ (Vorsilbe: übel, schlecht, miß-)

Dys|en|te|rie die; -, ...ien ⟨griech.⟩ (Med.: Ruhr [Darmkrankheit]); **dys|en|te|risch** (ruhrartig)

Dys|funk|ti|on die; -, -en ⟨griech.; lat.⟩ (Med.: gestörte Funktion)

dys|mel ⟨griech.⟩ (mit Dysmelie behaftet); **Dys|me|lie** die; -, ...ien ⟨griech.⟩ (Med.: angeborene Mißbildung an Gliedmaßen)

Dys|me|nor|rhö¹, Dys|me|nor|rhöe die; -, ...rrhöen ⟨griech.⟩ (Med.: Menstruationsschmerzen)

Dys|pep|sie die; -, ...ien ⟨griech.⟩ (Med.: Verdauungsschwäche, -störung); **dys|pep|tisch** (schwer verdaulich; schwer verdauend)

Dys|pnoe [...o-e] die; - ⟨griech.⟩ (Med.: Atembeschwerden)

Dys|pro|si|um das; -s ⟨griech.⟩ (chem. Grundstoff, Metall; Zeichen: Dy)

Dys|to|nie die; -, ...ien ⟨griech.⟩ (Med.: Störung des normalen Spannungszustandes der Muskeln u. Gefäße); vegetative -

dys|troph ⟨griech.⟩ (Med.: die Er-

---

¹ Vgl. die Anmerkung zu „Diarrhö, Diarrhöe".

nährung störend); Dys|tro|phie
die; -, ...ien (Med.: Ernährungs-
störung); Dys|tro|phi|ker (jmd.,
der an Dystrophie leidet)
Dys|u|rie _die;_ -, ...ien ⟨griech.⟩
(Med.: Harnbeschwerden)
dz = Doppelzentner
dz. = derzeit
D-Zug [_de_...] („Durchgangszug";
Schnellzug); **D-Zug-ar|tig** (↑ R
41); **D-Zug-Wa|gen** (↑ R 41)

E

E (Buchstabe); das E; des E, die
E, aber: das e in Berg (↑ R 82);
der Buchstabe E, e
e, E _das;_ -, - (Tonbezeichnung); **e**
(Zeichen für: e-Moll); in e; **E**
(Zeichen für: E-Dur); in E
ε = Zeichen für: Dielektrizitäts-
konstante
E = (internationale Wetterkun-
de:) East [_ißt_] ⟨engl.⟩ od. Est [_äßt_]
⟨franz.⟩ (Ost)
E = Eilzug; Europastraße
E, ε = Epsilon
H, η = Eta
Ea|gle [_ig'l_] _das;_ -s, -s ⟨engl.⟩
(Golf: zwei Schläge unter Par)
EAN = europäische Artikelnu-
merierung (für den Strichkode
auf Waren)
Earl [_ö'l_] _der;_ -s, -s ⟨engl.⟩ (engl.
Graf)
Eau de Co|lo|gne [_o d᷃ kolonj᷃_,
österr.: ..._lon_] _das_ (seltener: _die_)
- - -, Eaux - - [_o_ - -] ⟨franz.⟩ (Köl-
nischwasser); **Eau de par|fum** [_- -
parföng_] _das;_ - - -, Eaux - - [_o_ - -]
(Duftwasser, das stärker als Eau
de toilette duftet); **Eau de toilette** [_- - toalät_] _das;_ - - -, Eaux - -
[_o_ - -] (Duftwasser); **Eau de vie** [_-
- wi_] _das_ od. _die;_ - - - (Weinbrand)
Eb|ba (w. Vorn.)
Eb|be _die;_ -, -n; **eb|ben**; es ebbte
(die Ebbe kam); **Eb|be|strom** vgl.
Ebbstrom
Eb|bo (m. Vorn.)
Ebb|strom (Strömung bei Ebbe)
ebd. = ebenda
eben -es (flaches) Land; -e Fläche; - sein; - (soeben) genannt;
das ist nun - (einmal) so; **Eben-
bild; eben|bür|tig; Eben|bür|tig-
keit** _die;_ -; **eben|da** [auch: _eb᷃ndá_]
(Abk.: ebd.); **eben|da|her** [auch:
eb᷃ndáher]; **eben|da|hin** [auch:
eb᷃ndáhin]; **eben|dann** [auch:
eb᷃ndán]; **eben|dar|um** [auch:
eb᷃ndárum]; **eben|da|selbst** [auch:
eb᷃ndáselbst]; **eben|der** [auch: _eb᷃ndér_]; **eben-
der|sel|be** [auch: _eb᷃ndersálb᷃_];

eben|des|halb [auch: _eb᷃ndáß-
halp_]; **eben|des|we|gen** [auch:
eb᷃ndáßweg᷃n]; **eben|die|ser**
[auch: _eb᷃ndis᷃r_]; **eben|dort**
[auch: _eb᷃ndórt_]; **eben|dort-
selbst; Ebe|ne** _die;_ -, -n; **eben|er-
dig; eben|falls;** vgl. Fall _der;_
eben|heit _die;_ - (ebene Beschaf-
fenheit)
Eben|holz ⟨ägypt.; dt.⟩
eben|je|ner [auch: _eb᷃njén᷃r_];
Eben|maß _das;_ **eben|mä|ßig;
Eben|mä|ßig|keit** _die;_ -
eben|so; - wie. **I.** Bei folgendem
Adverb u. den ungebeugten Formen der unbestimmten Zahlwörter viel u. wenig _Zusammen-
schreibung_ (der Ton liegt auf
ebenso): ebensooft, ebensoviel.
II. Bei folgendem ungebeugten
Adjektiv _Zusammenschreibung_,
wenn der Ton nur auf ebenso
liegt, _Getrenntschreibung_, wenn
beide Wörter betont werden: er
hätte ebensogut zu Hause bleiben können, aber: er spielt
ebenso gut Klavier wie ich; das
ist ebenso schön wie teuer. **III.**
Bei folgendem gebeugtem Adjektiv od. bei den gebeugten Formen der unbestimmten Zahlwörter viel u. wenig _immer Getrennt-
schreibung_ (der Ton liegt auf beiden Wörtern): ebenso gute Leute, ebenso viele Freunde; aber:
ebensolche Leute; du kannst das ebensogut
machen, aber: das ist ebenso
gut wie ..., ebenso (gleich) gute
Leute; vgl. ebenso; **eben|so|häu-
fig;** er hat es ebensohäufig getan,
aber: eine ebenso häufige Wie-
derholung; vgl. ebenso; **eben|so-
lang, eben|so|lan|ge** (gleich lange
dauernd); das dauert ebenso-
lang[e], aber: er hat ebenso lan-
ge Beine wie ich; vgl. ebenso; **eben|so|lch; eben|so|cher** [auch:
eb᷃nsólch᷃r]; **eben|so|oft; eben|so-
sehr; eben|so|viel;** ebensoviel
sonnige Tage, aber: ebenso viele sonnige Tage; vgl. ebenso;
eben|so|weit, aber: eine ebenso
weite Entfernung; vgl. ebenso;
eben|so|we|nig; ebensowenig rei-
fe Birnen, aber: ebenso wenige
reife Birnen; vgl. ebenso; **eben-
so|wohl**
Eber _der;_ -s, - (männl. Schwein)
Eber|esche (ein Laubbaum)
Eber|hard (m. Vorn.)
eben|nen
Eb|ner-Eschen|bach, Marie von
(österr. Dichterin)
Eb|nung
Ebo|nit _das;_ -s ⟨ägypt.⟩ (Hartgum-
mi aus Naturkautschuk)
Ebro _der;_ -[s] (Fluß in Spanien)
Ec|ce-Ho|mo [_äkz᷃hómo_] _das;_ -[s],
-[s] ⟨lat.⟩ („Sehet, welch ein

Mensch!"; Darstellung des dor-
nengekrönten Christus)
Echarpe [_escharp_] _die;_ -, -s ⟨franz.⟩
(veraltend, noch fachspr. für:
Schärpe, Schal; bes. schweiz.:
gemustertes Umschlagtuch)
echauf|fie|ren, sich [_eschofir'n_]
⟨franz.⟩ (veralt. für: sich erhitzen;
sich aufregen); **echauf|fiert**
Eche|ve|ria [_ätscheweria_] _die;_ -,
...ien [..._i'n_] (nach dem mexikan.
Pflanzenzeichner Echeverría)
(Dickblattgewächs, beliebt als
Zimmerpflanze)
Echi|nit _der;_ -s u. -en (↑ R 197),
-e[n] ⟨griech.⟩ (versteinerter See-
igel); **Echi|no|der|me** _der;_ -n, -n
(meist _Plur._); ↑ R 197 (Stachel-
häuter); **Echi|no|kok|kus** _der;_ -,
...kken (Blasenwurm [ein Hunde-
bandwurm] od. dessen Finne);
Echi|nus _der;_ -, - (ein Seeigel; ein
Säulenwulst)
¹**Echo** (Nymphe des griech. My-
thos); ²**Echo** _das;_ -s, -s ⟨griech.⟩
(Widerhall); **echo|en** [..._o'n_]; es
echot; geechot; **Echo|lot; Echo-
lo|tung**
Ech|se _die;_ -, -n (ein Kriechtier)
echt; ein echtgoldener, echtsilber-
ner Ring, (auch getrennt,
↑ R 209:) ein echt goldener, echt
silberner Ring; der Ring ist echt
golden, echt silbern; aber (klas-
senbildend, ↑ R 209): **echt|blau;**
ein echtblauer Farbstoff, der
Farbstoff ist echtblau
Echt|ter|nach (Stadt in Luxem-
burg); **Echt|ter|na|cher** (↑ R 147); -
Springprozession
echt|gol|den; vgl. echt; **Echt|haar;
Echt|haar|pe|rücke** [_Trenn.:
...rük|ke_]; **Echt|heit** _die;_ -; **Echt-
heits|prü|fung; Echt|sil|ber;** aus
-; **echt|sil|bern;** vgl. echt
Eck _das;_ -[e]s, -e (österr.: -en, für
Dreieck usw.: -e; bes. südd. u.
österr. für: Ecke; sonst fast nur
noch in geogr. Namen u. in:
Dreieck usw.); das Deutsche -
(in Koblenz u. [im Verkehrswe-
sen] österr. Straßen- und Bahn-
verbindung über den Südostzip-
fel Bayerns)
Eckart [_Trenn.: Ek|kart_], **Eck|hart,
Eckel|hart** (dt. Mystiker, gen.
Meister -); vgl. Eckhard
Eck..ball (Sportspr.), **...bank** (_Plur._
...bänke)
Eck|bert, Egl|bert (m. Vorn.); **Eck-
brecht, Egl|brecht** (m. Vorn.)
**Eck|brett; Eck|chen, Eck|lein;
Ecke¹** _die;_ -, -n; vgl. Eck
Ecke|hard¹ vgl. Eckhard; **Ecke-
hart¹** vgl. Eckart
ecken¹ (veralt. für: mit Ecken ver-
sehen); **Ecken|band¹** vgl. Eggen-
band; **ecken|los¹; Ecken|ste|her¹**

¹ _Trenn.: ...k|k..._

Ecker¹ die; -, -n (svw. Buchecker, selten für: Eichel)

Eckermann¹ (Vertrauter u. Gehilfe Goethes)

Eckern¹ Plur., als Sing. gebraucht (Farbe im dt. Kartenspiel); - spielen; - sticht

Eckernförde¹ (Hafenstadt an der Eckernförder Bucht)

Eck.fah|ne, ...fen|ster

Eck|hard (m. Vorn.), bei Goethe: Eckart, bei Scheffel: Ek|ke|hard; Eck|hart vgl. Eckart

Eck|haus; eckig¹; Eckig|keit¹; Eck|lein, Eck|chen; Eck|lohn

Eck|mann|schrift die; -; ↑R 135 (eine Druckschrift)

Eck.pfei|ler, ...satz (Mus.), ...schrank, ...stein, ...stoß (Sportspr.), ...zahn, ...zim|mer, ...zins

Eclair [eklär] das; -s, -s ⟨franz.⟩ (ein Gebäck)

Eco|no|mi|ser [ikon͑mais͑r] der; -s, - ⟨engl.⟩ (Vorwärmer bei Dampfkesselanlagen); Eco|no|my|klasse [ikon͑mi...] (billigste Tarifklasse im Flugverkehr)

Ecossaise die. Ekossaise

Ecu [ekü] der; -[s], -[s] u. die; -, - ⟨franz.⟩ (europ. Rechnungseinheit); 10 -; vgl. EWS

Ecuador (südamerik. Staat); Ecua|do|ria|ner (↑R 147); ecua|do|ria|nisch

ed. = edidit ⟨lat.⟩ („herausgegeben hat es ...“); Ed. = Edition

Edam (niederl. Stadt); Eda|mer (↑R 147); - Käse; Eda|mer die; -s, - (ein Käse)

Eda|phon das; -s ⟨griech.⟩ (Biol.: die in und auf dem Erdboden lebenden Kleinlebewesen)

edd. = ediderunt ⟨lat.⟩ („herausgegeben haben es ...“)

¹Ed|da die; - ⟨altnord.⟩ (Sammlung altnord. Dichtungen)

²Ed|da (w. Vorn.)

ed|disch; -e Lieder

Edel|ka = Einkaufsgenossenschaft deutscher Kolonialwaren- und Lebensmitteleinzelhändler

edel; ed|ler, -ste; vgl. Edle; Edelbert (m. Vorn.); Edel|fäu|le (fachspr. für: Überreife von Weintrauben); Edel|gard (w. Vorn.); Edel|gas; Edel|ling (germ. Adliger); Edel.ka|sta|nie, ...kitsch (iron.), ...mann (Plur. ...leute); edel|män|nisch; Edel-.mar|der, ...me|tall, ...mut der; edel|mü|tig; Edel.rost (für: Patina), ...stahl, ...stein, ...tan|ne; Edel|traud, Edel|trud (w. Vorn.); Edel|weiß das; -[es], -[e] (eine Gebirgspflanze); Edel|zwicker¹ (elsässischer Weißwein)

Eden das; -s ⟨hebr.⟩ (Paradies im A. T.); der Garten -

Eden|ta|te der; -n, -n (meist Plur.); ↑R 197 (zahnarmes Säugetier)

Eder die; - (Nebenfluß der Fulda)

Ed|gar (m. Vorn.)

edie|ren ⟨lat.⟩; Bücher - (herausgeben, veröffentlichen); ediert

Edikt das; -[e]s, -e ⟨lat.⟩ (amtl. Erlaß von Kaisern u. Königen)

Edin|burg (dt. Form von: Edinburgh); Edin|burgh [ädinb͑r] (Hptst. Schottlands)

Edir|ne (türk. Name von: Adrianopel)

Edi|son [engl. Ausspr.: ädißn] (amerik. Erfinder)

Edith, Edi|tha (w. Vorn.)

Edi|ti|on [...zion] die; -, -en ⟨lat.⟩ (Ausgabe; Abk.: Ed.); Edi|tor [auch: edi...] der; -s, ...oren (Herausgeber); edi|to|risch

Ed|le der u. die; -n, -n (↑R 7 ff.); -r von ... (Adelstitel)

Ed|mund (m. Vorn.)

Edom (Land östl. u. südöstl. des Toten Meeres); Edo|mi|ter

Ed|schmid [auch: ät...] (dt. Schriftsteller)

Edu|ard, Ed|ward (m. Vorn.)

Edu|ka|ti|on [...zion] die; - ⟨lat.⟩ (veralt. für: Erziehung); Edukt das; -[e]s, -e (aus Rohstoffen abgeschiedener Stoff [z. B. Öl])

E-Dur [auch: edur] das; - (Tonart; Zeichen: E); E-Dur-Ton|lei|ter (↑R 41)

EDV = elektronische Datenverarbeitung

Ed|ward vgl. Eduard; Ed|win (m. Vorn.)

Ed|zard (fries. für: Eckhard)

EEG = Elektroenzephalogramm

Efen|di der; -s, -s ⟨türk.⟩ (ein türk. Anredetitel)

Efeu der; -s; efeu|be|wach|sen; Efeu|ran|ke

Eff|eff [auch: äfäf u. äfäf] (ugs.); etwas aus dem - (gründlich) verstehen

Ef|fekt der; -[e]s, -e ⟨lat.⟩ (Wirkung, Erfolg; Ergebnis); Ef|fek|ten Plur. (Wertpapiere); Ef|fek|ten.bank (Plur. ...banken), ...bör|se, ...gi|ro|ver|kehr, ...han|del; Ef|fek|t|ha|sche|rei; ef|fek|tiv (tatsächlich; wirksam; greifbar); -e Leistung (Nutzleistung); Ef|fek|tiv das; -s, -e [...wͤ] (Sprachw.: Verb des Verwandelns, z. B. „knechten“ = „zum Knecht machen“); Ef|fek|tiv|be|stand (Ist-Bestand); Ef|fek|ti|vi|tät die; - (Wirkungskraft); Ef|fek|ti|v|lohn; ef|fek|tu|ie|ren ⟨franz.⟩ (Wirtsch.: einen Auftrag ausführen; eine Zahlung leisten); ef|fekt|voll (wirkungsvoll) ef|fe|mi|niert ⟨lat.⟩ (verweiblicht) Ef|fet [äfe od. äfä] der (selten: das); -s, -s (Drall einer [Billard]kugel, eines Balles); Ef|fi-

cien|cy [͑fisch͑nßi] die; - ⟨engl.⟩ (Wirtsch.: Wirtschaftlichkeit, bestmöglicher Wirkungsgrad)

ef|fi|lie|ren ⟨franz.⟩ (die Haare beim Schneiden ausdünnen); Ef|fi|lier|sche|re

ef|fi|zi|ent [...zient] -este ⟨lat.⟩ (wirksam; wirtschaftlich); Ef|fi|zi|enz die; -, -en (Wirksamkeit)

Ef|flo|res|zenz die; -, -en ⟨lat.⟩ (Med.: Hautblüte [z. B. Pusteln]; Geol.: Mineralüberzug auf Gesteinen); ef|flo|res|zie|ren

Ef|fu|si|on die; -, -en ⟨lat.⟩ (Ausfließen von Lava); ef|fu|siv (durch Erguß gebildet); Ef|fu|siv|ge|stein (Ergußgestein)

EFTA = European Free Trade Association [ju͑r͑pi͑n fri tre͑d ͑ßo͑ßie͑sch͑n] (Europäische Freihandelsassoziation)

EG = Europäische Gemeinschaft[en]; Eingetragene Genossenschaft (vgl. eingetragen)

¹egal (ugs. für: gleichgültig); das ist mir -; ²egal (landsch. für: immer [wieder, noch]); er hat - etwas an mir auszusetzen; ega|li|sie|ren (gleichmachen, ausgleichen); Ega|li|sie|rung; ega|li|tär (auf Gleichheit gerichtet); Ega|li|tät die; - (veralt. für: Gleichheit); Éga|li|té die; - (franz. für: Gleichheit; Liberté)

Egart die; - (bayr. u. österr. für: Grasland); Egar|ten|wirt|schaft, Egart|wirt|schaft die; - (Feldgraswirtschaft)

Eg|bert vgl. Eckbert; Eg|brecht vgl. Eckbrecht

Egel der; -s, - (ein Wurm); Egel|schnecke [Trenn.: ...schnek|ke]

Eger (Stadt in der Tschechoslowakei); vgl. Cheb; Eger|land das; -[e]s; Eger|län|der (↑R 147)

Eger|ling (dt. Name für: Champignon)

¹Eg|ge die; -, -n (Gewebekante, -leiste); ²Eg|ge die; -, -n (ein Ackergerät); eg|gen; das Feld wird geeggt; Eg|gen|band (Plur. ...bänder; festes Band, das Nähte vor dem Verziehen schützen soll)

Egg|head [äghäd] der; -[s], -s ⟨engl.-amerik.⟩ („Eierkopf“; in den USA spött. od. verächtl. Bez. für: Intellektueller)

Egil¹ (nord. Sagengestalt)

Egi|nald¹ (m. Vorn.); Egin|hard¹, Ein|hard (m. Vorn.)

Egk [äk] (dt. Komponist)

Eg|li die; -[s], - (bes. schweiz. für: Flußbarsch)

EGmbH = Eingetragene Genossenschaft mit beschränkter Haftpflicht (auch: eGmbH; dafür jetzt: EG; vgl. d.)

Eg|mont (Titelgestalt der gleichnamigen Tragödie von Goethe)

---

¹ Trenn.: ...k|k...

¹ Auch: ...äg...

EGmuH = Eingetragene Genossenschaft mit unbeschränkter Haftpflicht (auch: eGmuH; dafür jetzt: EG; vgl. d.)

ego [auch: *ägo*] ⟨lat.⟩ (ich); vgl. Alter -; Ego *das;* -, -s (Philos., Psych.: das Ich); **Ego|is|mus** *der;* -, ...men (Selbstsucht; Ggs.: Altruismus); **Ego|ist** *der;* -en, -en (↑R 197), **egoi|stisch** (↑R 180); -ste

Egolf (m. Vorn.)

Egon (m. Vorn.)

Ego|tis|mus *der;* - ⟨lat.⟩ (Neigung, sich selbst in den Vordergrund zu stellen); **Ego|tist** *der;* -en, -en (↑R 197); **Ego|trip** [auch: *ägo...*] ⟨engl.⟩; auf dem - sein (ugs. für: sich egozentrisch verhalten); **Ego|zen|trik** *die;* - (Ichbezogenheit); **Ego|zen|tri|ker** (ichbezogener Mensch); **ego|zen|trisch**

egre|nie|ren ⟨franz.⟩ (Baumwollfasern von den Samen trennen); **Egre|nier|ma|schi|ne**

Egyp|ti|enne [*eschipḭän*] *die;* - ⟨franz.⟩ (eine Antiquaschriftart)

¹**eh** (südd., österr. für: sowieso)

²**eh!**

eh' vgl. ehe

eh., e. h. = ehrenhalber

e. h. = (österr.:) eigenhändig

E. h. = Ehren halber¹, z. B. in: Dr.-Ing. E. h.

ehe; ehedem; - denn; ehe (eh') ich das nicht weiß, ...; (↑R 18:) seit eh und je; vgl. eher u. eheste

Ehe *die;* -, -n; **ehe|ähn|lich; Ehe|an|bah|nungs|in|sti|tut**

ehe|bal|dig|st (österr. für: möglichst bald)

Ehe_be|ra|tung, ...be|ra|tungs|stel|le, ...bett; ehe|bre|chen (nur im Infinitiv u. 1. Partizip gebr.; sonst:) er bricht die Ehe, hat die Ehe gebrochen; die Ehe zu brechen (↑R 207); **Ehe_bre|cher, ...bre|che|rin** *die;* -, -nen); **ehe|bre|che|risch; Ehe|bruch** *der*

ehe|dem (vormals)

Ehe_dis|pens, ...fä|hig|keit (*die;* -), **...frau, ...füh|rung, ...gat|te** (bes. Amtsspr.), **...ge|spons** (scherzh.)

ehe|ge|stern (veraltend: vor längerer Zeit); gestern und -

Ehe_glück, ...hal|fen (scherzh.), **...hälf|te** (scherzh.), **...hin|der|nis, ...hy|gie|ne, ...krach, ...kri|se, ...leu|te** *Plur.;* **ehe|lich;** -es Güterrecht; **ehe|li|chen; Ehe|lich|er|klä|rung** (BGB); **Ehe|lich|keit** *die;* - (Abstammung aus rechtsgültiger Ehe); **Ehe|lich|keits|er|klä|rung** swv. Ehelicherklärung; **ehe|los; Ehe|lo|sig|keit** *die;* - **ehe|mal|lig; ehe|mals**

Ehe|mann (*Plur.* ...männer); **ehe|männ|lich; Ehe_paar, ...part|ner**

¹ Frühere Schreibung von: ehrenhalber.

---

eher; je eher (früher), je lieber; je eher (früher), desto besser; eher ([viel]mehr) klein [als groß]; er wird es um so eher (lieber) tun, als ...

Ehe_recht, ...ring

ehern; -es (unveränderliches) Gesetz; -es Lohngesetz (Sozialwissenschaft), aber (↑R 157): die Eherne Schlange (bibl.)

Ehe_schei|dung, ...schlie|ßung, ...stand (*der;* -[e]s)

ehe|ste; -ns; (↑R 65:) des -n, am -n, mit -m

Ehe_streit, ...tra|gö|die, ...ver|bot, ...ver|mitt|lung, ...ver|spre|chen, ...ver|trag, ...weib (scherzh.); **ehe|wid|rig;** -es Verhalten

Ehr|ab|schnei|der; ehr|bar; Ehr|bar|keit *die;* -; **ehr|be|gie|rig; Ehr_be|griff, ...be|lei|di|gung; Eh|re** *die;* -, -n; in, mit Ehren, jmdm. zu Ehren; vgl. E. h.; **eh|ren; Eh|ren|amt; eh|ren|amt|lich; Eh|ren_be|zei|gung,** (seltener:) **...be|zeu|gung, ...bür|ger, ...dienst, ...dok|tor** (vgl. Doktor), **...ein|tritt** (für: Intervention [bei einem Wechsel]), **...er|klä|rung, ...es|kor|te, ...fä|hig|keit** (*die;* -); **Eh|ren|fried** (m. Vorn.); **Eh|ren_gal|be, ...gar|de, ...gast** (*Plur.* ...gäste), **...ge|leit, ...ge|richt; eh|ren|haft; Eh|ren|haf|tig|keit** *die;* -; **eh|ren|hal|ber** (Abk.: eh. u. e. h.; vgl. aber E. h.); **Eh|ren_kar|te, ...ko|dex, ...kom|pa|nie, ...le|gi|on** (*die;* -; franz. Orden), **...mal** (*Plur.* ...male u. ...mäler), **...mann** (*Plur.* ...männer), **...mit|glied, ...na|del, ...na|me, ...platz, ...preis** (Gewinn; vgl. ²Preis), **...preis** (*das* od. *der;* -es, -; Name verschiedener Pflanzen), **...pro|mo|ti|on, ...rat, ...rech|te** *Plur.;* die bürgerlichen -; **eh|ren|reich; Eh|ren_ret|tung; eh|ren|rüh|rig; Eh|ren_run|de; Eh|ren|sa|che;** das ist für mich eine -; Ehrensache! (ugs. für: selbstverständlich!); **Eh|ren_sa|lut, ...sal|ve; eh|ren|schän|de|risch; Eh|ren_schuld, ...sold, ...spa|lier, ...stra|fe, ...tag, ...tanz, ...ti|tel, ...tor** *das;* **Eh|ren|traud, Eh|ren|trud** (w. Vorn.); **Eh|ren_tri|bü|ne, ...ur|kun|de; eh|ren|voll, ...wert; Eh|ren_wort** (*Plur.* ...worte), **...zei|chen; eh|ren|bie|tig; Ehr|er|bie|tig|keit** *die;* -; **Ehr|er|bie|tung** *die;* -; **Ehr|furcht; ehr|furcht|ge|bie|tend; ehr|fürch|tig; ehr|furchts_los, ...voll; Ehr|ge|fühl** *das;* -[e]s), **...geiz; ehr|gei|zig; Ehr|geiz|ling** (abwertend); **ehr|lich;** ein -er Makler (redlicher Vermittler) sein; **ehr|li|cher|wei|se; Ehr|lich|keit** *die;* -; **ehr|lie|bend; ehr|los; -este; Ehr|lo|sig|keit; ehr|pus|se-**

---

lig, ehr|puß|lig (mit einem kleinlichen, spießigen Ehrbegriff); **Ehr|pus|se|lig|keit, Ehr|puß|lig|keit; ehr|sam; Ehr|sam|keit** *die;* -; **Ehr|sucht** *die;* -; **ehr|süch|tig; Eh|rung; ehr|ver|ges|sen; Ehr_ver|lust** *der;* -[e]s; **Ehr|wür|den** (kath. Kirche [veraltend]: Anrede für Brüder u. Schwestern in geistl. Orden u. Kongregationen); **ehr|wür|dig; Ehr|wür|dig|keit** *die;* -

ei!; ei, ei!; ei machen

Ei *das;* -[e]s, -er

...ei (z. B. Bäckerei *die;* -, -en)

eia!

Ei|ab|la|ge (Zool.)

eia|po|pei|a!, heia|po|pei|a!

Ei|be *die;* -, -n (ein Nadelbaum); **ei|ben** (aus Eibenholz)

Ei|bisch *der;* -[e]s, -e (eine Heilpflanze); **Ei|bisch|tee** *der;* -s

Ei|b|see *der;* -s

Eich (dt. Lyriker u. Hörspielautor)

Eich|amt

Eich_baum, Ei|chen|baum; ¹**Ei|che** *die;* -, -n (ein Baum)

²**Ei|che** *die;* -, -n (Eichung; Maischemaß)

Ei|chel *die;* -, -n; **Ei|chel|hä|her** (ein Vogel); **Ei|chel|mast** *die;* **Ei|cheln** *Plur.,* als *Sing.* gebraucht (Farbe im dt. Kartenspiel); -sticht, - spielen; ¹**ei|chen** (aus Eichenholz)

²**ei|chen** (das gesetzl. Maß geben; prüfen)

Ei|chen *das;* -s, - u. Eierchen (kleines Ei)

Ei|chen_baum, Eich|baum

Ei|chen|dorff (dt. Dichter)

Ei|chen_hain, ...holz, ...klotz, ...kranz, ...laub, ...tisch, ...wick|ler (ein Schmetterling)

Ei|cher (Eichmeister); **Eich|ge|wicht**

Eich_hörn|chen, (landsch.:) **...kätz|chen** od. **...kat|ze**

Eich_maß *das,* **...mei|ster** (Beamter beim Eichamt), **...mei|ter** *das*

Eichs|feld *das;* -[e]s (Landschaft); **Eichs|fel|der** (↑R 147); **eichs|fel|disch**

Eich|stätt (Stadt in der Fränkischen Alb)

Eich_stem|pel, ...strich; Ei|chung

Eid *der;* -[e]s, -e; an -es Statt

Ei|dam *der;* -[e]s, -e (veralt. für: Schwiegersohn)

Eid|bruch *der;* **eid|brü|chig**

Ei|dechs|chen, Ei|dechs|lein; Ei|dech|se *die;* -, -n; **Ei|dech|sen|le|der; Ei|dechs|le|der**

Ei|der *die;* - (ein Fluß)

Ei|der_dau|ne ⟨isländ.⟩; dt.); **Ei|der_en|te, ...gans**

Ei|der|stedt (Halbinsel an der Nordseeküste); **Ei|der|sted|ter** (↑R 147)

Ei|des_be|leh|rung, ...for|mel; Ei-

des|hel|fer, Eid|hel|fer; Ei|des-
lei|stung; ei|des|statt|lich (an Ei-
des Statt); -e Versicherung
Ei|de|tik die; - ⟨griech.⟩ (Psych.:
Fähigkeit, früher Geschehenes
od. Vorgestelltes anschaulich zu
vergegenwärtigen); Ei|de|ti|ker;
ei|de|tisch
eidg. = eidgenössisch; Eid|ge-
nos|se; Eid|ge|nos|sen|schaft die;
-; Schweizerische Eidgenossen-
schaft (amtl. Name der
Schweiz); eid|ge|nös|sisch (Abk.:
eidg.), aber (↑R 157): Eidgenössische Technische Hochschule
(Abk.: ETH); Eid|hel|fer, Ei|des-
hel|fer; eid|lich
Ei|dot|ter (das Gelbe im Ei); Ei-
er-be|cher, ...bri|kett; Ei|er|chen
Plur.; Ei|er|hand|gra|nal|te; Ei-
er-kopf (für: Egghead), ...korb,
...ku|chen, ...li|kör, ...löf|fel,
...lau|fen (das; -s); ei|ern (ugs.);
das Rad eiert; Ei|er-pfann|ku-
chen, ...schal|le (auch, bes.
fachspr.: Eischale), ...schecke
([Trenn. ...schek|ke] landsch.: ei-
ne Kuchensorte), ...schwamm
(landsch. für: Pfifferling), ...speis
die od. ...spei|se (Gericht, für das
bes. Eier verwendet werden;
österr. für: Rührei), ...stock (Plur.
...stöcke), ...tanz, ...tätsch (der;
-[e]s, -e; schweiz. mdal. für: Ei-
erpfannkuchen), ...uhr
Ei|fel die; - (Teil des westl. Rhein.
Schiefergebirges); Ei|fe|ler, Eif-
ler (↑R 147)
Ei|fer der; -s; Ei|fe|rer; ei|fern;
ich ...ere (↑R 22); Ei|fer|sucht die;
-; Ei|fer|süch|te|lei; ei|fer|süch-
tig; Ei|fer|suchts|sze|ne
Eif|fel|turm (in Paris); ↑R 135
Eif|ler vgl. Eifeler
ei|för|mig
eif|rig
Ei|gelb das; -s, -e (Dotter); 3 -
(↑R 129)
ei|gen; eig[e]ne; zu - geben, ma-
chen; mein - Kind, mein
eig[e]ner Sohn; es ist, ich nenne
es mein -; das ist ihm -; eigene
Aktien (Wirtsch.); vgl. volksei-
gen; Ei|gen das; -s (Besitz); Ei-
gen|art; ei|gen|ar|tig; Ei|gen-ar-
tig|keit, ...bau (der;-s), ...be|darf,
...be|richt, ...be|sitz (BGB), ...be-
sit|zer (BGB), ...be|we|gung; Ei-
gen|brö|te|lei; Ei|gen|bröt|ler
(Sonderling); Ei|gen|bröt|le|rei;
ei|gen|bröt|le|risch, -ste; Ei|gen-
dün|kel; Ei|gel|ne, Eig|ne das; -n
(Eigentum; Eigenart); -s und
Fremdes; Ei|gen-fi|nan|zie|rung,
...ge|schwin|dig|keit; ei|gen|ge-
setz|lich; Ei|gen-ge|setz|lich-
keit, ...ge|wicht; ei|gen|hän|dig
(Abk. österr.: e.h.); -es Delikt
(Rechtsspr.); Ei|gen|hän|dig|keit

die; -; Ei|gen-heim, ...hei|mer,
...heit, ...hil|fe, ...in|itia|ti|ve,
...ka|pi|tal, ...kir|che, ...le|ben,
...lei|stung, ...lie|be, ...lob; ei-
gen|mäch|tig; ei|gen|mäch|ti|ger-
wei|se; Ei|gen-mäch|tig|keit,
...mar|ke, ...mit|tel Plur., ...na-
me, ...nutz (der; -es); ei|gen|nüt-
zig; Ei|gen-nüt|zig|keit (die; -),
...pro|duk|ti|on; ei|gens (geh.);
Ei|gen|schaft; Ei|gen|schafts-
wort (Plur. ...wörter; für: Adjek-
tiv); ei|gen|schafts|wört|lich; Ei-
gen-schwin|gung, ...sinn (der;
-[e]s); ei|gen|sin|nig; Ei|gen|sin-
nig|keit; ei|gen|staat|lich; Ei-
gen|staat|lich|keit die; -; ei|gen-
stän|dig; Ei|gen-stän|dig|keit
(die; -), ...sucht (die; -); ei|gen-
süch|tig; ei|gent|lich (Abk.:
eigtl.); Ei|gent|lich|keit; Ei|gen-
tor das (Sportspr.)
Ei|gen|tum das; -s, (für Woh-
nungseigentum u. ä. auch Plur.:)
...tume; Ei|gen|tü|mer; ei|gen-
tüm|lich; Ei|gen|tüm|lich|keit;
Ei|gen|tums-bil|dung, ...de|likt,
...recht, ...streu|ung, ...ver|ge-
hen, ...woh|nung
ei|gen|ver|ant|wort|lich; Ei|gen-
-ver|brauch, ...ver|si|che|rung,
...wär|me, ...wech|sel (für: Sola-
wechsel), ...wert (der; -[e]s); ei-
gen|wer|tig; Ei|gen|wil|le; ei|gen-
wil|lig; Ei|gen|wil|lig|keit; ei-
gen|wüch|sig
Ei|ger der; -s (Bergstock in den
Berner Alpen); Ei|ger|nord|wand
die; -
eig|nen; etwas eignet ihm (ist ihm
eigen); sich - (geeignet sein);
Eig|ne vgl. Eigene; eig|ner, ei-
gener vgl. eigen; Eig|ner
([Schiffs]eigentümer); Eig|nung
(Befähigung); Eig|nungs-prü-
fung, ...test
eigtl. = eigentlich
...ei|lig (z. B. eineiig)
Ei|klar das; -s, - (österr. für: Ei-
weiß)
Ei|land das; -[e]s, -e (dicht. für: In-
sel)
Ei|l|an|ge|bot
Ei|l|bert (m. Vorn.)
Ei|l-bo|te, ...brief; Ei|le die; -
Ei|l|lei|ter der
ei|len; eile mit Weile!; ei|lends;
ei|ler|tig; Ei|l|fer|tig|keit; Eil-
gut; Ei|l|gü|ter|zug
Ei|l|hard (m. Vorn.)
ei|lig; (↑R 65:) etwas Eiliges be-
sorgen; nichts Eiligeres (Wichti-
geres) zu tun haben, als ...; ei-
ligst; Eil-marsch, ...schritt,
...tem|po, ...trieb|wa|gen, ...zug
(Zeichen: E), ...zu|stel|lung
Ei|m|er der; -s, -; ei|mer|wei|se
¹ein; I. Unbestimmter Artikel
(nicht betont; als Beifügung zu
einem Subst. od. Pronomen): es

war ein Mann, nicht eine Frau;
es war ein Kind und kein Er-
wachsener; eines Mannes, Kindes; ein anderer, jeder; eines jeden [Mannes] Hilfe ist wichtig.
II. Unbestimmtes Pronomen 1.
(alleinstehend): wenn einer (jemand) das nicht versteht, dann
soll er darüber nicht reden; da
kann einer (man) doch völlig
verrückt werden; wenn einer,
(ugs.:) eins (jemand) das hört!;
nach den Aussagen eines (jemandes), der dabei war ...;
ein[e]s (etwas) fehlt ihm: Geduld; das tut einem (mir) wirklich leid; sie sollen einen in Ruhe
lassen; einer (irgendeiner) dieser
Burschen; einer von uns, unser-
einer; ein[e]s (irgendein[e]s) von
uns Kindern; (ugs.:)einen (einen
Schnaps) heben; eins (ein Lied)
singen; gib ihm eins (einen
Schlag); jmdm. eins auswischen.
2. (in [hinweisender] Gegenüber-
stellung): eins kommt nach dem
and[e]ren, andern; ein[er] und
der and[e]re; vom einen, von einem (von diesem) zum and[e]ren,
andern (zu jenem); die einen
(diese) [Zuschauer] klatschten,
die and[e]ren, andern (jene) [Zu-
schauer] pfiffen; eins (dieses)
geht ins and[e]re (in jenes) über.
III. Zahlw. (betont; als Beifügung oder alleinstehend): es war
ein Mann, eine Frau, ein Kind
[es waren nicht zwei]; wenn [nur]
einer das erfährt, dann ist der
Plan zunichte; einer für alle und
alle für einen, aber (↑R 66): der Eine (Bez. für:
Gott); ein[e]s der beiden Pferde,
nicht beide; einer, eine, ein[e]s
von uns, nicht zwei; eins von beiden; zwei Augen sehen mehr als
ein[e]s; mit einem Schlag; in einem fort; unter einem (österr.
für: zugleich); zwei Pfund Wurst
in einem [Stück]; in ein[em] und
einem halben Jahr; in ein[er] und
derselben Straße; es läuft alles auf eins
(ein u. dasselbe) hinaus; sein ein
und [sein] alles; einundzwanzig;
einmal; einhalbmal; ein für allemal; ein oder mehrmals (vgl.
Mal, II); in bis zwei Tage; vgl.
eins
²ein; Adverb: nicht ein noch aus
wissen (ratlos sein); wer bei dir
ein und aus geht (verkehrt),
aber (in Zus.: ↑R 32): ein- und
aussteigen (einsteigen und aussteigen); ein... (in Zus. mit Verben, z. B. einbürgern, du bürgerst
ein, eingebürgert, einzubürgern)
Ein|achs|an|hän|ger; ein|ach|sig
Ein|ak|ter (Bühnenstück aus
einem Akt); ein|ak|tig

ein|an|der; vgl. an-, auf-, aus-, bei-
einander usw.
ein|ant|wor|ten (österr. Amtsspr.
für: übergeben); Ein|ant|wor-
tung (österr.)
Ei|nar (m. Vorn.)
ein|ar|bei|ten; Ein|ar|bei|tung
ein|ar|mig
ein|äschern; ich äschere ein
(↑ R 22); eingeäschert (Zeichen:
Ͽ); Ein|äsche|rung; Ein|äsche-
rungs|hal|le (für: Krematorium)
ein|at|men
ein|ato|mig
ein|ät|zen
ein|äu|gig; Ein|äu|gi|ge der u. die;
-n, -n (↑ R 7 ff.)
Ein|back der; -[e]s, -e u. ...bäcke u.
(ugs.:) -s (ein Gebäck)
Ein|bahn_stra|ße, ...ver|kehr
ein|bal|lie|ren (in Ballen verpak-
ken); Ein|bal|lie|rung
ein|bal|sa|mie|ren; Ein|bal|sa|mie-
rung
Ein|band der; -[e]s, ...bände; Ein-
band|decke [Trenn.: ...dek|ke]
ein|bän|dig
ein_ba|sig, ...ba|sisch (Chemie); -e
Säure
Ein|bau der; -[e]s, (für: eingebau-
ter Teil auch Plur.:) -ten; ein-
bau|en
Ein|baum (Boot aus einem ausge-
höhlten Baumstamm)
Ein|bau|mö|bel; ein|bau|reif; Ein-
bau_schrank, ...teil das
Ein|bee|re (eine Giftpflanze)
ein|be|grif|fen, in|be|grif|fen
(österr. nur so); in dem od. den
Preis [mit] einbegriffen; alle waren beteiligt, er einbegriffen; sie
erinnerte sich aller Beteiligten,
ihn einbegriffen; der Tadel galt
allen, ihn einbegriffen; er zahlte
die Zeche, den Wein einbegriffen
ein|be|hal|ten
ein|bei|nig
ein|be|ken|nen (österr. für: einge-
stehen); Ein|be|kennt|nis
ein|be|rech|nen
ein|be|ru|fen; Ein|be|ru|fe|ne der
u. die; -n, -n (↑ R 7 ff.); Ein|be|ru-
fung; Ein|be|ru|fungs|be|fehl
ein|be|schlie|ßen
ein|be|schrie|ben (Math.); -er
Kreis (Inkreis)
ein|be|stel|len (Amtsdt.: an einen
bestimmten Ort bestellen)
ein|be|to|nie|ren
ein|bet|ten; Ein|bet|tung
ein|beu|len
ein|be|zie|hen; jmdn./etw. mit -
(vgl. mit I,1); Ein|be|zie|hung;
unter - von ...
ein|bie|gen; Ein|bie|gung
ein|bil|den, sich; Ein|bil|dung;
Ein|bil|dungs|kraft die; -
ein|bim|sen (ugs. für: durch ange-
strengtes Lernen einprägen)

ein|bin|den
ein|bla|sen; Ein|blä|ser (Schü-
lerspr. auch für: Vorsager)
Ein|blatt; Ein|blatt|druck (Plur.
...drucke)
ein|bläu|en (blau machen); vgl.
aber: einbleuen
ein|blen|den; sich -; Ein|blen|dung
ein|bleu|en (ugs. für: mit Nach-
druck einprägen, einschärfen);
vgl. aber: einbläuen
Ein|blick
ein|boh|ren; sich -
ein|bre|chen; in ein[em] Haus -;
Ein|bre|cher
Ein|brenn die; -, -en (österr.) u.
Ein|bren|ne die; -, -n (bes. südd.
für: Mehlschwitze); ein|bren-
nen; Ein|brenn|lackie|rung[1]; Ein-
brenn|sup|pe (österr.)
ein|brin|gen; ein|bring|lich; Ein-
brin|gung
ein|brocken[1]; sich, jmdm. etwas -
(ugs. für: Unannehmlichkeiten
bereiten)
Ein|bruch der; -[e]s, ...brüche; Ein-
bruch[s]|dieb|stahl; ein|bruch[s]-
si|cher; Ein|bruch|stel|le; Ein-
bruch[s]|werk|zeug
ein|buch|ten (ugs. für: ins Gefäng-
nis sperren); Ein|buch|tung
ein|bud|den (ugs.)
Ein|bund der; -[e]s, ...bünde
(schweiz. für: Patengeschenk)
ein|bun|kern (ugs. auch für: ins
Gefängnis sperren)
ein|bür|gern; ich bürgere ein
(↑ R 22); sich -; Ein|bür|ge|rung
Ein|bu|ße; ein|bü|ßen
ein|checken[1] ([am Flughafen] ab-
fertigen; sich abfertigen lassen)
ein|cre|men
ein|däm|men; Ein|däm|mung
ein|damp|fen; Ein|damp|fung
ein|decken[1]; sich -
Ein|decker[1] (Flugzeugtyp)
ein|dei|chen; Ein|dei|chung
ein|del|len (ugs.: eine Delle in et-
was machen)
ein|deu|tig; Ein|deu|tig|keit
ein|deut|schen; ich deutsche ein;
du deutschst (deutschest) ein;
Ein|deut|schung
ein|dicken[1]
ein|di|men|sio|nal (↑ R 180)
ein|docken[1] (ins Dock transportie-
ren)
ein|do|sen (in Dosen einkochen);
du dost (dosest) ein; sie do|ste
ein
ein|dö|sen (ugs. für: in Halbschlaf
fallen; einschlafen)
ein|drän|gen; auf jmdn. -; sich -
ein|dre|schen; sich die Haare -
ein|dre|schen; er hat auf das Pferd
eingedroschen
ein|dril|len (ugs. für: einüben)
ein|drin|gen; ein|dring|lich; auf

das, aufs -ste (↑ R 65); Ein|dring-
lich|keit die; -; Ein|dring|ling
Ein|druck der; -[e]s, ...drücke; ein-
drucken[1]; ein|drücken[1]; ein-
drück|lich (bes. schweiz. für: ein-
drucksvoll); Ein|drucks|voll
ein|dü|beln (mit einem Dübel be-
festigen)
ein|du|seln (ugs. für: in Halbschlaf
fallen)
ei|ne; I. Unbestimmter Artikel: vgl.
¹ein, I. II. Unbestimmtes Pronomen: vgl. ¹ein, II. III. Zahlwort:
vgl. ¹ein, III.
ein|eb|nen; Ein|eb|nung
Ei|ne|he (für: Monogamie); ein-
ehig (für: monogam)
ein|ei|lig
ein|ein|deu|tig (fachspr.: umkehr-
bar eindeutig); Ein|ein|deu|tig-
keit
ein|ein|halb, ein|und|ein|halb; -
Tage, aber: ein und ein halber
Tag; ein[und]einhalbmal soviel
Ei|nem, von (österr. Komponist)
ein|en (geh. für: einigen)
ein|en|gen; Ein|en|gung
ei|ner; I. Unbestimmtes Pronomen:
vgl. ¹ein, II. II. Zahlwort: vgl.
¹ein, III.; ²Ei|ner, Ein|ser; ²Ei|ner
(einsitziges Sportboot); Ei|ner-
ka|jak; ei|ner|lei; Ei|ner|lei das;
-s; ei|ner|seits; einerseits ... an-
der[er]seits, andrerseits; ei|nes; I.
Unbestimmter Artikel (Gen.): vgl.
¹ein, I. II. Unbestimmtes Pronomen: vgl. ¹ein, II. III. Zahlwort:
vgl. ¹ein, III.; ei|nes|teils; eines-
teils ... ander[e]nteils
ein|ex|er|zie|ren
ein|fach; -er Bruch; -e Buchfüh-
rung; -e Fahrt; der -e Mann; -
wirkend; (↑ R 65:) [sich] etwas
Einfaches [wünschen]; das einfachste (am einfachsten) ist,
wenn ..., aber: das Einfachste,
was er finden konnte; Ein|fa|che
das; -n (↑ R 7 ff.); das - einer Zahl
ein|fä|chern (in [Schließ]fächer
verteilen)
Ein|fach|heit die; -; der - halber
ein|fä|deln; sich - (Verkehrsw.);
Ein|fä|de|lung, Ein|fäd|lung
ein|fah|ren; Ein|fahr|si|gnal
(fachspr.); Ein|fahrt; Ein-
fahrt[s]_er|laub|nis, ...ge|lei|se
od. ...gleis, ...si|gnal
Ein|fall; ein|fal|len; Ein|fall-
fallricht das; -[e]s, -er [Trenn.:
...fall|licht, ↑ R 204]; ein|falls|los;
Ein|falls|lo|sig|keit die; -; ein-
fall[s]|reich; Ein|fall[s]_reich-
tum, ...win|kel
Ein|falt die; -; ein|fäl|tig; Ein-
falts|pin|sel (abschätzig)
ein|fal|zen; Ein|fal|zung
Ein|fa|mi|li|en|haus
ein|fan|gen

---

¹ Trenn.: ...k|k...

ein|fär|ben
ein|far|big, (österr.:) ein|fär|big
ein|fal|schen (österr. für: verbinden; vgl. Fasche)
ein|fas|sen; Ein|fas|sung
ein|fen|zen ⟨dt.; engl.⟩ (einzäunen); du fenzt (fenzest) ein
ein|fet|ten; Ein|fet|tung
ein|fil|trie|ren (ugs.)
ein|fin|den, sich
ein|flech|ten; Ein|flech|tung
ein|flicken [Trenn.: ...flik|ken]
ein|flie|gen; Ein|flie|ger (Flugw.)
ein|flie|ßen
ein|flö|ßen; Ein|flö|ßung
Ein|flug
ein|flü|ge|lig, ein|flüg|lig
Ein|flug|schnei|se (Flugw.)
Ein|fluß; Ein|fluß.be|reich der, ...nah|me (die; -, selten: -n; Amtsdt.); ein|fluß|reich
ein|flü|stern; Ein|flü|ste|rung
ein|for|dern
ein|för|mig; Ein|för|mig|keit
ein|fres|sen, sich; der Rost hatte sich tief eingefressen
ein|frie|den, ein|frie|di|gen (einhegen); Ein|frie|di|gung, Ein|frie|dung
ein|frie|ren; Ein|frie|rung
ein|fro|sten; Ein|fro|stung
ein|fü|gen; sich -; Ein|fü|gung
ein|füh|len, sich; ein|fühl|sam; Ein|füh|lung; Ein|füh|lungs-ga|be (die; -), ...ver|mö|gen (das; -s)
Ein|fuhr die; -, -en; Ein|fuhr|be|schrän|kung; ein|füh|ren; Ein|fuhr-ha|fen (vgl. ¹Hafen), ...kon|tin|gent, ...land, ...sper|re; Ein|füh|rung; Ein|füh|rungs_kurs, ...preis (vgl. ²Preis), ...vor|trag; Ein|fuhr.ver|bot, ...zoll
ein|fül|len; Ein|füll|öff|nung
¹ein|füt|tern (in den Computer geben)
²ein|füt|tern ([Pflanzen] eingraben)
Ein|ga|be; Ein|ga|be|ge|rät (EDV)
Ein|gang; im Eingang[e]; Ein- und Ausgang (↑ R 32); ein|gän|gig; ein|gangs (Papierdt.; ↑ R 61 f.); mit Gen.: - des Briefes; Ein|gangs_hal|le, ...stem|pel, ...stro|phe, ...tür
ein|ge|äschert (Zeichen: ⚬)
ein|ge|ben
ein|ge|bet|tet; - in die od. in der Landschaft
ein|ge|bil|det; - sein
Ein|ge|bin|de (veralt. für: Patengeschenk)
¹ein|ge|bo|ren; der eingeborene (einzige) Sohn [Gottes]
²ein|ge|bo|ren; die -e Bevölkerung; Ein|ge|bo|re|ne, Ein|ge|bor|ne der u. die; -n, -n (↑ R 7 ff.); Ein|ge|bo|re|nen|spra|che
ein|ge|bracht; -es Gut (Rechtsspr.); Ein|ge|brach|te das; -n; ↑ R 7 ff. (veralt. für: Heiratsgut)

Ein|ge|bung
ein|ge|denk; mit Gen.: - des Verdienstes
ein|ge|fal|len; mit -em Gesicht
ein|ge|fleischt; ein -er Junggeselle
ein|ge|fuchst (ugs. für: eingearbeitet)
ein|ge|hen; ein|ge|hend; auf das, aufs -ste (↑ R 65)
ein|ge|keilt; in eine[r] Menge -
ein|ge|lei|sig, ein|gleisig
ein|ge|lernt
Ein|ge|mach|te das; -n (↑ R 7 ff.)
ein|ge|mein|den; Ein|ge|mein|dung
ein|ge|nom|men (begeistert); er ist von dem Plan sehr -; Ein|ge|nom|men|heit die; -
ein|ge|rech|net; den Überschuß -
Ein|ge|rich|te das; -s, - (innerer Bau beim Türschloß)
ein|ge|sandt; ...sand|te Manuskripte; Ein|ge|sandt das; -s, -s (veralt. für: Leserzuschrift)
ein|ge|schlech|tig (für: diklin)
ein|ge|schlos|sen; - im, (auch:) in den Preis
ein|ge|schos|sig (vgl. ...geschossig)
ein|ge|schwo|ren; sie ist auf diese Musik -
ein|ge|ses|sen (einheimisch)
Ein|ge|sot|te|ne das; -n; ↑ R 7 ff. (österr. für: eingemachte Früchte)
ein|ge|spielt; sie sind aufeinander -
ein|ge|sprengt; -es Gold
ein|ge|stan|de|ner|ma|ßen, ein|ge|stand|ner|ma|ßen; Ein|ge|ständ|nis; ein|ge|ste|hen
ein|ge|stri|chen (Musik): -e Note
ein|ge|tra|gen, aber (↑ R 157): Eingetragene¹ Genossenschaft (Abk.: EG), Eingetragener¹ Verein (Abk.: E. V.)
Ein|ge|tropf|te das; -n; ↑ R 7 ff. (österr. für: flüssiger Teig, der als Einlage in die Suppe getropft wird)
Ein|ge|wei|de das; -s, - (meist Plur.); Ein|ge|wei|de|bruch
ein|ge|weih|te der u. die; -n, -n (↑ R 7 ff.)
ein|ge|wöh|nen; sich -; Ein|ge|wöh|nung
ein|ge|zo|gen; - (zurückgezogen) leben; Ein|ge|zo|gen|heit die; -
ein|gie|ßen; Ein|gie|ßung
ein|gip|sen; einen Haken -
ein|git|tern
Ein|glas (für: Monokel; Plur. ...gläser)
ein|gla|sen
ein|glei|sen (wieder auf das Gleis bringen); du gleist (gleisest) ein; er glei|ste ein

¹ Aber auch häufig: eingetragene Genossenschaft (eG), eingetragener Verein (e.V.)

ein|glei|sig, ein|ge|lei|sig
ein|glie|dern; sich -; Ein|glie|de|rung
ein|gra|ben; Ein|gra|bung
ein|gra|vie|ren [...wir'n]
ein|grei|fen
ein|gren|zen; Ein|gren|zung
Ein|griff; Ein|griffs|mög|lich|keit
ein|grü|nen; Ein|grü|nung
ein|grup|pie|ren; Ein|grup|pie|rung
Ein|guß ⟨zu: eingießen⟩ (Techn.)
ein|hacken [Trenn.: ...hak|ken]; der Sperber hackte auf die Beute ein
ein|ha|ken; den Riemen -; sich bei jmdm. -; er hakte hier ein (unterbrach das Gespräch)
ein|halb|mal; - so teuer
Ein|halt der; -[e]s; - gebieten, tun; ein|hal|ten; Ein|hal|tung
ein|häm|mern
ein|han|deln
ein|hän|dig
ein|hän|di|gen; Ein|hän|di|gung
Ein|hand|seg|ler (jmd., der ein Segelboot allein führt)
ein|hän|gen; vgl. ²hängen; Ein|hän|ge|lö|se
Ein|hard vgl. Eginhard
ein|har|ken (nordd. für: [Samen, Dünger] mit der Harke unter das Erdreich mischen)
ein|hau|chen; Ein|hau|chung
ein|hau|en; er hieb auf den Fliehenden ein; er haute tüchtig ein (ugs. für: aß tüchtig)
ein|häu|sig (Bot.: monözisch)
ein|he|ben; einen Betrag - (bes. südd. für: einziehen); Ein|he|bung
ein|hef|ten
ein|he|gen; Ein|he|gung
ein|hei|len; Ein|hei|lung (Med.)
ein|hei|misch; Ein|hei|mi|sche der u. die; -n, -n (↑ R 7 ff.)
ein|hei|msen; du heimst (heimsest) ein
Ein|hei|rat; ein|hei|ra|ten
Ein|heit; Tag der deutschen - (17. Juni); ein|heit|lich; Ein|heit|lich|keit die; -; Ein|heits.front, ...werk|schaft, ...kurz|schrift, ...li|ste, ...par|tei, ...preis (vgl. ²Preis), ...staat, ...wert
ein|hei|zen
ein|hel|fen (vorsagen); jmdm. -
ein|hel|lig; Ein|hel|lig|keit die; -
ein|hen|ke|lig, ein|henk|lig
ein|hen|keln; ich henk[e]lle ein (↑ R 22)
ein|her...; ein|her-fah|ren, ...ge|hen; er ist einhergefahren, einhergegangen
Ein|he|ri|er [...i·'r] der; -s, - (nord. Mythol.: der gefallene Kämpfer in Walhall)
ein|her|schrei|ten (geh.)
ein|hie|ven [...hif...]; die Ankerkette - (Seemannsspr.: einziehen)

ein|höcke|rig [Trenn.: ...hök|kerig],
ein|höck|rig
ein|ho|len; Ein|hol_netz, ...ta-
sche; Ein|ho|lung
Ein...horn (ein Fabeltier; Plur.
...hörner)
Ein|hu|fer; ein|hu|fig
ein|hül|len; Ein|hül|lung
ein|hun|dert; vgl. hundert
ein|hü|ten (nordd. für: sich in
jmds. Abwesenheit um die Wohnung kümmern)
ei|nig; Schreibung in Verbindung
mit Verben (↑R 205 f.): [sich] einig
sein, werden; vgl. aber: einig-
gehen; ei|ni|ge; einige (mehrere)
Häuser weiter; einige Stunden
später; einige tausend Schüler;
von einigen wird behauptet ...;
einiges, was; einige (etwas; oft
auch: [sehr] viel) Mühe hat dies
bereitet; einiges Geld konnte ich
verdienen; dieser Schüler wußte
einiges (↑R 66); einiger politi-
scher Sinn; einiges milde Nachsehen; bei einigem guten Willen;
einige gute Menschen; die Taten
einiger guter (selten: guten)
Menschen; mit einigem Neuen
ein|igeln, sich; ich ig[e]le mich ein
(↑R 22); Ein|ige|lung
ei|ni|ge|mal [auch: _ainig^emal_],
aber: ei|ni|ge Ma|le; ei|ni|gen,
sich -; Ei|ni|ger; ei|ni|ger|ma-
ßen; ei|ni|ges vgl. einige; ei|nig-
ge|hen; ↑R 205 (Kaufmannsspr.):
übereinstimmen, dafür besser:
einig sein); Ei|nig|keit die; -; Ei-
ni|gung; Ei|ni|gungs_be|stre-
bung (meist Plur.), ...werk
ein|imp|fen; Ein|imp|fung
ein|ja|gen; jmdm. einen Schrek-
ken -
ein|jäh|rig; Ein|jäh|ri|ge der od.
die od. das; -n, -n (↑R 7 ff.); Ein-
jäh|rig-Frei|wil|li|ge der; -n, -n;
↑R 7 ff. (im ehem. deutschen
Heer)
ein|jo|chen
ein|ka|cheln (ugs.: stark heizen)
ein|kal|ku|lie|ren (einplanen)
Ein|kam|mer|sy|stem das; -s
ein|kamp|fern (mit Kampfer be-
handeln); ich kampfere ein
(↑R 22)
ein|kap|seln; ich kaps[e]le ein
(↑R 22); Ein|kap|se|lung, Ein-
kaps|lung
Ein|ka|rä|ter (einkarätiger Edel-
stein); ein|ka|rä|tig
ein|kas|sie|ren; Ein|kas|sie|rung
Ein|kauf; ein|kau|fen; Ein|käu-
fer; Ein|kaufs_bum|mel, ...ge-
nos|sen|schaft, ...netz, ...preis
(vgl. ²Preis), ...quel|le, ...ta|sche,
...wa|gen, ...zen|trum
Ein|kehr die; -, -en; ein|keh|ren
ein|keim|blät|te|rig, ein|keim-
blätt|rig (Bot.); -e Pflanzen (mit
nur einem Keimblatt)

ein|kel|lern; ich kellere ein
(↑R 22); Ein|kel|le|rung; Ein|kel-
le|rungs|kar|tof|feln Plur.
ein|ker|ben; Ein|ker|bung
ein|ker|kern; ich kerkere ein
(↑R 22); Ein|ker|ke|rung
ein|kes|seln; ich kessele ein
(↑R 22)
ein|kla|gen; einen Rechnungsbe-
trag -
ein|klam|mern; Ein|klam|me|rung
Ein|klang; mit etwas im od. in -
stehen
ein|klas|sig; eine -e Schule
ein|kle|ben
ein|klei|den; Ein|klei|dung
ein|klem|men; Ein|klem|mung
ein|klin|ken
ein|knicken [Trenn.: ...knik|ken];
Ein|knickung [Trenn.: ...knik-
kung]
ein|knöp|fen; Ein|knöpf|fut|ter
(vgl. ²Futter)
ein|ko|chen; Ein|koch|topf
ein|kom|men; um etwas -
(Amtsdt.); Ein|kom|men das; -s,
-; Ein|kom|mens|gren|ze; ein-
kom|mens|schwach; Ein|kom-
mens|steu|er, Ein|kom|men|steu-
er die (↑R 54); ein|kom|men|steu-
er|pflich|tig; Ein|kom|mens_ver-
hält|nis|se Plur., ...zu|wachs
ein|köp|fen (Fußball: durch einen
Kopfball ein Tor erzielen)
Ein|korn das; -[e]s (eine Weizen-
art)
ein|kra|chen (ugs.)
ein|krei|sen; Ein|krei|sung; Ein-
krei|sungs|po|li|tik
ein|kre|men vgl. eincremen
ein|kreu|zen (Biol.: durch Kreu-
zung verändern); Ein|kreu|zung
ein|krie|gen (ugs.)
ein|küh|len (in einer Kühlanlage
haltbar machen); Ein|küh|lung
Ein|künf|te Plur.
ein|kup|peln; den Motor -
ein|ku|scheln; sich - (ugs.)
Ein|lad der; -s (schweiz. neben:
Ein-, Verladung); ¹ein|la|den;
Waren -; vgl. ¹laden
²ein|la|den; zum Essen -; vgl. ²la-
den; ein|la|dend; Ein|la|dung;
Ein|la|dungs_kar|te, ...schrei|ben
Ein|la|ge
ein|la|gern; Ein|la|ge|rung
ein|lan|gen (österr. für: eintreffen)
Ein|laß der; ...lasses, ...lässe; ein-
las|sen (südd. u. österr. auch für:
mit Wachs einreiben; lackieren);
sich auf etwas -; Ein|laß|kar|te;
ein|läß|lich (schweiz. für: gründ-
lich); des -sten (↑R 65); Ein|läß-
lich|keit die; - (schweiz.); Ein-
las|sung (Rechtsspr.)
Ein|lauf; ein|lau|fen; Ein|lauf-
wet|te (beim Pferderennen)
ein|läu|ten; den Sonntag -
ein|le|ben, sich
Ein|le|ge|ar|beit; ein|le|gen; Ein-

le|ger; Ein|le|ge|rin die; -, -nen;
Ein|le|ge|sohl|le; Ein|le|gung
ein|lei|ten; Ein|lei|te|wort (Plur.:
...wörter; Sprachw.); Ein|lei-
tung; Ein|lei|tungs|ka|pi|tel
ein|len|ken; Ein|len|kung
ein|ler|nen
ein|le|sen, sich
ein|leuch|ten; dieser Grund leuch-
tet mir ein; ein|leuch|tend; -ste
Ein|lie|fe|rer; ein|lie|fern; Ein|lie-
fe|rung; Ein|lie|fe|rungs_schein,
...ter|min
ein|lie|gend od. (österr., schweiz.
nur:) in|lie|gend (Kaufmanns-
spr.); - (anbei, hiermit) der Be-
richt; Ein|lie|ger (Mieter [bei ei-
nem Bauern]); Ein|lie|ger|woh-
nung
ein|li|nig
ein|lo|chen (ugs. für: ins Gefäng-
nis sperren; Golf: den Ball ins
Loch spielen)
ein|lo|gie|ren [...sehir^en]
ein|lös|bar; ein|lö|sen; Ein|lö|se-
sum|me; Ein|lö|sung; Ein|lö-
sungs|sum|me
ein|lul|len (ugs.)
Ein|mach, Ein|ma|che die; -
(österr. für: Mehlschwitze); ein-
ma|chen; Ein|mach|glas (Plur.
...gläser)
ein|mäh|dig (einschürig)
ein|mah|nen; Ein|mah|nung
ein|mal; auf -; noch -; nicht -; nun
-; (↑R 32:) ein- bis zweimal (mit
Ziffern: 1- bis 2mal); vgl. mal;
Ein|mal|eins das; -; das große -,
das kleine -; Ein|mal|hand|tuch;
ein|ma|lig; Ein|ma|lig|keit
Ein|mann_be|trieb, ...ge|sell-
schaft (Wirtsch.: Kapitalgesell-
schaft, deren Anteile in einer
Hand sind)
Ein|mark|stück (mit Ziffer: 1-
Mark-Stück; ↑R 43)
Ein|marsch der; ein|mar|schie|ren
ein|mas|sie|ren
Ein|ma|ster; ein|ma|stig
ein|mau|ern; Ein|maue|rung
ein|mei|ßeln
ein|men|gen, sich
Ein|me|ter|brett (mit Ziffer: 1-Me-
ter-Brett; ↑R 43)
¹ein|mie|ten; sich -; vgl. ¹mieten
²ein|mie|ten; Feldfrüchte -; vgl.
²mieten
Ein|mie|ter (meist Plur.; Zool.: In-
sekten, die in Nestern anderer
Tiere leben); Ein|mie|tung
ein|mi|schen, sich; Ein|mi|schung
ein|mo|na|tig; ein -er (einen Mo-
nat dauernd) Lehrgang
ein|mon|tie|ren
ein|mo|to|rig; -es Flugzeug
ein|mot|ten
ein|mum|meln od. ein|mum|men
(ugs. für: warm einhüllen); sich -
ein|mün|den; Ein|mün|dung
ein|mü|tig; Ein|mü|tig|keit die; -

ein|nach|ten (schweiz. neben: nachten = Nacht werden)
ein|nä|hen
Ein|nah|me die; -, -n; Ein|nahme_aus|fall, ...quel|le, ...soll;
Ein|nahms|quel|le (österr.)
ein|ne|beln; ich neb[e]le ein (↑R 22); Ein|ne|be|lung; Ein|neblung
ein|neh|men; ein|neh|mend; -ste; Ein|neh|mer; Ein|neh|me|rei
ein|nicken [Trenn.: ...nik|ken] ([für kurze Zeit] einschlafen)
ein|ni|sten, sich; Ein|ni|stung (für: Nidation)
ein|nor|den; eine Landkarte - Ein|öde; Ein|öd|hof
ein|ölen; sich -
ein|ord|nen; sich -; Ein|ord|nung; Ein|ord|nungs|schwie|rig|kei|ten Plur.
ein|packen [Trenn.: ...pak|ken]; Ein|packung [Trenn.: ...pak|kung]
ein|par|ken
Ein|par|teil|en|_re|gie|rung, ...system
ein|pas|sen; Ein|pas|sung
ein|pau|ken (ugs.); Ein|pau|ker
ein|peit|schen; Ein|peit|scher
ein|pen|deln, sich; Ein|pend|ler (Person, die an einem Ort arbeitet, aber nicht dort wohnt)
ein|pen|nen (ugs. für: einschlafen)
Ein|per|so|nen_haus|halt, ...stück (Theater)
ein|pfar|ren (einer Pfarrei eingliedern); Ein|pfar|rung
Ein|pfen|nig|stück (vgl. Einmarkstück)
ein|pfer|chen; Ein|pfer|chung
ein|pflan|zen; Ein|pflan|zung
Ein|pha|sen|strom; Ein|pha|sen-Wech|sel|strom|sy|stem (↑R 34);
ein|pha|sig
ein|pin|seln; Ein|pin|se|lung, Ein|pins|lung
ein|pla|nen; Ein|pla|nung
ein|pö|keln
ein|pol|dern; Ein|pol|de|rung (Eindeichung)
ein|pol|lig
ein|prä|gen; ein|präg|sam; Ein|präg|sam|keit; Ein|prä|gung
ein|pres|sen
ein|pro|gram|mie|ren
ein|pu|dern; sich -
ein|pup|pen, sich (Biol.)
ein|quar|tie|ren; Ein|quar|tie|rung
ein|rah|men; ein Bild -
ein|ram|men; Pfähle -
ein|ran|gie|ren; Ein|ran|gie|rung
ein|ra|sten
ein|räu|men; jmdm. etwas -; Ein|räu|mung; Ein|räu|mungs|satz (für: Konzessivsatz)
ein|rech|nen; vgl. eingerechnet
Ein|re|de (Rechtsspr. für: Einwand, Einspruch); ein|re|den
ein|reg|nen; es hat sich eingeregnet

ein|re|gu|lie|ren
ein|rei|ben; Ein|rei|bung
ein|rei|chen; Ein|rei|chung
ein|rei|hen; Ein|rei|her; ein|reihig; Ein|rei|hung
Ein|rei|se; Ein|rei|se_er|laub|nis, ...ge|neh|mi|gung; ein|rei|sen; nach Frankreich, in die Schweiz - (wohin?), aber: er ist in Frankreich (wo?) eingereist; Ein|rei|se|vi|sum
ein|rei|ßen; Ein|reiß|ha|ken; Ein|rei|ßung
ein|ren|ken; Ein|ren|kung
ein|ren|nen
ein|re|xen (österr. für: einwekken); du rext (rexest) ein
ein|rich|ten; sich -; Ein|rich|ter; Ein|rich|tung; Ein|rich|tungs_ge|gen|stand, ...haus, ...stück
Ein|riß
ein|rit|zen; Ein|rit|zung
ein|rol|len
ein|ro|sten
ein|rücken [Trenn.: ...rük|ken]; Ein|rückung [Trenn.: ...rük|kung]
ein|rü|sten; ein Haus - (mit einem Gerüst versehen)
eins; I. Zahlw. (Zahl 1): eins u. zwei macht, ist (nicht: machen, sind) drei; er war eins, zwei, drei damit fertig; es ist, schlägt eins (ein Uhr); ein Viertel auf, vor eins; halb eins; gegen eins; das ist eins a [1a] (ugs. für: ausgezeichnet); Nummer, Abschnitt, Punkt, Absatz eins; vgl. drei u. ¹ein, III. II. (für: einig, gleich, dasselbe:) eins (einig) sein, werden; in eins setzen (gleichsetzen); es ist mir alles eins (gleichgültig). III. Unbestimmtes Pronomen: ein[e]s vgl. ¹ein, II; Eins die; -, -en; er hat die Prüfung mit der Note „Eins" bestanden; er würfelt drei Einsen; er hat in Latein eine Eins geschrieben; vgl. ¹Acht
Ein|saat
ein|sacken [Trenn.: ...sak|ken]
ein|sä|en
ein|sa|gen (landsch. für: vorsagen); Ein|sa|ger
ein|sal|zen; Ein|sal|zung
ein|sam; Ein|sam|keit die; -, (selten:) -en; Ein|sam|keits|ge|fühl
ein|sam|meln; Ein|sam|me|lung, Ein|samm|lung
ein|sar|gen; Ein|sar|gung
ein|sat|teln; Ein|sat|te|lung, Ein|satt|lung
Ein|satz der; -es, Einsätze; Ein|satz_be|fehl; ein|satz|be|reit; Ein|satz_be|reit|schaft, ...dienst; ein|satz_fä|hig, ...freu|dig; Ein|satz_grup|pe, ...kom|man|do, ...lei|ter der, ...mög|lich|keit, ...wa|gen (Verkehrswesen: nach Bedarf einzusetzender [Straßenbahn]-wagen)
ein|säu|ern; Ein|säue|rung

ein|sau|gen; Ein|sau|gung
ein|säu|men
ein|schach|teln; Ein|schach|te|lung, Ein|schacht|lung
ein|scha|len (Bauw.: verschalen); Ein|scha|ler (Bauberuf)
ein|schal|ten; sich -; Ein|schalt-_he|bel, ...quo|te; Ein|schal|tung
ein|schär|fen
ein|schar|ren
ein|schät|zen; sich -; Ein|schät|zung
ein|schäu|men
ein|sche|ren; Wein -
ein|sche|ren (Verkehrswesen: sich in den Verband, in die Kolonne einreihen; Seemannsspr.: Tau-werk durch Halterungen o. ä. ziehen); scherte ein; eingeschert
Ein|schicht die; - (südd., österr. für: Öde, Einsamkeit); ein|schich|tig (südd., österr. für: abseits gelegen, einsam)
ein|schicken [Trenn.: ...schik|ken]
ein|schie|ben; Ein|schieb|sel das; -s, -; Ein|schie|bung
Ein|schie|nen|bahn
ein|schie|ßen; sich -
ein|schif|fen; sich -; Ein|schif|fung
einschl. = einschließlich
ein|schla|fen
ein|schlä|fe|rig vgl. einschläfig
ein|schlä|fern; ich schläfere ein (↑R 22); ein|schlä|fernd; Ein|schlä|fe|rung
ein|schlä|fig, ein|schläf|rig; -es Bett (für eine Person)
Ein|schla|gen; ein|schla|gen; ein|schlä|gig (zu etwas gehörend); Ein|schlag|pa|pier
ein|schläm|men (Landw.): Sträucher - (stark bewässern)
ein|schlei|chen, sich
ein|schlep|pen; Ein|schlep|pung
ein|schleu|sen; Ein|schleu|sung
ein|schlie|ßen; ein|schließ|lich (Abk.: einschl.); Präp. mit Gen.: - des Kaufpreises; ein alleinstehendes, stark gebeugtes Subst. steht im Sing. ungebeugt: - Porto; mit Dat., wenn bei Pluralformen der Gen. nicht erkennbar ist: - Getränken; Ein|schlie-ßung
ein|schlum|mern
Ein|schlupf
Ein|schluß
ein|schmei|cheln; sich; Ein|schmei|che|lung, Ein|schmeich-lung
ein|schmel|zen; Ein|schmel|zung; Ein|schmel|zungs|pro|zeß
ein|schmie|ren; sich -
ein|schmug|geln
ein|schnap|pen
ein|schnei|den; ein|schnei|dend; -ste; -e Veränderung
ein|schnei|en
Ein|schnitt
ein|schnü|ren; Ein|schnü|rung

ein|schrän|ken; sich -; Ein|schrän-
kung
ein|schrau|ben
Ein|schreib|brief, Ein|schrei|be-
brief; ein|schrei|ben; Ein|schrei-
ben das; -s, - (eingeschriebene
Postsendung); Ein|schrei|be|sen-
dung, Ein|schreib|sen|dung; Ein-
schrei|bung
ein|schrei|ten
ein|schrump|fen; Ein|schrump-
fung
Ein|schub der; -[e]s, Einschübe;
Ein|schub_decke [Trenn.: ...dek-
ke], ...tech|nik (die; -)
ein|schüch|tern; ich schüchtere
ein (↑ R 22); Ein|schüch|te|rung;
Ein|schüch|te|rungs|ver|such
ein|schul|len; Ein|schu|lung; Ein-
schu|lungs|al|ter
ein|schü|rig; -e (eine Ernte liefern-
de) Wiese
Ein|schub[; Ein|schuß|stel|le
ein|schwär|zen (auch für: ein-
schmuggeln)
ein|schwe|ben (Flugw.)
ein|schwei|ßen; in Folie ein|ge-
schweiß|ter Aufschnitt
ein|schwen|ken (einen Richtungs-
od. Gesinnungswechsel vollziehen)
ein|schwim|men (Technik)
ein|schwin|gen
ein|schwö|ren; er ist auf diese Mit-
tel eingeschworen
ein|seg|nen; Ein|seg|nung
ein|se|hen; Ein|se|hen das; -s; ein -
haben
ein|sei|fen
ein|sei|tig; -es Rechtsgeschäft;
Ein|sei|tig|keit
ein|sen|den; Ein|sen|der; Ein|sen-
de|schluß; Ein|sen|dung
ein|sen|ken; sich -; Ein|sen|kung
Ein|ser vgl. Einer
ein|set|zen; Ein|set|zung
Ein|sicht die; -, -en; in etwas - neh-
men; ein|sich|tig; Ein|sich|tig-
keit; Ein|sicht|nah|me die; -, -n;
ein|sichts_los, ...voll
ein|sickern [Trenn.: ...sik|kern]
Ein|sie|de|glas (Plur. ...gläser;
südd., österr. für: Einmachglas)
Ein|sie|de|lei; Ein|sie|deln (Abtei
u. Wallfahrtsort in der Schweiz)
ein|sie|den (südd., österr. für: ein-
kochen, einmachen)
Ein|sie|del; ein|sied|le|risch; -ste;
Ein|sied|ler|krebs
Ein|sil|ber vgl. Einsilber; ein|sil-
big; Ein|sil|big|keit die; -; Ein-
silb|ler, Ein|sil|ber (einsilbiges
Wort)
ein|si|lie|ren (Landw.: in einem Si-
lo einlagern)
ein|sin|gen; sich -
ein|sin|ken; Ein|sink|tie|fe
ein|sit|zen (im Gefängnis sitzen)
Ein|sit|zer; ein|sit|zig
eins|mals (mdal. für: auf einmal)

ein_som|me|rig od. ...söm|me|rig;
-e Forellen
ein|spal|tig (Druckw.)
ein|span|nen
Ein|spän|ner; ein|spän|nig
ein|spa|ren; Ein|spar|mög|lich-
keit; ein|spa|rung
ein|spei|cheln; Ein|spei|che|lung
ein|spei|sen (Techn. für: zuführen,
eingeben)
ein|sper|ren (ugs.)
ein|spie|len; Ein|spiel|er|geb|nis;
Ein|spie|lung
ein|spin|nen; sich -
Ein|spon|be|trug (eine Form des
Wirtschaftsbetrugs)
Ein|spra|che (Beschwerde; österr.,
schweiz auch für: Einspruch)
ein|spra|chig; Ein|spra|chig|keit
die; -
ein|spre|chen; er hat auf sie einge-
sprochen
ein|spren|gen; Ein|spreng|sel
ein|sprin|gen
Ein|spritz|dü|se; ein|sprit|zen;
Ein|sprit|zer (ugs. für: Einspritz-
motor); Ein|spritz|mo|tor; Ein-
sprit|zung
Ein|spruch; - erheben; Ein-
spruchs|recht
ein|spu|rig
Eins|sein
einst; Einst das; -; das - und [das]
Jetzt (↑ R 67)
ein|stamp|fen; Ein|stamp|fung
Ein|stand der; -[e]s, Einstände
ein|stan|zen
ein|stau|ben (österr. für: einstäu-
ben); ein|stäu|ben (pudern)
ein|ste|chen
Ein|steck|bo|gen (Druckw.); ein-
stecken [Trenn.: ...stek|ken]; vgl.
²stecken; Ein|steck|kamm
ein|ste|hen (bürgen)
Ein|stei|ge|dieb|stahl; ein|stei|gen
Ein|stein (dt.-amerik. Physiker);
Ein|stei|ni|um das; -s ⟨nach Ein-
stein⟩ (chem. Grundstoff; Zei-
chen: Es); Ein|stein|sche Glei-
chung (↑ R 134)
ein|stell|bar; ein|stel|len (schweiz.
auch: [jmdn. von einem Amt,
von seinen Rechten] suspendie-
ren); sich -; Ein|stell|platz; Ein-
stell|ung; Ein|stel|lungs|stopp
ein|stens (veralt. für: einst)
Ein|stich; ein|stich|stel|lle
Ein|stieg der; -[e]s, -e; Ein|stiegs-
dro|ge (Droge, deren ständiger
Genuß meist zur Einnahme stär-
kerer Rauschgifte führt)
ein|stig
ein|stim|men; sich -
ein|stim|mig; Ein|stim|mig|keit
die; -
Ein|stim|mung
ein|stip|pen (landsch.); das Brot -
(eintauchen)
einst|ma|lig; einst|mals

ein|stöckig [Trenn.: ...stök|kig]
ein|sto|ßen
ein|strah|len; Ein|strah|lung (Me-
teor.: Bestrahlung durch die
Sonne)
ein|strei|chen; er strich das Geld
ein
Ein|streu (Landw.); ein|streu|en
ein|strö|men
ein|stu|die|ren; Ein|stu|die|rung
ein|stu|fen
ein|stu|fig
ein|stül|pen; sich -; Ein|stül|pung
ein|stür|men; alles stürmt auf ihn
ein
Ein|sturz; ein|stür|zen; Ein-
sturz_be|ben, ...ge|fahr
einst|wei|len; einst|wei|lig; -e Ver-
fügung
Eins|wer|den das; -s; Eins|wer-
dung
Ein|tags_flie|ber, ...flie|ge
ein|tan|zen; Ein|tän|zer (in Tanz-
lokalen angestellter Tanzpart-
ner); Ein|tän|ze|rin
ein|ta|sten (über eine Tastatur ein-
geben)
ein|tä|to|wie|ren
ein|tau|chen; Ein|tau|chung
Ein|tausch der; -[e]s; ein|tau|schen
ein|tau|send; vgl. tausend
ein|ta|xie|ren
ein|tei|len
ein|tei|lig
Ein|tei|lung; Ein|tei|lungs|prin|zip
Ein|tel das (schweiz. meist: der);
-s, - (Math.: Ganzes)
ein|tip|pen; den Betrag, die Da-
ten -
Ein|tö|nig; Ein|tö|nig|keit
Ein|topf; Ein|topf|ge|richt
Ein|tracht die; -; ein|träch|tig; ein-
träch|tig|lich (veralt.)
Ein|trag der; -[e]s, ...träge; ein|tra-
gen; vgl. eingetragen; ein|träg-
lich; Ein|träg|lich|keit die; -;
Ein|tra|gung
ein|trai|nie|ren
ein|trän|ken (ugs.); jmdm. etwas -
ein|träu|feln; Ein|träu|fe|lung;
Ein|träuf|lung
ein|tref|fen
ein|treib|bar; ein|trei|ben; Ein-
trei|ber; Ein|trei|bung
ein|tre|ten; in ein Zimmer, eine
Verhandlung -; auf etwas -
(schweiz. für: auf etwas einge-
hen, mit der Beratung von etwas
beginnen); ein|tre|ten|den|falls
(Amtsdt.); vgl. Fall der; Ein|tre-
tens|de|bat|te (schweiz. für: allg.
Aussprache über eine Vorlage im
Parlament)
ein|trich|tern (ugs.)
Ein|tritt; Ein|tritts_geld, ...kar|te
ein|trock|nen
ein|tröp|feln; Ein|tröp|fe|lung;
Ein|tröpf|lung
ein|trü|ben; sich -; Ein|trü|bung

eisern

ein|tru|deln (ugs. für: langsam eintreffen)

ein|tun|ken (landsch.); das Brot - (eintauchen)

ein|tü|rig; ein -er Schrank

ein|tü|ten ([Ware od. Geld] in Tüten füllen)

ein|üben; sich -; Ein|über (für: Korrepetitor); Ein|übung

ein und aus gehen; vgl. ²ein

ein auf der|sel|be; vgl. derselbe

ein|[und]|ein|halb; ein[und]einhalbmal soviel; ein|und|zwan|zig

Ei|nung (veralt. für: Einigung)

ein|ver|lei|ben; sich -; er verleibt ein u. er einverleibt; einverleibt; einzuverleiben; Ein|ver|lei|bung

Ein|ver|nah|me die; -, -n (bes. österr., schweiz. für: Verhör);

ein|ver|neh|men (zu: Einvernahme); Ein|ver|neh|men das; -s; mit jmdm. in gutem - stehen; sich ins - setzen; ein|ver|nehm|lich

ein|ver|stan|den; ein|ver|ständlich; Ein|ver|ständ|nis; Ein|verständ|nis|er|klä|rung

Ein|waa|ge die; - (in Dosen eingewogene Menge; Gewichtsverlust beim Wiegen)

¹ein|wach|sen; ein eingewachsener Nagel

²ein|wach|sen (mit Wachs einreiben)

Ein|wand der; -[e]s, ...wände

Ein|wan|de|rer; ein|wan|dern; Einwan|de|rung; Ein|wan|de|rungs|be|hör|de

ein|wand|frei

ein|wärts; ein|wärts|ge|bo|gen; (↑ R 209:) -e Stäbe, aber: die Stäbe sind einwärts gebogen; ein|wärts|ge|hen (mit einwärts gerichteten Füßen gehen)

ein|wech|seln; Ein|wech|se|lung, Ein|wechs|lung

ein|wecken¹ ([in Weckgläsern] einmachen); Ein|weck|glas (Plur. ...gläser)

Ein|weg_fla|sche (Flasche zum Wegwerfen), ...glas, ...hahn (Chemie), ...schei|be (nur einseitig durchsichtige Glasscheibe)

ein|wei|chen; vgl. ¹weichen; Ein|wei|chung

ein|wei|hen; Ein|wei|hung

ein|wei|sen (in ein Amt); Ein|wei|ser (Verkehrsw.); Ein|wei|sung

ein|wen|den; ich wandte od. wendete ein, habe eingewandt od. eingewendet; Ein|wen|der; Ein|wen|dung

ein|wer|fen

ein|wer|tig (Chemie); Ein|wer|tig|keit

ein|wickeln¹; Ein|wickel|pa|pier¹; Ein|wick|lung

ein|wie|gen

ein|wil|li|gen; Ein|wil|li|gung

---

ein|win|keln; die Arme -

ein|win|ken (Verkehrswesen)

ein|win|tern; ich wintere ein (↑ R 22)

ein|wir|ken; Ein|wir|kung; Ein|wir|kungs|mög|lich|keit

ein|woh|nen; Ein|woh|ner; Einwoh|ner_mel|de|amt; Ein|wohner_schaft, ...ver|zeich|nis, ...zahl

ein|wüh|len; sich -

Ein|wurf

ein|wur|zeln; Ein|wur|ze|lung; Ein|wurz|lung

Ein|zahl die; -, (selten:) -en (für: Singular)

ein|zah|len; Ein|zah|lung; Einzah|lungs_schal|ter, ...schein (schweiz. für: Zahlkarte)

ein|zäu|nen; Ein|zäu|nung

ein|ze|hig

ein|zeich|nen; Ein|zeich|nung

ein|zei|lig

Ein|zel das; -s, - (Sportspr.: Einzelspiel); Ein|zel_ab|teil, ...ak|ti|on, ...be|ob|ach|tung, ...ding (Plur. ...dinge), ...er|schei|nung, ...fall der, ...gän|ger, ...haft die, ...han|del, ...han|dels|ge|schäft, ...händ|ler, ...heit, ...kämp|fer, ...kind, ...lei|stung

Ein|zel|ler (einzelliges Lebewesen); ein|zel|lig

Ein|zel|mit|glied|schaft

ein|zeln; einzelnes neues Gerät; einzelnes Eines; I. Kleinschreibung (↑ R 66): der, die, das einzelne; ein einzelner; er als einzelner; einzelnes hat mir gefallen; einzelne sagen ...; jeder einzelne; bis ins einzelne; alles einzelne; im einzelnen; zu sehr ins einzelne gehen. II. Großschreibung (↑ R 65): vom Einzelnen (von der Einzelform, der Einzelheit) ins Ganze gehen; vom Einzelnen zum Allgemeinen; ein|zel|ste|hend; ein - er Baum; Ein|zel_per|son, ...rich|ter, ...staat; Ein|zel|ste|hen|de der u. die; -n, -n (↑ R 7 ff.); Ein|zel_stück, ...teil die, ...we|sen, ...zel|le, ...zim|mer

ein|ze|men|tie|ren

ein|zie|hen; Ein|zieh|schacht (Bergmannsspr.: Schacht, durch den frische Luft einzieht); Ein|zie|hung

ein|zig; I. Kleinschreibung (↑ R 66): der, die, das einzige; der als einziger Dastehende; das einzige (nicht: einzigste) wäre, zu ...; ein einziger; kein einziger; etwas einziges; einzig schön; er ist einzig in seiner Art; er als einziger; einzig und allein. II. Großschreibung (↑ R 65): Karl ist unser Einziger. III. Getrenntschreibung: ein - dastehendes Erlebnis; ein|zig|ar|tig [auch: ainzichartich]; (↑ R 65:) das -e ist, daß ...; Ein|zig|ar|tig|keit; Ein|zig|keit die; -

---

Ein|zim|mer|woh|nung

Ein|zug; ¹Ein|zü|ger (schweiz. für: Kassierer o. ä.)

²Ein|zü|ger (mit einem Zug zu lösende Schachaufgabe)

Ein|zugs_be|reich, ...er|mäch|ti|gung, ...ge|biet

ein|zwän|gen; Ein|zwän|gung

Éire [ir.: a̱-iri, i̱ri; engl.: ä̱ᵉrᵉ] (ir. Name von: Irland)

Ei|re|ne (griech. Göttin des Friedens, eine der ²Horen)

ei|rund; Ei|rund

Eis das; -es; [drei] - essen

eis, Eis das; -, - (Tonbezeichnung)

Ei|sack der; -s (l. Nebenfluß der Etsch)

Eis_bahn, ...bär, ...be|cher, ...bein (eine Speise), ...berg, ...beu|tel; Eis|blink der; -[e]s, -e (Widerschein des Polareises am Horizont); Eis_block (Plur. ...blöcke), ...blu|me, ...bom|be, ...bre|cher, ...ca|fé (Lokal; vgl. Eiskaffee)

Ei_scha|le (bes. fachspr.), ...schnee

Eis_creme od. ...krem, ...decke [Trenn.: ...dek|ke], ...die|le; ei|sen (mit Eis kühlen, mischen); du eist (eisest); ge|eis|te Früchte

Ei|sen das; -s, - (chem. Grundstoff, Metall; Zeichen: Fe); vgl. Ferrum

Ei|sen|ach (Stadt am Thüringer Wald); Ei|se|nacher (↑ R 147)

Ei|sen_bahn, ...bah|ner; Ei|sen|bahn|fahr|plan (↑ R 34); Ei|sen_bahn_wa|gen, ...wel|sen

Ei|sen|bart[h] (dt. Wanderarzt); ein Doktor - (übertr. für: derbe Kuren anwendender Arzt)

Ei|sen_bau (Plur. ...bauten); ei|sen_be|schla|gen; Ei|sen_be|ton, ...blech, ...block (Plur. ...blöcke), ...blü|te (ein Mineral), ...fres|ser, ...guß; ei|sen|hal|tig; ei|sen|hart

Ei|sen|hower [...hau̱ᵉr] (Präsident der USA)

Ei|sen|hut der (eine Heil- u. Zierpflanze); Ei|sen_hüt|ten|we|sen (das; -s), ...in|du|strie, ...lup|pe, ...rahm (der; -[e]s, -e; ein Mineral); ei|sen_schaf|fend (-e Industrie), ...schüs|sig (eisenhaltig)

Ei|sen|stadt (Hptst. des Burgenlandes in Österreich); Ei|sen|stan|ge; ei|sen|ver|ar|bei|tend; die -e Industrie (↑ R 209); Ei|sen|zeit die; -; ei|sern; -e Disziplin; mit -er Faust; -er Wille; die -e Ration; die -e Lunge; die -e Hochzeit; der -e Bestand; mit -em Besen auskehren (ugs.); der -e Vorhang (feuersicherer Abschluß der Bühne gegen den Zuschauerraum), aber (↑ R 157): der Eiserne Vorhang (weltanschauliche Grenze zwischen Ost u. West); die Eiserne Krone (die lombard. Königskrone); das Eiserne Kreuz (ein Orden);

---

¹ Trenn.: ...k|k...

(↑R 146:) das Eiserne Tor (Durchbruchstal der Donau) Ei|ses|käl|te; Eis_fach, ...flä|che; eis|frei; dieser Hafen ist -; Eis_gang; eis|ge|kühlt; Eis|glät|te; eis|grau; Eis|hei|li|gen die (Plur.; Maifröste); Eis|hockey [Trenn.: ...hok|key]; Eis|hockey|län|der_spiel [Trenn.: ...hok|key...] (↑R 34); ei|sig; Schreibung in Verbindung mit einem Adj. (↑R 209): die eisigkalten Tage, aber: die Tage sind eisig kalt; Eis_jacht, ...kaf|fee (Kaffee mit Eis und Sahne; vgl. Eiscafé); eis|kalt; Eis_ka|sten (bes. südd., österr. für: Kühlschrank), ...krem oder ...creme, ...kü|bel, ...kunst|lauf, ...lauf; eis|lau|fen (↑R 207); ich laufe eis (↑R 64); bin eisgelaufen; eiszulaufen; (↑R 32:) eis- u. Skilaufen, aber: Ski u. eislaufen

Eis|le|ben (Stadt im östl. Harzvorland); Eis|le|ber (↑R 147) Eis_män|ner (Plur.; bayr., österr. für: Eisheilige), ...meer, ...mo|nat od. ...mond (alte Bez. für: Januar), ...pickel [Trenn.: ...pik|kel] Ei|sprung (Follikelsprung) Eis|re|vue [...wü] Eiß der; -es, -e u. Ei|ße die; -, -n (südd. u. schweiz. mdal. für: Blutgeschwür; Eiterbeule) Eis_schie|ßen (das; -s), ...schnellauf [Trenn.: ...schnell|lauf, ↑R 204], ...scholl|le, ...schrank, ...se|geln (das; -s), ...sproß od. ...spros|se (Jägerspr.), ...sta|di|on, ...stau; Eis|stock (Plur. ...stöcke) ein Sportgerät); - schießen, wir schießen -; Eis|stock|schie|ßen das; -s; Eis_stoß (landsch. für: aufgestautes Eis in Flüssen), ...tanz, ...vo|gel, ...wein, ...wür|fel, ...zap|fen, ...zeit; eis|zeit|lich ei|tel; ein eitler Mensch; Ei|tel_keit Ei|ter der; -s; Ei|ter_beu|le, ...er|re|ger, ...herd; ei|te|rig, eit|rig; ei|tern; Ei|ter|pickel [Trenn.: ...pik|kel]; Ei|te|rung Ei|weiß das; -es, -e; 2 - (↑R 129); Ei|weiß_be|darf, ...gehalt, ...man|gel der; ei|weiß|reich; Ei|weiß|stoff; Ei|zel|le Eja|ku|lat das; -[e]s, -e ⟨lat.⟩ (Med.: ausgespritzte Samenflüssigkeit); Eja|ku|la|ti|on [...zion] die; -, -en (Med.: Ausspritzung; Samenerguß); eja|ku|lie|ren; Ejek|ti|on [...zion] die; -, -en (Geol.: Ausschleudern von Magma); Ejek|tor der; -s, ...oren (Auswerfer bei Jagdgewehren; absaugende Strahlpumpe); eji|zie|ren (Geol.: ausschleudern) Ekart [ekar] der; -s, -s ⟨franz.⟩ (im Börsengeschäft Abstand zwischen Basis- u. Prämienkurs);

¹Ekar|té [...te] das; -s, -s (Ballett: Stellung schräg zum Zuschauer) ²Ekar|té [...te] das; -s, -s ⟨franz.⟩ (ein Kartenspiel) EKD = Evangelische Kirche in Deutschland ekel; ekle (veralt. für: ekelhafte Angelegenheit; ¹Ekel der; -s; ²Ekel das; -s, - (ugs. für: widerlicher Mensch); eke||er|re|gend, aber (↑R 209): heftigen Ekel erregend; ekel|haft; -este; ekel|lig; ekeln; es ekelt mich od. mir; sich -; ich ek[e]le mich (↑R 22) Ekel|na|me (Spitz-, Übername) EKG, Ekg = Elektrokardiogramm Ek|ke|hard (Scheffelsche Schreibung von: Eckehard) Ek|kle|sia die; - ⟨griech.-lat.⟩ (Kirche); Ek|kle|sia|sti|kus der; - (in der Vulgata: Titel des Buches Jesus Sirach); Ek|kle|sio|lo|gie die; - (Lehre von der Kirche) Eklat [ekla] der; -s, -s ⟨franz.⟩ (aufsehenerregendes Ereignis); ekla|tant; -este (aufsehenerregend; offenkundig) Ek|lek|ti|ker ⟨griech.⟩ (jmd., der aus verschiedenen philos. Systemen das ihm Passende „auswählt"); ek|lek|tisch; Ek|lek|ti|zis|mus der; -; ek|lek|ti|zi|stisch ek|lig, eke|lig Ek|lip|se die; -, -n ⟨griech.⟩ (Sonnen- od. Mondfinsternis); Ek|lip|tik die; -, -en (scheinbare Sonnenbahn; Erdbahn); ek|lip|tisch Ek|lo|ge die; -, -n ⟨griech.⟩ (altröm. Hirtenlied) Eko|no|mi|ser vgl. Economiser Ekos|sai|se [ekoßäs] die; -, -n ⟨franz.⟩ (ein Tanz) Ekra|sit das; -s ⟨franz.⟩ (ein Sprengstoff) Ekrü|sei|de ⟨franz.⟩ (Rohseide) Ek|sta|se die; -, -n ⟨griech.⟩ ([religiöse] Verzückung; höchste Begeisterung; -ste) Ek|sta|ti|ker; ek|sta|tisch; -ste Ek|ta|se, Ek|ta|sis die; -, Ektasen ⟨griech.⟩ (antike Verslehre: Dehnung eines Selbstlautes); Ek|ta|sie die; -, ...ien (Med.: Erweiterung); Ek|ta|sis vgl. Ektase ek|to... ⟨griech.⟩ (außen...); Ek|to... (Außen...) Ek|to|derm das; -s, -e ⟨griech.⟩ (Zool.: äußeres Keimblatt des Embryos); Ek|to|derm|zel|le Ek|to|mie die; -, ...ien ⟨griech.⟩ (Med.: operative Entfernung) Ek|to|pa|ra|sit ⟨griech.⟩ (Med.: Schmarotzer der äußeren Haut) Ekua|dor usw. vgl. Ecuador usw. Ek|zem das; -s, -e ⟨griech.⟩ (Med.: eine Entzündung der Haut) Ela|bo|rat das; -[e]s, -e ⟨lat.⟩ (schriftl. Ausarbeitung; meist abwertend: Machwerk)

Elan [franz. Ausspr.: elang] der; -s ⟨franz.⟩ (Schwung; Begeisterung) Elast der; -[e]s, -e; meist Plur. ⟨griech.⟩ (elastischer Kunststoff); Ela|stik das; -s, -s od. die; -, -en (ein elastisches Gewebe); Ela|stik|akt (Artistik); ela|stisch (biegsam, dehnbar, aber wieder in die Ausgangsform zurückstrebend; übertr. für: flexibel); -ste; Ela|sti|zi|tät die; - (Federkraft; Spannkraft); Ela|sti|zi|täts_gren|ze, ...mo|dul (der; -s, -n; Meßgröße der Elastizität), ...ver|lust; Ela|sto|mer das; -s, -e u. Ela|sto|me|re das; -n, -n; ↑R 7 ff.; meist Plur. ([synthetischer] Kautschuk u.ä.)

Ela|tiv der; -s, -e [...wᵉ] ⟨lat.⟩ (Sprachw.: absoluter Superlativ [ohne Vergleich], z.B. „modernste [= sehr moderne] Maschinen") Ell|ba (ital. Mittelmeerinsel) elb|ab|wärts; elb|auf|wärts; Ell|be die; - (ein Strom); Ell|be-Lü|beck-Ka|nal der; -s (↑R 150); Elbe|sei|ten|ka|nal der; -s (↑R 149) Ell|ber|feld [auch: äl...] (Stadtteil von Wuppertal) Elb-Flo|renz; ↑R 154 (Bez. für Dresden); Elb_kahn, ...mün|dung (die; -) Ell|brus der; - (höchste Erhebung des Kaukasus) Elb|sand|stein|ge|bir|ge das; -s (↑R 149); Elb_strand (der; -[e]s), ...strom (der; -[e]s) Ell|burs der; - (iran. Gebirge) Elch der; -[e]s, -e (Hirschart) Elch_bul|le der, ...jagd, ...kuh El|do|ra|do, Do|ra|do das; -s ⟨span.⟩ (sagenhaftes Goldland in Südamerika; übertr. für: Paradies) Elea|te der; -n, -n (meist Plur.); ↑R 180 u. ↑R 197 (Vertreter einer altgriech. Philosophenschule); elea|tisch; -e Schule Ele|fant der; -en, -en (↑R 197) ⟨griech.⟩; Ele|fan|ten|ren|nen (ugs. für: langwieriger Überholvorgang zwischen Lastwagen); Ele|fan|tia|sis die; -, ...iasien (eine Krankheit) ele|gant; -este ⟨franz.⟩; Ele|gant [elegang] der; -s, -s (Stutzer); Ele|ganz die; - Ele|gie die; -, ...ien ⟨griech.⟩ (eine Gedichtform; Klagelied, wehmütiges Lied); Ele|gi|en|dich|ter; ele|gisch; -ste; Ele|gi|am|bus (ein altgriech. Versmaß) Elei|son das; -s, -s ⟨griech.⟩ („Erbarme dich!" im gottesdienstl. Gesang); vgl. Kyrie eleison elek|tiv ⟨lat.⟩ (auswählend); vgl. selektiv; Elek|to|rat das; -[e]s, -e (Kurfürstentum, Kurwürde)

Elek|tra (griech. Sagengestalt)
Elek|tri|fi|ka|ti|on [...zion] die; -, -en ⟨griech.⟩ (schweiz. neben: Elektrifizierung); elek|tri|fi|zie|ren (auf elektr. Betrieb umstellen); Elek|tri|fi|zie|rung; Elek|trik die; - (Gesamtheit der elektr. Anlage; ugs. für: Elektrizitätslehre); Elek|tri|ker; elek|trisch; -e Eisenbahn; -e Lokomotive (Abk.: E-Lok); -er Strom; -er Stuhl; -es Feld; -es Klavier; Elek|tri|sche die; -n, -n; vier -[n] (ugs. für: elektr. Straßenbahn); elek|tri|sie|ren; Elek|tri|sier|ma|schi|ne; Elek|tri|zi|tät die; -; Elek|tri|zi|täts|werk; Elek|tro|aku|stik (Umwandlung von Schall in elektr. Spannung u. umgekehrt); elek|tro|aku|stisch; Elek|tro|au|to; Elek|tro|che|mie; elek|tro|che|misch; -e Spannungsreihe; Elek|tro|de die; -, -n (den Stromübergang vermittelnder Leiter); Elek|tro|dy|na|mik; elek|tro|dy|na|misch; Elek|tro|en|ze|pha|lo|gramm (Aufzeichnung der Hirnströme); Elek|tro|ge|rät; Elek|tro|gra|phie die; - (galvanische Hochätzung); Elek|tro_herd, ...in|du|strie, ...in|ge|nieur, ...in|stal|la|teur; Elek|tro|kar|dio|gramm (Abk.: EKG, Ekg); Elek|tro|kar|re[n]; Elek|tro|ly|se die; -, -n (elektr. Zersetzung chem. Verbindungen); Elek|tro|lyt der; -en (selten: -s), -e (selten : -en) (durch Strom zersetzbarer Stoff); elek|tro|ly|tisch; -e Dissoziation; Elek|tro|ma|gnet; elek|tro|ma|gne|tisch; -es Feld; -e Wellen; Elek|tro_me|cha|ni|ker, ...mei|ster; Elek|tro|me|ter das; -s, -; Elek|tro_mon|teur, ...mo|tor

¹Elek|tron [auch: eläk... od. ...tron] das; -s, ...onen (negativ geladenes Elementarteilchen); ²Elek|tron Ⓦ das; -s (eine Magnesiumlegierung); Elek|tro|nen_blitz, ...dich|te, ...ge|hirn, ...mi|kro|skop, ...or|gel, ...rech|ner, ...röh|re, ...schleu|der (Betatron), ...stoß (Stoß eines Elektrons auf Atome), ...theo|rie (Lehre vom Elektron), ...volt (vgl. Elektronvolt); Elek|tro|nik die; - (Lehre von den Elektronengeräten); Elek|tro|ni|ker (Berufsbez.); elek|tro|nisch; -e Musik; -e Datenverarbeitung (Abk.: EDV); Elek|tron|volt, Elek|tro|nen|volt (Energieeinheit der Kernphysik; Zeichen: eV); Elek|tro|ofen; Elek|tro_pho|re|se (die; -; Transport elektr. geladener Teilchen durch elektr. Strom), ...phy|sik; Elek|tro_ra|sie|rer, ...ra|sur, ...schock; Elek|tro|sta|tik; elek|tro|sta|tisch;

Elek|tro_tech|nik (die; -), ...tech|ni|ker; elek|tro|tech|nisch; Elek|tro|the|ra|pie; Elek|tro|to|mie die; -, ...ien (Operation mit elektr. Schneidschlinge)

Ele|ment das; -[e]s, -e ⟨lat.⟩ (Urstoff; Grundbestandteil; chem. Grundstoff; Naturgewalt; ein elektr. Gerät; meist Plur.: abwertende Bez. für: Person); er ist, fühlt sich in seinem -; ele|men|tar (grundlegend; naturhaft; einfach; Anfangs...); -e Begriffe; -e Gewalt; Ele|men|tar_ge|walt (Naturgewalt), ...schu|le (Anfänger-, Volksschule), ...teil|chen (Atom[kern]baustein); Ele|men|te Plur.; - (Grundbegriffe) einer Wissenschaft

Ele|mi das; -s ⟨arab.⟩ (trop. Harz); Ele|mi|öl das; -[e]s

Elen das (seltener: der); -s, - ⟨lat.⟩ (Elch); Elen|an|ti|lo|pe

elend; Elend das; -[e]s; elen|dig, elen|dig|lich [auch: elän...]; Elends_ge|stalt, ...quar|tier, ...vier|tel

Elen|tier (Elen, Elch)

Eleo|no|re; ↑R 180 (w. Vorn.)

Ele|phan|tia|sis vgl. Elefantiasis

Ele|phan|ti|ne (eine Nilinsel)

Eleu|si|ni|en [...iᵉn] Plur. ⟨nach Eleusis⟩ (Fest mit Prozession zu Ehren der griech. Ackerbaugöttin Demeter); eleu|si|nisch, aber (↑R 157): die Eleusinischen Mysterien ([mit den Eleusinien verbundener] Geheimkult im alten Athen); Eleu|sis (altgriech. Ort)

Ele|va|ti|on [...wazion] die; -, -en ⟨lat.⟩ (Erhebung; Emporheben der Hostie u. des Kelches beim kath. Meßopfer; Astron.: Höhe eines Gestirns über dem Horizont); Ele|va|tor der; -s, ...oren (Förder-, Hebewerk); Ele|ve [...wᵉ] der; -n, -n (↑R 197) ⟨franz.⟩ (Land- und Forstwirt während der prakt. Ausbildungszeit); Ele|vin die; -, -nen

elf; wir sind zu elfen od. zu elft; vgl. acht

¹Elf der; -en, -en; ↑R 197 (ein Naturgeist) u. El|fe die; -, -n

²Elf der; -[e]s, -e (alte schwed. Schreibung für älv = Fluß)

³Elf die; -, -en (Zahl; [Fußball]mannschaft); vgl. ¹Acht

El|fe vgl. ¹Elf

Elf|eck; elf|eckig [Trenn.: ...ek|kig]; elf|ein|halb, elf|und|ein|halb

El|fen|bein das; -[e]s, (selten:) -e; elf|en|beinern (aus Elfenbein); elf|en|bein|far|ben; ¹El|fen|bein|kü|ste die; - (Küstenstreifen in Westafrika); ²El|fen|bein|kü|ste die; - ([auch ohne Artikel] Staat in Westafrika); El|fen|bein_schnit|zer, ...turm

elf|fen|haft; El|fen|rei|gen

El|fer (ugs. für: Elfmeter); vgl. Achter; el|fer|lei; El|fer_rat, ...wet|te; elf|fach; El|ff|al|che das; -n; vgl. Achtfache

El|fi (Kurzform von: Elfriede)

elf|fisch ⟨zu: ¹Elf⟩

elf|mal; vgl. achtmal; Elf|ma|lig; Elf|me|ter der; -s, - (Strafstoß beim Fußball); Elf|me|ter_mar|ke, ...punkt; elf|me|ter|reif; Elf|me|ter_schie|ßen, ...schuß (↑R 212), ...tor

El|frie|de (w. Vorn.)

elft; vgl. elf; elf|tau|send; vgl. tausend; elf|te; der Elfte im Elften (auch: der Elfte im Elften; Karnevalist. Bezeichnung für den 11. November); vgl. achte; elf|tel; vgl. achtel; Elf|tel das (schweiz. meist: der); -s, -; vgl. Achtel; elf|tens; elf|und|ein|halb

Eli|as, (ökum.:) Eli|ja (Prophet im A. T.)

eli|die|ren ⟨lat.⟩ (eine Elision [vgl. d.] vornehmen); Eli|die|rung

Eli|gi|us (Heiliger)

Eli|ja vgl. Elias

Eli|mi|na|ti|on [...zion] die; -, -en ⟨lat.⟩ (Beseitigung, Ausscheidung); eli|mi|nie|ren; Eli|mi|nie|rung

Eliot [äljᵉt] (amerik.-engl. Schriftsteller)

Eli|sa Elise; Elise; ¹Eli|sa|beth (w. Vorn.); ²Eli|sa|beth, (ökum.:) Eli|sa|bet (bibl. w. Eigenn.); eli|sa|be|tha|nisch, aber (↑R 134): das Elisabethanische England

Eli|se, Eli|sa (w. Vorn.)

Eli|si|on die; -, -en ⟨lat.⟩ (Sprachw.: Auslassung eines unbetonten Vokals, z. B. des „e" in „Wand[e]rung")

eli|tär (einer Elite angehörend, auserlesen); Eli|te [österr.: ...lit] die; -, -n ⟨franz.⟩ (Auslese der Besten); Eli|te|trup|pe

Eli|xier das; -s, -e ⟨griech.⟩ (Heil-, Zaubertrank)

El|ke (w. Vorn.)

El|la (w. Vorn.)

Ell|bo|gen, Ellen|bo|gen der; -s, ...bogen; Ell|bo|gen|frei|heit, El|len|bo|gen|frei|heit die; -

El|le die; -, -n; drei -n Tuch (↑R 129)

El|len (w. Vorn.)

El|len|bo|gen vgl. Ellbogen; El|len|bo|gen|frei|heit vgl. Ellbogenfreiheit; El|len|bo|gen|ge|sell|schaft (abwertend); el|len|lang

El|ler die; -, -n (niederd. für: Erle)

El|li, Ell|ly (w. Vorn.)

El|lip|se die; -, -n ⟨griech.⟩ (Sprachw.: Ersparung von Redeteilen, z. B. „[ich] danke schön"; Math.: Kegelschnitt); el|lip|sen|för|mig; El|lip|so|id das; -[e]s, -e (durch Drehung einer Ellipse entstandener Körper); el|lip|tisch (in der Form einer Ellipse; Sprachw.: unvollständig); -e Geometrie; El|lip|ti|zi|tät die; - (Astron.: Abplattung)

Ell|lok die; -, -s; vgl. E-Lok

Ell|wan|gen (Jagst) (Stadt an der Jagst); Ell|wan|ger (↑R 147)

Elly vgl. Elli

Elm der; -s (Höhenzug südöstl. von Braunschweig)

El|mar, El|mo (m. Vorn.)

Elms|feu|er (elektrische Lichterscheinung); vgl. auch: Sankt

Elo|ge [eloseh^e] die; -, -n ⟨franz.⟩ (Lob, Schmeichelei)

E-Lok die; -, -s; ↑R 38 (= elektrische Lokomotive)

Elon|ga|ti|on [...zion] die; -, -en ⟨lat.⟩ (Ausschlag des Pendels; Astron.: Winkel zwischen Sonne u. Planeten)

elo|quent; -este ⟨lat.⟩ (beredt); Elo|quenz die; -

Elo|xal ⟨Wz⟩ das; -s (Schutzschicht aus Aluminiumoxyd); elo|xie|ren

El|rit|ze die; -, -n (ein Fisch)

Ell|sa, Els|beth, Ell|se (Kurzform von: Elisabeth)

El Sal|va|dor [- ...wa...] (mittelamerik. Staat); Salvadorianer; salvadorianisch

Ell|saß das; - u. ...sasses; Ell|säs|ser (↑R 147); Ell|säs|se|rin die; -, -nen; el|säs|sisch; Ell|saß-Loth|rin|gen; el|saß-loth|rin|gisch

Els|beth, Ell|se vgl. Elsa; Els|chen, Ell|se|lein, Els|lein (Koseformen von: Elsa usw.)

¹Ell|ster die; - (Flußname); die Schwarze -, die Weiße - (↑R 146)

²El|ster die; -, -n (ein Vogel); El|stern|nest

Ell|ter das u. der; -s, -n (naturwissenschaftl. u. statist. für: ein Elternteil); el|ter|lich; -e Gewalt; Ell|tern Plur.; Ell|tern_abend, ...bei|rat, ...haus, ...lie|be; el|tern|los; Ell|tern_recht, ...schaft (die; -), ...se|mi|nar, ...teil der

Elt|vil|le am Rhein [ältwil^e od. ält-wil^e] (Stadt im Rheingau)

Ell|vi|ra [älwira] (w. Vorn.)

ely|sä|isch, ely|sisch ⟨griech.⟩ (wonnevoll, paradiesisch); -e Gefilde; Ely|see [...li...] das; -⟨franz.⟩ (Palast in Paris); ely|sisch vgl. elysäisch; Ely|si|um das; -s ⟨griech.⟩ (Aufenthaltsort der Seligen in der griech. Sage)

Ely|tron das; -s, ...ytren (meist Plur.) ⟨griech.⟩ (Deckflügel [der Insekten])

El|ze|vir [äls^e wir] die; - ⟨nach der niederl. Buchdruckerfamilie Elzevi(e)r⟩ (eine Antiquadruckschrift); El|ze|vir|aus|ga|be (↑R 135); El|ze|vi|ria|na Plur.; ↑R 180 (Elzevirdrucke)

---

em. = emeritiert, emeritus (vgl. Emerit)

Email [auch: emaj] das; -s, -s u. Emit

Email|le [emalj^e, emaj, emai] die; -, -n ⟨franz.⟩ (Schmelz[überzug]); Email|far|be; Email|leur [emaljör, emajör] der; -s, -e (Schmelzarbeiter); email|lie|ren [emalji-r^en, emajir^en]; Email|lier_ofen, ...werk; Email|ma|le|rei

Eman das; -s, -[s] ⟨lat.⟩ (veralt. Maßeinheit für den radioaktiven Gehalt bes. im Quellwasser); 5 -;

Ema|na|ti|on [...zion] die; -, -en („Ausfluß"; Ausstrahlung); ema|nie|ren

Ema|nu|el [...uäl], Im|ma|nu|el (m. Vorn.); Ema|nue|la (w. Vorn.); ↑R 180

Eman|ze die; -, -n ⟨lat.⟩ (ugs. für: emanzipierte Frau); Eman|zi|pa|ti|on [...zion] die; -, -en (Befreiung von Abhängigkeit; Gleichstellung); Eman|zi|pa|ti|ons_be|we|gung, ...stre|ben; eman|zi|pa|to|risch; eman|zi|pie|ren; sich -; eman|zi|piert (frei, ungebunden; betont vorurteilsfrei); Eman|zi|pie|rung die; -

Em|bal|la|ge [angbalasch^e] die; -, -n ⟨franz.⟩ (Verpackung [einer Ware]); em|bal|lie|ren

Em|bar|go das; -s, -s ⟨span.⟩ (Zurückhalten od. Beschlagnahme [von Schiffen] im Hafen; Ausfuhrverbot)

Em|blem [auch: angblem] das; -s, -e ⟨franz.⟩ (Kennzeichen, Hoheitszeichen; Sinnbild); Em|ble|ma|tik die; - (sinnbildliche Darstellung; Emblemforschung); em|ble|ma|tisch (sinnbildlich)

Em|bo|lie die; -, ...ien ⟨griech.⟩ (Med.: Verstopfung eines Blutgefäßes); Em|bo|lus der; -, ...li (Med.: Pfropf, Fremdkörper in der Blutbahn)

Em|bon|point [angbongpoäng] das od. der; -s ⟨franz.⟩ (Wohlbeleibtheit)

Em|bryo der (österr. auch: das); -s, -s u. ...onen ⟨griech.⟩ (noch nicht geborenes Lebewesen); Em|bryo|lo|gie die; - (Lehre von der Entwicklung des Embryos); em|bryo|nal, em|bryo|nisch (im Anfangsstadium der Entwicklung)

Emd das; -[e]s u. Em|det der; -s (schweiz. für: Öhmd); em|den (schweiz. für: öhmden)

Em|den (Hafenstadt an der Emsmündung); Em|der, (auch:) Em|de|ner (↑R 147)

Em|det vgl. Emd

Emen|da|ti|on [...zion] die; -, -en ⟨lat.⟩ (Literaturw.: Verbesserung, Berichtigung [von Texten]); emen|die|ren

Eme|ren|tia [...zia], Eme|renz (w. Vorn.)

Eme|rit der; -en, -en (↑R 197) ⟨lat.⟩ u. Eme|ri|tus der; -, ...ti (Person im Ruhestand, bes. von Universitätsprofessoren; vgl. em.); eme|ri|tie|ren (in den Ruhestand versetzen); eme|ri|tiert (Abk.: em.); -er Professor; Eme|ri|tie|rung; Eme|ri|tus vgl. Emerit

Eme|ti|kum das; -s, ...ka ⟨griech.⟩ (Brechmittel); eme|tisch (Brechen erregend)

Emi|grant der; -en, -en (↑R 197) ⟨lat.⟩ (Auswanderer [bes. aus polit. od. religiösen Gründen]); Emi|gran|ten|schick|sal; Emi|gran|tin die; -, -nen; Emi|gra|ti|on [...zion] die; -, -en; emi|grie|ren

Emil (m. Vorn.); Emi|lia, Emi|lie [...i^e] (w. Vorn.)

emi|nent ⟨lat.⟩ (hervorragend; außerordentlich); Emi|nenz die; -, -en (früherer Titel der Kardinäle); vgl. auch: euer; vgl. grau

Emir [auch: ...ir] der; -s, -e ⟨arab.⟩ (arab. [Fürsten]titel); Emi|rat das; -[e]s, -e (arab. Fürstentum)

Emis|sär der; -s, -e ⟨franz.⟩ (Abgesandter mit geheimem Auftrag); Emis|si|on die; - (Physik: Ausstrahlung; Technik: Abblasen von Gasen, Ruß u. ä. in die Luft; Wirtsch.: Ausgabe [von Wertpapieren]; Med.: Entleerung); Emis|si|ons|stopp; Emit|tent der; -en, -en; ↑R 197 (Ausgeber von Wertpapieren); Emit|ter der; -s, - (engl.) (Teil des Transistors); emit|tie|ren ⟨lat.⟩; Wertpapiere - (ausgeben); Elektronen -

Em|ma (w. Vorn.)

Em|ma|us (bibl. Ort)

Emm|chen (ugs. scherzh. für: Mark); das kostet tausend -

Em|me die; - (Nebenfluß der Aare); Kleine - (Nebenfluß der Reuß)

Em|men|tal das; -[e]s (schweiz. Landschaft); ¹Em|men|ta|ler (↑R 147); - Käse; ²Em|men|ta|ler der; -s, - (ein Käse)

Em|mer der; -s (eine Weizenart)

Em|me|ram (m. Vorn.); Em|me|rich (m. Vorn.); Em|mi (Koseform von: Emma); Em|mo (m. Vorn.)

e-Moll [auch: emol] das; - (Tonart; Zeichen: e); e-Moll-Ton|lei|ter (↑R 41)

Emo|ti|on [...zion] die; -, -en ⟨lat.⟩ (Gemütsbewegung); emo|tio|nal, emo|tio|nell (gefühlsmäßig); emo|tio|na|li|sie|ren; Emo|tio|na|li|tät die; -; emo|tio|nell vgl. emotional

EMPA, Em|pa = Eidgenössische Materialprüfungsanstalt

Em|pa|thie die; - ⟨griech.⟩ (Fähigkeit, sich in andere hineinzuversetzen)

Em|pe|do|kles (altgriech. Philosoph)

Emp|fang der; -[e]s, ...fänge; emp|fan|gen; du empfängst; du empfingst; du empfingest; empfangen; empfang[e]!; Emp|fän|ger; Emp|fän|ger|ab|schnitt; Emp|fän|ge|rin die; -, -nen; emp|fäng|lich; Emp|fäng|lich|keit die; -; Emp|fang|nah|me die; -; Emp|fäng|nis die; -, -se; emp|fäng|nis|ver|hü|tend; -e Mittel; Emp|fäng|nis_ver|hü|tung, ...zeit; Emp|fangs|an|ten|ne; emp|fangs|be|rech|tigt; Emp|fangs_be|schei|ni|gung, ...chef, ...da|me, ...saal, ...sta|ti|on, ...stö|rung, ...zim|mer

emp|feh|len; du empfiehlst; du empfahlst; du empföhlst (auch: empfählst); empfohlen; empfiehl!; sich -; emp|feh|lens|wert; Emp|feh|lung; Emp|feh|lungs_brief, ...schrei|ben

emp|find|bar; emp|fin|den; du empfandst (empfandest); du empfändest; empfunden; empfind[e]!; Emp|fin|den das; -s; emp|find|lich; Emp|find|lich|keit; emp|find|sam; -e Dichtung; Emp|find|sam|keit; Emp|fin|dung; emp|fin|dungs|los; Emp|fin|dungs|lo|sig|keit die; -; Emp|fin|dungs|wort (Plur. ...wörter; für: Interjektion)

Em|pha|se die; -, -n ⟨griech.⟩ (Nachdruck [im Reden]); em|pha|tisch (mit Nachdruck, stark)

Em|phy|sem das; -s, -e ⟨griech.⟩ (Med.: Luftansammlung im Gewebe)

¹Em|pire [angpir] das; -s (fachspr. auch: -) ⟨franz.⟩ (Kunststil der Zeit Napoleons I.); ²Em|pi|re [ämpai'r] das; -[s] ⟨engl.⟩ (das frühere britische Weltreich)

Em|pi|rem das; -s, -e ⟨griech.⟩ (Erfahrungstatsache)

Em|pire|stil [angpir...] der; -[e]s (¹Empire)

Em|pi|rie die; - ⟨griech.⟩ (Erfahrung, Erfahrungswissen[schaft]); Em|pi|ri|ker; Em|pi|rio|kri|ti|zis|mus (eine Richtung der Philosophie, die sich allein auf die kritische Erfahrung beruft); em|pi|risch; Em|pi|ris|mus der; - (Lehre, die allein die Erfahrung als Erkenntnisquelle gelten läßt); Em|pi|rist der; -en, -en (↑ R 197); em|pi|ri|stisch; -ste

em|por; em|por... (in Zus. mit Verben, z. B. emporkommen, du kamst empor, emporgekommen, emporzukommen); Em|po|re die; -, -n (erhöhter Sitzraum [in Kirchen]); em|pö|ren; sich -; em|pö|rend (unerhört); Em|pö|rer; em|pö|re|risch; -ste

em|por|kom|men; Em|por|kömm|ling; em|por_ra|gen, ...schla|gen,

...stre|ben; Em|pö|rung; Em|pö|rungs|schrei

em|py|re|isch ⟨griech.⟩ (lichtstrahlend; himmlisch); Em|py|re|um das; -s (Lichtgebiet; Himmel in der antiken u. scholast. Philosophie)

Ems der; - (Fluß in Nordwestdeutschland)

¹Em|scher die; - (r. Nebenfluß des Niederrheins); ²Em|scher das; -s ⟨nach ¹Emscher⟩ (eine geolog. Stufe)

Em|ser ⟨nach Bad Ems⟩ (↑ R 147); Emser Depesche; Emser Salz

em|sig; Em|sig|keit die; -

Ems-Ja|de-Ka|nal der; -s (↑ R 150)

Emu der; -s, -s ⟨port.⟩ (ein straußenähnl. Laufvogel)

Emu|la|ti|on [...zion] die; -, -en ⟨lat.-engl.⟩ (DV: Nachahmung der Funktionen eines anderen Computers)

emul|gie|ren ⟨lat.⟩ (eine Emulsion bilden); Emul|sin das; -s (Ferment in bitteren Mandeln); Emul|si|on die; -, -en (feinste Verteilung einer Flüssigkeit in einer anderen, nicht mit ihr mischbaren Flüssigkeit; lichtempfindl. Schicht auf fotogr. Platten, Filmen u. ä.)

E-Mu|sik die; - (kurz für: ernste Musik; Ggs.: U-Musik)

Ena|ki|ter, Enaks|kin|der, Enaks|söh|ne Plur. (riesengestaltiges vorisraelit. Volk in Palästina)

En|al|la|ge auch: en-alage] die; - ⟨griech.⟩ (Setzung eines Eigenschaftswortes vor ein anderes Hauptwort, als zu dem es logisch gehört, z. B. „mit einem blauen Lächeln seiner Augen" statt: „mit einem Lächeln seiner blauen Augen")

En|an|them; das; -s, -e ⟨griech.⟩ (Med.: Schleimhautausschlag)

en avant! [angnawang] ⟨franz.⟩ (vorwärts!)

en bloc [ang blok] ⟨franz.⟩ (im ganzen); En-bloc-Ab|stim|mung (↑ R 41)

en car|rière [ang kariär] ⟨franz.⟩ (in vollem Laufe)

en|co|die|ren vgl. enkodieren

En|coun|ter [inkaunt'r] das (auch: der); -s, - ⟨engl.⟩ (Psych.: Gruppentraining zur Steigerung der Empfindungsfähigkeit)

End_ab|rech|nung, ...bahn|hof, ...be|scheid; End|chen, End|lein; End_drei|ßi|ger (Mann Ende Dreißig), ...drei|ßi|ge|rin (die; -, -nen); En|de das; -s, -n; am - ; am - sein; zu - sein, bringen, führen, gehen, kommen; das dicke - kommt nach (ugs.); - Januar; letzten Endes; End|ef|fekt im -; En|del das; -s, - (bayr., österr. für: Stoffrand); en|deln (bayr.,

österr. für: Stoffränder einfassen); ich end[e]le (↑ R 22)

En|de|mie die; -, ...ien ⟨griech.⟩ (Krankheit, die in einem bestimmten Gebiet ständig auftritt, z. B. Malaria); en|de|misch; En|de|mis|mus der; - (begrenztes Vorkommen von Tieren u. Pflanzen in einem bestimmten Bezirk)

en|den; nicht enden wollender Beifall; ...en|der (z. B. Achtender); End_er|folg, ...er|geb|nis

en dé|tail [ang detaj] ⟨franz.⟩ (im kleinen; einzeln; im Einzelverkauf; Ggs.: en gros); vgl. Detail

End|ge|schwin|dig|keit; end|gül|tig; End|gül|tig|keit; End|hal|te|stel|le; en|di|gen (älter für: enden); En|di|gung (veralt.)

En|di|vie [...wi°] die; -, -n ⟨ägypt.⟩ (Salatpflanze); En|di|vi|en|sa|lat

End_kampf, ...kon|so|nant, ...la|ger|stät|te, ...la|ge|rung, ...lauf; End|lein, End|chen; end|lich; aber: im Endlichen (im endlichen Raum); End|lich|keit die; -, (selten) -en; end|los; -es Band; bis ins Endlose (↑ R 65); End_los_band (Druckw. ...bänder), ...for|mu|lar (Druckw.); End|lo|sig|keit die; -; End|mo|rä|ne

en|do... ⟨griech.⟩ (innen...); En|do... (Innen...)

En|do|ga|mie die; -, ...ien ⟨griech.⟩ (Heirat innerhalb von Stamm, Kaste usw.)

en|do|gen ⟨griech.⟩ (Bot.: im Innern entstehend; Med.: von innen kommend); -e Psychosen

En|do|kard das; -s, -e ⟨griech.⟩ (Med.: Herzinnenhaut); En|do|kar|di|tis die; -, ...itiden (Entzündung der Herzinnenhaut)

En|do|karp das; -s, -e ⟨griech.⟩ (Bot.: innerer Teil der Fruchtwand)

en|do|krin ⟨griech.⟩ (Med.: mit innerer Sekretion); -e Drüsen; En|do|kri|no|lo|gie die; - (Lehre von der inneren Sekretion)

En|dor|phin das; -s, -e ⟨aus endo- u. Morphin⟩ (Med., Biol.: körpereigener Eiweißstoff mit schmerzstillender Wirkung)

En|do|skop das; -s, -e ⟨griech.⟩ (Med.: Instrument zur Untersuchung von Körperhöhlen); En|do|sko|pie die; -, ...ien (Untersuchung mit dem Endoskop)

En|do|thel das; -s, -e ⟨griech.⟩ u. En|do|thel|li|um das; -s, ...ien [...i°n] (Zellschicht, die die Blut- u. Lymphgefäße auskleidet)

en|do|therm ⟨griech.⟩ (Chemie: Wärme bindend, aufnehmend)

End_pha|se, ...punkt, ...reim, ...re|sul|tat, ...run|de, ...sil|be, ...spiel, ...spurt, ...sta|di|um, ...sta|ti|on, ...stück, ...sum|me; En|dung; en|dungs|los (Grammatik)

En|du|ro die; -, -s ⟨span.⟩ (geländegängiges Motorrad)
End..ur|sa|che, ...ver|brau|cher, ...vier|zi|ger, ...vo|kal, ...zeit; end|zeit|lich; End..ziel, ...zif|fer, ...zu|stand, ...zweck
Ener|ge|tik die; - ⟨griech.⟩ (Lehre von der Energie; Philos.: Auffassung von der Energie als Grundkraft aller Dinge); ener|ge|tisch; Ener|gie die; -, ...ien (Tatkraft; Physik: Fähigkeit, Arbeit zu leisten); ener|gie|arm; Ener|gie..bedarf, ...haus|halt; ener|gie|ge|laden (↑ R 209); Ener|gie|kri|se; ener|gie|los; Ener|gie|lo|sig|keit die; -; Ener|gie..po|li|tik, ...quel|le; ener|gie|reich; Ener|gie..sparer, ...spar|pro|gramm, ...trä|ger, ...ver|brauch, ...ver|sor|gung, ...wirt|schaft, ...zu|fuhr; ener|gisch; -ste
ener|vie|ren [...wi̯rⁿn] ⟨lat.⟩ (entnerven, entkräften)
Enes|cu [eneßku], (auch:) Enes|co [enäßko] (rumän. Komponist u. Geigenvirtuose)
en face [ang faß, auch: - faß] ⟨franz.⟩ (von vorn; gegenüber)
en fa|mille [ang famij] („in der Familie"; in engem Kreise)
En|fant ter|ri|ble [angfang tärib'l] das; - -, -s -s [angfang tärib'l] (jmd., der gegen die geltenden [gesellschaftlichen] Regeln verstößt und dadurch seine Umgebung oft schockiert)
eng; I. Kleinschreibung: einen engen Horizont haben; (↑ R 65:) auf das, aufs engste. II. Schreibung in Verbindung mit dem 2. Partizip, z. B. engbefreundet, enger, am engsten befreundet; die engbefreundeten Männer (↑ jedoch R 209), aber: die Männer sind eng befreundet; ebenso bei: engbedruckt, engverwandt u. a.
En|ga|din [auch: ...din] das; -s (Talschaft des Inns in der Schweiz)
En|ga|ge|ment [anggaschⁱ⁽ᵉ⁾mang] das; -s, -s (Verpflichtung, Bindung; [An]stellung, bes. eines Künstlers); en|ga|gie|ren [angga-schir'n] (verpflichten, binden); sich - (sich einsetzen); en|ga|giert; -este; En|ga|giert|heit die; -
eng|an|lie|gend; eng|an|schlie-ßend; eng|be|druckt; vgl. eng II; eng|be|freun|det; vgl. eng II; eng|be|grenzt; vgl. eng II; eng|be|schrie|ben; vgl. eng II; eng|brü|stig; En|ge die; -, -n
En|gel der; -s, -
En|gel|berg (schweiz. Abtei u. Kurort südl. des Vierwaldstätter Sees)
En|gel|bert, En|gel|brecht (m. Vorn.); En|gel|ber|ta (w. Vorn.)
En|gel|chen, En|gel|lein, Englein; En|gel|gleich, en|gels|gleich; en|gel|haft; En|gel|haf|tig|keit die; - En|gel|hard (m. Vorn.)
En|gel|kopf, En|gels|kopf; En|gel|ma|cher (ugs. verhüllend: Kurpfuscher, der illegale Abtreibungen vornimmt); En|gel|ma|che|rin die; -, -nen; en|gel|rein; eine -e Stimme
En|gels (Sozialist, Mitbegründer des Marxismus)
En|gels|burg die; - (in Rom); en|gel|schön; En|gels|ge|duld; en|gel|s|gleich; En|gels|haar; En|gel|s..kopf, ...stim|me; En|gel|süß das; -es (Farnart); En|gels-zun|gen Plur.; mit [Menschen- und mit] Engelszungen (so eindringlich wie möglich) reden; En|gel|wurz (eine Heilpflanze)
en|gen (selten für: einengen)
eng|her|zig; Eng|her|zig|keit die; -; Eng|gig|keit die;-
Eng|land; Eng|län|der (auch Bez. für ein zangenartiges Werkzeug)
Eng|lein, En|gel|lein, En|gel|chen
eng|lisch; (↑ R 148:) die -e Krankheit, die -e Dogge, -es Pflaster, -er Trab, -er Garten, -e Broschur (ein Bucheinband), -e Woche (Fußball), aber (↑ R 157): das Englische Fräulein (vgl. d.), der Englische Garten in München; vgl. deutsch; Eng|lisch das; -[s] (eine Sprache); vgl. Deutsch; Eng|li|sche das; -n; vgl. Deutsche das; Eng|li|sche Fräu|lein das; -n -s, -n -s (Angehörige eines Frauenordens)
Eng|li|sche Gruß der; -n -es ⟨zu: Engel⟩ (ein Gebet)
Eng|lisch|horn [Plur. ...hörner; ein Holzblasinstrument]; Eng|lish spo|ken [ingglisch ßpo'k'n] (engl.) ([hier wird] „Englisch gesprochen"); Eng|lish-Waltz [ingglisch "älz] der; -, - (langsamer Walzer); eng|li|sie|ren (Pferden die niederziehenden Schweifmuskeln durchschneiden, damit sie den Schwanz hoch tragen; anglisieren [vgl. d.])
eng|ma|schig
En|go|be [anggob'] die; -, -n ⟨franz.⟩ (keram. Überzugsmasse); en|go|bie|ren
Eng|paß
En|gramm das; -s, -e ⟨griech.⟩ (Med.: bleibende Spur geistiger Eindrücke, Erinnerungsbild)
en gros [ang gro] ⟨franz.⟩ (im großen; Ggs.: en détail); En-gros..han|del (Großhandel), ...preis; En|gros|sist (österr. neben: Grossist)
eng|stir|nig; Eng|stir|nig|keit die; -; eng|um|grenzt; vgl. eng II; eng|ver|wandt; vgl. eng II
en|har|mo|nisch ⟨griech.⟩ (von Tö-

nen: dem Klang nach gleich, in der Bez. verschieden, z. B. cis = des); -e Verwechslung
enig|ma|tisch vgl. änigmatisch
En|jam|be|ment [angsehangbⁱ⁽ᵉ⁾-mang] das; -s, -s (Poetik: Übergreifen eines Satzes auf den nächsten Vers)
en|kau|stie|ren ⟨griech.⟩ (bild. Kunst: mit flüssigem Wachs verschmolzene Farbe auftragen); En|kau|stik die; -, ...en|kau|stisch
¹En|kel der; -s, - (landsch. für: Fußknöchel)
²En|kel der; -s, - (Kindeskind); En|ke|lin die; -, -nen; En|kel..kind, ...sohn, ...toch|ter
En|kla|ve [...wⁱ] die; -, -n ⟨franz.⟩ (ein fremdstaatl. Gebiet im eigenen Staatsgebiet); vgl. Exklave
En|kli|se, En|kli|sis die; -, ...isen ⟨griech.⟩ (Sprachw.: Anlehnung eines unbetonten Wortes an das vorausgehende betonte; Ggs.: Proklise); En|kli|ti|kon das; -s, ...ka (unbetontes Wort, das sich an das vorhergehende betonte anlehnt, z. B. in ugs. „kommste" für: „kommst du"); en|kli|tisch
en|ko|die|ren, (in der Technik meist:) en|co|die|ren ⟨engl.⟩ (eine Nachricht verschlüsseln)
En|ko|mi|on, En|ko|mi|um das; -s, ...ien [...i'n] ⟨griech.⟩ (Lobrede, -schrift)
en masse [ang maß] ⟨franz.⟩ (ugs. für: „in Masse"; gehäuft)
en mi|nia|ture [ang miniatür] ⟨franz.⟩ (in kleinem Maßstab, im kleinen)
en|net (schweiz. mdal. für: jenseits), mit Dat.; - dem Gebirge; en|net|bir|gisch (schweiz. für: jenseits der Alpen gelegen); en|net|rhei|nisch (schweiz. für: jenseits des Rheins gelegen, d. h. [bundes]deutsch)
En|no (m. Vorn.)
¹Enns die; - (r. Nebenfluß der Donau); ²Enns (Stadt in Oberösterreich); Enns|tal (Tal in der Steiermark); Enns|ta|ler Al|pen
en|nu|yie|ren [angnüjir'n] (veralt. für: langweilen)
enorm ⟨franz.⟩ (außerordentlich; ungeheuer); Enor|mi|tät die; -
en pas|sant [ang paßang] ⟨franz.⟩ (im Vorübergehen; beiläufig)
en pro|fil [ang profil] ⟨franz.⟩ (im Profil, von der Seite)
En|quete [angkät] die; -, -n [...n's] ⟨franz.⟩ (Untersuchung, Erhebung; österr. auch: Arbeitstagung)
en|ra|giert [angraschirt] ⟨franz.⟩ (veralt. für: leidenschaftlich erregt)
en route [ang rut] ⟨franz.⟩ (unterwegs)
En|sem|ble [angßangbⁱⁱl] das; -s, -s

⟨franz.⟩ (ein zusammengehörendes Ganzes; Künstlergruppe);
En|sem|ble|spiel *das;* -[e]s
En|si|la|ge [*ang̱ßilaseh*ʳ], Sil|la|ge
die; - ⟨franz.⟩ (Gärfutter[bereitung])
Ęn|sor (belg. Maler)
en suite [*ang̱ ßwịt*] ⟨franz.⟩ (ununterbrochen)
ent... (*Vorsilbe von Verben, z. B.*
entführen, du entführst, er hat
ihn entführt, zu entführen)
...ent (z. B. Referęnt *der;* -en, -en;
↑ R 197)
ent|ạm|ten; Ent|ạm|tung
ent|ạr|ten; ent|ạr|tet; -ste; (nationalsoz.) -e Kunst; **Ent|ạr|tung;
Ent|ạr|tungs|er|schei|nung**
ent|ạschen; Ent|ạschung
En|ta|se, Ęn|ta|sis *die;* -, ...asen
⟨griech.⟩ (Architektur: Schwellung des Säulenschaftes)
ent|ạsten, ent|ästen (Äste entfernen)
ent|äu|ßern, sich; ich entäußere
mich allen Besitzes; **Ent|äu|ßerung** *die;* -
Ent|bạl|lung; - von Industriegebieten
ent|bẹh|ren; ein Buch -; des Trostes - (geh.); **ent|bẹhr|lich; Entbehr|lich|keit** *die;* -; **Ent|behrung; ent|bẹh|rungs|reich**
ent|bie|ten; Grüße -
ent|bịn|den; Ent|bịn|dung; Entbịn|dungs_heim, ...pfle|ger,
...sta|ti|on
ent|blät|tern; sich -
ent|blö|den, nur in: sich nicht entblöden (sich nicht scheuen)
ent|blö|ßen; du entblößt (entblößest); sich -; **Ent|blö|ßung**
ent|brẹn|nen
ent|bü|ro|kra|ti|sie|ren; Ent|bü|rokra|ti|sie|rung
Ęnt|chen, Ent|lein (kleine Ente)
ent|dẹcken[1]**; Ent|dẹcker**[1]**; Entdẹcker|freu|de**[1]**; ent|dẹcke|risch**[1]**;
Ent|dẹckung**[1]**; Ent|dẹckungs**[1]**-
.fahrt,** ...rei|se
ent|dröh|nen (Technik: dröhnende
Geräusche dämpfen); eine Maschine -; **Ent|dröh|nung**
ent|dụn|keln; ich ...[e]le (↑ R 22)
Ęn|te *die;* -, -n; (↑ R 157:) kalte -
(ein Getränk)
ent|ẹh|ren; ent|ẹh|rend; Ent|ẹhrung
ent|ẹig|nen; Ent|ẹig|nung
ent|ẹi|len
ent|ẹi|sen (von Eis befreien); du
enteist (enteisest); er entei|ste;
enteist
ent|ẹi|se|nen (von Eisen befreien);
du enteisenst; enteisent; enteisentes Wasser; **Ent|ẹi|se|nung**
Ent|ẹi|sung (Befreiung von Eis)
En|te|le|chie *die;* -, ...ien ⟨griech.⟩

[1] *Trenn.:* ...k|k...

(Gestaltungskraft zur Entwicklung u. Vollendung der Anlagen); **en|te|le|chisch**
Ęn|ten_bra|ten, ...ei, ...grüt|ze
(*die;* -; Geflecht von Wasserlinsen), ...kü|ken (vgl. [1]Küken)
En|tente [*ang̱tang̱t*] *die;* -, -n [...*t*ʳ*n*]
⟨franz.⟩ (Staatenbündnis); (↑ R
157:) die Große -, die Kleine -;
En|tente cor|di|ale [- *kordial*] *die;*
- - (Bez. für das franz.-engl.
Bündnis nach 1904)
Ęn|ten_teich, ...wal
Ęn|ter *das* (auch: *der*); -s, - (niederd. für: einjähr. Fohlen, Kalb)
ent|ẹr|ben; Ent|ẹr|bung
Ęn|ter_brücke [*Trenn.:* ...brük|ke],
...ha|ken
Ęn|te|rich *der;* -s, -e (männl. Ente)
En|te|ri|tis *die;* -, ...itiden ⟨griech.⟩
(Med.: Darmentzündung)
ęn|tern ⟨niederl.⟩ (auf etwas klettern); ein Schiff - (mit Enterhaken festhalten und erobern); ich
...ere (↑ R 22)
En|te|ro|kly|se *die;* -, -n ⟨griech.⟩
(Med.: Darmspülung); **En|te|roskop** *das;* -s, -e (Med.: Endoskop
zur Untersuchung des Dickdarms); **En|te|ro|sto|mie** *die;* -,
...ien (Med.: Anlegung eines
künstl. Afters)
En|ter|tai|ner [*ặnt ʳte̱ʹnʳr*] *der;* -s, -
⟨engl.⟩ (Unterhalter)
Ent|e|rung
ent|fạchen; Ent|fạchung
ent|fah|ren; ein Fluch entfuhr ihm
ent|fạllt|bar; ent|fạll|ten; sich -;
Ent|fạll|tung; Ent|fạll|tungs|möglich|keit
ent|fär|ben; Ent|fär|ber (Entfärbungsmittel)
ent|fẹr|nen; sich -; **ent|fẹrnt;** weit
[davon] -, das zu tun; nicht im
-esten (↑ R 65); **Ent|fẹr|nung;** in
einer - von 4 Meter[n] (↑ R 129);
Ent|fẹr|nungs|mes|ser *der*
ent|fẹs|seln; Ent|fẹs|se|lung, Entfẹß|lung; Ent|fẹs|se|lungs|künstler
ent|fẹt|sti|gen; Metalle - (weich[er]
machen); **Ent|fẹs|ti|gung**
ent|fẹt|ten; Ent|fẹt|tung; Ent|fẹttungs|kur
ent|feuch|ten; Ent|feuch|ter (Gerät, das der Luft Feuchtigkeit
entzieht); **Ent|feuch|tung**
ent|flạmm|bar; ent|flạm|men; entflạmmt; Ent|flạm|mung
ent|flẹch|ten; er entflicht (auch:
entflechtet); er entflocht (auch:
entflechtete); entflochten; **Entflẹch|tung**
ent|flie|gen
ent|flie|hen
ent|frẹm|den; sich -; **Ent|frẹmdung**
ent|fri|sten (von einer Befristung
lösen); Tarifverträge -

ent|frọ|sten; Ent|frọ|ster; Ent|frọstung
ent|füh|ren; Ent|füh|rer; Ent|führung
ent|ga|sen; du entgast (entgasest);
er entga|ste; **Ent|ga|sung**
ent|ge|gen; meinem Vorschlag -
od. - meinem Vorschlag; **ent|gegen...** (*in Zus. mit Verben, z. B.*
entgegenkommen, du kommst
entgegen, entgegengekommen,
entgegenzukommen); **ent|gegen|brin|gen;** jmdm. Vertrauen -;
ent|ge|gen_fah|ren, ...ge|hen; **entge|gen|ge|setzt;** aber: das Entgegengesetzte (↑ R 65); er ging in
die -e Richtung; die Verhandlungen entwickelten sich -; **ent|gegen|ge|setz|ten|falls;** vgl. Fall
der; **ent|ge|gen_hal|ten,** ...kommen; **Ent|ge|gen|kom|men** *das;*
-s; **ent|ge|gen|kom|mend; ent|gegen|kom|men|der|wei|se;** aber:
in entgegenkommender Weise;
ent|ge|gen_lau|fen, ...neh|men,
...se|hen, ...set|zen; **ent|ge|genset|zend** (Gramm.: adversativ);
ent|ge|gen_ste|hen, ...stel|len,
...stem|men, sich, ...tre|ten; **entgeg|nen; Ent|geg|nung**
ent|ge|hen; ich lasse mir nichts -
ent|gei|stert (sprachlos; verstört)
Ent|gẹlt *das* (veralt.: *der*); -[e]s, -e;
gegen, ohne -; **ent|gẹl|ten;** er läßt
mich meine Nachlässigkeit nicht
-; **ent|gẹlt|lich** (gegen Bezahlung); **Ent|gẹlts_be|schei|ni|gung,**
...ta|rif
ent|gif|ten; Ent|gif|tung
ent|glei|sen; du entgleist (entgleisest); er entglei|ste; **Ent|glei|sung**
ent|glei|ten
ent|göt|tern; ich ...ere (↑ R 22)
ent|göt|te|rung; Ent|göt|tung
ent|grä|ten; entgratetes Eisen
ent|grä|ten; entgräteter Fisch
ent|grẹn|zen; Ent|grẹn|zung
ent|haa|ren; Ent|haa|rung; Enthaa|rungs|mit|tel *das*
ent|hạf|ten (aus der Haft entlassen); **Ent|hạf|tung**
ent|hạl|ten; sich -; ich enthielt
mich der Stimme; **ent|hạlt|sam;
Ent|hạlt|sam|keit** *die;* -; **Ent|hạltung**
ent|här|ten; Ent|här|tung
ent|haup|ten; Ent|haup|tung
ent|häu|ten; Ent|häu|tung
ent|hẹben; jmdn. seines Amtes -;
Ent|hẹ|bung
ent|hẹi|li|gen; Ent|hẹi|li|gung
**ent|hẹm|men; Ent|hẹmmt|heit;
Ent|hẹm|mung**
ent|hül|len; sich -; **Ent|hül|lung**
ent|hül|sen
ent|hu|ma|ni|sie|ren; Ent|hu|mani|sie|rung
en|thu|si|as|mie|ren ⟨franz.⟩ (begeistern); **En|thu|si|as|mus** *der;* -
⟨griech.⟩ (Begeisterung; Leiden-

schaftlichkeit); En|thu|si|ast *der;*
-en, -en (↑R 197); en|thu|sia|stisch; -ste
ent|ideo|lo|gi|sie|ren (von ideologischen Zielen, Vorurteilen frei machen); Ent|ideo|lo|gi|sie|rung
En|ti|tät *die;* -, -en ⟨lat.⟩ (Philos.: Dasein im Unterschied zum Wesen eines Dinges)
ent|jung|fern; Ent|jung|fe|rung
ent|kal|ken; Ent|kal|kung
ent|kei|men; Ent|kei|mung
ent|ker|nen; Ent|ker|ner (Werkzeug); Ent|ker|nung
ent|klei|den; sich -; Ent|klei|dung; Ent|klei|dungs|sze|ne (im Film, Theaterstück)
ent|kno|ten
ent|kof|fei|nie|ren [...*fe-i...*]; entkoffeinierter Kaffee
ent|kom|men; Ent|kom|men *das;*-s
ent|kor|ken
ent|kräf|ten; Ent|kräf|tung
ent|kramp|fen; Ent|kramp|fung
ent|krau|ten; den Boden -
ent|la|den; vgl. ¹laden; sich -; Ent|la|dung
ent|lang; bei *Nachstellung* mit *Akk.:* den Wald - (selten *Dat.:* dem Wald -); bei *Voranstellung Dat.:* - dem Fluß (selten *Gen.:* des Flusses; veralt. *Akk.:* - den Fluß); am Ufer -; am, das Ufer entlang lau|fen (nicht fahren), aber: am das Ufer entlanglaufen (nicht am Berg, den Berg); vgl. längs; ent|lang... (*in Zus. mit Verben,* z. B. entlanglaufen, du läufst entlang, entlanggelaufen, entlangzulaufen); ent|lang|lau|fen vgl. entlang u. entlang...
ent|lar|ven [...*f'n*]; Ent|lar|vung
Ent|laß... (südd. in Zusammensetzungen für: Entlassungs..., z. B. Entlaßfeier); ent|las|sen; Ent|las|sung; Ent|las|sungs_fei|er, ...klas|se, ...schü|ler
ent|la|sten; Ent|la|stung; Ent|la|stungs_an|griff, ...ma|te|ri|al, ...schlag, ...zeu|ge, ...zug
ent|lau|ben; Ent|lau|bung
ent|lau|fen
ent|lau|sen; Ent|lau|sung; Ent|lau|sungs|schein
Ent|le|buch *das;* -s (schweiz. Landschaft)
ent|le|di|gen; sich der Aufgabe -; Ent|le|di|gung
ent|lee|ren; Ent|lee|rung
ent|le|gen; Ent|le|gen|heit *die;* -
ent|leh|nen; Ent|leh|nung
ent|lei|ben; sich (sich töten)
ent|lei|hen (für sich leihen); Ent|lei|her; Ent|lei|hung
Ent|lein, Ent|chen (kleine Ente)
ent|lo|ben, sich; Ent|lo|bung
ent|locken [*Trenn.:* ...lok|ken]
ent|loh|nen, (schweiz.:) ent|löh|nen; Ent|loh|nung, (schweiz.:) Ent|löh|nung

ent|lüf|ten; Ent|lüf|ter (für: Exhaustor); Ent|lüf|tung; Ent|lüf|tungs_hau|be, ...ven|til
ent|mach|ten; Ent|mach|tung
ent|ma|gne|ti|sie|ren
ent|man|nen; Ent|man|nung
ent|men|schen; ent|mensch|li|chen; ent|menscht
ent|mie|ten (Häuser, Wohnungen nicht mehr vermieten, um sie [in saniertem Zustand] zu verkaufen oder teurer zu vermieten)
ent|mi|li|ta|ri|sie|ren; entmilitarisierte Zone; Ent|mi|li|ta|ri|sie|rung
ent|mi|schen (Chemie, Techn.); Ent|mi|schung
ent|mi|sten; Ent|mi|stung
ent|mün|di|gen; Ent|mün|di|gung
ent|mul|ti|gen; Ent|mul|ti|gung
ent|my|thi|sie|ren (vgl. entmythologisieren); Ent|my|thi|sie|rung; ent|my|tho|lo|gi|sie|ren (mythische od. irrationale Vorstellungen, die mit etwas verknüpft sind, beseitigen); Ent|my|tho|lo|gi|sie|rung
Ent|nah|me *die;* -, -n
ent|na|tio|na|li|sie|ren (ausbürgern; die Verstaatlichung rückgängig machen); Ent|na|tio|na|li|sie|rung
ent|na|zi|fi|zie|ren; Ent|na|zi|fi|zie|rung
ent|neh|men; [aus] den Worten -
ent|ner|ven [...*f'n*]; ent|nervt; Ent|ner|vung
En|to|blast *das;*-s, -e ⟨griech.⟩ (inneres Keimblatt des Embryos)
ent|ölen; entölter Kakao
En|to|mo|lo|ge *der;* -n, -n (↑R 197) ⟨griech.⟩ (Insektenforscher); En|to|mo|lo|gie *die;* -; en|to|mo|lo|gisch
en|to|pisch ⟨griech.⟩ (Fachspr.: am Ort befindlich, einheimisch)
ent|op|tisch ⟨griech.⟩ (Med.: im Innern des Auges gelegen)
ent|otisch ⟨griech.⟩ (Med.: im Innern des Ohres entstehend)
ent|per|sön|li|chen (das Persönliche bei etwas ausschalten); Ent|per|sön|li|chung
ent|pflich|ten (von Amtspflichten entbinden); Ent|pflich|tung
ent|po|li|ti|sie|ren; Ent|po|li|ti|sie|rung
ent|pul|pen ([Rübenzuckersaft] entfasern)
ent|pup|pen, sich; Ent|pup|pung
ent|quel|len (geh.)
ent|rah|men; Ent|rah|mer (Milchschleuder); Ent|rah|mung
ent|ra|ten (veralt. für: entbehren); eines Dinges [nicht] - können
ent|rät|seln; Ent|rät|se|lung, Ent|räts|lung
En|treakt [*angtrākt*] *der;* -[e]s, -e ⟨franz.⟩ (Zwischenakt, Zwischenspiel, Zwischenmusik)

ent|rech|ten; Ent|rech|tung
En|tre|cote [*angtr'kot*] *das;* -[s], -s ⟨franz.⟩ (Rippenstück beim Rind)
En|tree [*angtre*] *das;* -s, -s ⟨franz.⟩ (Eintritt[sgeld], Eingang; Vorspeise; Eröffnungsmusik [bei Balletten]); En|tree|tür
en|tre nous [*angtr' nu*] ⟨franz.⟩ (selten für: „unter uns"; ungezwungen, vertraulich)
En|tre|pot [*angtr'po*] *das;* -, -s ⟨franz.⟩ (zollfreier Stapelplatz)
ent|rich|ten; Ent|rich|tung
ent|rin|den; Baumstämme -
ent|rin|gen, sich (geh.); ein Seufzer entrang sich ihm
ent|rin|nen; Ent|rin|nen *das;*-s
ent|risch (bayr., österr. mdal. für: unheimlich, nicht geheuer)
ent|rol|len; sich -
En|tro|pie *die;* -, ...ien ⟨griech.⟩ (eine physikal. Größe)
ent|ro|sten; Ent|ro|ster (Mittel gegen Rost); Ent|ro|stung
ent|rücken [*Trenn.:* ...rük|ken]; Ent|rückt|heit; Ent|rückung [*Trenn.:* ...rük|kung]
ent|rüm|peln; ich ...[e]le (↑R 22); Ent|rüm|pe|lung, Ent|rümp|lung
ent|rü|sten; sich -; ent|rü|stet; Ent|rü|stung; Ent|rü|stungs_sturm
ent|saf|ten; Ent|saf|ter
ent|sa|gen; dem Vorhaben -; Ent|sa|gung; ent|sa|gungs|voll
ent|sah|nen
ent|sal|zen; entsalzt; Ent|sal|zung
Ent|satz *der;* -es
ent|säu|ern; Ent|säue|rung
ent|schä|di|gen; Ent|schä|di|gung; Ent|schä|di|gungs|sum|me
ent|schär|fen; eine Mine -; Ent|schär|fung
Ent|scheid *der;* -[e]s, -e; ent|schei|den; sich für etwas -; ent|schei|dend; -ste; Ent|schei|dung; Ent|schei|dungs_be|fug|nis, ...fra|ge (Sprachw.), ...frei|heit, ...ge|walt, ...schlacht; ent|schei|dungs|schwer; Ent|schei|dungs|spiel; ent|schie|den; auf das, aufs -ste (↑R 65); Ent|schie|den|heit *die;* -
ent|schlacken [*Trenn.:* ...schlak-ken]; Ent|schlackung [*Trenn.:* ...schlak|kung]
ent|schla|fen (sterben)
ent|schla|gen, sich (veralt.); sich aller Sorgen -
ent|schläm|men; Ent|schläm|mung
ent|schlei|ern; ich ...ere (↑R 22); Ent|schlei|erung
ent|schlie|ßen, sich; Ent|schlie|ßung; ent|schlos|sen; Ent|schlos|sen|heit *die;* -
ent|schlüpfen
Ent|schluß *der;*
ent|schlüs|seln; Ent|schlüs|se|lung, Ent|schlüß|lung

ent|schluß|fä|hig; Ent|schluß_fä-
hig|keit (die; -), ...frei|heit (die;
-), ...freu|dig|keit (die; -), ...kraft
(die; -); ent|schluß|los; Ent-
schluß|lo|sig|keit die; -
ent|schrot|ten; Ent|schrot|tung
ent|schuld|bar; Ent|schuld|bar-
keit die; -; ent|schul|den (Schul-
den senken); ent|schul|di|gen;
sich wegen etwas -; Ent|schul|di-
gung; Ent|schul|di|gungs_brief,
...grund, ...schrei|ben; Ent|schul-
dung
ent|schup|pen
ent|schwe|ben
ent|schwe|feln; Ent|schwe|fe|lung,
Ent|schwef|lung
ent|schwei|ßen; Wolle - (von
Schweiß und Fett reinigen)
ent|schwin|den
ent|seelt (geh. für: tot); Ent|see-
lung die; - (das Seelenloswer-
den); die - der Umwelt
ent|sen|den; Ent|sen|dung
ent|set|zen; sich -; Ent|set|zen das;
-s; ent|set|zen|er|re|gend; ein -er
Anblick; Ent|set|zens|schrei; ent-
setz|lich; Ent|setz|lich|keit; ent-
setzt
ent|seu|chen (fachspr. für: desinfi-
zieren); Ent|seu|chung
ent|si|chern; das Gewehr -
ent|sie|geln; Ent|sie|ge|lung, Ent-
sieg|lung
ent|sin|nen, sich; ich habe mich
deiner entsonnen; ent|sinn|li-
chen; Ent|sinn|li|chung
ent|sitt|li|chen; Ent|sitt|li|chung
ent|sor|gen; Ent|sor|gung (Beseiti-
gung von Müll u. ä.)
ent|span|nen; sich -; ent|spannt;
-es Wasser; Ent|span|nung; Ent-
span|nungs_po|li|tik, ...übung
ent|spie|geln; eine Brille -
ent|spin|nen, sich
ent|spre|chen; ent|spre|chend;
(↑R 106:) - seinem Vorschlag od.
seinem Vorschlag -; (↑R 65:)
Entsprechendes, das Entspre-
chende gilt für ...; Ent|spre|chung
ent|sprie|ßen
ent|sprin|gen
Ent|sta|li|ni|sie|rung die; -
ent|stam|men
ent|stau|ben; Ent|stau|ber; Ent-
stau|bung
ent|ste|hen; Ent|ste|hung; Ent|ste-
hungs_ge|schich|te, ...ort, ...ur-
sa|che, ...zeit
ent|stei|gen (geh.)
ent|stei|nen; Kirschen -
ent|stel|len; ent|stellt; Ent|stel-
lung
ent|stem|peln; die Nummernschil-
der wurden entstempelt
ent|stoff|li|chen
ent|stö|ren; Ent|stö|rung; Ent|stö-
rungs_dienst, ...stel|le
ent|strö|men
ent|süh|nen; Ent|süh|nung

ent|sump|fen; Ent|sump|fung
ent|ta|bu|ie|ren, ent|ta|bui|sie|ren;
↑R 180 ([einer Sache] den Cha-
rakter des Tabus nehmen); Ent-
ta|bu|ie|rung, Ent|ta|bui|sie|rung
ent|tar|nen; Ent|tar|nung
ent|täu|schen; Ent|täu|schung;
ent|täu|schungs|reich
ent|tee|ren; Ent|tee|rung
ent|thro|nen; Ent|thro|nung
ent|trüm|mern; Ent|trüm|me|rung
ent|völ|kern; ich ...ere (↑R 22);
Ent|völ|ke|rung
entw. = entweder
ent|wach|sen
ent|waff|nen; Ent|waff|nung
ent|wal|den; Ent|wal|dung
ent|war|nen; Ent|war|nung
ent|wäs|sern; Ent|wäs|se|rung,
Ent|wäß|rung; Ent|wäs|se|rungs-
gra|ben
ent|we|der [auch: ...wed'r] (Abk.:
entw.); entweder - oder; Ent|we-
der-Oder das; -, - (↑R 67)
ent|wei|chen; vgl. ²weichen; Ent-
weich|ge|schwin|dig|keit (svw.
Fluchtgeschwindigkeit); Ent-
wei|chung
ent|wei|hen; Ent|wei|hung
ent|wen|den; ich entwendete, habe
entwendet; Ent|wen|dung
ent|wer|fen; Pläne -; Ent|wer|fer
ent|wer|ten; Ent|wer|ter (Automat
zur Entwertung von Fahrschei-
nen); Ent|wer|tung
ent|we|sen; ein Gebäude -
(fachspr. für: von Ungeziefer rei-
nigen); Ent|we|sung
ent|wickeln¹; sich -; Ent|wicke-
lung¹; Ent|wick|ler; Ent|wick-
lung; Ent|wick|lungs_dienst,
...ge|schich|te; ent|wick|lungs|ge-
schicht|lich; ent|wick|lungs-ge-
setz, ...grad, ...hel|fer; ent|wick-
lungs|hem|mend; Ent|wick-
lungs_hil|fe, ...jah|re Plur.,
...land (Plur. ...länder), ...pro|zeß,
...ro|man, ...stö|rung, ...stu|fe,
...zeit
ent|wid|men (Amtsspr.: einer be-
stimmten Benutzung entziehen);
einen Weg -; Ent|wid|mung
ent|win|den; vgl. ¹winden
ent|wirr|bar; ent|wir|ren; sich -;
Ent|wir|rung
ent|wi|schen (ugs.)
ent|wöh|nen; Ent|wöh|nung
ent|wöl|ken, sich; Ent|wöl|kung
ent|wür|di|gen; Ent|wür|di|gung
Ent|wurf; Ent|wurfs_ge|schwin-
dig|keit (Richtwert im Straßen-
bau), ...zeich|nung
ent|wur|men
ent|wur|zeln; ich ...[e]le (↑R 22);
Ent|wur|ze|lung, Ent|wurz|lung
ent|zau|bern; Ent|zau|be|rung
ent|zer|ren; Ent|zer|rer (Technik);
Ent|zer|rung

ent|zie|hen; sich -; Ent|zie|hung;
Ent|zie|hungs_an|stalt, ...er-
schei|nung, ...kur
ent|zif|fer|bar; Ent|zif|fe|rer; ent-
zif|fern; ich ...ere (↑R 22); Ent-
zif|fe|rung
ent|zücken¹; Ent|zücken¹ das; -s;
ent|zückend¹; Ent|zückung¹
Ent|zug der; -[e]s; Ent|zugs|er-
schei|nung
ent|zünd|bar; ent|zün|den; sich -
ent|zun|dern (für: dekapieren); ich
...ere (↑R 22)
ent|zünd|lich; leichtentzündlich
(vgl. d.); Ent|zünd|lich|keit die; -;
Ent|zün|dung; ent|zün|dungs-
hem|mend; Ent|zün|dungs|herd
ent|zwei; - sein; ent|zwei... (in Zus.
mit Verben, z. B. entzweibrechen,
du brichst entzwei, entzweige-
brochen, entzweizubrechen);
ent|zwei|bre|chen; ent|zwei|en;
sich -; ent|zwei_gel|hen, ...ma-
chen, ...schnei|den; Ent|zwei|ung
Enu|me|ra|ti|on [...zion] die; -, -en
(lat.) (Aufzählung); enu|me|ra|tiv
(aufzählend)
En|ve|lop|pe [a̱ŋw'lop⁽'⁾] die; -, -n
(franz.) (Math.: einhüllende
Kurve)
En|vi|ron|ment [änwai⁽'⁾r'nm'nt]
das; -s, -s (amerik.) (künstlerisch
gestalteter Raum); en|vi|ron-
men|tal [änwir...]; En|vi|ron|to|lo-
gie die; - (Umweltforschung)
en vogue [aŋ wog] (franz.) (beliebt; modisch; im Schwange)
En|voyé [aŋwoaje] der; -s, -s
(franz.) (franz. Bez. für: Gesandter)
Enz die; - (l. Nebenfluß des Nek-
kars)
En|ze|pha|li|tis die; -, ...itiden
(griech.) (Med.: Gehirnentzün-
dung); En|ze|pha|lo|gramm
(Röntgenbild der Gehirnkam-
mern)
En|zi|an der; -s, -e (eine Alpen-
pflanze; ein alkohol. Getränk);
en|zi|an|blau
En|zio (m. Vorn.)
En|zy|kli|ka [auch: änzü...] die; -,
...ken (griech.) (päpstl. Rund-
schreiben); en|zy|klisch [auch:
änzü...] (einen Kreis durchlau-
fend)
En|zy|klo|pä|die die; -, ...ien
(griech.) (in Nachschlagewerk);
en|zy|klo|pä|disch (umfassend);
En|zy|klo|pä|dist der; -en, -en;
↑R 197 (Mitarbeiter an der berühmten franz. „Enzyklopädie")
En|zym das; -s, -e (griech.) (Fer-
ment); en|zy|ma|tisch; En|zy|mo-
lo|gie die; - (Lehre von den Enzy-
men)
eo ip|so (lat.) (von selbst; selbst-
verständlich)

¹ Trenn.: ...k|k...

Eol|li|en|ne [*eoliän*] *die;* - ⟨franz.⟩ ([Halb]seidengewebe in Taftbindung)

Eol|lith *der;* -s u. -en (↑ R 197), -e[n] ⟨griech.⟩ (vermeintl. vorgeschichtl. Werkzeug); **Eos** (griech. Göttin der Morgenröte); **Eo|sin** *das;* -s (ein roter Farbstoff); **eo-si|nie|ren** (mit Eosin färben)

eo|zän ⟨griech.⟩ (das Eozän betreffend); **Eo|zän** *das;* -s (zweitälteste Stufe des Tertiärs); **Eo|zän-for|ma|ti|on**; **Eo|zoi|kum** *das;* -s (svw. Algonkium); **eo|zo|isch**

ep... vgl. epi...

ep|ago|gisch ⟨griech.⟩ (Philos.: zum Allgemeinen führend)

Epau|lett [*epolät*] *das;* -s, -s ⟨franz.⟩, (seltener für:) **Epau|let-te** [*epolät*] *die;* -, -n (Schulterstück auf Uniformen)

Epen (*Plur.* von: Epos)

Ep|en|the|se, Ep|en|the|sis *die;* -, ...thesen ⟨griech.⟩ (Sprachw.: Einschaltung von Lauten [zur Ausspracheerleichterung], z. B. „t“ in „namentlich“)

Ep|ex|ege|se *die;* -, -n ⟨griech.⟩ (Rhet.: hinzugefügte Erklärung, z. B. drunten „im Unterland“)

eph... vgl. epi...

Ephe|be *der;* -n, -n (↑ R 197) ⟨griech.⟩ (im alten Griechenland Bez. für den wehrfähigen jungen Mann); **ephe|bisch**

Ephe|li|den *Plur.* ⟨griech.⟩ (Med.: Sommersprossen)

ephe|mer ⟨griech.⟩ (nur einen Tag dauernd; vorübergehend); **Ephe|me|ri|de** *die;* -, -n (Buchw. veralt. für: Tageblatt, Tagebuch; Astron.: Gestirn[berechnungs]tafel)

Ephe|ser[1] (Bewohner von Ephesus); **Ephe|ser|brief**[1] (↑ R 151); **ephe|sisch**; **Ephe|sos**[1] vgl. Ephesus; **Ephe|sus**[1] (altgriech. Stadt in Kleinasien)

Ephi|al|tes (altgriech. Verräter)

Ephor *der;* -en, -en; ↑ R 197 (einer der fünf jährl. gewählten höchsten Beamten in Sparta); **Epho-rat** *das;* -[e]s, -e (Amt eines Ephoren od. Ephorus); **Epho|ren|amt**; **Epho|rie** *die;* -, ...ien ([kirchl.] Aufsichtsbezirk); **Epho|rus** [auch: *äf...*] *der;* -, Ephoren (Dekan in der reformierten Kirche; Leiter eines ev. Predigerseminars)

Ephra|im [auch: *äfra-im*] (m. Vorn.)

epi..., vor Selbstlauten und h: ep... ([griech. Vorsilbe: darauf [örtl. u. zeitl.], daneben, bei, darüber)

Epi|de|mie *die;* -, ...ien ⟨griech.⟩ (Seuche, Massenerkrankung); **Epi|de|mio|lo|ge** *der;* -n, -n

[1] Auch: *ef...*

(↑ R 197); **Epi|de|mio|lo|gie** *die;* - (Lehre von den epidemischen Erkrankungen); **epi|de|mio|lo-gisch**; **epi|de|misch**

Epi|der|mis *die;* -, ...men ⟨griech.⟩ (Med.: Oberhaut)

Epi|dia|skop *das;* -s, -e ⟨griech.⟩ (Bildwerfer, der als Diaskop und Episkop verwendbar ist)

Epi|ge|ne|se *die;* -, -n ⟨griech.⟩ (Entwicklung durch Neubildung; Geol.: nachträgliche Entstehung eines Flußtals in älteren Ablagerungen); **epi|ge|ne|tisch**

epi|go|nal (nachahmend, unschöpferisch); **Epi|go|ne** *der;* -n, -n (↑ R 197) ⟨griech.⟩ (Nachahmer ohne Schöpferkraft); **epi|go|nen-haft**; **Epi|go|nen|tum** *das;* -s

Epi|gramm *das;* -s, -e ⟨griech.⟩ (Sinn-, Spottgedicht); **Epi|gram-ma|ti|ker** (Verfasser von Epigrammen); **epi|gram|ma|tisch** (kurz, treffend); **Epi|graph** *das;* s, -e (antike Inschrift); **Epi|gra-phik** *die;* - (Inschriftenkunde); **Epi|gra|phi|ker** (Inschriftenforscher)

Epik *die;* - ⟨griech.⟩ (erzählende Dichtkunst)

Epi|karp *das;* -s, -e ⟨griech.⟩ (Bot.: äußerste Schicht der Frucht)

Epi|ker (zu: Epik)

Epi|kle|se *die;* -, -n ⟨griech.⟩ (Anrufung des Heiligen Geistes in der orthodoxen Kirche)

Epi|kon|dy|li|tis *die;* -, ...itiden ⟨griech.⟩ (Med.: Tennisarm)

Epi|kri|se *die;* -, -n ⟨griech.⟩ (abschließende wissenschaftl. Beurteilung einer Krankheit)

Epi|kur (griech. Philosoph); **Epi-ku|re|er** (Anhänger der Lehre Epikurs; seit der röm Zeit für: Genußmensch); **epi|ku|re|isch**, **epi|ku|risch** (nach Epikurs Art; auch für: dem Genuß ergeben), aber (↑ R 134): **epi|ku|re|isch**, **Epi|ku|risch**; -e Schriften; **Epi-ku|ros** vgl. Epikur

Epi|la|ti|on [...*zion*] *die;* -, -en ⟨lat.⟩ (Med.: Enthaarung)

Epi|lep|sie *die;* -, ...ien ⟨griech.⟩ (Fallsucht, meist mit Krämpfen); **Epi|lep|ti|ker**; **epi|lep|tisch**

epi|lie|ren ⟨lat.⟩ (Med.: enthaaren)

Epi|log *der;* -s, -e ⟨griech.⟩ (Nachwort; Nachspiel, Ausklang)

Epin|glé [*epänggle*] *der;* -[s], -s ⟨franz.⟩ (Kleider- u. Möbelstoff mit ungleich starken Querrippen)

Epi|ni|ki|on *das;* -s, ...ien [...*i⁰n*] ⟨griech.⟩ (altgriech. Siegeslied)

Epi|pha|ni|as *das;* - (Fest der „Erscheinung“ [des Herrn]: Dreikönigsfest); **Epi|pha|nie** *die;* - ⟨griech.⟩ („Erscheinung“ [des Herrn]); **Epi|pha|ni|en|fest** [...*i⁰n*...] vgl. Epiphanias

Epi|pho|ra [auch: *epi...*] *die;* -, ...rä ⟨griech.⟩ (Med.: Tränenfluß; Rhet., Stilk.: Wiederholung von Wörtern am Ende aufeinanderfolgender Sätze oder Satzteile)

Epi|phyl|lum *das;* -s, ...llen ⟨griech.⟩ (ein Blätterkaktus)

Epi|phy|se *die;* -, -n ⟨griech.⟩ (Zirbeldrüse; Endstück der Röhrenknochen); **Epi|phyt** *der;* -en, -en; ↑ R 197 (Pflanze, die [bei selbständiger Ernährung] auf anderen Pflanzen wächst)

Epi|rot *der;* -en, -en; ↑ R 197 (Bewohner von Epirus); **epi|ro-tisch**; **Epi|rus** (westgriech. Landschaft)

episch ⟨griech.⟩ (erzählend; das Epos betreffend); -es Theater

Epi|skop *das;* -s, -e ⟨griech.⟩ (Bildwerfer für nicht durchsichtige Bilder [z. B. aus Büchern])

epi|sko|pal, epi|sko|pisch ⟨griech.⟩ (bischöflich); **Epi|sko|pa|lis|mus** *der;* - (Auffassung, nach der das Konzil der Bischöfe über dem Papst steht); **Epi|sko|pa|list** *der;* -en, -en; ↑ R 197 (Anhänger des Episkopalismus); **Epi|sko|pal-kir|che**; **Epi|sko|pat** *das* (Theol.: *der*); -[e]s, -e (Gesamtheit der Bischöfe; Bischofswürde); **epi|sko-pisch** vgl. episkopal; **Epi|sko|pus** *der;* -, ...pi (lat. Bez. für: Bischof)

Epi|so|de *die;* -, -n ⟨griech.⟩ (vorübergehendes, nebensächl. Ereignis; Zwischenstück); **Epi|so-den|film**; **epi|so|den|haft**; **epi|so-disch**

Epi|stel *die;* -, -n ⟨griech.⟩ (Apostelbrief im N. T.; vorgeschriebene gottesdienstl. Lesung; ugs. für: Brief, Strafpredigt)

Epi|ste|mo|lo|gie *die;* - ⟨griech.-engl.⟩ (Philos.: Erkenntnistheorie)

Epi|styl *das;* -s, -e ⟨griech.⟩ (svw. Architrav)

Epi|taph *das;* -s, -e ⟨griech.⟩ u. **Epi-ta|phi|um** *das;* -s, ...ien [...*i⁰n*] (Grabschrift; Grabmal mit Inschrift)

Epi|tha|la|mi|on, Epi|tha|la|mi|um *das;* -s, ...ien [...*i⁰n*] ⟨griech.⟩ ([antikes] Hochzeitslied)

Epi|thel *das;* -s, -e ⟨griech.⟩ u. **Epi-the|li|um** *das;* -s, ...ien [...*i⁰n*] (oberste Zellschicht der Haut); **Epi|thel|zel|le** (meist *Plur.*)

Epi|the|ton *das;* -s, ...ta ⟨griech.⟩ (Sprachw.: Beiwort; **Epi|the|ton or|nans** *das;* - -, ...ta ...antia [...*zia*] ⟨griech.; lat.⟩ („schmückendes“ [formelhaftes] Beiwort, z. B. „grüne“ Wiese)

Epi|trit *der;* -en, -en (↑ R 197) ⟨griech.⟩ (altgriech. Versfuß)

Epi|zen|trum *das;* -s, ...ren ⟨griech.⟩ (senkrecht über dem Erdbebenherd liegender Erdoberflächenpunkt)

Epi|zo|on *das;* -s, ...zoen u. ...zoa ⟨griech.⟩ (Schmarotzer, der auf Tieren lebt)

Epi|zy|klo|i|de *die;* -, -n ⟨griech.⟩ (Math.: Kurve, die ein Punkt eines an einem anderen Kreis ablaufenden Kreises beschreibt)

epo|chal ⟨griech.⟩ (für einen [großen] Zeitabschnitt geltend; [hoch]bedeutend); Epo|che *die;* -, -n (Zeitabschnitt); - machen; das Buch hat - gemacht; epo|che|ma|chend; eine -e Erfindung; Epo|chen|un|ter|richt (Päd.: Behandlung eines Schwerpunktfaches über einen längeren Zeitraum hinweg)

Ep|ode *die;* -, -n ⟨griech.⟩ (eine Gedichtform)

Epo|pöe [auch: ...pö] *die;* -, -n [...pö'n] ⟨griech.⟩ (veralt. für: Epos); Epos *das;* -, Epen (erzählende Versdichtung; Heldengedicht)

Ep|pich *der;* -s, -e (Name für mehrere Pflanzen, auch für: Efeu)

Eprou|vette [epruwät] *die;* -, -n [...t'n] ⟨franz.⟩ (österr. für: Proberöhrchen, Reagenzglas)

Ep|sil|lon *das;* -[s], -s (griech. Buchstabe [kurzes e]: E, ε)

Equa|li|zer [ikw'lais'r] *der;* -s, - ⟨engl.⟩ (Zusatzgerät an Verstärkern von Hi-Fi-Anlagen)

Equi|li|brist vgl. Äquilibrist

Equi|pa|ge [ek(w)ipasch', österr.: ...pasch] *die;* -, -n ⟨franz.⟩ (veralt. für: elegante Kutsche; Ausrüstung eines Offiziers); Equipe [ekip, schweiz.: ekip'] *die;* -, -n ([Reiter]mannschaft; Gruppe; Begleitung); equi|pie|ren (veralt. für: ausrüsten); Equi|pie|rung

er; - kommt; ¹Er; ↑R 72 (veralt. Anrede an eine Person männl. Geschlechts); höre Er!; jmdn. Er nennen; (↑R 66:) das veraltete Er; ²Er *der;* -, -s (ugs. für: Mensch oder Tier männl. Geschlechts); es ist ein Er; ein Er und eine Sie saßen dort

³Er = chem. Zeichen für: Erbium

er... (*Vorsilbe von Verben,* z.B. erahnen, du erahnst, erahnt, zu erahnen)

...er (z.B. Lehrer *der;* -s, -)

er|ach|ten; jmdn. od. etwas als oder für etwas -; Er|ach|ten *das;* -s; meinem - nach, meines -s (Abk.: m. E.); (falsch: meines Erachtens nach)

er|ah|nen

er|ar|bei|ten; sich etwas -; Er|ar|bei|tung

eras|misch (in der Weise des Erasmus von Rotterdam), aber (↑R 134): Eras|misch; Eras|mus (m. Vorn.); Eras|mus von Rot|ter|dam (niederländ. Theologe; Humanist u. Gegner Luthers)

Era|to [auch: er...] (Muse der Lyrik, bes. der Liebesdichtung)

Era|to|sthe|nes (altgriech. Gelehrter)

er|äu|gen (meist scherzh.)

Erb_adel, ...an|la|ge, ...an|spruch

er|bar|men; sich -; du erbarmst dich seiner, (seltener:) über ihn; er erbarmt mich, (österr. auch:) mir (tut mir leid); Er|bar|men *das;* -s; (↑R 68:) zum -; er|bar|mens|wert; Er|bar|mer; er|bärm|lich; Er|bärm|lich|keit; Er|bar|mung; er|bar|mungs|los; -este; Er|bar|mungs|lo|sig|keit *die;* -; er|bar|mungs_voll, ...wür|dig

Erb.bau|recht, ...be|gräb|nis; erb|be|rech|tigt; Erb_bild (für: Genotyp), ...bio|lo|gie; erb|bio|lo|gisch; ¹Er|be *der;* -n, -n (↑R 197); der gesetzliche -; ²Er|be *das;* -s; das kulturelle -

er|be|ben

erb|ei|gen (ererbt); erb|ein|ge|ses|sen; er|ben; Er|ben|ge|mein|schaft

¹er|be|ten (durch Beten erlangen); erbetete, erbetet

²er|be|ten; ein -er Gast

erb|be|teln

erb|beu|ten; Er|beu|tung

erb|fä|hig; Erb|fak|tor, ...fall (*der;* Rechtsspr.: Todesfall, der jmdn. zum Erben macht), ...feind, ...fol|ge (*die;* -); Erb|fol|ge|krieg; Erb_fol|ger, ...groß|her|zog, ...gut

er|bie|ten, sich; Er|bie|ten *das;* -s

Er|bin *die;* -, -nen

er|bit|ten

er|bit|tern; es erbittert mich; Er|bit|te|rung *die;* -

Erb|krank|heit

erb|las|sen (bleich werden)

Erb|las|sen|schaft; Erb|las|ser (der eine Erbschaft Hinterlassende); Erb|las|se|rin *die;* -, -nen; erb|las|se|risch; Erb|las|sung; Erb|las|se|lei|hen

er|blas|sen (bleich werden); du erbleichtest; erbleicht u. (veralt., im Sinne von „gestorben" nur:) erblichen; vgl. ²bleichen

Erb.lei|den, ...lei|he; erb|lich; Erb|lich|keit *die;* -

er|bli|cken [Trenn.: ...blik|ken]

er|blin|den; Er|blin|dung

erb|los

Erb|mas|se; erb|mä|ßig; Erb|on|kel (ugs. scherzh.)

er|bo|sen (erzürnen); du erbost (erbosest); er erbo|ste; sein Verhalten erbost mich; sich -; ich habe mich erbost

er|bö|tig (bereit); er ist - zu diesem Dienst; er ist -, diesen Dienst zu leisten; Er|bö|tig|keit *die;* -

Erb_pacht, ...päch|ter, ...pfle|ge (*die;* -; für: Eugenik), ...prinz

er|bre|chen; sich -; Er|bre|chen *das;* -s

Erb|recht

er|brin|gen; den Nachweis -

er|brü|ten (fachspr. für: ausbrüten)

Erbs|brei, Erb|sen|brei

Erb|schaft; Erb|schafts|steu|er, Erb|schaft|steu|er die (↑R 154); Erb_schein, ...schlei|cher

Erb|se *die;* -, -n; Erb|sen|bein (Knochen der Handwurzel); Erb|sen|brei, Erbs|brei; erb|sen|groß; Erb|sen|stroh, Erbs|stroh; Erb|sen|sup|pe

Erb_stück, ...sün|de

Erbs|wurst

Erb|tan|te (ugs. scherzh.); Erb|teil *das* (BGB: *der*); Erb|tei|lung; erb|tüm|lich; erb- und eigentümlich (↑R 32); Erb_ver|trag, ...ver|zicht; Erb|ver|zichts|ver|trag; Erb|we|sen *das;* -s

Erd|ach|se *die;* -

er|dacht; eine -e Geschichte

Erd_al|ka|li|en (*Plur.;* Chem.), ...an|zie|hung, ...ap|fel (landsch. für: Kartoffel), ...ar|bei|ten *Plur.,* ...at|mo|sphä|re

er|dau|ern (schweiz. für: gründlich prüfen); Er|daue|rung (↑R 180)

Erd.ball (*der;* -[e]s), ...be|ben; Erd|be|ben_herd, ...mes|ser *der,* ...war|te, ...wel|le; Erd|beer|bow|le; Erd|bee|re; Erd|beer|eis; erd-beer_far|ben, ...far|big; Erd_be-schleu|ni|gung (Physik: Fallbeschleunigung), ...be|schrei|bung, ...be|stat|tung, ...be|völ|ke|rung, ...be|we|gung, ...bir|ne (landsch. für: Kartoffel), ...bo|den, ...boh|rer; erd|braun; Erd|e *die;* -, (selten:) -n; er|den (Elektrotechnik: Verbindung zwischen einem elektr. Gerät und der Erde herstellen); Er|den.bür|ger, ...glück; er|den|bar; er|den|klich; er|denk|lich

Er|den|le|ben; Er|den|rund *das;* -[e]s; Erd|fall *der* (trichterförmige Senkung von Erdschichten); erd_far|ben od. ...far|big, ...fern; ein -er Planet; Erd|fer|ne *die;* -

Erdg. = Erdgeschichte; Erdge-schoß

Erd|gas; erd|gas|höf|fig (reiches Erdgasvorkommen versprechend); Erd|ge|bor|ne *der* u. *die;* -n, -n (↑R 7 ff.); erd|ge|bun|den; Erd_geist (*Plur.* ...geister), ...ge|schich|te (*die;* -; Abk.: Erdg.), ...ge|schoß (Abk.: Erdg.); erd|haft; Erd_höh|le, ...hörn|chen (eine Nagetier)

er|dich|ten ([als Ausrede] erfin-
den; sich ausdenken)
er|dig; Erd_kern (der; -s), ...kreis
(der; -es), ...kru|ste, ...ku|gel,
...kun|de (die; -), ...kund|ler; erd-
kund|lich; Erd|ma|gne|tis|mus;
erd|ma|gne|tisch; -e Wellen
Erd|männ|chen (Zwerg)
erd|nah; ein -er Planet; Erd_nä|he,
...nuß, ...nuß|but|ter, ...ober|flä-
che, ...öl
er|dol|chen; Er|dol|chung
erd|öl_ex|por|tie|rend, ...höf|fig
(reiches Erdölvorkommen ver-
sprechend); Erd|öl|pro|duk|ti-
on; Erd_pech, ...rauch (eine
Pflanze), ...reich (das; -[e]s)
er|drei|sten, sich
Erd|rin|de die; -
er|dröh|nen
er|dros|seln; Er|dros|se|lung, Er-
droß|lung
er|drücken¹; er|drückend¹; -ste;
Er|drückung¹
Er|drusch der; -[e]s, -e (Ertrag des
Dreschens)
Erd_rutsch, ...sa|tel|lit, ...schicht,
...schlipf (schweiz. neben: Erd-
rutsch), ...schluß (Elektrotech-
nik), ...schol|le, ...sicht, ...spal|te,
...stoß, ...strö|me (Plur.; elektr.
Ströme in der Erdkruste), ...teil
der, ...tra|bant
er|dul|den
Erd_um|krei|sung, ...um|run-
dung; erd|um|span|nend; Er-
dung (das Erden); Erd_ver|mes-
sung, ...wachs (für: Ozokerit),
...wall, ...wär|me, ...zeit|al|ter
Ere|bos vgl. Erebus; Ere|bus
[auch: är...] der; - (griech.) (Unterwelt der griech. Sage)
Erech|thei|on das; -s (Tempel des
Erechtheus in Athen); Ere|chthe-
um vgl. Erechtheion; Ere-
chtheus [...teuß] (griech. Sagengestalt)
er|ei|fern, sich; Er|ei|fe|rung
er|eig|nen, sich; Er|eig|nis das;
-ses, -se; ein freudiges -; ein gro-
ßes -; er|eig|nis_los, ...reich
er|ei|len; das Schicksal ereilte ihn
erek|til (lat.) (Med.: aufrichtbar,
schwellfähig); Erek|ti|on [...zion]
die; -, -en (Aufrichtung, An-
schwellung [des Penis])
Ere|mit der; -en, -en (↑ R 197)
(griech.) (Einsiedler; Klausner);
¹Ere|mi|ta|ge [...taseh°] die; -, -n
(abseits gelegene Grotte od.
Nachahmung einer Einsiedelei
in Parkanlagen des 18. Jh.s);
²Ere|mi|ta|ge, Er|mi|ta|ge [...ta-
seh°] die; - (Kunstsammlung in
Leningrad)
Eren, Ern der; -, - (landsch., bes.
südwestd. veraltend für: Hausflur, -gang)

¹ Trenn. ...k|k...

er|er|ben; er|erbt
Ere|this|mus der; - (griech.) (Med.:
krankhaft gesteigerte Gereizt-
heit)
er|fahr|bar; ¹er|fah|ren; etwas
Wichtiges -; ²er|fah|ren; -er
Mann; Er|fah|re|ne der u. die; -n,
-n (↑ R 7 ff.); Er|fah|ren|heit die;
-; Er|fah|rung; Er|fah|rungs_aus-
tausch, ...be|richt, ...ge|halt; er-
fah|rungs_ge|mäß, ...mä|ßig; Er-
fah|rungs.schatz, ...wert, ...wis-
sen|schaft (die; -; für: Empirie)
er|faß|bar; er|fas|sen; erfaßt; Er-
fas|sung
er|fech|ten; erfochtene Siege
er|fin|den; Er|fin|der; Er|fin|der-
geist; er|fin|de|risch; -ste; er-
find|lich; Er|fin|dung; Er|fin-
dungs_ga|be, ...kraft (die; -); er-
fin|dungs|reich
er|fle|hen; erflehte Hilfe
er|flie|gen; Rekorde -
Er|folg der; -[e]s, -e; er|fol|gen; er-
folg|ge|krönt; Er|folg|ha|sche|rei
die; -; er|folg|los; -este; Er|folg-
lo|sig|keit die; -; er|folg|reich;
Er|folgs_aus|sicht (meist Plur.),
...au|tor, ...buch, ...den|ken,
...er|leb|nis; er|folgs|ori|en|tiert;
-este; Er|folgs_quo|te, ...prä|mie,
...rech|nung (Wirtsch.), ...se|rie;
er|folgs|si|cher; Er|folgs_stück,
...zif|fer, ...zwang; er|folg|ver-
spre|chend; -ste; ein -er Anfang
er|for|der|lich; er|for|der|li|chen-
falls; vgl. Fall der; er|for|dern;
Er|for|der|nis das; -ses, -se
er|forsch|bar; er|for|schen; Er-
for|scher; Er|for|schung
er|fra|gen; Er|fra|gung
er|fre|chen, sich
er|freu|en; sich -; er|freu|lich;
manches Erfreuliche (↑ R 65); er-
freu|li|cher|wei|se
er|frie|ren; Er|frie|rung; Er|frie-
rungs|tod
er|fri|schen; er|fri|schend; -ste;
Er|fri|schung; Er|fri|schungs_ge-
tränk, ...raum, ...stand
Erft die; - (l. Nebenfluß des Nie-
derrheins)
er|füh|len
er|füll|bar; -e Wünsche; er|fül-
len; sich -; er|füllt|heit die; -; Er-
fül|lung; Er|fül|lungs_ort (der;
-[e]s, -e), ...soll (DDR); vgl. ²Soll
Er|furt (Stadt a. d. Gera); Er|fur-
ter (↑ R 147); der - Dom
erg = Erg; Erg das; -s, - (griech.)
(physikal. Energieeinheit; Zeichen: E)
erg. = ergänze!; er|gän|zen; du
ergänzt (ergänzest); ergänze!
(Abk.: erg.); er|gänz|lich; Er-
gän|zungs_ab|ga|be (Zuschlag
zur Einkommensteuer), ...band
(der; Abk.: Erg.-Bd.), ...bin|de-
strich, ...satz (Objektsatz)
er|gat|tern (ugs. für: sich durch

eifriges, geschicktes Bemühen
verschaffen); ich ...ere (↑ R 22)
er|gau|nern (ugs. für: sich durch
Betrug verschaffen); ich ...ere
(↑ R 22)
Erg.-Bd. = Ergänzungsband
¹er|ge|ben; die Zählung hat erge-
ben, daß ...; sich ins Unvermeid-
liche -; ²er|ge|ben; -er Diener;
Er|ge|ben|heit die; -; Er|ge|ben-
heits|adres|se; er|ge|benst; Er-
geb|nis das; -ses, -se; er|geb|nis-
los; Er|geb|nis|lo|sig|keit die; -;
er|geb|nis|reich; Er|ge|bung; er-
ge|bungs|voll
er|ge|hen; wie ist es dir ergan-
gen?; sich im Park - (spazierengehen); sie erging sich in Vermu-
tungen; er hat es über sich - las-
sen; Er|ge|hen das; -s (Befinden)
er|gie|big; Er|gie|big|keit die; -
er|gie|ßen; sich -; Er|gie|ßung
er|glän|zen
er|glim|men
er|glü|hen
er|go ⟨lat.⟩ (folglich, also)
Er|go|graph der; -en, -en (↑ R 197)
⟨griech.⟩ (Gerät zur Aufzeich-
nung der Muskelarbeit); Er|go-
lo|gie die; - ([historische] Erfor-
schung der Arbeitsgeräte); Er-
go|me|ter das; -s, - (Gerät zur
Messung der körperl. Leistungs-
fähigkeit); Er|go|no|mie, Er|go-
no|mik die; - (Erforschung der
Leistungsmöglichkeiten u. opti-
malen Arbeitsbedingungen des
Menschen); er|go|no|misch
Er|go|ste|rin das; -s (Vorstufe des
Vitamins D_2)
er|göt|zen (du ergötzt (ergötzest);
sich -; Er|göt|zen das; -s; er|götz-
lich; Er|göt|zung
er|grau|en; ergraut
er|grei|fen; er|grei|fend; -ste; Er-
grei|fung; er|grif|fen; er war sehr
-; Er|grif|fen|heit die; -; Er|grif-
fen|sein das; -s
er|grim|men
er|gründ|bar; er|grün|den; Er-
grün|dung
Er|guß; Er|guß|ge|stein (für: Effu-
sivgestein)
er|ha|ben; -e (erhöhte) Stellen ei-
ner Druckplatte; über allen
Zweifel -; Er|ha|ben|heit
Er|halt der; -[e]s (Empfang; Er-
haltung, Bewahrung); er|hal|ten;
etwas frisch -; sich gesund -; er-
halten bleiben; Er|hal|ter (Er-
nährer); er|hält|lich; Er|hal-
tung; Er|hal|tungs_trieb, ...zu-
stand; er|hal|tungs|wür|dig
er|han|deln
er|hän|gen; sich -; vgl. ²hängen;
Er|häng|te der u. die; -n, -n
(↑ R 7 ff.)
Er|hard (m. Vorn.)
er|här|ten; Er|här|tung
er|ha|schen

er|he|ben; sich -; er|he|bend (feier-
lich); er|heb|lich; Er|he|bung
er|hei|ra|ten (durch Heirat erlan-
gen)
er|hei|schen (geh. für: erfordern)
er|hei|tern; ich ...ere (↑R 22); Er-
hei|te|rung
¹er|hel|len; das Zimmer - (be-
leuchten); sich - (hell werden);
²er|hel|len; daraus erhellt (wird
klar), daß ...; Er|hel|lung
er|hit|zen; du erhitzt (erhitzest);
sich -; Er|hit|zer; Er|hit|zung
er|ho|ben; Er|ho|ben|sein das; -s
er|hof|fen
er|hö|hen; Er|hö|hung; Er|hö-
hungs|zei|chen (Musik: ♯ [Kreuz])
er|ho|len, sich; er|hol|sam; Er|ho-
lung; Er|ho|lungs|auf|ent|halt;
er|ho|lungs|be|dürf|tig; Er|ho-
lungs_ge|biet, ...heim, ...kur,
...pau|se, ...rei|se, ...stät|te; er-
ho|lung|su|chend; Er|ho|lung|su-
chen|de der u. die; -n, -n
(↑R 7 ff.); Er|ho|lungs_ur|laub,
...zeit, ...zen|trum
er|hö|ren; Er|hö|rung
Erich (m. Vorn.)
Eri|da|nos vgl. ¹Eridanus; ¹Eri|da-
nus [auch: erid...] der; - (Fluß der
griech. Sage); ²Eri|da|nus [auch:
erid...] der; - (ein Sternbild)
Erie|see [i⁽ʳⁱ⁾...] der; -s (in Nord-
amerika)
eri|gi|bel ⟨lat.⟩ (svw. erektil); eri-
gie|ren (Med.: sich aufrichten)
¹Eri|ka ⟨zu: Erich⟩ (w. Vorn.)
²Eri|ka die; -, ...ken ⟨griech.⟩ (Hei-
dekraut)
Erin (kelt. Name von Irland); vgl.
Éire
er|in|ner|lich; er|in|nern; ich ...ere
(↑R 22); jemanden an etwas -;
sich -; ich erinnere mich an das
Ereignis od. (geh.:) des Ereignis-
ses; Er|in|ne|rung; Er|in|ne-
rungs|bild; er|in|ne|rungs|los;
Er|in|ne|rungs_lücke [Trenn.:
...lük|ke], ...mal (vgl. ²Mal); er|in-
ne|rungs|schwer; Er|in|ne|rungs-
_stück, ...ver|mö|gen (das; -s),
...zei|chen
Erin|nye [...ü⁽ᵉ⁾], Erin|nys die; -,
...yen (meist Plur.) ⟨griech.⟩
(griech. Rachegöttin)
Eris [auch: ärīß] ⟨griech. Göttin
der Zwietracht⟩; Eri|stik die; -
⟨griech.⟩ (Kunst u. Technik des
Redestreits)
Eri|trea (äthiop. Provinz am Ro-
ten Meer); Eri|tre|er; eri|tre|isch
er|ja|gen
er|kal|ten; erkaltet; er|käl|ten,
sich; erkältet; Er|kal|tung die; -;
Er|käl|tung; Er|käl|tungs_ge-
fahr, ...krank|heit
er|kämp|fen
Er|kannt|nis (schweiz. neben: ²Er-
kenntnis)

er|kec|ken [Trenn.: ...kek|ken], sich
(sich erkühnen)
er|kenn|bar; Er|kenn|bar|keit die;
-; er|ken|nen; etwas - (deutlich
erfassen); auf eine Freiheitsstrafe - (Rechtsspr.); sich zu erken-
nen geben; er|kennt|lich; sich -
zeigen; Er|kennt|lich|keit; ¹Er-
kennt|nis die; -, -se (Einsicht);
²Er|kennt|nis das; -ses, -se (rich-
terl. Urteil); Er|kennt|nis_fä|hig-
keit, ...kri|tik; er|kennt|nis|theo-
re|tisch; Er|kennt|nis|theo|rie;
Er|ken|nung; Er|ken|nungs-
...mar|ke, ...zei|chen
Er|ker der; -s, -; Er|ker_fen|ster,
...zim|mer
er|kie|sen (geh. für: erwählen);
(im Präsens veraltet:) du erkiest
(erkiesest), er erkiest, erkies[e]!;
(Präteritum:) ich erkor, du er-
korst (selten: ich erkieste, du er-
kiestest); du erkörest; erkoren
(selten: erkiest); vgl. ²kiesen
er|klär|bar; Er|klär|bar|keit die; -;
er|klär|en; sich -; Er|klä|rer; er-
klär|lich; er|klär|li|cher|wei|se;
er|klärt (entschieden; offenkun-
dig); ein -er Nichtraucher, der -e
Publikumsliebling; er|klär|ter-
wei|se; Er|klä|rung
er|kleck|lich (beträchtlich)
er|klet|tern
er|klim|men; Er|klim|mung
er|ko|ren vgl. erkiesen
er|kran|ken; Er|kran|kung; Er-
kran|kungs|fall der; im -[e]
er|küh|nen, sich
er|kun|den; Er|kun|di|gen, sich;
Er|kun|di|gung; Er|kun|dung;
Er|kun|dungs_fahrt, ...flug
er|kün|steln; er|kün|stelt
er|kü|ren; vgl. küren
er|la|ben (geh.); sich -
Er|lag der; -s (österr. für: Hinter-
legung); Er|lag|schein (österr.
für: Zahlkarte der Post)
er|lah|men; Er|lah|mung
er|lan|gen
Er|lan|gen (Stadt a. d. Regnitz);
Er|lan|ger (↑R 147)
er|lan|gung (Papierdt.)
Er|laß der; Erlasses, Erlasse
(österr.: Erlässe); er|las|sen; Er-
las|sung
er|lau|ben; sich -; Er|laub|nis die;
-, ...sse (Plur. selten); Er|laub|nis-
schein
er|laucht; Er|laucht die; -, -en (ein
Adelstitel); vgl. euer, ihr u. sein
er|lau|schen
er|läu|tern; ich ...ere (↑R 22); Er-
läu|te|rung; er|läu|te|rungs|wei|se
Er|le die; -, -n (ein Laubbaum)
er|le|ben; Er|le|ben das; -s; Er|le-
bens|fall der; -[e]s; im - (Plur.: Er-
lebnis das; -ses, -se; Er|leb|nis_auf-
satz, ...fä|hig|keit (die; -), ...hun-

ger; er|leb|nis|reich; Er|leb|nis-
ro|man; er|lebt; -e Rede
er|le|di|gen; er|le|digt; Er|le|di-
gung
er|le|gen (österr. u. schweiz. auch:
einen Betrag zahlen); Er|le|gung
er|leich|tern; ich ...ere (↑R 22);
sich -; er|leich|tert; Er|leich|te-
rung
er|lei|den
er|len (aus Erlenholz); Er|len-
_bruch (vgl. ²Bruch), ...holz
er|ler|nen; Er|lern|bar|keit die; -;
er|ler|nen; Er|ler|nung
¹er|le|sen; er hat sein Wissen erle-
sen; ²er|le|sen; ein -es (ausge-
suchtes) Gericht; Er|le|sen|heit
die; -
er|leuch|ten; Er|leuch|tung
er|lie|gen; (↑R 68:) zum Erliegen
kommen
er|li|sten; Er|li|stung
Erl|kö|nig („Elfenkönig", Sagen-
gestalt [nur Sing.]; ugs. für: ge-
tarnter Versuchswagen)
er|lo|gen; vgl. erlügen
Er|lös der; -es, -e
er|lö|schen; vgl. ²löschen; Er|lö-
schen das; -s
er|lö|sen; erlöst; Er|lö|ser; Er|lö-
ser|bild; er|lö|ser|haft; Er|lö-
sung
er|lü|gen; erlogen
er|mäch|ti|gen; Er|mäch|ti|gung
er|mah|nen; Er|mah|nung
er|man|geln (geh.); jeglichen
Sachverstandes -; Er|man|ge-
lung, Er|mang|lung die; -; in - ei-
nes Besser[e]n
er|man|nen, sich; Er|man|nung
die; -
er|mä|ßi|gen; Er|mä|ßi|gung
er|mat|ten; Er|mat|tung die; -
er|meß|bar; er|mes|sen; Er|mes-
sen das; -s; nach meinem -; Er-
mes|sens_fra|ge, ...frei|heit
Er|mi|ta|ge vgl. ²Eremitage
er|mit|teln; ich ...[e]le (↑R 22); Er-
mit|te|lung, Er|mitt|lung; Er-
mitt|lungs_ar|beit, ...be|am|te,
...rich|ter, ...ver|fah|ren
Erm|land das; -[e]s (Gebiet des
ehemal. Bistums Ermland in
Ostpreußen)
er|mög|li|chen; Er|mög|li|chung
die; -
er|mor|den; Er|mor|dung
er|müd|bar; Er|müd|bar|keit die;
-; er|mü|den; Er|mü|dung; Er-
mü|dungs_er|schei|nung, ...zu-
stand
er|mun|tern; ich ...ere (↑R 22); Er-
mun|te|rung
er|mu|ti|gen; Er|mu|ti|gung
Ern vgl. Ehren. Eren
Er|na (w. Vorn.)
er|näh|ren; Er|näh|rer; Er|näh|re-
rin die; -, -nen; Er|näh|rung; Er-
näh|rungs_ba|sis, ...bei|hil|fe,
...for|schung, ...la|ge, ...leh|re,

...phy|sio|lo|gie; er|näh|rungs-
phy|sio|lo|gisch; Er|näh|rungs-
stö|rung
er|nen|nen; Er|nen|nung; Er|nen-
nungs_schrei|ben, ...ur|kun|de
Er|ne|sta, Er|ne|sti|ne (w. Vorn.)
Er|ne|sti|ni|sche Li|nie die; -n -
(herzogl. Linie der Wettiner)
er|neu|en; Er|neu|er; Er|neu|e|rer;
Er|neu|e|rin die; -, -nen; er|neu-
ern; sich -; Er|neu|e|rung; er-
neu|e|rungs|be|dürf|tig; er|neut
(neu; nochmals); Er|neu|ung
er|nied|ri|gen; sich -; er|nied|ri-
gend; -ste; Er|nied|ri|gung; Er-
nied|ri|gungs|zei|chen (Musik: b)
ernst; -er, -este; I. Schreibung in
Verbindung mit dem 2. Partizip
(↑ R 209), z. B. ernstgenommen,
ernstgemeint (vgl. d.). II. In Verbindung mit Verben immer getrennt, z. B. ernst sein, werden,
nehmen; die Lage wird -; es wurde - u. gar nicht lustig; eine Sache [für] - nehmen; ¹Ernst der;
-es; im -; - machen; Scherz für -
nehmen; es ist mir [vollkomme-
ner] - damit; es wurde - [aus dem
Spiel]; allen (veralt.: alles) -es;
²Ernst (m. Vorn.); Ernst|fall der;
ernst|ge|meint; ernster, am ern-
stesten gemeint; die ernstge-
meinte Anfrage (↑ R 209), aber:
die Anfrage ist ernst gemeint;
ernst|ge|nom|men; ein ernstge-
nommener Einwand (↑ R 209),
aber: der Einwand wurde ernst
genommen; ernst|haft; -este; Er-
nst|haf|tig|keit die; -; ernst-
lich
Ern|te die; -, -n; Ern|te_aus|fäl|le
(Plur.; Einbußen bei der Ernte),
...bri|gal|de (DDR); Ern|te|dank-
fest [auch: ärn...]; Ern|te_ein-
satz (DDR), ...er|geb|nis, ...fest
(Erntedankfest), ...kam|pa|gne
(DDR), ...kranz, ...kro|ne, ...ma-
schi|ne, ...mo|nat od. ...mond
(für: August); ern|ten; Ern|te_se-
gen (der; -s; reicher -), ...ver|si-
che|rung; Ern|ting der; -s, -e (Au-
gust)
er|nüch|tern; ich ...ere (↑ R 22); Er-
nüch|te|rung
Er|obe|rer; Er|obe|rin die; -, -nen;
er|obern; ich ...ere (↑ R 22); Er-
obe|rung; Er|obe|rungs_ab|sicht,
...drang, ...krieg, ...lust; er-
obe|rungs|lu|stig; Er|obe|rungs-
sucht; er|obe|rungs|süch|tig
ero|die|ren (lat.) (Geol.: auswa-
schen [von fließendem Wasser])
er|öff|nen; sich -; Er|öff|nung; Er-
öff|nungs_be|schluß (Strafrecht),
...bi|lanz, ...re|de, ...vor|stel|lung
ero|gen (griech.) (Med.: ge-
schlechtliche Erregung auslö-
send); -e Zone
Eroi|ca, (auch:) Eroi|ka die; -
⟨griech⟩ (kurz für: Sinfonia eroi-

ca, Titel der 3. Sinfonie Es-Dur
von Beethoven)
er|ör|tern; Er|ör|te|rung
¹Eros [auch: äroß] (griech. Gott
der Liebe); vgl. Eroten; ²Eros
[auch: äroß] der; - (griech.) ([ge-
schlechtl.] Liebe; Philos.: durch
Liebe geweckter schöpferischer
Urtrieb); philosophischer -;
³Eros [auch: äroß] der; - (ein Pla-
net); Eros-Cen|ter [auch: äroß...]
(verhüllend für: Bordell)
Ero|si|on die; -, -en ⟨lat.⟩ (Geol.:
Erdabtragung durch Wasser,
auch durch Eis, Wind)
Ero|ten Plur. (griech.) (allegor.
Darstellung geflügelter Liebes-
götter, meist in Kindergestalt);
vgl. ¹Eros; Ero|tik die; - (den gei-
stig-seel. Bereich einbeziehende
sinnliche Liebe); ¹Ero|ti|ka (Plur.
von: Erotikon); ²Ero|ti|ka Plur.
(sexuell anregende Gegenstän-
de, Mittel o. ä.); Ero|ti|ker (Ver-
fasser von Liebesliedern u. erot.
Schriften; jmd., der das Eroti-
sche betont); Ero|ti|kon das; -s,
...ka od. ...ken (erotisches Buch);
ero|tisch; -ste; ero|ti|sie|ren;
Ero|ti|sie|rung; Ero|tis|mus, Ero-
ti|zis|mus der; - (Überbetonung
des Erotischen); Ero|to|ma|nie
die; - (Liebeswahnsinn)
Er|pel der; -s, - (Enterich)
er|picht; auf eine Sache - (begie-
rig) sein
er|preß|bar; Er|preß|bar|keit die;
-; er|pres|sen; Er|pres|ser; Er-
pres|ser|brief; er|pres|se|risch;
-ste; Er|pres|sung; Er|pres|sungs-
ver|such
er|pro|ben; er|probt; er|prob|ter-
wei|se; Er|pro|bung; er|pro-
bungs|hal|ber
er|quicken [Trenn.: ...quik|ken];
er|quick|lich; -ste; Er|quickung
[Trenn.: ...quik|kung]
Er|ra|ta (Plur. von: Erratum)
er|rat|bar; er|ra|ten
er|ra|tisch ⟨lat.⟩ (verirrt, zerstreut);
-er Block (Findling[sblock]); Er-
ra|tum das; -s, ...ta (Versehen,
Druckfehler)
er|re|chen|bar; er|rech|nen
er|reg|bar; Er|reg|bar|keit die; -;
er|re|gen; Er|re|ger; Er|regt|heit
die; -; Er|re|gung; Er|re|gungs-
zu|stand
er|reich|bar; Er|reich|bar|keit die;
-; er|rei|chen; Er|rei|chung
er|ret|ten; - von od. vor; Er|ret-
ter; Er|ret|tung
er|rich|ten; Er|rich|tung
er|rin|gen; Er|rin|gung
er|rö|ten; Er|rö|ten das; -s
Er|run|gen|schaft
Er|satz der; -es; Er|satz_bank
(Plur. ...bänke; Sport), ...be|frie-
di|gung (Psych.), ...deh|nung
(Sprachw.), ...dienst; er|satz-

dienst|pflich|tig; Er|satz|dienst-
pflich|ti|ge der; -n, -n (↑ R 197);
er|satz|ge|schwächt (Sport); Er-
satz_hand|lung (Psych.), ...in|fi-
ni|tiv (Sprachw.: Infinitiv an
Stelle eines 2. Partizips nach einem reinen Infinitiv, z. B. er hat
ihn kommen „hören" statt: „ge-
hört"), ...kas|se; er|satz|los; - ge-
strichen; Er|satz|mann (Plur.
...leute, auch ...männer); er|satz-
pflich|tig; Er|satz_re|ser|ve (die;
-; Heerw.), ...spie|ler (Sport),
...teil (das, seltener: der); Er-
satz|teil|la|ger; er|satz|wei|se;
Er|satz|zeit (Versicherungsw.)
er|sau|fen (ugs. für: ertrinken);
ersoffen; er|säu|fen (ertränken);
ersäuft
er|schaf|fen; vgl. ²schaffen; Er-
schaf|fer (meist für: Gott); Er-
schaf|fung
er|schal|len; es erscholl od. er-
schallte; es erschölle od. er-
schallte; erschollen od. er-
schallt; erschall[e]!
er|schau|dern
er|schau|en
er|schau|ern
er|schei|nen; Er|schei|nung; Er-
schei|nungs_bild, ...form, ...jahr
er|schie|ßen; Er|schie|ßung
er|schim|mern
er|schlaf|fen; er|schlafft; Er-
schlaf|fung
er|schla|gen
er|schlei|chen (durch List errin-
gen); Er|schlei|chung
er|schließ|bar; er|schlie|ßen; sich
-; Er|schlie|ßung
er|schmel|zen
er|schöp|fen; er|schöp|fen; sich -;
er|schöpft; Er|schöp|fung; Er-
schöp|fungs_tod, ...zu|stand
¹er|schrecken [Trenn.: ...schrek-
ken]; ich bin darüber er-
schrocken; vgl. ¹schrecken; ²er-
schrecken¹; sein Aussehen hat
mich erschreckt; vgl. ²schrecken;
³er|schrecken¹, sich (ugs.); ich
habe mich erschreckt, erschrok-
ken; er|schreckend¹; erschrok-
ken; er|schreck|lich (veralt. für: er-
schreckend); Er|schrocken|heit¹
die; -; er|schröck|lich (scherzh.
für: erschrecklich)
er|schüt|tern; er|schüt|ternd; -ste;
Er|schüt|te|rung
er|schwe|ren; Er|schwer|nis die; -,
-se; Er|schwer|nis|zu|la|ge (Zula-
ge bei bes. schwerer od. Schicht-
arbeit); Er|schwe|rung
er|schwin|den
er|schwing|bar (seltener für: er-
schwinglich); er|schwin|gen; er-
schwing|lich; Er|schwing|lich-
keit die; -
er|se|hen
er|seh|nen

¹ Trenn.: ...k|k...

er|setz|bar; Er|setz|bar|keit die; -; er|set|zen; Er|set|zung

er|sicht|lich

er|sin|nen; er|sinn|lich

er|sit|zen; ersessene Rechte; Er|sit|zung (Rechtsw.: Eigentumserwerb durch langjährigen Besitz)

er|sor|gen (schweiz. für: mit Sorge erwarten)

er|spä|hen

er|spa|ren; Er|spar|nis die; -, -se (österr. auch: das; -ses, -se); Er|spa|rung

er|spie|len; du hast [dir] einen guten Platz erspielt

er|sprie|ßen (geh.); er|sprieß|lich; Er|sprieß|lich|keit

erst; - recht; - mal (ugs. für: erst einmal)

er|star|ken; Er|star|kung

er|star|ren; Er|star|rung

er|stat|ten; Er|stat|tung

erst|auf|füh|ren (nur im Infinitiv u. 2. Partizip gebr.); erstaufgeführt; Erst|auf|füh|rung

er|stau|nen; Er|stau|nen das; -s; er|stau|nens|wert; er|staun|lich

Erst_aus|ga|be, ...beich|te, ...besitz; erst|be|ste (vgl. erste); Erst_be|stei|gung, ...druck (Plur. ...drucke)

er|ste; erstere (vgl. d.); erstens. I. Kleinschreibung: (↑R 66:) der, die, das erste (der Reihe nach); als erster, erstes; der erste – dieser letzte (zurückweisend für: jener – dieser); er war der erste, der das erwähnte (er hat das zuerst erwähnt); das erste, was ich höre (das höre ich jetzt zuerst); mein erstes war, ein Heft zu kaufen (zuerst kaufte ich ...); der erstbeste; die erste beste; die ersten beiden (das erste und das zweite Glied, das erste Paar einer Gruppe), die ersten drei usw., aber: die beiden ersten (von zwei Gruppen das jeweils erste Glied; die drei ersten usw.; der erste (häufig bereits als Name: Erste) Weltkrieg, der erste (1.) April (Datum); erstes Mittelwort, Partizip (vgl. d.); der erste Rang; erste Geige spielen; erster Geiger; die erste heilige Kommunion; der erste Spatenstich; erster Klasse fahren; Bachstraße 7, erster Stock; das erste Programm; die erste Bundesliga; das erste Mal od. das erstemal; am ersten (zuerst), fürs erste, zum ersten; beim, zum ersten Mal[e] od. beim, zum erstenmal. II. Großschreibung: a) (↑R 75, ↑R 133, ↑R 157:) Otto der Erste (Abk.: Otto I.:) der Erste Staatsanwalt; der Erste Vorsitzende (als Dienstbez.); der Erste Schlesische Krieg; der Erste Mai (Feiertag); die Erste Hilfe (bei Unglücksfällen); Erstes Deutsches Fernsehen (für: ARD); b) (↑R 66:) der Erste des Monats; vom nächsten Ersten an; das Erste und [das] Letzte (Anfang und Ende); der, die Erste (dem Range, der Tüchtigkeit nach [nicht der Reihe nach]), z. B. die Ersten unter Gleichen; die Ersten werden die Letzten sein

er|ste|chen

er|ste|hen; Er|ste|her

Er|ste-Hil|fe-Aus|rü|stung (↑R 41)

Er|ste|hung

er|stei|gen; Er|steig|bar|keit die; -; er|stei|gen; Er|stei|ger

er|stei|gern; Er|stei|ge|rung

Er|stei|gung

er|stel|len (Modewort für: errichten; aufstellen); Er|stel|lung

er|ste|mal; das -; beim, zum erstenmal; vgl. erste u. Mal; erstens; er|ster; als -

er|ster|ben; mit -der Stimme

er|ste|re, der (der erste [von zweien]); -r: das -; -s (auch alleinstehend klein geschrieben); der Er|ste|re od. er|ste|re; vgl. erste

Er|ster-Klas|se-Ab|teil (↑R 41); erst|er|wähnt, aber (↑R 65:) der Ersterwähnte; Erst|ge|bä|ren|de die; -n, -n; ↑R 7 ff. (Med.); erst|ge|bo|ren; Erst|ge|bo|re|ne, Erst|ge|bor|ne der, die, das; -n, -n (↑R 7 ff.); Erst|ge|burt; Erst|ge|burts|recht; erst|ge|nannt, aber (↑R 65) der Erstgenannte; Erst|hel|fer (jmd., der in Erster Hilfe ausgebildet ist); Erst|hel|fe|rin die; -, -nen

er|sticken[1]; Er|stickung[1]; Er|stickungs[1]_an|fall, ...ge|fahr, ...tod

Erst|kläs|ser (mitteld. für: Erst|kläßler); erst|klas|sig; Erst|klas|sig|keit die; -; Erst|kläß|ler (landsch., bes. österr.) u. Erst|kläß|ler (schweiz. u. südd. für: Schüler der ersten Klasse); Erst|kläß|wa|gen (schweiz. für: Wagen erster Klasse); Erst|kom|mu|ni|kant, ...kom|mu|ni|zion; erst|lich; Erst|ling; Erst|lings_aus|stat|tung, ...druck (Plur. ...drucke), ...film, ...stück, ...werk; Erst|ma|lig; Erst|ma|lig|keit die; -; erst|mals; Erst|pla|zier|te der u. die; -n, -n (↑R 7 ff.); vgl. plazieren

er|strah|len

Erst|ran|gig; Erst|ran|gig|keit die; -

er|stre|ben; er|stre|bens|wert

er|strecken[1], sich; Er|streckung[1]

Erst|schlag (milit.); erst|stel|lig; -e Hypothek; Erst|stim|me; Erst|tags_brief, ...stem|pel

er|stun|ken (derb für: erdichtet); - und erlogen

er|stür|men; Er|stür|mung

Erst|ver|kaufs|tag; erst|ver|öf|fent|li|chen (nur im Infinitiv u. 2. Partizip gebr.); Erst_ver|öf|fent|li|chung, ...ver|sor|gung (Erste Hilfe), ...ver|stor|be|ne (der u. die; -n, -n; ↑R 7 ff.), ...wäh|ler, ...zu|las|sung

er|su|chen; Er|su|chen das; -s, -; auf -

er|tap|pen; sich bei etwas -

er|tei|len; Er|tei|lung

er|tö|nen

er|tö|ten; Begierden -

Er|trag der; -[e]s, ...träge; er|trag|bar; er|tra|gen; er|trag|fä|hig (auch: ertrags...); Er|trag|fä|hig|keit (auch: Ertrags...); er|träg|lich; Er|träg|lich|keit die; -; er|trag|los; Er|träg|nis das; -ses, -se (seltener für: Ertrag); er|träg|nis|reich (seltener für: ertrag|reich); er|trag|reich; Er|trags|aus|sich|ten Plur.; er|trag[s]|fä|hig; Er|trag[s]|fä|hig|keit; Er|trags_la|ge, ...min|de|rung; er|trag[s]|si|cher; Er|trag[s]_stei|ge|rung, ...steu|er

er|trän|ken; ertränkt; Er|trän|kung

er|träu|men; ich erträume mir etwas

er|trin|ken; ertrunken; Er|trin|ken das; -s; Er|trin|ken|de der u. die; -n, -n (↑R 7 ff.)

er|trot|zen

er|trun|ken vgl. ertrinken; Er|trun|ke|ne der u. die; -n, -n (↑R 7 ff.)

er|tüch|ti|gen; Er|tüch|ti|gung die; -

er|üb|ri|gen; er hat viel erübrigt (gespart); (Papierdt.:) es erübrigt noch (bleibt noch übrig) [,] zu erwähnen ..., es erübrigt sich (ist überflüssig) [,] zu erwähnen ...; Er|üb|ri|gung; die; -

eru|ie|ren ⟨lat.⟩ (herausbringen; ermitteln); Eru|ie|rung

erup|tie|ren; Erup|ti|on [...zion] die; -, -en ⟨lat.⟩ ([vulkan.] Ausbruch); erup|tiv; Erup|tiv|ge|stein

Er|ve [ärwə] die; -, -n (eine Hülsenfrucht)

er|wa|chen; Er|wa|chen das; -s

¹er|wach|sen; ein erwachsener Mensch; ²er|wach|sen; mir sind Bedenken erwachsen; Er|wach|se|ne der u. die; -n, -n (↑R 7 ff.); Er|wach|se|nen_bil|dung, ...tau|fe; Er|wach|se|nen|sein das; -s

er|wä|gen; du erwägst; du erwogst; du erwögest; erwogen; erwäg[e]!; er|wä|gens|wert; Er|wä|gung; in - ziehen

er|wäh|len; Er|wäh|lung

er|wäh|nen; er|wäh|nens|wert; er|wähn|ter|ma|ßen; Er|wäh|nung

er|wah|ren (schweiz. für: als wahr erweisen; das Ergebnis einer Ab-

---

¹ Trenn.: ...k|k...

stimmung od. Wahl amtl. bestä-
tigen); Er|wah|rung
er|wan|dern; Er|wan|de|rung
er|wär|men (warm machen); sich -
(begeistern) für; Er|wär|mung
er|war|ten; Er|war|ten das; -s; wi-
der Erwarten; Er|war|tung; er-
war|tungs_ge|mäß, ...voll
er|we|cken [Trenn.: ...wek|ken]; Er-
we|ckung [Trenn.: ...wek|kung]
er|weh|ren, sich; ich konnte mich
seiner kaum -
er|weich|bar; er|wei|chen; vgl.
¹weichen; Er|wei|chung
Er|weis der; -es, -e (veralt. für:
Nachweis, Beweis); er|wei|sen;
sich -; er|weis|lich; Er|wei|sung
er|wei|tern; Er|wei|te|rung; Er-
wei|te|rungs|bau (Plur. ...bauten)
Er|werb der; -[e]s, -e; er|wer-
ben; Er|wer|ber; er|werbs_be-
schränkt, ...fä|hig; Er|werbs|fä-
hig|keit die; -; er|werbs|ge|min-
dert; er|werbs|los; Er|werbs|lo|se
der u. die; -n, -n (↑R 7ff.);
Er|werbs|lo|sig|keit die; -; Er-
werbs_min|de|rung, ...mög|lich-
keit, ...quel|le, ...stre|ben; er-
werbs|tä|tig; Er|werbs|tä|ti|ge der
u. die; -n, -n (↑R 7ff.); er|werbs-
un|fä|hig; Er|werbs|zweig; Er-
wer|bung
er|wil|dern; ich ...ere (↑R 22); Er-
wil|de|rung
er|wie|sen; er|wie|se|ner|ma|ßen
Er|win (m. Vorn.)
er|wir|ken; Er|wir|kung
er|wirt|schaf|ten; Gewinn -; Er-
wirt|schaf|tung
er|wi|schen (ugs.); man hat ihn er-
wischt
er|wor|ben; -e Rechte
er|wünscht; das -este, am er-
wünschtesten wäre es, wenn ...
(↑R 65)
er|wür|gen; Er|wür|gung
ery|man|thisch, aber (↑R 157):
der Erymanthische Eber; Ery-
man|thus, Ery|man|thus der; -
(Gebirge im Peloponnes)
Ery|si|pel das; -s, -e (griech.)
(Med.: Wundrose [Hautentzün-
dung]); Ery|them das; -s, -e
(Med.: Hautrötung)
Ery|thräi|sche Meer das; -n -[e]s
(altgriech. Name für das Arabische Meer); ↑R 180
Ery|thrin der; -s (griech.) (ein Mi-
neral); Ery|thro|zyt der; -en, -en
(meist Plur.); ↑R 197 (Med.: rotes
Blutkörperchen)
Erz¹ das; -es, -e
erz... (griech.) (verstärkende Vorsilbe, z. B. erzböse); Erz... (in Titeln, z. B. Erzbischof, u. in
Scheltnamen, z. B. Erzschelm)
Erz|ader¹
er|zäh|len; erzählende Dichtung;

¹ Auch: ärz...

er|zäh|lens|wert; Er|zäh|ler; er-
zäh|le|risch; Er|zähl|kunst; Er-
zäh|lung
Erz|bau¹ der; -[e]s; Erz|berg|bau¹
der; -[e]s
Erz|bi|schof; erz|bi|schöf|lich;
Erz|bis|tum; erz|bö|se; Erz|di-
öze|se; erz|dumm
er|zei|gen; sich dankbar -
er|zen¹ (aus Erz)
Erz|en|gel
er|zeu|gen; Er|zeu|ger; Er|zeu|ger-
_land, ...preis (vgl. ²Preis); Er|zeu-
gnis das; -ses, -se; Er|zeu-
gung; Er|zeu|gungs|ko|sten
erz|faul; Erz_feind, ...gau|ner
Erz|ge|bir|ge¹ das; -s; Erz|ge|birg-
ler¹; Erz_ge|win|nung¹, ...gie-
ßer¹, ...gie|ße|rei¹; erz|hal|tig¹
Erz|ha|lun|ke; Erz|her|zog; Erz-
her|zo|gin; Erz|her|zog-Thron-
fol|ger (↑R 34); Erz|her|zog|tum
erz|höf|fig¹ (reiches Erzvorkom-
men versprechend)
er|zieh|bar; er|zie|hen; Er|zie|her;
Er|zie|her|ga|be; Er|zie|he|rin
die; -, -nen; er|zie|he|risch; er-
zieh|lich (bes. österr.); Er|zie-
hung die; -; Er|zie|hungs_bei|hil-
fe, ...be|ra|tung, ...be|rech|tig|te
(der u. die; -n, -n; ↑R 7ff.),
...geld, ...heim, ...schwie|rig|kei-
ten Plur., ...sy|stem, ...we|sen,
...wis|sen|schaft
er|zie|len; Er|zie|lung die; -
er|zit|tern
erz|kon|ser|va|tiv; Erz|lüg|ner;
Erz|lump; Erz|prie|ster
Erz|schei|den¹ das; -s; Erz|schei-
der¹
Erz_schelm, ...spitz|bu|be, ...übel
er|zür|nen; Er|zür|nung
Erz|va|ter
er|zwin|gen; Er|zwin|gung; Er-
zwun|ge|ne das; -n (↑R 7ff.); et-
was -s; er|zwun|ge|ner|ma|ßen
'es, es sei denn, daß (↑R 125);
(↑R 16:) er ist's, er war's, er
sprach's, 's ist nichts anders, 's
war einmal; (↑R 66:) das unbe-
stimmte Es; ²es; alter Gen. von
„es", nur noch in Wendungen
wie: ich bin es zufrieden; ich habe oder ich bin es satt
³es, ¹Es das; -, - (Tonbezeichnung); ⁴es (Zeichen für: es-
Moll); es; ²Es (Zeichen für:
Es-Dur); in Es
²Es = Einsteinium
⁴Es das; -, - (Psych.)
ESA die; - (= European Space
Agency [juropi²n ßpe²ß e²dsch²n-
ßi]; Europäische Weltraumorga-
nisation)
Esau (bibl. m. Eigenn.)
Esc = Escudo
Es|cha|to|lo|gie [...cha...] die; -
(griech.) (Lehre vom Endschick-

¹ Auch: ärz...

sal des einzelnen Menschen u.
der Welt); es|cha|to|lo|gisch
Esche die; -, -n (ein Laubbaum);
eschen (aus Eschenholz);
Eschen|holz
E-Schicht die; -; ↑R 37 (eine
Schicht der Ionosphäre)
Es|co|ri|al [...ko...] der; -[s] (span.
Kloster u. Schloß)
Es|cu|do [...kudo] der; -[s], -[s]
⟨port.⟩ (port. u. chilen. Währungseinheit; Abk.: Esc, in Chile: chil Esc)
Es-Dur [auch: äßdur] das; - (Tonart; Zeichen: Es); Es-Dur-Ton-
lei|ter (↑R 41)
Esel der; -s, -; Esel|chen; Ese|lei;
Ese|lein; esel|haft; Esel|hengst;
Ese|lin die; -, -nen; Esels_brücke
[Trenn.: ...brük|ke], ...ohr, ...rük-
ken
es|ka|la|die|ren ⟨franz.⟩ (früher
für: mit Sturmleitern erstürmen;
eine Eskaladierwand überwin-
den); Es|ka|la|die|r|wand (Hin-
derniswand); Es|ka|la|ti|on
[...zion] die; -, -en ⟨franz.-engl.⟩
(stufenweise Steigerung, bes. im
Einsatz polit. u. milit. Mittel); es-
ka|lie|ren (stufenweise steigern);
Es|ka|lie|rung
Es|ka|mo|ta|ge [...tasch²] die; -, -n
⟨franz.⟩ (Taschenspielerei); Es-
ka|mo|teur [...tör] der; -s, -e (Ta-
schenspieler, Zauberkünstler);
es|ka|mo|tie|ren (wegzaubern)
Es|ka|pa|de die; -, -n ⟨franz.⟩ (Reit-
sport: Seitensprung; mutwilliger
Streich); Es|ka|pis|mus der; -
⟨engl.⟩ (Psych.: vor der Realität
ausweichendes Verhalten)
Es|ka|ri|ol der; -s ⟨lat.⟩ (Winter-
endivie)
¹Es|ki|mo der; -[s], -[s] (Angehöri-
ger eines arkt. Volkes); ²Es|ki|mo
der; -s, -s ⟨indian.⟩ (ein Woll-
stoff); es|ki|mo|isch
Es|ko|ri|al vgl. Escorial
Es|kor|te die; -, -n ⟨franz.⟩ (Geleit
Bedeckung; Gefolge); es|kor|tie-
ren; Es|kor|tie|rung
Es|ku|do vgl. Escudo
¹Es|me|ral|da die; - ⟨span.⟩ (span
Tanz); ²Es|me|ral|da (w. Vorn.)
es-Moll [auch: äßmol] das; - (Ton
art; Zeichen: es); es-Moll-Ton-
lei|ter (↑R 41)
Eso|te|rik die; -, -en ⟨griech.⟩ (Ge
heimlehre); Eso|te|ri|ker (in ein
Geheimlehre Eingeweihter
eso|te|risch (nur für Eingeweihte
Fachleute u. ä. verständlich)
Es|pa|gno|le [äßpanjol²] die; -, -n
⟨franz.⟩ (ein span. Tanz); Es|pa
gno|let|te|ver|schluß (Drehstan
genverschluß für Fenster)
Espan der; -[e]s, -e ⟨landsch. für
Viehweide)
Es|par|set|te die; -, -n ⟨franz.⟩ (ein
Futterpflanze)

Es|par|to der; -s ⟨span.⟩ (ein Gras); vgl. Alfagras; Es|par|to|gras

Es|pe die; -, -n (Zitterpappel); es|pen (aus Espenholz); Es|pen|laub

Es|pe|ran|tist der; -en, -en; ↑R 197 (Kenner u. Verfechter des Esperanto); Es|pe|ran|to das; -[s] ⟨nach dem Pseudonym „Dr. Esperanto" des poln. Erfinders L. Zamenhof⟩ (eine künstl. Weltsprache); Es|pe|ran|to|lo|ge der; -n, -n; ↑R 197 (Erforscher von Sprache u. Literatur des Esperantos); Es|pe|ran|to|lo|gie

Es|pla|na|de die; -, -n ⟨franz.⟩ (freier Platz)

es|pres|si|vo [...wo] ⟨ital.⟩ (Musik: ausdrucksvoll); ¹Es|pres|so der; -[s], -s od. ...ssi (ital. Bez. für das in der Maschine bereitete, starke Kaffeegetränk); ²Es|pres|so das; -[s], -[s] (kleines Café); Es|pres|so.bar die, ...ma|schi|ne

Es|prit [...pri] der; -s ⟨franz.⟩ (Geist, Witz)

Esq. = Esquire

Es|qui|lin der; -s (Hügel in Rom)

Es|qui|re [iβkwai'r] der; -s, -s ⟨engl.⟩ (engl. Höflichkeitstitel, Abk.: Esq.)

Es|ra (bibl. m. Vorn.)

Es|say [äße od. ⟨österr. nur:⟩ äße] der od. das; -s, -s ⟨engl.⟩ (kürzere Abhandlung); Es|say|ist der; -en, -en; ↑R 197 (Verfasser von Essays); es|say|is|tisch; ↑R 180

eß|bar; Eß|ba|re das; -n (↑R 7 ff.); etwas -s; Eß|bar|keit die; -; Eß|be|steck

Es|se die; -, -n (Schmiedeherd; bes. ostmitteld. für: Schornstein)

Eß|lecke [Trenn.: ...ek|ke]

es sei denn, daß (↑R 125)

es|sen; du ißt (issest); du aßest; du äßest; gegessen; iß!; zu Mittag -; selber - macht fett; ¹Es|sen das; -s, -

²Es|sen (Stadt im Ruhrgebiet)

Es|sen.aus|ga|be, ...emp|fang

¹Es|se|ner Plur. ⟨hebr.⟩ (altjüdische Sekte)

²Es|se|ner (↑R 147); es|sensch, (auch:) es|sen|disch

Es|sen.ho|ler, ...kar|te

Es|sen|keh|rer (bes. ostmitteld. für: Schornsteinfeger)

Es|sen|mar|ke, (auch:) Es|sens|mar|ke; Es|sens|zeit

es|sen|ti|al [...zial] ⟨lat.⟩, es|sen|ti|ell [...ziäl] ⟨franz.⟩ (Philos.: wesentlich); Es|senz die; -, -en (Wesen, Kern [nur Sing.]; konzentrierter Auszug)

Es|ser; Es|se|rei; Eß_ge|schirr, ...gier

Es|sig der; -s, -e; Es|sig_es|senz, ...gur|ke, ...mut|ter (die; -; die sich im Essigfaß bildende Bakterienkultur; es|sig|sau|er; essigsaure Tonerde; Es|sig|säu|re

Eß|koh|le (Steinkohlenart)

Eß_kul|tur, ...löf|fel; eß|löf|fel|wei|se; Eß|lust die; -; eß|lu|stig

Es|so ⓦ das; -s (ein Kraftstoff)

Eß_tisch, ...un|lust, ...wa|ren Plur., ...zim|mer

Esta|blish|ment [ißtäblischm'nt] das; -s, -s (Schicht der Einflußreichen u. Etablierten)

Estam|pe [äßtangp(e)] die; -, -n (von einer Platte gedruckte Abbildung)

Estan|zia die; -, -s ⟨span.⟩ (südamerik. Landgut [mit Viehwirtschaft])

Este¹ der; -n, -n; ↑R 197 (Estländer)

¹Ester der; -s, - (eine chem. Verbindung)

²Ester vgl. ¹Esther

Ester|hå|zy [äßt'rhasi] der; -, -s (Angehöriger eines österr.-ung. Adelsgeschlechts)

¹Esther, (ökum.:) Ester (bibl. w. Eigenn.); ²Esther (w. Vorn.)

Est|land¹; Est|län|der¹; est|län|disch¹; est|nisch¹; -e Sprache; vgl. deutsch; Est|nisch¹ das; -[s] (Sprache); vgl. Deutsch; Est|ni|sche¹ das; -n; vgl. Deutsche das

Esto|mi|hi ⟨lat.⟩ („Sei mir [ein starker Fels]!"; Bez. des Sonntags vor Aschermittwoch)

Estra|de die; -, -n ⟨franz.⟩ (erhöhter Teil des Fußbodens; Podium; DDR: volkstüml. künstler. Veranstaltung mit gemischtem Programm [aus Musik, Artistik u. ä.]); Estra|den|kon|zert (DDR)

Estra|gon der; -s ⟨arab.⟩ (eine Gewürzpflanze)

¹Estre|ma|du|ra (hist. Provinz in Spanien; port. Landschaft); ²Estre|ma|du|ra die; - u. Estre|ma|du|ra|garn (ein Garn); ↑R 149

Est|rich der; -s, -e (fugenloser Fußboden; schweiz. für: Dachboden, -raum)

Es|zett das; -, - (Buchstabe: „ß")

et ⟨lat.⟩ (und; Zeichen [in Firmennamen]: &); vgl. Et-Zeichen

Eta das; -[s], -s ⟨griech. Buchstabe [langes e]: H, η)

eta|blie|ren ⟨franz.⟩ (festsetzen; begründen); sich - (sich selbständig machen; sich niederlassen; einen sicheren [gesellschaftl.] Platz gewinnen); Eta|blier|te der u. die; -n, -n; ↑R 7 ff. (jmd., der es zu etwas gebracht hat; Mitglied der Gesellschaft); Eta|blie|rung; Eta|blis|se|ment [...β(e)mang, schweiz.: ...mänt] das; -s, -s u. (schweiz.:) -e (Betrieb; Niederlassung; [vornehme] Gaststätte; auch für: [Nacht]lokal, Bordell)

Eta|ge [etasch', österr.: etasch] die;

-, -n (Stock[werk], [Ober]geschoß); Eta|gen|bett; eta|gen|för|mig; Eta|gen_hei|zung, ...tür, ...woh|nung; Eta|ge|re [etascher¹] die; -, -n (veralt. für: Gestell für Bücher od. Geschirr)

Eta|lon [etalong] der; -s, -s (Normalmaßstab)

Eta|min das (auch, bes. österr.: der); -s ⟨franz.⟩ od. Eta|mi|ne die; - (ein Gewebe)

Etap|pe die; -, -n ⟨franz.⟩ ([Teil]strecke, Abschnitt; Stufe; Militär: Versorgungsgebiet hinter der Front); Etap|pen.ha|se (Soldatenspr.), ...hengst (Soldatenspr.), ...sieg (Rennsport); etap|pen|wei|se

Etat [eta] der; -s, -s ⟨franz.⟩ ([Staats]haushalt[splan]; Geldmittel); Etat|auf|stel|lung; eta|ti|sie|ren (in den Etat aufnehmen); Etat_jahr, ...la|ge; etat|mä|ßig (dem Etat gemäß; fest angestellt; zum Bestand gehörend); Etat_-pe|ri|o|de, ...po|sten, ...re|de, ...über|schrei|tung

Eta|zis|mus der; - ⟨griech.⟩ (Aussprache des griech. Eta [η] wie langes e)

etc. = et cetera; dafür im deutschen Satz besser: usw.; et ce|te|ra [ät ze...] (und so weiter; Abk.: etc.); etc. pp. (verstärkend für: etc.); vgl. pp.

ete|pe|te|te (ugs. für: geziert, zimperlich; übertrieben feinfühlig)

Eter|nit ⓦ das od. der; -s ⟨lat.⟩ (Baustoff aus Zement und faserigen Mineralien); Eter|nit|plat|te

Ete|si|en [...i'n] Plur. ⟨griech.⟩ (passagartige Winde im Mittelmeer); Ete|si|en|kli|ma (winterfeuchte, sommertrockenes Mittelmeerklima)

ETH = Eidgenössische Technische Hochschule; ETHL (in Lausanne; oft auch EPFL = École polytechnique fédérale Lausanne); ETHZ (in Zürich)

Ether vgl. ²Äther

Ethik die; -, (selten) -en ⟨griech.⟩ (Philosophie u. Wissenschaft von der Sittlichkeit; Sittenlehre); Ethi|ker (Vertreter der Ethik); ethisch (sittlich)

Eth|nie die; -, ...ien ⟨griech.⟩ (Völkerk.: Volk, Stamm); eth|nisch (ein bestimmtes Volkstum betreffend); Eth|no|graph der; -en, -en; ↑R 197 (Erforscher der Völkerkunde); Eth|no|gra|phie die; -, ...ien ([beschreibende] Völkerkunde); eth|no|gra|phisch; Eth|no|lo|ge der; -n, -n; ↑R 197 (Völkerkundler); Eth|no|lo|gie die; -, ...ien (Völkerkunde); eth|no|lo|gisch

Etho|lo|gie die; - ⟨griech.⟩ (Wissenschaft vom Verhalten der Tie-

¹ Auch: äßt...

re u. des Menschen; Verhaltensforschung); **E̲thos** *das;* - (das Ganze der moral. Gesinnung)

Ethyl usw. vgl. Äthyl usw.

Eti̲|ke̲tt *das;* -[e]s, -e[n] (auch: -s) ⟨franz.⟩ u. (schweiz., österr., sonst veraltet:) ¹**Eti̲|ke̲t|te** *die;* -, -n (Zettel mit [Preis]aufschrift, Schild[chen]; Auszeichnung [von Waren]); ²**Eti̲|ke̲t|te** *die;* -, -n ([Hof]sitte, Förmlichkeit; feiner Brauch); **eti̲|ke̲t|tie̲|ren** (mit Etikett versehen); **Eti̲|ke̲t|tie̲|rung**

etio̲|lie̲|ren ⟨franz.⟩ (vergeilen)

e̲t|li̲|che; etliche (einige, mehrere) Tage, Stunden usw. sind vergangen; ich weiß etliches (manches) darüber zu erzählen; etlicher politischer Zündstoff, aber: etliches milde Nachsehen, mit etlichem kalten Wasser; etliche gute Menschen; die Taten etlicher guter (selten: guten) Menschen; **e̲t|li̲|che|mal**, aber: etliche Male

E̲t|mal *das;* -[e]s, -e (Seemannsspr.: Zeit von Mittag bis Mittag; innerhalb dieses Zeitraums zurückgelegte Strecke)

E̲ton [*i̲tn*] (engl. Schulstadt)

E̲tru̲|ri̲|en [...*i̲⁴n*] (altital. Landschaft); **E̲trus|ker** (Einwohner Etruriens); **e̲trus|kisch**

E̲tsch *die;* - (Zufluß der Adria); vgl. Adige; **E̲tsch|tal**

E̲t|ter *der* od. *das;* -s, - (südd. für: bebautes Ortsgebiet)

Etü̲|de *die;* -, -n ⟨franz.⟩ (Musik: Übungsstück)

Etu̲i [*ätwi̲*] *das;* -s, -s ⟨franz.⟩ (Behälter, [Schutz]hülle; ärztl. Besteck); **Etu̲i|kleid** (modisches, sehr eng geschnittenes Kleid)

e̲t|wa; in - (annähernd, ungefähr); vgl. in etwas; **e̲t|wa̲|ig**; etwaige weitere Kosten; **e̲t|was**; (↑ R 65 f.:) etwas Auffälliges, Dementsprechendes, Derartiges, Passendes usw., aber: etwas anderes, weniges, einziges; das ist doch etwas; in etwas (veralt. für: einigermaßen, ein wenig); vgl. in etwa; vgl. auch: was; **E̲t|was** *das;* -, -; ein gewisses -; **e̲t|wel|che** *Plur.* (veralt. für: einige)

Ety̲|mo̲|lo̲|ge *der;* -n, -n (↑ R 197) ⟨griech.⟩; **Ety̲|mo̲|lo̲|gie** *die;* -, ...ien (Sprachw.: Ursprung u. Geschichte der Wörter; Forschungsrichtung, die sich damit befaßt); **ety̲|mo̲|lo̲|gisch**; **ety̲|mo̲|lo̲|gi̲|sie̲|ren** (nach Herkunft u. Wortgeschichte untersuchen); **Ety̲|mon** [auch: *ä̲t...*] *das;* -s, ...ma (Wurzel-, Stammwort)

E̲t-Zei̲|chen *das;* -s, - (Und-Zeichen [in Firmennamen]: &)

E̲t|zel (in der dt. Sage Name des Hunnenkönigs Attila [vgl. d.])

E̲u = chem. Zeichen für: Europium

---

eu... ⟨griech.⟩ (wohl..., gut...); **Eu...** (Wohl..., Gut...)

Eu|bio̲|tik *die;* - ⟨griech.⟩ (Lehre vom gesunden Leben)

Eu|bö̲a (griech. Insel); **eu|bö̲|isch**

euch; in Briefen (↑ R 71 f.): Euch; vgl. dein

Eu|cha̲|ri̲|stie [...*cha...*] *die;* -, ...ien ⟨griech.⟩ (kath. Kirche: Abendmahl, Altarsakrament); **eu|cha̲ri̲|stisch**; -e Taube (ein liturg. Gefäß), aber (↑ R 157): der Eucharistische Kongreß

Eu|dä̲|mo̲|nie *die;* - ⟨griech.⟩ (Philos.: Glückseligkeit); **Eu|dä̲|moni̲s|mus** *der;* - (Glückseligkeitslehre); **eu|dä̲|mo̲|ni̲s|tisch**

¹**eu̲|er**, eu̲[e]re, eu̲er (in Briefen: Euer usw.; ↑ R 71); euer Tisch; eu[e]rem, euerm Tisch[e] usw.; euer von allen unterschriebener Brief (↑ R 7); vgl. eu[e]re. In Titeln: Nom., Akk.: Euer, Eure (Abk. für beide: Ew.) Hochwürden usw.; Gen., Dat.: Euer, Eurer (Abk. für beide: Ew.) Hochwürden usw.; ²**eu̲|er** (in Briefen: Euer usw.; Gen. von ²ihr); euer (nicht: eurer) sind drei, sind wenige; ich gedenke, ich erinnere mich euer (nicht: eurer); **eu̲|e̲|re**, eu̲|ri̲|ge (in Briefen: Eu[e]re, Eurige; ↑ R 71); der, die, das eu[e]re od. eurige; unser Bauplatz ist dicht bei dem eur[ig]en; *Großschreibung* (↑ R 66): die Euern, Euren od. Eurigen (eure Angehörigen); das Eu[e]re od. Eurige (eure Habe); ihr müßt das Eu[e]re od. Eurige tun; **eu̲|erseits¹**, eu̲|rer|seits¹; **eu̲|ers|glei̲chen¹**, eu̲|res|glei̲|chen¹; **eu̲|erthal̲|ben¹**, eu̲|ret|hal̲|ben¹; **eu̲|ertwegen¹**, eu̲|ret|we̲gen¹; **eu̲|ertwil̲|len¹**, eu̲|ret|wil̲|len¹; um -

Eu̲|gen [auch: *eu̲gen*] (m. Vorn.); **Eu̲|ge̲|nie** [...*i̲⁴*] (w. Vorn.)

Eu|ge̲|nik *die;* - ⟨griech.⟩ (Erbpflege, Förderung des Erbgutes); **Eu|ge̲|ni|ker**; **eu|ge̲|nisch**

Eu|ka|ly̲p|tus *der;* -, ...ten u. - ⟨griech.⟩ (ein Baum); **Eu|ka|ly̲ptus|öl**

Eu|kli̲d (altgriech. Mathematiker); **eu|kli̲|disch**; die euklidische Geometrie, aber (↑ R 134): der Euklidische Lehrsatz

Eu|la̲|lia, **Eu|la̲|lie** [...*i̲⁴*] (w. Vorn.)

Eu̲|lan Ⓦ -s (Mittel gegen Mottenfraß); **eu̲|la|ni̲|sie̲|ren**

Eu̲|le *die;* -, -n (nordd. auch für: [Dekken]besen); **eu̲|len|äu̲|gig**; **Eu̲len|flucht** *die;* - (nordd. für: Abenddämmerung); **Eu̲|lenflug**; **eu̲|len|haft**

Eu̲|len|spie̲|gel (Titelgestalt eines dt. Volksbuches); **Eu̲|len|spie̲|gelei**

Eu̲|ler (schweiz. Mathematiker)

Eu̲|mel *der;* -s, - (Jugendspr. für: unsympathischer Mensch, Dummkopf; ugs. für: Gegenstand, Ding)

Eu̲|me̲|ni̲|de *die;* -, -n; meist *Plur.* (die „Wohlwollende"; verhüllender Name der ↑ Erinnye)

Eu|no̲|mia [auch: ...*mi̲a*] ⟨griech.⟩ (Göttin der Gesetzmäßigkeit, eine der ²Horen)

Eu̲|nuch *der;* -en, -en (↑ R 197) ⟨griech.⟩ (Kastrat [als Haremswächter]); **Eu̲|nu̲|che** *der;* -n, -n; vgl. Eunuch; **eu̲|nu̲|chen|haft**

Eu|phe̲|mia (w. Vorn.)

Eu|phe̲|mi̲s|mus *der;* -, ...men ⟨griech.⟩ (beschönigendes, verhüllendes Wort, Hüllwort, z. B. „einschlafen" für „sterben"); **euphe̲|mi̲s|tisch**; -ste

Eu|pho̲|nie *die;* -, ...ien ⟨griech.⟩ (Wohlklang, -laut; Ggs.: Kakophonie); **eu|pho̲|nisch** (wohlklingend; von Lauten: des Wohllauts wegen eingeschoben, z. B. „t" in „eigen/lich"); -ste

Eu|pho̲r|bia, **Eu|pho̲r|bie** [...*i̲⁴*] *die;* -, ...ien [...*i̲⁴n*] ⟨griech.⟩ (eine Pflanze)

Eu|pho̲|rie *die;* - ⟨griech.⟩ (Zustand gesteigerten Hochgefühls); **eupho̲|risch**; -ste; **eu|pho̲|ri̲|sie̲|ren** (in Euphorie versetzen)

Eu|phra̲t *der;* -[s] (Strom in Vorderasien)

Eu|phro̲|sy̲|ne („die Frohsinnige"; eine der drei Charitinnen)

Eu|phu̲|i̲s|mus *der;* - ⟨engl.⟩ (Schwulststil der engl. Barockzeit); **eu|phu̲|i̲s|tisch** (↑ R 180)

Eu|ra̲|si̲|en [...*i̲⁴n*] (Festland von Europa u. Asien); **Eu|ra̲|si̲|er** [...*i̲⁴r*] *der;* -s, - (Bewohner Eurasiens; Mischling, dessen einer Elternteil Europäer, der andere Asiate ist); **eu|ra̲|sisch**; **Eu̲|ratom** *die;* - (Kurzw. für: Europäische Atomgemeinschaft)

eu̲|re¹, eu̲e|re¹, eu̲|ri̲|ge¹; vgl. eu[e]re

Eu̲|re̲|ka (Agentur für Europäische Forschungskoordination)

Eu̲|rer (Abk.: Ew.); vgl. ¹euer; **eu̲[r]er|seits¹**, eu̲|res|glei̲|chen¹, eu̲ers|glei̲|chen¹; **eu̲|ret|hal̲|ben¹**, eu̲|ert|hal̲|ben¹; **eu̲|ret|we̲gen¹**, eu̲|ert|we̲gen¹; **eu̲|ret|wil̲|len¹**, eu̲|ert|wil̲|len¹; um -

Eu|rhyth̲|mie *die;* - ⟨griech.⟩ (Ebenmaß, Gleichmaß von Bewegungen; Med.: Regelmäßigkeit des Pulses)

eu̲|ri̲|ge vgl. eu[e]re

eu|ri|pi̲|de̲|isch, aber (↑ R 134): **Eu|ri|pi̲|de̲|isch**; **Eu|ri|pi̲|des** (altgriech. Tragiker)

Eu|ro̲|cheque, (internationale

---

¹ *In Briefen:* Euer... usw., ↑ R 71.

¹ *In Briefen:* Eure... usw., ↑ R 71.

Schreibung auf den Formularen:) eu|ro|cheque [...*schäk*] *der;* -s, -s ⟨Kurzw. aus: *europä*isch u. franz. *chèque*⟩ (offizieller, bei den Banken fast aller europ. Länder einzulösender Scheck); Eu|ro|cheque-Kar|te; Eu|ro_dol|lars (*Plur.;* Dollarguthaben in Europa), ...kom|mu|nis|mus (westeurop. Richtung des Kommunismus), ...kom|mu|nist Eu|ro|pa ⟨griech.⟩ (auch: griech. weibl. Sagengestalt); Eu|ro|pa|cup [...*kap*] vgl. Europapokal; Eu|ro|pä|er *der;* -s, -; Eu|ro|päe|rin *die;* -, -nen; ↑ R 180; eu|ro|pä|id (Anthropol.: den Europäern ähnlich); Eu|ro|päi|de *der u. die;* -n, -n (↑ R 180; R 7 ff.); eu|ro|pä|isch; europäi|sche (↑ R 180); (↑ R 148:) das -e Gleichgewicht, eine -e Gemeinschaft, aber (↑ R 157): die Europäischen Gemeinschaften (Abk.: EG; auch *Sing.:* die Europäische Gemeinschaft; Sammelbez. für:) Europäische Atomgemeinschaft (Kurzw.: Euratom), Europäische Gemeinschaft für Kohle und Stahl (Montanunion), Europäische Wirtschaftsgemeinschaft (Abk.: EWG); das Europäische Parlament; eu|ro|päi|sie|ren (↑ R 180); Eu|ro|päi|sie|rung (↑ R 180); Eu|ro|pa_mei|ster, ...mei|ster|schaft, ...par|la|ment (*das;* -[e]s), ...po|kal (internationale Sporttrophäe, bes. im Fußball), ...rat (*der;* -[e]s), ...re|kord, ...stra|ße (Zeichen: E, z. B. E 5), ...uni|on (*die;* -); eu|ro|pid (zum europäisch-südeurasischen Rassenkreis gehörend); Eu|ro|pi|de *der u. die;* -n, -n; ↑ R 7 ff. (Angehörige[r] des europiden Rassenkreises); Eu|ro|pi|um *das;* -s (chem. Grundstoff, Metall; Zeichen: Eu); Eu|ro|vi|si|on ⟨Kurzw. aus *europä*isch u. Tele*vision*⟩ (europ. Organisation zur Kettenübertragung von Fernsehsendungen); Eu|ro|vi|si|ons|sen|dung Eu|ry|an|the (Titelgestalt einer Oper von C. M. v. Weber) Eu|ry|di|ke [auch: ...*dik'*] (Gattin des Orpheus) Eu|ryth|mie *die;* - (von R. Steiner gebrauchte Schreibung für ↑ Eurhythmie) (in der Anthroposophie gepflegte Bewegungskunst); eu|ryth|misch; Eu|ryth|mist *der;* -en, -en; ↑ R 197 (Lehrer der Eurythmie) eu|ry|top ⟨griech.⟩ (Biol.: weit verbreitet [von Tieren u. Pflanzen]) Eu|se|bi|us (m. Eigenn.); - von Cäsarea (griech. Kirchenschriftsteller) Eu|stach, Eu|sta|chi|us (m. Vorn.) Eu|sta|chi|sche Röh|re, Eu|sta|chi-

sche Tu|be *die;* -n -, -n -n ⟨nach dem ital. Arzt Eustachi[o] (...*aki[o]*)⟩; ↑ R 134 (Med., Biol.: Ohrtrompete) Eu|ter *das* (landsch. auch: *der*); -s, - Eu|ter|pe (griech. Muse der lyr. Poesie u. des lyr. Gesangs) Eu|tha|na|sie *die;* - ⟨griech.⟩ (Med.: Erleichterung des Sterbens [durch Narkotika]) Eu|tin (Stadt im Ostholsteinischen Hügelland) eu|troph ⟨griech.⟩ (nährstoffreich); -e Pflanzen (an nährstoffreichen Boden gebundene Pflanzen); Eu|tro|phie *die;* - (guter Ernährungszustand); Eu|tro|phie|rung (Zunahme unerwünschter Nährstoffe in Gewässern, die zu unerwünschtem Wuchern bestimmter Pflanzenarten führt) eV = Elektronvolt E. V. = Eingetragener Verein; (auch: e. V.; vgl. eingetragen) ev. = evangelisch Ev. = Evangelium Eva [*efa*, auch: *ewa*] (w. Vorn.) eva|ku|ie|ren [*ewa...*] ⟨lat.⟩ (veralt. für: [aus]leeren; Technik: ein Vakuum herstellen; [ein Gebiet von Bewohnern] räumen; [Bewohner aus einem Gebiet] aussiedeln); Eva|ku|ier|te *der u. die;* -n, -n (↑ R 7 ff.); Eva|ku|ie|rung Eva|lua|ti|on [*ewa...zion*] *die;* -, -en (↑ R 180) ⟨lat.⟩ (Bewertung; Beurteilung [von Lehrplänen]); eva|lu|ie|ren Evan|ge|li|ar [*ew...*, auch: *ef...*] *das;* -s, -e u. -ien [...*i'n*] (Evangelienbuch); Evan|ge|li|en|buch; evan|ge|li|kal (die unbedingte Autorität des Evangeliums vertretend); Evan|ge|li|ka|le *der u. die;* -n, -n (↑ R 7 ff.); Evan|ge|li|sa|ti|on [...*zion*] *die;* -, -en (Verkündigung des Evangeliums außerhalb des Gottesdienstes); evan|ge|lisch (das Evangelium betreffend; auf dem Evangelium fußend; protestantisch; Abk.: ev.); die evangelische Kirche, aber (↑ R 157): die Evangelische Kirche in Deutschland (Abk.: EKD); der Evangelische Bund; evan|ge|lisch-lu|the|risch [veralt. od. zur Kennzeichnung einer stark orthodoxen Auffassung noch: ...*luterisch*] (Abk.: ev.-luth.); evan|ge|lisch-re|for|miert (Abk.: ev.-ref.); evan|ge|li|sie|ren ([Außenstehenden] das Evangelium verkünden); Evan|ge|list *der;* -en, -en; ↑ R 197 (Verfasser eines der 4 Evangelien; Titel in ev. Freikirchen; Wanderprediger); Evan|ge|li|um *das;* -s, (für: die vier ersten Bücher im N.

T. auch *Plur.*:) ...ien [...*i'n*] („gute Botschaft", Heilsbotschaft Christi) Eva|po|ra|ti|on [*ewaporazion*] *die;* -, -en ⟨lat.⟩ (Verdampfung, Verdunstung); Eva|po|ra|tor *der;* -s, ...oren (Gerät zur Süßwassergewinnung [aus Meerwasser]); eva|po|rie|ren (eindampfen) Eva|si|on [*ewa...*] *die;* -, -en ⟨lat.⟩ (Flucht; veralt. für: [Aus]flucht) Evas_ko|stüm, ...toch|ter [*efa...*, auch: *ewa...*]; Ev|chen (Koseform von: Eva); Eve|li|ne [*ewe...*] (w. Vorn.) Even|tu|al... [*ewän...*] ⟨lat.⟩ (möglicherweise eintretend, für mögliche Sonderfälle bestimmt); Even|tu|al_an|trag (Rechtsspr.: Neben-, Hilfsantrag), ...fall (*der;* im -[e]), ...haus|halt; Even|tua|li|tät *die;* -, -en; ↑ R 180 (Möglichkeit, möglicher Fall); even|tua|li|ter; ↑ R 180 (veralt. für: eventuell); even|tu|ell ⟨franz.⟩ (möglicherweise eintretend; gegebenenfalls; Abk.: evtl.) Eve|rest vgl. Mount Everest Ever|glades [*äw'rgle'ds*] *Plur.* (Sumpfgebiet in Florida) Ever|glaze ⓦ [*äw'rgle's*] *das;* -, - ⟨engl.⟩ (krumpf- und knitterfreies [Baumwoll]gewebe mit Kleinmusterung); Ever|green [*äw'rgrin*] *der* (auch: *das*); -s, -s (Schlager usw., der lange Zeit hindurch beliebt ist) Ever|te|brat [*ewär...*], In|ver|te|brat *der;* -en, -en (meist *Plur.*); ↑ R 197 ⟨lat.⟩ (wirbelloses Tier) evi|dent [*ewi...*]; -este ⟨lat.⟩ (offenbar; einleuchtend); Evi|denz *die;* - (Deutlichkeit, völlige Klarheit); in - halten (österr. Amtsspr.: auf dem laufenden halten, registrieren); Evi|denz|bü|ro (österr. für: Büro, in dem bestimmte Personen, Daten registriert werden) ev.-luth. = evangelisch-lutherisch Evo|ka|ti|on [*ewokazion*] *die;* -, -en ⟨lat.⟩ (Vorladung eines Beklagten vor ein höheres Gericht; Erwekkung von Vorstellungen od. Erlebnissen bei Betrachtung eines Kunstwerkes); evo|ka|tiv Evo|lu|ti|on [*ewoluzion*] *die;* -, -en ⟨lat.⟩ (fortschreitende Entwicklung; Biol.: stammesgeschichtl. Entwicklung der Lebewesen von niederen zu höheren Formen); evo|lu|tio|när (sich stetig weiterentwickelnd [im Ggs. zu: revolutionär]); Evo|lu|tio|nis|mus *der;* - (naturphilos. Richtung des 19. Jh.s); Evo|lu|ti|ons|theo|rie; Evol|ven|te [*ewolw...*] *die;* -, -en (math. Linie) Evo|ny|mus [*ewon...*] *der;* - ⟨griech.⟩ (ein Zierstrauch, Spindelbaum) evo|zie|ren [ewo...] ⟨lat.⟩ (Verb zu: Evokation)

ev.-ref. = evangelisch-reformiert

evtl. = eventuell

ev|vi|va [ewiwa] ⟨ital.⟩ (ital. Hochruf: „er, sie, es lebe hoch!")

Ew. vgl. euer

Ew. M. = Euer od. Eure Majestät

Ewald (m. Vorn.)

¹Ewe [ewe] der; -, - (Angehöriger eines westafrik. Volkes); ²Ewe das; - (eine Sprache); vgl. Deutsch

Ewen|ke der; -n, -n; ↑R 197 (Angehöriger eines sibir. Volksstammes; Tunguse)

Ewer der; -s, - (anderthalbmastiges Küsten- u. Fischerfahrzeug)

E-Werk der; -[e]s, -e (= Elektrizitätswerk); ↑R 38

EWG = Europäische Wirtschaftsgemeinschaft

ewig; auf -; für immer und -; ein -es Einerlei; das -e Leben; der -e Frieden; -er Schnee; die -e Seligkeit; das -e Licht leuchte ihnen, aber (↑R 157): die Ewige Lampe, das Ewige Licht [in kath. Kirchen]; die Ewige Stadt (Rom); der Ewige Jude (Ahasver); Ewig|gest|ri|ge der u. die; -n, -n (↑R 7 ff.); Ewig|keit; Ewig|keits|sonn|tag (Totensonntag, letzter Sonntag des Kirchenjahres); ewig|lich (veralt. für: ewig); Ewig|weib|li|che das; -n (↑R 7 ff.)

EWS = Europäisches Währungssystem

ex ⟨lat.⟩ (ugs. für: aus; tot); - trinken

Ex... (ehemalig, z. B. Exminister)

ex|akt; -este ⟨lat.⟩ (genau; sorgfältig; pünktlich); -e Wissenschaften (Naturwissenschaften u. Mathematik); Ex|akt|heit die; -

Ex|al|ta|ti|on [...zion] die; -, -en ⟨lat.⟩ (Überspanntheit; leidenschaftl. Erregung); ex|al|tiert; -este; Ex|al|tiert|heit

Ex|amen das; -s, - od. (seltener:) ...mina ⟨lat.⟩ ([Abschluß]prüfung); Ex|amens_angst, ...ar-beit, ...kan|di|dat, ...not; Ex|ami-nand der; -en, -en; ↑R 197 (Prüfling); Ex|ami|na|tor der; -s, ...oren (Prüfer); ex|ami|nie|ren (prüfen)

Ex|an|them das; -s, -e ⟨griech.⟩ (Med.: Hautausschlag)

Ex|arch der; -en, -en (↑R 197) ⟨griech.⟩ (byzant. weltl. od. geistl. Statthalter); Ex|ar|chat das (auch: der); -[e]s, -e

Ex|ar|ti|ku|la|ti|on [...zion] die; -, -en ⟨lat.⟩ (Med.: Abtrennung eines Gliedes im Gelenk)

Ex|au|di ⟨lat.⟩ („Erhöre!"; Bez. des 6. Sonntags nach Ostern)

exc., excud. = excudit

ex ca|the|dra [- ka...] ⟨lat.⟩ („vom [Päpstl.] Stuhl"; aus päpstl. Vollmacht; unfehlbar [auch bildl.])

Ex|change [ikßtsche'ndseh] die; -, -n (Tausch, Kurs [im Börsengeschäft])

ex|cu|dit [äkßk...] ⟨lat.⟩ („hat es gebildet, verlegt od. gedruckt"; Vermerk hinter dem Namen des Verlegers [Druckers] bei Kupferstichen; Abk.: exc. u. excud.)

Ex|edra die; -, Exedren ⟨griech.⟩ (Bauw.: [halbrunde] Nische)

Ex|ege|se die; -, -n ⟨griech.⟩ ([Bibel]erklärung; Wissenschaft von der Bibelauslegung); Ex|eget der; -en, -en; ↑R 197 (gelehrter [Bibel]erklärer); Ex|ege|tik die; - (veralt. für: Wissenschaft der Bibelauslegung); ex|ege|tisch

exe|ku|tie|ren ⟨lat.⟩ (vollstrecken); exekutiert (österr. für: gepfändet) werden; Exe|ku|ti|on [...zion] die; -, -en (Vollstreckung [eines Urteils]; Hinrichtung; österr. auch für: Pfändung); exe-ku|tiv (ausführend); Exe|ku|ti|ve [...we] die; -, -n ⟨lat.⟩ (vollziehende Gewalt [im Staat]); Exe|ku|tor der; -s, ...oren (Vollstrecker); exe|ku|to|risch

Ex|em|pel das; -s, - ⟨lat.⟩ ([warnendes] Beispiel; Aufgabe); Ex|em-plar das; -s, -e ([einzelnes] Stück; Abk.: Expl.); ex|em|pla|risch; -ste (beispielhaft; warnend, abschreckend); -es Lernen; Ex|em-pli|fi|ka|ti|on [...zion] die; -, -en (Erläuterung durch Beispiele); ex|em|pli|fi|zie|ren

ex|empt ⟨lat.⟩ (Rechtsw.: befreit); Ex|emp|ti|on [...zion] die; -, -en ([gesetzliche] Freistellung)

Exe|qua|tur das; -s, ...uren ⟨lat.⟩ („er vollziehe!"; Zulassung eines ausländ. Konsuls); Exe|qui|en [...i'n] Plur. (kath. Begräbnis[fei-er], Totenmesse)

ex|er|zie|ren ⟨lat.⟩ (meist von Truppen: üben); Ex|er|zier-platz; Ex|er|zi|ti|en [...i'n] Plur. (geistl. Übungen); Ex|er|zi|ti|um das; -s, ...ien [...i'n] (Übung; Hausarbeit)

Ex|ha|la|ti|on [...zion] die; -, -en ⟨lat.⟩ (Med.: Ausatmung; Geol.: Ausströmen vulkan. Gase u. Dämpfe)

Ex|hau|stor der; -s, ...oren ⟨lat.⟩ (Absauger, Entlüfter)

ex|hi|bie|ren ⟨lat.⟩ (vorzeigen); Ex-hi|bi|ti|on [...zion] die; -, -en (Med.: Zurschaustellung); Ex-hi|bi|tio|nis|mus der; - (Med.: krankhafte Neigung zur öffentl. Entblößung der Geschlechtsteile); Ex|hi|bi|tio|nist der; -en, -en (↑R 197); ex|hi|bi|tio|ni|stisch

ex|hu|mie|ren ⟨lat.⟩ ([einen Leichnam] wieder ausgraben); Ex|hu-mie|rung

Exil das; -s, -e ⟨lat.⟩ (Verbannung[sort]); exi|liert (ins Exil geschickt); Exil_li|te|ra|tur, ...re-gie|rung

ex|imie|ren ⟨lat.⟩ (Rechtsspr.: von einer Verbindlichkeit, bes. von der Gerichtsbarkeit eines anderen Staates, befreien)

exi|stent (wirklich, vorhanden); exi|sten|ti|al [...zial]; ↑R 180 (das [menschl.] Dasein hinsichtl. seines Seinscharakters betreffend); Exi|sten|tia|lis|mus der; - (philosophische Richtung des 20.Jh.s); Exi|sten|tia|list der; -en, -en (↑R 197); exi|sten|tia|li-stisch; Exi|sten|ti|al|phi|lo|so-phie vgl. Existentialismus; exi-sten|ti|ell (franz.); ↑R 180 (auf das unmittelbare u. wesenhafte Dasein bezogen); Exi|stenz die; -, (für Mensch Plur.:) -en (Dasein; Unterhalt; abschätzig für: Mensch); Exi|stenz|angst (Daseinsangst); exi|stenz|be|dro-hend (↑R 209); Exi|stenz|be|rech-ti|gung; exi|stenz|fä|hig; Exi-stenz|grund|la|ge; Exi|sten|zi-al... usw. vgl. Existential... usw.; Exi|stenz|kampf, ...mi|ni|mum, ...phi|lo|so|phie (vgl. Existentialismus); exi|stie|ren (vorhanden sein, bestehen)

Exi|tus der; - ⟨lat.⟩ (Med.: Tod)

Ex|kai|ser; Ex|kai|se|rin

Ex|kar|di|na|ti|on [...zion] die; -, -en ⟨lat.⟩ (Entlassung eines kath. Geistlichen aus seiner Diözese)

Ex|ka|va|ti|on [...wazion] die; -, -en ⟨lat.⟩ (Ausschachtung, Aushöhlung; Zahnmed.: Ausbohrung); ex|ka|vie|ren

exkl. = exklusive

Ex|kla|ma|ti|on [...zion] die; -, -en ⟨lat.⟩ (veralt. für: Ausruf)

Ex|kla|ve [...w'] die; -, -n ⟨lat.⟩ (ein eigenstaatl. Gebiet in fremdem Staatsgebiet); vgl. Enklave

ex|klu|die|ren ⟨lat.⟩ (veralt. für: ausschließen); Ex|klu|si|on die; -, -en (veralt. für: Ausschließung); ex|klu|siv (nur einem bestimmten Personenkreis zugänglich; sich [gesellschaftl.] absondernd; unnahbar); ex|klu|si|ve [...w'] (mit Ausschluß von ..., ausschließlich; Abk.: exkl.); Präp. mit Gen.: - aller Versandkosten; ein alleinstehendes, stark gebeugtes Substantiv steht im Sing. ungebeugt: - Porto; mit Dativ, wenn der Gen. nicht erkennbar ist: - Getränken; Ex-klu|siv|in|ter|view; Ex|klu|si|vi-tät die; - (Ausschließlichkeit, [gesellschaftl.] Abgeschlossenheit)

Ex|kom|mu|ni|ka|ti|on [...zion] die; -, -en ⟨lat.⟩ (Ausschluß aus der Kirchengemeinschaft); ex|kom-mu|ni|zie|ren

Ex|kö|nig; Ex|kö|ni|gin
Ex|kre|ment das; -[e]s, -e ⟨lat.⟩
(Ausscheidung)
Ex|kret das; -[e]s, -e ⟨lat.⟩ (Med.:
vom Körper ausgeschiedenes
wertloses Stoffwechselprodukt);
Ex|kre|ti|on [...zion] die; -, -en
(Med.: Ausscheidung von Ex-
kreten); ex|kre|to|risch (Med.:
ausscheidend, absondernd)
Ex|kul|pa|ti|on [...zion] die; -, -en
⟨lat.⟩ (Rechtsspr.: Rechtsferti-
gung, Entschuldigung); ex|kul-
pie|ren; sich -
Ex|kurs der; -es, -e ⟨lat.⟩ (Ab-
schweifung; einer Abhandlung
beigefügte kürzere Ausarbei-
tung; Anhang); Ex|kur|si|on die;
-, -en (wissenschaftl. Ausflug,
Lehrfahrt; Streifzug)
Ex|li|bris das; -, - ⟨lat.⟩ (Bücherzei-
chen mit dem Namen[zeichen]
des Bucheigentümers)
Ex|ma|tri|kel [auch: ...ikⁿl] die; -,
-n ⟨lat.⟩ (Bescheinigung über das
Verlassen einer Hochschule);
Ex|ma|tri|ku|la|ti|on [...zion] die;
-, -en (Streichung aus der Matri-
kel einer Hochschule); ex|ma|tri-
ku|lie|ren
Ex|mi|ni|ster; Ex|mi|ni|ste|rin
Ex|mis|si|on die; -, -en ⟨lat.⟩ (ge-
richtl. Ausweisung aus einer
Wohnung); ex|mit|tie|ren; Ex-
mit|tie|rung
Exo|bio|lo|gie ⟨griech.⟩ (Welt-
raumwissenschaft, die nach lebenden Organismen außerhalb
des irdischen Bereichs fragt)
Ex|odus der; - ⟨griech.⟩ („Aus-
zug"; 2. Buch Mosis)
ex of|fi|cio [- ...zio] ⟨lat.⟩
(Rechtsspr.: von Amts wegen)
Exo|ga|mie die; - ⟨griech.⟩ (Heirat
außerhalb von Stamm, Kaste
usw.)
exo|gen ⟨griech.⟩ (Bot.: außen ent-
stehend; Med.: in den Körper
eingeführt)
Exo|karp das; -s, -e ⟨griech.⟩ (Bot.:
äußere Schicht der Fruchtwand)
exo|krin ⟨griech.⟩ (Med.: nach au-
ßen abscheidend); -e Drüsen
ex|or|bi|tant; -este ⟨lat.⟩ (übertrie-
ben; gewaltig)
ex ori|en|te lux ⟨lat.⟩ („aus dem
Osten [kommt das] Licht"; zu-
nächst auf die Sonne bezogen,
dann übertr. auf Christentum u.
Kultur)
ex|or|zie|ren, ex|or|zi|sie|ren
⟨griech.⟩ (böse Geister durch Be-
schwörung austreiben); Ex|or-
zis|mus der; -, ...men (Beschwö-
rung böser Geister); Ex|or|zist
der; -en, -en; ↑R 197 (Geisterbeschwörer; früher: dritter Grad
der kath. niederen Weihen)
Exo|sphä|re die; - ⟨griech.⟩ (ober-
ste Schicht der Atmosphäre)

Exot der; -en, -en (↑R 197)
⟨griech.⟩ (Mensch, Tier, Pflanze
aus einem fernen Land; Plur.
auch für: überseeische Wertpa-
piere); Exo|ta|ri|um das; -s, ...ien
[...i'n] (Anlage für exotische Tiere)
exo|te|risch (für Außenstehende,
allgemein verständlich)
exo|therm ⟨griech.⟩ (Chemie: Wär-
me abgebend)
Exo|tik die; - ⟨griech.⟩ (Anzie-
hungskraft, die vom Fremdlän-
dischen ausgeht); Exo|tin die; -,
-nen (Frau aus einem fernen
Land); exo|tisch (fremdländisch,
überseeisch, fremdartig)
Ex|pan|der der; -s, - ⟨engl.⟩ (Trai-
ningsgerät zur Stärkung der
Arm- u. Oberkörpermuskula-
tur); ex|pan|die|ren ⟨lat.⟩ ([sich]
ausdehnen); ex|pan|si|bel
⟨franz.⟩ (ausdehnbar); ...i|ble
Stoffe; Ex|pan|si|on die; -, -en
⟨lat.⟩ (Ausdehnung; Ausbreitung
[eines Staates]); ex|pan|sio|ni-
stisch (↑R 180); Ex|pan|si|ons-
..ge|lü|ste, ...ge|schwin|dig|keit,
...kraft; ex|pan|siv ([sich] aus-
dehnend); Ex|pan|siv|kraft die
ex|pa|tri|ie|ren ⟨lat.⟩ (ausbürgern)
Ex|pe|di|ent der; -en, -en (↑R 197)
⟨lat.⟩ (Abfertigungsbeauftragter
in der Versandabteilung einer
Firma); ex|pe|die|ren (abferti-
gen; absenden; befördern); Ex-
pe|dit das; -[e]s, -e (österr. für:
Versandabteilung); Ex|pe|di|ti-
on [...zion] die; -, -en (For-
schungsreise; Versand- od. Ab-
fertigungsabteilung); Ex|pe|di|ti-
ons|lei|ter der; Ex|pe|di|tor der;
-s, ...oren (seltener ibes. österr.
für: Expedient)
Ex|pek|to|rans das; -, ...ranzien
[...i'n] u. ...rantia [...zia] ⟨lat.⟩ u.
Ex|pek|to|ran|ti|um [...zium] das;
-s, ...tia (Med.: schleimlösendes
[Husten]mittel); Ex|pek|to|ra|ti-
on [...zion] die; -, -en (veralt. für:
Erklärung [von Gefühlen], das
Sichaussprechen; Med.: Aus-
wurf); ex|pek|to|rie|ren (veralt.:
Gefühle aussprechen; Med.:
Schleim aushusten)
ex|pen|siv (kostspielig)
Ex|pe|ri|ment das; -[e]s, -e ⟨lat.⟩
([wissenschaftlicher] Versuch);
Ex|pe|ri|men|tal... (auf Experi-
menten beruhend, z. B. Experi-
mentalphysik); Ex|pe|ri|men|ta-
tor der; -s, ...oren; ex|pe|ri|men-
tell (auf Experimenten beru-
hend); -e Psychologie; Ex|pe|ri-
men|tier|büh|ne (Bühne für expe-
rimentelles Theater); ex|pe|ri-
men|tie|ren ex|pe|ri|men|tier-
freu|dig; Ex|per|te der; -n, -n;
↑R 197 (Sachverständiger, Gut-
achter); Ex|per|tin die; -, -nen;

Ex|per|ti|se die; -, -n ⟨franz.⟩
(Gutachten)
Expl. = Exemplar
Ex|plan|ta|ti|on [...zion] die; -, -en
⟨lat.⟩ (Entnahme von Zellen od.
Gewebe aus dem lebenden Organismus)
Ex|pli|ka|ti|on [...zion] die; -, -en
⟨lat.⟩ (veralt. für: Erklärung, Er-
läuterung); ex|pli|zie|ren; ex|pli-
zit (erklärt, ausführlich darge-
stellt; Ggs.: implizit); -e Funk-
tion (Math.); ex|pli|zi|te [...te]
(ausdrücklich); etwas - sagen
ex|plo|die|r|bar; ex|plo|die|ren
⟨lat.⟩ (krachend [zer]bersten; einen Gefühlsausbruch haben)
Ex|ploi|ta|ti|on [...ploatazion] die;
-, -en ⟨franz.⟩ (Ausbeutung;
Nutzbarmachung); ex|ploi|tie-
ren
Ex|plo|rand der; -en, -en (↑R 197)
⟨lat.⟩ (Med.: zu Untersuchen-
der); Ex|plo|ra|ti|on [...zion] die;
-, -en (Med.: Untersuchung u.
Befragung eines Kranken); Ex-
plo|rer [ikßplär'r] der; -s, - ⟨engl.⟩
(„Erforscher"; Bez. für die ersten amerik. Erdsatelliten); ex-
plo|rie|ren ⟨lat.⟩
ex|plo|si|bel ⟨franz.⟩ (explosions-
fähig, -gefährlich); ...i|ble Stoffe;
Ex|plo|si|on die; -, -en ⟨lat.⟩; ex-
plo|si|ons|ar|tig; Ex|plo|si|ons-
..ge|fahr, ...herd, ...ka|ta|stro-
phe, ...kra|ter (Geol.), ...mo|tor;
ex|plo|si|ons|si|cher; ex|plo|siv
(leicht explodierend, explosions-
artig); Ex|plo|siv der; -s, -e [...wⁿ]
u. Ex|plo|siv|laut (Sprachw.:
Verschlußlaut, z. B. b, k); Ex|plo-
siv|ge|schoß; Ex|plo|si|vi|tät
[...wi...] die; - (explosive Beschaf-
fenheit); Ex|plo|siv_kör|per,
..laut (vgl. Explosiv), ...stoff
Ex|po|nat das; -[e]s, -e ⟨lat.⟩ (Aus-
stellungs-, Museumsstück); Ex-
po|nent der; -en, -en; ↑R 197
(Hochzahl, bes. in der Wurzel- u.
Potenzrechnung; Vertreter [einer
Ansicht]); ex|po|nen|ti|al_funk-
ti|on [...zial...] (Math.), ...glei-
chung (Math.), ...grö|ße, ...röh|re
(Technik); ex|po|nen|ti|ell [...zi-
äl] (Math.); ex|po|nie|ren (her-
vorheben, [einer Gefahr] ausset-
zen); ex|po|niert; -este (gefähr-
det; [Angriffen] ausgesetzt)
Ex|port der; -[e]s, -e ⟨engl.⟩ (Aus-
fuhr); ↑R 32: Ex- u. Import; Ex-
port_an|teil, ...ar|ti|kel; Ex|por-
ten Plur. (Ausfuhrwaren); Ex-
por|teur [...tör] der; -s, -e ⟨franz.⟩
(Ausfuhrhändler od. -firma);
Ex|port|ge|schäft; ex|por|tie|ren;
ex|port|in|ten|siv; -e Branchen;
Ex|port_kauf|mann, ...quo|te,
...über|schuß
Ex|po|sé das; -s, -s ⟨franz.⟩ (Denk-
schrift, Bericht, Darlegung; Zu-

sammenfassung; Plan, Skizze [für ein Drehbuch]); Ex|po|si|ti|on [...*zi̯on*] *die;* -, -en ⟨lat.⟩ (einführender Teil des Dramas; selten für: Ausstellung, Schau; veralt. für: Darlegung); Ex|po|si|tur *die;* -, -en (abgegrenzter selbständiger Seelsorgebezirk einer kath. Pfarrei; österr. für: auswärtige Geschäftsfiliale, auswärtiger Teil einer Schule); Ex|po|si|tus *der;* -, ...ti (Geistlicher einer Expositur)

ex|preß ⟨lat.⟩ (veralt., noch ugs. für: eilig, Eil...; mdal. für: eigens, ausdrücklich, zum Trotz); Expreß *der;* ...presses (kurz für: Expreßzug); per - zustellen; Expreß.bo|te (veralt. für: Eilbote), ...gut; Ex|pres|si|on *die;* -, -en (Ausdruck); Ex|pres|sio|nis|mus *der;* - (Kunstrichtung im frühen 20. Jh., Ausdruckskunst); Expres|sio|nist *der;* -en, -en (↑ R 197); ex|pres|sio|ni|stisch; -ste; ex|pres|sis ver|bis [- *wär*...] (ausdrücklich; mit ausdrücklichen Worten); ex|pres|siv (ausdrucksvoll); Ex|pres|si|vi|tät [...*wi*...] *die;* - (Fülle des Ausdrucks, Ausdrucksfähigkeit; Biol.: Ausprägungsgrad einer Erbanlage); Ex|preß.rei|ni|gung, ...zug (veralt. für: Schnellzug; vgl. Expreß)

Ex|pro|pria|ti|on [...*zi̯on*] *die;* -, -en; ↑ R 180 ⟨lat.⟩ (Enteignung [marxist. Begriff]); ex|pro|pri|ieren

Ex|pul|si|on *die;* -, -en ⟨lat.⟩ (Med.: Austreibung, Abführung); expul|siv

ex|qui|sit; -este ⟨lat.⟩ (ausgesucht, erlesen)

Ex|sik|ka|ti|on [...*zi̯on*] *die;* -, -en ⟨lat.⟩ (Chemie: Austrocknung); ex|sik|ka|tiv; Ex|sik|ka|tor *der;* -s, ...oren (Gerät zum Austrocknen od. zum trockenen Aufbewahren von Chemikalien)

ex|spek|ta|tiv (Med.: abwartend [bei Krankheitsbehandlung])

Ex|spi|ra|ti|on [...*zi̯on*] *die;* - ⟨lat.⟩ (Med.: Ausatmung); ex|spi|ra|torisch (auf Exspiration beruhend); -e Artikulation (Lautbildung beim Ausatmen); -er Akzent (Druckakzent); ex|spi|rieren

Ex|stir|pa|ti|on [...*zi̯on*] *die;* -, -en ⟨lat.⟩ (Med.: völlige Entfernung [eines Organs]); ex|stir|pie|ren

Ex|su|dat *das;* -[e]s, -e ⟨lat.⟩ (Med.: Ausschwitzung; Biol.: Absonderung); Ex|su|da|ti|on [...*zi̯on*] *die;* -, -en (Ausschwitzen, Absondern eines Exsudates)

Ex|tem|po|ra|le *das;* -s, ...lien [...*i̯ən*] ⟨lat.⟩ (veraltet für: unvorbereitet anzufertigende [Klassen]arbeit); ex tem|po|re [...*re*] (aus dem Stegreif); Ex|tem|po|re [...*re*] *das;* -s, -[s] (Zusatz, Einlage; Stegreifspiel); ex|tem|po|rieren (aus dem Stegreif reden, schreiben usw.)

Ex|ten|ded [*ikßtändid*] *die;* - ⟨engl.⟩ (Schriftgattung); Ex|tensi|on *die;* -, -en ⟨lat.⟩ (Ausdehnung, Streckung); Ex|ten|si|tät *die;* - (Ausdehnung; Umfang); ex|ten|siv (der Ausdehnung nach; räumlich; nach außen wirkend); -e Wirtschaft (Form der Bodennutzung mit geringem Einsatz von Arbeitskraft u. Kapital); Ex|ten|sor *der;* -s, ...oren (Med.: Streckmuskel)

Ex|te|ri|eur [...*iör*] *das;* -s, -e ⟨franz.⟩ (Äußeres; Außenseite)

ex|tern ⟨lat.⟩ (draußen befindlich; auswärtig); Ex|ter|nat *das;* -[e]s, -e (Lehranstalt, deren Schüler außerhalb der Schule wohnen); Ex|ter|ne *der* u. *die;* -n, -n; ↑ R 7 ff. (nicht im Internat wohnende[r] Schüler bzw. Schülerin; von auswärts zugelassener Prüfling); Ex|ter|nist *der;* -en, -en; ↑ R 197 (österr. für: Externer)

Ex|tern|stei|ne *Plur.* (Felsgruppe im Teutoburger Wald)

ex|ter|ri|to|ri|al ⟨lat.⟩ (den Landesgesetzen nicht unterworfen); Exter|ri|to|ria|li|tät *die;* - (exterritorialer Status, Charakter)

Ex|tink|ti|on [...*zi̯on*] *die;* -, -en ⟨lat.⟩ (Physik: Schwächung einer Strahlung)

ex|tra ⟨lat.⟩ (nebenbei, außerdem, besonders, eigens; (ugs.:) etwas Extraes (↑ R 65); Ex|tra *das;* -s, -s [nicht serienmäßig mitgeliefertes] Zubehör[teil]); Ex|tra.ausga|be, ...blatt (Sonderblatt), ...chor (zusätzlicher, nur in bestimmten Opern eingesetzter Theaterchor); ex|tra dry [- *drai*] ⟨engl.⟩ (sehr herb; vgl. dry); extra|fein

ex|tra|ga|lak|tisch ⟨lat.-griech.⟩ (Astron.: außerhalb der Galaxis gelegen)

ex|tra|hie|ren ⟨lat.⟩ (einen Auszug machen; [einen Zahn] ausziehen; auslaugen)

Ex|tra|klas|se; ein Film, Sportler der -

Ex|trakt *der* (naturwiss. auch: *das*); -[e]s, -e ⟨lat.⟩ (Auszug [aus Büchern, Stoffen]; Hauptinhalt; Kern); Ex|trak|ti|on [...*zi̯on*] *die;* -, -en (Auszug; Auslaugung; Herausziehen, z. B. eines Zahnes); ex|trak|tiv ⟨franz.⟩ (ausziehend; auslaugend); Ex|trak|tivstof|fe *Plur.* (Biol.)

ex|tra|or|di|när ⟨franz.⟩ (außergewöhnlich, außerordentlich); Extra|or|di|na|ri|um *das;* -s, ...ien [...*i̯ən*] ⟨lat.⟩ (außerordentl. Haushaltsplan od. Etat); Ex|tra|or|dina|ri|us *der;* -, ...ien [...*i̯ən*] (außerordentl. Professor)

Ex|tra|pol|la|ti|on [...*zi̯on*] *die;* -, -en ⟨lat.⟩ (das Extrapolieren); extra|po|lie|ren [Math., Statistik: aus den bisherigen Werten einer Funktion auf weitere schließen)

Ex|tra|post (früher für: besonders eingesetzter Postwagen)

ex|tra|ter|re|strisch ⟨lat.⟩ (Astron., Physik: außerhalb der Erde gelegen)

Ex|tra|tour (ugs. für: eigenwilliges Verhalten od. Vorgehen)

ex|tra|va|gant [...*wa*..., auch: *äk*...]; -este ⟨franz.⟩ (verstiegen, überspannt); Ex|tra|va|ganz [auch: *äk*...] *die;* -, -en

ex|tra|ver|tiert, ex|tro|ver|tiert; -este ⟨lat.⟩ (nach außen gerichtet); ein -er Mensch

Ex|tra_wurst (ugs.), ...zug (schweiz. für: Sonderzug)

ex|trem ⟨lat.⟩ (,,äußerst"; übertrieben); Ex|trem *das;* -s, -e (höchster Grad; äußerster Standpunkt; Übertreibung); Ex|tremfall *der;* im -[e]; Ex|tre|mis|mus *der;* -, ...men (übersteigert radikale Haltung); Ex|tre|mist *der;* -en, -en (↑ R 197); ex|tre|mistisch; Ex|tre|mi|tät *die;* -, -en (äußerstes Ende); Ex|tre|mi|täten *Plur.* (Gliedmaßen)

ex|tro|ver|tiert vgl. extravertiert

Ex|tru|der *der;* -s, - ⟨engl.⟩ (Technik: Maschine zum Ausformen thermoplastischer Kunststoffe; Schneckenpresse); ex|tru|die|ren (mit dem Extruder formen)

Ex|ul|ze|ra|ti|on [...*zi̯on*] *die;* -, -en ⟨lat.⟩ (Med.: Geschwürbildung); ex|ul|ze|rie|ren

Ex-und-hopp-Fla|sche (ugs. für: Einwegflasche)

ex usu ⟨lat.⟩ (,,aus der Erfahrung"; durch Übung)

Ex|u|vie [...*wi̯e*] *die;* -, -n ⟨lat.⟩ (abgestreifte tierische Körperhülle [z. B. Schlangenhaut])

ex vo|to [- *woto*] ⟨lat.⟩ (,,auf Grund eines Gelübdes" [Inschrift auf Votivgaben]); Ex|vo|to *das;* -s, -s od. ...ten (Weihegabe, Votivbild)

Ex|welt|mei|ster (Sport)

Exz. = Exzellenz

Ex|ze|dent *der;* -en, -en ⟨lat.⟩ (über die gewählte Versicherungssumme hinausgehender Betrag)

ex|zel|lent ⟨lat.⟩ (hervorragend); Ex|zel|lenz *die;* -, -en (ein Titel; Abk.: Exz.); vgl. euer; ex|zel|lieren (selten für: hervorragen; glänzen)

Ex|zen|ter *der;* -s, - ⟨nlat.⟩ u. Exzen|ter|schei|be (exzentrisch angebrachte Steuerungsscheibe)

Ex|zen|trik *die; -* ([mit Groteske verbundene] Artistik; Überspanntheit); Ex|zen|tri|ker; exzen|trisch (außerhalb des Mittelpunktes liegend; überspannt); -ste; Ex|zen|tri|zi|tät *die; -, -en* (Abweichen, Abstand vom Mittelpunkt; Überspanntheit)
ex|zep|tio|nell [...*zio...*] ⟨franz.⟩ (ausnahmsweise eintretend, außergewöhnlich); ex|zep|tiv ⟨lat.⟩ (veralt. für: ausschließend)
ex|zer|pie|ren ⟨lat.⟩ (ein Exzerpt machen); Ex|zerpt *das; -[e]s, -e* (schriftl. Auszug aus einem Werk); Ex|zerp|tor *der; -s, ...oren* (jmd., der Exzerpte anfertigt)
Ex|zeß *der; Exzesses, Exzesse* ⟨lat.⟩ (Ausschreitung; Ausschweifung); ex|zes|siv (das Maß überschreitend; ausschweifend)
ex|zi|die|ren ⟨lat.⟩ (Med.: herausschneiden); Ex|zi|si|on *die; -, -en* (Med.: Ausschneidung, z. B. einer Geschwulst)
Eyck, van [*fan* od. *wan aik*] (niederl. Maler)
Eye|li|ner [*ailain'r*] *der; -s, -* ⟨engl.⟩ (flüssiges Kosmetikum zum Ziehen des Lidstriches)
Ey|rir [*ai...*] *der* od. *das; -s, Aurar* (isländ.) (isländ. Währungseinheit; 100 Aurar = 1 Krone)
Eze|chi|el [...*chiäl*] (bibl. Prophet; bei Luther: Hesekiel)
Ez|zes *Plur.* ⟨jidd.⟩ (österr. ugs. für: Tips, Ratschläge)

F

F (Buchstabe): das F, des F, die F, aber: das f in Haft (↑ R 82); der Buchstabe F, f
f = Femto...; forte
f, F *das; -, -* (Tonbezeichnung); f (Zeichen für: f-Moll); in f; F (Zeichen für: F-Dur); in F
F = Fahrenheit; Farad; vgl. Franc
F = chem. Zeichen für: Fluor
f. = folgende [Seite]; für
Fa. = Firma
Faa|ker See *der; - -s* (in Kärnten)
Fa|bel *die; -, -n* ⟨franz.⟩ (erdichtete [lehrhafte] Erzählung; Grundhandlung einer Dichtung); Fa|bel_buch, ...dich|ter; Fa|bel|lei; fa|bel|haft; -este; fa|beln; ich ...[e]le (↑ R 22); Fa|bel_tier, ...wesen
Fa|bia (w. Vorn.); Fa|bi|an (m. Vorn.); Fa|bi|er [...*i'r*] *der; -s, -* (Angehöriger eines altröm. Geschlechtes); Fa|bi|o|la (w. Vorn.);

Fa|bi|us (Name altröm. Staatsmänner)
Fa|brik *die; -, -en* ⟨franz.⟩; Fabrik|an|la|ge¹; Fa|bri|kant *der; -en, -en* (↑ R 197); Fa|brik¹_ar|beit (*die; -*), ...ar|bei|ter; Fa|bri|kat *das; -[e]s, -e* ⟨lat.⟩; Fa|bri|ka|ti|on [...*zion*] *die; -, -en*; Fa|bri|ka|ti|ons_feh|ler, ...ge|heim|nis, ...me|tho|de, ...pro|zeß; Fa|brik¹_be|sit|zer, ...ge|bäu|de, ...ge|län|de, ...hal|le, ...mar|ke; fa|brik¹_mä|ßig, ...neu; fa|briks..., Fa|briks... (österr. für: fabrik..., Fabrik..., z. B. Fabriksarbeiter, Fabriksbesitzer, fabriksneu); fa|brik¹_schorn|stein, ...si|re|ne; fa|bri|zie|ren (ugs. auch für: mühsam anfertigen)
Fa|bu|lant *der; -en, -en* (↑ R 197) ⟨lat.⟩ (Erzähler von phantastisch ausgeschmückten Geschichten; Lügner, Schwätzer); fa|bu|lie|ren; Fa|bu|lier|kunst
Fa|cet|te [*faßät*] *die; -, -n* ⟨franz.⟩ (eckig geschliffene Fläche von Edelsteinen u. Glaswaren); Fa|cet|ten_au|ge (Netzauge), ...glas (*Plur. ...gläser*), ...schliff; fa|cet|tie|ren (mit Facetten versehen)
Fach *das; -[e]s, Fächer*
...fach (z. B. vierfach [mit Ziffer: 4fach, ↑S. 78]; aber: n-fach)
Fach|ar|bei|ter; Fach|ar|bei|ter|brief; Fach|arzt; fach|ärzt|lich; Fach_aus|druck, ...be|griff, ...be|reich, ...bi|blio|thek, ...buch ...fal|che (z. B. Vierfache *das; -n* [mit Ziffer: 4fache, ↑S. 78])
fäl|cheln; ich ...[e]le (↑ R 22); fa|chen (seltener für: anfachen); Fäl|cher *der; -s, -*; fäl|cher|för|mig; fäl|che|rig; fäl|chern; ich ...ere (↑ R 22); Fäl|cher|pal|me; Fäl|che|rung
Fach_ge|biet, fach_ge|mäß, ...ge|recht, Fach_ge|schäft, ...grup|pe, ...han|del (vgl. ¹Handel), ...hoch|schu|le, ...hoch|schul|rei|fe, ...idi|ot (abwertend für: jmd., der nur sein Fachgebiet kennt), ...jar|gon, ...ken|ner, ...kennt|nis, ...kraft *die*, ...kreis (in -en), ...kun|de (*die; -*; Berufsschulw.); fach|kun|dig (Fachkenntnisse habend); fach|kund|lich (die Fachkunde betreffend); Fach_leh|rer, ...leh|re|rin, ...leu|te *Plur.*; Fach_li|te|ra|tur, ...mann (*Plur. ...leute*, selten: ...männer); fach|män|nisch; -ste; fach|mä|ßig; Fach_ober|schu|le, ...pres|se, ...re|fe|rent, ...rich|tung, ...schaft, ...schu|le; Fach|sim|pe|lei (ugs.); fach|sim|peln (ugs.: [ausgiebige] Fachgespräche führen); ich ...[e]le (↑ R 22); gefachsimpelt; zu -; Fach|spra-

che; fach_sprach|lich, ...über|grei|fend; Fach_ver|käu|fer, ...welt, ...werk, ...werk|haus, ...wis|sen|schaft, ...wort (*Plur. ...wörter*), ...zeit|schrift
Fackel¹ *die; -, -n* ⟨lat.⟩; Fackellicht¹ (*Plur. ...lichter*); fackeln¹; ich ...[e]le (↑ R 22); wir wollen nicht lange - (ugs. für: zögern); es wird nicht lange gefackelt; Fackel¹_schein (*der; -s*; bei -), ...zug
Fact [*fäkt*] *der; -s, -s* (meist *Plur.*) ⟨engl.⟩ (Tatsache[nmaterial]; vgl. Fakt); Fac|to|ring [*fäkt'ring*] *das; -s* (bestimmte Methode der Absatzfinanzierung mit Absicherung des Kreditrisikos)
Fa|cul|tas do|cen|di [*faku... dozän-di*] *die; - -* ⟨lat.⟩ (Lehrbefähigung)
fad, fa|de; fad[e]ste ⟨franz.⟩ (schlecht gewürzt, schal; ugs. für: langweilig, geistlos)
Fäd|chen, Fäd|lein (einfädeln); ich ...[e]le (↑ R 22); Fa|den *der; -s, Fäden u.* (Längenmaß:) *-* (Seemannsspr.:) 4 - tief (↑ R 129); fa|den|dünn; Fa|den_en|de, ...hef|tung (Buchbinderei), ...kreuz, ...lauf (Weberei), ...nu|del, ...pilz; fa|den|schei|nig; Fa|den_schlag (*der; -[e]s*; schweiz. für: lockere [Heft]naht; Heftfaden; übertr. für: Vorbereitung), ...wurm, ...zäh|ler (Weberei)
Fad|heit
fä|dig (aus feinen Fäden bestehend); ...fä|dig (z. B. feinfädig)
Fä|ding [*fe'ding*] *das; -s* ⟨engl.⟩ (Schwund, An- und Abschwellen der Lautstärke im Rundfunkgerät; Nachlassen der Bremswirkung infolge Erhitzung der Bremsen)
fa|di|sie|ren (österr. ugs. für: langweilen); sich -
Fäd|lein, Fäd|chen; Fäd|le|rin *die; -, -nen* (schweiz. für: Einfädlerin)
Faeces [*fäzeß*] vgl. Fäzes
Faf|ner, Faf|nir (nord. Sagengestalt)
Fa|gott *das; -[e]s, -e* (ein Holzblasinstrument); Fa|gott_blä|ser; Fa|got|tist *der; -en, -en*; ↑ R 197 (Fagottbläser)
Fäl|he *die; -, -n* (Jägerspr.: weibl. Tier bei Fuchs, Marder u. a.)
fä|hig; mit *Gen.* (eines Betruges -) od. mit „zu" (zu allem -); ...fä|hig (z. B. begeisterungsfähig, transportfähig); Fä|hig|keit
fahl; fahlgelb usw.; Fahl|erz¹; Fahl|heit *die; -*; Fahl|le|der *das; -s* (Kalbsoberleder)
Fähn|chen, Fähn|lein
fahn|den; Fahn|dung; Fahndungs_buch, ...li|ste

---

¹ Auch: ...ik[...]   ¹ Trenn.: ...k|k...

Fah|ne *die;* -, -n; **Fah|nen_ab|zug** (Druckw.), ...eid, ...flucht *(die;* -; vgl. ²Flucht); **fah|nen|flüch|tig; Fah|nen_jun|ker,** ...kor|rek|tur (Druckw.), ...mast *der,* ...schwin-ger, ...stan|ge, ...wei|he; **Fähn-lein, Fähn|chen; Fähn|rich** *der;* -s, -e

Fahr_ab|tei|lung, ...aus|weis (Fahrkarte, -schein; schweiz. auch für: Führerschein), ...bahn; **Fahr|bahn|mar|kie|rung; fahr-bar; fahr|be|reit; Fahr|be|reit-schaft; Fahr|damm** (landsch.)

Fähr|de *die;* -, -n (dicht. für: Gefahr)

Fahr|dienst *der;* -[e]s; **Fahr|dienst-_lei|ter** *der,* ...lei|te|rin; **Fahr-draht** (elektr. Oberleitung)

Fäh|re *die;* -, -n

fah|ren; du fährst, er fährt; du fuhrst (fuhrest); du führest; gefahren; fahr[e]!; erster, zweiter [Klasse] - (↑ R 207:) ich fahre Auto, ich fahre Rad; vgl. spazierenfahren, fahrenlassen; (↑ R 32:) Auto u. radfahren, a b e r: rad- u. Auto fahren; **fah|rend;** -e Habe (Fahrnis), -e Leute; **Fah|ren|de** *der;* -n, -n; ↑ R 7 ff. (umherziehender Spielmann, Gaukler)

Fah|ren|heit ⟨nach dem dt. Physiker Fahrenheit⟩ (Einheit der Grade beim 180teiligen Thermometer; Zeichen: F, fachspr. °F); 5° F (↑ S. 74)

fah|ren|las|sen; ↑ R 205 (nicht mehr festhalten, aufgeben); er hat den Plan fahrenlassen; a b e r: er hat ihn fahren lassen (ihm erlaubt zu fahren); **Fah-rens|mann** (*Plur.* ...leute u. ...männer; landsch.); **Fah|rer; Fah|re|rei** *die;* -; **Fah|rer_flucht** *(die;* -), ...haus; **Fah|re|rin** *die;* -, -nen; **fah|re|risch;** -es Können; **Fahr|er|laub|nis, Fahr|er|sitz; Fahr|gast** (*Plur.* ...gäste); **Fahr-gast|schiff; Fahr_geld,** ...ge|le-gen|heit, ...ge|schwin|dig|keit, ...ge|stell, ...hal|be (*die;* -, -n; schweiz. für: Fahrnis), ...hau|er (Bergmannsspr.); **fahr|rig** (zerstreut) **Fah|rig|keit** *die;* -; **Fahr-kar|te; Fahr|kar|ten|aus|ga|be; Fahr|kom|fort; Fahr|ko|sten, Fahrt|ko|sten** *Plur.;* **fahr|läs|sig;** -e Tötung; **Fahr|läs|sig|keit; Fahr|leh|rer**

Fähr|mann (*Plur.* ...männer u. ...leute)

Fahr|nis *die;* -, -se od. *das;* -ses, -se (Rechtsspr.: fahrende Habe, bewegliches Vermögen)

Fähr|nis *die;* -, -se (dicht. für: Gefahr)

Fahr|nis|ge|mein|schaft *die;* - (Rechtsspr.)

Fahr|plan (vgl. ²Plan); **fahr|plan-mä|ßig; Fahr_preis** (vgl. ²Preis),

...prü|fung; **Fahr|rad; Fahr|rad-_rei|fen,** ...schlüs|sel, ...stän|der; **Fahr_rin|ne,** ...schein; **Fahr-schein|heft**

Fähr|schiff

Fahr_schu|le, ...schü|ler, ...si|cher-heit (*die;* -), ...spur, ...stei|ger (Bergmannsspr.), ...stil, ...strahl (Math., Phys.), ...stra|ße, ...stuhl, ...stun|de; **Fahrt** *die;* -, -en; - ins Blaue; **Fahrt|dau|er**

Fähr|te *die;* -, -n (Spur)

fahr|tech|nisch

Fahr|ten_buch, ...mes|ser *das,* ...schrei|ber (amtlich: Fahrt-schreiber), ...schwim|mer

Fähr|ten|su|cher

Fahr|test; Fahrt|ko|sten, Fahr-kosten *Plur.;* **Fahrt|trep|pe** (Rolltreppe); **Fahrt_rich|tung,** ...schrei|ber (amtlich für: Fahrtenschreiber); **Fahr|tüch|tig|keit; Fahrt_un|ter|bre|chung,** ...wind (beim Auto u. ä.); **Fahr_un|tüch-tig|keit,** ...ver|bot, ...ver|hal|ten, ...was|ser (*das;* -s), ...weg, ...wei-se *die,* ...werk, ...wind (guter Segelwind), ...zeit, ...zeug; **Fahr-zeug_bau** (*der;* -[e]s), ...hal|ter, ...len|ker, ...park, ...rah|men

Fai|ble [*fäb'l*] *das;* -s, -s ⟨franz.⟩ (Schwäche; Neigung, Vorliebe); ein - für etwas haben

fair [*fär*] ⟨engl.⟩ (einwandfrei; anständig; ehrlich); das war ein -es Spiel; **Fair|neß** [*fär...*] *die;* -; **Fair play** [*fär ple'*] *das;* - - (ehrenhaftes, anständiges Spiel od. Verhalten [im Sport])

Fait ac|com|pli [*fätakongpli*] *das;* - -, -s -s [*fäsakongpli*] ⟨franz.⟩ (vollendete Tatsache)

fä|kal ⟨lat.⟩ (Med.: kotig); **Fä|kal-dün|ger; Fä|ka|li|en** [*...i'n*] *Plur.* (Med.: Kot)

Fa|kir [österr.: *...kir*] *der;* -s, -e ⟨arab.⟩ ([indischer] Büßer, Asket; Zauberkünstler)

Fak|si|mi|le *das;* -s, -s ⟨lat.⟩ („mache ähnlich!"; getreue Nachbildung einer Vorlage, z. B. einer alten Handschrift); **Fak|si|mi|le-_aus|ga|be,** ...druck (*Plur.* ...druk-ke); **fak|si|mi|lie|ren**

Fakt *das* (auch: *der*); -[e]s, -en (auch: -s); meist *Plur.* (svw. Faktum) **Fak|ta** (*Plur.* von: Faktum) **Fak|ten|wis|sen**

Fak|ti|on [*...zion*] *die;* -, -en ⟨lat.⟩ (veralt. für: polit. [bes. aktive od. radikale] Partei); **fak|ti|ös;** -este ⟨franz.⟩ (vom Parteigeist beseelt; aufrührerisch)

fak|tisch ⟨lat.⟩ (tatsächlich); -es Vertragsverhältnis (Rechtsspr.); **fak|ti|tiv** (bewirkend); **Fak|ti|tiv** [auch: *fak...*] *das;* -s, -e [*...w'*] (Sprachw.: bewirkendes Verb, z. B. „schärfen" = „scharf ma-chen"); **Fak|ti|zi|tät** *die;* -, -en

(Tatsächlichkeit, Gegebenheit, Wirklichkeit); **Fak|tor** *der;* -s, ...oren (Werkmeister [einer Buchdruckerei]; Vervielfältigungszahl; Grund, Umstand); **Fak|to|rei** (Handelsniederlassung, bes. in Kolonien); **Fak|to-tum** *das;* -s, -s u. ...ten („tu alles!"; jmd., der alles besorgt; Mädchen für alles); **Fak|tum** *das;* -s, ...ten, (veraltend auch:) ...ta ([nachweisbare] Tatsache; Ereignis); vgl. Fakt

Fak|tur *die;* -, -en ⟨ital.⟩ ([Waren]rechnung); **Fak|tu|ra** *die;* -, ...ren (österr., sonst veralt. für: Faktur); **Fak|tu|ren|buch; fak|tu-rie|ren** ([Waren] berechnen, Fakturen ausschreiben); **Fak|tu|rier-ma|schi|ne; Fak|tu|rist** *der;* -en, -en (↑ R 197); **Fak|tu|ri|stin** *die;* -, -nen

Fa|kul|tas *die;* -, ...täten ⟨lat.⟩ ([Lehr]befähigung); vgl. Facultas docendi; **Fa|kul|tät** *die;* -, -en (zusammengehörende Wissenschaftsgebiete umfassende Abteilung einer Hochschule; math. Ausdruck); **fa|kul|ta|tiv** (freigestellt, wahlfrei); -e Fächer

falb; Fal|be *der;* -n, -n (gelbliches Pferd); zwei -n

Fal|bel *die;* -, -n ⟨franz.⟩ (gekrauster od. gefältelter Kleidbesatz); **fäl|beln** (mit Falbeln versehen); ich ...[e]le (↑ R 22)

Fa|ler|ner *der;* -s, - (Wein); - Wein **fäl|lisch** ⟨in Anlehnung an West-„falen"); die -e Rasse

Falk (m. Vorn.); **Fal|ke** *der;* -n, -n (↑ R 197); **Fal|ken_au|ge,** ...bei-ze; **Fal|ke|nier** *der;* -s, -e; vgl. Falkner; **Fal|ken|see; Fal|ken|seer** [*...e'r*] (↑ R 147, 151 u. 180) Falkenseer Forst

Falk|land|in|seln *Plur.* (östl. der Südspitze Südamerikas)

Falk|ner (Falkenabrichter); **Falk-ne|rei** (Jagd mit Falken); **Fal|ko** (m. Vorn.)

¹Fall *der;* -[e]s, Fälle ⟨auch für: Kasus); (↑ R 125 u. R 127:) für den -, daß ...; gesetzt den -, daß ...; im Fall[e]) daß ...; von - zu -; zu Fall bringen; erster (1.) Fall; *Klein- u. Zusammenschreibung* (↑ R 61): besten-, nötigen-, eintre-tenden-, gegebenenfalls; allen-, ander[e]n-, jeden-, keinesfalls u. ä.; **²Fall** *das;* -[e]s, -en (See-mannsspr.: ein Tau)

Fall|la|da (dt. Schriftsteller)

Fäll|bad (bei der Chemiefaserher-stellung); **Fall_beil,** ...be|schleu-ni|gung (Physik; Zeichen: g), ...brücke [*Trenn.:* ...brük|ke] **Fäl|le** *die;* -, -n; **fäl|len;** du fällst, er fällt; du fiel[e]st; du fielest; ge-fallen (vgl. d.); fall[e]!; **fäl|len;**

du fällst; er fällt, du fälltest; du fälltest; gefällt, fäll[e]!; **fal|len|las|sen;** (↑ R 205:) er hat seine Absicht fallenlassen (aufgegeben); er hat eine Bemerkung fallenlassen, (seltener:) fallengelassen (geäußert); aber: ich habe den Teller fallen lassen; die Maske fallen lassen (sein wahres Gesicht zeigen); **Fal|len|stel|ler** **Fal|lers|le|ben** (Stadt am Mittellandkanal); **Fal|lers|le|ber** (↑ R 147) **Fall_ge|schwin|dig|keit** (Physik), **...ge|setz** (Physik), **...gru|be** (Jägerspr.) **fal|lie|ren** ⟨ital.⟩ (zahlungsunfähig werden; schweiz. ugs. für: mißlingen; etwas ist falliert) **fäl|lig;** -er, - gewordener Wechsel; **Fäl|lig|keit; Fäl|lig|keits|tag** **Fal|li|nie** [*Trenn.:* Fall|li...] (Linie des größten Gefälles; Skisport: kürzeste Abfahrt); **Fäll|mit|tel** *das* (Chemie: Mittel zum Ausfällen eines Stoffes); **Fall|obst** **Fall|out** [*fāl-aut*] *der;* -s, -s ⟨engl.⟩ (radioaktiver Niederschlag [nach Kernwaffenexplosionen]) **Fall|plätt|chen** (Metallplättchen an der Schachuhr, das vom Zeiger mitgenommen wird); **Fall_reep** (äußere Schiffstreppe); **Fall|rück|zie|her** (Fußball); **falls;** komme doch [,] falls möglich [,] schon um 17 Uhr (↑ R 114); **Fall|schirm; Fall_schirm_jä|ger, ...sei|de, ...sprin|ger, ...trup|pe; Fall_strick, ...stu|die** (Psychol., Soziol.), **...sucht** (*die;* -; Epilepsie); **fall|süch|tig; Fall|tür; Fäl|lung; fall|wei|se** (österr. für: von Fall zu Fall); **Fall|wind** **Fa|lott** *der;* -en, -en (↑ R 197) ⟨franz.⟩ (österr. für: Gauner) **Fal|sa** (*Plur.* von: Falsum) **falsch;** -este; - sein; - und richtig nicht unterscheiden können; -e Zähne; unter -er Flagge segeln; an die -e Adresse geraten; -er Hase (eine Speise), aber (↑ R 157): der Falsche Demetrius. *Schreibung in Verbindung mit Verben* (↑ R 207 f.): **a)** *Getrenntschreibung* in ursprünglicher Bedeutung, z. B. falsch (unrichtig) spielen; er hat immer falsch (unrichtig) gespielt; **b)** *Zusammenschreibung,* wenn ein neuer Begriff entsteht; vgl. falschspielen; **Falsch** *der,* nur noch in: es ist kein - an ihm; ohne -; **Falsch_aus|la|ge, ...eid** (unwissentl. falsches Schwören); **fäl|schen; Fäl|scher; Falsch_fah|rer, ...geld; Falschheit; fälsch|lich; fälsch|li|cher|wei|se; Falsch_mel|dung, ...mün|zer, ...mün|ze|rei, ...par-**

ker; **falsch|spie|len;** ↑ R 205 (betrügerisch spielen); er spielt falsch; falschgespielt; falschzuspielen; **Falsch|spie|ler; Fäl|schung; fäl|schungs|si|cher** **Fal|sett** *das;* -[e]s, -e ⟨ital.⟩ (Fistelstimme); **fal|set|tie|ren; Fal|set|tist** *der;* -en, -en (↑ R 197); **Fal|sett|stim|me** **Fal|si|fi|kat** *das;* -[e]s, -e ⟨lat.⟩ [*...zion*] *die;* -, -en (veralt. für: Fälschung); **fal|si|fi|zie|ren** ¹**Fal|staff** (Gestalt bei Shakespeare); ²**Fal|staff** *der;* -s, -s (dikker Prahlhans, Schlemmer) **Fal|ster** (dän. Insel) **Fal|sum** *das;* -s, ...sa ⟨lat.⟩ (veralt. für: Falsches, Fälschung) **Falt_ar|beit, ...blatt, ...boot; Fält|chen,** Fält|lein; **Fal|te** *die;* -, -n; **fäl|teln;** ich ...[e]le (↑ R 22); **fal|ten;** gefaltet; **Fal|ten|ge|bir|ge** (Geol.); **fal|ten|los; fal|ten|reich;** **Fal|ten_rock, ...wurf** **Fal|ter** *der;* -s, -; **fal|tig** (Falten habend) **...fäl|tig** (z. B. vielfältig) **Falt_kar|te; Fält|lein,** Fält|chen; **Falt_schach|tel, ...tür; Fal|tung** **Falz** *der;* -es, -e; **Falz|bein; fal|zen;** du falzt (falzest); **Fal|zer; Fal|ze|rin** *die;* -, -nen; **fal|zig; Fal|zung; Falz|zie|gel** **Fa|ma** *die;* - ⟨lat.⟩ (Ruf; Gerücht) **fa|mi|li|är** ⟨lat.⟩ (die Familie betreffend; vertraut, verbunden); **Fa|mi|lia|ri|tät** *die;* -, -en; **Fa|mi|lie** [*...iᵉ*] *die;* -, -n; **Fa|mi|li|en_ähn|lich|keit, ...an|ge|le|gen|heit, ...an|schluß, ...be|sitz, ...betrieb, ...bild, ...fei|er, ...for|schung, ...grab, ...gruft, ...kas|se, ...kun|de** (*die;* -), **...la|sten|aus|gleich, ...le|ben, ...mi|ni|ster, ...mit|glied, ...na|me, ...oberhaupt, ...packung** (*Trenn.:* ...pakkung), **...pla|nung, ...sinn** (*der;* -[e]s), **...stand** (*der;* -[e]s), **...va|ter, ...ver|hält|nis|se** *Plur.,* **...vor|stand, ...wap|pen, ...zu|sam|men|füh|rung** **fa|mos;** -este ⟨lat.⟩ (ugs. für: ausgezeichnet, prächtig, großartig) **Fa|mu|la** *die;* -, ...lä (weibl. Form zu: Famulus); **Fa|mu|la|tur** *die;* -, -en ⟨lat.⟩ (von Medizinstudenten abzuleistender Hilfsdienst im Krankenhaus); **fa|mu|lie|ren; Fa|mu|lus** *der;* -, -se u. ...li (,,Diener''; Medizinstudent im Praktikum) **Fan** [*fän*] *der;* -s, -s ⟨engl.⟩ (begeisterter Anhänger) **Fa|nal** *das;* -s, -e ⟨griech.⟩ ([Feuer]zeichen, Brandfackel) **Fa|na|ti|ker** *der;* (Eiferer; ⟨Glaubens⟩schwärmer); **fa|na|tisch;** -ste (unbedingt, rücksichtslos einsetzend); **fa|na|ti|sie|ren**

(fanatisch machen; aufhetzen); **Fa|na|tis|mus** *der;* - **Fan|dan|go** [*...dánggo*] *der;* -s, -s (ein span. Tanz) **Fan|fa|re** *die;* -, -n ⟨franz.⟩ (Trompetensignal; Blasinstrument); **Fan|fa|ren_blä|ser, ...stoß, ...zug** **Fang** *der;* -[e]s, Fänge; **Fang_arm, ...ball, ...ei|sen; fan|gen;** du fängst, er fängt; du fingst; du fingest; gefangen; fang[e]!; **Fan|gen** *das;* -s (landsch. für: Haschen, Nachlaufen); - spielen; **Fän|ger; Fang|fra|ge; fangfrisch; Fang_ge|rät, ...gru|be** **fän|gisch** (Jägerspr.: fangbereit [Falle]); **Fang_korb, ...lei|ne, ...mes|ser** *das,* **...netz** **Fan|go** [*fanggo*] *der;* -s ⟨ital.⟩ (heilkräftiger ,,Schlamm''); **Fan|go_bad, ...packung** [*Trenn.:* ...k|k...] **Fang_schnur** (*Plur.* ...schnüre; Uniformteil), **...schuß; fang|si|cher;** ein -er Torwart; **Fang_spiel, ...stoß, ...vor|rich|tung, ...zahn** **Fan|klub** [*fän...*] ⟨engl.⟩ (Klub für die Fans eines Filmstars, Sportvereins usw.) **Fan|ni, (auch:) Fan|ny** (Kurzform von: Franziska) **Fant** *der;* -[e]s, -e (veralt. abschätzig für: unreifer junger Mensch) **Fan|ta|sia** *die;* -, -s ⟨griech.⟩ (nordafrik. Reiterkampfspiel); **Fan|ta|sie** *die;* -, ...ien (Musikstück; auch eindeutschend für: Phantasie); **fan|ta|stisch** (seltener für: phantastisch) **Fa|rad** *das;* -[s], - ⟨nach dem engl. Physiker Faraday (*fär⁴di*)⟩ (Maßeinheit der elektr. Kapazität; Zeichen: F); 3 - (↑ R 129); **Fa|ra|day|kä|fig** [*fär⁴di...*] (Phys.: Abschirmung gegen äußere elektrische Felder); **Fa|ra|di|sa|ti|on** [*...zion*] *die;* - (med. Anwendung faradischer Ströme); **fa|ra|disch;** -e Ströme (Induktionsströme); **fa|ra|di|sie|ren** **Farb_ab|stim|mung, ...auf|nah|me, ...band** (*das; Plur.* ...bänder), **...beu|tel, ...be|zeich|nung** od. **Far|ben|be|zeich|nung, ...brü|he; Farb|druck,** Farben|druck (*Plur.* ...drucke); **Far|be** *die;* -, -n; eine blaue - die 3 - Blau; **farb|echt; Farb|ef|fekt; Far|be|mit|tel** *das;* **...far|ben,** ...far|big (z. B. cremefarben, cremefarbig) od. **orange[n]farben, orange[n]farbig;** beigefarben, beigefarbig); **fär|ben; Far|ben_be|zeich|nung,** Farb|bezeich|nung; **far|ben|blind; Far|ben|blind|heit** (*die;* -), **...druck** od. Farbdruck (*Plur.* ...drucke); **Far|ben_freu|dig, ...froh; Far|ben|ka|sten,** Farb|ka|sten; **Far|ben_leh|re,** Farb|leh|re; **Far|ben|pracht** (*die;* -); **far|ben|präch|tig;**

Far|ben|pro|be, Farb|pro|be;
Far|ben_sinn (der; -[e]s), ...sym|bo|lik; Färb|ber; Fär|ber|baum (Pflanze); vgl. Sumach; Fär|be|rei; Fär|ber|waid (Pflanze); Farb_fern|se|hen, ...fern|se|her, ...fern_seh|ge|rät, ...film, ...fil|ter, ...fo|to, ...fo|to|gra|fie, ...ge|bung (die; -; für: Kolorit), ...holz; far|big, (österr. auch:) fär|big; farbig ausgeführt, aber (↑ R 65): in Farbig ausgeführt; ...far|big, (österr.:) ...fär|big, z. B. einfarbig, (österr.:) einfärbig; vgl. ...farben; Far|bi|ge der u. die; -n, -n; ↑ R 7 ff. (Angehöriger einer nichtweißen Rasse); Far|big|keit die; -; Farb|ka|sten, Far|ben|ka|sten; Farb_kon|trast, ...kom|bi|na|ti|on, ...kom|po|nen|te, ...kör|per (für: Pigment); Farb|leh|re, Far|ben|leh|re; farb|lich; farb|los, -este; Farb|lo|sig|keit die; -; Farb_mi|ne, ...nu|an|ce, ...pho|to|gra|phie (vgl. ...fotografie), ...pro|be od. Far|ben|pro|be, ...stift, ...stoff, ...ton [Plur. ...töne); farb|ton|rich|tig (für: isochromatisch); Far|bung; Farb|wal|ze

Far|ce [farß‘, österr.: farß] die; -, -n ⟨franz.⟩ (Posse; Gastr.: Füllsel); far|cie|ren [farßir‘n] (Gastr.: füllen)
Fa|rin der; -s ⟨lat.⟩ (nichtraffinierter, gelblicher Zucker)
Fä|rin|ger, Fä|rö|er [auch: fä...] der; -s, - (Bewohner der Färöer)
Farm die; -, -en ⟨engl.⟩; Far|mer der; -s, -; Far|mers|frau
Farn der; -[e]s, -e (eine Sporenpflanze)
Far|ne|se der; -, - (Angehöriger eines ital. Fürstengeschlechtes); far|ne|sisch, aber (↑ R 134): der Farnesische Herkules, der Farnesische Stier
Farn_kraut, ...pflan|ze, ...we|del
Fä|rö|er [auch: fä...] Plur. („Schafinseln"; dän. Inselgruppe); vgl. Färinger; fä|rö|isch [auch: fä...]
Far|re der; -n, -n; ↑ R 197 (landsch. für: junger Stier); Fär|se die; -, -n (Kuh, die noch nicht gekalbt hat); vgl. aber: Ferse
Fa|san der; -[e]s, -e[n] (nach Phasis [Fluß und Stadt am Schwarzen Meer)); Fa|sa|nen_gehe|ge, ...zucht; Fa|sa|ne|rie die; -, ...ien (Fasanengehege)
Fa|sche die; -, -n ⟨ital.⟩ (österr. für: Binde); fa|schen (österr. für: mit einer Fasche umwickeln)
Fäs|chen, Fä|ser|chen, Fä|ser|lein, Fäß|lein
fa|schie|ren ⟨franz.⟩ (österr. für: Fleisch durch den Fleischwolf drehen); faschierte Laibchen (Frikadellen); Fa|schier|ma|schi|ne (österr. seltener neben:

Fleischmaschine); Fa|schier|te das; -n; ↑ R 7 ff. (österr. für: Hackfleisch)
Fa|schi|ne die; -, -n ⟨franz.⟩ (Reisiggeflecht [für Befestigungsbauten]); Fa|schi|nen_mes|ser (das; eine Art Seitengewehr), ...wall
Fa|sching der; -s, -e u. -s; Fa|schings_ball, ...diens|tag, ...ko|stüm, ...krap|fen (österr.), ...prinz, ...prin|zes|sin, ...scherz, ...zeit, ...zug
fa|schi|sie|ren (mit faschistischen Tendenzen durchsetzen); Fa|schis|mus der; - ⟨ital.⟩ (antidemokratische, nationalistische Staatsauffassung); Fa|schist der; -en, -en (↑ R 197); fa|schi|stisch; fa|schi|sto|id (dem Faschismus ähnlich)
Fa|se die; -, -n (Abschrägung einer Kante [an Holz u. Stein], Kante)
Fa|sel der; -s - (junges Zuchttier; älter für: Wurf, Brut); Fa|sel|leber Fa|se|lei; Fa|se|ller, Fas|ler; Fa|sel|hans der; -[es], -e u. ...hänse; fa|se|lig; fa|seln (törichtes Zeug reden); ich ...[e]le (↑ R 22)
Fa|sen (abkanten); du fast (fasest); er fa|ste
Fa|ser der; -s, -n; Fä|ser|chen, Fä|ser|lein, Fäs|lein, Fäs|chen; fa|se|rig, fas|rig; fa|sern; ich ...ere (↑ R 22); fa|ser|nackt; Fa|ser_pflan|ze, ...plat|te; fa|ser|scho|nend; Fa|ser|schrei|ber; Fa|se|rung
Fa|shion [fäsch‘n] die; - ⟨engl.⟩ (Mode; feine Sitte); fa|shio|na|bel, (heute meist:) fa|shio|na|ble [fäsch‘n‘b‘l] (modisch, fein); ...a|ble Kleidung
Fäs|lein vgl. Fäserchen
Fas|ler, Fa|se|ller
Fas|nacht (landsch. für: Fastnacht)
fas|rig, fa|se|rig
Faß das; Fasses, Fässer; zwei - Bier (↑ R 128 f.)
Fas|sa|de die; -, -n ⟨franz.⟩ (Vorder-, Schauseite; Ansicht); Fas|sa|den_klet|te|rer, ...rei|ni|gung
faß|bar; Faß|bar|keit die; -
Faß_bier, ...bin|der (südd. u. österr. für: Böttcher); Fäß|chen, Fäßlein; Faß|dau|be
fas|sen; du faßt (fassest); er faßt; du faßtest; gefaßt; fasse! u. faß! fäs|ser|wei|se (in Fässern)
Fäß|lein, Fäß|lich|keit die; -
¹Fas|son [faßong, schweiz. u. österr. meist: faßon] die; -, -s (schweiz., österr.: -en) ⟨franz.⟩ (Form; Muster; Art; Zuschnitt); ²Fas|son [auch: -s, -s (Revers); fas|so|nie|ren [faßonir‘n]; Fas|son|schnitt (ein Haarschnitt)
Faß_reif (vgl. ²Reif), ...rei|fen, ...spund

Fas|sung; Fas|sungs|kraft die; -; fas|sungs|los; -este; Fas|sungs_lo|sig|keit (die; -), ...ver|mö|gen
Faß|wein; faß|wei|se (Faß für Faß)
fast (beinahe)
Fast|back [faßtbäk] das; -s, -s ⟨engl.⟩ (Fließheck [bei Autos])
Fast|ebe|ne (Geogr.: nicht ganz ebene Fläche, Rumpffläche)
Fa|stel|abend (rheinisch für: Fastnacht); fa|sten; ¹Fa|sten das; -s; ²Fa|sten Plur. (Fasttage); Fa|sten_kur, ...spei|se, ...zeit; Fast|nacht die; -; Fast|nacht[s]_brauch, ...diens|tag, ...ko|stüm, ...spiel, ...trei|ben (das; -s), ...zeit (die; -), ...zug; Fast|tag
Fas|zes [...eß] Plur. ⟨lat.⟩ (Bündel aus Stäben [Ruten] u. einem Beil, Abzeichen der altröm. Liktoren); fas|zi|al (bündelweise); Fäs|zie [...i‘] die; -, -n (Med.: sehnenartige Muskelhaut; Bindenverband); Fas|zi|kel der; -s, - ([Akten]bündel, Heft, Lieferung) Fas|zi|na|ti|on [...zion] die; -, -en ⟨lat.⟩ (fesselnde Wirkung; Anziehungskraft); fas|zi|nie|ren
fa|tal (Plur. von: Fatum); fa|tal ⟨lat.⟩ (verhängnisvoll; unangenehm; peinlich); fa|ta|ler|wei|se; Fa|ta|lis|mus der; - (Glaube an Vorherbestimmung; Schicksalsglaube); Fa|ta|list der; -en, -en (↑ R 197); fa|ta|li|stisch, -ste; Fa|ta|li|tät die; -, -en (Verhängnis, Mißgeschick)
Fa|ta Mor|ga|na die; - -, - ...nen u. - -s ⟨ital.⟩ (eine durch Luftspiegelung verursachte Täuschung)
fa|tie|ren ⟨lat.⟩ (veralt. für: bekennen; österr. für: seine Steuererklärung abgeben); Fa|tie|rung
Fa|ti|ma (arab. w. Vorn.)
Fa|tum das; -s, ...ta ⟨lat.⟩ (Schicksal)
Fatz|ke der; -n (↑ R 197) u. -s, -n u. -s (ugs. für: eitler Mensch)
fau|chen
faul; -er (ugs. für: deckungsloser) Wechsel; -er Zauber; auf der -en Haut liegen (ugs.); Faul_baum (Heilpflanze), ...brut (Bienenkrankheit); Fäu|le die; -; fau|len; fau|len|zen; du faulenzt (faulenzest); Fau|len|zer; Fau|len|ze|rei; Faul|heit die; -; fau|lig
Faulk|ner [fåkn‘r] (amerik. Schriftsteller)
Fäul|nis die; -; Fäul|nis|er|re|ger; Faul_pelz, ...schlamm (Bodenschlamm in flachen u. stehenden Gewässern), ...tier
Faun der; -[e]s, -e (gehörnter Waldgeist, Faunus; auch für: lüsterner Mensch); Fau|na die; -, ...nen (Tierwelt [eines Gebietes]); fau|nisch ([lüstern] wie ein Faun); Fau|nus der; - (röm. Feld- und Waldgott)

Faure [fār] (franz. Politiker)
Fau|ré [foré] (franz. Komponist)
¹Faust die; -, Fäuste
²Faust (Gestalt der dt. Dichtung)
Faust|ball; **Fäust|chen**, **Fäust-lein**; **faust|dick**; er hat es - hinter den Ohren; **Fäu|stel** der; -s, - (Hammer, Schlägel der Bergleute); **fau|sten**; **Faust|feu|er|waf|fe**; **faust|groß**; **Faust_hand|schuh**, ...**hieb**
fau|stisch; ↑R 134 (nach Art u. Wesen des ²Faust)
Faust_kampf, ...**keil**; **Fäust|lein**, **Fäust|chen**; **Fäust|ling** (Fausthandschuh; Bergmannsspr.: faustgroßer Stein); **Faust_pfand**, ...**pfahl** [gewaltsame] Selbsthilfe), ...**re|gel**, ...**schlag**, ...**skiz|ze**
faute de mieux [fotdᵉmiö] (franz.) (in Ermangelung eines Besseres; im Notfall)
Fau|teuil [fotöj] der; -s, -s (franz.) (Lehnsessel)
Faut|fracht (franz.; dt.) (Verkehrsw.: abmachungswidrig nicht ausgenutzter [Schiffs-]frachtraum; Summe, das beim Rücktritt vom Frachtvertrag zu zahlen ist)
Faul|vis|mus [fowiß...] der; - (franz.) (Richtung der franz. Malerei im frühen 20. Jh.); **Fau|vist** der; -en, -en (↑R 197); **fau|vi-stisch**
Faux|pas [fopa] der; - [...pa(ß)], - [...paß] (franz.) („Fehltritt"; Taktlosigkeit; Verstoß gegen die Umgangsformen)
Fa|vel|la [...wä...] die; -, -s (port.) (Slum in Südamerika)
fa|vo|ra|bel [faw...] (franz.) (veralt. für: günstig, geneigt; vorteilhaft); ...**a|ble** Werte; **fa|vo|ri|sie-ren** (begünstigen; als voraussichtlichen Sieger nennen); **Fa|vo|rit** der; -en, -en; ↑R 197 (Günstling; Liebling; voraussichtlicher Sieger); **Fa|vo|ri|ten-rol|le** (Sport); **Fa|vo|ri|tin** die; -, -nen (Geliebte [eines Herrschers]; voraussichtliche Siegerin)
Fa|vus [fawuß] der; -, ...**ven** u. ...**vi** (lat.) (Med.: eine Hautkrankheit; Zool.: Wachsscheibe im Bienenstock)
Fa|xe die; -, -n; meist Plur. (Grimasse; dummer Spaß); **Fa|xen-ma|cher** (Gesichterschneider; Spaßmacher)
Fa|yence [fajaⁿß] die; -, -n [...ßᵉn] (franz.) (feinere Töpferware); **Fa|yence_krug**, ...**ofen**, ...**tel|ler**
Fa|zen|da [...sän...] die; -, -s (port.) (Farm in Brasilien)
Fä|zes Plur. (lat.) (Med.: Stuhlentleerung; Kot)
fa|zi|al (lat.) (Med.: das Gesicht betreffend; Gesichts...); **Fa|zia-**

lis der; - (Med.: Gesichtsnerv);
Fa|zi|es [...iäß] die; -, - (Geol.: Merkmal von Sedimentgesteinen); **Fa|zi|li|tät** die; -, -en (lat.) (Wirtsch.: Kreditmöglichkeit); **Fa|zit** das; -s, -e u. -s (Ergebnis; Schlußfolgerung)
FBI [äfbiai] = Federal Bureau of Investigation [fädᵉrᵊl bjuᵉroᵘ ᵉw inwäßtige'sch'n] der od. das; - (Bundeskriminalpolizei der USA)
FDGB = Freier Deutscher Gewerkschaftsbund (DDR)
FDJ = Freie Deutsche Jugend (DDR); **FDJler** (DDR); ↑R 38; **FDJle|rin** die; -, -nen (DDR)
FDP, (parteiamtliche Schreibung:) **F.D.P.** = Freie Demokratische Partei (Deutschlands)
F-Dur [äfdur, auch: äfdur] das; - (Tonart; Zeichen: F); **F-Dur-Ton|lei|ter** (↑R 41)
Fe = Ferrum (chem. Zeichen für: Eisen)
Fea|ture [fitsch'r] das; -s, -s (auch: die; -, -s) (engl.) (aktuell aufgemachter Dokumentarbericht, bes. für Funk od. Fernsehen)
Fe|ber der; -s, - (österr. für: Februar); **Febr.** = Februar
fe|bril (lat.) (Med.: fieberhaft)
Fe|bru|ar der; -[s], -e (lat.) (der zweite Monat des Jahres, Hornung; Abk.: Febr.)
fec. = fecit
Fech|ser ([Hopfen]steckling)
Fecht|bru|der (Bettler); **fech|ten**; du fichtst, er ficht; du fochtest; du föchtest; gefochten; ficht!; **Fech|ter**; **Fech|ter|flan|ke** (Turnen); **fech|te|risch**; **Fecht_hand-schuh**, ...**hieb**, ...**kunst**, ...**mas|ke**, ...**mei|ster**, ...**sport**
fe|cit [fezit] (lat.) („hat [es] gemacht"; Abk.: fec.); ipse - (vgl. d.)
Fe|da|jin der; -s, - (arab.) (arabischer Freischärler; arabischer Untergrundkämpfer)
Fe|der die; -, -n; **Fe|der_ball**, ...**bein** (im Flug- u. Fahrzeugbau), ...**bett**, ...**blu|me** (eine Kunstblume), ...**boa**, ...**busch**, ...**fuch|ser** (Pedant); **fe|der|füh-rend**; **Fe|der_ge|wicht** (Körpergewichtsklasse in der Schwerathletik), ...**hal|ter**, **fe|de|rig**, fed|rig; **Fe|der|kern|ma|trat|ze**; **Fe|der-kleid**; **fe|der|leicht**; **Fe|der|le|sen** das; -; nicht viel -s machen; **Fe|der|ling** (ein Insekt); **Fe|der|mes-ser** der (feines Messer); **fe|dern**; ich ...ere (↑R 22); **Fe|der_nel|ke**, ...**schmuck**, ...**spiel** (Jägerspr.: zwei Taubenflügel zum Zurücklocken des Beizvogels), ...**stiel** (österr. für: Federhalter), ...**strich**; **Fe|de|rung**; **Fe|der_vieh**, ...**waa|ge**; **Fe|der|wei|ße** der; -n,

-n; ↑R 7 ff. (gärender Weinmost);
Fe|der_wild, ...**wol|ke**, ...**zan|ge** (für: Pinzette), ...**zeich|nung**
Feo|dor, Feo|dor (m. Vorn.)
fed|rig, fe|de|rig; **Fed|rig|keit**
Fee die; -, Feen (franz.) (Weissagerin; eine w. Märchengestalt)
Feed|back [fidbäk] das; -s, -s (engl.) (Kybernetik: Rückmeldung; Rundfunk, Fernsehen: Reaktion des Publikums)
Fee|ling [filing] das; -s, -s (engl.) (Einfühlungsvermögen; Gefühl)
feen|haft (↑R 180); **Feen_mär-chen**, ...**rei|gen**, ...**schloß**
Feet [fit] (Plur. von: Foot)
Fel|ge die; -, -n (Werkzeug zum Getreidereinigen); **Fel|ge|feu|er**, **Feg|feu|er**; **fel|gen**; **Fel|ger**; **Feg-nest** (schweiz. mdal. für: unruhiger Geist [bes. von Kindern]); **feg|ne|sten** (schweiz. mdal.); gefegnestet; zu -; **Feg|sel** das; -s (landsch. für: Kehricht)
Feh das; -[e]s, -e (russ. Eichhörnchen; Pelzwerk)
Feh|de die; -, -n; **Feh|de|hand-schuh**
fehl; - am Ort, Platz; - gehen; **Fehl** der, nur noch in: ohne -; **Fehl|an|zei|ge**; **fehl|bar** (schweiz. für: [einer Übertretung] schuldig); **fehl|be-set|zen**; er besetzt[e] fehl; fehlbesetzt; fehlzubesetzen; **Fehl_be-set|zung**, ...**be|stand**, ...**be|trag**, ...**deu|tung**, ...**dia|gno|se**, ...**dis-po|si|ti|on**, ...**ein|schät|zung**; **feh-len**; **Fehl_ent|schei|dung**, ...**ent-wick|lung**; **Fehl|er**; **fehl|ler|frei**; **fehl|ler|haft**; **Feh|ler|haf|tig|keit** die; -; **fehl|ler|los**; **Feh|ler_quel|le**, ...**zahl**; **Fehl_far|be**, ...**ge|burt**; **fehl_ge|hen**, ...**grei|fen**; vgl. fehlbesetzen; **Fehl_griff**, ...**in|for-ma|ti|on**, ...**in|ter|pre|ta|ti|on**; **fehl|in|ter|pre|tie|ren**; vgl. fehlbesetzen; **Fehl_kon|struk|ti|on**, ...**lei|stung**, **fehl|lei|ten**; vgl. fehlbesetzen; **Fehl_lei|tung**, ...**mel-dung**, ...**paß** (Sport), ...**pla|nung**; **fehl|schie|ßen**; vgl. fehlbesetzen; **Fehl_schlag** der; -[e]s, ...schläge; **fehl|schla|gen**; vgl. fehlbesetzen; **Fehl_schuß**, ...**sich|tig|keit** (Med.), ...**sprung** (Sport), ...**start** (Sport); **fehl|tre|ten**; vgl. fehlbesetzen; **Fehl_tritt**, ...**ur|teil**, ...**ver|hal|ten**, ...**zün|dung**
Fehl|marn (eine Ostseeinsel); **Feh-marn|belt** der; -[e]s
Fehn das; -[e]s, -e (niederl.) (vgl. Fenn); **Fehn_ko|lo|nie** (Moorsiedlung), ...**kul|tur** (die; -s, (eine Art Moorkultur)
Fehr|bel|lin (Stadt im Bezirk Potsdam)
Fehl|werk das; -[e]s (Pelzwerk)
fei|len (geh. für: [durch vermeintliche Zaubermittel] schützen); gefeit (sicher, geschützt)

Fei|ler *die;* -, -n; Fei|er|abend; fei-
er|abend|lich; Feie|rei *die;* -; fei-
er|lich; Fei|er|lich|keit; fei|ern;
ich ...ere (↑ R 22); Feier_schicht,
...stun|de; Fei|er|tag; des Feier-
tags, aber (↑ R 61): feiertags,
sonn- u. feiertags (↑ R 32); fei|er-
täg|lich; fei|er|tags; vgl. Feier-
tag; Fei|er|tags|stim|mung
feig, fei|ge
Fei|ge *die;* -, -n; Fei|gen_baum,
...blatt, ...kak|tus
Feig|heit; feig|her|zig; Feig|her-
zig|keit; Feig|ling
Feig|war|ze (Hautwucherung)
feil; feil|bie|ten (↑ R 205); er bietet
feil; feilgeboten; feilzubieten;
Feil|bie|tung
Fei|le *die;* -, -n; fei|len; Fei|len-
hau|er
feil|hal|ten; vgl. feilbieten
Feil|licht *das;* -s (Feilstaub)
feil|schen; du feilschst (feilschest)
Feil_span, ...staub
Feim *der;* -[e]s, -e u. Fei|me *die;* -,
-n u. Fei|men *der;* -s, - (landsch.
für: geschichteter Getreidehau-
fen)
fein; sehr - (Zeichen: ff); Schreibung in Verbindung mit dem 2.
Partizip: feingemahlenes Mehl
(↑ jedoch R 209), aber: feiner,
am feinsten gemahlenes Mehl;
das Mehl ist fein gemahlen;
Fein_ab|stim|mung, ...ar|beit,
...bäcke|rei [*Trenn.:* ...bäk|ke...],
...blech
feind; (↑ R 64:) jmdm. - bleiben,
sein, werden; Feind *der;* -[e]s, -e;
jemandes - bleiben, sein, wer-
den; Feind|be|rüh|rung; Fein-
des|hand *die;* -; Fein|des|land
das; -[e]s; feind|lich; Feind|lich-
keit; Feind|schaft; feind|schaft-
lich; feind|se|lig; Feind|se|lig-
keit
Fei|ne *die;* - (Feinheit); fei|nen
(Hüttenw.: [Metall] veredeln);
Fein|frost|ge|mü|se (DDR: tief-
gefrorenes Gemüse); fein|füh-
lend; -ste; fein|füh|lig; Fein|füh-
lig|keit *die;* -; fein|ge|ädert; vgl.
fein; Fein_ge|fühl *das;* -[e]s),
...ge|halt *der;* fein_ge|mah|len,
...ge|schnit|ten, ...ge|schwun|gen,
...ge|spon|nen, ...ge|streift; vgl.
fein; Fein|ge|wicht; fein|glie|de-
rig, fein|glied|rig; Fein_gold,
...heit, ...ke|ra|mik; fein_kör|ra-
misch, ...kör|nig; Fein_kör|nig-
keit (*die;* -), ...kost; fein|ma|chen
(schön anziehen u. sich; Fein-
_mel|cha|ni|ker, ...mes|sung; fein-
_ner|vig, ...po|rig, ...san|dig; fein-
schlei|fen (↑ R 205); ich schleife
fein; feingeschliffen; feinzu-
schleifen; Fein_schmecker
[*Trenn.:* ...schmek|ker], ...schnitt,
...sil|ber; fein|sin|nig; Fein|sin-
nig|keit; Feins|lieb|chen; Feinst-

waa|ge; fein|ver|mah|len; vgl.
fein; Fein|wasch|mit|tel
feiß (südwestd. u. schweiz. für:
fett, reich, feist); feist; -este;
Feist *das;* -[e]s (Jägerspr.: Fett);
Feis|te, Feist|heit *die;* -; Feist-
hirsch (Jägerspr.); Feistig|keit
die; -
Fei|tel *der;* -s, - (südd., österr. ugs.
für: einfaches Taschenmesser)
fei|xen (ugs. für: grinsend la-
chen); du feixt (feixest)
Fel|bel *der;* -s, - ⟨ital.⟩ (ein Gewe-
be)
Fel|ber *der;* -s, -, Fel|ber|baum
(südd. mdal. für: Weidenbaum)
Fel|chen *der;* -s, - (ein Fisch)
Feld *das;* -[e]s, -er; elektrisches -;
feldein u. feldaus; querfeldein;
ins - (in den Krieg) ziehen;
(↑ R 32:) Feld- u. Gartenfrüchte;
Feld_ar|beit, ...ar|til|le|rie,
...bett, ...blu|me, ...dienst; feld-
ein; Feld_fla|sche, ...flüch|ter
(Taube), ...flur *die,* ...for|schung
(Soziol., Sprachw.), ...frucht,
...got|tes|dienst; feld|grau; Feld-
_hand|ball, ...heer, ...herr,
...hockey [*Trenn.:* ...hok|key],
...huhn, ...hü|ter; ...fel|dig (z. B.
vierfeldig); Feld_jä|ger (milit.
Truppe), ...kü|che, ...la|ger,
...mark (*die;* ¹Flur), ...mar|schall;
feld|mar|schall|mä|ßig (milit.); Feld-
_maß *das,* ...maus, ...mes|ser *der,*
...post, ...sa|lat, ...scher *der;* -s,
-e; veralt. für: Wundarzt; DDR:
milit. Arzthelfer), ...spat (ein Mi-
neral), ...spie|ler (Sport), ...stär-
ke (Physik), ...ste|cher (Fern-
glas), ...stein, ...stuhl, ...theo|rie
(Sprachw.), ...über|le|gen|heit
(Sport), ...ver|weis (Sport); Feld-
Wald-und-Wie|sen-... (ugs. für:
durchschnittlich, Allerwelts...);
z. B. Feld-Wald-und-Wiesen-
Programm; Feld_we|bel *der;* -s,
-), ...weg, ...wei|bel (schweiz.:
Unteroffiziersgrad), ...zug
Fel|gauf|schwung (Reckübung);
Fel|ge *die;* -, -n (Radkranz; Reck-
übung); fel|gen ([Rad] mit Fel-
gen versehen); Fel|gen|brem|se;
Fel|gum|schwung (Reckübung)
Fe|lix (m. Vorn.); Fe|li|zia (w.
Vorn.); Fe|li|zi|tas (w. Vorn.)
Fell *das;* -[e]s, -e
Fel|la|che *der;* -n, -n (↑ R 197)
⟨arab.⟩ (Bauer im Vorderen
Orient); Fel|la|chin *die;* -, -nen
Fel|la|tio [...zio] *die;* - ⟨lat.⟩ (Her-
beiführen der Ejakulation mit
Lippen u. Zunge)
Fell|ei|sen *das;* -s, - (veralt. für:
Ranzen, Reisesack)
Fell|müt|ze
Fel|low [*fälo*ᵘ] *der;* -s, -s ⟨engl.⟩
(Mitglied eines College, einer
wissenschaftlichen Gesellschaft)
Fe|lo|nie *die;* -, ...ien (franz.) (Un-

treue [gegenüber dem Lehns-
herrn])
Fels *der;* -ens (älter: -en), -e (geh.
für: Felsen, Felsblock; unverändert, ohne *Gen.* u. *Plur.* für: har-
tes Gestein); ein - in der Brandung; auf- stoßen, im - klettern;
Fels_bild (vorgeschichtl. Kunst),
...block (*Plur.* ...blöcke); Fel|sen
der; -s, - ([aufragende] Gesteins-
masse, Felsblock); fel|sen|fest;
Fel|sen_nest, ...riff; Fel|sen-
schlucht, Fels|schlucht; Fel|sen-
spit|ze, Fels|spit|ze; Fel|sen-
stück, Fels|stück; Fel|sen|vor-
sprung, Fels|vor|sprung; Fel|sen-
wand, Fels|wand; fel|sig; Fel|sit
der; -s, -e (ein Quarzporphyr);
Fels|zeich|nung
Fe|lu|ke *die;* -, -n ⟨arab.⟩ (Küsten-
fahrzeug des Mittelmeers)
Fe|me *die;* -, -n (heimliches Ge-
richt, Freigericht)
Fe|mel, Fim|mel *der;* -s (Gesamt-
heit der männl. Hanfpflanzen);
Fe|mel|be|trieb (Art des Forstbe-
triebes); Fe|mel|hanf vgl. Femel
Fe|mel|mord; Fem|ge|richt
fe|mi|ni|sie|ren ⟨lat.⟩ (durch Eingriff
in den Hormonhaushalt ver-
weiblichen); fe|mi|nin (weibisch;
Sprachw.: weiblich); Fe|mi|ni-
num [auch: *fe*...] *das;* -s, ...na
(Sprachw.: weibliches Substan-
tiv, z. B. „die Erde"); Fe|mi|nis-
mus *der;* -, ...men (ohne *Plur.:*
Richtung der Frauenbewegung,
die ein neues Selbstverständnis
der Frau und die Aufhebung der
traditionellen Rollenverteilung
anstrebt; Med., Zool.: Ausbildung weibl. Merkmale bei
männl. Wesen; Verweibli-
chung); Fe|mi|ni|stin *die;* -, -nen
(Vertreterin des Feminismus);
fe|mi|ni|stisch
Femme fa|tale [*famfatal*] *die;* - -, -s
-s [*famfatal*] ⟨franz.⟩ (charmante
Frau, die durch Extravaganz o. ä.
ihrem Partner zum Verhängnis
wird)
Fem|to... ⟨skand.⟩ (ein Billiardstel
einer Einheit, z. B. Femtofarad
= 10⁻¹⁵ Farad; Zeichen: f)
Fench, Fen|nich *der;* -[e]s, -e ⟨lat.⟩
(Hirseart); Fen|chel *der;* -s (eine
Heilpflanze); Fen|chel_öl, ...tee
Fen|dant [*fangdang,* schweiz.:
fangdang] *der;* -s ⟨franz.⟩ (Weißwein aus dem Kanton Wallis)
Fen|der *der;* -s, - ⟨engl.⟩ (kissenar-
tiger Stoßschutz [an Schiffen])
Fe|nek vgl. Fennek
Fenn *das;* -[e]s, -e (niederd. für:
Sumpf-, Moorland)
Fen|nek *der;* -s, -s u. -e ⟨arab.⟩
(Wüstenfuchs)
Fen|nich vgl. Fench
Fen|no|sar|ma|tia [...*zia*] ⟨lat.⟩ (eu-
ropäischer Urkontinent); fen|no-

sar|ma|tisch; Fen|no|skan|dia (ein Teil von Fennosarmatia); fen|no|skan|disch

Fen|rir (ohne Artikel) u. Fen|ris|wolf der; -[e]s (Untier der nord. Mythol.)

Fen|ster das; -s, -; Fen|ster_bank (Plur. ...bänke), ...brett, ...brief|um|schlag, ...flü|gel, ...glas (Plur. ...gläser), ...kreuz, ...la|den (Plur. ...läden, selten: ...laden), ...lai|bung, ...le|der; fen|ster|n (südd., österr. für: die Geliebte nachts [am od. durchs Fenster] besuchen); ich fensterle, du fensterlst, er fensterlt, hat gefensterlt; fen|ster|los; Fen|ster_ni|sche, ...platz, ...put|zer, ...rah|men, ...ro|se (rundes Kirchenfenster), ...schei|be, ...schnal|le (österr. für: Fenstergriff), ...sims, ...stock (Plur. ...stöcke); ...fenst|rig (z. B. zweifenstrig)

Fenz die; -, -en ⟨engl.⟩ (Einfried[ig]ung in Nordamerika)

Feo|dor (w. Vorn.)

Feo|do|ra (w. Vorn.)

Fe|ra|li|en [...i⁽e⁾n] Plur. ⟨lat.⟩ (altröm. jährliches Totenfest)

Fer|di|nand (m. Vorn.); Fer|di|nan|de (w. Vorn.); Ferdl (bayr. Kurzform von: Ferdinand)

Fe|renc [...ränz] (ung. m. Vorn.)

Fer|ge der; -n, -n; ↑ R 197 (dicht. für: Fährmann)

ferg|gen (schweiz. für: abfertigen, fortschaffen); Ferg|ger (schweiz. für: Spediteur, Geschäftsvermittler)

Fe|ri|al... ⟨lat.⟩ (österr. neben: Ferien..., z. B. Ferialarbeit, Ferialpraxis, Ferialtag); Fe|ri|en [...i⁽e⁾n] Plur. ⟨lat.⟩ (zusammenhängende Freizeiten im Schulleben; Urlaub); die großen Ferien; Fe|ri|en_ar|beit, ...häus|chen, ...heim, ...kind, ...kurs, ...la|ger, ...ort (der; -[e]s, -e), ...pa|ra|dies, ...park, ...rei|se, ...son|der|zug, ...tag, ...woh|nung, ...zeit

Fer|kel das; -s, -; Fer|ke|lei; fer|keln; Fer|kel|zucht

ferm vgl. firm

Fer|man der; -s, -e ⟨pers.⟩ (hist.: in islam. Ländern Erlaß des Landesherrn)

Fer|mal|te die; -, -n ⟨ital.⟩ (Musik: Haltezeichen; Zeichen: ⌒)

Ferme [färm] die; -, -n ⟨franz.⟩ (Pachthof, Gut in Frankreich)

Fer|ment das; -s, -e ⟨lat.⟩ (den Stoffwechsel fördernde organ. Verbindung); Fer|men|ta|ti|on [...zion] die; -, -en (Gärung); fer|men|ta|tiv (durch Ferment hervorgerufen); Fer|ment|bil|dung; fer|men|tie|ren (durch Fermentation veredeln); Fer|ment_man|gel, ...pro|duk|ti|on

Fer|mi|um das; -s ⟨nach dem ital.

Physiker Fermi⟩ (chem. Grundstoff, ein Transuran; Zeichen: Fm)

fern; fern dem Heimathaus; vgl. ferne. I. Kleinschreibung (↑ R 65): von nah und fern; von fern, von fern her, vgl. aber: fernher. II. Großschreibung: a) (↑ R 157:) der Ferne Orient, der Ferne Osten (svw. Ostasien); b) (↑ R 65:) das Ferne suchen; fern|ab

Fer|nam|buk|holz vgl. Pernambukholz

Fern_amt, ...auf|nah|me, ...bahn, ...be|ben, ...be|die|nung; fern|blei|ben (↑ R 205); er bleibt fern; ferngeblieben; fernzubleiben; fer|ne (geh. u. dichter.); von -[her]; Fer|ne die; -, -n; fer|ner; des -[e]n darlegen (↑ R 65); er rangiert unter „ferner liefen"

Fer|ner, Fir|ner der; -s, - (bayr. u. österr. für: alter Schnee; Gletscher)

fer|ner|hin [auch: färn'rhin]; Fer|ners (ugs. für: ferner); Fern|fah|rer; fern|ge|lenkt; Fern|ge|spräch; fern|ge|steu|ert; Fern|glas (Plur. ...gläser); fern|hal|ten; vgl. fernbleiben; Fern|hei|zung; fern|her (aus der Ferne), aber: von fern her; fern|hin; fern|ko|pie|ren ([Schriftstücke] über das Fernsprechnetz originalgetreu übertragen); Fern|ko|pie|rer an das Fernsprechnetz angeschlossenes Kopiergerät); Fern_kurs, ...kur|sus, ...la|ster (der; ugs. für: Fernlastzug), ...last|zug, ...lei|he, ...leih|ver|kehr (Buchw.), ...lei|tung; fern|len|ken; vgl. fernbleiben; Fern_len|kung, ...licht; fern|lie|gen; vgl. fernbleiben; fern|lie|gend; Fern_mel|de_amt, ...dienst, ...tech|nik, ...turm; Fern|mel|dung; fern|münd|lich (für: telefonisch); Fern|ost; in -; fern|öst|lich; Fern_pend|ler, ...rohr, ...ruf, ...schrei|ben, ...schrei|ber; Fern|schreib|netz; fern|schrift|lich; Fern_seh_an|sa|ger, ...an|sa|ge|rin (der; -, -nen), ...an|ten|ne, ...ap|pa|rat, ...emp|fang, ...emp|fän|ger; fern|se|hen; vgl. fernbleiben; Fern|se|hen das; -s; Fern|se|her (Fernsehgerät; Fernsehteilnehmer); Fern_seh_film, ...ge|rät, ...in|ter|view, ...ka|me|ra, ...kom|men|ta|tor, ...leuch|te, ...pro|gramm, ...re|por|ta|ge, ...re|por|ter, ...schirm, ...sen|der, ...sen|dung, ...spiel, ...stu|dio, ...teil|neh|mer, ...tru|he, ...turm, ...über|tra|gung, ...zu|schau|er; fern|sich|tig; Fern|sich|tig|keit die; - (vgl. fernsehen); Fern_sprech_amt, ...an|schluß, ...ap|pa|rat, ...auf|trags|dienst; Fern|spre|cher; Fern|sprech_ge|bühr, ...ge|heim|nis (das; -ses), ...teil-

neh|mer, ...ver|zeich|nis, ...zel|le; Fern|spruch; fern_ste|hen, ...steu|ern; vgl. fernbleiben; Fern_steue|rung, ...stra|ße, ...stu|dent, ...stu|di|um, ...sucht (die; -); fern|trau|en; vgl. fernbleiben; Fern|trau|ung; Fern_un|ter|richt, ...ver|kehr, ...ver|kehrs|stra|ße, ...wär|me, ...weh (das; -s), ...ziel

Fer|ra|ra (ital. Stadt)

Fer|ra|ri (ital. Renn- u. Sportwagenmarke)

Fer|rit der; -s, -e (meist Plur.) ⟨lat.⟩ (reine Eisenkristalle; Nachrichtentechn.: ein magnetischer Werkstoff); Fer|rit|an|ten|ne

Fer|ro (kleinste der Kanarischen Inseln); vgl. Hierro; Fer|rum das; -s ⟨lat.⟩ (Eisen, chem. Grundstoff; Zeichen: Fe)

Fer|se die; -, -n (Hacken); vgl. aber: Färse; Fer|sen|geld, in: - geben (ugs. für: fliehen)

fer|tig; - sein, werden. Schreibung in Verbindung mit Verben (↑ R 205 f.): fertig (im endgültigen Zustand) bringen; sie wird den Kuchen fertig [nach Hause] bringen; aber: fertigbringen (vollbringen); ich bringe es fertig, habe es fertiggebracht, habe es fertigzubringen; Fer|tig_bau (Plur. ...bauten), ...bau|wei|se; fer|tig-_be|kom|men, ...brin|gen; vgl. fertig; fer|ti|gen; Fer|tig_er|zeug|nis, ...ge|richt, ...haus; Fer|tig|keit; Fer|tig|klei|dung (für: Konfektion); fer|tig_ko|chen, ...ma|chen (ugs. auch für: körperlich oder moralisch erledigen), ...stel|len; vgl. fertig; Fer|tig_stel|lung, ...teil das; Fer|ti|gung; Fer|ti|gungs_bri|ga|de (DDR), ...ko|sten ...me|tho|de, ...pro|gramm, ...pro|zeß, ...ver|fah|ren; Fer|tig|wa|re

fer|til ⟨lat.⟩ (Biol., Med.: fruchtbar); Fer|ti|li|tät die; - (Biol., Med.: Fruchtbarkeit)

fes, Fes das; -, - (Tonbezeichnung)

²Fes der; -[es], -[e] ⟨türk.⟩ (rote Kopfbedeckung)

³Fes [fäß] (Stadt in Marokko)

fesch; -este ⟨engl.⟩ (ugs. für: flott, schneidig); Fe|schak der; -s, -s (österr. ugs. für: fescher Kerl)

¹Fes|sel die; -, -n (Teil des Beines)

²Fes|sel die; -, -n (Band, Kette); Fes|sel|bal|lon; fes|sel|frei

Fes|sel|ge|lenk

fes|sel|los; Fes|sel|lo|sig|keit; fes|seln; ich fessele u. feßle (↑ R 22); fes|selnd; -ste; Fes|se|lung, Feß|lung

fest; -este; -er Grundsatz; -e Kosten; -er Wohnsitz; -er Körper. I. Schreibung in Verbindung mit dem 2. Partizip: die festgeschnürte Schlinge (↑ jedoch R 209), aber: die Schlinge ist fest ge-

schnürt. **II.** *Schreibung in Verbindung mit Verben* (↑ R 205 f.), z. B. fest binden; eine Schleife [ganz] fest binden; aber: festbinden (anbinden); die Kuh ist festgebunden
Fest *das;* -[e]s, -e; **Fest|akt**
fest|an|ge|stellt; ein festangestellter Mitarbeiter (↑ jedoch R 209), aber: der Mitarbeiter ist fest angestellt; **Fest|an|ge|stell|te** *der* u. *die;* -n, -n (↑ R 7 ff.)
Fest_an|spra|che, ...auf|füh|rung
fest|backen [*Trenn.:* ...bak|ken] (ankleben); der Stein backt fest, backte fest, hat festgebackt, festzubacken; vgl. fest, II
Fest|ban|kett
fest|bei|ßen, sich (auch für: sich intensiv u. ausdauernd mit etwas beschäftigen); der Hund hat sich festgebissen; mein Freund hat sich an dem Problem festgebissen; vgl. fest, II
Fest_bei|trag, ...be|leuch|tung
fest|be|sol|det; vgl. festangestellt; **Fest|be|sol|de|te** *der* u. *die;* -n, -n (↑ R 7 ff.); **fest|bin|den** (anbinden); die Kuh ist festgebunden; vgl. fest, II; **fest|blei|ben** (nicht nachgeben); er ist in seinem Entschluß festgeblieben; vgl. fest, II
Fe|ste *die;* -, -n (veralt. für: Festung; dichter. für: Himmel); vgl. auch: Veste
fe|sten (schweiz., sonst selten für: ein Fest feiern); **Fe|stes|freu|de, Fest|freu|de; Fest|es|sen; Fe|stes|stim|mung,** Fest|stim|mung
fest|fah|ren; sich -; **fest|fres|sen,** sich; der Kolben hat sich festgefressen; vgl. fest, II; **fest|ge|fügt; fest|ge|schnürt;** vgl. fest, I
Fest_ge|wand, ...got|tes|dienst
fest|ha|ken; sich -; **fest|hal|ten;** sich -; **fest|hef|ten;** vgl. fest, II; **fe|sti|gen; Fe|sti|ger** (kurz für: Haarfestiger); **Fe|stig|keit** *die;* -; **Fe|stig|keits|leh|re** *die;* -; **Fe|sti|gung** *die;* -
Fe|sti|val [*fäßtiwᵉl* u. *fäßtiwal*] *das* (schweiz. auch: *der*); -s, -s ‹engl.› (Musikfest, Festspiel); **Fe|sti|vi|tät** [*...wi...*] *die;* -, -en ‹lat.› (schweiz., sonst nur noch scherzh. für: Festlichkeit)
fest|klam|mern; sich -; **fest|kle|ben; fest|kno|ten;** vgl. fest, II; **Fest|kör|per** (bes. die Kristalle); **Fest|kör|per|phy|sik**
Fest|land (*Plur.* ...länder); **fest|län|disch; Fest|land[s]_block** (*Plur.* ...blöcke), **...sockel** [*Trenn.:* ...sok|kel]
fest|le|gen (auch für: anordnen); sie hat die Hausordnung festgelegt; sich - (sich binden); sie hat sich mit dieser Äußerung festgelegt; vgl. fest, II; **Fest|le|gung**
fest|lich; Fest|lich|keit
fest|lie|gen; auf einer Sandbank -; vgl. fest, II
Fest|ma|che|bo|je; fest|ma|chen (auch für: vereinbaren); ich habe nichts mit ihm festgemacht; vgl. fest, II
Fest|mahl
Fest|me|ter (früher für: 1 m^3 fester Holzmasse, im Gegensatz zu Raummeter; Abk.: fm)
fest|na|geln (ugs. auch für: jmdn. auf etwas festlegen); ich nag[e]le fest (↑ R 22); ich habe ihn festgenagelt; vgl. fest, II; **fest|nä|hen;** vgl. fest, II
Fest|nah|me *die;* -n; **fest|neh|men** (verhaften); vgl. fest, II
Fest|of|fer|te (Kaufmannsspr.: festes Angebot)
Fe|ston [*fäßtong*] *das;* -s, -s ‹franz.› (Blumengewinde, meist als Ornament; Stickerei); **fe|sto|nie|ren** (mit Festons versehen; Stoffkanten mit Knopflochstich ausarbeiten); **Fe|ston|stich**
Fest_ord|ner, ...pla|ket|te, ...platz
Fest|preis; vgl. ²Preis
Fest_pro|gramm, ...re|de, ...red|ner
fest|ren|nen, sich; vgl. festbeißen, sich; **fest|sau|gen,** sich; **fest|schnal|len;** vgl. fest, II; **fest|schrei|ben** (durch einen Vertrag o. ä. vorläufig festlegen); **Fest|schrei|bung**
Fest|schrift
fest|set|zen (bestimmen, anordnen; gefangensetzen); er wurde nach dieser Straftat festgesetzt; vgl. fest, II; **Fest|set|zung**
fest|sit|zen (ugs. auch für: nicht mehr weiter können); wir sitzen mit unserem Plan fest; vgl. fest, II
Fest|spiel; Fest|spiel_haus, ...stadt
fest|ste|hen (auch für: sicher, gewiß sein); fest steht, daß ... (↑ R 206); es hat festgestanden, daß ...; vgl. fest, II; **fest|ste|hend** (sicher, gewiß); fester stehend, am festesten stehend; **Fest|stell|brem|se; fest|stel|len** (auch für: nachdrücklich aussprechen); er hat es eindeutig festgestellt; vgl. fest, II; **Fest|stel|lung**
Fest|stie|ge (österr. für: Prunktreppe); **Fest|stim|mung,** Fe|stes|stim|mung; **Fest|tag;** des Festtags, aber (↑ R 61): festtags, sonn- und festtags; **fest|täg|lich; Fest|tags_klei|dung, ...stim|mung**
fest|tre|ten; vgl. fest, II; **fest|um|ris|sen;** vgl. fest, I
Fest|um|zug
Fe|stung; Fe|stungs_ge|län|de, ...gra|ben, ...wall
Fest_ver|an|stal|tung, ...ver|samm|lung
fest|ver|zins|lich; -e Wertpapiere
Fest_vor|stel|lung, ...vor|trag
fest|wach|sen; vgl. fest, II
Fest_wie|se, ...wo|che, ...zelt
fest|zie|hen; vgl. fest, II
Fest|zug
fe|tal, fö|tal ‹lat.› (zum Fetus gehörend, auf ihn bezüglich)
Fe|te [auch: *fätᵉ*] *die;* -, -n ‹franz.› (ugs. scherzh. für: Fest)
Fe|tisch *der;* -[e]s, -e ‹franz.› (magischer Gegenstand; ein zum Gott erklärter Gegenstand); **fe|ti|schi|sie|ren** (zum Fetisch erheben); **Fe|ti|schis|mus** *der;* - (Fetischverehrung; krankhaftes Übertragen des Geschlechtstriebes auf Gegenstände); **Fe|ti|schist** *der;* -en, -en (↑ R 197); **fe|ti|schi|stisch**
fett; -este; -er Boden. *Schreibung in Verbindung mit dem 2. Partizip:* fettgedruckt (vgl. d.); **Fett** *das;* -[e]s, -e; **Fett|an|satz; fett|arm; Fett_au|ge, ...bauch, ...creme, ...de|pot** (Med.); **Fet|te** *die;* - (Fettheit); **fet|ten; fett|fein** (Druckw.); **Fett_fleck** od. **...flecken** [*Trenn.:* ...flek|ken]; **fett|frei; fett|füt|tern** (mästen); **fett|ge|druckt;** fetter, am fettesten gedruckt; die fettgedruckten Buchstaben (↑ jedoch R 209), aber: die Hauptstellen sind fett gedruckt; **Fett_ge|halt** *der,* **...ge|we|be; fett_glän|zend, ...hal|tig; Fett|heit** *die;* -; **Fett|hen|ne** (Zierpflanze, Heilkraut); **fet|tig; Fet|tig|keit** *die;* -, (fettige Nahrungsmittel:) -en; **Fett|koh|le** (Steinkohlenart); **Fett|le|be** *die;* - (ugs. für: reichhaltige, üppige Mahlzeit; Wohlleben); - machen (üppig leben); **fett|lei|big; Fett|lei|big|keit** *die;* -; **Fett|näpf|chen;** nur noch in: bei jmdm. ins - treten (jmds. Unwillen erregen); **Fett_pol|ster, ...sack** (derb für: fetter Mensch), **...schicht, ...stift** *der,* **...sucht** (*die;* -); **fett|trie|fend** (↑ R 204); **Fett|trop|fen** (↑ R 204); **Fettusche** [*Trenn.:* Fett|tu|sche, ↑ R 204]
Fe|tus *der;* - u. -ses, -se u. ...ten ‹lat.› (Leibesfrucht vom dritten Monat an)
Fetz|chen; fet|zeln (in Fetzen zerreißen); ich ...[e]le (↑ R 22); **fet|zen;** du fetzt (fetzest); **Fet|zen** *der;* -s, -; **fet|zig** (ugs. für: prima, wirkungsvoll); **Fetz|lein**
feucht; -este; - werden; **Feuch|te** *die;* -, -n; **feuch|ten; feucht_fröh|lich** (fröhlich beim Zechen; ↑ R 39), **...heiß** (↑ R 39); **Feuch|tig|keit** *die;* -; **Feuch|tig|keits_ge|halt** *der,* **...grad, ...mes|ser** *der;* **Feucht|raum|ar|ma|tur** (Technik)
Feucht|wan|ger, Lion (dt. Schriftsteller)
feucht|warm (↑ R 39)
feu|dal ‹germ.-mlat.› (das Lehnswesen betreffend; Lehns...; vor-

nehm, großartig; reaktionär);
Feu|dal.ge|sell|schaft, ...herr-
schaft; Feu|da|lis|mus der; - (auf
dem Lehnswesen beruhende,
den Adel privilegierende [ma.]
Gesellschafts- u. Wirtschaftsord-
nung); feu|da|li|stisch; Feu|da|li-
tät die; - (Lehnsverhältnis im
MA.; Vornehmheit); Feu|dal-
_staat, ...sy|stem
Feu|del der; -s, - (niederd. für:
Scheuerlappen); feu|deln
Feu|er das; -s, -; offenes -; Feu|er-
_alarm, ...an|zün|der; feu|er|be-
stän|dig; Feu|er.be|stat|tung,
...boh|ne, ...dorn (Zierstrauch),
...ei|fer; feu|er|fest; Feu|er.fe-
stig|keit (die; -), ...fres|ser, ...ge-
fahr; feu|er|ge|fähr|lich; Feu|er-
_ge|fähr|lich|keit (die; -), ...ha-
ken, ...hal|le (österr. neben: Kre-
matorium), ...herd, ...holz (das;
-es); Feu|er|land (Südspitze von
Südamerika); Feu|er|län|der der;
Feu|er.lei|ter die, ...li|lie, ...loch,
...lö|scher; Feu|er|lösch.ge|rät,
...teich, ...zug; Feu|er.mau|er,
...mel|der; feu|ern; ich ...ere
(↑R 22); Feu|er|po|li|zei; feu|er-
po|li|zei|lich; Feu|er|pro|be; feu-
er|rot; Feu|er|sa|la|man|der;
Feu|ers|brunst; Feu|er.scha|den,
...schein, ...schlucker [Trenn.:
...schluk|ker], ...schutz; Feu|ers-
ge|fahr; feu|er|si|cher; Feu|ers-
not; feu|er|spei|end; Feu|er-
_sprit|ze, ...stät|te, ...stein, ...stel-
le, ...stuhl (ugs. für: Motorrad),
...tau|fe, ...tod, ...über|fall; Feue-
rung; Feue|rungs|an|la|ge; Feu-
er|ver|si|che|rung; feu|er|ver-
zinkt; Feu|er.wa|che, ...waf|fe,
...was|ser (das; -s; Branntwein),
...wehr; Feu|er|wehr.au|to,
...haus, ...mann (Plur. ...männer
u. ...leute), ...übung; Feu|er-
werk; feu|er|wer|ken; ich feuer-
werke; gefeuerwerkt; zu -: Feu-
er|wer|ker; Feu|er|werks|kör|per;
Feu|er|zan|ge; Feu|er|zan|gen-
bow|le; Feu|er.zei|chen, ...zeug
Feuil|la|ge [föjasch⁺] die; , -n
⟨franz.⟩ (geschnitztes, gemaltes
usw. Laubwerk); Feuil|le|ton [fö-
j'tong, auch: föj'tong] das; -s, -s
(Zeitungsw.: literarischer Unter-
haltungsteil; im Plauderton ge-
schriebener Aufsatz); Feuil|le|to-
nist der; -en, -en (↑R 197); feuil-
le|to|ni|stisch; Feuil|le|ton.re-
dak|teur, ...stil der; -[e]s
feu|rig; -e Kohlen auf jmds.
Haupt sammeln (ihn beschä-
men); feu|rio! (Feuerruf [veralt.])
Fex der; -es, -e; seltener: -en, -en;
↑R 197 (südd., österr. für: Narr;
jmd., der in etwas vernarrt ist)
¹Fez [feß] vgl. ²Fes
²Fez der; -es ⟨franz.⟩ (ugs. für:
Spaß, Vergnügen)

ff = sehr fein; vgl. Effeff
ff = fortissimo
ff. = folgende [Seiten]
FF vgl. Franc
FH = Fachhochschule
FHD = Frauenhilfsdienst[lei-
stende] (in der Schweiz)
Fia|ker der; -s, - (↑R 180) ⟨franz.⟩
(österr. für: Pferdedroschke;
Kutscher)
Fia|le die; -, -n (↑R 180) ⟨ital.⟩ ([go-
tisches] Spitztürmchen)
Fi|as|ko das; -s, -s ⟨ital.⟩ (Mißer-
folg; Zusammenbruch)
fi|at! ⟨lat.⟩ („es geschehe!")
Fi|at, FIAT ⓌＺ = Fabbrica Ita-
liana Automobili Torino (Italienische Automobilfabrik Turin)
¹Fi|bel die; -, -n ⟨griech.⟩ (Abc-
Buch; Elementarlehrbuch)
²Fi|bel die; -, -n ⟨lat.⟩ (frühge-
schichtl. Spange oder Nadel)
Fi|ber der; -, -n ⟨lat.⟩ (Faser); Fi-
bril|le die; -, -n (Einzelfaser des
Muskel- u. Nervengewebes); Fi-
brin das; -s (Faserstoff des Blu-
tes); Fi|bro|in das; -s (Eiweiß-
stoff der Naturseide); Fi|brom
das; -s, -e (Bindegewebsge-
schwulst); fi|brös (aus Bindege-
webe bestehend); -e Geschwulst
Fi|bu|la die; -, Fibuln u. (Med.:)
Fibulae [...lä] ⟨lat.⟩ (Wadenbein;
²Fibel)
¹Fiche [fisch] die; -, -s ⟨franz.⟩
(Spielmarke); ²Fiche das od. der;
-s, -s (Filmkarte mit Mikroko-
pien)
¹Fich|te (dt. Philosoph)
²Fich|te die; -, -n (Nadelbaum);
Fich|ten|ge|bir|ge das; -s; fich|ten
(aus Fichtenholz); Fich|ten.hain,
...holz, ...na|del, ...na|del|bad
Fi|chu [fischü] das; -s, -s ⟨franz.⟩
(Schultertuch)
Fick der; -s, -s (derb für: Koitus);
Fick der; -[e]s (derb für: koitieren);
ficke|rig¹ (landsch. für: nervös,
unruhig; derb für: geil); Fick-
fack der; -[e]s, -e (landsch. Vor-
wand); fick|facken¹ (landsch.
für: Ausflüchte suchen); Fick-
facker¹ (landsch. für: unzuver-
lässiger Mensch); Fick.facke-
rei¹; Fick|müh|le (landsch. für:
Zwickmühle)
Fi|dei|kom|miß [...de-i..., auch: fi-
de-i...] das; ...misses, ...misse
⟨lat.⟩ (unveräußerliches u. unteil-
bares Familienvermögen)
fi|del (lat.) (ugs. für: lustig, heiter)
Fi|del die; -, -n (der Geige ähnli-
ches Streichinstrument [des Mittel.]); vgl. Fiedel
Fi|del Ca|stro vgl. Castro
Fi|di|bus der; - u. -ses, - u. -se (ge-
falteter Papierstreifen als [Pfei-
fen]anzünder)

Fi|dschi (Inselstaat im Südpazi-
fik); Fi|dschia|ner; ↑R 180; fi-
dschia|nisch; ↑R 180; Fi|dschi|in-
seln Plur.
Fi|duz das; -es (ugs. für: Mut)
Fie|ber das; -s, (selten:) - ⟨lat.⟩;
Fie|ber|an|fall; fie|ber|frei; Fie-
ber|frost; fie|ber|haft; Fie|ber-
hit|ze; fie|be|rig, fieb|rig; fie|ber-
krank; Fie|ber.kur|ve, ...mes|ser
der; fie|bern; ich ...ere (↑R 22);
Fie|ber.phan|ta|sie (meist Plur.),
...ta|bel|le, ...ther|mo|me|ter,
...traum; fieb|rig, fie|be|rig
Fie|del die; -, -n (ugs. für: Geige);
vgl. Fidel; fie|deln; ich ...[e]le
(↑R 22)
Fie|der der; -, -n (veralt. für: kleine
Feder); Fie|der|blatt; fie|de|rig,
fied|rig; Fie|der|tei|lig; Fie|de|rung
Fied|ler
fie|pen (Jägerspr. von Rehkitz u.
Rehgeiß, auch allg.: einen leisen,
hohen Ton von sich geben)
Fie|rant [fiꞌ...] der; -en, -en
(↑R 197) ⟨ital.⟩ (österr. für:
Markthändler)
fie|ren (Seemannsspr. für: [Tau]
ablaufen lassen, herablassen)
fies; -este (ugs. für: ekelhaft, widerwärtig; fieses Gefühl
Fies|co, bei Schiller: Fies|ko (ge-
nues. Verschwörer); ↑R 180
Fies|ling (ugs. für: widerwärtiger
Mensch)
Fie|sta die; -, -s ⟨span.⟩ ([span.]
Volksfest)
FIFA, Fi|fa die; - ⟨franz.⟩ (Kurzw.
für: Fédération Internationale
de Football Association [federa-
ßjong ängtärnaßjonal dᵉ futbol
aßoßjaßjong]: Internationaler
Fußballverband)
fif|ty-fif|ty [fifti fifti] ⟨engl.⟩ (ugs.
für: halbpart)
Fi|ga|ro der; -s, -s (Lustspiel- u.
Opernfigur; auch scherzh. für:
Friseur)
Fight [fait] der; -s, -s ⟨engl.⟩ (Bo-
xen: draufgängerisch geführter
Nah]kampf); figh|ten [faitꞌn]
(Boxen); Figh|ter [faitꞌr] der; -s, -
(Boxen: Kämpfer)
Figl, Leopold (österr. Politiker)
Fi|gur die; -, -en; Fi|gu|ra, in: wie -
zeigt (wie klar vor Augen liegt);
fi|gu|ral (mit Figuren versehen);
Fi|gu|ral|mu|sik; Fi|gu|rant der;
-en, -en (↑R 197 (Theater: Grup-
pentänzer, stumme Person); Fi-
gu|ran|tin die; -, -nen; Fi|gu|ra|ti-
on die; -, -en, Fi|gu|rie-
rung (Musik: Ausschmückung
einer Figur od. Melodie); fi|gu-
ra|tiv (bildlich [darstellend]); Fi-
gür|chen, Fi|gür|lein; fi|gu|rie-
ren (in Erscheinung treten, auftreten; Musik: eine Figur od.
Melodie ausschmücken); fi|gu-
riert (gemustert; Musik: ausge-

schmückt); -es Gewebe; Fi|gu-
rie|rung vgl. Figuration; ...fi|gu-
rig (z. B. kleinfigurig) Fi|gu|ri|ne
die; -, -n ⟨franz.⟩ (Figürchen; Ne-
benfigur in Landschaftsgemäl-
den; Kostümzeichnung [für Büh-
ne od. Mode]); Fi|gür|lein, Fi-
gür|chen; fi|gür|lich
Fik|ti|on [...zion] die; -, -en ⟨lat.⟩
(Erdachtes; falsche Annahme);
fik|tiv (nur angenommen, er-
dacht)
Fi|la|ment das; -s, -e ⟨lat.⟩ (Bot.:
Staubfaden der Blüte); Fi|let [fi-
le] das; -s, -s ⟨franz.⟩ (Netzstoff;
Lenden-, Rückenstück); Fi|let-
_ar|beit, ...hand|schuh; fi|le|tie-
ren (Filets heraussschneiden); Fi-
le|tier|ma|schi|ne; Fi|let_na|del,
...spit|ze, ...steak
Fil|lia ho|spi|ta|lis die; --, ...ae [...ä]
...les ⟨lat.⟩ (Studentenspr.: Toch-
ter der Wirtsleute); Fi|lia|le die;
-, -n; ↑R 180 (Zweiggeschäft,
-stelle); Fi|lia|list der; -en, -en;
↑R 197, R 180 (Filialleiter); Fi|li-
al_kir|che (Tochterkirche), ...lei-
ter der; Fi|lia|ti|on [...zion] die;
-en; ↑R 180 (rechtliche Abstammung; Gliederung des Staats-
haushaltsplanes)
Fi|li|bu|ster vgl. Flibustier
fi|lie|ren ⟨franz.⟩ (Netzwerk knüp-
fen; Filetstücke schneiden); fi-
liert (netzartig); Fi|li|gran das;
-s, -e ⟨ital.⟩ (Goldschmiedearbeit
aus feinem Drahtgeflecht); Fi|li-
gran_ar|beit, ...glas, ...schmuck
Fi|li|pi|na die; -, -s ⟨span.⟩ (weibl.
Form zu: Filipino; Fi|li|pi|no
der; -s, -s (Bewohner der Philip-
pinen)
Fi|li|us der; -, ...lii [...li-i] u. ...usse
⟨lat.⟩ (scherzh. für: Sohn)
Fil|lér [filer, auch: fil'r] der; -[s], -
(ung. Münze; 100 Fillér = 1 Forint)
Film der; -[e]s, -e ⟨engl.⟩; Film-
_ama|teur, ...ar|chiv, ...ate|lier,
...au|tor, ...ball, ...bran|che, ...di-
va; Fil|me|ma|cher (Jargon); fil-
men; Film_fan, ...fe|sti|val,
...fest|spie|le Plur., ...ge|sell-
schaft; fil|misch; Film_ka|me|ra,
...kom|po|nist, ...ko|pie; Film|o-
thek die; -, -en ⟨engl.; griech.⟩
(svw. Kinemathek); Film_pla-
kat, ...pro|du|zent, ...schau|spie-
ler, ...selbst|kon|trol|le, ...stadt,
...star (Plur. ...stars), ...stu|dio,
...ver|leih, ...vor|füh|rer
Fil|lou [filu] der; -s, -s ⟨franz.⟩
(scherzh. für: Betrüger, Spitzbube; Schlaukopf)
Fils der; -, - ⟨arab.⟩ (irak. Münze;
1 Fils = 0,001 Dinar)
Fil|ter der od. (Technik meist:)
das; -s, - ⟨mlat.⟩; Fil|ter|kaf|fee; -
gemahlener Kaffee; fil|tern; ich
...ere (↑R 22); Fil|ter|pa|pier, Fil-

tri|er|pa|pier; Fil|ter|tü|te ⓦ; Fil-
te|rung; Fil|ter|zi|ga|ret|te; Fil-
trat das; -[e]s, -e (Durchfiltrier-
tes); Fil|tra|ti|on [...zion] die; -,
-en (Filterung); fil|trie|ren; Fil-
trier|pa|pier, Fil|ter|pa|pier
Filz der; -es, -e (ugs. auch: Geizhals; österr. auch: unausge-
schmolzenes Fett); Filz|decke
[Trenn.: ...dek|ke]; fil|zen (ugs.
auch für: nach [verbotenen] Ge-
genständen durchsuchen); du
filzt (filzest); Filz|hut der; fil|zig;
Filz|laus; Fil|zo|kra|tie die; -,
...ien ⟨dt.; griech.⟩ („verfilzte"
Machtverhältnisse); Filz_pan-
tof|fel, ...schrei|ber, ...stift der
¹Fim|mel (Hanf); vgl. Femel
²Fim|mel der; -s, - (ugs. für: über-
triebenes Interesse, z. B. Musik-
fimmel)
³Fim|mel der; -s, - (Spaltkeil)
FINA, ¹Fi|na die; - ⟨franz.⟩
(Kurzw. für: Fédération Internationale de Natation Amateur [fe-
deraßjong ängtarnaßjonal d^e na-
taßjong amatör]: Internationaler
Schwimmverband)
²Fi|na (Kurzform von: Josefine)
fi|nal ⟨lat.⟩ (den Schluß bildend;
zweckbezeichnend); Fi|nal der;
-s, -s ⟨franz.⟩ (schweiz. für: Fina-
le [Sport]); Fi|nal|ab|schluß
(Wirtsch.: Endabschluß); Fi|na-
le das; -s, - (auch: -s) ⟨franz.⟩
(Schlußteil; Musik: Schlußstück,
-satz; Sport: Endrunde, End-
spiel); Fi|na|list der; -en, -en;
↑R 197 (Endrundenteilnehmer);
Fi|nal_pro|dukt (DDR: End-,
Fertigprodukt), ...pro|du|zent
(DDR), ...satz (Sprachw.: Umstandssatz der Absicht, Zweck-
satz)
Fi|nan|cier [finangßie]; vgl. Finan-
zier; Fi|nanz die; - ⟨franz.⟩ (Geld-
wesen; Gesamtheit der Geld-
und Bankfachleute); vgl. Finan-
zen; Fi|nanz_amt, ...aus|gleich,
...be|am|te, ...buch|hal|tung; Fi-
nan|zen Plur. (Geldwesen;
Staatsvermögen; Vermögensla-
ge); Fi|nan|zer (österr. ugs. für:
Zollbeamter); Fi|nanz_ex|per|te,
...ge|ba|ren, ...ge|nie (scherzh.),
...ho|heit (die; -); fi|nan|zi|ell; Fi-
nan|zier [finanzie] der; -s, -s ⟨fi-
nanz-, Geldmann); fi|nan|zie-
ren; Fi|nan|zie|rung; fi|nanz-
kräf|tig; Fi|nanz_kri|se, ...la|ge,
...mi|ni|ster, ...plan (vgl. ²Plan);
fi|nanz_po|li|tisch, ...schwach,
...stark; Fi|nanz_ver|wal|tung,
...we|sen (das; -s)
fi|nas|sie|ren ⟨franz.⟩ (Finessen an-
wenden)
Fin|del|kind; fin|den; du fandst
(fandest); du fändest; gefunden;
find[e]!; ein gefundenes Fressen
für jmdn. sein (ugs. für: jmdm.

sehr gelegen kommen); Fin|der;
Fin|der|lohn
Fin de siècle [fängdßjäkl] das; - - -
(durch Verfallserscheinungen in
der Gesellschaft, Kunst u. Literatur geprägte Zeit des ausgehenden 19. Jh.s)
fin|dig; -er Kopf; eine Sache - ma-
chen (Bergmannsspr.: entdek-
ken); Fin|dig|keit die; -, (selten:)
-en; Find|ling; Find|lings|block
(Plur. ...blöcke)
Fi|nes|se die; -, -n ⟨franz.⟩ (Fein-
heit; Kniff)
Fin|gals|höh|le [finggalß...] die; -
(auf einer der Hebriden)
Fin|ger der; -s, -; der kleine -;
(ugs:) jmdn. um den kleinen Finger wickeln; etwas mit spitzen
Fingern (vorsichtig) anfassen;
lange, krumme Finger machen
(ugs. für: stehlen); Fin|ger|ab-
druck (Plur. ...drücke); fin|ger-
breit; ein -er Spalt, aber: der
Spalt ist keinen Finger breit, 3
Finger breit (vgl. aber: Finger-
breit); Fin|ger|breit der; -, -; ei-
nen, ein paar Fingerbreit größer;
keinen Fingerbreit nachgeben;
fin|ger|dick; vgl. fingerbreit;
Fin|ger_far|be (für Kinder),
...fer|tig|keit, ...glied; Fin|ger-
ha|keln das; -s (alpenländischer
Sport, bei dem sich zwei Männer
mit ineinandergehakten Mittel-
fingern über einen zwischen ihnen stehenden Tisch zu ziehen
versuchen); Fin|ger_hand|schuh,
...hut, ...fin|ge|rig, ...fing|rig
(z. B. dickfing[e]rig); Fin|ger-
kup|pe (Fingerspitze); Fin|ger-
lang; alle - (ugs. für: jeden Augenblick); vgl. fingerbreit; Fin-
ger|ling; fin|gern; ich ...ere
(↑R 22); Fin|ger_na|gel, ...ring,
...satz (Musik: Fingerverteilung
beim Spielen eines Instruments),
...spiel, ...spit|ze, ...spit|zen|ge-
fühl (das; -[e]s), ...übung, ...zeig
(der; -[e]s, -e)
fin|gie|ren [fingg...] ⟨lat.⟩ (erdich-
ten; vortäuschen; unterstellen)
...fing|rig vgl. ...fingerig
Fi|ni (österr. Kurzform von: Jose-
fine)
Fi|nis das; -, - ⟨lat.⟩ („Ende"; ver-
alteter Schlußvermerk in Druck-
werken); Fi|nish [finisch] das; -s,
-s ⟨engl.⟩ (letzter Schliff; Vollen-
dung; Sport: Endspurt, Endkampf)
Fi|ni|ster|re (nordwestspan. Kap)
fi|nit ⟨lat.⟩ (Sprachw.: bestimmt);
-e Form (Personalform, Form
des Verbs, die im Ggs. zur infini-
ten Form [vgl. infinit] nach Person u. Zahl bestimmt ist, z. B. [er]
„erwacht" [3. Pers. Sing.])
Fink der; -en, -en; ↑R 197 (ein Vogel)

Fin|ken der; -s, - (schweiz. mdal.
für: warmer Hausschuh)
Fin|ken|schlag der; -[e]s
Fin|ken|wer|der (Elbinsel)
Fink|ler der; -s, - (Vogelfänger)
Fin|land (schwed. Schreibung für:
Finnland); vgl. auch: Suomi
Finn-Din|gi [...dinggi] das; -s, -s
⟨schwed.; Hindi⟩ (kleines Ein-
mann-Sportsegelboot)
¹Fin|ne die; -, -n (Jugendform der
Bandwürmer; Hautkrankheit);
²Fin|ne die; -, -n (Rückenflosse
von Hai u. Wal; zugespitzte Seite
des Handhammers)
³Fin|ne die; - (Höhenzug in Thü-
ringen)
⁴Fin|ne der; -n, -n; ↑ R 197 (Ange-
höriger eines nordeuropäischen
Volkes; Staatsbürger von Finnland)
fin|nig (von ¹Finnen befallen)
Fin|nin die; -, -nen; fin|nisch,
aber (↑R 146): der Finnische
Meerbusen; vgl. deutsch; Fin-
nisch das; -[s] (Sprache); vgl.
Deutsch; Fin|ni|sche das; -n; vgl.
Deutsche das; fin|nisch-ugrisch;
finnisch-ugrische Sprachen, Völ-
ker; Finn|land; vgl. auch: Fin-
land; Finn|län|der (⁴Finne mit
schwed. Muttersprache); finn-
län|disch; ¹Finn|mark die; -, -
(finn. Währungseinheit; Abk.:
Fmk); ²Finn|mark (norw. Ver-
waltungsbezirk); fin|no|ugrisch
(↑R 155) = finnisch-ugrisch;
Fin|no|ugrist der; -en, -en;
↑ R 197 (Fachmann für finn.-ugri-
sche Sprachen)
Finn|wal
Fi|now|ka|nal [fino...] der; -s;
↑ R 149
fin|ster; finst[e]rer, -ste; (ugs.:) ei-
ne -e Kneipe; das -e Mittelalter;
(↑ R 65:) im finstern tappen
(nicht Bescheid wissen), aber:
wir tappten lange im Finstern (in
der Dunkelheit); Fin|ster|keit
die; -; Fin|ster|ling; fin|stern
(veralt. für: dunkel werden); es
finstert; Fin|ster|nis die; -, -se
Fin|te die; -, -n ⟨ital.⟩ (Scheinheit;
Täuschung); fin|ten|reich
fin|ze|lig, finz|lig (ugs. für: über-
zart, überfein: die Augen
[über]anstrengend)
Fio|ret|tur die; -, -n (meist Plur.)
⟨ital.⟩ („Blümchen"; Musik: Ge-
sangsverzierung); Fio|ri|tur die;
-, -en (meist Plur.; Fiorette)
Fips der; -es, -e (kleiner, unschein-
barer Mensch; auch für: Schneller); Meister - (Spottname für:
Schneider); fip|sig (unbedeu-
tend, klein)
Fi|ren|ze (ital. Form von: Florenz)
Fir|le|fanz der; -es, -e (ugs. für:
Tand; törichtes Zeug); Fir|le-
fan|ze|rei

firm ⟨lat.⟩ (fest, sicher, [in einem
Fachgebiet] beschlagen); österr.
auch: ferm
Fir|ma die; -, ...men ⟨ital.⟩ (Abk.:
Fa.)
Fir|ma|ment das; -[e]s ⟨lat.⟩
fir|men ⟨lat.⟩ (die Firmung ertei-
len)
Fir|men|buch; Fir|men_in|ha|ber,
...re|gi|ster, ...schild das, ...ver-
zeich|nis, ...wert, ...zei|chen; fir-
mie|ren (einen bestimmten Ge-
schäfts-, Handelsnamen führen)
Firm|ling ⟨lat.⟩ (der zu Firmende)
Firm_pa|te, ...pa|tin; Fir|mung
(kath. Sakrament)
firn (fachspr. von Wein: alt, abge-
lagert); Firn der; -[e]s, -e, (auch:)
-en (Altschnee; Gletscher); Fir-
ne die; -, -n (Reife des Weines);
Firn|eis; Fir|ner vgl. Ferner; Fir-
ne|wein; firn|nig
Fir|nis der; -ses, -se ⟨franz.⟩
(schnell trocknender Schutzan-
strich); fir|nis|sen; du firnißt (fir-
nissest)
Firn|schnee
First der; -[e]s, -e; First|bal|ken
first class [fö'ßt klaß] ⟨engl.⟩ (zur
Spitzenklasse gehörend); First-
class-Ho|tel ⟨engl.; franz.⟩ (Lu-
xushotel); First La|dy [fö'ßt
le'di] die; - -, - -s, (auch:) - Ladies
[lé'diß] ⟨engl.⟩ („Erste Dame";
Frau eines Staatsoberhauptes)
First_pfet|te, ...zie|gel
Fis, Fis das; -, - (Tonbezeichnung);
fis (Zeichen für: fis-Moll); in fis;
Fis (Zeichen für: Fis-Dur); in
Fis
FIS, Fis die; - ⟨franz.⟩ (Kurzw. für:
Fédération Internationale de Ski
[federa'ßjong ängtärna'ßjonal d'
ßki] : Internationaler Skiver-
band); FIS-Rennen
Fisch der; -[e]s, -e; faule -e (ugs.
für: Ausreden); kleine -e (ugs.
für: Kleinigkeit); frische Fi-
sche; Fisch|ad|ler; fisch|arm;
Fisch|au|ge (auch: ein fotograf.
Objektiv); fisch|äu|gig; Fisch-
_bein (das; -[e]s), ...be|stand,
...be|steck, ...bla|se; Fisch|bla-
sen|stil der; -[e]s (Bauw.); Fisch-
blut; Fisch|bra|te|rei, Fisch|brat-
kü|che (Gaststätte für Fischge-
richte); Fisch.bröt|chen, ...brut;
fi|schen; du fischst (fischest); Fi-
schenz die; -, -en (schweiz. für:
Fischpacht); Fi|scher; Fi|scher-
boot
Fi|scher-Dies|kau (dt. Sänger)
Fi|scher|dorf; Fi|sche|rei; Fi|sche-
rei_gren|ze, ...ha|fen; Fi|scher-
ste|chen das; -s (Brauch der Fi-
scher, bei dem sie versuchen,
sich gegenseitig mit langen Stangen aus dem Boot zu stoßen)
Fi|scher von Er|lach (österr. Ba-
rockbaumeister)

Fisch_ge|richt, ...ge|schäft, ...grä-
te, ...grä|ten|mu|ster, ...grün|de
Plur.; fi|schig; Fisch.kal|ter
(bayr., österr., schweiz. für:
Fischbehälter), ...kon|ser|ve,
...kut|ter, ...laich, ...leim,
...mehl, ...mes|ser das, ...ot|ter
der, ...rei|her, ...reu|se, ...ro|gen,
...stäb|chen (meist Plur.), ...sup-
pe, ...ver|gif|tung, ...zug
Fis-Dur [auch: fißdur] das; - (Tonart; Zeichen: Fis); Fis-Dur-Ton-
lei|ter (↑ R 41)
Fil|sett|holz das; -es (einen gelben
Farbstoff enthaltendes Holz)
Fi|si|ma|ten|ten Plur. (ugs. für: lee-
re Ausflüchte)
fis|ka|lisch (dem Fiskus gehö-
rend; staatlich; staatseigen); Fis-
kus der; -, (selten:) ...ken u. -se
(Staat[s]kasse)
fis-Moll [auch: fißmol] das; -
(Tonart; Zeichen: fis); fis-
Moll-Ton|lei|ter (↑ R 41)
Fil|so|le die; -, -n ⟨ital.⟩ (österr. für:
grüne Gartenbohne)
fis|sil (lat.) (spaltbar); Fis|si|li|tät
die; -; Fis|sur die; -, -en (Med.:
Spalte, [Knochen]riß)
Fi|stel die; -, -n ⟨lat.⟩ (Med.:
krankhafter od. künstlich ange-
legter röhrenförmiger Kanal, der
ein Organ mit der Körperober-
fläche od. einem anderen Organ
verbindet); fi|steln (mit Kopf-
stimme sprechen); ich ...[e]le
(↑ R 22); Fi|stel|stim|me
fit ⟨engl.-amerik.⟩ (in guter [kör-
perlicher] Verfassung; durchtrai-
niert); sich - halten
Fi|tis der; - u. -ses, -se (ein Singvo-
gel)
Fit|neß die; - ⟨engl.-amerik.⟩ (gute
körperliche Gesamtverfassung;
Bestform); Fit|neß_cen|ter, ...test
Fit|sche die; -, -n (landsch. für:
Tür-, Fensterangel, Scharnier;
für: Flügel)
Fit|tich der; -[e]s, -e (meist dicht.
für: Flügel)
Fit|ting das; -s, -s (meist Plur.)
⟨engl.⟩ (Formstück zur Installa-
tion von Rohrleitungen)
Fitz|bohne (landsch. für: Schnei-
debohne); Fitz|chen („Fäd-
chen"; Kleinigkeit); Fit|ze die; -,
-n (landsch. für: Faden; Garnge-
binde; geflochtene Rute); fit|zen
(landsch. für: sich verwirren;
zerkleinern; nervös hantieren);
du fitzst (fitzest)
Fiu|ma|ra, Fiu|ma|re die; -, ...re[n]
⟨ital.⟩ (Flußlauf, der nur in regen-
reicher Zeit Wasser führt); Fiu-
me (ital. Name von: Rijeka)
Five o'clock [faiw'klok] der; - -, - -s,
Five o'clock tea [- - ti] der; - - -, -
- -s ⟨engl.⟩ (Fünfuhrtee)
fix; -este ⟨lat.⟩ („fest"; sicher; ugs.
für: gewandt, schnell); -e Idee
(Zwangsvorstellung; törichte

Einbildung); -er Preis (fester Preis); -es Gehalt; -e Kosten; - und fertig; Fi|xa|teur [...tör] der; -s, -e ⟨franz.⟩ (Zerstäuber für Fixiermittel); Fi|xa|tiv das; -s, -e [...wⁱ] ⟨lat.⟩ (Fixiermittel für Zeichnungen u. ä.); fix|be|sol|det (schweiz. veralt. neben: festbesoldet); fi|xen ⟨engl.⟩ (Leerverkäufe von Wertpapieren tätigen; ugs. für: sich Drogen einspritzen); du fixt (fixest); Fi|xer (Leerverkäufer; Börsenspekulant; ugs. für: jmd., der sich Drogen einspritzt); fix|fer|tig (schweiz. für: fix und fertig); Fi-xier|bad; fi|xie|ren; Fi|xier|mittel das; Fi|xie|rung; Fi|xig|keit die; - (ugs. für: Gewandtheit); Fix_ko|sten (fixe Kosten), ...punkt (Festpunkt), ...stern (scheinbar unbeweglicher Stern; vgl. ²Stern); Fi|xum das; -s, ...xa (festes Entgelt); Fix|zeit (Festzeit, während der auch bei gleitender Arbeitszeit alle Arbeitnehmer anwesend sein müssen)

Fjäll der; -[e]s, -s ⟨schwed.⟩, Fjeld, (veralt. Schreibung für:) Fjell ⟨norw.⟩ (baumlose Hochfläche in Skandinavien)

Fjord der; -[e]s, -e ⟨skand.⟩ (schmale Meeresbucht [mit Steilküsten])

FKK = Freikörperkultur; FKKler (↑ R 38); FKK-Strand (↑ R 38)

fl., Fl. = Florin (Gulden)

Fla. = Florida

Flab die; - (schweiz. Kurzw. für: Fliegerabwehr); vgl. Flak

flach; -er, -ste; ein -es Dach; ein -es Wasser; auf dem -en Land[e] (außerhalb der Stadt) wohnen; einen Hut flach drücken; Flach das; -[e]s, -e (Seemannsspr.: Untiefe); flach (z. B. Achtflach das; -[e]s, -e); Flach|bau (Plur. ...bauten); flach|brü|stig; Flach-_dach, ...druck (Plur. ...drucke); Flä|che die; -, -n; Flä|chen_aus-deh|nung, ...blitz, ...brand, ...er-trag; flä|chen|haft; Flä|chen|inhalt; flach|er|ha|ben; flach|fal-len (ugs. für: nicht stattfinden); Flach|feu|er|ge|schütz; Flach-heit; flä|chig; Flach_kopf (abwertend), ...küste, ...land (Plur. ...länder), ...län|der der, ...mann (ugs. für: Taschenflasche); ...mäch|ner (z. B. Achtflächner)

Flachs der; -es (Faserpflanze); flachs|blond; Flachs_bre|che, ...dar|re

Flach|se die (bayr., österr. für: Flechse)

flach|sen (ugs. für: necken, spotten, scherzen); du flachst (flachsest); fläch|sen, fläch|sern (aus Flachs); Flachs_haar, ...kopf

Flach|zan|ge

flacken¹ (mdal. für: flackern); Flacker|feu|er¹; flacke|rig¹, flack|rig; flackern¹

Fla|den der; -s, - (flacher Kuchen; breiige Masse; Kot)

Fla|der die; -, -n (Maser, Holzader; bogenförmiger Jahresring in Schnittholz); Fla|der|holz; fla|de|rig, flad|rig

fla|dern (österr. ugs. für: stehlen)

Fla|der|schnitt; Fla|de|rung die; - (Maserung)

Fläd|le das; -s, - (bes. schwäb.: Streifen aus Eierteig als Suppeneinlage)

flad|rig, fla|de|rig

Fla|gel|lan|ten Plur. ⟨lat.⟩ (Geißler); Fla|gel|lan|ten|tum das; -s; Fla|gel|lat der; -en, -en (meist Plur.); ↑ R 197 (Geißeltierchen)

Fla|geo|lętt [flascho...] das; -s, -e u. -s ⟨franz.⟩ (kleinster Typ der Schnabelflöte; flötenähnlicher Ton bei Streichinstrumenten u. Harfen; Flötenregister der Orgel); Flageolętton [Trenn.: Fla-geo|lett|ton, ↑ R 204]

Flag|ge die; -, -n; flag|gen; Flag-gen|gruß, ...mast (vgl. ¹Mast); Flagg-of|fi|zier, ...schiff

fla|grant (deutlich u. offenkundig); vgl. in flagranti

Flair [flär] das; -s ⟨franz.⟩ (Fluidum, Atmosphäre, gewisses Etwas; selten für: Spürsinn)

Flak die; -, -, auch: -s (Kurzw. für: Flugzeugabwehrkanone; Flugabwehrartillerie); die leichten und schweren (auch: -s); Flak-bat|te|rie

Fla|ke die; -, -n (niederd. für: [Holz]geflecht; Netz)

Flak|hel|fer

Fla|kon [flakong] das oder der; -s, -s ⟨franz.⟩ ([Riech]fläschchen)

Flam|berg der; -[e]s, -e (zweihändiges [meist flammenförmiges] Schwert der Landsknechte)

flam|bie|ren ([Speisen] mit Alkohol übergießen u. brennend auftragen; veralt. für: absengen)

Fla|me der; -n, -n; ↑ R 197 (Angehöriger der Bevölkerung im Westen u. Norden Belgiens u. in den angrenzenden Teilen Frankreichs u. der Niederlande)

Fla|men|co [...ko] der; -[s], -s ⟨span.⟩ (andalus. [Tanz]lied; Tanz)

Fla|min, Flä|min die; -, -nen

Flä|ming der; -s (Landrücken in der Mark Brandenburg)

Fla|min|go [...minggo] der; -s, -s ⟨span.⟩ ([rosafarbener] langbeiniger, großer Wasservogel)

flä|misch; vgl. deutsch; Flä|misch das; -[s] (Sprache); vgl. Deutsch; Flä|mi|sche das; -n; vgl. Deut-sche das; Flam|län|der vgl. Fla-me

Flämm|chen, Flämm|lein; Flam-me die; -, -n; Flamm|ei|sen (ein Tischlerwerkzeug); flam|men; fläm|men (Technik: absengen); Flam|men_meer, ...tod, ...wer|fer; Flam|me|ri der; -[s], -s ⟨engl.⟩ (eine kalte Süßspeise)

Flamm|garn; flam|mig; Flamm-koh|le (eine mit langer Flamme brennende Steinkohle); Flämm|lein, Flämm|chen; Flamm|punkt (Temperatur, bei der die Dämpfe über einer Flüssigkeit entflammbar sind)

Flan|dern (Gebiet zwischen der Schelde u. der Nordsee); fland-risch; -e Küste

Fla|nell der; -s, -e ⟨franz.⟩ (ein Gewebe); Fla|nell|an|zug; fla|nel-len (aus, wie Flanell)

Fla|neur [flanör] der; -s, -e ⟨franz.⟩ (müßig Umherschlendernder); fla|nie|ren

Flan|ke die; -, -n ⟨franz.⟩; flan-ken; flan|ken|an|griff; flan|kie-ren

Flansch der; -[e]s, -e (Verbindungsansatz an Rohren, Maschinenteilen usw.); flan|schen (mit einem Flansch versehen); Flan-schen|dich|tung; Flansch|ver|bin-dung

Fla-Pan|zer (Flugabwehrpanzer)

Flap|pe die; -, -n (mitteld. u. niederd. für: schiefer Mund)

Flaps der; -es, -e (ugs. für: Flegel); flap|sig (ugs.)

Fla-Ra|ke|te (Rakete zur Bekämpfung feindlicher Luftziele)

Fläsch|chen; Fläsch|lein; Fla|sche die; -, -n; Fla|schen_bier, ...bür-ste, ...gar|ten (Zierpflanzen in einer Flasche), ...gä|rung (bei Schaumwein); fla|schen|grün; Fla|schen_hals, ...kind, ...öff|ner, ...pfand, ...post, ...zug; Flasch-ner (südd. für: Klempner, Spengler)

Fla|ser die; -, -n (Ader im Gestein); fla|se|rig, flas|rig

Flat|sche [auch: fla...] die; -, -n u. -s; Flat|schen [auch: fla...] der; -s, - (landsch. für: großes [unförmiges] Stück; breiige Masse)

Flat|ter die; -, in: die - machen (ugs. für: verschwinden, fliehen); Flat|ter|geist (Plur. ...gei-ster), flat|ter|haft; Flat-ter|haf|tig|keit; flat|te|rig, flat-rig; Flat|ter_mar|ke (Druckw.), ...mil|ne; flat|tern; ich ...ere (↑ R 22); Flat|ter|satz (Druckw.); flat|tie|ren ⟨franz.⟩ (veralt. für: gut zureden, schmeicheln)

flat|trig, flat|te|rig

Fla|tu|lenz die; - ⟨lat.⟩ (Med.: Darmaufblähung); Fla|tus der; -, - [flátuß] (Med.: Blähung)

¹ Trenn.: ...k|k...

flau; -er, -[e]ste (ugs. für: schlecht, übel); **Flau|heit** die; - **Flau|bert** [*flobär*] (franz. Romanschriftsteller)

¹**Flaum** der; -[e]s; vgl. Flom[en]

²**Flaum** der; -[e]s (weiche Bauchfedern; erster Bartwuchs)

Flau|ma|cher (ugs. für: Miesmacher)

Flau|mer der; -s, - (schweiz. für: Mop)

Flaum|fe|der; flau|mig; flaumweich; vgl. pflaumenweich

Flaus der; -es, -e u. **Flausch** der; -[e]s, -e (weiches Wollgewebe); **flau|schig; Flau|se** die; -, -n; meist Plur. (ugs. für: Ausflucht; törichter Einfall); **Flau|sen|macher** (ugs.); **Flaus|rock, Flauschrock**

Flau|te die; -, -n (Windstille; übertr.: Unbelebtheit [z. B. im Geschäftsleben])

Fla|via [...*wia*] (w. Vorn.); **Fla|vi|er** [...*wi'r*] der; -s, - (Angehöriger eines röm. Kaisergeschlechtes); **Fla|vio** (m. Vorn.); **fla|visch**

Fläz der; -es, -e (ugs. für: plumper, roher Mensch, Lümmel); **flä|zen,** sich (nachlässig sitzen; sich hinlümmeln); du fläzt (fläzest) dich; **flä|zig**

Fleb|be die; -, -n (Gaunerspr.: Wanderschein, Ausweispapier)

Flech|se die; -, -n (Sehne); **flechsig**

Flech|te die; -, -n (Pflanze; Hautausschlag; Zopf); **flech|ten;** du flichtst, er flicht; du flochtest; du flöchtest; geflochten; flicht!; **Flech|ter; Flecht|werk**

Fleck der; -[e]s, -e u. **Flecken**¹ der; -s, -; der blinde Fleck (im Auge); **Fleck|chen,** Flecklein; **Fleck|e**¹ Plur. (landsch. für: Kaldaunen); **flecken**¹ (Flecke[n] machen); auch ugs. für: vorankommen, z. B. es fleckt); **Flecken**¹ der; -s, - (svw. Fleck; größeres Dorf); **flecken|los**¹; **Flecken|lo|sig|keit**¹ die; -; **Flecken|was|ser**¹; **Fleckerl**¹ das; -s, -n (österr. für: quadratisch geschnittenes Nudelteigstück als Suppeneinlage); **Fleckerl**¹**-sup|pe** (österr.), ...**teppich** (südd. u. österr.: Teppich aus Stoffstreifen); **Fleck|fie|ber** das; -s; **fleckig**¹; **Fleckig|keit**¹ die; -; **Fleck|lein,** Fleckchen; **Fleck.ty|phus, ...vieh**

Fledde|rer; fled|dern (Gaunerspr.: [Leichen] ausplündern); ich ...ere (↑R 22)

Fle|der.maus, ...wisch

Fleet das; -[e]s, -e (niederd. für: Kanal)

Fle|gel der; -s, -; **Fle|ge|lei; fle|gelhaft;** -este; **Fle|gel|haf|tig|keit;**

¹ Trenn.: ...k|k...

---

fle|ge|lig; Fle|gel|jah|re Plur.; **fle|geln,** sich; ich ...[e]le mich (↑R 22) aufs Sofa

fle|hen; fle|hent|lich

Fleisch das; -[e]s; **Fleisch.bank** (Plur. ...bänke; österr. auch für: Fleischerei), ...**be|schau** (die; -), ...**be|schau|er,** ...**brü|he,** ...**einwaa|ge; Flei|scher; Flei|sche|rei; Flei|scher.in|nung,** ...**mei|ster; flei|schern** (aus Fleisch); **Fleisches|lust; Fleisch|ex|trakt; fleisch|far|ben, fleisch|far|big; fleisch|fres|send** (↑R 209:) -e Pflanzen, Tiere; **Fleisch|ge|richt; fleisch|ge|wor|den; Fleisch.hakker** (ostösterr. ugs.), ...**hau|er** (österr. für: Fleischer); **Fleisch|haue|rei** (österr. für: Fleischerei); **flei|schig; Flei|schig|keit** die; -; **Fleisch.klop|fer,** ...**klöß|chen,** ...**kon|ser|ve,** ...**laib|chen** (österr. für: Frikadelle); **fleischlich;** -e Lüste; **Fleisch|lich|keit** die; -; **fleisch|los; Fleisch.ma|schi|ne** (österr. für: Fleischwolf), ...**sal|lat,** ...**ver|gif|tung,** ...**vo|gel** (schweiz. für: Roulade), ...**wer|dung** (Menschwerdung, Verkörperung), ...**wolf** (der; Küchenmaschine), ...**wun|de,** ...**wurst**

Fleiß der; -es; **Flei|ßar|beit; flei|ßig,** aber (↑R 157): das Fleißige Lieschen (eine Blume)

Flei|ver|kehr der; -[e]s (Flug-Eisenbahn-Güterverkehr)

flek|tier|bar ⟨lat.⟩ (Sprachw.: beugbar); **flek|tie|ren** (Sprachw.: [ein Wort] beugen, d. h. deklinieren od. konjugieren); vgl. auch: Flexion

Fle|ming (dt. Dichter)

flen|nen (ugs. für: weinen); **Flen|ne|rei**

Flens|burg (Stadt in Schleswig-Holstein)

Fles|serl das; -s, -n (österr. landsch.: Salz-, Mohngebäck)

flet|schen (die Zähne zeigen); du fletschst (fletschest)

Flet|schern ⟨nach dem Amerikaner Fletcher⟩ (sorgfältig u. lange kauen); ich ...ere (↑R 22)

Flett das; -[e]s, -e (Wohn- u. Herdraum im niedersächs. Bauernhaus)

Flett|ner (dt. Maschinenbauer); **Flett|ner|ru|der** (Hilfsruder) ↑R 135

Fletz [auch: *fläz*] das od. der; -es, -e (südd. für: Hausflur)

fleucht (veralt. für: flieht); vgl. fliehen

fleugt (veralt. für: fliegt); vgl. fliegen; was da kreucht und fleugt

Fleu|rop [auch: *flörop*] die; - (internationale Blumengeschenkvermittlung)

fleußt (veralt. für: fließt); vgl. fließen

---

fle|xi|bel ⟨lat.⟩ (biegsam; anpassungsfähig; Sprachw.: beugbar); ...i|ble Wörter; **Fle|xi|bi|li|tät** die; - (Biegsamkeit); **Fle|xi|on** die; -, -en (Med.: Beugung, Abknickung; Sprachw.: Beugung, d. h. Deklination od. Konjugation); **Fle|xi|ons|en|dung; fle|xi|ons.fähig,** ...**los; fle|xi|visch** [...*wisch*] (Sprachw.: die Beugung betreffend); **Fle|xur** die; -, -en (Geol.: Verbiegung)

Fli|bu|stier [...*i'r*] der; -s, - ⟨niederl.⟩ (Seeräuber des 17. Jh.s)

Flic [*flik*] der; -s, -s ⟨franz.⟩ (franz. ugs. für: Polizist)

Flick|ar|beit; flicken¹; **Flicken**¹ der; -s, -; **Flicken|tep|pich**¹; **Flicker**¹; **Flicke|rei**¹; **Flickerin**¹ die; -, -nen

Flick|flack der; -s, -s ⟨franz.⟩ (in schneller Folge geturnter Handstandüberschlag rückwärts)

Flick.korb, ...**schnei|der,** ...**schu|ster,** ...**werk** (das; -[e]s)

Flie|boot (niederl.) (kleines Fischerboot; auch für: Beiboot)

Flie|der der; -s, - (Zierstrauch; landsch. für: schwarzer Holunder); **Flie|der-bee|re,** ...**beer|sup|pe** (landsch.), ...**blüte; Flie|der-.far|ben** od. ...**far|big; Flie|der-tee**

Flie|ge die; -, -n; **flie|gen;** er fliegt (vgl. fleugt); du flogst (flogest); du flögest; geflogen; flieg[e]!; fliegende Blätter, fliegende Hitze, fliegende Brücke (Fähre), fliegende Fische, fliegende Untertasse, in fliegender Eile, fliegende Brigade (DDR: Brigade, die ständig und schnell überall eingesetzt werden kann), aber (↑R 157): Fliegende Blätter (früheres Witzblatt), der Fliegende Holländer (Sagengestalt, Oper); **Flie|gen.fän|ger,** ...**fen|ster,** ...**gewicht** (Körpergewichtsklasse in der Schwerathletik), ...**klap|pe,** ...**klat|sche,** ...**kopf** (Druckerspr.), ...**pilz,** ...**schnäp|per** (Singvogel); **Flie|ger; Flie|ger-ab|wehr,** ...**alarm; Flie|ge|rei** die; -; **Flie|ger|horst; Flie|gerisch; Flie|ger_ren|nen** (Radsport; Pferdesport), ...**spra|che**

Flieh|burg (hist.); **flie|hen;** er flieht (vgl. fleucht); du flohst (flohest); du flöhest; geflohen; flieh[e]!; **flie|hend** (schräg nach hinten verlaufend); eine -e Stirn; **Flieh|kraft** (für: Zentrifugalkraft); **Flieh|kraft|kupp|lung** (Technik)

Flie|se die; -, -n (Wand- od. Bodenplatte); **flie|sen** (mit Fliesen versehen); du fliest (fliesest); er fliest; gefliest; **Flie|sen|le|ger**

¹ Trenn.: ...k|k...

Fließ *das;* -es, -e (veralt. für: Bach); **Fließ̱_ar|beit** (Arbeit am laufenden Band), (auch *(das;* *Plur.* ...bänder), ...ei (Vogelei ohne Kalkschale); **flie|ßen;** du fließt (fließest), er fließt (vgl. fleußt); ich floß, du flossest; du flössest; geflossen; fließ[e]!; 'Heck), ...laut (für: Liquida), ...pa|pier, ...was|ser *(das;* -s; österr. für: Wasserleitungsanschluß; Zimmer mit -)

Flim|mer *der;* -s, -; **Flim|mer_epithel** (Biol.: mit Wimpern versehene Zellschicht), ...ki|ste (ugs. für: Fernsehgerät); **flim|mern;** ich ...ere (↑ R 22)

flink; Flink|heit *die;* -; **flink|zün-gig**

Flin|serl *das;* -s, -n (österr. ugs. für: Flitter; kleines Gedicht)

Flint *der;* -[e]s, -e (niederd. für: Feuerstein); **Flin|te** *die;* -, -n (Gewehr, bes. Schrotgewehr); **Flinten_ku|gel, ...schuß; Flint|glas** *(Plur.* ...gläser; sehr reines Glas)

Flinz *der;* -es, -e (ein Mineral)

Flip *der;* -s, -s ⟨engl.⟩ (ein alkohol. Mischgetränk mit Ei)

Flip|flop *das;* -s, -s ⟨engl.⟩ u. **Flip-flop|schal|tung** (elektron. Kippschaltung); **Flip|per** *der;* -s, - (Spielautomat); **flip|pern**

flir|ren (flimmern)

Flirt *[flört,* auch: *flirt] der;* -[e]s, -s ⟨engl.⟩ (Liebelei; harmloses, kokettes Spiel mit der Liebe); **flir-ten** *[flört'n,* auch: *flirt'n]*

Flit|scherl *das;* -s, -n (österr. ugs. für: Flittchen); **Flit|chen** (ugs. für: leichtes Mädchen, Dirne)

Flit|ter *der;* -s, -; **Flit|ter_glanz, ...gold; flit|tern** (glänzen); **Flit-ter_staat** *(der;* -[e]s), ...werk, ...wo|chen *Plur.,* ...wöch|ner

Flitz *der;* -es, -e (veralt. für: Pfeil); **Flitz|bo|gen** *(ugs.);* **flit|zen** (ugs. für: [wie ein Pfeil] sausen, eilen); du flitzt (flitzest); du flitztest; **Flit|zer** (ugs. für: kleines, schnelles Fahrzeug)

floa|ten *[flo͡ʊt'n]* ⟨engl.⟩ (den Wechselkurs freigeben); **Floa-ting** *das;* -s

Flo|bert|ge|wehr [auch: *flobär...]* (nach dem franz. Waffenschmied) (↑ R 135)

F-Loch *das;* -[e]s, F-Löcher (an der Geige)

Flocke¹ *die;* -, -n; **flocken¹; flocken|för|mig¹; flocken|wei-se¹; flockig¹; Flock|sei|de** *die;* - (äußere Schicht des Seidenkokons); **Flockung¹** (Chemie); **Flockungs|mit|tel¹**

Flö|del *der;* -s, - (schmaler Doppelstreifen am Rand von Decke

¹ **Trenn.:** ...k|k...

u. Boden bei Streichinstrumenten)

Floh *der;* -[e]s, Flöhe; **flö|hen; Floh_markt** (Trödelmarkt), ...zir-kus

Flo|ka|ti *der;* -s, -s ⟨ngriech.⟩ (Teppich aus langen Wollfäden)

Flom *der;* -[e]s und **Flo|men** *der;* -s (Bauch- u. Nierenfett des Schweines usw.); vgl. ¹Flaum

Flop *der;* -s, -s ⟨engl.⟩ (Mißerfolg; auch kurz für: Fosbury-Flop); **Flop|py disk** *die;* - -, - -s (als Datenspeicher dienende [flexible] Magnetplatte)

¹Flor *der;* -s, -e ⟨lat.⟩ (Blüte, Blumenfülle; Wohlstand, Gedeihen); **²Flor** *der;* -s, -e u. (selten:) Flöre ⟨niederl.⟩ (dünnes Gewebe; samtartige Oberfläche eines Gewebes); **¹Flo|ra** *die;* -, Floren ⟨lat.⟩ (Pflanzenwelt [eines Gebietes]); **²Flo|ra** (altröm. Göttin; w. Vorn.); **Flor|band** *das (Plur.* ...bänder); **Flo|re|al** *der;* -[s], -s ("Blütenmonat" der Franz. Revolution: 20. April bis 19. Mai); **Flo|ren|tin** (m. Vorn.); **Flo|ren|ti-ne** (w. Vorn.)

Flo|ren|ti|ner (↑ R 147); - Hut; **flo-ren|ti|nisch; Flo|renz** (ital. Stadt)

Flo|res|zenz *die;* -, (selten:) -en ⟨lat.⟩ (Bot.: Blütenstand; Blütezeit)

Flo|rett *das;* -[e]s, -e ⟨franz.⟩; **Flo-rett_fech|ten** *(das;* -s), ...sei|de *(die;* -; Abfallseide)

Flo|ri|an (m. Vorn.)

Flo|ri|da (Halbinsel u. Staat in den USA; Abk.: Fla.)

flo|rie|ren ⟨lat.⟩ (blühen, [geschäftlich] vorankommen; gedeihen); **Flo|ri|le|gi|um** *das;* -s, ...ien *[...i̯'n]* (veralt. für: Anthologie; Sammlung von schmückenden Redewendungen); **Flo|rin** *der;* -s, -e u. -s (Gulden in den Niederlanden, ehem. engl. Silbermünze; Abk.: fl. u. Fl.); **Flo|rist** *der;* -en, -en (↑ R 197 (Erforscher einer Flora; Blumenbinder); **Flo-ri|stin** *die;* -, -nen; **flo|ri|stisch; Flos|kel** *die;* -, -n ([inhaltsarme] Redensart); **flos|kel|haft**

Floß *das;* -es, Flöße (Wasserfahrzeug); **flöß|bar; Floß|se** *die;* -, -n; **flö|ßen;** du flößt (flößest); **Flos-sen|fü|ßer; Flö|ßer; ...flos|ser** (z. B. Bauchflosser); **Flö|ße|rei** *(die;* -); **Floß_fahrt, ...gas|se; ...flos|sig** (z. B. breitflossig); **Floß|platz**

Flo|ta|ti|on *...zion] die;* -, -en ⟨engl.⟩ (Technik: Verfahren zur Aufbereitung von Erzen); **flo|ta-tiv**

Flö|te *die;* -, -n; (↑ R 207:) - spielen, aber (↑ R 68): beim Flötespielen; **flö|ten; Flö|ten|blä|ser**

flö|ten|ge|hen (ugs. für: verlorengehen)

Flö|ten_spiel *(das;* -[e]s), ...ton *(Plur.* ...töne)

flo|tie|ren ⟨engl.⟩ (Erze durch Flotation aufbereiten)

Flö|tist *der;* -en, -en; ↑ R 197 (Flötenspieler)

Flo|tow *[...to]* (dt. Komponist)

flott; -este (leicht; rasch, flink). **I. Schreibung in Verbindung mit dem Partizip:** ein flottgehendes Geschäft, ein flottgeschriebenes Buch (↑ R 209), aber das Buch ist flott geschrieben. **II. Schreibung in Verbindung mit Verben,** z. B. flottmachen (↑ R 205 f.): er hat das Schiff flottgemacht (zum Schwimmen gebracht), **aber:** seine Arbeit flott (= flink) machen; **Flott** *das;* -[e]s (niederd. für: Milchrahm); **Flot|te** *die;* -, -n; **Flot|ten_ab|kom|men, ...ba-sis, ...stütz|punkt; flot|tie|ren** (schwimmen; schweben); -de (schwebende, kurzfristige) Schuld; **Flot|til|le** [auch: *flotiljᵉ] die;* -, -n ⟨span.⟩ (Verband kleiner Kriegsschiffe); **flott|ma|chen** (↑ R 105); vgl. flott; **flott|weg** (ugs. für: in einem weg)

Flotz|maul (der stets feuchte Nasenteil beim Rind)

Flöz *das;* -es, -e (abbaubare [Kohle]schicht); **Flöz|ge|bir|ge**

Flu|at *das;* -[e]s, -e (Kurzw. für: Fluorsilikat)

Fluch *der;* -[e]s, Flüche; **fluch|be-la|den; flu|chen; Flu|cher**

¹Flucht *die;* -, -en (zu: fliegen) (Fluchtlinie, Richtung, Gerade)

²Flucht *die;* -, -en (zu: fliehen); **flucht|ar|tig**

fluch|ten (Technik: in eine gerade Linie bringen)

flüch|ten; sich -; **Flüch|ter** (Haus-, Feldtaube); **Flucht_fahr|zeug, ...ge|fahr, ...ge|schwin|dig|keit** (Geschwindigkeit, die nötig ist, um das Gravitationsfeld eines Planeten zu überwinden); **Flucht|hel|fer**

flüch|tig (für: perspektivisch); **Flüch|tig, Flüch|tig|keit; Flüch-tig|keits|feh|ler; Flücht|ling; Flücht|lings|la|ger**

Flucht_li|nie, ...punkt

flucht|ver|däch|tig; Flucht_ver-such, ...weg

fluch|würdig

Flüe *[flüᵉ],* Nik[o]laus von der (schweiz. Heiliger)

Flug *der;* -[e]s, Flüge; im -e; **Flug-_ab|wehr, ...asche, ...bahn, ...ball** (bes. Tennis), ...be|glei|ter (Steward), ...be|glei|te|rin (Stewardeß); **flug|be|reit; Flug_blatt, ...boot, ...ech|se** (vgl. Flugsaurier); **Flü|gel** *der;* -s, -; **Flü|gel-_ad|ju|tant** (veralt.), ...al|tar; ...flü|ge|lig, ...flüg|lig (z. B. einflüg[el]ig); **Flü|gel|kleid** (um

1900); **flü|gel|lahm**; **Flü|gel-**
mann (Plur. ...männer u. ...leute);
flü|geln (Jägerspr.: in den Flügel
schießen); ich ...[e]le (↑R 22); ge-
flügelt (vgl. d.); **Flü|gel|schlag**;
flü|gel|schla|gend; **Flü|gel_stür-**
mer (Sport), ...tür; **Flug_funk**,
...**gast** (Plur. ...gäste); **flüg|ge**;
Flug_ge|sell|schaft, ...ha|fen (vgl.
²Hafen), ...kör|per, ...leh|rer;
...**flüg|lig** vgl. ...flügelig; **Flug-**
_loch, ...lot|se, ...plan (vgl.
²Plan), ...platz, ...rei|se; **flugs**
(schnell, sogleich); ↑R 61; **Flug-**
_sand, ...sau|ri|er (für: Pterosau-
rier), ...schrei|ber (Gerät),
...schrift, ...steig, ...stun|de,
...taug|lich|keit, ...tech|nik,
...tou|ri|stik, ...ver|kehr, ...we|sen
(das; -s), ...zet|tel (österr. für:
Flugblatt), ...zeug (das; -[e]s,
-e); **Flug|zeug|ab|wehr|ka|no|ne**
(Kurzw.: Flak); **Flug|zeug_bau**
(der; -[e]s), ...ent|füh|rer, ...ent-
füh|rung, ...füh|rer, ...mut|ter-
schiff, ...trä|ger
Fluh die; -, Flühe (schweiz. für:
Fels[wand]); **Flüh|vo|gel** (ein Al-
penvogel)
Flui|dum das; -s, ...da (↑R 180)
⟨lat.⟩ (von einer Person od. Sache
ausströmende Wirkung)
Flu|ke die; -, -n (querstehende
Schwanzflosse der Wale)
Fluk|tua|ti|on [...zion] die; -, -en
(↑R 180) ⟨lat.⟩ (Schwanken,
Schwankung); **fluk|tu|ie|ren**
Flyn|der die; -, -n (ein Fisch)
Flun|ke|rei (kleine Lüge, Auf-
schneiderei); **Flun|ke|rer**; **flun-**
kern; ich ...ere (↑R 22)
Flunsch die; -, -en u. der; -[e]s, -e
(niederd. u. mitteld. für: [ver-
drießlich od. zum Weinen] ver-
zogener Mund)
Flu|or das; -s ⟨lat.⟩ (chem. Grund-
stoff; Nichtmetall; Zeichen: F);
Fluo|res|zenz die; - (Aufleuchten
unter Strahleneinwirkung); **fluo-**
res|zie|ren; fluoreszierender
Stoff (Leuchtstoff); **Fluo|ro|phor**
der; -s, -e (Fluoreszenzträger);
Flu|or|si|li|kat (Mittel zur Här-
tung von Baustoffen); vgl. Fluat
¹**Flur** die; -, -en (nutzbare Landflä-
che; Feldflur); ²**Flur** der; -[e]s, -e
(Gang [mit Türen], Hausflur);
Flur_be|rei|ni|gung, ...buch (für:
Kataster), ...för|de|rer (Fahr-
zeug), ...gar|de|ro|be, ...hü|ter,
...na|me, ...scha|den, ...schütz
der, ...um|gang (Bittgang)
flu|schen (nordd. mdal. für: flut-
schen)
Flu|se die; -, -n (landsch. für: Fa-
denrest, Fussel)
Fluß der; Flusses, Flüsse; **fluß|ab-**
|wärts|; **Fluß|arm**; **fluß|auf-**
|wärts|; **Fluß|bett** (Plur. ...betten
[seltener: ...bette]); **Flüß|chen**,

Flüß|lein; **Fluß|dia|gramm**
(graph. Darstellung von Arbeits-
abläufen); **flüs|sig**; -e (verfügba-
re) Gelder; -e Luft; -e Kristalle.
Schreibung in Verbindung mit
Verben (↑R 205 f.): Metall flüssig
machen (schmelzen), vgl. aber:
flüssigmachen; **Flüs|sig|gas**;
Flüs|sig|keit; **Flüs|sig|keits-**
_brem|se (hydraulische Bremse),
...**maß** das, ...men|ge; **Flüs|sig-**
kri|stall|an|zei|ge (Ziffern]anzei-
ge mit Hilfe flüssiger Kristalle);
flüs|sig|ma|chen (verfügbar ma-
chen); er hat das Kapital flüssig-
gemacht; vgl. flüssig; **Fluß|lauf**;
Flüß|lein, Flüßlchen; **Fluß-**
_pferd, ...re|gu|lie|rung, ...sand,
...schiff|fahrt [Trenn.: ...schiff-
fahrt, ↑R 104], ...spat (ein Mineral; vgl. ¹Spat), ...stahl (vgl.
¹Stahl), ...ufer
Flü|ste|rer; **flü|stern**; ich ...ere
(↑R 22); **Flü|ster_pro|pa|gan|da**,
...stim|me, ...ton (der; -[e]s), ...tü-
te (scherzh. für: Sprachrohr),
...witz (gegen ein totalitäres Re-
gime gerichteter Witz)
Flut die; -, -en; **flu|ten**; **Flut_hö-**
he, ...ka|ta|stro|phe, ...licht
flut|schen (ugs. für: gut voran-
kommen, -gehen); es flutscht
Flut_war|nung, ...wel|le, ...zeit
flu|vi|al [...wi...] ⟨lat.⟩ (Geol.: von
fließendem Wasser verursacht)
Fly|er [flai'r] der; -s, - ⟨engl.⟩ (Vor-
spinn-, Flügelspinnmaschine;
Arbeiter an einer solchen Ma-
schine); **Fly|e|rin** die; -, -nen; **Fly-**
ing Dutch|man [flaiing datsch-
m'n] der; - -, - ...men ⟨engl.⟩
(ein Zweimann-Sportsegelboot);
Fly-over [flaio"v'r] der; -s, -s
(Straßenüberführung)
Flysch [fli...] der; - schweiz.: fli...],
österr.: flü...] das (österr.: der);
-[e]s (ein Gestein)
fm = Festmeter
Fm = Fermium
FMH = Foederatio Medicorum
Helveticorum (Vereinigung
schweiz. [Fach]ärzte)
Fmk = Finnmark; vgl. Markka
f-Moll [äfmol, auch: äfmol] das; -
(Tonart; Zeichen: f); **f-Moll-**
Ton|lei|ter (↑R 41)
fob = free on board [fri on bâ'd]
⟨engl.⟩ (frei an Bord); - Hamburg, - deutschen Ausfuhrhafen;
Fob|klau|sel
Foch [fosch] (franz. Marschall)
Fock die; -, -en (Vorsegel; unter-
stes Rahsegel des Vormastes);
Fock_mast der, ...ra|he, ...se|gel
fö|de|ral (föderativ); **Fö|de|ra|lis-**
mus der; - ⟨lat.-franz.⟩ ([Streben
nach] Selbständigkeit der Länder
innerhalb eines Staatsganzen);
Fö|de|ra|list der; -en, -en
(↑R 197); **fö|de|ra|li|stisch**; **Fö-**

de|ra|ti|on [...zion] die; -, -en (lo-
ser [Staaten]bund); **fö|de|ra|tiv**
(bundesmäßig); **Fö|de|ra|tiv-**
staat (Plur. ...staaten); **fö|de|riert**
(verbündet)
Fog der; -s ⟨engl.⟩ (engl. Bez. für:
dichter Nebel)
Fo|gosch der; -[e]s, -e ⟨ung.⟩
(österr. für: Zander)
foh|len (ein Fohlen zur Welt brin-
gen); **Foh|len**, Fül|len das; -s, -
Föhn der; -[e]s, -e (warmer, trockener Fallwind); vgl. aber: Fön;
föh|nen (föhnig werden); es
föhnt; **föh|nig**; **Föhn_krank|heit**,
...wind
Föhr (eine nordfries. Insel)
Föh|re die; -, -n (Kiefer); **föh|ren**
(aus Föhrenholz); **Föh|ren|wald**
fo|kal ⟨lat.⟩ (den Fokus betref-
fend, Brenn...); **Fo|kal|in|fek|ti-**
on (Med.: von einem Ausgangs-
herd im Körper ausgehende In-
fektion); **Fo|kus** der; -, -se
(Brennpunkt; Krankheitsherd);
fo|kus|sie|ren [optische Linsen]
ausrichten)
fol., Fol. = Folio; Folioblatt
Fol|ge die; -, -n; Folge leisten; zur
Folge haben; für die Folge, in
der Folge; demzufolge (vgl. d.);
infolge; zufolge; infolgedessen;
Fol|ge_er|schei|nung, ...ko|sten
Plur., ...la|sten Plur.; **fol|gen**; er
ist mir gefolgt (nachgekommen);
er hat mir gefolgt (Gehorsam ge-
leistet); **fol|gend**; folgende [Seite]
(Abk.: f.); folgende [Seiten]
(Abk.: ff.); folgendes, was ...; folgendes schauderhafte Gesche-
nis; folgende lange (seltener:
langen) Ausführungen. **I.** Kleinschreibung: **a)** (↑R 66:) der -e (der
Reihe nach); -es (dieses); das -e
(dieses; er sagte das folgende: ...;
auch: das Folgende, vgl. II.); aus
-em (diesem); durch -es (dieses);
mit -em (diesem); von -em (diesem); alle -en (anderen); **b)**
(↑R 65:) im -en, -em (im weiteren
unten). **II.** Großschreibung
(↑R 65:) der Folgende (der einem
andern Nachfolgende); das Folgende (das später Erwähnte, Ge-
schehende, die folgenden Ausführungen: das Folgende steht in
seinem Brief: ...; auch: das folgende, vgl. I. a); durch das Folgende; aus, in, mit, nach, von
dem Folgenden mit den folgenden
Ausführungen); **fol|gen|der_ge-**
stalt, ...ma|ßen; **fol|gen_reich**,
...schwer; **Fol|gen|schwe|re** die; -;
fol|ge|richtig; **fol|ge|rich|tig**; **Fol-**
ge|rich|tig|keit; **fol|gern**; **fol-**
...ere (↑R 22); **fol|gernd**; **Fol|ge-**
rung; **Fol|ge|scha|den**; **fol|ge-**
wid|rig; **Fol|ge_wid|rig|keit**,
...zeit; **folg|lich**; **folg|sam**; **Folg-**
sam|keit die; -

Fo|lia (*Plur.* von: Folium); Fo|li|ant *der;* -en, -en (↑R 197) ⟨lat.⟩ (Buch in Folio); Fo|lie [...*i*] *die;* -, -n (dünnes [Metall]blatt; Prägeblatt; Hintergrund)
Fol|lies-Ber|gère [*folibärsehär*] *Plur.* ⟨franz.⟩ (Varieté u. Tanzkabarett in Paris)
fo|li|ie|ren ⟨lat.⟩ ([Bogenseiten] beziffern; mit einer Folie unterlegen); Fo|lio *das;* -s, Folien [...*i*] u. -s (Halbbogengröße [nur *Sing.;* Buchformat; Abk.: fol., Fol. od. 2°]; Blatt im Geschäftsbuch); in -; Fo|lio-band *der,* ...blatt (Abk.: Fol.), ...for|mat; Fo|li|um *das;* -s, Folia u. Folien [...*i*n] (Pflanzenblatt)
Folk [*fo*"k] *der;* -s ⟨engl.⟩ (an englischsprachige Volksmusik anknüpfende, [vom ²Rock beeinflußte] populäre Musik)
Fol|ke|ting [dän. Ausspr.: *folg*teng] *das;* -s (bis 1953 zweite Kammer des dän. Reichstags, seitdem Bez. für das dän. Parlament)
Folk|lo|re [auch: *folk...*] *die;* - ⟨engl.⟩ (Volksüberlieferungen; Volkskunde; Volksmusik [in der Kunstmusik]); Folk|lo|rist *der;* -en, -en (↑R 197); Folk|lo|ri|stik *die;* - (selten für: Wissenschaft von der Folklore); folk|lo|ri|stisch; Folk|song [*fo*"k*ßong*] (volkstümliches Lied, volksliedhafter [Protest]song); Folk|wang (nord. Mythol.: Palast der Freyja)
Fol|li|kel *der;* -s, - ⟨lat.⟩ (Med.: Drüsenbläschen; Hülle der reifenden Eizelle im Eierstock); Fol|li|kel_hor|mon, ...sprung; fol|li|ku|lar, fol|li|ku|lär (auf den Follikel bezüglich)
Fol|ter *die;* -, -n; Fol|ter|bank (*Plur.* ...bänke); Fol|te|rer; Fol|ter_in|stru|ment, ...kam|mer; fol|tern; ich ...ere (↑R 22); Fol|te|rung; Fol|ter|werk|zeug
Fön ⓦ *der;* -[e]s, -e (elektr. Heißlufttrockner); vgl. aber: Föhn
Fond [*fong*] *der;* -s, -s ⟨franz.⟩ (Hintergrund eines Gemäldes od. einer Bühne; Rücksitz im Wagen; ausgebratener od. -gekochter Fleischsaft)
Fon|dant [*fongdang*] *der* (österr.: *das*); -s, -s ⟨franz.⟩ (Zuckerwerk)
Fonds [*fong*] *der;* - [*fong(ß)*], - [*fongß*] ⟨franz.⟩ (Geldmittel, -vorrat, Bestand; *Plur.* auch für: Anleihen); vgl. a fonds perdu
Fon|due [*fongdü*], schweiz.: *fongdü*] *das;* -s, -s od. *die;* -, -s ([west]schweiz. Käsegericht; bei Tisch gegartes Fleischgericht); Fon|due|ga|bel
fö|nen (mit dem Fön trocknen)
Fons (Kurzform von: Alfons)

Fon|tai|ne|bleau [*fongtänblo*] (Stadt u. Schloß in Frankreich)
Fon|ta|ne (dt. Dichter)
Fon|tä|ne *die;* -, -n ⟨franz.⟩ ([Spring]brunnen); Fon|ta|nel|le *die;* -, -n (Knochenlücke am kindlichen Schädel)
Fon|tan|ge [*fongtangsch*] *die;* -, -n (Frauenkopfputz des 17. Jh.s)
Foot [*fut*] *der;* -, Feet [*fit*] ⟨engl.⟩ (engl. Längenmaß; Abk.: ft.; Zeichen: ′); Foot|ball [*futbál*] *der;* -[s] (dem Rugby ähnliches amerik. Mannschaftsspiel)
fop|pen; Fop|per; Fop|pe|rei
Fo|ra|mi|ni|fe|re *die;* -, -n ⟨lat.⟩ (einzelliges Wassertier mit Kalkschale)
Force de frappe [*forßd'frap*] *die;* - - ⟨franz.⟩ (Gesamtheit der franz. Atomstreitkräfte); for|cie|ren [*forßir'n*] (erzwingen; steigern); for|ciert (auch: gezwungen, unnatürlich)
Ford, Henry (amerik. Industrieller)
För|de *die;* -, -n (niederd. für: schmale, lange Meeresbucht)
För|der_band (*das; Plur.* ...bänder), ...be|trieb (*der; Plur.* ...betriebe); För|de|rer; För|der|kreis, För|derkreis (eines Museums u. ä.); För|de|rin *die;* -, -nen; För|der-koh|le, ...korb, ...kreis, För|derer|kreis; För|der|kurs; för|der|lich
för|dern; ich ...ere (↑R 22); För|der_preis (zur Förderung junger Künstler u. ä.), ...schacht, ...seil, ...stu|fe (Schulw.), ...turm
För|de|rung
För|de|rung; För|de|rungs|maß|nah|me; För|der|werk
Fö|re *die;* - ⟨skand.⟩ (Skisport: Eignung des Schnees zum Fahren, Geführigkeit)
Fore|checking [*fortschäking*] *das;* -s, -s [*Trenn.:* ...chek|king] ⟨engl.⟩ (Eishockey: das Stören und Angreifen des Gegners in dessen Verteidigungsdrittel)
Fo|reign Of|fice [*forin ofiß*] *das;* - - ⟨Brit. Auswärtiges Amt⟩
Fo|rel|le *die;* -, -n (ein Fisch); Fo|rel|len|zucht
fo|ren|sisch ⟨lat.⟩ (gerichtlich)
Fo|rint [bes. österr. auch: ...*rint*] *der;* -[s], -s (bes. österr. auch: Forinte) ⟨ung.⟩ (ung. Münzeinheit; Abk.: Ft); 10 -
For|ke *die;* -, -n (nordd. für: Heu-, Mistgabel); for|keln (Jägerspr.: mit dem Geweih aufspießen)
For|le *die;* -, -n (südd. für: Föhre, Kiefer); Forl|eu|le (Schmetterling)
Form *die;* -, -en; in - sein; in - von; vgl. pro forma; for|mal (auf die Form bezüglich; nur der Form nach)

Form|al|de|hyd [auch: *...hüt*] *der;* -s (ein Gas)
For|ma|lie [...*i*] *die;* -, -n (meist *Plur.;* formale Einzelheit)
For|ma|lin ⓦ, For|mol ⓦ *das;* -s (Konservierungs-, Desinfektionsmittel)
for|ma|li|sie|ren ⟨franz.⟩ (in [strenge] Form bringen; formal darstellen); For|ma|lis|mus *der;* -, ...men ⟨lat.⟩ (Überbetonung der Form, des rein Formalen); For|ma|list *der;* -en, -en (↑R 197); for|ma|li|stisch; For|ma|li|tät *die;* -, -en; for|ma|li|ter (förmlich); for|mal_ju|ri|stisch, ...recht|lich; For|m|an|stieg (Sportspr.); For|mat *das;* -[e]s, -e; For|mat|bo|gen; For|ma|ti|on [...*zion*] *die;* -, -en (Anordnung; Gruppe; Geol.: Zeitabschnitt, Folge von Gesteinsschichten); For|ma|ti|ons_flug, ...tanz; for|ma|tiv (auf die Gestaltung bezüglich, gestaltend); form|bar; Form|bar|keit *die;* -; form|be|stän|dig; Form_blatt, ...ei|sen; form|en *die;* -, -n; For|mel-1-Wa|gen [...*ainß...*]; ↑R 43 (ein Rennwagen); for|mel|haft; For|mel|haf|tig|keit *die;* -; For|mel|kram *der;* -[e]s; for|mell ⟨franz.⟩ (förmlich, die Formen [peinlich] beobachtend; äußerlich; zum Schein vorgenommen); For|mel|we|sen *das;* for|men; For|men|leh|re (Teil der Sprachlehre u. der Musiklehre); for|men|reich; For|men|reich|tum *der;* -[e]s; For|men|sinn *der;* -[e]s; For|mer; For|me|rei; Form_feh|ler, ...frä|ser, ...ge|bung, ...ge|stal|ter (für: Designer), ...ge|stal|tung, ...form|ge|wandt; Form|ge|wandt|heit *die;*
for|mi|da|bel ⟨franz.⟩ (veralt. für: furchtbar; auch für: großartig); ...a|ble Erscheinung
for|mie|ren ⟨franz.⟩; For|mie|rung; ...för|mig (z. B. nadelförmig)
Form|kri|se (Sportspr.); förm|lich; Förm|lich|keit; form|los; Form|lo|sig|keit; Form|obst (Spalierobst[bäume])
For|mol vgl. Formalin
Form_sa|che, ...sand; form|schön; Form|schön|heit; Form_stren|ge, ...tief (Sportspr.); form|treu; For|mu|lar *das;* -s, -e ⟨lat.⟩; For|mu|lar|block (vgl. Block); for|mu|lie|ren (in eine angemessene sprachliche Form bringen); For|mu|lie|rung; For|mung; form|voll|en|det
For|nix *der;* -, ...nices [...*zeß*] ⟨lat.⟩ (Med.: Gewölbe, Bogen)
forsch; -este ⟨lat.⟩ (schneidig, kühn, selbstbewußt); For|sche *die;* - (ugs. für: Nachdruck)
for|schein [...] (schweiz. für: heimlich forschen, aushorchen); ich ...[e]le

(↑ R 22); for|schen; du forschst (forschest); For|scher; For|scher|geist (der; -[e]s); for|sche|risch; For|schung; For|schungs.auf|trag, ...be|richt, ...in|sti|tut, ...la|bor, ...me|tho|de, ...rei|sen|de, ...schiff, ...sta|ti|on, ...zen|trum, ...zweig

Forst der; -[e]s, -e[n]; Forst|amt; För|ster; För|ste|rei; Forst-_frevel, ...haus; forst|lich; Forst-_mann (Plur. ...männer u. ...leu|te), ...mei|ster, ...rat (Plur. ...rä|te), ...re|vier, ...scha|den, ...schu|le, ...ver|wal|tung, ...wirt, ...wirt|schaft, ...wis|sen|schaft (die; -)

For|sy|thie [forsüziᵉ, auch: ...tiᵉ; österr.: forsiziᵉ] die; -, -n ⟨nach dem engl. Botaniker Forsyth⟩ (ein Zierstrauch)

fort; - sein; - mit ihm!; und so - (Abk.: usf.); in einem -; weiter -; immerfort; fort... (in Zus. mit Verben, z. B. fortbestehen, du bestehst fort, fortbestanden, fortzubestehen)

Fort [foːr] das; s, -s ⟨franz.⟩ (Festungswerk)

fort|ab; fort|an

Fort|be|stand der; -[e]s; fort|be|ste|hen

fort|be|we|gen; sich -; vgl. ¹bewe|gen; Fort|be|we|gung

fort|bil|den; sich -; vgl. ¹bil|dung

fort|blei|ben

fort|brin|gen

Fort|dau|er; fort|dau|ern; fort-_dau|ernd

for|te ⟨ital.⟩ (Musik: stark, laut; Abk.: f); For|te das; -s, -s u. ...ti

fort|ent|wickeln [Trenn.: ...wik|keln]; sich -; Fort|ent|wicke|lung [Trenn.: ...wik|ke...], Fort|ent|wick|lung

For|te|pia|no das; -s, -s u. ...ni (ital.) (alte Bez. für: Pianoforte)

fort|er|ben, sich

fort|fah|ren

Fort|fall der; -[e]s; in - kommen (Papierdt.); fort|fal|len

fort|flie|gen

fort|füh|ren; Fort|füh|rung

Fort|gang der; -[e]s; fort|ge|hen

fort|ge|schrit|ten; Fort|ge|schrit|te|ne der u. die; -n, -n (↑ R 7 ff.)

fort|ge|setzt

fort|ha|ben; etwas - wollen (ugs.)

fort|hin

For|ti|fi|ka|ti|on [...zion] die; -, -en (lat.) (früher für: Befestigung, Befestigungswerk, -kunst); for|ti|fi|ka|to|risch; for|ti|fi|zie|ren

For|tis die; -, ...tes (lat.) (Sprachw.: starker, mit großer Intensität gesprochener Konsonant, z. B. p, t, k; Ggs.: Lenis [vgl. d.]); For|tis|si|mo (ital.) (Musik: sehr stark, sehr laut; Abk.: ff); For|tis|si|mo das; -s, -s u. ...mi

fort|ja|gen

fort|kom|men; Fort|kom|men

fort|kön|nen

fort|lau|fen; fort|lau|fend; - numeriert

fort|le|ben

fort|lo|ben; einen Mitarbeiter -

fort|ma|chen, sich (ugs.)

fort|müs|sen

fort|pflan|zen; Fort|pflan|zung; Fort|pflan|zungs.ge|schwin|dig|keit, ...or|gan

FORTRAN das; -s ⟨engl. Kurzwort für: formula translator „Formelübersetzer"⟩ (eine Programmiersprache)

fort|rei|ßen; jmdn. mit sich -

fort|ren|nen

Fort|satz der; -es, Fortsätze

fort|schaf|fen; vgl. ¹schaffen

fort|sche|ren, sich

fort|schicken [Trenn.: ...schik|ken]

fort|schrei|ben ([eine Statistik] fortlaufend ergänzen; Wirtsch.: den Grundstückseinheitswert neu feststellen); Fort|schrei|bung

fort|schrei|ten; fort|schrei|tend; Fort|schritt; Fort|schritt|ler; fort|schritt|lich; fort|schritt|lich|keit die; -; fort|schritts|gläu|big

fort|set|zen; Fort|set|zung; Fort-set|zungs|ro|man

fort|steh|len, sich

fort|strei|ben

fort|tra|gen

For|tu|na (röm. Glücksgöttin); For|tu|nat, For|tu|na|tus (m. Vorn.); For|tune [...ün], (eingedeutscht:) For|tü|ne die; ⟨franz.⟩ (Glück, Erfolg); keine - haben

fort|wäh|rend

fort|wer|fen

fort|wol|len

fort|wur|steln (ugs. für: im alten Schlendrian fortfahren); ich wurst[e]le fort (↑ R 22)

fort|zie|hen

Fo|rum das; -s, ...ren, ...ra u. -s (lat.) (altröm. Marktplatz, Gerichtsort; Öffentlichkeit; öffentliche Diskussion); Fo|rums.dis|kus|si|on, ...ge|spräch

for|za|to vgl. sforzato

Fos|bu|ry-Flop [foßbᵉriflop] der; -s, -s ⟨nach dem amerik. Leichtathleten⟩ (ein Sprung[stil] beim Hochsprung); ↑ R 135

Fo|se die; -, -n (derb für: Dirne)

Fo|ße die; -, -n (franz.) (nordd. für: leere Karte; Fehlfarbe)

fos|sil (lat.) (versteinert; vorweltlich); Fos|sil das; -s, -ien [...iᵉn] (meist Plur.; [versteinerter] Überrest von Tieren od. Pflanzen)

fö|tal vgl. fetal

¹Fo|to¹ das; -s, -s, schweiz.: die; -, -s (kurz für: Fotografie, Fotobild); ²Fo|to der; -s, -s (ugs. kurz für: Fotoapparat); Fo|to_al|bum,

...ama|teur, ...ap|pa|rat, ...ar|ti|kel, ...ate|lier; Fo|to|che|mi|gra|fie usw. vgl. Photochemigraphie usw.; Fo|to|fi|nish (Zieleinlauf, bei dem der Sieger durch Zielfoto ermittelt wird); fo|to|gen (zum Fotografieren od. Filmen geeignet, bildwirksam); Fo|to|ge|ni|tät die; - (Bildwirksamkeit); Fo|to|graf der; -en, -en (↑ R 197); Fo|to|gra|fie die; -, ...ien; fo|to|gra|fie|ren; fo|to|gra|fisch; -e Kamera; -es Objektiv; Fo|to|in|du|strie; Fo|to|ko|pie (Lichtbildabzug von Schriften, Dokumenten u. a.); Fo|to|ko|pier|au|to|mat; fo|to|ko|pie|ren; fo|to|li|tho|gra|fie vgl. Photolithographie; Fo|to_mo|dell (jmd., der für Fotoaufnahmen Modell steht), ...mon|ta|ge (Zusammenstellung verschiedener Bildausschnitte zu einem Gesamtbild), ...rea|lis|mus (moderne Kunstrichtung), ...re|por|ter, ...sa|fa|ri; Fo|to|satz vgl. Photosatz; Fo|to|thek die; -, -en (Lichtbildsammlung); fo|to|trop (von Brillengläsern: sich unter Lichteinwirkung verfärbend); Fo|to|zeit|schrift; Fo|to|zin|ko|gra|fie vgl. Photozinkographie

Fö|tus vgl. Fetus

Fot|ze die; -, -n (derb für: weibl. Scham; bayr. u. österr. ugs. für: Ohrfeige; Maul)

Föt|zel der; -s, - (schweiz. für: Lump, Taugenichts)

fot|zen (bayr. u. österr. ugs. für: ohrfeigen); du fotzt; Fotz|ho|bel (bayr. u. österr. ugs. für: Mundharmonika)

Fou|cault [fuko] (franz. Physiker); Fou|cault|sche Pen|del|ver|such der; -n -[e]s

foul [faul] ⟨engl.⟩ (Sport: regelwidrig); Foul das; -s, -s (Regelverstoß)

Fou|lard [fular, schweiz.: fular] der, (schweiz.:) das; -s, -s ⟨franz.⟩ (leichtes [Kunst]seidengewebe; schweiz.: Halstuch aus [Kunst]seide); Fou|lé [fule] der; -[s], -s (ein Gewebe)

Foul|elf|me|ter [faul...] der (Sport); fou|len [faulᵉn] (Sport: sich regelwidrig verhalten); Foul|spiel [faul...] das; -[e]s (regelwidriges Spiel)

Fou|qué [fuke] (dt. Dichter)

Four|gon [furgong, schweiz.: fur-gong] der; -s, -s (veralt. für: Packwagen, Vorratswagen; schweiz.: Militär-, Postlastauto)

Four|rier [furir] der; -s, -e ⟨franz.⟩ (österr. u. schweiz. für: Furier)

Fox der; -[es], -e (Kurzform für: Foxterrier, Foxtrott); Fox|ter|ri|er [...iᵉr] ⟨engl.⟩ (Hunderasse);

Fox|trott *der;* -[e]s, -e u. -s ⟨engl.-amerik.⟩ (ein Tanz)

Foy|er [*foaje*] *das;* -s, -s ⟨franz.⟩ (Wandelhalle [im Theater])

FPÖ = Freiheitliche Partei Österreichs

fr = Franc

Fr = chem. Zeichen für: Francium

fr. = frei

Fr. = Frau; vgl. ²Franken

Fra ⟨ital.⟩ (Ordens„bruder"; meist vor konsonantisch beginnenden Namen, z. B. Fra Tommaso); vgl. Frate

Fracht *die;* -, -en; Fracht.brief, ...damp|fer; Frach|ten|aus|schuß *der;* ...schusses; Fracht|ter (Frachtschiff); fracht|frei; Fracht.gut, ...raum, ...schiff, ...stück, ...ver|kehr

Frack *der;* -[e]s, Fräcke u. -s ⟨engl.⟩; Frack.hemd, ...we|ste

Fra Dia|vo|lo [- *diavolo*] („Bruder Teufel"; neapolitan. Räuberhauptmann)

Fra|ge *die;* -, -n; (↑R 208:) in -kommen, stehen, stellen; die in -kommenden Personen; Fra|ge_bo|gen, ...für|wort (für: Interrogativpronomen); frä|geln (schweiz. mdal. für: vorsichtig, listig fragen); ich ...[e]le (↑R 22); fra|gen; du fragst (landsch.: frägst); er fragt (landsch.: frägt); du fragtest (landsch.: frugst); gefragt; frag[e]!; Fra|gen|kom|plex; Fra|ger; Fra|ge|rei; Fra|ge.satz (für: Interrogativsatz), ...stel|lung, ...stun|de (im Parlament); Fra|ge-und-Ant|wort-Spiel (↑R 41); Fra|ge_wort (*Plur.* ...wörter), ...zei|chen

fra|gil ⟨lat.⟩ (zerbrechlich; zart); Fra|gi|li|tät *die;* -

frag|lich; Frag|lich|keit; frag|los; Frag|lo|sig|keit *die;* -

Frag|ment *das;* -[e]s, -e ⟨lat.⟩ (Bruchstück; unvollendetes Werk); frag|men|ta|risch; -ste

Frag|ner *der;* -s, - (bayr. u. österr. veralt. für: Krämer)

frag|wür|dig; Frag|wür|dig|keit

frais [*fräß*], fraise [*fräs*] ⟨franz.⟩ (erdbeerfarben); mit einem frais[e] Band

Frai|sen *Plur.* (südd., österr. für: Krämpfe [bei kleinen Kindern])

Frak|ti|on [...*zion*] *die;* -, -en ⟨franz.⟩ (organisatorischer Zusammenschluß [im Parlament]; Chemie: Destillat); frak|tio|nell; Frak|tio|nier|ap|pa|rat; frak|tio|nie|ren (Gemische durch Verdampfung in Destillate zerlegen); fraktionierte Destillation; Frak|ti|ons_aus|schuß, ...dis|zi|plin (*die;* -), ...füh|rer, ...mit|glied, ...stär|ke, ...vor|sit|zen|de, ...vor|stand, ...zwang; Frak|tur

die; -, -en ⟨lat.⟩ (Knochenbruch; dt. Schrift, Bruchschrift); Frak|tur.satz (*der;* -es; Druckw.), ...schrift

Fram|bö|sie *die;* -, ...ien ⟨franz.⟩ (trop. Hautkrankheit)

Frame [*frem*] *der;* -n [...'*n*], -n (↑R 197) ⟨engl.⟩ (Rahmen, Träger in Eisenbahnfahrzeugen)

Franc [*frang*] *der;* -, -s [*frang*] ⟨Währungseinheit; Abk.: fr, *Plur.* frs); 100 - (↑R 129); franz. Franc (Abk.: F, FF); belg. Franc (Abk.: bfr, *Plur.* bfrs); Luxemburger Franc (Abk.: lfr, *Plur.* lfrs); vgl. ²Franken

Fran|çai|se [*frangßäs'*] *die;* -, -n ⟨franz.⟩ (ein Tanz)

France [*frangß*], Anatole (franz. Schriftsteller); France' Werke (↑R 139)

Fran|ces|ca [*frantschäßka*] (ital. w. Vorn.); Fran|ces|co [*frantschäßko*] (ital. m. Vorn.)

¹Fran|chi|se [*frangschis'*] *die;* -, -n ⟨franz.⟩ (Betrag der Selbstbeteiligung in der [Transport]versicherung; veralt. für: Freiheit, Freimütigkeit); ²Fran|chise [*frängtschais*] *das;* - u. Fran|chi|sing [...*tschaising*] *das;* -s ⟨franz.-engl.⟩ (Wirtsch.: Produktion u. Vertrieb auf Grund von Lizenzverträgen)

Fran|ci|um [...*zium*] *das;* -s (chem. Grundstoff, Metall; Zeichen: Fr)

Fran|cke [zur *Trenn.:* ↑R 179] (dt. Theologe u. Pädagoge); Fran|cke|sche Stif|tun|gen *Plur.*

Fran|co [...*ko*], Francisco (span. Staatsmann)

frank ⟨mlat.-franz.⟩ (frei, offen); - und frei

Frank (m. Vorn.); Fran|ka (w. Vorn.)

Fran|ka|tur *die;* -, -en ⟨ital.⟩ (das Freimachen von Postsendungen; Porto)

Fran|ke *der;* -n, -n; ↑R 197 (Angehöriger eines germanischen Volksstammes; Einwohner von ¹Franken); ¹Fran|ken (Land); ²Fran|ken *der;* -s, - (schweiz. Währungseinheit; Abk.: Fr, sFr; im dt. Bankwesen: sfr, *Plur.* sfrs); vgl. Franc; Fran|ken|stein (Gestalt eines Schauerromans); Fran|ken|wald *der;* -[e]s (Gebirge in Bayern); Fran|ken|wein

Frank|furt am Main (Ortsn.); ¹Frank|fur|ter (↑R 147); ²Frank|fur|ter *die;* -, -; meist *Plur.* (Frankfurter Würstchen); frank|fur|tisch; Frank|furt (Oder) (Ortsn.)

fran|kie|ren (ital.); Fran|kier|ma|schi|ne

Frän|kin *die;* -, -nen; frän|kisch, aber (↑R 146): die Fränkische Schweiz, die Fränkische Alb

Frank|lin [*frängklin*] (nordamerik. Staatsmann u. Schriftsteller)

fran|ko ⟨ital.⟩ (frei [die Transportkosten werden vom Absender bezahlt]); - nach allen Stationen; - Basel; - dort; - hier

Fran|ko|bert (m. Vorn.)

Fran|ko|ka|na|di|er [...*i'r*] (französisch sprechender Bewohner Kanadas); fran|ko|ka|na|disch; (↑R 155 [die franz. sprechenden Kanadier betreffend)

fran|ko|phil (germ.; griech.) (franzosenfreundlich); fran|ko|phon (französischsprachig); die -en Teile Afrikas; Fran|ko|pho|nie *die;* - (Französischsprachigkeit)

Frank|reich

Frank|ti|reur [*frangtirör*, auch: *frangk...*] *der;* -s, -e u. (bei franz. Aussspr.) -s (früher für: Freischärler)

Fräns|chen, Fräns|lein (kleine Franse); Fran|se *die;* -, -n; fran|sen; der Stoff franst, hat gefranst; fran|sig

Franz (m. Vorn.)

Franz.band (*der;* Ledereinband mit tiefem Falz), ...brannt|wein, ...brot, ...bröt|chen

Fränz|chen (Koseform von: Franz, Franziska); Fränz|ze (Koseform von: Franziska); fran|zen (Motorsport: als Beifahrer dem Fahrer den Verlauf der Strecke angeben); du franzt; Fran|zer (Motorsport); Fran|zis|ka (w. Vorn.); Fran|zis|ka|ner *der;* -s, - (Angehöriger des Mönchsordens der Franziskaner); Fran|zis|ka|ne|rin *die;* -, -nen (Angehörige des Ordens der Franziskanerinnen); Fran|zis|ka|ner|or|den *der;* -s (Abk.: OFM); Fran|zis|kus (m. Vorn.)

Franz-Jo|seph-Land *das;* -[e]s; ↑R 150 (eine arktische Inselgruppe)

Franz|mann (*Plur.* ...männer); Fran|zo|se *der;* -n, -n (↑R 197); fran|zo|sen|freund|lich; fran|zö|sie|ren (zum Franzosen machen); nach franz. Art gestalten); Fran|zö|sin *die;* -, -nen; fran|zö|sisch; -e Broschur; die französische Schweiz (der französische Teil der Schweiz), aber (↑R 157): die Französische Republik; die Französische Revolution (1789–1794); vgl. deutsch; Fran|zö|sisch *das;* -[s] (Sprache); vgl. Deutsch; Fran|zö|si|sche *das;* -n; vgl. Deutsche das; fran|zö|si|sie|ren vgl. französieren

frap|pant ⟨franz.⟩ (auffallend, überraschend; befremdend); ¹Frap|pé [...*pe*] *der;* -s, -s (Stoff mit eingepreßtem Muster); ²Frap|pé *das;* -s, -s (mit Eis serviertes alkohol. Getränk); frap-

pie|ren (überraschen, befrem-
den; Wein u. Sekt in Eis kühlen)
Fräs|dorn (Plur. ...dorne); Frä|se
die; -, -n (Maschine zum spanab-
hebenden Formen); frä|sen; du
fräst (fräsest) er fräste; Frä|ser
(Teil an der Fräsmaschine; Be-
rufsbez.); Fräs|ma|schi|ne
Fraß der; -es, -e; Fraß_gift, ...spur
Fra|te ⟨ital.⟩ (Ordens„bruder";
meist vor vokalisch beginnenden
Namen, z. B. Frate Elia, Frat'An-
tonio); vgl. Fra; Fra|ter der; -s,
Fra|tres ⟨lat.⟩ ([Ordens]bruder);
fra|ter|ni|sie|ren ⟨franz.⟩ (sich
verbrüdern; vertraut werden);
Fra|ter|ni|tät die; -, -en ⟨lat.⟩
(Brüderlichkeit; Verbrüderung;
kirchl. Bruderschaft); Fra|ter|ni-
té vgl. Liberté; Fra|tres (Plur.
von: Frater)
Fratz der; -es ⟨österr.: -en⟩, -e u.
⟨österr. nur:⟩ -en ⟨ital.⟩ (ungezo-
genes Kind; schelmisches Mäd-
chen); Frätz|chen, Frätz|lein;
Frat|ze die; -, -n (verzerrtes Ge-
sicht); Frat|zen|ge|sicht; frat-
zen|haft; -este
Frau die; -, -en (Abk.: Fr.); Frau-
chen; Frau|en_arzt, ...ärz|tin,
...be|ruf, ...be|we|gung (die; -),
...eis (ein Mineral), ...eman|zi|pa-
ti|on; frau|en|feind|lich;
Frau|en|feld (Hptst. des Thur-
gaus)
Frau|en_fra|ge (die; -), ...grup|pe,
...haar (auch: Name verschiede-
ner Pflanzen); frau|en|haft;
Frau|en_haus (für Frauen, die
von ihren Männern mißhandelt
werden), ...heil|kun|de (für: Gy-
näkologie), ...held, ...hilfs|dienst
(der; -es; in der Schweiz; Abk.:
FHD), ...hilfs|dienst|lei|sten|de
(die; -n, -n; ↑ R 7 ff.; Abk.: FHD),
...ken|ner, ...krank|heit, ...lei-
den, ...recht|le|rin (die; -, -nen);
frau|en|recht|le|risch; Frau|en-
schuh (auch: Name verschiede-
ner Pflanzen); Frau|ens_leu|te,
...per|son; Frau|en_tum (das;
-s), ...über|schuß, ...wahl|recht,
...zim|mer; Frau|ke (w. Vorn.);
Fräu|lein das; -s, -, ugs. auch: -s
(Abk.: Frl.); - Müllers Adresse;
die Adresse - Müllers, des - Müller, Ihres - Tochter; Ihr, (veralt.:)
Ihre - Braut, Tochter; frau|lich;
Frau|lich|keit die; -
Fraun|ho|fer-Li|ni|en Plur. ⟨nach
dem dt. Physiker Fraunhofer⟩
(Linien im Sonnenspektrum);
Fraun|ho|fer|sche Li|ni|en Plur.
(veraltend)
frdl. = freundlich
Freak [frik] der; -s, -s ⟨amerik.⟩
(jmd., der sich nicht in das nor-
male bürgerliche Leben einfügt)
frech; Frech_dachs, ...heit; Frech-
ling

Fred [fret, frät] (Kurzform zu: Al-
fred, Manfred)
Free|hol|der [friho⁰ld'r] der; -s, -s
⟨engl.⟩ (früher: lehnsfreier
Grundeigentümer in England)
Free|sie [fresi'] die; -, -n ⟨nach dem
Kieler Arzt Freese⟩ (eine Zierpflanze)
Free|town [fritaun] (Hptst. von
Sierra Leone)
Fre|gat|te die; -, -n ⟨franz.⟩ (Geleit-
schiff; früher für: schnellsegeln-
des Kriegsschiff); Fre|gat|ten|ka-
pi|tän; Fre|gatt|vo|gel
frei; -er, -[e]ste (Abk.: fr.). I.
Kleinschreibung: - Haus, - deutschen Ausfuhrhafen, - deutsche
Grenze liefern; das Signal steht
auf „frei" (↑ R 80); der -e Fall;
der -e Wille; der -e Raum; -e Be-
weiswürdigung; -e Fahrt; -e Liebe; -e Marktwirtschaft; -e Sta-
tion; -e Berufe; -e Rhythmen; -er
Rücklagen; -e Wahlen; -er Eintritt; -er Journalist; -er Mitarbeiter; -er Schriftsteller; aus -em
Antrieb; das -e Spiel der Kräfte;
in -er Wildbahn; -es Geleit zusi-
chern; jmdm. -e Hand, -es Spiel
lassen; jmdn. auf -en Fuß setzen.
II. Großschreibung: a) (↑ R 65:)
das Freie, im Freien, ins Freie; b)
(↑ R 157:) Sender Freies Berlin
(Abk.: SFB); Freie Demokratische Partei (Abk.: FDP u. partei-
amtlich: F.D.P.); Freie Deutsche
Jugend (DDR; Abk.: FDJ); die
Sieben Freien Künste (im Mittelalter); Freier Architekt (im Titel,
sonst: [er ist ein] freier Architekt); Freie und Hansestadt
Hamburg; Freie Hansestadt Bremen, aber: Frankfurt war lange
Zeit eine freie Reichsstadt (vgl.
I). III. In Verbindung mit Verben
(↑ R 205 f.): a) Getrenntschreibung, wenn „frei" in Bedeutungen wie „nicht abhängig", „nicht
gestützt", „nicht behindert",
„nicht bedeckt" als selbständiges Satzglied steht, z. B. frei sein,
werden, bleiben; frei (für sich)
stehen; ein Gewicht frei halten;
frei (ohne Manuskript) sprechen; frei (ohne Stütze, ohne
Leine) laufen; einen Platz frei
(unbesetzt) lassen, machen (vgl.
aber: freihalten); den Oberkör-
per frei machen (entblößen);
b) Zusammenschreibung, wenn
„frei" mit dem Verb einen neuen
Begriff bildet, z. B. freigeben (ich
gebe frei, freigegeben, freizuge-
ben), freisprechen, jmdm. frei-
stehen
Freia vgl. Freyja
Frei_bad, ...bank (Plur. ...bänke);
frei|be|kom|men; eine Stunde
freibekommen; vgl. frei, III
Frei|berg (Stadt im Erzgebirge)

frei|be|ruf|lich; Frei|be|trag; Frei-
beu|ter (Seeräuber); Frei|beu|te-
rei; frei|beu|te|risch; Frei|bier
das; -[e]s; frei blei|ben; vgl. frei,
III; frei|blei|bend (Kauf-
mannsspr. beim Angebot: ohne
Verbindlichkeit, ohne Verpflichtung; (↑ R 209:) das -e Angebot,
das Angebot ist -; Frei_bord (an
Höhe des Schiffskörpers über
der Wasserlinie), ...brief
Frei|burg im Breis|gau (Stadt in
Baden-Württemberg); Frei|burg
im Üecht|land [- - ü⸱cht...] od.
im Üecht|land (Stadt in der Schweiz)
Frei|den|ker; frei|den|ke|risch
Freie der; -n, -n; (↑ R 7 ff. (früher
für: jmd., der Rechtsfähigkeit u.
polit. Rechte besitzt)
Frei|er; Frei|er; Frei|ers|fü|ße
Plur., nur in: auf -n gehen; Frei-
ers|mann (Plur. ...leute)
Frei_ex|em|plar, ...frau, ...fräu-
lein, ...gal|be, ...gän|ger
(Rechtsw.); frei|ge|ben; vgl. frei,
III; frei|ge|big; Frei|ge|big|keit;
Frei_ge|hei|ge, ...geist (Plur. ...gei-
ster); Frei|gei|ste|rei; frei|gei-
stig; Frei|ge|las|se|ne der u. die;
-n, -n (↑ R 7 ff.); Frei_ge|richt (Fe-
me), ...graf (Vorsitzender des
Freigerichts), ...gren|ze (Steuer-
wesen), ...gut (Zollw.); frei|ha-
ben (Urlaub, keinen Dienst ha-
ben); vgl. frei, III; Frei|ha|fen
(vgl. ²Hafen); frei|hal|ten; ich
werde dich - (für dich bezahlen);
ich werde den Stuhl - (belegen);
die Ausfahrt - (nicht verstellen);
vgl. frei, III; Frei|hand|bü|che|rei
(in der man die Bücher selbst aus
den Regalen entnehmen kann);
Frei|han|del der; -s; Frei|han-
dels|zo|ne; frei|hän|dig; Frei-
hand|zeich|nen das; -s; Frei|heit;
frei|heit|lich; Frei|heits_be|griff,
...be|rau|bung, ...drang, ...ent-
zug; frei|heits|feind|lich; Frei-
heits|krieg; frei|heits|lie|bend;
Frei|heits_sta|tue, ...stra|fe; frei-
her|aus; etwas freiheraus (offen)
sagen; Frei|herr (Abk.: Frhr.);
Frei|herrn|stand der; -[e]s; Frei|in
die; -, -nen (Freifräulein); Frei-
kar|te; frei|kau|fen (durch ein
Lösegeld befreien); vgl. frei, III;
Frei|kir|che; eine protestantische
-; frei|kom|men (loskommen);
vgl. frei, III; Frei_kör|per|kul|tur
(Abk.: FKK); Frei_korps, ...la-
de|bahn|hof, ...land (das; -[e]s);
Frei|land_ge|mü|se; frei|las|sen
(einen Gefangenen); vgl. frei,
III; Frei_las|sung, ...lauf; frei-
lau|fen, sich (beim Fußball-
spiel); vgl. frei, III; frei|le|bend;
frei|le|gen (entblößen; deckende
Schicht entfernen); Frei-
le|gung, ...lei|tung
frei|lich

Frei|licht_büh|ne, ...ma|le|rei, ...mu|se|um
Frei|lig|rath (dt. Dichter)
Frei|luft|schu|le; frei|ma|chen (Postw.); ein paar Tage - (Urlaub machen); sich - (Zeit nehmen); vgl. frei, III; Frei|ma|chung (Postw.); Frei|mar|ke; Frei|mau|rer; Frei|mau|re|rei die; -; frei|mau|re|risch; Frei|mau|rer|lo|ge; Frei|mund (m. Vorn.); Frei|mut der; frei|mü|tig; Frei|mü|tig|keit; Frei_pla|stik, ...platz; frei|pres|sen (durch Erpressung jmds. Freilassung erzwingen); Frei|raum; frei|re|li|gi|ös; Frei_saß, ...sas|se (hist.); frei|schaf|fend; († R 209:) der freischaffende Künstler; Frei_schar, ...schär|ler, ...schlag (bes. Hockey); frei|schwim|men, sich (die Schwimmprüfung ablegen); vgl. frei, III; Frei|schwim|mer; frei|set|zen (aus einer Bindung lösen); Energie, Kräfte -; vgl. frei, III; Frei|sinn der; -[e]s; frei|sin|nig; frei|spie|len (Sport); sich, einen Stürmer -; frei|spre|chen (für nicht schuldig erklären; Handwerk: zum Gesellen erklären); vgl. frei, III; Frei_spre|chung, ...spruch, ...staat (Plur. ...staaten), ...statt od. ...stät|te; frei|ste|hen; das soll dir - (gestattet sein); die Wohnung hat lange freigestanden (war unbenutzt); vgl. frei, III; frei|stel|len (erlauben); jmdm. etwas -; vgl. frei, III; Frei_stem|pel (Postw.), ...stemp|ler (Frankiermaschine); Frei|stil_rin|gen, ...schwim|men das; -s; Frei|stoß (beim Fußball); [in]direkter -; Frei|stun|de
Frei|tag der; -[e]s, -e; († R 157:) der Stille Freitag (Karfreitag); vgl. Dienstag; frei|tags († R 61); vgl. Dienstag
Frei|te die; - (veralt. für: Brautwerbung); in: auf die - gehen
Frei_tisch, ...tod (Selbstmord); frei|tra|gend; -e Brücken; Frei_trep|pe, ...übung, ...um|schlag; frei|weg (unbekümmert, ohne Skrupel); frei wer|den; vgl. frei, III; eine frei werdende od. freiwerdende Wohnung († R 209); das Freiwerden († R 68); Frei|wild; frei|wil|lig; die -e Feuerwehr, aber († R 157): die Freiwillige Feuerwehr Nassau; Frei|wil|li|ge der u. die; -n, -n († R 7 ff.); Frei|wil|lig|keit (die; -), ...wurf (bes. Handball, Basketball), ...zei|chen, ...zeit; Frei|zeit_ge|stal|tung, ...hemd, ...ko|stüm, ...zen|trum; frei|zü|gig; Frei|zü|gig|keit die;
fremd; fremd|ar|tig; Fremd|ar|tig|keit; ¹Frem|de der u. die; -n, -n († R 7 ff.); ²Frem|de die; - (Aus-

land); in der -; Fremd|ein|wir|kung die; - (Verkehrsw.); frem|deln (landsch.); ich ...[e]le († R 22) u. frem|den (schweiz. für: vor Fremden scheu, ängstlich sein); Frem|den_bett, ...buch, ...heim, ...le|gi|on, ...sit|zung (öffentliche Karnevalssitzung), ...ver|kehr, ...zim|mer; fremd|ge|hen (ugs. für: untreu sein); Fremd|heit (Fremdsein); Fremd_herr|schaft, ...ka|pi|tal, ...kör|per; fremd|län|disch; Fremd|ling (veralt.); Fremd|spra|che; Fremd|spra|chen|kor|re|spon|den|tin; fremd|spra|chig (eine fremde Sprache sprechend); -er (in einer Fremdsprache gehaltenen) Unterricht; -er Druck; fremd|sprach|lich (auf eine fremde Sprache bezüglich); -er (über eine Fremdsprache gehaltenen) Unterricht; fremd|stäm|mig; Fremd|stäm|mig|keit die; -; Fremd|wort (Plur. ...wörter); Fremd|wör|ter|buch; fremd|wort|frei
fre|ne|tisch (franz.) (rasend); -er Beifall; vgl. aber: phrenetisch
fre|quent (lat.) (häufig, zahlreich; Med.: beschleunigt [vom Puls]); Fre|quen|ta|ti|on [...zion] die; -; fre|quen|tie|ren (häufig besuchen; ein u. aus gehen; verkehren); Fre|quenz die; -, -en (Besucherzahl, Verkehrsdichte; Schwingungs-, Periodenzahl); Fre|quenz_lis|te (schweiz. für: Anwesenheitsliste), ...mes|ser (der; zur Zählung der Wechselstromperioden)
Fres|ke die; -, -n (franz.) u. Fres|ko das; -s, ...ken (ital.) („frisch"; Wandmalerei auf feuchtem Kalkputz); vgl. a fresco; Fres|ko|ma|le|rei
Fres|nel|lin|se [fränäl...] (nach dem franz. Physiker) († R 135 (zusammengesetzte Linse für Beleuchtungszwecke u. in Fotoapparaten)
Fres|sa|li|en [...i'n] Plur. (scherzh. für: Eßwaren); Fres|se die; -, -n (derb für: Mund, Maul); fres|sen; du frißt (frissest), er frißt; du fraßest; du fräßest; gefressen; friß!; Fres|sen das; -s; Fres|ser; Fres|se|rei; Freß_gier, ...korb (ugs.), ...pa|ket (ugs.), ...sack (ugs.), ...werk|zeu|ge (Plur.; Zool.)
Frett|chen das; -s, - (niederl.) (Iltisart)
fret|ten, sich (österr. für: sich abmühen; sich wund reiben)
fret|tie|ren (niederl.) (Jägerspr.: mit dem Frettchen jagen)
Freud (österr. Psychiater u. Neurologe)
Freu|de die; -, -n; [in] Freud und

Leid († R 18); Freu|den_be|cher, ...bot|schaft, ...fest, ...feu|er, ...ge|heul, ...haus; freu|de|n|llos, freud|los; Freu|de[n]|lo|sig|keit, Freud|lo|sig|keit die; -; Freu|den_mäd|chen (geh. verhüllend für: Dirne); freu|den|reich; Freu|den_ruf, ...sprung, ...tag, ...tanz, ...tau|mel, ...trä|ne; freu|de|strah|lend; freu|de|trun|ken
Freu|di|a|ner; († R 180 (Schüler, Anhänger Freuds); freu|di|a|nisch; † R 180
freu|dig; ein -es Ereignis; Freu|dig|keit die; -; freud|los, freu|de[n]|los; Freud|lo|sig|keit, Freu|de[n]|lo|sig|keit die; -
Freud|sche Fehl|lei|stung (Psych.)
freu|en; sich -
freund; († R 64:) jmdm. - (freundlich gesinnt) sein, bleiben, werden; Freund der; -[e]s, -e; jemandes - bleiben, sein, werden; gut - sein; Freund|chen (meist [scherzh.] drohend als Anrede); Freun|des_kreis, ...treue; Freund-Feind-Den|ken; Freun|din die; -, -nen; freund|lich (Abk.: frdl.); freund|li|cher|wei|se; Freund|lich|keit; freund_nach|bar|lich; Freund|schaft; freund|schaft|lich; Freund|schafts_band|le Plur., ...be|weis, ...dienst, ...spiel (Sport), ...ver|trag
fre|vel; frevler Mut; Fre|vel der; -s, -; fre|vel|haft; Fre|vel|haf|tig|keit die; -; Fre|vel|mut; fre|veln; ich ...[e]le († R 22); Fre|vel|tat; fre|vent|lich; Frev|ler; Frev|le|rin die; -, -nen; frev|le|risch; -ste
Frey, Freyr (nord. Mythol.: Gott der Fruchtbarkeit u. des Friedens)
Frey|burg/Un|strut (Stadt an der unteren Unstrut)
Frey|ja (nord. Mythol.: Liebesgöttin)
Frey|tag (dt. Dichter)
Frhr. = Freiherr
Fri|aul (ital. Landschaft)
Fri|csay [fritschai], Ferenc (ung. Dirigent)
Fri|de|ri|cus [...kuß] (lat. Form für: Friedrich); - Rex (König Friedrich [der Große]); fri|de|ri|zia|nisch; † R 180
Fri|do|lin (m. Vorn.)
Frie|da (w. Vorn.); Fried|bert, Frie|de|bert (m. Vorn.)
Frie|de der; -ns, -n (älter, geh. für: Frieden); [in] Fried und Freud († R 218)
Frie|del (Koseform von: Friedrich, Gottfried, Elfriede u. a.)
Frie|dell, Egon (österr. Schriftsteller)
Frie|de|mann, Fried|mann (m. Vorn.)
frie|den (selten für: einfrieden, be-

frieden); gefriedet; Frie|den der; -s, - (älter, geh. auch: Friede); Frie|dens.be|din|gung, ...be|we-gung, ...bruch der, ...fahrt (DDR), ...for|schung, ...freund (bes. DDR), ...kon|fe|renz, ...kurs, ...la|ger (DDR), ...lie-be, ...no|bel|preis, ...pfei|fe, ...pflicht, ...po|li|tik, ...rich|ter, ...schluß; Frie|den|s|_stif|ter, ...stö|rer; Frie|dens_tau|be, ...ver-hand|lun|gen Plur., ...ver|trag, ...zei|chen, ...zeit

Frie|der (m. Vorn.); Frie|de|ri|ke (w. Vorn.)

frie|de|voll, fried|voll; fried|fer-tig; Fried|fer|tig|keit; Fried|fisch

Fried|helm (m. Vorn.)

Fried|hof; Fried|hofs_ka|pel|le, ...ru|he

Fried|län|der (Bez. Wallensteins nach dem Herzogtum Friedland; einer aus Wallensteins Mann-schaft); fried|län|disch

fried|lich; Fried|lich|keit die; -; fried_lie|bend, ...los; Fried|lo-sig|keit die; -

Fried|mann, Frie|de|mann (m. Vorn.)

Frie|do|lin vgl. Fridolin; ¹Fried-rich (m. Vorn.); Friedrich der Große (↑ R 133); ²Fried|rich, Caspar David (dt. Maler)

Fried|rich|ro|da (Stadt am Nord-rand des Thüringer Waldes)

Fried|richs|dor der; -s, -e (alte Goldmünze); 10 - (↑ R 129)

Fried|richs|ha|fen (Stadt am Bo-densee)

Fried|rich Wil|helm der; - -s, - -s (ugs. für: Unterschrift)

fried|sam (veralt.); Fried|sam|keit die; - (veralt.); fried|se|lig (ver-alt.); fried|voll, frie|de|voll

frie|ren; du frierst; du frorst; du frörest; gefroren; frier[e]!; ich friere an den Füßen; mich friert an den Füßen (nicht: an die Fü-ße); mir od. mich frieren die Fü-ße

Fries der; -es, -e ⟨franz.⟩ (Gesims-streifen; ein Gewebe)

Frie|se der; -n, -n; ↑ R 197 (Ange-höriger eines germ. Stammes an der Nordseeküste)

Frie|sel der od. das; -s, -n; meist Plur. (Hautbläschen, Pustel); Frie|sel|fie|ber

Frie|sen|nerz (scherzh. für: Öljak-ke); Frie|sin die; -, -nen; frie-sisch; Fries|land; Fries|län|der der; fries|län|disch

Frigg (nord. Mythol.: Wodans Gattin); vgl. Frija

fri|gid, fri|gi|de ⟨lat.⟩ (von Frau-en: [gefühls]kalt, geschlechtlich nicht hingabefähig); Fri|gi|da|ri-um das; -s, ...ien [...i°n] ⟨lat.⟩ (Ab-kühlungsraum [in altröm. Bä-dern]); fri|gi|de vgl. frigid; Fri|gi-di|tät die; - (Med.: das Frigide-sein)

Fri|ja (altd. Name für: Frigg)

Fri|ka|del|le die; -, -n ⟨ital.⟩; Fri-kan|deau [...kandó] das; -s, -s ⟨franz.⟩ (Teil der [Kalbs]keule); Fri|kan|del|le die; -, -n (Schnitte aus gedämpftem Fleisch); Fri-kas|see das; -s, -s; fri|kas|sie|ren fri|ka|tiv ⟨lat.⟩ (auf Reibung beru-hend); Fri|ka|tiv der; -s, -e [...wᵉ] (meist Plur.) u. Fri|ka|tiv|laut (Sprachw.: Reibelaut, z.B. f, sch); Frik|ti|on [...zion] die; -, -en (Reibung); Frik|ti|ons|kupp-lung; frik|ti|ons|los

Fri|maire [frimär] der; -[s], -s („Reifmonat" der Franz. Revo-lution: 21. Nov. bis 20. Dez.)

Fris|bee Ⓦ [frisbi] das; -, -s ⟨engl.⟩ (Wurfscheibe als Sportgerät)

Frisch (schweiz. Erzähler u. Dra-matiker)

frisch; -este; etwas - halten; sich - machen; auf -er Tat ertappen; frisch-fröhlich (↑ R 39). In Ver-bindung mit dem 2. Partizip (↑ R 209): frisch gestrichen; das frisch gebackene, (auch:) frisch-gebackene Brot, aber: das Brot ist frisch gebacken; (scherzh.:) ein frischgebackenes (gerade erst getrautes) Ehepaar; vgl. auch: frischbacken (↑ R 65); von fri-schem, aufs frische; (↑ R 146:) die Frische Nehrung, das Frische Haff; frisch|auf! (Wanderer-gruß); frisch|backen [Trenn.: ...bak|ken]; ein frischbackenes Brot; Frisch|blut (erst vor kurzer Zeit entnommenes Blut); Fri-sche die; -; fri|schen (veralt. für: erfrischen, erneuern; Hüttenw.: Metall herstellen, reinigen; vom Wildschwein: Junge werfen); du frischst (frischest); frisch-fröh-lich; vgl. frisch; frisch|ge|backen [Trenn.: ...bak|ken]; vgl. frisch; Frisch|ge|mü|se; Frisch|hal|te-packung [Trenn.: ...pak|kung]; Frisch.kä|se, ...kost; Frisch|ling (Junges vom Wildschwein); Frisch_milch, ...was|ser (das; -s; auch: Süßwasser auf Schiffen [für Dampfkessel]); frisch|weg; Frisch|zel|le; Frisch|zel|len_be-hand|lung, ...the|ra|pie

Fris|co (amerik. Abkürzung für: San Francisco)

Fri|seur|sa|lat ⟨franz.; dt.⟩ (Kopfsa-lat mit kraus gefiederten Blät-tern); Fri|seur [...sör] der; -s, -e (zu frisieren gebildet); vgl. auch: Frisör; Fri|seu|rin [...sörin] die; -, -nen (bes. österr. für: Friseuse); Fri|seur|sa|lon; Fri|seu|se [...sös°] die; -, -n; fri|sie|ren ⟨franz.⟩ (ugs. auch: herrichten, [unerlaubt] ver-ändern); Fri|sier_kom|mo|de, ...sa|lon, ...toi|let|te

Fris|ko (eindeutschend für: Fris-co)

Fri|sör usw. (eindeutschend für: Friseur usw.)

Frist die; -, -en; fri|sten; Fri|sten-re|ge|lung (Regelung für straf-freien Schwangerschaftsabbruch in den ersten Monaten); frist-_ge|mäß, ...los; -e Entlassung; Frist_über|schrei|tung, ...wech-sel (Kaufmannsspr.: Datowech-sel)

Fri|sur die; -, -en

Fri|teu|se [...tös°] die; -, -n (elektr. Gerät zum Fritieren)

Frit|flie|ge (Getreideschädling)

Frit|hjof (norweg. Held); Frit-hjof[s]|sa|ge die; -

fri|tie|ren ⟨franz.⟩; Fleisch, Kar-toffeln - (in schwimmendem Fett braun braten); Frit|ta|te die; -, -n ⟨ital.⟩ (Eierkuchen); Frit|te die; -, -n ⟨franz.⟩ (Schmelzgemenge; Plur. auch ugs. für: Pommes frites); frit|ten (eine Fritte ma-chen; [von Steinen:] sich durch Hitze verändern); ugs. auch für: fritieren); Frit|tü|re die; -, -n ⟨franz.⟩ (heißes Ausbackfett; die darin gebackene Speise; auch für Friteuse)

Fritz (Kurzform von: Friedrich); ...frit|ze (der; -n, -n; ↑ R 197; ugs. abschätzig, z.B. Filmfritze, Ver-sicherungsfritze, Zeitungsfritze)

fri|vol [...wol] ⟨franz.⟩ (leichtfertig; schlüpfrig); Fri|vo|li|tät die; -, -en; Fri|vo|li|tä|ten|ar|beit (ver-alt. für: Okkiarbeit)

Frl. = Fräulein

Frö|bel (dt. Pädagoge)

froh; -er, -[e]ste; -en Sinnes (↑ R 7); -es Ereignis, aber (↑ R 157): die Frohe Botschaft (Evangelium); Froh|bot|schaft die; - (für: Evangelium); Froh|heit die; - [Trenn.: ↑ R 178] (veralt.); froh|ge|launt, froh|ge|mut; fröh-lich; Fröh|lich|keit die; -; froh-locken [Trenn.: ...lok|ken]; er hat frohlockt; Froh|mut; froh|mü-tig; Froh_na|tur, ...sinn der; -[e]s; froh|sin|nig

Frois|sé [froaßé] der od. das; -s, -s ⟨franz.⟩ (künstlich geknittertes Gewebe)

Fro|mage de Brie [fromasch d° -] der; - -, -s [...aseh] - ⟨franz.⟩ (Briekäse)

fromm; frommer od. frömmer, frommste od. frömmste; From-me der; -n (veralt. für: Ertrag; Nutzen), noch gebräuchlich in: zu Nutz und im -n; Fröm|me|lei; fröm|meln (übertrieben fromm zeigen); ich ...[e]le (↑ R 22); from|men (nutzen); es frommt ihm nicht; Fromm|heit die; -; fromm|her|zig; Fröm|mig|keit die; -; Frömm|ler; Frömm|le|rei;

Frömm|le|rin die; -, -nen; frömm-
le|risch
¹Fron der; -[e]s u. -en (↑R 197),
-e[n] (hist. für: Gerichtsbote,
Amtsbote); ²Fron die; -, -en (dem
[Lehns]herrn zu leistende Arbeit;
Herrendienst); Fron|ar|beit
(schweiz. auch: unbezahlte Arbeit für Gemeinde, Genossen-
schaft, Verein); ¹Fron|de die; -, -n
(veralt. für: ²Fron)
²Fron|de [*frongd*] die; -, -n ⟨franz.⟩
(regierungsfeindliche Gruppe)
fron|den (veralt. für: fronen)
Fron|deur [*frongdör*] der; -s, -e
⟨franz.⟩ (Anhänger der ²Fronde)
Fron|dienst (Dienst für den
[Lehns]herrn; schweiz. svw.
Fronarbeit)
fron|die|ren [*frongdir*n] ⟨franz.⟩
(Widerspruch erheben; gegen
die Regierung arbeiten)
fro|nen (Frondienste leisten); frö-
nen (sich einer Leidenschaft o. ä.
hingeben); Frö|ner (Arbeiter im
Frondienst); Fron|leich|nam der;
-[e]s (meist ohne Artikel; „des
Herrn Leib"; kath. Fest); Fron-
leich|nams_fest, ...pro|zes|si|on
Front die; -, -en ⟨franz.⟩; - machen
(sich widersetzen); Front|ab-
schnitt; fron|tal; Fron|tal_an-
griff, ...zu|sam|men|stoß; Front-
_an|trieb, ...brei|te; Front|ti|spiz
das; -es, -e (Vordergiebel; Titel-
blatt [mit Titelbild]); Front-
_kämp|fer, ...la|der (Schlepp-
fahrzeug), ...mo|tor, ...sol|dat,
...wech|sel (Meinungswechsel)
Fron|vogt
Frosch der; -[e]s, Frösche; Frosch-
biß (Sumpf- und Wasserpflan-
ze); Frösch|chen, Frösch|lein;
Frosch_gol|scherl (das; -s, -n;
österr. ugs. für: Löwenmaul; ge-
raffte Borte an Trachtenklei-
dern), ...kö|nig (eine Märchenge-
stalt), ...laich; Frösch|lein,
Frösch|chen; Frosch_mann (Plur.
...männer), ...per|spek|ti|ve,
...schen|kel, ...test (ein Schwan-
gerschaftstest)
Frost der; -[e]s, Fröste; frost|an-
fäl|lig; Frost_auf|bruch, ...beu-
le; frö|ste|lig, fröst|lig; frö|steln;
ich ...[e]le (↑R 22); mich fröstelt;
fro|sten; Frö|ster der; -s, - (Tief-
kühlteil einer Kühlvorrichtung);
Frost_ge|fahr, ...gren|ze; fro-
stig; Frostig|keit; frost_klar,
...klir|rend; Fröst|ler; fröst|lig,
frö|ste|lig; Fröst|ling; Frost-
_scha|den, ...schutz|mit|tel,
...span|ner (ein Schmetterling)
Frot|tee das od. der; -[s], -s ⟨franz.⟩
([Kleider]stoff aus gekräuseltem
Zwirn; auch für: Frottiergewe-
be); Frot|tee_kleid, ...tuch (vgl.
Frottiertuch); frot|tie|ren; Frot-
tier|tuch (Plur. ...tücher)

Frot|zel|lei (ugs.); frot|zeln (ugs.
für: necken, aufziehen); ich
...[e]le (↑R 22)
Frucht die; -, Früchte; frucht|bar;
Frucht|bar|keit die; -; Frucht-
_bla|se, ...blatt (für: Karpell),
...bo|den; frucht|brin|gend;
Frücht|chen, Frücht|lein; Früch-
te|brot; fruch|ten; es fruchtet
(nutzt) nichts; Früch|ten|brot
(österr. für: Früchtebrot); früch-
te|reich, frucht|reich; Frucht-
_fleisch, ...fol|ge (Anbaufolge
der einzelnen Feldfrüchte), ...ge-
schmack; fruch|tig (z. B. vom
Wein); ...fruch|tig (z. B. ein-
fruchtig); Frucht|kno|ten (Bot.);
Frücht|lein, Frücht|chen; frucht-
los; Frucht|lo|sig|keit die; -;
Frucht|pres|se; frucht|reich,
früch|te|reich; Frucht_saft,
...was|ser (das; -s), ...wech|sel,
...zucker [Trenn.: ...zuk|ker]
Fruc|to|se die; - ⟨lat.⟩ (Fruchtzuk-
ker)
fru|gal ⟨lat.⟩ (mäßig; einfach; be-
scheiden); Fru|ga|li|tät die; -
früh; früh[e]stens; -er Winter; eine -e Sorte Äpfel; (↑R 65:) zum,
am früh[e]sten; früh-
morgens; morgens früh; von
[morgens] früh bis [abends] spät;
morgen früh; Dienstag früh; frü-
hestmöglich (vgl. d.); allzufrüh;
früh|auf; von -; Früh_auf|ste|her,
...beet, ...dia|gno|se (Med.),
...druck (Plur. ...drucke); Frü|he
die; -; in der -; in aller -; bis in
die Früh; Frühle|de|; frü|her;
Früh|er|ken|nung die; - (Med.);
frü|he|stens, frühstens (vgl. früh);
Früh_ge|burt; früh|go|tisch; Früh|in-
va|li|di|tät; Früh|jahr; Früh-
jahrs; Früh|jahrs_an|fang, ...be-
stel|lung, ...mü|dig|keit; Früh-
jahrs-Tag|und|nacht|glei|che die;
-, -n; Früh|ling der; -s, -e; früh-
lings (zuweilen für: frühjahrs);
Früh|lings_an|fang, ...fest; früh-
ling[s]|haft; Früh|lings_mo|nat
...mond (März), ...rol|le
(chin. Vorspeise), ...tag, ...zeit;
Früh|met|te; früh|mor|gens;
früh|neu|hoch|deutsch; vgl.
deutsch; Früh|neu|hoch|deutsch
das; -[s]; vgl. Deutsch; Früh|neu-
hoch|deut|sche das; -n; vgl. Deut-
sche das; früh|reif; Früh_reif
(gefrorener Tau), ...rei|fe (die; -),
...ren|te, ...rent|ner, ...schicht,
...schop|pen, ...sport, ...sta|di|um,
...start; früh|stens, frühestens;
Früh|stück; früh|stücken [Trenn.:
...stük|ken]; gefrühstückt; Früh-
stücks_brot, ...bü|fett, ...fern|se-
hen (Fernsehprogramm am frü-
hen Morgen), ...pau|se; Früh-
warn|sy|stem; früh|zei|tig
Fruk|ti|dor [*frük*...] der; -[s], -s

(„Fruchtmonat" der Franz. Revolution: 18. Aug. bis 16. Sept.);
Fruk|ti|fi|ka|ti|on [...zion] die; -,
-en ⟨lat.⟩ (Bot.: Fruchtbildung);
fruk|ti|fi|zie|ren; Fruk|to|se vgl.
Fructose
Frust der; -[e]s (ugs. für: Frustra-
tion, Frustriertsein); Fru|stra|ti-
on [...zion] die; -, -en ⟨lat.⟩
(Psych.: Enttäuschung durch er-
zwungenen Verzicht od. Versa-
gung von Befriedigung); fru-
stra|to|risch (veralt. für: auf Täu-
schung berechnet); fru|strie|ren
(enttäuschen); Fru|strie|rung
Fryt|ti Plur. (ital.) (Früchte); Frut-
ti di ma|re Plur. („Meeresfrüch-
te"; mit dem Netz gefangene
Muscheln, Krebse u. ä.)
F-Schlüs|sel (Musik)
ft. = Foot, Feet
Ft = Forint
Fuchs der; -es, Füchse; Fuchs|bau
(Plur. ...baue); Füchs|chen,
Füchs|lein; fuch|sen; sich - (ugs.
für: sich ärgern); du fuchst
(fuchsest) dich; das fuchst ihn
(ärgert ihn); Fuchs|hatz
Fuch|sie [...i^e] die; -, -n (nach dem
Botaniker Leonhard Fuchs) (eine Zierpflanze)
fuch|sig (fuchsrot; fuchswild)
Fuch|sin die; -, -nen; Fuchs|jagd;
Füchs|lein, Füchs|chen; Fuchs-
_loch, ...pelz; fuchs|rot; Fuchs-
_schwanz; fuchs|schwän|zeln; sich
...[e]le (↑R 22) od. fuchs|schwän-
zen (veralt. für: nach dem Munde reden); du fuchsschwänzt
(fuchsschwänzest); fuchs|teu-
fels|wild
Fuch|tel die; -, -n (breiter Degen;
strenge Zucht; österr. ugs.:
herrschsüchtige, zänkische
Frau); fuch|teln; ich ...[e]le
(↑R 22); fuch|tig (ugs. für: zor-
nig, aufgebracht)
fud. = fudit
Fu|der das; -s, - (Wagenladung,
Fuhre; Hohlmaß für Wein); fu-
der|wei|se
fu|dit ⟨lat.⟩ (auf künstlerischen
Gußwerken: „hat [es] gegossen";
Abk.: fud.)
Fu|dschi|ja|ma [...*dschi*...] der; -s
(jap. Vulkan)
Fuff|zehn (landsch.), in: 'ne - ma-
chen (Pause machen); Fuff|zi-
ger der; -s, - (landsch. für: Fünf-
zigpfennigstück); ein falscher -
(unaufrichtiger Mensch)
fu|ga|to ⟨ital.⟩ (Musik: fugenar-
tig); Fu|ga|to das; -s, -s u. ...ti
'Fu|ge die; -, -n (schmaler Zwi-
schenraum; Verbindungsstelle)
²Fu|ge die; -, -n ⟨lat.-ital.⟩ (mehr-
stimmiges Tonstück mit be-
stimmtem Aufbau)

ful|gen ([Bau]teile verbinden); fü|gen; sich -; ful|gen|los; Ful|gen-s das; -, - († R 37)
Ful|gen|stil der; -[e]s (Musik)
Ful|gen|zei|chen (Sprachw.: die Fuge einer Zusammensetzung kennzeichnender Laut oder kennzeichnende Silbe, z. B. -es- in: „Liebesdienst")
Fug|ger (Augsburger Kaufmannsgeschlecht im 15. und 16. Jh.);
Fug|ge|rei die; - (Handelsgesellschaft der Fugger; Stadtteil in Augsburg)
ful|gie|ren (ein Thema nach Fugenart durchführen)
füg|lich; füg|sam; Füg|sam|keit die; -; Fu|gung; Fü|gung
fühl|bar; Fühl|bar|keit die; -; füh|len; er hat den Schmerz gefühlt, aber: er hat das Fieber kommen fühlen (od. gefühlt); Füh|ler; Fühl|horn (Plur. ...hörner); fühl|los; Fühl|lo|sig|keit die; -; Füh|lung; Füh|lung|nah|me die; -
Fuh|re die; -, -n
Füh|re die; -, -n (Bergsteigen: Route); füh|ren; Buch -; Füh|rer; Füh|rer|haus; Füh|re|rin die; -, -nen; füh|rer|los; Füh|rer-
_schein, ...stand; Führ|hand (Boxsport); füh|rig usw. vgl. geführig usw.
Fuhr_lohn, ...mann (Plur. ...männer u. ...leute), ...park
Füh|rung; Füh|rungs_an|spruch, ...schie|ne (Technik), ...spit|ze, ...tor (Sport), ...zeug|nis
Fuhr_un|ter|neh|mer, ...werk; fuhr|wer|ken; ich fuhrwerke; gefuhrwerkt; zu fuhrwerken
Ful|be Plur. (westafrik. Volk)
¹Ful|da die; - (Quellfluß der Weser); ²Ful|da (Stadt a. d. Fulda); Ful|da|er († R 147); ful|disch
Ful|gu|rit der; -s, -e ⟨lat.⟩ (Geol.: Blitzröhre in Sandboden)
Fül|le die; -; fül|len
Fül|len vgl. Fohlen
Fül|ler; Füll_fe|der, ...fe|der||hal|ter, ...horn (Plur. ...hörner); fül|lig; Füll_mas|se, ...ofen, ...ort (Bergmannsspr.; Plur. ...örter); Füll|sel das; -s, -; Fül|lung; Füll|wort (Plur. ...wörter)
ful|mi|nant; -este ⟨lat.⟩ (glänzend, prächtig); Ful|mi|nanz die; -
Fulp|mes (Ort in Tirol)
Fu|ma|ro|le die; -, -n ⟨ital.⟩ (vulkan. Dampfquelle); Ful|mé [fü-mé] der; -[s], -s ⟨franz.⟩ (Rauchod. Rußabdruck beim Stempelschneiden; Probeabdruck eines Holzschnittes mit Hilfe feiner Rußfarbe)
Fum|mel der; -s, - (landsch. abschätzig für: Kleid; Fähnchen); fum|meln (ugs.: für: sich [unsachgemäß] an etwas zu schaffen machen); ich ...[e]le († R 22)

Ful|na|ful|ti (Hptst. von Tuvalu)
Fund der; -[e]s, -e
Fun|da|ment das; -[e]s, -e ⟨lat.⟩; fun|da|men|tal (grundlegend; schwerwiegend); Fun|da|men|ta|list der; -en, -en (jmd., der [kompromißlos] an seinen [polit.] Grundsätzen festhält); Fun|da|men|tal|satz; fun|da|men|tie|ren (den Grund legen; gründen); Fun|da|ment|wan|ne (Bauw.); Fun|da|ti|on [...zion] die; -, -en ([kirchliche] Stiftung; schweiz. für: Fundament[ierung])
Fund_amt (österr.), ...bü|ro, ...gru|be
Fun|di der; -s, -s (ugs. für: Fundamentalist [bes. bei den Grünen])
fun|die|ren ⟨lat.⟩ ([be]gründen; mit [den nötigen] Mitteln versehen); fun|diert; -este ([fest] begründet; Kaufmannsspr.: durch Grundbesitz gedeckt, sicher[gestellt])
fün|dig (Bergmannsspr.: ergiebig, reich); - werden (entdecken, ausfindig machen; Bergmannsspr.: auf Lagerstätten stoßen)
Fund_ort (der; -[e]s, -e), ...sa|che, ...stät|te, ...un|ter|schla|gung
Fun|dus der; -, - ⟨lat.⟩ (Grund u. Boden; Grundlage; Bestand an Kostümen, Kulissen usw.)
Fü|nen (dän. Insel)
Fu|ne|ra|li|en [...i⁀n] Plur. ⟨lat.⟩ (veralt. für: [feierliches Gepränge bei einem] Leichenbegängnis)
fünf; die - Sinne; wir sind heute zu fünfen od. zu fünft; fünf gerade sein lassen (ugs. für: etwas nicht so genau nehmen); vgl. acht, drei; in fünf viertel Stunden od. in fünf Viertelstunden; vgl. Viertelstunde; Fünf die; -, -en (Zahl); eine - würfeln, schreiben; vgl. ¹Acht u. Eins; Fünf|eck; fünf|eckig [Trenn.: ...ek|kig]; fünf|ein|halb, fünf|und|ein|halb; Fün|fer; vgl. Achter; fün|fer|lei; Fün|fer|rei|he; er; in; fünf|fach; Fünf|fa|che das; -n; vgl. Achtfache; Fünf|flach das; -[e]s, -e, Fünf|fläch|ner (Pentaeder); Fünf|fran|ken|stück, Fünf|fränkler (schweiz.); fünf|hun|dert (als röm. Zahlzeichen: D); vgl. hundert; Fünf|jah|res|plan (mit Ziffer: 5-Jahr[e]s-Plan; † R 43), selten: Fünf|jah|res|plan, Fünf|jahr|plan; Fünf|kampf; Fünf|li|ber der; -s, - (schweiz. mdal. für: Fünffrankenstück); Fünf|ling; Fünf|mal; od. achtmal; fünf|ma|lig; Fünf|mark|stück (mit Ziffer: 5-Mark-Stück; † R 43); fünf|mark|stück|groß; Fünf|paß der; ...passes, ...passe (gotisches Maßwerk); Fünf|pfen|nig|stück; Fünf|pro|zent|klau|sel der; - (mit Ziffer: 5-Prozent-Klausel, † R 43; mit Zeichen: 5%-Klausel, vgl.

Prozent u. ...prozentig); fünf|stel|lig; Fünf|strom|land das; -[e]s (Pandschab); fünft vgl. fünf; Fünf|tal|ge_fie|ber (das; -s; Infektionskrankheit), ...wo|che; fünf|tau|send; vgl. tausend; fünf|te - Kolonne; vgl. achte; fünf|tel; vgl. achtel; Fünf|tel das (schweiz. meist: der); -s, -; vgl. Achtel; fünf|tens; Fünf|ton|ner (mit Ziffer: 5tonner; † R 212); Fünf|uhr|tee; fünf|und|ein|halb, fünf|ein|halb; fünf|und|sech|zig|jäh|rig; vgl. achtjährig; fünf|und|zwan|zig; vgl. acht; fünf|zehn; vgl. acht u. Fuffzehn; fünf|zehn|hun|dert; fünf|zig (als röm. Zahlzeichen: L) usw.; vgl. achtzig usw.; Fünf|zi|ger der; -s, - (ugs. für: Fünfzigpfennigstück); vgl. Fuffziger; fünf|zig|jäh|rig; vgl. achtjährig; Fünf|zig|mark|schein (mit Ziffern: 50-Mark-Schein; † R 43); Fünf|zim|mer|woh|nung (mit Ziffer: 5-Zimmer-Wohnung; † R 43)
fun|gi|bel ⟨lat.⟩ (Rechtsspr.: vertretbar); ...i|ble Sache; fun|gie|ren (im Amt verrichten, verwalten; tätig, wirksam sein)
Fun|gi|zid das; -[e]s -e ⟨lat.⟩ (Mittel zur Pilzbekämpfung); Fun|gus der; -, ...gi (Pilz; Geschwulst)
Funk der; -s (Rundfunk[wesen], drahtlose Telegrafie); Funk-_ama|teur, ...an|la|ge, ...aus|stel|lung, ...bild; Fünk|chen, Fünk|lein; Funk|dienst; Fun|ke, (auch u. übertr. häufiger:) Funken der; ...kens, ...ken; fun|keln; ich ...[e]le († R 22); fun|kel|na|gel|neu (ugs.); fun|ken (durch Funk übermitteln); ugs. auch für: funktionieren); Fun|ken vgl. Funk; Fun|ken_flug, ...ma|rie|chen (Tänzerin im Karneval); fun|ken|sprü|hend; funk|en|stö|ren; ein funkenstörtes Elektrogerät; Fun|ker; Funk_ge|rät, ...haus
Fun|kie [...i⁀] die; -, -n (nach dem dt. Apotheker Funck) (Zierpflanze)
fun|kisch; Funk|kol|leg; Fünk|lein, Fünk|chen; Funk_pei|lung, ...sprech|ge|rät, ...sprech|ver|kehr, ...spruch, ...sta|ti|on, ...stil|le, ...stö|rung, ...strei|fe, ...strei|fen|wa|gen, ...ta|xi, ...tech|nik
Funk|ti|on [...zion] die; -, -en ⟨lat.⟩ (Tätigkeit; Aufgabe; Leistung); in, außer - (im, außer Dienst, Betrieb); funk|tio|nal (funktionell); -e Grammatik; funk|tio|na|li|sie|ren; Funk|tio|na|lis|mus der; - (Architektur, Philos.); Funk|tio|na|list der; -en, -en († R 197); Funk|tio|när der; -s, -e ⟨franz.⟩; funk|tio|nell (auf die Funktion bezüglich; wirksam); -e Erkrankung; funk|tio|nie|ren; funk|ti-

ons|fä|hig; Funk|ti|ons.stö|rung, ...theo|rie; funk|ti|ons|tüch|tig; Funk|ti|ons|verb (Sprachw.: ein Verb, das in Verbindung mit einem Substantiv einen Vollzug anzeigt, ohne dabei einen eigenen Inhalt auszudrücken, z. B. „[zur Durchführung] bringen“) Funk_turm, ...ver|bin|dung, ...we|sen (das; -s)

Fun|sel, Fun|zel die; -, -n (ugs. für: schlecht brennende Lampe)

für (Abk.: f.); mit Akk.; ein für allemal; fürs erste (vgl. fürs); für und wider, aber (↑R 67): das Für und [das] Wider

Fu|ra|ge [...asehᶜ] die; - ⟨franz.⟩ (Militär: Lebensmittel; Mundvorrat; Futter); fu|ra|gie|ren [...asehir'n] (Militär: Lebensmittel, Futter empfangen, holen)

für|baß (veralt. für: weiter); - schreiten

Für|bit|te; für|bit|ten, nur im Infinitiv gebräuchlich; fürzubitten; Für|bit|ten das; -s; Für|bit|ter; Für|bit|te|rin die; -, -nen

Fur|che die; -, -n; fur|chen; fur|chig

Furcht die; -; furcht|bar; Furcht|bar|keit die; -

Fürch|te|gott (m. Vorn.)

furcht|ein|flö|ßend; ein -es Äußere[s] (↑R 209); fürch|ten; fürch|ter|lich; furcht|er|re|gend; vgl. furchteinflößend; furcht|los, -este; Furcht|lo|sig|keit die; -; furcht|sam; Furcht|sam|keit die; -

Fur|chung

für|der (veralt. für: weiter, ferner); für|der|hin (veralt. für: künftig)

für|ein|an|der; Schreibung in Verbindung mit Verben: füreinander (für sich gegenseitig) einstehen, leben usw.

Fu|rie [...iᵉ] die; -, -n ⟨lat.⟩ (röm. Rachegöttin; wütendes Weib; nur Sing.: Wut)

Fu|rier der; -s, -e ⟨franz.⟩ (Militär: der für Unterkunft u. Verpflegung sorgende Unteroffizier)

fu|rio! (schweiz. für: feurio!)

fu|ri|os; -er, -este ⟨lat.⟩ (wütend, hitzig); fu|ri|o|so (Musik: leidenschaftlich); Fu|ri|o|so das; -s, -s u. ...si (leidenschaftl. Tonstück)

Fur|ka die; - (schweiz. Alpenpaß)

für|lieb (älter für: vorlieb); für|lieb|neh|men (älter für: vorliebnehmen); ich nehme fürlieb; fürliebgenommen; fürliebzunehmen

Fur|nier das; -s, -e ⟨franz.⟩ (dünnes Deckblatt aus gutem Holz); fur|nie|ren; Fur|nier_holz, ...plat|te; Fur|nie|rung

Fu|ror der; -s ⟨lat.⟩ (Wut); Fu|ro|re die; - od. das; -s ⟨ital.⟩; meist in: - machen (ugs. für: [durch Erfolg] Aufsehen erregen); Fu|ror teu|to|ni|cus [- ...kuß] der; - - ⟨lat.⟩ („teutonisches [= deutsches] Ungestüm“)

fürs; ↑R 17 (für das); - erste (↑R 66)

Für|sor|ge die; - (früher auch für: Sozialhilfe); Für|sor|ge_amt, ...emp|fän|ger, ...er|zie|hung); Für|sor|ger (Sozialarbeiter); Für|sor|ge|rin die; -, -nen (Sozialarbeiterin); für|sor|ge|risch (zum Fürsorgewesen gehörend); Für|sor|ge|un|ter|stüt|zung; für|sorg|lich (pfleglich, liebevoll); Für|sorg|lich|keit die; -

Für|spra|che; Für|sprech der;-s, -e (veralt. für: Fürsprecher, Wortführer; schweiz. für: Rechtsanwalt, -beistand); Für|spre|cher

Fürst der; -en, -en (↑R 197); Fürst_abt, ...bi|schof; für|sten, meist nur noch: gefürstet; Für|sten.ge|schlecht, ...haus, ...hof, ...sitz, ...tum; Fürst|erz|bi|schof; Für|stin die; -, -nen; Für|stin|mut|ter; fürst|lich, in Titeln (↑R 157): Fürstlich; Fürst|lich|keit; Fürst-Pück|ler-Eis ⟨nach Hermann Fürst von Pückler-Muskau⟩ (Sahneeis in drei Schichten [rot, braun, hellgelb])

Furt die; -, -en

Fürth (Nachbarstadt von Nürnberg)

Furt|wäng|ler (dt. Dirigent)

Fu|run|kel der (auch: das); -s, - ⟨lat.⟩; Fu|run|ku|lo|se die; -, -n

für|wahr (veralt.)

Für|witz der; -es (älter für: Vorwitz); für|wit|zig (älter für: vorwitzig)

Für|wort (für: Pronomen; Plur. ...wörter); für|wört|lich

Furz der; -es, Fürze (derb für: abgehende Blähung); fur|zen; du furzt (furzest)

Fu|sche|lei; fu|scheln (mdal. für: rasch hin u. her bewegen; täuschen; pfuschen); ich ...[e]le (↑R 22); fu|schen (svw. fuscheln); du fuschst (fuschest); fu|schern (svw. fuscheln); ich ...ere (↑R 22)

Fu|sel der; -s, - (ugs. für: schlechter Branntwein)

fu|seln (mdal. für: übereilt u. schlecht arbeiten); ich ...[e]le (↑R 22)

Fü|si|lier der; -s, -e ⟨franz.⟩ (schweiz., sonst veralt. für: Infanterist); fü|si|lie|ren (standrechtlich erschießen); Fü|sil|la|de [...sijadᶜ] die; -, -n (massenweise standrechtliche Erschießung)

Fu|si|on die; -, -en ⟨lat.⟩ (Verschmelzung, Zusammenschluß [großer Unternehmen]); fu|sio|nie|ren; Fu|sio|nie|rung; Fu|si|ons|ver|hand|lung

Fuß der; -es, Füße u. (bei Berechnungen:) -; drei - lang (↑R 129); nach - rechnen; zu - gehen; zu Füßen fallen; - fassen; einen - breit, aber: keinen Fußbreit (vgl. d.) weichen; der Weg ist kaum fußbreit; Fuß.ab|strei|fer, ...ab|wehr (bes. Fußball, Handball, Hockey), ...an|gel, ...bad; Fuß|ball; - spielen (↑R 207), aber: das Fußballspielen (↑R 68); Fuß|ball|bun|des|trai|ner (↑R 34); Fuß|bal|ler; fuß|bal|le|risch; Fuß|ball_fan, ...feld, ...mann|schaft, ...mei|ster|schaft, ...schuh, ...spiel; Fuß|ball|spie|len das; -s, aber (↑R 207): Fußball spielen; Fuß|ball_spie|ler, ...ten|nis (ein Spiel), ...to|to, ...welt|mei|ster|schaft (↑R 34); Fuß_bank (Plur. ...bänke), ...bo|den (Plur. ...böden); Fuß|bo|den.hei|zung, ...le|ger; fuß|breit; eine -e Rinne; vgl. Fuß; Fuß|breit der; -, - (Maß); keinen - weichen; keinen - Landes hergeben; vgl. Fuß; Füß|chen, Füß|lein

Fus|sel die; -, -n, auch: der; -s, -[n] (Fädchen, Faserstückchen); fus|se|lig, fußlig; fus|seln; der Stoff fusselt

fü|ßeln (mit den Füßen unter dem Tisch Berührung suchen; veralt. für: kleine Schritte machen, trippeln); ich ...[e]le (↑R 22); fu|ßen; du fußt (fußest); auf einem Vertrag -

Füs|sen (Stadt am Lech)

Fuß|en|de

...fü|ßer (z. B. Bauchfüßer), ...füß|ler (z. B. Tausendfüßler); Fuß|fall der; fuß|fäl|lig; Fuß|feh|ler (Hockey, Tennis); fuß|frei (die Füße frei lassend); Fuß|gän|ger; Fuß|gän|ger_am|pel, ...über|weg, ...zo|ne; Fuß|ge|her (österr. neben: Fußgänger); Fuß|ge|recht; -es Schuhwerk; fuß|hoch; das Wasser steht -; vgl. Fuß; ...fü|ßig (z. B. vierfüßig); fuß|kalt; ein -es Zimmer; fuß|lang; die Blindschleiche war -; vgl. Fuß; Fuß|lap|pen; fuß|lei|dend; Füß|lein, Füß|chen; ...füß|ler vgl. ...füßer

Füß|li (schweiz.-engl. Maler)

fuß|lig, fußlselig

Füß|ling (Fußteil des Strumpfes); Fuß_marsch der, ...nol|te, ...pfad, ...pfle|ge, ...pfle|ger, ...pilz, ...ra|ste, ...sack, ...soh|le, ...sol|dat, ...spur; Fuß|[s]tap|fe die; -, -n u. Fuß|[s]tap|fen der; -s, -; Fuß|tief; ein -es Loch; vgl. Fuß; Fuß_tritt, ...volk, ...wan|de|rung, ...wa|schung, ...weg; fuß|wund

Fu|sta|ge [...asehᶜ] die; -, ...llen ⟨franz.⟩ ([Preis für] Leergut)

Fu|sta|nel|la die; -, ...llen ⟨ital.⟩

(kurzer Männerrock der Albaner und Griechen)

Fu|sti *Plur.* ⟨ital.⟩ ([Vergütung für] Unreinheiten einer Ware)

Fu|stik|holz ⟨arab.; dt.⟩ (einen gelben Farbstoff enthaltendes Holz)

Fu|thark [*futhark*] *das;* -s, -e (Runenalphabet)

futsch, ⟨österr.:⟩ pfutsch (ugs. für: weg, verloren)

¹Fut|ter *das;* -s (Nahrung [der Tiere])

²Fut|ter *das;* -s, - (innere Stoffschicht der Oberbekleidung)

Fut|te|ra|ge [...*asch*ᵉ] *die;* - (ugs. für: Essen)

Fut|te|ral *das;* -s, -e (germ.-mlat.) ([Schutz]hülle, Überzug; Behälter); Fut|ter|mau|er (Stützmauer)

Fut|ter|mit|tel *das;* fut|tern (ugs. scherzh. für: essen); ich ...ere (↑ R 22); ¹füt|tern (Tiere); ich ...ere (↑ R 22)

²füt|tern (Futterstoff einlegen); ich ...ere (↑ R 22)

Fut|ter.neid, ...platz, ...rau|fe, ...rü|be, ...schnei|de|ma|schi|ne od. ...schneid|ma|schi|ne

Fut|ter.sei|de, ...stoff

Fut|ter|trog; Füt|te|rung

Fu|tur *das;* -s, -e ⟨lat.⟩ (Sprachw.: Zukunftsform, Zukunft); fu|tu|risch (das Futur betreffend; im Futur auftretend); Fu|tu|ris|mus *der;* - (Kunstrichtung des 20. Jh.s); Fu|tu|rist *der;* -en, -en; ↑ R 197 (Anhänger des Futurismus); fu|tu|ri|stisch; Fu|tu|ro|lo|ge *der;* -n, -n; ↑ R 197 (Zukunftsforscher); Fu|tu|ro|lo|gie *die;* - (Zukunftsforschung); fu|tu|ro|lo|gisch; Fu|tu|rum *das;* -s, ...ra (älter für: Futur); Fu|tu|rum ex|ak|tum *das;* - -, ...ra ...ta (Sprachw.: vollendete Zukunft, Vorzukunft)

Fu|zel *der;* -s, - (österr. für: Fussel); fu|zeln (österr. ugs. für: sehr klein schreiben); ich ...[e]le (↑ R 22)

G

G (Buchstabe); das G; des G, die G, aber: das g in Lage (↑ R 82); der Buchstabe G, g

g = Gramm; (in Österreich auch:) Groschen

g = Zeichen für: Fallbeschleunigung

ᵍ = früheres Zeichen für: Gon

g, G *das;* -, - (Tonbezeichnung); g (Zeichen für: g-Moll); in g; G (Zeichen für: G-Dur); in G

G (auf dt. Kurszetteln) = Geld (d. h., das betr. Wertpapier war zum angegebenen Preis gesucht)

G = ²Gauß; Giga...; Gourde

Γ, γ = Gamma

Ga = chem. Zeichen für: Gallium

Ga. = Georgia

Gäa (griech. Göttin der Erde)

Ga|bar|dine [*gabardin*, auch: *gabardin*] *der;* -s (auch: *die;* -) ⟨franz.⟩ (ein Gewebe); Ga|bar|dine|man|tel

Gab|bro *der;* -s ⟨ital.⟩ (ein Tiefengestein)

Gal|be *die;* -, -n; gäl|be vgl. gang

Ga|bel *die;* -, -n; Ga|bel.bis|sen, ...bock (Jägerspr.); Gä|bel|chen, Gäb|lein; Ga|bel.deich|sel, ...füh|l|stück, ...hirsch (Jägerspr.); ga|bel|lig, gäb|lig; ga|beln; ich ...[e]le (↑ R 22)

Ga|bels|ber|ger (Familienn.); -sche Stenographie

Ga|bel.schlüs|sel, ...stap|ler; Ga|bel|lung, Gäb|lung; Ga|bel|wei|he (ein Vogel)

Ga|ben|tisch

Ga|bi (Koseform von: Gabriele)

Gäb|lein, Gäb|bel|chen; Gab|ler (Gabelbock, -hirsch); gäb|lig, ga|bel|lig; Gab|lung, Ga|bel|lung

Ga|bo|ro|ne (Hpst. von Botsuana)

Gab|ri|el [...*iäl*] (ein Erzengel; m. Vorn.); Gab|ri|el|le (w. Vorn.)

Ga|bun (Staat in Afrika); Ga|bu|ner; ga|bu|nisch

Gackel|ei¹; gackeln¹; ich ...[e]le (↑ R 22); gackern¹; ich ...ere (↑ R 22); gack|sen; du gackst (gacksest); gicksen und gacksen

Gad (bibl. m. Eigenn.)

Ga|den *der;* -s, - (veralt., noch landsch. für: einräumiges Haus; Stube, Kammer)

Ga|do|li|ni|um *das;* -s ⟨nach dem finn. Chemiker Gadolin⟩ (chem. Grundstoff; Zeichen: Gd)

Gaf|fel *die;* -, -n (um den Mast drehbare, schräge Segelstange); Gaf|fel.scho|ner, ...se|gel

gaf|fen; Gaf|fer; Gaf|fe|rei

Gag [*gäg*] *der;* -s, -s ⟨engl.-amerik.⟩ (witziger Einfall; überraschende Besonderheit)

Gal|ga|rin (sowjet. Kosmonaut)

Gal|gat *der;* -[e]s, -e ⟨griech.⟩ (Pechkohle, Jett); Gal|gat|koh|le

Gal|ge [*gasch*ᵉ, österr.: *gasch;*-, -n ⟨germ.-franz.⟩ (Bezahlung, Gehalt [von Künstlern])

gäh|nen; Gäh|ne|rei *die;* -

Gail|lar|de [...*ard*ᵉ] *die;* -, -n ⟨franz.⟩ (ein Tanz)

Gains|bo|rough [*ge*ⁱ*nsb*ᵉ*r*ᵉ] (engl. Maler)

Gai|ser (dt. Schriftsteller)

Ga|jus (altröm. m. Vorn.; Abk.: C. [nach der alten Schreibung Cajus])

Gal|la [auch: *gala*] *die;* - ⟨span.⟩ (Kleiderpracht; Festkleid); Ga|la_abend [auch: *ga*...], ...di|ner, ...emp|fang, ...kon|zert

gal|lak|tisch (griech.) ⟨zur Galaxis gehörend, sie betreffend); Ga|lak|tor|rhö¹, Ga|lak|tor|rhöe *die;* -, ...rrhöen (Milchfluß nach dem Stillen); Ga|lak|to|se *die;* -, -n (einfacher Zucker)

ga|la|mä|ßig [auch: *ga*...]

Gal|lan *der;* -s, -e ⟨span.⟩ ([vornehm auftretender] Liebhaber); gal|lant; -este ⟨franz.⟩ (betont höflich, ritterlich; aufmerksam); -e Dichtung (eine literar. Strömung in Europa um 1700); -er Stil (eine Kompositionsweise des 18. Jh.s in Deutschland); Ga|lan|te|rie *die;* -, ...ien (Höflichkeit [gegenüber Frauen]); Gal|lan|te|rie|wa|ren *Plur.* (veralt. für: Schmuck-, Kurzwaren); Gal|lant|homme [*galantom*] *der;* -s, -s (Ehrenmann)

Gal|la|pa|gos|in|seln *Plur.* (zu Südamerika gehörend)

Gal|la|tea (griech. Meernymphe)

Gal|la|ter *Plur.* (griech. Name der Kelten in Kleinasien); Gal|la|ter|brief *der;* -[e]s (↑ R 151)

Gal|la_uni|form [auch: *ga*...], ...vor|stel|lung

Gal|la|xie *die;* -, ...xien ⟨griech.⟩ (Astron.: großes Sternsystem); Gal|la|xis *die,* -, ...xien ([nur *Sing.:*] die Milchstraße; selten für: Galaxie)

Gal|ba (röm. Kaiser)

Gä|le *der;* -n, -n; ↑ R 197 (irisch-schottischer Kelte)

Gal|le|as|se *die;* -, -n ⟨ital.⟩ (größere Galeere; auch: ein Küstenfrachtsegler); Gal|lee|re *die;* -, -n (mittelalterl. Ruderkriegsschiff); Gal|lee|ren.skla|ve, ...sträf|ling

Gal|len, Gal|le|nus (altgriech. Arzt); gal|le|nisch, aber (↑ R 134); Gal|le|nisch

Gal|le|o|ne, Gal|li|o|ne *die;* -, -n ⟨niederl.⟩ (mittelalterl. Segel[kriegs]schiff); Gal|le|o|te, Gal|li|o|te *die;* -, -n (der Galeasse ähnliches kleineres Küstenfahrzeug)

Gal|le|rie *die;* -, ...ien ⟨ital.⟩; Gal|le|rist *der;* -en, -en; ↑ R 197 (Galeriebesitzer, -leiter); Gal|le|ri|st|in *die;* -, -nen

Gal|gant|wur|zel ⟨arab.; dt.⟩ (heilkräftige Wurzel)

Gal|gen *der;* -s, -; Gal|gen.frist, ...hu|mor (*der;* -s; vgl. ¹Humor), ...strick, ...vo|gel

Gal|li|ci|en [...*zi*ᵉ*n*] (hist. Provinz in

¹Vgl. die Anmerkung zu „Diarrhö, Diarrhöe".

¹ *Trenn.:* ...k|k...

Spanien); vgl. aber: Galizien; Ga|li|ci|er [...*i'r*]; gali|ci|sch
Gal|li|läa (Gebirgsland westl. des Jordans); Ga|li|lä|er; ga|li|läisch, aber (↑R 146): das Galiläische Meer (See Genezareth)
Gal|li|lei (ital. Physiker)
Gal|li|mal|thi|as der u. das; ⟨franz.⟩ (verworrenes Gerede)
Gal|li|on das; -s, -s ⟨niederl.⟩ (Vorbau am Bug älterer Schiffe); Ga|lio|ne vgl. Galeone; Gal|li|ons|fi|gur; Gal|lio|te vgl. Galeote
Gal|li|pot [...po] der; -s ⟨franz.⟩ (ein Fichtenharz)
gäl|lisch; -e Sprache (Zweig des Keltischen); vgl. deutsch; Gälisch das; -[s] (Sprache); vgl. Deutsch; Gä|li|sche das; -n; vgl. Deutsche das
Gal|li|zi|en [...*i'n*] (hist. für: Gebiet nördl. der Karpaten); vgl. Galicien; Gal|li|zi|er [...*i'r*]; ga|li|zisch
Gall|ap|fel; ¹Gal|le die; -, -n (Geschwulst [bei Pferden]; Gallapfel)
²Gal|le die; -, -n (Sekret der Leber; Gallenblase); gal|le|n|bit|ter; Gal|len_bla|se, ...gang der, ...kolik, ...lei|den, ...stein, ...tee; gallen|trei|bend
Gall|lert [auch: ...lärt] das; -[e]s, -e u. (österr. nur:) Gal|ler|te [auch: *gal'rt'*] die; -, -n ⟨lat.⟩ (durchsichtige, steife Masse aus eingedickten pflanzl. od. tier. Säften); gal|lert|ar|tig [auch, österr. nur: ...lärt...]; gal|ler|tig [auch: ga...]; Gal|lert|mas|se [auch, österr. nur: ...lärt...]
Gal|li|en [...*i'n*] (röm. Name Frankreichs); Gal|li|er [...*i'r*]
gal|lig (gallebitter; verbittert)
gal|li|ka|nisch; -e [kath.] Kirche (in Frankreich vor 1789); gallisch (aus, von Gallien; Gallien, die Gallier betreffend); Gal|lium das; -s (chem. Grundstoff, Metall; Zeichen: Ga); Gal|li|zismus der; -, ...men (franz. Spracheigentümlichkeit in einer nichtfranz. Sprache); Gal|lo|ma|ne der; -n, -n (↑ R 197) ⟨lat.; griech.⟩ (leidenschaftlicher Bewunderer franz. Wesens); Gal|lo|ma|nie die; - (übertriebene Vorliebe für franz. Wesen)
Gal|lo|ne die; -, -n ⟨engl.⟩ (engl.-amerik. Hohlmaß)
gal|lo|ro|ma|nisch (den roman. Sprachen auf gallischem Boden angehörend, von ihnen abstammend)
Gal|lup-In|sti|tut [auch: *gäl'p...*] das; -[e]s (↑ R 135) ⟨nach dem Begründer⟩ (amerik. Meinungsforschungsinstitut)
Gal|lus (m. Eigenname)
Gal|lus_säu|re (die; - ⟨zu ¹Galle⟩), ...tin|te (die; -); Gall|wes|pe

Gall|mei [auch: *ga...*] der; -s, -e ⟨griech.⟩ (Zinkerz)
Gallon [*galong*] der; -s, -s ⟨franz.⟩ u. Gal|lo|ne die; -, -n ⟨ital.⟩ (Borte, Tresse); gal|lo|nie|ren (mit Borten, Tressen usw. besetzen)
Gal|lopp der; -s, -s u. -e ⟨ital.⟩; gal|lop|pie|ren; galoppierende Schwindsucht (volkstüml. Bez. für die in kurzer Zeit tödl. verlaufende Form der Lungentuberkulose); Gal|lopp|ren|nen
Gal|lo|sche die; -, -n ⟨franz.⟩ (Überschuh)
Gals|wor|thy [*gálswö'dhi*] (engl. Schriftsteller)
galt (bayr., österr., schweiz. von Kühen: nicht tragend, unfruchtbar) vgl. ¹gelt; Galt|vieh (bayr., österr., schweiz. für: Jungvieh; Kühe, die keine Milch geben)
Gal|va|ni [*galwani*] (ital. Naturforscher); Gal|va|ni|sa|ti|on [...*zion*] die; - ⟨nlat.⟩ (therapeut. Anwendung des elektr. Gleichstromes); gal|va|nisch; -er Strom; -es Element; -e Verbindung; Gal|va|ni|seur [...*sör*] der; -s, -e (Facharbeiter für Galvanotechnik); gal|va|ni|sie|ren (durch Elektrolyse mit Metall überziehen); Gal|va|nis|mus der; - (Lehre vom galvanischen Strom); Gal|va|no das; -s, -s ⟨ital.⟩ (galvanische Abformung eines Druckstockes); Gal|va|no-_kau|stik ⟨ital.; griech.⟩ (Anwendung des Galvanokauters), ...kau|ter (auf galvanischem Wege glühend gemachtes chirurg. Instrument), ...me|ter (das; -s, - ⟨griech.⟩ Strommesser), ...pla|stik (Verfahren, Gegenstände galvanisch mit Metall zu überziehen, bes. die Herstellung von Galvanos), ...pla|sti|ker (ein Beruf in der Industrie); gal|va|no|pla|stisch; Gal|va|no_skop (das; -s, -e; elektr. Meßgerät), ...tech|nik (die; -; Technik der Galvanisierens), ...ty|pie (die; -; früher für: Galvanoplastik)
Ga|man|der der; -s, - ⟨griech.⟩ (eine Pflanze)
Ga|ma|sche die; -, -n ⟨arab.⟩; Ga|ma|schen|dienst (kleinlicher, pedantischer [Kasernen]drill)
Gam|be die; -, -n ⟨ital.⟩ (Viola da gamba)
Gam|bia (Staat in Afrika); Gam|bi|er; gam|bisch
Gam|bist der; -en, -en (↑ R 197) ⟨ital.⟩ (Gambenspieler)
Gam|bit das; -s, -s span.) (eine Schacheröffnung)
Gam|bri|nus ([sagenhafter] König, angeblicher Erfinder des Bieres)
Ga|me|lan der; -s ⟨indones.⟩ (einheimisches Orchester auf Java u. Bali)
Ga|mel|le die; -, -n ⟨franz.⟩

(schweiz. für: Koch- u. Eßgeschirr der Soldaten)
Ga|met der; -en, -en (↑R 197) ⟨griech.⟩ (Fortpflanzungszelle); Ga|me|to|phyt der; -en, -en; ↑ R 197 (Pflanzengeneration, die sich geschlechtlich fortpflanzt)
Gam|ma das; -[s], -s (griech. Buchstabe; *Γ, γ*); Gam|ma|strah|len, *γ*-Strah|len *Plur.*; ↑ R 37 (radioaktive Strahlen, kurzwellige Röntgenstrahlen)
Gam|mel der; -s (ugs. für: wertloses Zeug; gam|me|lig, gamm|lig (ugs. für: verkommen; verdorben, faulig); gam|meln (ugs.); ich ...[e]le (↑ R 22); Gam|mler; Gam|mle|rin die; -, -nen; Gam|mler|tum das; -s; gam|mlig vgl. gammelig
Gams der od. die, (Jägerspr. u. landsch.:) das; -, -[en] (bes. Jägerspr. u. landsch. für: Gemse); Gams_bart, ...lei|der, ...wild
Ga|nau|ser (österr. mdal. für: Gänserich)
Gand die; -, -en od. das; -s, Gänder (tirol. u. schweiz. für: Schuttfeld, Geröllhalde)
Gan|dhi, Mahatma (ind. Staatsmann)
Ga|neff vgl. Ganove
Gan|er|be der (veralt. für: Miterbe); Ga|n|erb|schaft die; -
gang; - und gäbe sein, (landsch., bes. schweiz. auch:) gäng u. gäbe sein (allgemein üblich sein); ¹Gang der; -[e]s, Gänge; im -[e] sein; in - bringen, halten, setzen, aber: das Inganghalten, Ingangsetzen (↑ R 68)
²Gang [*gäng*] die; -, -s ⟨engl.-amerik.⟩ ([Verbrecher]bande)
gäng (landsch. svw. gang); Gang_art; gang|bar; Gang|bar|keit die; -; Gän|gel|band das; -[e]s; Gän|ge|lei; gän|geln; ich ...[e]le (↑ R 22)
Gan|ges [*ganggäß*] der; - (Fluß in Vorderindien)
Gang|ge|stein (Geol.); gän|gig; -es Pferd; -e Ware; (Jägerspr.:) -er Hund; Gän|gig|keit die; -
Gan|gli|en|zel|le [*gang(g)li'n...*] (Nervenzelle); Gan|gli|on das; -s, ...ien [...*i'n*] ⟨griech.⟩ (Med.: Nervenknoten; Überbein)
Gan|grän [*ganggrän*] die; -, -en (auch: das; -s, -e) ⟨griech.⟩ (Med.: Brand der Gewebe, Knochen); gan|grä|nes|zie|ren (brandig werden); gan|grä|nös (brandig)
Gang|schal|tung
Gang|spill (niederl.) (Ankerwinde)
Gang|ster [*gängßt'r*] der; -s, - ⟨engl.-amerik.⟩ (Schwerverbrecher); Gang|ster_boß, ...me|tho|de

Gang|way [*gäng"e'*] *die;* -, -s ⟨engl.⟩ (Laufgang zum Besteigen eines Schiffes od. Flugzeuges)

Ga|no|ve [...*w^e*] *der;* -n, -n (↑ R 197) ⟨jidd.⟩ u. Ga|neff *der;* -[s], -e (Gaunerspr.: Gauner, Dieb); Ga|no|ven_eh|re, ...spra|che

Gans *die;* -, Gänse; Gans|bra|ten (südd., österr. für: Gänsebraten); Gäns|chen, Gäns|lein; Gän|se_blüm|chen (Maßliebchen), ...bra|ten, ...brust, ...fe|der, ...fett (*das;* -[e]s), ...füß|chen (ugs. für: Anführungsstrich; ↑R 10ff.), ...haut, ...klein (*das;* -s), ...le|ber, ...marsch (*der;* -es); Gan|ser (südd., österr. für: Gänserich); Gän|se|rich *der;* -s, -e; Gän|se_schmalz, ...wein (*der;* -[e]s; scherzh. für: Wasser); Gäns|jung *das;* -s (südd. für: Gänseklein); Gans|le|ber (österr. für: Gänseleber); Gäns|lein, Gäns|chen; Gans||jun|ge *das;* -n; ↑R 7ff. (österr. für: Gänseklein)

Gant *die;* -, -en ⟨schweiz. für: öffentl. Versteigerung)

Gan|ter (niederd. für: Gänserich)

Ga|ny|med [auch: *gan*...], Ga|ny|me|des (Mundschenk des Zeus)

ganz; [in] ganz Europa; ganze Zahlen (Math.); ganz und gar; ganz und gar nicht; die ganzen Leute (mdal. u. ugs. für: alle Leute); etwas wieder ganz machen. **I.** Kleinschreibung (↑ R 65): im ganzen [gesehen]; im großen [und] ganzen. **II.** Großschreibung (↑ R 65): das Ganze; aufs Ganze gehen; als Ganzes gesehen; fürs Ganze; ums Ganze; das große Ganze; ein großes Ganze od. Ganzes; ein Ganzer; ein Ganzes; als Ganzes. **III.** *Schreibung in Verbindung mit einem Adjektiv:* ganz hell, ganz groß; aber (klassenbildend, ↑R 209): ein ganzleinener, ganzwollener Kleiderstoff, der Kleiderstoff ist ganzleinen, ganzwollen; Gän|ze *die;* - (Geschlossenheit, Gesamtheit); zur - (bes. österr. für: ganz, vollständig); ganz|gar; -e Häute, aber: das Fleisch ist noch nicht ganz gar; vgl. ganz, III; Ganz|glas|tür; Ganz|heit *die;* - (gesamtes Wesen); ganz|heit|lich; Ganz|heits_me|tho|de, ...theo|rie; ganz|jäh|rig (während des ganzen Jahres); Ganz|le|der|band *der;* ganz|le|dern (aus reinem Leder; vgl. ganz, III); ganz|lei|nen (aus reinem Leinen; vgl. ganz, III); Ganz|lei|nen *das;* vgl. Ganz|lich; ganz_sei|den (aus reiner Seide; vgl. ganz, III), ...sei|tig (eine -e An|zeige), ...tä|gig (während des ganzen Tages); ganz|tags; Ganz|tags|schu|le; Ganz|ton (*Plur.*

...töne); ganz|wol|len (aus reiner Wolle; vgl. ganz, III); Ganz|wort|me|tho|de *die;* -

¹gar (fertiggekocht; südd., österr. ugs.: zu Ende); das Fleisch ist noch nicht ganz gar, erst halb gar; vgl. ganzgar, halbgar; gar kochen (vgl. gargekocht); ²gar (ganz, sehr, sogar; stets getrennt geschrieben); ganz und gar; gar kein, gar nicht, gar nichts; gar sehr, gar wohl; du sollst das nicht gar so sehr ernst nehmen

Ga|ra|ge [*garasch^e*] *die;* -, -n ⟨franz.⟩; Ga|ra|gen|wa|gen (nicht im Freien geparktes Auto); ga|ra|gie|ren (österr. u. schweiz. neben: [Wagen] einstellen)

Ga|ra|mond [...*mong*] *die;* - ⟨nach dem franz. Stempelschneider Garamond⟩ (eine Antiquadruckschrift)

Ga|rant *der;* -en, -en (↑ R 197) ⟨franz.⟩; Ga|ran|tie *die;* -, ...ien (Gewähr; Zusicherung); Ga|ran|tie|an|spruch; ga|ran|tie|ren; Ga|ran|tie|schein

Gar|aus *der*, nur in: jmdm. den -

Gar|be *die;* -, -n; Gar|ben|bin|de|ma|schi|ne; Gar|ben|bund *das*

Gar|bo, Greta (schwed. Filmschauspielerin)

Gär|bot|tich

Gar|cia Lor|ca [*garthia* -] (span. Dichter)

Gar|çon [*garßong*] *der;* -s, -s ⟨franz.⟩ (veralt. für: Kellner; Junggeselle); Gar|çon|ne [*garßon*] *die;* -, -n [...*n'n*] (veralt. für: Junggesellin); Gar|çon|niè|re [*garßonniär*] *die;* -, -n (österr. für: Einzimmerwohnung)

Gar|da|see *der;* -s (in Oberitalien)

Gar|de *die;* -, -n ⟨franz.⟩; Gar|de|du|korps [*gard^(e)dükor*] *das;* - (Leibgarde); Gar|de_of|fi|zier, ...re|gi|ment

Gar|de|ro|be *die;* -, -n ⟨franz.⟩; Gar|de|ro|ben_frau, ...mar|ke, ...schrank, ...stän|der; Gar|de|ro|bier [...*bie*] *der;* -s, -s (Theater: jmd., der Künstler ankleidet); Gar|de|ro|bie|re [...*bier*'] *die;* -, -n (Garderobenfrau; Theater: Frau, die Künstler ankleidet)

gar|dez! [*garde*] ⟨franz.⟩ (bei privaten Schachpartien manchmal verwendeter Hinweis auf die Bedrohung der Dame)

Gar|di|ne *die;* -, -n ⟨niederl.⟩; Gar|di|nen_pre|digt (ugs.), ...schnur, ...stan|ge

Gar|dist *der;* -en, -en (↑ R 197) ⟨franz.⟩ (Soldat der Garde)

Ga|re *die;* - (günstigster, lockerer Zustand [des Kulturbodens])

ga|ren (gar kochen)

gä|ren; es gor (auch, bes. in übertr. Bedeutung: gärte); es gö-

re (auch: gärte); gegoren (auch: gegärt); gär[e]!

gar|ge|kocht; -es Fleisch (↑ je|doch R 209), aber: das Fleisch ist gar gekocht

Ga|ri|bal|di (ital. Freiheitskämpfer)

gar kein; vgl. ²gar

Gar_koch *der*, ...kü|che

Gar|misch-Par|ten|kir|chen (bayr. Fremdenverkehrsort)

Garn *das;* -[e]s, -e

Gar|ne|le *die;* -, -n (ein Krebstier)

gar|ni vgl. Hotel garni

gar nicht; gar nichts; vgl. ²gar

gar|nie|ren ⟨franz.⟩ (schmücken, verzieren); Gar|nie|rung; Gar|ni|son *die;* -, -en (Standort einer [Besatzungs]truppe); gar|ni|so|nie|ren (in der Garnison [als Besatzung] liegen); Gar|ni|son|kir|che; Gar|ni|tur *die;* -, -en

Garn|knäu|el

Ga|ronne [*garon*] *die;* - (franz. Fluß)

Ga|rot|te usw. vgl. Garrotte usw.; Ga|rot|te *die;* -, -n ⟨span.⟩ (Würgschraube od. Halseisen zum Hinrichten [Erdrosseln]); gar|rot|tie|ren

gar|stig; Gar|stig|keit

Gär|stoff

Gärt|chen, Gärt|lein; gär|teln (südd. für: Gartenarbeit aus Liebhaberei verrichten); ich ...[e]le (↑ R 22); Gar|ten *der;* -s, Gärten; Gar|ten_ar|beit, ...bank (*Plur.* ...bänke), ...bau (*der;* -[e]s); Gar|ten|bau|aus|stel|lung; Gar|ten_beet, ...fest, ...frucht (Garten- u. Feldfrüchte; ↑ R 32), ...ge|rät, ...haus, ...lau|be, ...lo|kal, ...par|ty, ...rot|schwanz (ein Singvogel), ...stadt, ...weg, ...zaun, ...zwerg; Gärt|lein, Gärt|chen; Gärt|ner; Gärt|ne|rei; Gärt|ne|rin *die;* -, -nen; Gärt|ne|risch|art; nach -; gärt|ne|risch; gärt|nern; ich ...ere (↑ R 22); Gärt|ner[s]|frau

Gä|rung; Gä|rungs|pro|zeß

Gar|zeit

Gas *das;* -es, -e; - geben; Gas_an|zün|der, ...ba|de|ofen

Ga|sel, Gha|sel *das;* -s, -e ⟨arab.⟩ u. Ga|se|le, Gha|se|le *die;* -, -n (oriental.] Gedichtform)

gas|en; es gast; es ga|ste; Gas_ex|plo|si|on, ...feu|er|zeug, ...fla|sche; gas|för|mig; Gas_hahn, ...hei|zung, ...herd, ...hül|le; ga|sie|ren (Garne sengen, glattbrennen); gas|ig; Gas_ko|cher, ...lei|tung; Gas-Luft-Ge|misch; ↑ R 41; Gas_mas|ke, ...ofen, ...öl; Ga|so|me|ter *der;* -s, - ⟨franz.⟩ (Gasbehälter); Gas_pe|dal, ...pi|stole

gaß|aus, gaß|ein (veralt.); Gäß|chen, Gäß|lein

Gas|schlauch; Gas||schmelz|-

schwei|ßung (autogene Schwei-
ßung)

Gas|se die; -, -n (enge, schmale
Straße; österr. auch für: Straße);
Schreibung in Straßennamen:
↑ R 190 ff.; Gas|sen_bu|be, ...hau-
er, ...jun|ge, ...lied; gas|sen|sei-
tig (österr. für: nach der Straße
zu gelegen); Gas|si, in: Gassi ge-
hen (ugs. für: mit dem Hund auf
die Straße [Gasse] gehen); Gäß-
lein, Gäßl|chen

Gast der; -es, Gäste u. (Seemannsspr. für bestimmte Matro-
sen:) -en; zu - sein; zu -[e] bitten;
als - (Abk.: a. G.); Gast_ar|bei-
ter, ...do|zent; Gäs|te_bett,
...buch, ...hand|tuch; Gäs|te|rei
(veralt. für: üppiges Gastmahl;
Schlemmerei); Gäs|te|zim|mer;
gast|frei; -[e]ste; Gast_frei|heit
(die; -), ...freund; gast|freund-
lich; Gast_freund|lich|keit (die;
-), ...freund|schaft, ...ge|ber,
...ge|schenk, ...haus, ...hof, ...hö-
rer; ga|stie|ren (Theater: Gast-
rolle geben); gast|lich; Gast|lich-
keit; Gast_mahl (Plur. ...mähler
u. -e), ...pflan|ze (Bot.: Schma-
rotzer)

Ga|sträa die; -, ...äen (griech.) (an-
genommenes Urdarmtier); ga-
stral (zum Magen gehörend, den
Magen betreffend); Ga|stral|gie
die; -, ...ien (Med.: Magen-
krampf)

Gast_recht, ...red|ner
ga|strisch (griech.) (zum Magen
gehörend, vom Magen ausge-
hend); -es Fieber; Ga|stri|tis die;
-, ...itiden (Med.: Magenschleim-
hautentzündung)

Gast|rol|le
Ga|stro|nom der; -en, -en (↑ R 197)
(griech.) (Gastwirt; veralt. für:
Freund feiner Kochkunst); Ga-
stro|no|mie die; - (Gaststätten-
gewerbe; feine Kochkunst); ga-
stro|no|misch; -ste; Ga|stro|po|de
der; -n, -n (meist Plur.); ↑ R 197
(Schnecke [Gattungsbezeich-
nung]); Ga|stro|skop das; -s, -e
(Gerät zur Untersuchung des
Mageninneren); Ga|stro|sto|mie
die; -, ...ien (Med.: Anlegung ei-
ner Magenfistel); Ga|stro|to|mie
die; -, ...ien (Med.: Magen-
schnitt); Ga|stru|la die; - (Zool.:
Entwicklungsstadium vielzelli-
ger Tiere)

Gast_spiel, ...stät|te; Gast|stät-
ten|ge|wer|be; Gast_stu|be, ...tier
(Schmarotzer), ...wirt, ...wirt-
schaft, ...wort (Plur. ...wörter; ge-
läufiges Fremdwort), ...zim|mer
Gas_ver|gif|tung, ...werk, ...zäh-
ler

Gat vgl. Gatt
Gatsch der; -[e]s, -e (ein Kohlen-
wasserstoffgemisch)

Gatt, Gat das; -[e]s, -en u. -s (See-
mannsspr. für: Öse, Loch)
Gat|te der; -n, -n (↑ R 197); gat|ten,
sich; Gat|ten_lie|be, ...wahl
Gat|ter das; -s, - (Gitter,
[Holz]zaun); Gat|ter|sä|ge
gat|tie|ren (verschiedene Eisen-
sorten u. Zusätze für das Gießen
von Gußeisen zusammenstel-
len); Gat|tin die; -, -nen; Gat-
tung; Gat|tungs|na|me (auch für:
Appellativ)
GAU = größter anzunehmender
Unfall
Gau der (landsch.: das); -[e]s, -e;
Gäu das; -[e]s, -e (mdal. für:
Gau); das Obere - ; das Allgäu
Gau|be, Gau|pe die; -, -n (mdal. u.
bautechn. für: Dachfenster)
Gauch der; -[e]s, -e u. Gäuche
(„Kuckuck"; veralt. für: Narr);
Gauch|heil der; -[e]s, -e (Zier-
pflanze u. Ackerunkraut)
Gau|cho [gautscho] der; -[s], -s (in-
dian.-span.) (südamerik. Viehhirt)
Gau|dea|mus das; - (↑ R 180) (lat.)
(„Freuen wir uns!"; Name [u.
Anfang] eines Studentenliedes)
Gau|dee die; -, -n (österr. Neben-
form von: Gaudi); Gau|di das;
-s, auch, österr. nur: die; - (ugs.
für: Gaudium)
Gau|di (span. Architekt)
Gau|dieb (nordd. veralt. für: Gau-
ner)
Gau|di|um das; -s (lat.) (Freude;
Ausgelassenheit; Spaß); Gau|di-
wurm (ugs. scherzh. für: Fast-
nachtszug)
gau|frie|ren [gofrir'n] (franz.) (mit
dem Gaufrierkalander prägen);
Gau|frier|ka|lan|der (Kalander
zur Narbung od. Musterung von
Papier u. Geweben)
Gau|graf
Gau|guin [gogäng] (franz. Maler)
Gau|kel|lei; gau|kel|haft; -este;
gau|keln; ich ...[e]le (↑ R 22);
Gau|kel_spiel, ...werk (das;
-[e]s); Gauk|ler; Gauk|le|rei;
gauk|ler|haft; -este; Gauk|le|rin
die; -, -nen; gauk|le|risch; -ste;
Gauk|ler|trup|pe
Gaul der; -[e]s, Gäule; Gäul|chen
Gaulle [gol] (franz. General u.
Staatsmann); vgl. de-Gaulle-
freundlich; Gaul|list [golißt] der;
-en, -en (↑ R 197 (Anhänger von
de Gaulle)
Gault [gålt] der; -[e]s (engl.)
(Geol.: zweitälteste Stufe der
Kreide)
gau|men (schweiz. für: hüten; be-
wahren)
Gau|men der; -s, -; Gau|men_kit-
zel (ugs.), ...laut (für: Palatal, Ve-
lar), ...se|gel, ...zäpf|chen; gau-
mig; - sprechen
Gau|ner der; -s, -; Gau|ner|ban|de;

Gau|ne|rei; gau|ner|haft; -este;
gau|ne|risch; -ste; gau|nern; ich
...ere (↑ R 22); Gau|ner|spra|che
Gau|pe vgl. Gaube
Gaur der; -s, -[s] (Hindi) (in Indien
wild lebendes Rind)
Gau|ri|san|kar [...sangkar] der; -[s]
(ein Gipfel des Himalaja)
¹Gauß (dt. Mathematiker); ²Gauß
das; -, - (veralt. Maßeinheit des
Magnetismus; Zeichen: G); vgl.
Tesla
Gautsch_brett (Gerät zum Pressen
des nassen Papiers), ...brief;
Gaut|sche die; -, -n (südd. für:
Schaukel); gaut|schen (Papier
zum Pressen ins Gautschbrett legen; auch: Lehrlinge nach altem
Buchdruckerbrauch unter die
Gehilfen aufnehmen; mdal. für:
schaukeln); du gautschst (gaut-
schest); Gaut|scher; Gautsch-
fest
Ga|vot|te [gawot^e; auch, österr.
nur: gawot] die; -, -n (franz.) (ein
Tanz)
Ga|wein (Gestalt der Artussage)
Ga|ze [gas^e] die; -, -n (pers.)
(durchsichtiges Gewebe; Ver-
bandmull)
Ga|zel|le die; -, -n (arab.-ital.) (An-
tilopenart)
Ga|ze|tte [auch: gasät^e] die; -, -n
(franz.) (veralt., noch abschätzig
für: Zeitung)
GBl. = Gesetzblatt
Gd = chem. Zeichen für: Gadoli-
nium
Gdańsk (poln. Name von: Dan-
zig)
G-Dur [gédur, auch: gédur] das; -
(Tonart; Zeichen: G); G-Dur-
Ton|lei|ter (↑ R 41)
Ge = chem. Zeichen für: Germa-
nium
ge... (Vorsilbe von Verben, z. B.
gehorchen, du gehorchst, ge-
horcht, zu gehorchen)
Ge|läch|te|te der u. die; -n, -n
(↑ R 7 ff.)
Ge|äch|ze das; -s (Stöhnen)
Ge|äder das; -s; ge|ädert; das
Blatt ist schön -
Ge|äf|ter das; -s (Jägerspr.: die
beiden hinteren Zehen beim
Schalenwild u. a.)
Ge|al|be|re das; -s
ge|ar|tet; das Kind ist gut -
Ge|äse das; -s (Jägerspr.: Äsung;
auch: Maul bei Hirsch und Reh)
Ge|äst das; -[e]s (Astwerk)
¹geb. (Zeichen: *) = geboren[e]
²geb. = gebunden (bei Büchern)
Ge|bäb|bel das; -s (landsch. für:
Geplapper, dauerndes Reden)
Ge|bäck das; -[e]s, -e; Ge|bäcke|ne
das; -n (↑ R 7 ff.) [Trenn.: ...bak-
ke...]; Ge|bäck|schal|le
Ge|bal|ge das; -s (Prügelei)

Gel|bälk das; -[e]s u. Gel|bäl|ke das; -s

Gel|bän|de das; -s (mittelalterl. Kopftracht)

Gel|bär|de die; -, -n; gel|bär|den, sich; Gel|bär|den.spiel (das; -[e]s), ...spra|che; gel|ba|ren, sich (sich verhalten, sich benehmen); Gel|ba|ren das; -s

gel|bä|ren; du gebärst, sie gebärt (in gehobener Sprache: gebierst, gebiert); du gebarst; du gebärest; geboren (vgl. d.); gebär[e]! (in gehobener Sprache: gebier!); Gel|bä|re|rin die; -, -nen; Gel|bär_.kli|nik (österr. für: Entbindungsabteilung, -heim), ...mut|ter (die; -, [selten:] ...mütter); Gebär|mut|ter|spie|gel

Gel|ba|rung (Gebaren; österr. für: Buch-, Geschäftsführung)

gel|bauch|pin|selt (ugs. für: geehrt, geschmeichelt); gel|baucht (bauchig)

Gel|bäu|de das; -s, -; Gel|bäu|de-.kom|plex, ...teil der; Gel|bäu|lich|keit (meist Plur.; südd., schweiz. für: Baulichkeit)

gel|bei|freu|dig

Gel|bein das; -[e]s, -e

Gel|bel|fer das; -s (Belfern, Bellen); Gel|bell das; -[e]s u. Gel|bel|le das; -s

gel|ben; du gibst, er gibt; du gabst; du gäbest; gegeben (vgl. d.); gib!; († R 68:) Geben (auch: geben) ist seliger denn Nehmen (auch: nehmen)

Gel|ben|de vgl. Gebände

Gel|bel|ne|dei|te die; -n (zu: benedeien) (Gottesmutter)

Gel|ber; Gel|ber|lau|ne die; - in -; Gel|ber|spra|che (Sprachw.)

Gel|bet das; -[e]s, -e; Gel|bet|buch; Gel|bets.man|tel, ...müh|le, ...rie|men, ...tep|pich

Gel|bet|tel das; -s

gel|beut (dicht. für: gebietet; die Stunde -, daß ...

Gebl|hard (m. Vorn.)

Gel|biet das; -[e]s, -e; gel|bie|ten; geboten; gel|bie|tend; Gel|bie|ter; Gel|bie|te|rin die; -, -nen; gel|bie|te|risch; -ste; gel|biet|lich; Gel|biets.an|spruch, ...er|wei|te|rung, ...ho|heit, ...kör|per|schaft (Rechtsw.), ...kran|ken|kas|se (österr.); gel|biets|wei|se

Gel|bild|brot (Gebäck besonderer Gestalt zu bestimmten Festtagen); Gel|bil|de das; -s, -; gel|bil|det; Gel|bil|de|te der u. die; -n, -n († R 7 ff.)

Gel|bim|mel das; -s

Gel|bin|de das; -s, -

Gel|bir|ge das; -s, -; gel|bir|gig; Gel|bir|gig|keit die; -; Gel|birg|ler; Gel|birgs.bach, ...jä|ger (milit.), ...land|schaft, ...mas|siv, ...stock (Plur. ...stöcke), ...zug

Gel|biß das; Gebisses, Gebisse

Gel|blaf|fe das; -s

Gel|bla|se das; -s (Blasen); Gel|blä|se das; -s, - (Maschine zum Verdichten u. Bewegen von Gasen)

Gel|blö|del das; -s (ugs.)

Gel|blök das; -[e]s u. Gel|blö|ke das; -s

gel|blümt, (österr.:) gel|blumt (mit Blumen gemustert)

Gel|blüt das; -[e]s

gel|bo|gen (gekrümmt); gel|bogt (bogenförmig geschnitten); ein -er Kragen

gel|bo|ren (Abk.: geb.; Zeichen: *); sie ist eine geborene Schulz; Frau Müller geb. Schulz od. Frau Müller, geb. Schulz († R 93); Gel|bo|ren|zei|chen

gel|bor|gen; hier fühle ich mich -; Gel|bor|gen|heit die; -

Gel|bot das; -[e]s, -e; zu -[e] stehen; das erste, zweite u. aber: die Zehn -e († R 157); Gel|bots|schild (Plur. ...schilder; Verkehrswesen)

Gebr. = Gebrüder

Gel|bräch das; -[e]s, -e u. Gel|brä|che das; -s, - (Bergmannsspr.: Gestein, das leicht in Stücke zerfällt; Jägerspr.: der vom Schwarzwild mit dem Rüssel aufgewühlte Boden)

Gel|bräl|me das; -s, - (landsch. für: Verbrämung)

gel|brand|markt

gel|brannt; -er Kalk

Gel|bra|tel|ne das; -n († R 7 ff.)

Gel|bräu das; -[e]s, -e

Gel|brauch der; -[e]s, (für: Sitte, Verfahrensweise auch Plur.:) Gebräuche; gel|brau|chen (benutzen); gel|bräuch|lich (benutzbar); Gel|bräuch|lich|keit die; -; Gel|brauchs|an|wei|sung; gel|brauchs|fer|tig; Gel|brauchs.gegen|stand, ...gra|phik (vgl. Anm. zu Graphik), ...gut, ...mu|sik; Gel|braucht|wa|gen; Gel|braucht|wa|gen|markt

Gel|braus, Gel|brau|se das; -s, -ses

Gel|brech das; -[e]s, -e u. Gel|bre|che das; -s, - (Bergmannsspr.: Gebräch; Jägerspr.: Rüssel des Schwarzwilds); gel|bre|chen (geh. für: fehlen, mangeln); es gebricht mir an [einer Sache]; Gel|bre|chen das; -s, - (Fehler); gel|brech|lich; Gel|brech|lich|keit die; -

Gel|bre|sten das; -s, - (schweiz., sonst veralt. für: Krankheit, Leiden)

gel|bro|chen; -e Farben, Zahlen

Gel|bröckel das; -s [Trenn.: ...brök|kel]

Gel|bro|del das; -s

Gel|brü|der Plur. (Abk.: Gebr.)

Gel|brüll das; -[e]s

Gel|brumm das; -[e]s u. Gel|brum|me das; -s; Gel|brum|mel das; -s

gel|buch|tet; eine -e Küste

Gel|bück das; -[e]s, -e (früher für: geflochtene Hecke zum Schutze von Anlagen oder Siedlungen)

Gel|bühr die; -, -en; nach, über -; gel|büh|ren; etwas gebührt ihm (kommt ihm zu); es gebührt sich nicht, dies zu tun; gel|büh|rend; er erhielt die -e (entsprechende) Antwort; gel|büh|ren|der.ma|ßen, ...wei|se; Gel|büh|ren|er|hö|hung; gel|büh|ren|frei; Gel|büh|ren.frei|heit (die; -), ...ord|nung; gel|büh|ren|pflich|tig; Gel|büh|ren|vi|gnet|te (für die Autobahnbenutzung [in der Schweiz]); gel|bühr|lich (veralt.); Gel|bühr|nis die; -, -se (Papierdt.: Gebühr, Abgabe)

Gel|bums, Gel|bum|se das; ...ses

Gel|bund das; -[e]s, -e u. Gel|bün|de das; -s, - (bei Büchern) gel|bün|den (Abk.); geb.); -es System (roman. Baukunst); -e Rede (Verse); Gel|bün|den|heit die; -

Gel|burt die; -, -en; Gel|bur|ten.be|schrän|kung, ...kon|trol|le, ...re|ge|lung od. ...reg|lung, ...rück|gang; gel|bur|ten.schwach, ...stark; Gel|bur|ten.über|schuß, ...zif|fer; gel|bür|tig; Gel|burts.adel, ...an|zei|ge, ...da|tum, ...feh|ler, ...haus, ...hel|fer, ...hel|fe|rin, ...hil|fe (die; -), ...jahr, ...na|me, ...ort (der; -[e]s, -e), ...schein, ...tag; Gel|burts.tags_fei|er, ...ge|schenk, ...kind, ...tor|te; Gel|burts|ur|kun|de

Gel|büsch das; -[e]s, -e

Geck der; -en, -en († R 197); Gecken|lart' die; -; gecken|haft'; -este; Gecken|haf|tig|keit' die; -; Gecko' das; -s, -s u. ...onen (malai.) (eine trop. Eidechse)

gel|dacht (von: gedenken, gedenken); ich habe nicht daran - ; ich habe seiner -; Gel|dach|te das; -n († R 7 ff.); Gel|dächt|nis das; -ses, -se; Gel|dächt|nis.fei|er, ...kon|zert, ...schwund, ...stö|rung, ...stüt|ze

gel|dackt (Orgelbau: oben verschlossen); -e Pfeife

Gel|dan|ke der; ...kens, ...ken; Gel|dan|ken_.aus|tausch, ...blitz, ...frei|heit (die; -), ...gang der, ...gut (das; -[e]s), ...le|sen (das; -s); gel|danken|los; -este; Gel|dan|ken|lo|sig|keit; gel|dan|ken_reich, ...schnell; Gel|dan|ken.split|ter, ...sprung, ...strich, ...über|tra|gung, ...ver|bin|dung; gel|dan|ken|ver|lo|ren; gel|dan|ken|voll; gel|dank|lich

Gel|därm das; -[e]s, -e u. Gel|där|me das; -s, -

Gel|deck das; -[e]s, -e; gel|deckt

Gel|deih der, nur in: auf - und Ver-

¹ Trenn.: ...k|k...

derb; ge|dei|hen; du gedeihst; du gediehst; du gediehest; gedie|hen; gedeih[e]!; Ge|dei|hen das; -s; ge|deih|lich; Ge|deih|lich|keit die; -

Ge|den|ke|mein das; -s, - (Waldblume); ge|den|ken; mit Gen.: gedenket unser!; Ge|den|ken das; -s; Ge|denk.mar|ke, ...mi|nu|te, ...stät|te, ...stun|de, ...ta|fel, ...tag

ge|deucht vgl. dünken

Ge|dicht das; -[e]s, -e; Ge|dicht|samm|lung

ge|die|gen; -es (reines) Gold; du bist aber -! (ugs. für: wunderlich); Ge|die|gen|heit die; -

ge|dient; -er Soldat

Ge|din|ge das; -s, - (Akkordlohn im Bergbau); Ge|din|ge|ar|bei|ter

Ge|don|ner das; -s

Ge|döns das; -es (landsch. für: Aufheben, Getue); viel - um etwas machen

Ge|drän|ge das; -s; Ge|drän|gel das; -s (ugs.); ge|drängt; -este; Ge|drängt|heit die; -

Ge|dröhn das; -[e]s u. Ge|dröh|ne das; -s

ge|drückt; -este; seine Stimmung ist -

Ge|druck|te das; -n (↑R 7 ff.)

Ge|drückt|heit die; -

ge|drun|gen; eine -e (untersetzte) Gestalt; Ge|drun|gen|heit die; -

Ge|du|del das; -s

Ge|duld die; -; ge|dul|den, sich; ge|dul|dig; Ge|dulds.ar|beit, ...fa|den (nur in: jmdm. reißt der Geduldsfaden), ...pro|be; Ge|duld[s]|spiel

ge|dun|sen; der Kranke hat ein -es Gesicht; Ge|dun|sen|heit die; -

Ge|dün|ste|te das; -n (österr.)

ge|eig|net; -ste; ge|eig|ne|ten|orts; Ge|eig|net|heit die; -

Geest die; -, -en (hochgelegenes, trockenes, weniger fruchtbares Land im Küstengebiet); Geest|land das; -[e]s

gef. (Zeichen: ✕) = gefallen

Ge|fach das; -[e]s, -e u. Gefächer (Fach, Lade)

Ge|fahr die; -, -en; - laufen; ge|fahr|brin|gend; ge|fähr|den; ge|fahr|dro|hend; Ge|fähr|dung die; -

Ge|fah|re das; -s (häufiges [unvorsichtiges, schlechtes] Fahren)

Ge|fah|ren.be|reich, ...ge|mein|schaft, ...herd, ...mo|ment das, ...quel|le, ...zo|ne, ...zu|la|ge; ge|fähr|lich; -e Körperverletzung (Rechtsspr.); Ge|fähr|lich|keit; ge|fahr|los; -este; Ge|fahr|lo|sig|keit die; -

Ge|fährt das; -[e]s, -e (Wagen); Ge|fähr|te der; -n, -n; ↑R 197 (Begleiter); Ge|fähr|tin die; -, -nen

ge|fahr|voll

Ge|fäl|le das; -s, -; Ge|fäl|le|mes|ser der; [1]ge|fal|len; es hat mir -; sich etwas - lassen; [2]ge|fal|len; er ist - (Abk.: gef.; Zeichen: ✕); [1]Ge|fal|len der; -s, -; jmdm. einen Gefallen tun; jmdm. etwas zu Gefallen tun; [2]Ge|fal|len das; -s; [kein] - an etwas finden; Ge|fal|le|ne der u. die; -n, -n (↑R 7 ff.); Ge|fal|le|nen.fried|hof, ...ge|denk|fei|er; ge|fäl|lig (Abk.: gefl.); Ge|fäl|lig|keit; Ge|fäl|lig|keits|wech|sel (Geldw.); ge|fäl|ligst (Abk.: gefl.); Ge|fäll|strecke [Trenn.: ...strek|ke]; Ge|fäll|sucht die; -; ge|fall|süch|tig

Ge|fäl|tel das; -s (viele kleine Falten)

Ge|fan|gen; Ge|fan|ge|ne der u. die; -n, -n (↑R 7 ff.); Ge|fan|ge|nen.be|frei|ung, ...haus (österr. neben: Gefängnis), ...la|ger, ...wär|ter (↑R 205); du hältst gefangen; gefangengehalten; gefangenzuhalten; Ge|fan|gen|haus (österr. amtl. Form für: Gefangenenhaus); Ge|fan|gen|nah|me die; -; ge|fan|gen|neh|men; vgl. gefangenhalten; Ge|fan|gen|schaft die; -; ge|fan|gen|set|zen; vgl. gefangenhalten; Ge|fäng|nis das; -ses, -se; Ge|fäng|nis.auf|se|her, ...stra|fe, ...wär|ter, ...zel|le

ge|färbt; dunkelgefärbt usw.; vgl. blau, IV

Ge|fa|sel das; -s

Ge|fa|ser das; -s

Ge|fäß das; -es, -e; Ge|fäß.chir|ur|gie, ...er|wei|te|rung

ge|faßt; -este; auf alles - sein; Ge|faßt|heit die; -

Ge|fecht das; -[e]s, -e; ge|fechts|be|reit; Ge|fechts.be|reit|schaft (die; -), ...kopf (Vorderteil mit Sprengstoff und Zünder bei Raketen o. ä.), ...pau|se, ...stand

Ge|fe|ge das; -s (Jägerspr.: vom Geweih abgefegter Bast)

ge|fehlt; -este (schweiz. für: mißraten)

Ge|feil|sche die; -s

ge|feit (sicher, geschützt); sie ist gegen böse Einflüsse -

Ge|fels das; -es (dicht. für: Felsen)

ge|fen|stert

Ge|fer|tig|te der u. die; -n, -n; ↑R 7 ff. (Kaufmannsspr. veralt. für: Unterzeichnete[r])

Ge|fie|del das; -s

Ge|fie|der das; -s, -; ge|fie|dert; -e (mit Federn versehene) Pfeile

Ge|fil|de das; -s, - (dicht. für: Gegend; Gebiet)

ge|fin|gert

ge|fin|kelt (österr. für: schlau, durchtrieben)

Ge|fi|lon [auch: gäf...] (nord. Göttin)

ge|fir|nißt; das Brett ist -

ge|fitzt; -este (schweiz. für: gewitzt)

gefl. = gefällig, gefälligst

Ge|flacker das; -s [Trenn.: ...flak|ker]

ge|flammt; -e Muster

Ge|flat|ter das; -s

Ge|flecht das; -[e]s, -e

ge|fleckt; rotgefleckt usw.; vgl. blau, IV; rot und weiß -

Ge|flen|ne das; -s (ugs. für: andauerndes Weinen)

Ge|flim|mer das; -s

Ge|flis|sen|heit die; -; ge|flis|sent|lich

Ge|flu|che das; -s

Ge|flu|der das; -s, - (Bergmannsspr.: Wasserrinne)

Ge|flü|gel das; -s; Ge|flü|gel.farm, ...sa|lat, ...sche|re; ge|flü|gelt; -es Wort (Plur.: -e Worte; oft angeführtes Zitat)

Ge|flun|ker das; -s

Ge|flü|ster das; -s

Ge|fol|ge das; -s, (selten:) -; im - von ...; Ge|folg|schaft; Ge|folgs|mann (Plur. ...männer u. ...leute)

Ge|fra|ge das; -s; dein dummes -; ge|fragt; eine

ge|frä|ßig; der Kerl ist dumm und -; Ge|frä|ßig|keit die; -

Ge|frei|te der; -n, -n (↑R 7 ff.)

Ge|frett vgl. Gfrett

ge|freut; -este (schweiz. mdal. für: erfreulich)

ge|frie|ren; Ge|frier.fach (im Kühlschrank), ...fleisch, ...ge|mü|se; ge|frier|ge|trock|net; Ge|frier.ket|te (die; -), ...punkt, ...schrank, ...schutz|mit|tel, ...trock|nung, ...tru|he, ...ver|fah|ren, ...wa|re

Ge|frieß vgl. Gfrieß

Ge|fro|rel|ne, Ge|fror|ne das; -n; ↑R 7 ff. (südd., österr. für: [Speise]eis)

Ge|fül|ge das; -s, -; ge|fül|gig; Ge|fü|gig|keit die; -

Ge|fühl das; -[e]s, -e; ge|füh|lig (abschätzig für: gefühlvoll); Ge|füh|lig|keit die; -; ge|fühl|los; -este; Ge|fühl|lo|sig|keit; ge|fühls.arm, ...betont (-este); Ge|fühls.du|se|lei, ge|fühls.echt, ...mä|ßig; Ge|fühls.mensch, ...re|gung, ...sa|che; ge|fühl|voll

ge|füh|rig (vom Schnee: für das Skilaufen günstig); Ge|füh|rig|keit die; - (für: Före)

Ge|fum|mel das; -s (ugs.)

Ge|fun|kel das; -s

ge|furcht; eine -e Rinde

ge|für|stet; -e Abtei

Ge|gacker das; -s [Trenn.: ...gak|ker]

ge|ge|ben; es ist das -e (↑R 65), aber: er nahm das Gegebene gern; ge|ge|be|nen|falls (Abk.: ggf.); vgl. Fall der; Ge|ge|ben|heit

ge|gen; Präp. mit Akk.: er rannte -

das Tor; *Adverb:* - 20 Leute kamen; gegeneinander; gegenüber; vgl. gen; Ge|gen_an|griff, ...an|trag, ...ar|gu|ment, ...be|such, ...be|weis, ...bu|chung Ge|gend *die;* -, -en Ge|gen_dar|stel|lung, ...de|mon|stra|ti|on, ...dienst, ...druck *(der;* -[e]s) ge|gen|ein|an|der; *Schreibung in Verbindung mit Verben* (↑R 205 f.): damit sie gegeneinander (einer gegen den anderen) kämpfen, a b e r : die Bretter gegeneinanderstellen, vgl. aneinander; ge|gen|ein|an|der|ste|hen (sich feindlich gegenüberstehen); sie haben gegeneinandergestanden; ge|gen|ein|an|der|stel|len; vgl. gegeneinander Ge|gen_fahr|bahn, ...for|de|rung, ...fra|ge, ...füß|ler (für: Antipode), ...ge|ra|de (Sportspr.), ...ge|walt, ...ge|wicht, ...gift *das,* ...kan|di|dat, ...kal|the|te, ...kul|tur, ...kurs; ge|gen|läu|fig; Ge|gen|lei|stung; ge|gen|len|ken (um eine Abweichung von der Fahrtrichtung auszugleichen); ge|gen|le|sen (als zweiter zur Kontrolle lesen); Ge|gen|licht|auf|nah|me (Fotogr.); Ge|gen_lie|be, ...maß|nah|me, ...mit|tel *das,* ...papst, ...part (svw. Widerpart), ...par|tei, ...pol, ...pro|be, ...re|de, ...re|for|ma|ti|on; Ge|gen|satz; ge|gen|sätz|lich; Ge|gen|sätz|lich|keit; Ge|gen|satz|wort, Ge|gen|wort *(Plur.* ...wörter; für: Antonym); Ge|gen|schlag; Ge|gen|sei|te; ge|gen|sei|tig; Ge|gen|sei|tig|keit *die;* -; Ge|gen_spie|ler, ...sprech|an|la|ge Ge|gen|stand;   ge|gen|stän|dig (Bot.: gegenüberstehend [von Blättern]); ge|gen|ständ|lich (sachlich, anschaulich, klar); -es Hauptwort (für: Konkretum); Ge|gen|ständ|lich|keit *die;* -; ge|gen|stands|los (keiner Berücksichtigung wert); Ge|gen|stands|lo|sig|keit *die;* -; Ge|gen|stim|me; ge|gen|stim|mig; Ge|gen_stoß, ...strom; ge|gen|stro|mig, ge|gen|ström|ig; Ge|gen_strö|mung, ...stück Ge|gen|teil *das;* -[e]s, -e; im -; ins - umschlagen; ge|gen|tei|lig Ge|gen_tor, ...tref|fer (Sport) ge|gen|über; mit *Dat.:* die Schule steht - dem Rathaus, (auch:) dem Rathaus -; bei Ortsnamen auch mit „von": gegenüber von Blankenese. *Schreibung in Verbindung mit Verben* (↑R 205 f.): I. *Getrenntschreibung,* wenn g. im Sinne von „dort drüben, auf der anderen Seite" gebraucht wird: ihm gegenüber stehen zwei Häuser. II. *Zusammenschreibung,* wenn

durch die Verbindung ein neuer Begriff entsteht; vgl. gegenüberliegen, gegenüberstehen; Ge|gen|über *das;* -s, -; ge|gen|über|lie|gen (↑R 205 f.); die feindlichen Truppen haben sich gegenübergelegen; a b e r : gegenüber (dort) liegen zwei Burgen; ge|gen|über|sit|zen (↑R 205 f.); wir wollen uns gegenübersitzen; a b e r : gegenüber (dort) sitzen zwei Männer; ge|gen|über|ste|hen (↑R 205 f.); sie haben sich feindlich gegenübergestanden; a b e r : gegenüber (dort) stehen zwei Häuser; ge|gen|über|stel|len; Ge|gen|über|stel|lung; ge|gen|über|tre|ten Ge|gen_ver|kehr, ...vor|schlag Ge|gen|wart *die;* - Ge|gen|wär|tig [auch: ...wär...]; (↑R 65:) die hier Gegenwärtigen; ge|gen|warts|be|zo|gen; Ge|gen|warts|form; ge|gen|warts|fremd; Ge|gen|warts|kun|de; ge|gen|warts_nah od. ...na|he; Ge|gen|warts|spra|che Ge|gen_wehr *die,* ...wert, ...wind, ...wir|kung; Ge|gen|wort vgl. Gegensatzwort ge|gen|zeich|nen ([als zweiter] mitunterschreiben); ich zeichne gegen; gegengezeichnet; gegenzuzeichnen; Ge|gen|zeich|nung Ge|gen_zeu|ge, ...zug Ge|gi|rre *das;* -s Ge|gli|tzer *das;* -s Geg|ner; geg|ne|risch; Geg|ner|schaft *die;* - geg|o|ren; der Saft ist - gegr. = gegründet Ge|grin|se *das;* -s (abwertend) Ge|grö|le *das;* -s (ugs. für: Geschrei) ge|grün|det (Abk.: gegr.) Ge|grun|ze *das;* -s geh. = geheftet Ge|hal|be *das;* -s (Ziererei); eigenwilliges Benehmen); ge|hal|ben, sich; gehab[e] dich wohl!; Ge|ha|ben *das;* -s Ge|hack|te *das;* -n; ↑R 7 ff. (Hackfleisch) Ge|hal|der *das;* -s ¹Ge|halt *das;* -[e]s, Gehälter (Besoldung); ²Ge|halt *der;* -[e]s, -e (Inhalt; Wert); ge|halt|arm; ge|hal|ten; - (verpflichtet) sein; ge|halt|los; -este; Ge|halt|lo|sig|keit *die;* -; ge|halt|reich; Ge|halts_aus|zah|lung, ...emp|fän|ger, ...er|hö|hung, ...kon|to, ...nach|zah|lung, ...stu|fe, ...vor|rückung [*Trenn.:* ...rük|k...] (österr.: Gehaltserhöhung der Beamten), ...zah|lung, ...zu|la|ge; ge|halt|voll Ge|häm|mer *das;* -s Ge|häm|pel *das;* -s (ugs.) ge|han|di|kapt   [...händikäpt] ⟨engl.⟩ (behindert, benachteiligt)

Ge|hän|ge *das;* -s, - Ge|häng|te *der* u. *die;* -n, -n (↑R 7 ff.); vgl. auch: Gehenkte ge|har|nischt; ein -er Reiter; ein -er (scharfer) Protest ge|häs|sig; Ge|häs|sig|keit Ge|häu|se *das;* -s, - ge|haut; -este (österr. ugs. für: durchtrieben) Geh|bahn; geh|bar; geh|be|hin|dert Ge|heck *das;* -[e]s, -e (Jägerspr.: die Jungen vom Raubwild; Brut [bei Entenvögeln]) ge|hef|tet (Abk.: geh.); die Akten sind - Ge|hel|ge *das;* -s, - ge|hei|ligt ge|heim; insgeheim. I. *Kleinschreibung:* geheimer Vorbehalt; (↑R 65:) im -en. II. *Großschreibung in Titeln* (↑R 157): [Wirklicher] Geheimer Rat, Geheime Staatspolizei (polit. Polizei im nationalsoz. Reich; Abk.: Gestapo), Geheimes Staatsarchiv. III. *Schreibung in Verbindung mit Verben* (↑R 205 f.): a) *Getrenntschreibung,* wenn beide Wörter ihre Selbständigkeit bewahren; etwas geheim erledigen; etwas muß geheim bleiben; b) *Zusammenschreibung,* wenn beide Wörter als Einheit empfunden werden, z. B. geheimhalten, Geheimtun; Ge|heim_ab|kom|men, ...agent, ...bund *der;* Ge|heim|bün|de|lei; Ge|heim_bünd|ler, ...dienst, ...do|ku|ment, ...fach; ge|heim|hal|ten (↑R 205); du hältst geheim; geheimgehalten; geheimzuhalten; Ge|heim|hal|tung; Ge|heim_nis *das;* -ses, -se; Ge|heim|nis|krä|mer; Ge|heim|nis|krä|me|rei; Ge|heim_nis|trä|ger, ...tu|er; ge|heim|nis|tue|risch *die;* -; ge|heim|nis_tue|risch, ...voll; Ge|heim_num|mer, ...po|li|zei, ...rat *(Plur.* ...räte; vgl. geheim); Ge|heim|rats_ecken *Plur.* [*Trenn.:* ...ek|ken], ...ti|tel; Ge|heim_re|zept, ...schrift, ...sen|der, ...tip, ...tu|er; Ge|heim|tue|rei *die;* -; ge|heim|tue|risch; ge|heim|tun; vgl. geheimhalten; Ge|heim_tür, ...waf|fe Ge|heiß *das;* -es; auf - des ...; auf sein - ge|hemmt; -este; Ge|hemmt|heit *die;* - ge|hen; du gehst; du gingst, er ging; du gingest; gegangen; geh[e]!; geht's! (südd., österr.: Ausdruck der Ablehnung, des Unwillens); vor sich -; baden gehen, schlafen gehen, vgl. aber: gehenlassen u. gutgehen; Ge|hen *das;* -s (Sportart); (↑R 43:) 20-km-Gehen

Gehenk das; -[e]s, -e (selten für: Gehänge)

gehenkelt (mit Henkeln versehen)

Gehenkte der u. die; -n, -n; ↑R 7 ff. (die durch Erhängen hingerichtete Person); vgl. auch: Gehängte

gehenlassen; ↑R 205 (in Ruhe lassen); er hat ihn gehenlassen; sich - (sich vernachlässigen, zwanglos verhalten); er hat sich gehenlassen, (seltener:) gehengelassen; aber: du sollst ihn nach Hause gehen lassen; den Teig gehen lassen

Gehenna die; - ⟨hebr.⟩ (spätjüd.-neutest. Bez. der Hölle)

Geher

Gehetze das; -s

geheuer; das ist mir nicht -

Geheul das; -[e]s

Gehfalte; **Gehgips** (stützender Gipsverband für Bein u. Fuß)

Gehilfe der; -n, -n (↑R 197); **Gehilfenbrief**; **Gehilfenschaft** (schweiz. Rechtsspr. für: Beihilfe); **Gehilfin** die; -, -nen

Gehirn das; -[e]s, -e; **Gehirn_akrobatik** (scherzh.), ...chirurgie, ...erschütterung, ...erweichung (für: Paralyse), ...haut, ...schale, ...schlag, ...wäsche (Zerstörung der Wertbegriffe eines Menschen und gesteuerte geistige Neuorientierung durch phys. u. psych. Druck)

gehl (mdal. für: gelb); **Gehlchen** (mdal. für: Pfifferling, Gelbling)

gehoben; eine -e Sprache

Gehöft [auch: ...höft] das; -[e]s, -e

Gehöhne das; -s

Gehölz das; -es, -e; **Geholze** das; -s (Sport: rücksichtsloses u. stümperhaftes Spielen)

Gehopse das; -s (ugs.)

Gehör das; -[e]s; - finden, schenken; **Gehörbildung** (Musik); **gehorchen**; du mußt ihm -; der Not gehorchend; **gehören**; das Haus gehört mir; die mir gehörenden Häuser; ich gehöre zur Familie; (südd., österr. auch:) ihm gehört (gebührt) eine Strafe; **Gehör_fehler**, ...gang der; **gehörgeschädigt**; **gehörig**; er hat -en Respekt; (Papierdt.:) -en Ortes; **gehörlos**; **Gehörlose** der u. die; -n, -n (↑R 7ff.); **Gehörlosenschule**; **Gehörlosigkeit** die; -

Gehörn das; -[e]s, -e; **gehörnt**; -es Wild

gehorsam; **Gehorsam** der; -s; **Gehorsamkeit** die; -; **Gehorsams_pflicht**, ...verweigerung

Gehörsinn der; -[e]s

¹**Gehre** die; -, -n; vgl. Gehrung; ²**Gehre** der; -, -n u. **Gehren** der; -s, - (mdal. für: Zwickel, Einsatz,

Schoß); **gehren** (schräg abschneiden); **Gehrenzielgel**

Gehrock

Gehrung, (in der Technik auch:) **Gehre** (schräger Zuschnitt von Brettern o.ä., die unter einem [beliebigen] Winkel zusammenstoßen); **Gehrungssäge**

Gehsteig

Gehudel das; -s

Gehulpe das; -s

Gehüpfe das; -s

Geh_verband, ...weg, ...werk

Gei die; -, -en (Tau zum Geien); **geien** ([Segel] zusammenschnüren)

Geiler der; -s, -; **Geilernalse**

Geifer der; -s; **Geiferer** (der;) **geifern**; ich ...ere (↑R 22)

Geige die; -, -n; die erste - spielen; **geigen**; **Geigen_bauer** (der; -s, -), ...bogen, ...kasten, ...saite, ...spieler; **Geiger**

Geigerzähler (nach dem dt. Physiker Hans Geiger); ↑R 135 (Gerät zum Nachweis radioaktiver Strahlen)

geil; ¹**Geile** die; - (veralt. für: Geilheit); ²**Geile** die; -, -n (Jägerspr.: Hode); **geilen**; **Geilheit** die; -

Geisel (Plur. von: Geison)

Geisel die; -, -n u. (selten:) der; -s, -; -n stellen; vgl. aber: Geißel; **Geisel_drama**, ...gangster, ...nahme (die; -, -n), ...nehmer

Geiser der; -s, - (eindeutschende Schreibung für: Geysir)

Geiserich (König der Wandalen)

Geisha [gescha] die; -, -s ⟨jap.⟩ (jap. Gesellschafterin)

Geison das; -s, -s u. ...sa ⟨griech.⟩ (Kranzgesims des antiken Tempels)

Geiß die; -, -en (südd., österr. schweiz. für: Ziege); **Geiß_bart** (der; -[e]s; eine Waldpflanze), ...blatt (das; -[e]s; ein Kletterstrauch), ...bock

Geißel die; -, -n (Peitsche; Treibstecken); vgl. aber: Geisel; **geißeln**; ich ...[e]le (↑R 22); **Geißeltierchen** (ein Einzeller); **Geißelung**, **Geißlung**

Geißfuß der; -es, ...füße (ein Wiesenkraut [nur Sing.]; Werkzeug; zahnärztl. Instrument); **Geißhirt**; **Geißlein** (junge Geiß)

Geißler (zu: geißeln); **Geißlung**, **Geißelung**

Geist der; -[e]s, (für: Gespenst, kluger Mensch Plur.:) -er u. (für: Weingeist usw. Plur.:) -e; **geistbildend**; **Geister_bahn**, ...beschwörung, ...erscheinung, ...fahrer (jmd., der auf der Autobahn auf der falschen Seite fährt); **geisterhaft**; **Geisterhand**; wie von -; **geistern**; es geistert; **Geister_selher**, ...stadt

(von den Menschen verlassene Stadt), ...stunde; **geistesabwesend**; **Geistes_abwesend**; ...arbeiter, ...blitz, ...gaben Plur., ...gegenwart; **geistesgegenwärtig**; **Geistesgeschichte**; **geistesgestört**; **Geistesgestörte** der u. die; -n, -n (↑R 7 ff.); **geisteskrank**; **Geisteskranke** der u. die; -, -n, -n (↑R 7 ff.); **Geistes_krankheit**, ...störung, ...wissenschaft Plur.; **geisteswissenschaftlich**; **Geisteszustand**; **geistfeindlich**; **geistig**; -e Getränke; -e Nahrung; -es Eigentum; **Geistigkeit** die; -; **geistig-seelisch** (↑R 39); **geistlich**; -er Beistand; -e Dichtung, aber (↑R 157): Geistlicher Rat (kath.); **Geistliche** die; -n, -n (↑R 7 ff.); **Geistlichkeit** die; -; **geist_los** (-este), ...reich, ...tötend, ...voll

Geiltau das (Tau zum Geien)

Geiz der; -es; **geizen**; du geizt (geizest); **Geizhals**; **geizig**; **Geizkragen**

Gejammer das; -s

Gejauchze das; -s

Gejaule das; -s

Gejodel das; -s

Gejohle das; -s

Gekeife das; -s

Gekicher das; -s

Gekläff das; -[e]s u. **Gekläffe** das; -s

Geklapper das; -s

Geklatsche das; -s

Geklimper das; -s

Geklingel das; -s

Geklirr das; -[e]s u. **Geklirre** das; -s

Geklopfe das; -s

Geklüft das; -[e]s, -e u. **Geklüfte** das; -s, -, (dichter.)

Geknatter das; -s

geknickt; -este (ugs. für: bedrückt, traurig)

Geknirsche das; -s

Geknister das; -s

geknüppelt; - voll (ugs. für: sehr voll)

gekonnt; -este; sein Spiel war, wirkte sehr -; **Gekonntheit** die; -

geköpert (in Köperbindung gewebt)

gekörnt; ein -es Werkstück

Gekrächze das; -s

Gekrakel das; -s

Gekrätz das; -es (Metallabfall)

Gekratze das; -s

Gekräusel das; -s

Gekreisch das; -es u. **Gekreische** das; -s

Gekreuzigte der; -n, -n (↑R 7 ff.)

Gekritzel das; -s

gekröpft (hakenförmig gebogen)

Gekröse das; -s, -

gekünstelt; ein -es Benehmen

Gel das; -s, -e (gallertartige Substanz; Gelatine)

Ge|lab|ber *das;* -s (nordd. für: fades Getränk)

Ge|la|ber *das;* -s (mdal. für: törichtes Gerede)

Ge|läch|ter *das;* -s, -

ge|lack|mei|ert (ugs. für: angeführt); Ge|lack|mei|er|te *der u. die;* -n, -n (↑ R 7 ff.)

ge|lackt vgl. lacken

ge|la|den (ugs. für: wütend)

Ge|la|ge *das;* -s, -; Ge|lä|ger *das;* -s, - (Ablagerung im Weinfaß nach der Gärung)

ge|lähmt; Ge|lähm|te *der u. die;* -n, -n (↑ R 7 ff.)

ge|lahrt; -este (veralt. für: gelehrt); ein -er Mann

Ge|län|de *das;* -s, -; Ge|län|de-fahrt, ...fahr|zeug; ge|län|de|gän|gig; Ge|län|de|lauf

Ge|län|der *das;* -s, - Ge|län|de_spiel, ...sport *(der;* -[e]s), ...übung, ...wa|gen

ge|lan|gen; der Brief gelangte nicht in meine Hände; an jmdn. - (schweiz. für: an jmdn. herantreten, sich an jmdn. wenden)

ge|lappt; -e Blätter (Bot.)

Ge|lärm|e *das;* -s

Ge|laß *das;* Gelasses, Gelasse (geh. für: Raum)

ge|las|sen; er steht der Gefahr - gegenüber; Ge|las|sen|heit *die;* -

Ge|la|ti|ne [*sehe...*] *die;* - ⟨franz.⟩ ([Knochen]leim, Gallert); Ge|la|ti|ne|kap|sel; ge|la|ti|nie|ren (zu Gelatine erstarren; in Gelatine verwandeln); ge|la|ti|nös (gelatineartig); -e Masse

Ge|läuf *das;* -[e]s, -e (Jägerspr.: Spuren u. Wechsel des Federwildes; Sport: Boden einer Pferderennbahn); Ge|lau|fe *das;* -s; ge|läu|fig; die Redensart ist -; Ge|läu|fig|keit *die;* -

ge|launt; gutgelaunt; der gutgelaunte Vater (↑ jedoch R 209), a b e r : der Vater ist gut gelaunt

Ge|läut *das;* -[e]s, -e u. Ge|läu|te *das;* -s, -

gelb; gelbe Rüben (südd. für: Mohrrüben), das gelbe Fieber, die gelbe Rasse, das gelbe Trikot (des Spitzenreiters im Radsport), die gelbe Karte (bes. Fußball), a b e r (↑ R 146): der Gelbe Fluß; vgl. blau, IV, V; Gelb *das;* -s u. (ugs.) -s (gelbe Farbe); bei Gelb ist die Kreuzung zu räumen; die Ampel steht auf Gelb; vgl. Blau; gelb|braun usw.; vgl. blau, V u. ↑ R 40; Gel|be *das;* -n; Gelb_fie|ber, ...fil|ter, ...kör|per|hor|mon (ein Sexualhormon), ...kreuz (ein Giftgas); gelb|lich; gelblichgrün usw. (↑ R 40), Gelb|licht *das;* -[e]s; Gelb|ling (ein Pilz); Gelb-_rand|kä|fer (ein Wasserkäfer), ...schna|bel (seltener für: Grünschnabel), ...sucht *(die;* -); gelb-

süch|tig; Gelb|vei|gel|lein (südd. volkstümlich für: Goldlack); Gelb_wurst ...wur|zel (tropisches Ingwergewächs)

Geld *das;* -[e]s, -er (Abk. auf dt. Kurszetteln: G [vgl. d.]); (↑ R 32:) Geld- und andere Sorgen; Geld_an|la|ge, ...au|to|mat, ...be|trag, ...bör|se, ...brief|trä|ger, ...bu|ße

Gel|dern (Stadt im Niederrhein. Tiefland); Gel|der|ner (↑ R 147)

Gel|des|wert *der;* -[e]s; Geld_ge|ber, ...gier; geld|gie|rig; Geld_hahn; in: jmdm. den - zudrehen (ugs. für: jmdm. kein Geld mehr geben); geld|lich, a b e r : unentgeltlich; Geld_mit|tel *Plur.,* ...quel|le

geld|risch (zu: Geldern)

Geld_sack, ...schein, ...schrank, ...schrank|knacker [*Trenn.:* ...knak|ker], ...sor|gen *Plur.,* ...sor|te, ...stra|fe, ...stück, ...sum|me, ...ver|le|gen|heit, ...wasch|an|la|ge (ugs. für: Institution, die [steuerbegünstigte] Spendengelder an eine polit. Partei weiterleitet), ...wech|sel, ...wert *(der;* -[e]s), ...wirt|schaft

ge|leckt; das Zimmer sieht aus wie - (ugs. für: sehr sauber)

Gelee [*sehele*] *das od. der;* -s, -s ⟨franz.⟩

Ge|le|ge *das;* -s, -

ge|le|gen; das kommt mir sehr - (das kommt zur rechten Zeit); ich werde zu -er Zeit wiederkommen; Ge|le|gen|heit; Ge|le|gen-heits_ar|beit, ...ar|bei|ter, ...ge-dicht, ...kauf; ge|le|gent|lich; mit *Gen.:* - seines Besuches, dafür besser: bei seinem Besuch

ge|leh|rig; Ge|leh|rig|keit *die;* -; ge|lehr|sam; Ge|lehr|sam|keit *die;* -; ge|lehrt; -este; ein -er Mann; Ge|lehr|te *der u. die;* -n, -n (↑ R 7 ff.); Ge|lehrt|heit *die;* -

Ge|lei|er *das;* -s

Ge|lei|se vgl. Gleis; ...ge|lei|sig, ...gleisig (z. B. eing[e]leisig)

Ge|leit *das;* -[e]s, -e u. (veralt.:) Ge|lei|te *das;* -s, -; ge|lei|ten; Ge|leit_schutz, ...wort *(Plur. ...*worte), ...zug

ge|lenk (älter für: gelenkig); Ge|lenk *das;* -[e]s, -e; Ge|lenk_band *(das; Plur. ...*bänder), ...ent|zün-dung, ...fahr|zeug; ge|len|kig; Ge|len|kig|keit *die;* -; Ge|lenk-_kap|sel, ...knor|pel, ...pfan|ne, ...rheu|ma|tis|mus, ...schmie|re; Ge|lenks|ent|zün|dung (österr. für: Gelenkentzündung); Ge|lenk|wel|le (für: Kardanwelle)

ge|lernt; ein -er Maurer

Ge|leucht *das;* -s u. Ge|leuch|te *das;* -s (Bergmannsspr.: Licht, Beleuchtung unter Tage)

Ge|lich|ter *das;* -s

Ge|lieb|te *der u. die;* -n, -n (↑ R 7 ff.)

ge|lie|fert (ugs. für: verloren, ruiniert)

ge|lie|ren (*sehelir'n*) ⟨franz.⟩ (zu Gelee werden); Ge|lier|zucker [*Trenn.:* ...zuk|ker]

ge|lind, ge|lin|de; ...este; ein gelinder (milder) Regen

ge|lin|gen; es gelang; es gelänge; gelungen; geling[e]!; Ge|lin|gen *das;* -s

Ge|lis|pel *das;* -s

ge|li|stet vgl. listen

¹gell (helltönend)

²gell?, gel|le? (mitteld. svw. gelt?)

gel|len; es gellt; es gellte; gegellt

Geln|hau|sen (Stadt a. d. Kinzig)

ge|lo|ben; jmdm. etwas - (versprechen); ich habe mir gelobt (ernsthaft vorgenommen); (↑ R 157:) das Gelobte Land (bibl.); Ge|löb|nis *das;* -ses, -se

Ge|lock *das;* -[e]s u. Ge|locke *das;* -s [*Trenn.:* ...lok|ke]; ge|lockt

ge|löscht; -er Kalk

ge|löst; -este; Ge|löst|heit *die;* -

Gel|se *die;* -, -n (österr. für: Stechmücke)

Gel|sen|kir|chen (Stadt im Ruhrgebiet)

¹gelt (mitteld. für: nichttragend, unfruchtbar [bes. von Kühen]); vgl. galt

²gelt? (bes. südd. u. österr. für: nicht wahr?); vgl. auch: gell?

gel|ten; du giltst, er gilt; du galtst (galtest); du gältest (auch: göltest); es golten; (selten:) gilt!; -lassen; geltend machen; Gel-tend|ma|chung; Gel|tung; Gel-tungs_be|dürf|nis *(das;* -ses), ...be|reich *der,* ...sucht *(die;* -)

Ge|lüb|de *das;* -s, -

Ge|lüm|pe *das;* -s

Ge|lün|ge *das;* -s (Jägerspr.: Herz, Lunge, Leber u. Milz des Wildes; ¹Geräusch)

ge|lun|gen; gutgelungen; eine gutgelungene Aufführung (↑ jedoch R 209), a b e r : die Aufführung ist gut gelungen

Ge|lüst *das;* -[e]s, -e u. Ge|lü|ste *das;* -s, - u. (selten:) Ge|lü|sten *das;* -s; ge|lü|sten; es gelüstet mich; ge|lü|stig (landsch. für: begierig)

Gel|ze *die;* -, -n (veralt., noch landsch. für: verschnittene Sau); gel|zen (veralt., noch landsch. für: [ein Schwein] verschneiden; du gelzt (gelzest)

GEMA = Gesellschaft für musikal. Aufführungs- u. mechan. Vervielfältigungsrechte

ge|mach; Ge|mach *das;*-[e]s, ...mächer u. (dicht.:) -e; ge|mäch|lich [auch: *g°mäch...*]; Ge|mäch|lich-keit [auch: *g°mäch...*] *die;* -

Ge|mächt *das;*-[e]s, -e u. Ge|mäch-

te *das;* -s, - (veralt. für: männliche Geschlechtsteile)
¹Ge|mahl *der;* -[e]s, -e; ²Ge|mahl *das;* -[e]s, -e (dicht. für: Gemahlin); Ge|mah|lin *die;* -, -nen
ge|mah|nen (geh. für: erinnern)
Ge|mäl|de *das;* -s, -; Ge|mäl|de_aus|stel|lung, ...ga|le|rie
Ge|mar|chen *Plur.* (schweiz. für: Gemarkung); Ge|mar|kung
ge|ma|sert; -es Holz
ge|mäß; dem Befehl - (seltener: - dem Befehl; nicht: - des Befehles); - Erlaß vom ...; ...ge|mäß; -este (z. B. zeitgemäß); Ge|mäß|heit *die;* - (Angemessenheit); ge|mä|ßigt; -e Zone (Meteor.)
Ge|mäu|er *das;* -s, -
Ge|mau|schel *das;* -s (ugs.)
Ge|mecker *das;* -s [*Trenn.:* ...mek|ker] u. Ge|mecke|re *das;* -s [*Trenn.:* ...mek|ke...] u. Ge|meck|re *das;* -s
ge|mein; das gemeine Recht, aber (↑ R 157): der Gemeine Rosenkäfer; Ge|mein|be|sitz; Ge|mein|de *die;* -, -n; Ge|mein|de_am|mann (schweiz. für: Gemeindevorsteher; Schuldbetreibungs- u. Vollstreckungsbeamter), ...amt, ...be|am|te; ge|mein|de|ei|gen; Ge|mein|de_gut (Allmende), ...haus, ...kir|chen|rat, ...ord|nung, ...rat (*Plur.* ...räte), ...rä|tin, ...schwe|ster, ...steu|er *die;* Ge|mein|de|um|la|ge; ge|mein|deutsch; Ge|mein|de_ver|tre|tung, ...ver|wal|tung, ...vor|ste|her, ...wahl, ...zen|trum; ge|meind|lich; Ge|mein|ei|gen|tum; ge|mein_faß|lich, ...frei (hist.), ...ge|fähr|lich; Ge|mein_geist (*der;* -[e]s), ...gut (*das;* -[e]s); Ge|mein|heit; ge|mein|hin; ge|mei|nig|lich (veralt.); Ge|mein|ko|sten *Plur.* (indirekte Kosten); Ge|mein|nutz; ge|mein|nüt|zig; Ge|mein|platz; ge|mein|sam; ge|meinsamer Unterricht, aber (↑ R 157): der Gemeinsame Markt (Ziel der Europäischen Wirtschaftsgemeinschaft); Ge|mein|sam|keit; Ge|mein|schaft; ge|mein|schaft|lich; Ge|mein|schafts_an|ten|ne, ...ar|beit, ...ge|fühl (*das;* -[e]s), ...geist (*der;* -[e]s), ...haus, ...kun|de (*die;* -; ein Schulfach), ...pro|duk|ti|on, ...raum, ...schu|le, ...ver|pfle|gung (*die;* -), ...wer|bung; Ge|mein_sinn (*der;* -[e]s), ...spra|che
ge|meint; gutgemeint; ein gutgemeinter Vorschlag (↑ jedoch R 209), aber: der Vorschlag ist gut gemeint
ge|mein|ver|ständ|lich; Ge|mein_werk (schweiz. für: unbezahlte Arbeit für die Gemeinde, eine Genossenschaft u. ä.), ...we|sen, ...wirt|schaft, ...wohl

Ge|men|ge *das;* -s, -; Ge|meng|sel *das;* -s, -
ge|mes|sen; in -er Haltung; Ge|mes|sen|heit *die;* -
Ge|met|zel *das;* -s, -
Ge|mi|na|ti|on [...*zion*] *die;* -, -en ⟨lat.⟩ (Sprachw.: Konsonantenverdoppelung); ge|mi|nie|ren
Ge|misch *das;* -[e]s, -e; ge|mischt; -e Gefühle; -es Doppel (Sport); -er Ausschuß (Grundgesetz); Ge|mischt|bau|wei|se *die;* -; ge|mischt|spra|chig; Ge|mischt|wa|ren|hand|lung
Gem|ma *die;* - ⟨lat.⟩ (ein Stern); Gem|me *die;* -, -n (geschnittener Edelstein); Gem|mo|lo|gie *die;* - (Edelsteinkunde)
Gems_bart, ...bock; Gem|se *die;* -, -n; vgl. auch: Gams; Gem|sen|jä|ger, Gems|jä|ger; gems|far|ben (für: chamois)
Ge|mun|kel *das;* -s
Ge|mur|mel *das;* -s
Ge|mur|re *das;* -s
Ge|mü|se *das;* -s, -; Mohrrüben sind ein nahrhaftes Gemüse: Mohrrüben u. Bohnen sind nahrhafte Gemüse; frühes Gemüse; Ge|mü|se|an|bau, Ge|mü|se|bau *der;* -[e]s; Ge|mü|se_beet, ...ein|topf, ...gar|ten, ...händ|ler, ...pflan|ze, ...saft, ...sup|pe
ge|mu|stert
Ge|müt *das;* -[e]s, -er; zu Gemüte führen; ge|müt|lich; Ge|müt|lich|keit *die;* -; ge|müts|arm; Ge|müts_art, ...be|we|gung; ge|müts|krank; Ge|müts_kran|ke, ...krank|heit, ...la|ge, ...lei|den, ...mensch, ...ru|he, ...ver|fas|sung, ...zu|stand; ge|müt|voll
gen (bibl. u. dicht. für: gegen [vgl. d.]); - Himmel
Gen *das;* -s, -e (meist *Plur.*) ⟨griech.⟩ (Träger der Erbanlage)
gen. = genannt
Gen. = Genitiv; Genossenschaft
ge|nannt (Abk.: gen.)
ge|nant [*sehan...*]; -este ⟨franz.⟩ (veralt. für: unangenehm; peinlich)
ge|narbt; -es Leder
ge|nä|schig (naschhaft)
ge|nau; auf das, aufs -[e]ste (↑ R 65); genau[e]stens; nichts Genaues; etwas - nehmen; ge|nau|ge|nom|men (↑ R 205 f.), aber: er hat es genau genommen; ge|nau|ge|nom|men; aber: genau so; aber nur: ge|nau|so|gut; aber nur: ge|nau|so|gut usw. (vgl. ebenso, ebensogut usw.)
Gen|darm [*sehan...*, auch: *sehang...*] *der;* -en, -en (↑ R 197) ⟨franz.⟩ (österr., schweiz., sonst veralt. für: Polizist [auf dem Lande]); Gen|dar|me|rie *die;* -, ...ien ⟨griech.⟩; Ge|nea|lo|gie *die;* -, ...ien (Geschlechter-, Familien-,

Sippenkunde; Stammbaum[forschung]); ge|nea|lo|gisch
ge|nehm; ge|neh|mi|gen; Ge|neh|mi|gung; Ge|neh|mi|gungs|pflich|tig
ge|neigt; -este; er ist - zuzustimmen; der -e Leser; das Gelände ist leicht -; Ge|neigt|heit *die;* -
Ge|ne|ra (*Plur.* von: Genus)
Ge|ne|ral *der;* -s, -e u. ...räle ⟨lat.⟩
Ge|ne|ral_ab|so|lu|ti|on, ...ad|mi|ral, ...agent (Hauptvertreter), ...amne|stie, ...an|griff, ...arzt; Ge|ne|ra|lat *das;* -[e]s, -e (Generalswürde); Ge|ne|ral_baß (Musik), ...beich|te, ...be|voll|mäch|tig|te (*der* u. *die;* -n, -n), ...di|rek|tor, ...dis|pens; Ge|ne|ral|feld|mar|schall; Ge|ne|ral_gou|ver|ne|ment, ...gou|ver|neur, ...in|spek|teur, ...in|ten|dant; Ge|ne|ra|li|sa|ti|on [...*zion*] *die;* -, -en (Verallgemeinerung); ge|ne|ra|li|sie|ren (verallgemeinern); Ge|ne|ra|li|sie|rung; Ge|ne|ra|lis|si|mus *der;* -, ...mi u. ...musse (ital.) (Oberbefehlshaber); Ge|ne|ra|list *der;* -en, -en; ↑ R 197 (jmd., der nicht auf ein bestimmtes Gebiet festgelegt ist); Ge|ne|ra|li|tät *die;* -, -en ⟨franz.⟩; ge|ne|ra|li|ter ⟨lat.⟩ (im allgemeinen; allgemein betrachtet); Ge|ne|ral_ka|pi|tel (eines kath. Ordens), ...klau|sel (Rechtsspr.), ...kom|man|do, ...kon|su|lat, ...leut|nant, ...ma|jor, ...mu|sik|di|rek|tor (Abk.: GMD), ...nen|ner, ...oberst, ...pau|se (Musik), ...pro|be, ...se|kre|tär; Ge|ne|rals|rang; Ge|ne|ral|staa|ten *Plur.* (das niederländische Parlament); Ge|ne|ral_staats|an|walt; Ge|ne|ral|stab; der Große - (↑ R 157); Ge|ne|ral_stäb|ler, ...stabs|kar|te; Ge|ne|ral|streik; Ge|ne|rals|uni|form; ge|ne|ral|über|hol|len (nur im Infinitiv u. 2. Partizip gebräuchlich); ich lasse den Wagen -; der Wagen wurde generalüberholt; Ge|ne|ral_über|ho|lung, ...ver|samm|lung, ...ver|tre|ter, ...vi|kar (Vertreter des kath. Bischofs, bes. in der Verwaltung)
Ge|ne|ra|ti|on [...*zion*] *die;* -, -en ⟨lat.⟩; Ge|ne|ra|ti|ons_kon|flikt, ...wech|sel; ge|ne|ra|tiv (die geschlechtl. Fortpflanzung betreffend; erzeugend; hervorbringend); -e Zelle; -e Grammatik; Ge|ne|ra|tor *der;* -s, ...oren (Maschine, die Strom erzeugt; Apparat zur Gaserzeugung); ge|ne|rell ⟨franz.⟩ (allgemein); ge|ne|rie|ren ⟨lat.⟩ (hervorbringen); ge|ne|risch (das Geschlecht od. die Gattung betreffend; Gattungs...)
ge|ne|rös [*ge...*, seltener: *sehe...*]; -este ⟨franz.⟩ (groß-, edelmütig; freigebig); Ge|ne|ro|si|tät *die;* -

Ge|ne|se *die;* -, -n ⟨griech.⟩ (Entstehung, Entwicklung); vgl. auch: Genesis

ge|ne|sen; du genesest (genest), er genest; du genasest, er genas; du genäsest; genesen; genese!; Ge|ne|sen|de *der* u. *die;* -n, -n (↑ R 7 f.)

Ge|ne|sis [auch: gän...] *die;* - ⟨griech.⟩ (Entstehung, Ursprung; [1. Buch Moses mit der] Schöpfungsgeschichte); vgl. auch: Genese

Ge|ne|sung; Ge|ne|sungs_heim, ...pro|zeß, ...ur|laub

Ge|net [seh'nä] (franz. Schriftsteller)

Ge|ne|tik *die;* - ⟨griech.⟩ (Vererbungslehre); ge|ne|tisch (entwicklungsgeschichtlich; erblich bedingt; die Vererbung betreffend)

Ge|ne|tiv [auch: ...tif] vgl. Genitiv

Ge|nève [seh'näw] (franz. Form von: Genf)

Ge|ne|ver [sehenew'r od. gene...] *der;* -s, - (Wacholderbranntwein)

Ge|ne|za|reth; vgl. See Genezareth

Genf (Kanton u. Stadt in der Schweiz); vgl. Genève; Gen|fer (↑ R 147); - See, - Konvention; gen|fe|risch; Gen|fer See *der;* - -s (See zwischen den Westalpen u. dem Jura)

ge|ni|al ⟨lat.⟩; ge|nia|lisch; ↑ R 180 (nach Art eines Genies); Ge|nia|li|tät *die;* - (↑ R 180)

Ge|nick *das;* -[e]s, -e; Ge|nick_fang (*der;* -[e]s; Jägerspr.), ...fän|ger (Wildmesser), ...schuß, ...star|re

¹Ge|nie [sehe...] *das;* -s, -s ⟨franz.⟩ (höchste schöpferische Geisteskraft [nur *Sing.*]; höchstbegabter, schöpferischer Mensch); ²Ge|nie *die;* -, -s (schweiz. kurz für: Genietruppe [militär. Ingenieurwesen]); Ge|ni|en (*Plur.* von: Genius); Ge|nie|of|fi|zier (schweiz.)

ge|nie|ren [sehe...] ⟨franz.⟩; sich -; ge|nier|lich (ugs. für: peinlich; schüchtern)

ge|nieß|bar; Ge|nieß|bar|keit *die;* -; ge|nie|ßen; du genießt (geniessest); ich genoß, du genossest, er genoß; du genössest; genossen; genieße[e]!; Ge|nie|ßer; ge|nie|ße|risch; -ste

Ge|nie|streich [sehe...]; Ge|nie|trup|pe (schweiz.)

ge|ni|tal ⟨lat.⟩ (die Genitalien betreffend); Ge|ni|ta|li|en [...i'n] *Plur.* (Med.: Geschlechtsorgane); Ge|ni|tal|tu|ber|kulo|se

Ge|ni|tiv, (auch:) Ge|ne|tiv [auch: ...tif] *der;* -s, -e [...w'] ⟨lat.⟩ (Sprachw.: Wesfall, 2. Fall; Abk.: Gen.); Ge|ni|tiv|ob|jekt; Ge|ni|us *der;* -, ...ien [...i'n]

(Schutzgeist im röm. Altertum; geh. für: ¹Genie); - loci [- *lozi*] (Schutzgeist eines Ortes)

Gen|mu|ta|ti|on [...*zion*] *die;* -, -en ⟨griech.; lat.⟩ (erbliche Veränderung eines Gens)

Gen|ne|sa|ret vgl. See Genezareth

Ge|nom *das;* -s, -e ⟨griech.⟩ (Erbgut; auch: der einfache Chromosomensatz einer Zelle)

ge|noppt (mit Noppen versehen)

Ge|nör|gel *das;* -s

Ge|nos|se *der;* -n, -n (↑ R 197); Ge|nos|sen|schaft (Abk.: Gen.); vgl. EG; Ge|nos|sen|schaf|ter, Ge|nos|sen|schaft|ler; ge|nos|sen|schaft|lich; Ge|nos|sen|schafts_bank (*Plur.* ...banken), ...bau|er (*der;* DDR); Ge|nos|sin *die;* -, -nen; Ge|nos|sal|me *die;* -, -n (schweiz. für: Genossenschaft, Gemeindebezirk)

ge|no|ty|pisch ⟨griech.⟩ (erbmäßig); Ge|no|typ, Ge|no|ty|pus *der;* -, ...typen (Gesamtheit der Erbanlagen)

Ge|no|va [*dsehänowa*] (ital. Form von: Genua)

Ge|no|ve|va [...*fefa*] (w. Vorn.)

Ge|no|zid *der* (auch: *das*); -[e]s, -e u. -ien [...i'n] ⟨griech.; lat.⟩ (Völkermord)

Gen|re [*sehangr'*] *der* (auch: *das*); -s, -s ⟨franz.⟩ (Art, Gattung; Wesen); Gen|re|bild (Bild aus dem täglichen Leben); gen|re|haft; -este (alltäglich, volksmäßig); Gen|re|ma|le|rei

¹Gent (Stadt in Belgien)

²Gent [*dsehänt*] *der;* -s, -s ⟨engl.⟩ ([übertrieben] modisch gekleideter Mann)

Gen|tech|no|lo|gie (Technologie der Erforschung und Manipulation der Gene)

gen|til [*sehäntil* od. *sehangtil*] ⟨franz.⟩ (veralt. für: fein, nett); Gen|til|homme [*sehangtijom*] *der;* -s, -s veralt. für: Edelmann); Gentle|man [*dsehäntlm'n*] *der;* -s, ...men ⟨engl.⟩ (Mann von Lebensart u. Charakter [mit tadellosen Umgangsformen]); gentle|man|like [...*laik*] (nach Art eines Gentlemans; vornehm; höflich); Gentle|man's od. Gentle|men's Agree|ment [*dsehäntlm'ns 'gri-m'nt*] *das;* - -, - -s (diplomat. Übereinkunft ohne formalen Vertrag; Abkommen auf Treu u. Glauben); Gen|try [*dsehäntri*] *die;* - (niederer Adel und wohlhabendes Bürgertum in England)

Ge|nua (ital. Stadt; vgl. Genova; Ge|nue|se *der;* -n, -n (↑ R 197; R 180); Ge|nue|ser (↑ R 147; R 180); ge|nue|sisch (↑ R 180)

ge|nug; - u. übergenug; (↑ R 65 :) - Gutes, Gutes -; - des Guten; von etw. - haben; vgl. genugtun; Ge-

nü|ge *die;* -; - tun, leisten; zur -; ge|nü|gen; dies genügt für unsere Zwecke; ge|nü|gend; vgl. ausreichend; ge|nug|sam; es ist - bekannt (es ist genügend bekannt); ge|nüg|sam (anspruchslos); Ge|nüg|sam|keit *die;* -; ge|nug|tun (veralt.); ↑ R 205 f.; jmdm. - (Genugtuung gewähren); er hat mir genuggetan; sich (Dativ) nicht - können (nicht mit etwas aufhören); aber: ich habe jetzt genug (genügend) getan; Ge|nug|tu|ung

ge|nu|in ⟨lat.⟩ (angeboren, echt);

Ge|nus *das;* -, Genera (Gattung, Art; Sprachw.: grammatisches Geschlecht); vgl. in genere

Ge|nuß *der;* Genusses, Genüsse; ge|nuß|freu|dig; Ge|nuß|gift; ge|nüß|lich; Ge|nüß|ling (Genußmensch); Ge|nuß|mit|tel *das;* Ge|nuß|reich; Ge|nuß|sucht *die;* -; ge|nuß_süch|tig, ...voll

Ge|nus ver|bi [- *wär*...] *das;* - -, Genera - ⟨lat.⟩ (Sprachw.: Verhaltensrichtung des Verbs: Aktiv u. Passiv)

Geo|bo|ta|nik [österr.: *geo*...] ⟨griech.⟩ (Wissenschaft von der geograph. Verbreitung der Pflanzen); geo|bo|ta|nisch; Geo|che|mie [österr.: *geo*...] (Wissenschaft von der chemischen Zusammensetzung der Erde); geo|che|misch; Geo|dä|sie *die;* - (Lehre von der Form u. Größe der Erde; Vermessungskunde); Geo|dät *der;* -en, -en (↑ R 197 (Fachmann, Wissenschaftler auf dem Gebiet der Geodäsie); geo|dä|tisch; Geo|drei|eck ⓦ (transparentes Dreieck zum Ausmessen u. Zeichnen von Winkeln o. ä.); Geo|ge|nie, Geo|go|nie *die;* - (Lehre von der Entstehung der Erde); Geo|graph *der;* -en, -en (↑ R 197); Geo|gra|phie *die;* - (↑ R 197); geo|gra|phisch

ge|öhrt (mit einem Öhr versehen)

Geo|lo|ge *der;* -n, -n (↑ R 197) ⟨griech.⟩; Geo|lo|gie *die;* - (Lehre von Entstehung u. Bau der Erde); geo|lo|gisch; Geo|man|tie *die;* - (Kunst, aus Linien u. Figuren im Sand wahrzusagen); Geo|me|ter *der;* -s, - (vgl. Geodät); geo|me|trie *die;* -, ...ien (ein Zweig der Mathematik); geo|me|trisch; -er Ort; -es Mittel; Geo|mor|pho|lo|gie *die;* - (Lehre von der äußeren Gestalt der Erde u. deren Veränderungen); Geo|phy|sik [österr.: *geo*...] (Lehre von den physikal. Eigenschaften des Erdkörpers); geo|phy|si|ka|lisch; -e Untersuchungen, aber (↑ R 157): das Geophysikalische Jahr; Geo_pla|stik *die;* -; räuml. Darstellung von Teilen der Erdoberfläche, ...po|li|tik (*die;* -;

Lehre von der Einwirkung geograph. Faktoren auf polit. Vorgänge u. Kräfte); geo|po|li|tisch ge|ord|net; in -en Verhältnissen leben; eine gutgeordnete Bibliothek (↑jedoch R 209), aber: die Bibliothek ist gut geordnet Ge|org [auch: ge...] (m. Vorn.); [1]Ge|or|ge (Familienname); [2]George [dsehådseh] (engl. Form von: Georg); George|s| [sehorseh] (franz. Form von: Georg); George|town [dsehådsehtaun] (Hptst. von Guyana); [1]Georgette [sehorsehåt] (w. Vorn.); [2]Geor|gette der; -s (svw. Crêpe Georgette); Geor|gia [dsehådsehi'] (Staat in den USA; Abk.: Ga.); Ge|or|gi|en [...i'n] (hist.: Land am Südhang des Kaukasus); Ge|or|gi|er [...i'r]; [1]Ge|or|gi|ne die; -, -n ⟨nach dem Petersburger Botaniker Georgi⟩ (Seerosendahlie); [2]Ge|or|gi|ne (w. Vorn.); ge|or|gisch (aus Georgien); -e Sprache; Ge|or|gisch das; -[s] (Sprache); vgl. Deutsch; Ge|or|gi|sche das; -n; vgl. Deutsche das Geo|tek|to|nik ⟨griech.⟩ (Lehre von Entwicklung u. Aufbau der gesamten Erdkruste; geo|tek|to|nisch; geo|ther|misch (die Wärmeverhältnisse im Erdkörper betreffend); -e Energie; geo|trop, geo|tro|pisch; Geo|tro|pis|mus (Vermögen der Pflanzen, sich in Richtung der Schwerkraft zu orientieren); geo|zen|trisch (auf die Erde als Mittelpunkt bezogen; auf den Erdmittelpunkt bezogen); geo|zy|klisch [auch: ...zü...] (den Umlauf der Erde betreffend)

Ge|päck das; -[e]s; Ge|päck|ab|fer|ti|gung; Ge|päck|an|nah|me; (↑R 32:) Ge|päck|an|nah|me und -aus|gabe; Ge|päck_auf|be|wah|rung (österr.: Gepäcksaufbewahrung), ...auf|be|wah|rungs|schein, ...netz (österr.: Gepäcksnetz), ...schal|ter, ...schein, ...stück (österr.: Gepäcksstück), ...trä|ger (österr.: Gepäcksträger), ...wa|gen Ge|pard der; -s, -e ⟨franz.⟩ (katzenartiges Raubtier) ge|perlt (mit Perlen versehen); -e Arm- und Beinringe ge|pfef|fert (ugs.); -e Preise Ge|pfei|fe das; -s ge|pflegt; -este; ein -es Äußere[s]; gutgepflegt; ein gutgepflegter Rasen (↑jedoch R 209), aber: der Rasen ist gut gepflegt; Ge|pflegt|heit die; -; Ge|pflo|gen|heit (Gewohnheit) Ge|pi|de der; -n, -n; ↑R 197 (Angehöriger eines ostgerm. Volkes) Ge|pie|pe das; -s; Ge|piep|se das; -s

Ge|plän|kel das; -s, - Ge|plap|per das; -s Ge|plär|r das; -[e]s u. Ge|plär|re das; -s Ge|plät|scher das; -s Ge|plau|der das; -s Ge|pol|che das; -s Ge|pol|ter das; -s Ge|prä|ge das; -s Ge|prah|le das; -s Ge|prän|ge das; -s (geh. für: Prunk, Prachtentfaltung) Ge|pras|sel das; -s ge|punk|tet; -er Stoff Ge|qua|ke das; -s; Ge|quä|ke das; -s Ge|quas|sel das; -s Ge|quat|sche das; -s Ge|quen|gel das; -s u. Ge|quen|ge|le, Ge|queng|le das; -s Ge|quie|ke das; -s Ge|quiet|sche das; -s Ger der; -[e]s, -e (Wurfspieß) Ge|ra (Stadt, Bezirk, Landkreis in der DDR) ge|rad|... (z. B. geradlinig); Ge|rad|... (z. B. Geradflügler) ge|ra|de[1]; eine - Zahl; fünf - sein lassen; - darum; der Weg ist - (ändert die Richtung nicht); er wohnt mir - (direkt) gegenüber; etwas - (offen, ehrlich) heraussagen (vgl. geradeheraus); er hat - (genau) in das Auge getroffen; er hat es - (soeben) getan. *Schreibung in Verbindung mit Verben* (↑R 205 f.): **I.** Zusammenschreibung, z. B. geradelegen, geradesitzen, geradestellen. **II.** Getrenntschreibung: **a)** wenn die Verben selbst schon Zusammensetzungen sind, z. B. das Buch gerade (nicht schief) hinlegen; **b)** wenn „gerade" die Bedeutung „soeben, zur Zeit" hat, z. B. da er gerade sitzt (sich soeben hingesetzt hat); Ge|ra|de' die; -n, -n (gerade Linie; Boxhieb); vier -[n]; ge|ra|de|aus[1]; - blicken, gehen; Ge|ra|de|aus|emp|fän|ger[1] (ein bes. Rundfunkgerät); ge|ra|de|bie|gen[1]; ↑R 205 (in gerade Form bringen; ugs. für: einrenken); ge|ra|de|hal|ten[1], ↑R 205 (sich ungebeugt halten); vgl. gerade, II, b; ge|ra|de|her|aus[1] (freimütig, direkt); etwas - sagen; ge|ra|de|hin[1] (leichtfertig); etwas - versprechen; ge|ra|de|le|gen[1]; ↑R 205 (zurechtlegen, ordnen); vgl. gerade, II, b; ge|ra|de|ma|chen[1]; ↑R 205 (in gerade Lage, Form bringen); vgl. gerade, II, b; ge|ra|de|n[l]|wegs[1]; ge|ra|de|rich|ten[1]; ↑R 205 (in gerade Lage, Form bringen); vgl. gerade, II, b

ge|rä|dert (ugs. für: erschöpft, zerschlagen); sich wie - fühlen ge|ra|de|sit|zen[1]; ↑R 205 (aufrecht sitzen); vgl. gerade, II, b; ge|ra|de|so[1] (auch: gerade so); ge|ra|de|so|gut[1] usw.; vgl. ebenso, ebensogut usw.; ge|ra|de|ste|hen[1]; ↑R 205 (aufrecht stehen; die Folgen auf sich nehmen); vgl. gerade, II, b; ge|ra|de|stel|len[1]; ↑R 205 (ordnen); vgl. gerade, II, b; ge|ra|de|wegs[1] (schweiz., sonst selten für: gerade[n]wegs); ge|ra|de|wegs[1], ge|ra|den|wegs[1]; ge|ra|de|zu[1]; das ist - absurd!; Ge|rad|flüg|ler[1] (Libelle u. dgl.); Ge|rad|heit[1] die; -; ge|rad|läu|fig[1]; ge|rad|li|nig[1]; Ge|rad|li|nig|keit[1] die; -; ge|rad|sin|nig[1] Ge|rald, Ge|rold (m. Vorn.); Ge|ral|de, Ge|ral|di|ne (w. Vorn.) ge|ram|melt (ugs.); der Saal war - voll (übervoll) Ge|ran|gel das; -s Ge|ra|nie [...i'] die; -, -n ⟨griech.⟩ u. Ge|ra|ni|um das; -s, ...ien [...i'n] (Storchschnabel; Zierstaude) Ge|ran|ke das; -s (Rankenwerk) Ge|ra|schel das; -s Ge|ras|sel das; -s Ge|rät das; -[e]s, -e; ge|ra|ten; es gerät [mir]; geriet; geraten; ich gerate außer mich (auch: mir) vor Freude; (↑R 65:) es ist das geratenste (am besten); Ge|rä|te|schup|pen; Ge|rä|te|tur|nen; Ge|rä|te|tur|nen das; -s; Ge|rä|te|wart; Ge|ra|te|wohl [auch: g'råt'wol] das; aufs - (auf gut Glück); ge|rät|schaf|ten Plur. Ge|rat|ter das; -s Ge|rät|tur|nen vgl. Geräteturnen Ge|räu|cher|te das; -n (↑R 7 ff.) Ge|räu|fe das; -s ge|raum; -e (längere) Zeit; Ge|räu|m|de das; -s, - (abgeholztes Waldstück); ge|räu|mig; Ge|räu|mig|keit die; - Ge|rau|ne das; -s [1]Ge|räusch das; -[e]s (Gelünge) [2]Ge|räusch das; -[e]s, -e; ge|räusch|arm; Ge|räusch|dämp|fung; Ge|rau|sche das; -s; ge|räusch|emp|find|lich; Ge|räusch|ku|lis|se; ge|räusch|los; Ge|räusch|lo|sig|keit die; -; Ge|räusch|pe|gel; ge|räusch|voll Ge|räus|per das; -s ger|ben („sur" machen); Ger|ber Ger|be|ra die; -, -[s] ⟨nach dem dt. Arzt u. Naturforscher T. Gerber⟩ (eine Schnittblume) Ger|be|rei; Ger|ber|lo|he die; -, -n Ger|bert (m. Vorn.) Ger|borg vgl. Gerburg Ger|bung Ger|burg, Ger|borg (w. Vorn.)

[1] Ugs. häufig in der verkürzten Form „grad...", „Grad..."

Gerd (Kurzform von: Gerhard); Gerlda (auch Kurzform verschiedener w. Vorn.)

Gelrelbellte der; -n, -n; ↑R 7ff. (österr. für: Wein aus einzeln abgenommenen Beeren); vgl. rebeln

gelrecht; -este; jmdm. - werden; Gelrechlte der u. die; -n, -n (↑R 7ff.); Gelrechltiglkeit die; -; Gelrechltiglkeits_lielbe, ...sinn; Gelrechtlsalme die; -, -n (veralt. für: [Vor]recht)

Gelrelde das; -s

gelrelgelt; -er Arbeit nachgehen

gelreilchen; es gereicht mir zur Ehre

Gelreilme das; -s

gelreizt; -este; in -er Stimmung; Gelreiztlheit die; -

Gelrenlne das; -s

gelreulen; es gereut mich

Gerlfallke (Jagdfalke); vgl. Gierfalke

Gerlhard (m. Vorn.); Gerlharlde, Gerlharldilne (w. Vorn.)

Gerlhardt, Paul (dt. Dichter)

Gerlhild, Gerlhillde (w. Vorn.)

Gerlialter (griech.) (Facharzt für Geriatrie); Gerllialtrie die; - (Med.: Altersheilkunde); gerllialtrisch

Gelricht das; -[e]s, -e; gelrichtlich; -e Medizin; -e Psychologie; Gelrichtslbarlkeit; Gelrichts_beschluß, ...hof, ...kolsten Plur., ...meldilzin, ...meldilzilner; gelrichtslnoltolrisch (Rechtsspr.: vom Gericht zur Kenntnis genommen, gerichtskundig; Gelrichts_prälsildent, ...saal, ...sprache, ...stand, ...urlteil, ...verlfahren, ...verlhandllung, ...vollzielher

gelrielben (auch ugs. für: schlau); ein -er Bursche; Gelrielbenlheit die; -

gelrielhen (mdal. u. fachspr. für: gereiht); vgl. reihen

gelrielren, sich ⟨lat.⟩ (veralt. für: sich benehmen, auftreten als ...)

Gelrielsel das; -s

gelrilflelt

gelring; I. Kleinschreibung: a) (↑R 66:) ein geringes (wenig) tun; um ein geringes (wenig) erhöhen; b) (↑R 65:) am geringsten; nicht im geringsten (gar nicht); es geht ihn nicht das geringste (gar nichts) an. II. Großschreibung: a) (↑R 65:) auch der Geringste hat Anspruch auf ...; kein Geringerer als ...; es entgeht ihm nicht das Geringste (nicht die kleinste, unbedeutendste Sache); er ist auch im Geringsten treu; [sich] auf ein Geringes beschränken; das Geringste, was er tun kann, ist ...; b) (↑R 65:) es ist nichts Geringes, nichts Geringe-

res als ... III. In Verbindung mit Verben, z.B. gelringlachlten (↑R 205); ich achte gering; gelringgeachtet; geringzuachten gelrinlgelt; -e Socken

gelringlfülgig; Gelringlfülgiglkeit; gelringlhalltig; gelringlschätlzen; ↑R 205 f. (verachten); vgl. geringachten; aber: es kostet, gering geschätzt (niedrig veranschlagt), drei Mark; gelringlschätlzig; Gelringlschätlzung die; -; gelringsten|falls; vgl. Fall der

gelrinnlbar; Gelrinnlbarlkeit die; -; Gelrinlne das; -s, -; gelrinlnen; Gelrinnlsel das; -s, -; Gelrinlnung die; -

Gelriplpe das; -s, -; gelrippt

Gelriß das; ...isses (landsch. für: Wetteifern); gelrislsen; ein -er Bursche; Gelrislsenlheit die; -

gelritzt; in: ist - (ugs. für: in Ordnung; wird erledigt)

Gerllinlde (w. Vorn.)

Germ der; -[e]s od. (österr.:) die; - (bayr., österr. für: Hefe)

Gerlmalne der; -n, -n (↑R 197); Gerlmalnia die; - (Frauengestalt als Sinnbild Deutschlands; lat. Bez. für: Deutschland); Gerlmalnilen [...i^en] (das zur Römerzeit von den Germanen besiedelte Gebiet); Gerlmalnin die; -, -nen; gerlmalnisch; -e Kunst, aber (↑R 157): Germanisches Nationalmuseum (Nürnberg); gerlmalnilsielren (eindeutschen); Germalnislmus der; -, ...men (deutsche Spracheigentümlichkeit in einer nichtdeutschen Sprache); Gerlmalnist der; -en, -en; ↑R 197 (Wissenschaftler auf dem Gebiet der Germanistik); Gerlmalnilstik die; - (deutsche [auch: germanische] Sprach- u. Literaturwissenschaft); gerlmalnilstisch; Gerlmalnilum das; -, (chem. Grundstoff; Metall; Zeichen: Ge)

Gerlmar (m. Vorn.)

Gerlmer der; -s, - (südd.: Name verschiedener Pflanzen)

Gerlmilnal [sehär...] der; -[s], -s ⟨franz.⟩ („Keimmonat" der Franz. Revolution: 21. März bis 19. April); Gerlmilnaltilon [...zion] die; -, -en ⟨lat.⟩ (Keimungsperiode der Pflanzen)

Gerlmund (m. Vorn.)

gern, gerlne; lieber, am liebsten; jmdn. - haben, mögen; etwas - tun; gar zu gern; allzugern; ein gerngesehener Gast (↑jedoch R 209), aber: er ist gern gesehen; gernlgroß der; -, -e; Gerlnelklug der; -, -e

Gerlnot [auch: gär...] (m. Vorn.); Gelro (m. Vorn.)

Gelrölchel das; -s

gelrolchen; vgl. riechen u. rächen

Gelrold vgl. Gerald; Gelrolf (m. Vorn.)

Gelröll das; -[e]s, -e u. Gelröllle das; -s, -; Gelröll_halldenschutt

Gelront der; -en, -en (↑R 197) ⟨griech.⟩ (Mitglied der Gerusia); Gelronltollolgie die; - (Altersforschung)

Gelrölstelte [auch: ...rö...] Plur. (südd., österr. für: Bratkartoffeln)

Gerlshwin [gö'sch"in] (amerikanischer Komponist)

Gerlste die; -, (fachspr.:) -n; Gerlstel das; -s (österr. für: Graupe); Gerlstellsuplpe (österr. für: Graupensuppe); Gerlstenkorn (das; Plur. ...körner; auch: Vereiterung einer Drüse am Augenlid), ...saft (der; -[e]s; scherzh. für: Bier), ...schrot, ...suplpe

Gerlta (w. Vorn.)

Gerlte die; -, -n; Gerltel der; -s, - (schweiz. für: Hippe); gerltenschlank; gerltig

Gerltraud, Gerltraulde, Gerltrud, Gerltrulde (w. Vorn.); Gerltraut (alte Schreibung von: Gertraud)

Gelruch der; -[e]s, Gerüche; gelruchllos; Gelruchllosigkeit die; -; gelruchslbinldend; gelruch[s]frei; Gelruchs_orlgan, ...sinn (der; -[e]s), ...verlmölgen

Gelrücht das; -[e]s, -e; Gelrüchltemalcher

gelruchltillgend

gelrüchtlweilse

Gelrulfe das; -s

gelrulhen (sich bereit finden); gerulhig (veralt. für: ruhig)

gelrührt; vgl. rühren

gelruhlsam; Gelruhlsamlkeit die; -

Gelrumlpel das; -s (Rumpeln)

Gelrümlpel das; -s (Unbrauchbares)

Gelrunldilum das; -s, ...ien [...i^en] ⟨lat.⟩ (Sprachw.: gebeugter Infinitiv des lat. Verbs); Gelrunldiv das; -s, -e [...w^e] (Sprachw.: Partizip des Passivs des Futurs, z.B. der „zu billigende" Schritt)

Gelrulsia, Gelrulsie die; - ⟨griech.⟩ (Rat der Alten [in Sparta])

Gelrüst das; -[e]s, -e; Gelrülster (österr. für: Gerüstarbeiter)

Gelrütltel das; -s; gelrütltelt; ein - Maß; - voll

Gerlvais ⓦ [schärwä] der; - [...wä(ß)], - [...wäß] (nach dem franz. Hersteller Gervais) (ein Rahmkäse)

Gerlvalsilus [...wa...] (ein Heiliger)

Gerlwig (m. Vorn.); Gerlwin (m. Vorn.)

ges, Ges das; -, - (Tonbezeichnung); Ges (Zeichen für: Ges-Dur); in Ges

Gelsa, Gelse (w. Vorn.)

Gelsablber das; -s (ugs. für: dummes Geschwätz)

Ge|sä|ge das; -s
Ge|salb|te der u. die; -n, -n
(↑ R 7 ff.)
ge|sal|zen vgl. salzen; Ge|sal|ze|ne
das; -n (↑ R 7 ff.)
ge|sam|melt; -e Aufmerksamkeit
ge|samt; im -en (zusammenge-
nommen); Ge|samt das; -s; im -;
Ge|samt_an|sicht, ...aus|ga|be;
ge|samt|deutsch; -e Fragen; Ge-
samt|deutsch|land (↑ R 152); Ge-
samt|ein|druck; ge|samt|haft
(schweiz. u. westösterr. für:
[ins]gesamt); Ge|samt_heit (die;
-), ...hoch|schu|le, ...klas|se|ment,
...kom|plex, ...kunst|werk, ...no-
te, ...scha|den, ...schuld|ner (für:
Solidarschuldner), ...schu|le,
...sum|me, ...ver|band, ...wer|tung
Ge|sand|te der; -n, -n (↑ R 7 ff.);
Ge|sand|ten|po|sten; Ge|sand|tin
die; -, -nen; Ge|sandt|schaft; ge-
sandt|schaft|lich; Ge|sandt-
schafts|rat (Plur. ...räte)
Ge|sang der; -[e]s, Gesänge; Ge-
sang_buch (österr.: Gesangs-
buch), ...leh|rer; ge|sang|lich;
Ge|sang|schu|le; Ge|sangs|kunst;
Ge|sang[s]_stück, ...stun|de,
...un|ter|richt; Ge|sang|ver|ein
(österr.: Gesangsverein)
Ge|säß das; -es, -e; Ge|säß_kno-
chen, ...mus|kel, ...ta|sche
ge|sät|tigt; -e Kohlenwasserstoffe
(Chemie)
Ge|sätz das; -es, -e (fachspr. für:
Strophe im Meistergesang); Ge-
sätz|lein (südd. für: Abschnitt,
Strophe)
Ge|säu|ge das; -s (Jägerspr. für:
Milchdrüsen)
Ge|säu|se das; -s; Ge|säu|se das; -s
(Alpental); Ge|säu|sel das; -s
gesch. (Zeichen: ∞) = geschieden
Ge|schä|dig|te der u. die; -n, -n
(↑ R 7 ff.)
Ge|schäft das; -[e]s, -e; -e halber,
(auch:) geschäftehalber; Ge-
schäf|te|ma|cher; Ge|schäf|te-
ma|che|rei; ge|schäf|tig; Ge-
schäf|tig|keit die; -; Ge|schaftl-
hu|ber, Gschaftl|hu|ber der; -s, -
(mdal. für: fast unangenehm be-
triebsamer, wichtigtuerischer
Mensch); ge|schäft|lich; Ge-
schäfts_ab|schluß, ...be|reich der,
...be|richt, ...brief, ...er|öff|nung,
...frau; ge|schäfts|fä|hig; Ge-
schäfts_freund, ...füh|rer, ...ge-
ba|ren, ...ge|heim|nis, ...geist
(der; -[e]s), ...in|ha|ber, ...jahr,
...ko|sten (in: auf -); ge|schäfts-
kun|dig; Ge|schäfts_la|ge, ...lei-
tung, ...mann (Plur. ...leute u.
...männer); ge|schäfts|mä|ßig;
Ge|schäfts_ord|nung, ...part|ner,
...rei|se; ge|schäfts|schä|di|gend;
Ge|schäfts_schluß, ...sinn (der;
-[e]s), ...sitz, ...stel|le, ...stra|ße,
...stun|den Plur., ...trä|ger; ge-

schäfts_tüch|tig, ...un|fä|hig; Ge-
schäfts|zeit
Ge|schäl|ker das; -s
ge|scha|mig, gscha|mig, ge|schä-
mig, gschä|mig (österr. u. bayr.
für: schamhaft)
Ge|schar|re das; -s
Ge|schau|kel das; -s
ge|scheckt; ein -es Pferd
ge|sche|hen; es geschieht; es ge-
schah; es geschähe; geschehen;
Ge|sche|hen das; -s, -; Ge|scheh-
nis das; -ses, -se
Ge|schei|de das; -s, - (Magen u.
Gedärme der Jagdtiere)
Ge|schein das; -[e]s, -e (Blüten-
stand der Weinrebe)
ge|scheit; -este; Ge|scheit|heit die;
-, (selten:) -en
Ge|schenk das; -[e]s, -e; Ge-
schenk_ar|ti|kel, ...packung
[Trenn.: ...pak|kung], ...pa|pier,
...sen|dung; ge|schenk|wei|se
ge|schert vgl. gschert; Ge|scher|te
vgl. Gscher|te
Ge|schich|te die; -, -n; Ge|schich-
ten|buch (Buch mit Geschichten
[Erzählungen]); ge|schicht|lich;
Ge|schichts_be|wußt|sein, ...buch
(Buch mit Geschichtsdarstellun-
gen), ...for|scher, ...klit|te|rung,
...phi|lo|so|phie, ...schrei|ber,
...schrei|bung (die; -), ...un|ter-
richt, ...werk, ...wis|sen|schaft,
...wis|sen|schaft|ler
Ge|schick das; -[e]s, (für: Schick-
sal auch Plur.:) -e; Ge|schick-
lich|keit die; -; Ge|schick|lich-
keits_prü|fung (Motorsport),
...spiel; ge|schickt; -este; ein -er
Arzt; Ge|schickt|heit die; -
Ge|schie|be das; -s, -; Ge|schie|be-
lehm (Geol.)
ge|schie|den (Abk.: gesch.; Zei-
chen: ∞); Ge|schie|de|ne der u.
die; -n, -n (↑ R 7 ff.)
Ge|schie|ße das; -s
Ge|schimp|fe das; -s
Ge|schirr das; -[e]s, -e; Ge-
schirr_ma|cher, ...spü|ler, ...spül-
ma|schi|ne; Ge|schir|rei|ni|gen
das; -s [Trenn.: ...schirr|r...,
↑ R 204]; Ge|schirr|tuch (Plur.
...tücher)
Ge|schiß das; ...isses (derb)
Ge|schlabber das; -s (ugs.)
ge|schla|gen; eine -e Stunde
ge|schlämmt; -e Kreide
Ge|schlecht das; -[e]s, -er; Ge-
schlech|ter_buch, ...fol|ge, ...kun-
de (die; -), ...rol|le; ge|schlech-
tig (z. B. getrenntgeschlechtig);
ge|schlecht|lich; -e Fortpflan-
zung; Ge|schlecht|lich|keit die;
-; Ge|schlechts_akt, ...be|stim-
mung, ...chro|mo|som, ge-
schlechts_krank|heit, ...le|ben;
ge|schlechts[l]|los; Ge|schlechts-
_merk|mal, ...na|me, ...or|gan;
ge|schlechts|reif; Ge|schlechts-

_rei|fe, ...rol|le; ge|schlechts|spe-
zi|fisch; Ge|schlechts_teil (das,
[auch:] der), ...trieb (der; -[e]s),
...um|wand|lung, ...ver|kehr (der;
-[e]s), ...wort (Plur. ...wörter)
Ge|schleck das; -[e]s u. Ge-
schlecke das; -s [Trenn.: ...schlek-
ke]
Ge|schleif das; -[e]s u. Ge|schlei|fe
das; -s
Ge|schlep|pe das; -s
ge|schlif|fen; Ge|schlif|fen|heit
die; -, (selten:) -en
Ge|schlin|ge das; -s, - (Herz, Lun-
ge, Leber bei Schlachttieren)
ge|schlos|sen; -e Gesellschaft; Ge-
schlos|sen|heit die; -
Ge|schlünz|ze das; -s
Ge|schmack der; -[e]s, Geschmä-
ke u. (scherzh.:) Geschmäcker;
nach jmds. - sein; ge|schmack-
bil|dend; ge|schmackig [Trenn.:
...ak|kig] (österr. für: wohl-
schmeckend; nett; kitschig); ge-
schmäck|le|risch; ge|schmack-
lich; ge|schmack|los; -este; Ge-
schmack_lo|sig|keit, ...sa|che;
ge|schmacks|bil|dend; Ge-
schmacks_emp|fin|dung, ...knos-
pe (Biol., Med.), ...rich|tung; Ge-
schmacks_sa|che, ...sinn (der;
-[e]s); Ge|schmacks|ver|ir|rung;
ge|schmack|voll
Ge|schmat|ze das; -s
Ge|schmau|se das; -s
Ge|schmei|chel das; -s
Ge|schmei|de das; -s, -; ge|schmei-
dig; Ge|schmei|dig|keit die; -
Ge|schmeiß das; -es (ekelerregen-
des Ungeziefer; Raubvogelkot)
Ge|schmet|ter das; -s
Ge|schmier das; -[e]s u. Ge-
schmie|re das; -s
Ge|schmor|te das; -n (↑ R 7 ff.)
Ge|schmun|zel das; -s
Ge|schmus, Ge|schmu|se das; ...ses
Ge|schnäb|bel das; -s
Ge|schnat|ter das; -s
Ge|schnet|zel|te das; -n (↑ R 7 ff.)
ge|schnie|gelt; - und gebügelt
(ugs. scherzh.)
Ge|schnör|kel das; -s
Ge|schnüf|fel das; -s
Ge|schöpf das; -[e]s, -e
Ge|schoß [südd., österr. auch: gᵉ-
schoß] das; Geschosses, Ge-
schosse (südd., österr. auch: Ge-
schoßes, Geschoße); Ge|schoß-
_bahn, ...ha|gel; ...ge|schos|sig
(südd., österr. auch: ...ge|scho-
ßig; z. B. dreigeschossig, mit Ziffer: 3geschossig; ↑ R 43)
ge|schraubt; -este; Ge|schraubt-
heit die; -
Ge|schrei das; -s
Ge|schrei|be das; -s; Ge|schreib-
sel das; -s
Ge|schreie das; -s
Ge|schütz das; -es, -e; Ge|schütz-
_be|die|nung, ...bet|tung, ...rohr

Ge|schwa|der das; -s, - (Verband von Kriegsschiffen od. Flugzeugen)

Ge|schwa|fel das; -s

Ge|schwätz das; -es; Ge|schwat|ze, Ge|schwät|ze das; -s; ge|schwätzig; Ge|schwät|zig|keit die; -

ge|schweift; -e Tischbeine

ge|schwei|ge |denn| (noch viel weniger); geschweige[,] daß u. geschweige denn, daß (↑ R 127)

ge|schwind; -este; Ge|schwin|dig|keit; Ge|schwin|dig|keits.be|gren|zung, ...be|schrän|kung, ...kon|trol|le, ...mes|ser der, ...über|schrei|tung; Ge|schwind|schritt der, nur in: im -

Ge|schwirr das; -s

Ge|schwi|ster das; -s, - (im allg. Sprachgebrauch nur Plur.; bes. fachspr. für: eines der Geschwister [Bruder od. Schwester]); Ge|schwi|ster|kind (veralt., noch landsch. für: Neffe, Nichte); ge|schwi|ster|lich; Ge|schwi|ster|paar

ge|schwol|len; ein -er Stil; vgl. ¹schwellen

ge|schwo|ren; ein -er Feind des Alkohols; Ge|schwo|re|ne, (österr. amtl. auch:) Ge|schwor|ne der u. die; -n, -n (↑ R 7 ff.); Ge|schwo|re|nen|li|ste

Ge|schwulst die; -, Geschwülste

ge|schwun|gen; eine -e Linie

Ge|schwür das; -[e]s, -e; Ge|schwür|bil|dung; ge|schwü|rig

Ges-Dur [auch: gäßdúr] das; - (Tonart; Zeichen: Ges); Ges-Dur-Ton|lei|ter (↑ R 41)

Gel|se, Gel|sa (w. Vorn.)

ge|seg|net; gesegnete Mahlzeit!

Ge|seich das; -s (landsch. ugs. für: leeres Geschwätz)

Ge|sei|re das; -s (jidd.) (ugs. für: unnützes Gerede)

Ge|sel|ch|te das; -n; ↑ R 7 ff. (bayr., österr. für: geräuchertes Fleisch)

Ge|sell der; -en, -en; ↑ R 197 (veralt.); ein fahrender -; Ge|sel|le der; -n, -n (↑ R 197); ge|sel|len; sich -; Ge|sel|len.brief, ...prü|fung, ...stück; ge|sel|lig; Ge|sel|lig|keit die; -; Ge|sel|l|schaft; - mit beschränkter Haftung (Abk.: GmbH); Ge|sell|schaf|ter; Ge|sell|schaf|te|rin die; -, -nen; ge|sell|schaft|lich; Ge|sell|schafts.an|zug, ...da|me; ge|sell|schafts|fä|hig; Ge|sell|schafts.form, ...in|seln (Plur.; in der Südsee), ...kri|tik (die; -), ...leh|re, ...ord|nung; ge|sell|schafts|po|li|tisch; Ge|sell|schafts.rei|se, ...schicht, ...spiel, ...sy|stem, ...tanz, ...wis|sen|schaf|ten (Plur.; für: Sozialwissenschaften)

Ge|senk das; -[e]s, -e (Technik: Hohlform zum Pressen von Werkstücken; Bergmannspr.:

von oben nach unten hergestellte Verbindung zweier Sohlen); Ge|sen|ke das; -s, - (selten für: Bodensenkung)

Ge|setz das; -es, -e; Ge|setz.aus|le|gung, ...blatt (Abk.: GBl.), ...buch, ...ent|wurf; Ge|set|zes|kraft die; -; Ge|set|zes|samm|lung, Ge|setz|samm|lung; Ge|set|zes.hü|ter, ...spra|che, ...text, ...vor|la|ge; ge|setz|ge|bend; -e Gewalt; Ge|setz|ge|ber; ge|setz|ge|be|risch; Ge|setz|ge|bung; ge|setz|lich; -e Erbfolge; -er Richter; -e Zinsen; Ge|setz|lich|keit; ge|setz|los; Ge|setz|lo|sig|keit; ge|setz|mä|Big; Ge|setz|mä|Big|keit; Ge|setz|samm|lung, Ge|set|zes|samm|lung

ge|setzt; -, [daß] ...; - den Fall, [daß] ... (↑ R 125); Ge|setzt|heit die; -

ge|setz|wid|rig

Ge|seuf|ze das; -s

ges. gesch. = gesetzlich geschützt

Ge|sicht das; -[e]s, -er u. (für: Vision:) -e; sein - wahren; Ge|sichts.aus|druck, ...creme, ...er|ker (ugs. scherzh.), ...far|be, ...feld, ...kreis, ...mas|sa|ge, ...punkt, ...sinn (der; -[e]s), ...was|ser, ...win|kel, ...zug (meist Plur.)

Ge|sims das; -es, -e

Ge|sin|de das; -s, -; Ge|sin|del das; -s; Ge|sin|de.ord|nung, ...stu|be

Ge|sin|ge das; -s

ge|sinnt (von einer bestimmten Gesinnung); ein gutgesinnter, gleichgesinnter Mensch usw. (↑ jedoch R 209), aber: er ist gut gesinnt usw.; vgl. gesonnen; Ge|sin|nung; Ge|sin|nungs|ge|nos|se; ge|sin|nungs|los; -este; Ge|sin|nungs|lo|sig|keit die; -; Ge|sin|nungs.lump (ugs.), ...schnüf|fe|lei, ...tä|ter, ...wan|del

ge|sit|tet; Ge|sit|tung die; -

Ge|socks das; -[es] (derb für: Gesindel)

Ge|söff das; -[e]s, -e (ugs. abwertend für: schlechtes Getränk)

ge|son|dert; - verpacken

ge|son|nen (willens); - sein, etwas zu tun; vgl. gesinnt

ge|sot|ten; Ge|sot|tel|ne das; -n (↑ R 7 ff.)

ge|spal|ten; vgl. spalten

¹Ge|span der; -[e]s u. -en (↑ R 197), -e[n] (veralt., noch mdal. u. in der Druckerspr. für: Mitarbeiter, Helfer; Genosse)

²Ge|span der; -[e]s, -e ⟨ung.⟩ (früher: ung. Verwaltungsbeamter)

Ge|spän|ge das; -s (Spangenwerk)

Ge|spän|lein (schweiz. für: Spielgefährte)

Ge|spann das; -[e]s, -e (Zugtiere; Wagen mit Zugtieren)

ge|spannt; -este; Ge|spannt|heit die; -

Ge|spär|re das; -s (Bauw.: ein Paar sich gegenüberliegender Dachsparren)

Ge|spenst das; -[e]s, -er; Ge|spen|ster|chen Plur.; Ge|spen|ster.furcht, ...glau|be[n]; ge|spen|ster|haft; -este; ge|spen|stern; ich ...ere (↑ R 22); Ge|spen|ster|stun|de; ge|spen|stig, ge|spen|stisch; -ste

ge|sper|bert (Jägerspr.: in der Art des Sperbers); -es Gefieder

Ge|sper|re das; -s, - (Jägerspr.: bei Auer-, Birkwild, Fasan die Jungen [mit Henne]; Technik: Hemmvorrichtung)

¹Ge|spie|le das; -s (andauerndes Spielen); ²Ge|spie|le der; -n, -n; ↑ R 197 (veralt. für: Spielkamerad); Ge|spie|lin die; -, -nen

Ge|spinst das; -[e]s, -e

¹Ge|spons das; -es, -e (nur noch scherzh. für: Bräutigam; Gatte); ²Ge|spons das; -es, -e (nur noch scherzh. für: Braut; Gattin)

Ge|spött das; -[e]s; zum -[e] sein, werden; Ge|spöt|tel das; -s

Ge|spräch das; -[e]s, -e; ge|sprächig; Ge|sprä|chig|keit die; -; ge|sprächs|be|reit; Ge|sprächs.form, ...part|ner, ...stoff, ...teil|neh|mer, ...the|ma; ge|sprächs|wei|se

ge|spreizt; -este; -e (gezierte) Reden; Ge|spreizt|heit die; -

Ge|spren|ge das; -s, - (Aufbau über spätgot. Altären; Bergmannspr.: steil aufsteigendes Gebirge)

ge|spren|kelt; ein -es Fell

Ge|spritz|te der; -n, -n; ↑ R 7 ff. (landsch. für: Wein mit Sprudel)

Ge|spru|del das; -s

Ge|spür das; -s

Geß|ner, Salomon (schweiz. Dichter u. Maler)

Gest der; -[e]s od. die; - (niederd. für: Hefe)

gest. (Zeichen: †) = gestorben

Ge|sta|de das; -s, -

Ge|sta|gen das; -s, -e ⟨lat.⟩ (Schwangerschaftshormon)

Ge|stalt die; -, -en; dergestalt (so); ge|stalt|bar; ge|stal|ten; ge|stal|ten|reich; Ge|stal|ter; Ge|stal|te|rin die; -, -nen; ge|stal|te|risch; -ste; ge|stalt|haft; ge|stalt|los; -este; Ge|stal|tung; Ge|stal|tungs.kraft, ...prin|zip

Ge|stam|mel das; -s

Ge|stam|pfe das; -s

Ge|stän|de das; -s, - (Jägerspr.: Füße, bes. der Beizvögel; Horst); ge|stan|den; ein -er Mann

ge|stän|dig; Ge|ständ|nis das; -ses, -se

Ge|stän|ge das; -s, -

Ge|stank der; -[e]s

Ge|sta|po die; - = Geheime Staatspolizei (nationalsoz.)

ge|stat|ten

Ge|ste [auch: ge...] die; -, -n ⟨lat.⟩ (Gebärde)

Ge|steck das; -[e]s, -e (Blumenarrangement; bayr., österr. für: Hutschmuck [aus Federn od. Gamsbart])

ge|ste|hen; gestanden; Ge|ste|hungs|ko|sten Plur. (Wirtsch.)

Ge|stein das; -[e]s, -e; Ge|steins_art, ...block (Plur. ...blöcke), ...boh|rer, ...kun|de (die; -), ...pro|be, ...schicht

Ge|stell das; -[e]s, -e; Ge|stell|lung; Ge|stell|lungs|be|fehl (milit.)

ge|stern; (↑R 61:) - abend, morgen, nachmittag, nacht; bis -; die Mode von -; zwischen - und morgen, (auch substantivisch [↑R 67]:) zwischen [dem] Gestern und [dem] Morgen liegt das Heute; vorgestern; ehegestern; Ge|stern das; - (die Vergangenheit)

Ge|sti|chel das; -s

ge|stie|felt; - u. gespornt (bereit, fertig) sein; aber (↑R 157): der Gestiefelte Kater (im Märchen)

ge|stielt; ein -er Besen

Ge|stik [auch: ge...] die; - ⟨lat.⟩ (Gesamtheit der Gesten [als Ausdruck einer inneren Haltung]); Ge|sti|ku|la|ti|on [...zion] die; -, -en (Gebärde, Gebärdensprache); ge|sti|ku|lie|ren

Ge|stimmt|heit (Stimmung)

Ge|sti|ons|be|richt (österr. Amtsspr. für: Geschäftsbericht)

Ge|stirn das; -[e]s, -e; ge|stirnt; der -e Himmel

ge|stisch [auch: ge...]

Ge|stö|ber das; -s, -

ge|sto|chen; eine -e Handschrift

ge|stockt; -e Milch (südd. u. österr. für: Dickmilch)

Ge|stöhn das; -[e]s u. Ge|stöh|ne das; -s

Ge|stöl|per das; -s

Ge|stör das; -[e]s, -e (Teil eines Floßes)

ge|stor|ben (Abk.: gest.; Zeichen: †)

ge|stört; ein -es Verhältnis zu etwas haben

Ge|stot|ter das; -s

Ge|stram|pel das; -s

Ge|sträuch das; -[e]s, -e

ge|streckt; -este; -er Galopp

ge|streift; rot gestreift, rotgestreift (vgl. blau, IV); ein weiß und rot gestreiftes Kleid, das Kleid ist weiß u. rot gestreift

Ge|strei|te das; -s

ge|streng, aber (↑R 157): die Gestrengen Herren (Eisheiligen)

Ge|streu das; -[e]s

Ge|strick das; -[e]s, -e (Strickware)

gest|rig; mein gestriger Brief

Ge|ström das; -[e]s (Strömung); ge|stromt (streifig ohne scharfe Abgrenzung); eine -e Katze

Ge|strüpp das; -[e]s, -e

Ge|stü|be das; -s (Hüttenw.: Gemisch von Koksrückstand u. Lehm)

Ge|stü|ber das; -s, - (Jägerspr.: Kot des Federwildes)

Ge|stühl das; -[e]s, -e u. Ge|stüh|le das; -s, -

Ge|stüm|per das; -s

Ge|stürm das; -[e]s (schweiz. mdal. für: aufgeregtes Gerede, Getue)

Ge|stus der; - ⟨lat.⟩ (Gestik, Ausdruck)

Ge|stüt das; -[e]s, -e; Ge|stüt_hengst, ...pferd; Ge|stüts|brand (Brandzeichen für Pferde eines Gestütes)

Ge|such das; -[e]s, -e; Ge|such|stel|ler (Amtsdt.)

ge|sucht; -este; eine -e Ausdrucksweise; Ge|sucht|heit die; -

Ge|su|del das; -s

Ge|summ das; -[e]s u. Ge|sum|me das; -s

Ge|sums das; -es (ugs.)

ge|sund; gesünder (weniger üblich: gesunder); gesündeste (weniger üblich: gesundeste); gesund schreiben, pflegen; vgl. aber: gesundmachen, sich; ge|sund|be|ten (↑R 205); jmdn. -; ich bete gesund; gesundgebetet; um gesundzubeten; Ge|sund_be|ten (das; -s), ...brun|nen (Heilquelle); Ge|sun|de der u. die; -n, -n (↑R 7 ff.); ge|sun|den; Ge|sund|heit die; -; ge|sund|heit|lich; Ge|sund|heits_amt, ...apo|stel (scherzh.); ge|sund|heits|hal|ber; Ge|sund|heits|pfle|ge die; -; ge|sund|heits_schä|di|gend, ...schäd|lich; Ge|sund|heits_we|sen (das; -s), ...zeug|nis, ...zu|stand (der; -[e]s); ge|sund|ma|chen, sich; ↑R 205 f. (ugs. für: sich bereichern); ich mache mich gesund; gesundgemacht; um sich gesundzumachen; aber: einen Kranken gesund machen; ge|sund|schrump|fen (↑R 205); sich - (ugs. für: durch Verkleinerung [eines Betriebes] die rentable Größe erreichen); ge|sund|sto|ßen, sich; ↑R 205 (ugs.); Ge|sun|dung die; -

get. (Zeichen: ⁓) = getauft

Ge|tä|fel das; -s (Tafelwerk, Täfelung); ge|tä|felt; Ge|tä|fer das; -s (schweiz. für: Getäfel); ge|tä|fert (schweiz. für: getäfelt)

Ge|tän|del das; -s

ge|tauft (Abk.: get.; Zeichen: ⁓)

Ge|tau|mel das; -s

ge|teilt vgl. teilen

Geth|se|ma|ne, Geth|se|ma|ni, (ökum.:) Get|se|ma|ni (Garten am Ölberg bei Jerusalem)

Ge|tier das; -[e]s

ge|ti|gert (geflammt)

Ge|tön das; -[e]s

Ge|tös, Ge|tö|se das; ...ses; Ge|to|se das; -s

ge|tra|gen; eine -e Redeweise

Ge|tram|pel das; -s

Ge|tränk das; -[e]s, -e; Ge|trän|ke_au|to|mat, ...kar|te, ...steu|er die

Ge|trap|pel das; -s

Ge|tratsch das; -[e]s u. Ge|trat|sche das; -s

ge|trau|en, sich; ich getraue mich (seltener: mir), das zu tun

Ge|trei|de das; -s, -; Ge|trei|de_an|bau, ...aus|fuhr, ...ein|fuhr, ...ern|te, ...feld, ...spei|cher

ge|trennt; - schreiben, - lebend, auch: getrenntlebend (↑R 209), - vorkommend u. a., aber: ge|trennt|ge|schlech|tig (Biol.); Ge|trennt|schrei|bung

ge|treu; -er, -[e]ste; - seinem Vorsatz; Ge|treue der u. die; -n, -n (↑R 7 ff.); ge|treu|lich

Ge|trie|be das; -s, -; ge|trie|ben; Ge|trie|be_scha|den, ...über|set|zung

Ge|tril|ler das; -s

Ge|trip|pel das; -s

Ge|trom|mel das; -s

ge|trost; ge|trö|sten, sich (geh.)

Get|se|ma|ni vgl. Gethsemane

Get|to, Ghet|to das; -s, -s ⟨ital.⟩ (abgesondertes [jüd.] Wohnviertel); get|toi|sie|ren [...o-i...]; ↑R 180 (isolieren)

Ge|tue das; -s

Ge|tüm|mel das; -s, -

ge|tüp|felt, ge|tupft; ein -er Stoff

ge|türkt (ugs. für: vorgetäuscht)

Ge|tu|schel das; -s

ge|übt; -este; Ge|übt|heit die; -

Geu|se der; -n, -n (meist Plur.); ↑R 197 ⟨niederl.⟩ (einer der niederländ. Freiheitskämpfer gegen Spanien)

Ge|vat|ter der; -s u. (älter:) -n (↑R 197), -n; Ge|vat|te|rin die; -, -nen; Ge|vat|ter|schaft; Ge|vat|ters|mann (Plur. ...leute)

Ge|viert das; -[e]s, -e (Viereck, Quadrat); in Geviert; ge|vier|teilt; Ge|viert|schein (Astron.)

Ge|wächs das; -es, -e; ge|wach|sen; jmdm., einer Sache - sein; -er Boden; Ge|wächs|haus

ge|wachst (mit Wachs behandelt)

Ge|wackel das; -s [Trenn. ...wak|kel]; Ge|wackel|le [Trenn. ...wak|ke...], Ge|wack|le das; -s

Ge|waff das; -[e]s (Jägerspr.: Eckzähne des Keilers); Ge|waf|fen das; -s (gelegentl. dicht. für: Gesamtheit der Waffen)

ge|wagt; -este; Ge|wagt|heit

ge|wählt; -este; sich - ausdrücken

ge|wahr; eine[r] Sache - werden; es (vgl. „²es" [alter Gen.]) u. dessen - werden

Ge|währ *die; -* (Bürgschaft, Sicherheit); ohne -
ge|wah|ren (bemerken, erkennen); er gewahrte den Freund
ge|wäh|ren (bewilligen); Ge|währfrist; ge|währ|lei|sten (↑ R 207); ich gewährleiste, aber: ich leiste [dafür] Gewähr; gewährleistet; zu -; Ge|währ|lei|stung
¹Ge|wahr|sam *der; -s, -e* (Haft, Obhut); ²Ge|wahr|sam *das; -s, -e* (Gefängnis)
Ge|währs|mann (*Plur.* ...männer u. ...leute); Ge|wäh|rung
ge|walmt ‹zu: ²Walm›; -es Dach
Ge|walt *die; -, -en;* Ge|walt_akt, ...an|wen|dung; Ge|wal|ten|tei|lung *die; -;* Ge|walt_ha|ber, ...herr|schaft; ge|wal|tig; ge|wäl|ti|gen (Bergmannsspr.: wieder zugänglich machen); Ge|wal|tig|keit *die; -;* ge|walt|los; Ge|walt_lo|sig|keit *die; -;* Ge|walt_marsch *der,* ...maß|nah|me, ...mensch; ge|walt|sam; Ge|walt_sam|keit; Ge|walt_streich, ...tat; ge|walt|tä|tig; Ge|walt|tä|tig|keit; Ge|walt_ver|bre|chen, ...ver|bre|cher, ...ver|zicht; Ge|walt_ver|zichts|ab|kom|men
Ge|wand *das; -[e]s,* ...wänder u. (dicht.:) -e; Ge|wän|de *das; -s, -* (seitl. Umgrenzung der Fenster und Türen); ge|wan|den (geh., auch scherzh. für: kleiden); Ge|wand|haus (früher für: Lagerhaus der Tuchhändler); Ge|wand|mei|ster (Theater, Film usw.: Leiter der Kostümschneiderei)
ge|wandt; -este; ein -er Mann; vgl. wenden; Ge|wandt|heit *die; -*
Ge|wan|dung
Ge|wann *das; -[e]s, -e* u. Ge|wan|ne *das; -s, -* (viereckiges Flurstück; Ackerstreifen)
ge|wär|tig; eines Zwischenfalls -; ich bin es (vgl. „es" [alter *Gen.*]) -; ge|wär|ti|gen; zu - haben
Ge|wäsch *das; -[e]s* (ugs. für: [nutzloses] Geschwätz)
Ge|wäs|ser *das; -s, -;* ge|wäs|sert; das Flugzeug hat -; ge|wäs|sert; die Hausfrau hat die Heringe -
Ge|we|be *das; -s, -;* Ge|we|be_bank (*die; -, -en*), ...brei|te, ...lehre (*die; -*), ...trans|plan|ta|ti|on, ...ver|än|de|rung; Ge|webs|flüs|sig|keit
ge|weckt; -este; ein -er (kluger) Junge; Ge|weckt|heit *die; -*
Ge|wehr *das; -[e]s, -e;* Ge|wehr_kol|ben, ...lauf
Ge|weih *das; -[e]s, -e;* Ge|weih_farn; ¹ge|weiht (Jägerspr.: Geweih tragend)
²ge|weiht ‹zu: weihen›
Ge|wen|de *das; -s, -* (landsch. für: Feldstück; Ackergrenze)
Ge|wer|be *das; -s, -;* Ge|wer|be_be-...auf|sicht, ...be|trieb, ...fleiß, ...frei|heit, ...ge|biet, ...in|spek|tor, ...leh|rer, ...leh|re|rin, ...ord|nung (Abk.: GewO), ...schein, ...schu|le, ...steu|er *die;* ge|wer|be|trei|bend; Ge|wer|be|trei|ben|de *der* u. *die; -n, -n* (↑ R 7 ff.); Ge|wer|be|zweig; ge|werb|lich; -er Rechtsschutz; ge|werbs|mä|ßig
Ge|werk *das; -[e]s, -e* (veralt. für: Gewerbe, Handwerk; Innung, Zunft); Ge|wer|ke *der; -n, -n;* ↑ R 197 (Mitglied einer bergrechtlichen Gewerkschaft); Ge|wer|ken|tag (Versammlung der bergrechtl. Gewerkschaft); Ge|werk|schaft; Ge|werk|schaf|ter, Ge|werk|schaft|ler; ge|werk|schaft|lich; Ge|werk|schafts_ap|pa|rat, ...be|we|gung, ...boß, ...bund *der,* ...funk|tio|när, ...mit|glied, ...ver|samm|lung, ...vor|sit|zen|de
Ge|we|se *das; -s, -* (auffallendes Gebaren; niederd. für: Anwesen)
¹Ge|wicht *das; -[e]s, -er* (Jägerspr.: Rehgehörn)
²Ge|wicht *das; -[e]s, -e;* ge|wich|ten (Statistik: einen Durchschnittswert unter Berücksichtigung der Häufigkeit vorhandener Einzelwerte bilden); Ge|wicht|he|ben *das; -s* (Sportart); Ge|wicht|he|ber; ge|wich|tig; Ge|wich|tig|keit *die; -;* Ge|wichts_klas|se, ...ver|la|ge|rung, ...ver|lust; Ge|wich|tung (zu: gewichten)
ge|wieft; -este (ugs. für: schlau, gerissen)
ge|wiegt; -este (ugs. für: schlau, durchtrieben)
Ge|wie|her *das; -s*
ge|willt (gesonnen)
Ge|wim|mel *das; -s*
Ge|wim|mer *das; -s*
Ge|win|de *das; -s, -;* Ge|win|de_boh|rer, ...schnei|der
Ge|winn *das; -[e]s, -e;* Ge|winn_an|teil, ...be|tei|li|gung; ge|winn|brin|gend; ge|win|nen; du ge|wannst (gewannest); du gewönnest (auch: gewännest); gewonnen; gewinn[e]!; ge|win|nend; -ste; Ge|win|ner; Ge|win|ner|stra|ße (Sport): auf der - sein; Ge|winn_klas|se, ...span|ne, ...stre|ben (*das; -s*), ...sucht (*die; -*); ge|winn|süch|tig; Ge|winn_num|mer [*Trenn.:* ...winn|num..., ↑ R 204]; Ge|winn-und-Ver|lust-Rech|nung¹ (↑ R 41); Ge|win|nung; Ge|winn|zahl (meist *Plur.*)
Ge|win|sel *das; -s*
Ge|winst *der; -[e]s, -e* (veralt. für: Gewinn)
Ge|wirk *das; -[e]s, -e* u. Ge|wir|ke *das; -s, -* (aus Maschen bestehender Textilstoff); ge|wirkt; -er Stoff
Ge|wirr *das; -[e]s, -e*
Ge|wis|per *das; -s*
ge|wiß; gewisser, gewisseste; (↑ R 65:) etwas, nichts Gewisses; (↑ R 66:) ein gewisses Etwas; ein gewisser Jemand, aber: ein gewisser anderer
Ge|wis|sen *das; -s, -;* ge|wis|sen|haft; -este; Ge|wis|sen|haf|tig|keit *die; -;* ge|wis|sen|los; -este; Ge|wis|sen|lo|sig|keit *die; -;* Ge|wis|sens|biß *der;* ...bisses, ...bisse (meist *Plur.*); Ge|wis|sens_ent|schei|dung, ...er|for|schung, ...fra|ge, ...frei|heit (*die; -*), ...grün|de (*Plur.;* etwas aus -n verweigern), ...kon|flikt, ...wurm (*der; -[e]s;* ugs. scherzh.)
ge|wis|ser|ma|ßen; Ge|wiß|heit; ge|wiß|lich
Ge|wit|ter *das; -s, -;* Ge|wit|ter_front; ge|wit|te|rig, ge|witt|rig; ge|wit|tern; es gewittert; Ge|wit|ter_nei|gung, ...re|gen; ge|wit|ter_schwül; Ge|wit|ter_stim|mung (*die; -*), ...sturm, ...wand, ...wol|ke; ge|witt|rig, ge|wit|te|rig
Ge|wit|zel *das; -s*
ge|witzigt (durch Schaden klug geworden); ge|witzt; -este (schlau); Ge|witzt|heit *die; -*
GewO = Gewerbeordnung
Ge|wo|ge *das; -s*
ge|wo|gen (zugetan); er ist mir -; Ge|wo|gen|heit *die; -*
ge|wöh|nen; sich an eine Sache -; Ge|wohn|heit; ge|wohn|heits|mä|ßig; Ge|wohn|heits_mensch (*der; -en, -en*), ...recht, ...tier (scherzh.), ...trin|ker, ...ver|bre|cher; ge|wöhn|lich; für - (meist); Ge|wöhn|lich|keit *die; -;* ge|wohnt; ich bin es -, bin schwere Arbeit -; die -e Arbeit; mit der -en Gründlichkeit; jung -, alt getan; ge|wöhnt (2. Partizip von „gewöhnen"); ich habe mich an diese Arbeit -; ich bin daran -; Ge|wöh|nung *die; -*
Ge|wöl|be *das; -s, -;* Ge|wöl|be_bo|gen, ...pfei|ler
Ge|wölk *das; -[e]s*
Ge|wöl|le *das; -s, -* (von Greifvögeln herausgewürgter Klumpen unverdaulicher Nahrungsreste)
Ge|wühl *das; -[e]s*
ge|wür|felt; -e Stoffe
Ge|würm *das; -[e]s, -e*
Ge|würz *das; -es, -e;* ge|wür|zig; Ge|würz_gur|ke, ...ku|chen, ...mi|schung, ...nel|ke, ...tra|mi|ner (eine Rebsorte)
Ge|wu|sel *das; -s* (landsch.)
Geys|ler [*gai...*] *der; -s, -e* ‹isländ.› (in best. Zeitabständen springende heiße Quelle); vgl. Geiser
gez. = gezeichnet
ge|zackt; der Felsgipfel ist -
Ge|zä|he *das; -s, -* (Werkzeug von Berg- und Hüttenmann)

gezahnt, gezähnt; -es Blatt

Gezänk das; -[e]s; Gezanke das; -s

Gezappel das; -s

gezeichnet (Abk.: gez.)

Gezeit die; -, -en (im allg. Sprachgebrauch nur Plur.; bes. fachsprachlich für: eine der Gezeiten [Ebbe od. Flut]); Gezeiten-kraftwerk, ...tafel, ...wechsel

Gezerre das; -s

Gezeter das; -s

Geziefer das; -s (Ungeziefer)

gezielt; -este; - fragen

geziemen, sich; es geziemt sich für ihn; geziemend; -ste

Gezirre das; -s; geziert; -este; Geziertheit

Gezirp das; -[e]s u. Gezirpe das; -s

Gezisch, Gezische das; ...sch[e]s; Gezischel das; -s

Gezücht das; -[e]s, -e (geh. verächtl. für: Gesindel)

Gezüngel das; -s

Gezweig das; -[e]s

gezwirnt; vgl. zwirnen

Gezwitscher das; -s

gezwungenermaßen; Gezwungenheit die; -, (selten:) -en

Gfrast das; -s, -er (bayr., österr. ugs. für: Fussel; Nichtsnutz)

Gfrett, Gefrett das; -s (südd., österr. ugs. für: Ärger, Plage)

Gfrieß, Gefrieß das; -es, -er (südd., österr. ugs. abwertend für: Gesicht)

GG = Grundgesetz

ggf. = gegebenenfalls

g.g.T., ggT = größter gemeinsamer Teiler (Math.)

Ghana (Staat in Afrika); Ghanaer; ghanaisch

Ghasel, Ghasele vgl. Gasel, Gasele

Ghetto vgl. Getto

Ghibelline vgl. Gibelline

Ghostwriter [go''ßtrait'r] der; -s, - ⟨engl.⟩ (Autor, der für eine andere Person schreibt und nicht als Verfasser genannt wird)

G.I., GI [dschi ai] der; -[s], -[s] ⟨Abk. von amerik.: Government Issue [gaw''rnm'nt ischu] = Regierungsausgabe [urspr. für die Ausrüstung der Truppe]⟩ (ugs. für: amerik. Soldat)

Gilaur der; -s, -s ⟨pers.⟩ (Ungläubiger; Bez. des Nichtmohammedaners im Islam)

Gibbon der; -s, -s ⟨franz.⟩ (ein Affe)

Gibellline, Ghibelline der; -n, -n (↑ R 197) ⟨ital.⟩ (ital. Anhänger der Hohenstaufen)

Gibraltar [österr.: gib...] ⟨arab.⟩ (Halbinsel an der Südspitze Spaniens)

¹Gicht die; -, -en (Hüttenw.: oberster Teil des Hochofens)

²Gicht die; - (Stoffwechselkrankheit); Gichtbeere (landsch. für: schwarze Johannisbeere); gichtbrüchig; gichtig; gichtisch; -ste; Gichtknoten; gichtkrank

Gickel der; -s, - [Trenn.: Gikkel] (mitteld. für: Hahn)

gicks (ugs.); weder - noch gacks sagen; gicksen, kicksen (landsch. für: einen [leichten] Schrei ausstoßen; stechen; stoßen); du gickst (gicksest); gicksen und gacksen; vgl. giksen

Gide [schid, auch: schid] (franz. Schriftsteller)

Gildelon (m. Vorn.; bibl. m. Eigenn.)

¹Giebel der; -s, - (ein Fisch)

²Giebel der; -s, - (senkrechter Dachabschluß); giebellig, gieblig; Giebel.fenster, ...wand

Giekbaum (Seemannsspr.: Rundholz für Gaffelsegel)

Gielmen das; -s (krankhaftes Luftröhrengeräusch)

Gien das; -s, -e ⟨engl.⟩ (Seemannsspr.: starker Flaschenzug); Gienblock (Plur. ...blöcke)

Giengen an der Brenz [ging'n - - -] (Stadt in Baden-Württemberg)

gielper der; -s (nordd. ugs. für: Gier, Appetit); einen - auf etwas haben; gielpern; ich ...ere (↑ R 22); nach etwas -; gieprig

Gier die; -; ¹gielren (gierig sein)

²gielren (seitliches Abweichen des Schiffes od. Flugzeuges); Gierfähre (Seilfähre)

Gierlfalke vgl. Gerfalke

gielrig; Gielrigkeit die; -

Giersch der; -[e]s (landsch. für: Geißfuß [Wiesenkraut])

Gießbach; gießen; du gießt (gießest); ich goß, du gössest; gegossen; gieß[e]!

Gießen (Stadt a. d. Lahn); Gießener (↑ R 147)

Gießer; Gießerei; Gießform, ...harz das, ...kanne; Gießkannenprinzip das; -s; etwas nach dem - (unterschiedslos, willkürlich) verteilen

¹Gift das; -[e]s, -e; ²Gift der; -[e]s (landsch. für: Ärger, Zorn); einen - auf jmdn. haben; giften (ugs. für: ärgern); es giftet mich; giftfest; Giftgas; giftgrün; giftig; Giftigkeit die; -; Gift-mischer, ...mischerin (die; -, -nen), ...mord, ...müll, ...nudel (zänkischer Mensch), ...pflanze, ...pilz, ...schlange, ...schrank, ...stachel, ...stoff, ...zahn, ...zwerg (ugs.)

¹Gig das; -[e]s, -e; ²Gig der; -[e]s ⟨engl.⟩ (leichter Einspänner); ²Gig die; -, -s u. (selten) das; -s, -s (Sportruderboot; leichtes Beiboot)

³Gig der; -s, -s ⟨engl.⟩ (Auftritt bei einem Pop- od. Jazzkonzert)

Gilga... ⟨griech.⟩ (das Milliardenfache einer Einheit, z. B. Gigameter = 10^9 Meter; Zeichen: G)

Gigant der; -en, -en (↑ R 197) ⟨griech.⟩ (Riese); gigantisch; -ste; Gigantismus der; - (Med.: krankhafter Riesenwuchs; übersteigerte Größensucht); Gigantomachie die; - (Kampf der Giganten gegen Zeus); Gigantomanie die; - (Übertreibungssucht)

Gigerl der (auch: das); -s, -n (bes. österr. für: Modegeck); gigerlhaft; -este

Gigli [dschilji] (ital. Sänger)

Gigollo [schi..., auch: schi...] der; -s, -s ⟨franz.⟩ (Eintänzer; ugs. für: Hausfreund, ausgehaltener Mann); Gigot [schigo] das; -s, -s (schweiz. für: Hammelkeule)

Gigue [schig] die; -, -n [...g'n] (ein Tanz; Teil der Suite)

giksen (mdal. für: stechen, stoßen); du gikst (giksest); vgl. gicksen

gillben (dicht. für: gelb werden)

Gilbert (m. Vorn.); Gilberta (w. Vorn.)

Gilbhard, Gilbhart der; -s, -e (Oktober)

Gilde die; -, -n; Gilde.haus, ...meister; Gildenhalle; Gildenschaft

Gilet [schile; schweiz.: schile] das; -s, -s ⟨franz.⟩ (österr. u. schweiz. neben: Weste)

Gilgamesch (myth. König)

Gilling die; -, -s u. Gillung die; -, -en (Seemannsspr.: einwärts gebogene Seite des Rahsegels; nach innen gewölbter Teil des Hinterschiffs)

gilltig (veralt. für: gültig)

Gimmick der (auch: das); -s, -e ⟨engl.⟩ (Werbegag, -geschenk)

Gimpe die; -, -n (mit Seide umsponnener Baumwollfaden)

Gimpel der; -s, - (Singvogel; einfältiger Mensch); Gimpelfang; auf - ausgehen

Gin [dschin] der; -s, -s ⟨engl.⟩ (engl. Wacholderbranntwein); Gin-Fizz [dschinfiß] der; -, - (ein Mixgetränk)

Gingan [ginggan] ⟨malai.⟩ u. Gingham [ging'm] der; -s, -s ⟨engl.⟩ (ein Baumwollstoff)

Ginger [dschindsch'r] der; -s, - (engl. Bez. für: Ingwer); Ginger-ale [...e'l] das; -s (ein Erfrischungsgetränk)

Ginkgo [gingko] der; -s, -s ⟨jap.⟩ (in Japan u. China heimischer Zierbaum)

Ginseng [auch: schin...] der; -s, -s ⟨chin.⟩ (ostasiat. Pflanze mit heilkräftiger Wurzel)

Ginster der; -s, - (ein Strauch); Ginsterblüte

Gin To|nic [_dschin_ -] _der; - -[s], - -s_ ⟨engl.⟩ (Gin mit Tonic [und Zitronensaft o. ä.])

Ginz|key (österr. Dichter)

Giot|to [_dschoto_] (ital. Maler)

Gio|van|ni [_dschow..._] (ital. Form für: Johannes)

Gip|fel _der; -s, -_ (schweiz. auch für: Hörnchen, Kipfel); gip|fe|lig, gipf|lig; Gip|fel.kon|fe|renz, ...kreuz (Kreuz auf dem Berggipfel); gip|feln; Gip|fel.punkt, ...tref|fen; gipf|lig, gipf|fel|lig

Gips _der; -es, -e_ ⟨semit.⟩; Gips_ab|druck (_Plur._ ...abdrücke), ...bein (ugs.), ...bü|ste; gip|sen; du gipst (gipsest); Gip|ser; gip|sern (aus Gips; gipsartig); Gips|ver|band

Gi|pü|re _die; -, -n_ ⟨franz.⟩ (Klöppelspitze aus Gimpen)

Gi|raf|fe [südd., österr. _sehi..._] _die; -, -n_ ⟨arab.⟩ (ein Steppenhuftier mit sehr langem Hals)

Gi|ran|dol|la [_dschi..._] ⟨ital.⟩ u. Gi|ran|do|le [_sehi..._] _die; -, ...olen_ ⟨franz.⟩ (Feuergarbe beim Feuerwerk; Armleuchter); Gi|rant [_sehi..._] _der; -en, -en_ (↑ R 197) ⟨ital.⟩ (wer ein Orderpapier durch Indossament überträgt; Begeber); Gi|rat _der; -en, -en_ (↑ R 197) u. Gi|ra|tar _der; -s, -e_ (Person, der bei der Übertragung eines Orderpapiers ein Indossament erteilt wurde); gi|rie|ren ([einen Wechsel] übertragen)

Gi|rau|doux [_sehirodu_] (franz. Schriftsteller); Giraudoux' [...duß] Werke (↑ R 139)

Girl [_gö'l_] _das; -s, -s_ ⟨engl.⟩ (Mädchen; weibl. Mitglied einer Tanztruppe)

Gir|lan|de _die; -, -n_ ⟨franz.⟩ (Gewinde aus Laub, Blumen, buntem Papier o. ä.)

Gir|litz _der; -es, -e_ (ein Singvogel)

Gi|ro [_sehiro_] _das; -s, -s_ (österr. auch: Giri) ⟨ital.⟩ (Überweisung im bargeldlosen Zahlungsverkehr; Übertragungsvermerk eines Orderpapiers); Gi|ro|bank (_Plur._ ...banken) Gi|ro d'Ita|lia [_dsehiro ditglia_] _der; - -_ (in Italien ausgetragenes Etappenrennen für Berufsradsportler); Gi|ro-_kas|se, ...kon|to

Gi|ron|de [_sehirongd_] _die; -_ (Mündungstrichter der Garonne; franz. Departement); Gi|ron|dist _der; -en, -en;_ ↑ R 197 (meist _Plur.;_ gemäßigter Republikaner der Franz. Revolution)

Gi|ro|ver|kehr [_sehiro..._] (bargeldloser Zahlungsverkehr)

gir|ren; die Taube girrt

gis, Gis _das; -, -_ (Tonbezeichnung); gis (Zeichen für: gis-Moll); Gis (Zeichen für: Gis-Moll)

Gis|bert (m. Vorn.); Gis|ber|ta (w. Vorn.)

Gis|card d'Estaing [_sehißkardäß-täng_] (franz. Staatsmann)

gi|schen (veralt. für: gischten); du gischst (gischest); Gischt _der; -[e]s,_ (selten:) -e u. _die;_ -, (selten:) -en (Schaum; Sprühwasser, aufschäumende See); gisch|ten (aufschäumen, sprühen); gischt-sprü|hend

Gi|se [_...se_] (Stadt in Ägypten)

Gi|sel|la [österr.: _...se..._] (w. Vorn.); Gi|sel|bert (m. Vorn.); Gi|sel|ber|ta (w. Vorn.); Gi|sel-her, Gi|sel|mar (m. Vorn.)

gis-Moll [auch: _gißmol_] _das; -_ (Tonart; Zeichen: gis); gis-Moll-Ton|lei|ter (↑ R 41)

gis|sen (Seemannsspr., Fliegerspr.: die Position eines Flugzeugs od. Schiffes schätzen); du gißt (gissest); du gißtest; gegißt (gis gegissen; gegißtes Gewebe)

Gi|tar|re _die; -, -n_ ⟨span.⟩ (ein Saiteninstrument); Gi|tar|ren|spie|ler; Gi|tar|rist _der; -en, -en_ (↑ R 197)

Git|ta, Git|te (w. Vorn.)

Git|ter _das; -s, -;_ Git|ter.bett|chen, ...fen|ster; git|tern; ich ...ere (↑ R 22); Git|ter.rost, ...span|nung (Elektronik)

Glace [_glaß;_ schweiz.: _glaß_ ͤ] _die;-, -s_ [_glaß_], (schweiz.:) -n ⟨franz.⟩ (Zuckerglasur); Gelee aus Fleischsaft; schweiz.: Speiseeis, Gefrorenes); Gla|cé [_glaße_] _der; -[s], -s_ (glänzendes Gewebe); Gla|cé.hand|schuh, ...le|der; gla|cie|ren [_glaßir'n_] (mit Glasur überziehen; veralt. für: zum Gefrieren bringen); Gla|cis [_glaßi_] _das; - [glaßi(ß)], -_ [_glaßiß_] (Erdaufschüttung vor einem Festungsgraben, die keinen toten Winkel entstehen läßt)

Gla|dia|tor _der; -s, ...oren_ (↑ R 180) ⟨lat.⟩ (altröm. Schaufechter); Gla|dio|le _die; -, -n;_ ↑ R 180 (Schwertliliengewächs)

gla|go|li|tisch ⟨slaw.⟩; -es Alphabet (kirchenslaw. Alphabet); Gla|go|li|za _die; -_ (die glagolitische Schrift)

Gla|mour [_gläm_ͤ_r_] _der_ u. _das; -s_ ⟨engl.⟩ (Glanz, betörende Aufmachung); Gla|mour|girl [...gö'l] (Reklame-, Filmschönheit)

Glans _der; -, Glandes_ ⟨lat.⟩ (vorderer Teil des Penis, Eichel)

Glanz _der; -es_ (fachspr. auch _Plur.:_ -e); Glanz|bür|ste; glän|zen; du glänzt (glänzest); glän|zend; -ste; glänzendschwarze Haare (↑ jedoch R 209), aber: seine Augen waren glänzend schwarz; glanz|er|hellt; Glanz-_koh|le, ...le|der, ...lei|stung, ...licht; glanz|los; Glanz_num|mer, ...pa|pier, ...punkt (Höhepunkt), ...stück; glanz|voll; Glanz|zeit

Glar|ner; ↑ R 147 (von Glarus); Glar|ner Al|pen _Plur.;_ glar|ne-risch; Gla|rus (Kanton und Stadt in der Schweiz)

¹Glas _das; -es,_ Gläser; zwei - Bier (↑ R 128 u. 129); ein - voll; - blasen; ²Glas _das; -es, -en_ (Seemannsspr.: halbe Stunde); glas-ar|tig; Glas_au|ge, ...bau|stein, ...blä|ser; Gläs|chen, Gläs|lein; Gla|ser; Gla|se|rei; Glä|ser-klang; Gla|ser|mei|ster; glä|sern (aus Glas, glasartig); Glas|fa-ser; Glas|fi|ber|stab (Sport); glas|hart; Glas_haus, ...hüt|te; gla|sie|ren (mit Glasur versehen); gla|sig; glas|klar; Glas-kopf _der; -[e]s_ (Eisenerzart); Glas|kör|per (Med.: gallertiger Teil des Auges); Gläs|lein, Gläs-chen; Glas_ma|ler, ...ma|le|rei, ...nu|del, ...per|le, ...rei|ni|ger, ...röh|re, ...schei|be, ...schrank, ...schüs|sel, ...split|ter, ...sturz (bes. österr. für: Glasglocke)

Glast _der; -[e]s_ (südd., schweiz. u. dicht. für: Glanz); gla|stig

Glas|tür; Gla|sur _die; -, -en_ (glasiger Überzug, Schmelz; Zucker-, Schokoladenguß); Glas|ver|si-che|rung; glas|wei|se; Glas|wol|le

glatt; -er (auch: glätter), -este (auch: glätteste); Glät|te _die; -, -n;_ Glätt|eis; glät|ten (landsch. u. schweiz. auch für: bügeln); glät|ter|dings; Glät|te|rin _die; -, -nen_ (schweiz. für: Büglerin); glätt|ge|hen (ugs.: ohne Hindernis vonstatten gehen); ich hoffe, daß alles glattgeht; vgl. glattho-beln; glatt|ho|beln (↑ R 205); ich hob[e]lte glatt (↑ R 22); glattgebo-belt; glattzuhobeln; glatt_käm-men, ...le|gen, ...ma|chen (ausgleichen; ugs. für: bezahlen), ...schlei|fen; vgl. glatthobeln; Glätt|stahl (schweiz. für: Bügeleisen); glatt|stel|len (Kaufmannsspr.: ausgleichen); vgl. glatthobeln; Glätt|stel|lung; glatt|strei|chen; vgl. glatthobeln; Glät|tung; glatt|weg; glatt|zie-hen; vgl. glatthobeln; glatt|zün-gig; Glatt|zün|gig|keit _die; -_

Glätz|chen; Glätz|kopf; glatz|köp|fig

Glau|be _der; -ns,_ (selten:) -n; jmdm. -n schenken; glau|ben; er wollte mich - machen, daß ...; Glau|ben _der; -s,_ (selten:) - (seltener für: Glaube); Glau|bens-ar-ti|kel, ...be|kennt|nis, ...ei|fer, ...ge|mein|schaft, ...sa|che, ...satz; glau|bens|stark, ...voll

Glau|ber|salz _das; -es_ (Natrium-sulfat)

glaub|haft; -este; Glaub|haf|tig-keit _die; -;_ gläu|big; Gläu|bi|ge _der_ u. _die; -n, -n_ (↑ R 7 ff.); Gläu-bi|ger _der; -s, -_ (jmd., der berechtigt ist, von einem Schuldner Geld zu fordern); Gläu|bi|ger|ver|samm|lung; Gläu|big|keit die; -; glaub|lich; kaum -; glaub|wür|dig; Glaub|wür|dig|keit die; - Glau|kom das; -s, -e ⟨griech.⟩ (grüner Star [Augenkrankheit]); Glau|ko|nit der; -s, -e (Mineral) gla|zi|al ⟨lat.⟩ (die Eiszeit, Gletscher betreffend; eiszeitlich); Gla|zi|al_fau|na, ...flo|ra, ...see, ...zeit (Vereisungszeit); Gla|zio|lo|ge der; -n, -n (↑ R 197) ⟨lat.; griech.⟩ (Kenner u. Erforscher der Eis- u. Gletscherbildungen) Glei|bo|den ⟨russ.; dt.⟩ (Geol.: feuchter, mineralischer Boden) gleich; die Sonne ging gleich einem roten Ball unter. **I.** *Kleinschreibung:* **a)** (↑ R 66:) der, die, das gleiche; das gleiche (dasselbe) tun; das gleiche gilt ...; es kommt aufs gleiche hinaus; **b)** (↑ R 65:) ins gleiche (in Ordnung) bringen; gleich und gleich gesellt sich gern. **II.** *Großschreibung* (↑ R 65): Gleiches mit Gleichem vergelten; es kann uns Gleiches begegnen; Gleiches von Gleichem bleibt Gleiches; ein Gleiches tun; Gleicher unter Gleichen. **III.** *Getrenntschreibung:* gleich sein, werden; gleich alt, groß, gut, lang, schnell, verteilt, wahrscheinlich, weit u.a.; zwei gleich große Kinder; die Kinder waren gleich groß. **IV.** *In Verbindung mit Verben* (↑ R 205 f.): **1.** *Getrenntschreibung,* wenn „gleich" bedeutet: **a)** „nicht verschieden", „in gleicher Weise", z. B. gleich denken, gleich klingen, gleich lauten, die Wörter werden gleich geschrieben; **b)** „sogleich", „sofort", z. B. er soll gleich kommen. **2.** *Zusammenschreibung* in übertragenem Sinne (↑ R 205), z. B. gleichkommen (vgl. d.); ich komme gleich, gleichgekommen, gleichzukommen; gleich|al|te|rig, gleich|altrig; gleich|ar|tig; Gleichartiges (↑ R 65); gleich|ar|tig|keit die; -; gleich|auf; - liegen; gleich_be|deu|tend, ...be|rech|tigt; Gleich|be|rech|ti|gung die; -; gleich|blei|ben (↑ R 205 f.) (unverändert bleiben); ich bleibe mir gleich; gleichgeblieben, gleichzubleiben; gleichbleibend (unveränderlich); vgl. aber gleich, IV, 1, b; gleich|den|kend; vgl. aber gleich, IV, 1, a; Glei|che die; -; etwas in die - bringen; vgl. aber: gleich, I, 1, b; glei|chen (gleich sein; gleichmachen); du glichst (glichest); geglichen; gleich[e]!; Glei|chen|fei|er (österr. für: Richtfest); glei|chen|tags (schweiz. für: am selben Tage);

glei|cher|ge|stalt; glei|cher|ma|ßen; glei|cher|wei|se; gleichfalls; vgl. Fall der; gleich-far|big, ...för|mig; Gleich|för|mig|keit die; -; gleich_ge|ar|tet, ...ge|la|gert, ...ge|schlecht|lich, ...gesinnt, ...ge|stimmt (↑ R 209); Gleich|ge|wicht das; -[e]s, -e; gleich|ge|wich|tig; Gleich|ge|wichts_la|ge, ...or|gan, ...sinn, ...stö|rung; gleich|gil|tig vgl. gil-tig; gleich|gül|tig; Gleich|gül|tig|keit; Gleich|heit; Gleich|heits_grund|satz, ...prin|zip, ...zei|chen; Gleich|klang; gleich|kom|men; (↑ R 205 f. (entsprechen); das war einer Kampfansage gleichgekommen; vgl. aber gleich, IV, 1, b; Gleich|lauf der; -[e]s (Technik); gleich|lau|fend; vgl. aber gleich, IV, 1, a; gleich|läu|fig (Technik); Gleich|läu|fig|keit die; -; gleich|lau|tend; vgl. aber gleich, IV, 1, a; gleich|ma|chen; ↑ R 205 f. (angleichen); dem Erdboden -; vgl. aber gleich, IV, 1, b; Gleich|ma|cher; Gleich|ma|che|rei; gleich|ma|che|risch; Gleich|maß das; gleich|mä|ßig; Gleich|mä|ßig|keit die; -; Gleich|mut der; -[e]s u. (selten:) die; -; gleich|mü|tig; Gleich|mü|tig|keit die; -; gleich|na|mig; Gleich|na|mig|keit die; -; Gleich|nis das; -ses, -se; gleich|nis|haft, ...wei|se; gleich|ran|gig; Gleich|rich|ter (Elektrotechnik); gleich|sam; gleich|schal|ten; ↑ R 205 f. (einheitlich durchführen); vgl. aber gleich, IV, 1, b; Gleich|schal|tung; gleich|schen|ke|lig, gleich|schenk|lig; Gleich|schritt; gleich|se|hen; ↑ R 205 f. (ähnlich sehen); vgl. aber gleich, IV, 1, b; gleich sein; gleich|sei|tig; Gleich|sei|tig|keit die; -; gleich|set|zen; ↑ R 205 f.; etwas mit einer Sache -; vgl. aber gleich, IV, 1, b; Gleich|set|zung; Gleich|set|zungs_ak|ku|sa|tiv (Sprachw.: Gleichsetzungsglied neben einem Akkusativobjekt, z. B. er nennt mich „einen Lügner"), ...no|mi|na|tiv (Sprachw.: Ergänzung im Nominativ, z. B. er ist „ein Lügner"), ...satz; Gleich|stand der; -[e]s; gleich|ste|hen; ↑ R 205 f. (gleich sein); vgl. aber gleich, IV, 1, b; gleich|stel|len; ↑ R 205 f. (gleichmachen); vgl. aber gleich, IV, 1, b; Gleich|stel|lung; gleich|stim|mig; Gleich|strom; Gleich|strom|ma|schi|ne; gleich|tun; ↑ R 205 f. (erreichen); es jmdm. -; vgl. aber gleich, IV, 1, b; Gleichung; gleich|viel; gleichviel[,] ob/wann/wo (↑ R 127); -[,] ob du kommst, aber: wir haben gleich viel; gleich wer|den; gleich|wer|tig; Gleich|wer|tig|keit die; -;

gleich|wie; gleich|win|ke|lig, gleich|wink|lig; gleich|wohl; aber: wir befinden uns alle gleich (in gleicher Weise) wohl; gleich|zei|tig; Gleich|zei|tig|keit; gleich|zie|hen; ↑ R 205 f. (Technik; ugs. auch für: in gleicher Weise handeln); vgl. aber gleich, IV, 1, b Gleis das; -es, -e (Bundesbahn nur so) u. Ge|lei|se das; -s, -; Gleis_an|schluß, ...bau (der; -[e]s), ...bett (Unterlage aus Schotter für Gleise), ...drei|eck, ...glei|sig, ...gel|lei|sig (z. B. zweig[e]leisig) Gleis|ner (veralt. für: Heuchler); Gleis|ne|rei die; -; gleis|ne|risch; -ste; Glei|ße die; -, -n (Giftpflanze, Hundspetersilie); glei|ßen (glänzen, glitzern); du gleißt (gleißest); ich gleiß, du gleißtest; gegleißt; gleiß[e]! Gleit_bahn, ...boot; glei|ten; du glittst (glittest); geglitten; gleit[e]!; gleitende Arbeitszeit, Lohnskala; Glei|ter (Flugw.); Gleit_flä|che, ...flug, ...klau|sel, ...schie|ne, ...schutz; gleit|si|cher; Gleit|zeit Glen|check [glántschäk] der; -[s], -s ⟨engl.⟩ (ein Gewebe; großflächiges Karomuster) Glet|scher der; -s, - ⟨ital.⟩ glet|scher|ar|tig; Glet|scher_brand (der; -[e]s), ...feld, ...milch (milchig-trübes Schmelzwasser des Gletschers), ...müh|le (ausgespülter Schacht im Eis oder Fels), ...schliff, ...spal|te, ...sturz, ...tor (Austrittsstelle des Gletscherbaches), ...zun|ge Gle|ve [glef°] die; -, -n ⟨franz.⟩ (mittelalterl. Waffe) Glibber der; -s (nordd. für: glitschige Masse) Glied das; -[e]s, -er; Glie|der|fü|ßer; ...glie|de|rig, ...glied|rig (z. B. zweigliedrig, mit Ziffer: 2glied[e]rig); glie|der|lahm; glie|dern; ich ...ere (↑ R 22); Glie|der_pup|pe, ...rei|ßen, ...sucht (mdal. neben: Rheuma), ...tier; Glie|de|rung; Glied|ma|ße die; -, -n (meist Plur.); ...glied|rig vgl. ...gliederig; Glied_satz (Sprachw.), ...staat (Plur. ...staaten) glied|wei|se glim|men; es glomm (auch: glimmte); es glömme (auch: glimmte); geglommen (auch: geglimmt); glimm[e]!; Glim|mer der; -s, - (ein Mineral); glim|me|rig; glim|mern; Glim|mer|schie|fer; Glimm_lam|pe, ...sten|gel (bes. schül. für: Zigarette) glimpf|lich; Glimpf|lich|keit die; - Gli|om das; -s, -e ⟨griech.⟩ (Med.: Geschwulst im Gehirn, Rückenmark od. an der Netzhaut des Auges)

Glis|sa|de *die*; -, -n ⟨franz.⟩ (Gleitschritt beim Tanzen); **glis|san|do** ⟨ital.⟩ (Musik: gleitend); **Glis|san|do** *das*; -s, -s u. ...di

Glitsch|bahn; Glit|sche *die*; -, -n (mdal. für: Schlitterbahn); **glit|schen** (ugs. für: gleiten; schlittern); du glitschst (glitschest); **glit|sche|rig, glit|schig, glitsch|rig**

Glit|zer *der*; -s, -; **glit|ze|rig, glitz|rig; glit|zern;** ich ...ere (↑ R 22)

glo|bal ⟨lat.⟩ (auf die ganze Erde bezüglich; umfassend; allgemein); **Glo|bal|sum|me, ...zahl; Glo|be|trot|ter** [*globˈtr...*, auch: *globtr...*] *der*; -s, - (Weltenbummler)

Glo|bin *das*; -s ⟨lat.⟩ (Eiweißbestandteil des Hämoglobins); **Glo|bu|lin** *das*; -s, -e (Eiweißkörper)

Glo|bus *der*; - u. ...busses, ...ben u. (bereits häufiger:) ...busse ⟨lat.⟩ („Kugel"; Nachbildung der Erde od. der Himmelskugel)

Glöck|chen, Glöck|lein; Glocke[1] *die*; -, -n; **Glocken|blu|me**[1]; **glocken|för|mig**[1]; **Glocken**[1]**.ge|läut, ...ge|läu|te, ...gie|ßer, ...gie|ße|rei, ...guß; glockenhell**[1]; **Glocken**[1]**.klang, ...rock, ...schlag, ...spiel, ...stuhl, ...ton, ...turm; glockig**[1]; **Glöck|ner**

Glog|gnitz (österr. Stadt)

[1]**Glo|ria** *das*; -s u. *die*; - ⟨lat.⟩ (Ruhm, Ehre); mit Glanz und - (iron.); [2]**Glo|ria** *das*; -s (Lobgesang in der kath. Messe); **Glo|rie** [...*iᵉ*] *die*; -, -n (Ruhm, Glanz; Heiligenschein); **Glo|ri|en|schein; Glo|ri|fi|ka|ti|on** [...*zion*] *die*; -, -en (Verherrlichung); **glo|ri|fi|zie|ren; Glo|ri|fi|zie|rung; Glo|ri|o|le** *die*; -, -n; ↑ R 180 (Heiligenschein); **glo|ri|os** (ruhmvoll); -este; **glor|reich**

glo|sen (mdal. für: glühen, glimmen); es glo|ste

Glos|sar *das*; -s, -e ⟨griech.⟩ (Sammlung von Glossen; Wörterverzeichnis [mit Erklärungen]); **Glos|sa|tor** *der*; -s, ...oren (Verfasser von Glossen); **Glos|se** [fachspr. auch: *gloß*ᵉ] *die*; -, -n (Erläuterung zu einem erklärungsbedürftigen Ausdruck innerhalb eines Textes; spöttische [Rand]bemerkung; [polemischer] Kommentar zu aktuellen Problemen); **glos|sie|ren;** (Glos|so|la|lie *die*; - ⟨griech.⟩ (das Hervorbringen unverständlicher Laute in religiöser Ekstase)

glo|sten (Nebenform von: glosen)

Glot|tal *der*; -s, -e ⟨griech.⟩ (Sprachw.: Stimmritzenlaut, Kehlkopflaut); **Glot|tis** *die*; -,

Glot|ti|des [...*eß*] (Stimmapparat, Stimmritze)

Glotz|au|ge (ugs.); **glotz|äu|gig** (ugs.); **Glotz|ze** *die*; -, -n (ugs. für: Fernsehgerät); **glot|zen** (ugs.); du glotzt (glotzest); **Glotz|kopf** (ugs.)

Glo|xi|nie [...*iᵉ*] *die*; -, -n ⟨nach dem Arzt Gloxin⟩ (eine Zimmerpflanze)

glub|schen vgl. glupschen

gluck; gluck, gluck!

Gluck (dt. Komponist)

Glück *das*; -[e]s; jmdm. - wünschen; **Glück ab!** (Fliegergruß); **Glück|ab** *das*; -s; **Glück auf!** (Bergmannsgruß); **Glück|auf** *das*; -s; er rief ihm ein Glückauf zu; **glück|brin|gend** (↑ R 209)

Glu|cke[1] *die*; -, -n; **glu|cken**[1]

glücken[1]

gluckern[1]; ich ...ere (↑ R 22)

glück|haft; -este

Gluck|hen|ne

glück|lich; glück|li|cher|wei|se; glück|los; -este; **Glück|sa|che** (seltener für: Glückssache; vgl. d.); **Glücks.brin|ger, ...bu|de; glück|se|lig; Glück|se|lig|keit** *die*; -, (selten:) -en

glück|sen; du gluckst (glucksest) **Glücks.fall** *der*; ...fee, ...ge|fühl, ...käfer, ...kind, ...pfen|nig, ...pilz, ...rad, ...rit|ter, ...sa|che** (*die*; -), **...schwein, ...spiel, ...stern** (*der*; -s), **...sträh|ne** (*die*; -), **...tag; glück|strah|lend** (↑ R 209); **Glücks.tref|fer, ...um|stand, ...zahl; glück|ver|hei|ßend** (↑ R 209); **Glück|wunsch; Glückwunsch|tel|le|gramm; Glück zu!; Glück|zu** *das*;

Glu|co|se [...*ko...*] *die*; - ⟨griech.⟩ (Chemie: Traubenzucker)

Glüh|bir|ne; glü|hen; glü|hend; ein -er Verehrer; ein glühendheißes Eisen (↑ jedoch R 209), aber: das Eisen ist glühend heiß; **glüh|heiß; Glüh.hit|ze, ...lam|pe, ...strumpf, ...wein, ...würm|chen**

Glüm|pert vgl. Klumpert

Glüm|se *die*; - (landsch. für: Quark)

glup|schau|gen; glup|schen (nordd. für: starr blicken); du glupschst (glupschest)

Glut *die*; -, -en; **glut|äu|gig**

Glut.amat *das*; -[e]s, -e ⟨lat.⟩ (Würzzusatz bei Suppen u. Konserven); **Glu|ten** *das*; -s (Kleber)

Glut|hit|ze

Glu|tin *das*; -s ⟨lat.⟩ (Eiweißstoff)

Gly|ce|rin vgl. Glyzerin; **Glyk|ämie** *die*; - ⟨griech.⟩ (Zuckergehalt des Blutes); **Gly|ko|gen** *das*; -s (tierische Stärke); **Gly|kol** *das*;

-s, -e (ein Frostschutz- u. Lösungsmittel); **Gly|ko|se** *die*; - (ältere Form für: Glucose); **Gly|ko|sid** *das*; -[e]s, -e (Pflanzenstoff, der in Zucker u. andere Stoffe gespalten werden kann); **Gly|kos|urie** *die*; -, ...jen (Zuckerausscheidung im Harn)

Glyp|te *die*; -, -n ⟨griech.⟩ (geschnittener Stein; Skulptur); **Glyp|tik** *die*; - (Steinschneidekunst); **Glyp|to|thek** *die*; -, -en (Sammlung von geschnittenen Steinen od. [antiken] Skulpturen)

Gly|ze|rin, (chem. fachspr.:) Glycerin [...*ze...*] *das*; -s ⟨griech.⟩ (dreiwertiger Alkohol); **Gly|ze|rin|sei|fe; Gly|zi|ne, Gly|zi|nie** [...*iᵉ*] *die*; -, -n (ein Kletterstrauch)

G-man [*dschimän*] *der*; -[s], G-men ⟨amerik. Kurzw. aus government man = Regierungsmann⟩ (Sonderagent des FBI)

GmbH = Gesellschaft mit beschränkter Haftung; An das Deutsche Reiseunternehmen GmbH; **GmbH-Ge|setz** *das*; -es, -e

GMD = Generalmusikdirektor

g-Moll [*gemol*, auch: *gemọl*] *das*; - (Tonart; Zeichen: g); **g-Moll-Ton|lei|ter** (↑ R 41)

Gmünd (österr. Stadt)

Gmun|den (österr. Stadt)

Gna|de *die*; -, -n; von Gottes Gnaden; (veralt.:) Euer Gnaden (vgl. [1]euer); **gna|den** (veralt. für: gnädig sein), heute nur noch im Konjunktiv Präsens: gnade dir [Gott]!; **Gna|den.akt, ...brot** (*das*; -[e]s), **...er|laß, ...frist, ...gesuch, ...hoch|zeit** (siebzigster Hochzeitstag); **gna|den.los** (-este), **...reich; Gna|den|stoß; gna|den|voll; Gna|den|weg; gnä|dig**

Gna|gi *das*; -s (schweiz. für: gepökelte Teile von Kopf, Beinen und Schwanz des Schweines)

Gneis *der*; -es, -e (ein Gestein)

Gnei|se|nau (preuß. Generalfeldmarschall)

gnei|ßen (österr. ugs. für: merken, durchschauen); du gneißt

Gnit|te, Gnit|ze *die*; -, -n (niederd. für: kleine Mücke)

Gnom *der*; -en, -en; ↑ R 197 (Kobold; Zwerg)

Gno|me *die*; -, -n ⟨griech.⟩ (lehrhafter [Sinn-, Denk]spruch)

gno|men|haft; -este (in der Art eines Gnomen)

Gno|mi|ker ⟨griech.⟩ (Verfasser von [Sinn-, Denk]sprüchen); **gno|misch;** -er Dichter (Spruchdichter); **Gno|mon** *der*; -s, ...mone (antikes astronom. Instrument [Sonnenuhr]); **Gno|sis** *die*; - ([Gottes]erkenntnis; Wissen um

---

göttliche Geheimnisse); **Gno̱|stik** *die;* - (Lehre der Gnosis); **Gno̱-sti|ker** (Vertreter der Gnosis); **gno̱|stisch; Gno|sti|zi̱s|mus** *der;* -
Gnu̱ *das;* -s, -s ⟨hottentott.⟩ (ein Steppenhuftier)
Go̱ *das;* - (jap. Brettspiel)
Go̱a (ehem. portug. Besitzung an der Westküste Vorderindiens)
Goal [*gol*] *das;* -s, -s ⟨engl.⟩ (veralt., aber noch österr. u. schweiz. für: Tor [beim Fußball]); **Goal--get|ter** (Torschütze), **...kee|per** ([*gólkip'r*] Torhüter), **...mann** (Torhüter)
Go̱|be|lin [...*läng*] *der;* -s, -s ⟨franz.⟩ (Wandteppich mit eingewirkten Bildern)
Go̱|bi *die;* - ⟨mong.⟩ (Wüste in Innerasien)
Go̱ckel *der;* -s, - [*Trenn.:* Gok|kel] (bes. südd. für: Hahn); vgl. auch: Gickel; **Go̱ckel|hahn** [*Trenn.:* Gok|kel...]
Go̱|de (Nebenform von: Gote [Pate]); **Go̱|del, Go̱dl** *die;-*, -n ⟨südd. u. österr. mdal. für: Patin⟩
Gode|mi|ché [*godmische*] *der;* -, -s ⟨franz.⟩ (künstlicher erigierter Penis)
Go̱|den *die;* -, - (svw. Godel)
Go̱|der *der;* -s, - (österr. ugs. für: Doppelkinn); **Go̱|derl** *das;-*s, -n; jmdm. das - kratzen (österr. ugs. für: jmdm. schöntun)
Go̱dl vgl. Godel
Godt|håb [*gódhåb*] (Hptst. von Grönland)
Goe|de|lke [*gö̱*...] (dt. Literarhistoriker)
Goes [*gö̱ß*] (dt. Schriftsteller)
Goe|the [*gö̱*...] (dt. Dichter); **Goe-thea|num** *das;* -s; ↑R 180 (Tagungs- und Aufführungsgebäude in Dornach bei Basel); **Goe-the-Band** *der;* -[e]s, -Bände (↑R 135); **goe|the|freund|lich** (↑R 136); **Goe|the|haus** *das;* -es (↑R 135); **goe|the|sch, goe|thisch** (nach Art Goethes); ihm gelangen Verse von goethescher od. goethischer Klarheit, **aber** (↑R 134): **Goe|thesch, Goe|thisch** (von Goethe herrührend); Goethesche od. Goethische Dramen (Dramen von Goethe); **Goe-the-und-Schil|ler-Denk|mal** (↑R 135)
Gof *der* od. *das;* -s, -en (schweiz. mdal. für: [kleines, ungezogenes] Kind)
Go̱g (König von Magog im A. T.); - und Magog (barbarische Völker im N. T.)
Gogh, van [*fan gok* od. *wan go̱ch*] (niederl. Maler)
Go-Go-Girl [*gogogö̱'l*] *das;* -s, -s ⟨amerik.⟩ (Vortänzerin in Tanzlokalen)
Go̱l|gol (russ. Schriftsteller)

Goi *der;* -[s], Gojim [auch: *gojím*] ⟨hebr.⟩ (jüd. Bez. des Nichtjuden)
Go-in [*go"in*] *das;* -s, -s ⟨engl.⟩ (unbefugtes [gewaltsames] Eindringen demonstrierender Gruppen, meist um eine Diskussion zu zwingen)
Go-Kart [*go"*...] *der;* -[s], -s ⟨engl.⟩ (niedriger, unverkleideter kleiner Sportrennwagen)
go̱|keln (mitteld. für: mit Feuer spielen); ich ...[e]le (↑R 22)
Go̱|lat|sche vgl. Kolatsche
Go̱ld *das;* -[e]s (chem. Grundstoff, Edelmetall; Zeichen: Au); etwas ist - wert; vgl. Aurum; **gold|ähn-lich; Go̱ld_am|mer** (ein Singvogel), **...am|sel, ...bar|ren, ...barsch; gold|blond; Go̱ld_bro-kat, ...bron|ze; gol|den; I.** *Klein-schreibung* (↑R 157): goldene Hochzeit, die goldenen zwanziger Jahre, die goldenen Zwanziger, goldene Medaille, goldene Worte, den goldenen Mittelweg einschlagen; goldenes Tor (Sportspr.: den Sieg entscheidendes Tor). **II.** *Großschreibung:* **a)** (↑R 146:) die Goldene Aue; **b)** (↑R 157:) der Goldene Schnitt (Math.), der Goldene Sonntag, die Goldene Bulle, die Goldene Rose, die Goldene Stadt (Prag), das Goldene Kalb (bibl.), das Goldene Vlies (vgl. Vlies), das Goldene Zeitalter (vgl. saturnisch); **Gol|den De|li|cious** [*go"l-d'n delisch'ß*] *der;* - -, - - (engl.) (eine Apfelsorte); **Go̱ld|dou|blé, Go̱ld|du|blee; go̱ld_far|ben, ...far|big; Go̱ld_fa|san, ...fisch; gold|gelb; Go̱ld_grä|ber, ...gru-be; gold_haa|rig, ...hal|tig,** (österr.:) **...häl|tig; Go̱ld_hähn-chen** (ein Singvogel), **...ham|ster, ...ha|se** (ein Nagetier), **...hor-tung; gol|dig; Go̱ld_klum|pen, ...kro|ne, ...kü̱|ste** (*die;* -; in Westafrika), **...lack** (eine Blume), **...le|gie|rung, ...lei|ste, ...ma-cher, ...me|dail|le, ...mi|ne, ...mull** (*der;* -s, -e; ein maulwurfähnlicher Insektenfresser), **...mün|ze**
Go̱ld_pa|pier, ...par|mä|ne (*die;* -, -n; eine Apfelsorte), **...rand, ...rausch,** ...re|gen (ein Strauch, Baum), **...re|ser|ve; gold|rich|tig** (ugs.); **Go̱ld_ring, ...schmied, ...schnitt, ...stern** (ein Liliengewächs), **...stück, ...waa|ge, ...wäh|rung, ...wert** (*der;* -[e]s), **...zahn**
Go̱l|lem *der;* -s ⟨hebr.⟩ (durch Zauber zum Leben erweckte menschl. Tonfigur der jüd. Sage)
¹Go̱lf *der;* -[e]s, -e ⟨griech.⟩ (größere Meeresbucht)

²Go̱lf *das;* -s ⟨schott.-engl.⟩ (ein Rasenspiel); - spielen (↑R 207); **Go̱l|fer** *der;* -s, - (Golfspieler); **Go̱lf_platz, ...schlä|ger, ...spiel**
Go̱l|ga|tha, (eigentlich:) **Go̱l|go-tha,** (ökum.:) **Go̱l|go|ta** ⟨hebr.⟩ („Schädelstätte"; Hügel vor dem alten Jerusalem)
¹Go̱|li|ath, (ökum.:) **Go̱|li|at** (Riese im A. T.); **²Go̱|li|ath** *der;* -s, -s (riesiger Mensch)
Go̱l|lancz [*g'länz*] (engl. Verleger u. Schriftsteller)
Gö̱l|ler *das;* -s, - (schweiz. für: Kragen, Halspartie)
Go̱l|lo (m. Vorn.)
Go̱l|mor|rha, (ökum.:) **Go̱|mor|ra** vgl. Sodom
gon = Gon; **Go̱n** *das;* -s, -e ⟨griech.⟩ (in der Geodäsie verwendete Einheit für [ebene] Winkel [1 gon = 100. Teil eines rechten Winkels], früher auch Neugrad genannt [vgl. Grad]; Zeichen: gon); 5 - (↑R 129)
Go̱|na|de *die;* -, -n ⟨griech.⟩ (Med., Biol.: Keimdrüse)
Go̱n|agra *das;* -s ⟨griech.⟩ (Gicht im Kniegelenk)
Go̱n|del *die;* -, -n ⟨ital.⟩ (langes, schmales venezianisches Ruderboot; Korb am Luftballon od. Kabine am Luftschiff); **gon|deln** (ugs. für: [gemächlich] fahren); ich ...[e]le (↑R 22); **Go̱n|do|lie|re** *der;* -, ...ri (Gondelführer)
Gond|wa|na|land (nach der ind. Landschaft) (Kontinent der Südhalbkugel im Präkambrium)
Go̱ng *der* (selten: *das*); -s, -s ⟨malai.⟩; **gon|gen**; es gongt; **Go̱ng-schlag**
Go̱|nio|me|ter *das;* -s, - ⟨griech.⟩ (Winkelmesser); **Go̱|nio|me|trie** *die;* - (Winkelmessung)
gön|nen; gön|ner; gön|ner|haft; -este; Gön|ner|haf|tig|keit *die;* -; **Gön|ne|rin** *die;* -, -nen; **gön|ne-risch** (selten für: gönnerhaft); **Gön|ner|mie|ne**
Go̱|no|ko̱k|kus *der;* -, ...kken ⟨griech.⟩ (eine Bakterienart); **Go-nor|rhö¹, Go|nor|rhö̱e** *der;* -, ...rrhö̱en (Tripper); **go|nor|rho̱-isch**
good bye! [*gud bai*] ⟨engl.⟩ („auf Wiedersehen!")
Good|will [*gudwil*] *der;* -s ⟨engl.⟩ (Ansehen; Wohlwollen, freundliche Gesinnung; Firmen-, Geschäftswert); **Good|will|rei|se**
Gö̱|pel *der;* -s, - (alte Drehvorrichtung zum Antrieb von Arbeitsmaschinen mit tierischer od. menschl. Muskelkraft); **Gö̱|pel-werk**

¹ Vgl. die Anmerkung zu „Diarrhö, Diarrhöe".

Gör das; -[e]s, -en u. Gö|re die; -, -n (niederd. für: [kleines] Kind; ungezogenes Mädchen)

Gor|bal|tschow (sowjet. Politiker)

Gor|ding die; -, -s (Seemannsspr.: Tau zum Zusammenholen der Segel)

gor|disch; ein [beliebiger] gordischer (unauflösbarer) Knoten, aber (↑R 134): der [berühmte] Gordische Knoten

Gor|don [gárdᵉn] (schott. m. Vorn.)

Gö|re vgl. Gör

Gor|go die; -, ...onen (weibl. Ungeheuer der griech. Sage); Gor|go|nen|haupt

Gor|gon|zo|la der; -s, -s ⟨nach der gleichnamigen ital. Gemeinde⟩ (ein Käse)

Go|ril|la der; -s, -s ⟨afrik.⟩ (größter Menschenaffe; ugs. für: Leibwächter)

Go|ri|zia (ital. Form von: Görz)

Gor|ki (russ.-sowjet. Schriftsteller; Stadt in der UdSSR)

Gör|res (dt. Publizist)

Görz (ital. Stadt); vgl. Gorizia

Gösch die; -, -en ⟨niederl.⟩ (kleine rechteckige Nationalflagge auf dem Vorsteven; andersfarbiges Obereck am Flaggenstock)

Go|sche (österr. u. schweiz. mdal. nur so), Gu|sche die; -, -n (südd. u. mitteld. für: Mund, Maul)

Go|se die; -, -n (mitteld. für: obergäriges Bier)

Go|sen (Landschaft im alten Unterägypten)

Gos|lar (Stadt am Nordrand des Harzes)

Go-slow [goᵘßloᵘ] der u. das; -s, -s ⟨engl.⟩ (Bummelstreik)

Gos|pel das; -s, -s u. Gos|pel|song (religiöses Lied der nordamerikan. Neger)

Gos|po|dar vgl. Hospodar; Gos|po|din der; -s, ...da ⟨russ.⟩ („Herr''; russ. Anrede)

Gos|se die; -, -n

Gös|sel das; -s, -[n] (niederd. für: Gänschen)

¹Go|te der; -n, -n; ↑R 197 (landsch. für: Pate); ²Go|te die; -, -n (landsch. für: Patin); vgl. auch: Gotte u. Gode

³Go|te der; -n, -n; ↑R 197 (Angehöriger eines germ. Volkes)

Göl|te|borg (Hafenstadt an der Südwestküste Schwedens)

¹Go|tha (Stadt im Thüringer Becken); ²Go|tha der; - (Adelskalender); Go|tha|er (↑R 147); go|thaisch, aber (↑R 157): Gothaischer Hofkalender

Go|tik die; - ⟨franz.⟩ (Kunststil vom 12. bis 15. Jh.; Zeit des got. Stils); go|tisch (den Goten gemäß; im Stil der Gotik, die Gotik betreffend); ¹Go|tisch die; - ⟨zu

Gotik⟩ (eine Schriftart); ²Go|tisch das; -[s] ⟨zu: ³Gote⟩ (Sprache); vgl. Deutsch; Go|ti|sche das; -n; vgl. Deutsche; Got|land (schwed. Ostseeinsel)

Gott der; -es (selten in festen Wendungen: -s; z. B. -s Wunder!), Plur.: Götter; um -es willen; in -es Namen; - sei Dank! - befohlen!; weiß -!; Gott[,] der Herr[,] hat ...; (↑R 18:) grüß [dich] Gott!; - grüß' das Handwerk!; gott|ähn|lich; Gott|ähn|lich|keit die; -; gott|be|gna|det; Gott|bert (m. Vorn.); Gott|ber|ta (w. Vorn.); gott|be|wah|re!, aber: Gott bewahre uns davor!; Got|te die; -, -n (schweiz. mdal. für: Patin); Got|ter|bar|men; in: zum - (ugs. für: jämmerlich [schlecht]); Göt|ter|bild, ...bo|te, ...däm|merung, ...gat|te (scherzh.); gott|erge|ben; göt|ter|gleich; Göt|ter_spei|se (auch: eine Süßspeise), ...trank; Got|tes_acker [Trenn.: ...ak|ker], ...an|be|te|rin (eine Heuschreckenart), ...be|weis, ...dienst, ...furcht; got|tes|fürch|tig; Got|tes-ga|be, ...ge|richt; Got|tes|gna|de; es ist eine -, aber in Titeln: von Gottes Gnaden König ...; Got|tes_haus, ...kind|schaft (die; -); got|tes|läs|ter|lich; Got|tes_lä|ste|rung, ...leug|ner, ...lohn (der; -[e]s), ...mut|ter, ...sohn (der; -[e]s), ...ur|teil; Gott|fried (m. Vorn.); gott_ge|fäl|lig, ...ge|wollt, ...gläu|big; ¹Gott|hard (m. Vorn.); ²Gott|hard der; -s (kurz für: Sankt Gotthard); Gott|hard|bahn die; -; Gott|heit; ¹Gott|helf (m. Vorn.)

²Gott|helf, Jeremias [Albert Bitzius] (schweiz. Schriftsteller)

Gott|hold (m. Vorn.); Göt|ti der; -s, - (schweiz. mdal. für: Pate); Göt|tin die; -, -nen

Göt|tin|gen (Stadt a. d. Leine); Göt|tin|ger (↑R 147); Göttinger Sieben; Göttinger Wald

gött|lich; die -e Gnade, aber (↑R 157): die Göttliche Komödie (von Dante); Gött|lich|keit die; -; Gott|lieb (m. Vorn.); gott|lob!, aber: Gott [sei] Lob und Dank!; gott|los; gott|los, -este; Got|t|lo|se der u. die; -n, -n (↑R 7 ff.); Gott|lo|sig|keit; Gott|mensch der; -en (Christus); Gott|schalk (m. Vorn.)

Gott|sched (dt. Gelehrter u. Schriftsteller)

Gott|schee die; - (ehemals dt. Sprachinsel in Jugoslawien)

Gott|su|cher; Gott|va|ter der; -s (meist ohne Artikel); gott-

ver|dammt (derb); ein -er Feigling; gott|ver|las|sen; Gott|ver|trau|en; gott|voll; Gott|wald (m. Vorn.); Gott|we|sen das; -s (Gott); Götz (m. Vorn.); Göt|ze der; -n, -n; ↑R 197 (Abgott); Göt|zen_al|tar, ...bild, ...die|ner, ...dienst (der; -es)

Gou|ache [guasch] die; -, -n ⟨franz.⟩ (Malerei mit Wasserdeckfarben [nur Sing.]; Bild in dieser Maltechnik); vgl. Guasch

¹Gou|da [ɛhauda] (niederl. Stadt bei Rotterdam); ²Gou|da [gauda] der; -s, -s u. Gou|da|kä|se (ein Schnittkäse)

Gou|dron [gudrong] der (auch: das); -s ⟨arab.-franz.⟩ (wasserdichter Anstrich)

Gou|nod [guno] (franz. Komponist)

Gourde [gurd] der; -, -s [gurd] (aber: 10 -) ⟨franz.⟩ (Münzeinheit in Haiti; Abk.: G; 1 Gourde = 100 Centimes)

Gour|mand [gurmang] der; -s, -s ⟨franz.⟩ (Vielfraß; Schlemmer); Gour|man|di|se [gurmangdisᵉ] die; -, -n (Leckerbissen); Gour|met [gurmä] der; -s, -s (Feinschmecker)

gou|tie|ren [gutirᵉn] ⟨franz.⟩ (Geschmack an etwas finden)

Gou|ver|nan|te [guw...] die; -, -n ⟨franz.⟩ (veralt. für: Erzieherin); gou|ver|nan|ten|haft; Gou|ver|ne|ment [...mang] das; -s, -s (Regierung; Verwaltung, Verwaltungsbezirk); gou|ver|ne|men|tal [...mangtal] (veralt. für: regierungsfreundlich; Regierungs...); Gou|ver|neur [...nör] der; -s, -e (Statthalter)

Go|ya [goja] (span. Maler)

GPU die; - ⟨Abk. aus russ. Gossudarstwennoje polititscheskoje uprawlenije = staatliche politische Verwaltung (sowjet. Geheimpolizei bis 1934)⟩

Gr. = Greenwich

Gr.-2° = Großfolio

Gr.-4° = Großquart

Gr.-8° = Großoktav

Grab das; -[e]s, Gräber

Grab|be (dt. Dichter)

Grab|bei|ga|be

Grab|bel|lei; grab|beln (nordd. für: herumtasten); ich ...[e]le (↑R 22); aber: krabbeln; Grab|bel_sack (ugs.), ...tisch (ugs.)

Gräb|chen, Gräb|lein (kleines Grab; flacher Graben); Gra|be|land, Grab|land das; -[e]s (kleingärtnerisch genütztes Brachland; künftiges Bauland); gra|ben; du gräbst; du grubst (grubest); du grübest, er gräbt; grab[e]!; Gra|ben der; -s, Gräben (vgl. Schreibung in Straßennamen:

↑ R 190 ff.; Grä|ber; Grä|ber|feld; Gra|bes_käl|te, ...ru|he, ...stil|le, ...stim|me; Grab_ge|sang, ...ge|wöl|be, ...hü|gel, ...kam|mer, ...land (vgl. Grabe|land), ...le|gung; Gräb|lein vgl. Gräbchen; Grab_mal (Plur. ...mäler, gehoben: ...male), ...re|de, ...schän|dung, ...scheit (landsch. für: Spaten); grab|schen vgl. grapschen Grab_stät|te, ...stein, ...stel|le (vgl. Stele), ...stel|le, ...sti|chel (ein Werkzeug); Gra|bung Grac|che [gra*ch*ᵉ] der; -n, -n; meist Plur. (Angehöriger eines altröm. Geschlechtes)

Grace [gre/ß] (engl. w. Vorn.)

Gracht die; -, -en ⟨niederl.⟩ (Wassergraben, Kanal[straße] in Holland)

grad. = graduiert; vgl. graduieren grad..., Grad... (ugs. für: gerad..., Gerad...)

Grad der; -[e]s, -e ⟨lat.⟩ (Temperatureinheit; Einheit für [ebene] Winkel [1° = 90. Teil eines rechten Winkels], früher auch: Altgrad genannt [vgl. Gon]; Zeichen: °); 3 - C (↑ R 129) oder 3° C (fachspr. nur 3 °C); aber auch: der 30. - (nicht: 30. °); es ist heute um einige - wärmer; ein Winkel von 30° (↑ S. 74); Gra|da|ti|on [...*zion*] die; -, -en (Steigerung, stufenweise Erhöhung; Abstufung); Grad|bo|gen gra|de (ugs. für: gerade) Grad_ein|tei|lung; Gra|del, Gradl der; -s, - (südd., österr. für: ein Gewebe); Gra|di|ent der; -en, -en (↑ R 197) ⟨lat.⟩ (fachspr.: Gefälle od. Anstieg einer Größe auf einer bestimmten Strecke); Gra|di|en|te die; -, -n (von Gradienten gebildete Neigungslinie); gra|die|ren (Salzsole konzentrieren; verstärken); Gra|dier|haus (Salzgewinnungsanlage); Gra|die|rung (Verstärkung; Verdunstung); Gra|dier|werk (Rieselwerk zur Salzgewinnung); ...gra|dig, (österr.:) ...grä|dig (z. B. dreigradig, mit Ziffer: 3gradig; ↑ R 43); Grä|dig|keit (Chem.: Konzentrationsgrad) Gra|ditz (Ort südöstl. von Torgau); Gra|dit|zer (↑ R 147); - Gestüt

Gradl vgl. Gradel grad_mä|ßig; Grad_mes|ser der, ...netz; gra|du|al ⟨lat.⟩ (den Rang betreffend); Gra|dua|le das; -s, ...lien [...*i*ⁿ]; ↑ R 180 (kurzer Psalmengesang nach der Epistel in der kath. Messe; das die Choralmeßgesänge enthaltende Buch); gra|du|ell ⟨franz.⟩ (grad-, stufenweise, allmählich); gra|du|ie|ren (Technik: mit genauer Ein-

teilung versehen; einen [akadem.] Grad erteilen); graduierter Ingenieur, Abk.: Ing. (grad.); Gra|du|ier|te der u. die; -n, -n; ↑ R 7 ff. (jmd., der einen akademischen Grad besitzt); Gra|du|ie|rung; Grad|un|ter|schied; grad|wei|se

Grae|cum [*gräk*...] das; -s ⟨griech.⟩ (Prüfung im Griechischen) Graf der; -en, -en (↑ R 197); Gra|fen_kro|ne, ...ti|tel Graf|fel das; -s (österr. ugs. für: Gerümpel) Graf|fi|to der u. das; -[s], ...ti ⟨ital.⟩ (in eine Wand eingekratzte Inschrift; [meist Plur.:] Wandkritzelei)

Gra|fik usw. (eindeutschende Schreibung von: Graphik usw.) Grä|fin die; -, -nen; Grä|fin|wit|we; gräf|lich, im Titel (↑ R 75): Gräflich; Graf|schaft Gra|ham|brot ⟨nach dem amerik. Arzt⟩ (↑ R 135) Grain [*gre/n*] der; -s, - ⟨engl.⟩ (älteres kleines Gewicht); 5 - (↑ R 129) gra|lisch, aber (↑ R 146): die Grajischen Alpen grä|ko-la|tei|nisch; ↑ R 155 (griechisch-lateinisch); Grä|ko|ma|nie die; - ⟨griech.⟩ ([übertriebene] Vorliebe für altgriech. Kultur); Grä|kum vgl. Graecum Gral der; -s ⟨franz.⟩ (Heldensage: wunderwirkende Schale); der Heilige - (↑ R 157); Grals_burg, ...hü|ter, ...rit|ter, ...sa|ge gram; jmdm. - sein (↑ R 64); Gram der; -[e]s; grä|meln (bes. mitteld., niederd. für: mißmutig sein); ich ...[e]le (↑ R 22); grä|men; sich -; gram|er|füllt; -este; vgl. gramgebeugt

Gram-Fär|bung ⟨nach dem dän. Arzt H. C. J. Gram⟩; ↑ R 135 (eine bestimmte Bakterienfärbung); gram_negativ, ...positiv gram|ge|beugt; -este (↑ R 209); gräm|lich Gramm das; -s, -e ⟨griech.⟩ (Zeichen: g); 2 - (↑ R 129); Gram|ma|tik die; -, -en (Sprachlehre); gram|ma|ti|ka|lisch (seltener für: grammatisch); Gram|ma|ti|ker; gram|ma|tik|theo|rie; gram|ma|tisch; -es Geschlecht (Genus) Gram|mel der; -, -n (bayr., österr. für: Griebe) Gramm|ka|lo|rie vgl. Kalorie; Grammo|l, Grammo|le|kül [*Trenn.:* Grammlmo..., ↑ R 204] ⟨griech.; lat.⟩ u. Mol das; -s, -e ⟨lat.⟩ (früher für: so viele Gramm einer chemischen Verbindung, wie deren Molekulargewicht angibt); Gram|mo|phon ⓦ das; -s, -e ⟨griech.⟩ (Gerät zum Abspielen von Schallplatten)

gram_ne|ga|tiv, ...po|si|tiv (↑ R 136); vgl. Gram-Färbung gram|voll Gran ⟨lat.⟩, (auch:) Grän das; -[e]s, -e ⟨franz.⟩ (altes Apotheker- und Edelmetallgewicht); 3 - (↑ R 129) Gra|na|da (Hptst. der gleichnamigen span. Provinz) Gra|na|dil|le vgl. Grenadille ¹Gra|nat der; -[e]s, -e ⟨niederl.⟩ (kleines Krebstier, Garnelenart) ²Gra|nat der; -[e]s, -e, österr.: der; -en, -en; ↑ R 197 ⟨lat.⟩ (ein Halbedelstein; Gra|nat|ap|fel ⟨lat.; dt.⟩ (Frucht einer subtrop. Pflanze); Gra|na|te die; -, -n ⟨ital.⟩; Gra|nat_schmuck, ...split|ter, ...trich|ter, ...wer|fer Gran Cha|co [- *tschako*] der; - -s ⟨südamerik. Landschaft⟩ ¹Grand der; -[e]s (niederd. für: Kies) ²Grand [*grang*, ugs. auch: *grang*] der; -s, -s ⟨franz.⟩ (höchstes Spiel im Skat); Gran|de der; -n, -n (↑ R 197) ⟨span.⟩ (früher: Mitglied des Hof-, Hochadels in Spanien) Gran|del, Grä|ne die; -, -n (oberer Eckzahn des Rotwildes) Gran|deur [*grangdör*] die; - ⟨franz.⟩ (Großartigkeit, Größe); Gran|dez|za die; - ⟨ital.⟩ (würdevoll-elegantes Benehmen); Grand|ho|tel [*grang*...]; gran|dig ⟨roman.⟩ (mdal. für: groß, stark); gran|di|os; -este ⟨ital.⟩ (großartig, überwältigend); Grand Old La|dy [*gränd o*ᵘ*ld le*'*di*] die; - - -, - - - Ladies ⟨engl.⟩ (älteste bedeutende weibliche Persönlichkeit in einem bestimmten Bereich); Grand Old Man [*gränd o*ᵘ*ld män*] der; - - -, - - Men (älteste bedeutende männliche Persönlichkeit in einem bestimmten Bereich); Grand ou|vert [*grang uwär*] der; - -[s], - -s [*grang uwärß*] ⟨franz.⟩ (Grand aus der Hand, bei dem der Spieler seine Karten offen hinlegen muß); Grand Prix [*grang pri*] der; - - ⟨franz. Bez. für: „großer Preis"⟩; Grand|sei|gneur [*grangßänjör*] der; -s, -s u. -e ⟨franz.⟩ (vornehmer, weltgewandter Mann); Grand-Tou|ris|me-Ren|nen [*granßturißmᵉ*...] das; -s, - (Sportwagenrennen) Grä|ne vgl. Grandel gra|nie|ren ⟨lat.⟩ (körnig machen); Gra|nit der; -s, -e ⟨ital.⟩ (ein Gestein); gra|nit|ar|tig; Gra|nit_block (Plur. ...blöcke); gra|nit|ten (aus Granit); Gra|nit|qua|der Gran|ne die; -, -n (Ährenborste); gran|nig Gran|ny Smith [*gräni ßmith*] der; - -, - - ⟨engl.⟩ (eine Apfelsorte) Grans der; -es, -e ⟨südd. u. schweiz. mdal.; vorwiegend südwestd. u. schweiz. für: Schiffsschnabel)

Grant der; -s (bayr., österr. für: Übellaunigkeit; Unwille); gran|tig; ein -er (mürrischer) Mann; Gran|tig|keit die; -

Gra|nu|lat das; -[e]s, -e ⟨lat.⟩ (Substanz in Körnchenform); Granu|la|ti|on [...zion] die; -, -en (körnige [Oberflächen]struktur; Herstellung, Bildung einer solchen Struktur); gra|nu|lie|ren (körnig machen; Med.: Wärzchen bilden); Gra|nu|lit der; -s, -e (ein Gestein); Gra|nu|lom das; -s, -e (Med.: Granulationsgeschwulst); gra|nu|lös; -este (körnig)

Grape|fruit [grépfrut, engl. Ausspr.: gré'pfrut] die; -, -s ⟨engl.⟩ (eine Zitrusfrucht)

¹Graph der; -en, -en (↑ R 197) ⟨griech.⟩ (Math.: graphische Darstellung); ²Graph das; -s, -e (Sprachw.: Schriftzeichen); ...gra|phie (...[be]schreibung, z. B. Geographie); Gra|phik¹ die; -, (für: Einzelblatt auch Plur.:) -en ⟨griech.⟩ (Sammelbezeichnung für Holzschnitt, Kupferstich, Lithographie u. Handzeichnung); Gra|phi|ker¹; gra|phisch¹; -e Darstellung (Schaubild); -es Gewerbe; ein Rechner; Gra|phit der; -s, -e (ein Mineral); gra|phit|grau; Gra|pho|lo|ge der; -n, -n (↑ R 197); Gra|pho|lo|gie die; - (Lehre von der Deutung der Handschrift als Ausdruck des Charakters); gra|pho|lo|gisch; Gra|pho|sta|tik (zeichnerische Methode zur Lösung von Aufgaben der Statik)

Grap|pa die; - ⟨ital.⟩ (ital. Tresterbranntwein)

grap|schen (ugs. für: schnell nach etwas greifen); du grapschst (grapschest) u. grap|sen (österr. ugs.); du grapst (grapsest)

Gras das; -es, Gräser; Gras|af|fe (Schimpfwort für: unreifer Mensch); gras|ar|tig; Grasbahn|ren|nen (Motorradsport); gras|be|wach|sen (↑ R 209); Gräschen das; -s, - u. Gräserchen; Gras|decke [Trenn.: ...dek|ke]; gra|sen; du grast (grasest); er graste; Gra|ser (Jägerspr. für: Zunge von Rot- u. Damwild); Grä|ser|chen (Plur. von: Gräschen); Gras_flä|che, ...fleck; gras|grün; Gras_halm, ...hüp|fer; gra|sig; Gras|land (Steppe); Gräs|lein; vgl. Gräschen; Gras|li|lie; Gras|mücke [Trenn.: ...mük|ke] (Singvogel); Gras|nar|be

Graß (aus graphischen Gründen

mit Zustimmung des Autors auch: Grass), Günter (dt. Schriftsteller); Graß' Roman (↑ R 139) gras|sie|ren ⟨lat.⟩ (sich ausbreiten; wüten [von Seuchen]) gräß|lich; Gräß|lich|keit Gras_step|pe, ...strei|fen Grat der; -[e]s, -e (Kante; Bergkamm[linie]); Grä|te die; -, -n (Fischgräte); grä|ten|los Gra|ti|an, Gra|tia|nus [...zian(uß)] (röm. Kaiser; m. Vorn.); Gra|tias [...ziaß] das; -, - (Dank[gebet]); Gra|ti|fi|ka|ti|on [...zion] die; -, -en ([freiwillige] Vergütung, [Sonder]zuwendung) grä|tig (viele Gräten enthaltend; ugs. für: reizbar, aufbrausend) Gra|tin [gratäng] das; -s, -s ⟨franz.⟩ (überbackenes Gericht) Grä|ting die; -, -e od. -s ⟨engl.⟩ (Gitterrost [auf Schiffen]) gra|ti|nie|ren ⟨franz.⟩ (mit einer Kruste überbacken) gra|tis ⟨lat.⟩; - und franko; Gra|tis_ak|tie, ...an|teil, ...bei|la|ge, ...pro|be, ...vor|stel|lung Grat|lei|ste (in der Schreinerei) grätsch|bei|nig; Grät|sche die; -, -n (eine Turnübung); grät|schen ([die Beine] seitwärts spreizen); du grätschst (grätschest); Grätsch|stel|lung Gra|tu|lant der; -en, -en (↑ R 197) ⟨lat.⟩; Gra|tu|la|ti|on [...zion] die; -, -en; Gra|tu|la|ti|ons|cour [...kur] die; -, -en ⟨lat.; franz.⟩ ([feierliche] Beglückwünschung durch viele Gratulanten); gra|tu|lie|ren Grat|wan|de|rung Grät|zel das; -s, -n (österr. ugs. abschätzig für: Teil eines Wohnviertels, einer Straße) grau; I. Kleinschreibung: - werden; - in - malen; (↑ R 157:) der -e Alltag, eine -e Eminenz (Bez. für eine nach außen kaum in Erscheinung tretende, aber einflußreiche [polit.] Persönlichkeit; vgl. aber: die Graue Eminenz); in -er Vorzeit, sich keine -en Haare wachsen lassen (ugs.: sich keine Sorgen machen); -er Markt; -er Papagei, -e Salbe, -er Star. II. Großschreibung: a) (↑ R 133, 157:) die Grauen Schwestern (kath. Kongregation), die Grauen Panther (Seniorenschutzbund); die Graue Eminenz (F. v. Holstein; vgl. aber: eine graue Eminenz); b) (↑ R 146:) Graue Hörner (schweiz. Berggruppe); vgl. blau, II–V; vgl. graumeliert; Grau das; -s, - u. (ugs.) -s (graue Farbe); vgl. Blau; grau|äu|gig; Grau|bart; grau_bär|tig, ...blau (↑ R 40); Grau|brot Grau|bün|den (schweiz. Kanton); vgl. Bünden; Grau|bünd|ner

(↑ R 147); vgl. Bündner; grau|bünd|ne|risch; vgl. bündnerisch Grau|chen (Eselchen) ¹grau|en (Furcht haben); mir (seltener: mich) graut [es] vor dir ²grau|en (allmählich hell, dunkel werden; dämmern); der Morgen, der Abend graut Grau|en das; -s (Schauder, Furcht); es überkommt ihn ein -; grau|en|er|re|gend (↑ R 209); grau|en|haft; -este; grau|en|voll Grau|gans; grau|haa|rig; Grau|kopf grau|len (sich fürchten); es grault mir; (ugs.:) ich graule mich gräu|lich, (auch:) grau|lich ⟨zu: grau⟩; grau|me|liert; das -e Haar war grau meliert Gräup|chen; Grau|pe die; -, -n; meist Plur. ([Getreide]korn); Grau|pel die; -, -n; meist Plur. (Hagelkorn); grau|peln; es graupelt; Grau|pel_schau|er, ...wet|ter; Grau|pen|sup|pe graus; -este (veralt. für: grausig); -es Morden; Graus der; -es (Schrecken); o -! grau|sam; Grau|sam|keit; Grau_schim|mel, ...schlei|er; grau|sen (sich fürchten); mir (mich) grauste; sich -; Grau|sen das; -s; grau|sig (grauenerregend); graus|lich (bes. österr. für: unangenehm, häßlich) Grau_specht, ...spieß|glanz (ein Mineral), ...tier (Esel), ...wacke [Trenn.: ...wak|ke] (Sandstein), ...werk (das; -[e]s; Pelzwerk, bes. aus dem grauen Winterpelz russ. Eichhörnchen, Feh), ...zo|ne (Übergangszone [zwischen Legalität u. Illegalität]) gra|ve [...we] ⟨ital.⟩ (Musik: schwer, wuchtig) Gra|ven|ha|ge vgl. 's-Gravenhage Gra|ven|stei|ner [graw...] (eine Apfelsorte); ↑ R 147 Gra|veur [...wör] der; -s, -e ⟨franz.⟩ (Metall-, Steinschneider, Stecher); Gra|veur|ar|beit [...wör...], Gra|vier|ar|beit [...wir...]; Gra|veu|rin [...wörin] die; -, -nen gra|vid [...wit] ⟨lat.⟩ (Med. für: schwanger); Gra|vi|di|tät die; -, -en (Med.: Schwangerschaft) Gra|vier|an|stalt [...wir...] ⟨franz.; dt.⟩; Gra|vier|ar|beit, Gra|veur|ar|beit; gra|vie|ren [...wir'n] ([in Metall, Stein, Glas o. ä.] [ein]schneiden) gra|vie|rend [...wi...] ⟨lat.⟩ (erschwerend; belastend) Gra|vie|rung Gra|vis der; -, - ⟨lat.⟩ (ein Betonungszeichen: `, z. B. è); Gra|vi|tät die; - (veralt. für: [steife] Würde); Gra|vi|ta|ti|on [...zion] die; - (Schwerkraft, Anziehungskraft);

¹ Häufig in eindeutschender Schreibung: Grafik, Grafiker, grafisch (↑ R 53).

Gra|vi|ta|ti|ons.feld, ...ge|setz;
gra|vi|ta|tisch; -ste (würdevoll);
gra|vi|tie|ren ([durch Gravita-
tion] zu etwas hinstreben)
Gra|vur [...w_ur] die; -, -en ⟨franz.⟩
(Darstellung, Zeichnung auf Me-
tall, Stein, Glas o. ä.); Gra|vü|re
die; -, -n ([Kupfer-, Stahl]stich)
Graz (Hptst. der Steiermark);
Gra|zer (↑ R 147)
¹Gra|zie [...i_e] die; - ⟨lat.⟩ (Anmut);
²Gra|zie die; -, -n; meist Plur. (ei-
ne der drei röm. Göttinnen der
Anmut; scherzh. für: anmutige,
hübsche junge Dame)
gra|zil ⟨lat.⟩ (schlank, geschmei-
dig, zierlich); Gra|zi|li|tät die; -
gra|zi|ös, -este ⟨franz.⟩ (anmutig);
gra|zio|so (↑ R 180) ⟨ital.⟩ (Musik:
anmutig; Gra|zio|so das; -s, -s u.
...si (↑ R 180)
grä|zi|sie|ren ⟨griech.⟩ (nach
griech. Muster formen; die alten
Griechen nachahmen); Grä|zis-
mus der; -, ...men (altgriech.
Spracheigentümlichkeit); Grä-
zist der; -en, -en; ↑ R 197 (Kenner, Erforscher des Griechi-
schen); Grä|zi|stik die; - (Erfor-
schung des Griechischen); Grä-
zi|tät die; - (Wesen der altgriech.
Sprache u. Sitte)
Greene [grin] (engl. Schriftsteller);
Green|horn [grin...] das; -s, -s
⟨engl.⟩ (engl. Bez. für: Grün-
schnabel, Neuling)
Green|peace [grinpiß] ⟨engl.⟩ (Or-
ganisation, die mit spektakulä-
ren Aktionen gegen Umweltver-
schmutzung u. ä. protestiert)
Green|wich [grinidseh] (Stadtteil
Londons; Abk.: Gr.); Green|wi-
cher (↑ R 147); - Zeit (westeuropäische Zeit)
Grège [gräsch] die; - ⟨franz.⟩ (Na-
turseidenfaden); Grège|sei|de
Gre|gor, Gre|go|ri|us (m. Vorn.);
gre|go|ria|nisch ⟨↑ R 134⟩:
der Gregorianische Kalender
Greif der; -[e]s u. -en, -e[n] (Fabeltier [Vogel]; auch: Greifvogel)
greif|bar; grei|fen; du griffst (grif-
fest); du griffest; gegriffen;
greif[e]!; um sich -; (↑ R 68:) zum
Greifen nahe; Grei|fer
Greifs|wald (Stadt in Vorpom-
mern); Greifs|wal|der (↑ R 147)
Greif.vo|gel (Raubvogel),...zan|ge
grei|nen (ugs. für: weinen; verält.
für: zanken); Grei|ner (verält.
für: Zänker)
greis; -este (geh. für: sehr alt);
Greis der; -es, -e; Grei|sen|al|ter;
grei|sen|haft; -este; Grei|sen|haf-
tig|keit die; -; Grei|sen|stim|me;
Grei|sin die; -, -nen
Greiß|ler (ostösterr. für: Krämer);
Greiß|le|rei
grell; grellrot usw.; grell|be|leuch-
tet; die grellbeleuchtete Bühne,

aber (↑ R 209): die zu grell be-
leuchtete Bühne; Grel|le die; -
Gre|mi|um das; -s, ...ien [...i_e]n
⟨lat.⟩ (Ausschuß; Körperschaft)
Gre|na|da (Staat im Bereich der
Westindischen Inseln)
Gre|na|dier der; -s, -e ⟨franz.⟩ (In-
fanterist)
Gre|na|dil|le die; -, -n ⟨franz.⟩,
Gra|na|dil|le die; -, -n ⟨span.⟩
(Passionsblumenfrucht)
¹Gre|na|di|ne die; - ⟨franz.⟩ (Saft,
Sirup aus Granatäpfeln)
²Gre|na|di|ne die; - (ein Gewebe)
Grenz.bahn|hof, ...baum, ...be-
am|te, ...be|reich; Gren|ze die; -,
-n; gren|zen; du grenzt (gren-
zest); gren|zen|los; bis ins Gren-
zenlose (bis in die Unendlich-
keit; ↑ R 65); Gren|zen|lo|sig-
keit; Gren|zer (ugs. für: Grenzjä-
ger, -bewohner); Grenz.fall der,
...fluß, ...gän|ger, ...ge|biet,
...kon|trol|le, ...land, ...li|nie,
...po|sten, ...rain, ...schutz, ...si-
tua|tion (↑ R 180), ...stein,
...über|gang, ...über|tritt, ...ver-
kehr, ...ver|let|zung, ...wall,
...wert (für: Limes [Math.]),
...zwi|schen|fall
Gret|chen (Koseform von: Marga-
rete, Grete); Gret|chen|fra|ge;
Gre|te (w. Vorn., Kurzform von:
Margarete); Gre|tel (Koseform
von: Margarete, Grete)
Greu|el der; -s, -; Greu|el.mär-
chen, ...pro|pa|gan|da, ...tat;
greu|lich
Gre|ven|broich [gre_w'nbro_ech]
(Stadt in Nordrhein-Westfalen)
Grey|erz (schweiz. Ortsn.); -er Kä-
se; vgl. Gruyères
Grey|hound [gre_'haund] der; -[s],
-s ⟨engl.⟩ (engl. Windhund; Über-
landbus eines amerik. Transport-
unternehmens)
Grie|be die; -, -n (ausgebratener
Speckwürfel); Grie|ben.fett
(das; -[e]s), ...schmalz, ...wurst
Griebs der; -es, -e (landsch. für:
Kerngehäuse des Obstes; mittel-
dt. für: Gurgel)
Grie|che der; -n, -n (↑ R 197); Grie-
chen|land; Grie|chin die; -, -nen;
grie|chisch; vgl. deutsch; Grie-
chisch das; -[s] (Sprache); vgl.
Deutsch; Grie|chi|sche das; -n;
vgl. Deutsche das; grie-
chisch-ka|tho|lisch (Abk.: gr.-
kath.); grie|chisch-or|tho|dox;
grie|chisch-rö|misch (Ringen);
grie|chisch-uniert
Grie|fe die; -, -n (mitteld. für:
Griebe)
Grieg, Edvard (norw. Komponist)
grie|meln (westmitteld. für: scha-
denfroh in sich hineinlachen);
ich ...[e]le (↑ R 22)
Grien das; -[e]s (schweiz. mdal. für:
Kies)

grie|nen (ugs. für: grinsen)
grie|seln (westniederd. für: er-
schauern [vor Kälte usw.]); mich
grieselt; vgl. aber: grießeln
Gries|gram der; -[e]s, -e; gries|grä-
mig, (seltener:) gries|grä|misch,
gries|gräm|lich
Grieß der; -es, -e; Grieß|brei; grie-
ßeln (körnig werden; auch: rie-
seln); es grießelt; vgl. aber:
grieseln; grie|ßig; -es Mehl;
Grie|ßig das; -s (Bienenkot);
Grieß.kloß, ...koch (bayr.,
österr. für: Grießbrei; vgl.
²Koch), ...mehl, ...schmar|ren
(österr.: Eierkuchen aus gerös-
tem Grieß), ...sup|pe
Griff der; -[e]s, -e; griff|be|reit;
Griff|brett
Grif|fel der; -s, -
griffest [Trenn.: griff|fest, ↑ R 204];
griff|fig; griff|los; Griff.tech|nik
(Ringen)
Grif|fon [...fong] der; -s, -s ⟨franz.⟩
(ein Vorstehhund)
Grill der; -s, -s ⟨engl.⟩ (Bratrost);
Gril|la|de [grijad^e] die; -, -n
⟨franz.⟩ (gegrilltes Fleischstück)
¹Gril|le die; -, -n (Laune); ²Gril|le
die; -, -n (ein Insekt)
gril|len ⟨engl.⟩ (auf dem Grill bra-
ten)
Gril|len|fän|ger ⟨zu: ¹Grille⟩; gril-
len|fän|ge|risch; gril|len|haft;
-este; Gril|len|haf|tig|keit
Grill.fest, ...ge|rät, ...ge|richt;
grill|lie|ren [auch: grijir'n] ⟨franz.⟩
(grillen)
gril|lig ⟨zu: ¹Grille⟩; Grill|lig|keit
Grill|par|zer (österr. Dichter)
Grill.platz; Grill|room [grilrum]
der; -s, -s ⟨engl.⟩ (Rostbratküche,
-stube)
Gri|mas|se die; -, -n ⟨franz.⟩ (Frat-
ze); gri|mas|sie|ren
Grim|bart der; -s (der Dachs in
der Tierfabel)
grimm (veralt. für: zornig);
¹Grimm der; -[e]s
²Grimm, Jacob u. Wilhelm (dt.
Sprachwissenschaftler); die Brüder Grimm
Grimm|darm (Dickdarmteil)
Grim|mels|hau|sen (dt. Schriftstel-
ler im 17. Jh.)
grim|men (veralt. für: ärgern);
Grim|men das; -s ([Bauch]weh);
grim|mig; Grim|mig|keit die; -
Grimmsch; ↑ R 134 (von Grimm
herrührend); das -e Wörterbuch;
die -en Märchen
Grind der; -[e]s, -e (Schorf; Jägerspr.: Kopf von Hirsch od.
Gemse); grin|dig; Grind|wal
Grin|go [gringgo] der; -s, -s ⟨span.⟩
(abschätzige Bez. für einen
nichtromanischen Fremden in
Südamerika)
Grin|sel das; -s, - (österr. für:
Kimme am Gewehrlauf)

grin|sen; du grinst (grinsest)
Grin|zing (Stadtteil von Wien)
grip|pal vgl. grippös; **Grip|pe** die; -, -n ⟨franz.⟩ (eine Infektionskrankheit); **Grip|pe_an|fall,** ...**epi|de|mie** (↑ R 36), ...**vi|rus,** ...**wel|le; grip|pös,** grip|pal (Med.: grippeartig)
Grips der; -es, -e (ugs. für: Verstand, Auffassungsgabe)
Gri|saille [*grisaj*] die; -, -n [...*saj°n*] (schwarzweißer Seidenstoff; Malerei in Grautönen [nur *Sing.*]; in dieser Weise hergestelltes Kunstwerk)
Gri|sel|dis (w. Eigenn.)
Gri|set|te die; -, -n ⟨franz.⟩ (veralt. für: leichtfertiges Mädchen)
Gris|ly|bär, Grizzlybär ⟨engl.; dt.⟩ (großer nordamerik. Braunbär)
Grit der; -s, -e ⟨engl.⟩ (grober Sand; Sandstein)
Grizz|ly|bär [*grißli*...] vgl. Grislybär
gr.-kath. = griechisch-katholisch
grob; gröber, gröbste; grob fahrlässig; (↑ R 65:) jmdn. aufs gröbste beleidigen, **aber:** aus dem Gröbsten heraussein; **Grob_blech; Grö|be** die; - (Siebrückstand); **grob|fa|se|rig; Grob|heit; Gro|bi|an** der; -[e]s, -e (grober Mensch); **grob_kno|chig,** ...**kör|nig; gröb|lich** (ziemlich grob; stark; sehr); **grob_ma|schig,** ...**schläch|tig** (von grober Art); **Grob_schmied,** ...**schnitt**
Gro|den der; -s, - (niederd. für: [mit Gras bewachsenes] angeschwemmtes Deichvorland)
Grog der; -s, -s ⟨nach dem Spitznamen des engl. Admirals Vernon: „Old Grog"⟩ (heißes Getränk aus Rum [Arrak od. Weinbrand], Zucker u. Wasser); **grog|gy** [...*gi*] ⟨eigentl. „vom Grog betrunken"⟩ (Boxsport: schwer angeschlagen; auch ugs. für: zerschlagen, erschöpft)
Groitzsch [*greutsch*] (Stadt südl. von Leipzig)
grö|len (ugs. für: schreien, lärmen); **Grö|le|rei**
Groll der; -[e]s; **grol|len**
Gro|my|ko (sowjet. Politiker)
Gro|nin|gen (niederl. Stadt)
Grön|land; Grön|län|der (↑ R 147); **Grön|land|fah|rer; grön|län|disch; Grön|land|wal**
Groom [*grum*] der; -s, -s ⟨engl.⟩ (veralt. für: Reitknecht)
Gro|pi|us (amerik. Architekt dt. Herkunft)
Grop|pe die; -, -n (ein Fisch)
¹Gros [*gro*] das; - [*gro(ß)*], - [*groß*] ⟨franz.⟩ (überwiegender Teil); vgl. en gros; **²Gros** das; Grosses, Grosse ⟨niederl.⟩ (12 Dutzend); 2 Gros Nadeln (↑ R 128 f.); **Gro|schen** der; -s, - ⟨mlat.⟩ (österr.

Münze; Abk.: g [100 Groschen = 1 Schilling]; ugs. für: dt. Zehnpfennigstück); **Gro|schen_blatt** (abschätzig für: Zeitung), ...**grab** (scherzh. für: Spielautomat, Parkuhr o. ä.), ...**heft**
groß; größer, größte; (↑ R 61:) großenteils, größt[en]teils, größtenteils. **I.** *Kleinschreibung:* **a)** (↑ R 65:) am größten (sehr groß); **b)** (↑ R 66:) um ein großes (viel) verteuert; **c)** (↑ R 65:) im großen [und] ganzen; im großen und im kleinen betreiben, im großen (en gros) einkaufen; groß und klein (jedermann); **d)** (↑ R 157:) die großen Ferien; auf große Fahrt gehen; Kapitän auf großer Fahrt (Seew.); der große Teich (ugs. für: Atlant. Ozean); die große Anfrage; das große Einmaleins; das große Latinum; die große Pause; die große (vornehme) Welt; auf großem Fuß (ugs. für: verschwenderisch) leben; etwas an die große Glocke hängen (ugs. für: überall erzählen); einen großen Bahnhof (ugs. für: feierlichen Empfang) bekommen. **II.** *Großschreibung:* **a)** (↑ R 65:) Große und Kleine, die Großen und die Kleinen; vom Kleinen auf das Große schließen; ein Zug ins Große; im Großen wie im Kleinen treu sein; **b)** (↑ R 65:) etwas, nichts, viel, wenig Großes; **c)** (↑ R 133, 157:) Otto der Große (Abk.: d. Gr.), *Gen.:* Ottos des Großen; der Große Schweiger (Moltke); der Große Wagen; der Große Bär; Große Kreisstadt (als verwaltungstechn. Begriff); die Große Strafkammer; das Große Los; der Große Rat (schweiz.: Kantonsparlament); **d)** (↑ R 146:) Großer Belt; Großer Ozean. **III.** *Schreibung in Verbindung mit dem 2. Partizip:* ein großgeangelter Plan (↑jedoch R 209), **aber:** der Plan ist groß angelegt. **IV.** *Schreibung in Verbindung mit Verben* (↑ R 205 f.): **a)** *Getrenntschreibung* in ursprünglicher Bedeutung, z. B. groß sein, werden, schreiben; **b)** *Zusammenschreibung,* wenn durch die Verbindung ein neuer Begriff entsteht; vgl. großmachen, großschreiben, großtun, großziehen. **V.** *Über die Schreibung in erdkundlichen Namen* ↑R 152, *in Straßennamen* ↑R 191; **Groß_ad|mi|ral,** ...**ak|tio|när,** ...**alarm; groß|an|ge|legt;** vgl. groß, III; **groß|ar|tig; Groß_ar|tig|keit** die; -; **Groß_auf|nah|me,** ...**bau|stel|le; Groß-Berlin** [auch: *groß*...] (↑ R 152); **Groß-ber|li|ner** [auch: *groß*...] (↑ R 147); **Groß_be|trieb,** ...**bour|geoi-**

sie, ...**brand; Groß|bri|tan|ni|en** [...*i°n*]; **groß|bri|tan|nisch; Groß-_buch|sta|be,** ...**bür|ger|tum; groß|den|kend;** der -e Mann; **Grö|ße** die; -, -n; **Groß_ein|kauf,** ...**ein|satz,** ...**el|tern** (Plur., -n en-kel; **Grö|ßen|ord|nung; gro|ßen-teils; Grö|ßen_un|ter|schied,** ...**ver|hält|nis,** ...**wahn; grö|ßen-wahn|sin|nig; grö|ßer;** vgl. groß; **grö|ße|ren|teils, grö|ßern|teils; Groß_fahn|dung,** ...**fa|mi|lie,** ...**feu|er; groß|fi|gu|rig; Groß-_flug|zeug,** ...**fo|lio** (das; -s; Abk.: Gr.-2°), ...**for|mat,** ...**fürst,** ...**für|stin; Groß|für|stin-Mut|ter** die; -; **Groß_ga|ra|ge,** ...**ge|mein-de; groß|ge|mu|stert; groß|ge-wach|sen; Groß|glock|ner** [auch: *groß*...] der; -s (ein Berg); **Groß-glock|ner|mas|siv** (↑ R 149); **Groß_grund|be|sitz,** ...**han|del,** ...**han|dels|preis** (vgl. ²Preis), ...**händ|ler; groß|her|zig; Groß-_her|zig|keit** (die; -), ...**her|zog; groß|her|zog|lich,** im Titel (↑ R 75:) Großherzoglich; **Groß-_hirn,** ...**hun|dert** (altes Zählmaß; 120 Stück), ...**in|du|stri|el|le; Gros|sist** der; -en, -en (↑ R 197) ⟨franz.⟩ (Großhändler) **groß|jäh|rig** (volljährig); **Groß-jäh|rig|keit** die; -; **groß_ka|li|be-rig** od. ...**ka|li|brig,** ...**ka|riert; Groß|kat|ze** (z. B. Löwe, Tiger); **Groß|kauf|mann** (Plur. ...kaufleute); **Groß|kind** (schweiz. für: Enkelkind); **Groß|kopf|fe|te,** (bes. bayr., österr.:) **Groß|kop|fer|te** der; -n, -n; ↑ R 7 ff. (ugs. abschätzig für: einflußreiche Persönlichkeit); **groß|köp|fig; groß-kot|zig** (ugs.); **Groß|kund|ge-bung; groß|ma|chen;** sich -; ↑ R 205 (ugs. für: sich rühmen, prahlen); er hat sich großgemacht; **Groß|macht; groß|mäch-tig; Groß|macht|po|li|tik; Groß-manns|sucht** die; -; **groß|manns-süch|tig; Groß|markt; groß_ma-schig,** ...**maß|stäb|lich,** (gelegentlich auch:) ...**maß|stä|big; Groß-maul; groß|mäu|lig; Groß_mäu-lig|keit,** ...**mei|ster,** ...**mo|gul,** ...**mut** (die; -); **groß|mü|tig; Groß|mü|tig|keit** die; -; **Groß-mut|ter** (Plur. ...mütter); **Groß-ok|tav** das; -s (Abk.: Gr.-8°); **Groß|quart** das; -[e]s (Abk.: Gr.-4°); **Groß|rat** (Plur. ...räte; Mitglied schweiz. Kantonsparlamente); **groß|räu|mig; Groß-raum_bü|ro,** ...**wa|gen** (bei der Straßenbahn); **Groß|rei|ne|ma-chen, Groß|rein|ma|chen** des; -s; **Groß|satz** (Sprachw.); **Groß-schiffahrts|weg** (Trans.: ...schiffahrts..., vgl. ↑ R 204]; ...**schnau|zig, groß|schnäu|zig; groß|schrei|ben;** ↑ R 205 (ugs. für:

hochhalten, besonders schätzen); Toleranz wird bei ihm großgeschrieben; aber: **groß schrei|ben** (mit großem Anfangsbuchstaben schreiben); das Wort wird groß geschrieben; **Großschrei|bung; Groß|sie|ge||be-wah|rer; groß|spre|che|risch;** -ste; **groß|spu|rig; Groß|spu|rig|keit** die; -; **Groß_stadt,** ...**städter; groß|städ|tisch; Groß|stadt-_mensch,** ...**ver|kehr; Groß|steingrä|ber|leu|te** Plur. (Megalithiker der jüngeren Steinzeit); **Großtat; größ|te;** vgl. groß; **Groß|teil** der; **größ|ten|teils; Größt|maß** das; **größt|mög|lich,** dafür besser: möglichst groß; falsch: größtmöglichst; **Groß|tue|rei; groß|tue|risch;** -ste; **groß|tun;** ↑R 205 (prahlen); er soll nicht so großtun; **Groß_va|ter,** ...**ver|an-stal|tung,** ...**vieh,** ...**we|sir,** ...**wetter|la|ge,** ...**wild; groß|zie|hen;** ↑R 205 ([Lebewesen] aufziehen); er hat das Pferd großgezogen; **groß|zü|gig; Groß|zü|gig|keit** die; -

¹Grosz [groß] (dt.-amerik. Graphiker u. Maler)

²Grosz [grosch] der; -, -e [...schä], Gen. Plur.: -y [...schi] (dt.-poln.) (Untereinheit der poln. Währung [100 Groszy = 1 Zloty])

gro|tesk; -este (franz.) (wunderlich, grillenhaft; überspannt, verzerrt); **Gro|tesk** die; - (eine Schriftgattung); **Gro|tes|ke** die;-, -n (phantastisch geformte Tieru. Pflanzenverzierung der Antike u. der Renaissance; phantastische Erzählung); **gro|tes|ker|wei-se; Gro|tesk|tanz**

Grot|te die; -, -n (ital.) ([künstl.] Höhle); **Grot|ten|bau** (Plur. ...bauten); **Grot|ten|olm** der; -[e]s, -e (ein Lurch)

Grot|zen der; -s, - (mdal. für: Griebs, Kerngehäuse)

Grou|pie [grupi] das; -s, -s (engl.) (weiblicher Fan, der engen Kontakt mit seinem Idol sucht)

grub|ben vgl. grubbern; **Grub|ber** der; -s, - (engl.) (landw. Gerät); **grub|bern** (mit dem Grubber pflügen); ich ...ere (↑R 22)

Grüb|chen, Grüblein; **Gru|be** die; -, -n

Grü|be|lei; grü|beln; ich ...[e]le (↑R 22)

Gru|ben_ar|bei|ter, ...**aus|bau,** ...**bau** (Plur. ...baue), ...**brand,** ...**gas,** ...**lam|pe,** ...**un|glück; Grüb|lein,** Grübichen

Grüb|ler; Grüb|le|rin der; -, -nen; **grüb|le|risch;** -ste

Gru|de die; -, -n (Braunkohlenkoks; Grudeherd, -ofen)

grü|e|zi (schweiz. Grußformel)

Gruft die; -, Grüfte

Gru|ga (= Große Ruhrländische Gartenbau-Ausstellung)

grum|meln (landsch. für: leise donnern, rollen; auch: lärmen; murren); ich ...[e]le (↑R 22)

Grum|met das; -[e]s (österr. nur so) u. **Grumt** das; -[e]s (zweites Heu)

grün; **I.** Kleinschreibung: **a)** (↑R 65:) er ist mir nicht grün (ugs. für: gewogen); **b)** (↑R 157:) am grünen Tisch; der grüne Star; die grüne Grenze; die grüne Minna (ugs. für: Polizeiauto); die grüne Welle (durchlaufendes Grün bei Signalanlagen); die grüne Hochzeit; die grüne Versicherungskarte; die grüne Hölle (trop. Urwald); die grüne Lunge (Grünflächen) der Großstadt; eine grüne Witwe (im Grünen in der Umgebung von Großstädten wohnende Frau, deren Mann tagsüber beruflich abwesend ist); die grünen Listen (Umweltschutzparteien); ein grüner (ugs. für: unerfahrener) Junge; ach du grüne Neune (ugs.: Ausruf des Erstaunens). **II.** Großschreibung: **a)** (↑R 65:) das ist dasselbe in Grün (ugs. für: [fast] ganz dasselbe); die Grünen (Umweltschutzpartei); **b)** (↑R 157:) der Grüne Donnerstag; die Grüne Insel (Irland); die Grüne Woche; das Grüne Gewölbe (Kunstsammlung in Dresden); der Grüne Plan (staatl. Plan zur Unterstützung der Landwirtschaft); vgl. blau, III-V; **Grün** das; -s, - u. (ugs.) -s (grüne Farbe); das erste -; bei Grün darf man die Straße überqueren; die Ampel steht auf, zeigt Grün; vgl. Blau; **Grün_al-ge,** ...**an|la|ge; grün|blau** (↑R 40)

Grund der; -[e]s, Gründe; im Grunde; von Grund auf; von Grund aus; auf Grund¹ [dessen, von]; auf Grund laufen; in [den] Grund bohren; im Grunde genommen; aber (↑R 208:) zugrunde gehen, legen, liegen, richten; der Grund und Boden (vgl. d.); **grund|an|stän|dig; Grund-_an|strich,** ...**aus|bil|dung,** ...**aus-stat|tung,** ...**be|deu|tung,** ...**bedin|gung,** ...**be|griff,** ...**be|sitz,** ...**buch; Grund|buch|amt; grund-ehr|lich; Grund_ei|gen|tum,** ...**ei-gen|tü|mer,** ...**eis; Grund|del,** **Grün|del** die;-, -n, auch: der; -s, - (Fisch); **grün|deln** (von Enten: Nahrung unter Wasser suchen); **grün|den;** gegründet (Abk.: gegr.); sich auf eine Tatsache gründen; **Grün|der; Grün-der|jah|re** Plur.; **Grund|er|werb; Grund|er|werbs|steu|er,** **Grund-er|werb|steu|er** die (↑R 54);

Grün|der|zen|trum (für neue Technologien); **grund|falsch; Grund_far|be,** ...**feh|ler; Grund-fe|sten** Plur.; in den - erschüttert; **Grund_form** (für: Infinitiv), ...**ge|bühr; Grund|ge|setz** (für: Statut); Grundgesetz für die Bundesrepublik Deutschland vom 23. Mai 1949 (Abk.: GG); **Grund|hol|de** der; -n, -n; ↑R 7ff. (ehem. an Grund und Boden gebundener Höriger); **grun|die|ren** (Grundfarbe auftragen); **Grundie|rung; Grund|kurs; Grundla|ge; Grund|la|gen|for|schung; grund|le|gend** (↑R 209); **gründ-lich; Gründ|lich|keit** die; -; **Gründ|ling** (ein Fisch); **Grundli|nie; Grund|li|ni|en|spiel** (Tennis); **grund|los; Grund|lo|sig|keit** die; -; **Grund_mau|er** (meist Plur.), ...**mo|rä|ne,** ...**nah|rungs-mit|tel**

Grün|don|ners|tag

Grund_ord|nung, ...**prin|zip,** ...**recht,** ...**re|gel,** ...**ren|te,** ...**riß,** ...**satz; Grund|satz_ent|schei-dung,** ...**er|klä|rung; grund|sätz-lich;** (↑R 65:) im -en (grundsätzlich); aber: er bewegt sich stets nur im Grundsätzlichen; **Grund-_schnel|lig|keit** (Sport), ...**schuld,** ...**schu|le; grund|stän|dig** (beständig; Bot.: unten am Sproß der Pflanze stehend); -e Blätter; **Grund|stein; Grund|stein|le-gung; Grund_stel|lung,** ...**steu|er,** ...**stock** (Plur. ...stöcke), ...**strecke** [Trenn.: ...strek|ke] (Bergw.), ...**stück; Grund|stücks-_ei|gen|tü|mer,** ...**scha|den; Grund_stu|fe** (für: ²Positiv), ...**ten|denz,** ...**ton** (Plur. ...töne), ...**übel,** ...**um|satz** (Med.: Energiebedarf des ruhenden Menschen); **Grund und Bo|den** der; - -s; **Grün|dung; Grün|dungs_fei-er,** ...**ka|pi|tal,** ...**ver|samm|lung**

Grün|dün|gung

grund|ver|schie|den; Grund|was-ser (Plur. ...wasser); **Grund|was-ser_ab|sen|kung** (künstl. Tieferlegen des Grundwasserspiegels), ...**spie|gel; Grund_wehr|dienst,** ...**wert,** ...**wort** (Plur. ...wörter; Sprachw.: durch das Bestimmungswort näher bestimmtes zweiter Bestandteil einer Zusammensetzung, z. B. „Wagen" in „Speisewagen"), ...**zahl** (für: Kardinalzahl), ...**zins,** ...**zug**

¹Grü|ne das; -s; im - lustwandeln; ins - gehen; Fahrt ins -;

²Grü|ne der u. die; -n, -n; ↑R 7 (Mitglied einer Umweltschutzpartei); **³Grü|ne** die; - (veralt., noch dicht.: die grüne Farbe, Grünsein); **grü|nen** (grün werden, sein); **Grü|nen|ab|ge|ord|ne-te** (zu ²Grüne)

¹ Jetzt häufig: aufgrund.

Grü|ne|wald (dt. Maler)
Grün.flä|che, ...fut|ter (vgl. [1]Futter); grün|gelb (↑R 40); Grün-_gür|tel, ...horn (Plur. ...hörner; Neuling), ...kern (Suppeneinlage), ...kohl (der; -[e]s); Grün|kram|la|den; Grün|land; grünlich; grünlichgelb (↑R 40); Grün|li|lie (eine Zimmerpflanze); Grün|ling (ugs. auch für: unerfahrener, unreifer Mensch); Grün|rock (scherzh. für: Förster, Jäger); Grün|rot|blind|heit die; - (↑R 40); Grün_schna|bel (ugs. für: unerfahrener, unreifer, vorlauter Mensch), ...span (der; -[e]s; grüner Belag auf Kupfer od. Messing), ...specht, ...strei|fen

grun|zen; du grunzt (grunzest)
Grün|zeug
Grupp der; -s, -s ⟨franz.⟩ (Paket aus Geldrollen); Grüpp|chen, Grüpp|lein; [1]Grup|pe die; -, -n
[2]Grup|pe, Grüp|pe die; -, -n (niederd. für: [Wasser]graben, Rinne; Abzugsgraben); grüp|peln (eine [2]Gruppe ausheben); ich ...[e]le (↑R 22); grup|pen (svw. gruppeln)
Grup|pen.auf|nah|me, ...bild, ...dy|na|mik, ...füh|rer, ...psy|cho|lo|gie, ...sex, ...sieg, ...the|ra|pie; grup|pen|wei|se; Grup|pen|ziel; grup|pie|ren; Grup|pie|rung; Grüpp|lein, Grüpp|chen
Grus der; -es, -e („Grieß"; verwittertes Gestein; zerbröckelte Kohle, Kohlenstaub); vgl. aber: Gruß
Grüsch das; - (schweiz. für: Kleie)
gru|se|lig, grus|lig (schaurig, unheimlich); Gru|sel|mär|chen; gru|seln; ich ...[e]le mich (↑R 22); mir od. mich gruselt's; Gru|si|cal [grusik[a]l] das; -s, -s ⟨anglisierende Neubildung nach dem Vorbild von „Musical"⟩ (scherzh. für: nach Art eines Musicals aufgemachter Gruselfilm)
gru|sig ⟨zu: Grus⟩
Gru|si|ni|er [...i[e]r] (Einwohner der Grusinischen SSR); gru|si|nisch; Gru|si|nisch das; -[s] (Sprache); vgl. Deutsch; Gru|si|ni|sche das; -n; vgl. Deutsche der; Gru|si|ni|sche SSR (Unionsrepublik der UdSSR)
Grus|koh|le die; - (grobkörniger Kohlenstaub)
grus|lig vgl. gruselig
Gruß der; -es, Grüße; vgl. aber: Grus; Gruß|adres|se; grü|ßen; du grüßt (grüßest); grüß [dich] Gott!; grüß Gott sagen; Gruß|for|mel; gruß|los; Gruß|wort (Plur. ...worte)
Grütz|beu|tel (Balggeschwulst [bes. unter der Kopfhaut]); Grütze die; -, -n

---

Gruy|ère [grüjär] der; -s ⟨franz. Bez. für: Greyerzer Käse, ein Schweizer Hartkäse); Gruy|ères [grüjär] ⟨franz. [offz.] Form von: Greyerz)
Gry|phi|us (dt. Dichter)
Grzi|mek [gschimäk] (dt. Zoologe)
G-Sai|te [ge -] (Musik)
Gschaftl|hu|ber vgl. Geschaftl...
gscha|mig, gschä|mig vgl. geschamig, geschämig
gschert, gel|schert; -este (bayr., österr. ugs. für: ungeschlacht, grob, dumm); Gscher|te, Gescher|te der; -n, -n; ↑R 7 ff. (bayr., österr. für: Tölpel, Landbewohner)
G-Schlüs|sel [ge -] (Violinschlüssel)
Gschnas|fest das; -es (Maskenball der Wiener Künstler)
gschupft; -este (österr., schweiz. ugs. für: überspannt, affektiert)
gspa|ßig (bayr., österr. ugs. für: spaßig, lustig)
Gspu|si das; -s, -s ⟨ital.⟩ (südd., österr. ugs. für: Liebschaft; Liebste[r])
Gstaad (schweiz. Kurort)
Gstan|zel, Gstanzl das; -s, -n (bayr. u. österr. für: Schnaderhüpfl)
Gstät|ten die; -, - (ostösterr. ugs.: abschüssige, steinige Wiese)
Gua|de|loupe [g[ua]d[e]lup] (Insel der Kleinen Antillen; franz. Überseedepartement)
Gua|jak|harz das; -es ⟨indian.; dt.⟩; Gua|jak|holz; Gua|ja|kol das; -s (eine als Antiseptikum verwendete Alkoholart)
Gua|na|ko das (älter: der); -s, -s ⟨indian.⟩ (südamerik. Lama)
Gua|no der; -s ⟨indian.⟩ ([Vogel]dünger); Gua|no|in|seln Plur. (an der Westküste Südamerikas)
Gua|ra|ní der; -, - (Währungseinheit in Paraguay)
Guar|dia ci|vil [- ßiví̱l] die; - - ⟨span.⟩ (span. Gendarmerie); Gu|ar|di|an [österr. ... guar...] der; -s, -e ⟨mlat.⟩ (Oberer [bei Franziskanern u. Kapuzinern])
Gu|asch die; -, -en (eindeutschende Schreibung von: Gouache); Gu|asch|ma|le|rei
Gua|te|ma|la (Staat und Stadt in Mittelamerika); Gua|te|mal|te|ke der; -n, -n; ↑R 197 (Bewohner von Guatemala); gua|te|mal|te|kisch
Gua|ya|na (Landschaft in Südamerika; früher für: Guyana; vgl. d.)
gucken[1] (südd.); vgl. auch: kukken; Gucker[1]
Gucker|schecken[1] Plur. (österr. ugs. für: Sommersprossen)

---

[1] Trenn.: ...k|k...

Guck|fen|ster; Gucki[1] der; -s, -s (Gerät zum Betrachten von Dias; Skatausdruck); Guck|in|die|luft; Hans -; Guck|ka|sten; Guck|ka|sten|büh|ne; Guck|loch
Gü|del|mon|tag (schweiz. für: Rosenmontag)
Gud|run (w. Vorn.)
Gu|du|la (w. Vorn.)
Guel|fe [gu[a]l..., auch: gäl...] der; -n, -n (↑R 197) ⟨ital.⟩ (mittelalterl. Anhänger der päpstl. Politik, Gegner der Gibellinen)
Gue|ricke [ge...]; ↑R 179 (dt. Physiker); -sche Halbkugel, -sche Leere (Physik)
[1]Gue|ril|la [geril(j)a] die; -, -s ⟨span.⟩ (Kleinkrieg); [2]Gue|ril|la der; -[s], -s; meist Plur. (Angehöriger einer Einheit, die einen Guerillakrieg führt); Gue|ril|la|krieg; Gue|ril|le|ro [geriljero] der; -s, -s (Untergrundkämpfer in Lateinamerika)
Guer|ni|ca [gär...] (span. Ort.; berühmtes Gemälde Picassos)
Gue|va|ra [gew[a]ra] (kuban. Politiker u. Guerillaführer); vgl. Che
Gu|gel|hopf (schweiz. für: Gugelhupf); Gu|gel|hupf der; -[e]s, -e (südd., österr. u. seltener schweiz. für: Napfkuchen)
Güg|gel der; -s, - (schweiz. mdal. für: Gockel); Güg|ge|li das; -s, - (schweiz. für: Backhähnchen)
Gui|do [gido, österr. meist: guido] (m. Vorn.)
Guil|loche [gi(l)josch] die; -, -n ⟨franz.⟩ (verschlungene Linienzeichnung; Werkzeug zum Anbringen solcher Linien); Guil|lo|cheur [...schör] der; -s, -e (Linienstecher); guil|lo|chie|ren (Guillochen stechen)
Guil|lo|ti|ne [giljo..., auch: gijoti-n[e]] die; -, -n (nach dem franz. Arzt Guillotin) (Fallbeil); guil|lo|ti|nie|ren
[1]Gui|nea [gi...] (Staat in Westafrika); [2]Gui|nea [gini] die; -, -s ⟨engl.⟩ (vgl. Guinee); Gui|nea-Bis|sau (Staat in Westafrika); Gui|nee [gi...] die; -, ...een ⟨franz.⟩ (ehem. engl. Münze); Gui|ne|er (Einwohner von [1]Guinea); gui|ne|isch ([1]Guinea betreffend)
Gu|lasch das (auch: der, österr. nur: das); -[e]s, -e (österr. nur so) u. -s ⟨ung.⟩; Gu|lasch.ka|no|ne (scherzh. für: Feldküche), ...suppe
Gul|brans|sen, Trygve (norweg. Schriftsteller)
Gul|brans|son, Olaf (norweg. Zeichner u. Karikaturist)
Gül|den der; -s, - (niederl. Münzeinheit; Abk.: hfl); gül|den

---

[1] Trenn.: ...k|k...

(dicht. für: golden); **gül|disch** (Bergmannsspr.: goldhaltig); **Gül|disch|sil|ber** (Bergmannsspr.: goldhaltiges Silber) **Gül|le** *die;* - (südwestd. u. schweiz. neben: Jauche [zum Düngen]); **gül|len; Gül|len|faß** **Gul|ly** [*guli,* auch engl. Aussspr.: *gali*] *der* (auch engl. *das*), -s, -s ⟨engl.⟩ (landsch. für: Sinkkasten) **Gült, Gül|te** *die;* -, ...ten (südd. für: Grundstücksertrag; Abgabe, Zins; Grundschuld; schweiz. für: Art des Grundpfandrechts); **Gült_brief, ...buch; gül|tig;** vgl. giltig; **Gül|tig|keit** *die;* -; **Gül|tig|keits|dau|er** **Gul|lyas** [*gulasch*] *das* (auch: *der*); -, -s (bes. österr. neben: Gulasch) **¹Gum|mi** *der* u. *das;* -s, -[s] (elastisches Kautschukprodukt); **²Gum|mi** *das;* -s, -s (kurz für: Gummiband); **³Gum|mi** *der;* -s, -s (kurz für: Radiergummi; ugs. für: Präservativ); **Gum|mi|ara|bi|kum** *das;* -s ⟨nlat.⟩ (Klebstoff); **gum|mi|ar|tig; Gum|mi_ball, ...band** (*das;* Plur. ...bänder), **...bär|chen, ...baum, ...druck** (*der;* -[e]s); **Gum|mi|ela|sti|kum** *das;* -s (Kautschuk); **gum|mie|ren** (mit Gummi[arabikum] bestreichen); **Gum|mi|gutt** *das;* -s ⟨ägypt.; malai.⟩ (giftiges Harz, Farbe); **Gum|mi_hand|schuh, ...ho|se, ...knüp|pel, ...lö|sung** (ein Klebstoff), **...man|tel, ...pa|ra|graph** (ugs.), **...rei|fen, ...ring, ...schuh, ...soh|le, ...stie|fel, ...tier, ...zel|le; Gum|mo|se** *die;* -, -n (Bot.: krankhafter Harzfluß) **Gum|pe** *die;* -, -n (Bergmannsspr.: Schlammkasten; südd., schweiz. mdal. für: Wasseransammlung, Wasserloch, tiefe Stelle in Wasserläufen und Seen) **Gun|del|re|be** *die;* - u. **Gun|der|mann** *der;* -[e]s (eine Heilpflanze) **Gun|du|la** (w. Vorn.) **Gun|nar** (m. Vorn.) **Gün|sel** *der;* -s, - (Heilpflanze) **Gunst** *die;* -; nach Gunst; in Gunst stehen; zu seinen Gunsten, zu seines Freundes Gunsten, a b e r (↑ R 208): zugunsten, zuungunsten der Armen; **Gunst_be|zei|gung, ...ge|wer|be|le|rin** (*die;* -, -nen; scherzh. für: Prostituierte); **gün|stig; gün|stig|en|falls, gün|stig|sten|falls;** vgl. Fall *der;* **Günst|ling; Günst|lings|wirt|schaft** *die;* - **Gün|ter, (auch:) Gün|ther;** ↑ R 131 (m. Vorn.); **Gun|ther** (dt. Sagengestalt; m. Vorn.); **Gunt|hild, Gunt|hil|de** (w. Vorn.) **Gupf** *der;* -[e]s, Güpfe u. (österr.:) -e (südd., österr. u. schweiz. ugs. für: Gipfel, Spitze; stumpfer Teil des Eies)

Gup|py *der;* -s, -s ⟨nach dem engl.-westind. Naturforscher Guppy⟩ (ein Aquarienfisch) **Gur** *die;* - (Bergmannsspr.: breiige, erdige Flüssigkeit) **Gur|gel** *die;* -, -n; **gur|geln;** ich ...[e]le (↑ R 22); **Gur|gel|was|ser** (*Plur.* ...wässer) **Gürk|chen,** Gürk|lein; **Gur|ke** *die;* -, -n; **gur|ken** (ugs. für: fahren); ich bin durch die Gegend gegurkt; **Gur|ken|sa|lat** **Gur|kha** *der;* -[s], -[s] ⟨angloind.⟩ (Angehöriger eines Volkes in Nepal) **Gürk|lein,** Gürk|chen **gur|ren;** die Taube gurrt **Gurt** *der;* -[e]s, -e u. (landsch., fachspr.:) -en; **Gurt|bo|gen** (Bauw.); **Gur|te** *die;* -, -n (schweiz. für: Gurt); **Gür|tel** *der;* -s, -; **Gür|tel_li|nie, ...rei|fen, ...ro|se** (*die;* -; eine Krankheit), **...tier; gur|ten** (mit einem Gurt anschnallen); **gür|ten; Gurt|ge|sims** (Bauw.); **Gürt|ler** (Messingschlosser); **Gurt|muf|fel** (ugs. für: jmd., der sich im Auto nicht anschnallt) **Gu|ru** *der;* -s, -s ⟨Hindi⟩ (religiöser Lehrer des Hinduismus) **Gu|sche** vgl. Gosche **Guß** *der;* Gusses, Güsse; **Guß|ei|sen; guß|ei|sern; Guß_form, ...re|gen, ...stahl** (vgl. ¹Stahl) **güst** (bes. nordd. für: unfruchtbar, nicht milchgebend [von Tieren]) **Gu|stav** (m. Vorn.); **Gu|stav Adolf** (Schwedenkönig); **Gu|stav-Adolf-Werk** *das;* -[e]s (↑ R 135) **Gu|stel** (Koseform von: Auguste) **Gu|stel, Gu|sti** (Koseformen von: August u. Auguste) **gu|stie|ren** ⟨ital.⟩ (sw. goutieren; österr. ugs. für: kosten, prüfen) **gu|sti|ös;** -este ⟨ital.⟩ (österr. ugs. für: appetitlich); **Gu|sto** *der;* -s, -s ⟨ital.⟩ (Appetit; Neigung); **Gu|sto|stückerl** *das;* -s, -n [*Trenn.:* ...stük|kerl] (österr. ugs. für: besonders gutes Stück) **gut;** besser (vgl. d.), beste (vgl. d.); vgl. ausreichend; guten Abend, Morgen, gute Nacht sagen; einen guten Morgen wünschen; ein gut Teil; gutes Mutes (↑ R 7); gute Sitten; gut und gern; so gut wie; so weit, so gut; es gut sein lassen; vgl. auch: Gut. I. *Kleinschreibung:* **a)** (↑ R 66:) um ein gutes (viel); **b)** (↑ R 65:) im guten sagen; im guten wie im bösen (allzeit); ins gute [Heft] schreiben; von gutem sein. II. *Großschreibung:* **a)** (↑ R 65:) im Guter; Gutes und Böses; jenseits von Gut und Böse; sein Gutes haben; des Guten zuviel tun; dem Guten das Beste; zum Guten lenken, wenden; **b)** (↑ R 65:) etwas,

nichts, viel, wenig Gutes; alles Gute; **c)** (↑ R 133:) der Gute Hirte (Christus); das Kap der Guten Hoffnung. III. *In Verbindung mit Verben* (↑ R 205 f.): **a)** *Getrenntschreibung,* wenn „gut" in ursprünglichem Sinne gebraucht wird, z. B. er will gut sein; er wird es gut haben; er wird mit ihm gut auskommen; er will gut leben; ich kann in den Schuhen gut gehen; die Bücher werden gut gehen (sich gut verkaufen). **b)** *Zusammenschreibung* in übertragenem Sinne; vgl. gutbringen, gutgehen, guthaben, gutheißen, gutmachen, gutsagen, gutschreiben, gutsprechen, guttun. IV. *In Verbindung mit dem 2. Partizip:* der gutgelaunte Besucher (↑ jedoch R 209), a b e r : die Besucher waren alle gut gelaunt; **Gut** *das;* -[e]s, Güter; all sein Hab und -; (↑ R 64:) zugute halten, kommen, tun; **Gut|ach|ten** *das;* -s, -; **Gut|ach|ter; gut|acht|lich; gut|ar|tig; Gut|ar|tig|keit** *die;* -; **gut|aus|se|hend;** ein -er Mann; **gut|be|zahlt;** vgl. gut, IV; **gut|brin|gen;** ↑ R 205 f. (Kaufmannsspr.: gutschreiben); er hat mir diese Summe gutgebracht; vgl. gut, III, a; **gut|bür|ger|lich; ¹Güt|chen;** in: sich an etwas ein - tun (ugs. für: etwas genießen); **²Güt|chen** (kleines Gut); **Gut|dün|ken** *das;* -s; nach [seinem] -; **Gü|te** *die;* -; in -; **Gut|edel** *der;* -s (eine Rebsorte); **Gü|te|klas|se** (einer Ware); **Gü|te|nacht_gruß, ...kuß, ...lied Gu|ten|berg** (Erfinder des Buchdrucks mit beweg|. Lettern); **Gu|ten|berg|go|tisch** *die;* -; ↑ R 135 (Schriftgattung) **Gu|ten|mor|gen|gruß; Gü|ter_ab|fer|ti|gung, ...aus|tausch, ...bahn|hof, ...ge|mein|schaft; Gü|ter_nah|ver|kehr; Gü|ter_tren|nung, ...ver|kehr, ...wa|gen, ...zug; Gü|te_ver|fah|ren** (Rechtsw.), **...zei|chen; Gut|fin|den** *das;* -s (schweiz. für: Gutdünken); **Gut Freund!** (Antwort auf den Ruf: Wer da?); **gut|ge|hen;** ↑ R 205 f. (sich in einem angenehmen Zustand befinden; ein gutes Ende nehmen); als es mir gutging; es ist ihm gutgegangen; das ist zum Glück noch einmal gutgegangen; vgl. gut, III, a; **gut|ge|hend;** ein -es Geschäft; **gut_ge|launt, ...ge|meint, ...ge|pflegt, ...ge|sinnt;** vgl. gut, IV; **Gut|ge|sinn|te** *der* u. *die;* -n, -n (↑ R 7 f.); **gut|gläu|big; Gut|gläu|big|keit** *die;* -; **gut|ha|ben;** ↑ R 205 f. (Kaufmannsspr.: zu Gute haben); du hast bei mir noch 10 DM gut; den Betrag hat er noch gutge-

311

habit; vgl. gut, III, a; Gut|ha|ben
das; -s, -; Gut Heil! (alter Tur-
nergruß); gut|hei|ßen; ↑R 205
(billigen); gutgeheißen; Gut|heit
die; -; gut|her|zig; Gut|her|zig-
keit *die;* -; Gut Holz! (Kegler-
gruß); gü|tig; Gut|leut|haus (frü-
her für: Heim für Leibeskran-
ken; heute vereinzelt südd. für:
Armenhaus); güt|lich; etwas - re-
geln; sich - tun; gut|ma|chen;
↑R 205 (auf gütlichem Wege erledigen, in Ordnung bringen; erwerben, Vorteil erringen); er hat
etwas gutgemacht; vgl. gut, III,
a; gut|mü|tig; Gut|mü|tig|keit
die; -, (selten) -en; gut|nach|bar-
lich; Gut|punkt (Sportspr.); gut-
sa|gen; ↑R 205 (bürgen); ich ha-
be für ihn gutgesagt; vgl. gut, III,
a; Guts|be|sit|zer; Gut|schein;
gut|schrei|ben; ↑R 205 (anrech-
nen); er versprach, den Betrag
gutzuschreiben; vgl. gut, III, a;
Gut|schrift (eingetragenes Gut-
haben); gut sein (freundlich gesinnt sein); jmdm. - -; es - - las-
sen; Gut|sel *das;* -s, - (landsch.
für: Bonbon); Guts_herr, ...herr-
schaft, ...hof; gut|si|tu|iert (in
guten Verhältnissen lebend,
wohlhabend); gut|sit|zend; ein
-er Anzug
Guts|Muths (Mitbegründer des
dt. Turnens)
gut|spre|chen; ↑R 205 (veralt.,
noch mdal. für: bürgen, gutsa-
gen); er hat für mich gutgespro-
chen; vgl. gut, III, a; Guts|ver-
wal|ter
Gut|ta|per|cha *die;* - od. *das;* -[s]
⟨malai.⟩ (kautschukartiger Stoff)
Gut|temp|ler; Gut|temp|ler|or|den
der; -s (den Alkoholgenuß be-
kämpfender Bund)
Gut|tio|le *die;* -, -n (↑R 180) ⟨lat.⟩
(Fläschchen, aus dem man Medizin einträufeln kann)
gut|tun; ↑R 205 (wohltun); die
Wärme hat dem Kranken gutge-
tan; vgl. gut, III, a
gut|tu|ral ⟨lat.⟩ (die Kehle betref-
fend; Kehl..., kehlig); Gut|tu|ral
der; -s, -e u. Gut|tu|ral|laut
(Sprachw.: Gaumen-, Kehllaut)
gut|un|ter|rich|tet; vgl. gut, IV;
gut wer|den; das wird schon - -;
gut|wil|lig; Gut|wil|lig|keit *die;* -
Guy [franz.: *gi;* engl.: *gai*] (franz.
u. engl. m. Vorn.)
Gu|la|na (Staat in Südamerika);
Gu|ya|ner; gu|ya|nisch
Gwirkst *das;* -s (österr. ugs. für:
verzwickte Angelegenheit; müh-
same Arbeit)
Gym|kha|na *die;* -s, -s ⟨angloind.⟩
(ein Geschicklichkeitswettbe-
werb [für Kraftwagen])
Gym|nae|stra|da [...*näßt...*] *die;* -,
-s ⟨griech.; span.⟩ (internationa-

les Turnfest); Gym|na|si|al_bil-
dung (*die;* -), ...leh|rer, ...pro|fes-
sor (Lehrer an einem Gymnasi-
um); Gym|na|si|ast *der;* -en, -en
(↑R 197) ⟨griech.⟩ (Schüler eines
Gymnasiums); Gym|na|si|um
das; -s, ...ien [...*i⁹n*] (im Altertum:
Schule, Raum für Leibesübun-
gen, Versammlungsraum für Philosophen; in Deutschland,
Österreich u. der Schweiz: Form
der höheren Schule); Gym|na-
stik *die;* -; Gym|na|sti|ker; Gym-
na|stik|un|ter|richt; Gym|na|stin
die; -, -nen (Lehrerin der Heil-
gymnastik); gym|na|stisch; Gym-
no|sper|men *Plur.* (nacktsamige
Pflanzen)
Gy|nä|kei|on *das;* -s, ...keien
⟨griech.⟩ (Frauengemach des altgriech. Hauses); vgl. Gynäzeum;
Gy|nä|ko|lo|ge *der;* -n, -n; ↑R 197
(Frauenarzt); Gy|nä|ko|lo|gie
die; - (Frauenheilkunde); gy|nä-
ko|lo|gisch; Gyn|an|drie *die;* -
(Verwachsung der männl. u.
weibl. Blütenorgane; Schein-
zwittrigkeit bei Tieren durch
Auftreten von Merkmalen des
anderen Geschlechtes); Gy|nä-
ze|um *das;* -s, ...een (svw. Gynä-
keion; Bot.: Gesamtheit der
weibl. Blütenorgane)
Gy|ros *das;* -, - ⟨griech.⟩ (griech.
Gericht aus am senkrechten
Drehspieß gebratenem Fleisch);
Gy|ro|skop *das;* -s, -e (Meßgerät
zum Nachweis der Achsendre-
hung der Erde)

H

H (Buchstabe); das H; des H, die
H, aber: das h in Bahn (↑R 82);
der Buchstabe H, h
h = Zeichen für das Plancksche
Wirkungsquantum
h = Hekto...; hora (Stunde); 8 h
= 8 Stunden, 8 Uhr; hochge-
stellt: 8ʰ = 8 Uhr
h, H *das;* -, - (Tonbezeichnung); h
(Zeichen für: h-Moll); in h; H
(Zeichen für: H-Dur); in H
H = ²Henry; Hydrogenium
(chem. Zeichen für: Wasserstoff)
ha! [oder: *ha*]; haha!
ha = Hektar, Hektare
Ha = chem. Zeichen für: Hahni-
um
Haag, Den (Residenzstadt der
Niederlande); (dt. auch:) Haag,
der; im Haag; in Den Haag
(auch: in Haag); vgl. 's-Graven-
hage; Haa|ger (↑R 147); Haager
Konventionen

¹Haar *die;* -, (auch:) Haar|strang
der; -[e]s (Höhenzug in Westfalen)
²Haar *das;* -[e]s, -e; vgl. aber:
Härchen; Haar_an|satz, ...aus-
fall; Haar|breit *das;* -; nicht ein-
Haard *die;* - (Waldhöhen im Mün-
sterland); vgl. Hardt
Haardt *die;* - (östl. Teil des Pfälzer
Waldes); vgl. Hardt
haa|ren; sich -; der Hund hat
[sich] gehaart; Haa|res|brei|te
die; -; um -, aber: um eines
Haares Breite; Haar_far|be,
...farn; haar|fein; Haar|fe|sti-
ger; Haar|garn|tep|pich; haar-
ge|nau; haa|rig; Haar_klam|mer,
...kleid; haar|klein; Haar|kranz
Haar|lem (niederl. Stadt); Haar-
le|mer (↑R 147)
Haar|ling (eine Lausart); Haar-
na|del; Haar|na|del|kur|ve;
Haar_pfle|ge, ...pracht, ...riß,
...röhr|chen; haar|scharf; Haar-
_schnei|der, ...schnitt, ...schopf,
...spal|ter, ...spal|te|rei, ...span-
ge, ...spray
Haar|strang vgl. ¹Haar
haar|sträu|bend; -ste; Haar_teil
das, ...trock|ner, ...wasch|mit|tel,
...was|ser (*Plur.* ...wässer), ...wild
(alle Säugetiere, die gejagt wer-
den), ...wuchs; Haar|wuchs|mit-
tel *das*
Hab|kuk (bibl. Prophet)
Ha|ba|na [*abana*], La (span. Form
von: Havanna); Ha|ba|ne|ra *die;*
-, -s (kubanischer Tanz)
Ha|be *die;* -; vgl. Hab und Gut
Ha|be|as|kor|pus|ak|te *die;* - ⟨lat.⟩
(engl. Staatsgrundgesetz von
1679 zum Schutz der persönlichen Freiheit)
ha|ben; du hast, er hat; du hattest;
du hättest; gehabt; hab[e]!; Gott
hab' ihn selig!; habt acht!
(österr. Kommando für „stillge-
standen!"); ich habe auf dem
Tisch Blumen stehen (nicht: ...
zu stehen); Ha|ben *das;* -s, -;
[das] Soll und [das] -; Ha|be-
nichts *der;* - u. -es, -e; Ha|ben-
_sei|te (für: ²Kredit), ...zin|sen
Plur.
Hab|ler *der;* -s (südd., österr. u.
schweiz. neben: Hafer)
Ha|be|rer *der;* -s, - (österr. salopp
für: Verehrer; Kumpan)
Ha|ber|feld|trei|ben *das;* -s, - (frü-
her: volkstüml. Rügegericht in
Bayern u. Tirol)
Ha|ber|geiß (eine Spukgestalt)
ha|bern; ich ...ere; ↑R 22 (österr.
salopp für: essen)
Hab|gier *die;* -; hab|gie|rig; hab-
haft; des Diebes - werden (ihn
verhaften)
Ha|bicht *der;* -s, -e; Ha|bichts-
na|se
ha|bil ⟨lat.⟩ (geschickt, fähig;

handlich; passend; ha|bil. vgl.
Dr. habil.; Ha|bi|li|tand der; -en,
-en; ↑R 197 (jmd., der zur Habili-
tation zugelassen wird); Ha|bi|li-
ta|ti|on [...zion] die; -, -en (Er-
werb der Lehrberechtigung an
Hochschulen); Ha|bi|li|ta|ti|ons-
schrift; ha|bi|li|tie|ren, sich (die
Lehrberechtigung an Hochschu-
len erwerben)
'Ha|bit [österr. meist: ha...] das
(auch: der); -s, -e 〈franz.〉
([Amts]kleidung, [Ordens]tracht;
wunderlicher Aufzug); ²Ha|bit
[hábit] das (auch: der); -s, -s
〈engl.〉 (Psych.: Gewohnheit,
Verhaltensart; auch: Lern-
schritt); Ha|bi|tat das; -s, -e (lat.)
(Wohnplatz, Wohngebiet [einer
Tierart]); ha|bi|tu|a|li|sie|ren;
↑R 180 (Psych.: zur Gewohnheit
werden, machen); Ha|bi|tué
[(h)abitüé] der; -s, -s 〈franz.〉
(österr., sonst veralt. für: ständi-
ger Besucher, Stammgast); ha|bi-
tu|ell (gewohnheitsmäßig; stän-
dig); Ha|bi|tus der; - 〈lat.〉 (Er-
scheinungsbild [von Menschen,
Pflanzen u. Kristallen]; Anlage;
Haltung; Körperbau)
hab|lich (schweiz. für: wohlha-
bend)
Habs|burg [die; -] (Ort u. Burg im
Kanton Aargau); Habs|bur|ger
der; -s, - (Angehöriger eines dt.
Fürstengeschlechtes); Habs|bur-
ger|mon|ar|chie die; - (↑R 151);
habs|bur|gisch
Hab|schaft (Habe); Hab|se|lig-
keit die; -, -en; meist Plur. (Be-
sitztum); Hab|sucht die; -; hab-
süch|tig; Hab und Gut das; - -
-[e]s (↑R 18)
Habt|acht|stel|lung (österr. für:
stramme [milit.] Haltung)
Hál|ček [hatschek], (einge-
deutscht:) Ha|tschek das; -s, -s
〈tschech.〉 (Aussprachezeichen
bes. in slaw. Sprachen, z. B. č [ge-
sprochen tsch] u. ž [gesprochen
~seh~])
hach!
Ha|ché [(h)asche] vgl. Haschee
Ha|chel die; -s, - u. die; -, -n
(österr. für: Küchenhobel); ha-
cheln (österr. für: [Gemüse] hobeln); ich ...[e]le (↑R 22)
Hach|se, (südd.:) Ha|xe die; -, -n
(unterer Teil des Beines von
Kalb od. Schwein); vgl. ²Hesse
Hack das; -s (kurz für: Hack-
fleisch); Hack|bank (Plur. ...bän-
ke), ...bau (der; -[e]s), ...beil,
...block (Plur. ...blöcke), ...bra-
ten, ...brett (Hackbank für Flei-
scher; Saiteninstrument)
'Ha|cke¹ die; -, -n u. Ha|cken¹ der;
-, - (Ferse)

¹ Trenn.: ...k|k...

²Ha|cke¹ die; -, -n (ein Werkzeug);
ha|cken¹ (hauen); gehacktes
Fleisch
Ha|cken¹ vgl. 'Hacke; Hacken-
trick¹ ('Fußball: Spielen des Balls
mit der 'Hacke [zur Täuschung
des Gegners])
Hacke|beil¹ (svw. Hackbeil);
Hacke|pe|ter¹ der; -s, - (nordd.
für: ein Gericht aus Hack-
fleisch); Hacker¹ (auch für: jmd.,
der ständig neue Computerpro-
gramme ausarbeitet oder auspro-
biert oder sich mit seinem Heim-
computer Zugang zu fremden
Computersystemen zu verschaf-
fen versucht); Häcker|ling¹ der;
-s (Häcksel); Hack_fleisch,
...frucht, ...klotz, ...mes|ser das,
...ord|nung (Verhaltensfor-
schung); Häck|sel das od. der;
-s (Schnittstroh); Häck|se|ler,
Häcks|ler (Häckselmaschine);
Hack|stock (österr. für: Hack-
klotz)
'Ha|der der; -s, -n u. (für Scheuer-
tücher:) - (südd., österr. für:
Lumpen; ostmitteld. für: Scheu-
ertuch)
²Ha|der der; -s (Zank, Streit); in-
leben; Ha|de|rer, Had|rer
Ha|der|lump (südd., österr. ugs.
für: liederlicher Mensch, Tauge-
nichts)
ha|dern; ich ...ere (↑R 22)
ha|dern|hal|tig (Stoff-, Lumpenre-
ste in der Herstellungsmasse enthaltend); -es Papier
'Ha|des (griech. Gott der Unter-
welt); ²Ha|des der; - (Unterwelt)
Had|rer vgl. Haderer
Ha|dri|an [auch, österr. nur: ha...]
(röm. Kaiser; Papstname); vgl.
Adrian
Ha|dschi der; -s, -s 〈arab.〉 (Mek-
kapilger; auch: christl. Jerusa-
lempilger im Orient)
Ha|du|brand (germ. Sagengestalt)
Had|wig (alte Form von: Hedwig)
Haeckel [hä...; Trenn.: ↑R 179] (dt.
Nat·urforscher)
Haem|oc|cult-Test Ⓦ [häm...]
〈griech.; lat.; engl.〉 (ein Test der
Krebsvorsorgeuntersuchung)
'Ha|fen der; auch: das; -s, Häfen
(südd., schweiz., österr. für:
Topf); ²Ha|fen der; -s, Häfen
(Lande-, Ruheplatz); Hä|fen der;
auch: das; -s, - (österr. für: 'Hafen; österr. ugs. für: Gefängnis)
Ha|fen_amt, ...ar|bei|ter, ...ein-
fahrt, ...knei|pe, ...rund|fahrt,
...schen|ke, ...stadt, ...vier|tel
Ha|fer der; -s, (fachspr.:) -; vgl.
auch: Haber; Ha|fer_brei,
...flocken Plur. [Trenn.: ...flok-
ken], ...grüt|ze

¹ Trenn.: ...k|k...

ugs. für: Tasse); Ha|ferl|schuh
(österr. für: ein Sporthalbschuh)
Ha|fer_mark das, ...schleim
Haff das; -[e]s, -s od. -e (durch
Nehrungen vom Meer abge-
trennte Küstenbucht); ↑R 146:
das Frische -, das Kurische -;
Haffi|scher [Trenn.: Haff|fi...,
↑R 204]
Haf|fis (pers. Dichter)
Haf|lin|ger (Pferd einer Gebirgs-
rasse); Haf|lin|ger|ge|stüt
Haf|ner, Häf|ner der; -s, -
(landsch. für: Töpfer, [Ka-
chel]ofensetzer); Haf|ne|rei
Haf|ni|um das; -s 〈nlat.〉 (chem.
Grundstoff, Metall; Zeichen:
Hf)
...haft (z. B. krankhaft)
'Haft die; - (Gewahrsam); ²Haft
der; -[e]s, -e[n] (nur noch selten
für: Haken; Spange); Haft_an-
stalt, ...aus|set|zung; haft|bar;
Haft|bar|ma|chung; Haft_be-
fehl, ...dau|er; Haf|tel der od.
das (österr. nur so); -s, - (südd.,
österr. für: Häkchen und Öse);
häf|teln; ich ...[e]le (↑R 22); haf-
ten; haf|ten|blei|ben; (↑R 205:)
ich bleibe haften; haftengeblie-
ben; haftenzubleiben; Haft_ent-
las|sung, ...ent|schä|di|gung;
haft|fä|hig; Häft|ling; Haft-
pflicht; haft|pflich|tig; haft-
pflicht|ver|si|chert; Haft|pflicht-
ver|si|che|rung; Haft_prü|fungs-
ter|min, ...rei|bung (Physik),
...rei|fen, ...rich|ter, ...scha|le
(meist Plur.), ...stra|fe, ...un|fä-
hig|keit; Haf|tung; vgl. GmbH;
Haft_un|ter|bre|chung, ...ze|her
(eine Eidechsenart)
Hag der; -[e]s, -e u. (schweiz.:) Hä-
ge (schweiz. für: Hecke, Zaun;
veralt. dicht. für: Hecke; umfrie-
deter Bezirk; Waldgrundstück)
Ha|ga|na die; - 〈hebr.〉 (Vorläufer
der israel. Nationalarmee)
Ha|gar (bibl. w. Eigenn.)
Ha|ge|bu|che (svw. Hainbuche);
Ha|ge_but|te (die; -, -n), ...dorn
(Plur. ...dorne)
Ha|gel der; -s; ha|gel|dicht; Ha-
gel|korn das (Plur. ...körner); ha-
geln; es hagelt; Ha|gel_schlag,
...schlo|ße
Ha|gel|stan|ge (dt. Dichter)
Ha|gel_wet|ter, ...zucker [Trenn.:
...zuk|ker]
Ha|gen (m. Vorn.); - von Tronje
(Gestalt der Nibelungensage)
ha|ger; -er, -ste; Ha|ger|keit die; -
Ha|gel|stolz der; -es, -e ([alter]
Junggeselle)
Hag|gai (bibl. Prophet)
Ha|gia So|phia die; - - 〈griech.〉
(Kirche in Istanbul; heute Mu-
seum); Ha|gio|graph (Verfasser von Heili-
genleben); Ha|gio|gra|phen Plur.

(dritter Teil der Bücher des A.T.); Ha|gio|gra|phie die; -, ...ien (Erforschung u. Beschreibung von Heiligenleben); Ha|gio|la|trie die; -, ...ien (Verehrung der Heiligen)

ha|ha!, ha|ha|ha! [auch: ...ha]

Hä|her der; -s, - (ein Rabenvogel)

Hahn der; -[e]s (schweiz. für techn. Vorrichtung auch: -en), Hähne (für techn. Vorrichtung auch: -en); Häh|nchen, Hähn|lein; Hah|nen_bal|ken (oberster Querbalken im Sparrendach), ...fel|der, ...fuß (auch [nur Sing.]: Wiesenblume), ...kamm (auch: Zierpflanze, Pilz), ...kampf, ...ruf, ...schrei, ...tritt (der; -[e]s; Keimscheibe im Hühnerei; ein Stoffmuster; auch für: Zuckfuß); Hah|ne|pot der, auch: das; -s, -en; selten: die; -, -en (Seemannsspr.: Tau mit auseinanderlaufenden Enden)

Hahn|ni|um das; -s ⟨nach dem Chemiker Otto Hahn⟩ (chem. Grundstoff; Zeichen: Ha)

Hähn|lein, Hähn|chen; Hahn|rei der; -[e]s, -e (veralt. für: betrogener Ehemann)

Hai der; -[e]s, -e ⟨niederl.⟩ (ein Raubfisch)

Hai|fa (Hafenstadt in Israel)

Hai|fisch; Hai|fisch|flos|sen|sup|pe

Hai|le Se|las|sie [- ...la̱ßi] (äthiop. Kaiser)

Hai|mons|kin|der Plur. (Helden des karoling. Sagenkreises)

Hain der; -[e]s, -e (dicht. für: kleiner [lichter] Wald); Hain_bu|che (ein Baum), ...bund (der; -[e]s; ein Dichterbund)

Hain|lei|te die; - (Höhenzug in Thüringen)

Hai|ti; ↑R 180 (westind. Insel; Republik); Hai|tia|ner [ha-i-...], (auch:) Hai|ti|er [...i⁻r] (↑R 180); hai|tia|nisch, (auch:) hai|tisch (↑R 180)

Häk|chen, Häk|lein (kleiner Haken); Hä|kel|ar|beit; Ha|ke|lei (Sport); Hä|kel|lei; Hä|kel|garn; ha|keln (Sport); ich ...[e]le (↑R 22); hä|keln; ich ...[e]le (↑R 22); Hä|kel|na|del; ha|ken; Ha|ken der; -s, -; Ha|ken|büch|se (hist.: eine Handfeuerwaffe); ha|ken|för|mig; Ha|ken_kreuz, ...na|se; ha|kig

Ha|kim der; -s, -s ⟨arab.⟩ (Gelehrter, Philosoph, Arzt [im Orient])

Häk|lein vgl. Häkchen

Ha|la|li das; -s, -[s] ⟨franz.⟩ (ein Jagdruf); - blasen (Weidw.)

halb; das Haus liegt halb rechts; es ist, es schlägt halb eins; alle (besser: jede) halbe Stunde; alle halbe[n] Stunden; eine viertel und eine halbe Stunde; eine hal-

be und eine dreiviertel Stunde; [um] voll und halb jeder Stunde; der Zeiger steht auf halb; ein halb Dutzend; ein halbes Brot; ein halbes dutzendmal; ein halbes hundertmal; drei[und]einhalb Prozent, aber: drei und ein halbes Prozent; anderthalb; (↑R 66:) ein Halbes (Glas), einen Halben (Schoppen), eine Halbe (halbe Maß [bayr.]); (↑R 65:) nichts Halbes und nichts Ganzes; die halboffene Tür (↑jedoch R 209), aber: die Tür steht halb offen; vgl. halbfett, halbgar, halbrund, halbtot, halbvoll; Halb|af|fe; halb|amt|lich; eine -e Nachricht, aber (↑R 209): etwas geschieht halb amtlich, halb privat; halb|bat|zig (schweiz. für: ungenügend, nicht zu Ende geführt, halbherzig); Halb|bil|dung; halb|bit|ter; Halb|blut das; -[e]s; Halb|blü|ti|ge der u. die; -n, -n; ↑R 7ff. (Mischling); Halb|bru|der; halb|bür|tig (nur einen Elternteil gemeinsam habend); halb|dun|kel; Halb|dun|kel; Hal|be der, die, das; -n, -n (↑R 7ff.); Halb|edel|stein (veralt. für: Schmuckstein); hal|be-hal|be; [mit jemandem] - machen (ugs. für: teilen); ...hal|ben (z.B. meinethalben); hal|ber; mit Gen.: der Ehre -; gewisser Umstände - (des [guten] Beispiels -; ...hal|ber (z.B. beispielshalber, umständehalber); halb|er|wach|sen; eine -e Tochter, aber (↑R 209): sie ist [erst] halb erwachsen; Halb|fa|bri|kat; halb|fett; -e Buchstaben (Druckw.) (↑jedoch R 209), aber: das Schwein ist erst halb fett; Halb|fi|na|le (Sport); Halb|franz das; -; in - [binden]; Halb|franz|band der (Halblederband); halb|gar; -es Fleisch (↑jedoch R 209), aber: das Essen ist halb gar; Halb_gott, ...heit; halb_her|zig, ...hoch; hal|bie|ren; Hal|bie|rung; Halb_in|sel, ...jahr; Halb|jah|res|kurs; Halb|jahrs|kurs; halb|jäh|rig (ein halbes Jahr alt, ein halbes Jahr dauernd); -e Übungszeit; halb|jähr|lich (jedes Halbjahr wiederkehrend; alle halben Jahre); -e Zusammenkunft; Halb|jahrs|kurs, Halb|jah|res|kurs; Halb_kan|ton (in der Schweiz), ...kreis, ...ku|gel; halb_lang, ...laut; Halb|le|der (Buchbinderband); halb|lei|nen; halbleinenes Tuch, aber (↑R 209) ein halb leinenes, halb wollenes Tuch; Halb|lei|nen; Halb|lei|nen|band der; Halb|lei|ter (Physik: Stoff, der bei Zimmertemperatur elektrisch leitet u. bei tieferen Tempera-

ren isoliert); Halb|lin|ke der; -n, -n; ↑R 7ff. (beim Sport); halb|links; er spielt halblinks (augenblickliche Position eines Spielers), aber: du mußt dich halb links halten; Halb|links der; -, - (Halblinke); er spielt - (als Halblinker); halb|mast (als Zeichen der Trauer); [Flagge] - hissen; auf - stehen; Halb|mes|ser der; Halb|me|tall (Chemie: Grundstoff mit teils metallischen, teils nichtmetallischen Eigenschaften); halb|me|ter|dick; Halb|mond; halb|mond|för|mig; halb|nackt; ein -es Mädchen (↑jedoch R 209), aber: sie war halb nackt; halb|of|fen; die halboffene Tür (↑jedoch R 209), aber: die Tür steht halb offen; halb|part (zu gleichen Teilen) - machen (teilen); Halb|pen|si|on die; - (Unterkunft mit Frühstück u. einer warmen Mahlzeit); Halb|rech|te der; -n, -n; ↑R 7ff. (beim Sport); halb|rechts; er spielt halbrechts (augenblickliche Position eines Spielers), aber: du mußt dich halb rechts halten; Halb|rechts der; -, - (Halbrechte); er spielt - (als Halbrechter); halb|rund (halbkreisförmig); Halb|rund; Halb|schat|ten; halb|schläch|tig (veralt. für: nicht eindeutig, schwankend); Halb_schlaf (vgl. ²Schlaf), ...schuh; halb|schü|rig (veralt. für: minderwertig); Halb_schwer|ge|wicht (Körpergewichtsklasse in verschiedenen Sportarten), ...schwe|ster, ...sei|de; halb|sei|den; ein halbseidenes Tuch, aber (↑R 209): ein halb seidenes, halb wollenes Tuch; halb|sei|tig; halb|staat|lich; ein -er Betrieb, aber (↑R 209): der Betrieb ist halb staatlich, halb privat; Halb|star|ke der; -n, -n (↑R 7ff.); Halb|stie|fel; halb|stock (Seemannsspr.: svw. halbmast); halb|stün|dig (eine halbe Stunde dauernd); halb|stünd|lich (jede halbe Stunde); Halb|stür|mer (bes. Fußball); halb|tags; Halb|tags_ar|beit, ...schu|le; Halb|tax|abon|ne|ment (schweiz. für: Abonnement zum Bezug von Fahrkarten zum halben Preis); Halb_teil (das, auch: der; selten für: Hälfte), ...ton (Plur. ...töne); halb|tot; das halbtote Tier (↑jedoch R 209), aber: das Tier ist halb tot, er wurde halb totgeschlagen, hat sich halb totgelacht; Halb|to|ta|le (Film); halb|voll; ein halbvolles Glas (↑jedoch R 209), aber: das Glas ist nur halb voll; halb|wach; in halbwachem Zustand (↑jedoch R 209), aber: er war

erst halb wach; Halb_wahr|heit,
...wai|se; halb|wegs; Halb|welt
die; -; Halb|werts|zeit (Zeit, nach
der die Hälfte einer Anzahl radioaktiver Atome zerfallen ist);
Halb|wis|sen; Halb|wol|le; halb-
wol|len; ein halbwollenes Tuch,
a b e r (↑R 209): ein halb wolle-
nes, halb baumwollenes Tuch;
halb|wüch|sig; Halb|wüch|si|ge
der u. die; -n, -n (↑R 7 ff.); Halb-
_zeit, ...zeit|pfiff, ...zeug (Halb-
fabrikat)
Hal|de die; -, -n
Hal|ler [hálǎrsch] der; -, ...řê
[...rschä], Gen. Plur.: ...řů [hálǎr-
schu] (Heller, tschechoslowak.
Münze; 100 Halěřů = 1 Krone)
Hal|fa|gras vgl. Alfagras
Hälf|te die; -, -n; bessere -
(scherzh. für: Ehefrau, -mann);
zur -; hälf|ten
¹Half|ter der od. das; -s, -; veralt.:
die; -, -n (Zaum ohne Gebiß)
²Half|ter die; -, -n, auch: das; -s, -
(Pistolentasche)
half|tern (das ¹Halfter anlegen);
ich ...ere (↑R 22); Half|ter|rie-
men
hälf|tig; Hälf|tung
Hal|kyo|ne usw. vgl. Alkyone usw.
¹Hall der; -[e]s, -e
²Hall (Name mehrerer Orte)
Hal|le die; -, -n
hal|le|lu|ja! (hebr.) („lobet den
Herrn!"); Hal|le|lu|ja das; -s, -s
(liturg. Freudengesang); das -
singen
hal|len (schallen)
Hal|len_bad, ...fuß|ball, ...hand-
ball, ...hockey [Trenn.: ...hok-
key], ...kir|che
Hal|len|ser (Einwohner von Halle
[Saale]); ↑R 147
Hal|ler (Einwohner von ²Hall u.
von Halle [Westf.]); ↑R 147
Hal|lert|au, (auch:) Hol|led|au
(vgl. d.) die; - (Landschaft in
Bayern)
Hal|le (Saa|le) (Stadt am mitt-
leren Saale); vgl. Hallenser; hal-
lesch vgl. hallisch
Hal|le (Westf.) (Stadt am Teuto-
burger Wald); vgl. Haller
Hal|ley-Ko|met [hále -] der; -en
(nach dem engl. Astronomen
Halley (häli)); Hal|ley|sche Ko-
met der; -n, -en (veraltend)
Hal|lig die; -, -en (kleinere, bei
Sturmflut überflutete Insel im
nordfries. Wattenmeer); Hal|li-
gen Plur. (Name einer Inselgrup-
pe im Wattenmeer); Hal|lig|leu-
te Plur.
Hal|li|masch der; -[e]s, -e (ein Pilz)
hal|lisch (auf Halle [Saale] bezüg-
lich; aus, von Halle [Saale])
häl|lisch vgl. schwäbisch-hällisch
Hall|jahr (im A. T.: Feier-, Jubel-
jahr)

hal|lo! [auch: hálo]; - rufen; Hal-
lo [auch: háló] das; -s, -s; mit
großem -; Hal|lo|dri der; -s, -[s]
(bayr. u. österr. für: ausgelasse-
ner, auch leichtsinniger Mensch)
Hal|lo|re der; -n, -n; ↑R 197 (hist.
Bez. für: Salinenarbeiter in Halle
[Saale])
Hall|statt (Ort in Oberösterreich);
Hall|stät|ter See der; - -s; Hall-
statt|zeit die; - (ältere Eisenzeit)
Hal|lu|zi|na|ti|on [...zion] die; -,
-en ⟨lat.⟩ (Sinnestäuschung); hal-
lu|zi|na|tiv;   hal|lu|zi|nie|ren;
Hal|lu|zi|no|gen das; -s, -e (Med.:
Medikament,   das   Halluzina-
tionserscheinungen hervorruft)
Halm der; -[e]s, -e
Hal|ma das; -s ⟨griech.⟩ (ein Brett-
spiel)
Hälm|chen, Hälm|lein; Halm-
frucht; ...hal|mig (z. B. langhal-
mig)
Ha|lo der; -[s], -s od. ...onen
⟨griech.⟩ (Hof um eine Lichtquel-
le; Med.: Ring um die Augen;
Warzenhof); Ha|lo|ef|fekt [auch:
heⁱᵒᵘ...] (Psych.: Beeinflussung
einer Beurteilung durch bestimmte Vorkenntnisse)
halo... ⟨griech.⟩ (salz...); Halo...
(Salz...); ha|lo|gen (salzbildend);
Ha|lo|gen das; -s, -e (salzbilden-
der chem. Grundstoff); ha|lo|ge-
nie|ren (Salz bilden); Ha|lo|ge-
nid, Ha|lo|id das; -[e]s, -e (Me-
tallsalz eines Halogens); Halo-
ge|nid|salz od. Ha|lo|id|salz; Ha-
lo|gen_lam|pe, ...schein|wer|fer;
Ha|lo|phyt der; -en, -en; ↑R 197
(auf Salzboden wachsende
Pflanze)
¹Hals, Frans (niederl. Maler)
²Hals der; -es, Hälse; - über Kopf;
Hals- und Beinbruch!; Hals|ab-
schnei|der;   hals|ab|schnei|de-
risch; Hals_aus|schnitt, ...band
(das; Plur. ...bänder), ...ber|ge
(die; -, -n; Teil der Rüstung);
hals|bre|che|risch; -ste; Häls-
chen, Häls|lein; hal|sen (nur
noch selten für: umarmen; Seemannsspr.: im Segelschiff auf
die andere Windseite bringen);
du halst (halsest); Hals|ent|zün-
dung; hals|fern; ein -er Kragen;
Hals|ge|richt (im späten MA.:
Gericht für schwere Verbre-
chen); ...hal|sig (z. B. langhal-
sig); Hals_ket|te, ...krau|se;
Häls|lein, Häls|chen; hals|nah;
vgl. halsfern; Hals-Na|sen-Oh-
ren-Arzt (Abk.: HNO-Arzt);
Hals|schlag|ader; Hals|schmerz
(meist Plur.); hals|star|rig; Hals-
star|rig|keit; Hals|tuch (Plur.
...tücher); Hals über Kopf;
Hals|sung (Jägerspr.: Hundehals-
band); Hals|wei|te, ...wir|bel

¹halt (landsch. u. schweiz. für:
eben, wohl, ja, schon)
²halt!; Halt! Wer da?; vgl. Werda;
Halt der; -[e]s, -e u. -s (schweiz.
auch für: Haltestelle); keinen -
haben; - gebieten; vgl. haltma-
chen; halt|bar; Halt|bar|keit
die; -; Hal|te_bol|gen (Musik),
...bucht, ...griff, ...gurt, ...li|nie;
hal|ten (landsch., bes. österr.
auch für: [Kühe] hüten); du
hältst, er hält; du hieltst (hieltest); du hieltest; gehalten;
halt[e]!; an sich -; ich hielt an
mich; Hal|te|punkt; Hal|ter
(landsch., bes. österr. auch für:
Viehhirt)
Hal|te|re die; -, -n (meist Plur.)
⟨griech.⟩ (Zool.: verkümmerter
Hinterflügel der Zweiflügler)
Hal|te|rin die; -, -nen
hal|tern (festmachen, festklem-
men); ich ...ere (↑R 22); Hal|te-
rung (Haltevorrichtung)
Hal|te_stel|le, ...tau, ...ver|bot
(amtl.:   Halteverbot);   hal|tig
(Bergmannsspr.: Erz führend);
...hal|tig, (österr.:) ...häl|tig (z. B.
mehlhaltig); halt|los; -este;
Halt|lo|sig|keit die; -; halt|ma-
chen (↑R 207); ich mache halt
(↑R 64); haltgemacht; haltzuma-
chen; Halt|ma|chen das; -s; Hal-
tung; Hal|tungs_feh|ler, ...no|te
(Sport); Halt|ver|bot vgl. Halte-
verbot
Ha|lun|ke der; -n, -n (↑R 197)
⟨tschech.⟩ (Schuft, Spitzbube);
Ha|lun|ken|streich
Ham (bibl. m. Eigenn.)
Ha|ma|me|lis die; - ⟨griech.⟩ (ein
Zierstrauch, Heilpflanze)
Hä|ma|tin das; -s ⟨griech.⟩ (eisen-
haltiger Bestandteil des roten
Blutfarbstoffes);   Hä|ma|ti|non
das; -s (rote Glasmasse [im Alter-
tum sehr beliebt]); Hä|ma|tit der;
-s, -e (wichtiges Eisenerz); Hä-
ma|to|lo|gie die; - (Lehre vom
Blut u. seinen Krankheiten); Hä-
ma|tom das; -s, -e (Blutge-
schwulst, Bluterguß); Hä|ma|to-
zo|on das; -s, ...zoen; meist Plur.
(Blutschmarotzer); Hä|mat|ur|ie
die; -, ...ien (Blutharnen)
Ham|burg (Land u. Hafenstadt an
der unteren Elbe); Ham|bur|ger;
↑R 147 (auch für: Brötchen mit
gebratenem Rinderhackfleisch);
ham|bur|gern (hamburgisch
sprechen); ich ...ere (↑R 22);
ham|bur|gisch
Hä|me die; - (Gehässigkeit)
Ha|meln (Stadt an der Weser);
Ha|mel|ner, (auch:) Ha|mel|ler
(↑R 147); ha|melnsch
Ha|men der; -s, - (Fangnetz;
landsch. auch für: Kummet)
Ha|mil|kar (Name mehrerer kar-
thagischer Heerführer)

Hä|min *das;* -s, -e ⟨griech.⟩ (Salz des Hämatins; vgl. d.)

hä|misch; -ste

Ha|mit *der;* -en, -en (↑R 197) ⟨zu: Ham⟩ (Angehöriger einer Völkergruppe in Afrika); ha|mi|tisch; -e Sprachen

Ham|let (Dänenprinz der Sage)

Hamm (Stadt an der Lippe)

Ham|mel *der;* -s, - u. Hämmel; Ham|mel|bein; jmdm. die -e langziehen (ugs. für: jmdn. heftig tadeln; drillen); Ham|mel|_bra|ten, ...keu|le, ...sprung (parlamentar. Abstimmungsverfahren)

Ham|mer *der;* -s, Hämmer; Häm|mer|chen; Ham|mer-hai, ...kla|vier; ¹Häm|mer|lein; ²Häm|mer|lein u. Häm|mer|ling (veralt. für: böser Geist, Teufel); Meister - (Teufel; Henker, Scharfrichter); häm|mern; ich ...ere (↑R 22); Ham|mer_schmied, ...wer|fen (*das;* -s), ...ze|he (Med.)

Ham|mond|or|gel [*häm'nd...*] (↑R 135) ⟨nach dem amerik. Erfinder Hammond⟩ (elektroakustische Orgel)

Ham|mu|ra|bi (babylon. König)

Hä|mo|glo|bin *das;* -s ⟨griech.; lat.⟩ (roter Blutfarbstoff; Zeichen: Hb); Hä|mo|phi|lie *die;* -, ...ien ⟨griech.⟩ (Med.: Bluterkrankheit); Hä|mor|rha|gie *die;* -, ...ien (Med.: Blutung); Hä|mor-rhoi|dal|lei|den [*...o-i...*] (↑R 180); Hä|mor|rho|i|de *die;* -, -n (meist *Plur.;* ↑R 180) ⟨griech.⟩ (aus krankhaft erweiterten Mastdarmvenen gebildeter Knoten); Hä|mo|zyt *der;* -en, -en; ↑R 197 (Med.: Blutkörperchen)

Ham|pel|mann (*Plur.* ...männer); ham|peln (zappeln); ich ...[e]le (↑R 22)

Ham|ster *der;* -s, - (ein Nagetier); Ham|ster|backe [*Trenn.:* ...bak-ke]; Ham|ste|rer (Mensch, der [gesetzwidrig] Vorräte aufhäuft); Ham|ster|kauf; ham|stern; ich ...ere (↑R 22)

Ham|sun (norw. Dichter)

Ha|na|ni|as vgl. Ananias

Hand *die;* -, Hände; Hand anlegen; letzter, linker, rechter Hand; freie Hand haben; von langer Hand [her] (lange) vorbereitet; an Hand (jetzt häufig: anhand) des Buches, an Hand von Unterlagen; etwas an, bei, unter der Hand haben; an etwas Hand anlegen; jmdm. an die Hand gehen; Hand in Hand arbeiten, die Hand in Hand Arbeitenden, aber (↑R 42): das Hand-in-Hand-Arbeiten; von Hand zu Hand; das ist nicht von der Hand zu weisen (ist möglich); von Hand (mit der Hand) eintragen; zur Hand sein; zu Händen (vgl. d.). **I.** *Zusammenschreibung;* vgl. die folgenden Stichwörter: allerhand, zuhanden, abhanden, kurzerhand, unterderhand, vorderhand, vorhanden, handhaben, überhandnehmen. **II.** *Maßangaben:* das Regalbrett ist eine Hand breit, aber (als Maßeinheit): eine Handbreit (vgl. d.) Tuch ansetzen, der Rand ist kaum handbreit; zwei Hände od. Hand breit, groß, lang; er hat die eine Hand voll Kirschen, aber (als Mengenangabe): eine Handvoll Kirschen essen; Hand|län|de|rung (schweiz. für: Besitzerwechsel der Grundstücke); Hand|ar|beit; hand|ar|bei|ten; gehandarbeitet; vgl. aber: handgearbeitet; Hand|ar|bei|ter; Hand|ball; - spielen (↑R 207), aber: das Handballspielen (↑R 68); Hand_bal|len, ...bal|ler (Handballspieler), ...bel|sen, ...be|trieb, ...be|we|gung, ...brau|se; hand|breit; ein handbreiter Saum, aber: der Streifen ist eine Hand breit; Hand|breit *die;* -, -; eine, zwei, keine Handbreit, aber: ein zwei Hand breiter Streifen; Hand_brem|se, ...buch, Händ|chen, Händ|lein; Händ|chen|hal|ten *das;* -s; Hand|creme; Hän|de_druck (*Plur.* ...drücke), ...klat|schen (*das;* -s)

¹Han|del *der;* -s (Kaufgeschäft); - treiben; - wegen; ²Han|del *der;* -s, Händel; meist *Plur.* (Streit); Händel suchen, Händel haben

Hän|del (dt. Komponist)

Han|del-Maz|zet|ti (österr. Schriftstellerin)

han|deln; ich ...[e]le (↑R 22); es handelt sich um ...; Han|deln *das;* -s; Han|dels_ab|kom|men, ...aka|de|mie (österr. für: höhere Handelsschule), ...bank, ...be-zie|hun|gen *Plur.,* ...bi|lanz, ...brauch; han|dels_ei|nig od. -eins; Han|dels_em|bar|go, ...fir|ma, ...ge|richt, ...ge|sell-schaft, ...ge|setz|buch (Abk.: HGB), ...hal|fen (vgl. ¹Hafen), ...kam|mer, ...klas|se, ...mann (*Plur.* ...leute, selten: ...männer), ...ma|ri|ne, ...or|ga|ni|sa|ti|on (*die;* -; DDR; Abk.: HO [vgl. d.]), ...platz, ...po|li|tik, ...recht, ...re|gi|ster, ...rei|sen|de, ...schiff, ...schu|le, ...span|ne, ...stand (*der;* -[e]s); han|dels|üb|lich; Hän|del|sucht *die;* -; hän|del-süch|tig; Han|dels_ver|trag, ...ver|tre|ter, ...vo|lu|men; han-del|trei|bend (↑R 209)

Hän|de|rin|gen *das;* -s; hän|de|rin|gend (↑R 209); Hän|de|wa|schen *das;* -s; Hand|fel|ger; Hand|fer|tig|keit; hand|fest; -este; Hand-fe|ste (veralt. für: Urkunde); Hand_feu|er|lö|scher, ...feu|er-waf|fe, ...flä|che; hand|ge|ar|bei-tet; ein -es Möbelstück; vgl. aber: handarbeiten; Hand|ge-brauch; hand|ge|bun|den; Hand-_geld, ...ge|lenk; hand|ge|mein; - werden; Hand_ge|men|ge, ...ge-päck; hand_ge|schöpft (-es Papier), ...ge|schrie|ben, ...ge-strickt, ...ge|webt; Hand|gra|na-te; hand|greif|lich; - sein, werden; Hand|greif|lich|keit; Hand-griff; hand|groß; ein -er Flecken, aber: eine zwei Hand große Platte; hand|hab|bar; Hand|hab-bar|keit *die;* -; Hand|hal|be *die;* -, -n; hand|ha|ben; du handhabst; du handhabtest; gehandhabt; das ist schwer zu handhaben; Hand|ha|bung; ...hän|dig (z. B. zweihändig); Hand|har|mo|ni-ka; Hand|di|cap, -handicap; Han|di|kap [*hándikäp*] *das;* -s, -s ⟨engl.⟩ (Benachteiligung, Behinderung; Sport: [Wettkampf mit] Ausgleichsvorgabe); han|di|ca-pen, (eingedeutscht:) han|di|ka-pen [*...käp'n*]; gehandicapt, gehandikapt; han|di|ca|pie|ren [*...käpiren*] (schweiz. für: handicapen)

Hand-in-Hand-Ar|bei|ten *das;* -s (↑R 42); Hand-in-Hand-Ge|hen *das;* -s (↑R 42); hän|disch (österr. für: manuell); Hand|kan|ten-schlag; Hand|kä|se

Hand|ke (österr. Schriftsteller)

hand|kehr|um (schweiz. für: im Handkehrum); Hand|kehr|um (veralt.), nur in: im - (schnell, unversehens); Hand|kof|fer; hand-ko|lo|riert; Hand_kom|mu|ni|on (kath. Rel.), ...korb, ...kuß; hand|lang; ein -er Schnitt, aber: der Schnitt war zwei Hand lang; Hand|lan|ger; Hand|lan|ger-dienst (meist *Plur.*); hand|lan-gern; ich ...ere (↑R 22); Hand|lauf (an Treppengeländern)

Händ|lein, Händl|chen

Händ|ler; Händ|le|rin *die;* -, -nen

Hand|le|se|kunst; Hand|le|se|rin; hand|lich; Hand|lich|keit *die;* -

Hand|lung; Hand|lungs_ab|lauf, ...be|voll|mäch|tig|te *der* u. *die;* hand|lungs|fä|hig (schweiz. Rechtsspr. auch für: geschäftsfähig); Hand|lungs_frei|heit, ...ge-hil|fe, ...rei|sen|de, ...wei|se *die*

Hand|mehr *das;* -s (schweiz. für: durch Handaufheben festgestellte Mehrheit); Hand|or|gel (schweiz. für: Handharmonika); hand|or|geln

Hand|out [*händaut*] *das;* -s, -s ⟨engl.⟩ (Informationsunterlage)

Hand_pferd, ...pres|se, ...rei-chung, ...rücken [*Trenn.:* ...rük-ken]

Hands [*hänz*] *das; -, -* ⟨engl.⟩ (österr., schweiz. für: Handspiel); h**and**|sam (österr., sonst veralt. für: handlich); H**and**_schel|le (meist *Plur.*), ...schlag, ...schreiben, ...schrift (in der Bedeutung „altes Schriftstück" Abk.: Hs., *Plur.* Hss.); H**and**|schrift|ten_deutung, ...kun|de (*die;* -), ...kun|di|ge; h**and**|schrift|lich; H**and**schuh; ein Paar -e; H**and**|schuhfach; H**and**|set|zer; h**and**|signiert; H**and**_spie|gel, ...spiel (bes. Fußball), ...stand, ...stein (nordd. für: Ausguß), ...streich, ...ta|sche, ...tel|ler, ...tuch (*Plur.* ...tücher); H**and**|um|dre|hen *das;* -s; im - (im Augenblick); H**and**voll *die;* -, -; eine, zwei, etliche, einige, ein paar -, aber: ein Hand v**o**ll Geld; h**and**|warm; H**and**|wech|sel (Besitzwechsel [bei Grundstücken]); H**and**_werk, ...wer|ker; H**and**|wer|kerstand *der;* -[e]s; h**and**|werk|lich; H**and**|werks_be|trieb, ...bur|sche, ...kam|mer, ...mann (*Plur.* ...leute; veralt. für: Handwerker), ...mei|ster, ...rol|le (Verzeichnis der selbständigen Handwerker), ...zeug (*das;* -[e]s); H**and**_zei|chen, ...zeich|nung, ...zet|tel ha|ne|bü|chen (veraltend für: unverschämt, unerhört)

H**a**nf *der;* -[e]s; h**a**n|fen, h**ä**n|fen (aus Hanf); H**a**nf|garn; H**ä**nf|ling (eine Finkenart); H**a**nf|sa|me[n]

H**a**ng *der;* -[e]s, Hänge; hang|ab|wärts

H**a**ng|gar [auch: ...*gar*] *der;* -s, -s ⟨germ.-franz.⟩ ([Flugzeug]halle)

Hän|ge_arsch (derb), ...backen *Plur.* [*Trenn.:* ...bak|ken], ...bank (*Plur.* ...bänke), ...bauch; Hän|ge|bauch|schwein; Hän|ge_boden, ...brücke [*Trenn.:* ...brük|ke], ...bu|sen, ...lam|pe; h**a**n|geln (Turnen); ich ...[e]le (↑R 22); Hän|ge|mat|te; h**a**n|gen (älter, mdal. u. schweiz. für: 'hängen); mit Hangen und Bangen; 'h**ä**n|gen; du hängst; du hingst (hingest); du hingest; gehangen; häng[e]!; die Kleider hängen an der Wand; der Rock hing an der Wand, hat dort gehangen; (↑R 68:) mit Hängen und Würgen (ugs. für: mit Müh und Not); hängende Gärten (terrassenförmig angelegte Gärten im Altertum), aber (↑R 157): die Hängenden Gärten der Semiramis; ²h**ä**n|gen; du hängst; du hängtest; gehängt; häng[e]!; ich hängte den Rock an die Wand, habe ihn an die Wand gehängt; hän|gen|blei|ben (↑R 205 f.); ich bleibe hängen; hängengeblieben; hängenzubleiben; er ist an einem

Nagel hängengeblieben; von dem Gelernten ist wenig hängengeblieben; aber: das Bild soll hängen bl**ei**ben (nicht abgehängt werden); H**ä**n|gen|de *das;* -n; ↑R 7 ff. (Bergmannsspr.: Gesteinsschicht über einer Lagerstätte; ↑R 205 f. (vergessen); er hat seinen Hut hängenlassen, (seltener:) hängengelassen; aber: kann ich meinen Hut hier hängen lassen?; er hat den Verräter hängen lassen; H**ä**n|ge|par|tie (Schach: vorläufig abgebrochene Partie); H**ä**n|ger (Mantelform; auch für: [Fahrzeug]anhänger); H**a**n|gerl *das;* -s, -n (österr. ugs. für: Lätzchen; Wischtuch [der Kellner]); H**ä**n|ge_schl**o**ß, ...schrank; h**ä**n|gig (schweiz. für: schwebend, unerledigt); H**a**ng_la|ge, ...täl|ter

H**a**n|na, H**a**n|ne (Kurzformen von: Johanna)

H**a**n|na|ke *der;* -n, -n; ↑R 197 (Angehöriger eines tschech. Volksstammes)

H**a**nn|chen (Koseform von: Hanna, Hanne); H**a**n|ne||o|re (w. Vorn.); H**a**n|ne|mann (Koseform von: Hans, Johannes); H**a**n|nes (Kurzform von: Johannes)

H**a**n|ni|bal (karthag. Feldherr)

H**a**nn. Mün|den [*hanof'rschmün-d'n*] (post- u. bahnamtl. Schreibung von: Münden)

H**a**n|no (m. Vorn.)

H**a**n|no|ver [...*f'r*] (Stadt a. d. Leine); H**a**n|no|ve|ra|ner [...*w'*... od. ...*f'*...]; h**a**n|no|ve|risch, h**a**n|nö|ve|risch, h**a**n|no|versch, h**a**n|nö|versch [...*f*...], aber (↑R 65): im Hannöverschen; das Hannoversche Wendland

H**a**l|noi [*haneu*] (Hptst. von Vietnam)

H**a**ns (Kurzform von: Johann, Johannes); Hans' Mütze (↑R 139); - im Glück; - Liederlich; - Taps; vgl. Handsdampf, Hansnarr, Hanswurst; (↑R 157:) der blanke - (Nordsee bei Sturm)

H**a**n|sa vgl. Hanse usw.

H**a**n|sa|plast Ⓦ *das;* -[e]s (ein Verbandpflaster, Wundschnellverband)

H**ä**ns|chen (Koseform von: Hans); H**a**ns|dampf [auch: *hanß*...] *der;* -[e]s, -e; - in allen Gassen

H**a**n|se *die; -* (mittelalterl. niederd. Kaufmanns- u. Städtebund); H**a**n|se|at *der;* -en, -en; ↑R 197 (Mitglied der Hanse; Hansestädter); H**a**n|se|a|ten|geist *der;* -[e]s (↑R 180); h**a**n|se|a|tisch (↑R 180); vgl. hansisch; H**a**n|se_bund (*der;* -[e]s), ...kog|ge

H**a**n|sel, H**ä**n|sel, Hansl (Koseformen von: Hans)

H**a**n|sel|bank vgl. Heinzelbank

H**ä**n|se|lei; h**ä**n|seln (necken); ich ...[e]le (↑R 22)

H**a**n|se|stadt; h**a**n|se|städ|tisch

H**a**n|si (Koseform von: Hans, Johanna)

h**a**n|sisch (hansestädtisch), aber (↑R 157): die Hansische Universität (in Hamburg)

Hans|jo||a|chim [auch: ...*joa*...] (↑R 180); H**a**nsl, H**a**n|sel (vgl. d.); H**a**ns|narr [auch: *hanß*...]; H**a**ns T**a**ps; vgl. Taps; H**a**nswurst [auch: *hanß*...] *der;* -[e]s, -e (scherzh. auch: ...würste); H**a**nswur|ste|r**ei**; H**a**ns|wur|stia|de *die;* -, -n (↑R 180)

H**a**n|tel *die;* -, -n (Gerät zur Gymnastik, zum Konditionstraining); h**a**n|teln; ich ...[e]le (↑R 22)

h**a**n|tie|ren ⟨niederl.⟩ (handhaben; umgehen mit ...); H**a**n|tie|rung

h**a**n|tig (bayr., österr. für: bitter; scharf; heftig, unwillig)

H**a**|pag-Lloyd [- *leut*] (dt. Schiffahrtsunternehmen; Hapag ist Kurzw. für: Hamburg-Amerikanische Packetfahrt-Actien-Gesellschaft [so die Firmenschreibung]; vgl. Lloyd

h**a**|pe|rig, h**a**p|rig (niederd. für: stockend); es h**a**pert (geht nicht vonstatten; fehlt [an]); h**a**|plo|id ⟨griech.⟩ (Biol. [von Zellen]: mit einfachem Chromosomensatz)

H**ä**pp|chen, Häpp|lein; h**a**p|pen (nordd. für: einen Biß machen, zubeißen); H**a**p|pen *der;* -s, -

H**a**p|pe|ning [*häp'ning*] *das;* -s, -s ⟨engl.⟩ ([Kunst]veranstaltung, bei der durch Aktionen ein künstlerisches Erlebnis vermittelt werden soll); H**a**p|pe|nist *der;* -en, -en (↑R 197)

h**a**p|pig (bes. nordd. für: gierig; ungewöhnlich stark); H**ä**pp|lein, H**ä**pp|chen

h**a**p|py [*häpi*] ⟨engl.⟩ (ugs. für: glücklich, zufrieden); er ist richtig -; H**a**p|py-End, (österr. auch:) Happyend [*häpi änd*] *das;* -[s], -s („glückliches Ende")

h**a**p|tig vgl. haperig

H**a**p|tik *die;* - ⟨griech.⟩ (Lehre vom Tastsinn); h**a**p|tisch (den Tastsinn betreffend)

h**a**r! (Ruf an die Pferde: links!)

H**a**|ra|ki|ri *das;* -[s], -s ⟨jap.⟩ (ritueller Selbstmord durch Bauchaufschneiden)

H**a**|rald (m. Vorn.)

H**a**|ra|re (Hptst. von Simbabwe)

H**a**|raß *der;* ...rasses, ...rasse ⟨franz.⟩ (Lattenkiste [zum Verpacken von Glas od. Porzellan])

H**ä**r|chen, Härl|lein ⟨zu: Haar⟩

H**a**rd|co|ver [*ha'd kaw'r*] *das;* -s, - -s ⟨engl.⟩ (Buch mit festem Einband); H**a**rd-co|ver-E**i**n|band

Har|de *die;* -, -n (früher in Schleswig-Holstein: Verwaltungsbezirk von mehreren Dörfern od. Höfen; Har|des|vogt (Amtsvorsteher einer Harde)

Hard Rock [*ha'd* -] *der;* - -[s] ‹engl.› (laute Rockmusik mit einfachen Harmonien und Rhythmen)

Hardt *die;* - (Teil der Schwäb. Alb); vgl. Haard u. Haardt

Hard|top *das* od. *der; -s*, -s ‹engl.› (abnehmbares, nicht faltbares Verdeck von Kraftwagen, bes. Sportwagen; auch der Wagen selbst); Hard|ware [*ha'd°ä'ä*] *die;* -, -s (Datenverarbeitung: die apparativen [„harten"] Bestandteile der Anlage; Ggs.: Software)

Ha|rem *der; -s*, -s ‹arab.› (von Frauen bewohnter Teil des islam. Hauses; die Frauen darin)

hä|ren (aus Haar); -es Gewand

Hä|re|sie *die;* -, ...ien ‹griech.› (Ketzerei); Hä|re|ti|ker (Ketzer); hä|re|tisch

Har|fe *die;* -, -n; har|fen; Har|fe|nist *der;* -en, -en; ↑R 197 (Harfenspieler); Har|fe|ni|stin *die;* -, -nen; Har|fen_klang, ...spiel (*das;* -[e]s); Harf|ner (veralt. für: Harfenspieler)

Har|ke *die;* -, -n (nordd. für: Rechen); har|ken (rechen)

Här|lein vgl. Härchen

Har|le|kin [*hárlekin*] *der; -s*, -e ‹franz.› (Hanswurst; Narrengestalt); Har|le|ki|na|de *die;* -, -n (Hanswursterei); har|le|ki|nisch

Harm *der; -[e]s; här|men*, sich; harm|los, -este; Harm|lo|sig|keit

Har|mo|di|os vgl. Harmodius;

Har|mo|di|os (athen. Tyrannenmörder, Freund Aristogitons)

Har|mo|nie *die;* -, ...ien ‹griech.›; Har|mo|nie|leh|re; har|mo|nie|ren (gut zusammenklingen, zusammenpassen); Har|mo|nik *die;* - (Lehre von der Harmonie); Har|mo|ni|ka *die;* -, -s u. ...ken (ein Musikinstrument); har|mo|nisch; -ste; -e Funktion (Math.); har|mo|ni|sie|ren (in Einklang bringen); Har|mo|ni|sie|rung; Har|mo|ni|um *das;* -s, ...ien [...*i°n*] od. -s (Tasteninstrument)

Harn *der; -[e]s*, -e; Harn_bla|se, ...drang; har|nen

Har|nisch *der; -[e]s*, -e ([Brust]panzer); jmdn. in - (in Wut) bringen

Harn_lei|ter *der,* ...röh|re, ...ruhr (für: Diabetes), ...säu|re, ...stoff; harn|trei|bend

Har|pu|ne *die;* -, -n ‹niederl.› (Wurfspeer od. pfeilartiges Geschoß für den [Wal]fischfang); Har|pu|nen|wer|fer; Har|pu|nier *der; -s*, -e u. Har|pu|nie|rer (Harpunenwerfer); har|pu|nie|ren

Har|py|ie [...*püj°*] *die;* -, -n (Sturm-

dämon in Gestalt eines vogelartigen Mädchens in der griech. Sage; ein Greifvogel)

har|ren

Har|ri (dt. Schreibung von: Harry); Har|ro (m. Vorn.); Har|ry [*hari, häri*] (m. Vorn.)

harsch; -este; Harsch *der; -[e]s* (hartgefrorener Schnee); har|schen (hart, krustig werden); der Schnee harscht; har|schig

Harst *der; -[e]s*, -e (Vorhut des altschweiz. Heeres; Schar)

hart; härter, härteste; hart auf hart; -e Währung. *Schreibung in Verbindung mit dem 2. Partizip:* das hartgewordene Brot (↑jedoch R 209), aber: das Brot ist hart geworden; hartgebrannter Stein (↑jedoch R 209), aber: der Stein ist hart gebrannt; Hart_brand|zie|gel; Här|te *die;* -, -n (ugs. für: Schnaps); Här|te *die; -*, -n; Här|te_aus|gleich, ...fall *der*, ...fonds, ...grad; här|ten; sich -; Här|te|pa|ra|graph; Här|ter; Här|te|rei; Hart|fa|ser|plat|te; hart|ge|brannt; vgl. hart; hart|ge|kocht; vgl. hart; Hart|geld *das;* -[e]s; hart|ge|sot|ten; -er Sünder; Hart|gum|mi *der* u. *das;* hart|her|zig; Hart|her|zig|keit *die;* -; -en; Hart_heu (eine Pflanze), ...holz; hart|hö|rig; Hart|hö|rig|keit *die;* -; Hart|köp|fig; Hart|köp|fig|keit *die;* -; hart|lei|big; Hart|lei|big|keit *die;* -; Här|tling (Erhebung, die aus abgetragenem Gestein aufragt); hart|lö|ten (Technik; nur im Infinitiv u. 2. Partizip gebr.; hartgelötet

Hart|mann (m. Vorn.)

hart|mäu|lig; Hart|mäu|lig|keit *die;* -; Hart|me|tall

Hart|mut (m. Vorn.)

hart|nä|ckig [*Trenn.:* ...näk|kig]; Hart|nä|ckig|keit *die;* - [*Trenn.:* ...näk|kig...]

Hart|platz (Tennis)

Hart|rie|gel *der; -s*, - (ein Strauch); hart_rin|dig, ...schal|lig

Hart|schier *der; -s*, -e ‹ital.› (Leibwächter [der bayr. Könige])

Hart|spi|ri|tus *der;* -, -se (ein Brennstoff); Har|tung *der;* -s, -e (Januar); Här|tung; Hart|wei|zen

Hart|wig (m. Vorn.)

Ha|ru|spex *der; -s*, -e u. ...spizes ‹lat.› (aus den Eingeweiden von Opfertieren Wahrsager der)

Har|vard|uni|ver|si|tät [...*w°rd...*] *die;* - ‹nach dem Mitbegründer J. Harvard› ↑R 135 (in Cambridge [Mass.])

¹Harz *das; -es*, -e (zähflüssige, klebrige Absonderung bes. aus dem Holz von Nadelbäumen)

²Harz *der; -es* (ein Gebirge)

har|zen (Harz ausscheiden;

schweiz. auch für: schwer, schleppend vonstatten gehen)

¹Har|zer (↑R 147) ‹zu: ²Harz›; - Käse; - Roller (Kanarienvogel)

²Har|zer *der; -s*, - (eine Käseart)

har|zig (schweiz. auch für: schwierig); Harz|säu|re

Ha|sard *das; -s* ‹franz.› (Kurzform für: Hasardspiel); Ha|sar|deur [...*ör*] *der; -s*, -e (Glücksspieler); Ha|sar|deu|se [...*ös°*] *die;* -, -n; ha|sar|die|ren (auch für: wagen); Ha|sard|spiel (Glücksspiel)

Hasch *das;* -s (ugs. für: Haschisch)

Ha|schee *das; -s*, -s ‹franz.› (Gericht aus feinem Hackfleisch)

¹ha|schen (fangen); du haschst (haschest); sich -

²ha|schen (ugs. für: Haschisch rauchen); du haschst

Ha|schen *das; -s*; - spielen

Häs|chen, Häs|lein

¹Ha|scher (österr. ugs. für: armer, bedauernswerter Mensch)

²Ha|scher (ugs. für: Haschischraucher)

Hä|scher (veralt. für: Büttel; Gerichtsdiener)

Ha|scherl *das; -s*, -n (bayr. u. österr. ugs. für: bedauernswertes Kind, bedauernswerter Mensch)

ha|schie|ren (Haschee machen)

Ha|schisch *das,* auch: *der; -[s]* ‹arab.› (ein Rauschgift)

Hasch|mich *der,* nur in: einen - haben (ugs. für: nicht recht bei Verstand sein)

Ha|se *der; -n*, -n (↑R 197); (↑R 157:) falscher Hase (Hackbraten)

¹Ha|sel *der; -s*, - (ein Fisch)

²Ha|sel *die;* -, -n (ein Strauch); Ha|sel_busch, ...huhn, ...maus, ...nuß, Ha|sel|nuß|strauch; Ha|sel_stau|de, ...wurz (*die;* -; eine Pflanze)

Ha|sen_bra|ten, ...fell, ...fuß; ha|sen|fü|ßig; Ha|sen|herz; ha|sen|her|zig; Ha|sen_jun|ge (*das;* -n; österr. für: Hasenklein), ...klein (*das;* -s; Gericht aus Innereien, Kopf u. Vorderläufen des Hasen); Ha|sen|pa|nier *das,* nur in: das - ergreifen (ugs. für: fliehen); Ha|sen|pfef|fer (Hasenklein); ha|sen|rein; Ha|sen|schar|te; Hä|sin *die;* -, -nen; Häs|lein, Häschen

Has|pe *die;* -, -n (Tür- od. Fensterhaken); Has|pel *der; -s*, - od.; seltener: *der;* -, -n (Garnwinde; Gerbereibottich; Seilwinde); has|peln ich ...[e]le (↑R 22); Has|pen *der; -s*, - (Nebenform von: Haspe)

Haß *der;* Hasses; has|sen; du haßt (hassest); gehäßt; hasse! u. haß!; has|sens|wert; Has|ser; haß|er|füllt (↑R 209); häs|sig (schweiz.

mdal. für: mürrisch, verdrießlich); **häß|lich**; **Häß|lich|keit**; **Haß_lie|be**, ...ti|ra|de
Hast _die;_ -; ha|sten; ha|stig
Ha|tschek (eingedeutschte Schreibung für: Háček)
hät|scheln; ich ...[e]le (↑ R 22)
hat|schen (bayr., österr. ugs. für: lässig, schlendernd gehen, auch: hinken); du hatschst; **Hat|scher** _der;_ -s, - (langer Marsch; ausgetretener Schuh)
hat|schi!, hat|zi! [auch: ha...] (das Niesen nachahmend)
Hat-Trick, (auch:) **Hat|trick** [hättrik] _der;_ -s, -s (engl.) (dreimaliger Torerfolg hintereinander in einer Halbzeit durch denselben Spieler [Fußball])
Ha|tz _die;_ -, -en (bayr. für: Hetze; Jägerspr.: Hetzjagd mit Hunden)
hat|zi! vgl. hatschi!
Ha|tz|rü|de
Hau _der;_ -[e]s, -e (veralt., noch mdal. auch für: Hieb); vgl. ²Haue; **Hau|bank** (_Plur._ ...bänke; Werkbank zum Zurichten von Schieferplatten)
Hau|barg _der;_ -[e]s, -e (Bauernhaus mit hohem Reetdach, unter dem das Heu gelagert wird)
Hau|bar|keits|al|ter (Forstw.)
Häub|chen, Häub|lein; **Hau|be** _die;_ -, -n; **Hau|ben_ler|che**, ...tau|cher
Hau|bit|ze _die;_ -, -n (tschech.) (Flach- u. Steilfeuergeschütz)
Häub|lein, Häub|chen
Hauch _der;_ -[e]s, (selten:) -e; **hauch|dünn**; **hau|chen**; **hauch|fein**; **Hauch|laut**; **hauch|zart**
Hau|de|gen (alter, erprobter Krieger)
¹Hau|e _die;_ -, -n (südd., österr. u. schweiz. für: Hacke); **²Hau|e** _die;_ - ⟨eigtl. _Plur._ zu: Hau⟩ (ugs. für: Hiebe); - kriegen; hau|en; du haust; du hautest (für: „mit dem Schwert schlagen" u. gehoben: hiebest); gehauen (landsch.: gehaut); hau[e]!; sich - ; er hat Holz gehauen; er hat ihm (auch: ihn) ins Gesicht gehauen; **Hau|er** (Bergmann mit abgeschlossener Ausbildung; österr. svw. Weinhauer, Winzer; Jägerspr.: Eckzahn des Keilers); **Häu|er** (österr. für: Hauer [Bergmann])
Häuf|chen, Häuf|lein; **Hau|fe** _der;_ -ns, -n (seltener für: Haufen); **häu|feln**; ich ...[e]le (↑ R 22); **Hau|fen** _der;_ -s, -; zuhauf; **häu|fen**; sich - ; **Hau|fen|dorf**; **hau|fen|wei|se**; **Hau|fen|wol|ke**
Hauff (dt. Dichter)
häu|fig; **Häu|fig|keit** _die;_ -, (selten:) -en; **Häuf|lein**, Häuf|chen; **Häu|fung**; **Hau|f|werk**, Hau|werk _das;_ -[e]s (Bergmannsspr.: durch Hauen erhaltenes Roherzeugnis)

Hau|he|chel (_die;_ -, -n; Heilkraut)
Hau|ke (m. Vorn.)
Hau|klotz
Häu|nel _das;_ -s, -n (österr. für: kleine ¹Haue)
Haupt _das;_ -[e]s, Häupter; zu Häupten; **haupt|amt|lich**; **Haupt_au|gen|merk**, ...bahn|hof (Abk.: Hbf.), ...be|ruf; **haupt|be|ruf|lich**; **Haupt_buch**, ...dar|stel|ler, ...ein|gang; **Häup|tel** _das;_ -s, -n (südd., österr. für: Kopf einer Gemüsepflanze, z. B. von Salat); **Häup|tel|sa|lat** (österr. für: Kopfsalat); **Häup|tes|län|ge**; um -; **Haupt_fach**, ...fi|gur, ...film, ...ge|bäu|de, ...ge|richt, ...ge|schäfts|zeit, ...ge|winn, ...haar, ...hahn; **Häupt|ling**; **häupt|lings**; **¹Haupt|mann** (_Plur._ ...leute); **²Haupt|mann**, Gerhart (dt. Dichter)
Haupt_per|son, ...por|tal, ...post, ...post|amt, ...pro|be, ...quar|tier, ...rol|le, ...sa|che; **haupt|säch|lich**; **Haupt_sai|son**, ...satz, ...schlag|ader, ...schul|ab|schluß, ...schuld, ...schu|le, ...schwie|rig|keit, ...stadt (Abk.: Hptst.); **haupt|städ|tisch**; **Haupt_stra|ße**, ...teil _der;_ -s, -e, ...the|ma, ...tref|fer; **Haupt- und Staats|ak|ti|on** (↑ R 32); **Haupt_ver|hand|lung**, ...ver|kehrs|stra|ße, ...ver|kehrs|zeit, ...ver|le|sen (_das;_ -s, -; schweiz. Milit.: Dienstappell), ...ver|samm|lung, ...wert, ...wort (_Plur._ ...wörter; für: Substantiv); **Haupt|wör|te|rei** (abwertend für: Nominalstil); **haupt|wört|lich**; **Haupt_zeu|ge**, ...ziel
hau ruck!, ho ruck!; **Hau|ruck** _das;_ -s; mit einem kräftigen -
Haus _das;_ -es, Häuser; außer [dem] Hause; außer Haus; zu, nach Hause (auch: Haus); von Hause; von Haus aus; von Haus zu Haus; von zu Haus[e] (ugs.); im Hause (auch: Haus; Abk.: i. H.); zur Zuhause
Hau|sa vgl. Haussa
Haus_an|ge|stell|te _die,_ ...an|zug, ...apo|the|ke, ...ar|beit, ...arzt, ...auf|ga|be; **haus|backen** [_Trenn.:_ ...bak|ken]; **Haus_bau** (_Plur._ ...bauten), ...be|set|zer, ...be|sit|zer, ...be|sor|ger (österr. neben: Hausmeister), ...be|woh|ner; **Haus|brand_koh|le**, ...ver|sor|gung; **Häus|chen**, Häus|lein, (landsch. auch:) **Häu|sel** od. **Häusl** (der;-s, -); **Haus_da|me**, ...durch|su|chung (österr. für: Haussuchung); **haus|ei|gen**; -e Sauna; **Häu|sel** vgl. Häuschen; **hau|sen** (schweiz. mdal. u. westd. auch für: sparen); du haust (hausest); er hauste
Hau|sen _der;_ -s, - (ein Fisch); **Hau|sen|bla|se** _die;_ - (Fischleim)

Hau|ser (bayr., westösterr. für: Haushälter, Wirtschaftsführer); **Häu|ser|block** (vgl. Block); **Häu|ser|chen** _Plur.;_ **Häu|ser|front**; **Hau|se|rin**, **Häu|se|rin** _die;-,_ -nen (bayr., westösterr. für: Haushälterin); **Häu|ser_meer**, ...rei|he; **Haus_flur** _der,_ ...frau; **Haus|frau|en|bri|ga|de** (DDR); **haus|frau|lich**; **Haus_freund**, ...frie|dens|bruch, ...ge|brauch (für den - genügen), ...ge|hil|fin; **haus|ge|macht**; -e Nudeln; **Haus_ge|mein|schaft**, ...halt (_der; -_[e]s, -e); **haus|hal|ten** (↑ R 207); er hält haus (↑ R 64); hausgehalten; hauszuhalten; **Haus_hal|ter** od. ...hält|er; **Haus|häl|te|rin** _die;_ -, -nen; **haus|häl|te|risch**; -ste; **Haus|halt[s]_aus|gleich**, ...aus|schuß, ...de|bat|te, ...de|fi|zit, ...fra|ge, ...füh|rung, ...geld, ...ge|rät, ...ge|setz, ...hil|fe, ...jahr, ...kas|se, ...mit|tel _Plur.,_ ...plan, ...pla|nung, ...po|li|tik, ...po|sten, ...sum|me; **haus|halts|üb|lich**; in -en Mengen; **Haus|halts|wa|ren**, **Haus|halt|wa|ren** _Plur.;_ **Haus|hal|tung**; **Haus|hal|tungs_schu|le**, ...vor|stand; **Haus|halt|wa|ren**, **Haus|halts|wa|ren** _Plur.;_ **Haus|herr**; **haus|hoch**; haushohe Wellen; **Haus|hof|mei|ster**; **hau|sie|ren** (von Haus zu Haus Handel treiben); **Hau|sie|rer**; ...häu|sig (z. B. einhäusig); **haus|in|tern**; eine -e Regelung; **Haus|ju|rist**; **Häusl**; **Häus|lein** vgl. Häuschen; **Häus|ler** (Tagelöhner [mit kleinem Grundbesitz]); **Haus|leu|te** _Plur._ (Hausmeister u. dessen Frau); **häus|lich**; **Häus|lich|keit** _die;_ -; **Haus|ma|cher_art** (_die;-;_ nach -), ...wurst; **Haus_macht**, ...mann (_Plur._ ...männer)
Haus|man|nit _der;_ -s (ein Mineral)
Haus|manns|kost; **Haus_mar|ke**, ...mei|er (Vorsteher der merowing. Hofhaltung), ...mei|ster (auch schweiz. ugs. für: Hauseigentümer), ...mit|tel, ...mu|sik, ...num|mer, ...ord|nung, ...putz, ...rat (_der;_ -[e]s); **Haus|rat|ver|si|che|rung**
Haus|sa, (auch:) **Hau|sa** _der;_ -[s], -[s] (Angehöriger eines afrik. Negervolkes)
Haus|samm|lung; **¹Haus|schlach|ten** (nur im Infinitiv u. im 2. Partizip gebr.); hausgeschlachtet; **²Haus|schlach|ten**; -e Wurst; **Haus_schlach|tung**, ...schlüs|sel, ...schuh, ...schwein
Hausse [hoß[e]] _die;_ -, -n ⟨franz.⟩ ([starkes] Steigen der Börsenkurse; allg. Aufschwung der Wirtschaft); **Haus|sier** [hoßie] _der;_ -s, -s (auf Hausse Spekulierender)
Haus_stand (_der;_ -[e]s), ...su|chung

(vgl. Hausdurchsuchung), ...tier, ...tür, ...ty|rann, ...ur|ne (vorgeschichtl. Tongefäß), ...ver|bot, ...ver|wal|ter, ...wart, ...war|tin *(die; -, -nen; schweiz.)*, ...wel|sen *(das; -s)*, ...wirt, ...wirt|schaft, ...wirt|schafts|mei|ste|rin, ...wurz (eine Pflanze) ...zins *(Plur. ...zinse; südd. u. schweiz. für: Miete)*; **Haus|-zu|-Haus-Ver|kehr** (bahnamtl.: Beförderung mit Containern); ↑ R 41

Haut *die; -,* Häute; *(↑ R 42:)* zum Aus-der-Haut-Fahren; **Haut_arzt, ...aus|schlag, ...bank** *(Plur. ...banken);* **Häut|chen,** Häutlein; **Haut|creme**

Haute Coif|fure [*(h)ọt koafür*] *die; - -* ⟨franz.⟩ (für die Mode tonangebende Friseurkunst [bes. in Paris]); **Haute Cou|ture** [*(h)ọt kutür*] *die; - -* (für die Mode tonangebende Schneiderkunst [bes. in Paris]); **Haute-Cou|ture-Mo|dell** *(↑ R 41)*; **Haute|fi|nance** [*(h)ọtfinángß*] *die; -* (Hochfinanz); **Haute|lisse** [*(h)ọtlịß*] *die; -* [...*lịß'n*] (Webart mit senkrechten Kettfäden); **Haute|lisse|stuhl**

häu|ten; sich -; **haut|eng**; **Haute|vo|lee** [*(h)ọtwolé*] *die; -* (vornehmste Gesellschaft)

Haut_far|be, ...fet|zen, ...flüg|ler; haut|freund|lich; ein -er Stoff **Haut|gout** [*ogú*] *der; -s* ⟨franz.⟩ (scharfer Wildgeschmack; auch übertr. für: Anrüchigkeit)

häu|tig; Haut_jucken *[Trenn.: ...juk|ken],* **...kli|nik, ...krankheit, ...krebs; Häut|lein,** Häutchen; **haut|nah; Haut|pfle|ge** (Sport); **Häut|lein,** Häutchen; **haut|nah; Haut|pfle|ge** (für: Dermographie); **haut|sym|pathisch; Haut|trans|plan|ta|ti|on; Häu|tung**

Hau|werk vgl. Haufwerk ¹**Ha|van|na** [*hawạna*] (Hptst. Kubas); vgl. Habana; ²**Ha|van|na** *die; -, -s* (Havannazigarre); **Ha|van|na|zi|gar|re** *(↑ R 149)*

Ha|va|rie [*hawa...*] *die; -, ...ien* ⟨arab.⟩ (Seeschaden, den Schiff od. Ladung erleidet; bei Flugzeugen: Bruch, Unfall, österr. auch bei Kraftfahrzeugen); **ha|va|rie|ren; Ha|va|rist** *der; -en, -en; ↑ R 197* (havariertes Schiff; dessen Eigentümer)

Ha|vel [*hạf'l*] *die; -* (r. Nebenfluß der Elbe); **Ha|vel|land** *das; -[e]s* (vgl. ↑ R 149); **ha|vel|län|disch**

Ha|ve|lock [*hạwⁱlok*] *der; -s, -s* (ärmelloser Herrenmantel mit Schulterkragen)

Ha|waii (Hauptinsel der Hawaii-Inseln im Pazif. Ozean; Staat der

---

USA [vgl. Hawaii-Inseln]); **Ha|wai|ia|ner; Ha|waii|gi|tar|re; Ha|waii-In|sel** *die; -, -n; ↑ R 36* (eine der Hawaii-Inseln); **Ha|waii-Inseln** *Plur.* (Inselgruppe im Pazif. Ozean, die den Staat Hawaii [vgl. d.] bildet); **ha|wai|isch**

Ha|xe *die; -, -n* (südd. Schreibung von: Hachse)

Haydn (österr. Komponist); **haydnsch,** aber *(↑ R 134):* **Haydnsch;** -e Symphonie **Ha|zi|en|da** *die; -, -s* (auch: ...den) ⟨span.⟩ (südamerik. Farm)

Hb = Hämoglobin

HB = Brinellhärte

H. B. = Helvetisches Bekenntnis

Hbf. = Hauptbahnhof

H-Bom|be [*ha...*] ⟨nach dem chem. Zeichen H = Wasserstoff⟩ ↑ R 38 (Wasserstoffbombe)

h. c. = honoris causa

H-Dur [*hádúr,* auch: *hadúr*] *das; -* (Tonart; Zeichen: H); **H-Dur-Ton|lei|ter** *(↑ R 41)*

he!; heda!

He = chem. Zeichen für: Helium **Head|line** [*hädlain*] *die; -, -s* ⟨engl.⟩ (engl. Bez. für: Schlagzeile)

Hea|ring [*hiring*] *das; -[s], -s* ⟨engl.⟩ (öffentliche) Anhörung)

Hea|vi|side [*häwißaid*] (engl. Physiker); **Hea|vi|side|schicht** *die; -; ↑ R 135* (svw. Kennelly-Heavi-side-Schicht)

Heb|am|me *die; -, -n*

Heb|bel (dt. Dichter)

He|be (griech. Göttin der Jugend) **He|be_baum, ...büh|ne, ...fi|gur** (Sport)

¹**He|bel** (dt. [Mundart]dichter)

²**He|bel** *der; -s, -;* **He|bel_arm, ...griff;** **he|beln;** ich ...[e]le *(↑ R 22);* **he|ben;** du hobst (hobest, veralt.: hub[e]st); du höbest (veralt.: hübest); sich -; **He|be|prahm; He|ber; He|be_satz** (Steuerwesen), **...schmaus** (beim Richtfest), **...werk**

He|brä|er (nicht offz. Bez. für: Angehörige des Volkes Israel); **He|brä|er|brief** *der; -[e]s; ↑ R 151;* **He|brai|cum** *das; -s ↑ R 180* ⟨lat.⟩ (Prüfung über bestimmte Kenntnisse des Hebräischen); **he|brä|isch;** -e Schrift; vgl. deutsch; **He|brä|isch** *das; -[s]* (Sprache); vgl. Deutsch; **He|brä|ische** *das; -n;* vgl. Deutsche *das (↑ R 180);* **He|bra|ist** *der; -en, -en; ↑ R 197* (Forscher u. Kenner des Hebräischen); **He|brai|stik** *die; -; ↑ R 180* (wissenschaftl. Erforschung der hebräischen Sprache u. Literatur)

He|bri|den *Plur.* (schott. Inselgruppe); die Neuen - (Inselgruppe im Pazifischen Ozean); Äußere u. Innere -

---

He|bung

He|chel *die; -, -n;* **He|che|lei; he|cheln;** ich ...[e]le *(↑ R 22)*

Hecht *der; -[e]s, -e;* **hecht|blau; hech|ten** (ugs. für: einen Hechtsprung machen); **hecht|grau; Hecht_rol|le** (eine Bodenturnübung), **...sprung; Hecht|sup|pe;** es zieht wie - (ugs. für: es zieht sehr)

¹**Heck** *das; -[e]s, -e od. -s* (Schiffshinterteil); ²**Heck** *das; -[e]s, -e* (niederd. für: Gattertür, Koppel); **Heck|an|trieb;** ¹**Hecke¹** *die; -, -n* (Umzäunung aus Sträuchern)

²**Hecke¹** *die; -, -n* (Nistplatz; Brutzeit; Brut); **hecken¹** (von Vögeln und kleineren Säugetieren: Junge zur Welt bringen)

Hecken¹_ro|se, ...sche|re, ...schütze; Heck|flos|se (flossenähnliche Verzierung am Heck mancher Autos); **Heck|klap|pe; heck|lastig; Heck|la|ter|ne**

Heck|meck *der; -s* (ugs.: Geschwätz; unnötige Umstände)

Heck|mo|tor

Heck|pfen|nig ⟨zu: hecken⟩ **Heck|schei|be**

He|cu|ba vgl. Hekuba

he|da!

¹**Hel|de** (Kurzform von: Hedwig) ²**Hel|de** *die; -, -n* (niederd. für: Werg); **hel|den** (niederd. für: aus ²Hede gemacht)

Hel|de|rich *der; -s, -e* (ein Unkraut)

Hel|din, Sven (schwed. Asienforscher)

He|do|ni|ker, He|do|nist *der; -en, -en (↑ R 197)* ⟨griech.⟩ (Anhänger des Hedonismus); **He|do|nis|mus** *der; -* (philosoph. Lehre, nach der das höchste ethische Prinzip das Streben nach Sinnenlust ist)

Hel|dschas (Landschaft in Saudi-Arabien); **He|dschas|bahn** *die; -* ⟨arab.⟩ (Übersiedlung Mohammeds von Mekka nach Medina; Beginn der islam. Zeitrechnung)

Hed|wig (w. Vorn.)

Heer *das; -[e]s, -e;* **Heer|bann** (hist.); **Hee|res_be|richt, ...gruppe, ...lei|tung; Hee|res|zug,** Heerzug; **Heer_füh|rer, ...la|ger, ...schar, ...schau, ...stra|ße, ...wesen; Heer|zug,** Hee|res|zug

Hefe *die; -, -n;* **Hefe** (veralt., aber noch landsch.: Hefen_)ku|chen, ...stück|chen (Kleingebäck), ...zug

Hef|ner|ker|ze; ↑ R 135 ⟨nach dem dt. Elektrotechniker⟩ (frühere Lichtstärkeeinheit; Zeichen: HK)

Heft *das; -[e]s, -e;* **Heft|chen; Hef|tel** *das; -s, -* (landsch. für: Häk-

---

¹ *Trenn.: ...k|k...*

chen, Spange); hef|teln; ich ...[e]le (↑R 22); hef|ten; geheftet (Abk.: geh.); die Akten wurden geheftet; Hef|ter (Mappe zum Abheften); Heft|fal|den

hef|tig; Hef|tig|keit

Heft_klam|mer, ...la|de (Gerät in der Buchbinderei), ...pfla|ster, ...zwecke[1]

He|gau der; -[e]s (Landschaft am Bodensee)

He|ge die; - (Pflege u. Schutz des Wildes)

He|gel (dt. Philosoph); He|ge|lia|ner (Anhänger Hegels); he|ge|lia|nisch, he|gelsch, aber (↑R 134): He|ge|lia|nisch, He|gelsch

He|ge|mei|ster (Forstbeamter)

he|ge|mo|ni|al (den Herrschaftsbereich [eines Staates] betreffend); He|ge|mo|ni|al... (griech.) (Vorherrschafts...); He|ge|mo|nie die; -, ...ien ([staatliche] Vorherrschaft); he|ge|mo|nisch

he|gen; He|ger; He|ge|ring (kleinster jagdlicher Bezirk); He|ge|ring|lei|ter der; He|ge|zeit

Hehl das (auch: der); kein (auch: keinen) - daraus machen; heh|len; Heh|ler; Heh|le|rei

hehr (erhaben; heilig)

hei!; Heia die; -, (selten:) -[s] (Kinderspr. für: Bett); Heia|bett; heia|po|peia!, eia|po|peia!; hei-da! [auch: haida]

[1]Hei|de der; -n, -n; ↑R 197 (Nichtchrist; Nichtjude; der Ungetaufte, auch: Religionslose)

[2]Hei|de die; -, -n (sandiges, unbebautes Land; Heidekraut [nur Sing.])

Hei|de|g|ger (dt. Philosoph)

Hei|de_korn (das; -[e]s), ...kraut (das; -[e]s), ...land (das; -[e]s); Hei|del|bee|re; Hei|del|beer|kraut das; -[e]s

Hei|del|berg (Stadt am Neckar)

Hei|de|ler|che

Hei|den der; -s (ostösterr. für: Buchweizen)

Hei|den... (ugs. für: groß, sehr viel, z. B. Heidenangst, Heidenarbeit, Heidengeld, Heidenlärm); Hei|den|chri|sten|tum das; -s; hei|den|mä|ßig (ugs. für: sehr, groß)

Hei|de|n|_rös|chen od. ...rös|lein

Hei|den_tum (das; -s), ...volk

Hei|de|ro|se

hei|di! [auch: haidi] (niederd. für: lustig!; schnell!); - gehen (ugs. für: verlorengehen)

Hei|di (Kurzform von: Adelheid u. Heidrun)

Hei|din die; -, -nen

Heid|jer (Bewohner der [Lüneburger] Heide)

---

[1] Trenn.: ...k|k...

---

heid|nisch

Heid|schnucke die; -, -n [Trenn.: ...schnu|cke] (eine Schafrasse)

Hei|duck der; -en, -en (↑R 197) ⟨ung.⟩ (ung. [Grenz]soldat; ung. Gerichtsdiener)

Hei|er|mann (bes. nordd. ugs. für: Fünfmarkstück)

Hei|ke (w., seltener auch m. Vorname)

hei|kel (südd. u. österr. auch für: wählerisch [beim Essen]); eine heikle Sache; sei nicht so -!

Hei|ko (m. Vorn.)

heil; Heil das; -[e]s; Berg -!; Ski -!; Hei|land der; -[e]s, -e; Heil|an|stalt; Heil|an|zei|ge (Med.; für: Indikation); heil|bar; Heil|bar|keit die; -; heil|brin|gend (↑R 209)

Heil|bronn (Stadt am Neckar)

Heil|butt (ein Fisch); hei|len; Heil|er|de; heil|froh; Heil_ge|hil|fe, ...gym|nast, ...gym|na|stik, ...gym|na|stin; hei|lig (Abk.: hl., für den Plur.: hll.). I. Kleinschreibung: in heiligem Zorn; heilige Einfalt! (Ausruf der Verwunderung); der heilige Paulus, die heilige Theresia usw.; (↑R 157) das heilige Abendmahl, die erste heilige Kommunion, die heilige Messe, die heilige Taufe usw.; das heilige Pfingstfest usw. II. Großschreibung (↑R 157): der Heilige Abend; die Heilige Allianz; der Heilige Christ; die Heilige Dreifaltigkeit; die Heilige Familie; der Heilige Geist; das Heilige Grab; der Heilige Gral; die Heilige Jungfrau; die Heiligen Drei Könige; der Heilige Krieg (Glaubenskrieg des Islams); das Heilige Land; die Heilige Nacht; der Heilige Rock; das Heilige Römische Reich Deutscher Nation; die Heilige Schrift; die Heilige Stadt (Jerusalem); der Heilige Stuhl; der Heilige Vater (der Papst). III. In Verbindung mit Verben, z. B. heilighalten, heiligsprechen (↑R 205); Hei|lig|abend (↑R 157); Hei|lig|abend die; -, -en (↑R 7 ff.); Hei|li|ge|drei|kö|nigs|tag, Heilige[n]dreikönigstag[e]s, Heilige[n]dreikönigstag; ein Heilige[r]dreikönigstag; hei|li|gen; Hei|li|gen_bild, ...fi|gur, ...leben, ...schein, ...schrein; Hei|lig|geist|kir|che; hei|lig|hal|ten; ↑R 205 (feiern); ich halte heilig; heiliggehalten; heiligzuhalten; Hei|lig|keit die; -; Seine -; ↑R 75 (der Papst); hei|lig|spre|chen; ↑R 205 (zum od. zur Heiligen erklären); vgl. heilighalten; Hei|lig|spre|chung; Hei|lig|tum; Hei|li|gung; heil_kli|ma|tisch, ...kräf|tig; Heil|kun|de die; -, -n; heil-

---

kun|dig; Heil|kun|di|ge der u. die; -n, -n (↑R 7 ff.); heil|los; -este; Heil|mit|tel das; Heil|päd|ago|ge; heil|päd|ago|gisch; Heil-_pflan|ze, ...prak|ti|ker, ...quel|le, ...ruf; heil|sam; Heil|sam|keit; Heils_ar|mee (die; -), ...bot|schaft; Heil|se|rum; Heils|leh|re; Hei|lung; Hei|lungs|pro|zeß; Heil|ver|fah|ren

heim...; vgl. heimbegeben, sich; vgl. heimbegleiten usw.

Heim das; -[e]s, -e; Heim_abend, ...ar|beit; Heim|mat die; -, (selten:) -en; hei|mat|lich|be|rech|tigt; Hei|mat_er|de (die; -), ...fest, ...film, ...for|scher; hei|mat|ge|nös|sig (schweiz. neben: heimatberechtigt); Hei|mat.hal|fen (vgl. [2]Hafen), ...kun|de (die; -); hei|mat|kund|lich; Hei|mat_kunst, ...land (Plur. ...länder); hei|mat|lich; hei|mat|los; Hei|mat|lo|se der u. die; -n, -n (↑R 7 ff.); Hei|mat|lo|sig|keit die; -; Hei|mat|mu|se|um, ...ort (der; -[e]s, ...orte), ...recht, ...staat (Plur. ...staaten), ...stadt, ...ver|trie|be|ne; heim|be|ge|ben, sich; er hat sich heimbegeben; heim|be|glei|ten; er hat sie heimbegleitet; heim|brin|gen; er hat sie heimgebracht; Heim|bür|gin (mitteld. für: Totenfrau); Heim|chen (eine Grille); Heim|com|pu|ter; Heim|dal[l] (nord. Mythol.: Wächter der Götter u. ihres Sitzes); hei|me|lig (anheimelnd); Hei|men, Hei|met das; -s, -e od. die; -, -en (schweiz. für: Bauerngut); vgl. Heimwesen; heim|fah|ren; er ist heimgefahren; Heim_fahrt, ...fall (der; -[e]s; Rückfall [eines Gutes] an den Besitzer); heim|füh|ren; er hat ihn heimgeführt; Heim|gang der; -[e]s, (selten:) ...gänge; heim|ge|gan|gen; Heim|ge|gan|ge|ne, (seltener:) Heim|ge|gang|ne der u. die; -n, -n (↑R 7 ff.); heim|ge|hen; er ist heimgegangen; heim|gei|gen (svw. heimleuchten); heim|ho|len; er wurde heimgeholt; heim|isch; Heim|kehr die; -; heim|keh|ren; er ist heimgekehrt; Heim_keh|rer, ...ki|no (auch scherzh. für: Fernsehen), ...kunft (die; -), ...lei|ter der; heim|leuch|ten; dem haben sie heimgeleuchtet (ugs.: ihn derb abgefertigt); heim|lich; vgl. heimlichtun; heim|lich|feiß; -este (schweiz. mdal. für: einen Besitz, ein Können verheimlichend); Heim|lich_keit, ...tu|er; Heim|lich|tu|e|rei; heim|lich|tun; ↑R 205 f. (geheimnisvoll tun); er hat sehr heimlichgetan; aber: er hat es heimlich getan; Heim-_mann|schaft (Sport), ...nie|der|la|ge (Sport), ...rei|se; heim|rei-

sen; er ist heimgereist; Heim-
-sieg (Sport), ...spiel (Sport),
...statt, ...stät|te; heim|su|chen;
er wurde von Unglück u. Krankheit schwer heimgesucht; Heim-
-su|chung, ...tier (z. B. Hund,
Katze, Meerschweinchen),
...trai|ner (für: Hometrainer),
...tücke¹; Heim|tücker¹; heim-
tückisch¹; -ste; Heim|volks|hoch-
schu|le; Heim|vor|teil der; -s
(Ballsport); heim|wärts; Heim-
-weg (der; -[e]s), ...weh (das; -s);
heim|weh|krank; Heim_wer|ker
(jmd., der handwerkliche Arbeiten zu Hause selbst macht; Bast-
ler), ...we|sen (schweiz. für: An-
wesen); heim|zah|len; jmdm. et-
was -; heim|zu (ugs. für: heim-
wärts)

Hein (Kurzform von: Heinrich);
Freund - (der Tod)

Hei|ne (dt. Dichter)

Hei|ne|mann (dritter dt. Bundes-
präsident)

hei|nesch vgl. heinisch; **Hei|nesch**
vgl. Heinisch

¹**Hei|ni** (Koseform von: Hein-
rich); ²**Hei|ni** der; -s, -s (ugs. für:
einfältiger Mensch); ein doofer -

hei|nisch; dies ist heinische Ironie
(nach Art von Heine), aber
(↑ R 134): **Hei|nisch**; die Heini-
schen „Reisebilder" (ein Werk
von Heine)

Hein|rich (m. Vorn.); ¹**Heinz**
(Kurzform von: Heinrich);
²**Heinz** der; -en, -en (↑ R 197) u.
¹**Hein|ze** der; -n, -n; ↑ R 197
(südd. für: Heureuter; Stiefel-
knecht); ²**Hein|ze** die; -, -n
(schweiz. für: Heureuter); **Hein-
zel|bank** (Plur. ...bänke); österr.
für: eine Art von Werkbank);
Hein|zel|männ|chen (zu ¹Heinz)
(hilfreicher Hausgeist)

Hei|rat die; -, -en; **hei|ra|ten**; **Hei-
rats_an|non|ce**, ...an|trag, ...an-
zei|ge; **hei|rats_fä|hig**, ...lu|stig;
Hei|rats_markt, ...schwind|ler,
...ur|kun|de, ...ver|mitt|ler

hei|sa!, hei|ßa!

hei|schen (geh., dicht. für: fordern,
verlangen); du heischst (hei-
schest)

hei|ser; -er, -ste; **Hei|ser|keit** die;
-, (selten:) -en

heiß; -er, -este; am -esten (↑ R 65);
das Wasser heiß machen; jmdm.
die Hölle heiß machen (ugs.:
jmdm. heftig zusetzen; jmdn. be-
drängen); mir wird nicht weiß,
macht mich nicht heiß; (↑ R 157:)
ein heißes Eisen (ugs. für: eine
schwierige Angelegenheit); ein
heißes (inbrünstiges) Gebet; ein
heißer (sehnlicher) Wunsch; heißer Draht ([telefon.] Direktver-

---

bindung für schnelle Entschei-
dungen); heiße Höschen (für:
Hot pants); heißer Ofen (ugs.
für: Sportwagen, schweres Motorrad). *Schreibung in Verbindung mit dem 2. Partizip*
(↑ R 209): vgl. heißersehnt, heiß-
geliebt usw.

hei|ßa!, hei|sa!; **hei|ßas|sa!**

Heiß|be|hand|lung; **heiß|blü|tig**

¹**hei|ßen** (befehlen; nennen; einen
Namen tragen); du heißt (hei-
ßest); ich hieß; du hießest; geheißen; heiß[e]!; er hat mich's
geheißen, **aber:** er hat dich
das tun heißen?; er hat mich
kommen heißen (seltener: geheißen); das heißt (Abk.: d. h.)

²**hei|ßen** (hissen); du heißt (hei-
ßest); du heißtest; geheißt;
heiß[e]!

heiß|er|sehnt; seine heißersehnte
Ankunft (↑ jedoch R 209), **aber:**
seine Ankunft wurde heiß er-
sehnt; **heiß|ge|liebt**; ein heißge-
liebtes Mädchen (↑ jedoch
R 209), **aber:** er hat sein Vater-
land heiß geliebt; **Heiß|hun|ger**
der; -s; **heiß|hung|rig**; **heiß|lau-
fen**; der Motor hat sich heißge-
laufen; der Motor ist heißgelau-
fen; **Heiß|luft_hei|zung**, ...herd;
Heiß_man|gel (die; -), ...sporn
(Plur. ...sporne); **heiß|spor|nig**;
heiß|um|kämpft; ein heißum-
kämpfter Sieg (↑ jedoch R 209),
aber: der Sieg war heiß um-
kämpft; **heiß|um|strit|ten**; das ist
eine heißumstrittene Frage (↑ jedoch R 209), **aber:** die Frage
war lange Zeit heiß umstritten;
Heiß|was|ser|spei|cher

Hei|ster der; -s, - (junger Laub-
baum aus Baumschulen)

...heit (z. B. Keckheit die; -, -en)

hei|ter; heit[e]rer, -ste; **Hei|ter-
keit** die; -; **Hei|ter|keits|er|folg**

Heiz|an|la|ge; **heiz|bar**; **Heiz-
decke** [Trenn.: ...dek|ke]; **hei|zen**;
du heizt (heizest); **Hei|zer**; **Heiz-
_kes|sel**, ...kis|sen, ...kör|per,
...ko|sten|pau|schal|le, ...öl, ...pe-
ri|ode, ...plat|te, ...rohr, ...son-
ne; **Hei|zung**; **Hei|zungs_an|la-
ge**, ...mon|teur, ...rohr, ...tank

He|ka|le [österr.: ...kat'] (griech.
Nacht- u. Unterweltsgöttin)

He|ka|tom|be die; -, -n ⟨griech.⟩
(einem Unglück zum Opfer ge-
fallene, erschütternd große Zahl
von Menschen)

He|kla [dt. Aussspr.: *hekla*, isländ.
Aussspr.: *hähkla*] die; - (Vulkan
auf Island)

hekt..., **hekto...** ⟨griech.⟩ (100);
Hekt|ar [auch: ...tar] das (auch:
der); -s, -e ⟨griech.; lat.⟩ (100 a;
Zeichen: ha); 3 - gutes Land od.
guten Landes (↑ R 128 u. R 129);
Hekt|are die; -, -n (schweiz. für:

Hektar; Zeichen: ha); **Hekt|ar-
er|trag** (meist *Plur.*)

Hek|tik die; - ⟨griech.⟩ (fieberhafte
Aufregung, nervöses Getriebe);
hek|tisch (fieberhaft, aufgeregt,
sprunghaft); -e Röte; -es Fieber

hek|to... vgl. hekt...; **Hek|to...** (das
Hundertfache einer Einheit, z. B.
Hektoliter = 10² Liter; Zeichen:
h); **Hek|to|gramm** ⟨griech.⟩ (100
g; Zeichen: hg); **Hek|to|graph**
der; -en, -en; ↑ R 197 (Vervielfäl-
tigungsgerät); **Hek|to|gra|phie**
die; -, ...ien (Vervielfältigung);
hek|to|gra|phie|ren; **Hek|to|li|ter**
[auch: *häk*...] (100 l; Zeichen:
hl); **Hek|to|me|ter** (100 m; Zei-
chen: hm); **Hek|to|pas|cal** (100
Pascal; Zeichen: hPa)

Hek|tor (Held der griech. Sage)

Hek|to|ster [auch: *häk*...] ⟨griech.⟩
(100 Ster; Zeichen: hs); **Hek|to-
watt** (100 Watt)

He|ku|ba (w. griech. Sagengestalt)

Hel (nord. Todesgöttin; auch:
Welt der Toten; Unterwelt)

Hel|an|ca ⟨Wz⟩ [...*ka*] das; - (hoch-
elastisches Kräuselgarn aus Ny-
lon)

hel|lau! (Fastnachtsruf)

Held der; -en, -en (↑ R 197); **Hel-
den_dar|stel|ler**, ...epos; **hel|den-
haft**; -este; **Hel|den_mut**; **hel-
den|mü|tig**; **Hel|den_tat**, ...te-
nor, ...tod, ...tum (das; -s)

Hel|der der od. das; -s, - (niederd.:
uneingedeichtes Marschland)

Hel|din die; -, -nen; **hel|disch**

He|le|na (griech. mytholog. Ge-
stalt; w. Eigenn.); **He|le|ne** (w.
Vorn.)

Hel|fe die; -, -n (Schnur am Web-
stuhl)

hel|fen; du hilfst; du halfst (hal-
fest); du hülfest (selten: hälfest);
geholfen; hilf!; sie hat ihr beim
Nähen geholfen, **aber:** sie hat
ihr nähen helfen (od.: geholfen);
sich zu - wissen; **Hel|fer**; **Hel-
fers|hel|fer**

Helf|gott (m. Vorn.)

Hel|ga (w. Vorn.); ¹**Hel|ge** (nord.
m. Vorn.)

²**Hel|ge** die; -, -n u. ¹**Hel|gen** der;
-s, - ⟨aus: Helligen⟩ (Nebenform
von: Helling)

²**Hel|gen** der; -s, - (schweiz. für:
kleines Bild)

Hel|go|land; **Hel|go|län|der** (↑ R
147); **hel|go|län|disch**

He|li|and der; -s („Heiland"; alt-
sächs. Evangeliendichtung)

He|li|an|thus der; -, ...then
⟨griech.⟩ (Sonnenblume)

¹**He|li|kon** das; -s, -s ⟨griech.⟩ (run-
de Baßtuba)

²**He|li|kon** der; -[s] (Gebirge in
Böotien; Musensitz)

He|li|ko|pter die; -, - ⟨griech.⟩
(Hubschrauber)

---

¹ *Trenn.: ...k|k...*

He|lio... ‹griech.› (Sonnen...); **He|lio|dor** *der;* -s, -e (ein Edelstein); **He|lio|graph** *der;* -en, -en; ↑ R 197 (ein Signalgerät für Blinkzeichen mit Hilfe des Sonnenlichts); **He|lio|gra|phie** *die;* - (ein Tiefdruckverfahren; Zeichengeben mit dem Heliographen); **he|lio|gra|phisch;** **He|lio|gra|vü|re** *die;* -, -n (ein Tiefdruckverfahren [nur *Sing.*]; Ergebnis dieses Verfahrens); **He|li|os** (griech. Sonnengott); **He|lio|skop** *das;* -s, -e (Gerät mit Lichtschwächung zur direkten Sonnenbeobachtung); **He|lio|stat** *der;* -[e]s u. -en, -en; ↑ R 197 (Spiegelvorrichtung, die den Sonnenstrahlen eine gleichbleibende Richtung gibt); **He|lio|the|ra|pie** *die;* - (Heilbehandlung mit Sonnenlicht); **¹He|lio|trop** *das;* -s, -e (eine Zierpflanze; eine Farbe [nur *Sing.*]; Spiegelvorrichtung [in der Geodäsie]); **²He|lio|trop** *der;* -s, -e (ein Edelstein); **he|lio|tro|pisch** (lichtwendig); **he|lio|zen|trisch** (auf die Sonne als Mittelpunkt bezüglich); -es Weltsystem; **He|lio|zo|on** *das;* -s, ...zo|en; meist *Plur.* (Sonnentierchen)

He|li|port *der;* -s, -s ‹engl.› (Landeplatz für Hubschrauber)

He|li|um *das;* -s (chem. Grundstoff, Edelgas; Zeichen: He)

He|lix *die;* -, ...ices [...*ize*ß] ‹griech.-lat.› (spiralige Molekülstruktur)

hell; hellblau usw. *Schreibung in Verbindung mit Partizipien* (↑ R 209): vgl. helleuchtend, hellodernd, hellstrahlend

Hel|las (Griechenland)

hell|auf; - lachen (laut u. fröhlich lachen); **a b e r :** hell auflachen (plötzlich zu lachen anfangen); - begeistert; **hell|äu|gig; hell|blau;** - färben; **hell|blond; hell|dunkel; Hell|dun|kel; Hell-Dun|kel-Ad|ap|l|ta|lti|on** (Physiol.: Anpassung des Auges an die jeweiligen Lichtverhältnisse); **Hell|dun|kel|ma|le|rei;** **hel|le** (landsch. für: aufgeweckt, gewitzt); **¹Hel|le** *die;* - (Helligkeit); **²Hel|le** *das;* -n, -n (ugs. für: [ein Glas] helles Bier); 3 Helle

Hel|le|bar|de [schweiz.: *häl*ᵗ...] *die;* -, -n (Hieb- u. Stoßwaffe im MA.; Paradewaffe der Schweizergarde im Vatikan); **Hel|le|bar|dier** *der;* -s, -e (mit einer Hellebarde Bewaffneter)

Hel|le|gat[t] *das;* -s, -en u. -s ([Vorrats-, Geräte]raum auf Schiffen)

hel|len, sich (dicht. für: sich erhellen)

Hel|le|ne *der;* -n, -n; ↑ R 197 (Grieche); **Hel|le|nen|tum** *das;* -s; **Hel|le|nin** *die;* -, -nen; **hel|le|nisch; hel|le|ni|sie|ren** (nach griech. Vorbild gestalten, einrichten); **Hel|le|nis|mus** *der;* - (nachklass. griech. Kultur); **Hel|le|nist** *der;* -en, -en; ↑ R 197 (Gelehrter des nachklass. Griechentums; Forscher u. Kenner des Hellenismus); **Hel|le|ni|stik** *die;* - (wissenschaftl. Erforschung der hellenist. Sprache u. Literatur); **hel|le|ni|stisch**

Hel|ler *der;* -s, - (ehem. dt. Münze); auf - u. Pfennig; ich gebe keinen - dafür; vgl. Haléř

Hel|les|pont *der;* -[e]s ‹griech.› (antike Bez. für: Dardanellen)

hell|leuch|tend [*Trenn.:* hell|leuch..., ↑ R 204]; dieser hellleuchtende Stern, a b e r (↑ R 209): dieser auffallend hell leuchtende Stern

Hell|gat[t] vgl. Hellegat[t]

hell..haa|rig, ...hö|rig (feinhörig; heute auch für: schalldurchlässig); **hell|licht** [*Trenn.:* hell|licht, ↑ R 204]; es ist -er Tag

Hel|li|gen (*Plur.* von: Helling)

Hel|lig|keit *die;* - (fachspr. auch *Plur.:* -en); **Hel|lig|keits|reg|ler; hel|lila** [*Trenn.:* hell|li..., ↑ R 204]; ein hellila Kleid

Hel|ling *die;* -, -en u. Helligen (auch:) der; -s, -e (Schiffsbauplatz); vgl. Helge[n]

hello|dernd [*Trenn.:* ...hell|lo..., ↑ R 204]; die hellodernde Flamme, a b e r (↑ R 209): die sehr hell lodernde Flamme; **hell|se|hen** (nur im Infinitiv gebräuchlich); **Hell.se|hen** (*das;* -s), ...se|her; **Hell|se|he|rei; Hell|se|he|rin; hell..se|he|risch, ...sich|tig; Hell|sich|tig|keit** *die;* -; **hell|wach**

Hell|weg *der;* -[e]s (Landstrich in Westfalen)

¹Helm *der;* -[e]s, -e (Kopfschutz; Turmdach)

²Helm *der;* -[e]s, -e (Stiel von Schlagwerkzeugen)

Hel|ma (w. Vorn.)

Helm|busch

Helm|holtz (dt. Physiker)

Hel|mi|ne (w. Vorn.)

Hel|min|the *die;* -, -n (meist *Plur.*) ‹griech.› (Med.: Eingeweidewurm); **Hel|min|thia|sis** *die;* -, ...thia|sen; ↑ R 180 (Med.: Wurmkrankheit)

Helm|mold (m. Vorn.)

Helm|stedt (Stadt östl. von Braunschweig); **Helm|sted|ter** (↑ R 147)

Helm|traud, Helm|trud (w. Vorn.); **Helm|traut** (veralt. Schreibung von: Helmtraud); **Hel|mut** (m. Vorn.); **Helm|ward** (m. Vorn.)

Hel|oi|se; ↑ R 180 (franz. w. Eigenn.)

He|lot *der;* -en, -en (↑ R 197) ‹griech.› ([spartan.] Staatssklave); **He|lo|ten|tum** *das;* -s

Hel|sing|fors (schwed. für: Helsinki); **Hel|sin|ki** (Hptst. Finnlands)

Hel|ve|ti|en [...*wezi'n*] (Schweiz); **Hel|ve|ti|er** [...*i'r*] (Angehöriger eines kelt. Volkes); **hel|ve|tisch,** a b e r (↑ R 157): die Helvetische Republik; das Helvetische Bekenntnis (Abk.: H. B.); **Hel|ve|tis|mus** *der;* -, ...men ‹lat.› (schweizerische Spracheigentümlichkeit)

hem!, hm!; hem, hem!; hm, hm!

Hemd *das;* -[e]s, -en; **Hemd|blu|se; Hemd|chen, Hemd|lein; Hem|den|knopf, Hemd|knopf; Hem|den|matz** (ugs. für: Kind im Hemd); **Hemd|ho|lse; Hemd|knopf, Hem|den|knopf; Hemd|lein, Hemd|chen; Hemds|är|mel** (meist *Plur.*); **hemds|är|me|lig,** (schweiz. auch:) hemdärm[e]lig **He|mings|way** [...*ᵉe'*] (amerik. Schriftsteller)

he|mi... ‹griech.› (halb...); **Hel|mi...** (Halb...); **He|mi|ple|gie** *die;* -, ...ien (Med.: halbseitige Lähmung); **He|mi|pte|re** *die;* -, -n; meist *Plur.* (Zool.: Schnabelkerf); **He|mi|sphä|re** *die;* -, -n ([Erd- od. Himmels]halbkugel); **he|mi|sphä|risch; He|mi|stji|chi|on** ‹griech.›, **He|mi|stji|chi|um** *das;* -s, ...i'n] (Halbvers in der altgriech. Metrik); **he|mi|zy|klisch** [auch: ...zü...] (halbkreisförmig)

Hem|lock|tan|ne vgl. Tsuga

hem|men; Hemm|nis *das;* -ses, -se; **Hemm..schuh, ...schwel|le** (bes. Psych.), ...stoff (Chemie: Substanz, die chem. Reaktionen hemmt); **Hem|mung; hem|mungs|los;** -este; **Hem|mungs|lo|sig|keit; Hemm|wir|kung**

Hem|ster|huis [*hämßt'rhöiß*] Frans (niederl. Philosoph)

Hen|de|ka|gon *das;* -s, -e ‹griech.› (Elfeck); **Hen|de|ka|syl|la|bus** *der;* -, ...syllaben u. ...syllabi (elfsilbiger Vers)

Hen|dia|dy|oin [...*düeun*] *das;* -s ‹griech.›, (seltener:) **Hen|dia|dys** *das;* - (Bez. eines Begriffs durch zwei nebengeordnete, z. B. „bitten und flehen")

Hendl *das;* -s, -n (österr. für: [junges] Huhn; Back-, Brathuhn)

Hengst *der;* -es, -e

Hen|kel *der;* -s, -; **Hen|kel_korb, ...krug, ...mann** (ugs. für: Gefäß zum Transport von [warmen] Mahlzeiten)

hen|ken; Hen|ker; Hen|kers.beil, ...frist, ...knecht, ...mahl[|zeit] (letztes Mahl, letzte Mahlzeit)

Hen|na *die;* - od. *das;* -[s] ‹arab.› (rotgelber Farbstoff, der u. a. zum Färben von Haaren verwendet wird); **Hen|na|strauch**

Hen|ne *die;* -, -n

Hen|ne|gat|t| (niederd. für: Durchlaß [durch die Schiffswand] für das Ruder)

Hen|ne|gau *der;* -[e]s (belg. Provinz)

Hen|ni (Kurzform von: Henriette)

¹Hen|ni|n|g (m. Vorn.)

²Hen|ning (der Hahn in der Tierfabel)

Hen|ny (engl. Kurzform von: Henriette)

He|no|the|is|mus ⟨griech.⟩ (Verehrung einer Gottheit, ohne andere Gottheiten zu leugnen od. deren Verehrung zu verbieten)

Hen|ri [*angri*] (franz. Form von: Heinrich); Hen|ri|et|te (w. Vorn.)

Hen|ri|qua|tre [(h)angri̱ka̱tr] *der;* -[s] [...ka̱tr], -s [...ka̱tr] ⟨franz.⟩ (Spitzbart [wie ihn Heinrich IV. von Frankreich trug])

¹Hen|ry [*hänri*] (engl. Form von: Heinrich)

²Hen|ry [*hänri*] *das;* -, - ⟨nach dem amerik. Physiker⟩ (Einheit der Selbstinduktion; Zeichen: H)

Hen|ze (dt. Komponist)

he|pa|tisch ⟨griech.⟩ (zur Leber gehörend); He|pa|ti|tis *die;* -, ...iti|den (Med.: Leberentzündung)

He|phai|stos vgl. Hephäst, Hephä̱stus; He|phäst, He|phä|stus (griech. Gott des Feuers u. der Schmiedekunst)

Hep|ta|chord [...ko̱rt] *der* od. *das;* -[e]s, -e ⟨griech.⟩ (Musik: große Septime); Hep|ta|gon *das;* -s, -e (Siebeneck); Hept|ame|ron *der;* -s (Novellensammlung, an „sieben Tagen" erzählt, von Margarete von Navarra); Hep|ta|me|ter *der;* -s, - (siebenfüßiger Vers); Hep|tan *das;* -s (Kohlenwasserstoff mit sieben Kohlenstoffatomen, Bestandteil von Erdöl, Benzin usw.); Hep|ta|teuch *der;* -s (die ersten sieben bibl. Bücher); Hept|ode *die;* -, -n (Elektronenröhre mit sieben Elektroden)

her (Bewegung auf den Sprechenden zu); her zu mir!; her damit!; hin und her!; (auch zeitlich:) von früher her; vgl. hin

her... (*in Zus. mit Verben,* z. B. herbringen, du bringst her, hergebracht, herzubringen)

He|ra, He|re (Gemahlin des Zeus)

her|ab; her|ab... (z. B. herablassen; er hat sich herabgelassen); her|ab|hän|gen; die Deckenverkleidung hing herab; vgl. ¹hängen; her|ab|las|sen; sich -; her|ab|las|send; Her|ab|las|sung; her|ab|se|hen; auf jemanden -; her|ab|set|zen; Her|ab|set|zung; her|ab|wür|di|gen; Her|ab|wür|di|gung

He|ra|kles (Halbgott u. Held der

griech.-röm. Sage); vgl. Herkules; He|ra|kli|de *der;* -n, -n; ↑R 197 (Nachkomme des Herakles); He|ra|klit [auch: ...it] (altgriech. Philosoph)

He|ral|dik *die;* - ⟨franz.⟩ (Wappenkunde); He|ral|di|ker (Wappenkundiger, -forscher); he|ral|disch; -e Farben

her|an, (ugs.:) ran (↑R 16); her|an... (z. B. heranbringen; er hat es mir herangebracht); her|an|ar|bei|ten, sich; her|an|bil|den; her|an|brin|gen; vgl. heran...; her|an|fah|ren; er ist zu mir herangefahren; her|an|kom|men; her|an|ma|chen, sich (ugs. für: sich [mit einer bestimmten Absicht] nähern; beginnen); her|an|rei|fen (allmählich reif werden); her|an|rücken (↑R 16); her|an|schaf|fen; vgl. ¹schaffen; her|an|sein; aber: sobald er heran ist; vgl. dasein; her|an|tas|ten, sich; her|an|tre|ten; her|an|wach|sen; Her|an|wach|sen|de *der* u. *die;* -n, -n (↑R 7 ff.); her|an|wa|gen, sich; her|an|zie|hen

her|auf, (ugs.:) rauf (↑R 16); her|auf... (z. B. heraufziehen; er hat den Eimer heraufgezogen); her|auf|be|schwö|ren; her|auf|brin|gen; her|auf|däm|mern; her|auf|zie|hen; vgl. herauf...

her|aus, (ugs.:) raus (↑R 16); her|aus... (z. B. herausstellen; er hat die Schuhe herausgestellt); her|aus|ar|bei|ten; Her|aus|ar|bei|tung; her|aus|be|kom|men; her|aus|bil|den, sich; Her|aus|bil|dung; her|aus|fin|den; Her|aus|for|de|rer; her|aus|for|dern; ich fordere heraus (↑R 22); her|aus|for|dernd; Her|aus|for|de|rung; Her|aus|ga|be *die;* -; her|aus|ge|ben; ich gebe heraus; vgl. herausgegeben; Her|aus|ge|ber (Abk.: Hg. u. Hrsg.); her|aus|ge|ben (Abk.: hg. u. hrsg.); - von; her|aus|ge|hen; du mußt mehr aus dir - (dich freier, weniger befangen äußern); her|aus|ha|ben (ugs.: etw. gelöst haben); er hat die Aufgabe heraus; her|aus|hal|ten; sich -; ¹her|aus|hän|gen; die Fahne hing zum Fenster heraus; vgl. ¹hängen; ²her|aus|hän|gen; er hängte die Fahne heraus; vgl. ²hängen; her|aus|hau|en; her|aus|he|ben; sich -; her|aus|ho|len; her|aus|kom|men; es wird nichts dabei herauskommen; her|aus|kri|stal|li|sie|ren; sich -; her|aus|neh|men; sich etwas -; her|aus|pau|ken (ugs.); her|aus|plat|zen; her|aus|ra|gen; eine herausragende Leistung; her|aus|rei|ßen; her|aus|rücken [*Trenn.:* ...rük|ken]; mit der Sprache - (ugs.); her|aus|schaf|fen;

vgl. ¹schaffen; her|aus|schau|en (auch österr. für: herauskommen [vgl. d.]); her|aus|sein; aber: sobald es heraus war; vgl. dasein

her|au|ßen (bayr., österr. für: hier außen)

her|aus|stel|len; vgl. heraus...; es hat sich herausgestellt, daß...; her|aus|wach|sen; sie ist aus dem Kleid herausgewachsen; aber: seine Sicherheit ist aus den Erfahrungen heraus gewachsen; her|aus|zie|hen

herb

Her|ba|ri|um *das;* -s, ...ien [...i̱·n] ⟨lat.⟩ (Sammlung getrockneter Pflanzen)

Her|bart (dt. Philosoph)

Her|be *die;* - (Herbheit)

her|bei; her|bei... (z. B. herbeieilen; er ist herbeigeeilt); her|bei|füh|ren; her|bei|las|sen; sich; her|bei|locken [*Trenn.:* ...lok|ken]; her|bei|ru|fen; herbeirufen und -winken (↑R 32); her|bei|schaf|fen; vgl. ¹schaffen; her|bei|schlep|pen; her|bei|strö|men; her|bei|wün|schen; her|bei|zi|tie|ren (ugs.)

her|be|mü|hen; sich -; er hat sich herbemüht

Her|ber|ge *die;* -, -n; her|ber|gen; du herbergst; geherbergt; Her|bergs_el|tern, ...mut|ter, ...va|ter

Her|bert (m. Vorn.)

Herb|heit *die;* -

her|bit|ten; er hat ihn hergebeten

Her|bi|vo|re [...wo̱·] *der;* -n, -n (↑R 197) ⟨lat.⟩ (pflanzenfressendes Tier); Her|bi|zid *das;* -[e]s, -e (pflanzenvernichtendes Mittel)

Herb|ling (unreife Frucht aus später Blüte)

her|brin|gen

Herbst *der;* -[e]s, -e; Herbst|an|fang, (dicht.:) Herb|stes|an|fang; Herbst|blu|me; herb|sten (österr. nur so) herb|sten (auch für: Trauben ernten); es herbstelt; Herbst|fe|ri|en *Plur.;* herbst|lich; herbst|lich|gelb; Herbst|ling (ein Pilz); Herbst_mei|ster|schaft (bes. Fußball: erster Tabellenplatz nach der Hinrunde), ...mes|se, ...mo|de, ...mo|nat, ...mond (alte Bez. für: September), ...ne|bel, ...son|ne, ...sturm, ...tag; Herbst-Tag|und|nacht|glei|che *die;* -, -n (↑R 34); Herbst|zeit|lo|se *die;* -, -n

herb|süß

Her|cu|la|ne|um, Her|cu|la|num (röm. Ruinenstadt am Vesuv); her|cu|la|nisch

Herd *der;* -[e]s, -e

Herd|buch (Zuchtstammbuch); Her|de *die;* -, -n; Her|den_mensch, ...tier, ...trieb (*der;* -[e]s); her|den|wei|se

Her|der (dt. Philosoph u. Dichter); her|de|risch, her|dersch; das ist eine herder[i]sche Betrachtungsweise (nach Art Herders), aber (↑R 134): Her|de|risch, Her|dersch; die Herder[i]schen Schriften (von Herder)

Herd_feu|er, ...plat|te

He|re vgl. Hera

he|re|di|tär (lat.) (die Erbschaft betreffend; erblich)

her|ein, (ugs.:) r**ein** (↑R 16); „Herein!" rufen; her|ein... (z. B. hereinbrechen; der Abend ist hereingebrochen); her|ein|be|kom|men; her|ein|bre|chen; her|einbrin|gen; her|ein|fah|ren; her|ein|fal|len; Her|ein|ge|schmeckte, Re|in|ge|schmeck|te der u. die; -n, -n; ↑R 7 ff. (schwäb. für: Ortsfremde[r], Zugezogene[r]); her|ein|kom|men; her|ein|las|sen; her|ein|le|gen; her|ein|plat|zen; her|ein|ras|seln (ugs. für: hereinfallen; in eine schlimme Situation geraten); her|ein|schaf|fen; vgl. ¹schaffen; her|ein|schlei|chen; sich -; her|ein|schnei|en (ugs. für: unvermutet hereinkommen); her|ein|spa|zie|ren; her|ein|strö|men; her|ein|stür|zen

He|re|ro der; -[s], -[s] (Angehöriger eines Bantustammes)

her|fah|ren; Her|fahrt; vgl. Hin- und Herfahrt (↑R 32)

her|fal|len; über jmdn. -

her|füh|ren

Her|ga|be

Her|gang

her|ge|ben; sich [für od. zu etwas] -

her|ge|bracht|er|ma|ßen

her|ge|hen; hinter jmdm. -; hoch -

her|ge|hö|ren

her|ge|lau|fen; Her|ge|lau|fe|ne der u. die; -n, -n (↑R 7 ff.)

her|ha|ben (ugs.); wo er's wohl herhat?

her|hal|ten (büßen); er mußte dafür -

her|ho|len; das ist w**ei**t hergeholt (ist kein naheliegender Gedanke); aber: diesen Wein haben wir von w**ei**ther geholt

her|hö|ren; alle mal -!

He|ri|bert (m. Vorn.)

He|ring der; -s, -e (ein Fisch; Zeltpflock); He|rings_fang, ...fil|et, ...milch, ...rol|gen, ...sa|lat

her|in|nen (bayr. u. österr. für: [hier] drinnen)

He|ris der; -, - (nach dem iran. Ort) (ein Perserteppich)

He|ris|au (Stadt in der Schweiz)

her|kom|men; er ist hinter mir hergekommen; aber: er ist von der Tür her gekommen; Her|kom|men; her|kömm|lich

¹Her|ku|les (lat. Form von: Herakles); ²Her|ku|les der; - (ein Sternbild); ³Her|ku|les der; -, -se (Mensch von großer Körper-

kraft); Her|ku|les|ar|beit; her|ku|lisch; -ste (riesenstark; schwer zu vollbringen)

Her|kunft die; -, (selten:) ...künf|te; Her|kunfts_an|ga|be, ...ort

her|lau|fen; hinter jmdm. -

her|lei|hen (österr. für: verleihen)

her|lei|ten; sich -

Her|lin|de (w. Vorn.)

Her|ling (veralt. für: unreife, harte Weintraube)

Her|lit|ze [auch: ...li...] die; -, -n (Kornelkirsche, Ziergehölz)

her|ma|chen; sich über etwas -

Her|mann (m. Vorn.); Her|manns_denk|mal (das; -[e]s), ...schlacht

Her|mann|stadt (Stadt in Siebenbürgen); vgl. Sibiu

Herm|aphro|dit der; -en, -en (↑R 197) (griech.) (Zwitter); herm|aphro|di|tisch; Herm|aphro|dis|mus, Herm|aphro|di|tis|mus der; - (Zwittrigkeit); Her|me die; -, -n (Büstenpfeiler, -säule)

¹Her|me|lin das; -s, -e (großes Wiesel); ²Her|me|lin der; -s, -e (ein Pelz)

her|me|neu|tik die; - (griech.) (Auslegekunst, Deutung); her|me|neu|tisch

Her|mes (griech. Götterbote, Gott des Handels, Totenführer)

her|me|tisch (griech.) ([luft- u. wasser]dicht)

Her|mi|ne (w. Vorn.)

Her|mi|no|nen Plur. (germ. Stammesgruppe); her|mi|no|nisch

Her|mi|ta|ge [(h)ɛrmiˈtaːʃ] der; -(franz.) (ein franz. Wein)

Her|mun|du|re der; -n, -n; ↑R 197 (Angehöriger eines germ. Volksstammes)

her|nach (landsch. für: nachher)

her|neh|men (ugs.)

Her|nie [...iə] die; -, -n (lat.) (Eingeweidebruch; Pflanzenkrankheit)

her|nie|der; her|nie|der... (z. B. herniedergehen; der Regen ist herniedergegangen)

Her|nio|to|mie die; -, ...ien (lat.; griech.) (Med.: Bruchoperation)

He|ro (w. Eigenn.); vgl. Hero- und-Leander-Sage

He|roa (Plur. von: Heroon)

her|oben (bayr., österr. für: hier oben)

He|ro|des (jüd. Königsname)

He|ro|dot [auch: ...dot, österr.: her...] (griech. Geschichtsschreiber)

He|roe der; -n, -n (↑R 197) (griech.) (Heros); He|ro|en|kult, He|ro|en|kul|tus (Heldenverehrung); ¹He|ro|in das; -s (ein Rauschgift); ²He|ro|in die; -, -nen (Heldin; auch für: Heroine); He|ro|i|ne die; -, -n; ↑R 180 (Heldendarstellerin); he|ro|in|süch-

tig; he|ro|isch; -ste (heldenmütig, heldisch; erhaben); he|roi|sie|ren [...o-i...] ↑R 180 (zum Helden erheben; verherrlichen); He|ro|is|mus der; -

He|rold der; -[e]s, -e (Verkündiger, Ausrufer [im MA.]); He|rolds_amt (Wappenamt), ...stab

He|ron (griech. Mathematiker); He|rons|ball; ↑R 135 (vgl. ¹Ball)

He|ro|on das; -s, Heroa (griech.) (Heroentempel); He|ros der; -, ...oen (Held; Halbgott [bes. im alten Griechenland])

He|ro|strat der; -en, -en (↑R 197) (nach dem Griechen Herostratos, der den Artemistempel zu Ephesus anzündete, um berühmt zu werden) (Verbrecher aus Ruhmsucht); He|ro|stra|ten|tum das; -s; he|ro|stra|tisch (ruhmsüchtig)

He|ro-und-Le|an|der-Sa|ge die; - (↑R 41)

Her|pes der; - (griech.) (Bläschenausschlag); Her|pe|to|lo|gie die; - (Kriechtierkunde)

Herr der; -[e]n, -en (Abk.: Hr., Dat. u. Akk.: Hrn.); mein -!; meine -en!; seines Unmutes - werden; der Besuch eines Ihrer Herren; Ihres Herrn Vaters; aus aller Herren Länder[n]; Herrn Ersten Staatsanwalt Müller (vgl. erste II, a); Herrn Präsident[en] Meyer; Herr|chen, Herr|lein

Her|rei|se; vgl. Hin- und Herreise (↑R 32)

Her|ren_abend, ...aus|stat|ter, ...be|klei|dung

Her|ren|chiem|see [...kim...] (Ort u. Schloß auf der Herreninsel im Chiemsee)

Her|ren_dop|pel (Sportspr.), ...ein|zel (Sportspr.), ...fah|rer; her|ren|los; Her|ren_ma|ga|zin, ...par|tie, ...rei|ter, ...schnei|der, ...sitz (der; -es), ...tum (das; -s), ...witz, ...zim|mer; Herr|gott der; -s; Herr|gotts|frü|he die; -; in aller -; Herr|gotts_schnit|zer, ...win|kel

her|rich|ten; etwas - lassen; Her|rich|tung

Her|rin die; -, -nen; her|risch; -ste; herr|je! (aus: Herr Jesus!), herr|je|mi|ne!; vgl. auch: jemine; Herr|lein, Herr|chen; herr|lich; Herr|lich|keit

Herrn|hut (Stadt im Lausitzer Bergland); Herrn|hu|ter (↑R 147; -) Brüdergemeine; herrn|hu|tisch

Herr|schaft; herr|schaft|lich; Herr|schafts_an|spruch, ...be|reich (der; -[e]s, -e), ...form, ...ord|nung, ...struk|tur, ...wis|sen (als Machtmittel genutztes [anderen nicht zugängliches] Wissen);

Herr|sch|be|gier|de|[;]

herrsch|be|gie|rig; herr|schen;
du herrschst (herrschest); herr-
schend; Herr|scher; Herr|scher-
_ge|schlecht, ...haus; Herr|sche-
rin die; -, -nen; Herrsch|sucht
die; -; herrsch|süch|tig
her|rüh|ren
her|sa|gen; etwas auswendig -
her|schau|en (ugs.); da schau her!
(bayr., österr. für: sieh mal an!)
Her|schel (engl. Astronom dt.
Herkunft); -sches Teleskop
her|schie|ben; etwas vor sich -
her|sein; es ist drei Jahre hergewe-
sen, aber: obwohl es schon drei
Jahre her ist, war; vgl. dasein
her|stel|len; Her|stel|ler; Her|stel-
ler|fir|ma; Her|stel|lung; Her-
stel|lungs|ko|sten Plur.
Her|ta, Her|tha; ↑ R 131 (w. Vorn.)
her|trei|ben; Kühe vor sich -
Hertz das; -, - ⟨nach dem Physiker
Hertz⟩ (Maßeinheit der Frequenz; Zeichen: Hz); 440 -
her|über (bayr., österr. für: hier
auf dieser Seite; diesseits)
her|über, (ugs.:) rü|ber (↑ R 16);
her|über... (z. B. herüberkom-
men; herübergekommen)
her|um, (ugs.:) rum (↑ R 16); um
den Tisch -; her|um... (z. B. her-
umlaufen; er ist herumgelau-
fen); her|um|är|gern, sich; her-
um|dok|tern; an etwas, jmdm. -
(ugs. für: etwas, jmdn. mit dilet-
tantischen Methoden zu heilen
versuchen); her|um|drücken
[Trenn.: ...drük|ken], sich (ugs.);
her|um|füh|ren; her|um|fuhr|wer-
ken (ugs. für: heftig u. planlos
hantieren); her|um|kom|men;
nicht darum -; her|um|krie|gen
(ugs. für: umstimmen); her|um-
lau|fen; her|um|lun|gern (ugs.);
ich lungere herum (↑ R 22); her-
um|rei|ßen; das Steuer -; her|um-
schla|gen, sich; her|um|sit|zen;
her|um|spre|chen; etwas spricht
sich herum (wird allgemein be-
kannt); her|um|stie|ren (österr.
für: herumstöbern); her|um|stö-
bern; her|um|trei|ben, sich; her-
um|trei|ber; her|um|wer|fen; das
Steuer -
her|un|ten (bayr., österr. für: hier
unten)
her|un|ter, (ugs.:) run|ter (↑ R 16);
her|un|ter... (z. B. herunterkom-
men; er ist sofort herunterge-
kommen); her|un|ter|ge|kom-
men (armselig; verkommen); ein
-er Mann; her|un|ter|hän|gen;
der Vorhang hing herunter; vgl.
¹hängen; her|un|ter|krem|peln;
die Ärmel -; her|un|ter|las|sen;
her|un|ter|ma|chen (ugs.: abwer-
ten, schlechtmachen; ausschel-
ten); her|un|ter|rei|ßen; her|un-
ter|sein (ugs. für: abgearbeitet,
elend sein); her|un|ter|spie|len

(ugs.: nicht so wichtig nehmen);
her|un|ter|zie|hen
her|vor; her|vor... (z. B. hervorho-
len; er hat es hervorgeholt); her-
vor|bre|chen; her|vor|brin|gen;
her|vor|ge|hen; her|vor|he|ben;
her|vor|ho|len; her|vor|keh|ren;
her|vor|ra|gen; her|vor|ra|gend;
-ste; her|vor|ru|fen; her|vor|ste-
chen; her|vor|tre|ten; her|vor|tun,
sich; her|vor|zie|hen
her|wärts
Her|weg; vgl. Hin- und Herweg
(↑ R 32)
Her|wegh (dt. Dichter)
Her|wig (m. Vorn.); Her|wi|ga (w.
Vorn.)
Herz das; -ens, Dat. -en, Plur. -en,
(Med. auch starke Beugung: des
Herzes, am Herz, die Herze): des
von -en kommen; zu -en gehen,
nehmen; mit Herz und Hand
(formelhaft ungebeugt; ↑ R 197);
vgl. Herze; herz|al|ler|liebst;
Herz_al|ler|liebste, ...an|fall,
...an|oma|lie; Herz|as [auch:
...aß]; herz|asth|ma; herz|be-
klem|mend; der Anblick war -
(↑ R 209); Herz_beu|tel, ...bin-
kerl (das; -s, -n; österr. ugs. für:
Lieblingskind), ...blätt|chen,
...blut; herz|bre|chend; eine -e
Geschichte; Herz|bru|der, Her-
zens|bru|der; Herz|chen, Herz-
lein; Herz|chir|ur|gie; Her|ze
das; -ns, -n (dicht. für: Herz; ugs.
für: Geliebte, Mädchen [bes. in
der Anrede])
Her|ze|go|wi|na [auch: ...gowina]
die; - (Gebiet in Jugoslawien)
Her|ze|leid (veralt.); her|zen; du
herzt (herzest); Herz|ens|angst;
Herz|zens_be|dürf|nis, ...bre|cher;
Herz|zens|bru|der, Herz|bru|der;
Herz|ens_er|gie|ßung (veralt.,
aber noch scherzh.), ...freund
(veralt.); Herz|zens|gut; Herz|zens-
_gü|te, ...lust (nach -), ...sa|che,
...wunsch; herz_er|freu|end, ...er-
fri|schend, ...er|grei|fend, ...er-
quickend; -ste (↑ R 209) [Trenn.:
...quik|kend]; Herz_feh|ler,
...flim|mern (das; -s; Med.);
herz_för|mig, ...haft; -este;
Herz|haf|tig|keit die;-
her|zie|hen; ... so daß ich den Sack
hinter mir herzog; er ist, hat über
ihn hergezogen (ugs.: hat
schlecht von ihm gesprochen);
aber: von der Tür her zog es
herzig; Herz|in|farkt; herz|in-
nig; herz|in|nig|lich; Herz_in-
suf|fi|zi|enz, ...kam|mer, ...ka-
the|ter, ...kir|sche, ...klap|pen-
feh|ler, ...klop|fen (das; -s); herz-
krank; Herz|kranz|ge|fäß; Herz-
Kreis|lauf-Er|kran|kung (↑ R 41);
Herz|lein, Herz|chen; herz|lich;
aufs, auf das -ste (↑ R 65); Herz-
lich|keit; herz|los; -este; Herz-

lo|sig|keit; Herz-Lun|gen-Ma-
schi|ne (↑ R 41)
Herz|ma|nov|sky-Or|lan|do [...ßki-]
(österr. Schriftsteller)
Herz_mas|sa|ge, ...mit|tel das,
...mus|kel, ...mus|kel|schwä|che;
herz|nah
Herz|zog der; -[e]s, ...zöge (auch:
-e)
Her|zo|gen|busch (niederl. Stadt)
Her|zo|gin die; -, -nen; Her|zo|gin-
mut|ter (Plur. ...mütter); herz|zog-
lich, im Titel (↑ R 75): Herzog-
lich; Her|zogs|wür|de die;-; Herz-
zog|tum
Herz_rhyth|mus, ...rhyth|mus|stö-
rung, ...schlag, ...schritt|ma|cher,
...schwä|che; herz|stär|kend (↑ R
209); Herz_still|stand, ...stück,
...ton (meist Plur. ...töne),
...trans|plan|ta|ti|on, ...trop|fen
Plur.
her|zu (geh.); her|zu... (z. B. herzu-
kommen; er ist herzugekommen)
Herz_ver|pflan|zung, ...ver|sa|gen
her|zy|nisch (Geol.: von Nordwe-
sten nach Südosten verlaufend),
aber (↑ R 157): Herzynischer
Wald (alter Name des dt. Mittel-
gebirges)
herz|zer|rei|ßend; -ste; der An-
blick war - (↑ R 209)
Hes|se|ki|el [...kiäl] (bibl. Pro-
phet); vgl. Ezechiel
He|si|od [auch: ...ot] (altgriech.
Dichter)
Hes|pe|ri|de die; -, -n; meist Plur.
(Tochter des Atlas); Hes|pe|ri-
den|äp|fel Plur.; Hes|pe|ri|en
[...i⁰n] (im Altertum Bez. für:
Land gegen Abend [Italien,
Westeuropa]); Hes|pe|ros vgl.
Hesperus; Hes|pe|rus der; -
(Abendstern in der griech. Mythol.)
¹Hes|se (dt. Dichter)
²Hes|se die; -, -n (landsch. für: un-
terer Teil des Beines von Rind
od. Pferd); vgl. Hachse
³Hes|se der; -n, -n; ↑ R 197 (Ange-
höriger eines dt. Volksstammes);
Hes|sen (Land); Hes|sen-Darm-
stadt; Hes|sen|land das; -[e]s;
Hes|sen-Nas|sau; Hes|sin die; -,
-nen; hes|sisch, aber (↑ R 157):
das Hessische Bergland
He|stia (griech. Göttin des Her-
des)
He|tä|re die; -, -n ⟨griech.⟩ ([hoch-
gebildete] Freundin, Geliebte be-
deutender Männer in der Anti-
ke); He|tä|rie die; -, ...ien (alt-
griech. polit. Verbindung)
he|te|ro... ⟨griech.⟩ (anders...,
fremd...); He|te|ro... (Anders...,
Fremd...); he|te|ro|dox (anders-,
irrgläubig); He|te|ro|do|xie die;-,
...ien (Irrlehre); he|te|ro|gen
(andersgeartet, ungleichartig,
fremdstoffig); He|te|ro|ge|ni|tät

heteromorph

die; -; he|te|ro|morph (anders-, verschiedengestaltig); He|te|ro|phyl|lie *die;* - (Bot.: Verschiedengestaltigkeit der Blätter bei einer Pflanze); He|te|ro|se|xua|li|tät *die;* - (auf das andere Geschlecht gerichtetes Empfinden im Ggs. zur Homosexualität); he|te|ro|se|xu|ell; he|te|ro|troph (Biol.: von Organismen: auf organische Nahrung angewiesen); he|ter|özisch (swv. diözisch); he|te|ro|zy|got (ungleicherbig)

He|thi|ter, (ökum.:) He|ti|ter *der;* -s, - (Angehöriger eines idg. Kulturvolkes in Kleinasien); he|thi|tisch, (ökum.:) he|ti|tisch

Het|man *der;* -s, -e od. -s (Oberhaupt der Kosaken; in Polen [bis 1792] vom König eingesetzter Oberbefehlshaber)

Het|sche|pet|sch *die;* -, - u. Het|scherl *das;* -s, -n (österr. mdal. für: Hagebutte)

Het|ti|ter vgl. Hethiter

Hetz *die;* -, -en; *Plur.* selten (österr. ugs. für: Spaß); aus -; Het|ze *die;* -, -; het|zen; du hetzt (hetzest); Het|zer; Het|ze|rei; het|ze|risch; -ste; hetz|hal|ber (österr. ugs. für: zum Spaß); Hetz.jagd, ...kam|pa|gne, ...re|de

Heu *das;* -[e]s; Heu..bo|den, ...büh|ne (schweiz. für: Heuboden), ...bün|del

Heu|che|lei; heu|cheln; ich ...[e]le († R 22); Heuch|ler; heuch|le|risch; -ste; Heuch|ler|mie|ne

Heu|die|le (schweiz. neben: Heubühne); heu|en (landsch. für: Heu machen)

heu|er (südd., österr., schweiz. für: in diesem Jahr)

¹Heu|er (Heumacher)

²Heu|er *die;* -, -n (Löhnung, bes. der Schiffsmannschaft; Anmusterungsvertrag); Heu|er..baas, ...bü|ro; heu|ern ([Schiffsleute] dingen); ich ...ere († R 22)

Heu|ern|te; Heu|ert vgl. ¹Heuet; ¹Heu|et *der;* -s, -e (für: Heumonat); ²Heu|et *der;* -s od. die; - (südd. u. schweiz. für: Heuernte); Heu..feim od. ...fei|me od. ...fei|men, ...fie|ber (*das;* -s), ...ga|bel

Heul|bol|je; heu|len; (ugs.:) das heulende Elend bekommen; Heu|ler; Heul.krampf, ...su|se (Schimpfwort), ...ton

Heu..mahd, ...mo|nat od. ...mond (alte Bez. für: Juli), ...ochs od. ...och|se (Schimpfwort), ...pferd (Heuschrecke), ...rei|ter (österr.) od. ...reu|ter (südd. für: Holzgestell zum Heu- u. Kleetrocknen)

heu|re|ka! ‹griech.› („ich hab's [gefunden]!")

heu|rig (südd., österr., schweiz. für: diesjährig); Heu|ri|ge *der;*

-n, -n; († R 7 ff. (bes. österr. für: junger Wein im ersten Jahr; Lokal für den Ausschank jungen Weins, Straußwirtschaft; *Plur.:* Frühkartoffeln); Heu|ri|gen|abend

Heu|ri|stik *die;* ‹griech.› (Lehre von den Methoden zur Auffindung neuer wissenschaftl. Erkenntnisse); heu|ri|stisch (erfinderisch; das Auffinden bezwekkend); -es Prinzip

Heu.schnup|fen, ...scho|ber, ...schreck (*der;* -[e]s, -e; dicht. u. österr. neben: Heuschrecke); Heu|schre|cke *die;* -, -n [Trenn.: ...schrek|ke] (ein Insekt)

Heuss (erster dt. Bundespräsident); Heusssche Reden († R 20)

Heu..sta|del, ...stock (*Plur.* ...stök-ke; schweiz., österr. für: Heuvorrat [auf dem Heuboden])

heu|te (ugs. auch: heut); († R 61:) -abend, -früh, -mittag, -morgen, -nachmittag, -nacht; die Frau von -; bis -; hier und -; Heu|te *das;* - (die Gegenwart); das - und das Morgen; heu|tig; (↑ R 65:) am Heutigen; nicht gut ist kaufmänn.: mein Heutiges (Schreiben vom gleichen Tag); heu|ti|gen|tags († R 61); heut|zu|ta|ge († R 61)

He|xa|chord [...kort] *der* od. *das;* -[e]s, -e ‹griech.› (Aufeinanderfolge von sechs Tönen der diaton. Tonleiter); He|xa|eder *das;* -s, - (Sechsflächner, Würfel); he|xa|edrisch; He|xa|eme|ron *das;* -s (Schöpfungswoche außer dem Sabbat); He|xa|gon *das;* -s, -e (Sechseck); he|xa|go|nal; He|xa|gramm *das;* -s, -e (Figur aus zwei gekreuzten gleichseitigen Dreiecken; Sechsstern); He|xa|me|ter *der;* -s, - (sechsfüßiger Vers); he|xa|me|trisch; He|xa|teuch *der;* -s (die ersten sechs bibl. Bücher)

He|xe *die;* -, -n; he|xen; du hext (hexest); He|xen.jagd, ...kes|sel, ...kü|che, ...mei|ster, ...sab|bat, ...schuß, ...tanz, ...ver|bren|nung, ...wahn; He|xer; He|xe|rei

Hex|ode *die;* -, -n ‹griech.› (Elektronenröhre mit sechs Elektroden)

Hey|er|dahl (norw. Forscher); Heym, Georg (dt. Lyriker)

Hf = chem. Zeichen für: Hafnium

hfl = holländ. Gulden

hg = Hektogramm

Hg = Hydrargyrum (chem. Zeichen für: Quecksilber)

hg., hrsg. = herausgegeben

Hg., Hrsg. = Herausgeber

HGB = Handelsgesetzbuch

hi!; hi|hi!

Hi|as[l] (österr. Kurzform von: Matthias)

Hi|at *der;* -s, -e ‹lat.› (svw. Hiatus); Hia|tus *der;* -, -; († R 180 (Zusammentreffen zweier Vokale im Auslaut des einen u. im Anlaut des folgenden Wortes oder Wortteiles, z. B. „sagte er" od. „Kooperation"; Geol.: zeitliche Lücke bei der Ablagerung von Gesteinen; Med.: Öffnung, Spalt)

Hi|ber|na|kel *das;* -s, -[n] (meist *Plur.*) ‹lat.› (Überwinterungsknospe von Wasserpflanzen); Hi|ber|na|ti|on [...zion] *die;* - (Med.: künstl. „Winterschlaf", Schlafzustand als Ergänzung zur Narkose od. als Heilschlaf)

Hi|ber|ni|en [...i'n] ‹lat.› (lat. Name von: Irland)

Hi|bis|kus *der;* -, ...ken ‹griech.› (Eibisch)

hickeln [Trenn.: hik|keln] (landsch. für: hinken, humpeln; auf einem Bein hüpfen); ich ...[e]le († R 22)

Hick|hack *der* u. *das;* -s, -s (ugs. für: nutzlose Streiterei; törichtes, zermürbendes Hinundhergerede)

¹Hick|o|ry *der;* -s, -s, auch: *die;* -, -s [Trenn.: Hik|ko...] ‹indian.-engl.› (nordamerik. Walnußbaum);

²Hick|o|ry *das;* -s [Trenn.: Hik|ko...] (Holz des ¹Hickorys); Hick|o|ry|holz *das;* -es [Trenn.: Hik|ko...]

hick|sen (landsch. für: Schluckauf haben); du hickst (hicksest)

Hi|dal|go *der;* -s, -s ‹span.› (früher Mitglied des niederen iberischen Adels; mexikanische Goldmünze)

Hid|den|see (eine Ostseeinsel)

Hid|den|seer [...seʳ] († R 147, 151 u. 180)

hie, nur in Wendungen wie: hie und da; hie Tradition, hie Fortschritt

hie|bei vgl. hierbei

hieb|fest; hieb- und stichfest († R 32); Hiebs|art (Forstw.: Art des Holzfällens)

hie|durch¹ vgl. hierdurch

Hie|fe (mdal. für: Hagebutte); Hie|fen|mark *das*

hie|für¹; hie|ge|gen¹; hie|her¹; hie-mit¹; hie|nach¹; hie|ne|ben¹ vgl. hierfür usw.

hie|nie|den [auch: hinid'n, hinid'n] (geh. für: auf d[ies]er Erde)

hier; - und da; von - aus; - oben, unten usw. Für die *Schreibung in Verbindung mit Verben* gelten dieselben Gesichtspunkte wie für „da" (vgl. d.); hier|amts¹ (österr. Amtsdt.); hier|an¹

---

¹ Betonung auch nur auf der ersten od. zweiten Silbe möglich.

Hier|ar|chie [hi-er...] die; -, ...ien ⟨griech.⟩ (Rangfolge, Rangordnung); hier|ar|chisch; hie|ra|tisch (priesterlich); -e Schrift (altägypt. Priesterschrift) hier|auf[1]; hier|auf|hin [auch: hir-aufhin, hiraufhin]; hier|aus[1]; hier|be|hal|ten (zurückbehalten, nicht weglassen); vgl. hier; hier|bei[1,2]; hier|blei|ben; ↑ R 205 (nicht weggehen), aber: du sollst hier [an der bezeichneten Stelle] bleiben; vgl. hier; hier|durch[1,2]; hier|ein[1]; hier|für[1,2]; hier|ge|gen[1,2]; hier|her[1,2] (zu dem Redenden hin); komm - (zu mir); hier|her... [auch: hirher...] (z. B. hierherkommen; er ist hierhergekommen); hier|her|auf [auch: hirhärauf, hirhäräuf]; hier|her|ge|hö|rend, hier|her|ge-hö|rig; hier|her|kom|men; vgl. hierher...; hier|her|um [auch: hir-härum, hirhärüm]; hier|hin[1] (nach diesem Orte hin); bald -, bald dorthin; hier|hin... [auch: hirhin...] (z. B. hierhinlaufen; er ist hierhingelaufen; hier|hin|ter[1]; hier|in[1]; hier|in|nen[1]; hier-lands[1]; hier|las|sen; er hat das Buch hiergelassen; aber: er soll das Buch hier (nicht dort) lassen; hier|mit[1,2]; hier|nach[1,2]; hier|ne-ben[1,2]

[1]Hie|ro|du|le [hi-er...] der; -n, -n (↑ R 197) ⟨griech.⟩ (Tempelsklave des griech. Altertums); [2]Hie|ro-du|le die; -, -n (Tempelsklavin); Hie|ro|gly|phe die; -, -n (Bilderschriftzeichen; übertr. für: schwer entzifferbares Schriftzeichen); hie|ro|gly|phisch (in Bilderschrift; dunkel, rätselhaft); Hie|ro|mant der; -en, -en (↑ R 197 (aus [Tier]opfern Weissagender); Hie|ro|man|tie die; - (Weissagung aus [Tier]opfern); Hie|ro-ny|mus [auch: hi-ero...] (Heiliger; m. Vorn.)

hier|orts[1] (Amtsdt.)
Hier|ro [järo] (span. Form von: Ferro)
hier|sein (zugegen sein), aber: hier (an dieser Stelle) sein; Hier-sein das; -s; hier|selbst[1,2]; hier|über[1]; hier|um[1]; hier|und da; vgl. hier; hier|un|ter[1]; hier|von[1,2]; hier|vor[1,2]; hier|wi|der[1,2]; hier-zu[1,2]; hier|zu|lan|de[2] [auch: hir...] (↑ R 208); hier|zwi|schen[1,2]
Hie|sel, Hiesl (südd. Kurzform von: Matthias)
hie|selbst[1] vgl. hierselbst
hie|sig; -en Ort[e]s; Hie|si|ge der u. die; -n, -n (↑ R 7 ff.)

[1] Betonung auch nur auf der ersten od. zweiten Silbe möglich.
[2] Die Formen ohne „r" gelten in Norddeutschland als veraltet.

hie|ven [...f°n] (Seemannsspr.: [eine Last] hochziehen)
hie|von[1]; hie|vor[1]; hie|wi|der[1]; hie-zu[1]; hie|zu|lan|de [auch: hi...]; hie|zwi|schen[1] vgl. hiervon, hiervor usw.
Hi-Fi [haifi, auch: haifai] = High-Fidelity; Hi-Fi-An|la|ge; Hi-Fi-Turm
Hift|horn (Plur. ...hörner; Jagdhorn)
high [hai] ⟨engl.⟩ (in gehobener Stimmung [nach dem Genuß von Rauschgift]); High-Church [hai-tschö°tsch] die; - (engl. „Hochkirche", Richtung der engl. Staatskirche); High-Fi|de|li|ty [haifidä-liti, auch: ...fai...] die; - (Gütebez. für hohe Wiedergabetreue bei Schallplatten u. elektroakustischen Geräten; Abk.: Hi-Fi); High|life [hailaif] das; -[s] (glanzvolles Leben der begüterten Gesellschaftsschicht); High|light [hailait] das; -s, -s ⟨engl.⟩ (Höhepunkt, Glanzpunkt); High-ri|ser [hairais°r] der; -s, - (Fahrrad, Moped mit hohem, geteiltem Lenker und Sattel mit Rückenlehne); High-So|cie|ty [haiß°ßai°ti] die; - ⟨engl.-amerik.⟩ (die vornehme Gesellschaft, die „große Welt); High-Tech [haität] der; -[s] ⟨engl.⟩ (moderner Stil der Innenarchitektur; bes. in Zus.: Spitzentechnologie); High-Tech-In-du|strie; High|way [hai°e°] der;-s, -s (amerik. Bez. für: Fernstraße)
hi|hi!
Hi|jacker [haidschäk°r] der; -s, - [Trenn.: ...jak|ker] ⟨engl.-amerik.⟩ (Luftpirat)
Hil|da (w. Vorn.); Hild|burg vgl. Hildeburg; Hil|de|hen, Hil|de (w. Vorn.); Hil|de|brand (m. Eigenn.); Hil|de|brands|lied das; -[e]s; Hil|de|burg, Hild|burg (w. Vorn.); Hil|de|fons, Ild|de|fons (m. Vorn.); Hil|de|gard, Hil|de-gund, Hil|de|gun|de (w. Vorn.)
Hil|des|heim (Stadt in Niedersachsen)
Hil|fe die;-, -n; (↑ R 157:) die Erste Hilfe (bei Verletzungen usw.); - leisten, suchen; zu - kommen, eilen; der Mechaniker, mit Hilfe dessen od. mit dessen Hilfe er sein Auto reparierte; hil|fe|brin-gend (↑ R 209); Hil|fe_lei|stung, ...ruf; hil|fe|ru|fend (↑ R 209); Hil|fe-stel|lung; hil|fe|su|chend (↑ R 209); hilf|los, -este; Hilf|lo|sig-keit die; -; hilf|reich; Hilfs_ak|ti-on, ...ar|bei|ter; hilfs_be|dürf|tig, ...be|reit (-este); Hilfs_be|reit-schaft (die; -), ...kraft die, ...leh-rer, ...mit|tel das, ...mo|tor, ...or-

ga|ni|sa|ti|on, ...po|li|zist, ...quel-le, ...schiff, ...schu|le, ...she|riff, ...verb; hilfs|wei|se; hilfs|wil|lig; Hilfs_wis|sen|schaft, ...zeit|wort
Hi|li (Plur. von: Hilus)
Hill|bil|ly-mu|sic [...mjusik] die; - (ländliche Musik der nordamerik. Südstaaten)
Hil|le|bil|le die;-, -n (hölzernes Signalgerät)
Hil|ma vgl. Helma (w. Vorn.)
Hil|traud, Hil|trud (w. Vorn.)
Hi|lus der;-, Hili (lat.) (Med.: Einod. Austrittsstelle der Gefäße, Nerven usw. an einem Organ)
Hi|ma|la|ja [auch: himalaja] der; -[s] (Gebirge in Asien)
Him|bee|re; him|beer|far|ben, him|beer|far|big; Him|beer_geist (der; -[e]s; ein Obstschnaps), ...saft (der; -[e]s)
Him|mel der; -s, -; um [des] -s willen; him|mel|an; him|mel|angst; es ist mir -; him|mel|blau; Him|mel|don|ner|wet-ter!; Him|mel|fahrt; Him|mel-fahrts_kom|man|do (Auftrag [im Krieg], der mit großer Wahrscheinlichkeit das Leben kostet; auch: die Ausführenden eines solchen Auftrags), ...na|se (ugs.), ...tag; him|mel|hoch; Him|mel-hund (ugs. für: Schuft; Teufelskerl); him|meln; ich ...[e]le (↑ R 22); Him|mel|reich; Him-mels_ach|se (die; -), ...bahn, ...bo-gen, ...braut; him|mel|schrei|end (↑ R 209); -ste; Him|mels.fe|ste (die; -; dicht.), ...ge|gend, ...kör-per, ...kraft (die; -), ...ku|gel (die; -), ...lei|ter (die; -), ...rich|tung; Him|mels|schlüs|sel der, auch: das (Schlüsselblume); Him|mels-strich; Him|mel|s|stür|mer; Him|mels.tür (die; -), ...zelt (das; -[e]s; dicht.); him|mel|wärts; him|mel|weit; himm|lisch; -ste
hin (Bewegung vom Sprechenden weg); bis zur Mauer hin; über die ganze Welt hin verstreut; vor sich hin brummen usw.; hin und her schaukeln; hin und her laufen (ohne bestimmtes Ziel), aber (↑ R 32): hin- und herlaufen (hin- und wieder zurücklaufen); (auch zeitlich:) gegen Abend -; hin und wieder (zuweilen); vgl. hinsein
hin... (in Zus. mit Verben, z. B. hingehen, du gehst hin, hingegangen, hinzugehen)
hin|ab; etwas weiter -; hin|ab... (z. B. hinabfahren; er ist hinabgefahren); hin|ab_fah|ren, ...ge-hen, ...stei|gen, ...stür|zen (sich -), ...tau|chen
hin|an; etwas weiter -; hin|an... (z. B. hinangehen; er ist hinange-gangen)

[1]Vgl. Sp. 1, Anm. 1.

hin|ar|bei|ten; auf eine Sache -, aber: auf seine Mahnungen hin arbeiten

hin|auf, (ugs.:) 'nauf (↑ R 16); den Rhein -; hin|auf... (z. B. hinaufsteigen; er ist hinaufgestiegen); hin|auf_blicken [Trenn.: ...blikken], ...ge|hen, ...klet|tern, ...rei|chen, ...schrau|ben (sich -), ...stei|gen, ...zie|hen (sich -)

hin|aus; (ugs.:) 'naus (↑ R 16); auf das Meer -; hin|aus... (z. B. hinausgehen; er ist hinausgegangen); hin|aus_beu|gen (sich -), ...drän|gen, ...ekeln (ugs.), ...fah|ren, ...ge|hen (alles darüber Hinausgehende), ...grei|fen (darüber -), ...ka|ta|pul|tie|ren, ...kom|men, ...kom|pli|men|tie|ren, ...las|sen, ...lau|fen (aufs gleiche -), ...schaf|fen (vgl. ¹schaffen), ...schie|ben, ...schmei|ßen (ugs.); hin|aus|sein; darüber -, aber: ob er schon darüber hinaus ist; hin|aus|sprin|gen; Hin|aus|stel|lung (Sport); hin|aus_trei|ben, ...wa|gen, sich, ...wer|fen, ...wol|len (zu hoch -), ...zö|gern

hin|be|ge|ben, sich

hin|bie|gen (ugs. für: in Ordnung bringen)

Hin|blick; in od. im - auf

hin|brin|gen; er hat es ihm hingebracht

Hin|de vgl. Hindin

Hin|de|mith (dt. Komponist)

hin|der|lich; hin|dern; ich ...ere (↑ R 22); Hin|der|nis das; -ses, -se; Hin|der|nis_lauf, ...ren|nen; Hin|de|rung; Hin|de|rungs|grund

hin|deu|ten; alles scheint darauf hinzudeuten, daß ..

Hin|di das; - (Amtsspr. in Indien)

Hin|din die; -, -nen, (auch:) Hinde die; -, -n (veralt. für: Hirschkuh)

Hin|do|stan [auch: hin...] vgl. Hindustan; Hin|du der; -[s], -[s] (Anhänger des Hinduismus); Hin|du|is|mus der; - (indische Religion); hin|du|is|tisch (↑ R 180); Hin|du|kusch der; -[s] (zentralasiat. Hochgebirge)

hin|durch; durch alles -; hin|durch... (z. B. hindurchgehen; er ist hindurchgegangen)

hin|dür|fen (ugs. für: hingehen, hinkommen [o. ä.] dürfen)

Hin|du|stan [auch: hin...] (früherer Name für Nordindien; heute für das Gangesgebiet; auch: Bezeichnung für Indien); Hin|du|sta|ni das; -[s] (Form des Westhindi); hin|du|sta|nisch

hin|ein, (ugs.:) 'nein (↑ R 16); hin|ein... (z. B. hineingehen; er ist hineingegangen); hin|ein_bit|ten, ...fal|len, ...flüch|ten (sich -), ...ge|heim|nis|sen (du geheimnißt [geheimnissest] hinein), ...ge|hen,

...ge|ra|ten (in etwas -), ...grei|fen, ...pas|sen, ...plat|zen (ugs.), ...re|den, ...ren|nen (in sein Unglück -), ...schaf|fen (vgl. ¹schaffen), ...schau|en, ...schlit|tern (ugs.), ...schüt|ten, ...steigern, sich, ...stel|len, ...stop|fen, ...tap|pen (ugs.), ...tre|ten, ...ver|set|zen (sich -)

hin|fah|ren; Hin|fahrt; Hin- und Herfahrt, Hin- und Rückfahrt (vgl. d.)

hin|fal|len; hin|fäl|lig; Hin|fäl|lig|keit die; -

hin|fin|den; sich -

Hin|flug; Hin- und Rückflug (vgl. d.)

hin|fort (veralt. für: in Zukunft)

hin|füh|ren

Hin|ga|be die; -; hin|ga|be|fä|hig

Hin|gang

hin|ge|ben (↑ R 205 f.); sich -; er hat sein Geld hingegeben; aber: auf sein Verlangen hin geben; hin|ge|bend; -ste; Hin|ge|bung; hin|ge|bungs|voll

hin|ge|gen

hin|ge|gos|sen (ugs.); sie lag wie - auf dem Sofa

hin|ge|hen

hin|ge|hö|ren

hin|ge|ris|sen (ugs.); er war von dieser Aufführung hingerissen

hin|ge|zo|gen; sich - fühlen

hin|gucken [Trenn.: ...guk|ken]

hin|hän|gen; vgl. ²hängen

hin|hal|ten; er hat das Buch hingehalten; mit der Rückgabe des Buches hat er sie lange hingehalten; hinhaltend antworten; Hin|hal|te|tak|tik; Hin|hal|tung

hin|hau|en (ugs.); das haute hin (ugs. für: das traf zu, das war in Ordnung); ich haute mich hin (ugs. für: legte mich schlafen); er haut hin (österr. für: beeilt sich sehr bei der Arbeit)

hin|hocken [Trenn.: ...hok|ken]; sich -

hin|hor|chen

Hin|ke_bein, ...fuß

Hin|kel das; -s, - (mdal. für: Huhn)

Hin|kel|stein (größerer, unbehauener [kultischer] Stein)

hin|ken; gehinkt

hin|knien; sich -

hin|krie|gen (ugs.); wir werden das schon -

Hin|kunft die; -; (bes. österr.:) in - (in Zukunft)

hin|läng|lich

hin|le|gen; sich -

Hin|nah|me die; -; hin|neh|men

hin|nei|gen; sich -; Hin|nei|gung

hin|nen (veralt.), noch in: von - gehen

hin|rei|chen; hin|rei|chend

Hin|rei|se; Hin- und Herreise (vgl. d.); hin|rei|sen

hin|rei|ßen; sich - lassen; hin|rei|ßend; -ste

hin|rich|ten (niederd. für: Heinrich)

hin|rich|ten; Hin|rich|tung

Hin|run|de (Sportspr.; Ggs.: Rückrunde)

hin|sa|gen; das war nur so hingesagt

hin|schau|en

hin|schicken [Trenn.: ...ik|ken]

hin|schie|ben

Hin|schied der; -[e]s (schweiz. für: Ableben)

hin|schla|gen; er ist lang hingeschlagen

hin|schlep|pen; sich -

hin|schmei|ßen (ugs.); sich -

hin|se|hen

hin|sein (ugs.: völlig kaputt sein; tot sein; hingerissen sein); alles ist hin; das Auto wird hinsein; aber: weil alles hin ist, war hin|set|zen; sich -

Hin|sicht die; -, -en; in - auf; hin|sicht|lich; mit Gen.: - des Briefes

hin|sie|chen

hin|sin|ken

Hin|spiel (Sportspr.; Ggs.: Rückspiel)

hin|stel|len; sich -

hin|strecken [Trenn.: ...ek|ken]

hin|streu|en

hin|strö|men

hin|stür|zen

hint|an... (z. B. hintansetzen; er hat seine Wünsche hintangesetzt); hint|an|hal|ten; Hint|an|hal|tung; hint|an|set|zen; Hint|an|set|zung; hint|an|stel|len; Hint|an|stel|lung; unter - aller Wünsche; hin|ten; hin|ten|an; hin|ten|an|set|zen; hin|ten|drauf (ugs.); hin|ten|her|um; hin|ten|hin; hin|ten|nach; hin|ten|rum (ugs. für: hintenherum); hin|ten|über; hin|ten|über... (z. B. hintenüberfallen; er ist hintenübergefallen); hin|ten|über_kip|pen, ...stür|zen

hin|ter; mit Dat. u. Akk.: hinter dem Zaun stehen, aber: hinter den Zaun stellen; hin|ter... in Verbindung mit Verben: a) unfeste Zusammensetzungen, z. B. hinterbringen (vgl. d.), hintergebracht; b) feste Zusammensetzungen, z. B. hinterbringen (vgl. d.), hinterbracht

Hin|ter_ach|se, ...an|sicht, ...ausgang, ...backe [Trenn.: ...bak|ke], ...bänk|ler (wenig einflußreicher Parlamentarier [der auf einer der hinteren Bänke sitzt]), ...bein

hin|ter|blie|ben; die hinterbliebenen Kinder; Hin|ter|blie|be|ne der u. die; -n, -n (↑ R 7 ff.); Hin|ter|blie|be|nen|ren|te

hin|ter|brin|gen (ugs. für: nach hinten bringen); er hat das Essen kaum hintergebracht (ostmitteld.

für: hinunterschlucken, essen können); hin|ter|brin|gen (heimlich melden, verraten); er hat die Nachricht hinterbrącht; Hin|ter|brin|gung

hin|ter|drein; er war -; hin|ter|drein... (z. B. hinterdreinlaufen; er ist hinterdreingelaufen)

hin|te|re; hinterst (vgl. d.); Hin|te|re der; ...ter|e|n, ...ter|e|n (ugs. für: Gesäß); vgl. auch: Hintern und Hinterste

hin|ter|ein|an|der; Schreibung in Verbindung mit Verben (↑ R 205 f.): die Briefe hintereinander (sofort) schreiben, aber: die Namen in der Liste hintereinanderschreiben, vgl. aneinander; hin|ter|ein|an|der|her; hin|ter|ein|an|der|schal|ten; Hin|ter|ein|an|der|schal|tung

Hin|ter|ein|gang

hin|ter|es|sen (ostmitteld. für: mit Mühe, auch: unwillig essen); er hat das Gemüse hintergegessen

hin|ter|fot|zig (ugs. für: hinterlistig, heimtückisch); Hin|ter|fot|zig|keit

hin|ter|fra|gen; etwas - (nach den Hintergründen von etwas fragen)

Hin|ter.front, ...fuß, ...gau|men|laut (für: Velar), ...ge|dan|ke

hin|ter|ge|hen (ugs. für: nach hinten gehen); hintergegangen; hin|ter|ge|hen (täuschen, betrügen); hintergangen; Hin|ter|ge|hung

hin|ter|gie|ßen (ugs. für: hinuntergießen); hintergegossen; hin|ter|gie|ßen (Druckw.: Matern o. ä. durch Bleiguß unterlegen); hintergossen

Hin|ter|glas_bild, ...ma|le|rei

Hin|ter|grund; hin|ter|grün|dig; Hin|ter|grün|dig|keit; Hin|ter|grund_in|for|ma|ti|on, ...mu|sik

hin|ter|ha|ken (ugs. für: nachfassen; eine Sache vorantreiben od. ihr auf den Grund gehen)

Hin|ter|halt der; -[e]s, -e; hin|ter|häl|tig; Hin|ter|häl|tig|keit

Hin|ter|hand die; -

Hin|ter|haupt; Hin|ter|haupt[s]|bein

Hin|ter|haus

hin|ter|her [auch: hin...]; hinterher (danach) polieren, aber: hinterherlaufen (nachlaufen); er ist hinterhergelaufen

Hin|ter|hof

Hin|ter|in|di|en (südöstl. Halbinsel Asiens; ↑ R 152)

Hin|ter|kopf

Hin|ter|la|der (eine Feuerwaffe)

Hin|ter|la|ge (schweiz. für: Hinterlegung, Faustpfand)

Hin|ter|land das; -[e]s

hin|ter|las|sen (zurücklassen; vererben); er hat etwas -; Hin|ter|las|se|ne der u. die; -n, -n; ↑ R 7 ff.

(schweiz. für: Hinterbliebene); Hin|ter|las|sen|schaft; Hin|ter|las|sung; unter - von ...

hin|ter|le|gen (als Pfand usw.); er hat die Aktien hinterlegt; Hin|ter|le|ger; Hin|ter|le|gung

Hin|ter|leib

Hin|ter|list; hin|ter|li|stig; Hin|ter|li|stig|keit

hin|term; ↑ R 17 (ugs. für: hinter dem)

Hin|ter|mann (Plur. ...männer); Hin|ter|mann|schaft

Hin|ter|maue|rung

hin|tern; ↑ R 17 (ugs. für: hinter den)

Hin|tern der; -s, - (ugs. für: Gesäß)

Hin|ter|rad

hin|ter|rücks

hin|ters; ↑ R 17 (ugs. für: hinter das)

Hin|ter_saß od. ...sas|se der; ...sas|sen, ...sassen (veralt. für: jmd., der nur Haus, Garten u. einzelne Felder, aber kein Bauerngut besitzt); Hin|ter|saß der; ...sässen, ...sässen (schweiz. früher für: Einwohner ohne Bürgerrecht)

hin|ter|schlin|gen (ugs. für: mit Mühe, unwillig, rasch essen); er hat die Speise hintergeschlungen; hin|ter|schlucken [Trenn.: ...schluk|ken] (ugs. für: hinunterschlucken); er hat das Brot hintergeschluckt

Hin|ter|sinn der; -[e]s (geheime Nebenbedeutung); hin|ter|sin|nen, sich (südd. u. schweiz. für: grübeln, schwermütig werden); du hast dich hintersonnen; hin|ter|sin|nig; -er Humor

hin|terst; zuhinterst; der hinterste Mann, aber (↑ R 65): die Hintersten müssen stehen; Hin|ter|ste der; -n, -n (ugs. für: Gesäß)

Hin|ter_ste|ven, ...stüb|chen, ...teil (das; Gesäß), ...tref|fen (ins -kommen)

hin|ter|trei|ben (vereiteln); er hat den Plan hintertrieben

Hin|ter|trep|pe; Hin|ter|trep|pen|ro|man

Hin|ter|typ|fin|gen (ugs. für: abgelegener, unbedeutender Ort)

Hin|ter|tür

Hin|ter|wäld|ler; hin|ter|wäld|le|risch

hin|ter|wärts (veralt. für: zurück, [nach] hinten)

hin|ter|zie|hen (unterschlagen); er hat die Steuer hinterzogen; Hin|ter|zie|hung

hin|tra|gen

hin|trei|ben

hin|tre|ten; vor jmdn. -; Hin|tritt der; -[e]s ⟨eigentlich: das Hintertreten (vor den Richterstuhl Gottes)⟩ (veralt. für: Tod)

hin|über, (ugs.:) 'nüber (↑ R 16); hin|über... (z. B. hinübergehen;

er ist hinübergegangen); hin|über_brin|gen, ...ge|hen, ...schaf|fen (vgl. 'schaffen), ...schau|en, ...schicken [Trenn.: ...ik|ken], ...schwim|men; hin|über|sein (ugs. für: verbraucht, tot, verdorben sein); das Fleisch ist hinübergewesen, aber: weil das Fleisch hinüber ist, war; hin|über_spie|len (ein ins Grünliche hinüberspielendes Blau), ...wech|seln, ...wer|fen, ...win|ken, ...zie|hen

hin und her; vgl. hin; Hin und Her das; - - -[s]; nach längerem - - -; ein ewiges - - -; Hin|und|her|fah|ren das; -s; aber (↑ R 32): [das] Hin- und [das] Herfahren; Hin- und Her|fahrt (↑ R 32); Hin|und|her|ge|re|de; Hin- und Her|rei|se (↑ R 32); Hin- und Her|weg (↑ R 32); Hin- und Rück|fahrt (↑ R 32); Hin- und Rück|flug (↑ R 32)

hin|un|ter, (ugs.:) 'nun|ter (↑ R 16); hin|un|ter... (z. B. hinuntergehen; er ist hinuntergegangen); hin|un|ter_be|för|dern, ...blicken [Trenn.: ...blik|ken], ...brin|gen, ...ei|len, ...flie|ßen, ...ge|hen, ...kip|pen, ...rei|chen, ...rei|ßen, ...rol|len, ...schlucken [Trenn.: ...schluk|ken], ...stür|zen, ...ta|sten (sich -), ...tau|chen, ...wer|fen, ...wür|gen

hin|wärts

hin|weg; hin|weg... (z. B. hinweggehen; er ist hinweggegangen); Hin|weg; Hin- und Herweg (↑ R 32)

hin|weg_brin|gen, ...fe|gen, ...ge|hen, ...hel|fen (er half ihm darüber hinweg), ...kom|men, ...raf|fen, ...set|zen (sich darüber -), ...stei|gen, ...täu|schen, ...trö|sten

Hin|weis der; -es, -e; hin|wei|sen; -des Fürwort (für: Demonstrativpronomen); Hin|weis|schild das; Hin|wei|sung

hin|wen|den; sich -; Hin|wen|dung

hin|wer|fen; sich -

hin|wie|der, hin|wie|der|um

Hinz (Kurzform von: Heinrich); - und Kunz (jedermann)

hin|zeich|nen

hin|zie|hen (auch für: verzögern); der Wettkampf hat sich lange hingezogen (hat lange gedauert)

hin|zie|len; auf Erfolg -

hin|zu; hin|zu... (z. B. hinzukommen; er ist hinzugekommen, aber [↑ R 205]: hinzu kommt, daß ...); hin|zu|fü|gen; Hin|zu|fü|gung; hin|zu_ge|sel|len (sich -), ...kau|fen, ...kom|men, ...ler|nen, ...rech|nen, ...sprin|gen, ...tre|ten; Hin|zu|tun das; -s

Hi|lob, Job, (ökum.:) Ijob (bibl. m. Eigenn.); Hi|obs_bot|schaft, ...post (Unglücksbotschaft)

hipp..., hip|po... ⟨griech.⟩ (pferde...); **Hipp...**, Hip|po... (Pferde...); **Hipp|arch** *der;* -en, -en; ↑ R 197 (Befehlshaber der Reiterei bei den alten Griechen); **Hippa|ri|on** *das;* -s, ...ien [...iⁿn] (Biol.: fossiler Vorläufer des Pferdes)

¹**Hip|pe** *die;* -, -n (sichelförmiges Messer)

²**Hip|pe** *die;* -, -n (südd. für: eine Art Fladenkuchen)

³**Hip|pe** *die;* -, -n (mitteld. für: Ziege)

hipp, hipp, hur|ra!; hipp, hipp, hurra rufen; er rief: „Hipp, hipp, hurra!"; **Hipp|hipp|hur|ra** *das;* -s, -s (Hochruf [beim Rudersport]); er rief ein kräftiges -

Hipp|ia|trik *die;* - ⟨griech.⟩ (Pferdeheilkunde)

Hip|pie [*hipi*] *der;* -s, -s ⟨amerik.⟩ ([jugendlicher] Anhänger einer antibürgerlichen, pazifistischen, naturnahen Lebensform; „Blumenkind")

hip|po... vgl. hipp...; **Hip|po...** vgl. Hipp...; **Hip|po|drom** *der* od. *das;* -s, -e (Reitbahn); **Hip|po|gryph** *der;* -s u. -en, -e[n]; ↑ R 197 (Flügelroß)

Hip|po|kra|tes [auch: *hipo...*] ⟨altgriech. Arzt⟩; **Hip|po|kra|ti|ker** (Anhänger des Hippokrates); **hip|po|kra|tisch;** -er Eid (Hippokrates zugeschriebenes Gelöbnis als Grundlage der ärztlichen Ethik); -es Gesicht (Med.: Gesichtsausdruck des Sterbenden; aber (↑ R 134): **Hip|po|kra|tisch;** die -en Schriften

Hip|po|lo|gie *die;* - ([wissenschaftl.] Pferdekunde); **hip|po|lo|gisch** (die Hippologie betreffend); **Hip|po|lyt** (m. Eigenn.); **Hip|po|ly|tos** [auch: *hipo...*], **Hip|po|ly|tus** [auch: *hipo...*] vgl. Hippolyt; **Hip|po|po|ta|mus** [auch: *hipopo...*] *der;* -, - (Flußpferd); **Hip|pu|rit** *der;* -en, -en; ↑ R 197 (fossile Muschel); **Hip|pur|säu|re** *die;* - (organ.-chem. Verbindung)

Hi|ra|ga|na *das;* -[s] od. *die;* - (jap. Silbenschrift)

Hirn *das;* -[e]s, -e; **Hirn|blu|tung;** **Hirn|er|schüt|te|rung** (schweiz. neben: Gehirnerschütterung); **Hirn|ge|spinst;** **Hirn|haut|ent|zün|dung;** **Hirn|holz** (quer zur Faser geschnittenes Holz mit Jahresringen); **hirn|los;** -este; **hirn|ris|sig** (ugs. für: unsinnig, verrückt); **Hirn|scha|le;** **Hirn|strom|bild** (Med.); **hirn|ver|brannt;** -este (ugs.); eine -e (unsinnige, verrückte) Idee; **hirn|ver|letzt**

Hi|ro|hi|to (jap. Kaiser)

Hi|ro|schi|ma [auch: *hiro...*], (postamtl.:) **Hi|ro|shi|ma** (jap.

Stadt, auf die 1945 die erste Atombombe abgeworfen wurde)

Hirsch *der;* -[e]s, -e; **Hirsch_art,** ...**fän|ger;** **hirsch|ge|recht** (mit der Hirschjagd vertraut); **Hirsch_ge|weih,** ...**horn** (*das;* -[e]s), ...**kä|fer,** ...**kalb,** ...**kuh;** **hirsch|le|dern**

Hir|se *die;* -, (fachspr.:) -n; **Hir|se_brei,** ...**korn** (*Plur.* ...körner)

Hirt *der;* -en, -en (↑ R 197); **Hir|te** *der;* -n, -n (veralt. u. dicht. für: Hirt); **hir|ten** (schweiz. für: Vieh hüten); **Hir|ten_amt,** ...**brief** (bischöfl. Rundschreiben), ...**flö|te,** ...**ge|dicht,** ...**stab,** ...**tä|schel** (*das;* -s, -; ein Heilkraut), ...**volk;** **Hir|tin** *die;* -, -nen

his, His *das;* -, - (Tonbezeichnung)

His|kia, His|ki|as, (ökum.) **His|ki|ja** (jüd. König)

His|pa|ni|en [*hißpaniⁿn*] (alter Name der Pyrenäenhalbinsel); **hi|spa|nisch; hi|spa|ni|sie|ren** (spanisch machen); **Hi|spa|nι|stik** *die;* - (Wissenschaft von der span. Sprache u. Literatur)

his|sen ([Flagge, Segel] hochziehen); du hißt (hissest); du hißtest; gehißt; hisse! oder hiß!; vgl. auch: ²heißen (hissen)

Hist|amin *das;* -s, -e (ein Gewebehormon); **Hi|sto|lo|ge** *der;* -n, -n (↑ R 197) ⟨griech.⟩ (Forscher u. Lehrer der Histologie); **Hi|sto|lo|gie** *die;* - (Lehre von den Geweben des Körpers); **hi|sto|lo|gisch**

Hi|stör|chen ⟨griech.⟩ (Geschichtchen); **Hi|sto|rie** [...iⁿ] *die;* -, -n ([Welt]geschichte; früher auch: Erzählung, Bericht, Kunde); **Hi|sto|ri|en|ma|le|rei; Hi|sto|rik** *die;* - (Geschichtsforschung); **Hi|sto|ri|ker** (Geschichtsforscher); **Hi|sto|rio|graph** *der;* -en, -en; ↑ R 197 (Geschichtsschreiber); **hi|sto|risch;** -e Grammatik; -er Materialismus; -es Präsens; **hi|sto|ri|sie|ren** (das Geschichtliche betonen, anstreben); **Hi|sto|ris|mus** *der;* -, ...men (Überbetonung des Geschichtlichen); **hi|sto|ri|stisch** (in der Art des Historismus)

Hi|strio|ne *der;* -n, -n (↑ R 197, R 180) ⟨lat.⟩ (altröm. Schauspieler)

Hit *der;* -[s], -s ⟨engl.⟩ (ugs. für: [musikalischer] Verkaufsschlager); **Hit_li|ste,** ...**pa|ra|de;**

Hit|sche, Hut|sche, Hüt|sche *die;* -, -n (ostmitteld. für: Fußbank; kleiner Schlitten)

Hit|ze *die;* -; **hit|ze_ab|wei|send,** ...**be|stän|dig;** **Hit|ze|fe|ri|en** *Plur.;* **hit|ze|frei; Hit|ze|frei** *das;* -; Hitzefrei od. hitzefrei haben, bekommen; *aber nur groß:* Hitzefrei erteilen; kein Hitzefrei be-

kommen, haben; **Hit|ze_schild** *der,* ...**wel|le; hit|zig; Hit|z|kopf; hit|z|köp|fig; Hit|z_pocke** [*Trenn.:* ...pok|ke], ...**schlag**

Hi|wi *der;* -s, -s ⟨kurz für: Hilfswilliger⟩ (ugs. für: Hilfskraft)

Hjal|mar (m. Vorn.)

HK = Hefnerkerze

hl = Hektoliter

hl. = heilig; **hll.** = heilige *Plur.*

hm = Hektometer

hm!, hem!; **hm, hm!,** hem, hem!

H-Milch [*ha...*] ⟨kurz für: haltbare Milch⟩

h-Moll [*hamol,* auch: *hamọl*] *das;* - (Tonart; Zeichen: h); **h-Moll-Ton|lei|ter** *die;* -, -n (↑ R 41)

HNO-Arzt = Hals-Nasen-Ohren-Arzt; **HNO-ärzt|lich**

ho!; hol|ho!; ho ruck!

Ho = chem. Zeichen für: Holmium

HO = Handelsorganisation (DDR); HO-Geschäft (↑ R 38)

Ho|ang|ho [auch: *hoanghọ*] vgl. Hwangho

Hobbes [engl. Ausspr.: *họbs*] (engl. Philosoph)

Hob|bock *der;* -s, -s ⟨wohl nach dem engl. Familiennamen Hubbuck⟩ (ein Versandgefäß)

Hob|by *das;* -s, -s ⟨engl.⟩ (Steckenpferd; Liebhaberei); **Hob|by|ist** *der;* -en, -en (↑ R 197); **Hob|by|kel|ler,** ...**koch**

Ho|bel *der;* -s, -; **Ho|bel|bank** (*Plur.* ...bänke); **ho|beln;** ich ...[e]le (↑ R 22); **Ho|bel|span;** **Hob|ler**

hoch; höher (vgl. d.), höchst (vgl. d.); hoch oben; vgl. hohe. **I.** *Klein- und Großschreibung:* hohe, höher, höchst. **II.** *In Verbindung mit Verben* (↑ R 205 f.): **1.** *Getrenntschreibung,* wenn „hoch" im Sinne von „nicht tief, nicht niedrig" gebraucht wird, z. B. hoch sitzen; hoch fliegen (vgl. aber: hochfliegen); den Zaun hoch (nicht: niedrig) machen; den Ertrag hoch (nicht niedrig) schätzen (vgl. aber: hochschätzen). **2.** *Zusammenschreibung:* **a)** wenn „hoch" bedeutet „in die Höhe", z. B. hochhalten, hochheben; **b)** wenn „hoch" in übertragenem Sinne gebraucht wird, z. B. hochhalten (schätzen), hochschätzen. **III.** *In Verbindung mit dem 2. Partizip od. einem Adjektiv* Getrennt- oder Zusammenschreibung (↑ R 209); ein hochbegabter Mann, aber: der Mann ist hoch begabt; hochgeehrt, hochverehrt; eine hochgiftige Substanz, aber: eine hoch tonerdehaltige Substanz; eine hochgewachsene Tanne, aber: ein hoch aufgeschossener Junge

Hoch *das;* -s, -s (Hochruf; Meteor.: Gebiet hohen Luftdrucks) **hoch|ach|ten;** er wurde hochgeachtet; vgl. hoch, II, 2, b; **hoch|ach|tend; Hoch|ach|tung; hoch|ach|tungs|voll; Hoch|adel; hoch|ak|tu|ell; Hoch_al|tar, ...amt; hoch|an|stän|dig; hoch|ar|bei|ten, sich Hoch_bahn, ...bau** (*Plur. ...bauten*) **hoch|be|gabt;** höherbegabt, höchstbegabt; die hochbegabte Frau (↑jedoch R 209), aber: die Frau ist hoch begabt; **hoch|bei|nig; hoch|be|kom|men; hoch|be|steu|ert;** höherbesteuert, höchstbesteuert; ein hochbesteuertes Unternehmen (↑jedoch R 209), aber: das Unternehmen ist hoch besteuert; **hoch|be|tagt;** er ist -; **Hoch|be|trieb** *der;* -[e]s; **hoch|be|zahlt;** eine -e Stellung (↑jedoch R 209), aber: der Posten wird hoch bezahlt; **hoch|bin|den; Hoch|blü|te** *die;* -; **hoch|brin|gen;** er hat den Korb hochgebracht; vgl. hoch, II, 2, a; **Hoch|burg; hoch|bu|sig hoch|deutsch;** auf -; vgl. deutsch; **Hoch|deutsch** *das;* -[s] (Sprache); vgl. Deutsch; **Hoch|deut|sche** *das;* -n; im -n; vgl. Deutsche *das;* **hoch|do|tiert;** vgl. hochbezahlt; **hoch|dre|hen;** den Motor - (auf hohe Drehzahlen bringen); **Hoch|druck** *der;* -[e]s, (für: Erzeugnis im Hochdruckverfahren auch *Plur.:*) ...drucke; **Hochdruck_ge|biet, ...ver|fah|ren Hoch|ebe|ne; hoch|emp|find|lich;** ein -er Film; **hoch|er|freut;** der hocherfreute Vater (↑jedoch R 209), aber: der Vater war hoch erfreut; **hoch|ex|plo|siv hoch|fah|ren;** er ist aus dem Schlaf hochgefahren; vgl. hoch, II, 2, a; **hoch|fah|rend;** -er, -ste; ein -er Plan; **hoch|fein; Hoch|fi|nanz** *die;* -; **hoch|flie|gen** (in die Höhe fliegen, auffliegen); die Tauben sind plötzlich hochgeflogen; vgl. aber: hoch, II, 1; **hoch|flie|gend;** -ste; eine -e Idee; **Hoch|form** *die;* - (Sportspr.); in - sein; **Hoch|for|mat; Hoch|fre|quenz; Hoch|fre|quenz|strom hoch|ge|bil|det;** ein hochgebildeter Mann (↑jedoch R 209), aber: der Mann ist hoch gebildet; **Hoch|ge|bir|ge; hoch|ge|bo|ren,** als Titel: Hochgeboren; in der Anrede: Eure, Euer Hochgeboren; **hoch|ge|lehrt;** (↑R 209:) hochgelehrter Herr!, aber: der von mir hoch geehrte Herr; der Herr wird von mir hoch geehrt; **Hoch|ge|fühl; hoch|ge|hen** (ugs. auch für: aufbrausen); **hoch|ge|lehrt;** ein -er Mann; **hoch|ge|mut;** ein -er Mensch; **Hoch_ge-**

nuß, ...ge|richt (hist.); **hoch_ge-schlos|sen, ...ge|spannt; hoch|ge-steckt;** -e Ziele; **hoch|ge|stellt;** höhergestellt, höchstgestellt; ein hochgestellter Mann (↑jedoch R 209), aber: der Mann ist hoch gestellt; **hoch|ge|sto|chen** (ugs.); er ist - (eingebildet); **hoch_ge-wach|sen, ...ge|züch|tet, ...gif|tig; Hoch|glanz; hoch|glän|zend;** -e Seide; **hoch|glanz|po|liert; hoch-gra|dig hoch|hackig** [*Trenn.: ...hak|kig*]; -e Schuhe; **hoch|hal|ten;** er hat das Kind hochgehalten; er hat die Ehre hochgehalten; vgl. aber: hoch, II, 1; **Hoch|haus; hoch|he-ben;** er hat den Sack hochgehoben; **Hoch|hei|mer** (ein Wein); **hoch|herr|schaft|lich; hoch|her-zig; Hoch|her|zig|keit; hoch|ho-len Ho Chi Minh** [*hotschimin*] (nordvietnames. Politiker); **Ho-Chi-Minh-Pfad** *der;* -[e]s (↑R 135); **Ho-Chi-Minh-Stadt** (Stadt in Vietnam [früher: Saigon]) **hoch_in|du|stria|li|siert** (↑R 180), **...in|tel|li|gent, ...in|ter|es|sant hoch|ja|gen** (aufjagen, in die Höhe jagen); er hat den Motor hochgejagt; **hoch|ju|beln** (ugs.: durch übertriebenes Lob allgemein bekannt machen) **hoch|kant;** - stellen; **hoch|kan|tig; Hoch|ka|rä|tig; Hoch|kir|che; hoch|klet|tern** (ugs. für: in die Höhe klettern, hinaufklettern); **hoch|kom|men** (ugs.); **Hoch|kon-junk|tur; hoch|krem|peln;** die Ärmel -; **Hoch|kul|tur Hoch|land** (*Plur. ...länder, auch: ...lande*) **Hoch|län|der** *der* (auch: Schotte); **hoch|län|disch** (auch: schottisch); **Hoch|lau-tung** (Sprachw.: die für die Aussprache der Hochsprache zu fordernde Norm); **hoch|le|ben;** er hat ihn hochleben lassen; **hoch-le|gen; Hoch|lei|stung; Hoch|lei-stungs_mo|tor, ...sport, ...trai-ning; höch|lich;** -st; **hoch|löb|lich Hoch|mei|ster; hoch_mo|dern, ...mo|disch, ...mö|gend** (veralt.), **...mo|le|ku|lar** (aus Makromolekülen bestehend); **Hoch_moor, ...mut; hoch|mü|tig; Hoch|mü-tig|keit** *die;* - **hoch|nä|sig** (ugs. für: hochmütig); **Hoch|nä|sig|keit** *die;* -; **Hoch|ne-bel; hoch|neh|men** (ugs. für: übervorteilen; hänseln, necken; Gaunerspr.: verhaften); sie hat ihn tüchtig hochgenommen; **hoch|not|pein|lich** [auch: *hoch-notpain...*] (hist.); -es Gericht **Hoch|ofen hoch|päp|peln** (ugs.); **Hoch|par-terre; hoch|prei|sen;** er hat Gott hochgepriesen; **hoch|pro|zen|tig**

hoch|qua|li|fi|ziert hoch|räd|rig; ein -er Wagen; **hoch-rap|peln,** sich (ugs.); **hoch|rech-nen** (aus repräsentativen Teilergebnissen [mit dem Computer] das Gesamtergebnis vorausberechnen); **Hoch_rech|nung, ...re-li|ef; hoch|rot; Hoch|ruf Hoch|sai|son; hoch|schät|zen** (sehr schätzen, verehren); er hat sie hochgeschätzt; aber: die Kosten hoch schätzen; vgl. hoch, II, 1 u. 2; **Hoch|schät|zung** (*die;* -); **Hoch|schau|bahn** (österr. für: Achterbahn); **hoch|schla|gen;** den Kragen -; **Hoch|schrank; hoch|schrecken** [*Trenn.: ...schrek-ken*]; vgl. ¹schrecken; **Hoch-_schu|le, ...schü|ler; Hoch|schul-_leh|rer, ...re|form; hoch|schul-te|rig, hoch|schult|rig; hoch-schwan|ger; Hoch|see|fi|sche|rei; Hoch|seil; Hoch|si|cher|heits-trakt** (bes. ausbruchssicherer Teil bestimmter Strafvollzugsanstalten); **hoch|sin|nig; Hoch_sitz, ...som|mer, ...span|nung; Hoch-span|nungs|lei|tung; hoch|spie-len;** er hat die Angelegenheit hochgespielt; aber: hoch (mit hohem Einsatz) spie|len; vgl. hoch, II, 1 u. 2; **Hoch|spra|che; hoch|sprach|lich; hoch|sprin|gen;** vom Stuhl - (in die Höhe springen); der Hund ist an ihn hochgesprungen; aber: Flöhe können hoch springen; vgl. hoch, II, 1 u. 2; **Hoch|sprung höchst;** höchstens; am höchsten. **I.** *Kleinschreibung* (↑R 65): auf das od. aufs höchste (im höchsten Grade); das höchste der Gefühle. **II.** *Großschreibung* (↑R 65): sein Sinn ist auf das od. aufs Höchste gerichtet; nach dem Höchsten streben **hoch|stäm|mig; hoch|sta|pe|lei; hoch|sta|peln** (Ggs.: tiefstapeln); ich stap[e]le hoch (↑R 22); ich habe hochgestapelt; um hochzustapeln; **Hoch|stap|ler Höchst|bie|ten|de** *der u. die;* -n, -n (↑R 7 ff.); **höchst|der|sel|be** (veralt.); höchstdieselben **hoch|ste|hend;** höherstehend, höchststehend **höchst|ei|gen;** in -er Person **hoch|stel|len;** er hat sämtliche Stühle hochgestellt; vgl. hoch, II, 2 a **höch|stens; Höchst_fall** (im -[e]), **...form, ...ge|schwin|dig|keit, ...gren|ze Hoch|stift** (früher: reichsunmittelbarer Territorialbesitz eines Bischofs); **hoch|sti|li|sie|ren** (übertreibend hervorheben); **Hoch-stim|mung** *die;* - **Höchst_lei|stung, ...maß** *das;* **höchst|mög|lich;** die -e (falsch:

höchstmöglichste) Leistung; **höchst|per|sön|lich**; er ist höchstpersönlich (selbst, in eigener Person) gekommen, aber: das ist eine höchst (im höchsten Grade, rein) persönliche Ansicht; **Höchst|preis**; vgl. **Hoch|stra|ße**; **höchst|rich|ter|lich**; **Höchst_satz**, ...**stand**, ...**stra|fe**, ...**stu|fe** (für: Superlativ); **höchst|wahr|schein|lich**; er hat es höchstwahrscheinlich getan, aber: es ist höchst (im höchsten Grade) wahrscheinlich, daß ...; **Höchst_wert**, ...**zahl**; **höchst|zu|läs|sig**

Hoch_tal, ...**tech|no|lo|gie** (svw. Spitzentechnologie), ...**ton** (*Plur.* ...**töne**); **hoch|tö|nend**; -er, -ste; **hoch|to|nig** (den Hochton tragend); **Hoch|tour** [...*tur*]; auf -en laufen; **hoch|tou|rig**; **Hoch|tou|rist** *der;* -en, -en; **hoch|tra|bend**; -er, -ste; (↑ R 209); **hoch|trei|ben**; die Preise - **hoch|ver|dient**; **hoch|ver|ehrt**; in der Anrede auch: hochverehrtest; (↑ R 209:) hochverehrter Herr, aber: ein von mir hoch verehrter Herr; der Herr wird von mir hoch verehrt; **Hoch_ver|rat**, ...**ver|rä|ter**; **hoch_ver|rä|te|risch**, ...**ver|zins|lich**

Hoch_wald, ...**was|ser** (*Plur.* ...**wasser**); **hoch|wer|fen**; **hoch|wer|tig**; -es Metall; **Hoch|wild**; **hoch|will|kom|men**; der hochwillkommene Gast, aber (↑ R 209): es ist ihm hoch (sehr) willkommen; **hoch|win|den**; sich -; **hoch|wir|beln**; **hoch|wirk|sam**; eine -e Medizin; **hoch|wohl|ge|bo|ren**, als Titel (veralt.): Hochwohlgeboren; in der Anrede (veralt.): Eure, Euer Hochwohlgeboren; **hoch|wöl|ben**; sich -; **Hoch|wür|den** (Anrede für kath. Geistliche); Eure, Euer (Abk.: Ew.) -; **hoch|wür|dig** (veralt.); der -e Herr Pfarrer; **hoch|wür|digst** (Anrede für höhere kath. Geistliche); aber (↑ R 157): das Hochwürdigste Gut (kath. Kirche: heiligstes Altarsakrament)

Hoch|zahl (für: Exponent); **¹Hoch|zeit** (Feier der Eheschließung); silberne, goldene -; **²Hoch|zeit** (glänzender Höhepunkt, Hochstand); **Hoch|zei|ter**; **Hoch|zei|te|rin** *die;* -, -nen; **hoch|zeit|lich**; **Hoch|zeits_bit|ter** (*der;* -s, -), ...**fei|er**, ...**ge|schenk**, ...**kleid**, ...**nacht**, ...**paar**, ...**rei|se**, ...**schmaus**, ...**tag**; **hoch|zie|hen**; **Hoch|ziel**

Hock, **Höck** *der;* -s, Höcke (schweiz. mdal. für: geselliges Beisammensein); **¹Hocke¹** *die;* -,

---

¹ *Trenn.:* ...k|k...

-n (auf dem Feld zusammengesetzte Garben; Hucke); **²Hocke¹** *die;* -, -n (Turnübung); **hocken¹**; sich -; **Hocker¹** (Schemel)

Höcker¹ *der;* -s, - (Buckel) **Hocker|grab¹** **höcke|rig¹** **Hockey¹** [*hoki*, auch: *hoke*] *das;* -s ⟨engl.⟩ (eine Sportart); **Hockey-_schlä|ger¹**, ...**spie|ler** **Hock|stel|lung** **Hol|de** *der;* -n, -n (↑ R 197) od. *die;* -, -n u. **Hol|den** *der;* -s, - (Samendrüse); **Hol|den.bruch** (*der;* -[e]s, ...**brüche**), ...**sack** **Hod|ler** (schweiz. Maler) **Ho|do|me|ter** *das;* -s, - ⟨griech.⟩ (Wegemesser, Schrittzähler) **Hödr**, **Höl|dur** (nord. Mythol.: der blinde Gott) **Hol|dscha** *der;* -[s], -s ⟨pers.⟩ ([geistl.] Lehrer) **Höl|dur** vgl. Hödr

Hoechst Ak|ti|en|ge|sell|schaft (Chemieunternehmen in Frankfurt am Main-Höchst) **Hoek van Hol|land** [*huk fan -*] (niederl. Hafen- u. Badeort) **Hof** *der;* -[e]s, Höfe; vgl. hofhalten; **Höf|chen**, **Höf|lein**; **Hof|da|me**; **höl|feln** (schweiz. für: jmdm. schöntun, schmeicheln); ich ...[e]le (↑ R 22); **hof|fä|hig**; **Hof|fä|hig|keit** *die;* -

Hof|fart *die;* - (geh. für: Hochmut); **hof|fär|tig**; **Hof|fär|tig|keit**

hof|fen **Hof|fen|ster** **hof|fent|lich** ...**höf|fig** (reiches Vorkommen versprechend, z. B. erdölhöffig); **höff|lich** (Bergmannsspr.: reiche Ausbeute verheißend) **Hoff|mann**, E. T. A. (dt. Dichter) **Hoff|manns|trop|fen** *Plur.* ⟨nach dem Arzt F. Hoffmann⟩ (ein Arzneimittel) **Hoff|mann von Fal|lers|le|ben** (dt. Dichter) **Hoff|nung**; **Hoff|nungs|lauf** (Sport: zusätzlicher Zwischenlauf, dessen Sieger noch am Endlauf teilnehmen darf); **hoff|nungs|los**, -este; **Hoff|nungs|lo|sig|keit** *die;* -; **Hoff|nungs_schim|mer**, ...**strahl**; **Hoff|nungs|voll** **Hof|gla|stein**, Bad (österr. Ort) **Hof|halt** *der;* -[e]s, -e (veralt. für: Haushalt eines Fürsten); **hof|hal|ten** (↑ R 207); ich halte hof; hofgehalten; hofzuhalten; **Hof|hal|tung**

ho|fie|ren (den Hof machen); jmdn. - **hö|fisch**; -ste; **Hof|knicks**; **Höf|lein**, **Höf|chen** **höf|lich**; **Höf|lich|keit**; **Höf|lich-**

---

¹ *Trenn.:* ...k|k...

---

keits_be|such, ...**flos|kel**; **höf|lich|keits|hal|ber** **Höf|ling**; **Hof|mann** (*Plur.* ...**leute**); **hof|män|nisch**; -ste **Hof|manns|thal** (österr. Dichter) **Hof|mann von Hof|manns|wal|dau** (dt. Dichter) **Hof|mei|ster**; **hof|mei|ster|lich**; **hof|mei|stern**; ich ...ere (↑ R 22); gehofmeistert; zu -; **Hof_narr**, ...**rat** (*Plur.* ...**räte**); **Hof|rei|te** *die;* -, -n (südd. für: bäuerl. Anwesen); **Hof|schran|ze** *der;* -n, -n (↑ R 197) od. *die;* -, -n (verächtlich für: Höfling, Hofbeamter); **Hof|staat** (*Plur.* selten: ...**staaten**) **Hof|statt** *die;* -, -en (schweiz. für: Haus mit Hof; Hauswiese) **Höft** *das;* -[e]s, -e (niederd. für: Haupt; Landspitze; Buhne) **Hof_tor** *das;* ...**trau|er**, ...**tür** **höl|gen**, sich (nordd. für: sich [voller Genugtuung] freuen)

HO-Ge|schäft (DDR); vgl. HO **ho|he;** I. *Kleinschreibung* (↑ R 157): der hohe Berg; der hohe Chor; die hohe Jagd; das hohe C; auf hoher See. II. *Großschreibung:* **a)** (↑ R 146:) die Hohe Tatra; die Hohen Tauern; **b)** (↑ R 157:) die Hohe Schule (beim Reiten); das Hohe Haus (Parlament); die Hohe Messe in h-Moll (von J. S. Bach); **Hö|he** *die;* -, -n **Ho|heit** (↑ R 178); vgl. euer, Ew., ihr u. sein; **ho|heit|lich**; **Ho|heits_akt**, ...**ge|biet**, ...**ge|walt**, ...**ge|wäs|ser** *Plur.*, ...**recht**; **ho|heits|voll**; **Ho|heits|zei|chen** (sinnbildliches Zeichen der Staatsgewalt, z. B. Flagge, Siegel u. a.) **Ho|he|lied** *das;* Hohenlied[e]s; im Hohenlied[e]; in Salomo[n]s Hohemlied[e]; ein Hohe[s]lied der Kameradschaft **hö|hen** (Malerei: bestimmte Stellen hervortreten lassen); weiß gehöht **Hö|hen_an|ga|be**, ...**angst**, ...**flug** **Ho|hen|fried|ber|ger** *der;* -s; der Marsch **Hö|hen_krank|heit**, ...**kur|ort**, ...**la|ge**, ...**li|nie**, ...**luft** (*die;* -), ...**mar|ke**, ...**mes|ser** *der*, ...**mes|sung**, ...**rücken** [*Trenn.:* ...**rük|ken**], ...**ru|der** (Flugw.), ...**son|ne** (als ⓦ: Ultraviolettlampe) **Ho|hen|stau|fe** *der;* -n, -n; ↑ R 197 (Angehöriger eines dt. Fürstengeschlechts); **¹Ho|hen|stau|fen** (Ort am gleichnamigen Berg); **²Ho|hen|stau|fen** *der;* -s (Berg vor der Schwäb. Alb); **ho|hen|stau|fisch** **Hö|hen_steu|er** *das*, ...**strah|lung** (kosmische Strahlung) **Ho|hen|twiel** *der;* -s (Bergkegel bei Singen) **Ho|hen|zol|ler** *der;* -n, -n; ↑ R 197 (Angehöriger eines dt. Fürsten-

geschlechts); ho|hen|zol|le|risch; Ho|hen|zol|lern der; -s (Berg vor der Schwäb. Alb); Ho|hen|zol|lern-Sig|ma|rin|gen
Höh|en|zug
Ho|he|prie|ster der; Hohenpriesters, Hohenpriester; ein Hoherpriester, zwei Hohepriester; Ho|he|prie|ster|amt das; -[e]s (auch: Hohenpriesteramtes), ...ämter; ho|he|prie|ster|lich
Hö|he|punkt
hö|her; -e Gewalt; -[e]n Ort[e]s; die höhere Laufbahn; höheres Lehramt; höhere Schule (Oberschule, Gymnasium usw.), aber (↑R 157): Höhere Handelsschule in Stuttgart; höher achten; etwas läßt die Herzen höher schlagen; Hö|her|ent|wick|lung; hö|he|rer|seits; hö|her|ge|stellt vgl. hochgestellt; hö|her|grup|pie|ren; hö|her|ran|gig; hö|her|schrau|ben (allmählich) erhöhen); die Preise -; hö|her|stu|fen (auf eine höhere Stufe bringen); einen Beamten -; Hö|her|stu|fung
Ho|he Schu|le die; -n -; ↑R 157 (Reitkunst); übertr. für: Kunstfertigkeit, Gewandtheit); die - - reiten; die - - des Lebens
hohl; hohl|äu|gig; Hohl|block|stein; Höh|le die; -, -n; Höhl|eisen (ein Werkzeug); höh|len; Höh|len.bär, ...be|woh|ner, ...brü|ter, ...for|schung, ...ma|le|rei, ...mensch; Hohl.heit, ...kehle (rinnenförmige Vertiefung an Möbeln, Gesimsen o. ä.), ...kopf, ...ku|gel, ...maß das, ...na|del, ...naht, ...raum, ...saum; hohl|schlei|fen; Hohl.schliff, ...spiegel; Höh|lung; Hohl|ve|ne; hohl|wan|gig; Hohl.weg, ...zie|gel
Hohn der; -[e]s; höh|nen; Hohngelächter; höh|nisch; -ste; hohn|lä|cheln (↑R 207); meist nur im Infinitiv gebräuchlich; hohn|la|chen (↑R 207); jmdm. -; er hohnlachte od. lachte hohn; hohngelacht; hohnzulachen; hohn|spre|chen (↑R 207); jmdm. -; das spricht allem Rechte hohn; er sprach mir hohn, hat mir hohngesprochen; hohnzusprechen
ho|ho!
hoi! [heu]
hö|ken (seltener für: hökern); Hö|ker (veralt.; Kleinhändler); Hö|ke|lrei; Hö|ke|rin die; -, -nen; hö|kern; ich ...ere (↑R 22); Hö|ker|weib
Ho|ku|sai (jap. Meister des Farbholzschnitts)
Ho|kus|po|kus der; - ⟨engl.⟩ (Zauberformel der Taschenspieler, Gaukelei; Blendwerk)
Hol|ark|tis die; - ⟨griech.⟩ (Pflanzen- u. Tiergeographie: Gebiet

zwischen Nordpol u. nördlichem Wendekreis); hol|ark|tisch
Holl|bein (dt. Maler); hol|l|beinsch, aber (↑R 134): Hol|l|beinsch; -e Madonna
hold; -este
[1]Hol|da, Hol|le (Gestalt der dt. Mythologie); Frau Holle; [2]Hol|da, Hul|lda (w. Vorn.)
Hol|der u. (österr. nur so:) Hol|ler der; -s, - (mdal. für: Holunder); Hol|der|baum, Hol|ler|baum
Höl|der|lin (dt. Dichter)
Hol|ding|ge|sell|schaft [ho"l-ding...] ⟨engl.; dt.⟩ (Wirtsch.: Gesellschaft, die nicht selbst produziert, aber Aktien anderer Gesellschaften besitzt)
hol|drio! [auch: ...drio] (Freudenruf); [1]Hol|drio [auch: ...drio] das; -s, -s; [2]Hol|drio der; -[s], -[s] (veralt. für: leichtlebiger Mensch)
hold|se|lig; Hold|se|lig|keit die; -
ho|len (abholen); etwas - lassen
Hol|ger (m. Vorn.)
Ho|lis|mus der; - ⟨griech.⟩ (eine philos. Ganzheitslehre)
Holk vgl. Hulk
hol|la!
Hol|la|brunn (österr. Stadt)
Hol|land; [1]Hol|län|der (↑R 147); - Käse; der Fliegende - (Oper; vgl. fliegen); [2]Hol|län|der (Kinderfahrzeug; Holländermühle, vgl. d.); [3]Hol|län|der der; -s, - (Käse); Hol|län|de|rin die; -, -nen; Hol|län|der|müh|le (Zerkleinerungsmaschine für Papier); hol|län|dern ([ein Buch] mit Fäden heften, die im Buchrücken verleimt werden); ich ...ere (↑R 22); hol|län|disch; -er Gulden (Abk.: hfl); Hol|län|disch das; -[s] (Sprache; vgl. Niederländisch); vgl. Deutsch; Hol|län|di|sche das; -n; vgl. Deutsche das
[1]Hol|le die; -, -n (Federhaube [bei Vögeln])
[2]Hol|le vgl. [1]Holda
Höl|le die; -, (selten:) -n
Hol|led|au [auch: hol...] vgl. Hallertau
Höl|len... (auch ugs. für: groß, sehr viel, z. B. Höllenlärm); Höllen.brut, ...fahrt, ...hund, ...lärm, ...ma|schi|ne, ...spek|takel, ...stein (der; -[e]s; ein Ätzmittel)
Hol|ler usw. vgl. Holder usw.
Höl|ler, Karl (dt. Komponist)
hol|le|ri|thie|ren (auf Lochkarten bringen); Hol|le|rith|ma|schi|ne [auch: hol...] ⟨nach dem deutschamerik. Erfinder⟩ (Lochkartenbuchungsmaschine)
höl|lisch; -ste
Hol|ly|wood [holi"ud] (nordamerik. Filmstadt); Hol|ly|wood-schau|kel; ↑R 149 (breite, frei aufgehängte Sitzbank)

[1]Holm der; -[e]s, -e (Griffstange des Barrens, Längsstange der Leiter)
[2]Holm der; -[e]s, -e (nordd. für: kleine Insel); Holm|gang der (altnord. Zweikampf, der auf einem [2]Holm ausgetragen wurde)
Hol|mi|um das; -s (chem. Grundstoff, Metall; Zeichen: Ho)
Ho|lo|caust der; -[s], -s ⟨griech.⟩ (Tötung einer großen Zahl von Menschen, bes. der Juden während des Nationalsozialismus)
Ho|lo|fer|nes (assyr. Feldherr)
Ho|lo|gramm das; -s, -e ⟨griech.⟩ (Speicherbild); Ho|lo|gra|phie die; - (besondere Technik zur Bildspeicherung u. -wiedergabe in dreidimensionaler Struktur; Laserfotografie); ho|lo|graphisch (Bibliotheksw., Rechtsw.: [ganz] eigenhändig geschrieben); ho|lo|kri|stal|lin (von Gesteinen: ganz kristallin); Ho|lo|zän das; -s (vgl. Alluvium)
hol|pe|rig; Hol|pe|rig|keit; hol|pern; ich ...ere (↑R 22); holp|rig; Holp|rig|keit
Hol|ste der; -n, -n; ↑R 197 (altertüml. für: Holsteiner); Hol|stein (Teil des Landes Schleswig-Holstein); Hol|stei|ner (auch für eine Pferderasse); ↑R 147; Hol|stei|ne|rin die; -, -nen; hol|stei|nisch; -e Butter, aber (↑R 157): die Holsteinische Schweiz
Hol|ster das; -s, - ⟨engl.⟩ (Pistolen-, Revolvertasche)
hol|ter|die|pol|ter!
hol|über! (Ruf an den Fährmann)
Ho|lun|der der; -s, - (ein Strauch; auch kurz und ohne Plur. für: Holunderbeeren); Ho|lun|der-bee|re; vgl. auch: Holder
Holz das; -es, Hölzer (Kegeln:) er siegte mit 643 - (↑R 129); Holz.ap|fel, ...art, ...bein, ...blas|in|stru|ment, ...block (vgl. Block), ...bock, ...bo|den; Hölz-chen, Hölz|lein; Holz|ein|schlag (Forstw.); höl|zeln (südostösterr. ugs. für: lispeln); höl|zen; du holzt (holzest); Höl|zer (Holzknecht; Sport: roher Spieler [im Fußball]); Hol|ze|lrei (ugs. für: Prügelei; Sport: regelwidriges, rohes Spiel); höl|zern (aus Holz); Holz.es|sig (der; -s), ...fäl|ler; holz|frei; -es Papier; Holz.geist (der; -[e]s; Methylalkohol), ...ge-rüst, ...hacker [Trenn.: ...hak|ker] (bes. österr. für: ...fäller), ...ham|mer|me|tho|de, ...haus; hol|zig; Holz.ki|ste, ...klotz, ...knecht (österr. für: Holzfäller), ...koh|le; Hölz|lein, Hölz|chen; Holz-_pflock, ...scheit, ...schliff; holz-schliff|frei (↑R 204); Holz-_schnei|der, ...schnitt, ...schnitzer, ...schuh, ...schutz|mit|tel,

...span, ...sta|pel, ...stoß, ...trep|pe; Hol|zung; holz|ver|ar|bei|tend; die -e Industrie (↑R 209); holz|ver|klei|det; Holz_weg, ...wol|le (die; -), ...wurm

Hom|burg der; -s, -s (steifer Herrenhut)

Home|land [ho"mländ] das; -[s], -s ⟨engl.⟩ (bestimmten Teilen der schwarzen Bevölkerung zugewiesenes Siedlungsgebiet in der Republik Südafrika)

Ho|mer (altgriech. Dichter); Home|ri|de der; -n, -n (↑R 197) ⟨griech.⟩ (Nachfolger Homers); ho|me|risch; -es Gelächter, aber (↑R 134): Ho|me|risch; -e Gedichte; Homer vgl. Homer

Home|rule [ho"mrul] die; - ⟨engl.⟩ („Selbstregierung", Schlagwort der irischen Unabhängigkeitsbewegung); Home|spun [ho"mßpạn] das; -s, -s (grobes Wollgewebe); Home|trai|ner (Sportgerät für häusliches Training)

Ho|mi|let der; -en, -en (↑R 197) ⟨griech.⟩ (Kenner der Homiletik); Ho|mi|le|tik die; - (Geschichte u. Theorie der Predigt); ho|mi|le|tisch; Ho|mi|lie die; -, ...ien (erbaul. Bibelauslegung; Predigt über einen Bibeltext)

Ho|mi|ni|den Plur. ⟨lat.⟩ (Biol.: Familie der Menschenartigen)

Hom|mage [omạsch] die; -, -n ⟨franz.⟩ (Veranstaltung, Werk als Huldigung für einen Menschen); - à (für) Paul Klee

Ho|mo der; -s, -s (ugs. für: Homosexueller); ho|mo... ⟨griech.⟩ (gleich...); Ho|mo... (Gleich...); ho|mo|gen (gleichartig, gleichgeartet; gleichstoffig); -es Feld; ho|mo|ge|ni|sie|ren (homogen machen, vermischen); Ho|mo|ge|ni|sie|rung; Ho|mo|ge|ni|tät die; - (Gleichartigkeit); ho|mo|log (gleichliegend, gleichlautend, übereinstimmend, entsprechend); ho|mo|lo|gie|ren (einen Serienwagen in die internationale Zulassungsliste zur Klasseneinteilung für Rennwettbewerbe aufnehmen); hom|onym (gleichlautend; mehrdeutig; doppelsinnig); Hom|onym das; -s, -e (Sprachw.: Wort, das mit einem anderen gleich lautet, z. B. „Heide" = Nichtchrist u. „Heide" = unbebautes Land); hom|onymisch (älter für: homonym) ho|möo... ⟨griech.⟩ (ähnlich...); Ho|möo... (Ähnlich...); Ho|möopath der; -en, -en; ↑R 197 (homöopath. Arzt, Anhänger der Homöopathie); Ho|möo|pa|thie die; - (ein Heilverfahren); ho|möo|pa|thisch

ho|mo|phil ⟨griech.⟩ (sww. homosexuell); Ho|mo|phi|lie die; -

(svw. Homosexualität); ho|mophon; Ho|mo|pho|nie die; - (Kompositionsstil mit nur einer führenden Melodiestimme)

Ho|mo sa|pi|ens [- ...piänß] der; - - ⟨lat.⟩ (wissenschaftl. Bez. für den Menschen)

Ho|mo|se|xua|li|tät die; - (↑R 180) ⟨griech.; lat.⟩ (gleichgeschlechtliche Liebe [bes. des Mannes]); ho|mo|se|xu|ell; Ho|mo|se|xu|el|le der; -n, -n (↑R 7); ho|mo|zy|got (Biol.: reinerbig); Ho|mo|zy|go|tie die; - (Erbgleichheit)

Ho|mun|ku|lus der; -, ...lusse od. ...li ⟨lat.⟩ ([nach alchimistischer Vorstellung] künstlich erzeugter Mensch)

Ho|nan (chines. Prov.); Ho|nansei|de

Hon|du|ra|ner (Bewohner von Honduras); hon|du|ra|nisch; Hon|du|ras (mittelamerik. Staat)

Ho|nec|ker, Erich (Vorsitzender des Staatsrates der DDR)

Ho|neg|ger [franz. Ausspr.: onägär], Arthur (franz.-schweiz. Komponist)

ho|nen ⟨engl.⟩ ([Metallflächen] sehr fein schleifen)

ho|nett; -este ⟨franz.⟩ (ehrenhaft; anständig)

Hong|kong (chines. Hafenstadt)

Ho|nia|ra; ↑R 180 (Hptst. der Salomonen)

Ho|nig der; -s, (für: Honigsorten Plur.:) -e; Ho|nig|bie|ne; ho|nig|gelb; Ho|nig_glas, ...ku|chen; Ho|nig|lecken das [Trenn.: ...lekken]; etwas ist kein Honiglekken; Ho|nig|mond (Flitterwochen); Ho|nig|schlecken das [Trenn.: ...schlek|ken]; vgl. Honiglecken; Ho|nig|seim; ho|nig|süß; Ho|nig_tau od. ...wal|be, ...wein

Hon|neurs [(h)onörß] Plur. ⟨franz.⟩ ([milit.] Ehrenerweisungen); die - machen (die Gäste begrüßen)

Ho|no|lu|lu (Hptst. von Hawaii)

ho|no|ra|bel ⟨lat.⟩ (veralt. für: ehrbar; ehrenvoll); ...a|ble Bedingungen; Ho|no|rar das; -s, -e (Vergütung [für Arbeitsleistung in freien Berufen]); Ho|no|rar|pro|fes|sor; Ho|no|rar [...zi...] Plur.; ↑R 180 (Standespersonen, bes. in kleineren Orten); ho|no|rie|ren (bezahlen; vergüten); Ho|no|rie|rung; ho|no|rig (ehrenhaft; freigebig); ho|no|ris cau|sa [- kau...] (ehrenhalber; Abk.: h. c.)

Ho|no|ri|us (röm. Kaiser)

Hoorn; Kap - (Südspitze Amerikas [auf der Insel Hoorn])

hop|fen (Bier mit Hopfen versehen); Hop|fen der; -s, - (eine Kletterpflanze; Bierzusatz); Hop|fen|stan|ge

Ho|pi der; -[s], -[s] (Angehöriger eines nordamerik. Indianerstammes)

Ho|plit der; -en, -en (↑R 197) ⟨griech.⟩ (altgriech. Schwerbewaffneter)

hopp!; hopp, hopp!; Hopp der; -s, -e; hop|peln; ich ...[e]le (↑R 22); Hop|pel|pop|pel das; -s, - (Bauernfrühstück; heißer Punsch); Hopp|hei der (auch: das); - (landsch. für: Rummel, Lärm; auch: Familienanhang); es gab großen -; hopp|hopp!; hopp|la!; hopp|neh|men (ugs. für: festnehmen); hops; - (ugs. für: verloren) sein; Hops der; -es, -e; hops!, hop|sa!, hop|sa|la!, hop|sa|sa!; hop|sen; du hopst (hopsest); Hop|ser; Hop|se|rei; hops_ge|hen (ugs.), ...neh|men (vgl. hoppnehmen)

ho|ra ⟨lat.⟩ („Stunde"; nur als Zeichen [h] in Abkürzungen von Maßeinheiten, z. B. kWh [= Kilowattstunde] u. als Zeitangabe, z. B. 6 h od. 6^h [= 6 Uhr]); Ho|ra, Ho|re die; -, Horen; meist Plur. (Stundengebet der kath. Geistlichen; die Horen beten

Hör|ap|pa|rat

Ho|ra|ti|us [...ziuß], Ho|raz (röm. Dichter); ho|ra|zisch, aber (↑R 134): Ho|ra|zisch

hör|bar; Hör_be|reich der, ...bild, ...bril|le; horch!; hor|chen; Horcher; Horch_ge|rät, ...po|sten

¹Hor|de die; -, -n (Flechtwerk; Lattengestell; Rost, Sieb zum Dörren u. Lagern von Obst, Gemüse usw.); vgl. Hurde, Hürde

²Hor|de die; -, -n ⟨tatar.⟩ (ungezügelte, wilde Kriegs]schar); horden|wei|se

Ho|re vgl. Hora; ¹Ho|ren (eingedeutschter Plur. von: Hora)

²Ho|ren Plur. (in der griech. Mythol. Töchter des Zeus u. der Themis: Dike, Eunomia, Eirene [vgl. d.]; auch Göttinnen der Jahreszeiten)

hö|ren; er hat von dem Unglück heute schon gehört; sie hat die Glocken läuten hören (od. gehört); von sich - lassen; Hö|ren|sa|gen das, nur in: er weiß es vom -; hö|rens|wert; -este; Hö|rer; Hö|re|rin die; -, -nen; Hö|rer_kreis, ...schaft; Hör_feh|ler, ...fol|ge, ...funk (für: Rundfunk im Ggs. zum Fernsehen); Hör|ge|rät; Hör|ge|rä|te|akus|ti|ker; Hör|ge|schä|digt; hö|rig; Hö|ri|ge der u. die; -n, -n (↑R 7 ff.); Hö|rig|keit

Ho|ri|zont der; -[e]s, -e ⟨griech.⟩ (scheinbare Begrenzungslinie zwischen Himmel u. Erde; Gesichtskreis); ho|ri|zon|tal (waagerecht); Ho|ri|zon|ta|le die; -, -n; drei -[n]; Ho|ri|zon|tal|pen|del

Hor|mon *das;* -s, -e ⟨griech.⟩ (Drüsenstoff; körpereigener Wirkstoff); hor|mo|nal, Hor|mo|nell; Hor|mon_be|hand|lung, ...forschung, ...haus|halt, ...prä|pa|rat, ...spie|gel (Med.), ...sprit|ze

Hör|mu|schel (am Telefon)

Horn *das;* -[e]s, Hörner u. (Hornarten:) -e; Horn|ber|ger Schießen *das;* - -s; Horn_blen|de (ein Mineral), ...bril|le; Hörn|chen, Hörn|lein; Hörn|dl|bau|er (österr. für: Bauer, der vorwiegend Viehzucht betreibt); hor|nen (älter für: hörnern); hör|nen (ugs. scherzh. für: [den Ehemann] betrügen); hör|nern (aus Horn); Hör|ner_schall, ...schlit|ten; Horn|haut; hor|nig

Hor|nis|grin|de [auch: *hor...*] (höchster Berg des nördl. Schwarzwaldes)

Hor|nis|se [auch: *hor...*] *die;* -, -n (eine Wespenart); Hor|nis|sennest [auch: *hor...*]

Hor|nist *der;* -en, -en; ↑ R 197 (Hornbläser); Hörn|klee; Hörnlein, Hörn|chen; Horn_ochs od. ...och|se, ...si|gnal, ...tier

Hor|nung *der;* -s, -e (alte dt. Bezeichnung für: Februar)

Hor|nuß [*hórnuß*] *der;* -es, -e (schweiz. für: Schlagscheibe); hor|nu|ßen (schweiz. für: eine Art Schlagball spielen)

Horn|vieh

Hör|or|gan

Ho|ros (Sohn der Isis)

Ho|ro|skop *das;* -s, -e ⟨griech.⟩

hor|rend; -este ⟨lat.⟩ (schauderhaft; schrecklich; übermäßig); -e Preise; hor|ri|bel (grauenerregend; furchtbar); ...i|ble Zustände; hor|ri|bi|le dic|tu [- *dik...*] (schrecklich zu sagen)

hor|ri|do! (Jagdruf); Hor|ri|do *das;* -s, -s

Hör|rohr

Hor|ror *der;* -s ⟨lat.⟩ (Schauder, Abscheu); Hor|ror|film; Horror|trip (Jargon: Drogenrausch mit Angst- u. Panikgefühlen); Hor|ror va|cui [- *wa̱ku-i*] *der;* - - (Scheu vor der Leere)

Hör|saal

Hors|d'œu|vre [*ordǫ̈wr⁽ᵉ⁾*, auch: *or...*] *das;* -s, -s [...*ǫ̈wr⁽ᵉ⁾*] (appetitanregende Vorspeise)

Hör|sel *die;* - (r. Nebenfluß der Werra); Hör|sel|ber|ge *Plur.* (Höhen im nördl. Vorland des Thüringer Waldes)

Hör|spiel

¹Horst *der;* -[e]s, -e (Greifvogelnest; Strauchwerk)

²Horst (m. Vorn.)

hor|sten (von Greifvögeln: nisten)

Horst|mar (m. Vorn.)

Hör|sturz (plötzlich auftretende Schwerhörigkeit od. Taubheit)

Hort *der;* -[e]s, -e

hört!; hört, hört!

hor|ten ([Geld usw.] aufhäufen)

Hor|ten|sia (w. Vorn.); Hor|ten|sie [...*i̱⁽ᵉ⁾*] *die;* -, -n (ein Zierstrauch); Hor|ten|si|us (m. Vorn.)

hört, hört!; Hört|hört|ruf

Hort|ne|rin *die;* -, -nen (Kindergärtnerin); Hor|tung ⟨zu: horten⟩

ho ruck!, hau ruck!

Ho|rus vgl. Horos

Hor|váth [*hórwat*], Ödön von (österr. Schriftsteller)

Hör|wei|te; in -

ho|san|na usw. vgl. hosianna

Hös|chen, Hös|lein; Ho|se *die;* -, -n

Ho|sea (bibl. Prophet)

Ho|sen_an|zug, ...band (*der; Plur.* ...bänder); Ho|sen|band|or|den; Ho|sen_bo|den, ...bund (*der;* -[e]s, ...bünde), ...lupf (schweiz. mdal. für: eine Art Ringkampf; vgl. Schwingen), ...matz, ...naht, ...rock, ...rol|le (von einer Frau gespielte Männerrolle), ...scheißer (derb für: ängstlicher Mensch), ...ta|sche, ...trä|ger (meist *Plur.*)

ho|si|an|na!, (ökum.:) ho|san|na! ⟨hebr.⟩ (Gebets- u. Freudenruf); Ho|si|an|na, (ökum.:) Ho|san|na *das;* -s, -s

Hös|lein, Hös|chen

Hos|pi|tal *das;* -s, -e u. ...täler ⟨lat.⟩ (Krankenhaus; früher für: Armenhaus, Altersheim); hos|pi|tali|sie|ren; Hos|pi|ta|lis|mus *der;* - (Med.: seel. u. körperl. Schäden, bes. bei Kindern, durch längere Krankenhaus- od. Heimunterbringung); Hos|pi|tant *der;* -en, -en; ↑ R 197 (Gast[hörer an Hochschulen]; Parlamentarier, der sich einer Fraktion anschließt, ohne [vorläufig] Mitglied der betr. Partei zu sein); hos|pi|tie|ren (als Gast [in Schulen] zuhören); Hos|piz *das;* -es, -e ([im christl. Geist geführter] Beherbergungsbetrieb)

Hos|po|dar, Gospodar *der;* -s u. -en (↑ R 197), -e[n] (ehem. slaw. Fürstentitel in der Moldau u. Walachei)

Ho|steß [*hoßtäß* u. *hoßtäß*] *die;* -, ...tessen ⟨engl.⟩ (Begleiterin, Betreuerin, Führerin [auf einer Ausstellung]; Auskunftsdame; auch verhüll. für: Prostituierte)

Ho|stie [...*i̱⁽ᵉ⁾*] *die;* -, -n ⟨lat.⟩ (Abendmahlsbrot)

Hot *der;* -s, -s ⟨amerik.⟩ (Kurzform von: Hot Jazz)

Hot dog *das* (auch: *der*); - -s, - -s ⟨amerik.⟩ (heißes Würstchen in einem Brötchen)

der Übernachtung nur Frühstück anbietet); Ho|tel|lier [...*lie*] *der;* -s, -s (Hotelbesitzer); Ho|telle|rie *die;* - (Gast-, Hotelgewerbe); Ho|tel|zim|mer

Hot Jazz [*hot dsehäs*] *der;* - - ⟨amerik.⟩ (scharf akzentuierter, oft synkopierter Jazzstil)

Hot pants [*hot pänz*] *Plur.* ⟨engl.⟩ („heiße Höschen"; modische, kurze u. enge Damenhose)

hott! (Zuruf an Zugtiere: rechts!); - und har!; - und hüst!; - und hü!

Hot|te *die;* -, -n (südwestd. für: Bütte, Tragkorb); vgl. Hutte

hot|te|hü!; Hot|te|hü *das;* -s, -s (Kinderspr. für: Pferd)

hot|ten ⟨amerik.⟩ (Hot Jazz spielen)

Hot|ten|tot|te *der;* -n, -n; ↑ R 197 (Angehöriger eines Mischvolkes in Südwestafrika); hot|ten|tottisch

Hot|ter *der;* -s, - (ostösterr. für: Gemeindegrenze)

hot|to!; Hot|to *das;* -s, -s (Kinderspr. für: Pferd)

Ho|va|wart [*hofa...*] *der;* -s, -s (eine Hunderasse)

Höx|ter (Stadt im Weserbergland)

h. p., (früher:) HP = horsepower [*hɔ̱ßpauʳr*] ⟨engl.⟩ („Pferdestärke"; engl. mechan. Leistungseinheit = 745,7 Watt, nicht gleichzusetzen mit PS = 736 Watt); vgl. PS

hPa = Hektopascal

Hptst. = Hauptstadt

Hr. = Herr

HR = Hessischer Rundfunk

Hra|ban (dt. Gelehrter des MA.); Hra|ba|nus Mau|rus (lat. Name für: Hraban)

Hrad|schin [auch: ...*tschin*] *der;* -s (Stadtteil von Prag mit Burg)

Hrdl|lic|ka [*hirdlizka*] (österr. Bildhauer u. Graphiker)

Hrn. = Herrn *Dat.* u. *Akk.;* vgl. Herr

Hro|swi|tha vgl. Roswith

hrsg., hg. = herausgegeben; Hrsg., Hg. = Herausgeber

hs = Hektoster

Hs. = Handschrift; Hss. = Handschriften

HTL = höhere technische Lehranstalt (Technikum, Ingenieurschule in der Schweiz u. in Österreich)

Hua Guo|feng, (ältere Schreibung:) Hua Kuo-feng (chin. Politiker)

Hub *der;* -[e]s, Hübe (Weglänge eines Kolbens usw.)

hu!; hu|hu!

hü! (Zuruf an Zugtiere: links!; auch: vorwärts! od. halt!); vgl. hott

Hub|bel *der;* -s, - (landsch. für: Unebenheit; kleiner Hügel); hub|be|lig

Hub|brücke [*Trenn.:* ...brük|ke] (Brücke, deren Verkehrsbahn gehoben werden kann)

Hu|be *die;* -, -n (südd., österr. für: Hufe)

Hu|bel, Hü|bel *der;* -s, - (veralt., noch mdal.; vgl. Hubbel)

hü|ben; - und drüben

Hu|ber, Hüb|ner *der;* -s, - (südd., österr. für: Hufner, Hüfner)

Hu|bert, Hu|ber|tus (m. Vorn.)

Hu|ber|tus|burg *die;* - (Schloß in Sachsen); der Friede von -; Hu|ber|tus_jagd (festl. Treibjagd, ursprüngl. am Hubertustag), ...man|tel (österr. für: grüner Lodenmantel), ...tag (3. November)

Hub|hö|he

Hüb|ner vgl. Huber

Hub|raum; Hub|raum|steu|er *die* hübsch; -este; Hübsch|heit *die;* -

Hub|schrau|ber; Hub|vo|lu|men (Hubraum)

huch!

Huch, Ricarda (dt. Schriftstellerin)

Hu|chen *der;* -s, - (ein Raubfisch)

Hucke[1] *die;* -, -n (niederd., ostmitteld. für: auf dem Rücken getragene Last); jmdm. die - voll lügen (ugs.); Hucke|bein[1] *der;* -[e]s, -e; Hans - („der Unglücksrabe"); hucken[1]; hucke|pack[1]; - tragen; Hucke|pack|ver|kehr[1] (Eisenbahnw.: Transport von Straßenfahrzeugen auf Waggons)

Hu|de *die;* -, -n (mitteld. u. niederd. mdal. für: Weideplatz)

Hu|del *der;* -s, -[n] (veralt., noch mdal. für: Lappen, Lumpen; Lump); Hu|de|lei; Hu|de|ler, Hudler; hu|de|lig, hud|lig; hu|deln (nachlässig sein od. handeln); ich ...[e]le (↑ R 22)

hu|dern (fachspr. von Vögeln: die Jungen unter die Flügel nehmen); sich - (im Sand baden)

Hud|ler, Hu|de|ler; hud|lig, hudellig

Hud|son|bai [*hadß'nbai*] *die;* - (nordamerik. Binnenmeer)

huf!, (auch:) hüf! (Zuruf an Zugtiere: zurück!)

Huf *der;* -[e]s, -e; Huf|be|schlag

Hu|fe *die;* -, -n (ehem. Durchschnittsmaß bäuerlichen Grundbesitzes); vgl. Hube

Huf|ei|sen; huf|ei|sen|för|mig

Huf|el|and (dt. Arzt)

hu|fen (zu: huf!) (veralt., noch mdal. für: zurückweichen)

Huf_lat|tich (Unkraut u. Heilpflanze), ...na|gel

Huf|ner, Hüf|ner (früher für: Besitzer einer Hufe); vgl. Huber, Hübner

Huf_schlag, ...schmied

Hüf|te *die;* -, -n; Hüft_ge|lenk,

...gür|tel, ...hal|ter, ...horn (*Plur.* ...hörner; vgl. Hifthorn)

Huf|tier

Hüft_kno|chen, ...lei|den, ...weh

Hü|gel *der;* -s, -; hü|gel_ab, ...an, ...auf; hü|ge|lig, hüg|lig; Hü|gel-_ket|te, ...land (*Plur.* ...länder)

Hu|ge|not|te *der;* -n, -n (↑ R 197) ⟨franz.⟩ (franz. Reformierter); hu|ge|not|tisch

Hughes|tel|le|graf [*hjus...*] (↑ R 135) ⟨nach dem engl. Physiker⟩ (Telegraf, der am Empfänger Buchstaben ausdruckt)

Hu|gin („der Denker"; nord. Mythol.: einer der beiden Raben Odins); vgl. Munin

hüg|lig, hü|ge|lig

[1]Hu|go (m. Vorn.)

[2]Hu|go [*ügo*], Victor (franz. Dichter)

Huhn *das;* -[e]s, Hühner; Hühn|chen, Hühn|lein; Hüh|ner_au|ge, ...brü|he, ...brust, ...ei, ...fri|kassee, ...ha|bicht, ...hund, ...lei|ter *die,* ...stei|ge od. ...stie|ge

hu|hu!

hui! [*hu'*], aber (↑ R 67): im Hui, in einem Hui

Hui|zin|ga [*höisingeha*], Johan (niederl. Geschichtsforscher)

Hu|ka *die;* -, -s ⟨arab.⟩ (ind. Wasserpfeife)

Huk|boot ⟨niederl.⟩ u. Hu|ker *der;* -s, - (größeres Fischerfahrzeug)

Hu|la *die;* -, -s od. *das;* -s -s ⟨hawaiisch⟩ (Eingeborenentanz auf Hawaii); Hu|la-Mäd|chen

Hül|be *die;* -, -n (schwäb. für: flacher Dorfteich, Wasserstelle)

Huld *die;* -

Hul|da vgl. Holda

hul|di|gen; Hul|di|gung; Hul|din *die;* -, -nen (veralt. für: anmutiges weibl. Wesen); huld_reich, ...voll

Hulk, Holk *die;* -, -e[n] od. *der;* -[e]s, -e[n] ⟨engl.⟩ (ausgedientes, für Kasernen- u. Magazinzwecke verwendetes Schiff)

Hüll|blatt; Hül|le *die;* -, -n; hül|len; sich in etwas -; hül|len|los; Hüll|wort (*Plur.* ...wörter; für: Euphemismus)

Hüls|chen, Hüls|lein; Hül|se *die;* -, -n (Kapsel[frucht]); hül|sen; du hülst (hülsest); Hül|sen|frucht; Hül|sen|früch|ter; hül|sig; Hüls|lein, Hüls|chen

Hult|schin [auch: *hult...*] (Ort in der Tschechoslowakei); Hult-schi|ner [auch: *hult...*] (↑ R 147); -Ländchen

hum! (ältere Form von: hm); hum, humm

hu|man ⟨lat.⟩ (menschlich; menschenfreundlich; mild, gesittet, zugänglich); Hu|man|ge|ne|tik (Teilgebiet der Genetik); hu|ma-ni|sie|ren (gesittet, menschlich

---

machen; zivilisieren); Hu|ma|ni-sie|rung *die;* -; Hu|ma|nis|mus *der;* - (Bildungsideal der griech.-röm. Antike; Humanität; geistige Strömung zur Zeit der Renaissance, als Neuhumanismus im 18.Jh.); Hu|ma|nist *der;* -en, -en; ↑ R 197 (Vertreter des Humanismus; Kenner der alten Sprachen); hu|ma|ni|stisch; -es Gymnasium; hu|ma|ni|tär (menschenfreundlich; wohltätig); Hu|ma-ni|tät *die;* - (Menschlichkeit; humane Gesinnung); Hu|ma|ni-täts_den|ken, ...du|se|lei (abschätzig), ...ide|al; Hu|man|me-di|zin *die;* -

Hum|bert (m. Vorn.)

Hum|boldt (Familienn.); humboldt|isch, hum|boldtsch, aber (↑ R 134): Hum|bold|tisch, Hum-boldtsch; Hum|boldt-Uni|ver|si-tät *die;* - (in Ost-Berlin)

Hum|bug *der;* -s ⟨engl.⟩ (Aufschneiderei, Schwindel; Unsinn)

Hume [*hjum*] (engl. Philosoph)

Hu|me|ra|le *das;* -s, ...lien [...*i'n*] u. ...lia ⟨lat.⟩ (liturg. Schultertuch des kath. Priesters)

hu|mid u. hu|mi|de; ...deste ⟨lat.⟩ (feucht, naß); Hu|mi|di|tät *die;* - (Feuchtigkeit)

Hu|mi|fi|ka|ti|on [...*zion*] *die;* - ⟨lat.⟩ (Vermoderung; Humusbildung); hu|mi|fi|zie|ren; Hu|mi|fi-zie|rung (svw. Humifikation)

Hüm|mel *der;* -, -n (eine Bienenart)

Hum|mel *der;* -s, - (ein Krebs); Hum|mer_ma|yon|nai|se

[1]Hu|mor *der;* -s, (selten:) -e ⟨engl.⟩ ([gute] Laune); [2]Hu|mor *der;* -s, ...ores ⟨lat.⟩ (Med.: Feuchtigkeit, Körperflüssigkeit); hu|mo|ral (Med.: die Körperflüssigkeiten betreffend); Hu|mo|ral|pa|tho-lo|gie *die;* - (antike Lehre von den Körpersäften als Ausgangspunkt der Krankheiten); Hu|mo-res|ke *die;* -, -n (zu 'Humor) (kleine humoristische Erzählung; Musikstück von komischem Charakter); hu|mo|rig (launig, mit Humor); hu|mo|ri|sie|ren; Hu|mo|rist *der;* -en, -en; ↑ R 197 (jmd., der mit Humor schreibt, spricht, vorträgt usw.); hu|mo|ri-stisch; hu|mor|los; -este; Hu-mor|lo|sig|keit; hu|mor|voll

hu|mos; -este ⟨lat.⟩ (reich an Humus); -er Boden

Hüm|pel *der;* -s, - (nordd. für: Haufen, Gruppe)

Hum|pe|lei; hum|pe|lig, humpllig; hum|peln; ich ...[e]le (↑ R 22)

Hum|pen *der;* -s, -

Hum|per|dinck (dt. Komponist) humpllig, hum|pe|lig

Hu|mus *der;* - ⟨lat.⟩ (fruchtbarer Bodenbestandteil, organ. Sub-

---

stanz im Boden); Hu|mus_bo|den, ...er|de; hu|mus|reich

Hund *der;* -[e]s, -e (Bergmannsspr. auch: Förderwagen); (↑ R 157:) der Große -, der Kleine - (Sternbilder); Hünd|chen, Hünd|lein; Hun|de|art; hun|de|elend (ugs. für: sehr elend); Hun|de|hüt|te; hun|de|kalt (ugs. für: sehr kalt); Hun|de_käl|te (ugs.), ...ku|chen, ...lei|ne; hun|de|mü|de, hundsmü|de (ugs. für: sehr müde) hun|dert (als römisches Zahlzeichen: C). I. *Kleinschreibung* als einfaches, ungebeugtes Zahlwort (↑ R 66): [vier] von hundert; [einige, mehrere] hundert Menschen; bis hundert zählen; Tempo hundert (für: hundert Stundenkilometer); aberhundert (viele hundert) Sterne; an die hundert Menschen; der fünfte Teil von hundert; vgl. III, b. II. *Großschreibung* als Maßeinheit (↑ R 66): das Hundert (vgl. d.); ein halbes Hundert; ein paar Hundert; das zweite Hundert; einige, viele Hunderte; Aberhunderte kleiner Vögel; vier vom Hundert (vgl. Hundert); einige Hundert Büroklammern (Pakkungen von je hundert Stück); [ganze] Hunderte von Menschen; Hunderte von berufstätigen Jugendlichen, (auch:) Hunderte berufstätige Jugendliche od. Hunderte berufstätiger Jugendlicher; Hunderte armer Kinder; viele Hunderte von Menschen; Hunderte und aber (abermals) Hunderte, (österr.:) Hunderte und Aberhunderte; zu Hunderten u. Tausenden; es geht in die Hunderte; der Protest einiger, vieler Hunderte; der Einsatz Hunderter Pioniere; der Beifall Hunderter von Zuschauern. III. *Zusammen- u. Getrenntschreibung:* **a)** *Zusammenschreibung* mit bestimmten Zahlwörtern: einhundert, zweihundert [Mann, Menschen]; hundert[und]eins, hundert[und]siebzig; hundert[und]ein Salutschuß, mit hundertundeinem Salutschuß od. mit hundert[und]ein Salutschüssen; hundert[und]eine Deutsche Mark; hundertunderster Tag; **b)** *Getrenntschreibung* nach unbestimmten Zahlwörtern: viel[e], einige, mehrere, ein paar hundert Bäume, Menschen u. a.; hundert und aber (abermals) hundert; ¹Hun|dert *das;* -s, -e; [vier] vom Hundert (Abk.: v. H., p. c.; Zeichen: %); vgl. hundert, II; ²Hun|dert *die;* -, -en (Zahl); vgl. ¹Acht; hun|dert-ein|s], hun|dert|und|ein[s]; vgl. hundert, III, a; Hun|der|ter *der;*

-s, -; vgl. Achter; hun|der|ter|lei; auf - Weise; hun|dert|fach; Hun|dert|fa|che *das;* -n; vgl. Achtfache; hun|dert|fäl|tig; hun|dert-fünf|zig|pro|zen|tig (ugs. für: übertrieben, fanatisch); Hun-dert|jahr|fei|er (mit Ziffern: 100-Jahr-Feier; ↑ R 157); hun|dert-jäh|rig, aber (↑ R 224): der Hundertjährige Kalender; vgl. achtjährig; Hun|dert|ki|lo|me|ter-tem|po; im -; hun|dert|mal; einhundertmal, vielhundertmal, viele hundertmal, viel[e] hundert Male; ein halbes hundertmal; vgl. achtmal; hun|dert|ma|lig; Hun|dert_mark|schein (mit Ziffern: 100-Mark-Schein; ↑ R 43, ...me|ter|lauf; hun|dert|pro|zen-tig; Hun|dert|satz, Vomhundertsatz (Prozentsatz); Hun|dert-schaft; hun|dert|ste; das hundertste Tausend, aber (↑ R 66): vom Hundertsten ins Tausendste kommen; vgl. achte; hun|dert-stel; vgl. achtel; Hun|dert|stel *das* (schweiz. meist: *der*); -s, -; vgl. Achtel; Hun|dert|stel|se|kun-de; hun|dert|stens; hun|dert|tau-send; mehrere hunderttausend DM; vgl. tausend; Hun|dert|tau-send|mann|heer *das;* -[e]s; ↑ R 43 (Reichsheer in der Weimarer Republik); hun|dert|und|ein[s]; vgl. hundert, III, a

Hun|de_sa|lon, ...schlit|ten, ...schnau|ze, ...sper|re, ...steu|er *die,* ...wa|che (Seemannsspr.: Nachtwache), ...wet|ter (*das;* -s; ugs. für: sehr schlechtes Wetter), ...zucht; Hün|din *die;* -, -nen; hün|disch; -ste; Hünd|lein, Hünd|chen

Hun|dred|weight [*handr'd°e*'t] *das;* -, -s (engl. Handelsgewicht; Abk.: cwt. [eigtl.: centweight])

Hunds|fott *der;* -[e]s, -e u. ...fötter (Schurke); Hunds|föt|te|rei; hunds|föt|tisch; -ste; hunds_ge-mein, ...mä|ßig, ...mi|se|ra|bel, ...mü|de (vgl. hundemüde); Hunds_ro|se (wilde Rose), ...ta-ge (*Plur.;* vom 24. Juli bis zum 23. August), ...veil|chen (duftloses Veilchen), ...wut (veralt. für: Tollwut); hunds|wü|tig

Hü|ne *der;* -n, -n (↑ R 197); Hü-nen_ge|stalt, ...grab; hü|nen-haft; -este

Hun|ger *der;* -s; vor - sterben, -s sterben; Hun|ger_blüm|chen (Gattung der Kreuzblütler), ...kur, ...lei|der (ugs. für: armer Schlucker), ...lohn; hun|gern; ich ...ere (↑ R 22); mich hungert; Hun|ger|ödem; Hun|gers|not; Hun|ger_streik, ...tuch (*Plur.* ...tücher; Fastentuch), ...turm; hung|rig

Hun|ne *der;* -n, -n; ↑ R 197 (Ange-

höriger eines mongol. Nomadenvolkes); Hun|nen_kö|nig, ...zug; hun|nisch

Hu|nold (m. Vorn.)

Huns|rück *der;* -s (Teil des westl. Rhein. Schiefergebirges); Huns-rücker [*Trenn.:* ...rük|ker] (↑ R 147)

Hunt *der;* -[e]s, -e (Nebenform von: Hund [Förderwagen])

Hun|ter [*han*...] *der;* -s, - ⟨engl.⟩ (Jagdpferd, -hund)

hun|zen (veralt., noch mdal. für: wie einen Hund behandeln; beschimpfen); du hunzt (hunzest)

Hu|pe *die;* -, -n (Signalhorn); hu-pen; Hu|pe|rei

Hupf *der;* -[e]s, -e (veralt., noch mdal. für: Sprung); hup|fen (südd., österr., sonst veralt. für: hüpfen); das ist gehupft wie gesprungen (ugs. für: das ist völlig gleich); hüp|fen; Hüp|fer (südd., österr.), Hüpf|fer (kleiner Sprung), Hüpf|fer|ling (eine Krebsart)

Hup|kon|zert (scherzh. für: wildes Hupen)

hup|pen (mdal. für: hüpfen); vgl. hupfen

Hür|chen ⟨zu: Hure⟩

Hür|de *die;* -, -n (Flechtwerk; südwestd. u. schweiz. für: ¹Horde); Hür|de *die;* -, -n (Flechtwerk; tragbare Einzäunung [für Schafe]; Hindernis beim Hürdenlauf); vgl. ¹Horde; Hür|den|lauf

Hu|re *die;* -, -n; hu|ren; Hu|ren_bock (Schimpfwort), ...kind (Druckersprache: [einen Absatz beschließende] Einzelzeile am Anfang einer neuen Seite od. Spalte), ...sohn (Schimpfwort), ...wei|bel (hist.: Aufseher über den Troß im Landsknechtsheer); Hu|re|rei

Hu|ri *die;* -, -s ⟨arab.⟩ (schönes Mädchen im Paradies des Islams)

hür|nen (veralt. für: aus Horn)

Hu|ro|ne *der;* -n, -n; ↑ R 197 (Angehöriger eines nordamerik. Indianerstammes); hu|ro|nisch

hur|ra! [auch: *hu*...]; hurra schreien; Hur|ra [auch: *hu*...] *das;* -s, -s; viele -s; Hur|ra_pa|trio|tis-mus (↑ R 180), ...ruf [auch: *hu*...]

Hur|ri|kan [engl. Ausspr.: *harik°n*] *der;* -s, -e u. (bei engl. Ausspr.:) -s ⟨indian.⟩ (Wirbelsturm in Mittelamerika)

hur|tig; Hur|tig|keit *die;* -

Hus (tschech. Reformator); vgl. Huß

Hu|sar *der;* -en, -en (↑ R 197) ⟨ung.⟩ (früher: Angehöriger einer leichten Reitertruppe in ungarischer Nationaltracht); Hu|sa-ren_oberst, ...ritt, ...stück|chen

husch!; husch, husch!; Husch *der;*

-es, -e; auf dem -, im - (rasch); Hu|sche *die;* -, -n (ostmitteld. für: Regenschauer); hu|sche|lig, huschig, husch|lig (ugs. für: oberflächlich, eilfertig); Hu|sche|ligkeit, Husch|lig|keit; hu|scheln (landsch. für: ungenau arbeiten); ich ...[e]le (↑R 22); sich - (landsch. für: sich in einen Mantel usw. wickeln); hu|schen; du huschst (huschest); hu|schig, husch|lig vgl. huschelig; Huschlig|keit, Hu|sche|lig|keit

Hus|ky [*haßki*] *der;* -s, ...ies ⟨engl.⟩ (Eskimohund)

Huß (Nebenform von: Hus)

hus|sa!; hus|sa|sa!; hus|sen (österr. ugs. für: aufwiegeln, hetzen); du hußt

Hus|serl (dt. Philosoph)

Hus|sit *der;* -en, -en; ↑R 197 (Anhänger von J. Hus); Hus|si|tenkrieg

hüst! (Zuruf an Zugtiere: links!)

hü|steln; ich ...[e]le (↑R 22); husten; Hu|sten *der;* -s, (selten:) -; Hu|sten_an|fall, ...bon|bon, ...mit|tel *das,* ...reiz, ...saft

Hu|sum (Stadt an der Nordsee); Hu|su|mer (↑R 147)

¹Hut *der;* -[e]s, Hüte (Kopfbedeckung); ²Hut *die;* - (Schutz, Aufsicht); auf der - sein; Hut_ab|teilung, ...band *(das; Plur. ...bänder);* Hüt|chen, Hüt|lein; Hütejun|ge *der;* hü|ten; sich -; Hü|ter; Hut_kof|fer, ...krem|pe; Hütlein, Hüt|chen; hut|los; Hut_mache|rin *(die;* -, -nen), ...schach|tel

¹Hut|sche, Hüt|sche vgl. Hitsche; ²Hut|sche *die;* -, -n (bayr., österr. für: Schaukel); hut|schen (bayr., österr. für: schaukeln); du hutschst (hutschest)

Hut|schnur; das geht über die - (ugs. für: das geht zu weit)

Hutsch|pferd (österr. für: Schaukelpferd)

Hütt|chen, Hütt|lein

Hut|te *die;* -, -n (schweiz. mdal. für: Rückentragkorb); vgl. Hotte

Hüt|te *die;* -, -n

Hut|ten (dt. Humanist)

Hüt|ten_ar|bei|ter, ...be|trieb, ...in|du|strie, ...kä|se, ...kom|binat (DDR), ...kun|de *(die;* -), ...schuh, ...werk, ...we|sen *(das;* -s); Hüt|lein, Hüt|chen; Hüttner (veralt. für: Häusler; Kleinbauer); Hütt|rach *das;* -s (westösterr. mdal. für: Arsen)

Hu|tung (dürftige Weide [für Schafe od. Ziegen]); Hü|tung (Bewachung); Hut|wei|de (Gemeindeweide, auf die das Vieh täglich getrieben wird)

Hut|zel *die;* -, -n (landsch. für: Tannenzapfen; Dörrbirne; Dörrobstschnitzel; auch: alte Frau); Hut|zelbrot (mit Hutzeln [Dörrobst

schnitzeln] gebackenes Brot; südd. Festgebäck); hut|ze|lig, hutz|lig (dürr, welk; alt); Hutzel|männ|chen (Heinzelmännchen); hut|zeln (landsch. für: dörren; schrumpfen); ich ...[e]le (↑R 22)

Hut|zucker [*Trenn.:* ...zuk|ker]

Hux|ley [*hakßli*], Aldous [*âld'ß*] (engl. Schriftsteller)

Huy [*hü*] *der;* -s, (auch:) Huy|wald *der;* -[e]s (Höhenzug nördl. des Harzes)

Huy|gens [*heug'nß*] (niederl. Physiker u. Mathematiker); das -sche Prinzip (↑R 20)

Hu|zu|le *der;* -n, -n; ↑R 197 (Angehöriger eines ukrain. Volksstammes)

Hwang|ho *der;* -[s] ⟨chin.⟩ („gelber Fluß"; Strom in China)

Hya|den¹ *Plur.* ⟨griech.⟩ („Regensterne"; Töchter des Atlas)

hya|lin¹ ⟨griech.⟩ (Med.: durchsichtig wie Glas, glasartig; Geol.: glasig erstarrt); Hya|lit¹ *der;* -s, -e (Geol.: ein heller, glasartiger Opal)

Hyä|ne¹ *die;* -, -n ⟨griech.⟩ (ein Raubtier)

¹Hya|zinth¹ *der;* -[e]s, -e ⟨griech.⟩ (ein Edelstein); ²Hya|zinth¹ (Liebling Apollos); ³Hya|zinth¹ *der;* -s, -e (schöner Jüngling); Hya|zin|the¹ *die;* -, -n (eine Zwiebelpflanze)

¹hy|brid; -este ⟨griech.⟩ (Hybris zeigend)

²hy|brid ⟨lat.⟩ (von zweierlei Herkunft; zwitterhaft); -e Bildung (Sprachw.: Zwitterbildung; zusammengesetztes Wort, dessen Teile versch. Sprachen angehören); Hy|bri|de *die;* -, -n (auch: *der;* -n, -n); ↑R 197 (Bastard, [Pflanze od. Tier] als Ergebnis von Kreuzungen); Hy|brid_rechner (Rechenanlage, die sowohl analog als auch digital arbeiten kann), ...schwein, ...züch|tung

Hy|bris *die;* - ⟨griech.⟩ (frevelhafter Übermut)

hyd... ⟨griech.⟩ (wasser...); Hyd... (Wasser...)

Hyde|park [*haid...*] *der;* -[e]s (Park in London)

¹Hy|dra *die;* - ⟨griech.⟩ (sagenhafte Seeschlange); ²Hy|dra *die;* -, ...dren (ein Süßwasserpolyp)

Hy|drä|mie *die;* -, ...ien ⟨griech.⟩ (Med.: erhöhter Wassergehalt des Blutes); Hy|drant *der;* -en, -en; ↑R 197 (Anschluß an die Wasserleitung, Zapfstelle); Hydrar|gy|rum *das;* -s (Quecksilber, chem. Grundstoff; Zeichen: Hg); Hy|drat *das;* -[e]s, -e (Verbindung chem. Stoffe mit Was-

ser); Hy|dra|ta|ti|on [...*zion*] *die;* -, -en (Bildung von Hydraten); hy|dra|ti|sie|ren (Hydrate bilden); Hy|drau|lik *die;* - (Lehre von der Bewegung der Flüssigkeiten); hy|drau|lisch (mit Flüssigkeitsdruck arbeitend, mit Wasserantrieb); -e Bremse; -e Presse; -er Mörtel (Wassermörtel); Hy|dra|zin *das;* -s (chem. Verbindung von Stickstoff mit Wasserstoff; Bestandteil im Raketentreibstoff); Hy|drier|benzin; hy|drie|ren (Chemie: Wasserstoff anlagern); Hy|drie|rung; Hy|drier_ver|fah|ren, ...werk

Hy|dro|bio|lo|gie ⟨griech.⟩ (Lehre von den im Wasser lebenden Organismen)

Hy|dro|chi|non *das;* -s ⟨griech.; indian.⟩ (fotogr. Entwickler)

Hy|dro|dy|na|mik ⟨griech.⟩ (Strömungslehre); hy|dro|dy|na|misch

Hy|dro|gen, Hy|dro|ge|ni|um *das;* -s ⟨griech.⟩ (Wasserstoff; chem. Grundstoff; Zeichen: H); Hydro|gra|phie *die;* - (Gewässerkunde); hy|dro|gra|phisch

Hy|dro|kul|tur *die;* - ⟨griech.⟩ (Wasserkultur; Pflanzenzucht in Nährlösungen ohne Erde)

Hy|dro|lo|gie *die;* - ⟨griech.⟩ (Lehre vom Wasser); hy|dro|lo|gisch; Hy|dro|ly|se *die;* -, -n (Spaltung chem. Verbindungen durch Wasser); hy|dro|ly|tisch

Hy|dro|me|cha|nik ⟨griech.⟩ (Mechanik der Flüssigkeiten); Hydro|me|du|se *die;* -, -n (Qualle); Hy|dro|me|ter *das;* -s, - (Gerät zur Messung der Geschwindigkeit fließenden Wassers); hy|drome|trisch

Hy|dro|path *der;* -en, -en (↑R 197) ⟨griech.⟩ (Wasserheilkundiger); Hy|dro|pa|thie *die;* - (svw. Hydrotherapie); hy|dro|pa|thisch; hy|dro|phil (Biol.: im od. am Wasser lebend); Hy|dro|phob (Biol.: das Wasser meidend); Hy|droph|thal|mus *der;* - (Med.: Augenwassersucht); Hy|dro|phyt *der;* -en, -en; ↑R 197 (Wasserpflanze); hy|dro|pisch (Med.: wassersüchtig); hy|dro|pneu|matisch (durch Wasser u. Luft [betrieben]); Hy|drops *der;* - u. Hydrop|sie *die;* - (Med.: Wassersucht)

Hy|dro|sphä|re *die;* - (Wasserhülle der Erde); Hy|dro|sta|tik (Physik: Lehre von den Gleichgewichtszuständen bei Flüssigkeiten); hy|dro|sta|tisch; -e Waage (zum Bestimmen des Auftriebs)

Hy|dro|tech|nik *die;* - ⟨griech.⟩ (Wasserbau[kunst]); hy|dro|thera|peu|tisch; Hy|dro|the|ra|pie *die;* - (Med.: Wasserheilkunde)

Hy|dro|xyd *das;* -[e]s, -e ⟨griech.⟩

¹↑R 180.

(chem. Verbindung); vgl. Oxyd; **Hy|dro|xyl|grup|pe** ⟨griech.; dt.⟩ (Wasserstoff-Sauerstoff-Gruppe) **Hy|dro|ze|phal|lus** *der; -, ...alen* ⟨griech.⟩ (Wasserkopf); **Hy|dro|zo|on** *das; -s, ...zoen* (meist *Plur.*, ein Nesseltier)

Hye|to|gra|phie [*hü-eto*...] *die; -* (↑ R 180) ⟨Meteor.: Beschreibung der Verteilung von Niederschlägen); **Hye|to|me|ter** *das; -s, -;* ↑ R 180 (Regenmesser)

Hy|gi|ei|a (griech. Göttin der Gesundheit); **Hy|gie|ne** *die; -* ⟨griech.⟩ (Gesundheitslehre, -fürsorge, -pflege); **hy|gie|nisch; -ste**

Hy|gro|me|ter *das; -s, -* ⟨griech.⟩ (Luftfeuchtigkeitsmesser); **Hy|gro|phyt** *der; -en, -en;* ↑ R 197 (Bot.: Landpflanze mit hohem Wasserverbrauch); **Hy|gro|skop** *das; -s, -e* (Meteor.: Luftfeuchtigkeitsmesser); **hy|gro|sko|pisch** (Feuchtigkeit an sich ziehend)

Hyk|sos *Plur.* (asiat. Eroberervolk im alten Ägypten)

¹Hy|men ⟨griech.⟩ u. **Hy|me|näus** (griech. Hochzeitsgott); **²Hy|men** *der; -s, -* ⟨griech.⟩ (antiker Hochzeitsgesang); **³Hy|men** *das* (auch: *der*); *-s, -* ⟨Med.: Jungfernhäutchen); **Hy|me|nä|us** [auch: *hümänaios*], **Hy|me|nä|us** vgl. ¹Hymen; **Hy|me|no|pte|ren** *Plur.* (Hautflügler)

Hym|ne *die; -, -n* ⟨griech.⟩ u. **Hym|nus** *der; -, ...nen* (Festgesang; christl. Lobgesang; Weihelied); **Hym|nik** (Kunstform der Hymne); **hym|nisch; Hym|no|lo|gie** *die; -* (Hymnenkunde); **hym|no|lo|gisch**

Hy|los|cya|min [...*βzü*...] *das; -s* ⟨griech.⟩, (chem. fachspr. für:) **Hy|os|zya|min** *das; -s;* ↑ R 180 (Alkaloid, Heilmittel)

hyp... vgl. hypo...; **Hyp...** vgl. Hypo...

hy|per... ⟨griech.⟩ (über...); **Hyper...** ⟨Über...⟩; **Hy|per|al|ge|sie** *die; -* ⟨Med.: gesteigertes Schmerzempfinden); **hy|per|al|ge|tisch** (schmerzüberempfindlich); **Hy|per|lä|mie** *die; -* ⟨Med.: Blutüberfüllung in einem Körperteil); **Hy|per|läs|the|sie** *die; -, ...ien* ⟨Med.: Überempfindlichkeit); **hy|per|läs|the|tisch**

Hy|per|bel *die; -, -n* ⟨griech.⟩ (Übertreibung des Ausdrucks; Math.: Kegelschnitt); **hy|per|bo|lisch** (hyperbelartig; im Ausdruck übertreibend); **-ste; -e** Funktion (Math.); **Hy|per|bo|lo|id** *das; -[e]s, -e* (Math.: Körper, der durch Drehung einer Hyperbel um ihre Achse entsteht)

Hy|per|bo|re|er (Angehöriger eines sagenhaften Volkes des hohen Nordens); **hy|per|bo|re|isch**

(veralt. für: im hohen Norden gelegen, wohnend)

Hy|per|dak|ty|lie *die; -* ⟨griech.⟩ (Med.: Bildung von mehr als je fünf Fingern od. Zehen)

Hy|per|eme|sis [auch: ...*äm*...] *die; -* ⟨griech.⟩ (Med.: übermäßiges Erbrechen)

hy|per|go|lisch ⟨griech.; lat.⟩; -er Treibstoff (Raketentreibstoff, der bei Berührung mit einem Sauerstoffträger sofort zündet)

Hy|pe|ri|on [auch: *hyperion*] (Titan, Vater des Helios)

hy|per|ka|ta|lek|tisch ⟨griech.⟩ (Verslehre: mit überzähliger Silbe versehen); **hy|per|kor|rekt** (überkorrekt); **hy|per|kri|tisch** (überstreng, tadelsüchtig)

Hy|per|me|ter *der; -s, -* ⟨griech.⟩ (Vers, der um eine Silbe zu lang ist u. mit der Anfangssilbe des folgenden Verses durch Elision verbunden wird); **hy|per|me|trisch; Hy|per|me|tro|pie** *die; -* ⟨Med.: Weit-, Übersichtigkeit); **hy|per|me|tro|pisch**

hy|per|mo|dern (übermodern, übertrieben neuzeitlich)

Hy|pe|ron *das; -s, ...onen* ⟨griech.⟩ (Kernphysik: überschweres Elementarteilchen)

Hy|per|pla|sie *die; -, ...ien* ⟨griech.⟩ (Med., Biol.: abnorme Vermehrung von Zellen); **hy|per|pla|stisch**

hy|per|sen|si|bel (überaus sensibel, empfindsam); **hy|per|so|nisch** ⟨griech.; lat.⟩; -e Geschwindigkeit (Überschallgeschwindigkeit)

Hy|per|to|nie *die; -, ...ien* ⟨griech.⟩ (Med.: gesteigerter Blutdruck; gesteigerte Muskelspannung; vermehrte Spannung im Augapfel); **hy|per|troph** (überspannt, überzogen; Med.: durch Zellenwachstum vergrößert); **Hy|per|tro|phie** *die; -* ⟨griech.⟩ (übermäßige Vergrößerung von Geweben u. Organen; Überernährung)

Hy|phe *die; -, -n* ⟨griech.⟩ (Bot.: Pilzfaden)

Hy|phen *das; -[s], -* ⟨griech.⟩ (Bindestrich)

Hyp|no|pä|die *die; -* ⟨griech.⟩ (Methode des mechanischen Lernens nach im Halbschlaf abgehörten Tonbändern); **hyp|no|pä|disch; Hyp|nos** (griech. Gott des Schlafes); **Hyp|no|se** *die; -, -n* ⟨[durch Suggestion herbeigeführter] schlafähnlicher Bewußtseinszustand); **Hyp|no|tik** *die; -* (Lehre von der Hypnose); **Hyp|no|ti|kum** *das; -s, ...ka* (Schlafmittel); **hyp|no|tisch; Hyp|no|ti|seur** [...*sör*] *der; -s, -e* (franz.) (die Hypnose Bewirkender); **hyp|no|ti|sie|ren** (in Hypnose versetzen;

beeinflussen, widerstandslos machen); **Hyp|no|tis|mus** *der; -* ⟨griech.⟩ (Lehre von der Hypnose; Beeinflussung)

hy|po... ⟨griech.⟩, (vor Vokalen:) **hyp...** (unter...); **Hy|po...,** (vor Vokalen:) **Hyp...** (Unter...)

Hy|po|chon|der [...*eh*...] *der; -s, -* ⟨griech.⟩ (Schwermütiger; eingebildeter Kranker); **Hy|po|chon|drie** *die; -* (Einbildung, krank zu sein; Trübsinn, Schwermut); **hy|po|chon|drisch; -ste**

Hy|po|ga|stri|um *das; -s, ...ien* [...*i'n*] ⟨griech.⟩ (Med.: Unterleib)

hy|po|kau|stisch ⟨griech.); **Hy|po|kau|stum** *das; -s, ...sten* (Fußbodenheizung der Antike); **Hy|po|ko|tyl** *das; -s, -e* (Bot.: Keimstengel der Samenpflanzen); **Hy|po|kri|sie** *die; -* (Heuchelei); **Hy|po|krit** *der; -en, -en;* ↑ R 197 (Heuchler); **hy|po|kri|tisch; -ste**

Hy|po|phy|se *die; -, -n* ⟨griech.⟩ (Bot.: Keimanschluß; Med.: Hirnanhang)

Hy|po|sta|se *die; -, -n* ⟨griech.⟩ (Verdinglichung von Begriffen; Med.: Blutansammlung in tiefer liegenden Körperteilen); **hy|po|sta|sie|ren** (personifizieren; gegenständlich machen, verdinglichen); **hy|po|sta|tisch** (vergegenständlichend, gegenständlich); **Hy|po|sty|lon** *das; -s, ...la* u. **Hy|po|sty|los** *der; -, ...loi* [...*leu*] (gedeckter Säulengang; Säulenhalle; Tempel mit Säulengang)

hy|po|tak|tisch ⟨griech.⟩ (Sprachw.: unterordnend); **Hy|po|ta|xe** *die; -, -n,* (älter:) **Hy|po|ta|xis** *die; -, ...taxen** (Sprachw.: Unterordnung); **Hy|po|te|nu|se** *die; -, -n* (Math.: im rechtwinkligen Dreieck Seite gegenüber dem rechten Winkel); **Hy|po|tha|la|mus** *der; -, ...mi* (Med.: Teil des Zwischenhirns); **Hy|po|thek** *die; -, -en* (im Grundbuch eingetragenes Pfandrecht an einem Grundstück; übertr. für: ständige Belastung); **Hy|po|the|kar** *der; -s, -e* (Hypothekengläubiger); **hy|po|the|ka|risch; Hy|po|the|ken.bank** (*Plur.* ...banken), **...pfand|brief; Hy|po|ther|mie** *die; -* (Med.: unternormale Körperwärme; **Hy|po|the|se** *die; -, -n* (Annahme, Vermutung; Vorentwurf einer Theorie); **hy|po|the|tisch** (angenommen; zweifelhaft); **Hy|po|to|nie** *die; -, ...ien* (Med.: Verminderung des Blutdrucks; herabgesetzte Muskelspannung); **Hy|po|tra|che|li|on** *das; -s, ...ien* [...*i'n*] (Architektur: Säulenhals unter dem Kapitell); **Hy|po|tro|phie** *die; -, -n* (Med.: Unterernährung, Unterentwicklung)

Hy|po|zen|trum (unter der Erd-

oberfläche liegender Erdbeben-
herd); Hy|po|zy|kloi|de die; -, -n
(griech.) (eine geometr. Kurve)
Hyp|si|pho|bie die; -, ...ien
(griech.) (Med.: Höhenangst)
Hyp|so|me|ter das; -s, - (griech.)
(Höhenmesser)
Hyr|ka|ni|en [...i°n] (griech.) (im
Altertum Bez. für die südöstl.
Küste des Kaspischen Meeres);
hyr|ka|nisch, aber (↑ R 146): das
Hyrkanische Meer (alter Name
für das Kaspische Meer)
Hy|ster|al|gie die; -, ...ien (griech.)
(Med.: Gebärmutterschmerz);
Hy|ster|ek|to|mie die; -, ...ien
(operative Entfernung der Ge-
bärmutter); Hy|ste|re|se, Hy|ste-
re|sis die; - (Physik: Fortdauer ei-
ner Wirkung nach Aufhören der
Ursache); Hy|ste|rie die; -, ...ien
(abnorme seel. Verhaltenswei-
se); Hy|ste|ri|ker; hy|ste|risch;
-ste; Hy|ste|ron-Pro|te|ron das;
-s, Hystera-Protera (Scheinbe-
weis; rhetor. Figur, bei der das
Spätere zuerst steht); Hy|ste|ro-
pto|se die; -, -n (Med.: Senkung
der Gebärmutter); Hy|ste|ro|sko-
pie die; - (Med.: Untersuchung
der Gebärmutterhöhle); Hy|ste-
ro|to|mie die; - (Med.: Gebär-
mutterschnitt)
Hz = Hertz

I

I (Buchstabe); das I, des I, die I,
aber: das i im Bild; der Buchstabe I, i; der Punkt auf dem i
(↑ R 82); I-Punkt (↑ R 37)
i (Math.: Zeichen für die imaginä-
re Einheit)
i!; (ugs.:) i bewahre!; i wo!
I = chem. Zeichen für: Iod; vgl.
Jod
I (röm. Zahlzeichen) = 1
I, ι = Iota
i. = in, im (bei Ortsnamen, z. B.
Immenstadt i. Allgäu); vgl. i. d.
Ia (ugs. für: prima); das ist Ia
od. eins a
Ia. = Iowa
i. A.[1] = im Auftrag[e]
iah!; ia|hen; der Esel iaht, hat iaht

---
[1] Diese Abkürzung wird so geschrieben, wenn sie unmittelbar
der Grußformel oder der Bezeichnung einer Behörde, Firma
u. dgl. folgt. Sie wird im ersten
Bestandteil groß geschrieben (I.
A.), wenn sie nach einem abge-
schlossenen Text allein vor einer
Unterschrift steht.

---

i. allg. = im allgemeinen
Iam|be usw. vgl. Jambe usw.
...iana vgl. ...ana
Ia|son vgl. Jason
Ia|trik die; - (griech.) (Med.: Heil-
kunst); **Ia|tro|che|mie** (mittelal-
terl. heilkundl. Richtung); **ia|tro-
gen** (Med.: durch ärztliche Einwirkung verursacht)
ib., ibd. = ibidem
Ibe|rer (Angehöriger der vorindo-
germanischen Bevölkerung der
Iberischen Halbinsel); **ibe|risch,
aber** (↑ R 146): die Iberische
Halbinsel; **Ibe|ro|ame|ri|ka** (La-
teinamerika); **ibe|ro|ame|ri|ka-
nisch**; ↑ R 155 (lateinamerika-
nisch), **aber**: **ibe|ro-ame|ri|ka-
nisch** (zwischen Spanien, Portu-
gal u. Lateinamerika bestehend)
ibi|dem [auch: *ibi*...] (lat.) (eben-
da; Abk.: ib., ibd.)
Ibis der; Ibisses, Ibisse (ägypt.)
(ein Storchvogel)
Ibi|za (span. Insel)
IBM Deutsch|land GmbH (in
Stuttgart; Tochtergesellschaft
des amerikanischen Konzerns
IBM = International Business
Machines [*int°rnäsch°n°l bisniß
m°schins*] Corp., Armonk, N. Y.)
Ibn (arab.) (Sohn; Teil von arab.
Personennamen)
Ibra|him [auch: *ibrahim*] (arab.
Form von: Abraham)
Ib|sen (norw. Dichter)
Iby|kos vgl. Ibykus; **Iby|kus** (alt-
griech. Dichter)
IC = Intercity-Zug
ich; **Ich** das; -[s], -[s]; das liebe -;
mein anderes -; (ch|be|zo|gen;
Ich|form die; -; Erzählung in der
-; Ich|ge|fühl; Ich|heit die; -; Ich-
Laut der; -[e]s, -e (↑ R 33)
Ich|neu|mon der od. das; -s, -e u. -s
(griech.) (eine Schleichkatze);
Ich|no|gramm (Med.: Gipsab-
druck des Fußes)
Ich-Ro|man der; -s, -e (Roman in
der Ichform; ↑ R 33); **Ich|sucht**
die; -; **ich|süch|tig**
Ich|thyo|dont der; -en, -en (↑ R 197)
(griech.) (versteinerter Fisch-
zahn); **Ich|thyol** ⓦ das; -s
(griech.; lat.) (ein Mittel zur Behandlung von Hautkrankhei-
ten); **Ich|thyo|lith** der; -s u. -en,
-e[n] (↑ R 197) (griech.) (versteiner-
ter Fisch[rest]); **Ich|thyo|lo|ge**
der; -n, -n; ↑ R 197 (Fischkund-
ler); **Ich|thyo|lo|gie** die; - (Fisch-
kunde); **Ich|thyoph|thal|m** der;
-s, -e (ein Mineral, Fischaugen-
stein); **Ich|thyo|sau|ri|er** [...*i°r*]
der; -s, - u. **Ich|thyo|sau|rus** der; -,
...rier [...*i°r*] (ausgestorbenes
Kriechtier); **Ich|thyo|se, Ich-
thyo|sis** die; -, ...osen (Med.: eine
Hautkrankheit)
Icing [*aißing*] das; -s, -s (engl.-

---

amerik.) (Eishockey: Befreiungs-
schlag)
id. = [1]idem, [2]idem
Id. = Idaho
i. d. = in der (bei Ortsnamen, z. B.
Neumarkt i. d. Opf. [in der Ober-
pfalz])
[1]Ida der; - (Gebirge in Kleinasien,
auch auf Kreta)
[2]Ida (w. Vorn.); **Ida|feld** das; -[e]s
(isländ. Mythol.: Wohnort der
Asen)
Ida|ho [*aid°ho°*] (Staat in den
USA; Abk.: Id.)
idä|lisch (zu [1]Ida)
ide|al (griech.) (nur in der Vorstel-
lung existierend; der Idee entsprechend; musterhaft, vollkom-
men); **Ide|al** das; -s, -e (dem Gei-
ste vorschwebendes Muster der
Vollkommenheit; Vor-, Wunsch-
bild); **Ide|al_bild**, ...fall der, ...fi-
gur, ...ge|stalt, ...ge|wicht; **idea-
li|sie|ren**; ↑ R 180 (der Idee od.
dem Ideal annähern; verklären);
Idea|li|sie|rung (↑ R 180); **Idea-
lis|mus** der; -, ...men; ↑ R 180
(Überordnung der Gedanken-,
Vorstellungswelt über die wirkli-
che [nur *Sing.*]; Streben nach
Verwirklichung von Idealen);
Idea|list der; -en, -en (↑ R 197,
180); **idea|li|stisch**; -ste (↑ R 180);
Idea|li|tät die; -; ↑ R 180 (Philos.:
das Sein als Idee oder Vor-
stellung); **Ide|al_kon|kur|renz**
(Rechtsw.), ...li|nie (bes. Sport),
...lö|sung, ...staat, ...typ|lus,
...vor|stel|lung, ...wert (Kunst-
wert), ...zu|stand; **Idee** die; -, Ide-
en ([Ur]begriff, Urbild; [Leit-,
Grund]gedanke; Einfall, Plan);
eine [ugs. für: eine Kleinigkeit);
ide|ell (nur gedacht, geistig); **ide-
en|arm; Ide|en_ar|mut, ...as|so-
zia|ti|on** (Gedankenverbindung,
Verknüpfung von Vorstellun-
gen), ...dra|ma, ...flucht (krank-
haftes sprunghaftes u. zusam-
menhangloses Denken; vgl.
[2]Flucht), ...fül|le, ...ge|halt der,
...gut; **ide|en|los**; -este; **Ide|en|lo-
sig|keit** die; -; **ide|en|reich**; **Ide-
en_reich|tum** (der; -s), ...welt
[1]idem (lat.) (derselbe; Abk.: id.);
[2]idem (dasselbe; Abk.: id.)
Iden, Idus [*idu̅ß*] *Plur.* (lat.) (13.
od. 15. Monatstag des altröm.
Kalenders); die Iden des März
(15. März)
Iden|ti|fi|ka|ti|on [...*zion*] die; -,
-en (lat.), **Iden|ti|fi|zie|rung**
(Gleichsetzung, Feststellung der
Identität); **iden|ti|fi|zie|ren** (ein-
ander gleichsetzen; [die Persön-
lichkeit] feststellen); sich -; **Iden|ti|fi-
zie|rung** vgl. Identifikation; **iden-
tisch** ([ein und] derselbe; über-
einstimmend; völlig gleich);

Iden|ti|tät *die;* - (völlige Gleichheit); **Iden|ti|täts_kar|te** (österr. für: Personalausweis), **...kri|se, ...nach|weis** (Zollw.)
Ideo|gramm ⟨griech.⟩ (Begriffszeichen); **Ideo|gra|phie** *die;* -, -*n;* *Plur.* selten (Begriffsschrift); **ideo|gra|phisch;** -e Schrift; **Ideo|lo|ge** *der;* -*n,* -*n;* ↑R 197 (Lehrer od. Anhänger einer Ideologie); **Ideo|lo|gie** *die;* -, ...*ien* (Weltanschauung; polit. Grundvorstellung; oft abwertend); **Ideo|lo|gie|kri|tik** *die;* -; **ideo|lo|gisch;** **ideo|lo|gi|sie|ren** (ideologisch durchdringen, interpretieren); **Ideo|lo|gi|sie|rung;** **ideo|mo|to|risch** ⟨griech.; lat.⟩ (Psych.: unbewußt ausgeführt)
id est ⟨lat.⟩ (veralt. für: das ist, das heißt; Abk.: i. e.)
idg. = indogermanisch
idio... ⟨griech.⟩ (eigen..., sonder...); **Idio...** (Eigen..., Sonder...); **Idio|blast** *der;* -en, -en (meist *Plur.*); ↑R 197 (Pflanzenzelle mit bes. Funktion, die in andersartiges Gewebe eingelagert ist); **Idio|la|trie** *die;* - (Selbstvergötterung); **Idio|lekt** *der;* -[e]s, -e ⟨griech.⟩ (Sprachw.: individueller Sprachgebrauch)
Idi|om *das;* -s, -e ⟨griech.⟩ ([Standes]sprache; Mundart; idiomatische Wendung); **Idio|ma|tik** *die;* - (Lehre von den Idiomen); **idio|ma|tisch**
idio|morph ⟨griech.⟩ (von Mineralien: von eigenen echten Kristallflächen begrenzt); **Idio|plas|ma** *das;* -s (Biol.: Gesamtheit der im Zellplasma vorhandenen Erbanlagen); **Idio|syn|kra|sie** *die;* -, ...*ien* (Med.: Überempfindlichkeit gegen bestimmte Stoffe u. Reize); **idio|syn|kra|tisch** (Med.: überempfindlich; von Abneigung erfüllt)
Idi|ot *der;* -en, -en (↑R 197) ⟨griech.⟩; **idio|ten|haft;** -este; **Idio|ten|hü|gel** (ugs. scherzh.: Hügel, an dem Anfänger im Skifahren üben); **idio|ten|si|cher** (ugs.: so, daß niemand etwas falsch machen kann); **Idio|tie** *die;* -, ...*ien*
Idio|ti|kon *das;* -s, ...ken (auch: ...ka) ⟨griech.⟩ (veralt. für: Mundartwörterbuch)
Idio|tin *die;* -, -nen ⟨griech.⟩; **idio|tisch;** -ste; **Idio|tis|mus** *der;* -, ...men (Äußerung der Idiotie; Sprachw. veralt.: kennzeichnende Eigenheit eines Idioms)
Idio|va|ria|ti|on *die;* - ⟨griech.; lat.⟩ (erbliche Veränderung eines Gens, Mutation)
Ido *das;* -s (künstl. Weltsprache)
Idol|kras *der;* -, -e ⟨griech.⟩ (ein Mineral)

Idol *das;* -s, -e ⟨griech.⟩ (Götzenbild; Abgott; Publikumsliebling, Schwarm); **Idol|la|trie, Idolola|trie** *die;* -, ...*ien* (Bilderanbetung; Götzendienst); **idol|li|sie|ren; Idol|lo|la|trie** vgl. Idolatrie
I-Dötz|chen (rhein. für: Abc-Schütze)
Idum (Edom)
Idun, (latinisiert:) **Idu|na** (nord. Göttin der ewigen Jugend)
Idus vgl. Iden
Idyll *das;* -s, -e ⟨griech.⟩ (Bereich, Zustand eines friedl. und einfachen, meist ländl. Lebens); **Idyl|le** *die;* -, -n (Schilderung eines Idylls in Literatur u. bildender Kunst; auch svw. Idyll); **Idyl|lik** *die;* - (idyllischer Zustand, idyllisches Wesen); **idyl|lisch;** -ste (das Idyll, die Idylle betreffend; ländlich; friedlich; einfach)
i. e. = id est
i.-e. = indoeuropäisch
I. E., IE: Internationale Einheit
i. f. = ipse fecit
I-för|mig (in Form eines lat. I); ↑R 37
IG = Industriegewerkschaft
Igel *der;* -s, -; **Igel_fisch, ...kak|tus**
igitt!; igit|ti|gitt!
Ig|lu *der* od. *das;* -s, -s ⟨eskim.⟩ (runde Schneehütte der Eskimos)
Igna|ti|us [...*ziuß*] (Name von Heiligen); Ignatius von Loyola (Gründer der Gesellschaft Jesu); **Ignaz** [auch: *ignáz*] (m. Vorn.)
igno|rant; -este ⟨lat.⟩ (von Unwissenheit zeugend); **Igno|rant** *der;* -en, -en; ↑R 197 ("Nichtwisser", Dummkopf); **Igno|ran|ten|tum** *das;* -s; **Igno|ranz** *die;* - (Unwissenheit, Dummheit); **igno|rie|ren** (nicht wissen [wollen], absichtlich übersehen, nicht beachten)
Igor (russ. m. Vorn.)
Igu|an|odon *das;* -s od. ...odon|ten ⟨indian.; griech.⟩ (Biol.: pflanzenfressender Dinosaurier)
i. H. = im Haus[e]
Ihe|ring [*je...*] (dt. Rechtslehrer)
IHK = Industrie- u. Handels-Kammer (veralt. d.)
Ih|le *der;* -n, -n; ↑R 197 (Hering, der abgelaicht hat)
ihm; ihn; ih|nen[1]
[1]**ihr, ih|re, ihr;** ihres, ihrem, ihren, ihrer; Ihre Majestät (Abk.: I. M.); vgl. dein; [1]**ihr**[1]; (↑R 7:) ihr lieben Kinder; (↑R 8:) ihr Hilflosen; **ihr|re**[1], **ih|ri|ge**[1]; vgl. deine, deinige; **Ih|ro** (veralt. für: Ihre); - Gnaden; **ih|rer|seits**[1]; **ih|res|gleichen**[1]; **ih|res|teils**[1]; **ih|ret|halben**[1]; **ih|ret|we|gen**[1]; **ih|ret|willen**[1]; um -; **ih|ri|ge**[1], **ih|re**[1]; vgl. deine, deinige; **Ih|ro** (veralt. für: Ihre); - Gnaden; **ihr|zen** (mit „Ihr" anreden); du ihrzt (ihrzest)
IHS = *IH(ΣOΥ)Σ* = Jesus
I. H. S. = in hoc salus; in hoc signo
i. J. = im Jahre
Ijob vgl. Hiob
IJs|sel, (eingedeutscht auch:) **Ijssel** [*ä'β'l*] *die;* - (Flußarm im Rheindelta); **IJs|sel|meer,** (eingedeutscht auch:) **Ijs|sel|meer** *das;* -[e]s (an der ehemaligen Nordseebucht der Zuidersee durch Abschlußdeich gebildeter See)
ika|risch ⟨zu: Ikarus⟩, aber (↑R 146): das Ikarische Meer; **Ika|ros** vgl. Ikarus; **Ika|rus** (Gestalt der griech. Sage)
Ike|ba|na *das;* -[s] ⟨jap.⟩ (Kunst des Blumensteckens)
Ikon *das;* -s, -e ⟨griech.⟩ (seltener für: Ikone); **Iko|ne** *die;* -, -n (Kultbild der Ostkirche); **Iko|nen|ma|le|rei; Iko|no|du|lie** *die;* - (Bilderverehrung); **Iko|no|graph** *der;* -en, -en; ↑R 197 (Vertreter der Ikonographie); **Iko|no|gra|phie** *die;* - (wiss. Bestimmung, Beschreibung, Erklärung von Ikonen); **Iko|no|klas|mus** *der;* -, ...men (Bildersturm); **Iko|no|klast** *der;* -en, -en; ↑R 197 (Bilderstürmer); **Iko|no|la|trie** *die;* - (svw. Ikonodulie); **Iko|no|lo|gie** *die;* - (svw. Ikonographie); **Iko|no|skop** *das;* -s, -e (speichernde Fernsehaufnahmeröhre); **Iko|no|stas** *der;* -, -e u. **Iko|no|sta|se** *die;* -, -n (dreitürige Bilderwand zwischen Gemeinde- und Altarraum in orthodoxen Kirchen)
Iko|sa|eder *das;* -s, - ⟨griech.⟩ (Math.: Zwanzigflächner); **Iko|si|te|tra|eder** *das;* -s, - (Vierundzwanzigflächner)
ikr = isländische Krone
IKRK = Internationales Komitee vom Roten Kreuz (in Genf)
IKS = Interkantonale Kontrollstelle für Heilmittel (in der Schweiz)
ik|te|risch ⟨griech.⟩ (Med.: gelbsüchtig); **Ik|te|rus** *der;* - (Gelbsucht)
Ik|tus *der;* -, - [*iktúß*] u. Ikten ⟨lat.⟩ (Betonung der Hebung im Vers; Med.: unerwartet u. plötzlich auftretendes Krankheitsbild, -zeichen)
Ilang-Ilang-Öl vgl. Ylang-Ylang-Öl
Il|defons, Hil|defons (m. Vorn.)
Iler *der;* -s, - (Schabeisen der Kammacher)
Ile|us [*ile-uß*] *der;* -, Ileen [...*e'n*] ⟨griech.⟩ (Med.: Darmverschluß)
Ilex *die* (auch: *der*); -, - ⟨lat.⟩ (Stechpalme)

[1] Als Anrede (entsprechend „Sie") u. in Briefen stets groß geschrieben (↑R 71 f.).

Ili|as, (auch:) Ilia|de die; - ([Homers] Heldengedicht über den Krieg gegen Ilion; Ili|on (griech. Name von: Troja); Ili|um (latinis. Form von: Ilion)

Il|ja (m. Vorn.)

Il|ka (Kurzform von: Ilona)

Ill die; - (r. Nebenfluß des Rheins; l. Nebenfluß des Rheins)

ill. = illustriert

Ill. = Illinois

il|le|gal [auch: ...al] ⟨lat.⟩ (gesetzwidrig); Il|le|ga|li|tät [auch: il...] die; -, -en; il|le|gi|tim [auch: ...im] (unrechtmäßig; unehelich); Il|le|gi|ti|mi|tät [auch: il...] die; -

Il|ler die; - (r. Nebenfluß der Donau)

il|lern (landsch. für: spähen); ich ...ere (↑R 22)

il|li|be|ral [auch: ...al] ⟨lat.⟩ (selten für: engherzig); Il|li|be|ra|li|tät [auch: il...] die; -

Il|li|nois [...neu(s)] (Staat in den USA; Abk.: Ill.)

il|li|quid [auch: ...it] ⟨lat.⟩ (zahlungsunfähig); Il|li|qui|di|tät [auch: il...] die; - ([vorübergehende] Zahlungsunfähigkeit)

Il|li|te|rat [...at] der; -en, -en (↑R 197) ⟨lat.⟩ (selten für: Ungelehrter, Ungebildeter)

Il|lo|ku|ti|on [...zion] die; -, -en ⟨lat.⟩ (Sprachw.: Sprechakt im Hinblick auf die kommunikative Funktion); il|lo|ku|tiv; -er Akt (Illokution)

il|loy|al [iloajal, auch: ...al] ⟨franz.⟩ (unehrlich; gesetzwidrig; übelgesinnt); Il|loya|li|tät [auch: il...] die; -

Il|lu|mi|nat der; -en, -en (↑R 197) ⟨lat.⟩ (Angehöriger verschiedener früherer Geheimverbindungen, bes. des Illuminatenordens); Il|lu|mi|na|ten|or|den (aufklärerisch-freimaurerische geheime Gesellschaft des 18. Jh.s); Il|lu|mi|na|ti|on [...zion] die; -, -en (Festbeleuchtung; Ausmalung); Il|lu|mi|na|tor der; -s, ...oren (mittelalterl. Ausmaler von Büchern); il|lu|mi|nie|ren (festlich erleuchten; bunt ausmalen); Il|lu|mi|nie|rung (Festbeleuchtung)

Il|lu|si|on die; -, -en ⟨lat.⟩ (Wunschvorstellung; Wahn, Sinnestäuschung); il|lu|sio|när (auf Illusion beruhend); Il|lu|sio|nis|mus der; - (Lehre, daß die Außenwelt nur Illusion sei); Il|lu|sio|nist der; -en, -en; ↑R 197 (Schwärmer, Träumer; Zauberkünstler); il|lu|sio|ni|stisch; il|lu|si|ons|los; -este; il|lu|so|risch; -ste (nur in der Illusion bestehend; trügerisch)

il|lu|ster ⟨lat.⟩ (glänzend, vornehm); ...u|stre Gesellschaft; Il-

lu|stra|ti|on [...zion] die; -, -en (Erläuterung, Bildbeigabe, Bebilderung); il|lu|stra|tiv (erläuternd, anschaulich); Il|lu|stra|tor der; -s, ...oren (Erläuterer [durch Bilder]; Künstler, der ein Buch mit Bildern schmückt); il|lu|strie|ren ([durch Bilder] erläutern; [ein Buch] mit Bildern schmücken; bebildern); Il|lu|strier|te die; -n, -n; zwei - (auch: -n); Il|lu|strie|rung (Vorgang des Illustrierens)

Il|ly|ri|en [...i'n] (das heutige Dalmatien u. Albanien); Il|ly|rer, Il|ly|ri|er [...i'r] (Angehöriger idg. Stämme in Illyrien); il|ly|risch (Stämme in Illyrien); il|ly|risch

Ilm die; - (l. Nebenfluß der Saale; r. Nebenfluß der Donau); Ilm-Athen; ↑R 154 (für: Weimar); ¹Il|men|au (Stadt im Thüringer Wald); ²Il|men|au die; - (l. Nebenfluß der unteren Elbe)

Il|me|nit der; -s, -e ⟨nach dem russ. Ilmengebirge⟩ (ein Mineral)

Ilo|na (auch: ilona) (w. Vorn.)

Il|se (w. Vorn.)

Il|tis der; Iltisses, Iltisse (ein Raubtier; dessen Pelz)

im (in dem; Abk.: i. [bei Ortsnamen, z. B. Königshofen i. Grabfeld]); - Auftrag[e] (Abk.: i. A.¹ od. I. A.¹); - Grunde [genommen]; - Haus[e] (Abk.: i. H.). Kleinschreibung folgender Wörter in Verbindung mit „im" (↑R 65): - allgemeinen (Abk.: i. allg.), - besonderen, - einzelnen, - ganzen, - großen [und] ganzen, [nicht] - geringsten, [nicht] - mindesten usw.; - argen liegen; - klaren, - reinen sein

I. M. = Ihre Majestät

Image [imidsch] das; -[s], -s [...dsehis] ⟨engl.⟩ (Vorstellung, Bild von jmdm. od. etw. [in der öffentlichen Meinung]); Image-pfle|ge; ima|gi|na|bel ⟨lat.⟩ (vorstellbar, erdenklich); ...a|ble Vorgänge; ima|gi|när (nur in der Vorstellung bestehend; scheinbar); -e Zahl (Math.; Zeichen: i); Ima|gi|na|ti|on [...zion] die; -, -en ([dicht.] Einbildung[skraft]); ima|gi|nie|ren ([sich] vorstellen, einbilden); Ima|go die; -, ...gines (Biol.: fertig ausgebildetes, geschlechtsreifes Insekt)

im all|ge|mei|nen (Abk.: i. allg.; ↑R 65)

Imam der; -s, -s u. -e ⟨arab.⟩ (Vorbeter in der Moschee; Titel für Gelehrte des Islams; Prophet u. religiöses Oberhaupt der Schiiten)

Iman das; -s ⟨arab.⟩ (im Islam: Glaube)

im Auf|trag, im Auf|tra|ge (Abk.: i. A.¹ od. I. A.¹)

im Be|griff, im Be|grif|fe; - - sein im be|son|de|ren (↑R 65)

im|be|zil, im|be|zill ⟨lat.⟩ (Med.: mittelgradig schwachsinnig); Im|be|zil|li|tät die; - (Med.: Schwachsinn mittleren Grades)

Im|bi|bi|ti|on [...zion] die; -, -en ⟨lat.⟩ (Quellung von Pflanzenzellen; Geol.: Durchtränken von Gestein mit magmatischen Gasen od. wäßrigen Lösungen)

Im|biß der; Imbisses, Imbisse; Im|biß...hal|le, ...stand, ...stu|be

im Fall od. Fal|le[,] daß (↑R 127)

im Grun|de; - - genommen

Imi|tat das; -[e]s, -e, Imi|ta|ti|on [...zion] die; -, -en ⟨lat.⟩ (minderwertige] Nachahmung); Imi|ta|tor der; -s, ...oren (Nachahmer); imi|ta|to|risch; imi|tie|ren; imitiert (nachgeahmt, unecht)

im Jah|re (Abk.: i. J.)

Im|ke (w. Vorn.)

Im|ker der; -s, - (Bienenzüchter)

Im|ke|rei (Bienenzucht; Bienenzüchterei); im|kern; ich ...ere (↑R 22)

Im|ma (w. Vorn.)

im|ma|nent ⟨lat.⟩ (innewohnend, in etwas enthalten); Im|ma|nenz die; - (Innewohnen, Anhaften)

Im|ma|nu|el vgl. Emanuel

im|ma|te|ri|ell [auch: im...] ⟨franz.⟩ (unstofflich; geistig)

Im|ma|tri|ku|la|ti|on [...zion] die; -, -en ⟨lat.⟩ (Einschreibung an einer Hochschule; schweiz. auch: amtliche Zulassung eines Kraftfahrzeugs); im|ma|tri|ku|lie|ren

Im|me die; -, -n (landsch., dicht. für: Biene)

im|me|di|at ⟨lat.⟩ (unmittelbar [dem Staatsoberhaupt unterstehend, vortragend usw.]); Im|me|di|at|ge|such (unmittelbar an die höchste Behörde gerichtetes Gesuch)

im|mens; -este ⟨lat.⟩ (unermeßlich [groß]); -er Reichtum; Im|men|si|tät die; - (veralt. für: Unermeßlichkeit)

Im|men|stock (Plur. ...stöcke)

im|men|su|ra|bel ⟨lat.⟩ (unmeßbar); Im|men|su|ra|bi|li|tät die; -

im|mer; - wieder; - mehr; noch -; für -; im|mer|dar; im|mer|fort; im|mer|grün; -e Blätter, aber: immer grün bleiben; Im|mer-grün das; -s, -e (eine Pflanze); im|mer|hin

Im|mer|si|on die; -, -en ⟨lat.⟩ (Ein-, Untertauchen; Astron.: Eintritt eines Himmelskörpers in den Schatten eines anderen)

im|mer|wäh|rend; -er Kalender; im|mer|zu (fortwährend)

---

¹Vgl. S. 340, Sp. 1, Anm. 1.

¹Vgl. S. 340, Sp. 1, Anm. 1.

Im|mi|grant *der;* -en, -en (↑R 197) ⟨lat.⟩ (Einwanderer); Im|mi|grati|on [*...zion*] *die;* -, -en; im|mi|grie|ren

im|mi|nent; -este ⟨lat.⟩ (Med.: bevorstehend, drohend [z. B. von Fehlgeburten])

Im|mis|si|on *die;* -, -en ⟨lat.⟩ (Einwirkung von Verunreinigungen, Lärm u. ä. auf Lebewesen); Immis|si|ons|schutz

Im|mo (m. Vorn.)

im|mo|bil [auch: *...il*] ⟨lat.⟩ (unbeweglich; Militär: nicht für den Krieg bestimmt od. ausgerüstet); Im|mo|bi|li|ar_kre|dit ⟨lat.; ital.⟩ (durch Grundbesitz gesicherter Kredit), ...ver|si|che|rung (Versicherung von Gebäuden gegen Feuerschäden); Im|mo|bi|lie [*...i^e*] *die;* -, -n; meist *Plur.* ⟨lat.⟩ (Grundstück, Grundbesitz); Immo|bi|li|en|händ|ler; Im|mo|bi|lis|mus *der;* -, Im|mo|bi|li|tät *die;* - (Unbeweglichkeit)

Im|mo|ra|lis|mus *der;* - ⟨lat.⟩ (Ablehnung moralischer Grundsätze); Im|mo|ra|li|tät [auch: *im...*] *die;* - (Gleichgültigkeit gegenüber moral. Grundsätzen)

Im|mor|ta|li|tät [auch: *im...*] *die;* - (Unsterblichkeit); Im|mor|tel|le *die;* -, -n ⟨franz.⟩ (Sommerblume mit strohtrockenen Blüten)

im|mun ⟨lat.⟩ (unempfänglich [für Krankheit]; unter Rechtsschutz stehend; unempfindlich); immu|ni|sie|ren (unempfänglich machen [für Krankheit]); Im|muni|sie|rung; Im|mu|ni|tät *die;* - (Unempfindlichkeit gegenüber Krankheitserregern; Persönlichkeitsschutz der Abgeordneten in der Öffentlichkeit); Im|mu|ni|täts|for|schung; Im|mun|kör|per (Abwehrstoff im Blutserum); Im|mu|no|lo|gie *die;* - (Med.: Lehre von der Immunität)

im nach|hin|ein (nachträglich, hinterher)

Imp *der;* -s, - (bayr., österr. mdal. für: Biene); vgl. Imme

imp. = imprimatur

Imp. = Imperator

Im|pa|la *die;* -, -s ⟨afrik.⟩ (eine Antilopenart)

Im|pa|sto *das;* -s, -s u. ...sti ⟨ital.⟩ (dickes Auftragen von Farben)

Im|pe|danz *die;* -, -en ⟨lat.⟩ (elektr. Scheinwiderstand)

im|pe|ra|tiv ⟨lat.⟩ (befehlend, zwingend); -es Mandat (Mandat, das den Abgeordneten an den Auftrag seiner Wähler bindet); Im|pe|ra|tiv [auch: *...tif*] *der;* -s, -e [*...w^e*] (Sprachw.: Befehlsform, z. B. „lauf!, lauft!“; Philos.: Pflichtgebot); im|pe|ra|ti|visch [*...wisch,* auch: *im...*] (befehlend; Befehls...); Im|pe|ra|tiv|satz; Im-

pe|ra|tor *der;* -s, ...oren (im alten Römerreich: Oberfeldherr; später für: Kaiser; Abk.: Imp.); im|pe|ra|to|risch; Im|pe|ra|tor Rex (Kaiser [und] König; Abk.: I. R.)

Im|per|fekt [auch: *...fäkt*] *das;* -s, -e ⟨lat.⟩ (Sprachw.: erste Vergangenheit)

im|pe|ri|al ⟨lat.⟩ (das Imperium betreffend; kaiserlich); Im|pe|ria|lis|mus *der;* -; ↑R 180 (Ausdehnungs-, Machterweiterungsdrang der Großmächte); Im|pe|ria|list *der;* -en, -en (↑R 197, 180); im|pe|ria|li|stisch; -ste (↑R 180); Im|pe|ri|um *das;* -s, ...ien [*...i^e n*] (Oberbefehl im alten Rom; [röm.] Kaiserreich; Weltreich)

im|per|mea|bel [auch: *im...*] (↑R 180) ⟨lat.⟩ (undurchlässig); ...a|ble Schicht; Im|per|mea|bi|li|tät *die;* - (↑R 180)

Im|per|so|na|le *das;* -s, ...lien [*...i^e n*] u. (älter:) ...lia ⟨lat.⟩ (Sprachw.: unpersönliches Verb, ein Verb, das mit unpersönlichem „es“ konstruiert wird, z. B. „es schneit“)

im|per|ti|nent; -este ⟨lat.⟩ (ungehörig, frech, unausstehlich); Im|per|ti|nenz *die;* -, -en

Im|pe|ti|go *die;* - ⟨lat.⟩ (eine Hautkrankheit)

im|pe|tuo|so (↑R 180) ⟨ital.⟩ (Musik: stürmisch); Im|pe|tus *der;* - ⟨lat.⟩ (Ungestüm, Antrieb, Drang)

Impf_ak|ti|on, ...arzt; imp|fen; Impf|ling; Impf_paß, ...pflicht, ...pi|sto|le, ...schein, ...stoff; Impf|tag, Impf|zwang *der;* -[e]s

Im|plan|tat *das;* -[e]s, -e ⟨lat.⟩ (dem Körper eingepflanztes Gewebestück); Im|plan|ta|ti|on [*...zion*] *die;* -, -en (Med.: Einpflanzung von Gewebe o. ä. in den Körper); im|plan|tie|ren

Im|pli|ka|ti|on [*...zion*] *die;* -, -en (das Einbeziehen); im|pli|zie|ren ⟨lat.⟩ (mit hineinziehen, mit einbegreifen); im|pli|zit (inbegriffen, eingeschlossen, integriert; Ggs.: explizit); im|pli|zi|te [*...te*] (mit inbegriffen, einschließlich); etwas - (zugleich mit) sagen

im|plo|die|ren ⟨lat.⟩ (von [luftleeren] Gefäßen: durch äußeren Überdruck eingedrückt werden); Im|plo|si|on *die;* -, -en

im|pon|de|ra|bel ⟨lat.⟩ (veralt. für: unwägbar); ...a|ble Stoffe; Im|pon|de|ra|bi|li|en [*...i^e n*] *Plur.* (Unwägbarkeiten, Gefühls- u. Stimmungswerte); Im|pon|de|ra|bi|li|tät *die;* - (Unwägbarkeit)

im|po|nie|ren ⟨lat.⟩ (Achtung einflößen, Eindruck machen); Im|po|nier|ge|ha|be[n] (Zool.: bei männl. Tieren vor der Paarung)

Im|port *der;* -[e]s, -e ⟨engl.⟩ (Einfuhr); Im- u. Export (↑R 32); Im|port|be|schrän|kung; Im|por|te *die;* -, -n; meist *Plur.* (eingeführte Ware, bes. Zigarre); Im|por|teur [*...tör*] *der;* -s, -e ⟨franz.⟩ ([Groß]händler, der Waren einführt); Im|port_ge|schäft, ...han|del (vgl. ¹Handel); im|por|tie|ren im|po|sant; -este ⟨franz.⟩ (eindrucksvoll; großartig)

im|po|tent [auch: *...tänt*], -este ⟨lat.⟩ ([geschlechtlich] unvermögend); Im|po|tenz [auch: *...tänz*] *die;* -, -en

impr. = imprimatur

Im|prä|gna|ti|on [*...zion*] *die;* -, -en ⟨lat.⟩ (Geol.: feine Verteilung von Erdöl od. Erz in Spalten od. Poren eines Gesteins; Med.: Eindringen des Spermiums in das reife Ei, Befruchtung); im|prä|gnie|ren (mit einem Schutzmittel [gegen Feuchtigkeit, Zerfall] durchtränken); Im|prä|gnie|rung

im|prak|ti|ka|bel [auch: *im...*] ⟨lat.; griech.⟩ (unausführbar, unanwendbar); ...a|ble Anordnung

Im|pre|sa|rio *der;* -s, -s u. ...ri ⟨ital.⟩ ([Theater-, Konzert]agent)

Im|pres|sen (*Plur.* von: Impressum); Im|pres|si|on *die;* -, -en ⟨lat.⟩ (Eindruck; Empfindung; Sinneswahrnehmung); im|pres|sio|na|bel (für Eindrücke empfänglich; erregbar); ...a|ble Naturen; Im|pres|sio|nis|mus *der;* - (Kunst- u. Literaturstil der 2. Hälfte des 19. Jh.s); Im|pres|sio|nist *der;* -en, -en (↑R 197); im|pres|sio|ni|stisch; -este; Im|pres|sum *das;* -s, ...ssen (Erscheinungsvermerk; Angabe über Verleger, Drucker usw. in Druckschriften); im|pri|ma|tur („für den Druck freigegeben“ [Vermerk auf dem letzten Korrekturabzug]; Abk.: impr. u. imp.); Im|pri|ma|tur *das;* -s (Druckerlaubnis); im|pri|mie|ren (das Imprimatur erteilen)

Im|promp|tu [*ängprongtü*] *das;* -s, -s ⟨franz.⟩ (Phantasiekomposition aus dem Stegreif)

Im|pro|vi|sa|ti|on [*...wisazion*] *die;* -, -en ⟨ital.⟩ (Stegreifdichtung, -rede usw.; unvorbereitetes Handeln); Im|pro|vi|sa|ti|ons|ta|lent; Im|pro|vi|sa|tor *der;* -s, ...oren (Stegreifdichter, -redner usw.); im|pro|vi|sie|ren (etwas aus dem Stegreif tun)

Im|puls *der;* -es, -e ⟨lat.⟩ (Antrieb; Anregung; [An]stoß; Anreiz); im|pul|siv (von plötzl. Einfällen abhängig; lebhaft, rasch); Im|pul|si|vi|tät [*...wi...*] *die;* -

Imst (österr. Stadt)

im|stan|de (bes. südd.), im|stan|de; - sein; vgl. Stand u. R. 208

im üb|ri|gen (↑ R 65)

im vor|aus [auch: - _forauß_] (↑ R 65)

im vor|hin|ein (im voraus)

¹in (Abk.: i. [bei Ortsnamen, z. B. Weißenburg i. Bay.]); mit _Dat._ u. _Akk._: ich gehe in dem (im) Garten auf u. ab, aber: ich gehe in den Garten; im (in dem); ins (in das); vgl. ins

²in ⟨engl.⟩; - sein (ugs. für: dazugehören; zeitgemäß, modern sein)

in. = Inch

In = chem. Zeichen für: Indium

in ab|sen|tia [..._zia_] ⟨lat.⟩ (in Abwesenheit [des Angeklagten])

in ab|strac|to ⟨lat.⟩ (im allgemeinen betrachtet; ohne Berücksichtigung der besonderen Lage); vgl. abstrakt

in|ad|äquat [auch: ..._at_] ⟨lat.⟩ (nicht passend; nicht entsprechend); In|ad|äquat|heit die; -

in aeter|num [- _ä_...] ⟨lat.⟩ (auf ewig)

in|ak|ku|rat [auch: ..._at_]; -este ⟨lat.⟩ (ungenau)

in|ak|tiv [auch: ..._if_] ⟨lat.⟩ (untätig; außer Dienst; beurlaubt; verabschiedet; Studentenspr.: von den Veranstaltungen der student. Verbindung weitgehend befreit); in|ak|ti|vie|ren [..._wir'n_] (in den Ruhestand versetzen); In|ak|ti|vi|tät [auch: _in_...] die; - (Untätigkeit)

in|ak|zep|ta|bel [auch: ..._ab'l_] ⟨lat.⟩ (unannehmbar); ...a|ble Bedingung

inan ⟨lat.⟩ (nichtig, leer, eitel)

In|an|griff|nah|me die; -, -n

In|an|spruch|nah|me die; -, -n

in|ar|ti|ku|liert [auch: ..._irt_] ⟨lat.⟩ (ohne Gliederung, undeutlich [ausgesprochen])

In|au|gen|schein|nah|me die; -, -n

In|au|gu|ral|dis|ser|ta|ti|on die; -, -en ⟨lat.⟩ (wissenschaftliche Arbeit zur Erlangung der Doktorwürde); In|au|gu|ra|ti|on [..._zion_] die; -, -en ([feierl.] Einsetzung in ein hohes [polit. od. akadem.] Amt); in|au|gu|rie|ren (einsetzen; beginnen, einleiten)

in bar; etwas - - bezahlen

In|be|griff der; -[e]s, -e (absolute Verkörperung; Musterbeispiel); in|be|grif|fen vgl. einbegriffen

In|be|sitz|nah|me die; -, -n

in be|treff vgl. Betreff u. R 208

In|be|trieb|nah|me (die; -, -n), ...set|zung

in be|zug; vgl. Bezug u. R 208

In|bild (geh. für: Ideal)

In|brunst die; -; in|brün|stig

In|bus|schlüs|sel Ⓦ (ein Werkzeug)

Inc. = incorporated [_inko'p're'tid_] ⟨engl.-amerik.⟩ (amerik. Bez. für: eingetragen [von Vereinen o. ä.])

Inch [_intsch_] der; -, -es [..._schis_]

⟨engl.⟩ (angelsächs. Längenmaß; Abk.: in.; Zeichen: ″); 4 -[es] (↑ R 129)

In|choa|tiv [_inkoatif_, auch: ..._tif_] das; -s, -e [..._w'_] ⟨lat.⟩; ↑ R 180 (Sprachw.: Verb, das den Beginn eines Geschehens ausdrückt, z. B. „erwachen")

in|ci|pit [..._zi_...] ⟨lat.⟩ („es beginnt" [Vermerk am Anfang von Handschriften u. Frühdrucken])

incl. vgl. inkl.

in con|cert [- _konß'rt_] ⟨engl.⟩ (in einem öffentlichen Konzert; bei einem öffentlichen Konzert aufgenommen)

in con|cre|to [- _kon_...] ⟨lat.⟩ (in Wirklichkeit; tatsächlich); vgl. konkret

in con|tu|ma|ci|am [- _kontumazi-am_] ⟨lat.⟩; - - urteilen (in Abwesenheit des Beklagten ein Urteil fällen)

in cor|po|re [- _ko_...] ⟨lat.⟩ (Rechtsw.: in Gesamtheit)

I.N.D. = in nomine Dei; in nomine Domini

Ind. = Indiana; Indikativ

Ind|an|thren Ⓦ das; -s, -e (licht- u. waschechter Farbstoff); ind|an|thren|far|ben; Ind|an|thren|farb|stoff

In|de|fi|nit|pro|no|men ⟨lat.⟩ (Sprachw.: unbestimmtes Fürwort, z. B. „jemand")

in|de|kli|na|bel [auch: _in_...] ⟨lat.⟩ (Sprachw.: nicht beugbar); ein ...a|bles Wort

in|de|li|kat [auch: ..._at_]; -este ⟨franz.⟩ (unzart; unfein)

in|dem; er diktierte den Brief, indem (während) er im Zimmer umherging; aber: er diktierte den Brief, in dem (in welchem) ...

in|dem|ni|sie|ren ⟨lat.⟩ (veralt. für: entschädigen, vergüten; Indemnität erteilen); In|dem|ni|tät die; - (nachträgliche Billigung eines zuvor vom Parlament [als verfassungswidrig] abgelehnten Regierungsaktes; Straflosigkeit der Abgeordneten)

In-den-April-Schicken das; -s [_Trenn._: ...schik|ken] (↑ R 42)

In-den-Tag-hin|ein-Le|ben das; -s (↑ R 42)

In|dent|ge|schäft ⟨engl.; dt.⟩ (besondere Art des Exportgeschäftes)

In|de|pen|dence Day [_indipänd'nß de'_] der; - - ⟨engl.-amerik.⟩ (Unabhängigkeitstag der USA [4. Juli]); In|de|pen|den|ten Plur. ⟨engl.⟩ (Anhänger einer engl. puritan. Richtung des 17. Jh.s); In|de|pen|denz die; - ⟨lat.⟩ (veralt. für: Unabhängigkeit)

In|der der; -s, - (Bewohner Indiens)

in|des, in|des|sen

in|de|ter|mi|na|bel [auch: _in_...] ⟨lat.⟩ (unbestimmbar); ...a|bler Begriff; In|de|ter|mi|na|ti|on [..._zion_, auch: _in_...] die; - (Unbestimmtheit); in|de|ter|mi|niert; -este (unbestimmt, nicht festgelegt, nicht abgegrenzt, frei); In|de|ter|mi|nis|mus der; - (Lehre von der Willensfreiheit)

In|dex der; -[es], -e u. ...dizes [..._zeß_] ⟨lat.⟩ (alphabet. Namen-, Sachverzeichnis; Liste verbotener Bücher; statistische Meßziffer); das Buch steht auf dem -; In|dex.wäh|rung (Wirtsch.), ...zif|fer

in|de|zent; -este ⟨lat.⟩ (unschicklich); In|de|zenz die; -, -en (veralt. für: Unschicklichkeit)

In|di|an der; -s, -e (bes. österr. für: Truthahn)

In|dia|na (Staat in den USA; Abk.: Ind.); In|dia|na|po|lis-Start; ↑ R 180 (fliegender Start beim Autorennen); In|dia|ner der; -s, -; ↑ R 180 (Angehöriger der Urbevölkerung Amerikas [außer den Eskimos]); vgl. auch: Indio; In|dia|ner.buch, ...ge|schich|te, ...krap|fen (österr. für: Mohrenkopf), ...re|ser|va|ti|on, ...schmuck, ...stamm; in|dia|nisch (↑ R 180); In|dia|nist der; -en, -en; ↑ R 197; R 180 (selten für: Erforscher der Indianersprachen und -kulturen); In|dia|nis|tik die; - (↑ R 180)

In|di|en [..._i'n_] (Staat in Südasien); vgl. auch: Bharat

In|dienst|nah|me die; -, -n; In|dienst|stel|lung

in|dif|fe|rent [auch: ..._änt_]; -este ⟨lat.⟩ (unbestimmt, gleichgültig, teilnahmslos; wirkungslos); In|dif|fe|ren|tis|mus der; - (Gleichgültigkeit [gegenüber bestimmten Dingen, Meinungen, Lehren]); In|dif|fe|renz [auch: ..._änz_] die; -, -en (Unbestimmtheit, Gleichgültigkeit; Wirkungslosigkeit)

In|di|ge|sti|on [auch: _in_...] die; -, -en ⟨lat.⟩ (Med.: Verdauungsstörung)

In|di|gna|ti|on [..._zion_] die; - ⟨lat.⟩ (veralt. für: Unwille, Entrüstung); in|di|gniert; -este (peinlich berührt, unwillig, entrüstet); In|di|gni|tät die; - (Rechtsw.: Erbunwürdigkeit; veralt. für: Unwürdigkeit)

In|di|go der od. das; -s, -[s] (für Indigoarten Plur.:) -s ⟨span.⟩ (ein blauer Farbstoff); in|di|go|blau; In|di|go|blau; In|di|go|lith der; -s u. -en, -e[n]; ↑ R 197 (ein Mineral); In|di|go|tin der; -s ⟨nlat.⟩ (Indigo)

In|di|ka|ti|on [..._zion_] die; -, -en

⟨lat.⟩ (Merkmal; Med.: Heilanzeige); In|di|ka|ti|ons|mo|dell (Modell zur Freigabe des Schwangerschaftsabbruchs unter bestimmten Voraussetzungen); In|di|ka|tiv [auch: ...*tif*] *der;* -s, -e [...*w**] (Sprachw.: Wirklichkeitsform; Abk.: Ind.); in|di|ka|ti|visch [auch: ...*iwisch*] (die Wirklichkeitsform betreffend); In|di|ka|tor *der;* -s, ...oren (Gerät zum Messen physikal. Vorgänge; Stoff, der durch Farbwechsel das Ende einer chem. Reaktion anzeigt; Merkmal, das etwas anzeigt); In|di|ka|tor|dia|gramm (Leistungsbild [einer Maschine]); In|di|ka|trix *die;* - (math. Hilfsmittel zur Feststellung einer Flächenkrümmung)

In|dio *der;* -s, -s ⟨span.⟩ (süd- u. mittelamerik. Indianer)

in|di|rekt [auch: ...*äkt*] -este ⟨lat.⟩ (mittelbar; auf Umwegen; abhängig; nicht geradezu); -e Wahl; -e Rede (Sprachw.: abhängige Rede); -er Fragesatz (abhängiger Fragesatz); In|di|rekt|heit

in|disch; -e Musik, aber (↑ R 146): der Indische Ozean; In|disch Lamm *das;* - -[e]s (eine Pelzsorte); In|disch|rot (Anstrichfarbe) in|dis|kret [auch: ...*kret*]; -este ⟨franz.⟩ (nicht verschwiegen; taktlos; zudringlich); In|dis|kre|ti|on [...*zion,* auch: *in...*] *die;* -, -en (Vertrauensbruch; Taktlosigkeit)

in|dis|ku|ta|bel [auch: ...*ab*l*] ⟨franz.⟩ (nicht der Erörterung wert); ...a|ble Forderung in|dis|po|ni|bel [auch: ...*ib*l*] ⟨lat.⟩ (nicht verfügbar; festgelegt); eine ...i|ble Menge; in|dis|po|niert [auch: ...*irt*]; -este (unpäßlich; nicht zu etwas aufgelegt); In|dis|po|si|ti|on [auch: ...*zion*] *die;* -, -en (Unpäßlichkeit)

in|dis|pu|ta|bel [auch: ...*ab*l*] ⟨lat.⟩ (veralt. für: unbestreitbar); eine ...a|ble Sache

in|dis|zi|pli|niert [auch: ...*irt*]; -este ⟨lat.⟩

In|di|um *das;* -s (chem. Grundstoff, Metall; Zeichen: In)

in|di|vi|du|a|li|sie|ren [...*wi...*] (↑ R 180) ⟨franz.⟩ (die Individualität bestimmen; das Besondere, Eigentümliche hervorheben); In|di|vi|du|a|li|sie|rung (↑ R 180); In|di|vi|du|a|lis|mus *der;* - (↑ R 180) ⟨lat.⟩ ([betonte] Zurückhaltung eines Menschen gegenüber der Gemeinschaft); In|di|vi|du|a|list *der;* -en, -en (↑ R 197; R 180); in|di|vi|du|a|lis|tisch; -ste; ↑ R 180 (nur das Individuum berücksichtigend; das Besondere, Eigentümliche betonend); In|di|vi|du|a-

li|tät *die;* -, -en (↑ R 180) ⟨franz.⟩ (Einzigartigkeit der Persönlichkeit [nur Sing.]; Eigenart; Persönlichkeit); In|di|vi|du|al_.psy|cho|lo|gie, ...recht (Persönlichkeitsrecht), ...sphä|re; In|di|vi|du|a|ti|on [...*zion*] *die;* -, -en (Entwicklung der Einzelpersönlichkeit, Vereinzelung); in|di|vi|du|ell ⟨franz.⟩ (dem Individuum eigentümlich; vereinzelt; besonders geartet); In|di|vi|du|um [...*u-um*] *das;* -s, ...duen [...*u²n*] ⟨lat.⟩ (Einzelwesen, einzelne Person; verächtl. für: Kerl, Lump)

In|diz *das;* -es, -ien [...*i²n*] (meist Plur.) ⟨lat.⟩ (Anzeichen; Verdacht erregender Umstand); In|di|zes (Plur. von: Index); In|di|zi|en (Plur. von: Indiz); In|di|zi|en_.be|weis (auf zwingenden Verdachtsmomenten beruhender Beweis), ...ket|te, ...pro|zeß; in|di|zie|ren (auf den Index setzen; mit einem Index versehen; anzeigen; Med.: als angezeigt erscheinen lassen); in|di|ziert (Med.: angezeigt, ratsam); In|di|zie|rung

In|do|chi|na (ehem. franz. Gebiet in Hinterindien); In|do|eu|ro|pä|er (Indogermane); in|do|eu|ro|pä|isch (Abk.: i.-e.); In|do|ger|ma|ne (Angehöriger einer westasiatisch-europäischen Sprachfamilie); in|do|ger|ma|nisch (Abk.: idg.); In|do|ger|ma|nist (↑ R 197); In|do|ger|ma|nis|tik (Wissenschaft, die die indogermanischen Sprachen erforscht); in|do|ger|ma|ni|stisch

In|dok|tri|na|ti|on [...*zion*] *die;* -, -en ([ideologische] Durchdringung, Beeinflussung); in|dok|tri|nie|ren ([ideologisch] durchdringen, beeinflussen); In|dok|tri|nie|rung

In|dol *das;* -s (chem. Verbindung) in|do|lent [auch: ...*änt*]; -este ⟨lat.⟩ (unempfindlich; gleichgültig; träge); In|do|lenz [auch: ...*änz*] *die;* -

In|do|lo|ge *der;* -n, -n (↑ R 197) ⟨griech.⟩ (Erforscher der Sprachen u. Kulturen Indiens); In|do|lo|gie *die;* -

In|do|ne|si|en [...*i²n*] (Inselstaat in Südostasien); In|do|ne|si|er [...*i²r*]; in|do|ne|sisch

in|do|pa|zi|fisch (um den Indischen u. Pazifischen Ozean gelegen); der -e Raum

In|dos|sa|ment *das;* -s, -e ⟨ital.⟩ (Wechselübertragungsvermerk); In|dos|sant *der;* -en, -en (↑ R 197 (Wechselüberschreiber); In|dos|sat *der;* -en, -en (↑ R 197) u. In|dos|sa|tar *der;* -s, -e (durch Indossament ausgewiesener Wechselgläubiger); in|dos|sie|ren (ei-

nen Wechsel durch Indossament übertragen); In|dos|sie|rung; In|dos|so *das;* -s, -s u. ...dossi (Übertragungsvermerk auf einem Wechsel)

In|dra (ind. Hauptgott der wedischen Zeit)

in du|bio ⟨lat.⟩ (im Zweifelsfalle); in du|bio pro reo („im Zweifel für den Angeklagten''; ein alter Rechtsgrundsatz); In-dubio-pro-reo-Grundsatz (↑ R 41)

In|duk|tanz *die;* - ⟨lat.⟩ (Technik: rein induktiver Widerstand); In|duk|ti|on [...*zion*] *die;* -, -en (Herleitung von allgemeinen Regeln aus Einzelfällen; Technik: Erregung elektr. Ströme u. Spannungen durch bewegte Magnetfelder); In|duk|ti|ons_.ap|pa|rat (svw. Induktor), ...be|weis (Logik), ...krank|heit (Med.), ...ofen (Technik), ...strom (durch Induktion erzeugter Strom); in|duk|tiv [auch: *in...*] (auf Induktion beruhend); In|duk|ti|vi|tät [...*wi...*] *die;* -, -en (Maßbez. für Selbstinduktion); In|duk|tor *der;* -s, ...oren (Transformator zur Erzeugung hoher Spannung)

in dul|ci ju|bi|lo [- *dulzi -*] ⟨lat.⟩ („in süßem Jubel''); übertr. für: herrlich u. in Freuden)

in|dul|gent; -este ⟨lat.⟩ (nachsichtig); In|dul|genz *die;* -, -en (Nachsicht; Straferlaß; Ablaß der zeitl. Sündenstrafen)

In|dult *der* od. *das;* -[e]s, -e ⟨lat.⟩ (Frist; vorübergehende Befreiung von einer kirchengesetzlichen Verpflichtung)

In|du|ra|ti|on [...*zion*] *die;* -, -en ⟨lat.⟩ (Med.: Gewebe- od. Organverhärtung)

In|dus *der;* - (Strom in Vorderindien)

In|du|si *die;* - (Kurzw. aus: induktive Zugsicherung; Zugsicherungseinrichtung)

In|du|si|um *das;* -s, ...ien [...*i²n*] ⟨lat.⟩ (Bot.: häutiger Auswuchs der Blattunterseite von Farnen) in|du|stria|li|sie|ren (↑ R 180) ⟨franz.⟩ (Industrie auf- od. ausbauen); In|du|stria|li|sie|rung (↑ R 180); In|du|stria|lis|mus *der;* -; ↑ R 180 (Prägung einer Volkswirtschaft durch die Industrie); In|du|strie *die;* -, ...ien; In|du|strie_.an|la|ge, ...ar|bei|ter, ...ar|chäo|lo|gie (↑ R 180; Erhaltung u. Erforschung von industriellen Bauwerken, Maschinen, o. ä.), ...aus|stel|lung, ...be|trieb, ...de|sign (Gestaltung von Gebrauchsgegenständen), ...er|zeug|nis (↑ R 36), ...ge|biet, ...ge|werk|schaft (Abk.: IG), ...ka|pi|tän, ...kauf|mann, ...kom|bi|nat (DDR), ...la|den (DDR), ...land,

...land|schaft; in|du|stri|ell (die Industrie betreffend); die erste, zweite -e Revolution; In|du|stri|el|le der; -n, -n; ↑ R 7 ff. (Inhaber eines Industriebetriebes); In|du|strie_ma|gnat, ...müll, ...pro|dukt, ...staat, ...stadt; In|du|strie- u. Han|dels|kam|mer (so die von den Richtlinien der Rechtschreibung [↑ R 41] abweichende übliche Schreibung; Abk.: IHK); In|du|strie_un|ter|neh|men, ...zweig

in|du|zie|ren ⟨lat.⟩ (Verb zu: Induktion)

in|ef|fek|tiv [auch: ...if] ⟨lat.⟩ (veralt. für: unwirksam)

in ef|fi|gie [- ...i-e] ⟨lat.⟩ („im Bilde"; bildlich)

in|ef|fi|zi|ent [auch: ...ziänt]; -este ⟨lat.⟩ (unwirksam; unwirtschaftlich); In|ef|fi|zi|enz die; -, -en

in|egal [auch: ...al] ⟨franz.⟩ (selten für: ungleich)

in|ein|an|der; Schreibung in Verbindung mit Verben (↑ R 205 f.): ineinander (in sich gegenseitig) aufgehen, die Fäden haben sich ineinander (in sich gegenseitig) verschlungen, a b e r: die Linien sollen ineinanderfließen, die Teile ineinanderfügen, die Räder werden ineinandergreifen; vgl. aneinander; In|ein|an|der|grei|fen das; -s

in eins (in eins setzen (gleichsetzen); In|eins|set|zung

in|ert; -este ⟨lat.⟩ (veralt. für: untätig, träge; unbeteiligt); In|ert|gas (Chemie: reaktionsträges Gas)

Ines (w. Vorn.)

in|es|sen|ti|ell [auch: ...ziäl] ⟨lat.⟩ (unwesentlich)

in|ex|akt [auch: ...akt]; -este ⟨lat.⟩ (ungenau)

in|exi|stent [auch: ...änt] ⟨lat.⟩ (nicht vorhanden); In|exi|stenz [auch: ...änz] die; - (Philos.: das Dasein, Enthaltensein in etwas)

in ex|ten|so ⟨lat.⟩ (ausführlich, vollständig)

in ex|tre|mis ⟨lat.⟩ (Med.: im Sterben liegend)

in|fal|li|bel ⟨lat.⟩ (unfehlbar); eine ...ible Entscheidung; In|fal|li|bi|li|tät die; - ([päpstliche] Unfehlbarkeit)

in|fam der; -en, -en (↑ R 197) ⟨span.⟩ („Kind"; ehem. Titel span. u. port. Prinzen); In|fan|te|rie [auch: ...ri] die; -, ...ien ⟨franz.⟩ (Fußtruppe); In|fan|te|rie|re|gi|ment (Abk.: IR.); In|fan|te|rist [auch: ...rist] der; -en, -en; ↑ R 197 (Fußsoldat); in|fan|te|ri|stisch; in|fan|til ⟨lat.⟩ (kindlich; unentwickelt, unreif); In|fan|ti-

lis|mus der; - (Stehenbleiben auf kindlicher Entwicklungsstufe); In|fan|ti|li|tät; In|fan|tin die; -, -nen ⟨span.⟩ (ehem. Titel span. u. port. Prinzessinnen)

In|farkt der; -[e]s, -e ⟨lat.⟩ (Med.: Absterben eines Gewebeteils infolge Gefäßverschlusses)

In|fekt der; -[e]s, -e u. In|fek|ti|on [...zion] die; -, -en ⟨lat.⟩ (Ansteckung durch Krankheitserreger); In|fek|ti|ons_ge|fahr, ...herd, ...krank|heit; in|fek|ti|ös; -este (ansteckend)

In|fel vgl. Inful

In|fe|rio|ri|tät die; - (untergeordnete Stellung; Minderwertigkeit)

in|fer|nal [auch: für: infernalisch]; in|fer|na|lisch; -ste ⟨lat.⟩ (höllisch; teuflisch); In|fer|no das; -s ⟨ital.⟩ („Hölle"; entsetzliches Geschehen)

in|fer|til [auch: in...] ⟨lat.⟩ (Med.: unfruchtbar)

In|fight [infait] der; -[s], -s u. In|figh|ting [infaiting] das; -[s], -s ⟨engl.⟩ (Boxsport: Nahkampf)

In|fil|tra|ti|on [...zion] die; -, -en ⟨lat.⟩ (Eindringen von Flüssigkeiten; Eindringen fremdartiger, bes. krankheitserregender Substanzen in Zellen u. Gewebe; [ideologische] Unterwanderung); In|fil|tra|ti|ons_an|äs|the|sie (Med.: Betäubung durch Einspritzungen), ...ver|such; in|fil|trie|ren (eindringen; durchtränken); In|fil|trie|rung die; -, -en

in|fi|nit [auch: ...nit] ⟨lat.⟩ (Sprachw.: unbestimmt); -e Form (From des Verbs, die im Ggs. zur finiten Form [vgl. finit] nicht nach Person u. Zahl bestimmt ist, z. B. „schwimmen" [vgl. Infinitiv], „schwimmend" u. „geschwommen" [vgl. Partizip]); in|fi|ni|te|si|mal [Math.: zum Grenzwert hin unendlich klein werdend]; In|fi|ni|te|si|mal|rech|nung (Math.); In|fi|ni|tiv [auch: ...tif] der; -s, -e [...we] (Sprachw.: Grundform [des Verbs], z. B. „schwimmen"); In|fi|ni|tiv|kon|junk|ti|on („zu"); In|fi|ni|tiv|satz (Grundformsatz)

In|fix [auch: ...] das; -es, -e ⟨lat.⟩ (in den Wortstamm eingefügtes Sprachelement)

in|fi|zie|ren ⟨lat.⟩ (anstecken; mit Krankheitserregern verunreinigen); In|fi|zie|rung

in fla|gran|ti ⟨lat.⟩ (auf frischer Tat); - - ertappen; vgl. auch: flagrant

in|flam|ma|bel ⟨lat.⟩ (entzündbar); ...a|ble Stoffe

In|fla|ti|on [...zion] die; -, -en ⟨lat.⟩ (übermäßige Ausgabe von Zahlungsmitteln; Geldentwertung; übertr. auch: Überangebot); in-

fla|tio|när, in|fla|tio|ni|stisch, in|fla|to|risch (die Inflation betreffend; Inflation bewirkend)

in|fle|xi|bel [auch: ...ibl] ⟨lat.⟩ (selten für: unbiegsam; unveränderlich; Sprachw.: nicht beugbar); ...ible Dinge; In|fle|xi|bi|le das; -, ...bilia (unbeugbares Wort); In|fle|xi|bi|li|tät die; - (selten für: Unbeugbarkeit)

In|flu|enz die; -, -en ⟨lat.⟩ (Beeinflussung eines elektr. ungeladenen Körpers durch die Annäherung eines geladenen); In|flu|en|za die; - ⟨ital.⟩ (veralt. für: Grippe); In|flu|enz_elek|tri|zi|tät, ...ma|schi|ne (zur Erzeugung hoher elektr. Spannung)

In|fo das; -s, -s (ugs. kurz für: Informationsblatt)

in|fol|ge (↑ R 208); mit Gen. od. mit „von": - des schlechten Wetters; - übermäßigen Alkoholgenusses; - von Krieg; in|fol|ge|des|sen

In|fo|mo|bil das; -s, -e (Fahrzeug als fahrbarer Informationsstand)

In|for|mand der; -en, -en (↑ R 197) ⟨lat.⟩ (eine Person, die informiert wird); In|for|mant der; -en, -en (↑ R 197 (eine Person, die informiert); In|for|ma|tik die; - (Wissenschaft von der Informationsverarbeitung, insbes. von den elektronischen Datenverarbeitungsanlagen); In|for|ma|ti|on [...zion] die; -, -en (Belehrung; Auskunft; Nachricht); in|for|ma|tio|nell; In|for|ma|ti|ons_aus|tausch, ...be|dürf|nis, ...bü|ro, ...ma|te|ri|al, ...quel|le, ...theo|rie (die; -), ...ver|ar|bei|tung; in|for|ma|tiv (belehrend; Auskunft gebend; aufschlußreich); In|for|ma|tor der; -s, ...oren (der Unterrichtende, Mitteilende); in|for|ma|to|risch (der [vorläufigen] Unterrichtung dienend)

In|for|mel [ängformäl] das; - ⟨franz.⟩ (informelle Kunst; vgl. [2]informell)

[1]in|for|mell (informierend, mitteilend)

[2]in|for|mell ⟨franz.⟩ (nicht förmlich; auf Formen verzichtend); -e Kunst (eine Richtung der modernen Malerei)

in|for|mie|ren ⟨lat.⟩ (belehren; Auskunft geben; benachrichtigen); sich - (sich unterrichten, Auskünfte, Erkundigungen einziehen); In|for|miert|heit die; -; In|for|mie|rung

in Fra|ge; - - kommen, stehen

in|fra|rot ⟨lat.; dt.⟩, (auch:) ul|tra|rot (zum Infrarot gehörend); In|fra|rot, (auch:) Ul|tra|rot (die unsichtbare Wärmestrahlen, die im Spektrum zwischen dem roten Licht u. den kürzesten Radiowellen liegen); **In|fra|rot_film,** **...hei|zung,** **...strah|ler** (ein Elektrogerät); **In|fra|schall** (Schallwellenbereich unterhalb von 16 Hertz); **In|fra|struk|tur** (wirtschaftlich-organisatorischer Unterbau einer hochentwickelten Wirtschaft; Sammelbezeichnung für milit. Anlagen); **in|fra|struktu|rell**

In|ful *die;* -, -n ⟨lat.⟩ (altröm. weiße Stirnbinde; Bez. der Mitra u. der herabhängenden Bänder); **in|fu|liert** (zum Tragen der Inful berechtigt)

In|fus *das;* -es, -e ⟨lat.⟩ (Infusum)

In|fu|si|on *die;* -, -en (Eingießung; Med.: Einfließenlassen); **In|fu|si|ons|tier|chen** u. **In|fu|so|ri|um** *das;* -s, ...ien [...*i*ᵉn]; meist *Plur.* (Aufgußtierchen [einzelliges Wimpertierchen]); **In|fu|sum** *das;* -s, ...sa (Aufguß)

Ing. = Ingenieur

In|gang_hal|tung (*die;* -), **...set|zung** (*die;* -)

Ing|bert (m. Vorn.); **In|ge** (Kurzform von: Ingeborg); **In|ge|borg** (w. Vorn.)

In|ge|brauch|nah|me *die;* -, -n

In|ge|lo|re (w. Vorn.); ↑ R 32

in ge|ne|re [auch: - *gä*...] ⟨lat.⟩ (im allgemeinen)

In|ge|ni|eur [*inseheni̯ör*] *der;* -s, -e ⟨franz.⟩ (Abk.: Ing.); vgl. Ing. (grad.); **In|ge|nieur_aka|de|mie,** **...bau** (*Plur.* ...bauten), **...bü|ro;** **In|ge|nieu|rin** *die;* -, -nen; **In|ge|nieur|öko|nom** (DDR: auch auf techn. Gebiet ausgebildeter Wirtschaftswissenschaftler); **In|ge|nieur|schu|le;** **in|ge|ni|ös** [...*gen*...]; -este ⟨lat.⟩ (sinnreich; erfinderisch; scharfsinnig); **In|ge|nio|si|tät** *die;* - (Erfindungsgabe, Scharfsinn); **In|ge|ni|um** *das;* -s, ...ien [...*i*ᵉn] (natürl. Begabung, Erfindungskraft; Genie)

In|ger|man|land *das;* -[e]s (hist. Landschaft am Finnischen Meerbusen)

In|ge|sti|on *die;* - ⟨lat.⟩ (Med.: Nahrungsaufnahme)

in|ge|züch|tet (zu: Inzucht)

Ing. (grad.) = graduierter Ingenieur (Absolvent einer techn. [Fach]hochschule mit staatl. Prüfung)

In|go [*inggo*], **In|go|mar** (m. Vorn.)

In|got *der;* -s, -s ⟨engl.⟩ (Metallblock, -barren)

In|grain|pa|pier [*ingre̱'n*...] ⟨engl.; dt.⟩ (rauhes Zeichenpapier mit farbigen od. schwarzen Wollfasern)

In|gre|di|ens [...*diänß*] *das;* -, ...ienzien [...*i*ᵉn] (meist *Plur.*) ⟨lat.⟩ u. **In|gre|di|enz** *die;* -, -en; meist *Plur.* (Zutat; Bestandteil)

In|gres [*ä̱ngrᵉ*] (franz. Maler)

In|greß *der;* Ingresses, Ingresse ⟨lat.⟩ (veralt. für: Eingang, Zutritt); **In|gres|si|on** *die;* -, -en (Geogr.: das Eindringen von Meerwasser in Landsenken)

In|grimm *der;* -[e]s; **in|grim|mig** **in gros|so** ⟨ital.⟩ (veralt. für: en gros, im großen)

Ing|wä|o|nen [*inggw...*] *Plur.;* ↑ R 180 (Kultgemeinschaft westgerm. Stämme); **ing|wä|o|nisch** (↑ R 180)

Ing|wer *der;* -s, - ⟨sanskr.⟩ (eine Gewürzpflanze; ein Schnaps); **Ing|wer_bier,** **...öl**

In|ha|ber; **In|ha|be|rin** *die;* -, -nen; **In|ha|ber|pa|pier**

in|haf|tie|ren (in Haft nehmen); **In|haf|tie|rung;** **In|haft|nah|me** *die;* -, -n

In|ha|la|ti|on [...*zi̯on*] *die;* -, -en ⟨lat.⟩ (Einatmung von Heilmitteln); **In|ha|la|ti|ons|ap|pa|rat;** **In|ha|la|to|ri|um** *das;* -s, ...ien [...*i*ᵉn] (Raum zum Inhalieren); **in|ha|lie|ren** ([zerstäubte] Heilmittel einatmen; ugs. für: [beim Zigarettenrauchen] den Rauch [in die Lunge] einziehen)

In|halt *der;* -s, -e; **in|halt|lich;** **In|halts|an|ga|be;** **in|halt[s]_arm,** **...los** (-este), **...reich,** **...schwer;** **In|halts_über|sicht,** **...ver|zeich|nis;** **in|halt[s]|voll**

in|hä|rent ⟨lat.⟩ (anhaftend; innewohnend); **In|hä|renz** *die;* - (Philos.: das Innewohnen); **in|hä|rie|ren** (an etwas hängen, anhaften)

in hoc sal|lus [- *hok* -] ⟨lat.⟩ („in diesem [ist] Heil"; Abk.: I. H. S.)

in hoc si|gno [- *hok* -] ⟨lat.⟩ („in diesem Zeichen"; Abk.: I. H. S.)

in|ho|mo|gen [auch: ...*gen*] ⟨lat.; griech.⟩ (ungleich geartet); **In|ho|mo|ge|ni|tät** [auch: *in*...] *die;* - **in|ho|no|rem** ⟨lat.⟩ (zu Ehren)

in|hu|man [auch: ...*an*] ⟨lat.⟩ (unmenschlich; rücksichtslos); **In|hu|ma|ni|tät** [auch: *in*...] *die;* -, -en

in in|fi|ni|tum vgl. ad infinitum

in in|te|grum ⟨lat.⟩; - - restituieren (in den vorigen [Rechts]stand wiedereinsetzen)

In|iti|al [...*zi̯al*] *das;* -s, -e ⟨lat.⟩ u. (häufiger, österr. nur:) **In|iti|a|le** *die;* -, -n; ↑ R 180 (großer [mit Verzierung u. Farbe ausgezeichneter] Anfangsbuchstabe); **In|iti|al_buch|sta|be,** **...spreng|stoff** (Zündstoff für Initialzündungen), **...wort** (Sprachw.; *Plur.* ...wörter), **...zel|len** (Bot.; *Plur.*), **...zün|dung** (Zündung eines schwer entzündlichen Sprengstoffs durch einen leicht entzündlichen); **In|iti|and** *der;* -en, -en; ↑ R 197 (Einzuweihender; Anwärter auf eine Initiation);

In|iti|ant *der;* -en, -en; ↑ R 197 (jemand, der die Initiative ergreift); **In|iti|a|ti|on** [...*zion*] *die;* -, -en; ↑ R 180 (Aufnahme, Einführung, Einweihung); **In|iti|a|ti|ons|ri|ten** *Plur.;* in|iti|a|tiv; ↑ R 180 (die Initiative ergreifend; rührig); - werden; **In|iti|a|tiv|an|trag;** ↑ R 180 (die parlamentarische Diskussion eines Problems einleitender Antrag); **In|iti|a|ti|ve** [...*w*ᵉ] *die;* -, -n (↑ R 180) ⟨franz.⟩ (erste tätige Anregung zu einer Handlung; auch das Recht dazu; Entschlußkraft, Unternehmungsgeist; schweiz. auch für: Volksbegehren); die - ergreifen; **In|iti|a|tiv|recht;** ↑ R 180 (Recht, Gesetzentwürfe einzubringen); **In|iti|a|tor** *der;* -s, ...oren (↑ R 180) ⟨lat.⟩ (Urheber; Anreger; Anstifter); **In|iti|a|to|rin** *die;* -, -nen (↑ R 180); **In|iti|en** [...*i*ᵉn] *Plur.* (Anfänge; Anfangsgründe); **in|iti|ie|ren** (den Anstoß geben; [in ein Amt] einführen; einweihen)

In|jek|ti|on [...*zi̯on*] *die;* -, -en ⟨lat.⟩ (Med.: Einspritzung; Geol.: Eindringen von Magma in Gesteinsspalten; Bauw.: Bodenverfestigung durch das Einspritzen von Zement); **In|jek|ti|ons|sprit|ze;** **In|jek|tor** *der;* -s, ...oren (Preßluftzubringer in Saugpumpen; Pumpe, die Wasser in einen Dampfkessel einspritzt); **in|ji|zie|ren** (einspritzen)

In|ju|rie [...*i*ᵉ] *die;* -, -n ⟨lat.⟩ (Unrecht, Beleidigung); **in|ju|ri|ie|ren** (veralt. für: beleidigen)

In|ka *der;* -[s], -[s] (Angehöriger der ehem. indian. Herrscher- u. Adelsschicht in Peru); **In|ka_bein** od. **...kno|chen** (ein Schädelknochen); **in|ka|isch**

In|kar|di|na|ti|on [...*zion*] *die;* -, -en ⟨lat.⟩ (Zuteilung eines kath. Geistlichen an eine Diözese)

in|kar|nat ⟨lat.⟩ (fleischfarben, fleischrot); **In|kar|nat** *das;* -[e]s (Fleischton [auf Gemälden]); **In|kar|na|ti|on** [...*zion*] *die;* -, -en („Fleischwerdung"; Menschwerdung [Christi]; Verkörperung); **In|kar|nat|rot** *das;* -[e]s; **in|kar|nie|ren** (verkörpern); sich -; **in|kar|niert** (fleischgeworden)

In|kas|sant *der;* -en, -en (↑ R 197) ⟨ital.⟩ (österr. für: jmd., der Geld kassiert); **In|kas|san|tin** *die;* -, -nen; **In|kas|so** *das;* -s, -s od. (österr. nur:) ...kassi (Einziehung von Geldforderungen); **In|kas|so_bü|ro, ...voll|macht**

inkl. = inklusive

In|kli|na|ti|on [...*zi̯on*] *die;* -, -en ⟨lat.⟩ (Physik: Neigung einer frei aufgehängten Magnetnadel zur Waagrechten; Math.: Neigung zweier Ebenen od. einer Linie u. einer Ebene gegeneinander; Vorliebe, Zuneigung)

in|klu|si|ve [...*w*ᵉ] ⟨lat.⟩ (einschließlich, inbegriffen; Abk.: inkl.); *Präp.* mit *Gen.:* - des Verpackungsmaterials; ein alleinstehendes, stark gebeugtes Substantiv steht im *Sing.* ungebeugt: - Porto; mit *Dat.,* wenn der *Gen.* nicht erkennbar ist: - Getränken

in|ko|gni|to ⟨ital.⟩ („unerkannt"; unter fremdem Namen); - reisen; In|ko|gni|to *das;* -s, -s

in|ko|hä|rent; -este ⟨lat.⟩ (unzusammenhängend); In|ko|hä|renz *die;* -, -en

In|koh|lung (Geol.: Umwandlung von Pflanzen in Kohle unter Luftabschluß)

in|kom|men|su|ra|bel ⟨lat.⟩ (nicht meßbar; nicht vergleichbar); ...a|ble Größen (Math.)

in|kom|mo|die|ren ⟨lat.⟩ (veralt. für: belästigen; bemühen); sich - (sich Mühe machen)

in|kom|pa|ra|bel ⟨lat.⟩ (veralt. für: unvergleichbar; nicht steigerungsfähig); ...a|ble Verhältnisse

in|kom|pa|ti|bel ⟨lat.⟩ (unverträglich; unvereinbar); ...i|ble Blutgruppen; In|kom|pa|ti|bi|li|tät *die;* -, -en

in|kom|pe|tent [auch: ...änt]; -este ⟨lat.⟩ (nicht zuständig, nicht befugt); In|kom|pe|tenz [auch: ...änz] *die;* -, -en

in|kom|plett [auch: ...ät] ⟨franz.⟩ (unvollständig)

in|kom|pres|si|bel ⟨lat.⟩ (Physik: nicht zusammenpreßbar); ...i|ble Körper; In|kom|pres|si|bi|li|tät *die;* -

in|kon|gru|ent [auch: ...änt] ⟨lat.⟩ (Math.: nicht übereinstimmend, sich nicht deckend); In|kon|gru|enz [auch: ...änz] *die;* -, -en

in|kon|se|quent [auch: ...änt] ⟨lat.⟩ (folgewidrig; widersprüchlich; wankelmütig); In|kon|se|quenz [auch: ...änz] *die;* -, -en

in|kon|si|stent [auch: ...änt]; -este ⟨lat.⟩ (unbeständig; unhaltbar); In|kon|si|stenz [auch: ...änz] *die;* -

in|kon|stant [auch: ...ant] ⟨lat.⟩ (nicht feststehend; unbeständig)

In|kon|ti|nenz [auch: ...änz] *die;* -, -en ⟨lat.⟩ (Med.: Unvermögen, [Harn, Stuhl] zurückzuhalten)

in|kon|ver|ti|bel ⟨lat.⟩ (Wirtsch.: nicht austauschbar [von Währungen]); ...i|ble Währungen

in|kon|zi|li|ant [auch: ...ant] ⟨lat.⟩ (nicht umgänglich)

in|kor|po|ral ⟨lat.⟩ (Med.: im Körper [befindlich]); In|kor|po|ra|ti|on [...*zion*] *die;* -, -en (Einverleibung; Aufnahme; Angliede-

rung); in|kor|po|rie|ren; In|kor|po|rie|rung

in|kor|rekt [auch: ....äkt]; -este ⟨lat.⟩ (unrichtig; fehlerhaft [im Benehmen]; unzulässig); In|kor|rekt|heit [auch: ...äkt...]

in Kraft; vgl. Kraft; In|kraft|set|zung; In|kraft|tre|ten *das;* -s (eines Gesetzes); ↑R 68 u. ↑R 42 u. Kraft die

In|kreis *der;* -es, -e (einer Figur einbeschriebener Kreis)

In|kre|ment *das;* -[e]s, -e ⟨lat.⟩ (Math.: Betrag, um den eine Größe zunimmt)

In|kret *das;* -[e]s, -e ⟨lat.⟩ (von Drüsen ins Blut abgegebener Stoff, Hormon); In|kre|ti|on [...*zion*] *die;* - (innere Sekretion); in|kre|to|risch (Med.: auf die innere Sekretion bezüglich, ihr dienend)

in|kri|mi|nie|ren ⟨lat.⟩ (beschuldigen; einer Anklage stellen); in|kri|mi|niert (beschuldigt; zum Gegenstand einer Beschuldigung gemacht)

In|kru|sta|ti|on [...*zion*] *die;* -, -en ⟨lat.⟩ (farbige Verzierung von Flächen durch Einlagen; bes. Geol.: Krustenbildung); in|kru|stie|ren

In|ku|ba|ti|on [...*zion*] *die;* -, -en ⟨lat.⟩ (Tempelschlaf in der Antike; Zool.: Bebrütung von Vogeleiern; Med.: das Sichfestsetzen von Krankheitserregern im Körper); In|ku|ba|ti|ons|zeit (Zeit von der Infektion bis zum Ausbruch einer Krankheit); In|ku|ba|tor *der;* -s, ...oren (Brutkasten [für Frühgeburten]); In|ku|bus *der;* -, Inkuben (Alpdruck; Buhlteufel des mittelalterl. Hexenglaubens); vgl. Sukkubus

in|ku|lant [auch: ...ant] ⟨franz.⟩ ([geschäftlich] ungefällig); In|ku|lanz [auch: ...anz] *die;* -, -en

In|ku|nant *der;* -en, -en (↑R 197) ⟨lat.⟩ (veralt. für: Ankläger); In|ku|lpat *der;* -en, -en; ↑R 197 (veralt. für: Angeschuldigter)

In|ku|na|bel *die;* -, -n (meist *Plur.*) ⟨lat.⟩ (Wiegen-, Frühdruck, Druck aus der Zeit vor 1500)

in|ku|ra|bel [auch: in...] ⟨lat.⟩ (Med.: unheilbar); ...a|ble Krankheit

In|laid [*inlait*] *der;* -s, -e ⟨engl.⟩ (durchgemustertes Linoleum)

In|land *das;* -[e]s; In|land|eis; In|län|der *der;* In|län|de|rin *die;* -, -nen; in|län|disch; In|land|flug; in|län|disch; In|lands...mark|t, ...nach|fra|ge, ...preis, ...rei|se

In|laut; in|lau|tend

In|lett *das;* -[e]s, -e, (auch:) -s (Baumwollstoff [für Federbetten u. -kissen])

in|lie|gend vgl. einliegend; In|lie|gen|de *das;* -n (↑R 7 ff.)

in maio|rem Dei glo|ri|am vgl. ad maiorem Dei gloriam

in me|di|as res ⟨lat.⟩ („mitten in die Dinge hinein"; [unmittelbar] zur Sache)

in me|mo|ri|am ⟨lat.⟩ („zum Gedächtnis", zum Andenken)

in|mit|ten (geh.); ↑R 208; *Präp.* mit *Gen.:* - des Sees

Inn *der;* -[s] (r. Nebenfluß der Donau)

in na|tu|ra ⟨lat.⟩ (leibhaftig)

in|ne; mitteninne (vgl. d.); in|ne|ha|ben; seit er dieses Amt innehat; er hat dieses Amt innegehabt; in|ne|hal|ten; er hat mitten im Satz innegehalten

in|nen; von, nach -; - und außen; In|nen...an|ten|ne, ...ar|bei|ten *Plur.*, ...ar|chi|tekt, ...ar|chi|tek|tur, ...auf|nah|me, ...aus|stat|tung, ...bahn (Sport), ...dienst, ...ein|rich|tung, ...flä|che, ...hand (Boxen), ...hof, ...kan|te, ...kur|ve, ...le|ben, ...mi|ni|ster, ...mi|ni|ste|ri|um, ...po|li|tik; in|nen|po|li|tisch, in|ner|po|li|tisch; In|nen|.raum, ...rist (bes. Fußball: innere Seite des Fußrückens), ...sei|te, ...stadt, ...stür|mer (Sport), ...ta|sche, ...tem|pe|ra|tur, ...welt

In|ner|asi|en [...*i*ᵉn]; in|ner.be|trieb|lich, ...deutsch, ...dienst|lich; in|ne|re; innerste; zuinnerst: die innere Medizin; innere Angelegenheiten eines Staates; innere Führung (Bez. für geistige Rüstung u. zeitgemäße Menschenführung in der dt. Bundeswehr); die äußere und die innere Mission, aber (↑R 157): die Innere Mission (Organisation der ev. Kirche); (↑R 146:) die Innere Mongolei; In|ne|re *das;* ...r[e]n; das Ministerium des Innern; im Inner[e]n (↑R 7 ff.); In|ne|rei|en *Plur.* (z. B. Leber, Herz, Gedärme von Schlachttieren); in|ner|halb; *Präp.* mit *Gen.:* - eines Jahres, zweier Jahre; mit *Dat.,* wenn der *Gen.* nicht erkennbar ist: - vier Jahren, vier Tagen; *Adverb:* - von ...; in|ner|lich; In|ner|lich|keit *die;* -; in|ner|orts (bes. schweiz. für: innerhalb des Ortes); In|ner|öster|reich (hist. Bez. für: Steiermark, Kärnten, Krain, Görz; heute westösterr. für: Ostösterreich); in|ner|par|tei|lich; in|ner|po|li|tisch, in|nen|po|li|tisch; in|ner.se|kre|to|risch (innere Sekretion bewirkend), ...staat|lich; In|ner|stadt (schweiz. neben: Innenstadt); In|ner|ste *das;* -n (↑R 7 ff.); im -n; bis ins -; in|nert (schweiz. u. westösterr. für: innerhalb, binnen); - eines Jahres od. - einem Jahre; - drei Tagen

In|ner|va|ti|on [...*wazion*] die; - ⟨lat.⟩ (Med.: Versorgung der Körperteile mit Nerven; Reizübertragung durch Nerven); in|ner|vie|ren (mit Nerven od. Nervenreizen versehen; auch übertr. für: anregen, reizen) in|ne|sein; er ist dieses Erlebnisses innegewesen, aber: ehe er dessen inne ist, inne war; in|ne|wer|den; er ist sich seines schlechten Verhaltens innegeworden, aber: ehe er dessen inne wurde; in|ne|woh|nen; auch diesen alten Methoden hat Gutes innegewohnt; In|ne|woh|nen das; -s in|nig; In|nig|keit die; -; in|nig|lich; in|nigst

in no|mi|ne ⟨lat.⟩ („im Namen"; im Auftrage); - - Dei („in Gottes Namen"; Abk.: I. N. D.); - - Domini („im Namen des Herrn"; Abk.: I. N. D.)

In|no|va|ti|on [...*wazion*] die; -, -en ⟨lat.⟩ (Erneuerung, Erfindung, Entdeckung; neue, fortschrittliche Lösung eines [technischen] Problems bei Produkten od. Verfahren); In|no|va|ti|ons|sproß [...*wazionß*...] ⟨lat.; dt.⟩ (Erneuerungssproß der mehrjährigen Pflanzen); in|no|va|tiv (Innovationen betreffend, schaffend); in|no|va|to|risch (Innovationen anstrebend)

In|no|zenz (m. Vorn.)
Inns|bruck (Hptst. Tirols)
in nu|ce [- *nuze*] ⟨lat.⟩ (im Kern; in Kürze, kurz und bündig)
In|nung; In|nungs|mei|ster
Inn|vier|tel das; -s; ↑ R 149 (Landschaft in Österreich)
in|of|fen|siv [auch: ...*if*] ⟨lat.⟩ (nicht offensiv)
in|of|fi|zi|ell [auch: ...*äl*] ⟨franz.⟩ (nichtamtlich; außerdienstlich; auch: vertraulich); in|of|fi|zi|ös [auch: ...*öß*] (nicht offiziös)
in|ope|ra|bel [auch: ...*ab'l*] ⟨franz.⟩ (nicht operierbar); ...a|ble Verletzungen
in|op|por|tun [auch: ...*un*] ⟨lat.⟩ (ungelegen, unangebracht); In|op|por|tu|ni|tät [auch: in...] die; -, -en
Ino|sit der; -s, -e ⟨griech.⟩ (Med.: Muskelzucker); Inos|urie die; -, ...ien (Med.: Auftreten von Inosit im Harn)
in per|pe|tu|um [- ...*u-um*] ⟨lat.⟩ (auf immer)
in per|so|na ⟨lat.⟩ (persönlich)
in pet|to ⟨ital.⟩; etwas - - (ugs. für: im Sinne, bereit) haben
In|pflicht|nah|me die; -,-n
in ple|no ⟨lat.⟩ (in voller Versammlung, vollzählig)
in pra|xi ⟨lat.; griech.⟩ (im wirklichen Leben; tatsächlich)
in punc|to ⟨lat.⟩ (hinsichtlich); - -

puncti („im Punkte des Punktes"; hinsichtlich der Keuschheit)
In|put der (auch das); -s, -s ⟨engl.⟩ (Wirtsch.: von außen bezogene u. im Betrieb eingesetzte Produktionsmittel; EDV: in eine Datenverarbeitungsanlage eingegebene Daten)
in|qui|rie|ren ⟨lat.⟩ (untersuchen, verhören); In|qui|si|ten|spi|tal (österr. für: Gefangenenkrankenhaus); In|qui|si|ti|on [...*zion*] die; -, -en (früheres kath. Ketzergericht; strenge, rücksichtslose Untersuchung); In|qui|si|ti|ons|ge|richt; In|qui|si|tor der; -s, ...oren (Ketzerrichter; [strenger] Untersuchungsrichter); in|qui|si|to|risch
I. N. R. I. = Jesus Nazarenus Rex Judaeorum
ins; ↑ R 17 (in das); eins - andre gerechnet; aber (↑ R 16): in 's (in des) Teufels Küche
in sal|do ⟨ital.⟩ (veralt. für: im Rückstand); - - bleiben
In|sas|se der; -n, -n (↑ R 197); In|sas|sen|ver|si|che|rung; In|sas|sin die; -, -nen
ins|be|son|de|re, ins|be|sond|re (↑ R 98); insbesond[e]re[,] wenn (↑ R 127)
in|schal|lah ⟨arab.⟩ („so Allah will")
In|schrift; In|schrif|ten_kun|de (die; -), ...samm|lung; in|schrift|lich
In|sekt das; -[e]s, -en ⟨lat.⟩ (Kerbtier); In|sek|ta|ri|um das; -s, ...ien [...*i'n*] (Anlage für Insektenaufzucht); In|sek|ten_be|kämp|fung, ...fraß; in|sek|ten|fres|send; -e Pflanzen; In|sek|ten_fres|ser, ...haus (Anlage zur Aufzucht u. zum Studium der Insekten; Insektarium), ...kun|de, ...pla|ge, ...pul|ver, ...stich, ...ver|til|gungs|mit|tel das; In|sek|ti|vo|ren [...*wo*...] Plur. (Insektenfresser; insektenfressende Pflanzen); In|sek|ti|zid das; -s, -e (insektentötendes Mittel)
In|sel die; -, -n ⟨lat.⟩; In|sel_berg (Geogr.), ...be|woh|ner, ...grup|pe; In|sel|land (Plur. ...länder)
In|sels|berg der; -[e]s (im Thüringer Wald)
In|se|mi|na|ti|on [...*zion*] die; -, -en ⟨lat.⟩ ([künstl.] Befruchtung)
in|sen|si|bel [auch: in...] ⟨lat.⟩ (unempfindlich; gefühllos); In|sen|si|bi|li|tät [auch: in...] die; -
In|se|pa|rables [*ängßeparabl*] Plur. ⟨franz.⟩ (eine Papageienart)
In|se|rat das; -[e]s, -e (Anzeige [in Zeitungen usw.]); In|se|ra|ten|teil der; In|se|rent der; -en, -en; ↑ R 197 (Aufgeber eines Inserates); in|se|rie|ren (ein Inserat

aufgeben, „einrücken" [lassen]); In|sert das; -s, -s ⟨engl.⟩ (Inserat mit beigehefteter Bestellkarte; im Fernsehen eingeblendete Schautafel); In|ser|ti|on [...*zion*] die; -, -en ⟨lat.⟩ (Aufgeben einer Anzeige; Med., Biol.: Ansatz, Befestigung [z. B. von Muskeln an Knochen]); ins|ge|heim [österr.: *inß*...]; ins|ge|mein [österr.: *inß*...] (veralt.); ins|ge|samt [österr.: *inß*...]
In|side [*inßaid*] der; -[s], -s ⟨engl.⟩ (schweiz. für: Innenstürmer); In|si|der [*inßaid'r*] der; -s, - (jmd., der interne Kenntnisse von etwas besitzt, Eingeweihter); In|side-Sto|ry [*inßaid*...] (Geschichte, die auf Grund interner Kenntnis von etwas geschrieben wurde)
In|sie|gel (veralt. für: Siegelbild; Jägerspr.: altes Fährtenzeichen)
In|si|gni|en [...*i'n*] Plur. ⟨lat.⟩ (Kennzeichen staatl. od. ständischer Macht u. Würde); in|si|gni|fi|kant [auch: ...*kant*] (unbedeutend, unwichtig)
in|si|stent; -este ⟨lat.⟩ (beharrlich); in|si|stie|ren (auf etwas bestehen, dringen)
in si|tu ⟨lat.⟩ (Med. für: „in der [natürlichen, richtigen] Lage")
in|skri|bie|ren ⟨lat.⟩ (in eine Liste aufnehmen; bes. österr. für: sich für das laufende Semester als Hörer an einer Universität anmelden); In|skrip|ti|on [...*zion*] die; -, -en
ins|künf|tig (schweiz., sonst veralt. für: zukünftig, fortan)
in|so|fern [auch: *insofärn*, österr.: *in*...]; insofern hast du recht, aber: insofern du nichts dagegen hast; insofern[,] als (↑ R 127)
In|so|la|ti|on [...*zion*] die; -, -en ⟨lat.⟩ (Meteor.: Sonnenbestrahlung; Med.: Sonnenstich)
in|so|lent [auch: *insolänt*]; -este ⟨lat.⟩ (anmaßend, unverschämt); In|so|lenz [auch: *insolänz*] die; -, -en
in|sol|vent [auch: *insolwänt*]; -este ⟨lat.⟩ (zahlungsunfähig); In|sol|venz [auch: *insolwänz*] die; -, -en
in|son|der|heit (geh. für: besonders, im besonderen); insonderheit[,] wenn (↑ R 127)
in|so|weit [auch: *insowait*]; insoweit hast du recht, aber: insoweit es möglich ist; insoweit[,] als (↑ R 127)
in spe [- *ßpe*] ⟨lat.⟩ („in der Hoffnung"; zukünftig)
In|spek|teur [...*tör*] der; -s, -e ⟨franz.⟩ (Leiter einer Inspektion; Dienststellung der ranghöchsten Offiziere der Bundeswehr); In|spek|ti|on [...*zion*] die; -, -en ⟨lat.⟩ (Prüfung, Kontrolle; Aufsichts-,

Prüfstelle; [regelmäßige] Wartung [eines Kraftfahrzeugs]); **In|spek|ti|ons_fahrt, ...gang** der, ...**rei|se; In|spek|tor** der; -s, ...**oren** (Aufseher, Vorsteher, Verwalter; Verwaltungsbeamter); **In|spek|to|rin** die; -, -nen **In|spi|ra|ti|on** [...zion] die; -, -en ⟨lat.⟩ (Eingebung; Erleuchtung; Beeinflussung); **In|spi|ra|tor** der; -s, ...**oren** (Anreger; Eingeber, Einflüsterer); **in|spi|rie|ren In|spi|zi|ent** der; -en, -en (↑ R 197) ⟨lat.⟩ (Theater, Fernsehen: jmd., der für den reibungslosen Ablauf der Aufführung verantwortlich ist); **in|spi|zie|ren** (be[auf]sichtigen); **In|spi|zie|rung In|sta|bil** [auch: ...bil] ⟨lat.⟩ (unbeständig); **In|sta|bi|li|tät** die; -, (selten:) -en (Unbeständigkeit) **In|stal|la|teur** [...tör] der; -s, -e ⟨franz.⟩ (Einrichter u. Prüfer von techn. Anlagen [Heizung, Wasser, Gas]); **In|stal|la|ti|on** [...zion] die; -, -en (Einrichtung, Einbau, Anlage, Anschluß [von techn. Anlagen]; Einweisung in ein [geistl.] Amt); **in|stal|lie|ren in|stand|be|set|zen** ([ein leerstehendes Haus] widerrechtlich besetzen und wieder bewohnbar machen); **In|stand|be|set|zer in|stand hal|ten** (↑ R 208); aber: das Instandhalten; instand zu halten; ↑ R 68 u. Stand; **In|stand|hal|tung; In|stand|hal|tungs|ko|sten** Plur. **in|stän|dig** (eindringlich; flehentlich); **In|stän|dig|keit** die; - **in|stand set|zen** (↑ R 208); aber: das Instandsetzen; instand zu setzen; ↑ R 68 u. Stand; **In|stand|set|zung; in|stand stel|len**; ↑ R 208 (schweiz. neben: instand setzen); **In|stand|stel|lung** (schweiz. neben: Instandsetzung) **in|stant** [inßtant, auch: inßt'nt] ⟨engl.⟩ (sofort löslich, in kürzester Zeit zum Genuß bereit); nur als nachgestellte Beifügung, z. B. Haferflocken -; **In|stant...** (in Zusammensetzungen, z. B. Instantgetränk, Instantkaffee) **In|stanz** die; -, -en ⟨lat.⟩ (zuständige Stelle bei Behörden od. Gerichten; Dienstweg); **In|stan|zen|weg** (Dienstweg) **in sta|tu nas|cen|di** [- βßtatu naßzändi] ⟨lat.⟩ (im Zustand des Entstehens); **in sta|tu quo** (im gegenwärtigen Zustand); **in sta|tu quo an|te** (im früheren Zustand) **In|ste** der; -n, -n; ↑ R 197 (niederd. früher für: Gutstagelöhner) **In|ster** die; - (Quellfluß des Pregels) **In|stil|la|ti|on** [...zion] die; -, -en ⟨lat.⟩ (Med.: Einträufelung); **in|stil|lie|ren**

In|stinkt der; -[e]s, -e ⟨lat.⟩ (angeborene Verhaltensweise [bes. bei Tieren]; auch für: sicheres Gefühl); **in|stinkt|haft; -este; In|stinkt|hand|lung; in|stink|tiv** (trieb-, gefühlsmäßig, unwillkürlich); **in|stinkt|los; -este; In|stinkt|lo|sig|keit; in|stinkt_mä|ßig, ...si|cher in|sti|tu|ie|ren** ⟨lat.⟩ (einrichten; veralt. für: unterweisen); **In|sti|tut** das; -[e]s, -e (Unternehmen; Bildungs-, Forschungsanstalt); **In|sti|tu|ti|on** [...zion] die; -, -en (öffentliche [staatliche, kirchliche o. ä.] Einrichtung); **in|sti|tu|tio|na|li|sie|ren** (in eine feste, auch starre Institution umwandeln); **In|sti|tu|tio|na|li|sie|rung; in|sti|tu|tio|nell** (die Institution betreffend); **In|sti|tuts_bi|blio|thek, ...di|rek|tor, ...lei|ter** der **Inst|mann** der; -[e]s, ...leute ⟨zu: Inste⟩ (niederd. früher für: Gutstagelöhner) **in|stru|ie|ren** ⟨lat.⟩ (unterweisen; anleiten); **In|struk|teur** [...tör] der; -s, -e ⟨franz.⟩ (Unterrichtender; Anleiter); **In|struk|ti|on** [...zion] die; -, -en ⟨lat.⟩ (Anleitung; [Dienst]anweisung); **in|struk|tiv** (lehrreich); **In|struk|tor** der; -s, ...oren (veralt. für: Lehrer; Erzieher; österr. u. schweiz. für: Instrukteur) **In|stru|ment** das; -[e]s, -e ⟨lat.⟩; **in|stru|men|tal** (Musikinstrumente verwendend); **In|stru|men|tal|be|glei|tung; In|stru|men|ta|list** der; -en, -en (↑ R 197); **In|stru|men|tal_mu|sik, ...satz** (Sprachw.: Umstandssatz des Mittels od. Werkzeugs); **In|stru|men|ta|ri|um** das; -s, ...ien [...i'n] (Gesamtheit der zur Verfügung stehenden Instrumente); **In|stru|men|ta|ti|on** [...zion] die; -, -en (Instrumentierung); **in|stru|men|tell** (mit Instrumenten); **In|stru|men|ten_bau** (der; -[e]s), ...**brett, ...flug** (Flugw.); **in|stru|men|tie|ren** ([ein Musikstück] für Orchesterinstrumente einrichten; mit [techn.] Instrumenten ausstatten); **In|stru|men|tie|rung In|sub|or|di|na|ti|on** [...zion, auch: in...] die; -, -en ⟨lat.⟩ (mangelnde Unterordnung; Ungehorsam im Dienst) **in|suf|fi|zi|ent** [auch: ...ziänt] -este ⟨lat.⟩ (unzulänglich); **In|suf|fi|zi|enz** [auch: ...änz] die; -, -en (Unzulänglichkeit; Med.: mangelhafte Funktion eines Organs) **In|su|la|ner** ⟨lat.⟩ (Inselbewohner); **in|su|lar** (eine Insel od. Inseln betreffend, inselartig; Insel...); **In|su|lin** das; -s (Hormon der Bauchspeicheldrüse; ⓦ) (Heilmittel für Zuckerkranke);

In|su|lin|de die; - ⟨niederl.⟩ (veralt. Bez. für die ehem. niederl. Besitzungen in Südostasien); **In|su|lin.man|gel, ...prä|pa|rat, ...schock, ...stoß In|sult** der; -[e]s, -e ⟨lat.⟩ (svw. Insultation; Med.: Anfall); **In|sul|ta|ti|on** [...zion] die; -, -en ([schwere] Beleidigung, Beschimpfung); **in|sul|tie|ren in sum|ma** ⟨lat.⟩ (im ganzen, insgesamt) **In|sur|gent** der; -en, -en (↑ R 197) ⟨lat.⟩ (Aufständischer); **in|sur|gie|ren** (zum Aufstand anstacheln; einen Aufstand machen); **In|sur|rek|ti|on** [...zion] die; -, -en (Aufstand) **in|sze|na|to|risch** ⟨lat.; griech.⟩ (die Inszenierung betreffend); **in|sze|nie|ren** (in „Szene" setzen; einrichten; eine Bühnenaufführung vorbereiten); **In|sze|nie|rung In|ta|glio** [intaljo] das; -s, ...ien [intalj'n] ⟨ital.⟩ (Gemme mit eingeschnittenen Figuren) **in|takt; -este ⟨lat.⟩ (unversehrt, unberührt); **In|takt|heit** die; -; **In|takt|sein** das; -s **In|tar|sia, In|tar|sie** [...si'] die; -, ...ien [...i'n] (meist Plur.) ⟨ital.⟩ (Einlegearbeit); **In|tar|si|en|ma|le|rei in|te|ger** ⟨lat.⟩ (unbescholten; unversehrt); ein in|te|grer Charakter; vgl. in integrum; **in|te|gral** (ein Ganzes ausmachend; vollständig; für sich bestehend); **In|te|gral** das; -s, -e (Math.; Zeichen: ∫); **In|te|gral_glei|chung, ...helm** (Kopf u. Hals bedeckender Schutzhelm bes. für Motorradfahrer), ...**rech|nung**; **In|te|gra|ti|on** [...zion] die; -, -en (Vervollständigung; Eingliederung, Vereinigung; Summierung); **in|te|grie|ren** (ergänzen; eingliedern; das Integral berechnen); **in|te|grie|rend** (notwendig [zu einem Ganzen gehörend]); ein -er Bestandteil; **in|te|griert;** -e Gesamtschule; -e Schaltung (Elektronik); **In|te|grie|rung; In|te|gri|tät** die; - (Unversehrtheit, Unbescholtenheit) **In|te|gu|ment** das; -s, -e ⟨lat.⟩ (Hautschichten von Tier u. Mensch; Bot.: Hülle um die Samenanlage) **In|tel|lekt** der; -[e]s ⟨lat.⟩ (Verstand; Erkenntnis-, Denkvermögen); **In|tel|lek|tua|lis|mus** der; -; ↑ R 180 (philos. Lehre, die dem Intellekt den Vorrang gibt; einseitig verstandesmäßiges Denken); **in|tel|lek|tu|ell** ⟨franz.⟩ (den Intellekt betreffend; [einseitig verstandesmäßig; geistig); **In|tel|lek|tu|el|le** der u. die; -n, -n; ↑ R 7 ff. ([einseitiger] Verstandesmensch; geistig Geschulte[r]); **in|tel|li|gent;** -este ⟨lat.⟩ (verständig; klug, begabt); -e Maschinen (computergesteuerte Automaten); **In|tel|li|genz** die; -, -en (besondere geistige Fähigkeit, Klugheit; Vernunftwesen; im *Sing.* auch: Schicht der wissenschaftl. Gebildeten); **In|tel|ligenz_be|stie** (salopp: Person, die ihre Intelligenz in auffallender Weise nach außen hin zeigt), **...grad; In|tel|li|gen|zi|ja** die; - ⟨lat.-russ.⟩ (russ. Bez. für die Gebildeten); **In|tel|li|genz|lei|stung; In|tel|li|genz|ler** der; -s, - ⟨lat.⟩ (oft abschätzig für: Angehöriger der Intelligenz); **In|tel|li|genz_quo|ti|ent** (Maß für die intellektuelle Leistungsfähigkeit; Abk.: IQ), **...test; in|tel|li|gi|bel** (nur durch den Intellekt, nicht sinnlich wahrnehmbar); die ...i|ble Welt (Ideenwelt)

In|ten|dant der; -en, -en († R 197) ⟨franz.⟩ (Leiter eines Theaters, eines Rundfunk- od. Fernsehsenders); **In|ten|dan|tur** die; -, -en (Amt eines Intendanten; Verwaltungsbehörde eines Heeres); **Inten|danz** die; -, -en (Amt, Büro eines Intendanten); **in|ten|die|ren** ⟨lat.⟩ (beabsichtigen, anstreben); **In|ten|si|me|ter** das; -s, - ⟨lat.; griech.⟩ (Meßgerät, bes. für Röntgenstrahlen); **In|ten|si|on** die; -, -en ⟨lat.⟩ (Anspannung; Eifer); **In|ten|si|tät** die; -, (selten:) -en (Stärke, Kraft; Wirksamkeit); **in|ten|siv** (eindringlich; kräftig; gründlich; durchdringend); -e Bewirtschaftung (Landw.: Form der Bodennutzung mit großem Einsatz von Arbeitskraft u. Kapital); **in|ten|si_an|bau, ...hal|tung; in|ten|si|vieren** [...*wirʼn*] (verstärken, steigern); **In|ten|si|vie|rung; In|tensiv_kurs, ...pfle|ge, ...sta|ti|on; In|ten|si|vum** [...*wum*] das; -s, ...va [...*wa*] (Sprachw.: Verb, das den größeren d. geringeren Grad, die Intensität eines Geschehens kennzeichnet, z. B. „schnitzen" = kräftig schneiden)

In|ten|ti|on [...*zion*] die; -, -en ⟨lat.⟩ (Absicht; Plan; Vorhaben); **inten|tio|nal;** ↑ R 180 (zweckbestimmt; zielgerichtet)

In|ter|ak|ti|on [...*zion*] die; -, -en ⟨lat.-engl.⟩ (Psych., Soziologie: Wechselbeziehung zwischen Personen u. Gruppen)

in|ter|al|li|iert [auch: *in...*] (mehrere Alliierte betreffend; aus Verbündeten bestehend)

In|ter|ci|ty [...*ßiti*] der; -s, -s ⟨engl.-amerik.⟩ und **In|ter|ci|ty-Zug** (schneller, zwischen bestimmten

---

Großstädten eingesetzter Eisenbahnzug; Abk.: IC)

in|ter|de|pen|dent ⟨lat.⟩ (gegenseitig abhängend); **In|ter|de|pendenz** die; -, -en (gegenseitige Abhängigkeit)

In|ter|dikt das; -[e]s, -e ⟨lat.⟩ (Verbot aller kirchl. Amtshandlungen als Strafe für eine Person od. einen Bezirk)

in|ter|dis|zi|pli|när ⟨lat.⟩ (zwischen Disziplinen bestehend, mehrere Disziplinen betreffend)

in|ter|es|sant; -este ⟨franz.⟩; **in|teres|san|ter|wei|se; In|ter|es|se** das; -s, -n ⟨lat.⟩; - an, für etwas haben; vgl. Interessen; **in|ter|es|se|hal|ber; in|ter|es|se|los;** -este; **In|ter|es|selo|sig|keit** die; -; **In|ter|es|sen** Plur. (veralt. für: Zinsen); **In|teres|sen_ge|biet, ...ge|mein|schaft** (Zweckverband), **...grup|pe, ...kon|flikt, ...la|ge, ...sphä|re** (Einflußgebiet); **In|ter|es|sent** der; -en, -en († R 197); **In|ter|essen|ten|kreis; In|ter|es|sen|tin** die; -, -nen; **In|ter|es|sen_verband, ...ver|tre|tung; in|ter|es|sewah|rend** († R 209); **in|ter|es|sieren** (Teilnahme erwecken); jmdn. an, für etwas -; sich - (Anteil nehmen, Sinn haben) für ...; **in|ter|es|siert;** -este (Anteil nehmend; beteiligt); **In|ter|es|siertheit** die; -

In|ter|face [...*feʼß*] das; -, -s [..*ßis*] ⟨engl.⟩ (Datenverarbeitung: svw. Schnittstelle)

In|ter|fe|renz die; -, -en ⟨lat.⟩ (Physik: Überlagerung von Wellen; Sprachw.: Abweichung von der Norm durch den Einfluß anderer sprachlicher Elemente); **inter|fe|rie|ren** (Physik: sich überlagern); **In|ter|fe|ro|me|ter** das; -s, - ⟨lat.; griech.⟩ (physikal. Meßgerät); **In|ter|fe|ron** das; -s, -e (Med.: bei Infektionen wirksame, körpereigene Abwehrsubstanz)

In|ter|flug die; - ⟨lat.; dt.⟩ (Luftfahrtgesellschaft der DDR)

in|ter|frak|tio|nell ⟨lat.⟩ (zwischen Fraktionen bestehend, ihnen gemeinsam)

in|ter|ga|lak|tisch ⟨lat.; griech.⟩ (Astron.: zwischen mehreren Galaxien gelegen)

in|ter|gla|zi|al ⟨lat.⟩ (Geol.: zwischeneiszeitlich); **In|ter|gla|zi|alzeit** die; -

In|ter|ho|tel ⟨lat.; franz.⟩ (DDR: besonders gut ausgestattetes Hotel für internationale Gäste)

In|te|rieur [*ängteriör*] das; -s, -s u. -e ⟨franz.⟩ (Inneres; Ausstattung eines Innenraumes; einen Innenraum darstellendes Bild)

In|te|rim das; -s, -s ⟨lat.⟩ (Zwi

---

schenzeit, -zustand; vorläufige Regelung); **in|te|ri|mi|stisch** (vorläufig, einstweilig); **In|te|rims_kon|to, ...lö|sung, ...re|ge|lung** od. ...**reg|lung, ...schein** (vorläufiger Anteilschein statt der eigentlichen Aktie)

In|ter|jek|ti|on [...*zion*] die; -, -en ⟨lat.⟩ (Sprachw.: Ausrufe-, Empfindungswort, z. B. „au", „bäh")

in|ter|ka|lar ⟨lat.⟩ (von Schaltjahren: eingeschaltet)

in|ter|kan|to|nal ⟨lat.; franz.⟩ (schweiz. für: zwischen den Kantonen bestehend; allgemein)

In|ter|ko|lum|nie [...*iʼ*] die; -, -n ⟨lat.⟩ u. **In|ter|ko|lum|ni|um** das; -s, ...ien [...*iʼn*] (Säulenabstand bei einem antiken Tempel)

in|ter|kom|mu|nal ⟨lat.⟩ (zwischen Gemeinden bestehend [von Abkommen usw.])

in|ter|kon|fes|sio|nell ⟨lat.⟩ (das Verhältnis verschiedener Konfessionen zueinander betreffend)

in|ter|kon|ti|nen|tal ⟨lat.⟩ (Erdteile verbindend); **In|ter|kon|ti|nental|ra|ke|te** (militär. Rakete mit sehr großer Reichweite)

in|ter|ko|stal ⟨lat.⟩ (Med.: zwischen den Rippen)

in|ter|kur|rent ⟨lat.⟩ (Med.: hinzukommend); -e Krankheit

In|ter|la|ken (schweiz. Kurort)

in|ter|li|ne|ar ⟨lat.⟩ (zwischen die Zeilen eines Urtextes geschrieben); **In|ter|li|ne|ar_glos|se** (zwischen die Zeilen geschriebene Glosse; vgl. Glosse), **...über|setzung, ...ver|si|on**

In|ter|lock|wa|re ⟨engl.; dt.⟩ (feine Wirkware für Trikotagen)

In|ter|lu|di|um das; -s, ...ien [...*iʼn*] ⟨lat.⟩ (Zwischenspiel)

In|ter|lu|ni|um das; -s, ...ien [...*iʼn*] ⟨lat.⟩ (Zeit des Neumondes)

In|ter|ma|xil|lar|kno|chen ⟨lat.; dt.⟩ (Zwischenkiefer[knochen])

in|ter|me|di|är ⟨lat.⟩ (bes. Med.: dazwischen befindlich; ein Zwischenglied bildend)

In|ter|mez|zo das; -s, -s u. ...zzi ⟨ital.⟩ (Zwischenspiel, -fall)

in|ter|mi|ni|ste|ri|ell (zwischen Ministerien bestehend, mehrere Ministerien betreffend)

in|ter|mit|tie|rend ⟨lat.⟩ (zeitweilig aussetzend); -es Fieber

in|tern ⟨lat.⟩ ([Med.:] innerlich; nur die inneren, eigenen Verhältnisse angehend; vertraulich; [von Schülern:] im Internat wohnend); **In|ter|na** (Plur. von: Internum); **in|ter|na|li|sie|ren** (Psych.: sich [unbewußt] zu eigen machen); **In|ter|nat** das; -[e]s, -e (Schule mit Wohnung u. Verpflegung)

in|ter|na|tio|nal [...*nazional*] ⟨lat.⟩ (zwischenstaatlich, nicht natio

nal begrenzt); -es Recht; -e Vereinbarung, aber (↑R 157): Internationales Olympisches Komitee (Abk.: IOK); Internationales Rotes Kreuz (Abk.: IRK);
Internationale Einheit (Abk.:
I. E. IE); ¹In|ter|na|tio|na|le
die; -, -n (internationale Vereinigung von Arbeiterbewegungen;
nur Sing.: Kampflied der Arbei-
terbewegung); ²In|ter|na|tio|na|le
der u. die; -n, -n; ↑R 7 ff. (Sport:
Sportler[in] in der National-
mannschaft); in|ter|na|tio|na|li-
sie|ren (international gestalten);
In|ter|na|tio|na|li|sie|rung die; -;
In|ter|na|tio|na|lis|mus der; -, (für
Wörter:) ...men (Streben nach
überstaatl. Gemeinschaft; international gebräuchliches Wort)
In|ter|ne der u. die; -n, -n (↑R 7 ff.)
⟨lat.⟩ (Schüler[in] eines Inter-
nats); in|ter|nie|ren (in staatl. Ge-
wahrsam, in Haft nehmen;
[Kranke] isolieren); In|ter|nier|te
der u. die; -n, -n (↑R 7 ff.); In|ter-
nie|rung; In|ter|nie|rungs|la|ger;
In|ter|nist der; -en, -en; ↑R 197
(Facharzt für innere Krankheiten)
In|ter|no|di|um das; -s, ...ien [...i°n]
⟨lat.⟩ (Bot.: Sproßabschnitt zwischen zwei Blattknoten)
In|ter|num das; -s, ...na; meist
Plur. ⟨lat.⟩ (nicht für Außenste-
hende bestimmte Regelung, Angelegenheit)
In|ter|nun|ti|us [...ziuß] der; -,
...ien [...zi°n] ⟨lat.⟩ (päpstl. Gesandter in kleineren Staaten)
in|ter|ozea|nisch (↑R 180) ⟨lat.;
griech.⟩ (Weltmeere verbindend)
in|ter|par|la|men|ta|risch ⟨lat.;
engl.⟩ (die Parlamente der einzelnen Staaten umfassend)
In|ter|pel|lant der; -en, -en
(↑R 197) ⟨lat.⟩ (Anfragender); In-
ter|pel|la|ti|on [...zion] die; -, -en
([parlamentar.] Anfrage; früher
für: Einspruch); in|ter|pel|lie|ren
in|ter|pla|ne|tar, in|ter|pla|ne|ta-
risch (zwischen den Planeten befindlich); -e Materie; -er Raum
In|ter|pol die; - (Kurzw. für: Inter-
nationale Kriminalpolizeiliche
Organisation; Zentralstelle zur
internationalen Koordination
der Ermittlungsarbeit in der Ver-
brechensbekämpfung)
In|ter|po|la|ti|on [...zion] die; -, -en
⟨lat.⟩ (nachträgl. Einschaltung;
Änderung; Math.: Bestimmung
von Zwischenwerten); in|ter|po-
lie|ren
In|ter|pret der; -en, -en (↑R 197)
⟨lat.⟩ (Ausleger, Erklärer, Vortra-
gender); In|ter|pre|ta|ti|on
[...zion] die; -, -en; in|ter|pre|tie-
ren; In|ter|pre|tin die; -, -nen
in|ter|pun|gie|ren ⟨lat.⟩ (seltener

für: interpunktieren); in|ter-
punk|tie|ren (Satzzeichen set-
zen); In|ter|punk|ti|on [...zion]
die; -, -en (Zeichensetzung); In-
ter|punk|ti|ons_re|gel, ...zei|chen
(Satzzeichen)
In|ter|rail|kar|te [...re'l...] ⟨engl.;
dt.⟩ (Eisenbahnw.: verbilligte Ju-
gendfahrkarte für Fahrten in Europa)
In|ter|re|gnum [auch: ...reg...] das;
-s, ...gnen u. ...gna ⟨lat.⟩ (Zwi-
schenregierung; kaiserlose Zeit
[1254–1273])
in|ter|ro|ga|tiv ⟨lat.⟩ (fragend); In-
ter|ro|ga|tiv das; -s, -e [...w°]
(Sprachw.: Frage[für]wort, z. B.
„wer?", „welcher?"); In|ter|ro-
ga|tiv_ad|verb (Frageumstands-
wort), ...pro|no|men (Fragefür-
wort), ...satz (Fragesatz)
In|ter|sex das; -es, -e ⟨lat.⟩ (Biol.:
Organismus mit Intersexualität);
In|ter|se|xua|li|tät die; -; ↑R 180
(das Auftreten männl. Ge-
schlechtsmerkmale bei einem
weibl. Organismus u. umge-
kehrt); in|ter|se|xu|ell (zwischen-
geschlechtlich)
In|ter|shop [...schop] der; -[s], -s u.
Intershopläden ⟨lat.; engl.⟩
(DDR: Geschäft, in dem [auslän-
dische] Waren nur gegen frei
konvertierbare Währung verkauft werden)
in|ter|stel|lar (zwischen den Ster-
nen befindlich); -e Materie
in|ter|sti|ti|ell [...ziäl] ⟨lat.⟩ (Med.,
Biol.: dazwischenliegend); In-
ter|sti|ti|um [...zium] das; -s, ...ien
[...i°n] (Biol.: Zwischenraum
[zwischen Organen]; Plur.: vor-
geschriebene Zwischenzeit zwischen dem Empfang zweier
geistl. Weihen [kath. Rel.])
in|ter|ter|ri|to|ri|al ⟨lat.⟩ (zwi-
schenstaatlich)
In|ter|tri|go die; -, ...trigines
[...neß] ⟨lat.⟩ (Med.: Wundsein,
Hautwolf)
In|ter|type ⟨Ⓦ⟩ [...taip] die; -, -s
⟨engl.⟩ (Zeilenguß-Setzmaschi-
ne)
in|ter|ur|ban [auch: in...] ⟨lat.⟩
(veralt.); -es Telefongespräch
(Ferngespräch)
In|ter|usu|ri|um das; -s, ...ien
[...i°n] ⟨lat.⟩ (BGB: Zwischenzin-
sen)
In|ter|vall [...wal] das; -s, -e ⟨lat.⟩
(Zeitabstand, Zeitspanne, Zwischenraum; Frist; Abstand [zwi-
schen zwei Tönen]); In|ter|vall-
trai|ning (Sport)
In|ter|ve|ni|ent [...we...] der; -en,
-en (↑R 197) ⟨lat.⟩ (jmd., der sich
in [Rechts]streitigkeiten [als Mit-
telsmann] einmischt); in|ter|ve-
nie|ren (vermitteln; Politik: Pro-
test anmelden; sich einmischen);

In|ter|vent der; -en, -en (↑R 197)
⟨lat.-russ.⟩ (DDR: ein Staat, der
sich gewaltsam in die Belange eines anderen Landes einmischt);
In|ter|ven|ti|on [...zion] die; -, -en
⟨lat.⟩ (Vermittlung; staatl. Einmi-
schung in die Angelegenheiten
eines fremden Staates; Eintritt in
eine Wechselverbindlichkeit);
In|ter|ven|ti|ons|krieg
In|ter|view [...wju, auch: in...] das;
-s, -s ⟨engl.⟩ (Unterredung [von
Reportern] mit [führenden] Persönlichkeiten über Tagesfragen
usw.; Befragung); in|ter|view|en
[...wju...]; interviewt; In|ter|view-
er [...wju...]
In|ter|vi|si|on die; - ⟨Kurzw. aus in-
ternational und Television⟩ (ost-
europ. Organisation zur Ge-
meinschaftsübertragung von
Fernsehsendungen)
in|ter|ze|die|ren ⟨lat.⟩ (vermitteln;
sich verbürgen)
in|ter|zel|lu|lar, in|ter|zel|lu|lär
⟨lat.⟩ (Med., Biol.: zwischenzel-
lig); In|ter|zel|lu|lar|raum (Zwi-
schenzellraum)
In|ter|zes|si|on die; -, -en ⟨lat.⟩
(Rechtsw.: Schuldübernahme)
in|ter|zo|nal ⟨lat.; griech.⟩ (zwi-
schen den Zonen); In|ter|zo|nen-
_han|del, ...ver|kehr, ...zug
In|ter|sta|bel ⟨lat.⟩ (unfähig, ein Te-
stament zu machen od. als Zeuge
aufzutreten); ...able Leute; In-
te|stat|er|be der (natürlicher, ge-
setzl. Erbe)
in|te|sti|nal ⟨lat.⟩ (Med.: zum
Darmkanal gehörend)
In|thro|ni|sa|ti|on [...zion] die; -,
-en ⟨lat.; griech.⟩ (Thronerhe-
bung, feierliche Einsetzung); in-
thro|ni|sie|ren; In|thro|ni|sie-
rung
in|tim ⟨lat.⟩ (vertraut; innig; ge-
mütlich; das Geschlechtsleben
betreffend); In|ti|ma die; -, -s
(vertraute Freundin; Med.: in-
nerste Haut der Gefäße [nur
Sing.]); In|ti|ma|ti|on [...zion] die;
-, -en (veralt. für: gerichtl. An-
kündigung, Aufforderung); In-
tim_be|reich, ...hy|gie|ne; In|ti|mi
(Plur. von: Intimus); In|ti|mi|tät
die; -, -en (zu: intim); In|tim-
sphä|re (vertraut-persönlicher
Bereich); In|ti|mus der; -, ...mi
(vertrauter Freund)
in|to|le|rant [auch: ...ant]; -este
(unduldsam, nicht tolerant); In-
to|le|ranz [auch: ...anz] die; -, -
en
In|to|na|ti|on [...zion] die; -, -en
⟨lat.⟩ (Musik: An-, Abstimmen;
Sprachw.: Veränderage des Tones nach Höhe u. Stärke beim
Sprechen von Silben od. gan-
zen Sätzen, Tongebung); in|to-
nie|ren (anstimmen)

in to|to ⟨lat.⟩ (im ganzen)

In|tou|rist [...tu...] (auch mit Artikel: der; -; staatl. sowjet. Reisebüro mit Vertretungen im Ausland)

In|to|xi|ka|ti|on [...zion] die; -, -en ⟨lat.; griech.⟩ (Vergiftung)

In|tra|de die; -, -n ⟨ital.⟩ (Musik: festl. Eröffnungsstück der Suite)

in|tra|kar|di|al ⟨lat.; griech.⟩ (Med.: innerhalb des Herzens)

in|tra|ku|tan ⟨lat.⟩ (Med.: im Innern, ins Innere der Haut)

in|tra|mo|le|ku|lar ⟨lat.⟩ (Chemie: sich innerhalb der Moleküle vollziehend)

in|tra mu|ros ⟨lat.⟩ („innerhalb der Mauern"; nichtöffentlich)

in|tra|mus|ku|lär ⟨lat.⟩ (Med.: im Innern, ins Innere des Muskels)

in|tran|si|gent; -este ⟨lat.⟩ (unversöhnlich); In|tran|si|gent der; -en, -en; ↑R 197 (starrer Parteimann; Plur. auch für: extreme polit. Partei[en]); In|tran|si|genz die; -

in|tran|si|tiv [auch: ...if] ⟨lat.⟩ (Sprachw.: nicht zum persönlichen Passiv fähig; nichtzielend); -es Verb; In|tran|si|tiv [auch: ...if] das; -s, -e [...we] (Sprachw.: nichtzielendes Verb, z. B. „blühen")

in|tra|oku|lar ⟨lat.⟩ (Med.: im Augeninnern liegend)

in|tra|ute|rin ⟨lat.⟩ (Med.: innerhalb der Gebärmutter liegend); In|tra|ute|rin|pes|sar

in|tra|ve|nös [...we...] ⟨lat.⟩ (Med.: im Innern, ins Innere der Vene); -e Einspritzung, Injektion

in|tra_zel|lu|lar, ...zel|lu|lär ⟨lat.⟩ (innerhalb der Zelle liegend)

in|tri|gant; -este ⟨franz.⟩ (ränkevoll, -süchtig); In|tri|gant der; -en, -en (↑R 197); In|tri|gan|tin die; -, -nen; In|tri|ge die; -, -n (Ränke[spiel]); In|tri|gen.spiel, ...wirt|schaft; in|tri|gie|ren

In|tro|duk|ti|on [...zion] die; -, -en ⟨lat.⟩ (Musik: Einleitung, Vorspiel); in|tro|du|zie|ren (einführen)

In|tro|itus der; -, - [intróituß] ⟨lat.⟩ (Eingangsgesang der kath. Messe; Eingangsworte od. Eingangslied im ev. Gottesdienst)

In|tro|spek|ti|on [...zion] die; -, -en ⟨lat.⟩ (Selbstbeobachtung)

In|tro|ver|si|on [...wär...] die; -, -en ⟨lat.⟩ (Konzentration auf die eigene Innenwelt); in|tro|ver|tiert; -este (nach innen gewandt)

In|tru|si|on die; -, -en ⟨lat.⟩ (Geol.: Eindringen von Magma in die Erdkruste); In|tru|siv|ge|stein

In|tu|ba|ti|on [...zion] die; -, -en ⟨lat.⟩ (Med.: Einführen einer Röhre; Einblasen von Heilmitteln)

In|tui|ti|on [...zion] die; -, -en (↑ R 180) ⟨lat.⟩ (Eingebung, ahnendes Erfassen; unmittelbare Erkenntnis [ohne Reflexion]); in|tui|tiv

In|tu|mes|zenz, In|tur|ges|zenz die; -, -en ⟨lat.⟩ (Med.: Anschwellung)

in|tus ⟨lat.⟩ (inwendig, innen); etwas - haben (ugs. für: etwas im Magen haben od. etwas begriffen haben); In|tus|sus|zep|ti|on [...zion] die; -, -en (Bot.: Einlagerung neuer Teilchen zwischen bereits vorhandene; Med.: Darmeinstülpung)

Inu|it Plur. ⟨eskim.⟩ („Menschen"; Selbstbez. der Eskimos)

Inu|lin das; -s ⟨griech.⟩ (ein Fruchtzucker)

In|un|da|ti|on [...zion] die; -, -en ⟨lat.⟩ (Geogr.: völlige Überflutung durch das Meer od. einen Fluß); In|un|da|ti|ons|ge|biet (häufig überschwemmtes Gebiet längs eines Flußlaufes)

In|unk|ti|on [...zion] die; -, -en ⟨lat.⟩ (Med.: Einreibung)

in usum Del|phi|ni vgl. ad ...

In|va|gi|na|ti|on [inwaginazion] die; -, -en ⟨lat.⟩ (Med.: Darmeinstülpung)

in|va|lid, in|va|li|de [inw...] ⟨franz.⟩ ([durch Verwundung od. Unfall] dienst-, arbeitsunfähig); In|va|li|de der; -n, -n; ↑R 197 (Dienst-, Arbeitsunfähiger); In|va|li|den-.ren|te, ...ver|si|che|rung (die; -); in|va|li|die|ren (veralt. für: ungültig machen; entkräften); in|va|li|di|sie|ren (zum Invaliden erklären); In|va|li|di|sie|rung; In|va|li|di|tät die; - (Erwerbs-, Dienst-, Arbeitsunfähigkeit)

in|va|ri|a|bel [auch: inwa...] (↑ R 180) ⟨lat.⟩ (unveränderlich); ...a|ble Größen; In|va|ri|an|te die; -, -n (Math.: unveränderliche Größe); In|va|ri|an|ten|theo|rie (Math.); In|va|ri|anz [auch: ...anz] die; -, en ⟨lat.⟩ (Unveränderlichkeit)

In|va|si|on [...wa...] die; -, -en ⟨franz.⟩ ([feindlicher] Einfall); In|va|sor der; -s, ...oren (meist Plur.) ⟨lat.⟩ (Eroberer; eindringender Feind)

In|vek|ti|ve [...wäktiwe] die; -, -n ⟨lat.⟩ (Schmährede)

In|ven|tar [...wän...] das; -s, -e ⟨lat.⟩ (Einrichtungsgegenstände eines Unternehmens; Vermögensverzeichnis; Nachlaßverzeichnis); In|ven|tar|er|be der; In|ven|ta|ri|sa|ti|on [...zion] die; -, -en (Bestandsaufnahme); in|ven|ta|ri|sie|ren (Bestand aufnehmen); In|ven|ta|ri|sie|rung; In|ven|tar.recht, ...ver|zeich|nis; In|ven|ti|on die; -, -en (veralt. für: Erfindung); In|ven|tur die; -, -en (Wirtsch.: Bestandsaufnahme des Vermögens eines Unternehmens); In|ven|tur_prü-fung, ...ver|kauf (verbilligter Verkauf nach einer Inventur)

in|vers [inwärß] ⟨lat.⟩ (umgekehrt); In|ver|si|on die; -, -en (fachspr. für: Umkehrung, Umstellung)

In|ver|te|brat vgl. Evertebrat

In|ver|ter [...wär...] der; -s, - ⟨engl.⟩ (Gerät zur Verschlüsselung des Sprechfunkverkehrs); in|ver|tie-ren ⟨lat.⟩ (umkehren); in|ver|tiert (umgekehrt; zum eigenen Geschlecht hin empfindend)

In|ver|tin [...wär...] das; -s ⟨lat.⟩ (ein Ferment)

in Ver|tre|tung (Abk.: i. V. od. I. V.; Klein- od. Großschreibung entsprechend „i. A."[1])

In|vert|zucker [...wärt...] ⟨lat.; dt.⟩ [Trenn.: ...zuk|ker] (Gemisch von Trauben- u. Fruchtzucker)

In|ver|wahr|nah|me die; -, -n

in|ve|stie|ren [...wä...] ⟨lat.⟩ (in ein Amt einweisen; [Kapital anlegen); In|ve|stie|rung; In|ve|sti|ti-on [inwäßtizion] die; -, -en ⟨lat.⟩ (langfristige [Kapital]anlage); In|ve|sti|ti|ons|gü|ter Plur. (Güter, die zur Produktionsausrüstung gehören); In|ve|sti|ti|ons-.hil|fe, ...len|kung, ...pro-gramm; In|ve|sti|tur die; -, -en (Einweisung in ein niederes geistl. Amt; im MA. feierl. Belehnung mit dem Bischofsamt durch den König; in Frankreich Bestätigung des Ministerpräsidenten durch die Nationalversammlung); In|ve|stiv|lohn (als Spareinlage gebundener Teil des Arbeitnehmerlohnes); In|vest-ment [inwäßt...] das; -s, -s ⟨engl.⟩ (engl. Bez. für: Investition); In|vest|ment_fonds (Effektenbestand einer Kapitalanlagegesellschaft), ...ge|sell|schaft (Kapitalverwaltungsgesellschaft), ...pa-pier; In|vest|ment|trust [...traßt] der; -s, -s (svw. Investmentgesellschaft); In|vest|ment|zer|ti|fi|kat; In|ve|stor der; -s, ...oren ⟨lat.⟩ (Kapitalanleger)

in vi|no ve|ri|tas [- wino we...] ⟨lat.⟩ („im Wein [ist, liegt] Wahrheit")

In|vo|ka|ti|on [...wokazion] die; -, -en ⟨lat.⟩ (Anrufung [Gottes]); In|vo|ka|vit [...wokawit] (Bez. des ersten Fastensonntags)

in Voll|macht (Abk.: i. V. od. I. V.; Klein- od. Großschreibung vgl. „i. A."[1])

In|vo|lu|ti|on [...woluzion] die; -, -en ⟨lat.⟩ (Med.: Rückbildung [eines Organs]); in|vol|vie|ren [...wolwi...] (in sich schließen)

[1] Vgl. S. 340, Spalte 1, Anm. 1.

in|wärts
in|wen|dig; in- u. auswendig
in|wie|fern
in|wie|weit
In|woh|ner (veralt. für: Bewohner; österr. auch für: Mieter)
In|zah|lung|nah|me die; -, -n
In|zest der; -[e]s, -e ⟨lat.⟩ (Blutschande); In|zest|ta|bu; in|ze|stu|ös (blutschänderisch)
In|zi|si|on die; -, -en ⟨lat.⟩ (Med.: Einschnitt); In|zi|siv der; -s, -en [...wᵉn] od. In|zi|siv|zahn (Schneidezahn); In|zi|sur die; -, -en (Einschnitt, Einkerbung)
In|zucht die; -, -en (Plur. selten); In|zucht|scha|den
in|zwi|schen
Io. = Iowa
Iod, Io|dat, Io|did vgl. Jod, Jodat, Jodid
IOK = Internationales Olympisches Komitee
Io|ka|ste (Mutter u. Gattin des Ödipus)
Io|lan|the (w. Vorn.)
Ion das; -s, -en ⟨griech.⟩ (elektr. geladenes atomares od. molekulares Teilchen); Io|nen_an|trieb, ...strah|len Plur.
Io|nes|co [jonᴐ́ßko] (franz. Dramatiker rumänischer Abstammung)
Io|ni|en [...iᵉn; auch: jo...] (Küstenlandschaft Kleinasiens); Io|ni|er [...iᵉr; auch: jo...]
Io|ni|sa|ti|on [..zion] die; -, -en ⟨griech.⟩ (Versetzung neutraler materieller Teilchen in elektr. geladenen Zustand)
io|nisch [auch: jo...]; -er Vers, Stil, aber (↑R 146): die Ionischen Inseln
io|ni|sie|ren ⟨griech.⟩ (Ionisation bewirken); Io|ni|sie|rung
Io|no|sphä|re die; - ⟨griech.⟩ (oberste Schicht der Atmosphäre)
Io|ta usw. vgl. Jota usw.
Io|wa [aíwᵉ] (Staat in den USA; Abk.: Ia. od. Io.)
Ipe|ka|ku|an|ha [...anja] die; - ⟨indian.⟩ (Brechwurzel, Heilpflanze)
Iphi|ge|nie [...iᵉ] (Tochter Agamemnons)
ip|se fe|cit [- fe̱zit] ⟨lat.⟩ („er hat [es] selbst gemacht"; Abk.: i. f.); ip|so fac|to [- fa̱kto] („durch die Tat selbst"; eigenmächtig; ip|so ju|re („durch das Recht selbst"; ohne weiteres)
I-Punkt der; -[e]s, -e (↑R 37)
IQ = Intelligenzquotient
Ir = chem. Zeichen für: Iridium
IR. = Infanterieregiment
i. R. = im Ruhestand[e]
I. R. = Imperator Rex
IRA = Irisch-Republikanische Armee
Ira|de der od. das; -s, -n ⟨arab.⟩ (früher: ein Erlaß des Sultans)

Irak [auch: irak] der; -[s] (auch ohne Artikel; vorderasiat. Staat); Ira|ker; ira|kisch
Iran der; -[s] (auch ohne Artikel; asiat. Staat); vgl. Persien; Ira|ner; ira|nisch; Ira|nist der; -en, -en; ↑R 197 (Wissenschaftler auf dem Gebiet der Iranistik); Ira|ni|stik die; - (Wissenschaft von Sprache u. Kultur des Irans)
Ir|bis der; -ses, -se ⟨mong.⟩ (Schneeleopard)
ir|den (aus „Erde", gebranntem Ton); -e Ware; Ir|den_ge|schirr, ...wa|re; ir|disch
Ire der; -n, -n; ↑R 197 (Irländer); Ire|land [aírlᵉnd] (engl. für: Irland)
Ire|nä|us (griech. Kirchenvater)
Ire|ne (w. Vorn.); Ire|nik die; - ⟨griech.⟩ (Friedenslehre; Friedensstreben, Aussöhnung [bei kirchl. Streitigkeiten]); ire|nisch
ir|gend; wenn du irgend kannst, so ...; wenn irgend möglich; irgend so ein Bettler. I. Zusammenschreibung: irgendein; irgendeinmal; irgendwann; irgendwas (ugs. für: irgend etwas); irgendwelch; irgendwer; irgendwie; irgendwo anders, irgendwo sonst, sonst irgendwo; irgendwoher, irgendwohin; irgendworan. II. Getrenntschreibung, da „jemand" u. „etwas" größere Selbständigkeit bewahren: irgend jemand, irgend etwas
Irid|ek|to|mie die; -, ...ien ⟨griech.⟩ (Med.: Ausschneiden der Regenbogenhaut); Iri|di|um das; -s (chem. Grundstoff, Metall; Zeichen: Ir); Iri|do|lo|gie die; -, -n; ↑R 197 (Augendiagnostiker); Iri|do|lo|gie die; -
Irin die; -, -nen (Irländerin)
¹Iris (griech. Götterbotin); ²Iris die; -, -, auch: Iriden (Plur. selten) ⟨griech.⟩ (Regenbogenhaut im Auge); ³Iris die; -, - (Schwertlilie; Regenbogen); Iris|blen|de die (Optik: verstellbare Blende an der Kamera)
irisch; (↑R 148:) das -e Bad, aber (↑R 146): die Irische See; Irisch-Re|pu|bli|ka|ni|sche Ar|mee (irische Untergrundorganisation; Abk.: IRA); Irish cof|fee [airisch kofi] der; - -, - -s ⟨engl.⟩ (Kaffee mit einem Schuß Whisky u. Schlagsahne); Irish-Stew [airisch ßtju] das; -[s], -s (Weißkraut mit Hammelfleisch u. a.)
iri|sie|ren ⟨griech.⟩ (in Regenbogenfarben schillern); Iri|tis die; -, ...itiden (Entzündung der Regenbogenhaut)
IRK = Internationales Rotes Kreuz
Ir|kutsk [österr.: ir...] (Stadt in Sibirien)

Ir|land (nordwesteurop. Insel; Staat auf dieser Insel); Ir|län|der; Ir|län|de|rin die; -, -nen; ir|län|disch, aber (↑R 146): Irländisches Moos (Karrageen)
Ir|ma (w. Vorn.); Irm|gard (w. Vorn.)
Ir|min|säu|le, Ir|min|sul die; - (germ. Heiligtum); Irm|traud (w. Vorn.)
Iro|ke|se der; -n, -n; ↑R 197 (Angehöriger eines nordamerik. Indianerstammes)
Iro|nie die; -, ...ien ⟨griech.⟩ ([versteckter, feiner] Spott); Iro|ni|ker; iro|nisch; -ste; iro|ni|sie|ren
irr, ir|re (vgl. d.)
Ir|ra|dia|ti|on [...zion] die; -, -en (↑R 180) ⟨lat.⟩ (Ausstrahlung [von Schmerzen, Gefühlen, Affekten]; Überbelichtung fotografischer Platten)
ir|ra|tio|nal [auch: irazional] ⟨lat.⟩ (verstandesmäßig nicht faßbar; vernunftwidrig; unberechenbar); -e Zahl; Ir|ra|tio|na|lis|mus der; - (Ausschaltung der Vernunft); Ir|ra|tio|nal|zahl (Math.)
ir|re, irr; irr[e] sein, werden; vgl. aber: irreführen, irregehen, irreleiten, irremachen, irrereden; ¹Ir|re die; -; in die - gehen; ²Ir|re die; -n, -n (↑R 7 ff.)
ir|re|al [auch: ...al] ⟨lat.⟩ (unwirklich); Ir|re|al [auch: ...al] der; -s, -e (Verbform, mit der man einen unerfüllbaren Wunsch o. ä. ausdrückt); Ir|rea|li|tät [auch: ir...] die;-; ↑R 180 (Unwirklichkeit)
Ir|re|den|ta die; -, ...ten ⟨ital.⟩ (polit. Bewegung, die den staatl. Anschluß abgetrennter Gebiete an das Mutterland erstrebt); Ir|re|den|tis|mus der; - (Geisteshaltung der Irredenta; polit. Bewegung); Ir|re|den|tist der; -en, -en (↑R 197); ir|re|den|ti|stisch
ir|re|du|zi|bel ⟨lat.⟩ (Philos., Math.: nicht ableitbar); ...i|ble Sätze
ir|re|füh|ren; seine Darstellungsweise hat mich irregeführt; eine irreführende Auskunft; Ir|re|füh|rung; ir|re|ge|hen; er ist irregegangen, obwohl ich ...
ir|re|gu|lär [auch: ...är] ⟨lat.⟩ (unregelmäßig, ungesetzmäßig); -e Truppen (die nicht zum eigentl. Heer gehören); Ir|re|gu|lä|re der; -n, -n (↑R 7 ff. (nicht zum eigentl. Heer Gehörender); Ir|re|gu|la|ri|tät [auch: ...] die; -, -en (Regellosigkeit; Abweichung)
ir|re|lei|ten; er hat die Polizei irregeleitet; ein irregeleitetes Kind
ir|re|le|vant [auch: ...want]; -este ⟨lat.⟩ (unerheblich, belanglos); Ir|re|le|vanz [auch: ...anz] die; -, -en
ir|re|li|gi|ös [auch: ...öß]; -este

⟨lat.⟩ (nicht religiös); ein -er Mann; Ir|re|li|gio|si|tät [auch: ir...] die; - (↑R 180)

ir|re|ma|chen; er hat mich irregemacht; ir|ren; sich -; (↑R 68:) Irren (auch: irren) ist menschlich; Ir|ren_an|stalt, ...arzt, ...haus; ir|ren|haus|reif

ir|re|pa|ra|bel [auch: ...ab'l] ⟨lat.⟩ (unersetzlich, nicht wiederherstellbar); ...a|bler Verlust

ir|re|po|ni|bel [auch: ...ib'l] ⟨lat.⟩ (Med.: nicht einrenkbar); ...i|ble Gelenkköpfe

ir|re|re|den; er hat irregeredet; ir|re sein, irr sein; Ir|re|sein, Irr|sein das; -s (↑R 68)

ir|re|spi|ra|bel [auch: ...ab'l] ⟨lat.⟩ (zum Einatmen untauglich); ...a|ble Luft

ir|re|ver|si|bel [auch: ...wärsib'l] ⟨lat.⟩ (nicht umkehrbar); ...i|ble Vorgänge

ir|re wer|den, irr wer|den; Ir|re|wer|den, Irr|wer|den das; -s (↑R 68); Irr_fahrt, ...gang der, ...gar|ten, ...gast (Zool.), ...glau|be[n]; irr|gläu|big; ir|rig

Ir|ri|ga|ti|on [...zion] die; -, -en ⟨lat.⟩ (med. Ab- od. Ausspülung); Ir|ri|ga|tor der; -s, ...oren (med. Spülapparat)

ir|ri|ger|wei|se

ir|ri|ta|bel ⟨lat.⟩ (reizbar); ...a|bler Mensch; Ir|ri|ta|bi|li|tät die; -; Ir|ri|ta|ti|on [...zion] die; -, -en (Reiz, Erregung); ir|ri|tie|ren ([auf]reizen, verwirren, stören)

Irr_läu|fer (falsch beförderter Gegenstand), ...leh|re, ...licht (Plur. ...lichter); irr|lich|te|lie|ren (in Goethes Faust; wie ein Irrlicht hin u. her fahren); irr|lich|tern; es irrlichtert; geirrlichtert; Irr|sal das; -[e]s, -e (dicht.); irr sein, irre sein; Irr|sein der; -[e]s; Irr|sinn der; -[e]s; irr|sin|nig; Irr|sin|nig|keit die; -; Irr|tum der; -s, ...tümer; irr|tüm|lich; irr|tüm|li|cher|wei|se; Ir|rung (veralt. für: Irrtum); Irr|weg; irr wer|den, irre werden; Irr|wer|den vgl. Irrewerden; Irr|wisch der; -[e]s, -e (Irrlicht; sehr lebhafter Mensch); irr|wit|zig

Ir|tysch (linker Nebenfluß des Ob)

Ir|vin|gia|ner [...winggian'r] (Anhänger des engl. Predigers E. Irving); Ir|vin|gia|nis|mus der; -

Isa (moslem. Name für: Jesus)

Isaak [isa-ak (bei dieser Ausspr. Trennung: Isa|ak), auch: isak od. isak] (bibl. m. Vorn.)

Isa|bel|la, ¹Isa|bel|le (w. Vorn.); ²Isa|bel|le die; -, -n (falbes Pferd); isa|bell|far|ben, isa|bell|far|big (graugelb)

Isai|as (Schreibung der Vulgata für: Jesaja)

Is|ane|mo|ne die; -, -n ⟨griech.⟩ (Meteor.: Verbindungslinie von Punkten gleicher Windstärke)

Is|ano|ma|le die; -, -n ⟨griech.⟩ (Meteor.: Linie gleicher Abweichung von Normalwerten)

Isar die; - (r. Nebenfluß der Donau); Isar-Athen; ↑R 154 (scherzh. für: München)

Isal|tin das; -s ⟨griech.⟩ (eine Indigoverbindung)

Isau|ri|en (antike Landschaft in Kleinasien)

ISBN = Internationale Standardbuchnummer

Isch|lä|mie [iß-ch...] die; -, ...ien ⟨griech.⟩ (Med.: Blutverhaltung, -leere)

Is|cha|ri|ot [isch...] ⟨hebr.⟩; vgl. Judas

Ische die; -, -n ⟨jidd.⟩ (ugs. für: Mädchen, Freundin)

Is|chia [ißkia] (ital. Insel)

Is|chia|di|kus [iß-chia...¹] der; - (↑R 180) ⟨griech.⟩ (Hüftnerv); is-chia|disch; ↑R 180 (den Ischias betreffend); Is|chi|al|gie [iß-chial...¹] die; - u. Is|chi|as [iß-chiaß¹] der, auch: das, fachspr. auch: der; - (Hüftweh); Is|chi|as-nerv

Ischl, Bad (österr. Badeort)

Isch|tar vgl. Istar

Isch|urie [iß-ch...] die; -, ...ien ⟨griech.⟩ (Med.: Harnverhaltung)

Ise|grim [iß...] des, -e (der Wolf in der Tierfabel; übertr. für: mürrischer Mensch)

Isel der; -[s] (Berg in Tirol)

Iser die; - (r. Nebenfluß der Elbe); Iser|ge|bir|ge das; -s-

Iser|lohn (Stadt im Sauerland)

Isi|dor (m. Vorn.)

Isis [altägypt. Göttin]

Is|ka|ri|ot vgl. Judas

Is|ken|de|run (türk. Hafenstadt)

Is|lam [auch: iß...] der; -[s] ⟨arab.⟩ (Lehre Mohammeds); Is|la|ma|bad (Hptst. von Pakistan); is|la-misch (mohammedanisch); is|la-mi|sie|ren (zum Islam bekehren; unter die Herrschaft des Islam bringen); Is|la|mis|mus der; - (Islam); Is|la|mit der; -en, -en (↑R 197); Is|la|mi|tisch

Is|land; Is|län|der der; is|län-disch; -e Sprache, aber (↑R 157): Isländisch[es] Moos (eine Heilpflanze); Is|län|disch das; -[s] (Sprache); vgl. Deutsch; Is|län|di|sche die; -n; vgl. Deutsche

Is|ma|el [...ääl] (bibl. m. Vorn.); Is|ma|ilit [...ma-il...] der; -en, -en; ↑R 197; ↑R 180 (Angehöriger einer schiit. Sekte)

Is|me|ne (Tochter des Ödipus)

¹ Oft auch: ischiad..., ischial..., ischiaß.

Is|mus der; -, ...men ⟨griech.⟩ (abwertend für: bloße Theorie)

ISO = International Organization for Standardization [int'r-näsch'n'l ag'naise'sch'n f'r ßtän-d'rdaise'sch'n] die; - (internationale Normierungsorganisation)

iso... ⟨griech.⟩ (gleich...); Iso... (Gleich...); Iso|ba|re die; -, -n (Meteor.: Verbindungslinie zwischen Orten gleichen Luftdrucks); Iso|bu|tan das; -s (ein brennbares Gas, das zur Herstellung von Flugbenzin verwendet wird)

Iso|chro|ma|sie [...kro...] die; - ⟨griech.⟩ (gleiche Farbempfindlichkeit von fotogr. Material); iso|chro|ma|tisch (gleichfarbig, farbtonrichtig); iso|chron [...kron] (Physik: gleich lange dauernd); Iso|chro|ne die; -, -n (Linie gleichzeitigen Auftretens [von Erdbeben u. a.])

Iso|dy|na|me die; -, -n ⟨griech.⟩ (Verbindungslinie zwischen Orten mit gleicher magnet. Stärke); Iso|dy|ne die; -, -n (Physik: Linie, die Punkte gleicher Kraft verbindet)

Iso|ga|mie die; -, ...ien ⟨griech.⟩ (Biol.: Fortpflanzung durch gleichgestaltete Geschlechtszellen); Iso|glos|se die; -, -n (Linie auf Sprachkarten, die Gebiete gleichen Wortgebrauchs begrenzt); Iso|gon das; -s, -e (regelmäßiges Vieleck); iso|go|nal (winkelgetreu; gleichwinklig); Iso|go|ne die; -, -n (Meteor.: Verbindungslinie zwischen Orten gleicher magnet. Abweichung od. gleicher Windrichtung); Iso|hye|te die; -, -n (Meteor.: Verbindungslinie zwischen Orten mit gleicher Niederschlagsmenge); Iso|hyp|se die; -, -n (Geogr.: Verbindungslinie zwischen Orten mit gleicher Höhe ü. d. M.)

Iso|kli|ne die; -, -n ⟨griech.⟩ (Geogr.: Verbindungslinie zwischen Orten mit gleicher Neigung der Magnetnadel)

Iso|la|ti|on [...zion] die; -, -en ⟨franz.⟩, Iso|lie|rung ([politische u. a.] Absonderung; Abkapselung; Getrennthaltung; [Ab]dämmung, Sperrung); Iso|la|tio-nis|mus der; - ⟨engl.⟩ (polit. Tendenz, sich vom Ausland abzuschließen); Iso|la|tio|nist der; -en, -en (↑R 197); iso|la|tio|ni-stisch; Iso|la|tio|nis|haft; Iso|la-tor der; -s, ...oren (Stoff, der Energieströme schlecht od. gar nicht leitet; Nichtleiter)

Isol|de (mittelalterl. Sagengestalt; w. Vorn.)

Iso|lier|band das (Plur. ...bänder)

iso|lie|ren ⟨franz.⟩ (absondern; getrennt halten; abschließen, [ab]dichten, [ab]dämmen; einen Isolator anbringen); Iso|lie|rer; Iso|lier_ma|te|ri|al, ...schicht, ...sta|ti|on; iso|liert; -este (auch für: vereinsamt); Iso|liert|heit die; -; Iso|lie|rung vgl. Isolation
Iso|li|nie die; -, -n ⟨griech.⟩ (Verbindungslinie zwischen Punkten gleicher Wertung od. Erscheinung auf geographischen, meteorologischen u. a. Karten)
iso|mer ⟨griech.⟩ (Isomerie aufweisend); Iso|mer das; -s, -e u. Iso|me|re das; -n, -n; meist Plur. (eine Isomerie aufweisende chem. Verbindung); ein -s; Iso|me|rie die; - (Bot.: Gleichzähligkeit in bezug auf die Zahl der Glieder in den verschiedenen Blütenkreisen; Chemie: unterschiedliches Verhalten chem. Verbindungen trotz der gleichen Anzahl gleichartiger Atome); Iso|me|trie die; - (Längengleichheit, Längentreue, bes. bei Landkarten); iso|me|trisch; iso|morph (gleichförmig, von gleicher Gestalt, bes. bei Kristallen); Iso|mor|phie die; -; Iso|mor|phis|mus der; - (Eigenschaft gewisser chem. Stoffe, gemeinsam dieselben Kristalle zu bilden)
Ison|zo der; -[s] (Zufluß des Golfs von Triest)
iso|pe|ri|me|trisch ⟨griech.⟩ (von gleichem Ausmaß [von Längen, Flächen u. Körpern]); Iso|po|de der; -n, -n (meist Plur.); ↑ R 197 (Assel)
Iso|pren ⟨Kunstwort⟩ (ein chem. Stoff, der zur Herstellung von synthet. Kautschuk verwendet wird)
Iso|sei|ste die; -, -n ⟨griech.⟩ (Verbindungslinie zwischen Orten mit gleicher Erdbebenstärke); Iso|sta|sie die; - (Gleichgewichtszustand der Krustenschollen der Erde)
Iso|ther|me die; -, -n ⟨griech.⟩ (Verbindungslinie zwischen Orten mit gleicher Temperatur); Iso|ton das; -s, -e; meist Plur. (Atomkern, der die gleiche Anzahl Neutronen wie ein anderer enthält); iso|to|nisch (von gleichem osmot. Druck); Iso|top das; -s, -e (Atom, das sich von einem andern des gleichen chem. Elements nur in seiner Masse unterscheidet); Iso|to|pen_dia|gno|stik (Med.), ...the|ra|pie, ...tren|nung; Iso|tron das; -s, -...trone, auch: -s ⟨griech.⟩ (Gerät zur Isotopentrennung); iso|trop (Physik, Chemie: nach allen Richtungen hin gleiche Eigenschaften aufweisend); Iso|tro|pie die; -

Is|ra|el [...aäl] (Volk der Juden im A. T.; Staat in Vorderasien); das Volk -; die Kinder -[s]; Is|rae|li der; -[s], -s u. die; -, -[s]; ↑ R 180 (Angehöriger des Staates Israel); is|rae|lisch (zum Staat Israel gehörend); Is|rae|lit der; -en, -en; ↑ R 197; ↑ R 180 (Angehöriger eines der semit. Stämme in Palästina); is|rae|li|tisch (↑ R 180)
Istan|bul [ißtambul] (türk. Stadt am Bosporus)
Istar, Ischtar (babylon. Göttin)
Ist-Auf|kom|men; ↑ R 33 (der tatsächliche [Steuer]ertrag); Ist-Bestand (↑ R 33)
isth|misch ⟨griech.⟩, aber (↑ R 157): Isthmische Spiele; Isth|mus der; -, ...men (Landenge, bes. die von Korinth)
Istri|en [...ien] (Halbinsel im Adriatischen Meer)
Ist-Stär|ke die; -, -n (↑ R 33)
Ist|wä|o|nen Plur. ↑ R 180 (Kultgemeinschaft westgerm. Stämme); ist|wä|o|nisch (↑ R 180)
Is|we|sti|ja die; - ⟨russ.⟩ („Nachrichten"; eine sowjet. Tageszeitung)
it. = item
Ita|ker der; -s, - (ugs. abwertend für: Italiener)
Ita|la die; - ⟨lat.⟩ (älteste lat. Bibelübersetzung); Ita|ler (Einwohner des antiken Italien); Ita|lia (lat. u. ital. Form von: Italien); ita|lia|ni|sie|ren, italia|ni|si|e|ren (italienisch machen); Ita|li|en [...ien]; Ita|li|e|ner; ita|li|e|nisch; die -e Schweiz; eine -e Nacht (↑ R 148); italienischer Salat (↑ R 157); aber (↑ R 146): die Italienische Republik; vgl. deutsch; vgl. aber: italisch; Ita|li|e|nisch das; -[s]; vgl. Deutsch; Ita|li|e|nische das; -n; vgl. Deutsche das; ita|lie|ni|si|e|ren, italia|ni|si|e|ren, ita|lia|ni|si|e|ren (vgl. d.); Ita|li|en|ne [...liän] die; - ⟨franz.⟩ (eine Schriftart); Ita|li|ker ⟨lat.⟩ (Italer); Ita|li|que [...lik] die; - ⟨franz.⟩ (eine Schriftart); ita|lisch ⟨lat.⟩ (das antike Italien betreffend); vgl. aber: italienisch; Ita|lo|we|stern (Western in einem von italienischen Regisseuren geprägten Stil)
Ita|zis|mus der; - (Aussprache des altgriech. E-Lautes wie langes i)
item [auch: it...] ⟨lat.⟩ (veralt. für: ebenso, desgleichen; ferner; Abk.: it.); Item [auch: it...] das; -s, -s (veralt. für: das Fernere, Weitere, ein [Frage]punkt: Einzelangabe)
ite|ra|tiv ⟨lat.⟩ (wiederholend); Ite|ra|tiv das; -s, -e [...wⁿ] (Sprachw.: Verb, das eine stete Wiederholung von Vorgängen ausdrückt, z. B. „sticheln" = immer wieder stechen)

Itha|ka [auch: it...] ⟨griech. Insel)
Iti|ne|rar das; -s, -e ⟨lat.⟩ u. Iti|ne|ra|ri|um das; -s, ...ien [...ien] (Straßenverzeichnis der röm. Zeit; Aufzeichnung noch nicht vermessener Wege bei Forschungsreisen)
i. Tr. = in der Trockenmasse
I-Tüp|fel|chen (↑ R 37); I-Tüp|fel das; -s, -n (österr. für: I-Tüpfelchen); I-Tüp|ferl-Rei|ter (österr. ugs. für: Pedant)
It|ze|hoe [...ho] (Stadt in Schleswig-Holstein); It|ze|ho|er (↑ R 147)
it|zo, itzt, itz|und (veralt. für: jetzt)
IV = Invalidenversicherung (in der Schweiz)
i. V., I. V. = in Vertretung; in Vollmacht; Klein- od. Großschreibung entsprechend „i. A."[1]
Ivo (m. Vorn.)
Iwan der; -[s], -s ⟨russ. Form von: Johann[es]; scherzh. Bez. für den Russen od. [nur Sing.] die Russen)
Iwein (Ritter der Artussage)
i wo! (ugs. für: keineswegs)
Iwrit[h] das; -[s] (Neuhebräisch; Amtssprache in Israel)
Iz|mir [iß..., auch: iß...] (heutiger Name von: Smyrna)

J

J [jot, österr.: je] (Buchstabe); das J; des J, die J, aber: das j in Boje (↑ R 82); der Buchstabe J, j; vgl. auch: Jot
J = chem. Zeichen für: Jod; Joule
ja; ja und nein sagen; jaja!, (auch:) ja, ja!; jawohl; ja freilich; ja doch; aber ja; na ja; nun ja; ach ja; zu allem ja und amen sagen (ugs.). Großschreibung (↑ R 67): das Ja und [das] Nein; mit [einem] Ja antworten; mit Ja oder [mit] Nein stimmen; die Folgen seines Ja[s]
Jab [dschäb] der; -s, -s ⟨engl.⟩ (Boxsport: kurzer, hakenartiger Schlag)
Ja|bot [sehabo] das; -s, -s ⟨franz.⟩ (Spitzenrüsche [an Hemden usw.])
Jacht, (Seemannsspr. auch:) Yacht die; -, -en ⟨niederl.⟩ ([luxuriös eingerichtetes] Schiff für Sport- u. Vergnügungsfahrten, auch: Segelboot); Jacht|klub
Jack [dschäk] (engl. Form [neben John] von: Johann[es])

[1] Vgl. S. 340, Spalte 1, Anm. 1.

Jäck|chen, Jäck|lein; Jäcke¹ die; -, -n ⟨arab.-franz.⟩

¹Jäckel¹ (Koseform von: Jakob);

²Jäckel¹ der; -s, - (verächtl. für: einfältiger Mensch)

Jacken.kleid¹, ...ta|sche; Jacket-kro|ne¹ [dsehäkit...] ⟨engl.⟩ (Por-zellanmantelkrone, Zahnkro-nenersatz); Jackett¹ [seha..., ugs. auch: ja...] das; -s, -s (selten: -e) ⟨franz.⟩ (gefütterte Stoffjacke von Herrenanzügen); Jacketta-sche¹ [Trenn.: Jackett|ta|sche¹, ↑ R 204]; Jäck|lein, Jäck|chen

Jack|pot [dschäk...] der; -s, -s ⟨engl.⟩ (Variante des Pokerspiels; bes. hoher Gewinn bei einem Glücksspiel)

Jack|stag [dsehäk...] das; -[e]s, -e[n] ⟨engl.; dt.⟩ (Seemannsspr.: Eisen zum Festmachen von Se-geln; Gleitschiene)

Jac|quard_ge|we|be [sehakar...] (↑ R 135) ⟨nach dem franz. Erfin-der Jacquard⟩, ...ma|schi|ne

Jacques [sehak] (franz. Form von: Jakob)

¹Ja|de die; - (Zufluß der Nordsee)

²Ja|de der; -[s] u. die; - ⟨franz.⟩ (ein Mineral; blaßgrüner Schmuck-stein)

Ja|de|bu|sen (Nordseebucht bei Wilhelmshaven); vgl. ¹Jade

ja|de|grün; vgl. ²Jade

Ja|fet vgl. Japhet

Jaf|fa (Teil der Stadt Tel Aviv-Jaf-fa in Israel); Jaf|fa|ap|fel|si|ne (↑ R 149)

Jagd die; -, -en; Jagd|auf|se|her; jagd|bar; Jagd_bar|keit (die; -), ...beu|te, ...bom|ber, ...fle|ber, ...flie|ger, ...flin|te, ...flug|zeug, ...fre|vel, ...ge|schwa|der, ...ge-wehr, ...glück, ...grün|de (Plur.; die ewigen -), ...horn (Plur. ...hör-ner), ...hund, ...hüt|te; jagd|lich; Jagd_mes|ser das, ...ren|nen (Pferdesport), ...re|vier, ...schein, ...schloß, ...sprin|gen (Pferde-sport), ...staf|fel (Verband von Kampfflugzeugen), ...tro|phäe, ...wurst, ...zeit

Ja|gel|lo|ne der; -n, -n; ↑ R 197 (Angehöriger eines lit.-poln. Kö-nigsgeschlechtes)

ja|gen; er jagt; gejagt; Ja|gen das; -s, - (forstl. Wirtschaftsfläche); Jä|ger; Ja|ge|rei die; - (fortwäh-rendes Hetzen); Jä|ge|rei die; - (Jagdwesen; Jägerschaft); Jä-ger_la|tein, ...mei|ster; Jä|ger-schaft die; - ; Jä|ger|schnit|zel (Kochkunst: Schnitzel mit wür-ziger Soße und Pilzen); Jä|gers-mann (Plur. ...leute; veralt., dicht.); Jä|ger|spra|che; Jä|ger-tee (österr. für: Tee mit Schnaps)

Ja|giel|lo|ne vgl. Jagellone

¹ Trenn.: ...k|k...

Ja|go (span. Form von: Jakob)

Jagst die; - (r. Nebenfluß des Nek-kars)

Ja|gu|lar der; -s, -e ⟨indian.⟩ (ein Raubtier)

jäh; -[e]ste; Jä|he die; -; Jä|heit die; - (↑ R 178); jäh|lings

Jahn (der „Turnvater")

Jahnn, Hans Henny (dt. Dichter)

Jahr das; -[e]s, -e; im -[e] (Abk.: i. J.); laufenden -es (Abk.: lfd. od. l. J.); künftigen -es (Abk.: k. J.); nächsten -es (Abk.: n. J.); ohne - (Abk.: o. J.); vorigen -es (Abk.: v. J.); dieses -es (Abk.: d. J.); über- und Tag; - für -; von - zu -; zwei, viele -e lang; er ist über (mehr als) 14 -e alt; Schüler ab 14 Jahre[n], bis zu 18 Jahren; freiwillige Helfer nicht unter 14 -en; das neue -; zum neuen -e Glück wünschen; vgl. achtziger; jahr|aus; jahr|ein; Jahr|buch; Jähr|chen, Jähr|lein; jah|re|lang; jäh|ren, sich; Jah|res_abon|ne-ment, ...ab|schluß, ...aus|stoß, ...be|ginn, ...bei|trag, ...be|richt, ...best|zeit (Sport), ...ein|kom-men, ...en|de, ...frist (innerhalb -), ...ring (meist Plur.), ...tag, ...um|satz, ...ur|laub, ...wa|gen (von einem Mitarbeiter eines Automobilwerks mit Preisnach-laß erworbener neuer Pkw, den dieser erst nach einem Jahr ver-äußern darf), ...wech|sel, ...wen-de, ...zahl, ...zeit; jah|res|zeit-lich; Jahr|fünft das; -[e]s, -e; Jahr_gang (der; Abk.: Jg.; Plur. ...gänge [Abk.: Jgg.]), ...gän|ger (südwestd., westösterr. u. schweiz.: Person desselben Ge-burtsjahres); Jahr|hun|dert das; -s, -e (Abk.: Jh.); jahr|hun|der|te-alt, aber: zwei, viele Jahrhun-derte alt; jahr|hun|der|te|lang; Jahr|hun|dert_fei|er, ...mit|te, ...wein, ...wen|de; jähr|ig (veralt.: ein Jahr her; ein Jahr dauernd; ein Jahr alt); ...jäh|rig (z. B. vier-jährig, mit Ziffer: 4jährig [vier Jahre dauernd, vier Jahre alt]); ein Fünfjähriger (mit Ziffer: 5jähriger); zwei dreijährige (mit Ziffer: 3jährige) Pferde; Jähr-lein, Jähr|chen; jähr|lich (jedes Jahr wiederkehrend); die jährli-che Wiederkehr der Zugvögel; ...jähr|lich (z. B. alljährlich [alle Jahre wiederkehrend], viertel-jährlich); Jähr|ling (einjähriges Tier); Jahr|markt; Jahr|markts-bu|de; Jahr|mil|lio|nen Plur.; in -; Jahr|tau|send das; -s, -e (vgl. Jahrhundert); Jahr|wei|ser der; für: Kalender); Jahr|zehnt das; -[e]s, -e; jahr|zehn|te|lang

Jah|ve, (ökum.:) Jah|we [jawe] (Name Gottes im A. T.); vgl. auch: Jehova

Jäh|zorn; jäh|zor|nig

Jai|rus (bibl. m. Eigenn.)

ja|ja vgl. ja

Jak der; -s, -s ⟨tibet.⟩ (asiat. Hoch-gebirgsrind); vgl. auch: Yak

Ja|ka|ran|da|holz ⟨indian.; dt.⟩ (svw. Palisander)

Ja|kar|ta [dsehakarta] (Hptst. u. wichtigster Hafen Indonesiens)

Ja|ko der; -s, -s ⟨franz.⟩ (eine Pa-pageienart)

Ja|kob (m. Vorn.); (↑ R 157:) der wahre - (ugs. für: der rechte Mann, das Rechte); der billige - (ugs.: Verkäufer auf Jahrmärk-ten); Ja|ko|bi das; - (Jakobitag); Ja|ko|bi|ne (w. Vorn.); Ja|ko|bi-ner (Angehöriger der radikalsten Partei in der Franz. Revolution); Ja|ko|bi|ner|müt|ze; Ja|ko|bi|ner|tum das; -s; ja|ko|bi|nisch; Ja|ko|bi|tag, Ja|kobs|tag; Ja-kobs|lei|ter die; -, -n (Himmels-leiter; Seemannsspr.: Strickleiter); Ja|kobs|tag, Ja|ko|bi|tag; Ja|ko|bus (Apostel); ↑ R 133: - der Ältere, - der Jüngere

Ja|ku|te der; -n, -n; ↑ R 197 (Ange-höriger eines nordasiat. Steppen-volkes)

Ja|la|pe die; -, -n ⟨span.⟩ (trop. Windengewächs)

Ja|lon [sehalong] der; -s, -s ⟨franz.⟩ (Absteckpfahl; Fluchtstab [für Vermessungen])

Ja|lou|set|te [sehalu...] die; -, -n ⟨franz.⟩ (Jalousie aus Leichtme-tall- od. Kunststofflamellen); Ja-lou|sie [sehalu...] die; -, ...si|en ([hölzerner] Fensterschutz, Roll-laden); Ja|lou|sie_schrank (Roll-schrank), ...schwel|ler (bei der Orgel)

Jal|ta (Hafenstadt auf der Krim); Jal|ta-Ab|kom|men; ↑ R 149

Jam [dsehäm] das; -s, -s u. die; -, -s ⟨engl.⟩ (engl. Bez. für: Konfitüre)

Ja|mai|ka (Insel der Großen An-tillen; Staat auf dieser Insel); Ja-mai|ka|ner, (auch:) Ja|mai|ker; ja|mai|ka|nisch, (auch:) ja|mai-kisch; Ja|mai|ka-Rum der; -s (↑ R 149)

Jam|be die; -, -n ⟨griech.⟩ u. Jam-bus der; -, ...ben (ein Versfuß); jam|bisch

Jam|bo|ree [dsehämb'ri] das; -[s], -s ⟨engl.⟩ ([Pfadfinder]treffen; Zusammenkunft)

Jam|bus vgl. Jambe

James [dsehe'ms] (engl. Form von: Jakob)

James Grieve [dsehe'ms griw] der; -,- - (engl. Apfelzüch-ter); (eine Apfelsorte)

Jam|mer der; -s; Jam|mer_bild, ...ge|stalt, ...lap|pen (ugs.); jäm-mer|lich; Jäm|mer|lich|keit; Jäm|mer|ling; Jam|mer|mie|ne; jam|mern; ich ...ere (↑ R 22); er

jammert mich; es jammert mich; **jam|mer|scha|de;** es ist -; **Jam|mer|tal** das; -[e]s; **jam|mer|voll**
Jam Ses|sion [dschäm bäsch'n] die; - -, - -s ⟨engl.⟩ (zwanglose Zusammenkunft von Jazzmusikern zu gemeinsamem Spiel)
Jams|wur|zel ⟨engl.; dt.⟩ (eine trop. Staude)
Jan (niederl. Form von: Johann[es])
Jan. = Januar
Ja|ná|ček [janatschäk] (tschech. Komponist)
Jane [dsche'n] (engl. Kurzform von: Johanna); vgl. Mary Jane
Jan|ga|da [schanggada] die; -, -s ⟨port.⟩ (indian. Floßboot)
Jang|tse der; -[s] u. **Jang|tse|ki|ang** der; -[s] (chin. Strom)
Jan|ha|gel [auch: jan...] der; -s (veralt. für: Pöbel)
Ja|ni|cu|lus mons [auch: janikuluß monß] der; - - u. **Ja|ni|ku|lus** [auch: janik...] der; - (Hügel in Rom)
Ja|ni|tschar der; -en, -en (↑R 197) ⟨türk.⟩ (Angehöriger der ehem. türk. [Kern]truppe)
Jan|ker der; -s - ⟨südd., österr. für: wollene Trachtenjacke)
Jan Ma|at der; - -[e]s, - -e u. - -en, **Jan|maat** der; -[e]s, -e u. -en ⟨niederl.⟩ (scherzh. für: Matrose)
Jän|ner der; -[s] ⟨lat.⟩ (österr., seltener auch südd., schweiz. für: Januar)
Jan|se|nis|mus der; - (Lehre des Cornelius Jansen); **Jan|se|nist** der; -en, -en (↑R 197)
Ja|nu|ar der; -[s], -e ⟨lat.⟩ (erster Monat im Jahr, Eismond, Hartung, Schneemond, Wintermonat; Abk.: Jan.); vgl. Jänner; **Ja|nua|ri|us** (ital. Heiliger); **Ja|nus** (röm. Gott der Türen u. des Anfangs); **Ja|nus|ge|sicht, Ja|nus|kopf** (doppelgesichtiger Männerkopf); ↑R 135; **ja|nus|köp|fig; Ja|nus|köp|fig|keit** die; -
Ja|pan; vgl. Nippon; **Ja|pa|ner; ja|pa|nisch,** aber (↑R 146): das Japanische Meer; vgl. deutsch; **Ja|pa|nisch** das; -[s] (Sprache); vgl. Deutsch; **Ja|pa|ni|sche** das; -n; vgl. Deutsche das; **Ja|pa|no|lo|ge** der; -n, -n (↑R 197) ⟨jap.; griech.⟩ (Erforscher der jap. Sprache u. Kultur); **Ja|pa|no|lo|gie** der; - (Japankunde)
Ja|phet, (ökum.:) **Ja|fet** (bibl. m. Eigenn.)
jap|pen (niederd. für: japsen); **jap|sen** (ugs. für: nach Luft schnappen); du japst (japsest); **Jap|ser**
Jar|di|nie|re [schardiniär'] die; -, -n ⟨franz.⟩ (Schale für Blumenpflanzen)
Jar|gon [schargong] der; -s, -s ⟨franz.⟩ ([saloppe] Sondersprache einer Berufsgruppe od. Gesellschaftsschicht)

Ja|ro|wi|sa|ti|on [...zion] die; - ⟨russ.⟩ (Verfahren, mit dem das Wachstum von Saatgut beschleunigt wird)
Ja|sa|ger
Jas|min der; -s, -e ⟨pers.-span.⟩ (Zierstrauch mit stark duftenden Blüten)
Jas|mund (Halbinsel von Rügen); **-er Bodden**
Ja|son (griech. Sage: Führer der Argonauten)
Jas|pers (dt. Philosoph)
Jas|per|wa|re [dschäß...] ⟨engl.⟩ (farbiges, weiß verziertes Steingut)
Jas|pis der; - u. -ses, -se ⟨semit.⟩ (ein Halbedelstein)
Jaß der; Jasses (schweiz. u. südd. für: Kartenspiel); **jas|sen** (Jaß spielen); du jaßt (jassest); er jaßt; du jaßtest; gejaßt; jaß! u. jasse!; **Jas|ser**
Ja|stim|me
Ja|ta|gan der; -s, -e ⟨türk.⟩ (gekrümmter Türkensäbel)
jä|ten
Jau|che die; -, -n; **jau|chen; Jau|che[n]|faß, ...gru|be, ...wa|gen**
Jau|chert (vgl. Juchart)
jau|chig
jauch|zen; du jauchzt (jauchzest); **Jauch|zer;** vgl. juchzen
Jau|kerl das; -s, -n (österr. ugs. für: Injektion)
jau|len (klagend winseln, heulen)
Jaun|de (Hptst. von Kamerun)
Jau|se die; -, -n ⟨slowen.⟩ (österr. für: Zwischenmahlzeit, Vesper); **jau|sen** (du jaust [jausest]) u. **jaus|nen; Jau|sen|brot, ...sta|ti|on** (Gaststätte, in der man einen Imbiß einnehmen kann), **...zeit**
Ja|va [...wa] (eine der Großen Sundainseln); **Ja|va|ner; Ja|va|ne|rin** die; -, -nen; **ja|va|nisch**
ja|wohl
Ja|wort (Plur. ...worte)
Jazz [dschäß, auch: jaz] der; - ⟨amerik.⟩ (zeitgenöss. Musikstil, der sich aus der Volksmusik der amerik. Neger entwickelt hat); **Jazz|band** [dschäsbänd, auch: jaz...] die; -, -s (Jazzkapelle); **jaz|zen** [dschäß'n, auch: jaz'n]; du jazzt (jazzest); er jazzt; gejazzt; **Jaz|zer** [dschäß'r, auch: jaz'r] der; -s, - (Jazzmusiker); **Jazz|fan** [dschäsfän, auch: jaz...] der; -[s]; **Jazz_fe|sti|val, ...ka|pel|le, ...kel|ler, ...mu|sik, ...mu|si|ker, ...trom|pe|ter**
je; seit je; je Person; je drei; je zwei und zwei; je beschäftigter Arbeiter od. je beschäftigten Arbeiter; je länger, je lieber (vgl. aber: Jelängerjelieber); je mehr, desto lieber; je kürzer, um so

schneller; je nachdem (vgl. d.); je nach ...; je nun
Jean [schang] (franz. Form von: Johann[es], Hans); **Jeanne** [schan] (franz. Form von: Johanna); **Jeanne d'Arc** [schandark] (Jungfrau von Orleans); **Jeannette** [schanät] (franz. w. Vorn.); **Jean Paul** [schang paul] (eigtl.: Johann (Jean) Paul Friedrich Richter) (dt. Dichter)
Jeans [dschins] Plur. od. die; - ⟨amerik.⟩ ([saloppe] Hose im Stil der Blue jeans)
jeck (rhein. für: närrisch, verrückt); **Jeck** der; -en, -en (rhein. für: [Fastnachts]narr)
je|den|falls; vgl. Fall der
je|den|noch (veralt. für: jedoch)
je|der, jede, jedes; zu - Stunde, Zeit; auf jeden Fall; zu Anfang jedes Jahres, (häufig auch schon:) jeden Jahres; (↑R 66:) das weiß ein jeder; jeder beliebige kann daran teilnehmen; jeder einzelne wurde gefragt; alles und jedes (alles ohne Ausnahme); **je|der|art; je|der|lei;** auf - Weise; **je|der|mann** (↑R 66); es ist nicht - s Sache; **je|der|zeit** (immer), aber: zu jeder Zeit; **je|der|zei|tig; je|des|mal,** aber: ein jedes Mal; **je|des|ma|lig**
je|doch
jed|we|der (veraltend für: jeder), jedwede, jedwedes; jedweden Inhalts; jedweder neue Versuch; jedweder Angestellte
Jeep ⓌⓏ [dschip] der; -s, -s ⟨amerik.⟩ (kleiner amerik. Kriegs-, Geländekraftwagen)
jeg|li|cher; ↑R 66 (veraltend für: jeder); ein -; jegliches; jeglichen Geschlechts; jeglicher Angestellte; frei von jeglichem neidischen Gefühl
je|her [auch: jeher]; von -; seit -
Je|hol|va [...wa] (unrichtig für: Jahwe)
jein (ugs. für: ja u. nein)
Je|län|ger|je|lie|ber das; -s, - (Geißblatt)
je|mals
je|mand; Gen. -[e]s, Dat. -em (auch: -), Akk. -en (auch: -). **I. Kleinschreibung** (↑R 66): irgend jemand; sonst jemand; jemand anders; mit, von jemand anders (auch: anderem); jemand Fremdes. **II. Großschreibung** (↑R 66): ein gewisser Jemand
je mehr
Je|men (auch mit Artikel: der; -[s]); Arabische Republik Jemen; Demokratische Volksrepublik Jemen; **Je|me|nit** der; -en, -en (↑R 197); **je|me|ni|tisch**
je|mi|ne! (entstellt aus lat.: Jesu domine! = "o Herr Jesus!") (ugs.); **ojemine!, herrjemine!**

Jẹn vgl. Yen

Jẹl|na (Stadt an der Saale)

je nach|dem; je nachdem[,] ob/wie (↑R 127)

Jẹ|na|er, (auch:) Je|nẹn|ser (↑R 147); Jenaer Glas; je|na|isch

jẹl|ner, jene, jenes; in jener Zeit, Stunde; ich erinnere mich jenes Tages; (↑R 66:) da kam jener; jener war es, der ...

je|nisch (die Landfahrer betreffend; rotwelsch für: klug, gewitzt); -e Sprache (Gaunersprache, Rotwelsch)

Je|nis|sei [jeniß...] der; -[s] (sibir. Strom)

Jẹn|ni, (auch:) Jẹn|ny (Kurzform von: Eugen, Johanna, Johannes); Jẹns (m. Vorn.)

jen|sei|tig¹; Jen|sei|tig|keit¹ die; -; jen|seits¹; mit Gen.: - des Flusses; Jen|seits¹ das; -; Jen|seits|glau|be¹

Je|re|mia|de die; -, -n; ↑R 180 (Klagelied); Je|re|mia, Je|re|mi|as (bibl. Prophet); die Klagelieder Jeremiä (des Jeremia)

Je|rez [cheräß, span.: ehеräth] der; - (ein span. Wein); vgl. Sherry; Je|rez de la Fron|te|ra (span. Stadt); Je|rez|wein (↑R 149)

Je|ri|cho (jordan. Stadt); Je|ri|cho|ro|se (↑R 149)

Je|ri|chow [...cho] (Stadt südöstl. von Tangermünde)

Jé|rôme [schеrom] (franz. Form von: Hieronymus)

¹Jer|sey [dschö'si] der; -[s], -s ⟨engl.⟩ (eine Stoffart); ²Jer|sey das; -s, -s (Trikot des Sportlers)

je|rum!; ojerum!

Je|ru|sa|lem (die Heilige Stadt der Juden, Christen u. Moslems)

Je|sa|ja (bibl. Prophet); vgl. Isaias

Je|su|it der; -en, -en; ↑R 197 (Mitglied des Jesuitenordens); Je|sui|ten|or|den der; -s; ↑R 180 (Gesellschaft Jesu; Abk.: SJ); Je|sui|ten|tum das; -s (↑R 180); je|sui|tisch (↑R 180); Je|sus („Gott hilft" [vgl. Josua]; bibl. m. Eigenn.); Je|sus Chri|stus; Gen. Jesu Christi, Dat. - - u. Jesu Christo, Akk. - - u. Jesum Christum, Anredefall: - - - u. Jesu Christe; Je|sus|kind das; -[e]s; Je|sus Na|za|re|nus Rẹx Ju|dae|o|rum (↑R 180) ⟨lat.⟩ („Jesus von Nazareth, König der Juden"; Abk.: I. N. R. I.); Je|sus People [dschis'ß pipl] Plur. ⟨engl.⟩ (Anhänger der Jesus-People-Bewegung); Je|sus-People-Be|we|gung (weltweit verbreitete religiöse Bewegung der Jugend); Je|sus Si|rach (Verfasser einer bibl. Spruchsammlung)

*Jet [dschät] der; -[s], -s ⟨engl.⟩ (ugs. für: Düsenflugzeug)

* Auch: jän...

²Jet [dschät] vgl. Jett

Jẹt|li|ner [dschätlain'r] der; -s, - ⟨zu ¹Jet⟩ (Düsenverkehrsflugzeug)

Jelton [seh'tong] der; -s, -s ⟨franz.⟩ (Spielmarke)

Jet-set [dschätßät] der; -s ⟨engl.⟩ (eine Gruppe reicher, den Tagesmoden folgender Menschen, die um immer „dabeizusein", ständig [mit dem ¹Jet] reisen); Jet-stream [dschätßtrim] der; -[s], -s (starker Luftstrom in der Tropood. Stratosphäre)

Jett, (fachspr.:) Jet [dschät] der od. das; -[e]s ⟨franz.-engl.⟩ (Pechkohle, Gagat); jett|ar|tig

Jẹtt|chen (Koseform von: Henriette)

jet|ten [dschät'n] ⟨engl.⟩ (mit dem ¹Jet fliegen); gejettet

jẹt|zig; jet|zo (veralt. für: jetzt); jetzt; bis -; von - an; Jetzt das; - (Gegenwart, Neuzeit); Jetzt-_mensch, ...zeit (die; -)

Jeu [schö] das; -s, -s ⟨franz.⟩ ([Karten]spiel)

Jeu|nesse do|rée [schönäß dore] die; - - ⟨franz.⟩ (früher für: reiche, leichtlebige Jugend der Großstädte)

Jẹl|ver [jef'r, jẹw'r] (Stadt in Niedersachsen); Je|ve|ra|ner; Je|ver|land das; -[e]s (Gebiet im nördl. Oldenburg); Je|ver|län|der; je|ver|län|disch; je|versch

je|wei|len (veralt. für: dann und wann; schweiz. neben: jeweils); je|wei|lig; je|weils; je|zu|wei|len (svw. jeweilen)

Jg. = Jahrgang; Jgg. = Jahrgänge

Jh. = Jahrhundert

Jhe|ring vgl. Ihering

jid|disch (jüd.-dt.); Jid|disch das; -[s] (jüd.-dt. Schrift- u. Umgangssprache); vgl. Deutsch; Jid|di|sche das; -n; vgl. Deutsche das; Jid|di|stik die; - (jiddische Literatur- und Sprachwissenschaft)

Jie|per usw. vgl. Gieper usw.

Jim [dschim] (Kurzform von: James); vgl. Jimmy; Jim|my [dschimi] (engl. Koseform von: Jim)

Jin|gle [dschingg'l] der; -[s], -[s] ⟨engl.⟩ (kurze, einprägsame Melodie eines Werbespots)

Jin|go [dschinggo] der; -s, -s ⟨engl. Bez. für einen Chauvinisten)

Jir|mi|lık [dschir...] der; -s, -s ⟨türk.⟩ (frühere türk. Silbermünze)

Jit|ter|bug [dschit'rbag] der; -, -[s] ⟨amerik.⟩ (in Amerika entstandener Jazztanz)

Jiu-Jit|su [dschiu-dschizu] das; -[s] ⟨jap.⟩ (jap. Kunst der Selbstverteidigung)

Jive [dschaiw] der; -, -[s] ⟨amerik.⟩ (eine Art Swingmusik)

j. L. = jüngere[r] Linie (Genealogie)

J.-Nr. = Journalnummer

Jo|ab (bibl. m. Eigenn.)

Joa|chim [auch: joa...]; ↑R 180 (m. Vorn.); Joa|chims|ta|ler der; -s, - (↑R 180) ⟨nach dem Ort St. Joachimsthal in Böhmen⟩ (Münze); vgl. Taler

Jo|as, (ökum.:) Jo|asch (bibl. m. Eigenn.)

¹Job (Schreibung der Vulgata für: Hiob, Ijob)

²Job [dschob] der; -s, -s ⟨engl.-amerik.⟩ ([Gelegenheits]arbeit, Stelle); job|ben [dschob'n] (ugs. für: einen ²Job ausüben); gejobbt; Job|ber [dschob'r] der; -s, - (Händler an der Londoner Börse, der nur in eigenem Namen Geschäfte abschließen darf; auch allg. für: Börsenspekulant; ugs.: jmd., der jobbt); Job|ber|tum das; -s; Job|kil|ler (ugs. abwertend für: etwas, das Arbeitsplätze überflüssig macht); Job-sha|ring [...schäring] das; -[s] (Aufteilung eines Arbeitsplatzes unter mehrere Personen)

Job|sia|de die; -; ↑R 180 (komisches Heldengedicht von K. A. Kortum)

Jobst, Jo|dok [österr.: jo...], Jo|do|kus, Jost (m. Vorn.)

Joch das; -[e]s, -e (auch: älteres Feldmaß); ↑R 128 u. 129: 9 - Acker, 3 - Ochsen; Joch|bein

Jo|chem, Jo|chen (Kurzform von: Joachim)

jo|chen ⟨mdal.⟩ (ins Joch spannen)

Jockei [dschoke, engl. Ausspr.: dschoki, ugs. auch: dschokai, jokai] der; -s, -s [Trenn.: Jok|kei] ⟨engl.⟩ (berufsmäßiger Rennreiter); Jockey vgl. Jockei

Jod, (chem. fachspr. auch:) Iod das; -[e]s ⟨griech.⟩ (chem. Grundstoff, Nichtmetall; Zeichen: J, auch: I); Jo|dat, (chem. fachspr. auch:) Io|dat das; -[e]s, -e (Salz der Jodsäure)

Jo|del, (österr.:) -s, - u. Jödel (mdal. für: Jodelgesang); jo|deln; ich ...[e]le (↑R 22)

jod|hal|tig, (chem. fachspr. auch:) Io|did das; -[e]s, -e ⟨griech.⟩ (Salz der Jodwasserstoffsäure); jo|die|ren (mit Jod versehen); Jo|dit das; -s, -e (ein Mineral)

Jod|ler; Jod|le|rin die; -, -nen

Jo|do|form das; -s (Mittel zur Wunddesinfektion)

Jo|dok, Jo|do|kus vgl. Jobst

Jod|tink|tur die; - ([Wund]desinfektionsmittel)

Jo|el (bibl. Prophet)

Jo|ga vgl. Yoga

jog|gen [dschog'n] (Jogging betreiben); sie joggt, hat gejoggt; Jogger; Jog|ging [*dseho*...] *das;* -[s] ⟨amerik.⟩ (Freizeitlaufen)

Jog|hurt *der* u. ⟨bes. österr.:⟩ *das;* -[s] (bes. österr. auch: *die;* -), -[s] ⟨türk.⟩ (gegorene Milch)

Jo|gi, Jo|gin vgl. Yogi, Yogin

Jo|hann [auch, österr. nur: *johan*] (m. Vorn.); vgl. Johannes; Jo|han|na, Jo|han|ne (w. Vorn.); jo|han|ne|isch (nach Art des Johannes); -er Geist, aber (↑ R 134): Jo|han|ne|isch (von Johannes herrührend); -e Briefe; ¹Jo|han|nes (m. Vorn.); - der Täufer; ²Jo|han|nes (Apostel u. Evangelist)

Jo|han|nes|burg (größte Stadt der Republik Südafrika)

Jo|han|nes-evan|ge|li|um, ...pas|si|on

Jo|hann|ge|or|gen|stadt (Stadt im westl. Erzgebirge)

Jo|han|ni|s| *das;* - (Johannistag); Jo|han|nis-bee|re, ...ber|ger (ein Wein), ...brot (Hülsenfrucht des Johannisbrotbaumes), ...feu|er, ...kä|fer, ...tag (am 24. Juni), ...trieb, ...würm|chen; Jo|han|ni|ter *der;* -s, - (Angehöriger eines geistl. Ordens); Jo|han|ni|ter|or|den *der;* -s; Jo|han|ni|ter|un|fall|hil|fe

joh|len

John [*dsehon*] (engl. Form von: Johann[es]); - Bull („Hans Stier"; scherzh. Bez. des Engländers)

John|son, Uwe (dt. Schriftsteller)

Joint [*dseheunt*] *der;* -s, -s ⟨engl.⟩ (Zigarette, deren Tabak mit Haschisch od. Marihuana vermischt ist)

Jo-Jo *das;* -s, -s ⟨amerik.⟩ (Geschicklichkeitsspiel aus zwei miteinander verbundenen [Holz]scheiben und einer Schnur)

Jo|ker [auch: *dseho*...] *der;* -s, - ⟨engl.⟩ (eine Spielkarte)

Jo|ko|ha|ma, (postamtl.:) Yokoha|ma; vgl. d.

jo|kos; -este ⟨lat.⟩ (veralt. für: scherzhaft); Jo|kus *der;* -, -se (ugs. für: Scherz, Spaß)

Jol|liot-Cu|rie [*seholjoküri*], Frédéric u. Irène (franz. Physiker)

Jol|le *die;* -, -n (kleines [einmastiges] Boot); Jol|len|kreu|zer

Jom Kip|pur *der;* - - (hoher jüd. Feiertag)

Jo|na, (ökum.:) Jo|nas (bibl. Prophet)

¹Jo|na|than *der;* -s, - (ein Winterapfel); ²Jo|na|than, (ökum.:) Jona|tan (bibl. Eigenn.)

Jon|gleur [*sehong(g)lör*] auch: *sehonggglör*] *der;* -s, -e ⟨franz.⟩ (Geschicklichkeitskünstler); jonglie|ren

Jöpp|chen, Jöpp|lein; Jop|pe *die;* -, -n (Jacke)

Jor|dan *der;* -[s] (Fluß in Palästina); Jor|da|ni|en [...*iⁿn*] (Staat in Vorderasien); vgl. auch: Transjordanien; Jor|da|ni|er [...*iⁿr*]; jor|da|nisch

Jörg (Nebenform von: Georg)

Jo|sa|phat, (ökum.:) Jo|scha|fat (bibl. m. Eigenn.); das Tal - (östl. von Jerusalem)

Jo|schi|ja vgl. Josia

¹Jo|seph, ¹Jo|sef (↑ R 131; m. Vorn.); ²Jo|seph, (ökum.:) ²Jo|sef (bibl. m. Eigenn.); Jo|se|pha [auch: ...*säfa*], (auch u. österr. nur:) Jo|se|fa [auch: ...*säfa*] (w. Vorn.); Jo|se|phi|ne, (auch u. österr. nur:) Jo|se|fi|ne (w. Vorn.); jo|se|phi|nisch; ↑ R 134; -es Zeitalter (Zeitalter Josephs II.); jo|se|phi|nis|mus auch: jose|fi|nis|mus *der;* - (aufgeklärte kath. Staatskirchenpolitik im Österreich des 18. u. 19. Jh.s); Jo|se|phus (jüd. Geschichtsschreiber)

Jo|sia, Jo|si|as, (ökum.:) Jo|schija (bibl. m. Eigenn.)

Jost vgl. Jobst, Jodok

Jo|sua („Gott hilft" [vgl. Jesus]; bibl. m. Eigenn.)

Jot *das;* -, - ⟨semit.⟩ (Buchstabe); Jo|ta *das;* -[s], -s (griech. Buchstabe: *I, ι*); kein - (nicht das geringste); Jo|ta|zis|mus (svw. Itazismus)

Joule [von DIN u. anderen Organisationen festgelegte Ausssprache nur: *dschul* (sonst auch: *dschaul*)] *das;* -[s], - ⟨nach dem Engländer J. P. Joule⟩ (Physik: Maßeinheit für die Energie; Zeichen: J)

Jour [*sehur*] *der;* -s, -s ⟨franz.⟩ (früher für: [Dienst-, Amts-, Empfangs]tag); - fixe (fester Tag in der Woche [für Gäste, die nicht besonders eingeladen werden]); du [dü] od. de jour sein, [du] jour haben (mit dem „Tagesdienst" an der Reihe sein); vgl. du jour u. à jour; Jour|nail|le [*sehurnalj*ᵉ, auch: ...*ai*, österr.: ...*ailj*ᵉ] (gewissenlos u. hetzerisch arbeitende Tagespresse); Jour|nal [*sehurnal*] *das;* -s, -e (Tagebuch in der Buchhaltung; Zeitschrift gehobener Art, bes. auf dem Gebiet der Mode; veralt. für: Zeitung); Jour|nal-be|am|ter (österr.: diensthabender Beamter), ...dienst (österr.: Bereitschafts-, Tagesdienst); Jour|nalis|mus *der;* - (bes. Wesen, Eigenart des Zeitungsschriftstellerei; Pressewesen); Jour|na|list *der;* -en, -en; ↑ R 197 (jmd., der beruflich für die Presse, den Rundfunk, das Fernsehen schreibt, publizistisch tätig ist); Jour|na|li|stik *die;* - (Zeitungswesen); Jour|na|li|stin *die;* -, -nen;

jour|na|li|stisch; Jour|nal|nummer (im kaufmänn. od. behördl. Tagebuch; Abk.: J.-Nr.)

jo|vi|al [...*wi*..., österr. auch: *sehowi*...] ⟨lat.⟩ (leutselig, gönnerhaft); Jo|via|li|tät *die;* - (↑ R 180)

Joyce [*dscheußß*], James (ir. Schriftsteller)

Joy|stick [*dscheußßtik*] *der;* -s, -s ⟨engl.⟩ (Steuerhebel für Computer[spiele])

jr., jun. = junior

¹Ju|an [*ehuan*] (span. Form von: Johann); Don - (vgl. d.)

²Ju|an vgl. Yuan

Ju|bel *der;* -s; Ju|bel-fei|er, ...geschrei, ...jahr (bei den Juden: jedes 50., kath. Kirche: jedes 25. Jahr); alle -e (ugs. für: ganz selten); ju|beln; ich ...[e]le (↑ R 22); Ju|bel-paar, ...ruf; Ju|bi|lar *der;* -s, -e ⟨lat.⟩; Ju|bi|la|rin *die;* -, -nen; Ju|bi|la|te (,,jubelt!"; dritter Sonntag nach Ostern); Ju|bilä|um *das;* -s, ...äen; Ju|bi|läums-aus|ga|be, ...aus|stel|lung, ...fei|er; ju|bi|lie|ren (jubeln; auch: ein Jubiläum feiern)

¹Ju|chart, Ju|chert *der;* -s, -e (altes südwestd. Feldmaß); 10 - Ackerland (↑ R 128 u. 129); vgl. Jauchert; ²Ju|chart, Ju|char|te *der;* -, -, ...ten (schweiz. für: ¹Juchart)

ju|chen (mdal. für: jauchzen); juch|he!; juch|he *das;* -s, -s (oberste Galerie im Theater); juch|hei!; juch|hei|ras|sa!; juchhei|ras|sas|sa!; juch|hei|ßa!

juch|ten (aus Juchten); Juch|ten *der* od. *das;* -s ⟨russ.⟩ (feines, wasserdichtes Leder); Juch|ten-le|der, ...stie|fel

juch|zen (Nebenform von: jauchzen); du juchzt (juchzest); Juchzer

jucken¹; Akk. od. Dat.? 1. *eigentl. Bedeutung:* **a)** *unpersönlicher Gebrauch:* es juckt mich [am Arm]; **b)** *Körperteil bez. als Subjekt:* die Hand juckt mir (seltener: mich) od. mir (seltener: mich) die Hand. 2. *übertragene Bedeutung.* es juckt mir (seltener: mich) in den Fingern (ugs. für: es drängt mich), die eine Ohrfeige zu geben; ihm (seltener: ihn) juckt das Fell (ugs. für: er scheint Prügel haben zu wollen). Aber (ohne nähere Angabe): es juckt (reizt) mich, den Haaren zu ziehen

Jucker¹ *der;* -s, - (leichtes [ung.] Wagenpferd); Jucker|ge|schirr¹

Juck-pul|ver, ...reiz

¹Jul|da (bibl. m. Eigenn.); ²Jul|da (Sitz des Stammes Juda in u. um Jerusalem); Judäa; Ju|däa

---

¹ Trenn.: ...k|k...

(Bez. Südpalästinas, später ganz Palästinas); **Ju|dai|ka** Plur.; ↑R 180 (Bücher, Sammelobjekte der jüd. Kultur u. Religion); **Ju|da|is|mus** die; - (jüdische Religion); **Ju|dai|stik** die; -; ↑R 180 (Wissenschaft von der jüdischen Religion, Kultur, Geschichte); **¹Ju|das** (bibl. m. Eigenn.); - Is|cha|ri|ot, (ökum.:) - Is|ka|ri|ot (Apostel, Verräter Jesu); - Thaddäus (ein Apostel); **²Ju|das** der; -, -se ⟨nach Judas Ischariot⟩ ([heimtückischer] Verräter); **Ju|das.kuß, ...lohn** (↑R 197); **Ju|de** der; -n, -n (↑R 197); **Ju|den|christen|tum; Ju|den|geg|ner** (für: Antisemit); **Ju|den|heit** die; -; **Ju|den.kir|sche** (eine Zierpflanze), **...stern; Ju|den|tum** das; -s; **Ju|den|ver|fol|gung**

Ju|di|ka ⟨lat.⟩ („richte!"; Passionssonntag, zweiter Sonntag vor Ostern); **Ju|di|ka|ti|on** [...zion] die; -, -en (veralt. für: Beurteilung); **Ju|di|ka|ti|ve** [...wᵉ] die; - (richterliche Gewalt [im Staat]); **ju|di|ka|to|risch** (veralt. für: richterlich); **Ju|di|ka|tur** die; -, -en (Rechtsprechung); **Jül|din** die; -, -nen; **jül|disch** (jüdische Zeitrechnung; **¹Ju|dith** (w. Vorn.); **²Ju|dith, Ju|dit** (bibl. w. Eigenn.)

ju|di|zie|ren ⟨lat.⟩ (veralt. für: urteilen, richten); **Ju|di|zi|um** das; -s, ...ien [...iᵉn] (aus langjähriger Gerichtspraxis sich entwickeltes Rechtsfindungsvermögen)

¹Ju|do der; -s, -s (Kurzw. für: Jungdemokrat)

²Ju|do [österr. meist: dseh...] das; -[s] ⟨jap.⟩ (sportl. Ausübung des Jiu-Jitsu); **Ju|do|griff; Ju|do|ka** der; -s, -s (Judosportler)

Ju|gend die; -; **Ju|gend_amt, ...ar|beits|lo|sig|keit, ...ar|beitsschutz|ge|setz, ...be|we|gung, ...bild, ...bild|nis, ...bri|ga|de** (DDR), **...er|in|ne|rung, ...er|zieher, ...ese|lei** (ugs.); **ju|gend|frei** (Prädikat für Filme); **Ju|gend_freund, ...freun|din, ...für|sor|ge; ju|gend|ge|fähr|dend;** ein -er Film (↑R 209); **Ju|gend.grup|pe, ...her|ber|ge** (vgl. DJH), **...kri|mi|na|li|tät** (die; -); **ju|gend|lich; Ju|gend|li|che** der u. die; -n, -n (↑R 7 ff.); **Ju|gend|lich|keit** die; -; **Ju|gend.lie|be, ...li|te|ra|tur, ...or|ga|ni|sa|ti|on, ...pfar|rer, ...pfle|ge, ...psy|cho|lo|gie, ...recht** (das; -[e]s), **...rich|ter, ...schutz, ...stil** (der; -[e]s; Kunstrichtung), **...streich, ...sün|de, ...tor|heit, ...wei|he** (in der DDR feierliche Veranstaltung beim Übergang der Jugendlichen in das Leben der Erwachsenen), **...werk, ...zeit, ...zen|trum**

Ju|go|sla|we der; -n, -n (↑R 197); **Ju|go|sla|wi|en** [...iᵉn]; **Ju|go|sla|win** die; -, -nen; **ju|go|sla|wisch**

Ju|gur|tha (König von Numidien); **Ju|gur|thi|ni|sche Krieg** der; -n -[e]s

ju|he! (schweiz. für: juchhe!); **ju|hu!** [auch: ju...]

Juice [dsehuß] der od. das; -, -s [...ßis] ⟨engl.⟩ (Obst- od. Gemüsesaft)

Juist [jüßt] (ostfries. Insel)

Ju|ju|be die; -, -n ⟨franz.⟩ (ein Strauch; Beere)

Juke|box [dsehuk...] die; -, -es ⟨engl.⟩ (svw. Musikbox)

Jul|bock der ⟨schwed.⟩ (skandinavische Weihnachtsfigur)

Jul|chen (Koseform von: Julia, Julie)

Ju|lei (aus Gründen der Deutlichkeit gesprochene Form von: Juli)

Jul|fest (Fest der Wintersonnenwende); vgl. Julklapp

Ju|li der; -[s], -s ⟨lat.⟩ (der siebte Monat im Jahr, Heue[r]t, Heumond, Sommermond); vgl. Julei; **Ju|lia, Ju|lie** [...iᵉ] (w. Vorn.); **Ju|li|an, Ju|lia|nus** (röm. Jurist); **Ju|lia|na, Ju|lia|ne** (w. Vorn.); **ju|lia|nisch,** aber (↑R 134): der Julianische Kalender; **Ju|li|us** (röm. Geschlechtsname; m. Vorn.); **Ju|li|us|turm** der; -[e]s (↑R 135) ⟨nach einem Turm der früheren Zitadelle in Spandau, in dem der Kriegsschatz des Dt. Reiches lag⟩ (übertr.: vom Staat angesammelte Gelder)

Jul|klapp der; -s ⟨schwed.⟩ ([scherzhaft mehrfach verpacktes] kleines Weihnachtsgeschenk, das am Julfest von unbekanntem Geber in die Stube geworfen wird); **Jul_mond** (alte Bez. für: Dezember), **...nacht**

Jum|bo [engl. Ausspr.: dsehambo] der; -s, -s ⟨amerik.⟩ (Kurzform für: Jumbo-Jet); **Jum|bo-Jet** (Großraumdüsenflugzeug)

Ju|mel|age [schümᵉlaseh] die; -, -n [...sehᵉn] ⟨franz.⟩ (Bez. für [Städte]partnerschaft)

jum|pen [dsehampᵉn] ⟨engl.⟩ (springen); gejumpt

Jum|per [engl. Ausspr.: dseham..., auch (südd., österr.): dsehäm...] der; -s, - ⟨engl.⟩ (selten für: Pullover); **Jum|per|kleid**

jun., jr. = junior

jung; jünger, jüngste (vgl. d.). **I. Kleinschreibung** (↑R 65): von jung auf; jung und alt (jedermann); ↑R 65: er ist der jüngere, jüngste meiner Söhne. **II. Großschreibung: a)** (↑R 65:) Junge und Alte; mein Jüngster; er ist nicht mehr der Jüngste; er gehört nicht mehr zu den Jüngsten; **b)** (↑R 133; R 157:) Jung Siegfried; der Jüngere (Abk. [bei Eigennamen]: d. J.); das Junge Deutschland (Dichtergruppe des 19. Jh.s); die Junge Union (gemeinsame Jugendorganisation von CDU u. CSU); vgl. auch jüngste; **Jung_ak|ti|vist** (DDR), **...brun|nen, ...bür|ger** (österr. für: jmd., der das Wahlalter erreicht hat); **Jung|chen** (landsch.); **Jung|de|mo|krat** (Mitglied einer der F.D.P. nahestehenden Jugendorganisation; Kurzw.: Judo); **¹Jun|ge** der; -n (↑R 197), -n (ugs. auch: Jungs u. -ns); **²Jun|ge** das; -n, -n (↑R 7 ff.); **Jün|gel|chen** (oft abschätzig); **jun|gen** (Junge werfen); die Katze jungt; **jun|gen|ge|sicht; jun|gen|haft;** -este; **Jun|gen|haf|tig|keit** die; -; **Jun|gen.schu|le, ...streich; Jün|ger** der; -s, -; **Jün|ge|rin** die; -, -nen; **Jün|ger|schaft** die; -; **jüng|fer|lich; Jung|fern.fahrt** (erste Fahrt, bes. die eines neuerbauten Schiffes), **...flug; jung|fern|haft;** -este; **Jung|fern.häut|chen** (für: Hymen), **...kranz** (veralt. für: Brautkranz), **...re|de, ...schaft** (die; -), **...tum** (das; -s), **...zeu|gung** (für: Parthenogenese); **Jung|frau; jung|fräu|lich; Jung|fräu|lich|keit** die; -; **Jung_ge|sel|le; Jung|ge|sel|len.bu|de** (ugs.), **...da|sein, ...tum** (das; -s), **...wirt|schaft, ...woh|nung; Jung|ge|sel|lin** die; -, -nen; **Jung_gram|ma|ti|ker** (Angehöriger der Leipziger Schule der indogermanischen u. allgemeinen Sprachwissenschaft um 1900), **...he|ge|lia|ner** (Angehöriger der radikalen Gruppe der Hegelianer), **...holz, ...leh|rer; Jüng|ling; Jüng|lings_al|ter** das; -s; **jüng|lings|haft;** -este; **Jung_mann** (Plur. ...männer), **...pflan|ze; Jung|so|zia|list** der; -en, -en (Angehöriger einer Nachwuchsorganisation der SPD; Kurzw.: Juso); **jüngst** (veraltend); **jüng|ste,** aber (↑R 157): das Jüngste Gericht, der Jüngste Tag; vgl. jung; **Jung|stein|zeit** die; - (für: Neolithikum); **Jüng|sten|recht** (für: Minorat); **jüng|stens** (veralt. für: jüngst); **jüng|st|hin** (veraltend)

Jung-Stil|ling (dt. Gelehrter u. Schriftsteller)

jüngst|ver|gan|gen; -e Zeit; **Jụng-
,tier,** ...**ver|hei|ra|te|te,** ...**ver-
mähl|te,** ...**vieh,** ...**vo|gel,** ...**volk,**
...**wäh|ler**

Ju|ni der; -[s], -s ⟨lat.⟩ (der sechste
Monat des Jahres, Brachet,
Brachmonat); **Jụ|ni|kä|fer**

ju|ni|or ⟨lat.⟩ (jünger, hinter Na-
men: der Jüngere; Abk.: jr. u.
jun.); Karl Meyer junior; **Jụ|ni-
or** der; -s, ...**oren** (Sohn [im Verhältnis zum Vater]; Mode: Jugendlicher; Sport: Jungsportler
zwischen 18 u. 23 Jahren); **Ju-
nio|rat** das; -[e]s (sww. Minorat);
Jụ|ni|or|chef (Sohn des Ge-
schäftsinhabers); **Jụ|nio|ren-
,mei|ster|schaft** (Sport), ...**ren-
nen** (Sport); **Jụ|nio|rin** die;-, -nen
(↑ R 180); **Jụ|ni|or|part|ner**

Ju|ni|pe|rus der; -, - ⟨lat.⟩ (Wachol-
der)

Jụ|ni|us (röm. m. Eigenn.)

Jun|ker der; -s, -; **jun|ker|haft;**
-este; **jun|ker|lich;** **Jụn|ker-
schaft;** **Jụn|ker|tum** das; -s

Jun|kie [dschangki] der; -s, -s
⟨engl.-amerik.⟩ (Jargon: Drogen-
abhängiger)

Jụnk|tim das; -s, -s ⟨lat.⟩ (Verbin-
dung polit. Maßnahmen, z. B.
Gesetzesvorlagen, zur gleichzei-
tigen Erledigung); **Jụnk|tims-
vor|la|ge**

¹**Jụ|no** (aus Gründen der Deut-
lichkeit gesprochene Form von:
Juni)

²**Jụ|no** (höchste röm. Himmelsgöt-
tin); ³**Jụ|no** die; - (ein Planetoid);
ju|no|nisch; ↑ R 134 (²Juno betref-
fend, der ²Juno ähnlich; fürst-
lich, hehr); -e Schönheit

Jun|ta [chunta, auch: junta] die; -,
...**ten** (span.) (Regierungsaus-
schuß, bes. in Südamerika; kurz
für: Militärjunta)

Jüp|chen (sächs. für: Jäckchen für
Säuglinge); **Jupe** [schüp] die; -, -s,
(auch:) der; -s, -s ⟨franz.⟩
(schweiz. für: Frauenrock)

¹**Jụ|pi|ter** Gen.: -s, auch: Jovis
(höchster röm. Gott); ²**Jụ|pi|ter**
der; - (ein Planet); **Jụ|pi|ter|lam-
pe** ⓦ ⟨nach der Berliner Firma
„Jupiterlicht"⟩ (sehr starke
elektr. Bogenlampe für Film- u.
Fernsehaufnahmen)

Jụ|pon [schüpong, schweiz.: schü-
pong] der; -s, -s (früher für: ele-
ganter langer Damenunterrock;
schweiz. für: Unterrock)

Jụpp (Kurzform von: Joseph)

Jụp|pi|ter vgl. Jupiter

¹**Jụ|ra** (Plur. von: ¹Jus)

²**Jụ|ra** der; -s ⟨Geol.: mittlere Forma-
tion des Mesozoikums); ³**Jụ-
ra** der; -[s] (Bez. von Gebirgen);
↑ R 146: der Fränkische -, der
Schwäbische -; (↑ R 147:) der
Schweizer -; ⁴**Jụ|ra** der; -[s]

(schweiz. Kanton); **Jụ|ra|for|ma-
ti|on;** **Ju|ras|si|er** [...i'r] (Bewoh-
ner des ³· ⁴Jura); **ju|rạs|sisch** (zum
Jura gehörend)

Jür|gen (Nebenform von: Georg)
ju|ri|disch ⟨lat.⟩ (österr., sonst ver-
alt. für: juristisch); **Ju|ris|dik|ti-
on** [...zion] die; -, -en (Rechtspre-
chung; Gerichtsbarkeit); **Ju|ris-
pru|denz** die; - (Rechtswissen-
schaft); **Ju|rịst** der; -en, -en;
↑ R 197 (Rechtskundiger); **Ju|rị-
sten|deutsch** das; -[s]; **Ju|ri|ste|rei**
die; - (scherzh. für: Rechtswissenschaft, Rechtsprechung); **ju-
rị|stisch;** -e Fakultät; -e Person
(rechtsfähige Körperschaft;
Ggs.: natürliche Person); **Ju|ror**
der; -s, ...**oren** ⟨engl.⟩ (Mitglied
einer Jury)

Jụr|te die; -, -n ⟨türk.⟩ (rundes
Filzzelt mittelasiat. Nomaden)

Ju|ry [schüri, auch: schüri;] franz.
Ausspr.: schüri; engl. Ausspr.:
dschu'ri] die; -, -s (Preisgericht;
Schwurgericht [bes. USA]); **ju-
ry|frei** (nicht von Fachleuten zu-
sammengestellt); ¹**Jus** [österr.:
juß] das; -, Jura ⟨lat.⟩ (Recht,
Rechtswissenschaft); Jura studieren; (österr.:) Jus studieren

²**Jus** [schü] die; - (auch [südd.,
schweiz.]: das; - u. [schweiz.:]
der; -) ⟨franz.⟩ (Bratenbrühe;
schweiz. auch: Fruchtsaft)

Ju|so der; -s, -s (Kurzw. für:
Jungsozialist)

Jus|stu|dent (österr. für: Jurastu-
dent)

just ⟨lat.⟩ (veraltend für: eben, gerade; recht); das ist - das Richti-
ge; **ju|sta|ment** ⟨franz.⟩ (veralt.,
noch mdal. für: richtig, genau;
nun erst recht, nun gerade); **ju-
stie|ren** ⟨lat.⟩ (genau einstellen,
einpassen, ausrichten); **Ju|stie-
rer** (jmd., der mit dem Justieren
betraut ist); **Ju|stie|rung;** **Ju-
stier|waa|ge** (Münzkontrollwaa-
ge); **Ju|sti|fi|ka|ti|on** [...zion] die;
-, -en (Rechtfertigung; auch sww.
Justifikatur); **Ju|sti|fi|ka|tur** die;
-, -en (Genehmigung von Rech-
nungen nach Prüfung); **ju|sti|fi-
zie|ren** (rechtfertigen; eine Rech-
nung nach Prüfung genehmi-
gen); **Ju|sti|ne** (w. Vorn.); **Ju|sti-
ni|an, Ju|sti|nia|nus;** ↑ R 180 (Na-
me byzant. Kaiser); **Ju|sti|nus**
(m. Vorn.); **Ju|sti|tia** [...zia] (alt-
röm. Göttin der Gerechtigkeit);
ju|sti|tia|bel; ↑ R 180 (vom Ge-
richt abzuurteilen, richterlicher
Entscheidung unterworfen); ...**a-
ble** Vergehen; **Ju|sti|ti|ar** die; -,
-e (Rechtsbeistand, Syndikus);
Ju|sti|tia|ri|at das; -[e]s, -e (Amt
des Justitiars); **Ju|sti|ti|um** das;
-s, ...**ien** [...i'n] (Stillstand der
Rechtspflege); **Ju|stiz** die; - (Ge-

rechtigkeit; Rechtspflege); **Ju-
stịz_be|am|te,** ...**be|hör|de,** ...**irr-
tum,** ...**mi|ni|ster,** ...**mi|ni|ste|ri-
um,** ...**mord** (Verurteilung eines
Unschuldigen zum Tode), ...**palast,** ...**rat** (Plur. ...räte; früherer
Titel), ...**voll|zugs|an|stalt,** ...**wa-
che|be|am|te** (österr.); **Jụstus** (m.
Vorn.)

Jụte die; - ⟨bengal.-engl.⟩ (Faser-
pflanze; Bastfaser dieser Pflanze)

Jüte der; -n, -n; ↑ R 197 (Bewohner Jütlands)

Jü|ter|bog (Stadt im Fläming)

Ju|te|spin|ne|rei

jü|tisch, aber (↑ R 146): die Jüti-
sche Halbinsel; **Jüt|land** (fest-
länd. Teil Dänemarks)

Jụt|ta, Jụt|te (Kurzformen von:
Judith)

Ju|ve|nal [...we...] (röm. Satiriker)

ju|ve|na|lisch, aber (↑ R 134): Ju-
ve|na|lisch; -e Satiren

ju|ve|nil [...we...] ⟨lat.⟩ (jugendlich)

ju|vi|val|le|ra! [juwiwa... od. juwi-
fa...]

¹**Jụ|wel** der od. das; -s, -en ⟨nie-
derl.⟩ (Edelstein; Schmuck-
stück); ²**Jụ|wel** das; -s, -e (etwas
Wertvolles, besonders Ge-
schätztes, auch von Personen);
Ju|we|len|dieb|stahl; **Ju|we|lier**
der; -s, -e (Schmuckhändler;
Goldschmied); **Ju|we|lier|ge-
schäft**

Jux der; -es, -e ⟨lat.⟩ (ugs. für:
Scherz, Spaß); **ju|xen** (ugs. für:
scherzen); du juxt (juxest)

Jux|ta die; -, ...ten ⟨lat.⟩ (Kontroll-
streifen [an Lotterielosen usw.]);
Jux|ta|po|si|ti|on [...zion] die; -,
-en (Nebeneinanderstellung;
Anlagerung kleinster Teilchen
bei Kristallen); **Jụx|te** (österr.
für: Juxta)

jwd [jotwede] (= janz weit drau-
ßen; ugs. scherzh. für: abgele-
gen)

K

Vgl. auch C und Z

K (Buchstabe); das K; des K, die
K, aber: das k in Haken
(↑ R 82); der Buchstabe K, k

k = Kilo...

K = chem. Zeichen für: Kalium;
Kelvin

K, κ = Kappa

k.¹(im ehem. Österreich-Ungarn)
= kaiserlich; königlich

---
¹ Vgl. S. 364, Spalte 1, Anm. 1.

Ka|a|ba die; - ⟨arab.⟩ (Haupttheiligtum des Islams in Mekka)

Ka|ba|le die; -, -n ⟨hebr.⟩ (veralt. für: Intrige, Ränke, böses Spiel)

Ka|ba|nos|si die; -, - (Wurstsorte)

Ka|ba|rett [auch: ka..., österr.: ...re] das; -s, -s u. (bei eingedeutschter Ausspr. auch:) -e ⟨franz.⟩, Cabarett [kabare, auch: kabare] das; -s, -s (Kleinkunstbühne; Fächerschüssel); **Ka|ba|ret|tier** [...tie] der; -s, -s (Besitzer einer Kleinkunstbühne); **Ka|ba|ret|tist** der; -en, -en; ↑R 197 (Künstler an einer Kleinkunstbühne); **ka|ba|ret|tis|tisch**

Ka|bäus|chen (westmitteld. für: kleines Haus od. Zimmer)

Kab|ba|la die; - ⟨hebr.⟩ (mittelalterl. jüd. Geheimlehre); **kab|ba|lis|tisch** (auf die Kabbala bezüglich; Geheim...)

Kab|be|lei (bes. nordd. für: Zankerei, Streit); **kab|be|lig** (Seemannsspr.: unruhig; ungleichmäßig); **kab|beln**, sich (bes. nordd. für: zanken, streiten); ich ...[e]le mich (↑R 22); die See kabbelt (ist ungleichmäßig); **Kab|be|lung** (Seemannsspr.: [Stelle mit] Kräuselbewegung der See)

[1]Ka|bel der; -, - (niederd. für: Stück, Anteil, Los)

[2]Ka|bel das; -s, - ⟨franz.⟩ (Tau, isolierte elektr. Leitung; Kabelnachricht); **Ka|bel|an|schluß**, ...be|richt, ...fern|se|hen, ...gat[t] (Schiffsraum für Tauwerk)

Ka|bel|jau der; -s, -e u. -s ⟨niederl.⟩ (ein Fisch)

Ka|bel_län|ge (seem. Maß), ...le|ger (Kabel verlegendes Schiff), ...lei|tung; **ka|beln** [nach Übersee] telegrafieren); ich ...[e]le (↑R 22); **Ka|bel_nach|richt**, ...schuh (Elektrotechnik), ...tau (das; -[e]s, -e), ...trom|mel, ...tu|ner (Fernsehtechnik)

Ka|bi|ne die; -, -n ⟨franz.⟩ (Schlaf-, Wohnkammer auf Schiffen; Zelle [in Badeanstalten usw.]; Abteil); **Ka|bi|nen|rol|ler** (ein Fahrzeug); **Ka|bi|nett** das; -s, -e ⟨franz.⟩ (Gesamtheit der Minister; früher für: Beratungsraum, Arbeitszimmer [bes. an Fürstenhöfen]; österr.: kleines, einfenstriges Zimmer; DDR: Lehr- u. Beratungszentrum); **Ka|bi|nett_for|mat** (eine Bildgröße); **Ka|bi|netts.be|schluß**, ...bil|dung, ...fra|ge** (seltener für: Vertrauensfrage), ...ju|stiz** [unzulässige] Einwirkung der Regierung auf die Rechtsprechung), ...kri|se**, ...or|der** (Befehl des Herrschers), ...sit|zung; **Ka|bi|nett|stück** (Prachtstück; Kunststück); **Ka|bi|netts|vor|la|ge; Ka|bi|nett|wein** (edler Wein)

Ka|bis der; - ⟨lat.⟩ (südd., schweiz. für: Kohl); vgl. Kappes

Ka|bo|ta|ge [...taseh] die; - ⟨franz.⟩ (Rechtsw.: Beförderung von Personen u. Gütern innerhalb eines Landes); **ka|bo|tie|ren**

Ka|brio das; -[s], -s (Kurzform von: Kabriolett); **Ka|brio|lett** [österr.: ...le] das; -s, -s ⟨franz.⟩ (Pkw mit zurückklappbarem Verdeck; früher: leichter, zweirädriger Wagen); **Ka|brio|li|mou|si|ne**

Ka|buff das; -s, -e u. -s (landsch. für: kleiner, dunkler Nebenraum)

Ka|bul [auch: ka...] (Hptst. von Afghanistan)

Ka|bu|se, Ka|bü|se die; -, -n (nordd. für: enge Kammer, kleiner, dunkler Raum; auch für: Kombüse)

Ka|by|le der; -n, -n; ↑R 197 (Angehöriger eines Berberstammes)

Ka|chel die; -, -n; **ka|cheln;** ich ...[e]le (↑R 22); **Ka|chel|ofen**

Kach|le|xie [kaeh...] die; -, ...ien ⟨griech.⟩ (Med.: Kräfteverfall)

Ka|cke die; - [Trenn.: Kak|ke] (derb für: Kot); **ka|cken** [Trenn.: kak|ken] (derb); **Ka|cker** [Trenn.: Kak|ker] (derbes Schimpfwort); **kack|fi|del** (derb für: sehr fidel)

Ka|da|ver [...w'r] der; -s, - ⟨lat.⟩ (toter [Tier]körper, Aas); **Ka|da|ver_ge|hor|sam** (blinder Gehorsam), ...mehl, ...ver|wer|tung

Kad|disch der; -s ⟨hebr.⟩ (jüdisches Gebet für Verstorbene)

Ka|denz die; -, -en ⟨ital.⟩ (Schluß eines Verses, eines Musikstückes; unbegleitetes Improvisieren des Solisten im Konzert; Phonetik: Schlußfall der Stimme); **ka|den|zie|ren** (eine Kadenz spielen)

Ka|der der (schweiz. das); -s, - ⟨franz.⟩ (erfahrener Stamm [eines Heeres, einer Sportmannschaft]; DDR: Gruppe leitender Personen in Partei, Staat u. Wirtschaft; Mitglied dieser Gruppe); **Ka|der_ab|tei|lung** (DDR), ...lei|ter der (DDR), ...par|tie** (bestimmte Partie im Billard), ...schmie|de** (ugs. für: Ausbildungsstelle für Kader)

Ka|dett der; -en, -en; ↑R 197 ⟨franz.⟩ (Zögling einer für Offiziersanwärter bestimmten Erziehungsanstalt; schweiz.: Mitglied einer [Schul]organisation für milit. Vorunterricht); **Ka|det|ten_an|stalt**, ...korps, ...schu|le**

Ka|di der; -s, -s ⟨arab.⟩ (Richter in mohammedan. Ländern; ugs. für: Richter)

Kad|mea die; - (von Kadmos erbaute Burg im altgriech. Theben); **kad|me|isch** (aus, von der Kadmea)

kad|mie|ren, (auch:) ver|kad|men ⟨griech.⟩ (Metalle mit einer Kadmiumschicht überziehen); **Kad|mi|um**, (fachspr. nur:) **Cad|mi|um** das; -s (chem. Grundstoff, Metall; Zeichen: Cd); **Kad|mi|um|le|gie|rung**

Kad|mos, Kad|mus (König u. Held der griech. Sage)

ka|du|zie|ren (Rechtsw.: für verfallen erklären)

Ka|far|na|um vgl. Kapernaum

Kä|fer der; -s, - (ugs. auch für: Volkswagen); **Kä|fer|samm|lung**

[1]Kaff das; -[e]s (niederd. für: Spreu; Wertloses; Geschwätz)

[2]Kaff das; -s, -s u. -e ⟨zigeuner.⟩ (ugs. für: Dorf, armselige Ortschaft)

Kaf|fee [auch, österr. nur: kafe] der; -s, (für Kaffeesorte auch Plur.:) -s ⟨arab.-franz.⟩ (Kaffeestrauch, Kaffeebohnen; Getränk); **Kaf|fee_baum**, ...boh|ne**, **kaf|fee|braun; Kaf|fee-Ern|te, Kaf|fee-Er|satz, Kaf|fee-Ex|port, Kaf|fee-Ex|trakt** (↑R 36); **Kaf|fee_fahrt**, ...fil|ter; **Kaf|fee Hag** ⓦ (der; -) - (aus: Kaffee-Handels-AG) (koffeinfreier Kaffee); **Kaf|fee|haus** (österr. für: Café); **Kaf|fee_kan|ne**, ...klatsch** (ugs. scherzh.), ...kränz|chen, ...löf|fel, ...ma|schi|ne, ...müh|le, ...satz, ...ser|vice; **Kaf|fee|sie|der** (österr. amtl., sonst meist abschätzig für: Kaffeehausbesitzer); **Kaf|fee_sor|te**, ...strauch, ...tan|te** (ugs. scherzh.), ...tas|se, ...trin|ker, ...was|ser** (das; -s), ...zu|satz; **Kaf|fe|in** vgl. Koffein

[1]Kaf|fer der; -n, -n; ↑R 197 (Angehöriger eines Bantustammes in Südafrika)

[2]Kaf|fer der; -s, - ⟨jidd.⟩ (ugs. für: dummer, blöder Kerl)

Kaf|fern|büf|fel

Kä|fig der; -s, -e; **kä|fi|gen** (in einem Käfig halten)

Kä|fil|ler der; -s, - ⟨jidd.⟩ (Gaunerspr.: Schinder, Abdecker); **Kä|fil|le|rei** (Abdeckerei)

Ka|fir der; -s, -s u. -n ⟨arab.⟩ (abschätzig für: jmd., der nicht dem islamischen Glauben angehört)

Kaf|ka (österr. Schriftsteller); **kaf|ka|esk;** -este (nach Art der Schöpfungen Kafkas)

Kaf|tan der; -s, -e ⟨pers.⟩ (langes Obergewand der orthodoxen Juden; für: langes, weites Kleidungsstück)

Käf|ter|chen (mitteld. für: Kämmerchen; Verschlag)

kahl; - sein, werden, bleiben; vgl. aber: kahlfressen, kahlscheren, kahlschlagen

Kah|len|berg der; -[e]s (Berg bei Wien)

Kahl|fraß der; -es; **kahl|fres|sen**

(↑ R 205); die Raupen fressen den Baum kahl; kahlgefressen; kahlzufressen; Kahl.frost (Frost ohne Schnee), ...heit (die; -), ...hieb (abgeholztes Waldstück), ...kopf; kahl|köp|fig; Kahl|köp|fig|keit die; -; kahl|sche|ren; Kahl|schlag (abgeholztes Waldstück); kahl|schla|gen; einen Wald -; Kahl|wild (Jägerspr.: weibl. Hirsche)

Kahm der; -[e]s (hefeähnl. Pilz-, Bakterienart); kah|men (Kahm ansetzen); Kahm|haut (aus Kahm gebildete Haut auf Flüssigkeiten); kah|mig

Kahn der; -[e]s, Kähne; - fahren (↑ R 207), aber: das Kahnfahren; Käh|n|chen, Käh|n|lein; Kahn|fahrt

¹Kai [österr.: ke] der; -s, -s u. (selten) -e ⟨niederl.⟩ (gemauertes Ufer, Uferstraße zum Beladen u. Entladen von Schiffen)

²Kai, Kay (m. od. w. Vorn.)

Kai|man der; -s, -e ⟨indian.⟩ (Krokodil im trop. Südamerika)

Kai|mau|er

Kain [auch: kain] (bibl. m. Eigenn.)

Kai|nit der; -s, -e ⟨griech.⟩ (ein Mineral)

Kains_mal (Plur. ...male), ...zei|chen

Kai|phas [auch: kai...], (ökum.:) Ka|ja|fas (bibl. m. Eigenn.)

Kai|ro (Hptst. Ägyptens); **Kai|ro|er** [...o'r] (↑ R 147)

Kai|ser der; -s, -; **Kai|ser_ad|ler** (ein Greifvogel), ...bröt|chen, ...fleisch (österr.: geräuchertes Bauchfleisch, Schweinebauch), ...ge|bir|ge (das; -s; in Tirol); **Kai|se|rin** die; -, -nen; **Kai|se|rin|mut|ter** (Plur. ...mütter); **Kai|ser|kro|ne** (auch: eine Zierpflanze); **kai|ser|lich**; kaiserlich deutsch; kaiserlich österreichische Staatskanzlei; im Titel (↑ R 75): Kaiserlich¹; **kai|ser|lich-kö|nig|lich** (Abk.: k. k.), im Titel: Kaiserlich-Königlich¹ (Abk.: K. K.)

Kai|ser|ling (ein Pilz)

Kai|ser_man|tel (ein Schmetterling), ...quar|tett (das; -[e]s; ein Streichquartett von J. Haydn), ...reich, ...sa|ge, ...schmar|ren (österr., auch südd.: in kleine Stücke zerstoßener Eierkuchen), ...schnitt (Operation bei Geburtshindernissen), ...sem|mel (österr.)

Kai|sers|lau|tern (Stadt in Rhein-

¹ Im ehem. Österreich-Ungarn schrieb man „kaiserlich“ u. „königlich“ auch in Titeln von Ämtern und Personen immer klein; aber: Ew. Kaiserliche Hoheit, Majestät.

land-Pfalz); **Kai|sers|lau|te|rer** (↑ R 147)

Kai|ser|stuhl der; -[e]s (Bergland in Baden-Württemberg); **Kai|ser|stüh|ler** (↑ R 41)

Kai|ser|tum das; -s, ...tümer; **Kai|ser-Wil|helm-Ge|sell|schaft**; **Kai|ser-Wil|helm-Ka|nal** der; -s; ↑ R 41 (früherer Name des Nord-Ostsee-Kanals)

Ka|ja|fas vgl. Kaiphas

Ka|jak der (seltener: das); -s, -s ⟨eskim.⟩ (einsitziges Boot der Eskimos; Sportpaddelboot); **Ka|jak_ei|ner**, ...zwei|er

Kal|je die; -, -n ⟨niederl.⟩ (niederd. für: Uferbefestigung; Kai); **Ka|jel|deich**

Ka|je|put_baum ⟨malai.; dt.⟩ (Myrtengewächs), ...öl (das; -[e]s)

Ka|jü|te_.boot, ...deck; Ka|jü|te die; -, -n (Wohn-, Aufenthaltsraum auf Schiffen)

Kak der; -[e]s, -e (nordd. hist.: Pranger)

Ka|ka|du [österr.: ...du] der; -s, -s ⟨malai.-niederl.⟩ (ein Papagei)

Ka|kao [auch: ...kau] der; -s, -s (für Kakaosorte auch Plur.:) -s ⟨mexik.-span.⟩ (eine tropische Frucht; Getränk); **Ka|kao_baum, ...boh|ne, ...but|ter, ...pul|ver**

ka|keln (nordd. ugs. für: über Dummes, Belangloses reden); ich ...[e]le (↑ R 22)

Ka|ke|mo|no das; -s, -s ⟨jap.⟩ (japan. Gemälde auf Seide od. Papier)

Ka|ker|lak der; -s, u. -en, -en; ↑ R 197; (Schabe [Insekt]; [lichtscheuer] Albino)

Ka|ki vgl. Khaki

ka|ko... ⟨griech.⟩ (schlecht..., übel..., miß...); **Ka|ko...** (Schlecht..., Übel..., Miß...); **Ka|ko|dyl|ver|bin|dung** die; -, -en; meist Plur. (Chemie: Arsenverbindung); **Ka|ko|pho|nie** die; -, ...ien ⟨griech.⟩ (Mißklang; Ggs.: Euphonie); **ka|ko|pho|nisch**; ein -er Akkord

Kak|tee die; -, -n ⟨griech.⟩ u. **Kak|tus** der; -, ...teen (ugs. auch: -ses, -se; eine Pflanze); **Kak|tus|fei|ge** ([Frucht des] Feigenkaktus)

Ka|la-Azar die; - ⟨Hindi⟩ (eine trop. Infektionskrankheit)

Ka|la|bas|se vgl. Kalebasse

Ka|la|bre|se der; -n, -n (↑ R 197); vgl. Kalabrier; **Ka|la|bre|ser** (breitrandiger Filzhut); **Ka|la|bri|en** [...i'n] (Landschaft in Italien); **Ka|la|bri|er** [...i'r] (Bewohner Kalabriens); **ka|la|brisch**

Ka|la|fa|ti der; - ⟨ital.⟩ (Figur im Wiener Prater)

Ka|la|ha|ri|step|pe die; - (in Südafrika)

Ka|la|mai|ka die; -, ...ken ⟨russ.⟩ (slaw.-ung. Nationaltanz)

Ka|la|mi|tät die; -, -en ⟨lat.⟩ (schlimme, mißliche Lage)

Ka|la|mit der; -en, -en (↑ R 197) ⟨griech.⟩ (ausgestorbener baumhoher Schachtelhalm des Karbons)

Ka|lan|choe [...o-e] die; -, ...cho|en ⟨griech.⟩ (eine Zimmerpflanze)

Ka|lan|der der; -s, - ⟨franz.⟩ (Glätt-, Prägemaschine; Walzenanlage zur Herstellung von Kunststoffolien)

Ka|lan|der|ler|che ⟨griech.; dt.⟩ (Lerchenart im Mittelmeerraum)

ka|lan|dern (mit dem Kalander bearbeiten); ich ...ere (↑ R 22); **ka|lan|drie|ren** (Kunststoff zu Folie auswalzen)

Ka|la|sche die; -, -n ⟨russ.⟩ (landsch. für: Tracht Prügel); **ka|la|schen** (prügeln); du kalaschst (kalaschest)

Ka|lau|er der; -s, - ⟨aus franz. calembour unter Anlehnung an die Stadt Calau umgebildet⟩ (ugs. für: nicht sehr geistreicher [Wort]witz); **ka|lau|ern** (Kalauer machen); ich ...ere (↑ R 22)

Kalb das; -[e]s, Kälber (↑ R 157:); das Goldene - (bibl.); **Kälb|chen**, **Kälb|lein; Kal|be** die; -, -n (Kuh, die noch nicht gekalbt hat)

Kal|be/Mil|de (Stadt in der Altmark); vgl. aber: Calbe (Saale)

kal|ben (ein Kalb werfen); **Käl|ber|ma|gen; käl|bern** (auch für: kalben), **¹käl|bern** (wie junge Kälber spielen, umhertollen; auch für: kalben); ich ...ere (↑ R 22); **²käl|bern** (südd., österr. für: aus Kalbfleisch); **Käl|ber|ne** das; -n; ↑ R 7 ff. (südd., österr. für: Kalbfleisch); **Käl|ber|zäh|ne** Plur. (ugs. für: große Graupen); **Kalb_fell** vgl. Kalbsfell; **Kal|bin** die; -, -nen (südd., österr. svw. Kalbe); **Kalb|fleisch; Kalb|le|der**, Kalbsleder; **Kälb|lein**, Kälbchen; **Kalbs_bra|ten, ...bries** od. ...bries|chen, ...brös|chen, ...brust; **Kalb[s]|fell** (früher auch für: Trommel); **Kalbs_fri|kas|see**, ...hach|se (vgl. Hachse), ...keu|le, ...le|ber, ...le|ber|wurst; **Kalb[s]|le|der; Kalbs_me|dail|lon, ...milch** (Brieschen), ...nie|ren|bra|ten, ...nuß (kugelförmiges Stück der Kalbskeule), ...schle|gel, ...schnit|zel (vgl. 'Schnitzel), ...steak, ...stel|ze (österr. für: Kalbshachse)

Kal|chas (griech. Sagengestalt)

Kalck|reuth (dt. Maler)

Kal|da|ri|um das; -s, ...ien [...i'n] ⟨lat.⟩ (altröm. Warmwasserbad; veralt.: warmes Gewächshaus)

Kal|dau|ne die; -, -n (meist Plur.) ⟨lat.⟩ (niederd., mitteld. für: eßbares Eingeweidestück, Kuttelfleck)

Kal|le|bas|se *die; -, -n* ⟨arab.-franz.⟩ (aus einem Flaschenkürbis hergestelltes Gefäß)

Kal|le|do|ni|en [...*i͡en*] (veralt. u. dicht. für: nördl. Schottland); **Kal|le|do|ni|er** [...*i͡er*]; **kal|le|do|nisch,** aber (↑R 157): der Kaledonische Kanal (in Schottland)

Kal|lei|do|skop *das; -s, -e* ⟨griech.⟩ (optisches Spielzeug; lebendigbunte [Bilder]folge); **kal|lei|do|sko|pisch** (auch übertr. für: in bunter Folge ständig wechselnd)

Kal|lei|ka *das; -s* ⟨poln.⟩ (landsch. für: Aufheben, Umstände); **[k]ein - machen**

kal|len|da|risch ⟨lat.⟩ (nach dem Kalender); **Kal|len|da|ri|um** *das; -s, ...ien* [...*i͡en*] (Kalender; Verzeichnis kirchl. Fest- u. Gedenktage); **Kal|len|den** *Plur.* (erster Tag des röm. Monats); **Kal|len|der** *der; -s, -;* (↑R 134:) der Gregorianische, Julianische, Hundertjährige -; **Kal|len|der_blatt,** **...block** (vgl. Block), **...jahr,** **...ma|cher, ...re|form, ...spruch**

Kal|le|sche *die; -, -n* ⟨poln.⟩ (leichte vierrädrige Kutsche)

Kal|le|wal|la, (eingedeutscht:) **Ka|le|wa|la** *die* od. *das; -* (Titel des finn. Volksepos)

Kal|fak|ter *der; -s, -* ⟨lat.⟩ u. **Kal|fak|tor** *der; -s, ...oren* (oft abwertend: jmd., der allerlei Arbeiten und Dienste verrichtet, z. B. im Gefängnis; landsch. für: Aushorcher, Schmeichler)

kal|fa|tern ⟨arab.-niederl.⟩ ([hölzerne Schiffswände in den Fugen] abdichten); ich ...ere (↑R 22); **Kal|fa|te|rung; Kal|fat|ham|mer**

¹Ka|li *das; -s, -s* ⟨arab.⟩ (Sammelbez. für Kalisalze [wichtige Ätzu. Düngemittel])

²Ka|li (ind. Göttin, Gemahlin Schiwas)

Ka|li|an, Ka|li|un *der* od. *das; -s, -e* ⟨pers.⟩ (pers. Wasserpfeife)

Ka|li|ban *der; -s, -e* ⟨nach Caliban, einer Gestalt in Shakespeares „Sturm") (geh., veralt. für: Unhold, häßliches Ungeheuer)

Ka|li|ber *das; -s, -* ⟨griech.⟩ (lichte Weite von Rohren; Durchmesser; auch: Meßgerät; übertr. ugs. für: Art, Schlag; **Ka|li|ber|maß** *das;* **ka|li|brie|ren** (das Kaliber messen, [Werkstücke] auf genaues Maß bringen; [Meßinstrumente] eichen); ...**ka|li|brig** (z. B. kleinkalibrig)

Ka|li|da|sa (altind. Dichter)

Ka|li|dün|ger

Ka|lif *der; -en, -en* (↑R 197) ⟨arab.⟩ (ehem. Titel morgenländ. Herrscher); **Ka|li|fat** *das; -[e]s, -e* (Reich, Herrschaft eines Kalifen); **Ka|li|fen|tum** *das; -s*

Ka|li|for|ni|en [...*i͡en*] (mexikan. Halbinsel; Staat in den USA; Abk.: Calif.); **Ka|li|for|ni|er** [...*i͡er*]; **ka|li|for|nisch,** aber (↑R 157): der Kalifornische Meerbusen (älterer Name für: Golf von Kalifornien)

Ka|li|in|du|strie

Ka|li|ko *der; -s, -s* ⟨nach der ostind. Stadt Kalikut⟩ (dichter Baumwollstoff)

Ka|li|lau|ge

Ka|li|man|tan (indones. Name von: Borneo)

Ka|li|nin|grad (sowjetruss. Name von: Königsberg [Pr])

Ka|li_sal|pe|ter, ...salz; Ka|li|um *das; -s* ⟨arab.-nlat.⟩ (chem. Grundstoff, Metall; Zeichen: K); **Ka|li|um_bro|mid, ...chlo|rat, ...hy|dro|xyd** (vgl. Oxyd), **...per|man|ga|nat, ...ver|bin|dung**

Ka|li|un vgl. Kalian

Kal|lix|t, Kal|lix|tus (Papstname)

Ka|lix|ti|ner *der; -s, -* ⟨lat.⟩ (Anhänger der gemäßigten Hussiten; vgl. Utraquist)

Kalk *der; -[e]s, -e; -* brennen; **Kalk|al|pen** *Plur.;* Nördliche, Südliche -

Kal|kant *der; -en, -en* (↑R 197) ⟨lat.⟩ (Blasebalgtreter an der Orgel)

Kal|kar (Stadt in Nordrhein-Westfalen)

Kalk|bo|den; kal|ken; käl|ken (landsch. für: kalken); **Kalk|gru|be; kalk|hal|tig; kal|kig; Kalk_man|gel, ...ofen, ...oo|lith** (ein Gestein), **...prä|pa|rat** (Arzneimittel), **...sin|ter** (aus Wasser abgesetzter Kalk[spat]), **...spat** (ein Mineral), **...stein, ...tuff**

¹Kal|kül *das,* auch: *der; -s, -e* ⟨franz.⟩ (Berechnung, Schätzung); **²Kal|kül** *der; -s, -e* (Math.: Methode zur systematischen Lösung bestimmter Probleme); **Kal|ku|la|ti|on** [...*zion*] *die; -, -en* ⟨lat.⟩ (Ermittlung der Kosten, [Kosten]voranschlag); **Kal|ku|la|tor** *der; -s, ...oren* (Angestellter des betriebl. Rechnungswesens); **kal|ku|la|to|risch** (rechnungsmäßig); -e Abschreibungen, Zinsen (Wirtsch.); **kal|ku|lier|bar; kal|ku|lie|ren** ([be]rechnen; veranschlagen; überlegen)

Kal|kut|ta (größte Stadt Indiens); **kal|kut|tisch**

Kalk|was|ser *das; -s;* **kalk|weiß**

Kal|la vgl. Calla

Kal|le *die; -, -n* ⟨jidd.⟩ (Gaunerspr.: Braut, Geliebte; Dirne)

Kal|li|graph *der; -en, -en* (↑R 197) ⟨griech.⟩ (Schönschreiber); **Kal|li|gra|phie** *die; -* (Schönschreibkunst); **kal|li|gra|phisch**

Kal|li|o|pe [...*pe*] (Muse der erzählenden Dichtkunst)

Kal|li|py|gos [auch: *kalip...* od. *ka|lip...*] ⟨griech.⟩ („mit schönem Gesäß"; Beiname der Aphrodite)

kal|lös; -este ⟨lat.⟩ (Med.: schwielig); **Kal|lus** *der; -, -se* (Bot.: an Wundrändern von Pflanzen entstehendes Gewebe; Med.: Schwiele; nach Knochenbrüchen neu gebildetes Gewebe)

Kál|mán (ung. Form von Koloman)

¹Kal|mar *der; -[e]s, ...are* ⟨franz.⟩ (eine Tintenfischart)

²Kal|mar (schwed. Hafenstadt); **Kal|ma|rer Uni|on** *die; - -* od. **Kal|ma|ri|sche Uni|on** *die; -n -*

Kal|mäu|ser [auch: *...meu...*] *der; -s, -* ⟨veralt., aber noch landsch. für: jmd., der sehr zurückgezogen lebt und seinen Gedanken nachhängt)

Kal|me *die; -, -n* ⟨franz.⟩ (Windstille); **Kal|men_gür|tel, ...zo|ne**

Kal|muck *der; -[e]s, -e* (ein Gewebe); **Kal|mück, Kal|mücke** *der; ...cken, ...cken* [Trenn.: ...mük|ke]; ↑R 197 (Angehöriger eines westmongol. Volkes)

Kal|mus *der; -, -se* ⟨griech.⟩ (eine Heilpflanze); **Kal|mus|öl** *das; -[e]s*

Ka|lo|bio|tik *die; -* ⟨griech.⟩ (bei den alten Griechen die Kunst, ein harmon. Leben zu führen); **Ka|lo|ka|ga|thie** *die; -* (körperl. u. geistige Vollkommenheit als Bildungsideal im alten Griechenland)

Ka|lo|rie *die; -, ...ien* ⟨lat.⟩ (früher: physikal. Maßeinheit für die Wärmemenge; auch: Maßeinheit für den Energiewert von Lebensmitteln; Zeichen: cal); **ka|lo|ri|en|arm; ...ärmer, ...ärmste; ka|lo|ri|en|be|wußt; Ka|lo|ri|en|ge|halt; Ka|lo|rik** *die; -* (Wärmelehre); **Ka|lo|ri|me|ter** *das; -s, -* ⟨lat.; griech.⟩ (Gerät zur Bestimmung von Wärmemengen); **Ka|lo|ri|me|trie** *die; -* (Lehre von der Messung von Wärmemengen); **ka|lo|ri|me|trisch; ka|lo|risch** ⟨lat.⟩ (die Wärme, die Kalorien betreffend); **ka|lo|ri|sie|ren** (auf Metallen eine Schutzschicht durch Glühen in Aluminiumpulver herstellen)

Ka|lot|te *die; -, -n* ⟨franz.⟩ (Kugelkappe; Schädeldach); Käppchen [der kath. Geistlichen])

Kal|pak [auch: *kal...*], **Kol|pak** [auch: *kol...*] *der; -s, -s* ⟨türk.⟩ (asiat. Lammfell-, Filzmütze; [Tuchzipfel an der] Husarenmütze)

kalt; kälter, kälteste; kalte Ente (ein Getränk); kalte Fährte; die Küche; kalter Krieg; kalte Miete (Miete ohne Heizung);

kalter Schlag (nicht zündender Blitz); auf kalt und warm reagieren; *Schreibung in Verbindung mit Verben* (↑R 205 f.): **I.** *Getrenntschreibung* in ursprünglicher Bedeutung, z. B. kalt bleiben; das Wetter war kalt geblieben. **II.** *Zusammenschreibung,* wenn durch die Verbindung ein neuer Begriff entsteht; vgl. kaltbleiben, kaltlassen, kaltmachen, kaltschweißen, kaltstellen, kaltwalzen; **kalt|blei|ben;** ↑R 205 (sich nicht erregen); er ist bei dieser Nachricht kaltgeblieben; vgl. aber: kalt, I; **Kalt|blut** *das;* -[e]s (eine Pferderasse); **Kalt|blü|ter** (Zool.); **kalt|blü|tig; Kalt|blü|tig|keit** *die;* -; **Käl|te_ein|bruch, ...grad, ...ma|schi|ne; käl|ten** (veralt. für: kalt machen)

Käl|te|pe|ri|ode
Kal|ter (bayr., österr., schweiz. für: [Fisch]behälter)
Käl|te_sturz, ...tech|nik, ...wel|le; Kalt|front (Meteor.); **kalt|ge|schla|gen;** -es Öl; **Kalt|haus** (Gewächshaus mit Innentemperaturen um 12°C); **kalt|her|zig; Kalt|her|zig|keit** *die;* -; **kalt|lä|chelnd** (↑R 209); **kalt|las|sen;** ↑R 205 (ugs. für: nicht beeindrucken); dieses traurige Ereignis hat ihn kaltgelassen; vgl. aber: kalt, I; **Kalt|leim, ...luft** (Meteor.); **kalt|ma|chen;** ↑R 205 (ugs. für: ermorden); er hat ihn kaltgemacht; vgl. aber: kalt, I; **Kalt_stel|lung, ...ver|pfle|gung; kalt|wal|zen;** ↑R 205 (Technik); nur im Infinitiv u. im 2. Partizip gebr.; kaltgeschweißt; **Kalt_start; kalt|stel|len;** ↑R 205 (ugs. für: aus einflußreicher Stellung bringen, einflußlos machen); er hat ihn kaltgestellt; vgl. aber: kalt, I; **Kalt_stel|lung, ...ver|pfle|gung; kalt|wal|zen;** ↑R 205 (Technik); nur im Infinitiv u. im 2. Partizip gebr.; kaltgewalzt; **Kalt|walz|werk; Kalt|was|ser** *das;* -s; **Kalt|was|ser_heil|an|stalt, ...kur; Kalt|wel|le** (mit Hilfe chem. Mittel hergestellte Dauerwelle)
Kal|lum|bin *das;* -s ⟨Bantuspr.-nlat.⟩ (Bitterstoff der Kolombowurzel)
Kal|lu|met [auch franz. Ausspr.: *kalümä*] *das;* -s, -s ⟨griech.⟩ (Friedenspfeife der nordamerik. Indianer)
Ka|lup|pe *die;* -, -n ⟨tschech.⟩

(landsch. für: schlechtes, baufälliges Haus)
Kal|va|ri|en|berg [...*wari'n*...] *der;* -[e]s, (für Nachbildungen [an Wallfahrtsorten] auch *Plur.*:) -e ⟨lat.; dt.⟩ („Schädelstätte"; Kreuzigungsort Christi)
kal|vi|nisch, cal|vi|nisch [...*wi*...] (nach dem Genfer Reformator J. Calvin); das -e Bekenntnis, aber (↑R 134): **Kal|vi|nisch,** Calvi|nisch; eine Kalvinische (von Calvin verfaßte) Schrift; **Kal|vi|nis|mus,** Cal|vi|nis|mus *der;* - (evangelisch-reformierter Glaube); **Kal|vi|nist,** Cal|vi|nist *der;* -en, -en; ↑R 197 (Anhänger des Kalvinismus); **kal|vi|ni|stisch,** cal|vi|ni|stisch
Ka|ly|do|ni|sche Eber *der;* -n -s ⟨nach der ätol. Stadt Kalydon⟩ (Riesentier der griech. Sage)
Ka|lyp|so (griech. Nymphe); vgl. aber: Calypso
Ka|lyp|tra *die;* -, ...ren ⟨griech.⟩ (Wurzelhaube der Farn- u. Samenpflanzen); **Ka|lyp|tro|gen** *das;* -s (Gewebeschicht, aus der sich die Kalyptra bildet)
Kal|zeo|la|rie [...*i'*] *die;* -, -n ⟨lat.⟩ (Pantoffelblume)
Kal|zi|na|ti|on, (fachspr. nur:) Cal|ci|na|ti|on [...*zion*] *die;* - ⟨lat.⟩ u. **Kal|zi|nie|rung,** (fachspr. nur:) Cal|ci|nie|rung (Zersetzung von chem. Verbindung durch Erhitzen; Umwandlung in kalkähnliche Substanz); **kal|zi|nie|ren,** (fachspr. nur:) cal|ci|nie|ren; kalzinierte Soda; **Kal|zi|nier|ofen,** (fachspr. nur:) Cal|ci|nier|ofen; **Kal|zit,** (fachspr. nur:) Cal|cit *der;* -s, -e (Kalkspat); **Kal|zi|um,** (fachspr. nur:) Cal|ci|um *das;* -s (chem. Grundstoff, Metall; Zeichen: Ca); **Kal|zi|um_chlo|rid, ...kar|bid** (fachspr. nur:) Cal|ci|um...)
Ka|mal|du|len|ser *der;* -s, - ⟨nach dem Kloster Camaldoli bei Arezzo⟩ (Angehöriger eines kath. Ordens)
Ka|ma|ril|la [...*rilja,* auch: ...*rila*] *die;* -, ...llen ⟨span.⟩ (einflußreiche, intrigierende Gruppe in der Umgebung einer Regierung; veralt. für: Berater eines Fürsten)
Ka|ma|sut|ra *das;* -[s] ⟨sanskr.⟩ (indisches Lehrbuch der Erotik)
kam|bi|al ⟨ital.⟩ (veralt. für: Wechselgeschäfte treiben); **Kam|bio** *der;* -s, ...bi (veralt. für: Wechsel); **Kam|bi|um** *das;* -s, ...ien ⟨nlat.⟩ (Bot.: ein zeitlebens teilungsfähig bleibendes Pflanzengewebe)
Kam|bo|dscha (ältere Bez. für: Kamputschea); **Kam|bo|dscha|ner; kam|bo|dscha|nisch**
Kam|brik [engl. Ausspr.: *ke'm*...]

der; -s ⟨zu: Cambrai⟩ (ein Gewebe); **Kam|brik|ba|tist**
kam|brisch (zum Kambrium gehörend); **Kam|bri|um** *das;* -s ⟨zu Cambria = alter Name für: Wales⟩ (Geol.: älteste Stufe des Paläozoikums)
Kam|by|ses (pers. König)
Ka|mee *die;* -, -n ⟨franz.⟩ (erhaben geschnittener Stein); **Ka|me|en_schnei|der**
Ka|mel *das;* -[e]s, -e ⟨semit.⟩ (ein Huftier); **Ka|mel|dorn** (*Plur.* ...dorne; ein Steppenbaum); **Kä|mel|garn** od. **Käm|mel|garn** (Garn aus den Haaren der Angoraziege [früher = Kamelziege]); **Ka|mel|haar**
Ka|mel|le [...*i'*] *die;* -, -n ⟨nach dem mährischen Jesuiten Kamel [latinis.: Camellus]⟩ (eine Zierpflanze)
Ka|mel|lon|bon *die;* -, -n (rhein. für: Karamelbonbon)
Ka|mel|lien *Plur.* ⟨griech.⟩; olle - (ugs. für: Altbekanntes)
Ka|mel|lie vgl. Kamelie
Ka|me|lo|pard *der;* -[e]s u. -en (↑R 197) ⟨griech.⟩ (Sternbild der Giraffe)
Ka|me|lott *der;* -s, -e (ein Gewebe)
Ka|menz (Stadt im Bezirk Dresden)
Ka|me|ra *die;* -, -s ⟨lat.⟩; vgl. Camera obscura
Ka|me|rad *der;* -en, -en (↑R 197) ⟨franz.⟩; **Ka|me|ra|den_dieb|stahl, ...hil|fe; Ka|me|ra|de|rie** *die;* - (Kameradschaft; Cliquengeist); **Ka|me|ra|din** *die;* -, -nen; **Ka|me|rad|schaft** *die;* -, -en; **ka|me|rad|schaft|lich; Ka|me|rad|schaft|lich|keit** *die;* -; **Ka|me|rad|schafts_ehe, ...geist** (*der;* -[e]s)
Ka|me|ra_ein|stel|lung, ...füh|rung; Ka|me|ra|list *der;* -en, -en (↑R 197) ⟨griech.⟩ (früher: Beamter einer fürstl. Kammer; Vertreter der Kameralwissenschaft); **Ka|me|ra|li|stik** *die;* - (bei staatswirtschaftl. Abrechnungen gebr. System des Rechnungswesens; veralt. für: Finanzwissenschaft); **ka|me|ra|li|stisch; Ka|me|ral|wis|sen|schaft**
Ka|me|ra_mann (*Plur.* ...männer u. ...leute), **...team, ...ver|schluß**
Ka|me|run [auch: ...*run*] (Staat in Westafrika); **Ka|me|ru|ner** [auch: ...*run*] (↑R 147); **ka|me|ru|nisch** [auch: ...*run*...]; **Ka|me|run|nuß** [auch: ...*run*...] (Erdnuß); ↑R 149
ka|mie|ren, auch: kam|mie|ren (ital.) (Fechtsport: die gegnerische Klinge mit der eigenen umgehen)
Ka|mi|ka|ze *die;* -, - ⟨jap.⟩ (jap. Kampfflieger im 2. Weltkrieg, der sich mit seinem Flugzeug auf das feindliche Ziel stürzte)

Ka|mil|la vgl. Camilla
Ka|mil|le die; -, -n ⟨griech.⟩ (eine
Heilpflanze); Ka|mil|len_öl (das;
-[e]s), ...tee
Ka|mil|lia|ner der; -s, - (↑ R 180)
⟨nach dem Ordensgründer Ca-
millo de Lellis (Angehöriger eines Krankenpflegerordens)
Ka|mil|lo vgl. Camillo
Ka|min der (schweiz.: das); -s, -e
⟨griech.⟩ (offene Feuerung;
landsch. für: Schornstein; Alpi-
nistik: steile, enge Felsenspalte);
Ka|min_fel|ger (landsch.), ...feu-
er; ¹ka|mi|nie|ren (Alpinistik: im
Kamin klettern)
²ka|mi|nie|ren vgl. kamieren
Ka|min_keh|rer (landsch.), ...kleid
(langes Hauskleid)
Ka|mi|sol das; -s, -e ⟨franz.⟩ (frü-
her: Unterjacke, kurzes Wams);
Ka|mi|söl|chen
Kamm der; -[e]s, Kämme;
Kamm|acher [Trenn.: Kamm|ma-
cher, ↑ R 204]; Kämmaschine
[Trenn.: Kämm|ma|schi|ne, ↑ R
204]; Kämm|chen, Kämm|lein
Käm|mel|garn, Kä|mel|garn (vgl.
d.)
käm|meln ([Wolle] fein kämmen);
ich ...[e]le (↑ R 22); käm|men
Kam|mer die; -, -n; Kam|mer|bul-
le (Soldatenspr.: Unteroffizier,
der die Kleiderkammer unter
sich hat); Käm|mer|chen, Käm-
mer|lein; Kam|mer|die|ner;
Käm|me|rei (veralt. für: Finanz-
verwaltung einer Gemeinde);
Käm|me|rer; Kam|mer_frau,
...herr; ...kam|me|rig (z. B. viel-
kammerig); Kam|mer_jä|ger,
...jung|fer, ...jun|ker; Käm|mer-
lein, Käm|mer|chen; Kam|mer|ling
(ein Wurzelfüßer); Käm-
mer|ling (früher für: Kammer-
diener); Kam|mer_mu|sik, ...or-
che|ster, ...rat (Plur. ...räte; frü-
herer Titel), ...sän|ger, ...spiel (in
einem kleinen Theater aufge-
führtes Stück mit wenigen Rol-
len), ...spie|le (Plur.; kleines
Theater), ...ton (der; -[e]s; Nor-
malton zum Einstimmen der In-
strumente), ...zo|fe
Kamm_fett (vom Kamm des Pfer-
des), ...garn; Kamm|garn|spin-
ne|rei; Kamm_gras (das; -es),
...griff (der; -[e]s; Geräteturnen),
...grind (der; -[e]s; eine Geflü-
gelkrankheit); Kämm|la|ge;
Kämm|lein, Kämm|chen;
Kämm|ling (Abfall von Kamm-
garn); Kam|molch [Trenn.:
Kamm|molch, ↑ R 204]; Kam|mu-
schel [Trenn.: Kamm|mu...,
↑ R 204]; Kamm|weg
Ka|mor|ra die; - ⟨ital.⟩ (Geheim-
bund in ehem. Königreich Neapel)
Kamp der; -[e]s, Kämpe ⟨lat.⟩ (nie-

derd. für: abgegrenztes Stück
Land, Feldstück)
Kam|pa|gne [...panj⁰] die; -, -n
⟨franz.⟩ (Presse-, Wahlfeldzug;
polit. Aktion; Wirtsch.: Haupt-
betriebszeit; Arbeitsabschnitt
bei Ausgrabungen; veralt. für:
milit. Feldzug)
Kam|pa|la (Hptst. von Uganda)
Kam|pa|ni|en [...i⁰n] (hist. ital.
Landschaft)
Kam|pa|ni|le der; -, - ⟨ital.⟩ (freiste-
hender Glockenturm [in Italien])
Käm|pe der; -n, -n; ↑ R 197 (dicht.
für: Kämpfer, Krieger)
Kam|pel|lei (landsch.); kam|peln,
sich (landsch. für: sich balgen;
sich streiten, zanken); ich ...[e]le
mich mit ihm (↑ R 22)
Kam|pe|sche|holz das; -es ⟨nach
dem Staat Campeche [kampä-
tsch⁰] in Mexiko⟩ (Färbeholz)
Käm|pe|vi|se [kämpewis⁰] die; -, -r
⟨dän.⟩ ⟨skand., bes. dän. Ballade
des Mittelalters mit Stoffen aus
der Heldensage⟩
Kampf der; -[e]s, Kämpfe; - ums
Dasein; Kampf_ab|stim|mung,
...an|sa|ge, ...bahn (für: Stadion),
...be|gier[|de] (die; -); kampf_be-
reit, ...be|tont; kämp|fen
Kämp|fer der; -s ⟨sanskr.⟩ (eine
harzartige Masse; ein Heilmittel)
¹Kämp|fer (Kämpfender)
²Kämp|fer der; -s, - (Gewölbeauf-
lage; Teil eines Fensters)
Kämp|fe|rin die; -, -nen; kämp|fe-
risch; -ste; Kämp|fer|na|tur
Kampf|fer_öl, ...spi|ri|tus
Kampf|fes|lärm, Kampf|lärm;
Kampf|fes|lust, Kampf|lust;
kampf|fä|hig; Kampf_fä|hig|keit
(die; -), ...fisch, ...flie|ger, ...flug-
zeug, ...ge|fähr|te, ...geist (der;
-[e]s), ...grup|pe, ...hahn, ...hand-
lung (meist Plur.), ...kraft,
...lärm od. Kampf|fes|lärm, ...läu-
fer (ein Vogel); kampf|los;
Kampf_lust od. Kampf|fes|lust,
...maß|nah|me (meist Plur.),
...mo|ral, ...pan|zer, ...pau|se,
...platz, ...preis (vgl. ²Preis),
...rich|ter; kampf|stark; Kampf-
stoff; kampf|un|fä|hig; Kampf-
un|fä|hig|keit die; -
kam|pie|ren ⟨franz.⟩ ([im Freien]
lagern; ugs. für: wohnen, hau-
sen)
Kam|pul|tschea (Staat in Hinter-
indien); Kam|pul|tschea|ner; ↑ R
180; kam|pul|tschea|nisch
Kam|sin der; -s, -e ⟨arab.⟩ (heiß-
trockener Sandwind in der
ägypt. Wüste)
Kamt|scha|da|le der; -n, -n; ↑ R 197
(Bewohner von Kamtschatka);
Kamt|schat|ka (nordasiat. Halb-
insel)
Ka|muf|fel das; -s, - (landsch. für:
Dummkopf)

Kan. = Kansas
Ka|na (bibl. Ort); Hochzeit zu -
Ka|na|an [...na-an] (das vorisraeli-
tische Palästina); ka|naa|nä|isch
(↑ R 180); Ka|naa|ni|ter (↑ R 180);
ka|naa|ni|tisch (↑ R 180)
Ka|na|da (Bundesstaat in Nord-
amerika); Ka|na|da|bal|sam der;
-s (↑ R 149); Ka|na|di|er [...i⁰r]
(Bewohner von Kanada; auch:
offenes Sportboot; österr. auch:
ein Polstersessel); ka|na|disch,
aber (↑ R 146): der Kanadische
Schild (Festlandskern Nordame-
rikas)
Ka|nail|le [kanalj⁰, österr.: ...naj⁰]
die; -, -n ⟨franz.⟩ (Schurke; veralt.
für: Gesindel)
Ka|na|ke der; -n, -n (↑ R 197) ⟨polyne-
nes.⟩ (Eingeborener der Südsee-
inseln; Ausspr. meist [kanak⁰]:
ugs. abschätzig für: ausländi-
scher Arbeitnehmer)
Ka|nal der; -s, ...näle ⟨ital.⟩ ⟨Sing.
auch für: Ärmelkanal⟩; Ka|nal-
bau (Plur. ...bauten); ka|näl|chen
(kleiner Kanal); Ka|nal_deckel
[Trenn.: ...dek|kel], ...ge|bühr;
Ka|na|li|sa|ti|on [...zion] die; -,
-en (Anlage zur Ableitung der
Abwässer); ka|na|li|sie|ren (eine
Kanalisation bauen; schiffbar
machen; übertr.: in eine bestimmte Richtung lenken); Ka-
na|li|sie|rung (System von Kanä-
len; Ausbau zu Kanälen); Ka-
nal_schacht, ...schleu|se
ka|na|nä|isch, Ka|na|ni|ter, ka|na-
ni|tisch vgl. kanaanäisch usw.
Ka|na|pee das; -s, -s ⟨franz.⟩ (veral-
tend für: Sofa; pikant belegte
[geröstete] Weißbrotscheibe)
Ka|na|ren Plur. (Kanarische In-
seln); Ka|na|ri der; -s, - ⟨südd.,
österr. ugs. für: Kanarienvogel);
Ka|na|rie [...ri⁰] die; -, -n
(fachspr. für: Kanarienvogel);
Ka|na|ri|en|vo|gel [...i⁰n...]; Ka-
na|ri|er [...i⁰r] (Bewohner der Ka-
narischen Inseln); ka|na|risch;
Ka|na|ri|sche In|seln Plur. (an der
Nordwestküste Afrikas)
Kan|da|har-Ren|nen ⟨nach dem
Earl of Kandahar⟩ (jährl. statt-
findendes Skirennen); ↑ R 135
Kan|da|re die; -, -n ⟨ung.⟩ (Gebiß-
stange des Pferdes); jmdn. an die
- nehmen (streng behandeln)
Kan|del der; -s, -n od. die; -, -n
(landsch. für: [Dach]rinne)
Kan|de|la|ber der; -s, - ⟨franz.⟩
(Standleuchte; Laternenträger)
kan|deln (landsch. für: auskehlen,
rinnenförmig aushöhlen); ich
...[e]le (↑ R 22)
Kan|del|zucker [Trenn.: ...zuk|ker]
(landsch. für: Kandis[zucker])
Kan|di|dat der; -en, -en (↑ R 197)
⟨lat.⟩ (in der Prüfung Stehender;
[Amts]bewerber, Anwärter;

Abk.: cand.); - der Medizin (Abk.: cand. med.); - des [lutherischen] Predigtamtes (Abk.: cand. [rev.] min. od. c. r. m.; vgl. Doktor); **Kan|di|da|ten|li|ste; Kan|di|da|tur** die; -, -en (Bewerbung [um ein Amt, einen Parlamentssitz usw.]); **kan|di|del** (nordd. für: heiter, lustig); **kandi|die|ren** (sich [um ein Amt usw.] bewerben)

Kan|di|dus vgl. Candidus

kan|die|ren ⟨arab.⟩ ([Früchte] durch Zucker haltbar machen)

Kan|din|sky (russ. Maler)

Kan|dis der; - ⟨arab.⟩ u. **Kan|diszucker** [Trenn.: ...zuk|ker] (an Fäden auskristallisierter Zucker); **Kan|di|ten** Plur. (bes. österr. für: überzuckerte Früchte; Süßigkeiten)

Ka|neel der; -s, -e ⟨sumer.⟩ (beste Zimtsorte); **Ka|neel|blu|me**

Kan|epho|re die; -, -n ⟨griech.⟩ (Bauw.: weibliche Figur als Gebälkträger)

Ka|ne|vas [kan′waß] der; - u. -ses, - u. -se ⟨franz.⟩ (Gittergewebe; Akt- u. Szeneneinteilung in der ital. Stegreifkomödie; **ka|ne|vassen** (aus Kanevas)

Kän|gu|ruh [känggu...] das; -s, -s ⟨austral.⟩ (ein Beuteltier)

Ka|ni|den Plur. ⟨lat.⟩ (Sammelbez. für: Hunde u. hundeartige Tiere)

Ka|nin das; -s, -e ⟨iber.⟩ (Kaninchenfell); **Ka|nin|chen**

Ka|ni|ster der; -s, - ⟨sumer.-ital.⟩ (tragbarer Behälter für Flüssigkeiten)

Kan|ker der; -s, - ⟨griech.⟩ (eine Spinnenart)

Kan|na vgl. Canna

Kan|nä das; -, - ⟨nach dem Schlachtort des Altertums in Italien: Cannae⟩ (übertr.: vernichtende Niederlage); vgl. kannäisch

Kan|na|da das; -[s] (eine Sprache in Indien)

Kann-Be|stim|mung (↑ R 33)

Känn|chen, Kännlein; **Kan|ne** die; -, -n; **Kan|ne|gie|ßer** (polit. Schwätzer); **kan|ne|gie|ßern;** ich ...ere (↑ R 22); gekannegießert

Kän|nel der; -s, - (bes. schweiz. für: Dachrinne); **kan|nel|lie|ren** (mit Kannelüren versehen; auskehlen; riefeln); **Kan|nel|lie|rung**

Kän|nel|koh|le ⟨engl.; dt.⟩ (eine Steinkohlenart)

Kan|ne|lur die; -, -en ⟨sumer.-franz.⟩ u. **Kan|ne|lü|re** die; -, -n (senkrechte Rille am Säulenschaft; Hohlkehle)

Kan|nen|bäcker|land, (auch: Kannebäckerland) das; -[e]s [Trenn.: ...bäk|ker...] (Landschaft im Westerwald); **Kan|nen|pflan|ze** (eine insektenfressende Pflanze)

kan|nen|sisch; -e Niederlage (vollständige Niederlage, wie die bei Cannae); vgl. Kannä

kan|nen|wei|se; das Öl wurde - abgegeben

Kan|ni|ba|le der; -n, -n (↑ R 197) ⟨span.⟩ (Menschenfresser; übertr.: roher, ungesitteter Mensch); **kan|ni|ba|lisch;** -ste; **Kan|ni|ba|lis|mus** der; - (Menschenfresserei; übertr.: unmenschliche Roheit; Zool.: Verzehren der Artgenossen)

Kan|nit|ver|stan der; -s, -e ⟨niederl.⟩ („Kann nicht verstehen"; Figur nach J. P. Hebel)

Känn|lein, Kännlchen (↑ R 33)

Ka|noldt (dt. Maler)

¹**Ka|non** der; -s, -s ⟨sumer.-lat.⟩ (Maßstab, Richtschnur; Regel; Auswahl; Kettengesang; Liste der kirchl. anerkannten bibl. Schriften; in der kath. Liturgie das Hochgebet der Eucharistie; kirchenamtl. Verzeichnis der Heiligen; Einzelbestimmung des kath. Kirchenrechts [fachspr. Plur.: Kanones (kanoneß)]; Verzeichnis mustergültiger Schriftsteller); ²**Ka|non** die; ⟨in Schriftgrad⟩

Ka|no|na|de die; -, -n ⟨sumer.-franz.⟩ [anhaltendes] Geschützfeuer; Trommelfeuer); **Ka|no|ne** die; -, -n ⟨sumer.-ital.⟩ (Geschütz; ugs. für: Sportgröße, bedeutender Könner); **Ka|no|nen.boot,** ...don|ner, ...fut|ter (vgl. ¹Futter), ...ku|gel, ...öf|chen, ...rohr, ...schlag (Feuerwerkskörper), ...schuß; **Ka|no|nier** der; -s, -e ⟨sumer.-franz.⟩ (Soldat der Geschützbedienung); **ka|no|nie|ren** (veralt. für: mit Kanonen [anhaltend] schießen; ugs. für: kraftvoll schießen, werfen [Fuß-, Handball usw.])

Ka|no|nik die; - ⟨sumer.-lat.⟩ (Name der Logik bei Epikur); **Kano|ni|kat** das; -[e]s, -e (Amt, Würde eines Kanonikers); **Ka|no|niker** od. **Ka|no|ni|kus** der; -, ...ker (Mitglied eines geistl. Kapitels, Chorherr); **Ka|non-Vor|schrift** [...zion] die; -, -en (Heiligsprechung); **ka|no|nisch** (den Kanon betreffend, ihm gemäß; mustergültig); -es Recht; -e Schriften; **ka|no|ni|sie|ren** (heiligsprechen, in den Kanon aufnehmen); **Kano|ni|sie|rung;** ⟨sumer.-franz.⟩ u. **Ka|no|nis|sin** die; -, -nen (Stiftsdame); **Ka|no|nist** der; -en, -en (↑ R 197) ⟨sumer.-lat.⟩ (Lehrer des kanon. Rechtes)

Ka|no|pe die; -, -n ⟨griech.⟩ (altägypt. u. etrusk. Urne); **Ka|nopen|deckel** [Trenn.: ...dek|kel]; **Ka|no|pos** vgl. ¹Kanopus; ¹**Ka**

no|pus (antiker Name eines Ortes an der Nilmündung); ²**Ka|no|pus** der; - (ein Stern)

Ka|nos|sa das; -s, -s ⟨nach der Felsenburg Canossa in Norditalien⟩; ein Gang nach - (übertr. für: Demütigung; **Ka|nos|sagang** der (↑ R 149)

Kä|no|zoi|kum das; -s; ↑ R 180 ⟨griech.⟩ (Geol.: Erdneuzeit [Tertiär u. Quartär]); **kä|no|zo|isch**

Kans. = Kansas

Kan|sas (Staat in den USA; Abk.: Kan. u. Kans.)

Kant (dt. Philosoph); **Kant-Gesell|schaft,** aber: **Kant|stu|dium** (↑ R 135)

Kan|ta|bi|le das; -, - ⟨ital.⟩ (Musik: ernstes, getragenes, gesangartiges Stück; **Kan|ta|bi|li|tät** die; - ⟨lat.⟩ (Musik: die Sangbarkeit, gesanglicher Ausdruck, melod. Schönheit)

Kan|ta|brer [auch: kan...] der; -s, - (Angehöriger eines alten iber. Volkes); **kan|ta|brisch,** aber (↑ R 146): das Kantabrische Gebirge

Kan|tar der od. das; -s, -e ⟨lat.-arab.⟩ (altes Gewichtsmaß im Mittelmeerraum); 5 - (↑ R 129)

¹**Kan|ta|te** die; -, -n ⟨lat.⟩ (mehrteiliges, instrumentalbegleitetes Gesangsstück für eine Solostimme oder Solo- und Chorstimmen); ²**Kan|ta|te** („Singet!"; vierter Sonntag nach Ostern)

Kan|te die; -, -n; ¹**Kan|tel** die; -, -n (Holzstück mit quadrat. od. rechteckigem Querschnitt für Stuhlbeine usw.); ²**Kan|tel** der od. das; -s, - (veralt. für: Lineal); **kan|teln** (veralt. für: mit dem ²Kantel Linien ziehen; auf die Kante stellen); ich ...[e]le (↑ R 22); **kan|ten** (mit Kanten versehen, rechtwinklig behauen; auf die Kante stellen); **Kan|ten** der; -s, - (nordd. für: Brotrinde; Anschnitt od. Endstück eines Brotes); **Kan|ten.ball** (Tischtennis), ...ge|schie|be (Geol.), ...win|kel

¹**Kan|ter** der; -s, - (veralt. für: Gestell [für Fässer]; Verschlag)

²**Kan|ter** [auch engl. Ausspr.: kän...] der; -s, - ⟨engl.⟩ (Reitsport: leichter, kurzer Galopp); **kan|tern** (kurz galoppieren); ich ...ere (↑ R 22); **Kan|ter|sieg** (Sport: müheloser [hoher] Sieg)

Kant|ha|ken (ein Werkzeug); ugs.: jmdn. beim - kriegen

Kan|tha|ri|den Plur. ⟨griech.⟩ (Weichkäfer); **Kan|tha|ri|denpfla|ster; Kan|tha|ri|din,** (fachspr.:) **Can|tha|ri|din** das; -s (früher als Heilmittel verwendete Drüsenabsonderung bestimmter Insekten)

Kant|holz

Kan|tia|ner; ↑ R 180 (Schüler, Anhänger Kants)

kan|tig

Kan|ti|le|ne die; -, -n ⟨ital.⟩ (gesangartige, getragene Melodie)

Kan|til|le die; -, -n ⟨sumer.-roman.⟩ (gedrehter, vergoldeter od. versilberter Draht)

Kan|ti|ne die; -, -n ⟨franz.⟩ (Speisesaal in Betrieben, Kasernen o. ä.); Kan|ti|nen_es|sen, ...wirt

kan|tisch ⟨zu: Kant); aber (↑ R 134): Kan|tisch

¹Kan|ton (chin. Stadt)

²Kan|ton der; -s, -e ⟨franz.⟩ (Schweiz: Bundesland; Abk.: Kt.; Frankr. u. Belgien: Bezirk, Kreis); kan|to|nal (den Kanton betreffend); Kan|to|nal|bank (Plur. ...banken); Kan|tön|chen, Kan|tön|lein (kleiner Kanton); Kan|to|nie|re die; -, -n ⟨ital.⟩ (Straßenwärterhaus in den ital. Alpen); kan|to|nie|ren ⟨franz.⟩ (veralt. für: Truppen unterbringen; in Standorte legen); Kan|to|nie|rung; Kan|to|nist der; -en, -en; ↑ R 197 (veralt. für: ausgehobener Rekrut); unsicherer - (ugs. für: unzuverlässiger Mensch); Kan|tön|lein, Kan|tön|chen; Kan|tön|li|geist der; -[e]s (Kirchturmpolitik, Lokalpatriotismus); Kan|ton|ne|ment [...mãng od. ...mã n̄] das; -s, -s u. (schweiz.:) -e (veralt. für: Truppenunterkunft); Kan|tons_ge|richt, ...rat (Plur. ...räte), ...schu|le (von der Kantonsregierung verwaltete Schule), ...spi|tal

Kan|tor der; -s, ...oren ⟨lat.⟩ (im Gregorian. Choral: Vorsänger; Leiter des Kirchenchores, Organist); Kan|to|rat das; -[e]s, -e (Amt eines Kantors); Kan|to|rei (ev. Kirchenchor; kleine Singgemeinschaft; im MA. Gesangschor der Kloster- u. Domschulen); Kan|to|ren|amt

Kan|to|ro|wicz [...witsch], Alfred (dt. Publizist u. Schriftsteller)

Kan|tschu der; -s, -s ⟨türk.⟩ (Riemenpeitsche)

Kant|stein (nordd. für: Bordstein)

Kan|tus der; -, -se ⟨lat.⟩ (Studentenspr.: Gesang)

Ka|nu [auch, österr. nur: kanú] das; -s, -s ⟨karib.⟩ (ausgehöhlter Baumstamm als Boot; zusammenfassende Bez. für: Kajak u. Kanadier)

Ka|nü|le die; -, -n ⟨sumer.-franz.⟩ (Röhrchen; Hohlnadel)

Ka|nu|te der; -n, -n (↑ R 197) ⟨karib.⟩ (Sport: Kanufahrer)

Kan|zel die; -, -n ⟨lat.⟩; Kan|zel_red|ner, ...ton ⟨-[e]s)

kan|ze|ro|gen (svw. karzinogen)

kan|ze|rös (Med.: krebsartig)

Kanz|lei (bes. südd., österr., schweiz. für: Büro); Kanz|lei_-druck, ...be|am|te, ...for|mat; kanz|lei|mä|ßig; Kanz|lei_-spra|che (die; -), ...stil (der; Kanz|ler; Kanz|ler|kan|di|dat; Kanz|ler|schaft die; -; Kanz|list der; -en, -en; ↑ R 197 (veralt. für: Schreiber, Angestellter in einer Kanzlei)

Kan|zo|ne die; -, -n ⟨ital.⟩ (Gedichtform; Gesangstück; Instrumentalkomposition)

Kao|lin das od. der (fachspr. nur so); -s, -e ⟨chin.-franz.⟩ (Porzellanerde); Kao|lin|er|de (svw. Kaolin)

Kap. = Kapitel (Abschnitt)

ka|pa|bel ⟨franz.⟩ (veralt., noch mdal. für: geschickt; fähig, befähigt); ...a|ble Schüler

Ka|paun der; -s, -e ⟨[verschnittener] Masthahn); ka|pau|nen (verschneiden); kapaunt; ka|pau|ni|sie|ren (svw. kapaunen)

Ka|pa|zi|tät die; -, -en ⟨lat.⟩ (Aufnahmefähigkeit, Fassungskraft, -vermögen; auch: hervorragender Fachmann); Ka|pa|zi|täts_-aus|la|stung, ...er|wei|te|rung

Kap Ca|na|ve|ral [- känäw^('r')l] (amerik. Raketenstartplatz)

Ka|pee ⟨franz.); (ugs., mdal. in der Redewendung:) schwer von - sein (begriffsstutzig sein)

Ka|pel|lan der; -s, -e ⟨franz.⟩ (ein Lachsfisch, Lodde)

Ka|pel|la die; - ⟨lat.⟩ (ein Stern)

¹Ka|pel|le die; -, -n ⟨lat.⟩ (kleiner kirchl. Raum; Orchester)

²Ka|pel|le, (auch:) Kupelle die; -, -n ⟨lat.⟩ (Tiegel zum Schmelzen von silberhaltigem Blei)

Ka|pell|meis|ter

¹Ka|per der; -n, -n (meist Plur.) ⟨griech.⟩ ([eingelegte] Blütenknospe des Kapernstrauches)

²Ka|per der; -s, - ⟨niederl.⟩ (veralt. für: Kaperschiff; Freibeuter, Seeräuber); Ka|per|brief; Ka|pe|rei (früher: Aufbringung feindlicher und Konterbande führender neutraler Handelsschiffe); Ka|per_fahrt, ...gut; ka|pern; ich ...ere (↑ R 22)

Ka|per|na|um, (ökum.:) Ka|far|na|um (bibl. Ort)

Ka|pern_so|ße, ...strauch

Ka|per|schiff; Ka|pe|rung

Ka|pet|in|ger [auch: kap...] der; -s, - (Angehöriger eines franz. Königsgeschlechtes)

Kap|hol|län|der (veralt. für: Bure); kap|hol|län|disch

ka|pie|ren ⟨lat.⟩ (ugs. für: fassen, begreifen, verstehen)

ka|pil|lar ⟨lat.⟩ (haarfein, z. B. von Blutgefäßen); Ka|pil|lar|ana|ly|se; Ka|pil|la|re die; -, -n (Haargefäß, kleinstes Blutgefäß; Haarröhrchen); Ka|pil|lar|ge|fäß (feinstes Blutgefäß); Ka|pil|la|ri|tät die; - (Physik: Verhalten von Flüssigkeiten in engen Röhren); Ka|pil|lar|mi|kro|sko|pie die; - (Med.: mikroskop. Untersuchung der Kapillaren der menschlichen Haut)

ka|pi|tal ⟨lat.⟩ (hauptsächlich; vorzüglich, besonders); Ka|pi|tal das; -s, -e u. (österr. nur:) -ien [...i^e n] (Vermögen; Geldsumme); Ka|pi|täl das; -s, -e (seltener für: Kapitell); Ka|pi|tal_an|la|ge, ...auf|stockung [Trenn.: ...stok|kung], ...aus|fuhr; Ka|pi|tal|band, Kap|tal|band das; -[e]s, ...bänder (Schutz- u. Zierband am Buchrücken); Ka|pi|tal_be|darf, ...bil|dung, ...buch|sta|be (Großbuchstabe); Ka|pi|täl|chen (kleines Kapital; lat. Großbuchstabe in der Größe eines kleinen Buchstabens; ↑ R 35); Ka|pi|tal|er|hö|hung, ...er|trag[s]|steu|er, ...ex|port, ...feh|ler (besonders schwerer Fehler), ...flucht (die; -), ...ge|sell|schaft, ...ge|winn, ...hirsch; Ka|pi|tal|in|ten|siv (viel Kapital erfordernd); Ka|pi|tal|in|ve|sti|ti|on; Ka|pi|ta|li|sa|ti|on [...zion] die; -, -en (Umwandlung eines laufenden Ertrags od. einer Rente in einen einmaligen Betrag); ka|pi|ta|li|sie|ren; Ka|pi|ta|li|sie|rung vgl. Kapitalisation; Ka|pi|ta|lis|mus der; - (Wirtschafts- u. Gesellschaftsordnung, deren treibende Kraft das Gewinnstreben einzelner ist); Ka|pi|ta|list der; -en, -en; ↑ R 197 (oft abschätzig: Vertreter des Kapitalismus); ka|pi|ta|lis|tisch; Ka|pi|tal|kraft; ka|pi|tal|kräf|tig; Ka|pi|tal_markt, ...ver|bre|chen (schweres Verbrechen), ...zins (Plur. ...zinsen)

Ka|pi|tän der; -s, -e ⟨ital.(-franz.)); Ka|pi|tän|leut|nant; Ka|pi|täns_-ka|jü|te, ...pa|tent

Ka|pi|tel das; -s, - ⟨lat.⟩ ([Haupt]stück, Abschnitt [Abk.: Kap.]; geistl. Körperschaft [von Domherren, Mönchen]); Kapitel XII; ka|pi|tel|fest; -este (ugs. für: fest im Wissen; bibelfest)

Ka|pi|tell das; -s, -e ⟨lat.⟩ (oberer Säulen-, Pfeilerabschluß)

ka|pi|teln ⟨lat.⟩ (landsch. für: ausschelten); ich ...e[l]e (↑ R 22); Ka|pi|tel_saal (Sitzungssaal im Kloster), ...über|schrift

Ka|pi|tol das; -s (Burg Alt-Roms; Kongreßpalast in Washington);

ka|pi|to|li|nisch; die -en Gänse, aber (↑R 157): der Kapitolinische Hügel, die Kapitolinische Wölfin

Ka|pi|tu|lant *der;* -en, -en (↑R 197) ⟨lat.⟩ (früher: sich zu längerem [Heeres]dienst Verpflichtender; DDR: jmd., der vor den Argumenten politischer Gegner kapituliert); Ka|pi|tu|lar *der;* -s, -e (Mitglied eines Kapitels, z. B. Domherr); Ka|pi|tu|la|ri|en [...*iᵉn*] *Plur.* (Gesetze u. Verordnungen der fränk. Könige); Ka|pi|tu|la|ti|on [...*zion*] *die;* -, -en ⟨franz.⟩ (Übergabe [einer Truppe od. einer Festung]; früher: Dienstverlängerungsvertrag eines Soldaten); ka|pi|tu|lie|ren (sich ergeben, aufgeben)

Kap|lla|ken *das;* -s, - ⟨niederl.⟩ (Seemannsspr. veralt. für: dem Kapitän zustehende Sondervergütung)

Ka|plan *der;* -s, ...pläne ⟨lat.⟩ (kath. Hilfsgeistlicher)

Kap|land *das;* -[e]s (svw. Kapprovinz)

Ka|po *der;* -s, -s ⟨Kurzform von franz. caporal⟩ (Unteroffizier; Häftling eines Konzentrationslagers, der ein Arbeitskommando leitete; landsch. für: Vorarbeiter)

Ka|po|da|ster *der;* -s, -e ⟨ital.⟩ (bei Lauten u. Gitarren über alle Saiten reichender, auf dem Griffbrett verschiebbarer Bund)

Ka|pok *der;* -s ⟨malai.⟩ (Samenfaser des Kapokbaumes, Füllmaterial)

ka|po|res ⟨jidd.⟩ (ugs. für: entzwei); - gehen, - sein

Ka|pot|te *die;* -, -n ⟨franz.⟩ (um die Jahrhundertwende getragener Damenhut); Ka|pott|hut *der*

Kap|pa *das;* -[s], -s (griech. Buchstabe: K, κ)

Kap|pa|do|ki|en usw. vgl. Kappadozien usw.; Kap|pa|do|zi|en [...*iᵉn*] (antike Bez. einer Landschaft im östl. Kleinasien); Kap|pa|do|zi|er [...*iᵉr*]; kap|pa|do|zisch

Kapp|beil (Seemannsspr.)

Käpp|chen, Käpp|lein; Kap|pe *die;* -, -n ⟨lat.⟩

kap|pen (ab-, beschneiden; abhauen)

Kap|pen|abend (eine Faschingsveranstaltung)

Kap|pes, Kap|pus *der;* - ⟨lat.⟩ (westd. für: Weißkohl)

Käp|pi *das;* -s, -s ⟨[Soldaten]mütze⟩; Käpp|lein, Käpp|chen

Kapp|naht (eine doppelt genähte Naht)

Kap|pro|vinz *die;* - (größte Provinz der Republik Südafrika)

Kap|pung

Kap|pus vgl. Kappes

Kapp|zaum ⟨ital.⟩ (Halfterzaum ohne Mundstück)

Kapp|zie|gel (luftdurchlässiger Dachziegel)

Ka|pric|cio vgl. Capriccio; Ka|pri|ce [...*prißᵉ*] *die;* -, -n ⟨franz.⟩ (Laune)

Ka|prio|le *die;* -, -n (↑R 180) ⟨ital.⟩ (närrischer Luftsprung; toller Einfall [meist *Plur.*]; besonderer Sprung im Reitsport); ka|prio|len; ↑R 180 (selten für: Kapriolen machen)

Ka|pri|ze *die;* (österr.: svw. Kaprice); ka|pri|zie|ren, sich ⟨franz.⟩ (eigensinnig auf etwas bestehen); ka|pri|zi|ös; -este (launenhaft, eigenwillig); Ka|priz|pol|ster *der;* -s, - (österr. ugs. veralt. für: ein kleines Polster)

Ka|prun (österr. Kraftwerk)

Kap|sel *die;* -, -n; Käp|sel|chen; kap|sel|för|mig; kap|se|lig, kaps-lig

Kap|si|kum *das;* -s ⟨lat.⟩ (span. Pfeffer)

kaps|lig, kap|se|lig ⟨zu: Kapsel⟩

Kap|stadt (Hptst. der Kapprovinz)

Kap|tal *das;* -s, -e ⟨lat.⟩ (Kapitalband); Kap|tal|band vgl. Kapitalband

Kap|ta|ti|on [...*zion*] *die;* -, -en ⟨lat.⟩ (veralt. für: Erschleichung)

Kap|tein, Käp|ten *der;* -s, -s (nordd. für: Kapitän)

Kap|ti|on [...*zion*] *die;* -, -en ⟨lat.⟩ (veralt. für: verfängliche Art zu fragen; verfänglicher Trugschluß); kap|ti|ös; -este (veralt. für: verfänglich); -e Frage

Ka|put *der;* -s, -e ⟨roman.⟩ (schweiz. für: Soldatenmantel)

ka|putt; -este ⟨franz.⟩ (ugs. für: entzwei, zerbrochen; matt); - sein, aber (↑R 205): ka|putt|drücken [*Trenn.:* ...|putt|...]; kaputtgedrückt; ka|putt|ge|hen; kaputtgegangen; ka|putt|la|chen, sich; kaputtgelacht; ka|putt|ma|chen; sich -; kaputtgemacht; ka|putt|schla|gen; kaputtgeschlagen; ka|putt|tre|ten; kaputtgetreten

Ka|pu|ze *die;* -, -n ⟨ital.⟩ (eine am Mantel od. eine Jacke angearbeitete Kopfbedeckung); Ka|pu|zi|na|de *die;* -, -n ⟨franz.⟩ (veralt. für: Kapuzinerpredigt; Strafrede); Ka|pu|zi|ner *der;* -s - ⟨ital.⟩ (Angehöriger eines kath. Ordens); Ka|pu|zi|ner_af|fe, ...kres-se, ...mönch, ...or|den (*der;* -s; Abk.: O. [F.] M. Cap.)

Kap Ver|de [- *wärdᵉ*] (Staat, der die Kapverdischen Inseln umfaßt); Kap|ver|den *Plur.* (Kapverdische Inseln); Kap|ver|di|er; kap|ver|disch; Kap|ver|di|sche In|seln *Plur.* (vor der Westküste Afrikas)

Kap|wein (Wein aus dem Kapland)

Kar *das;* -[e]s, -e (Mulde vor Hochgebirgswänden)

Ka|ra|bi|ner *der;* -s, - ⟨franz.⟩ (kurzes Gewehr; österr. auch für: Karabinerhaken); Ka|ra|bi|ner|ha|ken (federnder Verschlußhaken); Ka|ra|bi|nier [...*nie*] *der;* -s, -s ([urspr. mit Karabiner ausgerüsteter] Reiter; später: Jäger zu Fuß); Ka|ra|bi|nie|re *der;* -[s], ...ri ⟨ital.⟩ (ital. Gendarm)

Ka|ra|cho [...*eho*] *das;* -; (ugs. meist in:) mit - (mit großer Geschwindigkeit)

Ka|rä|er *der;* -s, - ⟨hebr.⟩ (Angehöriger einer jüd. Sekte)

Ka|raf|fe *die;* -, -n ⟨arab.-franz.⟩ ([geschliffene] bauchige Glasflasche [mit Glasstöpsel]); Ka|raf|fi|ne *die;* -, -n (veralt., noch mdal. für: kleine Karaffe)

Ka|ra|gös *der;* - ⟨türk.⟩ (Hanswurst im türk.-arab. Schattenspiel)

Ka|rai|be vgl. Karibe; ka|rai|bisch vgl. karibisch

Ka|ra|jan [auch: *kar...*], Herbert von (österr. Dirigent)

Ka|ra|kal *der;* -s, -s ⟨türk.⟩ (Wüstenluchs)

Ka|ra|kal|pa|ke *der;* -n, -n; ↑R 197 (Angehöriger eines Turkvolkes)

Ka|ra|ko|rum [auch: ...*ko...*] *der;* -[s] (Hochgebirge in Mittelasien)

Ka|ra|kul|schaf (nach dem See im Hochland von Pamir) (Fettschwanzschaf, dessen Lämmer den Persianerpelz liefern); ↑R 149

Ka|ra|kum *die;* - (Wüstengebiet im Süden der Sowjetunion)

Ka|ram|bo|la|ge [...*ąscħᵉ*] *die;* -, -n ⟨franz.⟩ (Billardspiel: Treffer [durch Karambolieren]; übertr. ugs. für: Zusammenstoß; Streit); Ka|ram|bo|le *die;* -, -n (Billardspiel: roter Ball); ka|ram|bo|lie|ren (Billardspiel: mit dem Spielball die beiden anderen Bälle treffen; übertr. ugs. für: zusammenstoßen)

Ka|ra|mel *der* (schweiz.: *das*); -s ⟨franz.⟩ (gebrannter Zucker); Ka|ra|mel_bier, ...bon|bon; ka|ra|mel|li|sie|ren (Zucker[lösungen] trocken erhitzen; Karamel zusetzen); Ka|ra|mel|le *die;* -, -n; meist *Plur.* (Bonbon mit Zusatz aus Milch[produkten]); Ka|ra|mel_pud|ding, ...zucker [*Trenn.:* ...zuk|ker]

Ka|ra|see *die;* - ⟨nach dem Fluß Kara⟩ (Teil der Nordpolarmeeres)

Ka|rat *das;* -[e]s, -e ⟨griech.⟩ (Gewichtseinheit von Edelsteinen; früher auch: Maß der Feinheit einer Goldlegierung); 24 - (↑R 129)

Ka|ra|te *das;* -[s] ⟨jap.⟩ (sportliche Methode der waffenlosen Selbstverteidigung); Ka|ra|te|ka *der;* -s, -s (Karatekämpfer) ...ka|rä|ter (z. B. Zehnkaräter, mit Ziffern: 10karäter; ↑ R 212); ...ka|rä|tig, (österr. auch:) ...ka|ra|tig (z. B. zehnkarätig; mit Ziffern: 10karätig; ↑ R 212) Ka|ra|tschi (pakistan. Hafenstadt) Ka|rau|sche *die;* -, -n ⟨slaw.⟩ (ein karpfenartiger Fisch) Ka|ra|vel|le [...*wäl^c*] *die;* -, -n ⟨niederl.⟩ (mittelalterl. Segelschiff) Ka|ra|wa|ne *die;* -, -n ⟨pers.⟩ (im Orient durch Wüsten u. ä. ziehende Gruppe von Reisenden); Ka|ra|wa|nen_han|del, ...stra|ße Ka|ra|wan|ken *Plur.* (Berggruppe im südöstl. Teil der Alpen) Ka|ra|wan|se|rei ⟨pers.⟩ (Unterkunft für Karawanen) Kar|bat|sche *die;* -, -n ⟨türk.⟩ (Riemenpeitsche) ¹Kar|bid *das;* -[e]s ⟨lat.⟩ (Kalziumkarbid); ²Kar|bid, (chem. fachspr.:) Car|bid *das;* -[e]s, -e (Verbindung aus Kohlenstoff u. einem Metall od. Bor od. Silicium); Kar|bid|lam|pe; kar|bo¹... (kohlen...); Kar|bo¹... (Kohlen...); Kar|bol¹ *das;* -s (ugs. für: Karbolsäure); Kar|bo|li|ne|um *das;* -s (Teerprodukt, Imprägnierungs- und Schädlingsbekämpfungsmittel); Kar|bol|mäus|chen (ugs. scherzh. für: Krankenschwester); Kar|bol|säu|re¹ *die;* - (ein Desinfektionsmittel); Kar|bon¹ *das;* -s (Geol.: Steinkohlenformation); Kar|bo|na|de *die;* -, -n ⟨franz.⟩ (landsch. für: gebratenes Rippenstück); Kar|bo|na|do *der;* -s, -s ⟨span.⟩ (¹Karbonat); Kar|bo|na|ri *Plur.* ⟨ital.⟩ (Angehörige einer ehem. geheimen polit. Gesellschaft in Italien); ¹Kar|bo|nat¹ *der;* -[e]s, -e ⟨lat.⟩ (eine Diamantenart); ²Kar|bo|nat¹ *das;* -[e]s, -e (kohlensaures Salz); Kar|bo|ni|sa|ti|on¹ [...*zion*] *die;* - (Verkohlung, Umwandlung in ²Karbonat); kar|bo|nisch¹ (das Karbon betreffend); kar|bo|ni|sie|ren¹ (verkohlen lassen; in ²Karbonat umwandeln; Zellulosereste in Wolle durch Schwefelsäure od. andere Chemikalien zerstören); neben: Kohlepapier); Kar|bo|rund *das;* -[e]s (Carborundum Ⓦ); Kar|bun|kel *der;* -s, - (Häufung dicht beieinander liegender Furunkel); kar|bu|rie|ren (die Leuchtkraft von Gasgemischen durch Zusatz von Kohlenstaub o. ä. steigern)

¹ Fachsprachlich nur: car|bo..., Car|bo...

Kar|da|mom *der* od. *das;* -s, -e[n] ⟨griech.⟩ (scharfes Gewürz aus Samen von Ingwergewächsen) Kar|dan_an|trieb (nach dem Erfinder G. Cardano), ...ge|lenk (Verbindungsstück zweier Wellen, das Kraftübertragung unter wechselnden Winkeln ermöglicht); kar|da|nisch; -e Aufhängung (Vorrichtung, die Schwankungen der aufgehängten Körper ausschließt); Kar|dan_tun|nel (im Kraftwagen), ...wel|le (Antriebswelle [für Kraftwagen] mit Kardangelenk) Kar|dät|sche *die;* -, -n ⟨ital.⟩ (grobe [Pferde]bürste); kar|dät|schen (striegeln); du kardätschst (kardätschest); Kar|de *die;* -, -n ⟨lat.⟩ (eine distelähnliche, krautige Pflanze; eine Maschine zum Auflösen von Faserbüscheln) Kar|deel *das;* -s, -e ⟨niederl.⟩ (Seemannsspr.: Teil der Trosse) kar|den, kar|die|ren ⟨lat.⟩ (rauhen, kämmen [von Wolle]); Kar|den_di|stel, ...ge|wächs kar|di... ⟨griech.⟩ (herz...; magen...); Kar|di... (Herz...; Magen...); Kar|dia|lgin *das;* -s, ...ka; ↑ R 180 (herzstärkendes Mittel); kar|di|al (Med.: das Herz betreffend); Kar|di|al|gie *die;* -, ...ien (Med.: Magenkrampf; Herzschmerzen) kar|die|ren vgl. karden kar|di|nal ⟨lat.⟩ (veralt. für: grundlegend; hauptsächlich); Kar|di|nal *der;* -s, ...äle (Titel des höchsten kath. Würdenträger nach dem Papst); Kar|di|nal... (Haupt...; Grund...); Kar|di|na|le *das;* -[s], ...lia; meist *Plur.* (selten für: Grundzahl); Kar|di|nal_feh|ler, ...fra|ge, ...pro|blem, ...punkt; Kar|di|nals|hut, ...kol|le|gi|um, ...kon|gre|ga|ti|on (eine Hauptbehörde der päpstlichen Kurie); Kar|di|nal|staats|se|kre|tär; Kar|di|nal_tu|gend, ...vi|kar (Bez. des Generalvikars von Rom), ...zahl (Grundzahl, z. B. „null, eins, zwei") Kar|dio|gramm *das;* -s, -e ⟨griech.⟩ (mittels des Kardiographen aufgezeichnete Kurve); Kar|dio|graph *der;* -en, -en; ↑ R 197 (Med.: Gerät zur Aufzeichnung des Herzrhythmus); Kar|dio|i|de *die;* -, -n (Math.: Herzlinie); Kar|dio|lo|gie *die;* - (Med.: Lehre vom Herzen u. den Herzkrankheiten); kar|dio|lo|gisch; Kar|dio|spas|mus *der;* -, ...men (Med.: Krampf des Mageneinganges); Kar|di|tis *die;* -, ...tiden (Med.: entzündliche Erkrankung des Herzens) Ka|re|li|en [...*i^n*] (nordosteurop. Landschaft); Ka|re|li|er [...*i^r*]

der; -s, - (Angehöriger eines finn. Volksstammes); ka|re|lisch Ka|ren, Ka|rin (w. Vorn.) Ka|renz *die;* -, -en ⟨lat.⟩ (Wartezeit, Sperrfrist); Ka|renz|zeit ka|res|sie|ren ⟨franz.⟩ (veralt., aber noch mdal. für: liebkosen; schmeicheln) Ka|rett|te *die;* -, -n ⟨franz.⟩ (Meeresschildkröte); Ka|rett|schild|krö|te Ka|rez|za *die;* - ⟨ital.⟩ (Koitus, bei dem der Samenerguß vermieden wird) Kar|fi|ol *der;* -s ⟨ital.⟩ (südd., österr. für: Blumenkohl) Kar|frei|tag (Freitag vor Ostern) Kar|fun|kel *der;* -s, - ⟨lat.⟩ (Edelstein; volkstüml. auch für: Karbunkel); kar|fun|kel|rot; Kar|fun|kel|stein karg; karger (auch: kärger), kargste (auch: kärgste) Kar|ga|deur [...*dör*] ⟨span.-franz.⟩ Kar|ga|dor *der;* -s, -e ⟨span.⟩ (Begleiter einer Schiffsladung, der den Transport bis zur Übergabe an den Empfänger überwacht) kar|gen; Kärg|heit *die;* -; kärg|lich; Kärg|lich|keit *die;* - Kar|go *der;* -s, -s ⟨span.⟩ (Schiffsladung) Ka|ri|be *der;* -n, -n; ↑ R 197 (Angehöriger von Indianerstämmen in Mittel- u. Südamerika); Ka|ri|bik *die;* - (Karibisches Meer mit den Antillen); ka|ri|bisch, aber (↑ R 146): das Karibische Meer Ka|ri|bu *das;* -s, -s ⟨indian.⟩ (kanadisches Ren) Ka|ri|en [...*i^n*] (hist. Landschaft in Kleinasien) ka|rie|ren ⟨franz.⟩ (mit Würfelzeichnung mustern, kästeln); ka|riert (gewürfelt, gekästelt) Ka|ri|es [...*iäß*] *die;* - ⟨lat.⟩ (Knochenfraß, bes. Zahnfäule) Ka|ri|ka|tur *die;* -, -en ⟨ital.⟩ (Zerr-, Spottbild, Fratze); Ka|ri|ka|tu|ren|zeich|ner; Ka|ri|ka|tu|ri|st *der;* -en, -en; ↑ R 197 (Karikaturenzeichner); ka|ri|ka|tu|ri|stisch; ka|ri|kie|ren (verzerren, zum Gegenstand einer Karikatur machen; was Karikatur darstellen) Ka|rin, Ka|ren (w. Vorn.) Ka|ri|na (w. Vorn.) ka|ri|ös; rest -e ⟨lat.⟩ (von Karies befallen; angefault); -e Zähne ka|risch (aus Karien) Ka|ri|sche Meer *das;* -n -[e]s (ältere Bez. der Karasee) Ka|ri|tas *die;* - ⟨lat.⟩ (Nächstenliebe; Wohltätigkeit); vgl. Caritas; ka|ri|ta|tiv (mildtätig; Wohltätigkeits...) kar|juckeln [*Trenn.* ...juk|keln] (landsch. für: gemächlich umherfahren); ich ...[e]le (↑ R 22)

Kar|kas|se die; -, -n ⟨franz.⟩ (vom 16. – 19. Jh. Brandkugel mit eisernem Gerippe; Unterbau [eines Gummireifens]; Gerippe von zerlegtem Geflügel, Wild od. Fisch)

Karl (m. Vorn.); Kar|la (w. Vorn.); Karl|heinz; ↑ R 132 (m. Vorn.); Kar|li|ne die; -, -n (Schimpfname für eine weibl. Person)

kar|lin|gisch (für: karolingisch)

Kar|list der; -en, -en; ↑ R 197 (Anhänger der spanischen Thronanwärter mit Namen Don Carlos aus einer bourbon. Seitenlinie)

Karl|mann (dt. m. Eigenn.)

Karl-Marx-Stadt (Stadt am Fuß des Erzgebirges); vgl. Chemnitz

Karls|bad (Kurort in der Tschechoslowakei); Karls|ba|der (↑ R 147); - Salz, - Oblaten

Karls|kro|na [...kruna] (schwed. Hafenstadt)

Karls|preis (internationaler Preis der Stadt Aachen für Verdienste um die Einigung Europas); vgl. ²Preis

Karls|ru|he (Stadt in Baden-Württemberg); Karls|ru|he-Rüp|purr

Karls|sa|ge; Karls|sa|gen|kreis der; -es

¹Karl|stadt (Stadt am Main)

²Karl|stadt (dt. Reformator)

Kar|ma|n] das; -s ⟨sanskr.⟩ (in östlichen Religionen [z. B. im Hinduismus] das dem Menschen bestimmende Schicksal)

Kar|mel der; -[s] (Gebirgszug in Israel); Kar|me|lit der; -en, -en (↑ R 197) u. (ugs.) Kar|me|li|ter (Angehöriger eines kath. Ordens); Kar|me|li|ter|geist der; -[e]s (ein Heilkräuterdestillat); Kar|me|li|te|rin (ugs.), Kar|me|li|tin die; -, -nen

Kar|men das; -s, ...mina ⟨lat.⟩ (Fest-, Gelegenheitsgedicht)

Kar|me|sin ⟨pers.⟩, Kar|min das; -s ⟨franz.⟩ (roter Farbstoff); kar|me|sin|rot, kar|min|rot; Kar|min|säu|re die; -

kar|mo|sie|ren ⟨arab.⟩ ([einen Edelstein] mit weiteren kleinen Steinen umranden)

¹Karn der; -, -en (niederd. für: Butterfaß)

²Karn das; -s ⟨nach den Karnischen Alpen⟩ (Geol.: eine Stufe der alpinen Trias)

Kar|nal|lit der; -s ⟨nach dem Geologen R. v. Carnall⟩ (ein Mineral)

Kar|na|ti|on [...zion] die; - ⟨lat.⟩ (svw. Inkarnat)

Kar|nau|ba|wachs das; -es ⟨indian.; dt.⟩ (ein Pflanzenwachs)

Kar|ne|ol der; -s, -e ⟨ital.⟩ (ein rot bis gelblich gefärbter Schmuckstein)

¹Kar|ner (österr. nur so), Ker|ner

der; -s, - ⟨landsch. für: Beinhaus, Totenkapelle; Fleischkammer)

²Kar|ner der; -s, - ⟨Angehöriger eines ehem. kelt. Volkes in den Karnischen Alpen)

Kar|ne|val [...wal] der; -s, -e u. -s ⟨ital.⟩ (Fastnacht[fest]); Kar|ne|va|list der; -en, -en (↑ R 197); kar|ne|va|li|stisch; Kar|ne|vals.ge|sell|schaft, ...prinz, ...tru|bel, ...ver|ein, ...zeit ⟨die; -⟩, ...zug

Kar|nickel das; -s, - [Trenn.: ...nikkel] (landsch. für: Kaninchen; ugs. auch für: Sündenbock)

Kar|nies das; -es, -e ⟨roman.⟩ (Bauw.: Leiste od. Gesims mit S-förmigem Querschnitt); Kar|nie|se die; -, -n (österr. für: Gardinenleiste)

kar|nisch (Geol.); -e Stufe (vgl. ²Karn, aber (↑ R 146): die Karnischen Alpen

Kar|ni|sche vgl. Karniese

kar|ni|vor [...wor] ⟨lat.⟩ (fleischfressend [von Tieren u. Pflanzen]); ¹Kar|ni|vo|re der; -n, -n; ↑ R 197 (fleischfressendes Tier); ²Kar|ni|vo|re die; -, -n (fleischfressende Pflanze)

Kar|nöf|fel, Kar|nüf|fel der; -s ⟨ein altes Kartenspiel)

Kärn|ten (österr. Bundesland); Kärn|te|ner, Kärnt|ner; kärn|tisch (selten), kärnt|ne|risch

Kar|nüf|fel vgl. Karnöffel

¹Ka|ro (Hundename)

²Ka|ro das; -s, -s ⟨franz.⟩ (Raute, [auf der Spitze stehendes] Viereck; eine Spielkartenfarbe); Karo|as [auch: ...aß], ...asses, ...asse (↑ R 35)

Ka|ro|be vgl. Karube

Ka|rol|la (w. Vorn.); Ka|ro|li|ne (w. Vorn.)

Ka|ro|li|nen Plur. (Inselgruppe im Pazifischen Ozean)

Ka|ro|lin|ger der; -s, - ⟨Angehöriger eines fränk. Herrschergeschlechtes); Ka|ro|lin|ger|zeit die; -; ka|ro|lin|gisch; -e Minuskel; ka|ro|li|nisch (auf einen der fränk. Herrscher mit dem Namen Karl bezüglich)

Ka|ros|se die; -, -n ⟨franz.⟩ (Prunkwagen; Staatskutsche); Ka|ros|se|rie die; -, ...ien (Wagenoberbau, -aufbau [von Kraftwagen]); Ka|ros|se|rie|bau|er; Ka|ros|sier [...ßie] der; -s, -s (Karosserieentwerfer; veralt. für: Kutschpferd); ka|ros|sie|ren (mit einer Karosserie versehen)

Ka|rol|ti|de die; -, -n ⟨griech.⟩ ¹Ka|rol|tis die; -, ...iden (Med.: Kopf-, Halsschlagader)

Ka|rol|tin, (fachspr. nur:) Ca|rol|tin das; -s (pflanzl. Farbstoff, z. B. in Karotten); Ka|rol|te die; -, -n ⟨niederl.⟩ (eine Mohrrübenart); Ka|rol|ten|beet

Kar|pa|ten Plur. (Gebirge in Mitteleuropa); kar|pa|tisch

Kar|pell das; -s, ...pelle u. ...pella ⟨nlat.⟩ (Bot.: die Samenanlage tragender Teil der Blüte; Fruchtblatt)

Kar|pen|ter|brem|se ⟨nach dem amerik. Erfinder J. F. Carpenter⟩ (Druckluftbremse für Eisenbahnzüge)

Karp|fen der; -s, - (ein Fisch); Karp|fen.teich, ...zucht

Kar|po|lith der; -s od. -en (↑ R 197) ⟨griech.⟩ (veralt. für: fossile Frucht); Kar|pol|lo|gie die; - (Lehre von den Pflanzenfrüchten)

Kar|ra|g[h]een [...gen] das; -[s] ⟨nach dem irischen Ort) (Heilmittel aus getrockneten Algen)

Kar|ra|ra usw. eindeutschend für: Carrara usw.

Kärr|chen, Kärr|lein; ¹Kar|re die; -, -n u. (österr. nur:) Kar|ren der; -s, -

²Kar|re die; -, -n; meist Plur. (Geol.: Rinne od. Furche in Kalkgestein)

Kar|ree das; -s, -s ⟨franz.⟩ (Viereck; bes. österr. für: Rippenstück)

kar|ren (mit einer Karre befördern); Kar|ren vgl. ¹Karre

Kar|ren|feld (Geol.)

Kar|rer (schweiz. für: Kärrner, Fuhrknecht); Kar|re|te die; -, -n ⟨ital.⟩ (bes. ostmitteld. für: schlechter Wagen); Kar|ret|te die; -, -n (schweiz.: Schubkarren; schmalspuriger Transportwagen der Gebirgstruppen)

Kar|rie|re [...ier'] die; -, -n ⟨franz.⟩ (schnellste Gangart des Pferdes; [bedeutende, erfolgreiche] Laufbahn); Kar|rie|re|ma|cher; Kar|rie|rist der; -en, -en; ↑ R 197 (abwertend: rücksichtsloser Karrieremacher); kar|rie|ri|stisch; -es (nach Art eines Karrieristen)

Kar|ri|ol das; -s, -s ⟨franz.⟩ u. Kar|riol|le die; -, -n; ↑ R 180 (veralt.: leichtes, zweirädriges Fuhrwerk mit Kasten; Briefpostwagen); kar|riol|len; ↑ R 180 (veralt.: mit Karriol[post] fahren; übertr.: umherfahren, unsinnig fahren)

Kärr|lein, Kärr|chen; Kärr|ner (veralt.: Karrenführer, -schieber); Kärr|ner|ar|beit

Kar|sams|tag (Samstag vor Ostern)

¹Karst der; -[e]s, -e (zweizinkige Erdhacke)

²Karst der; -[e]s, -e (Teil der Dinarischen Alpen [nur Sing.]; Geol.: durch Wasser ausgelaugte, meist unbewachsene Gebirgslandschaft aus Kalkstein od. Gips)

Kar|sten (niederd. Form von: Christian)

Karst|höh|le; kar|stig; Karst|land|schaft

kart. = kartoniert

Kar|tät|sche die; -, -n ⟨ital. (-franz.-engl.)⟩ (veraltetes, mit Bleikugeln gefülltes Artilleriegeschoß; Bauw.: Brett zum Verreiben des Putzes); kar|tät|schen (mit Kartätschen schießen); du kartätschst (kartätschest)

Kar|tau|ne die; -, -n ⟨ital.⟩ (früher für: großes Geschütz)

Kar|tau|se die; -, -n (Kartäuserkloster); Kar|täu|ser der; -s, - (Angehöriger eines kath. Einsiedlerordens; ein Kräuterlikör); Kar|täu|ser_mönch, ...nel|ke

Kärt|chen, Kärt|lein; Kar|te die; -, -n; alles auf eine - setzen; Karten spielen (↑ R 207); Kar|tei (Zettelkasten); Kar|tei_kar|te, ...ka|sten, ...lei|che, ...zet|tel; Kar|tell das; -s, -e ⟨franz.⟩ (Interessenvereinigung in der Industrie; loser Zusammenschluß von student. Verbindungen mit gleicher Zielsetzung); Kar|tell_amt, ...ge|setz; kar|tel|lie|ren (in Kartellen zusammenfassen); Kar|tel|lie|rung; Kar|tell|ver|band; kar|ten (ugs. für: Karten spielen); Kar-ten_blatt, ...block (vgl. Block), ...brief, ...haus, ...le|gen (das; -s), ...le|ge|rin (die; -, -nen), ...schlä|ge|rin (die; -, -nen; ugs. für: Kartenlegerin), ...spiel, ...[vor]ver|kauf, ...zeich|ner

kar|te|sia|nisch (↑ R 180), kar|te|sisch (nach R. Cartesius (= Descartes) benannt); -er Teufel od. Taucher, aber (↑ R 134): Kar|te-sia|nisch (↑ R 180), Kar|te|sisch; -es Blatt (Math.)

Kar|tha|ger, (veralt.:) Kar|tha|gi|ni|en|ser; kar|tha|gisch; Kar|tha|go (antike Stadt in Nordafrika)

Kar|tha|min, (chem. fachspr.:) Carl|tha|min das; -s ⟨arab.⟩ (ein roter Farbstoff)

kar|tie|ren ⟨franz.⟩ (Geogr.: vermessen u. auf einer Karte darstellen; auch für: in eine Kartei einordnen); Kar|tie|rung

Kar|ting das; -s ⟨engl.⟩ (Ausübung des Go-Kart-Sports)

Kärt|lein, Kärt|chen

Kar|tof|fel die; -, -n (mdal., ugs.: -); Kar|tof|fel_acker [Trenn.: ...ak|ker], ...bo|fist od. ...bo|vist, ...brei (der; -[e]s), ...Kar|töf|fel|chen; Kar|tof|fel_chip (meist Plur.), ...ern|te, ...feu|er, ...hor|de, ...käl|fer, ...kloß, ...knö|del (südd.), ...mehl, ...mus (das; -es), ...puf|fer, ...pü|ree (das; -s), ...sa|lat, ...schal|le, ...schnaps, ...stock (der; -[e]s; schweiz. für: Kartoffelbrei), ...sup|pe

Kar|to|gramm das; -s, -e ⟨franz.; griech.⟩ (Darstellung statistischer Daten auf Landkarten); Kar|to|graph „der; -en, -en; ↑ R 197 (Landkartenzeichner; wissenschaftl. Bearbeiter einer Karte; Kar|to|gra|phie die; - (Technik, Lehre, Geschichte der Herstellung von Karten[bildern]); kar|to|gra|phie|ren (auf Karten aufnehmen); kar|to|gra|phisch (die Kartographie betreffend); Kar|to|man|tie die; - (Kartenlegekunst); Kar|to|me|ter das; -s, - (Kurvenmesser); Kar|to|me|trie die; - (Kartenmessung)

Kar|ton [...tong, auch österr. nur): ...ton] der; -s, -s u. (seltener, bei dt. Ausspr. u. österr. auch:) -e ⟨franz.⟩ ([leichte] Pappe, Steifpapier; Kasten, Hülle od. Schachtel aus [leichter] Pappe; Vorzeichnung zu einem [Wand]gemälde); 5 Karton[s] Seife (↑ R 128 u. 129); Kar|to|na|ge [...aseh°] die; -, -n (Pappverpackung; Einbandart); Kar|to|na|gen_ar|beit; Kar|to|na|gen_fa|brik, ...ma|cher; kar|to|nie|ren (in Pappe [leicht] einbinden, steif heften); kar|to|niert (Abk.: kart.)

Kar|to|thek die; -, -en ⟨franz.; griech.⟩ (Kartei, Zettelkasten)

Kar|tu|sche die; -, -n ⟨franz.⟩ (Metallhülse [mit der Pulverladung] für Artilleriegeschosse; schildförmiges Ornament des Barocks mit Laubwerk usw.)

Ka|ru|be, Ka|ro|be die; -, -n ⟨arab.⟩ (Johannisbrot)

Ka|run|kel die; -, -n ⟨lat.⟩ (Med.: kleine Warze aus gefäßreichem Bindegewebe)

Ka|rus|sell das; -s, -s u. -e ⟨franz.⟩ (Drehgestell mit kleinen Pferden, Fahrzeugen, an Ketten aufgehängten Sitzen o. ä., bes. auf Jahrmärkten; vgl. Ringelspiel)

kar|wei|gel|baut usw. vgl. kraweelgebaut

Kar|wen|del|ge|bir|ge, (auch:) Kar|wen|del das; -s (Gebirgsgruppe der Tirolisch-Bayerischen Kalkalpen)

Kar|wo|che (Woche vor Ostern)

Ka|rya|til|de die; -, -n (↑ R 180) ⟨griech.⟩ („Gebälkträgerin"; w. Säulenfigur an altgriech. Tempeln)

Ka|ry|op|se die; -, -n ⟨griech.⟩ (Bot.: Frucht der Gräser)

Kar|zer der; -s, - ⟨lat.⟩ (früher für: Schul-, Hochschulgefängnis; verschärfter Arrest)

kar|zi|no|gen ⟨griech.⟩ (Med.: Krebs[geschwülste] erzeugend); Kar|zi|no|gen das; -s, -e (krebserregende Substanz); Kar|zi|no|lo|gie die; -, -n (wissenschaftl. Erforschung der Krebserkrankungen); Kar|zi|nom das; -s, -e (Krebs[geschwulst]; Abk.: Ca. [Carcinoma]); kar|zi|no|ma|tös (krebsartig); -e Geschwulst; Kar|zi|no|se die; -, -n (über den Körper verbreitete Krebsbildung)

Ka|sach der; -; -[s], -s (handgeknüpfter kaukasischer Teppich); Ka|sa|che der; -n, -n; ↑ R 197 (Angehöriger eines Turkvolkes in Mittelasien); ka|sa|chisch, aber (↑ R 146): die Kasachische Sozialistische Sowjetrepublik

¹Ka|sack, Hermann (dt. Schriftsteller)

²Ka|sack der; -s, -s ⟨türk.⟩ (dreiviertellange Damenbluse)

Ka|san (Hptst. der Tatar. Autonomen Sowjetrepublik)

Ka|sat|schok der; -s, -s ⟨russ.⟩ (russ. Volkstanz)

Kas|ba|h] die; -, -s od. Ksa|lbi ⟨arab.⟩ (arab. Altstadtviertel in nordafrik. Städten)

Kasch der; -s u. Ka|scha die; - ⟨russ.⟩ (Brei, Grütze)

ka|scheln (mdal. für: [auf der Eisbahn] schlittern); ich ...[e]le (↑ R 22)

Ka|schem|me die; -, -n ⟨zigeuner.⟩ (übel beleumdetes Lokal)

ka|schen (ugs. für: ergreifen, verhaften); du kaschst (kaschest)

Käs|chen, Käs|lein

Kä|scher, dafür besser: Kescher

ka|schie|ren ⟨franz.⟩ (verdecken, verbergen; Druckw.: überkleben; Theater: nachbilden; Ka|schie|rung

¹Kasch|mir (Land in Vorderindien); ²Kasch|mir der; -s, -e (ein Gewebe); Kasch|mir_schal, ...wol|le

Kasch|nitz, Marie Luise (dt. Dichterin)

Ka|scho|long der; -s, -s ⟨mong.⟩ (ein Halbedelstein)

Ka|schu|be, Kas|su|be der; -n, -n; ↑ R 197 (Angehöriger eines westslaw. Stammes); Ka|schu|bei, Kas|su|bei die; - (Wohngebiet der Kaschuben); ka|schu|bisch, kas|su|bisch; Ka|schu|bi|sche Schweiz (östl. Teil des Pommerschen Höhenrückens)

Kä|se der; -s, - ⟨lat.⟩; Kä|se_auf|schnitt, ...be|rei|tung, ...blatt (ugs. für: niveaulose Zeitung), ...ecke [Trenn.: ...ek|ke], ...ge|bäck, ...glocke [Trenn.: ...glok-ke]; Ka|se|in das; -s (Eiweißstoff in der Milch, Käsestoff); Kä|se-ku|chen

Ka|sel die; -, -n ⟨lat.⟩ (liturg. Meßgewand)

Ka|se|mat|te die; -, -n ⟨franz.⟩ (früher: bombensicherer Raum in Festungen; Geschützraum eines Kriegsschiffes)

Kä|se_mes|ser das, ...mil|be; kä|sen; du käst (käsest); er kä|ste;

die Milch käst (gerinnt, wird zu Käse); ¹Ka|ser (mdal., bes. österr. für: Käser); ²Ka|ser *die;* -, -n (westösterr. mdal. für: Sennhütte); Kä|ser (Facharbeiter in der Käseherstellung; landsch. auch: Käsehändler, Senn o. ä.); Kä|se|rei ([Betrieb für] Käseherstellung); Kä|se|rin|de Ka|ser|ne *die;* -, -n ⟨franz.⟩; Ka|ser|nen.block (vgl. Block), ...hof; Ka|ser|nen|hof|blü|te (komisch wirkende Redewendung von militär. Vorgesetzten [auf dem Kasernenhof]); ka|ser|nie|ren (in Kasernen unterbringen) Kä|se.sah|ne|tor|te, ...stan|ge, ...stoff (für: Kasein), ...tor|te; kä|se|weiß (ugs.: sehr bleich); kä|sig Ka|si|mir (m. Vorn.) Ka|si|no *das;* -s, -s ⟨ital.⟩ (Gesellschaftshaus; Speiseraum; Offiziersheim; kurz für: Spielkasino) Kas|ka|de *die;* -, -n ⟨franz.⟩ ([künstlicher] stufenförmiger Wasserfall; Artistik: wagemutiger Sprung); kas|ka|den|för|mig; Kas|ka|den|schal|tung (Technik: Reihenschaltung gleichgearteter Teile); Kas|ka|deur [...*dö̱r*] *der;* -s, -e (Artist, der eine Kaskade ausführt) Kas|ka|rill|rin|de ⟨span.; dt.⟩ (Gewürz aus Westindien) Käs|lein, Käs|chen Kas|par (m. Vorn.); Kas|per *der;* -s, - (ugs. für: alberner Kerl); Kas|perl *der;* -s, -n (österr. nur so), Kas|per|le *das* od. *der;* -s, -; Kas|per|le|thea|ter; Kas|perl|li *der;* -s - ⟨schweiz.⟩; Kas|per|li|thea|ter ⟨schweiz.⟩; Kas|perl|thea|ter ⟨österr.⟩; kas|pern (ugs.: sich wie ein Kasper benehmen); ich ...ere (↑R 22); Kas|per|l|thea|ter Kas|pisch (in geogr. Namen; ↑R 146), z.B. das Kaspische Meer; vgl. Kaspische Meer; Kas|pi|see *der;* -s ⟨östl. des Kaukasus⟩ Kas|sa *die;* -, Kassen ⟨ital.⟩ (österr. für: Kasse); vgl. per cassa; Kas|sa.buch (Kassenbuch), ...ge|schäft (Geschäft, das sofort od. kurzfristig erfüllt werden soll) Kas|san|dra (Tochter des Priamos); Kas|san|dra|ruf (unheilverheißende Warnung); ↑R 135 ¹Kas|sa|ti|on *die;* -, -en

⟨ital.⟩ (mehrsätziges, instrumentales Musikstück im 18. Jh.) ²Kas|sa|ti|on [...*zion*] *die;* -, -en ⟨lat.⟩, Kas|sie|rung (Ungültigmachung einer Urkunde; Aufhebung eines gerichtlichen Urteils; früher für: unehrenvolle Dienstentlassung); Kas|sa|ti|ons|hof (Berufungsgericht, oberster Gerichtshof mancher romanischer Länder); kas|sa|to|risch (die Kassation betreffend) Kas|sa|zah|lung ⟨ital.; dt.⟩ (Barzahlung); Kas|se *die;* -, -n ⟨ital.⟩ (Geldkasten, -vorrat; Zahlraum, -schalter; Bargeld); vgl. Kassa Kas|sel (Stadt an der Fulda); Kas|se|ler, Käß|ler (auch:) Kas|sel|la|ner (↑R 147); Kasseler Leberwurst; Kas|se|ler Braun *das;* - -s Kas|se|ler Rip|pe|n|speer *das* od. *der;* - -[e]s (gepökeltes Schweinebruststück mit Rippen) Kas|sen.arzt, ...be|stand, ...block (vgl. Block), ...bon, ...bril|le (von der Krankenkasse bezahlte Brille), ...buch, ...ma|gnet (ugs. für: Person od. Sache, die ein großes zahlendes Publikum anzieht), ...pa|ti|ent, ...schal|ter, ...schla|ger, ...sturz (Feststellung des Kassenbestandes), ...zet|tel Kas|se|rol|le *die;* -, -n ⟨franz.⟩ (Schmortopf, -pfanne) Kas|set|te *die;* -, -n ⟨franz.⟩ (Kästchen für Wertsachen; Bauw.: vertieftes Feld [in der Zimmerdecke]; Schutzhülle für Bücher u. a.; Fotogr.: lichtdichter Behälter für Platten u. Filme im Aufnahmegerät; Magnetband in einem flachen Kunststoffgehäuse); Kas|set|ten.decke [*Trenn.:* ...dek|ke], ...fern|se|hen, ...film, ...re|cor|der; kas|set|tie|ren (mit Kassetten versehen, täfeln) Kas|sia, Kas|sie [...*ie*] *die;* -, ...ien [...*ien*] ⟨semit.⟩ (eine Heil- u. Gewürzpflanze); Kas|sia.baum od. Kas|sien|baum, ...öl od. Kas|si|en|öl ⟨*das;* -[e]s⟩ Kas|si|ber *der;* -s, - ⟨jidd.⟩ (Gaunerspr.: heiml. Schreiben von Gefangenen u. an Gefangene) Kas|si|de *die;* -, -n ⟨arab.⟩ (arab. Gedichtgattung) Kas|sie vgl. Kassia; Kas|si|en|baum usw. vgl. Kassiabaum usw. Kas|sier *der;* -s, -e ⟨ital.⟩ (südd. häufig für: Kassierer); kas|sie|ren (Geld einnehmen; [Münzen] für ungültig erklären); Kas|sie|rer; Kas|sie|re|rin *die;* -, -nen; Kas|sie|rin *die;* -, -nen ⟨österr., sonst häufig für: Kassiererin); Kas|sie|rung vgl. auch ²Kassation ¹Kas|sio|peia (Mutter der Andromeda); ²Kas|sio|peia *die;* - ⟨griech.⟩ (ein Sternbild)

Kas|si|te *der;* -n, -n; ↑R 197 (Angehöriger eines alten Gebirgsvolkes im Iran) Kas|si|te|rit *der;* -s, -e ⟨griech.⟩ (Zinnerz) Kaß|ler vgl. Kasseler Kas|su|be vgl. Kaschube usw. Ka|sta|gnet|te [*kaßtanjät'*] *die;* -, -n ⟨span.(-franz.)⟩ (kleines Rhythmusinstrument aus zwei Holzschälchen, die mit einer Hand aneinandergeschlagen werden) Ka|sta|lia (griech. Nymphe); Ka|sta|li|sche Quel|le *die;* -n - (am Parnaß) Ka|sta|nie [...*ie*] *die;* -, -n ⟨griech.⟩ (ein Baum u. dessen Frucht); Ka|sta|ni|en|baum; ka|sta|ni|en|braun; Ka|sta|ni|en.holz, ...wald Käst|chen, Käst|lein Ka|ste *die;* -, -n ⟨franz.⟩ (Gruppe in der hinduist. Gesellschaftsordnung; sich streng abschließende Gesellschaftsschicht) ka|stei|en; kasteit; sich - (sich [zur Buße] Entbehrungen auferlegen; sich züchtigen); Ka|stei|ung Ka|stell *das;* -s, -e ⟨lat.⟩ (fester Platz, Burg, Schloß); Ka|stel|lan *der;* -s, -e (Aufsichtsbeamter in Schlössern u. öffentl. Gebäuden; früher: Schloß-, Burgvogt); Ka|stel|la|nei (Schloßverwaltung) kä|steln (karieren); ich ...[e]le (↑R 22); Ka|sten *der;* -s, Kästen u. (heute selten:) - (südd., österr., schweiz. auch für: Schrank); Ka|sten|brot Ka|sten|geist *der;* -[e]s (Standesdünkel) Ka|sten|wa|gen Ka|sten|we|sen *das;* -s Ka|sti|li|en [...*i'n*] (ehem. Königreich im Innern der Iberischen Halbinsel); ka|sti|lisch Käst|lein, Käst|chen Käst|ner, Erich (dt. Schriftsteller) ¹Ka|stor (Held der griech. Sage); - und Pollux (Zwillingsbrüder der griech. Sage; übertr. für: engbefreundete Männer); ²Ka|stor *der;* -s (ein Stern); Ka|stor|öl *das;* -[e]s (Handelsbez. für: Rizinusöl) Ka|strat *der;* -en, -en (↑R 197) ⟨ital.⟩ (Verschnittener); Ka|stra|ti|on [...*zion*] *die;* -, -en ⟨lat.⟩ (Entfernung od. Ausschaltung der Keimdrüsen); ka|strie|ren; Ka|strie|rung Ka|sua|li|en [...*i'n*] Plur. (↑R 180) ⟨lat.⟩ (gelegentliche [geistliche] Amtshandlungen) Ka|su|ar *der;* -s, -e ⟨malai.-niederl.⟩ (straußenähnlicher Laufvogel) Ka|su|ist *der;* -en, -en (↑R 197) ⟨lat.⟩ (Vertreter der Kasuistik; übertr. für: Wortverdreher, Haarspalter); Ka|su|i|stik *die;* -;

↑R 180 (Darstellung der Einzelfälle, bes. in Moraltheologie u. Rechtswissenschaft; Med.: Beschreibung von Krankheitsfällen; auch für: Haarspalterei); ka|su|istisch; -ste (↑R 180); Ka|sus der; -, - [kásuß] (Fall; Vorkommnis); vgl. Casus belli, Casus obliquus u. Casus rectus; Ka|sus|en|dung (Sprachw.)

Kat der; -s, -s (Kurzform von: Katalysator)

Ka|ta|bo|lis|mus der; - ⟨griech.⟩ (Abbau der Stoffe im Körper beim Stoffwechsel)

Ka|ta|chre|se, Ka|ta|chre|sis [...chr...] die; -, ...chre|sen ⟨griech.⟩ (Rhet., Stilk.: Bildbruch, Vermengung von nicht zusammengehörenden Bildern im Satz, z. B. „das schlägt dem Faß die Krone ins Gesicht"); ka|ta|chre|stisch

Ka|ta|falk der; -s, -e ⟨franz.⟩ (schwarz verhängtes Gerüst für den Sarg bei Leichenfeiern)

Ka|ta|ka|na das; -[s] od. die; - ⟨jap.⟩ (jap. Silbenschrift)

ka|ta|kau|stisch ⟨griech.⟩ (Optik: einbrennend); -e Fläche (Optik: Brennfläche)

Ka|ta|kla|se die; -, -n ⟨griech.⟩ (Geol.: Zerbrechen u. Zerreiben eines Gesteins durch tekton. Kräfte); Ka|ta|klas|struk|tur die; - ⟨griech.; lat.⟩ (Geol.: Trümmergefüge eines Gesteins)

Ka|ta|klys|mus der; -, ...men ⟨griech.⟩ (erdgeschichtl. Katastrophe, plötzliche Vernichtung)

Ka|ta|kom|be die; -, -n (meist Plur.) ⟨ital.⟩ (unterird. Begräbnisstätte)

Ka|tal|la|ne der; -n, -n; ↑R 197 (Bewohner Kataloniens); vgl. Katalonier; ka|tal|la|nisch; Ka|tal|la|nisch das; -[s] (Sprache); vgl. Deutsch; Ka|tal|la|ni|sche das; -n; vgl. Deutsche das

Ka|tal|la|se die; -, -n ⟨griech.⟩ (ein Enzym)

Ka|tal|lau|ni|sche Fel|der Plur. (Gegend in der Champagne, Kampfstätte der Hunnenschlacht)

ka|ta|lek|tisch ⟨griech.⟩ (Verslehre: verkürzt, unvollständig)

Ka|ta|lep|sie die; -, ...ien ⟨griech.⟩ (Med.: Starrkrampf der Muskeln); ka|ta|lep|tisch (von Muskelstarre befallen)

Ka|ta|le|xe, Ka|ta|le|xis die; -, ...le|xen ⟨griech.⟩ (Unvollständigkeit des letzten Versfußes)

Ka|ta|log der; -[e]s, -e ⟨griech.⟩ (Verzeichnis [von Bildern, Büchern, Waren usw.]); ka|ta|lo|gi|sie|ren ([nach bestimmten Regeln] in einen Katalog aufnehmen); Ka|ta|lo|gi|sie|rung

Ka|ta|lo|ni|en [...i⁰n] (hist. Provinz in Nordostspanien); Ka|ta|lo|ni|er [...i⁰r] (veralt. für: Katalane); ka|ta|lo|nisch (für: katalanisch); aber (↑R 146): das Katalonische Bergland

Ka|tal|pa, Ka|tal|pe die; -, ...pen ⟨indian.⟩ (Trompetenbaum)

Ka|tal|ly|sa|tor der; -s, ...oren ⟨griech.⟩ (Stoff, der eine Reaktion auslöst od. in ihrem Verlauf beeinflußt; Gerät zur Abgasreinigung); Ka|tal|ly|sa|tor|au|to; Ka|ta|ly|se die; -, -n (Herbeiführung, Beschleunigung od. Verlangsamung einer chem. Reaktion); ka|ta|ly|sie|ren; ka|ta|ly|tisch

Ka|ta|ma|ran der; -s, -e ⟨tamil.-engl.⟩ (schnelles, offenes Segelboot mit Doppelrumpf)

Ka|ta|mne|se die; -, -n ⟨griech.⟩ (Med.: abschließender Krankenbericht)

Ka|ta|pho|re|se die; -, -n ⟨griech.⟩ (Wanderung positiv elektr. geladener Teilchen in einer Flüssigkeit)

Ka|ta|pla|sie die; -, ...ien ⟨griech.⟩ (Med.: Rückbildung)

Ka|ta|plas|ma das; -s, ...men ⟨griech.⟩ (Med.: heißer Breiumschlag)

ka|ta|plek|tisch ⟨griech.⟩ (zur Kataplexie neigend); Ka|ta|ple|xie die; -, ...ien (Med.: Schrecklähmung)

Ka|ta|pult das (auch: der); -[e]s, -e ⟨griech.⟩ (Wurf-, Schleudermaschine im Altertum; Flugzeugschleuder zum Starten von Flugzeugen); Ka|ta|pult.flie|ger, ...flug (Schleuderflug), ...flugzeug; ka|ta|pul|tie|ren ([ab]schleudern); sich -

Ka|tar [auch: ka|tar] (Scheichtum am Persischen Golf); ¹Ka|ta|rakt der; -[e]s, -e ⟨griech.⟩ (Wasserfall; Stromschnelle); ²Ka|ta|rakt die;-, u. Ka|ta|rak|ta die; -, ...ten (Med.: grauer Star); ka|ta|rak|tisch

Ka|ta|rer (Einwohner von Katar); ka|ta|risch

Ka|tarrh der; -s, -e ⟨griech.⟩ (Schleimhautentzündung); ka|tar|rha|lisch; ka|tarrh|ar|tig

Ka|ta|ster der (österr. nur so) od. das;-s, - ⟨ital.⟩ (von den Katasterämtern od. Vermessungsämtern geführtes Grundstücksverzeichnis); Ka|ta|ster.amt, ...aus|zug, ...steu|ern Plur.; Ka|ta|stral|ge|mein|de (österr. für: Verwaltungseinheit [innerhalb einer Gemeinde]; Steuergemeinde); Ka|ta|stral|joch (österr. Amtsspr.: im Feldmaß); vgl. Joch; ka|ta|strie|ren (in ein Kataster eintragen)

ka|ta|stro|phal ⟨griech.⟩ (verhängnisvoll; niederschmetternd; entsetzlich); Ka|ta|stro|phe die; -, -n (Unglück[sfall]; Verhängnis; Zusammenbruch); Ka|ta|stro|phen|alarm; ka|ta|stro|phen|ar|tig; Ka|ta|stro|phen.dienst, ...ein|satz, ...fall der, ...ge|biet, ...schutz

Ka|ta|to|nie die; -, ...ien ⟨griech.⟩ (eine Geisteskrankheit)

Kät|chen, ¹Ka|te, Kä|te vgl. Käthchen, Kathe, Käthe

²Ka|te die; -, -n (niederd. für: Kleinbauernhaus)

Ka|te|che|se [...che...] die; -, -n ⟨griech.⟩ (Religionsunterricht); Ka|te|chet der; -en, -en; ↑R 197 (Religionslehrer, insbes. für die kirchl. Christenlehre außerhalb der Schule); Ka|te|che|tik die; - (Lehre von der Katechese); Ka|te|che|tin die; -, -nen; ka|te|che|tisch; Ka|te|chi|sa|ti|on [...zion] die; -, -en (Katechese); ka|te|chi|sie|ren (Religionsunterricht erteilen); Ka|te|chis|mus der; -, ...men (Lehrbuch in Frage u. Antwort, bes. der christl. Religion); Ka|te|chist der; -en, -en; ↑R 197 (einheimischer Laienhelfer in der kath. Mission)

Ka|te|chu [...chu] das; -s, -s ⟨malai.-port.⟩ (ein Gerbstoff)

Ka|te|chu|me|ne [kath.: katechu...] der; -n, -n (↑R 197) ⟨griech.⟩ ([erwachsener] Taufbewerber im Vorbereitungsunterricht; Teilnehmer am Konfirmandenunterricht, bes. im 1. Jahr); Ka|te|chu|me|nen|un|ter|richt

ka|te|go|ri|al ⟨griech.⟩; Ka|te|go|rie die; -, ...ien (Klasse; Gattung; Begriffs-, Anschauungsform); ka|te|go|risch; -ste (einfach aussagend; unbedingt gültig); -er Imperativ (unbedingtes ethisches Gesetz); ka|te|go|ri|sie|ren (nach Kategorien ordnen)

Ka|ten der; -s, - (Nebenform von: ²Kate)

Ka|te|ne die; -, -n (meist Plur.) ⟨lat.⟩ (Sammlung von Bibelauslegungen alter Schriftsteller)

Ka|ter der; -s, - (männl. Katze; ugs. für: Folge übermäßigen Alkoholgenusses); Ka|ter.bum|mel (ugs.), ...früh|stück (ugs.), ...idee (ugs.), ...stim|mung (ugs.)

kat|exo|chen [...ehen] ⟨griech.⟩ (schlechthin; beispielhaft)

Kat|gut das; -s ⟨engl.⟩ (Med.: chirurg. Nahmaterial aus Darmsaiten)

kath. = katholisch

Ka|tha|rer [auch: ka_t...] der; -s, - ⟨griech.⟩ (Angehöriger einer Sekte im MA.); Ka|tha|ri|na, Ka|tha|ri|ne (w. Vorn.); Ka|tha|ris|[auch: ...arsiß] die; - ([sittliche,

innerliche] „Reinigung"; Fachwort der Lehre vom Trauerspiel u. der Psychologie); ka|thar|tisch (die Katharsis betreffend); Käth|chen[1] (Koseform von: Käthe); Kä|the[1], Kä|the[1] (Kurzform von: Katharina, Katharine)
Ka|the|der das (auch: der); -s, - ⟨griech.⟩ (Pult, Kanzel; Lehrstelle [eines Hochschullehrers]); vgl. ex cathedra; Ka|the|der|blü|te (ungewollt komischer Ausdruck eines Lehrers); Ka|the|dra|le die; -, -n (bischöfl. Hauptkirche); Ka|the|dral_ent|schei|dung (unfehlbare päpstl. Entscheidung), ...glas
Ka|the|te die; -, -n ⟨griech.⟩ (eine der beiden Seiten im rechtwinkligen Dreieck, die die Schenkel des rechten Winkels bilden)
Ka|the|ter der; -s, - ⟨griech.⟩ (med. Röhrchen); ka|the|te|ri|sie|ren u. ka|the|tern (den Katheter einführen); ich ...ere (↑ R 22)
Ka|thin|ka, Ka|tin|ka, Kat|ja (russ. Koseformen von: Katharina, Katharine)
Ka|tho|de, (fachspr. auch:) Ka|to|de die; -, -n ⟨griech.⟩ (negative Elektrode, Minuspol); Ka|tho|den|strahl, (fachspr. auch:) Ka|to|den|strahl (meist Plur.)
Ka|tho|lik der; -en, -en (↑ R 197) ⟨griech.⟩ (Anhänger der kath. Kirche u. Glaubenslehre); Ka|tho|li|ken|tag (Generalversammlung der Katholiken eines Landes); Ka|tho|li|kin die; -, -nen; ka|tho|lisch (allgemein, umfassend; die kath. Kirche betreffend; Abk.: kath.); -e Kirche, aber (↑ R 157): die Katholische Aktion; ka|tho|li|sie|ren (katholisch machen); Ka|tho|li|zis|mus der; - (Geist u. Lehre des kath. Glaubens); Ka|tho|li|zi|tät die; - (Rechtgläubigkeit im Sinne der kath. Kirche)
Ka|threin[2], Ka|thrin[2] [auch: ka...], Ka|thri|ne[2] (Koseformen von: Katharina, Katharine)
ka|ti|li|na|risch ⟨nach dem röm. Verschwörer Catilina⟩; -e (herabgekommene, zu verzweifelten Schritten neigende) Existenz, aber (↑ R 134): Ka|ti|li|na|risch
Ka|tin|ka vgl. Kathinka
Kat|ion ⟨griech.⟩ (das bei der Elektrolyse zur Kathode wandernde Ion)
Kat|ja vgl. Kathinka
Kat|man|du [auch: ...ma...] (Hptst. von Nepal)
Kät|ner (niederd. für: Häusler, Besitzer einer Kate)
Ka|to|de usw. vgl. Kathode usw.

[1] Auch: Kätchen, Kate, Käte.
[2] Auch: Katrein, Katrin, Katrine.

ka|to|nisch ⟨nach dem röm. Zensor Cato⟩; -e Strenge, aber (↑ R 134): Ka|to|nisch
Kat|op|trik die; - ⟨griech.⟩ (veralt. für: Lehre von der Lichtreflexion)
kat|schen; du katschst (katschest) od. kät|schen; du kätschst (kätschest; landsch. für: schmatzend kauen)
Katt|an|ker (Seemannsspr.: zweiter Anker)
Kat|te|gat das; -s („Katzenloch"; Meerenge zwischen Schweden u. Jütland)
kat|ten (Seemannsspr.: [Anker] hochziehen)
Kat|tun der; -s, -e ⟨arab.-niederl.⟩ (feinfädiges, leinwandbindiges Gewebe aus Baumwolle od. Chemiefasern); kat|tu|nen, -er Stoff; Kat|tun|kleid
Ka|tull vgl. Catull
Ka|tyn (Ort bei Smolensk)
katz|bal|gen, sich (ugs.); ich katzbalge mich; gekatzbalgt; zu katzbalgen; Katz|bal|ge|rei; katz|buckeln [Trenn.: ...buk|keln] (ugs. für: liebedienern); er hat gekatzbuckelt; Kätz|chen, Kätz|lein; Kat|ze die; -, -n; (↑ R 18:) für die Katz (ugs. für: umsonst); Katz und Maus mit jmdm. spielen (ugs.)
Kat|zel|ma|cher ⟨ital.⟩ (bes. südd., österr. abschätzig für: Italiener)
Kat|zen_au|ge (auch: Halbedelstein; Rückstrahler), ...buckel [Trenn.: ...buk|kel] (höchster Berg des Odenwaldes), ...dreck, ...fell; kat|zen_freund|lich (ugs. für: heuchlerisch freundlich), ...gleich; kat|zen|haft; Kat|zen_jam|mer (ugs.), ...kopf, ...mu|sik (ugs.), ...sprung (ugs.), ...tisch (ugs.), ...wäsche (ugs.), ...zun|gen (Plur.; Schokoladetäfelchen); Kätz|lein, Kätz|chen
Kaub (Stadt am Mittelrhein)
Kau|be|we|gung
kau|dal (lat.) (Zool.: den Schwanz betreffend; Med.: fußwärts liegend)
kau|dern (veralt., aber noch mdal. für: unverständlich sprechen); ich ...ere (↑ R 22); kau|der|welsch; - sprechen (verworrenes Deutsch sprechen, radebrechen); Kau|der|welsch das; -[s]; ein - sprechen; vgl. Deutsch; kau|der|welschen; du kauderwelschst (kauderwelschst); gekauderwelscht
kau|di|nisch; ein kaudinisches Joch (allg.: schimpfliche Demütigung), aber (↑ R 157): das Kaudinische Joch (Joch, durch das die bei Caudium geschlagenen Römer schreiten mußten); ↑ R 146: die Kaudinischen Pässe
Kaue die; -, -n (Bergmannsspr.:

Gebäude über dem Schacht; Wasch- u. Umkleideraum)
kau|en
kau|ern (hocken); ich ...ere (↑ R 22); Kau|er|start (Sport)
Kauf der; -[e]s, Käufe; in - nehmen; kau|fen; du kaufst usw. (landsch.: käufst usw.); kau|fens|wert; Käu|fer; Kauf|fah|rer (veralt. für: Handelsschiff); Kauf|fahr|tei|schiff (veralt. für: Handelsschiff); Kauf|frau (weibl. Kaufmann; Bez. im Handelsregister); Kauf_haus, ...kraft; kauf|kräf|tig; Kauf|la|den (veraltend); käuf|lich; Käuf|lich|keit die; -; kauf|lu|stig; Kauf|mann (Plur. ...leute); kauf|män|nisch; -ste; -er Angestellter, Direktor (↑ R 157); -es Rechnen; Kauf|mann|schaft die; - (veraltend); Kauf|manns_deutsch, ...ge|hil|fe (älter für: Handlungsgehilfe), ...gil|de (hist.), ...spra|che, ...stand; Kauf_preis (vgl. [2]Preis), ...sum|me
Kau|fun|ger Wald der; - -[e]s (Teil des Hessischen Berglandes); Kauf_ver|trag, ...wert, ...zwang
Kau|gum|mi der (auch: das); -s, -[s]
Kau|kamm (Bergmannsspr.: Grubenbeil)
Kau|ka|si|en [...i'n] (Gebiet zwischen Schwarzem Meer u. Kaspischem Meer); Kau|ka|si|er [...i'r]; kau|ka|sisch; Kau|ka|sus der; - (Gebirge)
Kaul|barsch (ein Fisch); Käul|chen vgl. Quarkkäulchen
Kau|le die; -, -n (mitteld. für: Grube, Loch)
kau|li|flor (lat.) (Bot.: am Stamm ansetzend [von Blüten])
Kaul|quap|pe (Froschlarve)
kaum; das ist - glaublich; er war hinausgegangen, da kam ...; kaum[,] daß (↑ R 127)
Kau|ma|zit der; -s, -e ⟨griech.⟩ (Braunkohlenkoks)
Kau|mus|kel
Kau|pel|lei (ostmitteld. für: heimlicher Handel); kau|peln (ostmitteld.); ich ...[e]le (↑ R 22)
Kau|ri der; -s, -s od. die; -, -s ⟨Hindi⟩ (Porzellanschnecke; „Muschelgeld" [in Asien u. Afrika])
Kau|ri|fich|te (maorisch; dt.) (svw. Kopalfichte)
Kau|ri_mu|schel, ...schnecke [Trenn.: ...schnek|ke]
kau|sal (lat.) (ursächlich zusammenhängend; begründend); -e Konjunktion (z. B. „denn"); Kau|sal_be|zie|hung, ...ge|setz; Kau|sa|li|tät die; - (en (Ursächlichkeit); Kau|sal_ket|te, ...kon|junk|ti|on, ...ne|xus (Kausalzusammenhang), ...satz (Sprachw.: Umstandssatz des Grundes),

...zu|sam|men|hang; Kau|sa|tiv [auch: ...*tif*] *das;* -s, -e [...*wᵉ*] (Sprachw.: veranlassendes Zeitwort, z. B. „tränken" = „trinken machen"); Kau|sa|ti|vum [...*wum*] *das;* -s, ...va [...*wa*] (älter für: Kausativ)

Kausch, Kau|sche *die;* -, ...schen (Seemannsspr.: Ring mit Hohlrand, zur Verstärkung von Tau- u. Seilschlingen)

Kau|stik *die;* - ⟨griech.⟩ (Brennfläche in der Optik; svw. Kauterisation); Kau|sti|kum *das;* -s, ...ka (ein Ätzmittel); kau|stisch (ätzend; beißend; scharf); -ste; -er Witz; Kau|sto|bio|lith *der;* -s od. -en, -e[n] (meist *Plur.*); ↑ R 197 (brennbares Produkt fossiler Lebewesen; z. B. Torf)

Kau|ta|bak

Kau|tel *die;* -, -en ⟨lat.⟩ (Vorsichtsmaßregel; Vorbehalt; Absicherung)

Kau|ter *der;* -s, - ⟨griech.⟩ (Med.: chirurgisches Instrument zum Ausbrennen von Gewebssteilen); Kau|te|ri|sa|ti|on [...*zion*] *die;* -, -en (Ätzung zu Heilzwecken); kau|te|ri|sie|ren; Kau|te|ri|um *das;* -s, ...ien [...*iᵉn*] (Chemie: Ätzmittel; Med.: Brenneisen)

Kau|ti|on [...*zion*] *die;* -, -en ⟨lat.⟩ (Haftsumme, Bürgschaft, Sicherheit[sleistung]); kau|ti|ons|fä|hig (bürgfähig); Kau|ti|ons|sum|me

Kautsch *die;* -, -s, ugs. auch: -en (eindeutschende Schreibung für: Couch)

Kau|tschuk *der;* -s, -e ⟨indian.⟩ (Milchsaft des Kautschukbaumes; Rohstoff für Gummiherstellung); Kau|tschuk_milch, ...pa|ra|graph (dehnbare Rechtsvorschrift), ...plan|ta|ge; kau|tschu|tie|ren (mit Kautschuk überziehen; aus Kautschuk herstellen)

Kau|werk|zeu|ge *Plur.*

Kauz *der;* -es, Käuze; Käuz|chen, Käuz|lein; kau|zig

Ka|val [...*wal*] *der;* -s, -s ⟨ital.⟩ (Spielkarte im Tarockspiel: Ritter); Ka|val|lier [...*wa*...] *der;* -s, -e ⟨franz.⟩; ka|val|lier|mä|ßig; Ka|val|liers|de|likt; Ka|val|lier[s]|start (schnelles, geräuschvolles Anfahren mit dem Auto); Ka|val|ka|de *die;* -, -n (Reiter[auf]zug); Ka|val|le|rie [auch: *ka*...] *die;* -, ...ien (Reiterei; Reitertruppe); Ka|val|le|rist [auch: *ka*...] *der;* -en, -en (↑ R 197)

Ka|val|ti|ne [...*wa*...] *die;* -, -n ⟨ital.⟩ (Musik: [kurze] Opernarie; liedartiger Instrumentalsatz)

Ka|vel|ling [*kaw*...] *die;* -, -en ⟨niederl.⟩ (Wirtsch.: Mindestmenge[neinheit], die ein Käufer auf einer Auktion erwerben muß)

Ka|vent [...*wänt*] *der;* -en, -en (↑ R 197) ⟨lat.⟩ (veralt. für: Bürge); Ka|vents|mann (*Plur.* ...männer; mdal. für: beleibter Mann; Prachtexemplar; Seemannsspr.: bes. hoher Wellenberg)

Ka|ver|ne [...*wär*...] *die;* -, -n ⟨lat.⟩ (Höhle, Hohlraum); Ka|ver|nen|kraft|werk; Ka|ver|nom *das;* -s, -e (Med.: Blutgefäßgeschwulst); ka|ver|nös (Kavernen bildend; voll Höhlungen); -er Kalkstein

Ka|vi|ar [...*wi*...] *der;* -s, -e ⟨türk.⟩ (Rogen des Störs); Ka|vi|ar|bröt|chen

Ka|vi|tät *die;* -, -en ⟨lat.⟩ (Med.: Hohlraum); Ka|vi|ta|ti|on [*kawitazion*] *die;* -, -en (Technik: Hohlraumbildung)

Ka|wa *die;* - ⟨polynes.⟩ (berauschendes Getränk der Polynesier)

Ka|waß, Ka|was|se *der;* -, ...wassen (↑ R 197) ⟨arab.⟩ (früher: oriental. Polizeisoldat; Ehrenwache)

Ka|wi *das;* -[s] od. Ka|wi|spra|che *die;* - ⟨sanskr.⟩ (alte Schriftsprache Javas)

Kay, Kai (m. od. w. Vorn.)

Ka|zi|ke *der;* -n, -n (↑ R 197) ⟨indian.⟩ (Häuptling bei den süd- u. mittelamerik. Indianern; auch: indian. Ortsvorsteher)

kcal = Kilokalorie

Kčs = tschech. Krone

Keats [*kiz*] (engl. Dichter)

Ke|bab *der;* -[s] ⟨türk.⟩ (am Spieß gebratene [Hammel]fleischstückchen)

keb|beln vgl. kibbeln

Keb|se *die;* -, -n (früher: Nebenfrau); Kebs_ehe, ...weib

keck

keckern [*Trenn.:* kek|kern] (von Fuchs, Marder, Iltis: Zorneslaut ausstoßen)

Keck|heit; keck|lich (veralt.)

Kel|der *der;* -s, - (Randverstärkung aus Leder od. Kunststoff)

Keep *die;* -, -en (Seemannsspr.: Kerbe, Rille)

Keep|er [*kipᵉr*] *der;* -s, - ⟨engl.⟩ (bes. österr. für: Torhüter); Keep-smi|ling [*kipßmail*...] *das;* - (das „Immer-Lächeln"; [zur Schau getragene] optimistische Lebensanschauung)

Kees *das;* -es, -e (bayr. u. westösterr. für: Gletscher); Kees|was|ser *das;* -s, ...wasser (bayr. u. westösterr. für: Gletscherbach)

Kel|fe *die;* -, -n (schweiz.: eine Art Zuckererbse, die mit der Schote gegessen wird)

Kel|fir *der;* -s ⟨tatar.⟩ (aus Milch gewonnenes gegorenes Getränk)

Ke|gel *der;* -s, - (Druckw. auch: Stärke des Typenkörpers); mit Kind und Kegel (eigtl.: uneheli-

---

ches Kind); vgl. kegelschieben; Ke|gel_bahn, ...bre|cher (eine Zerkleinerungsmaschine); ke|gel|för|mig; ke|ge|lig, keg|lig; Ke|gel_klub, ...ku|gel, ...man|tel (Math.); ke|geln; ich ...[e]le (↑ R 22); ke|gel|schei|ben (bayr., österr. für: kegelschieben; Ke|gel|schei|ben *das;* -s (bayr., österr.); ke|gel|schie|ben (↑ R 207); ich schiebe Kegel; weil ich Kegel schob; ich habe Kegel geschoben; um Kegel zu schieben; Ke|gel_schie|ben (*das;* -s), ...schnitt (Math.), ...sport, ...statt (österr. neben: Kegelbahn), ...stumpf (Math.); Keg|ler; keg|lig, keg|lig vgl. kegelig

Keh|din|gen vgl. Land Kehdingen

Kehl (Stadt am Oberrhein)

Kehl|chen; Kehl|le *die;* -, -n; keh|len (rinnenartig aushöhlen; [Fisch] aufschneiden u. ausnehmen); Kehl|ho|bel; keh|lig; Kehl|kopf; Kehl|kopf_ka|tarrh, ...krebs, ...mi|kro|phon (auch: ...fon), ...schnitt, ...spie|gel; Kehl_laut, ...lei|ste; Keh|lung (Hohlkehle)

Kehr|aus *der;* -; Kehr|be|sen

Keh|re *die;* -, -n (Wendekurve; turnerische Übung); ¹keh|ren (umwenden); sich nicht an etwas - (ugs.: sich nicht um etwas kümmern); ich kehre mich nicht an das Gerede

²keh|ren (fegen); Keh|richt *der,* auch: *das;* -s; Kehr|richt_ei|mer, ...hau|fen, ...schau|fel; Kehr|ma|schi|ne

Kehr_ord|nung (schweiz für: feste Abfolge für Gemeinschaftspflichten u. -rechte), ...reim, ...schlei|fe (für: Serpentine), ...sei|te; kehrt! ; rechtsum kehrt! ; kehrt|ma|chen (umkehren); ich mache kehrt; kehrtgemacht; kehrtzumachen; Kehrt|wen|dung; Kehr|um; schweiz. in der Fügung: im - (im Handumdrehen); Kehr|wert (für: reziproker Wert); Kehr|wie|der *der* od. *das;* -s (Name von Sackgassen, Gasthäusern u. ä.)

Kehr|wisch (südd. für: Handbesen)

Keib *der;* -en, -en; ↑ R 197 (schwäb. u. schweiz. mdal. für: Aas; Lump, Kerl [grobes Scheltwort])

kei|fen; Kei|fe|rei; kei|fisch (veralt.); -ste

Keil *der;* -[e]s, -e; Keil|bein (Schädelknochen); Kei|le *die;* - (ugs. für: Prügel); - kriegen; kei|len (ugs. für: stoßen; [für eine Studentenverbindung] anwerben); sich - (ugs. für: sich prügeln); Kei|ler (Jägerspr.: männl. Wildschwein, Wildeber); Kei|le|rei

(ugs. für: Prügelei); kei̱l|för|mig;
Kei̱l_haue (Bergmannsspr.),
...hol|se, ...kis|sen, ...pol|ster
(österr.), ...rie|men, ...schrift
Kei̱m der; -[e]s, -e; Kei̱m_blatt,
...drü|se; kei̱|men; kei̱m_fä|hig,
...frei; kei̱m|haft; Kei̱m|ling;
Kei̱m_plas|ma, ...zel|le
kei̱n, -e, -, Plur. -e; - and[e]rer; in
-em Falle, auf -en Fall; zu -er
Zeit; keine unreifen Früchte, es
bedarf keiner großen Erörterun-
gen. Alleinstehend (↑R 66): keiner, keine, kein[e]s; -er, -e, -[e]s
von beiden; keiner, der (nicht:
welcher); kei̱ner|lei; kei̱ner-
seits; kei̱nes|falls; vgl. Fall der;
kei̱nes|wegs; kei̱n|mal, aber:
kein einziges Mal
...keit (z. B. Ähnlichkeit die; -, -en)
Kei̱krops (griech. Sagengestalt)
Keks der od. das; - u. -es, - u. -e
(österr.: das; -, -[e]) ⟨engl.⟩ (kleines, trockenes Dauergebäck);
Keks|do|se
Kelch der; -[e]s, -e; Ke̱lch|blatt;
ke̱lch|för|mig; Ke̱lch_glas (Plur.
...gläser), ...kom|mu|ni|on (kath.
Rel.)
Ke̱l|heim (Stadt in Bayern)
Ke̱l|im der; -s, -s ⟨türk.⟩ (oriental.
Teppich); Ke̱l|im|stich (schräger
Flachstich)
¹Ke̱l|ler, Gottfried (schweiz. Dich-
ter)
²Ke̱l|ler der; -s, -; Ke̱l|ler|as|sel;
Ke̱l|le|rei; Ke̱l|ler_fal|te, ...fen-
ster, ...ge|schoß; ¹Ke̱l|ler|hals
der; - u. -es, -e (ein Heil- u. Zier-
strauch); ²Ke̱l|ler_hals (Überbau
od. ansteigendes Gewölbe über
einer Kellertreppe), ...kind,
...mei|ster, ...trep|pe, ...tür,
...woh|nung; Ke̱l|ler der; -s, -;
Ke̱l|lne|rin die; -, -nen; ke̱ll|nern
(ugs.); ich ...ere (↑R 22)
Ke̱l|logg-Pakt vgl. Briand-Kel-
logg-Pakt (↑R 135)
Kelt der; -[e]s, -e ⟨kelt.-lat.⟩ (veralt.
für: bronzezeitliches Beil)
Ke̱l|te der; -n, -n; ↑R 197 (Angehö-
riger eines indogerm. Volkes)
Ke̱l|ter der; -, -n (Weinpresse);
Ke̱l|te|rei; Ke̱l|te|rer; ke̱l|tern;
ich ...ere (↑R 22)
Ke̱l|ti|be|rer (Angehöriger eines
Mischvolkes im alten Spanien);
ke̱l|ti|be|risch; ke̱l|tisch; Ke̱l|tisch
das; -[s]; vgl. Deutsch; Ke̱l|ti-
sche das; -n; vgl. Deutsche das;
ke̱l|to|ro|ma|nisch
Ke̱l|vin [...win] das; -s, - ⟨nach dem
engl. Physiker W. T. Kelvin⟩
(Maßeinheit der absoluten Temperaturskala; Zeichen: K); 0 K =
−273,15 °C
Ke|ma|li̱s|mus der; - (von dem
türk. Präsidenten Kemal Atatürk
begründete polit. Richtung); Ke-

ma|li̱st der; -en, -en; ↑R 197 (Ver-
fechter des Kemalismus)
Ke|me|na̱|te die; -, -n ([Frauen]ge-
mach einer Burg)
Ken das; -, - ⟨jap.⟩ (jap. Verwaltungsbezirk, Präfektur)
Ken. = Kentucky
Ken|do das; -[s] ⟨jap.⟩ (jap. Form
des Fechtens mit Bambusstäben)
Ke̱|nia (Staat in Ostafrika); Ke-
ni̱a|ner; ke|ni̱a|nisch (↑R 180)
Ken|ne|dy [känidi], John F. (Präsi-
dent der USA)
Ken|nel der; -s, - ⟨engl.⟩ (Hunde-
zwinger)
Kennel|ly [känli] (amerik. Inge-
nieur u. Physiker); Kennel-
ly-Hea|vi|side-Schicht [känlihä-
vißaid...] die; - ([E-Schicht (vgl.
d.) der] Ionosphäre); vgl. Heavi-
side
ke̱n|nen; du kanntest; (selten:)
kenntest; gekannt; kenn[e]!; ken-
nen|ler|nen (↑R 205): ich lerne
kennen; ich habe ihn kennenge-
lernt; kennenzulernen; jmdn.
kennen- u. liebenlernen; Ke̱n-
ner; Ke̱n|ner|blick; ke̱n|ne|risch;
Ke̱n|ner|mie|ne; Ke̱n|ner|schaft
die; -; Ke̱nn|far|be
Ke̱n|ning die; -, -ar (auch: -e) ⟨alt-
nord.⟩ (altnord. Dichtung: bildl.
Umschreibung eines Begriffes
durch eine mehrgliedrige Benen-
nung)
Ke̱nn_kar|te, ...mar|ke; ke̱nnt-
lich; - machen; Ke̱nnt|lich|ma-
chung; Ke̱nnt|nis die; -, -se; von
etwas - nehmen; in - setzen; zur -
nehmen; Ke̱nnt|nis|nah|me die; -;
kennt|nis|reich; Ke̱n|nung (cha-
rakteristisches Merkmal; typ.
Kennzeichen von Leuchtfeuern
usw.); Ke̱nn_wort (Plur. ...wör-
ter), ...zahl, ...zei|chen; keṉn-
zeich|nen; gekennzeichnet; zu -;
keṉn|zeich|nen|der|wei|se; Ke̱nn-
_zeich|nung, ...zif|fer
Ke|no|taph, (auch:) Ze|no|taph
das; -s, -e ⟨griech.⟩ (leeres Grabmal zur Erinnerung an einen Toten, der dort nicht begraben ist)
Kent (engl. Grafschaft)
Keṉ|taur vgl. Zentaur
ken|tern (umkippen [von Schif-
fen]); ich ...ere (↑R 22); Keṉ|te-
rung
Ken|tucky [...taki] (Staat in den
USA; Abk.: Ken. u. Ky.)
Ken|tum|spra|che ⟨lat.; dt.⟩ (Spra-
che aus einer bestimmten Gruppe der
indogerm. Sprachen)
¹Ke̱|pheus [...feuß] ⟨griech. Sagen-
gestalt⟩; ²Ke̱|pheus der; - (ein
Sternbild)
Ke̱ph|i̱|sos der; - ⟨griech. Fluß⟩
Kep̱|ler (dt. Astronom); -sches
Gesetz
kep̱|peln (österr. ugs. für: fortwäh-
rend schimpfen; keifen); ich

kepp[e]le (↑R 22); Ke̱p|pel|weib;
Ke̱pp|le|rin die; -, -nen
Ke|ra|bau der; -s, -s ⟨malai.⟩ (ind.
Wasserbüffel)
Ke|ra̱|mik die; -, (für Erzeugnisse
auch Plur.:) -en ⟨griech.⟩ ([Er-
zeugnis der] [Kunst]töpferei);
Ke|ra̱|mi|ker; Ke|ra̱|mi|ke|rin
die; -, -nen; ke|ra̱|misch
Ke|ra̱|tin das; -s, -e ⟨griech.⟩
(Hornstoff); Ke|ra|ti̱|tis die; -,
...iti̱|den (Med.: Hornhautentzün-
dung des Auges); Ke|ra̱|tom das;
-s, -e (Med.: Horngeschwulst der
Haut); Ke|ra|to|skop das; -s, -e
(Instrument zur Untersuchung
der Hornhautkrümmung)
¹Kerb die; -, -en (hess.-pfälz. für:
Kirchweih); vgl. Kerwe
²Kerb der; -[e]s, -e (Techn. neben:
Kerbe); Ke̱r|be die; -, -n (Ein-
schnitt)
Ke̱r|bel der; -s (eine Gewürzpflan-
ze); Ke̱r|bel|kraut das; -[e]s
ke̱r|ben (Einschnitte machen)
Ke̱r|be|ros vgl. Zerberus
Ke̱rb_holz, fast nur noch in: etwas
auf dem - haben (ugs. für: etwas
angestellt, verbrochen haben);
Ke̱rb_schnitt der; -[e]s; Holzver-
zierung), ...tier; Ke̱r|bung
Ke̱|ren Plur. (griech. Schicksals-
göttinnen)
Kerf der; -[e]s, -e (Kerbtier)
Ker|gue̱l|len [...ge...] Plur. (Inseln
im Indischen Ozean)
Ke̱r|ker der; -s, - (früher: sehr fe-
stes Gefängnis; österr.: schwere
Freiheitsstrafe); Ke̱r|ker_mei-
ster, ...stra|fe
Ke̱r|kops der; -, ...open ⟨griech.⟩
(Kobold der griech. Sage)
Ker|ky̱|ra [auch: kär...] ⟨griech.
Name für: Korfu⟩
Kerl der; -s (selten: -es), -e (ugs. u.
verächtl. auch: -s); Ke̱rl|chen
Ke̱r|mes der; - (arab.; dt.) (Pflan-
ze, deren Beeren zum Färben
von Getränken verwendet wer-
den), ...ei|che (Eiche der Mittel-
meergebietes), ...schild|laus (auf
der Kermeseiche lebende Schild-
laus, aus der ein roter Farbstoff
gewonnen wird)
Kern der; -[e]s, -e; Ke̱rn|bei|ßer
(ein Vogel); ke̱rn|deutsch; ke̱r-
nen (seltener für: auskernen);
Ke̱rn|ener|gie (Atomenergie)
¹Ke̱r|ner der; -s, - ⟨nach dem Dich-
ter J. Kerner⟩ (eine Reben-,
Weinsorte)
²Ke̱r|ner vgl. ¹Karner
Ke̱rn_ex|plo|si|on (Zertrümme-
rung eines Atomkerns), ...fäu|le
(Fäule des Kernholzes von le-
benden Bäumen), ...for|schung
(Atomforschung), ...fra|ge,
...frucht, ...fu|si|on, ...ge|dan|ke,
...ge|häu|se; ke̱rn_ge|sund, ...haft
(veralt.); Ke̱rn_holz; ke̱r|nig;

Kern|kraft.geg|ner, ...**werk;** **Kern|ling** (Wildling aus Samen); **kern|los;** **Kern.obst,** ...**phy|sik** (Lehre von den Atomkernen u. -kernreaktionen); **kern|phy|si|ka|lisch;** **Kern.phy|si|ker,** ...**pro|blem,** ...**punkt,** ...**re|ak|ti|on,** ...**re|ak|tor,** ...**schat|ten** (Optik, Astron.), ...**sei|fe,** ...**spal|tung,** ...**spruch,** ...**stück,** ...**tech|nik,** ...**tei|lung,** ...**trup|pe,** ...**um|wand|lung,** ...**ver|schmel|zung,** ...**waf|fen** Plur.
Ke|ro|pla|stik vgl. Zeroplastik; **Ke|ro|sin** das; -s ⟨griech.⟩ (ein Treibstoff)
Ke|rou|ac [*käruäk*] (amerik. Schriftsteller)
Ker|stin (w. Vorn.)
Ke|rub vgl. Cherub
Ker|we die; -, -n (hess.-pfälz. für: Kirchweih)
Ke|ryg|ma das; -s ⟨griech.⟩ (Verkündigung [des Evangeliums]); **ke|ryg|ma|tisch** (verkündigend, predigend); -e Theologie
Ker|ze die; -, -n; **Ker|zen|be|leuch|tung;** **ker|zen|ge|ra|de¹;** **Ker|zen.hal|ter,** ...**licht** (Plur. ...lichter), ...**stän|der**
Ke|scher der; -s, - (Fangnetz)
keß; kesser, kesseste (ugs. für: frech; schneidig; flott); ein kesses Mädchen
Kes|sel der; -s, -; **Kes|sel.bo|den,** ...**ex|plo|si|on,** ...**fleisch** (landsch. für: Wellfleisch), ...**flicker** [Trenn.: ...flik|ker], ...**haus,** ...**pau|ke,** ...**schmied,** ...**stein,** ...**trei|ben,** ...**wa|gen** (Güterwagen der Eisenbahn mit Kesselaufbau)
Keß|heit
Ketch|up, Catch|up [*kätschap,* engl. Aussprache: *kätsch'p*] der od. das; -[s], -s ⟨malai.-engl.⟩ (pikante Würztunke)
Ke|ton das; -s, -e (eine chem. Verbindung); **Ke|ton|harz**
Ketsch die; -, -en ⟨engl.⟩ (eine zweimastige [Sport]segeljacht)
ket|schen (Nebenform von: kätschen)
Ke|tschua vgl. Quechua
Kett|baum vgl. Kettenbaum; **Kett|car** Ⓦ [*kätkar*] der; -s, -s ⟨dt.; engl.⟩ (ein Kinderfahrzeug); **Kett|chen,** Kett|lein
¹**Ket|te** die; -, -n (Schar, Reihe; Militär: Einheit [von Flugzeugen]; Jägerspr.: Auer-, Birk-, Hasel-, Rebhuhnfamilie)
²**Ket|te** die; -, -n (zusammenhängende Glieder aus Metall u. a.; Weberei: in der Längsrichtung verlaufende Fäden); **Ket|tel** der; -s, - od. die; -, -n (landsch. für:

Krampe); **Ket|tel|ma|schi|ne;** **ket|teln** ([kettenähnlich] verbinden); ich ...[e]le (↑ R 22); **ket|ten;** **Ket|ten|baum,** Kettbaum (Teil des Webstuhles); **Ket|ten.blu|me** (Löwenzahn), ...**brief,** ...**bruch** (der; Math.), ...**brücke** [Trenn.: ...brük|ke]; **Ket|ten|fa|den** vgl. Kettfaden; **Ket|ten|garn** vgl. Kettgarn; **Ket|ten.glied,** ...**hemd,** ...**hund,** ...**pan|zer,** ...**rad,** ...**rau|chen** (das; -s), ...**rau|cher,** ...**re|ak|ti|on,** ...**schutz,** ...**stich;** **Kett.fa|den,** ...**garn** (so in der Weberei; auch: Ket|ten.fa|den, ...garn); **Kett|lein,** Kett|chen; **Ket|tung**
Ketz|er; **Ket|ze|rei;** **Ketz|er|ge|richt;** **ketz|e|risch;** -ste; **Ketz|er.tau|fe,** ...**ver|fol|gung**
keu|chen; Keuch|hu|sten
Keu|le die; -, -n; **keu|len** (Tiermed.: seuchenkranke Tiere töten); **Keu|len|är|mel;** **keu|len|för|mig;** **Keu|len.gym|na|stik,** ...**schlag,** ...**schwin|gen** (das; -s)
Keu|per der; -s (mdal. für: roter, sandiger Ton; Geol.: oberste Stufe der Trias)
keusch; -este
Keu|sche die; -, -n (österr. für: Bauernhäuschen, Kate)
Keusch|heit die; -; **Keusch|heits.ge|lüb|de,** ...**gür|tel** (früher); **Keusch|lamm|strauch**
Keusch|ler (österr. für: Bewohner einer Keusche, Häusler)
Ke|ve|laer [*kéw'lar*] (Stadt in Nordrhein-Westfalen)
Ke|vin [*käwin*] (irischer m. Vorn.)
Key|board [*kibå'd*] das; -s, -s ⟨engl.⟩ (elektrisch verstärktes Tasteninstrument)
Key|ser|ling [*kai...*] (balt. Adelsgeschlecht)
Kfz = Kraftfahrzeug; **Kfz-Fahrer** (↑ R 38)
kg = Kilogramm; 2-kg-Dose (↑ R 43)
KG = Kommanditgesellschaft; **KGaA** = Kommanditgesellschaft auf Aktien
KGB der; -[s] ⟨Abk. aus russ. Komitet gossudarstwennoi besopasnosti = Komitee für Staatssicherheit (sowjet. Geheimdienst)
kgl. = königlich, im Titel: Kgl.
K-Grup|pe (meist Plur.; Bez. für von Moskau unabhängige kommunistische Organisationen in der Bundesrepublik Deutschland)
k.g. V., **kgV** = kleinstes gemeinsames Vielfaches
k. H., kh. = kurzerhand
Khai|ber|paß der; ...passes (Gebirgspaß zwischen Afghanistan und Pakistan)
¹**Kha|ki** das; -[s] ⟨pers.-engl.⟩ (Erdfarbe, Erdbraun); ²**Kha|ki** der;

-[s] (gelbbrauner Stoff [für die Tropenuniform]); **kha|ki|far|ben;** **Kha|ki.jacke** [Trenn.:...jak|ke], ...**uni|form**
Khan der; -s, -e ⟨mong.⟩ (mong.-türk. Herrschertitel); **Kha|nat** das; -[e]s, -e (Amt, Land eines Khans)
Khar|tum (Provinz u. Hptst. der Republik Sudan)
Khe|di|ve [...*w'*] der; -s u. -n, -n; ↑ R 197 (Titel des früheren Vizekönigs von Ägypten)
Khmer der; -, - (Angehöriger eines Volkes in Kamputschea); **Khmer-Re|pu|blik**
Kho|mei|ni, (auch:) Cho|mai|ni [*ehome'ni*] (iran. Schiitenführer)
kHz = Kilohertz
kib|beln, keb|beln (landschaftl. Nebenform von: kabbeln)
Kib|buz der; -, ...uzim od. -e ⟨hebr.⟩ (Gemeinschaftssiedlung in Israel); **Kib|buz|nik** der; -s, -s (Angehöriger eines Kibbuz)
Ki|be|rer (österr. Gaunerspr. für: Kriminalpolizist)
Ki|bjt|ka die; -, -s ⟨russ.⟩ u. **Ki|bjt|ke** die; -, -n (Filzzelt asiat. Nomadenstämme; russ. Bretterwagen, russ. Schlitten mit Mattendach)
Ki|che|rei
Kicher|erb|se
ki|chern; ich ...ere (↑ R 22)
Kick der; -[s], -s ⟨engl.⟩ (ugs. für: Tritt, Stoß [beim Fußball]); **Kick-down** [...*daun*] der; -s, -s (plötzliches Durchtreten des Gaspedals)
Kickel|hahn¹ der; -[e]s (ein Berg im Thüringer Wald)
kicken¹ ⟨engl.⟩ (Fußball spielen [oft abwertend]; **Kicker¹** der; -s, -[s] (Fußballspieler [oft abwertend]); **Kickers¹** Plur. (Name von Fußballvereinen); **Kick-off** der; -s, -s (schweiz. für: Anstoß beim Fußballspiel); **kick|sen** (ugl. gicksen); **Kick|star|ter** (Fußhebel zum Anlassen bei Motorrädern)
Kick|xia [*kikßia*] die;-, ...ien [...*i'n*] ⟨nach dem belg. Botaniker Kickx⟩ (ein Kautschukbaum)
Kid das; -s, ⟨engl.⟩ (Handschuhe aus Kid auch Plur.:) -s ⟨engl.⟩ (Kalb-, Ziegen-, Schafleder); **kid|nap|pen** [*kidnäp'n*] (leinen Menschen, bes. ein Kind) entführen); gekidnappt; **Kid|nap|per** der;-s, - (Entführer); **Kid|nap|ping** das; -s, -s
Ki|dron (Bachtal östl. von Jerusalem)
Kids vgl. Kid
kie|big (landsch. für: zänkisch, schlechtgelaunt; frech, prahlerisch, aufbegehrend)
Kie|bitz der; -es, -e (ein Vogel); **Kie|bit|zei**
kie|bit|zen ⟨Gaunerspr.⟩ (ugs.

¹ Vgl. die Anmerkung zu „gerade".

¹ Trenn.: ...k|k...

zuschauen beim [Karten-, Schach]spiel); du kiebitzt (kiebitzest)

kie|feln (österr. ugs. für: nagen); ich kief[e]le (↑ R 22); hartes Brot - **¹Kie|fer** die; -, -n (ein Nadelbaum) **²Kie|fer** der; -s, - (ein Schädelknochen); **Kie|fer.an|oma|lie,** ...bruch, ...höh|le, ...höh|len|ent|zün|dung, ...kno|chen

kie|fern (aus Kiefernholz); **Kiefern.eu|le** (ein Schmetterling), ...holz, ...schwär|mer (ein Schmetterling), ...span|ner (ein Schmetterling), ...spin|ner (ein Schmetterling), ...wald, ...zap|fen

Kiel|ke die; -, -n (niederd. für: Kohlenbecken zum Fußwärmen)

kie|ken (nordd. für: sehen); **Kieker** (Seemannsspr. u. ugs. für: Fernglas); jmdn. auf dem - haben (ugs. für: jmdn. mißtrauisch beobachten); an jmdm. großes Interesse haben; jmdn. nicht leiden können); **Kiek|in|die|welt** der; -s, -s (kleines Kind; unerfahrener Mensch)

¹Kiel der; -[e]s, -e (Schaft der Vogelfeder)

²Kiel der (Hafenstadt a. d. Ostsee)

³Kiel der; -[e]s, -e (Grundbalken der Wasserfahrzeuge); **Kiel|boot**

kie|len (veraltet für: Kielfedern bekommen)

Kie|ler (von ²Kiel); ↑ R 147; Kieler Bucht; Kieler Förde; Kieler Sprotten; Kieler Woche

Kiel|fe|der

kiel|ho|len ([ein Schiff] umlegen [zum Ausbessern]; frühere seemänn. Strafe: jmdn. unter dem Schiff durchs Wasser ziehen); er wurde gekielholt

Kiel|kropf (veralt. für: Mißgeburt, Wechselbalg)

Kiel|li|nie (Gefechts-, auch Marschformation von Kriegsschiffen); in - fahren; **kiel|oben;** - liegen; **Kiel.raum, ...schwein** (auf dem Hauptkiel von Schiffen liegender Verstärkungsbalken oder -träger), ...schwert, ...wasser (das; -s; Wasserspur hinter einem fahrenden Schiff)

Kie|me die; -, -n (Atmungsorgan der im Wasser lebenden Tiere); **Kie|men.at|mer** (Zool.), ...atmung, ...spal|te

Kien der; -[e]s (harzreiches [Kiefern]holz); **Kien.ap|fel, ...fackel** [Trenn.: ...fak|kel], ...holz; **kienig; Kien.span, ...zap|fen**

Kie|pe die; -, -n (nordd., mitteld. für: Rückentragkorb); **Kie|penhut** der (ein Frauenhut, Schute)

Kier|ke|gaard [kírk⁶gart, dän. Ausspr.: kérg⁶gor] (dän. Philosoph u. Theologe)

Kies der; -es, (für Kiesarten Plur.:) -e (feines Geröll; ugs. ohne Plur.:

Geld); **Kie|sel** der; -s, -; **Kie|sel.al|ge, ...er|de, ...gur** (die; -; Erdart aus den Panzern von Kieselalgen); **kie|seln** (mit Kies beschütten); ich ...[e]le (↑ R 22); **Kie|sel.säu|re** (die; -), ...stein; **¹kie|sen** (svw. kieseln); du kiest (kiesest); er kie|ste; gekiest; kies[e]!

²kie|sen (veralt., noch dicht. für: wählen); du kiest (kiesest); kies[e]!; du kor[e]st, körest; gekoren; vgl. küren

Kie|se|rit der; -s, -e (ein Mineral) **Kies.gru|be, ...hau|fen; kie|sig;** vgl. küren

Kies|weg

Ki|ew [kíäf] (Hptst. der Ukrainischen SSR); **Kie|wer** (↑ R 147)

Kiez der; -es, -e ⟨slaw.⟩ (nordostd. für: Ort[steil])

kif|fen ⟨arab.-amerik.⟩ (Haschisch od. Marihuana rauchen); **Kif|fer**

Ki|gali (Hptst. von Ruanda)

ki|ke|ri|ki!; ¹Ki|ke|ri|ki der; -s, -s (Kinderspr. für: Hahn); **²Ki|ke|ri|ki** das; -s, -s (Hahnenschrei)

Ki|ki der; -s (ugs. für: überflüssiges Zeug; Unsinn)

Kil|bi die; -, ...benen (schweiz. mdal. für: Kirchweih); **Kil|bi|tanz**

Ki|li|an (m. Vorn.)

Ki|li|ki|en, Zi|li|zi|en (im Altertum Landschaft in Kleinasien); **ki|li|kisch, zi|li|zisch**

Ki|li|ma|ndscha|ro der; -[s] (höchster Berg Afrikas)

kil|le|kil|le; - machen (ugs. für: kitzeln; unterm Kinn streicheln)

¹kil|len (engl.) (ugs. für: töten); er hat ihn gekillt (getötet)

²kil|len (niederd.) (Seemannsspr.: leicht flattern [von Segeln])

Kil|ler (ugs. für: Totschläger, Mörder); **Kil|ler|sa|tel|lit** (ugs. für: Satellit, der Flugkörper im All zerstören soll)

Kiln der; -[e]s, -e ⟨engl.⟩ (Schachtofen zur Holzverkohlung od. Metallgewinnung)

kil|lo... ⟨griech.⟩ (tausend...); **Ki|lo** das; -s, -[s] (Kurzform für: Kilogramm); **Ki|lo...** (Tausend...; das Tausendfache einer Einheit, z. B. Kilometer = 10³ Meter; Zeichen: k); **Ki|lo|gramm** (1000 g; Maßeinheit für Masse, früher auch für Gewicht u. Kraft; Zeichen: kg); 3 - (↑ R 129) **Ki|lo|hertz** (1000 Hertz; Maßeinheit für die Frequenz; Zeichen: kHz)

Ki|lo|joule [...dschul] (1000 Joule; Zeichen: kJ); vgl. Joule **Ki|lo|ka|lo|rie** (1000 Kalorien; Zeichen: kcal) **Ki|lo|li|ter** (1000 l; Zeichen: kl) **Ki|lo|me|ter** (1000 m; Zeichen: km); 80 Kilometer je Stunde (Abk.: km/h; früher auch:

---

km/st); **Ki|lo|me|ter.fres|ser** (ugs.), ...geld; **Ki|lo|me|ter|geld|pau|scha|le; ki|lo|me|ter|lang,** aber: 3 Kilometer lang; **Ki|lo|me|ter.mar|ke, ...stand, ...stein,** ...ta|rif; **ki|lo|me|ter|weit;** vgl. kilometerlang; **Ki|lo|me|ter|zäh|ler; ki|lo|me|trie|ren** ([Straßen, Flüsse usw.] mit Kilometereinteilung versehen); **Ki|lo|me|trie|rung; ki|lo|me|trisch**

Ki|lo|ohm (1000 Ohm; Zeichen: kΩ)

Ki|lo|pond (1000 Pond; früher: Maßeinheit für Kraft u. Gewicht; Zeichen: kp); **Ki|lo|pond|me|ter** (früher: Einheit der Energie; Zeichen: kpm)

Ki|lo.volt (1000 Volt; Zeichen: kV), ...volt|am|pere (1000 Voltampere; Zeichen: kVA)

Ki|lo|watt (1000 Watt; Zeichen: kW); **Ki|lo|watt|stun|de** (1000 Wattstunden; Zeichen: kWh)

¹Kilt der; -[e]s (südwestd. u. schweiz. für: Abendbesuch des Burschen bei seinem Mädchen)

²Kilt der; -[e]s, -e ⟨engl.⟩ (knielanger Rock der Bergschotten)

Kilt|gang (zu: ¹Kilt)

Kim|ber usw. vgl. Zimber usw.

Kimm die; - (Seew.: Horizontlinie zwischen Meer u. Himmel; Schiffbau: Krümmung des Schiffsrumpfes zwischen Bordwand u. Boden); **Kim|me** die; -, -n (Einschnitt; Kerbe; Teil der Visiereinrichtung); **Kimm|ho|bel; Kimm|ung** (Seew.: Luftspiegelung; Horizont)

Ki|mon (athen. Feldherr)

Ki|mo|no (auch: ki-... od. ...mono] der; -s, -s ⟨jap.⟩ (weitärmeliges Gewand; **Ki|mo|no.är|mel** (der angeschnittene Ärmel), ...blu|se

Ki|nä|de der; -n, -n (↑ R 197) ⟨griech.⟩ (männl. Hetäre im alten Griechenland; Päderast)

Kin|äs|the|sie die; - ⟨griech.⟩ (Med.: Fähigkeit der unbewußten Steuerung von Körperbewegungen)

Kind das; -[e]s, -er; an -es Statt; vgl. Statt; von - auf; sich bei einem lieb - machen (einschmeicheln); **Kind|bett** das; -[e]s; **Kind|bet|te|rin** die; -, -nen (veralt.); **Kind|bett|fie|ber; Kind|chen** das; -s, - u. Kinderchen; **Kind|lein** das; -s, -u. Kinderlein; **Kin|del|bier** (niederd. für: Bewirtung bei der Kindtaufe); **Kin|der.ar|beit,** ...arzt, ...bett, ...buch, ...dorf, ...ehe, ...rei; **Kin|der.er|zie|hung; kin|der|feind|lich; Kin|der.fräu|lein, ...freund|lich; Kin|der.gar|ten, ...gärt|ne|rin, ...geld, ...got|tes|dienst, ...heim, ...hort, ...klei|dung, ...krank|heit, ...krie|gen** (das; -s; ugs.), ...la|den (auch für: nicht autoritär geleiteter Kindergarten), ...läh|mung; kin|der.leicht, ...lieb, ...los; Kin|der|lo|sig|keit die; -; Kin|der-.mäd|chen, ...mund, ...post; kin|der|reich; Kin|der.reich|tum (der; -s), ...schreck (der; -s), ...schuh, ...schutz, ...sei|te (einer Zeitung), ...sen|dung, ...spiel, ...spra|che, ...stu|be, ...ta|ges|stät|te, ...tel|ler; kin|der|tüm|lich; Kin|der.uhr, ...wa|gen, ...zeit, ...zim|mer; Kin|des_al|ter, ...aus|set|zung, ...bei|ne (Plur., in: von -n an), ...ent|zie|hung (Rechtsw.), ...kind (veralt. für: Enkelkind), ...lie|be, ...miß|hand|lung, ...mord, ...mör|de|rin, ...un|ter|schie|bung; kind_fremd, ...ge|mäß, ...haft; Kind|heit die; -; Kind|heits|er|in|ne|rung; kin|disch; -ste; Kind|lein vgl. Kindchen; kind|lich; Kind|lich|keit die; -; Kinds_be|we|gung, ...kopf; kinds|köp|fig; Kinds|pech (Stuhlgang des neugeborenen Kindes); Kind|tau|fe

Ki|ne|ma|thek die; -, -en ⟨griech.⟩ (Sammlung von Filmen; Filmarchiv); Ki|ne|ma|tik die; - (Physik: Lehre von den Bewegungen); ki|ne|ma|tisch (die Kinematik betreffend); Ki|ne|ma|to|graph der; -en, -en; ↑ R 197 (der erste Apparat zur Aufnahme u. Wiedergabe bewegter Bilder; daraus die Kurzform: Kino); Ki|ne|ma|to|gra|phie die; - (Filmwissenschaft u. -technik, Aufnahme u. Wiedergabe von Filmen); ki|ne|ma|to|gra|phisch; Ki|ne|tik die; - (Physik: Lehre von den Kräften, die nicht im Gleichgewicht sind); ki|ne|tisch (bewegend); -e Energie (Bewegungsenergie)

King der; -[s], -s ⟨engl.⟩ (engl. für: König; ugs. für: Anführer; jmd., der größtes Ansehen genießt); King-size [...βais] die (auch: das); - (Großformat, Überlänge [von Zigaretten])

Kings|ton [...t'n] (Hptst. von Jamaika)

Kings|town [...taun] (Hptst. des Staates St. Vincent und die Grenadinen)

Kink die; -, -en (niederd. u. Seemannsspr.: Knoten, Fehler im Tau)

Kin|ker|litz|chen Plur. ⟨franz.⟩ (ugs. für: Albernheiten)

Kinn das; -[e]s, -e; Kinn_backe[n] [Trenn.: ...bak|ke(n)], ...ha|ken, ...la|de, ...rie|men, ...spit|ze

Ki|no das; -s, -s (Lichtspieltheater); vgl. Kinematograph; Ki|no-.be|sit|zer, ...be|su|cher, ...kar|te, ...pro|gramm, ...re|kla|me

Kin|sha|sa [...scha...] (Hptst. von Zaire)

Kin|topp der od. das; -s, -s u. ...töppe (ugs. für: Kino, Film)

Kin|zig die; - (r. Nebenfluß des unteren Mains; r. Nebenfluß des Oberrheins); Kin|zi|git der; -s (eine Gneisart)

Ki|osk [auch: ...oβk] der; -[e]s, -e ⟨pers.⟩ (oriental. Gartenhaus; Verkaufshäuschen)

Kio|to (jap. Stadt)

Kipf der; -[e]s, -e (südd. für: länglich geformtes Brot); Kipf|fel das; -s, - u. Kip|ferl das; -s, -n ⟨österr. für: Hörnchen [Gebäck]); Kipf|ler Plur. (österr. für: eine Kartoffelsorte)

Kip|ling (engl. Schriftsteller)

Kip|pe die; -, -n (Spitze, Kante; Turnübung; ugs. für: Zigarettenstummel); kip|pe|lig, kipp|lig; kip|peln (ugs.); ich ...[e]le (↑ R 22); kip|pen; ¹Kip|per (früher für: Münzverschlechterer); - und Wipper; ²Kip|per (Wagen mit kippbarem Wagenkasten); Kipp|fen|ster; kipp|lig, kip|pe|lig; Kipp_lo|re, ...pflug (↑ R 204), ...re|gel (Vermessungsgerät), ...schal|ter, ...wa|gen

Kips das; -es, -e (meist Plur.) ⟨engl.⟩ (getrocknete Haut des Zebus)

Kir|be die; -, -n (bayr. für: Kirchweih)

Kir|che die; -, -n; Kir|chen.äl|te|ste der u. die. ...amt, ...aus|tritt, ...bann, ...bau (Plur. ...bauten), ...be|su|cher, ...bu|ße, ...chor (vgl. ²Chor), ...die|ner, ...fa|brik (Stiftungsvermögen einer kath. Kirche), ...fest, ...gän|ger (svw. Kirchgänger), ...ge|schich|te, ...glocke [Trenn.: ...glok|ke], ...jahr, ...leh|rer, ...licht [Plur. -er; er ist kein [großes] Kirchenlicht [ugs. für: er ist nicht sehr klug]), ...lied, ...maus, ...mu|sik, ...rat (Plur. ...räte), ...recht, ...schiff, ...spren|gel od. Kirchspren|gel, ...staat (der; -[e]s), ...steu|er die, ...tag (z. B. Deutscher Evangelischer Kirchentag [↑ R 157]), ...tür, ...uhr, ...va|ter (Verfasser grundlegender christl. Schriften des christl. Altertums), ...vor|stand; Kirch.gän|ger, ...geld, ...hof; Kirch|hofs.mau|er, ...stil|le; kirch|lich; Kirch|lich|keit die; -; Kirch|ner (veralt. für: Küster)

Kirch|schlä|ger (österr. Bundespräsident)

Kirch_spiel (Kirchensprengel), ...spren|gel od. Kir|chen|spren|gel, ...tag (selten für: Kirchweih), ...turm; Kirch|turm|po|li|tik (auf engen Gesichtskreis beschränkte Politik); Kirch|va|ter (landsch. für: Kirchenältester); Kirch|weih die; -, -en

Kir|gi|se der; -n, -n; ↑ R 197 (Angehöriger eines mittelasiat. Volkes); kir|gi|sisch

Ki|ri|ba|ti (Inselstaat im Pazifik)

Kir|ke vgl. Circe

Kir|mes die; -, ...messen (bes. mittel- u. niederd. für: Kirchweih); Kir|mes|ku|chen

kir|nen (mdal. für: buttern; [Erbsen] ausschoten)

kir|re (ugs. für: zutraulich, zahm); jmdn. - machen; kir|ren (kirre machen); Kir|rung (Jägerspr.: Lockfutter)

Kirsch der; -[e]s, - (ein Branntwein); Kirsch_baum, ...blü|te; Kir|sche die; -, -n; Kir|schen-baum usw. (seltener für: Kirschbaum usw.); Kirsch_geist der; -[e]s; ein Branntwein), ...holz, ...kern, ...ku|chen, ...li|kör; kirsch|rot; Kirsch_saft, ...was|ser (das; -s, -; ein Branntwein)

Kir|sten (m. od. w. Vorn.)

Kir|tag (bayr., österr. für: Kirchweih)

Kis|met das; -s ⟨arab.⟩ ("Zugeteiltes"; Los; gottergeben hinzunehmendes Schicksal im Islam)

Ki|ßI|chen; Kis|sen das; -s, -; Kis|sen_be|zug, ...fül|lung, ...hül|le, ...schlacht, ...über|zug

Ki|ste die; -, -n; Ki|sten_deckel [Trenn.: ...dek|kel], ...grab; ki|sten|wei|se

Ki|sua|he|li, Ki|swa|hi|li, Swa|hi|li die; -[s] (Suahelisprache)

Kit|fuchs vgl. Kittfuchs

Ki|tha|ra der; -, -s u. ...tharen ⟨griech.⟩ (altgriech. Saiteninstrument); Ki|thar|öde der; -n, -n; ↑ R 197 (altgriech. Zitherspieler u. Sänger)

Ki|thä|ron der; -s (griech. Gebirge)

Kitsch der; -[e]s (süßlich-sentimentale, geschmacklose Kunst); kit|schen (mdal. für: zusammenscharren); du kitschst (kitschest); kit|schig

Kitt der; -[e]s, -e

Kitt|chen das; -s, - (ugs. für: Gefängnis)

Kit|tel der; -s, -; Kit|tel|schür|ze; kit|ten

Kitt|fuchs (Fuchs einer nordamerik. Art; Fell dieses Fuchses)

Kitz der; -es, -e u. Kit|ze die; -, -n (Junges von Reh, Gemse, Ziege)

Kitz|bü|hel (österr. Stadt)

Kit|zel der; -s; kit|ze|lig, kitz|lig; kit|zeln; ich ...[e]le (↑ R 22); Kitz|ler (für: Klitoris)

Kitz|lein, Kitz|chen

Kitz| zel der; -s; kitz|ze|lig, kitz|lig;

¹Ki|wi der; -s, -s ⟨maorisch⟩ (Schnepfenstrauß)

²Ki|wi die; -, -s (eine exotische Frucht)

kJ = Kilojoule

k.J. = künftigen Jahres
Kjök|ken|möd|din|ger vgl. Kökkenmöddinger
k.k. = kaiserlich-königlich (im ehem. österr. Reichsteil von Österreich-Ungarn für alle Behörden); vgl. kaiserlich; vgl. k.u.k.; **K.K.** = Kaiserlich-Königlich; vgl. kaiserlich
KKW = Kernkraftwerk
kl = Kiloliter
Kl. = Klasse, österr. auch = Klappe (für: Telefonnebenstelle, Apparat)
Kl.-8° = Kleinoktav
kla|ba|stern (mdal. für: schwerfällig gehen); ich ...ere (↑R 22)
Kla|bau|ter|mann der; -[e]s, ...männer (ein Schiffskobold)
klack!; klack, klack!; **klacken** [Trenn.: klak|ken] (klack machen); **klackern** [Trenn.: klakkern] (mdal. für: kluckern u. klecksen); ich ...ere (↑R 22); **klacks!**; **Klacks** der; -es, -e (ugs. für: kleine Menge; klatschendes Geräusch)
Kląd|de die; -, -n (erste Niederschrift; Geschäftsbuch; Heft)
Klad|de|ra|datsch [auch: ...datsch] der; -[e]s, -e (Krach; ugs. für: Zusammenbruch, Mißerfolg)
Kla|do|ze|re die; -, -n; meist Plur. (Wasserfloh)
klaf|fen; **kläf|fen**; **Kläf|fer**; **Klaff|mu|schel**
Klaf|ter der od. das; -s, -; seltener: die; -, -n (Längen-, Raummaß); 5 - Holz (↑R 128 f.); **Klaf|ter|holz** das; -es; **klaf|ter|lang**; -er Riß, aber: 3 Klafter lang; **klaf|tern**; ich ...ere (↑R 22) Holz (schichte es auf); **klaf|ter|tief**
klag|bar; - werden; **Klag|bar|keit** die; -; **Kla|ge** die; -, -n; **Kla|ge|ge|schrei**, **Klag|ge|schrei**; **Kla|ge_laut**, ...lied, ...mau|er (Überreste des Tempels in Jerusalem); **kla|gen**
Kla|gen|furt (Hptst. von Kärnten)
Kla|ge|punkt; **Kläger**; **Klagerhe|bung** (BGB); **Klä|ge|rin** die; -, -nen; **klä|ge|risch**; **klä|ge|ri|scher|seits**; **Klä|ger|schaft** (bes. schweiz.); **Kla|ge_schrift**, ...weg; **Klag|ge|schrei**, **Kla|ge|ge|schrei**; **kläg|lich**; **Kläg|lich|keit**; **klag|los**
Klai|pė|da [klaipeda] (lit. Name von: ²Memel)
Kla|mauk der; -s (ugs. für: Lärm; Ulk)
klamm (feucht; steif [vor Kälte]); -e Finger; **Klamm** die; -, -en (Felsenschlucht [mit Wasserlauf]); **Klam|mer** die; -, -n; **Klam|mer_af|fe**, ...beu|tel; **Klam|mer|chen**; **klam|mern**; ich ...ere (↑R 22); **klamm|heim|lich** (ugs. für: ganz heimlich)

Kla|mot|te die; -, -n (ugs. für: [Ziegel]brocken; minderwertiges [Theater]stück; [alte] Kleidungsstücke [meist Plur.])
Klam|pe die; -, -n (Seemannsspr.: Holz- od. Metallstück zum Festmachen der Taue); **Klamp|fe** die; -, -n (volkstüml. für: Gitarre; österr. für: Bauklammer)
kla|mü|sern (nordd. ugs. für: nachsinnen); ich ...ere (↑R 22)
Klan (eindeutschend für: Clan)
klan|de|stin ⟨lat.⟩ (veralt. für: heimlich); -e Ehe (nicht nach kanon. Vorschrift geschlossene Ehe)
klang!; kling, klang!; **Klang** der; -[e]s, Klänge; **Klang_ef|fekt**, ...far|be, ...fül|le, ...kör|per; **klang|lich**; **klang|los**; **Klang-schön**; **klang|voll**; **Klang-wir|kung**
Klapf der; -s, Kläpfe (südd., schweiz. mdal. für: Knall, Schlag, Ohrfeige); **kläp|fen** (knallen, schlagen)
Kla|po|tetz der; -es, -e (südösterr.; ein Windrad)
klapp!; klipp, klapp!; **Klapp|bett**; **Klap|pe** die; -, -n (österr. auch: Nebenstelle eines Telefonanschlusses, svw. Apparat); **klap|pen**; **Klap|pen_feh|ler** (kurz für: Herzklappenfehler), ...horn (Plur. ...hörner; älteres Musikinstrument), ...text (Buchw.); **Klap|per** die; -, -n; **klap|per|dürr**; **klap|pe|rig**, klapp|rig; **Klap|per-_kasten**, ...ki|ste (ugs. für: altes Auto, alte Schreibmaschine u.a.); **klap|pern**; ich ...ere (↑R 22); **Klap|per_schlan|ge**, ...storch; **Klapp_fahr|rad**, ...fenster; **Klapp|horn|vers** (Scherzvers in Form eines Vierzeilers, beginnend mit: Zwei Knaben ...); **Klapp_hut** der, ...lei|ter, ...lie|ge, ...mes|ser das, ...rad; **klapp|rig**, klap|pe|rig; **Klapp_ses|sel**, ...sitz, ...stuhl, ...stu|le (landsch.), ...tisch, ...ver|deck
Klaps der; -es, -e; **Kläps|chen**, **Kläps|lein** die; **klap|sen**; du klapst (klapsest); **klap|sig** (ugs. für: leicht verrückt); **Klaps_mann** (Plur. ...männer; ugs. für: leicht Verrückter), ...müh|le (ugs. für: Nervenheilanstalt)
klar; -er, -ste; (↑R 65:) im -en sein, ins -e kommen; klar Schiff! (seemänn. Kommando). In Verbindung mit Verben (↑R 205 f.): **I.** Getrenntschreibung, wenn „klar“ im urspr. Sinne gebraucht ist, z.B. klar sein, klar werden (auch vom Wetter), etwas klar (deutlich) sehen. **II.** Zusammenschreibung, wenn ein neuer Begriff entsteht, z.B. klargehen, klarkommen, klarlegen, klarmachen,

klarsehen, klarstellen, klarwerden; **Klar** vgl. Eiklar
Kla|ra (w. Vorn.)
Klär|an|la|ge; **Klar|ap|fel**; **Klärbecken** [Trenn.: ...bek|ken]; **Klarblick**; **klar|blickend** [Trenn.: ...blik|kend]; (ein -er Mann
Klär|chen (Koseform von: Klara)
klar|den|kend; ein -er Mann; **Kla|re** der; -n, -n; (↑R 7 ff. (Schnaps); **klä|ren**
Kla|rett der; -s, -s ⟨franz.⟩ (gewürzter Rotwein)
klar|ge|hen; ↑R 205 (ugs. für: reibungslos ablaufen); das ist klargegangen; **Klar|heit** die; -
kla|rie|ren ⟨lat.⟩ (beim Ein- u. Auslaufen eines Schiffes die Zollformalitäten erledigen); ein Schiff -
Kla|ri|net|te die; -, -n ⟨ital. (-franz.)⟩ (ein Holzblasinstrument); **Kla|ri|net|tist** der; -en, -en; ↑R 197 (Klarinettenbläser)
Kla|ris|sa (w. Vorn.); **Kla|ris|sen|or|den** der; -s; **Kla|ris|sin** die; -, -nen (Angehörige des Klarissenordens)
klar|kom|men; ↑R 205 (ugs. für: zurechtkommen); ich bin damit, mit ihm klargekommen; **klar|le|gen**; ↑R 205 (erklären); er hat ihm den Vorgang klargelegt; **klär|lich** (veralt. für: klar, deutlich); **klar|ma|chen**; ↑R 205 (deutlich machen; [Holz] zerkleinern; [Schiff] fahr-, gefechtsbereit machen); er hat ihm den Vorgang klargemacht; das Schiff hat klargemacht; **Klär|mit|tel** das; **Klar|schiff** das; -[e]s (Seemannsspr.: Gefechtsbereitschaft); **Klär|schlamm**, **Klarschrift|le|ser** (EDV-Eingabegerät, das Daten in lesbarer Form verarbeitet); **klar|se|hen**; ↑R 205 (etw. völlig verstehen); Bescheid wissen); er hat in dieser Sache sofort klargesehen; vgl. klar; **Klar|sicht_do|se**, ...fo|lie; **klar-sich|tig**; **Klar|sicht|packung** [Trenn.: ...pak|kung]; **klar|stel|len**; ↑R 205 (Irrtümer beseitigen); er hat das Mißverständnis klargestellt; **Klar|stel|lung**; **Klar-text** der (entzifferter [dechiffrierter] Text); **Klä|rung**; **klar|werden**; ↑R 205 (verständlich, einsichtig werden); sich -; ihm ist sein Irrtum klargeworden; ich bin mir über vieles klargeworden; er ist ihm das klar wird; vgl. klar
Klas (niederd. für: Klaus)
Klaß... (südd. in Zusammensetzungen für: Klassen... [= Schulklasse], z.B. Klaßlehrer); **klas|se** (ugs. für: hervorragend, großartig); ein - Auto; er hat - gespielt; das finde ich - (auch: Klasse;

vgl. d.); er ist, das ist, wird - (auch: Klasse; vgl. d.); **Klas|se** *die;* -, -n ⟨lat.(-franz.)⟩ (Abk.: Kl.); jmd. od. etwas ist - (auch: klasse; vgl. d.), ist ganz große - (ugs. für: ist großartig, hervorragend); **Klas|se|ment** [...*mã͏ŋ,* schweiz.: ...*mänt*] *das;* -s, -s ⟨franz.⟩ (Einreihung; Reihenfolge); **Klas|sen_.ar|beit, ...auf|satz, ...be|wußt|sein; klas|sen|bildend; Klas|sen_.buch, ...ge|sellschaft, ...haß, ...in|ter|es|se, ...justiz, ...ka|me|rad, ...kampf, ...leh|rer, ...lei|ter** *der;* **klas|senlos;** -e Gesellschaft; **Klas|sen_.lot|te|rie, ...sie|ger** (Sport), **...spre|cher, ...staat, ...tref|fen, ...vor|stand** (österr. für: Klassenlehrer), **...wahl|recht; klas|senwei|se; Klas|sen_.ziel, ...zim|mer; klas|sie|ren** (in ein gegebenes System einordnen; Bergmannsspr.: nach der Größe trennen); **Klas|sie|rung; Klas|si|fi|ka|ti|on** [...*zion*] *die;* -, -en, **Klas|si|fi|zierung** (Einteilung, Einordnung, Sonderzug [in Klassen]); **klas|sifi|zie|ren; ...klas|sig** (z. B. erst-, zweitklassig); **Klas|sik** *die;* - (Epoche kultureller Gipfelleistungen u. ihre mustergültigen Werke); **Klas|si|ker** (maßgebender Künstler od. Schriftsteller [bes. der antiken u. der dt. Klassik]); **klas|sisch** (mustergültig; vorbildlich; die Klassik betreffend; typisch, bezeichnend; herkömmlich, traditionell); -es Theater; -e Philologie; -e Sprachen; -er Jazz; -er Blues (Jazz); **Klas|si|zis|mus** *der;* - (die Klassik nachahmende Stilrichtung; bes.: Stil um 1800); **klas|si|zi|stisch; Klas|si|zi|tät** *die;* - (Mustergültigkeit); **...kläß|ler** (z. B. Erst-, Zweitkläßler)

kla|stisch ⟨griech.⟩ (Geol.); -es Gestein (Trümmergestein)

Kla|lter *der;* -s, -n (niederd. für: Lumpen, zerrissenes Kleid; ohne *Plur.:* Schmutz); **kla|te|rig, klatrig** (niederd. für: schmutzig; schlimm, bedenklich; elend)

klatsch!; klitsch!, klatsch!; **Klatsch** *der;* -[e]s, -e (ugs. auch für: Rederei, Geschwätz); **Klatsch|ba|se; Klat|sche** *die;* -, -n (Werkzeug zum Klatschen; Gerüchteverbreiter[in], gehässige[r] Schwätzer[in]); **klat|schen;** du klatschst (klatschest); Beifall -; **klat|sche|naß** vgl. klatschnaß; **Klat|scher; Klat|sche|rei; Klatsche|rin** *die;* -, -nen; **klat|sch|haft;** -este; **Klatsch|haf|tig|keit** *die;* -; **klat|schig** (selten für: klatschsüchtig); **Klatsch_.ko|lum|nist, ...maul** (ugs. für: geschwätzige Person), **...mohn** (*der;* -[e]s);

klatsch|naß (ugs. für: völlig durchnäßt); **Klatsch_.nest** (ugs.: kleiner Ort, in dem viel geklatscht wird), **...spal|te, ...sucht** (*die;* -); **klatsch|süch|tig; Klatsch_.tan|te, ...weib**

Klau *die;* -, -en (niederd. für: gabelförmiges Ende der Gaffel)

Klaub|ar|beit (Bergmannsspr.: Sondern des haltigen u. tauben Gesteins, der Steine aus der Kohle); **klau|ben** (sondern; mit Mühe heraussuchen; österr. für: pflücken, sammeln); **Klau|ber; Klau|be|rei**

Kläu|chen (kleine Klaue)

Klau|dia vgl. Claudia; **Klau|di|ne** vgl. Claudine

Klaue *die;* -, -n; **klau|en** (ugs. für: stehlen); **Klau|en|seu|che** *die;* -; Maul- u. Klauenseuche († R 32); **...klau|ig** (z. B. scharfklauig)

¹Klaus (Kurzform von: Nikolaus); **²Klaus** *der;* -, -e od. Kläuse (schweiz ugs. für: Dummkopf); **Kläus|chen** (Koseform zu: ¹Klaus)

Klau|se *die;* -, -n ⟨lat.⟩ (enger Raum, Klosterzelle, Einsiedelei; Engpaß); **Klau|sel** *die;* -, -n (Nebenbestimmung; Einschränkung, Vorbehalt)

Klau|sen|paß *der;* ...passes (ein Alpenpaß)

Klaus|ner ⟨lat.⟩ (Bewohner einer Klause, Einsiedler); **Klau|stropho|bie** *die;* -, ...ien ⟨lat.; griech.⟩ (Psych.: krankhafte Angst im geschlossenen Räumen); **Klau|sur** *die;* -, -en ⟨lat.⟩ (abgeschlossener Gebäudeteil [im Kloster]; svw. Klausurarbeit); **Klau|sur_.ar|beit** (Prüfungsarbeit in einem abgeschlossenen Raum), **...ta|gung** (geschlossene Tagung)

Kla|via|tur [...*wi...*] *die;* -, -en ⟨lat.⟩ (Tasten [eines Klaviers], Tastbrett); **Kla|vi|chord** [...*wikort*] *das;* -[e]s, -e ⟨lat.; griech.⟩ (ältere Form des Klaviers); **Kla|vier** [...*wir*] *das;* -s, -e ⟨franz.⟩; - spielen († R 207); vgl. Wohltemperiertes Klavier; **Kla|vier_.abend, ...aus|zug, ...be|glei|tung; klavie|ren** (ugs. für: herumfingern an etwas); **Kla|vier_.kon|zert, ...leh|rer, ...so|na|te, ...spiel, ...spie|ler, ...stim|mer, ...stuhl, ...un|ter|richt; Kla|vikel** [...*wi...*] *das;* -s, - ⟨lat.⟩ (veralt. für: Schlüsselbein); **Kla|vi|ku|la** *die;* -, ...lä u. (med. fachspr.:) ...**lae** [...*lä*] **Cla|vi|cu|la** *die;* -, ...lae [...*lä*] (Schlüsselbein); **kla|vi|ku|lar** (das Schlüsselbein betreffend); **Kla|vi|zim|bel** svw. Clavicembalo

Kle|be *die;* -, -n (ugs. für: Klebstoff); **Kle|be|bin|dung** (Buchw.); **kleben;** vgl. festkleben; **Kle|be|mittel, Kleb|mit|tel** *das;* **kle|ben**

blei|ben; † R 205 (ugs. auch für: sitzenbleiben [in der Schule]); ich bleibe kleben; **kle|ben|geblieben;** klebenzubleiben; **Kle|ber** (auch: Bestandteil des Getreideeiweißes); **Kle|be|strei|fen, Klebstreifen; Kleb|mit|tel, Kle|bemit|tel** *das;* **kleb|rig; Kleb|rigkeit** *die;* -; **Kleb|stoff; Kleb|streifen, Kle|be|strei|fen; Kle|bung**

¹klecken¹ (mdal. für: ausreichen; vonstatten gehen); es kleckt

²klecken¹ (mdal. für: geräuschvoll fallen [von Flüssigkeiten]); **Klecker|fritze¹** (ugs.); **kleckern¹** (ugs. für: beim Essen od. Trinken Flecke machen, sich beschmutzen); ich ...ere († R 22); vgl. ²klotzen; **klecker|wei|se¹** (ugs. für: mehrmals in kleinen Mengen); **Klecks** *der;* -es, -e; **kleck|sen** (Kleckse machen); du kleckst (kleckest); **Kleck|ser; Kleck|se|rei; kleck|sig; Kleck|sogra|phie** *die;* -, ...ien (Tintenklecksbild für psycholog. Tests)

Kle|da|ge [...*aseh*], **Kle|da|sche** *die;* -, (selten:) -n (nordd. für: Kleidung)

¹Klee, Paul (dt. Maler)

²Klee *der;* -s, Kleearten od. -sorten; **Klee|blatt; Klee-Ein|saat** *die;* -, -en († R 36); **Klee-Ern|te** *die;* -, -n († R 36); **Klee_.gras** (Gemengesaat von Klee u. Gras), **...salz** (*das;* -es; ein Fleckenbeseitigungsmittel)

Klei *der;* -[e]s, -e (fetter, zäher Boden); **klei|ben** (mdal. für: kleben[bleiben]); **Klei|ber** (ein Vogel; veralt. für: Lehmarbeiter; mdal für: Klebstoff); **Klei|bo|den**

Kleid *das;* -[e]s, -er (schweiz. auch: Herrenanzug); **Kleid|chen** *das;* -s, - u. Kleiderchen; **kleid|den;** es kleidet mich gut usw.; **Kleid|der_.bad, ...bü|gel, ...bür|ste, ...haken, ...ka|sten** (südd., österr., schweiz. für: Kleiderschrank), **...ma|cher** (österr., sonst veralt. für: Schneider), **...re|chen** (österr. für: Kleiderhaken), **...schrank, ...stoff; kleid|sam; Kleid|samkeit** *die;* -; **Klei|dung; Kleidungs|stück**

Kleie *die;* -, -n (Mühlenabfallprodukt); **Klei|en|brot; klei|ig** (von Klei od. Kleie)

klein; -er, -ste; kleiner[e]nteils. I. *Kleinschreibung:* **a)** († R 65:) im kleinen verkaufen; die Gemeinde ist im Staat im kleinen; groß u. klein; von klein auf; ein klein wenig; **b)** († R 66:) um ein kleines (wenig) ein kleines (wenig) abhandeln; **c)** († R 65:) über ein kleines (veralt. für: bald); bei kleinem (nordd. für: allmäh-

---

¹ Trenn.: ...k|k...

lich); am kleinsten; bis ins kleinste (sehr eingehend); **d)** (↑ R 157:) die kleine Anfrage (im Parlament); das Schiff macht kleine Fahrt (Seemannsspr.); das sind kleine Fische (ugs. für: Kleinigkeiten); der kleine Grenzverkehr; das kleine Latinum; er ist kleiner Leute Kind; das Auto für den kleinen Mann. **II.** *Großschreibung:* **a)** (↑ R 65:) Kleine u. Große; die Kleinen u. die Großen; die Kleinen (Kinder); die Kleine (junges Mädchen); meine Kleine (ugs.); im Kleinen genau; im Kleinen wie im Großen treu sein; vom Kleinen auf das Große schließen; es ist mir ein Kleines (eine kleine Mühe), dies zu tun; **b)** (↑ R 65:) etwas, nichts, viel, wenig Kleines; **c)** (↑ R 133 u. 157:) Pippin der Kleine; Klein Dora, Klein Udo; Klein Erna, Klein Roland; der Kleine Bär, der Kleine Wagen; die Kleine Strafkammer; **d)** (↑ R 146:) Kleiner Belt; Kleines Walsertal; Kleine Sundainseln. **III.** *Schreibung in Verbindung mit Verben* (↑ R 205 f.): klein sein, werden; die Kosten klein (niedrig) halten; sich klein machen (um in etwas hineinzukommen); klein beigeben (nachgeben); klein (mit kleinem Anfangsbuchstaben) schreiben; kurz u. klein schlagen; vgl. aber: kleinbekommen, kleinhacken, kleinkriegen, kleinmachen, kleinschneiden, kleinschreiben. **IV.** Über die *Schreibung in geograph. Namen* ↑ R 158, *in Straßennamen* ↑ R 191; **Klein** *das;* -s (z. B. von Gänsen, Hasen, Kohlen); **Klein|ak|tio|när, ..., an|zei|ge,** ...**ar|beit; klein|asia|tisch; Klein|asi|en** [...*i*ⁿ] (↑ R 152); **Klein|bahn; klein|be|kom|men;** ↑ R 205 (svw. kleinkriegen); **Klein_be|trieb,** ...**bild|ka|me|ra,** ...**buch|sta|be,** ...**bür|ger; klein|bür|ger|lich; Klein_bür|ger|tum,** ...**bus; Klein|chen** (kleines Kind); **klein|den|kend; Klei|ne** *der, die, das;* -n, -n; ↑ R 7 ff. (kleines Kind); **Klei|ne|leu|te|mi|lieu; Klein|emp|fän|ger** (ein Rundfunkgerät); **klei|ne|ren|teils, klei|nern|teils; Klein_fa|mi|lie,** ...**feld** (Sport), ...**feld|hand|ball; Klein_for|mat,** ...**gar|ten,** ...**gärt|ner,** ...**ge|bäck; klein|ge|druckt;** -e Anmerkungen; **Klein|ge|druck|te** *das;* -n; **Klein_geist** (abschätzig), ...**geld** *(das;* -[e]s); **klein|ge|mu|stert; klein|ge|wach|sen; klein|gläu|big; Klein|gläu|big|keit** *die;* -; **klein|hacken** [*Trenn.:* ...hak|ken]; ↑ R 205 (zerkleinern); **Klein_han|del** (vgl. ¹Handel), ...**häus|ler** (österr. für:

Kleinbauer); **Klein|heit** *die;* -; **klein|her|zig; Klein_hirn,** ...**holz; Klei|nig|keit; Klei|nig|keits|krä|mer; Klein|ka|li|ber|schie|ßen** *das;* -s; **klein|ka|li|brig; klein|ka|riert** (auch übertr. für: engherzig, engstirnig); **Klein|kat|ze** (z. B. Luchs, Wildkatze); **Klein|kind; Klein|kle|ckers|dorf** [*Trenn.:* ...klek|kers...] (ugs. für: unbedeutender Ort); **Klein_kraft|rad,** ...**kraft|wa|gen,** ...**kram** *(der;* -[e]s), ...**krieg; klein|krie|gen;** ↑ R 205 (ugs. für: zerkleinern; aufbrauchen; gefügig machen); ich kriege klein; kleingekriegt; kleinzukriegen; **Klein_kunst** *die;* -; **Klein|kunst|büh|ne; klein|laut; klein|lich; Klein|lich|keit; klein|ma|chen;** ↑ R 205 (zerkleinern; ugs. für: aufbrauchen, durchbringen; wechseln; erniedrigen); **klein|maß|stäb|lich,** (gelegentlich auch:) **klein|maß|stä|big; Klein_mö|bel,** ...**mut** *(der;* -[e]s); **klein|mü|tig; Klein|mü|tig|keit** *die;* -; **Klein|od** *das;* -[e]s, (für: Kostbarkeit *Plur.:*) -e, (für: Schmuckstück *Plur.*) ...**odien** [...*i*ⁿ]; **Klein_ok|tav** *(das;* -s; Abk.: Kl.-8°), ...**rent|ner; klein|schnei|den;** ↑ R 205 (zerkleinern); ich schneide klein; kleingeschnitten; kleinzuschneiden; **klein|schrei|ben;** ↑ R 205 (ugs. für: nicht beachten, nicht wichtig nehmen); Demokratie wird in diesem Betrieb kleingeschrieben; vgl. aber: klein, III; **Klein_schrei|bung,** ...**sied|lung,** ...**staat** *(Plur.* ...staaten); **Klein|staa|te|rei** *die;* -; **Klein_stadt,** ...**städ|ter; klein|städ|tisch;** -ste; **Kleinst_be|trag,** ...**kind,** ...**le|be|we|sen; kleinst|mög|lich,** dafür besser: möglichst klein; falsch: kleinstmöglichst; **Klein|tier|zucht; Klein_vieh,** ...**wa|gen,** ...**ge|wie|s** (österr. ugs. für: im kleinen, nach und nach), ...**win|zig; Klein|woh|nung**

Kleio vgl. Klio

Kleist (dt. Dichter)

Klei|ster *der;* -s, -; **klei|ste|rig, kleist|rig; klei|stern;** ich ...ere (↑ R 22); **Klei|ster|topf; kleist|rig, klei|ste|rig**

Kle|ma|tis [auch: ...*atis*] *die;* -, - ⟨griech.⟩ (Waldrebe, eine Kletterpflanze)

Kle|mens, Kle|men|tia, ¹Kle|men|ti|ne vgl. Clemens, Clementia, ¹Clementine

²Kle|men|ti|ne *die;* -, -n ⟨vermutl. nach dem franz. Trappistenmönch Père Clément (kernlose Sorte der Mandarine)

Klemm|mappe [*Trenn.:* Klemm-mappe; ↑ R 204]; **Klęm|me** *die;* -, -n; **klęm|men; Klęm|mer**

(landsch. für: Kneifer, Zwicker); **klęm|mig** (Bergmannsspr. [vom Gestein]: fest); **Klęmm|schrau|be**

klęm|pern (veralt. für: Blech hämmern; lärmen); ich ...ere (↑ R 22); **Klęmp|ner** (Blechschmied); **Klęmp|ne|rei; Klęmp|ner_la|den** (ugs. für: viele Orden u. Ehrenzeichen auf der Brust), ...**mei|ster; Klęmp|ner|werk|statt**

(↑ R 22); **Klęmp|ner|werk|statt**

Kleng|an|stalt (Darre zur Gewinnung von Nadelholzsamen); **klen|gen** (Nadelholzsamen gewinnen)

Kleo|pa|tra (ägypt. Königin)

¹Klep|per *der;* -s, - (ugs. für: ausgemergeltes Pferd)

²Klep|per ⓦ; **Klep|per|boot;** ↑ R 135 (Faltboot); **Klep|per|man|tel;** ↑ R 135 (wasser-, winddichter Mantel)

Klep|to|ma|ne *der;* -n, -n (↑ R 197) ⟨griech.⟩ (an Kleptomanie Leidender); **Klep|to|ma|nie** *die;* - (krankhafter Stehltrieb); **Klep|to|ma|nin** *die;* -, -nen (an Kleptomanie Leidende); **klep|to|ma|nisch**

kle|ri|kal ⟨griech.⟩ (die Geistlichkeit betreffend; [streng] kirchlich [gesinnt]); **Kle|ri|ka|lis|mus** *der;* - (überstarker Einfluß des Klerus auf Staat u. Gesellschaft); **Kle|ri|ker** (kath. Geistlicher); **Kle|ri|sei** *die;* - (veralt. für: Klerus); **Kle|rus** *der;* - (kath. Geistlichkeit, Priesterschaft)

Klęt|te *die;* -, -n; **Klęt|ten|haft|ver|schluß** sww. Klettverschluß; **Klęt|ten|wur|zel|öl** *das;* -[e]s

Klet|te|rei; Klęt|te|rer; Klęt|ter_farn, ...**ge|rüst,** ...**max** *(der;* -es, -e) od. ...**ma|xe** *(der;* -n, -n; ugs. für: Einsteigdieb, Fassadenkletterer); **klęt|tern;** ich ...ere (↑ R 22); **Klęt|ter_par|tie,** ...**pflan|ze,** ...**ro|se,** ...**schuh,** ...**seil,** ...**stan|ge,** ...**tour**

Klęt|ter|ver|schluß ⟨zu: Klette⟩ (Haftverschluß, z. B. an Schuhen)

Klęt|ze *die;* -, -n (österr. für: getrocknete Birne); **Klęt|zen|brot**

Kle|ve [...*w*ʳ] (Stadt im westl. Niederrheinischen Tiefland); **Kle|ver** (↑ R 147); **kle|visch**

klick!; Klick *der;* -s, -s (meist *Plur.*) ⟨engl.⟩ (Sprachw.: Schnalzlaut); **klicken**[1] (einen dünnen, kurzen Ton von sich geben)

Klicker[1] *der;* -s, - (landsch. für: Ton-, Steinkügelchen zum Spielen); **klickern**[1]; ich ...ere (↑ R 22)

klie|ben (veralt., aber noch mdal. für: [sich] spalten); du klobst u. kliebtest; du klöbest u. kliebtest; gekloben u. gekliebt; klieb[e]!

---

¹ *Trenn.:* ...k|k...

Kli|ent der; -en, -en (↑ R 197) ⟨lat.⟩ (im Altertum: Schutzbefohlener; heute: Auftraggeber [eines Rechtsanwaltes]); **Kli|en|tel** [kli-än...] die; -, -en (im Altertum: Verhältnis der Hörigen zum Schutzherrn; heute: Auftraggeberkreis [eines Rechtsanwaltes]); **Kli|en|te|le** die; -, -n (schweiz. svw. Klientel)

klie|ren (landsch. für: unsauber, schlecht schreiben)

Kliff das; -[e]s, -e (niederd. für: steiler Abfall einer [felsigen] Küste)

Kli|ma das; -s, -s u. ...ma̱te ⟨griech.⟩ (Gesamtheit der meteorol. Erscheinungen in einem best. Gebiet); **Kli|ma_.än|de|rung, ...an|la|ge** (↑ R 36), **...kam|mer** (Raum, in dem zu Versuchs- u. Heilzwecken ein bestimmtes Klima künstlich erzeugt wird); **kli|mak|te|risch** (das Klimakterium betreffend); -e Jahre (Wechseljahre); **Kli|mak|te|ri|um** das; -s ⟨Med.: Wechseljahre); **Kli|ma-schwan|kung; kli|ma|tisch** (auf das Klima bezüglich); **kli|ma|ti-sie|ren** (eine Klimaanlage einbauen; die Frischluftzufuhr, Temperatur u. Luftfeuchtigkeit in geschlossenen Räumen automatisch regeln); **Kli|ma|ti|sie-rung; Kli|ma|tol|lo|gie** die; - (Lehre vom Klima); **Kli|ma_wech|sel; Kli|max** die; -, (selten:) -e (Steigerung; Höhepunkt; auch für: Klimakterium)

Klim|bim der; -s (ugs. für: überflüssige Aufregung; lautes Treiben; unnützes, unwichtiges Beiwerk)

Klim|me die; -, -n (eine Kletterpflanze); **klim|men** (klettern); du klommst (klommest, auch: klimmtest); du klömmest (auch: klimmtest); geklommen (auch: geklimmt); klimm[e]!; **Klimm-zug** (eine turnerische Übung)

Klim|pe|rei (ugs.); **Klim|per|ka-sten** (ugs. scherzh. für: Klavier); **klim|per|klein** (landsch. für: sehr klein)

klim|pern (klingen lassen, z. B. mit Geld -; ugs. für: [schlecht] auf dem Klavier spielen); ich ...ere (↑ R 22)

Klimsch (dt. Bildhauer)

Klimt (österr. Maler)

kling!; kling, klang!

Klin|ge die; -, -n

Klin|gel die; -, -n; **Klin|gel_beu|tel, ...draht, ...knopf; klin|geln;** ich ...[e]le (↑ R 22); **Klin|gel_zei|chen, ...zug**

klin|gen; du klangst (klangest); du klängest; geklungen; kling[e]!; **kling, klang!; Kling-klang** der; -[e]s; **kling|ling!**

Kling|sor, (bei Novalis:) **Kling-sohr** (Name eines sagenhaften Zauberers)

Kli|nik die; -, -en ⟨griech.⟩ ([Spezial]krankenhaus; ohne Plur.: ärztlicher Unterricht am Krankenbett); **Kli|ni|ker** (Lehrer, Lernender an einer Klinik); **Kli|ni-kum** das; -s, ...ka u. ...ken (Hauptteil der ärztlichen Ausbildung u. die Ausbildungsstätte); **kli|nisch**

Klin|ke die; -, -n; **klin|ken; Klin-ken|put|zer** (ugs. für: Bettler)

Klin|ker der; -s, - (bes. hart gebrannter Ziegel); **Klin|ker_bau** (Plur. ...bauten; Bau aus Klinkern), **...boot** (mit ziegelartig übereinandergreifenden Planken), **...stein**

Kli|no|chlor das; -s, -e ⟨griech.⟩ (ein Mineral); **Kli|no|me|ter** das; -s, - (Neigungsmesser); **Kli|no-mo|bil** das; -s, -e ⟨griech.; lat.⟩ (Notarztwagen mit klinischer Ausrüstung); **Kli|no|stat** der; -[e]s u. -en, -e[n]; ↑ R 197 (Apparatur für Pflanzenversuche)

Klin|se, Klin|ze, Klun|se die; -, -n (landsch. für: Ritze, Spalte)

Klio ⟨griech.⟩ (Muse der Geschichte)

klipp!; klipp, klapp!; klipp u. klar (ugs. für: ganz deutlich)

Klipp der; -s, -e ⟨engl.⟩ (Klemme; Schmuckstück [am Ohr])

Klip|pe die; -, -n

klip|pen (landsch. für: hell tönen)

Klipp|pen|rand; klipp|pen|reich

Klip|per der; -s, - ⟨engl.⟩ (Seemannsspr.: Schnellsegler [Mitte 19. Jh.]); vgl. aber: Clipper

Klipp|fisch (luftgetrockneter Kabeljau od. Schellfisch); **klip|pig**

klipp, klapp!

Klipp_kram (veralt. für: Trödel-, Kleinkram), **...schen|ke** (veralt. für: sehr einfache Schenke)

Klipp|schlie|fer (mit den Huftieren verwandtes, einem Murmeltier ähnliches afrikan. Säugetier); **Klipp|schu|le** (landsch. für: Elementarschule, auch abwertend)

Klips der; -es, -e ⟨engl.⟩; svw. Klipp (Schmuckstück)

klirr!; klir|ren; Klirr|fak|tor

Kli|schee das; -s, -s ⟨franz.⟩ (Druck-, Bildstock; Abklatsch); **kli|schee|haft; Kli|schee_vor|stel-lung, ...wort** (Plur. ...wörter); **kli-schie|ren** (ein Klischee anfertigen); **Kli|scho|graph** der; -en, -en (↑ R 197) ⟨franz.; griech.⟩ (elektr. Graviermaschine)

Kli|stier das; -s, -e ⟨griech.⟩ (Einlauf); **kli|stie|ren** (einen Einlauf geben); **Kli|stier|sprit|ze**

Kli|to|ris die; -, - u. ...orides ⟨griech.⟩ (Med.: Kitzler, Teil der weibl. Geschlechtsorgane)

klitsch!; klitsch, klatsch!; Klitsch der; -[e]s, -e (mitteld. für: Schlag; breiige Masse); **Klit|sche** die; -, -n (ugs. für: [ärmliches] Landgut); **klit|schen** (landsch.); du klitschst (klitschest); **klit|sche-naß** vgl. klitschnaß; **klit|schig** (landsch. für: feucht und klebrig; unausgebacken); **klitsch, klatsch!; klitsch|naß** (ugs.)

klit|tern (mdal. für: zusammenschmieren; aufspalten); ich ...ere (↑ R 22); **Klit|te|rung**

klit|ze|klein (ugs. für: sehr klein)

Klit|zing-Ef|fekt ⟨nach dem dt. Physiker Klaus von Klitzing⟩ (ein physikal. Effekt)

Kli|vie [...wiᵉ] die; -, -n (eindeutschend für: Clivia)

KLM = Koninklijke Luchtvaart Maatschappij [kon'ngkl'kᵉ lüᶜht-fart matᵉhapé'] (Kgl. Niederländische Luftfahrtgesellschaft)

Klo das; -s, -s (ugs. für: Klosett)

Kloa|ke die; -, -n ⟨lat.⟩ ([unterirdischer] Abzugskanal; Senkgrube; Zool.: gemeinsamer Ausgang für Darm-, Harn- u. Geschlechtswege); **Kloa|ken|tier**

Klo|bas|se, Klo|bas|si die; -, ...sen ⟨slaw.⟩ (österr.: eine Wurstsorte)

Klo|ben der; -s, - (Eisenhaken; gespaltenes Holzstück; auch für: unhöflicher, ungehobelter, roher Mensch); **klö|ben** der; -s, - (niederd.: ein Hefegebäck); **klo|big**

Klo|frau (zu: Klo⟩ (ugs.)

Klon der; -s, -e ⟨engl.⟩ (durch Klonen entstandenes Lebewesen)

Klon|dike [...daik] der; -[s] (Fluß in Kanada)

klo|nen ⟨engl.⟩ (durch künstl. herbeigeführte ungeschlechtl. Vermehrung genet. identische Kopien von Lebewesen herstellen)

klö|nen (niederd. für: gemütlich plaudern; schwatzen)

klo|nie|ren vgl. klonen

klo|nisch ⟨griech.⟩ (Med.: krampfartig); **Klo|nus** der; -, ...ni (Med.: krampfartige Zuckungen)

Kloot der; -[e]s, -en (niederd. für: Kloß, Kugel); **Kloot|schie|ßen** das; -s (fries. Eisspiel [Eisschießen, Boßeln])

Klo|pein (Ort in Kärnten); **Klo-pei|ner See** der; - -

Klöp|fel der; -s, - (veralt. für: Klöppel); **klöp|fen; Klop|fer; klopf|fest; Klopf_fe|stig|keit, ...peit|sche, ...zei|chen**

Klop|pe die; -(nordd., mitteld. für: Prügel); - kriegen; **Klöp|pel** der; -s, -; **Klöp|pel|lei; klöp|pel_kis-sen, ...ma|schi|ne; klöp|peln;** ich ...[e]le (↑ R 22); **Klöp|pel|spit|ze; klöp|pen** (nordd., mitteld. für: klopfen, schlagen); sich -; **Klop-pe|rei** (nordd., mitteld. für: längeres Klopfen; Schlägerei)

Klöpplerin

Klöpp|le|rin die; -, -nen; **Klops** der; -es, -e (Fleischkloß)

Klop|stock (dt. Dichter); **klop|stockisch** [Trenn.: ...stok|kisch], **klop|stocksch**, aber (↑R 134): **Klop|stockisch** [Trenn.: ...stokkisch], **Klop|stocksch**; -e Ode

Klo|sett das; -s, -s, auch: -e ⟨engl.⟩; **Klo|sett_bür|ste, ...pa|pier**

Kloß der; -es, Klöße; **Kloß|brü|he; Klöß|chen, Klöß|lein**

Klo|ster das; -s, Klöster; **Klo|ster-_bi|blio|thek, ...bru|der, ...frau, ...gar|ten, ...gut, ...kir|che; klö|ster|lich; Klo|ster_pfor|te, ...re|gel, ...schu|le**

Klö|ten Plur. (niederd. für: Hoden)

Kloth der; -[e]s, -e (österr. svw. Cloth)

Klot|hil|de (w. Vorn.); vgl. Chlothilde

Klo|tho ⟨griech.⟩ (eine der drei Parzen)

Klotz der; -es, Klötze (ugs.: Klötzer); **Klötz|beu|le** (eine Art Bienenstock); **Klötz|chen**, Klötz|lein

¹**klot|zen** (färben [auf der Klotzmaschine]); du klotzt (klotzest)

²**klot|zen**; -, nicht kleckern (ugs.: ordentlich zupacken, statt sich mit Kleinigkeiten abzugeben); **klot|zig** (ugs. auch für: sehr viel) **Klötz|lein**, Klötz|chen

Klub der; -s, -s ⟨engl.⟩ ([geschlossene] Vereinigung, auch deren Räume); **Klub_gar|ni|tur** (Gruppe von [gepolsterten] Sitzmöbeln), **...haus, ...jacke** [Trenn.: ...jak|ke], **...ka|me|rad, ...mitglied, ...raum, ...ses|sel, ...zwang** (österr. für: Fraktionszwang)

¹**Kluft** die; -, -en ⟨jidd.⟩ (ugs. für: [alte] Kleidung; Uniform)

²**Kluft** die; -, Klüfte (Spalte); **klüf|tig** (veralt. für: zerklüftet)

klug; klüger, klügste; (↑R 65:) der Klügere, Klügste gibt nach, aber: es ist das klügste (am klügsten) nachzugeben; Schreibung in Verbindung mit Verben (↑R 205 f.): klug sein, werden; klug (verständig) reden; vgl. aber: klugreden; **Klü|ge|lei; klü|geln**; ich ...[e]le (↑R 22); **klu|ger|wei|se**, aber: in kluger Weise; **Klug|heit; Klüg|ler; klüg|lich** (veralt.); **klug|re|den**; ↑R 205 (alles besser wissen wollen); er redet klug; kluggeredet, klugzureden; vgl. aber: klug; **Klug_red|ner, ...schei|ßer** (derb), **...schnacker** [Trenn.: ...schnakker; niederd. für: Besserwisser], **...schwät|zer**

Klump der; -[e]s, -e u. Klümpe (niederd. für: Klumpen); **Klumpatsch** der; -es (ugs. für: [ungeordneter, wertloser] Haufen)

Klümp|chen, Klümp|lein; **klum-** pen; der Pudding klumpt; sich - (sich [in Klumpen] ballen); **Klum|pen** der; -s, -; **klüm|pe|rig, klümp|rig** (landsch.); -er Pudding

Klum|pert, Glum|pert das; -s (österr. ugs. für: wertloses Zeug)

Klump|fuß; klump|fü|ßig; klum|pig; Klümp|lein, Klümp|chen; **klümp|rig, klüm|pe|rig**

Klün|gel der; -s, - (verächtl. für: Gruppe, die Vettern-, Parteiwirtschaft betreibt; Sippschaft, Clique); **Klün|ge||lei** (Vettern-, Parteiwirtschaft); **klün|geln**; ich ...[e]le (↑R 22)

Klu|nia|zen|ser der; -s, - (↑R 180) (nach dem ostfranz. Kloster Cluny) (Anhänger einer mittelalterl. kirchl. Reformbewegung); **klu|nia|zen|sisch** (↑R 180)

Klun|ker die; -, -n od. der; -s, - (landsch. für: Quaste, Troddel; Klümpchen; ugs. für: Schmuckstein, Juwel); **klun|ke|rig, klunk|rig** (in Klunkerform; unordentlich, zerlumpt)

Klun|se die; -, vgl. Klinse, Klinze

Klup|pe die; -, -n (zangenartiges Meßgerät; österr. ugs. für: Wäscheklammer); **klup|pen** (veralt. für: einzwängen); **Klup|perl** das; -s, - (bayr. für: Wäscheklammer, scherzh. für: Finger)

Klus die; -, -en ⟨lat.⟩ (schweiz. für: schluchtartiges Quertal, Gebirgseinschnitt); **Klü|se** die; -, -n ⟨niederl.⟩ (Seemannsspr.: Öffnung im Schiffsbug für die Ankerkette); **Klu|sil** der; -s, -e ⟨lat.⟩ (Sprachw.: Verschlußlaut, z. B. p, t, k, b, d, g)

Klü|ten Plur. (nordd. für: Klumpen)

Klü|ver [...w'r] der; -s, - ⟨niederl.⟩ (Seemannsspr.: dreieckiges Vorsegel); **Klü|ver|baum**

Klys|ma das; -s, ...men ⟨griech.⟩ (Med.: Klistier)

Kly|stron das; -s, ...one (auch: -s) ⟨griech.⟩ (Elektronenröhre zur Erzeugung und Verstärkung von Mikrowellen)

Kly|täm|ne|stra (Gemahlin Agamemnons)

k. M. = künftigen Monats

km = Kilometer

km² (nichtfachspr. auch: qkm) = Quadratkilometer

km³ (nichtfachspr. auch: cbkm) = Kubikkilometer

km/h, (früher auch:) **km/st** = Kilometer je Stunde

km-Zahl (↑R 38 u. R 83)

kn = knoten (Seew.)

knab|bern; ich ...ere (↑R 22); vgl. auch: knappern, knuppern

Kna|be der; -n, -n (↑R 197); **Kna|ben|al|ter; kna|ben|haft; -este; Kna|ben|haf|tig|keit** die; -; **Kna-** ben|kraut (Orchidee einer bestimmten Gattung); **Knäb|lein**

knack!; vgl. knacks!; **Knack** der; -[e]s, -e (knackender Ton); **Knäcke|brot¹** ⟨schwed.⟩; **knacken¹** (aufbrechen; lösen; [beim Betreten] einen Laut geben); die Treppe knackt; **Knacker¹** (ugs. abwertend für: Mann; landsch. für: Knackwurst); alter -; **knack-frisch; Knacki¹** der; -s, -s (ugs. für: Vorbestrafter; Gefängnisinsasse); **knackig¹**; etwas ist - frisch; **Knack_laut, ...man|del; knacks!**; knicks, knacks!; **Knacks** der; -es, -e (ugs. für: Schaden); **knack|sen** (knacken); du knackst (knacksest); **Knack-wurst**

Knag|ge die; -, -n u. **Knag|gen** der; -s, - (niederd. für: dreieckige Stütze, Leiste; Winkelstück)

Knäk|en|te (eine Wildente)

Knall der; -[e]s, -e; - und Fall (ugs. für: unerwartet, sofort); **Knall|bon|bon; knall|bunt; knall|len; Knall_ef|fekt** (ugs. für: große Überraschung), **...erb|se; Knall|le|rei; Knall_frosch, ...gas; knall|hart** (ugs. für: sehr hart); **knall|lig; Knall|kopp** der; -s, ...köppe (ugs. Schimpfwort: verrückter Kerl); **Knall|kör|per; knall|rot**

knapp; (↑R 205 f.:) - sein, werden, schneiden usw.; ein knapp sitzender Anzug; vgl. aber: knapphalten

Knap|pe der; -n, -n; ↑R 197 (Edelknabe; Bergmann)

knap|pern (landsch. für: knabbern); ich ...ere (↑R 22)

knapp|hal|ten; ↑R 205 (jmdm. wenig geben); ich habe ihn knappgehalten; **Knapp|heit** die; -

Knapp|sack (veralt. für: Reisetasche, Brotsack)

Knapp|schaft (Gesamtheit der Bergarbeiter eines Bergwerks od. Bergreviers); **knapp|schaft|lich; Knapp|schafts_kas|se, ...ren|te, ...ver|ein, ...ver|si|che|rung**

knaps!; knips, knaps!; **knap|sen** (ugs. für: geizen; eingeschränkt leben); du knapst (knapsest)

Knar|re die; -, -n (Kinderspielzeug; ugs. für: Gewehr); **knar|ren**

¹**Knast** der; -[e]s, Knäste (niederd. für: Knorren)

²**Knast** der; -[e]s, Knäste (auch: -e) ⟨jidd.⟩ (ugs. für: Gefängnis, [ohne Plur.:] Freiheitsstrafe)

¹**Kna|ster** der; -s, - ⟨niederl.⟩ (ugs. für: [schlechter] Tabak)

²**Kna|ster, Kna|ste|rer, Knast|jer** (landsch. für: grämlicher Mensch); **Kna|ster|bart** (landsch.

---

¹ Trenn.: ...k|k...

für: mürrischer Mann); **Kna̱ǀsterer** vgl. [2]Knaster; **kna̱ǀstern** (landsch. für: verdrießlich brummen); ich ...ere (↑ R 22); **Kna̱sterer** vgl. [2]Knaster

Knatsch *der;* -[e]s (landsch. für: Ärger, Streit)

kna̱tǀtern; ich ...ere (↑ R 22)

Knäuǀel *der* od. *das;* -s, -; **Knäuǀelgras, Knaulǀgras; knäuǀeln** (selten); ich ...[e]le (↑ R 22); vgl. knäulen

Knauf *der;* -[e]s, Knäufe; **Knäufchen, Knäufǀlein**

Knaul *der* od. *das;* -s, -e u. Knäule (mdal. für: Knäuel); **Knäulǀchen; knäuǀlen** (ugs. für: zusammendrücken); **Knaulǀgras, Knäuǀlegras**

Knauǀpeǀlei (landsch.); **knauǀpelig, knaupǀlig** (landsch. für: knifflig, viel Geschicklichkeit erfordernd); **Knauǀpelǀknoǀchen** (landsch.); **knauǀpeln** (landsch. für: benagen; abknabbern; sich abmühen; schwer an etwas tragen); ich ...[e]le (↑ R 22); **knaupǀlig** vgl. knaupelig

Knauǀser (ugs.); **Knauǀseǀrei** (ugs.); **knauǀseǀrig, knausǀrig** (ugs.); **Knauǀseǀrigǀkeit, Knausǀrigǀkeit; knauǀsern** (ugs. für: übertrieben sparsam sein); ich ...ere (↑ R 22)

Knaus-Ogiǀno-Meǀthoǀde *die;* - ⟨nach den Gynäkologen H. Knaus (Österreich) u. K. Ogino (Japan)⟩ (Methode zur Bestimmung der fruchtbaren u. unfruchtbaren Tage der Frau)

knausǀrig, knauseǀrig vgl. Knausǀrigǀkeit, Knauǀseǀrigǀkeit

Knauǀtie [...*zi̯e*] *die;* -, -n ⟨nach dem dt. Botaniker Chr. Knaut⟩ (Gattung der Kardengewächse)

knautǀschen (knittern; landsch. für: schmatzend essen; verhalten weinen); du knautschst (knautschest); **knautǀschig; Knautschǀ_lack, ...zoǀne** (Kfz.)

Kneǀbel *der;* -s, -; **Kneǀbelǀbart; kneǀbeln;** ich ...[e]le (↑ R 22); **Kneǀbeǀlung, Kneblung**

Knecht *der;* -[e]s, -e; **knechǀten; knechǀtisch,** -ste; **Knecht Ruprecht** *der;* - -[e]s, - -e; **Knechtǀschaft** *die;* -; **Knechtsǀgeǀstalt** (dicht.); **Knechtǀtung**

Kneif *der;* -[e]s, -e ([Schuster]messer); vgl. Kneip; **kneiǀfen;** du kniffst (kniffest); du kniffest; gekniffen; kneif[e]!; er kneift ihn (auch: ihm) in den Arm; auch: [1]kneipen; **Kneiǀfer** (nordd. für: Klemmer, Zwicker); **Kneifǀzanǀge; Kneip** *der;* -[e]s, -e (Nebenform von: Kneif)

Kneiǀpe *die;* -, -n (student. Trinkabend; ugs. für: [einfaches] Lokal mit Alkoholausschank)

[1]**kneiǀpen** (mdal. für: kneifen, zwicken); ich kneipe (auch: knipp); geknipt (auch: geknippen)

[2]**kneiǀpen** (ugs. für: sich in Kneipen aufhalten; trinken); ich kneipte; geknipt; **Kneiǀpenǀwirt; Kneiǀpeǀrei** (ugs.); **Kneiǀpier** [...*pi̯e*] *der;* -s, -s (Kneipenwirt)

Kneipp (dt. kath. Geistlicher u. Heilkundiger, der ein bestimmtes Wasserheilverfahren entwikkelte); ⒲; **kneipǀpen** (eine Wasserkur nach Kneipp machen); **Kneippǀkur** (↑ R 135)

Kneiǀpzanǀge (landsch. für: Kneifzange)

Knesǀsetǀh] *die;* - ⟨hebr.⟩ („Versammlung"; Parlament in Israel)

knetǀbar; Kneǀte *die;* - (ugs. für: Knetmasse; auch für: Geld); **kneǀten; Knet_maǀschiǀne, ...masǀse, ...masǀse, ...mesǀser** *das*

knibǀbeln (mitteld. für: sich mit den Fingern an etwas zu schaffen machen); ich ...[e]le (↑ R 22)

Knick *der;* -[e]s, -e u. (in der Bed. „Hecke" nur:) -s (scharfer Falz, scharfe Krümmung; Bruch; nordd. auch für: Hecke als Einfriedigung); **Knickeǀbein** *der;* -s (Eierlikör [als Füllung in Pralinen u. ä.]); **Knickei** (angeschlagenes Ei); **knicken**[1]; [1]**Knicker**[1] (Jagdmesser; ugs. für: Geizhals)

[2]**Knicker**[1] *der;* -s, -e (niederd. für: Spielkugel, Murmel)

[1]**Knickerǀbocker**[1] [auch in engl. Ausspr.: *nikʳr...*] *der;* -[s], -[s] ⟨engl.⟩ (alkohol. Kaltgetränk); [2]**Knickerǀbocker**[1] *Plur.* (halblange Pumphose)

Knickeǀrei[1] (ugs.); **knickeǀrig**[1], **knickǀrig** (ugs.); **Knickeǀrigǀkeit**[1], **Knickǀrigǀkeit** *die;* - (ugs.); **knickern**[1] (ugs. für: geizig sein); ich ...ere (↑ R 22)

knicks!; knicks, knacks!; **Knicks** *der;* -es, -e; **knickǀsen;** du knickst (knicksest)

Knickung[1]

Knie *das;* -s, - [*kni̯e,* auch: *kni̯*]; auf den Knien liegen; auf die Knie!; **Knieǀbeuǀge**

Knieǀbis *der;* - (Erhebung im nördl. Schwarzwald)

Knieǀbreǀche *die;* - (mitteld. Name steiler Höhen- od. Bergwege); **Knieǀbundǀ[hoǀse]; Knieǀfall** *der;* **knie_fälǀlig, ...frei; Knie_geiǀge** (für: Gambe), ...**gelenk; Kniegelenkǀentǀzünǀdung; knieǀhoch;** der Schnee liegt - ; **Knie_holz** (*das;* -es; niedrige Bergkiefern), ...**kehǀle; knieǀlang; knieǀlings** (selten für: kniend); **knien** [*kni̯n,* auch: *kni̯'n*]; ↑ R 180; du knietest; kniend; gekniet; knie!

[1] *Trenn.: ...kǀk...*

Knieǀpauǀgen (mdal. für: kleine, lebhafte Augen)

Knieǀrieǀmen (veralt. für: Knieriemen), nur noch in: Meister Knieriem (scherzh. für: Schuster); **Knieǀrieǀmen**

Knies *der;* -es (landsch. für: Dreck; Streit)

Knie_scheiǀbe, ...schoǀner, ...schützer, ...strumpf; knieǀtief

knietǀschen, knitǀschen (landsch. für: zerdrücken, ausquetschen; weinerlich sein); du kni[e]tschst (kni[e]tschest)

Kniff *der;* -[e]s, -e; **Knifǀfeǀlei** (Schwierigkeit); **knifǀfeǀlig, knifǀfǀlig (felǀligǀkeit, Knifǀfligǀkeit); knifǀfen; gekniff't**

Kniǀge *der;* -[s], - ⟨nach dem Schriftsteller Adolph Freiherr von Knigge⟩ (Buch über Umgangsformen)

Knilch, Knülch *der;* -s, -e (ugs. für: unangenehmer Mensch)

knilǀle vgl. knülle; **Knilǀler** vgl. Knüller

knips!; knips, knaps!; **Knips** *der;* -es, -e; **knipǀsen;** du knipst (knipsest); **Knipǀser;** knips, knaps!

Knirps *der;* -es, -e (kleiner Junge od. Mann); ⒲ ein zusammenschiebbarer Schirm); **knirpǀsig**

knirǀschen; du knirschst (knirschest)

kniǀstern; ich ...ere (↑ R 22)

knitǀschen vgl. knietschen

Knitǀtel *der;* -s, -; vgl. Knüttel; **Knitǀtelǀvers** (vierhebiger, unregelmäßiger Reimvers); **Knitǀter** *der;* -s, -; **knitǀterǀarm; Knitǀterǀfalǀte; knitǀter_fest, ...frei; knitǀteǀrig, knittǀrig; knitǀtern;** ich ...ere (↑ R 22)

Knoǀbel *der;* -s, - (mdal. für: [Finger]knöchel; Würfel); **Knoǀbelǀbeǀcher** (scherzh. auch für: Militärstiefel); **knoǀbeln** ([aus]losen; würfeln; lange nachdenken); ich ...[e]le (↑ R 22)

Knobǀlauch [*kno...* u. *kno...*] *der;* -[e]s (eine Gewürz- u. Heilpflanze); **Knobǀlauch_wurst, ...zeǀhe, ...zwieǀbel**

Knöǀchel *der;* -s, -; **Knöǀchelǀchen, Knöchǀlein; knöǀchelǀlang, ...tief; Knoǀchen** *der;* -s, -; **Knoǀchen_bau** (*der;* -[e]s), ...**bruch** (*der;* -[e]s), ...**entǀzünǀdung, ...erǀweiǀchung, ...fraß** (*der;* -es), ...**geǀrüst** (ugs. auch für: magerer Mensch); **knoǀchenǀhart** (sehr hart); **Knoǀchenǀhauǀer** (veralt. nordd. für: Schlächter), ...**haut, ...hautǀentǀzünǀdung, ...mann** (*der;* für: Tod als Gerippe); volkstüml. für: Tod als Gerippe); **...mark** *das,* **...mehl, ...mühǀle** (altes, ungefedertes Fahrzeug; Unternehmen, in dem strapaziöse Arbeit geleistet werden muß), **...naǀgeǀlung** (Med.), **...schwund,**

...split|ter; kno|chen|trocken [*Trenn.:* ...trok|ken] (ugs. für: sehr trocken); knö|che|rig, knöch|rig (aus Knochen; knochenartig); knö|chern (aus Knochen); kno|chig (mit starken Knochen); Kno|chig|keit *die;* -; Knöch|lein, Knö|chel|chen; knöch|rig vgl. knöcherig

knock|out [*nok-aut*] ⟨engl.⟩ (beim Boxkampf niedergeschlagen, kampfunfähig; Abk.: k. o. [*ka o*]); jmdn. k. o. schlagen; Knockout *der;* -[s], -s (Niederschlag; völlige Vernichtung; Abk.: K. o. [*ka o*]); Knock|out|schlag (Abk.: K.-o.-Schlag; ↑ R 41)

Knö|del *der;* -s, - (südd., österr. für: Kloß)

Knöll|chen; Knöl|le *die;* -, -n u. Knol|len *der;* -s, -; Knol|len|blätter|pilz; Knol|len|fäu|le (Krankheit der Kartoffel); knol|len|förmig; Knol|len_frucht, ...na|se; knol|lig

Knopf *der;* -[e]s, Knöpfe (österr. ugs. auch für: Knoten); Knopf|au|ge (meist *Plur.*); Knöpf|chen, Knöpf|lein; Knopf|druck; ein genügt; knöp|fen; Knöpf|lein, Knöpf|chen; Knöpf|li *Plur.* (schweiz.; eine Art Teigwaren, Spätzle); Knopf|loch; Knopf-loch|sei|de

Knop|per *die;* -, -n (Gallapfel, z. B. an grünen Eichelkelchen)

knö|ren (Jägerspr. für: leise röhren [vom Hirsch])

knor|ke (ugs. für: fein, tadellos)

Knor|pel *der;* -s, -; knor|pe|lig, knorp|lig

Knorr-Brem|se ⟨w⟩ ⟨nach dem dt. Ingenieur G. Knorr⟩ (↑ R 135)

Knor|ren *der;* -s, - (landsch. für: Knoten, harter Auswuchs); knor|rig; Knorz *der;* -es, -e (südd., schweiz. mdal. für: Knorren); knor|zen (schweiz. mdal. für: sich abmühen, knausern); du knorzt (knorzest); Knor|zer ⟨zu: knorzen⟩ (landsch. auch für: kleiner Kerl); knor|zig

Knöps|chen, Knösp|lein; Knos|pe *die* -, -n; knos|pen; geknospt; knos|pig; Knos|pung (eine Vermehrungsart)

Knos|sos (altkret. Stadt)

Knöt|chen, Knöt|lein

Kno|te *der;* -n u. ↑ R 197 (ugs. für: plumper, ungebildeter Mensch)

knö|teln (kleine Knoten sticken); ich ...[e]le (↑ R 22); kno|ten; geknotet; Kno|ten *der;* -s, - (auch: Marke an der Logleine, Seemeile je Stunde [Zeichen: kn]); Kno|ten|amt (Postw.); kno|ten|förmig; Kno|ten_punkt, ...stock; Knö|te|rich *der;*-s, -e (eine Pflanze); kno|tig; knat|tig, Knötchen

---

Knöt|ten|erz (Buntsandstein mit eingesprengtem Bleiglanz)

Know-how [*noᵘhau*, auch: noᵘhau] *das;* -[s] ⟨engl.⟩ (Wissen um die praktische Verwirklichung einer Sache)

Knub|be *die;* -, -n u. Knub|ben *der;* -s, - (niederd. für: Knorren; Knospe; Geschwulst); knubbeln, sich (ugs. für: sich drängen); ich ...[e]le mich (↑ R 22)

knud|deln (landsch. für: umarmen [u. küssen]; zerknüllen); ich ...[e]le (↑ R 22)

Knuff *der;* -[e]s, Knüffe (ugs. für: Puff, Stoß); knuf|fen (ugs.)

Knülch vgl. Knilch

knüll, knül|le (Studentenspr. u. ugs. für: betrunken); knül|len (zerknittern)

Knül|ler (ugs. für: [journalist.] Schlager, publikumswirksame Neuheit)

Knüpf|ar|beit; knüp|fen; Knüpf-tep|pich; Knüp|fung; Knüpf|werk

Knüp|pel *der;* -s, -; Knüp|pel|ausdem|sack [auch: ...sak] *der;* -; - spielen (scherzh. für: prügeln); Knüp|pel|damm; knüp|pel|dick (ugs. für: übermäßig dick); knüp|peln; ich ...[e]le (↑ R 22); Knüp|pel|schal|tung

knup|pern (landsch. für: knabbern); ich ...ere (↑ R 22)

Knust *der;* -[e]s, -e u. Knüste (niederd. für: Endstück des Brotes)

Knut (m. Vorn.)

Knu|te *die;* -, -n ⟨germ.-russ.⟩ (Lederpeitsche); unter jmds. - (von jmdm. unterdrückt); knu|ten (knechten, unterdrücken)

knut|schen (ugs. für: heftig liebkosen); du knutschst (knutschest); Knut|sche|rei (ugs.); Knutsch-fleck (ugs.)

Knüt|tel *der;* -s, -; Knüt|tel|vers vgl. Knittelvers

k. o. = knockout; k. o. schlagen; K.-o.-Schlag; K./K.-o.-Schlag; K.-o.-Niederlage

kΩ = Kiloohm

Ko|ad|ju|tor *der;* -s, ...oren ⟨lat.⟩ (Amtsgehilfe eines kath. Geistlichen, bes. eines Bischofs)

Ko|agu|lat *das;* -[e]s, -e ⟨lat.⟩ (Chemie: aus kolloidaler Lösung ausgeflockter Stoff); Ko|agu|la|ti|on [...zion] *die;* -, -en (Ausflockung); ko|agu|lie|ren; Ko|agu|lum *das;* -s, ...la (Med.: Blutgerinnsel)

Koa|la *der;* -s, -s ⟨austr.⟩ (kleiner austral. Beutelbär); Koa|la|bär

ko|ali|e|ren, ko|ali|sie|ren ⟨franz.⟩ (verbinden; sich verbünden); Ko|ali|ti|on [...zion] *die;* -, -en (Vereinigung, Bündnis; Zusammenschluß [von Staaten]); kleine, große Koalition; Ko|ali|ti-ons.frei|heit, ...krieg, ...par|tei, ...recht, ...re|gie|rung

Ko|au|tor, (auch:) Kon|au|tor ⟨lat.⟩ (Mitverfasser [eines Buches u. ä.])

ko|axi|al ⟨lat.⟩ (mit gleicher Achse); Ko|axi|al|ka|bel (Technik)

Kob *der;* -s, -s (kurz für: Kontaktbereichsbeamte)

Ko|balt, (chem. fachspr. auch:) Co|balt *das;* -s ⟨nach Kobold gebildet⟩ (chem. Grundstoff, Metall; Zeichen: Co); ko|balt|blau; Ko|balt-bom|be, ...ka|no|ne (Med.: Bestrahlungsgerät), ...le-gie|rung, ...ver|bin|dung

Ko|bel *der;* -s, - (Nest des Eichhörnchens; südd., österr. für: Verschlag, Koben); Ko|ben *der;* -s, - (Verschlag; Käfig; Stall)

Ko|ben|havn [*köbᵉnhaun*] ⟨dän. Form von: Kopenhagen⟩

Ko|ber *der;* -s, - (ostmitteld., niederd. für: Korb [für Eßwaren])

Ko|blenz (Stadt an der Mündung der Mosel); Ko|blen|zer (↑ R 147); ko|blen|zisch

Ko|bold *der;* -[e]s, -e (neckischer Geist); ko|bold|haft; Ko|bold-ma|ki vgl. Maki

Ko|bolz *der*, nur noch in: - schießen (Purzelbaum schlagen); ko-bol|zen; kobolzt

Ko|bra *die;* -, -s ⟨port.⟩ (Brillenschlange)

¹Koch *der;* -[e]s, Köche; ²Koch *das;* -s (bayr., österr. für: Brei); Koch_beu|tel, ...buch; koch|echt; kö|cheln (leicht kochen); die Soße köchelt

Kö|chel|ver|zeich|nis ⟨nach dem Musikgelehrten Ludwig von Köchel⟩ (Verzeichnis der Werke Mozarts; Abk.: KV); ↑ R 135

Ko|chem vgl. Cochem

ko|chen; kochendheißes Wasser (↑ jedoch R 209), aber: das Wasser ist kochend heiß; ¹Kö|cher (Wasserkochgerät)

²Ko|cher *der;* -s (r. Nebenfluß des Neckars)

Kö|cher *der;* -s, - (Behälter für Pfeile)

Ko|che|rei *die;* -; koch_fer|tig, ...fest; Koch_ge|le|gen|heit, ...geschirr; Kö|chin *die;* -, -nen; Koch_kä|se, ...kunst, ...löf|fel, ...ni|sche, ...plat|te, ...salz, ...topf, ...wä|sche (*die;*-), ...zeit

Kol|da, (auch:) Col|da *die;* -, -s ⟨ital.⟩ (Musik: Schlußteil eines Satzes)

Ko|dak ⓌⓏ (fotograf. Erzeugnisse)

Ko|dály, Zoltán [*kódaj*] (ung. Komponist)

kod|de|rig, kodd|rig (niederd. für: schlecht; unverschämt, frech; übel); Kod|der|schnau|ze (derb)

Kode, (fachspr. meist:) Code [*kot*] *der;* -s, -s ⟨engl.⟩ (System verabredeter Zeichen; Schlüssel zu Geheimschriften)

Ko|de|in *das;* -s ⟨griech.⟩ (ein Beruhigungsmittel)

Kö|der *der;* -s, - (Lockmittel); ködern; ich ...ere (↑R 22)

Ko|dex *der;* -es u. -, -e u. ...dizes [*kodizeß*] ⟨lat.⟩ (Handschriftensammlung; Gesetzbuch); ko|die|ren, (in der Technik meist:) co|die|ren (in einem Kode verschlüsseln); Ko|die|rung, Co|die|rung; Ko|di|fi|ka|ti|on [...*zion*] *die;* -, -en (zusammenfassende Regelung eines größeren Rechtsgebietes; Gesetzessammlung); ko|di|fi|zie|ren; Ko|di|fi|zie|rung (Kodifikation); Ko|di|zill *das;* -s, -e (letztwillige Verfügung; Zusatz zum Testament)

Ko|edu|ka|ti|on [auch: ...*zion*] *die;* - ⟨engl.⟩ (Gemeinschaftserziehung beider Geschlechter in Schulen u. Internaten)

Ko|ef|fi|zi|ent *der;* -en, -en (↑R 197) ⟨lat.⟩ (Math.: Vorzahl der veränderl. Größen einer Funktion; Physik: Zahl, die das Ausdehnungsvermögen eines Stoffes ausdrückt)

Koe|nig [*kö...*] (Erfinder der Schnellpresse)

Koe|pe|scheilbe [*kö...*] (nach dem Erfinder Koepe); ↑R 135 (Bergbau: Treibscheibe bei der Schachtförderung)

Ko|er|zi|tiv|feld|stär|ke ⟨lat., dt.⟩ (Physik)

Ko|exi|stenz [auch: ...*änz*] *die;* - ⟨lat.⟩ (gleichzeitiges Vorhandensein mehrerer Dinge od. mehrerer Eigenschaften am selben Ding; friedl. Nebeneinanderbestehen von Staaten mit verschiedenen Gesellschafts- u. Wirtschaftssystemen); ko|exi|stie|ren [auch: ...*ir'n*]

Ko|fel *der;* -s, - (bayr. u. westösterr. für: Bergkuppe)

Ko|fen vgl. Koben

Kof|fe|in *das;* -s ⟨arab.⟩ (Wirkstoff von Kaffee u. Tee); kof|fe|in|frei

Kof|fer *der;* -s, -; Köf|fer|chen, Köf|fer|lein; Kof|fer_deckel [*Trenn.:* ...dek|kel], ...ge|rät, ...kleid, ...ku|li, ...ra|dio, ...raum, ...schlüs|sel, ...schreib|ma|schi|ne

Kog *der;* -[e]s, Köge (hochd. Schreibung für: Koog)

¹Kol|gel *der;* -s, - ⟨südd., österr. für: Bergkuppe); ²Ko|gel *die;* -, -n (veralt. für: Kapuze)

Kog|ge *die;* -, -n (dickbauchiges Hanseschiff)

Ko|gnak [*konjak*] *der;* -s, -s (volkstüml. für: Schnaps, Weinbrand); drei - (↑R 129); vgl. aber: ²Cognac: Ko|gnak_boh|ne, ...glas, ...kir|sche, ...schwen|ker

Ko|gnat *der;* -en, -en (↑R 197) ⟨lat.⟩ (Blutsverwandter, der nicht Agnat ist)

ko|gni|tiv ⟨lat.⟩ (die Erkenntnis betreffend)

Ko|gno|men *das;* -s, - u. ...mina ⟨lat.⟩ (Beiname)

Ko|ha|bi|ta|ti|on [...*zion*] *die;* -, -en ⟨lat.⟩ (Med.: Beischlaf); ko|ha|bi|tie|ren

ko|hä|rent; -este ⟨lat.⟩ (zusammenhängend); Ko|hä|renz *die;* -; ko|hä|rie|ren (zusammenhängen; Kohäsion zeigen); Ko|hä|si|on *die;* - (der Zusammenhalt der Moleküle eines Körpers); ko|hä|siv

Ko|hi|noor [...*nur*], (auch:) Ko|hi|nur *der;* -s ⟨pers.-engl.⟩ (ein großer Diamant)

¹Kohl *der;* -[e]s, (für Kohlarten *Plur.:*) -e (ein Gemüse)

²Kohl *der;* -[e]s ⟨hebr.⟩ (ugs. für: Unsinn; Geschwätz); - reden

Kohl|dampf *der;* -[e]s (ugs. für: Hunger); - schieben

Koh|le *die;* -, -n; Koh|le|ben|zin (aus Kohle gewonnenes Benzin); Koh|le|fa|den usw. vgl. Kohlenfaden usw.; koh|le|füh|rend; koh|le|hal|tig; Koh|le|herd, Kohlen|herd; Koh|le|hy|drat vgl. Kohlenhydrat; Koh|le|hy|drie|rung *die;* -; Koh|le|im|port, Kohlen|im|port; Koh|le|kraft|werk; ¹koh|len (nicht mit voller Flamme brennen, schwelen; Seemannsspr.: Kohlen übernehmen)

²koh|len (jidd.) (ugs. für: aufschneiden, schwindeln)

Kohlen_becken [*Trenn.:* ...bek|ken], ...berg|werk, ...bun|ker; Koh|len_di|oxyd (vgl. Oxid), ...di|oxyd|ver|gif|tung; Koh|len|ei|mer; Koh|le|n[|fa|den, Koh|len|fa|den|lam|pe; Koh|len_feu|er, ...flöz, ...grus, ...hal|de, ...handlung, ...hei|zung; Koh|le|nl_herd, ...hy|drat (zucker- od. stärkeartige chem. Verbindung), ...import; Koh|len|mei|ler; Koh|len|mon|oxyd (vgl. Oxid), ...mon|oxyd|ver|gif|tung; Koh|len_pott (*der;* -s; ugs. für: das Ruhrgebiet); koh|len|sau|er; koh|len|sau|res Natron; Koh|len_säu|re, ...schau|fel, ...staub, ...stift (*der;* Technik), ...stoff (*der;* -[e]s; chem. Grundstoff; Zeichen: C), ...trim|mer; Koh|len|was|ser|stoff; Koh|le_pa|pier, ...prä|pa|rat; Köh|ler; Köh|le|rei; Köh|ler|glau|be (blinder Glaube); Koh-

---

le|stift *der* (ein Zeichenstift); Koh|le_ver|flüs|si|gung, ...ver|ga|sung, ...zeich|nung

Kohl_her|nie [...*ni^e*] (*die;* -; eine Pflanzenkrankheit), ...kopf

Kohl|mei|se (ein Vogel)

Kohl|ra|be (für: Kolkrabe); kohl|ra|ben|schwarz

Kohl|ra|bi *der;* -[s], -[s] ⟨ital.⟩ (eine Pflanze); Kohl_rau|pe, ...rou|la|de, ...rü|be

kohl|schwarz

Kohl_spros|se (österr. für: Röschen des Rosenkohls), ...strunk, ...sup|pe, ...weiß|ling (ein Schmetterling)

Ko|hor|te *die;* -, -n ⟨lat.⟩ (der 10. Teil der röm. Legion)

Koi|ne [*keune*] *die;* - ⟨griech.⟩ (griech. Gemeinspr. der hellenist. Welt)

ko|in|zi|dent ⟨lat.⟩ (zusammenfallend); Ko|in|zi|denz *die;* - (Zusammentreffen zweier Ereignisse); ko|in|zi|die|ren

ko|itie|ren ⟨lat.⟩ (Med.: den Koitus vollziehen); Ko|itus *der;* -, - [*kóituß*] u. -se (Med.: Geschlechtsakt)

Kol|je *die;* -, -n ⟨niederl.⟩ (Schlafstelle [auf Schiffen]; Ausstellungsstand)

Ko|jo|te *der;* -n, -n (↑R 197) ⟨mexik.⟩ (nordamerik. Präriewolf; Schimpfwort)

Ko|ka *die;* - ⟨indian.⟩ (ein Strauch); Ko|ka|in *das;* -s ⟨nach dem Kokastrauch⟩ (ein Betäubungsmittel; Rauschgift); Ko|kai|nis|mus [...*ka-i...*] *der;* -; ↑R 180 (Kokainsucht)

Ko|kar|de *die;* -, -n ⟨franz.⟩ (Abzeichen, Hoheitszeichen an Uniformmützen)

Ko|ka|strauch (Koka)

ko|keln (landsch. für: mit Feuer spielen); ich ...[e]le (↑R 22); vgl. gokeln

ko|ken ⟨engl.⟩ (Koks herstellen)

¹Ko|ker *der;* -s, - (Seemannsspr.: Öffnung im Schiffsheck für den Ruderschaft)

²Ko|ker (Koksarbeiter); Ko|ke|rei (Kokswerk; ohne *Plur.:* Koksgewinnung)

Ko|kett; -este ⟨franz.⟩ (eitel, gefallsüchtig); Ko|ket|te|rie *die;* -, ...ien; ko|ket|tie|ren

Ko|kil|le *die;* -, -n ⟨franz.⟩ (eine Hartgußform); Ko|kil|len|guß

Kok|ke *die;* -, -n u. Kok|kus *der;* -, Kokken ⟨griech.⟩ (Kugelbakterie)

Kok|kels|kör|ner *Plur.* ⟨griech.; griech.⟩ (Giftsamen zum Fischfang)

Kök|ken|möd|din|ger *Plur.* ⟨dän.⟩ (in der Steinzeit aufgehäufte [Küchen]abfälle)

Kok|ko|lith *der;* -s u. -en, -e[n] (↑R 197) ⟨griech.⟩ (Geol.: aus

Kalkalgen entstandener winziger Körper in Tiefseegesteinen); **Kok|kus** vgl. Kokke

Ko|kol|o|res der; - (ugs. für: Umstände; Unsinn)

Ko|kon [...*kong*, österr.: ...*kon*] der; -s, -s ⟨franz.⟩ (Hülle der Insektenpuppen); **Ko|kon|fa|ser**

Ko|kosch|ka [auch: *ko*...] (österr. Maler u. Dichter)

Ko|kos|bus|serl (österr.: ein Gebäck); **Ko|ko|set|te** [...*sät*] das; -s ⟨span.⟩ (österr. für: Kokosflokken); **Ko|kos_fa|ser**, ...**fett**, ...**flocken** (Plur.; Trenn.: ...flokken), ...**läu|fer**, ...**mat|te**, ...**milch**, ...**nuß**, ...**öl** (das; -[e]s), ...**pal|me**, ...**ras|pel** (Plur.), ...**tep|pich**

Ko|kot|te die; -, -n ⟨franz.⟩ (veralt. für: Dirne, Halbweltdame)

¹**Koks** der; -es, -e ⟨engl.⟩ (ein Brennstoff)

²**Koks** der; -es (ugs. für: Kokain)

³**Koks** der; -[es], -e ⟨jidd.⟩ (ugs. für: steifer Hut)

kok|sen (ugs. für: Kokain nehmen; schlafen, schnarchen); du kokst (koksest) (ugs. für: Kokainsüchtiger)

Koks_ofen, ...**staub**

Ko|ky|tos der; - (Fluß der Unterwelt in der griech. Sage)

Kok|zi|die [...*i^e*] die; -, -n (meist Plur.) ⟨griech.⟩ (parasit. Sporentierchen); **Kok|zi|dio|se** die; -, -n, ...; ↑ R 180 (durch Kokzidien verursachte Tierkrankheit)

¹**Ko|la** die; - ⟨afrik.⟩ (Kolanuß; als ⓦ: Arzneimittel)

²**Ko|la** (Plur. von: Kolon)

Ko|la|ni, Col|la|ni der; -s, -s (warmes, hüftlanges [Marine]jackett)

Ko|la.nuß, ...**strauch**

Ko|lat|sche, Gol|lat|sche die; -, -n ⟨tschech.⟩ (österr. für: kleiner, gefüllter Hefekuchen)

Kol|ben der; -s, -; **Kol|ben_dampf|ma|schi|ne**, ...**fres|ser** (ugs. für: Motorschaden durch festsitzenden Kolben), ...**hieb**, ...**hirsch** (Jägerspr.), ...**hir|se**, ...**hub**, ...**ring**, ...**stan|ge**

Kol|berg (Hafenstadt in Pommern)

kol|big

Kol|chis [...*chiß*] die; - (antike Landschaft am Schwarzen Meer)

Kol|chos der (auch: das); -, ...**ose** u. (österr. nur:) **Kol|cho|se** die; -, -n ⟨russ.⟩ (landwirtschaftl. Produktionsgenossenschaft in der Sowjetunion); **Kol|chos|bau|er** [österr.: ...*choß*...]

kol|dern (südd., schweiz. für: schelten, poltern, zanken); ich ...ere (↑ R 22)

Ko|le|op|ter vgl. Coleopter. **Ko|le|op|te|ren** Plur. ⟨griech.⟩ (Zool.: Käfer)

Ko|li|bak|te|ri|en [...*i^e n*] Plur. ⟨griech.⟩ ([Dick]darmbakterien)

Ko|li|bri der; -s, -s ⟨karib.⟩ (ein Vogel)

ko|lie|ren ⟨lat.⟩ (veralt. für: [durch]seihen); **Ko|lier|tuch** (Plur. ...tücher)

Ko|lik [auch: *kolik*] die; -, -en ⟨griech.⟩ (krampfartige Leibschmerzen); **Ko|li|tis** die; -, ...itiden (Dickdarmentzündung)

Kolk der; -[e]s, -e (niederd. für: Wasserloch)

Kol|ko|thar der; -s, -e ⟨arab.⟩ (rotes Eisenoxyd)

Kolk|ra|be

Kol|la die; - ⟨griech.⟩ (Chemie, Med.: Leim)

kol|la|bie|ren ⟨lat.⟩ (Med.: einen Kollaps erleiden)

Kol|la|bo|ra|teur [...*tör*] der; -s, -e ⟨franz.⟩ (mit dem Feind Zusammenarbeitender); **Kol|la|bo|ra|ti|on** [...*zion*] die; -, -en; **Kol|la|bo|ra|tor** der; -s, ...oren ⟨lat.⟩ (veralt. für: Hilfslehrer, -geistlicher); **Kol|la|bo|ra|tur** die; -, -en (veralt. für: Stelle, Amt eines Kollaborators); **kol|la|bo|rie|ren** ⟨franz.⟩ (mitarbeiten; mit dem Feind zusammenarbeiten)

Kol|la|gen das; -s, -e ⟨griech.⟩ (leimartiges Eiweiß des Bindegewebes)

Kol|laps [auch: ...*lapß*] der; -es, -e ⟨lat.⟩ (plötzlicher Schwächeanfall)

Kol|lar das; -s, -e ⟨lat.⟩ (steifer Halskragen, bes. der kath. Geistlichen)

kol|la|te|ral ⟨lat.⟩ (Bot.: nebenständig; seitlich)

Kol|la|ti|on [...*zion*] die; -, -en ⟨lat.⟩ ([Text]vergleichung; Übertragung eines kirchl. Amtes; veralt., noch mdal. für: Imbiß); **kol|la|tio|nie|ren** ([Abschrift mit der Urschrift] vergleichen); **Kol|la|tur** die; -, -en (Recht zur Verleihung eines Kirchenamtes)

Kol|lau|da|ti|on [...*zion*] die; -, -en ⟨lat.⟩ (schweiz. neben: Kollaudierung); **kol|lau|die|ren**; **Kol|lau|die|rung** (österr. u. schweiz. für: amtl. Prüfung eines Bauwerkes, Schlußgenehmigung)

Kol|leg das; -s, -s u. -ien [...*i^e n*] ⟨lat.⟩ (akadem. Vorlesung; auch für: Kollegium); **Kol|le|ge** der; -n, -n (↑ R 197); **Kol|le|gen|kreis**; **Kol|le|gen|schaft** die; -; **Kol|leg|heft** (Vorlesungsheft); **kol|le|gi|al**; **Kol|le|gia|li|tät** die; -; **Kol|le|gi|at** der; -en, -en; ↑ R 197 (Stiftsgenosse; Teilnehmer an einem [Funk]kolleg); **Kol|le|gin** die; -, -nen; **Kol|le|gi|um** das; -s, ...ien [...*i^e n*] (Gruppe von Personen mit gleichem Amt od. Beruf; Lehrkörper); **Kol|leg|map|pe**

Kol|lek|ta|ne|en [auch: ...*tane^e n*] Plur. ⟨lat.⟩ (veralt. für: Lesefrüchte; wissenschaftl. Sammelhefte); **Kol|lek|te** die; -, -n (Einsammeln freiwilliger Gaben, Sammlung im od. nach dem Gottesdienst; liturg. Gebet); **Kol|lek|teur** [...*tör*] der; -s, -e ⟨franz.⟩ (veralt. für: Lotterieeinnehmer); **Kol|lek|ti|on** [...*zion*] die; -, -en ([Muster]sammlung [von Waren], Auswahl); **kol|lek|tiv** (gemeinsam, gemeinschaftlich, gruppenweise, umfassend); **Kol|lek|tiv** das; -s, -e [...*w^e*], auch: -s (Team, Gruppe; Arbeits- u. Produktionsgemeinschaft, bes. in der sozialist. Wirtschaft, z. B. Kolchose, Kombinat); **Kol|lek|tiv_ar|beit**, ...**be|wußt|sein**, ...**ei|gen|tum**; **kol|lek|ti|vie|ren** (DDR.: Kollektive bilden); **Kol|lek|ti|vie|rung**; **Kol|lek|ti|vis|mus** [...*wiß*...] der; - (stärkste Betonung des gesellschaftl. Ganzen im Gegensatz zum Individualismus); **Kol|lek|ti|vist** [...*wißt*] der; -en, -en (↑ R 197) (Anhänger des Kollektivismus); **kol|lek|ti|vi|stisch**; **Kol|lek|ti|vi|tät** die; - (Gemeinschaft[lichkeit]); **Kol|lek|tiv_no|te** (Politik), ...**schuld**, ...**suf|fix** (Sprachw.); **Kol|lek|ti|vum** [...*wum*] das; -s, ...va und ...ven (Sprachw.: Sammelbezeichnung, z. B. „Wald", „Gebirge"); **Kol|lek|tiv_ver|trag**, ...**wirt|schaft**; **Kol|lek|tor** der; -s, ...oren (Stromabnehmer, -wender); **Kol|lek|tur** die; -, -en (österr. für: [Lotto]geschäftsstelle)

Kol|len|chym [...*chüm*] das; -s, -e ⟨griech.⟩ (Bot.: pflanzl. Festigungsgewebe)

¹**Kol|ler** das; -s, - (Schulterpasse; veralt., aber noch mdal. für: [breiter] Kragen; Wams)

²**Kol|ler** der; -s, - (Pferdekrankheit; ugs. für: Wutausbruch)

Kol|ler|gang der (Mahlwerk)

kol|le|rig, **kol|lrig** (ugs. für: leicht aufbrausend, erregbar); ¹**kol|lern** (veralt. für: den Koller haben; knurrig sein); ich ...ere (↑ R 22)

²**kol|lern** (landsch. für: purzeln, rollen); ich ...ere (↑ R 22); vgl. auch: kullern

Kol|lett das; -s, -e ⟨franz.⟩ (veralt. für: Reitjacke)

¹**Kol|li** (Plur. von: Kollo); ²**Kol|li** das; -s, -[s] (österr. für: Kollo)

Kol|li|die|ren ⟨lat.⟩ (zusammenstoßen; sich überschneiden)

Kol|lier [...*ie*] das; -s, -s ⟨franz.⟩ (Halsschmuck)

Kol|li|ma|ti|on [...*zion*] die; -, -en ⟨nlat.⟩ (Zusammenfallen zweier Linien, z. B. bei Einstellung des Fernrohrs); **Kol|li|ma|ti|ons|feh|ler**; **Kol|li|ma|tor** der; -s, ...oren (astron. Hilfsfernrohr; auch: Spaltrohr beim Spektralapparat) **Kol|li|si|on** *die;* -, -en ⟨lat.⟩ (Zusammenstoß); **Kol|li|si|ons|kurs** *der;* -es; auf - gehen

Kol|lo *das;* -s, -s u. Kolli ⟨ital.⟩ (Frachtstück, Warenballen); vgl. Kolli

Kol|lo|di|um *das;* -s ⟨griech.⟩ (eine klebrige, zähflüssige Zellulosélösung); **kol|lo|id, kol|loi|dal** [...*lo-i...*] (↑ R 180); **Kol|lo|id** *das;* -[e]s, -e (in feinster Verteilung in einer Flüssigkeit od. einem Gas befindl. Stoff); **Kol|lo|id_.che|mie, ...re|ak|ti|on**

Kol|lo|qui|um [auch: ...*lo...*] *das;* -s, ...ien [...*i⁹n*] ⟨lat.⟩ ([wissenschaftl.] Unterhaltung; kleine Einzelprüfung an der Universität)

koll|rig vgl. kollerig

kol|lu|die|ren ⟨lat.⟩ (Verb zu: Kollusion); **Kol|lu|si|on** *die;* -, -en (Rechtsspr.: Verschleierung einer Straftat)

Koll|witz (dt. Malerin u. Graphikerin)

Kolm *der;* -[e]s, -e (Nebenform von: ¹Kulm)

kol|ma|tie|ren ⟨franz.⟩ ([Sumpfboden u. ä.] aufhöhen); **Kol|ma|ti|on** [...*zion*] *die;* -, -en

Köln (Stadt am Rhein); **Köl|ner** (↑ R 147); Kölner Messe; **Köl|ner Braun** *das;* - -s (Umbra); **köl|nisch;** -es Wesen, aber (↑ R 157): Kölnisches Wasser; **Köl|nisch-braun** (Umbra); **Köl|nisch|was-ser** [auch: ...*waß'r*] *das;* -s, **Kölnisch Was|ser** *das;* - -s

Kol|lo|man [auch: *ko...*] (m. Vorn.)

Ko|lom|bi|ne, Kol|lum|bi|ne *die;* -, -n ⟨ital.⟩ ("Täubchen"; w. Hauptrolle des ital. Stegreiftheaters)

Ko|lom|bo|wur|zel (Bantuspr.; dt.) (ein Heilmittel)

Ko|lon *das;* -s, -s u. Kola ⟨griech.⟩ (veralt. für: Doppelpunkt; Med.: Grimmdarm)

Ko|lo|nat *das* (auch: *der*); -[e]s, -e ⟨lat.⟩ (Grundhörigkeit der röm. Kaiserzeit; später auch für: Erbzinsgut); **Ko|lo|ne** *der;* -n, -n; ↑ R 197 (persönl. freier, aber an seinen Landbesitz gebundener Pächter in der röm. Kaiserzeit; später auch: Erbzinsbauer)

Ko|lo|nel *die;* - ⟨franz.⟩ (ein Schriftgrad)

Ko|lo|nia|kü|bel vgl. Coloniakübel

ko|lo|ni|al ⟨lat.⟩ (die Kolonie[n] betreffend; zu Kolonien gehörend; aus Kolonien stammend); **Ko|lo|ni|al_.ge|biet, ...herr|schaft** (*die;* -); **Ko|lo|nia|lis|mus** *der;* - (auf Erwerb u. Ausbau von Kolonien ausgerichtete Politik eines Staates); **Ko|lo|nia|list** *der;* -en, -en; ↑ R 197 (Anhänger des Kolo-

nialismus); **Ko|lo|ni|al_.krieg, ...po|li|tik, ...stil** (*der;* -s), **...wa-ren** (*Plur.;* veralt.); **Ko|lo|nie** *die;* -, ...ien (auswärtige, bes. überseeische Besitzung eines Staates; Siedlung); **Ko|lo|ni|sa|ti|on** [...*zion*] *das;* -, -en; **Ko|lo|ni|sa|tor** *der;* -s, ...oren; **ko|lo|ni|sa|to-risch; ko|lo|ni|sie|ren; Ko|lo|ni-sie|rung; Ko|lo|nist** *der;* -en, -en (↑ R 197); **Ko|lo|nn|sten|dorf**

Ko|lon|na|de *die;* -, -n ⟨franz.⟩ (Säulengang, -halle); **Ko|lon|ne** *die;* -, -n; die fünfte -; **Ko|lon-nen_.ap|pa|rat** (Destillierapparat), **...fah|ren** (*das;* -s), **...sprin-ger** (ugs. für: in einer Kolonne ständig überholender Autofahrer)

¹**Ko|lo|phon** *der;* -s, ⟨griech.⟩ (Schlußformel mittelalterlicher Handschriften u. Frühdrucke mit Angabe über Verfasser, Druckort u. Druckjahr); ²**Ko|lo-phon** (altgriech. Stadt in Lydien); **Ko|lo|pho|ni|um** *das;* -s ⟨nach der altgriech. Stadt Kolophon⟩ (ein Harzprodukt)

Ko|lo|ra|do|kä|fer ⟨nach dem Staat Colorado in den USA⟩ (Kartoffelkäfer); ↑ R 149

Ko|lo|ra|tur *die;* -, -en ⟨ital.⟩ (Musik: mit Läufen u. Sprüngen versehene Passage einer Arie); **Ko-lo|ra|tur_.sän|ge|rin, ...so|pran;** **ko|lo|rie|ren** (färben; aus-, bemalen); **Ko|lo|rie|rung; Ko|lo|ri|me-ter** *das;* -s, - ⟨lat.; griech.⟩ (Gerät zur Bestimmung von Farbtönen); **Ko|lo|ri|me|trie** *die;* -; **ko-lo|ri|me|trisch; Ko|lo|rist** *der;* -en, -en (↑ R 197) ⟨lat.⟩ (jmd., der koloriert; Maler, der den Schwerpunkt auf das Kolorit legt); **ko|lo|ri|stisch; Ko|lo|rit** [auch: ...*it*] *das;* -[e]s, -e (auch: -s) ⟨ital.⟩ (Farbgebung, -wirkung)

Ko|lo|skop *das;* -s, -e ⟨griech.⟩ (Med.: Gerät zur direkten Untersuchung des Grimmdarms)

Ko|loß *der;* -losses, ...losse ⟨griech.⟩ (Riesenstandbild; Riese, Ungetüm)

Kol|los|sä, Kol|los|sai (im Altertum Stadt in Phrygien)

kol|los|sal ⟨franz.⟩ (riesig, gewaltig, Riesen...; übergroß); **Ko|los|sal-_.fi|gur, ...film, ...ge|mäl|de; ko-los|sa|lisch** (geh. für: kolossal); **Kol|los|sal|sta|tue**

Kol|los|ser (Einwohner von Kolossä); **Kol|los|ser|brief** *der;* -[e]s, -e (Amphitheater in Rom)

Kol|lo|stral|milch *die;* - ⟨lat.; dt.⟩ u. **Ko|lo|strum** *das;* -s ⟨lat.⟩ (Med.: Sekret der Brustdrüsen)

Ko|lo|to|mie *die;* -, ...ien ⟨griech.⟩ (Med.: operative Öffnung des Dickdarms)

Kol|pak vgl. Kalpak

Kol|ping (kath. Priester); **Kol-ping_.fa|mi|lie**[1] (↑ R 135), **...haus, ...ju|gend, ...werk** (*das;* -[e]s)

Kol|pi|tis *die;* -, ...iti|den ⟨griech.⟩ (Med.: Scheidenentzündung)

Kol|por|ta|ge [...*tasch*ᶜ, österr.: ...*tasch*] *die;* -, -n [...*tasch*ᶜ*n*] ⟨franz.⟩ (Verbreitung von Gerüchten; veralt.: Hausier-, Wanderhandel mit Büchern); **kol-por|ta|ge|haft; Kol|por|ta|ge.li-te|ra|tur, ...ro|man; Kol|por|teur** [...*tör*] *der;* -s, -e (Verbreiter von Gerüchten); **kol|por|tie|ren**

Kol|po|skop *das;* -s, -e ⟨griech.⟩ (Med.: Spiegelgerät zur Untersuchung der Scheide)

¹**Kölsch** *das;* -[s] ("aus Köln"; ein obergäriges Bier); ²**Kölsch** *das;* - (Kölner Mundart); ³**Kölsch** *der;* -[e]s (schweiz. für: gewürfelter Baumwollstoff)

¹**Kol|ter** *der;* -s, - u. *die;* -, -n ⟨franz.⟩ (südwestd. für: [gesteppte Bett]decke)

²**Kol|ter** *das;* -s, - ⟨franz.⟩ (bes. nordwestd. für: Messer vor der Pflugschar)

Kom *der;* -s, -s ⟨niederd. für: Kümmelschnaps⟩; drei Köm (↑ R 129)

Ko|ma *das;* -s, -s u. -ta ⟨griech.⟩ (Med.: tiefe Bewußtlosigkeit); **ko|ma|tös** (in tiefer Bewußtlosigkeit befindlich); -er Zustand

Ko|man|tsche *der;* -n, -n; ↑ R 197 (Angehöriger eines nordamerik. Indianerstammes)

Kom|bat|tant *der;* -en, -en (↑ R 197) ⟨franz.⟩ (veralt., ' aber noch Rechtsspr. für: [Mit]kämpfer; Kriegsteilnehmer)

Kom|bi *der;* -[s], -s ⟨Kurzw. aus: kombiniert⟩ (kombinierter Lie-

---

[1] Offiziell: Deutsche Kolpingsfamilie e. V.

fer- u. Personenwagen); **Kom|bi...** (kombiniert); **Kom|bi|nat** *das; -[e]s, -e* ⟨russ.⟩ (Zusammenschluß produktionsmäßig eng zusammengehörender Betriebe in sozialist. Staaten); **¹Kom|bi|na|ti|on** [...*zion*] *die; -, -en* ⟨lat.⟩ (berechnende Verbindung; gedankliche Folgerung; Zusammenstellung von Kleidungsstükken, sportl. Disziplinen, Farben u. a.; Sport: planmäßiges, flüssiges Zusammenspiel); **²Kom|bi|na|ti|on** [...*zion*, selten in engl. Ausspr.: ...*ne'sch'n*] *die; -, -en* u. (bei engl. Ausspr.:) *-s* ⟨engl.⟩ (Hemdhose; einteiliger [Schutz]anzug, bes. der Flieger); **Kom|bi|na|ti|ons.gal|be** (*die; -*), ...**schloß,** ...**spiel,** ...**ver|mö|gen** (*das; -s*); **kom|bi|na|to|risch** ⟨lat.⟩; *-er* Lautwandel (Sprachw.); **Kom|bi|ne** [auch: ...*bain*] *die; -, -n* (auch: *-s* [...*bainß*]) u. Com|bine [*kombain*] *die; -, -s* ⟨engl.⟩ (landwirtschaftl. Maschine, die verschiedene Arbeitsgänge gleichzeitig ausführt; Mähdrescher); **kom|bi|nier|bar; kom|bi|nie|ren** ⟨lat.⟩ (vereinigen, zusammenstellen; berechnen; vermuten; Sport: planmäßig zusammenspielen); **Kom|bi|nier|te** *der; -n, -n;* ↑ R 7 ff. (Skisport: Teilnehmer an der nordischen Kombination); **Kom|bi|nie|rung; Kom|bi.schrank,** ...**wa|gen,** ...**zan|ge**

Kom|bü|se *die; -, -n* (Schiffsküche)

Kom|edo [...] *der; -s, ...onen* ⟨lat.⟩ (veralt. für: Fresser, Schlemmer; Med.: [meist *Plur.*] Mitesser); **Kom|esti|bi|li|en** [...*i'n*] *Plur.* (veralt. für: Lebensmittel)

Ko|met *der; -en, -en* (↑ R 197) ⟨griech.⟩ (Schweif-, Haarstern); **Ko|me|ten|bahn; ko|me|ten|haft; Ko|me|ten|schweif**

Köl|me|te|ri|on vgl. Zömeterium

Kom|fort [*komfor,* auch: *komfort*] *der; -s* ⟨engl.⟩; **kom|for|ta|bel;** ...a|ble Wohnung

Ko|mik *die; -* ⟨griech.⟩ (erheiternde, Lachen erregende Wirkung); **Ko|mi|ker**

Kom|in|form *das; -s* (= Kommunistisches Informationsbüro, 1947–56)

Kom|in|tern *die; -* (= Kommunistische Internationale, 1919–43; 1947 durch Kominform ersetzt)

ko|misch ⟨griech.⟩ (possenhaft; belustigend, zum Lachen reizend; sonderbar, wunderlich, seltsam); *-ste;* **ko|mi|scher|wei|se**

Ko|mi|tat *das* (auch: *der*); *-[e]s, -e* ⟨lat.⟩ (früher: feierliches Geleit, Ehrengeleit; Grafschaft; ehem. Verwaltungsbezirk in Ungarn)

Ko|mi|tee *das; -s, -s* ⟨franz.⟩ (leitender Ausschuß)

Ko|mi|ti|en [*komizi'n*] *Plur.* (altröm. Bürgerversammlungen)

Kom|ma *das; -s, -s* u. *-ta* ⟨griech.⟩ (Beistrich); **Kom|ma|ba|zil|lus** (Med.)

Kom|man|dant *der; -en, -en* (↑ R 197) ⟨franz.⟩ (Befehlshaber einer Festung, eines Schiffes usw.; schweiz. auch svw. Kommandeur); **Kom|man|dan|tur** *die; -, -en* ⟨lat.⟩ (Dienstgebäude eines Kommandanten; Befehlshaberamt); **Kom|man|deur** [...*dör*] *der; -s, -e* ⟨franz.⟩ (Befehlshaber einer Truppenabteilung); **kom|man|die|ren;** (↑ R 157:) der Kommandierende General (eines Armeekorps); **Kom|man|die|rung; Kom|man|di|tär** *der; -s, -e* ⟨franz.⟩ (schweiz. für: Kommanditist); **Kom|man|di|te** *die; -, -n* (Zweiggeschäft, Nebenstelle; veralt. für: Kommanditgesellschaft); **Kom|man|dit|ge|sell|schaft** (bestimmte Form der Handelsgesellschaft; Abk.: KG); - auf Aktien (Abk.: KGaA); **Kom|man|di|tist** *der; -en, -en;* ↑ R 197 (Gesellschafter einer Kommanditgesellschaft, dessen Haftung auf seine Einlage beschränkt ist) **Kom|man|do** *das; -s, -s* (österr. auch: ...den) ⟨ital.⟩ (Befehl; Befehlsgewalt; [militärische] Einheit, Dienststelle); **Kom|man|do-brücke** [*Trenn.:* ...*brük|ke*], ...**ge|walt** (*die; -*), ...**kap|sel** (Raumfahrt); **Kom|man|do|sa|che;** geheime ...; **Kom|man|do.stand,** ...**stim|me,** ...**zen|tra|le**

Kom|mas|sa|ti|on [...*zion*] *die; -, -en* ⟨lat.⟩ (Zusammenlegung [von Grundstücken]); **kom|mas|sie|ren; Kom|mas|sie|rung** (bes. österr. für: Kommassation)

Kom|me|mo|ra|ti|on [...*zion*] *die; -, -en* ⟨lat.⟩ (Fürbitte in der kath. Messe; kirchl. Gedächtnisfeier)

kom|men; du kommst (veralt.: kömmst); er kommt (veralt.: kömmt); du kamst; du kämest; gekommen; komm[e]!; - lassen; **Kom|men** *das; -s;* wir warten auf sein -; das - und Gehen; im - sein **Kom|men|de** *die; -, -n* ⟨lat.⟩ (früher: kirchl. Pfründe ohne Amtsverpflichtung; Komturei)

Kom|men|sa|lis|mus *der; -* ⟨lat.⟩ (Biol.: Ernährungsgemeinschaft von Tieren od. Pflanzen)

kom|men|su|ra|bel ⟨lat.⟩ (mit gleichem Maß meßbar; vergleichbar); ...a|ble Größen; **Kom|men|su|ra|bi|li|tät** *die; -*

Kom|ment [*komang*] *der; -s, -s* ⟨franz.⟩ (das „Wie"; [Studentenspr.:] Brauch, Sitte, Regel) **Kom|men|tar** *der; -s, -e* ⟨lat.⟩ (Erläuterung, Auslegung; ugs. für: Bemerkung); **kom|men|tar|los;**

Kom|men|ta|tor *der; -s, ...oren** (Kommentarverfasser); **kom|men|tie|ren; Kom|men|tie|rung**

Kom|mers *der; -es, -e* ⟨franz.⟩ (Studentenspr.: feierliche Kneipe aus besonderem Anlaß); **Kom|mers|buch** (stud. Liederbuch)

Kom|merz *der; -es* ⟨lat.⟩ (Wirtschaft, Handel u. Verkehr); **kom|mer|zia|li|sie|ren** (kommerziellen Interessen unterordnen; Finanzw.: öffentliche Schulden in privatwirtschaftliche umwandeln); **Kom|mer|zia|li|sie|rung; Kom|mer|zi|al|rat** (*Plur.* ...räte; österr. für: Kommerzienrat); **kom|mer|zi|ell** (auf den Kommerz bezüglich); **Kom|mer|zi|en|rat** [...*zi'n...*] (*Plur.* ...räte)

Kom|mi|li|to|ne *der;* -n, -n (↑ R 197) ⟨lat.⟩ (Studentenspr.: Studiengenosse); **Kom|mi|li|to|nin** *die; -, -nen**

Kom|mis [*komi*] *der; - [komi(ß)],* - [*komiß*] ⟨franz.⟩ (veralt. für: Handlungsgehilfe); **Kom|miß** *der; ...misses* (lat.) (ugs. für: [aktiver] Soldatenstand, Heer); beim -; **Kom|mis|sar** *der; -s, -e* ([vom Staat] Beauftragter; Dienstbez., z. B. Polizeikommissar); **Kom|mis|sär** *der; -s, -e* ⟨franz.⟩ (südd., schweiz., österr. für: Kommissar); **Kom|mis|sa|ri|at** *das; -[e]s, -e* ⟨lat.⟩ (Amt[szimmer] eines Kommissars; österr.: Polizeidienststelle); **kom|mis|sa|risch** (beauftragt; auftragsweise, vorübergehend); -e Vernehmung (Rechtsspr.); **Kom|miß|brot; Kom|mis|si|on** *die; -, -en* (Ausschuß [von Beauftragten]; Auftrag; Handel für fremde Rechnung); **Kom|mis|sio|när** *der; -s, -e* ⟨franz.⟩ (Geschäftsvermittler); **kom|mis|sio|nie|ren** (österr. für: [einen Neubau] prüfen und zur Benutzung freigeben); **Kom|mis|si|ons.buch|han|del** (Zwischenbuchhandel [zwischen Verlag u. Sortiment]), ...**ge|schäft** (Geschäft im eigenen Namen für fremde Rechnung), ...**gut** (unter Bedingungen gelieferte Ware, Bedingtgut), ...**sen|dung** (unter Bedingungen gelieferte Sendung, Bedingtsendung); **Kom|miß|stie|fel,** ...**zeit; Kom|mit|tent** *der; -en, -en;* ↑ R 197 (Auftraggeber des Kommissionärs); **kom|mit|tie|ren** (beauftragen, [einen Kommissionär] bevollmächtigen)

kom|mod; *-este* ⟨franz.⟩ (veralt., noch mdal. u. österr. für: bequem; angenehm); **Kom|mo|de** *die; -, -n;* **Kom|mo|den|schub|la|de; Kom|mo|di|tät** *die; -, -en* (veralt., noch mdal. für: Bequemlichkeit; Abort)

Kom|mo|do|re der; -s, -n u. -s ⟨engl.⟩ (Geschwaderführer; erprobter, älterer Kapitän bei großen Schiffahrtslinien)

kom|mun ⟨lat.⟩ (veralt. für: gemeinschaftlich; gemein); **kom|mu|nal** (die Gemeinde betreffend, Gemeinde..., gemeindeeigen); -es Kino; **Kom|mu|nal_be|am|te, ...be|hör|de; kom|mu|na|li|sie|ren** (eine Kommunalisierung durchführen); **Kom|mu|na|li|sie|rung** (Überführung in Gemeindebesitz u. -verwaltung); **Kom|mu|nal_po|li|tik, ...ver|wal|tung, ...wahl; Kom|mu|nar|de** der; -n, -n (↑R 197) ⟨franz.⟩ (Anhänger der Pariser Kommune; Mitglied einer Wohngemeinschaft); **Kom|mu|ne** die; -, -n (politische Gemeinde; Wohn- und Wirtschaftsgemeinschaft; nur Sing.: Herrschaft des Pariser Gemeinderates 1792–1794 und 1871; veraltend, abwertend für: Kommunisten); **Kom|mu|ni|kant** der; -en, -en (↑R 197) ⟨lat.⟩ (Teilnehmer am Abendmahl); **Kom|mu|ni|kan|tin** die; -, -nen; **Kom|mu|ni|ka|ti|on** [...zion] die; -, -en (Mitteilung; Verbindung; Verkehr); **Kom|mu|ni|ka|ti|ons_mit|tel** das, **...weg** (veralt. für: Verbindungsweg), **...zen|trum; Kom|mu|ni|on** die; -, -en (das Abendmahl; Empfang des Abendmahls); **Kom|mu|ni|on_bank** (Plur. ...bänke), **...kind** (↑R 54); **Kom|mu|ni|qué** [...münike, auch: ...munike] das; -s, -s ⟨franz.⟩ (Denkschrift od. [regierungs]amtliche Mitteilung); **Kom|mu|nis|mus** der; -; **Kom|mu|nist** der; -en, -en (↑R 197); **kom|mu|ni|stisch;** (↑R 157:) das Kommunistische Manifest; **Kom|mu|ni|tät** die; -, -en ⟨lat.⟩ (ev. Bruderschaft; veralt. für: Gemeinschaft; Gemeingut); **kom|mu|ni|zie|ren** (die Kommunion empfangen; zusammenhängen, in Verbindung stehen; miteinander sprechen, sich verständigen); **kom|mu|ni|zie|rend;** -e (verbundene) Röhren

kom|mu|ta|bel ⟨lat.⟩ (veränderlich, vertauschbar); ...a|ble Objekte; **Kom|mu|ta|ti|on** [...zion] die; -, -en (Umstellung, Vertauschung in der Mathematik; ein Winkel in der Astron.); **kom|mu|ta|tiv** (vertauschbar); -e Gruppe; **Kom|mu|ta|tor** der; -s, ...oren (Technik: Stromwender, Kollektor); **kom|mu|tie|ren** (vertauschen; Strom wenden); **Kom|mu|tie|rung**

Ko|mö|di|ant der; -en, -en (↑R 197) ⟨ital.(-engl.)⟩ (meist geringschätzig für: Schauspieler); **ko|mö|di-**
an|ten|haft; Ko|mö|di|an|ten|tum das; -s; **Ko|mö|di|an|tin** die; -, -nen; **ko|mö|di|an|tisch; Ko|mö|die** [...i^e] die; -, -n (Lustspiel); **Ko|mö|di|en_dich|ter, ...schrei|ber**

Ko|mo|ren Plur. (Inselgruppe u. Staat im Indischen Ozean); **Ko|mo|rer; ko|mo|risch**

Komp., Co., Co = Kompanie

Kom|pa|gnon [...panjong] der; -s, -s ⟨franz.⟩ (Kaufmannsspr.: [Geschäfts]teilhaber; Mitinhaber)

kom|pakt; -este ⟨franz.⟩ (gedrungen; dicht; fest); **Kom|pakt|bau|wei|se; Kom|pakt|heit** die; -; **Kom|pakt|schall|plat|te** (Schallplatte, die mit Hilfe eines Laserstrahls abgespielt wird)

Kom|pa|nie die; -, ...ien (ital. u. franz.) (militärische Einheit; Kaufmannsspr. veralt. für: [Handels]gesellschaft; Abk.: Komp., in Firmen meist: Co. od. Co, seltener: Cie.); **Kom|pa|nie_chef, ...füh|rer, ...ge|schäft**

kom|pa|ra|bel ⟨lat.⟩ (veralt. für: vergleichbar); ...a|ble Größen; **Kom|pa|ra|ti|on** [...zion] die; -, -en (Sprachw.: Steigerung); **Kom|pa|ra|ti|stik** die; - (vergleichende Literatur- od. Sprachwissenschaft); **Kom|pa|ra|tiv** [auch: ...tif] der; -s, -e [...w^e] (Sprachw.: erste Steigerungsstufe, z. B. „schöner"); **Kom|pa|ra|tor** der; -s, ...oren (Gerät zum Vergleichen von Längenmaßen)

Kom|par|se der; -n, -n (↑R 197) ⟨franz.⟩ (Statist, stumme Person [bei Bühne und Film]); **Kom|par|se|rie** die; -, ...ien (Gesamtheit der Komparsen); **Kom|par|sin** die; -, -nen

Kom|paß der; ...passes, ...passe ⟨ital.⟩ (Gerät zur Bestimmung der Himmelsrichtung); **Kom|paß_na|del, ...ro|se**

kom|pa|ti|bel ⟨franz.(-engl.)⟩ (vereinbar, zusammenpassend, kombinierbar); ...i|ble Ämter; **Kom|pa|ti|bi|li|tät** die; -, -en (Vereinbarkeit [zweier Ämter in einer Person]; Kombinierbarkeit)

Kom|pa|tri|ot der; -en, -en (↑R 197) ⟨franz.⟩ (veralt. für: Landsmann)

kom|pen|dia|risch, kom|pen|di|ös ⟨lat.⟩ (veralt. für: zusammengefaßt; gedrängt); ...diöseste; **Kom|pen|di|um** das; -s, ...ien [...i^e'n] (Abriß, kurzes Lehrbuch)

Kom|pen|sa|ti|on [...zion] die; -, -en ⟨lat.⟩ (Ausgleich, Entschädigung; BGB: Aufrechnung); **Kom|pen|sa|ti|ons|ge|schäft; Kom|pen|sa|tor** der; -s, ...oren (Ausgleicher; Gerät zur Messung einer Spannung); **kom|pen|sa|to|risch** (ausgleichend); **kom|pen|sie|ren** (ge-
geneinander ausgleichen; BGB: aufrechnen)

kom|pe|tent; -este ⟨lat.⟩ (zuständig, maßgebend, befugt); **Kom|pe|tent** der; -en -en; ↑R 197 (veralt. für: Mitbewerber); **Kom|pe|tenz** die; -, -en (Zuständigkeit; Sprachw. [nur Sing.]: Beherrschung eines Sprachsystems); **Kom|pe|tenz_be|reich, ...fra|ge, ...kom|pe|tenz** (Befugnis zur Bestimmung der Zuständigkeit), **...kon|flikt, ...strei|tig|keit**

Kom|pi|la|ti|on [...zion] die; -, -en ⟨lat.⟩ (Zusammentragen mehrerer [wissenschaftl.] Quellen; durch Zusammentragen entstandene Schrift [ohne wissenschaftl. Wert]); **Kom|pi|la|tor** der; -s, ...oren (Zusammenträger); **kom|pi|lie|ren**

Kom|ple|ment das; -[e]s, -e ⟨lat.⟩ (Ergänzung); **kom|ple|men|tär** ⟨franz.⟩ (ergänzend); **Kom|ple|men|tär** der; -s, -e (persönlich haftender Gesellschafter einer Kommanditgesellschaft; DDR: Eigentümer einer privaten Firma, mit Staatsbeteiligung arbeitet); **Kom|ple|men|tär|far|be** (Ergänzungsfarbe); **kom|ple|men|tie|ren** (ergänzen); **Kom|ple|men|tie|rung; Kom|ple|ment|win|kel** (Ergänzungswinkel); **[1]Kom|plet** [kongple] das; -[s], -s (Mantel [od. Jacke] u. Kleid aus gleichem Stoff); **[2]Kom|plet** die; -, -e ⟨lat.⟩ (Abendgebet als Schluß der kath. kirchl. Tageszeiten); **kom|plett;** -este ⟨franz.⟩ (vollständig, abgeschlossen; österr. auch für: voll besetzt); **kom|plet|tie|ren** (vervollständigen; auffüllen); **Kom|plet|tie|rung**

kom|plex ⟨lat.⟩ (zusammengefaßt, umfassend; vielfältig verflochten; Math.: aus reellen u. imaginären Zahlen zusammengesetzt); -e Zahlen; **Kom|plex** der; -es, -e (zusammengefaßter Bereich; [Sach-, Gebäude]gruppe; gefühlsbetonte Vorstellungsverknüpfung; -e haben; **Kom|plex_bri|ga|de** (DDR: Arbeitsgruppe aus verschiedenen Berufen); **Kom|ple|xi|on** die; -, -en (veralt. für: Zusammenfassung); **Kom|ple|xi|tät** die; -; **Kom|plex|ver|bin|dung** (Chemie); **Kom|pli|ce** usw. vgl. Komplize usw.; **Kom|pli|ka|ti|on** [...zion] die; -, -en (Verwicklung; Erschwerung); **kom|pli|ka|ti|ons|los** [...zionß...]

Kom|pli|ment das; -[e]s, -e ⟨franz.⟩ (lobende, schmeichelnde Äußerung; veralt. für: Gruß); **kom|pli|men|tie|ren** (veralt. für: bewillkommnen, noch in: hinauskomplimentieren)

Kom|pli|ze, (auch:) **Kom|pli|ce**

[*komplíß^c*] *der; -n, -n* (↑ R 197)
⟨franz.⟩ (Mitschuldiger; Mittä-
ter); **Kom|pli|zen|schaft** *die;* -
kom|pli|zie|ren ⟨lat.⟩ (verwickeln;
erschweren); **kom|pli|ziert** (be-
schwerlich, schwierig, umständ-
lich); **Kom|pli|ziert|heit** *die;* -;
Kom|pli|zie|rung
Kom|pli|zin *die; -, -nen*
Kom|plott *das* (ugs. auch: *der*);
-[e]s, -e ⟨franz.⟩ (heimlicher An-
schlag, Verschwörung); **kom-
plot|tie|ren** (veralt.)
Kom|po|nen|te *die; -, -n* ⟨lat.⟩
(Teil-, Seitenkraft; Bestandteil
eines Ganzen); **kom|po|nie|ren**
(Musik: [eine Komposition]
schaffen; geh. für: [kunstvoll] ge-
stalten); **Kom|po|nist** *der; -en,
-en* ↑ R 197 (jmd., der kompo-
niert); **Kom|po|si|te** *die; -, -n;*
meist *Plur.* (Korbblütler); **Kom-
po|si|ti|on** [...*zion*] *die; -, -en* (Zu-
sammensetzung; Aufbau u. Ge-
staltung eines Kunstwerkes; Musik: das Komponieren; Ton-
schöpfung); **kom|po|si|to|risch**;
Kom|po|si|tum *das; -s, ...ta,* selten
...siten (Sprachw.: [Wort]zusam-
mensetzung, z. B. „Haustür");
Kom|post *der; -[e]s, -e* ⟨franz.⟩
(Dünger); **Kom|post_er|de**
...hau|fen; kom|po|stie|ren (zu
Kompost verarbeiten); **Kom|po-
stie|rung; Kom|pott** *das; -[e]s, -e;*
Kom|pot|tel|ler [*Trenn.:* ...pott-
tel..., ↑ R 204]

kom|preß; ...presseste ⟨lat.⟩ (ver-
alt. für: eng zusammengedrängt;
Druckw.: ohne Durchschuß);
Kom|pres|se *die; -, -n* ⟨franz.⟩
(feuchter Umschlag); **kom|pres-
si|bel** ⟨lat.⟩ (zusammenpreßbar;
verdichtbar); ...i[b]le Flüssigkei-
ten; **Kom|pres|si|bi|li|tät** *die;* -
(Zusammendrückbarkeit); **Kom-
pres|si|on** *die; -, -en* (Zusammen-
drückung; Verdichtung); **Kom-
pres|si|ons_dia|gramm** (Kfz-
Technik), **...strumpf** (Med.),
...ver|band (Med.); **Kom|pres|sor**
der; -s, ...oren (Technik: Verdich-
ter); **kom|pri|mie|ren** (zusam-
menpressen; verdichten); **kom-
pri|miert,** -este; -e Luft (Druck-,
Preßluft); **Kom|pri|mie|rung**
Kom|pro|miß *der* (seltener: *das*);
...misses, ...misse ⟨lat.⟩ (Überein-
kunft; Ausgleich); **kom|pro|miß-
be|reit; Kom|pro|miß_be|reit-
schaft, ...kan|di|dat; Kom|pro-
miß|ler** (abschätzig für: jmd., der
dazu neigt, Kompromisse zu
schließen); **kom|pro|miß|le-
risch;** -ste; **kom|pro|miß|los;
Kom|pro|miß_lö|sung,** ...ver-
such, ...vor|schlag; **kom|pro|mit-
tie|ren** (bloßstellen)
Komp|ta|bi|li|tät *die;* - ⟨franz.⟩
(Verantwortlichkeit, Rechen-

schaftspflicht [von der Verwaltung öffentl. Stellen])
Kom|pu|ter vgl. Computer
Kom|so|mol *der; -* ⟨russ.⟩ (kommu-
nist. Jugendorganisation in der
UdSSR); **Kom|so|mol|ze** *der; -n,
-n;* ↑ R 197 (Mitglied des Komso-
mol); **Kom|so|mol|zin** *die; -, -nen*
Kom|teß u. **Kom|tes|se** [auch:
kongtäß] *die; -, ...tessen* ⟨franz.⟩
(unverheiratete Gräfin)
Kom|tur *der; -s, -e* ⟨franz.⟩ (Leiter
einer Komturei; Inhaber eines
Komturkreuzes); **Kom|tu|rei**
(Verwaltungsbezirk eines Ritter-
ordens); **Kom|tur|kreuz** (Hals-
kreuz eines Verdienstordens)
Ko|nak *der; -s, -e* ⟨türk.⟩ (Palast,
Amtsgebäude in der Türkei)
Kon|au|tor vgl. Koautor
Kon|cha [...*cha*] *die; -, -s u. ...chen*
⟨griech.⟩ (svw. Konche; Med.:
muschelähnliches Organ); **Konche** *die; -, -n* (Nischenwölbung);
Kon|chi|fe|re *die; -, -n* (meist
Plur.) ⟨griech.; lat.⟩ (Weichtier
mit einheitlicher Schale); **kon-
chi|form** (muschelförmig); **Kon-
cho|ide** *die; -, -n* ⟨griech.⟩ („Mu-
schellinie"; Math.: Kurve vier-
ten Grades); **Kon|chy|lie** [...*i^e*]
die; -, -n; meist *Plur.* (Zool.:
Schale der Weichtiere); **Kon|chy-
lio|lo|ge** *der; -n, -n* (↑ R 197);
Kon|chy|lio|lo|gie *die;* - (Zool.:
Lehre von den Gehäusen der
Konchylien)
Kon|dem|na|ti|on [...*zion*] *die; -,
-en* ⟨lat.⟩ (veralt. für: Verurtei-
lung, Verdammung; Seew.: Erklärung eines Experten, daß die
Reparatur eines beschädigten
Schiffes nicht mehr lohnt)
Kon|den|sat *das; -[e]s, -e* ⟨lat.⟩
(Niederschlag[wasser]); **Kon-
den|sa|ti|on** [...*zion*] *die; -, -en*
(Verdichtung; Verflüssigung);
Kon|den|sa|ti|ons|punkt (Tau-
punkt); **Kon|den|sa|tor** *der; -s,
...oren* („Verdichter"; Gerät zum
Speichern von Elektrizität); **kon-
den|sie|ren** (verdichten, eindik-
ken; verflüssigen); **Kon|den|sie-
rung; Kon|dens|milch; Kon|den-
sor** *der; -s, ...oren* (Verdichter;
Verstärker); **Kon|dens_strei|fen,
...topf, ...was|ser** (*das;* -s, ...was-
ser u. ...wässer)
Kon|di|ti|on [...*zion*] *die; -, -en*
⟨lat.⟩ (Rechtsw.: Klage auf Rück-
gabe)
kon|di|tern (Konditorwaren her-
stellen; landsch. auch: eine Kon-
ditorei besuchen); ich ...ere
(↑ R 22); -e gehen
Kon|di|ti|on [...*zion*] *die; -, -en*
⟨lat.⟩ (Bedingung; [Gesamt]zu-
stand); vgl. à condition; **kon|di-
tio|nal** (Sprachw.: bedingungs-
weise geltend; bedingend); **Kon-**

di|tio|nal *der; -s, -e* (Sprachw.:
Bedingungsform); **Kon|di|tio-
na|lis|mus** *der;* - (eine philo-
los. Lehre); **Kon|di|tio|nal|satz**
(Sprachw.: Umstandssatz der
Bedingung); **Kon|di|tio|nier|an-
la|ge** (zur Ermittlung des zulässi-
gen Feuchtigkeitsgehaltes von
Textilien); **kon|di|tio|nie|ren**
(Werkstoffe vor der Bearbeitung
an die erforderlichen Bedingun-
gen anpassen); **kon|di|tio|niert**
(beschaffen [von Waren]); **Kon-
di|tio|nie|rung; Kon|di|ti|ons-
_schwä|che, ...trai|ning**
Kon|di|tor *der; -s, ...oren* ⟨lat.⟩;
Kon|di|to|rei; Kon|di|tor|mei|ster
Kon|do|lenz *die; -, -en* ⟨lat.⟩ (Bei-
leids[bezeigung]); **Kon|do|lenz-
_be|such, ...buch, ...kar|te,
...schrei|ben; kon|do|lie|ren;**
jmdm. -
Kon|dom *das od. der; -s, -e* (selten:
-s) ⟨engl.⟩ (Präservativ)
Kon|do|mi|nat *das od. der; -[e]s, -e*
⟨lat.⟩ u. **Kon|do|mi|ni|um** *das; -s,
...ien* [...*i^en*] (Herrschaft mehrerer
Staaten über dasselbe. Gebiet;
auch dieses Gebiet selbst)
Kon|dor *der; -s, -e* ⟨indian.⟩ (Rie-
sengeier)
Kon|dot|tie|re *der; -s, ...ri* ⟨ital.⟩
(Söldner-, Freischarenführer im
14. u. 15. Jh.)
Kon|duit [*kondüit^c*] *das; -* ⟨franz.⟩
(veralt. für: Führung, Betragen);
Kon|dui|ten|li|ste (Führungsliste)
Kon|dukt *der; -[e]s, -e* ⟨lat.⟩ ([fei-
erl.] Geleit, Gefolge [bei Lei-
chenbegängnissen]); **Kon|duk-
teur** [...*tör,* schweiz.: *kon...*] *der;
-s, -e* ⟨franz.⟩ (schweiz., sonst ver-
alt. für: Schaffner); **Kon|duk|tor**
der; -s, ...oren ⟨lat.⟩ ([elektr.] Leiter; Med.: Überträger einer Erb-
krankheit)
Kon|du|ran|go [...*nggo*] *die; -, -s*
⟨indian.⟩ (südamerik. Kletterstrauch, dessen Rinde ein Ma-
genmittel liefert); **Kon|du|ran|go-
rin|de**
Kon|dy|lom *das; -s, -e* ⟨griech.⟩
(Feigwarze)
Ko|nen (*Plur.* von: Konus)
Kon|fekt *das; -[e]s, -e* ⟨lat.⟩ (Zuk-
kerwerk; südd., schweiz., österr.
auch für: Teegebäck); **Kon|fek-
ti|on** [...*zion*] *die; -, -en* ⟨franz.⟩
(industrielle Anfertigung von
Kleidern [Handel mit] Fertig-
kleidung; Bekleidungsindu-
strie); **Kon|fek|tio|när** *der; -s, -e*
(Unternehmer, auch [leitender]
Angestellter in der Konfektion);
Kon|fek|tio|neu|se [...*nös^c*] *die; -,
-n* ([leitende] Angestellte in der
Konfektion); **kon|fek|tio|nie|ren**
(fabrikmäßig herstellen); **Kon-
fek|tio|nie|rung; Kon|fek|ti|ons-
_an|zug, ...ge|schäft, ...grö|ße**

Konjunktion

Kon|fe|renz *die;* -, -en ⟨lat.⟩ (Besprechung; Zusammenkunft von Experten); Kon|fe|renz_be|schluß, ...pau|se, ...saal, ...schal|tung (Fernmeldetechnik), ...sen|dung (Rundfunk), ...teil|neh|mer, ...tisch, ...zim|mer; kon|fe|rie|ren ⟨franz.⟩ (eine Konferenz abhalten; als Conférencier sprechen) **Kon|fes|si|on** *die;* -, -en ⟨lat.⟩ ([Glaubens]bekenntnis; [christl.] Bekenntnisgruppe); Kon|fes|sio|na|lis|mus *der;* - ([übermäßige] Betonung der eigenen Konfession); kon|fes|sio|nell (zu einer Konfession gehörend); kon|fes|si|ons|los; Kon|fes|si|ons|lo|sig|keit *die;* -; Kon|fes|si|ons|schu|le **Kon|fet|ti** *Plur.,* heute meist: *das;* -[s] ⟨ital.⟩ (bunte Papierblättchen, die bes. bei Faschingsveranstaltungen geworfen werden); Kon|fet|ti_pa|ra|de, ...re|gen **Kon|fi|dent** *der;* -en, -en (↑ R 197) ⟨franz.⟩ (veralt. für: Vertrauter, Busenfreund; österr. für: [Polizei]spitzel); kon|fi|den|ti|ell [...*zi*|*äl*] (veralt. für: vertraulich) Kon|fi|gu|ra|ti|on [...*zion*] *die;* -, -en ⟨lat.⟩ (Astron., Astrol.: bestimmte Stellung der Planeten; Med.: Verformung [z. B. des Schädels]; Chemie: räumliche Anordnung der Atome eines Moleküls; Kunst: Gestalt[ung]) Kon|fir|mand *der;* -en, -en (↑ R 197) ⟨lat.⟩); Kon|fir|man|den_stun|de, ...un|ter|richt; Kon|fir|man|din *die;* -, -nen; Kon|fir|ma|ti|on [...*zion*] *die;* -, -en (Aufnahme jugendlicher evangelischer Christen in die Gemeinde der Erwachsenen); goldene -; Kon|fir|ma|ti|ons_an|zug, ...ge|schenk, ...spruch; kon|fir|mie|ren **Kon|fi|se|rie** [*kon*... u. *kong*...] *die;* -, ...ien (schweiz. für: Geschäft, das Süßwaren, Pralinen u. dgl. herstellt und verkauft); Kon|fi|seur [...*sör*] *der;* -s, -e (schweiz. für: Hersteller von Pralinen o. ä.) **Kon|fis|ka|ti|on** [...*zion*] *die;* -, -en ⟨lat.⟩ ([gerichtl.] Einziehung, Beschlagnahme); kon|fis|zie|ren **Kon|fi|tent** *der;* -en, -en (↑ R 197) ⟨lat.⟩ (veralt. für: Beichtender) **Kon|fi|tü|re** *die;* -, -n ⟨franz.⟩ (Marmelade) **Kon|flikt** *der;* -[e]s, -e ⟨lat.⟩ („Zusammenstoß"; Zwiespalt, [Wider]streit); Kon|flikt_for|schung, ...herd, ...kom|mis|si|on (DDR); kon|flikt|los; Kon|flikt_si|tua|ti|on, ...stoff **kon|flu|enz** *die;* -, -en ⟨lat.⟩ (Geol.: Zusammenfluß zweier Gletscher) **Kon|fö|de|ra|ti|on** [...*zion*] *die;* -, -en ⟨lat.⟩ („Bündnis"; [Staaten]bund); kon|fö|de|rie|ren, sich

(sich verbünden); Kon|fö|de|rier|te *der* u. *die;* -n, -n (↑ R 7 ff.) **kon|fo|kal** ⟨lat.⟩ (Physik: mit gleichen Brennpunkten) **kon|form** ⟨lat.⟩ (einig, übereinstimmend); - gehen (übereinstimmen); Kon|for|mis|mus *der;* - ([Geistes]haltung, die [stets] um Anpassung bemüht ist); Kon|for|mist *der;* -en, -en; ↑ R 197 (Anhänger der anglikan. Kirche; Vertreter des Konformismus); kon|for|mi|stisch; Kon|for|mi|tät *die;* - (Übereinstimmung) **Kon|fra|ter** ⟨lat.⟩ („Mitbruder"; [kirchl.] Amtsbruder); Kon|fra|ter|ni|tät *die;* -, -en (veralt. für: Bruderschaft) **Kon|fron|ta|ti|on** [...*zion*] *die;* -, -en ⟨lat.⟩ (Gegenüberstellung [von Angeklagten u. Zeugen]; Auseinandersetzung); kon|fron|tie|ren; mit jmdm., mit etwas konfrontiert werden; Kon|fron|tie|rung **kon|fus** *;* -este; ⟨lat.⟩ (verwirrt, verworren, wirr [im Kopf]); Kon|fu|si|on *die;* -, -en (Verwirrung; BGB: Vereinigung von Forderung u. Schuld in einer Person); Kon|fu|si|ons|rat (*Plur.:* ...räte; veralt. scherzh. für: Wirrkopf) **Kon|fu|tse,** auch: Kon|fu|zi|us (chin. Philosoph); kon|fu|zia|nisch; -e Philosophie (nach Art des Konfuzius), aber (↑ R 134): Kon|fu|zia|nisch; -e Aussprüche (von Konfuzius); Kon|fu|zia|nis|mus *der;* - (sich auf die Lehre von Konfuzius berufende Geisteshaltung); kon|fu|zia|ni|stisch (den Konfuzianismus betreffend); Kon|fu|zi|us vgl. Konfutse **kon|ge|ni|al** [auch: *kon*...] ⟨lat.⟩ (geistesverwandt; geistebenbürtig); Kon|ge|nia|li|tät *die;* - **kon|ge|ni|tal** ⟨lat.⟩ (Med.: angeboren) **Kon|ge|sti|on** *die;* -, -en ⟨lat.⟩ (Med.: Blutandrang); kon|ge|stiv (Blutandrang erzeugend) **Kon|glo|me|rat** *das;* -[e]s, -e ⟨lat.⟩ (Sedimentgestein; Gemisch) **[1]Kon|go** [*konggo*] *der;* -[s] (Strom in Mittelafrika); **[2]Kon|go** (auch mit Artikel: *der;* -s; Staat in Mittelafrika); Volksrepublik Kongo [Demokratische Republik Kongo vgl. Zaire]; Kon|go|le|se *der;* -n, -n (↑ R 197); Kon|go|le|sisch; kon|go|rot; Kon|go|rot (↑ R 149) **Kon|gre|ga|ti|on** [...*zion*] *die;* -, -en ⟨lat.⟩ ([geistl.] Vereinigung); Kon|gre|ga|tio|na|list *der;* -en, -en (↑ R 197) ⟨engl.⟩ (Angehöriger einer engl.-nordamerik. Kirchengemeinschaft); Kon|gre|ga|tio|nist *der;* -en, -en (↑ R 197) ⟨lat.⟩ (Angehöriger einer Kongregation)

Kon|greß *der;* ...gresses, ...gresse ⟨lat.⟩ ([größere] fachl. od. polit. Versammlung: nur *Sing.:* Parlament in den USA); Kon|greß_hal|le, ...saal, ...stadt, ...teil|neh|mer **kon|gru|ent** ⟨lat.⟩ (übereinstimmend, deckungsgleich); Kon|gru|enz *die;* -, (selten:) -en (Übereinstimmung); Kon|gru|enz|satz (Geometrie); kon|gru|ie|ren **Ko|ni|die** [...*i[e]*] *die;* -, -n (meist *Plur.*) ⟨griech.⟩ (Pilzspore) **K.-o.-Nie|der|la|ge;** ↑ R 41 (Boxsport; Niederlage durch K.o.) **Ko|ni|fe|re** *die;* -, -n ⟨lat.⟩ (zapfentragendes Nadelholzgewächs) **Kö|nig** *der;* -s, -e; (↑ R 133:) die Heiligen Drei -e; Kö|ni|gin *die;* -, -nen; Kö|ni|gin_mut|ter, ...pa|ste|te, ...wit|we (↑ R 33); kö|nig|lich; königlicher Kaufmann; das königliche Spiel (Schach); im Titel (↑ R 157): Königlich (Abk.: Kgl.); Königliche Hoheit (Anrede eines Fürsten od. Prinzen); vgl. kaiserlich; Kö|nig|reich; Kö|nigs|ad|ler (svw. Steinadler) **Kö|nigs|berg (Pr)** (Hptst. der ehemal. Provinz Ostpreußen); Königsberger Klops (ein Fleischgericht); vgl. Kaliningrad **kö|nigs|blau;** Kö|nigs_blau, ...burg, ...farn, ...haus, ...hof, ...ker|ze (eine Heil- u. Zierpflanze), ...kro|ne, ...ku|chen, ...pal|me, ...schloß **Kö|nigs|see** *der;* -s (in Bayern) **Kö|nigs_sohn,** ...thron, ...ti|ger, ...toch|ter; kö|nigs|treu; Kö|nigs_was|ser (*das;* -s; Chemie), ...weg (bester, idealer Weg zu einem hohen Ziel) **Kö|nigs Wu|ster|hau|sen** (Stadt in der DDR); Kö|nigs|wu|ster|hau|se|ner (↑ R 147) **Kö|nig|tum** **Ko|ni|in** *das;* -s ⟨griech.⟩ (ein giftiges Alkaloid) **ko|nisch** ⟨griech.⟩ (kegelförmig, kegelig, verjüngt); -e Spirale **Konj. = Konjunktiv** **Kon|jek|tur** *die;* -, -en ⟨lat.⟩ (verbessernder Eingriff in einen nicht einwandfrei überlieferten Text); kon|jek|tu|ral (die Konjektur betreffend); Kon|jek|tu|ral|kri|tik; kon|ji|zie|ren (Konjekturen machen) **Kon|ju|ga|ti|on** [...*zion*] *die;* -, -en (Sprachw.: Beugung des Zeitwortes); Kon|ju|ga|ti|ons|en|dung; kon|ju|gier|bar (beugungsfähig); Kon|ju|gier|te *die;* (das;* -s; Chemie); ...weg (bester, idealer Weg zu einem kon|ju|gie|ren ([Zeitwort] beugen; veralt. für: verbinden); Kon|junk|ti|on [...*zion*] *die;* -, -en (Sprachw.: Bindewort, z. B. „und", „weil"; Astron.: Stellung zweier Gestirne im gleichen Längengrad); Kon|junk|tio|nal_ad|verb, ...satz (Sprachw.: von einer Konjunktion eingeleiteter Nebensatz); Kon|junk|tiv [auch: ...tíf] der; -s, -e [...wⁿ] (Sprachw.: Möglichkeitsform; Abk.: Konj.); Kon|junk|ti|va [...wa] die; -, ...vä (Med.: Bindehaut [des Auges]); kon|junk|ti|visch [auch: ...tíw...] (den Konjunktiv betreffend, auf ihn bezüglich); Kon|junk|ti|vi|tis [...wi...] die; -, ...iti|den (Med.: Bindehautentzündung [des Auges]); Kon|junk|tiv|satz; Konjunk|tur die; -, -en (wirtschaftl. Gesamtlage von bestimmter Entwicklungstendenz); kon|junktur|be|dingt; kon|junk|tu|rell (der Konjunktur gemäß); Konjunk|tur_be|richt, ...la|ge, ...po|li|tik; kon|junk|tur|po|li|tisch; Kon|junk|tur_pro|gramm, ...rit|ter, ...schwan|kung, ...sprit|ze (ugs.: Maßnahme zur Konjunkturbelebung), ...zu|schlag

kon|kav (lat.) (hohl, vertieft, nach innen gewölbt); Kon|kav|glas (Plur.: ...gläser); Kon|ka|vi|tät [...wi...] die; - (konkaver Zustand); Kon|kav|spie|gel

Kon|kla|ve [...wⁿ] das; -s, -n (lat.) (Versammlung[sort] der Kardinäle zur Papstwahl)

kon|klu|dent (lat.) (schlüssig); -es Verhalten (Rechtsw.); kon|klu|die|ren (folgern); Kon|klu|si|on die; -, -en (Philos.: Schluß[folgerung]); kon|klu|siv (schließend, folgernd)

kon|kor|dant (lat.) (übereinstimmend); Kon|kor|danz die; -, -en (Übereinstimmung; alphabet. Verzeichnis von Wörtern od. Sachen zum Vergleich ihres Vorkommens u. Sinngehaltes an verschiedenen Stellen eines Buches, z. B. Bibelkonkordanz; Geol.: gleichlaufende Lagerung mehrerer Gesteinsschichten; Druckw.: ein Schriftgrad); Kon|kor|dat das; -[e]s, -e (Vertrag zwischen Staat u. kath. Kirche; schweiz. für: Vertrag zwischen Kantonen); Kon|kor|dats|po|li|tik; Kon|kor|dia die; - (Name von Vereinen usw.); Kon|kor|di|en|for|mel [...iⁿn...] die; - (letzte luth. Bekenntnisschrift von 1577)

Kon|kre|ment das; -[e]s, -e (lat.) (Med.: krankhaftes festes Gebilde, das in Körperflüssigkeiten u. -hohlräumen entsteht [z. B. Nierenstein]); kon|kret; -este (lat.) (körperlich, gegenständlich, sinnfällig, anschaubar, greifbar); vgl. in concreto; -e Malerei; -e Musik; Kon|kre|ti|on [...zion] die; -, -en (Med.: Verwachsung; Geol.: mineralischer Körper in

Gesteinen); kon|kre|ti|sie|ren (konkret machen; verdeutlichen; [im einzelnen] ausführen); Kon|kre|ti|sie|rung; Kon|kre|tum das; -s, ...ta (Sprachw.: Hauptwort, das etwas Gegenständliches benennt, z. B. „Tisch")

Kon|ku|bi|nat das; -[e]s, -e (lat.) (Rechtsspr.: dauernde außereheliche. Geschlechtsgemeinschaft); Kon|ku|bi|ne die; -, -n (veralt.: im Konkubinat lebende Frau)

Kon|ku|pis|zenz die; - (lat.) (Philos., Theol. für: Begehrlichkeit)

Kon|kur|rent der; -en, -en († R 197) (lat.) (Mitbewerber, [geschäftl.] Rivale); Kon|kur|ren|tin die; -, -nen; Kon|kur|renz die; -, -en (Wettbewerb; Zusammentreffen zweier Tatbestände od. Möglichkeiten; nur Sing.: Konkurrent, Gesamtheit der Konkurrenten); Kon|kur|renz|be|trieb; kon|kur|renz|fä|hig; kon|kur|ren|zie|ren (österr., schweiz. für: jmdm. Konkurrenz machen); jmdm. -; Kon|kur|ren|zie|rung; kon|kur|renz|kampf; kon|kur|renz|los; Kon|kur|renz_neid, ...un|ter|neh|men; kon|kur|rie|ren (wetteifern; miteinander in Wettbewerb stehen; zusammentreffen [von mehreren strafrechtl. Tatbeständen]); Kon|kurs der; -es, -e (Zahlungseinstellung, -unfähigkeit); Kon|kurs_er|öff|nung, ...mas|se, ...ver|fah|ren, ...ver|wal|ter

kön|nen; du kannst; du konntest; du könntest; gekonnt, aber: ich habe das nicht glauben können; Kön|nen das; -s; Kön|ner; Kön|ner|schaft die; -

Kon|ne|ta|bel der; -s, -s (franz.) (franz. Kronfeldherr [bis ins 17. Jh.])

Kon|nex der; -es, -e (lat.) (Zusammenhang, Verbindung; persönlicher Kontakt); Kon|ne|xi|on die; -, -en (meist Plur.; selten für: [vorteilhafte] Beziehung)

kon|ni|vent [...wänt] (...-este (lat.) (nachsichtig); Kon|ni|venz die; -, -en (Nachsicht); kon|ni|vie|ren (veralt. für: Nachsicht üben)

Kon|nos|se|ment das; -[e]s, -e (ital.) (Frachtbrief im Seegüterverkehr)

Kon|no|ta|ti|on [...zion] die; -, -en (lat.) (Sprachw.: mit einem Wort verbundene zusätzliche Vorstellung, z. B. „Nacht", „kühl" bei „Mond"); kon|no|ta|tiv

Kon|nu|bi|um das; -s, ...ien [...iⁿn] (lat.) (Rechtsspr. veralt. für: Ehe[gemeinschaft])

Ko|no|id das; -[e]s, -e (griech.) (Math.: kegelähnlicher Körper)

Kon|qui|sta|dor der; -en, -en († R 197) (span.) (span. Eroberer von Mittel- u. Südamerika im 16. Jh.)

Kon|rad (m. Vorn.); Kon|ra|din (m. Vorn.); Kon|ra|di|ne (w. Vorn.)

Kon|rek|tor der; -s, ...oren (lat.) (Vertreter des Rektors einer Schule)

Kon|se|kra|ti|on [...zion] die; -, -en (lat.) (liturg. Weihe einer Person od. Sache; Verwandlung von Brot u. Wein beim Abendmahl); kon|se|krie|ren

kon|se|ku|tiv (lat.) (folgernd, die Folge bezeichnend); Kon|se|ku|tiv|satz (Sprachw.: Umstandssatz der Folge)

Kon|sens der; -es, -e, (auch:) Kon|sen|sus der; -, - [...sänsuß] (lat.) (Einwilligung, Genehmigung), kon|sen|tie|ren (veralt. für: einwilligen, genehmigen)

kon|se|quent; -este (lat.) (folgerichtig; bestimmt; beharrlich zielbewußt); Kon|se|quenz die; - -en (Folgerichtigkeit; Beharrlichkeit; Zielstrebigkeit; Folge[rung]); die -en tragen, ziehen

Kon|ser|va|tis|mus [...wa...] (lat. vgl. Konservativismus; kon|ser|va|tiv [auch: kon...]; eine -e Partei; aber († R 157): die Konservative Partei (in Großbritannien); Kon|ser|va|ti|ve [...iwⁿ] auch: kon...] der u. die; -n, -n († R 7 ff. (jmd., der am Hergebrachten festhält; Anhänger[in] einer konservativen Partei); Kon|ser|va|ti|vis|mus [...watᵉwiß...] der; - (am Überlieferten Hergebrachten festhaltend Weltanschauung); Kon|ser|va|ti|vi|tät die; -; Kon|ser|va|tor der; -s ...oren (für die Instandhaltung von Kunstdenkmälern verantwortl. Beamter); kon|ser|va|to|risch (pfleglich; das Konservatorium betreffend); - gebildet (aus einem Konservatorium ausgebildet); Kon|ser|va|to|rist der; -en, -en (Schüler eines Konservatoriums); Kon|ser|va|to|rin; Kon|ser|va|to|ri|um das; -s, ...ien [...iⁿn] (ital. (Musik[hoch]schule); Kon|ser|ve [...wⁿ] die; -, -en (mlat.) (haltbar gemachtes Nahrungs- od. Genußmittel; Konservenbüchse -glas mit Inhalt; ugs. für: au Tonband, Schallplatte Festge haltenes); Kon|ser|ven_büch|se ...do|se, ...fa|brik, ...glas, ...öff ner, ...ver|gif|tung; kon|ser|vie ren (lat.) (einmachen; haltba machen; auf Tonband, Schall platte festhalten); Kon|ser|vie rung; Kon|ser|vie|rungs|mit|te das

Kon|si|gnant der; -en, -en († R 19 (lat.) (Versender vom Konsigna tionsgut im Überseegeschäft Kon|si|gna|tar, Kon|si|gna|tä der; -s, -e (Empfänger [von Waren zum Weiterverkauf]); Kon|si|gna|ti|on [...zion] die; -, -en (überseeisches Verkaufskommissionsgeschäft; Kon|si|gna|ti|ons|gut; kon|si|gnie|ren (Waren zum Verkauf übersenden; mit unterzeichnen; [Schiffe, Truppen] mit besonderer Bestimmung [ab]senden)

Kon|si|lia|ri|us der; -, ...rii ⟨lat.⟩ (zur Beratung hinzugezogener Arzt); Kon|si|li|um das; -s, ...ien [...i⟨e⟩n] (Beratung; Gutachten; [ernst erteilter] Rat); vgl. Consilium abeundi

kon|si|stent ⟨lat.⟩ (dicht; zusammenhaltend; haltbar); Kon|si|stenz die; - (Dichtigkeit; Zusammenhang; Beständigkeit)

Kon|si|sto|ri|al|rat (Plur.: ...räte; Titel); Kon|si|sto|ri|um das; -s, ...ien [...i⟨e⟩n] ⟨lat.⟩ (außerordentl. Versammlung der Kardinäle unter Vorsitz des Papstes; oberste Verwaltungsbehörde mancher ev. Landeskirchen)

kon|skri|bie|ren ⟨lat.⟩ (früher für: zum Heeres-, Kriegsdienst ausheben); Kon|skri|bier|te der; -n, -n (↑ R 7 ff.); Kon|skrip|ti|on [...zion] die; -, -en

Kon|sol der; -s, -s (meist Plur.) ⟨engl.⟩ (Staatsschuldschein); Kon|so|le die; -, -n ⟨franz.⟩ (Krage, Kragstein; Wandbrett); Kon|so|li|da|ti|on [...zion] die; -, -en, Kon|so|li|die|rung ⟨lat.(-franz.)⟩ (Vereinigung mehrerer Staatsanleihen zu einer einheitlichen Anleihe; Umwandlung kurzfristiger Staatsschulden in Anleihen; Sicherung, Festigung [eines Unternehmens]); kon|so|li|die|ren (sichern, festigen); Kon|so|li|die|rung vgl. Konsolidation; Kon|sol|tisch|chen

Kon|som|mee [kongßome] vgl. Consommé

kon|so|nant ⟨lat.⟩ (Musik: harmonisch, zusammenklingend; veralt. für: einstimmig, übereinstimmend); Kon|so|nant der; -en, -en ↑ R 197 (Sprachw.: „Mitlaut", z. B. p, t, k); Kon|so|nan|ten.häu|fung, ...schwund; kon|so|nan|tisch (Konsonanten betreffend); Kon|so|nanz die; -, -en (Musik: Ein-, Zusammen-, Wohlklang; Sprachw.: Anhäufung von Mitlauten, Mitlautfolge)

Kon|sor|ten Plur. ⟨lat.⟩ („Genossen"; abwertend für: Mittäter; Mitangeklagte); Kon|sor|ti|um [...zium] das; -s, ...ien [...i⟨e⟩n] (Genossenschaft; vorübergehende Vereinigung von Unternehmen zur Durchführung von Geschäften, die mit großem Kapitaleinsatz verbunden sind)

Kon|spekt der; -[e]s, -e ⟨lat.⟩ (Zusammenfassung, Inhaltsübersicht)

Kon|spi|ra|ti|on [...zion] die; -, -en ⟨lat.⟩ (Verschwörung); kon|spi|ra|tiv (verschwörerisch); kon|spi|rie|ren (sich verschwören; eine Verschwörung anzetteln)

¹Kon|sta|bler der; -, - ⟨lat.⟩ (früher: Geschützmeister usw. [auf Kriegsschiffen]); ²Kon|sta|bler der; -s, - ⟨engl.⟩ (in England u. in den USA: Polizist)

kon|stant; -este ⟨lat.⟩ (beharrlich, fest[stehend], ständig, unveränderlich, stet[ig]); Kon|stan|te die; -[n], -n, (ohne Artikel fachspr. auch:) - (eine mathemat. Größe, deren Wert sich nicht ändert; Ggs.: Veränderliche, Variable); Kon|stan|tin [österr. nur so; auch: ...tin] (m. Vorn.); - der Große (röm. Kaiser); kon|stan|ti|nisch, aber (↑ R 134:) die konstantinische Schenkung; Kon|stan|ti|no|pel (früherer Name für: Istanbul); Kon|stan|ti|no|pe|ler, Kon|stan|ti|no|pler, Kon|stan|ti|no|po|li|ta|ner (↑ R 147); ¹Kon|stanz der; - ⟨lat.⟩ (Beharrlichkeit, Unveränderlichkeit, Stetigkeit); ²Kon|stanz (Stadt am Bodensee); Kon|stan|ze (w. Vorn.); kon|sta|tie|ren ⟨franz.⟩ (feststellen); Kon|sta|tie|rung

Kon|stel|la|ti|on [...zion] die; -, -en ⟨lat.⟩ (Stellung der Gestirne zueinander; Zusammentreffen von Umständen; Lage)

Kon|ster|na|ti|on [...zion] die; -, -en ⟨lat.⟩ (veralt. für: Bestürzung); kon|ster|nie|ren (veraltend für: verblüffen, verwirren); kon|ster|niert (bestürzt, betroffen)

Kon|sti|pa|ti|on [...zion] die; -, -en ⟨lat.⟩ (Med.: Verstopfung)

Kon|sti|tu|en|te die; -, -n ⟨lat.⟩ (Sprachw.: sprachl. Bestandteil eines größeren Ganzen); kon|sti|tu|ie|ren ⟨lat.(-franz.)⟩ (einsetzen, festsetzen, gründen); sich - (zusammentreten [zur Beschlußfassung]); -de Versammlung; Kon|sti|tu|ie|rung; Kon|sti|tu|ti|on [...zion] die; -, -en (Rechtsbestimmung; Verfassung [eines Staates, einer Gesellschaft], Grundgesetz; päpstl. Erlaß; Beschaffenheit, Verfassung des [menschl.] Körpers); kon|sti|tu|tio|nal|lis|mus der; -; ↑ R 180 (Staatsform auf dem Boden einer Verfassung); kon|sti|tu|tio|nell (↑ R 180) ⟨franz.⟩ (verfassungsmäßig; Med.: auf die Körperbeschaffenheit bezüglich; anlagebedingt); -e Monarchie; Kon|sti|tu|ti|ons|typ; kon|sti|tu|tiv ⟨lat.⟩ (das Wesen einer Sache bestimmend)

Kon|strik|ti|on [...zion] die; -, -en ⟨lat.⟩ (Med.: Zusammenziehung [eines Muskels], Einschnürung, Verengung); Kon|strik|tor der; -s, ...oren (Med.: Schließmuskel); kon|strin|gie|ren [...ßtringgir'n] (Med.: zusammenziehen [von Muskeln])

kon|stru|ie|ren ⟨lat.⟩ (gestalten; zeichnen; bilden; [künstlich] herstellen); Kon|strukt das; -[e]s, -e u. -s (Arbeitshypothese); Kon|struk|teur [...tör] der; -s, -e ⟨franz.⟩ (Erbauer, Erfinder, Gestalter); Kon|struk|teu|rin [...tö|rin] die; -, -nen; Kon|struk|ti|on [...zion] die; -, -en ⟨lat.⟩; Kon|struk|ti|ons.bü|ro, ...feh|ler, ...zeich|nung; kon|struk|tiv (die Konstruktion betreffend; folgerichtig; aufbauend); -es Mißtrauensvotum; Kon|struk|ti|vis|mus [...wiß...] der; - (Richtung der bildenden Kunst u. der Architektur um 1920); Kon|struk|ti|vist der; -en, -en (↑ R 197); kon|struk|ti|vi|stisch

Kon|sub|stan|tia|ti|on [...ziazion] die; -, -en ⟨lat.⟩ (ev. Rel.: [nach Luther] Verbindung der realen Gegenwart Christi mit Brot u. Wein beim Abendmahl)

Kon|sul der; -s, -n ⟨lat.⟩ (höchster Beamter der röm. Republik; heute: Vertreter eines Staates zur Wahrnehmung seiner [wirtschaftl.] Interessen in einem anderen Staat); Kon|su|lar|agent; kon|su|la|risch; aber: das konsularische Korps (Abk.: CC); Kon|su|lar|recht; Kon|su|lat das; -[e]s, -e (Amt[sgebäude] eines Konsuls); Kon|su|lent der; -en, -en; ↑ R 197 ([Rechts]berater); Kon|sul|ta|ti|on [...zion] die; -, -en (Befragung, bes. eines Arztes); Kon|sul|ta|ti|ons|mög|lich|keit; kon|sul|ta|tiv (beratend); kon|sul|tie|ren ([den Arzt] befragen; zu Rate ziehen)

¹Kon|sum der; -s ⟨ital.⟩ (Verbrauch, Verzehr); ²Kon|sum [kónsum, ...sum, österr. nur: konsúm] der; -s, -s (veralt.: Verkaufsstelle eines Konsumvereins, Konsumverein); Kon|sum|ar|ti|kel, Kon|su|ma|ti|on [...zion] die; -, -en ⟨franz.⟩ (österr. u. schweiz. für: Verzehr); Kon|su|ment der; -en, -en (↑ R 197) ⟨lat.⟩ (Verbraucher; Käufer); Kon|sum.ge|nos|sen|schaft (Verbrauchergenossenschaft; vgl. co op), ...ge|sell|schaft, ...gut (meist Plur.); Kon|sum|gü|ter|in|du|strie; kon|su|mie|ren (verbrauchen, verzehren); Kon|su|mie|rung, Kon|sum|ti|on [...zion] die; -, -en (Verbrauch); kon|sum|tiv (zum Verbrauch bestimmt); Kon|sum-

ver|ein (Verbrauchergenossenschaft); vgl. ²Konsum

Kon|ta|gi|on die; -, -en ⟨lat.⟩ (Med.: Ansteckung); kon|ta|gi|ös; -este (Med.: ansteckend, übertragbar); Kon|ta|gi|o|si|tät die; -; ↑R 180 (ansteckende Beschaffenheit); Kon|ta|gi|um das; -s, ...ien [...i⁾n] (Med.: veralt. für: Ansteckung); Kon|takt der; -[e]s, -e ⟨lat.⟩ (Berührung, Verbindung); Kon|takt|an|zei|ge; kon|takt|arm; Kon|takt.ar|mut, ...auf|nah|me, ...be|reichs|be|amte (Revierpolizist; Kurzw.: Kob); kon|tak|ten (bes. Wirtsch. für: kontaktieren); Kon|tak|ter (Wirtsch.); kon|takt|freu|dig; Kon|takt.gift, ...glas (Plur. ...gläser); kon|tak|tie|ren (Kontakt[e] aufnehmen); jmdn. od. mit jmdm. -; Kon|takt.in|fek|ti|on, ...lin|se; kon|takt|los; Kon|takt|lo|sig|keit die; -; Kon|takt.mangel der, ...mann (Plur. ...männer u. ...leute), ...nah|me (die; -, -n), ...per|son, ...scha|le, ...schwä|che, ...schwel|le, ...sper|re, ...stoff, ...stu|di|um, ...zaun

Kon|ta|mi|na|ti|on [...zion] die; -, -en ⟨lat.⟩ (Sprachw.: Verschmelzung, Wortkreuzung, z. B. „Gebäulichkeiten" aus „Gebäude" u. „Baulichkeiten"; fachspr.: Verunreinigung, Verseuchung); kon|ta|mi|nie|ren

kon|tant ⟨ital.⟩ (bar); Kon|tan|ten Plur. (ausländ. Münzen, die nicht als Zahlungsmittel, sondern als Ware gehandelt werden)

Kon|tem|pla|ti|on [...zion] die; -, -en ⟨lat.⟩ (schauende Versunkenheit [in Gott]; Beschaulichkeit, Betrachtung); kon|tem|pla|tiv

Kon|te|nance [kongt'nangß] vgl. Contenance

Kon|ten.plan, ...rah|men

Kon|ten|ten Plur. ⟨lat.⟩ (Ladeverzeichnisse der Seeschiffe); Kon|ten|tiv|ver|band (med. Stützverband)

kon|ter... ⟨franz.⟩ (gegen...); Konter... (Gegen...); Kon|ter der; -s, - (Sport: das Kontern); Kon|ter.ad|mi|ral (Flaggoffizier); Kon|ter|an|griff (Sport); Kon|ter|ban|de die; - (Schmuggelware; Bannware); Kon|ter|fei [auch: ...fai] das; -s, -s (veralt., aber noch scherzh. für: [Ab]bild, Bildnis); kon|ter|fei|en [auch: ...fai⁾n] (veralt., aber noch scherzh. für: abbilden); konterfeit; kon|ter|ka|rie|ren (hintertreiben); Kon|ter|mi|ne (Festungswesen: Gegenmine; Börse: Gegen-, Baissespekulation); kon|tern ⟨engl.⟩ (Druckw.: ein Druckbild umkehren; Sport: den Gegner im Angriff durch gezielte Gegenschlä-

ge abfangen; durch eine Gegenaktion abwehren); ich ...ere (↑R 22); Kon|ter.re|vo|lu|ti|on (Gegenrevolution); kon|ter|re|vo|lu|tio|när; Kon|ter.schlag (bes. Boxen), ...tanz (alter Tanz)

Kon|text [auch: ...täkßt] der; -[e]s, -e ⟨lat.⟩ (umgebender Text; Zusammenhang; Inhalt [eines Schriftstücks]); Kon|text|glos|se [auch: ...täkßt] (Glosse [vgl. d.], die in den Text [einer Handschrift] eingefügt ist); kon|tex|tu|ell (den Kontext betreffend)

Kon|ti (Plur. von: Konto); kon|tie|ren ⟨ital.⟩ (ein Konto benennen; auf ein Konto verbuchen)

Kon|ti|gui|tät [...gu-i...] die; - ⟨lat.⟩ (Psych.: zeitl. Zusammensein verschiedener Erlebnisinhalte)

Kon|ti|nent [auch: kon...] der; -[e]s, -e ⟨lat.⟩ (Festland; Erdteil); kon|ti|nen|tal; Kon|ti|nen|tal|eu|ro|pa; kon|ti|nen|tal|eu|ro|pä|isch; Kon|ti|nen|tal.kli|ma (das; -s), ...macht, ...sper|re (hist.; die; -), ...ver|schie|bung (Geol.)

Kon|ti|nenz die; - ⟨lat.⟩ (Med.: Fähigkeit, Stuhl u. Urin zurückzuhalten)

Kon|tin|gent [...ngg...] das; -[e]s, -e ⟨lat.⟩ (Anteil; [Pflicht]beitrag; [Höchst]betrag; [Höchst]menge; Zahl der [von Einzelstaaten] zu stellenden Truppen); kon|tin|gen|tie|ren (das Kontingent festsetzen; [vorsorglich] ein-, zuteilen); Kon|tin|gen|tie|rung; Kon|tin|gent[s]|zu|wei|sung

Kon|ti|nua|ti|on [...zion] die; -, -en (↑R 180) ⟨lat.⟩ (veralt., aber noch Buchw. für: Fortsetzung); kon|ti|nu|ier|lich (stetig, fortdauernd, unaufhörlich, durchlaufend); vgl. Bruch (Math.: Kettenbruch); Kon|ti|nui|tät [...nu-i...] die; - (lückenloser Zusammenhang, Stetigkeit, Fortdauer); Kon|ti|nuo vgl. Continuo; Kon|ti|nu|um [...u-um] das; -s, ...nua (lückenlos Zusammenhängendes, Stetiges)

Kon|to das; -s, ...ten (auch: -s u. ...ti) ⟨ital.⟩ (Rechnung, Aufstellung über Forderungen u. Schulden); vgl. a conto; Kon|to.aus|zug, ...buch, ...in|ha|ber; Kon|to.kor|rent das; -s, -e (laufende Rechnung); Kon|to|num|mer; Kon|tor das; -s, -e (niederl.) (Geschäftsraum eines Kaufmanns); Kon|to|rist der; -en, -en (↑R 197); Kon|to|ri|stin die; -, -nen

Kon|tor|si|on die; -, -en ⟨lat.⟩ (Med.: Verdrehung, Verrenkung eines Gliedes); Kon|tor|sio|nist der; -en, -en; ↑R 197 (Schlangenmensch); kon|tort (Bot.: gedreht, geschraubt [von Blumenblättern])

Kon|to|stand

kon|tra ⟨lat.⟩ (gegen, entgegengesetzt); vgl. auch: contra; Kon|tra das; -s, -s (Kartenspiel: Gegenansage); jmdm. - geben; Kon|tra.-alt (tiefer Alt), ...baß (Baßgeige), ...bas|sist; Kon|tra|dik|ti|on [...zion] die; -, -en (Widerspruch); kon|tra|dik|to|risch (widersprechend); -es Verfahren (normales [Prozeß]verfahren, bei dem beide Parteien gehört werden); Kon|tra|fa|gott (tiefes Fagott); Kon|tra|fak|tur die; -, -en (geistl. Nachdichtung eines weltl. Liedes [u. umgekehrt] unter Beibehaltung der Melodie)

Kon|tra|hage [...haßeⁿ] die; -, -n ⟨franz.⟩ (Studentenspr. früher: Verabredung eines Zweikampfes, Forderung); Kon|tra|hent der; -en, -en (↑R 197) ⟨lat.⟩ (Vertragspartner; Gegner [im Streit]); kon|tra|hie|ren (einen Kontrakt abschließen, vereinbaren; Studentenspr. früher: einen Zweikampf verabreden, jmdn. fordern); sich - (sich zusammenziehen)

Kon|tra|in|di|ka|ti|on [...zion] die; -, -en ⟨lat.⟩ (Med.: Umstand, der die Anwendung eines Medikaments o. ä. verbietet, Gegenanzeige)

kon|trakt ⟨lat.⟩ (veralt. für: zusammengezogen; verkrümmt; gelähmt); Kon|trakt der; -[e]s, -e (Vertrag, Abmachung); Kon|trakt.ab|schluß, ...bruch der; kon|trakt|brü|chig; kon|trak|til (Med.: zusammenziehbar); Kon|trak|ti|li|tät die; - (Med.: Fähigkeit, sich zusammenzuziehen); Kon|trak|ti|on [...zion] die; -, -en (Zusammenziehung; Schrumpfung); Kon|trak|ti|ons|vor|gang; kon|trakt|lich (vertragsgemäß); Kon|trak|tur die; -, -en (Med.: Verkürzung [von Muskeln, Sehnen]; Versteifung)

Kon|tra|post der; -[e]s, -e ⟨ital.⟩ (bild. Kunst: Ausgleich [bes. von Stand- u. Spielbein]); Kon|tra|punkt der; -[e]s ⟨lat.⟩ (Musik: Führung mehrerer selbständiger Stimmen im Tonsatz); Kon|tra|punk|tik die; - (Lehre des Kontrapunkts; Kunst der kontrapunktischen Stimmführung); kon|tra|punk|tisch; kon|trär ⟨franz.⟩ (gegensätzlich; widrig); Kon|tra|si|gna|tur die; -, -en ⟨lat.⟩ (selten für: Gegenzeichnung); kon|tra|si|gnie|ren (selten für: gegenzeichnen); Kon|trast der; -[e]s, -e ⟨franz.⟩ ([starker] Gegensatz; auffallender [Farb]unterschied); Kon|trast.brei (Med.), ...far|be; kon|tra|stie|ren ⟨franz.⟩ (sich unterscheiden, einen [starken] Gegensatz bilden); kon|trastiv ⟨engl.⟩ (gegensätzlich; vergleichend); -e Grammatik; **Kon|trast|mit|tel** das (Med.); **kon|trast|reich Kon|tra|zep|ti|on** [...zion] die; - ⟨lat.⟩ (Med.: Empfängnisverhütung); **kon|tra|zep|tiv** (empfängnisverhütend); **Kon|tra|zep|tiv** das; -s, -e [...wᵉ] u. **Kon|tra|zep|ti|vum** [...tiwum] das; -s, ...va (empfängnisverhütendes Mittel) **Kon|trek|ta|ti|ons|trieb** [...zionß...] ⟨lat.; dt.⟩ (Med.: Trieb zur körperl. Berührung) **Kon|tri|bu|ti|on** [...zion] die; -, -en ⟨lat.⟩ (veralt. für: Kriegssteuer; Beitreibung) **Kon|troll|ab|schnitt; Kon|troll|lampe** [Trenn.: ...troll|lam..., ↑ R 204]; **Kon|troll|ap|pa|rat, ...be|fug|nis, ...be|hör|de, ...da|tum; Kon|trol|le** die; -, -n ⟨franz.⟩ (Überwachung; Überprüfung; Beherrschung); **Kon|troll|ler** der; -s, - ⟨engl.⟩ (Fahrschalter, Steuerschalter für elektr. Motoren); **Kon|troll|leur** [...lör] der; -s, -e ⟨franz.⟩ (Aufsichtsbeamter, Prüfer); **Kon|troll|grup|pe** (bes. Med., Psych.); **kon|troll|lier|bar; Kon|troll|lier|bar|keit** die; -; **kon|troll|lie|ren; Kon|troll|lis|te** [Trenn.: ...troll|li..., ↑ R 204]; **Kon|troll.kas|se, ...kom|mis|si|on; Kon|troll|lor** der; -s, -e ⟨ital.⟩ (österr. für: Kontrolleur); **Kon|troll.or|gan, ...pflicht, ...punkt, ...rat** (der; -[e]s; oberstes Besatzungsorgan in Deutschland nach dem 2. Weltkrieg), **...sta|ti|on, ...stel|le, ...stem|pel, ...sy|stem, ...turm, ...uhr, ...zen|trum kon|tro|vers** [...wärß] ⟨lat.⟩ (streitig, bestritten); -este; **Kon|tro|ver|se** die; -, -n [wissenschaftl.] Streit[frage]; **Kon|tro|vers|theo|lo|gie Kon|tu|maz** die; - ⟨lat.⟩ (veralt. für: Nichterscheinen vor Gericht; österr. veralt. für: Quarantäne); vgl. in contumaciam; **Kon|tu|ma|zi|al|ver|fah|ren** (Gerichtsverfahren in Abwesenheit einer Partei od. des Beschuldigten) **Kon|tur** die; -, -en (in der Kunst auch: der; -s, -en); meist Plur. ⟨franz.⟩ (Umriß[linie]; andeutende Linie[nführung]); **Kon|tur|buch|sta|be** (nur im Umriß gezeichneter [Druck]buchstabe); **Kon|tu|ren.schär|fe, ...stift** (zum Nachziehen der Lippenkonturen); **kon|tu|rie|ren** (die äußeren Umrisse eines bestimmten; andeuten); **Kon|tur|schrift** (Druckw.: Zierschrift mit Konturbuchstaben) **Kon|tu|si|on** die; -, -en ⟨lat.⟩ (Med.: Quetschung) **Ko|nus** der; -, Konusse (Technik auch: Konen) ⟨griech.⟩ (Kegel,

Kegelstumpf; bei Druckbuchstaben der das Schriftbild tragende Oberteil) **Kon|va|les|zent** [...wa...] der; -en, -en (↑ R 197) ⟨lat.⟩ (svw. Rekonvaleszent); **Kon|va|les|zenz** die; -, (selten:) -en (Rechtsw.: nachträgliches Gültigwerden von ungültigen Rechtsgeschäften; Med.: Genesung) **Kon|vek|ti|on** [...wäkzion] die; -, -en ⟨lat.⟩ (Physik: „Mitführung" von Energie od. elektr. Ladung durch die kleinsten Teilchen einer Strömung); **kon|vek|tiv; Kon|vek|tor** der; -s, ...oren (ein Heizkörper) **kon|ve|na|bel** [...we...] ⟨franz.⟩ (veralt. für: schicklich; passend, bequem; annehmbar); ...a|ble Preise; **Kon|ve|ni|at** das; -s, -s ⟨lat.⟩ (Zusammenkunft der kath. Geistlichen eines Dekanats); **Kon|ve|ni|enz** die; -, -en (Herkommen; Schicklichkeit; Zuträglichkeit; Bequemlichkeit); **kon|ve|nie|ren** (veraltend für: passen, annehmbar sein); **Kon|vent** [...wänt] der; -[e]s, -e („Zusammenkunft"; Versammlung der Mitglieder einer Studentenverbindung; Bez. für studentische Verbände; Gesamtheit der Konventualen, Versammlung der Mönche; nur Sing.: Nationalversammlung in Frankreich 1792–95); **Kon|ven|ti|kel** das; -s, - ([heimliche] Zusammenkunft; private relig. Versammlung); **Kon|ven|ti|on** [...zion] die; -, -en ⟨franz.⟩ (Übereinkunft, Abkommen; Herkommen, Brauch, Förmlichkeit); **kon|ven|tio|nal** ⟨lat.⟩ (die Konvention betreffend); **Kon|ven|tio|nal|stra|fe** (Vertragsstrafe); **kon|ven|tio|nell** ⟨franz.⟩ (herkömmlich, üblich; förmlich); **Kon|ven|tu|al|le** der; -n, -n (↑ R 197) ⟨lat.⟩ (stimmberechtigtes Klostermitglied; Angehöriger eines Zweiges des Franziskanerordens) **kon|ver|gent** [...wär...] ⟨lat.⟩ (sich zuneigend, zusammenlaufend); **Kon|ver|genz** die; -, -en (Annäherung, Übereinstimmung); **Kon|ver|genz|theo|rie** die; - (Politik); **kon|ver|gie|ren Kon|ver|sa|ti|on** [...wärsazion] die; -, -en ⟨franz.⟩ (gesellige Unterhaltung, Plauderei); **Kon|ver|sa|ti|ons.le|xi|kon, ...stück; kon|ver|sie|ren** (veralt. für: sich unterhalten) **Kon|ver|si|on** [...wär...] die; -, -en ⟨lat.⟩ (Umwandlung; Umdeutung; Umformung, Umkehrung; Glaubenswechsel; bes. der Übertritt zur kath. Kirche); **Kon|ver|ter** der; -s, - ⟨engl.⟩ (Hüttenw.,

Physik); **kon|ver|ti|bel** ⟨franz.⟩ (frei austauschbar); ...i|ble Währung; **Kon|ver|ti|bi|li|tät** die; - (Konvertierbarkeit); **kon|ver|tier|bar; Kon|ver|tier|bar|keit** die; - (Möglichkeit, die Landeswährung gegen eine beliebige andere einzutauschen und frei darüber zu verfügen); **kon|ver|tie|ren** ⟨lat.(-franz.)⟩ (umwandeln; umdeuten; umformen, umkehren; ändern; den Glauben wechseln); **Kon|ver|tie|rung; Kon|ver|tit** der; -en, -en (↑ R 197) ⟨engl.⟩ (zu einem anderen Glauben Übergetretener); **Kon|ver|ti|ten|tum** das; -s **kon|vex** [...wäkß] ⟨lat.⟩ (erhaben, nach außen gewölbt); **Kon|vex.lin|se, ...spie|gel Kon|vikt** [...wikt] das; -[e]s, -e ⟨lat.⟩ (Stift, Heim für Theologiestudenten; österr. für: Schülerheim); **Kon|vik|tua|le** der; -n, -n; (↑ R 197 veralt. für: Angehöriger eines Konviktes); **Kon|vi|vi|um** [...wiwi...] das; -s, ...ien [...iᵉn] (veralt. für: Gelage) **Kon|voi** [konweu, auch: konweu] der; -s, -s ⟨engl.⟩ (Geleitzug, bes. bei Schiffen) **Kon|vo|ka|ti|on** [...wokazion] die; -, -en ⟨lat.⟩ (veralt. für: Zusammen-, Einberufung) **Kon|vo|lut** [...wo...] das; -[e]s, -e ⟨lat.⟩ (Bündel [von Schriftstücken od. Drucksachen]; Sammelband, -mappe) **Kon|vul|si|on** [...wul...] die; -, -en ⟨lat.⟩ (Med.: Schüttelkrampf); **kon|vul|siv, kon|vul|si|visch** [...wisch] (Med.: krampfhaft [zuckend]) **kon|ze|die|ren** ⟨lat.⟩ (zugestehen, einräumen) **Kon|ze|le|bra|ti|on** [...zion] die; -, -en ⟨lat.⟩ (gemeinsame Eucharistiefeier mehrerer Geistlicher); **kon|ze|le|brie|ren Kon|zen|trat** das; -[e]s, -e ⟨lat.; griech.⟩ (angereicherter Stoff, hochprozentige Lösung; hochprozentiger [Frucht- od. Pflanzen]auszug); **Kon|zen|tra|ti|on** [...zion] die; -, -s ⟨franz.⟩ (Gruppierung [um einen Mittelpunkt]; Zusammenziehung [von Truppen]; [geistige] Sammlung; Chemie: Gehalt einer Lösung); **Kon|zen|tra|ti|ons.fä|hig|keit, ...la|ger** (Abk.: KZ), **...man|gel** der, **...schwä|che; Kon|zen|trie|ren** ([Truppen] zusammenziehen, vereinigen; Chemie: anreichern, gehaltreich machen); sich - (sich [geistig] sammeln); **kon|zen|triert; -este** (Chemie: angereichert, gehaltreich; übertr. für: gesammelt, aufmerksam); **Kon|zen|triert|heit** die; -; **Kon|zen|trie|rung; kon|zen|trisch**

(mit gemeinsamem Mittelpunkt); -e Kreise; **Kon|zen|tri|zi|tät** die; - (Gemeinsamkeit des Mittelpunktes)
Kon|zept das; -[e]s, -e ⟨lat.⟩ (Entwurf; erste Fassung, Rohschrift); **Kon|zep|ti|on** [...zion] die; -, -en (Empfängnis; [künstlerischer] Einfall; Entwurf eines Werkes); **kon|zep|tio|nell** (↑R 180); **kon|zep|ti|ons|los**; **Kon|zep|ti|ons|lo|sig|keit**; **Kon|zept|pa|pier**; **kon|zep|tu|a|li|sie|ren**; ↑R 180 (als Konzept gestalten; ein Konzept entwerfen)
Kon|zern der; -[e]s, -e ⟨engl.⟩ (Zusammenschluß wirtschaftl. Unternehmen); **Kon|zer|nie|rung** (Bildung von Konzernen)
Kon|zert das; -[e]s, -e ⟨ital.⟩; **Kon|zert_abend**, ...**agen|tur**; **kon|zer|tant** (konzertmäßig, in Konzertform); **Kon|zert|flü|gel**; **kon|zer|tie|ren** (ein Konzert geben; veralt. für: etwas verabreden, besprechen); eine konzertierte Aktion (bes. Wirtschaftspolitik: gemeinsam zwischen Partnern abgestimmtes Handeln); **Kon|zer|ti|na** die; -, -s (eine Handharmonika); **Kon|zert_mei|ster**, ...**pro|gramm**; **kon|zert|reif**; **Kon|zert_rei|fe**, ...**rei|se**, ...**saal**, ...**stück**, ...**tour|nee**, ...**ver|an|stal|tung**
Kon|zes|si|on die; -, -en ⟨lat.⟩ (Zugeständnis; behördl. Genehmigung); **Kon|zes|sio|när** der; -s, -e; ↑R 180 (Inhaber einer Konzession); **kon|zes|sio|nie|ren**; ↑R 180 (behördl. genehmigen); **Kon|zes|si|ons_be|reit|schaft**, ...**in|ha|ber**; **kon|zes|siv** (Sprachw.: einräumend); -e Konjunktion; **Kon|zes|siv|satz** (Sprachw.: Umstandssatz der Einräumung)
Kon|zil das; -s, -e u. -ien [...i⁰n] ⟨lat.⟩ ([Kirchen]versammlung); **kon|zi|li|ant**; -este (versöhnlich, umgänglich, verbindlich); **Kon|zi|li|anz** die; - (Umgänglichkeit, Entgegenkommen); **Kon|zi|lia|ris|mus** der; -; ↑R 180 (kirchenrechtl. Theorie, die das Konzil über den Papst stellt); **Kon|zils_va|ter** (meist Plur.; stimmberechtigter Teilnehmer an einem Konzil)
kon|zinn ⟨lat.⟩ (Rhet.: ebenmäßig gebaut; veralt. für: gefällig)
Kon|zi|pi|ent der; -en, -en (↑R 197) ⟨lat.⟩ (veralt. für: Verfasser eines Schriftstückes; österr.: Jurist [zur Ausbildung] in einem Anwaltsbüro); **kon|zi|pie|ren** (verfassen, entwerfen; Med.: empfangen, schwanger werden)
kon|zis; -este ⟨lat.⟩ (Rhet.: kurz, gedrängt)
Koof|mich der; -s, -e u. -s (verächtl. für: Kaufmann)

Koog der; -[e]s, Köge (niederd. für: dem Meer abgewonnenes eingedeichtes Land; Polder); vgl. Kog
Ko|ope|ra|ti|on [...zion] die; -, -en ⟨lat.⟩ (Zusammenarbeit, Zusammenwirken); **ko|ope|ra|ti|ons|be|reit**; **Ko|ope|ra|ti|ons|mög|lich|keit**; **ko|ope|ra|tiv**; **Ko|ope|ra|tiv** das; -s, -e [...w⁰] (auch: -s) u. **Ko|ope|ra|ti|ve** die; -, -n (DDR: Arbeitsgemeinschaft, Genossenschaft); **Ko|ope|ra|tor** der; -s, ...oren (veralt. für: Mitarbeiter; landsch. u. österr.: kath. Hilfsgeistlicher, Vikar); **ko|ope|rie|ren** (zusammenwirken, -arbeiten)
Ko|op|ta|ti|on [...zion] die; -, -en ⟨lat.⟩ (selten für: Ergänzungs-, Zuwahl); **ko|op|tie|ren** (selten für: hinzuwählen)
Ko|or|di|na|te die; -, -n (meist Plur.) ⟨lat.⟩ (Math.: Abszisse u. Ordinate; Zahl, die die Lage eines Punktes in der Ebene od. im Raum bestimmt); **Ko|or|di|na|ten_ach|se**, ...**sy|stem**; **Ko|or|di|na|ti|on** [...zion] die; -, -en ⟨lat.⟩; **Ko|or|di|na|tor** der; -s, ...natoren (jmd., der koordiniert); **ko|or|di|nie|ren** (in ein Gefüge einbauen; aufeinander abstimmen; nebeneinanderstellen; Sprachw.: beiordnen); koordinierende (nebenordnende) Konjunktion (z. B. „und"); **Ko|or|di|nie|rung**
Kop. = Kopeke
Ko|pai|va|bal|sam [...wa...] der; -s, ⟨indian.; hebr.⟩ (ein Harz)
Ko|pal der; -s, -e ⟨indian.-span.⟩ (ein Harz); **Ko|pal_fich|te**, ...**harz**, ...**lack**
Ko|pe|ke die; -, -n (↑R 129) ⟨russ.⟩ (russ. Münze; Abk.: Kop.; 100 Kopeken = 1 Rubel)
Ko|pen|ha|gen (Hptst. Dänemarks); vgl. København; **Ko|pen|ha|ge|ner** (↑R 147)
Köl|pe|nick (Stadtteil von Berlin); **Köl|pe|nicker** [Trenn.: ...nik|ker] (↑R 147); **Köl|pe|nickia|de** [Trenn.: ...nik|kia...] die; -, -n (toller Streich [nach dem Hauptmann von Köpenick])
Ko|pe|po|de der; -n, -n (meist Plur.) (↑R 197) ⟨griech.⟩ (Ruderfußkrebs)
Köl|per der; -s, - ⟨niederl.⟩ (ein Gewebe); **Köl|per|bin|dung**
kol|per|ni|ka|nisch; -es Weltsystem, aber (↑R 134): die Kopernikanischen „Sechs Bücher über die Umläufe der Himmelskörper" (Hauptwerk des Kopernikus); **Kol|per|ni|kus** (dt. Astronom)
Kopf der; -[e]s, Köpfe; von Kopf bis Fuß; auf dem - stehen, das Bild, der Turner steht auf dem -; vgl. aber: kopfstehen; **Kopf-**

an-**Kopf-Ren|nen**; (↑R 41:) **Kopf_ar|beit**, ...**ar|bei|ter**, ...**bahn|hof**, ...**ball**; **Kopf|ball|tor** das; **Kopf_be|deckung** [Trenn.: ...dek|kung], ...**be|we|gung**; **Köpf|chen**, Köpf|lein; **Kopf_dün|ger**, ...**dün|gung**; **köp|feln** (österr., schweiz.: einen Kopfsprung machen; den Ball mit dem Kopf stoßen); den ...[e]le (↑R 22); **köp|fen**; **Kopf_en|de**, ...**form**, ...**fü|ßer**, ...**geld**, ...**grip|pe**, ...**haar**, ...**hal|tung**; **kopf|hän|ge|risch**; -ste; **Kopf_haut**, ...**hö|rer**; ...**köp|fig** (z. B. vielköpfig); ...**köp|fisch** (z. B. murrköpfisch); **Kopf_jä|ger**, ...**keil**, ...**kis|sen**; **kopf|la|stig**; **Kopf|la|stig|keit** die; -; **Köpf|lein**, Köpf|chen; **Köpf|ler** (österr. für: Kopfsprung; Kopfstoß); **kopf|los**; -este; **Kopf|lo|sig|keit**; **Kopf_nicken** [Trenn.: ...nik|ken] (das; -s), ...**nuß**, ...**putz**, ...**quo|te**; **kopf_rech|nen** (nur in der Grundform gebräuchlich); **Kopf_rech|nen** (das; -s), ...**sal|lat**; **kopf|scheu**; **Kopf_schmerz**, ...**schmuck**, ...**schup|pe** (meist Plur.), ...**schuß**, ...**schüt|teln** (das; -s); **kopf|schüt|telnd**; **Kopf_schutz**, ...**schüt|zer**, ...**sprung**, ...**stand**; **kopf|ste|hen** (völlig verwirrt, bestürzt sein; auch für: auf dem Kopf stehen; vgl. Kopf); ↑R 207; ich stehe kopf; ich habe kopfgestanden; kopfzustehen; **Kopf|ste|hen** das; -s; **Kopf|stein|pfla|ster**; **Kopf_steu|er** die, ...**stim|me**, ...**stoß** (Fußball, Boxen), ...**stüt|ze**, ...**teil** (das od. der), ...**tuch** (Plur. ...tücher); **kopf|über**; **kopf|un|ter**; **Kopf_ver|let|zung**, ...**wä|sche**, ...**weh** (das; -s), ...**wei|de** (vgl. 1Weide), ...**wun|de**, ...**zahl**, ...**zer|bre|chen** (das; -s; viel -)
Koph|ta der; -s, -s (geheimnisvoller ägypt. Weiser); **koph|tisch** (den Kophta betreffend)
Ko|pi|al|buch ⟨lat.; dt.⟩ (Buch für Abschriften von Urkunden, Rechtsfällen usw.); **Ko|pi|a|li|en** [...i⁰n] Plur.; ↑R 180 (veralt.: Abschreibegebühren); **Ko|pi|a|tur** die; -, -en (veralt. für: Abschreiben); **Ko|pie** [österr.: kopi⁰] die; -, ...ien [...i⁰n; österr.: kopi⁰n] (Abschrift; Abdruck; Nachbildung; Film: Abzug); **Ko|pier|an|stalt**; **ko|pie|ren** (eine Kopie machen); **Ko|pie|rer** (ugs. für: Kopiergerät); **Ko|pier_ge|rät**, ...**pa|pier**, ...**stift** der
Ko|pi|lot (zweiter Flugzeugführer; zweiter Fahrer)
ko|pi|lös; -este ⟨franz.⟩ (Med.: reichlich, in Fülle); **Ko|pist** der; -en, -en (↑R 197 ⟨[Ab]schreiber; Nachbildner, Nachmaler)
Kop|pe der; -n, -n (ein Fisch; mdal. für: Kuppe, z. B. Schneekoppe)

¹**Kop|pel** *die; -, -n* (Riemen; durch Riemen verbundene Tiere; eingezäunte Weide); ²**Kop|pel** *das; -s, -,* österr.: *die: -, -n* (Gürtel); **kop|pel|gän|gig** (Jägerspr.); -er Hund; **kop|peln** (verbinden); ich ...[e]le (↑R 22); vgl. kuppeln; **Kop|pel|schloß; Kop|pe|lung,** Kopp|lung; **Kop|pe|lungs|ma|nö-ver** od. Kopp|lungs|ma|nö|ver; **Kop|pel_wei|de** (vgl. ²Weide), ...**wirt|schaft**

kop|pen (Luft schlucken [eine Pferdekrankheit])

kopp|hei|ster (niederd. für: kopfüber); - schießen (einen Purzelbaum schlagen)

Kopp|lung, Kop|pe|lung; **Kopp|lungs|ma|nö|ver** od. Kop|pe-lungs|ma|nö|ver

Ko|pra *die; -* ⟨tamil.-port.⟩ (zerkleinertes u. getrocknetes Mark der Kokosnuß)

Ko|pro|duk|ti|on [...*zion*] *die; -, -en* (Gemeinschaftsherstellung, bes. beim Film); **Ko|pro|du|zent** *der; -en, -en* (↑R 197); **ko|pro|du|zie-ren**

Ko|pro|lith *der; -s* od. *-en, -e[n]* (↑R 197) ⟨griech.⟩ (versteinerter Kot [urweltl. Tiere]); **Ko|prom** *das; -s, -e* (Med.: Kotgeschwulst); **ko|pro|phag** (kotessend); **Ko|pro|pha|ge** *der u. die; -n, -n;* ↑R 7 ff. (Kotesser[in]); **Ko-pro|pha|gie** *die; -* (Med.: Kotessen)

Kops *der; -es, -e* ⟨engl.⟩ (Spule, Spindel mit Garn)

Kop|te *der; -n, -n* (↑R 197) ⟨griech.⟩ (Angehöriger der christl. Kirche in Ägypten); **kop|tisch;** -e Kirche; -e Schrift

Ko|pu|la *die; -, -s u. ...lae* [...*lä*] ⟨lat.⟩ („Band"; Sprachw.: Satzband); **Ko|pu|la|ti|on** [...*zion*] *die; -, -en* (Biol.: Begattung; Gartenbau: bestimmte Veredelung von Pflanzen; veralt. für: Trauung); **ko|pu|la|tiv** (Sprachw.: verbindend, anreihend); -e Konjunktion (anreihendes Bindewort, z. B. „und"); **Ko|pu|la|ti|vum** [...*tiwum*] *das; -s, ...va* [...*wa*] (Sprachw.: Zusammensetzung aus zwei gleichgeordneten Bestandteilen, z. B. „taubstumm", „Hemdhose"); **ko|pu|lie|ren** (Verb zu: Kopulation)

Ko|rah, (ökum.:) **Ko|rach** (bibl. m. Eigenn.); eine Rotte Korah (veralt.: ein randalierender Haufen)

Ko|ral|le *die; -, -n* ⟨griech.⟩ (ein Nesseltier; aus seinem Skelett gewonnener Schmuckstein); **ko-ral|len** (aus Korallen, korallenrot); **Ko|ral|len_bank** (*Plur.* ...bänke), ...**baum,** ...**in|sel,** ...**kette,** ...**riff; ko|ral|len|rot**

ko|ram ⟨lat.⟩ („vor aller Augen");

jmdn. - nehmen (veralt. für: scharf tadeln); vgl. coram publico; **ko|ra|mie|ren** (veralt. für: zur Rede stellen)

Ko|ran [auch: *ko*...] *der; -s, -e* ⟨arab.⟩ (das heilige Buch des Islams); **Ko|ran|su|re** [auch: *ko*...]

Korb *der; -[e]s, Körbe;* **Korb|ball** (*der; -s*); **Korb|ball|spiel; Korb-blüt|ler; Körb|chen,** Körb|lein; **Kor|ber** (schweiz. für: Korbmacher); **Korb_fla|sche,** ...**flech|ter** **Kor|bi|ni|an** [auch: ...*bi*...] (ein Heiliger; auch: m. Vorn.)

Körb|lein, Körb|chen; **Korb_ma-cher,** ...**ses|sel,** ...**stuhl,** ...**wa|gen,** ...**wei|de** (vgl. ¹Weide), ...**wurf**

¹**Kord** (niederd. Kurzform von: Konrad)

²**Kord** usw. vgl. Cord usw.

Kor|de *die; -, -n* ⟨franz.⟩ (veralt. für: schnurartiger Besatz); **Kor-del** *die; -, -n* (gedrehte oder geflochtene Schnur; landsch. für: Bindfaden; österr. svw. Korde)

Kör|del|chen

Kor|de|lia, Kor|de|lie vgl. Cordelia, Cordelie

kor|di|al ⟨lat.⟩ (herzlich; vertraulich)

kor|die|ren ⟨franz.⟩ (vertiefte Muster in zu glatte Griffe von Werkzeugen einarbeiten); **Kor|dier-ma|schi|ne**

Kor|dil|le|ren [...*diljer⁹n*] *Plur.* ⟨span.⟩ ([süd]amerik. Gebirgszug)

Kor|dit *der; -s* ⟨franz.⟩ (ein Schießpulver)

Kor|don [...*dong,* österr.: ...*don*] *der; -s, -s u. ...[österr.:] -e* ⟨franz.⟩ (Postenkette, Absperrung; Ordensband; Spalierbaum); **Kor-do|nett.sei|de** (Zwirn-, Schnurseide), ...**stich** (ein Zierstich)

Kor|du|la vgl. Cordula

Ko|re *die;-, -n* ⟨griech.⟩ (gebälktragende Frauengestalt)

Ko|rea (eine Halbinsel Ostasiens); **Ko|rea|krieg** (1950 bis 1953); **Ko-rea|ner; ko|rea|nisch**

Ko|re|fe|rat, Ko|re|fe|rent, ko|re-fe|rie|ren vgl. Korreferat usw.

Ko|re|gis|seur

kö|ren ([männl. Haustiere zur Zucht] auswählen)

Kor|fi|ot *der; -en, -en;* ↑R 197 (Bewohner der Insel Korfu); **kor-fio|tisch; Kor|fu** [auch: *korfu*] (ionische Insel u. Stadt); vgl. Kerkyra

Kör_ge|setz, ...**hengst**

Ko|ri|an|der *der; -s,* (selten:) *-* ⟨griech.⟩ (Gewürzpflanze deren Samen); **Ko|ri|an|der_öl, ...schnaps; Ko|ri|an|do|li** *das;-[s],* - ⟨ital.⟩ (österr. neben: Konfetti)

Ko|rin|na (altgriech. Dichterin); vgl. Corinna

Ko|rinth (griech. Stadt); **Ko|rin-**

the *die; -, -n* (kleine Rosinenart); **Ko|rin|then|brot; Ko|rin|then-kacker** [*Trenn.:* ...kak|ker] (derb für: kleinlicher Mensch); **Ko|rin-ther** (↑R 147); **Ko|rin|ther|brief** (↑R 151); **ko|rin|thisch;** -e Säulenordnung, aber (↑R 146): der Korinthische Krieg

Kork *der; -[e]s, -e* (Rinde der Korkeiche; Nebenform von: Korken); **Kork_brand,** ...**ei|che; 'kor|ken** (aus Kork); ²**kor|ken** (dafür häufiger: ent-, zukorken); **Kor|ken** *der; -s, -* (Stöpsel aus Kork); **Kor|ken|geld** (Entschädigung für den Wirt, wenn der Gast im Wirtshaus seinen eigenen Wein o. ä. trinkt); **Kor|ken-zie|her; Kork_geld** (Nebenform von: Korkengeld), ...**gür|tel; kor|kig;** der Wein schmeckt -; **Kork_soh|le,** ...**we|ste,** ...**zie|her** (Nebenform von: Korkenzieher)

Kor|mo|phyt *der; -en, -en* (meist *Plur.*) ↑R 197 ⟨griech.⟩ (Bot.: Sammelbezeichnung für Farn- u. Samenpflanzen)

Kor|mo|ran [österr.: *kor*...] *der; -s, -e* ⟨lat.⟩ (ein pelikanartiger Vogel)

Kor|mus *der; -* ⟨griech.⟩ (aus Wurzel u. Sproßachse bestehender Pflanzenkörper)

¹**Korn** *das;-[e]s,* Körner u. (für Getreidearten *Plur.:*) -e; ²**Korn** *das; -[e]s,* (selten:) -e (Teil der Visiereinrichtung); ³**Korn** *der; -[e]s, -* (ugs. für: Kornbranntwein); 3 -; **Korn|äh|re**

Kor|nak *der; -s, -s* ⟨singhal.⟩ ([ind.] Elefantenführer)

Korn|blu|me; korn|blu|men|blau; Korn|brannt|wein; Körn|chen, Körn|lein; **Körndl|bau|er** (österr. für: Bauer, der hauptsächlich Getreide anbaut)

Kor|nea vgl. Cornea

Kor|ne|lia, Kor|ne|lie, Kor|ne|li|us vgl. Cornelia, Cornelie, Cornelius

Kor|nel|kir|sche *die; -, -n* ⟨lat.; dt.⟩ (ein Zierstrauch)

kör|nen

Kor|ner vgl. Corner (Börsenwesen)

¹**Kör|ner** (Markierstift zum Ankörnen)

²**Kör|ner,** Theodor (dt. Dichter; österr. Bundespräsident)

Kör|ner_fres|ser, ...**fut|ter** (vgl. ¹Futter)

¹**Kor|nett** *der; -[e]s, -e u. -s* ⟨franz.⟩ (früher: Fähnrich [bei der Reiterei]); ²**Kor|nett** *das; -[e]s, -e u. -s* (ein Blechblasinstrument); **Kor-nett|ist** *der; -en, -en;* ↑R 197 (Kornettspieler)

Korn|feld; kör|nig

kor|nisch; Kor|nisch *das; -[s]* (früher in Cornwall gesprochene kelt. Sprache); vgl. Deutsch;

Kor|ni|sche *das;* -n; vgl. Deutsche *das*

Korn|kam|mer; Körn|lein, Körnchen; Korn|ra|de (ein Getreideunkraut); Korn|spei|cher; Körnung (bestimmte Größe kleiner Materialteilchen; das Körnen; Jägerspr.: Futter zur Wildfütterung; auch für: Futterplatz)

Ko|rol|la, Ko|rol|le *die;* -, ...llen ⟨griech.⟩ (Blumenkrone); Ko|rollar *das;* -s, -e u. Ko|rol|la|ri|um *das;* -s, ...ien [...*i*ᵉ*n*] ⟨Logik: Satz, der selbstverständlich aus einem bewiesenen Satz folgt⟩

Ko|ro|man|del (vorderind. Küstengebiet); Ko|ro|man|del_holz, ...küs|te *(die;* -)

¹Ko|ro|na *die;* -, ...nen ⟨griech.-lat.⟩ („Kranz", „Krone"; Heiligenschein in der Kunst; Strahlenkranz [um die Sonne]; ugs. für: [fröhliche] Runde, [Zuhörer-]kreis; auch für: Horde); ²Ko|ro|na vgl. Corona; ko|ro|nar *(die* Herzkranzgefäße betreffend); Ko|ro|nar_in|suf|fi|zi|enz, ...skle|ro|se

Kör|per *der;* -s, -; Kör|per_bau *(der;* -[e]s), ...be|herr|schung; kör|per|be|hin|dert; Kör|per|behin|der|te *der* u. *die;* -n, -n (↑ R 7 ff.); kör|per|ei|gen; -e Abwehrstoffe; Kör|per_er|zie|hung, ...fül|le, ...ge|ruch, ...ge|wicht, ...grö|ße; kör|per|haft; -este; Kör|per_hal|tung, ...kraft, ...kul|tur *(die;* -), ...län|ge; kör|per|lich; Kör|per|lich|keit *die;* -; kör|per|los; Kör|per_pfle|ge *(die;* -), ...schaft; kör|per|schaft|lich; Kör|per|schafts|steu|er, Kör|per|schaft|steu|er *die* ·(↑ R 54); Kör|per_teil *der,* ...tem|pe|ra|tur, ...ver|llet|zung, ...wär|me

Kor|po|ra *(Plur.* von: ²Korpus)

Kor|po|ral *der;* -s, -e (auch: ...äle) ⟨franz.⟩ (früher: Führer einer Korporalschaft; Unteroffizier; schweiz.: niederster Unteroffiziersgrad); Kor|po|ral|schaft (früher: Untergruppe der Kompanie für den inneren Dienst)

Kor|po|ra|ti|on [...*zion*] *die;* -, -en ⟨lat.⟩ (Körperschaft; Studentenverbindung); kor|po|ra|tiv (körperschaftlich; einheitlich; eine Studentenverbindung betreffend); kor|po|riert (einer stud. Korporation angehörend); Korps [*kor*] *das;* - [*kor(β)*], - [*korβ*] ⟨franz.⟩ (Heeresabteilung; stud. Verbindung bestimmter Art); Korps_bru|der, ...geist *(der;* -[e]s), ...stu|dent; kor|pu|lent ⟨lat.⟩ (beleibt); Kor|pu|lenz *die;* - (Beleibtheit); ¹Kor|pus *der;* -, ...pusse (Christusfigur am Kreuz; massiver Teil eines Möbels; ugs. scherzh. für: Körper);

²Kor|pus *das;* -, ...pora (eine wissenschaftl. Untersuchung zugrunde liegender Text; Musik [nur *Sing.*]: Klangkörper eines Instruments); ³Kor|pus *die;* - (veralt.: ein Schriftgrad); Korpus|kel *das;* -s, -n, (fachspr. häufig:) *die;* -, -n („Körperchen"; kleines Teilchen der Materie); Kor|pus|ku|lar|strah|len *Plur.* (Strahlen aus elektr. geladenen Teilchen); Kor|pus|ku|lar|theorie *die;* - (Theorie, nach der das Licht aus Korpuskeln besteht)

Kor|ral *der;* -s, -e ⟨span.⟩ ([Fang-]gehege für wilde Tiere; Pferch)

Kor|ra|si|on *die;*-, -en ⟨lat.⟩ (Geol.: Abschabung, Abschleifung)

Kor|re|fe|rat [auch: ...*rat*], ⟨österr.:⟩ Ko|re|fe|rat *das;*-[e]s, -e ⟨lat.⟩ (zweiter Bericht; Nebenbericht); Kor|re|fe|rent [auch: ...*rent*], ⟨österr.:⟩ Ko|re|fe|rent *der;*-en, -en; ↑R 197 (zweiter Referent; Mitgutachter); kor|re|fe|rie|ren [auch: ...*ir*ᵉ*n*], ⟨österr.:⟩ ko|re|fe|rie|ren

kor|rekt, -este ⟨lat.⟩; kor|rek|ter|wei|se; Kor|rekt|heit *die;* -; Kor|rek|ti|on [...*zion*] *die;* -, -en (veralt. für: Besserung, Verbesserung; Regelung); kor|rek|tiv (veralt. für: bessernd; zurechtweisend); Kor|rek|tiv *das;* -s, -e [...*wᵉ*] (Besserungs-, Ausgleichsmittel); Kor|rek|tor *der;* -s, ...oren (Berichtiger von Schriftabzügen); Kor|rek|to|rat *das;* -[e]s, -e (Betriebsabteilung der Korrektoren); Kor|rek|tur *die;* -, -en (Berichtigung [des Schriftsatzes], Verbesserung; Prüfabzug); Kor|rek|tur_ab|zug, ...bo|gen, ...fah|ne, ...le|sen *(das;* -s), ...vor|schrif|ten *Plur.,* ...zei|chen

kor|re|lat, kor|re|la|tiv ⟨lat.⟩ (einander wechselseitig erfordernd und bedingend); Kor|re|lat *das;* -[e]s, -e (Wort, das auf ein anderes bezogen ist; Ergänzung); Kor|re|la|ti|on [...*zion*] *die;* -, -en (Wechselbeziehung); Kor|re|la|ti|ons|rech|nung (Math.); kor|re|lie|ren

kor|re|pe|tie|ren ⟨lat.⟩ (Musik: mit jmdm. eine Gesangspartie vom Klavier aus einüben); Kor|re|pe|ti|tor (Einüber)

kor|re|spek|tiv ⟨lat.⟩ (gemeinschaftlich); -es Testament

Kor|re|spon|dent *der;* -en, -en (↑R 197) ⟨lat.⟩ (auswärtiger, fest engagierter [Zeitungs]berichterstatter; Bearbeiter des kaufmänn. Schriftwechsels); Kor|re|spon|den|tin *die;* -, -nen; Kor|re|spon|denz *die;* -, -en (Briefverkehr, -wechsel; veraltend für: Übereinstimmung); Kor|re|spon|denz|bü|ro; Kor|re|spon|denz-

kar|te ⟨österr. veraltend für: Postkarte); kor|re|spon|die|ren (im Briefverkehr stehen; übereinstimmen); korrespondierendes Mitglied (auswärtiges Mitglied einer gelehrten Gesellschaft)

Kor|ri|dor *der;* -s, -e ⟨ital.⟩ ([Wohnungs]flur, Gang; schmaler Gebietsstreifen); Kor|ri|dor|tür

Kor|ri|gend *der;* -en, -en (↑ R 197) ⟨lat.⟩ (veralt. für: [„zu bessernder"] Sträfling); Kor|ri|gen|da *Plur.* ([Druck]fehler, Fehlerverzeichnis); Kor|ri|gens *das;* -, ...gentia [...*zia*] u. ...genzien [...*i*ᵉ*n*]; meist *Plur.* (Pharm.: geschmackverbessernder Zusatz zu Arzneien); kor|ri|gie|ren (berichtigen; verbessern)

kor|ro|die|ren ⟨lat.⟩ (zerfressen, zerstören; der Korrosion unterliegen); Kor|ro|si|on *die;* -, -en (Zersetzung, Zerstörung); Kor|ro|si|ons_be|stän|dig, ...fest; Kor|ro|si|ons|schutz; kor|ro|si|on|ver|hü|tend; kor|ro|siv (zerfressend, zerstörend; durch Korrosion hervorgerufen)

kor|rum|pie|ren ⟨lat.⟩ (verderben; bestechen); Kor|rum|pie|rung; kor|rupt, -este (verderbt [von Stellen in alten Texten]); Kor|rum|pie|rung; kor|rupt, -este ([moralisch] verdorben; bestechlich); Kor|rup|ti|on [...*zion*] *die;* -, -en ([Sitten]verfall, -verderbnis; Bestechung); Kor|rup|ti|ons|skan|dal

Kor|sa|ge [...*asᵉ*ᵉ] *die;* -, -n ⟨franz.⟩ (trägerloses, versteiftes Oberteil eines Kleides)

Kor|sar *der;* -en, -en (↑ R 197) ⟨ital.⟩ (Seeräuber[schiff])

Kor|se *der;* -n, -n; ↑ R 197 (Bewohner Korsikas)

Kor|se|lett *das;* -s, -s (auch: -e) ⟨franz.⟩ (bequemes, leichtes Korsett); Kor|sett *das;* -s, -s, auch: -e (Mieder; Med.: Stützvorrichtung für die Wirbelsäule); Kor|sett_stan|ge

Kor|si|ka (Insel im Mittelmeer); vgl. Corsica; kor|sisch; der -e Eroberer (Napoleon)

Kor|so *der;* -s, -s ⟨ital.⟩ (Schaufahrt; Umzug; Straße [für das Schaufahren])

Kor|ste *die;* -, -n (westfäl. für: Endstück des Brotes)

Kor|tex *der;* -[es], ...tizes [...*zeß*] ⟨lat.⟩ (Med.: äußere Zellschicht eines Organs, bes. Hirnrinde); kor|ti|kal (den Kortex betreffend); Kor|ti|son, (fachspr.) Cor|ti|son [*k*...] *das;* -s ⟨Kunstw.⟩ (ein Hormonpräparat)

Ko|rund *der;* -[e]s, -e ⟨tamil.⟩ (ein Mineral)

Kö|rung (zu: kören)

Kor|vet|te [...*wät*ᵉ] *die;* -, -n ⟨franz.⟩

(leichtes [Segel]kriegsschiff); **Kor|vet|ten|ka|pi|tän**

Kor|vey vgl. Corvey

Ko|ry|bant *der;* -en, -en (↑R 197) ⟨griech.⟩ (Priester der Kybele); **ko|ry|ban|tisch** (wild begeistert, ausgelassen)

Ko|ry|phäe *die;* -, -n (früher auch: *der;* -n, -n) ⟨griech.⟩ (bedeutende Persönlichkeit, hervorragender Gelehrter, Künstler usw.)

Kör|zeit

Kos (Insel des Dodekanes)

Ko|sak *der;* -en, -en (↑R 197) ⟨russ.⟩ (Angehöriger der militär. organisierten Grenzbevölkerung im zarist. Rußland; leichter Reiter); **Ko|sa|ken.müt|ze, ...pferd**

Ko|sche|nil|le [...*nilj'*] *die;* -, -n ⟨span.⟩ (rote Schildlaus; nur *Sing.:* roter Farbstoff); **Ko|sche|nil|le|laus**

ko|scher ⟨jidd.⟩ (den jüd. Speisegesetzen gemäß [erlaubt]; ugs. für: einwandfrei, in Ordnung)

K.-o.-Schlag; ↑R 41 (Boxsport: Niederschlag)

Koś|ciusz|ko [*koschtschuschko*] (poln. Nationalheld)

Ko|se|form

Ko|se|kans *der;* -, - (auch: ...anten) ⟨lat.⟩ (Seitenverhältnis im Dreieck; Zeichen: cosec)

ko|sen; du kost (kosest); du kostest; er koste; gekost; **Ko|se_na- me, ...wort** (*Plur.* ...wörter, auch: ...worte)

K.-o.-Sie|ger; ↑R 141

Ko|si|ma vgl. Cosima

Ko|si|nus *der;* -, - u. -se ⟨lat.⟩ (Seitenverhältnis im Dreieck; Zeichen: cos)

Kos|me|tik *die;* - ⟨griech.⟩ (Schönheitspflege); **Kos|me|ti|ke|rin** *die;* -, -nen; **Kos|me|tik_in|du- strie, ...sa||on, ...ta|sche; Kos- me|ti|kum** *das;* -s, ...ka (Schönheitsmittel); **kos|me|tisch;** -e Chirurgie; -es Mittel

kos|misch ⟨griech.⟩ (im Kosmos; das Weltall betreffend; All...); -e Strahlung; **Kos|mo|bio|lo|gie** (Lehre von den außerird. Einflüssen auf die Gesamtheit der Lebenserscheinungen); **Kos|mo- drom** *das;* -s, -e ⟨griech.-russ.⟩ (Startplatz für Raumschiffe); **Kos|mo|go|nie** *die;* -, ...ien ⟨griech.⟩ (Weltentstehungslehre); **kos|mo|go|nisch; Kos|mo|gra- phie** *die;* -, ...ien (veralt. für: Weltbeschreibung); **Kos|mo|lo- gie** *die;* -, ...ien (Lehre vom Welt, bes. ihrer Entstehung); **kos|mo|lo|gisch; Kos|mo|naut** *der;* -en, -en (↑R 197) ⟨griech.- russ.⟩ (Weltraumfahrer); **Kos- mo|nau|tik** *die;* -; **Kos|mo|nau|tin** *die;* -, -nen; **Kos|mo|po|lit** *der;* -en, -en (↑R 197) ⟨griech.⟩ (Welt-

bürger); **kos|mo|po|li|tisch; Kos- mo|po|li|tis|mus** *der;* - (Weltbürgertum); **Kos|mos** *der;* - (Weltall, Weltordnung); **Kos|mo|the|is- mus** *der;* - (philos. Anschauung, die Gott und die Welt als Einheit begreift); **Kos|mo|tron** [auch: ...*tron*] *das;* -s, ...trone, auch: -s (Kernphysik: Teilchenbeschleuniger)

Kos|sat, Kos|sa|te, Kos|sä|te *der;* ...ten, ...ten; ↑R 197 (niederd. für: Häusler, Kätner)

Kos|suth [*koschut*] (ung. Nationalheld)

Kos|sy|gin (sowjetischer Politiker)

Kost *die;* -

ko|stal ⟨lat.⟩ (Med.: zu den Rippen gehörend)

Kos|ta|ri|ka usw. (eindeutschend für: Costa Rica usw.)

kost|bar; Kost|bar|keit

¹**ko|sten** (schmecken)

²**ko|sten** ⟨lat.⟩ (wert sein); es kostet mich viel [Geld], nichts, hundert Mark, große Mühe; das kostet ihn od. ihm die Stellung; **Ko|sten** *Plur.;* auf - des ... od. von ...; **Ko- sten_an|schlag, ...be|rech|nung, ...dämp|fung, ...deckung** [*Trenn.:* ...dek|kend], **Ko|sten- _ent|wick|lung, ...er|stat|tung, ...ex|plo|si|on, ...fest|set|zung, ...fra|ge; ko|sten_frei, ...gün|stig, ...in|ten|siv, ...los; Ko|sten|mie- te; ko|sten|neu|tral; Ko|sten- Nut|zen-Ana|ly|se; ko|sten- pflich|tig; Ko|sten_punkt, ...sen- kung; ko|sten|spa|rend; Ko|sten- _stei|ge|rung, ...vor|an|schlag**

Kost_gän|ger, ...ge|ber, ...geld

köst|lich; Köst|lich|keit

Kost|pro|be

Kost|spie|lig; Kost|spie|lig|keit *die;* -

Ko|stüm *das;* -s, -e ⟨franz.⟩; **Ko- stüm_bild|ner, ...fest, ...film, ...fun|dus, ...ge|schich|te; ko|stü- mie|ren;** sich - ([ver]kleiden); **Ko- stü|mie|rung; Ko|stüm|ver|leih**

Kost|ver|äch|ter

K.-o.-Sy|stem (Austragungsmodus sportl. Wettkämpfe, bei dem der jeweils Unterliegende aus dem Wettbewerb ausscheidet)

Kot *der;* -[e]s, (selten:) -e u. -s

Ko|tan|gens *der;* -, - ⟨lat.⟩ (Seitenverhältnis im Dreieck; Zeichen: cot, cotg, ctg)

Ko|tau *der;* -s, -s ⟨chin.⟩ (demütige Ehrerweisung); - machen

¹**Ko|te** *die;* -, -n ⟨franz.⟩ (Geländepunkt [einer Karte], dessen Höhenlage genau vermessen ist)

²**Ko|te** *die;* -, -n ⟨niederd. für: kleines Haus⟩

³**Ko|te** *die;* -, -n ⟨finn.⟩ (Lappenzelt)

Kö|te *die;* -, -n (hintere Seite der Zehe bei Rindern u. Pferden)

Kö|tel *der;* -s, -s (nordd. für: Kotklümpchen)

Ko|te|lett *das;* -s, -s (selten: -e) ⟨franz.⟩ („Rippchen"; Rippenstück); **Ko|te||et|ten** *Plur.* (Backenbart)

Köl|ten|ge||enk (Fesselgelenk)

Ko|ten|ta|fel (Höhentafel)

Köl|ter *der;* -s, - (verächtlich für: Hund)

Kö|te|rei (niederd. veralt. für: kleines Landgut)

Ko|te|rie *die;* -, ...ien ⟨franz.⟩ (veralt. für: Kaste; Klüngel)

Kot|flü|gel

Kö|then (Stadt südwestl. von Dessau); **Kö|the|ner** (↑R 147)

Ko|thurn *der;* -s, -e ⟨griech.⟩ (Bühnenschuh der Schauspieler im antiken Trauerspiel mit hoher Sohle); auf hohem - einhergehen (veralt. für: hochtrabend reden)

ko|tie|ren ⟨franz.⟩ (Kaufmannsspr.: in Wertpapier an der Börse zulassen; veralt. für: Höhen messen); **Ko|tie|rung**

ko|tig

Ko|til|lon [*kotiljong,* auch: *kotiljong*] *der;* -s, -s ⟨franz.⟩ (Gesellschaftsspiel in Tanzform)

Köt|ner (niederd.; svw. Kätner)

Ko|to *das;* -s, -s od. *die;* -, -s ⟨jap.⟩ (zitherähnliches jap. Musikinstrument)

Ko|ton [...*tong*] *der;* -s, -s ⟨arab.- franz.⟩ (selten für: Baumwolle); vgl. auch: Cotton; **ko|to|ni|sie- ren** (Chemie: Bastfasern die Beschaffenheit von Baumwolle geben); **Ko|to|ni|sie|rung**

Ko|tor, (auch:) **Cat|ta|ro** (jugoslaw. Stadt)

Ko|to|rin|de (indian.; dt.) (früher ein Heilmittel)

Kot_saß od. **...sas|se** (niederd.; svw. Kötner)

Ko|tschin|chi|na („Kleinchina"; alte Bez. des Südteils von Vietnam); **Ko|tschin|chi|na|huhn**

Kott|bus vgl. Cottbus

Köt|ten vgl. ²Kote; **Köt|ter** *der;* -s, - (niederd. für: elende Hütte, Hundehütte; österr. für: Arrest); **Köt|ter** (mdal. für: Inhaber einer ²Kote)

Ko|ty|le|do|ne *die;* -, -n; meist *Plur.* ⟨griech.⟩ (Zotte der tierischen Embryohülle; Pflanzl. Keimblatt); **Ko|ty|lo|sau|ri|er** (ausgestorbene eidechsenähnliche Kriechtier)

Kotz|brocken [*Trenn.:* ...ok|k...] (derb: widerwärtiger Mensch)

¹**Kot|ze** *die;* -, -n (landsch. für: wollene Decke, Wollzeug; wollener Umhang); vgl. Kotzen

²**Kot|ze** *die;* - (derb für: Erbrochenes)

Köt|ze *die;* -, -n (mitteld. für: Rückentragkorb)

Kot|ze|bue [...bu] (dt. Schriftsteller)

kot|zen (derb für: sich übergeben); du kotzt (kotzest)

Kot|zen der; -s, - (Nebenform von: ¹Kotze); **kot|zen|grob** (landsch. für: sehr grob)

Köt|zer der; -s, - (svw. Kops)

kot|ze|rig (derb für: zum Erbrechen übel); **kotz_jäm|mer|lich, ...lang|wei|lig, ...übel** (derb)

Ko|va|ri|an|ten|phä|no|men ⟨lat.; griech.⟩ (Psych.: Täuschung der Raum-, Tiefenwahrnehmung)

Kox|al|gie die; -, ...ien ⟨lat.; griech.⟩ (Med.: Hüftgelenkschmerz); **Ko|xi|tis** die; -, ...iti|den ⟨lat.⟩ (Med.: Hüftgelenkentzündung)

Ko|zy|tus vgl. Kokytos

kp = Kilopond

KPD = Kommunistische Partei Deutschlands (als verfassungswidrig verboten)

kpm = Kilopondmeter

kr = Krone (Münzeinheit)

Kr = chem. Zeichen für: Krypton

Kr., Krs. = Kreis

Kraal vgl. Kral

Krab|be die; -, -n (ein Krebs, eine Garnele; Bauw.: Steinblume an Giebeln usw.; ugs. für: Kind, junges Mädchen); **Krab|bel|al|ter; Krab|bel|lei** (ugs.); **krab|be|lig,** krabbllig (ugs.); **Krab|bel|kind; krab|beln** (ugs. für: sich kriechend fortbewegen; kitzeln; jucken); ich ...[e]le (↑R 22); es kribbelt u. krabbelt; vgl. aber: grabbeln

krab|ben ([Geweben] Glätte u. Glanz verleihen)

Krab|ben_fi|scher, ...kut|ter

krabb|lig, krab|be|lig (ugs.)

krach!; Krach der; -[e]s (auch ugs. für: Streit [Plur. Kräche]); mit Ach und - (mit Müh und Not); - schlagen; **kra|chen; Kra|chen** der; -s, Krächen (schweiz. für: Schlucht, Tälchen; abgelegener Wohnort); **Kra|cher;** alter - (ugs. für: gebrechlicher Mann); **Kra|cherl** die; -s, -n (österr., bayr. für: Brauselimonade); **kra|chig; Krach|le|der|ne** die; -n, -n (bayr. für: kurze Lederhose); **Krach|man|del; krä|ch|zen;** du krächzt (krächzest); **Kräch|zer** (ugs. für: gekrächzter Laut; scherzh. für: Mensch, der heiser, rauh spricht)

Kracke¹ die; -, -n (niederd. u. mitteld. für: altes Pferd)

kracken¹ [engl. Ausspr.: kräk'n] ⟨engl.⟩ (Schweröle in Leichtöle umwandeln); **Kräcker¹** der; -s, - vgl. Cracker; **Krackung¹; Krack|ver|fah|ren** (chem. Spaltverfahren)

Krad das; -[e]s, Kräder ([bes. bei Militär u. Polizei] Kurzform für: Kraftrad); **Krad_fah|rer, ...mel|der, ...schüt|ze**

kraft (↑R 62); mit Gen. - meines Wortes; ¹**Kraft** die; -, Kräfte; in - treten, das in - getretene Gesetz, aber (↑R 68): das Inkrafttreten; außer - setzen; ²**Kraft** (m. Vorn.); **Kraft_akt, ...an|stren|gung, ...auf|wand, ...aus|druck, ...brü|he, ...drosch|ke; Kräf|te_paar** (Physik), **...par|al|le|lo|gramm** (Physik); **kraft|er|füllt; Kräf|te|ver|hält|nis; Kraft|fah|rer; Kraft|fah|rer|gruß;** deutscher - (ugs. iron.); **Kraft|fahr|zeug** (Abk.: Kfz); **Kraft|fahr|zeug-brief; Kraft|fahr|zeug-Haft-pflicht|ver|si|che|rung** (↑R 34); **Kraft|fahr|zeug_hal|ter, ...in-stand|set|zung, ...re|pa|ra|tur-werk|statt, ...schein, ...steu|er** die, ...ver|si|che|rung; **Kraft_feld, ...fut|ter; kräf|tig; kräf|ti|gen; Kräf|tig|keit** die; - (veralt.); **kräf-tig|lich** (veralt.); **Kräf|ti|gung; Kräf|ti|gungs|mit|tel** das; **kraft-los, -este; kraft- und saftlos** (↑R 32); **Kraft|los|er|klä|rung; Kraft|lo|sig|keit** die; -; **Kraft-_mei|er** (ugs.: jmd., der mit seiner Kraft protzt), **...mei|e|rei, ...post, ...pro|be, ...protz,** ...rad (Kurzform: Krad), **...sport, ...stoff; Kraft|stoff_pum|pe, ...ver-brauch, ...strom; kraft|strot-zend; Kraft_ver|geu|dung, ...ver-kehr; kraft|voll; Kraft_wa|gen, ...werk, ...wort** (Plur. ...worte u. ...wörter)

Kra|ge die; -, -n (für: Konsole); **Krä|gel|chen, Krä|ge|lein, Kräg-lein; Kra|gen** der; -s, - (südd., österr. u. schweiz. auch: Krägen); **Kra|gen_bär, ...knopf, ...num|mer, ...wei|te; Krag_stein** (vorspringender, als Träger verwendeter Stein), **...trä|ger** (für: Konsole)

Krä|he die; -, -n; **krä|hen; Krä-hen|fü|ße** (Plur.; ugs. für: Fältchen in den Augenwinkeln; unleserlich gekritzelte Schrift; auf die Straße gestreute Eisenspitzen, die die Reifen von folgenden Fahrzeugen beschädigen sollen); **Krä|hen|nest** (auch für: Ausguck am Schiffsmast)

Krähl der; -[e]s, -e (Bergmannsspr.: besonderer Rechen); **kräh|len**

Kräh|win|kel das; -s, - ⟨nach dem Ortsnamen in Kotzebues „Kleinstädtern"⟩ (Inbegriff kleinstädtischer Beschränktheit); **Kräh|win-ke|lei; Kräh|winkler** (↑R 147)

Kraich|gau der; -[e]s (Hügelland zwischen Odenwald u. Schwarzwald); **Kraich|gau|er** (↑R 147)

Krain (Westteil von Slowenien)

Krai|ner (österr. Politiker)

Kra|ka|tau (vulkanische Insel zwischen Sumatra u. Java)

Kra|kau (Stadt in Polen); **Kra-kau|er** die; -, - (eine Art Plockwurst)

Kra|ke der; -n, -n (↑R 197) (norw.) (Riesentintenfisch; sagenhaftes Seeungeheuer)

Kra|keel der; -s (ugs. für: Lärm; Streit; Unruhe); **kra|kee|len** (ugs.); er hat krakeelt; **kra|kee-ler** (ugs.); **Kra|kee|le|rei**

Kra|kel der; -s, - (ugs.: schwer leserliches Schriftzeichen)

Kra|ke|lee (eindeutschend für: Craquelé)

Kra|ke|lei; Kra|kel|fuß meist Plur. (ugs. für: krakeliges Schriftzeichen); **kra|ke|lig, krak|lig** (ugs.); **kra|keln** (ugs.); ich ...[e]le (↑R 22)

Kra|ko|wi|ak der; -s, -s ⟨poln.⟩ (poln. Nationaltanz)

Kral der; -s, -e ⟨port.-afrikaans⟩ (Runddorf afrik. Stämme)

Kräll|chen; Kräl|le die; -, -n; **kral-len** (mit den Krallen zufassen; ugs. für: unerlaubt wegnehmen); **Kräl|len_af|fe, ...frosch; kräl|lig**

Kram der; -[e]s

Kram|bam|bu|li der; -[s], -[s] (Studentenspr.: Danziger Branntwein; auch Bez. für best. alkoholische Mixgetränke)

kra|men (ugs. für: durchsuchen; aufräumen); **Krä|mer** (veralt., aber noch landsch. für: Kleinhändler); **Kra|me|rei, ¹Krä|me|rei** ⟨zu: kramen⟩; ²**Krä|me|rei** (veralt., aber noch landsch. für: Kramladen); **Krä|mer_geist** der; -[e]s; **krä|mer|haft; Krä|me|rin** die; -, -nen (veralt.); **Krä|mer_la-tein** (veralt., noch mdal. für: Kauderwelsch, Händlersprache), **...see|le** (kleinlicher Mensch); **Kram|la|den** (abwertend); **Kram|markt**

Kram|mets|vo|gel (mdal. für: Wacholderdrossel)

Kram|pe die; -, -n (U-förmig gebogener Metallhaken); **kram|pen** (anklammern); **Kram|pen** der; -s, - (Nebenform von: Krampe; bayr., österr. für: Spitzhacke)

Krampf der; -[e]s, Krämpfe; **Krampf_ader; Krampf|ader|bil-dung; krampf|ar|tig; kramp|fen;** sich -; **krampf|haft; Krampf|hu-sten** (Keuchhusten); **kramp|fig; krampf|still|end**

¹**Kram|pus** der; -, ...pi (Med.: Muskelkrampf)

²**Kram|pus** der; - u. -ses, -se (österr. für: Begleiter des Sankt Nikolaus; Knecht Ruprecht)

Kra|mu|ri die; - (österr. ugs. für: Kram, Gerümpel)

Kran der; -[e]s, Kräne u. (fachspr.)

---

¹ *Trenn.:* ...k|k...

Krane (Hebevorrichtung; mdal. für: Zapfen, Zapfröhre, Wasserhahn); **kran|bar** (was gekrant werden kann); **Krän|chen** (mdal. für: Zapfen; auch: das Gezapfte); Emser- (ein Brunnenwasser); **kra|nen** (mit dem Kran transportieren) **Kra|ne|wit|ter** der; -s, - (österr. für: Wacholderschnaps) **Kran|füh|rer** **Kran|gel** die; -, -n (Bergsteigen: verdrehte Stelle im Seil); **kran|geln;** das Seil krangelt; **krän|gen** (Seemannsspr.: sich seitwärts neigen [vom Schiff]); **Krän|gung** **kra|ni|al** ⟨griech.⟩ (Med.: den Schädel betreffend, Schädel...) **Kra|nich** der; -s, -e (ein Sumpfvogel) **Kra|nio|klast** der; -en, -en (↑ R 197) ⟨griech.⟩ (Med.: chirurg. Werkzeug); **Kra|nio|lo|gie** die; - (Schädellehre); **Kra|nio|me|trie** die; -, ...ien (Schädelmessung); **Kra|nio|te** der; -n, -n; meist Plur. (Wirbeltier mit Schädel); **Kra|nio|to|mie** die; -, ...ien (Med.: Schädelöffnung) **krank;** kränker, kränkste. Schreibung in Verbindung mit Verben (↑ R 205 f.): **I.** Getrenntschreibung: - sein, werden, liegen; sich - fühlen, stellen; jmdn. - schreiben; sich - melden. **II.** Zusammenschreibung: vgl. krankfeiern, krankmachen, krankschießen; **Kran|ke** der u. die; -n, -n (↑ R 7 ff.); **krän|keln;** ich ...[e]le (↑ R 22); **kran|ken** (krank sein); **krän|ken** (betrüben); **krän|kend;** -ste; **Kran|ken_an|stalt,** ...be|richt, ...bes|such, ...bett, ...blatt, ...geld, ...ge|schich|te, ...gut (das; -[e]s; bestimmte Anzahl untersuchter Patienten), ...gym|na|stik, ...gym|na|stin, ...haus, ...kas|se, ...la|ger, ...pfle|ge, ...pfle|ger, ...pfle|ge|rin, ...sal|bung (kath. Sakrament), ...schein, ...schwe|ster, ...transport; **kran|ken|ver|si|chern; kran|ken|ver|si|che|rungs|pflich|tig; Kran|ken_wa|gen,** ...zim|mer; **krank|fei|ern;** ↑ R 205 (ugs. für: der Arbeit fernbleiben, ohne ernstlich krank zu sein; landsch. für: arbeitsunfähig sein); er hat gestern krankgefeiert; **krank|haft; krank|haf|tig|keit** die; -; **Krank|heit; Krank|heits|bild; Krank|heits|er|re|gend; Krank|heits|er|re|ger; krank|heits|hal|ber; krank|la|chen,** sich (ugs. für: heftig lachen); er hat sich krankgelacht; **krank|lich; Kränk|lich|keit** die; -; **krank|ma|chen;** ↑ R 205 (sww. krankfeiern); er hat krankgemacht; **aber:** die

Angst hat ihn krank gemacht; **Krank|mel|dung; krank|schie|ßen;** ↑ R 205 (Jägerspr.: anschießen); er hat das Reh krankgeschossen; **Krän|kung** **Kran_wa|gen,** ...win|de **Kranz** der; -es, Kränze; **Kränzchen, Kränz|lein; krän|zen** (dafür häufiger: bekränzen); du kränzt (kränzest); **Kranz_ge|fäß** (Med.), ...geld (Rechtsspr.), ...ge|sims, ...jung|fer (landsch. für: Brautjungfer), ...ku|chen; **Kranzl|jung|fer** (bayr., österr. für: Brautjungfer); **Kranz|nie|der|le|gung** **Kräpf|chen; Kräp|fel** der; -s, - (südd. für: Krapfen); vgl. Kräppel; **Krap|fen** der; -s, - (Gebäck); **Kräpf|lein** **Krapp** der; -[e]s ⟨niederl.⟩ (Färberpflanze) **Kräp|pel** der; -s, - (mitteld. für: Krapfen) **krap|pen** vgl. krabben **Kra|se** die; -, -n (seltener für: Krasis); **Kra|sis** die; -, Krasen ⟨griech.⟩ (Zusammenziehung zweier Wörter in eins) **kraß;** krasser, krasseste (ungewöhnlich; scharf; grell); krasser Fall (unerhörter Fall); **Kraß|heit** **¹Kra|ter** der; -s, -e ⟨griech.⟩ (altgriech. Krug); **²Kra|ter** der; -s, - (Vulkanöffnung; Abgrund); **Kra|ter_land|schaft,** ...see der **Kratt** das; -s, -e (niederd. für: Eichengestrüpp) **Krät|ten** (schweiz. nur so), **Krät|ten** der; -s, - (südd. u. schweiz. mdal. für: [kleiner] Korb) **Kratz** der; -es, -e (mdal. für: Schramme); **Kratz_band** das (Bergmannsspr.), ...bee|re (mdal. meist für: Brombeere), ...bür|ste; **kratz|bür|stig** (widerspenstig); **Kratz|bür|stig|keit; Krätz|chen** (Soldatenspr.: Feldmütze); **Krat|ze** die; -, -n (ein Werkzeug) **¹Krät|ze** die; -, -n (südd. für: Korb) **²Krät|ze** die; -, - (Hautkrankheit; metallhaltiger Abfall); **Krätz|ei|sen; krat|zen;** du kratzt (kratzest); **Krätz|en|kraut** das; -[e]s; **Krat|zer** (ugs. für: Schramme; Biol.: Eingeweidewurm); **Krätz|zer** (saurer Wein, gärender Weinmost); **Kratz|fuß** (iron. für: übertriebene Verbeugung); **kratz|ig; Krätz|mil|be; Kratz_putz** (für: Sgraffito), ...spur **Kräu|el** der; -s, - (landsch. für: Haken, Kratze; Kralle [Werkzeug]); **kräu|eln** (selten); ich ...[e]le (↑ R 22); vgl. ²kraulen) **kräu|en** (mit den Fingerkuppen sanft kratzen) **Kraul** das; -[s] ⟨engl.⟩ (Schwimmstil); **¹krau|len** (im Kraulstil schwimmen)

²krau|len (zart krauen) **Krau|ler; Kraul_schwim|men** (das; -s), ...schwim|mer, ...sprint, ...staf|fel **kraus;** -este **Kraus,** Karl (österr. Schriftsteller); **Krau|se** die; -, -n; **Kräu|sel_band,** ...garn, ...krank|heit (Pflanzenkrankheit), ...krepp; **kräu|seln;** ich ...[e]le (↑ R 22); **Kräu|se|lung; Kräu|se|min|ze** (eine Heil- u. Gewürzpflanze); **kräu|sen;** du kraust (krausest); er krau|ste; sich -; **Kraus|haar; kraus|haa|rig; Kraus|kopf; kraus|köp|fig** **Krauss,** Clemens (österr. Dirigent) **Kraut** das; -[e]s, Kräuter (südd., österr. Sing. auch für: Kohl); **kraut|ar|tig; Kräut|chen, Kräut|lein; krau|ten** (mdal. für: Unkraut jäten); **Krau|ter** (veralt. für: Krautgärtner; heute noch abschätzig); **Kräu|ter** (Plur. von Kraut; Gewürz- und Heilpflanzen); **Kräu|ter_buch,** ...but|ter, ...kä|se, ...li|kör, ...tee; **Kraut_fäu|le** (Kartoffelkrankheit), ...gar|ten (Gemüsegarten), ...gärt|ner (Gemüsegärtner), ...häup|tel (österr. für: Kraut-, Kohlkopf); **Kräu|ticht** das; -s, -e (veralt. für: Bohnen-, Kartoffelkraut usw. nach der Ernte); **krau|tig** (krautartig); **Kraut|kopf** (südd., österr. für: Kohlkopf); **Kräut|lein,** Krätzl|chen; **Kräut|lein Rühr|mich|nicht|an** das; -s -, - -; **Kräut|ler** (österr. veralt. für: Gemüsehändler); **Kraut|stie|le** Plur. (schweiz. für: Mangoldrippen [als Gemüse]); **Kraut|wickel** [Trenn. ...ik|k...] (südd., österr. für: Kohlroulade) **Kra|wall** der; -s, -e (Aufruhr; Lärm); **Kra|wall|ma|cher** **Kra|wat|te** die; -, -n ⟨nach dem franz. Namen der Kroaten⟩ ([Hals]binde, Schlips; im Ringkampf: verbotener drosselnder Halsgriff); **Kra|wat|ten|na|del** **Kra|weel|be|plan|kung,** Kar|weel|be|plan|kung (von: Karavelle); **kra|weel|ge|baut,** kar|weel|ge|baut; -es Boot (mit aneinanderstoßenden Planken) **Kra|xe** die; -, -n (bayr., österr. für: Rückentrage); **Kra|xel|lei** (ugs.); **kra|xeln** (ugs. für: mühsam steigen; klettern); ich ...[e]le (↑ R 22); **Krax|ler** **Kray|lon** [kräjõ] der; -s, -s ⟨franz.⟩ (veralt. für: Blei-, Kreidestift); **Kray|lon|ma|nier** der; - (ein Radierverfahren) **Krä|ze** die; -, -n (schweiz. mdal. für: Rückentragkorb); vgl. ¹Krätze **Kre|as** das; - ⟨span.⟩ (ungebleichte Leinwand)

Krea|tin das; -s ⟨griech.⟩ (Stoffwechselprodukt des Eiweißes im Muskelsaft der Wirbeltiere u. des Menschen)

Krea|ti|on¹ [...zion] die; -, -en ⟨lat.(-franz.)⟩ (Modeschöpfung; veralt. für: Wahl; Erschaffung); **krea|tiv¹** (schöpferisch); **Krea|ti|vi|tät¹** [...wi...] die; - (das Schöpferische, Schöpfungskraft); **Krea|ti|vi|täts¹|test**, ...trai|ning; **Krea|tiv|ur|laub¹** (Urlaub, in dem man eine künstlerische Tätigkeit erlernt od. ausübt); **Krea|tur¹** die; -, -en ⟨lat.⟩ (Lebewesen, Geschöpf; gehorsames Werkzeug); **krea|tür|lich¹**; **Krea|tür|lich|keit¹** die; -

¹Krebs der; -es, -e (Krebstier); **²Krebs** der; -es, -e (für Krebsarten Plur.:) -e (bösartige Geschwulst); **krebs|ar|tig; kreb|sen** (Krebse fangen; ugs.: sich mühsam bewegen; erfolglos bleiben); du krebst (krebsest); **krebs.er|re|gend, ...er|zeu|gend** (für: karzinogen); **Krebs.for|schung, ...früh|er|ken|nung, ...gang** (der; -[e]s), **...ge|schwulst, ...ge|schwür; krebs|sig; krebs.krank, ...rot; Krebs.scha|den, ...sup|pe, ...übel, ...vor|sor|ge, ...zel|le**

Kre|denz die; -, -en ⟨ital.⟩ (Anrichtetisch od. -schrank); **kre|den|zen** ([ein Getränk] feierlich anbieten, darreichen, einschenken); du kredenzt (kredenzest); er hat kredenzt; **Kre|denz|tisch; ¹Kre|dit** der; -[e]s, -e ⟨franz.⟩ (befristet zur Verfügung gestellter Geldbetrag; nur Sing.: Zahlungsaufschub; Vertrauenswürdigkeit in bezug auf Zahlungsfähigkeit u. Zahlungsbereitschaft; übertr. für: Glaubwürdigkeit); auf - (auf Borg); **²Kre|dit** das; -s, -s ⟨lat.⟩ („Haben" [im Geschäftsbuch]; die rechte Seite, Habenseite eines Kontos); **Kre|dit.an|stalt, ...bank** (Plur. ...banken), **...brief, ...bü|ro, ...ge|ber, ...ge|nos|sen|schaft, ...hil|fe; kre|di|tie|ren** (franz.) (Kredit gewähren, vorschießen; einem Schuldner einen Betrag - od. einen Schuldner für einen Betrag -); **Kre|di|tie|rung; Kre|dit.in|sti|tut, ...kar|te, ...kauf, ...markt, ...neh|mer; Kre|di|tor** [österr.: ...di...] der; -s, ...oren ⟨lat.⟩ (Kreditgeber, Gläubiger); **Kre|di|to|ren|kon|to; kre|dit|wür|dig; Kre|dit|wür|dig|keit** die; -; **Kre|do** das; -s, -s ⟨lat. („ich glaube"; Glaubensbekenntnis)

Kre|feld (Stadt in Nordrhein-Westfalen); **Kre|fel|der** (↑R 147) **kre|gel** (bes. nordd. für: gesund, munter)

Krehl der; -s, -e (Gerät zum Jäten); vgl. aber: Krähl

Krei|de die; -, -n; untere, obere - (Geol.); **krei|de|bleich; Krei|de.fel|sen, ...for|ma|ti|on** (Geol.), **...kü|ste; krei|den** (veralt. für: mit Kreide bestreichen); **Krei|de|strich; krei|de|weiß; Krei|de|zeich|nung; krei|dig**

kre|ie|ren ⟨lat.(-franz.)⟩ ([er]schaffen; erstmals herausbringen od. darstellen); **Kre|ie|rung**

Kreis der; -es, -e (auch für: Verwaltungsgebiet; Abk.: Kr., auch: Krs.); **Kreis.ab|schnitt, ...amt, ...arzt, ...bahn, ...be|we|gung, ...bo|gen**

krei|schen; du kreischst (kreischest), er kreischt; du kreischtest (veralt., aber noch mdal.: krischst); gekreischt (veralt., aber noch mdal.: gekrischen); kreisch[e]!

Krei|sel der; -s, -; **Krei|sel.kom|paß, ...lüf|ter** (für: Turboventilator); **krei|seln; ich ...[e]le (↑ R 22); Krei|sel|pum|pe, ...ver|dich|ter** (für: Turbokompressor); **krei|sen; du** kreist (kreisest); er kreiste; vgl. aber: kreißen; **Krei|ser** (Jägerspr.: jmd., der bei Neuschnee Wild ausmacht); **kreis|för|mig; kreis|frei; -e Stadt Krei|sky** (österr. Politiker)

Kreis|lauf; Kreis|läu|fer (Handball); **Kreis|lauf.kol|laps, ...mit|tel** das, **...stö|rung; kreis|rund; Kreis|sä|ge**

krei|ßen (in Geburtswehen liegen); du kreißt (kreißest); vgl. aber: kreisen; **Krei|ßen|de** die; -n, -n (↑ R 7 ff.); **Kreiß|saal** (Entbindungsraum im Krankenhaus)

Kreis.stadt, ...tag, ...um|fang, ...ver|kehr, ...wehr|er|satz|amt

Krem die; -, -s, ugs. auch: der; -s, -e od. -s (feine [schaumige] Süßspeise; seltener für: Hautsalbe); vgl. auch: Creme

Kre|ma|ti|on [...zion] die; -, -en ⟨lat.⟩ (Einäscherung [von Leichen]); **Kre|ma|to|ri|um** das; -s, ...ien [...i°n] (Einäscherungshalle); **kre|mie|ren** (schweiz., sonst veralt. für: Krem)

kre|mig (zu: Krem)

Kreml [auch: kräm'l] der; -[s], - ⟨russ.⟩ (burgartiger Stadtteil in russ. Städten, bes. Moskau; nur Sing. übertr. für: Regierung der UdSSR)

Krem|pe die; -, -n ⟨zu: Krampe⟩ ([Hut]rand)

¹Krem|pel der; -s (ugs. für: [Trödel]kram)

²Krem|pel die; -, -n (Auflockerungsmaschine); **¹krem|peln** (Faserbüschel auflockern); ich ...[e]le (↑ R 22)

²krem|peln ([nach oben] umschla-

gen); ich ...[e]le (↑ R 22); **krem|pen** (veralt. für: ²krempeln)

Kremp|ling (ein Pilz)

Krems an der Do|nau (österr. Stadt)

Krem|ser der; -s, - ⟨nach dem Berliner Fuhrunternehmer Kremser⟩ (offener Wagen mit Verdeck)

Krem|ser Weiß das; - -[es] (Bleiweiß)

Kren der; -[e]s ⟨slaw.⟩ (südd., österr. für: Meerrettich)

Kre|nek [krschänäk] (österr. Komponist)

Kren|gel der; -s, - (Nebenform von: Kringel; mdal. für: Brezel); **kren|geln, sich** (mdal. für: sich winden, sich herumdrücken; umherschlendern); ich ...[e]le mich (↑ R 22)

kren|gen usw. (Nebenform von: krängen usw.)

Kreo|le der; -n, -n (↑ R 197) ⟨franz.⟩ (in Mittel- u. Südamerika urspr. Abkömmling roman. Einwanderer; teilweise auch: Farbiger); **Kreo|lin** die; -, -nen

Kreo|pha|ge der; -n, -n (↑ R 197) ⟨griech.⟩ (svw. Karnivore); **Kreo|sot** das; -[e]s (ein Räucher- u. Arzneimittel)

kre|pie|ren ⟨ital.⟩ (bersten, platzen, zerspringen [von Sprenggeschossen]; derb für: verenden); **Kre|pi|ta|ti|on** [...zion] die; -, -en ⟨lat.⟩ (Med.: Reiben u. Knirschen [bei Knochenbrüchen usw.])

Krepp der; -s, -s u. -e ⟨franz.⟩ (krauses Gewebe); **Krepp|pa|pier** [Trenn.: Krepp|pa..., ↑ R 204]; **krepp|ar|tig; krep|pen** (zu Krepp, Kreppapier verarbeiten); **Krepp.flor, ...gum|mi, ...soh|le**

Kre|scen|do vgl. Crescendo

Kre|sol das; -s (ein Desinfektionsmittel)

¹Kres|se die; -, -n (Name verschiedener Pflanzen)

²Kres|se der; -, -n (landsch. für: Gründling); **Kreß|ling** (landsch. sww. ²Kresse)

Kres|zen|tia [...zia] (w. Vorn.); **¹Kres|zenz** die; -, -en ⟨lat.⟩ („Wachstum"; Herkunft [edler Weine]; veralt. für: Ertrag); **²Kres|zenz** (w. Vorn.)

Kre|ta (griech. Insel)

kre|ta|ze|isch, kre|ta|zisch ⟨lat.⟩ (zur Kreideformation gehörend); -e Formation (Kreideschicht)

Kre|te die; -, -n (schweiz. für: Geländekamm, -grat)

Kre|ter der; -s, - (Bewohner Kretas)

Kre|thi und Ple|thi Plur., auch Sing., ohne Artikel ⟨nach den „Kretern und Philistern" in Davids Leibwache (gemischte Gesellschaft, allerlei Gesindel); - - -

---

¹ Vgl. R 180.

war[en] da; mit - - - verkehren; **Kre|ti|kus** *der;* -, ...zi ⟨griech.⟩ (ein antiker Versfuß)

Kre|tin [...*täng*] *der;* -s, -s ⟨franz.⟩ (Schwachsinniger); **Kre|ti|nis|mus** *der;* - (Med.); **kre|ti|no|id** (Med.: kretinartig)

kre|tisch (von Kreta); **Kre|ti|zi** (*Plur.* von: Kretikus)

Kre|ton *der;* -s, -e (österr. für: Cretonne); **Kre|ton|ne** (eindeutschend für: Cretonne)

Kret|scham, Kret|schem *der;* -s, -e ⟨slaw.⟩ (ostmitteld. für: Schenke); **Kret|sch|mer** *der;* -s, - (ostmitteld. für: Wirt)

kreuchst (veralt. für: kriechst); **kreucht** (veralt. für: kriecht); was da kreucht u. fleugt

Kreut|zer|so|na|te *die;* - (von Beethoven dem franz. Geiger R. Kreutzer gewidmet); ↑R 135

Kreuz *das;* -es, -e ⟨lat.⟩; (↑R 157:) das Blaue, Rote, Weiße, Eiserne Kreuz; über Kreuz; in die Kreuz u. [in die] Quere [laufen], aber (↑R 61): kreuz u. quer; **Kreuz_ab|nah|me,** ...**as** [auch: ...*aß*], ...**auf|fin|dung** (*die;* -; kath. Fest), ...**band** (*das; Plur.* ...bänder), ...**bein** (ein Knochen), ...**blu|me** (Bauw.), ...**blüt|ler** (eine Pflanzenfamilie); **kreuz_brav** (ugs.), ...**ehr|lich** (ugs.); **kreu|zen** (über Kreuz legen; Seemannsspr.: im Zickzackkurs fahren); du kreuzt (kreuzest); sich - (sich überschneiden); **Kreu|zer** (ehem. Münze; Kriegsschiff, größere Segeljacht); großer, kleiner -; **Kreuz|er|höh|lung** *die;* - (kath. Fest); **Kreu|zes_tod,** ...**weg** (Christi Weg zum Kreuze; vgl. Kreuzweg); **Kreu|zes|zei|chen, Kreuz|zei|chen; Kreuz_fah|rer,** ...**fahrt,** ...**feu|er; kreuz|fi|del** (ugs.); **kreuz|för|mig; Kreuz_gang** *der;* ...**ge|lenk,** ...**ge|wöl|be; kreu|zi|gen; Kreu|zi|gung; kreuz|lahm; Kreuz_ot|ter** *die,* ...**rit|ter; kreuz|sai|tig** (beim Klavier); **Kreuz_schlitz|schrau|be,** ...**schlüs|sel** (für die Radmuttern beim Auto), ...**schmerz** (meist *Plur.*), ...**schna|bel** (ein Vogel), ...**spin|ne,** ...**stich** (Zierstich); **kreuz und quer;** vgl. Kreuz; **Kreuz_und|quer|fahrt; Kreu|zung; kreuz|un|glück|lich** (ugs.); **Kreu|zungs_frei; Kreu|zungs_punkt; Kreuz_ver|band,** ...**ver|hör,** ...**weg** (auch: Darstellung des Leidens Christi; vgl. Kreuzesweg); **kreuz|wei|se; Kreuz_wort|rät|sel; Kreuz|zei|chen; Kreu|zes|zei|chen; Kreuz|zug**

Kre|vet|te [...*wät*⁺] *die;* -, -n ⟨franz.⟩ (Garnelenart)

Krib|be *die;* -, -n (niederd. für: Buhne)

---

krib|be|lig, kribb|lig (ugs. für: ungeduldig, gereizt); **Krib|bel|krank|heit** (Mutterkornvergiftung); **krib|beln** (ugs. für: prikkeln, jucken; wimmeln); es kribbelt mich; es kribbelt u. krabbelt; **kribb|lig** vgl. kribbelig

Kribs|krabs *der* od. *das;* - (mdal. für: unverständliches Gerede; wunderliches Durcheinander)

Krickel¹ *das;* -s, -[n] (meist *Plur.;* Jägerspr.: Horn der Gemse); vgl. Krucke

kricke|lig¹, krick|lig (ostmitteld. für: unzufrieden; tadelsüchtig; nörgelnd); **Krickel|kra|kel¹** *das;* -s, - (ugs. für: unleserliche Schrift); **krickeln¹** (landsch. für: streiten, nörgeln; ugs. auch für: kritzeln); ich ...[e]le (↑R 22)

Krickel|wild¹ (Gamswild)

Krick|en|te, (auch:) **Kriek|en|te** (eine Wildente)

Kricket¹ *das;* -s ⟨engl.⟩ (ein Ballspiel); **Kricket¹_ball,** ...**spie|ler**

krick|lig vgl. krickelig

Kril|da *die;* - ⟨mlat.⟩ (österr. für: Konkursvergehen); **Kril|dar, Kril|da|tar** *der;* -s, -e (österr. für: Gemeinschuldner)

Krie|bel|mücke [*Trenn.:* ...mük|ke]

Krie|che *die;* -, -n (eine Pflaumensorte)

krie|chen; du krochst; du kröchest; gekrochen; kriech[e]!; vgl. kreuchst usw.; **Krie|cher** (verächtl.); **Krie|che|rei** (verächtl.); **krie|che|risch,** -ste (verächtl.)

Krie|cherl *das;* -s, -n (österr. für: Krieche); **Krie|cherl|baum**

Kriech_spur (Verkehrsw.), ...**strom** (Elektrotechnik), ...**tier**

Krieg *der;* -[e]s, -e: **¹krie|gen** (veralt. für: Krieg führen); **²krie|gen** (ugs. für: erhalten, bekommen); **Krie|ger** (...mäler), ...**grab; krie|ge|risch,** -ste; **Krie|ger_tum** (*das;* -s), ...**wit|we; krieg|füh|rend; Krieg|füh|rung,** Kriegs|führung; **Kriegs_an|lei|he,** ...**aus|bruch** (*der;* -[e]s); **kriegs|be|dingt; Kriegs_be|ginn,** ...**beil,** ...**be|ma|lung,** ...**be|richt,** ...**be|richt|er|stat|ter; kriegs|be|schä|digt; Kriegs|be|schä|dig|te(r); Kriegs|be|schä|di|gten|für|sor|ge; Kriegs_blin|de,** ...**dienst; Kriegs|dienst_ver|wei|ge|rer,** ...**ver|wei|ge|rung; Kriegs_ein|wir|kung,** ...**en|de,** ...**er|klä|rung,** ...**flot|te,** ...**frei|wil|li|ge; Kriegs|füh|rung,** Krieg|führung; **Kriegs|fuß;** auf [dem] - mit jmdm. od. etw. stehen; **kriegs|ge|fan|gen; Kriegs_ge|fan|ge|ne,** ...**ge|fan|gen|schaft,** ...**ge|richt,** ...**ge|schrei,** ...**ge|winn-**

---

ler; **Kriegs_grä|ber|für|sor|ge; Kriegs_ha|fen** (vgl. ²Hafen), ...**het|ze,** ...**hin|ter|blie|be|ne,** ...**hin|ter|blie|be|nen|für|sor|ge,** ...**in|va|li|de,** ...**ka|me|rad,** ...**kunst,** ...**list,** ...**ma|ri|ne,** ...**op|fer,** ...**pfad,** ...**rat** (*der;* -[e]s), ...**recht,** ...**ro|man,** ...**scha|den,** ...**schau|platz,** ...**schiff,** ...**schuld,** ...**teil|neh|mer,** ...**trau|ung,** ...**trei|ber,** ...**ver|bre|cher,** ...**ver|let|zung,** ...**ver|sehr|te; kriegs|ver|wen|dungs|fä|hig** (Abk.: kv.); **Kriegs_wai|se,** ...**wir|ren** *Plur.,* ...**zu|stand**

Kriek|en|te vgl. Krickente

Kriem|hild, Kriem|hil|de (w. Vorn.)

Kri|ko|to|mie *die;* -, ...ien ⟨griech.⟩ (Med.: operative Spaltung des Ringknorpels der Luftröhre)

Krill *der;* -[e]s ⟨norw.⟩ (tierisches Plankton)

Krim *die;* - (südrussische Halbinsel)

Kri|mi *der;* -s, -s, selten: -, - (ugs. für: Kriminalroman, -film); **kri|mi|nal** ⟨lat.⟩ (Verbrechen, schwere Vergehen, das Strafrecht, das Strafverfahren betreffend); **Kri|mi|nal** *der;* -s, -e (österr. veraltend für: Strafanstalt, Zuchthaus); **Kri|mi|nal|be|am|te; Kri|mi|na|le** *der;* -n, -n (↑R 7 ff.) u. **Kri|mi|na|ler** *der;* -s, - (ugs. für: Kriminalbeamte); **Kri|mi|nal_film,** ...**ge|schich|te; kri|mi|na|li|sie|ren** (etwas als kriminell hinstellen); **Kri|mi|na|list** *der;* -en, -en; ↑R 197 (Kriminalpolizist; Strafrechtslehrer); **Kri|mi|na|li|stik** *die;* - (Lehre vom Verbrechen, von seiner Aufklärung usw.); **kri|mi|na|li|stisch; Kri|mi|na|li|tät** *die;* - **Kri|mi|nal_kom|mis|sar,** ...**mu|se|um,** ...**po|li|zei** (Kurzw.: Kripo), ...**pro|zeß** (veraltet für: Strafprozeß), ...**psy|cho|lo|gie,** ...**recht** (Strafrecht), ...**ro|man; kri|mi|nell** ⟨franz.⟩; **Kri|mi|nel|le** *der* u. *die;* -n, -n; ein Krimineller; ↑R 7 ff. (straffällig Gewordene[r]); **Kri|mi|no|lo|gie** *die;* - ⟨lat.; griech.⟩ (Wissenschaft vom Verbrechen)

Krim|krieg *der;* -[e]s; ↑R 149

krim|meln, nur in (nordd.): es krimmelt u. wimmelt

Krim|mer *der;* -s, - ⟨nach der Halbinsel Krim⟩ (urspr.: ein Lammfell, heute: ein Wollgewebe)

krim|pen (niederd. für: einschrumpfen [lassen]; vom Wind: sich von West nach Ost drehen); gekrimpt u. gekrumpen

Krim|sekt

Krims|krams *der;* -[es] (ugs. für: Plunder, durcheinanderliegendes, wertloses Zeug)

Krin|gel *der;* -s, - (ugs. für: [klei-

---

¹ *Trenn.:* ...k|k...

ner, gezeichneter] Kreis; auch für: [Zucker]gebäck); **krin|ge|lig** (ugs. für: ringelnd); sich - la-chen; **krin|geln** (ugs. für: Kreise zeichnen; Kreise ziehen); ich ...[e]le (↑R 22); sich - (ugs. für: sich [vor Vergnügen] wälzen) **Kri|no|ide** der; -n, -n (meist *Plur.*) ⟨griech.⟩ (Haarstern od. Seelilie, Stachelhäuter) **Kri|no|li|ne** die; -, -n ⟨franz.⟩ (Reifrock) **Kri|po** = Kriminalpolizei; **Kri|po-chef** (ugs.) **Krip|pe** der; -, -n; **krip|pen** (veralt. für: [einen Deich] mit Flecht-werk sichern); **Krip|pen_bei|ßer** od. ...**set|zer** (Pferd, das die Un-art hat, die Zähne aufzusetzen u. Luft hinunterzuschlucken), ...**spiel** (Weihnachtsspiel) **Kris** der; -es, -e ⟨malai.⟩ (Dolch der Malaien) **Kri|se, Kri|sis** die; -, Krisen ⟨griech.⟩; **kri|seln**; es kriselt; **kri-sen_an|fäl|lig,** ...**fest;** **kri|sen-haft; Kri|sen_herd,** ...**ma|na|ge-ment,** ...**si|tua|ti|on,** ...**stab,** ...**zei-chen,** ...**zeit; Kri|sis** vgl. Krise **kris|peln** (Gerberei: narben, die Narben herausarbeiten); ich ...[e]le (↑R 22) **¹Kri|stall** der; -s, -e ⟨griech.⟩ (fe-ster, regelmäßig geformter, von ebenen Flächen begrenzte Kör-per); **²Kri|stall** das; -s (geschlif-fenes Glas); **kri|stall|ar|tig; Kri-stall|che|mie; Kri|ställ|chen; kri-stall|len** (aus, von Kristall[glas]; kristallklar, wie Kristall); **Kri-stall|leuch|ter** [*Trenn.:* ...stall-leuch..., ↑R 204]; **Kri|stall_git|ter** (Chemie), ...**glas** (*Plur.* ...gläser); **kri|stal|lin, kri|stal|li|nisch** (aus vielen kleinen Kristallen beste-hend); kristalline Schiefer, Flüs-sigkeiten; **Kri|stal|lin|se** [*Trenn.:* ...stall|lin..., ↑R 204]; **Kri|stal|li-sa|ti|on** [...*zion*] die; -, -en (Kri-stallbildung); **Kri|stal|li|sa|ti-ons_punkt,** ...**vor|gang; kri|stal-lisch** (seltener für: kristallen); **kri|stal|li|sier|bar; kri|stal|li|sie-ren** (Kristalle bilden); **Kri|stal|li-sie|rung** (kristallähnliches Gebilde); **kri-stall|klar; Kri|stall|nacht** die; - (Nacht vom 9. zum 10. Novem-ber 1938, in der von den Natio-nalsozialisten ein Pogrom gegen die deutschen Juden veranstaltet wurde); **Kri|stal|lo|gra|phie** die; - (Lehre von den Kristallen); **kri-stall|lo|gra|phisch; Kri|stal|lo|id** das; -[e]s, -e (kristallähnlicher Körper); **Kri|stall|phy|sik; Kri-stall|lü|ster,** (österr.:) **Kri|stal|lu-ster** [*Trenn.:* ...stall|lü...; ↑R 204]; **Kri|stall_val|se,** ...**zucker** [*Trenn.:* ...zuk|ker]

¹Kri|stia|nia (Name Oslos bis 1924); vgl. Christiania; **²Kri|stia-nia** der; -s, -s ⟨nach Kristiania = Oslo⟩ (früher üblicher Quer-schwung beim Skilaufen) **Kri|te|ri|um** das; -s, ...ien [...*i⁽ᵉ⁾n*] ⟨griech.⟩ (Prüfstein, unterschei-dendes Merkmal; bes. im Rad-sport: Zusammenfassung mehre-rer Wertungsrennen zu einem Wettkampf); **Kri|tik** die; -, -en (kritische Beurteilung; nur *Sing.:* Gesamtheit der Kritiker); **Kri|ti-ka|ster** der; -s, - (kleinlicher Kri-tiker, Nörgler); **Kri|ti|ker; kri|ti-ke|rin** die; -, -nen; **Kri|tik|fä|hig-keit; kri|tik|los;** -este; **Kri|tik|lo-sig|keit** die; -; **Kri|tik|punkt; kri-tisch;** -ste (streng beurteilend, prüfend, wissenschaftl. verfah-rend; oft für: anspruchsvoll; die Wendung [zum Guten od. Schlimmen] bringend; gefähr-lich, bedenklich); -e Ausgabe; -e Geschwindigkeit; -e Tempera-tur; **kri|ti|sie|ren; Kri|ti|sie|rung; Kri|ti|zis|mus** der; - (philos. Ver-fahren) **Krit|te|lei; Krit|te|ler, Kritt|ler; krit|te|lig, kritt|lig; krit|teln** (mä-kelnd urteilen); ich ...[e]le (↑R 22); **Kritt|lersucht** die; - **Krit|zel|ei** (ugs.); **krit|ze|lig;** (ugs.); **krit|zeln** (ugs.); ich ...[e]le (↑R 22); **kritz|lig** (ugs.) **Kroa|te** der; -n, -n; ↑R 197 u. R 180 (Angehöriger eines südslaw. Vol-kes); **Kroa|ti|en** [...*zi⁽ᵉ⁾n*]; ↑R 180 (Gliedstaat Jugoslawiens); **kroa-tisch** (↑R 180); **Kroa|tisch** das; -[s]; ↑R 180; vgl. Deutsch; **Kroa-ti|sche** das; -n; ↑R 180; vgl. Deut-sche das **Kroatz|bee|re** vgl. Kratzbeere **Krocket** [*krok⁽ᵗ⁾*, auch: *krokät*] das; -s [*Trenn.:* Krok|ket] ⟨engl.⟩ (ein Rasenspiel); **krocke|ren** [*Trenn.:* krok|kie...] (beim Krocketspiel [die Kugel] wegschlagen) **Kro|kant** der; -s ⟨franz.⟩ (knuspri-ge Masse aus zerkleinerten Man-deln od. Nüssen) **Kro|ket|te** die; -, -n (meist *Plur.*) ⟨franz.⟩ (gebackenes längliches Klößchen [aus Kartoffeln, Fisch, Fleisch u. dgl.]) **Kro|ki** das; -s, -s ⟨franz.⟩ (Riß, Plan, einfache Geländezeich-nung); **kro|kie|ren; Kro|ki|zeich-nung** **Kro|ko** das; -[s], -s (kurz für: Kro-kodilleder); **Kro|ko|dil** das; -s, -e ⟨griech.⟩; **Kro|ko|dil|le|der; Kro|ko|dils|trä|ne** (heuchlerische Träne); -n weinen; **Kro|ko|dil-wäch|ter** (ein Vogel) **Kro|kus** der; -, - u. -se ⟨griech.⟩ (ei-ne Zierpflanze) **Kröl|le** die; -, -n (rhein. u. nordd. für: Locke)

Krom|lech [*kromläk,* auch: *krom...,* auch: *...läch*] der; -s, -e u. -s ⟨kelt.⟩ (jungsteinzeitliche Kultstätte) **Kron|ach** (Stadt in Oberfranken) **Krön|chen,** Krön|lein; **¹Kro|ne** die; -, -n ⟨griech.⟩ (Kopfschmuck usw.); (↑R 157:) die Nördliche -, die Südliche - (Sternbilder); **²Kro|ne** die; -, -n (dän., isländ., norw., schwed., tschech. Münz-einheit; Abk. [mit Ausnahme der tschechischen]: kr); dän. - (Abk.: dkr); isländ. - (Abk.: ikr); norw. - (Abk.: nkr); schwed. - (Abk.: skr); tschech. - (Abk.: Kčs); **krö-nen, Kro|nen|kor|ken,** Kron|kor-ken; **Kro|nen_mut|ter** (*Plur.* ...muttern), ...**or|den** (ehem. Ver-dienstorden); **Kro|nen|ta|ler,** Kron|taler (ehem. Münze); **Kron_er|be** der; ..., ...**glas** (*Plur.* ...gläser; ein optisches Glas) **Kro|ni|de** der; -n, -n (''Nachkom-me des Kronos'' auch *Plur.:*) -n (↑R 197) ⟨griech.⟩ (Beiname des Zeus); **Kro|ni|on** (Zeus) **Kron_ju|wel** (meist *Plur.*), ...**ko|lo-nie,** ...**kor|ken,** Kro|nen|kor|ken; **Kron|land** (*Plur.* ...länder); **Krön-lein,** Krön|chen; **Kron|leuch|ter** **Kro|nos** (Vater des Zeus) **Kron_prä|ten|dent** (Thronbewer-ber), ...**prinz,** ...**prin|zes|sin; kron|prin|zeß|lich; kron|prinz-lich; Kron|rat** der; -[e]s **Krons|bee|re** (nordd. für: Preisel-beere) **Kron|schatz; Kron|ta|ler** vgl. Kro-nentaler; **Krö|nung; Krö|nungs-_man|tel,** ...**or|nat; Kron|zeu|ge** (Hauptzeuge) **Krö|pel** der; -s, - (niederd. für: Krüppel) **Kropf** der; -[e]s, Kröpfe; **Kröpf-chen,** Kröpflein; **kröp|fen** (Technik u. Bauw.: krumm bie-gen, in gebrochenen Linien füh-ren; [von Greifvögeln:] fressen); **Kröpf|fer** (männl. Kropftaube); **kropf|ig; Kröpf|lein,** Kröpf-chen; **Kropf_stein** (Bauw.), ...**tau|be; Kröp|fung** **Kropp|zeug** das; -[e]s (ugs. für: kleine Kinder; abschätzig für: Wertloses, Gesindel) **Krö|se** die; -, -n (steife Halskrau-se; Einschnitt in den Faßdau-ben); **Krö|sei|sen** (ein Böttcher-werkzeug); **krö|seln** ([Glas] weg-brechen); ich ...[e]le (↑R 22); **Krö|sel|zan|ge** (ein Glaserwerk-zeug) **kroß;** krosser, krosseste (nord-westd. für: knusprig) **¹Krö|sus** ⟨griech.⟩ (König von Ly-dien); **²Krö|sus** der; -, auch: -ses, -se (sehr reicher Mann) **Krot** die; -, - (österr. mdal. für: Kröte); **Krö|te** die; -, -n; **Krö|ten**

Plur. (ugs. für: kleines od. wenig Geld); **Krö|ten|stein** (volksm. für: tierische Versteinerung); **Kro|ton** *der;* -s, -e ⟨griech.⟩ (ein ostasiat. Wolfsmilchgewächs); **Kro|ton|öl** *das;* -[e]s (ein Abführmittel)

Kröv (Ort an der Mosel); **Krö|ver** [...*w'r*]; - Nacktarsch (ein Wein)

Kro|wot *der;* -en, -en; ↑ R 197 (österr. mdal. für: Kroate)

Krs., Kr. = Kreis

Krücke[1] *die;* -, -n; meist *Plur.* (Jägerspr.: Horn der Gemse); vgl. Krickel; **Krücke**[1] *die;* -, -n; **Krücken|kreuz**[1] oder **Kruckenkreuz**[1]; **Krück|stock** (*Plur.* ...stökke)

krud, kru|de ⟨lat.⟩ (rauh, grob, roh); **Kru|di|tät** *die;* -, -en

[1]**Krug** *der;* -[e]s, Krüge (ein Gefäß) [2]**Krug** *der;* -[e]s, Krüge (niederd. für: Schenke)

Krü|gel *das;* -s, - (ostösterr. für: Bierglas mit Henkel); zwei - Bier; **Krü|gel|chen, Krügllein**

Krü|ger (niederd. für: Wirt; Pächter)

Krüg|lein, Krü|gel|chen

Kru|ke *die;* -, -n (niederd. für: großer Krug; Tonflasche; ulkiger, eigenartiger Mensch)

Krul|le *die;* -, -n (veralt. für: Halskrause); **Krüll_schnitt** (ein Tabakschnitt), **...tal|bak**

Krüm|chen, Krüm|lein; Krü|me *die;* -, -n; **Krü|mel** *der;* -s, - (kleine Krume); **Krü|mel|chen; krüme|lig, krüm|lig; krü|meln;** ich ...[e]le (↑ R 22); **Krü|mel|zucker** [*Trenn.:* ...zuk|ker]; **Krüm|lein, Krü|mel|chen**

krumm; krummer (landsch.: krümmer), krummste (landsch.: krümmste); krumm (gekrümmt) gehen, etwas krumm biegen, vgl. aber: krummgehen, krummlachen, krummlegen, krummnehmen; **Krumm|bein; krumm|beinig; Krum|me** *der;* -n, -n; ↑ R 7 ff. (Jägerspr.: Feldhase); **Krüm|me** *die;* -, -n (veralt. für: [Weg]biegung); **krüm|men;** sich -; **Krümmer** (gebogenes [Rohr]stück; Gerät zur Bodenbearbeitung); **krumm|ge|hen** (mißlingen); der Versuch ist krummgegangen; **Krumm|holz** (von Natur gebogenes Holz); **Krumm|holz|kie|fer** *die;* vgl. Latsche; **Krumm|horn** (altes Holzblasinstrument; *Plur.* ...hörner); **krumm|la|chen,** sich; ↑ R 205 (ugs. für: heftig lachen); er hat sich krummgelacht; **krumm|le|gen,** sich; ↑ R 205 (ugs. für: sich sehr einschränken, sparsam sein); **Krümm|ling** (gebogener Teil von Treppenwan

gen u. -geländern); **krumm_linig, ...na|sig; krumm|neh|men;** ↑ R 205 (ugs. für: übelnehmen); ich habe ihm diesen Vorwurf sehr krummgenommen; **Krumm_schwert, ...stab; Krüm|mung; Krüm|mungs_kreis, ...ra|di|us**

krum|pe|lig, krump|lig (landsch. für: zerknittert); **krum|peln** (landsch. für: knittern); ich ...[e]le (↑ R 22)

Krüm|per (vor 1813 kurzfristig ausgebildeter preuß. Wehrpflichtiger); **Krüm|per|sy|stem** *das;* -s

krump|fen (einlaufen lassen [von Stoffen]); **krumpf_echt, ...frei**

Krupp *der;* -s ⟨engl.⟩ (Med.: akute [diphtherische] Entzündung der Schleimhaut des Kehlkopfes)

Krup|pa|de *die;* -, -n ⟨franz.⟩ (Reitsport: Sprung der Hohen Schule); **Krup|pe** *die;* -, -n (Kreuz [des Pferdes])

Krüp|pel *der;* -s, -; **krüp|pel|haft; Krüp|pel_heim, ...holz; krüp|pelig; krüp|plig**

krup|pös ⟨engl.⟩ (kruppartig); -er Husten

kru|ral ⟨lat.⟩ (Med.: zum Schenkel gehörend; Schenkel...)

krüsch (nordd. für: wählerisch im Essen); -este

Krü|sel|wind (landsch. für: kreiselnder, sich drehender Wind)

Kru|sta|zee *die;* -, ...een (meist *Plur.*) ⟨lat.⟩ (Krebstier); **Krüstchen, Krüst|lein; Kru|ste** *die;* -, -n; **Kru|sten|tier; kru|stig; Krüstlein, Krüst|chen; Kru|stung**

Krux vgl. Crux; **Kru|zi|fe|re** *die;* -n (meist *Plur.*) ⟨lat.⟩ (Kreuzblütler); **Kru|zi|fix** [auch: ...*fix*] *das;* -es, -e (plastische Darstellung des gekreuzigten Christus); **Kruzi|fi|xus** *der;* - (Christus am Kreuz); **Kru|zi|tür|ken!** (ein Fluch)

Kryol|lith *der;* -s od. -en, -e[n] (↑ R 197) ⟨griech.⟩ (ein Mineral) **Kryo|tron** *das;* -s, ...one, auch: -s ⟨DV: ein Schaltelement⟩

Kryp|ta *die;* -, ...ten ⟨griech.⟩ (Gruft, unterirdische Kirchenraum); **Kryp|ten** *Plur.* (Med.: verborgene Einbuchtungen in den Rachenmandeln; Drüsen im Darmkanal); **kryp|tisch** (unklar, schwer zu deuten); **kryp|to...** (geheim, verborgen); **Kryp|to...** (Geheim...); **Kryp|to|ga|me** *die;* -, -n (meist *Plur.;* Sporenpflanze); **kryp|to|gen, kryp|to|ge|ne|tisch** (Biol.: von unbekannter Entstehung); **Kryp|to|gramm** *das;* -s, -e Verstext mit verborgener Nebenbedeutung; veralt. für: Geheimtext); **Kryp|to|graph** *der;* -en, -en; ↑ R 197 (veralt. für: Geheim

schriftmaschine); **Kryp|to|graphie** *die;* -, ...ien (Psychol.: absichtslos entstandene Kritzelzeichnung bei Erwachsenen; veralt. für: Geheimschrift); **krypto|kri|stal|lin, kryp|to|kri|stal|linisch** (erst bei mikroskop. Untersuchung als kristallinisch erkennbar); **Kryp|ton** [auch: ...*on*] *das;* -s (chem. Grundstoff, Edelgas; Zeichen: Kr); **Kryp|tor|chismus** *der;* -, ...men (Med.: Zurückbleiben des Hodens in Bauchhöhle od. Leistenkanal)

KSZE = Konferenz über Sicherheit und Zusammenarbeit in Europa

Kt. = Kanton

Kte|no|id|schup|pe ⟨griech.; dt.⟩ (Kammschuppe vieler Fische)

Ku = Kurtschatovium

k. u. = königlich ungarisch (im ehem. Reichsteil Ungarn von Österreich-Ungarn für alle Behörden); vgl. k. k.; vgl. k. u. k.

Kua|la Lum|pur (Hptst. von Malaysia)

Ku|ba (mittelamerik. Staat; westind. Insel); vgl. Cuba; **Ku|baner; ku|ba|nisch**

Ku|ba|tur *die;* - ⟨griech.⟩ (Math.: Erhebung zur dritten Potenz; Berechnung des Rauminhalts von [Rotations]körpern)

Kü|b|bung *die;* -, -en (Seitenschiff des niedersächs. Bauernhauses)

Ku|be|be *die;* -, -n ⟨arab.⟩ (Frucht des indones. Kubebapfeffers)

Kü|bel *der;* -s, -; **kü|beln** (ugs. für: [Alkohol] trinken); ich ...[e]le (↑ R 22); **Kü|bel|wa|gen**

Ku|ben (*Plur.* von: Kubus); **kubie|ren** ⟨griech.⟩ (den Rauminhalt eines Baumstammes ermitteln; Math.: zur dritten Potenz erheben); **Ku|bie|rung; Ku|bikde|zi|me|ter** (Zeichen: dm³); **Kubik|fuß** *der;* -es; 3 - (↑ R 129); **Kubik|ki|lo|me|ter** (Zeichen: km³); **Ku|bik|maß; Ku|bik|me|ter** (Zeichen: m³); **Ku|bik|mil|li|meter** (Zeichen: mm³); **Ku|bik_wurzel** (Math.: dritte Wurzel), **...zahl; Ku|bik|zen|ti|me|ter** (Zeichen: cm³)

ku|bin [auch: *kubin*] (österr. Zeichner u. Schriftsteller)

ku|bisch (würfelförmig; -e der dritten Potenz befindlich); -e Form; -e Gleichung (Math.); **Ku|bis|mus** *der;* - (Kunststil, der in kubischen Formen gestaltet); **Ku|bist** *der;* -en, -en (↑ R 197); **kubi|stisch**

ku|bi|tal ⟨lat.⟩ (Med.: zum Ellbogen gehörend)

Ku|bus *der;* -, Kuben ⟨griech.⟩ (Würfel; dritte Potenz)

Kü|che *die;* -, -n; [1]**Kü|chel|chen,** [1]**Küch|lein** (kleine Küche)

---
[1] *Trenn.:* ...k|k...

²Kü|chel|chen, ²Küch|lein (kleiner Kuchen); kü|cheln (schweiz. für: Fettgebackenes bereiten); ich küchle; Ku|chen der; -s, -; Kü|chen|ab|fall (meist Plur.); Ku|chen.bäcker [Trenn.: ...bäk-ker], ...blech, ...brett; Kü|chen.bü|fett, ...buf|fet, ...bul|le (ugs., Soldatenspr. für: Koch einer Großküche, Kantine u. ä.), ...chef, ...fee (scherzh. für: Köchin), ...fen|ster; Ku|chen.form, ...ga|bel; Kü|chen.hand|tuch, ...herd, ...hil|fe, ...kraut (meist Plur.), ...la|tein (scherzh. für: schlechtes Latein), ...mes|ser das; Kü|chen|schel|le die; -, -n (eine Anemone); Kü|chen.schrank, ...schür|ze; Ku|chen|teig; Kü|chen.tisch, ...uhr, ...waa|ge, ...wa|gen (Speisewagen der Feldküche), ...zet|tel; ¹Küch|lein (Küken); ²Küch|lein vgl. ¹Küchelchen; ³Küch|lein vgl. ²Küchelchen; kucken¹ (nordd. für: gucken); Kücken¹ (österr. für: ¹Küken); kuckuck!¹; Kuckuck¹ der; -s, -e; Kuckucks¹.blu|me (Pflanzenname), ...ei, ...uhr; Ku'|damm der; -[e]s (ugs. kurz für: Kurfürstendamm; ↑R 21); Kud|del|mud|del der od. das; -s (ugs. für: Durcheinander, Wirrwarr); Ku|del|kraut vgl. Kuttelkraut; Ku|der der; -s, - (Jägerspr.: männl. Wildkatze); Ku|du der; -s, -s ⟨afrikaans⟩ (afrik. Antilope); Kues [kuß], Nikolaus von (dt. Philosoph u. Theologe); ¹Ku|fe die; -, -n (Gleitschiene [eines Schlittens]); ²Ku|fe die; -, -n (landsch. für: Bottich, Kübel); Kü|fer (südwestd. u. schweiz. für: Böttcher; auch svw. Kellermeister); Kü|fe|rei; Kuff die; -, -e (breit gebautes Küstenfahrzeug); ku|fi|sche Schrift die; -n ⟨nach Kufa (ehem. Stadt bei Bagdad)⟩ (alte arab. Schrift); Kuf|stein [auch: kuf...] (Stadt im Unterinntal, Österreich); Ku|gel die; -, -n; Ku|gel|blitz; Kü|gel|chen, Kü|ge|lein, Küg|lein; Ku|gel|fang; ku|gel|fest; Ku|gel|form; ku|gel|för|mig; Ku|gel|ge|lenk; ku|ge|lig, kug|lig; Ku|gel|kopf; Ku|gel|kopf|ma|schi|ne (eine Schreibmaschine); Ku|gel|la|ger; ku|geln; ich ...[e]le (↑R 22); sich -; Ku|gel|re|gen; ku|gel-

¹ Trenn.: ...k|k...

rund; ku|gel|schei|ben (österr. für: Murmeln spielen) vgl. kegelschieben; Ku|gel|schrei|ber; ku|gel|si|cher; ku|gel|sto|ßen (nur im Infinitiv gebräuchlich); Ku|gel|sto|ßen das; -s; Küg|lein, Kügellein vgl. Kügelchen; kug|lig, ku|gelig; Ku|gu|ar der; -s, -e ⟨indian.⟩ (Puma); Kuh die; -, Kühe; Kuh.dorf (abschätzig), ...dung; Küh|her (schweiz. für: Kuhhirt; Senn); Kuh.eu|ter, ...fla|den, ...fuß (auch: Brechstange), ...glocke [Trenn.: ...glok|ke], ...han|del (ugs. für: kleinliches Aushandeln von Vorteilen); kuh|han|deln; ich ...[e]le (↑R 22); gekuhhandelt; Kuh|haut; das geht auf keine - (ugs.: das ist unerhört); kuh|hes|sig (wie bei den ²Hessen der Kuh eng zusammenstehend [Fehler der Hinterbeine von Haustieren)]; Kuh|hirt; kühl; (↑R 65:) im Kühlen; ins Kühle setzen; Kühl.ag|gre|gat, ...an|la|ge; Kuh|le die; -, -n (ugs. für: Grube, Loch); Küh|le die; -; küh|len; Küh|ler (Kühlvorrichtung); Küh|ler.fi|gur, ...hau|be; Kühl.haus, ...ket|te die; - (Aneinanderreihung von Kühlvorrichtungen), ...raum, ...rip|pe, ...schiff, ...schlan|ge (Röhrenkühlanlage), ...schrank, ...ta|sche; Kühl|te die; -, -n (Seemannsspr.: mäßiger Wind); Kühl.tru|he, ...turm; Küh|lung die; -; Kühl.wa|gen, ...was|ser (das; -s); Kuh.milch, ...mist; kühn; Kühn|heit; kühn|lich (veralt.); Kuh.pocken Plur. [Trenn.: ...pok-ken], ...rei|gen od. ...rei|hen, ...schel|le (eine Pflanze), ...stall; kuh|warm; -e Milch; Ku|jon der; -s, -e ⟨franz.⟩ (veraltend für: Schuft, Quäler); ku|jo|nie|ren (ugs. abwertend für: quälen, abwertend behandeln; quälen); k. u. k. = kaiserlich u. königlich (im ehem. Österreich-Ungarn beide Reichsteile betreffend); vgl. k. k.; ¹Kü|ken, (österr.:) Kücken [Trenn.: ...k|k...] das; -s, - (¹Küchlein, das Junge des Huhnes; landsch. für: kleines junges Mädchen); ²Kü|ken das; -s, - (Technik: drehbarer Teil, Kegel des [Faß]hahns); Ku-Klux-Klan [selten mit engl. Ausspr.: kjuklakßklän] der; -[s] ⟨engl.-amerik.⟩ (terroristischer Geheimbund in den USA); Kul|ku|mer die; -, -n ⟨lat.⟩ (südwestd. für: Gurke); Ku|ku|ruz [auch: ku...] der; -[es] ⟨slaw.⟩ (bes. österr. für: Mais)

Ku|lak der; -en, -en (↑R 197) ⟨russ.⟩ (Großbauer im zaristischen Rußland); Ku|lan der; -s, -e ⟨kirgis.⟩ (asiat. Wildesel); ku|lant; -este ⟨franz.⟩ (entgegenkommend, großzügig [im Geschäftsverkehr]); Ku|lanz die; -; ¹Ku|li der; -s, -s ⟨Hindi⟩ (Tagelöhner in Südostasien; ausgenutzter Arbeiter); ²Ku|li der; -s, -s (ugs. kurz für: Kugelschreiber); Ku|lier|wa|re ⟨franz.; dt.⟩ (Wirkware); ku|li|na|risch ⟨lat.⟩ (auf die [feine] Küche, die Kochkunst bezüglich); -e Genüsse; Ku|lis|se die; -, -n ⟨franz.⟩ (Theater: Seiten-, Schiebewand; Technik: Hebel mit verschiebbarem Drehpunkt; Börse: Personen, die sich auf eigene Rechnung am Börsenverkehr beteiligen); Ku|lis|sen|schie|ber; Kul|ler|au|gen Plur. (ugs. für: erstaunte, große, runde Augen); kul|lern (rollen); ¹Kulm der od. das; -[e]s, -e ⟨slaw. u. roman.⟩ (abgerundete [Berg]kuppe); ²Kulm das; -s ⟨engl.⟩ (Geol.: schiefrige Ausbildung der Steinkohlenformation); Kulm|bach (Stadt in Oberfranken); Kulm|ba|cher (↑R 147); Kulm|ba|cher das; -s (ein Bier); Kul|mi|na|ti|on [...zion] die; -, -en ⟨lat.⟩ (Erreichung des Höhe-, Scheitel-, Gipfelpunktes; höchster und tiefster Stand eines Gestirns); Kul|mi|na|ti|ons|punkt (Höhepunkt); kul|mi|nie|ren (Höhepunkt erreichen; gipfeln); Kult der; -[e]s, -e u. Kul|tus der; -, Kulte ⟨lat.⟩ ([Gottes]dienst; Verehrung, Hingabe); Kult.film ([von einem bestimmten Publikum] als besonders eindrucksvoll beurteilter und immer wieder angesehener Film), ...handlung; kul|tisch; Kul|ti|va|tor [...wa...] der; -s, -oren (ein Bodenbearbeitungsgerät); kul|ti|vie|ren ⟨franz.⟩ ([Land] bearbeiten, urbar machen; [aus]bilden; pflegen); kul|ti|viert; -este (gesittet; hochgebildet; Kul|ti|vie|rung (Plur. selten); Kult|stät|te; Kul|tur die; -, -en; Kul|tur.ab|kom|men, ...at|ta|ché, ...austausch, ...beu|tel (Behälter für Toilettensachen), ...denk|mal; kul|tu|rell; Kul|tur.film, ...flüch|ter (Biol.: Pflanzen- od. Tierart, die von der Kulturlandschaft verdrängt wird), ...fol|ger (Biol.: Pflanzen- od. Tierart, die den menschlichen Kulturbereich als Lebensraum bevorzugt), ...form,

...ge|schich|te (die; -); kul|tur|ge|schicht|lich; Kul|tur_gut, ...kampf (der; -[e]s; hist.), ...kri|tik (die;·-), ...land|schaft, ...le|ben (das; -s); kul|tur|los; Kul|tur|lo|sig|keit die; -; Kul|tur_mi|ni|ste|ri|um (DDR), ...pflan|ze, ...po|li|tik (die;·-), ...re|vo|lu|ti|on (sozialistische Revolution auf dem Gebiet der Kultur); Kul|tur|schaf|fen|de der u. die; -n, -n (↑ R 7 ff.; DDR); Kul|tus vgl. Kult; Kul|tus_frei|heit (die; -), ...ge|mein|de, ...mi|ni|ste|ri|um

Kul|ma|ne der; -n, -n; ↑ R 197 (Angehöriger eines in südosteurop. Völkern aufgegangenen Turkvolkes)

Kul|ma|rin das; -s ⟨indian.⟩ (pflanzl. Duft- u. Wirkstoff); Ku|ma|ron das; -s (chem. Verbindung); Ku|ma|ron|harz

Kumm der; -[e]s, -e (niederd. für: Kasten; tiefe, runde Schüssel, Futtertrog); Kum|me die; -, -n (Seemannsspr. u. mdal. für: Schüssel)

Küm|mel der; -s, - (Gewürzkraut; Branntwein); Küm|mel_brannt|wein (der; -[e]s), ...brot; küm|meln (mit Kümmel anmachen; ugs. für: [Alkohol] trinken); ich ...[e]le (↑ R 22); Küm|mel|tür|ke (veralt. Schimpfwort; noch abschätzig für: türkischer Gastarbeiter)

Kum|mer der; -s

Kum|mer|bund der; -[e]s, -e (Hindi-engl.⟩ (breiter Seidengürtel)

Küm|me|rer (verkümmernde Pflanze; in der Entwicklung zurückgebliebenes Tier); Küm|mer|form (Biol.); küm|mer|lich; Küm|mer|ling (Kümmerer; landsch. für: schwächlicher Mensch); ¹küm|mern (Jägerspr. u. Zool.: in der Entwicklung zurückbleiben); ich ...ere (↑ R 22); ²küm|mern; ich ...ere mich um ... (↑ R 22); es kümmert mich nicht; ¹Küm|mer|nis die; -, -se

²Küm|mer|nis, Kum|mer|nus (legendäre Heilige)

Kum|mer|speck (ugs. für: aus Kummer angegessenes Übergewicht); kum|mer|voll

Küm|met das (schweiz.: der); -s, -e (gepolsterter Bügel um den Hals von Zugtieren)

Kü|mo = Küstenmotorschiff

Kump das; -s, -e (mdal. für: kleines, rundes Gefäß, [Milch]schale); vgl. Kumpf

Kum|pan der; -s, -e (ugs. für: Kamerad, Gefährte; meist abfällig für: Helfer); Kum|pa|nei; Kum|pel der; -s, - u. (ugs.:) -s (Bergmann; ugs. auch für: Arbeitskamerad)

küm|peln (Techn.: [Platten] wölben u. formen); ich ...[e]le (↑ R 22); Kum|pen der; -s, - (niederd. für: Gefäß, Schüssel); Kumpf der; -[e]s, -e u. Kümpfe (südd., österr.: Gefäß, Behälter [für den Wetzstein])

Kum|ran, (auch:) Qum|ran (Ruinenstätte am Nordwestufer des Toten Meeres)

Kumst der; -[e]s (mdal. für: [Sauer]kohl)

Kum|met das; -[e]s, -e (für: Kummet)

Ku|mu|la|ti|on [...zion] die; -, -en ⟨lat.⟩ (Anhäufung, Speicherung; Med.: vergiftende Wirkung kleiner, aber fortgesetzt gegebener Dosen bestimmter Arzneimittel); ku|mu|la|tiv (anhäufend); ku|mu|lie|ren (anhäufen); kumulierende Bibliographie (eine sich ständig vergrößernde); Ku|mu|lie|rung; Ku|mu|lo|nim|bus (Meteor.: Gewitterwolke); Ku|mu|lus der; -, ...li (Meteor.: Haufen[wolke])

Kul|mys, Ku|myß [auch: ...müß] der; - ⟨russ.⟩ (gegorene Stutenmilch)

kund; und zu wissen tun; kundgeben usw. (vgl. d.); kund|bar; - werden (veralt. für: bekanntwerden); kün|d|bar (die Möglichkeit einer Kündigung enthaltend); ein -er Vertrag; ¹Kun|de der; -s, -n; ↑ R 197 (Käufer; Gaunerspr.: Landstreicher; verächtl.: Kerl); ²Kun|de der; -, -n (Plur. selten: Kenntnis, Lehre, Botschaft); ³Kun|de die; -, -n (österr. für: Kundschaft); kün|den (geh. für: kundtun; schweiz. auch: kündigen); Kun|den|be|ra|tung, ...dienst, ...fang (der; -[e]s), ...kreis, ...spra|che (Gaunersprache), ...wer|bung; Kün|der; Kund_fahrt (österr. für: [wissenschaftliche] Exkursion), ...gal|be (die; -); kund|ge|ben; ich gebe kund; kundgegeben; kundzugeben; ich gebe etwas kund, aber: ich gebe Kunde von etwas; sich -; Kund|ge|bung; kün|dig; kündig|te der u. die; -n, -n (↑ R 7 ff.); kün|di|gen; er kündigt ihm; er kündigt ihm das Darlehen, die Wohnung; es wurde ihm od. ihm wurde gekündigt; Kün|di|gung; vgl. vierteljährig u. vierteljährlich; Kün|di|gungs_frist, ...schrei|ben, ...schutz, ...ter|min; Kun|din die; -, -nen (Käuferin); kund|ma|chen (österr. Amtsspr., sonst geh. für: bekanntgeben); ich mache kund; kundgemacht; kundzumachen (südd., schweiz. u. österr. für: Bekanntmachung); Kund|schaft; kund|schaf|ten; gekundschaftet; Kund|schaf|ter; kund|tun; ich tue kund od. kundgetan; kundzu-

tun; sich -; kund|wer|den (geh.); es wird kund; es ist kundgeworden; kundzuwerden

ku|nei|form [...ne-i...] ⟨lat.⟩ (Med.: keilförmig)

Kü|net|te die; die; -, -en ⟨franz.⟩ (Abflußgraben)

künf|tig; -en Jahres (Abk.: k. J.); -en Monats (Abk.: k. M.); künf|tig|hin

Kun|gellei; kun|geln (ugs. für: heimliche, unlautere Geschäfte abschließen); ich ...[e]le (↑ R 22)

Ku|ni|bert (m. Vorn.); Ku|ni|gund, Ku|ni|gun|de (w. Vorn.)

Kun|kel die; -, -n (südd. u. westd. für: Spindel, Spinnrocken)

Kün|ne|ke (dt. Operettenkomponist)

Ku|no (m. Vorn.)

Kunst die; -, Künste; Kunst_aka|de|mie, ...aus|stel|lung, ...bau (Plur. ...bauten; Technik), ...denk|mal, ...druck (Plur. ...drucke); Kunst|druck|pa|pier; Kunst|dün|ger; Kunst|eis|bahn; Kün|ste|lei; kün|steln; ich ...[e]le (↑ R 22); Kunst_er|zie|her, ...er|zie|hung, ...fäl|schung, ...fal|ser, ...feh|ler; kunst|fer|tig; Kunst_fer|tig|keit, ...flug, ...ge|gen|stand, ...ge|lehr|te der u. die; kunst|ge|mäß, ...ge|recht; Kunst_ge|schich|te (die; -), ...ge|wer|be (das; -s); Kunst_ge|wer|be|mu|se|um; Kunst_ge|werb|ler, ...ge|werb|le|rin (die; -, -nen); kunst|ge|werb|lich; Kunst_griff, ...han|del, ...händ|ler, ...hand|lung, ...hand|werk, ...harz, ...hi|sto|ri|ker, ...ho|nig, ...horn (chem. gehärtetes Kasein; Plur. ...horne), ...kopf (Rundfunk), ...kri|tik, ...kri|ti|ker; Künst|ler; Künst|le|rin die; -, -nen; künst|le|risch; -ste; Künst|ler_knei|pe, ...ko|lo|nie, ...mäh|ne (ugs.), ...na|me, ...pech (ugs.); Künst|ler|tum das; -s; künst|lich; -e Atmung; -e Befruchtung; -e Niere; Künst|lich|keit; Kunst|licht das; -[e]s; kunst|los; -este; Kunst_ma|ler, ...markt; kunst|mä|ßig; Kunst_pau|se, ...pro|sa; kunst|reich; Kunst_samm|ler, ...samm|lung, ...schu|le, ...sei|de (vgl. Reyon); kunst|sin|nig; Kunst_spra|che, ...stein, ...stoff; Kunst|stoff|flö|te (↑ R 204); Kunst|stoffo|lie [Trenn.: ...stoff|fo|lie, ↑ R 204]; kunst|stop|fen (nur im Infinitiv u. 2. Partizip gebräuchlich); kunstgestopft; Kunst_stück, ...stu|dent, ...tisch|ler, ...tur|nen, ...ver|ein, ...ver|lag; kunst_ver|stän|dig, ...voll, Kunst_werk, ...wis|sen|schaft, ...wis|sen|schaft|ler, ...wort (Plur. ...wörter), ...zeit|schrift

kun|ter|bunt (durcheinander, gemischt); **Kun|ter|bunt** das; -s; **Kun|ter|bunt|heit** die; -

Kunz (Kurzform von: Konrad); vgl. Hinz

Kuo|min|tang die; - (nationale Partei Taiwans)

Kü|pe die; -, -n ⟨lat.⟩ (Färbekessel; Färbebad, Lösung eines Küpenfarbstoffes)

Ku|pee das; -s, -s (eindeutschend für: Coupé)

Ku|pel|le vgl. ²Kapelle; **ku|pel|lie-ren** ⟨franz.⟩ (unedle Metalle aus Edelmetallen herausschmelzen); **Kü|pen|farb|stoff** (ein wasch- u. lichtechter Farbstoff für Textilien); **Kü|per** (niederd. für: Küfer, Böttcher; auch: Warenkontrolleur in Häfen)

Kup|fer das; -s, - (kurz für: Kupferstich; nur Sing.: chem. Grundstoff, Metall; Zeichen: Cu); **Kup|fer.druck** (Plur. ...drucke), **...erz**; **kup|fer|far|ben**; **Kup|fer|geld** das; -[e]s; **kup|fe-rig**, kupf|rig; **Kup|fer.kan|ne**, **...kes|sel**, **...mün|ze**; **kup|fern** (aus Kupfer); kupferne Hochzeit, aber (↑ R 157): Kupferner Sonntag; **kup|fer|rot**; **Kup|fer.schmied**, **...ste|cher**, **...stich**; **Kup|fer|stich|ka|bi|nett**; **Kup|fer-tief|druck**; **Kup|fer|vi|tri|ol**; **kupf|rig**, kup|fe|rig

ku|pie|ren ⟨franz.⟩ ([Ohren, Schwanz bei Hunden oder Pferden] stutzen; Med.: [Krankheit] im Entstehen unterdrücken); **ku|piert**; -es ([von Gräben usw.] durchschnittenes) Gelände

Ku|pol|ofen, Kup|pel|ofen ⟨ital.; dt.⟩ (Schmelz-, Schachtofen)

Ku|pon [...poɳ, österr.: ...pon] der; -s, -s (eindeutschend für: Coupon; Stoffabschnitt, Renten-, Zinsschein)

Kup|pe die; -, -n

Kup|pel die; -, -n ⟨lat.⟩; **Kup|pel-bau** (Plur. ...bauten)

Kup|pe|lei (eigennützige od. gewohnheitsmäßige Begünstigung außerehelichen Sexualverkehrs)

Kup|pel|grab

Kup|pel.lohn, **...mut|ter**; **kup|peln** ⟨Nebenform von: koppeln [vgl. d.]⟩ (verbinden; ugs. für: zur Ehe zusammenbringen); ich ...[e]le (↑ R 22)

Kup|pel|ofen vgl. Kupolofen

Kup|pel|pelz; sich einen (den) - verdienen (ugs. für: eine Heirat zustande bringen); vgl. Kupplung

kup|pen (die Kuppe abhauen); Bäume -

Kupp|ler; **Kupp|le|rin** die; -, -nen; **kupp|le|risch**; -ste; **Kupp|lung**, (seltener:) **Kup|pe|lung**; **Kupp-lungs.be|lag**, **...pe|dal**, **...scha-den**, **...schei|be**

Ku|pris|mus der; - (Kupfervergiftung)

¹Kur die; -, -en ⟨lat.⟩ (Heilverfahren; [Heil]behandlung, Pflege)

²Kur die; -, -en (veralt. für: Wahl); noch in: kurbrandenburgisch, Kurfürst usw.; **Kür** die; -, -en (Wahl; Wahlübung im Sport)

ku|ra|bel ⟨lat.⟩ (Med.: heilbar); ...a|ble Krankheit; **Ku|rand** der; -en, -en; ↑ R 197 (Med. veralt. für: Pflegling); **Kur|an|stalt**

ku|rant ⟨lat.⟩ (veralt. für: gangbar, gängig, umlaufend; Abk.: crt.); **¹Ku|rant** das; -[e]s, -e (veralt. für: Währungsmünze, deren Metallwert dem aufgeprägten Wert entspricht); zwei Mark -

²Ku|rant der; -en, -en (↑ R 197) ⟨lat.⟩ (schweiz. für: Kurgast)

Ku|ra|re das; -[s] ⟨indian.-span.⟩ (ein [Pfeil]gift, als Narkosehilfsmittel verwendet)

Ku|raß der; ...rasses, ...rasse ⟨franz.⟩ (Brustharnisch); **Kü|ras-sier** der; -s, -e (früher für: Panzerreiter; schwerer Reiter)

Ku|rat der; -en, -en (↑ R 197) ⟨lat.⟩ (kath. Pfarr[amts]verweser, Hilfspriester); **Ku|ra|tel** die; -, -en (veralt. für: Vormundschaft; Pflegschaft); **Ku|ra|tie** die; -, ...ien (Seelsorgebezirk eines Kuraten); **Ku|ra|tor** der; -s, ...oren (Verwalter einer Stiftung; Vertreter des Staates in der Universitätsverwaltung; österr. auch für: Treuhänder; früher für: Vormund; Pfleger); **Ku|ra|to|ri|um** das; -s, ...ien [...i⁰n] (Aufsichtsbehörde)

Kur|auf|ent|halt

Kur|bel die; -, -n; **Kur|be|lei** die; -; **kur|beln**; ich ...[e]le (↑ R 22); **Kur-bel.stan|ge**, **...wel|le**

Kur|bet|te die; -, -n ⟨franz.⟩ (Bogensprung [eines Pferdes]); **kur|bet|tie|ren**

Kür|bis der; -ses, -se (eine Kletter- od. Kriechpflanze); **Kür|bis.fla-sche**, **...kern**

Kur|de der; -n, -n; ↑ R 197 (Angehöriger eines iran. Volkes in Vorderasien); **kur|disch**; **Kur|di|stan** (Gebirgs- u. Hochland in Vorderasien)

ku|ren (eine Kur machen)

kü|ren (geh. für: wählen); du kürtest (seltener: korst, korest); du kürtest (seltener: körst; körest); gekürt (seltener: gekoren); kür[e]!; vgl. kiesen

Kü|ret|ta|ge [...aseh⁽⁾] die; -, -en ⟨franz.⟩ (Med.: Ausschabung mit der Kürette); **Kü|ret|te** die; -, -n (ein med. Instrument); **kü|ret|tie-ren** (Med.)

Kur|fürst; der Große - (↑ R 133); **Kur|für|sten|damm**; der; -[e]s (eine Straße in Berlin; ugs. Kurz-

---

form: Ku'damm [↑ R 21]); **Kur-für|sten|tum**; **kur|fürst|lich**; kurfürstlich sächsische Staatskanzlei; im Titel (↑ R 157): Kurfürstlich

Kur.gast (Plur. ...gäste), **...haus**

Kur_hes|se¹, **...hes|sen¹** (früheres Kurfürstentum Hessen-Kassel); **kur|hes|sisch¹**

ku|ri|al ⟨lat.⟩ (zur päpstl. Kurie gehörend); **Ku|ri|at|stim|me** (früher für: Gesamtstimme eines Wahlkörpers); **Ku|rie** [...i⁰] die; - ([Sitz der] päpstl. Zentralbehörde); **Ku|ri|en|kar|di|nal**

Ku|rier der; -s, -e ⟨franz.⟩ (Bote [im Militär- od. Staatsdienst])

ku|rie|ren ⟨lat.⟩ (ärztlich behandeln; heilen)

Ku|rier_flug|zeug, **...ge|päck**

Ku|ri|len Plur. (Inseln im Pazifischen Ozean)

ku|ri|os ⟨lat.(-franz.)⟩ (seltsam, sonderbar); -este; **Ku|rio|si|tät** die; -, -en (↑ R 180); **Ku|rio|si|tä-ten.händ|ler**, **...ka|bi|nett**; **Ku-rio|sum** das; -s, ...sa (↑ R 180)

ku|risch, aber (↑ R 146): das Kurische Haff, die Kurische Nehrung

Kur_ka|pel|le, (Orchester eines Kurortes), **...kar|te**, **...kli|nik**

Kur|köln² (Erzbistum Köln vor 1803); **kur|köl|nisch²**

Kur|kon|zert

Kur|ku|ma die; -, Kur|ku|men ⟨arab.⟩ (Gelbwurzel; ein Gewürz); **Kur|ku|ma_gelb**, **...pa|pier**

Kur|laub der; -[e]s, -e (mit einer Kur verbundener Urlaub)

Kür|lauf; **Kür|lau|fen** das; -s (Sport)

Kur|mainz² (ehem. Erzbistum Mainz)

Kur|mark die; - (Haupteil der ehem. Mark Brandenburg); **Kur-märker**; **kur|mär|kisch**

Kur_mit|tel das; **Kur|mit|tel|haus**; **Kur_or|che|ster**, **...ort** (der; -[e]s, -e), **...park**

Kur|pfalz² die; - (ehem. Kurfürstentum Pfalz); **Kur|pfäl|zer²** (↑ R 147); **kur|pfäl|zisch²**

kur|pfu|schen; ich kurpfusche; gekurpfuscht; zu kurpfuschen; **Kur.Pfu|scher** (der; **Kur|pfu|sche|rei**); **Kur|pfu|scher|tum** das; -s

Kur|prinz (Erbprinz eines Kurfürstentums); **kur|prinz|lich**

Kur|pro|me|na|de

Kur.re die; -, -n (Seemannsspr.: Grundschleppnetz)

Kur|ren|da|ner ⟨lat.⟩ (Mitglied einer Kurrende); **Kur|ren|de** die; -, -n (früher: Knabenchor, der gegen Gaben vor den Häusern geistl. Lieder singt; heute: ev.

Kinderchor; veralt. für: Umlaufschreiben); Kur|ren|de|schü|ler
kur|rent (lat.) (österr. für: in deutscher Schrift); Kur|rent|schrift (veralt. für: „laufende", d. h. Schreibschrift; österr. für: deutsche Schreibschrift)
kur|rig (mdal. für: mürrisch, launisch)
Kur|ri|ku|lum das; -s, ...la ⟨lat.⟩ (veralt. für: Laufbahn); vgl. Curriculum u. Curriculum vitae
Kurs der; -es, -e ⟨lat.⟩; Kurs_ab|schlag (für: Deport), ...ab|wei|chung, ...än|de|rung, ...an|stieg; Kur|sant der; -en, -en; ↑ R 197 (DDR: svw. Kursist); Kurs_auf|schlag (für: Report), ...buch
Kürsch das; -[e]s (Heraldik: Pelzwerk)
Kur|schat|ten (ugs. scherzh.: Person, die sich während eines Kuraufenthaltes einem Kurgast des anderen Geschlechts anschließt)
Kürsch|ner (Pelzverarbeiter); Kürsch|ne|rei
Kur|se ⟨Plur. von: Kurs u. Kursus⟩; Kurs_ein|bu|ße, ...ge|winn; kur|sie|ren ⟨lat.⟩ (umlaufen, im Umlauf sein); kursierende Gerüchte; Kur|sist der; -en, -en; ↑ R 197 (DDR: Lehrgangsteilnehmer); kur|siv (laufend, schräg); Kur|siv|druck der; -[e]s; Kur|si|ve [...wᵉ] die; -, -n (schrägliegende Druckschrift); Kur|siv|schrift; Kur|si|kor|rek|tur; kur|so|risch (fortlaufend, rasch durchlaufend); Kurs_rück|gang, ...stei|ge|rung, ...sturz, ...sy|stem (Schulw.)
Kür|ste die; -, -n (landsch. für: [harte] Brotrinde)
Kur|sus der; -, Kurse ⟨lat.⟩ (Lehrgang, zusammenhängende Vorträge; auch: Gesamtheit der Lehrgangsteilnehmer); Kurs_ver|lust, ...wa|gen, ...wech|sel, ...wert, ...zet|tel
Kurt (Kurzform von: Konrad)
Kur|ta|ge vgl. Courtage
Kur|ta|xe
Kur|ti|ne die; -, -n ⟨franz.⟩ (Festungswesen: Teil des Hauptwalles; Theater veralt., noch österr.: Mittelvorhang); Kur|ti|sa|ne die; -, -n ⟨franz.⟩ (früher für: Geliebte am Fürstenhof; Halbweltdame)
Kur|trier¹ (ehem. Erzbistum Trier); kur|trie|risch¹
Kur|tscha|to|vi|um [...owium] das; -s ⟨nach dem sowjet. Atomphysiker Kurtschatow⟩ (chem. Element, Transuran; Zeichen: Ku)
Kür|tur|nen die; -s (Turnen mit freier Wahl der Übungen); Kür|übung
ku|ru|lisch ⟨lat.⟩; -er Stuhl (Amts-

¹ Auch: kur...

sessel der höchsten röm. Beamten)
Ku|ruş [...ruʃ] der; -, - ⟨türk.⟩ (Untereinheit des türk. Pfundes)
Kur|va|tur [...wa...] die; -, -en ⟨lat.⟩ (Med.: Krümmung eines Organs, bes. des Magens); Kur|ve [...wᵉ od. ...fᵉ] die; -, -n (krumme Linie, Krümmung; Bogen[linie]; [gekrümmte] Bahn; Flugbahn); ballistische - (Flug-, Geschoßbahn); gekurvt; kur|ven|för|mig; Kur|ven|-li|ne|al, ...mes|ser der; kur|ven|reich; Kur|ven_schar (Math.), ...tech|nik, ...vor|ga|be (Leichtathletik)
Kur|ver|wal|tung
kur|vig [...wich] (bogenförmig, mit vielen Kurven); Kur|vi|me|ter [...wi...] das; -s, - (Kurvenmesser)
Kur|wür|de die; - (Würde eines Kurfürsten)
kurz; kürzer, kürzeste; kurz und gut; kurz und bündig; - und klein schlagen; zu - kommen; - angebunden; - entschlossen; - gesagt. I. Kleinschreibung (↑ R 65): a) am kürzesten; auf das, aufs kürzeste; des kürzer[e]n (z. B. darlegen); binnen, in, seit, vor kurzem; b) über kurz oder lang; den kürzer[e]n ziehen; vgl. aber: Kürze. II. Großschreibung: a) (↑ R 65:) das Lange und Kurze von der Sache ist ...; b) (↑ R 157:) Pippin der Kurze. III. Schreibung in Verbindung mit Verben (↑ R 205 f.): a) Getrenntschreibung in ursprünglicher Bedeutung, z. B. kurz schneiden; sie hat das Kleid zu kurz geschnitten; sich kurz fassen; er ist zu kurz (zu knapp) getreten; b) Zusammenschreibung, wenn durch die Verbindung ein neuer Begriff entsteht, z. B. kurzarbeiten, kurzhalten, kurzschließen, kurztreten, kürzertreten; Kurzar|beit die; -; kurz|ar|bei|ten; ↑ R 205 (aus Betriebsgründen eine kürzere Arbeitszeit einhalten); ich arbeite kurz; kurzgearbeitet; kurzzuarbeiten; Kurz|ar|bei|ter; kurz_är|me|lig oder ...ärm|lig, ...at|mig; Kurz|at|mig|keit die; -; Kurz_be|richt, ...bio|gra|phie; Kur|ze der; -n, -n; ↑ R 7 ff. (ugs. für: kleines Glas Branntwein; Kurzschluß); Kürze die; -; in -; Kür|zel das; -s, - (festgelegtes [kurzschriftl.] Abkürzungszeichen; vgl. Sigel); kür|zen; du kürzt (kürzest); kurzer|hand (Abk.: k. H. u. kh.); kürzer|tre|ten (sich [mehr] einschränken); wir müssen künftig -; vgl. kurztreten; Kurz_er|zählung, ...fas|sung, ...film, ...flügler (Zool.); kurz|fri|stig; kurz|ge

bra|ten; -es Fleisch (↑ aber R 209); kurz|ge|faßt; -e Erklärung; vgl. kurz, III; Kurz|geschich|te; kurz|ge|schnit|ten; die kurzgeschnittenen Haare (↑ jedoch R 209), aber: die Haare waren kurz geschnitten; kurz_-haa|rig, ...hal|sig; kurz|hal|ten; ↑ R 205 (ugs. für: in der Freiheit beschränken); ich halte ihn kurz; habe ihn kurzgehalten; er ist kurzzuhalten; vgl. kurz, III; kurz|hin (veralt. für: kurz, beiläufig); Kurz|le|big; Kurz|le|bigkeit die; -; kürz|lich; Kurz_meldung, ...nach|richt, ...par|ker, ...paß (Ballspiele), ...pro|gramm (Eiskunstlauf); kurz|schlie|ßen; ↑ R 205; ich schließe kurz; kurzgeschlossen; kurzzuschließen; Kurz|schluß; Kurz|schluß|handlung; Kurz|schrift (für: Stenographie); Kurz|schrift|ler (für: Stenograph); kurz|schrift|lich (für: stenographisch); kurz|sichtig; Kurz|sich|tig|keit die; -; kurz_sil|big (auch veralt. für: wortkarg), ...stäm|mig; Kurzstrecke [Trenn.: ...strek|ke]; Kurz|strecken_lauf [Trenn.: ...strek|ken...], ...läu|fer; Kurz-streck|ler (Kurzstreckenläufer), ...stun|de; Kurz|tag|pflan|ze (Bot.); kurz|tre|ten; ↑ R 205 (mit kleinen Schritten marschieren; sich einschränken; sich zurückhalten); sein Gesundheitszustand zwang ihn, bei der Arbeit kurzzutreten; vgl. kurz, III u. kürzertreten; kurz|um [auch: kurz-um]; Kür|zung; Kurz|waren|hand|lung; kurz|weg [auch: kurzwäk]; Kurz|weil die; -; kurzwei|lig; Kurz|wel|le; Kurz|wellen_sen|der, ...the|ra|pie; kurzwel|lig; Kurz|wort (Plur. ...wörter); Kurz|zeit|ge|dächt|nis das; -ses (Psych.); kurz|zei|tig; ein -er Engpaß
kusch! (Befehl an den Hund: leg dich still nieder!); vgl. kuschen
Ku|schel, Kus|sel die; -, -n (nordd. für: niedrige [verkrüppelte] Kiefer; Gebüsch)
ku|sche|lig, kusch|lig (gut zum Kuscheln); ku|scheln, sich (sich anschmiegen); ich ...[e]le mich (↑ R 22); Ku|schel|tier (weiches Stofftier); ku|schen (vom Hund: sich lautlos hinlegen; ugs. auch für: stillschweigen, den Mund halten); du kuschst (kuschest); kusch dich! (leg dich still nieder!); kusch|lig vgl. kuschelig
Ku|sel (Stadt im Saar-Nahe-Bergland); -er Schichten
Ku|sin|chen; Ku|si|ne (eindeutschende Schreibung für: Cousine)

¹Kus|kus der; -, - (ein Beuteltier)

²**Kus|kus** *der; -, -* ⟨arab.⟩ (ein nordafrik. Gericht)
Küs|nacht (ZH) (Ort am Zürichsee); vgl. aber: Küßnacht
Kuß *der; Kusses, Küsse;* **Küßchen,** Küßlein; **kuß|lecht**
Kus|sel vgl. Kuschel
küs|sen; du küßt (küssest), er küßt; du küßtest; geküßt; küsse! u. küß!; küss' die Hand! (österr. veraltend); sie küßt ihn auf die Stirn; **Kuß hand,** ...händ|chen; **Küß|lein,** Küß|chen
Küß|nacht am Ri|gi (Ort am Vierwaldstätter See); vgl. aber: Küsnacht
Kü|ste *die; -, -n;* **Kü|sten be|feuerung** (Kennzeichnung durch Leuchtfeuer u. a.), ...**fah|rer** (Schiff), ...**fi|sche|rei,** ...**ge|bir|ge,** ...**mo|tor|schiff,** ...**schiff|fahrt** [*Trenn.:* ...schiff|fahrt, ↑R 204], ...**strich**
Kü|ster (Kirchendiener); **Kü|ste|rei;** ¹**Ku|sto|de** *die; -, -n* ⟨lat.⟩ (früher: Kennzeichen der einzelnen Lagen einer Handschrift; Nebenform von Kustos [Druckw.]); ²**Ku|sto|de** *der; -n, -n;* ↑R 197 (Nebenform von Kustos [wissenschaftl. Sachbearbeiter]); **Ku|stos** *der; -, Kustoden* ⟨lat.⟩ („Wächter"; wissenschaftl. Sachbearbeiter an Museen u. ä.; Druckw. [hist.]: Silbe od. Wort am Fuß einer Seite zur Verbindung mit der folgenden Seite; veralt. für: Küster, Kirchendiener)
Kü|strin (Stadt an der Mündung der Warthe in die Oder)
Ku|te *die; -, -n* (niederd., bes. berlin. für: Vertiefung; Grube)
Ku|ti|ku|la *die; -, -s u. ...lä* ⟨lat.⟩ (Häutchen der äußeren Zellschicht bei Pflanzen u. Tieren); **Ku|tis** *die; -* (Lederhaut der Wirbeltiere; nachträglich verkorkstes Pflanzengewebe [z. B. an Wurzeln])
Kutsch|bock; Kut|sche *die; -, -n* ⟨nach dem ung. Ort Kocs (*kotsch*), d. h. Wagen aus Kocs); **kut|schen** (veralt. für: kutschieren); du kutschst (kutschest); **Kut|schen|schlag; Kut|scher; Kut|scher-knei|pe, ...sitz; kut|schie|ren; Kutsch|ka|sten**
Kut|te *die; -, -n*
Kut|tel *die; -, -n;* meist *Plur.* (südd., österr., schweiz. für: Kaldaune); **Kut|tel|fleck** *der; -[e]s, -e;* meist *Plur.* (mdal. für: Eßbares vom Eingeweide des Schlachttieres); **Kut|tel hof** (veralt. für: Schlachthof), ...**kraut** (*das; -[e]s;* österr. mdal. für: Thymian)
Kut|ter *der; -s, -* ⟨engl.⟩ (einmastiges Segelfahrzeug)
Kü|vel|la|ge [...*w'laseh'*] *die; -*

⟨franz.⟩ (Bergbau: Ausbau eines wasserdichten Schachtes mit gußeisernen Ringen); **kü|vel|lie|ren; Kü|vel|lie|rung** (svw. Küvelage)
Ku|vert [...*wer,* ...*wär,* auch: ...*wärt*] *das; -s -s u.* (bei dt. Aussspr.:) *-[e]s, -e* ⟨franz.⟩ ([Brief]umschlag; [Tafel]gedeck für eine Person); **ku|ver|tie|ren** (mit einem Umschlag versehen); **Ku|ver|tü|re** *die; -, -n* (Überzugsmasse [aus Schokolade] für Kuchen, Gebäck u. a.)
Kü|vet|te [...*wä...*] *die; -, -n* ⟨franz.⟩ (veralt. für: Innendeckel [der Taschenuhr]; kleines Gefäß, Trog)
Ku|wait [auch: *kuwait*] (Scheichtum am Persischen Golf); **Ku|wai|ter** [auch: *kuwait'r*]; **ku|wai|tisch** [auch: *kuwaitisch*]
Kux *der; -es, -e* ⟨tschech.-mlat.⟩ (börsenmäßig gehandelter Bergwerksanteil)
kv. = kriegsverwendungsfähig
kV = Kilovolt
kV = Köchelverzeichnis
kVA = Kilovoltampere
kW = Kilowatt
Kwaß *der; -* u. Kwasses ⟨russ.⟩ (gegorenes Getränk)
kWh = Kilowattstunde
Ky. = Kentucky
Kya|ni|sa|ti|on [...*zion*] *die; -* ⟨nach dem engl. Erfinder J. H. Kyan⟩ (ein Imprägnierungsverfahren für Holz); **kya|ni|sie|ren**
Kya|thos *die; -, -* (antiker einhenkliger Becher)
Ky|be|le [kübele, auch: ...*bele,* ...*bel'*] ⟨phryg. Göttin⟩
Ky|ber|ne|tik *die; -* ⟨griech.⟩ (wissenschaftliche Forschungsrichtung, die vergleichende Betrachtungen über Steuerungs- u. Regelungsvorgänge anstellt; ev. Theol.: Lehre von der Kirchenu. Gemeindeleitung); **Ky|ber|ne|ti|ker; ky|ber|ne|tisch**
Kyff|häu|ser [*kif...*] *der; -[s]* (Bergrücken südl. des Harzes)
Ky|kla|den *Plur.* (Inselgruppe in der Ägäis)
Ky|kli|ker vgl. Zykliker
Ky|klop vgl. Zyklop
Ky|ma *das; -s, -s* u. **Ky|ma|ti|on** *das; -s, -s u. ...ien* [...*i'n*] ⟨griech.⟩ (Bauw.: Zierleiste aus stilisierten Blattformen [bes. am Gesims griech. Tempel])
Ky|mo|gramm *das; -s, -e* ⟨griech.⟩ (Med.: Röntgenbild von sich bewegenden Organen); **Ky|mo|graph** *der; -en, -en;* ↑R 197 (Gerät zur mechanischen Aufzeichnung von rhythm. Bewegungen, z. B. des Pulsschlages); **Ky|mo|gra|phie** *die; -* (Röntgenverfahren zur Darstellung von Organbewegungen); **ky|mo|gra|phie-**

ren (eine Kymographie durchführen)
Kym|re *der; -n, -n;* ↑R 197 (keltischer Bewohner von Wales); **kym|risch; Kym|risch** *das; -[s]* (Sprache); vgl. Deutsch; **Kym|ri|sche** *das;-n;* vgl. Deutsche *das*
Ky|ni|ker ⟨griech.⟩ (Angehöriger der von Antisthenes gegründeten Philosophenschule); vgl. aber: Zyniker; **Ky|no|lo|ge** *der; -n, -n* (↑R 197); **Ky|no|lo|gie** *die; -* (Lehre von Zucht, Dressur u. Krankheiten der Hunde)
Ky|pho|se *die; -, -n* ⟨griech.⟩ (Med.: Wirbelsäulenverkrümmung nach hinten)
Ky|re|nai|ka vgl. Cyrenaika
Kyrie elei|son! [...*ri*e *-,* auch: ...*ri*e *ele-ison*] ⟨griech.⟩, **Ky|ri|e|leis!** („Herr, erbarme dich!"); vgl. Leis; **Ky|rie|e|lei|son** *das; -s, -s* (Bittruf)
ky|ril|lisch ⟨nach dem Slawenapostel Kyrill⟩; -e Schrift (↑R 134)
Ky|ros (pers. König)
Ky|the|ra (griech. Insel, heute: Kithira)
KZ = Konzentrationslager

L

L (Buchstabe); das L; des L, die L, aber: das l in Schale (↑R 82); der Buchstabe L, l
l = lävogyr; Leu; Liter
L (röm. Zahlzeichen) = 50
Λ, λ = Lambda
£ = Pfund (Livre) Sterling
l. = lies!; links
L. = Linné; ¹Lira *Sing.* u. Lire *Plur.;* Lucius od. Luzius
La = chem. Zeichen für: Lanthan
LA = Lastenausgleich
La. = Louisiana
l. a. = lege artis
Laa an der Tha|ya [*taja*] (österr. Stadt)
Laa|cher See *der; - -s* (See in der Eifel)
Laa|ser Mar|mor *der; - -s*
Lab *das; -[e]s, -e* (Ferment im [Kälber]magen)
La Bam|ba *die; - -, - -s* (ugs. auch: *der; - -[s], - -s*) ⟨bras.⟩ (ein Modetanz)
La|ban (bibl. m. Eigenn.); langer - (ugs. für: hochgewachsene, dünne männliche Person)
lab|be|rig, labb|rig (nordd. für: schwach; fade [vom Geschmack]; weichlich; breiig); **lab|bern** (nordd. für: schlürfend essen od. trinken); Seemannsspr.: schlaff werden); ich ...ere (↑R 22)

Lab|da|num vgl. Ladanum
La|be die; - (dicht.); La|be|fla|sche
La|bel [le'b'l] das; -s, -s ⟨engl.⟩
(Klebemarke; Schallplattenetikett; auch: Schallplattenfirma)
la|ben; sich -
La|ber|dan der; -s, -e ⟨niederl.⟩
(eingesalzener Kabeljau aus Norwegen)
la|bern (mitteld. für: schwatzen, unaufhörlich u. einfältig reden); ich ...ere (↑R 22)
la|bet ⟨franz.⟩ (veralt., noch mdal. in der Wendung: - sein = verloren haben [im Kartenspiel]; übertr.: müde, abgespannt sein)
La|be|trunk
la|bi|al ⟨lat.⟩ (die Lippen betreffend); La|bi|al der; -s, -e u. La|bi-al|laut (Sprachw.: Lippenlaut, mit den Lippen gebildeter Laut, z. B. p, m); La|bi|al|pfei|fe (eine Orgelpfeife); La|bia|te die; -, -n; meist Plur. (Lippenblütler)
la|bil ⟨lat.⟩ (schwankend; veränderlich, unsicher); -es Gleichgewicht; La|bi|li|tät die; -, -en
La|bio|den|tal ⟨lat.⟩ (Sprachw.: Lippenzahnlaut, mit Unterlippe u. oberen Schneidezähnen gebildeter Laut, z. B. f, w); La|bio|ve-lar (Sprachw.: Lippengaumenlaut)
Lab.kraut (das; -[e]s; eine Pflanzengattung), ...ma|gen
La|boe [labö] (Ostseebad am Ostufer der Kieler Förde); La|boer [...ö'r]
La|bor [österr., schweiz. auch: la...] das; -s, -s (auch: -e) ⟨lat.⟩ (Kurzform von: Laboratorium); La|bo|rant der; -en, -en; ↑R 197 (Laborgehilfe); La|bo|ran|tin die; -, -nen; La|bo|ra|to|ri|um das; -s, ...ien [...i'n] (Arbeitsstätte; [bes. chem.] Versuchsraum; Forschungsstätte); la|bo|rie|ren; an einer Krankheit - (ugs. für: leiden); an einer Arbeit - (ugs. für: sich abmühen); La|bor|ver-such
La Bo|stel|la die; - -, - -s ⟨Herkunft unsicher⟩ (ein Tanz)
La|bour Par|ty [le'b'r pa'ti] die; - - ⟨engl.⟩ (engl. Arbeiterpartei)
¹La|bra|dor (nordamerik. Halbinsel); ²La|bra|dor der; -s, -e u. La-bra|do|rit der; -s, -e (ein Mineral, Schmuckstein); La|bra|dor|hund
Lab|sal das; -[e]s, -e (österr. u. südd. auch: die; -, -e)
lab|sal|ben ⟨niederl.⟩ (Seemannsspr.: [zum Schutz] teeren); ich labsalbe; gelabsalbt; zu -
Labs|kaus das; - ⟨engl.⟩ (seemänn. Eintopfgericht)
La|bung
La|by|rinth das; -[e]s, -e ⟨griech.⟩ (Irrgang, -garten; Durcheinander; Med.: inneres Ohr); La|by-

rinth|fisch; la|by|rin|thisch (unentwirrbar)
La Chaux-de-Fonds [laschodfong] (Stadt im Schweizer Jura)
¹La|che die; -, -n (Gelächter)
²La|che [auch: la...] die; -, -n (Pfütze)
³La|che, (fachspr. meist:) Lach|te die; -, -n (Forstw.: Einschnitt [in Baumrinde])
lä|cheln; ich ...[e]le (↑R 22); la-chen; Tränen -; er hat gut -; La-chen das; -s; das ist zum -; La-cher; Lach|er|folg; lä|cher|lich; ins Lächerliche ziehen; lä|cher-li|cher|wei|se; Lä|cher|lich|keit; lä|chern (landsch. für: zum Lachen reizen); es lächert mich
Lach|e|sis (eine der drei Parzen)
Lach|fält|chen (meist Plur.); Lach-gas; lach|haft; Lach|haf|tig|keit die; -; Lach.krampf, ...lust (die; -), ...mö|we, ...sal|ve
Lachs der; -es, -e (ein Fisch); Lachs.bröt|chen, ...fang; lachs-.far|ben od. ...far|big; lachs.ro-sa, ...rot; Lachs|schin|ken
Lach|tau|be
Lach|te vgl. ³Lache
Lach|ter der; -, -n od. das; -s, - (altes bergmänn. Längenmaß)
la|cie|ren [lassir'n] ⟨franz.⟩ (einschnüren; mit Band durchflechten)
Lack der; -[e]s, -e ⟨sanskr.⟩; Lack-af|fe (ugs.); Lack|ar|beit
Lacke¹ die; -, -n (österr. ugs. für: ²Lache)
Lackel¹ der; -s, - (südd., österr. ugs. für: grober, auch unbeholfener, tölpelhafter Mensch)
lacken¹ (seltener für: lackieren); gelackt; lack|glän|zend; Lack-gür|tel; lackie|ren¹ (Lack auftragen; ugs. für: anführen; übervorteilen); Lackie|rer¹; Lackie|re-rei¹; Lackie|rung¹; Lackier¹-_werk|statt od. ...werk|stät|te; Lack.le|der, ...man|tel; lack|mei-ern vgl. gelackmeiert
Lack|mus der od. das; - ⟨niederl.⟩ (chem. Reagens); Lack|mus|pa-pier
Lack.scha|den, ...schuh, ...stie|fel
La|cri|mae Chri|sti [...ä -] der; - -, - - ⟨lat.⟩ („Christustränen"; Wein von den Hängen des Vesuvs); la-cri|mo|so ⟨ital.⟩ (Musik: klagend)
La|crosse [lakroß] das; - ⟨franz.⟩ (amerik. Ballspiel)
Lac|tam [laktam] das; -s, -e ⟨lat.; griech.⟩ (eine chem. Verbindung)
La|dakh (Hochplateau in Nordindien)
La|da|num das; -s ⟨griech.⟩ (ein Harz)
Läd|chen, Läd|lein (kleine Lade; kleiner Laden); La|de die; -, -n

(landsch. für: Truhe, Schublade); La|de_baum, ...flä|che, ...ge-rät, ...ge|wicht, ...gut, ...hem-mung, ...kon|trol|le, ...lu|ke, ...mast der; ¹la|den (aufladen); du lädst, er lädt; du ludst (ludest); du lüdest; geladen; lad[e]!
²la|den (zum Kommen auffordern); du lädst, er lädt (veralt., aber noch landsch.: du ladest, er ladet); du lud|st (ludest); du lü-dest; geladen; lad[e]!
La|den der; -s, Läden (selten auch: -); La|den.dieb, ...dieb|stahl, ...hü|ter (schlecht absetzbare Ware), ...kas|se, ...ket|te, ...preis (vgl. ²Preis), ...schluß (der; ...schlusses); La|den|schluß.ge-setz, ...zeit; La|den.schwen|gel (abschätzig für: junger Verkäufer), ...stra|ße, ...tisch, ...toch|ter (schweiz. für: Verkäuferin), ...zen|trum
La|de|platz; La|der (Auflader); La|de.ram|pe, ...raum, ...stock (Plur. ...stöcke; Teil der früheren Gewehre; Bergbau: runder Holzstock zum Einführen der Sprengstoffpatronen in die Bohrlöcher)
lä|die|ren ⟨lat.⟩ (verletzen; beschädigen); lädiert sein; Lä|die|rung
La|din das; -s (ladinische Sprache); La|di|ner (Angehöriger eines rätoroman. Volksteiles in Südtirol); la|di|nisch; La|di|nisch das; -[s] (Sprache); vgl. Deutsch; La|di|ni|sche die; -n; vgl. Deutsche
La|dis|laus (m. Vorn.)
Läd|lein, Läd|chen
Lad|ne|rin die; -, -nen (südd. u. österr. veraltend neben: Verkäuferin)
La|do|ga|see das; -s (nordöstl. von Leningrad)
La|dung
La|dy [le'di] die; -, -s (auch: ...dies) [le'dis] (Titel über der engl. adligen Frau; selten für: Dame); la|dy-like [le'dilaik] (nach Art einer Lady; vornehm)
Laër|tes (Vater des Odysseus)
La Fa|yette, La|fa|yette [lafajät] (franz. Staatsmann)
La|fet|te die; -, -n ⟨franz.⟩ (Untergestell der Geschütze); la|fet|tie-ren (veralt. für: auf die Lafette bringen)
¹Laf|fe der; -n, -n; ↑R 197 (ugs. für: Geck); ²Laf|fe die; -, -n (südwestd. für: Schöpfteil des Löffels; Ausguß)
La Fon|taine [lafongtän] (franz. Dichter); die La-Fontaineschen Fabeln (↑R 137)
LAG = Lastenausgleichsgesetz
La|ge die; -, -n; in der - sein; La-ge.be|richt, ...be|spre|chung

La|gel das; -s, - (landsch. für: Fäß-

¹ Trenn.: ...k|k...

chen [für Fische]; Traggefäß; früheres Maß, Gewicht)

La|gen_schwim|men (das; -s), ...staf|fel; la|gen|wei|se; La|ge|plan; vgl. ²Plan; La|ger das; -s, - u. (Kaufmannsspr. für: Warenvorräte auch:) Läger; etwas auf -halten; La|ger|bier; la|ger.fä|hig, ...fest; La|ger.feu|er, ...ge|bühr, ...hal|le, ...hal|tung, ...haus; La|ge|r|st der; -en, -en; ↑R 197 (Lagerverwalter); La|ge|ri|stin die; -, -nen; La|ger|kol|ler La|ger|löf, Selma (schwed. Dichterin)

la|gern; ich ...ere (↑R 22); sich -; La|ger.obst, ...raum, ...schild (der; -es, -er; Technik), ...statt (geh. für: Bett, Lager), ...stät|te (Geol.: Fundort; seltener für: Lagerstatt); La|ge|rung; La|ger.ver|wal|ter; La|ge|skiz|ze

La|go Mag|gio|re [- madsehore] der; - - ⟨ital.⟩ (ital.-schweiz. See); vgl. Langensee

La|gos (Hptst. von Nigeria)

la|gri|mo|so vgl. lacrimoso

Lag|ting das; -s ⟨norw.⟩ (das norw. Oberhaus)

La|gu|ne die; -, -n ⟨ital.⟩ (durch einen Landstreifen vom offenen Meer getrennter flacher Meeresteil); La|gu|nen|stadt

lahm; lahm|ar|schig (derb für: träge); Läh|me die; - (eine Jungtierkrankheit); lah|men (lahm gehen); läh|men (lahm machen); Lahm|heit die; -; lahm|le|gen (↑R 205); ich lege lahm; lahmgelegt; lahmzulegen; Lahm|le|gung; Läh|mung; Läh|mungs|er|schei|nung (meist Plur.)

¹Lahn die; - (r. Nebenfluß des Rheins)

²Lahn der; -[e]s, -e ⟨franz.⟩ (ein Metalldraht)

³Lahn die; -, -en (bayr. u. österr. mdal. für: Lawine); lah|nen (bayr. u. österr. mdal. für: tauen)

Lahn|spu|le (zu ²Lahn)

Lah|nung (Wasserbau: ins Meer hineingebauter Damm)

Lahn|wind (bayr. u. österr. mdal. für: Tauwind)

Lahr (Stadt am Westrand des Schwarzwaldes); -er Hinkender Bote (Name eines Kalenders)

Laib der; -[e]s, -e; ein - Brot, Käse

Lai|bach, (offz.:) Ljubljana (jugoslaw. Stadt)

Laib|chen (österr. für: kleines, rundes Gebäck)

Lai|bung, (auch:) Leibung (innere Mauerfläche bei Wandöffnungen; innere Wölbfläche bei Wölbungen)

Laich der; -[e]s, -e (Eier von Wassertieren); lai|chen (Laich absetzen); Laich.kraut, ...platz, ...zeit

Laie der; -n, -n (↑R 197) ⟨griech.⟩

(Nichtfachmann; Nichtpriester); Lai|en.apo|sto|lat, ...bre|vier, ...bru|der, ...büh|ne, ...chor (vgl. ²Chor); lai|en|haft; Lai|en-_kunst, ...prie|ster, ...rich|ter, ...spiel, ...stand (der; -[e]s); lai|sie|ren [la-i...] (einen Kleriker regulär od. strafweise in den Laienstand versetzen); Lai|sie|rung

Lais|ser-al|ler [läßeale] das; - ⟨franz.⟩ (das [Sich]gehenlassen); Lais|ser-faire [...fär] das; - (das Gewähren-, Treibenlassen; veralt. für: Ungezwungenheit, Ungebundenheit); Lais|ser-pas|ser [...paße] der; -, - (veralt. für: Passierschein)

Lai|zis|mus [la-i...] der; - ⟨griech.⟩ (weltanschauliche Richtung, die die radikale Trennung von Kirche u. Staat fordert); lai|zi|stisch [la-i...]; -ste

La|kai der; -en, -en (↑R 197) ⟨franz.⟩ (Kriecher; früher für: herrschaftl. Diener [in Livree]); la|kai|en|haft

La|ke die; -, -n (Salzlösung zum Einlegen von Fisch, Fleisch)

La|ke|dä|mo|ni|er [...iᵉr] ⟨griech.⟩ (Bewohner von Sparta); la|ke|dä|mo|nisch

La|ken das; -s, - (niederd., mitteld. für: Bettuch; Tuch)

Lak|ko|lith der; -s u. -en, -e[n] (↑R 197) ⟨griech.⟩ (Geol.: ein Tiefengesteinskörper)

La|ko|da das; -[s], -s ⟨nach einer Insellandschaft im Beringmeer⟩ (ein Robbenpelz)

La|ko|ni|en [...iᵉn] (Verwaltungsbezirk im Peloponnes); la|ko|nisch; -ste ⟨griech.⟩ (auch für: kurz u. treffend); La|ko|nis|mus der; -, ...men (Kürze des Ausdrucks)

La|kritz der (auch: das); -es, -e, La|krit|ze die; -, -n ⟨griech.⟩ (eingedickter Süßholzsaft); La|krit|zen|saft der; -[e]s; La|krit|zen|stan|ge od. La|krit|z|stan|ge

lakt... ⟨lat.⟩ (milch...); Lakt... (Milch...); Lak|tam vgl. Lactam; Lak|ta|se die; -, -n (ein Ferment); Lak|ta|ti|on [...zion] die; -, -en (Milchabsonderung; Zeit des Stillens); lak|tie|ren (Milch absondern; säugen); Lak|to|mel|ter das; -s, - (Vorrichtung zur Milchprüfung); Lak|to|se die; - (Milchzucker); Lak|to|skop das; -s, -e ⟨lat.; griech.⟩ (Vorrichtung zur Milchprüfung); Lak|tos|urie die; -, ...ien (Med.: Ausscheidung von Milchzucker mit dem Harn)

la|ku|nar ⟨lat.⟩ (Med., Biol.: Gewebelücken bildend, höhlenartig, buchtig); La|ku|ne die; -, -n (Lücke in einem Text; Hohlraum in Geweben); la|ku|strisch (in Seen sich bildend od. vorkom-

mend [von Gesteinen u. Lebewesen])

lal|la (ugs.); es ging ihm so - (einigermaßen)

Lal|le|buch, Lal|len|buch das; -[e]s (altes volkstüml. Schwankbuch)

lal|len; Lall.pe|ri|ode (Päd.), ...wort

L. A. M. = Liberalium Artium Magister

¹La|ma das; -s, -s ⟨peruan.⟩ (südamerik. Kamelart; ein flanellartiges Gewebe)

²La|ma der; -[s], -s ⟨tibet.⟩ (buddhist. Priester od. Mönch in Tibet u. der Mongolei); La|ma|is|mus der; - (Form des Buddhismus); la|mai|stisch (↑R 180)

La|mäng ⟨nach franz. la main [mäng] „die Hand“⟩, in: aus der [kalten] - (scherzh. für: aus dem Stegreif, sofort)

La|man|tin der; -s, -e ⟨indian.⟩ (amerik. Seekuh)

La|marck (franz. Naturforscher); La|mar|ckis|mus der; - [zur Trenn.: ↑R 179] (von Lamarck begründete Abstammungslehre)

Lam|ba|re|ne (Ort in Gabun; Wirkungsstätte Albert Schweitzers)

Lamb|da das; -[s], -s ⟨griech. Buchstabe: Λ, λ⟩; Lamb|da_naht (Anatomie), ...son|de (beim Abgaskatalysator); Lamb|da|zis|mus der; - ⟨griech.⟩ (fehlerhafte Aussprache des R als L)

Lam|bert, Lam|brecht, Lamprecht (m. Vorn.); Lam|ber|ta (w. Vorn.)

Lam|berts|nuß (zu: lombardisch) (Nuß einer Haselnußart)

Lam|brecht vgl. Lambert, Lamprecht

Lam|bre|quin [langbrᵉkäng] der; -s, -s ⟨franz.⟩ (veralt. für: [gezackter] Querbehang [über Fenstern])

Lam|brie, Lam|pe|rie die; -, ...ien ⟨franz.⟩ (mdal. für: Lambris); Lam|bris [langbri] der; - [...bri(ß)/], -[...briß] ⟨österr.: die;-, - u. ...ien⟩ ⟨franz.⟩ (untere Wandverkleidung aus Holz, Marmor od. Stuck)

Lam|brus|co [...bruβko] der; - ⟨ital.⟩ (ital. Rotwein)

Lamb|skin [lämβkin] das; -[s], -s ⟨engl.⟩ (Lammfellimitation); Lambs|wool [lämß'ul] die; - (zarte Lamm-, Schafwolle)

la|mé [lame] ⟨franz.⟩ (mit Lamé durchwirkt); La|mé der; -s, -s (Gewebe aus Metallfäden, die mit [Kunst]seide übersponnen sind); la|mel|lar ⟨lat.⟩ (streifig, schichtig, geblättert); La|mel|le die; -, -n ⟨franz.⟩ (Streifen, dünnes Blättchen; Blatt unter dem Hut von Blätterpilzen); la|mel|len|för|mig

la|men|ta|bel ⟨lat.⟩ (veralt. für:

jämmerlich, kläglich; bewei-
nenswert); ...a|ble Lage; La|men-
ta|ti|on [...*zion*] *die;* -, -en (veralt.
für: Jammern, Wehklagen); la-
men|tie|ren (ugs. für: laut klagen,
jammern); La|men|to *das;* -s, -s
⟨ital.⟩ (ugs. für: Gejammer; Musik: Klagelied)
La|met|ta *das;* -s ⟨ital.⟩ (Metall-
fäden [als Christbaumschmuck])
la|mi|nar ⟨lat.⟩ (Physik: ohne Wir-
bel nebeneinander herlaufend);
-e Strömung; La|mi|na|ria *die;* -,
...ien [...*i^n*] (eine Braunalgengat-
tung); la|mi|nie|ren ⟨franz.⟩ (We-
berei: [Material] strecken, um die
Fasern längs zu richten; Buchw.:
[ein Buch] mit Glanzfolie über-
ziehen)
Lamm *das;* -[e]s, Lämmer; Lämm-
bra|ten; Lämm|chen, Lämm|lein;
läm|men (ein Lamm werfen);
Läm|mer|gei|er (ein Raubvogel);
Läm|mer|ne *das;* -n; ↑ R 7 ff. (bes.
österr. für: Lammfleisch); Läm-
mer|wol|ke (meist *Plur.*); Lam-
mes|ge|duld, Lamms|ge|duld
(ugs. für: große Geduld); Lamm-
_fell, ...fleisch; lamm|fromm
(ugs.); Lamm|ko|te|lett; Lämm-
lein, Lämm|chen; Lamms|ge-
duld, Lam|mes|ge|duld; Lam-
mung *die;* -
Lam|pas *der;* -, - ⟨franz.⟩ (Damast-
gewebe); Lam|pas|sen [österr.:
lam...] *Plur.* (breite Streifen an
[Uniform]hosen)
Lämp|chen, Lämp|lein (kleine
²Lampe)
¹Lam|pe (Kurzform von: Lam-
pert; der Hase der Tierfabel);
Meister -
²Lam|pe *die;* -, -n; Lam|pen_docht,
...fie|ber, ...licht (*das;* -[e]s),
...schein (*der;* -[e]s), ...schirm,
...stu|be (Bergmannsspr.); Lam-
pe|rie vgl. Lambrie; Lam|pi|on
[...*piong, lampiong,* auch: *lampiong,* österr.: ...*jon*] *der* (seltener: *das*); -s, -s ⟨franz.⟩ ([Pa-
pier]laterne); Lam|pi|on|blu|me;
Lämp|lein, Lämp|chen
Lam|precht vgl. Lambrecht, Lam-
bert
Lam|pre|te *die;* -, -n ⟨mlat.⟩ (ein
Fisch)
Lan|ça|de [*langßad^e*] *die;* -, -n
⟨franz.⟩ (Sprung eines Pferdes in
der Hohen Schule)
Lan|cas|ter [*längkßt^r*] (engl. Her-
zogsfamilie; engl. Stadt)
Lan|cier [*langßie*] *der;* -s, -s
⟨franz.⟩ („Lanzenreiter"; Ulan)
lan|cie|ren [*langßir^n*] (fördern;
zu Anerkennung, Verbreitung
verhelfen; gezielt in die Öffent-
lichkeit dringen lassen); lan-
ciert; -e (in bestimmter Art ge-
musterte) Gewebe; Lan|cie|rung
Land *das;* -[e]s, Länder u. (dicht.:)

Lande; aus aller Herren Länder[n]; außer Landes; hierzulan-
de; die Halligen melden „Land
unter" (Überflutung); zu Lande
u. zu Wasser, aber: bei uns zu-
lande (daheim); land|ab vgl.
landauf; Land_adel, ...am|bu|la-
to|ri|um (DDR), ...am|mann
(schweiz.: Titel des Präsidenten
einiger Kantonsregierungen),
...ar|beit, ...ar|bei|ter, ...arzt
Land|au|er (viersitziger Wagen)
land|auf; -, landab (überall);
Land|auf|ent|halt
Land|au in der Pfalz (Stadt im
Vorland der Haardt); Lan|dau-
lett [*landolät*] *das;* -s, -e ⟨franz.;
nach der dt. Stadt Landau⟩
([Halb]landauer)
land|aus; -, landein (überall);
Land_bau (*der;* -[e]s), ...be|sitz,
...be|völ|ke|rung, ...be|woh|ner,
...brot; Länd|chen *das;* -s, - u.
Länderchen; Ländlein *das;* -s, -
u. Länderlein; Land|drost (frü-
her für: Landvogt); Län|de *die;* -,
-n (landsch. für: Landungs-
platz); Lan|de_bahn, ...er|laub-
nis, ...fäh|re; Land|ei|gen|tü|mer;
land|ein vgl. landaus; land|ein-
wärts; Lan|de|klap|pe (am Flug-
zeug); Lan|de|ma|nö|ver; lan-
den; län|den (landsch. für: lan-
den, ans Ufer bringen); Land|en-
ge; Lan|de_pi|ste, ...platz; Län-
de|rei|en *Plur.*; Län|der_kampf
(Sportspr.), ...kun|de (*die;* -; Wis-
senschaftsfach); län|der|kun|dig
(die Länder kennend); län|der-
kund|lich (die Länderkunde be-
treffend); Län|der_na|me, ...spiel
(Sportspr.)
Landes [*langd*] *die* (*Plur.*; franz.
Landschaft)
Lan|des_amt, ...art (*die;* -), ...auf-
nah|me, ...bank (*Plur.*: ...ban-
ken), ...be|hör|de, ...bi|schof,
...brauch, ...far|ben (*Plur.*),
...feind; lan|des|flüch|tig, land-
flüch|tig; Lan|des_fürst, ...ge-
richt (österr. svw. Landgericht),
...ge|richts|rat (österr. svw.
Landgerichtsrat), ...ge|schich|te,
...gren|ze, ...haupt|mann (österr.
für: Regierungschef eines Bun-
deslandes; *Plur.*: ...leute od.
...männer), ...haupt|stadt, ...herr;
lan|des|herr|lich; Lan|des_ho-
heit, ...hym|ne (österr. für: offz.
Hymne eines Bundeslandes),
...in|ne|re, ...kind, ...kir|che
Lan|des|kro|ne (Berg bei Görlitz)
Lan|des|kun|de *die;* - (Wissen-
schaftsfach); lan|des|kun|dig
(das Land kennend); lan|des-
kund|lich (die Landeskunde be-
treffend); Lan|des_li|ste, ...mei-
ster|schaft, ...mut|ter (*Plur.*:
...mütter), ...par|la|ment, ...pla-
nung, ...pro|dukt, ...rat (österr.

für: Mitglied einer Landesregie-
rung), ...recht (Recht der Länder
im Gegensatz zum Reichs-
od. Bundesrecht), ...re|gie|rung,
...schul|rat (österr. für: oberste
Schulbehörde eines Bundeslan-
des), ...sit|te, ...so|zi|al|ge|richt,
...spra|che, ...tracht, ...trau|er;
lan|des|üb|lich; Lan|des_va|ter,
...ver|rat, ...ver|rä|ter, ...ver|si-
che|rungs|an|stalt, ...ver|tei|di-
gung, ...ver|wei|sung; lan|des-
ver|wie|sen; Lan|des_wäh|rung,
...wap|pen; lan|des|weit; Län|de-
ver|bot; Land|fah|rer; land|fein
(Seemannsspr.); sich - machen;
Land|flucht *die;* - (Abwanderung
der ländl. Bevölkerung in die
[Groß]städte); land|flüch|tig,
lan|des|flüch|tig; Land|frau;
Land|frau|en|schu|le; land-
fremd; Land|frie|de[n]; Land-
frie|dens|bruch *der;* Land_ge-
mein|de, ...ge|richt (Abk.: LG),
...ge|richts|rat (*Plur.*: ...räte),
...ge|win|nung, ...graf, ...gut,
...haus, ...heim, ...jä|ger (eine
Dauerwurst; früher für: Land-
polizist, Gendarm), ...kar|te;
Land Keh|din|gen *das;* -es - (Teil
der Elbmarschen); Land_kind,
...kli|ma, ...kom|mu|ne, ...kreis;
land|läu|fig; Land|le|ben *das;* -s;
Länd|lein vgl. Ländchen; Länd-
ler (ein Volkstanz); länd|lich;
Länd|lich|keit *die;* -; land|lie-
bend (Zool.); Land_luft,
...macht, ...mann (*Plur.*: ...leute;
Bauer), ...ma|schi|ne, ...mes|ser
der, ...nah|me (*die;* -; hist.: Inbe-
sitznahme von Land durch
ein Volk), ...par|tie, ...pfar|rer,
...pfle|ger (bibl.), ...pla|ge, ...po-
me|ran|ze (spött. für: Mädchen
vom Lande, Provinzlerin), ...pra-
xis, ...rat (*Plur.*: ...räte), ...rat|te
(Seemannsspr. spött. für: Nicht-
seemann), ...recht (im MA.:
Recht der landesherrl. Gebiete),
...re|gen, ...rich|ter (veralt.)
Land|ro|ver [*ländro^w^r*] *der;* -[s], -
⟨engl. Ⓦ⟩ (ein geländegängiges
Kraftfahrzeug)
Land|rücken [*Trenn.:* ...rük|ken];
land|säs|sig (veralt.)
Lands|berg a. Lech (Stadt im Ober-
bayern)
Land|schaft; Land|schaf|ter
(Landschaftsmaler); land|schaft-
lich; Land|schafts.gärt|ner,
...ma|ler, ...schutz|ge|biet; Land-
schrei|ber (schweiz. für: Kanzlei-
vorsteher eines Landkantons,
Bezirks), ...schu|le, ...see *der;* Land-
schul|heim; Land|see *der;* Land-
ser (ugs. für: Soldat); Lands|ge-
mein|de (schweiz. für: Versamm-
lung der stimmfähigen Bürger eines Kantons, Bezirks)
Lands|hut (Stadt a. d. Isar)

L**a**nd|sitz; L**a**nds|knecht
Lands|m**å**l [*l*á*nzmol*] *das;* -[s]
⟨norw.⟩ („Landessprache", ältere
Bez. für Nynorsk [vgl. d.])
L**a**nds_mann (Landes-, Heimatge-
nosse; *Plur.:* ...leute), ...m**ä**n|nin
(*die;* -, -nen); l**a**nds|m**ä**n|nisch;
L**a**nds|mann|schaft; l**a**nds|mann-
schaft|lich; L**a**nd|stadt; L**a**nd-
st**ä**n|de *Plur.* (hist.)
Lands|ting [*lan*ßteng] *das; -s* ⟨dän.⟩
(bis 1953 der Senat des dän.
Reichstages)
L**a**nd|stör|zer (veralt. für: Fahren-
der); L**a**nd|stör|ze|rin *die;* -,
-nen; L**a**nd_stra|ße, ...strei|cher,
...streit|kräf|te *Plur.,* ...strich,
...sturm (vgl. ¹Sturm); L**a**nd-
sturm|mann (*Plur.:* ...männer);
L**a**nd|tag; der Hessische -; der -
von Baden-Württemberg; L**a**nd-
tags_ab|ge|ord|ne|te, ...wahl;
L**a**n|dung; L**a**n|dungs_boot,
...brücke [*Trenn.:* ...brük|ke],
...steg; L**a**nd_ur|laub, ...ver|mes-
ser, ...vogt (hist.), ...volk (*das;*
-[e]s); l**a**nd|wärts; L**a**nd-W**a**s-
ser-Tier (↑ R 41); L**a**nd|wehr *die;*
L**a**nd|wehr|mann (*Plur.:* ...män-
ner); L**a**nd_wein, ...wind, ...wirt,
...wir|tin, ...wirt|schaft; l**a**nd-
wirt|schaft|lich; -e Nutzfläche;
landwirtschaftliche Produktionsgenossenschaft (DDR;
Abk.: LPG), aber (↑ R 157):
„Landwirtschaftliche Produktionsgenossenschaft Einheit" [in
Dallgow]; L**a**nd|wirt|schafts_aus-
stel|lung, ...ge|setz, ...kam|mer,
...mei|ster; L**a**nd|zun|ge
l**a**ng; länger, längste. I. *Kleinschreibung* (↑ R 65): a) ein langes
u. breites (viel) reden; b) sich des
langen u. breiten, des länger[e]n
u. breiter[e]n über etwas äußern;
am, zum längsten; seit lange[m];
c) über kurz od. lang. II. *Großschreibung:* a) (↑ R 65:) das Lange
u. Kurze von der Sache ist ...; in
Lang (ugs. für: im lange
Abendkleid) gehen; b) (↑ R 157:)
der Lange Marsch (der Marsch
der chin. Kommunisten quer
durch China 1934 bis 1935). III.
Zusammenschreibung (↑ auch
R 209): langhin; allzulang; me-
terlang, jahrelang, tagelang usw.,
aber: einen Fuß lang, zehn Meter lang, zwei Jahre lang usw.;
langgehen (vgl. d.); langlegen,
sich (vgl. d.); langziehen (vgl.
d.); vgl. lange; l**a**ng_är|me|lig od.
...ärm|lig, ...ar|mig, ...at|mig,
...bär|tig; L**a**ng_baum (svw.
Langwied[e]), ...bein (scherzh.);
l**a**ng|bei|nig; l**a**n|ge, lang; länger,
am längsten (↑ R 65); lang er-
sehnte Hilfe, lang anhaltender
Beifall usw.; es ist lange her;
lang, lang ist's her; L**a**n|ge *die; -,*

-n; l**ä**n|ge|lang (ugs. für: der Län-
ge nach); - hinfallen
L**a**n|ge|m**a**rck (so die seit dem
1. Weltkrieg übliche Schreibung,
amtl.: L**a**n|ge|m**a**rk; Ort in West-
flandern)
l**a**n|gen (ugs. für: ausreichen;
[nach etwas] greifen)
l**ä**n|gen (länger machen; veralt.
für: länger werden); L**ä**n|gen-
_grad, ...kreis, ...maß *das*
L**a**n|gen|see *der; -s* (deutsch für:
Lago Maggiore)
L**a**n|ge|oog [...*o*k] (ostfries. Insel)
l**ä**n|ger|fri|stig
L**a**n|get|te *die;* -, -n ⟨franz.⟩ (Rand-
stickerei als Abschluß; Trenn-
ungswand zwischen zwei
Schornsteinen); l**a**n|get|tie|ren
(mit Randstickereien versehen);
L**a**n|get|tie|rung
L**a**n|ge|wei|le, L**a**ng|weile *die;*
Gen. der Lang[e]weile u. Langen-
weile; aus - u. Langerweile; Lan-
ge|zeit *die;* zur Beugung vgl. Lan-
geweile (schweiz. für: Sehnsucht,
Heimweh); l**a**ng|fä|dig (schweiz.
für: weitschweifig u. langweilig);
L**a**ng|fin|ger (ugs. für: Dieb);
l**a**ng|fin|ge|rig; l**a**ng|fri|stig
L**a**ng|g**ä**s|ser (dt. Dichterin)
l**a**ng|ge|hegt; l**a**ng|ge|hen (ugs.
für: entlanggehen); wissen, wo
es langgeht; l**a**ng_ge|stielt, ...ge-
streckt, ...ge|zo|gen, ...glie|de|rig
od. ...glied|rig; L**a**ng|haar|dackel
[*Trenn.:* ...dak|kel]; l**a**ng_haa|rig,
...hal|sig; L**a**ng|haus; l**a**ng|hin;
ein langhin rollendes Echo;
L**a**ng|holz; l**a**ng_jäh|rig, ...köp-
fig; L**a**ng|lauf (Sportspr.); L**a**ng-
lauf|ski; l**a**ng|le|big; L**a**ng|le-
big|keit *die; -;* l**a**ng|le|gen, sich
(ugs. für: sich zum Ausruhen
hinlegen); l**ä**ng|lich; l**ä**ng|lich-
r**u**nd (↑ R 39); l**a**ng|mäh|nig;
L**a**ng|mut *die; -;* l**a**ng|mü|tig;
L**a**ng|mü|tig|keit *die; -;* l**a**ng|na-
sig
l**a**ng|go|b**a**r|de *der; -n, -n;* ↑ R 197
(Angehöriger eines westgerm.
Volkes); l**a**n|go|b**a**r|disch
L**a**ng|ohr *das; -[e]s,* -en (scherzh.
für: Hase; Esel); L**a**ng|pferd
(Turnen); l**a**ng|rip|pig; l**a**ngs
(der Länge nach); etwas - trennen; mit *Gen.:* - des Weges, gele-
gentl. mit *Dat.:* - dem Wege;
L**a**ngs|ach|se
l**a**ng|sam; -er Walzer; L**a**ng|sam-
keit *die; -*
l**a**ng|schä|de|lig, l**a**ng|schäd|lig;
L**a**ng_sch**ä**f|ter (Stiefel mit lan-
gem Schaft), ...schlä|fer; l**a**ng-
schnä|be|lig, l**a**ng|schnäb|lig;
l**ä**ngs|deck|s| (auf dem Deck ent-
lang); L**a**ng|sei|te; L**ä**ngs-fa|den,
...fal|le; L**ä**ngs|ge|streif|t; ein -er
Stoff (↑ jedoch R 209), aber: der
Stoff ist längs gestreift; L**ä**ngs-

li|nie; L**a**ng|spiel|plat|te (Abk.:
LP); L**ä**ngs|rich|tung; l**ä**ngs-
schiffs (in Kielrichtung); L**ä**ngs-
schnitt; l**ä**ngs|seit (See-
mannsspr.: an der langen Seite,
an die lange Seite des Schiffes);
L**ä**ngs|sei|te; l**ä**ngs|seits (parallel
zur Längsrichtung); mit *Gen.:* -
des Schiffes; L**ä**ngs|strei|fen;
l**ä**ngst (seit langem); l**a**ng|sten-
ge|lig, l**a**ng|steng|lig; l**ä**ng|stens
(landsch. für: längst; späte-
stens); l**a**ng|stie|lig (ugs. auch
für: langweilig, einförmig);
L**a**ng|strecke [*Trenn.:* ...strek|ke];
L**a**ng|strecken-bom|ber [*Trenn.:*
...strek|ken...], ...flug, ...lauf,
...läu|fer; L**a**ng|streck|ler (Lang-
streckenläufer); L**ä**ngs|wand
L**a**ngue|doc [*lan*ggdok] *das* od.
die; -s ⟨franz. Landschaft);
L**a**ngue|doc|wein (↑ R 149)
L**a**ng|g**u**|ste *die;* -, -n ⟨franz.⟩ (ein
Krebs)
L**a**ng|wei|le vgl. Langeweile; l**a**ng-
wei|len; du langweilst; gelang-
weilt; zu -; sich -; L**a**ng|wei|ler
(ugs. für: langweiliger Mensch);
l**a**ng|wei|lig; L**a**ng|wei|lig|keit;
l**a**ng|wel|le; l**a**ng|wel|lig; L**a**ng-
wied, L**a**ng|wie|de *die;* -, ...den
(mdal. für: langes Rundholz, das
Vorder- u. Hintergestell eines
großen Leiterwagens verbindet);
l**a**ng|wie|rig; L**a**ng|wie|rig|keit;
L**a**ng|zei|le; L**a**ng|zeit_ge|dächt-
nis (Psych.), ...kran|ke, ...pro-
gramm; l**a**ng|zie|hen, nur in:
jmdm. die Hammelbeine - (ugs.
für: jmdn. heftig tadeln), die Ohren - (jmdn. [an den Ohren zie-
hend] strafen)
L**a**|no|lin *das; -s* ⟨lat.⟩ (Wollfett,
Salbengrundstoff)
L**a**n|ta|na *die;* ⟨nlat.⟩ (Wandel-
röschen, ein Zierstrauch)
L**a**n|than *das; -s* ⟨griech.⟩ (chem.
Grundstoff, Metall; Zeichen:
La); L**a**n|tha|n**i**t *der; -s,* -e (ein
Mineral)
L**a**|nu|go *die; -,* ...gines ⟨lat.⟩ (Woll-
haarflaum des Embryos)
L**a**n|ze *die;* -, -n; L**a**n|zen_farn,
...rei|ter, ...spit|ze, ...stich,
...stoß; L**a**n|z**e**t|te *die;* -, -n
⟨franz.⟩ (chirurg. Instrument);
L**a**n|z**e**t|t_fen|ster, ...fisch; l**a**n-
z**e**t|för|mig
l**a**n|zi|nie|ren ⟨lat.⟩ (Med.: blitzar-
tig und heftig schmerzen [bes.
bei Rückenmarksschwindsucht]);
-de Schmerzen
L**a**o|ko|on [...*ko-on*] ↑ R 180
(griech. Sagengestalt)
L**a**on [*lan*g] (franz. Stadt)
L**a**os (Staat in Hinterindien);
L**a**o|te *der;* -n, -n (↑ R 180, R 197);
l**a**o|tisch (↑ R 180)
L**a**o|tse [auch: *lau*...]; ↑ R 180
(chin. Weiser)

La|pa|ro|skop *das;* -s, -e ⟨griech.⟩ (Med.: Instrument zur Untersuchung der Bauchhöhle); La|pa|ro|to|mie *die;* -, ...ien ⟨Med.: Bauchschnitt⟩

La Paz [- *paß*] (größte Stadt u. Regierungssitz von Bolivien)

la|pi|dar ⟨lat.⟩ (einfach, elementar; kurz u. bündig); La|pi|där *der;* -s, -e (Schleif- u. Poliergerät für Uhrmacher); La|pi|da|ri|um *das;* -s, ...ien [...*i⁰n*] (Museum für Skulpturen); La|pi|dar.schrift (Versalschrift, meist auf Stein), ...stil (*der;* -[e]s); La|pil|li *Plur.* ⟨ital.⟩ (kleine Steinchen, die bei einem Vulkanausbruch ausgeworfen werden); La|pis|la|zu|li *der;* - (Lasurstein)

La|pi|the *der;* -n, -n; ↑ R 197 (Angehöriger eines myth. Volkes in Thessalien)

La|place [...*plaß*] ⟨franz. Astronom und Mathematiker⟩; La|placesche Theorie

¹La Pla|ta vgl. Rio de la Plata; ²La Pla|ta *der;* - - (Mündungsbucht der Flüsse Paraná u. Uruguay); La-Pla|ta-Staa|ten *Plur.;* ↑ R 41 (Argentinien, Paraguay, Uruguay)

Lapp *der;* -en, -en; ↑ R 197 (bayr., österr. mdal. für: einfältiger, tölpelhafter Mensch)

Lap|pa|lie [...*iⁱ*] *die;* -, -n (Kleinigkeit; Nichtigkeit); Läpp|chen, Läpp|lein (kleiner Lappen)

Lap|pe *der;* -n, -n; ↑ R 197 (Angehöriger eines Volksstammes im nördl. Nordeuropa)

Lap|pen *der;* -s, -

läp|pen (metallische Werkstoffe fein bearbeiten)

Lap|pen|zelt (zu: Lappe)

Lap|pe|rei (seltener für: Läpperei); Läp|pe|rei (mdal. für: Kleinigkeit; Wertloses); läp|pern (mdal. für: schlürfen; in kleinen Teilen sammeln; zusammenkommen); ich ...ere (↑ R 22); es läppert sich

lap|pig

lap|pisch ⟨zu: Lappe⟩

läp|pisch; -ste

Lapp|land (Landschaft in Nordeuropa); Lapp|län|der (Bewohner Lapplands); lapp|län|disch

Läpp|lein vgl. Läppchen

Läpp|ma|schi|ne (Maschine zum Läppen)

Lap|sus *der;* -, - [...*lápßuß*] ⟨lat.⟩ ([geringfügiger] Fehler, Versehen); Lap|sus ca|la|mi [- *ka*...] *der;* - -, - [...*lápßuß*] - (Schreibfehler); Lap|sus lin|guae [- ...*guä*] *der;* - -, - [...*lápßuß*] - (Sichversprechen); Lap|sus me|mo|riae [- ...*ä*] *der;* - -, - [...*lápßuß*] - (Gedächtnisfehler)

Lar *der;* -s, -en ⟨malai.⟩ (ein Langarmaffe, Weißhandgibbon)

Lär|che *die;* -, -n (ein Nadelbaum); vgl. aber: Lerche

La|ren *Plur.* ⟨lat.⟩ (altröm. Schutzgeister)

large [*larsch*] ⟨franz.⟩ (bes. schweiz. für: großzügig, weitherzig); Large|heit [*larsch*...]

lar|ghet|to [...*gäto*] ⟨ital.⟩ (Musik: etwas breit, etwas langsam); Lar|ghet|to *das;* -s, -s u. ...tti; lar|go (Musik: breit, langsam); Lar|go *das;* -s, -s (auch: ...ghi [...*gi*])

la|ri|fa|ri! (ugs. für: Geschwätz!, Unsinn!); La|ri|fa|ri *das;* -s

Lärm *der;* -s (seltener: -es); Lärm.be|kämp|fung, ...be|lästi|gung; Lärm|emp|find|lich; lär|men; lär|mig (schweiz., sonst veralt. für: lärmend laut); Lärm|ma|cher

lar|moy|ant [...*moajant*] ⟨franz.⟩ (geh. für: weinerlich, rührselig); Lar|moy|anz [...*moajanz*] *die;* -

Lärm.pe|gel, ...quel|le, ...schutz, ...schutz|wall, ...schutz|zaun

Lars (m. Vorn.)

L'art pour l'art [*larpurlár*] *das;* - ⟨franz.⟩ („die Kunst für die Kunst", die Kunst als Selbstzweck)

lar|val [...*wal*] ⟨lat.⟩ (Biol.: die Tierlarve betreffend); Lärv|chen, Lärv|lein; Lar|ve [*larf²*] *die;* -, -n (Gespenst, Maske; oft spött. od. verächtl. für: Gesicht; Zool.: Jugendstadium bestimmter Tiere); lar|ven|ähn|lich

La|ryn|gal [...*ngg*...] *der;* -s, -e ⟨griech.⟩ (Sprachw.: Laut, der in der Stimmritze [im Kehlkopf] gebildet wird, Stimmritzen-, Kehlkopflaut); La|ryn|gen (*Plur.* von: Larynx); La|ryn|gi|tis *die;* -, ...iti|den (Med.: Kehlkopfentzündung); La|ryn|go|skop *das;* -s, -e (Kehlkopfspiegel); la|ryn|go|sko|pisch; La|rynx *der;* -, Laryn|gen (Kehlkopf)

La|sa|gne [*lasánjⁱ*] *Plur.* ⟨ital.⟩ (ital. Nudelgericht)

Las|caux [*laßkó*] (Höhle mit Steinzeitmalereien in Südfrankreich)

lasch (ugs. für: schlaff, lässig; landsch. für: fade, nicht gewürzt)

La|sche *die;* -, -n (ein Verbindungsstück); la|schen (durch Lasche[n] verbinden); du laschst (laschest); La|schen|kupp|lung (Bergbau)

Lasch|heit (zu: lasch)

La|schung (Verbindung durch Lasche[n])

La|se *die;* -, -n (mitteld. für: [Bier]gefäß)

La|ser [meist: *le'ße'r*] *der;* -s, - ⟨engl.⟩ (Physik: Gerät zur Verstärkung von Licht od. zur Erzeugung eines scharf gebündelten Lichtstrahles); La|ser.strahl, ...tech|nik

la|sie|ren ⟨pers.⟩ (mit Lasur versehen); La|sie|rung

Lä|si|on *die;* -, -en ⟨lat.⟩ (Med.: Verletzung)

Las|kar *der;* -s, ...karen ⟨angloind.⟩ (früher: ostind. Matrose, Soldat)

Las|ker-Schü|ler, Else (dt. Dichterin)

Las Pal|mas (Hptst. der span. Insel Gran Canaria)

laß; lasser, lasseste (geh. für: matt, müde, schlaff)

Las|sa|fie|ber (nach dem Ort Lassa in Nigeria) (gefährliche Infektionskrankheit)

Las|salle [*laßál*] (Mitbegründer der dt. Arbeiterbewegung); Lassal|le|a|ner; ↑ R 180 (Anhänger Lassalles)

las|sen; du läßt (veralt.: lässest), er läßt; du ließest, er ließ; gelassen; lasse! u. laß!; ich lass' ihn nicht (↑ R 186); ich habe es gelassen (unterlassen), aber: ich habe dich ruhen lassen; ich habe ihn dies wissen lassen; vgl. jedoch: bleibenlassen, fahrenlassen, fallenlassen usw.

Laß|heit (zu: laß); läs|sig; Läs|sig|keit; läß|lich (verzeihlich); -e (kleinere) Sünde; Läß|lich|keit

las|so *das* (österr. nur so), seltener: *der;* -s, -s ⟨span.⟩ (Wurfschlinge; Figur im Eis- u. Rollkunstlauf)

Last *die;* -, -en (Seemannsspr. auch: Vorratsraum unter Deck); zu -en des. od. von ...; zu meinen -en

La|sta|die [...*iⁱ*] *die;* -, -n (auch:) La|sta|die *die;* -, ...ien ⟨mlat.⟩ (früher für: [Schiffs]ladeplatz)

Last|au|to; la|sten; Las|ten.auf|zug, ...aus|gleich (Abk.: LA); Las|ten|aus|gleichs|ge|setz (Abk.: LAG); la|sten|frei; Las|ten|seg|ler; ¹Las|ter *der;* -s, - (ugs. für: Lastkraftwagen)

²Las|ter *das;* -s, - (Laster); La|ste|rei; la|ster|haft; La|ster|haf|tig|keit; La|ster|höh|le; Lä|ste|rin *der;* -s, -nen; La|ster|le|ben *das;* -s; läs|ter|lich; Läs|ter|lich|keit; Läs|ter|maul (ugs. für: jmd., der viel lästert); läs|tern; ich ...ere (↑ R 22); Läs|te|rung; Läs|ter|zun|ge

Last|esel

La|stex *der;* - ⟨Kunstwort⟩ ([Gewebe aus] Gummifäden, mit Kunstseiden- od. Chemiefasern umsponnen sind); La|stex|ho|se

Last|fuh|re; ...la|stig (z. B. zweilastig; Flugw.: schwanzlastig); lä|stig; La|stig|keit *die;* - (Fluglage eines Flugzeugs; Schwimmlage eines Schiffs); Lä|stig|keit

La|sting *der;* -s, -s ⟨engl.⟩ (ein Gewebe)

Last_kahn, ...kraft|wa|gen (Abk.:
Lkw, auch: LKW)
last, not least [*laßt not ließt*] ⟨engl.⟩
(„als letzter [letztes], nicht Ge-
ringster [Geringstes]“; zuletzt
der Stelle, aber nicht dem Werte
nach; nicht zu vergessen)
Last_pferd, ...schiff, ...schrift
(Buchhaltung); Last|schrift|zet-
tel; Last_spit|ze (größte Bela-
stung eines Kraftwerks in einer
best. Zeit), ...tier, ...trä|ger,
...wa|gen (Lastkraftwagen), ...zug
La|sur die; -, -en ⟨pers.⟩ (durch-
sichtige Farbschicht); La|sur-
_far|be (durchsichtige Farbe),
...stein
Las Ve|gas [- *we*...] (Stadt in Neva-
da)
las|ziv ⟨lat.⟩ (schlüpfrig [in sittl.
Beziehung]); Las|zi|vi|tät [...*wi*...]
Lä|ta|re ⟨lat.⟩ („freue dich!“; drit-
ter Sonntag vor Ostern)
La|tein das; -s; La|tein|ame|ri|ka
(Gesamtheit der spanisch- od.
portugiesischsprachigen Staaten
Amerikas); la|tein|ame|ri|ka-
nisch; La|tei|ner (jmd., der La-
tein kennt, spricht); la|tei|nisch;
-e Schrift; vgl. deutsch; La|tei-
nisch das; -[s] (Sprache); vgl.
Deutsch; La|tei|ni|sche das; -n;
vgl. Deutsche das; La|tein-
_schrift, ...schu|le, ...se|gel (drei-
eckiges Segel), ...un|ter|richt
La-Tène-Zeit [*latän*...] die; - ⟨nach
der Untiefe im Neuenburger
See⟩ (Abschnitt der Eisenzeit);
↑ R 150; la|tène|zeit|lich
la|tent ⟨lat.⟩ (verborgen; ruhend;
gebunden, aufgespeichert); im
-er Gegensatz; -es Bild (Fotogr.);
eine -e Krankheit; -e (gebunde-
ne) Wärme; La|tenz die; -; La-
tenz_pe|ri|ode, ...zeit
la|te|ral ⟨lat.⟩ (seitlich)
La|te|ran der; -s (ehem. Palast des
Papstes in Rom); La|te|ran_kon-
zil, ...pa|last, ...ver|trä|ge Plur.
La|te|rit der; -s, -e ⟨lat.⟩ (ein roter
Verwitterungsboden); La|te|rit-
bo|den
La|ter|na ma|gi|ca [- ...*ka*] die; - -,
...nae ...cae [...*nä* ...*zä*] ⟨lat.⟩ (ein-
fachster Projektionsapparat);
La|ter|ne die; -, -n ⟨griech.⟩ (Ar-
chitektur auch: turmartiger Auf-
satz); La|ter|nen_ga|ra|ge (ugs.),
...licht, ...pfahl
La|tex der; -, Latizes [...*zeß*]
⟨griech.⟩ (Kautschukmilch); la-
te|xie|ren
La|tier|baum (Stange im Pferde-
stall zur Abgrenzung der Plätze)
La|ti|fun|di|en|wirt|schaft; La|ti-
fun|di|um das; -s, ...ien [...*i*°*n*]
⟨lat.⟩ (Landgut im Röm. Reich;
Großgrundbesitz)
La|ti|ner der; -s, - (Angehöriger ei-
nes altitalischen Volkes in Lati-

um); la|ti|nisch; la|ti|ni|sie|ren
⟨lat.⟩ (in lat. Sprachform brin-
gen); La|ti|ni|sie|rung; La|ti|nis-
mus der; -, ...men (dem Lateinischen eigentümlicher Ausdruck
in einer nichtlat. Sprache); La|ti-
nist der; -en, -en; ↑ R 197 (Kenner
u. Erforscher des Lateinischen);
La|ti|ni|tät die; - ([klassische,
mustergültige] lat. Schreibweise,
desgl. Schrifttum); La|ti|num
das; -s ([Ergänzungs]prüfung
im Lateinischen); das kleine,
große -
Lä|ti|tia [...*zia*] (w. Vorn.)
La|ti|tu|di|na|ri|er [...*i*°*r*] ⟨lat.⟩
(Vertreter einer freisinnigen
Richtung der anglikan. Theologie im 17. Jh.)
La|ti|um [*lazi*...] (hist. Landschaft
in Mittelitalien)
La|tri|ne die; -, -n ⟨lat.⟩ (Abort,
Senkgrube); La|tri|nen_ge|rücht
(ugs.), ...pa|rol|le (ugs.)
Latsch der; -[e]s, -e (ugs. für: nachlässig gehender Mensch; Haus-
schuh); ¹Lat|sche die; -, -n u. Lat-
schen der; -s, - (ugs. für: Hausschuh, abgetretener Schuh)
²Lat|sche die; -, -n (Krummholz-
kiefer, Legföhre)
lat|schen (ugs. für: nachlässig,
schleppend gehen); du latschst
(latschest)
Lat|schen vgl. ¹Latsche
Lat|schen_ge|büsch, ...kie|fer die;
Lat|schen||kie|fern|öl das; -[e]s
lat|schig (ugs. für: nachlässig in
Gang u. Wesen)
Lat|te die; -, -n; Lat|ten_holz, ...ki-
ste, ...kreuz (Sportspr.: von Pfo-
sten u. Querlatte gebildete Ecke
des Tores), ...rost (vgl. ¹Rost),
...schuß (Sportspr.: Schuß an die
Querlatte des Tores), ...zaun
Lat|tich der; -s, -e ⟨lat.⟩ (ein Korb-
blütler)
La|tüch|te die; -, -n (ugs. für: La-
terne, Licht)
Lat|wer|ge der; -, -n ⟨griech.⟩ (brei-
förmige Arznei; veralt., aber
noch landsch. für: Fruchtmus)
Latz der; -es, Lätze, österr. auch:
Latze (Kleidungsteil; z. B. Brust-
latz); Lätz|chen, Lätz|lein; Latz-
_ho|se, ...schür|ze
lau; -er, -[e]ste
Laub das; -[e]s; Laub|baum
¹Lau|be die; -, -n
²Lau|be der; -n, -n; ↑ R 197 (ein
Fisch, Ukelei)
Lau|ben_gang der, ...haus, ...ko-
lo|nie, ...pie|per (berlin. für:
Kleingärtner)
Laub_fall (der; -[e]s), ...fär|bung,
...frosch, ...ge|höl|ze (Plur.; Bot.),
...holz; Laub|hüt|ten|fest (jüd.
Fest); laub|big; Laub|sä|ge; laub-
tra|gend (↑ jedoch R 209); Laub-
_wald, ...werk (Architektur)

Lauch der; -[e]s, -e (eine Zwiebel-
pflanze); lauch|grün
Lau|da|num das; -s ⟨lat.⟩ (in Alko-
hol gelöstes Opium)
Lau|da|tio [...*zio*] die; -, ...iones
⟨lat.⟩ (Lob[rede]); Lau|des Plur.
(„Lobgesänge“; Morgengebet
des kath. Breviers)
Laue, Laue|ne die; -, - Lauen u.
Lauenen (schweiz. mdal. neben:
Lawine)
¹Lau|er die; -; auf der - sein, liegen
²Lau|er der; -s, - ⟨lat.⟩ (Nachwein,
Tresterwein)
lau|ern; ich ...ere (↑ R 22)
Lauf der; -[e]s, Läufe; im Lauf[e]
der Zeit; 100-m-Lauf (↑ R 43);
Lauf_bahn, ...brett, ...bur|sche;
Läuf|chen
Läu|fel der; -, - (südwestd. für: äu-
ßere [grüne] Schale, bes. der
Walnuß)
lau|fen; du läufst, er läuft; du
liefst (liefest); du liefst; gelaufen; lauf[e]!; den Hund [viel] laufen lassen; er hat den Karren
laufen lassen (ugs. für: sich um
nichts gekümmert); vgl. aber:
laufenlassen; lau|fend (Abk.:
lfd.); -es Jahr u. -en Jahres
(Abk.: lfd.J.); -er Meter u. -en
Meters (Abk.: lfd.m); -er Monat
u. -en Monats (Abk.: lfd.M.); -e
Nummer u. -er Nummer (Abk.:
lfd. Nr.); -es Band; am -en Band
arbeiten; (↑ R 65:) auf dem -en
sein, bleiben, halten; lau|fen|las-
sen; ↑ R 205 (ugs. für: lossagen,
freigeben); ich lasse sie laufen;
ich habe sie laufenlassen, (seltener:) laufengelassen; er beabsichtigt, sie laufenzulassen; vgl.
laufen; Läu|fer; Lau|fe|rei
(ugs.); Läu|fe|rin die; -, -nen;
läu|fe|risch; Lauf_feu|er, ...flä-
che; lauf|freu|dig (Sport); Lauf-
_gang, ...ge|wicht, ...git|ter,
...gra|ben; läu|fig (von der Hün-
din: brünstig); Läu|fig|keit die; -
(Brunst der Hündin); Lauf_kä-
fer, ...kat|ze (Technik), ...kund-
schaft, ...ma|sche, ...paß (nur in
ugs.: jmdm. den - geben), ...pen-
sum (Sport), ...plan|ke, ...schie-
ne, ...schrift (sich bewegende
Leuchtschrift), ...schritt, ...ställ-
chen, ...steg, ...stuhl, ...vo|gel,
...wett|be|werb, ...zeit, ...zet|tel
Lau|ge die; -, -n (in alkal. [wässerig]
Lösung; Auszug); lau|gen; lau-
gen|ar|tig; Lau|gen_bad, ...bre-
zel, ...bröt|chen, ...was|ser
Lau|heit
Laui: svw. Laue
Lau|mann (ugs. für: Mensch ohne
eigene Meinung)
Lau|ne die; -, -n ⟨lat.⟩; lau|nen
(veralt. für: launenhaft sein); gut
gelaunt (vgl. gut, IV); gelaunt
(geneigt) zu ...; lau|nen|haft;

Lau|nen|haf|tig|keit *die; -;* lau|nig (witzig); lau|nisch (launenhaft); -ste

Lau|ra (Kurzform von: Laurentia)

Lau|re|at *der;* -en, -en; ↑ R 197 ⟨lat.⟩ (gekrönter Dichter); vgl. Poeta laureatus

Lau|ren|tia [...*zia*] (w. Vorn.); Lau|ren|ti|us [...*ziuß*] (m. Vorn.)

lau|ren|tisch ⟨nach dem latinisierten Namen des Sankt-Lorenz-Stromes⟩; -e Gebirgsbildung (am Ende des Archaikums)

lau|re|ta|nisch (aus Loreto), aber (↑ R 157): Lauretanische Litanei (in Loreto entstandene Marienlitanei)

Lau|rin (Zwergenkönig, dt. Sagengestalt)

Lau|rus *der;* - u. -ses, - u. -se ⟨lat.⟩ (Lorbeerbaum)

Laus *die; -,* Läuse

Lau|sanne [*losan,* schweiz.: *losan*] (Stadt am Genfer See); Lau|san|ner (↑ R 147)

Laus|bub (scherzh.); Laus|bü|be|rei (scherzh.); laus|bü|bisch

Lau|scha|er Glas|wa|ren *Plur.* ⟨nach dem Ort Lauscha im Thüringer Wald⟩

Lausch_ak|ti|on, ...an|griff

Läus|chen, Läus|lein

lau|schen; du lauschst (lauschest); Lau|scher (Lauschender; Jägerspr.: Ohr des Haarwildes); Lau|sche|rin *die;* -, -nen; lau|schig (traulich, gemütlich)

Läu|se|be|fall; Lau|se|ben|gel od. ...jun|ge od. ...kerl (ugs.); Läu|se|kraut *das;* -[e]s (eine Pflanzengattung); lau|sen; du laust (lausest); er lauste; Lau|se|pack; Lau|ser (landsch. scherzh. für: Lausbub); Läu|se|rei (ugs.); lau|sig (ugs. auch für: äußerst; schäbig, ganz unbedeutend; schlecht); - kalt; -e Zeiten

Lau|sitz *die;* -, (für Ober- u. Niederlausitz auch *Plur.*:) -en (Gebiet beiderseits der Görlitzer Neiße u. der oberen u. mittleren Spree); Lau|sit|zer (↑ R 147); lau|sit|zisch

Läus|lein, Läus|chen

[1]laut; -er, -este; etwas - werden lassen; [2]laut (↑ R 62; Abk.: lt.); mit *Gen.,* auch mit *Dativ:* laut [des] ärztlichen Gutachtens, auch: laut ärztlichem Gutachten; laut amtlicher Nachweise, auch: laut amtlichen Nachweisen; ein alleinstehendes, stark gebeugtes Substantiv steht im *Sing.* gewöhnlich ungebeugt: laut Befehl, laut Übereinkommen, im *Plur.* aber mit *Dativ:* laut Berichten; Laut *der;* -[e]s, -e; - geben; laut|bar (veralt.); - werden; Laut_ar|chiv (Tonbandsammlung zur gesprochenen

Sprache), ...bil|dung (für: Artikulation)

Lau|te *die; -,* -n ⟨arab.⟩ (ein Saiteninstrument)

lau|ten; der Vertrag lautet auf den Namen ...; das Urteil lautet auf drei Jahre Freiheitsstrafe; läu|ten; die Glocken läuten; er läutet die Glocken

Lau|te|nist *der;* -en, -en; ↑ R 197 (Lautenspieler); Lau|ten_spiel, ...spie|ler

[1]lau|ter (rein, ungemischt; ungetrübt); -er Wein; -e Gesinnung; [2]lau|ter (nur, nichts als); - (nur) Jungen; - (nichts als) Wasser; Lau|ter|keit *die; -;* läu|tern (reinigen; von Fehlern befreien); ich ...ere (↑ R 22); Läu|te|rung

Läu|te|werk, Läut|werk; Laut|ge|setz; laut|ge||treu; laut|hals (aus voller Kehle); lau|tie|ren (Worte, Text nach Lauten zergliedern); Lau|tier|me|tho|de; Laut|leh|re (für: Phonetik u. Phonologie); laut|lich; laut|los; -este; Laut|lo|sig|keit *die; -;* laut|ma|lend; laut|nach|ah|mend; Laut_schrift, ...spre|cher; Laut|spre|cher_box, ...wa|gen; laut|stark; Laut|stär|ke; Laut|stär|ke|reg|ler; laut|treu, laut|ge|treu; Lau|tung; Laut_ver|län|de|rung, ...ver|schie|bung, ...wan|del, ...wech|sel; Läut|werk, Läu|te|werk; Laut|zei|chen

lau|warm

La|va [...*wa*] *die; -,* Laven ⟨ital.⟩ (feurigflüssiger Schmelzfluß aus Vulkanen u. das daraus entstandene Gestein)

La|va|bel [...*wa...*] *der;* -s ⟨franz.⟩ (feinfädiges, waschbares Kreppgewebe in Leinwandbindung)

La|va|bo [...*wa...,* schweiz.: *la...*] *das;* -[s], -s ⟨lat.⟩ (Handwaschung des Priesters in der Messe u. das dazu verwendete Waschbecken mit Kanne; schweiz. für: Waschbecken)

La|vant [*lafant*] *die;* - (l. Nebenfluß der Drau); La|vant|tal

La|va|strom

La|va|ter [*láwa...*] (schweiz. Theologe u. Schriftsteller)

La|ven (*Plur.* von: Lava)

la|ven|del [...*wä...*] ⟨ital.⟩ (hellblauviolett); ein - Kleid; La|ven|del *der;* -s, - (Heil- u. Gewürzpflanze); La|ven|del_öl (*das;* -[e]s), ...was|ser (*das;* -s)

[1]la|vie|ren [...*wir'n*] ⟨niederl.⟩ (sich mit Geschick durch Schwierigkeiten hindurchwinden; veralt. für: gegen den Wind kreuzen); [2]la|vie|ren [...*wir'n*] ⟨ital.⟩ (aufgetragene Farben auf einem Bild verwischen; auch: mit verlaufenden Farbflächen arbeiten); lavierte Zeichnung

La|vi|nia [...*wi...*] ⟨röm. w. Eigenn.⟩

lä|vo|gyr [...*wo...*] ⟨griech.⟩ (Chemie: linksdrehend; Zeichen: l)

La|voir [*lawoar*] *das;* -s, -s ⟨franz.⟩ (veralt. für: Waschschüssel); La|vor [...*for*] *das;* -s, -e (südd. für: Lavoir)

Lä|vu|lo|se [...*wu...*] *die; -* ⟨griech.⟩ (Fruchtzucker)

La|wi|ne *die;* -, -n ⟨lat.⟩; la|wi|nen|ar|tig; La|wi|nen_ge|fahr, ...ka|ta|stro|phe, ...schutz; la|wi|nen|si|cher; La|wi|nen||such||hund

Lawn-Ten|nis [*lân...*] ⟨engl.⟩ (Rasentennis)

Law|ren|ci|um [*lor...*] *das;* -s ⟨nach dem amerik. Physiker Lawrence⟩ (künstlich hergestellter chem. Grundstoff, ein Transuran; Zeichen: Lr)

lax; -er, -este ⟨lat.⟩ (schlaff, lässig; locker, lau [von Sitten]); La|xans *das;* -, ...antia [...*zia*] u. ...anzien [...*zi'n*] u. La|xa|ti|vum [...*wum*] *das;* -s, ...va [...*wa*] (Med.: Abführmittel); La|xheit (Schlaffheit; Lässigkeit); la|xie|ren (Med.: abführen)

Lax|ness, Halldór (isländ. Schriftsteller)

Lay|out [*le'aut* od. ...*aut*] *das;* -s, -s ⟨engl.⟩ (Druckw.: [großzügig angelegte Skizze von] Text- u. Bildgestaltung); Lay|ou|ter (Gestalter eines Layouts)

La|za|rett *das;* -[e]s, -e ⟨franz.⟩; La|za|rett_schiff, ...zug; La|za|rist *der;* -en, -en; ↑ R 197 (Angehöriger einer kath. Kongregation); La|za|rus (bibl. m. Eigenn.); der arme -

La|ze|dä|mo|ni|er usw. vgl. Lakedämonier usw.

La|ze|ra|ti|on [...*zion*] *die;* -, -en ⟨lat.⟩ (Med.: Zerreißung, Einriß); la|ze|rie|ren

La|zer|te *der;* -n ⟨lat.⟩ (Eidechse)

La|zu|lith *der;* -s, -e ⟨nlat.⟩ (ein Mineral)

Laz|za|ro|ne *der;* -[n] u. -s, -n u. ...ni ⟨ital.⟩ (Armer, Bettler in Neapel)

l. c. = loco citato

LCD-An|zei|ge (Flüssigkristallanzeige)

Ld. = limited

LDPD = Liberal-Demokratische Partei Deutschlands (DDR)

Lea (bibl. w. Eigenn.; w. Vorn.)

Lead [*lid*] *das;* - ⟨engl.⟩ (die Führungsstimme im Jazz [oft Trompete od. Kornett]); Lea|der [*lid'r*] *der;* -s, - (kurz für: Bandleader; österr. u. schweiz. Sportspr.: Tabellenführer); Lead|gi|tar|rist [*lid...*]

Le|an|der (griech. m. Eigenn.; auch m. Vorn.)

Lear [*lir*] (sagenhafter König, Titelheld bei Shakespeare)

lea|sen [*lis'n*] ⟨engl.⟩ (mieten, pachten); leaste, geleast; ein Auto -; Lea|sing [*lising*] *das;* -s, -s (Vermietung von [Investitions]gütern [mit Anrechnung der Mietzahlungen bei späterem Kauf])

Le|be|da|me; Le|be|hoch *das;* -s, -s; er rief ein herzliches Lebehoch, aber: er rief: „Er lebe hoch!"; Le|be|mann (*Plur.* ...männer); le|be|män|nisch; -ste; le|ben; leben und leben lassen; vgl. Lebehoch u. Lebewohl; Le|ben *das;* -s, -; mein Leben lang (vgl. lebelang); am - bleiben; das süße -; le|ben|be|ja|hend, le|bens|be|ja|hend (↑ R 209); le|bend|ge|bä|rend od. le|ben|dig|ge|bä|rend; Le|bend|ge|wicht; le|ben|dig; Le|ben|dig|keit *die;* -; Le|bend|vieh; le|ben|ge|bend (↑ R 209); Le|bens_abend, ...ab|schnitt, ...ader, ...al|ter, ...angst, ...ar|beit, ...ar|beits|zeit, ...art, ...auf|fas|sung, ...auf|ga|be, ...baum (auch für: Thuja), ...be|din|gung (meist *Plur.*); le|bens|be|ja|hend vgl. lebenbejahend; Le|bens_be|ja|hung, ...be|reich, ...be|schrei|bung, ...bild, ...dau|er, ...ele|ment, ...eli|xier, ...en|de (*das;* -s), ...er|fah|rung, ...er|in|ne|run|gen *Plur.*, ...er|war|tung; le|bens|fä|hig; Le|bens|fä|hig|keit *die;* -; le|bens|fern; Le|bens|fra|ge; le|bens|fremd; Le|bens|freu|de; le|bens|froh; Le|bens|ge|fahr (*die;* -); le|bens|ge|fähr|lich; Le|bens_ge|fähr|te, ...ge|fähr|tin, ...ge|fühl, ...gei|ster *Plur.*, ...ge|mein|schaft, ...ge|nuß; le|bens|groß; Le|bens|grö|ße; Le|bens_hal|tung, ...hal|tungs|in|dex, ...hal|tungs|ko|sten (*Plur.*), ...hil|fe, ...hun|ger, ...in|halt, ...in|ter|es|se (meist *Plur.*), ...jahr, ...kampf, ...kraft *die;* -, ...kreis, ...künst|ler, ...la|ge; le|bens|lang (auf -), ...läng|lich (zu „lebenslänglich" verurteilt werden; „lebenslänglich" erhalten); Le|bens_lauf, ...licht, ...lust (*die;* -); le|bens|lu|stig; Le|bens|mit|tel *das* (meist *Plur.*); Le|bens|mit|tel|ver|gif|tung; le|bens|mü|de; Le|bens|mut; le|bens|nah; Le|bens|nerv; le|bens|not|wen|dig; le|bens|spen|dend (↑ R 209); Le|bens_pfad, ...phi|lo|so|phie; le|ben|sprü|hend (↑ R 209); -ste; Le|bens|qua|li|tät *die;* -; Le|bens_raum, ...ret|ter, ...ret|tungs|me|dail|le, ...schick|sal, ...stan|dard, ...stel|lung, ...stil; le|bens|tüch|tig, ...über|drüs|sig; Le|bens|un|ter|halt, ...ver|si|che|rung, ...ver-

si|che|rungs|ge|sell|schaft; le|bens|wahr; Le|bens_wan|del, ...weg, ...wei|se *die*, ...weis|heit, ...werk; le|bens|wert, ...wich|tig; Le|bens_wil|le, ...zei|chen, ...zeit (auf -), ...ziel, ...zu|ver|sicht, ...zweck; le|ben|zer|stö|rend (↑ R 209)

Le|ber *die;* -, -n; Le|ber_ab|szeß, ...bal|sam (eine Pflanzengattung), ...blüm|chen (eine Anemonenart)

Le|be|recht, Leb|recht (m. Vorn.)

Le|ber_egel, ...fleck, ...ha|ken (Boxen), ...kä|se (bes. südd. u. österr.: ein Fleischgericht), ...knö|del, ...krebs, ...lei|den, ...pa|ste|te, ...tran, ...wurst, ...zir|rho|se

Le|be|we|sen; Le|be|wohl *das;* -[e]s, -e u. -s; jmdm. Lebewohl sagen; er rief ein herzliches Lebewohl, aber: er rief: „Leb[e] wohl!"

leb|haft; lebhaftrot usw.; Leb|haf|tig|keit *die;* -; ...le|big (z. B. kurzlebig)

Leb_ku|chen, ...küch|ler od. ...küch|ner (fränk. für: Lebkuchenbäcker); Leb_küch|le|rei od. ...küch|ne|rei

leb|los; Leb|lo|sig|keit *die;* -

Leb|recht, Le|be|recht (m. Vorn.)

Leb|tag (ugs.); ich denke mein (nicht: meinen) - daran; meine -[e], (landsch.:) meiner -e; daran wirst du dein - denken

Le|bus [auch: ...*le*...] (Stadt an der mittleren Oder); Le|bu|ser [auch: *le*...] (↑ R 147)

Leb|zei|ten *Plur.;* bei - seines Vaters; zu seinen -

Leb|zel|ten *der;* -s, - (österr. veralt. für: Lebkuchen); Leb|zel|ter (österr. veralt. für: Lebkuchenbäcker)

Lech *der;* -s (r. Nebenfluß der Donau); Lech|feld *das;* -[e]s (Ebene bei Augsburg)

lech|zen; du lechzt (lechzest)

Le|ci|thin vgl. Lezithin

leck (Seemannsspr.: undicht); vgl. leckschlagen; Leck *das;* -[e]s, -s (Seemannsspr.: undichte Stelle [bei Schiffen, an Gefäßen, Kraftmaschinen u. a.]); Leck|al|ge[1] [...*kasch*, österr.: ...*kasch*] *die;* -, -n (Gewichtsverlust bei flüssigen Waren durch Verdunsten od. Aussickern; Leckstelle)

Lecke|rei[1] *die;* -, -n (Stelle od. Trog, wo das Wild od. das Vieh Salz leckt, Salzstein)

[1]le|cken (Seemannsspr.: leck sein); das Boot leckt

[2]le|cken[1] (mit der Zunge berühren); le|cker[1] (wohlschmeckend); Le|cker[1] (Jägerspr.: Zunge beim Schalenwild); Le|cker|bis|sen[1];

Lecke|rei[1] (Leckerbissen); le|cker|haft[1] (veralt.); Le|cker|haf|tig|keit[1] *die;* - (veralt.); Le|cker|li[1] *das;* -s, - (schweiz. für: in kleine Rechtecke geschnittenes, honigkuchenähnliches Gebäck); Bas|ler -; Le|cker|maul[1] (ugs. für: jmd., der gern Süßigkeiten ißt)

leck|schla|gen (vom Schiff: leck werden); leckgeschlagen

Le Cor|bu|sier [*l'korbüsie*] (franz.-schweiz. Architekt)

led. = ledig

Le|da (sagenhafte Königin von Sparta)

Le|der *das;* -s, -; le|der|ar|tig; Le|der_ball, ...band *der;* le|der|braun; Le|der|ein|band; Le|de|rer (mdal. für: Gerber); le|der_far|ben od. ...far|big; Le|der_fett, ...gür|tel, ...hand|schuh, ...haut (Schicht der menschl. u. tierischen Haut); Le|der|her|stel|lung; (↑ R 32:) Lederherstellung u. -vertrieb; Le|der|ho|se; le|de|rig, led|rig (lederartig); Le|der_jacke [*Trenn.:* ...jak|ke], ...man|tel, ...map|pe; [1]le|dern (mit einem Lederlappen putzen, abreiben; mdal. für: gerben; mdal. u. ugs. für: prügeln); ich ...ere (↑ R 22); [2]le|dern (von Leder; zäh, langweilig); Le|der_pol|ster, ...rie|men, ...schuh, ...schurz, ...ses|sel, ...soh|le, ...ta|sche; le|der|ver|ar|bei|tend; Le|der|ver|trieb; (↑ R 32:) Ledervertrieb u. -herstellung

le|dig (Abk.: led.); - sein, bleiben; jmdn. seiner Sünden - sprechen; Le|di|ge *der* u. *die;* -n, -n (↑ R 7 ff.); Le|dig|en|heim; le|dig|ge|hend (aus beruflichen Gründen vorübergehend getrennt lebend); le|dig|lich

Le|dil|schiff (schweiz. mdal. für: Lastschiff)

led|rig vgl. lederig

Lee *die* (auch: *das*); - (Seemannsspr.: die dem Wind abgekehrte Seite; Ggs.: Luv); meist ohne Artikel; in; nach -

leer; den Teller - essen, die Maschine ist leer (ohne Leistung) ge|lau|fen (vgl. aber: leerlaufen), leer machen, leer stehen (vgl. aber: leerstehend); Lee|re *die;* - (Leerheit); lee|ren (leer machen); sich -; Leer_for|mel (Soziol.), ...ge|wicht, ...gut (*das;* -[e]s); Leer|heit *die;* -; Leer|lauf; leer|lau|fen; (↑ R 205 auslaufen); das Faß ist leergelaufen; vgl. leer; leer|ste|hend (unbesetzt); -e Wohnung; vgl. leer; Leer|stel|le (nicht besetzte Stelle); Leer|ta|ste (bei der

---

[1] *Trenn.:* ...k|k...

Schreibmaschine); Lee|rung;
Leer|zim|mer
Lee|sei|te (Seemannsspr.: die dem
Wind abgekehrte Seite); lee|-
wärts
Le Fort [l'*for*], Gertrud von (dt.
Dichterin)
Lef|ze die; -, -n (Lippe bei Tieren)
leg. = legato
le|gal (lat.) (gesetzlich, gesetzmä-
ßig); Le|ga|li|sa|ti|on [...*zion*] die;
-, -en (Beglaubigung von Urkun-
den); le|ga|li|sie|ren (gesetzlich
machen); Le|ga|li|sie|rung; le|-
ga|li|stisch (übertrieben, in klein-
licher Weise legal); Le|ga|li|tät
die; - (Gesetzlichkeit, Rechtsgül-
tigkeit); Le|ga|li|täts|prin|zip
(Rechtsw.)
leg|asthen (lat.; griech.) (legasthe-
nisch); Leg|asthe|nie die; -, ...ien
(Med.: Schwäche, Wörter od.
Texte zu lesen od. zu schreiben);
Leg|asthe|ni|ker (an Legasthenie
Leidender); leg|asthe|nisch
¹Le|gat der; -en, -en (R 197) ⟨lat.⟩
(im alten Rom: Gesandter, Un-
terfeldherr; heute: päpstl. Ge-
sandter); ²Le|gat das; -[e]s, -e
(Vermächtnis); Le|ga|tar der; -s,
-e (Vermächtnisnehmer); Le|ga|-
ti|on [...*zion*] die; -, -en ([päpstl.]
Gesandtschaft); Le|ga|ti|ons|rat
(Plur. ...räte)
le|ga|to ⟨ital.⟩ (Musik: gebunden;
Ggs.: staccato; Abk.: leg.); Le|-
ga|to das; -s, -s u. ...ti
Le|ge die; -, -n (mdal. für: Lage,
Schicht)
Le|ge ar|tis ⟨lat.⟩ (nach den Regeln
der [ärztlichen] Kunst; vor-
schriftsmäßig; Abk.: l. a.)
Le|ge|hen|ne, Leg|hen|ne
Le|gel der; -s, - (Seemannsspr.:
Ring zum Befestigen eines Segels)
le|gen; gelegt; vgl. aber: gele-
gen; sich -
le|gen|där ⟨lat.⟩ (legendenhaft; un-
wahrscheinlich); Le|gen|dar das;
-s, -e (Legendenbuch: Sammlung
von Heiligenleben); Le|gen|da|-
ri|um das; -s, ...ien [...*i'n*] (älter
für: Legendar); Le|gen|de die; -,
-n ([Heiligen]erzählung; [From-
me] Sage; Umschrift [von Mün-
zen, Siegeln]; Zeichenerklärung
[auf Karten usw.]); Le|gen|den|-
er|zäh|ler; le|gen|den|haft
le|ger [...*sehär*] ⟨franz.⟩ (unge-
zwungen)
Le|ger (zu: legen)
Le|ges (Plur. von: Lex)
Le|ge|zeit
Leg|föh|re (svw. Latsche)
Le|ge|hen|ne, Leg|hen|ne
Leg|horn das; -s, -[s] (mdal. auch:
Leghörner) (nach dem engl. Namen der ital. Stadt Livorno)
(Huhn der Rasse Leghorn)

le|gie|ren ⟨ital.⟩ (verschmelzen;
[Suppen, Soßen] mit Eigelb an-
rühren, binden); Le|gie|rung
([Metall]mischung, Verschmel-
zung)
Le|gi|on die; -, -en ⟨lat.⟩ (röm. Hee-
reseinheit; in der Neuzeit für:
Freiwilligentruppe, Söldner-
schar; große Menge); Le|gio|när
der; -s, -e (Soldat einer röm. Le-
gion); Le|gio|när der; -s, -e
⟨franz.⟩ (Mitglied einer Legion
[z. B. Soldat der Fremdenle-
gion]); Le|gi|ons|sol|dat
le|gis|la|tiv ⟨lat.⟩ (gesetzgebend);
Le|gis|la|ti|ve [...*w'r*] die; -, -n (ge-
setzgebende Versammlung, ge-
setzgebende Gewalt); le|gis|la|-
to|risch (gesetzgeberisch); Le|-
gis|la|tur die; -, -en (selten für:
Gesetzgebung; früher auch für:
gesetzgebende Körperschaft);
Le|gis|la|tur|pe|ri|ode (Amtsdau-
er einer Volksvertretung); le|gi|-
tim (gesetzlich; rechtmäßig; als
ehelich anerkannt; begründet);
Le|gi|ti|ma|ti|on [...*zion*] die; -,
-en (Echtheitserklärung, Beglaubigung; [Rechts]ausweis; im
BGB für: Nachweis der Emp-
fangsberechtigung, Befugnis;
Ehelichkeitserklärung); Le|gi|ti|-
ma|ti|ons|kar|te; le|gi|ti|mie|ren
(beglaubigen; [Kinder] als ehelich erklären); sich - (sich aus-
weisen); Le|gi|ti|mie|rung; Le|gi|-
ti|mis|mus der; - (Lehre von der
Unabsetzbarkeit des ange-
stammten Herrscherhauses); Le|-
gi|ti|mist der; -en, -en (R 197);
le|gi|ti|mis|tisch; Le|gi|ti|mi|tät
die; - (Rechtmäßigkeit einer
Staatsgewalt; Gesetzmäßigkeit
[eines Besitzes, Anspruchs])
Le|gu|an [auch: *le...*] der; -s, -e (ka-
rib.) (trop. Baumeidechse)
Le|gu|min der; -s ⟨lat.⟩ (Eiweiß der
Hülsenfrüchte); Le|gu|mi|no|se
die; -, -n; meist Plur. (Hülsen-
früchtler)
Leg|war|mer [*lägwå'm'r*] der; -s,
-[s] ⟨engl.⟩ (langer Wollstrumpf
ohne Füßling)
Le|här [*lehar*, ung. u. österr.: *lá-
har*] (ung. Operettenkomponist)
Le Ha|vre [l'*awr*⟨'⟩] (franz. Stadt)
Leh|de die; -, -n ⟨niederl.⟩ (nie-
derd. für: Brache, Heide)
Le|hen das; -s, - (hist.); Le|hens|-
we|sen, Lehns|we|sen das; -s
(hist.)
Lehm der; -[e]s, -e; Lehm_bat|zen,
...bol|den; lehm|gelb; leh|mig
Leh|ne die; -, -n; ¹leh|nen; sich -
²leh|nen (hist.: zu Lehen geben;
veralt., aber noch mdal. für: lei-
hen); Lehn|gut od. Lehns|gut
(hist.); Lehns|eid (hist.)
Lehn|ses|sel
Lehns|gut od. Lehn|gut (hist.);

Lehns|herr (hist.); Lehns|mann
(Plur.:...männer u. ...leute; hist.);
Lehns|trä|ger (hist.)
Lehn|stuhl
Lehns|we|sen, Le|hens|we|sen das;
-s (hist.); Lehn|über|set|zung
(Sprachw.); Lehn|über|tra|gung
(Sprachw.); Lehn|wort (Plur.:
...wörter; Sprachw.)
Lehr das; -[e]s, -e; svw. ²Lehre;
Lehr_amt, ...amts|an|wär|ter,
...an|stalt, ...auf|trag; lehr|bar;
Lehr|bar|keit die; -; Lehr_be|fä-
hi|gung, ...be|helf (österr. für:
Lehrmittel), ...be|ruf, ...bo|gen
(Bauw.: Gerüst für Bogen-, Ge-
wölbebau; zu ²Lehre), ...brief,
...bub (südd., österr., schweiz.
für: Lehrjunge), ...buch, ...dorn
(Prüfgerät für Bohrungen; zu
²Lehre); ¹Leh|re die; -, -n (Unter-
richt, Unterweisung); ²Leh|re
die; -, -n (Meßwerkzeug; Muster,
Modell); leh|ren (unterweisen);
jmdn. (auch: jmdm.) etwas -; er
lehrt ihn (auch: ihm) das Lesen;
aber nur: er lehrt ihn lesen; er
hat gelehrt; er hat ihn reiten gelehrt (selten: lehren); er lehrt ihn
ein (seltener: einen) Helfer der
Armen sein; er lehrt ihn, ein Hel-
fer der Armen zu sein; Lehr|rer;
Lehr|rer|aus|bil|dung; lehr|rer-
haft; Lehr|re|rin die; -, -nen; Leh-
re|rin|nen|schaft die; -; Lehr|rer-
_kol|le|gi|um, ...kon|fe|renz;
Lehr|rer|schaft die; -; Lehr|rers-
frau (veralt.); Lehr|rer|zim|mer;
Lehr_fach, ...film, ...frei|heit
(die; -), ...gang der; Lehr|gangs-
teil|neh|mer; Lehr_ge|dicht,
...geld, ...ge|rüst (beim Stahlbe-
tonbau; zu ²Lehre); lehr|haft; Lehr-
_hau|er (angehender Bergmann),
...herr (Ausbildender), ...jahr,
...jun|ge der, ...kan|zel (österr.
für: Lehrstuhl), ...kör|per,
...kraft; Lehr|ling (Auszubilden-
der); Lehr|lings|wohn|heim;
Lehr_mäd|chen, ...mei|nung,
...meis|ter, ...me|tho|de, ...mit|tel
(das; Hilfsmittel für den Lehren-
den), ...mit|tel|frei|heit, ...plan
(vgl. ²Plan), ...pro|be; lehr|reich;
Lehr_satz, ...stand (veralt.),
...stel|le, ...stoff, ...stück,
...stuhl, ...tä|tig|keit, ...toch|ter
(schweiz. für: Lehrmädchen),
...ver|an|stal|tung, ...ver|trag
(Ausbildungsvertrag), ...werk-
statt, ...zeit
¹Lei (Plur. von: ²Leu)
²Lei der; -s -e (rhein. mdal. für:
Fels; Schiefer; Lorelei (vgl. Lo-
reley)
Leib der; -[e]s, -er (Körper; veralt.
auch für: Leben); (↑R 208:) gut
bei Leibe (wohlgenährt) sein;
aber: beileibe nicht; jmdm. zu

Leibe rücken; Leib und Leben wagen; Leib‿arzt, ...bin|de; Leib|chen (auch: Kleidungsstück, österr. u. schweiz. für: Unterhemd, Trikot), Leib|lein; Leib|ei|gen; Leib|ei|ge|ne der u. die; -n, -n (↑ R 7 ff.); Leib|ei|gen|schaft die; -; lei|ben, nur in: wie er leibt u. lebt; Lei|berl das; -s, -n (österr. für: Leibchen); Lei|bes‿er|be der, ...er|zie|hung, ...frucht, ...fül|le, ...kraft (aus Leibeskräften), ...stra|fe (bei -), ...übun|gen Plur., ...um|fang, ...vi|si|ta|ti|on; Leib‿gar|de, ...gar|dist, ...ge|richt, ...gurt (veralt.); leib|haft (selten für: leibhaftig); leib|haf|tig[1]; Leib|haf|tige[1] der; -n (Teufel); Leib|haf|tig|keit[1] die; -; ...lei|big (z. B. dickleibig); Leib|koch; Leib|lein, Leibchen; leib|lich; Leib|lich|keit die; -

Leib|nitz (österr. Stadt)
Leib|niz (dt. Philosoph); leib|ni|zisch; -es Denken (nach Art von Leibniz), aber (↑ R 134): Leib|ni|zisch; -e Philosophie (von Leibniz)
Leib‿pferd, ...ren|te (lebenslängliche Rente), ...rie|men (veralt. für: Gürtel), ...rock (veralt.), ...schmerz (meist Plur.), ...schnei|den (das; -s; landsch.); Leib-See|le-Pro|blem (↑ R 41); leib|see|lisch; Leib|spei|se
leibt vgl. leiben
Lei|bung vgl. Laibung
Leib‿wa|che, ...wäch|ter, ...wä|sche (die; -), ...weh, ...wickel [Trenn.: ...wik|kel]
Lei|ca ⓇW [...ka] die; -, -s (Kurzw. für: Leitz-Camera [der Firma Ernst Leitz])
Leich der; -[e]s, -e (mittelhochd. Liedform)
Leich|dorn der; -[e]s, -e u. ...dörner (mitteld. für: Hühnerauge); Lei|che die; -, -n; Lei|chen‿acker [Trenn.: ...ak|ker] (landsch.), ...be|gäng|nis, ...be|schau|er, ...bit|ter (landsch. für: Person, die zur Beerdigung einlädt); Leichen|bit|ter|mie|ne (ugs. für: düsterer, grimmiger Gesichtsausdruck); lei|chen‿blaß, ...fahl; Lei|chen‿fled|de|rei ⟨Gaunerspr.⟩ (Rechtsw.: Ausplünderung toter od. schlafender Menschen), ...fled|de|rer, ...frau, ...gift, ...hal|le, ...hemd, ...öff|nung (für: Obduktion), ...paß, ...re|de, ...schän|dung, ...schau|haus, ...schmaus (ugs.), ...trä|ger, ...tuch, ...ver|bren|nung, ...wa|gen, ...wär|ter, ...zug; Leich|nam der; -[e]s, -e
leicht; -e Artillerie; -es Heizöl; -e

Musik. I. *Kleinschreibung* (↑ R 65): es ist mir ein leichtes (sehr leicht). II. *Großschreibung* (↑ R 65): es ist nichts Leichtes; er ißt gern etwas Leichtes. III. *Schreibung in Verbindung mit dem 2. Partizip oder einem Adjektiv* (↑ R 209); vgl. leichtbeschwingt, leichtbewaffnet, leichtentzündlich, leichtgeschürzt, leichtverdaulich, leichtverständlich, leichtverwundet. IV. *Schreibung in Verbindung mit Verben* (↑ R 205 f.): a) *Getrenntschreibung* in ursprünglicher Bedeutung, z. B. leicht atmen; er hat leicht geatmet; leicht fallen, er ist nur leicht gefallen; vgl. leichtnehmen; b) *Zusammenschreibung*, wenn durch die Verbindung ein neuer Begriff entsteht, z. B. leichtmachen; er hat es sich leichtgemacht (sich wenig Mühe gemacht); aber: *Getrenntschreibung* in Verbindung mit einem Gradadverb u. bei Steigerung: er hat es sich zu leicht gemacht; es ist ihr leichter gefallen; vgl. leichtfallen, leichtmachen, leichtnehmen; Leicht|ath|let; Leicht|ath|le|tik; leicht|ath|le|tisch; Leicht|bau|plat|te (Bauw.: Platte aus leichtem Material); Leicht|ben|zin; leicht|be|schwingt; -e Musik, er ging - davon; leicht|be|waff|net; leichtbewaffneter Soldat (↑ jedoch R 209), aber: der Soldat ist leicht bewaffnet; Leicht|be|waff|ne|te der; -n, -n (↑ R 7 ff.); leicht|blü|tig; ¹Leich|te die; - (dicht. für: Leichtheit); ²Leich|te die; -, -n (niederd. für: Tragriemen beim Schubkarrenfahren); leicht|ent|zünd|lich; ein leichtentzündlicher Stoff (↑ jedoch R 209), aber: der Stoff ist leicht entzündlich; Leich|ter, Lich|ter [kleineres Wasserfahrzeug zum Leichtern); leich|tern, lich|tern (Seemannsspr.: größere Schiffe entfrachten); ich ...ere (↑ R 22); leicht|fal|len; ↑ R 205 (keine Anstrengung erfordern) die Schularbeiten sind ihm immer leichtgefallen; vgl. aber: leicht, IV, a; leicht|fer|tig; Leicht‿fer|tig|keit, ...flug|zeug; leicht|flüs|sig; Leicht|fuß (ugs. scherzh.); leicht|fü|ßig; Leicht|fü|ßig|keit die; -; leicht|gän|gig; eine -e Lenkung; leicht|ge|schürzt; ein -es Mädchen; sie ging -; Leicht|ge|wicht (Körpergewichtsklasse in der Schwerathletik); Leicht|ge|wicht|ler; leicht|gläu|big; Leicht|gläu|big|keit die; -; Leicht|heit die; -; leicht|her|zig; Leicht|her|zig|keit die; -; leicht|hin; Leich|tig|keit die; -; Leicht|in|du|strie; leicht|le|big; Leicht|le|big|keit die; -;

Leicht|lohn|grup|pe (unterste Tarifgruppe, bes. für Frauen); leicht|lich (veralt. für: mühelos); leicht|ma|chen; ↑ R 205 (wenig Mühe machen); du hast es dir leichtgemacht; vgl. leicht, IV; Leicht‿ma|tro|se, ...me|tall; leicht|neh|men; ↑ R 205 (keine Mühe darauf verwenden); er hat seine Pflichten immer leichtgenommen; vgl. leicht, IV; Leicht‿öl, ...schwer|ge|wicht (Körpergewichtsklasse beim Gewichtheben), ...sinn (der; -[e]s); leicht|sin|nig; Leicht|sin|nig|keit die; -; Leicht|sinns|feh|ler; leicht|tun, sich (↑ R 205), ich habe mir dabei (es ohne Schwierigkeiten, Hemmungen bewältigt); vgl. leicht, IV; leicht|ver|dau|lich; eine leichtverdauliche Speise (↑ jedoch R 209), aber: die Speise ist leicht verdaulich; leicht|ver|derb|lich; eine leichtverderbliche Ware (↑ jedoch R 209), aber: die Ware ist leicht verderblich; leicht|ver|letzt vgl. leichtverwundet; Leicht|ver|letz|te vgl. leichtverwundete; leicht|ver|ständ|lich; eine leichtverständliche Sprache (↑ jedoch R 209), aber: die Sprache ist leicht verständlich; leicht|ver|wun|det; ein leichtverwundeter Soldat (↑ jedoch R 209), aber: der Soldat ist leicht verwundet; Leicht|ver|wun|de|te der u. die; -n, -n (↑ R 7 ff.)
leid (als *Adjektiv* schweiz. mdal. für: häßlich, ungut, unlieb); (↑ R 64:) leid sein, tun, werden; es sich nicht leid sein lassen; Leid das; -[e]s; (↑ R 208:) jmdm. etwas zuleide tun; (↑ R 64:) [sich] ein Leid (veralt.: Leids) [an]tun; (↑ R 18:) [in] Freud und Leid
Lei|de|form (für: Passiv); lei|den; du littst (littest); du littest; gelitten; leid[e]!; Not -; ¹Lei|den das; -s, - (für: Krankheit); Freuden u. Leiden
²Lei|den (niederl. Stadt)
lei|dend; Lei|den|de der u. die; -n, -n (↑ R 7 ff.)
Lei|de|ner (zu: ²Leiden) (↑ R 147); - Flasche
Lei|den|schaft; lei|den|schaft|lich; Lei|den|schaft|lich|keit die; -; leiden|schafts|los, -este; lei|dens|fä|hig; Lei|dens|fä|hig|keit die; -; Lei|dens‿ge|fähr|te, ...ge|fähr|tin, ...ge|nos|se, ...ge|nos|sin, ...ge|schich|te, ...ge|sicht, ...mie|ne, ...weg, ...zeit; lei|der; Got-tes ⟨entstanden aus der Beteuerung: (bei dem) Leiden Gottes⟩; leid|ge|prüft; lei|dig (unangenehm); Leid|kar|te (schweiz. neben: Trauerkarte); leid|lich (gerade noch ausreichend); leid-

---

[1] Auch: laip...

sam (veralt., aber noch mdal. für: umgänglich, gut zu leiden); **leid|tra|gend;** ↑ R 142; **Leid|tra|gen|de** der u. die; -n, -n (↑ R 7 ff.); **leid|voll; Leid|we|sen** das; -s, zu meinem - (Bedauern)

Lei|er die; -, -n ⟨griech.⟩ (ein Saiteninstrument); **Leie|rei** (ugs.); **Leie|rer; Lei|er_ka|sten, ...mann** (Plur. ...männer); **lei|ern;** ich ...ere (↑ R 22); **Lei|er|schwanz** (ein austral. Vogel)

Leih_amt, ...bi|blio|thek, ...bü|che|rei; Leih|he die; -, -n ⟨BGB für: unentgeltliches Verleihen; ugs. für: Leihhaus); **lei|hen;** du leihst; du liehst (liehest); du liehest; geliehen; leih[e]!; **Leih_ga|be, ...ge|ber, ...ge|bühr, ...haus, ...mut|ter** (Frau, die das Kind einer anderen Frau austrägt), **...schein, ...ver|kehr, ...wa|gen; leih|wei|se**

Leik (selten für: Liek)

Lei|kauf, Leit|kauf der; -[e]s, ...käufe ⟨zu: Leit; veralt. für: Obstwein⟩ (mdal. für: Trunk zur Bestätigung eines Vertragsabschlusses)

Lei|lach, Lei|lak das; -[e]s, -e[n] ⟨aus: Leinlachen = Leinenlaken⟩ (mdal. für: Bettuch; Leintuch)

Leim der; -[e]s, -e; **lei|men; Leim_far|be; lei|mig; Leim_ring, ...ru|te, ...sie|der** (mdal. für: langweiliger Mensch), **...topf**

...lein (z. B. Brüderlein das; -s, -)

Lein der; -[e]s, -e (Flachs); **Lein_acker** [Trenn.: ...ak|ker]

¹**Lei|ne** die; - (l. Nebenfluß der Aller)

²**Lei|ne** die; -, -n (ein Strick); ¹**lei|nen** (aus Leinen); ²**lei|nen** (an die Leine nehmen); **Lei|nen** das; -s, -; **Lei|nen_band** der (Abk.: Ln., Lnbd.), **...bin|dung** (svw. Leinwandbindung), **...ein|band, ...garn, ...kleid, ...tuch** (Plur. ...tücher; Tuch aus Leinen; vgl. aber: Leintuch), **...we|be|rei, ...zeug; Lei|ne|we|ber, Lein|we|ber; Lein_ku|chen, ...öl; Lein|öl-brot; Lein_pfad, ...saat, ...samen, ...tuch** (Plur. ...tücher; südd., westd., österr., schweiz. für: Bettuch; vgl. aber: Leinentuch); **Lein|wand** die (für Maler-, Kinoleinwand u. ä. Plur.: ...wände); **lein|wand|bin|dig; Lein-wand|bin|dung** (einfachste u. festeste Webart); **Lein|we|ber, Lein|ne|we|ber**

Leip|zig (Stadt in Sachsen); **Leip|zi|ger** (↑ R 147); - Allerlei (Gericht aus verschiedenen Gemüsen); - Messe

leis, lei|se; (↑ R 65:) nicht im leisesten (durchaus nicht) zweifeln

Leis der; - u. -es, -e[n] ⟨aus: Kyrieleis (vgl. d.)⟩ (mittelalterl. geistl. Volkslied)

lei|se vgl. leis; **Lei|se|tre|ter; Lei-se|tre|te|rei; lei|se|tre|te|risch**

Leist der; -[e]s (eine Pferdekrankheit)

Lei|ste die; -, -n

lei|sten; Lei|sten der; -s, -

Lei|sten_beu|ge, ...bruch der, **...ge|gend** (die; -)

Lei|sten|wein (auf der Leiste [Berghang] des Marienberges in Würzburg gewachsener Wein)

Lei|stung; Lei|stungs_ab|fall, ...an|stieg, ...druck der; -[e]s; **lei|stungs|fä|hig; Lei|stungs|fä|hig|keit** die; -; **lei|stungs|ge|recht; Lei|stungs_ge|sell|schaft, ...gren|ze** (die; -), **...knick, ...kraft** die, **...kurs** (Schulw.), **...kur|ve** (Arbeitskurve), **...lohn** (bes. DDR); **lei|stungs|ori|en|tiert; Lei|stungs-_prä|mie** (bes. DDR), **...prin|zip, ...prü|fung, ...schau, ...sport; lei|stungs|stark; Lei|stungs_stei|ge|rung, ...ver|gleich, ...ver|mö|gen** (das; -s), **...zen|trum** (Sport), **...zu|la|ge, ...zu|schlag**

Leit_ar|ti|kel (Stellungnahme der Zeitung zu aktuellen Fragen); **Leit_ar|tik|ler** (Verfasser von Leitartikeln); **leit|bar; Leit|bar|keit** die; -; **Leit_bild, ...bün|del** (Bot.)

¹**Lei|te** die; -, -n (südd., österr. für: Berghang)

²**Lei|te** die; -, -n (schweiz. für: Wasserleitung, Holzrutschbahn)

lei|ten; leitender Angestellter; **Lei|ten|de** der u. die; -n, -n (↑ R 7 ff.); ¹**Lei|ter** der

²**Lei|ter** die; -, -n (ein Steiggerät); **lei|ter|ar|tig; Lei|ter|baum**

Lei|te|rin die; -, -nen

Lei|ter_spros|se, ...wa|gen

Leit_fa|den; leit|fä|hig; Leit_fä|hig|keit (die; -), **...fi|gur, ...form, ...fos|sil** (Geol.: für bestimmte Gesteinsschichten charakteristisches Fossil)

Leit_geb der; -en, -en (↑ R 197) u. **Leit|ge|ber** (zu: Leit, veralt. für: Obstwein) (mdal. für: Wirt)

Leit_ge|dan|ke, ...ge|we|be (Biol.)

¹**Lei|tha** die; - (r. Nebenfluß der Donau); **Lei|tha_ge|bir|ge** das; -s

Leit_ham|mel, ...idee

Leit|kauf vgl. Leikauf

Leit_ke|gel (an Straßenbaustellen), **...li|nie, ...mo|tiv, ...plan|ke, ...satz, ...schnur** (die; -), **...spruch, ...stel|le, ...stern** (vgl. ²Stern), **...strahl** (Funkw., Math., Phys.), **...tier** (führendes Tier einer Herde), **...ton** (Plur. ...töne)

Lei|tung; Lei|tungs_draht, ...mast der, **...netz, ...rohr, ...strom, ...was|ser** (Plur. ...wässer); **Leit-_ver|mö|gen, ...wäh|rung, ...werk, ...wert, ...wort** (Plur. ...wörter)

¹**Lẹk** der; - (Mündungsarm des Rheins)

²**Lẹk** der; -, - (alban. Währungseinheit)

Lek|ti|on [...zion] die; -, -en ⟨lat.⟩ (Unterricht[sstunde]; Lernabschnitt, Aufgabe; Zurechtweisung); **Lẹk|tor** der; -s, ...oren (Lehrer für praktische Übungen [in neueren Sprachen usw.] an einer Hochschule; Verlagsw.: wissenschaftl. Mitarbeiter zur Begutachtung der bei einem Verlag eingehenden Manuskripte; evang. Kirche: jemand, der den Lesegottesdienste hält); **Lek|to|rat** das; -[e]s, -e (Lehrauftrag eines Lektors; Verlagsabteilung, in der eingehende Manuskripte geprüft werden); **lek|to|rie|ren** (ein Manuskript prüfen); **Lek|to|rin** die; -, -nen; **Lek|tü|re** die; -, -n ⟨franz.⟩ (Lesen [nur Sing.]; Lesestoff); **Lek|tü|re|stun|de**

Le|ky|thos die; -, Lekythen ⟨griech.⟩ (altgriech. Salbengefäß)

Le Mans [l‹ mã‹ŋ] (franz. Stadt)

Lẹm|ma das; -s, -ta ⟨griech.⟩ (Stichwort; Logik: Vordersatz eines Schlusses; veralt. für: Überschrift); **lem|ma|ti|sie|ren** (mit einem Stichwort versehen)

Lẹm|ming das; -s, -e ⟨dän. u. norw.⟩ (skand. Wühlmaus)

Lem|nis|ka|te die; -, -n ⟨griech.⟩ (eine math. Kurve)

Le|mur der; -en, -en, **Le|mu|re** der; -n, -n (meist Plur.); ↑ R 197 ⟨lat.⟩ (Geist eines Verstorbenen, Gespenst; Halbaffe); **le|mu|ren-haft; Le|mu|ria** die; - (für die Triaszeit vermutete Landmasse zwischen Vorderindien u. Madagaskar); **le|mu|risch**

Lẹ|na die; - (Strom in Sibirien)

²**Lẹ|na, Lẹ|ne** (Kurzform von: Magdalene u. Helene)

Le|nau (österr. Lyriker)

Len|chen (Koseform von: Lena, Lene)

Lẹ|ne vgl. Lena

Lẹng der; -[e]s, -e (ein Fisch)

Le|nin (sowjet. Politiker); **Le|nin-grad** (sowjet. Stadt; früher: Sankt Petersburg); **Le|nin|gra-der** der (↑ R 147); Leningrader Sinfonie (von Schostakowitsch); **Le|ni|nis|mus** der; - (Lehre Lenins); **Le|ni|nist** der; -en, -en (↑ R 197); **le|ni|ni|stisch**

Le|nis die; -, Lenes ⟨lat.⟩ (Sprachw.: mit geringer Intensität gesprochener Verschluß- od. Reibelaut, z. B. b, w; Ggs.: Fortis [vgl. d.])

Lenk|ach|se; lenk|bar; Lenk|bar|keit die; -; **len|ken; Len|ker;**

Lenk|rad; Lenk|rad_schal|tung,
...schloß; lenk|sam; Lenk|sam-
keit *die;* -; **Lenk|stan|ge; Len-**
kung
Len|ne *die;* - (l. Nebenfluß der
Ruhr)
Le|no|re, Leo|no|re (Kurzformen
von: Eleonore)
len|tan|do (ital.) (Musik: nach u.
nach langsamer); **Len|tan|do**
das; -s, -s u. ...di; **len|to** (Musik:
langsam, gedehnt); **Len|to** *das;*
-s, -s u. ...ti
lenz (Seemannsspr.: leer [von
Wasser])
Lenz *der;* -es, -e (dicht. für: Früh-
jahr, Frühling; *Plur.;* auch für:
Jahre); ¹**len|zen** (dicht. für: Früh-
ling werden); es lenzt
²**len|zen** (Seemannsspr.: vor
schwerem Sturm mit stark ge-
refften Segeln laufen; leer pum-
pen); du lenzt (lenzest)
Len|zing *der;* -s, -e, **Lenz_mo|nat**
od. **...mond** (alte Bez. für: März)
Lenz|pum|pe (Seemannsspr.)
Lenz|tag (dicht.)
Leo (m. Vorn.: „Löwe" od. Kurzform von: Leopold od. Leonhard)
Leo|ben (österr. Stadt)
Le|on (m. Vorn.: „Löwe" od.
Kurzform von: Leonhard)
Leo|nar|do da Vin|ci vgl. Vinci
Le|on|ber|ger (nach der baden-
württembergischen Stadt Leon-
berg) (eine Hunderasse)
Le|on|hard, Lien|hard (m. Vorn.)
Leo|ni|das (spartan. König)
Leo|ni|den *Plur.* (lat.) (Stern-
schnuppenschwarm im Novem-
ber)
¹**leo|ni|nisch** (lat.; nach einem mit-
telalterl. Dichter namens Leo od.
nach einem Papst Leo): in der
Fügung: -er Vers (ein Vers, dessen Mitte u. Ende sich reimen);
²**leo|ni|nisch** (nach einer Fabel
Äsops): in der Fügung: -er Vertrag (Vertrag, bei dem der eine
Teil allen Nutzen, den „Löwen-
anteil", hat)
leo|nisch (nach der span. Stadt
León): -e Artikel, Gespinste, Fäden (Metallfäden)
Leo|no|re vgl. Lenore
Leo|pard *der;* -en, -en (↑R 197)
(lat.) (asiat. u. afrik. Großkatze)
Leo|pold (m. Vorn.); **Leo|pol|da,**
Leo|pol|di|ne (w. Vorn.)
Léo|pold|ville [...*wil*] (früherer Na-
me von: Kinshasa)
¹**Le|po|rel|lo** (Diener in Mozarts
„Don Juan"); ²**Le|po|rel|lo** *das;*
-s, -s (kurz für: Leporelloalbum);
Le|po|rel|lo|al|bum; ↑R 135 (har-
monikaartig zusammenzufalten-
de Bilderreihe)
Le|pra *die;* - (griech.) (Aussatz);
Le|prom *das;* -s, -e (Leprakno-

ten); **le|pros, le|prös** (aussätzig);
-e Kranke; **Le|pro|so|ri|um** *das;*
-s, ...ien [...*i⁴n*] (Krankenhaus für
Leprakranke)
Lep|schi (tschech.): ostösterr.
mdal., in: auf - gehen (mit dem
Freund oder der Freundin ausgehen und sich vergnügen)
Lep|ta (*Plur.* von: ¹Lepton); **lep-**
to... (griech.) (schmal...); **Lep-**
to... (Schmal...); **Lep|to|kar|di|er**
[...*i⁴r*] *Plur.* (Lanzettfischchen);
¹**Lep|ton** *das;* -s, Lepta (altgriech.
Gewicht; alt- u. neugriech. Münze [100 Lepta = 1 Drachme]);
²**Lep|ton** *das;* -s, ...onen („leich-
tes" Elementarteilchen); **lep|to-**
som (schmal-, schlankwüchsig);
-er Typ; **Lep|to|so|me** *der* u. *die;*
-n, -n; ↑R 7 ff. (Schmalgebau-
te[r]); **lep|to|ze|phal** (schmalköp-
fig); **Lep|to|ze|pha|le** *der* u. *die;*
-n, -n; ↑R 7 ff. (Schmalköpfi-
ge[r]); **Lep|to|ze|pha|lie** *die;* -
Ler|che *die;* -, -n (ein Vogel); vgl.
aber: Lärche; **Ler|chen|sporn**
(*Plur.* ...sporne; eine Zierstaude)
Ler|nä|i|sche Schlan|ge *die;* -n -
(nach dem Sumpfsee Lerna) (im
Ungeheuer der griech. Sage)
lern|bar; Lern|be|gier[|de]; lern-
_be|gie|rig, ...be|hin|dert (Päd.);
Lern|ei|fer; lern|eif|rig; ler|nen.
In der Bed. „erlernen" *immer ge-*
trennt: Deutsch -; lesen -,
schwimmen -, Klavier spielen -,
Schlittschuh laufen -; ich habe
gelernt, ich habe reiten gelernt
(nicht: reiten lernen). In der Bed.
„zu tun beginnen" *zusammen,*
vgl. kennenlernen, liebenlernen,
schätzenlernen; ein gelernter
Tischler; **Ler|ner** (Sprachw.);
lern|fä|hig; Lern|mit|tel *das*
(Hilfsmittel für den Lernenden);
Lern|mit|tel|frei|heit *die;* -; **Lern-**
_pro|zeß, ...schritt, ...schwe|ster,
...stoff, ...zeit, ...ziel
Les|art; les|bar; Les|bar|keit *die;* -
Les|be *die;* -, -n (ugs. für: Lesbie-
rin); **Les|bi|er** [...*i⁴r*]; **Les|bie|rin**
die; -, -nen; **les|bisch;** -e Liebe
(Homosexualität bei Frauen);
Les|bos (Insel im Ägäischen
Meer)
Le|se *die;* -, -n (Weinlese); **Le|se-**
_abend, ...au|to|mat, ...bril|le,
...buch, ...dra|ma, ...ecke [*Trenn.:*
...ek|ke), **...frucht, ...ge|rät,**
...hun|ger, ...lam|pe; le|sen; du
liest (liesest), er liest; du lasest;
du läsest; gelesen; lies! (Abk.:
l.); **le|sens|wert; Le|se_pro|be,**
...pult; Le|ser; Le|se|rat|te (ugs.
für: leidenschaftliche[r] Le-
ser[in]); **Le|ser|brief; Le|se|rei**
die; -; **Le|se|rin** *die;* -, -nen; **Le-**
ser|kreis; le|ser|lich; Le|ser|lich-
keit *die;* -; **Le|ser|schaft; Le|ser-**
_wunsch, ...zu|schrift; Le|se_saal

(*Plur.* ...säle), **...stoff, ...zei|chen,**
...zim|mer, ...zir|kel
Le|so|ther; le|so|thisch; Le|so|tho
(Staat in Afrika)
Les|sing (dt. Dichter); **les|singsch**
(nach Art von Lessing); -es Den-
ken, aber (↑R 134): **Les|singsch;**
„Nathan der Weise" ist eine -e
Dichtung
Le|sung
le|tal (lat.) (Med.: tödlich)
Le|thar|gie *die;* - (griech.) (Schlaf-
sucht; Trägheit, Teilnahms-, In-
teresselosigkeit); **le|thar|gisch;**
-ste; **Le|the** *die;* - (nach dem Un-
terweltsfluß der griech. Sage)
(dicht. für: Vergessenheitstrank,
Vergessenheit)
Let|kiss *der;* - (finn.-engl.) (ein
Tanz)
let|schert (österr. ugs. für: kraft-
los; schlapp)
Let|te *der;* -n, -n; ↑R 197 (Angehö-
riger eines balt. Volkes)
Let|ten *der;* -s, - (Ton, Lehm)
Let|ter *die;* -, -n (lat.) (Druckbuch-
stabe); **Let|tern_gieß|ma|schi|ne,**
...gut (*das;* -[e]s), **...me|tall**
Let|te-Ver|ein *der;* -s (nach dem
Gründer); ↑R 135
let|tig (zu: Letten)
Let|tin *die;* -, -nen; **let|tisch;** -e
Sprache; vgl. deutsch; **Let|tisch**
das; -[s] (Sprache); vgl. Deutsch;
Let|ti|sche *das;* -n; vgl. Deutsche
das; **Lett|land**
Lett|ner *der;* -s, - (lat.) (in mittel-
alterl. Kirchen: Schranke zwi-
schen Chor u. Langhaus)
letz; letzer, letzeste (südd. u.
schweiz. mdal. für: verkehrt,
falsch; österr. mdal. für:
schlecht, mühsam)
let|zen (veralt. für: laben, erquik-
ken); du letzt (letztest); sich -;
Let|zi *die;* -, -nen (schweiz. für:
mittelalterl. Grenzbefestigung);
Letzt *die;* - (veralt. für: Ab-
schiedsmahl), noch in: zu guter
Letzt; auf die Letzt (österr. mdal.
für: schließlich)
letz|te; der letzte Schrei; das letzte
Stündlein; die letzte Ruhestätte;
letzte Ehre; letzten Endes; zum
letztenmal usw. (vgl. Mal, I u.
II); die zwei letzten Tage des Ur-
laubs waren besonders ereignis-
reich; die letzten zwei Tage habe
ich fast nichts gegessen. **I.** *Klein-*
schreibung: **a)** (↑R 66:) der letzte
(der Reihe nach); als letztes; er
ist der letzte, den ich wählen
würde; dies ist das letzte, was ich
tun würde (vgl. aber: II, a); den
letzten beißen die Hunde; als
letzter fertig werden; der erste –
der letzte (für: jener–dieser); b)
(↑R 65:) am, zum letzten (zuletzt); im letzten (zutiefst); bis
ins letzte (genau); bis zum letz-

ten (sehr); fürs letzte (zuletzt). **II.**
Großschreibung: **a)** (↑R 65:) der
Letzte seines Stammes; der Letzte des Monats; das Erste und das
Letzte (Anfang und Ende); das
ist das Letzte (das Schlimmste;
vgl. **a b e r : I a**); es geht ums Letzte; sein Letztes [her]geben; bis
zum Letzten (Äußersten) gehen;
ein Letztes habe ich zu sagen; er
ist Letzter, der Letzte (dem Ran-
ge nach); die Ersten werden die
Letzten sein; **b)** (↑R 157:) der
Letzte Wille (Testament); die
Letzten Dinge (nach kath. Lehre); die Letzte Ölung (vgl.
Ölung); das Letzte Gericht; **letz-
te|mal**; das - oder das letzte Mal,
a b e r : beim, zum letztenmal;
vgl. Mal, I u. II; **letzt|end|lich;
letz|tens; letzt|te|re** (der, die, das
letzte von zweien); immer Kleinschreibung: der, die, das letzte-
re; _ohne Artikel:_ letzterer, letzte-
re, letzteres; **letzt|ge|nannt;
Letzt|ge|nann|te** _der_ u. _die;_ -n, -n
(↑R 7 ff.); **letzt|hän|dig** (noch zu
Lebzeiten eigenhändig vorge-
nommen); **letzt|hin; letzt|jäh-
rig; letzt|lich; letzt|ma|lig; letzt-
mals; letzt|mög|lich; letzt|wil-
lig;** -e Verfügung
¹Leu _der;_ -en, -en; ↑R 197 (veralt.
für: Löwe)
²Leu _der;_ -, Lei („Löwe"; rumän.
Währungseinheit; Abk.: l)
**Leucht_bal|ke, ...bol|je, ...bom|be;
Leuch|te** _die;_ -, -n; **leuch|ten;
leuch|tend;** leuchtendblaue Au-
gen (↑R 209), **a b e r :** seine Augen
waren leuchtend blau; **Leuch-
ter; Leucht_far|be, ...feu|er,
...gas** _(das;_ -es), **...käl|fer, ...kraft**
(die; -), **...ku|gel, ...pi|stol|le, ...ra-
ke|te, ...re|kla|me, ...röh|re,
...schirm, ...schrift, ...spur,
...stoff|lam|pe, ...turm, ...zif|fer,
...zif|fer|blatt**
leug|nen; Leug|ner; Leug|nung
leuk... ⟨griech.⟩ (weiß...); **Leuk...**
(Weiß...); **Leuk|ämie** _die;_ -, -ien
(„Weißblütigkeit" [Blutkrank-
heit]); **leuk|ämisch** (an Leukämie
leidend); **leu|ko|derm** (Med.:
hellhäutig); **Leu|ko|der|ma** _das;_
-s, ...men (Med.: Auftreten weißer Flecken auf der Haut); **Leu-
ko|der|mie** _die;_ - (Albinismus);
Leu|kom _das;_ -s, -e (Med.: wei-
ßer Hornhautfleck); **Leu|ko|pa-
thie** _die;_ -, -ien (Leukoderma);
¹Leu|ko|plast _der;_ -en, -en; ↑
R 197 (Bestandteil der Pflan-
zenzelle); **²Leu|ko|plast** Ⓦ _das;_
-[e]s, -e (Heftpflaster); **Leu|kor-
rhö¹, Leu|kor|rhöe** _die;_ -, ...rrhö-
en (Med.: „weißer Fluß" [Frau-

¹ Vgl. die Anmerkung zu „Diarrhö, Diarrhöe".

enkrankheit]); **leu|kor|rhö|isch;
Leu|ko|to|mie, Lo|bo|to|mie** _die;_
-, ...ien (chirurg. Eingriff in die
weiße Gehirnsubstanz); **Leu|ko-
zyt** _der;_ -en, -en (meist _Plur._);
↑R 197 (Med.: weißes Blutkör-
perchen); **Leu|ko|zy|to|se** _die;_ -
(Med.: krankhafte Vermehrung
der weißen Blutkörperchen)
Leu|mund _der;_ -[e]s (Ruf); **Leu-
munds|zeug|nis**
Leu|na (Stadt in der DDR; Ⓦ)
Leut|chen _Plur.;_ **Leu|te** _Plur.;_ **leu-
te|scheu; Leu|te|schin|der** (ab-
schätzig)
Leu|then (Ort in Schlesien)
Leut|nant _der;_ -s, -s (selten: -e)
⟨franz.⟩ (unterster Offiziersgrad;
Abk.: Lt.); **Leut|nants_rang** _(der;_
-[e]s), **...uni|form**
Leut|prie|ster (veralt. für: Welt-
geistlicher, Laienpriester)
leut|se|lig; Leut|se|lig|keit
Leu|wa|gen _der;_ -s, - (niederd. für:
Schrubber)
Leu|zit _der;_ -s, -e ⟨griech.⟩ (ein Mi-
neral)
Le|va|de _[...wa...]_ _die;_ -, -n ⟨franz.⟩
(Aufrichten des Pferdes auf der
Hinterhand)
Le|van|te _[...wan...]_ _die;_ - ⟨ital.⟩
(Mittelmeerländer östl. von Ita-
lien); **Le|van|te|li|nie** (↑R 149);
Le|van|ti|ne _die;_ - (ein Gewebe);
Le|van|ti|ner; ↑R 147 (Morgen-
länder); **le|van|ti|nisch**
Le|vee _[l°we]_ _die;_ -, -s ⟨franz.⟩ (frü-
her: Aushebung von Rekruten)
Le|vel _[...w...]_ _der;_ -s, -s ⟨engl.⟩ (Ni-
veau, Ebene)
Le|ver _[l°we]_ _das;_ -s, -s ⟨franz.⟩ (frü-
her: Morgenempfang bei Für-
sten)
Le|ver|ku|sen _[...w°r...,_ auch:
...ku...]_ (Stadt am Niederrhein);
Le|ver|ku|se|ner [auch: ...ku...]
(↑R 147)
Le|vi _[lewi]_ (bibl. m. Eigenn.)
Le|via|than, (ökum.:) **Le|via|tan**
[lewia...] _der;_ -s ⟨hebr.⟩ (Ungeheuer der altorientalischen Mythol.)
Le|vin, Le|win (m. Vorn.)
Le|vi|rats|ehe _[...wi...]_ ⟨lat.; dt.⟩
(Ehe eines Mannes mit der Frau
seines kinderlos verstorbenen
Bruders [im A. T. u. bei Natur-
völkern])
Le|vit _[...wit]_ _der;_ -en, -en; ↑R 197
(Angehöriger des jüd. Stammes
Levi; Tempeldiener im A. T.;
Plur. [früher:] Helfer des Prie-
sters bei einem feierlichen Hoch-
amt)
Le|vi|ta|ti|on _[levitazion]_ _die;_ -, -en
⟨lat.⟩ (unsichtbare Aufhebung
der Schwerkraft)
Le|vi|ten _[...wi...]_ ⟨zu: Levit⟩; nur
in: jmdm. die - lesen (nach den
Verhaltensvorschriften des Levi-
tikus (ugs. für: [ernste] Vorhal-

tungen machen); **Le|vi|ti|kus**
_[...wi...]_ _der;_ - (3. Buch Mosis);
le|vi|tisch _[...wi...]_ (auf die Levi-
ten bezüglich)
Lev|koie _[läfkeu°]_ (landsch. für:
Levkoje); **Lev|ko|je** _die;_ -, -n
⟨griech.⟩ (eine Zierpflanze)
Lew _[läf]_ _der;_ -[s], Lewa _[läwa]_
⟨bulgar.⟩ („Löwe"; bulgar. Währungseinheit; Abk.: Lw)
Le|win, Le|vin (m. Vorn.)
Lex _die;_ -, _Leges_ ⟨lat.⟩ (Gesetz;
Gesetzesantrag); - Heinze
Lex.-8° = Lexikonoktav, Lexi-
konformat
Le|xem _das;_ -s, -e ⟨russ.⟩
(Sprachw.: lexikal. Einheit,
Wortschatzeinheit im Wörter-
buch); **le|xi|gra|phisch** ⟨griech.⟩
(svw. lexikographisch); **Le|xik**
die; - (Wortschatz einer [Fach]-
sprache); **le|xi|kal** (seltener für:
lexikalisch); **le|xi|ka|lisch** (das
Lexikon betreffend, in der Art ei-
nes Lexikons); **le|xi|ka|li|siert**
(Sprachw.: als Worteinheit festgelegt [z. B. Zaunkönig, hochnä-
sig]); **Le|xi|ko|graph** _der;_ -en,
-en; ↑R 197 (Verfasser eines
Wörterbuches od. Lexikons);
Le|xi|ko|gra|phie _die;_ - ([Lehre
von der] Abfassung eines Wörterbuches [eines Lexi-
kons]); **le|xi|ko|gra|phisch; Le-
xi|ko|lo|gie** (Lehre von der Wör-
terbuch- od. Lexikonherstel-
lung; seltener für: Wortlehre);
le|xi|ko|lo|gisch; Le|xi|kon _das;_
-s, ...ka, auch: ...ken (alphabetisch geordnetes allgemeines
Nachschlagewerk; auch für:
Wörterbuch); **Le|xi|kon_for|mat**
(das; -[e]s) oder **...ok|tav** _(das;_ -s;
Abk.: Lex.-8°); **le|xisch** (die Le-
xik betreffend)
Le|zi|thin, (fachspr.:) Lecithin
das; -s ⟨griech.⟩ (zu den Lipoiden
gehörende Substanz [u. a. als
Nervenstärkungsmittel verwen-
det])
lfd. = laufend (vgl. d.)
lfr vgl. Franc
LG = Landgericht
Lha|sa (Hptst. Tibets)
Li = chem. Zeichen für: Lithium
Li|ai|son _[liäsong]_ _die;_ -, -s ⟨franz.⟩
[nicht standesgemäße] Verbin-
dung; Liebesverhältnis)
¹Lia|ne _die;_ -, -n (meist _Plur._)
⟨franz.⟩ (eine Schlingpflanze)
²Lia|ne (w. Vorn.)
Li|as _der_ od. _die;_ - ⟨franz.⟩ (Geol.:
untere Abteilung der Juraforma-
tion, Schwarzer Jura; **Li|as|for-
ma|ti|on; li|as|sisch** (zum Lias ge-
hörend)
Li|ba|ne|se _der;_ -n, -n (↑R 197); **Li-
ba|ne|sin** _die;_ -, -nen; **li|ba|ne-
sisch; ¹Li|ba|non** _der;_ -[s] ([auch
ohne Artikel] Staat im Vorderen

Orient); ²Li|ba|non *der;* -[s] (Gebirge im Vorderen Orient)

Li|ba|ti|on [...*zion*] *die;* -, -en ⟨lat.⟩ (altröm. Trankspende für Götter)

Li|bell *das;* -s, -e ⟨lat.⟩ („Büchlein"; Klageschrift im alten Rom; Schmähschrift)

Li|bel|le *die;* -, -n ⟨lat.⟩ (Teil der Wasserwaage; Insekt, Wasserjungfer); Li|bel|len|waa|ge

Li|bel|list *der;* -en, -en (↑ R 197) ⟨lat.⟩ (Verfasser einer Schmähschrift)

li|be|ral ⟨lat.⟩ (vorurteilslos; freiheitlich; den Liberalismus vertretend); Li|be|ra|le *der u. die;* -n, -n; ↑ R 7 ff. (Anhänger des Liberalismus); li|be|ra|li|sie|ren (von Einschränkungen befreien, freiheitlich gestalten); Li|be|ra|li|sie|rung (das Liberalisieren; Wirtsch.: Aufhebung der staatl. Außenhandelsbeschränkungen); Li|be|ra|lis|mus *der;* - (Denkrichtung, die die freie Entfaltung des Individuums fordert und staatliche Eingriffe auf ein Minimum beschränkt sehen will); li|be|ra|li|stisch (freiheitlich im Sinne des Liberalismus; auch: extrem liberal); Li|be|ra|li|tät *die;* - (Freiheitlichkeit; Vorurteilslosigkeit)

Li|be|ra|li|um Ar|ti|um Ma|gi|ster ⟨lat.⟩ (Magister der freien Künste; Abk.: L. A. M.)

Li|be|ria (Staat in Westafrika); Li|be|ri|a|ner (↑ R 180), auch: Li|be|ri|er [...*i*ʳr]; li|be|ri|a|nisch (↑ R 180), auch: li|be|risch

Li|be|ro *der;* -s, -s ⟨ital.⟩ (Fußball: nicht mit Spezialaufgaben betrauter freier Verteidiger, der sich in den Angriff einschalten kann)

Li|ber|tas (röm. Göttin der Freiheit); Li|ber|tät *die;* -, -en ⟨franz.⟩ (früher für: ständische Freiheit); Li|ber|té, Éga|li|té, Fra|ter|ni|té [...*te, ...te, ...te*] („Freiheit, Gleichheit, Brüderlichkeit", die drei Losungsworte der Franz. Revolution)

Li|ber|tin [...*täng*] *der;* -s, -s ⟨franz.⟩ (veralt. für: Freigeist; Wüstling); Li|ber|ti|na|ge [...*nasch*ᵉ] *die;* -, -n (veralt. für: Liederlichkeit, Zügellosigkeit)

Li|bi|di|nist *der;* -en, -en (↑ R 197) ⟨lat.⟩ (sexuell triebhafter Mensch); li|bi|di|nös; -este; Li|bi|do [auch: *libido*] *die;* - (Begierde, Trieb; Geschlechtstrieb)

Li|bo|ri|us (m. Eigenn.)

Li|bra|ti|on [...*zion*] *die;* -, -en ⟨lat.⟩ (Meteor.: scheinbare Mondschwankung)

Li|bret|tist *der;* -en, -en (↑ R 197) ⟨ital.⟩ (Verfasser von Libretti);

Li|bret|to *das;* -s, -s u. ...tti (Text[buch] von Opern, Operetten usw.)

Li|bre|ville [*librᵉwil*] (Hauptstadt der Republik Gabun)

Li|bys|sa (sagenhafte tschech. Königin)

Li|by|en (Staat in Nordafrika); Li|by|er; li|bysch, aber (↑ R 146): die Libysche Wüste

lic. (schweiz. für: Lic.); Lic. = Licentiatus; vgl. ²Lizentiat

li|cet [*lizät*] ⟨lat.⟩ („es ist erlaubt")

...lich (z. B. weichlich)

Li|che|no|lo|loge [*liche...*] *der;* -n, -n (↑ R 197) ⟨lat.⟩ (Flechtenkundler); Li|che|no|lo|gie *die;* - (Flechtenkunde)

licht; es wird licht; ein lichter Wald; im Lichten (↑ R 65; im Hellen; im Inneren gemessen); -e Weite (Abstand von Wand zu Wand bei einer Röhre u. a.); -e Höhe (lotrechter Abstand von Kante zu Kante bei einem Tor u. a.); Licht *das;* -[e]s, -er (*Plur.* -er auch Jägerspr.: Augen des Schalenwildes) u. (veralt. u. dicht.:) Lichte; Licht_an|la|ge, ...bad (Med.), ...be|hand|lung (Med.); licht|be|stän|dig; Licht|bild (für: Fotografie); Licht|bil|der|vor|trag; Licht|bild|ner (veralt. für: Fotograf); licht|blau; Licht|blick; licht|blond; Licht|bo|gen; licht|bre|chend (für: dioptrisch); Licht|bre|chung; Licht|chen *das;* -s, - u. Lichterchen; Licht|lein *das;* -s, - u. Lichterlein; Licht|druck (*Plur.* ...drucke); licht_durch|flu|tet, ...durch|läs|sig; Licht|te *der;* - (Weite); licht|echt; Licht_echt|heit (*die;* -), ...ef|fekt, ...ein|fall; licht|elek|trisch; licht|emp|find|lich; ¹lich|ten (licht machen); der Wald wird gelichtet; das Dunkel lichtet sich

²lich|ten (Seemannsspr.: leicht machen, anheben); den Anker - Licht|ten|berg (dt. Physiker u. Schriftsteller)

Lich|ten|hain (Vorort von Jena); -er Bier; Lich|ten|hai|ner *das;* -s (ein Bier)

Lich|ten|stein (Schloß südlich von Reutlingen); vgl. aber: Liechtenstein

Lich|ter vgl. Leichter

Lich|ter|baum (Weihnachtsbaum); Lich|ter|chen (*Plur.* von: Lichtchen); Licht|er|glanz; Lich|ter|lein (*Plur.* von: Lichtlein); licht|er|loh; Lich|ter|meer

lich|tern vgl. leichtern

Licht_fil|ter, ...ge|schwin|dig|keit (*die;* -), ...ge|stalt, licht_grau, ...grün; Licht_hof, ...hu|pe, ...jahr (astron. Längenmaß), ...ke|gel, ...kreis, ...leh|re (*die;* -;

für: Optik); Licht|lein vgl. Lichtchen; Licht|lei|tung; licht|los; Licht_man|gel *der,* ...ma|schi|ne; Licht|meß (kath. Fest); Licht_mes|sung (für: Photometrie), ...nel|ke, ...or|gel, ...pau|se; Licht||putz||sche|re; Licht_quel|le, ...re|flex, ...re|kla|me, ...satz (Druckw.: fotograf. Setzverfahren), ...schacht, ...schalter, ...schein; licht|scheu; Licht_schim|mer, ...schran|ke, ...schutz|fak|tor (beim Sonnenöl), ...si|gnal, ...spiel (veralt. für: Film); Licht|spiel_haus, ...theater; Licht_stär|ke, ...strahl, ...tech|nik; licht|tech|nisch; Licht|the|ra|pie; Licht|trun|ken; Licht|tung; Licht|ver|hält|nis|se *Plur.;* licht|voll; licht|wen|dig (für: phototropisch); Licht|wen|dig|keit *die;* - (für: Phototropismus)

Lic. theol. = Licentiatus theologiae; vgl. ²Lizentiat

Lid *das;* -[e]s, -er (Augendeckel); vgl. aber: Lied

Lid|di (dt. Koseform von: Lydia); Lid|dy (engl. Schreibung von: Liddi)

Li|de|rung ([Ab]dichtung des Hinterladern)

Li|di|ce [*lidijzä*] (tschech. Dorf)

Lid|krampf (krampfhaftes Schließen der Augenlider)

Lid|lohn, Lied|lohn (veralt. für: Dienstbotenlohn)

Li|do *der;* -s, -s (auch: Lidi) ⟨ital.⟩ (Nehrung, bes. die bei Venedig)

Lid_rand, ...sack, ...schat|ten, ...spal|te, ...strich

lieb; sich bei jmdm. lieb Kind machen; der liebe Gott. I. *Kleinschreibung* (↑ R 65): es ist mir das liebste (sehr lieb), am liebsten (sehr lieb; vgl. auch: gern). II. *Großschreibung:* a) (↑ R 65:) viel, nichts Liebes; mein Lieber, meine Liebe, mein Liebes; b) (↑ R 157:) [Kirche] Zu Unsrer Lieben Frau[en]. III. *Schreibung in Verbindung mit dem 2. Partizip* (↑ R 209): vgl. liebgeworden. IV. *Schreibung in Verbindung mit Verben* (↑ R 205 f.): lieb sein, werden; vgl. aber: liebäugeln, liebbehalten, liebgewinnen, liebhaben, liebkosen; Lieb *das;* -s (Geliebte[r]); mein -; lieb|äu|geln (↑ R 205); er hat mit diesem Plan geliebäugelt; zu -; lieb|be|hal|ten (↑ R 205); er hat sie immer liebbehalten; Lieb|chen; Lieb|den *die;* - (veralt. ehrende Bez.); in der Anrede: Euer (Abk.: Ew.) -; Lie|be *die;* -, (ugs. für: Liebschaft *Plur.:*) -n; Lieb und Lust (↑ R 18); (↑ R 208:) mir zuliebe; jmdm. etwas zuliebe tun; lie|be|be|dürf|tig; Lie|be|die|ner (abwertend für: Schmeichler, unterwürfiger Mensch); vgl. **aber**: Lichtenstein; Lie|be|die|ne|rei (abwertend); Lie|be|die|ne|risch; -ste; lie|be|die|ne|risch (unterwürfig schmeicheln); er hat geliebedienert; zu Liebedienern; lie|be|leer; Lie|be|lei; lie|beln; ich ...[e]le (↑ R 22); lie|ben; Lie|ben|de die; -n, -n (↑ R 7 ff.); lie|ben|ler|nen; vgl. lernen u. kennenlernen; lie|bens.wert, ...wür|dig; lie|bens|wür|di|ger|wei|se; Lie|bens|wür|dig|keit; lie|ber vgl. gern

Lie|ber|mann, Max (dt. Maler) Lie|bes.aben|teu|er, ...af|fä|re, ...ap|fel (veralt. für: Tomate), ...ban|de (*Plur.*; geh.), ...be|zei|gung, ...be|zie|hung, ...bo|te, ...brief, ...die|ne|rin (ugs. für: Prostituierte), ...dienst, ...ent|zug (Psych.), ...er|klä|rung, ...film, ...gal|be, ...ge|dicht, ...ge|schich|te, ...gott, ...hei|rat, ...kno|chen (landsch. für: Eclair), ...kum|mer, ...le|ben (*das*; -s), ...lied, ...müh od. ...mü|he, ...nest, ...paar, ...per|len *Plur.* (zur Verzierung von Gebäck), ...ro|man, ...spiel; lie|bes|toll; Lie|bes|tö|ter *Plur.* (ugs. scherzh. für: lange, warme Unterhose); lie|bes|trun|ken; Lie|bes.ver|hält|nis, ...zau|ber; lie|be|voll; Lieb|frau|en|kir|che (Kirche Zu Unsrer Lieben Frau[en]); Lieb|frau|en|milch (ein Wein); als ⓦ: Liebfrau|milch; lieb|ge|win|nen (↑ R 205); er hat sie liebgewonnen; lieb|ge|wor|den; eine liebgewordene Gewohnheit (↑ R 209), aber: die Gewohnheit ist ihm lieb geworden; vgl. lieb, IV; lieb|ha|ben (↑ R 205); er hat sie [sehr] liebgehabt; Lieb|ha|ber; Lieb|ha|ber|büh|ne; Lieb|ha|be|rei; Lieb|ha|be|rin die; -, -nen; Lieb|ha|ber.preis, ...wert

Lieb|hard (m. Vorn.) Lie|big (dt. Chemiker; ⓦ)

Lieb|knecht, Wilhelm (Mitbegründer der Sozialist. Arbeiterpartei Deutschlands)

lieb|ko|sen [auch: *lip*...] (↑ R 205); er hat liebkost (auch: geliebkost); Lieb|ko|sung [auch: *lip*...]; lieb|lich; Lieb|lich|keit die; -; Lieb|ling; Lieb|lings.buch, ...dich|ter, ...far|be, ...ge|richt, ...kind, ...lied, ...platz, ...schü|ler, ...wort (*Plur.* ...wörter); lieb|los; -este; Lieb|lo|sig|keit; lieb|reich; Lieb|reiz der; -es; lieb|rei|zend; -ste (↑ R 125); Lieb|ste der u. die; -n, -n (↑ R 7 ff.)

Lieb|stöckel *das* od. *der;* -s, - [*Trenn.:* ...stök|kel] (eine Heil- u. Gewürzpflanze)

lieb|wert (veralt.)

Liech|ten|stein [*lich*...] (Fürsten-

---

tum); vgl. **aber**: Lichtenstein; Liech|ten|stei|ner; liech|ten|stei|nisch

Lied *das;* -[e]s, -er (Gedicht; Gesang); vgl. **aber**: Lid; Lied|chen *das;* -s, - u. Liederchen; Lied|lein; Lie|der.abend, ...buch, ...hand|schrift

Lie|der|jan, Lied|ri|an der; -[e]s, -e (ugs. für: liederlicher Mensch); lie|der|lich; Lie|der|lich|keit Lie|der|ma|cher; Lie|der|reich; lied|haft; Lied|lein vgl. Liedchen

Lied|lohn vgl. Lidlohn

Lied|ri|an vgl. Liederjan

Lie|fe|rant *der;* -en, -en (↑ R 197) (zu: liefern, mit lat. Endung) (Lieferer); lie|fer|bar; Lie|fer|be|trieb; Lie|fe|rer; Lie|fer.fir|ma, ...frist; Lie|fe|rin die; -, -nen; lie|fern; ich ...ere (↑ R 22); Lie|fer.schein, ...stopp, ...ter|min; Lie|fe|rung; Lie|fe|rungs.ort (*der;* -[e]s, -e), ...sper|re; lie|fe|rungs|wei|se; Lie|fer.ver|trag, ...wa|gen, ...zeit

Lie|ge die; -, -n (ein Möbelstück); Lie|ge.geld (Seew.), ...hal|le, ...kur; lie|gen; du lagst; du lägest; gelegen; lieg[e]!; ich habe (südd.: bin) gelegen; ich habe zwanzig Flaschen Wein im Keller liegen; er hat den Stein liegen gelassen (nicht aufgehoben); ein Dorf links/rechts liegen lassen (vorbeifahren); vgl. **aber**: liegenbleiben, liegenlassen; lie|gen|blei|ben; er blieb liegen; er ist liegengeblieben; du mußt im Bett liegenbleiben; die Brille ist liegengeblieben; lie|gend; -es Gut, -e Güter; Lie|gen|de *das;* -n; ↑ R 205 (vergessen, nicht beachten!); er seinen Hut liegenlassen (selten*er:*) liegengelassen; alles liegen- und stehenlassen; vgl. liegen; Lie|gen|schaft (Grundbesitz); Lie|ge.platz, ...pol|ster; Lie|ger (Seemannsspr. für: Wächter auf einem außer Dienst befindlichen Schiff; großes Trinkwasserfaß [als Notvorrat]); Lie|ge.sitz, ...so|fa, ...statt (*die;* -, ...stätten), ...stuhl, ...stütz (*der;* -es, -e), ...wa|gen, ...wie|se, ...zeit

Lieg|nitz (Stadt an der Katzbach)

Liek *das;* -[e]s, -en (Seemannsspr.: Tauwerk als Einfassung eines Segels); vgl. Leik

Li|en [auch: *liэn*] *der;* -s, Lienes (lat.) (Med.: Milz); lie|nal [*li-e*...]; ↑ R 180 (die Milz betreffend); Lie|ni|tis die; -, ...itiden; ↑ R 180 (Med.: Milzentzündung)

Lien|hard vgl. Leonhard

Li|enz (Stadt in Osttirol; Österreich)

---

lies! (Abk.: l.)

Liesch *das;* -[e]s (Grasgattung); [1]Lie|schen *Plur.* (Vorblätter am Maiskolben)

[2]Lies|chen (Koseform von: [2]Liese); vgl. fleißig

[1]Lie|se die; -, -n (Bergmannsspr.: enge Kluft)

[2]Lie|se, Lie|sel, Liesl (Kurzformen von: Elisabeth); Lie|se|lot|te [auch: ...*lot*[1]]; ↑ R 132 (Kurzform von: Elisabeth Charlotte); vgl. auch: Liselotte

Lie|sen *Plur.* (nordd. für: Schweinefett)

Liesl vgl. Liesel

Lies|tal (Hptst. des Halbkantons Basel-Landschaft)

Lieue [*liő*] die; -, -s ⟨franz.⟩ (altes franz. Längenmaß)

Lift *der;* -[e]s, -e u. -s ⟨engl.⟩ (Fahrstuhl, Aufzug); Lift|boy [...*beu*]; lif|ten (heben, stemmen)

Li|ga die; -, ...gen ⟨span.⟩ (Bund, Bündnis; Sport: Bez. einer Wettkampfklasse); Li|ga|de die; -, -n ⟨Fechten: „Bindung“ u. Zurseitedrücken der gegnerischen Klinge); Li|ga|ment das; -[e]s, -e ⟨lat.⟩ u. Li|ga|men|tum das; -s, ...ta (Med.: Band); Li|ga|tur die; -, -en ⟨Druckw.: [Buchstaben]verbindung; Med.: Unterbindung [einer Ader usw.]; Musik: Verbindung zweier gleicher Töne zu einem)

Li|ge|ti (ungar. Komponist)

Light-Show [*laitschou*] die; -, -s ⟨engl.⟩ (Show mit bes. Lichteffekten)

li|gie|ren ⟨lat.⟩ (Fechten: die gegnerische Klinge „binden“ u. zur Seite drücken); Li|gist *der;* -en, -en; ↑ R 197 (Angehöriger einer Liga; Verbündeter); li|gi|stisch

Li|gnin *das;* -s, -e ⟨lat.⟩ (Holzstoff); Li|gnit *der;* -s, -e ⟨Braunkohle mit Holzstruktur)

Li|gny [*linji*] (Dorf in Belgien)

Li|gro|in *das;* -s ⟨Kunstwort⟩ (Leichtöl, Bestandteil des Erdöls)

Li|gu|rer *der;* -s, - ⟨Angehöriger eines voríge Volkes in Südfrankreich u. Oberitalien); Li|gu|ri|en [...*i*[1]*n*] (ital. Region); li|gu|risch, aber (↑ R 146): das Ligurische Meer

Li|gu|ster *der;* -s, - ⟨lat.⟩ (Ölbaumgewächs mit weißen Blütenrispen); Li|gu|ster.hecke [*Trenn.:* ...hek|ke], ...schwär|mer (ein Schmetterling)

li|ie|ren ⟨franz.⟩ (eng verbinden); sich -; Li|ier|te die u. der; -n, -n; ↑ R 7 ff. (veralt. für: Vertraute[r]); Li|ie|rung (enge Verbindung)

Li|kör *der;* -s, -e ⟨franz.⟩ (süßer Branntwein); Li|kör.es|senz, ...fla|sche, ...glas (*Plur.* ...gläser)

Lik|tor der; -s, ...oren (Diener der Obrigkeit im alten Rom); Lik|to|ren|bün|del

li|la (franz.) (fliederblau; ugs. für: mittelmäßig); ein lila Kleid; vgl. blau; Li|la das; -s, -, ugs.: -s (ein fliederblauer Farbton); li|la|far|ben, li|la|far|big; Li|lak der; -s, -s (span. Flieder)

Li|li vgl. Lilli

Li|lie [...i⁵] die; -, -n ⟨lat.⟩ (eine [Garten]blume)

Li|li|en|cron (dt. Dichter)

Li|li|en|ge|wächs

Li|li|en|thal (dt. Ingenieur, Luftfahrtpionier)

li|li|en|weiß

Li|li|put ⟨nach engl. Lil|li|put⟩ (Land der Däumlinge in J. Swifts Buch „Gullivers Reisen"); Li|li|pu|ta|ner (Bewohner von Liliput; kleiner Mensch; Zwerg); Li|li|put_bahn, ...for|mat

Lille [lil] (franz. Stadt)

Lil|li, Li|li (Kurzformen von: Elisabeth); Li|l|ly, Li|l|ly (engl. Kurzformen von: Elisabeth)

Li|long|we [lilɔnggwe] (Hptst. von Malawi)

Li|ly vgl. Lilly

lim = ²Limes

lim., Lim. = limited

Li|ma (Hptst. von Peru)

Lim|ba das; -s (ein Furnierholz)

Lim|bi (Plur. von: ²Limbus)

Lim|bo der; -s, -s ⟨karib.⟩ (akrobatischer Tanz unter einer niedrigen Querstange hindurch)

Lim|burg (belg. u. niederl. Landschaft; Stadt in Belgien)

Lim|burg a. d. Lahn (Stadt in Hessen)

¹Lim|bur|ger (↑R 147); - Käse (urspr. aus der belg. Landschaft Limburg); ²Lim|bur|ger der; -s, - (ein Käse)

¹Lim|bus der; - ⟨lat.⟩ (Teil der Unterwelt; [christl. für:] Vorhölle); ²Lim|bus der; -, ...bi (Technik: Gradkreis, Teilkreis an Winkelmeßinstrumenten)

Li|me|rick der; -[s], -s ⟨irisch-engl.⟩ (fünfzeiliges Gedicht grotesk-komischen Inhalts)

¹Li|mes der; - ⟨lat.⟩ (von den Römern angelegter Grenzwall [vom Rhein bis zur Donau]); ²Li|mes der; -, - ⟨Math.: Grenzwert [Zeichen: lim]⟩; Li|mes|ka|stell

Li|met|te, auch: Li|met|ta die; -, ...tten ⟨pers.-ital.⟩ (westind. Zitrone); Li|met|ten|saft

Li|mit das; -s, -s u. -e ⟨engl.⟩ (Grenze, Begrenzung; Kaufmannsspr.: Preisgrenze, äußerster Preis); Li|mi|ta|ti|on [...zion] die; -, -en ⟨lat.⟩ (Begrenzung, Beschränkung); Li|mi|te die; -, -n ⟨franz.⟩ (schweiz. svw. Limit); li|mi|ted [limitid] ⟨engl.⟩ (in engl. u.

amerik. Firmennamen: „mit beschränkter Haftung"; Abk.: Ltd., lim., Lim., Ld.); li|mi|tie|ren ⟨lat.⟩ ([den Preis] begrenzen; beschränken); limitierte Auflage (z. B. Graphik); Li|mi|tie|rung

Lim|mat die; - (r. Nebenfluß der Aare)

Lim|ni|me|ter das ⟨griech.⟩ (Pegel zum Messen des Wasserstandes eines Sees); lim|nisch (im Süßwasser lebend, abgelagert); Lim|no|graph der; -en, -en; ↑R 197 (svw. Limnimeter); Lim|no|lo|ge der; -n, -n; ↑R 197 (Kenner u. Erforscher der stehenden Gewässer); Lim|no|lo|gie die; - (Süßwasser-, Seenkunde); lim|no|lo|gisch (auf Binnengewässer bezüglich); Lim|no|plank|ton

Li|mo [auch: li...] die (auch: das); -, -[s] (ugs. Kurzform für: Limonade); Li|mo|na|de die; -, -n ⟨pers.⟩; Li|mo|ne die; -, -n (svw. Limette; auch für: Zitrone)

Li|mo|nit der; -s, -e ⟨griech.⟩ (ein Mineral)

li|mos, li|mös; -este ⟨lat.⟩ (Biol.: schlammig, sumpfig)

Li|mou|si|ne [...mu...] die; -, -n ⟨franz.⟩ (geschlossener Pkw, auch mit Schiebedach)

Li|na, Li|ne (Kurzformen von: Karoline od. Pauline); Lin|chen (Koseform von: Lina, Line)

Lin|cke [zur Trenn.: ↑R 179], Paul (dt. Komponist)

Lin|coln [lingk⁵n] (Präsident der USA)

lind; ein -er Regen

Lin|da (w. Vorn.)

Lind|au (Bo|den|see) (Stadt in Bayern)

Lin|de die; -, -n; lin|den (aus Lindenholz); Lin|den_al|lee, ...baum, ...blatt, ...blü|te; Lin|den|blü|ten|tee; Lin|den|ho|nig

lin|dern; ich ...ere (↑R 22); Lin|de|rung die; -; Lin|de|rungs|mit|tel das

lind|grün ⟨zu: Linde⟩

Lind|heit die; -

Lind|wurm (Drache)

Li|ne vgl. Lina

Li|ne|al das; -s, -e ⟨lat.⟩; li|ne|ar ⟨lat.⟩ (geradlinig; auf gerader Linie verlaufend, linienförmig); -e Gleichung (Math.); -e Programmierung (Math.); Li|ne|ar_be|schleu|ni|ger (Kernphysik), ...mo|tor (Elektrotechnik), ...zeich|nung (Umrißzeichnung, Riß); Li|ne|a|tur die; -, -en; ↑R 180 (Linierung [eines Heftes]; Linienführung)

...ling (z. B. Jüngling der; -s, -e)

Lin|ga|m] [lingga(m)] das; -s ⟨sanskr.⟩ (Phallus als Sinnbild des ind. Gottes der Zeugungskraft)

Lin|ge|rie [längseh'ri] die; -, ...ien (schweiz. für: Wäscheraum, betriebsinterne Wäscherei; Wäschegeschäft)

...lings (z. B. jählings)

lin|gu|al [...ngg...] ⟨lat.⟩ (auf die Zunge bezüglich, Zungen...); Lin|gu|al der; -s, -e u. Lin|gu|al|laut (Zungenlaut); Lin|gu|ist der; -en, -en; ↑R 197 (Sprachwissenschaftler); Lin|gu|i|stik die; -; ↑R 180 (Sprachwissenschaft, -vergleichung); lin|gu|i|stisch

Li|nie [...i⁵] die; -, -n ⟨lat.⟩; - halten (Druckw.); absteigende, aufsteigende Linie (Genealogie); Li|ni|en_blatt, ...dienst, ...flug, ...flug|zeug, ...füh|rung, ...netz, ...papier, ...rich|ter, ...schiff, ...spiegel (österr. für: Linienblatt), ...ste|cher (für: Guillocheur), ...tau|fe (Äquatortaufe); li|ni|en|treu (einer politischen Ideologie genau u. engstirnig folgend); Li|ni|en|ver|kehr; li|nie|ren (österr. nur so), li|ni|ie|ren (mit Linien versehen; Linien ziehen); Li|nier_ma|schi|ne, ...plat|te; Li|nie|rung (österr. nur so), Li|ni|ie|rung; ...li|nig (z. B. geradlinig)

Li|ni|ment das; -[e]s, -e ⟨lat.⟩ (Med.: Mittel zum Einreiben)

link; linker Hand; ¹Lin|ke der u. die; -n, -n; ↑R 7 ff. (Angehörige[r] einer linksstehenden Partei od. Gruppe); ²Lin|ke die; -n, -n; ↑R 7 ff. (linke Hand; linke Seite; Politik: Bez. für linksstehende Parteien, auch für die linksstehende Gruppe einer Partei); zur -n; in meiner -n; ein kräftiger Druck meiner -n; (Boxen:) er traf ihn mit einer blitzschnellen -n; die radikale - (im Parlament); es gehört der -n an; die neue Linke (vgl. neu; I, c); Lin|ke|hand|re|gel die; - (Physik); lin|ken (ugs. für: täuschen); lin|ker Hand; lin|ker|seits; lin|kisch; links (Abk. l.); - von mir, - vom Eingang; von -, nach -; von - nach rechts; von - her, nach - hin; an der Kreuzung gilt rechts vor -; er weiß nicht was rechts und was - ist; links um! (milit. Kommando; vgl aber: linksum); auch mit Gen.: des Waldes; (ugs.:) - sein (Linkshänder sein); (ugs.) etwas mit (mit Leichtigkeit) machen Links|ab|bie|ger (Verkehrsw.); links|au|ßen (Sport); - stürmen spielen; Links|au|ßen der; -, - (Sport); er spielt -; links|bün|dig Links|drall; links|dre|hend aber: nach links drehend Links|dre|hung; Link|ser (ugs für: Linkshänder); Links_ex|trem; Links_ex|tre|mis|mus ...ex|tre|mist, ...ga|lopp; links|ge|rich|tet; Links_ge|win|de

...hän|der; links|hän|dig; Links|hän|dig|keit *die;* -; links|her, aber: von links her; links|her|um; linksherum drehen, aber: nach links herumdrehen; links|hin, aber: nach links hin; Links|hörn|chen (eine Schnecke); Links.in|tel|lek|tu|el|le, ...kur|ve; links.la|stig, ...läu|fig, ...li|be|ral; -e Koalition; Links|par|tei; links|ra|di|kal; Links-.ra|di|ka|le, ...ra|di|ka|lis|mus; Links-rechts-Kom|bi|na|ti|on (Boxen); links|rhei|nisch (auf der linken Rheinseite); links.rum (ugs.), ...sei|tig, ...ste|hend (auch Politik), ...uf|rig; links|um [auch: *linkß-um*]; - machen; - kehrt! (milit. Kommando; vgl. aber: links); Links.un|ter|zeich|ne|te (vgl. Unterzeichnete), ...ver|kehr, ...wen|dung

Lin|né (schwed. Naturforscher; Abk. hinter biol. Namen: L.); -sches System (Bot.)

li|nnen (dicht. für: leinen); Li|nnen *das;* -s, - (dicht. für: Leinen)

Lin|ole|um [...*le-um*, österr. auch: ...*leum*] *das;* -s ⟨lat.⟩ (ein Fußbodenbelag); Lin|ole|um|be|lag; Lin|ol|schnitt (ein graph. Verfahren u. dessen Ergebnis)

Li|non [...*nong*, auch: *linon*] *der;* -[s], -s ⟨franz.⟩ (Baumwollgewebe [mit Leinencharakter])

Li|no|type ⓦ [*lainotaip*] *die;* -, -s ⟨engl.⟩ (Setz- u. Zeilengießmaschine); Li|no|type-Setz|ma|schi|ne *die;* -, -n (↑ R 34)

Lin|se *die;* -, -n; lin|sen (ugs. für: schauen, scharf äugen, blinzeln); Lin|sen|feh|ler; lin|sen|för|mig; Lin|sen.ge|richt, ...sup|pe, ...trü|bung; ...lin|sig (z. B. vierlinsig, mit Ziffer: 4linsig)

Linth *die;* - (Oberlauf der Limmat)

Li|nus (m. Vorn.)

Linz (Hptst. von Oberösterreich)

Linz am Rhein (Stadt am Mittelrhein)

Lin|zer (↑ R 147); - Torte

Lio|ba (w. Vorn.)

Lip|ämie *die;* - ⟨griech.⟩ (Med.: Vermehrung des Fettgehaltes im Blut); lip|ämisch (Med.: fettblütig)

Li|pa|ri|sche In|seln, (auch:) Äo|lische In|seln *Plur.* (im Mittelmeer)

Lip gloss *das;* - -, - - ⟨engl.⟩ (Kosmetikmittel, das den Lippen Glanz verleiht)

Li|piz|za|ner *der;* -s, - (Pferd einer bestimmten Rasse)

li|po|id ⟨griech.⟩ (fettähnlich); Li|po|id *das;* -s, -e; meist *Plur.* (Biol.: fettähnlicher, lebenswichtiger Stoff im Körper); Li|pom *das;* -s, -e u. Li|po|ma *das;* -s, ...omata (Med.: Fettgeschwulst);

Li|po|mal|to|se *die;* -, -n (Med.: Fettsucht)

¹Lip|pe *die;* -, -n (Rand der Mundöffnung)

²Lip|pe (Land des ehem. Deutschen Reiches); ³Lip|pe *die;* - (r. Nebenfluß des Niederrheins)

Lip|pen.be|kennt|nis, ...blüt|ler (*der;* -s, -), ...laut, ...stift *der,* ...syn|chro|ni|sa|ti|on (Film)

Lip|pe-Sei|ten|ka|nal (↑ R 149)

Lipp|fisch; ...lip|pig (z. B. mehrlippig)

lip|pisch, aber (↑ R 146): Lippischer Wald

Lip|tau (slowak. Landschaft); Lip|tau|er (↑ R 147); - Käse; Lip|tau|er *der;* -s, - (ein Käse)

Lip|urie *die;* - ⟨griech.⟩ (Med.: Ausscheidung von Fett durch den Harn)

Liq. = Liquor; Li|que|fak|ti|on [...*zion*] *die;* -, -en ⟨lat.⟩ (Verflüssigung); li|quid, li|qui|de (flüssig; fällig; verfügbar); -e Gelder, -e Forderung; Li|qui|da *die;* -, ...dä u. ...qui|den (Fließlaut, z. B. l, r); Li|qui|da|ti|on [...*zion*] *die;* -, -en ([Kosten]abrechnung [mit] freier Berufe; Tötung [aus polit. Gründen]; Auflösung [eines Geschäftes]); Li|qui|da|ti|ons|ver|hand|lung; Li|qui|da|tor *der;* -s, ...oren (jmd., der eine Liquidation durchführt); li|qui|de vgl. liquid; li|qui|die|ren ([eine Forderung] in Rechnung stellen; [Verein, Gesellschaft, Geschäft] auflösen; Sachwerte in Geld umwandeln; beseitigen, tilgen; [aus polit. Gründen] töten); Li|qui|die|rung (bes. für: Beseitigung [einer Person]; Beilegung eines Konflikts); Li|qui|di|tät *die;* - ⟨lat.⟩ (Verhältnis der Verbindlichkeiten eines Unternehmens zu den liquiden Vermögensbestandteilen); Li|qui|di|tät; Li|quor *der;* -s ⟨Flüssigkeit); flüssiges Arzneimittel; Abk.: Liq. [auf Rezepten])

¹Li|ra *die;* -, Lire (ital. Münzeinheit; Abk.: L., Lit [für *Sing.* u. *Plur.*]); ²Li|ra *die;* -, -s ⟨türk. Währungseinheit [türk. Pfund]; Abk.: TL)

Lis|beth [auch: *liß...*] (Kurzform von: Elisabeth)

Lis|sa|bon [port. Ausspr.: *lisehboa*] (port. Name für: Lissabon)

Li|se vgl. Liese; Li|se|lot|te [auch: ...*lot*]; Liselotte von der Pfalz (Herzogin von Orleans); vgl. Lieselotte

Li|se|ne *die;* -, -n (pfeilerartiger, wenig vortretender Mauerstreifen)

Li|set|te (w. Vorn.)

lis|men (schweiz. mdal. für: stricken); Lis|mer *der;* -, - (schweiz. mdal. für: Strickweste)

lis|peln; ich ...[e]le (↑ R 22); Lis|pel|ton (*Plur.* ...töne)

Lis|sa|bon (Hptst. Portugals); vgl. auch: Lisboa; Lis|sa|bon|ner [auch: ...*bon...*] (↑ R 147)

Lis|se *die;* -, -n (landsch. für: Stützleiste an Leiterwagen)

¹List *die;* -, -en

²List (dt. Volkswirt); vgl. Liszt

Li|ste *die;* -, -n; die schwarze -; li|sten (in Listenform bringen); gelistet; Li|sten|preis

li|sten|reich

Li|sten|wahl

li|stig; li|sti|ger|wei|se; Li|stig|keit *die;* -

Liszt [*lißt*] (ung. Komponist)

Lit = ¹Lira *Sing.* u. Lire *Plur.*

lit., Lit. = litera; vgl. Litera

Li|ta|nei *die;* -, -en ⟨griech.⟩ (Wechsel-, Bittgebet; eintöniges Gerede; endlose Aufzählung)

Li|tau|en¹; Li|tau|er¹; li|tau|isch¹; -e Sprache; vgl. deutsch; Li|tau|isch¹ *das;* -[s] (Sprache); vgl. Deutsch; Li|tau|ische¹ *das;* -n (↑ R 180); vgl. Deutsche *das*

Li|ter [auch: *lit'r*] *der* (schweiz. nur so), auch: *das;* -s, - ⟨griech.⟩ (1 Kubikdezimeter; Zeichen: l); ein halber, (auch:) halbes Liter, ein viertel Liter

Li|te|ra *die;* -, -s u. ...rä ⟨lat.⟩ (Buchstabe; Abk.: Lit. od. lit.); Li|te|rar|hi|sto|ri|ker; li|te|rar|hi|sto|risch; li|te|ra|risch (schriftstellerisch, das [schöne] Schrifttum betreffend); Li|te|rar|kri|tik (swv. Literaturkritik); Li|te|rat *der;*-en, -en; ↑ R 197 (oft abschätzig für: Schriftsteller); Li|te|ra|ten|tum *das;* -; Li|te|ra|tur *die;* -, -en; Li|te|ra|tur-an|ga|be (meist *Plur.*), ...bei|la|ge, ...denk|mal (*Plur.* ...mäler, geh. ...male), ...gat|tung, ...ge|schich|te; li|te|ra|tur|ge|schicht|lich; Li|te|ra|tur.hin|weis, ...kri|tik, ...kri|ti|ker, ...preis, ...spra|che, ...ver|zeich|nis, ...wis|sen|schaft; li|te|ra|tur|wis|sen|schaft|lich; Li|te|ra|tur|zeit|schrift

Li|ter-fla|sche¹, ...lei|stung¹ (Leistung, die aus jeweils 1 000 cm³ Hubraum eines Kfz-Motors erzielt werden kann); li|ter|wei|se¹

Li|tew|ka [*litáfka*] *die;* -, ...ken ⟨poln.⟩ (früher für: bequeme Uniformrock)

Lit|faß|säu|le (↑ R 135) ⟨nach dem Berliner Buchdrucker E. Litfaß⟩ (Anschlagsäule)

lith... ⟨griech.⟩ (stein...); Lith... (Stein...); Li|thia|sis *die;* -, ...ia|sen (Med.: Steinbildung [in Galle, Niere usw.]); Li|thi|um *das;* - (chem. Grundstoff, Metall; Zeichen: Li); Li|tho *das;* -s, -s

---

¹ Auch: *li...*

Lithograph

(Kurzform für: Lithographie [als Kunstblatt]); Li|tho|graph¹ der; -en, -en; ↑R 197 (Steinzeichner); Li|tho|gra|phie¹ die; -, -ien (Steinzeichnung; Herstellung von Platten für den Steindruck [nur Sing.]; Kunstblatt in Steindruck); li|tho|gra|phie|ren¹; li|tho|gra|phisch¹; Li|tho|klast der; -en, -en; ↑R 197 (med. Instrument zum Zertrümmern von Blasensteinen); Li|tho|lo|gie die; -, -n; ↑R 197 (Kenner u. Erforscher der Gesteine); Li|tho|lo|gie die; - (Gesteinskunde); Li|tho|ly|se die; -, -n (Med.: Auflösung von Nieren- und Harnsteinen durch Arzneien); li|tho|phag (sich in Gestein einbohrend); Li|tho|po|ne die; - (lichtechte Weißfarbe); Li|tho|sphä|re die; - (Gesteinsmantel der Erde); Li|tho|tom der od. das; -s, -e (chirurg. Messer zur Durchführung der Lithotomie); Li|tho|to|mie die; -, ...ien ([Blasen]steinoperation); Li|tho|trip|sie die; -, ...ien ([Blasen]steinzertrümmerung); Li|tho|trip|ter der; -s, - (Lithoklast); Lith|ur|gik die; - (Lehre von der Verwendung u. Verarbeitung von Gesteinen u. Mineralien); vgl. aber: Liturgik

li|to|ral ⟨lat.⟩ (Geogr.: der Küste angehörend); Li|to|ral das; -s, -e (Uferzone [Lebensraum im Wasser]); Li|to|ra|le das; -s, -s ⟨ital.⟩ (Küstenland); Li|to|ral|flo|ra; Li|to|ri|na die; -, ...nen (Uferschnecke); Li|to|ri|na|meer das; -[e]s (Entwicklungsstufe der Ostsee mit Litorinaschnecken als Leitfossil)

Li|to|tes [litotäß] die; -, - ⟨griech.⟩ (Rhet.: Bejahung durch doppelte Verneinung, z. B. nicht unklug)

Lịt|schi die; -, -s ⟨chin.⟩ (pflaumengroße, erdbeerähnlich schmeckende Frucht)

Li|turg der; -en, -en ⟨griech.⟩; ↑R 197 (den Gottesdienst haltender Geistlicher); Li|tur|gie die; -, ...ien (die amtliche od. gewohnheitsrechtliche Form der kirchl. Gottesdienstes, bes. der am Altar gehaltene Teil); Li|tur|gie|in|samm|lung; Li|tur|gik die; - (Theorie u. Geschichte der Liturgie); vgl. aber: Lithurgik; Li|tur|gin die; -, -nen; li|tur|gisch; ↑R 197 (den Gottesdienst haltenden) Gefäße, Gewänder

Lịt|ze die; -, -n ⟨lat.⟩

live [laif] ⟨engl.⟩ (von Rundfunk- u. Fernsehübertragungen: direkt, original) ein Konzert - senden

Li|ve [...wᵉ] der;-n, -n; ↑R 197 (An-

¹Auch eindeutschend: Lithograf usw.

Li|ver|pool [liwᵉrpul] (engl. Stadt)

Live-Sen|dung [laif...] ⟨engl.; dt.⟩ (Rundfunk- od. Fernsehsendung, die bei der Aufnahme direkt übertragen wird); Live-Show

Li|via [...wia] (Gemahlin des Kaisers Augustus)

li|visch ⟨zu: Live⟩

Li|vi|us [...wi...] ⟨röm. Geschichtsschreiber⟩

Liv|land [lif...]; Liv|län|der der; liv|län|disch

Li|vre [liwr⁽ᵉ⁾] der od. das; -[s], -[s] ⟨franz.⟩ (alte franz. Münze); 6 - (↑R 129)

Li|vree [...wre] die; -, ...een ⟨franz.⟩ (uniformartige Dienerkleidung); li|vriert (in Livree [gehend])

¹Li|zen|ti|at [...ziat] das; -[e]s, -e ⟨lat.⟩ (akadem. Grad in der Schweiz und bei einigen kath.-theol. Fakultäten) - der Theologie; ²Li|zen|ti|at der; -en, -en; ↑R 197 (Inhaber des ¹Lizentiats; Abk.: Lic. [theol.], (schweiz.:) lic. phil. usw.); Li|zenz die; -, -en [behördl.] Erlaubnis, Genehmigung, bes. zur Nutzung eines Patents od. zur Herausgabe einer Zeitung, Zeitschrift od. eines Buches); Li|zenz_aus|ga|be, ...ge|ber, ...ge|bühr; li|zen|zie|ren (Lizenz erteilen); Li|zenz_in|ha|ber, ...neh|mer, ...spie|ler (Fußball), ...trä|ger, ...ver|trag

Lju|blja|na vgl. Laibach

Lkw, (auch:) LKW der; -[s], -s (selten: -) = Lastkraftwagen

Lla|ne|ro [lja...] der; -s, -s ⟨span.⟩ (Bewohner der Llanos); Lla|no [ljano] der; -s, -s; meist Plur. (baumarme Hochgrassteppe in Südamerika)

Lloyd [leut] der; -[s] ⟨nach dem Londoner Kaffeehausbesitzer E. Lloyd⟩ (Name von Seeversicherungs-, auch von Schiffahrtsgesellschaften; Name von Zeitungen [mit Schiffsnachrichten]; Norddeutscher -, (jetzt:) Hapag-Lloyd AG

lm = Lumen

Ln., Lnbd. = Leinen[ein]band

¹Lob das; -[e]s, (selten:) -e ; spenden

²Lob der; -[s], -s ⟨engl.⟩ (Tennis: einen hohen Bogen beschreibender Ball)

Lob|be|gier[|de] die; -

Lob|by [lobi] die; -, -s od. Lobbies ⟨engl.⟩ (Wandelhalle im [engl. od. amerik.] Parlament; auch für: Gesamtheit der Lobbyisten); Lob|by|is|mus der; - (Versuch, Gepflogenheit, Zustand der Beeinflussung von Abgeordneten durch Interessengruppen); Lob|by|ist der; -en, -en; ↑R 197

(jmd., der Abgeordnete für seine Interessen zu gewinnen sucht)

Lo|be|lie [...iᵉ] die; -, -n ⟨nach dem flandrischen Botaniker M. de l'Obel⟩ (aus Afrika stammende, beliebte Gartenpflanze)

lo|ben; lo|bens|wert, ...wür|dig; lo|be|sam (veralt.); Lo|bes_er|he|bung (meist Plur.), ...hym|ne; Lob_ge|sang, ...gier; lob|gie|rig; Lob|hu|de|lei (abschätzig); Lob-_hu|de|ler od. ...hud|ler (abschätzig); lob|hu|deln (abschätzig: übertrieben loben); ich ...[e]le (↑R 22); gelobhudelt; zu -; löb|lich; Lob|lied

Lo|bo|to|mie vgl. Leukotomie

Lob|preis; lob|prei|sen; du lobpreist (lobpreisest); du lobpreisest und lobprieset; gelobpreist u. lobgepriesen; zu lobpreisen; lobpreise!; Lob|prei|sung; Lob-_re|de, ...red|ner; lob|red|ne|risch; lob|sin|gen; du lobsingst; du lobsangst (lobsangest); lobgesungen; zu lobsingen; lobsinge!

Lo|car|no [...kar...] (Stadt am Lago Maggiore); Lo|car|ner (↑R 147) u. Lo|car|ne|se der; -n, -n

Lọc|cum (Ort südl. von Nienburg [Weser])

Loch der; -[e]s, Löcher; Lö|chel|chen, Löch|lein; lo|chen; Lo|cher (Gerät zum Lochen; Person, die Lochkarten locht); Loch|rig, löch|rig; Lo|che|rin die; -, -nen löchern; ich ...ere (↑R 22)

Lo|chien [...iᵉn] Plur. ⟨griech.⟩ (Wochenfluß nach der Geburt)

Loch_ka|me|ra, ...kar|te; Loch-kar|ten|ma|schi|ne; Lọch|leh|re (Gerät zur Prüfung der Durchmesser von Bolzen); Lö|ch|lein, Löch|el|chen

Loch Ness der; -[s] - (See in Schottland)

löch|rig, löl|che|rig; Lọch_sticke-rei¹, ...strei|fen; Lo|chung; Loch-zan|ge

Löck|chen, Löck|lein; Locke¹ die; -, -n; ¹lọcken¹ (lockig machen)

²lọcken¹ (anlocken)

löcken¹ (mit den Füßen ausschlagen), noch in: wider den Stachel - (bibl.)

Locken¹_haar, ...kopf; lọcken|köpfig¹; Locken¹_pracht, ...wickel¹ od. ...wick|ler

lọcker¹; (einen Knoten -) lassen machen; - sein, sitzen, werden vgl. aber: lockerlassen, locker machen; Lọcker|heit¹ die; -; lọcker|las|sen¹; ↑R 205 (ugs. für nachgeben); er hat nicht lockergelassen; vgl. locker; lọcker|ma|chen¹; ↑R 205 (ugs. für: ausgeben); er hat viel Geld lockergemacht; vgl. locker; lọckern¹; ich

¹Trenn.: ...k|k...

...ere (↑R 22); Locke|rung[1]; Locke|rungs[1]_mit|tel das (zum Auflockern des Teiges), ...übung lockig[1]; Löck|lein, Löck|chen Lock.mit|tel das, ...ruf, ...spei|se, ...spit|zel; Lockung[1]; Lock|vo|gel; Lock|vo|gel|wer|bung lo|co [*loko*, auch: *lŏko*] ⟨lat.⟩ (Kaufmannsspr.: am Ort; hier; greifbar; vorrätig; - Berlin (ab Berlin); vgl. aber: Lokoverkehr; lo|co ci|ta|to [- *zi...*] (am angeführten Orte; Abk.: l. c.) Lod|de die; -, -n; vgl. Kapelan lod|de|rig (landsch. für: lotterig) Lo|de die; -, -n (Schößling) Lo|den der; -s, - (ein Wollgewebe); Lo|den.man|tel, ...stoff lo|dern; ich ...ere (↑R 22) Lodz [*lotsch*], (auch:) Lodsch (dt. Schreibungen von: Łódź) Łódź [*lotsch*, poln.: *ʷuzj*] (poln. Stadt) Löf|fel der; -s, -; Löf|fel.bag|ger, ...bis|kuit, ...en|te, ...kraut; löf|feln; ich ...[e]le (↑R 22); Löf|fel-.rei|her (vgl. Löffler), ...stiel; löf|fel|wei|se; Löff|ler (ein Stelzvogel) Lo|fo|ten [auch: *lofot...*] Plur. (norw. Name der Lofotinseln); Lo|fot|in|seln Plur. (Gebiet u. Inselgruppe vor der Küste Nordwegens) log = Logarithmus Log das; -s, -e ⟨engl.⟩ (Fahrgeschwindigkeitsmesser eines Schiffes) Log|arith|men|ta|fel; log|arith|mie|ren ⟨griech.⟩ (mit Logarithmen rechnen); den Logarithmus berechnen); log|arith|misch; Log|arith|mus der; -, ...men (math. Größe; Zeichen: log) Log|buch ⟨engl.⟩; dt.⟩ (Schiffstagebuch) Lo|ge [*loschͤ*, österr.: *loseh*] die; -, -n ⟨franz.⟩ (Pförtnerraum; Theaterraum; [geheime] Gesellschaft); Lo|ge|ment [*loseh'mã*] das; -s, -s (veralt. für: Wohnung, Bleibe); Lo|gen.bru|der (Freimaurer), ...platz, ...schlie|ßer (Beschließer [im Theater]) Log|gast der; -[e]s, -en (Matrose zur Bedienung des Logs); Log|ge die; -, -n (seltener für: Log); log|gen (Seemannsspr.: mit dem Log messen) Log|ger der; -s, - ⟨niederl.⟩ (Seemannsspr.: ein Fischereifahrzeug) Log|gia [*lodscha* od. *lodsehja*] die; -, ...ien [...*ͤn* od. ...*jͤn*] ⟨ital.⟩ („Laube"; halboffene Bogenhalle; nach einer Seite offener, überdeckter Raum am Haus)

Log|glas (Plur. ...gläser; Seemannsspr.: Sanduhr zum Loggen) Lo|gi|cal [*lodsehik'l*] das; -s, -s ⟨anglisierend⟩ (nach den Gesetzen der Logik aufgebautes Rätsel) Lo|gier|be|such [*losehir...*]; lo|gie|ren [*losehir'n*] ⟨franz.⟩ ([vorübergehend] wohnen; veralt. für: beherbergen); Lo|gier|gast (Plur. ...gäste) Lo|gik die; - ⟨griech.⟩ (Denklehre; folgerichtiges Denken); Lo|gi|ker (Lehrer der Logik; scharfer, klarer Denker) Lo|gis [*losehi*] das; - [*losehi(β)*], - [*losehiβ*] ⟨franz.⟩ (Wohnung, Bleibe; Seemannsspr.: Mannschaftsraum auf Schiffen) lo|gisch ⟨griech.⟩ (folgerichtig; denknotwendig; ugs. für: natürlich, selbstverständlich, klar); lo|gi|scher|wei|se; Lo|gis|mus der; -, ...men (Vernunftschluß); [1]Lo|gi|stik die; - (Behandlung der logischen Gesetze mit Hilfe von math. Symbolen; math. Logik) [2]Lo|gi|stik die; - ⟨nlat.⟩ (militär. Nachschubwesen) Lo|gi|sti|ker ⟨griech.⟩ (Vertreter der [1]Logistik); [1]lo|gi|stisch (die [1]Logistik betreffend) [2]lo|gi|stisch (die [2]Logistik betreffend) Log|lei|ne (Seemannsspr.) lo|go (Schülerspr. für: logisch); das ist doch -; Lo|go|griph der; -s u. -en, -e[n] (↑R 197) ⟨griech.⟩ (Buchstabenrätsel); Lo|go|pä|die der; -n, -n; ↑R 197 (Sprachheilkundiger); Lo|go|pä|die die; - (Sprachheilkunde); Lo|go|pä|din die; -, -nen; lo|go|pä|disch; Lo|gor|rhö[1], Lo|gor|rhöe die; -, ...rrhöen (Med.: krankhafte Geschwätzigkeit); Lo|gos der; -, (selten:) ...goi [...*geu*] (sinnvolle Rede; Vernunft; Wort) loh; -[e]ste (veralt. für: brennend, flammend) ...loh (in Ortsnamen: Gelände mit strauchartigem Baumbewuchs, z. B. Gütersloh) Loh.bei|ze, ...blü|te (Schleimpilz); [1]Lo|he die; -, -n (Gerbinde) [2]Lo|he die; -, -n (Glut, Flamme); lo|hen Lo|hen|grin (altd. Sagen- u. Epengestalt) loh|gar (mit [1]Lohe gegerbt; Loh|ger|ber Lohn der; -[e]s, Löhne; lohn|ab|hän|gig; Lohn|ab|hän|gi|ge der u. die; -n, -n (↑R 7); Lohn.ab|zug, ...aus|fall, ...aus|gleich, ...auszah|lung, ...buch|hal|ter, ...buchhal|tung, ...bü|ro, ...emp|fän|ger)

loh|nen; es lohnt den Einsatz; es lohnt die, der Mühe nicht; sich -; der Einsatz lohnt sich; löh|nen (Lohn auszahlen); Lohn.er|hö|hung, ...for|de|rung, ...fort|zah|lung, ...grup|pe; lohn|in|ten|siv; Lohn.kür|zung, ...pfän|dung; Lohn-Preis-Spi|ra|le (↑R 41); Lohn.satz, ...steu|er die; Lohn-steu|er.jah|res|aus|gleich, ...kar|te; Lohn|stopp der; -s; Lohn|sum|men|steu|er die; Lohn|tü|te; Löh|nung; Lohn.ver|hand|lung, ...zet|tel Loh|rin|de (zu: [1]Lohe) Loi|pe [*leup'*] die; -, -n ⟨norw.⟩ (Langlaufbahn, -spur [im Skisport]) Loire [*loar*] die; - (franz. Fluß) Lok die; -, -s (Kurzform von: Lokomotive) lo|kal ⟨lat.⟩ (örtlich; örtlich beschränkt); Lo|kal das; -[e]s, -e (Örtlichkeit; [Gast]wirtschaft); Lo|kal.an|äs|the|sie (Med.: örtl. Betäubung), ...au|gen|schein (österr. für: Lokaltermin; ...bahn, ...be|richt, ...der|by (Sport); Lo|ka|le das; -n (in Zeitungen: Nachrichten aus dem Ort); Lo|ka|li|sa|ti|on [...*zion*] die; -, -en, Lo|ka|li|sie|rung (örtl. Beschränkung, Ortsbestimmung, -zuordnung); lo|ka|li|sie|ren; Lo|ka|li|tät die; -, -en (Örtlichkeit; Raum); Lo|kal.kol|lo|rit, ...ma|ta|dor (örtliche Berühmtheit), ...pa|trio|tis|mus, ...re|dak|ti|on, ...re|por|ter, ...satz (Sprachw.: Umstandssatz des Ortes), ...sei|te, ...ter|min, ...zei|tung; Lo|ka|ti|on [...*zion*] die; -, -en (Bohrstelle [bei der Erdölförderung]; moderne Wohnsiedlung); Lo|ka|tiv [auch: ...*tif*] der; -s, -e [...*wͤ*] (Sprachw.: Ortsfall); Lo|ka|tor der; -s, ...oren (im MA.: [Kolonial]land verteilender Ritter) Lok|füh|rer (Kurzform von: Lokomotivführer) Lo|ki (germ. Gott) lo|ko vgl. loco; Lo|ko|ge|schäft (Kaufmannsspr.: zur sofortigen Erfüllung abgeschlossenes Geschäft); Lo|ko|mo|bi|le die; -, -n ⟨lat.⟩ (fahrbare Dampf-, Kraftmaschine); Lo|ko|mo|ti|on [...*zion*] die; -, -en (Med.: Gang[art], Fortbewegung); Lo|ko|mo|ti|ve [...*tiwͤ*, auch: ...*tif*[1]] die; -, -n ⟨engl.⟩ (Kurzform: Lok); Lo|ko|mo|tiv.füh|rer (Kurzform: Lokführer), ...schup|pen; lo|ko|mo|to|risch ⟨lat.⟩ (die Fortbewegung, den Gang betreffend); Lo|ko.ver|kehr, ...wa|re (Kaufmannsspr.: sofort lieferbare Ware); Lo|kus der; - u. -ses, u. -se (ugs. für: [1]Abort) Lo|la (Koseform von: Dolores)

---

[1] Vgl. die Anmerkung zu „Diarrhö, Diarrhöe".

---

[1] Trenn. ...k|k...

Lolch der; -[e]s, -e ⟨lat.⟩ (eine Grasart)

Lolli|ta die; -, -s ⟨nach einer Romanfigur⟩ (Kindfrau)

Lolli der; -s, -s (bes. nordd. ugs. für: Lutscher)

Lom|bard [auch: lombart] der od. das; -[e]s, -e (Kredit gegen Verpfändung beweglicher Sachen); **Lom|bar|de** der; -n, -n; ↑R 197 (Bewohner der Lombardei); **Lom|bar|dei** die; - (ital. Region); **Lom|bard|ge|schäft** [auch: lombart...]; **lom|bar|die|ren** (bewegliche Sachen beleihen); **lom|bar|disch** (aus der Lombardei), aber (↑R 146): die Lombardische Tiefebene; **Lom|bard_.li|ste** [auch: lombart...], ...satz, ...zins|fuß

Lom|ber das; -s ⟨franz.⟩ (ein Kartenspiel); **Lom|ber|spiel** das; -[e]s

Lo|mé [lome] (Hptst. von Togo)

Lom|matzsch [lomatsch] (Stadt im Bezirk Dresden); **Lom|matz|scher Pfle|ge** die; - - (Ebene nordwestl. von Meißen)

Lon|don (Hptst. von Großbritannien und Nordirland); **Lon|do|ner** (↑R 147)

Long|drink ⟨engl.⟩ (mit Soda, Eiswasser o. a. verlängerter Drink); **Long|drink|glas** (Plur. ...gläser)

Lon|ge [longseh⁽ᵉ⁾] die; -, -n ⟨franz.⟩ (Reitsport: Laufleine für Pferde; Akrobatik: Sicherheitsleine); **lon|gie|ren** [longsehir⁽ᵉ⁾n] (Reitsport: ein Pferd an der Longe laufen lassen)

Lon|gi|me|trie [...ngg...] die; - ⟨lat.; griech.⟩ (Längenmessung)

lon|gi|tu|di|nal [...ngg...] ⟨lat.⟩ (in der Längsrichtung); **Lon|gi|tu|di|nal_schwin|gung** (Längsschwingung), ...wel|le

long|line [...lain] ⟨engl.⟩ (Tennis: an der Seitenlinie entlang); den Ball - spielen; **Long|line** der; -[s], -s (Tennis: entlang der Seitenlinie gespielter Ball)

Long|sel|ler der; -s, -s ⟨anglisierend⟩ (lange zu den Bestsellern gehörendes Buch)

Lo|ni (Kurzform von: Apollonia, Leonie)

Löns [auch: lönß] (dt. Schriftsteller)

Look [luk] der; -s, -s ⟨engl.⟩ (bestimmtes Aussehen; Moderichtung)

Loo|ping [lup...] der (auch: das); -s, -s ⟨engl.⟩ (senkrechter Schleifenflug, Überschlagrolle)

Loos (österr. Architekt)

Lo|pe de Ve|ga [- - we...] (span. Dichter)

Lor|baß der; ...basses, ...basse ⟨lit.⟩ (nordostd. für: Lümmel, Taugenichts)

Lor|beer der; -s, -en ⟨lat.⟩ (ein Baum; Gewürz); **Lor|beer-** _baum, ...blatt; **lor|beer|grün**; **Lor|beer_kranz**, ...zweig

Lor|chel die; -, -n (ein Pilz)

Lor|chen (Koseform von: Lore)

Lord der; -s, -s ⟨engl.⟩ (hoher engl. Adelstitel); **Lord|kanz|ler** (höchster engl. Staatsbeamter); **Lord-May|or** [...me⁽ʳ⁾] der; -s, -s (Titel der Oberbürgermeister mehrerer engl. Großstädte)

Lor|do|se die; -, -n ⟨griech.⟩ (Med.: Rückgratverkrümmung nach vorn)

Lord|ship [...schip] die; - ⟨engl.⟩ (Lordschaft; Würde [auch Anrede: your Lordship] od. Herrschaft eines Lords)

¹Lo|re die; -, -n ⟨engl.⟩ (offener Eisenbahngüterwagen, Feldbahnwagen)

²Lo|re (Kurzform von: Leonore u. Eleonore)

Lo|re|ley [...lai, auch: lo...], (auch:) **Lo|re|lei** [auch: lo...] die; - (Rheinnixe; Felsen am r. Rheinufer bei St. Goarshausen)

Lo|renz (m. Vorn.); **Lo|renz|strom** (↑R 149); vgl. Sankt-Lorenz-Strom

Lo|re|to (Wallfahrtsort in Italien); aber: **Lo|ret|to|hö|he** die; - ⟨franz.⟩ (Anhöhe bei Arras)

Lor|gnet|te [lornjät⁽ᵉ⁾] die; -, -n ⟨franz.⟩ (Stielbrille); **lor|gnet|tie|ren** [lornjätir⁽ᵉ⁾n] (früher für: durch die Lorgnette betrachten; scharf mustern); **Lor|gnon** [lornjong] das; -s, -s (Stieleinglas, -brille)

¹Lo|ri der; -s, -s ⟨karib.-span.⟩ (ein Papagei)

²Lo|ri der; -s, -s ⟨niederl.⟩ (schwanzloser Halbaffe)

Lork der; -[e]s, Lörke (niederd. für: Kröte)

Lo|re die; - (mitteld. für: dünne Brühe, bes. mit Kaffee)

Lo|ro|kon|to ⟨ital.⟩ (das bei einer Bank geführte Kontokorrentkonto eines anderen Bank)

Lort|zing (dt. Komponist)

los; I. Adj., nur prädikativ (vgl. aber: lose): der Knopf ist los (abgetrennt); der Hund ist [von der Kette] los; los und ledig sein; ugs.: er wird die Sorgen bald los sein (selten: haben); auf dem Fest ist nichts los gewesen. II. Adverb: los! (schnell!, ab!); los (weg) von Rom; er wird das Brett gleich los haben (ugs. aber: loshaben); sonst mit Verben immer zusammengeschrieben, z. B. losbinden (er bindet los, losgebunden, loszubinden), losfahren

...los (z. B. arbeitslos)

Los das; -es, -e; das Große - (↑R 157)

Los An|ge|les [- ändsch⁽ᵉ⁾lß] (größte Stadt Kaliforniens, USA)

lös|bar; **Lös|bar|keit** die; -

los|be|kom|men; ich habe den Deckel nicht -

los|bin|den; losgebunden

los|brau|sen (ugs.)

los|bre|chen; ein Unwetter brach los

Lösch-ap|pa|rat, ...ar|beit; **lösch|bar**; **Lösch|blatt**, ...boot; **¹lö|schen** (einen Brand ersticken); du löschst (löschest), er löscht; du löschtest; gelöscht; lösch[e]!; **²lö|schen** (nur noch dicht. für: erlöschen); du lischst (lischest), er lischt; du loschst (loschest); du löschest; geloschen; lisch! **³lö|schen** (zu: los) (Seemannsspr.: ausladen); du löschst (löschest); du löschtest; gelöscht; lösch[e]!

Lösch|er; **Lösch_fahr|zeug**, ...ge|rät, ...kalk, ...pa|pier, ...ta|ste; **Lö|schung**

lo|se; das lose Blatt; lose Ware (nicht in Originalpackung, sondern einzeln); ein loses (leichtfertiges) Mädchen; eine lose Zunge haben (leichtfertig reden); die Zügel lose (locker) halten; der Knopf ist lose (locker); vgl. aber: los

Lo|se die; -n, -n (Seemannsspr.: schlaffes Tau[stück])

Lo|se|blatt|aus|ga|be; der Lose[n]blattausgabe; die Lose[n]blattausgaben

Lö|se|geld

los|ei|sen (ugs. für: mit Mühe freimachen, abspenstig machen); er eilste los; sich -; ich habe mich endlich von ihnen losgeeist

Lö|se|mit|tel

¹lo|sen, lu|sen (südd., österr. mdal. u. schweiz. mdal. für: horchen, zuhören); du lost (losest); er lo|ste; gelost; los!

²lo|sen (das Los ziehen); du loste (losest); er lo|ste; gelost; los[e]!

lö|sen (auch für: befreien; Bergmannsspr.: entwässern, mit Frischluft beschicken); du löst (lösest); er lö|ste; gelöst; lös[e]!

Los|ent|scheid

Lo|ser, Lu|ser (Jägerspr.: Lauscher [Ohr])

los|fah|ren; er ist losgefahren

los|ge|hen (ugs. auch für: anfangen); der Streit ist losgegangen

los|ha|ben (ugs. für: etwas verstehen; mit Leichtigkeit können); sie hat in ihrem Beruf viel losgehabt; vgl. aber: los, II

los|heu|len (ugs. für: zu heulen beginnen); die Sirene heulte los

...lo|sig|keit (z. B. Regellosigkeit die; -, -en)

Los|kauf; **los|kau|fen**; die Gefangenen wurden losgekauft

los|kom|men; er ist von diesem Gedanken nicht losgekommen

los|krie|gen; den Deckel nicht -

los|las|sen; sie hat den Hund [von der Kette] losgelassen

los|lau|fen; er ist losgelaufen

los|le|gen (ugs. für: sich ins Zeug legen; beginnen); sie hat ordentlich losgelegt (z. B. energisch geredet)

lös|lich; Lös|lich|keit die; -

los|lö|sen; sich -; er hat die Briefmarke losgelöst; du hast dich von diesen Anschauungen losgelöst; Los|lö|sung

los|ma|chen; er hat das Brett losgemacht; mach los! (ugs. für: beeile dich!)

los|mar|schie|ren; er ist sofort losmarschiert

Los|num|mer

los|rei|ßen; du hast dich losgerissen

Löß [auch: löß, schweiz. nur so] der; Lösses, Lösse; bei langer Aussprache des Vokals: Lößes, Löße (Ablagerung des Pleistozäns)

los|sa|gen; sich von etwas -; du hast dich von ihm losgesagt; Los|sa|gung

Löß|bo|den [auch: löß...]

los|schicken [Trenn.: ...schik|ken]; er hat den Trupp losgeschickt

los|schie|ßen (ugs.); sie ist auf mich losgeschossen

los|schla|gen; er hat das Brett losgeschlagen; die Feinde haben losgeschlagen (mit dem Kampf begonnen)

los|schrau|ben; sie hat den Griff losgeschraubt

los sein; vgl. los, I

lö|ßig; Löß|kin|del [auch: löß...] das; -s, - (Konkretion im Löß); Löß|land|schaft [auch: löß...]

Löß|nitz die; - (Nordrand des Dresdner Elbetals unterhalb von

los|spre|chen (von Schuld); er hat ihn losgesprochen; Los|sprechung (für: Absolution)

Löß|schicht [auch: löß...]

los|steu|ern; auf ein Ziel -

los|stür|zen (ugs.); er ist losgestürzt, als ...

Lost der; -[e]s (Deckname für einen chem. Kampfstoff)

Los|tag (nach dem Volksglauben für die Wetterprophezeiung bedeutsamer Tag); Los|trom|mel; ¹Lo|sung (Wahl-, Leitspruch; Erkennungswort)

²Lo|sung (Jägerspr.: Kot des Wildes u. des Hundes; Kaufmannsspr.: Tageseinnahme [in Kaufhäusern]); Lo|sungs-, Lö|sungs.mit|tel das, ...ver|such

Lo|sungs|wort (Plur. ...worte)

Los-von-Rom-Be|we|gung die; - (↑ R 41)

los|wer|den; etwas - (von etwas befreit werden; ugs. für: etwas ver-

kaufen); sie ist ihn glücklich losgeworden; sie ist diesen Gegenstand gut losgeworden; aber: sie muß sehen, wie sie die Ware los wird

los|zie|hen (ugs. für: sich zu einer [vergnüglichen] Unternehmung aufmachen); er ist losgezogen; gegen jmdn. - (ugs. für: gehässig von ihm reden)

¹Lot das; -[e]s, -e (metall. Bindemittel; Vorrichtung zum Messen der Wassertiefe u. zur Bestimmung der Senkrechten; veraltetes [Münz]gewicht, Hohlmaß); 3 - Kaffee (↑ R 128 f.)

²Lot das; -[s], -s ⟨engl.⟩ (ein Posten Ware, bes. bei Briefmarken)

³Lot (bibl. m. Eigenn.)

lo|ten (senkrechte Richtung bestimmen; Wassertiefe messen)

lö|ten (durch Lötmetall verbinden); Löt|fu|ge

Lo|thar [selten: ...tar]; ↑ R 131 (m. Vorn.)

Loth|rin|gen; Loth|rin|ger (↑ R 147); loth|rin|gisch

...lö|tig (z. B. sechzehnlötig)

Lo|ti|on [...zion; engl.: lo°sch°n] die; -, -en u. (bei engl. Aussprache:) -s ⟨engl.⟩ (flüssiges Reinigungs-, Pflegemittel für die Haut)

Löt_kol|ben, ...lam|pe, ...me|tall

Lo|to|pha|ge der; -n, -n (↑ R 197) ⟨griech.⟩ (Angehöriger eines sagenhaften Volkes; Lotosesser)

Lo|tos der; -, - (Wasserrose); Lo|tos_blu|me, ...blü|te, ...sitz

lot|recht; Lot|rech|te die; -n, -n; vier -[n]

Löt|rohr; Löt|rohr|ana|ly|se (chemisches Prüfverfahren)

Lötsch|berg_bahn (die; -), ...tun|nel (der; -s); ↑ R 149; Löt|schen|paß der; ...passes

Lot|se der; -n, -n (↑ R 197) ⟨engl.⟩; lot|sen; du lotst (lotsest), gelotst; Lot|sen_boot, ...dienst, ...fisch, ...sta|ti|on

Löt|stel|le

Lott|chen (Koseform von: Lotte); Lot|te (Kurzform von: Charlotte)

Lot|ter (veralt., aber noch mdal. für: Herumtreiber, Faulenzer); Lot|ter_bett (alte Verdeutschung für: Sofa), ...bu|be; Lot|te|rei (ugs.)

Lot|te|rie die; -, ...ien ⟨niederl.⟩ (Glücksspiel; Verlosung); Lot|te|rie_ein|neh|mer, ...los, ...spiel

lot|te|rig, lott|rig (ugs. für: unordentlich); Lot|ter|le|ben; lot|tern (ugs.); Löt|ter|le|ben; lott|rig (landsch. für: ein Lotterleben führen; schweiz. für: lose sein, aus den Fugen gehen); ich ...ere (↑ R 22); Lot|ter|wirt|schaft die; - (abwertend)

Lot|to das; -s, -s ⟨ital.⟩ (Zahlenlotterie; Gesellschaftsspiel); Lot|to_an|nah|me|stel|le, ...fee (scherzh. für: Fernsehansagerin bei der Ziehung der Lottozahlen), ...ge|winn, ...kol|lek|tur (österr. für: Geschäftsstelle für das Lottospiel), ...schein, ...spiel, ...zah|len Plur.

lott|rig vgl. lotterig

Lo|tung

Lö|tung

Lo|tus der; -, - ⟨griech.⟩ (Hornklee; auch: svw. Lotos)

lot|wei|se

Löt|zinn

¹Lou|is [lui] (m. Vorn.); ²Lou|is der; - [lui(ß)], - [luiß] (ugs. für: Zuhälter); Lou|is|dor der; -s, -e (alte franz. Münze); 6 - (↑ R 129)

Loui|sia|na [luisiän°] (Staat der USA; Abk.: La.)

Louis-quа|tor|ze [luikators] das; - ⟨franz.⟩ (Stil zur Zeit Ludwigs XIV.); Louis-quinze [luikängs] das; - (Stil zur Zeit Ludwigs XV.); Louis-seize [luißäß] das; - (Stil zur Zeit Ludwigs XVI.)

Lounge [laundsch] die; -, -s [...dschis] ⟨engl.⟩ ([Hotel]halle)

Lourdes [lurd] (franz. Wallfahrtsort); Lourdes|grot|te [lurd...]

Lou|vre [luwr(°)] der; -[s] (Palast in Paris, Museum)

Love-Sto|ry [lawßtâri] ⟨engl.⟩ (Liebesgeschichte)

Lö|we der; -n, -n (↑ R 197) ⟨griech.⟩; Lö|wen_an|teil (ugs. für: Hauptanteil), ...bän|di|ger, ...bräu; Lö|wen|herz (m. Eigenn.); Lö|wen_jagd, ...käfig, ...mäh|ne, ...maul - [e]s), ...mäul|chen (eine Gartenblume), ...mut; lö|wen|stark; Lö|wen|zahn der; -[e]s (eine Wiesenblume); Lö|win die; -, -nen

loy|al [loajal] ⟨franz.⟩ (gesetzlich, regierungstreu; anständig, redlich); Loya|li|tät die; -, -en; ↑ R 180; Loya|li|täts|er|klä|rung

Lo|yo|la [lojo...]; Ignatius von -

LP = Läuten u. Pfeifen (Eisenbahnzeichen); Langspielplatte

LPG = landwirtschaftliche Produktionsgenossenschaft (DDR)

Lr = Lawrencium

LSD = Lysergsäurediäthylamid (ein Halluzinogen)

LSG = Landessozialgericht

lt. = laut

Lt. = Leutnant

Ltd. = limited

Lu = chem. Zeichen für: Lutetium

Lu|an|da (Hptst. von Angola)

Lu|ba, auch: Bal|u|ba der; -[s], -[s] (Angehöriger eines Bantustammes in Zaire)

Lü|beck (Hafenstadt an der unte-

³*

ren Trave); Lü|becker[1] (↑R 147); die - Bucht; lü|beckisch[1], lü|bisch (von Lübeck); -e Währung

Lüb|ke (zweiter dt. Bundespräsident)

Lu|cä vgl. Lukas

Luch die; -, Lüche od. das; -[e]s, -e (mdal. für: Bruch, Sumpf)

Luchs der; -es, -e (ein Raubtier); Luchs|au|ge (auch übertr. ugs.); luchs|äu|gig; Lüchs|chen, Lüchs|lein; luch|sen (ugs. für: sehr genau aufpassen); du luchst (luchsest)

Lucht die; -, -en ⟨niederl.⟩ (niederd. für: Dachboden)

Lu|cia usw. vgl. Luzia usw.; vgl. Santa Lucia; Lu|ci|an vgl. Lukian; Lu|ci|a|ner; ↑R 180 (Einwohner von St. Lucia); lu|ci|a|nisch; Lu|ci|us [...ziuß] (röm. m. Vorn.; Abk.: L.)

Lück|chen; Lücke[1] die; -, -n; Lücken|bü|ßer[1] (ugs. für: Ersatzmann); lücken|haft[1]; Lückenhaf|tig|keit[1] die; -; lücken|los[1]; -este; Lücken|lo|sig|keit[1] die; -; Lücken|test[1] (Psych.); luckig[1] (Bergmannsspr.: großporig); -es Gestein; Lück|lein

Lu|cre|tia vgl. Lukretia

Lu|cre|ti|us [...ziuß], (eindeutschend auch:) Lu|krez (altröm. Dichter)

Lu|cre|zia (ital. w. Vorn.); vgl. Lukretia

Lu|cul|lus [luku...] (röm. Feldherr); vgl. Lukullus

Lu|de der; -n, -n; ↑R 197 (Gaunerspr.: Zuhälter)

Lu|der der; -s, - (Jägerspr.: Köder, Aas [auch als Schimpfwort]); Lu|de|rer (veralt. für: liederlicher Mensch); lu|der|haft (veralt.); Lu|der|jan (svw. Liederjan); Lu|der|le|ben das; -s; lu|der|mä|ßig (landsch. für: sehr, überaus); lu|dern (veralt. für: liederlich leben); ich ...ere (↑R 22)

Lud|ger (m. Vorn.)

Lud|mil|la (w. Vorn.)

Lu|dol|fin|ger (Angehöriger eines mittelalterl. dt. Herrschergeschlechtes)

Lu|dolf|sche Zahl die; -n - (veraltend), Lu|dolf-Zahl die; - ⟨nach dem niederd.-niederl. Mathematiker Ludolf van Ceulen [köl'n]⟩ (die Zahl π [Pi])

Lu|do|wi|ka ⟨zu: Ludwig⟩ (w. Vorn.)

Lu|do|win|ger (Angehöriger eines thüring. Landgrafengeschlechtes)

Lud|wig (m. Vorn.); Lud|wi|ga (w. Vorn.); Lud|wigs|burg (Stadt nördl. von Stuttgart); Lud|wigs-

---

[1] Trenn.: ...k|k...

ha|fen am Rhein (Stadt am Rhein gegenüber Mannheim)

Lu|es die; - ⟨lat.⟩ (Syphilis); lue|tisch (↑R 180), lu|isch (syphilitisch)

Luf|fa die; -, -s ⟨arab.⟩ (eine kürbisartige Pflanze); Luf|fa-schwamm (schwammartige Frucht der Luffa)

Luft die; -, Lüfte; Luft_ab|wehr, ...alarm, ...an|griff, ...auf|klä-rung, ...auf|nah|me, ...auf|sicht, ...bad, ...bal|lon, ...be|we|gung (Meteor.), ...bild, ...bla|se; Luft-Bo|den-Ra|ke|te; Luft-brücke [Trenn.: ...brük|ke]; Lüft-chen, Lüft|lein; luft|dicht; - ver-schließen; Luft_dich|te, ...druck (der; -[e]s); luft|durch|läs|sig; Luft_elek|tri|zi|tät, ...em|bo|lie; lüf|ten; Lüf|ter; Luft|fahrt; Luft|fahrt.for|schung, ...in|du-strie, ...me|di|zin; Luft_fahr-zeug, ...feuch|te, ...feuch|tig|keit, ...fil|ter, ...flot|te, ...fracht; luft-ge|kühlt; -er Motor; luft|ge-schützt; ein -er Ort; luft|ge-trock|net; -e Wurst; Luft_ge-wehr, ...ha|fen (vgl. [2]Hafen), ...han|sa (für: Deutsche Lufthan-sa AG), ...hei|zung, ...ho|heit (die; -), ...hül|le; luft|tig; Luft|tig-keit die; -; Luf|ti|kus der; -[ses], -se (scherzh. für: oberflächlicher Mensch); Luft_kampf, ...kis|sen, ...kis|sen|fahr|zeug, ...klap|pe (für: Ventil), ...kor|ri|dor, ...krank|heit, ...krieg, ...küh|lung (die; -), ...kur|ort (der; -[e]s, ...or-te); Luft_lan|de|trup|pe (für die Landung aus der Luft bes. ausge-bildete u. ausgerüstete militär. Einheit); luft|leer; Lüft|lein, Lüft|chen; Luft|li|nie; Lüft|ma-le|rei (Fassadenmalerei in Bay-ern); Luft_loch, ...man|gel (der; -s), ...ma|sche, ...ma|trat|ze, ...mi|ne, ...pi|rat, ...po|li|zist, ...post (die; -), ...pum|pe, ...raum, ...röh|re, ...sack (Zool.), ...schacht, ...schau|kel, ...schicht, ...schiff; Luftschiffahrt die; -, (für: Fahrt mit dem Luftschiff auch Plur.): -en [Trenn.: Luft-schiff|fahrt, ↑R 204]; Luft_schif-fer, ...schlacht, ...schlan|ge (meist Plur.), ...schloß, ...schrau-be (für: Propeller), ...schutz; Luft_schutz_bun|ker, ...kel|ler, ...raum; Luft|sper|re; Luft|sperr-ge|biet; Luft_spie|ge|lung od. ...spieg|lung, ...sprung, ...streit-kräf|te (Plur.), ...ta|xi, ...tem|pe|ra-tur; luft|tüch|tig; ein -es Flug-zeug; Luft|tung; Lüf|tungs|klap-pe; Luft_ver|än|de|rung, ...ver-kehr; Luft_ver|kehrs|ge|sell-schaft; Luft_ver|schmut|zung, ...waf|fe, ...wech|sel, ...weg (auf dem -[e]), ...wi|der|stand, ...wir-

bel, ...wur|zel, ...zu|fuhr (die; -), ...zug

[1]Lug der; -[e]s (Lüge); [mit] - und Trug

[2]Lug der; -s, -e (mdal. für: Aus-guck)

Lu|ga|ner (↑R 147); Lu|ga|ner See der; - -s; Lu|ga|ne|se der; -n, -n; ↑R 197 (Luganer); lu|ga|ne|sisch; Lu|ga|no (Stadt in der Schweiz)

Lug|aus der; -, - (landsch., auch guck)

Lü|ge die; -, -n; jmdn. Lügen stra-fen (der Unwahrheit überführen)

lu|gen (landsch. für: ausschauen, spähen)

lü|gen; du logst; du lögest; gelo-gen; lüg[e]!; Lü|gen|bold der; -[e]s, -e (abschätzig); Lü|gen_de-tek|tor (Gerät zur Feststellung unterdrückter affektiver Regun-gen), ...dich|tung, ...ge|bäu|de, ...ge|schich|te, ...ge|spinst, ...ge-we|be; lü|gen|haft; Lü|gen|haf-tig|keit die; -; Lü|gen|maul (ugs. für: Lügner); Lü|gen|rei (ugs.)

Lug|ins|land der; -[e]s, -e (veralt für: Wacht-, Aussichtsturm)

Lüg|ner; Lüg|ne|rin die; -, -nen; lüg|ne|risch; -ste

lu|isch vgl. luetisch

Lu|is|chen (Koseform von: Luise)

Lui|se; ↑R 180 (w. Vorn.)

Lu|it|gard (w. Vorn.); Lu|it|ger (m Vorn.); Lu|it|pold (m. Vorn.)

Luke das; -[e]s, -e; vgl. Luke

Lu|kar|ne die; -, -n ⟨franz.⟩ (landsch.: Dachfenster, -luke)

Lu|kas (Evangelist); Evangelium Lucä [...zä] (des Lukas)

Lu|ke die; -, -n (kleines Dach- od Kellerfenster; Öffnung im Deck od. in der Wand des Schiffes)

Lu|ki|an (griech. Satiriker)

Luk|ma|ni|er [...iᵉr] der; -s, (auch: Luk|ma|ni|er|paß der; ...passe genannt: Schweiz. Alpenpaß)

lu|kra|tiv ⟨lat.⟩ (gewinnbringend

Lu|kre|tia [...zia] (w. Vorn.); Lu|krez vgl. Lucretius; Lu|kre|zia (w. Vorn.)

lu|kul|lisch; -ste (üppig, schwelge risch); -es Mahl; Lu|kul|lus der; -, -se (Schlemmer [nach Art de Lucullus])

Lul|latsch der; -[e]s, -e (ugs. für langer Bengel)

Lul|le die; -, -n (ugs. für: Zigaret te)

lul|len (volkstüml. für: leise sin gen); das Kind in den Schlaf -

Lul|ler (südd., österr. u. schweiz für: Schnuller)

Lu|lu (w. Vorn.)

Lum|ba|go ⟨lat.⟩ (Med. Schmerzen in der Lendenge gend; Hexenschuß); lum|bal (die Lendengegend) betref fend); Lum|bal_an|äs|the|sie ...punk|ti|on

Lum|becken [Trenn.: ...bek|ken] ⟨nach dem dt. Erfinder E. Lumbeck⟩ (Bücher durch das Aneinanderkleben der einzelnen Blätter binden); gelumbeckt

Lum|ber|jack [lamb'rdsehäk] der; -s, -s ⟨engl.⟩ (eine Art Jacke)

Lu|men das; -s, - u. ...mina ⟨lat.⟩ ("Licht"; Physik: Einheit des Lichtstromes [Zeichen: lm]; Biol., Med.: innerer Durchmesser [lichte Weite] oder Hohlraum von Zellen od. Organen); **Lu|mi|nes|zenz** die; -, -en (jede Lichterscheinung, die nicht durch erhöhte Temperatur bewirkt ist); **lu|mi|nes|zie|ren**

Lum|me die; -, -n ⟨nord.⟩ (ein arktischer Seevogel)

Lum|mel der; -s, - ⟨südd. für: Lendenfleisch, -braten⟩

Lüm|mel der; -s, -; **Lüm|me|lei;** lüm|mel|haft; lüm|meln, sich (ugs.); ich ...[e]le mich (↑R 22)

Lump der; -en, -en; ↑R 197 (schlechter Mensch; verächtl. für: Kerl; **Lum|pa|zi|us** der; -, -se (scherzh. ugs. für: Lump); **Lum|pa|zi|va|ga|bun|dus** [...wa...] der; -, -se u. ...di (Landstreicher); **lum|pen** (veralt., aber noch mdal. für: liederlich leben); sich nicht - lassen (ugs. für: freigebig sein; Geld ausgeben); **Lum|pen** der; -s, - (Lappen); **Lum|pen.ge|sin|del,** ...händ|ler, ...kerl, ...pack das, ...pro|le|ta|ri|at (marxist. Theorie), ...sack, ...samm|ler (auch übertr. scherzh. für: letzte [Straßen]bahn, letzter Omnibus bei Nacht); **Lum|pe|rei; lum|pig**

Lu|na ⟨lat.⟩ (röm. Mondgöttin; veralt. dicht. für: Mond; Name sowjetischer unbemannter Mondsonden); **lu|nar** (den Mond betreffend, Mond...); **lu|na|risch** (älter für: lunar); **Lu|na|ri|um** das; -s, ...ien [...i'n] (Gerät zur Veranschaulichung der Mondbewegung); **Lu|na|tis|mus** der; - (Med.: Mondsüchtigkeit)

Lunch [lan(t)sch] der; -[e]s, od. -, -[e]s od. -e ⟨engl.⟩ (leichtere Mittagsmahlzeit [in angelsächsischen Ländern]); **lun|chen** [lan(t)sch'n]; du lunchst; **Lunch.pa|ket, ...zeit**

Lund der; -[e]s, -e (Papageitaucher; ein Vogel)

Lund (Stadt in Schweden)

Lü|ne|burg (Stadt am Nordrand der Lüneburger Heide); **Lü|ne|bur|ger Hei|de** die; - -; ↑R 147 (Teil des Norddeutschen Tieflandes)

Lü|net|te die; -, -n ⟨franz.⟩ (Technik: Setzstock bei der Metallverarbeitung; Architektur: Bogenfeld, Stichkappe; früher: eine Grundrißform im Festungsbau)

Lun|ge die; -, -n; eiserne -; **Lun|gen.bläs|chen, ...bra|ten** (österr. für: Lendenbraten), ...ent|zün|dung, ...fisch (Zool.), ...flü|gel, ...ha|schee, ...heil|stät|te; **lun|gen|krank; Lun|gen|krebs; lun|gen|lei|dend; Lun|gen.ödem,** ...schwind|sucht, ...spit|zen|ka|tarrh; **Lun|gen-Tbc** (↑R 38); **Lun|gen.tu|ber|ku|lo|se,** ...tu|mor, ...zug

lun|gern (ugs.); ich ...ere (↑R 22)

Lu|nik der; -s, -s ⟨lat.-russ.⟩ (Name sowjetischer Mondsonden)

Lü|ning der; -s, -e (niederd. für: Sperling)

Lun|ker der; -s, - (fehlerhafter Hohlraum in Gußstücken)

Lu|no|naut der; -en, -en (↑R 197) ⟨lat.; griech.⟩ (Mondflieger)

Lu|pe die; -, -n (Achsnagel)

Lünt die; - (mdal. für: Schweinenierenfett)

Lun|te die; -, -n (Zündmittel; Jägerspr.: Schwanz des Fuchses); - riechen (ugs. für: Gefahr wittern); **Lun|ten|schnur** (Plur. ...schnüre)

Lun|ze die; -, -n (Jägerspr. veralt.: Eingeweide des Wildes)

Lu|pe die; -, -n ⟨franz.⟩ (Vergrößerungsglas); **lu|pen|rein** (von Edelsteinen: sehr rein; ganz ohne Mängel; übertr. für: einwandfrei, hundertprozentig)

Lu|per|ka|li|en [...i'n] Plur. ⟨lat.⟩ (ein altröm. Fest)

Lupf der; -[e]s, -e (südd. u. schweiz. für: das Hochheben; Last, die man eben noch heben kann; auch für: Hosenlupf); **lup|fen** (südd., schweiz., österr. für: lüpfen) u. **lüp|fen** (leicht anheben, kurz hochheben, lüften)

Lu|pi|ne die; -, -n ⟨lat.⟩ (eine Futter- od. Zierpflanze); **Lu|pi|nen-.feld, ...krank|heit** (die;-); **Lu|pi|no|se** die; (Leberentzündung der Wiederkäuer)

Lup|pe die; -, -n (Technik: Eisenklumpen); **lup|pen** (Technik: gerinnen lassen)

Lu|pu|lin das; -s ⟨lat.⟩ (Bitterstoff der Hopfenpflanze)

Lu|pus der; -, - u. -se ⟨lat.⟩ (Med.: tuberkulöse Hautflechte); **Lu|pus in fa|bu|la** der; - - - ⟨lat.⟩ ("der Wolf in der Fabel"; d.h. jemand, der kommt, wenn man gerade von ihm spricht)

¹Lurch der; -[e]s, -e (Amphibie)

²Lurch der; -[e]s (landsch. ugs. für: zusammengeballter, mit Fasern durchsetzter Staub); den - wegkehren

Lu|re die; -, -n ⟨nord.⟩ (altes nord. Blasinstrument)

Lu|rex Ⓦ das; - ⟨Kunstwort⟩ (Garn mit metallisierten Fasern)

Lu|sa|ka (Hptst. von Sambia)

Lu|sche die; -, -n (mdal. für: Spielkarte [von geringem Wert])

lu|sen vgl. ¹losen; **Lu|ser** vgl. Loser

Lu|sia|den Plur.; ↑R 180 (port. Heldengedicht von Camões [kamongisch]); **Lu|si|ta|ner, Lu|si|ta|ni|er** der; -s, - (Angehöriger eines iber. Volksstammes); **Lu|si|ta|ni|en** [...i'n] (röm. Provinz, das heutige Portugal); **Lu|si|ta|ni|er** vgl. Lusitaner; **Lu|si|ta|nist**

Lust die; -, Lüste; - haben; **Lust|bar|keit** (veraltend); **lust|be|tont; Lüst|chen, Lüst|lein**

Lu|ster der; -s, - ⟨franz.⟩ (österr. für: Kronleuchter); **Lü|ster** der; -s, - ⟨Kronleuchter; Glanzüberzug auf Glas-, Ton-, Porzellanwaren; glänzendes Gewebe); **Lü|ster.far|be, ...glas** (Plur. ...gläser)

lüstern; er hat -e Augen; der Mann ist -; **Lü|stern|heit**

Lust.gar|ten (hist.), ...ge|fühl, ...ge|winn, ...greis (ugs. abwertend); **lu|stig;** vgl. Bruder Lustig; **Lu|stig|keit** die; -; **Lüst|lein,** Lüstl|chen; **Lüst|ling; lust|los; Lust|lo|sig|keit; Lust.molch** (ugs., oft scherzh.), ...mord, ...mör|der, ...ob|jekt, ...prin|zip (Psych.)

Lu|stra, Lu|stren (Plur. von: Lustrum); **Lu|stra|ti|on** [...zion] die; -, -en ⟨lat.⟩ (Rel.: feierliche Reinigung [durch Sühneopfer]); **lu|strie|ren** (feierlich reinigen); **lü|strie|ren** ⟨franz.⟩ ([Baumwoll- u. Leinengarne] fest u. glänzend machen); **Lu|strum** das; -s, ...ren u. ...ra ⟨lat.⟩ (altröm. Sühneopfer; Zeitraum von fünf Jahren)

Lust.schloß, ...spiel; Lust|spiel|dich|ter; lust|voll; lust|wan|deln; ich ...[e]le (↑R 22); er ist gelustwandelt; zu -

Lu|te|in das; -s ⟨lat.⟩ (gelber Farbstoff in Pflanzenblättern u. im Eidotter)

Lu|te|tia [...zia] (w. Eigenn.; lat. Name von Paris); **Lu|te|ti|um** das; -s ⟨chem. Grundstoff; Zeichen: Lu)

Lu|ther (dt. Reformator); **Lu|the|ra|ner; lu|ther|feind|lich** (↑R 136); **lu|the|risch** [veralt. od. zur Kennzeichnung einer stark orthodoxen Auffassung meist: ...erisch]; -e Kirche, aber (↑R 134): **Lu|the|risch, Lu|thersch;** die -e Bibelübersetzung; **Lu|ther|ro|se** (ein ev. Sinnbild); **Lu|ther|tum** das; -s

Lutsch|beu|tel; lut|schen (ugs.); du lutschst (lutschest); **Lut|scher**

lütt (nordd. ugs. für: klein)

Lüt|te die; -, -n (Bergmannsspr.: Röhre zur Lenkung des Wetterstromes)

Lut|ter *der;* -s, - (noch unreines Spiritusdestillat)

Lut|ter am Ba|ren|ber|ge (Ort nordwestl. von Goslar)

Lüt|tich (Stadt in Belgien)

¹Lutz (Kurzform von: Ludwig)

²Lutz *der;* -, - ⟨nach dem österr. Eiskunstläufer A. Lutz⟩ (Drehsprung beim Eiskunstlauf)

Lüt|zel|burg (ehem. dt. Name von: Luxemburg)

Lüt|zow [...*zo*] (Familienn.); -scher Jäger

Luv [*luf*] *die* (auch: *das*); - (Seemannsspr.: die dem Wind zugekehrte Seite; Ggs.: Lee); meist ohne Artikel: in, von -; lu|ven [*lufⁿ*] (Seemannsspr.: das Schiff mehr an den Wind bringen); Luv|sei|te; luv|wärts (Seemannsspr.: dem Winde zugekehrt)

Lux *das;* -, - ⟨lat.⟩ (Einheit der Beleuchtungsstärke; Zeichen: lx)

Lu|xa|ti|on [...*zion*] *die;* -, -en ⟨lat.⟩ (Med.: Verrenkung)

¹Lu|xem|burg (belg. Provinz); ²Lu|xem|burg (Großherzogtum); ³Lu|xem|burg (Hptst. von ²Luxemburg); Lu|xem|bur|ger (↑R 147); lu|xem|bur|gisch

lu|xie|ren ⟨lat.⟩ (Med.: verrenken, ausrenken)

Lux|me|ter *das;* -s, - ⟨lat.; griech.⟩ (Gerät zum Messen der Beleuchtungsstärke)

Lu|xor (ägypt. Stadt)

lu|xu|rie|ren ⟨lat.⟩ (Bot.: üppig wachsen [bes. von Pflanzenbastarden]; veralt. für: schwelgen); lu|xu|ri|ös, -este; Lu|xus *der;* - (Verschwendung, Prunksucht); Lu|xus_ar|ti|kel, ...aus|ga|be, ...dampfer, ...ge|gen|stand, ...güter *Plur.*, ...ho|tel, ...jacht, ...limou|si|ne, ...steu|er *die*, ...vil|la, ...wa|gen, ...woh|nung

Lu|zern (Kanton u. Stadt in der Schweiz)

Lu|zer|ne *die;* -, -n ⟨franz.⟩ (eine Futterpflanze); Lu|zer|nen|heu

Lu|zer|ner (↑R 147); lu|zer|nisch

Lu|zia, Lu|zie [...*i°*] (w. Vorn.)

Lu|zi|an vgl. Lukian

lu|zid ⟨lat.⟩ (klar, einleuchtend); Lu|zi|di|tät *die;* - (luzide Beschaffenheit)

Lu|zie vgl. Luzia

Lu|zi|fer *der;* -s ⟨lat.⟩ („Lichtbringer"; Morgenstern; ohne Artikel: Name des Satans); Lu|zi|fe|rin *das;* -s (Leuchtstoff vieler Tiere u. Pflanzen); lu|zi|fe|risch (teuflisch)

Lu|zi|lus vgl. Lucius

LVA = Landesversicherungsanstalt

Lw = Lew

lx = Lux

Ly|der, Ly|di|er [...*i°r*] (Einwohner Lydiens); Ly|dia (w. Vorn.); Ly|di|en [...*i°n*] (früher: Landschaft in Kleinasien); ly|disch

Ly|ki|en [...*i°n*] (früher: Landschaft in Kleinasien); Ly|ki|er [...*i°r*]; ly|kisch

Ly|ko|po|di|um *das;* -s, ...ien [...*i°n*] ⟨griech.⟩ (Bärlapp)

Ly|kurg (Gesetzgeber Spartas; athen. Redner); ly|kur|gisch; aber (↑R 134): Ly|kur|gisch

lym|pha|tisch ⟨griech.⟩ (auf Lymphe, Lymphknötchen, -drüsen bezüglich, sie betreffend); Lymph_bahn, ...drü|se (fälschlich für: Lymphknoten); Lym|phe *die;* -, -n (weißliche Körperflüssigkeit, Impfstoff); Lymph_ge|fäß, ...kno|ten; lym|pho|gen (lymphatischen Ursprungs); lym|pho|id (lymphartig); Lym|pho|zyt *der;* -en, -en (meist *Plur.*); ↑R 197 (bes. Form der weißen Blutkörperchen; Zeichen: lx)

Lym|pho|zy|to|se *die;* -, -n (krankhafte Vermehrung der Lymphozyten im Blut)

lyn|chen [*lünch°n*, auch: *linch°n*] ⟨wahrscheinlich nach dem amerik. Friedensrichter Charles Lynch⟩ (ungesetzliche Volksjustiz ausüben); du lynchst; er wurde gelyncht; Lynch_ju|stiz, ...mord

Ly|on [*liong*] (Stadt in Frankreich); ¹Lyo|ner [*lion°r*]; ↑R 147 (Bewohner von Lyon); ²Lyo|ner *die;* - (Kurzform von: Lyoner Wurst); Lyo|ner Wurst; Lyo|ne|ser vgl. Lyoner; lyo|ne|sisch (veralt. für: Lyoner)

Ly|ra *die;* -, ...ren ⟨griech.⟩ (ein altgriech. Saiteninstrument; Leier; nur *Sing.*: ein Sternbild); Ly|rik *die;* - (liedmäßige Dichtung); Ly|ri|ker (lyrischer Dichter); Ly|ri|ke|rin *die;* -, -nen; ly|risch; -ste (der persönlichen Stimmung u. dem Erleben unmittelbaren Ausdruck gebend; gefühl-, stimmungsvoll; liedartig); -es Drama; -e Dichtung

Ly|san|der (spartan. Feldherr u. Staatsmann)

Ly|si|ne *Plur.* ⟨griech.⟩ (Med.: bakterienauflösende Antikörper); Ly|sis *die;* -, Lysen (Med.: langsamer Fieberabfall; Psych.: Persönlichkeitszerfall)

Ly|si|stra|ta (Titelheldin einer Komödie von Aristophanes)

Ly|sol Ⓦ *das;* -s (ein Desinfektionsmittel)

Lys|sa *die;* - ⟨griech.⟩ (Med.: Tollwut, Raserei)

Ly|ze|um *das;* -s, ...een ⟨griech.⟩ (veraltet für: höhere Schule für Mädchen; schweiz. auch für: Oberstufe des Gymnasiums)

Ly|zi|en usw. vgl. Lykien usw.

LZB = Landeszentralbank

M

M (Buchstabe); das M; des M, die M, aber: das m in Wimpe (↑R 82); der Buchstabe M, m

m = Meter; Milli...

µ = Mikro...; Mikron

M (römisches Zahlzeichen) = 1 000

M = Mark; Modell (bei Schußwaffen); Mega..., Mille

M, µ = ¹My

M. = Markus; Monsieur

M' = Manius

M', Mc = Mac

m² (früher auch: qm) = Quadratmeter

m³ (früher auch: cbm) = Kubikmeter

ma. = mittelalterlich

Ma = Mach-Zahl

mA = Milliampere

MA. = Mittelalter

M. A. = Magister Artium; Master of Arts

¹Mä|an|der *der;* -[s] (alter Name eines Flusses in Kleinasien)

²Mä|an|der *der;* -s, - (starke Flußwindung; ein Zierband); Mä|an|der|li|nie; mä|an|dern, mä|an|drie|ren (sich in Mäanderform bewegen); mä|an|drisch

Maar *das;* -[e]s, -e ([wassergefüllte] kraterförmige Senke)

Maas *die;* - (ein Fluß); Maastricht (niederl. Stadt an der Maas)

Maat *der;* -[e]s, -e u. -en (Seemannsspr.: Schiffsmann; Unteroffizier auf Schiffen); Maatschaft

Mac [*mäk*] („Sohn"; Bestandteil von schottischen [auch irischen] Namen [z. B. MacAdam]; Abk. M', Mc)

Ma|cau [*makau*] (port. Überseeprovinz an der südchines. Küste)

Mac|beth [*mäkbäth*] (König von Schottland; Titelheld eines Dramas von Shakespeare)

Mac|chia [*makia*], Mac|chie [...*ie*] *die;* -, Macchien ⟨ital.⟩ (immergrüner Buschwald des Mittelmeergebietes)

Mach *das;* -[s], - (Kurzform für Mach-Zahl)

Ma|chan|del *der;* -s, - (niederd. für: Wacholder); Ma|chan|delbaum (niederd.)

Mach|art; mach|bar; Mach|barkeit; *die;* -; Ma|che *die;* - (ugs. für: Schein, Vortäuschung)

Ma|che-Ein|heit; ↑R 135 (nach dem österr. Physiker H. Mache

(frühere Maßeinheit für radioaktive Strahlung; Zeichen: ME) **ma|chen;** er hat es gemacht; du hast mich lachen gemacht (selten: machen); **Ma|chen|schaft** *die; -, -en* (meist *Plur.*); **Ma|cher** (ugs. für: Person, die etwas [bedenkenlos] zustande bringt); **...ma|cher** (z. B. Schuhmacher); **Ma|cher|lohn**

Ma|che|te [auch: *matschet°*] *die; -, -n* (span.) (Buschmesser); **Ma|chia|vel|li** [*makiawäli*] (ital. Politiker, Schriftsteller u. Geschichtsschreiber); **Ma|chia|vel|lis|mus** *der; -* (polit. Lehre Machiavellis; auch für: durch keine Bedenken gehemmte Machtpolitik); **ma|chia|vel|li|stisch**

Ma|chi|na|ti|on [*maehinazion*] *die; -, -en* (lat.) (listiger Anschlag, Umtrieb, Kniff; nur *Plur.*: Machenschaften, Winkelzüge) **Ma|chis|mo** [*matschißmo*] *der; -[s]* (span.) (übersteigertes Männlichkeitsgefühl [in Lateinamerika]); **Ma|cho** [*matscho*] *der; -s, -s* (sich betont männlich gebender Mann)

Ma|chor|ka [*maeh...*] *der; -s, -s* (russ.) (russ. Tabak)

Macht *die; -, Mächte;* alles in unserer Macht Stehende; **Macht-_an|spruch, ...be|fug|nis, ...be|reich, ...block** (*Plur.* ...blöcke, selten: ...blocks); **Mäch|te.grup|pe, ...grup|pie|rung; Macht.ent|fal|tung, ...er|grei|fung, ...fra|ge, ...fül|le; Macht|ha|ber; Macht|hun|ger; mäch|tig; Mäch|tig|keit; Mäch|tig|keits|sprin|gen** *die; -;* (Pferdesport); **Macht|kampf; macht|los,** -este; **Macht|lo|sig|keit** *die; -;* **Macht_mit|tel** *das,* **...po|si|ti|on, ...pro|be, ...spruch, ...stel|lung, ...über|nah|me; macht|voll; Macht_voll|kom|men|heit, ...wech|sel, ...wil|le, ...wort** (*Plur.* ...worte)

ma|chul|le [*maehul°*] (jidd.) (ugs. u. mdal. für: bankrott; mdal. für: ermüdet; verrückt)

Ma|chu Pic|chu [*matschu piktschu*] (Ruinenstadt der Inka in Peru)

Mach|werk (schlechte Leistung; Wertloses)

Mach-Zahl; ↑R 135 ⟨nach dem österr. Physiker u. Philosophen E. Mach⟩ (Verhältnis der Geschwindigkeit eines [Flug]körpers zur Schallgeschwindigkeit; Kurzform: Mach; Abk.: Ma; 1 Mach = Schallgeschwindigkeit, 2 Mach = doppelte Schallgeschwindigkeit)

¹Macke *die; -, -s* ⟨jidd.⟩ [Trenn.: Mak|ke] (ugs. für: Tick; Fehler)

²Macke, August (dt. Maler); ↑R 179

Macker [Trenn.: Mak|ker] (ugs.

für: Kamerad, Freund, Kumpel); **mack|lich** (niederd. für: langsam, ruhig, behaglich)

MAD = Militärischer Abschirmdienst

Ma|da|gas|kar (Insel u. Staat östl. von Afrika); **Ma|da|gas|se** *der; -n, -n;* ↑R 197 (Bewohner von Madagaskar); **ma|da|gas|sisch**

Ma|dam *die; -, -s u. -en* (franz.) (ugs. für: Hausherrin; die Gnädige; scherzh. für: [dickliche, behäbige] Frau); **Ma|dame** [*...dam*] (franz. Anrede für eine Frau, svw. „gnädige Frau"; als Anrede ohne Artikel; Abk. [nur in Verbindung mit dem Namen]: Mme. [schweiz. ohne Punkt]); *Plur.:* Mesdames [*mädam*] (Abk.: Mmes. [schweiz. ohne Punkt]); **Ma|dam|chen** (ugs. scherzh.)

Mäd|chen; Mäd|chen|au|ge (auch: ländliche Blume); **mäd|chen|haft; Mäd|chen|haf|tig|keit** *die; -;* **...herz, ...klas|se, ...na|me, ...schu|le, ...zim|mer**

Ma|de *die; -, -n* (Insektenlarve)

made in Ger|ma|ny [*me°d in dsehö°m°ni*] ⟨engl.⟩ („hergestellt in Deutschland"; ein Warenstempel)

¹Ma|dei|ra [*...dera*], Ma|de|ra (Insel im Atlantischen Ozean); **²Ma|dei|ra** [*...dera*], Ma|de|ra *der; -s, -s* (auf Madeira gewachsener Süßwein); **Ma|dei|ra|wein** [*...dera...*]

Mä|del *das; -s, -* (ugs. u. landsch.: -s u. -n)

Made|leine [*madlän*] (franz. w. Vorn.)

Made|moi|selle [*madmoasäl*] ⟨franz.⟩ (franz. Bez. für: Fräulein; als Anrede ohne Artikel; Abk. [nur in Verbindung mit dem Namen]: Mlle. [schweiz. ohne Punkt]); *Plur.:* Mesdemoiselles [*mädmoasäl*] (Abk.: Mlles. [schweiz. ohne Punkt])

Ma|den|wurm

Ma|dei|ra usw. vgl. Madeira usw.

ma|dig; jmdn. - machen (ugs. für: in schlechten Ruf bringen); jmdm. etwas - machen (ugs. für: verleiden)

Ma|di|na do Boé [- *dub°ä*] (nominelle Hptst. von Guinea-Bissau)

Ma|djar [ung. Schreibung: Magyar usw.] *der; -en, -en;* ↑R 197 (Ungar); **Ma|dja|ren|reich** *das; -[e]s;* **ma|dja|risch; ma|dja|ri|sie|ren** (ungarisch machen); **Ma|dja|ri|sie|rung** *die; -*

Ma|don|na *die; -, ...nnen* ⟨ital.⟩ („meine Herrin"; Maria, die Gottesmutter [nur *Sing.*]); Mariendarstellung [mit Jesuskind]); **Ma|don|nen_bild, ...ge|sicht; ma|don|nen|haft; Ma|don|nen|li|lie**

Ma|dras (Stadt in Vorderindien); **Ma|dras|ge|we|be**

Ma|dre|po|re *die; -, -n* (meist *Plur.*) ⟨franz.⟩ (Zool.: Steinkoralle); **Ma|dre|po|ren|kalk** (Korallenkalk der Juraformation)

Ma|drid (Hptst. Spaniens); **Ma|dri|der** (↑R 147) **Ma|dri|gal** *das; -s, -e* ⟨ital.⟩ ([Hirten]lied; mehrstimmiges Gesangstück); **Ma|dri|gal|chor; Ma|dri|gal|stil**

mae|sto|so [*maäß...*] (↑R 180) ⟨ital.⟩ (Musik: feierlich, würdevoll, erhaben-wuchtig); **Mae|sto|so** *das; -s, -s u. ...si* (↑R 180) **Mae|stra|le** [*maäß...*] *der; -s* (↑R 180) ⟨ital.⟩ (Mistral) **Mae|stro** [*maäß...*] *der; -s, -s* (auch: ...stri) (↑R 180) ⟨ital.⟩ („Meister")

Mae|ter|linck [*mat°r...*] (belg. Schriftsteller)

Mä|eu|tik *die; -* ⟨griech.⟩ (Ausfragekunst des Sokrates); **mä|eu|tisch**

Ma|fia, (auch:) **Maf|fia** *die; -, -s* ⟨ital.⟩ (Geheimbund [in Sizilien]); **Ma|fio|so** *der; -[s], ...si;* ↑R 180 (Mitglied der Mafia)

Mag. = Magister

Ma|gal|hães [*magalja°ngsch*] (port. Seefahrer); **Ma|gal|hães|stra|ße** *die; -;* ↑R 149 (Meeresstraße zwischen dem südamerik. Festland u. Feuerland); vgl. auch: Magellanstraße

Ma|ga|zin *das; -s, -e* ⟨arab.-ital.⟩; **Ma|ga|zi|ner** (schweiz. für: Magazinarbeiter); **Ma|ga|zi|neur** [*...nör*] *der; -s, -e* ⟨franz.⟩ (österr. für: Magazinverwalter); **ma|ga|zi|nie|ren** (einspeichern; lagern; gedrängt zusammensetzen)

Magd *die; -, Mägde*

Mag|da (Kurzform von: Magdalena); **Mag|da|la** (Dorf am See Genezareth); **Mag|da|le|na, Mag|da|le|ne** (w. Vorn.); **Mag|da|le|nen_stift** *das,* **...strom** (*der;* -[e]s; in Kolumbien); **Mag|da|lé|ni|en** [*...leniäng*] *das; -[s]* ⟨franz.⟩ (Stufe der älteren Steinzeit)

Mag|de|burg (Stadt an der mittleren Elbe); **Mag|de|bur|ger** (↑R 147); **Mag|de|bur|ger Bör|de** (Gebiet westl. der Elbe); **mag|de|bur|gisch**

Mäg|de|lein, Mägd|lein; Mäg|de_stu|be; Magd|tum *das; -s* (veralt. für: Jungfräulichkeit)

Ma|ge *der; -n, -n;* ↑R 197 (veralt. für: Verwandter)

Ma|gel|lan|stra|ße [Ausspr. auch: *mag°ljan...* u. *mag°ljan...*] *die; -;* ↑R 149 (eindeutschende Schreibung für: Magalhãesstraße)

Ma|gel|lo|ne (neapolitan. Königstochter; Gestalt des franz. u. dt. Volksbuches)

Ma|gen *der;* -s, Mägen (auch: -); Ma|gen_aus|gang, ...aus|he|be|rung (vgl. aushebern), ...be|schwer|den, ...bit|ter (*der;* -s, -; ein Branntwein); Ma|gen-Darm-Ka|tarrh *der;* -s, -e (↑ R 41); Ma|gen_drücken *das;* -s [*Trenn.:* ...drük|ken], ..fahr|plan (ugs.: feststehender Küchenzettel für eine bestimmte Zeit), ...fi|stel, ...ge|gend (*die;* -), ...ge|schwür, ...gru|be, ...ka|tarrh, ...knur|ren (*das;* -s), ...krampf; ma|gen|krank; Ma|gen_krebs, ...lei|den; ma|gen|lei|dend; ↑ R 209; Ma|gen_ope|ra|ti|on, ...saft, ...säu|re, ...schleim|haut|ent|zün|dung, ...schmerz (meist *Plur.*), ...spie|ge|lung, ...ver|stim|mung, ...wand ma|ger; -er, -ste; Ma|ger|keit *die;* -; Ma|ger_koh|le, ...milch; ma|gern (dafür üblicher: abmagern); ich ...ere (↑ R 22); Ma|ger_quark, ...sucht (*die;* -)

Mag|gi schweiz.: *madsehi*] (Familienn.; ⓦ)

Mag|gie [*mägi*] (Kurzform des engl. w. Vornamens Margaret [*ma'grit*])

Mag|hreb *der;* - ⟨arab.⟩ („Westen"; der Westteil der arab.-mohammedan. Welt: Tunesien, Nordalgerien, Marokko); ma|ghre|bi|nisch

Ma|gie *die;* - ⟨pers.⟩ (Zauber-, Geheimkunst); Ma|gi|er [...*i'r*] (Zauberer); ma|gisch; -ste; -es Auge; -es Quadrat

Ma|gi|not|li|nie [*maschino*...] *die;* - ⟨nach dem franz. Politiker Maginot⟩ (vor dem zweiten Weltkrieg erbautes Befestigungssystem an der Nordostgrenze Frankreichs)

Ma|gi|ster *der;* -s, - ⟨lat.⟩ („Meister"; akadem. Grad; veralt. für: Lehrer; Abk. [bei Titeln]: Mag.); Magister Artium (akadem. Grad, Abk.: M. A., z. B.: Ernst Meier M. A.; österr.: Mag. art.); - der Philosophie (österr.; Abk.: Mag. phil.); - der Naturwissenschaften (österr.; Abk.: Mag. rer. nat.); - der Theologie (österr.; Abk.: Mag. theol.); - der Philosophie der theolog. Fakultät (österr., Abk.: Mag. phil. fac. theol.); - der Rechte (österr., Abk.: Mag. jur.); - der Sozial- und Wirtschaftswissenschaften (österr., Abk.: Mag. rer. soc. oec.); - der Tierheilkunde (österr., Abk.: Mag. med. vet.); - der Pharmazie (österr., Abk.: Mag. pharm.); - der Architektur (österr., Abk.: Mag. arch.)

Ma|gi|stra|le *die;* -, -n (fachspr. für: Hauptverkehrsstraße, -linie); [1]Ma|gi|strat *der;* -[e]s, -e (Stadtverwaltung, -behörde); [2]Ma|gi|strat *der;* -en, -en; ↑ R 197

(schweiz. für: hohe Amtsperson); Ma|gi|strats|be|schluß

Mag|ma *das;* -s, ...men ⟨griech.⟩ (Geol.: Gesteinsschmelzfluß des Erdinnern); mag|ma|tisch

Ma|gna Char|ta [- *kar*...] *die;* - - ⟨lat.⟩ (Englands „Große Freiheitsurkunde" vom Jahre 1215; auch für: Grundgesetz, Verfassung); ma|gna cum lau|de ⟨lat.⟩ („mit großem Lob"; zweitbeste Note der Doktorprüfung)

Ma|gnat *der;* -en, -en (↑ R 197) ⟨lat.⟩ (Grundbesitzer, Großindustrieller)

[1]Ma|gne|sia (Landschaft Thessaliens; heute Magnisia); [2]Ma|gne|sia *die;* - (Magnesiumoxyd); Ma|gne|sit *der;* -s, -e (ein Mineral); Ma|gne|si|um *das;* -s (chem. Grundstoff, Metall; Zeichen: Mg); Ma|gne|si|um|le|gie|rung

Ma|gnet [ugs. auch: *mangnet*] *der;* -en u. -[e]s, -e (seltener: -en) ↑ R 197 ⟨griech.⟩; Ma|gnet_band (*das; Plur.* ...bänder), ...berg, ...ei|sen|stein, ...feld; ma|gne|tisch; -e Feldstärke; -er Pol; -er Sturm; Ma|gne|ti|seur [...*sör*] (vgl. Magnetopath; magnetisch machen; Med.: durch magnetische Kraft behandeln); Ma|gne|ti|sie|rung; Ma|gne|tis|mus *der;* - (Gesamtheit der magnetischen Erscheinungen; Heilverfahren); Ma|gne|tit *der;* -s, -e (Magneteisenstein); Ma|gnet|na|del; Ma|gne|to|me|ter *das;* -s, -; Ma|gne|ton *das;* -s, -[s] (Physik: Einheit des magnetischen Moments); - (↑ R 129); Ma|gne|to|path *der;* -en, -en (↑ R 197) u. Ma|gne|ti|seur [...*sör*] *der;* -s, -e (mit magnetischen Kräften behandelnder Heilkundiger); Ma|gne|to|phon ⓦ *das;* -s, -e (ein Tonbandgerät); Ma|gne|to|sphä|re *die;* - (höchster Teil der Atmosphäre); Ma|gne|tron [auch: ...*tron*] *das;* -s, ...one auch: -s (Elektronenröhre, die magnetische Energie verwendet [für hohe Impulsleistungen]); Ma|gnet|ton_ge|rät, ...ver|fah|ren

ma|gni|fik [*manji*...] ⟨franz.⟩ (veralt. für: herrlich, prächtig, großartig); Ma|gni|fi|kat [*mag*...] *das;* -[s], -s ⟨lat.⟩ (Lobgesang Marias); Ma|gni|fi|kus *der;* -, ...fizi (veralt. für: Rektor einer Hochschule); vgl. Rector magnificus; Ma|gni|fi|zenz *die;* -, -en (Titel für Hochschulrektoren u. a.); als Anrede: Euer, Eure (Abk.: Ew.)

Ma|gni|sia vgl. [1]Magnesia

Ma|gno|lie [...*i'*] *die;* -, -n ⟨nach dem franz. Mediziner u. Botaniker Magnol⟩ (ein Zierbaum)

Ma|gnus (m. Vorn.)

Ma|gog (Reich des Gog); vgl. Gog

Mag. pharm. = Magister pharmaciae (österr. akadem. Titel)

Mag. phil. = Magister philosophiae (österr. akadem. Titel)

Mag. rer. nat. = Magister rerum naturalium (österr. akadem. Titel)

Ma|gritte [*magrit*] (belg. Maler)

Mag. theol. = Magister theologiae (österr. akadem. Titel)

Ma|gyar [*madjar*] usw. vgl. Madjar usw.

mäh!; mäh, mäh!; mäh schreien

Ma|hal|go|ni *das;* -s ⟨indian.⟩ (ein Edelholz); Ma|ha|go|ni_holz, ...mö|bel

Ma|ha|ra|dscha *der;* -s, -s ⟨sanskr.⟩ (ind. Großfürst); Ma|ha|ra|ni *die;* -, -s (Frau eines Maharadschas, ind. Fürstin); Ma|ha|ri|schi *der;* -[s], -s ⟨Hindi⟩ (ind. religiöser Ehrentitel)

Ma|hat|ma *der;* -s, -s ⟨sanskr.⟩ (ind. Ehrentitel für geistig hochstehende Männer); - Gandhi

Mäh|bin|der; [1]Mahd *die;* -, -en (mdal. für: das Mähen; das Abgemähte; meist Gras); [2]Mahd *das;* -[e]s, Mähder (schweiz. u. österr. für: Bergwiese); Mäh|der (landsch. für: Mäher)

Mah|di [*maehdi*] *der;* -[s], -s (von den Mohammedanern erwarteter Welt-, Glaubenserneuerer); ...mäh|dig (z. B. einmähdig); Mäh|dre|scher; Mäh|drusch; [1]mä|hen ([Gras] schneiden)

[2]mä|hen (ugs. für: mäh schreien)

Mä|her

Mahl *das;* -[e]s, Mähler u. -e (Gastmahl)

mah|len (Korn u. a.); gemahlen

Mah|ler, Gustav (österr. Komponist u. Dirigent)

Mahl_gang (veralt.), ...geld, ...gut

mäh|lich (veralt. für: allmählich)

Mahl_knecht (veralt.), ...sand

Mahl|schatz (veralt. für: Paargabe); Mahl_statt od. ...stät|te (Gerichts- u. Versammlungsstätte der alten Germanen)

Mahl_stein, ...steu|er (*die;* frühere Steuer), ...strom (Strudel), ...werk, ...zahn (für: Molar)

Mahl|zeit; gesegnete Mahlzeit!

Mäh|ma|schi|ne

Mahn_be|scheid (Amtsspr. für: Zahlungsbefehl), ...brief

Mäh|ne *die;* -, -n

mah|nen

mäh|nen|ar|tig

Mah|ner; Mahn|ge|bühr

mäh|nig (zu: Mähne)

Mahn_mal (*Plur.* ...male, selten: ...mäler), ...ruf, ...schrei|ben; Mah|nung; Mahn_ver|fah|ren, ...wa|che, ...wort (*Plur.* ...worte), ...zei|chen

Ma|ho|nie [...*i'*] *die;* -, -n ⟨nach

dem amerik. Gärtner B. MacMahon) (ein Zierstrauch)

'Mahr der; -[e]s, -e (quälendes Nachtgespenst, Alp)

'Mäh|re die; -, -n ([altes, abgemagertes] Pferd)

²Mäh|re der; -n, -n (↑ R 197); Mähren (hist. Gebiet in der mittleren Tschechoslowakei); Mäh|rer (svw. ²Mähre); Mäh|re|rin, Mäh|rin die; -, -nen; mäh|risch, aber (↑ R 198): die Mährische Pforte

Mai der; -[e]s u. - (dicht. gelegentl. noch: -en), -e (lat.) (der fünfte Monat des Jahres, Wonnemond, Weidemonat); (↑ R 157:) der Erste Mai (Feiertag); Ma|ia vgl. ²Maja; Mai|an|dacht (kath.); Mai|baum¹; Mai|blu|me¹; Mai|blu|men|strauß; Mai|bow|le

Maid die; -, -en (veralt. dicht., noch scherzh. für: Mädchen)

Mai|de|mon|stra|ti|on; Maie die; -, -n (junge Birke; Birkengrün; Laubschmuck; geschmückter Maibaum); mai|en (dicht.); es grünt und mait; Mai|en der; -s, - (schweiz. mdal. für: Blumenstrauß); mai|en|haft; Mai|en|nacht; Mai|en|säß das; -es, -e (schweiz. für: Frühlingsbergweide); Mai_fei|er, ...glöck|chen, ...kä|fer, ...kätz|chen

Mai|ke, Mei|ke (fries. Kurzform von: Maria)

Mai_kö|ni|gin¹, ...kund|ge|bung

Mai|land (ital. Stadt); vgl. Milano; Mai|län|der (↑ R 147); Mailänder Scala; mai|län|disch

Mail|lol [majol] (franz. Bildhauer u. Graphiker)

Mai_luft¹; Mai|lüf|terl das; -s, - (mdal.)

Main der; -[e]s (r. Nebenfluß des Rheins)

Mai|nacht¹

Main|au die; - (Insel im Bodensee)

Main-Do|nau-Ka|nal der; -s (↑ R 150)

Maine [me̅n] (Staat in den USA; Abk.: Me.)

Main|fran|ken; Main|li|nie die; -; Mainz (Stadt am Rhein gegenüber der Mündung des Mains); Main|zer (↑ R 147); main|zisch

Maire [mär] der; -s, -s (franz.) (Bürgermeister in Frankreich); Mai|rie die; -, ...ien (Bürgermeisterei in Frankreich)

Mais der; -es, (für: Maisarten auch Plur.:) -e (indian.) (eine Getreidepflanze); Mais_bir|ne (Trainingsgerät für Boxer), ...brei, ...brot

Maisch der; -[e]s, -e u. Mai|sche die; -, -n (Mischung, bes. bei der Bierherstellung); Maisch|bot-

¹ Dicht. auch: Maien...

tich; mai|schen; du maischst (maischest)

mais|gelb; Mais_kol|ben, ...korn, ...mehl

Mai|so|nette, (nach franz. Schreibung auch:) Mai|son|nette [mä̅sonä̅t] die; -, -s (franz.) (zweistöckige Wohnung in einem Hochhaus)

Maiß der; -es u. -e od. die; -, -en (bayr., österr. für: Holzschlag; Jungwald)

Mais_stär|ke, ...stroh

Maî|tre de plai|sir [mätr dᵉ pläsir] der; - - -, -s [mätr] - - (franz.) (veralt., noch scherzh. für: jmd., der für die Unterhaltung der Gäste sorgt, ein Unterhaltungsprogramm leitet)

'Ma|ja der; - (sanskr.) (ind. Philos.: [als verschleierte Schönheit dargestellte] Erscheinungswelt, Blendwerk)

²Ma|ja ("die Hehre"; röm. Göttin des Erdwachstums; griech. Mythol.: Mutter des Hermes)

Ma|ja|kow|ski (russ.-sowjet. Dichter)

Ma|je|stät die; -, (als Titel u. Anrede von Kaisern u. Königen auch Plur.:) -en (lat.) (Herrlichkeit, Erhabenheit); Seine - (Abk.: S[e]. M.), Ihre - (Abk.: I. M.), Euer - od. Eure - (Abk.: Ew. M.); ma|je|stä|tisch (herrlich, erhaben); -ste; Ma|je|stäts|be|lei|di|gung

Ma|jol|li|ka die; -, ...ken u. -s (nach der Insel Mallorca) (eine Tonware)

Ma|jo|nä|se die; -, -n (eindeutschend für: Mayonnaise)

Ma|jor der; -s, -e (lat.-span.) (unterster Stabsoffizier)

Ma|jo|ran [auch: ...ra̅n], Mei|ran der; -s, -e (mlat.) (eine Gewürzpflanze; deren getrocknete Blätter)

Ma|jo|rat das; -[e]s, -e (lat.) (Vorrecht des Ältesten auf das Erbgut; nach dem Ältestenrecht zu vererbendes Gut; Ggs.: Minorat); Ma|jo|rats_gut, ...herr

Ma|jor|do|mus [majordo̅muß] der; -, -⟨lat.⟩ ("Hausmeier"; Stellvertreter der fränk. Könige); ma|jo|renn (veralt. für: volljährig, mündig); Ma|jo|ren|ni|tät die; - (veralt. für: Volljährigkeit, Mündigkeit); Ma|jo|rette [...rät] die; -, -s u. -n [...ᵉn] (franz.) (junges Mädchen in Uniform, das bei festlichen Umzügen paradiert); Ma|jo|ret|ten|grup|pe; ma|jo|ri|sie|ren ⟨lat.⟩ (überstimmen, durch Stimmenmehrheit zwingen); Ma|jo|ri|tät die; -, -en ([Stimmen]mehrheit); Ma|jo|ri|täts_be|schluß, ...prin|zip (das; -s), ...wahl (Mehrheitswahl)

Ma|jors|rang der; -[e]s

Ma|jorz der; -es ⟨lat.⟩ (schweiz. für: Mehrheitswahlsystem)

Ma|jus|kel die; -, -n ⟨lat.⟩ (Großbuchstabe)

ma|ka|ber; makab[e]rer, makaberste ⟨franz.⟩ (totenähnlich; unheimlich; schaudererregend; frivol); ma|ka|bres Aussehen

Ma|ka|dam der od. das; -s, -e (nach dem schott. Ingenieur McAdam) (Straßenbelag); ma|ka|da|mi|sie|ren (mit Makadam versehen, belegen)

Ma|kak der; -s u. -en, ...ka|ken, ...ka|ken; ↑ R 197 (afrik.-port.) (meerkatzenartiger Affe)

Ma|ka|me die; -, -n ⟨arab.⟩ (kunstvolle alte arab. Stegreifdichtung)

'Ma|kao [auch: makau] der; -s, -s ⟨Hindi-port.⟩ (ein Papagei)

²Ma|kao [auch: makau] das; -s (nach der port. Überseeprovinz Macau) (ein Glücksspiel)

Ma|kart (österr. Maler); Ma|kart|bu|kett; ↑ R 135 (Strauß aus getrockneten Blumen)

Ma|ke|do|ni|en [...i̯ᵉn] (Balkanlandschaft; Gliedstaat Jugoslawiens); Ma|ke|do|ni|er, auch: Mazedonier [...i̯ᵉr]; ma|ke|do|nisch, auch: mazedonisch

Ma|kel der; -s, - ([Schand]fleck; Schande)

Mä|ke|lei (ugs. für: Nörgelei); mä|ke|lig, mäk|lig (ugs. für: gern mäkelnd)

ma|kel|los; -este; Ma|kel|lo|sig|keit die; -

mä|keln (Vermittlergeschäfte machen); ich ...[e]le (↑ R 22); mä|keln (ugs. für: nörgeln); ich ...[e]le (↑ R 22)

Ma|ket|te, Ma|quet|te [makät̅ᵉ] die; -, -n ⟨franz.⟩ (Skizze, Entwurf; druckfertige Satzvorlage)

Make-up [me̅k-ap] das; -s, -s ⟨engl.⟩ (kosmetische Verschönerung)

Ma|ki der; -s, -s ⟨madagass.-franz.⟩ (ein Halbaffe)

Ma|ki|mo|no das; -s, -s ⟨jap.⟩ (chin. od. jap. Bildrolle)

Mak|ka|bä|er der; -s, - (Angehöriger eines jüd. Geschlechtes); mak|ka|bä|isch; Mak|ka|bi der; -[s], -s ⟨hebr.⟩ (Name jüd. Sportvereinigungen); Mak|ka|bia|de die; -, -n; ↑ R 180 (jüd. Sporttreffen nach Art der Olympiade)

Mak|ka|ro|ni Plur. ⟨ital.⟩ (röhrenförmige Nudeln); mak|ka|ro|nisch (aus lateinischen u. [lateinisch deklinierten] Wörtern lebender Sprachen gemischt); -e Dichtung

Mak|ler (Geschäftsvermittler); 'Mäk|ler (landsch. u. gelegentl. rechtssprachl. für: Makler);

²Mäk|ler (ugs. für: jmd., der etwas auszusetzen hat, Nörgler); Mäk|ler.ge|bühr, ...pro|vi|si|on; mäk|lig vgl. mäkelig

Ma|ko die; -, -s od. der od. das; -[s], -s ⟨nach dem Ägypter Mako Bey⟩ (ägypt. Baumwolle)

Ma|ko|ré [...re] das; -[s] ⟨franz.⟩ (afrik. Hartholz)

Ma|kra|mee das; -[s], -s ⟨arab.-ital.⟩ (Knüpfarbeit [mit Fransen])

Ma|kre|le die; -, -n ⟨niederl.⟩ (ein Fisch)

ma|kro... ⟨griech.⟩ (lang..., groß...); Ma|kro... (Lang..., Groß...); Ma|kro|bio|tik die; - (Med., Psych.: Kunst, das Leben zu verlängern); ma|kro|bio|tisch; ma|kro|ke|phal usw. vgl. makrozephal usw.; Ma|kro|kos|mos, Ma|kro|kos|mus [auch: makro...] der; - (die große Welt, Weltall; Ggs.: Mikrokosmos); Ma|kro|mo|le|kül [auch: makro...] (aus 1000 u. mehr Atomen aufgebautes Molekül); ma|kro|mo|le|ku|lar

Ma|kro|ne die; -, -n ⟨ital.⟩ (ein Gebäck)

ma|kro|seis|misch ⟨griech.⟩ (ohne Instrumente wahrnehmbar [von starken Erdbeben]); ma|kro|sko|pisch (mit freiem Auge sichtbar); Ma|kro|spo|re (meist Plur.; große weibliche Spore einiger Farnpflanzen); Ma|kro|struk|tur (ohne optische Hilfsmittel erkennbare Struktur); ma|kro|ze|phal (Med.: großköpfig); Ma|kro|ze|pha|le der u. die; -n, -n (↑ R 7 ff.); Ma|kro|ze|phal|ie die; - (Med.: Wucherung des Zahnfleisches)

Ma|ku|la|tur die; -, -en ⟨lat.⟩ (beim Druck schadhaft gewordene u. fehlerhafte Bogen; veraltend: Altpapier; Abfall); ma|ku|lie|ren (zu Makulatur machen)

mal; acht mal zwei mit Ziffern [u. Zeichen]: 8 mal 2, 8 × 2 od. 8 · 2); acht mal zwei ist, macht, gibt (nicht: sind, machen, geben) sechzehn; vgl. aber: achtmal und ¹Mal, II; mal (ugs. für: einmal [vgl. ¹Mal, II], z. B. komm mal her!; wenn das mal gutgeht!; das ist nun mal so; öfter mal was Neues; sag das mal nicht!); ¹Mal das; -[e]s, -e. I. Groß- und Getrenntschreibung als Substantiv: das erste, zweite usw. Mal; das and[e]re, einzige, letzte, nächste, vorige usw. Mal; das eine Mal; ein erstes Mal; ein and[e]res, einziges, letztes Mal; ein Mal über das and[e]re, ein ums and[e]re Mal; von Mal zu Mal; Mal für Mal; dieses, manches, nächstes, voriges Mal; manches liebe, manch liebes

Mal; mit einem Mal[e]; beim, zum ersten, zweiten, letzten, and[e]rn, soundsovielten, x-ten Mal[e]; die letzten, nächsten Male; alle, einige, etliche, mehrere, unendliche, unzählige, viele, viele tausend, wie viele Male; ein paar, ein paar Dutzend, eine Million Male, drei Millionen Male; ein od. mehrere Male; ein od. mehrere Male; ein [für alle Male; zu fünf Dutzend Malen; zu verschiedenen, wiederholten Malen. II. Zusammenschreibung als Adverb: einmal (vgl. mal); zweimal (mit Ziffer: 2mal); drei- bis viermal (mit Ziffern: 3- bis 4mal); fünfundsiebzigmal; [ein]hundertmal; [drei]millionenmal; noch einmal, noch einmal soviel; dutzendmal; keinmal; manchmal; vielmal, sovielmal, wievielmal, vieltausendmal, x-mal; allemal, beidemal, jedesmal, dutzendemal, hundertemal, einigemal, etlichemal, mehreremal, unendlich[e]mal, unzähligemal, verschiedenemal, diesmal; das erstemal, das letztemal, das x-temal, ein andermal, ein dutzendmal, ein paarmal; ein halbes hundertmal, ein paar dutzendmal; auf einmal, mit ein[em]mal; für allemal; beim, zum erstenmal, zweitenmal, letztenmal, x-tenmal; zum andernmal, nächstenmal; ²Mal das; -[e]s, -e u. Mäler (Zeichen, Fleck; Denk-, Merkmal; Sport: Ablaufstelle usw.)

Ma|la|bar|kü|ste (südl. Teil der Westküste Vorderindiens)

Ma|la|bo (Hptst. von Äquatorialguinea)

Ma|la|chi|as [...chiaß], (ökum.:) Ma|le|a|chi (bibl. Prophet)

Ma|la|chit [...chit] der; -s, -e ⟨griech.⟩ (ein Mineral); ma|la|chit|grün; Ma|la|chit|va|se

mal|ade (selten für: malade); ma|la|de ⟨franz.⟩ (ugs. für: krank; sich unwohl fühlend)

ma|la fi|de ⟨lat.⟩ (in böser Absicht; wider besseres Wissen)

Ma|la|ga der; -s, -s (ein Süßwein); Má|la|ga (span. Provinz u. Hafenstadt); Ma|la|ga|wein

Ma|laie der; -n, -n; ↑ R 197 (Angehöriger mongol. Völker Südostasiens); Ma|lai|in die; -, -nen; ma|lai|isch, aber (↑ R 146): der Malaiische Archipel; Malaiischer Bund

Ma|lai|se [maläs⁰] die; -, -n (schweiz.: das; -s, -s) ⟨franz.⟩ (Misere; Mißstimmung)

Ma|la|ja|lam das; -[s] (eine drawid. Sprache in Südindien)

Ma|lak|ka (südostasiat. Halbinsel)

Ma|la|ko|lo|gie die; - ⟨griech.⟩ (Lehre von den Weichtieren)

Ma|la|ria die; - ⟨ital.⟩ (Sumpf-, Wechselfieber); Ma|la|ria|er|re|ger; ma|la|ria|krank; Ma|la|ria|lo|gie die; - (Erforschung der Malaria)

Ma|la|wi (Staat in Afrika); Ma|la|wi|er; ma|la|wisch

Mal|axt (Axt zum Bezeichnen der zu fällenden Bäume)

Ma|lay|sia [...ai...] (Föderation in Südostasien); Ma|lay|si|er; ma|lay|sisch

Mal|bar|te (Malaxt)

Mal|buch

Mal|chen vgl. Melibocus; ²Mäl|chen, Ma|le, (österr.:) Ma|li (Koseformen von: Amalie)

Mal|chus (bibl. m. Eigenn.)

¹Ma|le [male] (Hptst. der Malediven)

²Ma|le vgl. ²Malchen

Ma|le|a|chi (↑ R 180) vgl. Malachias

Ma|le|di|ven [...wⁿn] Plur. (Inselstaat im Ind. Ozean); Ma|le|di|ver; ma|le|di|visch

Mal|le|fiz|kerl ⟨lat.; dt.⟩

ma|len (Bilder usw.); gemalt

Ma|le|par|tus der; - (Wohnung des Fuchses in der Tierfabel)

Ma|ler; Ma|ler|ar|beit; Ma|le|rei; Ma|ler.email (Schmelzmalerei), ...far|be; Ma|le|rin die; -, -nen; ma|le|risch; -ste; Ma|ler|mei|ster; ma|lern (ugs.: Malerarbeiten ausführen); ich ...lere (↑ R 22)

Ma|le|sche die; -, -n ⟨franz.⟩ („Malaise"; nordd. für: Ungelegenheit, Unannehmlichkeit)

Mal|feld (Rugby)

Mal|heur [malör] das; -s, -e u. -s ⟨franz.⟩ (ugs. für: [kleines] Mißgeschick; Unglück)

mal|ho|nett ⟨franz.⟩ (veralt. für: unfein, unredlich)

¹Ma|li vgl. ²Malchen

²Ma|li (Staat in Afrika)

Ma|li|ce [...liß⁰] die; -, -n ⟨franz.⟩ (veralt. für: Bosheit; boshafte Äußerung)

Ma|li|er (Bewohner von ²Mali)

...ma|lig (z. B. dreimalig [mit Ziffer: 3malig])

ma|li|gne ⟨lat.⟩ (Med.: bösartig); Ma|li|gni|tät die; - (Med.: Bösartigkeit [einer Krankheit, bes. einer Geschwulst])

ma|lisch ⟨zu: ²Mali⟩

ma|li|zi|ös; -este (boshaft, hämisch)

Mal|ka|sten

mal|kon|tent ⟨franz.⟩ (veralt., noch mdal. für: [mit polit. Zuständen] unzufrieden)

mall ⟨niederl.⟩ (Seew.: [vom Wind] umspringend, verkehrt, verdreht; übertr. nordd. für: von Sinnen, verrückt); Mall das;

-[e]s, -e (Seemannsspr.: Modell für Schiffsteile, Spantenschablone)

Mal|lar|mé [...*mé*] (franz. Dichter)

Mal|lauf

mal|len (Seew.: nach dem Mall bearbeiten; umspringen [vom Wind])

Mal|lor|ca [*majorka*, auch: *malorka*] (Hauptinsel der Balearen); Mal|lor|qui|ner [...*ki*...]; mal|lor|qui|nisch

Mal|lung (Seemannsspr.: Hinundherspringen des Windes)

Malm der; -[e]s ⟨engl.⟩ (Geol.: obere Abteilung der Juraformation; Weißer Jura); mal|men (selten für: zermalmen, knirschen)

Mal|mö (schwed. Hafenstadt)

mal|neh|men (Math.: vervielfältigen); ich nehme mal; malgenommen; malzunehmen

Mal|oc|chio [...*okio*] der; -s, -s u. ...occhi [...*oki*] ⟨ital.⟩ (ital. Bez. für: böser Blick)

Ma|lo|che die; - ⟨jidd.⟩ (ugs. für: schwere Arbeit); ma|lo|chen (ugs. für: schwer arbeiten, schuften)

¹Ma|lo|ja (Ort in Graubünden); ²Ma|lo|ja der; -[s] (schweiz. Paß u. Ma|lo|ja|paß der; ...passes (↑ R 149)

Ma|los|sol der; -s ⟨russ.⟩ (schwach gesalzener Kaviar)

mal|pro|per ⟨franz.⟩ (veralt., noch mdal. für: unsauber); mal|pro-pre Schürze

...mals (z. B. mehrmals)

Mal|säu|le (veralt. für: Grenzstein; Gedenksäule), ...stein (veralt. für: Denkstein)

Mal|ta (Insel u. Staat im Mittelmeer); Mal|ta|fie|ber (↑ R 149)

Mal|te (m. Vorn.)

Mal|tech|nik

Mal|ter der od. das; -s, - (veraltetes Getreide-, Kartoffelmaß; österr. ugs. auch: Mörtel)

Mal|te|ser (Bewohner von Malta; Angehöriger des Malteserordens); ↑ R 147: Malteser Hündchen; Mal|te|ser-Hilfs|dienst; Mal|te|ser_kreuz, ...or|den, ...rit|ter; mal|te|sisch, aber (↑ R 146): Maltesische Inseln

Mal|thus (engl. Volkswirtschaftler u. Sozialphilosoph); Mal|thu|sia|ner; ↑ R 180 (Vertreter des Malthusianismus); Mal|thu|sia|nis|mus der; - ⟨↑ R 134⟩; -es Bevölkerungsgesetz

Mal|to|se die; - (Malzzucker)

mal|trä|tie|ren ⟨franz.⟩ (mißhandeln, quälen); Mal|trä|tie|rung

Ma|lus der; - u. -ses, - u. -se ⟨lat.⟩ (Kfz-Versicherung: nachträglicher Prämienzuschlag bei Häufung von Schadensfällen)

Mal|uten|si|li|en Plur.

Mal|va|sier [...*wa*...] der; -s (ein Süßwein); Mal|va|sier|wein

Mal|ve [...*wᵉ*] die; -, -n ⟨ital.⟩ (eine Zier-, Heilpflanze); mal|ven|far-big

Mal|vi|nen [...*wi*...] Plur. svw. Falklandinseln

Mal|wi|ne (w. Vorn.)

Malz das; -es; Malz_bier, ...bon-bon

Mal|zei|chen (Erinnerungszeichen; Gedenkstein; Multiplikationszeichen; Zeichen: · od. ×)

Mäl|zel (dt. Instrumentenmacher); -s Metronom, (auch:) Me-tronom - (Abk.: M. M.)

mäl|zen (Malz bereiten); du mälzt (mälzest); Mäl|zer; Mäl|ze|rei; Malz_ex|trakt, ...kaf|fee

Ma|ma [auch: *mama*] die; -, -s; Ma|ma|chen

Mam|ba die; -, -s ⟨Zulu⟩ (afrik. Giftschlange)

Mam|bo der; -[s], -s (auch: die; -, -s) ⟨kreol.⟩ (mäßig schneller Tanz im ⁴/₄-Takt)

Ma|me|luck der; -en, -en (↑ R 197) ⟨arab.-ital.⟩ (Sklave, Leibwächter morgenländ. Herrscher)

Ma|mer|tus (ein Heiliger)

Ma|mi (Kinderspr.)

Mam|ma|lia Plur. ⟨lat.⟩ (Sammelbez. für alle Säugetiere); Mam-mo|gra|phie die; -, ...ien (Röntgenuntersuchung der weibl. Brust)

Mam|mon der; -s ⟨aram.⟩ (abschätzig für: Reichtum; Geld); Mam-mo|nis|mus der; - (Geldgier, -herrschaft)

Mam|mut das; -s, -e u. -s ⟨russ.-franz.⟩ (Elefant einer ausgestorbenen Art); Mam|mut... (auch für: Riesen...); Mam|mut_baum, ...höh|le (im Staat Kentucky [USA]), ...kno|chen, ...pro-gramm, ...pro|zeß, ...schau, ...ske|lett, ...un|ter|neh|men, ...ver|an|stal|tung, ...zahn

mamp|fen (ugs. für: mit vollen Backen kauen)

Mam|sell die; -, -en u. -s ⟨franz.⟩ (Angestellte im Gaststättengewerbe; veralt., noch scherzh. für: Fräulein, Hausgehilfin); ↑ R 157: kalte - (auch: Kaltmamsell, für die Zubereitung der kalten Speisen)

¹man (↑ R 66); Dat. einem, Akk. einen; man kann nicht wissen, was einem zustoßen wird; du siehst einen an, als ob man ...

²man (nordd. ugs. für: nur); das laß - bleiben

¹Man [*män*] (Insel in der Irischen See)

²Man der od. das; -s, -s ⟨pers.⟩ (früheres pers. Gewicht); 3 - (↑ R 129)

m. A. n. = meiner Ansicht nach

Mä|na|de die; -, -n ⟨griech.⟩ (rasen-

des Weib [im Kult des griech. Weingottes Dionysos])

Ma|nage|ment [*mänidschmᵉnt*] das; -s, -s ⟨engl.-amerik.⟩ (Leitung eines Unternehmens); ma-na|gen [*mänidschᵉn*] (ugs. für: leiten, unternehmen; zustande bringen); gemanagt [...*mä-nidscht*]; Ma|na|ger [*mänidschᵉr*] der; -s, - (Leiter [eines großen Unternehmens]; Betreuer [eines Berufssportlers]); Ma|na|ge|rin die; -, ...innen; Ma|na|ger|krank-heit

Ma|na|gua (Hptst. von Nicaragua)

Ma|na|ma (Hptst. von Bahrain)

Ma|nas|se (bibl. m. Eigenn.)

manch; -er, -e, -es; in manchem; manche sagen (↑ R 66); so mancher, so manches; manch einer; mancher Tag; mancher Art; manche Stunde; manches u. manches Buch; mancher, der manches, was. Beugung: manch guter Vorsatz; mancher gute Vorsatz; mit manch gutem Vorsatz; mit manchem guten Vorsatz; manch böses Wort, manches böse Wort; manchmal; manches Mal; manch liebes Mal, manches liebe Mal; manch Schönes und manches Schöne; mit manch Schönem u. mit manchem Schönen; mancher stimmfähiger (auch noch: stimmfähigen) Mitglieder, für manche ältere (auch noch: älteren) Leute; manche Stimmberechtigte (auch: Stimmberechtigten)

Man|cha [...*tscha*] die; - (span. Landschaft)

man|chen|orts; man|cher vgl. manch; man|cher|lei; man|cher-lei, was; man|cher|orts, (seltener:) man|cher|or|ten; man|ches vgl. manch

¹Man|che|ster [*mäntschäßtᵉr*, engl. Ausspr.: *mäntschäßtᵉr*] (engl. Stadt); ²Man|che|ster [*män-tschäßtᵉr* od. *manschäßtᵉr*] der; -s (ein Gewebe); Man|che|ster|ho-se; Man|che|ster|tum [*män...*] das; -s (liberalistische volkswirtschaftliche Anschauung)

manch|mal vgl. manch

Man|da|la das; -[s], -s ⟨sanskr.⟩ (Bild als Meditationshilfe)

Man|dant der; -en, -en (↑ R 197) ⟨lat.⟩ (Auftraggeber; Vollmachtgeber [bes. eines Rechtsanwaltes]); Man|dan|tin die; -, -nen

Man|da|rin der; -s, -e ⟨sanskr.-port.⟩ (hist.: europ. Bezeichnung hoher chin. Beamter); Man|da-ri|ne die; -, -n (kleine apfelsinenähnliche Frucht); Man|da|ri|nen-öl das; -[e]s; Man|da|ri|nen|en|te (farbenprächtige asiat. Ente)

Man|dat das; -[e]s, -e ⟨lat.⟩ (Auf-

trag, Vollmacht; Sitz im Parlament; in Treuhand von einem Staat verwaltetes Gebiet; hist.: Erlaß); **Man|da|tar** der; -s, -e (jmd., der im Auftrag eines anderen handelt; Rechtsanwalt; österr. für: Abgeordneter); **Man|da|tar|staat**; vgl. ¹Staat; **man|da|tie|ren** (veralt. für: zum Mandatar machen); **Man|dats_ge|biet, ...ver|lust**
¹**Man|del** die; -, -n ⟨griech.⟩ (Kern einer Steinfrucht; eine Drüse)
²**Man|del** die; -, -[n] ⟨mlat.⟩ (altes Zählmaß; Haufe von etwa 15 Garben; kleine Mandel = 15 Stück, große Mandel = 16 Stück); 3 -[n] Eier (↑R 129)
Man|del|au|ge; man|del|äu|gig; Man|del_baum, ...blü|te, ...ent|zün|dung; man|del|för|mig; Man|del_ge|bäck, ...kleie, ...öl (das; -[e]s), ...ope|ra|ti|on)
Man|derl vgl. Mandl
Man|di|beln Plur. ⟨lat.⟩ (Oberkiefer der Gliederfüßer); **man|di|bu|lar** (Med.: zum Unterkiefer gehörend)
Mandl das; -s, -n (bayr. u. österr. ugs. für: Männlein; Wild-, Vogelscheuche; Wegzeichen aus Steinen)
Man|do|la die; -, ...len ⟨ital.⟩ (eine Oktave tiefer als die Mandoline klingendes Zupfinstrument); **Man|do|li|ne** die; -, -n ⟨franz.⟩ (ein Saiteninstrument)
Man|dor|la die; -, ...dorlen ⟨ital.⟩ (mandelförmiger Heiligenschein)
Man|dra|go|ra, Man|dra|go|re die; -, ...oren ⟨griech.⟩ (ein Nachtschattengewächs)
Man|drill der; -s, -e ⟨engl.⟩ (in Westafrika heimischer Affe)
¹**Man|dschu** der; -[s], - (Angehöriger eines mongol. Volkes);
²**Man|dschu** das; -[s] (Sprache)
Man|dschu|kuo (Name der Mandschurei als Kaiserreich 1934–45); **Man|dschu|rei** die; - (nordostchin. Tiefland); **man|dschu|risch**; -es Fleckfieber
Ma|ne|ge [manɛ̄žᵉ] die; -, -n ⟨franz.⟩ (runde Vorführfläche od. Reitbahn im Zirkus)
Ma|nen Plur. ⟨lat.⟩ (die guten Geister der Toten im altröm. Glauben)
Ma|nes|sisch; -e Handschrift (eine Minnesängerhandschrift)
Ma|net [manɛ̄], Edouard [edᵘar] (franz. Maler)
Man|fred (m. Vorn.)
mang (nordd. ugs. für: unter, dazwischen); mittenmang (vgl. d.)
Man|ga|be [...ngg...] die; -, -n ⟨afrik.⟩ (ein afrik. Affe)
Man|gan [...ngg...] das; -s ⟨griech.⟩ (chem. Grundstoff, Metall; Zei-

chen: Mn); **Man|ga|nat** das; -[e]s, -e (Salz der Mangansäure); **Man|gan|ei|sen; Man|ga|nit** der; -s, -e (ein Mineral)
Man|ge die; -, -n (südd., schweiz. für: ¹Mangel); ¹**Man|gel** die; -, -n ([Wäsche]rolle)
²**Man|gel** der; -s, Mängel (Fehler, Unvollkommenheit; nur Sing.: das Fehlen); **Man|gel_be|ruf, ...er|schei|nung; man|gel|frei; man|gel|haft**; vgl. ausreichend; **Man|gel|haf|tig|keit** die; -; **Män|gel|haf|tung** (Rechtsw.)
Man|gel|holz
Man|gel|krank|heit; ¹**man|geln** (nicht [ausreichend] vorhanden sein); es hat an allem gemangelt
²**man|geln** ([Wäsche] rollen); ich ...[e]le (↑R 22)
Män|gel|rü|ge (Klage über mangelhaft gelieferte Ware od. Arbeit); **man|gels** (↑R 62); mit Gen.: - des nötigen Geldes, - eindeutiger Beweise; im Plur. mit Dat., wenn der Gen. nicht erkennbar ist: - Beweisen; **Man|gel|wa|re**
Man|gel|wäl|sche die; -; **man|gen** (mdal. für: ²mangeln)
Mang_fut|ter (mdal. für: Mischfutter; vgl. ¹Futter), **...ge|trei|de**
Mang|le|rin die; -, -nen (zu: ²mangeln)
Man|go [manggo] die; -, ...gonen od. -s ⟨tamul.-port.⟩ (eine tropische Frucht); **Man|go|baum**
Man|gold [...ngg...] der; -[e]s, -e (ein Blatt- u. Stengelgemüse)
Man|gro|ve [mangggrōvᵉ] die; -, -n ⟨engl.⟩ (immergrüner Laubwald in Meeresbuchten u. Flußmündungen tropischer Gebiete); **Man|gro|ve[n]|baum; Man|gro|ve[n]|küste**
Man|gu|ste die; -, -n ⟨Marathi⟩ (in Südeurasien u. Afrika heimische Schleichkatze)
Man|hat|tan [mänhätᵘn] (Flußinsel; Stadtteil von New York)
Ma|ni (babylonischer Religionsstifter); **Ma|ni|chä|er** (Anhänger des Manichäismus; Studentenspr. veralt. für: drängender Gläubiger); **Ma|ni|chä|is|mus** der; - (von Mani gestiftete Religionsform)
Ma|nie die; -, ...ien ⟨griech.⟩ (Sucht; Besessenheit; Leidenschaft; Liebhaberei)
Ma|nier die; - ⟨franz.⟩ (Art u. Weise, Eigenart; Unnatur, Künstelei); **Ma|nie|ren** Plur. (Umgangsformen; [gutes] Benehmen); **ma|nie|riert** (gekünstelt; unnatürlich); **Ma|nie|riert|heit; Ma|nie|ris|mus** der; - ⟨lat.⟩ (Stilbegriff für die Kunst der Zeit zwischen Renaissance u. Barock; gekünstelte Nachahmung eines Stils); **Ma|nie|rist** der; -en, -en; ↑R 197 (Ver-

treter des Manierismus; **ma|nie|ri|stisch; ma|nier|lich** (gesittet; fein; wohlerzogen)
ma|ni|fest ⟨lat.⟩ (handgreiflich, offenbar, deutlich); **Ma|ni|fest** das; -es, -e (öffentl. Erklärung, Kundgebung; Verzeichnis der Güter auf einem Schiff); das Kommunistische -; **Ma|ni|fe|stant** der; -en, -en; ↑R 197 (veralt. für: den Offenbarungseid Leistender; schweiz., sonst veralt. für: Teilnehmer an einer politischen Kundgebung); **Ma|ni|fe|sta|ti|on** [...zion] die; -, -en (Offenbarwerden; Rechtsw.: Offenlegung; Bekundung; Med.: Erkennbarwerden [von Krankheiten]; schweiz. für: politische Kundgebung); **ma|ni|fe|stie|ren** (offenbaren; bekunden; veralt. für: den Offenbarungseid leisten; schweiz. für: demonstrieren); sich -
Ma|ni|kü|re die; -, -n ⟨franz.⟩ (Handpflege, bes. Nagelpflege; Etui mit Geräten für die Nagelpflege; Hand-, Nagelpflegerin); **ma|ni|kü|ren;** manikürt
Ma|ni|la (Hptst. der Philippinen); **Ma|ni|la|hanf;** ↑R 149 (Spinnfaser der philippinischen Faserbanane)
Ma|nil|le [...nilʲᵉ] die; -, -n ⟨franz.⟩ (Trumpfkarte im Lomberspiel)
Ma|ni|ok der; -s, -s ⟨indian.-franz.⟩ (eine tropische Nutzpflanze); **Ma|ni|ok_mehl** (das; -[e]s), **...wur|zel**
¹**Ma|ni|pel** der; -s, - ⟨lat.⟩ (Teil der röm. Kohorte); ²**Ma|ni|pel** der; -s, - auch: die; -, -n (Teil der kath. Priestergewandung); **Ma|ni|pu|lant** der; -en, -en (↑R 197); **Ma|ni|pu|la|ti|on** [...zion] die; -, -en (Hand-, Kunstgriff; Verfahren; meist Plur.: Machenschaft); **ma|ni|pu|la|tiv; Ma|ni|pu|la|tor** der; -s, ...oren (Vorrichtung zur Handhabung radioaktiver Substanzen hinter Strahlenschutzwänden; fingerfertiger Zauberkünstler); **ma|ni|pu|lier|bar; Ma|ni|pu|lier|bar|keit** die; - ; **ma|ni|pu|lie|ren**; manipulierte (gesteuerte) Währung; der manipulierte Mensch; **Ma|ni|pu|lie|rung**
ma|nisch ⟨griech.⟩ (tobsüchtig, an Manie leidend); **ma|nisch-de|pres|siv;** ↑R 139 (abwechselnd manisch und depressiv)
Ma|nis|mus der; - ⟨lat.⟩ (Völkerk.: Ahnenkult, Totenverehrung)
Ma|ni|to|ba [engl. Ausspr.: mänito°bᵉ] (kanad. Provinz)
Ma|ni|tu der; -s ⟨indian.⟩ (zauberhafte Macht des indian. Glaubens, oft ohne Artikel personifiziert als „Großer Geist")
Ma|ni|us (altröm. m. Vorn.; Abk.: M')

Man|ko *das;* -s, -s ⟨ital.⟩ (Fehlbetrag; Ausfall; Mangel); Man|ko-geld (pauschaler Ausgleich für Fehlbeträge)

¹Mann, Heinrich u. Thomas (dt. Schriftsteller)

²Mann *der;* -[e]s, Männer u. (hist., dicht. für Lehnsleute, ritterl. Dienstmannen od. scherzh.:) -en; (↑R 129:) vier - hoch (ugs.), alle - an Bord, an Deck!, tausend -; er ist -s genug; seinen - stehen, stellen

Man|na *das;* -[s] (österr. nur so) od. *die; -* ⟨hebr.⟩ (legendäres [vom Himmel gefallenes] Brot der Israeliten; Pflanzensaft)

mann|bar; Mann|bar|keit *die; -;* Männ|chen *das;* -s, - od. ugs. Männerchen; vgl. Männlein; Mann|deckung [Trenn.: ...dek-kung] (Sport); Män|ne (Koseform zu: Mann); man|nen (Seemannsspr.: von Mann zu Mann reichen)

Man|ne|quin [man'kɛ̃ŋ] *das* (selten: *der);* -s, -s ⟨franz.⟩ (weibliche Person, die Kleider u. ä. vorführt; veralt. für: Gliederpuppe)

Män|ner|be|kannt|schaft; Männer|chen (ugs. *Plur.* von: Männchen); Män|ner.chor *der,* ...fang (meist nur in: auf - ausgehen), ...freund|schaft, ...haus (Völkerk.), ...heil|kun|de; män|nermor|dend (ugs. scherzh.); Männer.sa|che, ...stim|me; Män|ner-treu *die; -,* - (Name verschiedener Pflanzen); Män|ner.al|ter (*das;* -s), ...kraft, ...stamm, ...stär|ke, ...treue, ...wort (*Plur.* ...worte), ...zucht; mann|haft; Mann|haf|tig|keit *die; -*

Mann|heim (Stadt a. d. Mündung des Neckars in den Rhein); Mann|hei|mer (↑R 147:); - Schule

Mann|heit *die; -* (veralt.)

man|nig|fach; man|nig|fal|tig; Man|nig|fal|tig|keit *die; -*

män|nig|lich (veralt. für: jeder); Män|nin *die; -* (nur bibl.); ...män-nisch (z. B. bergmännisch)

Man|nit *der;* -s, -e ⟨hebr.⟩ (sechswertiger Alkohol im Manna)

Männ|lein vgl. Männchen; Männlein und Weiblein *Plur.;* männlich; -es Hauptwort (für: Maskulinum); Männ|lich|keit *die; -;* Mann|loch (Öffnung zum Einsteigen in große Behälter); Manns|bild (ugs.); Mann|schaft; mann|schaft|lich; Mann|schafts-_auf|stel|lung, ...geist, ...ka|pi-tän, ...raum, ...sie|ger, ...stär-ke, ...stu|be, ...wa|gen, ...wertung; Manns|dick; manns|hoch; Manns|hö|he; in -; Manns.leu|te (*Plur.;* ugs.), ...per|son; manns-toll; Manns|volk; Mann|weib (abschätzig für: Zwitter; männ-lich auftretende weibliche Person)

Man|nus (Gestalt der germ. Mythol.)

Ma|no|me|ter *das;* -s, - ⟨griech.⟩ (Druckmesser); ma|no|me|trisch

Ma|nö|ver [...w'r] *das;* -s, - ⟨franz.⟩ (größere Truppen-, Flottenübung; Bewegung, die mit einem Schiff ausgeführt wird; Winkelzug); Ma|nö|ver.kri|tik, ...scha-den; ma|nö|vrie|ren (Manöver vornehmen; geschickt zu Werke gehen); ma|nö|vrier|fä|hig; Ma-nö|vrier|fä|hig|keit *die;-*

Man|sard|dach ⟨nach dem franz. Baumeister Mansart⟩ (Dach mit gebrochenen Flächen); Man|sar-de *die; -,* -n (Dachgeschoß, -zimmer); Man|sar|den.woh|nung, ...zim|mer

Mansch *der;* -[e]s (ugs. für: Schneewasser; Suppe, wässeriges Essen u. a.); man|schen (ugs. für: mischen; im Wasser planschen); du manschst (man-schest); Man|sche|rei; Man|sche|ster usw. (eindeutschende Schreibung für: ²Manchester usw.)

Man|schet|te *die; -,* -n ⟨franz.⟩ (Ärmelaufschlag; Papierkrause für Blumentöpfe; unerlaubter Würgegriff beim Ringkampf); Manschetten haben (ugs. für: Angst haben); Man|schet|ten|knopf

Mans, Le [l'mãŋ] (franz. Stadt); Le Mans' [l'mãŋß] Umgebung (↑R 156)

Man|tel *der;* -s, Mäntel; Män|tel-chen, Män|te|lein; Man|tel.ge-schoß, ...ge|setz (Rahmengesetz), ...kra|gen, ...rohr, ...sack (veralt. für: Reisetasche); Man|tel|ta|rif; Man|tel|ta|rif|ver|trag; Man|tel-ta|sche

Man|tik *die; -* ⟨griech.⟩ (Seher-, Wahrsagekunst)

Man|til|le [...il(j)'] *die; -,* -n ⟨span.⟩ (Schleiertuch)

Man|tis|se *die; -,* -n ⟨lat.⟩ (Math.: hinter dem Komma stehende Ziffern des Logarithmus)

Man|tua (ital. Stadt); Man|tua|ner (↑R 180); man|tua|nisch (↑R 180)

Ma|nu|al *das;* -s, -e ⟨lat.⟩ (Handklaviatur der Orgel; veralt. für: Handbuch, Tagebuch)

Ma|nu|el [...uäl] (m. Vorn.); Ma-nu|e|la; ↑R 180 (w. Vorn.); vgl. Emanuel

ma|nu|ell ⟨lat.⟩ (mit der Hand; Hand...); -e Fertigkeit (Handfertigkeit); Ma|nu|fakt *das;* -[e]s, -e (veralt. für: Erzeugnis menschlicher Handarbeit); Ma|nu|fak|tur *die; -,* -en (veralt. für: Handarbeit; Web- u. Wirkwaren; gewerblicher Großbetrieb mit Handarbeit); Ma|nu|fak|tur|be-trieb; ma|nu|fak|tu|rie|ren (veralt. für: anfertigen; verarbeiten); Ma|nu|fak|tu|rist *der;* -en, -en; ↑R 197 (früher für: Leiter einer Manufaktur; Händler in Manufakturwaren); Ma|nu|fak|tur|wa-ren *Plur.* (Textilwaren)

Ma|nul|druck (*Plur.* ...drucke) ⟨aus der Umstellung des Namens des Erfinders Ullmann⟩ (besonderes Druckverfahren; danach hergestelltes Druckwerk)

ma|nu pro|pria [od. : - *pro...*] ⟨lat.⟩ (mit eigener Hand; eigenhändig; Abk.: m. p.); Ma|nus *das; -,* - (österr. u. schweiz. Kurzform von: Manuskript); Ma|nu|skript *das;* -[e]s, -e ⟨lat.⟩ (hand- od. maschinenschriftl. Ausarbeitung; Urschrift; Satzvorlage; Abk.: Ms. [*Plur.:* Mss.] od. Mskr.); Ma-nu|skript_blatt, ...sei|te

Ma|nu|ti|us [...ziuß] ⟨ital. Buchdrucker⟩; vgl. Aldine usw.

Man|za|nil|la [...nilja] *der;* -s ⟨span.⟩ (ein südspanischer Weißwein)

Mao|is|mus *der; -* (kommunist. Ideologie in der chin. Ausprägung von Mao Tse-tung); Mao-ist *der;* -en, -en; ↑R 197 (Anhänger des Maoismus); mao|is|tisch (↑R 180)

¹Mao|ri [auch: *mauri] der;* -[s], -[s] (Polynesier auf Neuseeland); ²Mao|ri *das; -* (Sprache der Maoris); mao|risch

Mao Tse-tung [auch: *mauzetung*], (in neuerer Umschrift:) Mao Zedong [*mauzedong*] (chin. Staatsmann u. Schriftsteller)

Mal|pai *die; -* ⟨hebr.⟩ (gemäßigte sozialist. Partei Israels); Ma|pam *die; -* (Arbeiterpartei Israels)

Mäpp|chen; Map|pe *die; -,* -n

Ma|pu|to (Hptst. von Mosambik)

Ma|quet|te vgl. Makette

Ma|quis [maki] *der* (auch: *die);* - ⟨franz., eigtl. „Gestrüpp, Unterholz"⟩ (franz. Widerstandsorganisation im 2. Weltkrieg)

Mär, Mä|re *die; -,* Mären (veralt., heute noch scherzh. für: Kunde, Nachricht; Sage)

Ma|ra|bu *der;* -s, -s ⟨arab.⟩ (ein Storchvogel); Ma|ra|but *der; -* od. -[e]s, - od. -s (mohammedan. Einsiedler, Heiliger)

Ma|ra|cu|ja *die; -,* -s ⟨indian.⟩ (eßbare Frucht der Passionsblume)

Ma|ra|nal|tha!, (ökum.:) Ma|ra-na|ta! ⟨aram.⟩ („unser Herr, komm!"; Gebetsruf der altchristlichen Abendmahlsfeier)

Ma|rä|ne *die; -,* -n ⟨slaw.⟩ (ein Fisch)

Ma|ran|tisch svw. marastisch

Ma|ras|chi|no [*maraßkino] der;* -s, -s ⟨ital.⟩ (ein Kirschlikör)

Ma|ras|mus *der; -* ⟨griech.⟩ (Med.:

Entkräftung, [Alters]schwäche); **ma|ra|stisch;** -ste (an Marasmus leidend, entkräftet, erschöpft) **Ma|rat** [...ra] (franz. Revolutionär) **Ma|ra|thi** das; -[s] (Eingeborenensprache des mittleren Indien) ¹**Ma|ra|thon** [auch: mar...] (Ort nördl. von Athen); ²**Ma|ra|thon** der; -s, -s (kurz für: Marathonlauf); ³**Ma|ra|thon** das; -s, -s (etwas durch übermäßig lange Dauer Anstrengendes); **Ma|ra**thon_lauf (↑ R 149; leichtathletischer Wettlauf über 42,195 km), ...läu|fer, ...sit|zung **Mar|bel, Mär|bel,** Mar|mel, Mur|mel die; -, -n (landsch. für: kleine [marmorne] Kugel zum Spielen) **Mar|bod** (markomann. König) **Mar|burg** [auch: mar...] (Stadt in Hessen); **Mar|bur|ger** [auch: mar...] (↑ R 147) ¹**Marc** (dt. Maler u. Graphiker) ²**Marc** (franz. Form von: Markus) **mar|ca|to** [...kato] ⟨ital.⟩ (Musik: markiert, betont) **Mar|cel** [marßäl] (franz. männl. Vorn.) ¹**March** die; - (l. Nebenfluß der Donau) ²**March** die; - (Gebiet am Ostende des Zürichsees) ³**March** die; -, -en (schweiz. für: Flurgrenze, Grenzzeichen) **Mär|chen; Mär|chen_buch,** ...dich|tung (die; -), ...er|zäh|ler, ...film, ...for|schung; **mär|chen|haft;** **Mär|chen_land** (das; -[e]s), ...prinz, ...stun|de, ...tan|te **Mar|che|sa** [...kesa] die; -, -s u. ...sen ⟨ital.⟩ (w. Form von: Marchese); **Mar|che|se** [...keˢe] der; -, -n (hoher ital. Adelstitel) **Mar|chfeld** das; -[e]s (Ebene in Niederösterreich) **Mar|chzins** (Plur. ...zinsen; schweiz. für: bis zu einem Zwischentermin aufgelaufener Zins) **Mar|ci** vgl. Markus **Mar|co|ni** [...koni] (ital. Physiker) **Mar|co Po|lo** [...ko --] (ital. Reisender u. Schriftsteller) **Mar|der** der; -s, -; **Mar|der|fell** **Mä|re** vgl. Mär **Ma|rées** [mare] (dt. Maler) **Ma|rel|le** (Nebenform von: Morelle u. Marille) **Ma|rem|men** Plur. ⟨ital.⟩ (sumpfige Küstengegend in Mittelitalien); **Ma|rem|men|land|schaft** **mä|ren** (altmärkisch, mitteld. für: in etwas herumwühlen; langsam sein; umständlich reden) **Ma|ren** (w. Vorn.) **Ma|rend** das; -s, -i ⟨ital.⟩ (schweiz. mdal. für: Marende); **Ma|ren|de** die; -, -n (tirol. für: Zwischenmahlzeit, Vesper) **Ma|ren|go** [...ngg...] der; -s ⟨nach

dem oberital. Ort⟩ (graumelierter Kammgarnstoff) **Mä|re|rei** ⟨zu: mären⟩ **Mar|ga|re|ta,** Mar|ga|re|te (w. Vorn.); **Mar|ga|re|ten|blu|me** **Mar|ga|ri|ne** die; - ⟨franz.⟩; **Mar|ga|ri|ne_fa|brik,** ...wür|fel **Mar|ge** [marßeh] die; -, -n ⟨franz.⟩ (Spielraum, Spanne zwischen zwei Preisen, Handelsspanne) **Mar|ge|ri|te** die; -, -n ⟨franz.⟩ (eine Wiesenblume, Wucherblume); **Mar|ge|ri|ten_strauß,** ...wie|se **Mar|ghe|ri|ta** [...ge...] ⟨ital. Schreibung von: Margarete⟩ **mar|gi|nal** ⟨lat.⟩ (auf dem Rand stehend; am Rand liegend; Bot.: randständig); **Mar|gi|nal_be**mer|kung, ...glos|se (am Rand der Seite geschriebene od. gedruckte Glosse [vgl. d.]); **Mar|gi|na|lie** [...iͤ] die; -, -n (meist Plur.; Randbemerkung auf der Seite einer Handschrift od. eines Buches) **Mar|git, Mar|got, Mar|grit** (Kurzformen von: Margarete); **Mar|gue|ri|te** [marg⁽ͤ⁾rit] (w. Vorn.) **Ma|ria** (w. Vorn.); gelegentl. zusätzlicher m. Vorn.); Mariä (der Maria) Himmelfahrt (kath. Fest); die Himmelfahrt Mariens; vgl. Marie **Ma|ria|ge** [...asch⁽ͤ⁾, österr.: ...asch] die; -, -n (König-Dame-Paar in Kartenspielen) **Ma|riä-Him|mel|fahrts-Fest** das; -[e]s (↑ R 135) **Ma|ria Laach** (Benediktinerabtei in der Eifel) **Ma|ri|a|nen** Plur. (Inselgruppe im Pazifischen Ozean) **ma|ria|nisch** ⟨zu: Maria⟩; -e Frömmigkeit, aber (↑ R 157): Marianische Kongregation; **Ma|ri|an|ne** (w. Vorn.; scherzh. Bez. für die Französische Republik) **ma|ria-the|re|sia|nisch;** **Ma|ria-the|re|si|en|ta|ler** (frühere Münze) **Ma|ria|zell** (Wallfahrtsort in der Steiermark) **Ma|rie** (Nebenform von: Maria); **Ma|rie|chen** (Koseform von: Marie, Maria); **Ma|rie-Lui|se,** (auch:) Ma|rie|lui|se; **Ma|ri|en_bild,** ...dich|tung, ...fest, ...kä|fer; **Ma|ri|en|kir|che** (↑ R 135), aber: St.-Marien-Kirche, **Ma|ri|en_kult,** ...le|ben (Kunstwiss.), ...le|gen|de, ...tag, ...ver|eh|rung **Ma|ri|en|wer|der** (Stadt am Ostrand des Weichseltales); **Ma|ri|en|wer|der|stra|ße** (↑ R 190) **Ma|ri|et|ta** (w. Vorn.) **Ma|ri|gna|no** [marinjano] (berühmter Schlachtort in Italien) **Ma|ri|hua|na** [mexik. Ausspr.: ...ehuana] das; -s (↑ R 180) ⟨me-

xik.; aus den Vornamen Maria u. Juana (= Johanna); vgl. Mary Jane⟩ (ein Rauschgift) **Ma|ri|ka** (w. Vorn.) **Ma|ril|le** die; -, -n ⟨ital.⟩ (bes. österr. für: Aprikose); **Ma**ril|len_knö|del, ...mar|me|la|de, ...schnaps **Ma|rim|ba** die; -, -s ⟨afrik.-span.⟩ (dem Xylophon ähnliches Musikinstrument); **Ma|rim|ba|phon** das; -s, -e (Marimba mit Resonanzkörpern aus Metall) **ma|rin** ⟨lat.⟩ (zum Meer gehörend, Meer[es]...) ¹**Ma|ri|na** (w. Vorn.) ²**Ma|ri|na** die; -, -s ⟨lat.-engl.⟩ (Jacht-, Motorboothafen) **Ma|ri|na|de** die; -, -n ⟨franz.⟩ (Flüssigkeit mit Essig, Kräutern, Gewürzen zum Einlegen von Fleisch, Gurken usw.; Salatsoße; eingelegter Fisch); **Ma|ri|ne** die; -, -n (Seewesen eines Staates; Flottenwesen; Kriegsflotte, Flotte); **Ma|ri|ne_ar|til|le|rie,** ...at|ta|ché; **ma|ri|ne|blau** (dunkelblau); **Ma|ri|ne_flie|ger,** ...in|fan|te|rie, ...ma|ler, ...of|fi|zier; ¹**Ma|ri|ner** der; -s, - (ugs. scherzh. für: Matrose, Marinesoldat) ²**Ma|ri|ner** [märin⁵r] der; -s, - ⟨amerik.⟩ (unbemannte amerik. Raumsonde zur Planetenerkundung); **Ma|ri|ne_sol|dat,** ...stützpunkt, ...uni|form; **ma|ri|nie|ren** (in Marinade einlegen) **Ma|rio|la|trie** die; - ⟨griech.⟩ (relig. Marienverehrung); **Ma|rio|lo|ge** der; -n, -n; ↑ R 197 (Vertreter der Mariologie); **Ma|rio|lo|gie** die; - (kath.-theol. Lehre von der Gottesmutter); **ma|rio|lo|gisch** **Ma|ri|on** (franz. w. Vorn.); **Ma|rio|net|te** die; -, -n ⟨franz.⟩ (Gliederpuppe; willenloser Mensch als Werkzeug anderer); **Ma|rio|net|ten|büh|ne; ma|rio|net|ten|haft; Ma|rio|net|ten_re|gie|rung,** ...spiel, ...thea|ter **Ma|ri|ot|te** [...riot] (franz. Physiker); -sches Gesetz **Ma|rist** der; -en, -en; ↑ R 197 ⟨zu: Maria⟩ (Angehöriger einer kath. Missionskongregation) **Ma|ri|ta** (w. Vorn.) **ma|ri|tim** ⟨lat.⟩ (das Meer, das Seewesen betreffend; Meer[es]..., See...); -es Klima **Ma|ri|us** (röm. Feldherr u. Staatsmann) **Mar|jell** die; -, -en, **Mar|jell|chen** (lit.) (ostpreuß. für: Mädchen) ¹**Mark** die; -, Plur. - u. Markstücke, ugs. scherzh.: Märker (Währungseinheit; Abk.: M); Bundesrepublik Deutschland: Deutsche Mark (Abk.: DM); DDR: Mark der Deutschen Demokratischen Republik (Abk.: M). Über die

Schreibung der Dezimalstellen ↑R 202

²**Mạrk** die; -, -en (Grenzland); die - Brandenburg

³**Mạrk** das; -[e]s (Med., Bot.) übertr.: Inneres, das Beste einer Sache)

⁴**Mạrk** (m. Vorn.)

mar|kạnt; -este (franz.) (stark ausgeprägt)

Mạr|ka|sit der; -s, -e (arab.) (ein Mineral)

Mạrk Au|rel (röm. Kaiser)

mạrk|durch|drin|gend; -er Schrei

Mạr|ke die; -, -n (Zeichen; Handels-, Waren-, Wertzeichen); **Mär|ke** die; -, -n (österr. für: [Namens]zeichen); **mär|ken** (österr. für: mit einer Märke versehen); **Mạr|ken.ar|ti|kel, ...but|ter, ...er|zeug|nis, ...fa|bri|kat, ...samm|ler, ...schutz, ...wa|re, ...zei|chen**

Mạr|ker der; -s, -[s] (engl.) (Stift zum Markieren; fachspr.: Merkmal)

Mär|ker (Bewohner der ²Mark)

mạrk|er|schüt|ternd; ein-er Schrei; -es Klagen

Mar|kel|ten|der der; -s, - (ital.) (früher: Händler bei der Feldtruppe); **Mar|kel|ten|de|rei; Mar|ke|ten|de|rin** die; -, -nen; **Mar|ke|ten|der.wa|gen, ...wa|re**

Mar|kel|te|rie die; -, ...ien (franz.) (Einlegearbeit [von farbigem Holz usw.])

Mar|ke|ting [*ma'k'...*] das; -[s] (engl.) (Wirtsch.: Ausrichtung eines Unternehmens auf die Förderung des Absatzes)

Mạrk.graf (hist. für: Verwalter einer ²Mark), **...grä|fin** (hist.); **Mạrk|gräf|ler** der; -s, - (ein oberbad. Wein); **Mạrk|gräf|ler Land** das; - -es (Landschaft am Oberrhein); **mạrk|gräf|lich; Mạrk|graf|schaft** (hist.)

mar|kie|ren (franz.) (be-, kennzeichnen; eine Rolle o. ä. [bei der Probe] nur andeuten; österr.: [eine Fahrkarte] entwerten, stempeln; ugs. für: vortäuschen; Sport: [einen Treffer] erzielen, [einen Gegenspieler] decken); **Mar|kie|ham|mer** (Forstw.); **Mar|kie|rung; Mar|kie|rungs.fäh|ni|ne, ...li|nie, ...punkt**

mạr|kig; Mạr|kig|keit die; -

mär|kisch (aus der ²Mark stammend, sie betreffend); -e Heimat, aber (↑R 157): das Märkische Museum

Mar|ki|se die; -, -n (franz.) ([leinenes] Sonnendach, Schutzdach, -vorhang); vgl. aber: Marquise; **Mar|ki|sen|stoff**

Mạrk|ka die; -, - ; aber: 10 Markkaa [...*ka*] (germ.-finn.) (sww. Finnmark; Abk.: mk)

Mạrk.klöß|chen (eine Suppeneinlage), **...kno|lchen; mạrk|los**

Mạr|ko (m. Vorn.)

Mar|ko|brụn|ner (ein Rheinwein)

¹**Mạr|kolf** der; -[e]s, -e (mdal. für: Häher)

²**Mạr|kolf** (m. Vorn.)

Mar|ko|mạn|ne der; -n, -n; ↑R 197 (Angehöriger eines germ. Volksstammes)

Mar|kör der; -s, -e (franz.) (Aufseher, Punktezähler beim Billardspiel; Landw.: Gerät zum Anzeichnen von Pflanzreihen)

Mạrk|ran|städt (Stadt südwestl. von Leipzig)

Mạrk|schei|de (Grenze [eines Grubenfeldes]; **Mạrk|schei|de-.kun|de** (die; -), **...kunst** (die; -; Bergmannsspr.: Vermessung, Darstellung der Lagerungs- u. Abbauverhältnisse); **Mạrk|schei|der** (Vermesser im Bergbau); **mạrk|schei|de|risch**

Mạrk|stein

Mạrk|stück; mạrk|stück|groß; vgl. fünfmarkstückgroß

Mạrkt der; -[e]s, Märkte; zu -e tragen; **Mạrkt.ab|spra|che, ...ana|ly|se, ...an|teil; mạrkt|bei|herr|schend; Mạrkt.be|richt, ...brun|nen, ...bu|de, ...chan|ce; mạrk|ten** (abhandeln, feilschen); **Mạrkt-.fah|rer** (österr. für: Wanderhändler), **...flecken** [*Trenn.:* ...flek|ken], **...for|schung, ...frau; mạrkt|gän|gig; Mạrkt.hal|le, ...la|ge, ...lücke** [*Trenn.:* ...lük|ke]; **Mạrkt|ober|dorf** (Stadt im Allgäu); **Mạrkt.ord|nung, ...ort** (der; -[e]s, -e), **...platz, ...preis** (vgl. ²Preis), **...recht, ...schrei|er; mạrkt|schrei|e|risch;** -ste; **Mạrkt|tag**

Mạrk Twain [- *t'g'n*] (amerik. Schriftsteller)

Mạrkt.weib, ...wert, ...wirt|schaft (Wirtschaftssystem mit freiem Wettbewerb); freie -; soziale -; **mạrkt|wirt|schaft|lich**

Mạr|kung (veralt. für: Grenze)

Mạr|kus (Evangelist; röm. m. Vorn. [Abk.: M.]); **Evangelium Marci** [...*zi*] (das Markus); **Mạr|kus|kir|che** (↑R 135)

Mạrk|ward (m. Vorn.)

Marl|bo|rough [*mâlb'ro*] (engl. Feldherr u. Staatsmann)

Mär|lein (veralt. für: Märchen)

Mar|le|ne (w. Vorn.)

Mar|lies, Mar|lis (w. Vorn.)

Mar|lowe [...*lo*] (engl. Dramatiker)

Mar|ma|ra|meer das; -[e]s (zwischen Bosporus und Dardanellen)

¹**Mạr|mel** vgl. Marbel; ²**Mạr|mel** der; -s, - (lat.) (veralt. für: Marmor)

Mar|me|la|de die; -, -n (port.) (Obst-, Fruchtmus); **Mar|me|la-**

de[n].brot, ...ei|mer, ...glas (*Plur.* ...gläser), **...re|zept**

mạr|meln (lat.) (landsch. für: mit Marmeln spielen); ich ...[e]le (↑R 22); **Mạr|mel|stein** (veralt. für: Marmor); **Mạr|mor** der; -s, -e (Gesteinsart); **Mạr|mor.block** (*Plur.* ...blöcke), **...bü|ste; mạr|mo|rie|ren** (marmorartig bemalen, ädern); **Mạr|mor|ku|chen; mạr|morn** (aus Marmor); **Mạr|mor.plat|te, ...säu|le, ...sta|tue, ...trep|pe**

Mạr|ne [*mạrn'*, franz. Ausspr.: *marn*] die; - (franz. Fluß)

Ma|ro|cain [...*käng*] der; -s, -s (franz.) (feingerippter Kleiderstoff)

ma|rod; -este (österr. ugs. für: leicht krank); **ma|ro|de** (franz.) (urspr. Soldatenspr. für: marschunfähig; heute veralt., noch mdal. für: ermattet, erschöpft)

Ma|ro|deur [...*dör*] der; -s, -e (plündernder Nachzügler); **ma|ro|die|ren**

Ma|rok|ka|ner; ma|rok|ka|nisch; Ma|rok|ko (Staat in Nordwestafrika)

¹**Ma|ro|ne** die; -, -n u. ...ni (franz.) ([geröstete] eßbare Kastanie); ²**Ma|ro|ne** die; -, -n (ein Pilz); **Ma|ro|nen|pilz; Ma|ro|ni** (südd.; österr.; schweiz. meist: Marro-ni) die; -, - (sww. ¹Marone); **Ma|ro|ni|bra|ter**

Ma|ro|nit der; -en, -en (↑R 197) (nach dem hl. Maro) (Angehöriger der mit Rom unierten syrischen Kirche im Libanon); **ma|ro|ni|tisch;** -e Liturgie

Ma|ro|quin [...*käng*] der (auch: das); -s (franz.) (Ziegenleder ["aus Marokko"])

Ma|rot|te die; -, -n (hebr.) (Schrulle, wunderliche Neigung, Grille)

Mar|quart|stein (Ort in den Chiemgauer Alpen)

Mar|quis [...*ki*] der; - [...*kiß*], - [...*kiß*] (franz.) ("Markgraf"; franz. Titel); **Mar|qui|sat** das; -[e]s, -e (Würde, Gebiet eines Marquis); **Mar|qui|se** die; -, -n ("Markgräfin"; franz. Titel); vgl. aber: Markise; **Mar|qui|set|te** die; -, auch: der; -s (Gardinengewebe)

Mar|ra|kesch (Stadt u. Provinz in Marokko)

Mar|ro|ni vgl. Maroni

¹**Mạrs** (röm. Kriegsgott); ²**Mạrs** der; - (ein Planet)

³**Mạrs** der; -, -e (auch: die; -, -en) (niederd.) (Seemannsspr.: Plattform zur Führung u. Befestigung der Marsstenge)

¹**Mạr|sa|la** (ital. Stadt); ²**Mar|sa|la** der; -s, -[s] (ein Süßwein); **Mar|sa|la|wein** (↑R 149)

mạrsch!; marsch, marsch!; vorwärts marsch!; ¹**Marsch** der; -[e]s, Märsche

²**Marsch** die; -, -en (vor Küsten angeschwemmter fruchtbarer Boden)

Marschall der; -s, ...schälle (eigtl. „Pferdeknecht"; hohe milit. Würde; Haushofmeister); **Marschall-Niel-Ro**|se [...njäl..., meist: ...nil...]; ↑R 135 ⟨nach dem franz. Marschall Niel⟩ (eine Rose); **Marschall[s]_stab,** ...wür-de (die; -)

Marsch|be|fehl; **marsch**|be|reit; **Marsch_be**|reit|schaft (die; -), ...block (Plur. ...blocks)

Marsch|bo|den; **Mar**|schen|dorf

marsch|fer|tig; **Marsch**|flug|kör-per (milit.); **Marsch**|ge|päck; **mar**|schie|ren; **Marsch_ko**|lon-ne, ...kom|paß

Marsch|land (Plur. ...länder; svw. ²**Marsch**)

Marsch|lied; **marsch**|mä|ßig; **Marsch_mu**|sik, ...ord|nung, ...rich|tung, ...rou|te, ...tritt, ...ver|pfle|gung, ...ziel

Mar|seil|lai|se [marßäjäs⁽ᵉ⁾] die; - (franz. Revolutionslied, dann Nationalhymne); **Mar**|seille [...ßäj] (franz. Stadt); **Mar**|seil-ler [...ßäj'r] (↑R 147)

Marsfeld das; -[e]s (im alten Rom: Übungsfeld; großer Platz in Paris)

Mar|schall|in|seln [ma'sch'l...] Plur.; ↑R 149 (Inseln im Pazifischen Ozean)

Mar|schall|plan [ma'sch'l..., auch: marschal...] der; -[e]s (↑R 135) ⟨nach dem amerik. Außenminister G. C. Marshall⟩ (amerik. Hilfsprogramm für Europa nach dem 2. Weltkrieg)

Mars_mensch, ...son|de

Mars|sten|ge (Seemannsspr.: erste Verlängerung des Mastes)

Mar|stall der; -[e]s, ...ställe („Pferdestall"; Pferdehaltung eines Fürsten u. a.)

Mar|sy|as (altgriech. Meister des Flötenspiels)

Mar|ta vgl. Martha

Mär|te die; -, -n (mitteld. für: Mischmasch; Kaltschale)

Mar|ter die; -, -n; **Mar**|ter|in|stru-ment; **Mar**|terl das; -s, -n (bayr. u. österr. für: Tafel mit Bild und Inschrift zur Erinnerung an Verunglückte; Pfeiler mit Nische für Kruzifix od. Heiligenbild); **mar**-tern; ich ...ere (↑R 22); **Mar**|ter-_pfahl, ...tod; **Mar**|te|rung; **mar**-ter|voll; **Mar**|ter|werk|zeug

¹**Mar**|tha; ↑R 131 (w. Vorn.); ²**Mar**|tha, (ökum.:) Mar|ta (bibl. w. Eigenn.)

mar|tia|lisch [...zi...], -ste (↑R 180) ⟨lat.⟩ (kriegerisch; grimmig; verwegen); ¹**Mar**|tin (m. Vorn.)

²**Mar**|tin [martäng], Frank (schweiz. Komponist)

Mar|ti|na (w. Vorn.)

Mar|tin|gal [...inggal] das; -s, -e u. -s ⟨franz.⟩ (zwischen den Vorderbeinen des Pferdes durchlaufender Sprungzügel)

Mar|tin-Horn ⟨W⟩ vgl. Martins-horn

Mar|ti|ni das; - (Martinstag)

Mar|ti|nique [...nik] (Insel der Kleinen Antillen)

Mar|tins_gans, ...horn (als ⟨W⟩: Martin-Horn; Plur. ...hörner), ...tag (11. Nov.); **Mar**|tins|wand die; - (Felswand über dem Inntal)

Mär|ty|rer¹ der; -s, - ⟨griech.⟩ (Blutzeuge, Glaubensheld); **Mär**-ty||re||rin¹ die; -, -nen; **Mär**-ty|rer_kro|ne, ...tod, ...tum (das; -s); **Mar**|ty|ri|um das; -s, ...ien [...i'n] (Opfertod, schweres Leiden [um des Glaubens od. der Überzeugung willen]); **Mar**|ty-ro|lo|gi|um das; -s, ...ien [...i'n] (liturg. Buch mit Verzeichnis der Märtyrer- u. Heiligenfeste)

Ma|run|ke die; -, -n (ostmitteld.: eine Pflaume)

Marx, Karl (Begründer der nach ihm benannten Lehre vom Sozialismus); **Mar**|xis|mus der; - (die von Marx u. Engels begründete Theorie des Sozialismus); **Mar**-xis|mus-Le|ni|nis|mus der; - (in den kommunist. Ländern gebräuchl. Bez. für die kommunist. Ideologie nach Marx, Engels u. Lenin); **Mar**|xist der; -en, -en (↑R 197); **Mar**|xi|stin die; -, -nen; **mar**|xi|stisch; **Mar**|xist-Le|ni-nist der; Marxisten-Leninisten, Marxisten-Leninisten (↑R 197); **Marxsch** (von Karl Marx stammend); ↑R 134; die Marxsche Philosophie

Ma|ry [märi] (engl. Form von: Marie); **Ma**|ry Jane [- dsche'n] die; - ⟨engl.⟩ (Marihuana [vgl. d.]); **Ma**|ry|land [märiländ] (Staat der USA; Abk.: Md.)

März der; -[es] (dicht. auch noch: -en), -e ⟨lat.; nach dem röm. Kriegsgott Mars⟩ (dritter Monat im Jahr, Lenzing, Lenzmond, Frühlingsmonat); **März**|be|cher, **Mär**|zen|be|cher (Name verschiedener Pflanzen); **März**-bier, **Mär**|zen|bier; **März_feld** (das; -[e]s; merowing. Wehrmännerversammlung), ...ge|fal|le|ne (der; -n, -n; ↑R 7 ff.), ...glöck-chen (eine Frühlingsblume)

März|pan [auch, österr. nur: mar...] das (österr., sonst selten: der); -s, -e ⟨arab.⟩ (süße Masse

aus Mandeln u. Zucker); **Mar**|zi-pan_kar|tof|fel, ...schwein|chen

märz|lich; **März_nacht,** ...re|vo|lu-ti|on (1848), ...son|ne (die; -s), ...veil|chen

Ma|sa|ryk [...rik] (tschechoslowak. Soziologe u. Staatsmann)

Mas|ca|gni [...kanji] (ital. Komponist)

Mas|ca|ra [maßkara] das; -, -s ⟨ital.⟩ (Wimperntusche)

Ma|schan|ker der; -s, - ⟨tschech.⟩ (österr. für: Borsdorfer Apfel)

Ma|sche die; -, -n (Schlinge; österr. auch für: Schleife; ugs. für: großartige Sache; Lösung; Trick); das ist die neu[e]ste -

Ma|schek|sei|te vgl. Maschekseite

Ma|schen|draht (Drahtgeflecht), ...in|du|strie (Gesamtheit der Strickereien u. Wirkereien), ...mo|de, ...netz, ...pan|zer, ...wa-re, ...werk; **Ma**|scherl das; -s, -n (österr. für: Schleife); **ma**|schig

Ma|schik|sei|te, **Ma**|schek|sei|te (ung.) (ostösterr. für: entgegengesetzte Seite, Rückseite)

Ma|schi|ne die; -, -n ⟨franz.⟩; **ma**-schi|ne|ge|schrie|ben vgl. maschinengeschrieben; **ma**|schi|nell (maschinenmäßig [hergestellt]); **Ma**|schi|nen_bau (der; -[e]s), ...fa|brik; **ma**|schi|nen_ge|schrie-ben (od. maschine..., österr.: maschingeschrieben), ...ge-stickt, ...ge|strickt; **Ma**|schi|nen-_ge|wehr (Abk.: MG), ...haus; **ma**|schi|nen|les|bar (EDV); **ma**-schi|nen|mä|ßig; **Ma**|schi|nen-_mei|ster, ...nä|he|rin, ...öl, ...pi-sto|le (Abk.: MP, MPi), ...re|vi|si-on (Druckw.: Überprüfung der Druckbogen vor Druckbeginn), ...satz (zwei miteinander starr gekoppelte Maschinen; Druckw., nur Sing.: mit der Setzmaschine hergestellter Schriftsatz), ...scha|den, ...set|zer (Druckw.), ...schlos|ser; **Ma**-schi|ne[n]_schrei|ben (das; -s; Abk.: Masch.-Schr.), ...schrei-ber, ...schrei|be|rin; **Ma**|schi|nen|schrift; **ma**|schi|nen|schrift-lich; **Ma**|schi|nen_te|le|graf, ...wär|ter, ...zeit|al|ter; **Ma**|schi-ne|rie die; -, ...ien (maschinelle Einrichtung; Getriebe); **ma**|schi-ne|schrei|ben (↑R 207); ich schreibe Maschine; weil er maschineschreibt; ich habe maschinegeschrieben; maschinezuschreiben; **Ma**|schi|nist der; -en, -en; ↑R 197 (Maschinenmeister); **ma**|schin|schrei|ben (österr. für: maschineschreiben); **Ma**|schin_schrei|ben das; -s (österr.); **Ma**|schin|schrei|ber (österr.); **ma**|schin|schrei|bisch (österr.); **Masch.-Schr.** = Maschine[n]-schreiben (↑R 38)

---

¹ Kath. kirchl. auch: Martyrer usw.

¹**Ma|ser** [meist: *mḗ's'r*] *der;* -s, - ⟨engl.⟩ (Physik: Gerät zur Verstärkung oder Erzeugung von Mikrowellen)

²**Ma|ser** *die;* -, -n (Zeichnung [im Holz]; Narbe)

Ma|se|reel, Frans [*maß'rél*] (belg. Graphiker u. Maler)

Ma|ser|holz; ma|se|rig; ma|sern; ich ...ere (↑ R 22); gemasertes Holz; **Ma|sern** *Plur.* (eine Kinderkrankheit)

Ma|se|ru (Hptst. von Lesotho)

Ma|se|rung (Zeichnung des Holzes)

Ma|set|te *die;* -, -n ⟨ital.⟩ (österr. für: Eintrittskartenblock)

Mas|ka|rill *der;* -[s], -e ⟨span.⟩ (span. Lustspielgestalt)

Mas|ka|ron *der;* -s, -e ⟨franz.⟩ (Baukunst: Menschen- od. Fratzengesicht)

Mas|kat (Hptst. von Oman)

Mas|kat und Oman (frühere Bez. für: Oman)

Mas|ke *die;* -, -n ⟨franz.⟩ (künstl. Hohlgesichtsform; Verkleidung; kostümierte Person); **Mas|ken-ball,** ...**bild|ner,** ...**bild|ne|rin** ⟨*die;* -, -nen⟩; **mas|ken|haft; Masken.ko|stüm,** ...**spiel,** ...**ver|leih; Mas|ke|ra|de** *die;* -, -n ⟨span.⟩ (Verkleidung; Maskenfest; Mummenschanz); **mas|kie|ren** ⟨franz.⟩ ([mit einer Maske] unkenntlich machen; verkleiden; verbergen, verdecken); sich -; **Mas|kie|rung**

Mas|kott|chen ⟨franz.⟩ (glückbringender Talisman, Anhänger; Puppe u. a. [als Amulett]); **Mas|kot|te** *die;* -, -n (svw. Maskottchen)

mas|ku|lin [auch: *ma*...] ⟨lat.⟩ (männlich); **mas|ku|li|nisch** (älter für: maskulin); **Mas|ku|li|num** [auch: *ma*...] *das;* -s, ...na (Sprachw.: männliches Substantiv, z. B. „der Wagen")

Ma|so|chis|mus [...*ehiß*...] *der;* -, ...men ⟨nach dem österr. Schriftsteller L. v. Sacher-Masoch⟩ (geschlechtl. Erregung durch Erdulden von Mißhandlungen); **Ma|so|chist** *der;* -en, -en (↑ R 197); **ma|so|chi|stisch**

Ma|so|wi|en [...*i'n*] (hist. Gebiet beiderseits der Weichsel um Warschau)

¹**Maß** *das;* -es, -e ⟨zu: messen⟩; - nehmen, aber (↑ R 68): das Maßnehmen; vgl. maßhalten); ²**Maß** *die;* -, -[e] (bayr. u. österr.: ein Flüssigkeitsmaß); 2 Maß Bier (↑ R 128 f.)

Mass. = Massachusetts

Mas|sa|chu|setts [*mäß'tschuß*...] (Staat in den USA; Abk.: Mass.)

Mas|sa|ge [...*gseh,* österr.: ...*gseh*] *die;* -, -n ⟨franz.⟩ (Kneten; Knet-

kur); **Mas|sa|ge_in|sti|tut,** ...**salon,** ...**stab**

Mas|sai [auch: *maß*...] *der;* -, - (Angehöriger eines Nomadenvolkes in Ostafrika)

Mas|sa|ker *das;* -s, - ⟨franz.⟩ (Gemetzel); **mas|sa|krie|ren** (niedermetzeln); **Mas|sa|krie|rung**

Maß|ana|ly|se; maß|ana|ly|tisch; Maß_an|ga|be, ...**an|zug,** ...**ar|beit**

Mas|saua [auch ital. Ausspr.: *maßa'a*] (Stadt in Äthiopien)

Maß_band (*Plur.* ...bänder), ...**bezeich|nung; Mäß|chen, Mäß|lein** (altes Hohlmaß); **Ma|ße** *die;* -, -n (veralt. für: Mäßigkeit; Art u. Weise); vgl. Maßen

Mas|se *die;* -, -n; **Mas|se|gläu|bi|ger** *Plur.* (Wirtsch.)

Maß_ein|heit, ...**ein|tei|lung**

¹**Mas|sel** *der;* -s ⟨jidd.⟩ (Gaunersprache für: Glück)

²**Mas|sel** *die;* -, -n (Form für Roheisen; Roheisenbarren)

mas|se|los; -e Elementarteilchen

ma|ßen (veralt. für: weil); **Ma|ßen** (vgl. Maße); in, mit, ohne -; über die -; über alle -; ...**ma|ßen** (z. B. einigermaßen)

Mas|sen_ab|satz, ...**an|drang,** ...**ar|beits|lo|sig|keit,** ...**ar|ti|kel,** ...**auf|ge|bot,** ...**be|darf,** ...**ent|las|sung,** ...**fa|bri|ka|ti|on,** ...**ge|sell|schaft,** ...**grab; mas|sen|haft; Mas|sen_hin|rich|tung,** ...**ka|ram|bo|la|ge,** ...**kund|ge|bung,** ...**me|di|um** (meist *Plur.*), ...**mord,** ...**mör|der,** ...**or|ga|ni|sa|ti|on,** ...**pro|duk|ti|on** (*die;* -), ...**psy|cho|se,** ...**quar|tier,** ...**ster|ben,** ...**tou|ris|mus,** ...**ver|kehrs|mit|tel; mas|sen|wei|se; Mas|se|schul|den** *Plur.* (Wirtsch.)

Mas|seur [...*ßör*] *der;* -s, -e ⟨franz.⟩ (die Massage Ausübender); **Mas|seu|rin** [...*ßör*...] *die;* -, -nen, **Mas|seu|se** [...*ßös'*] *die;* -, -n

Maß|ga|be *die;* - (Amtsdt. für: Bestimmung); mit der -; nach - (entsprechend); **maß|ge|bend;** -ste; **maß|geb|lich; maß|ge|recht; maß|hal|ten** (↑ R 207); er hält maß; ... daß er maßhält; maßgehalten; maßzuhalten; aber: das rechte Maß halten; (↑ R 32:) maß- u. Disziplin halten, aber: Disziplin u. maßhalten; **maß|hal|tend,** aber (↑ R 209): rechtes Maß haltend; **maß|hal|tig** (Technik: das erforderliche Maß einhaltend); **Maß|hal|tig|keit** *die;* -

Maß|hol|der *der;* -s, - (Feldahorn)

¹**mas|sie|ren** ⟨franz.⟩ (durch Massage behandeln, kneten)

²**mas|sie|ren** ⟨franz.⟩ (Truppen zusammenziehen); **Mas|sie|rung**

mäßig; ...mä|ßig (z. B. behelfsmäßig)

mas|sig

mä|ßi|gen; sich -; **Mä|ßig|keit** *die;* -

Mas|sig|keit *die;* -

Mä|ßi|gung

mas|siv ⟨franz.⟩ (schwer; voll [nicht hohl]; fest, dauerhaft; roh, grob); **Mas|siv** *das;* -s, -e [...*w'*] (Gebirgsstock); **Mas|siv|bau** (*Plur.* ...bauten); **Mas|siv|bau|wei|se; Mas|siv|vi|tät** [...*wi*...] *die;* -

Maß_kon|fek|ti|on, ...**krug; maß|lei|dig** (südd. u. schweiz. für: verdrossen); **Mäß|lein** vgl. Mäßchen

Maß|lieb [auch: ...*lip*] *das;* -[e]s, -e ⟨niederl.⟩ (eine Blume); **Maß|lieb|chen** [auch: ...*lip*...]

maß|los; -este; **Maß|lo|sig|keit; Maß|nah|me** *die;* -, -n; **Maß|neh|men** *das;* -s; vgl. Maß

Mas|sör usw. (eindeutschend für: Masseur usw.)

Mas|so|ra *die;* - ⟨hebr.⟩ [jüd.] Textkritik des A. T.); **Mas|so|ret** *der;* -en, -en; ↑ R 197 (mit der Massora beschäftigter jüd. Schriftgelehrter u. Textkritiker); **mas|so|re|tisch**

Mas|sö|se (eindeutschend für: Masseuse)

Maß|re|gel; maß|re|geln; ich ...[e]le (↑ R 22); gemaßregelt; zu -; **Maß|re|ge|lung, Maß|reg|lung; Maß_sa|chen** (*Plur.;* ugs.), ...**schnei|der,** ...**stab; maß|stäb|lich; ...maß|stäb|lich,** (gelegentlich auch:) ...**maß|stäb|ig** (z. B. großmaßstäblich, [gelegentl. auch:] großmaßstäbig; **maß-stab[s].ge|recht,** ...**ge|treu; maß|voll; Maß|werk** *das;* -[e]s (Ornament an gotischen Bauwerken)

¹**Mast** *der;* -[e]s, -en; auch: -e (Mastbaum)

²**Mast** *die;* -, -en (Mästung)

Ma|sta|ba *die;* -, -s u. ...staben ⟨arab.⟩ (altägypt. Grabkammer)

Mast_baum

Mast_darm; Mast|darm|fi|stel; mä|sten; Mast|en|te

Ma|sten|wald

Ma|ster *der;* -s, - ⟨engl.⟩ („Meister"; engl. Anrede an junge Leute; akadem. Grad in England u. in den USA; Leiter bei Parforcejagden); - of Arts (engl. u. amerik. akadem. Grad; Abk.: M. A.; vgl. Magister)

...**ma|ster** (z. B. Dreimaster)

Mäst|ler; Mäs|te|lei; Mast.fut|ter (vgl. ¹Futter), ...**gans,** ...**huhn; ma|stig** (landsch. für: fett, feist; auch: feucht [von Wiesen])

Mas|tiff *der;* -s, -e ⟨engl.⟩ (Hund einer doggenartigen Rasse)

Mas|ti|ka|tor *der;* -s, ...oren ⟨lat.⟩ (Knetmaschine); **Mas|tix** *der;* -[es] (ein Harz)

Mast|korb

Mastkur 450

Mạst_kur, ...och|se
Mạst|odon das; -s, ...dọnten (griech.) (ausgestorbene Elefantenart)
Mạst|schwein
Mạst|spit|ze
Mä|stung
Ma|stur|ba|ti|on [...zion] die; -, -en ⟨lat.⟩ (geschlechtl. Selbstbefriedigung); ma|stur|bie|ren
Mạst|vieh
Ma|su|re der; -n, -n; ↑R 197 (Bewohner Masurens); Ma|su|ren (Landschaft im südl. Ostpreußen); ma|su|risch, aber (↑R 146): die Masurischen Seen; Ma|sur|ka vgl. Mazurka
Ma|sut das; -[e]s ⟨russ.⟩ (Erdölrückstand, der zum Heizen von Kesseln verwendet wird)
Ma|ta|dor der; -s, -e (auch: -en, -en) ⟨span.⟩ (Hauptkämpfer im Stierkampf; Hauptperson)
Match [mätsch] das (auch, schweiz. nur: der); -[e]s, -s (auch: -e) ⟨engl.⟩ (Wettkampf, -spiel); Match_ball [mätsch...] (spielentscheidender Ball [Aufschlag] beim Tennis), ...beu|tel, ...sack, ...stra|fe (Feldverweis für die gesamte Spieldauer beim Eishockey)
¹Ma|te der; - ⟨indian.⟩ (ein Tee); ²Ma|te die; -, -n (südamerik. Stechpalmengewächs, Teepflanze); Ma|te_baum, ...blatt
Ma|ter die; -, -n ⟨lat.⟩ (Druckw.: Papptafel mit negativer Prägung eines Schriftsatzes; Matrize; Med.: die das Hirn einhüllende Haut); Ma|ter do|lo|ro|sa die; - - („schmerzensreiche Mutter" [Maria])
ma|te|ri|al ⟨lat.⟩ (stofflich, inhaltlich, sachlich); -e Ethik; Ma|teri|al das; -s, ...ien [...i²n]; Ma|teri|al_aus|ga|be, ...be|darf, ...beschaf|fung, ...ein|spa|rung, ...feh|ler; Ma|te|ria|li|sa|ti|on [...zion] die; -, -en (im Spiritismus: Entwicklung körperhafter Gebilde in Abhängigkeit von einem Medium); ma|te|ria|li|sie|ren¹; Ma|te|ria|lis|mus¹ der; - (philos. Anschauung, die alles Wirkliche auf Kräfte od. Bedingungen der Materie zurückführt; auf Besitz und Gewinn ausgerichtete Haltung); Ma|te|ria|list¹ der; -en, -en (↑R 197); ma|te|ria|li|stisch¹, -ste; Ma|te|ri|al_ko|sten Plur., ...man|gel, ...prü|fung, ...sammlung, ...schlacht; Ma|te|rie [...i²] die; -, (für: Stoff; Inhalt; Gegenstand [einer Untersuchung] auch Plur.:) -n (Philos., nur Sing.: Urstoff; die außerhalb unseres Bewußtseins vorhandene Wirklich-

keit); ma|te|ri|ell ⟨franz.⟩ (stofflich; wirtschaftlich, finanziell; auf den eigenen Nutzen bedacht)
¹ma|tern ⟨lat.⟩ (von einem Satz Matern herstellen); ich ...ere (↑R 22); ²ma|tern (Med.: mütterlich); Ma|ter|ni|tät die; - (Med.: Mutterschaft)
Ma|te|tee
Math. = Mathematik
Ma|the die; - (Schülerspr. für: Mathematik); Ma|the|ma|tik [österr.: ...matik] die; - ⟨griech.⟩ (Wissenschaft von den Raum- u. Zahlengrößen; Abk.: Math.); Ma|the|ma|ti|ker; ma|the|matisch [österr.: ...matisch]; -e Logik (vgl. ¹Logistik); -er Zweig; ma|the|ma|ti|sie|ren
Mat|hil|de; ↑R 131 (w. Vorn.); vgl. Mechthild[e]
Ma|ti|nee [auch: ma...] die; -, ...een ⟨franz.⟩ (am Vormittag stattfindende künstlerische Veranstaltung)
Mat|jes|he|ring ⟨niederl.; dt.⟩ (junger Hering)
Ma|trat|ze die; -, -n (Bettpolster)
Mä|tres|se die; -, -n ⟨franz.⟩ (Geliebte [eines Fürsten]); Mä|tressen|wirt|schaft die; -
ma|tri|ar|cha|lisch ⟨lat.; griech.⟩ (das Matriarchat betreffend); Ma|tri|ar|chat das; -[e]s, -e (Mutterherrschaft, Mutterrecht); Ma|tri|kel die; -, -n ⟨lat.⟩ (Verzeichnis; österr. für: Personenstandsregister); Ma|trix die; -, Matrizes und Matrizen (Math.: geordnetes Schema von Werten, für das bestimmte Rechenregeln gelten; Med.: Keimschicht); Ma|tri|ze die; -, -n ⟨franz.⟩ (bei der Setzmaschine Hohlform [zur Aufnahme der Patrize]; die von einem Druckstock zur Anfertigung eines Galvanos hergestellte [Wachs]form); Ma|tri|zen|rand; Ma|tro|ne die; -, -n ⟨lat.⟩ (ältere, ehrwürdige Frau, Greisin); ma|tro|nen|haft
Ma|tro|se der; -n, -n; ↑R 197 (niederl.); Ma|tro|sen_an|zug, ...kragen, ...müt|ze, ...uni|form
matsch ⟨ital.⟩ (ugs. für: völlig verloren; schlapp, erschöpft); - sein; ¹Matsch der; -[e]s, -e (gänzlicher Verlust des Spieles)
²Matsch der; -[e]s (ugs. für: weiche Masse; nasser Straßenschmutz); matsch|en (ugs.); du matschst (matschest); mat|schig (ugs.)
matsch|kern (ostösterr. ugs. für: schimpfen, maulen)
Matsch-und-Schnee-Rei|fen; ↑R 41 (Abk.: M-und-S-Reifen); Matsch|wet|ter

matt; -er, -este ⟨arab.⟩ (schwach; kraftlos; glanzlos); jmdn. - setzen (kampf-, handlungsunfähig machen); Schach und -!; matt|blau u. a.; Matt das; -s, -s
Mat|täus vgl. Matthäus
¹Mat|te die; -, -n (Decke, Unterlage; Bodenbelag; Sing. mitteld. für: Quark)
²Mat|te die; -, -n (dicht.: Weide [in den Hochalpen]; schweiz. für: Wiese)
Mat|ter|horn das; -[e]s (Berg in den Walliser Alpen)
Matt_glas, ...gold; matt|gol|den
Mat|thäi vgl. Matthäus; Mat|thäus, (ökum.:) Mat|tä|us (Apostel u. Evangelist); Evangelium Matthäi (des Matthäus); bei jmdm. ist Matthäi am letzten ⟨mit Bezug auf das letzte Kapitel des Matthäusevangeliums⟩ (ugs. für: jmd. ist finanziell am Ende); Mat|thä|us|pas|si|on (Vertonung der Leidensgeschichte Christi nach Matthäus)
Matt|heit die; -; matt|her|zig; Matt|her|zig|keit die; -
¹Mat|thi|as (m. Vorn.); ²Mat|thias, (ökum.:) Mat|ti|as (bibl. m. Eigenn.)
mat|tie|ren ⟨franz.⟩ (matt, glanzlos machen); Mat|tie|rung; Mat|tig|keit die; -; Matt|schei|be; - haben (übertr. ugs. für: begriffsstutzig, benommen sein)
Ma|tur, Ma|tu|rum das; -s (schweiz.: Ma|tur die; -) ⟨lat.⟩ (Reife-, Schlußprüfung); Ma|tura die; - (österr. u. schweiz. für: Reifeprüfung); Ma|tu|rand der; -en, -en; ↑R 197 (schweiz., sonst veralt. für: Abiturient); Ma|turant der; -en, -en; ↑R 197 (österr. für: Abiturient); ma|tu|rie|ren (österr., sonst veralt. für: die Reifeprüfung ablegen); Ma|tu|ri|tas prae|cox [- präkokß] die; - - (Med., Psych.: [sexuelle] Frühreife); Ma|tu|ri|tät die; - (veralt. für: Reife; schweiz. für: Hochschulreife); Ma|tu|ri|täts_prüfung, ...zeug|nis; Ma|tu|rum vgl. Matur
Ma|tu|tin die; -, -e[n] ⟨lat.⟩ (nächtliches Stundengebet)
Matz der; -es, -e u. Mätze (scherzh.; meist in Zusammensetzungen, z. B. Hosenmatz); Mätz|chen; - machen (ugs. für: Ausflüchte machen, sich sträuben)
Mat|ze die; -, -n u. Mat|zen der; -s, - ⟨hebr.⟩ (ungesäuertes Passahbrot der Juden)
mau (ugs. für: schlecht; dürftig); nur in: das ist -
Maud [måd] ⟨engl.⟩ (Kurzform von: Magdalena, Mathilde)
Mau|er die; -, -n; Mau|er|ar|beit,

---
¹ Trenn.: ↑R 180.

Mau|rer|ar|beit; Mau|er_as|sel, ...blüm|chen (Mädchen, das nicht od. wenig zum Tanzen aufgefordert wird); Mäu|er|chen, Mäu|er|lein; Maue|rei, Mau|re|rei die; - (das Mauern); Mau|er|ha|ken; Mau|er|kel|le, Mau|er|kel|le; Mau|er|kro|ne; Mäu|er|lein, Mäu|er|lein; Mau|er|loch; Mau|er|mei|ster, Mau|rer|mei|ster; mau|ern; ich ...ere (↑ R 22); Mau|er|po|lier, Mau|rer|po|lier (Vorarbeiter); Mau|er_rit|ze, ...seg|ler (ein Vogel); Maue|rung; Mau|er_vor|sprung, ...werk

Maugham [*mâm*] (engl. Schriftsteller)

Mau|ke die; - (Hauterkrankung bei Tieren)

Maul das; -[e]s, Mäuler; Maul|af|fen Plur.; - feilhalten (ugs. für: mit offenem Mund dastehen u. nichts tun)

Maul|beer|baum; Maul|bee|re; Maul|beer|sei|den|spin|ner

Maul|bronn (Stadt in Baden-Württemberg)

Mäul|chen das; -s, - u. Mäulerchen (kleiner Mund); mau|len (ugs. für: murren, widerschen)

Maul|esel (Kreuzung aus Pferdehengst u. Eselstute)

maul|faul (ugs.); Maul|held (ugs.) Maul_korb, ...korb|er|laß (ugs.), ...schel|le (ugs.), ...sper|re (ugs.), ...ta|sche (meist Plur.; schwäb. Pastetchen aus Nudelteig)

Maul|tier (Kreuzung aus Eselhengst u. Pferdestute)

Maul|trom|mel (ein Musikinstrument); Maul- und Klau|en|seu|che (Abk.: MKS); Maul|werk (ugs.)

Maul|wurf der; -[e]s, ...würfe (auch für: Spion); Maul|wurfs_-gril|le, ...hau|fen

¹Mau-Mau Plur. (afrik.) (Geheimbund in Kenia)

²Mau-Mau das; -[s] (ein Kartenspiel)

maun|zen (landsch. von Kindern und Wehleidigen, auch von Katzen: winseln, weinerlich sein, klagen); du maunzt (maunzest)

Maul|pas|sant [*mopaßâng*] (franz. Schriftsteller)

Mau|re der; -n, -n; ↑ R 197 (Angehöriger eines nordafrik. Mischvolkes)

Mau|rer; Mau|r|er|ar|beit; Mau|re|rei, Maue|rei die; -; Mau|r|er_-ge|sel|le, ...hand|werk (das; -[e]s); mau|re|risch (freimaurerisch), aber (↑ R 157): Maurerische Trauermusik (Orchesterstück von W. A. Mozart); Mau|r|er|kel|le; Mau|r|er|mei|ster; Mau|r|er|po|lier; Mau|rer|zunft

Mau|res|ke vgl. Moreske

Mau|re|ta|ni|en [...*i*ᵉ*n*] (im Altertum Name Marokkos; heute: selbständiger Staat in Afrika); Mau|re|ta|ni|er; mau|re|ta|nisch

Mau|rice [*moriß*] (franz.) (franz. Form von: Moritz)

Mau|rin die; -, -nen

Mau|ri|ner der; -s (nach dem hl. Patron Maurus) (Angehöriger einer Kongregation der Benediktiner)

mau|risch (auf die Mauren bezüglich); -er Bau, -er Stil

Mau|ri|ti|er [...*zi*ᵉ*r*] (Bewohner von ¹Mauritius); mau|ri|tisch; ¹Mau|ri|ti|us [...*ziuß*] (Insel u. Staat im Ind. Ozean); die blaue - (bestimmte Briefmarke der Insel Mauritius aus dem Jahre 1847)

²Mau|ri|ti|us [...*ziuß*] (lat.) (ein Heiliger)

Maus die; -, Mäuse

Mau|schel der; -s, - ⟨jidd.⟩ („Moses‟; armer Jude); Mau|schel|bete die; -, -n ⟨jidd.; franz.⟩ (Kartenspiel: doppelter Strafsatz beim Mauscheln); Mau|schel|ei ⟨jidd.⟩ ([heimliches] Aushandeln von Vorteilen, Geschäften); mau|scheln (jiddisch sprechen; [heimlich] Vorteile aushandeln, Geschäfte machen; übertr. für: unverständlich sprechen; Mauscheln spielen); ich ...[e]le (↑ R 22); Mau|scheln das; -s (ein Kartenglücksspiel)

Mäus|chen, Mäus|lein; mäus|chen|still; Mäu|se_bus|sard; Mäu|se|fal|le, (seltener:) Mäu|se|fal|le; Mäu|se_fraß, ...gift; mäu|seln (Jägerspr.: das Pfeifen der Mäuse nachahmen); ich ...[e]le (↑ R 22); Mäu|se|loch, (seltener:) Mäu|se|loch; mau|sen (ugs. scherzh. für: stehlen; landsch. für: Mäuse fangen); du maust (mausest); er mau|ste; Mäu|se_nest, ...pla|ge

¹Mau|ser die; - (lat.) (jährlicher Ausfall und Ersatz der Federn bei Vögeln)

²Mau|ser (Familienn.; ⓌⓏ); vgl. Mauserpistole

Mau|se|rei (ugs. scherzh. für: Stehlerei); Mäu|se|rich der; -s, -e (männliche Maus)

mau|sern, sich

Mau|ser|pi|sto|le (↑ R 135; vgl. ²Mauser)

Mau|se|rung

mau|se|tot, (österr. auch:) maus-tot (ugs.); - schlagen; Mäu|se|turm der; -[e]s (Turm auf einer Rheininsel bei Bingen); maus_-far|ben od. ...far|big, ...grau

mau|sig; sich - machen (ugs. für: frech, vorlaut sein, sich in den Vordergrund drängen)

Mäus|lein, Mäus|chen

Mau|sol|le|um das; -s, ...een

⟨griech.⟩ (prächtiges Grabmal [des Königs Mausolos])

maus|tot (österr. neben: mausetot)

Maut die; -, -en (veralt. für: Zoll; bayr., österr. für: Gebühr für Straßen- u. Brückenbenutzung); maut|bar (veralt. für: zollpflichtig); Maut|ge|bühr

Maut|hau|sen (Ort in Oberösterreich; Konzentrationslager der Nationalsozialisten)

Maut|ner (veralt. für: Zolleinnehmer, Zöllner); Maut_stel|le, ...stra|ße (Straße, die nur gegen Gebühr befahren werden darf)

mauve [*mowᵉ*] ⟨franz.⟩ (malvenfarbig); mauve|far|ben; Mauve|in [*mowe...*] das; -s (Anilinfarbstoff)

mau|zen (svw. maunzen); du mauzt (mauzest)

m. a. W. = mit ander[e]n Worten

Max (Kurzform von: Maximilian); Mäx|chen (Koseform von: Max)

ma|xi (lat.) (von Röcken, Kleidern od. Mänteln: knöchellang); - tragen; Ggs.: mini; ¹Ma|xi das; -s -s (ugs. für: Maxikleid; meist ohne Artikel, nur Sing.: knöchellange Kleidung); ²Ma|xi der; -s -s (ugs. für: Maxirock, -mantel usw.); Ma|xi... (Mode: bis zu den Knöcheln reichend, z. B. Maxirock)

Ma|xil|la die; -, ...llae [...*ä*] ⟨lat.⟩ (Med.: Oberkiefer); ma|xil|lar

Ma|xi|ma (Plur. von: Maximum); ma|xi|mal (lat.) (sehr groß, größt..., höchst...); Ma|xi|mal_-for|de|rung, ...hö|he, ...lei|stung, ...pro|fit, ...stra|fe, ...wert; Ma|xi|me die; -, -n (allgemeiner Grundsatz, Hauptgrundsatz); ma|xi|mie|ren (maximal machen); Ma|xi|mie|rung; Ma|xi|mi|li|an (m. Vorn.); Ma|xi|mum das; -s, ...ma (Höchstwert, -maß); Ma|xi|sin|gle die (²Single von der Größe einer LP für längere Stücke der Popmusik)

Max-Planck-Ge|sell|schaft die; -; ↑ R 135 (früher: Kaiser-Wilhelm-Gesellschaft); Max-Planck-In|sti|tut das; -[e]s, -e; Max-Planck-Me|dail|le die; -, -n (seit 1929 für besondere Verdienste um die theoretische Physik verliehen)

Max|well [*mäkßᵘᵉl*] (engl. Physiker)

May, Karl (dt. Abenteuerschriftsteller)

Ma|ya das; -[s], -[s] (Angehöriger eines indian. Kulturvolkes in Mittelamerika); Ma|ya|kul|tur die; -

May|day [*me̱'de'*] ⟨engl.⟩ (internationaler Notruf im Funksprechverkehr)

Ma|yon|nai|se [*majonäsᵉ*, österr.:

...*äs*] *die;* -, -n ⟨franz.; nach der Stadt Mahón [*maọn*] auf Menorca⟩ (dickflüssige Tunke aus Eigelb u. Öl)

May|or [*mẹ⁴r*] *der;* -s, -s ⟨engl.⟩ (Bürgermeister in England u. in den USA); vgl. Lord-Mayor

MAZ *die;* - ⟨Fernsehtechnik; Kurzwort für: *m*agnetische Bild*a*ufzeichnung⟩

Maz|daz|nan [*maßdaß...*] *das* (auch: *der*); -s ⟨von O. Hanish begründete, auf der Lehre Zarathustras fußende religiöse Heilsbewegung⟩

Ma|ze|dol|ni|en usw. vgl. Makedonien usw.

Mä|zen *der;* -s, -e ⟨lat., nach dem Römer Maecẹnas⟩ (Kunstfreund; freigebiger Gönner); **Mä|ze|na|ten|tum** *das;* -s; **mä|ze|na|tisch**

Ma|ze|ra|ti|on [...*zion*] *die;* -, -en ⟨lat.⟩ (Med.: Aufweichung von Gewebe durch Flüssigkeit; Auslaugung); **ma|ze|rie|ren**

Ma|zis *der;* - ⟨franz.⟩ u. **Ma|zis|blü|te** (getrocknete Samenhülle des Muskatnußbaumes, Gewürz und Heilmittel)

Ma|zur|ka [*masurka*] *die;* -, ...ken u. -s ⟨poln.⟩ (poln. Nationaltanz)

Maz|zi|ni (ital. Politiker u. Freiheitskämpfer)

mb = Millibar

Mba|ba|ne [...*bạne*] (Hptst. von Swasiland)

mbH = mit beschränkter Haftung

Mc, M' = Mac

m. c. = mensis currentis, dafür besser: laufenden Monats (lfd. M.)

Mc|Car|thy|is|mus [*m⁴kạtiß...*] *der;* - ⟨amerik., nach dem amerik. Politiker Joseph McCarthy⟩ (1950 bis 1954 in den USA betriebene Verfolgung von Kommunisten u. Linksintellektuellen)

Mc|Kin|ley vgl. Mount McKinley

Md = chem. Zeichen für Mendelevium

MD = Musikdirektor

Md. = Maryland

Md., Mrd. = Milliarde[n]

mdal. = mundartlich

M. d. B., MdB = Mitglied des Bundestages

M. d. L., MdL = Mitglied des Landtages

Me. = Maine

ME = Mache-Einheit

m. E. = meines Erachtens

Me|cha|nik *die;* -, -en ⟨griech.⟩ (nur *Sing.:* Lehre von den Kräften u. Bewegungen; für: Getriebe, Trieb-, Räderwerk auch *Plur.*); **Me|cha|ni|ker; Me|cha|ni|ke|rin** *die;* -, -nen; **me|cha|nisch;** -ste (den Gesetzen der Mechanik

entsprechend; maschinenmäßig; unwillkürlich, gewohnheitsmäßig, gedankenlos); -es Lernen; **me|cha|ni|sie|ren** ⟨franz.⟩ (auf mechanischen Ablauf umstellen); **Me|cha|ni|sie|rung; Me|cha|ni|sie|rungs|pro|zeß; Me|cha|nis|mus** *der;* -, ...men (alles maschinenmäßig vor sich Gehende; [Trieb]werk; [selbsttätiger] Ablauf; Zusammenhang; hist.: eine Richtung der Naturphilosophie); **me|cha|ni|stisch** (nur mechanische Ursachen anerkennend)

Me|cheln (Stadt in Belgien)

Mẹcht|hild, Mẹcht|hil|de (ältere Formen von: Mathilde)

meck!; meck, meck!

Mecke|rei¹; Mecke|rer¹ (ugs. für: Nörgler und Besserwisser); **Mecker|frit|ze¹** (ugs. abschätzig); **meckern¹** (ugs.); ich ...ere († R 22); **Mecker¹-stim|me, ...zie|ge**

Meck|len|burg (ehem. Land im Norden der DDR); **Meck|len|bur|ger** († R 147); **meck|len|bur|gisch,** aber († R 146): die Mecklenburgische Seenplatte; **Meck|len|burg-Schwe|rin; Meck|len|burg-Stre|litz**

Me|dail|le [...*dalj⁴*, österr.: ...*dail-j⁴*] *die;* -, -n (Gedenkmünze; Auszeichnung für besondere Leistungen); **Me|dail|len-ge|win|ner, ...spie|gel** ([inoffz.] Tabelle über die Verteilung der Medaillen auf die teilnehmenden Länder bei Sportveranstaltungen); **Me|dail|leur** [...*daljör*] *der;* -s, -e (Stempelschneider); **Me|dail|lon** [...*daljong*] *das;* -s, -s (Bildkapsel; Rundbild[chen]; Kunstwiss.: rundes oder ovales Relief; Gastr.: Fleischschnitte)

Me|dard, Me|dar|dus (Heiliger)

Me|dea (in der griech. Sage kolchische Königstochter)

Me|den|spie|le *Plur.* (nach dem ersten Präsidenten des Deutschen Tennis-Bundes, C. A. von der Meden) (Mannschaftswettkampf im Tennis); † R 135

Me|der *der;* -s, - (Bewohner von ³Medien)

¹**Me|dia** *die;* -, ...diä u. ...dien [...*i⁴n*] ⟨lat.⟩ (stimmhafter Laut, der durch die Aufhebung eines Verschlusses entsteht, z. B. b; Med.: mittlere Schicht der Gefäßwand); **me|di|al** (Sprachw.: von passiver, in aktiv. Bedeutung; Med.: nach der Körpermitte hin gelegen; Parapsych.: das spiritistische Medium betreffend); **me|di|an** (Med.: in der Mittellinie des Körpers gele-

gen); **Me|di|an|ebe|ne** (Symmetrieebene des menschl. Körpers); **Me|di|an|te** *die;* -, -n ⟨ital.⟩ (Musik: Mittelton der Tonleiter; gelegentlich auch: Dreiklang über der 3. Stufe)

Me|dia|ti|on [...*zion*] *die;* -, -en († R 180) ⟨lat.⟩ (Vermittlung eines Staates in einem Streit); **me|dia|ti|sie|ren** ⟨franz.⟩ (hist.: [reichsunmittelbare Besitzungen] der Landeshoheit unterwerfen); **Me|dia|ti|sie|rung**

me|di|äval [...*wal*] ⟨lat.⟩ (mittelalterlich); **Me|di|äval** [fachspr. auch: *mädj⁴wäl*] *die;* - (eine Schriftgattung); **Me|di|ävist** [...*wißt*] *der;* -en, -en; † R 197 (Erforscher u. Kenner des MA.); **Me|di|ävi|stik** *die;* - (Erforschung des MA.)

Me|di|ce|er [*medize⁴r*, österr. ...*tsche⁴r*] *der;* -s, - u. **Me|di|ci** [*meditschi*] *der;* -, - (Angehöriger eines florentinischen Geschlechts); **me|di|ce|isch** [*medize...*, österr. ...*tsche...*], aber († R 134): **Me|di|ce|isch,** -e Venus

¹**Me|di|en** *Plur.* (zusammenfassende Bez. für: Film, Funk, Fernsehen, Presse)

²**Me|di|en** (*Plur.* von: ¹Media u. Medium)

³**Me|di|en** [...*i⁴n*] (früher: Land im Iran)

Me|di|en|ver|bund (Kombination verschiedener Kommunikationsmittel [Medien])

Me|di|ka|ment *das;* -[e]s, -e ⟨lat.⟩ (Heilmittel, Arznei); **me|di|ka|men|tös;** -e Behandlung; **Me|di|ka|ti|on** [...*zion*] *die;* -, -en (Arzneimittelverabreichung, -verordnung); **Me|di|kus** *der;* -, Medizi (scherzh. für: Arzt)

¹**Me|di|na** (saudiarab. Stadt)

²**Me|di|na** *die;* -s, -s ⟨arab.⟩ (islam. Stadt od. alte islam. Stadtteile im Ggs. zu den Europävierteln)

me|dio, Me|dio ⟨ital.⟩ („in der Mitte"); Kaufmannsspr.: - (Mitte) Mai

me|dio|ker ⟨franz.⟩ (selten für: mittelmäßig); ...kre Leistung; **Me|dio|kri|tät** *die;* -, -en

Me|dio|wech|sel (in der Mitte eines Monats fälliger Wechsel)

Me|di|ta|ti|on [...*zion*] *die;* -, -en ⟨lat.⟩ (Nachdenken; sinnende Betrachtung; religiöse Versenkung); **me|di|ta|tiv**

me|di|ter|ran ⟨lat.⟩ („mittelländisch"; mit dem Mittelmeer zusammenhängend); **Me|di|ter|ran|flo|ra** (Pflanzenwelt der Mittelmeerländer)

me|di|tie|ren ⟨lat.⟩ (nachdenken; sich versenken)

me|di|um [*midj⁴m*] ⟨engl.⟩ (halb durchgebraten); **Me|di|um** *das;*

---

¹ *Trenn.:* ...k|k...

-s, ...ien [...iⁿn] ⟨lat.⟩ (Mittel-[glied]; Mittler[in], Mittelsperson [bes. beim Spiritismus]; Kommu-nikationsmittel; Sprachw.: Mit-telform zwischen Aktiv u. Passiv) Me|di|zi (Plur. von: Medikus); Me|di|zin die; -, -en ⟨lat.⟩ (Heil-kunde; Heilmittel, Arznei); Me-di|zi|nal|rat (der; ...räte), ...sta-ti|stik, ...we|sen (das; -s); Me|di-zin|ball (großer, schwerer, nicht elastischer Lederball); Me|di-zi|ner (Arzt; auch: Medizinstu-dent); Me|di|zi|ne|rin die; -, -nen; me|di|zi|nisch (heilkund-lich); me|di|zi|nisch-tech|nisch; -e Assistentin (Abk.: MTA); Me|di|zin|mann (Plur. ...män-ner), ...schränk|chen, ...stu|dent, ...stu|di|um

Med|ley [mädli] das; -s, -s ⟨engl.⟩ (Melodienstrauß, Potpourri)

Me|doc [...dok] der; -s, -s ⟨nach der franz. Landschaft Médoc⟩ (franz. Rotwein)

Me|dre|se, Me|dres|se die; -, -n ⟨arab.⟩ (islam. jurist. u. theolog. Hochschule; Koranschule einer Moschee)

Me|du|sa, ¹Me|du|se die; - (eine der Gorgonen); ²Me|du|se die; -, -n (Quallenform der Nessel-tie-re); Me|du|sen_blick, ...haupt (das; -[e]s); me|du|sisch (medu-senähnlich, schrecklich)

Meer das; -[e]s, -e

Mee|ra|ne (Stadt nördl. von Zwik-kau)

Meer_bu|sen, ...en|ge; Mee|res-al-ge, ...arm, ...bio|lo|gie, ...bo|den, ...bucht, ...for|schung, ...frei|heit (die; -); Völkerrecht), ...früch|te Plur., ...grund (der; -[e]s), ...kun-de (die; -; für: Ozeanographie), ...leuch|ten (das; -s), ...ober|flä-che (die; -), ...spie|gel (der; -s; über dem - [Abk.: ü. d. M.]; unter dem - [Abk.: u. d. M.]), ...strand, ...stra|ße, ...strö|mung, ...tie|fe; Meer_frau, ...gott; meer|grün); Meer_jung|frau, ...kat|ze (ein Affe)

Meer|ret|tich (Heil- u. Gewürz-pflanze); Meer|ret|tich|so|ße

Meer|salz

Meers|burg (Stadt am Bodensee); ¹Meers|bur|ger (↑ R 147); ²Meers-bur|ger der; -s (ein [Rot]wein)

Meer_schaum (der; -[e]s; Meer-schaum_pfei|fe, ...spit|ze; Meer-schwein|chen; meer|um|schlun-gen; meer|wärts; Meer|was|ser das; -s; Meer|was|ser|wel|len-bad; Meer_weib, ...zwie|bel

Mee|ting [mi...] das; -s, -s ⟨engl.⟩ („[Zusammen]treffen"; Ver-sammlung; Sportveranstaltung in kleinerem Rahmen)

mega... ⟨griech.⟩ (groß...); Me-ga... (Groß...; das Millionen-

---

fache einer Einheit; z. B. Mega-watt = 10⁶ Watt; Zeichen: M); Me|ga|elek|tro|nen|volt (1 Mil-lion Elektron[en]volt; Zeichen: MeV); Me|ga|hertz (1 Million Hertz; Zeichen: MHz)

Me|ga|lith der; -s u. -en, -e[n] (↑ R 197) ⟨griech.⟩ (großer Stein-block bei vorgeschichtlichen Grabanlagen); Me|ga|lith|grab (vorgeschichtl., aus großen Stei-nen angelegtes Grab); Me|ga|li-thi|ker der; -s, - (Träger der Me-galithkultur [Großsteingräber-leute]); me|ga|li|thisch; Me|ga-lith|kul|tur die; -

Me|ga|lo|ma|nie die; -, ...ien ⟨griech.⟩ (Größenwahn)

Me|ga|lo|po|lis die; -, ...polen ⟨griech.⟩ (Zusammenballung von benachbarten Millionenstädten, Riesenstadt)

Me|ga|ohm, (auch:) Meg|ohm (1 Million Ohm; Zeichen: MΩ)

Me|ga|phon das; -s, -e ⟨griech.⟩ (Sprachrohr)

¹Me|gä|re (griech. Mythol.: eine der drei Erinnyen); ²Me|gä|re die; -, -n (böses Weib)

Me|ga|the|ri|um das; -s, ...ien [...iⁿn] ⟨griech.⟩ (ausgestorbenes Riesenfaultier)

Me|ga|ton|ne (das Millionenfache einer Tonne; Abk.: Mt; 1 Mt = 1 000 000 t); Me|ga|ton|nen|bom-be; Me|ga|volt (1 Million Volt; Zeichen: MV); Me|ga|watt (1 Million Watt; Zeichen: MW); Meg|ohm vgl. Megaohm

Mehl das; -[e]s, (für Mehlsorte Plur.:) -e; mehl|ar|tig; Mehl_bee-re, ...brei; meh|lig; Mehl_klei-ster, ...papp, ...sack, ...schwit|ze (Einbrenne, gebranntes Mehl), ...sor|te, ...spei|se (mit Mehl zu-bereitetes Gericht; österr. für: Süßspeise, Kuchen); Mehl|tau der (durch bestimmte Pilze her-vorgerufene Pflanzenkrankheit); vgl. aber: Meltau; Mehl|wurm

mehr; - Freunde als Feinde; - Gold; mit - Hoffnung; - oder weni-ger (minder); um so -; - denn je; wir können nicht - als arbei-ten; Mehr das; -[s] (auch für: Mehrheit); ein - an Kosten; das - oder Weniger; Mehr_ar|beit, ...auf|wand, ...aus|ga|be, ...be-darf, ...be|la|stung; mehr|deu-tig; Mehr|deu|tig|keit die; -; mehr|di|men|sio|nal; Mehr-di-men|sio|na|li|tät die; -; Mehr|ein-nah|me; mehr|ren; Meh|rer; meh-re|re; ↑ R 66 (einige, eine An-zahl): - Bücher, Mark; - tüchtige Soldaten; -r tüchtiger (seltener: tüchtigen) Soldaten; - Abgeord-nete, -r Abgeordneter (seltener: Abgeordneten); meh|re|res (↑ R 66); ich habe noch - zu tun; - falsch: meines Erachtens nach;

---

ein - (veralt. für: mehr); meh|rer-lei; Mehr_er|lös, ...er|trag; mehr|fach; Mehr|fa|che das; -n; ein -s; vgl. Achtfache; Mehr-fach_impf|stoff, ...spreng|kopf; Mehr|fa|mi|li|en|haus; Mehr_far-ben|druck (Plur. ...drucke); mehr|far|big, (österr.:) mehr|fär-big; mehr_glie|de|rig od. ...glied-rig; Mehr|heit; einfache, qualifi-zierte, absolute -; die schweigen-de -; mehr|heit|lich; Mehr|heits-be|schluß; mehr|heits|fä|hig; ei-ne -e Partei, Gesetzesvorlage; Mehr|heits|wahl|recht; mehr|jäh-rig; Mehr_kampf, ...kämp|fer, ...ko|sten Plur., ...la|der (eine Feuerwaffe), ...lei|stung; Mehr-ling (Zwilling, Drilling usw.); mehr|ma|lig; mehr|mals; Mehr-pha|sen|strom (mehrfach verket-teter Wechselstrom); mehr_sil-big, ...spra|chig; Mehr|spra|chig-keit die; -; Mehr|staa|ter (jmd., der mehrere Staatsangehörigkei-ten besitzt); mehr_stim|mig, ...stöckig [Trenn.: ...stök|kig]; Mehr|stu|fe (für: Komparativ); Mehr|stu|fen|ra|ke|te; mehr_stu-fig, ...stün|dig, ...tä|gig; Mehr-tei|ler (mehrteiliges Fernsehspiel u. ä.); mehr|tei|lig; Mehr|rung; Mehr|völ|ker|staat (für: Natio-nalitätenstaat; Plur. ...staaten); Mehr|wert der; -[e]s; Mehr|wert-steu|er die (Abk.: MwSt. od. MWSt.); mehr|wö|chig; Mehr-zahl; mehr_zei|lig, ...zel|lig; Mehr|zweck_ge|rät, ...hal|le, ...ma|schi|ne, ...mö|bel, ...tisch

mei|den; du miedst (miedest); du miedest; gemieden; meid[e]!

Mei|er (veralt. für: Gutspächter, -verwalter); Meie|rei (veralt. für: Pachtgut; landsch. für: Molke-rei); Mei|er|hof (veralt.); Meie-rin die; -, -nen (veralt.)

Mei|ke vgl. Maike

Mei|le die; -, -n (ein Längenmaß); mei|len|lang [auch: mail'nlang], aber: drei Meilen lang; Mei-len_stein (hist.), ...stie|fel (selte-ner für: Siebenmeilenstiefel); mei|len|weit [auch: mail'nwait], aber: zwei Meilen weit

Mei|ler der; -s, - (zum Verkohlen bestimmter Holzstoß); Mei|ler-ofen

mein, meine, mein; mein ein u. [mein] alles; vgl. dein u. deine; mei|ne, mei|ni|ge, vgl. deine, dei-nige

Mein|eid (Falscheid); mein|ei|dig; Mein|ei|dig|keit die; -

mei|nen; ich meine es gut mit ihm mei|ner (Gen. von „ich"); ge-denke -; mei|ner An|sicht nach (Abk.: m. A n.); mei|ner|seits; mei|nes Er|ach|tens (Abk.: m. E.); falsch: meines Erachtens nach;

mei|nes|glei|chen; mei|nes|teils;
mei|nes Wis|sens (Abk.: m. W.);
mei|net|hal|ben; mei|net|we|gen;
mei|net|wil|len; um -
Mein|hard (m. Vorn.); Mein|hild,
Mein|hil|de (w. Vorn.)
mei|ni|ge vgl. meine
Mei|nin|gen (Stadt an der oberen
Werra); Mei|nin|ger (↑ R 147);
mei|nin|gisch
Mei|nolf, Mei|nulf (m. Vorn.);
Mein|rad (m. Vorn.)
Mein|tat (veralt. für: Verbrechen)
Mei|nulf vgl. Meinolf
Mei|nung; Mei|nungs|äu|ße|rung,
...aus|tausch; mei|nungs|bil-
dend; Mei|nungs_bil|dung, ...for-
scher, ...for|schung, ...for-
schungs|in|sti|tut, ...frei|heit (die;
-), ...streit, ...test, ...um|fra|ge,
...ver|schie|den|heit
Meio|se die; -, -n (↑ R 180) ⟨griech.⟩
(Biol.: Reifeteilung der Keimzel-
len)
Mei|ran vgl. Majoran
Mei|se die; -, -n (ein Vogel); Mei-
sen|nest
Meis|je das; -s, -s ⟨niederl.⟩ (holl-
länd. Mädchen)
Mei|ßel der; -s, -; Mei|ße|ler,
Meiß|ler (Bildhauer); mei|ßeln;
ich ...[e]le (↑ R 22); Mei|ße|lung
Mei|ßen (Stadt an der Elbe); Mei-
ße|ner, Meiß|ner (↑ R 147); - Por-
zellan; mei|ße|nisch, meiß|nisch
Meiß|ler vgl. Meißeler
¹Meiß|ner der; -s (Teil des Hessi-
schen Berglandes); der Hohe -
²Meiß|ner, Meißener; meiß|nisch,
meißenisch
meist; - kommt er zu spät;
vgl. meiste; meist|be|gün|stigt;
Meist|be|gün|sti|gung; Meist|be-
gün|sti|gungs|klau|sel; meist|be-
teiligt; meist|bie|tend; meist-
bietend verkaufen, versteigern,
aber: Meistbietender bleiben;
Meist|bie|ten|de der u. die; -n, -n
(↑ R 7 ff.); meis|te; der - Kummer,
die - Zeit, das - Geld; die -n
Menschen; in den -n Fällen;
(↑ R 65:) am -en; (↑ R 66:) die
meisten glauben ...; das meiste
ist bekannt; meis|ten|orts; meis-
tens; meis|ten|teils
Meis|ter; Meis|ter_brief, ...de|tek-
tiv, ...dieb, ...ge|sang (der;
-[e]s; Kunstdichtung des 15. u.
16. Jh.s); meis|ter|haft; Meis|ter-
haf|tig|keit die; -; Meis|ter|hand;
Meis|te|rin die; -, -nen; Meis|ter-
_klas|se, ...lei|stung; meis|ter-
lich; meis|ter|los (schweiz. mdal.
für: eigenwillig, unbeherrscht);
Meis|ter|ma|cher (ugs. für: sehr
erfolgreicher Trainer); meis-
tern; ich ...ere (↑ R 22); Meis|ter-
prü|fung; Meis|ter_sän|ger od.
...sin|ger; Meis|ter|schaft; Meis-
ter|schafts_kampf, ...spiel, ...ti-

tel; Mei|ster_schuß, ...stück;
Mei|ste|rung die; -; Mei|ster-
_werk, ...wür|de, ...wurz (ein Dol-
denblütler)
Meist|ge|bot; meist_ge|bräuch-
lich, ...ge|fragt, ...ge|kauft, ...ge-
le|sen, ...ge|nannt; Meist|stu|fe
(für: Superlativ)
¹Mek|ka (saudiarab. Stadt);
²Mek|ka das; -s, -s (Zentrum, das
viele Besucher anlockt); ein - der
Touristen
Me|kong [auch: ...kong] der; -[s]
(Fluß in Südostasien); Me|kong-
del|ta das; -s (↑ R 149)
Me|la|min|harz ⟨Kunstwort⟩ (ein
Kunstharz)
Me|lan|cho|lie [...langkoli] die;
-, ...ien ⟨griech.⟩ (Trübsinn,
Schwermut) Me|lan|cho|li|ker;
me|lan|cho|lisch; -ste
Me|lan|chthon ⟨griech.⟩ (eigtl. Na-
me Schwarzert; dt. Humanist u.
Reformator)
Me|la|ne|si|en [...iᵉn] ⟨griech.⟩
(westpazif. Inseln nordöstlich
von Australien); Me|la|ne|si|er
[...iᵉr]; me|la|ne|sisch
Me|lan|ge [...langscheᵉ, österr.:
...langsch] die; -, -n (Mischung,
Gemengsel; österr.: Milchkaf-
fee)
Me|la|nie [...iᵉ, auch: ...ani od. me-
lani] (w. Vorn.)
Me|la|nin das; -s, -e ⟨griech.⟩
(brauner od. schwarzer Farb-
stoff); Me|la|nis|mus der; -,
...men u. Me|la|no|se die; -, -n
(Med.: krankhafte Dunkelfär-
bung der Haut) Me|la|nit der; -s,
-e (ein Mineral); Me|la|nom das;
-s, -e (Med.: Geschwulst an der
Haut od. den Schleimhäuten);
Me|la|no|se vgl. Melanismus;
Me|la|phyr der; -s, -e (ein Ge-
stein); Me|las|ma das; -s, ...men
u. ...lasmata (Med.: schwärzliche
Hautflecken)
Me|las|se die; -, -n (franz.) (Rück-
stand bei der Zuckergewinnung)
Mel|ber der; -s, - (bayr. für: Mehl-
händler)
Mel|bourne [mälbᵉrn] (austr.
Stadt)
Mel|chi|or (m. Vorn.)
Mel|chi|se|dek [auch, österr. nur:
...chi...] (bibl. m. Eigenn.)
Melch|ter der; -, -n (schweiz. für:
hölzernes [Milch]geschirr)
Mel|de die; -, -n (Name verschie-
dener Pflanzen)
Mel|de_amt, ...bü|ro, ...fah|rer,
...frist, ...hund; mel|den; Mel|de-
pflicht; polizeiliche -; mel|de-
pflich|tig; -e Krankheit; Mel-
der; Mel|de_rei|ter, ...schluß,
...stel|le, ...ter|min, ...zet|tel
(österr.: Formular, Bestätigung
für polizeiliche Anmeldung);
Mel|dung

Me|li|bo|cus, (auch:) Me|li|bo|kus
der; - od. Mal|chen der; -s (Berg
im Odenwald)
me|lie|ren ⟨franz.⟩ (mischen;
sprenkeln); me|liert (aus ver-
schiedenen Farben gemischt;
vom Haar: leicht ergraut)
Me|li|nit der; -s ⟨griech.⟩ (Gelb-
erde)
Me|lio|ra|ti|on [...zion] die; -, -en
(↑ R 180) ⟨lat.⟩ ([Boden]verbesse-
rung); me|lio|rie|ren; ↑ R 180
([Ackerboden] verbessern)
Me|lis der; - ⟨griech.⟩ (Ver-
brauchszucker aus verschiedenen Zuckersorten)
me|lisch (zu: Melos; griech.) (lied-
mäßig); Me|lis|ma das; -s, ...men
(melod. Verzierung, Koloratur);
Me|lis|ma|tik die; - (Musik:
Kunst der melod. Verzierung);
me|lis|ma|tisch
Me|lis|sa u. Me|lis|se
die; -, -n ⟨griech.⟩ (eine Heil- u.
Gewürzpflanze); Me|lis|sen|geist
🝕 der; -[e]s (ein Heilkräuter-
destillat); Me|lit|ta, Mel|is|sa (w.
Vorn.)
melk (veralt. für: milchgebend,
melkbar); eine -e Kuh
Melk (österr. Stadt)
Mel|ke_i|mer; mel|ken; du melkst
(veralt.: milkst); du melktest (seltener: molkst); du mölkest; ge-
molken (seltener: gemelkt);
melk[e]! (veralt.: milk!); frisch
gemolkene Milch; eine mel-
kende Kuh (ugs. für: gute Ein-
nahmequelle); Mel|ker; Mel|ke-
rei (Melken; Milchwirtschaft);
Mel|ke|rin die; -, -nen; Melk-
_kü|bel, ...ma|schi|ne, ...sche|mel
Me|lo|die die; -, ...ien ⟨griech.⟩
([Sing]weise; abgeschlossene u.
geordnete Folge von Tönen);
Me|lo|di|en_fol|ge, ...rei|gen;
Me|lo|dik die; - (Lehre von der
Melodie); me|lo|di|ös; -este; me-
lo|disch; -ste (wohllautend); Me-
lo|dram, Me|lo|dra|ma das; -s,
...men (Schauspiel mit Musikbegleitung; pathetisch inszeniertes
Schauspiel); Me|lo|dra|ma|tik;
me|lo|dra|ma|tisch
Me|lo|ne die; -, -n ⟨griech.⟩ (großes
Kürbisgewächs wärmerer Gebiete; ugs. scherzh. für: runder stei-
fer Hut); me|lo|nen|ar|tig
Me|los [auch: mä...] das; -
⟨griech.⟩ (Lied, Gesang; melodi-
sche Eigenschaft)
Mel|po|me|ne (Muse des Trauer-
spiels)
Mel|tau der; -[e]s (Blattlaushonig,
Honigtau); vgl. aber: Mehltau
Me|lu|si|ne (altfranz. Sagenge-
stalt, Meerfee)
Mel|ville [...wil], Herman (ameri-
kan. Schriftsteller)
Mem|bran die; -, -en ⟨lat.⟩ und

(seltener) Mem|bra|ne die; -, -n (gespanntes Häutchen; Schwingblatt)

¹Me|mel die; - (ein Fluß); ²Me|mel (Stadt am Kurischen Haff); vgl. Klaipėda; Me|mel|er (↑ R 147)

Me|men|to das; -s, -s ⟨lat.⟩ (Erinnerung, Mahnruf); me|men|to mo|ri ("gedenke des Todes!"); Me|men|to mo|ri das; - -, - - (etw., was an den Tod gemahnt)

Mem|me die; -, -n (ugs. verächtl. für: Feigling)

mem|meln (bayr. für: mummeln); ich ...[e]le (↑ R 22)

mem|men|haft (ugs.); Mem|men|haf|tig|keit die; -

Mem|non (sagenhafter äthiop. König; Mem|nons|säu|len Plur. (bei Luxor in Ägypten); ↑ R 135

Me|mo das; -s, -s (kurz für: Memorandum); Me|moire [...moar] das; -s, -s ⟨franz.⟩ (Memorandum); Me|moi|ren [...moarᵉn] Plur. (Denkwürdigkeiten; Lebenserinnerungen); Me|mo|ra|bi|li|en [...iᵉn] Plur. ⟨lat.⟩ (Denkwürdigkeiten); Me|mo|ran|dum das; -s, ...den u. ...da (Denkschrift); ¹Me|mo|ri|al das; -s, -e u. -ien [...iᵉn] ⟨lat.⟩ (veralt. für: Tagebuch; [Vor]merkbuch); ²Me|mo|ri|al [mimãri'l] das; -s, -s ⟨engl.⟩ (sportl. Veranstaltung zum Gedenken an einen Verstorbenen; Denkmal); me|mo|rie|ren (auswendig lernen); Me|mo|rier|stoff (Lernstoff)

Mem|phis (altägypt. Stadt westl. des Nils)

Me|na|ge [...naseh', österr. ...aseh] die; -, -n ⟨franz.⟩ (Gewürzständer; veralt. für: Haushalt; österr. für: [Truppen]verpflegung); Me|na|ge|rie die; -, ...ien (Sammlung lebender [wilder] Tiere in Käfigen); me|na|gie|ren [...nasehir'n] (veralt., aber noch mdal. für: sich selbst verköstigen; österr. für: Essen fassen [beim Militär]); sich - (sich mäßigen)

Men|ar|che die; - ⟨griech.⟩ (Med.: erster Eintritt der Regel)

Men|del (österr. Biologe)

Men|de|le|vi|um [...wium] das; -s ⟨nach dem russ. Chemiker Mendelejew⟩ (chem. Grundstoff, ein Transuran; Zeichen: Md)

Men|de|lis|mus der; - (Mendelsche Vererbungslehre); men|deln (nach den Vererbungsregeln Mendels in Erscheinung treten); Men|delsch (↑ R 134); -e Regeln

Men|dels|sohn Bar|thol|dy¹ (dt. Komponist)

Men|dès-France [mängdäßfrangß]

¹ Eigene Schreibung des Komponisten; sonst als Familienname mit Bindestrich.

(franz. Politiker); Mendès-France' Politik (↑ R 139)

Men|di|kant der; -en, -en (↑ R 197) ⟨lat.⟩ (Bettelmönch); Men|di|kan|ten|or|den

Me|ne|la|os (griech. Sagengestalt, König von Sparta); Me|ne|la|us vgl. Menelaos

Me|ne|te|kel das; -s, - ⟨aram.⟩ (Warnungsruf)

Men|ge die; -, -n

Men|gen (mischen)

Men|gen|an|ga|be, ...be|zeich|nung, ...kon|junk|tur (Wirtsch.), ...leh|re (die; -); men|gen|mä|ßig (für: quantitativ); Men|gen_preis (vgl. ²Preis), ...ra|batt

Meng|sel das; -s, - (landsch.)

Men|hir der; -s, -e ⟨bret.-franz.⟩ (unbehauene vorgeschichtliche Steinsäule)

Me|nin|gi|tis [...inggi...] die; -, ...iti|den ⟨griech.⟩ (Med.: Hirnhautentzündung)

me|nip|pisch; -e Satire, aber (↑ R 134): Me|nip|pisch; Me|nip|pos (altgriech. Philosoph)

Me|nis|kus der; -, ...ken ⟨griech.⟩ (gekrümmte Oberfläche einer Flüssigkeit in engem Rohr; Linse; Zwischenknorpel im Kniegelenk); Me|nis|kus_ope|ra|ti|on, ...riß (Sportverletzung)

Men|jou|bärt|chen [mänsehu...] (nach dem amerik. Filmschauspieler A. Menjou) (schmaler, gestutzter Schnurrbart); ↑ R 135

Men|ken|ke die; - (mitteld. für: Durcheinander; Umstände)

Men|ni|ge die; - ⟨iber.⟩ (Bleiverbindung; rote Malerfarbe); Men|nig|rot

Men|no|nit der; -en, -en (↑ R 197) (nach dem Gründer Menno Simons) (Angehöriger einer evangelischen Freikirche)

Me|no|pau|se die; -, -n ⟨griech.⟩ (Med.: Aufhören der Regel in den Wechseljahren der Frau)

Me|no|ra die; -, - ⟨hebr.⟩ (siebenarmiger Leuchter der jüd. Liturgie)

Me|nor|ca [...ka] (Baleareninsel)

Me|nor|rhö¹, Me|nor|rhöe die; -, ...rrhöen ⟨griech.⟩ (Menstruation); me|nor|rhö|isch; Me|no|sta|se die; -, -n (Med.: Ausbleiben der Monatsblutung)

Me|not|ti (amerik. Komponist ital. Herkunft)

Men|sa die; -, -s u. ...sen ⟨lat.⟩ (einer Kantine ähnliche Einrichtung an Universitäten [für die Studenten]; Altarplatte); Men|sa|es|sen

¹Mensch der; -en, -en (↑ R 197); ²Mensch das; -[e]s, -er (verächtl. für: weibliche Person); men-

¹ Vgl. die Anmerkung zu „Diarrhö, Diarrhöe".

...scheln (ugs.); es menschelt; Men|schen_af|fe, ...al|ter; men|schen|arm; Men|schen_auf|lauf, ...feind, ...fleisch, ...fres|ser, ...freund; men|schen|freund|lich; Men|schen_füh|rung, ...ge|denken (seit -), ...geist (der; -[e]s), ...ge|schlecht (das; -[e]s), ...ge|stalt (in -), ...ge|wühl, ...hand (von -), ...han|del (vgl. ¹Handel), ...händ|ler, ...herz, ...ken|ner, ...kennt|nis (die; -), ...ket|te, ...kind, ...kun|de (für: Anthropologie; die; -), ...lei|ben; men|schen|leer; Men|schen_lie|be, ...mas|se, ...men|ge; men|schen|mög|lich (↑ R 66:) er hat das -e (alles) getan; Men|schen_op|fer, ...pflicht, ...ras|se, ...raub; men|schen|recht das; -[e]s, -e (meist Plur.); Men|schen|rechts_er|klä|rung, ...ver|let|zung; men|schen|scheu; Men|schen_scheu, ...schlag, ...see|le (keine -); men|schens|kind! (ugs. Ausruf); Men|schen|sohn der; -[e]s (Selbstbezeichnung Jesu Christi); Men|schen|tum das; -s; men|schen|un|wür|dig; Men|schen_ver|ach|tung, ...werk, ...wür|de; men|schen|wür|dig

Men|sche|wik der; -en (↑ R 197), -en u. -i ⟨russ.⟩ (Anhänger des Menschewismus); Men|sche|wis|mus der; - (ehem. gemäßigter russ. Sozialismus); Men|sche|wist der; -en, -en; ↑ R 197 (svw. Menschewik); men|sche|wi|stisch

Mensch|heit die; -; mensch|heit|lich; Mensch|heits_ent|wick|lung, ...ge|schich|te (die; -), ...traum; mensch|lich; Menschliches, Allzumenschliches (↑ R 65); Mensch|lich|keit die; -; Mensch|wer|dung die; -

men|sen|diecken [Trenn.: ...diek|ken] (nach der Methode von B. Mensendieck Gymnastik treiben); ich ...diecke

men|sis cur|ren|tis [- ku...] ⟨lat.⟩ (veralt. für: laufenden Monats; Abk.: m. c.); dafür besser der dt. Ausdruck (monatlich); Men|stru|al|blu|tung; Men|stru|a|ti|on [...zion] die; -, -en; ↑ R 180 (Monatsblutung, Regel); men|stru|ie|ren

Men|sur die; -, -en ⟨lat.⟩ (Abstand der beiden Fechter; stud. Zweikampf; Zeitmaß der Noten; Verhältnis von Weite u. Länge bei Orgelpfeifen, von Länge u. Spannung bei Saiten; Beziehung der Griffe zu den Tonlöchern der Holzblasinstrumenten; Durchmesser des Rohres bei Blechblasinstrumenten; Chemie: Meßglas); men|su|ra|bel (meßbar); ...a|ble Größe); Men|su|ra|bi|li|tät die; -; Men|su|ral|mu|sik (die in Mensuralnotenschrift aufgezeichnete Musik des 13. bis 16. Jh.s); **Men|su|ral|no|ta|ti|on** *die; -* (im 13. Jh. ausgebildete, die Tondauer angebende Notenschrift)

men|tal ⟨lat.⟩ (geistig); **Men|ta|li|tät** *die; -,* -en (Denk-, Anschauungsweise; Sinnes-, Geistesart); **Men|tal|re|ser|va|ti|on** [...*wazion*] (stiller Vorbehalt)

Men|thol *das; -s* ⟨lat.⟩ (Bestandteil des Pfefferminzöls)

¹**Men|tor** ⟨griech.⟩ (Erzieher des Telemach); ²**Men|tor** *der; -s, ...oren* (Erzieher; Ratgeber)

Me|nü *das; -s* ⟨franz.⟩ (Speisenfolge; DV: auf dem Bildschirm angebotene Programmauswahl); **Me|nu|ett** *das; -[e]s, -e;* auch: -s (ein Tanz)

Me|nu|hin [auch: ...*hin*], Yehudi (amerik. Geigenvirtuose)

Men|zel (dt. Maler u. Graphiker)

Me|phi|sto, **Me|phi|sto|phe|les** (Teufel in Goethes „Faust"); **me-phi|sto|phe|lisch** († R 134)

Me|ran (Stadt in Südtirol)

Mer|ca|tor [...*ka...*] (flandrischer Geograph); **Mer|ca|tor|pro|jek-ti|on;** † R 135 (Netzentwurf von Landkarten)

Mer|ce|des-Benz ⟨W₂⟩ [...*ze*...] (Kraftfahrzeuge)

Mer|ce|rie [*märß'ri*] *die; -, ...ien* ⟨franz.⟩ (schweiz. für: Kurzwaren[handlung])

Mer|ce|ri|sa|ti|on [...*zion*] usw. vgl. Merzerisation usw.

mer|ci! [*märßi*] ⟨franz.⟩ (danke!)

Mer|chan|di|sing [*mö'tsch'ndaising*] *das; -s* ⟨engl.⟩ (Wirtsch.: verkaufsfördernde Maßnahmen)

Mer|cu|ry-Kap|sel [*mö'kjuri...*] ⟨amerik.; dt.⟩ (erste bemannte amerik. Raumkapsel); † R 135

Me|re|dith [*mär'dith*] ⟨engl. Dichter⟩; † R 139

Mer|gel *der; -s,* - (Sammelbez. für Sedimentgesteine der Mischungsreihe Ton-Kalk); **Mer-gel|bo|den; mer|ge|lig; merg|lig**

Mer|gen|tha|ler (Erfinder der Linotype)

Me|ri|an, Maria Sibylla (dt. Malerin, Kupferstecherin u. Naturforscherin)

Me|ri|an d. Ä., Matthäus (schweiz. Kupferstecher u. Buchhändler)

Me|ri|di|an *der; -s, -e* ⟨lat.⟩ (Mittags-, Längenkreis); **Me|ri|di|an-kreis** (astron. Meßinstrument); **me|ri|di|o|nal;** † R 180 (den Längenkreis betreffend)

Me|rin|gue [*merinğ*] auch: ...*mğ*], Prosper [*proßpär*] (franz. Schriftsteller)

Me|rin|ge [*meräng*] *die; -, -n* ⟨franz.⟩, **Me-rin|gel** *das; -s* - u. (schweiz.:) **Me-**

---

räng] *die; -, -s* (ein Schaumgebäck)

Me|ri|no *der; -s, -s* ⟨span.⟩ (Schaf einer bestimmten Rasse); **Me|ri-no-schaf, ...wol|le**

Me|ri|stem *das; -s, -e* ⟨griech.⟩ (pflanzl. Bildungsgewebe); **me-ri|ste|ma|tisch** (teilungsfähig [von pflanzl. Geweben])

Me|ri|ten (Plur. von: Meritum); **me|ri|to|risch** ⟨lat.⟩ (veralt. für: verdienstvoll); **Me|ri|tum** *das; -s, ...iten;* meist *Plur.* (das Verdienst)

Merk *der; -s, -e* (ein Doldengewächs)

²**Merk** *das; -s, -e* (veralt. für: Merkzeichen, Marke)

mer|kan|til, **mer|kan|ti|lisch** ⟨lat.⟩ (kaufmännisch; Handels...); **Mer|kan|ti|lis|mus** *der; -* (Volkswirtschaftslehre des Absolutismus); **mer|kan|ti|list** *der; -en,* -en († R 197); **mer|kan|ti|li|stisch;** **Mer|kan|til|sy|stem**

merk|bar; Merk_blatt, ...buch; mer|ken; Mer|ker (ugs. spött. für: jmd., der alles bemerkt); **Merk_heft, ...hil|fe; merk|lich;** -e Besserung († R 65:) um ein merkliches (= ein wenig); **Merk_mal** (Plur. ...male), **...satz, ...spruch**

¹**Mer|kur** (röm. Gott des Handels; Götterbote); ²**Mer|kur** *der; -s* (ein Planet); ³**Mer|kur** *der* od. *das; -s* ([alchimist.] Bez. für: Quecksilber); **Mer|ku|ria|lis|mus** *der; -* (Quecksilbervergiftung); **Mer|kur|stab**

Merk_vers, ...wort (Plur. ...wörter); **merk|wür|dig; merk|wür|di-ger|wei|se;** **Merk_wür|dig|keit** (die; -, -en), **...zei|chen, ...zet|tel**

Mer|lan *der; -s, -e* ⟨franz.⟩ (ein Seefisch)

Mer|le *die; -, -n* ⟨lat.⟩ (landsch. für: Amsel)

¹**Mer|lin** [auch: *mär...*] (kelt. Sagengestalt, Zauberer)

²**Mer|lin** [auch: *mär...*] *der; -s, -e* ⟨engl.⟩ (ein Greifvogel)

Me|ro|win|ger *der; -s,* - (Angehöriger eines fränk. Königsgeschlechtes); **Me|ro|win|ger|reich** *das; -[e]s;* **me|ro|win|gisch**

Mer|se|burg/Saa|le (Stadt an der Saale); **Mer|se|bur|ger** († R 147); Merseburger Zaubersprüche; **mer|se|bur|gisch**

Mer|ten (mdal. für: Martin)

Mer|ze|ri|sa|ti|on [...*zion*] *die; -,* -en ⟨nach dem engl. Erfinder Mercer⟩ (Veredlungsverfahren [bes. bei Baumwolle]); **mer|ze|ri-sie|ren; Mer|ze|ri|sie|rung**

Merz|vieh (zur Zucht nicht geeignetes Vieh)

Mes|al|li|ance [*mesaliangß*] *die; -, -n* ⟨franz.⟩ (Mißheirat; übertr. für: unglückliche Verbindung)

---

me|schant ⟨franz.⟩ (mdal. für: boshaft, ungezogen)

me|schug|ge ⟨jidd.⟩ (ugs. für: verrückt)

Mes|dames [*mädam*] (Plur. von: Madame); **Mesde|moi|selles** [*mädmoasäl*] (Plur. von: Mademoiselle)

Mes|en|chym [...*chüm*] *das; -s, -e* ⟨griech.⟩ (embryonales Bindegewebe)

Me|se|ta *die; -, ...ten* (span. Bez. für: Hochebene)

Mes|ka|lin *das; -s* ⟨indian.-span.⟩ (Alkaloid einer mexikan. Kaktee, Rauschmittel)

Mes|mer *der; -s,* - (schweiz. für: Mesner)

Mes|me|ris|mus *der; -* ⟨nach dem dt. Arzt Mesmer⟩ (Lehre von der heilenden Wirkung magnetischer Kräfte)

Mes|ner ⟨mlat.⟩ (landsch. für: Kirchen-, Meßdiener); **Mes|ne|rei** (landsch. für: Amt und Wohnung des Mesners)

meso... ⟨griech.⟩ (mittel..., mitten...); **Me|so...** (Mittel..., Mitten...); **Me|so|derm** *das; -s, -e* (mittleres Keimblatt in der menschl. u. tier. Embryonalentwicklung); **Me|so|karp** *das; -s, -e* u. **Me|so|kar|pi|um** *das; -s, ...ien* [...*i'n*] (Mittelschicht von Pflanzenfrüchten); **me|so|li|thisch** vgl. Mesozephalie; **Me|so|li|thi-kum** *das; -s* (Mittelsteinzeit); **me-so|li|thisch**

Me|son, Me|so|tron *das; -s, ...onen** (meist Plur.) ⟨griech.⟩ (Physik: unbeständiges Elementarteilchen)

Me|so|phyt *der; -en, -en* († R 197) ⟨griech.⟩ (Pflanze, die Böden mittleren Feuchtigkeitsgrades bevorzugt)

Me|so|po|ta|mi|en [...*i'n*] (hist. Landschaft des Iraks); **Me|so|po-ta|mi|er** [...*i'r*]; **me|so|po|ta|misch**

Me|so|sphä|re *die; -* ⟨griech.⟩ (Meteor.: in etwas 50 bis 80 km Höhe liegende Schicht der Erdatmosphäre)

Me|so|tron (älter für: Meson); **Me|so|ze|pha|lie** *die; -* ⟨griech.⟩ (Med.: mittelhohe Kopfform); **Me|so|zoi|kum** *das; -s* (Geol.: Mittelalter der Erde); **me|so|zo-isch**

Mes|sage [*mäßidsch*] *die; -, -s* [...*dschis*] ⟨engl.⟩ (Nachricht; Information; auch für: Gehalt, Aussage eines Kunstwerks u. ä.)

¹**Mes|sa|li|na** (Gemahlin des Kaisers Claudius); ²**Mes|sa|li|na** *die; -, ...nen* (veralt. für: ausschweifend lebende, sittenlose Frau)

Meß|band *das* (Plur. ...bänder); **meß|bar; Meß|bar|keit** *die; -;* **Meß_be|cher, ...brief** (amtl. Bescheinigung über die Vermessung eines Schiffes)

Meß|buch (für: Missale)

Meß|da|ten *Plur.*

Meß|die|ner; ¹Mes|se *die;* -, -n ⟨lat.⟩ (kath. Gottesdienst mit Eucharistiefeier; Chorwerk); die, eine - lesen, aber (↑R 68): das Messelesen; ²Mes|se *die;* -, -n (Großmarkt, Ausstellung)

³Mes|se *die;* -, -n ⟨engl.⟩ (Tischgesellschaft der Besatzung auf Schiffen; Schiffskantine)

Mes|se_aus|weis, ...be|su|cher, ...ge|län|de, ...hal|le, ...ka|ta|log

Mes|se|le|sen *das;* -s

mes|sen; du mißt (missest), er mißt; ich maß, du maßest; du mäßest; gemessen; miß!; sich [mit jmdm.] -

Mes|se|ni|en [...i⁽ᵉⁿ⁾] (altgriech. Landschaft des Peloponnes); mes|se|nisch, aber (↑R 157): die Messenischen Kriege

¹Mes|ser *der* (zu: messen) (Messender, Meßgerät; fast nur als 2. Bestandteil in Zusammensetzungen, z. B. in: Zeitmesser)

²Mes|ser *das;* -s, - (ein Schneidwerkzeug); Mes|ser_bänk|chen, ...|form|schnitt (ein [kurzer] Haarschnitt), ...held (abwertend); mes|ser|scharf; Mes|ser_schmied, ...spit|ze, ...ste|cher, ...ste|che|rei, ...stich, ...wer|fer

Mes|se_schla|ger, ...stadt, ...stand

Meß_füh|ler, ...ge|rät

Meß|ge|wand

Meß|glas

Mes|si|a|de *die;* -, -n; ↑R 180 (Dichtung vom Messias)

Mes|siaen [*mäßjang*] (franz. Komponist)

mes|sia|nisch; ↑R 180 (auf den Messias bezüglich); Mes|si|as *der;* - ⟨hebr.⟩ („Gesalbter"; Jesus Christus)

Mes|si|dor *der;* -[s], -s („Erntemonat" der Franz. Revolution: 19. Juni bis 18. Juli)

Mes|sieurs [*mäßjö*] (*Plur.* von: Monsieur)

Mes|si|na (Stadt auf Sizilien); Mes|si|na|ap|fel|si|ne; ↑R 149

Mes|sing *das;* -s (Kupfer-Zink-Legierung); Mes|sing|draht; mes|sin|gen (aus Messing); messing[e]ne Platte; Mes|sing_griff, ...leuch|ter, ...schild *das,* ...stan|ge

Meß_in|stru|ment, ...lat|te

Meß|op|fer (kath. Feier der Eucharistie)

Meß_satz (mehrere zusammengefaßte Meßgeräte), ...schnur (*Plur.* ...schnüre), ...schrau|be, ...stab, ...tech|nik, ...tisch; Meß|tischblatt; Mes|sung; Meß_ver|fah|ren, ...wert, ...zy|lin|der (Maß-, Standglas)

Me|ste *die;* -, -n (altes mitteld. Maß; [Holz]gefäß)

Me|sti|ze *der;* -n, -n (↑R 197) ⟨lat.-span.⟩ (Mischling zwischen Weißen u. Indianern); Me|sti|zin *die;* -, -nen

MESZ = mitteleuropäische Sommerzeit

Met *der;* -[e]s (gegorener Honigsaft)

¹Me|ta (Kurzform von: Margareta od. Mathilde)

²Me|ta ⓦ ([schweiz.:] Brennstoff in Tablettenform)

me|ta... ⟨griech.⟩ (zwischen..., mit..., um..., nach...); Me|ta... (Zwischen..., Mit..., Um..., Nach...); me|ta|bol, me|ta|bo|lisch (verändernd, veränderlich); Me|ta|bo|lis|mus *der;* - (Biol., Med.: Stoffwechsel)

Me|ta|ge|ne|se *die;* -, -n ⟨griech.⟩ (Biol.: eine besondere Form des Generationswechsels bei vielzelligen Tieren); me|ta|ge|ne|tisch

Me|ta|ge|schäft (ital.: dt.) (gemeinschaftlich durchgeführtes Waren- od. Bankgeschäft zweier Firmen mit gleichmäßiger Verteilung von Gewinn u. Verlust)

Me|ta|kri|tik *die;* - ⟨griech.⟩ (auf die Kritik folgende Kritik; Kritik der Kritik); Me|ta|lep|se, Me|ta|lep|sis *die;* -, ...epsen (Rhet.: Verwechslung)

Me|tall *das;* -s, -e ⟨griech.⟩; Me|tall_ar|bei|ter, ...ar|bei|te|rin, ...be|ar|bei|tung (*die;* -), ...block (*Plur.* ...blöcke); Me|tall|gie|rung [*Trenn.:* ...tall|le..., ↑R 204]; Me|tall|ler (aus Metall); me|tall|ler|in *die;* -, -nen; Me|tall|guß; me|tall|hal|tig; Me|tall|hal|tig|keit *die;* -; me|tall|lic [...lik] (metallisch schimmernd [lackiert]); Me|tall|lic|lackie|rung [*Trenn.:* ...lak|kie...]; me|tall|lin|du|strie; Me|tall|li|sa|ti|on [...*zion*] *die;* -, -en (Vererzung beim Versteinerungsvorgang); me|tall|lisch (metallartig); mé|tal|li|sé (mit einer widerstandsfähigen Schicht aus Metall überzogen); me|tall|li|sie|ren (mit Metall überziehen); Me|tall|li|sie|rung; Me|tall|kun|de *die;* -; Me|tall|kund|ler; Me|tall|lo|chro|mie *die;* - (galvanische Metallfärbung); Me|tall|lo|gie *die;* - (Metallkunde); Me|tall|lo|gra|phie *die;* - (Zweig der Metallkunde); Me|tall|lo|id *das;* -[e]s, -e (veralt. Bez. für: nichtmetall. Grundstoff); Me|tall_ski, ...über|zug; Me|tall_urg, Me|tall|ur|ge *der;* ...gen, ...gen; ↑R 197; Me|tall|ur|gie *die;* - (Hüttenkunde); me|tall|ur|gisch (hüttenkundlich, Hütten...); me-

tall|ver|ar|bei|tend; die -e Industrie (↑R 209)

me|ta|morph, me|ta|mor|phisch ⟨griech.⟩ (die Gestalt, den Zustand wandelnd); Me|ta|mor|phis|mus *der;* -, ...men (svw. Metamorphose); Me|ta|mor|pho|se *die;* -, -n (Umgestaltung, Verwandlung); me|ta|mor|pho|sie|ren; Me|ta|pha|se *die;* -, -n (Biol.: zweite Phase der indirekten Zellkernteilung); Me|ta|pher *die;* -, -n (Sprachw.: Wort mit übertragener Bedeutung, bildliche Wendung, z. B. „Haupt der Familie"); Me|ta|pho|rik *die;* - (Verbildlichung, Übertragung in eine Metapher); me|ta|pho|risch (bildlich, im übertragenen Sinne [gebraucht]); Me|ta|phra|se *die;* -, -n (Umschreibung); me|ta|phra|stisch (umschreibend); Me|ta|phy|sik *die;* -, (selten:) -en (philos. Lehre von den letzten Gründen u. Zusammenhängen des Seins); Me|ta|phy|si|ker; me|ta|phy|sisch; Me|ta|plas|mus *der;* -, ...men (Umbildung von Wortformen); Me|ta|psy|chik *die;* - (svw. Parapsychologie); me|ta|psy|chisch; Me|ta|psy|cho|lo|gie (svw. Parapsychologie); Me|ta|se|quo|ia [...*ja*] *die;* -, ...oien (Vertreter einer Gattung der Sumpfzypressengewächse); Me|ta|spra|che (Sprachw., Math., EDV: Sprache, die zur Beschreibung einer anderen Sprache benutzt wird); me|ta|sprach|lich; Me|ta|sta|se *die;* -, -n (Med.: Tochtergeschwulst); me|ta|sta|sie|ren (Med.: Tochtergeschwülste bilden); me|ta|sta|tisch; Me|ta|the|se, Me|ta|the|sis *die;* -, ...esen (Buchstabenversetzung, Lautumstellung); Me|ta|tro|pis|mus *der;* - („Umkehrung"; Psych.: andersgeschlechtl. Empfinden od. Gefühlsleben); me|ta|zen|trisch (das Metazentrum betreffend); Me|ta|zen|trum (Schiffbau: Schwankpunkt); Me|ta|zo|on *das;* -s ...zoen (mehrzelliges [höheres] Tier)

Me|tem|psy|cho|se *die;* -, -n ⟨griech.⟩ (Seelenwanderung)

Me|te|or *der* (selten: *das*) -s, -e ⟨griech.⟩ (Feuerkugel, Sternschnuppe); Me|te|or|ei|sen; me|teo|risch[1] (auf Lufterscheinungen, -vorgänge bezüglich); Me|teo|rit *der;* -en u. -s, -en u. -e (Meteorstein); me|teo|ri|tisch[1] (von einem Meteor stammend, meteorartig); Me|teo|ro|lo|ge[1] *der;* -n, -n (↑R 197); Me|teo|ro|lo|gie[1] *die;* - (Lehre von Wetter u. Klima); me|teo|ro|lo|gisch[1]; me-

---

[1] *Trenn.:* ↑R 180.

Station (Wetterwarte); me|teo|ro|trop¹ (wetter-, klimabedingt); Me|teo|ro|tro|pis|mus¹ der; - (durch Wetterfühligkeit bedingter Krankheitszustand); Me|te|or|stein

Me|ter der (schweiz. nur so), auch: das; -s, - ⟨griech.⟩ (Längenmaß; Zeichen: m); eine Länge von zehn Metern, (auch:) Meter (↑R 129); eine Mauer von drei Meter Höhe; von 10 Meter, (auch:) Metern an (↑R 129); ein[en] Meter lang, acht Meter lang; laufender Meter (Abk.: lfd. m.); ...me|ter (z. B. Zentimeter); me|ter|dick; -e Mauern; aber: die Mauern sind zwei Meter dick; me|ter|hoch; der Schnee liegt -; aber: drei Meter hoch; me|ter|lang, aber: ein[en] Meter lang; Me|ter_lat|te (Geh- und Meßstock des Grubensteigers), ...maß das, ...wa|re; me|ter|wei|se; me|ter|weit, aber: drei Meter weit; Me|ter|zent|ner (österr. veralt. für: Doppelzentner [100 kg]; Zeichen: q [vgl. Quintal]); vgl. Zentner

Me|than das; -s ⟨griech.⟩ (Gruben-, Sumpfgas); Me|than|gas; Me|tha|nol das; -s (Methylalko-hol)

Me|tho|de die; -, -n ⟨griech.⟩ (Verfahren; [Unterrichts-, Forschungs-, Untersuchungs-, Behandlungs-, Herstellungs]weise; planmäßiges Vorgehen); Me|tho|den|leh|re; Me|tho|dik die; -, -en (Verfahrenslehre, -weise; Vortrags-, Unterrichtslehre); Me|tho|di|ker (planmäßig Verfahrender; Begründer einer Forschungsrichtung); me|tho|disch; -ste (planmäßig; überlegt, durchdacht); Me|tho|di|se|ren; Me|tho|dist der; -en, -en; ↑R 197 (Angehöriger einer ev. Erweckungsbewegung); Me|tho|dis|ten|kir|che (eine ev. Freikirche); me|tho|di|stisch; Me|tho|do|lo|gie die; -, ...ien (Methodenlehre, Lehre von den Wegen wissenschaftl. Erkenntnis); me|tho|do|lo|gisch

Me|tho|ma|nie die; - ⟨griech.⟩ (Med.: Säuferwahnsinn)

¹Me|thu|sa|lem, (ökum.:) Me|tu|schel|lach (bibl. Eigenname); ²Me|thu|sa|lem der; -[s], -s (übertr. für: sehr alter Mann)

Me|thyl das; -s ⟨griech.⟩ (einwertiger Methanrest in zahlreichen organ.-chem. Verbindungen); Me|thyl|al|ko|hol der; -s (Holzgeist, Methanol); Me|thyl|amin das; -s, -e (einfachste organ. Base); Me|thyl|en|blau (synthet. Farbstoff)

Me|tier [...tie] das; -s, -s ⟨franz.⟩ (Handwerk; Beruf; Geschäft)

Me|tist der; -en, -en; ↑R 197 ⟨ital.⟩ (Teilnehmer an einem Metagegeschäft)

Met|öke der; -n, -n (↑R 197) ⟨griech.⟩ (eingesessener Fremdling ohne polit. Rechte [in den Städten des alten Griechenlands])

Me|ton (altgriech. Mathematiker); Me|to|nisch (↑R 134); -er Zyklus (Zeitraum von 19 Jahren [12 Gemeinjahre zu 12 Monaten und 7 Schaltjahre zu 13 Monaten])

Met|ono|ma|sie die; -, ...ien ⟨griech.⟩ (Namensveränderung durch Übersetzung in eine fremde Sprache); Met|ony|mie die; -, ...ien (Rhet.: übertragener Gebrauch eines Wortes für einen verwandten Begriff, z. B. „Stahl" für „Dolch"); met|ony|misch Me|to|pe die; -, -n ⟨griech.⟩ (Architektur: Zwischenfeld in einem antiken Tempelfries)

Me|tra, Me|tren (Plur. von: Metrum); Me|trik die; -, -en ⟨griech.⟩ (Versswissenschaft, -lehre; Musik: Lehre vom Takt); Me|tri|ker; me|trisch (die Verslehre, das Versmaß betreffend; in Versen abgefaßt; nach dem Meter); -er Raum; -es System

Me|tro [auch: mä...] die; -, -s ⟨griech.-franz.⟩ (Untergrundbahn, bes. in Paris u. Moskau) Me|tro|lo|gie die; - ⟨griech.⟩ (Maß- u. Gewichtskunde); me|tro|lo|gisch

Me|tro|nom das; -s, -e ⟨griech.⟩ (Musik: Taktmesser); vgl. Mälzel

Me|tro|po|le die; -, -n ⟨griech.⟩ (Hauptstadt, Weltstadt); Me|tro|po|lis die; -, ...polen (älter für: Metropole); Me|tro|po|lit der; -en, -en; ↑R 197 (Erzbischof); Me|tro|po|li|tan|kir|che

Me|trum das; -s, ...tren u. (älter:) ...tra ⟨griech.⟩ (Versmaß; Musik: Takt)

Mett das; -[e]s (niederd. für: gehacktes Schweinefleisch)

Met|tage [...taseh⁴] die; -, -n ⟨franz.⟩ (Umbruch [in einer Zeitungsdruckerei])

Met|te die; -, -n ⟨lat.⟩ (nächtl. Gottesdienst; nächtl. Gebet)

Met|ter|nich (österr. Staatskanzler)

Met|teur [...tör] der; -s, -e ⟨franz.⟩ (Druckw.: Umbrecher, Hersteller der Seiten)

Mett|wurst

Me|tu|sche|lach vgl. ¹Methusalem

Metz [franz. Aussspr.: mäß] (franz. Stadt)

¹Met|ze die; -, -n u. (südd. u.

österr.:) Met|zen der; -s, - (altes Getreidemaß)

²Metz|e die; -, -n (veralt.: Dirne)

Metz|ze|lei (ugs.); metz|eln (landsch. für: schlachten; selten: niedermachen, morden); ich ...[e]le (↑R 22); Metz|el|sup|pe (südd. für: Wurstsuppe)

Metz|en vgl. ¹Metze

Metzg die; -, -en (schweiz. für: Metzge); Metz|ge die; -, -en (südd. für: Metzgerei, Schlachtbank); metz|gen (landsch. u. schweiz.); Metz|ger (westmitteld., südd., schweiz. für: Fleischer); Metz|ge|rei (westmitteld., südd., schweiz.); Metz|ger|mei|ster; Metz|ger[s]|gang der (landsch. für: erfolglose Bemühung); Metz|ge|te die; -, -n (schweiz. für: Schlachtfest; Schlachtplatte); Metz|zig die; -, -en (Metzge); Metz|ler (mdal. für: Fleischer)

Meu|ble|ment [möbl'mang] das; -s, -s ⟨franz.⟩ (veralt. für: Zimmer-, Wohnungseinrichtung)

Meu|chel_mord, ...mör|der; meu|cheln; ich ...[e]le (↑R 22); Meuch|ler; meuch|le|risch; meuch|lings

Meu|nier [mönje] (belg. Bildhauer u. Maler)

Meu|te die; -, -n (Jägerspr.: Gruppe von Hunden; übertr. abwertend für: größere Zahl von Menschen); Meu|te|rei; Meu|te|rer; meu|tern; ich ...ere (↑R 22)

MeV = Megaelektronenvolt

Me|xi|ka|ner; me|xi|ka|nisch; Me|xi|ko (Staat in Nord- u. Mittelamerika u. dessen Hptst.)

Mey|er, Conrad Ferdinand (schweiz. Dichter)

Mey|er|beer (dt. Komponist)

MEZ = mitteleuropäische Zeit

Mez|za|nin das; -s, -e ⟨ital.⟩ (Halb-, Zwischengeschoß, bes. in der Baukunst der Renaissance u. des Barocks, österr. auch noch in älteren Wohnhäusern); Mez|za|nin|woh|nung

mez|za vo|ce [- wotsche] ⟨ital.⟩ (Musik: mit halber Stimme; Abk.: m. v.); mez|zo|for|te (Musik: halbstark; Abk.: mf); Mez|zo|gior|no [...dschorno] der; - (der Teil Italiens südl. von Rom, einschließlich Siziliens); mez|zo|pia|no (Musik: halbleise; Abk.: mp); Mez|zo|so|pran [auch: ...pran] (mittlere Frauenstimme zwischen Diskant u. Alt; Sängerin der mittleren Stimmlage); Mez|zo|tin|to das; -[s], -s od. ...ti (Schabkunst, bes. Technik des Kupferstichs [nur Sing.]; auch: Erzeugnis dieser Technik)

mf = mezzoforte

μF = Mikrofarad

mg = Milligramm

μg = Mikrogramm

Mg = chem. Zeichen für: Magnesium

MG = Maschinengewehr; MG-Schütze (↑ R 38)

MGH = Monumenta Germaniae historica

M. Gladlbach = Mönchengladbach

¹Mgr. = Monseigneur

²Mgr., Msgr. = Monsignore

mhd. = mittelhochdeutsch

MHz = Megahertz

Mia (Koseform von: Maria)

Mia. = Milliarde[n]

Milami [*maiämi*] (Badeort u. Hafenstadt an der Küste Floridas)

Milaslma *das;* -s, ...men ‹griech.› (früher angenommene giftige Ausdünstung des Bodens); **mi-aslmaltisch** (giftig)

millau!; millaulen; die Katze hat miaut

mich (*Akk.* von: „ich")

Mich. = Michigan

Milcha (bibl. Prophet)

Milchalel [...*aäl*] (einer der Erzengel; m. Vorn.); **Milchaella**; ↑ R 180 (w. Vorn.); **Milchaellils** *das;* -; ↑ R 180 (Michaelstag); **Milchalelsltag** (29. Sept.); **¹Michel** (Kurzform von: Michael); **²Milchel** *der;* -s, - (Spottname für den Deutschen); deutscher -; **Milchellanlgello Buolnarrolti** [*mik-klʼlandsehelo* -] (ital. Künstler); **Milchelsltag** (landsch. für: Michaelstag)

Milchilgan [*mischigʼn*] (Staat in den USA; Abk.: Mich.); **Milchiganlsee** *der*

mickelrig [*Trenn.:* mik|ke...], **mickrig** (ugs. für: schwach, zurückgeblieben); **Mickelriglkeit** [*Trenn.:* mik|ke...], **Mickrigl keit** *die;* -

Mickielwicz [*mizkjäwitsch*] (poln. Dichter)

Mickylmaus *die;* -, ...mäuse [*Trenn.:* Mik|ky...] (eine Trickfilm- u. Comicfigur)

Mildas (phryg. König); **Mildasohlren** *Plur.;* ↑ R 135 (Eselsohren)

Mildler *das;* -s (westniederd. für: Kalbsmilch)

Mildlgard *der;* - (nord. Mythol.: die Welt der Menschen, die Erde); **Mildlgardlschlanlge** *die;* - (Sinnbild des die Erde umschlingenden Meeres)

mildi (von Mänteln, Kleidern, Röcken: wadenlang, halblang); - tragen; **Mildi...** (Mode: bis zu den Waden reichend, halblang, z. B. Midikleid)

Mildialniljter *der;* -s, -; ↑ R 180 (Angehöriger eines nordarab. Volkes im A. T.)

Mildilnette [...*nät*] *die;* -, -n [...*tʼn*] ‹franz.› (Pariser Modistin; veralt. für: leichtlebiges Mädchen)

Midllife-crilsis [*midlaifkraißiß*]

---

die; - ‹engl.-amerik.› (Krise in der Mitte des Lebens)

Mildlshiplman [...*schipmʼn*] *der;* -, ...men (unterster brit. Marineoffiziersrang; nordamerik. Seeoffiziersanwärter)

Mielder *das;* -s, -; **Mielder.holse**, ...walren *Plur.*

Mief *der;* -[e]s (ugs. für: schlechte Luft); **mielfen** (ugs.); es mieft; **mielfig**

Mielke (niederd. Koseform von: Maria)

Mielne *die;* -, -n (Gesichtsausdruck); **Mielnenlspiel**

Mielre *die;* -, -n (Name einiger Pflanzen)

mies; -er, -este ‹jidd.› (ugs. für: häßlich, übel, schlecht, unangenehm); -e Laune; jmdn. od. etwas - finden

¹Mies *die;* -, -en (Nebenform von: Miez, Mieze)

²Mies *das;* -es, -e ‹südd. für: Sumpf, Moor)

Mieslchen vgl. Miezchen

Miel se *Plur.;* ↑ R 7 (ugs. für: Minuspunkte, Minusbetrag); in den - sein

Mieselkatlze vgl. Miezekatze

Mieslpelter *der;* -s, - (ugs. für: stets unzufriedener Mensch); **miel sepeltelrig** od. ...petlrig (ugs.); **Mieslsiglkeit** *die;* -; **Miesmalcher** (ugs. abwertend für: Schwarzseher); **Miesma | chelrei** (ugs.)

Mieslmulschel (Pfahlmuschel)

Mies van der Rolhe (dt.-amerik. Architekt)

Miet.auslfall, ...aulto, ...beltrag; **¹Mielte** *die;* -, -n (Geldbetrag für Wohnungen u. a.)

²Mielte *die;* -, -n ‹lat.› (gegen Frost gesicherte Grube u. a. zur Aufbewahrung von Feldfrüchten)

¹mielten; eine Wohnung -

²mielten ‹lat.› (landsch. für: einmieten, Feldfrüchte in Mieten setzen)

Mieltenlrelgellung; Miet|regelung; Mielter; Mietlerlhölhung; Mielterin *die;* -, -nen; **Mietlerlschutz; Mielterlschutzlgelsetz; Miet.erltrag, ...filnanlzielrung; mietlfrei; Miet.gelsetz, ...kauf; Miet|ling** (veralt. für: gedungener Knecht; **Miet.preis, ...preispolliltik, ...recht; Miet|relgelung, Mielten|relgelung; Miets.haus, ...kalserlne** (abwertend für: großes Mietshaus); **Mietspielgel** (Tabelle ortsüblicher Mieten); **Miets|steilgelrung, ...streiltiglkeilten** *Plur.;* **Mieltung; Miet|verlust|verlsilchelrung; Miet.verltrag, ...walgen, ...wohlnung, ...wulcher, ...zahllung, ...zins**

(*Plur.* ...zinse; südd., österr., schweiz. für: Miete)

Miez vgl. ¹Mieze; **Miezlchen** (Kätzchen); **¹Mielze** *die;* -, -n (Kosename für: Katze); **²Mielze** (Koseform von: Maria); **Mielze-katlze; Mielzelkätzlchen** (Kinderspr.)

Milfrilfi = mittelfristige Finanzplanung

MiG *die;* -, -[s] ‹nach den Konstrukteuren *Mi*kojan und *Gu*rewitsch› (Bez. für sowjetische Flugzeugtypen)

Milgnon [*minjong, minjong*] (w. Vorn.; Gestalt aus Goethes „Wilhelm Meister"); **Milgnonette** [*minjonät*] *die;* -, -s (schmale Zwirnspitze); **Milgnonlfassung** (für kleine Glühlampen)

Milgrälne *die;* -, -n ‹griech.› ([halb-, einseitiger] heftiger Kopfschmerz)

Milgraltilon [...*zion*] *die;* -, -en ‹lat.› (Wanderung [der Zugvögel])

Milguel [*migäl*] (span. u. port. Form von: Michael)

Mijnlheer [*mʼnʼer*] *der;* -s, -s ‹niederl.› („mein Herr", niederl. Anrede [ohne Artikel], auch scherzh. Bez. für den Holländer)

¹Milkaldo *der;* -s, -s ‹jap.› (frühere Bez. für den jap. Kaiser); vgl. Tenno; **²Milkaldo** *das;* -s, -s (Geschicklichkeitsspiel mit Holzstäbchen); **³Milkaldo** *der;* -s, -s (Hauptstäbchen im ²Mikado)

Mike [*maik*] (engl. Kurzform von: Michael)

Milko *der;* -, - (ugs. Kurzw. für: Minderwertigkeitskomplex)

milkro... ‹griech.› (klein...); **Milkro...** (Klein...; ein Millionstel einer Einheit, z. B. Mikrometer = 10⁻⁶ Meter; Zeichen: μ); **Milkrolbe** *die;* -, -n (kleinstes, meist einzelliges Lebewesen); **milkrobilell** (die Mikroben betreffend, durch Mikroben); **Milkro.biolollogie**[1] (Lehre von den kleinsten Lebewesen), ...chelmie[1] (Zweig der Chemie, der den Ablauf chem. Reaktionen unter dem Mikroskop untersucht); **Milkro.chip, ...comlpulter; Milkro.elekltrolnik[1], ...falrad** (ein millionstel Farad; Zeichen: μF), **...faulna[1]** (Biol.: Kleintierwelt); **Milkrolfiche** (sww. ²Fiche); **Milkrolfilm; Milkrolfon** (eindeutschend für: Mikrophon); **Milkrolgramm** (ein millionstel Gramm; Zeichen: μg); **milkrolkelphal** usw. vgl. mikrozephal usw.; **Milkrolklilma** (Klima der bodennahen Luftschicht); **Milkro.kolkkus[1]** *der;* -, ...kokken

---

[1] Auch: *milkro...*

(Kugelbakterie), ...ko|pie¹ (fotogr. Kleinaufnahme, meist von Buchseiten); Mi|kro|kos|mos¹, Mi|kro|kos|mus¹ der; - (die kleine Welt, Welt im kleinen; Ggs.: Makrokosmos); ¹Mi|kro|me|ter das; -s, - (Feinmeßgerät); ²Mikro|me|ter das; -s, - (ein millionstel Meter; Zeichen: µm); Mikro|me|ter|schrau|be (Feinmeßgerät); Mi|kron das; -s, - (veralt. für ²Mikrometer; Kurzform: My; Zeichen: µ)

Mi|kro|ne|si|en [...i'n] („Kleininselland"; Inselgruppe im Pazifischen Ozean); Mi|kro|ne|si|er [...i'r]; mi|kro|ne|sisch

Mi|kro|or|ga|nis|mus¹; meist Plur. ⟨griech.⟩ (Kleinstlebewesen); Mi|kro|phon, (eindeutschend auch:) Mi|kro|fon das; -s, -e (Gerät, durch das Töne, Geräusche u. ä. auf Tonband, über Lautsprecher u. ä. übertragen werden können); mi|kro|pho|nisch, (auch:) mi|kro|fo|nisch; Mi|krophy|sik¹ (Physik der Moleküle u. Atome); Mi|kro|phyt der; -en, -en (Biol.: mit bloßem Auge nicht erkennbarer pflanzlicher Organismus); Mi|kro|pro|zessor¹ der; -s, ...oren (EDV); Mikrop|sie die; - (Med.: Sehstörung mit Verkleinerung der Gegenstände); Mi|kro|ra|dio|me|ter¹ das; -s, - (Meßgerät für kleinste Strahlungsmengen); mi|kro|seismisch¹ (von Erdbeben: nur mit Instrumenten wahrnehmbar); Mi|kro|skop das; -s, -e (optisches Vergrößerungsgerät); mi|krosko|pie|ren (mit dem Mikroskop arbeiten, untersuchen); mi|krosko|pisch (nur durch das Mikroskop erkennbar; verschwindend klein); Mi|kro|spo|re¹ (kleine männl. Spore einiger Farnpflanzen); Mi|kro|tom der od. das; -s,-e (Gerät zur Herstellung feinster Schnitte für mikroskop. Untersuchungen); Mi|kro|wel|le (elektromagnet. Welle mit einer Wellenlänge zwischen 10 cm und 1 m); Mi|kro|wel|len...ge|rät, ...herd; Mi|kro|zen|sus ⟨griech.; lat.⟩ (vierteljährlich durchgeführte statistische Repräsentativerhebung der Bevölkerung u. des Erwerbslebens); mi|kro|ze|phal (kleinköpfig); Mi|kro|ze|pha|le der u. die; -n, -n (↑R 7 ff.); Mikro|ze|pha|lie die; - (Med.: Kleinköpfigkeit)

¹Mi|lan [auch: milan] der; -s, -e ⟨franz.⟩ (ein Greifvogel)

²Mi|lan (serb. m. Vorn.)

Mai|la|no (ital. Form von: Mailand)

¹ Auch: mikro...

Mil|be die; -, -n (ein Spinnentier); mil|big

Milch die; -, (fachspr.:) -e[n]; Milch_bar die, ...bart (Milchgesicht), ...brei, ...bröt|chen, ...bruder (veralt. für: jmd., der gleichzeitig mit einem anderen dieselbe Amme gehabt hat), ...eis, ...eiweiß; ¹mil|chen (aus Milch); ²mil|chen (landsch. für: Milch geben); ¹Mil|cher vgl. Milchner; ²Mil|cher (landsch. für: Melker); Milch|che|rin die; -, -nen (landsch.); Milch_er|trag, ...flasche, ...gel|biß, ...ge|sicht (heute spött. für: unreifer, junger Bursche), ...glas (Plur. ...gläser); milchig; Milch_kaf|fee, ...kan|ne, ...känn|chen, ...kuh, ...kur; Milch|ling (ein Pilz); Milch|mädchen; Milch|mäd|chen|rech|nung (ugs. für: auf Trugschlüssen beruhende Rechnung); Milchmann (Plur. ...männer); Milchmix|ge|tränk; Milch|ner, Mil|cher (männl. Fisch); Milch_pro|dukt, ...pulver, ...pum|pe, ...reis, ...saft (Bot.), ...säu|re, ...säu|re|bak|terie [...ri'], ...scho|ko|la|de, ...schwe|ster (vgl. Milchbruder), ...stra|ße (die; -), ...tü|te; milchweiß; Milch_wirt|schaft, ...zahn, ...zucker [Trenn.: ...zuk|ker]

mild, mil|de; Mil|de die; -; mildern; ich ...ere (↑R 22); mildernde Umstände (Rechtsspr.); Milde|rung; Mil|de|rungs|grund; mild|her|zig; Mild|her|zig|keit die; -; mild|tä|tig; Mild|tä|tigkeit die; -

Mi|le (volkst. Kurzform von: Emilie)

Mi|le|na [auch: milena] (w. Vorn.)

Mi|le|si|er [...i'r] (Bewohner von Milet); Mi|let (altgriech. Stadt)

Mil|haud [miịo, auch: miḷo], Darius (franz. Komponist)

Mi|li|ar|tu|ber|ku|lo|se die ⟨lat.⟩ (Med.: meist rasch tödlich verlaufende Allgemeininfektion des Körpers mit Tuberkelbazillen)

Mi|lieu [...liọ] das; -s, -s ⟨franz.⟩ (Umwelt; bes. schweiz. auch für: Dirnenwelt); Mi|lieu|for|schung; mi|lieu|ge|schä|digt; Mi|lieu|geschä|dig|te der u. die; -n, -n (↑R 7 ff.); Mi|lieu_scha|den (Psych.), ...theo|rie, ...wech|sel

mi|li|tant; -este ⟨lat.⟩ (kämpferisch); Mi|li|tanz die; - ; ¹Mi|li|tär der; -s, -s ⟨franz.⟩ (höherer Offizier); ²Mi|li|tär das; -s (Soldatenstand; Wehrmacht); ¹Mi|li|tär_aka|de|mie, ...arzt, ...at|ta|ché, ...block (Plur. ...blöcke, selten: ...blocks), ...bud|get, ...bünd|nis, ...dienst, ...dik|ta|tur, ...etat, ...flug|ha|fen (vgl. ²Hafen), ...gerichts|bar|keit; Mi|li|tä|ria Plur.

⟨lat.⟩ (Bücher über das Militärwesen; milit. Sammlerstücke; veralt. für: Heeresangelegenheiten, -sachen); mi|li|tä|risch ⟨franz.⟩; mi|li|ta|ri|sie|ren (milit. Anlagen errichten, Truppen aufstellen); Mi|li|ta|ri|sie|rung; Mili|ta|ris|mus der; - ⟨lat.⟩ (Vorherrschen milit. Gesinnung); Mi|lita|rist der; -en, -en (↑R 197); mili|ta|ri|stisch; Mi|li|tär|jun|ta (von Offizieren [nach einem Putsch] gebildete Regierung), ...marsch, ...mis|si|on, ...mu|sik, ...pflicht (die; -); mi|li|tär|pflichtig; Mi|li|tär|pflich|ti|ge der; -n, -n (↑R 7 ff.); Mi|li|tär_po|li|zei, ...re|gie|rung, ...schu|le, ...seelsor|ge, ...zeit (die; -); Mi|li|ta|ry [milit'ri] die; -, -s ⟨engl.⟩ (Vielseitigkeitsprüfung im sportl. Reiten]; Mi|liz die; -, -en ⟨lat.⟩ (kurz ausgebildete Truppen, Bürgerwehr; in sozialistischen Staaten auch für: Polizei); Mi|liz|heer; Mi|li|zio|när der; -s, -e; ↑R 180 (Angehöriger der Miliz); Mi|lizsol|dat

Mil|ke die; -, (auch:) Mil|ken der; -s (schweiz. für: Kalbsmilch)

Mill., Mio. = Million[en]

Mil|le das; -, - ⟨lat.⟩ (Tausend; Zeichen: M; ugs. für: tausend Mark); 5 - ; vgl. per, pro mille

Mil|le|fio|ri|glas (Plur. ...gläser) ⟨ital.; dt.⟩ (vielfarbiges Mosaikglas)

Mil|le Mi|glia [- milja] Plur. ⟨ital.⟩ (Langstreckenrennen für Sportwagen in Italien)

Mil|len|ni|um das; -s, ...ien [...i'n] ⟨lat.⟩ (selten für: Jahrtausend); Mil|len|ni|um[s]|fei|er (Tausendjahrfeier)

Mil|li (Koseform von: Emilie)

Mil|li... ⟨lat.⟩ (ein Tausendstel einer Einheit, z. B. Millimeter = 10^{-3} Meter; Zeichen: m); Mil|liam|pere [...ampär] (Maßeinheit kleiner elektr. Stromstärken; Zeichen: mA); Mil|li|am|pereme|ter [...pär...] das; -s, - (Gerät zur Messung geringer Stromstärken)

Mil|li|ar|där der; -s, -e ⟨franz.⟩ (Besitzer eines Vermögens von mindestens einer Milliarde); Mil|li|ar|de die; -, -n (1000 Millionen; Abk.: Md., Mrd. u. Mia.); Mil|li|ar|den_an|lei|he, ...be|trag; mil|li|ard|ste; vgl. achte; mil|li|ard|stel; vgl. achtel; Mil|li|ard|stel; vgl. Achtel

Mil|li|bar das; -/$^1/_{1000}$ Bar; veralt. Maßeinheit für den Luftdruck; Abk.: mbar, in der Meteor. nur: mb); Mil|li|gramm ($^1/_{1000}$ Gramm; Zeichen: mg); 10 -; Mil|li|li|ter ($^1/_{1000}$ l; Zeichen: ml); Mil|li|meter ($^1/_{1000}$ m; Zeichen: mm); Mil|li-

li|me|ter_ar|beit (die; -; ugs.), ...pa|pier

Mil|li|on die; -, -en ⟨ital.⟩ (1 000 mal 1 000; Abk.: Mill. u. Mio.); eine -; ein[und]dreiviertel -, eine und drei viertel -en; zwei -en fünfhunderttausend; mit 0,8 -en; **Mil|lio|när** der; -s, -e ⟨franz.⟩ (Besitzer eines Vermögens von mindestens einer Million; sehr reicher Mann); **Mil|lio|nen.auf|la|ge,** ...auf|trag, ...be|trag; mil|lio|nen|fach; **Mil|lio|nen_ge|schäft,** ...ge|winn, ...heer; mil|lio|nen|mal (vgl. ¹Mal, I u. II); **Mil|lio|nen|scha|den;** mil|lio|nen|schwer; **Mil|lio|nen|stadt;** mil|li|on|ste; vgl. achte; mil|li|on|s|tel; vgl. achtel; **Mil|li|on|s|tel** das ⟨schweiz. meist: der⟩; -s, -; vgl. Achtel

Mil|löcker [Trenn.: ...lök|ker] ⟨österr. Komponist⟩

Mill|statt ⟨österr. Ort⟩; **Mill|stät|ter** (↑R 147); - See

Mil|ly ⟨engl. Koseform von: Emilie⟩

Mil|reis das; -, - ⟨port.⟩ (1 000 Reis; ehem. Währungseinheit in Portugal u. Brasilien)

Mil|stein ⟨amerik. Geiger russ. Herkunft⟩

Mil|tia|des ⟨athen. Feldherr⟩

Mil|ton [...t'n] ⟨engl. Dichter⟩

Milz die; -, -en ⟨Organ⟩; **Milz_brand** ⟨der; -[e]s; gefährliche Infektionskrankheit⟩, ...quet|schung, ...riß

¹Mi|me (eingedeutschte Form von: Mimir)

²Mi|me der; -n, -n (↑R 197) ⟨griech.⟩ (veralt. für: Schauspieler); **mi|men** (veralt. für: als Mime wirken; übertr. ugs. für: so tun, als ob); **Mi|men** (Plur. von: Mime u. Mimus); **Mi|me|se** die; -, -n (Nachahmung des Aussehens von Gegenständen od. Lebewesen bei Tieren [zum Schutz]); **Mi|me|sis** die; -, ...esen (Nachahmung); **mi|me|tisch** (die Mimese betreffend; nachahmend); **Mi|mik** die; - (Gebärden- u. Mienenspiel [des Schauspielers]); **Mi|mi|ker** vgl. Mimus; **Mi|mi|kry** [...kri] die; - ⟨engl.⟩ (Nachahmung wehrhafter Tiere durch nichtwehrhafte in Körpergestalt u. Färbung; übertr. für: Anpassung)

Mi|mir ⟨Gestalt der nord. Mythol.; Gestalt der germ. Heldensage⟩

mi|misch; -ste ⟨griech.⟩ (schauspielerisch; mit Gebärden)

Mi|mo|se die; -, -n ⟨griech.⟩ (Pflanzengattung; Blüte der Silberakazie); **mi|mo|sen|haft** (zart, fein; empfindlich)

Mi|mus der; -, ...men ⟨griech.⟩ (Possenreißer der Antike; auch die Posse selbst)

min, Min. = Minute

Mi|na, Mi|ne (Kurzform von: Wilhelmine)

Mi|na|rett das; -s, -e u. -s ⟨arab.-franz.⟩ (Moscheeturm)

Min|chen (Koseform von: Mina, Mine)

Min|da|nao (eine Insel der Philippinen)

Min|den (Stadt a. d. Weser); **Min|de|ner** (↑R 147)

min|der; - gut, - wichtig; **min|der_be|deu|tend,** ...be|gabt; **Min|der|be|gab|te** der u. die; -n, -n (↑R 7 ff.); min|der|be|mit|telt; **Min|der|be|mit|tel|te** der u. die; -n, -n (↑R 7 ff.); **Min|der_bru|der** (Angehöriger des I. Ordens des hl. Franz von Assisi), ...ein|nah|me; **Min|der|heit;** **Min|der|hei|ten_fra|ge,** ...schutz; **Min|der|heits|re|gie|rung;** min|der|jäh|rig; **Min|der|jäh|ri|ge** der u. die; -n, -n (↑R 7 ff.); **Min|der|jäh|rig|keit** die; -; **Min|der|lei|stung;** **min|dern;** ich ...ere (↑R 22); **Min|de|rung;** **Min|der|wert;** min|der|wer|tig; -es Fleisch; **Min|der|wer|tig|keit;** **Min|der|wer|tig|keits_ge|fühl,** ...kom|plex (ugs. Kurzw.: Miko); **Min|der|zahl** die; -; **Min|dest.ab|stand,** ...al|ter, ...an|for|de|rung, ...bei|trag, ...be|steue|rung, ...be|trag; **Min|dest|be|tei|lig|te** der u. die; -n, -n (↑R 7 ff.); **min|de|ste;** mindeste stens. *Kleinschreibung* (↑R 65): nicht das mindeste (gar nichts), als mindestes, zum mindesten (wenigstens), nicht im mindesten (gar nicht); (↑R 66:) das - was er tun sollte, ist ...; **min|de|stens;** **Min|dest_for|der|de** der u. die; -n, -n (↑R 7 ff.); **Min|dest_for|de|rung,** ...ge|schwin|dig|keit, ...grö|ße, ...lohn, ...maß das, ...preis (vgl. ²Preis), ...re|ser|ve (meist Plur.; Bankw.), ...stra|fe, ...zahl, ...zeit

min|disch (aus Minden)

¹Mi|ne die; -, -n ⟨franz.⟩ (unterird. Gang [mit Sprengladung]; Bergwerk; Sprengkörper; Kugelschreiber-, Bleistifteinlage)

²Mi|ne die; -, -n ⟨griech.⟩ (altgriech. Münze, Gewicht)

³Mi|ne vgl. Mina

Mi|nen_feld, ...le|ger, ...räum|boot, ...stol|len, ...such|boot, ...such|ge|rät, ...wer|fer

Mi|ne|ral das; -s, -e u. -ien [...i'n] ⟨franz.⟩ (anorganischer, chem. einheitlicher u. natürlich gebildeter Bestandteil der Erdkruste); **Mi|ne|ral.bad,** ...dün|ger; **Mi|ne|ra|li|en|samm|lung;** mi|ne|ra|lisch; **Mi|ne|ra|lo|ge** der; -n, -n (↑R 197) ⟨franz.; griech.⟩; **Mi|ne|ra|lo|gie** die; - (Wissenschaft von den Mineralien); mi|ne|ra|lo|gisch; **Mi|ne|ral|öl;** **Mi|ne|ral|öl_ge|sell|schaft,** ...in|du|strie, ...steu|er die; **Mi|ne|ral_quel|le,** ...stoff, ...was|ser (Plur. ...wässer)

Mi|ner|va [...wa] ⟨röm. Göttin, Schützerin der Künste⟩

Mi|ne|stra die; -, ...stren ⟨ital.⟩ (svw. Minestrone; österr. auch für: Suppengemüse); **Mi|ne|stro|ne** die; -, -n (ital. Gemüsesuppe)

Mi|net|te die; -, -n ⟨franz.⟩ (Eisenerz); **Mi|neur** [...nör] der; -s, -e (früher für: im Minenbau ausgebildeter Pionier)

mi|ni (von Röcken, Kleidern: äußerst kurz); - tragen; - gehen; Ggs.: maxi; **¹Mi|ni** das; -s, -s (ugs. für: Minikleid; meist ohne Artikel, nur Sing.; sehr kurze Kleidung); **²Mi|ni** der; -s, -s (ugs. für: Minirock); **Mi|ni...** (sehr klein; Mode: äußerst kurz, z. B. Minirock); **Mi|nia|tur** die; -, -en (kleines Bild; [kleine] Illustration); **Mi|nia|tur_aus|ga|be** (klei|ne[re] Ausgabe), ...bild; **mi|nia|tu|ri|sie|ren** (Elektronik: verkleinern); **Mi|nia|tu|ri|sie|rung;** **Mi|nia|tur|ma|le|rei**

Mi|ni|bi|ki|ni der; -s, -s (sehr knapper Bikini); **Mi|ni|car** [mini-ka'] der; -s, -s ⟨engl.⟩ (Kleintaxi); **Mi|ni|com|pu|ter**

mi|nie|ren ⟨franz.⟩ (unterirdische Gänge, Stollen anlegen); vgl. ¹Mine

Mi|ni|golf (Miniaturgolfanlage; Kleingolfspiel)

Mi|ni|ki|ni der; -s, -s (Damenbadebekleidung ohne Oberteil); **Mi|ni|kleid**

mi|nim (lat.) (schweiz., sonst veralt. für: geringfügig, minimal); **Mi|ni|ma** [auch: mi...] (Plur. von: Minimum); **mi|ni|mal** (sehr klein, niedrigst, winzig); **Mi|ni|mal art** [minim'l a't] das; - - (Kunstrichtung, die mit einfachsten Grundformen arbeitet); **Mi|ni|mal.be|trag** (Mindestbetrag), ...for|de|rung, ...kon|sens; **Mi|ni|mal mu|sic** [minim'l mjusik] die; - - (Musikrichtung, die mit einfachsten Grundformen arbeitet); **Mi|ni|mal_pro|gramm,** ...wert; mi|ni|mie|ren (minimal machen); **Mi|ni|mie|rung;** **Mi|ni|mum** [auch: mi...] das; -s, ...ma ("das Geringste, Kleinste"; Mindestpreis, -maß, -wert); **Mi|ni.rock,** ...slip, ...spi|on (Kleinstabhörgerät)

Mi|ni|ster der; -s, -s ⟨lat.⟩ (einen bestimmten Geschäftsbereich leitendes Regierungsmitglied); **Mi|ni|ste|ri|al_be|am|te,** ...di|rek|tor, ...di|ri|gent; **Mi|ni|ste|ri|a|le** der; -n, -n; ↑R 197 (Angehöriger des mittelalterl. Dienstadels); Mi|ni|ste|ri|al|rat (Plur. ...räte); mi|ni|ste|ri|ell ⟨franz.⟩ (von einem Minister od. Ministerium ausgehend usw.); Mi|ni|ste|rin die; -, -nen; Mi|ni|ste|ri|um das; -s, ...ien [...i⁰n] ⟨lat.⟩ (höchste [Verwaltungs]behörde des Staates mit bestimmten Aufgabenbereich); Mi|ni|ster.prä|si|dent, ...prä|si|den|tin, ...rat (Plur. ...räte); mi|ni|stra|bel (fähig, Minister zu werden); Mi|ni|strant der; -en, -en; ↑R 197 (kath. Meßdiener); Mi|ni|stran|tin die; -, -nen; mi|ni|strie|ren (bei der Messe dienen)

Mi|ni|um das; -s ⟨lat.⟩ (Mennige)

Mink der; -s, -e ⟨engl.⟩ (amerik. Nerz)

Min|ka (poln. w. Vorn., Kurzform von Wilhelmine)

Mink|fell

Minn. = Minnesota

Min|na (Koseform von: Wilhelmine, Hermine); vgl. grün, I, b

Min|ne die; - ⟨mhd. Bez. für: Liebe; heute noch altertümelnd scherzh.⟩; Min|ne.dienst, ...lied; min|nen; Min|ne|sang; Min|ne|sän|ger, Min|ne|sin|ger

Min|ne|so|ta (Staat in den USA; Abk.: Minn.)

Min|ni (Koseform von: Wilhelmine, Hermine)

min|nig|lich (veraltet.)

mi|no|isch (nach dem sagenhaften altgriech. König Minos auf Kreta); -e Kultur

Mi|no|rat das; -[e]s, -e ⟨lat.⟩ (Vorrecht des Jüngsten auf das Erbgut; nach dem Jüngstenrecht zu vererbendes Gut; Ggs.: Majorat); mi|no|renn (veralt. für: minderjährig); Mi|no|ren|ni|tät die; - (veralt.); Mi|no|rist der; -en, -en; ↑R 197 (kath. Kleriker, der eine niedere Weihe erhalten hat); Mi|no|rit der; -en, -en; ↑R 197 (Minderbruder); Mi|no|ri|tät die; -, -en (Minderzahl, Minderheit); Mi|no|ri|täts|gut|ach|ten

Mi|no|taur, Mi|no|tau|rus der; - u. Mi|no|tau|rus der; - ⟨griech.⟩ (Ungeheuer der griech. Sage, halb Mensch, halb Stier)

Minsk (Hptst. der Belorussischen Sozialistischen Sowjetrepublik)

Min|strel der; -s, -s ⟨engl.⟩ (Spielmann, Minnesänger in England)

Mi|nu|end der; -en, -en (↑R 197) ⟨lat.⟩ (Zahl, von der etwas abgezogen werden soll); mi|nus (weniger; Zeichen: − [negativ]; Ggs.: plus); fünf minus drei ist, macht, gibt (nicht: sind, machen, geben) zwei; minus 15 Grad od. 15 Grad minus; Mi|nus das; -, - (Minder-, Fehlbetrag, Verlust); Mi|nus|be|trag; Mi|nus|kel die; -,

-n (Kleinbuchstabe); Mi|nus-.pol, ...punkt, ...zei|chen (Subtraktionszeichen); Mi|nu|te die; -, -n (¹⁄₆₀ Stunde [Zeichen: min (für die Uhrzeit ᵐⁱⁿ od. ᵐ); Abk.: Min.]; Geometrie: ¹⁄₆₀ Grad [Zeichen: ']); mi|nu|ten|lang; -er Beifall; aber: mehrere Minuten lang; Mi|nu|ten|zei|ger; ...mi|nü|tig, (auch:) ...mi|nu|tig (z. B. fünfminütig, (auch:) fünfminutig [fünf Minuten dauernd]); mi|nu|ti|ös vgl. minuziös; mi|nüt|lich (jede Minute); ...mi|nüt|lich, (auch:) ...mi|nut|lich (z. B. fünfminütlich, mit Ziffer: 5minütlich [alle fünf Minuten wiederkehrend]); Mi|nu|zi|len [...i⁰n] Plur. ⟨lat.⟩ (veralt. für: Kleinigkeiten); Mi|nu|zi|en|stift der (Aufstecknadel für Insektensammlungen); mi|nu|zi|ös, -este ⟨franz.⟩ (peinlich genau)

Mi|ol|ze die; -, -n (Name verschiedener Pflanzenarten)

Mio., Mill. = Million[en]

mio|zän ⟨griech.⟩ (zum Miozän gehörend); Mio|zän das; -s ⟨Geol.: zweitjüngste Abteilung des Tertiärs⟩

mir (Dat. des Pronomens „ich"); - nichts, dir nichts; (↑R 7:) mir alten (selten: alter) Frau; mir jungem (auch: jungen) Menschen; mir Geliebten (weibl.; selten: Geliebter); mir Geliebtem (männl.; auch: Geliebten)

Mir der; - (früher: russ. Dorfgemeinschaft, Gemeinschaftsbesitz einer Dorfgemeinde)

Mi|ra die; - ⟨lat.⟩ (ein Stern)

Mi|ra|beau [...bo] (franz. Publizist u. Politiker)

Mi|ra|bel|le die; -, -n ⟨franz.⟩ (eine kleine, gelbe Pflaume); Mi|ra|bel|len|schnaps

Mi|rage [miraseh] die; -, -s ⟨franz.⟩ (ein franz. Jagdbomber)

Mi|ra|kel das; -s, - ⟨lat.⟩ (veraltend für: Wunder[werk]); Mi|ra|kel|spiel (mittelalterl. Drama); mi|ra|ku|lös, -este (veralt. für: wunderbar)

Mi|ra|ma|re ⟨ital.⟩ (Schloß unweit von Triest)

Mi|ró [miro], Joan (span. Maler)

Mir|za der; -s, -s ⟨pers.; „Fürstensohn"⟩ (vor dem Namen: Herr; hinter dem Namen: Prinz); Mir|za Schaf|fy (Dichtername für Friedrich von Bodenstedt)

Mis|an|drie die; - ⟨griech.⟩ (Med.: Männerhaß, -scheu); Mis|an|throp der; -en, -en; ↑R 197 (Menschenhasser, -feind); Mis|an|thro|pie die; -, ...ien; mis|an|thro|pisch; -ste

Misch.bat|te|rie, ...brot, ...ehe (Ehe zwischen Angehörigen verschiedener Religionen, verschie-

dener christl. Bekenntnisse, verschiedener Rassen); mi|schen; du mischst (mischest); sich -; Mi|scher; Mi|sche|rei (ugs.); Misch|far|be; misch|far|ben, ...far|big; Misch.form, ...fut|ter (vgl. ¹Futter), ...gas (Leuchtgas), ...ge|mü|se, ...getränk, ...ge|we|be, ...kal|ku|la|ti|on, ...krug, ...kul|tur; Misch|ling (Bastard); Misch|masch der; -[e]s, -e (ugs. für: Durcheinander verschiedener Dinge)

Misch|na die; - ⟨hebr.⟩ (grundlegender Teil des Talmuds)

Misch|pol|che, Misch|pol|ke die; - ⟨jidd.⟩ (ugs. abschätzig für: Verwandtschaft; Gesellschaft)

Misch.pult (Rundfunk, Film), ...ras|se, ...trom|mel (zum Mischen des Baustoffs); Mi|schung; Mi|schungs|ver|hält|nis; Misch|wald

Mi|se [mis⁰] die; -, -n ⟨franz.⟩ (Einmalprämie bei der Lebensversicherung; Spieleinsatz)

Mi|sel das; -s, -s ⟨elsäss., eigtl. „Mäuschen"⟩ ([Goethe:] junges Mädchen, Liebchen)

mi|se|ra|bel ⟨franz.⟩ (ugs. für: erbärmlich; nichtswürdig); ...abler Kerl; Mi|se|re der; -, -n (Jammer, Not[lage], Elend, Armseligkeit); Mi|se|re|or das; -[s] ⟨lat.⟩ („ich erbarme mich"; kath. Fastenopferspende für die Entwicklungsländer); Mi|se|re|re das; -[s] („erbarme dich!"; Anfang u. Bez. des 51. Psalms [Bußpsalm] in der Vulgata; Med.: Kotbrechen); Mi|se|ri|cor|di|as Do|mi|ni [...kor... -] („die Barmherzigkeit des Herrn" [Psalm 89,2]; zweiter Sonntag nach Ostern); Mi|se|ri|kor|die [...i⁰] die; -, -n (Vorsprung an den Klappsitzen des Chorgestühls als Stütze während des Stehens)

Mi|so|gam der; -s u. -en, -e[n]; ↑R 197 ⟨griech.⟩ (Verächter der Ehe); Mi|so|ga|mie die; - (Med. Psych.: Ehescheu); mi|so|gyn (frauenfeindlich); Mi|so|gyn der; -s u. -en, -e[n]; ↑R 197 (Frauenfeind); Mi|so|gy|nie die; - (Med. Psych.: Frauenhaß, -scheu)

Mis|pel die; -, -n ⟨griech.⟩ (Obstgehölz, Frucht)

Miß, (in engl. Schreibung: Miss) die; -, Misses [mißis] ⟨engl.⟩ (engl. od. nordamerik. Fräulein; ohne Artikel als Anrede vor dem Eigenn. = Fräulein; in Verbindung mit einem Länder- od. Ortsnamen für: Schönheitskönigin, z. B. Miß Australien)

miß... ⟨Vorsilbe von Verben; zum

Verhältnis von Betonung und 2. Partizip vgl. mißachten)

Miss. = ²Mississippi

Mis|sa *die;* -, Missae [...*ßä*] ⟨lat.⟩ (kirchenlat. Bez. der Messe); - sol|lem|nis (feierliches Hochamt; auch Titel eines Werkes von Beethoven)

miß|ach|ten; ich mißachte; ich habe mißachtet; zu mißachten; seltener: mißachten, gemißachtet, zu mißachten; **Miß|ach|tung**

¹**Mis|sal** *das;* -s, -e u. **Mis|sa|le** *das;* -s, -n u. ...alien ⟨lat.⟩ (kath. Meßbuch); ²**Mis|sal** *die;* - (Bez. eines Schriftgrades)

miß|be|ha|gen; es mißbehagt mir; es hat mir mißbehagt; mißzubehagen; **Miß|be|ha|gen; miß|be|hag|lich**

miß|be|schaf|fen; Miß|be|schaf|fen|heit

Miß|bil|dung

miß|bil|li|gen; ich mißbillige; ich habe mißbilligt; zu mißbilligen; **Miß|bil|li|gung**

Miß|brauch; miß|brau|chen; ich mißbrauche; ich habe mißbraucht; zu mißbrauchen; **miß|bräuch|lich; miß|bräuch|li|cher|wei|se**

miß|deu|ten; ich mißdeute; ich habe mißdeutet; zu mißdeuten; **Miß|deu|tung**

mis|sen; du mißt (missest); gemißt; misse! od. miß!

Miß|er|folg

Miß|ern|te

Mis|ses (*Plur.* von: Miß)

Mis|se|tat, ...tä|ter

miß|fal|len; ich mißfalle, mißfiel; ich habe mißfallen; zu mißfallen; es mißfällt mir; **Miß|fal|len** *das;* -s; **Miß|fal|lens|äu|ße|rung, ...kund|ge|bung; miß|fäl|lig** (mit Mißfallen)

Miß|far|be; miß_far|ben, ...far|big miß|ge|bil|det

Miß|ge|burt

miß|ge|launt; Miß|ge|launt|heit *die;* -

Miß|ge|schick

miß|ge|stalt (selten für: mißgestaltet); **Miß|ge|stalt; miß|ge|stal|ten;** er mißgestaltet; er hat mißgestaltet; mißzugestalten; **miß|ge|stal|tet** (häßlich)

miß|ge|stimmt

miß|ge|wach|sen, mißwachsen; ein -er Mensch

miß|glücken [*Trenn.:* ...glük|ken]; es mißglückt; es ist mißglückt; zu mißglücken

miß|gön|nen; ich mißgönne; ich habe mißgönnt; zu -

Miß|griff

Miß|gunst; miß|gün|stig

miß|han|deln; ich mißhand[e]le (↑ R 22); ich habe mißhandelt; zu mißhandeln; **Miß|hand|lung**

Miß|hei|rat

Miß|hel|lig|keit *die;* -, -en (meist *Plur.*)

Mis|sile [*mißail*] *das;* -s, -s (kurz für: Cruise-Missile)

Mis|sing link *das;* - - ⟨engl.⟩ (Biol.: fehlende Übergangsform zwischen Mensch u. Affe; fehlende Übergangsform in tier. u. pflanzl. Stammbäumen)

mis|singsch; Mis|singsch *das;* - (der Schriftsprache angenäherte [niederdeutsche] Sprachform)

Mis|sio ca|no|ni|ca [- *kanonika*] *die;* - - ⟨lat.⟩ (Ermächtigung zur Ausübung der kirchl. Lehrgewalt); **Mis|si|on** *die;* -, -en (Sendung; Auftrag, Botschaft; Glaubensverkündung [unter Andersgläubigen]; diplomatische Vertretung im Ausland); die Innere - (Organisation der ev. Kirche); **Mis|sio|nar,** (auch, bes. österr.:) **Mis|sio|när** *der;* -s, -e (Sendbote; in der Mission tätiger Geistlicher); **mis|sio|na|risch; mis|sio|nie|ren** (eine Glaubenslehre verbreiten); **Mis|sio|nie|rung; Mis|si|ons_chef, ...ge|sell|schaft, ...sta|ti|on, ...wis|sen|schaft** (*die;* -), **...zelt**

¹**Mis|sis|sip|pi** *der;* -[s] (nordamerik. Strom); ²**Mis|sis|sip|pi** (Staat in den USA; Abk.: Miss.)

Miß|klang

Miß|kre|dit *der;* -[e]s (schlechter Ruf; mangelndes Vertrauen); jmdn. in - bringen

miß|lau|nig

Miß|laut

miß|lei|ten; ich mißleite; ich habe mißleitet (auch: mißgeleitet); vgl. miß...); zu mißleiten; **Miß|lei|tung**

miß|lich (unangenehm); die Verhältnisse sind -; **Miß|lich|keit**

miß|lie|big (unbeliebt); ein -er Vorgesetzter; **Miß|lie|big|keit**

miß|lin|gen; es mißlingt; es mißlang; es mißlänge; es ist mißlungen; zu mißlingen; **Miß|lin|gen** *das;* -s

Miß|ma|nage|ment (schlechtes Management)

Miß|mut; miß|mu|tig

¹**Mis|sou|ri** [...*ßu...*] *der;* -[s] (r. Nebenstrom des Mississippi); ²**Mis|sou|ri** (Staat in den USA; Abk.: Mo.)

Miß|pickel *der;* -s [*Trenn.:* ...pik|kel] (Arsenkies, ein Mineral)

miß|ra|ten (schlecht geraten); es mißrät; der Kuchen ist mißraten; zu mißraten

Miß|stand

Miß|stim|mung

Miß|ton (*Plur.* ...töne); **miß|tö|nend;** -ste; **miß|tö|nig**

miß|trau|en; ich mißtraue; ich habe mißtraut; zu mißtrauen; **Miß-**

trau|en *das;* -s; - gegen jmdn. hegen; **Miß|trau|ens_an|trag, ...vo|tum; miß|trau|isch;** -ste

Miß|ver|gnü|gen *das;* -s; **miß|ver|gnügt;** -este

Miß|ver|hält|nis

miß|ver|ständ|lich; Miß|ver|ständ|nis; miß|ver|ste|hen; ich mißverstehe; ich habe mißverstanden; mißzuverstehen; sich -

Miß|wachs *der;* -es (Landw.: dürftiges Wachstum); **miß|wach|sen** vgl. mißgewachsen

Miß|wahl ⟨zu: Miß⟩

Miß|wei|sung (für: Deklination [Abweichung der Magnetnadel])

Miß|wirt|schaft

Miß|wuchs *der;* -es (Pflanzenkunde: fehlerhafter Wuchs)

miß|zu|frie|den (veralt.)

Mist *der;* -[e]s (österr. auch für: Kehricht); **Mist|beet**

Mi|stel *die;* -, -n (immergrüne Schmarotzerpflanze); **Mi|stel_ge|wächs, ...zweig**

mi|sten

Mi|ster vgl. Mr.

Mist_fink (*der;* -en [auch: -s], -en; Schimpfwort), **...for|ke** (nordd.), **...ga|bel, ...hau|fen, ...hund** (Schimpfwort); **mi|stig** (landsch. für: schmutzig); **Mi|stig|keit** *die;* - (landsch.); **Mist_jau|che, ...kä|fer, ...kerl** (Schimpfwort), **...kü|bel** (österr. für: Abfalleimer)

Mi|stral *der;* -s, -e ⟨franz.⟩ (kalter, stürmischer Nord[west]wind im Rhonetal)

Mi|streß vgl. Mrs.

Mist_schau|fel (österr. für: Kehrichtschaufel), **...stock** (*Plur.* ...stöcke), schweiz. für: Misthaufen), **...stück** (Schimpfwort), **...vieh** (Schimpfwort), **...wet|ter** (ugs. für: sehr schlechtes Wetter)

Mis|zel|la|ne|en [auch: ...*laneᵉn*], **Mis|zel|len** *Plur.* ⟨lat.⟩ (Vermischtes; kleine Aufsätze verschiedenen Inhalts)

mit; I. Präp. mit *Dat.;* mit anderen Worten (Abk.: m. a. W.). **II. In Verbindung mit Verben** (↑ R 205 f.): **1.** *Getrenntschreibung,* wenn „mit" die vorübergehende Beteiligung od. den Gedanken des Anschlusses (svw. „auch") ausdrückt, z. B. du kannst ausnahmsweise einmal mit arbeiten; das ist mit zu berücksichtigen; die Kosten sind mit berechnet; das kann ich nicht mit ansehen; **2.** *Zusammenschreibung:* **a)** wenn „mit" eine dauernde Vereinigung od. Teilnahme ausdrückt; vgl. mit|arbeiten, mitfahren usw.; **b)** wenn durch die Verbindung ein neuer Begriff entsteht; vgl. mitbringen, mitreißen, mitteilen usw.

Mit_an|ge|klag|te, ...ar|beit (*die;*

-); mit|ar|bei|ten (dauernd Mitarbeiter sein); er hat an diesem Werk mitgearbeitet; vgl. aber: mit, II, 1; Mit_ar|bei|ter, ...arbei|te|rin; Mit|ar|bei|ter|stab; Mit|be|grün|der; mit|be|kommen; mit|be|nut|zen, (bes. südd.:) mit|be|nüt|zen; Mit_be|nut|zung, ...be|sit|zer, ...be|stim|mung (die; -); Mit|be|stim|mungs_ge|setz, ...recht; Mit_be|wer|ber, ...bewoh|ner
mit|brin|gen; er hat mir die Vase von der Reise mitgebracht; Mit|bring|sel das; -s, -
Mit|bür|ger; Mit|bür|ger|schaft die; -
mit|den|ken
mit|dür|fen; die Kinder haben nicht mitgedurft
Mit|ei|gen|tum; Mit|ei|gen|tü|mer
mit|ein|an|der; in Verbindung mit Verben meist getrennt geschrieben: miteinander (mit sich gegenseitig) auskommen, leben, usw.; vgl. aneinander; Mit|ein|an|der [auch: mit...] das; -[s]
Mit_emp|fin|den, ...er|be der
mit|er|le|ben
mit|es|sen; Mit|es|ser
mit|fah|ren; Mit_fah|rer, ...fahrge|le|gen|heit, ...fahrt
mit|füh|len; mit|füh|lend; -ste
mit|füh|ren
mit|ge|ben
mit|ge|fan|gen; -, mitgehangen
Mit|ge|fühl das; -[e]s
mit|ge|hen
mit|ge|nom|men; er sah sehr - (ermattet) aus
Mit|gift die; -, -en (Mitgabe; Aussteuer); Mit|gift|jä|ger (abschätzig)
Mit|glied; - des Bundestages (Abk.: M.d.B. od. MdB); - des Landtages (Abk.: M.d.L. od. MdL); Mit|glie|der_ver|sammlung, ...ver|zeich|nis, ...zahl; Mit|glieds_aus|weis, ...bei|trag; Mit|glied|schaft die; -; Mit|glieds_kar|te, ...land (Plur. ...länder); Mit|glieds|staat, Mit|gliedstaat (Plur. ...staaten)
mit|ha|ben; alle Sachen -
mit|hal|ten; mit jmdm. -
mit|hel|fen; Mit|hel|fer
Mit|her|aus|ge|ber
mit Hilfe vgl. Hilfe
Mit|hil|fe die; -
mit|hin (somit)
mit|hö|ren; am Telefon -
Mi|thra[s] (altiran. Lichtgott)
Mi|thri|da|tes (König von Pontus)
Mi|ti|li|ni vgl. Mytilene
Mit|in|ha|ber
Mit|kämp|fer
Mit|klä|ger
mit|klin|gen
mit|kom|men
mit|kön|nen; mit jmdm. nicht -

(ugs. für: nicht konkurrieren können)
mit|krie|gen (ugs.)
mit|lau|fen; Mit|läu|fer
Mit|laut (für: Konsonant); Mit|laut|fol|ge
Mit|leid das; -[e]s; Mit|lei|den das; -s; Mit|lei|den|schaft, nur in: etwas od. jmdn. in - ziehen; mit|lei|dig; mit|leid[s]_los, ...voll
mit|lie|fern
mit|ma|chen (ugs.)
Mit|mensch der; mit|mensch|lich; Mit|mensch|lich|keit die; -
mit|mi|schen (ugs. für: sich aktiv an etwas beteiligen)
mit|müs|sen; auf die Wache -
Mit_nah|me die; - (Mitnehmen); Mit|nah|me|preis; mit|neh|men; vgl. mitgenommen; Mit|neh|me|preis (Mitnahmepreis); Mit|neh|mer (Technik)
mit|nich|ten; vgl. nicht
Mi|to|se die; -, -n ⟨griech.⟩ (Art der Zellkernteilung)
Mi|tra die; -, ...tren ⟨griech.⟩ (Bischofsmütze; Med.: haubenartiger Kopfverband)
Mi|trail|leu|se [mitra(l)jösᵉ] die; -, -n ⟨franz.⟩ (Vorläufer des Maschinengewehrs)
mit|re|den; bei etwas - können
mit|rei|sen; sie ist mit ihnen mitgereist; Mit|rei|sen|de
mit|rei|ßen; von der Menge mitgerissen werden; der Redner riß alle Zuhörer mit (begeisterte sie); mit|rei|ßend; eine -e Musik
Mit|ro|pa die; - (Mitteleuropäische Schlaf- u. Speisewagen-Aktiengesellschaft; in der Bundesrepublik Deutschland nach dem 2. Weltkrieg ersetzt durch DSG = Deutsche Schlafwagen- u. Speisewagen-Gesellschaft mbH)
mit|sam|men (landsch. für: zusammen, gemeinsam); mit|samt; mit Dat. (gemeinsam mit): - seinem Eigentum
mit|schlei|fen
mit|schlep|pen
mit|schnei|den (vom Rundf. od. Fernsehen Gesendetes auf Tonband aufnehmen); Mit|schnitt
mit|schrei|ben
Mit|schuld; mit|schul|dig; Mit|schul|di|ge
Mit_schü|ler, ...schü|le|rin
mit|schwin|gen
mit|sin|gen
mit|sol|len; weil der Hund mitsoll
mit|spie|len; Mit|spie|ler
Mit|spra|che die; -; Mit|spra|che|recht; mit|spre|chen
mit|ste|no|gra|phie|ren
Mit|strei|ter
Mitt|acht|zi|ger vgl. Mittdreißiger
¹Mit|tag¹ der; -s, -e. I. Großschrei-

bung: über - wegbleiben; zu - essen; Mittag (ugs. für: Mittagspause) machen; des Mittags, eines Mittags. II. Kleinschreibung (↑ R 61): mittag; [bis, von] gestern, heute, morgen mittag; Dienstag mittag; vgl. mittags; ²Mit|tag¹ das; -s (ugs. für: Mittagessen); ein karges -; Mit|tag¹_brot, ...es|sen; mit|tä|gig¹; vgl. ...tägig; mit|täg|lich¹; vgl. ...täglich; mit|tags¹ (↑ R 61), aber: des Mittags; 12 Uhr -; vgl. Abend u. Dienstag; Mit|tags|brot¹; Mit|tags¹_hit|ze, ...kreis (für: Meridian), ...li|nie (für: Meridianlinie); Mit|tag[s]|mahl¹; Mit|tags|pau|se¹; Mit|tag[s]¹_schicht, ...schlaf (vgl. ²Schlaf), ...son|ne, ...stun|de; Mit|tags¹_tisch, ...zeit
Mit_tä|ter, ...tä|ter|schaft
Mitt|drei|ßi|ger (Mann in der Mitte der Dreißigerjahre); Mittdrei|ßi|ge|rin die; -, -nen
Mit|te die; -, -n; in der - von - Januar; - Dreißig, - der Dreißiger; Seite 3 [in der] -, Obergeschoß -
mit|tei|len (melden); er hat ihm das Geheimnis mitgeteilt; vgl. aber: mit, II, 1; mit|teil|sam; Mit|teil|sam|keit die; -; Mit|teilung; Mit|tei|lungs|be|dürf|nis
mit|tel (nur adverbial; ugs. für: mittelmäßig); mir geht es - ; ¹Mit|tel das; -s, -; sich ins - legen; ²Mit|tel die;- (ein Schriftgrad)
mit|tel|alt; -er Gouda; Mit|tel|al|ter der; -s (Abk.: MA.); mit|tel|al|te|rig, mit|tel|alt|rig (in mittlerem Alter stehend); mit|tel|al|ter|lich (dem Mittelalter angehörend; Abk.: ma.)
Mit|tel|ame|ri|ka
mit|tel|bar
Mit|tel|bau der; -[e]s
Mit|tel|chen
mit|tel|deutsch; vgl. deutsch; Mit|tel|deutsch das; -[s] (Sprache); vgl. Deutsch; Mit|tel|deut|sche das; -n; vgl. Deutsche das; Mit|tel|deutsch|land
Mit|tel|ding
Mit|tel|eu|ro|pa; mit|tel|eu|ro|pä|isch; -e Zeit (Abk.: MEZ)
Mit|tel|feld (bes. Sport); Mit|tel|feld|spie|ler
Mit|tel|fin|ger
Mit|tel|fran|ken
mit|tel|fri|stig (auf eine mittlere Zeitspanne begrenzt); -e Finanzplanung (Kurzw.: Mifrifi)
Mit|tel|fuß; Mit|tel|fuß|kno|chen
Mit|tel|ge|bir|ge; Mit|tel_ge|wicht (Körpergewichtsklasse in der Schwerathletik), ...glied; mit|tel_groß, ...gut
Mit|tel|hand die; -

---

¹ Trenn.: ↑ R 204.

¹ Trenn.: ↑ R 204.

mit|tel|hoch|deutsch (Abk.: mhd.); vgl. deutsch; Mit|tel|hochdeutsch das; -[s] (Sprache); vgl. Deutsch; Mit|tel|hoch|deut|sche das; -n; vgl. Deutsche das
Mit|tel|in|stanz
Mit|tel|klas|se; Mit|tel|klas|sewa|gen
Mit|tel|kreis (bes. Fußball, Eishockey)
mit|tel|län|disch; -es Klima, aber (↑R 146): das Mittelländische Meer
Mit|tel|land_ka|nal der; -s
Mit|tel|la|tein; mit|tel|la|tei|nisch (Abk.: mlat.)
Mit|tel|läu|fer (Sport)
Mit|tel|li|nie
mit|tel|los; -este; Mit|tel|lo|sigkeit die; -
Mit|tel|maß das; mit|tel|mä|ßig; Mit|tel|mä|ßig|keit
Mit|tel|meer das; -[e]s; mit|telmee|risch; Mit|tel|meer_kli|ma, ...raum
mit|tel|nie|der|deutsch (Abk.: mnd.)
Mit|tel|ohr das; -[e]s; Mit|tel|ohr_ent|zün|dung, ...ver|ei|te|rung
mit|tel|präch|tig (ugs. scherzh. für: mittelmäßig)
Mit|tel|punkt; Mit|tel|punkt|schule; Mit|tel|punkts|glei|chung (Astron.)
mit|tels ⟨erstarrter Gen. zu: Mittel⟩, daneben auch noch die Form: mittelst (↑R 62); Präp. mit Gen.: - eines Löffels; besser: mit einem Löffel; - Wasserkraft; - Drahtes; ein alleinstehendes, stark gebeugtes Substantiv steht im Sing. meist ungebeugt: - Draht, im Plur. mit Dat., da der Gen. nicht erkennbar ist: - Drähten
Mit|tel_schei|tel, ...schicht (Soziologie), ...schiff, ...schu|le (Realschule; schweiz. für: höhere Schule, Lehrerseminar, Handelsschule); Mit|tel|schul|leh|rer
mit|tel|schwer; -e Verletzungen
Mit|tels_mann (Plur. ...leute od. ...männer; Vermittler), ...per|son
Mit|tel|stand der; -[e]s; mit|telstän|dig (Bot., Genetik für: intermediär); -e Blüte; mit|tel|ständisch (den Mittelstand betreffend); Mit|tel|ständ|ler
mit|tel|telst vgl. mittels; mit|tel|ste; die mittelste Säule; vgl. mittlere
Mit|tel_stein|zeit (für: Mesolithikum), ...stel|lung, ...strecke [Trenn.: ...strek|ke]; Mit|telstrecken_flug|zeug [Trenn.: ...strek|ken...], ...lauf, ...ra|ke|te; Mit|tel_streck|ler, ...strei|fen, ...stück, ...stu|fe, ...stür|mer, ...teil der; Mit|tel|lung (Bestimmung des Mittelwertes); Mit|tel_was|ser (Plur. ...wasser; Wasser

stand zwischen Hoch- u. Niedrigwasser; durchschnittlicher Wasserstand), ...weg, ...wel|le, ...wert, ...wort (Plur. ...wörter; für: Partizip[ium])
mit|ten; ↑R 61; inmitten (vgl. d.). Getrennt- od. Zusammenschreibung (↑R 205 f.): mitten darein, mitten darin, mitten darunter; vgl. aber: mittendrein, mittendrin, mittendrunter; mitten entzweibrechen; mitten hindurchgehen; er will mitten durch den dunklen Wald gehen; vgl. aber: mittendurch; mitten in dem Bekken liegen; vgl. aber: mitteninne; mit|ten|drin (mitten hinein); er hat den Stein mittendrein geworfen; vgl. aber: mitten; mitten|drin (mitten darin); er befand sich mittendrin; vgl. aber: mitten; mit|ten|drun|ter (mitten darunter); er geriet mittendrunter; vgl. aber: mitten; mit|ten|durch (mitten hindurch); er lief mittendurch; der Stab brach mittendurch; vgl. aber: mitten; mitten|in|ne; mitteninne sitzen; vgl. aber: mitten; mit|ten|mang (nordd. für: mitten dazwischen); er befand sich mittenmang
Mit|ten|wald (Ort an der Isar)
Mit|ter|nacht die; -; um -; vgl. Abend; mit|ter|näch|tig (seltener für: mitternächtlich); mit|ternächt|lich; mit|ter|nachts (↑R 61), aber: des Mitternachts; mit|ter|nachts|blau; Mit|ternachts.got|tes|dienst, ...mes|se, ...son|ne (die; -), ...stun|de
Mit|ter|rand [...rãʒ] (franz. Staatspräsident)
Mit|tel|strich (Binde-, Gedankenstrich der Schreibmaschine)
Mit|fa|sten Plur. (Mittwoch vor Lätare od. Lätare selbst)
Mit|fünf|zi|ger vgl. Mittdreißiger
mit|tig (Technik für: zentrisch)
Mitt|ler (Vermittler; im Sing. auch: Christus); mitt|le|re; - Reife (Abschluß der Realschule u. der Mittelstufe der höheren Schule), aber (↑R 157): der Mittlere Osten; vgl. mittelste; Mitt|ler|rol|le; Mitt|ler|tum das; -s
mitt|ler|wei|le
mitt|schiffs (in der Mitte des Schiffes)
Mitt|sech|zi|ger, Mitt|sieb|zi|ger vgl. Mittdreißiger
Mitt|som|mer; Mitt|som|mernacht; Mitt|som|mer|nachtstraum vgl. Sommernachtstraum; mitt|som|mers (↑R 61)
mit|tun (ugs.); er hat mitgetan
Mitt|vier|zi|ger vgl. Mittdreißiger
Mitt|win|ter; Mitt|win|ter|käl|te; mitt|win|ters (↑R 61)
Mitt|woch der;-[e]s, -e; vgl. Diens

tag; mitt|wochs (↑R 61); vgl. Dienstag; Mitt|wochs|lot|to (Lotto, bei dem mittwochs die Gewinnzahlen gezogen werden)
Mitt|zwan|zi|ger vgl. Mittdreißiger
mit|un|ter (zuweilen)
mit|ver|ant|wort|lich; Mit|ver|antwort|lich|keit; Mit|ver|ant|wortung
mit|ver|die|nen; - müssen
Mit|ver|gan|gen|heit (österr. für: Imperfekt)
Mit|ver|schul|den
Mit_ver|schwo|re|ne od. ...verschwor|ne; Mit|ver|schwö|rer
Mit|ver|si|che|rung
Mit|welt die; -
mit|wir|ken; sie hat bei diesem Theaterstück mitgewirkt; Mitwir|ken|de der u. die; -n, -n (↑R 7 ff.); Mit|wir|kung die; -; Mit|wir|kungs|recht
Mit|wis|ser; Mit|wis|ser|schaft die; -
mit|wol|len; er hat mitgewollt
Mit|zäh|len
Mit|zi (Koseform von: Maria)
mit|zie|hen
Mix|be|cher; Mixed [mixt] das; -[s], -[s] ⟨engl.⟩ (Sport: gemischtes Doppel); Mixed Pickles [mixt pikls], Mix|pickles [mixpikls] Plur. (in Essig eingemachtes Mischgemüse); mi|xen ([Getränke] mischen; Film, Funk, Fernsehen: verschiedene Tonaufnahmen zu einem Klangbild vereinigen); Mi|xer der;-s, - (Barmixer; Gerät zum Mixen; Film, Funk, Fernsehen: Tonmischer); Mixge|tränk; Mix|pickles vgl. Mixed Pickles; Mix|tum com|po|si|tum das; - -, ...ta ...ta (lat.) (Durcheinander, buntes Gemisch); Mix|tur die; -, -en (flüssige Arzneimischung; gemischte Stimme der Orgel)
Mjöl|nir der; -s („Zermalmer"; Thors Hammer [Waffe])
mk = Markka
MKS = Maul- und Klauenseuche
MKS-Sy|stem das; -s (internationales Maßsystem, das auf den Grundeinheiten Meter [M], Kilogramm [K] u. Sekunde [S] aufgebaut ist; vgl. CGS-System)
ml = Milliliter
mlat. = mittellateinisch
Mlle.¹ = Mademoiselle
Mlles.¹ = Mesdemoiselles
mm = Millimeter
μm = ²Mikrometer
mm² = Quadratmillimeter
mm³ = Kubikmillimeter
MM. = Messieurs (vgl. Monsieur)

_____
¹ Schweiz. auch ohne Punkt.

m. m. = mutatis mutandis
M. M. = Mälzels Metronom, Metronom Mälzel
Mme.[1] = Madame
Mmes.[1] = Mesdames
Mn = chem. Zeichen für: Mangan
mnd. = mittelniederdeutsch
Mne|me die; - ⟨griech.⟩ (Erinnerung, Gedächtnis); Mne|mis|mus der; - (Lehre von der Mneme); Mne|mo|nik, Mne|mo|tech|nik die; - (Gedächtniskunst); Mne|mo|nik|er, Mne|mo|tech|ni|ker; mne|mo|nisch, mne|mo|tech|nisch; Mne|mo|sy|ne ⟨griech. Göttin des Gedächtnisses, Mutter der Musen⟩
Mo = chem. Zeichen für: Molybdän
Mo. = [2]Missouri
MΩ = Megaohm
Moa der; -[s], -s ⟨Maori⟩ (ausgestorbener straußenähnlicher Vogel)
Mo|ab (Landschaft östl. des Jordans); Moa|bit (Stadtteil von Berlin); Moa|bi|ter (Bewohner von Moab; Bewohner von Berlin-Moabit); ↑R 147; ↑R 180
Mo|ar [mā̱ᵃr] der; -s, -e ⟨bayr. „Meier"⟩ (Kapitän einer Moarschaft); Mo|ar|schaft die; -, -en (Vierermannschaft beim Eisschießen)
Mob der; -s ⟨engl.⟩ (Pöbel)
Mö|bel das; -s, - (meist Plur.); Mö|bel_fa|brik, ...fir|ma, ...händ|ler, ...la|ger, ...packer [Trenn.: ...pak|ker], ...po|li|tur, ...stoff, ...stück, ...tisch|ler, ...wa|gen; mo|bil ⟨lat.⟩ (beweglich, munter; ugs. für: wohlauf; Militär: auf Kriegsstand gebracht); mobil machen (auf Kriegsstand bringen); Mo|bi|le das; -s, -s ⟨engl.⟩ (durch Luftzug in Schwingung geratendes, von der Decke hängendes Gebilde aus Fäden, Stäben u. Figuren); Mo|bi|li|ar das; -s, -e ⟨lat.⟩ (bewegliche Habe; Hausrat, Möbel); Mo|bi|li|ar.kre|dit, ...ver|si|che|rung; Mo|bi|li|en [...i̯ᵉn] Plur. (veralt. für: Hausrat, Möbel) Mo|bi|li|sa|ti|on [...zion] die; -, -en (Mobilmachung); mo|bi|li|sie|ren (Militär: auf Kriegsstand bringen; [Kapital] flüssigmachen; ugs. für: in Bewegung setzen); Mo|bi|li|sie|rung; Mo|bi|li|tät die; - ([geistige] Beweglichkeit; Bevölkerungsstatistik: Häufigkeit des Wohnsitzwechsels); Mo|bil|ma|chung; mö|blie|ren ⟨franz.⟩ ([mit Hausrat] einrichten, ausstatten); mö|bliert; -es Zimmer; Möb|lie|rung
Mob|ster der; -s, - ⟨amerik.⟩ (Gangster)
Mo|çam|bique [moßambi̱k; port.

Ausspr.: mußambi̱kᵉ] vgl. Mosambik
Moc|ca (österr. auch für: [2]Mokka)
Mo|cha [auch: ...ka] der; -s ⟨nach der jemenit. Hafenstadt am Roten Meer, heute Mokka⟩ (ein Mineral)
Möch|te|gern der; -[s], -e od. -s (spött.); Möch|te|gern|künst|ler
Mocke die; -, -n [Trenn.: Mok|ke] (fränk. für: Zuchtschwein)
Mocken der; -s, - [Trenn.: Mok|ken] (südd. u. schweiz. mdal. für: Brocken, dickes Stück)
Mock|tur|tle|sup|pe [mŏktö̱tl...] ⟨engl.⟩ (unechte Schildkrötensuppe)
mod. = moderato
mo|dal ⟨lat.⟩ (die Art u. Weise bezeichnend); Mo|dal|be|stim|mung (Sprachw.); Mo|da|li|tät meist Plur. (Art u. Weise, Ausführungsart); Mo|da|li|tä|ten|lo|gik (Zweig der math. Logik); Mo|dal|satz (Sprachw.: Umstandssatz der Art u. Weise); Mo|dal|verb (Sprachw.: Verb, das vorwiegend ein anderes Sein od. Geschehen modifiziert, z. B. „wollen" in: „wir wollen weitermachen")
Mod|der der; -s (altmärk. u. nordd. für: Morast, Schlamm); mod|de|rig, modd|rig
Mo|de die; -, -n ⟨franz.⟩ (als zeitgemäß geltende Art, sich zu kleiden; etwas, was dem gerade herrschenden Geschmack entspricht); in - sein, kommen; Mo|de_ar|ti|kel, ...aus|druck; mo|de|be|wußt; Mo|de_cen|ter, ...far|be, ...haus od. Mo|den|haus, ...krank|heit
[1]Mo|del der; -s, - ⟨lat.⟩ (Backform; Hohlform für Gußerzeugnisse; erhabene Druckform für Zeugdruck); [2]Mo|del das; -s, -s ⟨engl.⟩ (Fotomodell); Mo|dell das; -s, -e ⟨ital.⟩ (Muster, Vorbild, Typ; Entwurf, Nachbildung; Gießform; nur einmal in dieser Art hergestelltes Kleidungsstück; Person od. Sache als Vorbild für ein Kunstwerk; Mannequin); - stehen; Mo|dell|ei|sen|bahn; Mo|del|leur [...lö̱r] der; -s, -e ⟨franz.⟩ (svw. Modellierer); Mo|dell|fall der; mo|dell|haft; Mo|del|lier|bo|gen; mo|del|lie|ren (künstlerisch formen, bilden; ein Modell herstellen); Mo|del|lie|rer ([Muster]former); Mo|del|lier_holz, ...mas|se; Mo|del|lie|rung; mo|del|lig (von Kleidungsstücken: in der Art eines Modells); Mo|dell.kleid, ...schutz, ...thea|ter, ...tisch|ler, ...ver|such, ...zeich|nen; mo|deln ⟨lat.⟩ (selten für: gestalten, in eine Form bringen); ich ...[e]le (↑R 22); Mo-

del|tuch (Plur. ...tücher; älter für: Stickmustertuch); Mo|de|lung
Mo|de|na (ital. Stadt); Mo|de|na|er [...na̱ᵉr] (↑R 147); mo|de|na|isch [...na-isch]
Mo|de|n|.haus, ...schau, ...zeit|schrift; Mo|de_pup|pe, ...püpp|chen
Mo|der der; -s (Faulendes; Fäulnisstoff)
Mo|de|ra|men das; -s, - u. ...mina ⟨lat.⟩ (Vorstandskollegium einer ev. reformierten Synode); mo|de|rat (gemäßigt, maßvoll); Mo|de|ra|ti|on [...zion] die; -, -en (Rundfunk, Fernsehen: Tätigkeit des Moderators; veralt. für: Mäßigung); mo|de|ra|to ⟨ital.⟩ (Musik: mäßig [bewegt]; Abk.: mod.); Mo|de|ra|to das; -s, -s u. ...ti; Mo|de|ra|tor der; -s, -oren ⟨lat.⟩ (Rundfunk, Fernsehen: jmd., der eine Sendung moderiert; bremsende Substanz in Kernreaktoren); Mo|de|ra|to|rin die; -, -nen
Mo|der|ge|ruch
mo|de|rie|ren ⟨lat.⟩ (Rundfunk, Fernsehen: durch eine Sendung führen, [eine Sendung] mit einleitenden u. verbindenden Worten versehen; veralt., aber noch mdal. für: mäßigen)
mo|de|rig, mod|rig; [1]mo|dern (faulen); es modert
[2]mo|dern ⟨franz.⟩ (modisch, der Mode entsprechend; neu[zeitlich]; zeitgemäß); -er Fünfkampf (Sport); Mo|der|ne die; - (moderne Richtung [in der Kunst]; moderner Zeitgeist); mo|der|ni|sie|ren (modisch machen; auf einen neueren [technischen] Stand bringen); Mo|der|ni|sie|rung; Mo|der|nis|mus der; - ⟨lat.⟩ (moderner Geschmack; Bejahung des Modernen; Bewegung innerhalb der kath. Kirche); Mo|der|nist der; -en, -en (↑R 197); Mo|der|ni|tät die; - (neuzeitl. Gepräge; Neues; Neuheit); Mo|dern Jazz der; - - ⟨engl.⟩ (nach 1945 entstandener Jazzstil)
Mo|der|sohn (dt. Maler u. Graphiker)
Mo|der|sohn-Becker; ↑R 179 (dt. Malerin)
Mo|de_sa|che, ...sa|lon, ...schaf|fen; Mo|de|schau, Mo|den|schau; Mo|de_schmuck, ...schöp|fer
mo|dest; -este ⟨lat.⟩ (veralt. für: bescheiden, sittsam)
Mo|de_tanz, ...tor|heit, ...wa|re Mo|de|wa|ren|ge|schäft; Mo|de.welt (die; -; Welt, die nach der Mode lebt), ...wort (Plur. ...wörter), ...zeich|ner, ...zeit|schrift od. Mo|den|zeit|schrift
Mo|di (Plur. von: Modus); Mo|di|fi|ka|ti|on [...zion] die; -, -en (Ab-

di|fi|zie|rung ⟨lat.⟩; mo|di|fi|zie-ren (abwandeln, auf das richtige Maß bringen; [ab]ändern)

Mo|di|glia|ni [modiljani] (ital. Maler);

mo|disch; -ste ⟨franz.⟩ (in od. nach der Mode); Mo|di|stin die; -, -nen (Putzmacherin, Angestellte eines Hutgeschäftes)

mod|rig, mod|e|rig

¹Mo|dul der; -s, -n ⟨lat.⟩ (Model; Verhältniszahl math. od. techn. Größen; Materialkonstante); ²Mo|dul das; -s -e ⟨lat.-engl.⟩ (bes. Elektrotechnik: Bau- od. Schaltungseinheit); Mo|du|la|ti-on [...zion] die; -, -en (Musik: das Steigen u. Fallen der Stimme, des Tones; Übergang in eine andere Tonart; Technik: Änderung einer Schwingung); Mo|du|la|ti-ons|fä|hig|keit die; - (Anpassungsvermögen, Biegsamkeit [der Stimme]); mo|du|lie|ren (abwandeln; in eine andere Tonart übergehen)

Mo|dus [auch: mo...] der; -, Modi ⟨lat.⟩ (Art u. Weise; Sprachw.: Aussageweise; mittelalterl. Musik: Melodie, Kirchentonart); Mo|dus pro|ce|den|di [- ...ze...; auch: mo... -] der; - -, Modi - (Art und Weise des Verfahrens); Mo-dus vi|ven|di [- wiw...; auch: mo... -] der; - -, Modi - (erträgliche Übereinkunft; Verständigung)

Moers [mörß] (Stadt westl. von Duisburg)

Mo|fa das; -s, -s (Kurzw. für: Motorfahrrad); mo|feln (ugs. für: mit dem Mofa fahren); ich ...[e]le (↑ R 22)

Mo|fet|te die; -, -n ⟨franz.⟩ (Kohlensäureausströmung in vulkan. Gebiet)

Mo|ga|di|schu (Hptst. von Somalia)

Mo|gel|lei (ugs. für: [leichte] Betrügerei [beim Spiel]); mo|geln (ugs.); ich ...[e]le (↑ R 22); Mo-gel|packung [Trenn.: ...pak|kung]

mö|gen; ich mag, du magst, er mag; du mochtest (du möchtest); du hast es nicht gemocht, aber: das hätte ich hören -

Mog|ler ⟨zu: mogeln⟩ (ugs.)

mög|lich; soviel als od. wie möglich; so gut als od. wie möglich; wo möglich (Auslassungssatz; wenn es möglich ist), vgl. aber: womöglich. I. Kleinschreibung (↑ R 66): das mögliche (alles) tun; alles mögliche (viel, allerlei) tun, versuchen; sein möglichstes tun. II. Großschreibung: a) (↑ R 65:) im Rahmen des Möglichen; Mögliches und Unmögliches verlangen; Mögliches und Unmögliches zu unterscheiden wissen; b) (↑ R 65:) alles Mögliche (alle Möglichkeiten) bedenken; das Mögliche (im Gegensatz zum Unmöglichen) tun; etwas, nichts Mögliches; mög|li|chen-falls; vgl. Fall der; mög|li|cher-wei|se; Mög|lich|keit; nach -; Mög|lich|keits|form (für: Konjunktiv); mög|lichst; - schnell; - viel Geld verdienen

Mo|gul [auch, bes. österr.: ...gul] der; -s, -n ⟨pers.⟩ (früher: Beherrscher eines oriental. Reiches)

Mo|hair [...här] der; -s, -e ⟨arab.-ital.-engl.⟩ (Wolle der Angoraziege); vgl. Mohär

Mo|ham|med (Stifter des Islams); Mo|ham|me|da|ner (Anhänger [der Lehre] Mohammeds); mo-ham|me|da|nisch; -er Glaube; -e Zeitrechnung

Mo|här (eindeutschende Schreibung für: Mohair)

Mo|hi|ka|ner der; -s, - (Angehöriger eines ausgestorbenen nord-amerik. Indianerstammes); der Letzte der - od. der letzte - (auch scherzh. für: das letzte Stück [Geld])

Mohn der; -[e]s, -e; Mohn_blu|me, ...bröt|chen, ...kip|ferl (österr.), ...ku|chen, ...öl, ...saft, ...sa|men, ...stru|del (österr.), ...zopf

Mohr der; -en, -en (veralt. für: Neger)

Möh|re die; -, -n (Gemüsepflanze)

Moh|ren_hir|se, ...kopf (ein Gebäck); moh|ren|schwarz (veralt.); Moh|ren|wä|lsche (Versuch, einen Schuldigen als unschuldig hinzustellen; Mohr|in die; -, -nen (veralt.)

Möh|rü|be (sww. Möhre)

Mohs|här|te die; - ⟨nach dem dt. Mineralogen F. Mohs⟩ (Skala zur Bestimmung der Härtegrade von Mineralien)

Moi|ra [meu...] die; -, ...ren (meist Plur.) ⟨griech.⟩ (griech. Schicksalsgöttin [Atropos, Klotho, Lachesis])

Moi|ré [moare] der od. das; -s, -s ⟨franz.⟩ (Gewebe mit geflammtem Muster; Druckw.: fehlerhaftes Fleckenmuster in der Bildreproduktion); moi|rie|ren (flammen); moi|riert (geflammt)

mo|kant; -este ⟨franz.⟩ (spöttisch)

Mo|kas|sin [auch: mo...] der; -s, -s u. -e ⟨indian.⟩ (lederner Halbschuh der nordamerikan. Indianer)

Mo|kett der; -s ⟨franz.⟩ (Möbel-, Deckenplüsch)

Mo|kick das; -s, -s ⟨Kurzw. aus „Motor" u. „Kickstarter"⟩ (kleines Motorrad)

mo|kie|ren, sich ⟨franz.⟩ (sich zadelnd od. spöttisch äußern, sich lustig machen)

¹Mok|ka (Stadt im Jemen); ²Mok-ka der; -s, -s (Kaffee[sorte]); vgl. Mocca; Mok|ka|tas|se

Mol das; -s, -e (früher svw. Grammolekül; Einheit der Stoffmenge; Zeichen: mol); mo|lar ⟨lat.⟩ (auf das Mol bezüglich; je 1 Mol)

Mo|lar der; -s, -en ⟨lat.⟩ (Med.: [hinterer] Backenzahn, Mahlzahn); Mo|lar|zahn

Mo|las|se die; - ⟨franz.⟩ (Geol.: Tertiärschicht)

Molch der; -[e]s, -e (ein Lurch)

¹Mol|dau die; - (l. Nebenfluß der Elbe); ²Mol|dau das; - (hist. Landschaft in Rumänien); mol-dau|isch, aber (↑ R 146:) die Moldauische SSR

¹Mo|le die; -, -n ⟨ital.⟩ (Hafendamm); vgl. Molo

²Mo|le die; -, -n ⟨griech.⟩ (Med.: abgestorbene, fehlentwickelte Leibesfrucht)

Mo|le|kel die; -, -n (österr. auch: das; -s, -) ⟨lat.⟩ u. Mo|le|kül das; -s, -e ⟨franz.⟩ (kleinste Einheit einer chem. Verbindung); mo|le-ku|lar; Mo|le|ku|lar_bio|lo|ge, ...bio|lo|gie, ...ge|ne|tik, ...ge-wicht

Mo|len|kopf (Ende der ¹Mole)

Mo|le|skin [mo"lßkin] der od. das; -s, -s ⟨engl.⟩ (Englischleder, aufgerauhtes Baumwollgewebe)

Mo|le|sten Plur. ⟨lat.⟩ (veralt., noch mdal. für: Beschwerden; Belästigung); mo|le|stie|ren (veralt., noch mdal. für: belästigen)

Mo|let|te die; -, -n ⟨franz.⟩ (Prägwalze; Mörserstößel)

Mo|liè|re [...ljär] (franz. Lustspieldichter); mo|lie|risch, aber (↑ R 134): Mo|lie|risch

Mo|li|nis|mus der; - ⟨nach dem Jesuiten Molina⟩ (frühere kath. theol. Richtung, nach der göttl. Gnade u. menschl. Willensfreiheit sich nicht ausschließen, sondern zusammenwirken sollen)

Mol|ke die; - (bei der Käseherstellung übrigbleibende Milchflüssigkeit); Mol|ken der; -s (landsch. für: Molke); Mol|ken-kur; Mol|ke|rei; Mol|ke|rei_but-ter, ...ge|nos|sen|schaft, ...pro-dukt (meist Plur.); mol|kig

¹Moll das; - ⟨lat.⟩ (Tongeschlecht mit kleiner Terz; vgl. Dur); a-Moll; a-Moll-Tonleiter

²Moll der; -[e]s, -e u. -s (svw. Molton)

Mol|la vgl. Mullah

Moll_ak|kord (Musik), ...drei-klang

Mol|le die; -, -n (nordd. für: Mulde, Backtrog; berlin. für: Bierglas, ein Glas Bier); Mol|len-fried|hof (berlin. scherzh. für: Bierbauch)

Möl|ler *der;* -s, - (Gemenge von Erz u. Zuschlag); **möl|lern** (mengen); ich ...ere († R 22); **Möl|lerung**

mol|lert (bayr., österr. für: mollig)

Mol|li (Koseform von: Marie)

mol|lig (ugs. für: behaglich; angenehm warm; dicklich)

Moll_ton|art, ...ton|lei|ter

Mol|lus|ke *die;* -, -n (meist *Plur.*) ⟨lat.⟩ (Weichtier); **mol|lus|ken|artig**

Mol|ly (engl. Schreibung von: Molli)

Mo|lo *der;* -s, Moli (österr. für: ¹Mole)

¹Mo|loch [auch: *mo*...] (semit. Gott); ²Mo|loch [auch: *mo*...] *der;* -s, -e (Macht, die alles verschlingt)

Mo|lo|tow|cock|tail [...*tof*...] ⟨nach dem ehemaligen sowjet. Außenminister W. M. Molotow⟩ (mit Benzin u. Phosphor] gefüllte Flasche, die als Handgranate verwendet wird)

Molt|ke (Familienn.); molt|kesch, aber († R 134): **Molt|kesch**

mol|to ⟨ital.⟩ (Musik: sehr); - allegro (sehr schnell); - vivace [- *wiwatsche*] (sehr lebhaft)

Mol|ton *der;* -s, -s ⟨franz.⟩ (ein Gewebe)

Mol|to|pren ⓦ *das;* -s, -e (sehr leichter, druckfester, schaumartiger Kunststoff)

Mo|luk|ken *Plur.* (indones. Inselgruppe)

Mo|lyb|dän *das;* -s ⟨griech.⟩ (chem. Grundstoff, Metall; Zeichen: Mo)

Mom|ba|sa (Hafenstadt in Kenia)

¹Mo|ment *der;* -[e]s, -e ⟨lat.⟩ (Augenblick; Zeit[punkt]; kurze Zeitspanne); ²Mo|ment *das;* -[e]s, -e ([ausschlaggebender] Umstand; Merkmal; Gesichtspunkt; Produkt aus zwei physikal. Größen); **mo|men|tan** (augenblicklich; vorübergehend); **Mo|ment_auf|nah|me, ...bild**

Momm|sen, Theodor (dt. Historiker)

¹Mo|na|co [...*ko,* auch: *monako*] (Staat in Südeuropa); ²Mo|na|co [auch: ...*na*...] (Hptst. von ¹Monaco); vgl. Monegasse

Mo|na|de *die;* -, -n ⟨griech.⟩ (das Einfache, Unteilbare; bei Leibniz die letzte, in sich geschlossene, vollendete Einheit); **Mo|na|den|leh|re** *die;* -; **Mo|na|do|lo|gie** *die;* - (Lehre von den Monaden)

Mo|na|ko vgl. Monaco

Mo|na Li|sa *die;* - - (Gemälde von Leonardo da Vinci)

Mon|arch *der;* -en, -en († R 197) ⟨griech.⟩ (gekröntes Staatsoberhaupt); **Mon|ar|chie** *die;* -, ...ien;

Mon|ar|chin *die;* -, -nen; **monar|chisch**; **Mon|ar|chis|mus** *der;* -;

Mon|ar|chist *der;* -en, -en; († R 197 (Anhänger der monarchischen Regierungsform); **mon|ar|chi|stisch**

Mo|na|ste|ri|um *das;* -s, ...ien [...*i'n*] ⟨griech.⟩ (Kloster[kirche], Münster)

Mo|nat *der;* -[e]s, -e; alle zwei -e; dieses -s (Abk.: d. M.); laufenden -s (Abk.: lfd. M.); künftigen -s (Abk.: k. M.); nächsten -s (Abk.: n. M.); vorigen -s (Abk.: v. M.); mo|na|te|lang, aber: viele Monate lang; ...mo|na|tig (z. B. dreimonatig, mit Ziffer: 3monatig [drei Monate dauernd]); **mo|nat|lich; ...mo|nat|lich** (z. B. dreimonatlich, mit Ziffer: 3monatlich [alle drei Monate wiederkehrend]); **Mo|nats_an|fang, ...bin|de, ...blu|tung, ...ein|kom|men, ...en|de, ...er|ste, ...frist** (innerhalb -), **...ge|halt** *das,* **...hälf|te, ...heft, ...kar|te, ...letz|te, ...lohn, ...na|me, ...ra|te, ...schrift, ...wech|sel; mo|nat[s]|wei|se**

mon|au|ral ⟨griech.; lat.⟩ (ein Ohr betreffend; Tontechnik: einkanalig)

Mon|azit *der;* -s, -e ⟨griech.⟩ (ein Mineral)

Mönch *der;* -[e]s, -e ⟨griech.⟩ (Angehöriger eines Ordens mit Klosterleben)

Mön|chen|glad|bach (Stadt in Nordrhein-Westfalen)

mön|chisch; Mönchs_klo|ster, ...kut|te, ...la|tein (mittelalterl. [verderbtes] Latein), ...or|den, ...san|da|le; Mönch[s]|tum *das;* -s; Mönchs_we|sen, ...zel|le

¹Mond *der;* -[e]s, -e (ein Himmelskörper); ²Mond *der;* -[e]s, -e (veralt. dicht. für: Monat)

mon|dän ⟨franz.⟩ (nach Art der großen Welt, auffällig elegant)

Mond_auf|gang, ...bahn; **mond|be|schie|nen** († R 209); **Mond|blind|heit** (Augenentzündung der Pferde); **Mönd|chen; Monden|schein** *der;* -[e]s (dicht.); **Mon|des|glanz** (dicht.); **Mon|des|fin|ster|nis** (österr. meist für: Mondfinsternis); **Mond_fäh|re, ...fin|ster|nis; mond.för|mig, ...hell; Mond_jahr, ...kalb** (tierische Mißgeburt; ugs. abwertend für: Dummkopf], **...kra|ter, ...lan|de|fäh|re, ...land|schaft, ...lan|dung, ...licht** *(das;* -[e]s); **mond|los; Mond_mo|bil** *(das;* -[e]s, -e), **...nacht, ...ober|flä|che, ...or|bit, ...pha|se, ...preis** (willkürlich festgesetzter [überhöhter] ²Preis), **...ra|ke|te**

Mon|dri|an (niederl. Maler)

Mond|schein *der;* -[e]s; **Mond|schein|ta|rif** (verbilligter Tele-

fontarif in den Abend- u. Nachtstunden)

Mond|see (österr. Ort und See); **Mond|seer** [...*se'r*] († R 147, R 151 u. R 180); - Rauchhaus; vgl. Monseer

Mond_si|chel, ...son|de (zur Erkundung des Mondes gestarteter, unbemannter Raumflugkörper), **...stein** (svw. Adular), **...sucht** (*die;* -); **mond|süch|tig; Mond_süch|tig|keit, ...um|lauf|bahn, ...un|ter|gang, ...wech|sel**

Mo|ne|gas|se *der;* -n, -n; † R 197 (Bewohner Monacos); **Mo|ne|gas|sin** *die;* -, -nen; **mo|ne|gas|sisch**

Mo|net [*monä*], Claude [*klod*] (franz. Maler)

mo|ne|tär ⟨lat.⟩ (das Geld betreffend, geldlich); **Mo|ne|ten** *Plur.* (ugs. für: [Bar]geld)

Mon|go|le [*monggol*'] *der;* -n, -n † R 197 (Angehöriger einer Völkergruppe in Asien); **Mon|go|lei** *die;* - (Staat und Hochland in Zentralasien); † R 146: die Innere, Äußere -; **Mon|go|len.fal|te** **...fleck; mon|go|lid** (Anthropol. Rassenmerkmale der Mongolen zeigend); **-er Zweig** (der Menschenrassen); **Mon|go|li|de** *der u. die;* -n, -n († R 7 ff.); **mon|go|lisch**; aber († R 146): die Mongolische Volksrepublik; **Mon|go|lis|mus** *der;* - (Med.: Form der Idiotie mit mongolenähnlicher Kopf- u. Gesichtsbildung); **mon|go|lo|id** (den Mongolen ähnlich); **Mongo|lo|i|de** *der u. die;* -n, -n († R 7 ff. u. R 180)

Mo|nier|bau|wei|se [auch: *monje*...] *die;* - († R 135) ⟨nach dem franz. Gärtner J. Monier⟩ (Stahlbetonbauweise); **Mo|nier|ei|sen** (veralt. Bez. für das im [Stahl]beton eingebettete [Rund]eisen)

mo|nie|ren ⟨lat.⟩ (mahnen; rügen)

Mo|nier|zan|ge [auch: *monje*...] († R 135) ⟨nach dem franz. Gärtner J. Monier⟩ (Zange für Eisendrahtarbeiten mit kleinem Zangenkopf u. langen Griffen)

Mo|ni|ka (w. Vorn.)

Mo|nil|lia *die;* - ⟨lat.⟩ (Pilz, der ein Erkrankung an Obstbäumen hervorruft)

Mo|nis|mus *der;* - ⟨philos. Lehre, die jede Erscheinung au ein einheitliches Prinzip zurück führt); **Mo|nist** *der;* -en, -en († R 197 (Anhänger des Monismus)

Mo|ni|teur [...*tör*] *der;* -s, - ⟨franz.⟩ (Anzeiger [Name franz Zeitungen]); **Mo|ni|tor** *der;* -s ...oren (auch: -e) ⟨engl.⟩ (Kon trollgerät beim Fernseher Strahlennachweis- u. -meßgerät Bergbau: Wasserwerfer zur

Losspülen von Gestein); Mo|ni|to|ri|um das; -s, ...ien [...i⁽ᵉ⁾n] ⟨lat.⟩ (veralt. für: Erinnerungs-, Mahnschreiben); Mo|ni|tum das; -s, ...ta (Rüge, Beanstandung) mo|no [auch: mono] ⟨griech.⟩ (Kurzw. für: monophon); die Schallplatte wurde - aufgenommen; Mo|no [auch: mono] das; -s (Kurzw. für: Monophonie); mo-no... (allein...); Mo|no... (Allein...)

Mo|no|chord [...kort] das; -[e]s, -e ⟨griech.⟩ (ein Instrument zur Ton- und Intervallmessung) mo|no|chrom [...krom] ⟨griech.⟩ (einfarbig)

mo|no|col|lor ⟨griech.; lat.⟩ (österr. ugs.); eine -e Regierung (Einparteienregierung)

Mon|odie die; - ⟨griech.⟩ (einstimmiger Gesang; einstimmige Melodieführung); mon|odisch

Mo|no|fil das; -[s], -e ⟨griech.; lat.⟩ (aus einer einzigen Faser bestehender Kunststoffaden)

Mo|no|ga|mie die; - ⟨griech.⟩ (Einehe; Ggs.: Polygamie); mo|no-gam, mo|no|ga|misch (einehig)

Mo|no|ge|ne|se, Mo|no|go|nie die; - ⟨griech.⟩ (ungeschlechtl. Fortpflanzung)

Mo|no|gramm das; -s, -e ⟨griech.⟩ (Namenszug; [ineinander verschlungene] Anfangsbuchstaben eines Namens); Mo|no|gra|phie die; -, ...ien (wissenschaftl. Untersuchung über einen einzelnen Gegenstand; Einzeldarstellung); mo|no|gra|phisch

Mon|okel das; -s, - ⟨franz.⟩ (Einglas)

mo|no|klin ⟨griech.⟩ (Geol.: mit einer geneigten Achse; Bot.: gemischtgeschlechtig [Staub- u. Fruchtblätter in einer Blüte tragend])

Mo|no|ko|ty|le|do|ne die; -, -n ⟨griech.⟩ (Bot.: einkeimblättrige Pflanze)

mon|oku|lar ⟨griech.; lat.⟩ (mit einem Auge, für ein Auge)

Mo|no|kul|tur ⟨griech.; lat.⟩ (einseitiger Anbau einer bestimmten Wirtschafts- od. Kulturpflanze)

Mo|no|la|trie die; - ⟨griech.⟩ (Verehrung nur eines Gottes)

Mo|no|lith der; -s od. -en, -e[n] (↑ R 197) (Säule, Denkmal aus einem Steinblock)

Mo|no|log der; -s, -e ⟨griech.⟩ (Selbstgespräch [bes. im Drama]); mo|no|lo|gisch; mo|no|lo-gi|sie|ren

Mo|nom, Mo|no|nom das; -s, -e ⟨griech.⟩ (Math.: eingliedrige Zahlengröße)

mo|no|man, mo|no|ma|nisch ⟨griech.⟩; Mo|no|ma|ne der; -n, -n; ↑ R 197 (an Monomanie Lei-

---

dender); Mo|no|ma|nie die; - (auf einen Punkt gerichtete Wahnvorstellung, fixe Idee)

mo|no|mer ⟨griech.⟩ (Chemie: aus einzelnen, voneinander getrennten, selbständigen Molekülen bestehend); Mo|no|mer das; -s, -e u. Mo|no|me|re das; -n, -n; ein -s; meist Plur. (Chemie: Stoff, dessen Moleküle monomer sind) mo|no|misch, mo|no|no|misch ⟨griech.⟩ (eingliedrig); Mo|no-nom vgl. Monom; mo|no|no-misch vgl. monomisch

mo|no|phon ⟨griech.⟩ (Tontechnik: einkanalig; Ggs.: stereophon); Mo|no|pho|nie die; -

Mo|no|phthong der; -s, -e ⟨griech.⟩ (Sprachw.: einfacher Vokal, z. B. a, i; Ggs.: Diphthong); mo|no-phthon|gie|ren [...ngg...] ([einen Diphthong] zum Monophthong umbilden)

mo|no|phy|le|tisch ⟨griech.⟩ (auf eine [Stamm]form zurückgehend)

Mo|no|ple|gie die; -, ...ien ⟨griech.⟩ (Med.: Lähmung eines einzelnen Gliedes)

Mo|no|pol das; -s, -e ⟨griech.⟩ (das Recht auf Alleinhandel u. -verkauf; Vorrecht; alleiniger Anspruch); Mo|no|pol.bren|ne|rei, ...in|ha|ber; mo|no|po|li|sie|ren (ein Monopol aufbauen, die Entwicklung von Monopolen vorantreiben); Mo|no|po|li|sie|rung; Mo|no|po|list der; -en, -en; ↑ R 197 (Besitzer eines Monopols); mo|no|po|li|stisch; Mo-nopol.ka|pi|tal, ...ka|pi|ta|lis-mus, ...ka|pi|ta|list; mo|no|pol-ka|pi|ta|li|stisch; Mo|no|pol-stel|lung; Mo|no|pol|ly ⟨Wz⟩ ⟨engl.⟩ (ein Gesellschaftsspiel)

Mo|no|po|sto der; -s, -s ⟨ital.⟩ (Automobilrennsport: Einsitzer mit freilaufenden Rädern)

Mo|no|pte|ros der; -, ...eren ⟨griech.⟩ (von einer Säulenreihe umgebener antiker Tempel)

mo|no|sti|chisch ⟨griech.⟩ (in Einzelversen [abgefaßt usw.]); Mo-no|sti|chon das; -s, ...cha (Einzelvers)

mo|no|syl|la|bisch ⟨griech.⟩ (von Wörtern; einsilbig)

mo|no|syn|de|tisch ⟨griech.⟩ (Sprachw.: eine Reihe von Satzteilen betreffend, bei der nur das letzte Glied durch eine Konjunktion verbunden ist, z. B. „Ehre, Macht und Ansehen")

Mo|no|the|is|mus der; - ⟨griech.⟩ (Glaube an einen einzigen Gott); Mo|no|the|ist der; -en, -en (↑ R 197); mo|no|the|is|tisch mo|no|ton ⟨griech.⟩ (eintönig; gleichförmig; ermüdend); Mo-no|to|nie die; -, ...ien

---

Mo|no|tre|men Plur. ⟨griech.⟩ (Zool.: Kloakentiere) mo|no|trop ⟨griech.⟩ (Biol.: beschränkt anpassungsfähig) Mo|no|type ⟨Wz⟩ [...taip] die; -, -s ⟨griech.-engl.⟩ (Gieß- u. Setzmaschine für Einzelbuchstaben); Mo|no|ty|pie die; -, ...ien (ein graph. Verfahren)

Mon|oxyd [auch: ...üt] ⟨griech.⟩ (Oxyd, das ein Sauerstoffatom enthält); vgl. Oxid

Mo|no|zel|le ⟨griech.; dt.⟩ (kleines elektrochemisches Element als Stromquelle)

Mon|özie die; - ⟨griech.⟩ (Bot.: Einhäusigkeit, Vorkommen männl. u. weibl. Blüten auf einer Pflanze); mon|özisch (einhäusig)

Mo|no|zyt der; -en, -en (meist Plur.) ⟨griech.⟩ (Med.: größtes [weißes] Blutkörperchen); Mo-no|zy|to|se die; -, -n (Med.: krankhafte Vermehrung der Monozyten)

Mon|roe|dok|trin [monro...] die; -; ↑ R 135 (von der nordamerik. Präsidenten Monroe aufgestellter Grundsatz der gegenseitigen Nichteinmischung)

Mon|ro|via [...wia] (Hptst. von Liberia)

Mon|seer [...se⁽ᵉ⁾r] (↑ R 180); Mon-see-Wie|ner Frag|men|te (altd. Schriftdenkmal); vgl. Mondsee Mon|sei|gneur [mõgßänjör] der; -s, -e u. -s ⟨franz.⟩ (Titel der franz. Ritter, Prinzen usw., auch für hohe Geistliche; Abk.: Mgr.)

Mon|ser|rat vgl. Montserrat

Mon|sieur [m⁽ᵉ⁾ßjö] der; -, [-s], Messieurs [mäßjö] ⟨franz.⟩ („mein Herr"; franz. Bez. für: Herr; als Anrede ohne Artikel; Abk.: M., Plur.: MM.); Mon|si|gno|re [monßinjore] der; -[s], ...ri ⟨ital.⟩ (Titel hoher Würdenträger der kath. Kirche; Abk.: Mgr., Msgr.)

Mon|ster das; -s, - ⟨engl.⟩ (Ungeheuer); Mon|ster... (riesig, Riesen...)

Mon|ste|ra die; -, ...rae [...rä] ⟨nlat.⟩ (eine Zimmerpflanze)

Mon|ster.bau (Plur. ...bauten), ...film, ...kon|zert, ...pro|gramm, ...pro|zeß, ...schau; Mon|stra (Plur. von Monstrum)

Mon|stranz die; -, -en ⟨lat.⟩ (Gefäß zum Tragen u. Zeigen der geweihten Hostie)

mon|strös; -este ⟨lat.(-franz.)⟩ (ungeheuerlich; mißgestaltet; ungeheuer aufwendig); Mon|stro|si-tät die; -, -en (Mißbildung; Ungeheuerlichkeit); Mon|strum das; -s, ...ren u. ...ra (Mißbildung; Ungeheuer; Ungeheuerliches)

Mon|sun der; -s, -e ⟨arab.⟩ (jahreszeitlich wechselnder Wind, bes. im Indischen Ozean); **mon|su|nisch; Mon|sun|re|gen**

Mont. = Montana

Mon|ta|baur [auch: ...*bau͞r*] (Stadt im Westerwald)

Mon|tal|fon *das;* -s (Alpental in Vorarlberg); **mon|ta|fo|ne|risch**

Mon|tag *der;* -[e]s, -e; vgl. Dienstag

Mon|ta|ge [*montaseh͆͞*, auch: *montaseh͆*, österr.: *montaseh*] *die;* -, -n ⟨franz.⟩ (Aufstellung [einer Maschine], Auf-, Zusammenbau); **Mon|ta|ge-band** *das,* **...bau|wei|se, ...hal|le, ...zeit**

mon|tä|gig (vgl. ...tägig); **mon|täg|lich** (vgl. ...täglich)

Mon|ta|gnard [*montanjar*] *der;* -s, -s (Mitglied der „Bergpartei" der Franz. Revolution)

mon|tags (↑ R 61); vgl. Dienstag; **Mon|tags_aus|ga|be, ...pro|duk|ti|on** (scherzh. für: Ware mit Produktionsfehlern)

Mon|tai|gne [*montänj͆͞*] ⟨franz. Schriftsteller u. Philosoph⟩

mon|tan, mon|ta|ni|stisch ⟨lat.⟩ (Bergbau u. Hüttenwesen betreffend)

Mon|ta|na (Staat in den USA; Abk.: Mont.)

Mon|tan-ge|sell|schaft (Bergbaugesellschaft), **...in|du|strie** (Gesamtheit der bergbaulichen Industrieunternehmen); **Mon|ta|nis|mus** *der;* - ⟨nach dem Begründer Montanus⟩ (schwärmer. altkirchl. Bewegung in Kleinasien); **Mon|ta|nist** *der;* -en, -en; ↑ R 197 (Sachverständiger im Bergbau u. Hüttenwesen; Anhänger des Montanus); **mon|ta|ni|stisch** vgl. montan; **Mon|tan|uni|on** *die;* - (Europäische Gemeinschaft für Kohle u. Stahl)

Mon|ta|nus (Gründer einer altchristl. Sekte)

Mon|tan|wer|te *Plur.*

Mont|blanc [*montblang*] *der;* -[s] ⟨franz.⟩ (höchster Gipfel der Alpen u. Europas)

Mont|bre|tie [*montbrezi͆*] *die;* -, -n ⟨nach dem franz. Naturforscher de Montbret⟩ (ein Irisgewächs)

Mont Ce|nis [*mong ßeni*] *der;* - - ⟨Alpenpaß⟩; **Mont-Ce|nis-Stra|ße** *die;* - (↑ R 150)

Mon|te [*R* - *karlo*] (Nachbarstadt von ²Monaco)

Mon|te Cas|si|no, ⟨ital. Schreibung:⟩ **Mon|te|cas|si|no** *der;* - [-] (Berg, Kloster bei Cassino)

Mon|tec|chi und Ca|pul|let|ti [...*tä|ki - ka...*] (feindl. Geschlechter in Shakespeares „Romeo und Julia")

Mon|te|cri|sto, (bei Dumas in dt. Übersetzung:) **Mon|te Chri|sto** (Insel im Ligurischen Meer)

Mon|te|ne|gri|ner; mon|te|ne|gri|nisch; Mon|te|ne|gro (Gliedstaat Jugoslawiens)

Mon|te Ro|sa *der;* - - (Gebirgsmassiv in den Westalpen)

Mon|tes|quieu [*mongtäßkjö*] ⟨franz. Staatsphilosoph und Schriftsteller⟩

Mon|teur [*montör*, auch: *mongtör*] *der;* -s, -e (Montagefacharbeiter)

Mon|te|ver|di [...*werdi*] ⟨ital. Komponist⟩

Mon|te|vi|deo [...*wi...*] (Hptst. von Uruguay)

Mon|te|zu|ma (aztek. Herrscher); -s Rache (ugs. scherzh. für: Erkrankung an Durchfall [beim Aufenthalt in Lateinamerika])

Mont|gol|fie|re [*monggol...*] *die;* -, -n ⟨nach den Brüdern Montgolfier [...*fie*]⟩ (hist.: ein Heißluftballon)

mon|tie|ren [auch: *mong...*] ⟨franz.⟩ ([eine Maschine, ein Gerüst u. a.] [auf]bauen, aufstellen, zusammenbauen); **Mon|tie|rer; Mon|tie|rung**

Mont|mar|tre [*mongmartr͆*] (Stadtteil u. Vergnügungsviertel von Paris)

Mont|re|al [engl. Ausspr.: ...*triäl*] (Stadt in Kanada)

Mon|treux [*mongtrö*, schweiz.: *mong...*] (Stadt am Genfer See)

Mont-Saint-Mi|chel [*mongßäng-mischäl*] (Felsen u. Ort an der franz. Kanalküste)

Mont|sal|watsch *der;* -[es] ⟨altfranz.⟩ (Name der Gralsburg in der Gralsdichtung)

Mont|ser|rat [*montßärat*], (auch:) **Mon|ser|rat** [*monßärat*] (Berg, Kloster bei Barcelona)

Mon|tur *die;* -, -en ⟨franz.⟩ (ugs. für: Arbeitsanzug; österr., sonst veralt. für: Dienstkleidung, Uniform)

Mo|nu|ment *das;* -[e]s, -e ⟨lat.⟩ (Denkmal); **Mo|nu|men|ta Ger|ma|ni|ae hi|sto|ri|ca** [- ...*niä ...ka*] („Historische Denkmäler Deutschlands"; wichtigste Quellensammlung zur Geschichte des dt. MA.; Abk.: MGH); **mo|nu|men|tal** (denkmalartig; gewaltig; großartig); **Mo|nu|men|tal-aus|ga|be, ...bau** (*Plur.* ...bauten), **...ge|mäl|de; Mo|nu|men|ta|li|tät** *die;* - (Großartigkeit)

Moon|boot [*mͮunbut*] *der;* -s, -s (meist *Plur.*) ⟨engl.⟩ (dick gefütterter Winterstiefel [aus Kunststoff])

Moor *das;* -[e]s, -e; **Moor|bad;** **moor|ba|den** (nur im Infinitiv gebräuchlich); **Moor|bo|den**

Moore [*mͮu͆*], Henry (engl. Bildhauer)

moo|rig; Moor_ko|lo|nie, ...kul|tur, ...lei|che, ...sied|lung

¹**Moos** *das;* -es, -e u. (für: Sumpf usw. *Plur.:*) Möser (eine Pflanze; bayr., österr., schweiz. auch für: Sumpf, Bruch)

²**Moos** *das;* -es ⟨jidd.⟩ (ugs. für: Geld)

Moos|art; moos|ar|tig; moos|be|deckt (↑ R 209); **Moos_bee|re, ...farn; moos|grün; moo|sig; Moos|krepp**

Mop *der;* -s, -s ⟨engl.⟩ (Staubbesen mit langen Fransen)

Mo|ped [...*ät,* auch: *mͦpet*] *das,* -s, -s (leichtes Motorrad); **Mo|ped|fah|rer**

Mopp|el *der;* -s, - (ugs. für: kleiner dicklicher, rundlicher Mensch); **mop|pen** (mit dem Mop reinigen)

Mops *der;* -es, Möpse (ein Hund); **Möps|chen,** Möps|lein; **möp|seln** (landsch. für: muffig riechen); ich ...[e]le (↑ R 22); **mop|sen** (ugs für: stehlen); du mopst (mopsest); sich - (ugs. für: sich langweilen; sich ärgern); **mops|fi|del** (ugs. für: sehr fidel); **Möps|ge|sicht; mop|sig** (ugs. für: langweilig; dick [von Personen]); **Möps|lein,** Möps|chen

Mo|quette [*mokät*] vgl. Mokett

¹**Mo|ra** *die;* - ⟨ital.⟩ (ein Fingerspiel)

²**Mo|ra** *die;* -, ...ren ⟨lat.⟩ (kleinste Zeiteinheit im Verstakt)

Mo|ral *die;* -, (selten:) -en ⟨lat.⟩ (Sittlichkeit; Sittenlehre; sittl. Nutzanwendung); **Mo|ral|be|griff; Mo|ra|lin** *das;* -s (abschätzig für: spießige Entrüstung in moral. Dingen); **mo|ra|lin|sau|er; ...saures Gehabe; mo|ra|lisch;** -ste ⟨lat.⟩ (der Moral gemäß; sittlich); -e Maßstäbe aber (↑ R 157): die Moralische Aufrüstung (Organisation); **mo|ra|li|sie|ren** ⟨franz.⟩ (sittl. Betrachtungen anstellen; den Sittenprediger spielen); **Mo|ra|lis|mus** *der;* - ⟨lat.⟩ (Anerkennung der Sittlichkeit als Zweck u. Sinn des menschl. Lebens; übertrieben strenge Beurteilung aller Dinge unter moral. Gesichtspunkten); **Mo|ra|list** *der;* -en -en; ↑ R 197 (Sittenlehrer, -prediger); **mo|ra|li|stisch; Mo|ra|li|tät** *die;* -, -en ⟨franz.⟩ (Sittenlehre Sittlichkeit [nur *Sing.*]; mittelalterl. geistl. Schauspiel [meis *Plur.*]); **Mo|ral_ko|dex, ...pau|ke** (ugs.), **...phi|lo|so|phie, ...pre|di|ger** (abschätzig), **...pre|digt** (abschätzig), **...theo|lo|gie**

Mo|rä|ne *die;* -, -n ⟨franz.⟩ ⟨Glet schergeröll⟩; **Mo|rä|nen|land schaft**

Mo|rast *der;* -[e]s, -e u. Moräste (sumpfige schwarze Erde Sumpf[land]); **mo|ra|stig**

Mo|ra|to|ri|um *das;* -s, ...ien [...*i͆n*

⟨lat.⟩ (befristete Stundung [von Schulden]; Aufschub); **mor|bid;** -este ⟨lat.⟩ (krank[haft]; weich; zart); **Mor|bi|dez|za** die; - ⟨ital.⟩ (Mangel an sittlich-moralischer Festigkeit; Malerei: Zartheit [der Farben]); **Mor|bi|di|tät** die; - ⟨lat.⟩ (Med.: Krankheitsstand; Erkrankungsziffer); **mor|bi|phor** (Med.: ansteckend); **Mor|bo|si|tät** die; - ⟨lat.⟩ (Med.: Kränklichkeit, Siechtum); **Mor|bus** der; -, ...bi (Krankheit) **Mor|chel** der; -, -n (ein Pilz) **Mord** der; -[e]s, -e; **Mord_an|kla|ge,** ...an|schlag; **mord|[be]gie|rig; Mord_bren|ner,** ...bu|be (veralt.), ...dro|hung; **mor|den Mor|dent** der; -s, -e ⟨ital.⟩ (Musik: Wechsel zwischen Hauptnote u. nächsttieferer Note, Triller) **Mör|der; Mör|der|gru|be;** aus seinem Herzen keine - machen (ugs. für: mit seiner Meinung nicht zurückhalten); **Mör|der|hand; Mör|de|rin** die; -, -nen; **mör|de|risch;** -ste (veralt., heute noch ugs. für: furchtbar, z. B. -e Kälte); **mör|der|lich** (ugs.); er hat ihn - verprügelt; **Mord_fall** der, ...gier; **mord|gie|rig; Mord|in|stru|ment; mor|dio!** (veralt. für: Mord!; zu Hilfe!); vgl. zetermordio; **Mord_kom|mis|si|on,** ...lust, ...pro|zeß; **mords...,** **Mords...** (ugs. für: sehr groß, gewaltig); **Mords_ar|beit,** ...ding, ...durst, ...du|sel, ...gau|di, ...ge|schrei, ...hit|ze, ...hun|ger, ...kerl; **mords|mä|ßig** (ugs. für: sehr, ganz gewaltig); das war ein -er Lärm; **Mords_schreck** od. ...schrecken [Trenn.: schrek|ken], ...spaß (ugs. für: großer Spaß), ...spek|ta|kel; **mords|we|nig** (ugs. für: sehr wenig); er hatte - zu sagen; **Mords|wut; Mord_tat,** ...ver|dacht, ...ver|such, ...waf|fe **Mo|rel|le** die; -, -n ⟨ital.⟩ (eine Sauerkirschenart) **Mo|ren** (Plur. von: ²Mora) **mo|ren|do** ⟨ital.⟩ (Musik: hinsterbend, verhauchend); **Mo|ren|do** das; -s, -s u. ...di **Mo|res** Plur. ⟨lat.⟩ (Sitte[n], Anstand); ich will dich - lehren (ugs. drohend) **Mo|res|ke, Mau|res|ke** die; -, -n ⟨franz.⟩ (svw. Arabeske) **mor|ga|na|tisch** ⟨mlat.⟩ (zur linken Hand [getraut]); -e Ehe (standesungleiche Ehe) **Mor|gar|ten** [auch: mor...] der; -s (schweiz. Berg) **mor|gen** (am folgenden Tage); - abend, - früh, - nachmittag; bis, für, zu - ; die Technik von - der nächsten Zukunft), Entscheidung für - (die Zukunft); vgl. Abend u. Dienstag; **¹Mor|gen**

der; -s, - (Tageszeit); guten -! (Gruß); (↑ R 61:) morgens; frühmorgens; vgl. **²Mor|gen** der; -s, - ⟨urspr.: Land, das ein Gespann an einem Morgen pflügen kann⟩ (ein Feldmaß); fünf - Land; **³Mor|gen** das; - (die Zukunft); das Heute und das -; **mor|gend** (veralt. für: morgig); der -e Tag; **Mor|gen|däm|me|rung; mor|gend|lich** (am Morgen geschehend); **Mor|gen_duft** (der; -[e]s; eine Apfelsorte), ...es|sen (schweiz. neben: Frühstück); **mor|gen|frisch; Mor|gen_frü|he,** ...ga|be, ...grau|en, ...gym|na|stik, ...land (das; -[e]s; veralt. für: Orient; Land, in dem die Sonne aufgeht), ...län|der (der; -s, -; veralt.); **mor|gen|län|disch; Mor|gen_licht** (das; -[e]s), ...luft, ...man|tel, ...ne|bel, ...rock, ...rot od. ...röte; **mor|gens** (vgl. ¹Morgen u. ↑ R 61), aber: des Morgens; vgl. Abend u. Dienstag; **Mor|gen_son|ne,** ...spa|zier|gang, ...stern (auch: mittelalterl. Schlagwaffe; vgl. ²Stern), ...stun|de, ...zei|tung **Mor|gen|thau|plan** der; -[e]s (↑ R 135) ⟨nach dem USA-Finanzminister Henry Morgenthau⟩ (Vorschlag, Deutschland nach dem 2. Weltkrieg in einen Agrarstaat umzuwandeln) **mor|gig;** der -e Tag **Morgue** [morg] die; -, -n [...g'n] ⟨franz.⟩ (Leichenschauhaus [in Paris]) **Mo|ria** die; - ⟨griech.⟩ (Med.: krankhafte Geschwätzigkeit und Albernheit) **mo|ri|bund** ⟨lat.⟩ (Med.: im Sterben liegend) **Mö|ri|ke** (dt. Dichter) **Mo|rio-Mus|kat** der; -s ⟨nach dem dt. Züchter P. Morio⟩ (eine Rebu. Weinsorte) **Mo|ris|ke** der; -n, -n (↑ R 197) ⟨span.⟩ (in Spanien seßhaft gewordener Maure) **Mo|ri|tat** die; -, -en [auch: ...tat'n] ([zu einer Bildertafel] vorgetragenes Lied über ein schreckliches od. rührendes Ereignis); **Mo|ri|ta|ten|sän|ger** [auch: ...ta...] **Mo|ritz,** (österr. auch:) **Mo|riz** (m. Vorn.); der kleine - (ugs. für: einfältiges, schlichtes Gemüt) **Mor|mo|ne** der; -n, -n; (↑ R 197 (Angehöriger einer nordamerik. Sekte); **Mor|mo|nen|tum** das; -s **Mo|ro|ni** (Hptst. der Komoren) **mo|ros;** -este ⟨lat.⟩ (veralt. für: verdrießlich); **Mo|ro|si|tät** die; - **Mor|phe** die; - ⟨griech.⟩ (Gestalt, Form, Aussehen); **Mor|phem** das; -s, -e (Sprachw.: kleinste bedeutungstragende Gestalteinheit in der Sprache)

Mor|pheus [...euß] ⟨griech. Gott des Traumes); in Morpheus' Armen; **Mor|phin** das; -s ⟨nach Morpheus⟩ (Hauptalkaloid des Opiums; Schmerzlinderungsmittel); **Mor|phi|nis|mus** der; - ⟨griech.⟩ (Morphiumsucht); **Mor|phi|nist** der; -en, -en (↑ R 197); **Mor|phi|ni|stin** die; -, -nen; **Mor|phi|um** das; -s (allgemeinsprachlich für: Morphin); **Mor|phi|um_sprit|ze,** ...sucht (die; -); **mor|phi|um|süch|tig; Mor|pho|ge|ne|se, Mor|pho|ge|ne|sis** [auch: ...gän...] die; -, ...ne|sen (Ursprung und Entwicklung von Organen od. Geweben eines pflanzl. od. tierischen Organismus); **mor|pho|ge|ne|tisch** (gestaltbildend); **Mor|pho|ge|nie** die; -, ...ien (svw. Morphogenese); **Mor|pho|lo|ge** der; -n, -n (↑ R 197); **Mor|pho|lo|gie** die; - (Gestaltlehre; Sprachw.: Formenlehre); **mor|pho|lo|gisch** (die äußere Gestalt betreffend) **morsch;** -este; **Morsch|heit** die; - **Mor|se|al|pha|bet** (↑ R 135) ⟨nach nordamerik. Erfinder Morse⟩ (Alphabet für die Telegrafie); **Mor|se|ap|pa|rat** (Telegrafengerät); **mor|sen** (den Morseapparat bedienen); du morst (morsest) **Mör|ser** der; -s, - (schweres Geschütz; schalenförmiges Gefäß zum Zerkleinern); **mör|sern;** ich ...ere (↑ R 22); **Mör|ser|stö|ßel Mor|se|zei|chen Mor|ta|del|la** die; -, -s ⟨ital.⟩ (ital. Zervelatwurst) **Mor|ta|li|tät** die; - ⟨lat.⟩ (Med.: Sterblichkeit[sziffer]) **Mör|tel** der; -s, -; **Mör|tel|kel|le; mör|teln;** ich ...[e]le (↑ R 22); **Mör|tel|pfan|ne Mo|ru|la** die; - ⟨lat.⟩ (Biol.: Entwicklungsstufe des Embryos) **Mo|sa|ik** der; -, -en (auch: -e) ⟨griech.-franz.⟩ (Bildwerk aus bunten Steinchen; Einlegearbeit); **Mo|sa|ik_ar|beit; mo|sa|ik|ar|tig; Mo|sa|ik_bild,** ...fuß|bo|den, ...stein **mo|sa|isch** (nach Moses benannt; jüdisch); -es Bekenntnis, aber (↑ R 134): Mo|sa|isch (von Moses herrührend); die -en Bücher; **Mo|sa|is|mus** der; - (veralt. für: Judentum) **Mo|sam|bik** (Staat in Ostafrika); **Mo|sam|bi|ka|ner; mo|sam|bi|ka|nisch Mosch** der; -[e]s (mdal. für: allerhand Abfälle, Überbleibsel) **Mo|schaw** der; -, -s ...wim ⟨hebr.⟩ (Genossenschaftssiedlung von Kleinbauern mit Privatbesitz in Israel) **Mo|schee** die; -, ...scheen ⟨arab.-franz.⟩ (islam. Bethaus)

mo|schen (mdal. für: verschwenderisch umgehen, wüsten, vergeuden); du moschst (moschest)
Mo|schus der; - ⟨sanskr.⟩ (ein Riechstoff); mo|schus|ar|tig; Mo|schus.ge|ruch, ...och|se
Mo|se vgl. Moses
Mö|se die; -, -n (derb für: weibl. Geschlechtsteile)
[1]Mo|sel die; - (l. Nebenfluß des Rheins); [2]Mo|sel der; -s, - (kurz für: Moselwein); Mo|sel|la|ner, (auch:) Mo|sel|la|ner (Bewohner des Mosellandes); Mo|sel|wein
Mö|ser (Plur. von: [Moos)
mo|sern ⟨jidd.⟩ (ugs. für: nörgeln); ich ...ere († R 22)
[1]Mo|ses, (ökum.:) Mo|se (jüd. Gesetzgeber); fünf Bücher Mosis (des Moses) od. Mose; [2]Mo|ses der; -, - ⟨Seemannsspr.: Beiboot [kleinstes Boot] einer Jacht; spöttisch für: jüngstes Besatzungsmitglied an Bord, Schiffsjunge)
Mos|kau (Hptst. der UdSSR u. der RSFSR); Mos|kau|er († R 147); Moskauer Zeit; mos|kau|isch
Mos|ki|to der; -s, -s (meist Plur.) ⟨span.⟩ (eine Stechmücke); Mos|ki|to|netz
Mos|ko|wi|ter (veralt. für: Bewohner von Moskau); Mos|ko|wi|ter|tum das; -s; mos|ko|wi|tisch; [1]Mos|kwa die; - (russ. Fluß); [2]Mos|kwa (russ. Form von: Moskau)
Mos|lem der; -s, -s ⟨arab.⟩ (Anhänger des Islams); vgl. auch: Muselman u. Muslim; Mos|lem|bru|der|schaft die; -, -en (ägypt. polit. Vereinigung); mos|le|mi|nisch, mos|le|misch; vgl. auch: muselmanisch; Mos|li|me die; -, -n (Anhängerin des Islams); vgl. auch: Muselmanin u. Muslime
mos|so ⟨ital.⟩ (Musik: bewegt, lebhaft)
Mos|sul vgl. Mosul
Most der; -[e]s, -e (unvergorener Frucht-, bes. Traubensaft; südd., österr. u. schweiz. für: Obstwein, -saft); Most|bir|ne; mo|sten; Mo|stert der; -s (nordwestd. für: Senf); Mo|strich der; -[e]s (nordostd. für: Senf)
Mo|sul, Mos|kul (Stadt im Irak)
Mo|tel [mot'l, auch: motäl] das; -s, -s (amerik.; Kurzw. aus: motorists' hotel) (an Autobahnen o. ä. gelegenes Hotel [für Autoreisende])
Mo|tet|te die; -, -n ⟨ital.⟩ (mehrstimmiger Kirchengesang); Mo|tet|ten|stil
Mo|ti|li|tät die; - ⟨lat.⟩ (die unwillkürlich gesteuerten Muskelbewegungen); Mo|ti|on [...zion] die; -, -en ⟨franz.⟩ (Abwandlung bes. des Adjektivs nach dem jeweili-

gen Geschlecht; schweiz. für: Antrag in einer Versammlung); Mo|tio|när der; -s, -e (schweiz. für: jmd., der eine Motion einreicht)
Mo|tiv das; -s, -e [...w[c]] ⟨lat.-franz.⟩) ([Beweg]grund, Antrieb, Ursache; Leitgedanke; Gegenstand, Thema einer [künstler.] Darstellung; kleinstes musikal. Gebilde); Mo|ti|va|ti|on die; -, -en ⟨lat.⟩ (die Beweggründe, die das Handeln eines Menschen bestimmen); Mo|tiv|for|schung die; - (Zweig der Marktforschung); mo|ti|vie|ren [...wir'n] ⟨franz.⟩ (begründen; anregen); Mo|ti|vie|rung; Mo|ti|vik die; - ⟨lat.⟩ (Kunst der Motivverarbeitung [in einem Tonwerk]); mo|ti|visch; Mo|tiv|samm|ler (Philatelie)
Mo|to das; -s, -s ⟨franz.⟩ (schweiz. Kurzform von: Motorrad; Mo|to-Cross das; -, -e ⟨engl.⟩ (Gelände-, Vielseitigkeitsprüfung für Motorradsportler); Mo|to|drom das; -s, -e ⟨franz.⟩ (Rennstrecke [Rundkurs]); Mo|tor[1] der; -s, ...oren ⟨lat.⟩ (Antriebskraft erzeugende Maschine; übertr. für: vorwärtstreibende Kraft); Mo|tor[1].block (Plur. ...blöcke), ...boot; Mo|to|ren.bau (der; -[e]s), ...ge|räusch, ...lärm; Mo|tor[1].fahr|zeug, ...hau|be; ...mo|to|rig (z. B. zweimotorig, mit Ziffer: 2motorig); Mo|to|rik die; - (Gesamtheit der Bewegungsabläufe des menschl. Körpers; die Lehre von den Bewegungsfunktionen); Mo|to|ri|ker (Psych.: jmd., dessen Erinnerungen, Assoziationen o. ä. vorwiegend von Bewegungsvorstellungen geleitet werden); mo|to|risch; -es Gehirnzentrum (Sitz der Bewegungsantriebe); mo|to|ri|sie|ren (mit Kraftmaschinen, -fahrzeugen ausstatten); Mo|to|ri|sie|rung; Mo|tor[1].jacht, ...lei|stung, ...öl, ...rad; Mo|tor|rad[1]_bril|le, ...fah|rer, ...ren|nen; Mo|tor[1]-.rol|ler, ...sä|ge, ...scha|den, ...schiff, ...schlep|per, ...schlit|ten, ...seg|ler, ...sport, ...sprit|ze
Mo|tte die; -, -n
mot|ten (südd. u. schweiz. für: schwelen, glimmen)
Mot|ten.echt, ...fest; Mot|ten-.fif|fi (der; -s, -s; ugs. scherzh. für: Pelzmantel), ...fraß, ...ki|ste, ...ku|gel, ...pul|ver
Mot|to das; -s, -s ⟨ital.⟩ (Denk-, Wahl-, Leitspruch; Kennwort; Devise)
Mo|tu|pro|prio das; -s, -s ⟨lat.⟩ (ein

nicht auf Eingaben beruhende[] päpstl. Erlaß)
mot|zen (ugs. für: schimpfen[] schmollen; du motzt (motzest) mot|zig (ugs.)
Mou|che [musch] die; -, -s [musch[] ⟨franz.⟩ (Schönheitspflästerchen[]
mouil|lie|ren [mujir'n] ⟨franz[] (Sprachw.: erweichen; ein „j[] nachklingen lassen, z. B. nach [] in „brillant = briljant"); Mouil[] lie|rung
Mou|la|ge [mulaseh[c]] der; -, - [] (auch: die; -, -n) ⟨franz.⟩ (Abdruck, Abguß, bes. farbiges anatom. Wachsmodell)
Mou|li|né [...ne] der; -s, -s (Garn[] Gewebe); mou|li|nie|ren (Seide[] zwirnen)
Mount Eve|rest [maunt äw'riß[] der; - -[s] ⟨engl.⟩ (höchster Ber[] der Erde); Mount Mc|Kin|le [- mäkinl'] der; - -[s] (höchste[] Berg Nordamerikas)
Mousse [muß] die; -, -s [mu[] ⟨franz.⟩ (schaumige [Schokola den]süßspeise; Vorspeise aus pü[] riertem Fleisch); mous|sie|re[] ⟨franz.⟩ (schäumen, aufbrausen)
Mous|té|ri|en [mußteriäng] da[] -[s] ⟨franz.⟩ (Stufe der älteren Al[] steinzeit)
Mö|we die; -, -n (ein Vogel); Mö[] wen_ei, ...ko|lo|nie, ...schrei
Moz|ara|ber [auch: moza...] der[] Plur. (Angehöriger der „arab[] sierten" span. Christen der Ma[] renzeit); moz|ara|bisch
Mo|zart (österr. Komponist); M[] zar|te|um das; -s (Musikinstitu[] in Salzburg); mo|zar|tisch, abe[] († R 134): Mo|zar|tisch; M[] zart-Kon|zert|abend († R 135[]
Mo|zart_ku|gel, ...zopf (am Hin[] terkopf mit einer Schleife zusam[] mengebundener Zopf); † R 135
mp = mezzopiano
m. p. = manu propria
MP, MPi = Maschinenpistole
Mr. = Mister ⟨engl.⟩ (engl. Anre[] de [nur mit Eigenn.])
Mrd. = Milliarde[n]
Mrs. = Mistreß, [in engl. Schre[] bung:] Mistress [mißis] ⟨eng[] (engl. Anrede für verheiratet[] Frauen [nur mit Eigenn.])
MS = Motorschiff
Ms., Mskr. = Manuskript
m/s = Meter je Sekunde
Msgr., Mgr. = Monsignore
Mskr., Ms. = Manuskript
Mss. = Manuskripte
Mt = Megatonne
MTA = medizinisch-technisch[] Assistentin
Mu|ba = Schweizerische Muste[] messe Basel
Much|tar der; -s, -s ⟨arab.⟩ (Dor[] schulze)
Mu|ci|us [...ziuß] (altröm. m. E[]

---

[1] Auch Betonung auf der zweiten Silbe: Motor (der; -s, -e), Motorblock usw.

genn.); - Scävola [- *βzäwola*]
(röm. Sagengestalt)
Muck vgl. Mucks
Mücke¹ *die;* -, -n (ugs. für: Grille,
Laune; südd. für: Mücke);
Mücke¹ *die;* -, -n
Muckelfuck¹ *der;* -s (ugs. für: Er-
satzkaffee; sehr dünner Kaffee)
mucken¹ (ugs. für: leise murren)
Mücken¹_pla|ge, ...schiß (derb),
...stich
Mucker¹ (heuchlerischer Frömm-
ler); mucke|risch¹; -ste; Mucker-
tum¹ *das;* -s; muckisch¹; -ste (veralt., aber noch landsch. für: lau-
nisch, unfreundlich); Mucks *der;*
-es, -e, (auch:) Muck *der;* -s, -e u.
Muckser *der;* -s, - (ugs.: leiser,
halb unterdrückter Laut); keinen
- tun; mucksch; -este; svw. muk-
kisch; muck|schen (landsch. für:
muckisch sein); du muckschst
(muckschest); muck|sen (ugs.
für: einen Laut geben; eine Bewegung machen); du muckst
(mucksest); er hat sich nicht ge-
muckst (ugs. für: er hat sich
kleinlaut verhalten, sich nicht
gerührt); Muck|ser vgl. Mucks;
mucks|mäus|chen|still (ugs. für:
ganz still)
Mud *der;* -s (niederd. für:
Schlamm [an Flußmündungen];
Morast); mud|dig (niederd. für:
schlammig)
mü|de; sich - arbeiten; einer Sa-
che - (überdrüssig) sein; ich bin
es (vgl. „es" [alter *Gen.*]) -; Mü-
dig|keit *die;* -
Mu|dir *der;* -s, -e ⟨arab.(-türk.)⟩
(Leiter eines Verwaltungsbezir-
kes [in Ägypten])
M. U. Dr. (österr.) = medicinae
universae doctor (Doktor der gesamten Medizin); vgl. Dr. med.
univ.
Mües|li (schweiz. Form von:
Müsli)
Mu|ez|zin [österr.: *mu-ä...*] *der;* -s,
-s ⟨arab.⟩ (Gebetsrufer im Islam)
¹Muff *der;* -[e]s (niederd. für:
Schimmel, Kellerfeuchtigkeit)
²Muff *der;* -[e]s, -e ⟨niederl.⟩
(Handwärmer); Müff|chen,
Müff|lein; Muf|fe *die;* -, -n
(Rohr-, Ansatzstück)
¹Muf|fel *der;* -s, - ⟨Jägerspr.: kurze
Schnauze; ugs. abschätzig für:
mürrischer Mensch; jmd., der
für etwas nicht zu haben ist;
Zool.: unbehaarter Teil der Nase
bei manchen Säugetieren⟩
²Muf|fel *die;* -, -n (Schmelztiegel)
³Muf|fel *das;* -s, -e - (dt. Form für:
Mufflon)
muf|fel|lig, mufflig (niederd. für:
den Mund verziehend; mür-
risch); ¹muf|feln (ugs. für: an-

dauernd kauen; mürrisch sein);
ich ...[e]le (↑R 22)
²muf|feln (österr. für: müffeln);
müf|feln (landsch. für: nach
Muff [Schimmel] riechen); ich
...[e]le (↑R 22); muf|fen (landsch.)
Muf|fel|wild (Mufflon)
Muf|fen|sau|sen *das;* -s (derb); -
haben (Angst haben)
¹muf|fig (landsch. für: mürrisch)
²muf|fig (nach Muff [Schimmel]
riechend)
Muf|fig|keit *die;* -⟨zu: ¹,²muffig⟩
Müff|lein, Müff|chen ⟨zu: ²Muff⟩
muff|lig vgl. muffelig
Muff|lon *der;* -s, -s ⟨franz.⟩ (ein
Wildschaf)
Muf|ti *der;* -s, -s ⟨arab.⟩ (islam.
Gesetzeskundiger)
Mu|gel *der;* -s, -[n] (österr. ugs.
für: Hügel); mu|ge|lig, mug|lig
(mdal., fachspr.: mit gewölbter
Fläche)
muh!; muh machen, muh schreien
Mü|he *die;* -, -n; mit Müh und Not
(↑R 18); es kostet mich keine -;
sich redlich - geben; mü|he|los;
-este; Mü|he|lo|sig|keit *die;* -
mu|hen (muh schreien)
mü|hen, sich; mü|he|voll; Mü|he-
wal|tung
Muh|kuh (Kinderspr. für: Kuh)
Mühl|bach; Müh|le *die;* -, -n;
Müh|len_rad od. Mühl|rad,
...stein od. Mühl|stein, ...wehr
das od. Mühl|wehr *das;* Müh|le-
spiel
Mühl|hau|sen i. Thür. (Stadt an
der oberen Unstrut); Mühl|häu-
ser
Mühl|heim a. Main (Stadt bei Of-
fenbach)
Mühl|heim an der Do|nau (Stadt
in Baden-Württemberg)
Mühl|rad od. Müh|len|rad,
...stein od. Müh|len|stein, ...wehr
das od. Müh|len|wehr *das;*
Mühl|werk
Mühm|chen, Mühm|lein; Muh|me
die; -, -n (veralt. für: Tante)
Müh|sal *die;* -, -e; müh|sam; Müh-
sam|keit *die;* -; müh|se|lig; Müh-
se|lig|keit
Muk|den (früher für: Schenjang)
mu|kös; -este ⟨lat.⟩ (Med.: schlei-
mig); Mu|ko|sa *die;* -, ...sen
(Schleimhaut)
Mu|lat|te *der;* -n, -n (↑R 197)
⟨span.⟩ (Nachkomme eines weißen u. eines schwarzen Eltern-
teils); Mu|lat|tin *die;* -, -nen
Mulch *der;* -[e]s, -e (Schicht aus
zerkleinerten Pflanzen, Torf o. ä.
auf dem Acker- od. Gartenbo-
den); Mulch|blech (Laubzerkle-
nerer an Rasenmähern); mul-
chen (mit Mulch bedecken)
Mul|de *die;* -, -n; mul|den|för|mig
Mu|le|ta *die;* -, -s ⟨span.⟩ (rotes
Tuch der Stierkämpfer)

Mül|hau|sen (Stadt im Elsaß)
Mül|heim (Ort bei Koblenz)
Mül|heim a. d. Ruhr (Stadt im
Ruhrgebiet)
Mu|li *das;* -s, -[s] ⟨lat.⟩ (südd.,
österr. für: Mulus [Maulesel])
Mu|li|nee (eindeutschend für:
Mouliné); mu|li|nie|ren (eindeut-
schend für: moulinieren)
¹Mull *der;* -[e]s, -e ⟨Hindi-engl.⟩
(ein Baumwollgewebe)
²Mull *der;* -[e]s, -e (eine Humus-
form)
³Mull, auch: Goldmull *der;* -s, -e
(ein maulwurfähnlicher Insek-
tenfresser)
Müll *der;* -[e]s (Schutt, Kehricht;
Technik: nicht verwertbares
Restprodukt, z. B. Atommüll)
Müll_ab|fuhr, ...ab|la|de|platz
Mul|lah, auch: Molla, Mulla *der;*
-s, -s ⟨arab.⟩ (Titel von islam.
Geistlichen u. Gelehrten)
Mul|läpp|chen [*Trenn.:* Mull|läpp-
chen, ↑R 204]
Mul|lat|schag *der;* -s, -s ⟨ung.⟩
(ostösterr. für: ausgelassenes
Fest)
Müll|au|to
Müll|bin|de
Müll_de|po|nie, ...ei|mer
Mül|ler; Müll|ler_bursch od.
...bur|sche; Müll|le|rei; Mül|le-
rin *die;* -, -nen; Müll|le|rin|art;
in: auf od. nach - (in Mehl ge-
wendet, gebraten u. mit Butter
übergossen)
Mül|ler-Thur|gau [auch: *tur...*]
der; - ⟨nach dem schweiz. Pflan-
zenphysiologen H. Müller-Thur-
gau⟩ (eine Reb- u. Weinsorte)
Müll|gar|di|ne
Müll_gru|be, ...hau|fen
¹Müll|heim (Stadt in Baden-Würt-
temberg)
²Müll|heim (schweiz. Ort nahe dem
Thur)
Müll_kip|pe, ...mann (ugs.; *Plur.*
...männer), ...schlucker [*Trenn.:*
...schluk|ker], ...ton|ne, ...ver-
bren|nung, ...ver|bren|nungs|an-
la|ge, ...wa|gen, ...wer|ker (Be-
rufsbezeichnung)
Müll|win|del
Mulm *der;* -[e]s (lockere Erde;
faules Holz); mul|men (zu Mulm
machen; in Mulm zerfallen);
mul|mig (auch ugs. für: bedenk-
lich, faul, z. B. die Sache ist -;
übel, unwohl, z. B. mir ist -)
Mul|ti *der;* -s, -s ⟨lat.⟩ (ugs. Kurz-
wort für: multinationaler Kon-
zern); mul|ti|funk|tio|nal (vielen
Funktionen gerecht werdend);
mul|ti|la|te|ral (mehrseitig); -e
Verträge); mul|ti|me|di|al (viele
Medien betreffend, berücksichti-
gend, für viele Medien be-
stimmt); Mul|ti|me|dia|sy|stem
(System, das mehrere Medien

---

¹ *Trenn.:* ...k|k...

[z. B. Fernsehen u. Bücher] verwendet); Mul|ti|mil|lio|när; mul|ti|na|tio|nal (aus vielen Nationen bestehend; in vielen Staaten vertreten); -e Unternehmen; mul|ti|pel (vielfältig); ...i|ple Sklerose (Gehirn- u. Rückenmarkskrankheit); Mul|ti|ple-choice-Ver|fah|ren [*maltip'ltscho'ß*...] ⟨engl.; dt.⟩ ([Prüfungs]verfahren, bei dem von mehreren vorgegebenen Antworten eine od. mehrere als richtig zu kennzeichnen sind); mul|ti|plex; -este (veralt. für: vielfältig; vgl. Dr. [h. c.] mult.; Mul|ti|pli|kand der; -en, -en; ↑ R 197 (Zahl, die mit einer anderen multipliziert werden soll); Mul|ti|pli|ka|ti|on [...*zion*] die; -, -en (Vervielfältigung); Mul|ti|pli|ka|tor der; -s, ...oren (Zahl, mit der eine vorgegebene Zahl multipliziert werden soll); mul|ti|pli|zie|ren (vervielfältigen, malnehmen, vervielfachen); zwei multipliziert mit zwei ist, macht, gibt (nicht: sind, machen, geben) vier; mul|ti|va|lent [...*walänt*] (Psych.: mehr-, vielwertig [von Tests, die mehrere Lösungen zulassen]); Mul|ti|va|lenz die; -, -en (Psych.: Mehrwertigkeit von psychischen Eigenschaften, Schriftmerkmalen, Tests); Mul|ti|vi|bra|tor der; -s, ...oren (ein Bauelement in elektron. Rechenanlagen u. Fernsehgeräten); Mul|ti|vi|si|ons|wand (Projektionswand, auf die mehrere Dias gleichzeitig projiziert werden)

mul|tum, non mul|ta ⟨lat.⟩ („viel [= ein Gesamtes], nicht vielerlei [= viele Einzelheiten]", d. h. Gründlichkeit, nicht Oberflächlichkeit)

Mul|lus der; -, Muli ⟨lat.⟩ (Maulesel; veralt. scherzh. für: Abiturient vor Beginn des Studiums)

Mul|mie [...*i'*] die; -, -n ⟨pers.-ital.⟩ ([durch Einbalsamieren usw.] vor Verwesung geschützter Leichnam); mu|mi|en|haft; -este; Mu|mi|en|sarg; Mu|mi|fi|ka|ti|on [...*zion*] die; -, -en ⟨pers.-ital.; lat.⟩ (seltener für: Mumifizierung; Med.: Gewebeeintrocknung); mu|mi|fi|zie|ren; Mu|mi|fi|zie|rung (Einbalsamierung)

Mumm der; -s (ugs. für: Mut, Schneid); keinen Mumm haben

¹Mum|me die; - (mdal. für: Malzbier; Braunschweiger -

²Mum|me die; -, -n (veralt. für: Larve; Vermummter)

Mum|mel die; -, -n (Teichrose)

Mum|mel|greis (ugs. für: alter [zahnloser] Mann); Müm|mel|mann der; -[e]s (niederd. scherzh. für: Hase); mum|meln (land-

schaftl. für: murmeln; behaglich kauen, wie ein Zahnloser kauen; auch für: mummen); ich ...[e]le (↑ R 22); müm|meln (fressen [vom Hasen, Kaninchen])

Mum|mel|see der; -s

mum|men (veralt. für: einhüllen; dafür heute: ein-, vermummen); Mum|men|schanz der; -es (Maskenfest); Mum|me|rei (veralt.)

Mumpf der; -[e]s (schweiz. neben: Mumps)

Mum|pitz der; -es (ugs. für: Unsinn; Schwindel)

Mumps der (landsch. auch: die); - ⟨engl.⟩ (Med.: Ziegenpeter)

Munch [*munçk*], Edvard (norweg. Maler)

Mün|chen (Stadt a. d. Isar); München-Schwabing (↑ R 154); Mün|che|ner, Münch|ner (↑ R 147); - Kindl; Münchener Straße (↑ R 191)

¹Münch|hau|sen, Karl Friedrich Hieronymus von, genannt „Lügenbaron" (Verfasser unglaubhafter Abenteuergeschichten); ²Münch|hau|sen der; -, - (Aufschneider); Münch|hau|se|n|ja|de (Erzählung in Münchhausens Art); münch|hau|sisch, aber (↑ R 134): Münch|hau|sisch

Münch|ner vgl. Müncheer

¹Mund der; -[e]s, Münder (selten auch: Munde u. Münde)

²Mund, Munt die; - (Schutzverhältnis im germ. Recht); vgl. Mundium

Mund|art; Mund|art_dich|ter, ...dich|tung; Mund|ar|ten|for|schung, Mund|art|for|schung; mund|art|lich (Abk.: mdal.); Mund|art_spre|cher, ...wör|ter|buch; Münd|chen, Münd|lein; Mund|du|sche

Mün|del [nach BGB [für beide Geschlechter]: der); -s, - (für ein Mädchen selten auch: die; -, -n) ⟨zu: ²Mund, Munt); Mün|del|geld; mün|del|si|cher; Mün|del|si|cher|heit die; -

mun|den (schmecken); mün|den

Mün|den (Stadt am Zusammenfluß der Fulda u. der Werra zur Weser); Mün|de|ner (↑ R 147)

mund|faul; Mund|fäu|le (Geschwüre auf der Mundschleimhaut u. an den Zahnrändern); mund|fer|tig; mund|ge|recht; -este; Mund_flo|ra (Med.: die Bakterien u. Pilze in der Mundhöhle), ...ge|ruch (meist Sing.), ...har|mo|ni|ka, ...höh|le

mün|dig; - sein, werden; Mün|dig|keit die; -; Mün|dig|keits|er|klä|rung; mün|dig|spre|chen (↑ R 205); ich spreche mündig; mündiggesprochen; mündigzusprechen; Mün|dig|spre|chung; Mün|di|um das; -s, ...ien [...*i'n*] u.

...ia ⟨germ.-mlat.⟩ (Schutzverpflichtung, -gewalt im frühen dt Recht); vgl. ²Mund, Munt

Mund|kom|mu|ni|on (kath. Rel.) Münd|lein, Münd|chen; münd lich; Münd|lich|keit die; - Mund_pfle|ge, ...pro|pa|gan|da ...raub (der; -[e]s), ...rohr (veralt für: Mundstück)

Mund|schaft (früher für: Verhält nis zwischen Schützer u. Be schütztem; Schutzverhältnis)

Mund_schenk (früheres Hofamt) ...schleim|haut, ...schutz (Med. Boxsport; Plur. [selten]: -e)

M-und-S-Rei|fen = Matsch-und Schnee-Reifen

Mund|stück; mund|tot; jmdn. machen (zum Schweigen bringen); Mund|tuch (Plur. ...tücher geh. veralt.)

Mün|dung; Mün|dungs_feu|er ...scho|ner; Mund|voll der; -, - einen, zwei, einige, ein paar [Fleisch u. a.] nehmen); Mund _vor|rat, ...was|ser (Plur.: ...wäs ser), ...werk das; -s, -e; ei großes, gutes - haben (ugs. für tüchtig, viel reden können) Mund_werk|zeug (meist Plur. ...win|kel; Mund-zu-Mund-Be at|mung (↑ R 41); Mund-zu-Na se-Be|at|mung (↑ R 41)

Mung|gen|ast [*mung'naßt*] (österr Barockbaumeisterfamilie)

¹Mun|go der; -s, -s ⟨angloind. (Schleichkatzengattung Afrika u. Asiens mit zahlreichen Arten

²Mun|go der; -[s], -s ⟨engl.⟩ (Garr Gewebe aus Reißwolle)

Mu|ni der; -s, - (schweiz. mda für: Zuchtstier)

Mu|nin („der Erinnerer"; nord Mythol. („einer der beiden Rabe Odins); vgl. Hugin

Mu|ni|ti|on [...*zion*] die; -, -e ⟨franz.⟩; mu|ni|tio|nie|ren (m Munition versehen); sich -; Mu ni|tio|nie|rung; Mu|ni|ti|ons_ste pot, ...fa|brik, ...la|ger, ...zug

mu|ni|zi|pal ⟨lat.⟩ (veralt. für: städ tisch; Verwaltungs...); Mu|ni|zi pi|um das; -s, ...ien [...*i'n*] (alt röm. Landstadt)

Mun|ke|lei (ugs.); mun|keln (ugs.); ich ...[e]le (↑ R 22)

Mün|ster das (selten: der); -s, (Stiftskirche, Dom)

Mün|ste|ra|ner (Einwohner vo Münster [Westf.])

Mün|ster|bau (Plur. ...bauten) Mün|ster|land das; -[e]s (Teil de Westfälischen Bucht) Mün|ster|turm

Mün|ster (Westf.) (Stadt im Mür sterland)

Munt vgl. ²Mund

mun|ter; munt[e]rer, -ste; Mun ter|keit die; -; Mun|ter|ma|che (ugs. für: Anregungsmittel)

Münt|zer, Thomas (dt. ev. Theologe)

Münz_amt, ...au|to|mat; **Mün|ze** die; -, -n (Zahlungsmittel, Geld; Geldprägestätte); **mün|zen**; du münzt (münzest); das ist auf mich gemünzt (ugs. für: das zielt auf mich ab); **Mün|zen|samm|lung**, Münz|samm|lung; **Mün|zer** (veralt. für: Münzenpräger); **Münz_fern|spre|cher**, ...ge|wicht, ...hol|heit, ...ka|bi|nett, ...kun|de (die; -; für: Numismatik); **münz|mä|ßig**; **Münz_recht**, ...samm|lung od. Mün|zen|samm|lung, ...sor|tier|ma|schi|ne, ...tank, ...tech|nik, ...ver|bre|chen, ...wechs|ler, ...wel|sen (das; -s)

Mur die; - (l. Nebenfluß der Drau)

Mu|rä|ne die; -, -n ⟨griech.⟩ (ein Fisch)

mürb, (häufiger:) **mür|be**; -s Gebäck; er hat ihn - gemacht (ugs. für: seinen Widerstand gebrochen); **Mür|be** die; -; **Mür|be_bra|ten** (nordd. für: Lendenbraten), ...teig; **Mürb|heit** die; -; **Mürb|ig|keit** die; - (veralt.)

Mur|bruch der; -[e]s, ...brüche, **Mu|re** die; -, -n (Schutt- od. Schlammstrom im Hochgebirge)

mu|ren ⟨engl.⟩ (Seew.: mit einer Muring verankern)

mu|ria|tisch (↑R 180) ⟨lat.⟩ (kochsalzhaltig)

mu|rig ⟨zu: Mure⟩; -es Gelände

Mu|ril|lo [...i̯lio] (span. Maler)

Mu|ring die; -, -e ⟨engl.⟩ (Seew.: Vorrichtung zum Verankern mit zwei Ankern); **Mu|rings_bol|je**, ...schä|kel

Mur|kel der; -s, - (Wickelkind; nordd. mdal. für: kleines Kind)

Murks der; -es (ugs. für: unordentliche Arbeit); **murk|sen** (ugs.); du murkst (murksest); **Murk|ser**

Mur|mansk (sowjet. Hafenstadt)

Mur|mel die; -, -n (landsch. für: Spielkügelchen, Marmel)

mur|meln; ich ...[e]le (↑R 22)

Mur|mel|tier (ein Nagetier); schlafen wie ein -

Mur|ner der; -s (Kater in der Tierfabel)

Murr die; - (r. Nebenfluß des Neckars)

mur|ren; **mür|risch**; -ste; **Mür|risch|keit** die; -; **Mür|ri|kopf** (veralt.); **murr|köp|fig** (veralt.); **murr|köp|fisch** (veralt.)

Mur|ten (schweiz. Ortsn.)

Mürz die; - (l. Nebenfluß der Mur)

Mus das (landsch.: der); -es, -e

Mu|sa die; - ⟨arab.⟩ (Bananenart)

Mu|sa|fa|ser (Manilahanf)

[1]Mu|sa|get der; - ⟨ein (↑R 197) ⟨griech.⟩ („Musen[an]führer"; Beiname Apollos); **[2]Mus|aget**

der; -en, -en; ↑R 197 (veralt. für: Freund u. Förderer der Künste u. Wissenschaften)

mus|ar|tig

Mus|ca|det [müßkadä] der; -[s], -s (trockener franz. Weißwein)

[1]Mu|sche die; -, -n ⟨franz.⟩ (vgl. Mouche)

[2]Mu|sche die; -, -n (mdal. für: unordentliche Frau; Prostituierte)

Mu|schel die; -, -n; **Mu|schel|bank** (Plur. ...bänke); **Mu|schel|chen**; **mu|schel|för|mig**; **mu|sche|lig**, musch|lig; **Mu|schel_kalk** (der; -[e]s; Geol.: mittlere Abteilung der Triasformation), ...samm|lung, ...scha|le

Mu|schi die; -, -s (Kinderspr. für: Katze; salopp für: Vulva)

Mu|schik [auch: ...ik] der; -s, -s ⟨russ.⟩ (veralt. Bez. für den russ. Bauern)

Mu|schir der; -s, -e ⟨arab.⟩ (früher: türk. Feldmarschall)

Musch|kol|te der; -n, -n (↑R 197) (zu: Musketier) (ugs. für: Soldat zu Fuß)

musch|lig, mu|sche|lig

Mu|se die; -, -n ⟨griech.⟩ (eine der [neun] griech. Göttinnen der Künste); die zehnte - (scherzh. für: Kleinkunst, Kabarett); **mu|se|al** (zum, ins Museum gehörend; Museums...); **Mu|se|en** (Plur. von: Museum)

Mu|sel|man der; -en, Muselmanen [mús'lman'n] ⟨arab.; verderbt aus: Moslem⟩ (veralt für: Anhänger des Islams); vgl. Moslem u. Muslim; **Mu|sel|ma|nin** die; -, -nen (veralt.); vgl. Moslime u. Muslime; **mu|sel|ma|nisch** (veralt.); **Mu|sel|mann** (Plur. ...män|ner; eindeutschend vereinf. für: Muselman) od. **Mu|sel|män|nin** die; -, -nen (veralt.); **mu|sel|män|nisch** (veralt.)

Mu|sen|al|ma|nach; **Mu|sen_sohn**, ...tem|pel; **Mu|seo|lo|gie** die; - (Museumskunde)

Mu|set|te [müsät] die; -, -s od. -n [...t'n] ⟨franz.⟩ (franz. Tanz im ³/₄-od. ⁶/₈-Takt)

Mu|se|um das; -s, ...een ⟨griech.⟩ ([der Öffentlichkeit zugängliche] Sammlung von Altertümern, Kunstwerken o. ä.); **Mu|se|ums_auf|se|her**, ...bau (Plur. ...bau|ten), ...die|ner (veraltend), ...füh|rer, ...ka|ta|log; **mu|se|ums|reif**; **Mu|se|ums|stück**

Mu|si|cal [mjusik'l] das; -s, -s ⟨amerik.⟩ (populäres Musiktheater[stück], das von operetten- u. revuehaften Elementen bestimmt ist)

mu|siert ⟨griech.⟩ (svw. musivisch)

Mu|sik die; -, -en ⟨griech.⟩ (Tonkunst [nur Sing.]; Komposition, Musikstück); **Mu|sik|aka|de-**

mie; **Mu|si|ka|li|en** [...i'n] Plur. (gedruckte Musikwerke); **Mu|si|ka|li|en|hand|lung**; **mu|si|ka|lisch**; -ste (tonkünstlerisch; musikbegabt, musikliebend); **Mu|si|ka|li|tät** die; - (musikal. Wirkung; musikal. Empfinden od. Nacherleben); **Mu|si|kant** der; -en, -en; ↑R 197 (Musiker, der zum Tanz u. dgl. aufspielt); **Mu|si|kan|ten|kno|chen** (ugs. für: schmerzempfindlicher Ellenbogenknochen); **mu|si|kan|tisch** (musizierfreudig, musikliebhaberisch); **Mu|sik_au|to|mat**, ...bi|blio|thek; **Mu|sik|box** ⟨amerik.⟩ (Schallplattenapparat in Gaststätten); **Mu|sik|di|rek|tor** (Abk.: MD); **Mu|si|ker**; **Mu|sik_er|zie|hung**, ...ge|schich|te, ...hoch|schu|le, ...in|stru|ment, ...in|stru|men|ten|in|du|strie, ...ka|pel|le, ...kas|set|te, ...kon|ser|ve (oft abwertend), ...kri|ti|ker, ...leh|rer, ...le|xi|kon; **mu|sik|lie|bend**; **Mu|si|kol|lo|ge** der; -n, -n; ↑R 197 (Musikwissenschaftler); **Mu|si|kol|lo|gie** die; - (Musikwissenschaft); **Mu|sik_preis** (vgl. [2]Preis), ...stück, ...thea|ter (das; -s; ↑R 180), ...tru|he, ...über|tra|gung, ...un|ter|richt; **Mu|si|kus** der; -, ...sizi u. ...kusse (scherzh. für: Musiker); **Mu|sik_ver|lag**; **mu|sik|ver|stän|dig**; **Mu|sik_werk**, ...wis|sen|schaft, ...wis|sen|schaft|ler, ...zeit|schrift

Mu|sil, Robert (österr. Schriftsteller)

mu|sisch ⟨griech.⟩ (den Musen geweiht; künstlerisch [durchgebildet, hochbegabt usw.]; die Musik betreffend); -es Gymnasium

Mu|siv_ar|beit (eingelegte Arbeit), ...gold (unechtes Gold); **mu|si|visch** [...wisch] ⟨griech.⟩ (eingelegt); -e Arbeit; **Mu|siv|sil|ber** (Legierung aus Zinn, Wismut u. Quecksilber zum Bronzieren)

mu|si|zie|ren; **Mu|si|zier|stil**

Mus|kat [österr.: muß...] der; -[e]s, -e ⟨sanskr.-franz.⟩ (ein Gewürz); **Mus|kat|blü|te** [österr.: muß...]; **Mus|ka|te** die; -, -n (veralt. für: Muskatnuß); **Mus|ka|tel|ler** der; -s, - ⟨ital.⟩ (Rebensorte, Wein); **Mus|kat|tel|ler|wein**; **Mus|kat|nuß** [österr.: muß...]; **Mus|kat_nuß|baum**

Mus|kel der; -s, -n ⟨lat.⟩; **Mus|kel_atro|phie** (Muskelschwund), ...fa|ser, ...kal|ter (ugs. für: Muskelschmerzen), ...kraft, ...krampf, ...mann (Plur. ...män|ner; ugs.), ...protz (ugs.), ...riß, ...schwund, ...zer|rung

Mus|ke|te die; -, -n ⟨franz.⟩ (früher: schwere Handfeuerwaffe); **Mus|ke|tier** der; -s, -e ⟨franz.⟩ (früher: Soldat zu Fuß)

Mus|ko|vit [...*wit*], (auch:) Mus-
ko|wit *der;* -s, -e (heller Glimmer)
mus|ku|lär (lat.) (auf die Muskeln
bezüglich, sie betreffend); Mus-
ku|la|tur *die;* -, -en (Muskelgefü-
ge, starke Muskeln); mus|ku|lös;
-este (franz.) (mit starken Muskeln versehen; äußerst kräftig)
Müs|li *das;* -s, - (schweiz.) (ein
Rohkostgericht bes. aus Getrei-
deflocken); vgl. Müesli
Mus|lim *der;* -[s], -e u. -s (fachspr.
für: Moslem); Mus|li|me, mus|li-
misch (fachspr. für: Moslime,
moslemisch)
Mus|pel|heim (nord. Mythol.:
Welt des Feuers, Reich der Feu-
erriesen); Mus|pil|li *das;* -s
("Weltbrand"; altd. Gedicht
vom Weltuntergang)
Muß *das;* - (Zwang); es ist ein -
(notwendig); wenn nicht das
harte - dahinterstünde; Muß-Be-
stim|mung (↑R 33)
Mu|ße *die;* - (freie Zeit); in aller -
Muß|ehe
Mus|se|lin *der;* -s, -e (nach der
Stadt Mosul) (ein Gewebe); mus-
se|li|nen (aus Musselin)
müs|sen; ich muß, du mußt; du
mußtest; du müßtest; gemußt,
müsse!; ich habe gemußt, aber:
was habe ich hören -!
Mus|se|ron [...*rong*] *der;* -s, -s
(franz.) (ein Pilz)
Mu|ße|stun|de
Muß|hei|rat
mü|ßig; sein; - [hin und her] ge-
hen; vgl. aber müßiggehen; mü-
ßi|gen (veranlassen), nur noch
geläufig in: sich genötigt sehen;
Mü|ßig-gang *der;* -[e]s), ...gän-
ger; mü|ßig|gän|ge|risch; -ste;
mü|ßig|ge|hen; (↑R 205 (faulen-
zen); er ist müßiggegangen; Mü-
ßig|keit *die;* -
Mus|sorg|ski (russ. Komponist)
Mus|sprit|ze (ugs. für: Regen-
schirm)
Muß-Vor|schrift (↑R 33)
Mu|sta|fa (türk. m. Vorn.)
Mu|stang *der;* -s, -s (engl.) (ein
Steppenpferd)
Mu|ster *das;* -s, -; nach -; Mu|ster-
_bei|spiel, ...be|trieb, ...bild,
...brief, ...ex|em|plar (meist
iron.), ...gat|te (meist iron.); mu-
ster|gül|tig; Mu|ster|gül|tig|keit
die; -; mu|ster|haft; -este; Mu-
ster|haf|tig|keit *die;* -; Mu|ster-
_kar|te, ...kna|be (iron.), ...kof-
fer, ...mes|se; mu|stern; ich ...ere
(↑R 22); Mu|ster_pro|zeß,
...schü|ler, ...schutz, ...stück
(meist iron.); Mu|ste|rung; Mu-
ste|rungs|be|scheid; Mu|ster-
_zeich|ner, ...zeich|nung
Mus|topf; aus dem - kommen
(ugs. für: ahnungslos sein)
Mut *der;* -[e]s; jmdm. - machen;

guten Mut[e]s sein (↑R 7); mir ist
traurig zumute
Mu|ta *die;* -, ...tä (lat.) (veralt. für:
Explosivlaut); - cum li|quida
(Verbindung von Verschluß- u.
Fließlaut)
mu|ta|bel (lat.) (veränderlich);
...a|ble Merkmale; Mu|ta|bi|li|tät
die; - (Veränderlichkeit); Mu-
tant *der;* -en, -en (svw. Mutante);
österr. auch für: Jugendlicher im
Stimmwechsel); Mu|tan|te *die;* -,
-n (durch Mutation entstandenes
Lebewesen); Mu|ta|ti|on [...*zion*]
die; -, -en (Biol.: spontan ent-
standene od. künstlich erzeugte
Veränderung im Erbgefüge;
Med.: Stimmwechsel; schweiz.:
Änderung im Personalbestand);
mu|ta|tis mu|tan|dis (mit den nö-
tigen Abänderungen; Abk.:
m. m.)
Müt|chen *das;* -s; jmdm. sein -
kühlen (ugs. für: jmdn. seinen
Ärger fühlen lassen); Müt|lein
mu|ten (Bergmannsspr.: die Ge-
nehmigung zum Abbau beantra-
gen; Handw.: um die Erlaubnis
nachsuchen, das Meisterstück zu
machen); [wohl] gemutet (veralt.
für: gestimmt, gesinnt) sein,
aber: wohlgemut sein; Mu|ter
(Bergmannsspr.: jmd., der Mu-
tung einlegt)
mut|er|füllt; -este
Mut|geld (Abgabe für das Mei-
sterstück); vgl. muten
mu|tie|ren (lat.) (Biol.: sich spon-
tan im Erbgefüge ändern; Med.:
die Stimme wechseln)
mu|tig; ...mü|tig (z. B. wehmütig)
Müt|lein vgl. Mütchen
mut|los; -este; Mut|lo|sig|keit
mut|ma|ßen (vermuten); du mut-
maßt (mutmaßest); du mutmaß-
test; gemutmaßt; zu -; mut|maß-
lich; der -e Täter; Mut|ma|ßung
Mut|pro|be
Mut|schein (Bergmannsspr.); vgl.
muten
Mutt|chen (landsch. Koseform
von: ²Mutter)
¹Mut|ter *die;* -, -n (Schraubenteil)
²Mut|ter *die;* -, Mütter; Mutter Er-
de; Müt|ter|be|ra|tungs|stel|le;
Müt|ter|bol|den (svw. Mutter-
erde); Müt|ter|chen, Müt|ter-
lein; Müt|ter|er|de *die;* - (oberste,
humusreiche Schicht des Bo-
dens); Müt|ter|freu|den *Plur.;* in:
- entgegensehen (geh. für:
schwanger sein); Müt|ter|ge|ne-
sungs|heim; Müt|ter-Ge|ne-
sungs|werk; Deutsches -; Mut-
ter_ge|sell|schaft (Wirtsch.),
...gestein; Mut|ter Got|tes *die;* -
-, (auch:) Mut|ter|got|tes *die;* -
-; Mut|ter|got|tes|bild; Mut|ter-
_herz, ...kir|che, ...korn (*Plur.*
...korne), ...ku|chen (für: Plazen-

ta), ...land (*Plur.* ...länder),
...leib; Müt|ter|lein, Müt|ter-
chen; müt|ter|lich; müt|ter|li-
cher|seits; Müt|ter|lich|keit *die;*
-; Mut|ter|lie|be; mut|ter|los;
Mut|ter_mal (*Plur.* ...male),
...milch, ...mund (*der;* -[e]s;
Med.)
Mut|tern_fa|brik, ...schlüs|sel
Mut|ter_pflan|ze, ...recht (*das;*
-[e]s), ...schaf; Mut|ter|schaft
die; -; Mut|ter|schafts|hil|fe;
Mut|ter_schiff, ...schutz; Mut-
ter|schutz|ge|setz; Mut|ter-
schwein; mut|ter|see|len|al|lein;
Mut|ter_söhn|chen (abwertend),
...spra|che, ...stel|le (an jmdm. -
vertreten), ...tag, ...tier, ...witz
(*der;* -es); Mut|ti *die;* -, -s (Kose-
form von: Mutter)
mu|tu|al, mu|tu|ell (lat.) (wechsel-
seitig); Mu|tua|lis|mus *der;* -;
↑R 180 (Biol.: Beziehung zwischen Lebewesen verschiedener
Art zu beiderseitigem Nutzen)
Mu|tung (Bergmannsspr.: Antrag
auf Erteilung des Abbaurechts);
- einlegen (Antrag stellen)
Mut|wil|le *der;* -ns; mut|wil|lig;
Mut|wil|lig|keit
Mutz *der;* -es, -e (mdal. für: Tier
mit gestutztem Schwanz)
Müt|z|chen, Müt|z|lein; Müt|ze
die; -, -n; Müt|zen|schirm
m. v. = mezza voce
MV = Megavolt
m. W. = meines Wissens
MW = Megawatt
MwSt., MWSt. = Mehrwertsteuer
¹My *das;* -[s], -s (griech. Buchstabe: M, μ); ²My (kurz für: Mikron; vgl. 2.)
My|al|gie *die;* -, ...ien (griech.)
(Med.: Muskelschmerz); My-
asthe|nie *die;* -, ...ien (Med.:
krankhafte Muskelschwäche);
My|ato|nie *die;* -, ...ien (Med.:
[angeborene] Muskelerschlaf-
fung)
Mye|li|tis *die;* -, ...litiden (griech.)
(Med.: Entzündung des Rücken-
od. Knochenmarks)
My|ke|nä, My|ke|ne (griech. Ort
u. antike Ruinenstätte); my|ke-
nisch
My|ko|lo|ge *der;* -n, -n (↑R 197)
(griech.) (Kenner u. Erforscher
der Pilze); My|ko|lo|gie *die;* -
(Pilzkunde); My|kor|rhi|za *die;* -,
...zen (Lebensgemeinschaft zwischen den Wurzeln von höheren
Pflanzen u. Pilzen)
My|la|dy [*mile'di*] (engl.) (frühere
engl. Anrede an eine Dame =
gnädige Frau)
My|lo|nit *der;* -s, -e (griech.) (Ge-
stein)
My|lord [*mi...*] (engl.) (frühere
engl. Anrede an einen Herrn =
gnädiger Herr)

Myn|heer [*m^ener*] ⟨niederl.⟩ vgl. Mijnheer

Myo|kard *das;* -[e]s, -e u. Myo|kar|di|um *das;* -s, ...dia ⟨griech.⟩ (Med.: Herzmuskel); Myo|kar|die *die;* -, ...ien u. Myo|kar|do|se *die;* -, -n (Med.: nichtentzündliche Herzmuskelerkrankung); Myo|kard|in|farkt (Med.: Herzinfarkt); Myo|kar|di|tis *die;* -, ...itiden (Med.: Herzmuskelentzündung); Myo|kar|do|se vgl. Myokardie; Myo|kard|scha|den; Myo|lo|gie *die;* - (Med.: Muskellehre); My|om *das;* -s, -e (Med.: gutartige Muskelgewebsgeschwulst); myo|morph (Med.: muskelfaserig)

my|op my|opisch ⟨griech.⟩ (Med.: kurzsichtig); My|ope *der* od. *die;* -n, -n; ↑ R 7 ff. (Kurzsichtige[r]); My|opie *die;* - (Kurzsichtigkeit); my|opisch vgl. myop

Myo|sin *das;* -s (Muskeleiweiß); Myo|si|tis *die;* -, ...itiden ⟨griech.⟩ (Muskelentzündung); Myo|tomie *die;* -, ...ien (Med.: operative Muskeldurchtrennung); Myo|tonie *die;* -, ...ien (Med.: Muskelkrampf)

My|ria... ⟨griech.⟩ (10 000 Einheiten enthaltend); My|ria|de *die;* -, -n; ↑ R 180 (Anzahl von 10 000; übertr. für: unzählige große Menge [meist *Plur.*]); My|ria|po|de, My|rio|po|de *der;* -n, -n (meist *Plur.*); ↑ R 197 (Tausendfüßler)

Myr|me|ko|lo|gie *die;* - ⟨griech.⟩ (Ameisenkunde)

Myr|mi|do|ne *der;* -n, -n; ↑ R 197 (Angehöriger eines antiken Volksstammes; griech. Sage: Gefolgsmann des Achill)

My|ro|ba|la|ne *die;* -, -n ⟨griech.⟩ (Gerbstoff enthaltende Frucht vorderind. Holzgewächse)

Myr|rhe *die;* -, -n ⟨semit.⟩ (ein aromat. Harz); Myr|rhen|öl (*das;* -[e]s), ...tink|tur (*die;* -)

Myr|te *die;* -, -n (immergrüner Baum u. Strauch des Mittelmeergebietes u. Südamerikas); Myr|ten|kranz, ...zweig

My|ste|ri|en|spiel [...*i^en*] ⟨griech.; dt.⟩ (mittelalterl. geistl. Drama); my|ste|ri|ös -este ⟨franz.⟩ (geheimnisvoll; rätselhaft); My|ste|ri|um *das;* -s, ...ien [...*i^en*] ⟨griech.⟩ (unergründliches Geheimnis [religiöser Art]); My|sti|fi|ka|ti|on [...*zion*] *die;* -, -en ⟨griech.; lat.⟩ (Täuschung; Vorspiegelung); my|sti|fi|zie|ren (mystisch betrachten; täuschen, vorspiegeln); My|sti|fi|zie|rung; My|stik *die;* - ⟨griech.⟩ (ursprüngl.: Geheimlehre; relig. Richtung, die den Menschen durch Hingabe u. Versenkung zu persönl. Vereinigung mit Gott zu

bringen sucht); My|sti|ker (Anhänger der Mystik); my|stisch; -ste (geheimnisvoll; dunkel); My|sti|zis|mus *der;* - (Wunderglaube, [Glaubens]schwärmerei); my|sti|zi|stisch

My|the *die;* -, -n (älter für: Mythos)

My|then [*mit^en*] *der;* -s, - (Gebirgsstock bei Schwyz); der Große, der Kleine -

My|then.bil|dung, ...for|schung; my|then|haft; -este; my|thisch ⟨griech.⟩ (sagenhaft, erdichtet); My|tho|lo|gie *die;* -, ...ien (wissenschaftl. Behandlung der Götter-, Helden-, Dämonensage; Sagenkunde, Götterlehre); my|tho|lo|gisch (sagen-, götterkundlich); my|tho|lo|gi|sie|ren (in mythischer Form darstellen od. mythologisch erklären); My|thos, (älter:) My|thus *der;* -, ...then (Sage u. Dichtung von Göttern, Helden u. Geistern; Legende)

My|ti|le|ne (Hptst. von Lesbos); neugriech.: Mi|ti|li|ni

Myx|ödem ⟨griech.⟩ (Med.: körperl. u. geistige Erkrankung mit heftigen Hautanschwellungen); My|xo|ma|to|se *die;* -, -n (tödlich verlaufende Viruskrankheit der Hasen- u. [Wild]kaninchen); My|xo|my|zet *der;* -en, -en; ↑ R 197 (Schleimpilz)

My|zel *das;* -s, -ien [...*i^en*] ⟨griech.⟩ u. My|ze|li|um *das;* -s, ...lien [...*i^en*] ([unter der Erde wachsendes] Fadengeflecht der Pilze); My|zet *der;* -en, -en; ↑ R 197 (selten für: Pilz); My|ze|tis|mus *der;* -, ...men (Pilzvergiftung)

N

N (Buchstabe); das N; des N, die N, aber: das n in Wand (↑ R 82); der Buchstabe N.

N = Nahschnellverkehrszug; Nationalstraße; Newton; Nitrogenium (chem. Zeichen für: Stickstoff); Nord[en]

n = Nano...; Neutron

N, v = Ny

'n; ↑ R 16 (ugs. für: ein, einen)

Na = chem. Zeichen für: Natrium

na!; na, na!; na ja!; na und?

na! (bayr., österr. ugs. für: nein!); vgl. ne!

Naab *die;* - (l. Nebenfluß der Donau); Naab|eck (Ortsn.); aber: Nab|burg (Stadt an der Naab)

Na|be *die;* -, -n (Mittelhülse des Rades); Na|bel *der;* -s, -; Na|bel

.bin|de, ...bruch *der,* ...schau (ugs. für: [narzißtische] Beschäftigung mit der eigenen Person), ...schnur (*Plur.* ...schnüre); Na|bel|boh|rer

Na|bob *der;* -s, -s ⟨Hindi-engl.⟩ (Provinzgouverneur in Indien; reicher Mann)

Na|bo|kov (amerik. Schriftsteller)

Na|buc|co (ital. Kurzform von Nabucodonosor = Nebukadnezar; Oper von Verdi)

nach; - und -; - wie vor; mit *Dat.:* - ihm; - Hause od. Haus; - langem, schwerem Leiden (↑ R 9); nacheinander; nachher; nachmals

nach... (*in Zus. mit Verben, z. B.* nachmachen, du machst nach, nachgemacht, nachzumachen)

nach|äf|fen; Nach|äf|fe|rei; Nach|äf|fung

nach|ah|men; er hat ihn nachgeahmt; nach|ah|mens|wert; -este; Nach|ah|mer; Nach|ah|mung; Nach|ah|mungs|trieb; nach|ah|mungs|wür|dig

Nach|bar *der;* -n (↑ R 197) u. (weniger gebr.:) -s, -n; Nach|bar.dorf, ...gar|ten, ...haus; Nach|ba|rin *die;* -, -nen; Nach|bar|land (*Plur.* ...länder); nach|bar|lich; Nach|bar.ort (vgl. ¹Ort), ...recht, ...schaft; nach|bar|schaft|lich; Nach|bar|schafts.heim, ...hil|fe; Nach|bars.fa|mi|lie, ...frau, ...kind, ...leu|te (*Plur.*); Nach|bar.staat (*Plur.* ...staaten), ...stadt, ...wis|sen|schaft

Nach|be|ben (nach einem Erdbeben)

nach|be|han|deln; Nach|be|handlung

nach|be|rei|ten (Päd.: [den bereits behandelten Unterrichtsstoff] vertiefen, ergänzen o. ä.); Nach|be|rei|tung

nach|bes|sern; ich bessere u. beßre nach; Nach|bes|se|rung, Nach|beß|rung

nach|be|stel|len; Nach|be|stel|lung

nach|be|ten; Nach|be|ter

nach|be|zeich|net; -e Waren

nach|bil|den; Nach|bil|dung

nach|blicken [*Trenn.*:...blik|ken]

nach|blu|ten; Nach|blu|tung

nach|börs|lich (nach der Börsenzeit)

nach Chri|sti Ge|burt (Abk.: n. Chr. G.); nach|christ|lich; nach Chri|sto, nach Chri|stus (Abk.: n. Chr.)

nach|da|tie|ren (mit einem früheren, [aber auch:] späteren Datum versehen); sie hat das Schreiben nachdatiert; vgl. zurückdatieren u. vorausdatieren; Nach|da|tie|rung

nach|dem; je -; je - [,] ob ... od. wie ... (↑ R 126)

nach|den|ken; nach|denk|lich;
Nach|denk|lich|keit *die;* -
Nach|dich|tung
nach|die|seln; vgl. dieseln
nach|dop|peln (schweiz. für: nach-
bessern; zum zweitenmal in An-
griff nehmen); ich dopp[e]le
nach
nach|drän|gen
nach|dre|hen; eine Szene -
Nach|druck *der;* -[e]s, (Druckwe-
sen:) ...drucke; nach|drucken
[*Trenn.:* ...druk|ken]; Nach-
druck|er|laub|nis; nach|drück-
lich; Nach|drück|lich|keit *die;* -;
nach|drucks|voll; Nach|druck-
ver|fah|ren
nach|dun|keln; der Anstrich ist
od. hat nachgedunkelt
Nach|durst (nach Alkoholgenuß)
nach|ei|fern; nach|ei|ferns|wert;
-este; Nach|ei|fe|rung
nach|ei|len
nach|ein|an|der; *Schreibung in
Verbindung mit Verben* (↑R 206):
sie wollen nacheinander (gegenseitig nach sich) schauen, die
Wagen werden nacheinander (in
Abständen) starten usw.
nach|eis|zeit|lich
nach|emp|fin|den; Nach|emp|fin-
dung
Na|chen *der;* -s, - (landsch. u.
dicht. für: Kahn)
nach|ent|rich|ten; Versicherungs-
beiträge -
Nach|er|be *der;* Nach|erb|schaft
nach|er|le|ben
Nach|ern|te
nach|er|zäh|len; Nach|er|zäh|lung
N|a|chf. = Nachfolger, Nachfol-
gerin
Nach|fahr *der;* -en (selten: -s), -en
u. Nach|fah|re *der;* -n, -n; ↑R 197
(selten für: Nachkomme); nach-
fah|ren; Nach|fah|ren|ta|fel
Nach|fall *der* (Bergmannsspr.:
Gestein, das bei der Kohlege-
winnung nachfällt und die Kohle verunreinigt)
nach|fär|ben
nach|fas|sen
Nach|fei|er; nach|fei|ern
nach|fi|nan|zie|ren
Nach|fol|ge; nach|fol|gen; nach-
fol|gend; (↑R 66:) -es; (↑R 65:)
im -en (weiter unten), a b e r: das
Nachfolgende; vgl. folgend;
Nach|fol|gen|de *der u. die;* -n, -n
(↑R 7 ff.); Nach|fol|ge|or|ga|ni-
sa|ti|on; Nach|fol|ger (Abk.:
N[a]chf.); Nach|fol|ge|rin *die;* -,
-nen (Abk.: N[a]chf.); Nach|fol-
ger|schaft; Nach|fol|ge|staat
(*Plur.* ...staaten)
nach|for|dern; Nach|for|de|rung
nach|for|men; eine Plastik -
nach|for|schen; Nach|for|schung
Nach|fra|ge; nach|fra|gen
nach|füh|len; nach|füh|lend

nach|fül|len; Nach|fül|lung
Nach|gang; im - (Amtsdt. für: als
Nachtrag)
nach|gä|ren; Nach|gä|rung
nach|ge|ben
nach|ge|bo|ren; nachgebor[e]ner
Sohn; Nach|ge|bo|re|ne *der u.
die;* -n, -n (↑R 7 ff.)
Nach|ge|bühr (z. B. Strafporto)
Nach|ge|burt
Nach|ge|fühl
nach|ge|hen; einer Sache -
nach|ge|las|sen (veraltend für:
hinterlassen); ein -es Werk
nach|ge|ord|net (Amtsdt.: dem
Rang nach folgend); die -en Behörden
nach|ge|ra|de
nach|ge|ral|ten; jmdm. -
Nach|ge|schmack *der;* -[e]s
nach|ge|wie|se|ner|ma|ßen
nach|gie|big; Nach|gie|big|keit
nach|gie|ßen
nach|grü|beln
nach|gucken [*Trenn.:* ...guk|ken]
(ugs.)
nach|ha|ken (ugs.)
Nach|hall; nach|hal|len
nach|hal|tig; Nach|hal|tig|keit
die; -
nach|hän|gen; ich hing nach, du
hingst nach; nachgehangen; einer Sache -; vgl. ¹hängen
nach Haus, Hau|se; Nach|hau|se-
weg
nach|hel|fen
nach|her [auch, österr. nur: *nách-
her*]; nach|he|rig
Nach|hil|fe; Nach|hil|fe_schü|ler,
...stun|de, ...un|ter|richt
nach|hin|ein; im - (bes. österr. u.
schweiz. für: hinterher)
nach|hin|ken
Nach|hol|be|darf; nach|ho|len;
Nach|hol|spiel (Sport)
Nach|hut *die;* -, -en
nach|ja|gen; dem Glück -
nach|kar|ten (eine nachträgliche
[bissige, kritische] Bemerkung
machen)
nach|kau|fen; man kann alle Teile
des Geschirrs -
Nach|klang
Nach|klang *der;* -s, -s (Nachtrag)
nach|klin|gen
Nach|kom|me *der;* -n, -n (↑R 197);
nach|kom|men; Nach|kom|men-
schaft; Nach|kömm|ling
nach|kon|trol|lie|ren
Nach|kriegs_er|schei|nung, ...ge-
ne|ra|ti|on, ...zeit
Nach|kur
nach|la|den
Nach|laß *der;* ...lasses, ...lasse u.
...lässe; nach|las|sen; Nach|las-
ser (selten für: Erblasser); Nach-
laß|ge|richt; nach|läs|sig; nach-
läs|sig|er|wei|se; Nach|läs|sig-
keit; Nach|laß|pfle|ger; Nach-
las|sung; Nach|laß|ver|wal|ter

nach|lau|fen; Nach|läu|fer
nach|le|gen
Nach|le|se; nach|le|sen
nach|lie|fern; Nach|lie|fe|rung
nach|lö|sen
nachm., (bei Raummangel:) nm.
= nachmittags
nach|ma|chen (ugs. für: nach-
ahmen); jmdm. etwas -; er hat
Vogelstimmen nachgemacht
Nach|mahd (landsch.)
nach|ma|lig (veraltend für: spä-
ter); nach|mals (veralt. für: her-
nach, später)
nach|mes|sen; Nach|mes|sung
Nach|mie|ter
Nach|mit|tag; nachmittags; ↑R 61
(Abk.: nachm., [bei Raummangel:] nm.), a b e r: des Nachmit-
tags; vgl. ¹Mittag; nach|mit|tä-
gig (vgl. ...tägig); nach|mit|täg-
lich (vgl. ...täglich); nach|mit-
tags; vgl. Nachmittag; Nach|mit-
tags_kaf|fee, ...schlaf (*der;* -[e]s),
...stun|de, ...vor|stel|lung
Nach|nah|me *die;* -, -n; Nach|nah-
me_ge|bühr, ...sen|dung
Nach|na|me (Familienname)
nach|plap|pern (ugs.)
nach|po|lie|ren
Nach|por|to
nach|prä|gen; Nach|prä|gung
nach|prüf|bar; Nach|prüf|bar|keit
die; -; nach|prü|fen; Nach|prü-
fung
Nach|raum *der;* -[e]s (Forstw.:
Ausschuß)
nach|rech|nen; Nach|rech|nung
Nach|re|de; üble -; nach|re|den
nach|rei|chen; Unterlagen -
nach|rei|fe; nach|rei|fen
nach|ren|nen
Nach|richt *die;* -, -en; Nach|rich-
ten_agen|tur, ...bü|ro, ...dienst
(Allgemeiner Deutscher -
[DDR]; Abk.: ADN), ...ma|ga-
zin, ...sa|tel|lit, ...sen|dung,
...sper|re, ...spre|cher, ...tech|nik,
...über|mitt|lung, ...we|sen (*das;*
-s); nach|richt|lich
nach|rücken [*Trenn.:* ...rük|ken]
Nach|ruf *der;* -[e]s, -e; nach|ru|fen
Nach|ruhm; nach|rüh|men
nach|rü|sten (nachträglich mit ei-
nem Zusatzgerät versehen; die
militärische Bewaffnung ergän-
zen, ausbauen); Nach|rü|stung
nach|sa|gen; jmdm. etwas -
Nach|sai|son
nach|sal|zen
Nach|satz
¹Nach|schaf|fen (ein Vorbild nach-
gestalten); vgl. ²schaffen; ²nach-
schaf|fen (nacharbeiten); vgl.
¹schaffen
nach|schau|en
nach|schen|ken; Wein -
nach|schicken [*Trenn.:* ...k|k...]
nach|schie|ben
Nach|schlag *der;* -[e]s, Nachschlä-

ge (Musik; ugs. für: zusätzliche Essensportion); nach|schla|gen; er ist seinem Vater nachgeschlagen (nachgeartet); er hat in einem Buch nachgeschlagen; Nach|schla|ge|werk

nach|schlei|chen

Nach|schlüs|sel; Nach|schlüs|sel|dieb|stahl (Diebstahl mit Hilfe von Nachschlüsseln)

nach|schmei|ßen (ugs.)

Nach|schöp|fung

nach|schrei|ben;   Nach|schrift (Abk.: NS)

Nach|schub der; -[e]s, Nachschübe; Nach|schub.ko|lon|ne, ...weg

Nach|schuß (Wirtsch.: Einzahlung über die Stammeinlage hinaus; Sportspr.: erneuter Schuß auf das Tor); Nach|schuß|pflicht

nach|se|hen; jmdm. etwas -; Nach|se|hen das; -s

Nach|sen|de|auf|trag;   nach|sen|den; Nach|sen|dung

nach|set|zen; jmdm. - (jmdn. verfolgen)

Nach|sicht die; -; nach|sich|tig; Nach|sich|tig|keit die; -; nach|sichts|voll

Nach|sicht|wech|sel (Bankw.)

Nach|sil|be

nach|sin|nen (geh.)

nach|sit|zen (zur Strafe nach dem Unterricht noch dableiben müssen); er hat nachgesessen

Nach|som|mer

Nach|sor|ge (Med.)

Nach|spann (Film, Fernsehen: Abschluß einer Sendung, eines Films); vgl. Vorspann

Nach|spei|se

Nach|spiel; nach|spie|len

nach|spio|nie|ren; ↑R 180 (ugs.)

nach|spre|chen; Nach|spre|cher

nach|spü|len

nach|spü|ren

¹nächst; nächsten Jahres (Abk.: n.J.), nächsten Monats (n.M.); nächstes Mal (vgl. Mal, I); nächstdem; die nächsthöhere Nummer. I. Kleinschreibung: a) (↑R 66:) der nächste, bitte!; der nächste (erste) beste; b) (↑R 65:) am nächsten, fürs nächste, am nächstem; c) (↑R 65:) das nächste [zu tun] wäre ..., das nächstbeste [zu tun] wäre ...; als nächstes (daraufhin); d) wir fragten den nächstbesten Polizisten. II. Großschreibung (↑R 65): der Nächste (vgl. d.); das Nächstbeste od. das Nächste u. Beste, was sich ihm bietet; als Nächstes (als nächste Nummer, Sendung usw.); ²nächst (hinter, gleich nach); mit Dat.: - dem Hause, - ihm; näch|stens; die -e Platzierung; näch|stie|big; vgl. nächst, I, c u. d; Nächst|be|ste der u. die u. das; -n, -n (↑R 7 ff.);

nächst|dem; Näch|ste der; -n, -n; ↑R 7 ff. (Mitmensch)

nach|ste|hen; nach|ste|hend; (↑R 66:) ich möchte Ihnen nachstehendes (folgendes) zur Kenntnis bringen; (↑R 65:) Einzelheiten werden im nachstehenden (weiter unten) behandelt, aber: das Nachstehende muß nachgeprüft werden; vgl. folgend

nach|stei|gen (ugs. für: folgen)

nach|stel|len; er hat ihm nachgestellt; Nach|stel|lung

Näch|sten|lie|be;   näch|stens; näch|stes Mal, das nächste Mal; vgl. Mal, I; nächst|fol|gend; Nächst|fol|gen|de der u. die u. das; -n, -n (↑R 7 ff.); nächst|ge|le|gen; nächst|hö|her; Nächst|hö|he|re der u. die u. das; -n, -n (↑R 7 ff.); nächst|jäh|rig; nächst|lie|gend; vgl. naheliegend; Nächst|lie|gen|de das; -n (↑R 7 ff.); nächst|mög|lich; zum -en Termin; falsch: nächstmöglichst

nach|sto|ßen

nach|stür|zen

nach|su|chen; Nach|su|chung

Nacht die; -, Nächte. I. Großschreibung: bei, über -; die - über; Tag und -; es wird Nacht; des Nachts, eines Nachts. II. Kleinschreibung (↑R 61): nacht; [bis, von] gestern, heute, morgen nacht; Dienstag nacht; österr. ugs. bei Zeitangaben: 12 Uhr nacht (für: nachts); vgl. nachts u. Dienstagnacht; nacht|ak|tiv; -e Säugetiere; Nacht.ar|beit (die; -), ...asyl, ...aus|ga|be, ...bar; nacht.blau, ...blind; Nacht.blind|heit, ...dienst; nacht|dun|kel

Nachteil der; nach|tei|lig

näch|te|lang; aber: drei Nächte lang; nach|ten (schweiz. u. dicht. für: Nacht werden); näch|tens (dicht. für: nachts); Nächt|es|sen (bes. südd., schweiz. für: Abendessen); Nacht_eu|le (übertr. ugs. auch für: jmd., der bis spät in die Nacht hinein aufbleibt), ...fal|ter; nacht|far|ben; -er Stoff; Nacht.frost, ...ge|bet, ...ge|schirr, ...ge|spenst, ...ge|wand (geh.); Nacht|glei|che die; -, -n; svw. Tagundnachtgleiche; Nacht_hemd, ...him|mel

Nach|ti|gal (dt. Afrikaforscher)

Nach|ti|gall die; -, -en (Singvogel); Nach|ti|gal|len|schlag der; -[e]s; näch|ti|gen (übernachten); er hat bei uns übernachtet

Nach|tisch der; -[e]s

Nacht.ka|ba|rett,   ...käst|chen (bes. österr. für: Nachttisch), ...kastl (das; -s, -n; österr. ugs.), ...ker|ze (Pflanzengattung), ...kli|nik (Klinik, in der berufstätige Patienten übernachten und behandelt werden), ...klub,

...küh|le, ...la|ger (Plur. ...lager), ...le|ben; nächt|lich; nächt|li|cher|wei|le; Nacht.licht (Plur. ...lichter), ...lo|kal, ...luft, ...mahl (bes. österr. neben: Abendessen); nacht|mah|len (österr. für: zu Abend essen); ich nachtmahle; genachtmahlt; zu -; Nacht.mahr (Spukgestalt im Traum), ...marsch, ...mu|sik, ...müt|ze, ...por|tier, ...quar|tier

Nach|trag der; -[e]s, ...träge; nach|tra|gen; nach|trä|ge|risch; -ste (nachtragend, nicht vergebend); nach|träg|lich (hinterdreinkommend; nachträgerisch); Nach|trags|haus|halt

nach|trau|ern

Nacht|ru|he

Nach|trupp

nachts (↑R 61), aber: des Nachts, eines Nachts; nachtsüber (↑R 61), aber: die Nacht über; vgl. Abend; Nacht|schat|ten (Pflanzengattung); Nacht|schat|ten|ge|wächs; Nacht.schicht, ...schlaf; nacht|schla|fend; zu, bei -er Zeit; Nacht_schränk|chen, ...schwär|mer (scherzh. für: jmd., der sich die Nacht über vergnügt), ...schwe|ster, ...spei|cher|ofen, ...strom (der; -[e]s); nachts|über; vgl. nachts, ...tier, ...tisch, ...topf

nach|tun; es jmdm. -

Nacht-und-Ne|bel-Ak|ti|on

Nacht_vio|le; ↑R 180 (Waldpflanze), ...vo|gel, ...vor|stel|lung, ...wa|che, ...wäch|ter; Nacht|wäch|ter|lied; nacht|wan|deln; ich ...[e]le (↑R 22); ich bin (auch: habe) genachtwandelt; zu -; Nacht_wan|de|lung, ...wand|ler; Nacht|wand|le|rin die; -, -nen; nacht|wand|le|risch; mit -er Sicherheit; Nacht.zeit (zur -), ...zug, ...zu|schlag

Nach.un|ter|su|chung, ...ver|an|la|gung, ...ver|mächt|nis (Rechtsspr. [schweiz.]); Nach|ver|mächt|nis|neh|mer

nach|voll|zieh|bar;   nach|voll|zie|hen

nach|wach|sen

Nach|wahl

Nach|währ|schaft die; - (schweiz. veralt. für: Gewährschaft, Mängelhaftung)

Nach|we|hen Plur.

nach|wei|nen

Nach|weis der; -es, -e; nach|weis|bar; nach|wei|sen (beweisen); er hat den Tatbestand nachgewiesen; nach|weis|lich

nach|wei|ßen (noch einmal weißen)

Nach|welt die; -

nach|wer|fen

nach|wie|gen

nach|win|ken

Nach|win|ter; nach|win|ter|lich
nach|wir|ken; Nach|wir|kung
nach|wol|len (ugs. für: folgen wollen); er hat ihm nachgewollt
Nach|wort (Plur. ...worte)
Nach|wuchs der; -es; Nach|wuchs-_au|tor, ...fah|rer, ...kraft, ...mangel, ...spie|ler
nach|wür|zen
nach|zah|len; Nach|zah|lung;
nach|zäh|len; Nach|zäh|lung
nach|zeich|nen; Nach|zeich|nung
Nach|zei|tig|keit die; - (Sprachw.)
nach|zie|hen
Nach|zoll
nach|zot|teln (ugs.)
Nach|zucht
Nach|zug; Nach|züg|ler; nach-züg|le|risch
Nacke|dei¹ der; -s, -s (scherzh. für: nacktes Kind)
Nacken¹ der; -s, -
nackend¹ (landsch. für: nackt)
Nacken¹.haar (meist Plur.),
...schlag, ...schutz, ...stüt|ze
Nack|frosch vgl. Nacktfrosch;
nackig¹ (ugs. für: nackt)
...nackig¹ (z. B. kurznackig)
nackt; nackt|ar|mig; Nackt|ba-den das; -s, aber: nackt baden;
Nackt|ba|de|strand; Nackt-frosch, (seltener:) Nackfrosch
(scherzh. für: nacktes Kind);
Nackt|heit die; -; Nackt_kul|tur
(die; -), ...mo|dell; Nackt|sa|mer
der; -s, -; meist Plur. (Bot.: Pflanze, deren Samenanlage offen an den Fruchtblättern sitzt); nackt-sa|mig (Bot.); Nackt_schnecke¹, ...tän|ze|rin
Na|del die; -, -n; Na|del_ar|beit,
...baum, ...büch|se; Na|del|chen,
Nä|del|lein; na|del_fein, ...fer|tig
(von Stoffen: zum Nähen vorbereitet), ...för|mig; Na|del_ge|hölz
(Bot.), ...geld (früher: eine Art Taschengeld für Frau od. Tochter), ...holz (Plur. ...hölzer; für: Konifere); na|del|lig, nad|lig
(Biol.); -e Baumarten; Na|del-_kis|sen, ...ma|le|rei (gesticktes buntes Bild); na|deln (von Tannen u. a.: Nadeln verlieren);
Na|del_öhr, ...spit|ze, ...stich,
...strei|fen (sehr feiner Streifen in Stoffen), ...wald
Na|de|rer (österr. ugs. für: Spitzel, Verräter)
Na|dir (w. Vorn.)
Na|dir der; -s ⟨arab.⟩ (Astron.: Fußpunkt, Gegenpunkt des Zenits an der Himmelskugel)
Nad|ja (w. Vorn.)
Nad|ler (früher für: Nadelmacher); nad|lig vgl. nadelig
Na|do|wes|sier [...i'r] der; -s, -
(svw. Sioux); na|do|wes|sisch
Naf|ta|li vgl. Naphthali

Na|gai|ka die; -, -s ⟨russ.⟩ (Lederpeitsche [der Kosaken und Tataren])
Na|gai|na die; - ⟨Zuluspr.⟩ (eine afrik. Viehseuche)
Na|ga|sa|ki (jap. Stadt; am 9. 8.
1945 durch eine Atombombe fast völlig zerstört)
Na|gel der; -s, Nägel; Na|gel_bett
(Plur. ...betten [seltener: ...bette]),
...boh|rer, ...bür|ste; Nä|gel-chen, Nä|gel|lein, Näg|lein (kleiner Nagel); Na|gel_falz, ...fei|le;
na|gel|fest, in: niet- u. nagelfest
(↑R 32); Na|gel|fluh (ein Gestein); Na|gel_haut, ...haut|ent-fer|ner; Nä|gel|kau|en das; -s;
Na|gel_kopf, ...lack; Na|gel-lack|ent|fer|ner; na|geln; ich
...[e]le (↑R 22); na|gel|neu (ugs.);
Na|gel_pfle|ge, ...pro|be, ...rei|ni-ger, ...ring (der; -[e]s; Schwert der german. Heldensage),
...sche|re, ...schuh, ...stie|fel,
...wur|zel; Näg|lein (veralt. für:
Nelke; vgl. auch Nägelchen)
na|gen; Na|ger; Na|ge|tier
NAGRA der; -s (Kurzwort für:
Fachnormenausschuß für das graphische Gewerbe)
nah vgl. nahe
Näh|ar|beit
Nah|auf|nah|me; Nah|bril|le (z. B.
für Weitsichtige); ¹na|he, (seltener:) nah; näher (vgl. d.); nächst
(vgl. d.); nächstens; nahebei, nahehin, nahezu; nah[e] daran sein; jmdm. zu nahe treten; von nah u. fern; von nahem; nahe bekannt, verwandt usw., aber
(↑R 157): der Nahe Osten. In Verbindung mit Verben (↑R 205 f.): I. Getrenntschreibung, wenn „nahe" in eigentlicher örtlicher Bedeutung (= der Nähe, in die Nähe) od. in zeitlicher Bedeutung gebraucht wird, z. B. nahe gehen (in die Nähe gehen);
jmdm. bedrohlich näher rücken;
weil der Termin jetzt näher rückt.
II. Zusammenschreibung in übertragenem Sinne, z. B. nahegehen
[vgl. d.] (seelisch ergreifen); es geht nahe, nahegegangen, nahe-zugehen; obgleich es ihm sehr naheging; ²na|he, (selten:) nah;
mit Dat.: - dem Flusse
Na|he die; - (l. Nebenfluß des Rheins)
Nä|he die; -; in der -; na|he|bei; er wohnt -, aber: er wohnt nahe bei der Post; na|he|brin|gen (↑R 205 (erläutern, vertraut machen: Verständnis erwecken);
der Dichter wurde uns in der Schule nahegebracht; vgl. aber:
¹nahe, I; na|he|ge|hen; ↑R 205
(seelisch ergreifen); der Tod seines Freundes ist ihm nahegegangen; aber: ¹nahe, I; Nah-

ein|stel|lung; na|he|kom|men;
↑R 205 (fast übereinstimmen);
sie sind sich menschlich nahegekommen; vgl. aber: ¹nahe, I;
na|he|le|gen; ↑R 205 (empfehlen); sie hat ihm die Erfüllung eurer Bitte nahegelegt; vgl.
aber: ¹nahe, I; na|he|lie|gen;
↑R 205 (leicht zu finden sein;
leicht verständlich sein); die Lösung des Rätsels hat nahegelegen; vgl. aber: ¹nahe, I; na|he-lie|gend (leicht zu finden; leichtverständlich); näherliegend,
nächstliegend; ein naheliegender Gedanke; aber: ein nahe liegendes (in der Nähe liegendes) Haus); na|hen; sich [jmdm.] -
nä|hen
nä|her; I. Kleinschreibung (↑R 65):
des näher[e]n (genauer) auseinandersetzen. II. Großschreibung:
a) (↑R 65): Näheres folgt; das Nähere findet sich bei ...; ich kann mich des Näher[e]n (für den vorliegenden Fall besonderen Umstände) nicht entsinnen;
b) (↑R 65:) alles Nähere können Sie der Gebrauchsanweisung entnehmen. III. Schreibung in Verbindung mit Verben (↑R 205 f.): a) Getrenntschreibung, wenn „näher" in eigentlicher örtlicher od. zeitlicher Bedeutung gebraucht wird, z. B. näher kommen (in größere Nähe kommen); dem Abgrund immer näher kommen; weil der Termin schon wieder näher gekommen ist; b) Zusammenschreibung in übertragenem Sinne, z. B. näher-kommen (verstehen lernen); nä-her|brin|gen; ↑R 205 (erklären, leichter verständlich machen); er hat uns die klassischen Kunstwerke nähergebracht; vgl. aber:
näher, III, a
Näh|e|rei
Nah|er|ho|lungs|ge|biet
Nä|he|rin die; -, -nen
nä|her|kom|men; ↑R 205 (Fühlung bekommen, verstehen lernen);
sie sind sich in letzter Zeit nähergekommen; vgl. aber: näher,
III, a; nä|her|lie|gen; ↑R 205
(besser, sinnvoller, vorteilhafter sein); ich denke, daß es näherliegt zu gehen als zu bleiben; vgl.
aber: näher, III, a; nä|her|lie-gend vgl. naheliegend; nä|hern,
sich; ich ...ere mich (↑R 22); Nä-her|recht (veralt. für: näheres Anrecht, Vorkaufsrecht); nä|her-ste|hen; ↑R 205 (vertrauter sein);
die mit ihm nähergestanden; dem linken Parteiflügel näherstehen
(mit ihm sympathisieren); vgl.
aber: näher, III, a; nä|her|tre-ten; ↑R 205; er ist seinem Vorschlag nähergetreten (hat sich

---

¹ Trenn.: ...k|k...

damit befaßt, ist darauf eingegangen); vgl. aber: näher, III, a; Nä|he|rung (Math. für: Annäherung); Nä|he|rungs|wert; nahe|ste|hen; ↑R 205 (befreundet, vertraut, verbunden sein); sie hat dem Verstorbenen sehr nahestanden; vgl. aber: ¹nahe, I; nahe|ste|hend (befreundet, vertraut); näherstehend, nächststehend; ein mir nahestehender Mensch; aber: ein sehr nahe stehendes (in der Nähe stehendes) Haus; na|he|tre|ten; ↑R 205 (befreundet, vertraut werden); er ist mir in letzter Zeit sehr nahegetreten; aber: jmdm. zu nahe treten (jmdn. verletzen, beleidigen); vgl. auch: ¹nahe, I; na|hezu

Näh_fa|den, ...garn
Nah|kampf; Näh|kampf|mit|tel
Näh|käst|chen; aus dem - plaudern (ugs. für: Geheimnisse ausplaudern); Näh_ka|sten, ...kissen, ...korb, ...ma|schi|ne; Nähma|schi|nen|öl; Näh|na|del
Nah|ost (der Nahe Osten); für, in, nach, über -; nah|öst|lich
Nähr_bo|den, ...creme; näh|ren; sich -; nahr|haft; -este; Nähr_hefe, ...lö|sung, ...mit|tel (das; meist Plur.), ...prä|pa|rat, ...salz, ...stoff (meist Plur.); nähr|stoff_arm, ...reich; Nah|rung der; -, -en; Nah|rungs_auf|nah|me, ...ket|te (Biol.), ...man|gel der, ...mit|tel (das; Nah|rungs|mit|tel_che|mie, ...in|du|strie, ...ver|giftung; Nah|rungs_quel|le, ...suche; Nähr|wert
Nah|schnell|ver|kehrs|zug (Zeichen: N)
Näh|sei|de; Naht die; -, Nähte; Näh|te|rin (veralt. für: Näherin); Näh|tisch; naht|los; Naht|stel|le
Na|hum (bibl. Prophet)
Nah|ver|kehr; nah|ver|wandt; (↑R 209:) nahverwandte Personen, aber: die Personen sind nah verwandt
Näh|zeug
Näh|ziel
Na|im, (ökum.:) Na|in (bibl. Ort in Galiläa)
Nai|ro|bi (Hptst. von Kenia)
na|iv (lat.-franz.) (natürlich; unbefangen; kindlich; treuherzig; einfältig, töricht); -e Malerei; -e u. sentimentalische Dichtung; Nai|ve [...wᵉ] die; -n, -n; ↑R 7 ff.; ↑R 180 (Darstellerin naiver Mädchenrollen); Nai|vi|tät [na-iwi...] die; - (↑R 180); Nai|v|ling (abschätzig für: gutgläubiger, törichter Mensch)
na ja!
Na|ja|de die; -, -n (meist Plur.) ⟨griech.⟩ (griech. Quellnymphe; Flußmuschel)

Na|ma der; -[s], -[s] (Angehöriger eines Hottentottenstammes); Na|ma|land des; -[e]s
Na|me der; -ns, -n; im Namen; mit Namen; Na|men der; -s, - (seltener für: Name); Na|men_buch, ...for|schung, ...ge|bung, ...gedächt|nis; Na|men-Je|su-Fest (↑R 135); Na|men|kun|de die; -; na|men|kund|lich; Na|men|li|ste; na|men|los; Na|men|lo|se der u. die; -n, -n (↑R 7 ff.); Na|men|losig|keit die; -; Na|men_nen|nung (seltener für: Namensnennung), ...re|gi|ster; na|mens; ↑R 61 u. 62 (im Namen, im Auftrag [von]; mit Namen); Na|mens_ak|tie, ...än|de|rung, ...form, ...nennung, ...pa|pier (für: Rektapapier), ...schild (Plur. ...schilder), ...tag, ...vet|ter, ...zei|chen, ...zug; na|ment|lich (↑R 98); namentlich wenn (↑R 126); Namen_ver|wechs|lung, ...ver|zeichnis; nam|haft; -este; - machen; Nam|haft|ma|chung
Na|mi|bia (Südwestafrika [Treuhandgebiet der UN]); Na|mi|bier; na|mi|bisch
...na|mig (z. B. vielnamig); nämlich (↑R 98); nämlich daß/wenn (↑R 126); näm|li|che; (↑R 66:) der, die, das -; er ist noch der - (derselbe); er sagt immer das - (dasselbe); Näm|lich|keit die; - (selten für: Identität); Näm|lichkeits|be|schei|ni|gung (Zollw.: svw. Identitätsnachweis)
Na|mur [...mür] (belg. Stadt)
na, na!
¹Nan|cy [nãngßi; auch: ...ßi] (Stadt in Frankreich)
²Nan|cy [nänßi] (engl. w. Vorn.; Koseform von engl. Anne [Anna])
Nan|du der; -s, -s ⟨indian.-span.⟩ (südamerik. straußenähnl. Laufvogel)
Nan|ga Par|bat der; - - (Berg im Himalaja)
Nä|nie [...iᵉ] die; -, -n ⟨lat.⟩ (altröm. Totenklage, Klagegesang)
Na|nis|mus der; - ⟨griech.⟩ (Med., Biol.: Zwergwuchs)
¹Nan|king (chines. Stadt); ²Nanking der; -s, -e u. -s (ein Baumwollgewebe)
Nan|net|te (w. Vorn.); Nan|ni (Koseform von Anna); Nan|ny (engl. w. Vorn.)
Na|no... ⟨griech.⟩ (ein Milliardstel einer Einheit, z. B. Nanometer = 10⁻⁹ Meter; Zeichen: n); Na|no_fa|rad, ...me|ter, ...se|kun|de
Nan|sen (norw. Polarforscher); Nan|sen-Paß (Ausweis für Staatenlose); ↑R 135
Nantes [nãngt] (franz. Stadt); das Edikt von -
na|nu!

Na|palm ⓌⓏ das; -s ⟨amerik.⟩ (hochwirksamer Füllstoff für Benzinbrandbomben); Na|palmbom|be
Napf der; -[e]s, Näpfe; Näpf|chen, Näpf|lein; Napf|ku|chen
Naph|tha das; -s od. die; - ⟨pers.⟩ (Roherdöl)
Naph|tha|li, (ökum.:) Naf|ta|li (bibl. m. Eigenn.)
Naph|tha|lin das; -s ⟨pers.⟩ (ein Kohlenwasserstoff); Naph|thene Plur. (Kohlenwasserstoffe, die Hauptbestandteil des galizischen u. kaukasischen Erdöls sind); Naph|tho|le Plur. (aromat. Alkohole zur Herstellung künstlicher Farbstoffe)
Na|po|le|on (Kaiser der Franzosen); Na|po|le|on|dor der; -s, -e ⟨franz.⟩ (unter Napoleon I. u. III. geprägte Münze); fünf - (↑R 129); Na|po|le|o|ni|de der; -n, -n; ↑R 197; ↑R 180 (Abkömmling der Familie Napoleons); na|pole|o|nisch (↑R 180); -er Eroberungsdrang, aber (↑R 134): Napo|le|o|nisch (↑R 180); -e Feldzüge, -e Schriften; Na|po|le|on|kragen (↑R 135)
Na|po|li (ital. Form von: Neapel); Na|po|li|tä|ne [...täng] das; -s, -s ⟨franz.⟩ (Schokoladentäfelchen); Na|po|li|taine [...tän] die; - (ein Gewebe)
Nap|pa das; -[s], -s ⟨nach der kaliforn. Stadt Napa⟩ (kurz für: Nappaleder); Nap|pa|le|der
Nar|be die; -, -n; nar|ben (Gerberei: [Leder] mit Narben versehen); Nar|ben der; -s, - (Gerberei für: Narbe); Nar|ben_bil|dung, ...ge|we|be, ...le|der; nar|big
Nar|bonne [...bón] (franz. Stadt)
Nar|cis|sus (lat. Form von: Narziß)
Nar|de die; -, -n ⟨semit.⟩ (Bez. für verschiedene wohlriechende Pflanzen, die schon im Altertum zur Salböle verwendet wurden)
Nar|den|öl das; -[e]s
Nar|gi|leh [auch: ...gi...] die; -, -[s] od. das; -, -s ⟨pers.⟩ (oriental. Wasserpfeife)
Nar|ko|ma|nie die; - ⟨griech.⟩ (Med.: Sucht nach Narkotika); Nar|ko|se die; -, -n (Med.: Betäubung); Nar|ko|se_ap|pa|rat, ...arzt, ...mas|ke, ...mit|tel (das; ...schwe|ster; Nar|ko|ti|kum das; -s, ...ka (Rausch-, Betäubungsmittel); nar|ko|tisch; -ste (berauschend, betäubend); nar|ko|tisie|ren (betäuben)
Narr der; -en, -en (↑R 197); nar|ra|tiv ⟨lat.⟩ (erzählend); Närr|chen, Närr|lein; nar|ren; Nar|ren|frei|heit; nar|ren|haft; -este; Nar|ren_haus, ...kap|pe; nar|ren|si|cher; Nar|ren[s]|pos|se;

-n treiben; Nar|ren|streich; Nar|ren|tum das; -s; Nar|ren|zep|ter; Nar|re|tei; Narr|heit; När||rin die; -, -nen; när|risch; -ste; Närr|lein, Närr|chen

Nar|vik [narwik] (norw. Hafenstadt)

Nar|wal (nord.) (Wal einer bestimmten Art)

¹Nar|ziß (griech.) (in sein Bild verliebter schöner Jüngling der griech. Sage); ²Nar|ziß der; - u. ...zisses, ...zisse (eitler Selbstbewunderer); Nar|zis|se die; -, -n (eine Zwiebelpflanze); Nar|zis|sen|blü|te; Nar|ziß|mus der; - (krankhafte Verliebtheit in die eigene Person); Nar|zißt der; -en, -en; ↑ R 197 (vom Narzißmus Befallener); nar|ziß|tisch

NASA die; - (= National Aeronautics and Space Administration [näsch'n'l ä'r'nätix 'nd ßpe'ß 'dminißtre'sch'n]; Nationale Luft- und Raumfahrtbehörde der USA)

na|sal (lat.) (durch die Nase gesprochen, genäselt; zur Nase gehörend); Na|sal der; -s, -e (Sprachw.: mit Beteiligung des Nasenraumes od. durch die Nase gesprochener Laut, z. B. m, ng); na|sa|lie|ren ([einen Laut] durch die Nase aussprechen, näseln); Na|sa|lie|rung; Na|sal|laut (Nasenlaut), ...vo|kal (Vokal mit nasaler Färbung, z. B. o in Bon [bong])

na|schen; du naschst (naschest)

Näs|chen, Näs|lein

Nä|scher, (älter:) Nä|scher; Na|sche|rei (wiederholtes Naschen [nur Sing.]; auch für: Näscherei); Nä|sche|rei (meist Plur.; veraltend für: Süßigkeit); Na|sche|rin, (älter:) Nä|sche|rin die; -, -nen; nasch|haft; -este; Nasch|haf|tig|keit die; -; Nasch|kat|ze, ...maul (derb), ...sucht (die; -); nasch|süch|tig; Nasch|werk das; -[e]s (veralt. für: Süßigkeit)

Nä|se die; -, -n; na|se|lang vgl. nasenlang; nä|seln; ich ...[e]le (↑ R 22); Nä|se|lung (für: Nasalierung); Na|sen.bär, ...bein, ...blu|ten (das; -s), ...du|sche, ...flü|gel, ...höh|le; na|sen|lang, nas[e]lang (ugs.); alle - (sich in kurzen Abständen wiederholend); vgl. all; Na|sen.län|ge, ...laut, ...loch; Na|sen-Ra|chen-Raum (↑ R 41); Na|sen.ring, ...rücken [Trenn.: ...rük|ken], ...schei|de|wand, ...schleim|haut, ...schmuck, ...spie|gel, ...spit|ze, ...stü|ber, ...trop|fen, ...wur|zel; Na|se|rümp|fen das; -s; na|se|rümp|fend, aber (↑ R 209): die Nase rümpfend; na|se|weis; -este; Na|se|weis der; -es, -e; Herr

-, Jungfer -; nas|füh|ren; ich nasführe; genasführt; zu -; Nas|füh|rung; Nas|horn (Plur. ...hörner); Nas|horn.kä|fer, ...vo|gel; ...na|sig (z. B. langnasig); ...nä|sig (z. B. hochnäsig)

Na|si-go|reng das; -[s], ⟨malai.⟩ (indonesisches Reisgericht)

Na|si|rä|er der; -s, - ⟨hebr.⟩ (im alten Israel: Träger eines besonderen Gelübdes der Enthaltsamkeit)

nas|lang vgl. nasenlang; Näs|lein, Näs|chen

naß; nasser (auch: nässer), nasseste (auch: nässeste); sich - machen; Naß das; Nasses (dicht. für: Wasser)

¹Nas|sau (Stadt a. d. Lahn; ehem. Herzogtum); ²Nas|sau [engl. Ausspr.: näßå] (Hptst. der Bahamas); ¹Nas|sau|er (↑ R 147); ²Nas|sau|er (ugs. für: auf anderer Leute Kosten Lebender; scherzh. für: Regenschauer); nas|sau|ern (ugs. für: auf anderer Leute Kosten leben); ich ...ere (↑ R 22); nas|sau|isch

Näs|se die; -; näs|seln (veralt., noch landsch. für: ein wenig naß sein, werden); es nässelt; näs|sen; du näßt (nässest), er näßt; du näßtest; genäßt; nässe! u. näß!; naß|fest; -es Papier; naß|forsch (ugs. für: sehr forsch, dreist); naß|ge|schwitzt; Naß-in-Naß-Druck (Plur. ...drucke; Druckw.); ↑ R 141; naß|kalt; näß|lich (ein wenig feucht); Naß.ra|sie|rer, ...ra|sur, ...schnee, ...wä|sche, ...zel|le (Raum, in dem Wasserleitungen liegen)

Na|stie die; - ⟨griech.⟩ (Bot.: durch Reiz ausgelöste Bewegung von Teilen einer Pflanze)

Naß|tuch (Plur. ...tücher; südd., schweiz. neben: Taschentuch)

nas|zie|rend ⟨lat.⟩ (entstehend, im Werden begriffen)

Na|tal (Provinz der Republik Südafrika)

Na|tal|lie [...i'] (w. Vorn.)

Na|ta|li|tät die; - ⟨lat.⟩ (Geburtenhäufigkeit)

Na|tan vgl. Nathan

Na|ta|na|el vgl. Nathanael

Na|ta|scha (russ. w. Vorn.)

Na|than, (ökum.:) Na|tan (bibl. Prophet)

¹Na|tha|na|el [...aäl], (ökum.:) Na|ta|na|el (Jünger Jesu); ²Na|tha|na|el (m. Vorn.)

Na|ti|on [...zion] die; -, -en ⟨lat.⟩ (Staatsvolk); na|tio|nal¹; -es Interesse, aber (↑ R 157): Nationale Front (Zusammenschluß aller polit. Parteien u. Organisationen in der DDR unter Führung der SED 1949); Nationales Olympisches Komitee (Abk. = NOK); na-

tio|nal|be|wußt¹; -este; Na|tio|nal¹.be|wußt|sein, ...cha|rak|ter; na|tio|nal|de|mo|kra|tisch¹, aber (↑ R 157): die Nationaldemokratische Partei Deutschlands (Abk.: NPD); Na|tio|nal|denk|mal¹; Na|tio|na|le¹ das; -s, - (österr. für: Personalangaben, Personenbeschreibung); Na|tio|nal¹.ein|kom|men, ...elf, ...epos, ...far|ben (Plur., ...fei|er|tag, ...flag|ge, ...gar|de, ...ge|fühl, ...ge|richt, ...ge|tränk, ...held, ...hym|ne; na|tio|na|li|sie|ren¹ ([einem Staats-, Volksverband] einverleiben, einbürgern; verstaatlichen); Na|tio|na|li|sie|rung¹; Na|tio|na|lis|mus¹ der; - (übertriebenes Nationalbewußtsein); Na|tio|na|list¹ der; -en, -en (↑ R 197); na|tio|na|li|stisch¹; -ste; Na|tio|na|li|tät¹ die; -, -en (Staatsangehörigkeit; nationale Minderheit); Na|tio|na|li|tä|ten¹.fra|ge, ...staat (Plur. ...staaten; Mehr-, Vielvölkerstaat); Na|tio|na|li|täts|prin|zip¹ das; -s; Na|tio|nal¹.kir|che, ...kon|vent, ...kon|zil; na|tio|nal|li|be|ral¹; Na|tio|nal¹.li|ga (in der Schweiz die höchste Spielklasse im Fußball), ...li|te|ra|tur, ...mann|schaft, ...öko|nom (Volkswirtschaftler), ...öko|no|mie (Volkswirtschaftslehre), ...park, ...rat (Bez. von Volksvertretungen in der Schweiz u. in Österreich; auch für deren Mitglied; Leitung der Nationalen Front der DDR), ...so|zia|lis|mus¹, ...so|zia|list¹; na|tio|nal|so|zia|li|stisch¹; Na|tio|nal¹.spie|ler, ...sport, ...spra|che, ...staat (Plur. ...staaten); na|tio|nal|staat|lich¹; Na|tio|nal¹.stolz, ...stra|ße (schweiz.: Autobahn, Autostraße; Zeichen: N 1, N 2 usw.), ...tanz, ...thea|ter¹, ...tracht, ...ver|samm|lung

Na|ti|vis|mus [...wiß...] der; - ⟨lat.⟩ (Psych.: Lehre, nach der es angeborene Vorstellungen, Begriffe, Grundeinsichten usw. gibt); Na|ti|vist der; -en, -en (↑ R 197); na|ti|vi|stisch; Na|ti|vi|tät die; -, -en (veralt. für: Geburt; Astrologie: Stand der Gestirne bei der Geburt)

NATO, (auch:) Na|to die; - (= North Atlantic Treaty Organization [nå'th 'tläntik triti ä'g'naise'sch'n]; Organisation der Signatarmächte des Nordatlantikpaktes, westl. Verteidigungsbündnis); na|to|grün (graugrün)

Na|tri|um das; -s ⟨ägypt.⟩ (chem. Grundstoff, Metall; Zeichen: Na); Na|tri|um|chlo|rid das; -[e]s, -e (Kochsalz); Na|tro|kal|zit,

---

¹ Trenn.: ↑ R 180.

(chem. fachspr.:) Na|tro|cal|cit *der;* -s, -e (ein Mineral); Na|tron *das;* -s (ugs. für: doppeltkohlensaures Natrium)

Nat|té [*nate*] *der;* -[s], -s ⟨franz.⟩ (feines, glänzendes Gewebe [mit Würfelmusterung])

Nat|ter *die;* -, -n; Nat|tern_brut, ...ge|zücht

Na|tur *die;* -, -en ⟨lat.⟩; vgl. in natura; Na|tu|ral_be|zü|ge (*Plur.;* Sachbezüge), ...ein|kom|men; Na|tu|ra|li|en [...*i^en*] *Plur.* (Natur-, Landwirtschaftserzeugnisse); Na|tu|ra|li|en_ka|bi|nett (naturwissenschaftliche Sammlung), ...samm|lung; Na|tu|ra|li|sa|ti|on [...*zion*] *die;* -, -en; vgl. Naturalisierung; na|tu|ra|li|sie|ren; Na|tu|ra|li|sie|rung (Einbürgerung, Aufnahme in den Staatsverband; allmähl. Anpassung von Pflanzen u. Tieren); Na|tu|ra|lis|mus *der;* -, ...men (Naturglaube; Wirklichkeitstreue, [Streben nach] Natürlichkeit, Naturwahrheit; nach naturgetreuer Darstellung strebende Kunstrichtung); Na|tu|ra|list *der;* -en, -en (↑ R 197); na|tu|ra|li|stisch; -ste; Na|tu|ral_lohn, ...wirt|schaft; Na|tur_apo|stel, ...arzt; na|tur|be|las|sen; Na|tur_be|ob|ach|tung, ...be|schrei|bung; na|tur|blond; Na|tur_bur|sche, ...denk|mal, ...dün|ger; na|ture [*natür*] ⟨franz.⟩; Schnitzel - (ohne Panade); Na|tu|rell *das;* -s, -e (Veranlagung; Eigenart; Gemütsart); Na|tur_er|eig|nis, ...er|schei|nung; na|tur|far|ben; -es Holz; Na|tur_far|ben|druck (Farbendruck nach fotografischen Farbaufnahmen), ...fa|ser, ...film, ...for|scher, ...freund, ...ge|fühl (*das;* -[e]s); na|tur_ge|ge|ben, ...ge|mäß (-este); Na|tur_ge|schich|te *die;* -; na|tur|ge|schicht|lich; Na|tur|ge|setz; na|tur_ge|treu (-[e]ste), ...haft; Na|tur_heil|kun|de (*die;*-), ...heil|ver|fah|ren; Na|tu|ris|mus *der;* - (Freikörperkultur); Na|tu|rist *der;* -en, -en (↑ R 197); Na|tur_ka|ta|stro|phe, ...kind, ...kraft *die,* ...kun|de (*die;* -); na|tur|kund|lich; Na|tur|leh|re (physikalisch-chemischer Teil des naturwissenschaftlichen Unterrichts an Grundschulen); na|tür|lich; -e Geometrie, Gleichung (Math.); -e Person (Ggs.: juristische Person); na|tür|li|cher|wei|se; Na|tür|lich|keit *die;* -; Na|tur_mensch, ...nä|he, ...not|wen|dig|keit, ...park, ...phi|lo|so|phie, ...pro|dukt, ...recht (*das;* -[e]s), na|tur|rein; Na|tur_re|li|gi|on, ...schau|spiel, ...schön|heit, ...schutz; Na|tur_schutz_ge|biet,

---

...park; Na|tur_ta|lent, ...thea|ter (↑ R 180; Freilichtbühne), ...treue, ...trieb; na|tur_trüb, ...ver|bun|den, ...voll, ...wid|rig; Na|tur_wis|sen|schaft (meist *Plur.*), ...wis|sen|schaft|ler; na|tur|wis|sen|schaft|lich; der -e Zweig; na|tur|wüch|sig; Na|tur_wüch|sig|keit *die;* -; Na|tur_wun|der, ...zu|stand (*der;* -[e]s)

Nau|arch *der;* -en, -en (↑ R 197) ⟨griech.⟩ (Schiffsbefehlshaber im alten Griechenland)

Naue *die;* -, -n u. (schweiz. nur so:) Nau|en *der;* - s, - (südd., schweiz. neben: Nachen, Kahn; schweiz.: großer [Last]kahn auf Seen)

'nauf; ↑ R 16 (landsch. für: hinauf)

Nau|pli|us *der;* -, ...ien [...*i^en*] ⟨griech.⟩ (Krebstierlarve)

Nau|ru (Inselrepublik im Stillen Ozean); Nau|ru|er; nau|ru|isch

'naus; ↑ R 16 (landsch. für: hinaus)

Nau|sea *die;* - ⟨griech.⟩ (Med.: Übelkeit; Seekrankheit)

Nau|si|kaa [...*ka-a*] (phäakische Königstochter)

Nau|tik *die;* - ⟨griech.⟩ (Schifffahrtskunde); Nau|ti|ker; Nau|ti|lus *der;* -, - u. -se (Tintenfisch); nau|tisch; -es Dreieck (svw. sphärisches Dreieck)

Na|va|jo [*nǎw^ho*, auch: *nawaeho*] *der;* -[s], -[s] (Angehöriger eines nordamerik. Indianerstammes)

Na|var|ra [...*war...*]· (nordspan. Prov.; auch für: hist. Provinz in den Westpyrenäen); Na|var|re|se *der;* -n, -n (↑ R 197); Na|var|re|sin *die;* -, -nen; na|var|re|sisch

Na|vel [*nǎw^el*, auch: *ne^iw^el*] *die;* -, -s ⟨engl.⟩ (Kurzform von Navelorange); Na|vel|oran|ge (kernlose Orange, die eine zweite kleine Frucht einschließt)

Na|vi|ga|ti|on [*nawigazion*] *die;* - ⟨lat.⟩ (See- u. Luftfahrt: Bestimmung des Standortes u. Einhaltung des gewählten Kurses); Na|vi|ga|ti|ons_feh|ler, ...in|stru|men|te *Plur.,* ...of|fi|zier (für die Navigation verantwortlicher Offizier), ...schu|le (Seefahrtsschule); Na|vi|ga|tor *der;* -s, ...oren (Mitglied der Flugzeugbesatzung, das für die Navigation verantwortlich ist); na|vi|ga|to|risch; na|vi|gie|ren (ein Schiff od. Flugzeug führen)

Na|xa|lit *der;* -en, -en; ↑ R 197 (Anhänger einer linksradikalen polit. Bewegung in Indien)

na|xisch (von Naxos); Na|xos (griech. Insel)

'Na|za|rä|er, (ökum.:) Na|zo|rä|er *der;* -s ⟨hebr.⟩ (Beiname Jesu); ²Na|za|rä|er, (ökum.:) Na|zo|rä|er *der;* -s, - (Mitglied der frühen Christengemeinden); 'Na|za|re|ner *der;* -s (Beiname Jesu); ²Na-

---

za|re|ner *der;* -s, - (Angehöriger einer Künstlergruppe der Romantik); Na|za|reth, (ökum.:) Na|za|ret (Stadt in Israel)

Na|zi *der;* -s, -s ⟨verächtl. für: Nationalsozialist); Na|zi_bar|ba|rei, ...dik|ta|tur, ...herr|schaft, ...par|tei, ...re|gi|me; Na|zis|mus *der;* - ⟨verächtl. für: Nationalsozialismus); na|zis|tisch (verächtl. für: nationalsozialistisch); Na|zi|zeit

Nazo|rä|er vgl. 'Nazaräer u. ²Nazaräer

Nb = chem. Zeichen für: Niob

NB = notabene!

n. Br., nördl. Br. = nördlicher Breite

N. C. = North Carolina; vgl. Nordkarolina

Nchf., Nachf. = Nachfolger

n. Chr. = nach Christus, nach Christo; vgl. Christus; n. Chr. G. = nach Christi Geburt; vgl. Christus

Nd = chem. Zeichen für: Neodym

nd. = niederdeutsch

N. D. = Norddakota

NDB = Neue Deutsche Biographie

NDR = Norddeutscher Rundfunk

N'Dja|me|na [*ndschamena*] (Hptst. von Tschad)

Ne = chem. Zeichen für: Neon

ne!, nee! (mdal. u. ugs. für: nein!)

'ne; ↑ R 16 (ugs. für: eine); 'nen (ugs. für: einen)

Ne|an|der|ta|ler (nach dem Fundort Neandertal bei Düsseldorf) (vorgeschichtlicher Mensch)

Nea|pel; ↑ R 180 (ital. Stadt); vgl. Napoli; Nea|pel|ler, Ne|ap|ler, 'Nea|po|li|ta|ner (↑ R 180, R 147); ²Nea|po|li|ta|ner, Nea|po|li|ta|ner|schnit|te; ↑ R 180 (österr. für: gefüllte Waffel); nea|po|li|ta|nisch (↑ R 180)

ne|ark|tisch ⟨griech.⟩ (der westlichen gemäßigten Zone angehörend); -e Region (Tiergeogr. für: Nordamerika bis Mexiko)

neb|bich (Gaunerspr. für: leider!, schade!; ugs. für: nun, wenn schon!; was macht das!); Neb|bich *der;* -s, -s (ugs. für: Nichtsnutz; unbedeutender Mensch)

Ne|bel *der;* -s, -; Ne|bel_bank (*Plur.* ...bänke), ...bil|dung, ...feld; ne|bel_grau, ...haft (-este); Ne|bel|horn (*Plur.* ...hörner); ne|be|lig, neb|lig; Ne|bel_kam|mer (Atomphysik), ...kap|pe (Tarnkappe), ...ker|ze, ...krä|he, ...lam|pe, ...mo|nat od. ...mond (für: November); ne|beln; es nebelt; Ne|bel_schwa|der|wer|fer, ...schlei|er, ...schluß|leuch|te, ...schwa|den, ...strei|fen; Ne|bel|lung, Neb|lung *der;*

-s, -e (November); ne̱|bel|ver-
han|gen; Ne̱|bel|wand
ne̱|ben; *Präp.* mit *Dat.* u. *Akk.:* -
dem Hause stehen, aber: - das
Haus stellen; als *Adverb* in Zusammensetzungen wie: nebenan,
nebenbei u. a.; Ne̱|ben.ab|sicht,
...amt; ne̱|ben|amt|lich; ne̱|ben-
an̲; Ne̱|ben.an|schluß, ...ar|beit,
...aus|ga|be, ...bahn, ...be|deu-
tung; ne̱|ben|bei; - bemerkt; Ne-
ben|be|ruf; ne̱|ben|be|ruf|lich;
Ne̱|ben.be|schäf|ti|gung, ...buh-
ler, ...buh|le|rin, ...buh|ler-
schaft, ...ef|fekt; ne̱|ben|ein|an-
der; *Schreibung in Verbindung
mit Verben* (↑R 205 f.): nebeneinander herunterrutschen, aber:
die Sachen nebeneinanderlegen,
die Fahrräder nebeneinander-
stellen; vgl. aneinander; neben-
einandersitzen, aber: nebeneinander sitzen (nicht: stehen); Ne̱-
ben|ein|an|der [auch: *neb...*] *das;*
-s; ne̱|ben|ein|an|der|her; ne̱|ben-
ein|an|der|schal|ten; Ne̱|ben-
an|der|schal|tung; Ne̱|ben.ein-
künf|te *Plur.,* ...er|schei|nung,
...er|werb, ...er|werbs|land|wirt-
schaft, ...er|zeug|nis, ...fach, ...fi-
gur, ...fluß, ...form, ...frau, ...ge-
dan|ke, ...gel|lei|se od. ...gleis,
...ge|räusch, ...ge|stein (Berg-
mannsspr.: Gestein unmittelbar
über u. unter dem Flöz), ...haus;
ne̱|ben|her; ne̱|ben|her.fah|ren,
...ge|hen, ...lau|fen; ne̱|ben|hin;
etwas - sagen; Ne̱|ben.höh|le (an
die Nasenhöhle angrenzender
Hohlraum), ...in|ter|ve|ni|ent
(Nebenkläger im Zivilprozeß),
...kla|ge, ...klä|ger, ...ko|sten
Plur., ...li|nie, ...mann (*Plur.*
...männer u. ...leute), ...mensch
der, ...me|tall, ...nie|re, ...nut-
zung; ne̱|ben|ord|nen (Sprachw.);
nebenordnende Konjunktionen;
Ne̱|ben.ord|nung (Sprachw.),
...pro|dukt, ...raum, ...rol|le,
...sa|che; ne̱|ben|säch|lich; Ne̱-
ben|säch|lich|keit; Ne̱|ben|satz
(Sprachw.); ne̱|ben|schal|ten
(für: parallelschalten); Ne̱|ben-
schal|tung (für: Parallelschal-
tung); ne̱|ben|ste|hend; (↑R 66:)
-es; (↑R 65:) im - am (hierneben),
aber: das Nebenstehende; vgl.
folgend; Ne̱|ben.stel|le, ...stra-
ße, ...strecke [*Trenn.:* ...strek|ke],
...tisch, ...ton; ne̱|ben|to|nig; Ne̱-
ben.ver|dienst *der,* ...wir|kung,
...wohl|nung, ...zim|mer, ...zweck
neb|lig, ne̱|bellig; Ne̱b|lung vgl.
Nebelung
Nebr. = Nebraska
Ne̱|bras|ka (Staat in den USA;
Abk.: Nebr.)
nebst; mit *Dat.:* - seinem Hunde;
nebst|bei (österr. neben: neben-
bei)

Ne̱|bu|kad|ne̱|zar, (ökum.:) Ne̱|bu-
kad|ne̱z|zar (Name babylon. Kö-
nige); vgl. Nabucco
ne̱|bu|los, ne̱|bu|lös; -este ⟨lat.⟩
(unklar, verschwommen)
Ne̱ces|saire [*neßäßär*] *das;* -s, -s
⟨franz.⟩ ([Reise]behältnis für Toi-
letten-, Nähutensilien u. a.)
Ne̱cho [*necho*] (ägypt. Pharao)
n-Eck (↑R 37)
Neck *der;* -en, -en (↑R 197) (ein
Wassergeist)
Neckar[1] *der;* -s (rechter Neben-
fluß des Rheins); Neckar|sulm[1]
(Stadt an der Mündung der Sulm
in den Neckar)
necken[1]
Necken[1] *der;* -s, - (svw. Neck)
Necke|rei[1]
Necking[1] *das;* -[s], -s ⟨amerik.⟩
(Schmuserei, Knutscherei)
neckisch[1]; -ste
Ned|bal (tschech. Komponist)
nee! vgl. ne!
Neer *die;* -, -en (niederd. für: Was-
serstrudel mit starker Gegenströ-
mung); Neer|strom
Neff|e *der;* -n, -n (↑R 197)
Ne̱ga|ti|on [*...zion*] *die;* -, -en ⟨lat.⟩
(Verneinung, Verwerfung einer
Aussage; Verneinungswort, z. B.
„nicht“); ne̱ga|tiv[2] (verneinend;
ergebnislos; Math.: kleiner als
Null; Elektrotechnik: Ggs. zu:
positiv); -e Katalyse (Chemie);
-e Theologie; Ne̱ga|tiv[2] *das;* -s,
-e [...*w*ᵉ] (Fotogr.: Gegen-, Kehr-
bild); Ne̱ga|tiv|bild[2]; Ne̱ga|ti|ve[2]
[...*w*ᵉ] *die;* -, -n (veralt. für: Verneinung)
Ne̱|geb [*nägäp*] *der;* -; auch: *die;*
- (Wüstenlandschaft im Süden Is-
raels)
ne̱|ger (ostösterr. ugs. für: ohne
Geld); er ist -
Ne̱|ger *der;* -s, - ⟨lat.⟩; Ne̱|ger_fra-
ge, ...haar; Ne̱|ge|rin *die;* -, -nen;
ne̱|ge|risch; Ne̱|ger_kuß (scho-
koladeüberzogenes Schaumge-
bäck), ...sän|ger, ...skla|ve
Ne̱|gev vgl. Negeb
ne̱|gie|ren ⟨lat.⟩ (verneinen; be-
streiten); Ne̱|gie|rung
Ne̱|gli|gé, (schweiz.:) Né̱|gli|gé
[*negliſche*] *das;* -s, -s ⟨franz.⟩
(Hauskleid; Morgenrock); ne̱-
gli|geant [...*gliſchant*] (veralt. für:
nachlässig); ne̱g|li|gen|te
[...*dſchänte*] ⟨ital.⟩ (Musik: nachlässig, flüchtig, darüber hinhu-
schend); ne̱g|li|gie|ren [...*gliſchi-
r*ᵉn] (veralt. für: vernachlässigen)
ne̱|grid ⟨lat.⟩ (zu den Negern gehö-
rend); -er Zweig (der Menschen-
rassen); Ne̱g|ri|de *der* u. *die;* -n,
-n (↑R 7 ff.); Ne̱g|ri|to *der;* -[s], -[s]
(Angehöriger einer aussterben-

---

den zwergwüchsigen u. dunkel-
häutigen Rasse [auf den Philip-
pinen]); Né̱g|ri|tude [*negritüd*[ᵉ]]
⟨franz.⟩ ([Forderung nach] kulturelle[r] Eigenständigkeit der
Französisch sprechenden Län-
der Afrikas); ne̱g|ro|id (den Ne-
gern ähnlich); Ne̱g|ro|i|de *der* u.
die; -n, -n (↑R 7 ff., R 180); Ne̱-
gro Spi|ri|tu|al [*nigro*ᵘ *ßpiritju*ᵉ*l*]
das (auch: *der*); -, -s, - -s ⟨lat.-
engl.-amerik.⟩ (geistl. Lied der
Neger im Süden der USA)
Ne̱|gus *der;* -, - u. -se (früher: Kai-
ser von Äthiopien)
Ne̱|he|mia, (auch:) Ne̱|he|mi|as
(Gestalt des A. T.)
neh|men; du nimmst, er nimmt;
ich nahm, du nahmst; du näh-
mest; genommen; nimm!; ich
nehme es an mich; (↑R 68:) Geben (auch: geben) ist seliger
denn Nehmen (auch: nehmen);
Neh|mer (auch für: Käufer);
Neh|mer|qua|li|tä|ten *Plur.* (Bo-
xen)
Neh|ru (indischer Staatsmann)
Neh|rung (Landzunge)
Neid *der;* -[e]s; nei|den; Nei|der;
neid|er|füllt (↑R 209); Neid|ham-
mel (abwertend für: neidischer
Mensch); Neid|hard, ¹Neid|hart
(m. Vorn.); ² Neid|hart *der;* -[e]s,
-e (veralt. für: Neider); nei|dig
(mdal. für: beneidend); jmdm. -
sein; nei|disch; -ste; neid|los;
-este; Neid|lo|sig|keit *die;* -
Neid|na|gel (Nebenform von:
Niednagel)
neid|voll
Nei|ge *die;* -, -n; auf die -, zur - ge-
hen; nei|gen; sich -; Nei|gung;
Nei|gungs.ehe, ...win|kel
nein; nein sagen; (↑R 67:) das Ja
und das Nein; mit [einem] Nein
antworten; das ist die Folge seines Neins
¹nein; ↑R 16 (landsch. für: hinein)
Nein|sa|gen *das;* -s; Nein|sa|ger;
Nein|stim|me
Nei̱ße *die;* - (ein Flußname); die
Oder-Neiße-Linie (↑R 150); Nei̱s-
se (Stadt an der Glatzer Neiße)
Ne̱|kro|bio|se *die;* - (↑R 180)
⟨griech.⟩ (Biol.: langsames Ab-
sterben einzelner Zellen); Ne̱-
kro|log *der;* -[e]s, -e (Nachruf);
Ne̱|kro|lo|gi|um *das;* -s, ...ien
[...*i*ᵉn] (Totenverzeichnis in Klö-
stern und Stiften); Ne̱|kro|mant
der; -en, -en; ↑R 197 (Toten-,
Geisterbeschwörer, bes. des Al-
tertums); Ne̱|kro|man|tie *die;* -
(Toten-, Geisterbeschwörung);
Ne̱|kro|phi|lie *die;* - (Psych.: auf
Leichen gerichteter Sexualtrieb);
Ne̱|kro|po|le *die;* -, ...polen (To-
tenstadt, Gräberfeld alter Zeit);
Ne̱|krop|sie *die;* -, ...ien (Leichen-
besichtigung, -öffnung); Ne̱|kro-

---

¹ *Trenn.:* ...k|k...
² Auch: *negatif, näg*... usw.

se die; -, -n (Med.: das Absterben von Geweben, Organen od. Organteilen); Ne|kro|sper|mie die; - (Med.: das Abgestorbensein od. die Funktionsunfähigkeit der männl. Samenzellen; Zeugungsunfähigkeit); ne|kro|tisch (Med.: abgestorben)

Nek|tar der; -s ⟨griech.⟩ (zuckerhaltige Blütenabsonderung; griech. Mythol.: ewige Jugend spendender Göttertrank); Nek|ta|ri|ne die; -, -n (eine Pfirsichart mit glatthäutigen Früchten); Nek|ta|ri|um das; -s, ...ien [...i⁸n] (Nektardrüse bei Blütenpflanzen)

Nek|ton das; -s ⟨griech.⟩ (Biol.: die Gesamtheit der im Wasser sich aktiv bewegenden Tiere); nek|to|nisch

Nel|ke die; -, -n (Blume; Gewürz); Nel|ken..öl, ...strauß (Plur. ...sträuße), ...wurz (eine Pflanze)

Nell das; -s (schweiz. für: Trumpfneun beim Jaß)

Nel|li (Kurzform von: Helene u. Kornelie); Nel|ly (engl. w. Vorn.)

¹Nel|son [nälsⁿn, auch: nälß'n] (engl. Admiral)

²Nel|son der; -[s], -[s] ⟨nach einem nordamerik. Sportler⟩ (Ringergriff)

Ne|ma|to|de der; -n, -n (meist Plur.) ⟨griech.⟩ (Fadenwurm)

ne|me|isch (aus Nemea [Tal in Argolis]); aber (↑R 157): der Nemeische Löwe, die Nemeischen Spiele

Ne|me|sis [auch: näm...] die; - ⟨griech.⟩ (strafende Gerechtigkeit)

'nen; ↑R 16 (ugs. für: einen)

Nenn|be|trag; nen|nen; du nanntest; (selten:) du nenntest; genannt; nenn[e]!; er nannte ihn einen Dummkopf; sich -; nennens|wert; -este; Nen|ner; Nenn|form (für: Grundform, Infinitiv); Nenn|form|satz (für: Grundformsatz, Infinitivsatz); Nenn_on|kel, ...tan|te; Nen|nung; Nenn_wert, ...wort (Plur. ...wörter; für: Nomen)

Nen|ze der; -n, -n; ↑R 197 (Angehöriger eines Volkes im Norden der UdSSR); vgl. Samojede

neo... ⟨griech.⟩ (neu...); Neo... (Neu...); Neo|dym das; -s (chem. Grundstoff, Metall; Zeichen: Nd); Neo.fa|schis|mus (Bez. für: die faschist. Bestrebungen nach dem 2. Weltkrieg), ...fa|schist (↑R 197); neo|fa|schi|stisch; Neo|gen das; -s (Jungtertiär); Neo_klas|si|zis|mus, ...ko|lo|nia|lis|mus, ...li|be|ra|lis|mus; Neo|li|thi|kum das; -s (Jungsteinzeit); neo|li|thisch (jungsteinzeitlich); Neo|lo|gis|mus der; -, ...men

(sprachl. Neubildung); Neo|mar|xis|mus der; -; Ne|on das; -s ⟨chem. Grundstoff, Edelgas; Zeichen: Ne); Neo.na|zi, ...na|zis|mus, ...na|zist; neo|na|zi|stisch; Ne|on_fisch, ...lam|pe, ...licht (Plur. ...lichter), ...re|kla|me, ...röh|re; Neo|phyt der; -en, -en; ↑R 197 (Neugetaufter im Urchristentum); Neo|plas|ma (Med.: [bösartige] Geschwulst); Neo|po|si|ti|vis|mus; Neo|te|nie die; - (Med.: unvollkommener Entwicklungszustand eines Organs; Biol.: Eintritt der Geschlechtsreife im Larvenstadium); neo|tro|pisch (den Tropen der Neuen Welt angehörend); -e Region (Tiergeogr.: Mittel- u. Südamerika); Neo|vi|ta|lis|mus (Lehre von den Eigengesetzlichkeiten des Lebendigen); Neo|zoi|kum das; -s; ↑R 180 (svw. Känozoikum); neo|zo|isch (svw. känozoisch)

Ne|pal [auch: ne...] (Himalajastaat); Ne|pa|ler vgl. Nepalese; Ne|pa|le|se der; -n, -n (↑R 197), auch: Nepaler; ne|pa|le|sisch, auch: ne|pa|lisch

Ne|per das; -s, - ⟨nach dem schott. Mathematiker J. Napier [ne'pi'r]⟩ (eine physikalische Maßeinheit; Abk.: Np)

Ne|phe|lin der; -s, -e ⟨griech.⟩ (ein Mineral); Ne|phe|lo|me|trie die; - (Chem.: Messung der Trübung von Flüssigkeiten); Ne|pho|graph der; -en, -en; ↑R 197 (Meteor.: Gerät, das die verschiedenen Arten u. die Dichte der Bewölkung fotogr. aufzeichnet); Ne|pho|skop das; -s, -e (Gerät zur Bestimmung der Zugrichtung u. -geschwindigkeit von Wolken); Ne|phral|gie die; -, ...ien ⟨griech.⟩ (Med.: Nierenschmerzen); Ne|phrit der; -s, -e (ein Mineral); Ne|phri|tis die; -, ...itiden (Med.: Nierenentzündung); Ne|po|muk [auch: näp...] (m. Vorn.)

Ne|po|tis|mus der; - ⟨lat.⟩ (Vetternwirtschaft)

Nepp der; -s (ugs. für: das Neppen); nep|pen (ugs. für: Gäste in Lokalen u. a. übervorteilen); Nep|per (ugs.); Nep|pe|rei (ugs.); Nepp|lo|kal (ugs.)

¹Nep|tun (röm. Gott des Meeres); ²Nep|tun das; -s (ein Planet); nep|tu|nisch (durch Einwirkung des Wassers entstanden); -e Gesteine (veralt. für: Sedimentgesteine); Nep|tu|ni|um das; -s (chem. Grundstoff, ein Transuran; Zeichen: Np)

Ne|re|ide die; -, -n; meist Plur. (meerbewohnende Tochter des Nereus); Ne|re|iden|mo|nu|ment

(Grabtempel in Lykien); Ne|reus [...euß] ⟨griech. Meergott⟩

Nerf|ling (ein Fisch)

Nernst|lam|pe; ↑R 135 ⟨nach dem dt. Physiker u. Chemiker Walther Nernst⟩

Ne|ro (röm. Kaiser)

Ne|ro|li|öl das; -[e]s ⟨ital.; dt.⟩ (Pomeranzenblütenöl)

ne|ro|nisch ⟨zu: Nero⟩, aber (↑R 134): Ne|ro|nisch

Ner|thus (germ. Göttin)

Ne|ru|da [span. Ausspr.: nerudha], Pablo (chilen. Lyriker)

Nerv [närf] der; -s, -en ⟨lat.⟩

Ner|va [...wa] (röm. Kaiser)

Ner|va|tur [...wa...] die; -, -en ⟨lat.⟩ (Aderung des Blattes, der Insektenflügel); ner|ven [närf'n] (ugs. für: belästigen); Ner|ven.an|span|nung [närf'n...], ...arzt; ner|ven.auf|pei|tschend, ...auf|rei|bend, ...be|ru|hi|gend (↑R 209); Ner|ven.bel|la|stung, ...bün|del, ...chir|ur|gie, ...ent|zün|dung, ...gas, ...gift, ...heil|an|stalt, ...kit|zel, ...kli|nik, ...ko|stüm (ugs. scherzh.), ...kraft die; ner|ven|krank; Ner|ven.krank|heit, ...krieg, ...kri|se, ...lei|den, ...nah|rung, ...pro|be, ...sa|che (ugs.), ...sä|ge (ugs.), ...schmerz (meist Plur.), ...schock der; ner|ven|schwach; Ner|ven|schwä|che; ner|ven|stark; Ner|ven.stär|ke (die; -), ...sy|stem (vegetatives -), ...zu|sam|men|bruch; ner|vig [närf..., auch: närw...] (sehnig, kräftig); nerv|lich (das Nervensystem betreffend); ner|vös [...wöß] -este (nervenschwach; reizbar); Ner|vo|si|tät die; -; nerv|tö|tend; Ner|vus re|rum der; - - (Hauptsache; scherzh. für: Geld)

Nerz der; -es, -e ⟨slaw.⟩ (Pelz[tier]); Nerz_farm, ...fell, ...kra|gen, ...man|tel, ...stol|la

Nes|ca|fé ⟨Wz⟩ der; -s, -s ⟨nach der schweiz. Firma Nestlé⟩ (löslicher Kaffee-Extrakt in Pulverform)

Ne|schi [näßki] das od. die; - ⟨arab.⟩ (arab. Schreibschrift)

¹Nes|sel die; -, -n; ²Nes|sel der; -s, - (ein Gewebe); Nes|sel_aus|schlag, ...fa|den (Zool.), ...fie|ber, ...pflan|ze, ...stoff, ...sucht (die; -), ...tier

Nes|sus|ge|wand; ↑R 135 ⟨nach dem vergifteten Gewand des Herakles in der griech. Sage⟩ (verderbenbringende Gabe)

Nest das; -[e]s, -er; Nest|bau (Plur. ...bauten); Nest|be|schmut|zer (abwertend für: jmd., der schlecht über die eigene Familie, das eigene Land u. ä. spricht); Nest|chen das; -s, - u. Ne|ster|chen, Nest|lein

Ne|stel die; -, -n (landsch. für:

Schnur); ne|steln; ich ...[e]le
(↑ R 22)

Ne|ster|chen (_Plur._ von: Nest-
chen); Nest_flüch|ter, ...häk-
chen, ...hocker [_Trenn.:_ ...hok-
ker], ...jun|ge (²Junge); Nest-
lein vgl. Nestchen; Nest|ling
(noch nicht flügger Vogel)

¹Ne|stor (greiser König der griech.
Sage); ²Ne|stor _der;_ -s, ...oren (äl-
tester [besonders anerkannter]
Gelehrter einer bestimmten Wissenschaft)

Ne|sto|ria|ner _der;_ -s, -; ↑ R 180
(Anhänger des Nestorius); Ne-
sto|ria|nis|mus _der;_ -; ↑ R 180
(Lehre des Nestorius); Ne|sto|ri-
us (Patriarch von Konstantino-
pel)

Ne|stroy [_näßtreu_] (österr. Büh-
nendichter)

Nest|treue; nest|warm; -e Eier;
Nest|wär|me

nett (-este (niedlich, zierlich;
freundlich)

Nett|chen, Net|te (Kurzformen
von: Antoinette u. Nannette)

net|ter|wei|se (ugs.); Net|tig|keit
‹zu: nett›; net|to (ital.) (rein, nach
Abzug der Verpackung, der Un-
kosten, der Steuern u. ä.); Net|to-
_ein|kom|men, ...er|trag, ...ge-
wicht, ...ge|winn, ...lohn, ...preis
(vgl. ²Preis), ...raum|zahl (Abk.:
NRZ), ...re|gi|ster|ton|ne (früher
für: Nettoraumzahl; Abk.:
NRT), ...ver|dienst _der_

Netz _das;_ -es, -e; Netz|an|schluß;
Netz|an|schluß|ge|rät (Rund-
funk); netz|ar|tig

net|zen; du netzt (netzest)

Netz|flüg|ler _der;_ -s, - (Zool.: In-
sekt einer bestimmten Ordnung
[mit vier großen, meist netzartig
geäderten Flügeln]); netz|för-
mig; Netz_ge|rät (kurz für: Netz-
anschlußgerät), ...gleich|rich|ter
(Rundfunk), ...haut; Netz|haut-
_ab|lö|sung, ...ent|zün|dung;
Netz_hemd, ...kar|te

Netz|mit|tel _das_ (Stoff, der die
Oberflächenspannung von Flüs-
sigkeiten verringert)

Netz|plan (Wirtsch.); Netz|plan-
tech|nik (_die;_ -; Wirtsch.); Netz-
_span|nung, ...stecker [_Trenn._:
...stek|ker], ...werk

neu; neuer, neu[e]ste; neu[e]stens;
seit neuestem; neue Sprachen. I.
Kleinschreibung: a) (↑ R 65:) aufs
neue; auf ein neues; von neuem;
b) (↑ R 65:) auf neu herrichten;
neu für alt (Kaufmannsspr.); c)
(↑ R 157:) das neue Jahr fängt gut
an; ein gutes neues Jahr! (Glück-
wunsch); die neue Armut; die
neue Linke (neomarxistische, im
Ggs. zu den traditionellen sozialistischen u. kommunistischen
Parteien stehende philosophi-

sche u. politische Richtung); die
neue Mathematik (auf der for-
malen Logik u. der Mengenlehre
basierende Mathematik); die
neuen Medien (z. B. Kabelfern-
sehen, Bildschirmtext). II. _Groß-
schreibung:_ a) (↑ R 65:) das Alte
und das Neue; er ist aufs Neue
(auf Neuerungen) erpicht; b)
(↑ R 65:) etwas, nichts, allerlei
Neues; c) (↑ R 157:) der Neue
Bund; die Neue Welt (Amerika);
das Neue Testament (Abk.:
N. T.). III. _In Verbindung mit Ver-
ben_ (↑ R 205 f.): Meist ist die Getrenntschreibung üblich, z. B. neu
bauen, neu bearbeiten, neu hin-
zukommen, neu entstehende
Siedlungen. Für das 2. Partizip
gilt folgendes: 1. _Getrenntschrei-
bung_ (↑ R 209), wenn „neu" als
selbständige Umstandsangabe
beim 2. Partizip steht (der Vorstellung der Tätigkeit herrscht
vor, und beide Wörter tragen
Starkton), z. B. das Geschäft ist
neu eröffnet; das [völlig] neu bearbeitete Werk; viele Kunden
waren neu hinzugekommen. 2.
Zusammenschreibung (↑ R 209),
wenn die Verbindung in eigen-
schaftswörtlicher Bedeutung gebraucht wird (nur das erste Glied
trägt Starkton), z. B. die neugebo-
renen Kinder, die neubearbei-
teten Bände der Sammlung, die
neuhinzugekommenen Kunden,
die neugeschaffenen Anlagen,
das neueröffnete Zweiggeschäft

Neu_an|fer|ti|gung, ...an|kömm-
ling, ...an|schaf|fung; neu|apo-
sto|lisch; aber: die Neuaposto-
lische Gemeinde (eine christl.
Religionsgemeinschaft); neu|ar-
tig; Neu|ar|tig|keit _die;_ -; Neu-
_auf|la|ge, ...aus|ga|be; Neu|bau
(_Plur._ ...bauten); Neu|bau_vier-
tel, ...woh|nung; neu|be|ar|bei-
tet; die -e Auflage (↑ jedoch
R 209), aber: die Auflage ist
neu bearbeitet; vgl. neu, III;
Neu_be|ar|bei|tung, ...be|ginn;
neu|be|kehrt; die -en Christen
(↑ jedoch R 209), aber: diese
Christen sind neu bekehrt; Neu-
be|kehr|te _der_ u. _die;_ -n, -n
(↑ R 7 ff.); Neu|bil|dung

Neu|bran|den|burg (Stadt, Land-
kreis u. Bezirk in der DDR)

Neu|braun|schweig (kanad. Pro-
vinz)

Neu|bür|ger

Neu|châ|tel [_nöschatäl_, schweiz.:
nöschatäl] (franz. Name von:
Neuenburg)

Neu-De|lhi (südl. Stadtteil von
Delhi, Regierungssitz der Republik Indien)

neu|deutsch; Neu|druck (_Plur._
...drucke)

Neue _die;_ - (Jägerspr.: frisch gefal-
lener Schnee)

Neu_ein|stel|lung, ...ein|stu|die-
rung

Neue Ker|ze (bis 1948 dt. Licht-
stärkeeinheit; Zeichen: NK;
heute: Candela)

Neu|en|ahr, Bad (Stadt an der
Ahr)

Neu|en|burg (Stadt in der
Schweiz); vgl. Neuchâtel; Neu-
en|bur|ger (↑ R 147); Neu|en|bur-
ger See _der;_ - -s

Neu|eng|land (die nordöstl. Staa-
ten der USA); neu|eng|lisch; vgl.
deutsch

Neu|ent|wick|lung

neu|er|dings (kürzlich; von neu-
em); Neue|rer; neu|er|lich (neu-
lich; von neuem); neu|ern (ver-
alt. für: erneuern); ich ...ere
(↑ R 22); neu|er|öff|net; das -e
Zweiggeschäft (↑ jedoch R 209),
aber: das Zweiggeschäft ist neu
eröffnet worden; Neu_er|öff-
nung, ...er|schei|nung; Neue|rung
(↑ R 180); Neu|er|wer|bung;
neu[e]|stens

Neu_fas|sung, ...fest|set|zung;
neu|fran|zö|sisch; vgl. deutsch

Neu|fund|land (kanad. Provinz);
Neu|fund|län|der (Bewohner von
Neufundland; auch: ein Hund)

neu|ge|backen [_Trenn.:_ ...bak|ken];
ein -er Ehemann; Neu|ge|bo|ren;
die -en Kinder (↑ jedoch R 209),
aber: diese Kinder sind neu geboren; auch klassenbildend: die
Kinder sind -; Neu|ge|bo|re|ne
das; -n, -n; ↑ R 7 ff. (Säugling);
Neu|ge|burt; neu|ge|schaf|fen;
die -en Anlagen (↑ jedoch R 209),
aber: diese Anlagen sind neu
geschaffen; Neu-ge|stal|tung,
...ge|würz (_das;_ -es; österr. für:
Piment); Neu|gier; Neu|gier|de
die; -; neu|gie|rig; Neu-glie|de-
rung, ...go|tik; Neu|grad vgl.
Gon

neu|grie|chisch; vgl. deutsch;
Neu|grie|chisch _das;_ -[s] (Spra-
che); vgl. Deutsch; Neu|grie|chi-
sche _das;_ -n; vgl. Deutsche _das_

Neu|grün|dung

Neu|gui|nea [_...gi..._]; ↑ R 152 (Insel
nördl. von Australien)

neu|he|brä|isch; vgl. deutsch;
Neu|he|brä|isch _das;_ -[s] (Spra-
che); vgl. Deutsch; Neu|he|bräi-
sche _das;_ -n (↑ R 180); vgl. Deutsche _das;_ vgl. Iwrith

Neu|he|ge|lia|nis|mus _der;_ - (↑ R
180)

Neu|heit; neu|hoch|deutsch (Abk.:
nhd.); vgl. deutsch; Neu|hoch-
deutsch _das;_ -[s] (Sprache); vgl.
Deutsch; Neu|hoch|deut|sche
das; -n; vgl. Deutsche _das_; Neu-
hu|ma|nis|mus; Neu|ig|keit;
Neu|in|sze|nie|rung; Neu|jahr

[auch: *neujar*]; **Neu|jahrs_an|spra|che**, ...fest, ...glück|wunsch, ...kar|te, ...tag, ...wunsch
Neu|ka|le|do|ni|en [...*i⁰n*] (Inselgruppe östlich von Australien)
Neu_kan|tia|ner (↑ R 180), ...**kan|tia|nis|mus** (*der; -*; philos. Schule), ...**kauf** (Kaufmannsspr.), ...**klas|si|zis|mus**, ...**kon|struk|ti|on**
Neu|kölln (Stadtteil von West-Berlin)
Neu|land *das; -[e]s*
Neu|la|tein; **neu|la|tei|nisch** (Abk.: nlat.); vgl. deutsch
neu|lich; **Neu|ling**
Neu|mark *die; -* (Landschaft in der Mark Brandenburg)
Neu|me *die; -, -n* (meist *Plur.*) ⟨griech.⟩ (mittelalterl. Notenzeichen)
neu|mo|disch; -ste
Neu|mond *der; -[e]s*
neun, (ugs.:) neu|ne; alle neun[e]!; wir sind zu neunen od. zu neunt; vgl. acht; **Neun** *die; -, -en* (Ziffer, Zahl); vgl. ¹Acht; **Neun_au|ge** (Fisch); **neun_bän|dig**, ...**eckig** [*Trenn.:* ...ek|kig]; **neun|ein|halb**, **neun|und|ein|halb**; **Neu|ner** (ugs.); einen - schieben; vgl. Achter; **neu|ner|lei**; **neun|fach**; **Neun|fa|che** *das; -n*; vgl. Achtfache; **neun|hun|dert**; vgl. hundert; **neun|mal**; vgl. achtmal; **neun|ma|lig**; **neun|mal|klug** (spött. ugs. für: überklug; **neun|mal|wei|se** (spött. für: überweise); **neun|schwän|zig**; in: die -e Katze (Seemannsspr.: Peitsche mit neun Riemen); **neun_stel|lig**, ...**stöckig** [*Trenn.:* ...stök|kig], ...**stün|dig**; **neunt**; vgl. neun; **neun|tä|gig**; **neun|tau|send**; vgl. acht; tausend; **neun|te**; vgl. achte; **neun|tel**; vgl. achtel; **Neun|tel** *das* (schweiz. meist: *der*); -s, -; vgl. Achtel; **neun|tens**; **Neun|tö|ter** (ein Vogel); **neun|und|ein|halb**; **neun|und|zwan|zig**; vgl. acht; **neun|zehn**; vgl. acht; **neun|zig** usw. vgl. achtzig usw.
Neu_ord|nung, ...**or|ga|ni|sa|ti|on**, ...**ori|en|tie|rung**
Neu_phi|lo|lo|ge, ...**pla|to|ni|ker**, ...**pla|to|nis|mus** (*der; -*)
neur- ⟨griech.⟩ (nerven...); **Neur-...** (Nerven...); **Neur|al|gie** *die; -, ...ien* (Med.: in Anfällen auftretender Nervenschmerz); **Neur|al|gi|ker** (an Neuralgie Leidender); **neur|al|gisch**; **Neur|asthe|nie** *die; -, ...ien* (Med.: Nervenschwäche); **Neur|asthe|ni|ker** (an Nervenschwäche Leidender); **neur|asthe|nisch**
Neu|re|ge|lung, **Neu|reg|lung**; **neu|reich**
Neu|ries (Papiermaß; 1 000 Bogen)

Neu|rin *das; -s* ⟨griech.⟩ (starkes Fäulnisgift); **Neu|ri|tis** *die; -, ...iti|den* (Med.: Nervenentzündung); **Neu|ro|chir|ur|gie** (Chirurgie des Nervensystems); **neu|ro|gen** (Med.: von den Nerven ausgehend); **Neu|ro|lo|ge** *der; -n, -n*; ↑ R 197 (Nervenarzt); **Neu|ro|lo|gie** *die; -* (Lehre von den Nerven und ihren Erkrankungen); **neu|ro|lo|gisch**; **Neu|rom** *das; -s, -e* (Med.: Nervenfasergeschwulst)
Neu_ro|man|tik, ...**ro|man|ti|ker**; **neu|ro|man|tisch**
Neu|ron *das; -s, ...one, auch:* ...onen ⟨griech.⟩ (Med.: Nervenzelle); **Neu|ro|pa|thie** *die; -, ...ien* (Med.: Nervenleiden, nervöse Veranlagung); **neu|ro|pa|thisch**; **Neu|ro|pa|tho|lo|gie** *die; -* (Lehre von den Nervenkrankheiten); **Neu|ro|pte|ren** *Plur.* (Zool.: Netzflügler); **Neu|ro|se** *die; -, -n* (Med.: nicht organisch bedingtes Nervenleiden); **Neu|ro|ti|ker** (an Neurose Leidender); **neu|ro|tisch**; **Neu|ro|to|mie** *die; -, ...ien* (Med.: Nervendurchtrennung)
Neu|rup|pin (Stadt in Brandenburg); **Neu|rup|pi|ner** (↑ R 147); **neu|rup|pi|nisch**
Neu_satz (Druckw.), ...**schnee**
Neu|scho|la|stik (Erneuerung der Scholastik; vgl. d.)
Neu|schott|land (kanad. Prov.)
Neu|schwan|stein (Schloß König Ludwigs II. von Bayern)
Neu|see|land; ↑ R 152 (Inselgruppe u. Staat im Pazifischen Ozean); **Neu|see|län|der** (↑ R 147); **neu|see|län|disch**
Neu|siedl am See (österr. Stadt); **Neu|sied|ler See** *der; - -s* (See im nördlichen Burgenland)
Neu|sil|ber (eine Legierung); **neu|sil|bern**; -e Uhr; **Neu|sprach|ler** (Lehrer, Kenner der neueren Sprachen); **neu|sprach|lich**; -er Unterricht, Zweig
Neuss (Stadt am Niederrhein); **Neu|sser** (↑ R 147)
neu|stens, **neu|estens**
Neu|stre|litz (Stadt auf der Mecklenburg. Seenplatte)
Neu|stri|en [...*i⁰n*] (alter Name für das westliche Frankenreich)
Neu|süd|wales [...*⁰els*]; ↑ R 152 (Gliedstaat des Australischen Bundes)
Neu|te|sta|ment|ler; **neu|te|sta|ment|lich**; **Neu|tö|ner** (Vertreter neuer Musik); **neu|tö|ne|risch** (auch: ganz modern)
Neu|tra [österr.: *ne_utra*] (*Plur.* von: Neutrum); **neu|tral** ⟨lat.⟩; -e Ecke (Boxen); **Neu|tra|li|sa|ti|on** [...*zion*] *die; -, -en*; **neu|tra|li|sie|ren**; **Neu|tra|li|sie|rung**; **Neu|tra|lis|mus** *der; -* (Grundsatz der

Nichteinmischung in fremde Angelegenheiten [vor allem in der Politik]); **Neu|tra|list** *der; -en, -en*; ↑ R 197 (Verfechter u. Vertreter des Neutralismus); **neu|tra|li|stisch**; **Neu|tra|li|tät** *die; -*; **Neu|tra|li|täts_ab|kom|men**, ...**bruch** *der*, ...**er|klä|rung**, ...**po|li|tik**, ...**ver|let|zung**, ...**zei|chen**; **Neu|tren** (*Plur.* von: Neutrum); **Neu|tri|no** *das; -s, -s* ⟨ital.⟩ (Physik: masseloses Elementarteilchen ohne elektrische Ladung); **Neu|tron** *das; -s, ...onen* ⟨lat.⟩ (Physik: Elementarteilchen ohne elektrische Ladung u. mit der Masse des Wasserstoffkernes; Zeichen: n); **Neu|tro|nen|bom|be**; **Neu|tro|nen|strah|len** *Plur.* (Neutronen hoher Geschwindigkeit); **Neu|tro|nen|waf|fe**; **Neu|trum** [österr.: *ne-utrum*] *das; -s, ...tra, auch:* ...tren (Sprachw.: sächliches Substantiv, z. B. „das Buch")
neu|ver|mählt; die -en Paare (↑ jedoch R 209), **aber:** diese Paare sind neu vermählt; gelegentlich auch schon klassenbildend gebraucht: die neuvermählten Ehepaare; die Ehepaare sind neuvermählt; **Neu|ver|mähl|te** *der u. die; -n, -n* (↑ R 7 ff.); **Neu_ver|schul|dung**, ...**wa|gen**, ...**wahl**; **neu|wa|schen** (landsch. für: frisch gewaschen); -e Hemden; **Neu|wert**; **neu|wer|tig**; **Neu|wert|ver|si|che|rung**
Neu-Wien (↑ R 152); **Neu|wie|ner**; **neu|wie|ne|risch**
Neu|wort (*Plur.* ...wörter)
Neu|zeit *die; -*; **neu|zeit|feind|lich**; **neu|zeit|lich**; **Neu_zu|gang**, ...**zu|las|sung**
Nev. = Nevada
Ne|va|da [*ne_wada*] (Staat in den USA; Abk.: Nev.)
Ne|wa *die; -* (Abfluß des Ladogasees)
New|co|mer [*njukam⁰r*] *der; -s, -* ⟨engl.⟩ (Neuling); **New Deal** [*nju dil*] *der; - -* ⟨amerik.⟩ (Reformprogramm des amerik. Präsidenten F. D. Roosevelt); **New Hamp|shire** [*njuhämpsch⁰r*] (Staat in den USA; N. H.); **New Jer|sey** [...*dschö⁰si*] (Staat in den USA; Abk.: N. J.); **New Look** [*nju lúk*] *der od. das; - -[s]* ⟨amerik.⟩ (neue Moderichtung nach dem 2. Weltkrieg); **New Me|xi|co** (Staat in den USA; Abk.: N. Mex.); **New Or|leans** [...*â´l⁰ns* od. ...*â´li⁰ns*] (Stadt in Louisiana); **New Orleans-Jazz** [...*â´lïnsdsehäs*] *der; -* (frühester, improvisierender Jazzstil der nordamerik. Neger); **News** [*njus*] *Plur.* ⟨engl.⟩ (Nachrichten)
¹**New|ton** [*njut⁰n*] (engl. Physiker);

²**New|ton** *das;* -s, - (Einheit der Kraft; Zeichen: N); **New|ton|me-ter** [*njuːt'n*...] (Einheit der Energie; Zeichen: Nm)

New York [*njuːjɔ́ːk*] (Staat [Abk.: N. Y.] u. Stadt in den USA); **New Yor|ker;** New Yorker Staatszeitung und Herold (deutschsprachige amerik. Tageszeitung)

Ne|xus *der;* -, - [*nɛ́ːxʊß*] ⟨lat.⟩ (Zusammenhang, Verbindung)

N. F. = Neue Folge

n-fach (↑ R 37)

Ngo|ro|ngo|ro|kra|ter (Kraterhochland in Tansania, Zentrum eines Wildreservats)

N. H. = New Hampshire

N. H. = Normalhöhenpunkt

nhd. = neuhochdeutsch

Ni = chem. Zeichen für: Nickel

Nia|ga|ra|fall [österr. auch: *nia*...] *der;* ↑ R 149, R 180

Nia|mey [*njamä*] (Hptst. von Niger)

Niam-Niam *Plur.* (Negerstamm im Sudan)

nib|beln ⟨engl.⟩ ([Bleche o. ä.] schneiden od. abtrennen); ich ...[e]le (↑ R 22); **Nibb|ler** (Gerät zum Schneiden von Blechen)

ni|beln (südd. für: nebeln, fein regnen); es nibelt

Ni|be|lun|gen (germ. Sagengeschlecht; die Burgunden); **Ni|be-lun|gen_hort** (*der;* -[e]s), **...lied** (*das;* -[e]s), **...sa|ge** (*die;* -), **...treue**

Nib|lick *der;* -s, -s ⟨engl.⟩ (Golfschläger mit Eisenkopf)

Ni|cäa usw. vgl. Nizäa usw.

Ni|ca|ra|gua [...*ka*...] (Staat in Mittelamerika); **Ni|ca|ra|gua|ner** (↑ R 147, R 180); **ni|ca|ra|gua-nisch** (↑ R 180)

nicht; - wahr?; gar -; mitnichten, zunichte machen, werden. **I.** *Zusammenschreibung,* wenn die Verbindung von „nicht" mit einem Adjektiv eine Partizip eine andauernde Eigenschaft bezeichnet, d. h. klassenbildend gebraucht wird (nur das erste Glied trägt Starkton), z. B. die nichtrostenden Stähle, die nichtzielenden Verben. **II.** *Getrenntschreibung* bei einfacher Verneinung (beide Wörter besitzen selbständigen Satzgliedwert und tragen Starkton); die nicht zuständige Stelle; diese Frauen sind nicht berufstätig; dieser Aufsatz ist nicht veröffentlicht

Nicht|ach|tung

nicht|amt|lich; vgl. nicht; die -e Darstellung war, aber: die Darstellung war nicht amtlich

Nicht|an|er|ken|nung

Nicht|an|griffs|pakt

Nicht|be|ach|tung; Nicht|be|fol-gung; nicht|be|rufs|tä|tig; vgl.

nicht; die -en Frauen, aber: die Frauen, die nicht berufstätig sind; **Nicht|be|rufs|tä|ti|ge** *der* u. *die;* -n, -n (↑ R 7 ff.)

Nicht|christ *der;* **nicht|christ|lich**

Nich|te *die;* -, -n

nicht|ehe|lich (Rechtsspr. für: unehelich)

Nicht|ein|brin|gungs|fall (österr. Amtsspr. für: Zahlungsunfähigkeit); im -

Nicht|ein|hal|tung

Nicht|ein|mi|schung

Nicht|ei|sen|me|tall; Nicht|ei|sen-me|tall|wirt|schaft *die;* -

Nicht|er|fül|lung

Nicht|er|schei|nen *das;* -s

nicht|eu|kli|disch; -e Geometrie; vgl. Euklid

Nicht|fach|mann

nicht|flek|tier|bar (Sprachw.: unbeugbar); vgl. nicht; das -e Wort, aber: das Wort ist nicht flektierbar

Nicht|ge|fal|len *das;* -s; bei -

Nicht|ge|schäfts|fä|hi|ge *der* u. *die;* -n, -n (↑ R 7 ff.)

Nicht|ge|wünsch|te *das;* -n (↑ R 7 ff.)

Nicht-Ich *das;* -[s], -[s]

nich|tig; null u. -; **Nich|tig|keit; Nich|tig|keits|kla|ge**

Nicht|in|an|spruch|nah|me (Amtsdt.)

Nicht|ka|tho|lik

nicht|kom|mu|ni|stisch; vgl. nicht

nicht|krieg|füh|rend (neutral); vgl. nicht

nicht|lei|tend; -e Stoffe; **Nicht|lei-ter** *der* (für: Isolator)

Nicht|me|tall; Nicht|mit|glied

nicht|öf|fent|lich; vgl. nicht; die -e Konferenz, aber: die Konferenz war nicht öffentlich

nicht|or|ga|ni|siert; -e Arbeiter

Nicht|rau|cher; Nicht|rau|cher|ab-teil

nicht|ro|stend; vgl. nicht; ein -es Messer

nichts; für -; zu -; gar -; um - und [um] wieder -; sich in - unterscheiden; - tun; mir -, dir - (ohne weiteres); viel Lärm um -; nach - aussehen; (↑ R 65): - Genaues, - Näheres, - Neues u.a., aber (↑ R 66): - and[e]res; - weniger als (durchaus nicht, auch in der Bed.: nichts Geringeres als); nichts ahnend (mit Betonung beider Wörter); aber (↑ R 209): nichtsahnend; nichtssagend; ein nichtssagendes Gesicht; **Nichts** *das;* -, -e; **nichts|ah|nend;** vgl. nichts

Nichts|schwim|mer

nichts|de|sto|min|der; nichts|de-sto|trotz (ugs.); **nichts|de|sto|we-ni|ger**

nicht|selb|stän|dig

Nicht|seß|haf|te *der* u. *die;* -n, -n (↑ R 7 ff.)

Nichts|kön|ner; Nichts|nutz *der;* -es, -e; **nichts|nut|zig; Nichts|nut-zig|keit; nichts|sa|gend** (inhaltslos, ausdruckslos); vgl. nichts; **Nichts|tu|er** (ugs.); **nichts|tue-risch** (↑ R 180); **Nichts|tun** *das;* -s; **nichts|wür|dig; Nichts|wür|dig-keit**

Nicht|tän|zer

Nicht|wei|ter|ga|be

nicht|zie|lend (für: intransitiv); vgl. nicht; -es Verb (Intransitiv)

Nicht|zu|las|sung

Nicht|zu|stan|de|kom|men

Nicht|zu|tref|fen|de *das;* -n; Nichtzutreffendes streichen

¹**Nickel**¹ (mdal. Kurzform von: Nikolaus); ²**Nickel**¹ *der;* -s, - (mdal. für: boshaftes Kind); ³**Nickel**¹ *das;* -s (chem. Grundstoff, Metall; Zeichen: Ni); ⁴**Nickel**¹ *der;* -s, - (früheres Zehnpfennigstück); **Nickel**¹.**bril|le, ...hoch|zeit** (auch: kupferne Hochzeit, Feier des Hochzeitstages nach zwölfeinhalbjähriger Ehe), **...mün|ze**

nicken¹; **Nicker**¹ (ugs. für: Schläfchen); **Nicker|chen**¹ (ugs.); **Nick-fän|ger** (Jägerspr.: Genickfänger); **Nick|haut** (drittes Augenlid vieler Wirbeltiere)

Nicki¹ *der;* -s, -s (Pullover aus samtartiger Baumwollstoff)

Ni|col [*nikol*] *das;* -s, -s ⟨nach dem engl. Erfinder W. Nicol⟩ (Prisma zur Polarisation des Lichts)

Ni|cole [...*kol*] (w. Vorn.)

Ni|co|sia vgl. Nikosia

Ni|co|tin vgl. Nikotin

nid (südd. u. schweiz. altertüml. für: unter[halb]); - dem Berg

Ni|da|ti|on [...*zion*] *die;* -, -en ⟨lat.⟩ (Einnistung der befruchteten Eizelle in die Gebärmutterschleimhaut)

¹**Nid|da** *die;* - (r. Nebenfluß des Mains); ²**Nid|da** (Stadt an der ¹Nidda)

Ni|del *der;* -s od. *die;* - (schweiz. mdal. für: Rahm)

Nid|wal|den (schweiz. Halbkanton, Unterwalden nid dem Wald; **Nid|wald|ner** (↑ R 147); **nid|wald|ne|risch**

nie; nie mehr, nie wieder; nie u. nimmer

nie|der; nieder mit ihm!; auf und nieder

nie|der... (*in Zus. mit Verben, z. B.* niederlegen, du legst nieder, niedergelegt, niederzulegen)

Nie|der|bay|ern (↑ R 152)

nie|der|beu|gen; sich -

nie|der|bren|nen

nie|der|brin|gen; einen Schacht - (Bergmannsspr.: herstellen)

---

¹ Trenn.: ...k|k...

nie|der|deutsch (Abk.: nd.); vgl. deutsch; Nie|der|deutsch das; -[s] (Sprache); vgl. Deutsch; Nie|der|deut|sche das; -n; vgl. Deutsche das; Nie|der|deutsch|land (↑ R 152)
Nie|der|druck der; -[e]s; nie|der|drücken [Trenn.: ...k|k...]; nie|der|drückend [Trenn.: ...k|k...]; -ste; Nie|der|druck|hei|zung
nie|de|re; niederer, niederste; I. *Kleinschreibung:* a) (↑ R 157:) die niedere Jagd; aus niederem Stande; der niedere Adel; b) (↑ R 65:) hoch und nieder (jedermann). II. *Großschreibung:* a) (↑ R 65:) Hohe und Niedere trafen sich zum Fest; b) (↑ R 146:) die Niedere Tatra (Teil der Westkarpaten); die Niederen Tauern *Plur.* (Teil der Zentralalpen)
nie|der|fal|len
Nie|der|flur|wa|gen (Technik)
Nie|der|fran|ke
nie|der|fre|quent (Physik: mit niedriger Frequenz); Nie|der|fre|quenz
Nie|der|gang der; -[e]s
nie|der|ge|drückt; -este
nie|der|ge|hen; das Flugzeug ist niedergegangen; eine Lawine ging nieder
Nie|der|ge|las|se|ne der u. die; -n, -n; ↑ R 7 ff. (schweiz. für: Einwohner mit dauerndem Wohnsitz)
nie|der|ge|schla|gen (auch für: traurig); sie ist sehr -; Nie|der|ge|schla|gen|heit die; -
nie|der|hal|ten; die Empörung wurde niedergehalten; Nie|der|hal|tung die; -
nie|der|hau|en; er hieb den Flüchtenden nieder
nie|der|ho|len; die Flagge wurde niedergeholt
Nie|der.holz (das; -es; Unterholz), ...jagd (die; -; Jägerspr.: Jagd auf Reh- u. Kleinwild)
nie|der|kämp|fen
nie|der|kau|ern, sich
nie|der|knal|len
nie|der|kni|en; er ist niedergekniet
nie|der|knü|peln
nie|der|kom|men; sie ist [mit Zwillingen] niedergekommen; Nie|der|kunft die; -, ...künfte
Nie|der|la|ge
Nie|der|lan|de Plur.; Nie|der|län|der (↑ R 147); nie|der|län|disch, aber (↑ R 157): Niederländisches Dankgebet (ein Lied aus dem niederländischen Freiheitskampf gegen Spanien); Nie|der|län|disch das; -[s] (Sprache); vgl. Deutsch; Nie|der|län|di|sche das; -n; vgl. Deutsche das
nie|der|las|sen; sich auf dem od. auf den Stuhl -; der Vorhang wurde niederge-

las|sung; Nie|der|las|sungs|frei|heit
Nie|der|lau|sitz [auch: ...lau...]; ↑ R 152 (südöstl. Teil der Mark Brandenburg)
nie|der|le|gen; etwas in dem od. in das Fach -; er hat den Kranz niedergelegt; sich -; Nie|der|le|gung
nie|der|ma|chen
nie|der|mä|hen
nie|der|met|zeln
Nie|der|öster|reich (österr. Bundesland); ↑ R 152
nie|der|pras|seln
nie|der|reg|nen
nie|der|rei|ßen; das Haus wurde niedergerissen
Nie|der|rhein; nie|der|rhei|nisch; aber (↑ R 146): die Niederrheinische Bucht (Tiefland in Nordrhein-Westfalen)
nie|der|rin|gen; der Feind wurde niedergerungen
Nie|der|sach|se; Nie|der|sach|sen; ↑ R 152 (Land); nie|der|säch|sisch
nie|der|schie|ßen; der Adler ist auf die Beute niedergeschossen; er hat ihn niedergeschossen
Nie|der|schlag der; -[e]s, ...schläge; nie|der|schla|gen; sich -; der Prozeß wurde dann niedergeschlagen; nie|der|schlags.arm, ...frei; Nie|der|schlags|men|ge; nie|der|schlags|reich; Nie|der|schla|gung (Rechtsspr.)
Nie|der|schle|si|en [...i⁽ⁿ⁾] (↑ R 152)
nie|der|schmet|tern; jmdn., etwas -; diese Nachricht hat ihn niedergeschmettert
nie|der|schrei|ben
nie|der|schrei|en; die Menge hat ihn niedergeschrien
Nie|der|schrift
nie|der|set|zen; ich habe mich niedergesetzt
nie|der|sin|ken
nie|der|sit|zen (landsch. für: sich [nieder]setzen)
Nie|der|span|nung (Elektrotechnik)
nie|der|ste; vgl. niedere
nie|der|stei|gen; sie ist niedergestiegen
nie|der|sto|ßen; er hat ihn niedergestoßen
nie|der|strecken [Trenn.: ...strek|ken]; er hat ihn niedergestreckt
Nie|der|sturz; nie|der|stür|zen; die Lawine ist niedergestürzt
nie|der|tou|rig [...tu...]; -e Maschine
Nie|der|tracht die; -; nie|der|träch|tig; Nie|der|träch|tig|keit
Nie|de|rung; Nie|de|rungs|moor
Nie|der|wald der; -[e]s (Teil des Rheingaugebirges); Nie|der|wald|denk|mal das; -[e]s
nie|der|wal|zen
nie|der|wärts
nie|der|wer|fen; der Aufstand

wurde niedergeworfen; Nie|der|wer|fung
Nie|der|wild
nie|der|zie|hen
nie|der|zwin|gen
nied|lich; Nied|lich|keit
Nied|na|gel (am Fingernagel losgelöstes Hautstückchen, losgelöster Teil des Fingernagels)
nied|rig; das Brett niedrig[er] halten; I. *Kleinschreibung:* a) (↑ R 157:) niedrige Absätze; niedrige Beweggründe; von niedriger Geburt; niedriger Wasserstand; b) (↑ R 65:) hoch und niedrig (jedermann). II. *Großschreibung* (↑ R 65): Hohe und Niedrige. III. *In Verbindung mit dem 2. Partizip* Getrennt- oder Zusammenschreibung: niedrig gesinnt sein, aber (↑ R 209): die niedriggesinnten Gegner; Nied|rig|hal|tung die; -; Nied|rig|keit; Nied|rig|lohn|land; nied|rig|pro|zen|tig; nied|rig|ste|hend (↑ R 209); Nied|rig|was|ser (*Plur.* ...wasser)
Ni|el|lo das; -[s], -s u. ...llen (auch: ...lli) (ital.) (eine Verzierungstechnik der Goldschmiedekunst, bei der in das Metall eingeritzte Zeichnungen schwarz ausgefüllt werden [nur *Sing.*]; mit dieser Technik verziertes Kunstwerk); Ni|el|lo|ar|beit
nie|mals
nie|mand (↑ R 66); Gen. -[e]s; Dat. -em (auch: -); Akk. -en (auch: -); (↑ R 65:) - Fremdes usw., aber (↑ R 66): - anders; - kann es besser wissen als er; Nie|mand der; -[e]s; der böse - (auch für: Teufel); Nie|mands|land das; -[e]s (Kampfgebiet zwischen feindlichen Linien; unerforschtes, herrenloses Land)
Nie|re die; -, -n; eine künstliche - (med. Gerät); Nie|ren|becken [Trenn.: ...bek|ken]; Nie|ren-becken|ent|zün|dung [Trenn.: ...bek|ken...], ...bra|ten, ...ent-zün|dung, ...fett; nie|ren|för|mig; Nie|ren|ko|lik; nie|ren|krank; Nie|ren.sen|kung, ...stein, ...tisch, ...trans|plan|ta|ti|on, ...tu|ber|ku|lo|se; nie|rig (nierenförmig [von Mineralien]); Nierndl das; -s, -n (österr. für: Niere [als Gericht])
Nier|stei|ner (ein Rheinwein)
nie|seln (ugs. für: leise regnen); es nieselt; Nie|sel|re|gen
nie|sen; du niest (niesest); er nieste; geniest; Nies_pul|ver, ...reiz
Nieß|brauch der; -[e]s (zu: nießen (veralt.) = genießen) (Nutzungsrecht)
Nies|wurz die; -, -en (zu: niesen) (eine der Christrose verwandte Pflanze)
Niet der (auch: das); -[e]s, -e (Metallbolzen); ¹Nie|te die; -, -n

(österr. u. nichtfachspr. für: Niet)

²Nie|te *die;* -, -n ⟨niederl.⟩ (Los, das nichts gewonnen hat; Reinfall, Versager)

nie|ten; Nie|ten|ho|se, Niet|ho|se; Nie|ter (Berufsbez.); Niet|ho|se, Nie|ten|ho|se; Niet.ham|mer, ...na|gel, ...pres|se; niet- und na|gel|fest (↑ R 32); Nie|tung

Nietz|sche (dt. Philosoph); Nietz-sche-Ar|chiv (↑ R 135)

Ni|fe [*nife*] *das;* - (Geol.: Kurzwort aus Ni[ckel] u. Fe [Eisen]; Bez. für den wahrscheinlich aus Nickel u. Eisen bestehenden Erdkern); Ni|fe|kern

Nifl|heim [auch: *ni*...] *das;* -[e]s („Nebelheim"; nord. Mythol.: Reich der Kälte; auch: Totenreich)

ni|gel|na|gel|neu (schweiz. neben: funkelnagelneu)

¹Ni|ger *der;* -[s] (afrik. Strom); ²Ni|ger (Staat in Westafrika); vgl. Nigrer; Ni|ge|ria (Staat in Westafrika); Ni|ge|ria|ner (↑ R 180); ni|ge|ria|nisch (↑ R 180)

Nig|ger *der;* -s, - ⟨amerik.⟩ (verächtl. für: Neger)

Night|club [*naitklab*] *der;* -s, -s ⟨engl.⟩ (Nachtlokal)

Ni|grer ⟨zu: ²Niger⟩; ni|grisch

Ni|gro|sin *das;* -s, -e ⟨lat.⟩ (ein Farbstoff)

Ni|hi|lis|mus *der;* - ⟨lat.⟩ (Philosophie, die alles Bestehende für nichtig, sinnlos hält; völlige Verneinung aller Normen u. Werte); Ni|hi|list *der;* -en, -en (↑ R 197); ni|hi|li|stisch; -ste

Nij|me|gen [*näᵢmeeʰᵉʳ*] (niederl. Stadt); vgl. Nimwegen

Ni|kää usw. vgl. Nizäa usw.

Ni|ka|ra|gua usw. vgl. Nicaragua usw.

Ni|ke (griech. Siegesgöttin)

Ni|ki|ta (russ. m. Vorn.)

Ni|klas (Kurzform von: Nikolaus); Ni|klaus (schweiz. Kurzform von: Nikolaus)

Ni|ko|ba|ren *Plur.* (Inselgruppe im Ind. Ozean)

Ni|ko|de|mus (Jesus anhängender jüd. Schriftgelehrter)

Ni|kol vgl. Nicol

¹Ni|ko|laus [auch: *ni*...] *der;* -, -e (volkstümlich: ...läuse) ⟨griech.⟩ (als hl. Nikolaus verkleidete Person; den hl. Nikolaus darstellende Figur aus Schokolade, Marzipan u. a.); ²Ni|ko|laus [auch: *nik*...] (m. Vorn.); Ni|ko|laus|tag [auch: *nik*...] (6. Dezember); Ni|kol|lo [auch: ...*lo*] *der;* -s, -s ⟨ital.⟩ (österr. für: hl. Nikolaus); Ni|ko-lo.abend, ...tag

Ni|kol|sia [auch: ...*ko*...] (Hptst. von Zypern)

Ni|ko|tin, (chem. fachspr.:) Ni|co-tin *das;* -s ⟨nach dem franz. Gelehrten Nicot [*nikó*]⟩ (Alkaloid im Tabak); ni|ko|tin.arm, ...frei; Ni|ko|tin|ge|halt *der;* ni|ko|tin-hal|tig; Ni|ko|tin|hal|tig|keit *die;* -; ni|ko|tin|ver|gif|tung

Nil *der;* -[s] (afrik. Fluß); Nil.del-ta *(das;* -s; ↑ R 149), ...gans

Nil|gau *der;* -[e]s, -e ⟨Hindi⟩ (antilopenartiger ind. Waldbock)

nil|grün; Nil|lo|te *der;* -n, -n; ↑ R 197 (Angehöriger negrider Völker am oberen Nil); ni|lo-tisch; Nil|pferd

Nim|bus *der;* -, -se ⟨lat.⟩ (Heiligenschein, Strahlenkranz; besonderes Ansehen)

nim|mer (landsch. für: niemals; nicht mehr); nie und -; Nim|mer-leins|tag (spött.); nim|mer|mehr (landsch. für: niemals); nie und -, nun und -; Nim|mer|mehrs|tag (spött.); nim|mer|mü|de; Nim-mer|satt *der;* - u. -[e]s, -e (abwertend für: jmd., der nicht genug bekommen kann); Nim|mer|wie-der|se|hen *das;* -s; auf - (ugs.)

¹Nim|rod ⟨hebr.⟩ (Herrscher von Babylon, Gründer Ninives, „ein gewaltiger Jäger vor dem Herrn" [1. Mos. 10, 9]); ²Nim|rod *der;* -s, -e ([leidenschaftlicher] Jäger)

Nim|we|gen (dt. Form von: Nijmegen)

Ni|na (ital. u. russ. Koseform von Namen auf ...[n]ina, z. B. Katharina, Antonina)

Ni|ni|ve [*niniwe*] (Hptst. des antiken Assyrerreiches); Ni|ni|vit *der;* -en, -en; ↑ R 197 (Bewohner von Ninive); ni|ni|vi|tisch

Ni|ob *das;* -s ⟨nach Niobe⟩ (chem. Grundstoff, Metall; Zeichen: Nb)

Nio|be; ↑ R 180 (griech. w. Sagengestalt); Nio|bi|de *der* u. *die;* -n, -n; ↑ R 197, R 180 (Kind der Niobe)

Nipf (österr. ugs. für: Mut); jmdm. den - nehmen

Nip|pel *der;* -s, - (kurzes Rohrstück mit Gewinde)

nip|pen

Nip|pes [*nip'β; nip(β)*] *Plur.* ⟨franz.⟩ (kleine Ziergegenstände [aus Porzellan])

Nipp|flut (niederd. für: geringe Flut)

Nip|pon (jap. Name von: Japan)

Nipp|sa|chen *Plur.;* svw. Nippes

Nipp|til|de (Nippflut)

nir|gend (geh. für: nirgends); nir-gends; nir|gend[s]|her; nir-gend[s]|hin; nir|gend[s]|wo; nir-gend[s]|wo|her; nir|gend[s]|wo|hin

Ni|ro|sta ⓦ (Kurzwort aus: nichtrostender Stahl)

Nir|wa|na *das;* -[s] ⟨sanskr.⟩ (völlige, selige Ruhe als Endzustand des gläubigen Buddhisten)

Ni|sche *die;* -, -n ⟨franz.⟩

Ni|schel *der;* -s, - (bes. mitteld. für: Kopf)

Ni|schen|al|tar

Nischni Now|go|rod, (heute:) Gor|ki (sowjet. Stadt)

Niß *die;* -, Nisse u. Ni|sse *die;* -, -n (Ei der Laus)

Nis|sen|hüt|te (↑ R 135) ⟨nach dem engl. Offizier P. N. Nissen⟩ (halbrunde Wellblechbaracke)

nis|sig (voller Nisse[n], filzig)

ni|sten; Nist.höh|le, ...ka|sten, ...platz, ...zeit

Nit|hard (fränk. Geschichtsschreiber)

Ni|trat *das;* -[e]s, -e ⟨ägypt.⟩ (Salz der Salpetersäure); Ni|trid *das;* -[e]s, -e (Metall-Stickstoff-Verbindung); ni|trie|ren (mit Salpetersäure behandeln); Ni|tri|fi|ka-ti|on [...*zion*] *die;* -, -en (Salpeterbildung durch Bodenbakterien); ni|tri|fi|zie|ren (durch Bodenbakterien] Salpeter bilden); nitrifizierende Bakterien; Ni|tri|fi-zie|rung; Ni|tril *das;* -s, -e (Zyanverbindung); Ni|trit *das;* -s, -e (Salz der salpetrigen Säure); Ni-tro|ge|la|ti|ne (ein Sprengstoff); Ni|tro|ge|ni|um *das;* -s (Stickstoff; Zeichen: N); Ni|tro|gly|ze-rin (ein Heilmittel; Sprengstoff); Ni|tro|lack (gelöste Nitrozellulose enthaltender Lack); Ni|tro-phos|phat (Düngemittel); Ni-tros|ami|ne *Plur.* (eine Gruppe chem. Verbindungen); Ni|tro-zel|lu|lo|se (ein sehr schnell verbrennender Stoff, Schießbaumwolle); Ni|trum *das;* -s (alte Bezeichnung für: Salpeter)

nit|scheln (Textiltechnik); ich ...[e]le (↑ R 22); Nit|schel|werk (Maschine, mit der man Fasern zum Spinnen vorbereitet)

ni|tsche|wo! ⟨russ.⟩ (scherzh. für: macht nichts!, hat nichts zu bedeuten!)

Ni|veau [*niwo*] *das;* -s, -s ⟨franz.⟩ (waagerechte Fläche auf einer gewissen Höhenstufe; Höhenlage; Rang, Stufe, [Bildungs]-stand); Ni|veau|dif|fe|renz; ni-veau.frei (Verkehrsw.: sich nicht in gleicher Höhe kreuzend), ...gleich; Ni|veau|li|nie (Höhenlinie); ni|veau|los; -este; Ni|veau-un|ter|schied; ni|veau|voll; Ni-vel|le|ment [*niwäl'mang*] *das;* -s, -s (Ebnung, Gleichmachung; Höhenmessung); ni|vel|lie|ren (gleichmachen; ebnen; Höhenunterschiede [im Gelände] bestimmen); Ni|vel|lier|in|stru-ment; Ni|vel|lie|rung

Ni|vose [*niwos*] *der;* - [*niwọs*], -s [*ni-wọs*] ⟨franz.⟩ („Schneemonat" der Franz. Revolution: 21. Dez. bis 19. Jan.)

nix (ugs. für: nichts)

Nix der; -es, -e (germ. Wassergeist); Nix|chen, Nix|lein; Ni|xe die; -, -n; ni|xen|haft; -este

Ni|zäa (Stadt [jetziger Name: Isnik] im alten Bithynien); ni|zäisch, aber (↑ R 157): das Nizäische Glaubensbekenntnis; ni|zänisch u. nizäisch; Ni|zä|num, Ni|zä|um das; -s (Nizäisches Glaubensbekenntnis)

Niz|za (franz. Stadt); Niz|za|er (↑ R 147); niz|za|isch

n. J. = nächsten Jahres

N. J. = New Jersey

Njas|sa der; -[s] (afrik. See); Njas|sa|land das; -[e]s (ehem. brit. Protektorat in Ostafrika; heute als Malawi selbständig)

Nje|men der; -[s] (in der Schreibung eingedeutschter russ. Name der Memel)

NK = Neue Kerze

nkr = norwegische Krone

NKWD der; - ⟨russ.⟩ (= Narodny Komissariat Wnutrennich Del, Name des sowjet. Volkskommissariats des Innern; Bez. für die diesem Ministerium unterstellte polit. Geheimpolizei [1934–44])

nlat. = neulateinisch

nm., nachm. = nachmittags

n. M. = nächsten Monats

Nm = Newtonmeter

N. Mex. = New Mexico

N. N. = nomen nescio [- näßzio] ⟨lat.⟩ („den Namen weiß ich nicht"; Name unbekannt) od. nomen nominandum („der zu nennende Name", z. B. Herr N. N.)

N. N., NN = Normalnull

NNO = Nordnordost[en]

NNW = Nordnordwest[en]

No = Nobelium

No., Nº = Numero (veralt.)

NO = Nordost[en] (Himmelsrichtung)

NÖ = Niederösterreich

No|ah, (ökum.:) No|ach (bibl. m. Eigenn.); Gen.: des -, aber (ohne Artikel): Noah[s] u. Noa; Arche -

no|bel ⟨franz.⟩ (edel, vornehm; ugs.: freigebig); no|bler Mensch

¹No|bel der; -s (Löwe in der Tierfabel)

²No|bel (schwed. Chemiker)

No|bel|her|ber|ge (ugs. für: luxuriöses Hotel)

No|be|li|um das; -s ⟨zu: ²Nobel⟩ (chem. Element, Transuran; Zeichen: No); No|bel|preis; vgl. ²Preis; No|bel|preis|trä|ger; No|bel|stif|tung die; -

No|bi|li|tät die; -, -en ⟨lat.⟩ (Adel); no|bi|li|tie|ren (veralt. für: adeln)

No|bles|se [nobläß⁽ᵉ⁾] die; -, -n ⟨franz.⟩ (veralt. für: Adel; adelige, vornehme Welt; veraltend

nur Sing. für: vornehmes Benehmen); no|blesse ob|lige [nobläß obliseh] (Adel verpflichtet)

noch; - nicht; - immer; - mehr; - und -; - einmal; - einmal soviel; - mal (ugs. für: noch einmal); Noch|ge|schäft (Börse); noch|ma|lig; noch|mals

¹Nock das; -[e]s, -e (auch: die; -, -en) ⟨niederl.⟩ (Seemannsspr.: Ende eines Rundholzes)

²Nock der; -s, -e (bayr. u. österr. für: Felskopf, Hügel)

Nöck vgl. Neck

Nocke¹ die; -, -n, ¹Nocken¹ die; -, - (österr. ugs. für: dummes, eingebildetes Frauenzimmer)

²Nocken¹ der; -s, - (Technik: Vorsprung an einer Welle oder Scheibe); Nocken|wel|le¹

Nockerl¹ das; -s, -n (österr. für: [Suppen]einlage, Klößchen; naives Mädchen; Nockerl|sup|pe¹ (österr.)

Noc|turne [noktürn] das; -s, -s od. die; -, -s; vgl. Nokturne

Noe|sis die; - (↑ R 180) ⟨griech.⟩ (geistiges Wahrnehmen, Denken, Erkennen); Noe|tik der; -; ↑ R 180 (Denklehre, Erkenntnislehre); noe|tisch (↑ R 180)

Nof|rete|te (altägypt. Königin)

no fu|ture [no⁰ fjutsch⁰r] ⟨engl.⟩ („keine Zukunft"; Schlagwort meist arbeitsloser Jugendlicher); No-fu|ture-Ge|ne|ra|ti|on

no iron [no⁰ air⁰n] ⟨engl.⟩ (nicht bügeln, bügelfrei [Hinweis an Kleidungsstücken])

Noi|sette [noasät] die; -, (Sorten:) -s ⟨franz.⟩, Noi|sette|scho|ko|la|de (Milchschokolade mit fein gemahlenen Haselnüssen)

NOK = Nationales Olympisches Komitee

Nok|tur|ne die; -, -n ⟨franz.⟩ (Nachtmusik; Klavierstück träumerischen oder elegischen Inhalts)

Nol|de (dt. Maler u. Graphiker)

nöl|len (nordd. für: [im Reden u. a.] langsam sein)

nol|lens vol|lens [- wo...] ⟨lat.⟩ („nicht wollend wollend"; wohl oder übel); Nol|li|me|tan|ge|re [...tangg⁰r⁰] das; -, - („rühr mich nicht an"; Springkraut)

Nöl|pe|ter (der; -s, -; nordd. für: langsamer, langweiliger Mensch), ...sul|se (die; -, -n; nordd.)

Nom. = Nominativ

No|ma|de der; -n, -n (↑ R 197) ⟨griech.⟩ (Angehöriger eines Hirten-, Wandervolkes); No|maden|da|sein; no|ma|den|haft; No|ma|den_le|ben, ...volk; no|ma|disch (umherziehend, unstet)

no|ma|di|sie|ren ([wie ein Hirtenvolk] umherziehen)

No|men das; -s, ...mina od. - ⟨lat.⟩ (Name; Sprachw.: Nennwort, Substantiv, z. B. „Haus"; häufig auch für Adjektiv u. andere deklinierbare Wortarten); No|men ac|ti [- akti] das; - -, ...mina - (Sprachw.: Substantiv, das den Abschluß od. das Ergebnis eines Geschehens bezeichnet, z. B. „Lähmung, Guß"); No|men ac|tio|nis [- akzionß] das; - -, ...mina - (Sprachw.: Substantiv, das ein Geschehen bezeichnet, z. B. „Schlaf"); No|men agen|tis das; - -, ...mina - (Sprachw.: Substantiv, das den Träger eines Geschehens bezeichnet, z. B. „Schläfer"); no|men est omen (der Name deutet schon darauf hin); No|men in|stru|men|ti das; - -, ...mina - (Sprachw.: Substantiv, das ein Werkzeug oder Gerät bezeichnet, z. B. „Bohrer"); No|men|kla|tor der; -s, ...oren (Buch, das die in einem Wissenschaftszweig vorkommenden gültigen Namen verzeichnet); no|men|kla|to|risch; No|men|kla|tur die; -, -en (Zusammenstellung von Fachausdrücken, bes. in Biologie u. Physik); No|men|kla|tu|ra die; - (in der UdSSR: Verzeichnis der wichtigsten Führungspositionen; Oberschicht); No|men pro|pri|um [auch: - prop...] das; - -, ...mina ...pria (Eigenname); No|mi|na (Plur. von: Nomen); no|mi|nal (zum Namen gehörend; zum Nennwert); No|mi|nal|be|trag (Nennbetrag); No|mi|na|lis|mus der; - (eine philos. Lehre); No|mi|na|list der; -en, -en (↑ R 197); No|mi|nal_lohn, ...stil (der; -[e]s; Stil, der das Substantiv, das Nomen, bevorzugt; Ggs.: Verbalstil), ...wert; No|mi|na|ti|on [...zion] die; -, -en (früher: [das Recht der] Benennung von Anwärtern auf höhere Kirchenämter durch die Landesregierung; seltner für: Nominierung); No|mi|na|tiv [auch: ...tif] der; -s, -e [...w⁰] (Sprachw.: Werfall, 1. Fall; Abk.: Nom.); no|mi|nell ([nur] dem Namen nach [bestehend]; vorgeblich; zum Nennwert); vgl. nominal; no|mi|nie|ren (benennen, bezeichnen; ernennen); No|mi|nie|rung

No|mo|gramm das; -s, -e ⟨griech.⟩ (Math.: Schaubild od. Zeichnung zum graph. Rechnen); No|mo|gra|phie die; - (Lehre vom Nomogramm)

Non, No|ne die; -, -n ⟨lat.⟩ (Teil des kath. Stundengebets)

No|na|gon das; -s, -e ⟨lat.; griech.⟩ (Neuneck)

No-name-Pro|dukt [noʊ̯neɪ̯m...] ⟨engl.; lat.⟩ (neutral verpackte Ware ohne Marken- od. Firmenzeichen)

Non-book-Ab|tei|lung [nonbuk...] ⟨engl.; dt.⟩ (Abteilung in Buchläden, in der Schallplatten, Poster o. ä. verkauft werden)

Non|chal|ance [nongschalangß] die; - ⟨franz.⟩ ([Nach]lässigkeit, formlose Ungezwungenheit); **non|cha|lant** [...lang, als Beifügung: ...ant], nonchalanteste [...antʹßtʹ] ([nach]lässig, formlos, ungezwungen)

No|ne die; -, -n ⟨lat.⟩ (neunter Ton [vom Grundton an]; Intervall; vgl. Non); **No|nen** Plur. (im altröm. Kalender: neunter Tag vor den Iden); **No|nen|ak|kord** (Musik); **No|nett** das; -[e]s, -e (Musikstück für neun Instrumente; auch: die neun Ausführenden)

Non-food-Ab|tei|lung [nonfud...] ⟨engl.; dt.⟩ (Abteilung in Einkaufszentren, in der keine Lebensmittel, sondern andere Gebrauchsgüter verkauft werden)

No|ni|us der; -, ...ien [...iʹn] u. -se ⟨nach dem Portugiesen Nunes [nunisch]⟩ (verschiebbarer Meßstabzusatz)

Non|kon|for|mis|mus ⟨lat.-engl.⟩ (individualist. Haltung in polit. u. sozialen Fragen); **Non|kon|for|mist** der; -en, -en (↑ R 197); **non|kon|for|mi|stisch**

Nön|n|chen, Nönn|lein, No|ne die; -, -n; **non|nen|haft; Non|nen-.klo|ster, ...zie|gel** (ein Dachziegel)

Non|pa|reille [nongparäj] die; - ⟨franz.⟩ (ein Schriftgrad)

Non|plus|ul|tra das; - ⟨lat.⟩ (Unübertreffbares, Unvergleichliches)

Non|pro|li|fe|ra|tion [nonprolifʹreʹschʹn] die; - ⟨engl.-amerik.⟩ (Nichtweitergabe [von Atomwaffen])

non scho|lae, sed vi|tae dis|ci|mus [- ßcholä - witä dißzi...] ⟨lat.⟩ („nicht für die Schule, sondern für das Leben lernen wir")

Non|sens der; - u. -es ⟨lat.-engl.⟩ (Unsinn; törichtes Gerede)

non|stop ⟨engl.⟩ (ohne Halt, ohne Pause); - fliegen, spielen; **Non-stop_flug** (Flug ohne Zwischenlandung), **...ki|no** (Kino mit fortlaufenden Vorführungen und durchgehendem Einlaß)

non trop|po ⟨ital.⟩ (Musik: nicht zuviel)

Non|va|leur [nongwalör] der; -s, -s ⟨franz.⟩ (entwertetes Wertpapier; Investition, die keinen Ertrag abwirft)

non vi|tae, sed scho|lae dis|ci|mus [- witä - ßcholä dißzi...] ⟨lat.⟩ („nicht für das Leben, sondern für die Schule lernen wir" [Seneca])

Noor das; -[e]s, -e ⟨dän.⟩ (niederd. für: Haff)

Nop|pe die; -, -n (Knoten in Geweben); **Nop|pei|sen; nop|pen** (Knoten aus dem Gewebe entfernen); **Nop|pen_garn, ...ge|we|be, ...stoff; nop|pig; Nopp-zan|ge**

No|ra (Kurzform von: Eleonore)

Nor|bert (m. Vorn.)

Nor|chen ⟨zu: nören⟩ (nordwestd. für: Schläfchen)

¹**Nord** (Himmelsrichtung; Abk.: N); Nord und Süd; (fachspr.:) der kalte Wind kommt aus -; Autobahnausfahrt Frankfurt-Nord; vgl. Norden; ²**Nord** der; -[e]s, (selten:) -e (dicht. für: Nordwind); **Nord_afri|ka, ...ame|ri|ka; nord|ame|ri|ka|nisch, aber** (↑ R 157): der Nordamerikanische Bürgerkrieg (Sezessionskrieg); **Nord|at|lan|tik|pakt** der; -[e]s (vgl. NATO); **Nord|au|stra|li|en** [...iʹn]; **Nord|ba|den;** vgl. Baden; **Nord|bra|bant** (niederl. Prov.); **Nord|da|ko|ta** (Staat in den USA; Abk.: N. D.); **nord-deutsch, aber** (↑ R 146): das Norddeutsche Tiefland, (auch:) die Norddeutsche Tiefebene; (↑ R 157:) der Norddeutsche Bund; vgl. deutsch; **Nord-deutsch|land; Nor|den** der; -s (Abk.: N); das Gewitter kommt aus -; sie zogen gen -; vgl. Nord; **Nor|den|ski|öld** [nuʹdʹnschöld] (schwed. Polarforscher); **Nor-der|dith|mar|schen** (Teil von Dithmarschen); **Nor|der|ney** [...nai]; ↑ R 178 (ostfriesische Nordseeinsel); **Nord_eu|ro|pa, ...frank|reich; nord|frie|sisch, aber** (↑ R 146): die Nordfriesischen Inseln; **Nord|fries|land; nord|ger|ma|nisch; Nord|hang; Nord|häu|ser** ⟨nach der Stadt Nordhausen⟩ ([Korn]branntwein); **Nord|ir|land; nor|disch** (den Norden betreffend); - u. Kälte; -e Kombination (Skisport: Sprunglauf u. 15-km-Langlauf); die -e Rasse, aber (↑ R 157:) der Nordische Krieg (1700–1721); **Nor|dist** der; -en, -en; ↑ R 197 (Kenner u. Erforscher der nord. Sprachen und Kulturen sowie der nord. Altertumskunde); **Nord|ita|li|en; Nord|kap** das; -s (auf einer norweg. Insel); **Nord-ka|rol|li|na** (Staat in den USA; Abk.: N. C.); **Nord-Ko|rea,** (meist:) **Nord|ko|rea** (↑ R 152); **Nord|ko|rea|ner** (↑ R 180); **nord-ko|rea|nisch** (↑ R 180); **Nord|kü-ste; Nord|län|der** der; **Nord|land-fahrt; nord|län|disch; Nord|land-**

rei|se; n|ördl]. Br. = nördlicher Breite; **nörd|lich;** - des Meeres, - vom Meer; - von München (selten: - Münchens); -er Breite (Abk.: n[ördl]. Br.); -er Stern[en]himmel, aber (↑ R 146): das Nördliche Eismeer (älter für: Nordpolarmeer); **Nörd|li|che Dwi|na** die; -n - (russischer Strom; vgl. Dwina); **Nord|licht** (Plur. ...lichter; auch scherzh. für: Norddeutscher); **Nörd|lin-gen** (Stadt im Ries in Bayern); **Nörd|lin|ger** (↑ R 147); **Nord-mark** die; - ⟨ältere Bez. der Mark Brandenburg); ¹**Nord-nord|ost** (Himmelsrichtung; Abk.: NNO); vgl. Nordnordosten; ²**Nord|nord|ost** der; -[e]s, -e (Nordnordostwind; Abk.: NNO); **Nord|nord|osten** der; -s (Abk.: NNO); vgl. Nordnordost; ¹**Nord|nord|west** (Himmelsrichtung; Abk.: NNW); vgl. Nordnordwesten; ²**Nord|nord|west** der; -[e]s, -e (Nordnordwestwind; Abk.: NNW); **Nord|nord-we|sten** der; -s (Abk.: NNW); vgl. Nordnordwest; ¹**Nord|ost** (Himmelsrichtung; Abk.: NO); vgl. Nordosten; ²**Nord|ost** der; -[e]s, -e (Nordostwind); **Nord|osten** der; -s (Abk.: NO); vgl. Nordost; **nord|öst|lich, aber** (↑ R 146): die Nordöstliche Durchfahrt; **Nord-Ost|see-Ka|nal** [auch: nortoßt...] der; -s (eigentlich: Nordsee-Ostsee-Kanal); **Nord|ost-wind; Nord|pol** der; -s; **Nord|po-lar-ge|biet** (das; -[e]s), **...meer; Nord|pol_ex|pe|di|ti|on, ...fah-rer; Nord|punkt** der; -[e]s; **Nord-rhein-West|fa|len** (↑ R 154); **nord-rhein-west|fä|lisch; Nord|rho|de-si|en** [...iʹn] (früherer Name von Sambia); **Nord|see** die; - (Meer); **Nord|see|ka|nal** der; -s; **Nord|sei-te; Nord-Süd-Ge|fäl|le** (wirtschaftl. Gefälle zwischen Industrie- u. Entwicklungsländern); **nord|süd|lich;** in -er Richtung; **Nord|ter|ri|to|ri|um** (in Australien); **Nord-Vi|et|nam,** (meist:) **Nord|vi|et|nam** [auch: ...wiät...] (↑ R 152); **Nord|vi|et|na|me|se; nord|vi|et|na|me|sisch; Nord-wand; nord|wärts;** ¹**Nord|west** (Himmelsrichtung; Abk.: NW); vgl. Nordwesten; ²**Nord|west** der; -[e]s, -e (Nordwestwind); **Nord-we|sten** der; -s (Abk.: NW); vgl. Nordwest; **Nordwest;** die Nordwestliche Durchfahrt; **Nord|west|ter|ri|to-ri|en** [...iʹn] Plur. (in Kanada); **Nord|west|wind; Nord|wind**

nö|ren (nordwestd. für: schlummern); vgl. Nörchen

Nor|ge (norw. Name für: Norwegen)

Nör|ge|lei; Nör|gel|frit|ze der; -n, -n (ugs.); nör|ge|lig, nörg|lig; nör|geln; ich ...[e]le (↑R 22); Nörg|ler; nörg|le|risch; Nörg|ler|tum das; -s

no|risch (ostalpin); die Norischen Alpen (↑R 146)

Norm die; -, -en ⟨griech.-lat.⟩ (Richtschnur, Regel; sittliches Gebot oder Verbot als Grundlage der Rechtsordnung; Größenanweisung in der Technik; Drukkerspr.: am Fuß der ersten Seite eines Bogens stehende Kurzfassung des Buchtitels); nor|mal (der Norm entsprechend, vorschriftsmäßig; gewöhnlich, üblich, durchschnittlich; geistig gesund); Nor|mal das; -s, -e (besonders genauer Maßstab; [ohne Artikel, nur Sing.:] Normalbenzin); Nor|mal_aus|füh|rung, ...ben|zin, ...druck (Plur. ...drücke); Nor|ma|le der; -[n], -[n], -n; zwei -[n] (Math.: Senkrechte); nor|ma|ler|wei|se; Nor|mal_fall der, ...film, ...ge|wicht, ...grö|ße, ...hö|he, ...höhen|punkt (der; -[e]s; Zeichen: N. H.), ...ho|ri|zont (Ausgangsfläche für Höhenmessungen); Nor|ma|lie [...li^e] die; -, -n (Technik: nach einem bestimmten System vereinheitlichtes Bauelement; [meist Plur.:] Grundform, Vorschrift); nor|ma|li|sie|ren (wieder normal gestalten); sich - (wieder normal werden); Nor|ma|li|sie|rung; Nor|ma|li|tät die; - (selten für: Vorschriftsmäßigkeit); Nor|mal-_maß das, ...null (das; -s; Abk.: N. N., NN), ...pro|fil (Walzeisenquerschnitt), ...spur (Vollspur); nor|mal|spu|rig (vollspurig); Nor|mal_tem|pe|ra|tur, ...ton, ...ty|pus, ...uhr, ...ver|brau|cher, ...zeit (Einheitszeit), ...zu|stand

Nor|man|die [auch: ...mãdi] die; - (Landschaft in Nordwestfrankreich); Nor|man|ne der; -n, -n; ↑R 197 (Angehöriger eines nordgermanischen Volkes); nor|man|nisch; -er Eroberungszug, aber (↑R 146): die Normannischen Inseln (gelegentlich auch für: Kanalinseln)

nor|ma|tiv ⟨griech.⟩ (maßgebend, zur Richtschnur dienend); Nor|ma|tiv das; -s, -e (DDR: Richtschnur, Anweisung); Norm-blatt; nor|men (einheitlich festsetzen, gestalten; [Größen] regeln); Nor|men_aus|schuß, ...kon|trol|le (Rechtsspr.); Nor|men|kon|troll|kla|ge; nor|mie|ren (älter für: normen); Nor|mie|rung (älter für: Normung); Nor|mung (einheitliche Gestaltung, [Größen]regelung)

Nor|ne die; -, -n (meist Plur.) ⟨alt-

nord.⟩ (nord. Schicksalsgöttin [Urd, Werdandi, Skuld])

North|um|ber|land [ná'thamb^er-l^end] (engl. Grafschaft)

Nor|we|gen; vgl. Norge; Nor|we|ger (↑R 147); Nor|we|ger|mu|ster (ein Strickmuster); Nor|we|ger-tuch das; -[e]s; ↑R 151 (Stoff für Skianzüge); nor|we|gisch; Nor|we|gisch das; -[s] (Sprache); vgl. Deutsch; Nor|we|gi|sche das; -n; vgl. Deutsche das

No|se|ma|seu|che ⟨griech.; dt.⟩ (eine Bienenkrankheit)

No|so|gra|phie die; - ⟨griech.⟩ (Krankheitsbeschreibung); No|so|lo|gie die; - (Lehre von den Krankheiten, systematische Beschreibung der Krankheiten)

No-Spiel ⟨jap.-dt.⟩ (eine Form des klassischen jap. Theaters)

Nos|sack, Hans Erich (dt. Schriftsteller)

Nö|ßel der od. das; -s, - (veraltetes Flüssigkeitsmaß)

Nost|al|gie die; -, ...ien ⟨griech.⟩ (Med.: Heimweh; Sehnsucht); Nost|al|gi|ker; nost|al|gisch (heimwehkrank; sehnsuchtsvoll; rückgewandt)

No|stra|da|mus (franz. Astrologe des 16. Jh.s)

No|stri|fi|ka|ti|on [...zion] die; -, -en ⟨lat.⟩ (Einbürgerung; Anerkennung eines ausländischen Diploms); no|stri|fi|zie|ren; No-stri|fi|zie|rung (svw. Nostrifikation)

No|stro_gut|ha|ben od. ...kon|to ⟨ital.⟩ (Eigenguthaben im Verkehr zwischen Banken)

Not die; -, Nöte in Not, in Nöten sein; in Ängsten und in Nöten; zur Not; wenn Not am Mann ist; seine [liebe] Not haben; Not leiden, aber (↑R 64): not sein, tun, werden; das ist vonnöten

No|ta die; -, -s ⟨lat.⟩ (Wirtsch.: [kleine] Rechnung, Vormerkung); vgl. ad notam; No|ta|beln Plur. ⟨franz.⟩ (in Frankreich vor der Franz. Revolution: Mitglieder der königl. Ratsversammlung; später allgemeine Bez. für Männer mit Amt, Vermögen u. Bildung) („merke wohl!"; übrigens; Abk. NB); No|ta|be|ne das; -[s], -[s] (Merkzeichen, Vermerk, Denkzettel); No|ta|bi|li|tät die; -, -en [nur Sing.:] Vornehmheit; [meist Plur.:] Berühmtheit, hervorragende Persönlichkeit)

No|tan|ker

No|tar der; -s, -e ⟨lat.⟩ (Amtsperson zur Beurkundung von Rechtsgeschäften); No|ta|ri|at das; -[e]s, -e (Amt eines Notars); No|ta|ri|ats|ge|hil|fe; no|ta|ri|ell (von einem Notar [ausgefertigt];

- beglaubigt; no|ta|risch (seltener für: notariell)

No|tariat; Not|arzt|wa|gen

No|ta|ti|on [...zion] die; -, -en (Aufzeichnung in Notenschrift)

Not|auf|nah|me (Genehmigung zum ständigen Aufenthalt in der BRD für Personen aus der DDR); Not|auf|nah|me|la|ger (Plur. ...lager); Not_aus|gang, ...aus|rü|stung, ...be|helf, ...be-leuch|tung, ...bi|wak, ...brem|se, ...brem|sung

Not|burg, Not|bur|ga (w. Vorn.)

Not|dienst; ärztlicher -; Not|durft die; -; not|dürf|tig

No|te die; -, -n ⟨lat.⟩; die Note „ausreichend", aber: die Note „Vier"; No|ten Plur. (ugs. für: Musikalien); No|ten_aus|tausch, ...bank (Plur. ...banken), ...blatt, ...durch|schnitt, ...heft, ...li|nie (meist Plur.), ...pult, ...satz, ...schlüs|sel, ...schrift, ...stän|der, ...sy|stem, ...um|lauf, ...wech|sel

Not_er|be (der; Erbe, der nicht übergangen werden darf), ...fall der; not|falls (vgl. Fall der u. R 61); Not_feu|er, ...ge|biet; not-ge|drun|gen; Not_geld, ...ge-mein|schaft, ...gro|schen, ...ha-fen (vgl. R 157:) die Vierzehn - (kath. Heilige); Not_hel|fe|rin (der; -, -, ...hil|fe die; -))

no|tie|ren ⟨lat.⟩ (aufzeichnen; vormerken; Kaufmannsspr.: den Kurs eines Papiers, den Preis einer Ware festsetzen; einen bestimmten Kurswert, Preis haben); No|tie|rung; No|ti|fi|ka|ti-on [...zion] die; -, -en (veralt. für: Anzeige; Benachrichtigung); no-ti|fi|zie|ren (veralt.)

nö|tig (südd., österr. ugs. für: arm, in Not); nö|tig; für - halten; etwas - haben, machen; das Nötigste (↑R 65); nö|ti|gen; nö|ti|gen-falls; vgl. Fall der; Nö|ti|gung

No|tiz die; -, -en ⟨lat.⟩ von etwas - nehmen; No|tiz_block (vgl. Block), ...buch; No|tiz|samm-lung, No|ti|zen|samm|lung; No-tiz|zet|tel

Not|ker (m. Vorn.)

Not|la|ge; not|lan|den; ich notlande; notgelandet; notzulanden; Not_lan|dung; not|lei|dend; Not-_lei|den|de, ...lei|ter die, ...licht (Plur. ...lichter), ...lö|sung, ...lü-ge, ...maß|nah|me, ...na|gel (ugs.), ...ope|ra|ti|on, ...op|fer

no|to|risch ⟨lat.⟩ (offenkundig, allbekannt; berüchtigt)

Not|pfen|nig

No|tre-Dame [notr^edam] die; - (franz. Bez. der Jungfrau Maria; Name franz. Kirchen)

not|reif; Not_rei|fe, ...ruf; Not-ruf_an|la|ge, ...num|mer, ...säu-

notschlachten 494

le; not|schlach|ten; ich not-
schlachte; notgeschlachtet ; not-
zuschlachten; Not.schlach|tung,
...schrei, ...si|gnal, ...si|tua|ti|on,
...sitz, ...stand; Not|stands_ge-
biet, ...ge|setz|ge|bung, ...hil|fe
(österr.); Not|strom|ag|gre|gat;
Not|tau|fe; not|tau|fen; ich not-
taufe; notgetauft; notzutaufen;
Not|tür
Not|tyr|no das; -s, -s u. ...ni (ital.)
(sw. Nokturne)
Not_un|ter|kunft, ...ver|band,
...ver|ord|nung; not|voll; not|was-
sern; ich notwassere; notgewas-
sert; notzuwassern; Not|was|se-
rung, Not|waß|rung; Not|wehr
die; -; not|wen|dig [auch: not-
wän...]; (↑R 65:) [sich] auf das,
aufs Notwendigste beschränken;
es fehlt am Notwendigsten; alles
Notwendige tun; not|wen|di|gen-
falls; vgl. Fall der; not|wen-
di|ger|wei|se; Not|wen|dig|keit
[auch: notwän...]; Not_woh|nung,
...zei|chen, ...zucht (die; -); not-
züch|ti|gen; genötzüchtigt; zu -
Nou|ak|chott [nuakschot] (Hptst.
von Mauretanien)
Nou|gat [nugat] der od. das; -s, -s
⟨franz.⟩ (süße Masse aus Zucker
und Nüssen oder Mandeln); vgl.
Nugat; Nou|gat_fül|lung, ...scho-
kol|la|de
Nou|veau|té [nuwote] die; -, -s
⟨franz.⟩ (Neuheit, Neuigkeit [der
Mode u. a.])
Nou|velle cui|sine [nuwäl küisin]
die; - - ⟨franz.⟩ (moderne Richtung der Kochkunst)
Nov. = November
¹No|va [nowa] die; -, ...vä ⟨lat.⟩
(neuer Stern); ²No|va [auch:
no...] (Plur. von: Novum; Neu-
erscheinungen des Buchhandels)
No|va|lis [...wa...] (dt. Dichter)
No|va|ti|on [nowazion] die; -, -en
⟨lat.⟩ (Rechtsw.: Schuldumwand-
lung, Aufhebung eines bestehenden Schuldverhältnisses durch
Schaffung eines neuen)
No|ve|cen|to [now'tschänto] das;
-[s] ⟨ital.⟩ ([Kunst]zeitalter des
20.Jh.s in Italien)
No|vel|le [nowäl'] die; -, -n ⟨lat.⟩
(Prosaerzählung; Nachtragsge-
setz); no|vel|len|ar|tig; No|vel-
len_band der, ...dich|ter, ...form,
...samm|lung, ...schrei|ber; No-
vel|let|te die;-, -n (kleine Novel-
le); no|vel|lie|ren (durch ein
Nachtragsgesetz ändern, ergän-
zen); No|vel|lie|rung; No|vel|list
der; -en, -en; ↑R 197 (Novellen-
schreiber); no|vel|li|stisch (novel-
lenartig; unterhaltend)
No|vem|ber [...wäm...] der; -[s], -
⟨lat.⟩ (elfter Monat im Jahr; Ne-
belmond, Neb[e]lung, Windmo-
nat, Wintermonat; Abk.: Nov.);

no|vem|ber|haft; no|vem|ber|lich;
No|vem|ber_ne|bel, ...re|vo|lu|ti-
on (1918 in Deutschland)
No|ve|ne [...wen'] die; -, -n ⟨lat.⟩
(neuntägige kath. Andacht)
No|vi|lu|ni|um [nowi...] das; -s,
...ien [...i°n] ⟨lat.⟩ (Astron.: erstes
Sichtbarwerden der Mondsichel
nach Neumond)
No|vi|tät [nowi...] die; -, -en ⟨lat.⟩
(Neuerscheinung; Neuheit [der
Mode u. a.]; veralt. für: Neuig-
keit); No|vi|ze der;-n, -n (↑R 197)
u. die; -, -n (Mönch od. Nonne
während der Probezeit; Neu-
ling); No|vi|zen|mei|ster; No|vi-
zi|at das; -[e]s, -e (Probezeit [in
Klöstern]); No|vi|zi|at|jahr; No-
vi|zin die; -, -nen; No|vum [no-
wum, auch: no...] das; -s, ...va
(absolute Neuheit, noch nie Da-
gewesenes); vgl. ²Nova
No|wa|ja Sem|lja ⟨russ.⟩ (sowjet.
Inselgruppe im Nordpolarmeer)
No|wo|ssi|bjrsk (Stadt in Sibirien)
No|xe die;-, -n ⟨lat.⟩ (Med.: krank-
heitserregende Ursache); No|xin
das;-s, -e (Med.: aus abgestorbe-
nem Körpereiweiß stammender
Giftstoff)
Np = chem. Zeichen für: Neptu-
nium; Neper
NPD = Nationaldemokratische
Partei Deutschlands
Nr. = Nummer; Nrn. = Num-
mern
NRT = Nettoregistertonne
NRZ = Nettoraumzahl
NS = Nachschrift; (auf Wechseln:) nach Sicht
n.St. = neuen Stils (Zeitrechnung: nach dem Gregoriani-
schen Kalender)
NSW (DDR) = nichtsozialisti-
sches Wirtschaftsgebiet
N.T. = Neues Testament
n-te (↑R 237); vgl. x-te
nu (ugs. für: nun); Nu der (sehr
kurze Zeitspanne); nur in: im -,
in einem -
Nu|an|ce [nüangß°, österr.: nü-
angß] die; -, -n ⟨franz.⟩ (feiner
Unterschied; Feinheit; Kleinig-
keit); nu|an|cen|reich; nu|an|cie-
ren; Nu|an|cie|rung
Nu|ba der; -[s], -[s] (Angehöriger
eines Mischvolkes im Sudan)
'nü|ber; ↑R 16 (landsch. für: hin-
über)
Nu|bi|en [...i°n] (Landschaft in
Nordafrika); Nu|bi|er [...i°r]; nu-
bisch, aber (↑R 146): die Nubi-
sche Wüste
Nu|buk das; -[s] ⟨engl.⟩ (wildleder-
artiges Rindleder)
nüch|tern; Nüch|tern|heit die; -
Nucke¹, Nücke¹ die; -, -n (mdal.
für: Laune, Schrulle)

Nuckel¹ der;-s, - (ugs. für: Schnuller); nuckeln¹ (ugs. für: saugen);
ich ...[e]le (↑R 22)
Nuckel|pin|ne¹ die; -, -n (ugs. für:
altes, klappriges Auto)
nückisch¹ (zu: Nucke)
Nud|del der; -s, - (landsch. für:
Schnuller); nud|deln (landsch.
für: dudeln; nuckeln); ich ...[e]le
(↑R 22)
Nu|del die; -, -n; Nu|del|brett; nu-
del|dick (ugs. für: sehr dick); Nu-
del|holz; nu|deln; ich ...[e]le
(↑R 22); Nu|del_sa|lat, ...sup|pe,
...teig, ...wal|ker (österr. für: Nu-
delholz)
Nu|dis|mus der; - ⟨lat.⟩ (Freikör-
perkultur); Nu|dist der; -en, -en
(↑R 197); Nu|di|tät (selten für:
Nacktheit; Schlüpfrigkeit)
Nu|gat (eindeutschend für: Nou-
gat)
Nug|get [nagit] das; -[s], -s ⟨engl.⟩
(natürlicher Goldklumpen)
Nug|gi der; -s, - (schweiz. mdal.
für: Schnuller)
nu|kle|ar ⟨lat.⟩ (den Atomkern be-
treffend); -e Waffen (Kernwaf-
fen); Nu|kle|ar_macht, ...me|di-
zin (Teilgebiet der Strahlenmedi-
zin); Nu|kle|a|se die; -, -n; ↑R 180
(Chemie: Nukleinsäuren spal-
tendes Ferment); Nu|kle|in das;
-s, -e (sww. Nukleoproteid); Nu-
kle|in|säu|re; Nu|kle|on [auch:
nu...] das; -s, ...onen (Atomkern-
baustein); Nu|kle|o|nik die; -;
↑R 180 (Atomlehre); Nu|kleo-
pro|te|id das; -[e]s, -e (Eiweißver-
bindung des Zellkerns); Nu|kle-
us [auch: nukle-uß] der; -, ...ei
[...e-i] (Biol.: [Zell]kern)
Nu|kua|lo|fa (Hptst. von Tonga)
null ⟨lat.⟩; - und nichtig; - Fehler
haben; - Grad, - Uhr, - Sekun-
den; der Wert der Gleichung
geht gegen -; die erste Ableitung
gleich - setzen; - Komma eins
(0,1); sie verloren drei zu - (3:0);
(in der Jugendsprache auch für:
kein) - Ahnung haben; - Bock
(keine Lust) auf etwas haben;
¹Null die; -, -en (Ziffer; Nullpunkt; Wertloses); Nummer -;
die Zahl; die Stunde -; das
Thermometer steht auf -; das Ergebnis der Untersuchungen war
gleich -; in - Komma nichts; er
ist eine reine -; es handelt sich
um eine Zahl mit fünf Nullen;
²Null der (auch: das); -[s], -s
(Skatspiel: Nullspiel); null|acht-
fünf|zehn, in Ziffern: 08/15 (ugs.
für: wie üblich, durchschnittlich,
Allerwelts-); Null|acht|fünf-
zehn-So|ße; Nul|la|ge die; -
[Trenn.: Null|la..., ↑R 204] (Null-
stellung bei Meßgeräten)

¹ Trenn.: ...k|k...   ¹ Trenn.: ...k|k...

nul|la poe|na si|ne le|ge [- *pö...* - -] ⟨lat.⟩ („keine Strafe ohne Gesetz")

Null-Bock-Ge|ne|ra|ti|on (ugs. für: Generation ohne [soziales] Engagement); **Null|di|ät** *die;* - (Med.: [fast] völlig kalorienfreie Diät); **Nul|lei|tung** [*Trenn.:* Null-lei..., ↑R 204] (Elektr.); **nul|len** (mit der Nulleitung verbinden; ugs. für: ein neues Jahrzehnt beginnen); **Nul|lerl** *der;* -s, -n (österr. ugs. für: Mensch, der nichts zu sagen hat, nichts bedeutet); **Null|feh|ler|ritt** (Reitsport); **Nul|li|fi|ka|ti|on** [*...zion*] *die;* -, -en; **nul|li|fi|zie|ren** (zunichte machen, für nichtig erklären); **Nul|li|nie** *die;* -, -n [*Trenn.:* Nulll..., ↑R 204]; **Nul|li|tät** *die;-*, -en (selten für: Nichtigkeit; Ungültigkeit; Person od. Sache ohne Bedeutung); **Null|men|ge** (Mengenlehre); **Null|me|ri|di|an; Null|ö|sung** [*Trenn.:* Nulll..., ↑R 204]; **Null ou|vert** [- *uwär*] *der* (auch: *das*); - -[s], - -s [- *uwärß*] ⟨lat.; franz.⟩ (offenes Nullspiel [beim Skat]); **Null-.punkt** (auf dem -), **...se|rie** (erste Versuchsserie einer Fertigung), **...spiel** (Skat), **...ta|rif** (kostenlose Benutzung der öffentl. Verkehrsmittel); **null|te** (Math.: Ordnungszahl zu null); **Null|wachs|tum** *das;* -s

Nul|pe *die;* -, -n (ugs. für: dummer, langweiliger Mensch)

Nu|me|ra|le *das;* -s, ...lien [...*iⁿn*] u. ...lia ⟨lat.⟩ (Sprachw.: Zahlwort, z. B. „eins"); **Nu|me|ri** [auch: *nu̱...*] (*Plur.* von: Numerus; Name des 4. Buches Mosis [*Plur.*]); **nu|me|rie|ren** (beziffern, [be]nummern); numerierte Ausgabe (Druckw.); **Nu|me|rie|rung; Nu|me|rik** *die;* - (EDV: numerische Steuerung); **nu|me|risch** (zahlenmäßig, der Zahl nach); mit Ziffern [verschlüsselt]; **Nu|me|ro** [auch: *nu̱...*] *das;* -s, -s ⟨ital.⟩ (veraltet. für: Zahl; Abk.: No., N°); vgl. Nummer; **Nu|me|rus** [auch: *nu̱...*] *der;* -, ...ri ⟨lat.⟩ (Zahl; Rhet.: Ebenmaß; Sprachw.: Zahlform des Substantivs [Singular, Plural]); **Nu|me|rus clau|sus** *der;* - - (zahlenmäßig beschränkte Zulassung [bes. zum Studium])

Nu|mi|der [auch: *nu̱...*], **Nu|mi|di|er** [...*i⁰r*]; **Nu|mi|di|en** [...*i⁰n*] (im Altertum nordafrik. Reich); **nu|mi|disch**

nu|mi|nos ⟨lat.⟩ (Theol.: [auf das Göttliche bezogen] schauervoll und anziehend zugleich)

Nu|mis|ma|tik *die;* - ⟨griech.⟩ (Münzkunde); **Nu|mis|ma|ti|ker; nu|mis|ma|tisch**

Num|mer *die;* -, -n ⟨lat.⟩ (Zahl; Abk.: Nr., *Plur.* Nrn.); - fünf; etwas ist Gesprächsthema - eins; - Null; - Sicher (scherzh. für: Gefängnis); laufende - (Abk.: lfd. Nr.); vgl. Numero; **num|me|risch** (für: numerisch); **num|mern** (für: numerieren); ich ...ere (↑R 22); **Num|mern.girl** (im Varieté), **...kon|to**, **...schei|be**, **...schild** *das*, **...stem|pel**, **...ta|fel**; **Num|me|rung** (für: Numerierung)

Num|mu|lit *der;* -s u. -en, -e[n] ⟨lat.⟩ (versteinerter Wurzelfüßer im Eozän)

nun; - [ein]mal; - wohlan!; - und nimmer; von - an; - du gekommen bist (svw. da ...); nun da du gekommen bist

Nun|cha|ku [*nuntschaku*] *Plur.* ⟨jap.⟩, **Nun|cha|ku|holz** (asiat. Verteidigungswaffe aus zwei mit einer Schnur od. Kette verbundenen Holzstäben)

nun|mehr; nun|meh|rig

'nun|ter; ↑R 16 (landsch. für: hinunter)

Nun|tia|tur [*...zi...*] *die;*-, -en ⟨lat.⟩ (Amt und Sitz eines Nuntius); **Nun|ti|us** *der;* -, ...ien [...*i⁰n*] (ständiger Botschafter des Papstes bei weltlichen Regierungen)

nup|ti|al [*...zial*] ⟨lat.⟩ (veralt. für: ehelich, hochzeitlich)

nur; - Gutes empfangen; - mehr (landsch. für: nur noch)

Nür|burg|ring *der;* -[e]s; ↑R 149 (Autorennstrecke in der Eifel)

Nürn|berg (Stadt in Mittelfranken); **Nürn|ber|ger** (↑R 147); Nürnberger Trichter

Nurse [*nö̱ß*] *die;* -, -s [*nö̱ßis*] u. [...*ß'n*] ⟨engl.⟩ (engl. Bez. für: Kinderpflegerin)

nu|scheln (ugs. für: undeutlich reden); ich ...[e]le (↑R 22)

Nuß *die;* -, Nüsse; **Nuß|baum; nuß|braun; Nüß|chen, Nüß|lein; Nuß.kip|fel** (österr.), **...knacker** [*Trenn.:* ...knak|ker], **...koh|le, ...ku|chen; Nüß|li|sa|lat** (schweiz. für: Feldsalat); **Nuß-scha|le** (auch spött. für: kleines Schiff), **...schin|ken, ...scho|ko|la|de, ...stru|del** (österr.), **...tor|te** (aus -)

Nü|ster [auch: *nü̱...*] *die;* -, -n (meist *Plur.*)

Nut *die;* -, -en (in der Technik nur so) u. **Nu|te** *die;-*, -n (Furche, Fuge)

Nu|ta|ti|on [*...zion*] *die;* -, -en ⟨lat.⟩ (Astron.: Schwankung der Erdachse gegen den Himmelspol; Bot.: Wachstumsbewegung der Pflanze)

Nut|ei|sen; nu|ten

Nu|the *die;-* (l. Nebenfluß der Havel)

Nut|ho|bel

'Nu|tria *die;* -, -s ⟨span.⟩ (Biberrat-

---

te); **'Nu|tria** *der;* -s, -s (Pelz aus dem Fell der Biberratte)

Nu|tri|ment *der;* -[e]s, -e ⟨lat.⟩ (Med.: Nahrungsmittel); **Nu|tri|ti|on** [*...zion*] *die;* -, -en (Med.: Ernährung); **nu|tri|tiv** (Med.: nährend, nahrungsmäßig)

Nut|sche *die;* -, -n (Chemie: Filtriereinrichtung, Trichter); **nut|schen** (ugs. u. mdal. für: lutschen; Chemie: durch einen Filter absaugen); du nutschst (nutschest)

Nut|te *die;* -, -n (derb für: Prostituierte)

nutz; zu nichts - sein (südd., österr. für: zu nichts nütze sein); vgl. Nichtsnutz; **Nutz** *der* (veralt. für: Nutzen); zu Nutz und Frommen; sich etwas zunutze machen; **Nutz|an|wen|dung; nutz|bar;** - machen; **Nutz|bar|keit** *die;* -; **Nutz|bar|ma|chung; Nutz|bau** (*Plur.* ...bauten); **nutz|brin|gend;** -er, -ste; **nüt|ze;** [zu] nichts -; **Nutz|ef|fekt** (Nutzleistung, Wirkungsgrad); **nut|zen;** du nutzt (nutzest) u. (häufiger:) **nüt|zen;** du nützt (nützest); es nützt mir nichts; **Nut|zen** *der;* -s; es ist von -; **Nutz|zen-Ko|sten-Ana|ly|se** (Wirtsch.); **Nut|zer; Nutz.fahr|zeug, ...flä|che, ...gar|ten, ...holz, ...last, ...lei|stung; nütz|lich; Nütz|lich|keit** *die;* -; **Nütz|lich|keits.den|ken, ...prin|zip** (*das;* -s); **Nütz|ling** (Ggs.: Schädling); **nutz|los;** -este; **Nutz|lo|sig|keit** *die;* -; **nutz|nie|ßen** (geh. für: von etwas Nutzen haben); du nutznießt (nutznießest); genutznießt; **Nutz|nie|ßer; nutz|nie|ße|risch; Nutz|nie|ßung** (auch Rechtsspr.: Nießbrauch); **Nutz|pflan|ze; Nut|zung; Nut|zungs|recht**

n. V. = nach Verlängerung (Sport)

NVA = Nationale Volksarmee (DDR)

NW = Nordwest[en] (Himmelsrichtung)

Ny *das;* -[s], -s ⟨griech. Buchstabe: *N, ν*⟩

N. Y. = New York (Staat)

Ny|lon [*na̱ilon*] *das;* -[s] ⟨engl.⟩ (haltbare synthet. Textilfaser); **Ny|lons** *Plur.* (ugs. für: Nylonstrümpfe); **Ny|lon|strumpf**

Nym|phäa, Nym|phäe *die;* -, ...phäen ⟨griech.⟩ (Seerose); **Nym|phä|um** *das;-*s, ...äen (Brunnentempel [in der Antike]); **Nym|phe** *die;* -, -n (griech. Naturgottheit; Zool.: Entwicklungsstufe [der Libelle]); **nym|phen|haft; Nym|phen|sit|tich** (austral. Papagei); **nym|pho|man** (an Nymphomanie leidend); **Nym|pho|ma|nie** *die;* - (krankhaft gesteigerter Geschlechtstrieb bei der Frau);

Nym|pho|ma|nin *die;* -, -nen (nymphomane Frau)

Ny|norsk *das;* - ⟨norw.⟩ (norw. Schriftsprache, die auf den Dialekten beruht; vgl. Landsmål)

Ny|stag|mus *der;* - ⟨griech.⟩ (Med.: Zittern des Augapfels)

Nyx (griech. Göttin der Nacht)

O

O (Buchstabe); das O; des O, die O, aber: das o in Tor (↑R 82); der Buchstabe O, o

Ö (Buchstabe; Umlaut); das Ö; des Ö, die Ö, aber: das ö in König (↑R 82); der Buchstabe Ö, ö

o, (alleinstehend:) oh!; o ja!; o nein!; o weh!; o daß ...!; o wie das klänge!; o König!, aber mit besonderem Nachdruck (↑R 96): Oh, das ist schade!; oh, oh!; oha!; oho!; oje!

O = Ost[en] (Himmelsrichtung)

O = Oxygenium (chem. Zeichen für: Sauerstoff)

O, o = Omikron

Ω, ω = Omega

Ω = Ohm (elektr. Einheit)

O. = Ohio

O' („Nachkomme", „Sohn"; Bestandteil irischer Eigennamen; z. B. O'Neill [*o*"*nil*])

o. ä. = oben angeführt

o. ä. = oder ähnliche[s]

ÖAMTC = Österr. Automobil-, Motorrad- und Touring-Club

OAPEC = Organization of the Arab Petroleum Exporting Countries [*å''g*"*naise'sch'n* "*w dh*" *är'b pitro*"*li*"*m äxpå'ting k*ɑ*ntris*] *die;* - (Organisation der arabischen Erdöl exportierenden Länder)

Oa|se *die;* -, -n ⟨ägypt.⟩ (Wasserstelle in der Wüste); Oa|sen|land|schaft

¹ob; (↑R 67:) das Ob und Wann

²ob; mit *Dat.* (veralt., aber noch mdal. für: oberhalb, über), z. B. - dem Walde, Rothenburg - der Tauber; mit *Gen.,* seltener mit *Dat.* (gehoben für: über, wegen), z. B. ob des Glückes, ob gutem Fang erfreut sein

Ob *der;* -[s] (Strom in Sibirien)

OB = Oberbürgermeister

o. B. = ohne Befund

Ob|acht *die;* -; - geben; in - nehmen

Obad|ja (bibl. Prophet)

ÖBB = Österr. Bundesbahnen

Ob|dach *das;* -[e]s; ob|dach|los; Ob|dach|lo|se *der* u. *die;* -n, -n

(↑R 7 ff.); Ob|dach|lo|sen_asyl, ...für|sor|ge, ...heim

Ob|duk|ti|on [*...zion*] *die;* -, -en ⟨lat.⟩ (Med.: Leichenöffnung); Ob|duk|ti_ons|be|fund; ob|du|zie|ren

Ob|edi|enz *die;* - ⟨lat.⟩ (kanonischer Gehorsam der Kleriker gegenüber den geistl. Oberen)

O-Bei|ne *Plur.* (↑R 37); O-bei|nig

Obe|lisk *der;* -en, -en (↑R 197) ⟨griech.⟩ (vierkantige, nach oben spitz zulaufende Säule); Obe|lis|ken|form; obe|lis|ken|för|mig

oben; nach, von, bis -; nach - hin; nach - zu; von - her; von - herab; das - Angeführte, Gesagte, Erwähnte (vgl. obenerwähnte); die - angeführte, gegebene Erklärung; alles Gute kommt von -; man wußte kaum noch, was - und was unten war; - sein, - bleiben, - liegen, - stehen usw.; - ohne (ugs. für: busenfrei); oben|an; - stehen, - sitzen; oben|auf; - schwimmen, - liegen; oben|drauf (ugs.); - liegen; - stellen; oben_drein; oben|drü|ber (ugs.); - legen; oben|durch; oben|er|wähnt (genannt); (↑R 209:) der obenerwähnte Dichter, aber: der [weiter] oben erwähnte Dichter, der Dichter wurde oben erwähnt; der Obenerwähnte, aber: der [weiter] oben Erwähnte, das [weiter] oben Erwähnte; oben|ge|nannt; vgl. obenerwähnt; oben|her; du mußt - gehen, aber: von oben her; oben|her|ein, aber: von oben herein; oben|her|um (ugs. für: im oberen Teil; oben am Körper); oben|hin (flüchtig), aber: nach oben hin; oben|hin|aus; - wollen, aber: bis nach oben hinaus; Oben-oh|ne-Ba|de|an|zug (↑R 41); oben|rum (svw. obenherum); oben|ste|hend; (↑R 65:) im -en (weiter oben), aber: das Obenstehende; vgl. folgend; oben|zi|tiert; vgl. obenerwähnt

¹ober (österr. für: über); mit *Dat.,* z. B. das Schild hängt ober der Tür

²ober; vgl. obere

Ober *der;* -s, - (Spielkarte; [Ober]kellner)

Ober|am|mer|gau; ↑R 152 (Ort am Oberlauf der Ammer)

Ober_arm, ...arzt, ...auf|sicht, ...bau *(Plur.* ...bauten)

Ober|bay|ern (↑R 152)

Ober_be|fehl *(der;* -[e]s), ...be|fehls|ha|ber, ...be|griff, ...be|klei|dung; Ober|berg|amt; Ober_bett, ...bür|ger|mei|ster [auch: *ob'rbür...*] (Abk.: OB)

Ober|deck

ober|deutsch; vgl. deutsch; Ober-deutsch *das;* -[s] (Sprache); vgl.

Deutsch; Ober|deut|sche *das;* -n; vgl. Deutsche *das*

Ober|dorf (höher gelegener Teil eines Dorfes)

obe|re; -r Stock; die ober[e]n Klassen; die obere Kreide (geologische Formation); ¹Obe|re *das;* -n (Höheres); ²Obe|re *der;* -n, -n; ↑R 7ff. (Vorgesetzter)

ober|faul; etwas ist - (ugs. für: sehr verdächtig)

Ober|flä|che; Ober|flä|chen_behand|lung, ...span|nung, ...struktur, ...ver|bren|nung; ober|flächlich; Ober|fläch|lich|keit

Ober|för|ster

Ober|fran|ken (↑R 152)

ober|gä|rig; -es Bier; Ober_gefrei|te, ...ge|richt (schweiz. svw. Kantonsgericht), ...ge|schoß, ...ge|wand, ...gren|ze

ober|halb; mit *Gen.;* - des Dorfes

Ober|hand *die;* -

Ober_haupt, ...haus (Verfassungswesen), ...hemd, ...herr|schaft

Ober|hes|sen (↑R 152)

Ober|hit|ze; bei - backen

Ober|hof|mei|ster [auch: *ob'r-hof...*]; Ober|ho|heit

Obe|rin *die;* -, -nen

Ober|in|ge|nieur (Abk.: Ob.-Ing.)

ober|ir|disch

Ober|ita|li|en (↑R 152)

ober|kant (schweiz.); mit *Gen.:* - des Fensters, auch: - Fenster; Ober_kan|te, ...kell|ner, ...kie|fer, ...kir|chen|rat [auch: *ob'r-kir...*], ...kom|man|die|ren|de *(der;*-n, -n; ↑R 7 ff.), ...kom|man|do, ...kör|per, ...kreis|di|rek|tor [auch: *ob'rkraiß...*]

Ober|land *das;* -[e]s; Ober|län|der *der;* -s, - (Bewohner des Oberlandes)

Ober|lan|des|ge|richt [auch: *ob'r-la...*] (Abk.: OLG)

Ober|län|ge

ober|la|stig (Seemannsspr.: zu hoch beladen); -es Schiff

Ober|lauf *der;* -[e]s, ...läufe

Ober|lau|sitz [auch: *...lau...*]; ↑R 152 (westl. Teil Schlesiens u. östl. Teil Sachsens)

Ober_le|der, ...leh|rer; ober|leh|rer|haft; Ober_leib, ...lei|tung; Ober|lei|tungs|om|ni|bus (Kurzform: Obus); Ober_leut|nant (Abk.: Oblt.; - z. [zur] See), ...licht *(Plur.* ...lichter u. lichte), ...li|ga, ...lip|pe, ...maat, ...ma|te|ri|al

Obe|ron (König der Elfen)

Ober|öster|reich; ↑R 152 (österr. Bundesland)

Ober|pfalz *die;* -; ↑R 152 (Regierungsbezirk des Landes Bayern)

Ober_pfar|rer, ...post|di|rek|ti|on [auch: *ob'rpo...*], ...prä|si|dent, ...prie|ster, ...pri|ma [auch: *ob'r-prima*], ...rat (Akademischer -),

...rä|tin (Wissenschaftliche -),
...re|al|schu|le [auch: ob'rreal...],
...re|gie|rungs|rat [auch: ob'rregi...]
ober|rhei|nisch, aber (↑R 146): das Oberrheinische Tiefland
Obers das; - (bayr. u. österr. für: Sahne)
Ober_satz (Philos.), ...schen|kel, ...schicht; ober|schläch|tig (durch Wasser von oben getrieben); -es Mühlrad; ober|schlau (ugs.)
Ober|schle|si|en (↑R 152)
Ober_schul|amt [auch: ob'r-schul...], ...schu|le, ...schü|ler, ...schwe|ster, ...sei|te, ...se|kun|da [auch: ob'rsekunda]
oberst; vgl. oberste; Oberst der; -en (↑R 197) u. -s, -en (seltener: -e)
Ober_staats|an|walt [auch: ob'r-schta...], ...stabs|arzt [auch: ob'r-schta...], ...stadt|di|rek|tor [auch: ob'rschta...]; ober|stän|dig (Bot.)
Oberst|dorf (Ort in den Allgäuer Alpen)
ober|ste; oberstes Stockwerk; dort das Buch, das oberste, hätte ich gern; die obersten Gerichtshöfe; aber (↑R 157): der Oberste Gerichtshof; der Oberste Sowjet (oberste Volksvertretung der UdSSR); (↑R 65:) das Oberste zuunterst, das Unterste zuoberst kehren; Ober|ste der; -n, -n; ↑R 7 ff. (Vorgesetzter)
Ober_stei|ger, ...stim|me
Oberst|leut|nant [auch: ob'rßt-leu...]
Ober|stock der; -[e]s (Stockwerk); Ober|stüb|chen, meist in: im - nicht ganz richtig sein (ugs. für: nicht ganz normal sein)
Ober|stu|di|en_di|rek|tor [auch: ob'rschtu...], ...rat [auch: ob'r-schtu...]
Ober_stu|fe, ...teil (das od. der), ...ter|tia [auch: ob'rtärzia], ...ton (Plur. ...töne)
Ober|ver|wal|tungs|ge|richt [auch: ob'rfärwal...]
Ober|vol|ta [...wo...] (früher für: Burkina Faso); Ober|vol|ta|er; ober|vol|ta|isch
ober|wärts (veralt. für: oberhalb)
Ober|was|ser das; -s; - haben, bekommen (ugs. für: im Vorteil sein, in Vorteil kommen); Ober_wei|te, ...welt (die; -)
Ob|frau (svw. Obmännin)
ob|ge|nannt (österr. Amtsspr., sonst veralt. für: obengenannt)
ob|gleich
Ob|hut die; -
Obi der od. das; -[s], -s (jap.) (Kimonogürtel; Judo: Gürtel der Kampfbekleidung)
obig; (↑R 66:) -es (↑R 65:) im -en (weiter oben), aber: der Obige

(Abk.: d. O.), das Obige; vgl. folgend
Ob.-Ing. = Oberingenieur
Ob|jekt das; -[e]s, -e ⟨lat.⟩ (Ziel, Gegenstand; österr. Amtsspr. auch: Gebäude; Sprachw.: [Sinn-, Fall]ergänzung); Ob|jek-te|ma|cher (Kunstwiss.); ob|jek-tiv (gegenständlich; tatsächlich; sachlich); Ob|jek|tiv das; -s, -e [...w'] (bei opt. Instrumenten die dem Gegenstand zugewandte Linse); Ob|jek|ti|va|ti|on [...wazion] die; -, -en (Vergegenständlichung); ob|jek|ti|vie|ren [...wir'n] (vergegenständlichen); Ob|jek-ti|vie|rung; Ob|jek|ti|vis|mus der; - (Anerkennung gegebener Tatsachen, Wahrheiten); ob|jek|ti-vi|stisch; -ste (in der Art des Objektivismus); Ob|jek|ti|vi|tät die; - (strenge Sachlichkeit; Vorurteilslosigkeit); Ob|jekt|kunst die; - (moderne Kunstrichtung, die statt der Darstellung eines Gegenstandes diesen selbst präsentiert); Ob|jekt|satz (Sprachw.: Nebensatz in der Rolle eines Objektes); Ob|jekt|schutz ([polizeil.] Schutz für Gebäude, Sachwerten o. ä.); Ob|jekts|ge|ni|tiv; Ob-jekt.spra|che (Sprachw.), ...tisch, ...trä|ger (Mikroskopie)
¹Ob|la|te [österr.: ob...] die; -, -n ⟨lat.⟩ (ungeweihte Hostie; dünnes Gebäck; Unterlage für Konfekt; Lebkuchen); ²Ob|la|te der; -n, -n; ↑R 197 (Laienbruder; Angehöriger einer kath. Genossenschaft); Ob|la|ti|on [...zion] die; -, -en (Darbringungsgebet, Teil der kath. Messe)
Ob|leu|te (Plur. von: Obmann)
ob|lie|gen [auch, österr. nur: opli...]; es liegt, lag mir ob, es hat mir obgelegen; obzuliegen (auch, österr. nur: es obliegt, oblag mir, es hat mir obliegen; zu obliegen ...); Ob|lie|gen|heit [auch, österr. nur: opli...]
ob|li|gat ⟨lat.⟩ (unerläßlich, unvermeidlich, unentbehrlich); mit -er Flöte (Musik); Ob|li|ga|ti|on [...zion] die; -, -en (veralt. für: Verpflichtung; Rechtsw.: persönl. Haftung für eine Verbindlichkeit; Wirtsch.: Schuldverschreibung); Ob|li|ga|tio|nen-recht; ↑R 180 (Schuldrecht; schweiz. Abk.: OR); ob|li|ga|to-risch (verbindlich; auch svw. obligat); -e Stunden (Pflichtstunden); Ob|li|ga|to|ri|um das; -s, ...ien [...i'n] (schweiz. für: verbindl. Geltung; Pflichtfach, -leistung); Ob|li|go [auch: ob...] das; s, -s ⟨ital.⟩ (Verbindlichkeit; Haftung; Verpflichtung); ohne - (unverbindlich; ohne Gewähr; Abk.: o. O.), österr.: außer -

ob|lique [oblik] ⟨lat.⟩; -r [...ikw'r] Kasus (Sprachw.: abhängiger Fall); vgl. Casus obliquus; Ob|li-qui|tät [...kwi...] die; -
Ob|li|te|ra|ti|on [...zion] die; -, -en ⟨lat.⟩ (Med.: Verstopfung von Hohlräumen, Kanälen, Gefäßen des Körpers)
ob|long ⟨lat.⟩ (veralt. für: länglich, rechteckig)
Oblt. = Oberleutnant
Ob._macht (die; -; veralt. für: Vorherrschaft, Übermacht), ...mann (Plur. ...männer und ...leute), ...män|nin
Oboe [österr.: obo'] die; -, -n ⟨ital.⟩ (ein Holzblasinstrument); Obo-ist der; -en, -en; ↑R 197 (Oboebläser)
Obo|lus der; -, - u. -se ⟨griech.⟩ (kleine Münze im alten Griechenland; übertr. für: Scherflein; kleiner Beitrag)
Obo|trit der; -en, -en; ↑R 197 (Angehöriger eines westslaw. Volksstammes)
Ob|rig|keit; von -s wegen; ob|rig-keit|lich; Ob|rig|keits_den|ken, ...staat
Obrist der; -en, -en; ↑R 197 (veralt. für: Oberst)
ob|schon
Ob|ser|vant [...want] der; -en, -en (↑R 197) ⟨lat.⟩ (Mönch der strengeren Ordensregel); Ob|ser|vanz die; -, -en (Befolgung der eingeführten Regel; Herkommen; Gewohnheitsrecht); Ob|ser|va|ti|on [...zion] die; -, -en (wissenschaftl. Beobachtung in einem Observatorium); Ob|ser|va|tor der; -s, ...oren (Beamter an einer Sternwarte); Ob|ser|va|to|ri|um das; -s, ...ien [...i'n] ([astron., meteorolog., geophysikal.] Beobachtungsstation); ob|ser|vie|ren (Amtsspr. für: beobachten, prüfen)
Ob|ses|si|on die; -, -en ⟨lat.⟩ (Psych.: Zwangsvorstellung)
Ob|si|di|an der; -s, -e ⟨lat.⟩ (ein Gestein)
ob|sie|gen [auch: op...]; ich ob-sieg[t]e, habe obsiegt, zu obsie-gen (österr. nur so); auch: ich sieg[t]e ob, habe obgesiegt, obzusiegen
ob|skur ⟨lat.⟩ (dunkel; verdächtig; unbekannter Herkunft); vgl. Clair-obscur; Ob|sku|ran|tis|mus der; - (veralt. für: Aufklärungs-u. Wissenschaftsfeindlichkeit); Ob|sku|ri|tät die; -, -en (Dunkelheit, Unbekanntheit)
ob|sol|let; -este ⟨lat.⟩ (veraltet)
Ob|sor|ge die; - (österr. Amtsspr., sonst veralt. für: sorgende Aufsicht)
Obst das; -[e]s; Obst|bau der; -[e]s; Obst|bau|ge|sell|schaft;

obst|bau|lich; Obst_baum, ...blü-
te, ...ern|te, ...es|sig
Ob|ste|trik *die;* - ⟨lat.⟩ (Med.: Ge-
burtshilfe)
Obst_gar|ten, ...händ|ler
ob|sti|nat; -este ⟨lat.⟩ (starrsinnig,
widerspenstig)
Ob|sti|pa|ti|on [...*zion*] *die;* -, -en
⟨lat.⟩ (Med.: Verstopfung)
Obst|ku|chen; Obst|ler, Öbst|ler
(mdal. für: Obsthändler; aus
Obst gebrannter Schnaps);
Obst|le|rin, Öbst|le|rin *die;* -,
-nen (mdal. für: Obstverkäufe-
rin); Obst_mes|ser *das,* ...plan-
ta|ge; obst|reich
ob|stru|ie|ren ⟨lat.⟩ (zu verhindern
suchen, hemmen; Med.: verstop-
fen); Ob|struk|ti|on [...*zion*] *die;*
-, -en (Verschleppung [der Arbei-
ten], Verhinderung [der Be-
schlußfassung]; Med.: Verstop-
fung, Hartleibigkeit); Ob|struk-
ti|ons_po|li|tik, ...tak|tik; ob-
struk|tiv (hemmend; Med.: ver-
stopfend)
Obst_saft, ...sa|lat, ...schaum-
wein, ...tag, ...tor|te, ...wein
ob|szön ⟨lat.⟩ (unanständig,
schamlos, schlüpfrig); Ob|szö-
ni|tät *die;* -, -en
Obus *der;* Obusses, Obusse (Kurzform für: Oberleitungsomnibus)
Ob|wal|den; vgl. Unterwalden ob
dem Wald; Ob|wald|ner (↑R
147); ob|wald|ne|risch
ob|wal|ten [auch: *opwal*...]; es wal-
tet[e] ob (selten: es obwaltet[e]);
obgewaltet; obzuwalten; ob|wal-
tend; unter den -en Umständen
ob|wohl; ob|zwar (veraltend)
Oc|ca|si|on *die;* -, -en ⟨franz.⟩
(schweiz. für: Okkasion [Gele-
genheitskauf, Gebrauchtware])
och! (ugs. für: ach!)
Och|lo|kra|tie *die;* -, ...ien ⟨griech.⟩
(Pöbelherrschaft [im alten Grie-
chenland]); och|lo|kra|tisch
ochot|skisch [*oeh*...] (die sowjet-
russ. Stadt Ochotsk betreffend);
(↑R 146:) das Ochotskische Meer
Ochs *der;* -en, -en; ↑R 197 (österr.
nur so, sonst ugs. u. mdal. für:
Ochse); Ochs|se *der;* -n, -n (↑R
197); Öchs|chen, Öchs|lein; och-
sen (ugs. für: angestrengt arbeiten); du ochst (ochsest); Och-
sen_au|ge (landsch. auch für:
Spiegelei), ...brust, ...fie|sel
(landsch. für: Ochsenziemer);
...fleisch, ...frosch, ...kar|ren;
Och|sen|maul|sa|lat; Och|sen-
schlepp *der;* -[e]s, -e; österr. für:
Ochsenschwanz); Och|sen-
schlepp|sup|pe (österr.); Och|sen-
schwanz; Och|sen|schwanz|sup-
pe; Och|sen_tour (ugs. für: lang-
same, mühselige Arbeit, [Beam-
ten]laufbahn), ...zie|mer; Och|se-
rei; och|sig

Öchs|le *das;* -s, - ⟨nach dem Me-
chaniker Öchsle⟩ (Maßeinheit
für das spezif. Gewicht des
Mostes); 90° -; Öchs|le|grad
(↑R 135)
Öchs|lein, Öchs|chen
Öcker[^1] *der* od. *das;* -s, - ⟨griech.⟩
(zur Farbenherstellung verwen-
dete Tonerde); öcker|braun[^1];
öcker|far|be[^1], öcker|gelb[^1];
öcker|hal|tig[^1]
Ock|ham [*okäm*] (engl. mittel-
alterl. Theologe); Ock|ha|mis-
mus *der;* - (Lehre des Ockham)
Oc|ta|via usw. vgl. Oktavia usw.
Od *das;* -[e]s (angebliche Aus-
strahlung des menschl. Körpers)
od. = oder
öd, öde
Oda (w. Vorn.)
Odal *das;* -s -e (germ. Recht: Sip-
peneigentum an Grund und Boden)
Oda|lis|ke *die;* -, -n ⟨türk.⟩ (früher:
weiße türk. Haremssklavin)
Odd Fel|low [- ...*o"*] *der;* - -s, - -s u.
Odd|fel|low *der;* -s, -s ⟨engl.⟩ (An-
gehöriger einer urspr. engl. hu-
manitären Bruderschaft)
Odds *Plur.* ⟨engl.⟩ (engl. Bez. für:
Vorgaben [Sport])
Ode *die;* -, -n ⟨griech.⟩ (feierliches
Gedicht)
öd|e|, Öde *die;* -, -n
Odel vgl. ²Adel
Odem *der;* -s (dicht. für: Atem)
Ödem *das;* s, -e ⟨griech.⟩ (Gewebe-
wassersucht); öde|ma|tös (ödem-
artig)
öden; sich -
Oden|burg (ung. Stadt)
Oden|wald *der;* -[e]s (Bergland
östl. des Oberrheinischen Tief-
landes); Oden|wäl|der *der*
Odelon *das;* -s, -s ⟨griech.-lat.-
franz.⟩ (svw. Odeum; auch: Name von Gebäuden für Tanzver-
anstaltungen u. ä.)
oder (Abk.: od.); oder ähnliche[s]
(Abk.: o. ä.); vgl. entweder
Oder *die;* - (ein Strom); Oder-
bruch *das;* -[e]s; Oder|haff vgl.
Stettiner Haff
Oder|men|nig, Ackker|men|nig *der;*
-[e]s, -e (ein Heilkraut)
Oder-Nei|ße-Li|nie *die;* - (↑R 150)
Oder-Spree-Ka|nal *der;* -s (↑R
150)
Odes|sa (Hafenstadt der UdSSR
am Schwarzen Meer)
Ode|um *das;* -s, Odeen ⟨griech.⟩
(im Altertum rundes, theaterähn-
liches Gebäude für Musik- u.
Theateraufführungen)
Odeur [...*dör*] *das;* -s, -s u. -e
⟨franz.⟩ (wohlriechender Duft)
OdF = Opfer des Faschismus
Öd|heit *die;* -

Odi|lia, Odi|lie [...*i"*] (ältere For-
men von: Ottilia usw.); Odi|lo
(m. Vorn.)
Odin (nord. Form für: Wodan,
vgl. d.)
odi|os, odi|ös; -este ⟨lat.⟩ (gehäs-
sig; unausstehlich, widerwärtig)
ödi|pal (Psychoanalyse); die -e
Phase (Entwicklungsphase des
Kindes); Ödi|pus (in der griech.
Sage König von Theben); Ödi-
pus|kom|plex (zu starke Bindung
eines Kindes an den gegenge-
schlechtlichen Elternteil)
Odi|um *das;* -s ⟨lat.⟩ (Haß, Feind-
schaft; Makel)
Öd|land *das;* -[e]s; Öd|nis *die;* -
Odo (m. Vorn.)
Odoa|ker; ↑R 180 (germ. Heer-
führer)
Odo|ar|do (ital. m. Vorn.)
Odon|tol|lo|ge *der;* -n, -n (↑R 197)
⟨griech.⟩; Odon|tol|lo|gie *die;* -
(Zahnheilkunde)
Odys|see *die;* -, ...sseen (griech.
Heldengedicht [nur *Sing.*];
übertr. für: Irrfahrt); odys|se|isch
(die Odyssee betreffend); Odysseus [...*ßeuß*] (in der griech. Sage
König von Ithaka); vgl. Ulixes,
Ulysses
Oebis|fel|de [*öbißfäld"*] (Stadt im
Bezirk Magdeburg)
OECD = Organization for Eco-
nomic Cooperation and Devel-
opment [*â'g'naise'sch'n f'r ik'no-
mik ko"op're'sch'n 'nd diwäl'p-
m'nt*] ⟨engl.⟩ (Organisation für
wirtschaftliche Zusammenarbeit
und Entwicklung)
Oels|nitz [*ölß*...] (Stadt im Vogt-
land); Oels|nitz/Erzgeb. (Stadt
am Rande des Erzgebirges)
Oeso|pha|gus [*ö*...] vgl. Ösopha-
gus
Oet|ker [*öt*...] (Familienname; ⓌⓏ)
Œu|vre [*öwr'('*)] *das;* -, -s [*öwr'('*)]
⟨franz.⟩ [Gesamt]werk eines
Künstlers); Œu|vre|ver|zeich|nis
Oeyn|hau|sen [*ön*...], Bad (Badeort
im Ravensberger Land)
OEZ = osteuropäische Zeit
Öf|chen, Öf|lein; Ofen *der;* -s,
Öfen; Ofen|bank (*Plur.* ...bän-
ke); ofen|frisch (frisch aus dem
Backofen); Ofen_hei|zung, ...ka-
chel, ...rohr, ...röh|re, ...set|zer
Off *das;* - ⟨engl.⟩ (Fernsehen: das
Unsichtbarbleiben des kom-
mentierenden Sprechers; Ggs.:
On); im, aus dem - sprechen;
Off-Beat [*ofbit*] *das;* - (rhythm.
Eigentümlichkeit der Jazzmusik)
of|fen; off[e]ner, -ste; ein offener
Brief; Beifall auf offener Bühne,
Szene; eine offene Hand haben
(freigebig sein); mit offenen
Karten spielen (übertr. für: ohne
Hintergedanken handeln); offe-
nes Meer; offene Rücklage

[^1]: Trenn.: ...k|k...

(Wirtsch.); offene Silbe; auf offener Straße, Strecke; Tag der offenen Tür; ein offener Wagen (ohne Verdeck); ein offener Wein (im Ausschank); offene Handelsgesellschaft (Abk.: OHG). *Schreibung in Verbindung mit Verben* (↑R 205 f.): - gestanden, gesagt (frei herausgesagt); - (geöffnet; ehrlich) sein; - (ehrlich) bleiben; - (allen sichtbar) halten; - (allen erkennbar) stehen; vgl. aber: offenbleiben, offenhalten, offenlassen, offenlegen, offenstehen

Of|fen|bach, Jacques (dt.-franz. Komponist)

Of|fen|bach am Main; Of|fen|ba|cher (↑R 147)

of|fen|bar [auch: ...*bar*]; of|fen|ba|ren [österr.: *of*...]; du offenbarst; offenbart (auch noch: geoffenbart); zu - sich -; Of|fen|ba|rung [österr.: *of*...]; Of|fen|ba|rungs|eid [österr.: *of*...]; of|fen|blei|ben (↑R 205 f.); das Fenster ist offengeblieben; die Entscheidung ist noch offengeblieben; aber: er ist bei der Vernehmung immer offen (ehrlich) geblieben; of|fen|hal|ten; ↑R 205 f. (vorbehalten; offenstehen lassen); er hat sich offengehalten (vorbehalten), dorthin zu gehen; er hat das Tor offengehalten; aber: offen halten (frei, allen sichtbar halten); Of|fen|heit; of|fen|her|zig; Of|fen|her|zig|keit [auch: ...*kun*...]; of|fen|kun|dig [auch: ...*kun*...]; of|fen|kun|dig|keit die; -; of|fen|las|sen (↑R 205); sie hat das Fenster offengelassen; sie hat die Frage offengelassen; of|fen|le|gen (↑R 205); er hat die letzten Geheimnisse offengelegt; Of|fen|le|gung; Of|fen|markt|po|li|tik (Bankw.); of|fen|sicht|lich [auch: ...*sicht*...]; Of|fen|sicht|lich|keit die; -

of|fen|siv ⟨lat.⟩ (angreifend); Of|fen|siv|bünd|nis; Of|fen|si|ve [...*w*ᵉ] die; -, -n ([militär.] Angriff); Of|fen|siv_krieg, ...ver|tei|di|ger (Fußball), ...waf|fe

Of|fen|stall; of|fen|ste|hen; ↑R 205 f. (geöffnet sein; freistehen, gestattet sein; noch nicht bezahlt sein); offenstehendes Konto; das Schloß, dessen Tore offenstanden, offengestanden haben; aber: offen stehen (frei, allen erkennbar stehen); er sollte zu seiner Meinung offen stehen (sollte sich dazu bekennen); öf|fent|lich; -e Meinung; -e Hand; im öffentlichen Dienst; (↑R 32:) öffentliche und Privatmittel, aber: Privat- und öffentliche Mittel; Öf|fent|lich|keit die; -; Öf|fent|lich|keits|ar|beit die; - (für: Public Relations)

lich-recht|lich; -er Vertrag, -e Rundfunkanstalten

of|fe|rie|ren ⟨lat.⟩ (anbieten, darbieten); Of|fert das; -[e]s, -e (österr.) u. Of|fer|te die; -, -n ⟨franz.⟩ (Angebot, Anerbieten); Of|fer|ten|ab|ga|be; Of|fer|to|ri|um das; -s, ...ien [...*i*ᵉn] ⟨lat.⟩ (Teil der kath. Messe)

¹Of|fice [*ofiß*] das; -, -s [...*ßis*] ⟨engl.⟩ (engl. Bez. für: Büro); ²Of|fice [*ofiß*] das; -, -s [*ofiß*] ⟨franz.⟩ (schweiz. für: Anrichteraum im Gasthaus); Of|fi|zi|al der; -s, -e ⟨lat.⟩ (Beamter, bes. Vertreter des Bischofs bei Ausübung der Gerichtsbarkeit); österr. Beamtentitel, z. B. Postoffizial); Of|fi|zi|al|ver|tei|di|ger (amtlich bestellter Verteidiger); Of|fi|zi|ant der; -en, -en; ↑R 197 (einen Gottesdienst haltender kath. Priester; veralt.: Unterbeamter, Bediensteter); of|fi|zi|ell ⟨franz.⟩ (amtlich; beglaubigt, verbürgt; feierlich, förmlich)

Of|fi|zier [österr. auch: ...*ßir*] der; -s, -e ⟨franz.⟩; Of|fi|ziers'_an|wär|ter, ...ka|si|no, ...korps, ...lauf|bahn, ...mes|se, ...rang

Of|fi|zin die; -, -en ⟨lat.⟩ (veralt. für: [größere] Buchdruckerei; Apotheke); of|fi|zi|nal, of|fi|zi|nell (arzneilich; als Heilmittel anerkannt)

of|fi|zi|ös ⟨lat.⟩ (halbamtlich; nicht verbürgt); Of|fi|zi|um das; -s, ...ien [...*i*ᵉn] (veralt. für: [Dienst]pflicht); vgl. ex officio

off li|mits! ⟨engl.⟩ (Eintritt verboten!, Sperrzone!); off line [- *lain*] (getrennt von der Datenverarbeitungsanlage arbeitend)

öff|nen; sich -; Öff|ner; Öff|nung; Öff|nungs_win|kel, ...zeit

Off|set|druck (Plur. ...drucke) ⟨engl.; dt.⟩ (Gummidruck[verfahren]); Off|set|druck|ma|schi|ne; Off-shore-Boh|rung [*ofschå*...] (Bohrung [nach Erdöl] von einer Bohrinsel aus)

Ofir vgl. Ophir

Öf|lein, Öf|chen

O. F. M. = Ordinis Fratrum Mi|norum ⟨lat.⟩ (vom Orden der Minderbrüder; Franziskaner)

O.[F.] M. Cap. = Ordinis [Fratrum] Minorum Capucinorum ⟨lat.⟩ (vom Orden der Minderen Kapuziner[brüder])

O-för|mig; ↑R 37 (in Form eines lat. O)

oft; öfter (vgl. d.); öftest (vgl. d.); so - (vgl. sooft), wie -; öf|ter; als...; (↑R 65:) des öfter[e]n; öfter mal was Neues; öf|ters (landsch. für: öfter); öf|test; -en Falles an (selten

für: am häufigsten); oft|ma|lig; oft|mals

ÖGB = Österr. Gewerkschaftsbund

Oger der; -s, - ⟨franz.⟩ (Menschenfresser in franz. Märchen)

ogi|val [...*wal*, auch: *oschiwal*] ⟨franz.⟩ (Kunstwiss.: spitzbogig); Ogi|val|stil (Baustil der [franz.] Gotik)

oh!; vgl. o; oha!

Oheim der; -s, -e (veralt. für: Onkel); vgl. auch: ⁴Ohm

OHG = offene Handelsgesellschaft

¹Ohio [*ohaio*] der; -[s] (Nebenfluß des Mississippis); ²Ohio (Staat in den USA; Abk.: O.)

oh, là, là! ⟨franz.⟩ (Ausruf der Verwunderung, Anerkennung)

¹Ohm das; -[e]s, -e ⟨griech.⟩ (früheres Flüssigkeitsmaß); 3 - (↑R 129)

²Ohm (dt. Physiker); ³Ohm das; -[s], - (Einheit für den elektr. Widerstand; Zeichen: Ω); vgl. Ohmsch

⁴Ohm der; -[e]s, -e (veralt., aber noch mdal. für: Onkel; vgl. Oheim); Ohm der; -[e]s, -e (westd. für: Oheim)

Ohmd das; -[e]s (südwestd. für: das zweite Mähen); öhm|den (mdal. für: nachmähen)

Ohm|me|ter das; -s, - (Gerät zur Messung des elektr. Widerstandes)

O. H. M. S. = On His (Her) Majesty's Service [- - *mädschißtis ßö'wiß*] ⟨engl.⟩ („Im Dienste Seiner [Ihrer] Majestät"; amtlich)

ohmsch (nach ²Ohm benannt); der ohmsche Widerstand (Gleichstromwiderstand), aber (↑R 134): Ohmsch (von ²Ohm selbst stammend); das Ohmsche Gesetz

oh|ne; *Präp. mit Akk.:* ohne ihren Willen; ohne daß (↑R 126); ohne weiteres (↑R 65); er kaufte ohne Zögern (↑R 68), aber: er kaufte, ohne zu zögern; oben ohne (ugs. für: busenfrei); zweifelsohne; oh|ne Be|fund (Abk.: o. B.); oh|ne|dem (veralt. für: ohnedies); oh|ne|dies; oh|ne|ein|an|der; - auskommen; oh|ne|glei|chen; Oh|ne|halt|flug; oh|ne|hin; oh|ne Jahr (bei Druckwerken; Abk.: o. J.); Oh|ne-mich-Stand|punkt (↑R 41); oh|ne Ob|li|go [auch: ...*ob*...] (ohne Verbindlichkeit; Abk.: o. O.); oh|ne Ort (bei Buchtitelangaben; Abk.: o. O.); oh|ne Ort und Jahr (bei Buchtitelangaben; Abk.: o. O. u. J.); oh|ne wei|te|res, oh|ne wei|te|res (österr. für: ohne weiteres); Ohn|macht die; -, -en; ohn|mäch|tig; Ohn|machts|an|fall

oho!; oh, oh!

Ohr *das;* -[e]s, -en; Öhr *das;* -[e]s, -e (Nadelloch); Öhr|chen, Öhr|lein (kleines Ohr; kleines Öhr) Ohr|druf (Stadt im Bezirk Erfurt) Oh|ren_arzt, ...beich|te; oh|ren|be|täu|bend; Oh|ren|blä|ser (abschätzig für: heimlicher Aufhetzer, Zuträger); oh|ren|fäl|lig; Oh|ren_heil|kun|de (*die;* -), ...klap|pe; Oh|ren|klipp vgl. Ohrklipp; oh|ren|krank; Oh|ren-_krie|cher (Ohrwurm), ...sau|sen (*das;* -s), ...schmalz (*das;* -es), ...schmaus (ugs. für: Genuß für die Ohren), ...schmerz (meist *Plur.*), ...schüt|zer, ...ses|sel, ...zeu|ge; Ohr|fei|ge; ohr|fei|gen; er hat mich geohrfeigt; Ohr|fei|gen|ge|sicht (ugs.); Ohr|ge|hän|ge; ...oh|rig (z. B. langohrig); Ohr|klipp, Oh|ren|klipp (Ohrschmuck); Ohr|läpp|chen; Öhr|lein, Öhr|chen; Ohr_luft|du|sche, ...mu|schel, ...ring, ...schmuck, ...spei|chel|drü|se, ...spü|lung, ...trom|pe|te, ...wa|schel (*das;* -s, -n; österr. ugs. für: Ohrläppchen), ...wurm (ugs. auch: leicht eingängige Melodie) Oie [*eu^e*] *die;* -, -n (Insel); Greifswalder - Oi|strach [*eußtrach*], David u. Igor (ukrain.-sowjet. Geiger [Vater u. Sohn]) o. J. = ohne Jahr oje!; oje|mi|ne!; vgl. jemine; oje|rum o. k., O. K. = okay Oka *die;* - (r. Nebenfluß der Wolga) Oka|pi *das;* -s, -s ⟨afrik.⟩ (kurzhalsige Giraffenart) Oka|ri|na *die;* -, -s und ...nen ⟨ital.⟩ (tönernes Blasinstrument) okay [*o^ke^e*] (amerik. für: richtig, in Ordnung; Abk.: o. k. od. O. K.); Okay *das;* -[s], -s; sein geben Okea|ni|de, (auch:) Ozea|ni|de *die;* -, -n (↑ R 180) ⟨griech.⟩ (Meernymphe); Okea|nos; ↑ R 180 (griech. Sage: Weltstrom; Gott des Weltstromes) Oker *der;* - (l. Nebenfluß der Aller); Oker|tal|sper|re *die;* -; ↑ R 149 Ok|ka|si|on *die;* -, -en ⟨lat.⟩ (veralt. für: Gelegenheit, Anlaß; Kaufmannsspr.: Gelegenheitskauf); Ok|ka|sio|na|lis|mus *der;* - (eine philos. Lehre); Ok|ka|sio|na|list *der;* -en, -en (↑ R 197); ok|ka|sio|nell ⟨franz.⟩ (veralt. für: gelegentlich, Gelegenheits...) Ok|ki|ar|beit ⟨ital.; dt.⟩ (Handarbeit, bei der aus Knoten gefertigte Bogen und Ringe eine Spitze bilden) ok|klu|die|ren ⟨lat.⟩ (Verb zu Okklusion); Ok|klu|si|on *die;* -, -en

(Med.: normale Schlußbißstellung der Zähne; Meteor.: Zusammentreffen von Kalt- u. Warmfront); ok|klu|siv; Ok|klu|siv *der;* -s, -e [...*iw^e*] (Sprachw.: Verschlußlaut, z. B. p, t, k) ok|kult; -este ⟨lat.⟩ (verborgen; heimlich, geheim); Ok|kul|tis|mus *der;* - („Geheimwissenschaft"; Erforschung des Übersinnlichen); Ok|kul|tist *der;* -en, -en (↑ R 197); ok|kul|ti|stisch Ok|ku|pant *der;* -en, -en ⟨lat.⟩ (abwertend; jmd., der fremdes Gebiet okkupiert); Ok|ku|pa|ti|on [...*zion*] *die;* -, -en (Besetzung [fremden Gebietes] mit od. ohne Gewalt; Rechtsw.: Aneignung herrenlosen Gutes); Ok|ku|pa|ti|ons|heer; ok|ku|pie|ren Okla. = Oklahoma Okla|ho|ma (Staat in den USA; Abk.: Okla.) Öko|la|den (Laden, in dem nur umweltfreundliche Waren verkauft werden); Öko|lo|ge *der;* -n, -n ⟨griech.⟩ (Wissenschaftler auf dem Gebiet der Ökologie); Öko|lo|gie *die;* - (Lehre von den Beziehungen der Lebewesen zur Umwelt); öko|lo|gisch Öko|nom *der;* -en, -en (↑ R 197) ⟨griech.⟩ (Wirtschaftswissenschaftler; selten für: [Land]wirt); Öko|no|mie *die;* -, ...ien (Wirtschaftlichkeit, sparsame Lebensführung [nur *Sing.*]; Lehre von der Wirtschaft; veralt. für: Landwirtschaft[sbetrieb]); Öko|no|mie|rat (österr. Titel); Öko|no|mik *die;* - (Wirtschaftswissenschaft, -theorie; wirtschaftliche Verhältnisse [eines Landes, Gebietes]; bes. DDR: Produktionsweise einer Gesellschaftsordnung); öko|no|misch; -ste; Öko|pax|be|we|gung (Bewegung, die für die Erhaltung der natürlichen Umwelt und die Bewahrung des Friedens eintritt); Öko|sy|stem (zwischen Lebewesen und ihrem Lebensraum bestehende Wechselbeziehung) Okt. = Oktober Ok|ta|eder *das;* -s, - (Achtflächner); ok|ta|edrisch; Ok|ta|gon vgl. Oktogon; Ok|tant *der;* -en, -en (↑ R 197) ⟨lat.⟩ (achter Teil des Kreises od. der Kugel; nautisches Winkelmeßgerät); Ok|tan|zahl (Maßzahl für die Klopffestigkeit von Treibstoffen); [1]Ok|tav *das;* -s (Achtelbogengröße [Buchformat]; Zeichen: 8°, z. B. Lex.-8°); in -; Großoktav (vgl. d.); [2]Ok|tav *die;* -, -en (kath. Feier; österr. auch svw. Oktave); Ok|ta|va *die;* -, ...ven (österr. für: 8. Klasse des Gymnasiums); Ok|tav_band, ...bo|gen; Ok|ta|ve

[...*w^e*], (österr.:) Ok|tav *die;* -, -en (achter Ton [vom Grundton an]; svw. Ottaverime); Ok|tav|for|mat (Achtelgröße) Ok|ta|via, Ok|ta|vie [...*wi^e*] (röm. w. Vorn.); Ok|ta|vi|an, Ok|ta|via|nus; ↑ R 180 (röm. Kaiser) ok|ta|vie|ren [...*wir^e n*] ⟨lat.⟩ (bei Blasinstrumenten: in die Oktave überschlagen); Ok|tett *das;* -[e]s, -e ⟨ital.⟩ (Komposition für acht Soloinstrumente od. -stimmen; Gruppe von acht Instrumentalsolisten; Achtergruppe von Elektronen in der Außenschale der Atomhülle); Ok|to|ber *der;* -[s], - ⟨lat.⟩ (zehnter Monat im Jahr; Gilbhard, Weinmonat, Weinmond; Abk.: Okt.); Ok|to|ber_fest (in München), ...re|vo|lu|ti|on (die bolschewist. Revolution im Oktober 1917 [nach dem Julian. Kalender]); Ok|to|de *die;* -, -n ⟨griech.⟩ (Röhre mit acht Elektroden); Ok|to|gon *das;* -s, -e (Achteck; Bau mit achteckigem Grundriß); ok|to|go|nal (achteckig); Ok|to|po|de *der;* -n, -n (↑ R 197) ⟨griech.⟩ (Achtfüßer [Tintenfisch]) ok|troy|ie|ren [...*troajir^e n*] ⟨franz.⟩ (aufdrängen, aufzwingen) oku|lar ⟨lat.⟩ (mit dem Auge, fürs Auge); Oku|lar *das;* -s, -e (die dem Auge zugewandte Linse eines optischen Gerätes); Oku|la|ti|on [...*zion*] *die;* -, -en (Pflanzenveredelungsart); Oku|li (´[„mei´ne] Augen"; vierter Sonntag vor Ostern); oku|lie|ren (durch Okulation veredeln, äugeln); Oku|lier|mes|ser *das;* Oku|lie|rung Öku|me|ne *die;* - ⟨griech.⟩ (die bewohnte Erde; Gesamtheit der Christen); öku|me|nisch (allgemein; die ganze bewohnte Erde betreffend, Welt...); -e Bewegung (zwischen- u. überkirchl. Bestrebungen christlicher Kirchen u. Konfessionen zur Einigung in Fragen des Glaubens u. der religiösen Arbeit); -es Konzil (allgemeine kath. Kirchenversammlung), aber (↑ R 157): der Ökumenische Rat der Kirchen; Öku|me|nis|mus *der;* - (kath. Theol.: Bez. für die Bemühungen um die Einheit der Christen) Ok|zi|dent [auch: ...*dänt*] *der;* -s ⟨lat.⟩ (Abendland; Westen; vgl Orient); ok|zi|den|tal, ok|zi|den|ta|lisch ö. L. = östlicher Länge Öl *das;* -[e]s, -e Olaf (nordgerm. m. Vorn.) Öl_alarm, ...baum; Öl|be|häl|ter; Öl|berg *der;* -[e]s (bei Jerusalem); Öl_bild, ...boh|rung Ol|den|burg (Landkreis in Niedersachsen); [1]Ol|den|bur|ger

(↑ R 147); ²Ol|den|bur|ger der; -s, - (eine Pferderasse); Ol|den|bur|ger Geest die; - - (Gebiet in Niedersachsen); Ol|den|burg (Hol|stein) (Stadt in Schleswig-Holstein); ol|den|bur|gisch, aber (↑ R 146): Oldenburgisches Münsterland; Ol|den|burg (Ol|den|burg) (Stadt in Niedersachsen) Ol|des|loe [...lo], Bad (Stadt in Schleswig-Holstein); Ol|des|lo|er (↑ R 147)

Ol|die [oʷldi] der; -s, -s ⟨engl.-amerik.⟩ (noch immer od. wieder beliebter alter Schlager)

Öl|druck ([Technik:] nur Sing.; [Druckw.:] Plur. ...drucke); Öl|druck|brem|se

Old|ti|mer [oʷldtaimʳr] der; -s, - ⟨engl.⟩ (altes Modell eines Fahrzeugs [bes. Auto]; auch für: langjähriges Mitglied; älterer Mann)

Olea (Plur. von: Oleum)

Ole|an|der der; -s, - ⟨ital.⟩ (immergrüner Strauch od. Baum, Rosenlorbeer); Ole|an|der|schwär|mer (ein Schmetterling)

Ole|at das; -[e]s, -e ⟨griech.⟩ (Salz der Ölsäure); Ole|fin das; -s, -e (ungesättigter Kohlenwasserstoff); ole|fin|reich; Ole|in das; -s, -e (ungereinigte Ölsäure); ölen; Ole|um [ole-um] das; -s, Olea [ole-a] (Öl; rauchende Schwefelsäure)

ol|fak|to|risch ⟨lat.⟩ (Med.: den Geruchssinn betreffend)

Öl|far|be; Öl|far|ben|druck (Plur. ...drucke); Öl_.feue|rung, ...film (dünne Ölschicht), ...fleck, ...för|de|rung, ...frucht

OLG = Oberlandesgericht

Ol|ga (russ. Form von: Helga)

Öl|ge|mäl|de; Öl|göt|ze; dastehen wie ein - (ugs. für: stumm, unbeteiligt, verständnislos dastehen)

Öl_.haut, ...hei|zung; öl|höf|lig (erdölhöffig)

Oli|fant [auch: olifant] der; -[e]s, -e ⟨[Rolands] „elfenbeinernes" Hifthorn⟩

ölig

Olig|ämie die; -, ...ien ⟨griech.⟩ (Med.: Blutarmut); Olig|arch der; -en, -en; ↑ R 197 (Anhänger der Oligarchie); Olig|ar|chie die; -, ...ien (Herrschaft einer kleinen Gruppe); olig|ar|chisch; Oli|go|phre|nie die; -, ...ien (Med.: Schwachsinn); Oli|go|pol das; -s, -e (Beherrschung des Marktes durch wenige Großunternehmen); oli|go|troph (von Ackerböden: nährstoffarm); Oli|go|zän (das Oligozän betreffend); Oli|go|zän das; -s (Geol.: mittlerer Teil des Tertiärs)

Olim ⟨lat.⟩ („ehemals"), nur scherzh. in: seit, zu Olims Zeiten

Öl|in|du|strie

oliv ⟨griech.⟩ (olivenfarben); ein - Kleid; Oliv das; -s, - (ugs.: -s); ein Kleid in -

Oli|va [...wa] (Teil der Stadt Danzig)

Oli|ve [...wᵉ, österr.: ...fᵉ] die; -, -n ⟨griech.⟩ (Frucht des Ölbaumes); Oli|ven_.baum, ...ern|te; oli|ven|far|ben, oli|ven|far|big; Oli|ven|öl

Oli|ver [...wᵉr] (m. Vorn.)

oliv_.grau, ...grün

Oli|vin [...win] der; -s, -e ⟨griech.⟩ (ein Mineral)

Öl_.kan|ne, ...kri|se, ...ku|chen, ...lam|pe, ...lei|tung

Ol|le der u. die; -n, -n; ↑ R 7 ff. (landsch. für: Alte); ol|le Ka|mel|len vgl. Kamellen

Öl|luft|pum|pe

Olm der; -[e]s, -e (ein Lurch)

OLMA, Ol|ma = Ostschweizerische land- und milchwirtschaftliche Ausstellung (heute: Schweizerische Messe für Land- und Milchwirtschaft, St. Gallen)

Öl_.ma|le|rei, ...meß|stab, ...müh|le

Ol|mütz (tschech. Stadt)

Öl_.ofen, ...pal|me, ...pa|pier, ...pest (die; -; Verschmutzung von Meeresküsten durch [auf dem Wasser treibendes] Rohöl), ...pflan|ze, ...quel|le, ...raf|fi|ne|rie, ...sar|di|ne, ...säu|re (die; -), ...scheich (ugs.), ...schicht, ...tan|ker

Ol|ten (schweiz. Stadt); Ol|te|ner, Olt|ner (↑ R 147)

Ölung; die Letzte - (früher für: Krankensalbung; ↑ R 157); Öl_vor|kom|men, ...wan|ne, ...wech|sel

Olymp der; -s (Gebirgsstock in Griechenland; Wohnsitz der Götter; scherzh. für: Galerieplätze im Theater); ¹Olym|pia (altgriech. Nationalheiligtum); ²Olym|pia das; -[s] (geh. für: Olympische Spiele) Olym|pia|de die; -, -n; ↑ R 180 (Olympische Spiele; selten: Zeitraum von vier Jahren zwischen zwei Olympischen Spielen); Olym|pia_.dorf, ...jahr, ...kämp|fer, ...mann|schaft, ...me|dail|le, ...norm; olym|pia|reif; Olym|pia_.sieg, ...sie|ger, ...sie|ge|rin, ...sta|di|on, ...stadt, ...teil|neh|mer, ...zwei|te (der u. die; -n, -n); Olym|pi|er [...iʳr] (Beiname der griech. Götter, bes. des Zeus; gelegentlicher Beiname Goethes); Olym|pio|ni|ke der; -n, -n; ↑ R 197; ↑ R 180 (Sieger in den Olympischen Spielen; Olympiakämpfer); Olym|pio|ni|kin die; -, -nen (↑ R 180); olym|pisch (göttlich, himmlisch); die Olympischen Spiele betreffend); -e Ruhe, -e

Fahne, -er Eid, -es Dorf, aber (↑ R 157): die Olympischen Spiele, Internationales Olympisches Komitee (Abk.: IOK); Nationales Olympisches Komitee (Abk.: NOK)

Olynth (altgriech. Stadt); olyn|thisch, aber (↑ R 157): die Olynthischen Reden des Demosthenes

Öl_.zeug, ...zweig

Oma die; -, -s (kindersprachl. Koseform von: Großmama)

Omai|ja|de der; -n, -n; ↑ R 197 (Angehöriger eines arab. Herrschergeschlechtes)

Oma|ma die; -, -s (svw. Oma)

Oman (Staat auf der Arabischen Halbinsel); Oma|ner; oma|nisch

Omar [auch: om...] (arab. Eigenn.)

Om|bro|graph der; -en, -en (↑ R 197) ⟨griech.⟩ (Meteor.: Gerät zur Aufzeichnung des Niederschlags)

Om|buds|mann der; -[e]s, ...männer (selten: ...leute) ⟨schwed.⟩ (jmd., der die Rechte des Bürgers gegenüber den Behörden wahrnimmt)

O. M. Cap. vgl. O. [F.] M. Cap.

Ome|ga das; -[s], -s (griech. Buchstabe [langes O]; Ω, ω); vgl. Alpha

Ome|lett [oml...] das; -[e]s, -e u. -s (u. österr., schweiz. nur so:) Ome|lette [...lät] die; -, -n ⟨franz.⟩ (Eierkuchen); Omelette aux fines herbes [- ofinsärb] (Eierkuchen mit Kräutern)

Omen das; -s, - u. Omina ⟨lat.⟩ (Vorzeichen; Vorbedeutung)

Omi die; -, -s (svw. Oma)

Omi|kron [auch: om...] das; -[s], -s (griech. Buchstabe [kurzes O]: O, o)

Omi|na (Plur. von: Omen); omi|nös; -este ⟨lat.⟩ (von schlimmer Vorbedeutung; unheilvoll; bedenklich; anrüchig)

Omis|siv|de|likt ⟨lat.⟩ (Rechtsw.: Unterlassungsdelikt)

Om ma|ni pad|me hum (magischreligiöse Formel des lamaistischen Buddhismus)

om|nia ad ma|io|rem Dei glo|ri|am vgl. ad maiorem...

Om|ni|bus der; -ses, -se ⟨lat.⟩ (Kurzw.: Bus); Om|ni|bus_.bahn|hof, ...fahrt, ...li|nie; om|ni|po|tent (allmächtig); Om|ni|po|tenz die; - (Allmacht); om|ni|prä|sent (allgegenwärtig); Om|ni|prä|senz die; - (Allgegenwart); Om|ni|um das; -s, ...ien [...iᵉn] (Radsport: aus mehreren Bahnwettbewerben bestehender Wettkampf); Om|ni|vo|re [...worᵉ] der; -n, -n (meist Plur.); ↑ R 197 (Zool.: Allesfresser)

Om|pha|le [*omfale*] (lydische Königin)

Om|pha|li|tis die; -, ...iti|den ⟨griech.⟩ (Med.: Nabelentzündung)

Omsk (Stadt in Sibirien)

On das; - ⟨engl.⟩ (Fernsehen: das Sichtbarsein des Sprechers; Ggs.: Off); im -

Ona|ger der; -s, - ⟨lat.⟩ (Halbesel in Südwestasien)

Onan (bibl. m. Eigenn.); Ona|nie die; - ⟨nach der bibl. Gestalt Onan⟩ (geschlechtl. Selbstbefriedigung); ona|nie|ren; Ona|njst der; -en, -en (↑ R 197); ona|njstisch

ÖNB = Österr. Nationalbank, Österr. Nationalbibliothek

On|dit [*ongdi*] das; -, -s ⟨franz.⟩ (Gerücht); einem - zufolge

On|du|la|ti|on [...*zion*] die; -, -en ⟨franz.⟩ (das Wellen der Haare mit der Brennschere); on|du|lieren; On|du|lie|rung

One|ga|see der; -s (in der SU)

Onei|da|see der; -s (See im Staate New York)

O'Neill [*o*ᵘ*nil*] (amerik. Dramatiker)

One|step [*¹anßtäp*] der; -s, -s ⟨engl.⟩ (ein Tanz)

On|kel der; -s, - (ugs., bes. nordd. auch: -s); On|kel|ehe (volkstüml. für: Zusammenleben einer Witwe mit einem Mann, den sie aus Versorgungsgründen nicht heiraten will); on|kel|haft

On|ko|lo|gie die; - ⟨griech.⟩ (Med.: Lehre von den Geschwülsten)

on line [- *lain*] ⟨engl.⟩ (in direkter Verbindung mit der Datenverarbeitungsanlage arbeitend); Online-Be|trieb

ONO = Ostnordost[en]

Öno|lo|gie die; - ⟨griech.⟩ (Wein[bau]kunde); Öno|ma|nie die; - (Med.: Säuferwahnsinn)

Ono|ma|sio|lo|gie die; - ⟨griech.⟩ (Sprachw.: Bezeichnungslehre); Ono|ma|sti|kon das; -s, ...ken u. ...ka ⟨griech.⟩ (Wörterverzeichnis der Antike u. des Mittelalters); ono|ma|to|poe|tisch; ↑ R 180 (laut-, klang-, schallnachahmend); Ono|ma|to|pö|ie die; -, ...ien (Sprachw.: Bildung eines Wortes durch Lautnachahmung, Lautmalerei, z. B. „Kuckuck")

Öno|me|ter der; -s ⟨griech.⟩ (Weinmesser [zur Bestimmung des Alkoholgehaltes])

Önorm (österr. Norm)

On|ta|rio [engl. Ausspr.: *ontä*ʳ*rio*ᵘ] (kanad. Provinz); On|ta|rio|see der; -s

on the rocks [- *dhᵉ* -] ⟨engl.⟩ (mit Eiswürfeln [bei Getränken])

On|to|ge|ne|se, On|to|ge|nie die; - ⟨griech.⟩ (Biol.: Entwicklung des

Einzelwesens); on|to|ge|ne|tisch; On|to|lo|gie die; - (Wissenschaft vom Seienden); on|to|lo|lo|gisch

Onyx der; -[e]s, -e ⟨griech.⟩ (ein Halbedelstein)

o. O. = ohne Obligo; ohne Ort

o. ö. = ordentlicher öffentlicher (z. B. Professor [Abk.: o. ö. Prof.])

OÖ. = Oberösterreich

Oo|ge|ne|se [*o-o...*] die; - ⟨griech.⟩ (Med.: Entwicklung der Eizelle); oo|ge|ne|tisch; Oo|ljth der; -s u. -en, -e[n]; ↑ R 197 (ein Gestein); Oo|lo|gie die; - (Wissenschaft vom Vogelei)

o. ö. Prof. = ordentlicher öffentlicher Professor

o. O. u. J. = ohne Ort und Jahr

op. = opus; vgl. Opus

o. P. = ordentlicher Professor; vgl. Professor

OP = Operationssaal

O. P., O. Pr. = Ordinis Praedicatorum [- *prädika...*] ⟨lat.⟩ (vom Predigerorden, d. h. Dominikaner)

Opa der; -s, -s (kindersprachl. Koseform von: Großpapa)

opak ⟨lat.⟩ (fachspr.: nur durchschimmernd, undurchsichtig)

Opal der; -s, -e ⟨sanskr.⟩ (ein Halbedelstein; ein Gewebe); opa|len (aus Opal, durchscheinend wie Opal); Opa|les|zenz die; - (Opalschiller); opa|les|zieren, opa|li|sie|ren (wie ein Opal schillern); Opal|glas (Plur. ...gläser)

Opan|ke die; -, -n ⟨serb.⟩ (sandalenartiger Schuh [mit am Unterschenkel kreuzweise gebundenen Lederriemen])

Opa|pa der; -s, -s (svw. Opa)

Op-art [*óp-a*ʳ*t*] die; - ⟨amerik.⟩ (moderne Kunstrichtung)

Opa|zi|tät die; - (zu: opak) (Optik: Undurchsichtigkeit)

OPD = Oberpostdirektion

OPEC = Organization of the Petroleum Exporting Countries [*ᵃ*ʳ*g*ᵉ*nais*ᵉ*sch*ᵉ*n* ᵉ*w dh*ᵉ *pitro*ᵘ*li*ᵉ*m äxpᵃ*ʳ*ting kᵃntris*] die; - ⟨engl.⟩ (Organisation der Erdöl exportierenden Länder)

Opel ⓦ (Kraftfahrzeuge)

Open-air-Fe|sti|val [*o*ᵘ*p*ᵉ*n ä*ʳ *fäßtiw*ᵉ*l*] das; -s, -s ⟨engl.⟩ (Folklore-, Popmusik- od. Jazzveranstaltung im Freien, bei der mehrere Gruppen auftreten); Open-end-Diskus|si|on [*o*ᵘ*p*ᵉ*n änd* -] ([Fernseh]diskussion ohne festgelegten Programmschluß)

Oper die; -, -n ⟨ital.⟩; Ope|ra (Plur. von: Opus)

ope|ra|bel ⟨lat.⟩ (so, daß man damit arbeiten kann; Med.: operierbar)

Ope|ra buf|fa die; - -, ...re ...ffe ⟨ital.⟩ (komische Oper); Ope|ra

se|ria die; - -, ...re ...rie [...*i*ᵉ] (ernste Oper)

Ope|ra|teur [...*tör*] der; -s, -e ⟨franz.⟩ (eine Operation vornehmender Arzt; Kameramann; Filmvorführer; auch für: Operator); Ope|ra|ti|on [...*zion*] die; -, -en ⟨lat.⟩ (chirurg. Eingriff; [militärische] Unternehmung; Rechenvorgang; Verfahren); Opera|ti|ons_ba|sis, ...saal (Abk.: OP), ...schwe|ster, ...tisch; opera|tiv (auf chirurgischem Wege, durch Operation; planvoll tätig; strategisch); -er Eingriff; Opera|tor [engl. Aussspr.: *op*ʳ*e*ᵗ*t*ʳ*r*] der; -s, ...oren (bei engl. Aussspr. Plur.: -s); jmd., der eine EDV-Anlage überwacht u. bedient); Opera|to|rin die; -, -nen

Ope|ret|te die; -, -n ⟨ital.⟩ (heiteres musikal. Bühnenwerk); ope|retten|haft; Ope|ret|ten_kom|ponist, ...me|lo|die, ...mu|sik

ope|rie|ren ⟨lat.⟩ (einen chirurgischen Eingriff vornehmen; militärische Operationen durchführen; in bestimmter Weise vorgehen; mit etwas arbeiten)

Opern_arie, ...füh|rer, ...glas (Plur. ...gläser), ...gucker ([*Trenn.*:...k|k...] ugs. für: Opernglas); opern|haft; Opern_haus, ...me|lo|die, ...mu|sik, ...sän|ger, ...sän|ge|rin

Op|fer|be|reit, op|fer|be|reit; Op|fer_be|reit|schaft, ...freu|digkeit, ...gang der, ...geist (der; -[e]s), ...geld, ...lamm, ...mut; opfern; ...ere (↑ R 22); sich -; Op|fer_sinn (der; -[e]s), ...stock (Plur. ...stöcke; in Kirchen aufgestellter Sammelkasten), ...tier, ...tod; Op|fe|rung; Op|fer|wil|le; op|fer|wil|lig; Op|fer|wil|lig|keit

Ophe|lia (Frauengestalt bei Shakespeare)

Ophio|la|trie die; - ⟨griech.⟩ (religiöse Schlangenverehrung)

Ophir, (ökum.:) Ofir ⟨hebr.⟩ (Goldland im A. T.)

Ophit der; -en, -en (↑ R 197) ⟨griech.⟩ (Schlangenanbeter, Angehöriger einer Sekte); Ophiuchus der; - (,,Schlangenträger", ein Sternbild)

Oph|thal|mia|trie, Oph|thal|miatrik die; - (↑ R 180) ⟨griech.⟩ (Med.: Augenheilkunde); Ophthal|mie die; -, ...ien (Med.: Augenentzündung); Oph|thal|molo|ge der; -n, -n (↑ R 197 (Augenarzt); Oph|thal|mo|lo|gie die; - (Lehre von den Augenkrankheiten)

Opi|at das; -[e]s, -e ⟨griech.⟩ (opiumhaltiges Arzneimittel); Opium das; -s ⟨aus dem Milchsaft des Schlafmohnes gewonnenes Betäubungsmittel u. Rauschgift); **Opi|um|ge|setz; opi|um_hal|tig; Opi|um_han|del** (vgl. ¹Handel), **...krieg** (der; -[e]s; 1840–42), **...pfei|fe, ...rau|cher, ...schmug|gel, ...sucht** (die; -)

Op|la|den (Stadt in Nordrhein-Westfalen)

Opo|del|dok der u. das; -s (ein früher verwendetes Einreibemittel gegen Rheumatismus)

Opos|sum das; -s, -s ⟨indian.⟩ (Beutelratte mit wertvollem Fell)

Op|peln (Stadt an der oberen Oder); **Op|pel|ner** († R 147)

Op|po|nent der; -en, -en († R 197) ⟨lat.⟩ (Gegner [im Redestreit]); **op|po|nie|ren** (entgegen, widersprechen; sich widersetzen)

op|por|tun ⟨lat.⟩ (passend, nützlich, angebracht; zweckmäßig); **Op|por|tu|nis|mus** der; - (Anpassen an die jeweilige Lage, Handeln nach Zweckmäßigkeit); **Op|por|tu|nist** der; -en, -en († R 197); **op|por|tu|nis|tisch; Op|por|tu|ni|tät** die; -, -en (günstige Gelegenheit, Vorteil, Zweckmäßigkeit); **Op|por|tu|ni|täts|prin|zip** (strafrechtlicher Grundsatz, nach dem die Erhebung einer Anklage in das Ermessen der Anklagebehörde gestellt ist)

Op|po|si|ti|on [...zion] die; -, -en ⟨lat.⟩; **op|po|si|tio|nell** ⟨franz.⟩ (gegensätzlich; gegnerisch; zum Widerspruch neigend); **Op|po|si|ti|ons_füh|rer, ...geist** (der; -[e]s), **...par|tei, ...wort** (Plur. ...wörter; für: Antonym)

Op|pres|si|on die; -, -en ⟨lat.⟩ (veralt. für: Unterdrückung; Med.: Beklemmung)

O. Pr. vgl. O. P.

OP-Schwe|ster (Med.)

Op|tant der; -en, -en († R 197) ⟨lat.⟩ (jmd., der optiert); **Op|ta|tiv** der; -s, -e [...w*e*] (Sprachw.: Wunsch-, auch: Möglichkeitsform des Verbs); **op|tie|ren** (sich für etwas [bes. für eine Staatsangehörigkeit] entscheiden)

Op|tik die; -, (selten:) -en ⟨griech.⟩ (Lehre vom Licht; die Linsen enthaltender Teil eines opt. Gerätes; optischer Eindruck, optische Wirkung); **Op|ti|ker** (Hersteller od. Verkäufer von Brillen u. optischen Geräten)

Op|ti|ma (Plur. von: Optimum); **op|ti|ma fi|de** ⟨lat.⟩ („in bestem Glauben"); **op|ti|mal** (bestmöglich); **Op|ti|mat** der; -en, -en († R 197 (Angehöriger der herrschenden Geschlechter im alten Rom); **op|ti|mie|ren** (optimal gestalten); **Op|ti|mie|rung; Op|ti|mis|mus** der; - (Ggs.: Pessimismus); **Op|ti|mist** der; -en, -en († R 197); **op|ti|mi|stisch** -ste; **Op|ti|mum** das; -s, ...tima (höch-

ster erreichbarer Wert; Biol.: beste Lebensbedingungen)

Op|ti|on [...zion] die; -, -en ⟨lat.⟩ (Wahl einer bestimmten Staatsangehörigkeit, Entscheidungsrecht; Rechtsw.: Voranwartschaft auf Erwerb od. zukünftige Lieferung einer Sache)

op|tisch ⟨griech.⟩ (die Optik, das Sehen betreffend); -e Täuschung; -e Erscheinung; **Op|to|me|ter** das; -s, - (Med.: Sehweitenmesser); **Op|to|me|trie** die; - (Med.: Sehkraftbestimmung)

opu|lent; -este ⟨lat.⟩ (reich[lich], üppig); **Opu|lenz** die;

Opun|tie [...zi*e*] die; -, -n ⟨griech.⟩ (Feigenkaktus)

Opus [auch: op...] das; -, Opera ⟨lat.⟩ ([musikal.] Werk; Abk. in der Musik: op.)

OR = Obligationenrecht

Ora|dour-sur-Glane [...durßür-glan] (franz. Ort)

ora et la|bo|ra! ⟨lat.⟩ („bete und arbeite!" [Mönchsregel des Benediktinerordens])

Ora|kel das; -s, - ⟨lat.⟩ (rätselhafte Weissagung; auch: Ort, an dem Götter Weissagungen erteilen); **ora|kel|haft; ora|keln** (in dunklen Andeutungen sprechen); ich ...[e]le († R 22); **Ora|kel|spruch**

oral ⟨lat.⟩ (Med.: den Mund betreffend, durch den Mund)

oran|ge [...*angsch*⁽*e*⁾] österr.: ...*angsch*] ⟨pers.-franz.⟩ (goldgelb; orangenfarbig); ein - Band; ¹**Oran|ge** [...*angsch*⁽*e*⁾] die; -, -n (bes. südd., österr. u. schweiz. für: Apfelsine); ²**Oran|ge** [...*angsch*⁽*e*⁾] österr.: ...*angsch*] das; -, - u. (ugs.:) -s (orange Farbe); **Oran|gea|de** [*orangscha-d*⁽*e*⁾] die; -, -n (Getränk aus Orangen- u. Zitronensaft); **Oran|geat** [*orangschat*] das;-s, -e (eingezuckerte Apfelsinenschalen); **oran|gen** [*orangsch*⁽*e*⁾*n*]; der Himmel färbt sich -; **Oran|gen_baum, ...blü|te; oran|gen|far|ben** od. **...far|big; oran|gen_mar|me|la|de, ...saft, ...schale; oran|ge|rie** die; -, ...ien (Gewächshaus zum Überwintern von Orangenbäumen u. Pflanzen); **oran|ge|rot**

Orang-Utan der; -s, -s ⟨malai.⟩ (ein Menschenaffe)

Ora|ni|en [...i*e*n] (niederl. Fürstengeschlecht); **Ora|ni|er** [...i*e*r] der; -s, - (zu Oranien Gehörender); **Oran|je** der; -[s] (Fluß in Südafrika); **Oran|je|frei|staat** der; -[e]s; († R 149 (Provinz der Republik Südafrika)

ora pro no|bis! ⟨lat.⟩ („bitte für uns!")

Ora|tio ob|li|qua [...zio -] die; - - ⟨lat.⟩ (Sprachw.: indirekte Rede); **Ora|tio rec|ta** die; - - (Sprachw.:

direkte Rede); **Ora|to|ria|ner** der; -s, - (Angehöriger einer kath. Weltpriestervereinigung); **ora|to|risch** (rednerisch; schwungvoll, hinreißend); **Ora|to|ri|um** das; -s, ...ien [...i*e*n] (Hauskapelle; opernartiges Musikwerk [meist mit bibl. Inhalt])

Or|bis pic|tus der; - - ⟨lat.⟩ („gemalte Welt"; Unterrichtsbuch des Comenius); **Or|bit** der; -s, -e ⟨engl.⟩ (Umlaufbahn); **Or|bi|ta** die; -, ...tae [...tä] ⟨lat.⟩ (Med.: Augenhöhle); **or|bi|tal** (Raumfahrt; den Orbit betreffend, für ihn bestimmt; Med.: zur Augenhöhle gehörend); **Or|bi|tal_bahn, ...bom|be, ...ra|ke|te**

Or|che|ster [*orkä...*] auch, bes. österr.: *orchäß...*] das; -s, - ⟨griech.⟩ (Vereinigung einer größeren Zahl von Instrumentalmusikern; vertiefter Raum für die Musiker vor der Bühne); **Or|che|ster_be|glei|tung, ...gra|ben, ...lei|ter der; Or|che|stra** [*orchäß...*] die; -, ...stren (Tanzraum des Chors im altgriech. Theater); **or|che|stral** [...käß... auch: orchäß...] (zum Orchester gehörend); **or|che|strie|ren** (für Orchester bearbeiten, instrumentieren); **Or|che|strie|rung; Or|che|stri|on** [...chäß...] das; -s, ...ien [...i*e*n] (größeres mechanisches Musikinstrument)

Or|chi|dee [*orchide*⁽*e*⁾] die; -, -n ⟨griech.⟩ (eine exotische Zierpflanze); **Or|chi|de|en|art; Or|chis** die; - (Knabenkraut); **Or|chi|tis** die; -, ...itiden (Med.: Hodenentzündung)

Or|dal das; -s, ...ien [...i*e*n] (angels.) (mittelalterliches Gottesurteil)

Or|den der; -s, - ⟨lat.⟩ (Vereinigung mit bestimmten Regeln; Ehrenzeichen); **or|den|ge|schmückt** († R 209); **or|dens_band** (das; ...bänder), **...bru|der, ...frau, ...mann** (Plur. ...männer od. ...leute), **...re|gel, ...rit|ter, ...schwe|ster, ...span|ge, ...stern** (vgl. ²Stern), **...tracht, ...ver|lei|hung or|dent|lich**; -es (zuständiges Gericht; -er Professor (Abk.: o. P.); -er öffentlicher Professor (Abk.: o. ö. Prof.); -e Versammlung; **or|dent|li|cher|wei|se; Or|dent|lich|keit** die; -

Or|der die; -, -n od. ⟨Kaufmannsspr. nur:⟩ -s ⟨franz.⟩ (Befehl; Kaufmannsspr.: Bestellung, Auftrag); - parieren (einen Befehl ausführen; ugs. für: gehorchen); **Or|der_buch, ...ein|gang; or|dern** (Kaufmannsspr.: bestellen); ich ...ere († R 22); **Or|der|pa|pier** (Wertpapier, das die im Papier bezeichnete Person durch Indossament übertragen kann)

Or|di|na|le das; -[s], ...lia (meist Plur.) ⟨lat.⟩ (selten für: Ordinalzahl); Or|di|nal|zahl (Ordnungszahl, z. B. „zweite"); or|di|när ⟨franz.⟩ (gewöhnlich, alltäglich; unfein, unanständig); Or|di|na|ri|at das; -[e]s, -e ⟨lat.⟩ (Amt eines ordentlichen Hochschulprofessors; eine kirchl. Behörde); Or|di|na|ri|um das; -s, ...ien [...i°n] (ordentlicher Staatshaushalt); Or|di|na|ri|us der; -, ...ien [...i°n] (ordentlicher Professor an einer Hochschule); Or|di|när|preis (vom Verleger festgesetzter Buchverkaufspreis; Marktpreis im Warenhandel); vgl. ²Preis; Or|di|na|te die; -, -n (Math.: auf der Ordinatenachse abgetragene zweite Koordinate eines Punktes); Or|di|na|ten|ach|se (senkrechte Achse des rechtwinkligen Koordinatensystems); Or|di|na|ti|on [...zion] die; -, -en (Weihe, Einsetzung [eines Geistlichen] ins Amt; ärztliche Verordnung, Sprechstunde; österr. auch für: ärztl. Behandlungsräume, einschließlich Wartezimmer usw.); Or|di|na|ti|ons_hil|fe (österr.), ...zim|mer (österr.); or|di|nie|ren (Verb zu: Ordination)

ord|nen; Ord|ner; Ord|nung; -halten; Ord|nungs|amt; ordnungs_ge|mäß, ...hal|ber (aber: der Ordnung halber); Ordnungs_hü|ter (spött. für: Polizist), ...lie|be; ord|nungs|liebend; Ord|nungs_po|li|zei, ...prin|zip, ...ruf, ...sinn (der; -[e]s), ...stra|fe, ...wid|rig|keit, ...zahl (für: Ordinalzahl)

Or|don|nanz die; -, -en ⟨franz.⟩ (milit.: zu dienstlichen Zwecken, bes. zur Befehlsübermittlung abkommandierter Soldat; schweiz., sonst veralt.: Anordnung, Befehl, Meldung); Or|don|nanz|offi|zier; Ord|re der; -, -s; vgl. Order

Öre das; -s, -; auch: die; -, - (dän., norw., schwed. Münze; 100 Öre = 1 Krone); 5 -

Orea|de die; -, -n (meist Plur.); ↑R 180 ⟨griech.⟩ (Bergnymphe des altgriech. Volksglaubens)

Oreg. = Oregon

Ore|ga|no vgl. Origano

Ore|gon [orig°n] (Staat in den USA; Abk.: Oreg.)

Orest, Ore|stes (Sohn Agamemnons); Ore|stie die; - (eine Trilogie des Äschylus)

ORF = Österr. Rundfunk

Or|fe die; -, -n ⟨griech.⟩ (ein Fisch)

Orff, Carl (dt. Komponist)

Or|gan das; -s, -e ⟨griech.⟩ (Körperteil; Sinn, Empfindung,

Empfänglichkeit; Stimme; Beauftragter; Fachblatt, Vereinsblatt); Or|gan|bank (Plur. ...banken)

Or|gan|din der; -s ⟨österr.⟩ u. Organ|dy der; -s ⟨engl.⟩ (ein leichtes Baumwollgewebe)

Or|ga|nell das; -s, -en ⟨griech.⟩ u. Or|ga|nel|le die; -, -n (organartige Bildung des Zellplasmas von Einzellern); Or|gan_empfän|ger, ...ent|nah|me; Or|ga|nigramm das; -s, -e (schematische Darstellung des Aufbaus einer wirtschaftlichen Organisation); Or|ga|nik die; - (Wissenschaft von den Organismen); Or|ga|nisa|ti|on [...zion] die; -, -en ⟨franz.⟩ (Anlage, Aufbau, planmäßige Gestaltung, Einrichtung, Gliederung [nur Sing.]; Gruppe, Verband mit bestimmten Zielen); Or|ga|ni|sa|ti|ons_bü|ro, ...fehler, ...form, ...ga|be, ...plan (vgl. ²Plan), ...ta|lent; Or|ga|ni|sa|tor der; -s, ...oren; or|ga|ni|sa|torisch; or|ga|nisch ⟨griech.⟩ (belebt, lebendig; auf ein Organ od. auf den Organismus bezüglich, zu ihm gehörend); -e Krankheit; -e Verbindung (Chemie); or|gani|sie|ren ⟨franz.⟩ (auch ugs. für: auf nicht ganz redliche Weise beschaffen); sich -; or|ga|ni|siert (einer polit. od. gewerkschaftl. Organisation angehörend); Orga|ni|sie|rung; or|ga|nis|misch (zu einem Organismus gehörend); Or|ga|nis|mus der; -, ...men (Gefüge; einheitliches, gegliedertes [lebendiges] Ganzes [meist Sing.]; Lebewesen)

Or|ga|nist der; -en, -en (↑R 197) ⟨griech.⟩ (Orgelspieler); Or|gani|stin die; -, -nen

Or|gan_kon|ser|ve, ...kon|ser|vierung, ...man|dat (österr. Amtsspr.: vom Polizisten direkt verfügtes Strafmandat); or|ga|nogen (Organe bildend; organischen Ursprungs); Or|ga|no|graphie die; -, ...ien (Beschreibung der Organe und ihrer Entstehung); or|ga|no|gra|phisch; Orga|no|lo|gie die; - (Med., Biol.: Organlehre; Musik: Orgel[bau]kunde); or|ga|no|lo|gisch

Or|gan|sin der od. das; -s ⟨franz.⟩ (Kettenseide)

Or|gan_spen|der, ...straf|ver|fügung (vgl. Organmandat), ...verpflan|zung

Or|gan|tin (österr.: svw. Organdy)

Or|gan|za der; -s ⟨ital.⟩ (ein Seidengewebe)

Or|gas|mus der; -, ...men ⟨griech.⟩ (Höhepunkt der geschlechtl. Erregung); or|gas|tisch

Or|gel die; -, -n ⟨griech.⟩; Or|gel_bau|er (der; -s, -), ...kon|zert,

---

...mu|sik; or|geln (veralt. für: auf der Orgel spielen; Jägerspr.: Brunstlaute ausstoßen [vom Rothirsch]); ich ...[e]le (↑R 22); Orgel_pfei|fe (auch scherzh. in der Wendung: wie die -n [der Größe nach]), ...punkt, ...re|gi|ster, ...spiel

Or|gi|as|mus der; -, ...men ⟨griech.⟩ (ausschweifende kult. Feier in antiken Mysterien); orgia|stisch; ↑R 180 (schwärmerisch; wild, zügellos); Or|gie [...i°] die; -, -n (ausschweifendes Gelage; Ausschweifung)

Ori|ent [ori-änt, auch: oriänt] der; -s ⟨lat.⟩ (die vorder- u. mittelasiat. Länder; östl. Welt; veralt. für Osten; vgl. Okzident); (↑R 146:) der Vordere -; Ori|en|ta|le der; -n, -n; (↑R 197 [Bewohner der Länder des Orients); Ori|en|talin die; -, -nen; ori|en|ta|lisch (den Orient betreffend, östlich); -e Region (Tiergeogr.: Indien, Südchina, die Großen Sundainseln u. die Philippinen); -e Sprachen, aber (↑R 157): das Orientalische Institut (in Rom); Orien|ta|list der; -en, -en; (↑R 197 (Kenner der oriental. Sprachen u. Kulturen); Ori|en|ta|li|stik die; - (Wissenschaft von der orientalischen Sprachen und Kulturen); ori|en|ta|li|stisch; Ori|ent|ex|preß (↑R 149); ori|entie|ren; sich -; Ori|en|tie|rung; Ori|en|tie|rungs_hil|fe, ...lauf (Sport), ...sinn (der; -[e]s), ...stufe (Schulwesen), ...ver|mö|gen; Ori|ent_kun|de (die; -), ...tep|pich

Ori|ga|no der; - ⟨ital.⟩ (Gewürzpflanze [Dost])

ori|gi|nal ⟨lat.⟩ (ursprünglich echt; urschriftlich) - Lübecke Marzipan; - französischer Sekt auch: original-französische Sekt; Ori|gi|nal das; -s, -e (Urschrift; Urbild, Vorlage; Urtext eigentümlicher Mensch); Origi|nal_auf|nah|me, ...aus|ga|be, ...do|ku|ment, ...druck (Plur. ...drucke), ...fas|sung; ori|ginal-fran|zö|sisch (vgl. original); ori|gi|nal|ge|treu; -[e]ste; Ori|gina|li|tät die; -, -en ⟨franz.⟩ (Selbständigkeit; Ursprünglichkeit [nur Sing.]; Besonderheit, wesenhafte Eigentümlichkeit); Origi|nal_spra|che, ...text der; ...to (vgl. ¹Ton), ...zeich|nung; ori|ginär ⟨lat.⟩ (ursprünglich); ori|ginell ⟨franz.⟩ (eigenartig, einzigartig; urwüchsig; komisch)

Ori|no|ko der; -[s] (Strom in Venezuela)

¹Ori|on (Held der griech. Sage) ²Ori|on [auch: ...on] (ein Sternbild) Ori|on|ne|bel der; -s

Or|kan der; -[e]s, -e ⟨karib.⟩ (stärk

ster Sturm); or|kan|ar|tig; Or-
kan|stär|ke

Ork|ney|in|sel|n [...*ni*...] *Plur.* (In-
selgruppe nördl. von Schottland)
¹**Or|kus** (in der röm. Sage Beherr-
scher der Unterwelt); ²**Or|kus**
der; - (Unterwelt)

Or|lea|ner; ↑R 147, R 180 (Ein-
wohner von Orleans); **Or|lea-
nist** *der;* -en, -en; ↑R 197, R 180
(Anhänger des Hauses Orleans);
¹**Or|le|ans** [*orleang*], (franz.
Schreibung:) ¹**Or|lé|ans** [*orleang*]
(franz. Stadt); ²**Or|le|ans** *der;* -
(ein Gewebe); ³**Or|le|ans**, (franz.
Schreibung:) ²**Or|lé|ans** *der; -, -*
(Angehöriger eines Zweiges des
ehemaligen französischen Königshauses)

Or|log *der; -s, -e* u. -s ⟨niederl.⟩
(veralt. für: Krieg); **Or|log|schiff**
(früher für: Kriegsschiff)

Or|muzd (spätpers. Name für den
altiran. Gott Ahura Masdah)

Or|na|ment *das; -[e]s, -e* ⟨lat.⟩ (Ver-
zierung; Verzierungsmotiv); or-
na|men|tal (schmückend, zie-
rend); or|na|ment|ar|tig; Or|na-
men|ten|stil *der;* -[e]s; Or|na-
ment|form; or|na|men|tie|ren
(mit Verzierungen versehen);
Or|na|men|tik *die;* - (Verzie-
rungskunst); **Or|na|ment|stich**

Or|nat *der* (auch: *das*); -[e]s, -e
⟨lat.⟩ (feierl. [kirchl.] Amtstracht)

Or|nis *die;* - ⟨griech.⟩ (Vogelwelt
[einer Landschaft]); **Or|ni|tho|lo-
ge** *der;* -n, -n (↑R 197); **Or|ni|tho-
lo|gie** *die;* - (Vogelkunde); or|ni-
tho|lo|gisch (vogelkundlich); **Or-
ni|tho|phi|lie** *die;* - (Blütenbe-
fruchtung durch Vögel)

oro... ⟨griech.⟩ (berg..., gebirgs...);
Oro... (Berg..., Gebirgs...); **Oro-
ge|ne|se** *die;* -, -n (Geol.: Ge-
birgsbildung); **Oro|gra|phie** *die;*
-, ...ien (Geogr.: Beschreibung
der Reliefformen eines Landes);
oro|gra|phisch; **Oro|hy|dro|gra-
phie** *die;* -, ...ien (Geogr.: Ge-
birgs- und Wasserlaufbeschrei-
bung); oro|hy|dro|gra|phisch;
Oro|lo|gie *die;* - (veralt. für: ver-
gleichende Gebirgskunde)

Or|pheus [*orfeuß*] (sagenhafter
griech. Sänger); **Or|phi|ker** *der;*
-s, - (Anhänger einer altgriech.
Geheimsekte); **or|phisch** (ge-
heimnisvoll)

Or|ping|ton [...*t'n*] *das; -s, -s*
⟨engl.⟩ (Huhn einer bestimmten
Rasse)

Or|plid [auch: *orplit*] (von Mörike
u. seinen Freunden erfundener
Name einer Wunsch- u. Mär-
cheninsel)

¹**Ort** *der;* -[e]s, -e u. *Örter* (Seemannsspr.
u. Math. fachspr.:) Örter (Ort-
schaft; Stelle); geometrische Örter; am angeführten (auch: ange-

gebenen) - (Abk.: a. a. O.); an -
und Stelle; höher[e]n -[e]s; allerorten, allerorts
²**Ort** *das;* -[e]s, Örter (Bergmannsspr.: Ende einer Strecke,
Arbeitsort); vor -
³**Ort** *der od. das; -*[e]s, -e (schweiz.
früher für: Bundesglied, Kan-
ton); die 13 Alten Orte
⁴**Ort** *der od. das; -*[e]s, -e (früher:
vierter Teil eines Maßes od. einer Münze)
⁵**Ort** *der od. das; -*[e]s, -e ([Schu-
ster]ahle, Pfriem; in erdkundli-
chen Namen für: Spitze, z. B.
Darßer Ort [Nordspitze der
Halbinsel Darß])

Ort_band (*das; -*[e]s, ...bänder; Be-
schlag an der Spitze der Säbel-
scheide), **...brett** (mdal. für: Eck-
brett)

Ört|chen, Ört|lein

Or|te|ga y Gas|set [- *i* -] (span. Phi-
losoph u. Soziologe)

or|ten (die Position, Lage ermit-
teln, bestimmen); **Or|ter** (mit
dem Orten Beauftragter)

Ör|ter|bau *der;* -[e]s (Berg-
mannsspr.: Abbauverfahren, bei
dem ein Teil der Lagerstätte ste-
henbleibt); **ör|tern** (Berg-
mannsspr.: Strecken anlegen);
ich ...ere (↑R 22)

or|tho... ⟨griech.⟩ (gerade..., auf-
recht...; richtig..., recht...); **Or-
tho...** (Gerade..., Aufrecht...;
Richtig..., Recht...); **Or|tho|chro-
ma|sie** [...*kro*...] *die;* - (Fähigkeit
einer fotogr. Schicht, für alle
Farben außer Rot empfindlich
zu sein); or|tho|chro|ma|tisch;
or|tho|d̲ox, -este (recht-, streng-
gläubig); die orthodoxe Kirche;
Or|tho|do|xie *die;* -; **Or|tho|epie**
die; - (Lehre von der richtigen
Aussprache der Wörter); **Or|tho-
epik** *die;* - (seltener für: Ortho-
epie); or|tho|episch; **Or|tho|ge-
ne|se** *die;* -, -n (Biol.: Hypothese,
nach der die stammesgeschichtl.
Entwicklung der Lebewesen
durch zielgerichtete innere Fak-
toren bestimmt ist); **Or|tho|gna-
thie** *die;* - (Med.: gerade Kiefer-
stellung); **Or|tho|gon** *das; -s, -e*
(Rechteck); or|tho|go|nal (recht-
winklig); **Or|tho|gra|phie** *die;* -,
...ien (Rechtschreibung); or|tho-
gra|phisch (rechtschreiblich); er-
Fehler (Rechtschreibfehler); **Or-
tho|klas** *der;* -es, -e (ein Feld-
spat); **Or|tho|pä|de** *der;* -n, -n;
↑R 197 (Facharzt für Orthopä-
die); **Or|tho|pä|die** *die;* - (Lehre
und Behandlung von Fehlbil-
dungen und Erkrankungen der
Bewegungsorgane); **Or|tho|pä-
die_me|cha|ni|ker, ...schuh|ma-
cher;** or|tho|pä|disch; **Or|tho|pä-
dist** *der;* -en, -en; ↑R 197 (Her-

steller orthopädischer Geräte);
Or|tho|pte|re *die; -, -n* u. **Or|tho-
pte|ron** *das; -s, ...pteren;* meist
Plur. (Geradflügler); **Orth|op|tist**
der; -en, -en; ↑R 197 (Mitarbeiter
des Arztes bei der Heilbehandlung von Sehstörungen); **Orth-
op|ti|stin** *die; -, -*nen; **Or|tho|sko-
pie** *die;* - (unverzerrte Abbildung
durch Linsen); or|tho|sko|pisch
(verzeichnungsfrei)

Ort|ler *der;* -s (höchster Gipfel
der Ortlergruppe); **Ort|ler|grup-
pe** *die;* - (Gebirgsgruppe der Zen-
tralalpen)

ört|lich; Ört|lich|keit

Ört|lieb (m. Vorn.)

Or|to|lan *der; -s, -e* ⟨ital.⟩ (ein Vo-
gel)

Or|trud (w. Vorn.)

Ort|run (w. Vorn.)

Orts|an|ga|be;   **orts|an|säs|sig;**
Orts_aus|gang, ...bei|rat, ...be-
stim|mung;   **orts|be|weg|lich;**
Ort|schaft

Ort|scheit (*Plur.* ...scheite; Quer-
holz zur Befestigung der Ge-
schirrstränge am Fuhrwerk)

Orts_ein|gang, ...et|ter (vgl. Et-
ter); **orts_fest,** ...fremd; Orts_ge-
spräch (Telefonw.), ...grup|pe,
...kennt|nis, ...klas|se; Orts-
kran|ken|kas|se; Allgemeine -
(↑R 157; Abk.: AOK); Orts|kun-
de *die;* -; **orts|kun|dig;** Orts|na-
me; **Orts|na|men|for|schung;**
Orts|netz (Telefonw.); Orts|netz-
kenn|zahl (Telefonw.); Orts_po-
li|zei, ...sinn (*der;* -[e]s), ...teil *der*
(*das;* -[e]s, -e); **orts|üb|lich;** Orts_um|ge|hung,
...ver|kehr, ...wech|sel, ...zeit,
...zu|schlag

Or|tung ⟨zu: orten⟩; **Or|tungs|kar-
te**

Ort|win (m. Vorn.)

Ort|zie|gel (Dachziegel)

Or|well [*á'w'l*] (engl. Schriftstel-
ler)

Os = chem. Zeichen für: Os-
mium

Os *der* (auch: *das*); -[e]s, -er (meist
Plur.) ⟨schwed.⟩ (Geol.: durch
Schmelzwasser der Eiszeit ent-
standener Höhenrücken)

Osa|ka (jap. Stadt)

OSB = Ordinis Sancti Benedicti
⟨lat.⟩ („vom Orden des hl. Bene-
dikt", d. h. Benediktiner)

Os|car *der;* -[s], -[s] ⟨amerik.⟩ (Sta-
tuette, die als Filmpreis verlie-
hen wird)

Öse *die; -, -n**

Ösel (estnische Insel)

Oser (*Plur.* von: Os)

Osi|ris ⟨ägypt. Gott des Nils und
des Totenreiches⟩

Os|kar (m. Vorn.)

Os|ker *der; -s, -* (Angehöriger eines idg. Volksstammes in Mittelitalien); ọs|kisch

Os|ku|la|ti|on [...*zion*] *die;* -, -en ⟨lat.⟩ (Math.: Berührung zweier Kurven); os|ku|lie|ren (eine Oskulation bilden)

Qs|lo (Hptst. Norwegens); Qs|lo|er

Qs|man (Gründer des Türk. Reiches); Os|ma|ne *der;* -n, -n; ↑R 197 (Stammesgenosse Osmans, Türke); Os|ma|nen|tum *das;* -s; os|ma|nisch, aber (↑R 157): das Osmanische Reich

Qs|mi|um *das;* -s ⟨griech.⟩ (chem. Grundstoff, Metall; Zeichen: Os); Os|mo|lo|gie *die;* - (Lehre von den Riechstoffen u. vom Geruchssinn); Os|mo|se *die;* - (Übergang des Lösungsmittels einer Lösung in eine stärker konzentrierte Lösung durch eine feinporige, halbdurchlässige Scheidewand); os|mo|tisch

Os|na|brück (Stadt in Niedersachsen)

Qs|ning *der;* -s (mittlerer Teil des Teutoburger Waldes)

OSO = Ostsüdost[en]

Öso|pha|gus, (anatom. fachspr. nur:) Oeso|pha|gus [*ö*...] *der;* -, ...gi ⟨griech.⟩ (Speiseröhre)

Os|sa|ri|um, Os|sua|ri|um *das;* -s, ...ien [...*i*ᵉn] ⟨lat.⟩ (Beinhaus auf Friedhöfen, antike Gebeinurne)

Os|ser|va|to|re Ro|ma|no [...*wa*... -] *der;* - - („Röm. Beobachter" [päpstl. Zeitung])

Os|se|te *der;* -n, -n (Angehöriger eines Bergvolkes im Kaukasus); os|se|tisch

Qs|si|an [auch: *oßian*] (sagenhafter kelt. Barde)

Os|si|etz|ky, Carl von (dt. Publizist)

Os|si|fi|ka|ti|on [...*zion*] *die;* -, -en ⟨lat.⟩ (Med.: Knochenbildung, Verknöcherung); os|si|fi|zie|ren

Os|sua|ri|um (↑R 180) vgl. Ossarium

¹Ost (Himmelsrichtung; Abk.: O); Ost und West; (fachsprachl.:) der Wind kommt aus -; Autobahnausfahrt Saarbrücken-Ost; vgl. Osten; ²Ost *der;* -[e]s, (selten:) -e (dicht. für: Ostwind); Qst|afri|ka; Qst|an|geln *Plur.* (altgerm. Volk der Jütischen Halbinsel)

ọst|asia|tisch (↑R 180); Qst|asi|en; ọst|bal|tisch; -e Rasse; Qst-Ber|lin (↑R 152); Qst|ber|li|ner (↑R 152); Qst|block *der;* -[e]s; Qst|block_land (*Plur.* ...länder), ...staat; Qst|chi|na; ọst|deutsch; Qst|deutsch|land

Oste|al|gie *die;* -, ...ien ⟨griech.⟩ (Med.: Knochenschmerzen)

Qst|el|bi|er [...*i*ʳ] (früher für: Großgrundbesitzer und Junker);

ọst|el|bisch; ọsten (nach Osten [aus]richten); Qsten *der;* -s (Himmelsrichtung; Abk.: O); ↑R 157: der Ferne Osten; der Nahe Osten; der Mittlere Osten; vgl. Ost

Ost|en|de (Seebad in Belgien)

osten|si|bel ⟨lat.⟩ (veralt. für: zur Schau gestellt, auffällig); ...i|ble Gegenstände; osten|siv (veralt. für: augenscheinlich, offensichtlich); Osten|ta|ti|on [...*zion*] *die;* -, -en (veralt. für: Schaustellung; Prahlerei); osten|ta|tiv (betont; herausfordernd); osten|ti|ös; -este (veralt. für: prahlerisch)

Osteo|lo|gie *die;* - ⟨griech.⟩ (Med.: Knochenlehre); Osteo|ma|la|zie *die;* -, ...ien (Med.: Knochenerweichung); Osteo|pla|stik (operatives Schließen von Knochenlücken); osteo|pla|stisch

Oster_brauch, ...ei, ...fest; Oster|fest|streit *der;* -[e]s (Streit über den Termin des Osterfestes im 2. Jahrhundert); Oster_feu|er, ...glocke [*Trenn.:* ...glok|ke], ...ha|se

Oste|ria *die;* -, -s u. ...ien (Wirtshaus, Gaststätte [in Italien])

Oster_in|sel (*die;* -; im Pazif. Ozean), ...ker|ze (kath. Rel.), ...lamm; öster|lich; Oster|lu|zei [auch: ...*luzai*] *die;* -, -en (Schlinggewächs); Oster_marsch *der;* ...mar|schie|rer, ...mes|se, ...mo|nat od. ...mond (alte Bezeichnung für: April), ...mon|tag; Ostern *das;* -, - (Osterfest); - fällt früh; - ist bald vorbei; (landsch., bes. österr. u. schweiz. als *Plur.:*) die[se] - fallen früh; nach den -; (in Wunschformeln auch allg. als *Plur.:*) fröhliche -!; zu - (bes. nordd.), an - (bes. südd.)

Öster|reich; Öster|rei|cher; öster|rei|chisch, aber (↑R 157): die Österreichischen Bundesbahnen; öster|rei|chisch-un|ga|risch; -e Monarchie; Öster|reich-Un|garn (ehem. Doppelmonarchie)

Oster_sonn|tag, ...ver|kehr, ...wasser (*das;* -s), ...wo|che

Qst|eu|ro|pa; ọst|eu|ro|pä|isch; -e Zeit (Abk.: OEZ); Qst|fa|le *der;* -n, -n; ↑R 197 (Angehöriger eines altsächsischen Volksstammes); Qst|flan|dern (belg. Prov.); Qst|flücht|ling; Qst|fran|ken (hist.); Qst|frie|sen|witz; ọst|frie|sisch, aber (↑R 146): die Ostfriesischen Inseln; Qst|fries|land; ọst|ger|ma|nisch

Ostia (Hafen des alten Roms)

osti|nat, osti|na|to ⟨ital.⟩ (Musik: stetig wiederkehrend, ständig wiederholt [vom Baßthema])

Qst|in|di|en; ọst|in|disch; -e Waren, aber (↑R 157): die Ostindi-

sche Kompanie (frühere Handelsgesellschaft); ọstisch; -e Rasse (auch alpine Rasse genannt)

Osti|tis *die;* -, ...iti|den ⟨griech.⟩ (Med.: Knochenentzündung)

Qst|ja|ke *der;* -n, -n; ↑R 197 (Angehöriger eines finn.-ugr. Volkes in Westsibirien)

Qst_kir|che, ...kü|ste; ọst|lich; des Waldes, - vom Wald; -er Länge (Abk.: ö. L.); Qst|mark (hist.); ¹Ost|nord|ost (Himmelsrichtung; Abk.: ONO); vgl. Ost nordosten; ²Ost|nord|ost *der;* -[e]s, -e (Ostnordostwind; Abk.: ONO); Qst|nord|osten *der;* -s (Abk.: ONO); vgl. ¹Ostnordost

Qst|po|li|tik; Qst|preu|ßen; ọst|preu|ßisch

Ostra|zis|mus *der;* - ⟨griech. (Scherbengericht, altathen. Volksgericht)

Östro|gen *das;* -s, -e ⟨griech.⟩ (w Geschlechtshormon)

Qst|rom; ọst|rö|misch, aber (↑R 157): das Oströmische Reich

Ostrow|ski (russ. Dramatiker)

Qst|see *die;* -; Qst|see|in|sel; Qst_see|ite; ¹Ost|süd|ost (Himmelsrichtung; Abk.: OSO); vgl. Ost südosten; ²Ost|süd|ost *der;* -[e]s -e (Ostsüdostwind; Abk.: OSO) Qst|süd|osten *der;* -s (Abk. OSO); vgl. Ostsüdost; Qstun *die;* - ⟨zu: osten⟩

Qst|wald (dt. Chemiker); -sch Farbenlehre

ọst|wärts; Qst-West-Ge|spräch *das;* -[e]s, -e; ↑R 41; ọst|west|lich in -er Richtung; Qst|wind

Qs|wald (m. Vorn.); Qs|win (m Vorn.)

Qs|zil|la|ti|on [...*zion*] *die;* -, -e ⟨lat.⟩ (Physik: Schwingung); Os zil|la|tor *der;* -s, ...toren (Gerä zur Erzeugung elektrische Schwingungen); os|zil|lie|ren (schwingen, pendeln, schwan ken); Os|zil|lo|gramm *das;* -s, - ⟨lat.; griech.⟩ (Physik: Schwin gungsbild); Os|zil|lo|graph *der* -en, -en; ↑R 197 (Physik: Schwin gungsschreiber)

Qta *der;* -[s] (mittelgriech. Gebir ge)

Ot|al|gie *die;* -, ...ien ⟨griech. (Med.: Ohrenschmerz)

Qt|fried (m. Vorn.)

Othel|lo (Titelheld bei Shake speare)

Qth|mar vgl. Otmar

Otho (röm. Kaiser)

Oti|a|trie *die;* - ⟨griech.⟩ (Med. Ohrenheilkunde); Oti|tis *die;* - ...iti|den (Ohrenentzündung)

Qt|mar, Qth|mar (↑R 131), Qt|to mar (m. Vorn.)

Oto|lith *der;* -s od. -en, -e[n (↑R 197) ⟨griech.⟩ („Gehörstein

chen" im Gleichgewichtsorgan des Ohres); Oto|lo|gie die; - (svw. Otiatrie)
O-Ton = Originalton
Oto|skop das; -s, -e ⟨griech.⟩ (Med.: Ohrenspiegel)
Öt|scher der; -s (Berg in Niederösterreich)
Ot|ta|ve|ri|me [...we...] Plur. ⟨ital.⟩ (Stanze)
¹Ot|ta|wa der; -[s] (Fluß in Kanada); ²Ot|ta|wa (Hptst. Kanadas); ³Ot|ta|wa der; -[s], -[s] (Angehöriger eines nordamerik. Indianerstammes)
¹Ot|ter der; -s, - (eine Marderart)
²Ot|ter der; -, -n (eine Schlange); Ot|tern_brut, ...ge|zücht (bibl.)
Ot|ter|zun|ge (versteinerter Fischzahn)
Ott|hein|rich (m. Vorn.)
Ot|ti|lia, Ot|ti|lie [...i⁀e] (w. Vorn.); Ot|to (m. Vorn.); - Normalverbraucher (ugs. für: der Durchschnittsmensch); Ot|to|kar (m. Vorn.)
Ot|to|man der; -s, -e ⟨türk.⟩ (ein Ripsgewebe); ¹Ot|to|ma|ne die; -, -n (veralt. für: niedriges Sofa); ²Ot|to|ma|ne der; -n, -n (↑R 197); svw. Osmane; ot|to|ma|nisch; svw. osmanisch
Ot|to|mar vgl. Otmar
Ot|to|mo|tor ⓦ (↑R 135) ⟨nach dem Ingenieur Nikolaus Otto⟩ (Vergasermotor)
Ot|to|ne der; -n, -n; ↑R 197 (Bez. für einen der sächsischen Kaiser Otto I., II. und III.); ot|to|nisch
Ötz|tal; Ötz|ta|ler; - Alpen
out [aut] (österr., sonst veralt. für: aus, außerhalb des Spielfeldes [bei Ballspielen]; ugs. für: unzeitgemäß, unmodern); Out das; -[s], -[s] (österr. Sportspr.); Out|ein|wurf (österr. Sportspr.); Out|law [autlå] der; -[s], -s ⟨engl.⟩ (Geächteter, Verfemter, Verbrecher); Out|li|nie (österr. Sportspr.); Out|put der (auch: das); -s, -s ⟨engl.⟩ (Wirtsch.: Produktion[smenge]; EDV: Arbeitsergebnisse einer Datenverarbeitungsanlage, Ausgabe)
ou|trie|ren [ut...] ⟨franz.⟩ (veralt. für: übertreiben); Ou|trie|rung (veralt.)
Out|si|der [autßaidᵉr] der; -s, - ⟨engl.⟩ (Außenseiter); Out|wach|ler (österr. ugs. für: Linienrichter)
Ou|ver|tü|re [uwär...] die; -, -n ⟨franz.⟩ (Eröffnung; Vorspiel [einer Oper u. a.])
Ou|zo [uso] der; -[s], -s ⟨griech.⟩ (griech. Anisbranntwein)
oval [ow...] ⟨lat.⟩ (eirund, länglichrund); Oval das; -s, -e (Ei-, Langrund); Ovar der; -s, -e; vgl. Ovarium; Ova|ri|um das; -s, ...ien

[...i⁀n] ⟨lat.⟩ (Biol., Med.: Eierstock)
Ova|ti|on [owazion] die; -, -en ⟨lat.⟩ (begeisterter Beifall)
Over|all [óᵘwᶜrål, österr.: oᵘwᶜrål] der; -s, -s ⟨engl.⟩ (einteiliger [Schutz]anzug); Over|drive [óᵘwᶜrdraiw] der; -[s], -s (Kfz-Wesen: Schnellgang); Over|head-pro|jek|tor [óᵘwᶜrhäd...] (Projektor, der transparente Vorlagen auf eine hinter den Vortragenden liegende Fläche projiziert); Over|kill [óᵘwᶜrkil] der; -[s] (das Vorhandensein von mehr Waffen, als nötig sind, um den Gegner zu vernichten)
Ovid [owit] (röm. Dichter); ovi|disch (↑R 134): Ovi|disch ovi|par [owi...] ⟨lat.⟩ (Biol.: eierlegend, sich durch Eier fortpflanzend); ovo|lid, ovoi|disch ⟨lat.; griech.⟩ (Biol.: eiförmig); ovo|vi|vi|par [owowiwi...] ⟨lat.⟩ (Biol.: Eier mit schon weit entwickelten Embryonen legend)
ÖVP = Österreichische Volkspartei
Ovu|la|ti|on [...zion] die; -, -en ⟨lat.⟩ (Biol.: Ausstoßung des reifen Eies aus dem Eierstock); Ovu|la|ti|ons|hem|mer
Owen [au⁀n] (Stadt in Baden-Württemberg)
Oxal|it der; -s, -e ⟨griech.⟩ (ein Mineral); Oxal|säu|re die; - ⟨griech.; dt.⟩ (Kleesäure)
Oxen|stier|na [uxᶜnschärna] (schwed. Familienn.)
Oxer der; -s, - ⟨engl.⟩ (Zaun zwischen Viehweiden; Pferdesport: Hindernis bei Springprüfungen)
Ox|ford (engl. Stadt)
Ox|hoft das; -[e]s, -e (früheres Flüssigkeitsmaß); 10 - (↑R 129)
Oxid usw. vgl. Oxyd usw.
oxy... ⟨griech.⟩ (scharf...; sauerstoff...), Oxy... (Scharf...; Sauerstoff...); Oxyd, (chem. fachspr.:) Oxid das; -[e]s, -e (Sauerstoffverbindung); Oxy|da|ti|on, (chem. fachspr.:) Oxi|da|ti|on [...zion] die; -, -en (svw. Oxydierung); oxy|die|ren, (chem. fachspr.:) oxi|die|ren (sich mit Sauerstoff verbinden; Sauerstoff aufnehmen, verbrennen); Oxy|die|rung, (chem. fachspr.:) Oxi|die|rung (Vorgang, Ergebnis des Oxydierens); oxy|disch, (chem. fachspr.:) oxi|disch; Oxy|ge|ni|um das; -s (Sauerstoff; chem. Grundstoff; Zeichen: O); Oxy|hä|mo|glo|bin ⟨griech.; lat.⟩ (sauerstoffhaltiger Blutfarbstoff); Oxy|mo|ron das; -s, ...ra ⟨griech.⟩ (Zusammenstellung zweier sich widersprechender Begriffe als rhet. Figur, z. B. „bittersüß"); Oxy|to|non das; -s, ...na

(griech. Sprachw.: auf der letzten Silbe betontes Wort)
Oza|lid ⓦ (Markenbez. für Papiere, Gewebe, Filme mit lichtempfindlichen Emulsionen); Oza|lid_pa|pier, ...ver|fah|ren
Oze|an der; -s, -e ⟨griech.⟩ (Weltmeer); der große eines scheinende) -, aber (↑R 146): der Große (Pazifische) -; Ozea|na|ri|um¹ das; -s, ...ien [...i⁀n] (Anlage mit großen Meerwasseraquarien); Ozea|naut¹ der; -en, -en (svw. Aquanaut); Ozean|damp|fer; Ozea|ni|de¹ vgl. Okeanide; Ozea|ni|en¹ [...i⁀n] (Gesamtheit der Pazifikinseln zwischen Amerika, den Philippinen u. Australien); ozea|nisch¹ (Meeres...; zu Ozeanen gehörend); Ozea|no|gra|phie¹ die; - (Lehre von den Ozeanen, Meereskunde); ozea|no|gra|phisch¹
Ozel|le die; -, -n ⟨lat.⟩ (Zool.: Lichtsinnesorgan bei Insekten u. Spinnentieren)
Oze|lot [auch: oz...] der; -s, -e ⟨aztek.⟩ (ein katzenartiges Raubtier Nord- u. Südamerikas; auch Bez. für den Pelz)
Ozo|ke|rit der; -s ⟨griech.⟩ (Erdwachs; natürlich vorkommendes mineralisches Wachs)
Ozon der (auch: das); -s ⟨griech.⟩ (besondere Form des Sauerstoffs); Ozon|ge|halt der; -[e]s; ozon|hal|tig, (österr.:) ozon|häl|tig; ozo|ni|sie|ren (mit Ozon behandeln); ozon|reich

P

P (Buchstabe); das P; des P, die P, aber: das p in hupen (↑R 82); der Buchstabe P, p
p = ¹Para; Penni; Penny (nur für den neuen Penny im engl. Dezimalsystem); piano; Pico..., Piko...; Pond; typographischer Punkt
P (auf dt. Kurszetteln) = Papier (dasselbe wie: B; vgl. d.); chem. Zeichen für: Phosphor; Poise
p. = pinxit
p. = Pagina
Π, π = ¹Pi; π = ²Pi
P. = Pastor; Pater; ²Papa
Pa = chem. Zeichen für: Protactinium; Pascal
Pa. = Pennsylvanien
p. a. = pro anno
p. A. = per Adresse, besser: bei

Pä|an der; -s, -e ⟨griech.⟩ (feierl. altgriech. [Dank-, Preis]lied)

¹paar ⟨lat.⟩ (einige; ↑R 63); ein - Leute, mit ein - Worten; ein - Dutzend Male, aber: ein - dutzendmal; ein paar Male, aber: ein paarmal (vgl. ¹Mal); die - Groschen; **²paar** (gleich); -e Zahlen; - oder unpaar; **Paar** das; -[e]s, -e (zwei zusammengehörende Personen od. Dinge); ein - Schuhe; ein - neue[r] Schuhe; für zwei - neue[r] Schuhe; mit einem - Schuhe[n]; mit einem - wollenen Strümpfen oder wollener Strümpfe; mit etlichen - Schuhen; mit zwei - neuen Schuhen od. neuer Schuhe; zu Paaren treiben (veralt. für: bändigen, bewältigen); **Paar|bil|dung; paa|ren;** sich -; **Paar|hu|fer; paa|rig** (paarweise vorhanden); **Paa|rig|keit** die; -; **Paar|lauf; paar|lau|fen** (nur im Infinitiv u. im 2. Partizip gebr.); **paar|mal;** ein -; **Paa|rung; paa|rungs|be|reit; paar|wei|se; Paar|ze|her**

Pace [pe͜iß] die; - ⟨engl.⟩ (Gangart des Pferdes; Renntempo); **Pace|ma|ker** [pé͜ißme̱'k'r] der; -s, - (Pferd, das das Tempo bestimmt; Med.: Herzschrittmacher)

Pacht die; -, -en; **pach|ten; Päch|ter; Päch|te|rin** die; -, -nen; **Pacht_geld, ...gut, ...sum|me; Pach|tung; Pacht|ver|trag; pacht|wei|se; Pacht|zins** (Plur. ...zinsen)

Pa|chul|ke der; -n, -n (↑R 197) ⟨slaw.⟩ (landsch. für: ungehobelter Bursche, Tölpel)

¹Pack der; -[e]s, -e u. Päcke (Gepacktes; Bündel); **²Pack** das; -[e]s (verächtl. für: Gesindel, Pöbel); **Package|tour¹** [pákidsch͜tur] die; -, -s ⟨engl.⟩ (durch ein Reisebüro vorbereitete Reise mit eigenen Auto mit vorher bezahlten Unterkünften u. sonstigen Leistungen); **Päck|chen, Päck|lein; Pack|eis** ([übereinandergeschobenes] Scholleneis in den Polarländern)

Packe|lei¹ (österr. ugs. für: heimliche Übereinkunft); **packeln¹** (österr. ugs. für: [heimlich] verabreden, übereinkommen); ich ...[e]le (↑R 22)

Packeln¹ Plur. (österr. ugs.: Fußballschuhe); **packen¹; Packen¹** der; -s, -; **Packer¹; Packe|rei¹; Packe|rin¹** der; -, -nen; **Pack|esel** (verächtl. für: jmd., dem alles aufgepackt wird)

Pack|fong das; -s ⟨chin.⟩ (im 18. Jh. aus China eingeführte Kupfer-Nickel-Zink-Legierung)

Pack|ki|ste; Päck|lein, Päckchen; **Pack_lein|wand, ...pa|pier,** ...raum, ...set ⟨das; -s, -s; von der Post angebotener Karton mit Kordel u. Aufkleber für Pakete u. Päckchen), ...tisch; **Packung¹; Pack_wa|gen, ...werk** (Wasserbau), **...zet|tel**

Päd|ago|ge der; -n, -n (↑R 197) ⟨griech.⟩ (Erzieher; Lehrer; Erziehungswissenschaftler); **Päd|ago|gik** die; - (Erziehungslehre, -wissenschaft); **Päd|ago|gin** die; -, -nen; **päd|ago|gisch** (erzieherisch); -e Fähigkeit; [eine] -e Hochschule, aber (↑R 157): die Pädagogische Hochschule [Abk.: PH] in Münster; **päd|ago|gi|sie|ren; Päd|ago|gi|um** das; -s, ...ien [...i'n] (früher: Vorbereitungsschule für das Studium an einer pädagogischen Hochschule)

Pad|del das; -s, - ⟨engl.⟩; **Pad|del|boot; Pad|del|boot|fahrt; pad|deln;** ich ...[e]le (↑R 22); **Pad|del|er**

Pad|dock [pádok] der; -s, -s ⟨engl.⟩ (umzäunter Auslauf für Pferde)

¹Pad|dy [pádi] der; -s ⟨malai.-engl.⟩ (ungeschälter Reis)

²Pad|dy [pádi] der; -s, -s u. ...dies [pádis] (engl. Koseform zum Vorn. Patrick; Spitzname des Irländers)

Päd|erast der; -en, -en (↑R 197) ⟨griech.⟩ (Homosexueller mit bes. auf männl. Jugendliche gerichtetem Sexualempfinden); **Päd|era|stie** die; -

Pa|der|born (Stadt in Nordrhein-Westfalen)

Päd|ia|ter der; -s, - ⟨griech.⟩ (Kinderarzt); **Päd|ia|trie** die; - (Kinderheilkunde); **päd|ia|trisch**

Pa|di|schah der; -s, -s ⟨pers.⟩ (früher: Titel islamit. Fürsten)

Pä|do|ge|ne|se, Pä|do|ge|ne|sis [auch: ...gän...] die; - ⟨griech.⟩ (Fortpflanzung im Larvenstadium)

Pä|do|phi|lie die; - ⟨griech.⟩ (auf Kinder gerichteter Sexualtrieb Erwachsener)

Pa|douk [padauk] das; - ⟨birman.⟩ (ein Edelholz)

¹Pa|dua (ital. Stadt); **Pa|dua|ner** (↑R 147, R 180); **pa|dua|nisch** (↑R 180)

Pa|el|la [paélja] die; -, -s ⟨span.⟩ (span. Reisgericht mit versch. Sorten Fleisch, Fisch u. a.)

Pa|fe|se, Pofe|se die; -, -n (meist Plur.) ⟨ital.⟩ (bayr. u. österr. für: gebackene Weißbrotschnitte)

paff!; piff, paff!

paf|fen (ugs. für: [schnell u. stoßweise] rauchen)

pag., p. = Pagina

Pa|ga|ni|ni (ital. Geigenvirtuose u. Komponist)

Pa|ga|nis|mus der; - ⟨lat.⟩ (Heidentum; auch für: heidnische Elemente im christl. Glauben u. Brauchtum)

Pa|gat der; -[e]s, -e ⟨ital.⟩ (Karte im Tarockspiel)

pa|ga|to|risch ⟨lat.-ital.⟩ (Wirtsch. auf Zahlungsvorgänge bezogen)

Pa|ge [paseh^e] der; -n, -n (↑R 197) ⟨franz.⟩ (früher: Edelknabe; heute: livrierter junger [Hotel]diener); **Pa|gen_dienst, ...kopf**

Pa|gi|na die; -, -s ⟨lat.⟩ (veralt. für [Buch-, Blatt]seite; Seitenzahl; Abk.: p. od. pag.); **pa|gi|nie|ren** (mit Seitenzahl[en] versehen); **Pa|gi|nier|ma|schi|ne**

¹Pa|go|de die; -, -n ⟨drawid.-port.⟩ ([buddhist.] Tempel in Indien China u. Japan); **²Pa|go|de** die; -, -n od. der; -n, -n; ↑R 197 (veralt. aber noch österr. für: ostasiat. Götterbild; kleine sitzende Porzellanfigur mit beweglichem Kopf); **Pa|go|den_dach, ...kra|gen** (aus mehreren in Stufen übereinandergelegten Teilen bestehender Kragen)

pah!, bah!

Pail|let|te [pajät^r] die; -, -n (meist Plur.) ⟨franz.⟩ (glitzerndes Metallblättchen zum Aufnähen)

Pair [pär] der; -s, -s ⟨franz.⟩ (früher: Mitglied des höchsten franz Adels); vgl. Peer; **Pai|rie** die; - ...ien (Würde eines Pairs); **Pairs|wür|de**

Pak die; -, -[s] (Kurzw. für: Panzerabwehrkanone)

Pa|ket das; -[e]s, -e ⟨lat.⟩ (Vertrag Bündnis); **Pa|ket_adres|se, ...boot; pa|ke|tie|ren** (zu einem Paket machen, verpacken); **Pa|ke|tier|ma|schi|ne; Pa|ket_kar|te, ...post, ...zu|stel|lung**

Pa|ki|stan (Staat in Asien); **Pa|ki|sta|ner; Pa|ki|sta|ni** der; -[s], -[s] (Pakistaner); **pa|ki|sta|nisch**

Pa|ko der; -s, -s ⟨indian.-span.⟩ (svw. ¹Alpaka)

Pakt der; -[e]s, -e ⟨lat.⟩ (Vertrag); **pak|tie|ren** (Vertrag schließen; gemeinsame Sache machen)

pa|lä|ark|tisch ⟨griech.⟩; -e Region (Tiergeogr.: Europa, Nordafrika, Asien außer Indien)

Pa|la|din [auch: pa...] der; -s, -e ⟨lat.⟩ (Angehöriger des Heldenkreises am Hofe Karls d. Gr. Anhänger, treuer Gefolgsmann)

Pa|lais [paläß] das; - [paläß)], [paläß] ⟨franz.⟩ (Palast, Schloß)

Pa|lan|kin der; -s, -e u. -s ⟨Hindi (Tragsessel; Sänfte)

pa|läo... ⟨griech.⟩ (alt..., ur...); **Pa|läo...** (Alt..., Ur...); **Pa|läo_bio|lo|gie** (Biologie ausgestorbener Lebewesen), **...bo|ta|nik** (Botanik ausgestorbener Pflanzen), **...geo|gra|phie** (Geographie der Erdgeschichte, ein Zweig der Geologie); **Pa|läo|graph** der; -en, -en

¹ *Trenn.: ...k|k...*

↑ R 197 (Wissenschaftler auf dem Gebiet der Paläographie); **Pa|läo|gra|phie** *die; -* (Lehre von den Schriftarten des Altertums u. des MA., auch: Handschriftenkunde); **pa|läo|gra|phisch; Pa|läo-...hi|sto|lo|gie** *(die; -;* Lehre von den Geweben der fossilen Lebewesen), **...kli|ma|to|lo|gie** *(die; -;* Lehre von den Klimaten der Erdgeschichte); **Pa|läo|lith** *der; -en, -en* (Steinwerkzeug des Paläolithikums); **Pa|läo|li|thi|kum** *das; -s* (Altsteinzeit); **pa|läo|li|thisch; Pa|läo|on|to|lo|ge** *der; -n, -n* (↑ R 197); **Pa|läo|on|to|lo|gie** *die; -* (Lehre von den Lebewesen vergangener Erdperioden); **pa|läo|on|to|lo|gisch; Pa|läo|phy|ti|kum** *das; -s* (Frühzeit der Pflanzenentwicklung im Verlauf der Erdgeschichte); **Pa|läo|zän,** Paleozän *das; -s* (Geol.: älteste Abteilung des Tertiärs); **Pa|läo|zoi|kum** *das; -s* (erdgeschichtl. Altertum [Kambrium bis Perm]); **pa|läo|zo|isch; Pa|läo|zoo|lo|gie** *die; -* (Zoologie der fossilen Tiere) **Pal|las** *der; -, -se* ⟨lat.⟩ (Hauptgebäude der Ritterburg); **Pal|last** *der; -[e]s,* Paläste (prachtvolles, schloßartiges Gebäude); **Pal|last-..da|me** (frühere Bez. für die franz. Hofdame), **...re|vo|lu|ti|on, ...wa|che**
Pa|lä|sti|na (Gebiet zwischen Mittelmeer u. Jordan); **Pa|lä|sti|na|pil|ger; Pa|lä|sti|nen|ser; pa|lä-sti|nen|sisch; pa|lä|sti|nisch**
Pa|lä|stra *die; -, ...stren* ⟨griech.⟩ (altgriech. Ring-, Fechtschule)
pa|la|tal ⟨lat.⟩ (den Gaumen betreffend, Gaumen...); **Pa|la|tal** *der; -s, -e* u. **Pa|la|tal|laut** (Sprachw.: am vorderen Gaumen gebildeter Laut, z. B. j)
¹**Pa|la|tin** *der; -s* ⟨lat.⟩ (ein Hügel in Rom); ²**Pa|la|tin** *der; -s, -e* (Pfalzgraf); **Pa|la|ti|na** *die; -* (Heidelberger [kurpfälzische] Bücherei); **Pa|la|ti|nat** *das; -[e]s, -e* (Pfalz[grafschaft]); **pa|la|ti|nisch** (pfälzisch), **aber** (↑ R 146): der Palatinische Hügel (in Rom)
Pa|la|tschin|ke *die; -, -n* (meist *Plur.*) ⟨ung.⟩ (österr. für: gefüllter Eierkuchen)
Pa|la|ver *[...wᵉr] das; -s, -* ⟨lat.-port.-engl.⟩ (Ratsversammlung afrikan. Stämme; ugs. für: endloses Gerede u. Verhandeln); **pa|la|vern;** sie haben palavert
Pa|laz|zo *der; -s, ...zzi* ⟨ital.⟩ (ital. Bez. für: Palast)
Pa|le *die; -, -n* (mdal. für: Schote, Hülse)
Pale Ale *[pᵉl eᵉl] das; - -* ⟨engl.⟩ (helles engl. Bier)
pa|len (mdal. für: [Erbsen] aus den Hülsen [Palen] lösen)

Pal|eo|zän vgl. Paläozän
Pa|ler|mer (↑ R 147); **pa|ler|misch; Pa|ler|mo** (Stadt auf Sizilien)
Pa|le|stri|na (ital. Komponist)
Pa|le|tot *[pal'to,* österr. auch: *pal-to] der; -s, -s* (veralt. für: doppelreihiger Herrenmantel mit Samtkragen; heute: dreiviertellanger Damen- od. Herrenmantel)
Pa|let|te *die; -, -n* ⟨franz.⟩ (Mischbrett für Farben; genormtes Ladenmittel für Stückgüter; übertr. für: bunte Mischung)
pa|let|ti, in: alles - (ugs. für: in Ordnung)
pa|let|tie|ren ⟨franz.⟩ (Versandgut auf einer Palette stapeln)
Pa|li *das; -[s]* (Schriftsprache der Buddhisten in Sri Lanka u. Hinterindien)
pa|lim..., pa|lin... ⟨griech.⟩ (wieder...); **Pa|lim..., Pa|lin...** (Wieder...); **Pa|lim|psest** *der* od. *das; -es, -e* (von neuem beschriebenes Pergament); **Pa|lin|drom** *das; -s, -e* (Wort[folge] od. Satz, die vorwärts wie rückwärts gelesen [den gleichen] Sinn ergeben, z. B. „Otto", „Reliefpfeiler"); **Pa|lin|ge|ne|se** *die; -, -n* (Wiedergeburt; Biol.: Auftreten von Merkmalen stammesgeschichtl. Vorfahren während der Keimesentwicklung; Geol.: Aufschmelzung eines Gesteins u. Bildung einer neuen Gesteinsschmelze); **Pa|lin|odie** *die; -, ...ien* ([dichterischer] Widerruf)
Pa|li|sa|de *die; -, -n* ⟨franz.⟩ (Hindernis-, Schanzpfahl); **Pa|li|sa-den_pfahl, ...wand**
Pa|li|san|der *der; -s, -* ⟨indian.-franz.⟩ (brasil. Holzart); **Pa|li-san|der|holz; pa|li|san|dern** (aus Palisander)
¹**Pal|la|di|um** *das; -s, ...ien [...i'n]* ⟨griech.⟩ (Bild der Pallas; Schutzbild; schützendes Heiligtum); ²**Pal|la|di|um** *das; -s* (chem. Grundstoff, Metall; Zeichen: Pd)
Pal|las ⟨griech.⟩ (Beiname der Athene)
Pal|lasch *der; -[e]s, -e* ⟨ung.⟩ (schwerer Säbel)
Pal|la|watsch, Bal|la|watsch *der; -* (österr. ugs. für: Durcheinander, Blödsinn)
Pal|lia|tiv *[...wum] das; -s, -e [...wᵉ], Pal|lia|ti|vum** *[...wum] das; -s, ...va [...wa]* (↑ R 180) (Linderungsmittel); **Pal|li|um** *das; -s, ...ien [...i'n]* (Schulterbinde des erzbischöfl. Ornats [Hauptabzeichen des Erzbischofs])
Pal|lot|ti|ner *der; -s, -* (nach dem ital. Priester Pallotti) (Angehöriger einer kath. Vereinigung); **Pal|lot|ti|ne|rin** *die; -, -nen; Pal-lot|ti|ner|or|den der; -s*

Palm *der; -s, -e* ⟨lat.⟩ („flache Hand"; altes Maß zum Messen von Rundhölzern); 10 - (↑ R 129); **Palm|art, Pal|men|art; Pal|ma|rum** (Palmsonntag); **Palm|baum; Palm|blatt, Pal|men|blatt; Pal|me** *die; -, -n; Pal|men|art,* Palmart; **pal|men|ar|tig; Pal|menblatt;** Palm|blatt; **Pal|men_hain, ...rol|ler** (südasiatische Schleichkatze); **Pal|men|we|del,** Palm|wedel; **Pal|men|zweig, Palm|zweig; Pal|met|te** *die; -, -n* ⟨franz.⟩ ([palmblattartige] Verzierung; fächerförmig gezogener Spalierbaum); **pal|mie|ren** ⟨lat.⟩ (Med.: die Augen mit den Handflächen bedecken; [bei einem Zaubertrick] in der Handfläche verbergen); **Pal|mi|tin** *das; -s* (Hauptbestandteil der meisten Fette); **Palm_kätz|chen, ...öl** *(das; -[e]s);* **Palm|sonn|tag** [auch: *palm...*]; **Palm|we|del,** Pal|men|we|del; **Palm_wei|de, ...wein**
Pal|my|ra ([Ruinen]stadt in der Syrischen Wüste); **Pal|my|rapal|me; Pal|my|rer; pal|my|risch**
Palm|zweig, Pal|men|zweig
Pa|lo|lo|wurm *der* (polynes.; dt.) (trop. Borstenwurm)
pal|pa|bel ⟨lat.⟩ (Med.: tast-, fühl-, greifbar); **...able Organe; Pal-pa|ti|on** *[...zion] die; -, -en* (Med.: Untersuchung durch Tasten, Klopfen); **Pal|pe** *die; -, -n* (Zool.: Taster [bei Gliederfüßern]); **pal-pie|ren** (Med.: betasten, bestehend untersuchen); **Pal|pi|ta|ti-on** *[...zion] die; -, -en* (Pulsschlag, Herzklopfen); **pal|pi|tie|ren** (Med.: schlagen, pulsieren)
Pa|mel|la [auch: *pamä...*]**, Pa|me|le** [auch: *pamä...*] (w. Vorn.)
Pa|mir [auch: *pa...*] *der* (auch: *das);* *-[s]* (Hochland in Innerasien)
Pamp, Pampf *der; -[e]s* (landsch. für: dicker Brei [zum Essen])
Pam|pa *die; -, -s* (meist *Plur.*) ⟨indian.⟩ (ebene, baumlose Grassteppe in Südamerika); **Pam-pa[s]|gras**
Pam|pe *die; -* (mitteld. für: Schlamm, Sand- u. Schmutzbrei)
Pam|pel|mu|se [auch: *pamp'lmuse] die; -, -n* (niederl.) (eine Zitrusfrucht)
Pampf vgl. Pamp
Pam|phlet *das; -[e]s, -e* ⟨franz.⟩ (Streit-, Schmähschrift); **Pam-phle|tist** *der; -en, -en;* ↑ R 197 (Verfasser von Pamphleten)
pam|pig (landsch. für: breiig; übertr. ugs. für: frech, patzig)
Pam|pu|sche vgl. Babusche
¹**Pan** (griech. Hirten-, Waldgott)
²**Pan** *der; -s, -s* ⟨poln.⟩ (früher in Polen: Besitzer eines kleineren

Landgutes; polnisch: Herr [in Verbindung mit dem Namen]); vgl. Panje

pan... ⟨griech.⟩ (gesamt..., all...); **Pan...** (Gesamt..., All...)

Pa|na|ché [...*sché*] usw. vgl. Panaschee usw.

Pa|na|de *die;* -, -n ⟨franz.⟩ (Weißbrotbrei zur Bereitung von Füllungen; Mischung aus Ei u. Semmelmehl zum Panieren); **Pa|na|del|sup|pe** (südd. u. österr.: eine Art Brotsuppe)

pan|afri|ka|nisch; (↑R 157:) Panafrikanische Spiele

Pan Am [*păn ăm*] = Pan American World Airways [*păn ᵉmărik⁽ᵉn ⁿöʳld āᵐeⁱs*] (amerik. Luftverkehrsgesellschaft)

Pa|na|ma [auch: *pa*... u. ...*mą*] (Staat u. Hptst. in Mittelamerika); **Pa|na|ma|er** [auch: *pa*... u. ...*aᵉr*] (↑R 147); **Pa|na|ma|hut** *der* (↑R 149); **pa|na|ma|isch;** **Pa|na|ma|ka|nal** *der;* -s (↑R 149)

Pan|ame|ri|ka (das ganze Amerika); **pan|ame|ri|ka|nisch;** -e Bewegung; **Pan|ame|ri|ka|nis|mus** *der;* - (Bestreben, die wirtschaftl. u. polit. Zusammenarbeit aller amerik. Staaten zu verstärken)

pan|ara|bisch; -e Bewegung

Pa|na|ri|ti|um [...*zium*] *das;* -s, ...ien [...*iᵉn*] ⟨griech.⟩ (Med.: eitrige Entzündung am Finger)

Pa|nasch *der;* -[e]s, -e ⟨franz.⟩ (Feder-, Helmbusch); **Pa|na|schee** *das;* -s, -s (veralt. für: gemischtes, mehrfarbiges Eis; Kompott, Gelee aus verschiedenen Obstsorten; auch für: Panaschierung); **pa|na|schie|ren** (bei einer Wahl seine Stimme für Kandidaten verschiedener Parteien abgeben); **Pa|na|schier|sy|stem** (im Wahlsystem); **Pa|na|schie|rung** *die;* -, -en, **Pa|na|schü|re** *die;* -, -n (weiße Musterung von Pflanzenblättern durch Mangel an Blattgrün)

Pan|athe|nä|en *Plur.* ⟨griech.⟩ (Fest zu Ehren der Athene im alten Athen)

Pan|azee [auch: ...*ze̜*] *die;* -, -n [...*e̜ᵉn*] ⟨griech.⟩ (Allheil-, Wundermittel)

pan|chro|ma|tisch [...*kro*...] ⟨griech.⟩ (Fotogr.: empfindlich für alle Farben u. Spektralbereiche)

Pan|cra|ti|us vgl. Pankratius

Pan|da *der;* -s, -s (asiat. Bärenart)

Pan|dai|mo|ni|on, Pan|dä|mo|ni|um *das;* -s, ...ien [...*iᵉn*] ⟨griech.⟩ (Aufenthalt od. Gesamtheit der [bösen] Geister)

Pan|da|ne *die;* -, -n ⟨malai.⟩ (eine Zierpflanze)

Pan|dek|ten *Plur.* ⟨griech.⟩ (Sammlung altröm. Rechtssprüche)

Pan|de|mie *die;* -, ...ien ⟨griech.⟩ (Med.: Epidemie größeren Ausmaßes); **pan|de|misch** (sehr weit verbreitet); eine -e Seuche

Pan|dit *der;* -s, -e ⟨sanskr.-Hindi⟩ (Titel brahman. Gelehrter)

Pan|do|ra ⟨griech. Mythol.: die Frau, die alles Unheil auf die Erde brachte); die Büchse der -

Pandsch|ab [auch: *pan*...] *das;* -s ⟨sanskr.⟩ („Fünfstromland"; Landschaft in Vorderindien); **Pandsch|ab|beu|le;** ↑R 149 (eine Hautkrankheit); **Pandsch|abi** *das;* -[s] (Sprache)

Pan|dur *der;* -en, -en (↑R 197) ⟨ung.⟩ (früher: ung. Leibdiener; leichter ung. Fußsoldat)

Pa|neel *das;* -s, -e ⟨niederl.⟩ (Täfelung der Innenwände); **pa|nee|lie|ren**

Pan|egy|ri|ker ⟨griech.⟩ (Verfasser eines Panegyrikus); **Pan|egy|ri|kon** *das;* -[s], ...ka (liturg. Buch der orthodoxen Kirche mit predigtartigen Lobreden auf die Heiligen); **Pan|egy|ri|kos;** vgl. Panegyrikus; **Pan|egy|ri|kus** *der;* -, ...ken u. ...zi (Fest-, Lobrede, -gedicht); **pan|egy|risch**

Pa|nel [*păn⁽l*] *das;* -s, -s ⟨engl.⟩ (repräsentative Personengruppe für die Meinungsforschung); **Pa|nel|tech|nik** [*păn⁽l*...] (Methode der Meinungsforscher, die gleiche Gruppe von Personen innerhalb eines bestimmten Zeitraums mehrfach zu befragen)

pa|nem et cir|cen|ses [- - *zirz*...] ⟨lat.⟩ („Brot u. Zirkusspiele" [*Akk.*; nach Juvenal das einzige, wonach das Volk im alten Rom verlangte])

Pan|en|the|is|mus *der;* - ⟨griech.⟩ (Lehre, nach der das All in Gott eingeschlossen ist); **pan|en|the|istisch**

Pan|eu|ro|pa (Bez. für ein polit. u. wirtschaftl. vereinigtes Europa)

Pan|flöte (antike Hirtenflöte aus aneinandergereihten Pfeifen)

Pan|has *der;* - (niederrhein.-westfäl. Gericht aus Wurstbrühe u. Buchweizenmehl)

Pan|hel|le|nis|mus *der;* - (Bewegung zur polit. Einigung der griech. Staaten [in der Antike])

¹Pa|nier *das;* -s, -e ⟨germ.-franz.⟩ (veralt. für: Banner; übertr. für: Wahlspruch)

²Pa|nier *die;* - ⟨franz.⟩ (österr. für: Hülle aus Ei und Semmelbröseln); **pa|nie|ren** (in Ei u. Semmelbröseln wenden); **Pa|nier|mehl;** **Pa|nie|rung**

Pa|nik *die;* -, -en ⟨nach ¹Pan⟩ (plötzl. Schrecken; Massenangst); **pa|nik|ar|tig;** **Pa|nik.ma|che, ...stim|mung;** **pa|nisch** (lähmend); -er Schrecken

Pan|is|la|mis|mus *der;* - (Streben alle islam. Völker zu vereinigen)

Pan|je *der;* -s, -s ⟨slaw.⟩ (poln. od. russ. Bauer; poln. Anrede [ohne Namen]: Herr); vgl. ²Pan; **Pan|je|pferd** (poln. od. russ. Landpferd); **Pan|je|wa|gen**

Pan|kar|di|tis *die;* -, ...itiden ⟨griech.⟩ (Med.: Entzündung aller Schichten der Herzwand)

Pan|kow [...*ko*] (Stadtteil von Ost-Berlin)

Pan|kra|ti|on *das;* -s, -s ⟨griech.⟩ (altgriech. Ring- u. Faustkampf); **Pan|kra|ti|us, Pan|kraz** [österr. *pan*...] (m. Vorn.)

Pan|kre|as *das;* - ⟨griech.⟩ (Med.: Bauchspeicheldrüse)

Pan|lo|gis|mus *der;* - ⟨griech.⟩ (philos. Lehre, nach der das ganze Weltall als Verwirklichung der Vernunft aufzufassen ist)

Pan|mi|xie *die;* -, ...ien ⟨griech.⟩ (Biol.: Mischung aller Erbanlagen bei der Fortpflanzung)

Pan|ne *die;* -, -n ⟨franz.⟩ (ugs. für Unfall, Schaden, Störung [bes. bei Fahrzeugen]; Mißgeschick); **pan|nen|frei;** **Pan|nen.kof|fer ...kurs** (Lehrgang über das Beheben von Autopannen)

Pan|no|ni|en [...*iᵉn*] (röm. Donauprovinz); **pan|no|nisch**

Pan|op|ti|kum *das;* -s, ...ken ⟨griech.⟩ (Sammlung von Sehenswürdigkeiten; Wachsfigurenschau); **Pan|ora|ma** *das;* -s, ...men (Rundblick; Rundgemälde; fotogr. Rundaufnahme); **Pan|ora|ma.bus, ...fen|ster, ...spie|gel** (Kfz-Wesen)

Pan|ple|gie *die;* - ⟨griech.⟩ (Med. allgemeine, vollständige Lähmung)

Pan|psy|chis|mus *der;* - ⟨griech.⟩ (Philos.: Lehre, nach der alle Seiende beseelt ist)

pan|schen (ugs. für: mischend verfälschen; mit den Händen od. Füßen im Wasser patschen; planschen); du panschst (panschest); **Pan|scher** (ugs.); **Pan|sche|rei** (ugs.)

Pan|sen *der;* -s, - (Magenteil der Wiederkäuer); vgl. Panzen

Pan|se|xua|lis|mus *der;* - (↑R 180 ⟨griech.; lat.⟩ (psychoanalyt. Richtung, die in der Sexualität den Auslöser für alle psychischen Vorgänge sieht)

Pans|flöte vgl. Panflöte

Pan|sla|vis|mus usw. vgl. Panslawismus usw.; **Pan|sla|wis|mus** *der;* - (Streben, alle slaw. Völker zu vereinigen); **Pan|sla|wist** *der;* -en, -en (↑R 197); **pan|sla|wistisch**

Pan|sol|phie *die;* - ⟨griech.⟩ („Gesamtwissenschaft"; Gesamtdarstellung aller Wissenschaften)

Pan|sper|mie die; - ⟨griech.⟩ (Theorie von der Entstehung des Lebens auf der Erde durch Keime von anderen Planeten)
Pan|ta|le|on (ein Heiliger)
Pan|ta|lo|ne der; -s, -s u. ...ni ⟨ital.⟩ (lustige Maske des ital. Volkslustspieles); Pan|ta|lons [pangtalongß, auch: panta...] Plur. ⟨franz.⟩ (in der Franz. Revolution aufgekommene lange Hose)
pan|ta rhei ⟨griech.⟩ („alles fließt“; Heraklit [fälschlich?] zugeschriebener Grundsatz, nach dem das Sein als ewiges Werden, ewige Bewegung gedacht wird)
Pan|the|is|mus der; - ⟨griech.⟩ (Weltanschauung, nach der Gott u. Welt eins sind); Pan|the|ist der; -en, -en (↑ R 197); pan|thei|stisch; Pan|the|on das; -s, -s (Tempel für alle Götter; Ehrentempel)
Pan|ther der; -s, - ⟨griech.⟩ (svw. Leopard); Pan|ther|fell
Pan|ti|ne die; -, -n (meist Plur.) ⟨niederl.⟩ (Holzschuh, -pantoffel)
panto... ⟨griech.⟩ (all...); Panto... (All...)
Pan|tof|fel der; -s, -n (ugs.: -; meist Plur.) ⟨franz.⟩ (Hausschuh); Pan|töf|fel|blu|me; Pan|töf|fel|chen, Pan|töf|fe|lein; Pan|tof|fel_held (ugs. spött. Bez. für einen Mann, der von der Ehefrau beherrscht wird), ...ki|no (ugs. scherzh. für: Fernsehen), ...tier|chen
Pan|to|graph der; -en, -en (↑ R 197) ⟨griech.⟩ (Storchschnabel, Instrument zum Übertragen von Zeichnungen im gleichen, größeren od. kleineren Maßstab); Pan|to|gra|phie die; -, ...ien (mit dem Pantographen hergestelltes Bild)
Pan|tol|let|te die; -, -n; meist Plur. ⟨Kunstwort⟩ (leichter Sommerschuh ohne Fersenteil)
¹Pan|to|mi|me die; -, -n ⟨griech. (-franz.)⟩ (Darstellung einer Szene nur mit Gebärden u. Mienenspiel); ²Pan|to|mi|me der; -n, -n; ↑ R 197 (Darsteller einer Pantomime); Pan|to|mi|mik die; - (Gebärdenspiel; Kunst der Pantomime); pan|to|mi|misch
Pan|try [pǎntri] die; -, -s ⟨engl.⟩ (Speise-, Anrichtekammer [auf Schiffen])
pant|schen usw. (Nebenform von: panschen usw.)
Pant|schen-La|ma der; -[s], -s ⟨tibet.⟩ (zweites, kirchl. Oberhaupt des tibet. Priesterstaates)
Pan|ty [pǎnti] die; -, ...ties [pǎntis] ⟨engl.⟩ (Miederhöschen)
Pän|ul|ti|ma die; -, ...mä u. ...men ⟨lat.⟩ (vorletzte Silbe eines Wortes)

Pan|zen der; -s, - (landsch. für: Wanst, Schmerbauch); Pan|zer (Kampffahrzeug; feste Hülle, Schutzumkleidung; hist.: Rüstung, Harnisch); Pan|zer|abwehr; Pan|zer|ab|wehr|ka|no|ne (Kurzw.: Pak); Pan|zer_di|vi|si|on, ...faust, ...glas, ...gre|na|dier, ...hemd (hist.), ...kampf|wa|gen, ...kreu|zer; pan|zern; ich ...ere (↑ R 22); sich -; Pan|zer_plat|te, ...schiff, ...schrank, ...späh|wagen, ...sper|re, ...turm; Pan|ze|rung; Pan|zer|wa|gen
Pä|o|nie [...iᵉ] die; -, -n (↑ R 180) ⟨griech.⟩ (Pfingstrose)
¹Pa|pa [auch: papa] der; -s, -s ⟨franz.⟩; ²Pa|pa der; -s ⟨griech.⟩ („Vater“, kirchl. Bez. des Papstes; Abk.: P.); Pa|pa|bi|li Plur. ⟨lat.⟩ (ital. Bez. der als Papstkandidaten in Frage kommenden Kardinäle); Pa|pa|chen
Pa|pa|gal|lo der; -[s], -s u. ...lli ⟨ital.⟩ (ital. [junger] Mann, der erotische Abenteuer mit Touristinnen sucht); Pa|pa|gei [österr. auch: pap...] der; -en u. -s, -en (seltener: -e) ⟨franz.⟩; Pa|pa|gei|en|grün; -s; pa|pa|gei|en|haft; Pa|pa|gei|en|krank|heit die; -; Pa|pa|gei|fisch
Pa|pa|ge|no (Vogelhändler in Mozarts „Zauberflöte“)
Pa|pal ⟨lat.⟩ (päpstlich); Pa|pal|sy|stem das; -s; Pa|pat der (auch: das); -[e]s (Amt u. Würde des Papstes)
Pa|pa|ve|ra|ze|en [...we...] Plur. ⟨lat.⟩ (Bot.: Familie der Mohngewächse); Pa|pa|ve|rin [...we...] das; -s (Opiumalkaloid)
Pa|pa|ya die; -, -s ⟨span.⟩ (der Melone ähnliche Frucht)
Pap|chen [auch: pap...] (Koseform für: ¹Papa)
Pa|per [peᵉpᵉr] das; -s, -s ⟨engl.⟩ (Schriftstück; schriftl. Unterlage); Pa|per|back [peᵉpᵉrbäk] das; -s, -s (kartoniertes Buch, insbes. Taschenbuch)
Pa|pe|te|rie die; -, ...ien ⟨franz.⟩ (schweiz. für: Briefpapierpackung; Schreibwarenhandlung)
pa|phisch (aus Paphos)
Pa|phla|go|ni|en [...iᵉn] (antike Landschaft in Kleinasien)
Pa|phos (im Altertum Stadt auf Zypern)
Pa|pi der; -s, -s (Kinderspr. für: ¹Papa)
Pa|pier das; -s, -e (Abk. auf dt. Kurzzetteln: P); Pa|pier_bahn, ...block (vgl. Block), ...bo|gen, ...deutsch (umständliches, geschraubtes, unanschauliches Deutsch); pa|pie|ren (aus Papier); pa|pie|rener Stil; papier[e]nes Gesetz; Pa|pier_fa|brik, ...fet|zen, ...for|mat, ...geld

(das; -[e]s), ...in|du|strie, ...korb, ...krieg (ugs.); Pa|pier|ma|ché [papiemaché, österr.: papir...] das; -s, -s ⟨franz.⟩ (verformbares Hartpapier); Pa|pier_mühle, ...sack, ...schei|re, ...schlan|ge, ...schnip|sel (ugs.), ...schnit|zel (vgl. ²Schnitzel), ...ser|vi|let|te, ...ta|schen|tuch, ...ti|ger (übertr. für: nur dem Schein nach starke Person, Macht); pa|pier|ver|ar|bei|tend; -e Industrie (↑ R 209); Pa|pier|ver|ar|bei|tung
pa|pil|lar ⟨lat.⟩ (warzenartig, -förmig); Pa|pil|lar_ge|schwulst, ...kör|per, ...li|ni|en (Plur.; feine Hautlinien auf Hand- u. Fußflächen; bes. auf den Fingerkuppen); Pa|pil|le die; -, -n (Warze); Pa|pil|lom das; -s, -e (warzenartige Geschwulst)
Pa|pil|lon [papijong] der; -s, -s ⟨franz.⟩ (franz. Bez. für: Schmetterling; weicher Kleiderstoff; Zwergspaniel); Pa|pil|lo|te [papijotᵉ] die; -, -n (Haarwickel)
Pa|pin [papäng] (franz. Physiker); Pa|pin-Topf (fest˄ schließendes Gefäß zum Erhitzen von Flüssigkeiten über deren Siedepunkt hinaus)
Pa|pi|ros|sa die; -, ...ossy (russ. Zigarette mit langem Pappmundstück)
Pa|pis|mus der; - ⟨griech.⟩ (abschätzige Bez. für: Papsttum); Pa|pist der; -en, -en; ↑ R 197 (Anhänger des Papsttums); pa|pistisch
papp; nicht mehr - sagen können (ugs. für: sehr satt sein)
Papp der; -[e]s, -e (landsch. für: Brei; Kleister); Papp|band der (in Pappe gebundenes Buch; Abk.: Pp[bd].); Papp|be|cher; Papp|deckel, Pap|pen|deckel [Trenn.: ...dek|kel]; Pap|pe die; -, -n (steifes, papierähnliches Material)
Pap|pel die; -, -n ⟨lat.⟩ (ein Laubbaum); Pap|pel_al|lee, ...holz; päp|peln (landsch. für: [Kind] füttern); ich ...[e]le (↑ R 22); pap|pen (ugs. für: kleistern, kleben); Pap|pen|deckel, Pappdeckel [Trenn.: ...dek|kel]
Pap|pen|hei|mer der; -, - ⟨Angehöriger des Reiterregiments des dt. Reitergenerals Graf zu Pappenheim); ich kenne meine - (ugs. für: ich kenne diese Leute; ich weiß Bescheid)
Pap|pen|stiel (Stiel der Pappenblume [Löwenzahn]; ugs. für: Wertloses); für einen - bekommen, für einen - (ugs.)
pap|per|la|papp!
pap|pig; Papp_ka|me|rad (Figur [meist Polizist] aus Pappe),

...kar|ton; Papp|ma|ché [...ma-sché] vgl. Papiermaché; Papp-na|se; Papp|pla|kat (↑R 204), Papp_schach|tel, ...schnee, ...tel-ler

Pap|pus der; -, - u. -se ⟨griech.⟩ (Bot.: Haarkrone der Frucht von Korbblütlern)

Pa|pri|ka der; -s, -[s] ⟨serb.-ung.⟩ (ein Gewürz [nur Sing.]; ein Gemüse); Pa|pri|ka_schnit|zel, ...schol|te (vgl. ³Schote); pa|pri-zie|ren (mit Paprika würzen)

Paps der; -, -e (Kinderspr. für: ¹Papa; meist als Anrede)

Papst der; -[e]s, Päpste ⟨griech.⟩ (Oberhaupt der kath. Kirche); Papst_fa|mi|lie (Umgebung des Papstes), ...kat|ta|log (Verzeichnis der Päpste); päpst|lich, a b e r (↑R 157): das Päpstliche Bibelinstitut; Papst_na|me, ...tum (das; -s), ...ur|kun|de, ...wahl

Pa|pua [auch: ...pua] der; -[s], -[s] (Eingeborener Neuguineas); Pa-pua-Neu|gui|nea [...gi...] (Staat auf Neuguinea); pa|pua|nisch (↑R 180); Pa|pua|spra|che

Pa|py|rin das; -s ⟨griech.⟩ (Pergamentpapier); Pa|py|rol|lo|gie die; - (Wissenschaft vom Papyrus); Pa|py|rus der; -, ...ri (Papierstaude; Schreibmaterial; Papyrusrolle); Pa|py|rus_rol|le, ...stau|de

Par das; -[s], -s ⟨engl.⟩ (Golf: festgesetzte Anzahl von Schlägen für ein Loch)

par..., pa|ra... ⟨griech.⟩ (bei..., neben..., entgegen..., falsch...); Par..., Pa|ra... (Bei..., Neben..., Entgegen..., Falsch...)

¹Pa|ra der; -, - ⟨pers.⟩ (Währungseinheit in Jugoslawien [100 Para = 1 Dinar]; Abk.: p)

²Pa|ra der; -s, -s ⟨franz.⟩ (Kurzform für: parachutiste [parachütißt]; franz. Fallschirmjäger)

Pa|ra|ba|se die; -, -n ⟨griech.⟩ (Teil der attischen Komödie)

Pa|ra|bel die; -, -n ⟨griech.⟩ (Gleichnis[rede]; Kegelschnittkurve)

Pa|ra|bel|lum|pi|sto|le (Pistole mit Selbstladevorrichtung)

pa|ra|bo|lisch ⟨griech.⟩ (gleichnisweise; parabelförmig gekrümmt); Pa|ra|bol|lo|id das; -[e]s, -e ⟨griech.⟩ (Math.: gekrümmte Fläche); Pa|ra|bol-spie|gel (Hohlspiegel)

pa|ra|cel|sisch [...zäl...], a b e r (↑R 134): Pa|ra|cel|sisch; Pa|ra-cel|sus (dt. Naturforscher, Arzt u. Philosoph); Pa|ra|cel|sus-Aus-ga|be; Pa|ra|cel|sus-Me|dail|le (↑R 135)

Pa|ra|de die; -, -n ⟨franz.⟩ (Truppenschau, prunkvoller Aufmarsch; Reitsport: kürzere Gangart des Pferdes, Anhalten; Fecht- u. Boxsport: Abwehr eines Angriffs; bei Ballspielen: Abwehr durch den Torhüter); Pa|ra|de|bei|spiel

Pa|ra|dei|ser der; -s, - (österr. für: Tomate); Pa|ra|deis_sa|lat, ...sup|pe

Pa|ra|de_kis|sen, ...marsch der

Pa|ra|den|to|se vgl. Parodontose

Pa|ra|de_stück, ...uni|form

pa|ra|die|ren ⟨franz.⟩ (in einer Parade vorüberziehen; zur Schau gestellt sein; sich brüsten)

Pa|ra|dies das; -es, -e ⟨pers.⟩ (Himmel [nur Sing.]; Ort der Seligkeit; Portalvorbau an mittelalterl. Kirchen); Pa|ra|dies|ap|fel (mdal. für: Tomate; auch: Zierapfel); Pa|ra|dies|isch (wonnig, himmlisch); Pa|ra|dies|vo|gel

Pa|ra|dig|ma das; -s, ...men (auch: -ta) ⟨griech.⟩ (Beispiel, Muster; Sprachw.: Beugungsmuster); pa-ra|dig|ma|tisch (beispielhaft)

pa|ra|dox, -este ⟨griech.⟩ (widersinnig; sonderbar); Pa|ra|dox das; -es, -e u. Pa|ra|do|xon das; -s, ...xa (widersinnige Behauptung, eine scheinbar zugleich wahre u. falsche Aussage); pa-ra|do|xer|wei|se; Pa|ra|do|xie die; -, ...ien (Widersinnigkeit); Pa|ra-do|xon ⟨griech.⟩ vgl. Paradox

Par|af|fin das; -s, -e ⟨lat.⟩ (wachsähnlicher Stoff; meist Plur.: gesättigter, aliphatischer Kohlenwasserstoff, z. B. Methan, Propan, Butan); par|af|fi|nie|ren (mit Paraffin behandeln); par|af-fi|nisch; Par|af|fin_ker|ze, ...öl (das; -[e]s)

Pa|ra|gramm das; -s, -e ⟨griech.⟩ (Buchstabenänderung in einem Wort od. Namen, wodurch ein scherzhaft-komischer Sinn entstehen kann); Pa|ra|graph der; -en, -en; ↑R 197 [In Gesetzestexten u. wissenschaftl. Werken] fortlaufend numerierter Absatz, Abschnitt; Zeichen: §, Plur.: §§); Pa|ra|gra|phen|rei|ter (abschätzig für: sich übergenau an Vorschriften haltender Mensch); pa-ra|gra|phen|wei|se; Pa|ra|gra-phie die; - (Med.: Störung des Schreibvermögens); pa|ra|gra-phie|ren (in Paragraphen einteilen); Pa|ra|gra|phie|rung; Pa|ra-graph|zei|chen

¹Pa|ra|guay [...g"ai, auch: para-gwai] der; -[s] (r. Nebenfluß des Paraná); ²Pa|ra|guay (südamerik. Staat); Pa|ra|gua|yer (↑R 147); pa|ra|gua|yisch

Pa|ra|ki|ne|se die; -, -n ⟨griech.⟩ (Med.: Koordinationsstörungen im Bewegungsablauf)

Pa|ra|kla|se die; -, -n ⟨griech.⟩ (Geol.: Verwerfung)

Pa|ra|klet der; -[e]s u. -en, -e[n] (↑R 197) ⟨griech.⟩ (Heiliger Geist [nur Sing.]; Helfer, Fürsprecher vor Gott)

Pa|ra|lal|lie die; - ⟨griech.⟩ (Med., Psych.: Wort- u. Lautverwechslung)

Pa|ra|le|xie die; - ⟨griech.⟩ (Med., Psych.: Lesestörung mit Verwechslung der gelesenen Wörter)

Pa|ra|li|po|me|non [auch: ...po...] das; -, ...na (meist Plur.) ⟨griech.⟩ (veralt. für: Ergänzung, Nachtrag); par|al|lak|tisch (die Parallaxe betreffend); Par|al|la-xe die; -, -n (Winkel, den zwei Gerade bilden, die von verschiedenen Standorten zu einem Punkt gerichtet sind; Entfernung eines Sternes, die mit Hilfe zweier von verschiedenen Standorten ausgehender Geraden bestimmt wird; Fotogr.: Unterschied zwischen dem Bildausschnitt im Sucher u. auf dem Film)

par|al|lel ⟨griech.⟩ (gleichlaufend, gleichgerichtet; genau entsprechend; [mit etwas] -laufen; Par-al|le|le die; -, -n (Gerade, die von einer anderen Geraden in gleichem Abstand u. ohne Schnittpunkt verläuft; Vergleich, vergleichbarer Fall); vier -[n]; Par-al|le|le|pi|ped das; -[e]s, -e u. Par-al|le|le|pi|pe|don [auch: ...pip...] das; -s, ...da u. ...peden (Parallelflach); Par|al|lel_er|schei|nung, ...fall der, ...flach (das; -[e]s, -e; Math.: von drei Paaren paralleler Ebenen begrenzter Raumteil); par|al|le|li|sie|ren ([vergleichend] nebeneinander-, zusammenstellen); Par|al|le|li|sie-rung; Par|al|le|lis|mus der; -, ...men ([formale] Übereinstimmung verschiedener Dinge od. Vorgänge; Sprachw.: inhaltlich und grammatisch gleichmäßiger Bau von Satzgliedern od. Sätzen); Par|al|le|li|tät die; - (Eigenschaft zweier paralleler Geraden; Gleichlauf); Par|al|lel-_klas|se, ...kreis (Breitenkreis); par|al|le|lau|fend (gleichlaufend); Par|al|le|li|nie; Par|al|le-lo der; -[s], -s (ital.) (veralt.: längsgestrickter Pullover); Par-al|le|lo|gramm das; -s, -e ⟨griech.⟩ (Viereck mit paarweise parallelen Seiten); Par|al|lel|pro|jek|ti-on (Math.); par|al|le|l|schal|ten; Par|al|lel_schal|tung (Elektrotechnik: Nebenschaltung, ...sla-lom (Skisport), ...stel|le, ...stra-ße, ...ton|art (Musik)

Pa|ra|lo|gie die; -, ...ien ⟨griech.⟩ (Vernunftwidrigkeit); Pa|ra|lo-gis|mus der; -, ...men (auf Denkfehlern beruhender Fehlschluß)

Pa|ra|ly|se die; -, -n (Lähmung;

Endstadium der Syphilis, Gehirnerweichung); pa|ral|ly|sie|ren; Pa|ral|ly|sis [auch: ...ral...] die; -, ...lysen (älter für: Paralyse); Pa|ral|ly|ti|ker (an Paralyse Erkrankter); pa|ral|ly|tisch

pa|ra|ma|gne|tisch ⟨griech.⟩ (Physik: den Magnetismus verstärkend); Pa|ra|ma|gne|tis|mus der; - (Physik: Verstärkung des Magnetismus)

Pa|ra|ma|ri|bo (Hptst. von ²Surinam)

Pa|ra|ment das; -[e]s, -e (meist Plur.) ⟨lat.⟩ (Altar- u. Kanzeldecke; liturg. Kleidung); Pa|ra|men|ten|ma|cher

Pa|ra|me|ter [auch: ...ram...] der; -s, - ⟨griech.⟩ (Math.: konstante od. unbestimmt gelassene Hilfsvariable)

pa|ra|mi|li|tä|risch (halbmilitärisch, militärähnlich)

Pa|ra|ná [...ná] der; -[s] (südamerik. Strom)

Pa|ra|noia [...neua] die; - ⟨griech.⟩ (Med.: Geistesgestörtheit); pa|ra|no|id (der Paranoia ähnlich); Pa|ra|noi|ker (↑ R 180); pa|ra|no|isch (geistesgestört)

pa|ra|nor|mal ⟨griech.⟩ (Parapsychologie: übersinnlich)

Pa|ra|nuß (nach dem bras. Staat u. Ausfuhrhafen Pará; ↑R 149 (fettreicher Samen eines trop. Baumes)

Pa|ra|phe die; -, -n ⟨griech.⟩ (Namenszeichen; [Stempel mit] Namenszug); pa|ra|phie|ren (mit der Paraphe versehen, zeichnen); Pa|ra|phie|rung

Pa|ra|phra|se die; -, -n ⟨griech.⟩ (verdeutlichende Umschreibung; Musik: ausschmückende Bearbeitung); pa|ra|phra|sie|ren

Pa|ra|ple|gie die; -, ...ien ⟨griech.⟩ (Med.: doppelseitige Lähmung)

Pa|ra|pluie [...plü] der od. das; -s, -s ⟨franz.⟩ (veralt. für: Regenschirm)

Pa|ra|psy|cho|lo|gie die; - ⟨griech.⟩ (Psychologie der okkulten seelischen Erscheinungen); pa|ra|psy|cho|lo|gisch

Pa|ra|sit der; -en, -en (↑R 197) ⟨griech.⟩ (Schmarotzer[pflanze, -tier]); pa|ra|si|tär ⟨franz.⟩ (schmarotzerhaft; durch Schmarotzer hervorgebracht); Pa|ra|si|ten|tum das; -s ⟨griech.⟩; pa|ra|si|tisch (schmarotzerartig); Pa|ra|si|tis|mus der; - (Schmarotzertum); Pa|ra|si|to|lo|gie die; - (Lehre von den [krankheitserregenden] Schmarotzern)

Pa|ra|ski der; - (Kombination aus Fallschirmspringen und Riesenslalom)

¹Pa|ra|sol der od. das; -s, -s ⟨franz.⟩ (veralt. für: Sonnen-

schirm); ²Pa|ra|sol der; -s, -e u. -s (Schirmpilz)

Par|äs|the|sie die; -, ...ien ⟨griech.⟩ (anormale Körperempfindung, z. B. Einschlafen der Glieder)

Pa|ra|sym|pa|thi|kus der; - ⟨griech.⟩ (Med.: Teil des Nervensystems)

pa|rat ⟨lat.⟩ (bereit; [gebrauchs]fertig); etwas - haben

pa|ra|tak|tisch ⟨griech.⟩ (Sprachw.: nebenordnend, -geordnet); Pa|ra|ta|xe, (älter:) Pa|ra|ta|xis [auch: ...ra...] die; -, ...taxen (Nebenordnung)

Pa|ra|ty|phus der; - ⟨griech.⟩ (Med.: dem Typhus ähnliche Erkrankung)

Pa|ra|vent [...wang] der od. das; -s, -s ⟨franz.⟩ (veralt. für: Wind-, Ofenschirm, span. Wand)

par avion [- awióng] ⟨franz.⟩ („durch Luftpost")

pa|ra|zen|trisch ⟨griech.⟩ (um den Mittelpunkt liegend od. beweglich)

par|bleu! [...blö] ⟨franz.⟩ (veralt., aber noch mdal. für: potztausend!; Donnerwetter!)

Pär|chen, Pär|lein (zu: Paar)

Par|cours [parkúr] der; - [...kur(ß)], - [...kurß] ⟨franz.⟩ (Reitsport: Hindernisbahn für Springturniere)

par|dauz!

Par|del, Par|der der; -s, - (veralt. für: Leopard)

par di|stance [- dißtangß] ⟨franz.⟩ (aus der Ferne)

Par|don [...dong, österr. auch: ...don] der (auch: das); -s ⟨franz.⟩ (Verzeihung; Gnade; Nachsicht); - geben; um - bitten; Pardon! (landsch. für: Verzeihung!); par|do|nie|ren (veralt., noch mdal. für: verzeihen, begnadigen)

Par|dun das; -[e]s, -s ⟨niederl.⟩ u. Par|du|ne die; -, -n (Seemannsspr.: Tau, das die Masten od. Stengen nach hinten hält); Par|du|nen|hanf

Par|en|chym [...chüm] das; -s, -e ⟨griech.⟩ (Biol.: pflanzl. u. tier. Grundgewebe; Bot.: Schwammschicht des Blattes)

Pa|ren|tel die; -, -en ⟨lat.⟩ (Rechtsw.: Gesamtheit der Abkömmlinge eines Stammvaters); Pa|ren|tel|sy|stem (Rechtsw.: für die 1. bis 3. Ordnung gültige Erbfolge)

Par|en|the|se die; -, -n ⟨griech.⟩ (Redeteil, der außerhalb des eigtl. Satzverbandes steht; Einschaltung; Klammer[zeichen]); in - setzen; par|en|the|tisch (eingeschaltet; nebenbei [gesagt])

Pa|re|re das; -[s], -[s] ⟨ital.⟩ (österr. für: medizin. Gutachten)

Par|er|ga Plur. ⟨griech.⟩ (veralt. für: Beiwerk, Anhang; gesammelte kleine Schriften)

par ex|cel|lence [- äkßälangß] ⟨franz.⟩ (vorzugsweise, vor allem andern, schlechthin)

Par|fait [parfä] das; -s, -s ⟨franz.⟩ (gefrorene Speiseeismasse; gebundene u. erstarrte Masse aus feingehacktem Fleisch od. Fisch)

par force [- forß] ⟨franz.⟩ (veralt., aber noch mdal. für: mit Gewalt; unbedingt); Par|force_jagd (Hetzjagd), ...rei|ter, ...ritt

Par|füm [...föng] das; -s, -s, Parfüm das; -s, -e u. -s ⟨franz.⟩ (wohlriechender Duft[stoff]); Par|fü|me|rie die; -, ...ien (Betrieb zur Herstellung oder Verkauf von Parfümen); Par|fü|meur [...mör] der; -s, -e (Fachkraft der Parfümherstellung); Par|fum|fla|sche, Par|füm|fla|sche; par|fü|mie|ren sich -; Par|fum|zer|stäu|ber, Par|füm|zer|stäu|ber

pa|ri ⟨ital.⟩ (Bankw.: zum Nennwert; gleich); über, unter -; die Chancen stehen -; vgl. al pari

Pa|ria der; -s, -s ⟨tamil.-angloind.⟩ (europ. Bez. für: kastenloser Inder; übertr. für: von der menschlichen Gesellschaft Ausgestoßener); Pa|ria|tum das; -s

¹pa|rie|ren ⟨franz.⟩ ([einen Hieb] abwehren; [ein Pferd] zum Stehen bringen)

²pa|rie|ren ⟨lat.⟩ (unbedingt gehorchen)

Pa|rie|tal|au|ge [...i-e...] (lichtempfindl. Sinnesorgan niederer Wirbeltiere)

Pa|ri|kurs (Nennwert)

¹Pa|ris (griech. Sagengestalt)

²Pa|ris (Hptst. Frankreichs)

pa|risch (von der Insel Paros); -er Marmor

Pa|ri|ser (↑ R 147); - Verträge (von 1954); Pa|ri|ser Blau das; - -s; pa|ri|se|risch (nach Art des Parisers); Pa|ri|si|en|ne [...siän] die; - (Seidengewebe; franz. Freiheitslied; veralt. Schriftgattung); pa|ri|sisch (von [der Stadt] Paris)

pa|ri|syl|la|bisch ⟨lat.; griech.⟩ (gleichsilbig in allen Beugungsfällen); Pa|ri|syl|la|bum das; -s, ...ba (in Sing. u. Plur. parisyllabisches Wort)

Pa|ri|tät die; -, -en ⟨lat.⟩ (Gleichstellung, -berechtigung; Austauschverhältnis zwischen zwei od. mehreren Währungen); pa|ri|tä|tisch (gleichgestellt, -berechtigt); - getragene Kosten; aber (↑ R 157): Deutscher Paritätischer Wohlfahrtsverband

Pa|ri|wert (Bankw.)

Park der; -s, -s (seltener: -e, schweiz.: Pärke) ⟨franz.(-engl.)⟩

(großer Landschaftsgarten; Depot, meist in Zusammensetzungen, z. B. Wagenpark)

Par|ka *der;* -s, -s od. *die;* -, -s ⟨eskim.⟩ (knielanger, warmer Anorak mit Kapuze)

Park-and-ride-Sy|stem [*pa'k'ndraid...*] ⟨engl.-amerik.⟩ (Verkehrssystem, bei dem die Autofahrer ihre Autos am Stadtrand parken u. mit öffentl. Verkehrsmitteln in die Innenstadt weiterfahren); Park|an|la|ge; park|ar|tig; Park-bahn (Raumfahrt: Umlaufbahn, von der aus eine Raumsonde gestartet wird), ...bank, ...bucht, ...deck; par|ken (ein Kraftfahrzeug abstellen); Par|ker

Par|kett *das;* -[e]s, -e u. -s ⟨franz.⟩ (im Theater meist vorderer Raum zu ebener Erde; getäfelter Fußboden); **Par|kett|bo|den; Par|ket|te** *die;* -, -n ⟨österr. für: Einzelbrett des Parkettfußbodens); par|ket|tie|ren (mit getäfeltem Fußboden versehen); **Par|kett|le|ger; Par|kett|sitz**

Park|haus; par|kie|ren (schweiz. neben: parken); Par|king|me|ter *der;* -s, - ⟨engl.⟩ (schweiz. für: Parkuhr)

Par|kin|son [*pa'kinß'n*], James [*dsche'ms*] (engl. Chirurg); Par|kin|son-Krank|heit *die;* -, (veraltend:) Par|kin|son|sche Krank|heit *die;* -n - (↑ R 134)

Park_licht, ...lücke [*Trenn.:* ...lük-ke]; Par|ko|me|ter *das;* -s, - (Parkuhr); Park_platz, ...raum, ...schei|be, ...stu|di|um (Studium in einem nicht gewünschten Fach, bis man einen Platz im eigentlich erstrebten Studienfach bekommt), ...sün|der, ...uhr, ...ver|bot, ...weg, ...zeit

Par|la|ment *das;* -[e]s, -e ⟨engl.⟩ (Volksvertretung); **Par|la|men|tär** *der;* -s, -e ⟨franz.⟩ (Unterhändler); **Par|la|men|tär|flag|ge; Par|la|men|ta|ri|er** [*...i'r*] *der;* -s, - ⟨engl.⟩ (Abgeordneter, Mitglied des Parlamentes); **Par|la|men|ta|rie|rin** *die;* -, -nen; par|la|men|ta|risch (das Parlament betreffend); -e Anfrage; -er Staatssekretär, aber (↑ R 157): der Parlamentarische Rat (Versammlung von Ländervertretern, die das Grundgesetz ausarbeiteten); **par|la|men|ta|risch-de|mo|kra|tisch** (↑ R 39); **Par|la|men|ta|ris|mus** *der;* - (Regierungsform, in der die Regierung dem Parlament verantwortlich ist); par|la|men|tie|ren ⟨franz.⟩ (veralt. für: unter-, verhandeln; ugs. und mdal. für: hin u. her reden); Par|la|ments_aus|schuß, ...be|schluß, ...fe|ri|en *Plur.,* ...mit|glied, ...sit|zung, ...wahl (meist *Plur.*)

par|lan|do ⟨ital.⟩ (Musik.: mehr gesprochen als gesungen); Par|lan|do *das;* -s, -s u. ...di

Pär|lein vgl. Pärchen

par|lie|ren ⟨franz.⟩ (plaudern, Konversation machen; in einer fremden Sprache reden)

Par|ma (ital. Stadt); **Par|ma|er** [*...a'r*] (↑ R 147); **par|ma|isch** [*...a-isch*]

Par|mä|ne *die;* -, -n (eine Apfelsorte)

Par|me|san *der;* -s (kurz für: Parmesankäse); **Par|me|sa|ner** vgl. Parmaer; par|me|sa|nisch vgl. parmaisch; **Par|me|san|kä|se** (ein Reibkäse)

Par|naß *der;* - u. ...nasses (mittelgriech. Gebirgszug; Musenberg, Dichtersitz); par|nas|sisch; Par|nas|sos, Par|nas|sus *der;* -; vgl. Parnaß

par|ochi|al [*...ehi...*] ⟨griech.⟩ (zur Pfarrei gehörend); **Par|ochi|al|kir|che** (Pfarrkirche); **Par|ochie** *die;* -, ...ien (Pfarrei; Amtsbezirk eines Geistlichen)

Par|odie *die;* -, ...ien ⟨griech.⟩ (komische Umbildung ernster Dichtung; scherzh. Nachahmung; Musik.: Vertauschung geistl. u. weltl. Texte u. Kompositionen [zur Zeit Bachs]); **Par|odie|mes|se** (Messenkomposition unter Verwendung eines schon vorhandenen Musikstücks); vgl. ¹Messe; par|odie|ren; **Par|odist** *der;* -es, -en, -en (↑ R 197 (jmd., der parodiert); **Par|odi|stik** *die;* -; par|odi|stisch

Par|odon|to|se, (älter:) Pa|ra|den|to|se *die;* -, -n ⟨griech.⟩ (Med.: Erkrankung des Zahnbettes mit Lockerung der Zähne)

Pa|ro|le *die;* -, -n ⟨franz.⟩ (milit. Kennwort; Losung; auch für: Leit-, Wahlspruch); **Pa|ro|le|aus|ga|be; Pa|role d'hon|neur** [*...rol donör*] *das;* - - ⟨franz.⟩ (Ehrenwort)

Pa|ro|li *das;* -s, -s ⟨franz.⟩ (Verdoppelung des ersten Einsatzes beim ²Pharao); Paroli bieten (Widerstand entgegensetzen)

Par|ömie *die;* -, ...ien ⟨griech.⟩ (Sprichwort, Denkspruch); **Par|ömio|lo|gie** *die;* - (Sprichwortkunde); **Par|ono|ma|sie** *die;* -, ...ien (Rhet.: Zusammenstellung lautlich gleicher od. ähnlich klingender Wörter von gleicher Herkunft); **Par|onyma, Par|onyme** (*Plur.* von: Paronymon); **Par|ony|mik** *die;* - (Lehre von der Ableitung der Wörter); par|ony|misch (stammverwandt); **Par|ony|mon** *das;* -s, ...ma u. ...onyme (veralt. für: mit anderen Wörtern vom gleichen Stamm abgeleitetes Wort)

Pa|ros (griech. Insel)

Par|otis *die;* -, ...iden ⟨griech.⟩ (Med.: Ohrspeicheldrüse); **Par|oti|tis** *die;* -, ...itiden (Med.: Entzündung der Ohrspeicheldrüse; Mumps); **Par|oxys|mus** *der;* -, ...men (Med.: Höhepunkt einer Krankheit, heftiger Anfall; Geol.: aufs höchste gesteigerte Tätigkeit eines Vulkans); **Par|oxy|to|non** *das;* -s, ...tona (griech. Sprachw.: auf der vorletzten Silbe betontes Wort)

Par|se *der;* -n, -n (↑ R 197) ⟨pers.⟩ (Anhänger des Zarathustra)

Par|sec *das;* -, - ⟨Kurzw. aus „Parallaxe" u. „Sekunde"⟩ (astron. Längenmaß; Abk.: pc)

Par|si|fal (von Richard Wagner gebrauchte Schreibung für: Parzival)

par|sisch (die Parsen betreffend); Par|sis|mus *der;* - (Religion der Parsen)

Pars pro to|to *das;* - - - ⟨lat.⟩ (Redefigur, die einen Teil für das Ganze setzt)

Part *der;* -s, -s (auch: -e) ⟨franz.⟩ (Anteil; Stimme einer Instrumental- od. Gesangsstücks)

part. = parterre

Part. = Parterre

¹Par|te *die;* -, -n ⟨ital.⟩ (österr. für: Todesanzeige); ²Par|te *die;* -, -n (landsch. für: Mietpartei)

Par|tei *die;* -, -en ⟨franz.⟩; Par|tei_ab|zei|chen, ...ak|tiv (DDR; vgl. ²Aktiv), ...amt; par|tei|amt|lich; Par|tei_an|hän|ger, ...ap|pa|rat, ...buch, ...bü|ro, ...chef, ...chi|ne|sisch - das; -[s]; iron. abwertend für: dem Außenstehenden unverständliche Parteisprache), ...dis|zi|plin; Par|tei|en_kampf, ...staat (*Plur.* ...staaten), ...ver|kehr (österr.: Amtsstunden); Par|tei_freund, ...füh|rer, ...füh|rung, ...funk|tio|när, ...gän|ger, ...ge|nos|se, ...ideo|lo|ge, ...in|stanz; par|tei|in|tern; par|tei|isch; -ste (nicht neutral, nicht objektiv; voreingenommen; der einen od. anderen Seite zugeneigt); par|tei|kal|der, ...kon|greß, ...lei|tung; par|tei|lich (im Sinne einer polit. Partei, eine Partei betreffend); Par|tei|lich|keit *die;* -; Par|tei|li|nie; par|tei|los; Par|tei|lo|se *der u. die;* -n, -n (↑ R 7 ff.); Par|tei|lo|sig|keit *die;* -; par|tei|mä|ßig; Par|tei_mit|glied, ...nah|me (*die;* -, -n), ...or|gan, ...or|ga|ni|sa|ti|on, ...po|li|tik; par|tei|po|li|tisch; - neutral sein; Par|tei_prä|si|di|um, ...pro|gramm, ...pro|pa|gan|da, ...se|kre|tär, ...tag; Par|tei|ung (veralt. für: Zerfall in Parteien); Par|tei|vor|sit|zen|de

par|terre [*...tär*] ⟨franz.⟩ (zu ebener

Erde; Abk.: part.); - wohnen; **Par|terre** *das;* -s, -s (Erdgeschoß [Abk.: Part.]; Saalplatz im Theater; Plätze hinter dem Parkett); **Par|terre_akro|ba|tik** (artist. Bodenturnen), ...**woh|nung**

Par|te|zet|tel (österr. svw. ¹Parte)

Par|the|no|ge|ne|se, (auch noch:) **Par|the|no|ge|ne|sis** [auch: ...gän...] *die;* - ⟨griech.⟩ (Biol.: Jungfernzeugung, Entwicklung aus unbefruchteten Eizellen); **par|the|no|ge|ne|tisch;** **Par|the|non** *der;* -s (Tempel der Athene); **Par|the|no|pe** [...*pe;* auch: ...*tän*...] (veralt. dicht. für: Neapel); **par|the|no|pe|isch,** aber (↑ R 157): die Parthenopeische Republik (1799)

Par|ther *der;* -s, - (Angehöriger eines nordiran. Volksstammes); **Par|thi|en** [...*i°n*] (Land der Parther); **par|thisch**

par|ti|al [...*zial*] ⟨lat.⟩ (veralt. für: partiell); **Par|ti|al...** (Teil...); **Par|ti|al_bruch** *(der;* -[e]s, ...brüche; Math.: Teilbruch eines zusammengesetzten Nenner), ...**ob|li|ga|ti|on** (Teilschuldverschreibung), ...**tö|ne** *(Plur.;* Musik: Obertöne, Teiltöne eines Klanges); **Par|tie** [...*ti*] *die;* -, ...ien ⟨franz.⟩ (Heirat[smöglichkeit]; Abschnitt, Ausschnitt, Teil; veralt., aber noch mdal. für: Ausflug; einzelne [Gesangs]rolle; Kaufmannsspr.: Anzahl [von Waren]; österr. auch: für eine bestimmte Aufgabe zusammengestellte Gruppe von Arbeitern); **Par|tie_be|zug** *(der;* -[e]s), ...**füh|rer** (österr. auch für: Vorarbeiter); **par|ti|ell** [*parzi*...] (teilweise [vorhanden]); -e Sonnenfinsternis; **par|ti|en|wei|se,** **par|tie|wei|se; Par|tie|preis;** vgl. ²Preis; ¹**Par|ti|kel** *die;* -, -n ⟨lat.⟩ (Teilchen der Hostie, Kreuzreliquie; Sprachw.: unbeugsames Wort, z. B. „dort, in und"); ²**Par|ti|kel** *das;* -s, -, auch: *die;* -, -n (Physik: Elementarteilchen); **par|ti|ku|lar, par|ti|ku|lär** (einen Teil betreffend, einzeln); **Par|ti|ku|la|ris|mus** *der;* - (Sonderbestrebungen staatl. Teilgebiete, Kleinstaaterei); **Par|ti|ku|la|rist** *der;* -en, -en (↑ R 197); **par|ti|ku|la|ri|stisch;** -ste; **Par|ti|ku|lar|recht** (veralt. für: Einzel-, Sonderrecht); **Par|ti|ku|lier** *der;* -s, -e ⟨franz.⟩ (selbständiger Schiffseigentümer; Selbstfahrer in der Binnenschiffahrt); **Par|ti|men|to** *der;* -[s], ...ti ⟨ital.⟩ (Musik: Generalbaßstimme); **Par|ti|san** *der;* -s u. -en, -en (↑ R 197) ⟨franz.⟩ (bewaffneter Widerstandskämpfer im feindl. Hinterland); **Par|ti|sa|ne** *die;* -, -n (spießartige Stoßwaffe [15. bis 18. Jh.]); **Par|ti|sa|nen-_kampf,** ...**krieg; Par|ti|ta** *die;* -, ...iten ⟨ital.⟩ (Musik: svw. Suite); **Par|ti|te** *die;* -, -n (Geldsumme, die in Rechnung gebracht wird); **Par|ti|ti|on** [...*zion*] *die;* -, -en ⟨lat.⟩ (Logik: Zerlegung des Begriffsinhaltes in seine Teile od. Merkmale); **par|ti|tiv** (Sprachw.: die Teilung bezeichnend); **Par|ti|tur** *die;* -, -en ⟨ital.⟩ (Zusammenstellung aller zu einem Musikstück gehörenden Stimmen); **Par|ti|zip** *das;* -s, -ien [...*i°n*] ⟨lat.⟩ (Sprachw.: Mittelwort); erstes - (Partizip Präsens, Mittelwort der Gegenwart, z. B. „sehend"); zweites - (Partizip Perfekt, Mittelwort der Vergangenheit, z. B. „gesehen"); **Par|ti|zi|pa|ti|on** [...*zion*] *die;* -, -en (das Teilhaben; Teilnahme); **Par|ti|zi|pa|ti|ons_ge|schäft,** ...**kon|to; par|ti|zi|pi|al** (Sprachw.: mittelwörtlich, Mittelwort...); **Par|ti|zi|pi|al_bil|dung,** ...**kon|struk|ti|on,** ...**satz; par|ti|zi|pie|ren** (Anteil haben, teilnehmen); **Par|ti|zi|pi|um** *das;* -s, ...pia (älter für: Partizip); **Part|ner** *der;* -s, - ⟨engl.⟩ (Teilhaber; Teilnehmer; Mitspieler); **Part|ne|rin** *die;* -, -nen; **Part|ner-_land,** ...**look** (Mode), ...**schaft; part|ner|schaft|lich; Part|ner-_staat** *(Plur.* ...staaten), ...**tausch,** ...**wahl**

par|tout [...*tu*] ⟨franz.⟩ (ugs. für: durchaus; um jeden Preis)

Par|ty [*pa'ti*] *die;* -, -s u. Parties [*pá'tis*] ⟨engl.-amerik.⟩ (zwangloses [privates] Fest); **Par|ty|girl**

Par|usie *die;* - ⟨griech.⟩ (Wiederkunft Christi beim Jüngsten Gericht)

Par|ve|nü [...*we*...] u. (österr. nur:) **Par|ve|nu** [...*wenü*] *der;* -s, -s ⟨franz.⟩ (Emporkömmling; Neureicher)

Par|ze *die;* -, -n (meist *Plur.*) ⟨lat.⟩ (röm. Schicksalsgöttin [Atropos, Klotho, Lachesis]); vgl. Moira

Par|zel|lar|ver|mes|sung; Par|zel|le *die;* -, -n ⟨lat.⟩ (vermessenes Grundstück, Baustelle); **Par|zel|len|wirt|schaft; par|zel|lie|ren** (in Parzellen zerlegen)

Par|zi|val [...*fal*] (Held der Artussage); vgl. Parsifal

Pas [*pa*] *der;* - [*pa(ß)*], - [*paß*] ⟨franz.⟩ ([Tanz]schritt)

¹**Pas|cal** [...*kal*] (franz. Mathematiker u. Philosoph); ²**Pas|cal** *das;* -s, - (Einheit des Drucks; Zeichen: Pa)

Pasch *der;* -[e]s, -e u. Päsche ⟨franz.⟩ (Wurf mit gleicher Augenzahl auf mehreren Würfeln; Domino: Stein mit Doppelzahl)

¹**Pa|scha** vgl. Passah

²**Pa|scha** *der;* -s, -s ⟨türk.⟩ (früherer

oriental. Titel; ugs. für: rücksichtsloser, herrischer Mann, der sich [von Frauen] bedienen läßt)

Pa|scha|lis [auch: *paßeha*...] ⟨hebr.⟩ (Papstname)

¹**pa|schen** ⟨franz.⟩ (würfeln; bayr. u. österr. mdal.: klatschen); du paschst (paschest)

²**pa|schen** ⟨hebr.⟩ (ugs. für: schmuggeln); du paschst (paschest); **Pa|scher; Pa|sche|rei**

pa|scholl! ⟨russ.⟩ (ugs. für: pack dich!; vorwärts!)

Pasch|tu *das;* -s (Amtssprache in Afghanistan)

Pas de Cal|lais [*pa d° kalä*] *der;* - - - ⟨franz.⟩ (franz. Name der Straße von Dover)

Pas de deux [*pa d° dö*] *der;* - - -, - - - ⟨franz.⟩ (Tanz od. Ballett für zwei)

Pas|lack *der;* -s, -s ⟨slaw.⟩ (nordostd. für: jmd., der für andere schwer arbeiten muß)

Pa|so do|ble *der;* - -, - - ⟨span.⟩ (ein Tanz)

Pas|pel *die;* -, -n (selten: *der;* -s, -) ⟨franz.⟩ u. (bes. österr.:) **Passepoil** [*paßpoal*] *der;* -s, -s (schmaler Nahtbesatz bei Kleidungsstücken); **pas|pe|lie|ren,** (bes. österr.:) **passepoil|lie|ren** (mit Paspeln versehen); **Pas|pe|lie|rung,** Passepoil|lie|rung; **pas|peln;** ich paspe[e]le (↑ R 22)

Pas|quill *das;* -s, -e ⟨ital.⟩ (Schmäh-, Spottschrift); **Pas|quil|lant** *der;* -en, -en; ↑ R 197 (Verfasser od. Verbreiter eines Pasquills)

Paß *der;* Passes, Pässe ⟨lat.⟩ (Bergübergang; Ausweis [für Reisende]; gezielte Ballabgabe beim Fußball); aber (↑ R 208): zupaß, zupasse kommen

Pas|sa usw. vgl. Passah usw.

pas|sa|bel *der;* -s ⟨lat.⟩ (annehmbar; leidlich); ...**able** Gesundheit

Pas|sa|ca|glia [...*kalja*] *die;* -, ...ien [...*j°n*] ⟨ital.⟩ (Instrumentalstück aus Variationen über einem ostinaten Baß)

Pas|sa|ge [...*ßaseh°*] *die;* -, -n ⟨franz.⟩ (Durchfahrt, -gang; Überfahrt mit Schiff od. Flugzeug; schnelle Tonfolge in einem Musikstück; fortlaufender Teil einer Rede od. eines Textes; Reitsport: Gangart der Hohen Schule); **pas|sa|ger** [*paßaseher*] (Med.: nur vorübergehend auftretend); **Pas|sa|gier** *der;* -s, -e ⟨ital.(-franz.)⟩ (Schiffsreisender, Fahrgast, Fluggast); **Pas|sa|gier_damp|fer,** ...**flug-zeug,** ...**gut; Pas|sa|gie|rin** [*paßaßehirin*] *die;* -, -nen [*paßaßehirin*]

Pas|sah, (ökum.:) ¹**Pas|cha** [*paßcha*] *das;* -s ⟨hebr.⟩ (jüd. Fest zum Gedenken an den Auszug aus

Ägypten; das beim Passahmahl gegessene Lamm; Pas|sah_fest od. Pas|cha|fest, ...mahl od. Pas|cha|mahl (Plur. ...mahle)
Paß|amt; Pas|sant der; -en, -en (↑R 197) ⟨franz.⟩ (Fußgänger; Vorübergehender)
Pas|sar|ge die; - (Zufluß des Frischen Haffs)
Pas|sat der; -[e]s, -e ⟨niederl.⟩ (gleichmäßig wehender Tropenwind); Pas|sat|wind
Pas|sau (Stadt am Zusammenfluß von Donau, Inn u. Ilz); Pas|sau|er (↑R 147)
Paß|bild
pas|sé [paßé] ⟨franz.⟩ (ugs. für: vorbei, abgetan); das ist -
Pas|se die; -, -n ⟨franz.⟩ ([doppeltes] Schulterstück bei Kleidungsstücken)
Pas|sei|er das; -s u. Pas|sei|er|tal das; -[e]s (Alpental in Südtirol)
pas|sen ⟨franz.⟩ (räumlich, zeitlich, sinngemäß entsprechen; Kartenspiel: das Spiel abgeben); du paßt (passest); gepaßt; passe! u. paßt!; das paßt sich nicht (ugs.); pas|send; etwas Passendes; Passe|par|tout [paßpartu, schweiz.: paß...] das (schweiz.: der); -s, -s (Umrahmung aus leichter Pappe für Graphiken, Zeichnungen u. a.; veralt. u. schweiz. auch: Dauerkarte; Hauptschlüssel)
Passe|poil [paßpoal] usw. vgl. Paspel usw.
Pas|ser der; -s, - (Druckw.: das genaue Übereinanderliegen der einzelnen Formteile u. Druckelemente, bes. beim Mehrfarbendruck)
Pas|se|rel|le die; -, -n ⟨franz.⟩ (Fußgängerbrücke)
Paß_form, ...fo|to, ...gang (der; bei [Reit]tieren: Gangart, bei der beide Beine einer Körperseite zugleich gehoben und vorgesetzt werden), ...gän|ger; paß|ge|recht; Paß|hö|he; Pas|sier|ball (Tennis); pas|sier|bar (überschreitbar); pas|sie|ren ⟨franz.⟩ (vorübergehen, -fahren; durchqueren, überqueren; geschehen; Gastr.: durch ein Sieb drücken); Pas|sier.ge|wicht (Münzwesen: Mindestgewicht), ...ma|schi|ne, ...schein; Pas|sier|schein.ab|kom|men, ...stel|le; Pas|sier-_schlag (Tennis), ...sieb
pas|sim ⟨lat.⟩ (da u. dort zerstreut)
Pas|si|on die; -, -en ⟨lat.⟩ (Leiden[sgeschichte Christi]; Leidenschaft, leidenschaftl. Hingabe, Vorliebe); pas|sio|na|to ⟨ital.⟩ (Musik.: mit Leidenschaft); Pas|sio|na|to das; -s, -s u. ...ti; pas|sio|nie|ren ⟨franz.⟩ (veralt. für: begeistern); sich -; pas|sio|niert; -este

(leidenschaftlich [für etwas begeistert]); Pas|si|ons_blu|me, ...frucht, ...sonn|tag (zweiter Sonntag vor Ostern, vgl. Judika), ...spiel (Darstellung der Leidensgeschichte Christi), ...weg, ...wo|che, ...zeit
pas|siv [auch: ...if] ⟨lat.⟩ (leidend; untätig; teilnahmslos; still; seltener für: passivisch); -e [...wᵉ] Bestechung; -e [Handels]bilanz; -es Wahlrecht (Recht, gewählt zu werden); Pas|siv [auch: ...if] das; -s, (selten:) -e [...wᵉ] (Sprachw.: Leideform); Pas|si|va [...wa], Pas|si|ven [...wᵉn] Plur. (Schulden, kaufmänn. Verbindlichkeiten); Pas|siv_bil|dung, ...ge|schäft, ...han|del; pas|si|vie|ren [...wi...] ([Verbindlichkeiten] in der Bilanz erfassen u. ausweisen; Chemie: Metalle auf [elektro]chem. Wege korrosionsbeständig machen); pas|si|visch [...iwisch] (das Passiv betreffend, in der Leideform stehend); Pas|si|vi|tät die; - (Untätigkeit; Teilnahmslosigkeit); Pas|siv.le|gi|ti|ma|ti|on (Rechtsw.), ...mas|se (Rechtsw.), ...po|sten, ...rau|chen (das; -s), ...sal|do (Verlustvortrag), ...zin|sen Plur.
Paß|kon|trol|le; paß|lich (veralt. für: angemessen; bequem); Paß-_stel|le, ...stra|ße; Pas|sung (Beziehung zwischen zusammengefügten Maschinenteilen); Pas|sus der; -, - [...páßuß] ⟨lat.⟩ ([Schrift]stelle, Absatz; Angelegenheit, Fall); paß|wärts; Paß-_wort (Plur. ...wörter; EDV, Bildschirmtext: Kennwort), ...zwang
Pa|ste, (auch:) Pa|sta die; -, ...sten ⟨ital.⟩ (streichbare Masse; Teigmasse als Grundlage für Arzneien und kosmet. Mittel; Abdruck, Nachbildung [von Münzen u. a.]); Pa|sta asciut|ta [paßta aschuta] die; - -, ...te ...tte [...te aschute] ⟨ital.⟩ (ital. Spaghettigericht); Pa|stell das; -[e]s, -e ⟨ital.(-franz.)⟩ (mit Pastellfarben gemaltes Bild); pa|stell|en; Pa|stell|far|be; pa|stell|far|ben; pa|stell|lig; Pa|stell.ma|le|rei, ...stift (vgl. ²Stift), ...ton (Plur. ...töne)
Pa|ster|nak (russ.-sowjet. Schriftsteller)
Pa|ster|ze die; - (größter österr. Gletscher am Großglockner)
Pa|ste|te die; -, -n ⟨roman.⟩ (Fleisch-, Fischspeise u. a. [in Teighülle])
Pa|steur [...tör] (franz. Bakteriologe); Pa|steu|ri|sa|ti|on [...zion] die; -, -en (Entkeimung); pa|steu|ri|sie|ren; pasteurisierte Milch
Pa|stil|le die; -, -n ⟨lat.⟩ (Kügelchen, Plätzchen, Pille)

Pa|sti|nak der; -s, -e ⟨lat.⟩ u. Pa|sti|na|ke die; -, -n (krautige Pflanze, deren Wurzeln als Gemüse u. Viehfutter dienen)
Pa|st|milch (schweiz. Kurzform von: pasteurisierte Milch)
Pa|stor [auch: ...or] der; -s, ...oren (auch: ...ore, mdal. auch: ...öre) ⟨lat.⟩ (ev. od. kath. Geistlicher; Abk.: P.); pa|sto|ral (seelsorgerisch; feierlich, würdig); Pa|sto|ral die; - (im kath. Sprachgebrauch für: Pastoraltheologie); Pa|sto|ral|brief; ¹Pa|sto|ra|le das; -s, -s od. die; -, -n ⟨ital.⟩ (Musik: ländlich-friedvolles Tonstück; kleines Schäferspiel); ²Pa|sto|ra|le das; -s, -s (Hirtenstab des kath. Bischofs); Pa|sto|ral.theo|lo|gie (Pfarramt, -wohnung); Pa|sto|rel|le die; -, -n ⟨ital.⟩ (Hirtenliedchen); Pa|sto|rin die; -, -nen; Pa|stor pri|ma|ri|us der; - -, ...ores ...rii [...ri-i] (Hauptpastor; Oberpfarrer; Abk.: P. prim.)
pa|stos; -este ⟨ital.⟩ (bild. Kunst: dick aufgetragen); pa|stös; -este ⟨franz.⟩ (Med.: gedunsen; Technik: pastenartig, teigig)
Pa|ta|go|ni|en [...iᵉn] (südlichster Teil Amerikas); Pa|ta|go|ni|er [...iᵉr]; pa|ta|go|nisch
Pat|chen (Patenkind)
Patch|work [pätschwö'k] das; -s, -s ⟨amerik.⟩ (aus bunten Flicken zusammengesetzter [Kleider]stoff, auch Leder in entsprechender Verarbeitung)
¹Pa|te der; -n, -n; ↑R 197 (Taufzeuge, auch: Patenkind); ²Pa|te die; -, -n u. (österr. nur:) Pa|tin die; -, -nen (Taufzeugin)
Pa|tel|la die; -, ...llen ⟨lat.⟩ (Med.: Kniescheibe); Pa|tel|lar|re|flex
Pa|te|ne die; -, -n ⟨griech.⟩ (Hostienteller)
Pa|ten.ge|schenk, ...kind, ...on|kel; Pa|ten|schaft; Pa|ten|sohn
pa|tent; -este ⟨lat.⟩ (ugs. für: praktisch, tüchtig, brauchbar; landsch. für: fein, elegant); Pa|tent das; -[e]s, -e (Urkunde über die Berechtigung, eine Erfindung allein zu verwerten; Bestallungsurkunde eines [Schiffs]offiziers); Pa|tent|amt
Pa|ten|tan|te
Pa|tent|an|walt; pa|tent|fä|hig; pa|ten|tie|ren (durch ein Patent schützen); Pa|tent.in|ha|ber, ...knopf, ...lö|sung (ugs.)
Pa|ten|toch|ter
Pa|tent_recht, ...re|zept (ugs.), ...rol|le, ...schrift, ...schutz, ...ver|schluß
Pa|ter der; -s, Patres, ugs. auch: - ⟨lat.⟩ (kath. Ordensgeistlicher; Abk.: P., Plur.: PP.); Pa|ter|fa|mi|li|as der; -, - (veralt., scherzh.

für: Haus-, Familienvater); Pater|ni|tät die; - (veralt. für: Vaterschaft); ¹Pa|ter|no|ster das; -s, - (Vaterunser); ²Pa|ter|no|ster der; -s, - (ständig umlaufender Aufzug); Pa|ter|no|ster|auf|zug; pater, pec|ca|vi [- päkạwi] („Vater, ich habe gesündigt"); - - sagen (flehentlich um Verzeihung bitten); Pa|ter|pec|ca|vi das; -, - (reuiges Geständnis)

Pa|the|tik die; - (griech.) (übertriebene, gespreizte Feierlichkeit); Pa|thé|tique [patetik] die; - ⟨franz.⟩ (Titel einer Klaviersonate Beethovens u. einer Sinfonie Tschaikowskis); pa|the|tisch, -ste ⟨griech.⟩ (voller Pathos; [übertrieben] feierlich); pa|thogen (Med.: krankheitserregend); -e Bakterien; Pa|tho|ge|ne|se die; -, -n ([Lehre von der] Krankheitsentstehung); Pa|tho|ge|ni|tät die; - (Fähigkeit, Krankheiten hervorzurufen); pa|tho|gno|monisch, pa|tho|gno|stisch (für eine Krankheit kennzeichnend); Pathol|o|ge der; -n, -n (↑R 197); Pathol|o|gie die; - (allgemeine Lehre von den Krankheiten); pa|tholo|gisch (krankhaft); -e Anatomie (Anatomie, die sich mit den krankhaften Veränderungen der Gewebe u. der Organe beschäftigt); Pa|tho|pho|bie die; - (Furcht vor Krankheiten); Patho|phy|sio|lo|gie (Lehre von den Krankheitsvorgängen u. Funktionsstörungen [in einem Organ]); Pa|tho|psy|cho|lo|gie svw. Psy|cho|pa|thol|o|gie; Pa|thos das; - ([übertriebene] Gefühlserregung; feierliche Ergriffenheit)

Pa|ti|ence [paßiãngß] die; -, -n [...ß'n] ⟨franz.⟩ (Geduldsspiel mit Karten); Pa|ti|ence|spiel; Pa|tient [paziänt] der; -en, -en (↑R 197) ⟨lat.⟩ (vom Arzt behandelte od. betreute Person); Pa|tien|tin die; -, -nen

Pa|tin vgl. Pate die

Pa|ti|na die; - ⟨ital.⟩ (grünlicher Überzug auf Kupfer, Edelrost); pa|ti|nie|ren (mit einer künstlichen Patina versehen)

Pa|tio der; -s, -s ⟨span.⟩ (Innenhof eines [span.] Hauses)

Pa|tis|se|rie die; -, ...ien ⟨franz.⟩ ([in Hotels] Raum zur Herstellung von Backwaren; schweiz. für: feines Gebäck; Konditorei); Pa|tis|sier [...je] der; -s, -s ([Hotel]konditor)

Pat|mos (griech. Insel)

Pat|na|reis ⟨nach der ind. Stadt Patna⟩ ([langkörniger] Reis); ↑R 149

Pa|tois [...toa] das; -, - ⟨franz.⟩ (franz. Bez. für: Sprechweise der Landbevölkerung)

Pa|tras (griech. Stadt)

Pa|tres (Plur. von: Pater); Pa|triarch der; -en, -en (↑R 197) ⟨griech.⟩ (Ehren-, Amtstitel von Bischöfen; Titel der obersten Geistlichen in Moskau u. Konstantinopel sowie der leitenden Bischöfe in selbständigen Ostkirchen); pa|tri|ar|cha|lisch; -ste (altväterlich; ehrwürdig; auch: väterlich-bestimmend, bevormundend); Pa|tri|ar|chal|kir|che (Hauptkirche); Pa|tri|ar|chat das (Theol. auch: der); -[e]s, -e (Würde, Sitz u. Amtsbereich eines Patriarchen; auch: Vaterrecht); patri|ar|chisch (einem Patriarchen entsprechend)

Pa|tri|cia, Pa|tri|zia ⟨lat.⟩ (w. Vorn.); Pa|trick (m. Vorn.)

pa|tri|mo|ni|al ⟨lat.⟩ (erbherrlich); Pa|tri|mo|ni|al|ge|richts|bar|keit (früher: Rechtsprechung durch den Grundherrn); Pa|tri|mo|nium das; -s, ...ien [...i'n] (väterl. Erbgut); Pa|tri|ot der; -en, -en (↑R 197) ⟨griech.⟩ (Vaterlandsfreund, vaterländisch Gesinnter); pa|tri|o|tisch; -ste (↑R 180); Pa|tri|o|tis|mus der; - (↑R 180)

Pa|tri|stik die; - (Wissenschaft von den Schriften u. Leben der Kirchenväter); Pa|tri|s|ti|ker (Kenner, Erforscher der Patristik); pa|tri|stisch; Pa|tri|ze die; -, -n ⟨lat.⟩ (Druckw.: Stempel, Prägestock; Gegenform zur Matrize)

Pa|tri|zia, Pa|tri|cia ⟨lat.⟩ (w. Vorn.)

Pa|tri|zi|at das; -[e]s, -e ⟨lat.⟩ (Bürger-, Stadtadel); Pa|tri|zi|er [...i'r] (vornehmer Bürger [im alten Rom]); Pa|tri|zi|er|geschlecht, ...haus; pa|tri|zisch

Pa|tro|klos [auch: pat..., patro...] (Freund Achills); Pa|tro|klus [auch: pat..., pat...] vgl. Patroklos

Pa|tro|lo|gie die; - ⟨griech.⟩ (svw. Patristik); Pa|tron der; -s, -e ⟨lat.⟩ (Schutzherr, Schutzheiliger; veralt. für: Gönner, Förderer; meist verächtl. für: armseliger od. unliebsamer Mensch); Pa|tro|na die; -, ...nä ([heilige] Beschützerin); Pa|tro|na|ge [...aseh'] die; -, -n ⟨franz.⟩ (Günstlingswirtschaft, Protektion); Pa|tro|nanz die; - ⟨lat.⟩ (veralt. für: Patronage; österr. auch für: Schirmherrschaft); Pa|tro|nat das; -[e]s, -e ⟨lat.⟩ (Würde, Amt, Recht eines Schutzherrn [im alten Rom]; Rechtsstellung des Stifters einer Kirche oder seines Nachfolgers; Schirmherrschaft); Pa|tro|natsfest, ...herr; Pa|tro|ne die; -, -n ⟨franz.⟩ (Geschoß u. Treibladung enthaltende [Metall]hülse; Musterzeichnung auf kariertem Papier bei der Jacquardweberei; Tintenbehälter im Füllfederhalter; Behälter für Kleinbildfilm); Pa|tro|nen_gurt, ...hül|se, ...tasche, ...trom|mel; pa|tro|nie|ren (österr. für: [Wände] mit Hilfe von Schablonen bemalen); Patro|nin die; -, -nen ⟨lat.⟩ (Schutzherrin, Schutzheilige); pa|tro|nisie|ren (veralt. für: beschützen; begünstigen); Pa|tro|ny|mi|kon, Pa|tro|ny|mi|kum das; -s, ...ka ⟨griech.⟩ (nach dem Namen des Vaters gebildeter Name, z. B. Petersen = Peters Sohn); pa|tro|nymisch

Pa|trouil|le [patrulj'] österr.: ...truj'] die; -, -n ⟨franz.⟩ (Spähtrupp; Kontrollgang); Pa|trouil|len_boot, ...fahrt, ...flug, ...füh|rer, ...gang; pa|trouil|lie|ren [patruljir'n, österr.: ...trujir'n] (auf Patrouille gehen; [als Posten] auf u. ab gehen)

Pa|tro|zi|ni|um das; -s, ...ien [...i'n] ⟨lat.⟩ (im alten Rom die Vertretung durch einen Patron vor Gericht; Schutzherrschaft eines Heiligen über eine Kirche); Patro|zi|ni|ums|fest

patsch!; pitsch, patsch!; ¹Patsch der; -[e]s, -e (klatschendes Geräusch); ²Patsch der; -en, -en (österr. ugs. für: Tolpatsch); ¹Pat|sche die; - (Straßenkot, Schneeschlick); in der - sitzen (ugs. für: in einer unangenehmen Lage sein); ²Pat|sche die; -, -n (klatschendes Geräusch; Gegenstand zum Schlagen [z. B. Feuerpatsche]; ugs. auch für: Hand); pät|scheln (landsch. für: [spielerisch] rudern); ich ...[e]le (↑R 22); pat|schen (ugs.); du patschst (patschest); Pat|schen der; -s, - (österr. für: Hausschuh; ugs.: Reifendefekt); pat|sche|naß, patsch|naß (ugs. für: sehr naß); Pat|scherl das; -s, -n (österr. ugs. für: Tolpatsch); pat|schert (österr. ugs. für: unbeholfen); Patsch|hand, Patsch|händ|chen (Kinderspr.); patsch|naß vgl. patschenaß

Pat|schu|li das; -s, -s ⟨tamil.⟩ (Duftstoff aus der Patschulipflanze); Pat|schu|li.öl, ...pflanze (asiat. Pflanze)

patt ⟨franz.⟩ (zugunfähig [von einer Stellung beim Schachspiel]); - sein; Patt das; -s, -s

Pat|te die; -, -n ⟨franz.⟩ (Taschenklappe, Taschenbesatz)

Pat|tern [pät'rn] das; -s ⟨engl.⟩ (Psych.: [Verhaltens]muster, [Denk]schema; Sprachw.: Satzbaumuster)

pat|zen (ugs. für: etwas verderben, ungeschickt tun, einen Fehler machen); du patzt (patzest); Pat

zen *der;* -s, - (bayr. u. österr. für:
Klecks, Klumpen); **Pat|zer**
(jmd., der patzt; Fehler); **Pat|ze-**
rei (ugs.); **pat|zig** (ugs. für: frech,
grob; südd. auch für: klebrig,
breiig); **Pat|zig|keit** (ugs.)
Pau|kant *der;* -en, -en; ↑ R 197
(Studentenspr.: Zweikämpfer);
Pauk‿**arzt** (Studentenspr.), ...**bo-**
den (Studentenspr.), ...**bril|le**
(Studentenspr.); **Pau|ke** *die;* -,
-n; (ugs.:) auf die - hauen (ausge-
lassen sein); er haute auf die -;
pau|ken (die Pauke schlagen;
Studentenspr.: sich mit scharfen
Waffen schlagen; ugs. für: ange-
strengt lernen); **Pau|ken‿fell,**
...**höh|le** (Teil des Mittelohrs),
...**schall,** ...**schlag,** ...**schlä|ger,**
...**schle|gel,** ...**wir|bel;** **Pau|ker**
(Schülerspr. auch für: Lehrer);
Pau|ke|rei (ugs.); **Pau|kist** *der;*
-en, -en; ↑ R 197 (Paukenspieler);
Pauk|tag (Studentenspr.)
Paul (m. Vorn.); vgl. Paulus; **Pau-**
la, Pau|li|ne (w. Vorn.); **pau|li-**
nisch; -er Lehrbegriff, aber
(↑ R 134): Paul|li|nisch; -e Briefe,
Schriften; **Pau|li|nis|mus** *der;* -
(christl. Theol.: Lehre des Apo-
stels Paulus)
Paul|low|nia *die;* -, ...ien [...*i⁽ⁿ*]
⟨nach der russ. Großfürstin An-
na Pawlowna⟩ (ein Zierbaum)
Pauls|kir|che *die;* -; **Pau|lus** (Apo-
stel); Pauli (des Paulus) Bekeh-
rung (kath. Fest)
Pau|pe|ris|mus *der;* - ⟨lat.⟩ (veralt.
für: Massenarmut)
Pau|sa|ni|as (spartan. Feldherr u.
Staatsmann; griech. Reise-
schriftsteller)
Paus|back *der;* -[e]s, -e (landsch.
für: pausbackiger Mensch);
Paus|backen¹ *Plur.* (landsch. für:
dicke Wangen); **paus|backig¹,**
paus|bäckig¹
paus|chal (alles zusammen;
rund); **Pau|schal‿ab|schrei|bung,**
...**be|steue|rung** (↑ R 180), ...**be-**
wer|tung; Pau|scha|le *die;* -, -n,
(seltener:) *das;* -s, ...**lien** [...*i⁽ⁿ*]
⟨latinisierende Bildung zu dt.:
Pauschsumme⟩ (geschätzte Summe; Gesamtbetrag; Gesamtab-
findung); **pau|scha|lie|ren** (ab-
runden); **Pau|scha|li|tät** *die;* -
(Undifferenziertheit); **Pau|schal‿**
preis (vgl. ²Preis), ...**rei|se,**
...**sum|me,** ...**ur|teil,** ...**ver|si|che-**
rung; Pau|schal|wert|be|rich|ti-
gung (Wirtsch.: Berücksichti-
gung des Ausfallrisikos für eine
Vielzahl kleinerer Forderungen);
Pausch|be|trag; Pau|sche *die;* -,
-n (Wulst am Sattel; Handgriff
am Seitpferd); **Päu|schel** vgl.
Bäuschel; **Pau|schen|pferd** (bes.

schweiz. für: Seitpferd); **Pausch-**
‿quan|tum, ...**sum|me**
¹Pau|se *die;* -, -n ⟨griech.⟩ (Ruhe-
zeit; Unterbrechung); die große -
(in der Schule, im Theater)
²Pau|se *die;* -, -n ⟨franz.⟩ (Durch-
zeichnung); **pau|sen** (durch-
zeichnen); du paust (pausest); er
pauste
Pau|sen‿brot, ...**gym|na|stik,**
...**fül|ler** (ugs.), ...**hal|le; pau|sen-**
los; Pau|sen|zei|chen; pau|sie|ren
⟨griech.⟩ (innehalten, ruhen, zeit-
weilig aufhören)
Paus‿pa|pier, ...**zeich|nung**
Pa|via [...*wia*] (ital. Stadt)
Pa|vi|an [...*wi*...] *der;* -s, -e ⟨nie-
derl.⟩ (ein Affe)
Pa|vil|lon [*pawiljong,* österr.: ...*wi-*
jong] *der;* -s, -s ⟨franz.⟩ (kleiner,
frei stehender, meist runder Bau;
Ausstellungsgebäude; Festzelt;
vorspringender Gebäudeteil);
Pa|vil|lon|sy|stem (Architektur)
Paw|lat|sche *die;* -, -n ⟨tschech.⟩
(österr. für: Bretterbühne; bau-
fälliges Haus); **Paw|lat|schen-**
thea|ter (österr.)
Paw|low (russ.-sowjet. Physiolo-
ge); **Paw|lowsch;** die Paw-
lowschen Hunde (↑ R 134)
Pax *die;* - ⟨lat.⟩ (Friede; Friedens-
gruß); **Pax vo|bis|cum!** [- *wobiß-*
kum] („Friede [sei] mit euch!")
Paying guest [*pe'ing gäßt*] *der;* - -,
- -s (jmd., der im Ausland bei einer Familie als Gast wohnt, aber
für Unterkunft u. Verpflegung
bezahlt)
Pa|zi|fik [auch: *pa*...] *der;* -s ⟨lat.-
engl.⟩ (Großer od. Pazifischer
Ozean); **Pa|zi|fi|ka|ti|on** [...*zion*]
die; -, -en ⟨lat.⟩, **Pa|zi|fi|zie|rung**
(veralt. für: Beruhigung, Befrie-
dung); **Pa|zi|fik|bahn** *die;* -; **pa-**
zi|fisch (lat.-engl.); -e Inseln,
aber (↑ R 146): der Pazifische
Ozean; **Pa|zi|fis|mus** *der;* - ⟨lat.⟩
(Ablehnung des Krieges aus religiösen od. ethischen Gründen);
Pa|zi|fist *der;* -en, -en (↑ R 197);
pa|zi|fi|stisch; pa|zi|fi|zie|ren
(beruhigen; befrieden); **Pa|zi|fi-**
zie|rung vgl. Pazifikation
Pb = Plumbum (chem. Zeichen
für: Blei)
P. b. b. = Postgebühr bar bezahlt
(Österreich)
pc = Parsec
PC = Personalcomputer
p. c., %, v. H. = pro centum; vgl.
Prozent
PCB = polychlorierte Biphenyle
(bestimmte giftige, krebsaus-
lösende chemische Verbindungen)
p. Chr. [n.] = post Christum [na-
tum]
Pd = chem. Zeichen für: ²Palla-
dium

PdA = Partei der Arbeit (kommunistische Partei in der Schweiz)
Pearl Har|bor [*pö'l ha'b'r* (amerik.
Flottenstützpunkt im Pazifik)
Pech *das;* -s (seltener: -es) (für:
Pecharten *Plur.:*) -e; **Pech‿blen-**
de, ...**draht,** ...**fackel** [*Trenn.:*
...**fak|kel**]; **pech|fin|ster** (ugs.);
pe|chig; Pech‿koh|le, ...**nel|ke;**
pech|ra|ben|schwarz (ugs.); **pech-**
schwarz (ugs.); **Pech‿strähn|e**
(ugs. für: Folge von Fällen, in
denen man Unglück hat), ...**vo-**
gel (ugs. für: Mensch, der [häu-
fig] Unglück hat)
Pe|dal *das;* -s, -e ⟨lat.⟩ (Fußhebel;
Teil am Fahrradtretkurbel);
Pe|dal|weg
pe|dant, -este (österr. für: pedan-
tisch); **Pe|dant** *der;* -en, -en
(↑ R 197) ⟨griech.⟩ (ein in übertrie-
bener Weise genauer, kleinlicher
Mensch); **Pe|dan|te|rie** *die;* -,
...ien; **pe|dan|tisch;** -ste; **Pe|dan-**
tis|mus *der;* - (veralt. für: Klein-
lichkeit)
Ped|dig|rohr (geschältes span.
Rohr zum Flechten von Körben)
Pe|dell *der;* -s, -e, österr. meist:
der; -en, -en (veralt. für: Haus-
meister einer [Hoch]schule)
Pe|di|gree [*pädigri*] *der;* -s, -s
⟨engl.⟩ (Stammbaum bei Tieren
u. Pflanzen)
Pe|di|kü|re *die;* -, -n ⟨franz.⟩ (Fuß-
pflege [nur *Sing.*]; Fußpflege-
rin); **pe|di|kü|ren;** er hat pedi-
kürt; **Pe|di|ment** *das;* -s, -e ⟨lat.⟩
(Geogr.: schwach geneigte Flä-
che am Fuß eines Gebirges); **Pe-**
do|graph *der;* -en, -en (↑ R 197)
⟨lat.⟩ (Wegmesser)
Pe|dro (span. u. port. Form von:
Peter)
Pee|ling [*pi*...] *das;* -s, -s ⟨engl.⟩
(kosmetische Schälung der [Ge-
sichts]haut)
Pee|ne *die;* - (westl. Mündungs-
arm der Oder)
Peep-Show [*pip*...] *die;* -, -s ⟨engl.⟩
(Veranstaltung, bei der man ge-
gen Entgelt durch ein Guckloch
eine unbekleidete Frau betrachten kann)
¹Peer, Per (skandinav. Formen
von: Peter); vgl. Peer Gynt
²Peer [*pir*] *der;* -s, -s ⟨engl.⟩ (Mitglied des höchsten engl. Adels;
Mitglied des engl. Oberhauses);
vgl. Pair; **Pee|rage** [*pirideeh*] *die;*
- (Würde eines Peers; Gesamt-
heit der Peers); **Pee|reß** [*piriß*]
die; -, ...resses [...*ßis*] (Gemahlin
eines Peers)
Peer Gynt (norweg. Sagengestalt;
Titelheld eines Schauspiels von
Ibsen)
Peers|wür|de [*pirß*...]
Pe|ga|sos (griech.); vgl. Pegasus;
¹Pe|ga|sus *der;* - (geflügeltes Roß

---
¹ *Trenn.:* ...k|k...

der griech. Sage; Dichterroß);
²Pe̱|ga|sus *der; -* (ein Sternbild)
Pe̱|gel *der; -s, -* (Wasserstands-
messer); Pe̱|gel_hö̱|he, ...stand
Peg|ma|tit *der; -s, -e* ⟨griech.⟩ (ein
Gestein)
¹Peg|nitz *die; -* (r. Nebenfluß der
Rednitz [Regnitz]); ²Peg|nitz
(Stadt an der Pegnitz); Peg|nitz-
or|den *der; -s* (↑R 149)
Peh|le|wi [*päch...*] *das; -s* (Mittel-
persisch)
Pei|les *Plur.* ⟨hebr.⟩ (Schläfenlok-
ken [der orthodoxen Ostjuden])
pei̱|len (die Himmelsrichtung,
Richtung einer Funkstation,
Wassertiefe bestimmen); Pei̱|ler
(Einrichtung zum Peilen; das
Peilen Ausführender); Peil_fre-
quenz, ...li|nie, ...rah|men (Funk-
wesen); Pei̱|lung
Pein *die; -;* pei̱|ni|gen; Pei̱|ni|ger;
Pei̱|ni|gung; pein|lich; (Rechts-
spr., hist.:) -es Recht (Straf-
recht); -e Gerichtsordnung (Straf-
prozeßordnung); Pein|lich|keit;
pein|sam; pein|voll
Pei|si|stra|tos (Tyrann von Athen)
Peit|sche *die; -, -n;* peit|schen; du
peitschst (peitschest); Peit-
schen_hieb, ...knall, ...leuch|te
(moderne Straßenlaterne mit
gebogenem Mast), ...schlag,
...schlan|ge, ...stiel, ...wurm
pe|jo|ra|tiv (Sprachw.: verschlech-
ternd, abschätzig); Pe|jo|ra|ti-
vum [...*wum*] *das; -s, ...va*
(Sprachw.: Wort mit abschätzi-
gem Sinn)
Pe̱|ka|ri *das; -s, -s* ⟨karib.-franz.⟩
(amerik. Wildschwein)
Pe̱|ke|sche *die; -, -n* ⟨poln.⟩
(Schnürrock; student. Festjacke)
Pe̱|kin|ge|se *der; -n, -n;* ↑R 197
(nach der chin. Hptst. Peking
(eine Hunderasse); Pe̱|king
(Hptst. Chinas); Pe̱|king_mensch
(Anthropol.), ...oper
Pek|ten|mu|schel (lat.; dt.) (Zool.:
Kammuschel)
Pek|tin *das; -s, -e* (meist *Plur.*)
⟨griech.⟩ (gelierender Pflanzen-
stoff in Früchten, Wurzeln u. a.)
pek|to|ral ⟨lat.⟩ (Med.: die Brust
betreffend; Brust...); Pek|to|ra|le
*das; -[s], -s u. ...lien [...*i⁀en*]* (Brust-
kreuz kath. geistl. Würdenträger;
mittelalterl. Brustschmuck)
pe|ku|ni|är ⟨lat.-franz.⟩ (geldlich;
in Geld bestehend; Geld...)
pek|zie|ren ⟨lat.⟩ (mdal. für: sich
vergehen, Böses tun; einen Fehler machen); vgl. pexieren
Pe̱|la|gi|al *das; -s* ⟨griech.⟩ (Ökolo-
gie: das freie Wasser der Meere
und Binnengewässer)
Pe̱|la|gi|a|ner; ↑R 180 (Anhänger
der Lehre des Pelagius); Pe̱|la-
gia|nis|mus *der; -* (↑R 180)
pe̱|la|gisch ⟨griech.⟩ (im freien

Wasser lebend), aber (↑R 146):
Pelagische Inseln (Inselgruppe
südl. von Sizilien)
Pe̱|la|gi|us (engl. Mönch)
Pe|lar|go̱|nie [...*i⁀e*] *die; -, -n*
⟨griech.⟩ (eine Zierpflanze); Pe-
lar|go̱|ni|en|beet
Pe|la̱s|ger (meist *Plur.*; Angehöri-
ger einer sagenhaften Urbevöl-
kerung Griechenlands); pe|la̱s-
gisch
pêle-mêle [*pälmäl*] ⟨franz.⟩ (durch-
einander); Pele|mele [*pälmäl*]
das; - (Mischmasch; Süßspeise)
Pe|le|ri̱|ne *die; -, -n* ⟨franz.⟩ (är-
melloser) Umhang; veralt.: Regenmantel)
Pe̱|leus [...*leuß*] (Vater des Achill)
Pe̱|li|de *der; -n;* ↑R 197 (Peleus-
sohn, Beiname Achills)
Pe̱|li|kan [auch: *...a̱n*] *der; -s, -e*
⟨griech.⟩ (ein Vogel)
Pe̱|li|on *der; -s* (Gebirge in Thessa-
lien)
Pel|la|gra *das; -[s]* ⟨griech.⟩
(Krankheit durch Mangel an Vit-
amin B₂); Pe̱l|le *die; -, -n* ⟨lat.⟩
(landsch. für: Haut, Schale);
jmdm. auf die - rücken (ugs. für:
energisch zusetzen); jmdm. auf
der - sitzen (ugs. für: lästig sein);
pe̱l|len (landsch. für: schälen);
Pe̱l|kar|tof|fel
Pe̱l|o|pi|das (theban. Feldherr);
Pe̱l|o|pon|nes *der; -[es];* fachspr.
auch: *die; -* (südgriech. Halbin-
sel); vgl. Morea; pe̱l|o|pon|ne-
sisch, aber (↑R 157): der Pelo-
ponnesische Krieg; Pe̱l|ops
(Sohn des Tantalus)
Pe̱l|o|rie [...*i⁀e*] *die; -, -n* ⟨griech.⟩
(Bot.: atavistische Blütenbil-
dung)
Pe̱l|o|ta *die; -* ⟨span.⟩ (baskisches
Ballspiel)
Pe̱l|o|ton [...*to̱ng*] *das; -s, -s*
⟨franz.⟩ (früher für: kleine Abteilung, Reihe von Soldaten); Pe-
lot|te *die; -, -n* (ballenförmiges
Druckpolster)
Pel|sei|de *die; -* ⟨ital.; dt.⟩ (gering-
wertiges Rohseidengarn)
Pel|tast *der; -en, -en* (↑R 197)
⟨griech.⟩ (altgriech. Leichtbe-
waffneter)
Pe̱|lu̱sch|ke *die; -, -n* ⟨slaw.⟩ (ostd.
für: Ackererbse)
Pelz *der; -es, -e;* jmdm. auf den -
rücken (jmdn. drängen); pelz|be-
setzt; ¹pe̱l|zen (veralt. für: den
Pelz abziehen; ugs. für: faul sein,
sich vor der Arbeit drücken); du
pelzt (pelzest)
²pe̱l|zen (pfropfen); du pelzt (pel-
zest)
pelz|ge|fü̱t|tert; pe̱l|zig; Pelz_kap-
pe, ...kra|gen, ...man|tel, ...mär-
te (*der; -s, -n*) u. ...mär|tel (*der; -s,
-*) (nach dem hl. Martin) (bayr.,
schwäb., schles. für: Knecht

Ruprecht), ...müt|ze, ...nickel
[*Trenn.: ...nik|kel*] (vgl. Belznik-
kel), ...sto|la, ...tier; Pelz|tier-
farm; pelz|ver|brämt; Pelz_ver-
brä|mung, ...wa|re, ...werk (*das;
-[e]s*)
Pem|mi|kan *der; -s* ⟨indian.⟩ (halt-
barer Dauerproviant nordamerik. Indianer aus getrocknetem
Fleisch u. Fett)
Pem|phi|gus *der; -* ⟨griech.⟩ (Med.:
eine Hautkrankheit)
Pe̱|nal|ty [*pän'lti*] *der; -[s], -s*
⟨engl.⟩ (Strafstoß bes. im Eishok-
key])
Pe̱|na|ten *Plur.* ⟨lat.⟩ (röm. Haus-
götter; übertr. für: häuslicher
Herd, Wohnung, Heim)
Pence [*pänß*] (*Plur.* von: Penny)
PEN-Club *der; -s* ⟨engl.⟩ (Kurzw.
aus: poets, essayists, novelists u.
Club) (internationale Schriftstel-
lervereinigung)
Pen|dant [*pangda̱ng*] *das; -s, -s*
⟨franz.⟩ (ergänzendes Gegen-
stück; veralt. für: Ohrgehänge)
Pen|del *das; -s, -* ⟨lat.⟩ (um eine
Achse od. einen Punkt frei
schwingender Körper); Pen|del-
.ach|se (Kfz-Technik), ...lam|pe;
pen|deln (schwingen; hin- u. her-
laufen); ich ...[e]le (↑R 22); Pen-
del_sä|ge, ...schwin|gung, ...tür,
...uhr, ...ver|kehr; pen|dent ⟨ital.⟩
(schweiz. für: schwebend, uner-
ledigt); Pen|den|tif [*pangdangtif*]
das; -s, -s (Architektur: Zwickel;
auch: Schmuckanhänger); Pen-
denz *die; -, -en* ⟨ital.⟩ (schweiz.
für: schwebendes Geschäft, un-
erledigte Aufgabe)
Pen|de|rec|ki [...*räzki*] (poln.
Komponist)
Pen|d|ler; Pen|du|le [*pangdül'*] *die;
-, -n* (franz. Schreibung für: Pen-
düle); Pen|dü|le *die; -, -n* (früher
für: Pendel-, Stutzuhr)
Pe̱|ne|lo|pe (Odysseus' Gemahlin)
Pe̱|ne|plain [...*ple̱'n*] *die; -, -s*
⟨engl.⟩ (svw. Fastebene)
Pe̱|nes (*Plur.* von: Penis)
pe̱|ne|tra̱nt *-este* ⟨franz.⟩ (durch-
dringend; aufdringlich); Pe̱|ne-
tra̱nz *die; -, -en* (Aufdringlich-
keit; Genetik: Häufigkeit, mit
der ein Erbfaktor wirksam wird);
Pe̱|ne|tra|ti|on [...*zion*] *die; -, -en*
⟨lat.⟩ (Durchdringung, Durchset-
zung; das Eindringen); pe̱|ne-
trie̱|ren; Pe̱|ne|tro|me|ter *das; -s,
- (lat.; griech.)* (Gerät zum Messen der Viskosität von Schmier-
fetten)
Peng!; peng, peng!
Pen|hol|der|griff [...*ho̱⁀ld'r...*]
⟨engl.; dt.⟩ (Tischtennis: Schlä-
gerhaltung, bei der der Griff zwischen Daumen u. Zeigefinger
nach oben zeigt)
pe̱|ni|bel ⟨franz.⟩ (sehr genau, fast

kleinlich; mdal. für: peinlich);
...i|ble Lage; Pe|ni|bi|li|tät *die; -,*
-en (Genauigkeit)
Pe|ni|cil|lin vgl. Penizillin
Pen|in|su|la *die; -, ...*suln ⟨lat.⟩
(Halbinsel); pen|in|su|lar, pen|in-
su|la|risch
Pe|nis *der; -, -se* u. Pe̱nes ⟨lat.⟩
(männl. Glied); Pe̱|nis|neid
(Psych.)
Pe|ni|zil|lin, (fachspr. u. österr.:)
Pe|ni|cil|lin *das; -s, -e* ⟨lat.⟩ (ein
antibiotisches Heilmittel); Pe|ni-
zil|lin-am|pul|le, ...sprit|ze
Pen|nal *das; -s, -e* ⟨lat.⟩ (österr.,
sonst veralt. für: Federbüchse;
Schülerspr. früher für: höhere
Lehranstalt); Pen|nä|ler *der; -s, -*
(ugs. für: Schüler einer höheren
Lehranstalt); pen|nä|ler|haft;
Pen|na|lis|mus *der; -* (früher:
Dienstverhältnis zwischen jüngeren u. älteren Studenten)
Penn|bru|der (verächtl.); [1]Pen|ne
die; -, -n ⟨jidd.⟩ (Gaunerspr. für:
einfache Herberge)
[2]Pen|ne *die; -, -n* ⟨lat.⟩ (Schülerspr.
für: Schule)
pen|nen (ugs. für: schlafen); Pen-
ner (svw. Pennbruder)
Pen|ni *der; -[s], -[s]* (finn. Münze;
Abk.: p; 100 Penni = 1 Markka)
Penn|syl|va|nia [...*ßilwe̱'ni*⟨] , einge-
deutscht: Penn|syl|va|ni|en [...*sil-
wani⟨n*] (Staat in den USA; Abk.:
Pa.); penn|syl|va|nisch
Pen|ny [*pä̱ni*] *der; -s,* Pennies [*pä̱-
nis*] (einzelne Stücke) u. Pence
[*pä̱nß*] (Wertangabe) ⟨engl.⟩
(engl. Münze; Abk.: p, früher: d
[= denarius])
Pen|sa (*Plur.* vgl. von: Pensum)
pen|see [*pãße̱*] ⟨franz.⟩ (dunkel-
lila); ein pensee Kleid; vgl. blau;
Pen|see *das; -s, -s* ⟨franz. Bez.
für: Gartenstiefmütterchen);
pen|see|far|big; Pen|see|kleid
Pen|sen (*Plur.* von: Pensum); Pen-
si|on [*pãßion, pãßión*[1]] *der; -,*
-en ⟨franz.⟩ (Ruhestand [nur
Sing.]; Ruhe-, Witwengehalt;
kleineres Hotel, Fremdenheim);
Pen|sio|när[1] *der; -s, -e* (Ruhe-
ständler; bes. schweiz. für: Kost-
gänger, [Dauer]gast einer Pen-
sion); Pen|sio|nä|rin[1] *die; -, -nen;*
Pen|sio|nat *das; -[e]s, -e* (Inter-
nat, bes. für Mädchen); pen|sio-
nie|ren[1] (in den Ruhestand ver-
setzen); Pen|sio|nie|rung[1]; Pen-
sio|nist [*pä̱nsi...*] *der; -en, -en;*
↑ R 197 (österr., schweiz. für: Ru-
heständler); Pen|si|ons[1]-al|ter,
...an|spruch; pen|si|ons|be|rech-
tigt[1]; Pen|si|ons[1]-gast, ...ge-
schäft (Bankw.: Aufnahme eines
Darlehens gegen Verpfändung

von Wechseln od. Effekten),
...kas|se (Einrichtung in Großbe-
trieben, die Betriebsangehörigen
Alters-, Hinterbliebenen- und
Invaliditätsrente gewähren),
...preis (vgl. [2]Preis); pen|si|ons-
reif[1] (ugs.); Pen|si|ons|rück|stel-
lun|gen[1] (*Plur.;* Wirtsch.); Pen-
sum *das; -s, ...sen* u. ...sa ⟨lat.⟩
(zugeteilte Arbeit; Lehrstoff)
pent... ⟨griech.⟩ (fünf...); Pent...
(Fünf...); Pen|ta|de *die; -, -n*
(Zeitraum von fünf Tagen); Pen-
ta|eder *das; -s, -* (Fünfflach);
Pen|ta|gon *das; -s, -e* (Fünfeck;
[*pän...*] nur *Sing.*:] das auf einem
fünfeckigen Grundriß errichtete
amerik. Verteidigungsministeri-
um); Pen|ta|gon|do|de|ka|eder
(von zwölf Fünfecken begrenzter
Körper); Pen|ta|gramm *das; -s,*
-e, Pent|al|pha *das; -, -s* (Druden-
fuß); Pent|ame|ron *das; -s* (nea-
politan. Volksmärchensamm-
lung); Pen|ta|me|ter *der; -s, -* (ein
fünffüßiger Vers); Pen|tan *das;*
-s, -e (ein Kohlenwasserstoff);
Pent|ar|chie *die; -, ...ien* (Fünf-
herrschaft); Pen|ta|teuch *der; -s*
(die fünf Bücher Mose des AT);
Pent|ath|lon [auch: *pänt...*] *das;*
-s (antiker Fünfkampf); Pen|ta-
to|nik *die; -* (Fünftonmusik);
Pen|te|ko|ste *die; -* (50. Tag nach
Ostern; Pfingsten)
Pen|te|li|kon *der; -s* (Gebirge in
Attika); pen|te|lisch; -er Marmor
Pen|te|re *die; -, -n* ⟨griech.⟩ („Fünf-
ruderer" [antikes Kriegsschiff])
Pent|haus *das; -es, ...häuser* (ein-
gedeutscht für: Penthouse)
Pent|he|si|lea, Pent|he|si|leia
⟨griech.⟩ (eine Amazonenköni-
gin)
Pent|house [*pänthauß*] *das; -, -s*
[...*sis*] ⟨amerik.⟩ (exklusive Dach-
terrassenwohnung über einem
Etagenhaus)
Pent|ode *die; -, -n* ⟨griech.⟩ (Elek-
tronenröhre mit 5 Elektroden)
Pe|nun|zen *Plur.* ⟨poln.⟩ (ugs. für:
Geld)
pen|zen (österr. ugs. für: betteln,
bitten; ständig ermahnen)
Pep *der; -[s]* ⟨amerik.; von pepper
= Pfeffer⟩ (Schwung, Elan); Pe-
pe|ro|ne *der; -, ...oni* u. Pe|pe|ro-
ni *die; -, -* (meist *Plur.*) ⟨ital.⟩
(scharfe, kleine [in Essig einge-
machte] Paprikaschote)
Pe|pi (Kurzform von: Joseph, Jo-
sephine u. Sophie)
Pe|pi|ta *der* od. *das; -s, -s* ⟨span.⟩
(kariertes Gewebe); Pe|pi|ta-
_kleid, ...ko|stüm
Pe̱|plon *das; -s, ...*plen u. -s
⟨griech.⟩ und Pe̱|plos *der; -,*

...plen u. - (altgriech. Umschlagtuch der Frauen)
Pep-.mit|tel (Aufputzmittel),
...pil|le
[1]Pep|ping, Ernst (dt. Komponist
u. Musikschriftsteller)
[2]Pep|ping *der; -s, -e* u. -s ⟨engl.⟩
(ein kleiner Apfel)
Pep|po (ital. Kurzform von: Jo-
seph)
Pep|sin *das; -s, -e* ⟨griech.⟩ (Fer-
ment des Magensaftes; Heilmit-
tel); Pep|sin|wein; Pep|ti|sa|ti|on;
vgl. Peptisierung; pep|tisch (ver-
dauungsfördernd); pep|ti|sie|ren
(in kolloide Lösung überführen);
Pep|ti|sie|rung, Pep|ti|sa|ti|on
[...*zion*] *die; -;* Pep|ton *das; -s, -e*
(Abbaustoff des Eiweißes); Pep-
ton|urie *die; -* (Med.: Ausschei-
dung von Peptonen im Harn)
per ⟨lat.⟩ (durch, mit, gegen, für);
sehr häufig in der Amts- u. Kaufmannsspr., z. B. - Adresse ([Abk.:
p. A.], besser: bei); - Bahn (besser: mit der Bahn); - Eilboten
(besser: durch Eilboten); - Monat (besser: jeden Monat, im
Monat, monatlich); - sofort (besser: [für] sofort); - Stück (besser:
das, je od. pro Stück); - ersten Januar (besser: für ersten Januar,
zum ersten Januar); - einge-
schriebenen (besser: als einge-
schriebenen) Brief
Per, Peer (skandinav. Formen
von: Peter)
per as|pe|ra ad as|tra ⟨lat.⟩ („auf
rauhen Wegen zu den Sternen")
Per|bo|rat *das; -[e]s, -e* (meist
Plur.) ⟨lat.; pers.⟩ (techn. wichtige chem. Verbindung aus Was-
serstoffperoxyd [vgl. Oxid] u.
Boraten); Per|bor|säu|re *die;*
per cas|sa ⟨ital.⟩ ([gegen] bar, bei
Barzahlung); vgl. Kassa
Perch|ten *Plur.* (Dämonengrup-
pe); Perch|ten-ge|stal|ten *Plur.,*
...mas|ken *Plur.*
per|du [*pärdü̱*] ⟨franz.⟩ (ugs. für:
verloren, weg, auf und davon)
per|eant! ⟨lat.⟩ (Studentenspr.:
„sie mögen zugrunde gehen!",
nieder!); per|eat! (Studen-
tenspr.: „er gehe zugrunde!",
nieder!); Per|eat *das; -s, -s* (Stu-
dentenspr.)
Père-La|chaise [*pärlaschäs*] *der; -*
(Friedhof in Paris)
Per|em|p|ti|on [...*zion*] *die; -, -en*
⟨lat.⟩ (veralt. für: Verjährung);
per|em|p|to|risch (aufhebend;
endgültig)
per|en|nie|rend ⟨lat.⟩ (Bot.: aus-
dauernd; mehrjährig [von Stau-
den- u. Holzgewächsen])
per|fekt; -este ⟨lat.⟩ (vollendet,
vollkommen [ausgebildet]; abge-
macht; gültig); Per|fekt [auch:
...*fäkt*] *das; -[e]s, -e* (Sprachw.:

Vollendung in der Gegenwart, Vorgegenwart, zweite Vergangenheit); Per|fek|ti|bel (vervollkommnungsfähig); ...i|ble Dinge; Per|fek|ti|bi|lis|mus der; - (Lehre von der Vervollkommnung [des Menschengeschlechtes]); Per|fek|ti|bi|list der; -en, -en (↑R 197); Per|fek|ti|bi|li|tät die; - (Vervollkommnungsfähigkeit); Per|fek|ti|on [...zion] die; -, -en (Vollendung, Vollkommenheit [nur Sing.]; veralt. für: Zustandekommen [eines Rechtsgeschäftes]); per|fek|tio|nie|ren; Per|fek|tio|nis|mus der; - (übertriebenes Streben nach Vervollkommnung); Per|fek|tio|nist der; -en, -en (↑R 197); per|fek|tio|ni-stisch (in übertriebener Weise Perfektion anstrebend; bis in alle Einzelheiten vollständig, umfassend); per|fek|tisch (das Perfekt betreffend); per|fek|tiv, in der Fügung: -e Aktionsart (Aktionsart eines Verbs, die eine zeitl. Begrenzung des Geschehens ausdrückt, z. B. „verblühen"); per|fek|ti|visch [...wisch] (perfektivisch)

per|fid (österr. nur so), per|fi|de; ...deste (lat.-franz.) (treulos; hinterlistig, tückisch); per|fi|die die; -, ...ien; Per|fi|di|tät die; -, -en (selten für: Perfidie)

Per|fo|ra|ti|on [...zion] die; -, -en (lat.) (Durchbohrung; Lochung; Reiß-, Trennlinie); Per|fo|ra|tor der; -s, ...oren (Gerät zum Perforieren); per|fo|rie|ren; Per|fo|rier|ma|schi|ne

Per|for|manz die; -, -en (lat.) (Sprachw.: Sprachverwendung in einer bestimmten Situation); per|for|ma|tiv, per|for|ma|to-risch (eine mit einer Äußerung beschriebene Handlung zugleich vollziehend, z. B. „ich gratuliere dir")

per|ga|me|nisch (aus Pergamon), aber (↑R 157): die Pergamenischen Altertümer (in Berlin); Per|ga|ment das; -[e]s, -e (griech.) (bearbeitete Tierhaut; alte Handschrift [auf Tierhaut]); Per|ga|ment|band der; per|ga|men|ten (aus Pergament); Per|ga|ment|pa|pier; Per|ga|min das; -s (durchscheinendes, pergamentartiges Papier); Per|ga|mon, Per|ga|mum (antike Stadt in Nordwestkleinasien); Per|ga|mon.al|tar, ...mu|se|um das; -s (↑R 149)

Per|gel das; -s, - (ital.) (südd. für: Weinlaube); Per|go|la die; -, ...len (Weinlaube; offener Laubengang)

per|hor|res|zie|ren (lat.) (verabscheuen, zurückschrecken)

Plur.) (pers.) (feenhaftes Wesen der altpers. Sage)
pe|ri... (griech.) (um..., herum...);
Pe|ri... (Um..., Herum...)
Pe|ri|ar|thri|tis die; -, ...iti|den (griech.) (Med.: Entzündung in der Umgebung von Gelenken)
Pe|ri|car|di|um vgl. Perikardium
Pe|ri|chon|dri|tis [...chon...] die; -, ...iti|den (griech.) (Med.: Knorpelhautentzündung); Pe|ri|chon|dri|um das; -s, ...ien [...i⁽ⁿ] (Med.: Knorpelhaut)
pe|ri|cul|lum in mo|ra (lat.) (Gefahr besteht, wenn man zögert)
Pe|ri|derm das; -s, -e (griech.) (ein Pflanzengewebe)
Pe|ri|dot der; -s (franz.) (ein Mineral); Pe|ri|do|tit der; -s, -e (ein Tiefengestein)
Pe|ri|gas|tri|tis die; -, ...iti|den (griech.) (Med.: Entzündung des Bauchfellüberzuges des Magens)
Pe|ri|gä|um das; -s, ...äen (griech.) (Astron.: der Punkt der Mondbahn, der der Erde am nächsten liegt; Ggs.: Apogäum); Pe|ri|gon das; -s, -e u. Pe|ri|go|ni|um das; -s, ...ien [...i⁽ⁿ] (Blütenhülle aus gleichartigen Blättern); Pe|ri|hel das; -s, -e (Astron.: der Punkt einer Planeten- od. Kometenbahn, der der Sonne am nächsten liegt; Ggs.: Aphel); Pe|ri|he|pa|ti|tis die; -, ...iti|den (Med.: Entzündung des Bauchfellüberzuges der Leber); Pe|ri|kard das; -s, -e u. Pe|ri|kar|di|um, (med. fachspr.:) Pe|ri|car|di|um das; -s, ...ien [...i⁽ⁿ] (Med.: Herzbeutel); Pe|ri|kar|di|tis die; -, ...iti|den (Med.: Herzbeutelentzündung); Pe|ri|karp das; -s, -e (Bot.: [äußere] Hülle der Früchte von Samenpflanzen); Pe|ri|klas der; - u. -es, -e (ein Mineral)
pe|ri|kle|isch; -er Geist, aber (↑R 134): Pe|ri|kle|isch; -e Verwaltung; Pe|ri|kles (athen. Staatsmann)
Pe|ri|ko|pe die; -, -n (griech.) (zu gottesdienstl. Verlesung vorgeschriebener Bibelabschnitt; Strophengruppe)
Pe|ri|me|ter das; -s, - (Med.: Vorrichtung zur Messung des Gesichtsfeldes); pe|ri|me|trisch (Med.)
pe|ri|na|tal (die Zeit kurz vor, während u. nach der Geburt betreffend); -e Medizin
Pe|ri|ode die; -, -n (griech.) (Umlauf[szeit] eines Gestirns; Kreislauf; Zeit[abschnitt, -raum]; Menstruation; [kunstvolles] Satzgefüge; Schwingungsdauer); Pe|ri|oden.er|folg (Wirtsch.), ...rech|nung (Wirtsch.), ...sy|stem (Chemie), ...zahl; pe|ri|odig (z. B. zweiperiodig); Pe|ri|odik

die; - (svw. Periodizität); Pe|ri|odi|kum das; -s, ...ka (meist Plur.; periodisch erscheinende [Zeit]schrift); pe|ri|odisch (regelmäßig auftretend, wiederkehrend); -er Dezimalbruch; -es System; pe|ri|odi|sie|ren (in Zeitabschnitte einteilen); Pe|ri|odi|sie|rung; Pe|ri|odi|zi|tät die; - (regelmäßige Wiederkehr)
Pe|ri|odon|ti|tis die; -, ...iti|den (griech.) (Med.: Entzündung der Zahnwurzelhaut); Pe|ri|öke der; -n, -n; ↑R 197 („Umwohner"; freier, aber polit. rechtloser Bewohner Spartas); pe|ri|oral (Med.: um den Mund herum); Pe|ri|ost das; -[e]s, -e (Med.: Knochenhaut); Pe|ri|osti|tis die; -, ...iti|den (Med.: Knochenhautentzündung)
Pe|ri|pa|te|ti|ker (griech.) (Philosoph aus der Schule des Aristoteles); pe|ri|pa|te|tisch; Pe|ri|pa|tos der; - (Promenade, Wandelgang; Teil der Schule in Athen, wo Aristoteles lehrte); Pe|ri|pe|tie die; -, ...ien (entscheidender Wendepunkt, Umschwung); pe|ri|pher (am Rande befindlich, Rand...); Pe|ri|phe|rie die; -, ...ien ([Kreis]umfang; Umkreis; Randgebiet [der Großstädte], Stadtrand); pe|ri|phe|risch (älter für: peripher); Pe|ri|phra|se die; -, -n (Umschreibung); pe|ri|phra|sie|ren; pe|ri|phra|stisch (umschreibend); Pe|ri|pte|ros der; -, - od. ...pteren (griechischer Tempel mit einem umlaufenden Säulengang)
Pe|ri|skop das; -s, -e (griech.) (Fernrohr [für Unterseeboote] mit gebrochenem Strahlengang); pe|ri|sko|pisch; Pe|ri|spo|me|non das; -s, ...na (griech. Sprachw.: Wort mit dem Zirkumflex auf der letzten Silbe); Pe|ri|stal|tik die; - (Med.: Bewegung des Magens, Darms [u. a.], bei der durch fortlaufendes Zusammenziehen einzelner Abschnitte des Magen-, Darminhalt weitertransportiert wird); pe|ri|stal|tisch; Pe|ri|sta|se die; -, -n (die auf die Entwicklung des Organismus einwirkende Umwelt); pe|ri|sta|tisch (umweltbedingt); Pe|ri|sty|li|um das; -s, ...ien [...i⁽ⁿ] (mittelalterl. Hostiengefäß in Gestalt einer Taube); Pe|ri|styl das; -s, -e, Pe|ri|sty|li|um das; -s, ...ien [...i⁽ⁿ] (von Säulen umgebener Innenhof des antiken Hauses); Pe|ri|to|ne|um das; -s, ...neen (Med.: Bauchfell); Pe|ri|to|ni|tis die; -, ...iti|den (Med.: Bauchfellentzündung)
Per|kal der; -s, -e (pers.) (ein Baumwollgewebe); Per|ka|lin

das; -s, -e (ein Baumwollgewebe [für Bucheinbände])
Per|ko|lat *das;* -[e]s, -e ⟨lat.⟩ (durch Perkolation gewonnener Pflanzenextrakt); Per|ko|la|ti|on [...*zion*] *die;* -, -en (Herstellung konzentrierter Pflanzenextrakte); Per|ko|la|tor *der;* -s, ...*oren* (Gerät zur Perkolation); per|ko|lie|ren
Per|kus|si|on *die;* -, -en ⟨lat.⟩ (Zündung durch Stoß od. Schlag [beim Perkussionsgewehr des 19. Jh.s]; ärztl. Organuntersuchung durch Beklopfen der Körperoberfläche; Anschlagvorrichtung beim Harmonium); Per|kus|si|ons_ge|wehr, ...ham|mer, ...in|stru|ment (Schlaginstrument), ...schloß, ...zün|dung; per|kus|so|risch (Med.: durch Perkussion nachweisbar)
per|ku|tan ⟨lat.⟩ (Med.: durch die Haut hindurch)
per|ku|tie|ren ⟨lat.⟩ (Med.: abklopfen); per|ku|to|risch (svw. perkussorisch)
Perl *die;* - (ein Schriftgrad); Per|le *die;* -, -n; *¹*per|len (tropfen; Bläschen bilden); *²*per|len (aus Perlen); per|len_be|setzt, ...be|stickt; Per|len_fi|scher, ...ket|te, ...kol|lier, ...schnur (*Plur.* ...schnüre); Per|len_sticke|rei [*Trenn.:* ...stik|ke...], ...tau|cher; Perl|garn; perl|grau; Perl|huhn; perl|lig; Per|lit *der;* -s, -e ⟨lat.⟩ (ein Gestein; Gefügebestandteil des Eisens); Perl|it|guß (Spezialgußeisen für hohe Beanspruchungen); Perl|mu|schel; Perl|mutt [auch: *pärl...*] *das;* -s (verkürzt aus „Perlmutter"); Perl|mut|ter [auch: *pärl...*] *die;* - od. *das;* -s (glänzende Innenschicht von Perlmuschel- u. Seeschneckenschalen); perl|mut|ter|far|ben¹; Perl|mut|ter|knopf¹, Perl|mutt|knopf¹; Perl|mut|ter|fal|ter¹; perl|mut|tern¹ (aus Perlmutter)
Per|lon ⓦ *das;* -s (eine synthet. Textilfaser); Per|lon|strumpf; perl|lon|ver|stärkt
Perl_schrift, ...stich
Per|lu|stra|ti|on [...*zion*] *die;* -, -en ⟨lat.⟩, Per|lu|strie|rung (österr., sonst veralt. für: Durchmusterung, genaue Untersuchung [eines Verdächtigen]); per|lu|strie|ren
Perl|wein; perl|weiß; Perl|zwie|bel
*¹*Perm (Stadt in der UdSSR); *²*Perm *das;* -s ⟨Geol.⟩ (jüngster Teil des Paläozoikums)
per|ma|nent; -este ⟨lat.⟩ (dauernd, ununterbrochen, ständig); Per|ma|nent_gelb, ...weiß; Per|ma-

---
¹ Auch: *pärl...*

nenz *die;* - (Dauer, Ständigkeit); in - (dauernd, ständig); Per|ma|nenz|theo|rie (Geol.)
Per|man|ga|nat *das;* -[e]s, -e ⟨lat. griech.⟩ (chem. Verbindung, die als Oxydations- u. Desinfektionsmittel verwendet wird)
per|mea|bel (↑R 180) ⟨lat.⟩ (durchdringbar, durchlässig); ...a|ble Körper; Per|mea|bi|li|tät *die;* -
per mil|le (svw. pro mille)
per|misch ⟨zu: *²*Perm)
Per|mis|si|on *die;* -, -en ⟨lat.⟩ (veralt. für: Erlaubnis); per|mis|siv (Soziol., Psych.: nachgiebig, frei gewähren lassend); Per|mis|si|vi|tät *die;* -; per|mit|tie|ren (veralt., noch mdal. für: erlauben, zulassen)
per|mu|ta|bel ⟨lat.⟩ (umstellbar, aus-, vertauschbar [Math.]); ...a|ble Größen; Per|mu|ta|ti|on [...*zion*] *die;* -, -en (Umstellung, Vertauschung; Math.: Bildung aller Zusammenstellungen, die aus einer bestimmten Anzahl von Elementen möglich sind); per|mu|tie|ren
Per|nam|bu|co (bras. Stadt); Per|nam|buk|holz, Fer|nam|buk|holz
Per|nio *der;* -, ...*iones* u. ...*ionen* (↑R 180) ⟨lat.⟩ (Med.: Frostbeule); Per|nio|sis *die;* -, ...*ses;* ↑R 180 (Frostschaden der Haut)
per|ni|zi|ös; -este ⟨franz.⟩ (bösartig, schlimm); - e Anämie
Per|nod ⓦ [...*no*] *der;* -[s], -[s] ⟨franz.⟩ (ein alkohol. Getränk)
Pe|ro|nis|mus *der;* - ⟨nach dem ehem. argentinischen Staatspräsidenten Perón⟩ (polit.-soziale Bewegung in Argentinien); Pe|ro|nist *der;* -en, -en; ↑R 197 (Anhänger Peróns); pe|ro|ni|stisch
Pe|ro|no|spo|ra *die;* - ⟨griech.⟩ (Pflanzenkrankheiten hervorrufender Algenpilz)
per|oral ⟨lat.⟩ (durch den Mund)
Per|oxyd, (chem. fachspr.:) Per|oxid *das;* -[e]s, -e ⟨lat.; griech.⟩ (sauerstoffreiche chem. Verbindung)
per pe|des ⟨lat.⟩ (ugs. scherzh. für: zu Fuß); per pe|des apo|sto|lo|rum (scherzh. für: zu Fuß [wie die Apostel])
Per|pen|di|kel *das* od. *der;* -s, - ⟨lat.⟩ (Uhrpendel; Senk-, Lotrechte); per|pen|di|ku|lar, per|pen|di|ku|lär (senk-, lotrecht)
Per|pe|tua (eine Heilige)
per|pe|tu|ie|ren ⟨lat.⟩ (ständig weitermachen; fortdauern); Per|pe|tu|um mo|bi|le [...*u-um* -] *das;* - -[s], - -[s] u. ...*tua* ...*bilia* (utopische Maschine, die ohne Energieverbrauch dauernd Arbeit leistet; Musik: in kurzweiligen schnellen Noten verlaufendes virtuoses Instrumentalstück)

per|plex; -este ⟨lat.⟩ (ugs. für: verwirrt, verblüfft; bestürzt); Per|ple|xi|tät *die;* -, -en (Bestürzung, Verwirrung)
per pro|cu|ra [- ...*kura*] ⟨lat.⟩ (in Vollmacht; Abk.: pp., ppa.); vgl. Prokura
Per|ron [...*rong*, österr.: ...*ron*, schweiz.: *pärong*] *der;* -s, -s ⟨franz.⟩ (veralt. für: Bahnsteig, Plattform; schweiz. für: Bahnsteig)
per sal|do ⟨ital.⟩ (als Rest zum Ausgleich [auf einem Konto])
per se ⟨lat.⟩ (von selbst); das versteht sich - -
Per|sen|ning *die;* -, -e[n] od. -s ⟨niederl.⟩ (Gewebe für Segel, Zelte u. a.)
Per|se|pho|ne [...*ne*] (griech. Göttin der Unterwelt)
Per|se|po|lis (Hptst. Altpersiens); Per|ser (Bewohner von Persien; Perserteppich); Per|ser_kat|ze, ...krieg, ...tep|pich
*¹*Per|seus [...*seuß*] (Held der griech. Sage); *²*Per|seus *der;* - (Sternbild)
Per|se|ve|ranz [...*we...*] *die;* - ⟨lat.⟩ (veralt. für: Ausdauer); Per|se|ve|ra|ti|on [...*zion*] *die;* -, -en (Psych.: [krankhaftes] Verweilen bei einem bestimmten Gedanken); per|se|ve|rie|ren (Psych.)
Per|shing [*pö̌'sching*] *die;* -, -s ⟨nach dem amerik. General J. J. Pershing⟩ (militär. Mittelstreckenrakete)
Per|sia|ner; ↑R 180 (Karakulschafpelz [früher über Persien gehandelt]); Per|sia|ner|man|tel (↑R 180); Per|si|en [...*i'n*] (seit 1935 u. 1949 bis 1951 Bez. für: Iran)
Per|si|fla|ge [...*flasche*] *die;* -, -n ⟨franz.⟩ (Verspottung); per|si|flie|ren
Per|si|ko *der;* -s, -s ⟨franz.⟩ (aus Pfirsich- od. Bittermandelkernen bereiteter Likör)
Per|sil|schein ⟨nach dem Waschmittel Persil ⓦ⟩ (ugs. für: entlastende Bescheinigung)
Per|si|mo|ne *die;* -, -n ⟨indian.⟩ (eßbare Frucht einer nordamerik. Dattelpflaumenart)
Per|si|pan [auch: *pär...*] *das;* -s, -e ⟨nach lat. persicus (Pfirsich) u. Marzipan gebildet⟩ (Ersatz für Marzipan aus Pfirsich- od. Aprikosenkernen)
per|sisch; -er Teppich, aber (↑R 146): der Persische Golf; Per|sisch *das;* -[s] (Sprache); vgl. Deutsch; Per|si|sche *das;* -n; vgl. Deutsche *das*
per|si|stent; -este ⟨lat.⟩ (anhaltend, dauernd, beharrlich); Per|si|stenz *die;* -, -en
Per|son *die;* -, -en ⟨etrusk.-lat.⟩

(Mensch; Wesen); vgl. in perso-na; Per|so|na gra|ta die; - - (gern gesehener Mensch; Diplomat, gegen den von seiten des Gast-landes kein Einwand erhoben wird); Per|so|na gra|ta, Per|so-na non gra|ta die; - - (uner-wünschte Person; Diplomat, dessen Aufenthalt vom Gastland nicht mehr gewünscht wird); per|so|nal (persönlich; Persön-lichkeits...); im -en Bereich; Per-so|nal das; -s (Belegschaft, alle Angestellten [eines Betriebes]); Per|so|nal-ab|bau (der; -[e]s), ...ab|tei|lung, ...ak|te (meist Plur.), ...aus|weis, ...bü|ro, ...com|pu|ter, ...di|rek|tor, ...ein-spa|rung, ...form (vgl. finite Form); Per|so|na|li|en [...i⁽e⁾n] Plur. (Angaben über Lebenslauf u. Verhältnisse eines Menschen); per|so|nal|in|ten|siv; -e Betriebe; Per|so|na|li|tät die; -, -en (Per-sönlichkeit); Per|so|na|li|täts-prin|zip (Rechtsw., hist.); per|so-na|li|ter (veralt. für: persönlich), Per|so|na|li|ty-Show [pö⁽r⁾ß'nãli-tischo⁽u⁾] die; -, -s (amerik.) (Unter-haltungssendung, die vorwie-gend einem Künstler gewidmet ist); Per|so|nal.ko|sten Plur., ...lei|ter der, ...pla|nung, ...po|li-tik, ...pro|no|men (Sprachw.: persönliches Fürwort, z. B. „er, wir"), ...rat (Plur. ...räte), ...re|fe-rent, ...uni|on (Vereinigung meh-rerer Ämter in einer Person; frü-her: [durch Erbfolge bedingte] Vereinigung selbständiger Staa-ten unter einem Monarchen), ...ver|wal|tung; Per|so|na non gra|ta vgl. Persona ingrata; Per-sön|chen, Per|sön|lein; per|so-nell (franz.) (das Personal betref-fend); Per|so|nen_auf|zug, ...be-för|de|rung; Per|so|nen|be|för-de|rungs|ge|setz; Per|so|nen.be-schrei|bung, ...fir|ma (Firma, de-ren Name aus einem od. mehre-ren Personennamen besteht; Ggs.: Sachfirma), ...kraft|wa|gen (Abk.: Pkw, auch: PKW), ...kreis, ...kult, ...na|me, ...scha-den (Ggs.: Sachschaden), ...stand (Familienstand); Per|so|nen-stands|re|gi|ster; Per|so|nen.ver-kehr, ...ver|si|che|rung (Versiche-rungsw.), ...waa|ge, ...wa|gen, ...zahl, ...zug; Per|so|ni|fi|ka|ti-on [...zion] die; -, -en, Per|so|ni|fi-zie|rung (Verkörperung, Ver-menschlichung); per|so|ni|fi|zie-ren; Per|sön|lein, Per|sön|chen; per|sön|lich (in [eigener] Person; eigen[artig]; selbst); -es Fürwort; Per|sön|lich|keit; per|sön|lich-keits|be|wußt; Per|sön|lich|keits-ent|fal|tung; per|sön|lich|keits-fremd; Per|sön|lich|keits.kult,

...recht, ...wahl, ...wert; Per|sons-be|schrei|bung (österr. für: Per-sonenbeschreibung)

Per|spek|tiv das; -s, -e [...w⁽r⁾] (lat.) (kleines Fernrohr); Per|spek|ti|ve [...w⁽r⁾] die; -, -n (Darstellung von Raumverhältnissen in der ebe-nen Fläche; Sicht, Blickwinkel; Aussicht [für die Zukunft]); per-spek|ti|visch (die Perspektive be-treffend); -e Verkürzung; Per-spek|tiv|pla|nung (Wirtsch.: langfristige Globalplanung)

Per|spi|ra|ti|on [...zion] die; - (lat.) (Med.: Hautatmung); per|spi|ra-to|risch

¹Perth [pö⁽r⁾th] (schott. Grafschaft u. deren Hptst.)

²Perth [pö⁽r⁾th] (Hptst. Westaustra-liens)

Pe|ru (südamerik. Staat); Pe|rua-ner; pe|rua|nisch (↑ R 180); Pe|ru-bal|sam der; -s (↑ R 149)

Pe|rücke die; -, -n [Trenn.: ...rük-ke] (franz.) (Haarersatz, künstl. Haartracht); Pe|rücken|ma|cher [Trenn.: ...rük|ken...]

Pe|ru|gia [...dscha] (ital. Stadt)

Pe|ru|rin|de die; - (↑ R 149)

per|vers [...wärß] -este (lat. (-franz.)) ([geschlechtlich] ver-kehrt [empfindend]; widernatür-lich; verderbt); Per|ver|si|on die; -, ⁻-en, Per|ver|si|tät die; -, -en; per|ver|tie|ren (vom Normalen abweichen); Per|ver|tiert|heit

Per|zent das; -[e]s, -e (lat.) usw. (österr. neben: Prozent usw.)

per|zep|ti|bel (lat.) (wahrnehmbar; faßbar); ...i|ble Geräusche; Per-zep|ti|bi|li|tät die; - (Wahr-nehmbarkeit; Faßlichkeit); Per-zep|ti|on [...zion] die; -, -en (sinn-liche Wahrnehmung); per|zep-tiv, per|zep|to|risch (wahrneh-mend); per|zi|pi|ent der; -en, -en; ↑ R 197 (veralt. für: Empfänger); per|zi|pie|ren (wahrnehmen; er-fassen)

Pe|sa|de die; -, -n (franz.) (Reit-sport: Figur der Hohen Schule)

pe|san|te (ital.) (Musik: schlep-pend, wuchtig); Pe|san|te das; -s, -s

Pe|sel der; -s, - (niederd. für: bäu-erl. Wohnraum)

pe|sen (ugs. für: eilen, rennen); du pest (pesest); er pe|ste

Pe|se|ta die; -, ...ten (span.) (span. Münzeinheit; Abk.: Pta); Pe|so der; -[s], -[s] (südamerik. Münz-einheit)

Pes|sar das; -s, -e (griech.) (Med.: Muttermundverschluß zur Emp-fängnisverhütung)

Pes|si|mis|mus der; - (lat.) (seeli-sche Gedrücktheit; Schwarzse-herei; Ggs.: Optimismus); Pes-si|mist der; -en, -en (↑ R 197); pes-si|mi|stisch; -ste; Pes|si|mum

das; -s, ...ma (Biol.: schlechteste Umweltbedingungen)

¹Pest die; - (lat.) (eine Seuche)

²Pest (Stadtteil von Budapest)

Pe|stal|oz|zi (schweiz. Pädagoge u. Sozialreformer)

pest|ar|tig; Pest_beu|le, ...hauch; Pe|sti|lenz die; -, -en (lat.) (Pest, schwere Seuche); pe|sti|len|zia-lisch; -ste (↑ R 180); Pe|sti|zid das; -s, -e (ein Schädlingsbe-kämpfungsmittel); pest|krank; Pest|kran|ke

Pe|ta... (griech.) (das 10¹⁵fache ei-ner Einheit; z. B. Petajoule = ei-ne Billiarde Joule)

Pe|tar|de die; -, -n (franz.) (früher: Sprengmörser, -ladung)

Pe|tent der; -en, -en (↑ R 197) (lat.) (Antrag-, Bittsteller)

Pe|ter (m. Vorn.)

Pe|ter|le das; -[s] (landsch. für: Pe-tersilie)

Pe|ter|männ|chen (ein Fisch)

Pe|ter-Paul-Kir|che (↑ R 135)

Pe|ters|burg (kurz für: Sankt Pe-tersburg; heute: Leningrad)

Pe|ter|sil die; -s (griech.) (österr. neben: Petersilie); Pe|ter|si|lie [...i⁽r⁾] die; -, -n (ein Küchen-kraut); Pe|ter|si|li|en_kar|tof|feln Plur., ...wur|zel

Pe|ters_kir|che, ...pfen|nig; Pe-ter-und-Paul-Kir|che (↑ R 135); Pe|ter-und-Pauls-Tag ↑ R 135 (kath. Fest)

Pe|ter|wal|gen (Bez. für: Funkstrei-fenwagen)

Pe|tit [p⁽e⁾ti] die; - (franz.) (ein Schriftgrad); Pe|ti|tes|se die; -, -n (franz.) (Geringfügigkeit, unbe-deutende Sache)

Pe|ti|ti|on [...zion] die; -, -en (Gesuch; Eingabe); pe|ti|tio|nie-ren (↑ R 180); Pe|ti|ti|ons_aus-schuß, ...recht (Bittrecht, Be-schwerderecht)

Pe|tit_satz [p⁽e⁾ti...], ...schrift

Pe|tits fours [p⁽e⁾ti fur] Plur. (franz.) (feines Kleingebäck)

Pe|tő|fi [pätöfi] (ungar. Lyriker)

Pe|tra (w. Vorn.)

Pe|trar|ca (ital. Dichter u. Gelehr-ter)

Pe|tras|si (ital. Komponist)

Pe|tre|fakt das; -[e]s, -e[n] (griech.; lat.) (Versteinerung von Pflanzen od. Tieren)

Pe|tri vgl. Petrus

Pe|tri|fi|ka|ti|on [...zion] die; -, -en (griech.; lat.) (Versteinerungs-prozeß); pe|tri|fi|zie|ren

Pe|tri Heil! vgl. Petrus; Pe|tri|jün-ger (scherzh. für: Angler); Pe|tri-kir|che; pe|tri|nisch; -er Lehrbe-griff, aber (↑ R 134): Pe|tri-nisch; -e Briefe

Pe|tro|che|mie (griech.) (Wissen-schaft von der chem. Zusam-mensetzung der Gesteine; auch

für: Petrolchemie); pe|tro|che-
misch; Pe|tro|dol|lar [auch: pä...]
(von erdölfördernden Staaten
eingenommenes Geld in amerik.
Währung); Pe|tro|ge|ne|se die; -,
-n (Gesteinsbildung); pe|tro|ge-
ne|tisch; Pe|tro|graph der; -en,
-en; ↑ R 197 (Kenner u. Forscher
auf dem Gebiet der Petrogra-
phie); Pe|tro|gra|phie die; - (Ge-
steinskunde, -beschreibung); pe-
tro|gra|phisch; Pe|trol das; -s
(schweiz. neben: Petroleum);
Pe|trol|che|mie (auf Erdöl u.
Erdgas beruhende techn. Roh-
stoffgewinnung in der chem. In-
dustrie); Pe|tro|le|um [...le-um]
das; -s (Destillationsprodukt des
Erdöls, Leuchtöl); Pe|tro|le|um-
_ko|cher, ...lam|pe, ...ofen; Pe-
tro|lo|gie die; - (Wissenschaft
von der Bildung u. Umwandlung
der Gesteine)

Pel|trus (Apostel); Petri Heil!
(Anglergruß); Petri (des Petrus)
Stuhlfeier (kath. Fest), Petri Ket-
tenfeier (kath. Fest), aber: Pe-
trikirche usw.
Pet|schaft das; -s, -e ⟨tschech.⟩
(Stempel zum Siegeln, Siegel)
Pel|tsche|ne|ge der; -n, -n; ↑ R 197
(Angehöriger eines türk. Noma-
denvolkes)
pe|tschie|ren ⟨tschech.⟩ (mit einem
Petschaft schließen); pet|schiert
(österr. ugs. für: in einer peinli-
chen Situation, ruiniert); - sein
Pet|ti|coat [*pätiko"t] der; -s, -s
⟨engl.⟩ (steifer Taillenunterrock)
Pet|ting das; -[s], -s ⟨amerik.⟩
(sexuelles Liebesspiel ohne eigentlichen Geschlechtsverkehr,
bes. unter Jugendlichen)
pet|to vgl. in petto
Pe|tu|nie [...i*] die; -, -n ⟨indian.⟩
(eine Zierpflanze)
Petz der; -es, -e (scherzh. für:
Bär); ¹Pet|ze die; -, -n (Hündin)
²Pet|ze die; -, -n (Schülerspr.: An-
geber[in], Verräter[in]); ¹pet|zen
(Schülerspr.: angeben, verraten);
du petzt (petzest)
²pet|zen (landsch. für: zwicken,
kneifen); du petzt (petzest)
Pet|zer ⟨zu: ¹petzen⟩
peu à peu [pö a pö] ⟨franz.⟩ (ugs.
für: nach und nach, allmählich)
Peu|geot Ⓦ [*pöseho] (franz. Kraft-
fahrzeugmarke)
pe|xie|ren (Nebenform von: pek-
zieren)
pF = Pikofarad
Pf = Pfennig
Pfad der; -[e]s, -e; Pfäd|chen,
Pfäd|lein; pfa|den (schweiz. für:
[einen Weg] begeh-, befahrbar
machen); Pfa|der (schweiz.
Kurzform für: Pfadfinder);
Pfad|fin|der; pfad|los
Pfaf|fe der; -n, -n; ↑ R 197 (abwer-

tend für: Geistlicher); Pfaf|fen-
_hüt|chen (ein giftiger Zier-
strauch), ...knecht (abwertend);
Pfaf|fen|tum das; -s (abwer-
tend); pfäf|fisch (abwertend)
Pfahl der; -[e]s, Pfähle; Pfahl_bau
(Plur. ...bauten), ...bau|er (der; -s,
-), ...bür|ger (verächtl. für: Klein-
bürger); Pfähl|chen; pfäh|len;
Pfahl_gra|ben, ...grün|dung
(Bauw.), ...mu|schel; Pfäh|lung;
Pfahl_werk, ...wur|zel
¹Pfalz die; -, -en ⟨lat.⟩ ([kaiserl.]
Palast; Hofburg für kaiserl. Hof-
gericht; Gebiet, auch Burg des
Pfalzgrafen); ²Pfalz die; - (südl.
Teil des Landes Rheinland-
Pfalz); Pfäl|zer (↑ R 147); -
Wald; - Wein; Pfalz|graf; pfalz-
gräf|lich; pfäl|zisch
Pfand das; -[e]s, Pfänder; pfänd-
bar; Pfänd|bar|keit die; -; Pfand-
_brief, ...bruch (der; -[e]s, ...brü-
che; Beseitigung gepfändeter Sa-
chen), ...ef|fek|ten [Plur.:
Bankw.); pfän|den; ¹Pfän|der
(südd. für: Gerichtsvollzieher)
²Pfän|der der; -s (Berg bei Bre-
genz)
Pfän|der|spiel; Pfand_fla|sche,
...geld, ...haus, ...kehr (die; -;
Rechtsspr.), ...leih|an|stalt
(österr.), ...lei|he, ...lei|her,
...recht, ...schein; Pfän|dung;
Pfän|dungs_auf|trag, ...schutz
(Schutz vor zu weit gehenden
Pfändungen), ...ver|fü|gung;
pfand|wei|se; Pfand|zet|tel
Pfänn|chen, Pfänn|lein; Pfan|ne
die; -, -n; jmdn. in die - hauen
(ugs. für: jmdn. erledigen, aus-
schalten); Pfan|nen_schau|fel
(Bergmannsspr.), ...stiel; Pfän-
ner (früher: Besitzer einer Sali-
ne); Pfän|ner|schaft (früher: Ge-
nossenschaft zur Nutzung der
Solquellen); Pfann|ku|chen;
Pfänn|lein, Pfänn|chen
Pfarr_ad|mi|ni|stra|tor, ...amt;
Pfar|re die; -, -n (veralt.); Pfar-
rei; pfar|rei|lich; Pfar|rer; Pfar-
re|rin die; -, -nen; Pfar|rers_kö-
chin, ...toch|ter; Pfarr_frau,
...haus, ...hel|fer, ...hel|fe|rin
(die; -, -nen), ...herr (veralt.),
...hof, ...kir|che; pfarr|lich;
Pfarr|vi|kar
Pfau der; -[e]s, -en (österr.: der;
-[e]s od. -en, -e od. -en) (ein Vogel)
pfau|chen (südd. u. österr., sonst
veralt. für: fauchen)
Pfau|en_au|ge, ...fe|der, ...rad,
...thron; Pfau_hahn, ...hen|ne
Pfd., ℔ = Pfund
£, £ Stg = Pfund Sterling
Pfef|fer der; -s, (für: Pfeffersorten
Plur.:) - ⟨sanskr.⟩ (eine Pflanze;
Gewürz); Pfeffer u. Salz;
schwarzer, weißer - (↑ R 157);
Pfef|fer|fres|ser (Tukan); pfef-

fe|rig, pfeff|rig; Pfef|fer|ku-
chen; Pfef|fer|ku|chen|häus-
chen; Pfef|fer|ling (selten für:
Pfifferling [Pilz]); ¹Pfef|fer|minz¹
der; -es, -e (ein Likör); ²Pfef|fer-
minz¹ das; -es, -e (Bonbon, Plätz-
chen mit Pfefferminzge-
schmack); Pfef|fer|minz|bon-
bon¹; Pfef|fer|min|ze¹ (die; -; ei-
ne Heil- u. Gewürzpflanze);
Pfef|fer|minz¹_li|kör, ...pa|stil|le
(meist Plur.), ...tee; Pfef|fer-
_müh|le, ...mu|schel; pfef|fern;
ich ...ere (↑ R 22); Pfef|fer|nuß;
Pfef|fe|ro|ne der; -, ...oni; selten:
-n (svw. Pfefferoni); Pfef|fe|ro|ni
der; -, -⟨sanskr.; ital.⟩ (österr.
für: Peperone); Pfef|fer_sack,
...steak, ...strauch; Pfef|fer-
und-Salz-Mu|ster das; -s (↑ R
41); pfeff|rig, pfeffle|rig
Pfei|fe die; -, -n; pfei|fen (Musik);
du pfiffst (pfiffest); du pfiffest; ge-
pfiffen; pfeif[e]!; auf etwas –
(ugs. für: an etwas uninteressiert
sein); Pfei|fen_deckel [Trenn.:
...dek|kel], ...kopf, ...kraut,
...mann [Plur. ...männer; ugs. für:
Schiedsrichter], ...rauch, ...rei-
ni|ger, ...stän|der, ...stop|fer,
...ta|bak; Pfei|fer; Pfei|fe|rei;
Pfeif_kes|sel, ...kon|zert, ...ton
(Plur. ...töne)
Pfeil der; -[e]s, -e
Pfei|ler der; -s, -; Pfei|ler_ba|si|li-
ka, ...bau (der; -[e]s; Bergmannsspr.: Abbauverfahren)
pfeil_ge|ra|de, ...ge|schwind;
Pfeil_gift, ...hecht, ...kraut,
...rich|tung; pfeil|schnell; Pfeil-
schuß
pfel|zen (österr. landsch. für: ²pel-
zen)
Pfen|nig der; -s, -e (Münze; Abk.:
Pf; 100 Pf = 1 [Deutsche]
Mark); das Blatt kostet 6 -
(↑ R 129); Pfen|nig_ab|satz (ugs.
für: hoher, dünner Absatz bei
Damenschuhen), ...bel|trag,
...fuch|ser (ugs. für: Geizhals);
Pfen|nig|fuch|se|rei; pfen|nig-
groß; Pfen|nig|stück; pfen|nig-
stück|groß; Pfen|nig|wa|re (Klei-
nigkeit); pfen|nig|wei|se
Pferch der; -[e]s, -e (Einhegung,
eingezäunte Fläche); pfer|chen
Pferd das; -[e]s, -e; zu -e; Pfer|de-
_ap|fel, ...bahn (früher; von
Pferden gezogene Straßenbahn),
...drosch|ke, ...fleisch, ...fuß,
...kop|pel, ...kur (ugs.), ...län|ge
(die; -, -n; Reitsport), ...ren|nen,
...schwanz (auch für eine Frisur),
...sport, ...stall, ...stär|ke (frühe-
re techn. Maßeinheit; Abk.: PS;
vgl. HP), ...strie|gel, ...zucht;
...pfer|dig (z. B. hundertpferdig);
Pferd|sprung (Turnen)

¹ Auch: ...min...

Pfet|te die; -, -n (waagerechter, tragender Balken im Dachstuhl); Pfet|ten|dach

pfet|zen vgl. ²petzen

Pfiff der; -[e]s, -e

Pfif|fer|ling (ein Pilz); keinen - wert sein (ugs.: wertlos sein)

pfif|fig; Pfif|fig|keit die; -; Pfif|fi|kus der; -[ses], -se (ugs. für: schlauer Mensch)

Pfing|sten das; -, - (griech.) (christl. Feiertag am 50. Tag nach Ostern); - fällt früh; - ist bald vorüber; (landsch., bes. österr. u. schweiz. als Plur.:) die[se] - fallen früh; nach den - (in Wunschformeln auch allg. als Plur.:) fröhliche -!; zu - (bes. nordd.), an - (bes. südd.); Pfingst|fest; Pfingst|ler (Anhänger einer religiösen Bewegung); pfingst|lich; Pfingst|mon|tag; Pfingst_och|se, ...ro|se (Päonie); Pfingst|sonn|tag; Pfingst_ver|kehr, ...wo|che

Pfir|sich der; -s, -e; - Melba (Pfirsich mit Vanilleeis und Himbeermark); Pfir|sich_baum, ...blü|te, ...bow|le

Pfit|scher Joch das; - -s (Alpenpaß in Südtirol)

Pfit|zner (dt. Komponist)

Pflanz der; - (österr. ugs. für: Hohn, Schwindel)

Pflän|z|chen, Pflänz|lein; Pflän|ze die; -, -n; pflän|zen (österr. ugs. auch für: zum Narren halten); du pflanzt (pflanzest); pflan|zen|ar|tig; Pflan|zen_bau (der; -[e]s), ...decke [Trenn.: ...dek|ke], ...extrakt, ...fa|ser, ...fett, ...fres|ser, ...gift, ...grün; pflan|zen|haft; Pflan|zen_kost, ...kun|de (die; -), ...milch, ...reich (das; -[e]s), ...schutz; Pflan|zen|schutz|mit|tel das; Pflan|zer; Pflanz_gar|ten, ...kar|tof|feln Plur.; Pfländz|lein, Pfländz|chen; pfländz|lich; Pflänz|ling; Pflanz_stadt (hist.: [antike] Kolonie), ...stock (Plur. ...stöcke) Pflan|zung (auch für: Plantage)

Pfla|ster das; -s, - (Heil- od. Schutzverband; Straßenbelag); ein teures - (ugs. für: Stadt mit teuren Lebensverhältnissen); Pflä|ster|chen, Pflä|ster|lein; Pfla|ste|rer, (mdal. u. schweiz.:) Pflä|ste|rer; Pfla|ster|ma|ler (jmd., der auf öffentl. Straßen o. ä. [Kreide]bilder aufs Pflaster malt); pfla|ster|mü|de; pfla|stern, (mdal. u. schweiz.:) pflä|stern; ich ...ere (↑R 22); Pfla|ster_stein, ...tre|ter (veralt. für: müßig Herumschlendernder); Pfla|ste|rung, (mdal. und schweiz.:) Pflä|ste|rung

Pflatsch der; -[e]s, -e u. Pflat|schen der; -s, - (ugs. u. mdal. für:

Fleck durch verschüttete Flüssigkeit, jäher Regenguß); pflat|schen (ugs. u. mdal. für: schallend aufschlagen); du platschst (platschest)

Pfläum|chen, Pfläum|lein; Pflau|me die; -, -n; pflau|men (ugs.: necken, scherzhafte Bemerkungen machen); Pflau|men_au|gust (vgl. ²August; verächtlich für: nichtssagender, charakterloser Mann), ...baum, ...brannt|wein (Slibowitz), ...ku|chen, ...mus, ...schnaps; pflau|men|weich; Pfläum|lein, Pfläum|chen

Pfle|ge die; -; Pfle|ge|amt; pfle|ge_arm, ...be|dürf|tig; Pfle|ge|be|foh|le|ne der u. die; -n, -n (↑R 7ff.); Pfle|ge_el|tern, ...fall der, ...geld, ...heim, ...kind; pfle|ge|leicht; -este: Pfle|ge|mut|ter; pfle|gen; du pflegtest; gepflegt; pfleg[e]!; in der Wendung „der Ruhe pflegen" auch: du pflogst (pflogest); du pflögest; gepflogen; Pfle|ger (auch: Vormund); Pfle|ge|rin die; -, -nen; pfle|ge|risch; Pfle|ge_satz, ...sohn, ...sta|ti|on, ...stät|te, ...toch|ter, ...va|ter; pfleg|lich; Pfleg|ling; pfleg|sam (selten für: sorgsam); Pfleg|schaft

Pflicht die; -, -en (zu: pflegen); Pflicht_be|such; pflicht|be|wußt; -este; Pflicht_be|wußt|sein, ...ei|fer; pflicht|ei|frig; Pflicht|ein|stel|lung (Pflich|ten_kreis, ...leh|re; Pflicht_er|fül|lung (die; -), ...ex|em|plar, ...fach, ...ge|fühl (das; -[e]s)); pflicht|ge|mäß; ...pflich|tig (z. B. schulpflichtig); Pflicht_jahr (das; -[e]s), ...kür (Sport), ...lauf (Sport), ...lau|fen (das; -s; Sport), ...lei|stung, ...lek|tü|re, ...platz (Arbeitsplatz, der mit einem Schwerbeschädigten besetzt werden muß), ...re|ser|ve (meist Plur.; Wirtsch.); pflicht|schul|dig, pflicht|schul|digst; Pflicht|teil der (österr. nur so) od. das; pflicht|treu; Pflicht_treue, ...übung, ...um|tausch (vorgeschriebener Geldumtausch bei Reisen in bestimmte Länder); pflicht|ver|ges|sen; der -e Mensch; Pflicht_ver|ges|sen|heit, ...ver|let|zung; pflicht|ver|si|chert; Pflicht_ver|si|che|rung, ...ver|tei|di|ger; pflicht|wid|rig

Pflock der; -[e]s, Pflöcke; Pflöck|chen, Pflöck|lein; pflocken [Trenn.: pflok|ken], pflöcken [Trenn.: pflök|ken]

Pflotsch der; - [e]s (schweiz. mdal. für: Schneematsch)

Pflücke¹ die; -, -n (Pflücken [des Hopfens]); pflücken¹; Pflücker¹;

Pflücke|rin¹ die; -, -nen; Pflück-_rei|fe, ...sa|lat

Pflug der; -[e]s, Pflüge; pflü|gen; Pflü|ger; Pflug_mes|ser das, ...schar (die; -, -en [landw. auch:] das; -[e]s, -e), ...sterz (der; -es, -e; vgl. ²Sterz)

Pfort|ader (Biol., Med.); Pfört|chen, Pfört|lein; Pfor|te die; -, -n; (↑R 157:) die Burgundische -; Pfor|ten|ring (früher: Klopfring an einer Pforte); Pfört|lein, Pfört|chen; Pfört|ner; Pfört|ne|rin die; -, -nen; Pfört|ner|lo|ge

Pforz|heim (Stadt am Nordrand des Schwarzwaldes)

Pföst|chen, Pföst|lein; Pfo|sten der; -s, -; Pfo|sten|schuß (Sport)

Pföt|chen, Pföt|lein; Pfo|te die; -, -n

Pfriem der; -[e]s, -e (ein Werkzeug); vgl. Ahle; Pfrie|men|gras

Pfril|le, Ell|rit|ze die; -, -n (ein Fisch)

Pfropf der; -[e]s, -e (zusammengepreßte Masse, die etwas verstopft, verschließt); Pfröpf|chen, Pfröpf|lein

¹pfropfen (durch Einsetzen eines wertvolleren Sprosses veredeln)

²pfropfen ([eine Flasche] verschließen); Pfropfen der; -s, - (Kork, Stöpsel); Pfröpf|lein, Pfröpf|chen

Pfröpf|ling; Pfropf_mes|ser das, ...reis das

Pfrün|de die; -, -n (in der kath. Kirche Einkommen durch ein Kirchenamt; scherzh. für: [fast] müheloses Einkommen); Pfrün|der (schweiz. für: Pfründner); Pfründ_haus (landsch. für: Altersheim, Armenhaus); Pfründ|ner (landsch. für: Insasse eines Pfründhauses); Pfründ|ne|rin die; -, -nen

Pfuhl der; -[e]s, -e (große Pfütze; Sumpf; landsch. für: Jauche)

Pfühl der (auch: das); -[e]s, -e (veralt. dicht. für: Kissen)

pfui! [pfu̯i] (pfui, pfui!; - äks!; - Teufel!; pfui rufen; pfui, schäm dich!); Pfui das; -s, -s; ein verächtliches - ertönte; Pfui|ruf

Pful|men der; -s, - (schweiz. für: breites Kopfkissen)

Pfund² das; -[e]s, -e (lat.) (Gewicht; Abk.: Pfd.; Zeichen: ℔; Münzeinheit [vgl. - Sterling]); 4 - Butter (↑R 128 u. 129); Pfünd|chen, Pfünd|lein; ...pfün|der (z. B. Zehnpfünder, mit Ziffern: 10pfünder; ↑R 212); pfun|dig; -er Kerl (ugs. für: ordentlicher, ganzer Kerl); ...pfün|dig (z. B.

¹ Trenn.: ...k|k...

---

¹ Trenn.: ...k|k...

² In Deutschland und in der Schweiz als amtliche Gewichtsbezeichnung abgeschafft.

zehnpfündig, mit Ziffern: 10pfündig; ↑R 212); **Pfund|no|te**; **Pfunds|kerl** (ugs.); **Pfund Ster|ling** [- *ßtär*... od. - *ßtö'*..., auch: - *schtär*...] *das;* - -, - - (brit. Münzeinheit; Zeichen u. Abkürzung: £); **pfund|wei|se**

Pfusch *der; -[e]s* (Pfuscherei); **pfu|schen** (ugs.); du pfuschst (pfuschest); **Pfu|scher** (ugs.); **Pfu|sche|rei** (ugs.); **pfu|scher|haft** (ugs.); **Pfu|sche|rin** *der; -, -nen* (ugs.)

pfutsch (österr. ugs. für: futsch)

Pfütz|chen, **Pfütz|lein**; **Pfüt|ze** *die; -, -n;* **Pfüt|zei|mer** (Bergmannsspr.: Schöpfeimer); **Pfüt|zen|was|ser** *das; -s;* **pfüt|zig** (veralt.)

PGH = Produktionsgenossenschaft des Handwerks (DDR)

ph = Phot

PH = pädagogische Hochschule; vgl. pädagogisch

Phä|a|ke *der; -n, -n;* ↑R 197 (Angehöriger eines [glücklichen, genußliebenden] Seefahrervolkes der griech. Sage; übertr. für: sorgloser Genießer); **Phä|aken|le|ben** *das; -s*

Phä|don (altgriech. Philosoph)

Phä|dra (Gattin des Theseus)

Phä|drus (röm. Fabeldichter)

Pha|ethon (griech. Sagengestalt; Sohn des Helios)

Pha|ge sww. Bakteriophage

Pha|go|zyt *der; -en, -en* (meist *Plur.*) (griech.) ↑R 197 (weißes Blutkörperchen, das Fremdstoffe, bes. Bakterien, unschädlich macht)

Pha|lanx *die; -, ...langen* (griech.) (geschlossene Schlachtreihe [vor allem in übertr. Sinne]; Med.: Finger-, Zehenglied)

Pha|le|ron [*faleron*] (Vorstadt von Athen)

phal|lisch (griech.) (den Phallus betreffend); **Phal|lo|kra|tie** *die; -* (abwertend für: gesellschaftliche Vorherrschaft des Mannes); **Phal|los** *der; -, ...lloi* [...*eu*] u. ...llen; vgl. Phallus; **Phal|lus** *der; -, -...lli u. ...llen, auch: -se* (männl. Glied); **Phal|lus|kult** (relig. Verehrung des Phallus als Sinnbild der Naturkraft), **...sym|bol** (Ps. Psych.)

Pha|ne|ro|ga|me *die; -, -n* (meist *Plur.*) (griech.) (Samenpflanze)

Phä|no|lo|gie *die; -* (griech.) (Lehre von den Erscheinungsformen im Tier- u. Pflanzenreich innerhalb eines tägl. od. jährl. Zeitlaufs, z. B. die Laubverfärbung der Bäume); **Phä|no|men** *das; -s, -e* ([Natur]erscheinung; ugs. für: seltenes Ereignis; Wunder[ding]); **phä|no|me|nal** (ugs. für: außerordentlich, außerge-

wöhnlich, erstaunlich); **Phä|no|me|na|lis|mus** *der; -* (philos. Lehre, nach der nur die Erscheinungen der Dinge, nicht diese selbst erkannt werden können); **Phä|no|me|no|lo|gie** *die; -* (Lehre von den Wesenserscheinungen der Dinge, Wissenschaft von der Wesensschau); **phä|no|me|no|lo|gisch**; **Phä|no|me|non** [auch: ...*nom*...] *das; -s, ...na* (sww. Phänomen); **Phä|no|typ** vgl. Phänotypus; **phä|no|ty|pisch**; **Phä|no|ty|pus** *der; -, ...pen* (Biol.: Erscheinungsbild, -form eines Organismus)

Phan|ta|sie *die; -, ...ien* (griech.) (Vorstellungs[kraft], Einbildungs[kraft]; Trugbild); vgl. auch: Fantasie; **phan|ta|sie|arm**; vgl. arm; **phan|ta|sie|be|gabt**; -este; **Phan|ta|sie_bild, ...blu|me, ...ge|bil|de, ...ko|stüm**; **phan|ta|sie|los**; -este; **Phan|ta|sie|lo|sig|keit**; **phan|ta|sie|reich**; **phan|ta|sie|ren** (sich [dem Spiel] der Einbildungskraft hingeben); irrereden; Musik: frei über eine Melodie od. über ein Thema musizieren); **phan|ta|sie|voll**; **Phan|ta|sie|vor|stel|lung**; **Phan|tas|ma** *das; -s, ...men* (Med.: Trugbild); **Phan|tas|ma|go|rie** *die; -, ...ien* (Zauber, Truggebilde; künstl. Darstellung von Trugbildern, Gespenstern u. a.); **phan|tas|ma|go|risch**; **Phan|ta|sos** vgl. Phantasus; **Phan|tast** *der; -en, -en;* ↑R 197 (Träumer, Schwärmer); **Phan|ta|ste|rei**; **Phan|ta|stik** *die; -;* **phan|ta|stisch;** -ste (schwärmerisch; überspannt; unwirklich; ugs. für: großartig); **Phan|ta|sus** (griech. Traumgott); **Phan|tom** *das; -s, -e* (Trugbild; Med.: Körper[teil]modell für Übungszwecke); **Phan|tom_bild** (Kriminalistik: nach Zeugenaussagen gezeichnetes Porträt eines gesuchten Täters), **...schmerz** (Med.: Schmerzgefühl an einem amputierten Glied)

'Pha|rao *der; -s, ...onen* (ägypt.) (altägypt. König); **²Pha|rao** *das; -s* (franz.) (altes franz. Kartenglücksspiel); **Pha|rao|amei|se**; **Pha|rao|nen_grab** (↑R 180), **...rat|te** (Ichneumon), **...reich**; **pha|rao|nisch** (↑R 180)

Pha|ri|sä|er (hebr.) (Angehöriger einer altjüd., streng gesetzesfrommen, religiös-polit. Partei; übertr. für: dünkelhafter, selbstgerechter Heuchler); **pha|ri|sä|er|haft;** -este; **Pha|ri|sä|er|tum** *das; -s;* **pha|ri|sä|isch; Pha|ri|sä|is|mus** *der; -* (übertr. für: Selbstgerechtigkeit, Heuchelei)

Phar|ma|in|du|strie (griech.; lat.)

(Arzneimittelindustrie); **Phar|ma|kant** *der; -en, -en* (↑R 197) (griech.) (Facharbeiter in der Pharmaindustrie); **Phar|ma|ko|lo|ge** *der; -n, -n* (↑R 197) (Wissenschaftler auf dem Gebiet der Pharmakologie); **Phar|ma|ko|lo|gie** *die; -* (Arzneimittelkunde; Arzneiverordnungslehre); **phar|ma|ko|lo|gisch;** **Phar|ma|kon** *das; -s, ...ka* (Arzneimittel; Gift); **Phar|ma|ko|pöe** [...*pö̱,* selten: ...*pö'*] *die; -, -n* [...*pö̱'n*] (amtl. Arzneibuch); **Phar|ma|re|fe|rent** (Arzneimittelvertreter); **Phar|ma|zeut** *der; -en, -en;* ↑R 197 (Arzneikundiger); **Phar|ma|zeu|tik** *die; -* (Arzneimittelkunde); **Phar|ma|zeu|ti|kum** *das; -s, ...ka* (Arzneimittel); **phar|ma|zeu|tisch;** **phar|ma|zeu|tisch-technisch;** -er Assistent (Abk.: PTA); **Phar|ma|zie** *die; -* (Lehre von der Arzneimittelzubereitung, Arzneimittelkunde)

Pha|ro *das; -s* (verkürzte Bildung zu: ²Pharao)

Pha|rus *der; -, - u. -se* (nach der Insel Pharus) (veralt. für: Leuchtturm)

Pha|ryn|gis|mus [...*ngg*...] *der; -, ...men* (griech.) (Med.: Schlundkrampf); **Pha|ryn|gi|tis** *die; -, ...itiden* (Rachenentzündung); **Pha|ryn|go|skop** *das; -s, -e* (Endoskop zur Untersuchung des Rachens); **Pha|ryn|go|sko|pie** *die; -, ...ien* (Ausspiegelung des Rachens); **Pha|rynx** *der; -, ...ryn|gen* [...*rüng'n*] (Schlund, Rachen)

Pha|se *die; -, -n* (griech.) (Abschnitt einer [stetigen] Entwicklung, [Zu]stand; Elektrotechnik: Schwingungszustand beim Wechselstrom); **Pha|sen_bild** (Filmtechnik), **...mes|ser** (*der;* elektr. Meßgerät), **...ver|schie|bung; ...pha|sig** (z. B. einphasig)

Pha|ze|lie [...*i̯*] *die; -, -n* (griech.) (eine Zierpflanze)

Phei|di|as vgl. Phidias

Phen|ace|tin [...*az*...] *das; -s* (griech.-nlat.) (schmerzstillender Wirkstoff); **Phe|nol** *das; -s* (griech.) (Karbolsäure); **Phe|nol|phtha|le|in** *das; -s* (chem. Reagens); **Phe|no|plast** *der; -[e]s, -e;* meist *Plur.* (Kunstharz); **Phe|nyl|grup|pe** (einwertige Atomgruppe in vielen aromat. Kohlenwasserstoffen)

Phe|ro|mon *das; -s, -e* (griech.-nlat.) (Biol.: Wirkstoff, der auf andere Individuen der gleichen Art Einfluß hat, sie z. B. anlockt)

Phi [*fi̱*] *das; -[s], -s* (griech. Buchstabe: *Φ, φ*)

Phi|a|le *die; -, -n* (↑R 180) (griech.) (altgriech. flache [Opfer]schale)

Phi|di|as (altgriech. Bildhauer);

phil|di|as|sisch, aber (↑ R 134):
Phil|di|as|sisch

phil... ⟨griech.⟩ (...liebend); Phil...
(...freund)

Phi|lä (Nilinsel bei Assuan)

Phil|adel|phia (Stadt in Pennsylvanien); Phil|adel|phi|er [...i*r]; phil|adel|phisch

Phil|an|throp der; -en, -en (↑ R 197) ⟨griech.⟩ (Menschenfreund); Phil|an|thro|pie die; - (Menschenliebe); Phil|an|thro|pi|nis|mus, Phil|an|thro|pis|mus der; - ([von Basedow u. a. geforderte] Erziehung zu Natürlichkeit, Vernunft u. Menschenfreundlichkeit); phil|an|thro|pisch (menschenfreundlich); Phil|ate|lie die; - (Briefmarkenkunde); Phil|ate|list der; -en, -en; ↑ R 197 (Briefmarkensammler); phil|ate|li|stisch

Phi|le|mon (phryg. Sagengestalt; Gatte der Baucis); Phi|le|mon und Bau|cis (antikes Vorbild ehelicher Liebe u. Treue sowie selbstloser Gastfreundschaft)

Phil|har|mo|nie die; -, ...ien ⟨griech.⟩ (Name von musikalischen Gesellschaften, von Orchestern u. ihren Konzertsälen); Phil|har|mo|ni|ker [österr. auch: ...fil...] (Künstler, der in einem philharmonischen Orchester spielt); phil|har|mo|nisch

Phil|hel|le|ne der; -n, -n (↑ R 197) ⟨griech.⟩ (Freund der Griechen [der den Befreiungskampf der Griechen gegen die Türken unterstützte]); Phil|hel|le|nis|mus der; -

Phil|ipp [auch: fi...] (m. Vorn.); Phil|ip|per|brief der; -[e]s; ↑ R 151 (Brief des Paulus an die Gemeinde von Philippi); Phil|ip|pi (im Altertum Stadt in Makedonien); Phil|ip|pi|ka die; -, ...ken (Kampfrede [des Demosthenes gegen König Philipp von Makedonien]; Strafrede); Phil|ip|pi|ne (w. Vorn.); Phil|ip|pi|nen Plur. (Inselgruppe u. Staat in Südostasien); Phil|ip|pi|ner; vgl. Filipino; phil|ip|pi|nisch; phil|ip|pisch, aber (↑ R 134): Philippische Reden (Philippiken des Demosthenes); Phil|ip|pus (Apostel)

Phi|li|ster der; -s, - (Angehöriger des Nachbarvolkes der Israeliten im A. T.; übertr. für: Spießbürger; Studentenspr.: im [engen] Berufsleben stehender Alter Herr); Phi|li|ste|rei; phi|li|sterhaft; -este; Phi|li|ste|ri|um das; -s (Studentenspr.: das spätere [enge] Berufsleben eines Studenten); Phi|li|ster|tum das; -s; phi|li|strös; -este (beschränkt; spießig)

Phil|lu|me|nist der; -en, -en

(↑ R 197) ⟨griech.; lat.⟩ (Sammler von Zündholzschachteln od. Zündholzschachteletiketten)

Phi|lo|den|dron der (auch: das); -s, ...dren ⟨griech.⟩ (eine Blattpflanze)

Phi|lo|lo|ge der; -n, -n (↑ R 197) ⟨griech.⟩ (Sprach- u. Literaturforscher); Phi|lo|lo|gie die; -, ...ien (Sprach- und Literaturwissenschaft); Phi|lo|lo|gin die; -, -nen; phi|lo|lo|gisch

¹Phi|lo|me|la, ¹Phi|lo|me|le die; -, ...len ⟨griech.⟩ (veralt. dicht. für: Nachtigall); ²Phi|lo|me|la, ²Phi|lo|me|le (w. Vorn.)

Phi|lo|me|na (w. Vorn.)

Phi|lo|se|mit der; -en, -en (↑ R 197) ⟨griech.⟩ (Freund der Juden); phi|lo|se|mi|tisch; Phi|lo|se|mi|tis|mus der; -

Phi|lo|soph der; -en, -en (↑ R 197) ⟨griech.⟩ (ein Denker, der nach ursprüngl. Wahrheit, dem letzten Sinn fragt, forscht); Phi|lo|so|pha|ster der; -s, - (Scheinphilosoph); Phi|lo|so|phem das; -s, -e (Ergebnis philos. Lehre, Ausspruch des Philosophen); Phi|lo|so|phie die; -, ...ien (Streben nach Erkenntnis des Zusammenhanges der Dinge in der Welt; Denk-, Grundwissenschaft); phi|lo|so|phie|ren; Phi|lo|so|phi|kum das; -s, ...ka (philosophisch-pädagogische Zwischenprüfung); phi|lo|so|phisch

Phi|mo|se die; -, -n ⟨griech.⟩ (Med.: Verengung der Vorhaut)

Phio|le die; -, -n (↑ R 180) ⟨griech.⟩ (bauchiges Glasgefäß mit langem Hals)

Phle|bi|tis die; -, ...iti|den ⟨griech.⟩ (Med.: Venenentzündung)

Phleg|ma das; -s ⟨griech.⟩ (Ruhe, [Geistes]trägheit, Gleichgültigkeit, Schwerfälligkeit); Phleg|ma|ti|ker (körperlich träger, geistig wenig regsamer Mensch); Phleg|ma|ti|kus der; -, -se (ugs. scherzh. für: träger, schwerfälliger Mensch); phleg|ma|tisch; -ste; Phleg|mo|ne die; -, -n ⟨griech.⟩ (Med.: eitrige Zellgewebsentzündung)

Phlox der; -es, -e, (auch:) die; -, -e ⟨griech.⟩ (eine Zierpflanze)

Phlo|xin die; -s (roter Säurefarbstoff)

Phnom Penh [pnom pấn] (Hauptstadt von Kamputschea)

Phö|be (griech. Mondgöttin)

Pho|bie die; -, ...ien ⟨griech.⟩ (Med.: krankhafte Angst)

Phö|bos vgl. Phöbus

Phö|bus (Beiname Apollos)

Pho|kis (Landschaft in Mittelgriechenland)

phon... ⟨griech.⟩ (laut...); Phon... (Laut...); Phon das; -s, -s (Maß-

einheit für die Lautstärke); 50 - (↑ R 129); Pho|nem das; -s, -e (Sprachw.: Laut, kleinste sprachl. Einheit, die zur Unterscheidung von Wörtern dient); pho|ne|misch; Pho|ne|tik die; - (Sprachw.: Lehre von der Lautbildung); Pho|ne|ti|ker; pho|ne|tisch; Pho|nik die; - (veralt. für: Schall-, Tonlehre)

Phö|ni|ker usw. vgl. Phönizier usw.

pho|nisch ⟨griech.⟩ (die Stimme betreffend)

Phö|nix der; -[es], -e ⟨griech.⟩ (Vogel der altägypt. Sage, der sich im Feuer verjüngt; christl. Sinnbild der Unsterblichkeit, auch: Christussymbol)

Phö|ni|zi|en [...i*n] (im Altertum Küstenland Syriens); Phö|ni|zi|er [...i*r]; phö|ni|zisch

Pho|no|dik|tat ⟨griech.; lat.⟩ (auf Tonband o. ä. gesprochenes Diktat); Pho|no|gramm das; -s, -e ⟨griech.⟩ (Aufzeichnung von Schallwellen auf Schallplatte, Tonband usw.); Pho|no|graph der; -en, -en; ↑ R 197 (von Edison 1877 erfundenes Tonaufnahmegerät); Pho|no|gra|phie die; -, ...ien (veralt. für: Lautschrift, lautgetreue Schreibung); pho|no|gra|phisch (lautgetreu); die Phonographie betreffend); Pho|no|kof|fer (tragbarer Plattenspieler); Pho|no|lith der; -s u. -en, -e[n]; ↑ R 197 (ein Ergußgestein); Pho|no|lo|gie die; - (Wissenschaft, die das System u. die bedeutungsmäßige Funktion der einzelnen Laute u. Lautgruppen untersucht); pho|no|lo|gisch; Pho|no|mel|ter das; -s, - (Lautstärkemesser); Pho|no|me|trie die; - (Vergleichung von Gesprochenem); Pho|no|thek die; -, -en (swv. Diskothek); Pho|no|ty|pi|stin die; -, -nen (weibl. Schreibkraft, die vorwiegend nach einem Diktiergerät schreibt); phon|stark; Phon|zahl

Phos|gen das; -s ⟨griech.⟩ (ein giftiges Gas); Phos|phat das; -[e]s, -e (Salz der Phosphorsäure; wichtiger techn. Rohstoff [z. B. für Düngemittel]); phos|phat|hal|tig; Phos|phin das; -s (chem. Grundstoff; Zeichen: P; Leuchtstoff); Phos|pho|res|zenz die; - (Nachleuchten vorher bestrahlter Stoffe); phos|pho|res|zie|ren; phos|phor|hal|tig; phos|pho|rig; Phos|pho|ris|mus der; - ...men (Phosphorvergiftung); Phos|pho|rit der; -[e]s, -e (ein Sedimentgestein); Phos|phor|lat-

wer|ge (ein Rattengift); **Phos-**
phor_säu|re *(die;-),* ...**ver|gif|tung**
Phot *das; -s, -* ⟨griech.⟩ (Leucht-
stärkeeinheit; Zeichen: ph); **pho-**
to... (licht...); **Pho|to...** (Licht...);
Pho|to vgl. Foto; **Pho|to|al|bum**
usw. vgl. Foto_al|bum usw.; **Pho-**
to|che|mie (Lehre von der chem.
Wirkung des Lichtes); **Pho|to-**
che|mi|gra|phie (Herstellung von
Ätzungen aller Art im Lichtbild-
verfahren); **pho|to|che|mi|gra-**
phisch; pho|to|che|misch (durch
Licht bewirkte chem. Reaktio-
nen betreffend); **Pho|to|ef|fekt**
(Austritt von Elektronen aus bestimmten Stoffen durch Licht-
einwirkung); **Pho|to|elek|tri|zi-**
tät; Pho|to_elek|tron (bei Licht-
einwirkung freiwerdendes Elek-
tron), ...**ele|ment** (elektr. Ele-
ment, das Lichtenergie in elektr.
Energie umwandelt); **pho|to|gen**
usw. vgl. fotogen usw.; **Pho|to-**
gramm *das;-s, -e* (Lichtbild für
Meßzwecke); **Pho|to|gramme-**
trie *die;-* [*Trenn.:* ...gramm|me...,
↑R 204] (Herstellung von Grund-
u. Aufrissen, Karten aus Licht-
bildern); **pho|to|gramme|trisch**
[*Trenn.:* ...gramm|me..., ↑R 204];
Pho|to|graph vgl. Fotograf
usw.; **Pho|to|gra|vü|re** (svw. He-
liogravüre); **Pho|to|in|du|strie**
vgl. Fotoindustrie; **Pho|to|ko|pie**
usw. vgl. Fotokopie usw.; **Pho-**
to|li|tho|gra|phie (Verfahren zur
Herstellung von Druckformen
für den Flachdruck); **pho|to|me-**
cha|nisch; -es Verfahren (An-
wendung der Fotografie zur Herstellung von Druckformen);
Pho|to|me|ter *das;-s, -* (Gerät zur
Lichtmessung); **Pho|to|me|trie**
die; -; **pho|to|me|trisch; Pho|to-**
mo|dell vgl. Fotomodell; **Pho|to-**
mon|ta|ge vgl. Fotomontage;
Pho|ton *das;-s, ...onen* (kleinstes
Energieteilchen einer elektromag-
net. Strahlung); **Pho|to|phy|sio-**
lo|gie (modernes Teilgebiet der
Physiologie); **Pho|to|re|por|ter**
vgl. Fotoreporter; **Pho|to|satz**
der;-es (Lichtsatz); **Pho|to|sphä-**
re *die;-* (strahlende Gashülle der
Sonne); **Pho|to|syn|the|se** (Auf-
bau chem. Verbindungen durch
Lichteinwirkung); **pho|to|tak-**
tisch; -e Bewegungen (Bewegungen von Pflanzenteilen zum
Licht hin); **Pho|to|thek** vgl. Foto-
thek; **Pho|to|the|ra|pie** *die; -*
(Med.: Lichtheilverfahren); **pho-**
to|trop, pho|to|tro|pisch (Photo-
tropismus zeigend, lichtwendig);
Pho|to|tro|pis|mus *der; -, ...men*
(Krümmungsreaktion von Pflanzenteilen bei einseitigem Licht-
einfall); **Pho|to|vol|ta|ik** *die; -*
(Teilgebiet der Elektronik); **Pho-**

to|zeit|schrift vgl. Fotozeit-
schrift; **Pho|to|zel|le; Pho|to|zin-**
ko|gra|phie *die; -* (Herstellung
von Strichätzungen mit Hilfe der
Fotografie)
Phra|se *die; -, -n* ⟨griech.⟩ (Rede-
wendung; abschätzig für: leere
Redensart; Mus.: selbständige
Tonfolge); **Phra|sen|dre|sche|rei**
(abschätzig); **phra|sen|haft;**
Phra|sen|held (abschätzig); **phra-**
sen|reich; Phra|seo|lo|gie *die; -,*
...**ien** (Lehre von den eigentümli-
chen Redewendungen einer
Sprache; Sammlung solcher Re-
dewendungen); **phra|seo|lo-**
gisch; phra|sie|ren (Musik: der
Gliederung der Motive [u. a.] entsprechend interpretieren); **Phra-**
sie|rung (melodisch-rhythmische
Einteilung eines Tonstücks;
Gliederung der Motive, Themen
u. ä. beim musikal. Vortrag)
Phre|ne|sie *die; -* ⟨griech.⟩ (Med.:
Wahnsinn); **phre|ne|tisch** (Med.:
wahnsinnig); vgl. aber: frene-
tisch; **Phre|ni|tis** *die; -, ...itiden*
(Med.: Zwerchfellentzündung)
Phry|gi|en [...*i²n*] (antikes Reich in
Nordwestkleinasien); **Phry|gi|er**
[...*i²r*]; **phry|gisch;** -e Mütze (in
der Franz. Revolution Sinnbild
der Freiheit, Jakobinermütze)
Phry|ne (griech. Hetäre)
Phthi|si|ker ⟨griech.⟩ (Med.:
Schwindsüchtiger); **Phthi|sis** *die;*
-, ...sen (Med.: Schwindsucht)
pH-Wert [*peha...*]; ↑R 37 (Maß-
zahl für die Konzentration der
Wasserstoffionen in einer Lösung)
Phy|kol|lo|gie *die; -* ⟨griech.⟩ (Al-
genkunde)
Phy|lax ⟨griech.⟩ („Wächter"; ein
Hundename)
Phy|le *die; -, -n* ⟨griech.⟩ (alt-
griech. Geschlechterverband); **phy-**
le|tisch (Biol.: die Abstam-
mung betreffend)
Phyl|lis (w. Eigenn.)
Phyl|lit *der; -s, -e* ⟨griech.⟩ (ein
Gestein); **Phyl|lo|kak|tus** (ein
amerik. Kaktus); **Phyl|lo|po|di-**
um *das; -s, ...ien* [...*i²n*] (blattähn-
licher Pflanzensproß); **Phyl|lo-**
pha|ge *der; -n, -n;* ↑R 197 (Bot.:
Pflanzenfresser; im engeren
Sinn: Blattfresser); **Phyl|lo|po|de**
der; -n, -n (meist *Plur.*); ↑R 197
(Blattfüßer [Krebs]); **Phyl|lo|ta-**
xis *die; -, ...xen* (Bot.: Blattstel-
lung); **Phyl|lo|xe|ra** *die; -, ...ren*
(Reblaus)
Phy|lo|ge|ne|se *die; -, -n* ⟨griech.⟩
(svw. Phylogenie); **phy|lo|ge|ne-**
tisch; Phy|lo|ge|nie *die; -, ...ien*
(Stammesgeschichte der Lebe-
wesen); **Phy|lum** *das; -s, ...la*
(Biol.: Tier- oder Pflanzen-
stamm)

Phy|sal|lis *die; -, ...alen* ⟨griech.⟩
(Nachtschattengewächs)
Phy|si|a|ter *der; -s -* ⟨griech.⟩ (Na-
turarzt); **Phy|si|a|trie** *die; -* (Na-
turheilkunde); **Phy|sik** *die; -*
(Naturwissenschaft, die mit ma-
thematischen Mitteln die Grund-
gesetze der [unbelebten] Natur
untersucht); **phy|si|ka|lisch;** -e
Chemie, -e Maßeinheit, -e Karte
(Bodenkarte), aber (↑R 157):
das Physikalische Institut der
Universität Frankfurt; **Phy|si-**
ker; Phy|si|ko|che|mie (physika-
lische Chemie); **phy|si|ko|che-**
misch; Phy|si|kum *das; -s, ...ka*
(Vorprüfung der Medizinstuden-
ten); **Phy|si|kus** *der; -, -se* (veralt.
für: Kreis-, Bezirksarzt)
Phy|sio|gnom *der; -en, -en*
(↑R 197) ⟨griech.⟩ u. **Phy|sio|gno-**
mi|ker (Deuter der äußeren Er-
scheinung eines Menschen);
Phy|sio|gno|mie *die; -, ...ien* (äu-
ßere Erscheinung eines Lebewesens, bes. Gesichtsausdruck);
Phy|sio|gno|mik *die; -* (Aus-
drucksdeutung [Kunst, von der
Physiognomie her auf seelische
Eigenschaften zu schließen]);
phy|sio|gno|mi|ker vgl. Physio-
gnom; **phy|sio|gno|misch**
Phy|sio|kli|ma|to|lo|gie *die; -*
⟨griech.⟩ (Meteor.: erklärende
Klimabeschreibung)
Phy|sio|krat *der; -en, -en* (↑R 197)
⟨griech.⟩ (Vertreter des Physio-
kratismus); **phy|sio|kra|tisch;**
Phy|sio|kra|tis|mus *der; -* (volks-
wirtschaftl. Theorie des 18. Jh.s,
die die Landwirtschaft als die
Quelle des Nationalreichtums
ansah)
Phy|sio|lo|ge *der; -n, -n* (↑R 197)
⟨griech.⟩ (Erforscher der Lebens-
vorgänge); **Phy|sio|lo|gie** *die; -*
(Lehre von den Lebensvorgän-
gen); **phy|sio|lo|gisch** (die Phy-
siologie betreffend); **Phy|sio|the-**
ra|peut (Pfleger, der die Physio-
therapie anwendet); **phy|sio|the-**
ra|peu|tisch; Phy|sio|the|ra|pie
(Heilbehandlung mit Licht, Luft,
Wasser, Bestrahlungen, Massage
usw.); **Phy|sis** *die; -* (Körper;
körperliche Beschaffenheit, Na-
tur); **phy|sisch** (in der Natur be-
gründet; natürlich; körperlich)
phy|to|gen ⟨griech.⟩ (aus Pflanzen
entstanden); **Phy|to.geo|gra|phie**
(Pflanzengeographie), ...**me|di-**
zin (Pflanzenmedizin), ...**pa|tho-**
lo|gie (Lehre von den Pflanzen-
krankheiten); **phy|to|pa|tho|lo-**
gisch; phy|to|phag (Biol.: pflan-
zenfressend); **Phy|to|pha|ge** *der;*
-n, -n (meist *Plur.*); ↑R 197 (Biol.:
Pflanzenfresser); **Phy|to_plank-**
ton (Gesamtheit der im Wasser
lebenden pflanzl. Organismen),

...the|ra|pie die; - (Pflanzenheil-kunde); Phy|to|zo|on das; -s, ...zo|en (veralt. für: Meerestier von pflanzenähnlichem Bau, z. B. Nesseltier)

¹Pi das; -[s], -s (griech. Buchstabe; Π, π); ²Pi das; -[s] (Zahl, die das Verhältnis von Kreisumfang zu Kreisdurchmesser angibt; π = 3,1415...)

Pia (w. Vorn.)

Pi|af|fe die; -, -n ⟨franz.⟩ (Reitsport: Trab auf der Stelle); pi|af-fie|ren (die Piaffe ausführen)

Pia|ni|no das; -s, -s (↑R 180) ⟨ital.⟩ (kleines ²Piano); pia|nis|si|mo (Musik: sehr leise, Abk.: pp); Pia|nis|si|mo das; -s, -s u. ...mi; Pia|nist der; -en, -en; ↑R 197 (Klavierspieler, -künstler); Pia-ni|stin die; -, -nen; pia|ni|stisch (die Technik, Kunst des Klavierspielens betreffend); pia|no (Musik: leise; Abk.: p); ¹Pia|no das; -s, -s u. ...ni (leises Spielen, Singen); ²Pia|no das; -s, -s ⟨Kurzform von: Pianoforte); Pia|no-for|te das; -s, -s (Klavier); vgl. Fortepiano; Pia|no|la das; -s, -s (selbsttätig spielendes Klavier)

Pia|rist der; -en, -en (↑R 197, R 180) ⟨lat.⟩ (Angehöriger eines kath. Lehrordens)

Pi|as|sa|va [...wa] die; -, ...ven (indian.-port.) (Palmenblattfaser); Pi|as|sa|va|be|sen

Pi|ast der; -en, -en; ↑R 197 (Angehöriger eines poln. Geschlechtes)

Pia|ster der; -, - (↑R 180) ⟨griech.⟩ (Währungseinheit im Libanon, Sudan, in Syrien, Ägypten)

Pia|ve [...we] die, auch der; -; ↑R 180 (ital. Fluß)

Pi|az|za die; -, ...zze ⟨ital.⟩ ([Markt]platz); Pi|az|zet|ta die; -, ...tte[n] (kleine Piazza)

Pi|ca [pika] die; - ⟨lat.⟩ (eine genormte Schriftgröße bei der Schreibmaschine)

Pi|car|de der; -n, -n (↑R 197); Pi-car|die die; - (hist. Provinz in Nordfrankreich); pi|car|disch

Pi|cas|so [pikaßo], Pablo (span. Maler u. Graphiker)

Pic|ca|dil|ly [pik'dili] (eine Hauptstraße in London)

Pic|card [pikar] (schweiz. Physiker)

Pic|collo (österr. meist für: ¹Pik-kolo)

Pic|collo|mi|ni [piko...] der; -[s], - (Angehöriger eines ital. Geschlechtes)

Pich|ler vgl. Pichler; pi|cheln (ugs.); ich ...[e]le (↑R 22)

Pi|chel|stei|ner Fleisch das; - -[e]s (ein Eintopfgericht)

pi|chen (landsch. für: mit Pech verschmieren)

Pich|ler, Pi|che|ler (ugs. für: Trinker)

¹Pick vgl. ²Pik

²Pick der; -s ⟨österr. ugs. für: Klebstoff)

Picke¹ die; -, -n (Spitzhacke); ¹Pickel¹ der; -s, - (Spitzhacke)

²Pickel¹ der; -s, - (Hautpustel, Mitesser)

Pickel|flö|te¹ vgl. Pikkoloflöte

Pickel|hau|be¹ (früherer [preuß.] Infanteriehelm)

Pickel|he|ring¹ (gepökelter Hering; übertr. für: Spaßmacher im älteren Lustspiel)

picke|lig¹, pick|lig ⟨zu: ²Pickel)

pickeln¹ (landsch. für: mit der Spitzhacke arbeiten); ich ...[e]le (↑R 22)

picken¹ (österr. ugs. auch für: kleben, haften); Pickerl¹ das; -s, -n (österr. für: Klebeetikett)

pickern¹ (mdal. für: leise pochen, ticken; essen); ich ...ere (↑R 22)

Pick|ham|mer (Bergmannsspr.: Abbauhammer)

Pickles vgl. Mixed Pickles

pick|lig vgl. pickelig

Pick|nick das; -s, -e u. -s ⟨franz.⟩ (Essen im Freien); pick|nicken¹; gepicknickt; Pick|nick|korb

Pick-up [pik-ap] der; -s, -s ⟨engl.⟩ (elektr. Tonabnehmer für Schallplatten)

Pi|co... vgl. Piko...

pi|co|bel|lo [piko...] ⟨niederd.; ital.⟩ (ugs. für: tadellos)

Pi|cot [piko] der; -s, -s ⟨franz.⟩ (Spitzenmasche; Spitzkeil)

Pic|pus-Mis|sio|nar [pikpüß...] (nach dem ersten Haus in der Picpusstraße in Paris) (Angehöriger der kath. Genossenschaft der hl. Herzen Jesu u. Mariä)

Pid|gin-Eng|lisch [pidschin...] das; -[s] (vereinfachte Mischsprache aus Englisch u. einer anderen Sprache)

Pie|ce [piäß'] die; -, -s ⟨franz.⟩ (Tonstück; musikal. Zwischenspiel)

Pie|de|stal [pi-e...] das; -s, -e ⟨franz.⟩ (Sockel; Untersatz)

Pief|ke der; -s, -s (landsch. für: Dummkopf, Angeber; österr. abschätzig für: [Nord]deutscher)

Piek die; -, -en (Seemannsspr.: unterster Teil des Schiffsraumes)

Pie|ke die; -, -en (svw. ²Pik)

piek_fein (ugs. für: besonders fein), ...sau|ber (ugs. für: besonders sauber)

Pie|mont [pi-e...] (Landschaft in Norditalien); Pie|mon|te|se der; -n, -n (↑R 197); pie|mon|te-sisch, (auch:) pie|mon|tisch

piep!; piep, piep!; Piep der, nur in ugs. Wendungen wie: einen - ha-

ben (ugs. für: nicht recht bei Verstand sein); er tut, sagt, macht keinen - mehr (ugs. für: er ist tot); pie|pe, pie|pe|gal (landsch. für: gleichgültig); das ist mir -

Pie|pel der; -s, -[s] (landsch. für: kleiner Junge; Penis)

pie|pen; es ist zum Piepen (landsch. für: es ist zum Lachen); Pie|pen Plur. (ugs. für: Geld); Piep_hahn (landsch.), ...matz (ugs.); pieps (ugs.); er kann nicht mehr - sagen; Pieps der; -es, -e (ugs.); keinen - von sich geben; piep|sen; du piepst (piepsest); Piep|ser; piep|sig (ugs.); Piep|sig|keit die; - (ugs.); Piep|vo|gel (Kinderspr.)

¹Pier der; -s, -e od. -s (Seemannsspr.: die; -, -s) (ent.) (Hafendamm; Landungsbrücke)

²Pier der; -[e]s, -e (niederd. für: Sandwurm als Fischköder)

Pierre [pjär] (franz. Form von: Peter)

Pi|er|ret|te [piä...] die; -, -n ⟨franz.⟩ (weibl. Lustspielfigur); Pi|er|rot [piäro] der; -s, -s (männl. Lustspielfigur)

pie|sacken [Trenn.: ...sak|ken] (ugs. für: quälen); gepiesackt; Pie|sacke|rei [Trenn.: ...sak|ke...]

pie|seln (ugs. für: regnen; urinieren); ich ...[e]le (↑R 22)

Pie|sel|pam|pel der; -s, - (landsch. derb für: dummer, engstirniger Mensch)

Pies|por|ter (ein Moselwein)

Pie|tà, in ital. Schreibung:) Pie|tà [pi-eta] die; -, -s ⟨ital.⟩ (Darstellung der Maria mit dem Leichnam Christi auf dem Schoß; Vesperbild); Pie|tät [pi-e...] die; - ⟨lat.⟩ (Frömmigkeit; Respekt, taktvolle Rücksichtnahme); pie-tät|los; -este; Pie|tät|lo|sig|keit; pie|tät|voll; Pie|tis|mus [pi-e...] der; - (ev. Erweckungsbewegung; auch für: schwärmerische Frömmigkeit); Pie|tist der; -en, -en (↑R 197); pie|ti|stisch

Pietsch der; -[e]s, -e (mdal. für: Trinker; Kraftmensch); piet-schen (mdal. für: tüchtig trinken); du pietschst (pietschest)

pie|zo|elek|trisch [pi-e...] ⟨griech.⟩ (elektrisch durch Druck); Pie|zo-_elek|tri|zi|tät die; - (durch Druck auf Kristalle entstehende Elektrizität), ...me|ter (das; -s, -; Druckmesser), ...quarz

piff, paff!

Pig|ment das; -[e]s, -e ⟨lat.⟩ (Farbstoff, -körper); Pig|men|ta|ti|on die; ...zion (lat.) (ev. = Färbung); Pig|ment_druck (nur Sing. für: Kohledruck, fotogr. Kopierverfahren; für in dieser Weise hergestelltes Erzeugnis auch Plur.: ...drucke), ...far|be, ...fleck; pig-

¹ Trenn.: ...k|k...

men|tie|ren (Pigment bilden; sich durch Pigmente einfärben); **Pig|men|tie|rung; pig|ment|los; Pig|ment|mal** (Muttermal; *Plur.* ...male)

Pi|gnol|le [*pinjol'*] *die;* -, -n ⟨ital.⟩ (Piniennuß); **Pi|gno|lie** [*pinjoli'*] *die;* -, -n ⟨österr. für: Pignole)

Pi|jacke *die;* -, -n ⟨engl.⟩ [*Trenn.:* Pi|jak|ke] (niederd. für: blaue Seemannsüberjacke)

¹**Pik** *der;* -s, -e ⟨franz.⟩ (Bergspitze); vgl. Piz; ²**Pik** *der;* -s, -e (ugs. für: heimlicher Groll); einen - auf jmdn. haben; ³**Pik** *das;* -[s], -[s], österr. auch: *die;* -, - (Spielkartenfarbe); **pi|kant;** -este (scharf [gewürzt]; prickelnd; reizvoll; anzüglich; schlüpfrig); -es Abenteuer; **Pi|kan|te|rie** *die;* -, ...ien; **pi|kan|ter|wei|se**

Pi|kar|de usw. (eindeutschend für: Picarde usw.)

pi|ka|risch ⟨span.⟩; -er Roman (Schelmenroman)

Pi|kas [auch: ...*aß*] *das;* Pikasses, Pikasse (↑ R 35); ¹**Pi|ke** *die;* -, -n ⟨franz.⟩ (Spieß); von der - auf dienen (ugs. für: im Beruf bei der untersten Stellung anfangen); ²**Pi|ke** *die;* -, -n (Nebenform von: ²Pik); ¹**Pi|kee** *der* ⟨österr. auch: *das*); -s, -e ([Baumwoll]gewebe); ²**Pi|kee** *das;* -s, -s (Reinheitsgrad für Diamanten); **Pi|kee|kra|gen, ...we|ste; pi|ken,** pik|sen (ugs. für: stechen); du pikst (piksest); **Pi|ke|nier** *der;* -s, -e (mit der ¹Pike bewaffneter Landsknecht); **Pi|kett** *das;* -[e]s, -e (ein Kartenspiel; schweiz. für: einsatzbereite Mannschaft [Militär u. Feuerwehr]); **Pi|kett|stel|lung** (schweiz. für: Bereitstellung); **pi|kie|ren** ([zu dicht stehende junge Pflanzen] in größeren Abständen neu einpflanzen); **pi|kiert** (ein wenig beleidigt, gekränkt, verstimmt)

¹**Pik|kol|lo** *der;* -s, -s ⟨ital.⟩ (Kellnerlehrling); ²**Pik|kol|lo** *das;* -s, -s (svw. Pikkoloflöte); **Pik|kol|lo|flä|sche** (kleine Sektflasche für eine Person), **...flö|te** (kleine Querflöte)

Pik|kol|lo|mi|ni (dt. Schreibung für: Piccolomini)

Pi|ko..., Pi|co... ⟨ital.⟩ (ein Billionstel einer Einheit; Zeichen: p; vgl. Pikofarad); **Pi|ko|fa|rad,** Pi|co|fa|rad (ein Billionstel Farad; Abk.: pF)

Pi|kör *der;* -s, -e ⟨franz.⟩ (Vorreiter bei der Parforcejagd)

Pi|krat *das;* -[e]s, -e ⟨griech.⟩ (Pikrinsäuresalz); **Pi|krin|säu|re** *die;* - (organ. Verbindung, die früher als Färbemittel u. Sprengstoff verwendet wurde)

pik|sen vgl. piken

Pik|sie|ben; dastehen wie - (ugs. für: verwirrt sein)

Pik|te *der;* -n, -n; (↑ R 197 (Angehöriger der ältesten Bevölkerung Schottlands)

Pik|to|gramm *das;* -s, -e ⟨lat.; griech.⟩ (graph. Symbol [mit international festgelegter Bed.], z. B. Totenkopf für „Gift“)

Pi|kul *der* od. *das;* -s, - ⟨malai.⟩ (Gewicht in Ostasien)

Pil|lar *der;* -en, -en (↑ R 197) ⟨span.⟩ (Pflock zum Anbinden der Halteleine bei der Abrichtung der Pferde); **Pi|la|ster** *der;* -s, - ⟨lat.⟩ ([flacher] Wandpfeiler)

¹**Pi|la|tus** (röm. Landpfleger in Palästina); von Pontius zu - (ugs. für: [vergeblich] von einem zum andern)

²**Pi|la|tus** *der;* - (Berg bei Luzern)

Pi|lau, Pi|law *der;* -s ⟨pers. u. türk.⟩ (orient. Reiseintopf)

Pil|ger (Wallfahrer; auch: Wanderer); **Pil|ger|fahrt; Pil|ge|rin** *die;* -, -nen; **pil|gern;** ich ...ere (↑ R 22); **Pil|ger|schaft** *die;* -; **Pil|gers|mann** *der;* -[e]s, ...männer u. ...leute (älter für: Pilger); **Pil|ger|stab; Pil|ge|rung; Pil|grim** *der;* -s, -e (veralt. dicht. für: Pilger)

pil|lie|ren ⟨franz.⟩ (zerstoßen, schnitzeln [bes. Rohseife])

Pil|ke *die;* -, -n (Köder beim Hochseeangeln); **pil|ken** (mit der Pilke angeln)

Pil|le *die;* -, -n ⟨lat.⟩ (Kügelchen; Arzneimittel; kurz für: Antibabypille); **Pil|len|dre|her** (Käfer; scherzh. für: Apotheker), **...knick** (ugs. für: Geburtenrückgang durch Verbreitung der Antibabypille), **...schach|tel; pil|lie|ren** (Landw.: Saatgut zu Kügelchen rollen); **Pil|lie|rung; Pil|ling** *das;* -s ⟨engl.⟩ (Knötchenbildung in Textilien); **pil|ling|frei**

Pi|lot *der;* -en, -en (↑ R 197) ⟨franz.⟩ (Flugzeugführer; Lotsenfisch; veralt. für: Lotse, Steuermann); **Pi|lot|bal|lon** (unbemannter Ballon zur Feststellung des Höhenwindes)

Pi|lo|te *die;* -, -n ⟨franz.⟩ (Rammpfahl)

Pi|lo|ten|schein; Pi|lot|film (Testfilm für eine geplante Fernsehserie); ¹**pi|lo|tie|ren** [ein Auto, Flugzeug) steuern

²**pi|lo|tie|ren** (zu: Pilote) ([Piloten] einrammen); **Pi|lo|tie|rung**

Pi|lot|sen|dung, ...**stu|die** (vorläufige, wegweisende Untersuchung), **...ton** (zur synchronen Steuerung von Bild u. Ton bei Film u. Fernsehen)

Pils *das;* -, - (Kurzform von: Pils[e]ner Bier); 3 -; **Pil|sen** (Hptst. des Westböhm. Gebietes); vgl. Plzeň; ¹**Pil|se|ner, Pils-**

ner (↑ R 147); ²**Pil|se|ner, Pils|ner** *das;* s, - (Bier)

Pilz *der;* -es, -e; giftiger -; **Pilz|fa|den; pil|zig; Pilz_kopf** (scherzh. für: Beatle); **...krank|heit, ...kun|de** (die;-), **...ver|gif|tung**

Pi|ment *der* od. *das;* -[e]s, -e ⟨lat.⟩ (Nelkenpfeffer, Küchengewürz)

Pim|mel *der;* -s, - (ugs. für: Penis)

pim|pe (nordd. für: gleichgültig)

Pim|pe|lei (ugs.); **pim|pe|lig,** pimp|lig (ugs.); **pim|peln** (ugs. für: weinerlich tun; kränkeln); ich ...[e]le (↑ R 22)

Pim|per|lin|ge *Plur.* (ugs.: Geld)

pim|pern (bayer. für: klimpern; klingeln); ich ...ere (↑ R 22)

²**pim|pern** (derb für: koitieren)

Pim|per|nell *der;* -s, -e u. Pim|pi|nel|le *die;* -, -n ⟨sanskr.⟩ (Küchen- u. Heilpflanze)

Pim|per|nuß ⟨zu: pimpern⟩ (ein Zierstrauch)

Pimpf *der;* -[e]s, -e (ugs. für: kleiner Junge)

Pim|pi|nel|le vgl. Pimpernell

pimp|lig, pimp|pe|lig

Pin *der;* -s, -s ⟨engl.⟩ ([getroffener] Kegel beim Bowling)

Pi|na|ko|id *das;* -[e]s, -e ⟨griech.⟩ (eine Kristallform); **Pi|na|ko|thek** *die;* -, -en (Bilder-, Gemäldesammlung)

Pi|nas|se *die;* -, -n ⟨niederl.⟩ (Beiboot [von Kriegsschiffen])

Pin|ce|nez [*pāngß'ne*] *das;* - [...*ne(ß)*], - [...*neß*] ⟨franz.⟩ (veralt. für: Klemmer, Kneifer)

Pin|dar (altgriech. Lyriker); **pin|da|risch,** aber (↑ R 134): **Pin|da|risch; Pin|da|ros** vgl. Pindar

Pin|ge vgl. Binge

pin|ge|lig (ugs. für: kleinlich, pedantisch; empfindlich)

Ping|pong ⟨österr. ...*pong*⟩ *das;* -s ⟨engl.⟩ (veralt. für: Tischtennis); **Ping|pong_plat|te, ...schlä|ger**

Pin|gu|lin [selten: ...*in*] *der;* -s, -e (ein Vogel der Antarktis)

Pi|nie [...*i'*] *die;* -, -n ⟨lat.⟩ (Kiefer einer bestimmten Art); **Pi|ni|en_wald, ...zap|fen**

pink ⟨engl.⟩ (rosa); ¹**Pink** *das;* -s, -s (kräftiges Rosa)

²**Pink** *die;* -, -en u. ¹**Pin|ke** *die;* -, -n (niederd. für: Segelschiff; Fischerboot)

²**Pin|ke,** Pin|ke|pin|ke *die;* - ⟨slaw.-gaunersprachl.⟩ (ugs. für: Geld)

¹**Pin|kel** *der;* -s, - (ugs. für: Geck)

²**Pin|kel,** die; -, -n (nordd.: fette, gewürzte Wurst)

pin|keln (ugs. für: harnen); ich ...[e]le (↑ R 22); **Pin|kel|pau|se**

pin|ken (landsch. für: hämmern)

Pin|ke|pin|ke vgl. ²Pinke

Pin|ne *die;* -, -n ([Kompaß]stift; Reißzwecke; Hebelarm am Steuerruder; Teil des Hammers); **pin|nen** (landsch. für: mit Pinnen versehen, befestigen); Pịnn|wand (Tafel [aus Kork], an der man Merkzettel u. a. anheftet)

Pị|nol|le der; -, -n ⟨ital.⟩ (Teil der Drehbank, in den der Körner o. ä. eingesetzt werden kann)

Pịn|scher der; -s, - (eine Hunderasse)

¹Pịn|sel der; -s, - (ugs. für: törichter Mensch, Dummkopf)

²Pịn|sel der; -s, - ⟨lat.⟩; pịn|sel|ar|tig; ¹Pịn|se|lei (ugs. abschätzig für: Malerei)

²Pịn|se|lei (veralt. für: große Dummheit)

Pịn|sel|ler, Pịns|ler (abwertend); pịn|seln; ich ...[e]le (↑ R 22); Pịn|sel_stiel, ...strich

Pint [paint] das; -s, -s ⟨engl.⟩ (engl. u. amerik. Hohlmaß; Abk.: pt); Pịn|te die; -, -n ⟨franz.⟩ (landsch. für: Wirtshaus, Schenke)

Pin-up-Girl [pinapgö'l] das; -s, -s ⟨engl.-amerik.⟩ (leichtbekleidetes Mädchen auf [Illustrierten]bildern, die man an die Wand heftet)

pinx. = pinxit; pịn|xit ⟨lat.⟩ (neben dem Namen des Künstlers auf Gemälden: „hat es gemalt"; Abk.: p. od. pinx.)

Pịn|zet|te die; -, -n ⟨franz.⟩ (kleine Greif-, Federzange)

Pịnz|gau der; -[e]s (österr. Landschaft)

Pi|ọm|bi Plur. ⟨ital.⟩ (hist. Bez. für die Staatsgefängnisse im Dogenpalast von Venedig)

Pio|nier der; -s, -e (↑ R 180) ⟨franz.⟩ (Soldat der techn. Truppe; übertr. für: Wegbereiter, Vorkämpfer, Bahnbrecher; DDR: Angehöriger einer Organisation für Kinder); Pio|nier_ab|tei|lung (↑ R 180), ...ar|beit, ...la|ger (Plur. ...lager; DDR), ...lei|ter (der; -s, -; DDR), ...pflan|ze (Bot.), ...rol|le, ...trupp

Pi|pa|po das; -s (ugs. für: was dazugehört); mit allem -

¹Pị|pe die; -, -n (österr. für: Faß-, Wasserhahn)

²Pipe [paip] das od. die; -, -s ⟨engl.⟩ (engl. u. amerik. Hohlmaß für Wein u. Branntwein); Pipe|line [paiplain] die; -, -s (Rohrleitung [für Gas, Erdöl]); Pị|pet|te [pi...] die; -, -n ⟨franz.⟩ (Saugröhre, Stechheber)

Pị|pi das; -s (Kinderspr.); - machen

Pịp|pau der; -[e]s (eine Pflanzengattung)

Pịp|pin [auch, österr. nur: pi...] (Name fränk. Fürsten)

Pips der; -es (eine Geflügelkrankheit); pịp|sig

Pịl|qué vgl. Pikee

Pi|ran|del|lo (ital. Schriftsteller)

Pi|ran|ha [...nja] ⟨indian.-port.⟩,

Pi|ral|ya der; -[s], -s ⟨indian.⟩ (ein Raubfisch)

Pi|rat der; -en, -en (↑ R 197) ⟨griech.⟩ (Seeräuber); Pi|ra|ten-_schiff, ...sen|der, ...tum (das; -s); Pi|ra|te|rie die; -, ...ien ⟨franz.⟩

Pi|rä|us der; - (Hafen von Athen)

Pi|ral|ya vgl. Piranha

Pịr|ma|sens (Stadt in Rheinland-Pfalz)

Pi|rol|ge die; -, -n ⟨karib.-franz.⟩ (Einbaum [mit Plankenaufsatz])

Pi|rog|ge die; -, -n ⟨russ.⟩ (Art Pastete; russ. Gericht)

Pi|rol der; -s, -e (ein Singvogel)

Pi|rou|et|te [...ru...] die; -, -n ⟨franz.⟩ (schnelle Drehung um die eigene Achse; Drehung in der Hohen Schule); pi|rou|et|tie|ren

Pịrsch die; - (Schleichjagd); pịr|schen; du pirschst (pirschest); Pịrsch|gang der

Pị|sa (ital. Stadt); der Schiefe Turm von - (↑ R 157); Pị|sa|ner (↑ R 147)

Pị|sang der; -s, -e ⟨malai.-niederl.⟩ (Bananenart)

pi|sa|nisch ⟨zu: Pisa⟩

Pị|see|bau der; -[e]s ⟨franz.; dt.⟩ (veraltete Bauweise, bei der die Mauern aus festgestampftem Lehm o. ä. bestehen)

pịs|pern (landsch. für: wispern); ich ...ere (↑ R 22)

Pịß der; Pisses (svw. Pisse)

Pịs|sar|ro (franz. Maler)

Pịs|se die; - (derb für: Harn); pịs|sen (derb); du pißt (pissest); Pịs|soir [pißọar] das; -s, -e u. -s ⟨franz.⟩ (veralt. für: öffentl. Toilette für Männer)

Pi|sta|zie [...iᵉ] die; -, -n ⟨pers.⟩ (Baum mit eßbaren Samen; der Samenkern dieses Baumes; Pi|sta|zi|en|nuß

Pị|ste die; -, -n ⟨franz.⟩ (Skispur; Ski- od. Radrennstrecke; Rollbahn auf Flugplätzen; Rand der Manege); Pị|sten_sau, ...schwein (derb für: rücksichtsloser Skifahrer)

Pi|still das; -s, -e ⟨lat.⟩ (Stampfer, Keule; Bot.: Blütenstempel)

Pi|sto|ia (ital. Stadt); Pi|sto|ia|er [...ja'r] (↑ R 147); pi|sto|ia|isch [...ja-isch]

Pi|stol das; -s, -en (alte Nebenform von: ²Pistole); ¹Pi|sto|le die; -, -n ⟨tschech.-roman.⟩ (alte Goldmünze); ²Pi|sto|le die; -, -n ⟨tschech.⟩ (kurze Handfeuerwaffe); jmdm. die - auf die Brust setzen (ugs. für: jmdn. zu einer Entscheidung zwingen); wie aus der - geschossen (ugs. für: spontan, sehr schnell, sofort); Pi|sto|len-_griff, ...knauf, ...lauf, ...schuß, ...ta|sche

Pị|ston [...tọng] das; -s, -s ⟨franz.⟩ (Zündstift bei Perkussionsgewehren; Pumpenventil der Blechinstrumente; franz. Bez. für: ²Kornett) Pị|ston|blä|ser

Pi|ta|val [...wạl] der; -[s], -s ⟨nach dem franz. Rechtsgelehrten Pitaval⟩ (Sammlung berühmter Rechtsfälle); Neuer -

Pitch|pine [pịtschpain] die; -, -s ⟨engl.-nordamerik. Pechkiefer); Pitch|pine|holz

Pi|thek|an|thro|pus der; -, ...pi ⟨griech.⟩ (javan. u. chin. Frühmensch des Diluviums); pi|the|ko|id (dem Pithekanthropus ähnlich)

pịtsch|naß, pịt|sche|pat|sche|naß, pịtsch|patsch|naß (ugs.); pịtsch, pạtsch!

pit|to|resk ⟨franz.⟩ (malerisch)

Pi|us (m. Vorn.)

Pi|vot [...wọ] der od. das; -s, -s ⟨franz.⟩ (Schwenkzapfen an Drehkränen u. a.)

Pịz der; -es, -e ⟨ladin.⟩ (Bergspitze); Pịz Bu|lin (Gipfel in der Silvrettagruppe); Pịz Pa|lü (Gipfel in der Berninagruppe); vgl. ¹Pik

Pịz|za die; -, -s (auch: Pizzen) ⟨ital.⟩ (neapolitan. Hefegebäck mit Tomaten, Käse u. Sardellen o. ä.); Pịz|za|bäcker [Trenn.: ...k|k...]; Pịz|ze|ria die; -, -s (auch: ...rien; Lokal, in dem Pizzas angeboten werden)

piz|zi|ca|to [...kạto] ⟨ital.⟩ (Musik: mit den Fingern gezupft); Pịz|zi|ka|to das; -s, -s u. ...ti

Pjöng|jang (Hptst. von Nordkorea)

Pkt. = Punkt

Pkw, (auch:) PKW der; -[s], -s (selten: -) = Personenkraftwagen

pl., Pl. = Plural

Pla|ce|bo [...zẹbo] das; -s, -s ⟨lat.⟩ (unwirksames Scheinmedikament)

Pla|ce|ment [plạßᵉmạng] das; -s, -s ⟨franz.⟩ (Anlage von Kapitalien; Absatz von Waren)

Pla|cet vgl. Plazet

pla|chan|dern (ostd. für: plaudernd umherziehen; schwätzen)

Pla|che vgl. Blahe

Pla|ci|dia [...zi...] (altröm. w. Eigenn.); Pla|ci|dus [...zi...] (altröm. m. Vorn.)

pla|cie|ren [plazịᵉrn, älter: plạßịr'n] usw. vgl. plazieren usw.

plạcken [Trenn.: plak|ken], sich (ugs.)

Plạcken [Trenn.: plak|ken] (landsch. für: großer [schmutziger od. bunter] Fleck)

Plạcke|rei [Trenn.: Plak|ke|rei] (ugs.)

pla|dauz! (nordwestd. für: pardauz!)

pladdern

plad|dern (niederd. für: heftig, in großen Tropfen regnen); es pladdert)

plä|die|ren; Plä|doy|er [...*doaje*] *das;* -s, -s (zusammenfassende Rede des Strafverteidigers od. Staatsanwaltes vor Gericht)

Pla|fond [...*fong*, österr. meist: ...*fon*] *der;* -s, -s ⟨franz.⟩ ([Zimmer]decke; oberer Grenzbetrag bei der Kreditgewährung); **pla|fo|nie|ren** ⟨franz.⟩ (schweiz. für: nach oben hin begrenzen)

Pla|ge *die;* -, -n; **Pla|ge|geist** (*Plur.* ...geister); **pla|gen**; sich -; **Pla|ge|rei**

Plag|ge *die;* -, -n (niederd. für: ausgestochenes Rasenstück)

Pla|gi|ar *der;* -s, -e ⟨lat.⟩ u. **Pla|gi|a|ri|us** *der;* -, ...rii [...*ri-i*]; ↑R 180 (veralt. für: Plagiator); **Pla|gi|at** *das;* -[e]s, -e (Diebstahl geistigen Eigentums); **Pla|gi|a|tor** *der;* -s, ...oren (↑R 180); **pla|gia|to|risch** (↑R 180); **pla|gi|ie|ren** (ein Plagiat begehen)

Pla|gio|klas *der;* -es, -e ⟨griech.⟩ (ein Mineral)

Plaid [*ple'd*] *das* (älter: *der*); -s, -s ⟨engl.⟩ ([Reise]decke; auch: großes Umhangtuch aus Wolle)

Pla|kat *das;* -[e]s, -e ⟨niederl.⟩ ([öffentl.] (Aushang, Werbeanschlag); **pla|ka|tie|ren** (ein Plakat ankleben; durch Plakat bekanntmachen; öffentl. anschlagen); **Pla|ka|tie|rung;** **pla|ka|tiv;** **Pla|kat_kunst,** ...ma|le|rei, ...säu|le, ...schrift; **Pla|ket|te** *die;* -, -n ⟨franz.⟩ (kleine [meist geprägte] Platte mit einer Reliefdarstellung; Abzeichen; auch: Aufkleber [als Prüfzeichen])

Pla|ko|der|men *Plur.* ⟨griech.⟩ (ausgestorbene Panzerfische); **Pla|ko|dont** *der;* -en, -en; ↑R 197 („Breitzahner"; ausgestorbene Echsenart); **Pla|ko|id|schup|pe** (Schuppe der Haie)

plan ⟨lat.⟩ (flach, eben); - geschliffene Fläche; **¹Plan** *der;* -[e]s, Pläne (veralt. für: Ebene; Kampfplatz)

²Plan *der;* -[e]s, Pläne (Grundriß; Vorhaben)

Pla|na|rie [...*i*ᵉ] *die;* -, -n (Strudelwurm)

Plan|auf|ga|be (DDR); **Plän|chen,** Plän|lein

Planche [*plangsch*] *die;* -, -n [...*sch*ᵉn] ⟨franz.⟩ (Fechtbahn); **Plan|chet|te** [*plangschät*] *die;* -, -n (Miederstäbchen)

Planck, Max (dt. Physiker); **Planck|sch;** ↑R 134; -es Strahlungsgesetz

Pla|ne *die;* -, -n ([Wagen]decke)

Plä|ne *die;* -, -n ⟨franz.⟩ (veralt. für: Ebene)

pla|nen; Pla|ner

Plä|ner *der;* -s (heller Mergel)

Plan|er|fül|lung (DDR); **pla|ne|risch; Plä|ne_schmied,** ...schmie|den (*das;* -s)

Pla|net *der;* -en, -en (↑R 197) ⟨griech.⟩ (sich um eine Sonne bewegender Himmelskörper; Wandelstern); **pla|ne|tar** vgl. planetarisch; **pla|ne|ta|risch;** -er Nebel; **Pla|ne|ta|ri|um** *das;* -s, ...ien [...*i*ᵉn] (Instrument zur Darstellung der Bewegung der Gestirne; auch Gebäude dafür); **Pla|ne|ten_bahn,** ...ge|trie|be (Technik), ...jahr, ...kon|stel|la|ti|on, ...sy|stem; **Pla|ne|to|id** *der;* -en, -en; ↑R 197 (kleiner Planet)

Plan|fest|stel|lung; Plan|fest|stel|lungs|ver|fah|ren

Plan|film (flach gelagerter Film im Gegensatz zum Rollfilm); **plan|ge|mäß;** -este; **Plan|heit** *die;* - (Flächigkeit); **Pla|nier|bank** (*Plur.* ...bänke; Technik); **pla|nie|ren** ([ein]ebnen); **Pla|nier_rau|pe,** ...schild *der;* **Pla|nie|rung; Pla|ni|fi|ka|teur** [...*tör*] *der;* -s, -e (Fachmann für volkswirtschaftliche Gesamtplanung); **Pla|ni|fi|ka|ti|on** [...*zion*] *die;* -, -en (wirtschaftl. Rahmenplanung des Staates als Orientierungshilfe für die privaten Unternehmen)

Pla|ni|glob *das;* -s, -en ⟨lat.⟩ u. **Pla|ni|glo|bi|um** *das;* -s, ...ien [...*i*ᵉn] (kreisförmige Karte einer Erdhalbkugel)

Pla|ni|me|ter *das;* -s, - ⟨lat.; griech.⟩ (Gerät zum Messen des Flächeninhaltes, Flächenmesser); **Pla|ni|me|trie** *die;* - (Geometrie der Ebene); **pla|ni|me|trisch**

Plan|kal|ku|la|ti|on (Kalkulation mit Hilfe der Plankostenrechnung)

Plan|ke *die;* -, -n (starkes Brett, Bohle)

Plän|ke|lei; plän|keln; ich ...[e]le (↑R 22)

Plan|ken|zaun

Plänk|ler

Plan|ko|sten *Plur.;* **Plan|ko|sten-rech|nung**

Plank|ton *das;* -s ⟨griech.⟩ (im Wasser schwebende Lebewesen mit geringer Eigenbewegung); **plank|to|nisch; Plank|ton|netz; Plank|tont** *der;* -en, -en; ↑R 197 (im Wasser schwebendes Lebewesen)

Plän|lein, Plän|chen; **plan|los;** -este; **Plan|lo|sig|keit; plan|mä|ßig; Plan|mä|ßig|keit; Plan|num|mer**

pla|no ⟨lat.⟩ (von Druckbogen u. [Land]karten: glatt, ungefalzt)

Plan_qua|drat, ...rück|stand (DDR)

Plansch|becken [*Trenn.:* ...bek-ken]; **plan|schen;** du planschst (planschest)

Plan_schul|den (*Plur.;* DDR), ...soll (DDR; vgl. ²Soll), ...spiel, ...stel|le

Plan|ta|ge [...*tasch*ᵉ, österr.: ...*tasch*] *die;* -, -n ⟨franz.⟩ ([An]pflanzung, landwirtschaftl. Großbetrieb [in trop. Gegend]); **Plan|ta|gen|be|sit|zer**

Plan|ta|ge|net [*pläntädschinit*] *der;* -[s], -s (Angehöriger eines engl. Herrscherhauses)

Plan|ta|gen|wirt|schaft

plan|tar ⟨lat.⟩ (Med.: die Fußsohle betreffend)

Pla|num *das;* -s ⟨lat.⟩ (eingeebnete Untergrundfläche beim Straßen- u. Gleisbau)

Pla|nung; Pla|nungs_ab|tei|lung, ...kom|mis|si|on, ...rech|nung (Math.); **plan|voll**

Plan|wa|gen

Plan|wirt|schaft; plan|zeich|nen (Grundrisse, Karten o. ä. zeichnen [nur im Infinitiv gebräuchlich]) **Plan_zeich|nen,** ...zeich|ner, ...zeich|nung, ...ziel

Plap|pe|rei (ugs.); **Plap|pe|rer,** Plapp|rer (ugs.); **plap|per|haft;** -este (ugs.); **Plap|per|haf|tig|keit** *die;* - (ugs.); **Plap|per|lin** *die;* -, -nen (ugs.); **Plap|per_maul** (ugs.), ...mäul|chen (ugs.); **plap|pern** (ugs.); ich ...ere (↑R 22); **Plap|per|ta|sche** (ugs.); **Plapp|rer,** Plap|pe|rer (ugs.)

Plaque [*plak*] *die;* -, -s [*plak*] ⟨franz.⟩ (Zahnbelag; Med.: Hautfleck)

plär|ren (ugs.); **Plär|rer** (ugs.)

Plä|san|te|rie *die;* -, ...ien ⟨franz.⟩ (veralt. für: Scherz); **Plä|sier** *das;* -s, -e (veralt., scherzh. für: Vergnügen; Spaß; Unterhaltung); **plä|sier|lich** (veralt., aber noch mdal. für: vergnüglich, heiter)

Plas|ma *das;* -s, ...men ⟨griech.⟩ (Protoplasma; flüssiger Bestandteil des Blutes; leuchtendes Gasgemisch; Halbedelstein); **Plas|ma|phy|sik** (modernes Teilgebiet der Physik); **Plas|mo|di|um** *das;* -s, ...ien [...*i*ᵉn] ⟨griech.⟩ (vielkernige Protoplasmamasse)

Plast *der;* -[e]s, -e (meist *Plur.*) ⟨griech.⟩ (DDR: Kunststoff); **Pla|stics** [*pläßtix*] *Plur.* ⟨engl.⟩ (engl. Bez. für: Kunststoffe); **Pla|stil|de** *die;* -, -n (meist *Plur.*) ⟨griech.⟩ (Bestandteil der Pflanzenzelle); **¹Pla|stik** *die;* -, -en (Bildhauerkunst; Bildwerk; übertr. für: Körperlichkeit; Med.: operativer Ersatz von zerstörten Gewebs- u. Organteilen); **²Pla|stik** *das;* -s (Kunststoff); **Pla|stik_beu|tel,** ...bom|be, ...ein|band; **Pla|sti|ker** (Bildhauer);

532

Pla|stik_fo|lie, ...helm, ...sack, ...tra|ge|ta|sche, ...tü|te; Pla|sti|lin das; -s (österr. nur so) u. Pla|sti|li|na die; - (Knetmasse zum Modellieren); pla|stisch; -ste (knetbar; körperlich, deutlich hervortretend; anschaulich; einprägsam); -e Masse; -e Sprache; Pla|sti|zi|tät die; - (Formbarkeit, Körperlichkeit; Bildhaftigkeit, Anschaulichkeit)

¹la|stron [...ßtrong, österr. ...ßtron] der od. das; -s, -s (breite [weiße] Krawatte; gestickter Brustlatz an Frauentrachten; eiserner Brust- od. Armschutz im MA.; Stoßkissen zu Übungszwecken beim Fechten)

¹la|täa (im Altertum Stadt in Böotien); Pla|tä|er

¹la|ta|ne die; -, -n ⟨griech.⟩ (ein Laubbaum); Pla|ta|nen|blatt

Pla|teau [...to̯] das; -s, -s ⟨franz.⟩ (Hochebene, Hochfläche; Tafelland); pla|teau|för|mig [...to...]

Pla|te|resk das; -[e]s ⟨span.⟩ (Schmuckstil der span. Spätgotik u. der ital. Frührenaissance)

Pla|tin [österr.: pla|tin] das; -s ⟨span.⟩ (chem. Grundstoff, Edelmetall; Zeichen: Pt); pla|tin|blond (weißblond); Pla|tin|draht

Pla|ti|ne die; -, -n ⟨griech.⟩ (Montageplatte; Teil der Web- od. Wirkmaschine; Hüttenw., Metallverarbeitung: Formteil)

pla|ti|nie|ren (mit Platin überziehen); Pla|ti|no|lid das; -[e]s, -e ⟨span.; griech.⟩ (eine Legierung)

Pla|ti|tü|de die; -, -n ⟨franz.⟩ (Plattheit, Seichtheit)

Pla|to vgl. Platon; Pla|ton (altgriech. Philosoph); Pla|to|ni|ker (Anhänger der Lehre Platos); pla|to|nisch (nach Art Platos; geistig, unsinnlich); -e Liebe; -es Jahr, aber († R 134); Pla|to|nisch (von Plato herrührend); -e Schriften; Pla|to|nis|mus der; - (Weiterentwicklung u. Abwandlung der Philosophie Platos)

platsch!; plat|schen; du platschst (platschest); plät|schern; ich ...ere († R 22); platsch|naß (ugs.)

platt; -er, -este (flach); die Nase drücken; da bist du -! (ugs. für: da bist du sprachlos, sehr erstaunt!); er hat einen Platten (ugs. für: eine Reifenpanne); das -e (flache) Land; Platt das; -[s] (das Niederdeutsche); Plätt|brett; Plätt|chen, Plätt|lein; platt|deutsch; vgl. deutsch; Platt|deutsch das; -[s] (Sprache); vgl. Deutsch; Platt|deut|sche das; -n; vgl. Deutsche das; Plätt|te die; -, -n (österr. ugs. auch: [Gangster]bande); Plätt|te die; -, -n (landsch. für: Bügeleisen; bayr. u. österr. für: flaches

---

Schiff); Plat|tei ([Adrema]plattensammlung); Plätt|ei|sen; plät|teln (mit Platten, Fliesen auslegen od. verkleiden); ich ...[e]le († R 22); plät|ten (landsch. für: platt machen; Platten legen); plät|ten (nordd. für: bügeln); Plat|ten_al|bum, ...ar|chiv, ...bau|wei|se, ...be|lag, ...gie|ßer, ...hül|le, ...le|ger, ...samm|lung

Plat|ten|see der; -s (ung. See); vgl. Balaton; ¹Plat|ten|seer [...se̯r] († R 147, 151 u. 180); ²Plat|tenseer der; -s (ein Wein)

Plat|ten_spie|ler, ...ste|cher (ein Lehrberuf), ...wechs|ler, ...weg

Plätt|erb|se; plät|ter|dings (veralt.); Plätt|te|rei; Plätt|le|rin die; -, -nen; Platt_fisch, ...form, ...frost (Frost ohne Schnee), ...fuß; platt|fü|ßig; Platt_heit, ...hirsch (geweihloser Rothirsch); plat|tie|ren ⟨franz.⟩ ([mit Metall] überziehen; umspinnen); Plat|tie|rung; Platt_tier|ver|fah|ren; plat|tig (von Felsen: glatt); Plätt|lein, Plätt|chen; Platt|ler (Älplertanz); Plätt|ma|schi|ne; platt|na|sig; Platt|stich; Platt- und Stielstich; Platt|stich|sticke|rei [Trenn.: ...stik|ke...]; Platt_wan|ze, ...wurm

Platz der; -es, Plätze (Fläche, Raum; Kaufmannsspr.: [Handels]ort, Sitz; landsch. für: Kuchen, [Zucker]plätzchen); Schreibung in Straßennamen: ↑ R 190 ff.; - finden, greifen, haben; - machen, nehmen; am -[e] sein; Platz_angst (die; -), ...an|wei|ser, ...an|wei|se|rin (die; -, -nen), ...be|darf; Plätz|chen, Plätz|lein; Platz|deck|chen

Plat|ze, nur in: die - kriegen (ugs. für: wütend werden); plat|zen; du platzt (platzest); plät|zen (landsch. für: mit lautem Knall schießen; Forstw.: [den Baum] durch Abschlagen eines Rindenstückes zeichnen; vom Schalenwild: den Boden mit den Vorderläufen aufscharren); du plätzt (plätzest)

...plät|zer (schweiz. für: ...sitzer); Platz_hal|ter, ...hirsch (stärkster Hirsch eines Brunftplatzes); ...plät|zig (schweiz. für: ...sitzig); Platz_kar|te, ...kon|zert, ...ko|sten|rech|nung (Wirtsch.: Berechnung der Kosten für einzelne Abteilungen eines Betriebes); Plätz|lein, Plätz|chen; Plätz|li das; -s, - (schweiz. mdal. für: flaches Stück, bes.: Plätzchen; Schnitzel); Platz_man|gel (der; -s), ...miel|te

Platz_pa|tro|ne, ...re|gen platz|spa|rend; Platz_ver|hält|nis|se Plur., ...ver|tre|tung, ...ver|weis (Sport), ...vor|schrift (Plazie-

---

rungsvorschrift), ...wart, ...wech|sel, ...wet|te, ...zif|fer (Sport)

Platz|wun|de

Plau|de|rei; Plau|de|rer, Plaud|rer; Plau|de|rin, Plaud|re|rin die; († R 22); Plau|der.stünd|chen, ...ta|sche (scherzh.), ...ton (der; -[e]s); Plaud|rer, Plau|de|rer; Plaud|re|rin, Plau|de|rin die; -, -nen

Plau|en (Stadt im Vogtland); Plaue|ner († R 147, 180); plau|ensch, (auch:) plau|isch; -e Ware

Plau|en|sche Grund der; -n -[e]s (bei Dresden)

Plau|er Ka|nal der; - - -s ⟨nach Plaue (Ortsteil von Brandenburg)⟩; Plau|er See der; - - -s

Plaue|sche Grund der; -n -[e]s; ↑ R 180 (bei Erfurt)

plau|isch vgl. plauensch

Plausch der; -[e]s, -e (gemütl. Plauderei); plau|schen (südd., österr., schweiz. für: gemütl. plaudern); du plauschst (plauschest)

plau|si|bel ⟨lat.⟩ (annehmbar, einleuchtend, triftig); ...ible Gründe; Plau|si|bi|li|tät die; -

plau|stern (mdal. für: plustern); sich - (die Federn spreizen)

Plau|tus (röm. Komödiendichter)

plauz!; Plauz der; -es, -e (ugs. für: Fall; Schlag); einen - tun

Plau|ze die; -, -n ⟨slaw.⟩ (mdal. für: Lunge; Bauch)

plau|zen ⟨zu: Plauz⟩; du plauzt (plauzest)

Play|back [pleˈbäk] das; -, -s ⟨engl.⟩ (Film u. Fernsehen: tontechn. Verfahren, bei dem während der Bildaufnahme die schon vorher produzierte Tonaufnahme abgespielt wird [nur Sing.]; Bandaufzeichnung); Play|back|ver|fah|ren; Play|boy [pleˈbeu] der; -s, -s ⟨engl.-amerik.⟩ (reicher junger Mann, der nicht arbeitet u. nur dem Vergnügen nachgeht); Play|girl [pleˈgöˈl] das; -s, -s (leichtlebiges, attraktives Mädchen [das sich meist in Begleitung reicher Männer befindet]); Play-off [pleˈof] das; -, - (System von Ausscheidungsspielen in bestimmten Sportarten); Play-off-Run|de

Pla|zen|ta die; -, -s u. ...ten ⟨griech.⟩ (Med., Biol.: Mutterkuchen, Nachgeburt); pla|zen|tal, pla|zen|tar

Pla|zet das; -s, -s ⟨lat.⟩ (Bestätigung, Erlaubnis)

pla|zie|ren, (auch noch:) pla|cie|ren ⟨franz.⟩ (aufstellen, an einen bestimmten Platz stellen, bringen; Kaufmannsspr.: [Kapitalien] unterbringen, anlegen); sich - (Sport: einen vorderen Platz erreichen); pla|ziert, (auch noch:)

pla|ciert; -este (Sport: genau gezielt); ein -er Schuß, Schlag; **Plazie|rung,** (auch noch:) Pla|cierung; **Pla|zie|rungs|vor|schrift** (genaue Anweisung des Auftraggebers, an welcher Stelle in einer Zeitung o. ä. eine Werbeanzeige erscheinen soll)

Ple|be|jer der; -s, - ⟨lat.⟩ (Angehöriger der niederen Schichten [im alten Rom]; ungehobelter Mensch); **ple|be|jisch;** -ste (ungebildet, ungehobelt, pöbelhaft); **Ple|bis|zit** das; -[e]s, -e (Volksabstimmung); **ple|bis|zi|tär** (das Plebiszit betreffend); **¹Plebs** [auch: plepß] der; -es; österr.: die; - (Volk; Pöbel); **²Plebs** [auch: plepß] die; - (das [arme] Volk im alten Rom)

Plein|air [plänär] das; -s, -s ⟨franz.⟩ (Freilichtmalerei); **Pleinair|ma|le|rei**

Plei|ße die; - (r. Nebenfluß der Weißen Elster)

plei|sto|zän ⟨griech.⟩; **Plei|sto|zän** das; -s (Geol.: Eiszeitalter)

plei|te ⟨jidd.⟩ (ugs. für: zahlungsunfähig); - gehen, sein, werden; er ist, geht -; er wird - werden; **Plei|te** die; -, -n (ugs.); - machen; er macht -; das ist ja eine - (ein Reinfall); **Plei|te|gei|er** (ugs.)

Ple|ja|de die; - (griech. Regengöttin); **Ple|ja|den** Plur. (Siebengestirn [Sterngruppe])

Plek|tron das; -s, ...tren u. ...tra ⟨griech.⟩ (Stäbchen od. Plättchen, mit dem die Saiten von Zupfinstrumenten angerissen werden); **Plek|trum** vgl. Plektron

Plem|pe die; -, -n (spött. für: Seitengewehr, Säbel; ugs. für: dünnes, fades Getränk); **plem|pern** (ugs. für: seine Zeit mit nichtigen Dingen vertun; herumlungern); ich ...ere (↑ R 22)

plem|plem (ugs. für: verrückt)

Ple|nar|saal ⟨lat.; dt.⟩, **...sit|zung** (Vollsitzung), **...ver|samm|lung** (Vollversammlung); **ple|ni|potent** (veralt. für: ohne Einschränkung bevollmächtigt, allmächtig); **Ple|ni|po|tenz** die; -

ple|no or|ga|no ⟨lat.⟩ (bei der Orgel: mit vollen Registern)

ple|no ti|tu|lo ⟨lat.⟩ (österr., sonst veralt. für: mit vollem Titel; Abk.: P. T.)

Plen|te die; -, -n ⟨ital.⟩ (südd. für: Brei aus Mais- od. Buchweizenmehl)

Plen|ter|be|trieb (Art des Forstbetriebes); **plen|tern;** ich ...ere (↑ R 22)

Ple|num das; -s, ...nen ⟨lat.⟩ (Gesamtheit [des Parlaments, Gerichts u. a.], Vollversammlung); vgl. in pleno

Pleo|chro|is|mus [...kro...] der; -

⟨griech.⟩ (Eigenschaft gewisser Kristalle, Licht nach mehreren Richtungen in verschiedene Farben zu zerlegen); **pleo|morph** usw. vgl. polymorph usw.; **Pleonas|mus** der; -, ...men (überflüssige Häufung sinngleicher od. sinnähnlicher Ausdrücke); **pleona|stisch** (überflüssig gesetzt; überladen); **Ple|on|ex|ie** die; - (Habsucht; Geltungssucht)

Ple|sio|sau|ri|er od. ...**sau|rus** der; -, ...rier [...i'r] ⟨griech.⟩ (Reptil einer ausgestorbenen Gattung)

Pleß (ehem. Fürstentum)

Ple|thi vgl. Krethi

Ple|tho|ra die; -, ...ren (fachspr.: ...rae) ⟨griech.⟩ (Med.: vermehrter Blutandrang)

Ple|thys|mo|graph der; -en, -en; ↑ R 197 ⟨griech.⟩ (Med.: Apparat zur Messung von Umfangsveränderungen eines Gliedes od. Organs)

Pleu|el der; -s, - (Schubstange); **Pleu|el|stan|ge**

Pleu|ra die; -, ...ren ⟨griech.⟩ (Brust-, Rippenfell)

Pleu|reu|se [plörös'] die; -, -n ⟨franz.⟩ (früher: Trauerbesatz an Kleidern; lange [herabhängende] Straußenfeder auf Frauenhüten)

Pleu|ri|tis die; -, ...iti|den ⟨griech.⟩ (Med.: Brust-, Rippenfellentzündung); **Pleu|ro|dy|nie** die; -, ...ien (Med.: Seitenschmerz, Seitenstechen); **Pleu|ro|pneu|mo|nie** die; -, ...ien (Med.: Rippenfell- u. Lungenentzündung)

ple|xi|form ⟨lat.⟩ (Med.: geflechtartig)

Ple|xi|glas ⓦ ⟨lat.; dt.⟩ (ein glasartiger Kunststoff)

Ple|xus der; -, - [pläxuß] ⟨lat.⟩ (Med.: Gefäß- od. Nervengeflecht)

Pli der; -s ⟨franz.⟩ (mdal. für: Gewandtheit [im Benehmen])

Plicht die; -, -en (offener Sitzraum hinten in Motor- u. Segelbooten)

plie|ren (nordd. für: mit den Augen kneifen, blinzeln; weinen); **plie|rig** (nordd. für: blinzelnd; verweint, triefäugig); -e Augen

plietsch (niederd. für: pfiffig)

Plie|vier [...wie] (dt. Schriftsteller)

Pli|ni|us (röm. Schriftsteller)

Plin|se die; -, -n ⟨slaw.⟩ (ostmitteld. Eier- od. Kartoffelspeise)

plin|sen (nordd. für: weinen); du plinst (plinsest)

Plin|sen|teig (ostmitteld.)

Plin|the die; -, -n ⟨griech.⟩ ([Säulen]platte; Sockel[mauer])

Plin|ze die; -, -n (Nebenform von: Plinse)

plio|zän ⟨griech.⟩; **Plio|zän** das; -s (Geol.: jüngste Stufe des Tertiärs)

Plis|see das; -s, -s ⟨franz.⟩ (in Fält

chen gelegtes Gewebe); **Plis|seerock; plis|sie|ren** (in Falten legen, fälteln)

plitz, platz!

PLO = Palestine Liberation Organization [pāl'ßtain lib're'sch'n ā'g'naise'sch'n] (palästinensische Befreiungsbewegung)

Plock|wurst

Plom|be die; -, -n ⟨franz.⟩ (Bleisiegel, -verschluß; [Zahn]füllung); **plom|bie|ren; Plom|bie|rung**

Plo|ni (Kurzform von: Apollonia)

Plör|re die; -, -n (nordd. für: wäßriges, fades Getränk)

Plot der (auch: das); -s, -s ⟨engl.⟩ (Handlung[sablauf], tragischer Konflikt im Drama)

Plöt|ze die; -, -n ⟨slaw.⟩ (ein Fisch)

plötz|lich; Plötz|lich|keit die; -

Plu|der|ho|se; plu|de|rig, plud|rig; plu|dern (sich bauschen)

Plum|bum das; -s ⟨lat.⟩ (Blei; chem. Grundstoff; Zeichen: Pb)

Plu|meau [plümo] das; -s, -s ⟨franz.⟩ (Federdeckbett)

plump; eine -e Falle

Plum|pe die; -, -n (ostmitteld. für: Pumpe); **plum|pen** (ostmitteld. für: pumpen)

Plump|heit; plumps!; Plumps der; -es, -e (ugs.); **Plump|sack** (im Kinderspiel); **plump|sen** (ugs. für: dumpf fallen); du plumpst (plumpsest); **Plumps|klo** (ugs. für: Toilette ohne Spülung)

Plum|pud|ding [plǎmpud...] ⟨engl.⟩ (engl. Süßspeise)

plump-ver|trau|lich (↑ R 39)

Plun|der der; -s, -n (ugs. für: altes Zeug [nur Sing.]; Backwerk aus Blätterteig mit Hefe); **Plun|derbre|zel; Plün|de|rei; Plün|de|rer,** Plündrer; **Plun|der_ge|bäck,** ...**kam|mer** (veralt.), ...**markt** (veralt.); **plün|dern;** ich ...ere (↑ R 22); **Plün|de|rig; Plün|derung; Plünd|rer,** Plün|de|rer

Plün|nen Plur. (niederd. für: [alte] Kleider)

Plun|ze die; -, -n (ostmitteld. für: Blutwurst); **Plun|zen** die; -, - (bayr. für: Blutwurst; scherzh. für: dicke, schwerfällige Person)

Plur. = Plural; **plu|ral** vgl. pluralistisch; **Plu|ral** [auch: plurá:l] der; -s, -e ⟨lat.⟩ (Sprachw.: Mehrzahl; Abk.: pl., Pl., Plur.); **Plural|en|dung; Plu|ra|le|tan|tum** das; -s, -s u. ...ta Pluraliatantum (Sprachw.: nur in der Mehrzahl vorkommendes Wort, z. B. „die Leute"); **plu|ra|lisch** (in der Mehrzahl [gebraucht, vorkommend]); **Plu|ra|li|sie|rung; Plura|lis ma|je|sta|tis** der; - -, ...les - (auf die eigene Person verwandte Mehrzahlform); **Plu|ralis|mus** der; - (philos. Meinung, daß die Wirklichkeit aus vielen selbständigen Weltprinzipien besteht; Vielgestaltigkeit gesellschaftlicher, politischer u. anderer Phänomene); plu|ra|li|stisch; -e Gesellschaft; Plu|ra|li|tät die; -, -en (Mehrheit; Vielfältigkeit); Plu|ral|wahl|recht (Wahlrecht, bei dem bestimmte Wählergruppen zusätzliche Stimmen haben); plu|ri|form (vielgestaltig); plus (und; Zeichen: + [positiv]; Ggs.: minus); drei plus drei ist, macht, gibt (nicht: sind, machen, geben) sechs; plus 15 Grad od. 15 Grad plus; Plus das; -, - (Mehr, Überschuß, Gewinn; Vorteil); Plus|be|trag

Plüsch [auch: plü...] der; -[e]s, -e ⟨franz.⟩ (Florgewebe); plü|schen [auch: plü...] (aus Plüsch); plü|schig [auch: plü...] (wie Plüsch); Plüsch.ses|sel, ...so|fa, ...tep|pich, ...tier

Plus_pol, ...punkt

Plus|quam|per|fekt [auch: ...fäkt] das; -s, -e ⟨lat.⟩ (Sprachw.: Vollendung der im Vergangenheit, Vorvergangenheit, dritte Vergangenheit)

plu|stern; die Federn - (sträuben, aufrichten); sich -; vgl. plaustern

Plus|zei|chen (Zusammenzähl-, Additionszeichen; Zeichen: +)

Plut|arch (griech. philosophischer Schriftsteller); Plut|ar|chos vgl. Plutarch

¹Plu|to (Beiname des Gottes Hades; griech. Gott des Reichtums und des Überflusses); ²Plu|to der; - (ein Planet); Plu|to|krat der; -en, -en (↑ R 197) ⟨griech.⟩ (jmd., der durch seinen Reichtum politische Macht ausübt); Plu|to|kra|tie die; -, ...ien (Geldherrschaft; Geldmacht); Plu|ton vgl. ¹Pluto; plu|to|nisch (der Unterwelt zugehörig); -e Gesteine (Tiefengesteine); Plu|to|nis|mus der; - (Tiefenvulkanismus; veralt. geol. Lehre, nach der die Gesteine ursprünglich in glutflüssigem Zustande waren); Plu|to|ni|um das; -s (chem. Grundstoff, Transuran; Zeichen: Pu)

Plutzer (österr. mdal. für: Kürbis; Steingutflasche; bildl. für: grober Fehler)

plu|vi|al [...wi...] ⟨lat.⟩ (Geol.: als Regen fallend); Plu|via|le das; -[s]; ↑ R 180 (Vespermantel des kath. Priesters; Krönungsmantel); Plu|vi|al|zeit (Geol.: in den subtrop. Gebieten eine den Eiszeiten der höheren Breiten entsprechende Periode mit kühlerem Klima u. stärkeren Niederschlägen); Plu|vio|graph der; -en, -en (↑ R 197) ⟨lat.; griech.⟩ (Meteor.: Regenmesser); Plu|vio|me|ter das; -s, - (Meteor.: Regen-

messer); Plu|vio|ni|vo|me|ter [...niwo...] das; -s, - (Meteor.: Gerät zur Aufzeichnung als Regen od. Schnee fallenden Niederschlags); Plu|vi|ose [plüwiôs] der; -, -s [plüwios] ⟨franz.⟩ („Regenmonat" der Franz. Revolution: 20. Jan. bis. 18. Febr.); Plu|vi|us ⟨lat.⟩ (Beiname Jupiters)

Ply|mouth [plim'th] (engl. Stadt); Ply|mouth Rocks Plur. (eine Hühnerrasse)

Plzeň [plsänj] (tschech. Name für: Pilsen)

p. m. = post meridiem; post mortem; pro memoria

p. m., v. T., ‰ = per od. pro mille

Pm = chem. Zeichen für: Promethium

Pneu der; -s, -s ⟨griech.⟩ (kurz für: ²Pneumatik od. Pneumothorax); Pneu|ma das; -s (Hauch; bes. für: Heiliger Geist); ¹Pneu|ma|tik die; - (Lehre vom Verhalten der Gase); ²Pneu|ma|tik [österr.: ...matik] der; -s, -s; österr.: die; -, -en (Luftreifen; Kurzform: Pneu); ³Pneu|ma|tik die; -, -en (Luftdruckmechanik der Orgel); pneu|ma|tisch (die Luft, das Atmen betreffend; durch Luft[druck] bewegt, bewirkt; Luft...); -e Bremse (Luftdruckbremse); -e Kammer (luftdicht abschließbare Kammer mit regulierbarem Luftdruck); Pneu|mo|graph der; -en, -en (↑ R 197 (Vorrichtung zur Aufzeichnung der Atembewegungen); Pneu|mo|kok|kus der; -, ...kken (Med.: Erreger der Lungenentzündung); Pneu|mo|ko|nio|se die; - (Med.: Staublunge); Pneu|mo|nie die; -, ...ien (Med.: Lungenentzündung); Pneu|mo|pe|ri|kard das; -[e]s (Med.: Luftansammlung im Herzbeutel); Pneu|mo|pleu|ri|tis die; -, ...itiden (Med.: Rippenfellentzündung bei leichter Lungenentzündung); Pneu|mo|tho|rax der; -[es], -e (krankhafte od. künstl. Luft-, Gasansammlung im Brustfellraum; Kurzform: Pneu)

¹Po der; -[s] (ital. Fluß)

²Po das; -s, -s (kurz für: Popo)

Po = chem. Zeichen für: Polonium

P. O. = Professor ordinarius (ordentlicher Professor; vgl. d.)

Pö|bel der; -s ⟨franz.⟩ (Pack, Gesindel); Pö|bel|ei; pö|bel|haft; Pö|bel|haf|tig|keit die; -; Pö|bel|herr|schaft; pö|beln; ...[e]le (↑ R 22)

Poch das (auch: der); -[e]s (ein Kartenglücksspiel); Poch|brett; po|chen

po|chie|ren [poschir'n] ⟨franz.⟩ (Gastr.: Speisen, bes. aufge-

schlagene Eier, in kochendem Wasser gar werden lassen)

Poch_stem|pel (Balken zum Zerkleinern von Erzen), ...werk (Bergbau)

Pocke¹ die; -, -n (Impfpustel); Pocken¹ Plur. (Infektionskrankheit); Pocken¹.imp|fung, ...nar|be; pocken|nar|big¹; Pocken¹-_schutz|imp|fung, ...vi|rus

Pocket|ka|me|ra¹ ⟨engl.; lat.⟩ (Taschenkamera)

Pock|holz (Guajakholz, trop. Holz); pockig¹

pol|co [poko] ⟨ital.⟩ (Musik: [ein] wenig); - a - (nach und nach); -largo ([ein] wenig langsam)

Pod|agra das; -s ⟨griech.⟩ (Fußgicht); pod|agrisch; Pod|al|gie die; -, ...ien (Med.: Fußschmerzen)

Po|dest das (österr. nur so), auch: der; -[e]s, -e ⟨griech.⟩ ([Treppen]absatz; größere Stufe)

Po|de|sta, (in ital. Schreibung:) Po|de|stà der; -[s], -s ⟨ital.⟩ (ital. Bez. für: Bürgermeister)

Po|dex der; -es, -e ⟨lat.⟩ (scherzh. für: Gesäß)

Pod|gor|ny (sowjet. Politiker)

Po|di|um das; -s, ...ien [...i'n] ⟨griech.⟩ (trittartige Erhöhung [für Musiker, Redner]); Po|di|ums.dis|kus|sio|n, ...ge|spräch; Po|do|me|ter das; -s, - ⟨griech.⟩ (Schrittzähler)

Pod|sol der; -s ⟨russ.⟩ (graue bis weiße Bleicherde)

Poe [po'], Edgar Allan [ädg'r äl'n] (amerik. Schriftsteller)

Po|ebe|ne; die; -; ↑ R 149 (Ebene des Flusses Po)

Po|em das; -s, -e ⟨griech.⟩ (meist abschätzig für: Gedicht); Poe|sie [po-e...] die; -, ...ien; ↑ R 180 (Dichtung; Dichtkunst: dicht. Stimmungsgehalt, Zauber); Poe|sie|al|bum (↑ R 180); poe|sie|los, -este (↑ R 180); Poe|sie|lo|sig|keit die; - (↑ R 180); Poet der; -en, -en; -en (↑ R 197 auch spött. für: Dichter); Poe|ta lau|rea|tus der; - -, ...tae [...ä] -, -ti (↑ R 180) ⟨lat.⟩ ([lorbeer]gekrönter, mit einem Ehrentitel ausgezeichneter Dichter); Poe|ta|ster der; -s, - (↑ R 180) ⟨griech.⟩ (abwertend für: schlechter Dichter); Poe|tik die; -, -en; ↑ R 180 ([Lehre von der] Dichtkunst); poe|tisch; -ste; ↑ R 180 (dichterisch); eine -e Sprache; er hat eine -e Ader (ugs. für: Veranlagung); poe|ti|sie|ren [po-e...]; ↑ R 180 (dichterisch ausschmücken; dichtend erfassen u. durchdringen); Po|fel der; -s (südd. u. österr. svw. Bafel; Wertloses)

¹ Trenn.: ...k|k...

po|fen (ugs. für: schlafen)
Po|fe|se vgl. Pafese
Po|gat|sche *die;* -, -n ⟨ung.⟩ (österr. für: eine Süßspeise)
Po|grom *der* od. *das;* -s, -e ⟨russ.⟩ (Ausschreitungen gegen nationale, religiöse, rassische Gruppen); Po|grom|het|ze
poi|ki|lo|therm [*peu...*] ⟨griech.⟩ (von Tieren: wechselwarm)
Poi|lu [*poalü*] *der;* -[s], -s ⟨franz.⟩ (Spitzname des franz. Soldaten)
Point [*poäng*] *der;* -s, -s ⟨franz.⟩ (Würfelspiel: Auge; Kartenspiel: Stich; Kaufmannsspr.: Notierungseinheit von Warenpreisen an Produktenbörsen); Point d'hon|neur [- *donör*] *der;* - - (veralt. für: Punkt, an dem sich jmd. in seiner Ehre getroffen fühlt); Poin|te [*poängt'*] *die;* -, -n (springender Punkt; überraschendes Ende eines Witzes, einer Erzählung); Poin|ter [*peunt'r*] *der;* -s, - ⟨engl.⟩ (Vorstehhund); poin|tie|ren [*poängtir'n*] ⟨franz.⟩ (unterstreichen, betonen); poin|tiert; -este (betont; zugespitzt); Poin|til|lis|mus [*poängtijiß...*] *der;* - (Richtung der impressionist. Malerei); Poin|til|list *der;* -en, -en (↑ R 197 (Vertreter des Pointillismus); poin|til|listisch
Poise [*poas⁽ᵉ⁾*] *das;* -, - ⟨nach dem franz. Arzt Poiseuille⟩ (früher: Maßeinheit der Viskosität; Zeichen: P)
Po|jatz *der;* -, -e ⟨landsch. für: „Bajazzo", Hanswurst)
Po|kal *der;* -s, -e ⟨ital.⟩ (Trinkgefäß mit Fuß; Sportpreis); Po|kal_end|spiel, ...sie|ger, ...spiel, ...sy|stem, ...wett|be|werb
Pö|kel *der;* -s, - ⟨[Salz]lake); Pö|kel_fleisch, ...he|ring, ...la|ke; pö|keln (einsalzen); ich ...[e]le (↑ R 22)
Po|ker *das;* -s ⟨amerik.⟩ (ein Kartenglücksspiel)
Pö|ker *der;* -s, - ⟨nordd. Kinderspr. für: Podex, Gesäß)
Po|ker_ge|sicht, ...mie|ne; po|kern; ich ...ere (↑ R 22); Po|ker_spiel
po|ku|lie|ren ⟨lat.⟩ (veralt., aber noch mdal. für: „bechern"; zechen, stark trinken)
¹Pol *der;* -s, -e ⟨griech.⟩ (Drehpunkt; Endpunkt der Erdachse; Math.: Bezugspunkt; Elektrotechnik: Aus- u. Eintrittspunkt des Stromes)
²Pol *der;* -s, -e ⟨franz.⟩ (Oberseite von Samt u. Plüsch, die den Flor trägt)
Po|lack *der;* -en, -en ⟨poln.⟩ (abwertende Bez. für: Pole)
po|lar ⟨griech.⟩ (am Pol befindlich, die Pole betreffend; entgegenge-

setzt wirkend); -e Strömungen; -e Luftmassen; -e Kälte; Po|la|re *die;* -, -n ⟨Math.: Verbindungslinie der Berührungspunkte zweier Tangenten an einem Kegelschnitt); Po|lar_eis, ...ex|pe|di|ti|on, ...fau|na, ...for|scher, ...front (Meteor.: Front zwischen polarer Kaltluft u. trop. Warmluft), ...fuchs, ...ge|biet, ...ge|gend, ...hund; Po|la|ris *die;* -, - (amerik. Rakete, die unter Wasser von einem U-Boot aus abgeschossen werden kann); Po|la|ri|sa|ti|on [...*zion*] *die;* -, -en (gegensätzliches Verhalten von Substanzen od. Erscheinungen; das Herstellen einer festen Schwingungsrichtung aus sonst unregelmäßigen Schwingungen des natürlichen Lichtes); Po|la|ri|sa|ti|ons_ebe|ne, ...fil|ter, ...mi|kro|skop, ...strom; Po|la|ri|sa|tor *der;* -s, ...oren (Vorrichtung, die polarisierte Strahlung aus natürlicher erzeugt); po|la|ri|sie|ren (der Polarisation unterwerfen); sich - (in seiner Gegensätzlichkeit immer stärker hervortreten); Po|la|ri|sie|rung; Po|la|ri|tät *die;* -, -en (Vorhandensein zweier Pole, Gegensätzlichkeit); Po|lar_kreis, ...land (Plur. ...länder), ...licht (Plur. ...lichter), ...luft (die; -), ...meer, ...nacht
Po|la|ro|id|ka|me|ra ⓦ [...*ro-it...,* auch: ...*reut...*] (Fotoapparat, der kurz nach der Aufnahme das fertige Bild liefert)
Po|lar_stern (vgl. ²Stern), ...zo|ne
Pol|del (Kurzform von: Leopold)
Pol|der *der;* -s, - ⟨niederl.⟩ (eingedeichtes Land); Pol|der|deich
Pol|di (Kurzform von: Leopold, Leopolda u. Leopoldine)
Po|le *der;* -n, -n (↑ R 197)
Po|lei *der;* -[e]s, -e ⟨lat.⟩ (Bez. verschiedener Arznei- u. Gewürzpflanzen); Po|lei|min|ze
Po|le|mik *die;* -, -en ⟨griech.⟩ (wissenschaftl., literar. Fehde, Auseinandersetzung; [unsachlicher] Angriff); Po|le|mi|ker; po|le|misch; -ste; po|le|mi|sie|ren
po|len ⟨griech.⟩ (an einen elektr. Pol anschließen)
Pollen
Po|len|ta *die;* -, -s u. ...ten ⟨ital.⟩ (ein Maisgericht)
Po|len|te *die;* - ⟨jidd.⟩ (Gaunerspr., ugs. für: Polizei)
Po|len|tum *das;* -s
Pole-po|si|tion [*pō"lp'sisch'n*] *die;* - ⟨engl.⟩ (beste Startposition beim Autorennen)
Po|le|si|en [...*i'n*]; vgl. Polesje; Po|les|je *die;* - (osteurop. Wald- u. Sumpflandschaft)
Pol|gar, Alfred (österr. Schriftsteller)

Pol|hö|he
Po|li|ce [...*liß'*] *die;* -, -n ⟨franz.⟩ (Versicherungsschein)
Po|li|ci|nel|lo [*politschinälo*] *der;* -s, ...lli ⟨ital.⟩ (veralt. Nebenform von: Pulcinella)
Po|lier *der;* -s, -e ⟨franz.⟩ (Vorarbeiter der Maurer u. Zimmerleute; Bauführer)
Po|lier|bür|ste; po|lie|ren ⟨franz.⟩ (reiben, putzen; glänzend, blank machen); Po|lie|rer; Po|lie|re|rin *die;* -, -nen; Po|lier_mit|tel *das,* ...stahl, ...tuch (Plur. ...tücher), ...wachs
Po|li|kli|nik [auch: *poli...*] (Abteilung eines Krankenhauses für die ambulante Krankenbehandlung); po|li|kli|nisch [auch: *po|li...*]
Po|lin *die;* -, -nen
Po|lio [auch: *po...*] *die;* - (Kurzform von: Poliomyelitis); Po|lio|in|fek|ti|on [auch: *po...*]; Po|lio|mye|li|tis *die;* -, ...itiden ⟨griech.⟩ (Med.: Kinderlähmung)
Po|llis *die;* -, Poleis ⟨griech.⟩ (altgriech. Stadtstaat)
Pol|jt|bü|ro (Kurzw. für: Politisches Büro; Zentralausschuß einer kommunistischen Partei, z. B. in der Sowjetunion)
¹Po|li|tes|se *die;* - ⟨franz.⟩ (veralt. für: Höflichkeit, Artigkeit)
²Po|li|tes|se *die;* -, -n ⟨aus Polizei u. Hostess) (von einer Gemeinde angestellte] Hilfspolizistin für bestimmte Aufgaben)
po|li|tie|ren ⟨lat.-franz.⟩ (ostösterr. für: mit Politur einreiben u. glänzend machen)
Po|li|tik *die;* -, (selten:) -en ⟨griech.⟩ ([Lehre von der] Staatsführung; zielgerichtetes Verhalten); Po|li|ti|ka|ster *der;* -s, - (abwertend); Po|li|ti|ker; Po|li|ti|ke|rin *die;* -, -nen; Po|li|ti|kum *das;* -s, ...ka (Tatsache, Vorgang von polit. Bedeutung); Po|li|ti|kus *der;* -, -se ⟨scherzh. für: jmd., der sich gern mit Politik beschäftigt); po|li|tisch; -ste (die Politik betreffend; staatsmännisch; staatsklug); -e Karte (Staatenkarte); -e Wissenschaft; -e Geographie; -e Geschichte; -e Ökonomie; politisch-gesellschaftlich (↑ R 39); po|li|ti|sie|ren (von Politik reden; politisch behandeln); Po|li|ti|sie|rung; Po|lit|of|fi|zier (DDR); Po|li|to|lo|ge *der;* -n, -n; ↑ R 197 (Wissenschaftler auf dem Gebiet der Politologie); Po|li|to|lo|gie *die;* - (Wissenschaft von der Politik); Po|lit_por|no|gra|phie, ...re|vue; Po|lit_ruk *der;* -s, -s ⟨russ.⟩ (früher: polit. Führer in einer sowjet. Truppe)
Po|li|tur *die;* -, -en ⟨lat.⟩ (Glätte,

Glanz; Poliermittel; nur *Sing.*: äußerer Anstrich, Lebensart)
Po|li|zei *die;* -, (selten:) -en ⟨griech.⟩; Po|li|zei_ak|ti|on, ...ap|pa|rat, ...auf|ge|bot, ...au|to, ...be|am|te, ...be|hör|de, ...chef, ...di|rek|ti|on, ...funk, ...griff, ...hund, ...kom|mis|sar, ...kon|tin|gent, ...kon|trol|le; po|li|zei|lich; -es Führungszeugnis; -e Meldepflicht; Po|li|zei_mei|ster, ...ober|mei|ster, ...or|gan, ...prä|si|dent, ...prä|si|di|um, ...re|vier, ...schutz, ...si|re|ne, ...spit|zel, ...staat (*Plur.* ...staaten), ...strei|fe, ...stun|de, ...ver|ord|nung, ...wa|che, ...wel|sen (*das;* -s); po|li|zei|wid|rig; Po|li|zist *der;* -en, -en; ↑ R 197 (Schutzmann); Po|li|zi|stin *die;* -, -nen
Po|liz|ze *die;* - u. (österr. für: Police)
Pölk *das* od. *der;* -[e]s, -e (niederd. für: halberwachsenes, männliches kastriertes Schwein)
Pol|ka *die;* -, -s ⟨poln.-tschech.⟩ (ein Tanz)
pol|ken (nordd. für: bohren); in der Nase -
Pol|lack *der;* -s, -s (eine Schellfischart)
Pol|len *der;* -s, - ⟨lat.⟩ (Blütenstaub); Pol|len_ana|ly|se, ...blu|me, ...korn (*das; Plur.* ...körner), ...schlauch
Pol|ler *der;* -s, - (Seemannsspr.: Holz- od. Metallpfosten zum Befestigen der Taue; Markierungsklotz für den Straßenverkehr)
Pol|lu|ti|on [...*zion*] *die;* -, -en ⟨lat.⟩ (Med.: unwillkürlicher [nächtl.] Samenerguß)
¹Pol|lux (Held der griech. Sage); Kastor und - (Zwillingsbrüder; bildl. für: engbefreundete Männer); ²Pol|lux *der;* - (Zwillingsstern im Sternbild Gemini)
pol|nisch; -e Wurst, aber (↑ R 157): der Polnische Erbfolgekrieg, der Polnische Korridor; Pol|nisch *das;* -[s] (Sprache); vgl. Deutsch; Pol|ni|sche *das;* -n; vgl. Deutsche
Po|lo *das;* -s ⟨engl.⟩ (Ballspiel vom Pferd aus); Po|lo|hemd (kurzärmeliges Trikothemd)
Po|lo|nai|se [...*näs*ᵉ] *die;* -, -n ⟨franz.⟩, (auch in eingedeutschter Schreibung:) Po|lo|nä|se *die;* -, -n (ein Reihentanz); Po|lo|nia (lat. Name von Polen); po|lo|ni|sie|ren (polnisch machen); Po|lo|ni|um *das* (chem. Grundstoff; Zeichen: Po)
Po|lo|spiel *das;* -[e]s
Pol|ster *das* (österr.: *der*); -s, -, österr. auch: Pölster (österr. auch für: Kissen); Pol|ste|rer; Pol|ster_gar|ni|tur, ...mö|bel; pol|stern; ich ...ere (↑ R 22); Pol-

ster_ses|sel, ...stoff, ...stuhl; Pol|ste|rung
Pol|ter *der* od. *das;* -s, - (südwestd. für: Holzstoß)
Pol|ter|abend; Pol|te|rer; Pol|ter|geist (*Plur.* ...geister); pol|te|rig, pol|trig; pol|tern; ich ...ere (↑ R 22)
Pol_wechs|ler, ...wen|der (Technik)
po|ly... ⟨griech.⟩ (viel...); Po|ly... (Viel...)
Po|ly|acryl *das;* -s ⟨griech.⟩ (ein Kunststoff)
Po|ly|amid Ⓦ *das;* -[e]s, -e ⟨griech.⟩ (elastischer, fadenbildender Kunststoff)
Po|ly|an|drie *die;* - ⟨griech.⟩ (Vielmännerei)
Po|ly|ar|thri|tis *die;* -, ...itiden ⟨griech.⟩ (Med.: Entzündung mehrerer Gelenke)
Po|ly|äs|the|sie *die;* - ⟨griech.⟩ (Med.: das Mehrfachempfinden eines Berührungsreizes)
Po|ly|äthy|len (chem. fachspr. auch: Po|ly|ethy|len) *das;* -s, -e ⟨griech.⟩ (thermoplastischer, säure- und laugenbeständiger Kunststoff)
Po|ly|bi|os vgl. Polybius; Po|ly|bi|us (griech. Geschichtsschreiber)
po|ly|chrom [...*krom*] ⟨griech.⟩ (vielfarbig, bunt); Po|ly|chro|mie *die;* -, ...ien (Vielfarbigkeit; bunte Bemalung von Bau- u. Bildwerken); Po|ly|chro|mie|ren (selten für: bunt ausstatten)
Po|ly|dak|ty|lie *die;* - ⟨griech.⟩ (Med.: Bildung von überzähligen Fingern und od. Zehen)
Po|ly|deu|kes vgl. ²Pollux
Po|ly|eder *das;* -s, - ⟨griech.⟩ (Math.: Vielflächner); Po|ly|eder|krank|heit *die;* - (eine Raupenkrankheit); po|ly|edrisch (vielflächig)
Po|ly|ester *der;* -s, - ⟨griech.⟩ (aus Säuren u. Alkoholen gebildete Verbindung mit hohem Molekulargewicht, ein Kunststoff)
Po|ly|ethy|len vgl. Polyäthylen
Po|ly|gal|la *die;* -, -s ⟨griech.⟩ (eine Pflanzengattung)
po|ly|gam ⟨griech.⟩ (mehr-, vielehig); Po|ly|ga|mie *die;* - (Mehr-, Vielehe; Vielweiberei); Po|ly|ga|mist *der;* -en, -en (↑ R 197)
po|ly|gen ⟨griech.⟩ (vielfachen Ursprungs [z. B. von Vulkanen]; Biol.: durch mehrere Erbfaktoren bedingt)
po|ly|glott ⟨griech.⟩ (vielsprachig; viele Sprachen sprechend); ¹Po|ly|glot|te *der;* -n, -n; ↑ R 197 (vielsprachiger); ²Po|ly|glot|te *die;* -n (Buch in vielen Sprachen); Po|ly|glot|ten|bi|bel
Po|ly|gon *das;* -s, -e ⟨griech.⟩ (Vieleck); po|ly|go|nal (vieleckig); Po-

...ly|gon_aus|bau (*der;* -[e]s; Bergmannsspr.), ...bo|den (Geol.)
Po|ly|graph *der;* -en, -en (↑ R 197) ⟨griech.⟩ (Gerät zur Registrierung mehrerer [medizin. od. psych.] Erscheinungen; DDR: Angehöriger des graph. Gewerbes); Po|ly|gra|phie *die;* -, -n [...*i*ᵉ*n*] (Med.: Röntgenuntersuchung mit mehrmaliger Belichtung zur Darstellung von Organbewegungen; DDR [nur *Sing.*]: Gesamtheit des graph. Gewerbes)
Po|ly|gy|nie *die;* - ⟨griech.⟩ (Vielweiberei)
Po|ly|hi|stor *der;* -s, ...oren ⟨griech.⟩ (in vielen Fächern bewanderter Gelehrter)
Po|ly|hym|nia, Po|lym|nia (Muse des ernsten Gesanges)
Po|ly|karp (ein Heiliger)
po|ly_karp, ...kar|pisch ⟨griech.⟩ (in einem bestimmten Zeitraum mehrmals Blüten und Früchte ausbildend); -e Pflanzen
Po|ly|kla|die *die;* - ⟨griech.⟩ (Bot.: Bildung von Seitensprossen nach Verletzung einer Pflanze)
Po|ly|kon|den|sa|ti|on *die;* -, -en ⟨griech.; lat.⟩ (Chemie: Zusammenfügen einfacher Moleküle zu größeren od. zur Gewinnung von Kunststoffen)
Po|ly|kra|tes (ein Tyrann von Samos)
po|ly|mer ⟨griech.⟩ (aus größeren Molekülen bestehend); Po|ly|mer *das;* -s, -e u. Po|ly|me|re *das;* -n, -n (meist *Plur.*); ↑ R 7 ff. (Chemie: eine Verbindung aus Riesenmolekülen); Po|ly|me|rie *die;* -, ...ien (Biol.: das Zusammenwirken mehrerer gleichartiger Erbfaktoren bei der Ausbildung eines Merkmals; Chemie: Basis für die besonderen Eigenschaften polymerer Verbindungen); Po|ly|me|ri|sat *das;* -[e]s, -e (Chemie: durch Polymerisation entstandener neuer Stoff); Po|ly|me|ri|sa|ti|on [...*zion*] *die;* -, -en (auf Polymerie beruhendes chem. Verfahren zur Herstellung von Kunststoffen); po|ly|me|ri|sier|bar; po|ly|me|ri|sie|ren; Po|ly|me|ri|sie|rung
Po|ly|me|ter *der;* -s, - ⟨griech.⟩ (meteor. Meßgerät); Po|ly|me|trie *die;* -, ...ien (Anwendung verschiedener Metren in einem Gedicht; häufiger Taktwechsel in einem Tonstück)
Po|lym|nia vgl. Polyhymnia
po|ly|morph ⟨griech.⟩ (vielgestaltig); Po|ly|mor|phie *die;* - u. Po|ly|mor|phis|mus *der;* - (Vielgestaltigkeit, Verschiedengestaltigkeit)
Po|ly|ne|si|en [...*i*ᵉ*n*] ⟨griech.⟩ (die

östl. Südseeinseln); Po|ly|ne|si|er [...i⁰r]; po|ly|ne|sisch
Po|ly|nom das; -s, -e ⟨griech.⟩ (Math.: vielgliedrige Größe); po|ly|no|misch
po|ly|nu|kle|är ⟨griech.; lat.⟩ (Med. [z. B. von Zellen]: vielkernig)
Po|lyp der; -en, -en (↑R 197) ⟨griech.⟩ (veralt., noch volkstüml. Bez. für: Tintenfisch; eine bestimmte Form der Nesseltiere; Med.: gestielte Geschwulst, [Nasen]wucherung; ugs. für: Polizeibeamter); po|ly|pen|ar|tig
Po|ly|pha|ge der; -n, -n (meist Plur.); ↑R 197 ⟨griech.⟩ (sich von verschiedenartigen Pflanzen od. Beutetieren ernährendes Tier); Po|ly|pha|gie die; -
Po|ly|phem, Po|ly|phe|mos (griechische Sagengestalt; Zyklop)
po|ly|phon ⟨griech.⟩ (mehrstimmig, vielstimmig); -er Satz; Po|ly|pho|nie die; - (Musik: Mehrstimmigkeit, Vielstimmigkeit; Kompositionsstil); po|ly|pho|nisch (älter für: polyphon)
Po|ly|pio|nie die; - (↑R 180) ⟨griech.⟩ (Med.: Fettleibigkeit)
po|ly|plo|id ⟨griech.⟩ (Biol. [von Zellen]: mit mehrfachem Chromosomensatz)
Po|ly|re|ak|ti|on ⟨griech.; lat.⟩ (Chemie: Bildung hochmolekularer Verbindungen)
Po|ly|rhyth|mik ⟨griech.⟩ (verschiedenartige, aber gleichzeitig ablaufende Rhythmen in einer Komposition [im Jazz]); po|ly|rhyth|misch
Po|ly|sac|cha|rid, Po|ly|sa|cha|rid [...cha...] das; -[e]s, -e ⟨griech.⟩ (Vielfachzucker)
po|ly|se|man|tisch ⟨griech.⟩ (Sprachw.: Polysemie besitzend; mehr-, vieldeutig); Po|ly|se|mie die; - ⟨griech.⟩ (Sprachw.: Mehrdeutigkeit [von Wörtern])
Po|ly|sty|rol das; -s, -e ⟨griech.; lat.⟩ (ein Kunststoff)
po|ly|syn|de|tisch ⟨griech.⟩ (Sprachw.: durch Konjunktionen verbunden); Po|ly|syn|de|ton das; -s, ...ta (Wort- od. Satzreihe, deren Glieder durch Konjunktionen miteinander verbunden sind)
po|ly|syn|the|tisch ⟨griech.⟩ (vielfach zusammengesetzt); Po|ly|syn|the|tis|mus der; - (Verschmelzung von Bestandteilen des Satzes in ein großes Satzwort)
Po|ly|tech|ni|ker ⟨griech.⟩ (Besucher des Polytechnikums); ...tech|ni|kum (techn. Fachhochschule); po|ly|tech|nisch (viele Zweige der Technik umfassend); -e Erziehung (UdSSR u. DDR: Erziehungsprinzip mit Betonung des naturwissenschaftl. Unter-

richts u. seiner Verbindung mit der prakt. Arbeit); -er Lehrgang (9. Jahr der allgemeinen Schulpflicht in Österr.)
Po|ly_the|is|mus ⟨griech.⟩ (Vielgötterei), ...the|ist (der; -en, -en; ↑R 197); po|ly|thei|stisch (↑R 180)
Po|ly|to|na|li|tät die; - ⟨griech.⟩ (Musik: gleichzeitiges Durchführen mehrerer Tonarten in den verschiedenen Stimmen eines Tonstücks)
po|ly|trop ⟨griech.⟩ (vielfach anpassungsfähig)
Po|ly|vi|nyl|chlo|rid das; -[e]s ⟨griech.⟩ (säurefester Kunststoff; Abk.: PVC)
pöl|zen (österr. für: [durch Stützen, Verschalung] abstützen; du pölzt (pölzest); einen Stollen -
Po|ma|de die; -, -n ⟨franz.⟩ (wohlriechendes Haarfett); Po|ma|den|hengst (spött.); po|ma|dig (mit Pomade eingerieben; ugs. für: träge; blasiert); po|ma|di|sie|ren (mit Pomade einreiben)
Po|me|ran|ze die; -, -n ⟨ital.⟩ (Zitrusfrucht, bittere Apfelsine); Po|me|ran|zen|öl (das; -[e]s)
Pom|mer der; -n, -n (↑R 197); Pom|me|rin die; -, -nen; pom|me|risch, pom|mersch, aber (↑R 146): die Pommersche Bucht; Pom|mer|land das; -[e]s; Pom|mern
Pom|mes Plur. (ugs. für: Pommes frites); Pommes Dau|phine [pomdofin] Plur. ⟨franz.⟩ (eine Art Kartoffelkroketten); Pommes frites [pomfrit] Plur. (in Fett gebackene Kartoffelstäbchen)
Po|mo|lo|gie die; - ⟨lat.; griech.⟩ (Obst[bau]kunde); Po|mo|na (röm. Göttin der Baumfrüchte)
Pomp der; -[e]s ⟨franz.⟩ (prachtvolle Ausstattung; Gepränge)
¹Pom|pa|dour [pongpadur] (Mätresse Ludwigs XV.); ²Pom|pa|dour [auch mit dt. Aussspr.: pompadur] der; -s, -e u. -s (früher für: Strickbeutel)
Pom|pe|ji vgl. Pompeji; Pom|pe|ja|ner (↑R 147); pom|pe|ja|nisch; Pom|pe|ji, Pom|pe|i (Stadt u. Ruinenstätte am Vesuv)
Pom|pe|jus (röm. Feldherr u. Staatsmann)
pomp|haft; -este; Pomp|haf|tig|keit die; -
Pom|pon [pongpong od. pompong] der; -s, -s ⟨franz.⟩ (knäuelartige Quaste aus Wolle od. Seide)
pom|pös; -este ⟨franz.⟩ ([übertrieben] prächtig; prunkhaft)
Po|mu|chel der; -s, - ⟨slaw.⟩ (nordostd. für: Dorsch); Po|mu|chels|kopp der; -s, ...köppe (nordostd. für: dummer, plumper Mensch)
pö|nal ⟨griech.⟩ (veralt. für: die Strafe, das Strafrecht betref-

fend); Pö|na|le das; -s, ...lien [...i⁰n], österr.: - (österr., sonst veralt. für: Strafe, Buße); Pö|nal|ge|setz (kath. Moraltheol.)
Po|na|pe (Karolineninsel)
pon|ceau [pongßo] ⟨franz.⟩ (hochrot); Pon|ceau das; -s, -s (hochrote Farbe)
Pon|cho [pontscho] der; -s, -s ⟨indian.⟩ (capeartiger [Indianer]mantel)
pon|cie|ren [pongßir⁰n] ⟨franz.⟩ (mit Bimsstein abreiben, schleifen; mit Kohlenstaubbeutel durchpausen)
Pond das; -s, - ⟨lat.⟩ (früher: physikal. Krafteinheit; Zeichen: p); pon|de|ra|bel (veralt. für: wägbar); ...ble Angelegenheiten; Pon|de|ra|bi|li|en [...i⁰n] Plur. (veralt.: kalkulierbare, wägbare Dinge)
Pon|gau der; -[e]s (salzburgische Alpenlandschaft)
Pö|ni|tent der; -en, -en (↑R 197) ⟨lat.⟩ (kath. Kirche: Büßender, Beichtender); Pö|ni|ten|ti|ar [...ziar] der; -s, -e (Beichtvater); Pö|ni|tenz die; -, -en (Buße, Bußübung)
Pon|te die; -, -n ⟨lat.⟩ (mdal. für: breite Fähre); Pon|ti|cel|lo [...it-tschälo] der; -s, -s u. ...lli ⟨ital.⟩ (Steg für Streichinstrumente); Pon|ti|fex der; -, ...ti|fi|zes (Oberpriester im alten Rom); Pon|ti|fex ma|xi|mus der; - -, ...tifices [...zeß] ...mi (oberster Priester im alten Rom; Titel des röm. Kaisers u. danach des Papstes); pon|ti|fi|kal (bischöflich); vgl. in pontificalibus; Pon|ti|fi|kal|amt das; -[e]s (von einem Bischof od. Prälaten gehaltene feierl. Messe); Pon|ti|fi|ka|le das; -[s], ...lien [...i⁰n] (liturg. Buch für die bischöflichen Amtshandlungen); Pon|ti|fi|ka|li|en [...i⁰n] Plur. (die den kath. Bischof auszeichnenden liturg. Gewänder u. Abzeichen); Pon|ti|fi|kat das od. der; -[e]s, -e (Amtsdauer u. Würde des Papstes od eines Bischofs); Pon|ti|fil|zes (Plur. von: Pontifex)
Pon|ti|ni|sche Sümp|fe Plur (ehem. Sumpfgebiet bei Rom)
pon|tisch ⟨griech.⟩ (steppenhaft, aus der Steppe stammend)
Pon|ti|us Pi|la|tus [...ziuß -] (röm Landpfleger in Palästina); vor Pontius zu Pilatus laufen (ugs für: mit einem Anliegen [vergeblich] von einer Stelle zur anderer gehen)
Pon|ton [pongtong od. pontong österr.: ponton] der; -s, -s ⟨franz. (Brückenschiff); Pon|ton_brücke [Trenn.: ...brük|ke], ...form
Pon|tre|si|na (schweiz. Kurort)

Pon|tus (im Altertum Reich in Kleinasien); Pon|tus Eu|xi|nus der; - - ⟨lat.⟩ (Schwarzes Meer)

Po|ny [poni, selten: poni] das; -s, -s ⟨engl.⟩ (kleinwüchsiges Pferd); ²Po|ny [poni] der; -s, -s (fransenartig in die Stirn gekämmtes Haar); Po|ny‿fran|sen Plur, ...fri|sur

Pool [pul] der; -s, -s ⟨amerik.⟩ (Gewinnverteilungskartell; kurz für: Swimmingpool); Pool|bil|lard ⟨amerik.; franz.⟩ (Billard, bei dem die Kugeln in Löcher am Rand des Spieltisches gespielt werden müssen)

Pop der; -[s] ⟨engl.⟩ (kurz für: Popmusik, Pop-art u. a.)

Po|panz der; -es, -e ⟨slaw.⟩ ([vermummte] Schreckgestalt; ugs. für: willenloser Mensch)

Pop-art [pópa'¹] die; - ⟨amerik.⟩ (eine moderne Kunstrichtung)

Pop|corn das; -s ⟨engl.⟩ (Puffmais)

Po|pe der; -n, -n (↑R 197) ⟨griech.-russ.⟩ (volkstüml. Bez. des Priesters der Ostkirche)

Po|pel der; -s, - (landsch. u. ugs. für: verhärteter Nasenschleim; schmutziger kleiner Junge)

po|pe|lig, pop|lig ⟨von lat. populus = Volk⟩ (ugs. für: armselig, schäbig; gewöhnlich; knauserig); er ist ein -er Mensch

Po|pe|li|ne der; -s, - ⟨franz.⟩ u. Po|pe|li|ne [pop'lin, österr.: poplin] der; -s, - u. die; -, - (Sammelbez. für feinere ripsartige Stoffe in Leinenbindung)

po|peln (ugs. für: in der Nase bohren); ich ...[e]le (↑R 22)

Pop-fe|sti|val, ...grup|pe, ...kon|zert, ...kunst (die; -)

pop|lig vgl. popelig

Po|po der; -s, -s (Kinderspr. für: Podex [Gesäß])

Po|po|ca|te|petl [...ka...] der; -[s] (Vulkan in Mexiko)

Pop|per der; -s, - ⟨zu: Pop⟩ (Jugendlicher mit gepflegtem Äußeren und modischer Kleidung); pop|pig (mit Stilelementen der Pop-art); ein -es Plakat; Pop-.sän|ger, ...star, ...sze|ne

po|pu|lär ⟨lat.⟩ (volkstümlich; beliebt; gemeinverständlich); -e ⟨volkstümliche⟩ Darstellung; -er ⟨beim Volk beliebter⟩ Politiker; po|pu|la|ri|sie|ren (gemeinverständlich darstellen; in die Öffentlichkeit bringen); Po|pu|la|ri|sie|rung; Po|pu|la|ri|tät die; - ⟨Volkstümlichkeit, Beliebtheit); po|pu|lär|wis|sen|schaft|lich; eine -e Buchreihe; Po|pu|la|ti|on [...zion] die; -, -en (veralt. für: Bevölkerung; Biol.: Gesamtheit der Individuen einer Art od. Rasse in einem engbegrenzten Be-

reich); Po|pu|lis|mus der; - (opportunistische Politik, die die Gunst der Massen zu gewinnen sucht); Po|pu|list der; -en, -en; po|pu|li|stisch

Por|cia [...zia] (altröm. w. Vorn.)

Po|re die; -, -n ⟨griech.⟩ (feine [Haut]öffnung); po|ren|tief (Werbesprache); - sauber; po|rig (für porös); ...po|rig (z. B. großporig)

Pör|kel[t], Pör|költ das; -s ⟨ung.⟩ (dem Gulasch ähnliches Fleischgericht mit Paprika)

Por|ling (ein Pilz)

Por|no der; -s, -s (Kurzform für: pornographischer Film, Roman u. ä.); Por|no... (kurz für: Pornographie..., z. B. Pornofilm, Pornohändler, Pornostück); Por|no|graph der; -en, -en ⟨griech.⟩ (Verfasser pornographischer Werke); Por|no|gra|phie die; - (Abfassung pornographischer Werke; pornographische Schriften u. Darstellungen); por|no|gra|phisch (unzüchtig, obszön); -e Bilder, Schriften; por|no|phil (die Pornographie liebend)

po|rös; -este ⟨griech.⟩ (durchlässig, löchrig); Po|ro|si|tät die; -

Por|phyr [auch, österr. nur: ...für] der; -s, -e ⟨griech.⟩ (ein Ergußgestein); Por|phy|rit der; -s, -e (ein Ergußgestein)

Por|ree der; -s, -s ⟨franz.⟩ (eine Gemüse- u. Gewürzpflanze)

Por|ridge [póridsch] der (auch: das); -s ⟨engl.⟩ (Haferbrei)

Por|sche (dt. Autokonstrukteur)

Porst der; -[e]s, -e (ein Heidekrautgewächs)

Port der; -[e]s, -e ⟨lat.⟩ (veralt. dicht. für: Hafen, Zufluchtsort); Por|ta der; - (Kurzform von: Porta Westfalica)

Por|ta|ble [på'¹b'¹] der (auch: das); -s, -s ⟨engl.⟩ (tragbares Rundfunk- od. Fernsehgerät)

Por|ta Hun|ga|ri|ca die; - - ⟨lat.⟩ („Ungarische Pforte"; Durchbruchstal der Donau zwischen Wiener Becken u. Oberungarischem Tiefland); Por|tal das; -s, -e ([Haupt]eingang, [prunkvolles] Tor)

Por|ta|ment das; -[e]s, -e ⟨ital.⟩ (Musik: Hinüberschleifen von einem Ton zum andern); Por|ta|tiv das; -s, -e [...w⁴] ⟨lat.⟩ (kleine tragbare Zimmerorgel); por|ta|to ⟨ital.⟩ (Musik: getragen, abgehoben, ohne Bindung)

Por|ta Ni|gra die; - - ⟨lat.⟩ („schwarzes Tor"; monumentales röm. Stadttor in Trier)

Port-au-Prince [portoprängß] (Hptst. von Haiti)

¹Por|ta West|fa|li|ca [- ...ka] die; - - ⟨lat.⟩, (auch:) West|fäl|li|sche Pfor|te (Weserdurchbruch zwi-

schen Weser- u. Wiehengebirge); ²Por|ta West|fa|li|ca (Stadt an der ¹Porta Westfalica)

Porte|chai|se [portschäs'] die; -, -n ⟨franz.⟩ (früher für: Tragsessel, Sänfte); Porte|feuille [portföj] das; -s, -s (veralt. für: Brieftasche; Mappe; auch: Geschäftsbereich eines Ministers); Porte|mon|naie [portmone] das; -s, -s (Geldtäschchen, Börse); Port|epee das; -s, -s ⟨Degen-, Säbelquaste); Port|epee|trä|ger (Offiziere u. höhere Unteroffiziere)

Por|ter der (auch: das); -s, - ⟨engl.⟩ (starkes [engl.] Bier)

Por|ti (Plur. von: Porto)

Por|ti|ci [pórtitschi] (ital. Stadt); Die Stumme von - (Oper von Auber)

Por|tier [...tie, österr.: ...tir] der; -s, -s (österr.: -e) ⟨franz.⟩ (Pförtner; Hauswart); Por|tie|re die; -, -n (Türvorhang)

por|tie|ren ⟨franz.⟩ (schweiz. für: zur Wahl vorschlagen)

Por|tiers|frau [...tieß...]

Por|ti|kus der (fachspr. auch: die); -, - [pórtiku/β] od. ...ken ⟨lat.⟩ (Säulenhalle)

Por|ti|on [...zion] die; -, -en ⟨lat.⟩ ([An]teil, abgemessene Menge); er ist nur eine halbe - (ugs. für: er ist sehr klein, er zählt nicht); Por|ti|ön|chen; por|tio|nen|wei|se (↑R 180) od. por|tio|nen|wei|se; por|tio|nie|ren; ↑R 180 (in Portionen einteilen)

Por|ti|un|ku|la [porziu...] die; - (Marienkapelle bei Assisi); Por|ti|un|ku|la|ab|laß der; ...lasses (vollkommener Ablaß)

Port|juch|he das; -s, -s (ugs. scherzh. für: Portemonnaie)

Port|land|ze|ment der; -[e]s

Port Louis [- lui̯ß] (Hptst. von Mauritius)

Port Mores|by [- mo'ßbi] (Hptst. von Papua-Neuguinea)

Por|to das; -s, -s u. ...ti ⟨ital.⟩ (Beförderungsgebühr für Postsendungen, Postgebühr, -geld); Por|to|buch; por|to|frei

Port of Spain [- °w ßpe'n] (Hptst. von Trinidad u. Tobago)

por|to|kas|se; por|to|pflich|tig (gebührenpflichtig)

Por|to No|vo [...wo] (Hptst. von Benin)

Por|to Ri|co [- riko] (alter Name für: Puerto Rico)

Por|trait [...trä] das; -s, -s ⟨franz.⟩ (veralt. für: Porträt); Por|trät [...trä, auch: ...trät] das; -s, -s od. (bei dt. Ausspr.:) das; -[e]s, -e (Bildnis eines Menschen); Por|trät|auf|nah|me; por|trä|tie|ren; Por|trä|tist der; -en, -en; ↑R 197 (Porträtmaler); Por|trät‿ma|ler, ...sta|tue, ...stu|die

Port Said [- *ßaịt*] (ägypt. Stadt)
Ports|mouth [*pắ'zm^th*] (engl. u. amerikan. Ortsn.)
Port Su|dan (Stadt am Roten Meer)
Por|tu|gal; Por|tu|ga|le|ser der; -s, - (alte Goldmünze); Por|tu|gie|se der; -n, -n; ↑R 197 (Bewohner von Portugal); Por|tu|gie|ser (eine Rebsorte); por|tu|gie|sisch; Por|tu|gie|sisch das; -[s] (Sprache); vgl. Deutsch; Por|tu|gie|si|sche das; -n; vgl. Deutsche das; Por|tu|gie|sisch-Gui|nea [...*gi...*]; ↑R 152 (jetzt: Guinea-Bissau)
Por|tu|lak der; -s, -e u. -s (lat.) (eine Gemüse- u. Zierpflanze)
Port|wein (nach der portugies. Stadt Porto)
Por|zel|lan das; -s, -e (ital.) (feinste Tonware); echt Meißner -; chinesisches -; por|zel|la|nen (aus Porzellan); Por|zel|lan_er|de, ...fi|gur, ...la|den, ...ma|le|rei, ...ma|nu|fak|tur, ...schnecke [*Trenn.:* ...schnek|ke], ...tel|ler
Por|zia (ital. w. Vorn.)
Pos. = Position
Po|sa|da die; -, ...den (span.) (Wirtshaus)
Po|sa|ment das; -[e]s, -en (meist *Plur.*) (lat.) (Besatzartikel, Borte, Schnur); Po|sa|men|ter der; -s, - u. Po|sa|men|tier der; -s, -e u. (österr. nur:) Po|sa|men|tie|rer (Posamentenhersteller und -händler); Po|sa|men|te|rie die; -, ...ien (Besatzartikel[handlung]); Po|sa|men|tier vgl. Posa|menter; Po|sa|men|tier|ar|beit; po|sa|men|tie|ren; Po|sa|men|tie|rer vgl. Posamenter
Po|sau|ne die; -, -n (lat.) (ein Blechblasinstrument); die Posaunen des [Jüngsten] Gerichtes; po|sau|nen; ich habe posaunt; Po|sau|nen_blä|ser, ...chor der, ...en|gel (meist übertr. scherzh. für: pausbäckiges Kind), ...schall; Po|sau|nist der; -en, -en (↑R 197)
¹Po|se die; -, -n (Feder[kiel])
²Po|se die; -, -n (franz.) ([gekünstelte] Stellung, Körperhaltung)
Po|sei|don (griech. Gott des Meeres)
Po|se|muckel [auch: *pos^...*; *Trenn.:* ...muk|kel], Po|se|mu|kel [auch: *pos^...*] (ugs. für: kleines Nest, ²Kaff)
po|sen svw. posieren; er po|ste; Po|seur [...*sö̱r*] der; -s, -e (franz.) (Wichtigtuer); po|sie|ren (eine Pose annehmen, schauspielern)
Po|sil|lip (eindeutscht für: Posillipo); Po|sil|li|po, (auch:) Po|si|li|po der; -[s] (Bergrücken am Golf von Neapel)
Po|si|ti|on [...*zion*] die; -, -en

(franz.) ([An]stellung, Stelle, Lage; Einzelposten [Abk.: Pos.]; Stück, Teil; Standort eines Schiffes od. Flugzeuges; Philosophie: Setzung, Bejahung); eine führende -; er hat eine starke -; po|si|tio|nell¹ (die Position betreffend); po|si|tio|nie|ren¹ (in eine bestimmte Position bringen); Po|si|tio|nie|rung¹; Po|si|tions_lam|pe, ...la|ter|ne, ...licht (*Plur.* ...lichter), ...win|kel (Astron.); po|si|tiv² (lat.) (bejahend, zustimmend; günstig; bestimmt, gewiß); -es Wissen; -es Ergebnis; -e Religion; (Math.:) -e Zahlen; (Physik:) -e Elektrizität; -er Pol; ¹Po|si|tiv² das; -s, -e [...*w^*] (kleine Standorgel ohne Pedal im Gegensatz zum Portativ; Fotogr.: vom Negativ gewonnenes, seitenrichtiges Bild); ²Po|si|tiv² der; -s, -e [...*w^*] (Sprachw.: Grundstufe, nicht gesteigerte Form, z. B. „schön"); Po|si|ti|vis|mus [...*wiß...*] der; - (Wissenschaft, die nur Tatsachen feststellt u. erforscht: Wirklichkeitsstandpunkt); Po|si|ti|vist [...*wißt*] der; -en, -en (↑R 197); po|si|ti|vi|stisch; Po|si|ti|vum [...*wum*] das; -s, ...va (lat.) (das Positive); Po|si|tron das; -s, ...onen (lat.; griech.) (positiv geladenes Elementarteilchen); Po|si|tur die; -, -en (lat.) ([herausfordernde] Haltung, mdal. für: Gestalt, Figur, Statur; vgl. Postur); sich in - setzen, stellen
Pos|se die; -, -n (derbkomisches Bühnenstück)
Pos|se|kel der; -s, - (ostniederd. für: großer Schmiedehammer)
Pos|sen der; -s, - (derber, lustiger Streich); jmdm. einen - spielen; - reißen; pos|sen|haft; Pos|sen|haf|tig|keit; Pos|sen|rei|ßer
Pos|ses|si|on die; -, -en (lat.) (Rechtsw.: Besitz); pos|ses|siv³ (besitzanzeigend); Pos|ses|siv³ das; -s, -e [...*w^*] (Possessivpronomen); Pos|ses|siv|pro|no|men³ (Sprachw.: besitzanzeigendes Fürwort, z. B. „mein"); Pos|ses|si|vum [...*iwum*] das; -s, ...va [...*wa*] (älter für: Possessivpronomen); pos|ses|so|risch (Rechtsw.: den Besitz betreffend)
pos|sier|lich (spaßhaft, drollig); Pos|sier|lich|keit die; -
Pöß|neck (Stadt im Bezirk Gera)
Post die; -, (selten:) -en (ital.) (öffentl. Einrichtung, die gegen Gebühr Nachrichten, Pakete u. a. an einen bestimmten Empfänger weiterleitet; Postgebäude, -amt,

Postsendung); (↑R 157:) er wohnt im Gasthaus „Zur Alten Post"; Post|ab|hol|ter; po|sta|lisch (die Post betreffend, von der Post ausgehend, Post...)
Po|sta|ment das; -[e]s, -e (ital.) (Unterbau)
Post_amt; post|amt|lich; Post_an|stalt, ...an|wei|sung, ...ar|beit (österr. für: dringende Arbeit), ...auf|trag, ...au|to, ...bar|scheck, ...be|am|te, ...be|am|tin; Post|be|ar|bei|tungs|ma|schi|ne; Post_be|zirk, ...be|zug, ...bo|te, ...brief|ka|sten, ...bus
Pöst|chen, Pöst|lein (kleiner Posten)
post Chri|stum [na|tum] (lat.) (veralt. für: nach Christi Geburt; Abk.: p.Chr. [n.]); post|da|tie|ren (veralt. für: nachdatieren)
Post_dienst, ...di|rek|ti|on
post|em|bryo|nal (↑R 180) (lat.; griech.) (nach dem embryonalen Stadium)
po|sten (ital.) (schweiz. mdal. für: einkaufen; Botengänge tun); Po|sten der; -s, - (Waren; Rechnungsbetrag; Amt, Stellung; Wache; Schrotsorte); ein - Kleider; [auf] - stehen, - fassen (↑R 207); Po|sten_dienst, ...ket|te
Pol|ster [auch: *po̱...*; engl.: *po̱^βt^r*] das od. der; -s, - u. (bei engl. Ausspr.:) -s (engl.) (wie ein Plakat großformatig auf Papier gedrucktes Bild)
poste re|stante [*poßt räßtang̱t*] (franz.) (franz. Bez. für: postlagernd)
Po|ste|rio|ra *Plur.* (↑R 180) (lat. (selten u. scherzh. für: Gesäß)
Po|ste|rio|ri|tät die; -; ↑R 180 (veralt. für: niedrigerer Rang)
Po|ste|ri|tät die; -, -en (veralt. Nachkommenschaft, Nachwelt)
Post|fach
post fe|stum (lat.) (hinterher, z spät)
Post_flag|ge, ...flug|zeug, ...form blatt; post|frisch (Philatelie)
Post_ge|bühr, ...ge|heim|nis; Post|gi|ro_amt, ...kon|to, ...ver|kehr
Post_gut, ...hal|ter; Post|hal|te|rei; Post|horn (*Plur.* ...hörner)
post|hum vgl. postum
po|stie|ren (franz.) (aufstellen) sich -; Po|stie|rung
Po|stil|le die; -, -n (lat.) (Erbauungs-, Predigtbuch)
Po|stil|li|on [...*tiljon*, auch, österr nur: *pó̱βtiljon*] der; -s, -e (ital (-franz.)) (früher für: Postku scher); Po|stil|l|on d'amour [...*tiljong damur*] der; - -, -s [...*jong*] (franz.) (Liebesbote, Überbrig ger eines Liebesbriefes)

----
¹↑R 180.
²Auch: ...tif.
³Auch: po...

post|kar|bo|nisch ⟨lat.⟩ (Geol.: nach dem Karbon [liegend])

Post|kar|te; Post|kar|ten.grö|ße (die; -), ...gruß; Post|ka|sten (landsch.)

Post|kom|mu|ni|on ⟨lat.⟩ (Schlußgebet der kath. Messe)

Post|kon|fe|renz (in größeren Betrieben)

post|ku|l|misch ⟨lat.; engl.⟩ (Geol.: nach dem Kulm [liegend])

Post.kun|de der, ...kut|sche; postla|gernd; -e Sendungen

Pöst|lein vgl. Pöstchen

Post|leit|zahl; Post|ler (südd. u. österr. ugs.) u. (schweiz. ugs.:)

Pöst|ler (Postbeamter, Postangestellter); Post|mei|ster

post me|ri|di|em [- ...diäm] ⟨lat.⟩ (nachmittags; Abk.: p.m.)

Post|mi|ni|ster; Post|mi|ni|ste|rium

post|mo|dern; -e Architektur; Post|mo|der|ne die; - ([umstrittene] Bez. für verschiedene Strömungen der gegenwärtigen Architektur [u. Kunst])

post|mor|tal, post mor|tem ⟨lat.⟩ (nach dem Tode; Abk.: p.m.); post|na|tal (nach der Geburt auftretend)

Post|ne|ben|stel|le

post|nu|me|ran|do ⟨lat.⟩ (nachträglich [zahlbar]); Post|nu|me|ra|tion [...zion ⟨lat.⟩, -en (Nachzahlung)

Po|sto ⟨ital.⟩, in der Wendung: - fassen (veralt.: sich aufstellen)

post|ope|ra|tiv ⟨lat.⟩ (nach der Operation)

Post.pa|ket, ...rat (Plur. ...räte), ...re|gal (Recht des Staates, das gesamte Postwesen in eigener Regie zu führen), ...sack, ...schaff|ner, ...scheck; Postscheck_amt (Abk.: PSchA; früher für: Postgiroamt), ...kon|to (früher für: Postgirokonto), ...ver|kehr (früher für Postgiroverkehr); Post|schiff

Post|skript das; -[e]s, -e u. (österr. nur:) Post|skrip|tum das; -s, ...ta ⟨lat.⟩ (Nachschrift; Abk.: PS)

Post.spar|buch, ...spar|kas|se; Post|spar|kas|sen_amt, ...dienst; Post|stem|pel

Post|sze|ni|um das; -s, ...ien [...i°n] ⟨lat.; griech.⟩ (Raum hinter der Bühne; Ggs.: Proszenium)

post|ter|ti|är [...ziär] ⟨lat.⟩ (Geol.: nach dem Tertiär [liegend]); post|trau|ma|tisch ⟨lat.; griech.⟩ (Med.: nach einer Verletzung auftretend)

Post|stu|lant der; -en, -en (↑R 197) ⟨lat.⟩ (Bewerber; Kandidat); Postu|lat das; -[e]s, -e (Forderung); po|stu|lie|ren; Po|stu|lie|rung

po|stum ⟨lat.⟩ (nachgeboren; nachgelassen)

Po|stur die; -, -en (schweiz. für: Statur; vgl. Positur)

post ur|bem con|di|tam [- - kon...] ⟨lat.⟩ (nach Gründung der Stadt [Rom]; Abk.: p.u.c.)

Post.ver|bin|dung, ...ver|ein; Postver|wal|tungs.ge|setz (das; -es), ...rat (der; -[e]s); Post|vollmacht; post|wen|dend; Post.wert|zei|chen, ...we|sen (das; -s), ...wurf|sen|dung, ...zu|stel|lung

Pot das; -s ⟨engl.⟩ (ugs. für: Marihuana)

Po|tem|kin|sche Dör|fer [potämkin..., auch russ.: patjom... -] Plur. ⟨nach dem russ. Fürsten Potemkin⟩ (Trugbilder, Vorspiegelungen)

po|tent; -este ⟨lat.⟩ (mächtig, einflußreich; zahlungskräftig, vermögend; Med.: beischlafs-, zeugungsfähig; Po|ten|tat der; -en, -en; ↑R 197 (Machthaber; regierender Fürst); po|ten|ti|al [...zial] (möglich; die [bloße] Möglichkeit bezeichnend); Po|ten|ti|al das; -s, -e (Leistungs-, Wirkungsfähigkeit; Physik: Maß für die Stärke eines Kraftfeldes); Poten|ti|al.dif|fe|renz (Physik: Unterschied elektrischer Kräfte bei aufgeladenen Körpern); Po|tentia|lis der; -, ...les; ↑R 180 (Sprachw.: Modus der Möglichkeit, Annahme; Möglichkeitsform); Po|ten|tia|li|tät die; -, -en; ↑R 180 (Möglichkeit); po|ten|tiell ⟨franz.⟩ (möglich [im Gegensatz zu wirklich]; der Anlage, der Möglichkeit nach); -e Energie (Energie, die ein Körper wegen seiner Lage in einem Kraftfeld besitzt)

Po|ten|til|la die; -, ...llen ⟨lat.⟩ (Fingerkraut)

Po|ten|tio|me|ter [...zio...] das; -s, - ⟨lat.; griech.⟩ (Elektrotechnik: Gerät zur Abnahme od. Herstellung von Teilspannungen); poten|tio|me|trisch; Po|ten|ze die; -, -en ⟨lat.⟩ („Macht"; innewohnende Kraft, Leistungsfähigkeit; Zeugungsfähigkeit; Med.: Bez. des Verdünnungsgrades einer Arznei; Math.: Produkt aus gleichen Faktoren); Po|tenz|ex|ponent (Hochzahl einer Potenz); po|ten|zie|ren (verstärken, erhöhen, steigern; zur Potenz erheben, mit sich selbst vervielfältigen); Po|ten|zie|rung; po|tenzstei|gernd

Po|te|rie die; -, -s ⟨franz.⟩ (veralt. für: Töpferware, -werkstatt)

Po|ti|phar, (ökum.:) Po|ti|far (bibl. m. Eigenn.)

Pot|latch [...lätsch], Pot|latsch das; -[e]s, -s ⟨indian.-engl.⟩ (Fest best. Indianerstämme Nordamerikas, bei dem man aus Prestige

gründen Geschenke machte od. eigenen Besitz zerstörte)

Pot|pour|ri [potpuri, österr.: ...ri] das; -s, -s ⟨franz.⟩ (Allerlei; Kunterbunt; Zusammenstellung verschiedener Musikstücke zu einem Musikstück)

Pots|dam (Stadt an der Havel); Pots|da|mer (↑R 147); das - Abkommen

Pott der; -[e]s, Pötte (niederd. für: Topf; auch abschätzig für: [altes] Schiff; auch für: Nachttopf); Pott|asche die; - (Kaliumverbindung); Pott|bäcker [Trenn.: ...bäk|ker] (niederdfränk. für: Töpfer); Pott|harst vgl. Potthast; pott|häß|lich; Pott|hast, Pott|harst der; -[e]s, -e (westfäl. Schmorgericht aus Gemüse und Rindfleisch); Pott|sau (derbes Schimpfwort); Pott|wal (ein Zahnwal)

potz Blitz!; potz|tau|send!

Po|ufer das; -s, -; ↑R 149 (Ufer des Flusses Po)

Pou|lard [pular] das; -s, -s ⟨franz.⟩ u. Pou|lar|de [pulard°] die; -, -n (junges, verschnittenes Masthuhn); Poule [pul] das; -, -n [Spiel]einsatz; Billard- od. Kegelspiel); Pou|let [pule] das; -s, -s (junges, zartes Masthuhn)

Pour le mé|rite [pur l° merit] der; - - - (preuß. Verdienstorden)

Pous|sa|de [pußad°] die; -, -n, Pous|sa|ge [pußasch°] die; -, -n ⟨franz.⟩ (veralt. ugs. für: Geliebte; Liebelei); pous|sie|ren [pußir°n] (ugs. für: flirten; veralt. für: schmeicheln, umwerben); Poussier|sten|gel (scherzh. für: jmd., der eifrig poussiert)

Pou|voir [puwoar] ⟨lat.-franz.⟩ das; -s, -s ⟨österr. für: Handlungsvollmacht)

po|wer ⟨franz.⟩ (landsch. für: armselig); pow[e]re Leute

Power [pau°r] die; - ⟨engl.⟩ (ugs. für: Kraft, Leistung); Power|play [pau°rple'] das; -[s] (Eishockey: gemeinsames Anstürmen aller fünf Feldspieler auf das gegnerische Tor); Power|slide [pau°rßlaid] das; -[s] (im Autorennsport die Technik, mit erhöhter Geschwindigkeit durch eine Kurve zu schlittern, ohne das Fahrzeug aus der Gewalt zu verlieren)

Po|widl der; -s, - ⟨tschech.⟩ (ostösterr. für: Pflaumenmus); Powidl|knö|del

Poz|zu|o|lan|er|de die; - ⟨nach Pozzuoli bei Neapel⟩; ↑R 180

pp = pianissimo

pp. = per|ge, per|ge ⟨lat.⟩ („fahre fort"; und so weiter)

pp., ppa. = per procura

Pp., Ppbd. = Pappband

PP. = Patres

P. P. = praemissis praemittendis
ppa., pp. = per procura
Ppbd., Pp. = Pappband
P. prim. = Pastor primarius
Pr = chem. Zeichen für: Praseodym
PR = Public Relations
prä... ⟨lat.⟩ (vor...); **Prä...** (Vor...);
Prä („Vor"), in der Wendung: das ~ haben (ugs. für: den Vorrang haben); **Prä|am|bel** der; -, -n (Einleitung [in Form einer feierl. Erklärung]; Musik: Vorspiel)
PR-Ab|tei|lung
Pra|cher der; -s, - ⟨slaw.⟩ (bes. nordd. für: zudringlicher Bettler); **pra|chern** (bes. nordd. für: betteln); ich ...ere (↑R 22)
Pracht die; -; eine falsche ~; eine kalte ~; **Pracht_aus|ga|be, ...band** der, ...bau (Plur. ...bauten), ...ex|em|plar; **präch|tig**; **Präch|tig|keit** die; -; **Pracht_jun|ge** der, ...kerl (ugs.); **Pracht|lie|be** die; -; **pracht|lie|bend**; **Pracht_mensch** (ugs.), ...stra|ße, ...stück; **pracht|voll**; **Pracht_weib** (ugs.), ...werk
Pracker [Trenn.: Prak|ker] (österr. ugs. für: Teppichklopfer; Stoß, Schlag)
Prä|de|sti|na|ti|on [...zion] die; - ⟨lat.⟩ (Vorbestimmung); **Prä|de|sti|na|ti|ons|leh|re** die; -; **prä|de|sti|nie|ren**; **prä|de|sti|niert** (vorherbestimmt; wie geschaffen [für etwas]); **Prä|de|sti|nie|rung** die; - (Vorherbestimmung)
Prä|di|kant der; -en, -en (↑R 197) ⟨lat.⟩ ([Hilfs]prediger); **Prä|di|kan|ten|or|den** der; -s (gelegentliche Bez. für den Orden der Dominikaner); **Prä|di|kat** das; -[e]s, -e (grammatischer Kern der Satzaussage; Rangbezeichnung; [gute] Zensur); **prä|di|ka|ti|sie|ren** ([einen Film o. ä.] mit einem Prädikat versehen); **prä|di|ka|tiv** (aussagend); **Prä|di|ka|tiv** das; -s, -e [...we] (Grammatik: auf das Subjekt od. Objekt bezogener Teil des Prädikats; **Prä|di|ka|tiv|satz** (Grammatik); **Prä|di|ka|ti|vum** [...iwum] das; -s, ...va (älter für: Prädikativ); **Prä|di|kats_ex|amen** (mit einer sehr guten Note bestandenes Examen), ...no|men (älter für: Prädikativ)
prä|dis|po|nie|ren ⟨lat.⟩ (im vorhinein festlegen; empfänglich machen, bes. für Krankheiten); **Prä|dis|po|si|ti|on** [...zion] die; -, -en (Med.: Anlage, Anfälligkeit, Empfänglichkeit [für eine Krankheit])
Pra|do der; -[s] (span. Nationalmuseum in Madrid)
prä|do|mi|nie|ren ⟨lat.⟩ (vorherrschen, überwiegen)
prae|mis|sis prae|mit|ten|dis [prä... prä...] ⟨lat.⟩ (veralt. für: der ge-

bührende Titel sei vorausgeschickt; Abk.: P. P.)
Prä|exi|stenz die; - ⟨lat.⟩ („Vorherdasein"; das Existieren in einem früheren Leben)
prä|fa|bri|zie|ren (vorfertigen)
Prä|fa|ti|on [...zion] die; -, -en ⟨lat.⟩ (Dankgebet als Teil der kath. Eucharistiefeier u. des ev. Abendmahlsgottesdienstes)
Prä|fekt der; -en, -en (↑R 197) ⟨lat.⟩ (hoher Beamter im alten Rom; oberster Verwaltungsbeamter eines Departements in Frankreich, einer Provinz in Italien; Leiter des Chors als Vertreter des Kantors); **Prä|fek|tur** die; -, -en (Amt, Bezirk, Wohnung eines Präfekten)
Prä|fe|ren|ti|ell [...ziäl] ⟨lat.⟩ (vorrangig); **Prä|fe|renz** die; -, -en (Vorzug, Vorrang); **Prä|fe|renz_li|ste, ...span|ne, ...stel|lung, ...zoll** (Zoll, der einen Handelspartner bes. begünstigt)
Prä|fix das; -es, -e ⟨lat.⟩ (Sprachw.: Vorsilbe, z. B. „be-" in „beladen")
Prä|for|ma|ti|on [...zion] die; -, -en ⟨lat.⟩ (Biol.: angenommene Vorherbildung des fertigen Organismus im Keim); **prä|for|mie|ren** (im Keim vorbilden); **Prä|for|mie|rung**
Prag (Hptst. der Tschechoslowakei); vgl. Praha
präg|bar; **Präg|bar|keit** die; -; **Prä|ge_bild, ...druck** (Druckw.), ...ei|sen, ...form, ...ma|schi|ne; **prä|gen**; **Prä|ge|pres|se**
Pra|ger (zu: Prag) (↑R 147); **Prager Fenstersturz**
Prä|ger; **Prä|ge_stät|te, ...stem|pel, ...stock** (der; -[e]s, ...stöcke)
prä|gla|zi|al ⟨lat.⟩ (Geol.: voreiszeitlich)
Prag|ma|tik die; -, -en ⟨griech.⟩ (Orientierung auf das Nützliche, die Sachbezogenheit; österr. auch für: Dienstpragmatik); **Prag|ma|ti|ker** (pragmatisch [auf praktisches Handeln gerichtet; sachbezogen); -e (den ursächlichen Zusammenhang darlegende) Geschichtsschreibung; aber (↑R 157): Pragmatische Sanktion (Grundgesetz des Hauses Habsburg von 1713); **prag|ma|ti|sie|ren** (österr. für: [auf Lebenszeit] fest anstellen); **Prag|ma|ti|sie|rung** (österr.); **Prag|ma|tis|mus** der; - (philos. Lehre, die im [erfolgreichen, nützlichen] Handeln das Wesen des Menschen erblickt); **Prag|ma|tist** der; -en, -en (↑R 197)
präg|nant; -este ⟨lat.⟩ (knapp und treffend); **Präg|nanz** die; -
Prä|gung
Pra|ha (tschech. Form von: Prag)

Prä|hi|sto|rie [...i^e, auch, österr. nur: prä...] die; - ⟨lat.⟩ (Vorgeschichte); **Prä|hi|sto|ri|ker** [auch, österr. nur: prä...]; **prä|hi|sto|risch** [auch, österr. nur: prä...] (vorgeschichtlich)
prah|len; **Prah|ler**; **Prah|le|rei**; **prah|le|risch**; -ste; **Prahl.hans** (der; -es, ...hänse; ugs.), ...sucht (die; -); **prahl|süch|tig**
Prahm der; -[e]s, -e od. Prähme (tschech.) (flaches Wasserfahrzeug für Arbeitszwecke)
Praia (Hptst. von Kap Verde)
Prai|ri|al [prärial] der; -[s], -s („Wiesenmonat" der Franz. Revolution: 20. Mai bis 18. Juni)
Prä|ju|diz das; -es, -e od. -ien [...i^n] ⟨lat.⟩ (Vorentscheidung; hochrichterl. Entscheidung, die bei Beurteilung künftiger ähnl. Rechtsfälle herangezogen wird); **prä|ju|di|zi|ell** (franz.) (bedeutsam für die Beurteilung eines späteren Sachverhalts); **prä|ju|di|zie|ren** ⟨lat.⟩ (der [richterl.] Entscheidung vorgreifen); **prä|ju|di|zier|ter Wechsel** (Geldw.: nicht eingelöster Wechsel, dessen Protest versäumt wurde)
prä|kam|brisch (Geol.: vor dem Kambrium [liegend]); **Prä|kam|bri|um** das; -s (zusammenfassender Name für: Archaikum u. Algonkium)
prä|kar|bo|nisch ⟨lat.⟩ (Geol.: vor dem Karbon [liegend])
prä|kar|di|al, prä|kor|di|al (Med.: in der Herzgegend); **Prä|kar|di|al|gie** die; -, ...ien ⟨lat.; griech.⟩ (Schmerzen in der Herzgegend)
prä|klu|die|ren ⟨lat.⟩ (jmdm. die Geltendmachung eines Rechtes gerichtlich verweigern); **Prä|klu|si|on** die; -, -en (Substantiv zu: präkludieren); **prä|klu|siv, prä|klu|si|visch**; **Prä|klu|siv|frist**
prä|ko|lum|bisch (die Zeit vor der Entdeckung Amerikas durch Kolumbus betreffend)
prä|kor|di|al vgl. präkardial; **Prä|kor|di|al|angst**
Pra|krit der; -s (Sammelbez. für die mittelind. Volkssprachen)
prakt. Arzt vgl. praktisch
prak|ti|fi|zie|ren ⟨griech.; lat.⟩ (in die Praxis umsetzen; handhaben); **Prak|ti|fi|zie|rung**; **Prak|tik** die; -, -en ⟨griech.⟩ ([Art der] Ausübung von etwas; Handhabung; Verfahren; meist Plur. nicht einwandfreies [unerlaubtes] Vorgehen); **Prak|ti|ka** (Plur von: Praktikum); **prak|ti|ka|bel** (brauchbar; benutzbar; zweckmäßig); ...a|ble Einrichtung; **Prak|ti|ka|bel** das; -s, - (österr für: zerlegbares Podium); **Prak|ti|ka|bi|li|tät** die; -; **Prak|ti|kant** der; -en, -en; ↑R 197 (in prakti

scher Ausbildung Stehender); **Prak|ti|kan|tin** die; -, -nen; **Prak|ti|ker** (Mann der praktischen Arbeitsweise und Erfahrung, Ggs.: Theoretiker); **Prak|ti|kum** das; -s, ...ka (praktische Übung an der Hochschule; im Rahmen einer Ausbildung außerhalb der [Hoch]schule abzuleistende praktische Tätigkeit); **Prak|ti|kus** der; -, -se (scherzh. für: jmd., der immer u. überall Rat weiß); **prak|tisch;** -ste (auf die Praxis bezüglich, ausübend; zweckmäßig, gut zu handhaben; geschickt, erfahren; tatsächlich, in Wirklichkeit); -er Arzt (nicht spezialisierter Arzt, Arzt für Allgemeinmedizin, Abk.: prakt. Arzt); -es Jahr (einjähriges Praktikum); -es (tätiges) Christentum; (↑R 65:) etwas Praktisches schenken; **prak|ti|zie|ren** (eine Sache betreiben; [Methoden] anwenden; als Arzt usw. tätig sein; ein Praktikum durchmachen); ein praktizierender Arzt **prä|kul|misch** ⟨lat.; engl.⟩ (Geol.: vor dem Kulm [liegend]) **Prä|lat** der; -en, -en (↑R 197) ⟨lat.⟩ (geistl. Würdenträger); **Prä|la|tur** die; -, -en (Prälatenamt, -wohnung) **Prä|li|mi|nar|frie|de[n]** ⟨lat.; dt.⟩ (vorläufiger Frieden); **Prä|li|mi|na|ri|en** [...i⁽ᵉⁿ] Plur. ⟨lat.⟩ ([diplomatische] Vorverhandlungen; Einleitungssätze) **Pra|li|ne** die; -, -n ⟨nach dem franz. Marschall du Plessis-Praslin [dü pläßipraläng] (mit Schokolade überzogene Süßigkeit); **Pra|li|né** [...ne͜], **Pra|li|nee** das; -s, -s (österr. u. schweiz., sonst veralt. für: Praline); **prall** (voll; stramm); **Prall** der; -[e]s, -e (heftiges Auftreffen); **prall|len; Prall|tril|ler** (Mus.); **prall|voll** **prä|lu|die|ren** ⟨lat.⟩ (Musik: einleitend spielen); **Prä|lu|di|um** das; -s, ...ien [...i⁽ᵉⁿ] (Vorspiel) **Prä|ma|tu|ri|tät** die; - ⟨lat.⟩ (Med.: Frühreife) **Prä|mie** [...i⁽ᵉ⁾] die; -, -n ⟨lat.⟩ (Belohnung, Preis; [Zusatz]gewinn; Vergütung; Versicherungsbeitrag); **Prä|mi|en|an|lei|he, ...aus|lo|sung; prä|mi|en|be|gün|stigt;** -es Sparen; **Prä|mi|en|de|pot** (Versicherungsw.); **prä|mi|en|frei;** -e Versicherung; **Prä|mi|en-_ge|schäft, ...kurs** (Börsenwesen), **...lohn; Prä|mi|en|lohn|sy|stem; Prä|mi|en_los, ...rück|ge|währ** (Gewähr für Beitragsrückzahlung), **...schein; prä|mi|en-spa|ren** (meist nur im Infinitiv gebr.); **Prä|mi|en_spa|ren** (das; -s), **...spa|rer, ...spar|ver|trag,**

...**zah|lung,** ...**zu|schlag; prä|mie|ren, prä|mi|ie|ren; Prä|mie|rung, Prä|mi|ie|rung Prä|mis|se** die; -, -n ⟨lat.⟩ (Voraussetzung; Vordersatz eines logischen Schlusses) **Prä|mon|stra|ten|ser** der; -s, - ⟨nach dem franz. Kloster Prémontré [premongtre]⟩ (Angehöriger eines kath. Ordens) **prä|na|tal** ⟨lat.⟩ (der Geburt vorausgehend) **Prand|tau|er** (österr. Barockbaumeister) **Prandtl-Rohr** (↑R 135) ⟨nach dem dt. Physiker L. Prandtl⟩ (Physik: zum Messen des Drucks in einer Strömung) **pran|gen Pran|ger** der; -s, - (früher für: Schandpfahl; heute noch in Redewendungen [an den - stellen]) **Pran|ke** die; -, -n (Klaue, Tatze); **Pran|ken|hieb Prä|no|men** das; -s, ...mina ⟨lat.⟩ (Vorname) **prä|nu|me|ran|do** ⟨lat.⟩ (im voraus [zu zahlen]); **Prä|nu|me|ra|ti|on** [...zion] die; -, -en (Voraus[be]zahlung); **prä|nu|me|rie|ren Pranz** der; -es (ostmitteld. für: Prahlerei); **pran|zen; Pran|zer Prä|pa|rand** der; -en, -en (↑R 197) ⟨lat.⟩ (früher für: Vorbereitungsschüler); **Prä|pa|rat** das; -[e]s, -e (Vor-, Zubereitetes, z. B. Arzneimittel; auch: [zu Lehrzwecken] konservierter Pflanzen- od. Tierkörper; **Prä|pa|ra|ten|samm-lung; Prä|pa|ra|ti|on** [...zion] die; -, -en (Herstellung eines Präparates; veralt. für: Vorbereitung); **Prä|pa|ra|ti|ons|heft; Prä|pa|ra|tor** der; -s, ...oren (Hersteller von Präparaten); **prä|pa|rie|ren;** einen Stoff, ein Kapitel - (vorbereiten); sich - (vorbereiten); Körper- od. Pflanzenteile - (dauerhaft, haltbar machen); ein präparierter Vogel **Prä|pon|de|ranz** die; - ⟨lat.⟩ (veralt. für: Übergewicht); **prä|pon|de|rie|ren** (veralt. für: überwiegen) **Prä|po|si|ti|on** [...zion] die; -, -en ⟨lat.⟩ (Sprachw.: Verhältniswort, z. B. „in, auf"); **prä|po|si|ti|o|nal** (↑R 180); **Prä|po|si|ti|o|nal_at|tri-but** (↑R 180), **...fall** der, **...ge|fü-ge, ...ka|sus, ...ob|jekt; Prä|po|si|tur** die; -, -en (Stelle eines Präpositus); **Prä|po|si|tus** der; -, ...ti (Vorgesetzter; Propst) **prä|po|tent;** -este ⟨lat.⟩ (veralt. für: übermächtig, österr.: überheblich, aufdringlich, frech); **Prä|po|tenz Prä|pu|ti|um** [...zium] das; -s, ...ien [...i⁽ᵉⁿ] ⟨lat.⟩ (Med.: Vorhaut) **Prä|raf|fae|lit** [...fa-elit] der; -en, -en (↑R 197; ↑R 180) ⟨lat.; ital.⟩

(Nachahmer des vorraffaelischen Malstils) **Prä|rie** die; -, ...ien ⟨franz.⟩ (Grasebene [in Nordamerika]); **Prä-rie_au|ster** (ein Mixgetränk), **...gras, ...hund, ...in|dia|ner** (↑R 180), **...wolf** der **Prä|ro|ga|tiv** das; -s, -e [...wᵉ] ⟨lat.⟩ u. **Prä|ro|ga|ti|ve** [...wᵉ] die; -, -n (Vorrecht, früher bes. des Herrschers bei der Auflösung des Parlaments, dem Erlaß von Gesetzen u. a.) **Prä|sens** das; -, ...sentia od. ...senzien [...i⁽ᵉⁿ] ⟨lat.⟩ (Sprachw.: Gegenwart); **Prä|sens|par|ti|zip** (vgl. Partizip Präsens); **prä|sent** (anwesend; gegenwärtig; bei der Hand); - sein - etwas - haben; **Prä|sent** das; -[e]s, -e ⟨franz.⟩ (Geschenk; kleine Aufmerksamkeit); **prä|sen|ta|bel** (ansehnlich; vorzeigbar); ...a|ble Ergebnisse; **Prä|sen|tant** der; -en, -en (↑R 197) ⟨lat.⟩ (jmd., der einen fälligen Wechsel vorlegt); **Prä-sen|ta|ti|on** [...zion] die; -, -en (Vorlegung eines fälligen Wechsels; Ausstellung; auch für: Präsentierung); **Prä|sen|ta|ti|ons-recht** (Vorschlagsrecht); **Prä|sen-tia** (Plur. von: Präsens); **Prä|sen-tier|brett; prä|sen|tie|ren** ⟨franz.⟩ (überreichen, darbieten; vorlegen, vorzeigen, bes. einen Wechsel zur Zahlung; milit. Ehrenbezeigung [mit dem Gewehr] machen); sich - (sich zeigen); **Prä-sen|tier|tel|ler,** nur noch in der Wendung: auf dem - sitzen (ugs. für: allen Blicken ausgesetzt sein); **Prä|sen|tie|rung** (Vorstellung, Vorlegung, Vorzeigung, Überreichung, Darstellung); **prä|sen|tisch** ⟨lat.⟩ (das Präsens betreffend); **Prä|sent|korb; Prä-senz** die; - ⟨lat.⟩ (Gegenwart, Anwesenheit); **Prä|senz_bi|blio|thek** (Bibliothek, deren Bücher nicht nach Hause mitgenommen werden dürfen), **...die|ner** (österr.: Soldat im österr. Bundesheer während der normalen gesetzlichen Wehrpflicht), **...dienst** (österr.: Militärdienst); **Prä|sen-zi|en** (Plur. von: Präsens); **Prä-senz_li|ste** (Anwesenheitsliste), **...pflicht, ...stär|ke** (augenblickliche Personalstärke [bei der Truppe]) **Prä|seo|dym** das; -s ⟨griech.⟩ (chem. Grundstoff, seltene Erde; Zeichen: Pr) **Prä|ser** (ugs. für: Präservativ); **prä|ser|va|tiv** [...wa...] ⟨lat.⟩ (vorbeugend, verhütend); **Prä|ser|va-tiv** das; -s, -e [...wᵉ], selten: -s ⟨lat.⟩ (Gummiüberzug für das männl. Glied zur Empfängnisverhütung); **Prä|ser|ve** [...wᵉ] die; -, -n;

meist *Plur.* (nicht vollständig keimfreie Konserve, sog. Halbkonserve); **prä|ser|vie|ren** (haltbar machen, erhalten; schützen); **Prä|ser|vie|rung**

Prä|ses *der;* -, ...sides u. ...si̲den ⟨lat.⟩ (geistl. Vorstand eines kath. kirchl. Vereins, Vorsitzender einer ev. Synode, im Rheinland u. in Westfalen zugleich Kirchenpräsident); **Prä|si|de** *der;* -n, -n; ↑R 197 (Studentenspr.: Leiter einer Kneipe, eines Kommerses); **Prä|si|de̲nt** *der;* -en, -en; ↑R 197 (Vorsitzender; Staatsoberhaupt in einer Republik); **Prä|si|de̲n|ten|wahl; Prä|si|de̲n|tin** *die;* -, -nen; **Prä|si|de̲nt|schaft; Prä|si|de̲nt|schafts|kan|di|dat; Prä|si|des** (*Plur.* von: Präses); **prä|si|di|al; Prä|si|di|al_de|mo|kra|tie, ...ge|walt, ...re|gie|rung, ...sy|stem** (Regierungsform, bei der das Staatsoberhaupt gleichzeitig Regierungschef ist); **prä|si|die̲|ren** (den Vorsitz führen, leiten); einem Ausschuß -, (schweiz.:) einen Ausschuß -; **Prä|si|di|um** *das;* -s, ...ien [...*i̲*n] (Vorsitz; Amtsgebäude eines [Polizei]präsidenten)

prä|si|lu̲|risch ⟨nlat.⟩ (Geol.: dem Silur vorangehend)

prä|skri|bie̲|ren ⟨lat.⟩ (veralt. für: vorschreiben; verordnen); **Prä|skrip|ti|on** [...*zion*] *die;* -, -en (veralt.); **prä|skrip|ti̲v**

Praß *der;* Prasses (veralt. für: wertlose Masse, Plunder)

pras|seln; es prasselt

pras|sen (schlemmen); du praßt (prassest), er praßt; du praßtest; gepraßt; prasse! u. praß!; **Pras|ser; Pras|se|rei**

prä|sta|bi|lie̲|ren ⟨lat.⟩ (veralt. für: vorher festsetzen); prästabilierte Harmonie (Leibniz); **Prä|stant** *der;* -en, -en; ↑R 197 (große, zinnerne Orgelpfeife)

prä|su|mie̲|ren ⟨lat.⟩ (annehmen; voraussetzen); **Prä|sum|ti|on** [...*zion*] *die;* -, -en (Annahme; Vermutung; Voraussetzung); **prä|sum|ti̲v** (mutmaßlich)

Prä|ten|de̲nt *der;* -en, -en (↑R 197) ⟨lat.⟩ (Ansprüche [auf die Krone od. ein Amt] Erhebender, Bewerber); **prä|ten|die̲|ren; Prä|ten|ti|on** [...*zion*] *die;* -, -en (selten für: Anspruch; Anmaßung); **prä|ten|ti|ös;** -este (anspruchsvoll, anmaßend, selbstgefällig)

Pra|ter *der;* -s (Park mit Vergnügungsplatz in Wien)

Prä|ter|itio [...*zio*] *die;* -, ...onen ⟨lat.⟩, **Prä|ter|iti|on** *die;* -, ...onen (Rhet.: scheinbare Übergehung); **Prä|ter|ito|prä|sens** *das;* -, ...sentia [...*zia*] od. ...senzien [...*i̲*n] (Sprachw.: Verb, dessen

„Präsens" [Gegenwart] ein früheres starkes „Präteritum" [Vergangenheit] ist u. dessen neue Vergangenheitsformen schwach gebeugt werden, z. B. „können, wissen"); **Prä|ter|itum** *das;* -s, ...ta (Sprachw.: Vergangenheit)

prä|ter|prop|ter ⟨lat.⟩ (etwa, ungefähr)

Prä|tor *der;* -s, ...oren ⟨lat.⟩ (höchster [Justiz]beamter im alten Rom); **Prä|to|ri|a|ner;** ↑R 180 (Angehöriger der Leibwache der röm. Feldherren od. Kaiser); **Prä|tur** *die;* -, -en (Amt eines Prätors)

Prät|ti|gau *das;* -s (Talschaft in Graubünden)

Prat|ze *die;* -, -n (oft ugs. für: breite, ungefüge Hand)

Prau *die;* -, -e ⟨malai.⟩ (Boot der Malaien)

Prä|ven|ti|on [...*zion*] *die;* -, -en ⟨lat.⟩ (Verhütung; vorbeugende Maßnahme); **prä|ven|ti̲v; Prä|ven|ti̲v_be|hand|lung, ...krieg, ...maß|nah|me, ...me|di|zin, ...mit|tel** *das,* **...ver|kehr** (Geschlechtsverkehr mit Anwendung eines Verhütungsmittels); **prä|ver|bal;** -e Periode (erste Lebenszeit eines Kindes, bevor es sprechen lernt)

Pra|wda *die;* -⟨russ.⟩ („Wahrheit"; Moskauer Tageszeitung)

Pra|xe|dis [auch: *pra...*] (eine Heilige)

Pra|xis *die;* -, ...xen ⟨griech.⟩ (Tätigkeit, Ausübung, tätige Auseinandersetzung mit der Wirklichkeit, Ggs.: Theorie [nur *Sing.*]; Tätigkeitsbereich des Arztes od. Anwalts; Räumlichkeiten für die Berufsausübung dieser Personen); vgl. in praxi; **pra|xis_be|zo|gen, ...fern, ...fremd, ...ge|recht, ...nah**

Pra|xi|tel|les (altgriech. Bildhauer)

Prä|ze|dens *das;* -, ...denzien [...*i̲*n] ⟨lat.⟩ (früherer Fall, früheres Beispiel; Beispielsfall); **Prä|ze|denz_fall** (*der;* Präzedens), **...strei|tig|keit** (Rangstreitigkeit); **Prä|zep|tor** *der;* -s, ...oren (veralt. für: Lehrer; Erzieher); **Prä|zes|si|on** *die;* -, -en (Astron.: „Vorrücken" des Frühlingspunktes); **Prä|zi|pi|tat** *das;* -[e]s, -e (Chemie: Bodensatz, Niederschlag); **Prä|zi|pi|ta|ti|on** [...*zion*] *die;* - (Chemie: Ausfällung); **prä|zi|pi|tie|ren** *das;* -s, ...en, -e (Med.: immunisierender Stoff im Blut)

prä|zis (österr. nur so), **prä|zi|se;** ...seste ⟨lat.⟩ (gewissenhaft; genau; pünktlich; unzweideutig, klar); **prä|zi|sie̲|ren** (genau[er] angeben; knapp zusammenfassen); **Prä|zi|sie̲|rung; Prä|zi|si|on**

die; - (Genauigkeit); **Prä|zi|si|ons_ar|beit, ...in|stru|ment, ...ka|me|ra, ...mes|sung, ...mo|tor, ...uhr, ...waa|ge**

Pré|cis [*preßi*] *der;* -, - [..*.ßi(ß)*] ⟨franz.⟩ (kurze Inhaltsangabe)

Pre|del|la *die;* -, -s u. ...llen ⟨ital.⟩, **Pre|del|le** *die;* -, -n (Sockel eines Altaraufsatzes)

pre|di|gen; Pre|di|ger; Pre|di|ger_or|den, ...se|mi|nar; Pre|digt *die;* -, -en; **Pre|digt_amt, ...stuhl** (veralt. für: Kanzel), **...text**

Pre|fe|rence [..*.feran̎gß*] *die;* -, -n [..*.ß'*n] ⟨franz.⟩ (ein franz. Kartenspiel)

Pre|gel *der;* -s (Hauptfluß der ehem. Provinz Ostpreußen)

prei|en ⟨niederl.⟩ (Seemannsspr.); ein Schiff - (anrufen)

¹Preis *der;* -es, -e (mdal. für: Einfassung, Saum, Bund)

²Preis *der;* -es, -e (Belohnung; Lob; [Geld]wert); um jeden, keinen -; - freibleibend (Kaufmannsspr.); stabile Preise; feste Preise; er gewann den ersten Preis; **Preis_ab|bau, ...ab|spra|che, ...an|stieg, ...auf|ga|be, ...auf|trieb, ...aus|schrei|ben** (*das;* -s, -); **preis|be|gün|stigt; Preis_be|hör|de, ...be|we|gung; preis|be|wußt;** -este; **Preis_bil|dung, ...bin|dung, ...bre|cher**

Prei|sel|bee|re

Preis|emp|feh|lung; unverbindliche -

prei|sen; du preist (preisest), er preist; du preisest, er pries; gepriesen; preis[e]!

Preis_ent|wick|lung, ...er|hö|hung, ...er|mä|ßi|gung, ...ex|plo|si|on, ...fah|nen (*das;* -s, -; sportl. Veranstaltung), **...fra|ge**

Preis|ga|be *die;* -; **preis|ge|ben;** du gibst preis; preisgegeben; preiszugeben

preis|ge|bun|den; Preis_ge|fäl|le, ...ge|fü|ge; preis|ge|krönt; Preis_ge|richt, ...ge|stal|tung, ...gren|ze; preis|gün|stig; Preis_in|dex, ...kal|ku|la|ti|on, ...kar|tell; preis|kel|geln (nur im Infinitiv und 2. Partizip gebräuchlich); wir wollen -; **Preis|kel|geln** *das;* -s; **Preis_klas|se, ...kon|junk|tur, ...kon|trol|le, ...kon|ven|ti|on** (Wirtsch.), **...kor|rek|tur; preis|kri|tisch; Preis|la|ge; preis|lich** (veralt. für: löblich) [Kaufmannsspr.:] auf den Preis bezüglich); **Preis_lied, ...li|ste; Preis-Lohn-Spi|ra|le** (↑R 41); **Preis_nach|laß** (für: Rabatt), **...ni|veau, ...po|li|tik, ...rät|sel, ...rich|ter, ...rück|gang, ...schie|ßen, ...schild** *das,* **...schla|ger** (besonders preiswertes Angebot), **...schrift, ...sen|kung, ...skat; preis|sta|bil; Preis_sta|bi|li|tät,**

...stei|ge|rung, ...stei|ge|rungs|ra|te, ...stopp (Verbot der Preiserhöhung); Preis|stopp|ver|ord|nung; Preis_sturz, ...ta|fel, ...trä|ger, ...trei|ber; Preis|treil|be|rei; Preis_über|wa|chung, ...un|ter|gren|ze, ...ver|gleich, ...ver|leihung, ...ver|tei|lung, ...ver|zeich|nis, ...vor|schrift; preis|wert, -este; Preis|wu|cher; preis|würdig; Preis|wür|dig|keit die; - pre|kär (franz.) (mißlich, schwierig, bedenklich)

Prell_ball (dem Faustball ähnliches Mannschaftsspiel), ...bock; prel|len; Prel|ler; Prel|le|rei; Prell_schuß, ...stein; Prel|lung

Pre|mier [pr'mie, premie] der; -s, -s (franz.) (Premierminister); Pre|mie|re [österr.: ...är] die; -, -n (Erst-, Uraufführung); Pre|mie|ren_abend, ...be|su|cher, ...pu|bli|kum; Pre|mier|mi|ni|ster [pr'mie..., premie...]

Pres|by|ter der; -s, - ⟨griech.⟩ ([urchristl.] Gemeindeältester; Priester; Mitglied des Presbyteriums); Pres|by|te|ri|al|ver|fas|sung die; -; Pres|by|te|ria|ner der; -s, -; ↑ R 180 (Angehöriger protestant. Kirchen mit Presbyterialverfassung in England u. Amerika); pres|by|te|ria|nisch (↑ R 180); Pres|by|te|ri|um das; -s, ...ien [...i'n] (Versammlung[sraum] der Presbyter; Kirchenvorstand; Chorraum)

pre|schen (ugs. für: rennen, eilen); du preschst (preschest)

Pre|sen|ning vgl. Persenning

Pre-shave-Lo|tion [prische'w lo''sch'n] die; -, -s ⟨engl.⟩ (Gesichtswasser zum Gebrauch vor der Rasur)

preß (Sportspr.: eng, nah); jmdn. - decken

pres|sant; -este ⟨franz.⟩ (veralt. noch mdal. für: dringlich, eilig)

Preß_ball (Fußball: von zwei Spielern gleichzeitig getretener Ball), ...bern|stein

Preß|burg, (offz.:) Bra|ti|sla|va [bratjißlawa] (Hptst. der Slowakei)

Pres|se die; -, -n (Vorrichtung zur Ausübung eines Druckes, z. B. Druckpresse, Buchpresse u. a.; Gerät zum Auspressen von Obst; übertr. ugs. für: Privatschule, die [schwächere Schüler] auf Prüfungen vorbereitet; nur Sing.: Gesamtheit der period. Druckschriften; Zeitungs-, Zeitschriftenwesen); die freie Presse; Pres|se_agen|tur, ...amt, ...aus|weis, ...be|richt|er|stat|ter, ...bü|ro (Agentur), ...dienst, ...emp|fang, ...er|klä|rung, ...fo|to|graf, ...frei|heit (die; -), ...ge|setz, ...kam|pa|gne, ...kom|men|tar,

...kon|fe|renz, ...mel|dung; pres|sen; du preßt (pressest), er preßt; du preßtest; gepreßt; presse! u. preß!; Pres|se_no|tiz, ...or|gan, ...recht, ...re|fe|rent, ...spre|cher, ...stel|le (Abteilung für Presseinformation), ...stim|me, ...tri|bü|ne, ...ver|tre|ter, ...we|sen (das; -s), ...zen|sur (die; -); Preß_form, ...glas (Plur. ...gläser), ...hel|fe, ...holz; pres|sie|ren (bes. südd., österr. u. schweiz. ugs. für: drängen, treiben, eilig sein); es pressiert; Pres|si|on die; -, -en ⟨lat.⟩ (Druck; Nötigung, Zwang); Preß_koh|le, ...kopf (der; -[e]s, ...köpfe; eine Wurstart); Preßling (für: Brikett); Preß|luft die; -; Preß|luft_boh|rer, ...fla|sche, ...ham|mer; Preß_sack (der; -[e]s, ...säcke; eine Wurstart), ...saft, ...schlag (Fußball), ...span, ...span|plat|te, ...stoff, ...stroh; Pres|sung; Pres|sure-group [prä-sch'rgrup] die; -, -s ⟨engl.-amerik.⟩ (Interessenverband, der [oft mit Druckmitteln] auf Parteien, Parlament, Regierung u. a. Einfluß zu gewinnen sucht); Preß_welhe (Med.), ...wurst

Pre|sti [Plur. von: Presto]

Pre|sti|ge [...iseh'] das; -s ⟨franz.⟩ (Ansehen, Geltung); Pre|sti|ge_den|ken, ...ge|winn, ...grund (meist Plur.), ...sa|che, ...ver|lust

pre|stis|si|mo ⟨ital.⟩ (Musik: sehr schnell); Pre|stis|si|mo das; -s, -s und ...mi (Musikstück in schnellstem Zeitmaß); pre|sto (Musik: schnell); Pre|sto das; -s, -s und ...ti

Prêt-à-por|ter [prätaporte] das; -, -s ⟨franz.⟩ (von einem Modeschöpfer entworfenes Konfektionskleid)

Pre|tio|sen [prezi...] Plur. (↑ R 180) ⟨lat.⟩ (Kostbarkeiten; Geschmeide); vgl. Preziosen

Pre|to|ria (Hptst. von Transvaal u. Regierungssitz der Republik Südafrika)

Preu|ße der; -n, -n (↑ R 197); Preu|ßen; Preu|ßin die; -, -nen; preu|ßisch; die preußischen Behörden, aber (↑ R 146): der Preußische Höhenrücken, die Preu|ßisch_blau

pre|zi|ös; -este ⟨franz.⟩ (veralt. für: geziert, gekünstelt); Pre|zio|sen; ↑ R 180 (eingedeutscht für: Pretiosen; vgl. d.)

Pri|a|mel [auch: pria...] die; -, -n (auch: das; -s, -); ↑ R 180 ⟨lat.⟩ (Spruchgedicht, Form des dt. Spätmittelalters)

Pri|a|mos; ↑ R 180 ⟨griech. Sagengestalt⟩; Pri|a|mus vgl. Priamos

pri|a|pe|isch (↑ R 180) ⟨griech.⟩ (den Priapus betreffend; veralt. für: unzüchtig); -e Gedichte; Pria-

pos [auch: pri...] (↑ R 180), Pria|pus (griech.-röm. Gott der Fruchtbarkeit)

Pricke[^1] die; -, -n (ein Seezeichen)

Prickel[^1] der; -s, - (Reiz, Erregung); Pricke|lei[^1] (ugs.); pricke|lig[^1], prick|lig; prickeln[^1]; (↑ R 68:) ein Prickeln auf der Haut empfinden; prickelnd[^1]; -ste; der -e Reiz der Neuheit; (↑ R 65:) etwas Prickelndes für den Gaumen; 'pricken[^1] (mdal. für: [aus]stechen; abstecken)

[^2]pricken[^1] (ein Fahrwasser mit Pricken versehen)

prick|lig, prickelig[^1]

Prie|che die; -, -n (nordd. für: Kirchenempore)

'Priel der; -s (Bergname); (↑ R 146:) der Große -, der Kleine -

[^2]Priel der; -[e]s, -e (schmaler Wasserlauf im Wattenmeer)

Priem der; -[e]s, -e ⟨niederl.⟩ (Stück Kautabak); prie|men (Tabak kauen); Priem|ta|bak

Prieß|nitz (Begründer einer Naturheilmethode); Prieß|nitz_kur (↑ R 135; Kaltwasserkur), ...um|schlag

Prie|ster der; -s, -; ein geweihter -; Prie|ster|amt; prie|ster|haft; Prie|ster|tin die; -, -nen; Prie|ster_kon|gre|ga|ti|on, ...kö|nig; prie|ster|lich; Prie|ster|schaft die; -; Prie|ster|se|mi|nar; Prie|ster|tum das; -s; Prie|ster|wei|he

Priest|ley [prißtli] (engl. Erzähler u. Dramatiker)

Prig|nitz die; - (Gebiet in Brandenburg)

Prim die; -, -en ⟨lat.⟩ (Fechthieb; Morgengebet im kath. Brevier; svw. Prime [Musik])

Prim. = Primar, Primararzt, Primarius

pri|ma ⟨ital.⟩ (Kaufmannsspr. veralt.: vom Besten, erstklassig; Abk.: Ia; ugs. für: vorzüglich, prächtig, wunderbar); ein prima Kerl; prima Essen; Pri|ma die; -, ...men ⟨lat.⟩ (veraltende Bez. für die beiden oberen Klassen [in Österr. für die erste Klasse] einer höheren Lehranstalt); Pri|ma|bal|le|ri|na die; -, ...nen ⟨ital.⟩ (erste Tänzerin); Pri|ma|don|na die; -, ...nen (erste Sängerin)

Pri|mal|ge [...maseh'] die; -, -n ⟨franz.⟩ (Primgeld)

Pri|ma|ner der; -s (Schüler der Prima); pri|ma|ner|haft; Pri|ma|ne|rin die; -, -nen; Pri|mar der; -s, -e ⟨österr. für: Chefarzt einer Abteilung eines Krankenhauses; Abk.: Prim.); pri|mär ⟨franz.⟩ (die Grundlage bildend, wesentlich; ursprünglich, erst...); Pri|mar_arzt ⟨österr.⟩; vgl. Pri-

[^1]: Trenn.: ...k|k...

mar; Pri|mär|ener|gie (Energiegehalt der natürlichen Energieträger, z. B. Wasserkraft); Pri|ma|ria die; -, ...iae [...iä] ⟨lat.⟩ (österr. für: weibl. Primar); Pri|ma|ri|us der; -, ...ien [...i°n] ⟨lat.⟩ (erster Geiger im Streichquartett; österr. svw. Primar); Pri|mar|leh|rer (schweiz.); Pri|mär|li|te|ra|tur (der eigtl. dichterische Text; Ggs.: Sekundärliteratur); Pri|mar|schu|le (schweiz. für: allgemeine Volksschule); Pri|mär|strom (Hauptstrom); Pri|mar|stu|fe (1. bis 4. Schuljahr); Pri|mär|wick|lung (Elektrotechnik); Pri|mas der; -, -se, auch: ...aten (der Erste, Vornehmste; Ehrentitel bestimmter Erzbischöfe; Solist u. Vorgeiger einer Zigeunerkapelle); ¹Pri|mat der od. das; -[e]s, -e (Vorrang, bevorzugte Stellung; [Vor]herrschaft; oberste Kirchengewalt des Papstes); ²Pri|mat der; -en, -en (meist Plur.); ↑R 197 (Biol.: Herrentier, höchstentwickeltes Säugetier); Pri|ma_wa|re (Kaufmannsspr.), ...wech|sel; Pri|me die; -, -n (Musik: erste Tonstufe, Einklang zweier auf derselben Stufe stehender Noten; Druckerspr.: am Fuß der ersten Seite eines Bogens stehende Kurzfassung des Buchtitels; vgl. auch Norm); Pri|mel die; -, -n (Pflanzengattung mit mehreren einheimischen Arten [Schlüsselblume, Aurikel]); Pri|men (Plur. von: Prim, Prime u. Prima); Prim|gei|ger (erster Geiger im Streichquartett); Prim|geld ⟨lat.⟩ (Sondervergütung für den Schiffskapitän) Pri|mi (Plur. von: Primus); pri|mis|si|ma ⟨ital.⟩ (ugs.: ganz prima, ausgezeichnet); pri|mi|tiv ⟨lat.⟩ (urzuständlich, urtümlich; einfach, dürftig; abschätzig für: von geringem geistig-kulturellem Niveau); ein -er Mensch; ein -es Bedürfnis; ein -es Volk; Pri|mi|ti|ve [...w°] der u. die; -n, -n (meist Plur.); ↑R 7 ff. (Angehörige[r] eines naturverbundenen, auf einer niedrigen Zivilisationsstufe stehenden Volkes); pri|mi|ti|vi|sie|ren [...wi...]; Pri|mi|ti|vi|sie|rung; Pri|mi|ti|vis|mus [...wiß...] der; - (moderne Kunstrichtung, die sich von der Kunst der Primitiven anregen läßt); Pri|mi|ti|vi|tät die; -; Pri|mi|tiv|kul|tur; Pri|mi|tiv|ling (ugs.); Pri|mi|ti|vum [...wum] das; -s, ...va (Stamm-, Wurzelwort); Pri|miz¹ die; -, -en (erste [feierl.] Messe des Primizianten); Pri|miz|fei|er¹; Pri|mi|zi-

---
¹ Auch: ...miz usw.

ant der; -en, -en; ↑R 197 (neugeweihter kath. Priester); Pri|mi|zi|en [...i°n] Plur. (den röm. Göttern dargebrachte „Erstlinge" von Früchten u.ä.); Pri|mo|ge|ni|tur die; -, -en (Erbfolgerecht des Erstgeborenen u. seiner Nachkommen); Pri|mus der; -, ...mi und -se (Erster in einer Schulklasse); Pri|mus in|ter pa|res der; - - -, ...mi - - (der Erste unter Gleichen, ohne Vorrang); Prim|zahl (nur durch 1 u. durch sich selbst teilbare Zahl) Prince of Wales [prinß ⁀w ᵉe⁀ls] der; - - - (Titel des engl. Thronfolgers) Prin|te die; -, -n (meist Plur.) (niederl.) ein (in Gebäck); Aachener -n; Prin|ted in Ger|ma|ny [printid in dsehö͠ⁱm'ni] ⟨engl.⟩ (Vermerk in Büchern: in Deutschland gedruckt); Prin|ter der; -s, - (automat. Kopiergerät; Drucker); Print|me|di|en Plur. (Zeitungen, Zeitschriften und Bücher) Prinz der; -en, -en (↑R 197) ⟨lat.⟩; Prin|zen|gar|de (Garde eines Karnevalsprinzen); Prin|zen|in|seln Plur. (im Marmarameer); Prin|zen|paar das; -[e]s, -e (Prinz u. Prinzessin [im Karneval]); Prin|zeß der; -, ...zessen (für: Prinzessin); Prin|zeß|böh|ne (meist Plur.); Prin|zes|sin die; -, -nen; Prin|zeß|kleid; Prinz|ge|mahl; Prin|zip das; -s, -ien [...i°n], seltener: -e (Grundlage; Grundsatz); ¹Prin|zi|pal der; -s, -e (veralt. für: Lehrherr; Geschäftsinhaber, -leiter); ²Prin|zi|pal das; -s, -e (Hauptregister der Orgel); Prin|zi|pal|gläu|bi|ger (Hauptgläubiger); Prin|zi|pa|lin die; -, -nen (veralt. für: Geschäftsführerin; Theaterleiterin); prin|zi|pa|li|ter (veralt. für: vor allem, in erster Linie); Prin|zi|pat das (auch: der); -[e]s, -e (veralt. für: Vorrang; röm. Verfassungsform der ersten Kaiserzeit); prin|zi|pi|ell (grundsätzlich); prin|zi|pi|en|fest [...i°n]; -este; Prin|zi|pi|en|fra|ge; prin|zi|pi|en|los; -este; Prin|zi|pi|en|lo|sig|keit; Prin|zi|pi|en_rei|ter (abschätzig), ...rei|te|rei, ...streit; prin|zi|pi|en|treu; -[e]ste; Prin|zi|pi|en|treue; prinz|lich; Prinz|re|gent; Prinz-Thron|fol|ger Pri|or der; -s, Prio|ren ⟨lat.⟩ ([Kloster]oberer, -vorsteher; auch: Stellvertreter eines Abtes); Prio|rat das; -[e]s, -e; ↑R 180 (Amt, Würde eines Priors; meist von einer Abtei abhängiges [kleineres] Kloster); Prio|rin [auch: pri...] die; -, -nen (↑R 180); Prio|ri|tät die; -, -en (↑R 180) ⟨franz.⟩ (Vor[zugs]recht, Erstrecht, Vorrang; nur Sing.: zeitl. Vorherge-

hen); Prioritäten setzen (festlegen, was vorrangig ist); Prio|ri|tä|ten Plur.; ↑R 180 (Wertpapiere mit Vorzugsrechten); Prio|ri|täts_ak|ti|en (Plur.; ↑R 180), ...ob|li|ga|tio|nen Plur., ...recht Pris|chen, Pris|lein (kleine Prise [Tabak u.a.]); Pri|se die; -, -n ⟨franz.⟩ (aufgebrachtes feindl. Schiff. od. Konterbande führendes neutrales Schiff od. die beschlagnahmte Ladung eines solchen Schiffes; soviel [Tabak, Salz u.a.], wie zwischen Daumen u. Zeigefinger zu greifen ist); Pri|sen_ge|richt, ...kom|man|do; Pris|lein vgl. Prischen Pris|ma das; -, ...men ⟨griech.⟩ (Polyeder; lichtbrechender Körper); pris|ma|tisch (prismenförmig); Pris|ma|to|id das; -[e]s, -e (prismenähnlicher Körper); Pris|men_fern|rohr, ...form, ...glas (Plur. ...gläser), ...sul|cher (bei Spiegelreflexkameras) Prit|sche die; -, -n (flaches Schlagholz; hölzerne Liegestatt); prit|schen (veralt., noch mdal. für: mit der Pritsche schlagen; Sport: den Volleyball mit den Fingern weiterspielen; du pritschst (pritschest); Prit|schen|wa|gen; Prit|sch|mei|ster (landsch. für: Hanswurst) Prit|sta|bel der; -s, - ⟨slaw.⟩ (früher in der Mark Brandenburg: Wasservogt, Fischereiaufseher) pri|vat [...wat] ⟨lat.⟩ (persönlich; nicht öffentlich, außeramtlich; vertraulich; häuslich; vertraut); -e Meinung, Angelegenheit; -e Ausgaben; -e Wirtschaft; -er Eingang; Verkauf an, Kauf von Privat; Pri|vat_an|ge|le|gen|heit, ...au|di|enz, ...bahn, ...bank (Plur. ...banken), ...be|sitz, ...brief, ...de|tek|tiv, ...do|zent (Hochschullehrer ohne Beamtenstelle), ...druck (Plur. ...drukke); Pri|va|te der u. die; -n, -n; ↑R 7 ff. (Privatperson); Pri|vat_ei|gen|tum, ...fern|se|hen, ...flug|zeug, ...ge|brauch (der; -[e]s), ...ge|lehr|te, ...ge|spräch, ...gläu|bi|ger, ...hand, ...haus; Pri|va|tier [...tie] der; -s, -s (veralt. für: Privatmann, Rentner); Pri|va|tie|re [...erᵉ] die; -, -n (veralt. für: Rentnerin); pri|va|tim ([ganz] persönlich, unter vier Augen, vertraulich [Adverb]); Pri|vat_in|itia|ti|ve, ...in|ter|es|se; Pri|va|ti|on [...wazion] die; -, -en (veralt. für: Beraubung; Entziehung); pri|va|ti|sie|ren [...wa...] (staatl. Vermögen in Privatvermögen umwandeln; als Rentner[in] od. als Privatmann vom eigenen Vermögen leben); Pri|va|ti|sie|rung; pri|va|tis|si|me

[...*me*] (im engsten Kreise; streng vertraulich; ganz allein); Pri|va|tis|si|mum *das;* -s, ...ma (Vorlesung für einen ausgewählten Kreis; übertr. für: Ermahnung); Pri|va|tist *der;* -en, -en; ↑R 197 (österr.: Schüler, der sich privat auf die Prüfung an einer Schule vorbereitet);   Pri|vat_kla|ge, ...kli|nik, ...kon|tor, ...kundschaft, ...le|ben (*das;* -s), ...leh|rer, ...leu|te *Plur.,* ...mann (*Plur.* ...leute, selten: ...männer); Pri|vat|mit|tel *Plur.;* (↑ R 32:) Privatu. öffentliche Mittel, aber: öffentliche und Privatmittel; Pri|vat_pa|ti|ent, ...per|son, ...quartier, ...recht; pri|vat|recht|lich; Pri|vat_sa|che, ...schu|le, ...se|kre|tär, ...se|kre|tä|rin, ...sphä|re, ...sta|ti|on, ...stun|de, ...un|ter|richt, ...ver|gnü|gen, ...ver|mögen, ...ver|si|che|rung, ...weg, ...wirt|schaft; pri|vat|wirt|schaftlich; Pri|vat_woh|nung, ...zimmer

Pri|vi|leg [...*wi...*] *das;* -[e]s, -ien [...*i*ⁿn] (auch: -e) ⟨lat.⟩ (Vor-, Sonderrecht); pri|vi|le|gie|ren; Pri|vi|le|gi|um *das;* -s, ...ien [...*i*ⁿn] (älter für: Privileg)

Prix [*pri*] *der;* -, - ⟨franz.⟩ (franz. Bez. für: Preis)

PR-Mann ⟨zu PR = Public Relations⟩ (ugs. für: für die Öffentlichkeitsarbeit zuständiger Mitarbeiter)

pro ⟨lat.⟩ („für"; je); - Stück; - männlichen Angestellten; Pro *das;* - (Für); das - und Kontra (das Für u. Wider); pro... (z. B. proamerikanisch, prosowjetisch); pro an|no (veralt. für: aufs Jahr, jährlich; Abk.: p. a.)

pro|ba|bel ⟨lat.⟩ (wahrscheinlich); ...a|ble Gründe; Pro|ba|bi|lismus *der;* - (Wahrscheinlichkeitslehre, -standpunkt; kath. Moraltheologie: Lehre, daß in Zweifelsfällen eine Handlung erlaubt ist, wenn gute Gründe dafür sprechen); Pro|ba|bi|li|tät *die;* -, -en (Wahrscheinlichkeit, Glaubwürdigkeit); Pro|band *der;* -en, -en; ↑ R 197 (Testperson, an der etwas ausprobiert od. gezeigt wird; Genealogie: jmd., für den eine Ahnentafel aufgestellt werden soll); pro|bat; -este (erprobt; bewährt); Pröb|chen, Pröb|lein; Pro|be *die;* -, -n; zur, auf -; Pro|be_ab|zug, ...alarm, ...ar|beit, ...auf|nah|me, ...boh|rung, ...druck (*Plur.* ...drucke), ...exem|plar; pro|be|fah|ren (meist nur im Infinitiv u. im 2. Partizip gebr.); probegefahren; auch schon: ich fahre Probe (↑ R 207); wenn u. probefährt; Pro|be-fahrt; pro|be_hal|ber, ...hal|tig

(veralt. für: die Probe bestehend, aushaltend); Pro|be_jahr, ...lauf; pro|be|lau|fen (meist nur im Infinitiv u. im 2. Partizip gebr.; vgl. probefahren); die Maschine ist probegelaufen; Pro|belehr|rer (österr. für: Lehrer an einer höheren Schule im Probejahr); Pro|be|lek|ti|on; pröb|beln (schweiz. für: allerlei Versuche machen); ich ...[e]le (↑ R 22); pro|ben; Pro|ben_ar|beit (Theater-, Konzertw.), ...ent|nah|me; Pro|be_num|mer; pro|be|schreiben (meist nur im Infinitiv u. im 2. Partizip gebr.; vgl. probefahren); probegeschrieben; Pro|be_-sei|te (Druckw.), ...sen|dung; pro|be|sin|gen (meist nur im Infinitiv u. im 2. Partizip gebr.; vgl. probefahren); probegesungen; Pro|be_stück; pro|be|tur|nen (meist nur im Infinitiv u. im 2. Partizip gebr.; vgl. probefahren); probegeturnt; pro|be|wei|se; Pro|be|zeit; pro|bie|ren (versuchen, kosten, prüfen); (↑ R 68:) Probieren (auch: probieren) geht über Studieren (auch: studieren); Pro|bier|er (Prüfer); Pro|bier-glas (*Plur.* ...gläser), ...stu|be; Pröb|lein, Pröb|chen

Pro|blem *das;* -s, -e ⟨griech.⟩ (zu lösende Aufgabe; Fragestellung; unentschiedene Frage; Schwierigkeit); Pro|ble|ma|tik *die;* -, -en (Fraglichkeit, Schwierigkeit [etwas zu klären]); pro|ble|ma|tisch; -ste; pro|ble|ma|ti|sie|ren; Pro|blem_be|wußt|sein, ...den|ken, ...film, ...kind, ...kreis; pro|blem_los (-este), ...ori|en|tiert; Pro|blem_schach, ...stel|lung, ...stück

Probst|zel|la (Ort im nordwestl. Frankenwald)

Pro|bus (altröm. Eigenn.)

Pro|ca|in *das;* -s ⟨Kunstwort⟩ (Mittel zur örtlichen Betäubung)

pro cen|tum [- *zän...*] ⟨lat.⟩ (für hundert, für das Hundert; Abk.: p. c., v. H.; Zeichen: %); vgl. Prozent

Pro|de|kan *der;* -s, -e ⟨lat.⟩ (Vertreter des Dekans an einer Hochschule)

pro do|mo [auch: - *do̱...*] ⟨lat.⟩ (in eigener Sache; zum eigenen Nutzen, für sich selbst); - - reden

Pro|drom *das;* -s, -e ⟨griech.⟩, Pro|dro|mal|sym|ptom (Med.: Vorbote, Vorläufer einer Krankheit)

Pro|dul|cer [*prodjuß°r*] *der;* -s, - ⟨engl.⟩ (engl. Bez. für: Hersteller, [Film]produzent, Fabrikant); Pro|dukt *das;* -[e]s, -e ⟨lat.⟩ (Erzeugnis; Ertrag; Folge, Ergebnis [Math.: der Multiplikation]); Pro|duk|ten_bör|se (Güterbörse), ...han|del, ...markt; Pro|duk|ti-

on [...*zion*] *die;* -, -en (Herstellung, Erzeugung); Pro|duk|ti-ons_an|la|gen *Plur.,* ...ap|pa|rat, ...aus|fall, ...ba|sis, ...bri|gal|de (DDR), ...er|fah|rung, ...fak|tor, ...form, ...gang, ...ge|nos|senschaft, ...gü|ter, ...ka|pa|zi|tät, ...kol|lek|tiv (DDR), ...ko|sten *Plur.,* ...lei|stung, ...men|ge, ...me|tho|de, ...mit|tel *das,* ...plan (vgl. ²Plan), ...pro|zeß, ...stät-te, ...stei|ge|rung, ...ver|fah|ren, ...ver|hält|nis|se *Plur.,* ...vo|lumen, ...wei|se, ...wert, ...zif|fer, ...zweig; pro|duk|tiv (ergiebig; fruchtbar, schöpferisch); Pro|duk|ti|vi|tät [...*wi...*] *die;* -; Pro|duk|ti|vi|täts_ef|fekt, ...ren|te (Rente, die der wirtschaftl. Produktivität angepaßt wird), ...stei|ge|rung, ...stu|fe; Pro|duk|tiv_kraft, ...kre|dit (Kredit, der Unternehmen der gewerbl. Wirtschaft zur Errichtung von Anlagen od. zur Bestreitung der laufenden Betriebsausgaben gewährt wird); Pro|du|zent *der;* -en, -en; ↑ R 197 (Hersteller, Erzeuger); pro|du|zie|ren ([Güter] hervorbringen, [er]zeugen, schaffen); sich - (die Aufmerksamkeit auf sich lenken)

Pro|en|zym *das;* -s, -e ⟨lat.; griech.⟩ (Vorstufe eines Enzyms)

Prof. = Professor

pro|fan ⟨lat.⟩ (unheilig, weltlich; nicht außergewöhnlich, alltäglich); Pro|fa|na|ti|on [...*zion*] *die;* -, -en, Pro|fa|nie|rung (Entweihung); Pro|fan_bau (*Plur.* ...bauten; Kunstgesch.: nichtkirchl. Bauwerk; Ggs.: Sakralbau); Pro|fa|ne *der;* -n, -n; ↑ R 7 ff. (Unheilige[r], Ungeweihte[r]); pro|fa|nie|ren (entweihen); Pro|fa|nie|rung vgl. Profanation; Pro|fa|ni|tät *die;* - (Unheiligkeit, Weltlichkeit; Alltäglichkeit)

pro|fa|schi|stisch (sich für den Faschismus einsetzend)

Pro|fer|ment *das;* -s, -e ⟨lat.⟩ (Vorstufe eines Ferments)

¹Pro|feß *der;* ...fessen, ...fessen (↑ R 197) ⟨lat.⟩ (Mitglied eines geistl. Ordens nach Ablegung der Gelübde); ²Pro|feß *die;* -, ...fesse (Ablegung der [Ordens]gelübde); Pro|feß|haus; Pro|fes|si|on *die;* -, -en ⟨franz.⟩ (veralt. für: Beruf; Gewerbe); Pro|fes|sio|nal [in engl. Ausspr.: *profäsch°n'l*] *der;* -s, -e u. (bei engl. Ausspr.:) -s ⟨engl.⟩ (Berufssportler; Kurzw.: Profi); pro|fes|sio|na|li|sie|ren (zum Beruf machen, als Erwerbsquelle ansehen); Pro|fes|sio|na|li|sie|rung; Pro|fes|sio|na|lis|mus *der;* - ⟨lat.⟩ (Berufssportlertum); pro|fes|sio|nell ⟨franz.⟩ (berufsmäßig; fach-

männisch); pro|fes|sio|niert (selten für: gewerbsmäßig); Pro|fessio|nist *der;* -en, -en; ↑R 197 (österr., sonst nur mdal. für: Handwerker, Facharbeiter); pro|fes|si|ons|mä|ßig; Pro|fes|sor *der;* -s, ...oren ⟨lat.⟩ (Hochschullehrer; Titel für verdiente Lehrkräfte, Forscher u. Künstler; österr. auch: definitiv angestellter Lehrer an höheren Schulen; Abk.: Prof.); ordentlicher öffentlicher Professor (Abk.: o.ö. Prof.); ordentlicher Professor (Abk.: o.P.); außerordentlicher Professor (Abk.: ao., a.o. Prof.); ein emeritierter Professor; pro|fes|so|ral (professorenhaft, würdevoll); Pro|fes|so|ren|kol|le|gi|um; pro|fes|so|ren|mä|ßig; Pro|fes|so|ren|schaft (Gesamtheit der Professoren einer Hochschule); Pro|fes|so|ren|ti|tel, Pro|fes|sor|ti|tel; Pro|fes|so|rin [auch: *profäß...*] *die;* -, -nen (im Titel u. in der Anrede meist: Frau Professor); Pro|fes|sors_wit|we; Pro|fes|sor|ti|tel, Pro|fes|so|ren|ti|tel; Pro|fes|sur *die;* -, -en (Lehrstuhl, -amt); Pro|fi *der;* -s, -s (Kurzw. für: Professional); Pro|fi_bo|xer, ...fuß|ball; pro|fi|haft; -este Pro|fil *das;* -s, -e ⟨ital.(-franz.)⟩ (Seitenansicht; Längs- und Querschnitt; Riffelung bei Gummireifen; geologisches - (senkrechter Geländeschnitt) Pro|fi|la|ger; ins - wechseln Pro|fil_bild, ...ei|sen; pro|fi|lie|ren (im Querschnitt darstellen); sich - (sich ausprägen, hervortreten); pro|fi|liert; -este (auch: gerillt, geformt; scharf umrissen; von ausgeprägter Art); Pro|fi|lie|rung; pro|fi|llos; -este; Pro|fil_neu|ro|se (Psych.: übertriebene Sorge um die Profilierung der eigenen Persönlichkeit), ...soh|le, ...stahl (Technik), ...tie|fe Pro|fil|sport Pro|fit *der;* -[e]s, -e ⟨franz.⟩ (Nutzen; Gewinn; Vorteil); pro|fi|ta|bel (veralt. für: gewinnbringend); ...a|bles Geschäft; pro|fit|brin|gend; ein -es Geschäft (↑R 209); Pro|fit|chen, Pro|fit|lein (meist für: nicht ganz ehrlicher Gewinn); Pro|fi|teur [...*ör*] *der;* -s, -e ⟨franz.⟩; Pro|fit|gier; pro|fi|tie|ren (Nutzen ziehen); Pro|fit|jä|ger; Pro|fit|lein vgl. Profitchen; pro|fit|lich (mdal. für: sparsam; nur auf eigenen Vorteil bedacht); Pro|fit_ma|cher, ...ra|te, ...stre|ben pro for|ma ⟨lat.⟩ (der Form wegen, zum Schein); Pro-for|ma-An|kla|ge (↑R 41) Pro|fos *der;* -es u. -en, -e[n] (↑R 197) ⟨niederl.⟩ (früher: Verwalter der Militärgerichtsbarkeit)

pro|fund; -este ⟨lat.⟩ (tief, gründlich; Med.: tiefliegend); pro|fus; -este (Med.: reichlich, übermäßig; stark)

Pro|ge|ne|se *die;* -, -n ⟨griech.⟩ (Med.: vorzeitige Geschlechtsentwicklung); Pro|ge|ni|tur *die;* -, -en ⟨lat.⟩ (Nachkommen-[schaft])

Pro|ge|ste|ron *das;* -s (Gelbkörperhormon, das die Schwangerschaftsvorgänge reguliert)

Pro|gno|se *die;* -, -n ⟨griech.⟩ (Vorhersage); die ärztliche -; Pro|gno|stik *die;* - (Lehre von der Prognose); Pro|gno|sti|kon, Pro|gno|sti|kum *das;* -s, ...ken u. ...ka (Vorzeichen); pro|gno|stisch (vorhersagend); pro|gno|sti|zie|ren; Pro|gno|sti|zie|rung

Pro|gramm *das;* -s, -e ⟨griech.⟩ (Plan; Darlegung von Grundsätzen; Ankündigung; Spiel-, Sende-, Fest-, Arbeits-, Vortragsfolge; Tagesordnung; bei elektronischen Rechenanlagen: Rechengang, der Maschine eingegeben wird); Pro|gramm_ab|de|rung; pro|gramm|ä|ßig [*Trenn.:* ...gramm|mä...*, ↑R 204]; Pro|gramm|mu|sik *die;* -, -en (Zielsetzung, -vorstellung); Pro|gramm-ma|ti|ker; pro|gram|ma|tisch (dem Programm gemäß; einführend; richtungweisend); Pro|gramm_di|rek|tor (bes. Fernsehen), ...fol|ge; pro|gramm|fül|lend; Pro|gramm|fül|ler (Fernsehen: Kurzfilm, der eingesetzt werden kann, um Lücken im Programm zu füllen); pro|gramm|ge|mäß; Pro|gramm|ge|stal|tung; pro|gramm|ge|steu|ert; Pro|gramm_heft, ...hin|weis; pro|gramm|mier|bar; Pro|gramm|mier|be|reich (Datenverarbeitung); pro|gram|mie|ren ([im Ablauf] festlegen; [einen Computer] mit Informationen, mit einem Programm versorgen); Pro|gram|mie|rer (Fachmann, der Schaltungen u. Ablaufpläne für elektron. Datenverarbeitungsmaschinen erarbeitet); Pro|gram|mie|re|rin *die;* -, -nen; Pro|gram|mier|spra|che; Pro|gram|mie|rung; Pro|grammm_punkt; Pro|grammusik *die;* - [*Trenn.:* ...gramm|mu...*, ↑R 204]; Pro|gramm_steue|rung (automat. Steuerung), ...vor|schau, ...zeit|schrift, ...zet|tel

Pro|greß *der;* ...gresses, ...gresse ⟨lat.⟩ (Fortschritt); Pro|gres|si|on *die;* -, -en (Fortschreiten; [Stufen]folge, Steigerung; Reihe [von math. Größen]; arithmetische -; geometrische -; Pro|gres|sis|mus

der; - (Fortschrittsdenken); Pro|gres|sist *der;* -en, -en; ↑R 197 (Anhänger einer Fortschrittspartei); pro|gres|si|stisch; pro|gres|siv ⟨franz.⟩ (stufenweise fortschreitend, sich entwickelnd; fortschrittlich); Pro|gres|si|vist *der;* -en, -en (↑R 197); Pro|gres|siv|steu|er *die*

Pro|gym|na|si|um *das;* -s, ...ien [...*iᵉn*] (Gymnasium ohne Oberstufe)

pro|hi|bie|ren ⟨lat.⟩ (veralt. für: verhindern; verbieten); Pro|hi|bi|ti|on [...*zion*] *die;* -, -en (Verbot von Alkoholherstellung u. -abgabe; veralt. für: Verbot); Pro|hi|bi|tio|nist *der;* -en, -en (↑R 197, R 180); pro|hi|bi|tiv (verhindernd, abhaltend, vorbeugend); Pro|hi|bi|tiv_maß|re|gel, ...zoll (Sperr-, Schutzzoll)

Pro|jekt *das;* -[e]s, -e ⟨lat.⟩ (Plan[ung], Entwurf, Vorhaben); Pro|jek|tant *der;* -en, -en; ↑R 197 (Planer); Pro|jek|te[n]|ma|cher (ugs.); Pro|jekt|grup|pe (Arbeitsgruppe, die sich für ein bestimmtes Projekt einsetzt); pro|jek|tie|ren; Pro|jek|tie|rung; Pro|jek|til *das;* -s, -e ⟨franz.⟩ (Geschoß); Pro|jek|ti|on [...*zion*] *die;* -, -en ⟨lat.⟩ (Darstellung auf einer Fläche; Vorführung mit dem Bildwerfer); Pro|jek|ti|ons_ap|pa|rat (Bildwerfer), ...ebe|ne (Math.), ...lam|pe, ...schirm, ...ver|fah|ren, ...wand; Pro|jek|tor *der;* -s, ...oren (Bildwerfer); pro|ji|zie|ren (auf einer Fläche darstellen; mit dem Projektor vorführen); Pro|ji|zie|rung

Pro|kla|ma|ti|on [...*zion*] *die;* -, -en ⟨lat.⟩ (amtl. Bekanntmachung, Verkündigung; Aufruf); pro|kla|mie|ren; Pro|kla|mie|rung

Pro|kli|se, Pro|kli|sis [auch: *pro...*] *die;* -, ...klisen ⟨griech.⟩ (Sprachw.: Anlehnung eines unbetonten Wortes an das folgende betonte; Ggs.: Enklise); Pro|kli|ti|kon *das;* -s, ...ka (unbetontes Wort, das sich an das folgende betonte anlehnt, z. B. „und 's Mädchen [= das Mädchen] sprach"); pro|kli|tisch

Pro|ko|fjew, Sergei (sowjet. Komponist)

Pro|kon|sul [auch: *pro...*] *der;* -s, -n ⟨lat.⟩ (gewesener Konsul; Statthalter einer röm. Provinz); Pro|kon|su|lat [auch: *pro...*] *das;* -[e]s, -e (Amt des Prokonsuls; Statthalterschaft)

Pro|kop, Pro|ko|pi|us (byzant. Geschichtsschreiber)

pro Kopf; Pro-Kopf-Ver|brauch (↑R 41)

Pro|kru|stes (Gestalt der griech. Sage); Pro|kru|stes|bett; ↑R 135

(Schema, in das jmd. od. etwas hineingezwängt wird) **Prokt|al|gie** die; -, ...ien ⟨griech.⟩ (Med.: neuralg. Schmerzen in After u. Mastdarm); **Prok|ti|tis** die; -, ...itiden (Mastdarmentzündung); **Prok|to|lo|ge** der; -n, -n; ↑ R 197 (Facharzt für Erkrankungen im Bereich des Mastdarms); **Prok|to|lo|gie** die; -; **prok|to|lo|gisch**; **Prok|to|spas|mus** der; -, ...men (Krampf des Afterschließmuskels); **Prok|to|sta|se** die; - (Kotzurückhaltung im Mastdarm)

Pro|ku|ra die; -, ...ren ⟨lat.-ital.⟩ (Handlungsvollmacht; Recht, den Geschäftsinhaber zu vertreten); in Prokura; vgl. per procura; **Pro|ku|ra|ti|on** [...*zion*] die; -, -en (Stellvertretung durch einen Bevollmächtigten; Vollmacht); **Pro|ku|ra|tor** der; -s, ...oren (Statthalter einer röm. Provinz; hoher Staatsbeamter der Republik Venedig; bevollmächtigter Vertreter einer Person im kath. kirchl. Prozeß; Wirtschafter eines Klosters); **Pro|ku|ra|zi|en** [...*i*ⁿn, ital. Betonung: ...*i*ⁿn] Plur. (Palast der Prokuratoren in Venedig); **Pro|ku|rist** der; -en, -en; ↑ R 197 (Inhaber einer Prokura); **Pro|ku|ri|sten|stel|le**

Pro|ky|on [auch: *pro*...] der; -[s] ⟨griech.⟩ (ein Stern)

Pro|laps der; -es, -e ⟨lat.⟩ u. **Pro|lap|sus** der; -, - [...*lápßuß*] (Med.: Vorfall, Heraustreten von inneren Organen)

Pro|le|go|me|na [auch: ...*gom*...] Plur. ⟨griech.⟩ (veralt. für: einleitende Vorbemerkungen)

Pro|lep|se, **Pro|lep|sis** [auch: *prol*...] die; -, ...lepsen ⟨griech.⟩ (Rhet.: Vorwegnahme eines Satzgliedes); **pro|lep|tisch** (vorgreifend; vorwegnehmend)

Pro|let der; -en, -en (↑ R 197) ⟨lat.⟩ (ungebildeter, ungehobelter Mensch); **Pro|le|ta|ri|at** das; -[e]s, -e (Gesamtheit der Proletarier); **Pro|le|ta|ri|er** [...*i*ʳr] der; -s, - (Angehöriger der wirtschaftlich unselbständigen, besitzlosen Klasse); **Pro|le|ta|ri|er.kind,** **...vier|tel; pro|le|ta|risch; pro|le|ta|ri|sie|ren** (zu Proletariern machen); **Pro|le|ta|ri|sie|rung** die; -; **Pro|let|kult** der; -[e]s (kulturrevolutionäre Bewegung der russ. Oktoberrevolution)

¹**Pro|li|fe|ra|ti|on** [...*zion*] die; -, -en ⟨lat.⟩ (Med.: Sprossung, Wucherung); ²**Pro|li|fe|ra|tion** [*prolif*ʳ*eï*'*sch*ⁿ*n*] die; - ⟨engl.-amerik.⟩ (Weitergabe von Atomwaffen od. Mitteln zu ihrer Herstellung); **pro|li|fe|rie|ren** ⟨lat.⟩ (Med.: sprossen, wuchern)

Pro|log der; -[e]s, -e ⟨griech.⟩ (Einleitung; Vorwort, -spiel, -rede) **Pro|lon|ga|ti|on** [...*zion*] die; -, -en ⟨lat.⟩ (Verlängerung [einer Frist, bes. einer Kreditfrist], Aufschub, Stundung); **Pro|lon|ga|ti|ons.ge|schäft, ...wech|sel; pro|lon|gie|ren** (verlängern; stunden); **Pro|lon|gie|rung**

pro me|mo|ria ⟨lat.⟩ (zum Gedächtnis; Abk.: p. m.); **Pro|me|mo|ria** das; -s, ...ien [...*i*ⁿn] u. -s (veralt. für: Denkschrift; Merkzettel)

Pro|me|na|de die; -, -n ⟨franz.⟩ (Spaziergang, -weg); *Schreibung in Straßennamen:* ↑ R 190 ff.; **Pro|me|na|den.deck, ...mischung** (ugs. scherzh. für: nicht reinrassiger Hund); **...weg; pro|me|nie|ren** (spazierengehen)

Pro|mes|se die; -, -n ⟨franz.⟩ (Schuldverschreibung; Urkunde, in der eine Leistung versprochen wird); **Pro|mes|sen|ge|schäft**

pro|me|the|lisch ⟨griech.⟩; ↑ R 134 (auch für: himmelstürmend); -es Ringen; **Pro|me|theus** [...*teuß*] ⟨griech. Sagengestalt⟩; **Pro|me|thi|um** das; -s ⟨chem. Grundstoff, Metall; Zeichen: Pm⟩

pro mil|le ⟨lat.⟩ (für tausend, für das Tausend, vom Tausend; Abk.: p. m., v. T.; Zeichen: ‰); **Pro|mil|le** das; -[s], - (Tausendstel); 2 - (↑ R 129); **Pro|mil|le-.gren|ze, ...satz** (Vomtausendsatz)

pro|mi|nent; -este ⟨lat.⟩ (hervorragend, bedeutend, maßgebend); **Pro|mi|nen|te** der u. der; -n, -n; ↑ R 7 ff. (hervorragende, bedeutende, bekannte Persönlichkeit); **Pro|mi|nenz** die; - (Gesamtheit der Prominenten; veralt. für: [hervorragende] Bedeutung; **Pro|mi|nen|zen** Plur. (hervorragende Persönlichkeiten)

Pro|mis|kui|tät die; - ⟨lat.⟩ (Vermischung; häufig wechselnder Geschlechtsverkehr [ohne eheliche Bindung]); **pro|mis|kui|tiv**

pro|mis|so|risch ⟨lat.⟩ (Rechtsw. veralt.: versprechend); -er Eid (vor der Aussage geleisteter Eid)

Pro|mo|ter [...*mo*ᵘ*t*ʳ*r*] der; -s, - ⟨engl.⟩ (Veranstalter von Berufssportwettkämpfen); ¹**Pro|mo|ti|on** [...*zion*] die; -, -en ⟨lat.⟩ (Erlangung, Verleihung der Doktorwürde); - sub auspiciis [praesidentis] (österr.: Ehrenpromotion in Anwesenheit des Bundespräsidenten); ²**Pro|mo|tion** [*promo*ᵘ*sch*ⁿ*n*] die; - ⟨amerik.⟩ (Wirtsch.: Absatzförderung durch gezielte Werbemaßnahmen); **Pro|mo|tor** der; -s, ...oren ⟨lat.⟩ (Förderer, Manager); **Pro|mo|vend** [...*wänt*]

der; -en, -en (jmd., der die Doktorwürde anstrebt); **pro|mo|vie|ren** [...*wir*ⁿn] (die Doktorwürde erlangen, verleihen); ich habe promoviert; ich bin [von der ... Fakultät zum Doktor ...] promoviert worden

prompt; -este ⟨lat.⟩ (unverzüglich; schlagfertig; pünktlich; sofort; rasch); -e (schnelle) Bedienung; **Prompt|heit** die; -

Pro|mul|ga|ti|on [...*zion*] die; -, -en ⟨lat.⟩ (Verbreitung, Veröffentlichung [eines Gesetzes]); **pro|mul|gie|ren**

Pro|no|men das; -s, - u. (älter:) ...mina ⟨lat.⟩ (Sprachw.: Fürwort, z. B. „ich, mein"); **pro|no|mi|nal** (fürwörtlich); **Pro|no|mi|nal.ad|jek|tiv** (Sprachw.: unbestimmtes Für- od. Zahlwort, nach dem folgende [substantivisch gebrauchte] Adjektiv wie nach einem Pronomen od. wie nach einem Adjektiv gebeugt wird, z. B. „manche"; „manche geeignete [auch noch: geeigneten] Einrichtungen"), **...ad|verb** (Sprachw.: Adverb, das für eine Fügung aus Präposition u. Pronomen steht, z. B. „darüber" = „über das" od. „über es")

pro|non|cie|ren [...*nongßir*ⁿn] ⟨franz.⟩ (veralt. für: aussprechen; scharf betonen); **pro|non|ciert; -este**

Pro|ömi|um das; -s, ...ien [...*i*ⁿn] ⟨griech.⟩ (Vorrede; Einleitung)

Pro|pä|deu|tik die; -, -en ⟨griech.⟩ (Einführung in die Vorkenntnisse, die zu einem Studium gehören); **Pro|pä|deu|ti|kum** das; -s, ...ka (schweiz. für: medizin. Vorprüfung); **pro|pä|deu|tisch**

Pro|pa|gan|da die; - ⟨lat.⟩ (Werbung für polit. Grundsätze, kulturelle Belange od. wirtschaftl. Zwecke); **Pro|pa|gan|da.ap|pa|rat, ...chef, ...feld|zug, ...film, ...lü|ge, ...ma|te|ri|al, ...schrift, ...sen|dung; pro|pa|gan|da|wirk|sam; Pro|pa|gan|dist** der; -en, -en; ↑ R 197 (jmd., der Propaganda treibt, Werber); **Pro|pa|gan|di|stin** die; -, -nen; **pro|pa|gan|di|stisch; Pro|pa|ga|tor** der; -s, ...oren (jmd., der etwas propagiert); **pro|pa|gie|ren** (verbreiten, werben für etwas); **Pro|pa|gie|rung**

Pro|pan das; -s ⟨griech.⟩ (ein Brenn-, Treibgas); **Pro|pan|gas** das; -es

Pro|par|oxy|to|non das; -s, ...tona ⟨griech.⟩ (griech. Sprachw.: auf der drittletzten Silbe mit dem scharfen Tonzeichen [Akut] versehenes Wort)

Pro|pel|ler der; -s, - ⟨engl.⟩ (Antriebsschraube bei Schiffen od.

Flugzeugen); **Pro|pel|ler-an-trieb, ...flug|zeug, ...tur|bi|ne**
Pro|pen vgl. Propylen
pro|per, pro|pre ⟨franz.⟩ (eigen, sauber; nett); **Pro|per|ge|schäft** (Wirtsch.: Eigengeschäft, Geschäft für eigene Rechnung)
Pro|pe|ri|spo|me|non das; -s, ...me-na ⟨griech.⟩ (griech. Sprachw.: auf der vorletzten Silbe mit einem Dehnungszeichen [Zirkumflex] versehenes Wort)
Pro|pha|se die; -, -n ⟨griech.⟩ (Biol.: erste Phase der indirekten Zellkernteilung)
Pro|phet der; -en, -en (↑R 197) ⟨griech.⟩ (Weissager, Seher; Mahner); ein falscher -; ein guter -, aber (↑R 157): die Großen Propheten (z. B. Isaias), die Kleinen Propheten (z. B. Hosea); **Pro|phe|ten|ga|be** die; -; **Pro|phe-tie** die; -, ...ien (Weissagung) **Pro|phe|tin** die; -, -nen; **pro|phe-tisch;** -ste (seherisch, weissagend, vorausschauend); **pro|phe-zei|en** (weis-, voraussagen); er hat prophezeit; **Pro|phe|zei|ung**
Pro|phy|lak|ti|kum das; -s, ...ka ⟨griech.⟩ (Med.: vorbeugendes Mittel); **pro|phy|lak|tisch** (vorbeugend, verhütend); **Pro|phy-la|xe** die; -, -n (Maßnahme[n] zur Vorbeugung, [Krankheits]verhütung)
Pro|po|nent der; -en, -en (↑R 197) ⟨lat.⟩ (veralt. für: Antragsteller); **pro|po|nie|ren**
Pro|pon|tis die; - ⟨griech.⟩ (Marmarameer)
Pro|por|ti|on [...zion] die; -, -en ⟨lat.⟩ ([Größen]verhältnis; Eben-, Gleichmaß; Math.: Verhältnisgleichung); **pro|por|tio|nal;** ↑R 180 (verhältnismäßig; in gleichem Verhältnis stehend; entsprechend); **Pro|por|tio|na|le** die; -, -n; ↑R 180 (Math.: Glied einer Verhältnisgleichung); drei -[n]; mittlere -; **Pro|por|tio|na|li|tät** die; -, -en; ↑R 180 (Verhältnismäßigkeit, richtiges Verhältnis); **Pro|por|tio|nal|wahl;** ↑R 180 (Verhältniswahl); **pro|por|tio-niert;** ↑R 180 (bestimmte Proportionen aufweisend); **Pro|por|tio-niert|heit** die; - (↑R 180); **Pro|por-ti|ons|glei|chung; Pro|porz** der; -es, -e (bes. österr. u. schweiz. für: Verhältniswahlsystem, Verteilung von Sitzen u. Ämtern nach dem Stimmenverhältnis bzw. dem Verhältnis der Partei- oder Konfessionszugehörigkeit); **Pro|porz-den|ken** (abschätzig), **...wahl** (Verhältniswahl)
Pro|po|si|ti|on [...zion] die; -, -en ⟨lat.⟩ (Ausschreibung bei Pferderennen); veralt. für: Vorschlag, Antrag); **Pro|po|si|tum** das; -s,

...ta (veralt. für: Äußerung, Rede)
Propp|pen der; -s, - (niederd. für: Pfropfen); **propp|pen|voll** (ugs. für: ganz voll; übervoll)
Pro|prä|tor der; -s, ...oren (röm. Provinzstatthalter, der vorher Prätor war)
pro|pre vgl. proper; **Pro|pre|ge-schäft** vgl. Propergeschäft; **Pro-pre|tät** die; - ⟨franz.⟩ (veralt., aber noch mdal. für: Reinlichkeit); **Pro|prie|tär** [...pri-e...] der; -s, -e; ↑R 180 (veralt. für: Eigentümer); **Pro|prie|tät** die; -, -en; ↑R 180 (veralt. für: Eigentum); **Pro|prie-täts|recht** (↑R 180); **Pro|pri|um** [auch: pro...] das; -s ⟨lat.⟩ (Bez. für die wechselnden Texte u. Gesänge der kath. Messe)
Propst der; -[e]s, Pröpste ⟨lat.⟩ (Kloster-, Stiftsvorsteher; Superintendent); **Propp|stei** die; -, -en (Amt, Sprengel, Wohnung eines Propstes); **Pröp|stin** die; -, -nen
Pro|pusk [auch: ...pußk] der; -s, -e ⟨russ.⟩ (russ. Bez. für: Passierschein, Ausweis)
Pro|py|lä|en Plur. ⟨griech.⟩ (Vorhalle griech. Tempel)
Pro|py|len, Pro|pen das; -s ⟨griech.⟩ (gasförmiger ungesättigter Kohlenwasserstoff)
Pro|rek|tor [auch: prorák...] der; -s, ...oren ⟨lat.⟩ (Stellvertreter des Rektors); **Pro|rek|to|rat** das; -[e]s, -e (Amt u. Würde eines Prorektors)
Pro|sa die; - ⟨lat.⟩ (Rede [Schrift] in ungebundener Form; übertr. für: Nüchternheit); gereimte -; **Pro|sa|dich|tung; Pro|sa|iker;** ↑R 180 (nüchterner Mensch; älter für: Prosaist); **pro|sa|isch;** -ste (in Prosa [abgefaßt]; übertr. für: nüchtern); **Pro|sa|ist** der; -en, -en; ↑R 197 (Prosa schreibender Schriftsteller); **Pro|sa-schrift|stel|ler, ...werk**
Pro|sek|tor [auch: prosák...] der; -s, ...oren ⟨lat.⟩ (Arzt, der Sektionen durchführt; Leiter der Prosektur); **Pro|sek|tur** die; -, -en (Abteilung eines Krankenhauses, in der Sektionen durchgeführt werden)
Pro|se|ku|ti|on [...zion] die; -, -en ⟨lat.⟩ (Rechtsw. selten für: Strafverfolgung); **Pro|se|ku|tor** der; -s, ...oren (Rechtsw. selten für: Staatsanwalt [als Ankläger])
Pro|se|lyt der; -en, -en (↑R 197) ⟨griech.⟩ (urspr.: ein zum Judentum übergetretener Heide; Neubekehrter); **Pro|se|ly|ten-ma|cher** (abschätzig), **...ma|che|rei**

Pro|se|mi|nar das; -s, -e ⟨lat.⟩ (Übung für Studienanfänger)
Pro|ser|pi|na (lat. Form von: Persephone)
pro|sit!, prost! ⟨lat.⟩ (wohl bekomm's!); pros[it] Neujahr!; pros[it] allerseits!; prost. Mahlzeit! (ugs.); **Pro|sit** das; -s, -s u. **Prost** das; -[e]s, -e (Zutrunk); ein - der Gemütlichkeit!
pro|skri|bie|ren ⟨lat.⟩ (ächten); **Pro|skrip|ti|on** [...zion] die; -, -en (Ächtung)
Pros|odie die; -, ...ien ⟨griech.⟩ (Silbenmessung[slehre]; Lehre von der metrisch-rhythmischen Behandlung der Sprache); **Pros-odik** die; -, -en (seltener für: Prosodie); **pros|odisch**
pro|so|wje|tisch (sich für die Sowjetunion einsetzend)
Pro|spekt der (österr. auch: das); -[e]s, -e ⟨lat.⟩ (Werbeschrift; Ansicht [von Gebäuden, Straßen u. a.]; Bühnenhintergrund; Pfeifengehäuse der Orgel); **pro|spek-tie|ren; Pro|spek|tie|rung, Pro-spek|ti|on** [...zion] die; -, -en (Erkundung nutzbarer Bodenschätze; Drucksachenwerbung); **pro-spek|tiv** (der Aussicht, Möglichkeit nach); **Pro|spek|tor** der; -s, ...oren (jmd., der Bodenschätze erkundet)
pro|spe|rie|ren ⟨lat.⟩ (gedeihen, vorankommen); **Pro|spe|ri|tät** die; - (Wohlstand, wirtschaftl. Aufschwung, [Wirtschafts]blüte)
Pro|sper|mie die; -, ...ien ⟨griech.⟩ (Med.: vorzeitiger Samenerguß)
prost! vgl. prosit!; **Prost** vgl. Prosit
Pro|sta|ta die; -, ...tae [...tä] ⟨griech.⟩ (Vorsteherdrüse); **Pro-sta|ti|tis** die; -, ...itiden (Med.: Entzündung der Prostata)
pro|sten; pröst|er|chen! (ugs.) **Prös|ter|chen**
pro|sti|tu|ie|ren ⟨lat.⟩ (veralt. für: bloßstellen); sich - (sich preisgeben); **Pro|sti|tu|ier|te** die; -n, -n; ↑R 7 ff. (Dirne); **Pro|sti|tu|ti|on** [...zion] die; - ⟨franz.⟩ (gewerbsmäßiges Anbieten des eigenen Körpers für sexuelle Zwecke)
Pro|stra|ti|on [...zion] die; -, -en ⟨lat.⟩ (Niederwerfung, Fußfall; Med.: hochgradige Erschöpfung)
Pro|sze|ni|um das; -s, ...ien [...iⁿ] ⟨griech.⟩ (vorderster Teil der Bühne, Vorbühne); **Pro|sze|ni-ums|lo|ge** (Bühnenloge)
prot. = protestantisch
Prot|ac|ti|ni|um das; -s ⟨griech.⟩ (radioaktiver chem. Grundstoff, Metall; Zeichen: Pa)
Prot|ago|nist der; -en, -en (↑R 197) ⟨griech.⟩ (altgriech. Theater: erster Schauspieler; übertr.: zentrale Gestalt; Vorkämpfer)

Prot|ak|ti|ni|um vgl. Protactinium
Pro|te|gé [...*tesche*] der; -s, -s ⟨franz.⟩ (Günstling; Schützling); pro|te|gie|ren [...*teschir'n*]
Pro|te|id das; -[e]s, -e ⟨griech.⟩ (mit anderen chem. Verbindungen zusammengesetzter Eiweißkörper); Pro|te|in das; -s, -e (vorwiegend aus Aminosäuren aufgebauter Eiweißkörper)
pro|te|isch (in der Art des ¹Proteus, wandelbar, unzuverlässig)
Pro|tek|ti|on [...*zion*] die; -, -en ⟨lat.⟩ (Gönnerschaft; Förderung; Schutz); Pro|tek|tio|nis|mus der; -; ↑R 180 (Politik, die z. B. durch Schutzzölle die inländische Wirtschaft begünstigt); Pro|tek|tio|nist der; -en, -en (↑R 197; R 180); pro|tek|tio|nis|tisch; Pro|tek|tor der; -s, ...oren (Beschützer; Förderer; Schutz-, Schirmherr; Ehrenvorsitzender); Pro|tek|to|rat das; -[e]s, -e (Schirmherrschaft; Schutzherrschaft; das unter Schutzherrschaft stehende Gebiet)
Pro|test der; -[e]s, -e ⟨lat.-ital.⟩ (Einspruch, Verwahrung; [beurkundete] Verweigerung der Annahme od. der Zahlung eines Wechsels od. Schecks); zu - gehen (von Wechseln); Pro|test|ak|ti|on; Pro|te|stant der; -en, -en (↑R 197) ⟨lat.⟩ (Angehöriger des Protestantismus); Pro|te|stan|tin die; -, -nen; pro|te|stan|tisch (Abk.: prot.); Pro|te|stan|tis|mus der; - (Gesamtheit der auf die Reformation zurückgehenden ev. Kirchengemeinschaften); Pro|te|sta|ti|on [...*zion*] die; -, -en (veralt. für: Protest); Pro|test_be|we|gung, ...de|mon|stra|ti|on, ...hal|tung; pro|te|stie|ren (Einspruch erheben; Verwahrung einlegen); einen Wechsel - (Nichtzahlung od. Nichtannahme eines rechtzeitig vorgelegten Wechsels beurkunden [lassen]); Pro|test|kund|ge|bung; Pro|test|ler (ugs.); Pro|test_marsch (der; ...no|te, ...ruf, ...re|so|lu|ti|on, ...sän|ger, ...schrei|ben, ...song, ...streik, ...sturm, ...ver|samm|lung, ...wel|le
¹Pro|teus [...*teuß*] (verwandlungsfähiger griech. Meergott); ²Pro|teus der; -, - (Mensch, der leicht seine Gesinnung ändert); pro|teus|haft
Prot|evan|ge|li|um vgl. Protoevangelium
Pro|the|se die; -, -n ⟨griech.⟩ (Ersatzglied; Zahnersatz; Sprachw.: Bildung eines neuen Lautes am Wortanfang); Pro|the|sen|trä|ger; Pro|the|tik die; - (Wissenschaft, Lehre vom Kunstgliederbau); pro|the|tisch (ersetzend)

Pro|tist der; -en, -en (↑R 197) ⟨griech.⟩ (einzelliges Lebewesen)
Pro|to|evan|ge|li|um das; -s ⟨griech.⟩ (erste Verkündigung des Erlösers [1. Mose, 3, 15])
pro|to|gen ⟨griech.⟩ (Geol.: am Fundort entstanden [von Erzlagern])
Pro|to|koll das; -s, -e ⟨griech.⟩ (förml. Niederschrift, Tagungsbericht; Beurkundung einer Aussage, Verhandlung u. a.; Gesamtheit der im diplomat. Verkehr gebräuchl. Formen); zu - geben; Pro|to|koll|ab|tei|lung; Pro|to|kol|lant der; -en, -en; ↑R 197 ([Sitzungs]schriftführer); pro|to|kol|la|risch (durch Protokoll festgestellt, festgelegt); Pro|to|koll_be|am|ter, ...chef, ...füh|rer (Schriftführer); pro|to|kol|lie|ren (ein Protokoll aufnehmen; beurkunden); Pro|to|kol|lie|rung
Pro|ton das; -s, ...onen ⟨griech.⟩ (positiv geladenes schweres Elementarteilchen; Wasserstoffkern); Pro|to|nen|be|schleu|ni|ger; Pro|to|no|tar der; -s, -e ⟨griech.; lat.⟩ (Notar der päpstl. Kanzlei; auch: Ehrentitel); Pro|to|phy|te die; -, -n ⟨griech.⟩ u. Pro|to|phy|ton das; -s, ...yten; meist Plur. (einzellige Pflanze); Pro|to|plas|ma das; -s ⟨griech.⟩ (Lebenssubstanz aller pflanzl., tier. u. menschl. Zellen); Pro|to|typ [selten: ...*tüp*] der; -s, -en (Muster; Urbild; Inbegriff); pro|to|ty|pisch; Pro|to|zo|on das; -s, ...zo|en; meist Plur. (Urtierchen)
pro|tra|hie|ren ⟨lat.⟩ (Med.: verzögern)
Pro|tu|be|ranz die; -, -en (meist Plur.) ⟨lat.⟩ (stumpfer Vorsprung an Organen, bes. an Knochen · aus dem Sonneninnern ausströmende glühende Gasmasse)
Protz der; -en u. -es, -e[n]; ↑R 197 (abschätzig für: Angeber; mdal. für: Kröte)
Prot|ze die; -, -n ⟨ital.⟩ (Vorderwagen von Geschützen u. a.)
protz|en; du protzt (protzest); prot|zen|haft; -este; prot|zen|haf|tig|keit die; -; Prot|zen|tum das; -s; Prot|zel|rei; protz|ig; Protz|zig|keit
Protz_ka|sten, ...wa|gen
Proust [*prußt*], Marcel [*marßäl*] (franz. Schriftsteller)
Prov. = Provinz
Pro|vence [...*wangß*] die; - (franz. Landschaft)
Pro|ve|ni|enz [...*weniänz*] die; -, -en ⟨lat.⟩ (Herkunft, Ursprung)
Pro|ven|za|le [...*wän*...] der; -n, -n; ↑R 197 (Bewohner der Provence); Pro|ven|za|lin die; -, -nen; pro|ven|za|lisch

Pro|verb [...*wärp*] das; -s, -en ⟨lat.⟩ u. Pro|ver|bi|um das; -s, ...ien [...*i'n*] (veralt. für: Sprichwort); pro|ver|bi|al, pro|ver|bia|lisch (↑R 180), pro|ver|bi|ell (veralt. für: sprichwörtlich)
Pro|vi|ant [...*wi*...] der; -s, (selten) -e (ital. u. franz.) ([Mund]vorrat; Wegzehrung; Verpflegung); pro|vi|an|tie|ren (veralt. für: verproviantieren); Pro|vi|ant|wa|gen
pro|vi|den|ti|ell [...*widänziäl*] ⟨franz.⟩ (veralt. für: von der Vorsehung bestimmt); Pro|vi|denz die; -, -en (veralt. für: Vorsicht; Vorsehung)
Pro|vinz [...*winz*] die; -, -en ⟨lat.⟩ (Land[esteil]; größeres staatliches od. kirchliches Verwaltungsgebiet; das Land im Gegensatz zur Hauptstadt; abwertend für: [kulturell] rückständige Gegend; Abk.: Prov.); Pro|vinz_be|woh|ner, ...büh|ne; Pro|vin|zi|al der; -s, -e (Vorsteher einer Ordensprovinz); Pro|vin|zia|le der; -n, -n; ↑R 197; ↑R 180 (veralt. für: Provinzbewohner); pro|vin|zia|li|sie|ren (↑R 180); Pro|vin|zia|lis|mus der; -, ...men; ↑R 180 ([auf eine Landschaft beschränkter] vom hochsprachl. Wortschatz abweichender Ausdruck; Engstirnigkeit); pro|vin|zi|ell ⟨franz.⟩ (die Provinz betreffend; landschaftlich; mundartlich; hinterwäldlerisch); Pro|vinz|ler (abwertend für: Provinzbewohner; [kulturell] rückständiger Mensch); pro|vinz|le|risch; Pro|vinz_luft, ...nest (abschätzig), ...stadt, ...thea|ter
Pro|vi|si|on [...*wi*...] die; -, -en ⟨ital.⟩ (Vergütung [für Geschäftsbesorgung], [Vermittlungs]gebühr); Pro|vi|si|ons|ba|sis, in: auf - [arbeiten]; Pro|vi|si|ons|rei|sen|de; Pro|vi|sor der; -s, ...oren ⟨lat.⟩ (früher für: erster Gehilfe des Apothekers; österr.: als Vertreter amtierender Geistlicher); pro|vi|so|risch (vorläufig); Pro|vi|so|ri|um das; -s, ...ien [...*i'n*] (vorläufige Einrichtung; Übergangslösung)
Pro|vit|amin das; -s, -e (Vorstufe eines Vitamins)
Pro|vo [*prowo*] der; -s, -s ⟨lat.-niederl.⟩ (Vertreter einer [1965 in Amsterdam entstandenen] antibürgerlichen Protestbewegung); pro|vo|kant, -este ⟨lat.⟩; Pro|vo|ka|teur [*prowokatör*] der; -s, -e ⟨franz.⟩ (jmd., der provoziert); Pro|vo|ka|ti|on [...*zion*] die; -, -en (Herausforderung; Aufreizung); pro|vo|ka|tiv, pro|vo|ka|to|risch (herausfordernd); pro|vo|zie|ren (herausfordern; auslösen); Pro|vo|zie|rung

pro|xi|mal ⟨lat.⟩ (Med.: der [Kör-
per]mitte zu gelegen)
pro|ze|die|ren ⟨lat.⟩ (veralt. für: zu
Werke gehen, verfahren); **Pro-
ze|dur** die; -, -en (Verfahren,
[schwierige, unangenehme] Be-
handlungsweise)
Pro|zent das; -[e]s, -e ⟨ital.⟩ ([Zin-
sen, Gewinn] „vom Hundert",
Hundertstel; Abk.: p. c., v. H.;
Zeichen: %); 5 - (↑R 129) od. 5%;
vgl. Fünfprozentklausel; ...pro-
zen|tig (z. B. fünfprozentig [mit
Ziffer: 5prozentig]; 5%ige od.
5%-Anleihe usw.); pro|zen|tisch
vgl. prozentual; Pro|zent_kurs
(Börse), ...punkt (Prozent [als
Differenz zweier Prozentzah-
len]), ...rech|nung, ...satz (Hun-
dert-, Vomhundertsatz), ...span-
ne (Wirtsch.); pro|zen|tu|al,
(österr.:) pro|zen|tu|ell (im Ver-
hältnis zum Hundert, in Prozenten ausgedrückt); an einem Unternehmen - beteiligt sein (einen
in Prozenten festgelegten Anteil
vom Reinertrag erhalten); pro-
zen|tua|li|ter; ↑R 180 (Adverb;
veralt. für: prozentual); pro|zen-
tu|ell vgl. prozentual; pro|zen|tu-
ie|ren (in Prozenten ausdrük-
ken); Pro|zent|wert
Pro|zeß der; ...zesses, ...zesse ⟨lat.⟩
(Vorgang, [Arbeits]verlauf, Ablauf; Verfahren; Entwicklung;
gerichtl. Durchführung von
Rechtsstreitigkeiten); Pro|zeß-
be|richt; Pro|zeß|be|teil|lig|te der
u. die; -n, -n (↑R 7 ff.); pro|zeß-
be|voll|mäch|tigt; Pro|zeß|be-
voll|mäch|tig|te der u. die; -n, -n
(↑R 7 ff.); pro|zeß|fä|hig; Pro-
zeß|fä|hig|keit die; -; pro|zeß-
füh|rend; die -en Parteien; Pro-
zeß|füh|rungs|klau|sel (Versiche-
rungswesen); Pro|zeß_geg|ner,
...han|sel (ugs. für: jmd., der bei
jeder Gelegenheit prozessiert);
pro|zes|sie|ren (einen Prozeß füh-
ren); Pro|zes|si|on die; -, -en
([feierl. kirchl.] Umzug, Bitt-
od. Dankgang); Pro|zes|si|ons-
_kreuz, ...spin|ner (Schmetter-
ling); Pro|zeß|ko|sten Plur.; Pro-
zes|sor der; -s, ...oren (zentraler
Teil einer Datenverarbeitungs-
anlage); Pro|zeß_ord|nung,
...par|tei, ...rech|ner (besonderer
Computer für industrielle Ferti-
gungsabläufe), ...recht; pro|zeß-
süch|tig; pro|zes|su|al (auf einen
Rechtsstreit bezüglich); Pro|zeß-
_ver|fah|ren, ...ver|schlep|pung,
...voll|macht
pro|zy|klisch (Wirtsch.: einem be-
stehenden Konjunkturzustand
gemäß)
prü|de ⟨franz.⟩ (zimperlich, spröde
[in sittl.-erot. Beziehung])
Pru|de|lei (mdal. für: Pfuscherei);

pru|de|lig, prud|lig (mdal. für:
unordentlich); pru|deln (mdal.
für: pfuschen); ich ...[e]le (↑R 22)
Pru|den|tia [...zia] (w. Vorn.); Pru-
den|ti|us (christl.-lat. Dichter)
Prü|de|rie die; -, ...ien ⟨franz.⟩
(Zimperlichkeit, Ziererei)
prud|lig, pru|de|lig
prüf|bar; Prüf_au|to|mat, ...be-
richt; prü|fen; Prü|fer; Prü|fer-
bi|lanz, Prü|fungs|bi|lanz; Prüf-
_feld, ...ge|rät; Prüf|ling; Prüf-
_me|tho|de, ...norm, ...stand,
...stein; Prü|fung; mündliche,
schriftliche -; Prü|fungs|angst,
...ar|beit, ...auf|ga|be, ...be|din-
gun|gen Plur.; Prü|fungs|bi|lanz,
Prüfer|bilanz; Prü|fungs_fahrt,
...fra|ge, ...ge|bühr, ...kom|mis-
si|on, ...ord|nung, ...ter|min,
...un|ter|la|gen Plur., ...ver|fah-
ren, ...ver|merk, ...zeug|nis;
Prüf_ver|fah|ren, ...vor|schrift
¹Prü|gel der; -s, - (Stock); ²Prü|gel
Plur. (ugs. für: Schläge); Prü|ge-
lei (ugs.); Prü|gel|kna|be (übertr.
für: jmd., der an Stelle des Schul-
digen bestraft wird); prü|geln;
ich ...[e]le (↑R 22); seine -; Prü-
gel|stra|fe; Prü|gel|sze|ne
Prü|nel|le die; -, -n ⟨franz.⟩ (ent-
steinte, getrocknete Pflaume)
Prunk der; -[e]s; Prunk_bau [Plur.
...bauten], ...bett; prun|ken;
Prunk_ge|mach, ...ge|wand;
prunk|haft; -este; prunk|lie-
bend; -ste (↑R 209); prunk|los;
-este; Prunk|lo|sig|keit die; -;
Prunk_saal, ...sit|zung (Kar-
nevalsveranstaltung), ...stück,
...sucht (die; -; abwertend);
prunk_süch|tig, ...voll; Prunk-
wa|gen
Pru|ri|go der; -s od. die; - ⟨lat.⟩
(Med.: Juckflechte); Pru|ri|tus
der; - (Med.: Hautjucken)
pru|sten (ugs. für: stark schnau-
ben)
Pruth der; -[s] (l. Nebenfluß der
Donau)
Pru|z|ze der; -n, -n; meist Plur. (al-
te Bez. für: Preuße [Angehöriger
eines zu den baltischen Völkern
gehörenden Stammes])
Pry|ta|ne der; -n, -n (↑R 197)
⟨griech.⟩ (Mitglied der in altgriech. Staaten regierenden Be-
hörde); Pry|ta|nei|on das; -s, ...ei-
en u. Pry|ta|neum das; -s, ...een
(Versammlungshaus der Pryta-
nen)
PS = Pferdestärke; Post-
skript[um]
Psa|li|gra|phie die; - ⟨griech.⟩
(Kunst des Scherenschnittes);
psa|li|gra|phisch
Psalm der; -s, -en ⟨griech.⟩ ([geistl.]
Lied); Psal|men_dich|ter, ...sän-
ger; Psal|mist der; -en, -en
(↑R 197 (Psalmendichter); Psalm-

odie die; -, ...ien (Psalmenge-
sang); psalm|odie|ren (Psalmen
vortragen; eintönig singen);
psalm|odisch (psalmartig); Psal-
ter der; -s, - (Buch der Psalmen
im A. T.; Saiteninstrument; Blät-
termagen der Wiederkäuer)
Psam|me|tich (Name altägypt.
Pharaonen)
PSchA = Postscheckamt
pscht!, pst!
pseud..., pseu|do... ⟨griech.⟩
(falsch...); Pseud..., Pseu|do...
(Falsch...); Pseud|epi|gra|phen
Plur. (Schriften aus der Antike,
die einem Autor fälschlich zuge-
schrieben wurden); pseu|do|isi-
do|ri|sche De|kre|ta|len Plur.
(mittelalter. kirchenrechtl. Fäl-
schungen, die man irrtümlich auf
den Bischof Isidor von Sevilla
zurückführte); Pseu|do|krupp
(Med.: Anfall mit Atemnot u.
Husten bei Kehlkopfentzün-
dung); Pseu|do|lo|gie die; -, ...ien
(Med.: krankhaftes Lügen);
pseu|do|morph (Pseudomorpho-
se zeigend); Pseu|do|mor|pho|se
die; -, -n ([Auftreten eines Mineral[s] in der Kristallform eines
anderen Minerals); pseud|onym
(unter Decknamen [verfaßt]);
Pseud|onym das; -s, -e (Deckna-
me, Künstlername); Pseu|do|po-
di|um das; -s, ...ien [...i⁰n] (Biol.:
Scheinfüßchen mancher Einzel-
ler); pseu|do|wis|sen|schaft|lich
Psi das; -[s], -s (griech. Buchstabe:
Ψ, ψ)
Psi|lo|me|lan der; -s, -e ⟨griech.⟩
(ein Manganerz)
Psi|phä|no|men ⟨griech.⟩ (parapsy-
chol. Erscheinung)
Psit|ta|ko|se die; -, -n ⟨griech.⟩
(Med.: Papageienkrankheit)
Pso|ria|sis die; -, ...iasen (↑R 180)
⟨griech.⟩ (Med.: Schuppenflech-
te)
PS-stark (↑R 83 u. R 38)
pst!, pscht!
Psych|ago|ge der; -n, -n ⟨griech.⟩
(↑R 197); Psych|ago|gik die; -
(Führung Gesunder u. Kranker
durch seelische Beeinflussung);
Psych|ago|gin die; -, -nen; Psy-
che die; -, -n ⟨griech.⟩ (Seele; österr. für:
mit Spiegel versehene Frisiertoi-
lette); psy|che|de|lisch (in einem
[durch Rauschmittel hervorgeru-
fenen] euphorischen, trancearti-
gen Gemütszustand befindlich;
Glücksgefühle hervorrufend); -e
Mittel; Psych|ia|ter der; -s, - (↑R
180 (Facharzt für Psychia-
trie); Psych|ia|trie die; -; ↑R 180
(Lehre von den seelischen Störungen, von den Geisteskrank-
heiten; österr. auch: psychiatri-
sche Klinik); psych|ia|tri|sie|ren
(↑R 180); jmdn. - (österr.: von ei-

nem Psychiater in bezug auf den Geisteszustand untersuchen lassen); **psych|ia|trisch** (↑R 180); **psy|chisch** (seelisch); eine -e Krankheit, Störung; die -e Gesundheit; **Psy|cho|ana|ly|se** die; - (Verfahren zur Untersuchung u. Behandlung seelischer Störungen); **psy|cho|ana|ly|sie|ren; Psy|cho|ana|ly|ti|ker** (die Psychoanalyse vertretender od. anwendender Psychologe, Arzt); **psy|cho|ana|ly|tisch; Psy|cho|dia|gno|stik** die; -; ↑R 180 (Lehre von den Methoden zur Erkenntnis u. Erforschung psychischer Besonderheiten); **Psy|cho|dra|ma** das; -s, ...men; **psy|cho|gen** (seelisch bedingt); **Psy|cho|ge|ne|se, Psy|cho|ge|ne|sis** [auch: ...gän...] die; -, ...nesen (Entstehung u. Entwicklung der Seele, des Seelenlebens [Forschungsgebiet der Entwicklungspsychologie]); **Psy|cho|gramm** das; -s, -e (graph. Darstellung von Fähigkeiten u. Eigenschaften einer Persönlichkeit [z. B. in einem Koordinatensystem]; psychologische Persönlichkeitsstudie [im Fernsehen od. Film]); **Psy|cho|graph** der; -en, -en; ↑R 197 (Gerät zum automat. Buchstabieren u. Niederschreiben angeblich aus dem Unbewußten stammender Aussagen); **Psy|cho|id** das; -[e]s (seelenartiges Gebilde, das Seelenähnliche); **Psy|cho|ki|ne|se** die; - (seel. Einflußnahme auf Bewegungsvorgänge ohne physikal. Ursache); **Psy|cho|lin|gu|istik** die; - (Wissenschaft von den psychischen Vorgängen bei Gebrauch und Erlernen der Sprache); **Psy|cho|lo|ge** der; -n, -n (↑R 197); **Psy|cho|lo|gie** die; - (Seelenkunde); **Psy|cho|lo|gin** die; -, -nen; **psy|cho|lo|gisch** (seelenkundlich); ein -er Roman; **psy|cho|lo|gi|sie|ren** (nach psychologischen Gesichtspunkten untersuchen od. darstellen); **Psy|cho|lo|gi|sie|rung; Psy|cho|lo|gis|mus** der; - (Überbewertung der Psychologie als Grundwissenschaft einer Wissenschaft); **Psy|cho|man|tie** (svw. Nekromantie); **Psy|cho|me|trie** die; - (Messung seel. Vorgänge; Hellsehen durch Betasten von Gegenständen); **Psy|cho|neu|ro|se** die; -, -n (seel. bedingte Neurose); **Psy|cho|path** der; -en, -en (↑R 197); **Psy|cho|pa|thie** die; - (Abweichen des geistig.-seel. Verhaltens vom Normal); **Psy|cho|pa|thin** die; -, -nen; **psy|cho|pa|thisch; Psy|cho|pa|tho|lo|gie** die; - (Lehre von krankhaften Erscheinungen u. deren Ursachen im Seelenleben; Lehre von den durch körperliche Krankheiten bedingten seelischen Störungen); **Psy|cho|phar|ma|kon** das; -s, ...ka (auf die Psyche einwirkendes Arzneimittel), **Psy|cho|phy|sik** die; - (Lehre von den Wechselbeziehungen des Physischen u. des Psychischen); **psy|cho|phy|sisch; Psy|cho|se** die; -, -n (Seelenstörung; Geistes- od. Nervenkrankheit); **Psy|cho|so|ma|tik** die; - (Wissenschaft von der Bedeutung seel. Vorgänge für Entstehung u. Verlauf körperl. Krankheiten); **psy|cho|so|ma|tisch; Psy|cho|ter|ror** (Einschüchterung mit psychischen Mitteln); **Psy|cho|the|ra|peut** der; -en, -en; ↑R 197 (Facharzt für Psychotherapie); **Psy|cho|the|ra|peu|tik** die; - (Seelenheilkunde), **psy|cho|the|ra|peu|tisch; Psy|cho|the|ra|pie** die; - (seel. Heilbehandlung); **Psy|cho|thril|ler** (mit psychologischen Effekten spannend gemachter Kriminalfilm od. -roman); **psy|cho|tisch** (zur Psychose gehörend; geisteskrank)

Psy|chro|me|ter [...kro..., auch: ...chro...] das; -s, - ⟨griech.⟩ (Luftfeuchtigkeitsmesser)

Pt = chem. Zeichen für: Platin

pt. = Pint

P.T. = pleno titulo

Pta = Peseta

PTA = pharmazeutisch-technische[r] Assistent[in]

Ptah (ägypt. Gott)

Pter|an|odon das; -s, ...donten ⟨griech.⟩ (Flugsaurier der Kreidezeit); **Pte|ro|dak|ty|lus** der; -, ...ylen (Flugsaurier des Juras); **Pte|ro|po|de** der; -, -n; meist Plur. (Ruderschnecke); **Pte|ro|sau|ri|er** [...i⁀r] meist Plur. (urzeitliche Flugechse); **Pte|ry|gi|um** das; -s, ...ia (Schwimmhaut zwischen Fingern und Zehen)

Pto|le|mä|er der; -, - (Angehöriger eines makedon. Herrschergeschlechtes in Ägypten); **pto|le|mä|isch** (↑R 134); das ptolemäische Weltsystem; **Pto|le|mä|us** (Geograph, Astronom u. Mathematiker in Alexandria)

Pto|ma|in das; -s, -e ⟨griech.⟩ (Leichengift)

PTT (schweiz. Abk. für: Post, Telefon, Telegraf)

Pty|a|lin das; -s ⟨griech.⟩ (Med.: Speichelferment); **Pty|a|lis|mus** der; - (Med.: Speichelfluß)

Pu = chem. Zeichen für: Plutonium

Pub [pab] das (auch: der); -s, -s ⟨engl.⟩ (Wirtshaus im engl. Stil, Bar)

pu|ber|tär ⟨lat.⟩ (mit der Geschlechtsreife zusammenhängend); **Pu|ber|tät** die; - ([Zeit der eintretenden] Geschlechtsreife; Reifezeit); **Pu|ber|täts|zeit; pu|ber|tie|ren** (in die Pubertät eintreten, sich in ihr befinden); **Pu|bes|zenz** die; - (Geschlechtsreifung)

pu|bli|ce [...ze] ⟨lat.⟩ (Adverb; von bestimmten Universitätsvorlesungen: öffentlich); **Pu|bli|ci|ty** [pablißiti] die; - ⟨engl.⟩ (Öffentlichkeit; Reklame, [Bemühung um] öffentl. Aufsehen; öffentl. Verbreitung); **pu|bli|ci|ty|scheu; Pu|blic Re|la|tions** [pablik rile'-sch⁀ns] Plur. ⟨amerik.⟩ (Öffentlichkeitsarbeit; Kontaktpflege; Abk.: PR); **pu|blik** ⟨franz.⟩ (öffentlich; offenkundig; allgemein bekannt); - machen, werden; **Pu|bli|ka|ti|on** [...zion] die; -, -en (Veröffentlichung; Schrift); **Pu|bli|ka|ti|ons_mit|tel, ...or|gan; pu|bli|ka|ti|ons|reif; Pu|bli|kum** das; -s ⟨lat.⟩ (teilnehmende, beiwohnende Menschenmenge; Zuhörer-, Leser-, Besucher[schaft], Zuschauer[menge]; allg. für: die Umstehenden); das breite -; **Pu|bli|kums_er|folg, ...in|ter|es|se, ...lieb|ling, ...ver|kehr; pu|bli|kums|wirk|sam** (auf das Publikum wirkend, es beeinflussend); **pu|bli|zie|ren** (ein Werk, einen Aufsatz veröffentlichen; seltener für: publik machen, bekanntmachen); **pu|bli|zier|freu|dig; Pu|bli|zist** der; -en, -en; ↑R 197 (polit. Schriftsteller; Tagesschriftsteller; Journalist); **Pu|bli|zi|stik** die; -; **pu|bli|zi|stisch; Pu|bli|zi|tät** die; - (Öffentlichkeit, Bekanntheit)

p. u. c. = post urbem conditam

Puc|ci|ni [putschini], Giacomo [dsehakomo] (ital. Komponist)

Puch (österr. Unternehmer; Fahrzeugmarke ⓌⓏ)

Puck der; -s, -s ⟨engl.⟩ (Kobold; Hartgummischeibe beim Eishockey)

puckern [Trenn.: puk|kern] (ugs. für: klopfen, stoßweise schlagen); eine -de Wunde

Pud das; -, - ⟨russ.⟩ (früheres russ. Gewicht); 5 - (↑R 129)

Pud|del|ei|sen ⟨engl.; dt.⟩ (Hüttenw.)

¹**pud|deln** vgl. buddeln

²**pud|deln** ⟨engl.⟩ (Hüttenw.: aus Roheisen Schmiedestahl gewinnen); ich ...[e]le (↑R 22); **Pud|del|ofen**

Pud|ding der; -s, -e u. -s ⟨engl.⟩ (eine Süß-, Mehlspeise); **Pud|ding_form, ...pul|ver**

Pu|del der; -s, - (eine Hunderasse; ugs. für: Fehlwurf [beim Kegeln]); **Pu|del|müt|ze; pu|deln** (ugs. für: vorbeiwerfen [beim

Kegeln]); ich ...[e]le (↑R 22); **pu̱del_na̱ckt** (ugs.), **...na̱ß** (ugs.), **...wo̱hl** (ugs.); sich - fühlen
Pu̱lder *der* (landsch. ugs.: *das*); -s, - 〈franz.〉 (feines Pulver); **Pu̱lder-do|se**; **pu̱lde|rig, pu̱d|rig**; **pu-dern**; ich ...ere (↑R 22); sich -; **Pu̱lder|qua|ste**; **Pu̱lde|rung**; **Pu̱der|zucker** [*Trenn.: ...zuk|ker*]
Pue̱blo [*pu-e̱...*] *der;* -s, -s (↑R 180) 〈span.〉 (Dorf der Puebloindianer); **Pue̱blo|in|dia|ner;** ↑R 180 (Angehöriger eines Indianerstammes im Südwesten Nordamerikas)
pue̱ril [*pu-eril*] (↑R 180) 〈lat.〉 (knabenhaft; kindlich); **Pue̱ri|li-tät** *die;* -; ↑R 180 (kindliches, kindisches Wesen); **Pu̱er|pe|ral|fie-ber** *das;* -s (Med.: Kindbettfieber); **Pu̱er|pe|ri|um** *das;* -s, ...ien [...*i^n*] (Med.: Wochenbett)
Pu̱er|to|ri|ca|ner [...*kan^r*] (Bewohner von Puerto Rico); **pu̱er-to|ri|ca|nisch; Pu̱er|to Ri̱|co** [-...*ko*] (Insel der Großen Antillen)
Pu̱fen|dorf (dt. Rechts- u. Geschichtsgelehrter)
pu̱ff!; ¹Pu̱ff *der;* -[e]s, -e (veralt., aber noch mdal. für: Bausch; landsch. für: gepolsterter Wäschebehälter); **²Pu̱ff** *das;* -[e]s (ein Spiel); **³Pu̱ff** *der* (auch: *das*); -s, -s (ugs. für: Bordell); **⁴Pu̱ff** *der;*-[e]s, Püffe u. (seltener) Puffe (ugs. für: Stoß); **Pu̱ff.-är|mel, ...boh|ne; Pu̱ff|chen,** Püff|lein (kleiner ¹⁴Puff); **Pu̱f|fe** *die;* -, -n (Bausch); **pu̱f|fen** (bauschen; ugs. für: stoßen); er pufft (stößt) ihn (auch: ihm) in die Seite; **Pu̱f-fer** (federnde, Druck u. Aufprall abfangende Vorrichtung [an Eisenbahnwagen u. a.]; nordd. auch für: gebackener flacher Kuchen aus dem Teig roher Kartoffeln); **Pu̱f|fer|chen; Pu̱ff|er|-staat** (*Plur.* ...staaten) **...zo|ne; pu̱f|fig** (bauschig); **Pu̱ff|lein** vgl. Püffchen; **Pu̱ff.-mais, ...mut|ter** [zu: ³Puff], **...ot|ter** (eine Schlange), **...reis** (*der;* -es), **...spiel** [zu: ²Puff]
puh!
Pu̱l *der;* -, -s 〈pers.〉 (afghan. Münze; 1 Pul = 0,01 Afghani); 5 - (↑R 129)
Pü̱l|cher *der;* -s, - (österr. ugs. für: Strolch)
Pul|ci|ne̱ll [*pultschi...*] *der;* -s, -e (eindeutschend für: Pulcinella); **Pul|ci|ne̱l|la** *der;* -[s], ...lle 〈ital.〉 (komischer Diener, Hanswurst in der ital. Komödie); vgl. Policinello
pu̱len (niederd. für: bohren, herausklauben)
Pu̱lit|zer (amerik. Journalist u. Verleger); **Pu̱lit|zer|preis**
Pu̱lk *der;*-[e]s, -s (selten auch: -e)

〈slaw.〉 (Verband von Kampfflugzeugen od. milit. Kraftfahrzeugen; Anhäufung; Schar)
Pu̱l|le *die;* -, -n 〈lat.〉 (ugs. für: Flasche)
¹pu̱l|len (niederd. für: rudern; Reitsport [vom Pferd]: ungestüm, in unregelmäßiger Gangart vorwärts drängen)
²pu̱l|len (derb, landsch. für: harnen)
Pu̱l|li *der;* -s, -s (ugs. Kurzform von: Pullover)
Pu̱ll|man|kap|pe (österr. für: Baskenmütze); **Pu̱ll|man|wa|gen** 〈nach dem amerik. Konstrukteur Pullman; ↑R 135 (sehr komfortabler [Schnellzug]wagen)
Pu̱ll|over [...*ow^r*] *der;* -s, - 〈engl.〉; vgl. Pulli; **Pu̱ll|over|hemd** (leichter modischer Pullover mit hemdartigem Einsatz); **Pu̱ll|un-der** *der;* -s, - (meist kurzer, ärmelloser Pullover)
pul|mo̱|nal 〈lat.〉 (Med.: die Lunge betreffend, Lungen...); **Pul|mo-ni̱e** *die;* -, ...ien (veralt. für: Lungenschwindsucht)
Pu̱lp *der;* -s, -en 〈engl.〉 u. **Pu̱l|pe** 〈lat.〉, **Pü̱l|pe** *die;* -, -n 〈franz.〉 (breiige Masse mit Fruchtstücken zur Herstellung von Obstsaft od. Konfitüre); **Pu̱l|pa** *die;* -, ...pae [...*pä*] 〈lat.〉 (Med.: weiche, gefäßreiche Gewebemasse im Zahn u. in der Milz); **Pul|pi̱|tis** *die;* -, ...iti̱den (Med.: Zahnmarkentzündung); **pul|pö̱s;** -este (Med.: fleischig; markig; aus weicher Masse bestehend)
Pu̱l|que [...*k^r*] *der;* -[s] 〈indian.-span.〉 (gegorener Agavensaft)
Pu̱ls *der;* -es, -e 〈lat.〉 ("Schlag"; Aderschlag; Pulsader am Handgelenk); **Pu̱ls|ader** (Schlagader); **Pu̱l|sar** *der;* -s, -e (kosmische Radioquelle mit periodischen Strahlungspulsen); **Pul|sa|ti|on** [...*zion*] *die;* -, -en (Pulsschlag); **Pu̱l|sa|tor** *der;* -s, ...toren (Gerät zur Erzeugung pulsierender Bewegungen, z. B. bei der Melkmaschine); **Pü̱ls|chen, Pü̱ls|lein; pu̱l|sen, pul|sie̱|ren** (rhythmisch schlagen, klopfen; an- und abschwellen); du pulst (pulsest); **Pul|si̱|on** *die;* -, -en (Stoß; Schlag); **Pu̱l|so|me̱|ter** *das;* -s, - 〈lat.; griech.〉 (Pumpe ohne Kolben, die durch Dampfkondensation arbeitet); **Pu̱ls.-schlag, ...wär|mer, ...zahl**
Pu̱lt *das;* -[e]s, -e 〈lat.〉; **Pü̱lt|chen, Pü̱lt|lein; Pu̱lt|dach**
Pu̱l|ver [...*f^r*] *das;* -s, - 〈lat.〉; **Pü̱l-ver|chen,** Pül|ver|lein; **Pu̱l|ver-.dampf, ...faß; pu̱l|ver|fein;** -er Kaffee; **pu̱l|ve|rig, pulv|rig; Pul-ve|ri|sa̱|tor** [...*w^c*...] *der;* -s, ...oren (Maschine zur Herstellung von

Pulver durch Stampfen od. Mahlen); **pul|ve|ri|sie̱|ren** [...*w^c*...] 〈zu Pulver zerreiben, [zer]pulvern); **Pul|ve|ri|sie̱|rung** [...*w^c*...]; **Pul-ver|kaf|fee; Pü̱l|ver|lein,** Pül|ver-chen; **Pu̱l|ver.ma|ga|zin, ...müh-le** (veralt.); **pu̱l|vern** [...*f^rn*]; ich ...ere (↑R 22); **Pu̱l|ver|schnee; pu̱l|ver|tro̱cken** [*Trenn.: ...trok-ken*]; **Pu̱l|ver|turm; pu̱lv|rig,** pul|ve|rig
Pu̱|ma *der;* -s, -s 〈peruan.〉 (ein Raubtier)
Pu̱m|mel *der;* -s, - (scherzh. für: rundliches Kind); **Pu̱m|mel|chen** (scherzh.); **pu̱m|me||lig, pu̱mm|lig** (scherzh. für: dicklich)
Pu̱mp *der;* -s, -e; auf - leben (ugs. für: von Geborgtem leben); **Pu̱m|pe** *die;* -, -n; **pu̱m|pen** (ugs. auch für: borgen); **Pu̱m|pen-.haus, ...schwen|gel**
pum|perl|ge|su̱nd (österr. ugs. für: kerngesund)
pu̱m|pern (ostmitteld. u. fränk. für: tönen, schallen; anklopfen; österr. ugs. für: stark klopfen); ich ...ere (↑R 22)
Pu̱m|per|nickel *der;* -s, - [*Trenn.: ...nik|kel*] (ein Schwarzbrot)
Pu̱m|pe|nie
Pu̱mp|ho|se
Pumps [*pömpß*] *der;* -, - (meist *Plur.*) 〈engl.〉 (ausgeschnittener, nicht durch Riemen od. Schnürung gehaltener Damenschuh)
Pu̱mp|werk
Pu̱|na *die;* - 〈indian.〉 (Hochfläche der südamerik. Anden mit Steppennatur)
Pu̱nch [*pantsch*] *der;* -s, -s (Boxhieb; große Schlagkraft); **Pu̱n-cher** [*pantsch^r*] *der;* -s, - (Boxer, der besonders kraftvoll schlagen kann); **Pu̱n|ching|ball** [*pan-tsching...*] 〈engl.〉 (Übungsgerät für Boxer)
Pu̱nc|tum sa̱|li|ens [- *saliänß*] *das;* - - 〈lat.〉 ("springender Punkt"; Kernpunkt; Entscheidendes)
Pu̱|ni|er [...*i^r*] (Karthager); **pu̱-nisch;** -e Treue (iron. für: Untreue, Wortbrüchigkeit), aber (↑R 157): die Punischen Kriege; der Erste, Zweite, Dritte Punische Krieg
Pu̱nk [*pangk*] *der;* -[s], -s 〈engl.〉 (bewußt primitiv-exaltierte Rockmusik [nur *Sing.*]; Punker); **Pu̱n|ker** (Jugendlicher, der durch exaltiertes, oft rüdes Verhalten und auffallende Aufmachung [z. B. grell gefärbte Haare] seine antibürgerliche Einstellung ausdrückt); **Pu̱nk|re|rin; pu̱n|kig; Pu̱nk|rock**
Pu̱nkt *der;* -[e]s, -e 〈lat.〉 (Abk.: Pkt.); Punkt (österr. u. schweiz.: punkt) 8 Uhr; typographischer Punkt (Druckw.: frühere Maß-

einheit für Schriftgröße u. Zeilenabstand; Abk.: p); (↑ R 129:) 2 Punkt Durchschuß; (↑ R 82:) der Punkt auf dem i; **Punk|tal|glas** ⓌⓏ (Plur. ...gläser; Optik); **Punkta|ti|on** [...zi̯on] die; -, -en (Vorvertrag, Vertragsentwurf); **Punkt|ball** (Übungsgerät für Boxer); **Pünkt|chen, Pünkt|lein; Punk|te|kampf** (Sport); **punkten; Punk|te|spiel** (Sport); **punkt|gleich** (Sport); **Punktgleich|heit; punk|tie|ren** (mit Punkten versehen, tüpfeln; Med.: eine Punktion ausführen); punktierte Note (Musik); **Punktier|kunst** die; - (Wahrsagen aus hingeworfenen Punkten u. Strichen); **Punk|tier|na|del; Punktie|rung; Punk|ti|on** [...zi̯on], **Punk|tur** die; -, -en (Med.: Einstich in eine Körperhöhle zur Entnahme von Flüssigkeiten); **Punkt|lan|dung** (Flugw., Raumfahrt: Landung genau an vorausberechneten Punkt); **Pünktlein,** Pünkt|chen; **pünkt|lich; Pünkt|lich|keit** die; -; mit militärischer -; **Punkt|nie|der|la|ge** (Sport); **punk|to** (veralt.; svw. betreffs); *Präp. mit Gen.:* - gottloser Reden; ungebeugt bei alleinstehendem, einzahligem, stark gebeugtem Substantiv: - Geld; vgl. in puncto; **Punkt_rich|ter** (Sport), **...rol|ler** (Massagegerät), **...schrift** (Blindenschrift); **punktschwei|ßen** (nur im Infinitiv u. im 2. Partizip gebr.); punktgeschweißt; **Punkt_schwei|ßung, ...sieg** (Sport), **...spiel** (Sport), **...sy|stem; Punk|tua|li|tät** die; -; ↑ R 180 (veralt. für: Genauigkeit, Strenge); **punk|tu|ell** (punktweise; einzelne Punkte betreffend); **Punk|tum,** nur in: [und damit] Punktum! (und damit Schluß!); **Punk|tur** vgl. Punktion; **Punkt_wer|tung, ...zahl**

Punsch der; -[e]s, -e (auch: Pünsche) ⟨engl.⟩ (alkohol. Getränk); **Punsch_es|senz, ...schüs|sel**

Punz|ar|beit; Pun|ze die; -, -n (Stahlstäbchen für Treibarbeit; eingestanztes Zeichen zur Angabe des Edelmetallgehalts); **punzen,** pun|zie|ren (Metall treiben; ziselieren; den Feingehalt von Gold- u. Silberwaren kennzeichnen); du punzt (punzest); **Punzham|mer; pun|zie|ren** vgl. punzen

Pup der; -[e]s, -e u. Pups der; -es, -e u. Pup|ser (familiär für: abgehende Blähung)

Pu|pe der od. die; -n, -n (ugs. abschätzig für: Homosexueller; berlin. auch für: abgestandenes, verdorbenes Weißbier)

pu|pen, pup|sen; du pupst (pupsest)

pu|pil|lar ⟨lat.⟩ (zur Pupille gehörend); **Pu|pil|le** die; -, -n (Sehloch im Auge); **Pu|pil|len_er|weite|rung, ...ver|en|gung**

pu|pi|ni|sie|ren ⟨nach dem serb.amerik. Elektrotechniker Pupin⟩ (Pupinspulen einbauen); **Pu|pinspu|le;** ↑ R 135 (Fernmeldetechnik: mit Eisenpulver gefüllte Induktionsspule zur Erhöhung der Übertragungsqualität bei langen Fernsprechleitungen)

pu|pi|par ⟨lat.⟩; - Insekten (Insekten, deren Larven sich gleich nach der Geburt verpuppen); **Püpp|chen,** Püpp|lein; **Pup|pe** die; -, -n; (landsch. für: mit Puppen spielen); du puppst; **Pup|pen_dok|tor, ...film, ...gesicht; pup|pen|haft; Pup|pen.haus, ...kli|nik, ...kü|che, ...mutter, ...spiel, ...spie|ler, ...stu|be, ...thea|ter, ...wa|gen, ...woh|nung pup|pern** (ugs. für: zittern, sich zitternd bewegen); ich ...ere (↑ R 22) **pup|pig** (ugs. für: klein u. niedlich); **Püpp|lein,** Püpp|chen

Pup vgl. Pup; pup|sen vgl. pupen; **Pup|ser** vgl. Pup

pur ⟨lat.⟩ (rein, unverfälscht, lauter); die -e (reine) Wahrheit; -es Gold; Whisky -; **Pü|ree** das; -s, -s ⟨franz.⟩ (Brei, breiförmige Speise); **Pur|gans** der; -, ...anzien [...i̯ⁿ] u. ...antia [...zia] u. **Pur|gativ** das; -s, -e [...sᵉ] ⟨lat.⟩ (Med.: Abführmittel); **Pur|ga|to|ri|um** das; -s (Fegefeuer); **pur|gie|ren** (reinigen; abführen); **Pur|giermit|tel** das; **pü|rie|ren** (zu Püree machen); **Pu|ri|fi|ka|ti|on** [...zi̯on] die; -, -en (liturg. Reinigung); **pu|ri|fi|zie|ren** (veralt. für: reinigen, läutern)

Pu|rim [auch: pu...] das; -s ⟨hebr.⟩ (jüd. Fest)

Pu|rin das; -s, -e (meist Plur.) ⟨lat.⟩ (eine organische Verbindung)

Pu|ris|mus der; - ⟨lat.⟩ (Reinigungseifer; [übertriebenes] Streben nach Sprachreinheit); **Purist** der; -en, -en (↑ R 197); **pu|ristisch; Pu|ri|ta|ner** (Anhänger des Puritanismus); **pu|ri|ta|nisch** (sittenstreng); **Pu|ri|ta|nis|mus** der; - (streng kalvinistische Richtung im England des 16./17. Jh.s); **Pu|ri|tät** die; - (veralt. für: Reinheit; Sittenreinheit)

Pur|pur der; -s ⟨griech.⟩ (hochroter Farbstoff; prächtiges, purpurfarbiges Gewand); **pur|pur|far|big, pur|pur|far|ben; Pur|pur|man|tel; pur|purn** (mit Purpur gefärbt; purpurfarben); **pur|pur|rot; Purpur_röte,** **...schnecke** [Trenn.: ...schnek|ke]

Pur|ser [pö́ɾβᵉɾ] der; -s, - ⟨engl.⟩ (Zahlmeister auf einem Schiff; Chefsteward im Flugzeug)

pu|ru|lent; -este ⟨lat.⟩ (Med.: eitrig)

Pur|zel der; -s, - (kleiner Kerl)

Pür|zel der; -s, - (Jägerspr.: Schwanz des Wildschweins)

Pur|zel|baum; pur|zeln; ich ...[e]le (↑ R 22)

Pü|schel, Pü|schel der; -s, -[n] u. die; -, -n (landsch. für: Quaste; fixe Idee, Steckenpferd)

pu|schen ⟨engl.-amerik.⟩ (Jargon: propagieren; in Schwung bringen); du puschst

Pusch|kin (russ. Dichter)

pu|shen [...schᵉn] ⟨engl.-amerik.⟩ (mit Rauschgift handeln); du pushst; **Pu|sher** [...schᵉr] der; -s, - (Rauschgifthändler)

Pus|sel|chen (ugs. Kosewort für: kleines Kind u. Tier); **pus|se|lig, puß|lig** (ugs. für: nach Art eines Pusselchens; auch: umständlich; Genauigkeit verlangend); **Pussel|kram** (ugs.); **pus|seln** (ugs. für: sich mit Kleinigkeiten beschäftigen); ich pussele und puße (↑ R 22); **puß|lig** vgl. pusselig

Puß|ta die; -, ...ten ⟨ung.⟩ (Grassteppe, Weideland in Ungarn)

Pu|ste die; - (ugs. für: Atem; bildl. für: Kraft, Vermögen, Geld); aus der - (außer Atem) sein; [ja,] Puste, Pustekuchen! (ugs. für: aber nein, gerade das Gegenteil); **Puste|blu|me** (Kinderspr.: Löwenzahn); **Pu|ste|ku|chen** (ugs.), nur in: [ja,] Pustekuchen! (vgl. Puste)

Pu|stel die; -, -n ⟨lat.⟩ (Hitze-, Eiterbläschen, Pickel)

pu|sten (landsch. für: blasen; schnaufen, heftig atmen)

Pu|ster|tal das; -[e]s (ein Alpental)

pu|stu|lös; -este ⟨lat.⟩ (voll Hitze-, Eiterbläschen); -e Haut

pu|ta|tiv ⟨lat.⟩ (vermeintlich, irrigerweise für gültig gehalten); **Pu|ta|tiv_ehe, ...not|wehr**

Put|bus (Ort auf Rügen); **Put|busser,** (auch:) **Put|bu|ser** (↑ R 147)

Pu|te die; -, -n (Truthenne); **Pu|ter** (Truthahn); **pu|ter|rot**

put, put! (Lockruf für Hühner); **Put|put** das; -s, -[s] (Lockruf: Kinderspr.: Huhn)

Pu|tre|fak|ti|on [...zi̯on] die; -, -en ⟨lat.⟩ (Verwesung, Fäulnis); **pu|tres|zenz** der; -, -en (Verwesung, Fäulnis); **pu|tres|zie|ren**

Putsch der; -[e]s, -e (polit. Handstreich; schweiz. mdal. auch für: Stoß); **put|schen;** du putschst (putschest)

püt|sche|rig (niederd. für: kleinlich, umständlich, pedantisch); **püt|schern** (niederd. für: umständlich arbeiten, ohne etwas zustande zu bringen)

Put|schist der; -en, -en (↑ R 197); Putsch|ver|such

Putt der; -[s], -s ⟨engl.⟩ (Golf: Schlag mit dem Putter)

Pütt der; -s, -e, auch: -s (rhein. u. westfäl. für: Bergwerk)

Put|te die; -, -n ⟨ital.⟩ u. Put|to der; -s, ...tti u. ...tten (bild. Kunst: nackte Kinder-, kleine Engelsfigur)

put|ten (Golf: den Ball mit dem Putter schlagen); Put|ter der; -s, - ⟨engl.⟩ (Spezialgolfschläger [für das Einlochen])

Put|to vgl. Putte

Putz der; -es

Pütz, Püt|ze die; -, ...tzen (Seemannsspr.: Eimer)

put|zen; du putzt (putzest); sich -; Put|zen der; -s, - (Druckw.); Put|zer; Put|ze|rei ⟨österr. auch für: chem. Reinigung); Put|ze|te die; -, -n (südd. u. schweiz. mdal. für: Reinigungsarbeit, Großreinemachen); Putz|frau

put|zig (drollig; sonderbar; mdal. für: klein); ...es Mädchen

Putz_ka|sten, ...lap|pen, ...ma|cherin (die; -, -nen), ...mit|tel das; putz|mun|ter (ugs.); Putz|sucht die; -; putz|süch|tig; Putz_tag, ...teu|fel (ugs. für: jmd., der übertrieben oft u. gründlich saubermacht), ...tuch (Plur. ...tücher), ...wol|le, ...zeug

puz|zeln [paß'ln, auch: puß'ln] ⟨engl.⟩ (ein Puzzle zusammensetzen); Puz|zle [paß'l, auch: puß'l] engl. Ausspr.: pasl] das; -s, -s ⟨engl.⟩ (Geduldsspiel); Puzz|ler; Puz|zle|spiel

Puz|zol|an|er|de vgl. Pozzuolanerde

PVC = Polyvinylchlorid

Py|lä|mie die; -, ...ien ⟨griech.⟩ (Med.: herdbildende Form einer Allgemeininfektion des Körpers durch Eitererreger in der Blutbahn)

Pye|li|tis die; -, ...iti|den ⟨griech.⟩ (Med.: Nierenbeckenentzündung); Pye|lo|gramm das; -s, -e (Med.: Röntgenbild von Nierenbecken und Harnwegen); Pye|lo|gra|phie die; - (Med.: Röntgenaufnahme des Nierenbeckens); Pye|lo|ne|phri|tis die; -, ...iti|den (Med.: Entzündung von Nierenbecken u. Nieren); Pye|lo|zy|sti|tis die; -, ...iti|den (Med.: Entzündung von Nierenbecken u. Blase)

Pyg|mäe der; -n, -n (↑ R 197) ⟨griech.⟩ (Angehöriger einer zwergwüchsigen Rasse Afrikas u. Südostasiens); pyg|mä|en|haft; pyg|mä|isch (zwerghaft, zwergwüchsig)

Pyg|ma|li|on ⟨griech. Sagengestalt)

Pyhrn|paß der; ...passes (österr. Alpenpaß)

Py|ja|ma [pü(d)seh..., pi(d)seh..., auch: püj...] der; ⟨österr. u. schweiz. auch: das⟩; -s, -s ⟨Hindi-engl.⟩ (Schlafanzug); Py|ja|ma|ho|se

Py|kni|ker ⟨griech.⟩ (kräftiger, gedrungen gebauter Mensch); pyknisch (untersetzt, dickleibig); Py|kno|me|ter das; -s, - (Dichtemesser); py|kno|tisch (Med.: dicht zusammengedrängt)

Py|la|des (Freund des Orest in der griech. Sage)

Py|lon der; -en, -en (↑ R 197) ⟨griech.⟩ u. Py|lo|ne die; -, -n (großes, von Ecktürmen flankiertes Eingangstor altägypt. Tempel u. Paläste; torähnlicher, tragender Pfeiler einer Hängebrücke; kegelförmige Absperrmarkierung auf Straßen)

Py|lo|rus der; -, ...ren ⟨griech.⟩ (Med.: Pförtner; Schließmuskel am Magenausgang)

pyo|gen (↑ R 180 ⟨griech.⟩ (eitererregend); Pyor|rhö[1], Pyor|rhöe die; -, ...rrhöen (↑ R 180 (Med.: eitriger Ausfluß); pyor|rho|isch (↑ R 180)

py|ra|mi|dal ⟨ägypt.⟩ (pyramidenförmig; ugs. für: gewaltig, riesenhaft); Py|ra|mi|de die; -, -n (ägypt. Grabbau; geometr. Körper); py|ra|mi|den|för|mig

Pyr|ano|me|ter das; -s, - ⟨griech.⟩ (Meteor.: Gerät zur Messung der Sonnen- u. Himmelsstrahlung)

Py|re|nä|en Plur. (Gebirge zwischen Spanien u. Frankreich); Py|re|nä|en|halb|in|sel die; -; py|re|nä|isch

Py|re|thrum das; -s, ...ra ⟨griech.⟩ (veralt. für: Chrysanthemum; ein Insektenvertilgungsmittel)

Pyr|exie die; -, ...ien ⟨griech.⟩ (Med.: Fieber[anfall])

Py|rit der; -s, -e ⟨griech.⟩ (Eisen-, Schwefelkies)

Pyr|mont, Bad (Stadt im Weserbergland)

Py|ro|gal|lus|säu|re die; - ⟨griech.; lat.; dt.⟩ (eine chem. Substanz); py|ro|gen ⟨griech.⟩ (fiebererregend; von Mineralien: aus Schmelze entstanden); Py|rol|yse die; -, -n (Zersetzung von Stoffen durch Hitze); Py|ro|ma|ne der; -n, -n; ↑ R 197 (an Pyromanie Leidender); Py|ro_ma|nie die; -; krankhafter Brandstiftungstrieb), ...me|ter (das; -s, -; Meßgerät für hohe Temperaturen, Hitzemesser); py|ro|phor (selbstentzündlich, in feinster Verteilung an der Luft aufglühend)

---

[1] Vgl. die Anmerkung zu „Diarrhö, Diarrhöe".

Py|ro|phor der; -s, -e (Stoff mit pyrophoren Eigenschaften); Py|ro_tech|nik (die; -; Feuerwerkerei), ...tech|ni|ker; py|ro|tech|nisch

Pyr|rhus (König von Epirus); Pyr|rhus|sieg; ↑ R 135 (Scheinsieg, zu teuer erkaufter Sieg)

Pyr|rol das; -s ⟨griech.⟩ (eine chem. Verbindung)

Py|tha|go|rä|er vgl. Pythagoreer; [1]Py|tha|go|ras (altgriech. Philosoph); [2]Py|tha|go|ras der; - (kurz für: pythagoreischer Lehrsatz); Py|tha|go|re|er, (österr.:) Py|tha|go|rä|er (Anhänger der Lehre des Pythagoras); py|tha|go|re|isch, (österr.:) py|tha|go|rä|isch; -er Lehrsatz (grundlegender Satz der Geometrie, der aber nicht von Pythagoras selbst aufgestellt wurde), aber (↑ R 134): Py|tha|go|re|isch; -e Philosophie

[1]Py|thia (Priesterin in Delphi); [2]Py|thia die; -, ...ien [...i'n] (Frau, die orakelhafte Anspielungen macht); py|thisch (selten für: dunkel, orakelhaft), aber (↑ R 157): Pythische (zu Pytho [Delphi] gefeierte) Spiele; Py|thon der; -s, -s u. ...onen (Gattung der Riesenschlangen)

Py|xis die; -, ...iden (auch: ...ides ⟨griech.⟩ (Hostienbehälter)

Q

Q [ku; österr.: kwe, in der Math.: ku] (Buchstabe); das Q; des Q, die Q, aber: das q in verquer (↑ R 82); der Buchstabe Q, q

Q, Q̇ = [2]Quetzal

q = Quintal

q (österr.) = Meterzentner

Q. = Quintus

qcm (vgl. cm[2]; eckig); qdm vgl. dm[2]

q. e. d. = quod erat demonstrandum

Qin|dar [kin...] der; -s, -ka [...dar...] (Münzeinheit in Albanien; 100 Qindarka = 1 Lek)

qkm vgl. km[2]; qm vgl. m[2]; qmm vgl. mm[2]

qua ⟨lat.⟩ ([in der Eigenschaft] als, gemäß, z. B. - Beamter = in der Eigenschaft als Beamter; - Wille = dem Willen gemäß)

Quab|be die; -, -n (niederd. für: Fettwulst); quab|be|lig, quabblig (niederd. für: schwabbelig, fett); quab|beln (niederd.); ich ...[e]le (↑ R 22); quab|big vgl. quabbelig

Quacke|lei [Trenn.: Quak|ke...] (landsch. für: ständiges, töricht tes Reden); Quącke|ler [*Trenn.:* Quak|ke...], Quąck|ler (landsch. für: Schwätzer); quackeln [*Trenn.:* quak|keln] (landsch. für: viel u. töricht reden); ich ...[e]le (↑R 22); Quąck|sal|ber (abschätzig für: Kurpfuscher); Quacksal|be|re̞i (ugs.); quąck|sal|berisch (abschätzig); quąck|salbern (abschätzig); ich ...ere (↑R 22); gequacksalbert; zu quacksalbern

Quąd|del *die;* -, -n ([durch einen Insektenstich bedingte] juckende Anschwellung der Haut)

Qua|de *der;* -n, -n; ↑R 197 (Angehöriger eines westgermanischen Volkes)

Qua|der *der;* -s, -, auch: *die;* -, -n, österr. nur: *der;* -s, -n ⟨lat.⟩ (Math.: ein von sechs Rechtekken begrenzter Körper; behauener [viereckiger] Bruchsteinblock); Qua|der|bau (*Plur.* ...bauten); Qua|der|stein

Qua|dra|ge|si|ma *die;* - ⟨lat.⟩ (vierzigtägige christl. Fastenzeit vor Ostern)

Qua|drạn|gel *das;* -s, - ⟨lat.⟩ (ma. Baukunst: Viereck)

Qua|drạnt *der;* -en, -en (↑R 197) ⟨lat.⟩ (Viertelkreis); Qua|drạnten|elek|tro|me|ter *das;* -s, - (elektr. Meßgerät); Qua|drạntsy|stem *das;* -s (Maßsystem)

¹Qua|drạt *das;* -[e]s, -e ⟨lat.⟩ (Viereck mit vier rechten Winkeln u. vier gleichen Seiten; zweite Potenz einer Zahl); ²Qua|drạt *das;* -[e]s, -e[n] (Druckw.: Geviert, Bleiklötzchen zum Ausfüllen freier Räume beim Schriftsatz); Qua|drạt|de|zi|me|ter (Zeichen: dm²); qua|drä|teln (Würfelspiel der Buchdrucker u. Setzer: mit Geviertstücken würfeln); ich ...[e]le (↑R 22); Qua|drą|ten|kasten (Druckw.); Qua|drạt|fuß *der;* -es, -; 10 - (↑R 129); vgl. Fuß; qua|drạ|tisch; -e Gleichung (Gleichung zweiten Grades); Qua|drạt_ki|lo|me|ter (Zeichen: km²), ...lạt|schen (ugs. scherzh. für: große, unförmige Schuhe), ...mei|le, ...me|ter (Geviertmeter; Zeichen: m²), ...mil|li|me|ter (Zeichen: mm²), ...ru|te (Maß; Zeichen: □ R), ...schä|del (ugs.: breiter, eckiger Kopf; übertr.: starrsinniger, begriffsstutziger Kopf); Qua|dra|tur *die;* -, -en (Vierung; Verfahren zur Flächenberechnung); Qua|dra|turma|le|re̞i; Qua|drạt_wur|zel, ...zahl, ...zen|ti|me|ter (Zeichen: cm²), ...zoll

Qua|dri|en|na|le *die;* -, -n ⟨ital.⟩ (alle vier Jahre stattfindende Veranstaltung od. Ausstellung); Qua|dri|ẹn|ni|um *das;* -s, ...ien

[...iᵉn] ⟨lat.⟩ (veralt. für: Zeit von vier Jahren)

qua|drie|ren ⟨lat.⟩ (Math.: [eine Zahl] in die zweite Potenz erheben)

Qua|dri|ga *die;* -, ...gen ⟨lat.⟩ (von einem Streit-, Renn- od. Triumphwagen [der Antike] aus gelenktes Viergespann)

Qua|dril|le [*kwadril̆ʲ*, seltener: *ka...;* österr.: *kadríl*] *die;* -, -n ⟨span.-franz.⟩ (ein Tanz)

Qua|dril|li|on *die;* -, -en ⟨franz.⟩ (vierte Potenz einer Million); Qua|dri|nom *das;* -s, -e ⟨lat.; griech.⟩ (Math.: die Summe aus vier Gliedern); Qua|dri|re̞|me *die;* -, -n ⟨lat.⟩ (antikes Kriegsschiff); Qua|dri|vi|um [...*wi*...] *das;* -s (im mittelalterl. Universitätsunterricht die vier höheren Fächer: Arithmetik, Geometrie, Astronomie, Musik)

Qua|dro *das;* -s ⟨lat.⟩ (Kurzw. für: Quadrophonie); qua|dro|phon [*lat.; griech.⟩* (svw. quadrophonisch); Qua|dro|pho|nie *die;* - (Vierkanalstereophonie); quadro|pho|nisch; Qua|dro|sound [...*ßaund*] *der;* -[e]s ⟨engl.-amerik.⟩ (quadrophonische Klangwirkung)

Qua|dru|pe|de *der;* -n, -n (meist *Plur.*); ↑R 197 ⟨lat.⟩ (Vierfüß[l]er); ¹Qua|dru|pel *das;* -s, - ⟨franz.⟩ (vier zusammengehörende math. Größen); ²Qua|dru|pel *der;* -s, - (frühere span. Goldmünze); Qua|dru|pel|al|li|anz (hist.: Allianz zwischen vier Staaten)

Quag|ga *das;* -s, -s ⟨hottentott.⟩ (ausgerottetes zebraartiges Wildpferd)

Quai [*kā*] *der* od. *das;* -s, -s ⟨franz.⟩ (schweiz. für: Uferstraße); vgl. Kai; Quai d'Or|say [*ke dorßā*] *der;* - - ⟨franz.⟩ (Straße in Paris; übertr. für: das franz. Außenministerium)

quak!; Quä|ke *die;* -, -n (Instrument zum Nachahmen des Angstschreis der Hasen); Quakel|chen (scherzh. für: kleines Kind); qua|keln (rhein. für: undeutlich reden); ich ...[e]le (↑R 22); qua|ken; der Frosch quakt; quä|ken; quäkende Stimme

Quä|ker *der;* -s, - ⟨engl.⟩ (Angehöriger einer Sekte); quä|ke|risch (Quak|frosch (Kinderspr.)

Qual *die;* -, -en; quä|len; sich -; Quä|ler; Quä|le|re̞i; quä|lerisch; -ste; Quäl|geist (*Plur.* ...geister; Kind, das durch ständiges Bitten lästig wird)

Qua|li|fi|ka|ti|on [...*ziọn*] *die;* -, -en ⟨lat.⟩ (Beurteilung; Befähigung[snachweis]; Teilnahmebe

rechtigung für sportl. Wettbewerbe); Qua|li|fi|ka|ti|ons_rennen, ...run|de, ...spiel; qua|li|fizie|ren (bezeichnen; befähigen); sich - (sich eignen; sich als geeignet erweisen; weitere Qualifikationen erwerben); qua|li|fi|ziert; -este; zu etwas - (geeignet); ein -er Arbeiter; eine -e Mehrheit; -es Vergehen (Rechtsspr.: Vergehen unter erschwerenden Umständen); Qua|li|fi|zie|rung (selten für: Qualifikation); Qua|lität *die;* -, -en (Beschaffenheit, Güte, Wert); erste, zweite, mittlere -; qua|li|ta|tiv (dem Wert, der Beschaffenheit nach); Qua|litäts_ar|beit (Wertarbeit), ...bezeich|nung, ...ein|bu|ße, ...kontrol|le, ...maß (*das;* Maßeinheit zur Bestimmung der Qualität einer Ware), ...min|de|rung, ...staffel, ...stei|ge|rung, ...wa|re, ...wein (- mit Prädikat)

Quall *der;* -[e]s, -e (veralt., aber noch mdal. für: Wassersprudel, emporquellende Wassermenge); Quạl|le *die;* -, -n (Nesseltier; ugs. für: Schleim, Auswurf); quạl|lig; eine - Masse

Qualm *der;* -[e]s; quạl|men; quạlmig

Quạl|ster *der;* -s, - (ugs. für: Schleim, Auswurf); quạl|ste|rig, qualst|rig (ugs.); quạl|stern (ugs.); ich ...ere (↑R 22)

Quạl|tin|ger, Helmut (österr. Schriftsteller u. Schauspieler)

quạl|voll

Quant *das;* -s, -en ⟨lat.⟩ (Physik: kleinste Energiemenge); quạnteln (eine Energiemenge in Quanten aufteilen); Quạn|ten (*Plur.* von: Quant u. Quantum); Quạn|ten_bio|lo|gie, ...me|chanik, ...theo|rie (*die;* -; atomphysikal. Theorie); quan|ti|fi|zie|ren ([Eigenschaften] in Zahlen u. meßbare Größen umformen, umsetzen); Quan|ti|fi|zie|rung; Quan|ti|tät *die;* -, -en (Menge, Größe; Sprachw.: Dauer [Maß der Silben nach Länge od. Kürze]); quan|ti|ta|tiv (der Quantität nach, mengenmäßig); Quanti|täts_gleichung (Wirtsch.), ...theo|rie (*die;* -; Wirtsch.: Theorie, nach der ein Kausalzusammenhang zwischen Geldmenge u. Preisniveau besteht); Quan|tité né|gli|gea|ble [*kɑ̃gtite neglisehabl̆*] *die;* - - (wegen ihrer Kleinheit außer acht zu lassende Größe, Belanglosigkeit); quan|titie|ren ⟨lat.⟩ (die Silben [nach der Länge od. Kürze] messen); Quạn|tum *das;* -s, ...ten (Menge, Anzahl, Maß, Summe, Betrag)

Quạp|pe *die;* -, -n (ein Fisch; Lurchlarve, Kaulquappe)

Qua|ran|tä|ne [*karan...,* selten: *ka-rang...*] *die;* -, -n (vorübergehende Isolierung von Personen od. Tieren, die eine ansteckende Krankheit haben [könnten]); Qua|ran|tä|ne|sta|ti|on

Quar|gel *der;* -s, - (österr.; ein kleiner, runder Käse)

¹Quark [*k"ä'k*] *das;* -s, -s ⟨engl.⟩ (hypothetisches Elementarteilchen)

²Quark *der;* -s (aus saurer Milch hergestellter Weißkäse; ugs. für: Wertloses); Quark|brot; quar|kig; Quark_kä|se, ...käul|chen (obersächs. ²Küchlein aus Kartoffeln u. Quark), ...ku|chen (landsch.), ...schnit|te

Quar|re *die;* -, -n (niederd. für: weinerliches Kind; zänkische Frau); quar|ren (niederd.); quar|rig (niederd.); das Kind ist -

¹Quart *die;* -, -en ⟨lat.⟩ (Fechthieb); vgl. Quarte; ²Quart *das;* -s, -e ⟨Flüssigkeitsmaß; nur *Sing.:* Viertelbogengröße [Buchformat]; Abk.: 4°); 3 - (↑R 129); in -; Großquart (Abk.: Gr.-4°); Quar|ta *die;* -, ...ten (veraltende Bez. für die dritte [in Österr.: vierte] Klasse einer höheren Lehranstalt); Quar|tal *das;* -s, -e (Vierteljahr); Quar|tal[s]_ab|schluß, ...säu|fer; quar|tal[s]|wei|se (vierteljahrsweise); Quar|ta|na *die;* -, ...nen (Med.: Viertagefieber, Art der Malaria); Quar|ta|ner (Schüler der Quarta); Quar|ta|ne|rin *die;* -, -nen; Quar|tan|fie|ber *das;* -s (svw. Quartana); Quar|tant *der;* -en, -en; ↑R 197 (veralt. für: Buch in Viertelbogengröße); quar|tär (zum Quartär gehörend); Quar|tär *das;* -s (Geol.: obere Formation des Neozoikums); Quar|tär|for|ma|ti|on; Quart_band *der,* ...blatt; Quar|te *die;* -, -n u. Quart *die;* -, -en (Musik: vierter Ton [vom Grundton an]); Quar|tel *das;* -s, - (bayr. für: kleines Biermaß); Quar|ten (*Plur.* von: Quart, Quarte u. Quarta); Quar|ter [*k"ä'tᵉr*] *der;* -s, - (engl. u. amerik. Hohlmaß u. Gewicht); Quar|ter|deck (Hinterdeck); Quar|tett *das;* -[e]s, -e ⟨ital.⟩ (Musikstück für vier Stimmen od. vier Instrumente; auch: die vier Ausführenden; ein Kartenspiel); Quart|for|mat; Quar|tier *das;* -s, -e ⟨franz.⟩ (Unterkunft, bes. von Truppen; schweiz., österr. auch für: Stadtviertel); quar|tie|ren (früher für: [Soldaten] in Privatunterkünften unterbringen); Quar|tier|ma|cher; Quar|tiers-_frau, ...wirt; Quart|ma|jor *die;* - ⟨lat.⟩ (bestimmte Reihenfolge von [Spiel]karten); Quar|to *das;* - ⟨ital.⟩ (ital. Bez. für: Quartformat; Viertel[bogen]größe); in - (Abk.: in 4°); Quart|sext|ak|kord; quart|wei|se

Quarz *der;* -es, -e (ein Mineral); Quarz_fels, ...fil|ter, ...gang *der,* ...glas (*Plur.* ...gläser); quarz|hal|tig; quarz|häl|tig (österr.); quar|zig; Quar|zit *der;* -s, -e (ein Gestein); Quarz_lam|pe, ...steue|rung (Elektrotechnik), ...uhr¹

Quas *der;* -es, -e ⟨slaw.⟩ (niederd., mitteld. für: Gelage, Schmaus; bes. Pfingstbier mit festl. Tanz)

Qua|sar *der;* -s, -e ⟨lat.⟩ (sternenähnliches Objekt im Kosmos mit extrem starker Radiofrequenzstrahlung)

qua|sen (niederd., mitteld. für: schmausen; prassen; vergeuden); du quast (quasest)

qua|si ⟨lat.⟩ (gewissermaßen, gleichsam, sozusagen); Qua|si-mo|do|ge|ni|ti ("wie die neugeborenen [Kinder]"; erster Sonntag nach Ostern); qua|si|of|fi|zi|ell (gewissermaßen offiziell); qua|si|op|tisch (Physik: ähnlich dem Lichtwellen sich ausbreitend); Qua|si|sou|ve|rä|ni|tät *die;* -, -en (scheinbare Souveränität)

Quas|se|lei (ugs. für: törichtes Gerede); quas|seln (ugs. für: langweiliges, törichtes Zeug reden); ich quassele u. quaßle (↑R 22); Quas|sel|strip|pe *die;* -, -n (scherzh. ugs. für: Telefon; auch: jmd., der viel redet)

Quas|sie [*...iᵉ*] *die;* -, -n (angeblich nach dem Entdecker) (südamerik. Baum, dessen Holz einen früher als Magenmittel verwendeten Bitterstoff liefert)

Quast *der;* -[e]s, -e (landsch. für: [Borsten]büschel, breiter Pinsel); Quäst|chen, Quäst|lein; Quas|te *die;* -, -n (Troddel, Schleife); Qua|sten_be|hang, ...flos|ser; qua|sten|för|mig

Quä|sti|on *die;* -, -en ⟨lat.⟩ (wissenschaftl. Streitfrage)

Quäst|lein, Quäst|chen

Quä|stor *der;* -s, ...oren ⟨lat.⟩ (altröm. Beamter; Schatzmeister an Hochschulen; schweiz. neben Rechnungsführer, Säckelmeister für: Kassenwart eines Vereins); Quä|stur *die;* -, -en (Amt eines Quästors; Kasse an einer Hochschule)

Qua|tem|ber *der;* -s, - ⟨lat.⟩ (vierteljährlicher kath. Fasttag); Qua|tem|ber|fa|sten *das;* -s

qua|ter|när ⟨lat.⟩ (Chemie: aus vier Teilen bestehend); Qua|ter|ne *die;* -, -n (Reihe von vier gesetzten od. gewonnenen Nummern in der alten Zahlenlotterie); Qua|ter|nio *der;* -s, ...onen (Zahl, Ganzes aus vier Einheiten)

quatsch! (Schallwort)

Quatsch *der;* -[e]s (ugs. für: dummes Gerede); - reden; das ist ja -!; ach -!; quat|schen (ugs.); du quatschst (quatschest); Quat|sche|rei (ugs.); Quatsch|kopf (ugs. abschätzig)

quatsch|naß (ugs. für: sehr naß)

Quat|tro|cen|tist [*...trotschän...*] *der;* -en, -en; ↑R 197 (Dichter, Künstler des Quattrocentos); Quat|tro|cen|to [*...trotschänto*] *das;* -[s] (Kunstzeitalter in Italien: 15. Jh.)

Que|bec [*kwibäk,* engl.: *k"i...*] (Provinz u. Stadt in Kanada); Que|be|cer [*...bäkᵉr*]

Que|bra|cho [*kebratscho*] *das;* -s ⟨span.⟩ (gerbstoffreiches Holz eines südamerik. Baumes); Que|bra|cho|rin|de (ein Arzneimittel)

¹Que|chua [*kätschua*] *der;* -[s], -[s] (Angehöriger eines indian. Volkes in Peru); ²Que|chua *das;* -[s] (indian. Sprache)

queck (für: quick); Queck|born vgl. Quickborn; Quecke *die;* -, -n [*Trenn.:* Quek|ke] (Ackerunkraut); que|ckig [*Trenn.:* quek|kig] (voller Quecken); Queck|sil|ber (chem. Grundstoff, Metall; Zeichen: Hg); Queck|sil|ber_dampf; Queck|sil|ber|dampf-_gleich|rich|ter, ...lam|pe; queck|sil|ber|hal|tig; queck|sil|be|rig, queck|silb|rig (unruhig wie Quecksilber); queck|sil|bern; Queck|sil|ber.prä|pa|rat, ...sal|be, ...säu|le, ...ver|gif|tung; queck|silb|rig vgl. quecksilberig

Qued|lin|burg (Stadt im nördl. Harzvorland)

Queen [*kwin,* engl.: *k"in*] *die;* -, -s (engl. Königin)

Queens|land [*kwinßl'nt,* engl.: *k"insl'nd*] (Staat des Australischen Bundes); Queens|town [*kwinßtaun,* engl.: *k"ins...*] (früherer Name von: Cobh)

Queich *die;* - (l. Nebenfluß des Oberrheins)

Queis *der;* - (l. Nebenfluß des ²Bobers)

Quell *der;* -[e]s, -e (dicht. veralt. für: Quelle); Quell|be|wöl|kung; Quell|chen, Quel|le *die;* -, -n; Nachrichten aus amtlicher, erster -; ¹quel|len (schwellen, größer werden; hervordringen, sprudeln); du quillst, du quollst; du quöllest; gequollen; quill!; Wasser quillt, ist ²quel|len (im Wasser weichen lassen); du quellst, du quelltest; gequellt; quell[e]!; ich quelle Bohnen; Quel|len_an-

---

¹ In Werbetexten oft mit der englischen tz-Schreibung.

ga|be, ...for|schung, ...kri|tik, ...kun|de *(die;* -); quel|len|mä-ßig; Quel|len|ma|te|ri|al; quel-len|reich; Quel|len_samm|lung, ...steu|er (Steuer, die in dem Staat erhoben wird, wo der Gewinn, die Einnahme erwirtschaftet wurde), ...stu|di|um; Quel|ler (eine Strandpflanze); Quell_fassung, ...fluß; quell|frisch; Quell-ge|biet; quel|lig (veralt.); Quell-nym|phe; Quell|lung; Quell_wasser *(Plur.* ...wasser), ...wol|ke Quem|pas *der;* - ⟨lat.⟩ (weihnachtl. Wechselgesang); Quem|pas|lied Quen|del *der;* -s, - (Name für verschiedene Pflanzen) Quen|ge|lei (ugs.); quen|ge|lig, queng|lig (ugs.); quen|geln (ugs.: weinerlich-nörgelnd immer wieder um etwas bitten [meist von Kindern]); ich ...[e]le (↑R 22); Queng|ler (ugs.) Quent *das;* -[e]s, -e ⟨lat.⟩ (früheres dt. Gewicht); 5 - (↑R 129); Quent|chen, Quent|lein (eine kleine Menge); ein - Salz; quent-chen|wei|se quer; kreuz und -. *In Verbindung mit Verben* (↑R 205 f.): a) *Getrenntschreibung* in ursprünglicher Bedeutung, z. B. quer legen, liegen, sich quer stellen; b) *Zusammenschreibung,* wenn durch die Verbindung ein neuer Begriff entsteht; vgl. quergehen, querschießen, querschreiben; vgl. auch: quergestreift; Quer_bahnsteig, ...bal|ken, ...bau *(Plur.* ...bauten), ...baum (älteres Turngerät); quer|beet (ugs.) Quer|der (Zool.: Larve des Neunauges) quer|durch; er ist - gelaufen, aber: er läuft quer durch die Felder; Que|re *die;* -; in die - kommen (ugs.); in die Kreuz und [in die] Quer[e] Que|re|le *die;* -, -n (meist *Plur.)* ⟨lat.⟩ (Klage; Streit; im *Plur.* Streitigkeiten) que|ren (veralt. für: überschreiten, überschneiden); quer|feld|ein; Quer|feld|ein_lauf, ...ren|nen, ...ritt; Quer_flö|te, ...for|mat; quer|ge|hen; ↑R 205 f. (ugs. für: mißglücken; mir geht alles quer, ist alles quergegangen); quer|ge-streift; ein -er Stoff (↑jedoch R 209), aber: der Stoff ist quer gestreift; Quer_haus, ...holz, ...kopf (abschätzig für: jmd., der ärgerlicherweise immer anders handelt, der sich nicht einordnet); quer|köp|fig; Quer|köp|fig-keit; Quer_la|ge, ...lat|te, ...li-nie, ...paß (Sportspr.), ...pfei-fe, ...rin|ne; quer|schie|ßen; ↑R 205 f. (ugs. für: hintertreiben); ich schieße quer, habe

quergeschossen; Quer|schiff (einer Kirche); quer|schiffs (Seemannsspr.); Quer_schlag (Bergmannsspr.: Gesteinsstrecke, die [annähernd] senkrecht zu den Schichten verläuft), ...schlä|ger (abprallendes od. quer aufschlagendes Geschoß), ...schnitt; quer|schnitt[s]|ge|lähmt; Quer-schnitt[s]_ge|lähm|te, ...läh-mung; quer|schrei|ben; ↑R 205 f. (einen Wechsel akzeptieren); ich schreibe den Wechsel quer, habe ihn quergeschrieben; Quer-_schuß, ...stra|ße, ...strich, ...sum|me, ...trei|ber (abschätzig für: jmd., der gegen etwas handelt, etwas zu durchkreuzen trachtet); Quer|trei|be|rei (abschätzig); quer|über (veralt.); - liegt ein Haus, aber: er sieht quer über den Hof Que|ru|lant *der;* -en, -en (↑R 197) ⟨lat.⟩ (Nörgler, Quengler); Que-ru|la|ti|on *[...zion] die;* -, -en (veralt. für: Beschwerde, Klage); que|ru|lie|ren (nörgeln) Quer_ver|bin|dung, ...ver|weis Que|se *die;* -, -n (niederd. für: Quetschblase; Schwiele; Finne des Quesenbandwurms; die das Schafen die Drehkrankheit verursacht); que|sen (niederd. für: quengeln); du quest (quesest); Que|sen|band|wurm; que|sig (niederd. auch für: quengelig) Quetsch *der;* -[e]s, -e (westmitteld., südd. für: Zwetschenschnaps); ¹Quet|sche *die;* -, -n (landsch. für: Zwetsche); ²Quet|sche *die;* -, -n (landsch. für: Presse; ugs. für: kleines Geschäft, kleiner Betrieb); quet-schen; du quetschst (quetschest); Quet|scher (landsch.); Quetsch-_fal|te, ...kom|mo|de (ugs. scherzh. für: Ziehharmonika); Quet|schung; Quetsch|wun|de ¹Quetz|al *[kä...] der;* -s, -e (bunter Urwaldvogel; Wappenvogel von Guatemala); ²Quetz|al *[kä...] der;* -[s], -[s] (Münzeinheit in Guatemala; Abk.: Q, ₡) 5 - ¹Queue *[kö] das* (österr. auch: *der);* -s, -s ⟨franz.⟩ (Billardstock); ²Queue *die;* -, -s (Menschenschlange; veralt. für: Ende einer [Marsch]kolonne) Que|zon Ci|ty *[käthon ßiti]* (nominelle Hptst. der Philippinen) Quiche *[kisch] die;* -, -s *[kisch]* ⟨franz.⟩ (Speckkuchen mit Mürbe- od. Blätterteig) Qui|chotte *[kischot]* vgl. Don - quick (landsch. für: lebendig, rege, schnell); Quick|born *der;* -[e]s, -e (veralt. für: Jungbrunnen); quicken [Trenn.: quik|ken] (veralt. für: mit Quecksilber mengen); quick|le|ben|dig (ugs.);

Quick|step *[kwikßtäp] der;* -s, -s ⟨engl.⟩ (ein Tanz) Quick|test ⟨nach dem amerik. Arzt A. J. Quick⟩ (Med.: Verfahren zur Bestimmung der Gerinnungszeit des Blutes) Qui|dam *der;* - ⟨lat.⟩ (ein gewisser Jemand); ein gewisser - Quid|pro|quo *das;* -s, -s ⟨lat.⟩ (Verwechslung, Ersatz) Quie *die;* -, Quien (svw. Queene) quiek!; quiek, quiek!; quie|ken, quiek|sen; du quiekst (quieksest); Quiek|ser (ugs.) Quie|tis|mus *[kwi-e...] der;* - (↑R 180) ⟨lat.⟩ (inaktive Haltung; religiöse Bewegung); Quie|tist *der;* -en, -en; ↑R 197, R 180 (Anhänger des Quietismus); quie|ti-stisch (↑R 180); Quie|tiv *das;* -s, -e *[...w ʷ];* ↑R 180 (Beruhigungsmittel) quiet|schen; du quietschst (quietschest); Quiet|scher (ugs.); quietsch_fi|del, ...ver|gnügt (ugs. für: sehr vergnügt) Quil|jo|te *[kichote]* vgl. Don - Quil|la|ja *[kwi...] die;* -, -s ⟨indian.⟩ (chilen. Seifenbaum); Quil|la|ja-rin|de quil|len (dicht. für: ¹quellen) Quilt *der;* -s, -s ⟨engl.⟩ (Ziersteppe rei [durch mehrere Stofflagen]); Quilt|decke [Trenn.: ...dek-ke]; quil|ten Qui|nar *der;* -s, -e ⟨lat.⟩ (altröm. Münze) quin|ke|lie|ren, quin|qui|lie|ren ⟨lat.⟩ (bes. nordd. für: leise singen) Quin|qua|ge|si|ma *[kwingkwa...] die;* - ⟨lat.⟩ ([*Gen.* bei Gebrauch ohne Artikel auch: ...mä] „fünfzigster" Tag; siebter Sonntag vor Ostern); Quin|quen|ni|um *das;* -s, ...ien *[...i^ⁿ]* (veralt. für: Jahrfünft) quin|qui|lie|ren vgl. quinkelieren Quin|quil|li|on *die;* -, -en ⟨lat.⟩ (5. Potenz der Million); Quint *die;* -, -en (Fechthieb); vgl. Quinte; Quin|ta *die;* -, ...ten (veraltend für: zweite [in Österr.: fünfte] Klasse einer höheren Lehranstalt); Quin|tal *[bei franz. Aussprache: kängtal,* bei span. u. port. Aussprache: *kintal] der;* -s, -[e] ⟨roman.⟩ (Gewichtsmaß [Zentner] in Frankreich, Spanien u. in mittel- u. südamerik. Staaten; Zeichen: q); 2 - (↑R 129); Quin-ta|na *die;* - ⟨lat.⟩ (Med.: Fünftage[wechsel]fieber); Quin|ta|ner (Schüler der Quinta); Quin|ta-ne|rin *die;* -, -nen; Quin|tan|fie-ber *das;* -s (svw. Quintana); Quin|te *die;* -, -n u. Quint *die;* -, -en (Musik: fünfter Ton [vom Grundton an]); Quin|ten *(Plur.* von: Quinta u. Quint); Quin|tenzir|kel *der;* -s (Musik); **Quin|terne** *die;* -, -n (Reihe von fünf gesetzten od. gewonnenen Nummern in der alten Zahlenlotterie); **Quint|es|senz** *die;* -, -en ⟨lat.⟩ ([als Ergebnis] das Wesentliche einer Sache); **Quin|tett** *das;* -[e]s, -e ⟨ital.⟩ (Musikstück für fünf Stimmen od. fünf Instrumente; auch für: die fünf Ausführenden)

Quin|ti|li|an, Quin|ti|li|a|nus (röm. Redner, Verfasser des grundlegenden lat. Lehrbuches der Rhetorik); **Quin|ti|li|us** (altröm. m. Eigenn.)

Quin|til|li|on *die;* -, -en (svw. Quinquillion); **Quin|to|le** *die;* -, -n ⟨lat.⟩ (Gruppe von fünf Tönen, die einen Zeitraum von drei, vier od. sechs Tönen gleichen Taktwertes in Anspruch nehmen); **Quint|sext|ak|kord** (Musik)

Quin|tus (altröm. m. Vorn.; Abk.: Q.)

Qui|pro|quo *das;* -s, -s ⟨lat.⟩ (Verwechslung einer Person mit einer anderen)

Qui|pu [*kipu*] *das;* -[s], -[s] ⟨indian.⟩ (Knotenschnur der Inkas, die als Schriftersatz diente)

Qui|rin, Qui|ri|nus (röm. Gott; röm. Tribun; Heiliger); **Qui|rinal** *der;* -s (Hügel in Rom; Sitz des italienischen Staatspräsidenten)

Qui|ri|te *der;* -n, -n; ↑R 197 (altröm. Vollbürger)

Quirl *der;* -[e]s, -e; **quir|len; quirlig** (meist übertr. für: lebhaft, unruhig)

Qui|si|sa|na *das;* - ⟨ital.⟩ (Name von Kur- und Gasthäusern)

Quis|ling *der;* -s, -e ⟨nach dem norw. Faschistenführer V. Quisling⟩ (abwertend für: Kollaborateur)

Quis|qui|li|en [...*i*ᵉ*n*] *Plur.* ⟨lat.⟩ (Kleinigkeiten)

Qui|to [*kito*] (Hptst. Ecuadors)

quitt ⟨franz.⟩ (ausgeglichen, wett, fertig, los u. ledig); wir sind - (ugs.); mit jmdm. - sein

Quit|te [österr. auch: *kit*ᵉ] *die;* -, -n (baumartiger Strauch; Frucht); **quit|te|gelb** od. **quit|ten|gelb; Quit|ten.brot** (*das;* -[e]s; in Stükke geschnittene, feste Quittenmarmelade), **...gel|lee, ...käl|se** (*der;* -es; österr. für: Quittenbrot), **...mar|me|la|de, ...mus**

quit|tie|ren ⟨franz.⟩ ([den Empfang] bescheinigen, bestätigen; veralt. für: [ein Amt] niederlegen); etwas mit einem Achselzucken - (hinnehmen); **Quit|tung** (Empfangsbescheinigung); **Quittungs.block** (*Plur.* ...blocks), **...for|mu|lar**

Qui|vive [*kiwi:f*] ⟨franz.⟩ (Werda

ruf), in der Wendung: auf dem - sein (ugs. für: auf der Hut sein)

Quiz [*kwiß*] *das;* -, - ⟨engl.⟩ (Frage-und-Antwort-Spiel); **Quiz|frage; Quiz|ma|ster** [*kwißma:ßt*ᵉ*r*] *der;* -s, - (Fragesteller [u. Conférencier] bei einer Quizveranstaltung); **quiz|zen** [*kwiß*ᵉ*n*]

Qum|ran vgl. Kumran

quod erat de|mon|stran|dum [*auch:* - *ärat* -] ⟨lat.⟩ („was zu beweisen war"; Abk.: q. e. d.)

Quod|li|bet *das;* -s, -s ⟨lat.⟩ (Durcheinander, Mischmasch; ein Kartenspiel; Musik: scherzh. Zusammenstellung verschiedener Melodien u. Texte)

quor|ren (Jägerspr.: balzen [von der Schnepfe])

Quo|rum *das;* -s ⟨lat.⟩ (bes. schweiz. für: die zur Beschlußfassung erforderl. Zahl anwesender Mitglieder)

Quo|ta|ti|on [...*zion*] *die;* -, -en ⟨lat.⟩ (Kursnotierung an der Börse); **Quo|te** *die;* -, -n (Anteil [von Personen], der bei Aufteilung eines Ganzen auf den einzelnen od. eine Einheit entfällt); **Quoten|kar|tell** (Wirtsch.); **Quo|ti|ent** [...*ziänt*] *der;* -en, -en; ↑R 197 (Zahlenausdruck, bestehend aus Zähler u. Nenner); **quo|tie|ren** (den Preis angeben od. mitteilen); **Quo|tie|rung** (svw. Quotation); **quo|ti|sie|ren** (eine Gesamtmenge od. einen Gesamtwert in Quoten aufteilen); **Quoti|sie|rung**

quo va|dis? [- *wadiß*] ⟨lat.⟩ (wohin gehst du?)

R

R (Buchstabe); das R; des R, die R, aber: das r in fahren (↑R 82); der Buchstabe R, r

R = Rand; Reaumur

P, ϱ = Rho

r, R = Radius

r. = rechts

R., Regt[t]., **Rgt.** = Regiment

¹Ra (ägypt. Sonnengott)

²Ra = chem. Zeichen für: Radium

¹Raab (Stadt in Ungarn); **²Raab** *die;* - (r. Nebenfluß der Donau)

Raa|be (dt. Dichter)

Rab (jugoslaw. Insel)

Ra|ba|nus Mau|rus vgl. Hrabanus Maurus

Ra|bat [*auch:* **rabạt**] (Hptst. von Marokko)

Ra|batt *der;* -[e]s, -e ⟨ital.⟩ ([verein

barter od. übl.] Abzug [vom Preis], Preisnachlaß); **Ra|bat|te** *die;* -, -n ⟨niederl.⟩ ([Rand]beet); **ra|bat|tie|ren** ⟨ital.⟩ (Rabatt gewähren); **Ra|bat|tie|rung; Rabatt|mar|ke**

Ra|batz *der;* -es (ugs. für: lärmendes Treiben, Unruhe, Krach); - machen; **Ra|bau** *der;* -s u. -en, -e[n]; ↑R 197 (niederrhein. für: kleine graue Renette; Rabauke); **Ra|bau|ke** *der;* -n, -n; ↑R 197 (ugs. für: lauter, rüpelhafter, gewalttätiger Mensch)

Rab|bi *der;* -[s], ...inen (auch: -s) ⟨hebr.⟩ (Ehrentitel jüd. Gesetzeslehrer u. a.); **Rab|bi|nat** *das;* -[e]s, -e (Amt, Würde eines Rabbi[ners]); **Rab|bi|ner** *der;* -s, - (jüd. Gesetzes-, Religionslehrer, Geistlicher, Prediger); **rab|binisch;** -e Sprache (das wissenschaftliche jüngere Hebräisch)

Räb|chen, Räb|lein; Ra|be *der;* -n, -n (↑R 197)

Ra|be|lais [*rab*⟨ᵉ⟩*lä*] (franz. Satiriker)

Ra|ben.aas (Schimpfwort), **...eltern** (*Plur.;* abwertend für: lieblose Eltern), **...krä|he, ...mut|ter** (*Plur.* ...mütter; abwertend für: lieblose Mutter)

Ra|ben|schlacht *die;* - (Schlacht bei Raben [Ravenna])

ra|ben|schwarz (ugs.); **Ra|ben-stein** ([Richtstätte unter dem] Galgen), **...va|ter** (abwertend für: liebloser Vater), **...vo|gel**

ra|bi|at; -este ⟨lat.⟩ (wütend; grob, gewalttätig)

Ra|bitz|wand; ↑R 135 ⟨nach dem Erfinder Karl Rabitz⟩ (Gipswand mit Drahtnetzeinlage)

Räb|lein, Räb|chen

Ra|bu|list *der;* -en, -en (↑R 197) ⟨lat.⟩ (Wortverdreher, Haarspalter); **Ra|bu|liste|rei; Ra|bu|listik** *die;* -, -en; **ra|bu|li|stisch**

Ra|che *die;* -; **Ra|che_akt, ...durst; ra|che|dür|stend** (↑R 209); **ra|chedur|stig; Ra|che_ge|dan|ke, ...gelü|ste** *Plur.*

Ra|chel (w. Vorn.)

Ra|chen *der;* -s, -

rä|chen; gerächt (veralt., aber noch scherzh.: gerochen); sich -

Ra|chen.blüt|ler, ...ka|tarrh, ...man|del, ...put|zer (scherzh. ugs. für: saurer Wein u. a.)

Ra|che|plan; vgl. ²Plan; **Rä|cher; Rä|che|rin** *die;* -, -nen; **Ra|cheschwur; Rach|gier; rach|gie|rig**

Ra|chi|tis [*raeh*...] *die;* - ⟨griech.⟩ (englische Krankheit); **ra|chitisch**

Rach|ma|ni|now [...*nof*] (russ.-amerik. Komponist)

Rach|sucht *die;* -; **rach|süch|tig**

Ra|cine [*raßin*] (franz. Dramendichter)

ack [*räk*] das; -s, -s ⟨engl.⟩ (Regal für eine Stereoanlage)

Racke¹ die; -, -n (ein Vogel)

Racker¹-huhn, ...wild

Racker der; -s, - (meist gutmütig zurechtweisend, auch kosend für: Schalk, Schelm, drolliges Kind); **Rackerei¹** (ugs. für: schwere, mühevolle Arbeit, Schinderei); **rackern** (sich abarbeiten); ich ...ere (↑R 22)

Racket¹ [*räk't*] das; -s, -s ⟨engl.⟩ ([Tennis]schläger)

Raclette [*raklät*] die; -, -s (auch: das; -s, -s) ⟨franz.⟩ (Walliser Käsegericht)

Rad das; -[e]s, Räder; zu Rad[e]; unter die Räder kommen (ugs. für: moralisch verkommen); radfahren (vgl. d.); radschlagen (vgl. d.)

Radar [auch, österr. nur: *ra...*] der od. das; -s ⟨aus: radio detection and ranging⟩; **Radar-astro|no|mie, ...fal|le, ...ge|rät, ...kon|trol|le, ...me|teo|ro|lo|gie, ...pei|lung, ...schirm, ...sta|ti|on, ...tech|ni|ker**

Radau der; -s (ugs. für: Lärm; Unfug); - machen; **Radau|bru|der, ...ma|cher** (abwertend)

Rad.ball, ...bal|ler, ...ball|spiel; Rad|ber, Ra|de|ber die; -, -en (ostmitteld. für: Schubkarre); **Rad.brem|se, ...bruch** der; **Räd|chen** das; -s, - u. Räderchen; **Räd|lein; Rad|damp|fer**

Ra|de die; -, -n (Kornrade)

Ra|de|ber vgl. Radber; **Ra|de|ber|ge** die; -, -n (mdal. für: Schubkarre)

a|de|bre|chen; du radebrechst; du radebrechtest; geradebrecht; zu -

Ra|de|gund, Ra|de|gun|de (w. Vorn.)

Ra|de.hacke [*Trenn.* ...k|ke], **...haue** (sächs. für: Rodehacke)

a|deln (radfahren); ich ...[e]le (↑R 22); **rä|deln** (mit dem Rädchen [Teig] ausschneiden; [Schnittmuster] durchdrücken); ich ...[e]le (↑R 22)

Ra|dels|füh|rer

Ra|den|thein (österr. Ort)

Rä|der|chen (*Plur.* von: Rädchen); **Rä|der|ge|trie|be; ...rä|de|rig, ...räd|rig** (z. B. dreirädr[e]rig); **rä|dern;** ich ...ere (↑R 22); **Rä|der.tier** (Rundwurm), **...werk**

Ra|detz|ky (österr. Feldherr); **Ra|detz|ky|marsch** der; -es (↑R 135)

rad|fah|ren (↑R 207); ich fahre Rad; ich weiß, daß er radfährt; ich bin radgefahren; radzufahren; (↑R 32:) rad- und Auto fahren, aber: Auto und radfahren; **Rad|fah|ren** das; -s; **Rad|fah|rer;**

Rad|fah|re|rin die; -, -nen; **Rad|fahr|weg; Rad|fel|ge**

Ra|di der; -s, - (bayr. u. österr. für: Rettich); einen - kriegen (bayr. u. österr. ugs. für: gerügt werden)

ra|di|al ⟨lat.⟩ (auf den Radius bezogen, strahlenförmig; von einem Mittelpunkt ausgehend); **Ra|di|al.ge|schwin|dig|keit, ...li|nie** (österr. für: Straße, Straßenbahnlinie u. dgl., die von der Stadtmitte zum Stadtrand führt), **...rei|fen, ...sym|me|trie; Ra|di|ant** der; -en, -en; ↑R 197 (Astron.: scheinbarer Ausgangspunkt der Sternschnuppen); **ra|di|är** ⟨franz.⟩ (strahlig); **Ra|di|a|ti|on** [...*zion*] die; -, -en; ↑R 180 (Strahlung); **Ra|di|a|tor** der; -s, ...oren; ↑R 180 (Heizkörper)

Ra|dic|chio [*radikio*] der; -s ⟨ital.⟩ (ital. Zichorienart)

Ra|di|en [*Plur.* von: Radius]

ra|die|ren ⟨lat.⟩; **Ra|die|rer** (Verfertiger von Radierungen); **Ra|dier.gum|mi** der, **...kunst** (Ätzkunst), **...mes|ser** das, **...na|del; Ra|die|rung** (mit einer geätzten Platte gedruckte Graphik)

Ra|dies|chen ⟨lat.⟩ (eine Pflanze); **ra|di|kal** (politisch, weltanschaulich extrem; gründlich; rücksichtslos); **Ra|di|kal** das; -s, -e (Atomgruppe chemischer Verbindungen); **Ra|di|ka|le** der u. die; -n, -n (↑R 7 ff.); **Ra|di|ka|len|erlaß** der; ...erlasses; **Ra|di|ka|lin|ski** der; -s, -s (ugs. abschätzig für: politischer Radikalist); **ra|di|ka|li|sie|ren** (radikal machen); **Ra|di|ka|li|sie|rung** (Entwicklung zum Radikalen); **Ra|di|ka|lis|mus** der; -, ...men (rücksichtslos bis zum Äußersten gehende [politische, religiöse usw.] Richtung); **Ra|di|ka|list** der; -en, -en (↑R 197); **Ra|di|ka|li|tät** die; -; **Ra|di|kal.kur** (ugs.), **...ope|ra|ti|on; Ra|di|kand** der; -en, -en; ↑R 197 (Zahl, deren Wurzel gezogen werden soll)

ra|dio... ⟨lat.⟩, **Ra|dio...** (Strahlen..., [Rund]funk...); **Ra|dio** das (südd., schweiz. für: das Gerät auch: der); -s, -s (Rundfunk[gerät]); **ra|dio|ak|tiv;** -er Niederschlag; -e Stoffe; **Ra|dio|ak|ti|vi|tät** die; -, -en (Eigenschaft der Atomkerne gewisser Isotope, sich ohne äußere Einflüsse umzuwandeln und dabei bestimmte Strahlen auszusenden); **Ra|dio-ama|teur, ...ap|pa|rat, ...astro|no|mie, ...che|mie, ...ele|ment** (radioaktives chem. Element), **...ge|rät; Ra|dio|gramm** das; -s, -e ⟨lat.; griech.⟩ (früher für: Funktelegramm); **Ra|dio|la|rie** [...*i'e*] die; -, -n (meist *Plur.*) ⟨lat.⟩ (Strahlentierchen); **Ra|dio|lo|ge** der; -n, -n

(↑R 197) ⟨lat.; griech.⟩ (Med.: Facharzt für Röntgenologie u. Strahlenheilkunde); **Ra|dio|lo|gie** die; - (Strahlenkunde); **ra|dio|lo|gisch; Ra|dio|me|teo|ro|lo|gie; Ra|dio.me|ter** (das; -s, -; Gerät zum Demonstrieren eines photothermischen Effekts), **...pho|nie** (die; -; drahtlose Telephonie); **Ra|dio-pro|gramm, ...re|cor|der, ...röh|re, ...sen|der, ...son|de** (vgl. Sonde [Physik]), **...sta|ti|on, ...stern, ...tech|nik, ...te|le|fo|nie, ...te|le|gra|fie, ...te|le|skop, ...the|ra|pie** (die; -; Heilbehandlung durch Bestrahlung); **Ra|di|um** das; -s ⟨lat.⟩ (radioaktiver chem. Grundstoff, Metall; Zeichen: Ra); **Ra|di|um.be|strah|lung, ...ema|na|ti|on** (die; -; ältere Bez. für: Radon); **ra|dium|hal|tig; Ra|di|um|the|ra|pie** die; -; **Ra|di|us** der; -, ...ien [...*i'n*] (Halbmesser des Kreises; Abk.: r, R)

Ra|dix die; -, ...izes ⟨lat.⟩ (Wurzel); **ra|di|zie|ren** (Math.: die Wurzel aus einer Zahl ziehen)

Rad.kap|pe, ...ka|sten, ...kranz; Räd|lein vgl. Rädchen; **Rad|ler** (Radfahrer); **Rad|le|rin** die; -, -nen; **Rad|ler|maß** die (Erfrischungsgetränk aus Bier u. Limonade); **Rad.ma|cher** (landsch. für: Stellmacher), **...man|tel**

Ra|dolf, Ra|dulf (m. Vorn.)

Ra|dom das; -s, -s ⟨engl.⟩ (Radarschutzkuppel, Traglufthalle)

Ra|don [auch: ...*don*] das; -s ⟨lat.⟩ (radioaktiver chem. Grundstoff, Edelgas; Zeichen: Rn)

Rad|renn|bahn; Rad|ren|nen; ...räd|rig vgl. ...räderig

Ra|dscha [auch: *ra...*] der; -s, -s ⟨sanskr.⟩ (ind. Fürstentitel)

rad|schla|gen; vgl. radfahren; er kann -, hat radgeschlagen; aber: er kann ein Rad schlagen; **Rad|schla|gen** das; -s; **Rad.schuh** (Bremsklotz aus Holz od. Eisen), **...sport** (der; -[e]s), **...sport|ler**

Rad|stadt (Stadt im österr. Bundesland Salzburg); **Rad|städ|ter Tau|ern** Plur.

Rad.stand, ...sturz, ...tour

Ra|dulf, Ra|dulf (m. Vorn.)

Rad.wan|de|rung, ...wech|sel, ...weg

Ra|dzi|will (Adelsgeschlecht)

Raes|feld [*raß...*] (Ort in Nordrhein-Westfalen)

RAF = Rote-Armee-Fraktion

R. A. F. = Royal Air Force

Räf das; -s, -e (schweiz. Nebenform von: ¹Reff u. ²Reff)

Ra|fa|el vgl. Raphael; vgl. aber: Raffael

Raf|fa|el [...*faäl*] (ital. Maler); vgl. aber: Raphael; **raf|fa|elisch** (↑R 180); -e Farbgebung; aber

(↑ R 134): Raf|fae|lisch (↑ R 180);
-e Madonna

Raf|fel die; -, -n (landsch. für: gro-
ßer, häßlicher Mund; loses
Mundwerk; zänkisches, ge-
schwätziges Weib; Gerät zum
Abstreifen von Heidelbeeren;
Reibeisen; Klapper); raf|feln
(landsch. für: schaben; rasseln;
schwatzen); ich ...[e]le (↑ R 22)
raf|fen; Raff|gier; raff|gie|rig;
raf|fig (landsch. für: raff-, hab-
gierig)

Raf|fi|na|de die; -, -n ⟨franz.⟩ (ge-
reinigter Zucker); Raf|fi|na|ge
[...naˢch‘] die; -, -n (veralt. für:
Verfeinerung); Raf|fi|nat das;
-[e]s, -e (Produkt der Raffina-
tion); Raf|fi|na|ti|on [...zion] die;
-, -en (Verfeinerung, Verede-
lung); Raf|fi|ne|ment [...finˢ-
manɡ] das; -s, -s (Überfeinerung;
durchtriebene Schlauheit); Raf-
fi|ne|rie die; -, ...ien (Anlage zum
Reinigen von Zucker od. zur
Verarbeitung von Rohöl); Raf-
fi|nes|se die; -, -n (Überfeine-
rung; Durchtriebenheit, Schlau-
heit); Raf|fi|neur [...nör] der; -s,
-e (Maschine zum Feinmahlen
von Holzsplittern [zur Papierher-
stellung]; raf|fi|nie|ren (Zucker
reinigen; Rohöl zu Brenn- od.
Treibstoff verarbeiten); Raf|fi-
nier‗ofen, ...stahl (der; -[e]s); raf-
fi|niert; -este (gereinigt; durch-
trieben, schlau); -er Zucker; ein
-er Betrüger; Raf|fi|niert|heit;
Raf|fi|no|se die; - (zuckerartige
chem. Verbindung)

Raff|ke der; -s, -s (ugs. abschätzig
für: raffgieriger Mensch); Raff-
sucht die; -; Raff|fung; Raff|zahn
(landsch. für: stark überstehen-
der Zahn; ugs. abschätzig für:
raffgieriger Mensch)

Raft das; -s, -s ⟨engl.⟩ (schwim-
mende Insel aus Treibholz)

Rag [räg] das; -s (Kurzform von:
Ragtime)

Ra|gaz, Bad (schweiz. Badeort)

Ra|ge [raˢch‘, österr.: raseh] die; -
⟨franz.⟩ (ugs. für: Wut, Raserei);
in der -; in - bringen

ra|gen

Ra|gio|nen|buch [radsehon‘n...]
(ital.; dt.) (schweiz. für: Verzeichnis der ins Handelsregister
eingetragenen Firmen)

Ra|glan [seltener: rägl‘n] der; -s, -s
⟨engl.⟩ ([Sport]mantel mit ange-
schnittenem Ärmel); Ra|glan‗är-
mel, ...schnitt

Rag|na|rök der; - ⟨altnord.⟩ (in der
nord. Mythol. der Weltuntergang)

Ra|gout [ragu] das; -s, -s ⟨franz.⟩
(Gericht aus Fleisch-, Wild-, Ge-
flügel- od. Fischstückchen in pi-
kanter Soße); Ra|goût fin [ragu-

fäng] das; - -, -s -s [ragufäng] (feines Ragout [aus Kalbfleisch])

Rag|time [rägtaim] der; - ⟨amerik.⟩
(afroamerikanischer Stil populä-
rer Klaviermusik)

Ra|gu|sa (ital. Name von Dubrov-
nik)

Rag|wurz (eine Orchideengat-
tung)

Rah, Ra|he die; -, Rahen (See-
mannsspr.: Querstange am Mast
für das Rahsegel)

Ra|hel (w. Vorn.)

Rahm der; -[e]s (landsch. für: Sahne)

Rähm der; -[e]s, -e (Bauw.: waagerechter Teil des Dachstuhls);
Rähm|chen, Rähm|lein; rah-
men; Rah|men der; -s, -; Rah-
men‗an|ten|ne, ...bruch (der;
-[e]s, ...brüche), ...er|zäh|lung;
rah|men|ge|näht; -e Schuhe;
Rah|men‗ge|setz, ...naht, ...plan
(vgl. ²Plan), ...richt|li|nie, ...ta-
rif

rah|mig (landsch.); Rahm|kä|se

Rähm|lein, Rähm|chen

Rahm‗so|ße, ...spei|se (landsch.)

Rah|ne die; -, -n (südd. für: rote
Rübe); vgl. Rande

Rah|sel|gel (Seemannsspr.)

Raid [re‘d] der; -s, -s ⟨engl.⟩ (Über-
raschungsangriff)

Raiff|ei|sen (Familienn.); -sche
Kassen (Darlehenskassenverei-
ne); Raiff|ei|sen|bank (Plur.
...banken)

Rai|gras das; -es ⟨engl.⟩; dt.) (Na-
me verschiedener Grasarten)

¹Rai|mund, Rei|mund (m. Vorn.)

²Rai|mund (österr. Dramatiker)

Rain der; -[e]s, -e (Ackergrenze;
schweiz. u. südd. für: Abhang)

Rai|nald (ältere Form von: Rei-
nald); - von Dassel (Kanzler
Friedrichs I.)

rai|nen (veralt. für: ab-, umgren-
zen)

Rai|ner, Rei|ner (m. Vorn.)

Rain|farn (eine Pflanze)

Rai|nung (veralt. für: Festsetzung
der Ackergrenze); - und Stei-
nung (veralt.); Rain|wei|de (Ligu-
ster)

Rai|son [räsong] usw. (franz.
Schreibung von: Räson usw.)

ra|jo|len (svw. rigolen)

Ra|ke die; -, -n Racke

Ra|kel die; -, -n (Druckw.: Vor-
richtung zum Abstreichen über-
schüssiger Farbe von der einge-
färbten Druckform)

rä|keln vgl. rekeln

Ra|ke|te die; -, -n ⟨ital.⟩ (Feuer-
werkskörper; Flugkörper); Ra-
ke|ten‗ab|schuß|ram|pe, ...ab-
wehr, ...an|trieb, ...ap|pa|rat
(Rettungswesen), ...au|to, ...ba-
sis; ra|ke|ten|be|stückt (↑ R 209);
Ra|ke|ten‗flug|zeug, ...start,

...stu|fe, ...stütz|punkt, ...treib-
stoff, ...trieb|werk, ...zeit|al|ter

Ra|kett das; -[e]s, -e u. -s (eindeut
schend für: Racket)

Ra|ki der; -[s], -s ⟨türk.⟩ (Brannt
wein aus Rosinen oder Anis)

Ralf (m. Vorn.)

Ral|le die; -, -n (ein Vogel)

ral|li|ie|ren ⟨franz.⟩ (veralt. für
zerstreute Truppen sammeln)

Ral|lye [rali od. räli] die; -, -¹
(schweiz.: das; -s, -s) ⟨engl.
franz.⟩ (Autosternfahrt); Ral
lye-Cross das; -, -e (Autorennen
in unbefestigtem Gelände); Ral
lye|fah|rer

Ralph (engl. Schreibung von
Ralf)

RAM das; -[s], -[s] ⟨aus engl. ran
dom acces memory⟩ (DV: Infor
mationsspeicher mit wahlfreien
Zugriff)

Ra|ma|dan der; -[s] ⟨arab.⟩ (Fa
stenmonat der Mohammedaner

Ra|ma|ja|na das; - ⟨sanskr.⟩ (ind
religiöses Nationalepos)

Ra|ma|su|ri die; - ⟨ital.⟩ (bayr. u
österr. ugs. für: großes Durch
einander; Trubel)

Ram|bouil|let [rangbuje] (franz
Stadt); Ram|bouil|let|schaf (fein
wolliges Schaf); ↑ R 149

Ram|bur der; -s, -e ⟨franz.⟩ (Apfe
einer bestimmten säuerlicher
Sorte)

Ra|mes|si|de der; -n, -n; ↑ R 19
(Herrscher aus dem Geschlech
des Ramses)

Ra|mie die; -, ...ien ⟨malai.-engl.
(Bastfaser, Chinagras)

Ramm der; -[e]s, -e (Rammsporr
[früher an Kriegsschiffen])

Ram|ma|schi|ne die; -, -n [Trenn
Ramm|ma..., ↑ R 204]; Ramm‗bä
(der; -s, -en, fachspr. auch: -e)
...bock, ...bug; ramm|döl|sig (ugs
für: benommen; überreizt)
Ram|me die; -, -n (Fallklotz)

¹Ram|mel der; -s, -n (veralt. für
Ramme); ²Ram|mel der; -s,
(mdal. für: ungeschickter Ker
Tölpel); Ram|mel|lei (ugs.); ram
meln (auch Jägerspr.: belegen
decken [bes. von Hasen und Ka
ninchen]); ram|men (mit de
Ramme eintreiben; gegen ei
Hindernis fahren, rennen)
Ramm‗ham|mer, ...klotz
Ramm|ler (Männchen [bes. vo
Hasen und Kaninchen])
Ramms|kopf (Pferdekopf mi
stark gekrümmtem Nasenrük
ken); Ramm|sporn

Ram|pe die; -, -n ⟨franz.⟩ (schief
Ebene zur Überwindung vo
Höhenunterschieden; Auffahr
Verladebühne; Theater: Vorbüh
ne); Ram|pen|licht das; -[e]s
ram|po|nie|ren ⟨ital.⟩ (ugs. für
stark beschädigen)

Rams|au [auch: r̩ams...] (Name verschiedener Orte in Südbayern u. Österreich)

¹Ramsch der; -[e]s, (selten:) -e (wertloses Zeug; minderwertige Ware)

²Ramsch der; -[e]s, -e ⟨franz.⟩ (Skat: Spiel mit verdecktem Skat, jeder gegen jeden mit dem Ziel, möglichst wenig Punkte zu bekommen)

¹ram|schen ⟨zu: ¹Ramsch⟩ (ugs. für: Ramschware billig aufkaufen); du ramschst (ramschest)

²ram|schen (einen ²Ramsch spielen); du ramschst (ramschest)

Ram|scher ⟨zu: ¹Ramsch⟩ (ugs. für: Aufkäufer zu Schleuderpreisen); **Ramsch|la|den** (ugs. abschätzig); **Ramsch|wa|re** (ugs. abschätzig); **ramsch|wei|se** (ugs.)

Ram|ses (Name ägypt. Könige)

ran; ↑R 16 (ugs. für: heran)

Ran (nord. Mythol.: Gattin des Meerriesen Ägir)

Ranch [r̩äntsch, auch: r̩antsch] die; -, -[e]s ⟨amerik.⟩ (nordamerik. Viehwirtschaft, Farm); **Ran|cher** der; -s, -[s] (nordamerik. Viehzüchter, Farmer)

¹Rand der; -[e]s, Ränder; außer Rand und Band sein (ugs.); zu Rande kommen

²Rand [r̩änd] der; -s, -[s] ⟨engl.⟩ (Währungseinheit der Republik Südafrika; Abk.: R); 5 - (↑R 129)

Ran|dal der; -s, -e (Studentenspr. veralt. für: Lärm, Gejohle); **Randa|lle** die; -, in: - machen (ugs. für: randalieren); **ran|da|lie|ren**; **Ran|da|lie|rer**

Rand_aus|gleich, ...beet, ...bemer|kung, ...be|zirk; Ränd|chen das; -s, - u. Ränderchen; **Ränd|lein**

Ran|de die; -, -n (schweiz. für: rote Rübe); vgl. Rahne

Rän|del|mut|ter (Plur. ...muttern); **rän|deln** (mit einer Randverzierung versehen; riffeln); ich ...[e]le (↑R 22); **Rän|del_rad, ...schrau|be; Rän|de|lung**

Rän|der (Plur. von: Rand); **...rän|delrig, ...ränd|rig, ...ran|dig** (z. B. breitränd[e]rig od. -randig; rändern; ich ...ere (↑R 22); **Rand_erschei|nung, ...fi|gur, ...ge|biet, ...ge|bir|ge, ...glos|se, ...grup|pe** (bes. Soziologie), **...la|ge; Randlein** vgl. Rändchen; **Rand|lei|ste; rand|los;** -e Brille; **Rand_lö|ser** (an der Schreibmaschine), **...notiz**

Ran|dolf, Ran|dulf (m. Vorn.)

...ränd|rig vgl. ...ränderig

Rand_sied|lung, ...staat (Plur. ...staaten), **...stein, ...stel|ler** (an der Schreibmaschine), **...strei|fen**

Ran|dulf, Ran|dolf (m. Vorn.)

Rand_ver|zie|rung, rand|voll; ein

-es Glas; **Rand_zeich|nung, ...zone**

Ranft der; -[e]s, Ränfte (mdal. für: Brotkanten, -kruste); **Ränftchen, Ränft|lein**

Rang der; -[e]s, Ränge ⟨franz.⟩; jmdm. den - ablaufen (zuvorkommen); der erste, zweite -; ein Sänger von -; **Rang_ab|zei|chen, ...äl|te|ste**

Ran|ge die; -, -n; selten: der; -n, -n; ↑R 197 (mdal. für: unartiges Kind)

ran|ge|hen; ↑R 16 (ugs. für: herangehen; etwas energisch anpacken)

Ran|ge|lei; ran|geln (mdal. für: sich balgen, ringen); ich ...[e]le (↑R 22)

Ran|ger [re̩'ndsch̩'r] der; -s, -s ⟨amerik.⟩ (Angehöriger einer Polizeitruppe in Nordamerika [z. B. die Texas Rangers])

Rang_er|hö|hung, ...fol|ge; rang_gleich, ...höch|ste, ...hö|her

Ran|gier|bahn|hof [r̩angsehir..., auch: r̩angsehir..., österr.: r̩ansehir... u. r̩angsehir...] (Verschiebebahnhof); **ran|gie|ren** ⟨franz.⟩ (einen Rang innehaben [vor, hinter jmdm.]; Eisenbahnw.: verschieben; mdal. für: ordnen); **Ran|gier_gleis, ...lok, ...lo|komo|ti|ve, ...mei|ster; Ran|gie|rung**

...ran|gig (z. B. zweitrangig); **Rang_li|ste, ...lo|ge; rang|mä|ßig; Rang_ord|nung, ...streit**

Ran|gun [r̩anggun] (Hptst. von Birma); **Ran|gun|reis** der

Rang|un|ter|schied

ran|hal|ten, sich; ↑R 16 (ugs. für: sich beeilen)

rank (schlank; geschmeidig); - und schlank

Rank der; -[e]s, Ränke; meist Plur. (mdal. für: Wegkrümmung; List); Ränke schmieden (schweiz. auch:) den Rank (eine geschickte Lösung) finden

Ran|ke die; -, -n (Pflanzenteil)

Rän|ke (Plur. von: Rank)

ran|ken; sich -

Ran|ken der; -s, - (mdal. für: dickes Stück Brot)

ran|ken|ar|tig; Ran|ken_ge|wächs, ...werk (Ornament)

Rän|ke_schmied (abwertend), **...spiel, ...sucht** (die; -); **rän|ke_süch|tig, ...voll**

ran|kig

ran|klot|zen; ↑R 16 (ugs. für: viel arbeiten); **ran|krie|gen;** ↑R 16 (ugs. für: für Verantwortung ziehen; hart arbeiten lassen)

Ran|kü|ne die; -, -n ⟨franz.⟩ (veralt. für: Groll, heimliche Feindschaft; Rachsucht)

ran|müs|sen; ↑R 16 (ugs. für: [mit]arbeiten müssen); **ran-**

schmei|ßen, sich; ↑R 16 (ugs. für: sich anbiedern)

Ra|nun|kel die; -, -n ⟨lat.⟩ (ein Hahnenfußgewächs)

Ränz|chen, Ränz|lein; Rän|zel das (nordd. auch: der); -s, -, Ränzlein (kleiner Ranzen)

ran|zen (Jägerspr.: begatten [von Fuchs, Marder u. anderen Raubtieren])

Ran|zen der; -s, - (ugs. für: Buckel, Bauch; Schultasche)

Ran|zer (landsch. für: grober Tadel)

ran|zig ⟨niederl.⟩; -es Öl, -e Butter

Ran|zi|on die; -, -en ⟨franz.⟩ (früher für: Lösegeld); **ran|zio|nie|ren;** ↑R 180 (früher für: freikaufen)

Ränz|lein, Ränzchen

Ranz|zeit ⟨zu: ranzen⟩

Ra|oul [r̩aul] (franz. Form von: Radolf)

Rap [r̩äp] der; -[s], -s ⟨engl.-amerik.⟩ (rhythmischer Sprechgesang in der Popmusik)

Ra|pac|ki [...p̩azki] (polnischer Staatsmann); **Ra|pac|ki-Plan** der; -[e]s (↑R 135)

Ra|pal|lo (Seebad bei Genua); **Ra|pal|lo|ver|trag** der; -[e]s

Rap|fen der; -s, - (ein Karpfenfisch)

Ra|pha|el, (ökum. u. österr.:) **Rafa|el** [...fäl] (einer der Erzengel); vgl. aber: Raffael

Ra|phia die; -, ...ien [...i'n] ⟨madagass.⟩ (afrik. Bastpalme, Nadelpalme); **Ra|phia|bast**

Ra|phi|den Plur. ⟨griech.⟩ (nadelförmige Kristalle in Pflanzenzellen)

ra|pid (österr. nur so), **ra|pi|de;** ...de̩ste ⟨lat.⟩ (reißend, [blitz]-schnell); **Ra|pi|di|tät** die; -

Ra|pier das; -s, -e ⟨franz.⟩ (Fechtwaffe, Degen)

Rapp der; -s, -e (mdal. für: Traubenkamm, entbeerte Traube)

Rap|pe der; -n, -n; ↑R 197 (schwarzes Pferd)

Rap|pel der; -s, - (ugs. für: plötzlicher Zorn; Verrücktheit); **rap|pelig, rapp|lig** (ugs.); **Rap|pel|kopf** (ugs.); **rap|peln** (klappern; österr.: verrückt sein); ich ...[e]le (↑R 22)

Rap|pen der; -s, - (schweiz. Münze; Abk.: Rp.; 100 Rappen = 1 Schweizer Franken); **Rap|penspal|ter** (schweiz. für: Pfennigfuchser)

Rap|ping [r̩äping] das; -[s] (svw. Rap)

Räpp|li das; -s, - (schweiz. mdal. für: Rappen)

rapp|lig, rap|pe|lig

Rap|port der; -[e]s, -e ⟨franz.⟩ (Bericht, dienstl. Meldung; Textil-

wesen: Musterwiederholung bei Geweben); rap|por|tie|ren
Rapp|schim|mel (Pferd)
raps!; rips, raps!
Raps der; -es, (für Rapsart Plur.:) -e (Ölpflanze); Raps_acker [Trenn.: ...ak|ker], ...blü|te
rap|schen (landsch. für: hastig wegnehmen); du rapschst (rapschest) u. rap|sen; du rapst (rapsest)
Raps_erd|floh, ...feld, ...glanz|kä|fer, ...öl (das; -[e]s)
¹Rap|tus der; -, - [ráptuß] ⟨lat.⟩ (Med.: Anfall von Raserei); ²Rap|tus der; -, -se (scherzh. für: Rappel)
Ra|pünz|chen, Ra|pünz|lein (Salatpflanze); Ra|pünz|chen|sa|lat; Ra|pun|ze; Ra|pun|zel die; -, -n (Salatpflanze)
Ra|pu|se die; - ⟨tschech.⟩, in den landsch. Wendungen: in die - kommen od. gehen (verlorengehen); in die - geben (preisgeben)
rar ⟨lat.⟩ (selten); sich - machen (ugs. für: selten kommen); Ra|ri|tät die; -, -en (seltenes Stück, seltene Erscheinung); Ra|ri|tä|ten-_ka|bi|nett, ...samm|lung
Ras der; -, - ⟨arab.⟩ (Vorgebirge; Berggipfel; früher: äthiop. Fürstentitel)
ra|sant; -este ⟨lat.⟩ (ugs. für: sehr schnell; schnittig; schwungvoll, begeisternd; Ballistik: sehr flach); Ra|sanz die; -
ra|sau|nen (mittel-, niederd. für: lärmen, poltern); er hat rasaunt
rasch; -[e]ste
ra|scheln; ich ...[e]le (↑ R 22)
ra|sche|stens; Rasch|heit die; -; rasch_le|big, ...wüch|sig
ra|sen (wüten; toben; sehr schnell fahren, rennen); du rast (rasest); er ra|ste
Ra|sen der; -s, -; Ra|sen|bank (Plur. ...bänke); ra|sen_be|deckt, ...be|wach|sen; Ra|sen|blei|che
ra|send (wütend; schnell); - werden, aber (↑ R 68): es ist zum Rasendwerden
Ra|sen_flä|che, ...mä|her, ...spiel, ...sport, ...spren|ger, ...strei|fen, ...ten|nis, ...tep|pich
Ra|ser (ugs. für: sehr schnell Fahrender); Ra|se|rei (ugs.)
Ra|sier_ap|pa|rat, ...creme; ra|sie|ren ⟨franz.⟩; sich -; Ra|sie|rer (kurz für: Rasierapparat); Ra|sier_klin|ge, ...mes|ser das, ...pin|sel, ...schaum, ...sei|fe, ...sitz (ugs. scherzh. für: Sitz in der ersten Reihe im Kino), ...spie|gel, ...was|ser (Plur. ...wasser od. ...wässer), ...zeug
ra|sig (mit Rasen bewachsen)
Rä|son [...song] die; - ⟨franz.⟩ (veraltend für: Vernunft, Einsicht);

jmdn. zur - bringen; Rä|so|neur [...nör] der; -s, -e (veraltet. für: jmd., der ständig räsoniert); rä|so|nie|ren (sich wortreich äußern; ugs. für: ständig schimpfen); Rä|son|ne|ment [...mang] das; -s, -s (veraltet. für: vernünftige Überlegung, Erwägung)
Ras|pa die; -, -s (ugs. auch: der; -s, -s) ⟨span.⟩ (lateinamerik. Gesellschaftstanz)
¹Ras|pel die; -, -n (ein Werkzeug); ²Ras|pel der; -s, -; meist Plur. (geraspeltes Spänchen [von Schokolade, Kokosnuß u. a.]); ras|peln; ich ...[e]le (↑ R 22)
Ras|pu|tin [auch: ...pu...] ⟨russ. Eigenn.⟩
raß, räß (südd., schweiz. mdal. für: scharf gewürzt, beißend [von Speisen])
Ras|se die; -, -n ⟨franz.⟩; die weiße, gelbe, schwarze, rote -; Ras|se-hund
Ras|sel die; -, -n (Knarre, Klapper); Ras|sel|ban|de die; - ugs. (ugs. scherzh. für: übermütige, zu Lärm u. Streichen aufgelegte Kinderschar); Ras|sel|ei (ugs.); ras|seln; ich ...[e]le (↑ R 22) rassele u. raßle (↑ R 22)
Ras|sen_dis|kri|mi|nie|rung, ...for|scher, ...for|schung, ...fra|ge, ...haß, ...kreu|zung, ...kun|de (die;-), ...merk|mal, ...mi|schung, ...pro|blem, ...un|ru|hen Plur.; Ras|se|pferd; ras|se|rein; Ras|se-rein|heit die; -; ras|se|ver|edelnd; ras|sig (von ausgeprägter Art); -e Erscheinung; vgl. reinrassig; ras|sisch (der Rasse entsprechend, auf die Rasse bezogen); -e Eigentümlichkeiten; Ras|sis|mus der; - (übersteigertes Rassenbewußtsein, Rassenhetze); Ras|sist der; -en, -en; ↑ R 197 (Vertreter des Rassismus); ras|si|stisch
Raß|ler, Ras|se|ller
Rast die; -, -en; ohne - und Ruh (↑ R 18)
Ra|statt (Stadt im Oberrhein. Tiefland); Ra|stat|ter (↑ R 147)
Ra|ste die; -, -n (Stützkerbe)
ra|stel das; -s, - ⟨ital.⟩ (österr. für: Schutzgitter, Drahtgeflecht); Ra|stel|bin|der (Siebmacher, Kesselflicker)
ra|sten
Ra|ster der (Fernsehtechnik: das); -s, - ⟨lat.⟩ (Glasplatte od. Folie mit engem Liniennetz zur Zerlegung eines Bildes in Rasterpunkte; Fläche des Fernsehbildschirmes, die sich aus Lichtpunkten zusammensetzt); Ra|ster_ät|zung (Autotypie), ...fahn|dung (mit Hilfe von Computern durchgeführte Überprüfung eines großen Personenkreises); ra|stern

(ein Bild durch Raster in Rasterpunkte zerlegen); ich ...ere (↑ R 22); Ra|ster_plat|te, ...punkt; Ra|ste|rung
Rast_haus, ...hof; rast|los; -este; Rast|lo|sig|keit die; -; Rast|platz
Ra|stral das; -s, -e ⟨lat.⟩ ([Noten]linienzieher); ra|strie|ren
Rast_stät|te, ...tag
Ra|sur die; -, -en ⟨lat.⟩ (Radieren, [Schrift]tilgung; Rasieren)
Rat der; -[e]s, Räte u. (Auskünfte u. a.:) Ratschläge; sich - holen (↑ R 207); zu Rate gehen, ziehen; jmdn. um - fragen; (↑ R 157:) der Große - (schweiz. Bez. für: Kantonsparlament); der Hohe - (in Jerusalem)
Rät, Rhät das; -s ⟨nach den Rätischen Alpen⟩ (jüngste Stufe des Keupers)
Ra|tan|hia|wur|zel [...anja...] ⟨indian.; dt.⟩ ([als Heilmittel verwendete] Wurzel einer südamerik. Pflanze)
Ra|te die; -, -n ⟨ital.⟩ (Teilzahlung; Teilbetrag)
ra|ten; du rätst, er rät; du rietst (rietest); du rietest u. riet; geraten; rat[e]!
Ra|ten_bei|trag, ...kauf, ...wech|sel; ra|ten|wei|se; Ra|ten|zah|lung; Ra|ten|zah|lungs|kre|dit
Ra|ter
Rä|ter (Bewohner des alten Rätien)
Rä|te_re|gie|rung, ...re|pu|blik, ...re|vo|lu|ti|on; Rä|te|rin die; -, -nen; Rä|te|ruß|land; Rä|te|rus|sisch; Rä|te|spiel; Rä|te_staat (Plur. ...staaten), ...sy|stem; Ra|te|team [rát²tím] das; -s, -s; Rat-_ge|ber, ...ge|be|rin (die; -, -nen); Rat|haus; Rat|haus|saal
Ra|the|nau (dt. Staatsmann)
Ra|the|now [rát²no] (Stadt an der Havel)
Rä|ti|en [räzi²n] (altröm. Prov., auch für: Graubünden); vgl. Räter u. rätisch
Ra|ti|fi|ka|ti|on [...zion] die; -, -en ⟨lat.⟩ (Genehmigung; Bestätigung, Anerkennung, bes. von völkerrechtl. Verträgen); Ra|ti-fi|ka|ti|ons|ur|kun|de; ra|ti|fi|zie|ren; Ra|ti|fi|zie|rung
Rä|ti|kon der; -s; auch: das; -[s] (Teil der Ostalpen an der österr.-schweiz. Grenze)
Ra|ti|né [...ne] der; -s, -s ⟨franz.⟩ (ratiniertes Gewebe); Ra|ti|nie-ren (Textilwesen: Knötchen od. Wellen [auf Gewebe] erzeugen)
Ra|tio [razio] die; - ⟨lat.⟩ (Vernunft; Grund; Verstand); vgl. Ultima ratio; Ra|ti|on [...zion] die; -, -en ⟨franz.⟩ (zugeteiltes Maß, [An]teil, Menge; Militär: täglicher Verpflegungssatz); die

eiserne -; **ra|tio|nal**[1] ⟨lat.⟩ (die Ratio betreffend; vernünftig, aus der Vernunft stammend); (Math.:) -e Zahlen; **Ra|tio|na|li|sa|tor**[1] *der;* -s, ...oren (jmd., der rationalisiert); **ra|tio|na|li|sie|ren**[1] ⟨franz.⟩ (vereinheitlichen; wirtschaftlicher gestalten); **Ra|tio|na|li|sie|rung**[1]; **Ra|tio|na|li|sie|rungs|maß|nah|me**[1]; **Ra|tio|na|lis|mus**[1] *der;* - ⟨lat.⟩ (Geisteshaltung, die das rationale Denken als einzige Erkenntnisquelle ansieht); **Ra|tio|na|list**[1] *der;* -en, -en (↑ R 197); **ra|tio|na|li|stisch**[1]; -ste; **Ra|tio|na|li|tät**[1] *die;* - (rationales, vernünftiges Wesen; Vernünftigkeit); **ra|tio|nell**[1] ⟨franz.⟩ (zweckmäßig, wirtschaftlich); **ra|tio|nen|wei|se**[1] od. **ra|ti|ons|wei|se**[1]; **ra|tio|nie|ren**[1] (einteilen); **Ra|tio|nie|rung**[1]

rä|tisch ⟨zu: Räter, Rätien⟩, aber (↑ R 146): die Rätischen Alpen

rät|lich (veralt. für: ratsam); **rat|los;** -este; **Rat|lo|sig|keit** *die;* -

Rä|to|ro|ma|ne *der;* -n, -n; ↑ R 155; ↑ R 197 (Angehöriger eines Alpenvolkes mit eigener roman. Sprache); **rä|to|ro|ma|nisch;** **Rä|to|ro|ma|nisch** *das;* -[s] (Sprache); vgl. Deutsch; **Rä|to|ro|ma|ni|sche** *das;* -n; vgl. Deutsche

rat|sam; Rats|be|schluß

ratsch!; ritsch, ratsch!; **Rat|sche** *die;* -, -n (südd., österr.), **Rät|sche** *die;* -, -n (südd. für: Rassel, Klapper); **rat|schen** (südd., österr.), **rät|schen** (südd.); du ratschst (ratschest)

Rat|schlag *der;* -[e]s, ...schläge; **rat|schla|gen** (veraltend); du ratschlagst, er ratschlagt; du ratschlagtest; geratschlagt; zu -; **Rat|schluß; Rats|die|ner**

Rät|sel *das;* -s, -; - raten, aber (↑ R 68): das Rätselraten; **Rät|sel|fra|ge; rät|sel|haft;** -este; **Rät|sel|haf|tig|keit; Rät|sel|lö|ser; Rät|sel|lö|sung; rät|seln;** ich ...[e]le (↑ R 22); **Rät|sel|ra|ten** *das;* -s; **rät|sel|voll; Rät|sel|zei|tung**

Rats_herr, ...kel|ler, ...schrei|ber, ...sit|zung; **rat|su|chend; Rat|su|chen|de** *der* u. *die;* -n, -n (↑ R 7 ff.); **Rats|ver|samm|lung**

Rat|tan *das;* -s, -e ⟨malai.⟩ (svw. Peddigrohr)

Rat|te *die;* -, -n; **Rat|ten_fal|le,** ...fän|ger, ...gift *das,* ...kö|nig (auch übertr. ugs. für: unentwirrbare Schwierigkeit), ...schwanz (übertr. ugs. für: endlose Folge), ...schwänz|chen (übertr. ugs. für: kurzer, dünner Haarzopf)

Rät|ter *der;* -s, -; auch: *die;* -, -n (Technik: Sieb)

rat|tern; ich ...ere (↑ R 22)

rät|tern (mit dem Rätter sieben);

---

[1] *Trenn.:* Vgl. R 180.

---

ich ...ere (↑ R 22); **Rät|ter|wä|sche** (Siebverfahren)

Ratt|ler *der;* -s, - (veralt.: für den Rattenfang geeigneter Schnauzer)

Ratz *der;* -es, -e (landsch. für: Ratte, Hamster; Jägerspr.: Iltis); **Rat|ze** *die;* -, -n (ugs. für: Ratte)

Rat|ze|fum|mel *der;* -s, - (Schülerspr.: Radiergummi)

rat|ze|kahl (volksmäßig Umdeutung aus: radikal); **Rät|zel** *das;* -s, - (landsch. für: [Mensch mit] zusammengewachsene[n] Augenbrauen); **¹rat|zen** (ugs. für: schlafen); du ratzt

²rat|zen (landsch. für: ritzen)

Raub *der;* -[e]s, -e; **Raub|bau** *der;* -[e]s; - treiben; **Raub|druck** *der;* -[e]s, -e; **rau|ben; Räu|ber; Räu|ber|ban|de; Räu|be|rei** (ugs.); **Räu|ber.ge|schich|te,** ...haupt|mann, ...höh|le; **räu|be|risch;** -ste; **räu|bern;** ich ...ere (↑ R 22); **Räu|ber.pi|sto|le** (Räubergeschichte), ...zi|vil (ugs. scherzh.); **Raub_fisch,** ...gier; **raub|gie|rig; Raub_kat|ze,** ...mord, ...mör|der, ...pres|sung (von Schallplatten), ...rit|ter; **Raub|rit|ter|tum** *das;* -s; **raub|süch|tig; Raub_tier,** ...über|fall, ...vo|gel, ...wild (Jägerspr.: alle jagdbaren Raubtiere), ...zeug (*das;* -[e]s; Jägerspr.: alle nicht jagdbaren Raubtiere), ...zug

Rauch *der;* -[e]s; **Rauch_ab|zug,** ...bier, ...bom|be; rauchende Schwefelsäure; **Rau|cher; Räu|cher|aal; Rau|cher_ab|teil,** ...bein, ...hu|sten; **räu|che|rig,** **räuch|rig; Räu|cher|in** *die;* -, -nen; **Räu|cher_kam|mer,** ...ker|ze, ...lachs; **räu|chern;** ich ...ere (↑ R 22); **Räu|cher_pfan|ne,** ...schin|ken, ...speck, ...stäb|chen; **Räu|che|rung; Räu|cher_wa|re; Rauch_fah|ne,** ...fang (österr. für: Schornstein); **Rauch|fang|keh|rer** (österr. für: Schornsteinfeger); **rauch|far|ben,** **rauch|far|big; Rauch_faß** (ein kult. Gerät), ...fleisch, ...glas; **rau|chig; rauch|los;** rauchloses Pulver

Rauch|näch|te vgl. Rauhnächte

Rauch_opfer, ...sa|lon, ...säu|le, ...schwal|be, ...si|gnal, ...ta|bak, ...tisch, ...ver|bot, ...ver|gif|tung, ...ver|zeh|rer

Rauch|wa|re (meist *Plur.;* Pelzware)

Rauch|wa|ren *Plur.* (ugs. für: Tabakwaren)

Rauch|wa|ren_han|del (vgl. ¹Handel), ...mes|se; **Rauch|werk** *das;* -[e]s (Pelzwerk)

Rauch_wol|ke, ...zim|mer

Räu|de *die;* -, -n (Krätze, Grind); **räu|dig; Räu|dig|keit** *die;* -

---

Raue *die;* -, -n (landsch. für: Leichenschmaus)

rauf; ↑ R 16 (ugs. für: herauf, hinauf)

Rauf|bold *der;* -[e]s, -e (abschätzig); **Rau|fe** *die;* -, -n (Futterkrippe); **räu|feln** vgl. aufräufeln; **rau|fen; Rau|fer; Rau|fe|rei; Rauf_han|del** (vgl. ²Handel), ...lust (*die;* -); **rauf|lu|stig**

Rau|graf (früherer oberrhein. Grafentitel)

rauh; -er, -[e]ste; ein -es Wesen; ein -er Ton; eine -e Luft, aber (↑ R 157): Rauhes Haus (Name des von J. H. Wichern gegründeten Erziehungsheimes); **Rauh_bank** (*Plur.* ...bänke; langer Hobel), ...bauz *der;* -es, -e (ugs. für: grober Mensch); **rauh|bau|zig** (grob, derb); **Rauh|bein** *das;* -[e]s, -e (ugs. für: äußerlich grober, aber im Grunde gutmütiger Mensch); **rauh|bei|nig** (ugs.); **rauh|bor|stig** (ugs.); **Rauh|heit** *die;* -, -en (↑ R 178); **rau|hen** (rauh machen); **Rau|he|rei** ([Anstalt zum] Aufrauhen); **Rauh|fa|ser; Rauh|fa|ser|ta|pe|te; Rauh_frost,** ...fut|ter (vgl. ²Futter); **Rauh|haar|dackel** [*Trenn.:* ...dak|kel]; **rauh|haa|rig; Rauh|ig|keit; Rauh|näch|te,** Rauch|näch|te *Plur.* (im Volksglauben die „Zwölf Nächte" zwischen dem 24. Dez. und dem 6. Jan.); **Rauh_putz,** ...reif (*der;* -[e]s), ...wacke [*Trenn.:* ...wak|ke] (eine Kalksteinart), ...wa|re (landsch. für: Rauchware)

Rau|ke *die;* -, -n (Name verschiedener Pflanzen)

raum; -er Wind (Seemannsspr.: Wind, der schräg von hinten weht); -er Wald (Forstw.: offener, lichter Wald); **Raum** *der;* -[e]s, Räume; **Raum_aku|stik,** ...an|ga|be (Sprachw.: adverbiale Best. des Raumes, des Ortes), ...an|zug, ...aus|stat|ter (Berufsbez.), ...bild; **Raum|bild|ver|fah|ren** (Herstellung von Bildern, die einen räumlichen Eindruck hervorrufen); **Räum|boot** (zum Beseitigen von Minen); **Räum|chen,** Räum|lein; **Raum|deckung** [*Trenn.:* ...k|k...] (Sport); **räu|men; Räu|mer; raum|er|spa|rend** (↑ R 209); **Raum_er|spar|nis,** ...fäh|re, ...fah|rer, ...fahrt; **Raum|fahrt_be|hör|de,** ...me|di|zin, ...pro|gramm, ...tech|ni|ker; **Raum|fahr|zeug; Räum|fahr|zeug** (zum Schneeräumen u. a.); **Raum_flug,** ...for|schung (*die;* -), ...ge|fühl (*das;* -[e]s), ...ge|stal|tung; **raum|grei|fend;** -e Schritte; **räu|mig** (früher dicht. für: geräumig); **Raum_in|halt,** ...kap|sel, ...kunst (*die;* -), ...leh|re (*die;*

-; für: Geometrie); **Räum|lein,** **Räum|chen;** **räum|lich;** **Räum-lich|keit;** **Raum|man|gel** (vgl. ²Mangel); **Räum|ma|schi|ne;** **Raum_maß** das; ...me|ter (früher für: 1 m³ geschichtetes Holz mit Zwischenräumen, im Gegensatz zu Festmeter; Zeichen: rm), ...ord|nung, ...ord|nungs|plan (vgl. ²Plan), ...pend|ler, ...pfle|ge-rin, ...pla|nung, ...pro|gramm, -...schiff; **Raum_schiffahrt** [*Trenn.:* ...schiff|fahrt, ↑ R 204], ...sinn (der; -[e]s), ...son|de (unbe-manntes Raumfahrzeug); **raum-spa|rend** (↑ R 209); **Raum|sta|ti-on; Räum|te** die; -, -n (See-mannsspr.: verfügbarer [Schiffs-]laderaum); **Raum|tei|ler** (frei ste-hendes Regal); **Raum|trans|por-ter; Räu|mung; Räu|mungs_ar-bei|ten** Plur., ...frist, ...kla|ge, ...ver|kauf; **Raum_wahr|neh-mung,** ...wirt|schafts|theo|rie, ...zahl (Maßzahl für den Raum-inhalt von Schiffen)

rau|nen (dumpf, leise sprechen; flüstern); **Rau|nen** das; -s

raun|zen (landsch. für: widerspre-chen, nörgeln; weinerlich kla-gen); du raunzt (raunzest); **Raun|zer** (landsch. für: Nörgler); **Raun|ze|rei** (landsch.); **raun|zig** (landsch.)

Räup|chen, Räup|lein; **Rau|pe** die; -, -n; **rau|pen** (landsch. für: von Raupen befreien); **rau|pen|ar-tig; Rau|pen_bag|ger,** ...fahr-zeug, ...fraß, ...ket|te, ...schlep-per

Rau|ra|ker, **Rau|ri|ker** der; -s, - (Angehöriger eines kelt. Volks-stammes)

raus; ↑ R 16 (ugs. für: heraus, hin-aus)

Rausch der; -[e]s, Räusche (Be-trunkensein; Zustand der Erre-gung, Begeisterung)

rausch_arm (Technik); -er Verstär-ker

Rausch_bee|re (mdal. für: Moos-beere), ...brand (der; -[e]s; eine Tierkrankheit)

Räusch|chen, Räusch|lein

Rau|schen (von ital. rosso, d. i. „rot", „Rotbart") (Beiname Graf Eberhards II. von Württemberg)

rau|schen (Jägerspr. auch: brün-stig sein [vom Schwarzwild]); du rauschst (rauschest); **rau|schend;** ein -es Fest (ugs.); **Rau|scher** der; -s (rhein. für: schäumender [Ap-fel]most)

Rausch|gelb das; -s (ein Mineral [Auripigment])

Rausch|gift das; -[e]s, -e; **Rausch-gift_be|kämp|fung,** ...hän|d|ler; **rausch|gift|süch|tig; Rausch|gift-süch|ti|ge** der u. die; -n, -n (↑ R 7 ff.); **Rausch|gold** (dünnes

Messingblech); **Rausch|gold|en-gel; rausch|haft;** -este; **Räusch-lein,** Räusch|lein; **Rausch_nar-ko|se** (Med.: kurze Narkose für kleine chirurg. Eingriffe), ...sil-ber (dünnes Neusilberblech), ...zeit (Brunstzeit des Schwarz-wildes)

raus_flie|gen (↑ R 16; ugs.), ...hal-ten (ugs.), ...kom|men, ...krie|gen (ugs.)

Räus|pe|rer; räus|pern, sich; ich ...ere mich (↑ R 22)

raus|schmei|ßen (↑ R 16; ugs.); **Raus|schmei|ßer** (ugs.: jmd., der randalierende Gäste aus dem Lokal entfernt; letzter Tanz); **Raus|schmiß** (ugs. für: [fristlose] Entlassung); **raus|wer|fen;** ↑ R 16 (ugs. für: hinauswerfen)

¹**Rau|te** die; -, -n ⟨lat.⟩ (eine Pflan-ze)

²**Rau|te** die; -, -n (schiefwinkliges gleichseitiges Viereck, Rhom-bus)

Rau|ten|de|lein (elfisches Wesen; Gestalt bei Gerhart Hauptmann)

rau|ten|för|mig

Rau|ten_kranz, ...kro|ne (Wap-penk.)

Ra|vel [*rawäl*], Maurice [*morißß*] (franz. Komponist)

Ra|vel|lin [*raw⁴läng*] der; -s, -s ⟨franz.⟩ (früher: Außenwerk von Festungen)

Ra|ven|na [*rawäna*] (ital. Stadt)

Ra|vens|berg [*raw⁴nß...*] (ehem. westfäl. Grafschaft); **Ra|vens-ber|ger** (↑ R 147); - Land; **ra|vens-ber|gisch; Ra|vens|burg** (Stadt in Oberschwaben)

Ra|vio|li [*rawioli*] Plur. (↑ R 180) ⟨ital.⟩ (gefüllte kleine Nudelteig-taschen)

rav|vi|van|do [*rawiwando*] ⟨ital.⟩ (Musik: wieder belebend, schneller werdend)

Ra|wal|pin|di (Stadt in Pakistan)

Rax die; - (österr. Berg)

Rayé [*räje*] der; -[s], -s ⟨franz.⟩ (ein gestreiftes Gewebe)

Ray|gras vgl. Raigras

Ray|lon [*räjong*] der; -s, -s ⟨franz.⟩ (österr. u. schweiz., sonst veralt. für: Bezirk, [Dienst]bereich; frü-her: Vorfeld von Festungen; sel-ten für: Warenhausabteilung); **Ray|lon|chef** (Abteilungsleiter [im Warenhaus]); **ray|lo|nie|ren** [*räjo-nir⁴n*]; ↑ R 180 (österr., sonst ver-alt. für: [nach Bezirken] eintei-len; zuweisen); **Ray|lons|in|spek-tor** (österr.)

ra|ze|mös ⟨lat.⟩ (Bot.: traubenför-mig); -e Blüte

Raž|nji|či [*rąshnjitschi*] das; -[s], -[s] ⟨serbokroat.⟩ (jugosl. Fleischgericht)

Ra|z|zia die;-, ...ien [...i⁴n] u. (selte-ner:) -s ⟨arab.-franz.⟩ (überra-

schende Fahndung der Polizei in einem Gebäude od. Gebiet)

Rb = chem. Zeichen für: Rubidi-um

RB = Radio Bremen

Rbl = Rubel

rd. = rund

Re das; -s, -s ⟨lat.⟩ (Kartenspiel: Erwiderung auf ein Kontra)

Re = chem. Zeichen für: Rheni-um

Real|der [*rid⁴r*] der; -s, - ⟨engl.⟩ (Buch mit Auszügen aus der [wissenschaftlichen] Literatur u. verbindendem Text); **Real|der's Di|gest** [*rid⁴rs daidschäßt*] der od. das; - - (amerik. Monatsschrift mit Aufsätzen u. mit Auszügen aus neuerschienenen Büchern)

Real|gan [*re⁴g⁴n*] (Präsident der USA)

Real|gens das;-, ...gen|zien [...i⁴n] u. **Real|genz** das; -es, -ien [...i⁴n] (↑ R 180) ⟨lat.⟩ (Chemie: Stoff, der mit einem anderen eine be-stimmte chem. Reaktion herbei-führt u. diesen so identifiziert); **Real|genz_glas** (Plur. ...gläser; ↑ R 180; Prüfglas, Probierglas für [chem.] Versuche), ...pa|pier; **real|gie|ren;** ↑ R 180 (aufeinander einwirken); auf eine Sache - (für etwas empfindlich sein, auf et-was ansprechen; auf etwas ein-gehen); **Real|tanz** die; -, -en (Elektrotechnik: Blindwider-stand); **Re|ak|ti|on** [...zion] die; -, -en (Rück-, Gegenwirkung, Ge-genströmung, -druck, Rück-schlag; chem. Umsetzung; nur Sing.: Rückschritt; Gesamtheit aller nicht fortschrittl. polit. Kräfte); eine chemische -; eine nervöse -; **re|ak|tio|när** (↑ R 180) ⟨franz.⟩ (Gegenwirkung erstre-bend od. ausführend; abwertend für: nicht fortschrittlich); **Re|ak-tio|när** der; -s, -e; ↑ R 180 (jmd., der sich jeder fortschrittl. Ent-wicklung entgegenstellt); **re|ak-ti|ons|fä|hig; Re|ak|ti|ons_ge-schwin|dig|keit,** ...psy|cho|se; **re-ak|ti|ons_schnell,** ...trä|ge; **Re-ak|ti|ons_turm** (Technik), ...zeit; **re|ak|tiv** (lat.) (rückwirkend; auf Reize reagierend); **re|ak|ti|vie-ren** [...wir⁴n] (wieder in Tätigkeit setzen; wieder anstellen; chem. wieder umsetzungsfähig ma-chen); **Re|ak|ti|vie|rung; Re|ak-ti|vi|tät** die; -, -en (Subst. zu: re-aktiv); **Re|ak|tor** der; -s, ...oren (Vorrichtung, in der eine chemi-sche od. eine Kernreaktion ab-läuft); **Re|ak|tor|phy|sik**

re|al ⟨lat.⟩ (wirklich, tatsächlich; dinglich, sachlich)

¹**Re|al** der; -s, (span.:) -es u. ...reis (port.:) Reis (span. u. port.) (alte span. u. port. Münze)

Re|al *das;* -[e]s, -e (mdal. für: Regal [Gestell mit Fächern])

Re|al_akt *(der;* -[e]s, -e; Rechtsw.), ...ein|kom|men, ...en|zy|klo|pä|die (Sachwörterbuch)

Re|al|gar *der;* -s, -e ⟨arab.⟩ (ein Mineral)

Re|al|ge|mein|de (land- od. forstwirtschaftliche Genossenschaft)

Re|al|gym|na|si|um (Form der höheren Schule); Re|al|li|en¹ [...*iⁿ*] *Plur.* ⟨lat.⟩ (wirkliche Dinge; naturwissenschaftliche Unterrichtsfächer; Sachkenntnisse); Re|al|li|en|buch¹; Re|al_in|dex (veralt. für: Sachverzeichnis), ...in|ju|rie [...*iᵉ*] (Rechtsw.: tätliche Beleidigung); Re|al|li|sa|ti|on¹ [...*zion*] *die,* -, -en (Verwirklichung; Wirtsch.: Umwandlung in Geld); Re|al|li|sa|tor¹ *der;* -s, ...oren (Fernsehjournalist); re|al|li|sier|bar¹; Re|al|li|sier|bar|keit¹ *die;* -; re|al|li|sie|ren¹ (verwirklichen; erkennen, begreifen; Wirtsch.: in Geld umwandeln); Re|al|li|sie|rung¹; Re|al|lis|mus¹ *der;* - ([nackte] Wirklichkeit; Kunstdarstellung des Wirklichen; Wirklichkeitssinn; Bedachtsein auf die Wirklichkeit, den Nutzen); Re|al|list *der;* -en, -en (↑R 197); Re|al|li|stik *die;* - ([ungeschminkte] Wirklichkeitsdarstellung); re|al|li|stisch¹; -ste; Re|al|li|tät¹ *die;* -, -en (Wirklichkeit, Gegebenheit); Re|al|li|tä|ten¹ *Plur.* (Gegebenheiten; bes. österr. auch für: Grundstücke, Häuser); Re|al|li|tä|ten|händ|ler¹ (österr. für: Grundstücksmakler); Re|al|li|täts_an|pas|sung, ...sinn *(der;* -[e]s); re|al|li|ter¹ (in Wirklichkeit); Re|al_ka|pi|tal, ...ka|ta|log (Bibliotheksw.), ...kon|kor|danz (Theol.), ...kon|kur|renz (Rechtsw.), ...kon|trakt (Rechtsw.), ...kre|dit, ...last (meist *Plur.),* ...le|xi|kon (Sachwörterbuch), ...lohn; Re|al|lo¹ *der;* -s, -s (ugs.: Realpolitiker, pragmatischer Politiker [bes bei den Grünen]); Re|al_po|li|tik (Politik auf realen Grundlagen), ...pro|dukt (Wirtsch.), ...schu|le (Schule, die mit der 10. Klasse u. der mittleren Reife abschließt), ...schü|ler, ...steu|er *(die;* meist *Plur.),* ...wert, ...wör|ter|buch (Sachwörterbuch)

ᵉre|ama|teu|ri|sie|ren [...*tö...*] (Sport); der Berufsboxer hatte sich - lassen

Re|ani|ma|ti|on [...*zion*] *die,* -, -en ⟨lat.⟩ (Med. für: Wiederbelebung); Re|ani|ma|ti|ons_zen|trum; re|ani|mie|ren (wiederbeleben)

Trenn.: Vgl. R 180.

Re|au|mur [*reomür*] ⟨nach dem franz. Physiker Réaumur⟩ (Einheit der Grade beim heute veralteten 80teiligen Thermometer; Zeichen: R; fachspr.: °R); 3 °R (fachspr.: 3 °R)

Reb|bach vgl. Reibach

Reb|bau *der;* -[e]s; Reb|berg; Re|be *die;* -, -n

Re|bek|ka (w. Vorn.)

Re|bell *der;* -en, -en (↑R 197) ⟨franz.⟩ (Aufrührer, Aufständischer); re|bel|lie|ren; Re|bel|li|on *die;* -, -en; re|bel|lisch; -ste

re|beln ([Trauben u. a.] abbeeren); ich ...[e]le (↑R 22); vgl. Gerebelte; Re|ben_blü|te, ...hü|gel, ...saft *(der;* -[e]s), ...ver|ede|lung od. ...ver|ed|lung

Reb|hendl *das;* -s, -n (österr. neben: Rebhuhn); Reb|huhn [auch: *räp...;* österr. nur: *rep...*]

Reb|laus (ein Insekt); Reb|ling (Rebenschößling)

Re|bound [*ribaunt*] *der;* -s, -s ⟨engl.⟩ (Basketball: vom Brett od. Korbring abprallender Ball)

Reb|schnitt

Reb|schnur *die,* -, ...schnüre (österr. für: starke Schnur) *(Plur.* ...stöcke)

Re|bus *der* od. *das;* -, -se ⟨lat.⟩ (Bilderrätsel)

Rec. = recipe

Re|cei|ver [*rißiwᵉr*] *der;* -s, - ⟨engl.⟩ (Kombination von Rundfunkempfänger u. Verstärker für Hi-Fi-Wiedergabe)

Re|chaud [*rescho*] *der* od. *das;* -s, -s ⟨franz.⟩ (Wärmeplatte; südd., österr. u. schweiz für: [Gas]kocher)

re|chen (südd., österr., schweiz. u. mitteld. für: harken); gerecht; Re|chen *der;* -s, - (südd., österr., schweiz. u. mitteld. für: Harke)

Re|chen|ei vgl. Rechenei; rech|nen; gerechnet; Rech|nen *das;* -s; Rech|ner; Rech|ne|rei (ugs.); rech|ner|ge|steu|ert; rech|ne|risch; Rech|nung; einer Sache - tragen; Rech|nungs_ab|gren|zung

(in der Buchführung), ...ab|gren|zungs|po|sten, ...ab|la|ge, ...amt, ...art, ...be|trag, ...block (vgl. Block), ...buch, ...ein|heit (Währungswesen), ...füh|rer (Buchhalter), ...füh|rung, ...hof, ...jahr, ...le|gung, ...num|mer, ...po|sten, ...prü|fer, ...prü|fung, ...we|sen *(das;* -s)

recht; erst recht; das ist [mir] durchaus, ganz, völlig recht; das geschieht ihm recht; es ist recht und billig; ich kann ihm nichts recht machen; gehe ich recht in der Annahme, daß ...; rechter Hand; (übertr.:) jmds. rechte Hand sein; rechter Winkel. *Großschreibung* (↑R 65): du bist mir der Rechte; an den Rechten kommen; das Rechte treffen, tun; zum, nach dem Rechten sehen; etwas, nichts Rechtes können, wissen; vgl. auch: zurecht usw.; **Recht** *das;* -[e]s, -e; mit, ohne Recht; nach Recht und Gewissen; zu Recht bestehen, erkennen; Recht finden, sprechen, suchen; im Recht[e] sein; ein Recht haben, verleihen, geben; von Rechts wegen; vgl. auch: Rechtens. *Kleinschreibung* (↑R 64): recht behalten, recht bekommen, erhalten, geben, haben, sein, tun; vgl. auch: rechtens; **recht|dre|hend** (Meteor.); -er Wind (sich in Uhrzeigerrichtung drehender Wind, z. B. von Nord auf Nordost; Ggs: rückdrehend); **Rech|te** *die;* -n, -n; ↑R 7 ff. (rechte Hand; rechte Seite; Politik: Bez. der rechtsstehenden Parteien für eine rechtsstehende Gruppe einer Partei); zur -n; in meiner -n; ein kräftiger Druck seiner -n; (Boxen:) er traf ihn mit einer blitzschnellen -n; (Politik:) die gemäßigte, äußerste -; er gehört der -n an; **Recht|eck; recht|eckig** [*Trenn.:* ...ek|kig]; **Recht|e|hand|re|gel** *die;* - (Physik); **rech|ten; rech|tens** (zu Recht); er wurde - verurteilt; **Rech|tens**; es ist - ; etwas für - halten; **rech|ter Hand; rech|ter|seits**

recht|fer|ti|gen; er hat sich vor ihm gerechtfertigt; durch seine Worte bist du gerechtfertigt; **Recht|fer|ti|gung; Recht|fer|ti|gungs_schrift, ...ver|such**

recht|gläu|big; Recht|gläu|big|keit *die;* -

Recht|ha|be|rei *die;* -; **recht|ha|be|risch;** -ste

Recht|kant *das* od. *der;* -[e]s, -e

recht|läu|fig (Astron.: entgegen dem Uhrzeigersinn laufend)

recht|lich; -es Gehör (Rechtsw.: verfassungsrechtl. garantierter Anspruch des Staatsbürgers, seinen Standpunkt vor Gericht vorzubringen); Recht|lich|keit die; -; recht|los; Recht|lo|sig|keit die; -; recht|mä|ßig; Recht|mä|ßig|keit die; -

rechts (Abk.: r.); - von mir, - vom Eingang; von -, nach -; von - nach links; an der Kreuzung gilt - vor links; er weiß nicht, was - und was links ist; rechts um! (milit. Kommando; vgl. aber: rechtsum); auch mit Gen.: - des Waldes; - der Isar, des Mains; Rechts|ab|bie|ger (Verkehrsw.)

Rechts_an|ge|le|gen|heit, ...an|spruch, ...an|walt, ...an|wäl|tin; Rechts|an|walt[s]_bü|ro, ...kammer; Rechts_an|wen|dung, ...auf|fas|sung

Rechts_aus|la|ge (Sport), ...aus|le|ger (Sport); rechts|au|ßen (Sport); - stürmen, spielen; Rechts|au|ßen der; -, - (Sport); er spielt -

rechts|be|flis|sen (veralt., noch scherzh.); Rechts_bei|stand, ...be|leh|rung, ...be|ra|ter, ...be|ra|tung, ...be|schwer|de, ...beu|gung, ...bre|cher, ...bruch der rechts|bün|dig

recht|schaf|fen; ein -er Beruf, aber († R 65): etwas Rechtschaffenes lernen; Recht|schaf|fen|heit die; -

Recht|schreib|buch, Recht|schrei|be|buch; recht|schrei|ben (nur im Infinitiv gebr.); er kann nicht rechtschreiben, aber: er kann nicht recht schreiben (er schreibt unbeholfen); Recht|schrei|ben das; -s; Recht|schreib_feh|ler, ...fra|ge; recht|schreib|lich; Recht|schreib|re|form; Recht|schrei|bung

Rechts|drall der; -[e]s, -e; rechts_dre|hend, aber: nach rechts drehend; vgl. rechtdrehend; Rechts_dre|hung

Rechts|emp|fin|den

Recht|ser (ugs. für: Rechtshänder) rechts|er|fah|ren

rechts|ex|trem; Rechts_ex|tre|mis|mus (der; -), ...ex|tre|mist

rechts|fä|lig; Rechts|fä|hig|keit die; -; Rechts_fall der, ...gang (der; für: gerichtl. Verfahren); Rechts|ge|lehr|sam|keit (veralt.); rechts|ge|lehrt; Rechts_ge|lehr|te, ...ge|schäft; rechts|ge|schäft|lich; Rechts|ge|schich|te

Rechts|ge|win|de

Rechts_grund, ...grund|satz; rechts|gül|tig; Rechts|gül|tig|keit die; -; Rechts_gut, ...han|del (vgl. ²Handel)

Rechts|hän|der; rechts|hän|dig; Rechts|hän|dig|keit die; -

rechts|hän|gig (gerichtlich noch nicht abgeschlossen)

rechts|her, aber: von rechts her; rechts|her|um; rechtsherum dre-

---

hen, aber: nach rechts herum-drehen

Rechts|hil|fe; Rechts|hil|fe_ab|kom|men, ...ord|nung

rechts|hin, aber: nach rechts hin

Rechts|kon|su|lent der; -en, -en; († R 197 (svw. Rechtsbeistand);

Rechts|kraft die; -; formelle (äußere) -; materielle (sachliche) -; rechts|kräf|tig; rechts|kun|dig

Rechts|kur|ve

Rechts|la|ge

rechts_la|stig, ...läu|fig

Rechts_leh|re, ...mit|tel das, ...mit|tel|be|leh|rung, ...nach|fol|ge, ...nach|fol|ger, ...norm, ...ord|nung

Rechts|par|tei

Rechts_pfle|ge (die; -), ...pfle|ger, ...phi|lo|so|phie; Recht|spre|chung

rechts|ra|di|kal; Rechts|ra|di|ka|lis|mus; rechts|rhei|nisch (auf der rechten Rheinseite)

Rechts_sa|che, ...satz, ...schrift, ...schutz; Rechts|schutz|ver|si|che|rung

rechts|sei|tig; - gelähmt

Rechts_set|zung¹, ...si|cher|heit, ...spra|che, ...spruch, ...staat (Plur. ...staaten); rechts|staat|lich; Rechts|staat|lich|keit die; -

rechts|ste|hend (auch Politik)

Recht|stel|lung, ...streit, ...ti|tel; recht|su|chend; der -e Bürger († R 209)

rechts|uf|rig; rechts|um [auch: rechzum]; - machen; rechtsum! (vgl. aber: rechts); rechts|um|kehrt (schweiz.); - machen (sich um 180° drehen)

Rechts|un|si|cher|heit

Rechts|un|ter|zeich|ne|te; vgl. Unterzeichnete

rechts|ver|bind|lich; Rechts_ver|bind|lich|keit, ...ver|dre|her (abschätzig), ...ver|fah|ren

Rechts|ver|kehr

Rechts_ver|let|zung, ...ver|ord|nung, ...ver|wei|ge|rung, ...vor|schlag (schweiz. für: Widerspruch gegen Zwangsvollstreckung), ...weg

Rechts|wen|dung

rechts|wid|rig; Rechts|wis|sen|schaft

recht|win|ke|lig, recht|wink|lig

recht|zei|tig; Recht|zei|tig|keit die; -

Re|ci|fe [reßifi] (Hptst. von Pernambuco)

re|ci|pe! [rezipe] ⟨lat.⟩ („nimm!" [auf ärztl. Rezepten]; Abk.: Rec. u. Rp.)

re|ci|tan|do [retschi...] ⟨ital.⟩ (vortragend, sprechend, rezitierend)

Reck das; -[e]s, -e, (auch:) -s (ei[n] Turngerät)

Recke¹ der; -n, -n; † R 197 (alter[tüml. Bez. für: Held, Krieger)

recken¹; Wäsche - (landsch. für geradelegen); sich -

Recken|art¹ die; -; recken|haft¹

Reck|ling|hau|sen (Stadt im Ruhrgebiet); Reck|ling|häu|ser († R 147)

Reck_stan|ge, ...tur|nen, ...übun[g

Re|clam (Familienn.); Re|clam[band|chen; † R 135 ⟨nach dem Verleger⟩

Re|cor|der [engl. Ausspr.: rikå'd'[e] der; -s, - ⟨engl.⟩ (Tonaufnahme[u. -wiedergabegerät)

re|ci|te [räkt'[e] ⟨lat.⟩ (veralt. für: rich[tig); Rec|to vgl. Rekto

Rec|tor ma|gni|fi|cus [- ...kuß] der[- -, ...ores ...fici [...zi] ⟨lat.⟩ (Tite[des Hochschulrektors)

Re|cy|cling [rißaik...] das; - ⟨engl.⟩ (Wiederverwendung bereits benutzter Rohstoffe); Re[cy|cling|pa|pier

Re|dak|teur [...tör] der; -s, - ⟨franz.⟩ (Schriftleiter; jemand der Beiträge für die Veröffentl[i]chung [in Zeitungen, Zeitschri[ften] bearbeitet); Re|dak|teu|ri[n [...örin] die; -, -nen; Re|dak|ti|o[n [...zion] die; -, -en (Tätigkeit de[Redakteurs; Gesamtheit der Re[dakteure u. deren Arbeitsraum[; re|dak|tio|nell; † R 180 (die Re[daktion betreffend; von der Re[daktion stammend); Re|dak|ti[ons_ge|heim|nis, ...schluß (de[...usses); Re|dak|tor der; -s[...oren ⟨lat.⟩ (Herausgebe[schweiz. auch svw. Redakteur)

Red|der der; -s, - (niederd. für: en[ger Weg zwischen zwei Hecken[

Red|di|ti|on [...zion] die; -, -en ⟨lat[(veralt. für: Rückgabe)

Re|de die; -, -n; und Antwort ste[hen; in - stehen, zur - stellen; Re[de_blü|te, ...du|ell, ...fi|gu[r...fluß, ...frei|heit (die; -), ...ga[b[(die; -); re|de|ge|wandt; -este; Re[de_ge|wandt|heit, ...kunst

Red|emp|to|rist der; -en, -e[(† R 197) ⟨lat.⟩ (Angehöriger eine[kath. Kongregation)

re|den; gut - haben; von sich - ma[chen; († R 68:) jmdn. zum Rede[bringen; nicht viel Redens vo[einer Sache machen; Re|dens[art; re|dens|art|lich; Re|de|re[(ugs.); Re|de_schwall, ...strom[...ver|bot, ...wei|se die, ...wen[dung

re|di|gie|ren ⟨franz.⟩ (druckferti[machen; abfassen; bearbeiten[als Redakteur tätig sein)

Re|din|go|te [redä_{ng}got] die; -, -[[...t'n], auch; der; -[s], -s ⟨franz[

---

¹ Schreibung im Grundgesetz der Bundesrepublik Deutschland: Recht|set|zung.

¹ Trenn.: ...k|k...

(taillierter Damenmantel mit Reverskragen); re|dis|kon|tie|ren ⟨ital.⟩ ([einen diskontierten Wechsel] an- od. weiterverkaufen); Re|dis|kon|tie|rung

re|di|vi|vus [...wiwuß] ⟨lat.⟩ (wiedererstanden)

red|lich; Red|lich|keit die; -
Red|ner; Red|ner|büh|ne; Red|nerin die; -, -nen; red|ne|risch; Redner.pult, ...tri|bü|ne

Re|dou|te [...dut⁽ᵉ⁾] die; -, -n ⟨franz.⟩ (früher: geschlossene Schanze; österr., sonst veralt. für: Maskenball)

re|dres|sie|ren ⟨franz.⟩ (Med.: wieder einrenken)

red|se|lig; Red|se|lig|keit die; -
Re|duit [redüi] das; -s, -s ⟨franz.⟩ (früher: Verteidigungsanlage im Kern einer Festung)

Re|duk|ti|on [...zion] die; -, -en ⟨lat.⟩ (Substantiv zu: reduzieren); Re|duk|ti|ons.di|ät, ...mit|tel (das; Chemie), ...ofen (Technik), ...tei|lung (Biol.)

red|un|dant; -este ⟨lat.⟩ (überreichlich, üppig; weitschweifig); Red|un|danz die; -, -en (Überfluß, Überladung [einer Aussage, einer Information mit überflüssigen Sprach- bzw. Informationselementen]); red|un|danz|frei

Re|du|pli|ka|ti|on [...zion] die; -, -en ⟨lat.⟩ Sprachw.: Verdopplung eines Wortes oder einer Anlautsilbe, z. B. „Bonbon"); re|du|pli|zie|ren

re|du|zie|ren ⟨lat.⟩ (zurückführen; herabsetzen, einschränken; vermindern; Chemie: Sauerstoff entziehen); Re|du|zie|rung; Re|du|zier|ven|til ⟨franz.⟩

Ree!, Rhe! (Segelkommando)
Ree|de die; -, -n (Ankerplatz vor dem Hafen); Ree|der (Schiffseigner); Ree|de|rei (Schiffahrtsunternehmen); Ree|de|rei|flag|ge

re|ell ⟨franz.⟩ (zuverlässig; ehrlich; redlich); (Math.:) -e Zahlen; Re|el|li|tät [re-ä...] die; -

Reep [rep] das; -[e]s, -e (niederd. für: Seil, Tau); Ree|per|bahn (niederd. für: Seilerbahn; Straße in Hamburg); Reep|schlä|ger (niederd. für: Seiler); vgl. Rebschnur

Reet das; -s (niederd. für: Ried); Reet|dach

REFA = Reichsausschuß für Arbeitszeitermittlung (seit 1924), Reichsausschuß für Arbeitsstudien (seit 1936), heute (seit 1948): Verband für Arbeitsstudien, REFA e. V.; REFA-Fachmann (↑R 38); REFA-Leh|re

Re|fak|tie [refakzi⁽ᵉ⁾] die; -, -n (niederl.) (Gewichts- oder Preisabzug wegen beschädigter oder fehler-

hafter Waren; Frachtnachlaß, Rückvergütung); re|fak|tie|ren (Frachtnachlaß gewähren)

Re|fek|to|ri|um das; -s, ...ien [...i⁽ᵉ⁾n] ⟨lat.⟩ (Speisesaal [in Klöstern])

Re|fe|rat das; -[e]s, -e ⟨lat.⟩ (Bericht, Vortrag, [Buch]besprechung; Sachgebiet eines Referenten); Re|fe|ree [räf⁽ᵉ⁾ri, auch: räf⁽ᵉ⁾ri] der; -s, -s ⟨engl.⟩ (Schiedsrichter; Boxen: Ringrichter); Re|fe|ren|dar der; -s, -e ⟨lat.⟩ (Anwärter auf die höhere Beamtenlaufbahn nach der ersten Staatsprüfung); Re|fe|ren|da|ri|at das; -[e]s, -e (Vorbereitungsdienst für Referendare); Re|fe|ren|da|rin die; -, -nen; Re|fe|ren|dum das; -s, ...den u. ...da (Volksabstimmung, Volksentscheid [insbes. in der Schweiz]); Re|fe|rent der; -en, -en; ↑R 197 (Berichterstatter; Sachbearbeiter); vgl. aber: Reverend; Re|fe|ren|tin die; -, -nen; Re|fe|renz die; -, -en (Beziehung, Empfehlung; auch: jmd., der eine - erteilt); vgl. aber: Reverenz; Re|fe|ren|zen|li|ste; re|fe|rie|ren ⟨franz.⟩ (berichten; vortragen; [ein Buch] besprechen)

¹Reff das; -[e]s, -e (ugs. abschätzig für: alte Frau)

²Reff das; -[e]s, -e (landsch. für: Rückentrage)

³Reff das; -[e]s, -s (Seemannsspr.: Vorrichtung zum Verkürzen eines Segels); ref|fen

Re|fla|ti|on [...zion] die; -, -en ⟨lat.⟩ (Erhöhung der im Umlauf befindlichen Geldmenge)

Re|flek|tant der; -en, -en (↑R 197) ⟨lat.⟩ (Bewerber; Kauflustiger); re|flek|tie|ren ([zu]rückstrahlen, wiedergeben, spiegeln; nachdenken, erwägen; in Betracht ziehen; Absichten haben auf etwas); Re|flek|tor der; -s, ...oren ([Hohl]spiegel; Teil einer Richtantenne; Fernrohr mit Parabolspiegel); re|flek|to|risch (durch einen Reflex bedingt, Reflex...); Re|flex der; -es, -e ⟨franz.⟩ (Widerschein, Rückstrahlung zerstreuten Lichts; unwillkürliches Ansprechen auf einen Reiz); Re|flex|be|we|gung; Re|fle|xi|on die; -, -en ⟨lat.⟩ (Rückstrahlung von Licht, Schall, Wärme u. a.; Vertiefung in einen Gedankengang, Betrachtung); Re|fle|xi|ons|win|kel (Physik); re|fle|xiv (Psych.: durch Reflexion gewonnen, durch [Nach]denken u. Erwägen; Sprachw.: rückbezüglich); -es Verb (rückbezügliches Verb, z. B. „sich schämen"); Re|fle|xiv das; -s, -e [...w⁽ᵉ⁾] (svw. Reflexivpronomen); Re|fle|xiv|pro|no|men (Sprachw.: rückbezügliches

Fürwort, z. B. „sich" in: „er wäscht sich"); Re|fle|xi|vum [...iwum] das; -s, ...va [...wa] (älter für: Reflexivpronomen); Re|flex|schal|tung (Elektrotechnik: Wendeschaltung)

Re|form die; -, -en ⟨lat.⟩ (Umgestaltung; Verbesserung des Bestehenden; Neuordnung); re|form. = reformiert; Re|for|ma|ti|on [...zion] die; -, -en ⟨lat.⟩ (Umgestaltung; [nur Sing.:] christl. Glaubensbewegung des 16. Jh.s, die zur Bildung der ev. Kirchen führte); Re|for|ma|ti|ons.fest, ...zeit (die; -), ...zeit|al|ter (das; -s); Re|for|ma|tor der; -s, ...oren; re|for|ma|to|risch; re|form|be|dürf|tig; Re|form.be|stre|bung (meist Plur.), ...be|we|gung; Re|for|mer der; -s, - ⟨engl.⟩ (Verbesserer, Erneuerer); re|for|me|risch; re|form|freu|dig; Re|form|haus; re|for|mie|ren ⟨lat.⟩; re|for|miert (Abk.: reform.); -e Kirche (↑R 157); Re|for|mier|te der u. die; -n, -n; ↑R 7 ff. (Anhänger[in] der reformierten Kirche); Re|for|mie|rung; Re|for|mis|mus der; - (Bewegung zur Verbesserung eines Zustandes od. Programms; im kommunistischen Sprachgebrauch: Bewegung innerhalb der Arbeiterklasse, die soziale Verbesserungen durch Reformen, nicht durch Revolutionen erreichen will); Re|for|mist der; -en, -en (↑R 197); re|for|mi|stisch; Re|form.klei|dung, ...kon|zil, ...kost, ...po|li|tik, ...wa|re (meist Plur.)

Re|frain [r⁽ᵉ⁾fräng] der; -s, -s ⟨franz.⟩ (Kehrreim)

re|frak|tär ⟨lat.⟩ (Med.: unempfindlich; unempfänglich für neue Reize); Re|frak|ti|on [...zion] die; -, -en ([Strahlen]brechung an Grenzflächen zweier Medien); Re|frak|to|me|ter das; -s, - (Optik: Gerät zur Messung des Brechungsvermögens); Re|frak|tor der; -s, ...oren (aus Linsen bestehendes Fernrohr); Re|frak|tu|rie|rung (Med.: erneutes Brechen eines schlecht geheilten Knochens)

Re|fri|ge|ra|tor der; -s, ...oren ⟨lat.⟩ (Kühler; Gefrieranlage)

Re|fu|gié [refüschie] der; -s, -s ⟨franz.⟩ (Flüchtling, bes. aus Frankreich geflüchteter Protestant [17. Jh.]); Re|fu|gi|um das; -s, ...ien [...i⁽ᵉ⁾n] ⟨lat.⟩ (Zufluchtsort)

re|fun|die|ren ⟨lat.⟩ (österr. für: [Spesen, Auslagen] ersetzen, zurückerstatten)

Re|fus, Re|füs [r⁽ᵉ⁾fü] der; - [r⁽ᵉ⁾fü(ß)], - [r⁽ᵉ⁾füß] ⟨franz.⟩ (veralt. für: abschlägige Antwort, Ablehnung;

Weigerung); re|fü|sie|ren (veralt.)

Reg. = Regiment

Reg die; -, - ⟨hamit.⟩ (Geröllwüste)

¹Re|gal das; -s, -e ([Bücher-, Waren]gestell mit Fächern; Druckw.: Schriftkastengestell)

²Re|gal das; -s, -e ⟨franz.⟩ (kleine, nur aus Zungenstimmen bestehende Orgel; Zungenregister der Orgel)

³Re|gal das; -s, ...lien [...i‘n] (meist Plur.) ⟨lat.⟩ ([wirtschaftlich nutzbares] Hoheitsrecht, z. B. Zoll-, Münz-, Postrecht)

Re|gal|brett

re|ga|lie|ren ⟨franz.⟩ (mdal. für: reichlich bewirten; sich an etwas satt essen, gütlich tun)

Re|ga|li|tät die; -, -en ⟨lat.⟩ (veralt. für: Anspruch auf Hoheitsrechte)

Re|gal_teil, ...wand

Re|gat|ta die; -, ...tten ⟨ital.⟩ (Bootswettkampf); **Re|gat|ta-strecke** [Trenn.: ...strek|ke]

Reg.-Bez. = Regierungsbezirk (↑R 38)

re|ge; reger, regste; - sein, werden; er ist körperl. und geistig -

Re|gel die; -, -n ⟨lat.⟩; **Re|gel|an-fra|ge** (Amtsspr.); **re|gel|bar; Re-gel|blu|tung; Re|gel|de|tri** die; - (Dreisatzrechnung); **re|gel|los,** -este; **Re|gel|lo|sig|keit; re|gel-mä|ßig;** regelmäßige Verben; (Sprachw.); **Re|gel|mä|ßig|keit; re|geln;** ich ...[e]le (↑R 22); sich -; **re|gel|recht;** -este; **Re|gel_satz** (Grundeinheit für die Bemessung von Sozialhilfeleistungen), **...schu|le, ...stu|di|en|zeit, ...tech-nik, ...tech|ni|ker; Re|ge|lung, Reg|lung; Re|ge|lungs|tech|nik; re|gel|wid|rig; Re|gel|wid|rig|keit**

re|gen; sich -; sich - bringt Segen

Re|gen der; -s, -; **re|gen|arm;** ...ärmer, ...ärmste; **Re|gen|bo|gen; Re|gen|bo|gen|far|ben** Plur.; in allen - schillern; **re|gen|bo|gen-_far|ben** od. **...far|big; Re|gen-bo|gen|haut** (für: ²Iris); **Re|gen-bo|gen|haut|ent|zün|dung; Re-gen|bo|gen_pres|se** (vorwiegend triviale Unterhaltung, Gesellschaftsklatsch, Sensationsmeldungen u. a. druckende Wochenzeitschriften), **...tri|kot** (das; Trikot des Radweltmeisters); **Re-gen|dach; re|gen|dicht;** -este

Re|ge|ne|rat das; -[e]s, -e ⟨lat.⟩ (durch chem. Aufbereitung gewonnenes Material); **Re|ge|ne-ra|ti|on** [...zion] die; -, -en (Neubildung [tier. od. pflanzl. Körperteile und zerstörter menschl. Körpergewebe]; Neubelebung, Wiederherstellung); **re|ge|ne|ra-tions|fä|hig; Re|ge|ne|ra|ti|vofen** (Speicher-, Vorwärmeofen); **Re-ge|ne|ra|tor** der; -s, ...oren (Wärmespeicher; Luftvorwärmer); **re|ge|ne|rie|ren** (wiedererzeugen, wieder wirksam machen)

Re|gen.fall der, **...faß, ...guß, ...haut** (⟲): wasserdichter Regenmantel), **...kar|te, ...man|tel, ...men|ge; re|gen|naß; Re|gen-pfei|fer** (ein Vogel); **re|gen|reich**

Re|gens der; -, Regentes u. ...enten ⟨lat.⟩ (Vorsteher, Leiter [bes. kath. Priesterseminare])

Re|gens|burg (Stadt an der Donau); **¹Re|gens|bur|ger** (↑R 147); - Domspatzen; **²Re|gens|bur|ger** die; - (Wurstsorte)

Re|gen_schat|ten (die regenarme Seite eines Gebirges), **...schau|er** der, **...schirm**

Re|gens cho|ri [- ko...] der; - -, Re-gentes - ⟨lat.⟩ (Chorleiter in der kath. Kirche); **Re|gens|cho|ri** [...ko...] der; -, - (österr. für: Regens chori)

re|gen|schwer; -e Wolken

Re|gent der; -en, -en (↑R 197) ⟨lat.⟩ (Staatsoberhaupt; Herrscher)

Re|gen|tag

Re|gen|tes (Plur. von: Regens)

Re|gen|tin die; -, -nen

Re|gen.ton|ne, ...trop|fen

Re|gent|schaft; Re|gent|schafts-rat (Plur. ...räte)

Re|gen.wald (Geogr.), **...was|ser** (das; -s), **...wet|ter** (das; -s), **...wol|ke, ...wurm, ...zeit**

Re|ger, Max (dt. Komponist)

Re|gest das; -[e]s, -en (meist Plur.) ⟨lat.⟩ (zusammenfassende Inhaltsangabe einer Urkunde)

Reg|gae [...ge‘] der; - ⟨engl.⟩ (auf Jamaika entstandene Stilrichtung der Popmusik)

Re|gie [reschi] die; - ⟨franz.⟩ (Spielleitung [bei Theater, Film, Fernsehen usw.]; Verwaltung); **Re-gie_an|wei|sung, ...as|si|stent, ...be|trieb** (Betrieb der öffentlichen Hand), **...feh|ler, ...ko|sten** (Plur.: Verwaltungskosten); **re-gie|lich; Re|gi|en** [reschi‘n] Plur. (österr. für: Regie-, Verwaltungskosten)

re|gie|ren ⟨lat.⟩ (lenken; [be]herrschen; Sprachw.: einen bestimmten Fall fordern); (↑R 75:) Regierender Bürgermeister (im Titel, sonst: regierender Bürgermeister); **Re|gie|rung; Re|gie-rungs.bank** (Plur. ...bänke), **...be-am|te, ...be|zirk** (Abk.: Reg.-Bez.), **...bil|dung, ...chef, ...di-rek|tor, ...er|klä|rung; Re|gie-rungs|fä|hig; Re|gie|rungs|form; re|gie|rungs|freund|lich; Re|gie-rungs.koa|li|ti|on** (↑R 180), **...kri-se, ...par|tei, ...prä|si|dent, ...prä-si|di|um, ...rat** (Plur. ...räte; [höherer] Verwaltungsbeamter [Abk.: Reg.-Rat]; schweiz. für: Kantonsregierung und deren Mitglied); **re|gie|rungs|sei|tig** (Amtsbl.: von [seiten] der Regierung); **Re|gie|rungs.sitz, ...spre-cher, ...sy|stem; re|gie|rungs-treu;** -[e]ste; **Re|gie|rungs_um-bil|dung, ...vor|la|ge, ...wech|sel, ...zeit; Re|gier|werk** (die Einzelpfeifen der Orgel, Manuale u. Pedale, Traktur, Registratur)

Re|gime [...schim] das; -s, - [re-schim‘] (selten noch: -s) ⟨franz.⟩ (abwertend für: [diktatorische] Regierungsform; Herrschaft); **Re|gime|kri|ti|ker**

Re|gi|ment das; -[e]s, -e u. (Truppeneinheiten:) -er ⟨lat.⟩ (Regierung; Herrschaft; größere Truppeneinheit; Abk.: R., Reg[t]., Rgt.); **re|gi|men|ter|wei|se; Re|gi-ments_arzt, ...kom|man|deur, ...stab**

Re|gi|na (w. Vorn.)

Re|gi|nald, Rei|nald (m. Vorn.)

Re|gi|ne (w. Vorn.)

Re|gi|on die; -, -en ⟨lat.⟩ (Gegend; Bereich); **re|gio|nal;** ↑R 180 (gebietsmäßig, -weise); **Re|gio|na-lis|mus** der; -; ↑R 180 (Ausprägung landschaftlicher Sonderbestrebungen; Heimatkunst der Zeit nach 1900); **Re|gio|na|list** der; -en, -en; ↑R 197, R 180 (Verfechter des Regionalismus); **Re-gio|nal_li|ga** (↑R 180; Sport), **...pla|nung** (Planung der räumlichen Ordnung und Entwicklung einer Region), **...pro|gramm** (Rundfunk, Fernsehen)

Re|gis|seur [reschißör] der; -s, -e ⟨franz.⟩ (Spielleiter [bei Theater, Film, Fernsehen usw.]); **Re|gis-seu|rin** die; -, -nen

Re|gi|ster das; -s, - ⟨lat.⟩ ([alphabet. Inhalts]verzeichnis, Sach-oder Wortweiser, Liste; Stimmenzug bei Orgel und Harmonium); **Re|gi|ster|hal|ten** das; -s (Druckw.: genaues Aufeinanderpassen der Farben beim Mehrfarbendruck od. von Vorder- und Rückseite); **Re|gi|ster|ton|ne** (früher für: Raumzahl); **Re|gi-stra|tor** der; -s, ...oren (früher für: Register führender Beamter; auch: Ordner[mappe]); **Re|gi-stra|tur** die; -, -en (Aufbewahrungsstelle für Akten; Aktengestell, -schrank; die die Register und Koppeln auslösende Schaltvorrichtung bei Orgel und Harmonium); **Re|gi|strier|bal|lon** ([unbemannter] mit Meßinstrumenten bestückter Treibballon zur Erforschung der höheren Luftschichten); **re|gi|strie|ren** ([in ein Register] eintragen; selbsttätig aufzeichnen; einordnen); übertr. für: bewußt wahrnehmen; bei Orgel u. Harmonium Stimmkombinationen einschalten, Register ziehen); Re|gi|strier|kas|se; Re|gi|strie|rung

Re|gle|ment [regl'mãŋ] schweiz.: ...mänt; österr.: reglmãŋ] das; -s, -s und (schweiz.:) -e ‹franz.› ([Dienst]vorschrift; Geschäftsordnung); re|gle|men|ta|risch (den Vorschriften, Bestimmungen genau entsprechend); re|gle|men|tie|ren (durch Vorschriften regeln); Re|gle|men|tie|rung; re|gle|ment.mä|ßig (vorschriftsmäßig), ...wid|rig

Reg|ler

Re|glet|te die; -, -n ‹franz.› (Druckw.: Bleistreifen für den Zeilendurchschuß)

reg|los

Reg|lung, Re|ge|lung

reg|nen; Reg|ner (Bewässerungsgerät); reg|ne|risch; -ste

Reg.-Rat = Regierungsrat (↑R 38)

Re|greß der; ...gresses, ...gresse ‹lat.› (Ersatzanspruch, Rückgriff); Re|greß|an|spruch (Ersatzanspruch); Re|gres|si|on die; -, -en (Rückbildung, -bewegung); re|gres|siv (zurückgehend, rückläufig; rückwirkend; rückschrittlich); Re|greß|pflicht; re|greß|pflich|tig

reg|sam; Reg|sam|keit die; -

Regt., Rgt., R. = Regiment

Re|gu|la (w. Vorn.)

Re|gu|lar der; -s, -e ‹lat.› (Mitglied eines katholischen Ordens); re|gu|lär (der Regel gemäß; vorschriftsmäßig, üblich); -es System (Mineralogie; Kristallsystem mit drei gleichen, aufeinander senkrecht stehenden Achsen); -e Truppen (gemäß dem Wehrgesetz eines Staates aufgestellte Truppen); Re|gu|lar|geist|li|che; Re|gu|la|ri|en Plur. (auf der Tagesordnung stehende, regelmäßig abzuwickelnde Vereinsangelegenheiten); Re|gu|la|ri|tät die; -, -en (Regelmäßigkeit; Richtigkeit); Re|gu|la|ti|on [...zion] die; -, -en (Biol.: die Regelung der Organsysteme eines lebendigen Körpers durch verschiedene Steuerungseinrichtungen; Anpassung eines Lebewesens an Störungen); Re|gu|la|ti|ons.stö|rung, ...sy|stem; re|gu|la|tiv (ein Regulativ darstellend, regulierend); Re|gu|la|tiv das; -s, -e [...wᵉ] (regelnde Vorschrift; steuerndes Element); Re|gu|la|tor der; -s, ...oren (regulierende Kraft, Vorrichtung; eine besondere Art Pendeluhr); re|gu|lier|bar; re|gu|lie|ren (regeln, ordnen; [ein]stellen); Re|gu|lier|he|bel (Stellhebel); Re|gu|lie|rung

¹Re|gu|lus (altröm. Feldherr); ²Re-gu|lus der; -, -se (ein Stern [nur Sing.]; gediegenes Metall)

Re|gung; re|gungs|los; Re|gungs|lo|sig|keit die; -

Reh das; -[e]s, -e

Re|ha|be|am (jüd. König)

Re|ha|bi|li|tand der; -en, -en (↑R 197) ‹lat.› (jmd., dem die Wiedereingliederung in das berufl. u. gesellschaftl. Leben ermöglicht werden soll); Re|ha|bi|li|ta|ti|on [...zion] die; -, -en (Gesamtheit der Maßnahmen, die mit der Wiedereingliederung in die Gesellschaft zusammenhängen; auch für: Rehabilitierung); Re|ha|bi|li|ta|ti|ons|zen|trum; re|ha|bi|li|tie|ren; sich - (sein Ansehen wiederherstellen); Re|ha|bi|li|tie|rung (Wiedereinsetzung [in die ehemaligen Rechte, in den früheren Stand]; Ehrenrettung)

Reh.bein (auch für: Überbein beim Pferd), ...blatt, ...bock, ...bra|ten; reh|braun; Reh|brunft

Re|he die; - (Hufkrankheit)

reh|far|ben, reh|far|big; Reh.geiß, ...jun|ge (das; -n; österr. für: Rehklein), ...kalb, ...keu|le, ...kitz, ...klein (das; -s; Gericht); reh|le|dern; Reh|ling (landsch. für: Pfifferling); Reh.po|sten (grober Schrot), ...rücken [Trenn.: ...rük|ken], ...zie|mer (Rehrücken)

Rei|bach der; -s ‹jidd.› (ugs. für: Verdienst, Gewinn)

Reib|ah|le; Rei|be die; -, -n; Rei|be|brett (zum Glätten des Putzes); Reib|ei|sen; Rei|be.ku|chen (landsch., bes. rhein. für: Kartoffelpuffer), ...laut (für: Frikativ); rei|ben; du riebst (riebest); du riebst; gerieben; rieb[e]!; (↑R 68:) durch kräftiges Reiben säubern; Rei|ber (auch landsch. für: Reibe); Rei|be|rei (ugs. für: kleine Zwistigkeit); Rei|be|rin die; -, -nen; Reib.flä|che, ...ger|stel (das; -s; österr.: eine Suppeneinlage); Rei|bung; Rei|bungs.elek|tri|zi|tät, ...flä|che; rei|bungs|los; -este; Rei|bungs.lo|sig|keit die; -; Rei|bungs.wär|me, ...wi|der|stand; Reib|zun|ge (Zool.: Zunge von Weichtieren)

reich; (↑R 65:) arm u. reich (jedermann), aber: Arme und Reiche; der reichgeschmückte, reichverzierte Altar (↑ jedoch R 209), aber: der Altar war reich geschmückt; reich verziert

Reich das; -[e]s, -e; von -s wegen; (↑R 157:) das Deutsche -; das Römische -; das Heilige Römische - Deutscher Nation

reich|be|gü|tert; Rei|che der u. die; -n, -n (↑R 7 ff.)

rei|chen (geben; sich erstrecken; auskommen; genügen)

Rei|chen|au die; - (Insel im Bodensee)

reich|ge|schmückt; vgl. reich; reich|hal|tig; Reich|hal|tig|keit die; -; reich|lich; (↑R 65:) auf das, aufs -ste; Reich|lich|keit die; -

Reichs.abt (hist.), ...äb|tis|sin (hist.), ...acht (hist.), ...ad|ler, ...ap|fel (der; -s; Teil der Reichsinsignien), ...ar|chiv (das; -[e]s; Sammelstelle der Reichsakten von 1871 bis 1945), ...bann (hist.), ...frei|herr (hist.), ...ge|richt (das; -[e]s; höchstes dt. Gericht [1879 bis 1945]), ...grün|dung, ...in|si|gni|en (Plur.; hist.); Reichs.kam|mer|ge|richt das; -[e]s (höchstes dt. Gericht [1495 bis 1806]); Reichs.kanz|ler (leitender dt. Reichsminister [1871 bis 1945]), ...klein|odi|en (Plur.; hist.), ...mark (dt. Währungseinheit [bis 1948]; Abk.: RM), ...pfen|nig (dt. Scheidemünze [bis 1948]), ...prä|si|dent (dt. Staatsoberhaupt [1919 bis 1934]), ...rat (der; -[e]s; Vertretung der dt. Länder beim Reich [1919 bis 1934]), ...stadt (Bez. für die früheren reichsunmittelbaren Städte), ...stän|de (Plur.; hist.: die reichsunmittelbaren Fürsten, Städte u. a. des Deutschen Reiches), ...tag (hist.: Versammlung der Reichsstände [bis 1806]; nur Sing.: dt. Volksvertretung [bis 1945]); Reichs|tags|brand (Brand des Reichstagsgebäudes am 27. 2. 1933); reichs|un|mit|tel|bar (hist. für: Kaiser und Reich unmittelbar unterstehend); Reichs.ver|si|che|rungs|ord|nung die; - (Gesetz zur Regelung der öffentl.-rechtl. Invaliden-, Kranken- und Unfallversicherung; Abk.: RVO); Reichs|wehr die; - (Bez. des dt. 100 000-Mann-Heeres von 1921 bis 1935)

Reich|tum der; -s, ...tümer

reich|ver|ziert; vgl. reich

Reich|wei|te die; -, -n

Rei|der|land (auch:) Rhei|der|land das; -[e]s (Teil Ostfrieslands)

reif (vollentwickelt; geeignet)

¹Reif der; -[e]s (gefrorener Tau)

²Reif der; -[e]s, -e (Ring; Spielzeug)

Rei|fe die; - (z. B. von Früchten); Rei|fe|grad; ¹rei|fen (reif werden); die Frucht ist gereift; ein gereifter Mann

²rei|fen (¹Reif ansetzen); es hat gereift

Rei|fen der; -s, - (²Reif); Rei|fen.druck, ...pan|ne, ...pro|fil, ...scha|den, ...spiel od. Reif|spiel, ...wech|sel

Rei|fe|prü|fung; Rei|fe|rei (gewerblicher Raum, in dem bereits geernttete Früchte [bes. Bananen] nachreifen); Rei|fe_zeit, ...zeug|nis; reif|lich

Reif|rock (veralt.); Reif|spiel, Rei|fen|spiel

Rei|fung die; - (das Reifwerden); Rei|fungs|pro|zeß

Rei|gen, Rei|hen der; -s, - (Tanz); Rei|gen_füh|rer, ...tanz

Rei|he die; -, -n; in, außer den -; der - nach; an der - sein; an die - kommen; in Reih und Glied (↑ R 18); (Math.:) arithmetische -, geometrische -, unendliche -; ¹rei|hen (in Reihen ordnen; lose, vorläufig nähen); gereiht

²rei|hen (Jägerspr.); die Enten - (wenn in der Paarungszeit mehrere Erpel einer Ente folgen)

¹Rei|hen der; -s, - (südd. für: Fußrücken)

²Rei|hen vgl. Reigen

Rei|hen_bil|dung, ...dorf, ...fol|ge, ...haus, ...mo|tor, ...schal|tung (für: Serienschaltung), ...un|ter|su|chung; rei|hen|wei|se

Rei|her der; -s, - (ein Vogel); Rei|her_bei|ze, ...fe|der, ...horst; rei|hern (ugs. für: erbrechen); Rei|her|schna|bel (eine Pflanze)

Reih_fal|den, ...garn

...reih|ig (z. B. einreihig); reih|um; es geht -; Rei|hung

Reih|zeit (Jägerspr.: Paarungszeit der Enten)

Reim der; -[e]s, -e; (Verslehre:) ein stumpfer (männlicher) -, ein klingender (weiblicher) -; Reim_art, ...chro|nik; rei|men; sich -; Rei|mer (jmd., der Verse schreibt); Rei|me|rei (abschätzig); Reim|le|xi|kon; reim|los

Re|im|plan|ta|ti|on [re-implanta-zion] die; -, -en ⟨lat.⟩ (Wiedereinpflanzung [z. B. von Zähnen])

Re|im|port [re-im...] der; -[e]s, -e ⟨lat.⟩ (Wiedereinfuhr bereits ausgeführter Güter); ↑ R 36

Reims [franz. Aussprache: rä͞ngß] (franz. Stadt)

Reim|schmied (scherzh.)

Reim|ser ⟨zu: Reims⟩ (↑ R 147)

Rei|mund vgl. Raimund

Reim|wort (Plur. ...wörter)

¹rein; ↑ R 16 (ugs. für: herein, hinein)

²rein; ein reingoldener, reinsilberner Ring (↑ jedoch R 209), aber: der Ring ist rein golden, rein silbern; nur zusammen (↑ R 209): reinleinen, reinseiden, reinwollen u. a., aber: rein Leder od. aus rein Leder (Kaufmannsspr.); - halten, machen, aber (↑ R 68): das große Rein[e]machen; vgl. reinwaschen, sich; (↑ R 65:) ins reine bringen, kommen, schreiben; mit etwas, mit jmdm. im reinen sein; (↑ R 7:) reinen Sinnes; rein Schiff! (seemänn. Komman-

do); ³rein (ugs. für: durchaus, ganz, gänzlich); er ist - toll; er war - weg (ganz hingerissen); vgl. rein[e]weg

Rein die; -, -en (südd. u. österr. ugs. für: flacher Kochtopf)

Rei|nald vgl. Reginald

Rein|del, Reindl das; -s, -n (südd. u. österr. Verkleinerungsform von: Rein); Reind|ling (südostösterr.: ein Hefekuchen)

Rei|ne die; - (dicht. für: Reinheit)

Rei|ne|clau|de [rä͞n°klōd°] vgl. Reneklode

Rein|ein|nah|me

Rei|ne|ke Fuchs (Name des Fuchses in der Tierfabel)

Rei|ne|ma|che|frau, Rein|ma|che|frau; Rei|ne|ma|chen, Rein|ma|chen das; -s; vgl. rein

Rei|ner, Rai|ner (m. Vorn.)

rein|er|big (für: homozygot); Rein_er|hal|tung, ...er|lös, ...er|trag

Rei|net|te vgl. Renette

rei|ne|weg, rein|weg (ugs. für: ganz und gar); das ist - zum Tollwerden, aber: er war rein weg (ganz hingerissen)

Rein|fall der; ↑ R 16 (ugs.); rein|fal|len; ↑ R 16 (ugs.)

Re|in|fek|ti|on [re-infäkzion] die; -, -en ⟨lat.⟩ (Med.: erneute Infektion); re|in|fi|zie|ren

Rein|ge|schmeck|te vgl. Hereingeschmeckte

Rein_ge|wicht, ...ge|winn, ...hal|tung

rein|gol|den; vgl. rein

Rein|hard (m. Vorn.)

Rein|hardt, Max (österr. Schauspieler u. Theaterleiter)

Rein|heit die; -; Rein|heits|ge|bot das; -[e]s (Gesetz für das Bierbrauen in der Bundesrepublik Deutschland)

Rein|hild, Rein|hil|de (w. Vorn.); Rein|hold (m. Vorn.); vgl. auch: Rainald u. Reinold

rei|ni|gen; Rei|ni|ger; Rei|ni|gung; die rituelle - (Rel.); Rei|ni|gungs_in|sti|tut, ...milch, ...mit|tel das

Re|in|kar|na|ti|on [re-inkarnazion] die; -, -en ⟨lat.⟩ (Wiederverkörperung von Gestorbenen)

rein|kom|men; ↑ R 16 (ugs.)

Rein|kul|tur

rein|le|gen; ↑ R 16 (ugs.)

rein|lei|nen; vgl. rein; rein|lich; Rein|lich|keit die; -; rein|lich|keits|lie|bend; Rein|ma|che|frau, Rei|ne|ma|che|frau; Rein|ma|chen vgl. Reinemachen

Rein|mar (m. Eigenn.)

Rein|nickel [Trenn.: ...nik|kel] das

Rei|nold (ältere Form von: Reinhold)

rein|ras|sig; Rein|ras|sig|keit die; -; Rein|schiff das (gründliche Schiffsreinigung); Rein|schrift;

rein|schrift|lich; rein|sei|den; vgl. rein; rein|sil|bern; vgl. rein; Rein|ver|mö|gen; rein|wa|schen, sich; ↑ R 205 (seine Unschuld beweisen); rein|weg vgl. reineweg; rein|wol|len; vgl. rein; rein|zucht

¹Reis (Plur. von: ¹Real [port.])

²Reis, Johann Philipp (Erfinder des Telefons)

³Reis das; -es, -er (kleiner, dünner Zweig; Pfropfreis)

⁴Reis der; -es, (Reisarten:) -e ⟨griech.⟩ (ein Getreide); Reis|bau der; -[e]s

Reis|bel|sen, Rei|ser|bel|sen

Reis_brannt|wein, ...brei

Reis|chen das; -s, - u. Reiserchen; Reis|lein das; -s, - (kleines ³Reis)

Rei|se die; -, -n; Rei|se_an|den|ken, ...apo|the|ke, ...be|glei|ter, ...be|glei|te|rin, ...be|kannt|schaft, ...be|richt, ...be|schrei|bung, ...be|steck, ...buch, ...buch|han|del, ...bü|ro; Rei|se|bü|ro|kauf|mann; Rei|se|fer|tig; Rei|se_fie|ber, ...füh|rer, ...geld, ...ge|päck, ...ge|päck|ver|si|che|rung, ...ge|sell|schaft, ...ko|sten Plur., ...kre|dit|brief, ...lei|ter der, ...lek|tü|re, ...lust (die; -); rei|se|lu|stig; rei|sen; du reist (reisest); du reisest; gereist; reis[e]!; reisende Kaufleute, Handwerksburschen; Rei|sen|de der u. die; -n, -n (↑ R 7 ff.); Rei|se_ne|ces|saire, ...on|kel (scherzh. für: Mann, der oft und gern reist), ...paß, ...plan (vgl. ²Plan), ...pro|vi|ant

Rei|ser|bel|sen, Reis|bel|sen

Rei|se|rei (ugs.)

rei|sern (Jägerspr.: Witterung [von Zweigen u. Ästen] nehmen)

Rei|se_rou|te, ...scheck, ...schil|de|rung, ...schreib|ma|schi|ne, ...spe|sen Plur., ...ta|sche, ...tip, ...ver|an|stal|ter, ...ver|kehr, ...vor|be|rei|tun|gen Plur., ...wet|ter, ...wet|ter|be|richt, ...wet|ter|ver|si|che|rung, ...zeit, ...ziel

Reis|feld

Reis|holz das; -es (veralt. für: Reisig)

rei|sig (veralt. für: beritten)

Rei|sig das; -s; Rei|sig_bel|sen, ...bün|del

Rei|si|ge der; -n, -n; ↑ R 7 ff. (im Mittelalter: berittener Söldner)

Rei|sig|holz das; -es

Reis|korn (Plur. ...körner)

Reis|lauf der; -[e]s (früher in der Schweiz: Eintritt in fremden Dienst als Söldner); Reis|läu|fer

Reis|lein vgl. Reischen

Reis|pa|pier

Reiß|ah|le; Reiß|aus, im allg. nur in: - nehmen (ugs. für: davonlaufen); Reiß_bahn (abreißbarer Teil der Ballonhülle), ...blei (das, Graphit), ...brett (Zeichenbrett)

Reis_schleim, ...schnaps

ei|ßen; du reißt (reißest), er reißt; du rissest, er riß; gerissen; reiß[e]!; reißende (wilde) Tiere; Rei|ßen das; -s (auch für: ziehender Gliederschmerz); rei|ßend; -er Strom, -e Schmerzen, -er Absatz; Rei|ßer (ugs. für: besonders spannender, effektvoller Film, Roman u. a.); rei|ße|risch; -ste; Reiß|fe|der; reiß|fest; Reiß|fe|stig|keit; Reiß|lei|ne (am Fallschirm u. an der Reißbahn), ...li|nie (für: Perforation), ...na|gel, ..schie|ne, ...teu|fel (ugs.: jmd., der seine Kleidung rasch verschleißt)

eis.stroh|tep|pich, ...sup|pe
eiß|ver|schluß; Reiß|ver|schluß-sy|stem das; -s (Straßenverkehr); sich nach dem - einfädeln; Reiß-wolf der, ...wol|le (Abfallwolle; früher für: Kunstwolle), ...zahn, ..zeug, ...zir|kel, ...zwecke
Trenn.: ...zwek|ke|
eil|ste die; -, -n (schweiz. für: Holzrutsche, ³Riese); rei|sten (schweiz. für: Holz von den Bergen niederrutschen lassen)

eit|bahn
ei|tel der; -s, - (mitteld. für: Drehstange, Knebel); Rei|tel-holz (mitteld.)
-il|ten; du reitest; du rittst (rittest), er ritt; du rittest; geritten; reit[e]!; rei|tend; -e Artillerie, -e Post; ¹Rei|ter
Rei|ter die; -, -n (schwäb., mitteld., österr. für: [Getreide]sieb)
ei|ter|an|griff; Rei|te|rei; Rei|te-rin die; -, -nen; rei|ter|lich; Rei-ter|re|gi|ment; Rei|ters|mann Plur. ...männer, ...leute); Reit-ger|te, ...ho|se
eit im Winkl (Ort in Bayern)
eit.leh|rer, ...peit|sche, ...pferd, ..schu|le (südwestd. u. schweiz. auch für: Karussell), ...sport, ..stie|fel, ...stun|de, ...tier, ...tur-; Reit- und Fahr|tur|nier (↑ R 32); Reit- und Spring|tur|nier (↑ R 32); Reit.un|ter|richt, ...weg
eiz der; -es, -e; (↑ R 65:) der Reiz des Neuen; reiz|bar; Reiz|bar-keit die; -; rei|zen; du reizt (reizest), er reizt; du reiztest; gereizt; rei|zend; -ste; Reiz|hu|sten
eiz|ker der; -s, - ⟨slaw.⟩ (ein Pilz)
reiz|kli|ma; reiz|los; -este; Reiz-o|sig|keit die; -; Reiz|mit|tel das; Reiz.schwel|le (bei der Werbung), ...the|ra|pie, ...über|flu-ung, Rei|zung; reiz|voll; Reiz-wäsche, ...wort (Emotionen auslösendes Wort)

e|ka|pi|tu|la|ti|on [...zion] die; -, en (lat.) (Wiederholung, Zusammenfassung); re|ka|pi|tu|lie|ren
e|kel der; -s, - (niederd. für: grober, ungeschliffener Mensch); e|ke|lei (abschätzig); re|keln,

sich (sich behaglich recken und dehnen); ich ...[e]le mich (↑ R 22)
Re|kla|mant der; -en, -en (↑ R 197) ⟨lat.⟩ (Rechtsw.: Beschwerdeführer); Re|kla|ma|ti|on [...zion] die; -, -en (Beanstandung)
Re|kla|me die; -, -n ⟨lat.⟩ (meist abschätzig für: Werbung); Re|kla-me|feld|zug; re|kla|me|haft; Re-kla|me|ma|che|rei (ugs.); Re|kla-me.pla|kat, ...trick; Re|kla|me-trom|mel; die - rühren (Reklame machen); re|kla|mie|ren ([zurück]fordern; Einspruch erheben, beanstanden)
re|ko|gnos|zie|ren ⟨lat.⟩ (veralt. für: [die Echtheit] anerkennen; scherzh. für: auskundschaften; früher, heute noch schweiz.: erkunden, aufklären [beim Militär]); Re|ko|gnos|zie|rung
Re|kom|man|da|ti|on [...zion] die; -, -en (franz.) (veralt. für: Empfehlung; Postw.: Einschreibung); Re|kom|man|da|ti|ons-schrei|ben (veralt.); re|kom|man-die|ren (veralt., aber noch mdal. für: empfehlen; österr. für: [einen Brief] einschreiben lassen)
Re|kom|pens die; -, -en ⟨lat.⟩ (Wirtsch.: Entschädigung); re-kom|pen|sie|ren
re|kon|stru|ie|ren ⟨lat.⟩ ([den ursprüngl. Zustand] wiederherstellen oder nachbilden; den Ablauf eines früheren Vorganges od. Erlebnisses wiedergeben); Re-kon|stru|ie|rung; Re|kon|strukti|on [...zion] die; -, -en
Re|kon|va|les|zent [...wa...] der; -en, -en (↑ R 197) ⟨lat.⟩ (Genesender); Re|kon|va|les|zen|tin die; -, -nen; Re|kon|va|les|zenz die; -; re|kon|va|les|zie|ren
Re|kord der; -[e]s, -e ⟨engl.⟩; Re-kord.be|such, ...er|geb|nis, ...ern-te, ...flug, ...hal|ter, ...hal|te|rin, ...hö|he, ...in|ter|na|tio|na|le (der u. die; -n, -n; ↑ R 180; Sport), ...lei|stung, ...mar|ke, ...ver|such, ...wei|te, ...zahl, ...zeit
Re|krut der; -en, -en (↑ R 197) ⟨franz.⟩ (Soldat in der ersten Zeit der Ausbildung); Re|kru-ten.aus|bil|der, ...aus|bil|dung, ...zeit; re|kru|tie|ren (Rekruten ausheben, mustern); sich - (bildl. für: sich zusammensetzen, sich bilden); Re|kru|tie|rung
Rek|ta (Plur. von: Rektum); rek-tal ⟨lat.⟩ (Med.: auf den Mastdarm bezüglich); Rek|tal.er|näh-rung, ...nar|ko|se; rek|tan|gu|lär (veralt. für: rechtwinklig); Rek-ta|pa|pier (Wertpapier, auf dem der Besitzer namentlich genannt

ist); Rekt|aszen|si|on die; -, -en (gerades Aufsteigen eines Sternes); Rek|ta|wech|sel (auf den Namen des Inhabers ausgestellter Wechsel); Rek|ti|fi|ka|ti|on [...zion] die; -, -en (veralt. für: Berichtigung; Chemie: Reinigung durch wiederholte Destillation; Math.: Bestimmung der Länge einer Kurve); Rek|ti|fi|zier|an|la-ge (Reinigungsanlage); rek|ti|fi-zie|ren (Verb zu: Rektifikation); Rek|ti|on [...zion] die; -, -en ⟨lat.⟩ (Sprachw.: Fähigkeit eines Wortes [Verb, Adjektiv, Präposition], den Kasus des von ihm abhängenden Wortes zu bestimmen); Rek|to das; -s, -s ([Blatt]vorderseite); Rek|tor der; -s, ...oren (Leiter einer [Hoch]schule; kath. Geistlicher an einer Nebenkirche u. ä.); Rek|to|rat das; -[e]s, -e (Amts[zimmer] eines Rektors); Rek|to|rats|re|de (Rede eines Hochschulrektors bei der Übernahme seines Amtes); Rek-to|ren|kon|fe|renz; Rek|to|rin [auch: räk...] die; -, -nen; Rek-tor|re|de; Rek|to|skop das; -s, -e ⟨lat.; griech.⟩ (Med.: Spiegel zur Mastdarmuntersuchung); Rek-to|sko|pie die; -, ...ien; Rek|tum das; -s, ...ta ⟨lat.⟩ (Med.: Mastdarm)
re|kul|ti|vie|ren ⟨franz.⟩ (unfruchtbar gewordenen Boden wieder nutzbar machen)
Re|ku|pe|ra|tor der; -s, ...oren ⟨lat.⟩ (Vorwärmer in techn. Feuerungsanlagen)
re|kur|rie|ren ⟨lat.⟩ (auf etwas zurückkommen; zu etwas seine Zuflucht nehmen); Re|kurs der; -es, -e (das Zurückgehen, Zuflucht; Rechtsw.: Beschwerde, Einspruch); Re|kurs|an|trag; re|kur-siv (Math.: zurückgehend bis zu bekannten Werten)
Re|lais [r°lä] das; - [r°lä(ß)], - [r°-läß] ⟨franz.⟩ (Elektrotechnik: Schalteinrichtung; hist. Postw.: Auswechslung der Pferde, Einsatzstelle für diesen Wechsel); Re|lais.dia|gramm, ...sta|ti|on
Re|la|ti|on [...zion] die; -, -en ⟨lat.⟩ (Beziehung, Verhältnis); Re|la-ti|ons|be|griff (Philos.: Begriff der Vergleichung und Entgegensetzung); re|la|tiv [auch: re...] (bezüglich; verhältnismäßig; vergleichsweise; bedingt); re (einfache) Mehrheit; Re|la|tiv das; -s, -e [...wᵉ] (Sprachw.: Relativpronomen; Relativadverb); Re|la|tiv|ad|verb (Sprachw.: bezügliches Umstandswort, z. B. „wo" in: „die Stelle, wo der Fluß tief ist"); re|la|tie|ren [...wirᵉn] (in die Beziehung bringen; einschränken); Re|la|ti|vis|mus der;

- (philosophische Lehre, für die alle Erkenntnis nur relativ, nicht allgemeingültig ist); re|la|ti|vi|stisch; Re|la|ti|vi|tät die; -, -en (Bezüglichkeit, Bedingtheit); Re|la|ti|vi|täts|theo|rie die; - (von Einstein begründete physikalische Theorie); Re|la|tiv_pro|no|men (Sprachw.: bezügliches Fürwort, z. B. „das" in: „Ein Buch, das ich kenne"), ...satz

re|laxed [rilä̱xt] ⟨engl.⟩ (ugs. für: entspannt); re|la|xen [rilä̱xᵉn] (sich entspannen)

Re|lease [riliß] das; -, -s [...ßiß] ⟨engl.⟩ (Einrichtung zur Heilung Rauschgiftsüchtiger)

Re|le|ga|ti|on [...zion] die; -, -en ⟨lat.⟩ (Verweisung von der [Hoch]schule); Re|le|ga|ti|ons|spiel (Sport: über Ab- od. Aufstieg entscheidendes Qualifikationsspiel); re|le|gie|ren (von der [Hoch]schule verweisen)

re|le|vant [...wạnt]; -este ⟨lat.⟩ (erheblich, wichtig); Re|le|vanz die; -, -en

Re|li|ef das; -s, -s u. -e ⟨franz.⟩ (über eine Fläche erhaben hervortretendes Bildwerk; plastische Nachbildung der Oberfläche eines Geländes); Re|li|ef-_druck (Plur. ...drucke; Hoch-, Prägedruck), ...kar|te (Kartographie), ...kli|schee (Druckw.), ...pfei|ler, ...sticke|rei [Trenn.: ...stik|ke...]

Re|li|gi|on die; -, -en ⟨lat.⟩; natürliche, [ge]offenbarte, positive, monotheistische -; Re|li|gi|ons-_be|kennt|nis, ...buch, ...frei|heit (die; -), ...frie|de (der; -ns), ...ge|mein|schaft, ...ge|schich|te, ...krieg, ...leh|re, ...leh|rer; re|li|gi|ons|los; Re|li|gi|ons-_lo|sig|keit (die; -), ...phi|lo|so|phie, ...psy|cho|lo|gie, ...so|zio|lo|gie, ...stif|ter, ...strei|tig|kei|ten Plur., ...stun|de, ...un|ter|richt, ...wis|sen|schaft; re|li|gi|ös; -este ⟨franz.⟩; eine - Bewegung; Re|li|gi|o|se der u. die; -n, -n (meist Plur.); ↑R 180 ⟨lat.⟩ (Mitglied einer Ordensgemeinschaft); Re|li|gi|o|si|tät die; - ⟨↑R 180⟩

Re|likt das; -[e]s, -e ⟨lat.⟩ (Überbleibsel, Rest[bestand]); Re|lik|ten Plur. (veralt. für: Hinterbliebene; Hinterlassenschaft); Re|lik|ten_fau|na (die; -; Überbleibsel einer früheren Tierwelt), ...flo|ra (die; -)

Re|ling die; -, -s, (seltener auch:) -e ([Schiffs]geländer, Brüstung)

Re|li|qui|ar das; -s, -e ⟨lat.⟩ (Reliquienbehälter); Re|li|quie [...iᵉ] die; -, -n (Überrest, Gegenstand eines Heiligen); Re|li|qui|en_be-häl|ter, ...schrein

Re|lish [rä̱lisch] das; -s, -es

[...sch́ß] ⟨engl.⟩ (würzige Soße aus Gemüsestückchen)

Re|ma|gen (Stadt am Mittelrhein)

Re|make [rime̱ᵏk] das; -s, -s ⟨engl.⟩ (Neuverfilmung, Neufassung einer künstlerischen Produktion)

Re|ma|nẹnz die; - ⟨lat.⟩ (Restmagnetismus)

Re|marque [rᵉmạrk] (dt. Schriftsteller)

Re|ma|su|ri vgl. Ramasuri

Rem|bours [rãbu̱r] der; - [...bu̱r(ß)], - [...bu̱rß] ([Überseehandel:] Finanzierung und Geschäftsabwicklung über eine Bank); Rem|bours_ge|schäft, ...kre|dit

Rem|brandt (niederl. Maler); - van Rijn [fan od. wan re̱ⁿn]

Re|me|di|um das; -s, ...ien [...iᵉn] u. ...ia ⟨lat.⟩ (Heilmittel; zulässiger Mindergehalt [der Münzen an edlem Metall]); Re|me|dur die; -, -en (veralt. für: Abhilfe); - schaffen

Re|mi|gi|us (ein Heiliger)

Re|mi|grant der; -en, -en (↑R 197) ⟨lat.⟩ (Rückwanderer, zurückgekehrter Emigrant)

re|mi|li|ta|ri|sie|ren ⟨franz.⟩ (wiederbewaffnen; das aufgelöste Heerwesen eines Landes von neuem organisieren); Re|mi|li-ta|ri|sie|rung die; -

Re|mi|nis|zenz die; -, -en ⟨lat.⟩ (Erinnerung; Anklang); Re|mi-njs|ze|re („gedenke!"; fünfter Sonntag vor Ostern)

re|mis [rᵉmi̱] ⟨franz.⟩ (unentschieden); Re|mis [rᵉmi̱] das; - [rᵉ-mi̱(ß)], - [rᵉmi̱ß] u. -en [...sⁿn] (unentschiedenes Spiel); Re|mi|se die; -, -n (veralt. für: Geräte-, Wagenschuppen; Schutzgehölz für Wild); Re|mis|si|on die; -, -en ⟨lat.⟩ (Buchhandel: Rücksendung von Remittenden; Med.: vorübergehendes Nachlassen von Krankheitserscheinungen; Physik: das Zurückwerfen von Licht an undurchsichtigen Flächen); Re|mit|ten|de die; -, -n (Buchhandel: Buch, Büchersendung, die vom Sortiment an den Verlag zurückgegeben wird); Re-mit|tent der; -en, -en (↑R 197 (Wirtsch.: Wechselnehmer); re-mit|tie|ren (zurücksenden; Med.: nachlassen [vom Fieber])

Rẹm|mi|dẹm|mi die; -s (ugs. für: lärmendes Treiben, Trubel)

re|mon|tạnt [auch: remõtạnt] ⟨franz.⟩ (Bot.: wiederkehrend, zum zweitenmal blühend); Re-mon|tạnt|ro|se; Re|mon|te [auch: remõgt́] die; -, -n (früher: junges Militärpferd); re|mon|tie|ren [auch: remõg...] (Bot.: zum zweitenmal blühen od. fruchten; früher: den militär. Pferdebe-

stand durch Jungpferde ergä̱ zen); Re|mon|tie|rung; Re|mo̱ toir|uhr [remõgtoar...] (oẖ Schlüssel aufzieh- und stellba̱ Taschenuhr [veralt.])

Re|mor|queur [...kö̱r] der; -s, ⟨franz.⟩ (österr. für: klei̱ Schleppdampfer)

Re|moul|la|de [...mu...] die; -, ⟨franz.⟩ (eine Kräutermayonna̱ se)

Rem|pe|lei (ugs.); rẹm|peln (u̱ für: absichtlich stoßen; i̱ ...[e]le (↑R 22); Rẹmp|ler (ugs.)

Remp|ter vgl. Remter

Rẹms die; - (r. Nebenfluß ḏ Neckars)

Rẹm|scheid (Stadt in Nordrhei̱ Westfalen)

Rẹm|ter der; -s, - ⟨lat.⟩ (Speise̱ Versammlungssaal [in Burge̱ und Klöstern])

Re|mu|ne|ra|ti|on [...zion] die; -en ⟨lat.⟩ (veralt., aber no̱ österr. für: Entschädigung, Ve̱ gütung); vgl. aber: Renumera̱ on; re|mu|ne|rie|ren

Re|mus (Zwillingsbruder des Ṟ mulus)

¹Ren der; -s, -s od. (bei laṉ Aussprache: re̱n) das; -s, (fachspr.: -er) ⟨nord.⟩ (Hirscẖ Haustier der Lappen)

²Ren der; -s, -s ⟨lat.⟩ (Med.: Ṉ re)

Re|nais|sance [rᵉnä̱ßãgß] die;-, [...ßᵉn] ⟨franz.⟩ (Wiederauflebe̱ bes. die Erneuerung der antiḵ Lebensform auf geistige̱ künstlerischem Gebiet vom ̱ bis. 16. Jh.); Re|nais|sance_di̱ ter, ...ma|ler, ...stil (der; -[e̱ ...zeit

Re|na|ta, Re|na|te (w. Vorn.)

re|na|tu|rie|ren ⟨lat.⟩ (in einen ̱ turnäheren Zustand zurückfü̱ ren); Re|na|tu|rie|rung

Re|na|tus (m. Vorn.)

Re|nault ⓦ [rᵉno̱] (franz. Kra̱ fahrzeugmarke)

Ren|con|tre vgl. Renkontre

Ren|dạnt der; -en, -en (↑R 19̱ ⟨franz.⟩ (Rechnungsführer); Ṟ dan|tur die; -, -en ⟨lat.⟩ (vera̱ für: Gelder einnehmende u̱ auszahlende Behörde); Ren|ḏ ment [rãdᵐã̱g] das; -s, -̱ ⟨franz.⟩ (Gehalt an reinen Ḇ standteilen, bes. Gehalt an rei̱ Wolle); Ren|dez|vous [rãde̱ das; - [...wu̱(ß)], - [...wu̱ß] (Vera̱ redung [von Verliebten]; Bege̱ nung von Raumfahrzeugen ̱ Weltall); Ren|dez|vous_ma|ṉ ver, ...tech|nik; Ren|di|te die; ̱ ⟨ital.⟩ (Verzinsung, Ertrag); Ṟ di|ten|haus (schweiz. für: Mie̱ haus); Ren|di|te|ob|jekt

Re|né [...ne̱] (franz. Form von: Ṟ natus)

Re|ne|gat *der;* -en, -en (↑R 197) ⟨lat.⟩ ([Glaubens]abtrünniger); Re|ne|ga|ten|tum *das;* -s
Re|ne|klo|de *die;* -, -n ⟨franz.⟩ (Pflaume einer bestimmten Sorte); vgl. Reineclaude u. Ringlotte
Re|net|te *die;* -, -n ⟨franz.⟩ (ein Apfel)
Ren|for|cé [*rangforße*] *der* od. *das;* -s, -s ⟨franz.⟩ (ein Baumwollgewebe)
'e|ni|tent, *-este* ⟨lat.⟩ (widerspenstig); Re|ni|ten|te *der* u. *die;* -n, -n (↑R 7 ff.); Re|ni|tenz *die;* - (Widerspenstigkeit)
Ren|ke *die;* -, -n u. Ren|ken *der;* -s, - (ein Fisch in den Voralpenseen)
en|ken (veralt. für: drehend hin und her bewegen)
Ren|kon|tre [*rangkongt'r*] *das;* -s, -s ⟨franz.⟩ (selten noch für: feindliche Begegnung; Zusammenstoß)
Renk|ver|schluß (für: Bajonettverschluß)
Renn.bahn, ...boot; ren|nen; du ranntest, (selten:) du renntest; gerannt; renn[e]!; Ren|nen *das;* -s, -; Ren|ner; Ren|ne|rei (abschätzig); Renn_fah|rer, ...fie|ber, ...jacht, ...lei|ter *der,* ...pferd, ...pi|ste, ...platz, ...rad, ...rei|ter, ...ro|deln ⟨das⟩ -s), ...sport, ...stall
Renn|steig, (auch:) Renn|stieg (Kammweg auf der Höhe des Thüringer Waldes u. Frankenwaldes)
Renn|strecke [*Trenn.:* ...strek|ke]
Renn|wa|gen
Re|noir [*r'noar*] (franz. Maler und Graphiker)
Re|nom|ma|ge [...*maseh'*] *die;* -, -n ⟨franz.⟩ (veralt. für: Prahlerei); Re|nom|mee *das;* -s, -s ([guter] Ruf, Leumund); re|nom|mie|ren (prahlen); Re|nom|mier|stück; re|nom|miert; *-este* (berühmt, angesehen, namhaft); Re|nom|mist *der;* -en, -en; ↑R 197 (Prahlhans); Re|nom|mi|ste|rei
Re|non|ce [*renongß'*] *die;* -, -n ⟨franz.⟩ (Kartenspiel: Fehlfarbe); re|non|cie|ren [*renongßi-r'n*] (veralt. für: verzichten)
Re|no|va|ti|on [...*wazion*] *die;* -, -en ⟨lat.⟩ (schweiz., sonst veralt. für: Renovierung); re|no|vie|ren [...*wir'n*] (erneuern, instand setzen); Re|no|vie|rung
ren|sei|gne|ment [*rangßänj'mang*] *das;* -s, -s ⟨franz.⟩ (veralt. für: Auskunft, Nachweis)
ren|ta|bel (zinstragend; einträglich); ...a|bles Geschäft; Ren|ta|bi|li|tät *die;* - (Einträglichkeit; Verzinsung[shöhe]); Ren|ta|bi|li|täts_ge|sichts|punkt, ...prü|fung, ...rech|nung; Rent|amt (veralt. für: Rechnungsamt); Ren|te *die;*

-, -n ⟨franz.⟩ (regelmäßiges Einkommen [aus Vermögen od. rechtl. Ansprüchen]); eine benslängliche -; Ren|tei (Rentamt); Ren|ten_al|ter (im - sein), ...an|lei|he (Anleihe des Staates, für die kein Tilgungszwang besteht), ...an|pas|sung, ...an|spruch, ...bank (*Plur.* ...banken), ...be|mes|sungs|grund|la|ge, ...be|ra|ter, ...be|ra|tung, ...emp|fän|ger, ...mark (*die;* -, -; dt. Währungseinheit [1923]), ...markt (Handel mit festverzinsl. Wertpapieren), ...neu|ro|se; ren|ten|pflich|tig; Ren|ten.rech|nung, ...re|form, ...schein, ...ver|schrei|bung (ein Wertpapier, das die Zahlung einer Rente verbrieft), ...ver|si|che|rung, ...wert (ein Wertpapier mit fester Verzinsung), ...zah|lung
'Ren|tier (dafür besser: 'Ren)
²Ren|tier [...*tie*] *der;* -s, -s ⟨franz.⟩ (veraltend für: Rentner); ren|tie|ren (Gewinn bringen); sich - (sich lohnen)
Ren|tier|flech|te (Flechte arktischer Gebiete [liefert Futter für das 'Ren])
ren|tier|lich (sww. rentabel); Rent|ner; Rent|ne|rin *die;* -, -nen
Re|nu|me|ra|ti|on [...*zion*] *die;* -, -en ⟨lat.⟩ (Wirtsch.: Rückzahlung); vgl. aber: Remuneration; re|nu|me|rie|ren
Re|nun|tia|ti|on [...*zion*], Re|nun|zia|ti|on [...*zion*] *die;* -, -en (lat.) (Abdankung [eines Monarchen]); re|nun|zie|ren
Re|ok|ku|pa|ti|on [...*zion*] *die;* -, -en ⟨lat.⟩ (Wiederbesetzung); re|ok|ku|pie|ren
Re|or|ga|ni|sa|ti|on [...*zion*] *die;* -, -en; franz.) (Neugestaltung, Neuordnung); Re|or|ga|ni|sa|tor *der;* -s, ...oren; re|or|ga|ni|sie|ren
re|pa|ra|bel ⟨lat.⟩ (wiederherstellbar, ersetzbar); ...a|ble Schäden; Re|pa|ra|teur [...*tör*] *der;* -s, -e (jmd., der etwas berufsmäßig repariert); Re|pa|ra|ti|on [...*zion*] *die;* -, -en (Wiederherstellung); nur *Plur.:* Kriegsentschädigung; Re|pa|ra|ti|ons.lei|stung, ...zah|lung; Re|pa|ra|tur *die;* -, -en; re|pa|ra|tur_an|fäl|lig, ...be|dürf|tig; Re|pa|ra|tur_ko|sten, ...werk|statt; re|pa|rie|ren
re|par|tie|ren ⟨franz.⟩ (im Börsenhandel: Wertpapiere aufteilen, zuteilen); Re|par|ti|ti|on [...*zion*] *die;* -, -en
re|pas|sie|ren ⟨franz.⟩ (Laufmaschen aufnehmen); Re|pas|sie|re|rin *die;* -, -nen (Arbeiterin, die Laufmaschen aufnimmt)
re|pa|tri|ie|ren ⟨lat.⟩ (die frühere Staatsangehörigkeit wiederverleihen; Kriegs-, Zivilgefange-

ne in die Heimat entlassen); Re|pa|tri|ie|rung
Re|per|kus|si|on *die;* -, -en ⟨lat.⟩ (Sprechton beim Psalmenvortrag; einmaliger Durchgang des Themas durch alle Stimmen bei der Fuge)
Re|per|toire [...*toar*] *das;* -s, -s ⟨franz.⟩ (Vorrat einstudierter Stücke usw., Spielplan); Re|per|toire|stück (populäres, immer wieder gespieltes Stück); Re|per|to|ri|um *das;* -s, ...ien [...*i'n*] ⟨lat.⟩ (wissenschaftl. Nachschlagewerk)
Re|pe|tent *der;* -en, -en (↑R 197) ⟨lat.⟩ (Schüler, der eine Klasse wiederholt; veralt. für: Repetitor); re|pe|tie|ren (wiederholen); Re|pe|tier_ge|wehr, ...uhr (Taschenuhr mit Schlagwerk); Re|pe|ti|ti|on [...*zion*] *die;* -, -en (Wiederholung); Re|pe|ti|tor *der;* -s, ...oren (jmd., der mit Studenten den Lehrstoff [zur Vorbereitung auf das Examen] wiederholt); Re|pe|ti|to|ri|um *das;* -s, ...ien [...*i'n*] (Wiederholungsunterricht, -buch)
Re|plik *die;* - , -en ⟨franz.⟩ (Gegenrede, Erwiderung; Nachbildung eines Kunstwerks [durch den Künstler selbst]); re|pli|zie|ren ⟨lat.⟩
re|po|ni|bel ⟨lat.⟩ (Med.: sich reponieren lassend); ...i|bler Bruch; re|po|nie|ren (Med.: [Knochen, Organe] wieder in die normale Lage zurückbringen)
Re|port *der;* -[e]s, -e ⟨franz.⟩ (Bericht, Mitteilung; Börse: Kursaufschlag bei der Verlängerung von Termingeschäften); Re|por|ta|ge [...*taseh'*, österr.: ...*taseh*] *die;* -, -n (Bericht[erstattung] über ein aktuelles Ereignis); Re|por|ter *der;* -s, - ⟨engl.⟩ (Zeitungs-, Fernseh-, Rundfunkberichterstatter); Re|por|te|rin *die;* -, -nen
Re|po|si|ti|on [...*zion*] *die;* -, -en ⟨lat.⟩ (Med.: das Reponieren); Re|po|si|to|ri|um *das;* -s, ...ien [...*i'n*] (veralt. für: Büchergestell; Aktenschrank)
re|prä|sen|ta|bel ⟨franz.⟩ (würdig; stattlich; wirkungsvoll); ...a|ble Erscheinung; Re|prä|sen|tant *der;* -en, -en; ↑R 197 (Vertreter, Abgeordneter); Re|prä|sen|tan|ten|haus; Re|prä|sen|tan|tin *die;* -, -nen; Re|prä|sen|tanz *die;* -, -en ([geschäftl.] Vertretung); Re|prä|sen|ta|ti|on [...*zion*] *die;* -, -en ([Stell]vertretung; standesgemäßes Auftreten, gesellschaftl. Aufwand); Re|prä|sen|ta|ti|ons_auf|wen|dung, ...geld *der* *Plur.,* ...schluß (Statistik: bei Stichproben u. Schätzungen angewandtes Schlußverfahren); re|prä|sen|ta-

tiv (vertretend; typisch; wirkungsvoll); -e Demokratie; Re|prä|sen|ta|tiv·be|fra|gung, ...er|he|bung, ...ge|walt; Re|prä|sen|ta|ti|vi|tät die; -; Re|prä|sen|ta|tiv·sy|stem (Politik), ...wer|bung; re|prä|sen|tie|ren (vertreten; etwas darstellen; standesgemäß auftreten)

Re|pres|sa|lie [...iᵉ] die; -, -n (meist Plur.) ⟨lat.⟩ (Vergeltungsmaßnahme, Druckmittel); Re|pres|si|on die; -, -en (Unterdrückung; Abwehr, Hemmung); re|pres|si|ons·frei; Re|pres|si|ons·in|stru|ment; re|pres|siv (unterdrückend); -e Maßnahmen; Re|pres|siv·zoll (Schutzzoll)

Re|print der; -s, -s ⟨engl.⟩ (Buchw.: unveränderter Nachdruck, Neudruck)

Re|pri|se die; -, -n ⟨franz.⟩ (Wirtsch.: Kurserholung; Musik: Wiederholung; Theater, Film: Wiederaufnahme [eines Stückes] in den Spielplan; Neuauflage einer Schallplatte)

Re|pri|va|ti|sie|rung ⟨franz.⟩ (Wiederumwandlung öffentl. Vermögens in Privatvermögen)

Re|pro die; -, -s u. das; -s, -s ⟨Kurzform von Reproduktion⟩ (fotografische Reproduktion einer Bildvorlage)

Re|pro|ba|ti|on [...zion] die; -, -en ⟨lat.⟩ (veralt. für: Mißbilligung); re|pro|bie|ren

Re|pro|duk|ti|on [...zion] die; -, -en ⟨lat.⟩ (Nachbildung; Wiedergabe [durch Druck]; Vervielfältigung; Re|pro|duk|ti|ons·fak|tor (Kernphysik), ...tech|nik; re|pro|duk|tiv; re|pro|du|zie|ren (Verb zu: Reproduktion); Re|pro|gra|phie die; -, ...ien (Sammelbezeichnung für verschiedene Kopierverfahren)

Reps der; -es, (für Repsarten:) -e (südd. für: Raps)

Rep|til das; -s, -ien [...iᵉn] u. (selten:) -e ⟨franz.⟩ (Kriechtier); Rep|ti|li|en·fonds (spött. für: Geldfonds, über dessen Verwendung hohe Regierungsstellen keine Rechenschaft abzulegen brauchen)

Re|pu|blik die; -, -en ⟨franz.⟩; Re|pu|bli|ka|ner; re|pu|bli|ka|nisch; -ste; Re|pu|bli|ka|nis|mus der; - (veralt. für: Streben nach einer republikan. Verfassung); Re|pu|blik|flucht (DDR); vgl. ²Flucht; re|pu|blik|flüch|tig (DDR); Re|pu|blik|flücht|ling (DDR)

Re|pu|dia|ti|on [...zion] die; -, -en (↑ R 180) ⟨lat.⟩ (Wirtsch.: Verweigerung der Annahme von Geld wegen geringer Kaufkraft)

Re|pul|si|on die; -, -en (Technik: Ab-, Zurückstoßung); Re|pul|si-ons|mo|tor (Technik); re|pul|siv (zurück-, abstoßend)

Re|pun|ze die; -, -n ⟨lat.; ital.⟩ (Stempel [für Feingehalt bei Waren aus Edelmetall]); re|pun|zie|ren (mit einem Feingehaltsstempel versehen)

Re|pul|ta|ti|on [...zion] die; - ⟨lat.-franz.⟩ ([guter] Ruf, Ansehen); re|pul|tier|lich (veralt. für: ansehnlich; achtbar; ordentlich)

Re|qui|em [...iäm] das; -s, -s (österr.: ...quien [...iᵉn]) ⟨lat.⟩ (Toten-, Seelenmesse); re|qui|es|cat in pa|ce [...ßkat - paze] („er [sie] ruhe in Frieden!" Abk.: R. I. P.)

re|qui|rie|ren ⟨lat.⟩ (beschlagnahmen [für milit. Zwecke]; um Rechtshilfe ersuchen); Re|qui|sit das; -[e]s, -en (Zubehör; Gegenstand, der für eine Theateraufführung od. eine Filmszene verwendet wird); Re|qui|si|te die; -, -n (Requisitenkammer; für die Requisite zuständige Stelle); Re|qui|si|ten|kam|mer; Re|qui|si|teur [...tör] der; -s, -e ⟨franz.⟩ (Theater, Film: Verwalter der Requisiten); Re|qui|si|ti|on [...zion] die; -, -en (Substantiv zu requirieren)

resch; -este (bayr. u. österr. für: knusperig; auch übertr. ugs.: lebhaft, munter)

Re|se|da die; -, ...den (selten: -s) ⟨lat.⟩ (eine Pflanze); Re|se|da·far|ben; Re|se|de die; -, -n (Reseda)

Re|sek|ti|on [...zion] die; -, -en ⟨lat.⟩ (Med.: operative Entfernung kranker Organteile)

Re|ser|va|ge [...waseh°] die; - ⟨franz.⟩ (Färberei: Schutzbeize, die das Aufnehmen von Farbe verhindert); Re|ser|vat [...wat] das; -[e]s, -e ⟨lat.⟩ (Vorbehalt; Sonderrecht; großes Freigehege für gefährdete Tierarten; auch für: Reservation); Re|ser|va|tio men|tal|lis [...wazio -] die; - -, ...tiones ...tales (svw. Mentalreservation); Re|ser|va|ti|on [...zion] die; -, -en (Vorbehalt; den Indianern vorbehaltenes Gebiet in Nordamerika); Re|ser|vat|recht (Sonderrecht); Re|ser|ve die; -, -n (Ersatz; Vorrat; Militär: Ersatz[mannschaft], Kaufmannsspr.: Rückstellung, Rücklage; nur Sing.: Zurückhaltung, Verschlossenheit); in - (vorrätig); [Leutnant usw.] der - (Abk.: d. R.); Re|ser|ve·bank (Sport), ...fonds (Rücklage), ...ka|ni|ster, ...of|fi|zier, ...rad, ...rei|fen, ...tank, ...übung; re|ser|vie|ren ⟨lat.⟩ (aufbewahren; vormerken, vorbestellen; [Platz] belegen); re|ser|viert; -este (auch: zurückhaltend, zugeknöpft); Re|ser|viert|heit die; - Re|ser|vie|rung; Re|ser|vist der; -en, -en; (↑ R 197 (Soldat der Reserve); Re|ser|voir [...woar] das; -s, -e ⟨franz.⟩ (Sammelbecken Behälter; Reservebestand)

re|se|zie|ren ⟨lat.⟩ (Verb zu: Resektion)

Re|si (südd., österr. u. schweiz Kurzform von: Theresia)

Re|si|dent der; -en, -en (↑ R 197 ⟨franz.⟩ (Regierungsvertreter Geschäftsträger; Statthalter)

Re|si|denz die; -, -en ⟨lat.⟩ (Wohnsitz des Staatsoberhauptes, eines Fürsten, eines hohen Geistlichen; Hauptstadt); Re|si|denz·pflicht, ...stadt, ...thea|ter; re|si|die|ren (seinen Wohnsitz haben [bes. von regierenden Fürsten]) re|si|du|al (Med.: zurückbleibend, restlich); Re|si|du|um [...u-um] das; -s, ...duen [...du°n] (Überrest, Rückstand)

Re|si|gna|ti|on [...zion] die; -, -en ⟨lat.⟩ (Verzichtleistung; Entsagung); re|si|gna|tiv (von Resignation durchdrungen); re|si|gnie|ren; re|si|gniert; -este (ergeber gefaßt; auch: entmutigt)

Re|si|nat das; -[e]s, -e ⟨lat.⟩ (Salz der Harzsäure)

Ré|si|stance [resißtangß] die; ⟨franz.⟩ (franz. Widerstandsbewegung gegen die deutsche Besatzung im 2. Weltkrieg); re|si|stent; -este (lat.: widerstandsfähig); Re|si|stenz die; -, -en (Widerstand[sfähigkeit]); passive -re|si|stie|ren (widerstehen; ausdauern); re|si|stiv (widerstehend hartnäckig); Re|si|sti|vi|tät [...wi...] die; - (Med.: Widerstandsfähigkeit)

Re|skript das; -[e]s, -e ⟨lat.⟩ (veralt. für Rechtsentscheidung des Papste od. eines Bischofs)

re|so|lut; -este (entschlossen beherzt, tatkräftig, zupackend); Re|so|lut|heit; Re|so|lu|ti|o [...zion] die; -, -en (Beschluß Entschließung; Med.: Rückgang krankhafter Zustände); re|so|vie|ren [...wirᵉn] (veralt. für: auf lösen; beschließen)

Re|so|nanz die; -, -en ⟨lat.⟩ (Wider hall; Mittönen, -schwingen bildl. für: Anklang, Verständni Wirkung); Re|so|nanz·bo|de (Schallboden), ...fre|quenz (Physik), ...ka|sten, ...kör|per; Re|so|na|tor der; -s, ...oren (mitschwingender Körper; Holzgehäuse b Saiteninstrumenten)

Re|so|pal ⓦ das; -s (ein Kunststoff)

re|sor|bie|ren ⟨lat.⟩ (ein-, aufsaugen); Re|sorp|ti|on [...zion] die;

-en (Aufnahme [gelöster Stoffe in die Blutbahn]); Re|sorp|ti|ons|fä|hig|keit

re|so|zia|li|sie|ren (↑R 180); Re|so|zia|li|sie|rung (↑R 180) ⟨lat.⟩ (Rechtsw.: schrittweise Wiedereingliederung von Straffälligen in die Gesellschaft)

resp. = respektive

Re|spekt der; -[e]s ⟨franz.⟩ (Rücksicht, Achtung; Ehrerbietung; leerer Rand [bei Kupferstichen]); re|spek|ta|bel (ansehnlich; angesehen); ...a|ble Größe; Re|spek|ta|bi|li|tät die; - (veralt. für: Ansehen); Re|spekt|blatt (leeres Blatt am Anfang eines Buches); re|spekt|ein|flö|ßend (↑R 209); re|spek|tie|ren (achten, in Ehren halten; Wirtsch.: einen Wechsel bezahlen); re|spek|tier|lich (veralt. für: ansehnlich, achtbar); Re|spek|tie|rung; re|spek|tiv ⟨lat.⟩ (veralt. für: jeweilig); re|spek|ti|ve [...wᵉ] (beziehungsweise; oder; und; Abk.: resp.); re|spekt|los, -este; Re|spekt|lo|sig|keit; Re|spekts|per|son; re|spekt|voll

Res|pi|ghi [...gi] (ital. Komponist) Re|spi|ra|ti|on [...zion] die; - ⟨lat.⟩ (Med.: Atmung); Re|spi|ra|ti|ons|ap|pa|rat; Re|spi|ra|tor der; -s, ...oren (Beatmungsgerät); re|spi|rie|ren (Med.: atmen)

re|spon|die|ren ⟨lat.⟩ (veralt. für: antworten); re|spon|sa|bel (veralt. für: verantwortlich); ...a|ble Stellung; Re|spon|so|ri|um das; -s, ...ien [...iᵉn] (kirchl. Wechselgesang)

Res|sen|ti|ment [reßangtimang] das; -s, -s ⟨franz.⟩ (gefühlsmäßige Abneigung)

Res|sort [..ßor] das; -s, -s ⟨franz.⟩ (Geschäfts-, Amtsbereich); res|sor|tie|ren (veralt. für: zugehören, unterstehen); Res|sort|lei|ter; res|sort|mä|ßig ([amts]zuständig); Res|sort|mi|ni|ster

Res|sour|ce [reßurß] die; -, -n ⟨franz.⟩ (meist Plur.: Hilfsmittel; [Hilfs]quellen; Geldmittel)

Rest der; -[e]s, -e u. (Kaufmannsspr., bes. von Schnittwaren:) -er u. (schweiz.:) -en ⟨lat.⟩; Rest_ab|schnitt, ...al|ko|hol; Re|stant der; -en, -en; ↑R 197 (rückständiger Schuldner; nicht abgeholtes Wertpapier; Ladenhüter); Re|stan|ten|li|ste

Re|stau|rant [räßtorang] das; -s, -s ⟨franz.⟩ (Gaststätte); Re|stau|ra|teur [...toratör] der; -s, -e (veralt. für: Gastwirt); Re|stau|ra|ti|on [...taurazion] die; -, -en ⟨lat.⟩ (Wiederherstellung eines Kunstwerkes; Wiederherstellung der alten Ordnung nach einem Umsturz; veraltend für: Gastwirt-

schaft); Re|stau|ra|ti|ons|ar|beit; Re|stau|ra|ti|ons|be|trieb; Re|stau|ra|ti|ons_po|li|tik, ...zeit; Re|stau|ra|tor der; -s, ...oren (Wiederhersteller [von Kunstwerken]); re|stau|rie|ren (wiederherstellen, ausbessern, bes. von Kunstwerken); sich - (sich erholen, sich erfrischen); Re|stau|rie|rung

Rest_be|stand, ...be|trag; Re|sten, Re|ster (Plur. von: Rest); Re|ste_ver|kauf, ...ver|wer|tung re|sti|tu|ie|ren ⟨lat.⟩ (wiedererstatten, -herstellen, -einsetzen); Re|sti|tu|ti|on [...zion] die; -, -en; Re|sti|tu|ti|ons_edikt (von 1629), ...kla|ge (Rechtsw.: Klage auf Wiederaufnahme eines Verfahrens)

Rest|ko|sten|rech|nung (Wirtsch.: ein Kalkulationsverfahren); rest|lich; rest|los; Rest|nut|zungs|dau|er (Wirtsch.); Rest|po|sten

Re|strik|ti|on [...zion] die; -, -en ⟨lat.⟩ (Einschränkung, Vorbehalt); Re|strik|ti|ons|maß|nah|me; re|strik|tiv (ein-, beschränkend, einengend); -e Konjunktion (Sprachw.: einschränkende Konjunktion, z. B. „insofern"); re|strin|gie|ren [...ßtringirᵉn] (veralt. für einschränken; Med.: zusammenziehen)

Rest_ri|si|ko, ...sum|me Re|sul|tan|te die; -, -n ⟨lat.⟩ (Ergebnisvektor von verschieden gerichteten Bewegungs- od. Kraftvektoren); Re|sul|tat das; -[e]s, -e (Ergebnis); re|sul|ta|tiv (ein Resultat bewirkend); -e Aktionsart (Aktionsart eines Verbs, die das Ende eines Geschehens bezeichnet, z. B. „finden"); re|sul|tat|los; re|sul|tie|ren (sich als Resultat ergeben); Re|sul|tie|ren|de die; -n, -n; ↑R 7ff. (svw. Resultante)

Re|sü|mee das; -s, -s ⟨franz.⟩ (Zusammenfassung); re|sü|mie|ren

Ret vgl. Reet

Re|ta|bel das; -s, - ⟨franz.⟩ (Altaraufsatz)

Re|tard [rᵉtar] der; -s ⟨franz.⟩ (Uhr: Verzögerung); den Hebel auf - stellen; Re|tar|da|ti|on [...zion] die; -, -en (Verzögerung; Musik: Verzögerung der oberen Stimme gegenüber der unteren); re|tar|die|ren (verzögern; veralt. bei der Uhr: nachgehen); retardierendes Moment (bes. im Drama)

Re|ten|ti|on [...zion] die; -, -en ⟨lat.⟩ (Med.: Zurückhaltung von auszuscheidenden Stoffen im Körper)

Re|thel (dt. Maler)

Re|ti|kül der od. das; -s, -e u. -s ⟨franz.⟩ (früher für: Arbeits-,

Strickbeutel); re|ti|ku|lar, re|ti|ku|lär (zerrtig, netzförmig); re|ti|ku|liert (mit netzartigem Muster); -e Gläser; Re|ti|na die; -, ...nae [...nä] (Med.: Netzhaut des Auges); Re|ti|ni|tis die; -, ...itiden (Med.: Netzhautentzündung)

re|ti|rie|ren ⟨franz.⟩ (veralt., noch scherzh. für: sich zurückziehen)

Re|tor|si|on die; -, -en ⟨lat.⟩ (Erwiderung eines unfreundlichen Aktes; Vergeltung); Re|tor|te die; -, -n ⟨franz.⟩ (Destillationsgefäß); Re|tor|ten_ba|by (durch künstl. Befruchtung außerhalb des Mutterleibes entstandenes Kind), ...koh|le

re|tour [retur] ⟨franz.⟩ (österr., schweiz. u. mdal., sonst veraltend für: zurück); Re|tour|bil|lett (schweiz., sonst veralt. für: Rückfahrkarte); Re|tou|re [retu-rᵉ] die; -, -n; meist Plur. (Rücksendung an den Verkäufer); Re|tour_[fahr|kar|te (veralt., noch österr.: Rückfahrkarte), ...gang (österr.: Rückwärtsgang), ...kut|sche (ugs. für: Zurückgeben eines Vorwurfs, einer Beleidigung); re|tour|nie|ren [returnirᵉn] (zurücksenden [an den Verkäufer]); Re|tour_sen|dung [retur...], ...spiel (österr. u. schweiz.: Rückspiel)

Re|trai|te [rᵉträtᵉ] die; -, -n ⟨franz.⟩ (veralt. für: Rückzug; früher: Zapfenstreich der Kavallerie)

Re|trak|ti|on [...zion] die; -, -en ⟨lat.⟩ (Med.: Schrumpfung)

Re|tri|bu|ti|on [...zion] die; -, -en ⟨lat.⟩ (Rückgabe, Wiedererstattung)

re|tro|da|tie|ren ⟨lat.⟩ (veralt. für: zurückdatieren); Re|tro|fle|xi|on die; -, -en ⟨Med.: Rückwärtsknickung von Organen); re|tro|grad (rückläufig; rückgebildet); re|tro|spek|tiv (rückschauend, rückblickend); Re|tro|spek|ti|ve [...iwᵉ] die; -, -n (Rückblick, Rückschau); Re|tro|ver|si|on [...wär...] die; -, -en ⟨Med.: Rückwärtsneigung, bes. der Gebärmutter); re|tro|ver|tie|ren (zurückwenden, zurückneigen); re|tro|ze|die|ren (veralt. für: zurückweichen; [etwas] wieder abtreten; Wirtsch.: rückversichern); Re|tro|zes|si|on (veralt. für: Wiederabtretung; Wirtsch.: bes. Form der Rückversicherung)

Ret|si|na der; -[s] (Sorten:) -s ⟨neugriech.⟩ (geharzter griech. Weißwein)

ret|ten; Ret|ter; Ret|te|rin die; -, -nen

Ret|tich der; -s, -e ⟨lat.⟩

rett|los (Seemannsspr.: unrettbar); -es Schiff; Ret|tung (Sing.

österr. auch kurz für: Rettungsdienst); Ret|tungs_ak|ti|on, ...anker, ...boot, ...dienst, ...flugzeug, ...gür|tel, ...hub|schrauber; ret|tungs|los; Ret|tungs-_mann|schaft, ...ring, ...schwimmen (das; -s), ...schwim|mer, ...sta|ti|on

Re|turn [ritö'n] der; -s, -s ⟨engl.⟩ ([Tisch]tennis: nach dem Aufschlag des Gegners zurückgeschlagener Ball)

Re|tu|sche die; -, -n ⟨franz.⟩ (Nachbesserung [bes. von Fotografien]); Re|tu|scheur [...schör] der; -s, -e; re|tu|schie|ren (nachbessern [bes. Fotografien])

Reuch|lin (dt. Humanist)

Reue die; -; Reu und Leid erwecken (↑ R 18); reu|en; es reut mich; reue|voll; Reu|geld (Abstandssumme); reu|ig; Reu|kauf (Kauf mit Rücktrittsrecht gegen Zahlung eines Reugeldes); reu|mü|tig

re|u|nie|ren [...ünir'n] ⟨franz.⟩ (veralt. für: [wieder]vereinigen, versöhnen; sich versammeln); ¹Re|uni|on [dt. Ausspr.] der; -s, -s (veralt. für: [Wieder]vereinigung); ²Re|uni|on [reünionᵍ] die; -, -s (veralt. für: gesellige Veranstaltung [für Kurgäste])

Ré|uni|on [reünionᵍ] (Insel im Ind. Ozean)

Re|uni|ons|kam|mern Plur. (durch Ludwig XIV. eingesetzte franz. Gerichte zur Durchsetzung territorialer Annexionen)

Reu|se die; -, -n (Korb zum Fischfang)

¹Reuß die; - (r. Nebenfluß der Aare)

²Reuß (Name zweier früherer Thüringer Fürstentümer)

Reu|ße der; -n, -n (früher für: Russe)

re|üs|sie|ren ⟨franz.⟩ (gelingen; Erfolg, Glück haben)

reu|ßisch ⟨zu: ²Reuß⟩

reu|ten (südd., österr., schweiz. geh. für: roden)

Reu|ter, Fritz (niederd. Mundartdichter)

Reu|ter|bü|ro; ↑ R 135 (engl. Nachrichtenbüro)

Reut|lin|gen (Stadt in Baden-Württemberg)

Reut|te (Ort in Tirol)

Reut|ter, Hermann (dt. Komponist)

Rev. = Reverend

Re|vak|zi|na|ti|on [...wakzinazion] die; -, -en ⟨lat.⟩ (Med.: Wiederimpfung); re|vak|zi|nie|ren

Re|val [rewal] (dt. Name von: Tallin[n])

re|val|lie|ren [...wa...] ⟨lat.⟩ (sich für eine Auslage schadlos halten; Kaufmannsspr.: [eine Schuld] decken)

mannsspr.: Deckung [einer Schuld]; Re|val|va|ti|on [...zion] die; -, -en (Aufwertung); re|val|vie|ren

Re|van|che [rewangsch'] die; -, -n ⟨franz.⟩ (Vergeltung; Rache); Re|van|che_foul (Sport), ...krieg; re|van|che|lu|stig; Re|van|che_po|li|tik, ...spiel; re|van|chie|ren [rewangschir'n], sich (sich rächen; einen Gegendienst erweisen); Re|van|chis|mus der; - (im kommunist. Sprachgebrauch: Vergeltungs-, Rachepolitik nationalist. Kreise); Re|van|chist der; -en, -en (↑ R 197); re|van|chi|stisch

Re|veil|le [rewäj'] die; -, -n ⟨franz.⟩ (veralt. für: militär. Weckruf)

Re|ve|nue [r'w'nü] die; -, -n [...nü'n] ⟨franz.⟩ (Einkommen, Einkünfte)

Re|ve|rend [räw'r'nd] der; -s, -s ⟨lat.⟩ (Titel der Geistlichen in England und Amerika; Abk.: Rev.); Re|ve|renz [rewe...] die; -, -en (Ehrerbietung; Verbeugung); vgl. aber: Referenz

Re|ve|rie [räw'ri] die; -, ...ien ⟨franz.⟩ („Träumerei"; Tonstück)

¹Re|vers [rewär, auch: r'...] das od. (österr. nur:) der; - [...wär(ß)], -[...wär(ß)] ⟨franz.⟩ (Umschlag an Kleidungsstücken); ²Re|vers [rewär(ß), franz. Ausspr.: rewär, auch: rᵉ...] der; -es u. (bei franz. Ausspr.:) - [...wär(ß)], -e u. (bei franz. Ausspr.:) - [...wär(ß)] (veraltend für: Rückseite [einer Münze]); ³Re|vers [rewärß] der; -es, -e (Erklärung, Verpflichtungsschein); re|ver|si|bel ⟨lat.⟩ (umkehrbar); ...ilble Prozesse (Physik); Re|ver|si|bi|li|tät die; -; ¹Re|ver|si|ble [rewärsib'l] der; -s, -s (Abseitenstoff, Gewebe mit einer glänzenden u. einer matten Seite); ²Re|ver|si|ble [rewärsib'l] das; -s, -s (Kleidungsstück, das beidseitig getragen werden kann); Re|ver|si|on [...zion] die; -, -en (Umkehrung); Re|vers|sy|stem (Wirtsch.)

Re|vi|dent [...wi...] der; -en, -en (↑ R 197) ⟨lat.⟩ (Rechtsw.: jmd., der Revision beantragt; österr.: ein Beamtentitel); re|vi|die|ren (nachsehen, überprüfen); sein Urteil - (korrigieren)

Re|vier [...wir] das; -s, -e ⟨niederl.⟩ (Bezirk, Gebiet; Militär.: Krankenstube; Bergw.: Teil des Grubengebäudes, der der Aufsicht eines Reviersteigers untersteht; Forstw.: begrenzter Jagdbezirk; kleinere Polizeidienststelle); re|vie|ren (von Jagdhunden: in einem Revier nach Beute suchen); Re|vier|för|ster; re|vier|krank (Soldatenspr.); Re|vier|kran|ke der (Soldatenspr.)

Re|view [riwju] die; -, -s ⟨engl.⟩ (Übersicht, Rundschau [Titel od. Teil des Titels engl. u. amerik. Zeitschriften])

Re|vi|re|ment [rewir'mang, österr.: rewirmang] das; -s, -s (Umbesetzung diplomat. od. militär. Stellen)

Re|vi|si|on [...wi...] die; -, -en ⟨lat.⟩ (nochmalige Durchsicht; [Nach]prüfung; Änderung [einer Ansicht]; Rechtsw.: Überprüfung eines Urteils); Re|vi|sio|nis|mus der; -; ↑ R 180 (Streben nach Änderung eines bestehenden Zustandes oder eines Programms); Re|vi|sio|nist der; -en, -en; ↑ R 197, R 180 (Verfechter des Revisionismus); re|vi|sio|ni|stisch; Re|vi|si|ons.frist, ...ge|richt, ...ver|fah|ren, ...ver|hand|lung; Re|vi|sor der; -s, ...oren (Wirtschaftsprüfer; Korrektor, dem die Überprüfung der letzten Korrekturen im druckfertigen Bogen obliegt)

Re|vi|ta|li|sie|rung die; - ⟨lat.⟩ (Med.: Wiederherstellung der früheren Vitalität)

Re|vi|val [riwaiw'l] das; -s, -s ⟨engl.⟩ (Erneuerung, Wiederbelebung)

Re|vo|ka|ti|on [...wokazion] die; -, -en ⟨lat.⟩ (Widerruf)

Re|vol|te [...wolt'] die; -, -n ⟨franz.⟩ (Empörung, Auflehnung, Aufruhr); re|vol|tie|ren; Re|vo|lu|ti|on [...zion] die; -, -en ⟨lat.⟩; re|vo|lu|tio|när ⟨franz.⟩ ([staats]umwälzend); Re|vo|lu|tio|när der; -s, -e; re|vo|lu|tio|nie|ren; Re|vo|lu|ti|ons.ge|richt, ...re|gie|rung, ...tri|bu|nal, ...wirren; Re|vo|luz|zer der; -s, - ⟨ital.⟩ (verächtl. für: jmd., der sich als Revolutionär gebärdet); Re|vol|ver [...wolw'r] der; -s, - ⟨engl.⟩ (kurze Handfeuerwaffe; drehbarer Ansatz an Werkzeugmaschinen); Re|vol|ver.blatt, ...dreh|bank, ...held, ...knauf, ...lauf, ...pres|se, ...schal|tung, ...schnau|ze (derb für: freches, vorlautes Mundwerk; unverschämter, vorlauter Mensch); re|vol|vie|ren (Technik: zurückdrehen)

re|vo|zie|ren [...wo...] ⟨lat.⟩ (zurücknehmen, widerrufen)

Re|vue [rewü] die; -, -n [...wü'n] ⟨franz.⟩ (Zeitschrift mit allgemeinen Überblicken; musikal. Ausstattungsstück); - passieren lassen (vor seinem geistigen Auge vorbeiziehen lassen); Re|vue-_büh|ne, ...film, ...girl

Rex|ap|pa|rat Ⓦ (österr. für: Einkochapparat); Rex|glas Ⓦ (österr. für: Einkochglas)

Rey|kja|vik [rä'kjawik, auch: rái|kjawik] (Hptst. Islands)

Rey|on [*räjong*] der od. *das;* - ⟨franz.⟩ (Kunstseide aus Viskose)

Re|zen|sent der; -en, -en (↑ R 197) ⟨lat.⟩ (Verfasser einer Rezension); re|zen|sie|ren; Re|zen|si|on die; -, -en (kritische Besprechung von Büchern, Theateraufführungen u. a.; Durchsicht eines alten Textes); Re|zen|si|ons.ex|em|plar, ...stück (Besprechungsstück)

re|zent; -este ⟨lat.⟩ (Biol.: gegenwärtig lebend, auftretend; landsch. für: säuerlich, pikant); -e Kulturen (Völkerk.: noch bestehende altertüml. Kulturen)

Re|zept das; -[e]s, -e ⟨lat.⟩ ([Arznei-, Koch]vorschrift, Verordnung); Re|zept.block (vgl. Block), ...buch; re|zept|frei; re|zep|tie|ren (Rezepte ausschreiben); Re|zep|ti|on [...*zion*] die; -, -en (Auf-, An-, Übernahme; Empfangsbüro im Hotel); re|zep|tiv (aufnehmend, empfangend; empfänglich); Re|zep|ti|vi|tät [...*wi*...] die; - (Aufnahmefähigkeit, Empfänglichkeit); Re|zep|tor der; -s, ...oren (veralt. für: Empfänger; Steuereinnehmer; Med.: [meist *Plur.*] Organ, das zur Aufnahme äußerer Reize dient); Re|zept|pflicht; re|zept|pflich|tig; Re|zep|tur die; -, -en (Anfertigung von Rezepten; Arbeitsraum in der Apotheke; früher für: Steuereinnehmerei)

Re|zeß der; ...zesses, ...zesse ⟨lat.⟩ (Rechtsw.: Auseinandersetzung, Vergleich, Vertrag); Re|zes|si|on die; -, -en (Rückgang der Konjunktur); Re|zes|si|ons|pha|se; re|zes|siv (Biol.: zurücktretend; nicht in Erscheinung tretend [von Erbfaktoren])

re|zi|div ⟨lat.⟩ (Med.: rückfällig); Re|zi|div das; -s, -e [...*w*ᵉ] (Med.: Rückfall [bei einer Krankheit]); re|zi|di|vie|ren [...*wir*ᵉn] (Med.: in Abständen wiederkehren)

Re|zi|pi|ent der; -en, -en (↑ R 197) ⟨lat.⟩ (Glasglocke, die zu Versuchszwecken luftleer gepumpt werden kann; Empfänger); re|zi|pie|ren (aufnehmen, übernehmen)

re|zi|prok ⟨lat.⟩ (wechsel-, gegenseitig, aufeinander bezüglich); -er Wert (für: Kehrwert [durch Vertauschung von Zähler u. Nenner]); -es Pronomen (Sprachw.: wechselbezügl. Fürwort, z. B. „einander"); (Math.:) -e Zahlen; Re|zi|pro|zi|tät die; - (Wechselseitigkeit)

re|zi|tan|do vgl. recitando; Re|zi|ta|ti|on [...*zion*] die; -, -en ⟨lat.⟩ (Vortrag von Dichtungen); Re|zi|ta|tiv das; -s, -e [...*w*ᵉ] ⟨ital.⟩ (dramat. Sprechgesang); re|zi|ta-

ti|visch [...*tiwi*...] (in der Art des Rezitativs); Re|zi|ta|tor der; -s, ...oren ⟨lat.⟩ (Vortragskünstler; Sprecher von Dichtungen); re|zi|tie|ren

rf., rfz. = rinforzando

R-Ge|spräch; ↑ R 149 (Ferngespräch, das der Angerufene bezahlt)

Rgt., Reg[t]., R. = Regiment

RGW = Rat für gegenseitige Wirtschaftshilfe; vgl. COMECON

rh, Rh vgl. Rhesusfaktor

Rh = chem. Zeichen für: Rhodium

Rha|ba|nus Mau|rus vgl. Hrabanus Maurus

Rha|bar|ber der; -s ⟨griech.⟩ (Gartenpflanze); Rha|bar|ber.kom|pott, ...ku|chen

Rhab|dom das; -s, -e ⟨griech.⟩ (Med.: Sehstäbchen in der Netzhaut des Auges)

Rha|da|man|thys (griech. Sage: Totenrichter)

Rha|ga|de die; -, -n ⟨griech.⟩ (Med.: Einriß in der Haut)

Rhap|so|de der; -n, -n (↑ R 197) ⟨griech.⟩ (fahrender Sänger bei den alten Griechen); Rhap|so|die die; -, ...ien (erzählendes Gedicht, Heldenlied; [aus Volksweisen zusammengesetztes] Musikstück); ↑ R 157: die Ungarische Rhapsodie (Musikstück von Liszt); rhap|so|disch (zur Rhapsodie gehörend; unzusammenhängend, bruchstückartig)

Rhät vgl. Rät

Rhe! vgl. Ree!

Rhe|da-Wie|den|brück (Stadt im Münsterland)

Rhe|de (Ort östlich von Bocholt)

Rhei|der|land vgl. Reiderland

Rhei|dt (Ort nördl. von Bonn)

Rhein der; -[e]s (Fluß); rhein|ab|[wärts]; Rhein|an|ke die; -, -n (ein Fisch); rhein|auf|[wärts]; Rhein-.bund (der; -[e]s; ↑ R 149; dt. Fürstenbund unter franz. Führung), ...fall (der; -[e]s), ...gau (der [landsch.: das]; -[e]s); Rhein-Her|ne-Ka|nal der; -s (↑ R 150); Rhein|hes|sen; rhei|nisch, aber (↑ R 146): das Rheinische Schiefergebirge; (↑ R 157:) Rheinischer Merkur; Rheinische Stahlwerke; Rhei|nisch-Ber|gi|sche Kreis der; -n -es (Landkreis im Reg.-Bez. Köln); rhei|nisch-west|fä|lisch (↑ R 155), aber (↑ R 133): das Rheinisch-Westfälische Elektrizitätswerk (Abk.: RWE); Rheinisch-Westfälisches Industriegebiet; Rhein|land das; -[e]s (nichtamtl. Bezeichnung für die ehem. preuß. Rheinprovinz; Abk.: Rhld.); Rhein|lan|de Plur. (Siedlungsgebiete der Franken beiderseits des

Rheins); Rhein|län|der (auch: Tanz); Rhein|län|de|rin die; -, -nen; rhein|län|disch; Rhein-land-Pfalz; rhein|land-pfäl|zisch (↑ R 154); Rhein-Main-Do|nau-Groß|schiffahrts|weg der; -[e]s [*Trenn.*: ...schiff|fahrts..., ↑ R 204] (↑ R 150); Rhein-Main-Flug|ha|fen der; -s (↑ R 150); Rhein-Mar|ne-Ka|nal der; -s (↑ R 150); Rhein.pfalz, ...pro|vinz (die; -; ehem. preuß. Provinz beiderseits des Mittel- und Niederrheins); Rhein-Rho|ne-Ka|nal der; -s (↑ R 150); Rhein-Schie-Ka|nal [...*ßehi*...] der; -s (↑ R 150); Rhein-sei|ten|ka|nal der; -s (↑ R 149); Rhein|wein; Rhein-Wup|per-Kreis der; -es; ↑ R 150 (Landkreis im Reg.-Bez. Düsseldorf)

rhe|na|nisch ⟨lat.⟩ (rheinisch); Rhe|ni|um das; -s (chem. Grundstoff, Metall; Zeichen: Re)

Rheo|lo|gie die; - ⟨griech.⟩ (Wissenschaft vom Fließen u. Verformen der Materie); Rheo|stat der; -[e]s u. -en, -e[n] ([elektr. Regulier]widerstand)

Rhe|sus der; -, ⟨nlat.⟩ (in Süd- u. Ostasien vorkommender, meerkatzenartiger Affe); Rhe|sus|af|fe; Rhe|sus|fak|tor das; -s (erbliches Merkmal der roten Blutkörperchen; Abk.: Rh-Faktor; Zeichen: Rh = Rhesusfaktor positiv, rh = Rhesusfaktor negativ)

Rhe|tor der; -s, ...oren ⟨griech.⟩ (Redner der Antike); Rhe|to|rik die; - (Redekunst); Rhe|to|ri|ker (Redekünstler); rhe|to|risch (auch für: phrasenhaft, schönrednerisch); -e Frage (Frage, auf die keine Antwort erwartet wird)

Rheu|ma das; -s ⟨griech.⟩ (Kurzw. für: Rheumatismus); Rheu|ma|ti|ker (an Rheumatismus Leidender); rheu|ma|tisch; Rheu|ma|tis|mus der; -, ...men; ↑ R 197 (schmerzhafte Erkrankung der Gelenke, Muskeln, Nerven, Sehnen); Rheu|ma|to|lo|ge der; -n, -n; ↑ R 197 (Med.: Arzt mit speziellen Kenntnissen auf dem Gebiet rheumatischer Krankheiten); Rheu|ma|wä|sche

Rheydt [*rait*] (dt. Stadt)

Rh-Fak|tor = Rhesusfaktor (↑ R 38)

Rhi|ni|tis die; -, ...iti|den ⟨griech.⟩ (Med.: Nasenschleimhautentzündung, Schnupfen); Rhi|no|lo|gie die; - (Nasenheilkunde); Rhi|no|pla|stik die; -, -en (chirurgische Korrektur od. Neubildung der Nase); Rhi|no|skop das; -s, -e (Nasenspiegel); Rhi|no|ze|ros das; - u. -ses, -se (Nashorn)

Rhi|zom das; -s, -e ⟨griech.⟩ (Bot.:

Wurzelstock); **Rhi|zo|po|de** *der;* -n, -n (meist *Plur.*); ↑R 197 (Biol.: Wurzelfüßer [Einzeller])

Rhld. = Rheinland

Rh-ne|ga|tiv (den Rhesusfaktor nicht aufweisend)

Rho *das; -[s], -s* (griech. Buchstabe; *P, ϱ*)

Rhod|ami|ne *Plur.* (Gruppe lichtechter Farbstoffe); **Rho|dan** *das; -s* (griech.) (einwertige Gruppe in chem. Verbindungen)

Rhode Is|land [*ro͞ud ail'nd*] (Staat in den USA; Abk.: R. I.); **Rho|de|län|der** *das; -s, -* (Huhn einer Wirtschaftsrasse)

Rho|de|si|en [...iᵉn] ⟨nach Cecil Rhodes⟩ (früherer Name von Simbabwe); **rho|de|sisch**

rho|di|nie|ren (griech.) (mit Rhodium überziehen)

rho|disch (zu: Rhodos)

Rho|di|um *das; -s* (griech.) (chem. Grundstoff, Metall; Zeichen: Rh)

Rho|do|den|dron *der* (auch: *das*); -s, ...dren (griech.) (eine Zierpflanze)

Rho|do|pen *Plur.* (Gebirge in Bulgarien u. Griechenland)

Rho|dos (Insel im östl. Teil des Mittelmeeres)

rhom|bisch (griech.) (rautenförmig); **Rhom|bo|eder** *das; -s, -* (von sechs Rhomben begrenzte Kristallform); **Rhom|bo|id** *das; -[e]s, -e* (schiefwinkliges Parallelogramm mit paarweise ungleichen Seiten); **Rhom|bus** *der; -, ...ben (²Raute; gleichseitiges Parallelogramm)

Rhön *die; -* (Teil des Hessischen Berglandes)

Rho|ne, (in franz. Schreibung:) Rhône [*ron*] *die; -* (schweiz.-franz. Fluß); vgl. Rotten

Rhön|rad (ein Turngerät)

Rho|ta|zis|mus *der; -, ...men* (griech.) (Sprachw.: Übergang eines zwischen Vokalen stehenden stimmhaften s zu r, z. B. griech. „genēseos" gegenüber lat. „generis")

Rh-po|si|tiv (den Rhesusfaktor aufweisend)

Rhus *der; -* (griech.) (Essigbaum; immergrüner [Zier]strauch)

Rhyth|men (*Plur.* von: Rhythmus); **Rhyth|mik** *die; -* (griech.) (Lehre vom Rhythmus); **Rhyth|mi|ker** (moderner, das rhythm. Element besonders hervorbebender Komponist); **rhyth|misch;** -ste (den Rhythmus betreffend, gleich-, taktmäßig); -e Gymnastik; -e Prosa; **rhyth|mi|sie|ren** (in einen bestimmten Rhythmus bringen); **Rhyth|mus** *der; -, ...men* (regelmäßige Wiederkehr; geregelter Wechsel;

Zeit-, Gleich-, Ebenmaß; taktmäßige Gliederung); **Rhyth|mus|gi|tar|re**

R. I. = Rhode Island

Ria (Kurzform von: Maria)

Ri|ad (Hptst. von Saudi-Arabien)

Ri|al *der; -[s], -s* ⟨pers. u. arab.⟩ (iran. Münzeinheit; 1 Rial = 100 Dinar; Abk.: RI); 100 - (↑R 129); vgl. Riyal

RIAS = Rundfunksender im amerik. Sektor [von Berlin]

rib|bel|fest; -este; **rib|beln** (landsch. für: zwischen Daumen und Zeigefinger rasch [zer]reiben); ich ...[e]le (↑R 22)

Ri|bi|sel *die; -, -n* (arab.-ital.) (österr. für: Johannisbeere); **Ri|bi|sel|saft** (österr.)

Ri|bo|fla|vin *das; -s* (Kunstwort) (Vitamin B₂); **Ri|bo|nu|kle|in|säu|re, Ri|bo|se|nu|kle|in|säu|re** *die; -, -n* (wichtiger Bestandteil des Kerneiweißes der Zelle; Abk.: RNS)

Ri|car|da [*rikarda*] (w. Vorn.); **Ri|chard** (m. Vorn.); **Ri|char|da** (w. Vorn.)

Ri|chard-Wag|ner-Fest|spie|le *Plur.* (↑R 135)

Ri|che|lieu [*risch'liö*] (franz. Staatsmann); **Ri|che|lieu|sticke|rei** [*risch'liö...; Trenn.: ...stik-ke...*]; ↑R 135 (Weißstickerei mit ausgeschnittenen Mustern)

Rich|hild, Rich|hil|de, Ri|child, Ri|chil|de (w. Vorn.); **Rich|lind, Rich|lin|de** (w. Vorn.)

Richt|an|ten|ne, ...bal|ken (Richtungsbalken), **...beil** (Stellmacherwerkzeug; Henkerbeil), **...blei** *das,* **...block** (*Plur.* ...blök-ke); **Rich|te** *die; -* (landsch. für: gerade Richtung); in die - bringen usw.; **rich|ten;** sich -; richt¹ euch! (milit. Kommando); **Rich|ter; Rich|ter|amt** *das; -[e]s;* **Rich|te|rin** *die; -, -nen;* **rich|ter|lich; Rich|ter|schaft** *die;-*

Rich|ter-Ska|la ⟨nach dem amerik. Seismologen Ch. F. Richter⟩; ↑R 135 (Skala zur Messung der Erdbebenstärke)

Richt|er.spruch, ...stuhl (*der; -[e]s*); **Richt|fest; Richt|ge|schwin|dig|keit; rich|tig;** (↑R 65:) es ist das richtige (richtig), zu gehen; das ist genau das richtige für mich; wir halten es für das richtigste (am richtigsten), daß ..., aber (↑R 65): tue das Richtige, aber du hast das Richtige getroffen, du bist mir der Richtige; (↑R 205 f.:) etwas richtig machen (auf richtige Weise), aber: etwas richtigmachen (ugs. für: begleichen, z. B. eine Rechnung);

richtiggemacht; vgl. richtigliegen, richtigstellen; **rich|tig|ge|hend** (von der Uhr; auch ugs. für: ausgesprochen, vollkommen); **Rich|tig|keit** *die; -;* **rich|tig|lie|gen;** ↑R 205 f. (ugs. für: das Richtige tun, sich richtig verhalten); er hat richtiggelegen; aber: das Besteck hat richtig gelegen (am richtigen Platz); **rich|tig|ma|chen;** vgl. richtig; **rich|tig|stel|len;** ↑R 205 f. (berichtigen); er hat den Irrtum richtiggestellt; aber: er hat den Schrank richtig gestellt (an den richtigen Platz); **Rich|tig|stel|lung** (Berichtigung); **Richt.ka|no|nier, ...kranz, ...lat|te, ...li|nie** (meist *Plur.*), **...li|ni|en|kom|pe|tenz, ...mi|kro|phon, ...platz, ...preis** (vgl. ²Preis), **...satz, ...scheit** (Richtlatte), **...schnur** (*Plur.* ...schnuren), **...schwert, ...stät|te, ...strah|ler** (Antenne für Kurzwellensender), **...strecke** [*Trenn.: ...strek|ke*] (Bergmannsspr.: waagerechte Strecke, die möglichst geradlinig hergestellt wird); **Rich|tung; rich|tung|...än|dernd, ...ge|bend** (↑R 209); **Rich|tungs|an|zei|ger; rich|tungs|los;** -este; **Rich|tungs|lo|sig|keit** *die; -;* **Rich|tungs|pfeil; rich|tungs|sta|bil; Rich|tungs|sta|bi|li|tät, ...wech|sel; rich|tung|wei|send** (↑R 209); **Richt.waa|ge, ...wert, ...zahl**

Rick *das; -[e]s, -e,* auch -s (landsch. für: Stange; Gestell)

Ricke *die; -, -n [Trenn.: Rik|ke]* (weibl. Reh)

ri|di|kül (franz.) (veralt. für: lächerlich); **Ri|di|kül** *der* od. *das; -s, -e* u. -s ⟨volksetymolog. umgedeutet aus: Retikül⟩ (früher für: Arbeitsbeutel; Strickbeutel)

riech|bar; rie|chen (du rochst; du röchest; gerochen; riech[e]!; **Rie|cher** (ugs. für: Nase [bes. im übertr. Sinne]); einen guten - für etwas haben (etwas gleich merken); **Riech.fläsch|chen, ...kol|ben** (derb, scherzh. für: Nase), **...or|gan, ...salz, ...stoff**

¹Ried *das; -[e]s, -e** (Schilf, Röhricht); **²Ried** *die; -, -en u.** Rie|de *die; -, -n* (österr.: Flurbezeichnung [in Weingärten]); **Ried|gras**

Rie|fe *die; -, -n* (Längsrinne; Streifen, Rippe); **rie|feln; ich ...[e]le** (↑R 22) u. **rie|fen** (furchen); **Rie|fe|lung; rie|fig**

Rie|ge *die; -, -n* (Turnerabteilung)

Rie|gel *der; -s, -;* **Rie|gel|chen, Rie|ge|lein**

Rie|gel|hau|be (bayr. Frauenhaube)

Rie|gel|haus (schweiz. für: Fachwerkhaus); **rie|geln; ich ...[e]le** (↑R 22); **Rie|gel.stel|lung** (Militär), ...werk (landsch. für: Fachwerk)

Rie|gen|füh|rer; rie|gen|wei|se

Riem|chen, Riem|lein; ¹Rie|men *der;* -s, - (Lederstreifen)

²Rie|men *der;* -s, - ⟨lat.⟩ (Ruder); sich in die Riemen legen

Rie|men_an|trieb, ...schei|be (Radscheibe am Riemenwerk)

Rie|men|schnei|der, Tilman (dt. Bildhauer u. Holzschnitzer)

Rie|mer (mdal. für: Riemenmacher); Riem|lein, Riem|chen

rien ne va plus [ri̯ ̃ãng nᵉ wạ plü] ⟨franz.⟩ („nichts geht mehr"; beim Roulettspiel die Ansage des Croupiers, daß nicht mehr gesetzt werden kann)

Ri|en|zi (röm. Volkstribun)

¹Ries *das;* -es (Becken zwischen Schwäb. u. Fränk. Alb); Nördlinger -

²Ries *das;* -es, -e ⟨arab.⟩ (Papiermaß); 4 - Papier (↑R 128 u. 129)

¹Rie|se ⟨eigtl.: Ries⟩, Adam (dt. Rechenmeister); nach Adam Riese

²Rie|se *der;* -n, -n; ↑R 197 (außergewöhnl. großer Mensch; auch: myth. Wesen)

³Rie|se *die;* -, -n (südd., österr. für: [Holz]rutsche im Gebirge)

Rie|sel|feld; rie|seln; das Wasser rieselt

Rie|sen_ar|beit (ugs.), ...fel|ge (Turnübung), ...ge|bir|ge (*das;* -s); rie|sen|groß; rie|sen|haft; -este; Rie|sen|hun|ger; Rie|sen_rad, ...schlan|ge, ...schritt, ...sla|lom; rie|sen|stark; rie|sig (gewaltig groß); Rie|sin *die;* -, -nen; rie|sisch (zu den Riesen gehörend)

Ries|ling *der;* -s, -e (eine Reb- u. Weinsorte)

Rie|ster *der;* -s, - (Lederflicken auf dem Schuh)

ries|wei|se ⟨zu: ²Ries⟩

Riet *das;* -[e]s, -e (Weberkamm); Riet|blatt

Rif *das;* -s u. Rif|at|las *der;* - (Gebirge in Marokko)

¹Riff *das;* -[e]s, -e (Felsenklippe; Sandbank)

²Riff *der;* -[e]s, -s ⟨engl.⟩ (bes. Jazz, Popmusik: ständig wiederholte, rhythmische Tonfolge)

Rif|fel *die;* -, -n (Flachs-, Reffkamm; rippenähnlicher Streifen; bayr. u. österr. für: gezackter Berggrat [bes. in Bergnamen, z.B. die Hohe -]); Rif|fel|glas (*Plur.* ...gläser); rif|feln ([Flachs] kämmen; aufrauhen); ich ...[e]le (↑R 22); Rif|fe|lung

Rif|fi|fi *das;* -s ⟨franz.⟩ (raffiniertes Verbrechen)

Rif|fi|lot *der;* -en, -en; ↑R 197 (veralt. für: Rifkabyle); Rif|ka|by|le (Bewohner des Rifatlas)

Ri|ga (Hptst. der Lettischen SSR); Ri|ga|ler [...*ga*ʳ] (↑R 147); - Bucht; ri|ga|isch, aber (↑R 146): der Rigaische Meerbusen (svw. Rigaer Bucht)

Ri|gel *der;* - ⟨arab.⟩ (ein Stern)

Rigg *das;* -s, -s ⟨engl.⟩ (svw. Riggung); rig|gen ([auf]takeln); Rig|gung (Takelung)

Ri|gi *der;* -[s], auch: *die;* - (schweiz. Berg)

ri|gid (-este), ri|gi|de ⟨lat.⟩ (streng; steif, starr); Ri|gi|di|tät *die;* - (starres Festhalten, Strenge; Med.: Versteifung, [Muskel]starre)

Ri|go|le *die;* -, -n ⟨franz.⟩ (tiefe Rinne, Abzugsgraben); ri|go|len (tief pflügen oder umgraben); ich habe rigolt

Ri|go|let|to (Titelheld in der gleichnamigen Oper von Verdi)

Ri|gol|pflug

Ri|go|ris|mus *der;* - ⟨lat.⟩ (übertriebene Strenge; strenges Festhalten an Grundsätzen); Ri|go|rist *der;* -en, -en (↑R 197); ri|go|ri|stisch; -ste (überaus streng); ri|go|ros; -este ([sehr] streng; unerbittlich; hart); Ri|go|ro|si|tät *die;* -; Ri|go|ro|sum *das;* -s, ...sa u. (österr.:) ...sen (mündl. Doktorprüfung)

Rig|we|da *der;* -[s] ⟨sanskr.⟩ (Sammlung der ältesten ind. Opferhymnen)

Ri|je|ka (Hafenstadt in Jugoslawien); vgl. Fiume

Rijs|wijk [*re̯*ßweʲk, auch: *raiß*waik] (niederl. Ort)

Ri|kam|bio *der;* -s, ...ien [...*i*ᵉn] ⟨ital.⟩ (Rückwechsel)

Rik|chen, Ri|ke (Kurzformen von: Friederike, Henrike u.a.)

Rik|scha *die;* -, -s ⟨jap.⟩ (zweirädriger Wagen, der von einem Menschen gezogen wird u. zur Beförderung von Personen dient)

Riks|mål [*rik*ßmol] *das;* -[s] ⟨norw.⟩ (ältere Bez. für: Bokmål)

Ril|ke, Rainer Maria (österr. Dichter)

Ril|le *die;* -, -n; ril|len; Ril|len|pro|fil; ril|lig

Rim|baud [*rängbo*] (franz. Dichter)

Ri|mes|se *die;* -, -n ⟨ital.⟩ (Wirtsch.: in Zahlung gegebener Wechsel); Ri|mes|sen|wech|sel

Ri|mi|ni (Hafenstadt am Adriatischen Meer)

Rim|ski-Kor|sa|kow [...*kof*] (russ. Komponist)

Ri|nal|do Ri|nal|di|ni (Held eines Räuberromans von Chr. A. Vulpius)

Rind *das;* -[e]s, -er

Rin|de *die;* -, -n; Rin|den_boot, ...hüt|te; rin|den|los

Rin|der|bra|ten,   Rinds|bra|ten

(österr. nur so); Rin|der|hackfleisch; rin|de|rig (von der Kuh: brünstig); rin|dern (von der Kuh: brünstig sein); Rin|der_pest *die,* ...ras|se; Rin|der|talg, Rindstalg; Rin|der|zun|ge, Rinds|zun|ge; Rind|fleisch

rin|dig (mit Rinde versehen)

Rinds|bra|ten (österr. nur so), Rin|der|bra|ten; Rinds|s||le|der; rinds||le|dern (aus Rindsleder); Rinds|talg, Rin|der|talg; Rind|stück (Beefsteak); Rind_sup|pe (österr. für: Fleischbrühe); Rinds|zun|ge, Rin|der|zun|ge; Rind|viech (Schimpfwort); Rindvieh

rin|for|zan|do ⟨ital.⟩ (Musik: stärker werdend; Abk.: rf., rfz.); Rin|for|zan|do *das;* -s, -s u. ...di

ring (südd., schweiz. mdal. für: leicht, mühelos)

Ring *der;* -[e]s, -e; ring|ar|tig; Ring_arzt (Boxen), ...bahn, ...buch; Rin|gel *der;* -s, - (kleineres ringförmiges od. spiraliges Gebilde); Rin|gel|blu|me; Rin|gel|chen, Ring|lein; rin|ge|lig, ring|lig; Rin|gel|locke [*Trenn.:* ...lok|ke]; rin|geln; ich ...[e]le (↑R 22); sich -; Rin|gel|nat|ter

Rin|gel|natz (dt. Dichter); Ringelnatz' Gedichte (↑R 139)

Rin|gel|piez *der;* -[es], -e (ugs. scherzh. für: anspruchsloses Tanzvergnügen); - mit Anfassen; Rin|gel_rei|hen od. ...rei|hen, ...schwanz, ...spiel (österr. für: Karussell), ...ste|chen (*das;* -s, -; früheres ritterliches Spiel), ...tau|be, ...wurm

rin|gen; du rangst; du rängest; gerungen; ring[e]!; Rin|gen *das;* -s; Rin|ger; Rin|ger|griff; rin|ge|risch

Ring|fin|ger; Ring|flü|gel|flugzeug (für: Coleopter); ring|förmig; Ring_ge|schäft, ...gra|ben

ring|hö|rig (schweiz. mdal. für: schalldurchlässig, hellhörig)

Ring_kampf, ...kämp|fer

Ring|knor|pel (Kehlkopfknorpel); Ring|lein, Rin|gel|chen; ring|lig, rin|ge|lig

Rin|glot|te [*ringglot*ᵉ] *die;* -, -n (mdal. u. österr. für: Reneklode)

Ring_mau|er, ...rich|ter (↑R 61); rings; vgl. ringsum; Ring|sen|dung (Rundf.); rings|her|um; Ring|stra|ße; rings|um; - (rundherum) läuft ein Geländer; - (überall) stehen blühende Sträucher, aber: die Kinder standen rings um ihren Lehrer; rings um den See standen Bäume; rings|um|her

Ring|tausch, ...ver|kehr, ...wall

Rink *der;* -en, -en (↑R 197) u. Rin|ke *die;* -, -n (landsch. für: Schnalle, Spange); rin|keln (veralt. für:

schnallen); ich ...[e]le (↑ R 22);
Rin|ken der; -s, - (svw. Rink)
Rinn|chen; Rinn|ne die; -, -n; **rin|nen;** es rann; es ränne (selten: rönne); geronnen; rinn[e]!;
Rinn|lein; Rinn|sal das; -[e]s, -e;
Rinn|stein
Rio de Ja|nei|ro [- - -sehanero] (Stadt in Brasilien); **Rio de la Pla|ta** der; - - - - (gemeinsame Mündung der Flüsse Paraná u. Uruguay); **Rio-de-la-Pla|ta-Bucht** die; - (↑ R 150); **Rio Gran|de do Sul** (Bundesstaat in Brasilien)
R. I. P. = requiescat in pace!
Ri|po|ste die; -, -n (ital.) (Fechten: unmittelbarer Gegenangriff)
Ripp|chen, Rippllein; **Rip|pe** die; -, -n
rip|peln, sich (mdal. für: sich regen, sich beeilen); ich ...[e]le mich (↑ R 22)
rip|pen (mit Rippen versehen); gerippt; **Rip|pen.bruch** der, ...fell, ...fell|ent|zün|dung, ...heiz|kör|per; **Rip|pe[n]|speer** der od. das; -[e]s (gepökeltes Schweinebruststück mit Rippen; vgl. Kasseler Rippe[n]speer; **Rip|pen.stoß,** ...stück; **Ripp|lein,** Rippllein; **Rippl|li** das; -s, - (schweiz. für: Schweinerippchen)
rips!; rips, raps!
Rips der; -es, -e (engl.) (geripptes Gewebe)
ri|pua|risch (↑ R 180) (lat.) (am [Rhein]ufer wohnend); -e Franken (um Köln)
ri|ra|rutsch!
Ri|sal|lit der; -s, -e (ital.) (Bauw.: Vorbau, Vorsprung)
ri|scheln (landsch. für: rascheln, knistern); es rischelt
Ri|si|ko das; -s ...ken (auch: -s, österr.: Risken) (ital.) **Ri|si|ko|fak|tor;** **ri|si|ko|frei;** **Ri|si|ko|leh|re** (wiss. Analyse der wirtschaftl. Risiken, bes. unter dem Aspekt ihrer Eindämmung); **ri|si|ko|los; Ri|si|ko_pa|ti|ent** (besonders gefährdeter Patient), ...prä|mie
Ri|si-Pi|si Plur. (ital.) (Gericht aus Reis und Erbsen); **Ri|si|pi|si** das; -[s], - (österr. svw. Risi-Pisi)
ris|kant; -este (franz.) (gefährlich, gewagt); **ris|kie|ren** (wagen, aufs Spiel setzen)
Ri|skon|tro vgl. Skontro
Ri|sor|gi|men|to [...ßordsehi..., auch: ...sordsehi...] das; -[s] (ital.) (italienische Einigungsbewegung im 19. Jh.)
Ri|sot|to der; -[s], -s (österr. auch: das; -s, -[s]) (ital.) (Reisspeise)
Risp|chen; Ris|pe die; -, -n (Blütenstand); **ris|pen|för|mig; Ris|pen|gras; ris|pig; Risp|lein**
Riß der; Risses, Risse; **riß|fest; ris|sig**

Rist der; -es, -e (Fußrücken; Handgelenk)
Rist|te die; -, -n (Flachsbündel)
Rist|griff (Sport)
ri|stor|nie|ren ⟨ital.⟩ (Wirtsch.: einen irrig eingetragenen Posten zurückschreiben); **Ri|stor|no** der od. das; -s, -s (Wirtsch.: Gegen-, Rückbuchung, Rücknahme)
ri|sve|glian|do [rißwäljando] ⟨ital.⟩ (Musik: aufgeweckt, munter, lebhaft werdend); **ri|sve|glia|to** [...jato] (Musik: [wieder] munter, lebhaft)
rit. = ritardando, ritenuto
Ri|ta (Kurzform von: Margherita)
ri|tar|dan|do ⟨ital.⟩ (Musik: langsamer vorzutragen; Abk.: rit.); **Ri|tar|dan|do** das; -s, -s u. ...di
ri|te ⟨lat.⟩ (in üblicher, ordnungsgemäßer Weise; geringstes Prädikat beim Rigorosum [genügend]); **Ri|ten** (Plur. von: Ritus)
ri|ten. = ritenuto
Ri|ten|kon|gre|ga|ti|on die; - (päpstl. Behörde)
ri|te|nu|to ⟨ital.⟩ (Musik: zögernd, zurückgehalten; Abk.: rit., ri-ten.); **Ri|te|nu|to** das; -s, -s u. ...ti
Ri|tor|nell das; -s, -e ⟨ital.⟩ (dreizeilige Strophe; sich [mehrfach] wiederholender Teil eines Musikstücks)
Ri|tra|t|te die; -, -n ⟨ital.⟩ (svw. Rikambio)
ritsch!; ritsch, ratsch!
Rit|scher der; -s u. **Rit|schert** das; -s (österr. für: Speise aus Graupen und Hülsenfrüchten)
Ritt der; -[e]s, -e
Ritt|ber|ger der; -s, - (nach dem dt. Eiskunstläufer W. Rittberger) (Kürsprung im Eiskunstlauf)
Rit|ter; die Ritter des Deutschen Ordens; des Pour le mérite; der Ritter von der traurigen Gestalt (Don Quichotte); **Rit|ter.burg,** ...gut; **Rit|ter|guts|be|sit|zer; rit|ter|lich; Rit|ter|lich|keit; Rit|ter_or|den,** ...ro|man, ...schaft (die; -); **rit|ter|schaft|lich; Rit|ter_schlag,** ...sporn (Plur. ...leute); **Rit|ter_sporn** (Plur. ...sporne; eine Blume), ...tum (das; -s); **Rit|ter-und-Räu|ber-Ro|man** (↑ R 41); **Rit|ter|zeit; rit|tig** (zum Reiten geschult, reitgerecht); **Rit|tig|keit; Rit|tig|keits|ar|beit** (Pferdesport); **ritt|lings; Ritt|mei|ster**
Ri|tu|al das; -s, -e u. -ien [...i⁰n] ⟨lat.⟩ (religiöser Brauch; Zeremoniell); **Ri|tu|al_buch,** ...hand|lung; **Ri|tu|a|lis|mus** der; -; ↑ R 180 (Richtung der anglikan. Kirche); **Ri|tu|a|list** der; -en, -en (↑ R 197, R 180); **Ri|tu|al|mord; ri|tu|ell** ⟨franz.⟩ (zum Ritus gehörend; durch den Ritus geboten); **Ri|tus** der; -, ...ten ⟨lat.⟩ (gottes-

---

dienstlicher [Fest]brauch; Zeremoniell)
Ritz der; -es, -e (Kerbe, Schramme, Kratzer; auch für: Ritze); **Rit|ze** die; -, -n (sehr schmale Spalte od. Vertiefung)
Rit|zel das; -s, - (kleines Zahnrad)
rit|zen; du ritzt (ritzest); **Rit|zer** (ugs. für: kleine Schramme, Kratzer); **Rit|zung**
Riu|kiu|in|seln Plur.; ↑ R 180 (Inselkette im Pazifik)
Ri|va|le der; -n, -n (↑ R 197) ⟨franz.⟩ (Nebenbuhler, Mitbewerber); **Ri|va|lin** die; -, -nen; **ri|va|li|sie|ren** (wetteifern); **Ri|va|li|tät** die; -, -en
Ri|ver|boat|shuf|fle [riw⁰rbo⁰tscha-f⁰l] der; -, -s ⟨amerik.⟩ (Vergnügungsfahrt auf einem [Fluß]schiff mit Jazzband)
ri|ver|so [riwärßo, auch: ...so] ⟨ital.⟩ (Musik: umgekehrt, vor- und rückwärts zu spielen)
Ri|vie|ra [...wi...] die; -, ...ren; meist Sing. (Küstengebiet am Mittelmeer)
Ri|yal der; -[s], -s ⟨arab.⟩ (Münzeinheit in Saudi-Arabien; Abk.: SRl, Rl); 100 - (↑ R 129); vgl. Rial
Ri|zi|nus [österr.: rizi...] der; -, - u. -se ⟨lat.⟩ (Zier- und Heilpflanze); **Ri|zi|nus|öl** das; -[e]s
r.-k. = römisch-katholisch
RKW = Rationalisierungs-Kuratorium der Deutschen Wirtschaft
Rl = Rial; Riyal
rm = Raummeter
RM = Reichsmark
Rn = chem. Zeichen für: Radon
RNS = Ribo[se]nukleinsäure
Roa|die [ro⁰di] der; -s, -s ⟨amerik.⟩ (jmd., der die elektr. Anlagen für Popkonzerte aufbaut); **Road|ma|na|ger** [ro⁰d...] (für die Bühnentechnik u. deren Transport verantwortlicher Begleiter einer Rockgruppe); **Road|ster** [ro⁰d-ßt⁰r] der; -s, - ⟨engl.⟩ (offener, zweisitziger Sportwagen)
Roast|beef [roßtbif] das; -s, -s ⟨engl.⟩ (Rostbraten)
Rob|be die; -, -n (Seesäugetier)
Robbe-Grill|let [robgrijä] (franz. Schriftsteller)
rob|ben (robbenartig kriechen); er robbt; **Rob|ben_fang,** ...fän|ger, ...schlag** (Erlegung der Robbe mit einem Knüppel)
Rob|ber der; -s, - ⟨engl.⟩ (Doppelpartie im Whist- od. Bridgespiel)
Ro|be die; -, -n ⟨franz.⟩ (kostbares, langes [Abend]kleid; Amtstracht, bes. für Richter, Anwälte, Geistliche)
Ro|bert (m. Vorn.); **Ro|ber|ta, Ro|ber|ti|ne** (w. Vorn.)
Ro|bes|pierre [robäßpjär] (Führer in der Franz. Revolution)
Ro|bi|nie [...i⁰] die; -, -n ⟨nach dem

franz. Botaniker Robin [*robä̱ng*])
(ein Zierbaum od. -strauch)
Ro|bin|so|na|lde *die;* -, -n ⟨neulat.⟩
(Robinsongeschichte; verält.:
kühne Parade des Torwarts
[nach dem engl. J. Ro-
binson]); **Ro|bin|son Cru|soe** [-
kruso] (Held in einem Roman
von Daniel Defoe); **Ro|bin|son-
li|ste** (Liste von Personen, die
keine Werbesendungen erhalten
möchten)
Ro|bot *die;* -, -en ⟨tschech.⟩ (früher
für: Frondienst); **ro|bo|ten** [auch:
...*bo̱t*'n] (ugs. für: schwer arbeiten; er hat gerobotet (auch: ro-
botet); **Ro|bo|ter** [auch: ...*bo̱t*'r]
(Maschinenmensch; verält. für:
Fronarbeiter); **ro|bo|ter|haft**;
-este
Ro|bu|rit *der;* -s ⟨lat.⟩ (ein Spreng-
stoff); **ro|bust;** -este (stark, stäm-
mig; derb); **Ro|bust|heit**
Ro|caille [*rokaj*] *das* od. *die;* -, -s
⟨franz.⟩ (Muschelwerk; Rokoko-
ornament)
Ro|cha|de [*roch*..., auch: *rosch*...]
die; -, -n ⟨arab.-span.-franz.⟩
(Schach: Doppelzug von König
und Turm)
Roche|fort [*roschfo̱r*] (franz. Stadt)
rö|cheln; ich ... ([↑ R 22])
Rol|chen *der;* -s, - (ein Seefisch)
Ro|chett [*rosch*...] *das;* -s, -s
⟨franz.⟩ (Chorhemd des kath.
Geistlichen)
ro|chie|ren [*roch*..., auch: *rosch*...]
⟨arab.-span.-franz.⟩ (die Rocha-
de ausführen; die Positionen
wechseln [z. B. beim Fußball])
Ro|chus (Heiliger)
¹Rock *der;* -[e]s, Röcke; ⟨verält.:⟩
den bunten - anziehen; (↑ R 157:)
der Heilige - von Trier
²Rock *der;* -[s], -[s] ⟨amerik.⟩ (Stil-
richtung der Popmusik); **Rock
and Roll,** Rock 'n' Roll [auch:
rok'nro̱l, engl. Ausspr.: *roknro̱*ʲ*l*]
der; - - -[s], - - -[s] (stark synkopierter amerik. Tanz)
Röck|chen, Röck|lein
Rocke|fel|ler|in|sti|tut; ↑ R 135,
179 (nach dem amerik. Stifter)
(Forschungsanstalt)
rocken¹ [[in der Art des] ²Rock
spielen)
Rocken¹ *der;* -s, - (Spinngerät)
Rocken|bol|le *die;* -, -n ⟨einge-
deutscht aus: Rokambole⟩
(nordd. für: Perlzwiebel)
Rocken|stu|be¹ (Spinnstube)
Rocker¹ *der;* -s, - ⟨amerik.⟩ (Angehöriger einer Bande von Jugendlichen [mit Lederkleidung u. Motorrad als Statussymbolen])
Rock.grup|pe, ...kon|zert
Rock|kra|gen (↑ R 204); **Röck|lein,**
Röck|chen

¹ *Trenn.:* ...k|k...

Rock|mu|sik; Rock 'n' Roll vgl.
Rock and Roll
Rocks *Plur.* ⟨engl.⟩ (Fruchtbon-
bons)
Rock_saum, ...schoß, ...ta|sche
Rocky Moun|tains [*ro̱ki ma̱untins*]
Plur. (nordamerik. Gebirge)
Rock|zip|fel
Ro|de|hacke [*Trenn.:* ...hak|ke]
¹Ro|del *der;* -s, Rödel (südwestd.
u. schweiz. für: Liste, Verzeichnis)
²Ro|del *der;* -s, - (bayr. für: Schlit-
ten); **³Ro|del** *die;* -, -n (österr. für:
kleiner Schlitten; mdal. Kinder-
rassel); **Ro|del|bahn; ro|deln;** ich
...[e]le (↑ R 22); **Ro|del|schlit|ten**
ro|den
Rol|deo *der* od. *das;* -s, -s ⟨engl.⟩
(Reiterschau der Cowboys in
den USA)
Ro|der (Gerät zum Roden [von
Kartoffeln, Rüben])
Ro|de|rich (m. Vorn.)
Ro|din [*rodä̱ng*] (franz. Bildhauer)
Rod|ler
Ro|do|mon|ta|de *die;* -, -n ⟨franz.⟩
(verält. für: Aufschneiderei,
Großsprecherei); **ro|do|mon|tie-
ren** (verält. für: aufschneiden)
Ro|don|ku|chen ⟨franz.; dt.⟩ (ein
Napfkuchen)
Ro|dri|go (span. Form von: Rode-
rich)
Ro|dung
Ro|ga|te ⟨lat.⟩ („bittet!"; fünfter
Sonntag nach Ostern); **Ro|ga|ti-
on** [...*zion*] *die;* -, -en (verält. für:
Fürbitte; kath. Bittumgang)
Ro|gen *der;* -s, - (Fischeier); **Ro-
gener,** Rogilner (weibl. Fisch);
Ro|gen|stein (rogenartige Ver-
steinerung)
Rolger [franz. Ausspr.: *roschẹ*,
engl. Ausspr.: *ro̱dseh*'r] (m.
Vorn.)
Rög|gel|chen (rhein. für: Roggen-
brötchen); **Rog|gen** *der;* -s,
(fachspr.:) - (ein Getreide); **Rog-
gen_brot,** ...bröt|chen, ...ern|te,
...feld, ...mehl
Ro|gner vgl. Rogener
roh; -[e]ste - behauener, bearbei-
teter Stein; (↑ R 65:) aus dem rohen arbeiten, im rohen fertig;
Roh_ar|beit, ...bau (*Plur.* ...bau-
ten), ...bi|lanz (Wirtsch.), ...dia-
mant, ...ei|sen; **Roh|ei|sen|ge-
win|nung; Ro|heit** (↑ R 178); **Roh-
er|trag; ro|her|wei|se; Roh_ge-
wicht,** ...kost, ...kö̱st|ler; **Roh-
ling; Roh_ma|te|ri|al,** ...öl, ...pro-
dukt; **Roh|pro|duk|ten|händ|ler**
Roh *das;* -[e]s, -e (Schilf; Pflan-
zenschaft; langer Hohlzylinder;
landsch., bes. österr. für: Back-
röhre); **Rohr_am|mer,** ...bruch
der; **Röhr|chen,** Röhr|lein (klei-
nes Rohr; kleine Röhre); **Rohr-
dom|mel** *die;* -, -n (ein Vogel);

Röh|re *die;* -, -n; **¹röh|ren** (verält.
für: mit Röhren versehen)
²röh|ren (brüllen [vom Hirsch zur
Brunftzeit])
Röh|ren_be|wäs|se|rung, ...blüt|ler
(*der;* -s, -), ...brun|nen (Brunnen,
aus dem das Wasser ständig
rinnt), ...em|bar|go, ...ho|se,
...kno|chen, ...pilz; **Rohr_far|ben**
(für: beige); **Rohr.flech|ter,**
...flö|te, ...ge|flecht; **Roh|richt**
das; -s, -e (Rohrdickicht); ...röh-
rig (z. B. vielröhrig); **Rohr_kol-
ben,** ...kre|pie|rer (Soldatenspr.:
Geschoß, das im Geschützrohr
u. ä. explodiert), ...le|ger; **Röhr-
lein, Röhr|chen; Rohr|lei|tung;
Röhr|li** *das;* -s, -[s] (knöchelhoher
mod. Damenstiefel); **Röhr|ling**
(ein Pilz); **Rohr_post,** ...rück|lauf
der; -[e]s), ...sän|ger (ein Singvo-
gel), ...spatz (in: schimpfen wie
ein - [ugs. für: aufgebracht, laut
schimpfen]), ...**stock** (*Plur.*
...stöcke), ...**stuhl,** ...zan|ge,
...**zucker** [*Trenn.:* ...zuk|ker]
Roh.schrift (für: Konzept), ...sei-
de; **roh|sei|den** (in -es Kleid;
Roh_stahl (vgl. ¹Stahl), ...stoff;
roh|stoff|arm; ...ärmer, ...ärmste;
Roh|stoff|fra|ge (↑ R 204); **Roh-
stoff|ver|ar|bei|tung; Roh_ta-
bak,** ...zucker [*Trenn.:* ...zuk|ker],
...zu|stand (*der;* -[e]s)
ro|jen (Seemannsspr.: rudern); ro-
jete, gerojet
Ro|kam|bo|le *die;* -, -n ⟨franz.⟩
(Perlzwiebel); vgl. Rockenbolle
Ro|kit|no|sümp|fe *Plur.* (in Pole-
sien)
Ro|ko|ko [auch: *roko̱ko,* österr.:
...*ko̱*] *das;* -s (fachspr. auch: -)
⟨franz.⟩ ([Kunst]stil des 18. Jh.s);
Ro|ko|ko|kom|mo|de
Ro|land (m. Vorn.); **Ro|lan|de** (w.
Vorn.); **Ro|lands|lied** *das;* -[e]s;
Ro|land[s]|säu|le
Rolf (Kurzform von: Rudolf)
Rol|la|den *der;* -s, Rolläden u. (sel-
tener:) - [*Trenn.:* Roll|laden,
↑ R 204]; **Rol|la|den|schrank**
[*Trenn.:* Roll|lla..., ↑ R 204]
Roll|back [*ro̱'lbäk*] *das;* -[s], -s
⟨engl.⟩ (Rückzug, erzwungenes
Zurückweichen)
Roll_bahn, ...bal|ken (österr. für:
Rolladen), ...**ball** (*der;* -s; Mann-
schaftsballspiel), ...**bra|ten;
Roll|brett** (svw. Rollerbrett);
Röll|chen; Rol|le *die;* -, -n; **rol-
len;** (↑ R 68:) der Wagen kommt
ins Rollen; **Rol|len|be|set|zung;
rol|len_för|mig,** ...spe|zi|fisch;
Rol|len_spiel (Soziol.), ...tausch,
...ver|tei|lung; **Rol|ler** (Motorrol-
ler; Kinderfahrzeug; männl.
[Kanarien]vogel mit rollendem
Schlag; österr. für: Rollo; österr.
auch svw. Rollfähre); [mit dem]
Roller fahren, aber (↑ R 68:) das

Rollerfahren; Rol|ler|brett (für: Skateboard); rol|lern; ich ...ere (↑ R 22); Roll_fäh|re (österr. für: Seilfähre), ...feld, ...film; Rollfuhr_dienst, ...mann (Plur. ...männer u. ...leute); Roll_geld rol|lie|ren ⟨lat.⟩ (umlaufen; Schneiderei: den Rand einrollen)

Roll_kom|man|do, ...kra|gen, ...kra|gen|pull|over, ...kunst|lauf ⟨der; -[e]s⟩, ...kur (Med.), ...mops (gerollter eingelegter Hering) Rol|lo [auch, österr. nur: rolo] das; -s, -s (auch für: Rouleau) Rollloch [Trenn.: Roll|loch, ↑ R 204] (Bergmannsspr.: Grubenbau zur Abwärtsbeförderung von Mineralien); Roll_schiene, ...schin|ken, ...schnellauf [Trenn.: ...schnell|lauf, ↑ R 204], ...schrank; Roll|schuh; - laufen, aber (↑ R 68): das Rollschuhlaufen; Roll|schuh_bahn, ...sport; Roll_sitz, ...splitt, ...sport Rolls-Royce ⒲ [rolsroøß, engl. Ausspr.: ro"lsreuß] der; -, - ⟨engl. Kraftfahrzeugmarke⟩ Roll_stuhl, ...trep|pe ¹Rom (Hptst. Italiens) ²Rom der; -, -a ⟨Zigeunerspr.⟩ (Zigeuner [mit nichtdeutscher Staatsangehörigkeit]) ROM das; -[s], -[s] ⟨aus engl. read-only memory⟩ (DV: Informationsspeicher, dessen Inhalt nur abgelesen, aber nicht verändert werden kann) Ro|ma|dur [österr.: ...dur] der; -[s], -s ⟨franz.⟩ (ein Weichkäse) Ro|ma|gna [...manja] die; - ⟨ital. Landschaft⟩ Ro|man der; -s, -e ⟨franz.⟩; ein historischer -; ro|man|ar|tig; Roman|au|tor; Ro|män|chen; Roman|cier [romangßje] der; -s, -s (Romanschriftsteller); Ro|ma|ne der; -n, -n (↑ R 197) ⟨lat.⟩ (Angehöriger eines Volkes mit roman. Sprache); Ro|ma|nen|tum das; -s; ro|man|haft; Ro|man|held Ro|ma|ni [auch: ...mani] das; -[s] ⟨Zigeunerspr.⟩ (Zigeunersprache) Ro|ma|nik die; - ⟨lat.⟩ (Stil vom 11. bis 13. Jh.); Ro|ma|nin die; -, -nen; ro|ma|nisch (zu den Romanen gehörend; im Stil der Romanik, die Romanik betreffend; schweiz. auch für: rätoromanisch [vgl. romantsch]); -e Sprache; ro|ma|ni|sie|ren (römisch, romanisch machen); Ro|ma|njst der; -en, -en; ↑ R 197 (Kenner und Erforscher der roman. Sprachen u. Literaturen, auch: des römischen Rechts); Ro|ma|njstik die; - (Wissenschaft von den romanischen Sprachen und Literaturen, auch: vom röm. Recht);

ro|ma|nj|stisch; ...li|te|ra|tur Ro|ma|now [...nof; auch, österr. nur: roma...] (ehem. russ. Herrschergeschlecht) Ro|man_schrei|ber, ...schrift|steller; Ro|man|tik die; - ⟨lat.⟩ (Kunst- und Literaturrichtung von etwa 1800 bis 1830); Roman|ti|ker (Anhänger, Dichter usw. der Romantik; abschätzig für: Phantast, Gefühlsschwärmer); ro|man|tisch; -ste (zur Romantik gehörend; gefühlsbetont, schwärmerisch; phantastisch, abenteuerlich); ro|man|ti|sie|ren (romantisch darstellen, gestalten); ro|man|tsch (rätoromanisch); Ro|mantsch das; - (rätoroman. Sprache [in Graubünden]); Ro|ma|nus (m. Vorn.); Roman|ze die; -, -n ⟨franz.⟩ (erzählendes volkstüml. Gedicht; liedartiges Musikstück mit besonderem Stimmungsgehalt; romantische Liebesepisode); Ro|manzen_dich|ter, ...samm|lung; Roman|ze|ro der; -s, -s ⟨span.⟩ (span. Romanzensammlung) Ro|meo (Gestalt bei Shakespeare) ¹Rö|mer ⟨niederl.⟩ (bauchiges Kelchglas für Wein) ²Rö|mer (Einwohner Roms; Angehöriger des Römischen Reiches); ³Rö|mer der; -s (das alte Rathaus in Frankfurt am Main); Rö|mer|brief der; -[e]s (↑ R 151); Rö|me|rin die; -, -nen; Rö|merstra|ße (↑ R 190); Rö|mer|topf ⒲ (↑ R 151); Rö|mer|tum das; -s; Rom_fah|rer, ...fahrt (↑ R 149); rö|misch (auf Rom, auf die alten Römer bezogen); -e Zeitrechnung, -e Ziffern, -es Bad, -es Recht, die -en Kaiser, aber (↑ R 157): das Römische Reich, das Heilige Römische Reich Deutscher Nation; rö|misch-irisch (↑ R 39); römisch-irisches Bad; rö|misch-ka|tho|lisch (↑ R 39; Abk.: r.-k., röm.-kath.): die römisch-katholische Kirche; röm.-kath. = römisch-katholisch) Rom|mé [rome, auch: rome] das; -s, -s ⟨franz.⟩ (ein Kartenspiel) Ro|mu|ald, Rulmold (m. Vorn.) Ro|mu|lus (in der röm. Sage Gründer Roms); - und Remus; - Augustulus (letzter weströmischer Kaiser) Ron|ces|valles [meist rongßß'wal, span. Ausspr.: rontheswaljeß] (span. Ort) ¹Ron|de [rond', rongd'] die; -, -n ⟨franz.⟩ (früher für: Runde, Rundgang; Wachen u. Posten kontrollierender Offizier); ²Ronde die; - (eine Schriftart); Rondeau [rondo] das; -s, -s ⟨österr.

für: rundes Beet, runder Platz); Ron|dell, Run|dell das; -s, -e (Rundteil [an der Bastei]; Rundbeet); Ron|den|gang der; Ron|do das; -s, -s ⟨ital.⟩ (mittelalterl. Tanzlied; [Schluß]satz in Sonate od. Sinfonie mit sich wiederholendem Hauptthema) Ron|ka|li|sche Fel|der Plur. (Ebene in Oberitalien) rönt|gen [röntg'n] (mit Röntgenstrahlen durchleuchten); du röntgst; er röntgte; geröntgt; Rönt|gen (dt. Physiker); Röntgen_ap|pa|rat (↑ R 135), ...aufnah|me, ...be|strah|lung, ...bild, ...dia|gno|stik; rönt|ge|ni|sie|ren (österr. für: röntgen); Rönt|genki|ne|ma|to|gra|phie die; - (Filmen des durch Röntgenstrahlen entstehenden Bildes); Rönt|geno|gramm das; -s, -e (Röntgenbild); Rönt|ge|no|gra|phie die; - (Strukt=runtersuchung u. Bildaufnahme von Werkstoffen mit Röntgenstrahlen); rönt|ge|nogra|phisch; Rönt|ge|no|lo|ge der; -n, -n (↑ R 197); Rönt|ge|no|lo|gie die; - (Lehre von den Röntgenstrahlen); rönt|ge|no|lo|gisch; Rönt|ge|no|sko|pie die; - (Durchleuchtung mit Röntgenstrahlen); Rönt|gen_rei|hen|un|ter|suchung, ...röh|re (↑ R 135), ...schirm, ...schwe|ster, ...spektrum, ...strah|len Plur.; Rönt|genstruk|tur|ana|ly|se (röntgenolog. Untersuchung der Struktur von Kristallen); Rönt|gen|tie|fen|thera|pie die; -; Rönt|gen|un|ter|suchung Roo|ming-in [ruming in] das; -[s], -s ⟨engl.⟩ (gemeinsame Unterbringung von Mutter und Kind im Krankenhaus [vor allem auf Wochenstationen]) Roo|se|velt [ro"s'wält] (Name zweier Präsidenten der USA) Roque|fort [rokfor, auch: rok...] der; -s, -s ⟨nach dem gleichnamigen franz. Ort⟩ (ein Käse); Roque|fort|kä|se (↑ R 149) Ror|schach (schweiz. Stadt) Ror|schach|test [auch: ror...] ⟨nach dem Schweizer Psychiater H. Rorschach⟩ (ein psychologisches Testverfahren) ro|sa ⟨lat.⟩ (rosenfarbig, blaßrot); die rosa Kleider; vgl. blau; ¹Rosa das; -s, -, ugs.: -s (rosa Farbe); vgl. Blau; ²Ro|sa (w. Vorn.); rosa|far|ben, ro|sa|far|big; Ro|salia, Ro|sa|lie [...i'] (w. Vorn.); Ro|sa|li|en|ge|bir|ge das; -s (nördl. Ausläufer der Zentralalpen); Ro|sa|lin|de (w. Vorn.); Ro|sa|mund, Ro|sa|mun|de (w. Vorn.); Ros|anilin der; -s (ein Farbstoff); Ro|sa|ri|um das; -s, ...ien [...i'n] (Rosenpflanzung;

kath. Rosenkranzgebet); ro|sa-rot (↑R 40); Ro|sa|zee die; -, -n (Bot.: Rosengewächs)

rösch; -este (Bergmannsspr.: grob [zerkleinert]; bes. südd., auch schweiz. mdal. für: knusprig); vgl. resch

Rö|sche die; -, -n (Bergmannsspr.: Graben)

¹Rös|chen, Rös|lein (kleine Rose); ²Rös|chen (Koseform von ²Rosa und den damit gebildeten Vornamen); ¹Ro|se die; -, -n; ²Ro|se (w. Vorn.); ro|sé [rose] ⟨franz.⟩ (rosig, zartrosa); ¹Ro|sé das; -[s], -[s] (rosé Farbe); ²Ro|sé der; -s, -s (Roséwein)

Ro|seau [roˈsoʊ] (Hptst. von Dominica)

Ro|seg|ger [auch: rosä..., ros...] (österr. Schriftsteller)

Ro|sel, Rosl (w. Vorn.); Ro|se|ma-rie (w. Vorn.); Ro|sen.blatt, ...duft; ro|sen|far|ben, ro|sen|far-big; ro|sen|fin|ge|rig, ro|sen|fing-rig (veralt. dicht.); die -e Morgenröte; Ro|sen.gar|ten, ...hoch-zeit (ugs. für: 10. Jahrestag der Eheschließung), ...holz, ...kohl (der; -[e]s), ...kranz

Ro|sen|mon|tag [auch: ro...] (aus mdal. Rasenmontag von rasen = tollen)) (Fastnachtsmontag); Ro|sen|mon|tags|zug

Ro|se|no|bel [auch: ...nobˀl] der; -s, - ⟨engl.⟩ (alte engl. Goldmünze)

Ro|sen.öl, ...pa|pri|ka, ...quarz (ein Schmuckstein); ro|sen|rot; Ro|sen.schau, ...stock (Plur. ...stöcke), ...strauß (Plur. ...sträu-ße)

Ro|sen|thal ⓦ (Porzellan u. a.)

Ro|sen|was|ser das; -s

Ro|se|o|le die; -, -n (↑R 180) ⟨lat.⟩ (Med.: ein Hautausschlag)

¹Ro|set|te [rosät] (Stadt in Unterägypten)

²Ro|set|te die; -, -n ⟨franz.⟩ (Verzierung in Rosenform; Bandschleife; Edelsteinschliff); Ro|se|wein [rose...] (blaßroter Wein); ro|sig; ro|sig|weiß (↑R 40)

Ro|si|nan|te die (eigtl.: der); -, -n ⟨span.⟩ (Don Quichottes Pferd; selten für: Klepper)

Ro|si|ne die; -, -n ⟨franz.⟩ (getrocknete Weinbeere); Ro|si|nen.brot, ...bröt|chen, ...ku|chen; ro|si|n-far|ben

Rosl vgl. Rosel; Rös|lein, Rös-chen

Ros|ma|rin [auch: ...rin] der; -s ⟨lat.⟩ (immergrüner Strauch; Küchengewürz); Ros|ma|rin|öl

Ro|so|lio der; -s, -s ⟨ital.⟩ (ein Likör)

¹Roß das; Rosses, Rosse, landsch.: Rösser (dicht., geh. für: edles Pferd; südd., österr. u. schweiz. für: Pferd)

²Roß das; -es, -e u. Ro|ße die; -, -n (mitteld. für: Wabe)

Roß.ap|fel (landsch. scherzh. für: Pferdekot), ...arzt (frühere Bez. der Tierärzte im dt. Heer), ...brei|ten (Plur.; windschwache Zone im subtrop. Hochdruckgürtel); Rö|ß|chen, Rö|ß|lein, Rös-sel, Rößl (kleines Roß)

Ro|ße vgl. ²Roß

Rös|sel vgl. Rößchen; Ros|sel|len-ker; Rös|sel|sprung (Rätselart); ros|sen (von der Stute: brünstig sein; die Stute roßt; Rö|ß|haar; Roß|haar|ma|trat|ze; ros|sig ⟨zu: rossen⟩

Ros|si|ni (ital. Komponist)

Ros|sit|ten (Ort auf der Kurischen Nehrung)

Roß.kamm (Pferdestriegel; spött. für: Pferdehändler), ...ka|sta|nie, ...kur (ugs. für: mit drastischen Mitteln durchgeführte Kur); Rößl, Röß|lein vgl. Rößchen; Roß|täu|scher (veralt. für: Pferdehändler); Roß|täu|sche|rei; Roß|trap|pe die; - (Felsen im Harz)

¹Rost der; -[e]s, -e ([Heiz]gitter; landsch. für: Stahlmatratze)

²Rost der; -[e]s (Zersetzungsschicht auf Eisen; Pflanzenkrankheit); Rost|an|satz; rost|be-stän|dig

Rost.bra|ten, ...brat|wurst

rost|braun

Röst|brot [auch: rößt...]; Rö|ste [auch: rö...] die; -, -n (Röstvorrichtung; Erhitzung von Erzen und Hüttenprodukten; Rotten [von Flachs])

ro|sten (Rost ansetzen)

rö|sten [auch: rö...] (braten; bräunen [Kaffee, Brot u. a.]; [Erze u. Hüttenprodukte] erhitzen; [Flachs] rotten); Rö|ster der; -s, - (österr. für: Kompott od. Mus aus Holunderbeeren od. Zwetschen); Rö|ste|rei

rost|far|ben, rost|far|big; Rost-fleck; rost|frei; -er Stahl

Rö|sti die; - (schweiz. für: [grob geraspelte] Bratkartoffeln)

ro|stig

Röst|kar|tof|fel [auch: rößt...] meist Plur. (landsch. für: Bratkartoffel)

Rost|lau|be (ugs. für: Auto mit vielen Roststellen)

Ro|stock (Hafenstadt an der Ostsee)

Rost|pilz (Erreger von Pflanzenkrankheiten)

Ro|stra die; -, ...ren ⟨lat.⟩ (Rednerbühne im alten Rom)

rost|rot; - färben

Röst|schnit|te [auch: rößt...]

Rost.schutz, ...schutz|mit|tel das

Rö|stung [auch: rö...]

Ro|swith, Ro|swi|tha (w. Vorn.)

rot; röter, röteste (seltener, vor allem übertragen: roter, roteste). **I.** Kleinschreibung (↑R 157): rote Bete; rote Blutkörperchen; die rote Fahne (der Kommunisten; vgl. aber II, a); rote Farbe; rote Grütze; die rote Karte (bes. Fußball); der rote Planet (Mars); ro-te Rübe; der rote Faden; der rote Hahn (Feuer); (Kartenspiel:) das rote As; er wirkt auf sie wie ein rotes Tuch; er hat keinen roten Heller, Pfennig mehr. **II.** Großschreibung: a) (↑R 157:) das Rote Kreuz; die Rote Armee (früher für: Sowjetarmee); Die rote Fahne (Name kommunistischer Zeitungen; vgl. aber I); b) (↑R 146:) das Rote Meer; die Rote Erde (Bezeichnung für Westfalen); der Rote Fluß (in Vietnam); die Rote Wand (in Österreich); c) (↑R 65:) die Roten (ugs. für: die Sozialisten, Kommunisten u. a.); vgl. blau; vgl. rotsehen; Rot das; -s, -, ugs.: -s (rote Farbe); - auflegen; bei - ist das Überqueren der Straße verboten; die Ampel steht auf, zeigt -; (Kartenspiel:) er spielte aus; vgl. Blau; Röt das; -[e]s (Stufe der unteren Triasformation)

Ro|ta die; - ⟨ital.⟩ u. Ro|ta Ro|ma-na die; - - ⟨lat.⟩ (höchster Gerichtshof der kath. Kirche)

Ro|tang der; -s, -e ⟨malai.⟩ (eine Palmenart); Ro|tang|pal|me

Ro|ta|print ⓦ ⟨lat.; engl.⟩ (Offsetdruck- und Vervielfältigungsmaschinen)

Ro|ta|ri|er [...iˀr] (Mitglied des Rotary Clubs); ro|ta|risch

Rot|ar|mist der; -en, -en (↑R 197)

Ro|ta Ro|ma|na vgl. Rota

Ro|ta|ry Club [engl. Ausspr.: roˈtⁱ-ri klāb] der; - - s, u. (bei engl. Ausspr.) - - und Ro|ta|ry In|ter-na|tio|nal [roˈtⁱri ...näschˀnˀl] ⟨engl.⟩ (internationale Vereinigung führender Persönlichkeiten unter dem Gedanken des Dienstes am Nächsten)

Ro|ta|ti|on [...zion] die; -, -en ⟨lat.⟩ (Drehung, Umlauf); Ro|ta|tions.ach|se, ...be|we|gung, ...druck (Plur. ...drucke), ...el|lip-so|id, ...kol|ben|mo|tor, ...kör-per, ...ma|schi|ne, ...pa|ra|bo|lo-id, ...pres|se; Ro|ta|to|ri|en [...iˀn] Plur. (Rädertierchen)

Rot|au|ge (ein Fisch); rot.backig [Trenn.: ...bak|kig] oder ...bäckig [Trenn.: ...bäk|kig]; Rot.barsch, ...bart; rot_bär|tig, ...blond, ...braun (↑R 40), Rot_bu|che, ...dorn (Plur. ...dorne); Rö|te die; -...

Ro|te-Ar|mee-Frak|ti|on¹ (eine ter-

---

¹ ↑R 41.

rorist. Vereinigung); er gehört zur Rote[n]-Armee-Fraktion

Rolte-Belte-Sallat¹

Rolte-Kreuz-Los¹ das; Rote[n]-Kreuz-Lose, Rote[n]-Kreuz-Lose; Rolte-Kreuz-Lotltelrie¹ die; Rote[n]-Kreuz-Lotterie, Rote[n]-Kreuz-Lotterien; Rolte-Kreuz-Schwelster¹ die; Rote[n]-Kreuz-Schwester, Rote[n]-Kreuz-Schwestern; vgl. Rotkreuzschwester

Röltel der;-s,-(roter Mineralfarbstoff, Zeichenstift); Rölteln Plur. (eine Infektionskrankheit); Röltel|zeich|nung; rölten; sich-

Rolten|burg a. d. Ful|da (Stadt in Hessen); Rolten|burg (Wüm|me) (Stadt in Niedersachsen); vgl. aber: Rothenburg

Rolte|turm|paß der; Rote[n]turmpasses (in den Karpaten)

Rot.fel|der (ein Flachs), ...fil|ter (Fotogr.), ...fol|rel|le, ...fuchs, ...gar|dist; rot|ge|sich|tig; rot-glü|hend; Rot|glut

rot|grün (↑ R 40); eine -e Fahne; ein -es Bündnis (zwischen Sozialdemokraten u. Grünen); Rot-grün|blind|heit die;-; ↑ R 40 (Farbenfehlsichtigkeit, bei der Rot u. Grün verwechselt werden)

Rot|gül|dig|erz; (fachspr. auch:) Rot|gül|tig|erz; Rot|guß (Gußbronze)

¹Roth, Eugen (dt. Schriftsteller)

²Roth, Joseph (österr. Schriftsteller)

Rot|haar|ge|bir|ge das;-s (Teil des Rhein. Schiefergebirges); rot-haa|rig; Rot|haut (scherzh. für: Indianer)

Rolthen|burg (schweiz. Ort bei Luzern); Rolthen|burg ob der Tau-ber (Stadt in Bayern); Rolthen-burg (Ober|lau|sitz) [auch: ...lau...] (Stadt an der Lausitzer Neiße); Rolthen|burg (Oder) (Stadt in Niederschlesien); vgl. aber: Rotenburg

Rot|hirsch

Roth|schild (Bankiersfamilie)

roltie|ren (lat.) (umlaufen, sich um die eigene Achse drehen)

Rolltis|se|rie die;-, ...ien (franz.) (Grillrestaurant)

Rot.kal|bis (schweiz. für: Rotkohl), ...käpp|chen, ...kehl|chen (ein Singvogel), ...kohl, ...kopf (Mensch mit roten Haaren), ...kraut (das;-[e]s); Rot|kreuz-schwe|ster, Rot|kreuz-Schwe-ster (vgl. d.); Rot|lauf der;-[e]s ([Tier]krankheit); röt|lich; röt-lichbraun usw. (↑ R 40); Rot|licht das;-[e]s; Rot|lie|gen|de das;-n; ↑ R 7 ff. (untere Abteilung der Permformation); Röt|ling (Vogel; Fisch; Pilz); rot|na|sig

Roltor der; -s, ...oren (lat.) (sich drehender Teil von [elektr.] Maschinen); Roltor|schiff

Rolltraud (w. Vorn.)

Rot..schwanz od. ...schwänz|chen (ein Vogel); rot|se|hen; ↑ R 205 (ugs. für: wütend werden); er sieht rot; rotgesehen; rotzusehen; Rot|spon der;-[e]s,-e (ugs. für: Rotwein); Rot.stift der, ...tan|ne

Rolte die;-,-n; ¹rot|ten (veralt. für: eine Rotte bilden)

²rot|ten, röt|ten (Landw.: [Flachs] der Zersetzung aussetzen, um die Fasern herauszulösen)

Rot|ten der; -s (dt. Name des Oberlaufes des Rhone)

Rot|ten|burg a. d. Laa|ber (Ort in Niederbayern); Rot|ten|burg am Neckar [Trenn.: - - Nek|kar] (Stadt in Baden-Württemberg)

Rot|ten|füh|rer; rot|ten|wei|se

Rot|ter|dam [auch: rot...] (niederl. Stadt); Rot|ter|da|mer [auch: rot...] (↑ R 147)

Rot|tier (Hirschkuh)

Rott|wei|ler der;-s,-(eine Hunderasse)

Rolltun|de die;-,-n (lat.) (Rundbau; runder Saal)

Rö|tung

rot|wan|gig; Rot|wein

rot|wel|sch; Rot|welsch das; -[es] (Gaunersprache); vgl. Deutsch; Rot|wel|sche das;-n; vgl. Deutsche das

Rot..wild, ...wurst (landsch. für: Blutwurst)

Rotz der; -es (derb für: Nasenschleim; [Tier]krankheit); Rotz-ben|gel (derb); rot|zen (derb für: sich schneuzen); du rotzt (rotzest); rotz|fah|ne (derb für: Taschentuch); rotz|frech (derb); rot|zig (derb); Rotz.jun|ge (der; -n, -n; derb), ...krank|heit, ...löf-fel (derb), ...na|se (derb; auch übertr. abschätzig für: naseweises, freches Kind); rotz|nä|sig (derb)

Rot|zun|ge (ein Fisch)

Roué [rue] der; -s, -s (franz.) (vornehmer Lebemann)

Rouen [ruang] (franz. Stadt an der unteren Seine); Rouen-En|te die; -, -n (↑ R 149)

Rouge [ruseh] das; -s, -s (franz.) (rote Schminke)

Rouge et noir [ruseh e noar] das; - - - (franz.) („Rot und Schwarz"; ein Glücksspiel)

Roul|la|de [ru...] die; -, -n (lat.) (gerollte u. gebratene Fleischscheibe; Gesangskunst: rollender, die Melodie ausschmückender Lauf); Rou|leau [...lo] das; -s, -s (aufrollbarer Vorhang); vgl. Rollo; Roul|lett das; -[e]s, -e u. -s (ein Glücksspiel); Rou|lette [ru-

lät] das; -s, -s; vgl. Roulett; rou-lie|ren (svw. rollieren)

Round-table-Kon|fe|renz [raund-te'b'l...] (engl.) (Konferenz am runden Tisch zwischen Gleichberechtigten); ↑ R 41

¹Rous|seau [ruβo], Jean-Jacques (schweiz.-franz. Schriftsteller)

²Rous|seau [ruβo], Henri (franz. Maler)

Rou|te [rut'] die; -, -n (franz.) (Weg[strecke], Reiseweg, Kurs, Richtung); Rou|ten|ver|zeich|nis; Rou|ti|ne die; -, -([handwerksmäßige) Gewandtheit; Fertigkeit, Übung); Rou|ti|ne|an|ge|le|gen-heit; rou|ti|ne|mä|ßig; Rou|ti-ne..über|prü|fung, ...un|ter|su-chung; Rou|ti|nier [...nie] der; -s, -s (jmd., der Routine hat); rou|ti-niert; -este (gerissen, gewandt)

Row|dy [raudi] der; -s, -s (auch: ...dies [...diß]) (engl.) ([jüngerer] gewalttätiger Mensch); Row|dy-tum das; -s

roy|al [roajal] (franz.) (königlich; königstreu); Roy|al Air Force [ro'l ä' fä'ß] die; - - - (engl.) („Königl. Luftwaffe"; Bez. der brit. Luftwaffe; Abk.: R. A. F.); Roya-lis|mus [roajal...] der; - (franz.) (Königstreue); Roya|list der; -en, -en (↑ R 197); roya|li|stisch; -ste (königstreu)

Rp = Rupiah

Rp. = Rappen

Rp., Rec. = recipe

RP (bei Telegrammen) = Réponse payée [repongß päje] (franz.) (Antwort bezahlt)

RSFSR = Russische Sozialistische Föderative Sowjetrepublik

RT = Registertonne

Ru = chem. Zeichen für: Ruthenium

Ru|an|da (Staat in Zentralafrika); Ru|an|der; ru|an|disch

ru|ba|to (ital.) (Musik: nicht im strengen Zeitmaß); Ru|ba|to das; -s, -s u. ...ti

rub|be|lig (landsch. für: rauh; uneben); rub|beln (landsch. für: kräftig reiben); ich ...[e]le (↑ R 22)

Rub|ber [rab'r] der; -s (engl.) (engl. Bez. für: Gummi)

Rüb|chen, Rüb|lein; Rü|be die; -, -n

Ru|bel der; -s, - (russ.) (russ. Münzeinheit; Abk.: Rbl; 1 Rubel = 100 Kopeken)

Ru|ben (bibl. m. Eigenn.)

rü|ben|ar|tig; Rü|ben|feld

Rü|bens (fläm. Maler) -sche Gestalten (↑ R 134)

Rü|ben..si|rup, ...zucker [Trenn.: ...zuk|ker]

rü|ber; ↑ R 16 (ugs. für: herüber, hinüber); rü|ber|kom|men (ugs.)

Rü|be|zahl (schles. Berggeist)

Ru|bi|di|um das; -s (lat.) (chem.

---

¹ ↑ R 41.

Grundstoff, Metall; Zeichen: Rb)

Ru|bi|kon *der;* -[s] (ital. Fluß); den - überschreiten (übertr. für: eine wichtige Entscheidung treffen)

Ru|bin *der;* -s, -e (ein Edelstein); Ru|bin|glas (*Plur.* ...gläser); ru|bin|rot

Rüb|kohl (schweiz. neben Kohlrabi)

Ru|bra, Ru|bren (*Plur.* von: Rubrum); Ru|brik *die;* -, -en (lat.) (Spalte, Kategorie [in die etwas eingeordnet wird]); ru|bri|zie|ren (urspr. Überschriften u. Initialen malen; übertr. für: einordnen, einstufen); Ru|bri|zie|rung; Ru|brum *das;* -s, ...bra u. ...bren (veralt. für: [Akten]aufschrift; kurze Inhaltsangabe)

Rüb|sa|me|n] *der;* ...mens (Rübsen); Rüb|sen *der;* -s (eine Pflanze)

Ruch [auch: *ruch*] *der;* -[e]s, (selten:) Rüche (dicht. für: Geruch; selten für: zweifelhafter Ruf)

ruch|bar (bekannt, offenkundig); das Verbrechen wurde -

Ruch|gras (eine Grasgattung)

ruch|los; -este (niedrig, gemein, böse, verrucht); Ruch|lo|sig|keit

ruck!; hau ruck!; ho ruck!; Ruck *der;* -[e]s, -e

Rück (Nebenform von: Rick)

Rück_an|sicht, ...ant|wort

rück|ar|tig

Rück_äu|ße|rung, ...be|sin|nung; rück|be|züg|lich; -es Fürwort (für: Reflexivpronomen); Rück|bil|dung; Rück|bleib|sel *das;* -s, - (veralt. für: Rückstand); Rück_blen|de, ...blick; rück|blickend[1]; rück|da|tie|ren; er hat den Brief rückdatiert; Rück|deckungs|ver|si|che|rung[1] (Wirtsch.: eine Risikoversicherung); rück|dre|hend (Meteor.); -er Wind; sich gegen den Uhrzeigersinn drehender Wind, z. B. von Nord auf Nordwest; Ggs.: rechtdrehend

rucken[1], ruck|sen (von Tauben: gurren)

rücken[1]; jmdm. zu Leibe -

Rücken[1] *der;* -s, -; Rücken[1]_dek|kung, ...la|ge, ...leh|ne, ...mark *das;* Rücken|mark[s][1]_ent|zün|dung, ...schwind|sucht; Rückenmark|sub|stanz[1]; Rücken[1]_mus|kel, ...schmerz, ...schwim|men (*das;* -s); rücken|schwim|men[1] (im allg. nur im Infinitiv gebr.); er kann nicht -; Rücken|stär|kung[1]

Rück|ent|wick|lung

Rücken|wind[1]; Rücken|wir|bel[1]

Rück|er|bit|tung; unter - (Abk.: u. R.); Rück_er|stat|tung, ...fahr-

[1] *Trenn.:* ...k|k...

kar|te, ...fahr|schein|wer|fer, ...fahrt, ...fall *der;* rück|fäl|lig; Rück_flug, ...fra|ge; rück|fra|gen; er hat noch einmal rückgefragt; Rück_front, ...füh|rung, ...gal|be, ...gal|be|recht, ...gang *der;* rück|gän|gig; -e Geschäfte; -e Entwicklung; - machen; Rück|gän|gig|ma|chung; rück|ge|bil|det; Rück|ge|win|nung; Rück|grat *das* (schweiz. auch: *der*); -[e]s, -e; Rück_grat|ver|krümmung; Rück_griff (auch für: Regreß), ...halt; rück|halt|los; -este

Rück_hand (*die;* -; bes. [Tisch]tennis), ...kampf, ...kauf (↑ R 204); Rück|kaufs_recht, ...wert; Rückkehr *die;* - (↑ R 204); Rück|kehr|hil|fe (finanzielle Zuwendung für ausländ. Arbeitnehmer, die freiwillig in ihre Heimat zurückkehren); rück|kop|peln; ich ...[e]le (↑ R 22); Rück_kop|pelung *od.* ...kopp|lung (Rundf.), ...kunft (*die;* -)

Rück_la|ge (zurückgelegter Betrag), ...lauf; rück|läu|fig; -e Bewegung; -e Entwicklung; Rücklicht (*Plur.* ...lichter); rück|lings

Rück_marsch, ...nah|me (*die;* -, -n), ...por|to, ...rei|se, ...ruf, ...run|de (Sportspr.; Ggs.: Hinrunde)

Ruck|sack; Ruck|sack|ur|lau|ber

Rück_schau, ...schein (Postw.: Empfangsbestätigung für den Absender), ...schlag (schweiz. auch für: Defizit); Rück|schlag|ven|til (Ventil, das ein Gas od. eine Flüssigkeit nur in einer Richtung durchströmen läßt); Rück_schluß, ...schritt; rück|schritt|lich; Rück|sei|te; rück|sei|tig

ruck|sen vgl. rucken

Rück|sen|dung

Rück|sicht *die;* -, -en; ohne in, mit - auf; - nehmen; rück|sicht|lich (mit Rücksicht auf); mit *Gen.:* - seiner Fähigkeiten; Rück|sicht|nah|me *die;* -; rück|sichts|los; -este; Rück|sichts|lo|sig|keit; rück|sichts|voll; er ist ihr gegenüber od. gegen sie immer -

Rück_sied|lung, ...sitz, ...spie|gel, ...spiel (Sportspr.; Ggs.: Hinspiel), ...spra|che, ...stand (im - bleiben, in - kommen; die Rückstände aufarbeiten); rück|stand-frei, rück|stands|frei; rück|stän|dig

Rück_stau, ...stel|lung (Wirtsch.: Passivposten in der Bilanz zur Berücksichtigung ungewisser Verbindlichkeiten), ...stoß; Rück|stoß|an|trieb (für: Raketenantrieb); Rück_strah|ler (Schlußlicht), ...ta|ste, ...transport, ...tritt; Rück|tritt|brem|se; Rück|tritts_dro|hung, ...ge|such, ...recht

rück|über|set|zen; bes. im Infinitiv u. 2. Partizip gebräuchlich: ich werde den Text -; der Text ist rückübersetzt; Rück|über|set|zung

rück|ver|gü|ten; bes. im Infinitiv u. 2. Partizip gebräuchlich: ich werde ihm den Betrag -; der Betrag wurde ihm rückvergütet; Rück|ver|gü|tung

rück|ver|si|chern, sich; ich rückversichere mich (↑ R 22); rückversichert; rückzuversichern; Rück|ver|si|che|rung; Rück|ver|si|che|rungs|ver|trag

Rück_wand, ...wan|de|rung, ...ware (Wirtsch.: aus dem Zollgebiet zurückkehrende Ware)

rück|wär|tig; -e Verbindungen; rück|wärts; - fahren, - gehen usw.; - ist rückwärts gegangen; aber (↑ R 205): rückwärtsgehen (sich verschlechtern); es ist mit dem Umsatz immer mehr rückwärtsgegangen; Rück|wärts|gang *der;* rück|wärts|ge|hen; vgl. rückwärts; rück|wärts|ge|wandt; Rück|wärts|ver|si|che|rung (Versicherung.)

Rück_wech|sel (für: Rikambio), ...weg

ruck|wei|se

Rück_wen|dung; rück|wir|kend; Rück_wir|kung, ...zah|lung, ...zie|her; einen - machen (ugs. für: zurückweichen; Fußball: den Ball über den Kopf nach hinten spielen); rück|zie|lend (auch veralt. für: rückbezüglich)

ruck, zuck!

Rück|zugs_ge|biet (Völkerk., Biol.), ...ge|fecht

rü|de, (österr. auch:) rüd ⟨franz.⟩ (roh, grob, ungesittet)

Rü|de *der;* -n, -n; ↑ R 197 (männl. Hund, Hetzhund)

Ru|del *das;* -s, -; ru|del|wei|se

Ru|der *das;* -s, -; ans - (ugs. für: in leitende Stellung) kommen

Ru|de|ral|pflan|ze (lat.; dt.) (Pflanze, die auf stickstoffreichen Schuttplätzen gedeiht)

Ru|der_bank (*Plur.* ...bänke), ...boot; Ru|de|rer, Rud|rer; Ru|der|gän|ger (Segeln: jmd., der das Ruder bedient), ...haus; ...ru|de|rig *od.* ...rud|rig (z. B. achtrud[e]rig; achtrud[e]rig), -, -nen; Ru|de|rin *od.* Rud|re|rin *die;* -, -nen; Ru|der|ma|schi|ne; ru|dern; ich ...ere (↑ R 22); Ru|der_re|gat|ta, ...sport, ...ver|band (Deutscher -)

Rü|des|heim am Rhein (Stadt in Hessen); [1]Rü|des|hei|mer (↑ R 147); [2]Rü|des|hei|mer (Wein)

Ru|di (Kurzform von: Rudolf)

Ru|di|ger (m. Vorn.)

Ru|di|ment *das;* -[e]s, -e ⟨lat.⟩ (Rest, Überbleibsel; verkümmertes Organ); ru|di|men|tär (nicht ausgebildet, zurückgeblieben, verkümmert); -es Organ

Ru|dolf (m. Vorn.); Ru|dol|fa, Ru|dol|fi|ne (w. Vorn.); Ru|dol|fi|ni|sche Ta|feln Plur. (von Kepler für Kaiser Rudolf II. zusammengestellte Tafeln über Sternenbahnen)

Ru|dol|stadt (Stadt a. d. Saale); Ru|dol|städ|ter (↑R 147)

Rud|rer vgl. Ruderer; Rud|re|rin vgl. Ruderin; ...rud|rig vgl. ...ru|derig

Ruf der; -[e]s, -e

Ru|fe, Rü|fe die; -, -n (schweiz. für: Erdrutsch, Steinlawine, Mure)

ru|fen; du rufst; du riefst (riefest); du riefest; gerufen; ruf[e]!; er ruft mich, den Arzt; Ru|fer

Rüf|fel der; -s, - (Verweis); rüf|feln; ich ...[e]le (↑R 22); Rüff|ler

Ruf_mord (schwere Verleumdung), ...na|me, ...num|mer, ...säu|le, ...wei|te (die; -), ...zei|chen

Rug|by [ragbi] das; - ⟨engl.⟩ (ein Ballspiel)

Rü|ge die; -, -n; rü|gen

Rü|gen (Insel vor der vorpommerschen Ostseeküste); Rü|ge|ner (↑R 147); rü|gensch vgl. rügisch

rü|gens|wert; -este; Rü|ger

Ru|gi|er [...iʳr] (Angehöriger eines ostgerm. Volksstammes)

rü|gisch, (auch:) rü|gensch ⟨zu: Rügen⟩

Ru|he die; -; jmdn. zur [letzten] Ruhe betten (geh. für: beerdigen); sich zur Ruhe setzen; Ru|he|bank (Plur. ...bänke); ru|he|be|dürf|tig; Ru|he_bett (veralt. für: Liegesofa), ...ge|halt das; ru|he|ge|halts|fä|hig; Ru|he_geld, ...ge|nuß (österr. Amtsspr.: Ruhegehalt, Pension), ...kis|sen, ...la|ge; ru|he|lie|bend (↑R 209); ru|he|los; -este; Ru|he|lo|sig|keit die; -; Ru|he|mas|se (Physik); Ruhmasse; ru|hen; vgl. ruhenlassen; ruht! (österr. für: rührt euch!); ru|hend; er ist der -e Pol; der -e Verkehr; ru|hen|las|sen; ↑R 205 f. ([vorläufig] nicht bearbeiten); er hat diesen Fall -, (seltener:) ruhengelassen; aber: ruhen lassen (ausruhen lassen); er wird uns länger ruhen lassen; Ru|he_pau|se, ...platz, ...raum; ru|he|sel|lig, ruh|sel|lig (veralt.); Ru|he|sitz; Ru|he|stand der; -[e]s; des -[e]s (Abk.: d. R.); im -[e] (Abk.: i. R.); Ru|he|ständ|ler; Ru|he|statt od. Ru|he|stät|te; Ru|he|stel|lung; ru|he|stö|rend; -er Lärm (↑R 209); Ru|he|stö|rer; Ru|he_stö|rung, ...tag, ...zeit; ru|hig; - sein, werden, bleiben usw.; aber: ru|hig|stel|len; ↑R 205 (Med.); der Arm wurde ruhigge-

stellt; Ru|hig|stel|lung die; - (Med.)

Ruhm der; -[e]s

Ruh|mas|se, Ru|he|mas|se (Physik)

ruhm|be|deckt; -este (↑R 209); Ruhm|be|gier|[de] die; -; ruhm|be|gie|rig (↑R 209); rüh|men; sich seines Wissens -; (J R 68:) nicht viel Rühmens von einer Sache machen; rühm|mens|wert; -este; Ruh|mes_blatt, ...hal|le, ...tat; rühm|lich; ruhm|los; -este; Ruhm|lo|sig|keit die; -; ruhm|re|dig; Ruhm|re|dig|keit die; -; ruhm|reich; Ruhm|sucht die; -; ruhm|süch|tig; ruhm|voll

¹Ruhr die; -, (selten:) -en (Infektionskrankheit des Darmes)

²Ruhr die; - (rechter Nebenfluß des Rheins); vgl. aber: Rur

Rühr|ei; rüh|ren; sich -; rüh|rend; -ste

Ruhr|ge|biet das; -[e]s

rüh|rig; Rüh|rig|keit die; -

Ruhr|koh|le

ruhr|krank

Rühr_löf|fel, ...ma|schi|ne

Rühr|mich|nicht|an das; -, - (eine Pflanze); das Krautlein -

Ruhr|ort (Stadtteil von Duisburg)

rühr|sam (veralt.), ...se|lig; Rühr-_se|lig|keit (die; -), ...stück, ...teig; Rüh|rung (die; -); Rühr-werk

ruh|sam (veralt.); ruh|se|lig vgl. ruheselig

Ru|in der; -s (lat.-franz.) (Zusammenbruch, Verfall; Verderb, Verlust [des Vermögens]); Ru|i|ne die; -, -n; ↑R 180 (zerfallen[d]es Bauwerk, Trümmer); ru|i|nen-ar|tig; ru|i|nen|grund|stück; ru|i|nen-haft; ru|i|nie|ren ⟨lat.⟩ (zerstören, verwüsten); sich -; ru|i|nös; -este (verderblich)

Ru|is|dael [reüßdal], Jacob (niederl. Maler)

Ru|län|der der; -s (eine Traubensorte)

Rülps der; -es, -e (derb für: hörbares Aufstoßen); landsch. für: Flegel); rülp|sen (derb); du rülpst (rülpsest); Rülp|ser (derb)

rum; ↑R 16 (ugs. für: herum)

Rum [südd. u. österr. auch, schweiz. nur: rum] der; -s, -s (österr.: -e) ⟨engl.⟩ (Branntwein [aus Zuckerrohr])

Ru|mä|ne der; -n, -n (↑R 197); Ru|mä|ni|en [...iʳn]; ru|mä|nisch; Ru|mä|nisch das; -[s] (Sprache); vgl. Deutsch; Ru|mä|ni|sche das; -n; vgl. Deutsche das

Rum|ba der; -, -s (auch u. österr. nur: der; -s, -s) ⟨kuban.⟩ (ein Tanz)

Rum|fla|sche

rum|hän|gen; ↑R 16 (ugs.)

rum|krie|gen; ↑R 16 (ugs.)

Rum|ku|gel (Süßigkeit mit Rum[aroma])

Rum|mel der; -s (ugs. für: lärmender Betrieb; Durcheinander); rum|meln (landsch. für: lärmen); ich ...[e]le (↑R 22); Rum|mel|platz (ugs.)

Rum|my [römi, engl. Aussspr.: ra|mi] das; -s, -s ⟨engl.⟩ (österr. für: Rommé)

Ru|mold vgl. Romuald

Ru|mor der; -s ⟨lat.⟩ (veralt., aber noch mdal. für: Lärm, Unruhe); ru|mo|ren; er hat rumort

¹Rum|pel der; -s (südd. u. mitteld. für: Gerumpel; Gerümpel);

²Rum|pel die; -, -n (mitteld. für: Waschbrett); rum|pe|lig, rump|lig (landsch. für: holprig); Rum|pel|kam|mer (ugs.); rum|peln (ugs.); ich ...[e]le (↑R 22); Rum|pel|stilz|chen das; -s (eine Märchengestalt)

Rumpf der; -[e]s, Rümpfe

rümp|fen

Rumpf|krei|sen das; -s (eine gymnast. Übung)

rump|lig vgl. rumpelig

Rump|steak [rúmpβtek] das; -s, -s ⟨engl.⟩ (Rindfleischscheibe)

rums!; rum|sen (landsch. für: krachen); es rumst

Rum_topf, ...ver|schnitt

Run [ran] der; -s, -s ⟨engl.⟩ (Ansturm [auf etwas Begehrtes])

rund; -er, -este ([im Sinne von: etwa] Abk.: rd.); Gespräch am -en Tisch; - um die Welt; aber: rundum; vgl. rundgehen; Rund das; -[e]s, -e; Run|da das; -s, -s (Zechgesang; Volkslied im Vogtland); Rund_bank (Plur. ...bänke), ...bau (Plur. ...bauten), ...beet (für: Rondell), ...blick, ...bo|gen, ...bo|gen|fen|ster (Kunstwiss.); Run|de die; -, -n; die - machen; die erste -; Rün|de die; - (veralt. für: Rundsein); Rund|dell vgl. Rondell; run|den (rund machen); sich -; rün|den (veralt. für: runden); Run|den_re|kord (Sportspr.), ...zeit (Sportspr.); Rund|er|laß; rund|er|neu|ert; -e Reifen; Rund_fahrt, ...flug, ...fra|ge, ...funk (der; -s); Rund-funk_an|stalt, ...ap|pa|rat, ...emp|fän|ger, ...ge|bühr, ...ge-rät, ...hö|rer, ...kom|men|ta|tor, ...pro|gramm, ...sen|der, ...spre-cher, ...sta|ti|on, ...tech|nik, ...teil|neh|mer, ...über|tra|gung, ...wer|bung, ...zeit|schrift; Rund-gang der; rund|ge|hen; es geht rund (ugs.: es ist viel Betrieb); es ist rundgegangen; Rund|ge|sang; Rund|heit die; -; rund|her|aus; et-was - sagen; rund|her|um; Rund-_holz, ...ho|ri|zont (Theater), ...kurs, ...lauf (ein Turngerät); rund|lich; Rund|lich|keit die; -;

Rund|ling (Dorfanlage); Rund-
_rei|se, ...rücken [Trenn.: ...k|k...]
(Med.), ...ruf, ...schä|del,
...schau, ...schrei|ben, ...schrift,
...sicht, ...spruch (der; -[e]s;
schweiz. für: [Draht]rundfunk),
...strecke [Trenn.: ...strek|ke],
...strick|na|del, ...stück (nordd.
für: Brötchen); rund|um; rund-
um|her; Rund|um|schlag; Run-
dung; Rund|wan|der|weg; rund-
weg; Rund|weg
Ru|ne die; -, -n ⟨altnord.⟩ (germ.
Schriftzeichen); Ru|nen_al|pha-
bet, ...for|schung, ...schrift,
...stein
Run|ge die; -, -n (Stange zwischen
Wagenseite u. Radachse); Run-
gen|wa|gen
ru|nisch ⟨zu: Rune⟩
Run|kel die; -, -n (österr. u.
schweiz. für: Runkelrübe); Run-
kel|rü|be
Run|ken der; -s, - (mitteld. für: un-
förmiges Stück Brot); Runks der;
-es, -e (ugs. für: ungeschliffener
Mensch); runk|sen (ugs. für: sich
wie ein Runks benehmen); du
runkst (runksest)
Ru|no|lo|ge der; -n, -n (↑ R 197)
⟨altnord.; griech.⟩ (Runenfor-
scher); Ru|no|lo|gie die; - (Ru-
nenforschung)
Runs der; -es, -e (Nebenform von:
Runse); Run|se die; -, -n (südd.,
österr., schweiz. für: Rinne an
Berghängen mit Wildbach)
run|ter; ↑ R 16 (ugs. für: herunter,
hinunter); run|ter|fal|len (ugs.);
run|ter|hau|en (ugs.); jmdm. eine
-; run|ter|kom|men (ugs.); run-
ter|las|sen (ugs.); run|ter-
schlucken [Trenn.: ...schluk|ken]
(ugs.)
Run|zel die; -, -n; run|ze|lig, runz-
lig; run|zeln; ich ...[e]le (↑ R 22)
Ru|od|lieb [auch: ruotliäp]
(Hauptperson des gleichnamigen lat. Romans eines Tegern-
seer Geistlichen [um 1050])
Rü|pel der; -s, -; Rü|pe|lei; rü|pel-
haft; -este; Rü|pel|haf|tig|keit
die; -
Ru|pert, Ru|precht (m. Vorn.);
Knecht Ruprecht; Ru|per|tus
vgl. Rupert
¹rup|fen; Gras -; ²Rup|fen (aus
Rupfen); Rupf|fen der; -s, - (Jute-
gewebe); Rupf|fen|lein|wand
Ru|pi|ah die; -, - ⟨Hindi⟩ (indones.
Währungseinheit; 1 Rupiah =
100 Sen; Abk.: Rp); Ru|pie [...iᵉ]
die; -, -n (Münzeinheit in Indien,
Sri Lanka u. a.)
rup|pig; Rup|pig|keit; Rupp|sack
(ugs. für: ruppiger Mensch)
Ru|precht vgl. Rupert u. Knecht
Ruprecht
Rup|tur die; -, -en ⟨lat.⟩ (Med.:
Zerreißung)

Rur die; - (r. Nebenfluß der
Maas); vgl. aber: ²Ruhr
ru|ral ⟨lat.⟩ (veralt. für: ländlich)
Rus [rūßj] die; - ⟨russ.⟩ (alte Bez.
der ostslaw. Stämme für Rußland, russ. Gebiet); Kiewer -
Rusch der; -[e]s, -e ⟨lat.⟩ (nordd.
mdal. für: Binse); in - und Busch
Rü|sche die; -, -n (gefältelter
[Stoff]besatz)
Ru|schel die; -, -n, auch: der; -s, -
(mdal. für: ruschelige Person);
ru|sche|lig, rusch|lig (mdal. für:
unordentlich, schlampig); ru-
scheln (mdal.); ich ...[e]le (↑ R 22)
Rush-hour [rasch-au⁽ᵉ⁾r] die; -, -s
⟨engl.⟩ (Hauptverkehrszeit)
Ruß der; -es, (fachspr.:) -e; ruß|be-
schmutzt (↑ R 209); ruß|braun
¹Rus|se der; -n, -n; ↑ R 197 (Ange-
höriger eines ostslaw. Volkes in
der UdSSR); ²Rus|se der; -n, -n;
↑ R 197 (landsch. für: Schabe)
Rüs|sel der; -s, -; rüs|sel|för|mig;
rüs|se|lig, rüß|lig; Rüs|sel|kä|fer
ru|ßen (schweiz. auch: [Ofenrohr,
Rauchfang] von Ruß reinigen);
du rußt (rußest); es rußt
Rus|sen|stie|fel
ruß|far|ben, ruß|far|big; ruß|ge-
schwärzt; vgl. rußbeschmutzt;
ru|ßig; Ru|ßig|keit die; -
Rus|sin die; -, -nen; rus|sisch; -e
Eier; -er Salat; -es Roulett, aber
(↑ R 157): der Russisch-Türki-
sche Krieg (1877/78); vgl.
deutsch; Rus|sisch das; -[s]
(Sprache); vgl. Deutsch; Rus-
sisch Brot das; - -[e]s; Rus|si|sche
das; -n; vgl. Deutsche das; Rus-
sisch|grün; rus|sisch-or|tho|dox;
-e Kirche; rus|sisch-rö|misch
(↑ R 39); -es Bad; Ruß|land
rüß|lig, rüs|sel|ig
ruß|schwarz
Rüst|an|ker (Ersatzanker)
¹Rü|ste die; - (landsch. für: Rast,
Ruhe); zur - gehen (dicht. von
der Sonne u. a.: untergehen, zu
Ende gehen)
²Rü|ste die; -, -n (Seemannsspr.:
starke Planke an der Schiffsau-
ßenseite zum Befestigen von
Ketten od. Stangen)
rü|sten; sich - (schweiz. auch: sich
festlich kleiden); Gemüse -
(schweiz.: putzen, vorbereiten)
Rü|ster [auch: rü...] die; -, -n (Ul-
me); rü|stern (aus Rüsterholz);
Rü|ster[n]|holz
rü|stig; Rü|stig|keit die; -
Ru|sti|ka die; - ⟨lat.⟩ (Mauerwerk
aus Quadern mit roh bearbeite-
ten Außenflächen, Bossenwerk);
ru|sti|kal (ländlich, bäuerlich)
Rüst_kam|mer, ...tag; Rü|stung;
Rü|stungs_ab|bau, ...auf|trag,
...be|gren|zung, ...in|du|strie,
...kon|trol|le, ...wett|lauf; Rüst-
_zeit, ...zeug

Rut vgl. ²Ruth
Ru|te die; -, -n (Gerte; früheres
Längenmaß; männl. Glied bei
Tieren; Jägerspr.: Schwanz);
Ru|ten_bün|del, ...gän|ger ([Quel-
len-, Gestein-, Erz]sucher mit der
Wünschelrute)
¹Ruth (w. Vorn.); ²Ruth, (ökum.:)
Rut (biblischer w. Eigenn.); das
Buch -
Rut|hard (m. Vorn.)
Ru|the|ne der; -n, -n; ↑ R 197 (frü-
her: Bez. für den im ehem. Österreich-Ungarn lebenden Ukrai-
ner); ru|the|nisch; Ru|the|ni|um
das; -s (chem. Grundstoff, Metall; Zeichen: Ru)
Ru|ther|ford [radhᵉrfᵉrd], Ernest
[ö'nißt] (engl. Physiker); Ru|ther-
for|di|um [radhᵉr...] das; -s (svw.
Kurtschatovium)
Ru|til der; -s, -e ⟨lat.⟩ (ein Mine-
ral); Ru|ti|lis|mus der; - (Med.:
Rothaarigkeit)
Rüt|li das; -s (Bergmatte am Vier-
waldstätter See); Rüt|li|schwur
der; -[e]s; ↑ R 149 (sagenumwobe-
ne Verschwörung bei der Grün-
dung der Schweiz. Eidgenossen-
schaft)
rutsch!; Rutsch der; -[e]s, -e (ugs.);
Rutsch|bahn; Rut|sche die; -, -n
(Gleitbahn); rut|schen; du
rutschst (rutschest); Rut|scher
(früher landsch. für einen Tanz;
österr. ugs.: kurze Fahrt, Abste-
cher); Rut|sche|rei; rutsch|fest;
-este; Rutsch|ge|fahr; rut|schig;
Rutsch|par|tie (ugs.); rutsch|si-
cher
Rüt|te die; -, -n (ein Fisch)
Rüt|tel|be|ton; Rüt|te|lei; Rüt|tel-
fal|ke; rüt|teln; ich ...[e]le
(↑ R 22); Rüt|tel|sieb; Rütt|ler
(ein Baugerät)

¹Ru|wer die; - (r. Nebenfluß der
Mosel); ²Ru|wer der; -s, - (eine
Weinsorte)
RVO = Reichsversicherungsord-
nung
Ruys|dael vgl. Ruisdael
RWE = Rheinisch-Westfälisches
Elektrizitätswerk

S

S (Buchstabe); das S; des S, die S,
aber: das s in Hase (↑ R 82); der
Buchstabe S, s
s = Sekunde
s, sh = Shilling
S = Schilling; Sen; ²Siemens;
Süd[en]; Sulfur (chem. Zeichen
für: Schwefel)

$ = Dollar

Σ, σ, ς = Sigma

s. = sieh[e]!

S. = San, Sant', Santa, Santo, São; Seite

S., Se. = Seine (Exzellenz usw.)

Sa. = Summa; Sachsen; Samstag

s. a. = sine anno

Saal der; -[e]s; Säle; aber: Sälchen (vgl. d.); **Saal|bau** (Plur. ...bauten)

Saal|burg die; - (röm. Grenzbefestigung im Taunus)

Saa|le die; - (l. Nebenfluß der Elbe); **Saal|feld/Saa|le**

Saal_ord|ner, ...schlacht, ...tochter (schweiz. für: Kellnerin im Speisesaal), ...tür

Saa|ne die; - (l. Nebenfluß der Aare); **Saa|nen** (schweiz. Ort); **Saanen|kä|se**

Saar die; - (r. Nebenfluß der Mosel); **Saar|brücken** [Trenn.: ...brük|ken (Hptst. des Landes Saarland); **Saar|brücker** [Trenn.: ...brük|ker] (↑R 147); **Saar|ge|biet** das; -[e]s; **Saar|land** das; -[e]s (Land), **Saar|län|der; saar|län|disch,** aber (↑R 157): Saarländischer Rundfunk; **Saar|louis** [...luí] (Stadt im Saarland); **Saar-louiser** [...luí'r]; **Saar-Na|he-Berg|land** (↑R 150)

Saat die; -, -en; **Saa|ten_pfle|ge** (die; -), ...stand (der; -[e]s); **Saat-_ge|trei|de,** ...gut (das; -[e]s), ...kar|tof|fel, ...korn (Plur. ...körner), ...krä|he

Saaz (Stadt an der Eger); **Saa|zer** (↑R 147)

Sa|ba (hist. Landschaft in Südarabien); **Sa|bä|er** -s, - (Angehöriger eines alten Volkes in Südarabien)

Sab|bat der; -s, -e ⟨hebr.⟩ (jüd. „Ruhetag"; Samstag); **Sab|ba|ta|ri|er** [...iᵉr] u. **Sab|ba|tist** der; -en, -en; ↑R 197 (Angehöriger einer christl. Sekte); **Sab|bat_jahr,** ...stil|le

Sab|bel, Sab|ber der; -s (niederd. u. ostmitteld. für: ausfließender Speichel); **Sab|bel|lätz|chen, Sab|ber|lätz|chen** (Kinderspr.); **sab|beln** (ugs.); ich ...[e]le (↑R 22); **sab|bern** (ugs.); ich ...ere (↑R 22)

Sä|bel der; -s, - ⟨ung.-poln.⟩; **Sä-bel|bei|ne** Plur. (O-Beine); **sä|bel|bei|nig; Sä|bel|fech|ten** das; -s; **sä|bel|för|mig; Sä|bel_ge|ras|sel,** ...hieb; **sä|beln** (ugs. für: unsachgemäß, ungeschickt schneiden); ich ...[e]le (↑R 22); **Sä|bel|ras|seln** (das; -s); **sä|bel|ras|selnd; Sä|bel|raß|ler**

Sa|be|na die; - = Société Anonyme Belge d'Exploitation de la Navigation Aérienne [Boßjete anonim bälsch dexploataßjong dᵉ la nawigaßjong aerjän] (belg. Luftfahrtgesellschaft)

Sa|bi|na, Sa|bi|ne (w. Vorn.); **Sa-bi|ner** (Angehöriger eines ehem. Volksstammes in Mittelitalien); **Sa|bi|ner Ber|ge** Plur.; **Sa|bi|ne-rin** die; -, -nen; **sa|bi|nisch**

Sal|bot [...bo] der; -[s], -s ⟨franz.⟩ (hinten offener, hochhackiger Damenschuh)

Sa|bo|ta|ge [...taseʰᵉ, österr.: ...taseh] die; -, -n ⟨franz.⟩ ([planmäßige] Beeinträchtigung eines Produktionsablaufs, einer [militär.] Operation u. ä. durch Beschädigung od. Zerstörung von [Betriebs]einrichtungen); **Sa|bo|ta|ge|akt; Sa|bo|teur** [...tör] der; -s, -e; **sa|bo|tie|ren**

Sa|bre [sabrᵉ] der; -s, -s ⟨hebr.⟩ (in Israel geborener Nachkomme jüd. Einwanderer)

Sa|bri|na (engl. w. Vorn.)

SAC = Schweizer Alpen-Club

Sac|cha|ra|se, Sal|cha|ra|se [sa-eha...] die; - ⟨sanskr.⟩ (ein Enzym); **Sac|cha|ri|me|ter, Salcha-ri|me|ter** das; -s, - ⟨sanskr.; griech.⟩ (Gerät zur Bestimmung des Zuckergehaltes); **Sac|cha|ri-me|trie, Sal|cha|ri|me|trie** die; - (Bestimmung der Zuckergehaltes einer Lösung); **Sac|cha|rin, Sal|cha|rin** das; -s (ein Süßstoff)

Sa|cha|lin [auch: sa...] (ostasiat. Insel)

Sach|an|la|ge|ver|mö|gen

Sal|cha|ra|se usw. vgl. Saccharase usw.

Sal|char|ja (jüd. Prophet)

Sach_be|ar|bei|ter, ...be|reich, ...be|schä|di|gung; **sach|be|zo|gen; sach_be|zü|ge,** ...buch; **sach|dien|lich; Sal|che** die; -, -n; in Sachen Meyer [gegen Müller]; zur - kommen; **Sach|ein|la|ge** (Wirtsch.: Sachwerte, die bei der Gründung einer AG eingebracht werden); **Sä|chel|chen,** Sächlein; **Sa|chen|recht; Sach|er|klä-rung**

Sal|cher|tor|te ⟨nach dem Wiener Hotelier Sacher⟩ (eine Schokoladentorte); ↑R 135

Sach|fir|ma (Firma, deren Name den Gegenstand des Unternehmens angibt; Ggs.: Personenfirma); **sach|fremd;** -este; **Sach|ge|biet, sach_ge|mäß** (-este), ...ge-recht (-este); **Sach_grün|dung** (Wirtsch.: Gründungsform einer AG), ...ka|ta|log, ...kennt|nis, ...kun|de (die; -); **sach|kun|dig; Sach_la|ge,** ...le|gi|ti|ma|ti|on (Rechtsw.); **Säch|lein,** Sächlein; **Sach|leis|tung; sach|lich** (zur Sache gehörend; auch für: objektiv); -e Kritik; -er Ton; -er Unterschied; -e Angaben; **säch|lich;** -es Geschlecht; **Sach|lich-**

keit; die Neue - (Kunststil); **Sach|män|gel|gel|haf|tung; Sach|re-gi|ster**

¹Sachs (dt. Meistersinger u. Dichter); Hans Sachs' Gedichte (↑R 139)

²Sachs der; -es, -e (altes Eisenmesser)

Sach|schal|den (Ggs.: Personenschaden)

Sach|se der; -n, -n (↑R 197); **säch|seln** (sächsisch sprechen); ich ...[e]le (↑R 22); **Sach|sen** (Abk.: Sa.); **Sach|sen-An|halt;** ↑R 154; **Sach|sen_spie|gel** (der; -s; Rechtssammlung des dt. MA.), ...wald (der; -[e]s; Waldgebiet östl. von Hamburg); **Säch|sin** die; -, -nen; **säch|sisch,** aber (↑R 146): die Sächsische Schweiz (Teil des Elbsandsteingebirges)

sacht; -este (leise); **sacht|chen** (obersächs. für: ganz sachte); **sach|te** (ugs.); sachte!; sachte voran! (ugs.)

Sach_ver|halt (der; -[e]s, -e), ...ver-si|che|rung, ...ver|stand; **sach|ver|stän|dig; Sach|ver|stän|di|ge** der u. die; -n, -n, -n (↑R 7 ff.); **Sach|ver|stän|di|gen|gut|ach|ten** (spez. _...ver|zeich|nis, ...wal|ter; **sach|wal|te|risch; Sach_wei|ser** (Sachregister), ...wert, ...wör|ter|buch, ...zu|sam|men|hang, ...zwang (meist Plur.)

Sack der; -[e]s, Säcke; 5 - Mehl (↑R 128 u. 129); mit- und Pack; **Sack|bahn|hof; Säck|chen,** Säcklein; **Säckel¹** der; -s, - (landschaftl.); **Säckel|meis|ter¹** (südd., österr. u. schweiz. für: Kassenwart, Schatzmeister); **säckeln¹** (landsch.); ich ...[e]le (↑R 22); **Säckel|wart¹** der; -[e]s, -e (landsch.); **¹sacken** (landsch. für: in einen Sack füllen)

²sacken¹, sackt (sich senken, sich zu Boden setzen, sinken)

säcken¹ (veralt. für: in einem Sack ertränken)

sacker|lot!¹ vgl. sapperlot!; **sacker|ment!¹** vgl. sapperment!

säckel|wei|se¹ (in Säcken); **sack-för|mig; Sack|gas|se; sack|grob** (ugs. für: sehr grob); **sack|hüp-fen** (nur im Infinitiv gebr.); **Sack|hüp|fen** das; -s

Säck|in|gen (bad. Stadt am Hochrhein); **Säck|in|ger¹**

Sack_kar|re, ...kar|ren, ...kleid, ...lau|fen (das; -s); **Säck|lein,** Säckchen; **sack|lei|nen; Sack-lei|nen; Sack|lein|wand; Säck|ler** (landsch. für: Lederarbeiter); **Sack_pfei|fe,** ...tuch (Plur. ...tücher; grobes Tuch; südd., österr. ugs. neben: Taschentuch); **sack-wei|se**

---

¹ Trenn.: ...k|k...

Sad|du|zä|er der; -s, - ⟨hebr.⟩ (Angehöriger einer altjüd. Partei)
Sa|de|baum ⟨lat.; dt.⟩ (wacholderartiger Nadelbaum)
Sa|dis|mus der; -, ...men ⟨nach dem franz. Schriftsteller de Sade⟩ ([Freude an] Grausamkeit); Sa|dist der; -en, -en (↑ R 197); sa|di|stisch; -ste; Sa|do|ma|so|chis|mus [...ehiß...] der; -, ...men (Verbindung von Sadismus u. Masochismus); sa|do|ma|so|chi|stisch
Sa|do|wa (Dorf bei Königgrätz)
sä|en (du säst, er sät; du sätest; gesät; säe!; Sä|er
Sa|fa|ri die; -, -s ⟨arab.⟩ (Reise mit einer Trägerkarawane in Afrika; Gesellschaftsreise zum Jagen, Fotografieren [in Afrika]); Sa|fa|ri|park (Tierpark, den der Besucher mit dem Auto durchquert)
Safe [ße'f] der (auch: das); -s, -s ⟨engl.⟩ (Geldschrank, Stahlkammer, Sicherheitsfach)
Saf|fi|an der; -s ⟨pers.⟩ (feines Ziegenleder); Saf|fi|an|le|der
Saf|lor der; -s, -e ⟨arab.-ital.⟩ (Färberdistel); saf|lor|gelb
Saf|ran der; -s, -e ⟨pers.⟩ (Krokus; Gewürz); saf|ran|gelb
Saft der; -[e]s, Säfte (österr. auch für: Bratensoße); Saft|bra|ten; Säft|chen, Säft|lein; saf|ten; saft|grün; saf|tig (ugs. auch für: derb); Saf|tig|keit; Saft_kur (mit Obst- oder Gemüsesäften durchgeführte Kur), ...la|den (ugs. abwertend für: schlecht funktionierender Betrieb); saft|lein, Säftchen; saft|los; -este; saft- u. kraftlos (↑ R 32); Saft_pres|se, ...tag
Sa|ga [auch: saga] die; -, -s ⟨altnord.⟩ (altisländ. Prosaerzählung)
sag|bar; Sa|ge die; -, -n
Sä|ge die; -, -n; Sä|ge_blatt, ...bock, ...fisch, ...mehl, ...müh|le
sa|gen; es kostet sage und schreibe (tatsächlich; Ausdruck der Entrüstung) zwanzig Mark
sä|gen
Sa|gen_buch, ...dich|tung (die; -), ...for|scher; sa|gen|haft; -este; sa|gen|um|wo|ben (↑ R 209)
Sä|ger; Sä|ge|rei; Sä|ge_späne Plur., ...werk, ...wer|ker, ...zahn
sa|git|tal ⟨lat.⟩ (Biol.: parallel zur Mittelachse liegend); Sa|git|tal-ebe|ne (Biol., Med.: jede der Mittelebene des Körpers parallele Ebene)
Sa|go der (österr. meist: das); -s ⟨indones.⟩ (gekörntes Stärkemehl aus Palmenmark); Sa|go_pal|me, ...sup|pe
Sa|ha|ra [auch: sahara] die; - ⟨arab.⟩ (Wüste in Nordafrika)
Sa|hel [auch: sahäl] der; -[s]

⟨arab.⟩ (Gebiet südl. der Sahara);
Sa|hel|zo|ne die; -
Sa|hib der; -[s], -s ⟨arab.-Hindi⟩ (in Indien u. Pakistan Bez. für: „Herr", auch als Anrede für Europäer)
Sah|ne die; -; Sah|ne_bon|bon, ...eis, ...känn|chen, ...kä|se; sah|nen; Sah|ne_so|ße, ...tor|te; sahnig
Saib|ling (ein Fisch); vgl. Salbling
Sai|gon [auch: ...on] (früherer Name von Ho-Chi-Minh-Stadt)
[1]Saint [ß°nt] ⟨engl.⟩ ([männl. u. weibl. Form] „heilig"; in engl. u. amerik. Heiligennamen u. auf solche zurückgehenden Ortsnamen, z. B. Saint Louis[1] [ß°nt luiß] = Stadt in Missouri, Saint Anne[1] [- än; Abk.: St.); vgl. San, Sankt, São; [2]Saint [ßäng] ⟨franz.⟩ (männl. Form) u. Sainte [ßängt] ([weibl. Form] „heilig"; in franz. Heiligennamen u. auf solche zurückgehenden Ortsnamen, z. B. Saint-Cyr[1] [...ßir] = Kriegsschule in Frankreich, Sainte-Marie[1]; Abk.: St bzw. Ste); vgl. San, Sankt, São
Saint-Exu|pé|ry [ßängtexüperi] (franz. Schriftsteller)
Saint George's [ß°nt dsehâ'dsehis] (Hptst. von Grenada)
Saint-Ger|main-en-Laye [ßäng-sehärmängänglä] (Stadt an der Seine)
Saint John's [ß°nt dsehons] (Hptst. von Antigua und Barbuda)
Saint Louis [ß°nt luiß] (Stadt in Missouri)
Saint-Saëns [ßängßangß] (franz. Komponist)
Saint-Si|mo|nis|mus [ßäng...] der; - ⟨nach dem franz. Sozialreformer Saint-Simon⟩ (sozialist. Lehre); Saint-Si|mo|nist der; -en, -en (↑ R 197)
Sa|is (altägypt. Stadt im Nildelta)
Sai|son [säsong, auch: ßäsong, säsong, österr. auch: säson] die; -, -s (österr. auch: ...onen) ⟨franz.⟩ (Hauptbetriebs-, Hauptreise-, Hauptgeschäftszeit, Theaterspielzeit); sai|so|nal [...songl], Sai|son_ar|beit, ...ar|bei|ter, ...aus|ver|kauf (Winter-, Sommerschlußverkauf); sai|son|bedingt; Sai|son|be|ginn; sai|son|be|reit; sai|son_be|trieb, ...en|de, ...er|öff|nung, ...in|dex (Wirtsch.), ...kre|dit (Wirtsch.), ...schluß, ...wan|de|rung (saisonbedingte Wanderung von Arbeitskräften); sai|son|wei|se
Sai|te die; -, -n (Faden aus Tier-

[1] Hinter „Saint" steht in franz. Namen ein Bindestrich, in engl. u. amerik. nicht. Hinter „Sainte" steht immer ein Bindestrich.

darm, Metall od. Kunststoff [zur Bespannung von Musikinstrumenten]); vgl. aber: Seite; Sai|ten.hal|ter (Teil eines Saiteninstrumentes), ...in|stru|ment, ...spiel (das; -[e]s); ...sai|tig (z. B. fünfsaitig); Sait|ling (Schafdarm)
Sa|ke der; - ⟨jap.⟩ (aus Reis hergestellter japanischer Wein)
Sak|ko [österr.: ...ko] der (auch, österr. nur: das); -s, -s (Herrenjackett); Sak|ko|an|zug
sa|kral ⟨lat.⟩ (ugs. für: verdammt!); sa|kral (den Gottesdienst betreffend; Med.: zum Kreuzbein gehörend); Sa|kral-bau (Plur. ...bauten; Kunstgesch.: kirchl. Bauwerk; Ggs.: Profanbau); Sa|kra|ment das; -[e]s, -e (göttl. Gnaden vermittelnde kirchl. Handlung); sa|kra|men|tal; Sa|kra|men|ta|li|en [...i°n] Plur. (in der kath. Kirche sakramentähnliche Zeichen u. Handlungen, z. B. Wasserweihe; auch Bez. für die geweihten Dinge, z. B. Weihwasser); sa|kra|ment|lich; Sa|kra|ments|häus|chen; sa|kris|ren (veralt. für: weihen, heiligen); Sa|kri|fi|zi|um das; -s, ...ien [...i°n] (Opfer, bes. das kath. Meßopfer); Sa|kri|leg das; -s, -e u. Sa|kri|le|gi|um das; -s, ...ien [...i°n] (Vergehen gegen Heiliges; Kirchenraub; Gotteslästerung); sa|kri|le|gisch; sa|krisch (mdal. für: verdammt); Sa|kri|stan der; -s, -e (kath. Küster, Mesner); Sa|kri|stei (Kirchenraum für den Geistlichen u. die gottesdienstl. Geräte); sa|kro|sankt (unverletzlich)
sä|ku|lar ⟨lat.⟩ (alle hundert Jahre wiederkehrend; weltlich); Sä|ku|lar|fei|er (Hundertjahrfeier); Sä|ku|la|ri|sa|ti|on [...zion] die; -, -en (Einziehung geistl. Besitzungen; Verweltlichung; Med.: Besitz in weltl. Besitz in weltl. umwandeln); Sä|ku|la|ri|sie|rung (Verweltlichung; Loslösung aus den Bindungen an die Kirche; Erlaubnis für Ordensgeistliche, in den Weltklerus überzutreten); Sä|ku|la|ri|sie|rungs|pro|zeß; Sä|ku|lum das; -s, ...la (Jahrhundert)
Sa|kun|ta|la (Dramenfigur des Inders Kalidasa)
...sal (z. B. Drangsal)
Sa|la|din ⟨arab.⟩ (Sultan)
Sa|lam ⟨arab.⟩ (arab. Grußwort); -aleikum! (Heil, Friede mit euch!)
Sa|la|man|ca [...ka] (span. Stadt u. Provinz)
Sa|la|man|der der; -s, - ⟨griech.⟩ (ein Molch)
Sa|la|mi die; -, -[s] (schweiz. auch: der; -s, -s) ⟨ital.⟩ (eine Dauerwurst)

Sa|la|mi|ni|er [...i⁺r]; Sa|la|mis (griech. Insel; Stadt auf der Insel Salamis)

Sa|la|mi|tak|tik (Taktik, bei der man durch mehrere kleinere Übergriffe od. Forderungen ein größeres [polit.] Ziel zu verwirklichen sucht); Sa|la|mi|wurst

Sa|lär der; -s, -e ⟨franz.⟩ (schweiz. für: Gehalt, Lohn); sa|la|rie|ren (schweiz. für: besolden)

Sa|lat der; -[e]s, -e; gemischter -; Sa|lat_be|steck, ...gur|ke; Sa|la|tie|re die; -, -n (veralt. für: Salatschüssel); Sa|lat.kar|tof|fel (meist Plur.), ...öl, ...pflan|ze, ...plat|te, ...schüs|sel

Sal|ba|der (abschätzig für: langweiliger [frömmelnder] Schwätzer); Sal|ba|de|rei (abschätzig); sal|ba|dern (abschätzig); ich ...ere (↑ R 22); er hat salbadert

Salband das; Plur. ...bänder (Gewebekante, -leiste; Geol.: Berührungsfläche eines Ganges mit dem Nebengestein)

Sal|be die; -, -n

Sal|bei [auch: ...bai] der; -s ⟨österr. nur so⟩ od. die; - ⟨lat.⟩ (eine Heilpflanze); Sal|bei|tee

sal|ben; Sal|ben|do|se

Salb|ling (Nebenform von: Saibling)

Salb|öl; Sal|bung; sal|bungs|voll

Säl|chen (kleiner Saal)

Sal|chow [...o] der; -[s], -s ⟨nach dem ehem. schwed. Eiskunstläufer U. Salchow⟩ (ein Drehsprung beim Eiskunstlauf); einfacher, doppelter, dreifacher -

Sal|den.bi|lanz (Wirtsch.), ...li|ste (Wirtsch.)

sal|die|ren ⟨ital.⟩ ([eine Rechnung] ausgleichen, abschließen; österr. für: die Bezahlung einer Rechnung bestätigen); Sal|die|rung; Sal|do der; -s, ...den u. -s u. ...di (Unterschied der beiden Seiten eines Kontos); Sal|do.an|er|kennt|nis (das; Wirtsch.: Schuldanerkenntnis dem Gläubiger gegenüber), ...kon|to (Kontokorrentbuch), ...über|trag, ...vor|trag

Sä|le (Plur. von: Saal)

Sa|lem vgl. Salam

Sa|lep der; -s, -s ⟨arab.⟩ (getrocknete Knolle einiger Orchideen, die für Heilzwecke verwendet wird)

Sa|le|sia|ner; ↑ R 180 (Mitglied der Gesellschaft des hl. Franz von Sales; Angehöriger einer kath. Priestergenossenschaft)

Sales-ma|na|ger [βe'lsmänidseh⁺r] der; -s, - ⟨engl.⟩ (Wirtsch.: Verkaufsleiter, [Groß]verkäufer); Sales|man|ship [βe'lsmänschip] das; -s (Bez. für eine in den USA entwickelte Verkaufslehre);

Sales-pro|mo|ter [βe'lspromo⁺t⁺r] der; -s, - ⟨Vertriebskaufmann mit bes. Kenntnissen auf dem Gebiet der Marktbeeinflussung; Verkaufsförderer⟩; Sales-pro|mo|tion [βe'lspromo⁺sch⁺n] die; - ⟨Verkaufsförderung⟩

Sal|et|tel, Sal|lettl das; -s, -n ⟨ital.⟩ (bayr. u. österr. veraltend für: Pavillon, Laube, Gartenhäuschen)

Sa|li|cyl|säu|re [...zül...] vgl. Salizylsäure

¹Sa|li|er [...i⁺r] Plur. ⟨lat.⟩ (altröm. Priester)

²Sa|li|er [...i⁺r] der; -s, - (Angehöriger der salischen Franken; Angehöriger eines dt. Kaisergeschlechtes)

Sa|li|ne die; -, -n ⟨lat.⟩ (Anlage zur Salzgewinnung); Sa|li|nen|salz

Sa|ling die; -, -s (Seemannsspr.: Stange am Mast zur Abstützung der Wanten)

sa|li|nisch

Salis|bu|ry [βâlsb⁺ri] (früherer Name von Harare)

sa|lisch (e Franken; -e Gesetze, aber ↑ R 157); das Salische Gesetz (über die Thronfolge)

Sa|li|zyl|säu|re, (fachspr. nur:) Sa|li|cyl|säu|re die; - ⟨lat.; dtsch.⟩ (eine organ. Säure)

Sal|kan|te (Gewebeleiste)

Salk-Vak|zi|ne [βâk...]; ↑ R 135 (Impfstoff des amerik. Bakteriologen J. Salk gegen Kinderlähmung)

Sal|lei|ste (Gewebeleiste)

Sal|lust (röm. Geschichtsschreiber); Sal|lu|sti|us vgl. Sallust

Sal|ly (m. u. w. Vorn.)

¹Salm der; -[e]s, -e ⟨lat.⟩ (ein Fisch)

²Salm der; -s, ⟨selten:⟩ -e ⟨zu: Psalm⟩ (ugs. für: Gerede)

Sal|ma|nas|sar (Name assyr. Könige)

Sal|mi|ak [auch, österr. nur: sal...] der (auch: das); -s ⟨lat.⟩ (Ammoniakverbindung); Sal|mi|ak_geist (der; -[e]s; Ammoniaklösung), ...lö|sung, ...pa|stil|le

Sal|mler (ein Fisch)

Sal|mo|nel|len Plur. ⟨nach dem amerik. Pathologen u. Bakteriologen Salmon⟩ (Darmkrankheiten hervorrufende Bakterien); Sal|mo|nel|lo|se die; -, -n (durch Salmonellen verursachte Erkrankung)

Sal|mo|ni|den Plur. ⟨lat.; griech.⟩ (Lachse u. lachsartige Fische)

Sa|lo|me (Stieftochter des Herodes); Sa|lo|mon, ⟨ökum.:⟩ Sa|lo|mo (bibl. König, Sohn Davids); Gen.: Salomo[n]s u. Salomonis; Sa|lo|mo|nen Plur. (Inselstaat östl. von Neuguinea); Sa|lo|mon|in|seln Plur.; sa|lo|mo|nisch; -es (weises) Urteil; -e Weisheit,

aber (↑ R 134): Sa|lo|mo|nisch; -e Schriften; Sa|lo|mon[s]|sie|gel (Weißwurz; ein Liliengewächs)

Sa|lon [...lõ, auch: ...long, südd., österr.: ...lon] der; -s, -s ⟨franz.⟩ (Gesellschafts-, Empfangszimmer; Friseur-, Mode-, Kosmetikgeschäft; [Kunst]ausstellung); Sa|lon|da|me (Theater); sa|lon|fä|hig

Sa|lo|ni|ki (griech. Stadt); vgl. Thessaloniki; Sa|lo|ni|ker, Sa|lo|ni|ki|er [...i⁺r] (↑ R 147)

Sa|lon.lö|we, ...mu|sik, ...or|che|ster, ...wa|gen (Eisenbahnw.)

Sa|loon [β⁺lun] der; -s, -s ⟨amerik.⟩ (im Wildweststil eingerichtetes Lokal)

sa|lopp ⟨franz.⟩ (ungezwungen; nachlässig; ungepflegt); sa|lop|pe Kleidung; Sa|lopp|heit

Sal|pe die; -, -n ⟨griech.⟩ (walzenförmiges Meerestier)

Sal|pe|ter der; -s ⟨lat.⟩ (Bez. für einige Salze der Salpetersäure); Sal|pe|ter.dün|ger, ...er|de; sal|pe|ter|hal|tig; sal|pe|te|rig, salpet|rig; -e Säure; Sal|pe|ter|säu|re die; -; sal|pet|rig, sal|pe|te|rig

Sal|pinx die; -, ...ingen ⟨griech.⟩ ([Ohr]trompete; Eileiter)

Sal|se die; -, -n ⟨ital.⟩ (Schlammsprudel, Schlammvulkan)

Salt, SALT [engl. Aussspr.: βålt] = Strategic Arms Limitation Talks [βtr'tidsehik a'ms limite'-sch⁺n tåkß] (Gespräche über die Begrenzung der strateg. Rüstung)

Sal|ta das; -s ⟨lat.⟩ („spring!"; ein Brettspiel); Sal|ta|rel|lo der; -s, ...lli ⟨ital.⟩ (ital. u. span. Springtanz); Sal|ta|to das; -s, -s u. ...ti (Musik: Spiel mit hüpfendem Bogen)

Salt-Kon|fe|renz, SALT-Kon|fe|renz

Sal|to der; -s, -s u. ...ti ⟨ital.⟩ (freier Überschlag; Luftrolle); Sal|to mor|ta|le der; - -, - - u. ...ti u. ...li (meist dreifacher Salto in großer Höhe)

Sa|lut der; -[e]s, -e ⟨franz.⟩ ([militlit.] Ehrengruß); Sa|lu|ta|ti|on [...zion] die; -, -en ⟨lat.⟩ (veralt. für: feierl. Begrüßung, Gruß); sa|lu|tie|ren (militärisch grüßen); Sa|lut|schuß

Sal|va|dor, El usw. vgl. El Salvador usw.; Sal|va|do|ria|ner (↑ R 180); sal|va|do|ria|nisch (↑ R 180)

Sal|var|san ⓌＶ [...war...] das; -s (ein Heilmittel gegen Syphilis)

Sal|va|ti|on [...wazion] die; -, -en ⟨lat.⟩ (veralt. für: Rettung; Verteidigung); ¹Sal|va|tor der; -s (Jesus als Retter, Erlöser); ²Sal|va|tor ⓌＶ das od. der; -s (ein bayr. Starkbier); Sal|va|tor_bier (als

Ⓦ: Salvator-Bier), ...**bräu** (als Ⓦ: Salvator-Bräu); **Sal|va|to|ria|ner**; ↑ R 180 (Angehöriger einer kath. Priesterkongregation für Seelsorge u. Mission; Abk.: SDS [vgl. d.])

sal|va ve|nia [...*wa we̩nia*] ⟨lat.⟩ (veralt. für: mit Erlaubnis, mit Verlaub [zu sagen]; Abk.: s. v.)

sal|ve! [...*we*] ⟨lat.⟩ (sei gegrüßt!); **Sal|ve** [...*wᵉ*] *die;* -, -n ⟨franz.⟩ (gleichzeitiges Schießen von mehreren Feuerwaffen [auch als Ehrengruß]; **sal|vie|ren** [...*wi̩rᵉn*] ⟨lat.⟩ (veralt. für: retten); **sal|vo ti|tu|lo** [*salwo* -] (veralt. für: mit Vorbehalt des richtigen Titels; Abk.: S. T.)

Sal|wei|de (eine Weidenart)

Salz *das;* -es, -e

Salz|ach *die;* - (r. Nebenfluß des Inns)

Salz|ader; **salz_arm,** ...**ar|tig;** **Salz_bad,** ...**bo|den,** ...**bre|zel**

Salz|burg (österr. Bundesland u. dessen Hptst.); **Salz|bur|ger** (↑ R 147); - Festspiele

Salz|det|furth, Bad (Stadt südl. von Hildesheim)

sal|zen; du salzt (salzest); gesalzen (in übertr. Bedeutung nur so, z. B. die Preise sind gesalzen, ein gesalzener Witz) od. (selten:) gesalzt; **Säl|zer** (veralt. für: Salzsieder, -händler; jmd., der [Fleisch, Fische] einsalzt); **Salz_faß,** ...**fleisch,** ...**gar|ten** (Anlage zur Salzgewinnung), ...**gru|be** (Salzbergwerk), ...**gur|ke;** **salz|hal|tig;** **Salz|he|ring; sal|zig**

Salz|kam|mer|gut *das;* -s (österr. Alpenlandschaft)

Salz_kar|tof|fel (meist *Plur.*), ...**korn** (*Plur.* ...körner), ...**kol|te** (Salzsiedehaus), ...**la|ke,** ...**lecke** [*Trenn.:* ...lek|ke] (vgl. Lecke); **salz|los;** **Salz_lö|sung,** ...**man|del,** ...**pfan|ne,** ...**pflan|ze;** **salz_sau|er;** **Salz_säu|le,** ...**säu|re** (*die;* -), ...**see,** ...**sie|der,** ...**sol|le,** ...**stan|ge,** ...**steu|er** *die,* ...**streu|er**

Salz|uf|len, Bad (Stadt am Teutoburger Wald)

Salz_was|ser (*Plur.* ...wässer), ...**wü|ste,** ...**zoll**

...**sam** (z. B. langsam)

Sam [*ßäm*] (engl. Kurzform von: Samuel; vgl. Sammy); Onkel - (scherzh. Bez. für: USA; vgl. Uncle Sam)

Sa|ma|el [...*aäl*] vgl. Samiel

Sä|mann (*Plur.* ...männer)

Sa|ma|ria [auch: *samaria*] (antike Stadt u. hist. Landschaft in Palästina); **Sa|ma|ri|ta|ner** (Angehöriger eines Volkes in Palästina); vgl. Samariter; **sa|ma|ri|ta|nisch;** der -e Pentateuch; **Sa|ma|ri|ter** (Bewohner von Samaria; [freiwilliger] Krankenpfleger, -wär-

ter); barmherziger -, aber (↑ R 157): der Barmherzige - (der Bibel); **Sa|ma|ri|ter_dienst,** ...**tum** (*das;* -s)

Sa|ma|ri|um *das;* -s (chem. Grundstoff, Metall; Zeichen: Sm)

Sa|mar|kand (sowjet. Stadt)

Sä|ma|schi|ne

Sam|ba *die;* -, -s (auch u. österr. nur: *der;* -s, -s) ⟨afrik.-port.⟩ (ein Tanz)

Sam|be|si *der;* -[s] (Strom in Afrika)

Sam|bia (Staat in Afrika); **Sam|bi|er** [...*i̩r*]; **sam|bisch**

¹**Sa|me** *der;* -n, -n ⟨franz.⟩ (Lappe)

²**Sa|me** (gehoben für: Samen) *der;* -ns, -n; **Sa|men** *der;* -s, -; **Sa|men_an|la|ge** (*Plur.:* ...banken), ...**er|guß,** ...**fa|den,** ...**flüssig|keit,** ...**hand|lung,** ...**kap|sel,** ...**kern,** ...**korn** (*Plur.* ...körner), ...**lei|ter** *der,* ...**pflan|ze,** ...**strang,** ...**zel|le,** ...**zucht;** **Sä|me|rei** *die;* -en

Sa|mi|el, Sa|ma|el [...*äl*] *der;* -s ⟨hebr.⟩ (böser Geist, Teufel)

...**sa|mig** (z. B. vielsamig)

sä|mig (seimig; dickflüssig; **Sä|mig|keit** *die;* -

sa|misch (von Samos)

sä|misch (slaw.⟩ (fettgegerbt); **Sä|misch_ger|ber,** ...**lei|der**

Sa|mis|dat *der;* - ⟨russ.⟩ (im Selbstverlag erschienene [verbotene] Literatur in der Sowjetunion)

Sam|land *das;* -[e]s (Halbinsel zwischen dem Frischen u. dem Kurischen Haff); **Sam|län|der** *der;* **sam|län|disch**

Sä|ling (aus Samen gezogene Pflanze)

Sam|mel_al|bum, ...**an|schluß** (Postw.), ...**band** *der,* ...**becken** [*Trenn.:* ...bek|ken], ...**be|griff,** ...**be|stel|lung,** ...**be|zeich|nung,** ...**büch|se,** ...**de|pot** (Wirtsch.: eine Form der Wertpapierverwahrung), ...**ei|fer,** ...**frucht** (Biol.), ...**gut;** **Sam|mel|gut|ver|kehr;** **Sam|mel_kon|to,** ...**lei|den|schaft,** ...**lin|se,** ...**map|pe;** **sam|meln;** ich ...[e]le (↑ R 22); **Sam|mel_na|me,** ...**num|mer,** ...**platz,** ...**schie|ne** (Technik), ...**stel|le;** **Sam|mel|su|ri|um** *das;* -s, ...ien [...*i̩n*] (ugs. für: Unordnung, Durcheinander); **Sam|mel_tas|se,** ...**trans|port,** ...**trieb,** ...**über|wei|sung,** ...**werk,** ...**wert|be|rich|ti|gung** (Bankw.), ...**wut**

Sam|met *der;* -s, -e (schweiz., sonst veralt. neben: Samt)

Samm|ler; **Samm|ler_fleiß,** ...**freu|de;** **Samm|le|rin** *die;* -, -nen; **Samm|lung**

Sam|my [*ßämi*] (engl. Kurzform von: Samuel; vgl. Sam)

Sam|ni|te *der;* -n, -n (↑ R 197) od.

Sam|ni|ter *der;* -s, - (Angehöriger eines italischen Volkes)

Sa|moa (Inselgruppe im Pazifischen Ozean); **Sa|moa|in|seln** *Plur.* (↑ R 149, R 180); **Sa|moa|ner** (↑ R 180); **sa|moa|nisch** (↑ R 180)

Sa|mo|je|de *der;* -n, -n; ↑ R 197 (früher für: Nenze)

¹**Sa|mos** (griech. Insel); ²**Sa|mos** *der;* -, - (Wein von ¹Samos); **Sa|mo|thra|ke** (griech. Insel)

Sa|mo|war [auch: *sa̩...*] *der;* -s, -e ⟨russ.⟩ (russ. Teemaschine)

Sam|pan *der;* -s, -s ⟨chin.⟩ (chin. Wohnboot)

Sam|ple [*ßämpᵉl*, amerik. Aussspr. auch: *ßämpᵉl*] *das;* -[s], -s ⟨engl.⟩ (Stichprobe; repräsentative Gruppe)

Sam|son vgl. Simson

Sams|tag *der;* -[e]s, -e ⟨hebr.⟩ ("Sabbattag"; Abk.: Sa.); vgl. Dienstag; **sams|tags** (↑ R 61); vgl. Dienstag

samt; mit *Dat.; -* dem Geld; - und sonders

Samt *der;* -[e]s, -e (ein Gewebe); **samt|ar|tig;** **Samt|band;** **sam|ten** (aus Samt); ein -es Band

Samt|ge|mein|de (Bez. für einen Gemeindeverband [z. B. in Niedersachsen])

Samt|hand|schuh; jmdn. mit -en anfassen (jmdn. vorsichtig behandeln); **sam|tig** (samtartig); eine -e Haut; **Samt|kleid**

sämt|lich; -er aufgehäufte Sand, der Verlust -er vorhandenen Energie, mit -em gesammelten Material, -es vorhandene Eigentum; -e vortrefflichen Einrichtungen; -er vortrefflicher Einrichtungen (seltener: vortreffliche) Einrichtungen; -er vortrefflicher (auch: vortrefflichen) Einrichtungen; -e Stimmberechtigten (auch: Stimmberechtigte); sie waren - erschienen; **Samt|pföt|chen; samt|weich**

Sa|mu|el [...*uäl*] (bibl. Eigenn.)

Sa|mum [auch: ...*mu̩m*] *der;* -s, -s u. -e ⟨arab.⟩ (heißer Wüstenwind)

Sa|mu|rai *der;* -[s], -[s] ⟨jap.⟩ (Angehöriger des jap. Adels)

San ⟨lat.⟩ (heilig) uusw. in Heiligennamen u. auf solche zurückgehenden Ortsnamen. **I.** *Im Italienischen:* **a)** San (vor Konsonanten [außer Sp... u. St...] in männl. Namen; Abk.: S.), z. B. San Giuseppe [- *dsehu̩...*], S. Giuseppe; S. Giuseppe; **b)** Sant' (vor Vokalen in männl. u. weibl. Namen; Abk.: S.), z. B. Sant' Angelo [...*andseh'lo*], S. Angelo; Sant' Agata, S. Agata; **c)** Santa (vor Konsonanten in weibl. Namen; Abk.: S.), z. B. Santa Lucia [- *lutschi̩a*], S. Lucia; **d)** Sante *Plur.* (vor weibl. Namen; Abk.: SS.), z. B. Sante Maria e Maddalena, SS. Maria e Maddalena; **e)** Santi *Plur.* (vor

männl. Namen; Abk.: SS.), z. B.
Santi Pietro e Paolo, SS. Pietro e
Paolo; **f)** Santo (vor Sp... u. St...
in männl. Namen; Abk.: S.), z. B.
Santo Spirito, S. Spirito; Santo
Stefano, S. Stefano. **II.** *Im Spanischen:* **a)** San (vor männl. Namen
[außer vor Do... u. To...]; Abk.:
S.), z. B. San Bernardo, S. Bernardo; **b)** Santa (vor weibl. Namen; Abk.: Sta.), z. B. Santa Maria, Sta. Maria; **c)** Santo (vor
Do... u. To... in männl. Namen;
Abk.: Sto.), z. B. Santo Domingo,
Sto. Domingo; Santo Tomás,
Sto. Tomás. **III.** *Im Portugiesischen:* **a)** Santa (vor weibl. Namen; Abk.: Sta.), z. B. Santa Clara, Sta. Clara; **b)** Santo [...*tu*]
(vor männl. Namen, bes. vor Vokal; Abk.: S.), z. B. Santo André,
S. André; vgl. Saint, Sankt u. São

Sa|na (Hptst. der Arabischen Republik Jemen)

Sa|na|to|ri|um *das;* -s, ...ien [...*i⁹n*]
⟨lat.⟩ (Heilanstalt; Genesungsheim)

San Ber|nar|di|no *der;* - - (ital. Name des Sankt-Bernhardin-Passes)

San|cho Pan|sa [*ßantscho* -]
(Knappe Don Quichottes)

Sanc|ta Sel|des *die;* - - - ⟨lat.⟩ (lat.
Bez. für: Heiliger [Apostolischer]
Stuhl); **sanc|ta sim|pli|ci|tas!**
[- ...*plizi*...] ("heilige Einfalt!");
Sanc|ti|tas *die;* - ("Heiligkeit";
Titel des Papstes); **Sanc|tus** *das;*
-, - (Lobgesang der kath. Messe)

Sand *der;* -[e]s, -e; **Sand|aal** (ein
Fisch)

San|da|le *die;* -, -n (meist *Plur.*)
⟨griech.⟩ (Sommerschuh, dessen
Oberteil aus [Leder]riemen besteht); **San|da|let|te** *die;* -, -n;
meist *Plur.* (sandalenartiger
Sommerschuh)

San|da|rak *der;* -s ⟨griech.⟩ (ein
trop. Harz)

Sand_bad, ...bahn, ...bahn|ren|nen
(Sport), **...bank** (*Plur.* ...bänke),
...blatt (beim Tabak), **...bo|den,
...burg, ...dorn** (*der;* -[e]s, ...dorne; eine Pflanzengattung)

San|del|holz *das;* -es ⟨sanskr.; dt.⟩
(duftendes Holz verschiedener
Sandelbaumgewächse); **San|del-
|holz||öl** *das;* -[e]s

san|deln (südd.)
(schweiz. für: im Sand spielen);
ich ...[e]le (↑ R 22); **san|den**
(schweiz. für: mit Sand bestreuen; auch: Sand streuen); **sand-
_far|ben** od. **...far|big** (für:
beige); **Sand_förm|chen** (ein Kinderspielzeug), **...gru|be, ...ha|se**
(Fehlwurf beim Kegeln; Soldatenspr.: Fußsoldat), **...hau|fen,
...hol|se** (Sand führender Wirbelsturm); **san|dig**

San|di|nist *der;* -en, -en ⟨nach
C. A. Sandino, der 1927 einen
Kleinkrieg gegen die amerik.
Truppen in Nicaragua führte⟩
(Anhänger einer polit. Bewegung in Nicaragua)

Sand_ka|sten, ...korn (*Plur.* ...körner), **...ku|chen, ...mann** (*der;*
-[e]s), **...männ|chen** (*das;* -s; eine
Märchengestalt), **...pa|pier**

San|dra (w. Vorn.)

Sand|sack

San|dschak *der;* -s, -s (ehem. Bez.
für einen türk. Reg.-Bez.)

**Sand_schie|fer, ...stein; Sand-
stein_fels** od. **...fel|sen, ...ge|bir-
ge; sand|strah|len;** gesandstrahlt, (fachspr. auch:) sandgestrahlt; **Sand|strahl|ge|blä|se;
Sand_strand, ...tor|te, ...uhr**

Sand|wich [*ßäntwitsch*] *das* od.
der; -[e]s od. -, -[e]s (auch: -e)
⟨engl.⟩ (belegte Weißbrotschnitte); **Sand|wich_bau|wei|se** (Technik), **...wecken** [*Trenn.:* ...ek|k...]
österr.: langes, dünnes Weißbrot)

Sand|wü|ste

san|fo|ri|sie|ren ⟨nach dem amerik. Erfinder Sanford Cluett⟩
([Gewebe] krumpfecht machen)

San Fran|cis|co (Stadt in den
USA; Kurzform: Frisco); **San
Fran|zis|ko** (eindeutschend für
San Francisco; Kurzform: Frisko)

sanft; -este; **Sänf|te** *die;* -, -n
(Tragstuhl); **Sänf|ten|trä|ger;
Sanft|heit** *die;* - ; **sänf|ti|gen**
(dicht.); **sänf|tig|lich** (veralt.);
Sanft|mut *die;* -; **sanft|mü|tig**

Sang *der;* -[e]s, Sänge; sang- u.
klanglos vgl. sanglos; **sang|bar;
Sän|ger; fahrender** -; **Sän|ger-
_bund** *der,* **...chor** *der,* **...fest;
Sän|ge|rin** *die;* -, -nen; **Sän|ger-
schaft; San|ges|bru|der; san|ges-
_freu|dig, ...froh, ...kun|dig; San-
ges|lust** *die;* -; **san|ges|lu|stig;
sang|los;** (↑ R 32:) sang- u. klanglos (ugs. für: plötzlich, unbemerkt) abtreten

San|gria [*sanggria*] *die;* -, -s
⟨span.⟩ (Rotweinbowle); **San|gri-
ta** *die;* -, -s (gewürzter [Tomaten]saft mit Fruchtfleisch)

San|gui|ni|ker [...*u-i*...] (↑ R 180)
⟨lat.⟩ (lebhafter Mensch); **san-
gui|nisch;** -ste (↑ R 180)

San|he|drin *der;* -s (hebr. Form
von: Synedrion)

San|he|rib (ein assyr. König)

Sa|ni *der;* -s, -s (Soldatenspr. verkürzt für: Sanitäter); **sa|nie|ren**
⟨lat.⟩ (gesund machen; gesunde
Lebensverhältnisse schaffen;
wieder leistungsfähig machen);
sich - (ugs. für: großen Gewinn
machen; wirtschaftlich gesunden); **Sa|nie|rung; Sa|nie|rungs-**

**_bi|lanz, ...ge|biet, ...maß|nah-
me, ...plan; sa|ni|tär** ⟨franz.⟩ (gesundheitlich); **-e** Anlagen; **Sa|ni-
tär|ein|rich|tun|gen** *Plur.;* **sa|ni-
ta|risch** ⟨lat.⟩ (schweiz. für: den
amtl. Gesundheitsdienst betreffend); **Sa|ni|tät** *die;* - (schweiz. u.
österr. für: Sanitätswesen); **Sa-
ni|tä|ter** (vor der Ersten Hilfe Ausgebildeter, Krankenpfleger); **Sa-
ni|täts_au|to, ...be|hör|de** (Gesundheitsbehörde), **...dienst,
...kom|pa|nie, ...korps, ...kraft-
wa|gen** (Soldatenspr.), **...of|fi-
zier, ...rat** (*Plur.* ...räte; Abk.:
San.-Rat), **...soldat; Sa|ni|täts-
_wa|che, ...wa|gen**

San Jo|sé [- *eho̱ße*] (Hptst. von
Costa Rica); **San-Jo|sé-Schild-
laus** [...*eho̱ße*...] *die;* -, ...läuse
(↑ R 150)

San|ka, San|kra *der;* -s, -s (Soldatenspr.: Kurzw. für: Sanitätskraftwagen)

Sankt (lat.) (heilig); in Heiligennamen u. auf solche zurückgehenden Ortsnamen; ohne Bindestrich: Sankt Peter, Sankt Elisabeth, Sankt Gallen; die Sankt
Gallener od. Sankt Galler Handschrift; (↑ R 150:) die Sankt-Gotthard-Gruppe; Abk.: St., z. B. St.
Paulus, St. Elisabeth, St. Pölten,
aber (↑ R 135): das St.-Elms-
Feuer, die St.-Marien-Kirche;
(↑ R 153:) die St. Andreasberger
Bergwerke; vgl. Saint, San u. São

Sankt An|dre|as|berg (Stadt im
Harz)

Sankt Bern|hard *der;* - -[s]; der
Große - -; der Kleine - -;
Sankt-Bern|har|din-Paß *der;*
...passes

Sankt Bla|si|en [- ...*i⁹n*] (Stadt im
südl. Schwarzwald); **Sankt-Bla-
si|en-Stra|ße** (↑ R 192)

Sankt Flo|ri|an (österr. Stift)

Sankt Gal|len (Kanton u. Stadt in
der Schweiz); **Sankt Gal|le|ner,**
(in der Schweiz nur:) **Sankt Galler** (↑ R 147 u. R 135); **Sankt Gal-
l|e|n|er Hand|schrift** (↑ R 135);
sankt|gal|lisch

Sankt Gott|hard *der;* - -[s]
(schweiz. Alpenpaß)

Sankt Helle|na (Insel im südl. Atlant. Ozean)

Sank|ti|on [...*zion*] *die;* -, -en (Bestätigung; Erteilung der Gesetzeskraft; [meist *Plur.:*] Zwangsmaßnahme); **sank|tio|nie|ren**
(bestätigen, gutheißen, Gesetzeskraft erteilen; Sanktionen verhängen); **Sank|tio|nie|rung;
Sank|tis|si|mum** *das;* -s (Allerheiligstes, geweihte Hostie)

Sankt-Lo|renz-Strom *der;* - -[s];
↑ R 150 (in Nordamerika)

Sankt Mär|gen (Ort im südl.
Schwarzwald)

Sankt-Mi|chae|lis-Tag der; -[e]s, -e; ↑R 135 (29. Sept.)

Sankt Mo|ritz [schweiz.: - - *moriz*] (Ort im Oberengadin); vgl. Sankt

Sankt-Nim|mer|leins-Tag der; -[e]s; ↑R 135 (Nimmermehrstag)

Sankt Pau|li (Stadtteil Hamburgs)

Sankt Pe|ters|burg (ehem. Name von Leningrad)

Sankt Pöl|ten (österr. Stadt)

Sank|tua|ri|um das; -s, ...ien [...i^en] (↑R 180) ⟨lat.⟩ (Altarraum in der kath. Kirche; [Aufbewahrungsort eines] Reliquienschrein[s])

Sankt-Wolf|gang-See, (auch:) Wolf|gang|see der; -s; ↑R 150 (ein See im Salzkammergut)

San|ma|ri|ne|se der; -n, -n; ↑R 197 (Einwohner von San Marino); san|ma|ri|ne|sisch; San Ma|ri|no (Staat u. seine Hptst. auf der Apenninenhalbinsel)

Sann|chen (Koseform von: Susanna)

San.-Rat = Sanitätsrat

San Sal|va|dor [- ...*wa*...] (Hptst. von El Salvador)

Sans|cu|lot|te [*βangßküt*...] der; -n, -n (↑R 197) ⟨franz.⟩ („Ohne-[knie]hose“; Bez. für einen Revolutionär der Franz. Revolution)

San|se|vie|ria [...*wi̯eria*] die; -, ...rien [...i^en] (↑R 180) ⟨nach dem ital. Gelehrten Raimondo di Sangro, Fürst von San Severo⟩ (ein trop. Liliengewächs mit wertvoller Blattfaser)

San|si|bar (Insel an der Ostküste Afrikas); San|si|ba|rer (↑R 147); san|si|ba|risch

Sans|krit [österr.: ...*krit*] das; - (Literatur- u. Gelehrtensprache des Altindischen); Sans|krit|for|scher; sans|kri|tisch; Sans|kri|tist der; -en, -en; ↑R 197 (Kenner u. Erforscher des Sanskrits); Sans|kri|ti|stik die; - (Wissenschaft vom Sanskrit)

Sans|sou|ci [*βangßußi*] ⟨franz.⟩ („Sorgenfrei“; Schloß in Potsdam)

Sant' vgl. San, I, b; San|ta vgl. San, I, c; II, b; III, a

San|ta Claus [*βänt^e klås*] der; - -, - - ⟨amerik.⟩ (amerik. Bez. für: Weihnachtsmann)

San|ta Lu|cia [- *lutschi̯a*] die; - - (neapolitan. Schifferlied)

San|te vgl. San, I, d; San|ti vgl. San, I, e

Sant|ia|go, (auch:) Sant|ia|go de Chi|le [- - *tschile*] (Hptst. von Chile)

Sant|ia|go de Com|po|ste|la [- - ...*kom*...] (span. Stadt)

Sän|tis der; - (schweiz. Alpengipfel)

San|to vgl. San, I, f; II, c

San|to Do|min|go [- ...*inggo*] (Hptst. der Dominikanischen Republik)

San|to|rin (griech. Insel)

San|tos (brasil. Stadt)

São [*βau*] ⟨port.⟩ (vor Konsonanten in port. männl. Heiligennamen u. auf solche zurückgehenden Ortsnamen: heilig; Abk.: S.), São Paulo, S. Paulo

Saône [*βon*] die; - (franz. Fluß)

São To|mé [*βau tome*] (Hptst. von São Tomé und Príncipe); São To|mé und Prín|ci|pe [- - - *pringßi-p^e*] (westafrik. Inselstaat)

Sa|phir [auch, österr. nur: ...*ir*] der; -s, -e ⟨semit.-griech.⟩ (ein Edelstein); Sa|phir|na|del

sal|pi|en|ti sat! ⟨lat.⟩ („genug für den Verständigen!“; es bedarf keiner weiteren Erklärung für den Eingeweihten)

Sal|pin der; -s, -e, Sal|pi|ne die; -, -n od. Sap|pel der; -s, - ⟨ital.⟩ (österr. für: Werkzeug zum Wegziehen gefällter Bäume)

Sa|po|nin das; -s, -e ⟨lat.⟩ (ein pflanzl. Wirkstoff)

Sap|pe die; -, -n ⟨franz.⟩ (früher für: Lauf-, Annäherungsgraben)

Sap|pel vgl. Sapin

sap|per|lot!, sacker|lot! [Trenn.: sak|ker...] ⟨franz.⟩ (veralt., aber noch mdal. Ausruf des Unwillens od. des Erstaunens); sap|per|ment!, sacker|ment! [Trenn.: sak|ker...] (svw. sapperlot)

Sap|peur [...*pör*] der; -s, -e ⟨franz.⟩ (früher: Soldat für den Sappenbau; schweiz.: Soldat der techn. Truppe, Pionier)

sap|phisch [*sapfisch*, auch: *safisch*] (↑R 134); -e Strophe, -es Versmaß; Sap|pho (griech. Dichterin)

Sa|po|lro (jap. Stadt)

sa|pri|sti! ⟨franz.⟩ (veralt. Ausruf des Erstaunens, Unwillens)

Sa|pro|bie [...*i^e*] die; -, -n (meist Plur.) ⟨griech.⟩ (von faulenden Stoffen lebender tier. od. pflanzl. Organismus); Sa|pro|bi|ont der; -en, -en; ↑R 199 (svw. Saprobie); sa|pro|gen (fäulniserregend); Sa|pro|pel das; -s, -e (Faulschlamm, der unter Sauerstoffabschluß in Seen u. Meeren entsteht); Sa|pro|pha|gen Plur. (Pflanzen od. Tiere, die sich von faulenden Stoffen ernähren); sa|pro|phil (auf, in od. von faulenden Stoffen lebend); Sa|pro|phyt der; -en, -en; ↑R 197 (pflanzl. Organismus, der von faulenden Stoffen lebt)

Sa|ra (w. Vorn.)

Sa|ra|ban|de die; -, -n ⟨pers.-arab.-span.-franz.⟩ (ein Tanz)

Sa|ra|gos|sa (eindeutschend für: Zaragoza)

Sa|ra|je|vo [...*wo*] ⟨jugoslaw. Stadt⟩

Sa|ra|sa|te (span. Geiger)

Sa|ra|ze|ne der; -n, -n (↑R 197) ⟨arab.⟩ (veralt. für: Araber, Mohammedaner); sa|ra|ze|nisch

Sar|da|na|pal (assyr. König)

Sar|de der; -n, -n (↑R 197) u. Sar|di|ni|er [...*i^er*] (Bewohner Sardiniens)

Sar|del|le die; -, -n ⟨ital.⟩ (ein Fisch); Sar|del|len_but|ter, ...pa|ste

Sar|des (Hptst. des alten Lydiens)

Sar|di|ne die; -, -n ⟨ital.⟩ (ein Fisch); Sar|di|nen|büch|se

Sar|di|ni|en [...*i^en*] (ital. Insel im Mittelmeer); Sar|di|ni|er vgl. Sarde; sar|di|nisch, sar|disch

sar|do|nisch ⟨lat.⟩; -es (krampfhaftes) Lachen

Sard|onyx der; -[es], -e ⟨griech.⟩ (ein Halbedelstein)

Sarg der; -[e]s, Särge; Sarg|deckel [Trenn.: ...dek|kel]; Särg|lein; Sarg_na|gel (ugs. scherzh. auch für: Zigarette), ...trä|ger, ...tuch

Sa|ri der; -[s], -s ⟨sanskr.-Hindi⟩ (gewickeltes, auch den Kopf umhüllendes Gewand der Inderin)

Sar|kas|mus der; -, (selten:) ...men ⟨griech.⟩ ([beißender] Spott); sar|ka|stisch; -ste (spöttisch)

Sar|kom das; -s, -e u. Sar|ko|ma das; -s, -ta ⟨griech.⟩ (Med.: bösartige Geschwulst); sar|ko|ma|tös; Sar|ko|ma|to|se die; - (Med.: ausgebreitete Sarkombildung); Sar|ko|phag der; -s, -e (Steinsarg, [Prunk]sarg)

Sar|ma|te der; -n, -n; ↑R 197 (Angehöriger eines ehem. asiat. Nomadenvolkes); Sar|ma|ti|en [...*zi^en*] (alter Name des Landes zwischen Weichsel u. Wolga); sar|ma|tisch

Sar|nen (Hauptort von Obwalden)

Sa|rong der; -[s], -s ⟨malai.⟩ (um die Hüfte geschlungenes, buntes, oft gebatiktes Tuch der Malaien)

Sar|raß der; ...rasses, ...rasse ⟨poln.⟩ (Säbel mit schwerer Klinge)

Sar|raute [*βarot*], Nathalie [...*li*] (franz. Schriftstellerin)

Sar|tre [*βartr^e*], Jean-Paul [*sehang pol*] (franz. Philosoph u. Schriftsteller)

SAS = Scandinavian Airlines System [*βkänding^ewj^en ä'lains ßißt^em*] (Skandinavische Luftlinien)

Sa|scha (russ. Kurzform von: Alexander u. Alexandra)

Sas|kat|che|wan [*β^eßkätsch^ew^en*] ⟨engl.⟩ (kanad. Provinz)

Saß, Sas|se der; Sassen, Sassen; ↑R 197 (veralt. für: Besitzer von Grund und Boden, Grundbesitzer; Ansässiger)

Sas|sa|fras der; -, - ⟨franz.⟩ (nord-

amerik. Laubbaum); Sas|sa|fras-öl (ein Heilmittel)
Sas|sa|ni|de der; -n, -n; ↑R 197 (Angehöriger eines pers. Herrschergeschlechtes); sas|sa|ni-disch
¹Sas|se vgl. Saß; ²Sas|se die; -, -n (Jägerspr.: Hasenlager)
Saß|nitz (Hafen a. d. Ostküste von Rügen)
Sal|tan der; -s, -e ⟨hebr.⟩ u. Sal|ta-nas der; -, -se (Teufel)
Sal|tang der; -[s], -[s] ⟨siam.⟩ (Münze in Thailand; Abk.: St. od. Stg.; 100 Satangs = 1 Baht); 100 - (↑R 129)
sa|ta|nisch; -ste (teuflisch); Sa-tans..bra|ten (ugs. scherzh. für: pfiffiger, durchtriebener Kerl; Schlingel), ...pilz
Sal|tel|lit der; -en, -en (↑R 197) ⟨lat.⟩ (Mond der Planeten; künstlicher Mond, Raumsonde; kurz für: Satellitenstaat); Sa|tel|li|ten-_bahn, ...bild, ...fern|se|hen, ...flug, ...staat ⟨Plur. ...staaten; von einer Großmacht abhängiger, formal selbständiger Staat⟩, ...stadt (Trabantenstadt), ...über-tra|gung (Übertragung über einen Fernsehsatelliten)
Sal|tem|spra|che (Sprache aus einer bestimmten Gruppe der idg. Sprachen)
Sal|ter|land das; -[e]s (oldenburg. Landschaft)
Sal|ter|tag der; -[e]s, -e ⟨lat.⟩ (westf., ostfries. für: Sonnabend)
Sal|tin [satäng, auch: ßa...] der; -s, -s ⟨arab.-franz.⟩ (Sammelbez. für Gewebe in Atlasbindung mit glänzender Oberfläche); Sal|ti-na|ge [satinasᵉʰᵉ, auch: ßa...] die; -, -n (Glättung [von Papier u. a.]); Sal|tin.blu|se, ...holz (eine glänzende Holzart); sal|ti|nie|ren [...tin...] ([Papier] glätten); Sal|ti-nier|ma|schi|ne
Sal|ti|re die; -, -n ⟨lat.⟩ (iron.-witzige literar. od. künstler. Darstellung menschlicher Schwächen und Laster; literar. Kritik an Personen u. Zuständen durch Übertreibung, Ironie u. Spott); Sal|ti-ri|ker (Verfasser von Satiren); sal|ti|risch
Sal|tis|fak|ti|on [...zion] die; -, -en ⟨lat.⟩ (Genugtuung); sal|tis|fak|ti-ons|fä|hig
Sal|trap der; -en, -en (↑R 197) ⟨pers.⟩ (altpers. Statthalter); Sa-tra|pen|wirt|schaft die; -; Sal|tra-pie die; -, ...ien (altpers. Statthalterschaft)
Sat|su|ma die; -, -s ⟨nach der früheren Provinz Satsuma in Japan⟩ (Mandarine[nart])
satt; -er, -este; ein -es Blau; sich satt essen; ich bin od. habe es satt (ugs. für: habe keine Lust

mehr); sich an einer Sache - sehen (ugs.); etwas - bekommen, haben (ugs.); sattblau usw.
Sat|te die; -, -n (nordd. für: größere, flache Schüssel)
Sat|tel der; -s, Sättel; Sät|tel|chen; Sat|tel_dach, ...decke [Trenn.: ...dek|ke]; sat|tel|fest; -este (auch: kenntnissicher, -reich); Sat|tel_gurt, ...kis|sen, ...knopf; sat|teln; ich ...[e]le (↑R 22); Sat-tel_pferd (das im Gespann links gehende Pferd), ...schlep|per, ...ta|sche; Sat|te|lung, Satt|lung; Satt|tel|zeug
satt|grün; Satt|heit die; -; sät|ti-gen; eine gesättigte Lösung; Sät-ti|gung; Sät|ti|gungs|grad
Satt|ler; Satt|ler|ar|beit; Satt|le-rei; Satt|ler_hand|werk (das; -[e]s), ...mei|ster; Satt|lung, Sat-tellung
satt|rot; satt|sam (hinlänglich)
Sa|tu|ra|ti|on [...zion] die; -, -en ⟨lat.⟩ (Sättigung, ein bes. Verfahren bei der Zuckergewinnung); sa|tu|rie|ren (sättigen; [Ansprüche] befriedigen); sa|tu|riert; -este (zufriedengestellt)
¹Sa|turn der; -s ⟨lat.⟩ (ein Planet); ²Sa|turn vgl. Saturnus; ³Sa|turn die; -, -s (kurz für: Saturnrakete); Sa|tur|na|li|en [...iⁿ] Plur. (altröm. Fest zu Ehren des Gottes Saturn); sa|tur|nisch; -er Vers; aber (↑R 134): Saturnisches Zeitalter (Goldenes Zeitalter); Sa|turn|ra|ke|te (amerik. Trägerrakete); Sa|tur|nus (röm. Gott der Aussaat)
Sa|tyr der; -s u. -n, -n (↑R 197) ⟨griech.⟩ (derb-lüsterner, bocksgestaltiger Waldgeist u. Begleiter des Dionysos in der griech. Sage); sa|tyr|ar|tig; Sa|ty|ria|sis die; -; ↑R 180 (krankhafte Steigerung des männl. Geschlechtstriebes); Sa|tyr|spiel
Satz der; -es, Sätze; ein verkürzter, elliptischer -; Satz_aus|sa|ge, ...ball (bes. [Tisch]tennis), ...band (das; Plur. ...bänder; für: Kopula), ...bau (der; -[e]s), ...bau|plan, ...bruch der; Sätz-chen, Sätz|lein; Satz_er|gän-zung, ...ge|fü|ge, ...ge|gen|stand, ...glied; ...sät|zig (Musik, z. B. viersätzig); Satz_kon|struk|ti|on, ...leh|re; Sätz|lein, Satz_reihe, ...spie|gel (Druckw.), ...tech|nik, ...teil der; Sat|zung; satz|ungs|ge|mäß; Satz|ver|bin-dung; satz|wei|se; satz|wer|tig; -er Infinitiv; -es Partizip; Satz-_zei|chen, ...zu|sam|men|hang
¹Sau die; -, Säue u. (bes. von Wildschweinen:) -en
²Sau (frühere dt. Bez. für: ²Save)
sau|ber; saub[e]rer, sauberste; saubere (strahlungsvermindere,

-freie) Bombe; sau|ber|hal|ten (↑R 205); ich halte sauber; saubergehalten; sauberzuhalten; Sau|ber|keit die; -; säu|ber|lich; sau|ber|ma|chen vgl. sauberhalten; Sau|ber|mann (Plur. ...männer; scherzh.); säu|bern; sich ...ere (↑R 22); Säu|be|rung; Säu-be|rungs_ak|ti|on, ...wel|le
sau|blöd, sau|blö|de (derb für: sehr blöd[e]); Sau|boh|ne
Sau|ce [soß⁰, österr.: soß] die; -, -n (franz. Schreibung von: Soße); Sauce bé|ar|naise [soß bearnäs] die; - - ⟨franz.⟩ (eine weiße Kräutersoße); Sauce hol|lan|daise [- olangdäs] die; - - (eine weiße Soße)
Säu|chen, Säu|lein
Sau|cie|re [soßiär⁰, österr.: ...iär] die; -, -n ⟨franz.⟩ (Soßenschüssel, -napf); sau|cie|ren [soßirⁿn] ([Tabak] mit einer Soße behandeln); Sau|cis|chen [soßiß..., auch: ßo...] (kleine Bratwurst, Würstchen)
Sau|di der; -s, -s u. Sau|di|ara|ber [auch: ...ara...] (Bewohner von Saudi-Arabien); Sau|di-Ara|bi-en [...iⁿn]; ↑R 149 (arab. Staat); sau|di|ara|bisch
sau|dumm (derb für: sehr dumm); sau|en (vom Schwein: Junge bekommen)
sau|er; saurer, -ste; saure Gurken; saure Heringe; saurer Regen; (↑R 65:) gib ihm Saures! (ugs. für: prügle ihn!); Sau|er das; -s (Druckw.: bezahlte, aber noch nicht geleistete Arbeit; fachspr. für: Sauerteig); Sau|er_amp|fer, ...bra|ten, ...brun|nen, ...dorn (Plur. ...dorne)
Saue|rei
Sau|er_kir|sche, ...klee, ...kohl (der; -[e]s), ...kraut (das; -[e]s)
Sau|er|land das; -[e]s (westfäl. Landschaft); Sau|er|län|der der; sau|er|län|disch
säu|er|lich; Säu|er|lich|keit die; -; Säu|er|ling (Mineralwasser; Sauerampfer); Sau|er|milch; säu|ern (sauer machen; auch: sauer werden); ich ...ere (↑R 22); das Brot wird gesäuert; Sau|er-rahm; Sau|er|stoff der; -[e]s (chem. Grundstoff; Zeichen: O); Sau|er|stoff_ap|pa|rat, ...bad; Sau|er|stoff|fla|sche (↑R 204); Sau|er|stoff|ge|rät; sau|er|stoff-hal|tig; Sau|er|stoff_man|gel (der; -s), ...mas|ke, ...tank, ...ver-sor|gung, ...zelt, ...zu|fuhr; sau-er|süß [auch: sau⁰rsüß]; Sau|er-teig; sau|er|töp|fisch; -ste (griesgrämig); Säue|rung; Sau|er|was-ser (Plur. ...wässer)
Sauf|aus der; -, - (veralt. derb für: Trinker); Sauf|bold der; -[e]s, -e (svw. Saufaus)

Sau|fe|der (Spieß zum Abfangen des Wildschweines)

sau|fen (derb in bezug auf Menschen); du säufst; du soffst (soffest); du söffest; gesoffen; sauf[e]!; Säu|fer (derb); Säu|fer|bal|ken (ugs.; im Führerschein); Sau|fe|lei (derb); Säu|fe|rin die; -, -nen (derb); Säu|fer.le|ber (ugs.), ...wahn; Säu|fer|wahn|sinn; Sauf.ge|la|ge (ugs.), ...kum|pan (ugs.)

Sau|fraß (derb für: minderwertiges Essen)

Saug|ader; Säug|am|me; sau|gen; du saugst; du sogst (sogest [auch: saugtest]); du sögest; gesogen (auch: gesaugt, Technik nur: saugte, gesaugt); saug[e]!; säu|gen; Sau|ger (saugendes Junges; Schnuller); Säu|ger (Säugetier); Säu|ge|tier; saug|fä|hig; Saug.fä|hig|keit, ...fla|sche, ...glocke [Trenn.: ...glok|ke], ...he|ber, ...kraft, ...lei|tung; Säug|ling (Neugeborenes im 1. Lebensjahr); Säug|lings.gym|na|stik, ...heim, ...pfle|ge, ...schwe|ster, ...sterb|lich|keit, ...waa|ge; Saug.mas|sa|ge, ...napf (Haftorgan bei bestimmten Tieren), ...pum|pe

Sau|grob (derb für: sehr grob)

Saug|rohr

Sau|hatz (Jägerspr.); Sau_hau|fen (derb), ...hund (derb); säu|isch; -ste (derb für: sehr unanständig); Sau|jagd (Jägerspr.); sau|kalt (ugs. für: sehr kalt); Sau|kerl (derb)

Saul (König von Israel)

Säul|chen; Säu|le die; -, -n (Stütze; stützendes Mauerwerk u. ä.)

Säu|lein, Säu|chen

Säu|len|ab|schluß (für: Kapitell); säu|len|för|mig; Säu|len.fuß, ...gang die, ...hal|le, ...hei|li|ge, ...schaft der, ...tem|pel; ...säu|lig (z. B. mehrsäulig)

Sau|lus (bibl. m. Eigenn.)

¹Saum der; -[e]s, Säume (veralt. für: Last)

²Saum der; -[e]s, Säume (Rand; Besatz)

Sau|ma|gen; sau|mä|ßig (derb)

Säum|chen, Säum|lein (kleiner ¹Saum)

¹säu|men (mit Rand, Besatz versehen)

²säu|men (veralt. für: mit Saumtieren Lasten befördern)

³säu|men (zögern)

¹Säu|mer (Zusatzteil der Nähmaschine)

²Säu|mer (veralt. für: Saumtier, Lasttier; Saumtiertreiber)

³Säu|mer (Säumender, Zögernder); säu|mig; Säu|mig|keit die; -

Säum|lein, Säum|chen (kleiner ²Saum); Saum|naht

Säum|nis die; -, -se od. das; -ses, -se; Säum|nis|zu|schlag

Saum|pfad ⟨zu: ¹Saum⟩ (Gebirgsweg für Saumtiere)

Saum|sal die; -, -e od. das; -[e]s, -e (veralt. für: Säumigkeit, Nachlässigkeit); saum|se|lig; Saum|se|lig|keit

Saum|tier ⟨zu: ¹Saum⟩ (Tragtier)

Sau|na die; -, -s od. ...nen (finn. Heißluftbad); sau|nen, sau|nie|ren (in die Sauna gehen, sich in der Sauna aufhalten)

Sau|rach der; -[e]s, -e (ein Strauch)

Säu|re die; -, -n; säu|re.be|stän|dig, ...fest, ...frei; Säu|re|ge|halt; Sau|re|gur|ken|zeit die; -, -en (scherzh.: die polit. od. geschäftl. ruhige Zeit des Hochsommers); säu|re|hal|tig; Säure.man|tel (Med.), ...mes|ser der, ...schutz|an|zug, ...ver|gif|tung

Sau|ri|er [...iʳr] der; -s, - (urweltl. Kriechtier)

Saus der; -es; in - und Braus

Sau|se die; -, -n (ugs. für: ausgelassene Feier)

säu|seln; ich ...[e]le (↑ R 22); sau|sen; du saust (sausest); er sauste; sau|sen|las|sen (ugs. für: aufgeben); Sau|ser (landsch. für: neuer Wein u. dadurch hervorgerufener Rausch); Sau|se|wind (auch für: unsteter, lebhafter junger Mensch)

Saus|sure [βoßür], Ferdinand de (schweiz. Sprachwissenschaftler)

Sau|stall (meist übertr. derb für: schmutzige Verhältnisse, Unordnung)

Sau|ter|nes [βotärn] der; -, - ⟨nach der gleichnamigen Ortschaft⟩ (ein franz. Wein)

Sau|wet|ter (ugs. für: sehr schlechtes Wetter); sau|wohl (derb für: sehr wohl); Sau|wut (derb für: heftige Wut)

Sa|van|ne [...wa...] die; -, -n ⟨indian.⟩ (Steppe mit einzeln od. gruppenweise stehenden Bäumen)

¹Save [βaw] (l. Nebenfluß der Garonne)

²Sa|ve (r. Nebenfluß der Donau)

Sa|vi|gny [βawinji], Friedrich Carl von (dt. Jurist)

Sa|voir-vi|vre [βawoarwiwrᵉ] das; - ⟨franz.⟩ (feine Lebensart, Lebensklugheit)

Sa|vo|na|ro|la [...wo...] (ital. Bußprediger u. Reformator)

Sa|vo|yar|de [βawojardᵉ] der; -n, -n (↑ R 197) ⟨franz.⟩ (Savoyer); Sa|voy|en [sawᵉn] (hist. Provinz in Ostfrankreich); Sa|voy|er (↑ R 147); Sa|voy|er|kohl (Wirsingkohl); sa|voy|isch

Sa|xi|fra|ga die; -, ...fragen ⟨lat.⟩ (Steinbrech [Alpenpflanze])

Sa|xo|ne der; -n, -n; ↑ R 197 (Angehöriger einer altgerm. Stammesgruppe; [Alt]sachse)

Sa|xo|phon das; -s; -e ⟨nach dem belg. Erfinder A. Sax⟩ (ein Blasinstrument); Sa|xo|pho|nist der; -en, -en; ↑ R 197 (Saxophonbläser)

Sä|zeit

Sa|zer|do|ti|um [...zium] das; -s ⟨lat.⟩ (Priestertum, -amt; im MA. die geistl. Gewalt des Papstes)

sb = Stilb

Sb = chem. Zeichen für: Antimon (lat. Stibium)

SB = Selbstbedienung (z. B. SB-Markt, SB-Tankstelle [↑ R 38])

S-Bahn die; -, -en; ↑ R 37 (Schnellbahn); S-Bahn|hof; S-Bahn-Wagen der; -s, - (↑ R 41)

SBB = Schweizerische Bundesbahnen

Sbir|re der; -n, -n (↑ R 197) ⟨ital.⟩ (früher: ital. Polizeidiener)

s. Br., südl. Br. = südlicher Breite

Sbrinz der; -[es] (ein [Schweizer] Hartkäse)

Sc = chem. Zeichen für: Scandium

sc., sculps. = sculpsit

sc., scil. = scilicet

S. C. = South Carolina; vgl. Südkarolina

Scala die [βk...] die; - ⟨ital.⟩ („Treppe"); vgl. auch: Skala; Mailänder Scala (Mailänder Opernhaus)

Scam|pi [βk...] Plur. ⟨ital.⟩ (ital. Bez. für art kleiner Krebse)

Scan|di|um [βk...] das; -s (chem. Grundstoff, Metall; Zeichen: Sc)

Scan|ner [βkän'r] der; -s, - ⟨engl.⟩ (elektron. Gerät)

Scapa Flow [βkapa flo] (englische Bucht)

Scar|lat|ti [βk...] (ital. Komponist)

Scene [βin] die; -, -s ⟨engl.⟩ (ugs. für: durch bestimmte Moden, Lebensformen u. a. geprägtes Milieu)

¹Schal|be, Schwal|be die; -, -n (ein Insekt); ²Schal|be die; -, -n (ein Werkzeug)

Schä|be die; -, -n (Holzteilchen vom Flachs)

Scha|bel|fleisch; Schab|ei|sen; Scha|be|mes|ser, Schab|mes|ser das; scha|ben; Scha|ber; Scha|be|rei (ugs.)

Scha|ber|nack der; -[e]s, -e (übermütiger Streich, Possen)

schä|big (ugs.); Schä|big|keit

Schab|kunst die; -; Schab|kunst|blatt

Scha|blo|ne die; -, -n (ausgeschnittene Vorlage; Muster; Schema, Klischee); Scha|blo|nen.ar|beit, ...druck (Plur. ...drucke); scha|blo|nen.haft (-este), ...mä|ßig; scha|blo|nie|ren, scha|blo|ni|sie-

ren (nach der Schablone [be]ar-
beiten, behandeln)
Schab|mes|ser, Schabemesser *das*
Schal|bot|te *die;* -, -n ⟨franz.⟩
(schweres Fundament für Ma-
schinenhämmer)
Scha|bracke *die;* -, -n [*Trenn.:*
...brak|ke] ⟨türk.⟩ (verzierte Sat-
teldecke; Prunkdecke; ugs. abwertend für: abgenutzte, alte Sache)
Schab|sel *das;* -s, -; **Schab|zie|ger,**
(schweiz.:) **Schab|zi|ger** (harter
[Schweizer] Kräuterkäse)
Schach *das;* -s, -s ⟨pers.⟩ (Brettspiel; Bedrohung des Königs im
Schachspiel); - spielen, bieten;
im od. in - halten (nicht gefähr-
lich werden lassen); **Schach_auf-
ga|be,** ...**brett; schach|brett|ar-
tig; Schach|brett|mu|ster**
Scha|chen *der;* -s, - (südd., österr.
mdal. u. schweiz. für: Wald-
stück, -rest; schweiz. auch für:
Niederung, Uferland)
Scha|cher *der;* -s ⟨jidd.⟩ (übles,
feilschendes Geschäftemachen)
Schä|cher (veralt. für: Räuber,
Mörder)
Scha|che|rei ⟨jidd.⟩ (ugs.); **Scha-
che|rer; scha|chern** (handeln,
feilschen); ich ...ere (↑R 22)
**Schach|fi|gur; schach|matt;
Schach|mei|ster; Schach|mei-
ster|schaft; Schach_par|tie,
...pro|blem, ...spiel, ...spie|ler**
Schacht *der;* -[e]s, Schächte
Schach|tel *die;* -, -n (auch verächtl.
für: ältere weibliche Person);
**Schäch|tel|chen, Schäch|te|lein;
Schach|tel_di|vi|den|de, ...ge|sell-
schaft** (Wirtsch.)
Schach|tel|halm
schach|teln; ich ...[e]le (↑R 22);
Schach|tel|satz (Sprachw.)
schach|ten (eine Grube, einen
Schacht graben)
schäch|ten ⟨hebr.⟩ (nach jüd. Vor-
schrift schlachten); **Schäch|ter**
Schach|tisch
Schacht_mei|ster, ...ofen
Schäch|tung ⟨zu: schächten⟩
**Schach_tur|nier, ...uhr, ...welt-
mei|ster, ...welt|mei|ster|schaft,
...zug**
scha|de (↑R 64); es ist schade um
jmdn. od. um etwas; schade, daß
...; ich bin mir dafür zu schade; o
wie schade!; es ist jammerscha-
de; **Scha|de** *der* (veralt. für:
Schaden); nur noch in: es soll,
wird dein - nicht sein
Schä|del *der;* -s, -; **Schä|del_ba|sis,
...ba|sis|bruch** *der,* ...**bruch** *der,*
...**dach,** ...**decke** [*Trenn.:* ...dek-
ke], ...**form,** ...**schä|del|lig,
...schäd|lig** (z. B. langschäd[e]-
lig); **Schä|del|stät|te**
scha|den; Scha|den *der;* -s, Schä-
den; (Papierdt.:) zu - kommen;

Scha|den|be|rech|nung, Scha-
dens|be|rech|nung; **Scha|den|be-
richt,** Schadens|be|richt; **Scha-
den|er|satz** (BGB: Schadens-
ersatz); **Scha|den|er|satz_an-
spruch,** ...**lei|stung,** ...**pflicht** (*die;*
-); **scha|den|er|satz|pflich|tig;
Scha|den|fest|stel|lung,** Scha-
dens|fest|stel|lung; **Scha|den-
_feu|er,** ...**frei|heits|ra|batt,**
...**freu|de** (*die;* -); **scha|den|froh;**
-[e]ste; **Scha|den|nach|weis,** Scha-
dens|nach|weis; **Scha|dens|be-
rech|nung,** Schadenberechnung;
Scha|dens|be|richt, Scha|den|be-
richt; **Scha|dens|er|satz** (BGB
für: Schadenersatz); **Scha|dens-
fall; Scha|dens|fest|stel|lung,**
Schadenfeststellung; **Scha|dens-
nach|weis,** Scha|den|nach|weis;
Scha|den_ver|hü|tung, ...**ver|si-
che|rung; Schad|fraß; schad-
haft;** -este; **Schad|haf|tig|keit**
die; -; **schä|di|gen; Schä|di|ger;
Schä|di|gung; Schad|in|sekt;
schäd|lich; Schäd|lich|keit** *die;* -
...**schäd|lig** vgl. ...schädelig
**Schäd|ling; Schäd|lings|be|kämp-
fung** *die;* -; **Schäd|lings|be|kämp-
fungs|mit|tel** *das;* **schad|los;** sich
- halten; **Schad|los|bür|ge**
(Wirtsch.: Bürge bei der Ausfall-
bürgschaft), ...**hal|tung** (*die;* -)
Scha|dor vgl. Tschador
**Schad|stoff; schad|stoff_arm,
...frei** (↑R 204)
Schaf *das;* -[e]s, -e; **Schaf|bock;
Schäf|chen,** Schäf|lein; sein
Schäfchen ins trockene bringen,
im trockenen bringen; **Schäf|chen-
wol|ke** (meist *Plur.*); **Schä|fer;
Schä|fe|rei; Schä|fer_ge|dicht,
...hund; Schä|fe|rin** *die;* -, -nen;
Schä|fer_kar|ren, ...**ro|man,
...spiel,** ...**stünd|chen,** ...**stun|de**
Schaff *das;* -[e]s, -e (südd., österr.
für: [offenes] Gefäß; Schrank);
vgl. [2]Schaft u. Schapp; **Schäff-
chen,** Schäff|lein; **Schäf|fel** *das;*
-s, -n (österr. mdal. für: [kleines]
Schaff)
Schaf|fell
[1]**schaf|fen** (vollbringen; landsch.
für: arbeiten; in [reger] Tätigkeit
sein; Seemannsspr.: essen); du
schafftest; geschafft; schaff[e]!;
er hat den ganzen Tag geschafft;
sie haben es geschafft; er hat die
Kiste auf den Boden geschafft;
diese Sorgen sind aus der Welt
geschafft (sind beseitigt); ich
möchte mit dieser Sache nichts
mehr zu schaffen haben; ich habe mir daran zu schaffen ge-
macht; [2]**schaf|fen** (schöpferisch,
gestaltend hervorbringen); du
schufst (schufest); du schüfest;
geschaffen; schaff[e]!; Schiller
hat „Wilhelm Tell" geschaffen;

er ist zum Lehrer wie geschaffen;
er stand da, wie ihn Gott geschaffen hat; er schuf (auch:
schaffte) [endlich] Abhilfe, Ordnung, Platz, Raum; es muß [end-
lich] Abhilfe, Ordnung, Platz,
Raum geschaffen (selten: ge-
schafft) werden; **Schaf|fen** *das,*
-s; **Schaf|fens_drang** (*der;* -[e]s),
...**freu|de** (*die;* -); ...**schaf|fens|freu-
dig; Schaf|fens|kraft** (*die;* -);
**schaf|fens|kräf|tig; Schaf|fens-
lust** (*die;* -); **schaf|fens|lu|stig;**
[1]**Schaf|fer** (landsch. für: Schaf-
fender; tüchtiger Arbeiter;
Mann, der die Schiffsmahlzeit
besorgt und anrichtet); [2]**Schaf-
fer** (Nebenform von: Schaffner;
österr. veralt. für: Aufseher auf
einem Gutshof); **Schaf|fe|rei**
(Schiffsvorratskammer)
Schaff|hau|sen (Kanton u. Stadt
in der Schweiz); **Schaff|hau|ser;
Schaff|hau|se|risch**
schaf|fig (landsch. u. schweiz.
mdal. für: arbeitsam)
Schäff|lein vgl. Schäffchen;
Schäff|ler (bayr. für: Böttcher);
Schäff|ler|tanz (Zunfttanz der
Münchener Schäffler)
Schaff|ner (Kassier- u. Kontroll-
beamter bei öffentl. Verkehrsbe-
trieben; veralt. für: Verwalter;
Aufseher); **Schaff|ne|rei** (veralt.
für: Schaffneramt, -wohnung);
Schaff|ne|rin *die;* -, -nen; **schaff-
ner|los;** ein -er Wagen; **Schaf-
fung**
Schaf|gar|be *die;* -, -n (eine Pflan-
zengattung); **Schaf_her|de,** ...**hirt**
Scha|fi|it *der;* -en, -en; ↑R 197
(Angehöriger einer mohamme-
dan. Rechtsschule)
Schaf|käl|te (häufig Mitte Juni
auftretender Kaltlufteinbruch);
Schaf|käs|e, Schafs|käs|e; **Schaf-
kopf,** Schafs|kopf *der;* -[e]s (ein
Kartenspiel); **Schaf|le|der;
Schäf|lein,** Schäf|chen; **Schaf-
milch,** Schafs|milch
Schal|fott *das;* -[e]s, -e ⟨niederl.⟩
(Gerüst für Hinrichtungen)
Schaf_pelz, ...que|se (Drehwurm),
...**schur; Schafs|käs|e,** Schaf|käs-
se; **Schafs_kleid, ...kopf** (Schelt-
wort; vgl. Schafkopf); **Schafs-
milch,** Schaf|milch; **Schafs_na|se**
(auch: Apfel-, Birnensorte; verächtl. für: dummer Mensch),
...**pelz; Schaf|stall**
[1]**Schaft** *der;* -[e]s, Schäfte (z. B.
Lanzenschaft)
[2]**Schaft** *der;* -[e]s, Schäfte (südd. u.
schweiz. für: Gestell[brett],
Schrank); vgl. auch: Schaff u.
Schapp
...**schaft** (z. B. Landschaft *die;* -,
-en)
Schäft|chen, Schäft|lein; schäf|ten
(mit einem Schaft versehen;

[Pflanzen] veredeln; für: prügeln); **Schäf|ter; Schaft_le|der, ...stie|fel**
Schaf_wei|de, ...wol|le, ...zucht
Schah der; -s, -s ⟨pers.⟩ („König"; pers. Herrschertitel; häufig für: Schah-in-schah); **Schah-in|schah** der; -s, -s („Schah der Schahs"; früher: Titel des Herrschers des Iran)
Scha|kal [auch: *scha...*] der; -s, -e ⟨sanskr.⟩ (ein hundeartiges Raubtier)
Scha|ke die; -, -n (Ring, Kettenglied); **Schä|kel** der; -s, - (Technik, Seemannsspr.: Kettenglied); **schä|keln** (Technik, Seemannsspr.: mit einem Schäkel verbinden); ich ...[e]le (↑R 22)
Schä|ker ⟨jidd.⟩; **Schä|ke|rei**; **Schä|ke|rin** die; -, -nen; **schä|kern** (sich [mit Worten] necken); ich ...ere (↑R 22)
schal; ein schales (abgestandenes) Bier; ein schaler (fader) Witz
Schal der; -s, -s ⟨pers.-engl.⟩ (ein langes, schmales Halstuch)
Scha|lan|der der; -s, - (Pausenraum in Brauereien)
Schall|brett (für Verschalungen verwendetes rohes Brett)
¹**Schäl|chen** (kleiner Schal)
²**Schäl|chen** (kleine Schale)
¹**Scha|le** die; -, -n (Trinkschale; südd. u. österr. auch für: Tasse)
²**Scha|le** die; -, -n (Hülle; auch: Huf beim Schalenwild; **Schäl|ei|sen** (ein Werkzeug); **schä|len**; **Scha|len_bau|wei|se, ...guß** (in Hartguß))
Scha|len|kreuz (Teil des Windgeschwindigkeitsmessers)
Scha|len|obst vgl. Schalobst
Scha|len_ses|sel ⟨zu: ¹Schale⟩, **...sitz**
Scha|len|wild (Rot-, Schwarz-, Steinwild)
Schall|heit die; - ⟨zu: schal⟩
Schäl|hengst (Zuchthengst)
Schal|holz; ...scha|lig (z. B. dünnschalig)
Schalk der; -[e]s, -e u. Schälke (Spaßvogel, Schelm)
Schal|ke die; -, -n (Seemannsspr.: wasserdichter Abschluß einer Luke); **schal|ken** (Seemannsspr.: wasserdicht schließen)
schalk|haft; -este; **Schalk|haf|tig|keit** die; -; **Schalk|heit** die; -
Schal_kra|gen, ...kra|wat|te
Schalks|narr (veraltet.)
Schäl|kur (Med., Kosmetik)
Schall der; -[e]s, (selten:) -e od. Schälle; **Schall_be|cher** (bei Blasinstrumenten), **...bo|den**; **schall|däm|mend** (↑R 209); **Schall_däm|mung, ...dämp|fer, ...deckel** [*Trenn.*: ...dek|kel]; **schall|dicht**; -este; **Schall|do|se**; **Schallehre** die; - [*Trenn.*: Schall-

lehlre, ↑R 204]; **Schall|lei|ter** [*Trenn.*: Schall|lei|ter, ↑R 204]; **schal|len**; es schallt; es schallte (seltener: scholl); es schallte (seltener: schölle); geschallt; schall[e]!; schallendes Gelächter; **schall|ge|dämpft**; -er Motor; **Schall|ge|schwin|dig|keit**; **Schall|mau|er** die; - (extrem hoher Luftwiderstand bei einem die Schallgeschwindigkeit erreichenden Flugobjekt); die - durchbrechen; **Schall|loch** das; -[e]s, Schallöcher [*Trenn.*: Schall-loch, ↑R 204]
schall|los (ohne Schale)
Schall_plat|te; Schall|plat|ten_al|bum, ...ar|chiv, ...in|du|strie; **schall|schluckend** [*Trenn.*: ...schluck|end] (↑R 209); **schall_si|cher; schall|tot**; -er Raum; **Schall_trich|ter** (trichterförmiges Gerät zur Schallverstärkung), **...wel|le** (meist *Plur.*), **...wort** (*Plur.* ...wörter; durch Lautnachahmung entstandenes Wort)
Schalm der; -[e]s, -e (Forstw.: in die Rinde eines Baumes geschlagenes Zeichen)
Schal|mei (ein Holzblasinstrument; auch: Register der Klarinette u. der Orgel); **Schal|mei_blä|ser; Schal|mei|en|klang**
schal|men (Forstw.: einen Baum mit einem Schalm versehen)
Schal|obst (hartschaliges Obst, z. B. Walnuß)
Scha|lom ⟨hebr.⟩ („Friede"; hebr. Begrüßungsformel)
Scha|lot|te die; -, -n ⟨franz.⟩ (eine kleine Zwiebel)
Schalt_an|la|ge, ...bild, ...brett, ...ele|ment; schal|ten; er hat geschaltet (beim Autofahren den Gang gewechselt; auch ugs. für: begriffen, verstanden, reagiert); sie hat damit kaum Beliebe geschaltet [u. gewaltet]; **Schal|ter; Schal|ter_be|am|te, ...dienst, ...hal|le, ...raum, ...stun|den** *Plur.*; **Schalt_ge|trie|be, ...he|bel Schalt|tier** (Muschel; Schnecke)
Schalt_jahr, ...knüp|pel, ...kreis, ...plan (vgl. ²Plan), **...pult, ...satz** (Sprachw.), **...sche|ma** (Schaltplan), **...skiz|ze, ...ta|fel, ...tag, ...tisch; Schal|tung; Schal|tungs_über|sicht; Schalt_werk, ...zei|chen** (Elektrotechnik), **...zen|tra|le**
Scha|lung (Bretterverkleidung); **Schä|lung** (Entfernung der Schale, der Haut u. a.)
Schal|lup|pe die; -, -n ⟨franz.⟩ (Küstenfahrzeug; auch: großes [Bei]boot)
Schal|wild vgl. Schalenwild
Scham die; -
Scha|ma|de die; -, -n ⟨franz.⟩ (früher für: [mit der Trommel oder

Trompete gegebenes] Zeichen der Kapitulation); - schlagen (übertr. für: klein beigeben, aufgeben)
Scha|ma|ne der; -n, -n (↑R 197) ⟨sanskr.-tungus.⟩ (Zauberpriester asiat. Naturvölker); **Scha|ma|nis|mus** der; - (eine Religionsform)
Scham_bein, ...berg; schä|men, sich; er schämte sich seines Verhaltens, (in der gesprochenen Sprache häufiger:) wegen seines Verhaltens
scham|fi|len (Seemannsspr.: reiben, [ab]scheuern); er hat schamfilt
Scham_ge|fühl, ...ge|gend, ...haar (meist *Plur.*); **scham|haft**; -este; **Scham|haf|tig|keit** die; -; **schä|mig; Schä|mig|keit** die; -; **Scham|lip|pe** (meist *Plur.*; äußeres weibl. Geschlechtsorgan); **scham|los**; -este; **Scham|lo|sig|keit**
Scha|mott der; -s ⟨jidd.⟩ (ugs. für: Kram, Zeug, wertlose Ware)
Scha|mot|te die; - ⟨ital.⟩ (feuerfester Ton); **Scha|mot|te_stein, ...zie|gel**; **scha|mot|tie|ren** (österr. für: mit Schamottesteinen auskleiden)
Scham|pon u. **Scham|pun** das; -s ⟨Hindi-engl.⟩ (flüss. Haarwaschmittel); vgl. Shampoo; **scham|po|nie|ren** u. **scham|pu|nie|ren** (mit Schampon einschäumen, waschen)
Scham|pus der; - (ugs. für: Champagner)
scham_rot; Scham_rö|te, ...tei|le *Plur.*
schand|bar; Schand|bu|be (veralt.); **Schan|de** die; - (↑R 64:) zuschanden machen, machen, werden
Schan_deck, Schan|deckel [*Trenn.*: ...dek|kel] (Seemannsspr.: die oberste Schiffsplanke)
schän|den; schan|de|n|hal|ber (südd., österr. u. schweiz. mdal. veralt. für: anstandshalber); **Schän|der; Schand_fleck; schänd|lich; Schänd|lich|keit; Schand_mal** (*Plur.* ...male u. ...mäler), **...maul** (abschätzig), **...pfahl** (Pranger), **...tat; Schän|dung; Schand|ur|teil**
Schang|hai (postamtlich:) Shanghai (Stadt in China); **schang|hai|en** [auch: *schang...*] (Matrosen gewaltsam heuern); sie wurden schanghait
Scha|ni der; -s, - (ostösterr. ugs. für: Diener; Kellner)
¹**Schank** der; -[e]s, Schänke (veralt. für: Ausschank); vgl. Schenke; ²**Schank** die; -, -en (österr. für: Raum für den Ausschank, Theke); **Schank|be|trieb**

Schạn|ker der; -s, - ⟨lat.-franz.⟩ (eine Geschlechtskrankheit)

Schạnk_er|laub|nis|steu|er die; ...ge|rech|tig|keit (veralt. für: behördl. Genehmigung, alkoholische Getränke auszuschenken), ...kon|zes|si|on; **Schạnk|stu|be,** **Schẹnk|stube;** **Schạnk|tisch,** **Schẹnk|tisch;** **Schạnk|wirt,** **Schẹnk|wirt;** **Schạnk|wirt|schaft,** **Schẹnk|wirt|schaft**

Schạn|si (chin. Provinz)

Schạn|tung (chin. Prov.); **Schạn|tung|sei|de;** vgl. Shantung

Schạnz|ar|beit; **Schạnz|bau,** **Schạn|zen|bau** (Plur. ...bauten)

¹**Schạn|ze** die ⟨altfranz.⟩ (veralt. für: Glückswurf, -umstand), nur noch gebräuchlich in: in die -schlagen (aufs Spiel setzen)

²**Schạn|ze** die; -, -n (geschlossene Verteidigungsanlage; Oberdeck des Achterschiffes; Sprungschanze); **schạn|zen** (an einer Schanze arbeiten, Erdarbeit verrichten); du schanzt (schanzest); **Schạn|zen_bau** (vgl. Schanzbau), ...re|kord (Sportspr.), ...tisch (Absprungfläche einer Sprungschanze); **Schạn|zer;** **Schạnz_kleid** (Seemannsspr.: Schiffsschutzwand), ...zeug

Schạpf der; -[e]s -e u. **Schạp|fe** die; -, -n (südd. u. schweiz. mdal. für: Schöpfgefäß mit langem Stiel)

Schạpp der od. das; -s, -s (Seemannsspr. für: Schrank, Fach); vgl. auch: Schaff u. ²Schaft

¹**Schạp|pe** die; -, -n ⟨franz.⟩ (ein Gewebe aus Seidenabfall)

²**Schạp|pe** die; -, -n (Bergmannsspr.: Tiefenbohrer)

Schạp|pel das; -s, - ⟨franz.⟩ (landsch. für: Kopfschmuck, Brautkrone)

Schạp|pe.sei|de (¹Schappe), ...spin|ne|rei

¹**Schar** die; -, -en (größere Anzahl, Menge, Gruppe); ²**Schar** die; -, -en; Landw. auch: das; -[e]s, -e (Pflugschar)

Schaj|ra|de die; -, -n ⟨franz.⟩ (Worträtsel; bei dem das zu erratende Wort in Silben u. Teile zerlegt wird)

Schär|baum (Weberei: Garn- od. Kettenbaum)

Schạr|be die; -, -n (ein Vogel)

Schạr|bock der; -[e]s (niederl.) (veralt. für: Skorbut); **Scharbocks|kraut** das; -[e]s (eine Heilpflanze)

Schä|re die; -, -n (meist Plur.) ⟨schwed.⟩ (kleine Felsinsel, Küstenklippe der skand. u. der finn. Küsten)

scha|ren, sich

schä|ren (Webfäden aufwinden)

Schä|ren|kü|ste

scha|ren|wei|se

scharf; schärfer; schärfste; ein scharfes Getränk; scharfes S (für: Eszett); ↑R 65: er ist ein Scharfer (ugs. für: ein strenger Polizist, Beamter u. ä.); scharf durchgreifen, sehen, schießen usw.; vgl. aber: scharfmachen; **Scharf** das; -[e]s, -e (unterer, sehr schmaler Teil vorn und hinten am Schiff; abgeschrägtes Ende [eines Brettes, Balkens]); **scharfäu|gig; Scharf|blick** der; -[e]s; **Schär|fe** die; -, -n; **Schärf|einstel|lung; schär|fen; Schär|fentie|fe** (Fotogr.); **scharf|kan|tig**

scharf|ma|chen; ↑R 205 f. (ugs. für: aufhetzen, scharfe Maßregeln befürworten); ich mache scharf; scharfgemacht; scharfzumachen; aber: das Messer scharf machen (schärfen); **Scharf|ma|cher** (ugs.); **Scharfma|che|rei** (ugs.); **Scharf_richter,** ...schie|ßen (das; -s), ...schütze; **scharf|sich|tig; Scharf|sichtig|keit** die; -; **Scharf|sinn** der; -[e]s; **scharf|sin|nig; Schär|fung; scharf_zackig** [Trenn.: ...zak|kig], ...zah|nig, ...zün|gig; **Scharf|züngig|keit**

Scharlapel ⟨zu: schären⟩

¹**Scharlach** der; -s, -e ⟨mlat.⟩ (lebhaftes Rot); ²**Scharlach** der; -s (eine Infektionskrankheit); **Scharlachauschlag; scharlachen** (hochrot); **Scharlachfarbe; Scharlach_farlben** od. ...farbig; **Scharlachfielber** das; -s; **scharlachrot**

Scharlatan der; -s, -e ⟨franz.⟩ (Schwindler, der bestimmte Fähigkeiten vortäuscht); **Scharlatalnelrie** die; -, ...ien

Scharm der; -s (eindeutschend für: Charme [vgl. d.]); **scharmant; -este** (eindeutschend für: charmant [vgl. d.]); **Scharmanlte** die; -, -n (veralt. für: Liebste)

Schärlmalschilne (zum Aufwinden der Webfäden); vgl. schären

scharlmielren (veralt. für: bezaubern; entzücken)

Scharlmützel das; -s, - (kurzes, kleines Gefecht, Plänkelei); **scharlmützeln;** ich ...[e]le (↑ R 22); **scharlmultzielren** (veralt., aber noch mdal. für: flirten)

Scharn der; -[e]s, -e u. Scharlren der; -s, - (mdal. für: Verkaufsstand für Fleisch od. Brot)

Scharnhorst (preuß. General)

Scharlnier das; -s, -e ⟨franz.⟩ (Drehgelenk [für Türen]); **Scharnier_band** (das; Plur. ...bänder), ...gellenk

Schärplchen, Schärp|lein; Schärpe die; -, -n (um Schulter od. Hüften getragenes breites Band)

Scharlpie die; - ⟨franz.⟩ (früher für: zerzupfte Leinwand als Verbandmaterial)

Schärp|lein, Schärp|chen

Schär|rah|men ⟨zu: schären⟩

Schar|re die; -, -n (ein Werkzeug zum Scharren); **Scharr|ei|sen; scharlren; Scharlren** vgl. Scharn

Scharlrer; Scharr|fuß (veralt. für: Kratzfuß); **scharr|fü|ßeln** (veralt.); ich ...[e]le (↑R 22); **gescharrfüßelt**

Schar|rier|ei|sen (ein Steinmetzwerkzeug); **scharlrielren** ⟨franz.⟩ (mit dem Scharriereisen bearbeiten)

Scharlschmied (Schmied, der Pflugscharen herstellt)

Scharlte die; -, -n (Einschnitt; [Mauer]lücke; schadhafte Stelle [an einer Schneide]); eine - auswetzen (ugs. für: einen Fehler wiedergutmachen; eine Niederlage o. ä. wettmachen)

Scharltelke die; -, -n (wertloses Buch, Schmöker; abschätzig für: ältliche Frau)

scharltig

Schär|trom|mel ⟨zu: schären⟩

Schalrung (spitzwinkliges Zusammenlaufen zweier Gebirgszüge)

Scharlwenlzel, Scherlwenlzel der; -s, - ⟨tschech.⟩ (Unter, Bube [in Kartenspielen]; veralt. für: übertrieben dienstbeflissener Mensch); **scharlwenlzeln, scherwenlzeln** (sich dienernd hin- u. her bewegen; dafür heute meist: herumscharwenzeln); ich ...[e]le (↑ R 22); er hat scharwenzelt, scherwenzelt

Scharlwerk (veralt. für: Fronarbeit; harte Arbeit); **scharlwerlken** (mdal.); gescharwerkt; **Scharwerlker** (mdal.)

Schaschlik der od. das; -s, -s ⟨russ.⟩ (am Spieß gebratene [Hammel]fleischstückchen)

schaslsen ⟨franz.⟩ (ugs. für: [von der Schule, der Lehrstätte, aus dem Amt] wegjagen); du schaßt (schassest), er schaßt; du schaßtest; geschaßt; schasse! u. schaß!; schaslsielren (beim Tanz mit kurzen, gleitenden Schritten sich geradlinig fortbewegen)

schatlten (dicht. für: Schatten geben); geschattet; **Schatlten** der; -s, -; **Schatlten_bild,** ...bolxen (das; -s), ...dalsein; **schatltenhaft; -este; Schatlten_kalbilnett,** ...kölnig; **schatlten|los; Schatten|mo|rel|le; schatlten|reich; Schatlten_reich,** ...riß; **Schatltenseilte, Schattlseilte** (österr.); **schatlten|sei|tig, schattlseiltig** (österr.); **Schatlten|spen|dend** (↑ R 209); **Schatlten_spiel,** ...wirtschaft (die; -; Gesamtheit der wirtschaftlichen Betätigungen, die nicht amtl. erfaßt werden können [z. B. Schwarzarbeit]); schat|tie|ren ([ab]schatten); Schat|tie|rung; schat|tig; Schattseite (österr. u. schweiz. neben: Schattenseite); schatt|sei|tig (österr. neben: schattenseitig) Scha|tul|le die; -, -n (mlat.) (Geld-, Schmuckkästchen; früher für: Privatkasse des Staatsoberhauptes, eines Fürsten) Schatz der; -es, Schätze; Schatzamt, ...an|wei|sung; schätz|bar; Schätz|chen, Schätz|lein; schatzen (veralt. für: mit Abgaben belegen); du schatzt (schatzest); schät|zen; du schätzt (schätzest); schät|zen|ler|nen; vgl. lernen; schät|zens|wert -este; Schät|zer; Schatz_grä|ber, ...kam|mer, ...kanz|ler, ...käst|chen od. ...käst|lein; Schätz|lein, Schätzchen; Schatz|mei|ster; Schätzpreis; vgl. [2]Preis; Schatz|su|che; Schät|zung (veralt. für: Belegung mit Abgaben; schweiz.: [amtliche] Schätzung des Geldwerts); Schät|zung; schät|zungs|wei|se; Schatz|wech|sel (Kaufmannsspr.: kurzfristige Schatzanweisung in Wechselform); Schätzwert

schau; -[e]ste (ugs. für: ausgezeichnet, wirkungsvoll, wunderbar); Schau die; -, -en (heute bes. für: Ausstellung, Überblick; Vorführung); zur - stehen, stellen, tragen; jmdm. die - stehlen (ugs. für: ihn um die Beachtung u. Anerkennung der anderen bringen); vgl. schaustehen, schaustellen

Schaub der; -[e]s, Schäube (südd., österr., schweiz. für: Garbe, Strohbund); 3 - (↑R 129)

schau|bar (veralt. für: sichtbar)

Schau|be die; -, -n (arab.) (weiter, vorn offener Mantelrock des MA.)

schau|be|gie|rig

Schau|ben|dach (veralt. für: Strohdach)

Schau_bild, ...brot, ...bu|de, ...büh|ne

Schau|der der; -s, -; schau|der|bar (ugs. scherzh. für: schauderhaft); schau|der|er|re|gend (↑R 209); -ste; Schau|der|ge|schichte; schau|der|haft; -este; schaudern; ich ...ere (↑R 22); mir od. mich schaudert; schau|dervoll

schau|en

[1]Schau|er der; -s, - (niederd. für: Hafen-, Schiffsarbeiter)

[2]Schau|er (veralt. für: Schauender)

[3]Schau|er der; -s - (Schreck; Regenschauer)

[4]Schau|er der od. das; -s, -

(landsch. für: Schutzdach; auch: offener Schuppen)

Schau|er.bild, ...ge|schich|te; schau|er|lich; Schau|er|lich|keit

Schau|er|mann der; -[e]s, ...leute (Seemannsspr.: Hafen-, Schiffsarbeiter)

Schau|er|mär|chen; schau|ern; ich ...ere (↑R 22); mir od. mich schauert; Schau|er|ro|man; schau|er|voll

Schau|fel die; -, -n; Schau|felblatt; schau|fel|för|mig; schaufe|lig, schauf|lig; Schau|fel|lader; schau|feln; ich ...[e]le (↑R 22); Schau|fel|rad; Schaufel|rad|damp|fer

Schau|fen|ster; Schau|fen|ster_aus|la|ge, ...bum|mel, ...de|kora|ti|on, ...pup|pe, ...wett|be|werb

Schau|fler (Damhirsch)

Schau|ge|schäft das; -[e]s

Schau|ins|land (Berg im südl. Schwarzwald)

Schau_kampf, ...ka|sten

Schau|kel die; -, -n; Schau|ke|lei; schau|ke|lig, schauk|lig; schaukeln; ich ...[e]le (↑R 22); Schaukel_pferd, ...po|li|tik, ...reck, ...stuhl; Schauk|ler; schauk|lig, schau|ke|lig

schau|lau|fen (nur im Infinitiv u. Partizip gebr.); Schau_lau|fen (das; -s; Eiskunstlauf), ...lust (die; -); schau|lu|stig; eine -e Menge; Schau|lu|sti|ge der u. die; -n, -n (↑R 7 ff.)

Schaum der; -[e]s, Schäume; Schaum|bad; schaum|be|deckt (↑R 209); Schaum|bla|se; Schaum|burg-Lip|pe (Landkreis in Niedersachsen); schaumburg-lip|pisch; schäu|men; Schaum.ge|bäck, ...gel|bo|re|ne (die; -n; Beiname der aus dem Meer aufgetauchten Aphrodite [vgl. Anadyomene]); schaum|ge|bremst; -e Waschmittel; Schaum_gold, ...gum|mi (der; -s, -[s]); schau|mig; Schaum_kelle, ...kraut, ...kro|ne, ...löf|fel, ...lösch|ge|rät, ...rol|le (österr.: Gebäck), ...schlä|ger (Küchengerät; übertr. für: Blender); Schaum|schlä|ge|rei; Schaum_stoff, ...stoff|kis|sen, ...tep|pich (Flugw.)

Schau|mün|ze

Schaum|wein; Schaum|wein|steuer die

Schau_packung [Trenn.: ...pakkung], ...platz, ...pro|gramm, ...pro|zeß

schau|rig; schau|rig-schön (↑R 39); Schau|rig|keit die; -

Schau_sei|te, ...spiel; Schau|spieler; Schau|spie|le|rei; die; -; schau|spie|le|rin; Schau|spie|lerisch; schau|spie|lern; ich ...ere (↑R 22); geschauspielert; zu - (↑R

Schau|spiel_haus, ...schu|le, ...schü|ler, ...schü|le|rin, ...unter|richt

schau|ste|hen, fast nur im Infinitiv gebräuchlich; schau|stel|len, fast nur im Infinitiv gebräuchlich; Schau_stel|ler, ...stel|lung, ...stück, ...ta|fel, ...tanz

Schau|te vgl. [1]Schote

Schau|tur|nen das; -s

[1]Scheck, schweiz. auch: Check der; -s, -s (engl.) (Zahlungsanweisung [an eine Bank, an die Post]); ein ungedeckter, weißer -; Scheck_ab|tei|lung, ...be|trug, ...be|trü|ger, ...buch, ...dis|kontie|rung

[2]Scheck, [1]Schecke[1] der; Schecken, Schecken ⟨franz.⟩ (scheckiges Pferd od. Rind); [2]Schecke[1] die; -, -n (scheckige Stute od. Kuh)

Scheck.fä|hig|keit, ...fäl|schung, ...heft

scheckig[1]; scheckig|braun[1]

Scheck.in|kas|so, ...kar|te, ...recht (das; -[e]s), ...ver|kehr

Scheck|vieh (scheckiges Vieh)

Sched|bau, Shed|bau [sch...] Plur. ...bauten (engl.; dt.) (eingeschossiger Bau mit Scheddach); Sched|dach, Shed|dach (Sägedach)

Scheel (vierter dt. Bundespräsident)

scheel; scheel|äu|gig; scheelblickend [Trenn.: ...blik|kend]; Scheel|sucht die; -; scheel|süchtig

Schei|fe die; -, -n (südd. für: [3]Schote)

Schef|fel der; -s, - (ehem. Hohlmaß; Ackermaß); schef|feln (auch für: zusammenraffen, geizig erraffen); ich ...[e]le (↑R 22); es scheffelt (es kommt viel ein); schef|fel|wei|se

Sche|he|ra|za|de, Sche|he|re|za|de [...sadᵉ] ⟨pers.⟩ (Märchenerzählerin aus Tausendundeiner Nacht)

Schei|band das; -[e]s, ...bänder (österr. für: Brustriemen zum Karrenziehen); Schei|b|chen, Scheib|lein; schei|b|chen|wei|se; Schei|be die; -, -n; schei|ben (bayr., österr. für: rollen, [kegel]schieben); Schei|ben|brem|se; schei|ben|för|mig; Schei|ben-gardi|ne, ...ho|nig, ...klei|ster (der; -s; verhültend für: Scheiße), ...kupp|lung, ...schie|ßen; Scheiben|wasch|an|la|ge; Schei|ben_wa|scher, ...wi|scher; schei|big; Scheib|lein, Scheib|chen; Scheibtru|he (österr. für: Schubkarren)

Scheich der; -s, -e u. -s ⟨arab.⟩ (Häuptling eines Beduinenstammes); Scheich|tum

[1] Trenn.: ...k|k...

Schei|de *die;* -, -n; Schei|de|brief
(veralt. für: Scheidungsurkunde)
Schei|degg *die;* - (Paß in der
Schweiz); die Große -, die Kleine -
Schei|de_kunst *(die; -;* alter Name
der Chemie), ...mün|ze; schei-
den; du schiedst (schiedest); du
schiedest; geschieden (vgl. d.);
scheid[e]!; Schei|den|ent|zün-
dung; Schei|de_wand, ...was|ser
(Plur. ...wässer; Chemie), ...weg;
Schei|ding *der;* -s, -e (veralt. für:
September); Schei|dung; Schei-
dungs_grund, ...kla|ge, ...pro-
zeß, ...ur|teil
Scheik vgl.
Schein *der;* -[e]s, -e; Schein|ar|chi-
tek|tur (die nur gemalten Archi-
tekturteile auf Wand od. Decke);
schein|bar (nur dem [der Wirk-
lichkeit nicht entsprechenden]
Scheine nach); er hörte scheinbar aufmerksam zu (in Wirklichkeit gar nicht), aber: er hörte
anscheinend (= augenschein-
lich, offenbar) aufmerksam zu;
Schein_blü|te, ...da|sein; schei-
nen; du schienst (schienest);
du schienest; geschienen;
schein[e]!; die Sonne schien, hat
geschienen; sie kommt scheint's
(ugs. für: anscheinend) erst mor-
gen; Schein_fir|ma, ...frucht
(Biol.), ...füß|chen (bei Amöben),
...ge|fecht, ...ge|schäft, ...ge|sell-
schaft, ...ge|sell|schaf|ter, ...ge-
winn, ...grund, ...grün|dung;
schein|hei|lig; Schein|hei|li|ge
der und *die;* Schein|hei|lig|keit;
Schein_kauf, ...kauf|mann
(Rechtsw.), ...kurs, ...pro|blem,
...tod; schein|tot; Schein_ver-
trag, ...welt, ...wer|fer, ...wer|fer-
ke|gel, ...wer|fer|licht, ...wi|der-
stand (Elektrotechnik)
Scheiß *der;* - (derb für: minderwertige Sache; Unsinn); Scheiß-
dreck (derb); Schei|ße *die;* -
(derb); scheiß|egal (derb); schei-
ßen (derb); ich schiß; du schis-
sest; geschissen; scheiß[e]!;
Schei|ßer (derb); Schei|ße|rei
die; - (derb); scheiß|freund|lich
(derb); Scheiß_haus (derb),
...kerl (derb)
Scheit *das;* -[e]s, -e, bes. österr. u.
schweiz.: -er (Grabscheit; Holz-
scheit)
Schei|tel *der;* -s, -; Schei|tel_bein
(ein Schädelknochen), ...li|nie;
schei|teln; ich ...[e]le (↑ R 22);
Schei|tel|punkt; schei|tel|recht
(veralt. für: senkrecht); Schei-
tel_wert, ...win|kel
schei|ten (schweiz. für: Holz spal-
ten); Schei|ter|hau|fen; schei-
tern; ich ...ere (↑ R 22); Scheit-
holz; scheit|recht (veralt. für:
waagrecht u. geradlinig); Scheit-

stock *der;* -[e]s, ...stöcke (schweiz.
für: Holzklotz zum Holzspalten)
¹Sche|kel vgl. Sekel; ²Sche|kel *der;*
-s, - ‹hebr.› (israel. Währungseinheit)
Schelch *der* od. *das;* -[e]s, -e
(rhein., ostfränk. für: größerer
Kahn)
Schel|de *die;* - (Zufluß der Nord-
see)
Schelf *der* od. *das;* -s, -e ‹engl.›
(Geogr.: Festlandsockel; Flach-
meer entlang der Küste)
Schel|fe, Schil|fe *die;* -, -n (mdal.
für: [Frucht]hülse, Schale);
schel|fen, schil|fen (seltener für:
schelfern, schilfern); schel|fe|rig,
schel|f|rig, schil|fe|rig, schilf|rig;
schel|fern, schil|fern (in kleinen
Teilen od. Schuppen abschälen);
ich ...ere (↑ R 22)
Schel|lack *der;* -[e]s, -e ‹niederl.›
¹Schel|le *die;* -, -n (ringförmige
Klammer [an Rohren u. a.])
²Schel|le *die;* -, -n (Glöckchen;
Ohrfeige); ³Schel|le *die;* -, -n u.
Schel|len *Plur.* als *Sing.* ge-
braucht (ein Spielkartenfarbe);
- sticht; schel|len; Schel|len,
...baum (Instrument der Militär-
kapelle), ...ge|läut od. ...ge|läu-
te, ...kap|pe, ...kö|nig
Schell|fisch
Schell|ham|mer (ein Werkzeug)
Schell|hengst vgl. Schälhengst
Schel|ling (dt. Philosoph)
Schell|kraut *das;* -[e]s; vgl. Schöll-
kraut; Schell|wurz
Schelm *der;* -[e]s, -e (Spaßvogel,
Schalk); Schel|men_ro|man,
...streich, ...stück; Schel|me|rei;
schel|misch; -ste
Schel|sky (dt. Soziologe)
Schel|te *die;* -, -n (Tadelwort; ern-
ster Vorwurf); schel|ten (geh. od.
landsch. für: schimpfen, tadeln);
du schiltst, er schilt; du schaltst
(schaltest), er schalt; du schöl-
test; gescholten; schilt!
Schell|to|pu|sik *der;* -s, -e ‹russ.›
(eine Schleiche)
Schelt_re|de, ...wort *(Plur.* ...wör-
ter u. ...worte)
Sche|ma *das;* -s, -s u. -ta (auch:
Schemen) ‹griech.› (Muster, Auf-
riß; Konzept); nach - F (gedan-
kenlos u. routinemäßig); Sche-
ma|brief; sche|ma|tisch; -ste; ei-
ne -e Zeichnung; sche|ma|ti|sie-
ren (nach einem Schema behandeln; [zu sehr] vereinfachen);
Sche|ma|ti|sie|rung; Sche|ma|tis-
mus *der;* -, ...men (gedankenlose
Nachahmung eines Schemas;
statist. Handbuch einer kath. Di-
özese od. eines geistl. Ordens,
österr. auch der öffentlichen Be-
diensteten)
Schem|bart (Maske mit Bart, bär-

tige Maske); Schem|bart_lau|fen
(das; -s), ...spiel
Sche|mel *der;* -s, -
¹Sche|men *der;* -s, - (Schat-
ten[bild]; mdal. für: Maske)
²Sche|men *(Plur.* von: Schema)
sche|men|haft; -este ⟨zu: ¹Sche-
men⟩
Schen|jang (Stadt in Nordostchi-
na [früher: Mukden])
Schenk *der;* -en, -en; ↑ R 197 (veralt. für: Diener [zum Einschen-
ken]; Wirt); Schen|ke *die;* -, -n
Schen|kel *der;* -s, -; Schen|kel-
_bruch *der,* ...hals, ...hals|bruch
der; Schen|kel_kno|chen, ...stück
schen|ken (als Geschenk geben;
älter für: einschenken)
Schen|ken|dorf (dt. Dichter)
Schen|ker (veralt. für: Bierwirt,
Biereinschenker); Schen|kin *die;*
-, -nen
Schenk|stu|be usw. vgl. Schank-
stube usw.; Schen|kung; Schen-
kungs_brief, ...steu|er *die,* ...ur-
kun|de
schepp (landsch. für: schief)
schep|pern (südd., österr. u.
schweiz. für: klappern, klirren);
ich ...ere (↑ R 22)
Scher *der;* -[e]s, -e (südd., österr.
mdal. u. schweiz. mdal. für:
Maulwurf); vgl. Schermaus
Scher|be *die;* -, -n (Bruchstück aus
Glas, Ton o. ä.); Scher|bel *der;* -s,
- (mdal. für: Scherbe); scher|beln
(mdal. für: tanzen; schweiz.: unrein, spröde klingen; klirren, ra-
scheln); ich ...[e]le (↑ R 22);
Scher|ben *der;* -s, - (südd., österr.
für: Scherbe; veralt. für: Blu-
mentopf; in der Keramik Bez.
für den gebrannten Ton); Scher-
ben|ge|richt *das;* -[e]s, (für:
Ostrazismus)
Scher|bett ⟨arab.⟩ vgl. Sorbett
Sche|re *die;* -, -n; ¹sche|ren (ab-
schneiden); du scherst, er schert;
du schorst (schorest); selten:
schertest); du schörest (selten:
schertest); geschoren (selten: geschert); scher[e]!
²sche|ren, sich (ugs. für: sich fort-
machen; sich um etwas küm-
mern); scher dich zum Teufel!;
er hat sich nicht im geringsten
darum geschert
Sche|ren_fern|rohr, ...git|ter,
...schlei|fer, ...schnitt, ...zaun;
Sche|rer
Sche|re|rei *die;* - (für: Unannehm-
lichkeit, unnötiger Ärger)
Scher|fe|stig|keit (Technik)
Scherf|lein; sein - beitragen
Scher|ge *der;* -n, -n; ↑ R 197 (ver-
ächtl. für: Vollstrecker der Be-
fehle eines Machthabers, der Bü-
ttel); Scher|gen|dienst
Sche|rif *der;* -s u. -en, -s u. -e[n]
(↑ R 197) ⟨arab.⟩ (arab. Titel)

cher.kopf (am elektr. Rasierapparat), ...kraft die, ...maschine, ...maus (Wühlmaus, Wasserratte; vgl. Scher), ...messer das

chern|ken der; -s, - (österr. veraltend für: breiter Nagel an Bergschuhen); Schern|ken|schuh che|rung (Math., Physik) cher|wen|zel vgl. Scharwenzel; scher|wen|zeln vgl. scharwenzeln Scherz der; -es, -e (bayr., österr. ugs. für: Brotanschnitt, dickes Stück Brot)

Scherz der; -es, -e; aus, im -; scher|zan|do [ßkär...] 〈ital.〉 (Musik: heiter [vorzutragen]); Scherz|ar|ti|kel; Scherz|bold der; -[e]s, -e

cher|zel das; -s, - (bayr., österr. für: Brotanschnitt; österr. auch: eine Rindfleischsorte)

cher|zen; du scherzt (scherzest), du scherztest; Scherz.fra|ge, ...ge|dicht; scherz|haft; -este; scherz|haf|ter|wei|se; Scherz|haf|tig|keit die; -; Scher|zo [ßkärzo] das; -s, -s u. ...zi 〈ital.〉 (heiteres Tonstück); Scherz_rät|sel, ...re|de; scherz|wei|se; Scherz|wort 〈 Plur. ...worte〉

che|sen (landsch. für: eilen); du schest (schesest)

cheu; -[e]ste; - sein, werden; - machen; Scheu die; - (Angst, banges Gefühl); ohne -; Scheu-che die; -, -n (Schreckbild, -gestalt [auf Feldern usw.]); scheu-chen; scheu|en; sich -; das Pferd hat gescheut; ich habe mich vor dieser Arbeit gescheut

cheu|er die; -, -n (landsch. für: Scheune)

cheu|er.be|sen, ...frau, ...lap-pen, ...lei|ste; scheu|ern; ich ...ere (↑R 22); Scheu|er.sand, ...tuch 〈 Plur. ...tücher〉

cheu.klap|pe (meist Plur.), ...le-der (svw. Scheuklappe)

cheu|ne die; -, -n; Scheu|nen|dre-scher, in: [fr]essen wie ein -; Scheu|nen|tor das

cheu|re|be (eine Rebensorte) cheu|sal das; -s, -e (ugs.: ...säler); scheuß|lich; -ste; Scheuß|lich-keit

chi, Ski der; -s, -er (selten: -) [schi] 〈norw.〉 (ein Wintersportgerät) ↑R 207: - fahren, - laufen, (↑R 32:) Schi u. eislaufen, aber: eis- u. Schi laufen; Schi Heil! (Schiläufergruß)

Schib|bel|ke, Schib|bil|ke die; -, -n 〈slaw.〉 (obersächs. für: Holunderbeere)

chib|bo|leth das; -s, -e u. -s 〈hebr.〉 (selten für: Erkennungs-zeichen, Losungswort)

chi|bob vgl. Skibob Schicht die; -, -en (Schichtung;

Gesteinsschicht; Überzug; Arbeitszeit, bes. des Bergmanns; Belegschaft); die führende Schicht; Schicht arbeiten; zur Schicht gehen; Schicht.ar|beit, ...ar|bei|ter; Schich|te die; -, -n (österr. für: [Gesteins]schicht); schich|ten; Schich|ten.fol|ge (Geol.), ...kopf (Bergmannsspr.), ...spe|zi|fik (die; -; Sprachw., Soziologie); schich|ten|spe|zi|fisch; schich|ten|wei|se, schicht|wei|se; Schicht|holz (Forstw.); schich|tig (für: lamellar); ...schich|tig (z. B. zweischichtig; Schicht|lohn; Schicht|tung; Schicht.un|ter-richt, ...wech|sel; schicht|wei|se, schich|ten|wei|se; Schicht.wol|ke (für: Stratuswolke), ...zeit

schick; -ste (fein; modisch, elegant); ein -er Mantel; ¹Schick der; -[e]s ([modische] Feinheit); diese Dame hat - ; ²Schick der; -s, - u. -e (schweiz. für: vorteilhafter Handel); schicken [Trenn.: schik-ken]; sich -; es schickt sich nicht; er hat sich schnell in diese Verhältnisse geschickt; Schicke|ria die; - 〈ital.〉 [Trenn.: Schik|ke...] (bes. modebewußte obere Gesellschaftsschicht); Schickimicki der; -s, -s [Trenn.: Schik|ki|mik-ki] (ugs. für: jmd., der viel Wert auf modische, schicke Dinge legt; modischer Kleinkram); schick|lich; ein schickliches Betragen; Schick|lich|keit die; -; Schick|sal das; -s, -e; schick|sal-haft; -este; schick|sal[s]|er|ge-ben; Schick|sals.fra|ge, ...fü-gung, ...ge|fähr|te, ...ge|mein-schaft, ...glau|be, ...schlag; schick|sals|schwan|ger; Schick-sals|tra|gö|die; schick|sals|ver-bun|den; Schick|sals.ver|bun-den|heit (die; -), ...wen|de; Schick|schuld (am Wohnsitz des Schuldners zu erfüllende Schuld)

Schick|se die; -, -n 〈jidd.〉 (ugs. verächtl. für: leichtes Mädchen) Schickung [Trenn.: Schik|kung] (Fügung; Schicksal)

Schie|be.bock (landsch. für: Schubkarre), ...dach, ...deckel [Trenn.: ...dek|kel], ...fen|ster; schie|ben; du schobst (schobest); du schöbest; geschoben; schieb[e]!; Schie|ber (Riegel, Maschinenteil; auch ugs. für: betrügerischer Geschäftemacher, Betrüger); Schie|be|rei; Schie-ber|müt|ze (ugs.); Schie|be.tür, ...wi|der|stand (Physik); Schieb-leh|re (bes. fachspr.); Schie|bung (ugs. für: betrügerischer Handel, Betrug)

schiech [schi°ch] (bayr. u. österr. für: häßlich, zornig, furchterregend)

Schie|dam [ßehi...] (niederl. Stadt); ¹Schie|da|mer (↑R 147); ²Schie|da|mer (ein Branntwein) schied|lich (veralt. für: friedfertig); - und friedlich; Schieds.ge-richt, ...klau|sel, ...mann (Plur. ...leute u. ...männer), ...rich|ter; Schieds|rich|ter.ball, ...be|lei|di-gung, ...ent|schei|dung; schieds-rich|ter|lich; schieds|rich|tern; ich ...ere (↑R 22); er hat gestern das Spiel geschiedsrichtert; Schieds|rich|ter.stuhl, ...ur|teil; Schieds.spruch, ...ur|teil, ...ver-fah|ren

schief; die schiefe Ebene; ein schiefer Winkel; er macht ein schiefes (mißvergnügtes) Gesicht; ein schiefer (scheeler) Blick; schiefe (nicht zutreffende) Vergleiche; in ein schiefes Licht geraten (falsch beurteilt werden), aber (↑R 157): der Schiefe Turm von Pisa. Schreibung in Verbindung mit Verben (↑R 205 f.): - sein, werden, stehen, halten, ansehen, urteilen, denken; vgl. aber: schiefgehen, schiefla-chen, schiefliegen, schieftreten; schief gewachsen, geladen (ugs. für: betrunken); vgl. schiefge-wickelt; Schie|fe die; -

Schie|fer der; -s, - (ein Gestein; auch: Holzsplitter); Schie|fer.bruch ...dach, ...ge|bir|ge; schie|fer|grau; schie|fe|rig, schief|rig (ugs. für: schieferig sein; Weinbau: Erde mit [zer-kleinertem] Schiefer bestreuen); ich ...ere (↑R 22); Schie|fer.stift der; ...ta|fel; Schie|fe|rung

schief|ge|hen; ↑R 205 f. (ugs. für: mißlingen); die Sache ist schief-gegangen; aber: du sollst nicht so schief (mit schiefer Haltung) gehen!; schief|ge|wickelt [Trenn.: ...wik|kelt]; ↑R 205 f. (ugs. für: im Irrtum); wenn du das glaubst, bist du schiefgewickelt; aber: er hat den Draht schief gewik-kelt; Schief|hals (Med.); Schief-heit; schief|la|chen, sich; ↑R 205 f. (ugs. für: heftig lachen); sie hat sich während dieser Aufführung schiefgelacht; schief-lau|fen; die Absätze -; das Unternehmen ist schiefgelaufen (ugs. für: mißglückt); schief|lie-gen; ↑R 205 f. (ugs. für: einen falschen Standpunkt vertreten); in diesem Falle hat er schiefgele-gen; aber: die Decke hat schief gelegen; schief|lie|gend; schief-mäu|lig (ugs. für: mißgünstig, neidisch)

schief|rig, schie|fe|rig schief|trefe|ten (↑R 205 f.); er hat die Absätze immer schiefgetreten; schief|win|ke|lig, schief|wink|lig schie|gen (mdal. für: mit einwärts

gekehrten Beinen gehen, [Schu-
he] schieftreten)
schiel|äu|gig
Schie|le, Egon (österr. Maler)
schie|len; sie schielt
Schie|mann der; -[e]s, ...männer
(niederd. für: Matrose); schie-
man|nen (Matrosendienste ver-
richten); geschiemannt
Schien|bein; Schien|bein|schüt-
zer; Schie|ne die; -, -n; schie|nen;
Schie|nen.bahn, ...brem|se,
...bus, ...fahr|zeug, ...netz, ...räu-
mer, ...stoß (Stelle, an der zwei
Schienen aneinandergefügt
sind), ...strang, ...weg
schier; Adverb (bald, beinahe,
gar); das ist - unmöglich; Adjektiv (lauter, rein); etwas in schie-
rer Butter braten
Schi|er (Plur. von: Schi)
schie|ren (südd. für: klären, ausle-
sen, durchleuchten)
Schier|ling (eine Giftpflanze);
Schier|lings|be|cher
Schier|mon|nik|oog [Behirmonik-
óeh] (eine westfries. Insel)
Schieß.aus|bil|dung, ...baum|wol-
le (die; -), ...be|fehl, ...bu|de;
Schieß|bu|den.be|sit|zer, ...fi|gur
(ugs.); Schieß|ei|sen (ugs. für:
Schußwaffe); schie|ßen (auch
Bergmannsspr.: sprengen; südd.,
österr. auch: verbleichen); du
schießt (schießest), er schießt;
du schossest, er schoß; du schös-
sest; geschossen; schieß[e]!;
Schie|ßen das; -s, -; (↑ R 68:) es ist
zum Schießen (ugs. für: es ist
zum Lachen); schie|ßen|las|sen;
↑ R 205 f. (ugs. für: aufgeben); sie
hat ihren Plan schießenlassen;
Schie|ßer (auch: Einschieber
[in Bäckereien]); Schie|ße|rei;
Schieß.ge|wehr, ...hund (veralt.
für: Hund, der angeschossenes
Wild aufspürt), ...mei|ster (Berg-
mannsspr.: Sprengmeister),
...platz, ...prü|gel (der; scherz-
haft für: Gewehr), ...pul|ver,
...schar|te, ...schei|be, ...sport,
...stand, ...übung
Schiet der; -s ("Scheiße"; niederd.
für: Dreck; übertr. für: Unange-
nehmes); Schiet|kram
Schil|fahl|ren, Ski|fahl|ren; Schi-
fahrt, Ski|fahrt
Schiff das; -[e]s, -e; Schiff|fahrt die;
-, -en [Trenn.: Schifff|fahrt,
↑ R 204] (Verkehr zu Schiff);
Schiffahrts.ge|richt, ...ge|sell-
schaft, ...kun|de (für: Naviga-
tion; die; -), ...li|nie, ...recht,
...stra|ße, ...weg; schiff|bar; -
machen; Schiff|bar|keit die; -;
Schiff|bar|ma|chung; Schiff|bau
(der; -[e]s; bes. fachspr.), Schiffs-
bau; Schiff|bau.in|ge|nieur,
...wei|sen (das; -s); Schiff|bruch
der; schiff|brü|chig; Schiff|brü-

chi|ge der u. die; -n, -n (↑ R 7 ff.);
Schiff|brücke [Trenn.: ...brük-
ke]; Schiff|chen (auch: milit.
Kopfbedeckung), Schiff|lein;
schiff|eln (mdal. für: Kahn fah-
ren); ich ...[e]le (↑ R 22); schif|fen
(veralt. für: zu Wasser fahren;
derb für: harnen); Schiff|fer;
Schiff|fe|rin die; -, -nen; Schif-
fer.kla|vier (ugs. für: Ziehhar-
monika), ...kno|ten, ...müt|ze;
Schiff|lein, Schiff|chen; Schiffs-
.agent (Vertreter einer Reederei),
...arzt, ...aus|rü|ster, ...bau (Plur.
...bauten; vgl. Schiffbau), ...be-
sat|zung, ...brief; Schiff|schau-
kel, Schiffs|schau|kel (eine große
Jahrmarktsschaukel); Schiffs-
.eig|ner, ...fahrt (Fahrt mit ei-
nem Schiff), ...fracht, ...hal|ter,
...he|be|werk, ...jour|nal (Log-
buch), ...jun|ge, ...ka|pi|tän,
...ka|ta|stro|phe, ...koch der,
...la|dung, ...last, ...li|ste, ...mak-
ler, ...ma|ni|fest (für die Verzol-
lung im Seeverkehr benötigte
Aufstellung der geladenen Wa-
ren), ...mann|schaft, ...mo|dell,
...na|me, ...re|gi|ster, ...rei|se,
...rumpf, ...schau|kel (vgl. Schiff-
schaukel), ...schrau|be, ...ta|ge-
buch, ...tau das, ...tau|fe, ...ver-
kehr, ...werft, ...zer|trü|fi|kat,
...zim|mer|mann, ...zwie|back
Schi|flie|gen, Ski|flie|gen das; -s
schif|ten (Bauw.: [Balken] nur
durch Nägel verbinden; [zu]spit-
zen, dünner machen; See-
mannsspr.: die Lage verändern);
Schif|ter (Bauw.: Dachsparren);
Schif|tung
Schi|ha|serl vgl. Skihaserl
Schi|is|mus der; - ⟨arab.⟩ (eine
Glaubensrichtung des Islams);
Schi|it der; -en, -en; ↑ R 197 (An-
hänger des Schiismus); schi-
itisch
Schi|ka|ne die; -, -n ⟨franz.⟩ (Bos-
heit, böswillig bereitete Schwierigkeit; Sportspr.: [eingebaute]
Schwierigkeit in einer Autorenn-
strecke); Schi|ka|neur [...nö̈r]
der; -s, -e (jmd., der andere schi-
kaniert); schi|ka|nie|ren; schi|ka-
nös; -este (boshaft)
Schi|kjö|ren vgl. Skikjöring;
Schi|kurs, Ski|kurs; Schi|lauf,
Ski|lauf; Schi|lau|fen, Ski|lau-
fen das; -s; Schi|läu|fer, Ski|läu-
fer; Schi|läu|fe|rin, Ski|läu|fe|rin
Schil|cher (österr. für: ²Schiller
[hellroter Wein])
¹Schild das; -[e]s, -er (Erkennungs-
zeichen, Aushängeschild u. a.);
²Schild der; -[e]s, -e (Schutzwaf-
fe)
Schild|bür|ger (⟨,,mit Schild be-
waffneter Städter"; erst später
zum Namen der Stadt Schilda
(heute Schildau) gezogen⟩

(Kleinstädter, Spießer); Schild
bür|ger|streich
Schild|drü|se; Schild|drü|sen|hor
mon; schil|den (veralt. für: m
einem Schild versehen); geschil
detes Rebhuhn (Rebhuhn mi
Brustfleck); Schil|der|brück
[Trenn.:...brük|ke] (die Fahrbah
überspannende Beschilderung)
Schil|de|rei; Schil|de|rer; Schil
der.haus od. ...häus|chen, ...ma
ler; schil|dern; ich ...ere (↑ R 22)
Schil|de|rung; Schil|der|wal
(ugs.); Schild.farn, ...knap|pe
Schild|krot das; -[e]s (landsch
für: Schildpatt); Schild|krö|te
Schild|krö|ten|sup|pe; Schild
.laus, ...patt (das; -[e]s; Horn
platte einer Seeschildkröte
...wal|che od. ...wacht (veralt.)
Schi|leh|rer, Ski|leh|rer
Schilf das; -[e]s, -e ⟨lat.⟩ (ein
Grasart); schilf|be|deck
(↑ R 209); Schilf|dach
Schil|fe vgl. Schelfe; schil|fen vg
schelfen
schilf|fe|rig, schilf|rig vgl. schelfe
rig; schil|fern vgl. schelfern
Schilf|gras; schil|fig
Schilf|rohr, schil|fe|rig
Schilf|rohr; Schilf|rohr|sän|ge
(ein Vogel)
Schil|li|fit, Ski|lift
Schill der; -[e]s, -e (ein Flußfisch
Zander)
Schil|le|bold der; -[e]s, -e (niederd
für: Libelle)
¹Schil|ler (dt. Dichter)
²Schil|ler der; -s, - (Farbenglanz
mdal. für: zwischen Rot u. Wei
spielender Wein); schil|le|rig
schill|rig (selten für: schillernd
schil|le|risch, schil|lersch (nac
Art Schillers; nach Schiller be
nannt); ihm gelangen Verse vo
schiller[i]schem Pathos (nac
Schillers Art), aber (↑ R 134)
Schil|le|risch, Schil|lersch (vo
Schiller herrührend); schil
ler[i]sche Balladen (Ballade
von Schiller); Schil|ler.kra|gen
...locke [Trenn.: ...lok|ke] (G
bäck; geräuchertes Fischstück)
Schil|ler-Mu|se|um (↑ R 135)
schil|lern; das Kleid schillert i
vielen Farben
schil|lersch vgl. schillerisch
Schil|lersch vgl. Schillerisch
Schil|ler|wein
Schil|ling der; -s, -e (österr. Münz
einheit; Abk.: S, öS); 6
(↑ R 129); vgl. aber: Shilling
schil|rig vgl. schillerig
Schil|lum das; -s, -s ⟨pers.⟩ (Roh
zum Rauchen von Haschisch)
schil|pen svw. tschilpen
Schil|ten Plur., als Sing. gebrauch
(schweiz. für: eine Farbe der d
Spielkarten)
Schi|mä|re die; -, -n ⟨griech.

(Trugbild, Hirngespinst); vgl. Chimära; **schi|mä|risch; -ste** (trügerisch)

¹**Schim|mel** der; -s (verschiedene Pilzarten); ²**Schim|mel** der; -s, - (weißes Pferd); **Schim|mel_bo|gen** (Druckw.: nicht od. nur einseitig bedruckter Bogen), u.a. **-spann; schim|me|lig, schimm|lig; schim|meln;** das Brot schimmelt; **Schim|mel_pilz, ...rei|ter** (der; -s; geisterhaftes Wesen: „Wilder Jäger"; Wodan)

Schim|mer; schim|mern; ein Licht schimmert

schimm|lig, schim|me|lig

Schim|pan|se der; -n, -n (↑R 197) (afrik.) (ein Affe)

Schimpf der; -[e]s, -e; mit - und Schande; **schimp|fen; Schimp|fer; Schimp|fe|rei; schimp|fie|ren** (veralt. für: verunglimpfen); **Schimpf|ka|no|na|de** die; -, -n; **schimpf|lich; Schimpf_na|me, ...wort** (Plur. ...worte u. ...wörter)

Schi|na|kel das; -s, -[n] (ung.) (österr. ugs. für: kleines Boot)

Schind_aas, ...an|ger

Schin|del die; -, -n; **Schin|del|dach; schin|deln;** ich ...[e]le (↑R 22)

schin|den; (selten im Imperfekt:) du schindetest; geschunden; schind[e]!; **Schin|der** (jmd., der gestorbene Vieh verwertet; übertr. für: Quäler); **Schin|de|rei Schin|der|han|nes;** ↑R 138 (Führer einer Räuberbande am Rhein um 1800)

Schin|der|kar|re[n]; schin|dern (sächs. für: auf dem Eise gleiten); ich ...ere (↑R 22); **Schind|lu|der;** mit jmdm. - treiben (ugs. für: jmdn. schmählich behandeln); **Schind|mäh|re**

Schin|kel (dt. Baumeister u. Maler)

Schin|ken der; -s, -; **Schin|ken_brot, ...klop|fen** (das; -s; ein Spiel), **...kno|chen, ...speck, ...wurst**

Schinn der; -s (niederd. für: Kopfschuppen); **Schin|ne** die; -, -n; meist Plur. (Kopfschuppe)

Schin|to|is|mus der; - (jap.) (jap. Nationalreligion); **schin|toi|stisch** (↑R 180)

Schi|pi|ste, Ski|pi|ste

Schipp|chen, Schipp|lein; ein Schippchen machen od. ziehen (von Kindern: das Gesicht mit aufgeworfener Unterlippe zum Weinen verziehen); **Schip|pe** die; -, -n (Schaufel; unmutig aufgeworfene Unterlippe); **schip|pen; Schip|pen** Plur. als Sing. gebraucht (eine Spielkartenfarbe); - sticht; **Schip|pen|as**

schip|pern (ugs. für: mit dem Schiff fahren); ich ...ere (↑R 22)

Schipp|lein vgl. Schipp|chen

Schi|ras der; -, - ⟨nach der gleichnamigen Stadt in Iran⟩ (handgeknüpfter Teppich; Fettschwanzschaf, dessen Fell als Halbpersianer gehandelt wird)

Schi|ri der; -s, -s (ugs. Kurzw. für: Schiedsrichter)

schir|ken (mdal. für: einen flachen Stein über das Wasser hüpfen lassen)

Schirm der; -[e]s, -e; **Schirm|bild; Schirm|bild_fo|to|gra|fie, ...ge|rät** (Röntgengerät); **Schirm_dach, ...schir|men; Schir|mer; Schirm_fa|brik, ...fut|te|ral, ...git|ter** (Elektrotechnik); **Schirm|git|ter|röh|re** (Elektrotechnik); **Schirm_herr, ...herr|schaft, ...hül|le; Schirm|ling** (Schirmpilz); **Schirm_ma|cher, ...müt|ze, ...pilz, ...stän|der; Schir|mung**

Schi|rok|ko der; -s, -s ⟨arab.-ital.⟩ (warmer Mittelmeerwind)

schir|ren; Schirr|mei|ster; Schir|rung

Schir|ting der; -s, -e u. -s ⟨engl.⟩ (ein Baumwollgewebe)

Schis|ma das; -s, ...men u. ...ta ⟨griech.⟩ ([Kirchen]spaltung; kleinstes musikal. Intervall); **Schis|ma|ti|ker**[1] (Abtrünniger); **schis|ma|tisch**[1]

Schi|sport, Ski|sport der; -[e]s; **Schi|sprin|ger, Ski|sprin|ger; Schi|sprung, Ski|sprung; Schi|spur, Ski|spur**

Schiß der; Schisses (derb für: Kot; übertr. derb für: Angst)

Schiß|la|weng vgl. Zislaweng

Schi|stock, Ski|stock (Plur. ...stök|ke)

Schi|wa ⟨sanskr.⟩ (eine der Hauptgottheiten des Hinduismus)

Schi|wachs, Ski|wachs

schi|zo|gen[1] ⟨griech.⟩ (Biol.: durch Spaltung entstanden); **Schi|zo|go|nie**[1] die; - (eine Form der ungeschlechtl. Fortpflanzung); **schi|zo|id**[1]; -ste (nicht einheitlich, seelisch zerrissen); **Schi|zo|pha|sie**[1] die; - (Med.: Sprachverwirrtheit); **schi|zo|phren**[1] (an Schizophrenie erkrankt); **Schi|zo|phre|nie**[1] die; -, ...ien (Med.: Bewußtseinsspaltung)

Schlab|be|rei; schlab|be|rig, schlabb|rig; schlab|bern (ugs. für: schlürfend trinken u. essen; schwatzen); ich ...ere (↑R 22)

Schlacht die; -, -en

Schlach|ta die; - ⟨poln.⟩ (der ehem. niedere Adel in Polen)

Schlacht|bank (Plur. ...bänke); **schlacht|bar; schlach|ten; Schlach|ten_bumm|ler** (ugs.), **...ma|ler; Schlach|ter, Schläch-**

ter (nordd. für: Fleischer); **Schlach|te|rei, Schläch|te|rei** (nordd. für: Fleischerei; Gemetzel, Metzelei); **Schlacht_feld, ...fest, ...ge|sang, ...ge|wicht, ...haus, ...hof, ...kreu|zer, ...messer** das, **...op|fer, ...plan** (vgl. ²Plan), **...plat|te; schlacht|reif; Schlacht_roß** (das; ...rosses, ...rosse), **...ruf, ...schiff Schlacht|schitz** der; -en, -en; ↑R 197 (Angehöriger der Schlachta) **Schlacht_tag, ...tier; Schlachtung; Schlacht|vieh; Schlacht|vieh|be|schau**

schlack (bayr. u. schwäb. für: träge; schlaff); **Schlack** der; -[e]s (niederd. für: breiige Masse; Gemisch aus Regen u. Schnee); **Schlack|darm** (Mastdarm)

Schlacke[1] die; -, -n (Rückstand beim Verbrennen bes. von Koks); **schlacken**[1]; geschlackt; **Schlacken_bahn** (Sport), **...erz; schlacken|frei**[1]; **Schlacken¹_gru|be, ...hal|de; schlacken|reich**[1]; **Schlacken|rost**[1]

¹**schlackern**[1] (landsch. für: schlenkern); ich ...ere (↑R 22); mit den Ohren -

²**schlackern**[1] (niederd. für: regnen u. schneien); es schlackert; **Schlacker_schnee**[1], ...wet|ter das **schlackig**[1]; **Schlack|wurst**

Schlad|ming (Stadt im Ennstal); **Schlad|min|ger** (↑R 147); - Tauern

¹**Schlaf** der; -[e]s, Schläfe veralt. für: Schläfe)

²**Schlaf** der; -[e]s (Schlafen); **Schlaf_an|zug, ...au|ge** (meist Plur.; bei Puppen; ugs. auch für: versenkbarer Autoscheinwerfer), **...baum** (Baum, auf dem bestimmte Vögel regelmäßig schlafen); **Schläf|chen, Schläf|lein; Schlaf|couch**

Schlä|fe die; -, -n (Schädelteil) **schla|fen;** du schläfst; du schliefst (schliefest); du schliefst (schliefest); schlaf[e]!; schlafen gehen; [sich] schlafen legen **Schla|fen_bein, ...ge|gend Schla|fen|ge|hen** das; -s; **Schlafens|zeit; Schlä|fer; Schlä|fe|rin** die; -, -nen; **schlä|fern;** mich schläfert

schlaff; -[e]ste; Schlaff|heit die; - **Schlaf_gän|ger** (Mieter einer Schlafstelle), **...gast** (Plur. ...gäste), **...ge|le|gen|heit, ...ge|mach** (geh. veralt.)

Schla|fit|t|chen das u. **Schla|fit|tich** der (Schwungfedern des Flügels; übertr. für: Rockschoß), ugs. in: jmdn. am od. beim - nehmen, kriegen

Schlaf_krank|heit die; -; **Schläf-**

---
¹ Auch: *ßch...*

¹ Trenn.: ...k|k...

lein, Schläf|chen; Schlaf|lied;
schlaf|los; Schlaf|lo|sig|keit die;
-; Schlaf.mit|tel das, ...müt|ze
(auch scherzh. für: Viel-, Lang-
schläfer od. träger, schwerfäl-
liger Mensch); schlaf|müt|zig;
Schlaf|müt|zig|keit die; -;
Schlaf|ratz der; -[e]s, -e (ugs.
für: Langschläfer); schläf|rig;
Schläf|rig|keit die; -; Schlaf-
.rock, ...saal, ...sack, ...stadt
(Trabantenstadt mit geringen
Möglichkeiten zu gesellschaftlichen, kulturellen u. a. Aktivitä-
ten), ...stel|le, ...stö|rung (meist
Plur.), ...sucht (die; -); schlaf-
süch|tig; Schlaf.ta|blet|te,
...tier, ...trunk; schlaf|trun|ken;
Schlaf-wach-Rhyth|mus (Phy-
siol.); Schlaf|wa|gen; schlaf|wan-
deln; ich ...[e]le (↑R 22); er
schlafwandelte; er hat (auch: ist)
geschlafwandelt; zu -; Schlaf-
wand|ler; Schlaf|wand|le|rin die;
-, -nen; schlaf|wand|le|risch;
Schlaf.zen|trum (bestimmte Ge-
hirnzone); ...zim|mer, ...zim-
mer|blick (ugs.)

¹Schlag der; -[e]s, Schläge; Schlag
(österr., schweiz.: schlag) 2 Uhr;
Schlag auf Schlag; ²Schlag der;
-[e]s (österr.; kurz für: Schlag-
obers); Kaffee mit -; Schlag.ab-
tausch (Sportspr.), ...ader, ...an-
fall; schlag|ar|tig; Schlag|ball;
schlag|bar; Schlag.baum, ...boh-
rer, ...bohr|ma|schi|ne, ...bol|zen;
Schla|ge die; -, -n (landsch. für:
Hammer); Schlag|ei|sen; Schlä-
gel der; -s, - (Bergmannsham-
mer); vgl. Schlegel; Schlä|gel-
chen, Schläg|lein (kleiner
Schlag); schla|gen; du schlägst;
du schlugst (schlugest); du
schlügest; er hat geschlagen;
schlag[e]!; er schlägt ihn (auch:
ihm) ins Gesicht; schlagendes
Wetter (Bergmannsspr.: explo-
sionsgefährliches Gemisch aus
Grubengas und Luft); Schla|ger
([Tanz]lied, das in Mode ist; etwas, das sich gut verkauft, gro-
ßen Erfolg hat); Schlä|ger (Rauf-
bold; Fechtwaffe; Sportgerät);
Schlä|ge|rei; Schla|ger.fe|sti|val,
...mu|sik; schlä|gern (österr. für:
Bäume fällen, schlagen); ich
...ere (↑R 22); Schla|ger.sän|ger,
...sän|ge|rin, ...spiel (Sport),
...star (vgl. ²Star), ...text, ...tex-
ter (Verfasser von Schlagertex-
ten); Schlä|ge|rung; Schla|ge|tot
der; -s, -s (ugs. für: Raufbold,
Totschläger); schlag|fer|tig;
Schlag|fer|tig|keit die; -; schlag-
fest; -este; Schlag.fluß (veralt.
für: Schlaganfall), ...ham|mer,
...hand (Boxsport), ...holz, ...in-
stru|ment, ...kraft (die; -);
schlag|kräf|tig; Schläg|lein vgl.

Schlägelchen; Schlag|licht (Plur.
...lichter); schlag|licht|ar|tig;
Schlag.loch, ...mann (Plur.
...männer; Rudersport); Schlag-
obers (österr. für: Schlagsahne);
Schlag.rahm, ...ring, ...sah|ne,
...schat|ten, ...sei|te, ...stock,
...werk (Uhr), ...wet|ter (Plur.;
schlagende Wetter), ...wort (Plur.
...worte, seltener, für Stichwort
eines Schlagwortkatalogs nur:
...wörter); Schlag|wort|ka|ta|log;
Schlag.zei|le, ...zeug, ...zeu|ger
(Schlagzeugspieler)

Schlaks der; -es, -e (bes. nordd.
für: lang aufgeschossener, unge-
schickter Mensch); schlak|sig

Schla|mas|sel der (auch, österr.
nur: das); -s (jidd.) (ugs. für: Unglück; Widerwärtiges); Schla-
ma|stik die; -, -en (landsch. für:
Schlamassel)

Schlamm der; -[e]s, (selten:) -e
u. Schlämme; Schlammmasse
[Trenn.: Schlamm|mas|se, ↑R
204]; Schlamm.bad, ...bei|ßer
(ein Fisch); schlam|men (mit
Wasser aufbereiten; Schlamm
absetzen); schläm|men (von
Schlamm reinigen); schlam|mig;
Schlämm.krei|de (die; -), ...putz
(dünner, aufgestrichener Putz-
überzug), ...ver|fu|gung (Bauw.)

Schlamp der; -[e]s, -e (landsch.
für: unordentlicher Mensch);
schlam|pam|pen (ugs. für:
schlemmen); er hat schlam-
pampt; Schlam|pe die; -, -n (ugs.
für: unordentliche Frau);
schlam|pen (ugs. für: unordent-
lich sein); Schlam|per (südd.
für: unordentlich arbeitender
Mensch mit unordentlicher Klei-
dung); Schlam|pe|rei (ugs. für:
Unordentlichkeit); schlam|pert
(österr. ugs. für: schlampig);
schlam|pig (ugs. für: unordent-
lich); Schlam|pig|keit (ugs.)

Schlan|ge die; -, -n; Schlange ste-
hen (↑R 207); Schlän|gel|chen,
Schläng|lein; schlän|ge|lig,
schläng|lig; schlän|geln, sich; ich
...[e]le mich (↑R 22); schlan|gen-
ar|tig; Schlan|gen.be|schwö|rer,
...biß, ...brut, ...farm, ...fraß
(ugs. für: schlechtes Essen),
...gift; schlan|gen|haft; Schlan-
gen.le|der, ...li|nie, ...mensch;
Schläng|lein, Schlän|gel|chen;
schläng|lig, schlän|ge|lig
schlank; -er, -ste; auf die schlanke
Linie achten; Schlan|kel der;
-s, - (österr. ugs. für: Schelm,
Schlingel); Schlank|heit die; -;
Schlank|heits|kur; schlank|ma-
chen; ↑R 205 f. (landsch. für: sich
fein anziehen); ich mache
schlank; ich habe schlank-
gemacht; schlankzumachen;
aber: schlank machen (schlan-

ker erscheinen lassen); das Kleid
macht schlank; Schlank|ma|chen
(ugs. für: Mittel, das das Abnehmen erleichtern soll); schlank-
weg (ugs. für: ohne weiteres)
Schlap|fen der; -s, - (bayr., österr.
ugs. für: Pantoffel)
schlapp (ugs. für: schlaff, müde
abgespannt); Schläpp|chen;
Schläpp|lein (landsch.; kleinen
Schlappen); Schlap|pe die; -, -n
([geringfügige] Niederlage)
schlap|pen (ugs. für: lose sitzen
[vom Schuh]; landsch. für:
schlurfend gehen); Schlap|pen
der; -s, - (ugs. für: bequemen
Hausschuh); Schlap|per|milch
(landsch. für: saure Milch)
schlap|pern (obersächs. für:
schlürfend trinken u. essen; lek-
ken; ugs. für: schwätzen); ich
...ere (↑R 22); Schlapp|heit,
Schlapp|hut der; schlap|pig
(landsch. für: nachlässig);
Schläpp|lein vgl. Schläppchen
schlapp|ma|chen; ↑R 205 (ugs.
am Ende seiner Kräfte sein
u. nicht durchhalten); er hat
schlappgemacht; Schlapp.ohr
(scherzh. für: Hase), ...schuh
(Schlappen), ...schwanz (ugs. für
willensschwacher, energieloser
Mensch)
Schla|raf|fe der; -n, -n; ↑R 197
(veralt. für: [auf Genuß bedach-
ter] Müßiggänger; Mitglied der
Schlaraffia); Schla|raf|fen.land
(das; -[e]s), ...le|ben (das; -s);
Schla|raf|fia die; - (Schlaraffen-
land; Vereinigung zur Pflege der
Geselligkeit unter Künstlern u.
Kunstfreunden)
Schlar|fe, Schlar|pe die; -, -n
(mdal. für: Pantoffel)
schlau; -er, -[e]ste
Schlau|be die; -, -n (landsch. für:
Fruchthülle, Schale); schlau|ben
(landsch. für: enthülsen)
Schlau|ber|ger (ugs. für: Schlau-
kopf); Schlau|ber|ge|rei die; -
(ugs.)
Schlauch der; -[e]s, Schläuche;
schlauch|ar|tig; Schlauch|boot;
Schläu|chel|chen, Schläuch|lein;
schlau|chen (ugs. für: sehr an-
strengend sein); Schlauch|lei-
tung; schlauch|los; -e Reifen;
Schlauch.pilz, ...rol|le (Aufroll-
gerät für den Wasserschlauch),
...wa|gen, ...wurm
Schlau|der die; -, -n (Bauw.: ei-
serne Verbindung an Bauwer-
ken); schlau|dern (Bauw.: durch
Schlaudern befestigen); ich ...ere
(↑R 22)
Schläue die; - (Schlauheit);
schlau|er|wei|se
Schlau|fe die; -, -n (Schleife)
Schlau|fuchs (scherzh.); Schlau-
heit; Schlau|ig|keit (veralt.)

Schlau_kopf (scherzh.), ...mei|er (scherzh.)

Schla|wi|ner (bes. südd., österr. für: Nichtsnutz, pfiffiger, durchtriebener Mensch)

schlęcht; -este; eine schlechte Ware; der schlechte Ruf; schlechte Zeiten; schlecht (schlicht) und recht. **I.** *Großschreibung* (↑ R 65): im Schlechten und im Guten; etwas, nichts, viel, wenig Schlechtes. **II.** *Schreibung in Verbindung mit Verben* (↑ R 205 f.): **a)** *Getrenntschreibung,* wenn „schlecht" in ursprünglichem Sinne gebraucht wird, z. B. er wird schlęcht sein, werden, singen usw.; er wird mit ihm schlęcht auskommen; **b)** *Zusammenschreibung* in übertragenem Sinne; vgl. schlęchtgehen, schlechtmachen. **III.** *Schreibung in Verbindung mit dem 2. Partizip:* der schlęchtgelaunte Besucher (↑ jedoch R 209), aber: der ausgesprochen schlęcht ge_launte Vater, der Besucher war schlęcht gelaunt; **schlęcht|be|ra|ten;** schlechter beraten, am schlechtesten beraten; vgl. schlecht, III; **schlęcht|be|zahlt;** schlechter bezahlt, am schlechtesten bezahlt; vgl. schlecht, III.

Schlęch|te die; -, -n (Kluft; Riß)

schlęch|ter|dings (durchaus); **schlęcht|ge|hen;** ↑ R 205 f. (sich in einer üblen Lage befinden); es ist ihr nach dem Kriege wirklich schlechtgegangen; aber: in diesen Schuhen ist sie schlecht gegangen; das wird schlecht (kaum) gehen; **schlęcht|ge|launt;** schlechter gelaunt, am schlechtesten gelaunt; vgl. schlecht, III; **Schlęcht|heit** die; -; **schlęcht|hin** (durchaus); **Schlęcht|hin|nig;** **Schlęch|tig|keit;** **schlęcht|ma|chen;** ↑ R 205 f. (herabsetzen); er hat ihn überall schlechtgemacht; aber: er hat seine Aufgaben schlecht gemacht (schlecht ausgeführt); **schlęcht|weg** (ohne Umstände; einfach); **Schlęcht-wet|ter** das; -s; bei -; **Schlęcht-wet|ter_front,** ...geld (Bauw.), ...pe|ri|ode

Schlęck der; -s, -e (südd. u. schweiz. für: Leckerbissen); **schlęcken¹; Schlęcker¹** (ugs.); **Schleckerei¹;** **schlęcker|haft¹;** -este; **Schlęcker|maul¹;** (scherzh. ugs.); **schlęckrig¹** ich ...ere (↑ R 22), **schlęckig¹** (landsch. für: naschhaft); **Schlęck|werk** (landsch.)

Schlę|gel der; -s, - (ein Werkzeug zum Schlagen; landsch. für: [Kalbs-, Reh]keule); vgl. Schlä-

Trenn.: ...k|k...

gel; **schlę|geln** (landsch. für: mit dem Schlegel schlagen; stampfen); ich ...[e]le (↑ R 22)

Schlęh|dorn (*Plur.* ...dorne; ein Strauch); **Schlę|he** die; -, -n (ein Strauch, dessen Frucht); **Schlę-hen_blü|te,** ...li|kör

¹Schlei; der; - (Förde an der Ostküste Schleswigs)

²Schlei vgl. Schleie

Schlei|che die; -, -n (schlangenähnliche Echse); **schlei|chen;** du schlichst (schlichest); du schlichest; geschlichen; schleich[e]!; **Schlei|cher; Schlei|che|rei** (ugs.); **Schleich_han|del,** ...kat|ze, ...pfad, ...weg (auf -en), ...wer-bung

Schleie die; -, -n u. Schlei der; -[e]s, -e (ein Fisch)

Schlei|er der; -s, -; **Schlei|er|eu|le; schlei|er|haft;** -este (ugs. für: rätselhaft; dunkel); **Schlei|er|kraut** (eine Pflanze)

Schlei|er|ma|cher (dt. Theologe, Philosoph u. Pädagoge)

Schlei|er_schwanz (Fisch), ...stoff, ...tanz

Schleif_ap|pa|rat, ...au|to|mat, ...band (*das; Plur.* ...bänder), ...bank (*Plur.* ...bänke)

¹Schlei|fe die; -, -n (Schlinge)

²Schlei|fe die; -, -n (mdal. für: Gleitbahn); ¹**schlei|fen** (schärfen; Soldatenspr.: schinden); du schliffst (schliffest); du schliffest; geschliffen; schleif[e]!; ²**schlei|fen** (über den Boden ziehen; sich am Boden [hin] bewegen; Militär: dem Boden gleichmachen); du schleiftest; geschleift; schleif[e]!

Schlei|fen_fahrt, ...flug

Schlei|fer (auch für: [Walzer]tanz; Musik: kleine Verzierung; Soldatenspr.: rücksichtsloser, überstrenger Ausbilder); **Schlei|fe-rei;** **Schleif_kon|takt** (Elektrotechnik), ...lack, ...lack|mö|bel, ...ma|schi|ne, ...mit|tel das, ...pa-pier, ...ring; **Schleif|sel** das; -s, - (veralt. für: Abfall beim Schleifen); **Schleif_spur,** ...stein; **Schlei|fung**

Schleim der; -[e]s, -e; **Schleim-_beu|tel,** ...beu|tel|ent|zün|dung, ...drü|se; **schlei|men;** **Schleim-er** (ugs. für: Schmeichler); **Schleim-_fisch,** ...haut; **schlei|mig;** **Schleim_pilz,** ...schei|ßer (derb für: Schmeichler), ...sup|pe

Schlei|ße die; -, -n (dünner Span; Schaft der Feder nach Abziehen der Fahne); **schlei|ßen** (abnutzen, zerreißen; auseinanderreißen); du schleißt (schleißest); er schleißt; du schlissest und schleißtest, er schliß und schleißte; geschlissen u. geschleißt; schleiß[e]!; **Schlei|ße|rin** die; -,

-nen (veralt.); **Schleiß|fe|der; schlei|ßig** (mdal. für: verschlissen, abgenutzt)

Schlei|z (Stadt im Vogtland); **Schlei|zer** (↑ R 147)

Schle|mihl [auch: ...mil] der; -s, -e ⟨hebr.⟩ (ugs. für: Pechvogel; gerissener Kerl)

schlęmm (engl.): - machen, werden; **Schlęmm** der; -s, -e (alle Stiche [im Bridge u. im Whist]

schlęm|men (üppig leben); **Schlęm|mer; Schlem|me|rei; schlęm|mer|haft;** **schlęm|me-risch;** -ste; **Schlęm|mer_lo|kal,** ...mahl|zeit]; **Schlęm|mer|tum** das; -s

Schlęm|pe die; -, -n (Rückstand bei der Spirituserzeugung; Viehfutter)

schlęn|dern; ich ...ere (↑ R 22); **Schlęnd|ri|an** der; -[e]s (abwertend für: Schlamperei)

Schlęn|ge die; -, -n (niederd. für: Reisigbündel; Buhne)

Schlęn|ke die; -, -n (Geol.: Wasserrinne im Moor)

Schlęn|ker (schlenkernde Bewegung, kurzer Gang); **Schlęn|ke-rich, Schlęnk|rich** der; -s, -e (obersächs. für: Stoß, Schwung; leichtlebiger Mensch); **schlęn-kern;** ich ...ere (↑ R 22)

schlęn|zen (Eishockey u. Fußball: den Ball od. Puck [ohne auszuholen] mit einer schiebenden od. schlenkernden Bewegung spielen); du schlenzt (schlenzest)

Schlępp der, nur in den Wendungen: in - nehmen, im - haben, im - fahren; **Schlępp_an|ten|ne** (Flugw.), ...damp|fer; **Schlęp|pe** die; -, -n; **schlęp|pen; Schlępp|en-kleid, Schlępp|kleid; schlęp|per;** **Schlęp|pe|rei** (ugs.); **Schlępp|pin|sel** der; -s, - [*Trenn.:* Schlepp|pin|sel, ↑ R 204] (Pinsel für den Steindruck); **Schlępp_kahn,** ...kleid od. Schlepp|pen|kleid, ...lift, ...netz, ...schiff, ...schiffahrt [*Trenn.:* ...schiff|fahrt, ↑ R 204], ...seil, ...start (Segelflugstart durch Hochschleppen mit Motorflugzeug), ...tau (*das;* -[e]s, -e), ...zug

Schle|si|en [...i⟨e⟩n]; **Schle|si|er** [...i⟨e⟩r]; **schle|sisch;** (↑ R 148:) schlesisches Himmelreich, aber (↑ R 157): der Erste Schlesische Krieg

Schlęs|wig; **Schlęs|wi|ger** (↑R 147); **Schlęs|wig-Hol|stein** (Land); **Schlęs|wig-Hol|stei|ner** (↑ R 147); **schlęs|wig-hol|stei|nisch** (↑ R 154), aber (↑ R 157): der Schleswig-Holsteinische Landtag; **schlęs-wil|gisch, schlęs|wigsch**

schlęt|zen (schweiz. mdal. für: [die Tür] zuschlagen); du schletzt (schletzest)

Schleu|der *die;* -, -n; Schleu|der-
_ball, ...be|ton, ...brett (Sport);
Schleu|de|rei; Schleu|de|rer,
Schleud|rer; Schleu|der_ho|nig,
...kurs (für Autofahrer), ...ma-
schi|ne; schleu|dern; ich ...ere
(↑ R 22); Schleu|der-preis (vgl.
²Preis), ...pum|pe (für: Zentri-
fugalpumpe), ...sitz (Flugw.),
...start (Flugw.), ...wa|re;
Schleud|rer, Schleu|de|rer
schleu|nig (schnell); schleu|nigst
(auf dem schnellsten Wege)
Schleu|se *die;* -, -n; schleu|sen; du
schleust (schleusest); Schleu|sen-
_kam|mer, ...tor *das,* ...wär|ter
schleuß! (veralt. für: schließ[e]!);
schleußt (veralt. für: schließt)
Schlich *der;* -[e]s, -e (feinkörniges
Erz; ugs. für: Schleichweg;
Kunstgriff, Kniff)
schlicht; -este; ein schlichtes Ge-
wand; schlichte Leute; Schlichte *die;* -, -n (Klebflüssigkeit zum
Glätten u. Verfestigen der Gewe-
be); schlich|ten (auch für: mit
Schlichte behandeln); Schlich-
ter; Schlich|te|rei; Schlicht_heit
(die; -), ...ho|bel; Schlich|tung;
Schlich|tungs_aus|schuß, ...ver-
fah|ren, ...ver|such; schlicht|weg
Schlick *der;* -[e]s, -e (an organ.
Stoffen reicher Schlamm,
Schwemmland); schlicken[1]
([sich] mit Schlick füllen);
schlicke|rig[1], schlick|rig;
Schlicker|milch[1] (landsch. für:
Sauermilch); schlickern[1]
(landsch. für: schwanken; auf
dem Eis gleiten); ich ...ere
(↑ R 22); schlickig[1]; schlick|rig,
schlicke|rig[1]; Schlick|watt
Schlief *der;* -[e]s, -e (landsch. für:
klitschige Stelle [im Brot]); vgl.
Schliff; schlie|fen (Jägerspr. u.
südd., österr. ugs.: in den Bau
schlüpfen, kriechen); du
schloffst (schloffest); du schlöf-
fest; geschloffen; schlief[e]!;
Schlie|fen *das;* -s (Jägerspr.: Ein-
fahren des Dachshundes in den
Bau); Schlie|fer (Jägerspr.:
Dachs)
Schlief|fen (ehem. Chef des dt.
Generalstabes)
schlie|fig (landsch. für: klitschig
[vom Brot])
Schlie|mann (dt. Altertumsfor-
scher)
Schlier *der;* -s (bayr. u. österr. für:
Mergel); Schlie|re *die;* -, -n
(obersächs. für: schleimige Masse; streifige Stelle [im Glas]);
schlie|ren (Seemannsspr.: glei-
ten, rutschen); schlie|rig (schlei-
mig, schlüpfrig); Schlier|sand
(bes. österr. für: feiner, angeschwemmter Sand)

---

¹Schlier|see (Ort am Schliersee);
²Schlier|see *der;* -s; Schlier|seer
[...se*r*] (↑ R 147, R 151 u. R 180)
schlie|ß|bar; Schlie|ße *die;* -, -n;
schlie|ßen; du schließt (schlie-
ßest), er schließt (veralt.: er
schleußt); du schlossest, er
schloß; du schlössest; geschlos-
sen; schließ|e|! (veralt.:
schleuß!); Schlie|ßer; Schlie|ße-
rin *die;* -, -nen; Schließ_fach,
...frucht (Frucht, die sich bei der
Reife nicht öffnet), ...ket|te,
...korb; schließ|lich; Schließ-
_mus|kel, ...rah|men (Druckw.);
Schlie|ßung; Schließ|zy|lin|der
(im Sicherheitsschloß)
Schliff *der;* -[e]s, -e (Schleifen;
Geschliffensein; ugs. [nur *Sing.*]
für: gute Umgangsformen, Bildung; auch für: Schlief); Schliff-
flä|che (↑ R 204); schlif|fig (Ne-
benform von: schliefig)
schlimm; -er, -ste; - sein, stehen;
im schlimmsten Fall[e]; schlimme Zeiten; eine schlimme Lage.
I. *Kleinschreibung* (↑ R 65): er ist
am schlimmsten d[a]ran; es ist
das schlimmste (sehr schlimm),
daß ... II. *Großschreibung:* a)
(↑ R 65:) das ist noch lange nicht
das Schlimmste; ich bin auf das,
zum Schlimmsten gefaßt; sich
zum Schlimmen wenden; das
Schlimmste fürchten; zum
Schlimmsten kommen; b)
(↑ R 65:) etwas, wenig, nichts
Schlimmes; schlimm|sten|falls;
vgl. Fall der
Schling|be|schwer|den *Plur.*
Schlin|ge *die;* -, -n; ¹Schlin|gel
das; -s, - (landsch. für: Öse, Auf-
hänger)
²Schlin|gel *der;* -s, - (scherzh. für:
vergnügter, übermütiger Junge);
Schlin|gel|chen, Schlin|ge|lein
schlin|gen; du schlangst (schlan-
gest); du schlängest; geschlun-
gen; schling[e]!
Schlin|gen|stel|ler
Schlin|ger|kiel (Seitenkiel zur
Verminderung des Schlingerns);
schlin|gern (von Schiffen: um die
Längsachse schwanken); das
Schiff schlingert; Schlin|ger|tank
(Tank zur Verminderung des
Schlingerns)
Schling|pflan|ze
Schlipf *der;* -[e]s, -e (schweiz. neben: [Berg-, Fels-, Erd]rutsch)
Schlipp *der;* -[e]s, -e (engl.) (schiefe Ebene für den Stapellauf eines
Schiffes)
Schlip|pe *die;* -, -n (nordd. für:
Rockzipfel; ostmitteld. für: en-
ger Durchgang)
schlip|pen (Seemannsspr.: lösen,
loslassen)
Schlip|per *der;* -s (ostmitteld. für:
abgerahmte, dicke Milch);

schlip|pe|rig, schlipp|rig
(landsch. für: gerinnend);
Schlip|per|milch (landsch.)
Schlips *der;* -es, -e (Krawatte);
Schlips|na|del
Schlit|tel *das;* -s, - (landsch. für:
kleiner Schlitten); schlit|teln
(schweiz. für: rodeln); ich ...[e]le
(↑ R 22); - lassen (laufen lassen,
sich um etwas nicht kümmern);
schlit|ten (landsch.); Schlit|ten
der; -s, - (↑ R 207:) - fahren; ich
bin Schlitten gefahren; Schlit-
ten_bahn, ...fah|ren *(das;* -s)
...fahrt, ...hund; Schlit|ter|bahn;
schlit|tern ([auf dem Eis] glei-
ten); ich ...ere (↑ R 22); Schlittschuh; - laufen (↑ R 207); ich bin
Schlittschuh gelaufen; Schlitt-
schuh_lau|fen *(das;* -s), ...läu|fer,
...läu|fe|rin
Schlitz *der;* -es, -e; Schlitz|au|ge;
schlitz|äu|gig; schlit|zen; du
schlitzt (schlitzest); Schlitz|ohr
(ugs. für: gerissener Bursche
Gauner); schlitz|oh|rig (ugs.);
ein schlitzohriger Geschäfts
mann; Schlitz|oh|rig|keit (ugs.);
Schlitz|ver|schluß (Fotogr.)
schloh|weiß (weiß wie Schloßen)
Schlor|re *die;* -, -n (landsch. für:
Hausschuh); schlor|ren (landsch.
für: schlurfen)
Schloß *das;* Schlosses, Schlösser
Schlöß|chen, Schlöß|lein
Schlo|ße *die;* -, -n (landsch.: Ha
gelkorn); schlo|ßen (landsch.); e
schloßt; es hat geschloßt
Schlos|ser; Schlos|se|rei; Schlos
ser|hand|werk; Schlos|se|rin *die*
-, -nen; schlos|sern; ich schlosse
re und schlößre (↑ R 22); Schlos
ser_werk|statt od. ...werk|stät|te
Schloß_gar|ten, ...herr, ...hof
Schloß|lein, Schlöß|chen
Schloß_park, ...rui|ne
schloß|weiß (Nebenform vor
schlohweiß)
Schlot *der;* -[e]s, -e u. (seltener
Schlöte (ugs. auch für: Mensc
mit rücksichtslosem Benehmen
Schlot|ba|ron (abschätzig für
Großindustrieller [im Ruhrge
biet]); Schlot|fe|ger (landsch.
für: Schornsteinfeger)
Schlot|te *die;* -, -n (Zwiebelblatt
Bergmannsspr.: Hohlraum in
Gestein); Schlot|ten|zwie|bel
schlot|te|rig, schlott|rig; schlot
tern; ich ...ere (↑ R 22)
schlot|zen (bes. schwäb. für: ge
nüßlich trinken); du schlotz
(schlotzest)
Schlucht *die;* -, -en (dicht. veralt.
Schlüchte)
schluch|zen; du schlucha
(schluchzest); Schluch|zer
Schluck *der;* -[e]s, -e u. (seltener
Schlücke [*Trenn.:* Schlük|ke
Schluck|auf *der;* -s; Schlück|che

schwer|den *Plur.;* Schlück|chen; Schlück|lein; **schlück|en**[1]; **Schlücken**[1] *der;* -s (Schluckauf); **Schlücker**[1] (bemitleidend: armer Kerl, armer Teufel); **Schlück-imp|fung;** Schlück|lein, Schlück-chen; **schlück|sen** (ugs. für: Schluckauf haben); du schluckst (schlucksest); **Schlück|ser** *der;* -s (ugs. für: Schluckauf); **Schluck-specht** (ugs. scherzh. für: Trinker); **schlück|wei|se**

schlu|der|ar|beit; Schlu|de|rei; **schlu|de|rig,** schlud|rig (nachlässig); **schlu|dern** (nachlässig arbeiten); ich ...ere (↑R 22)

Schlüffe *der;* -[e]s, -e u. Schlüffe (Ton; [Schwimm]sand; mdal. für: Schlupfwinkel; südd. für: Muff)

Schluft *die;* -, Schlüfte (mitteld. für: Schlucht)

Schlum|mer *der;* -s; Schlum|mer-kis|sen, ...lied; **schlum|mern;** ich ...ere (↑R 22); **Schlum|mer-rol|le**

Schlumpf *der;* -[e]s, Schlümpfe (zwergenhafte Comicfigur)

Schlund *der;* -[e]s, Schlünde

Schlun|ze *die;* -, -n (mdal. für: unordentliche Frau); **schlun|zig** (mdal. für: unordentlich)

schlup vgl. Slup

Schlupf *der;* -[e]s, Schlüpfe und -e (landsch. für: Unterschlupf); **schlüp|fen** (südd., österr., schweiz.), **schlüp|fen;** Schlüp|fer [Damen]unterhose); **Schlupf-jacke** [*Trenn.:* ...jak|ke], ...loch; **schlüpf|rig;** Schlüpf|rig|keit; Schlupf_wes|pe, ...win|kel

Schlup|pe *die;* -, -n (niederd., mitteld., westd. für: [Band]schleife)

schlurf *der;* -[e]s, Schlürfe (veralt. für: Schluck); **schlur|fen,** schlur-'en (schleppend gehen); er hat geschlurft; er ist dorthin geschlurft; **schlür|fen** ([Flüssigkeit] geräuschvoll in den Mund einsaugen; mdal. auch für: schlurfen); **Schlur|fer** (Schlurfender); **Schlür|fer** (Schlürfender; auch für: Schlurfer); **schlur|ren** vgl. schlurfen; **Schlur|ren** *der;* -s, -; norddt. für: Pantoffel)

Schluß *der;* Schlusses, Schlüsse; **Schluß_ab|stim|mung,** ...akt, ..ball, ...be|mer|kung, ...be|spre-hung, ...bi|lanz (Wirtsch.), ..bild, ...brief (Wirtsch.), ..drit|tel (Eishockey); **Schlüs-sel** *der;* -s, -; **Schlüs|sel_bart, .bein, ...blu|me, ...brett, ...bund** *der* (österr. nur so] od. *das;* -[e]s, -e); **Schlüs|sel|chen,** Schlüssel|lein; **Schlüs|sel|er|leb|nis** (Psych.); **schlüs|sel|fer|tig** (von Neubauten: bezugsfertig); **schlüs|sel_fi|gur, ...ge|walt** (*die;*

Trenn.: ...k|k...

-), ...in|du|strie, ...kind (Kind mit eigenem Wohnungsschlüssel, das nach der Schule unbeaufsichtigt ist, weil die Eltern beide berufstätig sind), ...loch; **schlüs-seln** (nach einem bestimmten Verhältnis [Schlüssel] aufteilen); ich schlüssele u. schlüßle (↑R 22); **Schlüs|sel_po|si|ti|on, ...reiz** (Reiz, der eine bestimmte Reaktion bewirkt), ...ring, ...ro-man, ...stel|lung; **Schlüs|se|lung;** **Schlüs|sel|wort** (vgl. Wort); **schlüß|lich** u. endlich; **Schlüß_fei|er, ...fol|ge;** **schlüß|fol|gern;** ich schlußfolgerte; geschlußfolgert; um zu schlußfolgern; **Schlüß-_fol|ge|rung, ...for|mel;** **schlüs-sig** - sein; [sich] - werden; ich wurde mir darüber -; ein -er Beweis; **Schluß_ka|pi|tel, ...kurs** (Börse), ...läu|fer (Sportspr.), ...läu|fe|rin (Sportspr.), ...licht (*Plur.* ...lichter), ...mann (*Plur.* ...männer), ...no|te (Wirtsch.), ...pfiff (Sportspr.), ...pha|se, ...punkt, ...rech|nung; **Schluß-s** *das;* -, - (↑R 37); **Schluß_satz, ...si|gnal, ...spurt** (Sport), ...stein, ...strich, ...ver|kauf, ...ver|tei-lung (Wirtsch.), ...wort (*Plur.* ...worte), ...zei|chen

Schlüt|te *die;* -, -n (schweiz. mdal. für: weite Jacke); **Schlüt|chen** u. (mdal.:) **Schlüt|li** *das;* -s, - (schweiz. für: Säuglingsjäckchen)

Schmach *die;* -; **schmach|be|deckt** (↑R 209); **schmach|bella|den** (↑R 209)

schmach|ten; **Schmacht|fet|zen** (spött. für: rührseliges Lied); **schmäch|tig;** **Schmacht_korn** (verkümmertes Korn; *Plur.* ...körner), ...lap|pen (ugs. für: Hungerleider; spött. für: verliebter Jüngling), ...locke [*Trenn.:* ...lok|ke] (spött.), ...rie|men (ugs. für: Gürtel, Koppel])

schmach|voll

¹**Schmack** *der;* -[e]s, -e (Mittel zum Schwarzfärben); vgl. Sumach

²**Schmack, Schmacke** *der;* -, ...cken [*Trenn.:* Schmak|ke] (niederd. für: kleines Küsten- od. Fischerfahrzeug)

schmack|haft; -este; **Schmack-haf|tig|keit** *die;* -

Schmad|der *der;* -s (niederd. für: [nasser] Schmutz); **schmad|dern** (niederd. für: sudeln); ich ...ere (↑R 22)

Schmäh *der;* -s, -[s] (österr. ugs. für: Trick); einen - führen (Witze machen); **schmä|hen; schmäh-lich; Schmäh|lich|keit; schmäh-_re|de, ...schrift, ...sucht** (*die;* -); **schmäh|süch|tig;** **Schmäh|tand-ler** (österr. ugs. für: jmd., der bil-

lige Tricks oder Witze macht); **Schmä|hung; Schmäh|wort** (*Plur.* ...worte)

schmal; schmaler u. schmäler, schmalste (auch: schmälste); **schmäl|brü|stig;** **schmä|len** (veralt., aber noch mdal. für: zanken; lästern; Jägerspr. [vom Rehwild]; einen bellenden Laut im Schreck ausstoßen); **schmä-lern** (schmaler machen); ich ...ere (↑R 22); **Schmä|le|rung;** **Schmal_film, Schmal|fil|mer; Schmal|film|ka|me|ra; Schmal-hans;** in: da ist - Küchenmeister (ugs. für: jmd. muß sparsam leben); **Schmal|heit** *die;* -

Schmal|kal|den (Stadt am Südwestfuß des Thüringer Waldes); **Schmal|kal|de|ner** (↑R 147); **schmal|kal|disch,** aber: (↑R 157): die Schmalkaldischen Artikel; der Schmalkaldische Bund

schmal_lip|pig, ...ran|dig; **Schmal-_reh** (weibl. Reh vor dem ersten Setzen), ...sei|te, ...spur (*die;* -; Eisenbahnw.); **Schmal_spur_aka-de|mi|ker** (abschätzig), ...bahn; **schmal|spu|rig**

Schmal|te *die;* -, -n (ital.) (Kobaltschmelze, Blaufärbemittel [für Porzellan u. Keramik]); **schmal-ten** (für: emaillieren)

Schmal_tier (weibl. Rot-, Damod. Elchwild vor dem ersten Setzen), ...vieh (Kleinvieh)

Schmalz *das;* -es, -e; **Schmalz-brot; Schmäl|ze** *die;* -, -n (zum Schmälzen der Wolle benutzte Flüssigkeit); **schmäl|zen** (Speisen mit Schmalz zubereiten); du schmalzt (schmalzest); geschmalzt u. geschmalzen (in übertr. Bedeutung nur so, z. B. ugs.: es ist mir zu geschmalzen [teuer]); gesalzen u. geschmalzen; **schmäl|zen** (auch für: Wolle vor dem Spinnen einfetten); du schmälzt (schmälzest); geschmälzt; **Schmalz|ge|backe|ne** *das;* -n (↑R 7 ff.) [*Trenn.:* ...bak-ke...]; **schmal|zig; Schmalz|ler** *der;* -s (Schnupftabak)

Schman|kerl *das;* -s, -n (bayr. u. österr. für: eine süße Mehlspeise; Leckerbissen)

Schmant *der;* -[e]s (landsch. für: Sahne; auch: [fettiger] Schmutz); **Schmant|kar|tof|feln** *Plur.*

schma|rot|zen (auf Kosten anderer leben); du schmarotzt (schmarotzest); geschmarotzt; er hat schmarotzt; **Schma-rot|zer** *der;* -s **Schma|rot|zer|haft;** **schma|rot|ze|risch;** **Schma|rot-zer_pflan|ze, ...tier, ...tum** (*das;* -s), ...wes|pe

Schmar|re *die;* -, -n (bayr. für: lange Hiebwunde, Narbe); **Schmar-ren** *der;* -s, - (bayr. u. österr.: eine

Mehlspeise; ugs. abwertend für: Wertloses)
Schma̱|sche die; -, -n ‹poln.› (fachspr. für: Fell neugeborener Lämmer)
Schmatz der; -es, -e (ugs. für: [lauter] Kuß); **Schma̱tz|chen; Schma̱tz|lein; schma̱t|zen;** du schmatzt (schmatzest); **Schmä̱t|zer** (ein Vogel)
Schmauch der; -[e]s (landsch. für: qualmender Rauch); **schmau|chen; Schmauch|spu̱|ren** Plur. (nach einem Schuß)
Schmaus der; -es, Schmäuse (reichhaltiges u. gutes Mahl); **schmau|sen;** du schmaust (schmausest); **Schmau|se|re̱i** (ugs.)
schme̱cken [Trenn.: schmek|ken]
Schmei|che|le̱i; schmei|chel|haft, -este; **Schmei|chel.kätz|chen** od. ...kat|ze; **schmei|cheln;** ich ...[e]le (↑R 22); **Schmei|chel|wort** (Plur. ...worte); **Schmeich|ler; schmeich|le|risch,** -ste
schmei̱|dig (dicht. u. landsch. für: geschmeidig); **schmei|di|gen** (veralt. für: geschmeidig machen)
¹**schmei̱|ßen** (ugs. für: werfen); du schmeißt (schmeißest); du schmissest er schmiß; geschmissen; schmeiß[e]!; ²**schmei̱|ßen** (Jägerspr.: Kot auswerfen); der Habicht schmeißt, schmeißte, hat geschmißt; **Schmeiß|flie|ge**
Schme̱lz der; -es, -e; **Schme̱lz|bad; schme̱lz|bar; Schme̱lz|bar|keit** die; -; **Schme̱lz|but|ter; Schme̱l|ze** die; -, -n; ¹**schme̱l|zen** (flüssig werden); du schmilzt (schmilzest), er schmilzt; du schmolzest; du schmölzest; geschmolzen; schmilz! ²**schme̱l|zen** (flüssig machen); du schmilzt od. schmilzest (veralt.: schmelzt od. schmelzest); er schmilzt (veralt.: schmelzt) od. schmolzest (veralt.: schmelztest); du schmölzest (veralt.: schmelztest); geschmolzen (veralt.: geschmelzt); schmilz! (veralt.: schmelze!); **Schme̱l|zer; Schmel|ze|re̱i; Schme̱lz.far|be,** ...glas (Plur. ...gläser), ...hüt|te, ...kä|se, ...ofen, ...punkt, ...schwei|ßung, ...tie|gel; **Schme̱l|zung; Schme̱lz-wär|me,** ...was|ser (Plur. ...wasser), ...zo|ne
Schmer der od. das; -s (landsch. für: rohes [Schweine]fett; Schmiere); **Schmer.bauch** (ugs.), ...fluß (der; ...flusses; übermäßiges Ausscheiden von Hauttalg) **Schmer|le** die; -, -n (ein Fisch)
Schmer|ling (ein Pilz)
Schmerz der; -es, -en; **schmerz-emp|find|lich; Schmerz|empfind|lich|keit** die; -; **Schmerz-**

emp|fin|dung; **schmer|zen;** du schmerzt (schmerzest); die Füße schmerzten ihm od. ihn vom langen Stehen; die Wunde schmerzte ihn; **Schmer|zens.geld,** ...kind (veralt.), ...mann der; -[e]s; Darstellung des leidenden Christus), ...mut|ter (die; -; Darstellung der trauernden Maria); **schmer|zen[s]|reich; Schmerzens|schrei; schmerz|frei;** der Patient ist heute -; **Schmerz|ge-fühl; schmerz|haft,** -este; -e Operation; **Schmerz|haf|tig|keit** die; -; **Schmerz|kli|nik** (Klinik, in der Patienten mit bestimmten sehr schmerzhaften Krankheiten behandelt werden); **schmerz-lich;** -er Verlust; **Schmerz|lich|keit** die; -; **schmerz|lin|dernd** (↑R 209); **schmerz|los,** -este; -e Geburt; **Schmerz|lo|sig|keit** die; -; **Schmerz|mit|tel** das; **Schmerz-schwel|le; schmerz|stil|lend;** -e Tabletten (↑R 209); **Schmerz|ta-blet|te; schmerz.un|emp|find-lich,** ...ver|zerrt (↑R 209), ...voll
Schme̱t|ten der; -s ‹tschech.› (schles. für: Sahne); **Schmet|ten-kä|se** (schles.)
Schmet|ter|ball (Sport)
Schmet|ter|ling; Schmet|ter|lings-blü|te, ...blüt|ler, ...ka|sten, ...netz, ...samm|lung, ...stil (der; -[e]s; Schwimmstil)
schmet|tern; ich ...ere (↑R 22)
Schmi̱cke die; -, -n [Trenn.: Schmik|ke] (niederd. für: Peitsche; Ende der Peitschenschnur)
Schmidt-Ro̱tt|luff (dt. Maler u. Graphiker)
Schmied der; -[e]s, -e; **schmied-bar; Schmied|bar|keit** die; -; **Schmie̱|de** die; -, -n; **Schmie̱|de-.ar|beit,** ...ei|sen; **schmie|de|ei-sern; Schmie̱de.feu|er,** ...ham-mer, ...hand|werk, ...kunst (die; -); **schmie̱|den; Schmie̱|de|ofen**
Schmie̱|ge die; -, -n (Technik: Winkelmaß mit beweglichen Schenkeln; landsch. für: zusammenklappbarer Maßstab); **schmie̱|gen;** sich -; **schmie̱g|sam; Schmie̱g|sam|keit** die; -
Schmie̱|le die; -, -n (Name verschiedener Grasarten); **Schmiel-gras**
Schmie̱|ra̱|lie [...i̱ᵉ] die; -, -n ‹Scherzbildung zu: schmieren› (Schmiererei); **Schmier|dienst** (beim Auto); ¹**Schmie̱|re** die; -, -n (abwertend auch für: schlechtes Theater)
²**Schmie̱|re** die; - ‹hebr.› (Gaunerspr.: Wache); - stehen (↑R 207)
schmie̱|ren (ugs. auch für: bestechen); **Schmie̱|ren.ko|mö|di|ant,** ...schau|spie|ler; **Schmie̱|rer; Schmie̱|re|re̱i; Schmier.fett,**

...film, ...fink (der; -en [auch: -s] -en), ...geld, ...heft; **schmie|rig; Schmie̱|rig|keit** die; -; **Schmier-.kä|se,** ...mit|tel das, ...nip|pel, ...öl, ...pres|se, ...sei|fe; **Schmie-rung; Schmier|zet|tel**
Schmi̱n|ke die; -, -n; **schmi̱n|ken Schmi̱nk.stift** der, ...tisch
¹**Schmi̱r|gel** der; -s, - (Tabakspfeifensaft)
²**Schmi̱r|gel** der; -s ‹ital.› (ein Schleifmittel); **schmir|geln; ich ...[e]le (↑R 22); Schmir|gel|pa|pie**
Schmiß der; Schmisses, Schmisse (ugs.); **schmis|sig** (ugs.); eine -(Zeichnung, Musik
¹**Schmi̱tz** der; -es, -e (veralt., aber noch landsch. für: Fleck Klecks; Druckw.: verschwommene Wiedergabe)
²**Schmi̱tz** der; -es, -e (landsch. für [leichter] Hieb, Schlag); **Schmi̱t ze** die; -, -n (landsch. für: Pei sche, Ende der Peitschenschnur); **schmi̱t|zen** (landsch für: [mit der Peitsche, Rute schlagen)
Schmock der; -[e]s, Schmöcke auch: -e u. -s ‹slowen.; nac Freytags „Journalisten“› (gesin nungsloser Zeitungsschreiber)
Schmok der; -s (niederd. für Rauch); **Schmö̱|ker** der; -s, - (nie derd. für: Raucher; ugs. für: [a tes, minderwertiges] Buch) **schmö̱|kern** (ugs. für: [viel] le sen); ich ...ere (↑R 22)
Schmol|le die; -, -n (bayr., öster mdal. für: Brotkrume)
Schmol|le|cke [Trenn.: ...ek|ke schmol|len
schmol|lis! (student. Zuruf bein [Brüderschaft]trinken); **Schmo lis** das; -, -; mit jmdm. - trinken
Schmölln (Stadt in Ostthüringer **Schmoll.mund,** ...win|kel
Schmon|zes der; -, - ‹jidd.› (ug für: leeres, albernes Gerede überflüssiger Kram); **Schmon zet|te** die; -, -n (ugs. für: [kitsch ges] Machwerk)
Schmor|bra|ten; schmo|ren; jmd - lassen (ugs.); **Schmor|fleisch schmor|gen** (westmitteld. fü knausern; sich abdarben) **Schmor.obst,** ...pfan|ne, ...topf
Schmu der; -s (ugs. für: leichte Betrug); - machen (auf harmlos Weise betrügen)
schmu̱ck; -er, -[e]ste; Schmuc der; -[e]s, (selten:) -e; **Schmuc blat|te|le|gramm** [Trenn.: ...blat te..., ↑R 204]; **schmü̱|cken** [Trenn schmük|ken]; **Schmuck|ka|ster Schmuck|käst|chen;** diese Wo nung ist ein - (rein u. nett geha ten); **Schmuck|kof|fer; schmuck los,** -este; **Schmuck|lo|sig|ke** die; -; **Schmuck.na|del,** ...sche ...sa|chen Plur., ...stein, ...stüc

...te|le|gramm; schmuck|voll; Schmuck|wa|ren *Plur.*; Schmuck-wa|ren|in|du|strie
Schmud|del *der;* -s (ugs. für: Unsauberkeit); Schmud|de|lei für: Sudelei); schmud|de|lig, schmudd|lig (ugs. für: unsauber); schmud|deln (ugs. für: sudeln, schmutzen); ich ...[e]le (↑R 22); Schmud|del|wet|ter (ugs.); schmudd|lig vgl. schmuddelig
Schmug|gel *der;* -s; Schmug|ge-lei; schmug|geln; ich ...[e]le (↑R 22); Schmug|gel|wa|re; Schmugg|ler; Schmugg|ler-ban-de, ...ring, ...schiff
schmun|zeln; ich ...[e]le (↑R 22) schmur|geln (ugs. für: in Fett braten); ich ...[e]le (↑R 22)
Schmus *der;* -es (jidd.) (ugs. für: leeres Gerede; Schöntun); Schmu|se_ka|ter, ...kat|ze; schmu|sen (ugs.); du schmust (schmusest); er schmuste; Schmu|ser (ugs.); Schmu|se|rei (ugs.)
Schmutt *der;* -es (niederd. für: feiner Regen)
Schmutz *der;* -es (südwestd. u. schweiz. auch für: Fett); schmutz|ab|wei|send (↑R 209); Schmutz_blatt (Druckw.), ...bür-ste; schmut|zen; du schmutzt (schmutzest); Schmutz_fän|ger, ...fink (*der;* -en [auch: -s], -en), ...fleck; Schmut|zi|an *der;* -[e]s, -e (österr. ugs. für: Geizhals); schmut|zig; schmutziggrau usw.; Schmut|zig|keit; Schmutz_li|te-ra|tur, ...schicht, ...ti|tel (Druckw.), ...wä|sche, ...was|ser (*Plur.* ...wässer), ...zu|la|ge
Schna|bel *der;* -s, Schnäbel; Schnä|bel|chen, Schnä|be|lein, Schnäb|lein; Schnä|be|lei (ugs. für: Küssen); Schna|bel|flö|te; schna|bel|för|mig; Schna|bel-hieb; ...schna|be|lig, ...schnäb|lig (z. B. langschnäb[e]lig); Schna-bel|kerf *der;* -[e]s, -e; schnä|beln (ugs. auch für: küssen); ich ...[e]le (↑R 22); sich -; Schna|bel-_schuh, ...tas|se, ...tier; Schnäb-lein, Schnä|be|lein; ...schnäb|lig vgl. ...schna|be|lig; schna|bu|lie-ren (ugs. für: mit Behagen essen; naschen)
chnack *der;* -[e]s, -s u. Schnäcke (niederd. ugs. für: Plauderei; Floskel; Gerede)
chnackeln [*Trenn.:* schnak|keln] (oberbayr. für: schnalzen u. mit Fingern schnellen); ich ...[e]le (↑R 22); schnacken [*Trenn.:* schnak|ken] (niederd. für: plaudern); Schnackerl *der* (auch: *das*); -s [*Trenn.:* Schnak|kerl] österr. für: Schluckauf); chna|der|hüp|fe|r|l| *das;* -s, - bayr. u. österr. für: volkstümli-cher satir. Vierzeiler, oft improvisiert zum Tanz gesungen)
schna|dern (mdal. für: schnattern, viel reden); ich ...ere (↑R 22)
schnaf|te (berlin. für: hervorragend, vortrefflich)
¹Schna|ke *die;* -, -n (niederd. für: Ringelnatter)
²Schna|ke *die;* -, -n (nordd. für: Schnurre; Scherz)
³Schna|ke *die;* -, -n (eine Stechmücke); Schna|ken_pla|ge, ...stich
schna|kig (nordd. für: schnurrig) schnä|kig (landsch. für: wählerisch [im Essen])
Schnäll|chen; Schnäl|le *die;* -, -n (österr. auch sww.: Klinke); schnal|len (auch für: schnalzen); Schnal|len|schuh
schnal|zen; du schnalzt (schnalzest); Schnal|zer; Schnalz|laut
Schnäl|pel *der;* -s, - (ein Fisch) schnapp!; schnipp, schnapp!; Schnäpp|chen (ugs. für: vorteilhafter Kauf); schnap|pen; Schnap|per; Schnäp|per (ein Vogel; Nadel zur Blutentnahme; Armbrust; Schnappschloß); Schnäp|pe|rer; schnäp|pern (Billardball) seitlich stoßen; mdal. für: schwatzen); ich ...ere (↑R 22); Schnapp_hahn (hist.: Raubritter, Wegelagerer), ...mes-ser *das,* ...schloß, ...schuß (nicht gestellte Momentaufnahme); schnaps!; Schnaps *der;* -es, Schnäpse; Schnaps_bren|ner, ...bren|ne|rei, ...bu|de (abschätzig); Schnäps|chen, Schnäps-lein; schnäp|seln (ugs.); ich ...[e]le (↑R 22); schnap|sen (ugs.); du schnapst (schnapsest); Schnaps_fah|ne (ugs.), ...fla|sche, ...glas (*Plur.* ...gläser), ...idee (ugs. für: seltsame, verrückte Idee), ...lei|che (ugs.); Schnaps-lein, Schnäps|chen; Schnaps_na-se (ugs.), ...stam|perl (bayr., österr. für: Schnapsglas), ...zahl (ugs. für: aus gleichen Ziffern bestehende Zahl)
schnar|chen; Schnar|cher
Schnar|re *die;* -, -n; schnar|ren; Schnarr|werk (bei der Orgel)
Schnat, Schna|te *die;* -, ...ten (mdal. für: junges abgeschnittenes Reis; Grenze einer Flur); Schnä|tel *das;* -s, - (mdal. für: Pfeifchen aus Weidenrinde); Schnat|gang (mdal. für: Begehung der Flurgrenzen)
Schnat|te|rer; Schnat|ter|gans (ugs. abschätzig für: schwatzhaftes Mädchen); schnat|te|rig, schnatt|rig; Schnat|te|rin *der;* -nen; Schnat|ter|lie|se (ugs. abschätzig für: schwatzhaftes Mädchen); schnat|tern; ich ...ere (↑R 22); schnatt|rig, schnat|te|rig

Schnatz *der;* -es, Schnätze (hess. für: Kopfputz [der Braut, der Taufpatin] mit Haarkrönchen); schnät|zeln (hess.; swv. schnatzen); ich ...[e]le (↑R 22); sich -; schnat|zen (hess. für: sich putzen, das Haar aufstecken); du schnatzt (schnatzest); sich -
Schnau *der;* -es, -en (niederd. für: geschnäbeltes Schiff)
schnau|ben; du schnaubst; du schnaubtest (veralt.: schnobst); du schnaubtest (veralt.: schnöbest); geschnaubt (veralt.: geschnoben); schnaub[e]!; schnäu-big (hess. für: wählerisch [im Essen]); Schnauf *der;* -[e]s, -e; schnau|fen; Schnau|fer; Schnau-ferl *das;* -s, -, (österr.:) -n (ugs. scherzh. für: altes Auto)
Schnau|pe *die;* -, -n (südd. für: Ausguß an Kannen u. a.)
Schnauz *der;* -es, Schnäuze (bes. schweiz. neben: Schnurrbart); Schnauz|bart; schnauz|bär|tig; Schnäuz|chen, Schnäuz|lein; Schnau|ze *die;* -, -n; schnau|zen; du schnauzt (schnauzest); Schnau|zer *der;* -s, - (Hund einer bestimmten Rasse); schnau|zig (grob [schimpfend]); ...schnau-zig, ...schnäu|zig (z. B. groß-schnauzig, großschnäuzig); Schnäuz|lein, Schnäuz|chen
Schneck *der;* -s, -en u. ¹Schnecke¹ *die;* -, -n (mdal.; ein Kosewort für Kinder und Mädchen); ²Schnecke¹ *die;* -, -n (ein Weichtier); Schnecken|boh|rer¹ (ein Werkzeug); schnecken|för|mig¹; Schnecken¹_fri.sur, ...gang (*der;* -[e]s), ...ge|häu|se, ...haus, ...li-nie, ...nu|del (landsch.: ein Gebäck), ...post, ...tem|po, ...win-dung; Schneckerl¹ *das;* -s, -n (österr. ugs. für: Locke)
schned|en|reng|teng!, schned|de-reng|teng|teng! (Nachahmung des Trompetenschalles)
Schnee *der;* -s; im Jahre, anno - (österr.; vor langer Zeit) -
Schnee|ball (auch: Pflanzenart); schnee|bal|len; geschneeballt (fast nur im Infinitiv u. 2. Partizip gebräuchlich); Schnee|ball-_schlacht, ...sy|stem (*das;* -s; eine bestimmte, in Deutschland verbotene Form des Warenabsatzes); schnee|blind (↑R 209); Schnee|bee|re (ein Strauch)
¹Schnee|berg (Stadt im westl. Erzgebirge)
²Schnee|berg *der;* -[e]s (höchster Gipfel des Fichtelgebirges)
Schnee|be|sen (ein Küchengerät); schnee|blind; Schnee_blind|heit (*die;* -), ...brett (flach überhängende Schneemassen), ...bril|le,

---

¹ *Trenn.:* ...k|k...

...bruch (Baumschaden durch zu große Schneelast), ...decke [Trenn.: ...dek|ke]; Schnee-Eifel (↑R 36); vgl. Schneifel; schnee|er|hellt (↑R 36); Schnee-Eu|le (↑R 36); Schnee_fall der, ...flä|che, ...flocke [Trenn.: ...flok|ke], ...frä|se; schnee|frei; Schnee-_gans, ...ge|stö|ber, ...glät|te, ...glöck|chen, ...gren|ze, ...ha|se, ...huhn; schnee|ig; Schnee_ka|no|ne (Gerät zur Erzeugung von künstlichem Schnee), ...ket|te, ...kö|nig (ostmitteld. für: Zaunkönig); er freut sich wie ein - (ugs. für: er freut sich sehr) **Schnee|kop|pe** die; - (höchster Berg des Riesengebirges) **Schnee_land|schaft,** ...mann (Plur. ...männer), ...matsch, ...mensch (Fabelwesen), ...mond (alte Bez. für: Januar), ...pflug, ...räu|mer, ...re|gen, ...ru|te (österr. für: Schneebesen), ...schleu|der|ma|schi|ne, ...schmel|ze; **Schnee-schuh** (veralt. für: Ski); - laufen (↑R 207); schnee|si|cher; ein -es Skigebiet; Schnee_sturm (vgl. ¹Sturm), ...trei|ben, ...ver|we|hung, ...wäch|te, ...was|ser, ...we|be (die; -, -n; veralt. für: Schneewehe), ...we|he die; schnee|weiß; Schnee|witt|chen das; -s („Schneeweißchen"; dt. Märchengestalt); **Schnee|zaun**
Schne|gel der; -s, - (mdal. für: [hauslose] Schnecke)
Schneid der; -[e]s; bayr., schwäb., österr.: die; - (ugs. für: Mut; Tatkraft); **Schneid_backen** (Plur.; Trenn.: ...bak|ken), ...boh|rer, ...bren|ner; **Schnei|de** die; -, -n; **Schneid|ei|sen; Schnei|del|holz** das; -es (Forstw.: abgehauene Nadelholzzweige); **Schnei|de-müh|le** (Sägemühle); **schnei|den;** du schnittst (schnittest); du schnittest; ich habe mir (auch: mich) in den Finger geschnitten; schneid[e]!; **Schnei|der; Schnei|de|rei; Schnei|der|ge|sel|le; Schnei|de|rin** die; -, -nen; **Schnei|der_ko|stüm,** ...krei|de (die; -), ...mei|ster; **schnei|dern;** ich ...ere (↑R 22); **Schnei|der_pup|pe,** ...sitz (der; -es), ...werk|statt; **Schnei|de_tisch** (Filmwesen), ...zahn; **schnei|dig** (mutig, forsch); **Schnei|dig|keit** die; -; **Schneid|klup|pe** (Werkzeug zum Gewindeschneiden)
schnei|en; es schneit; es schneite; es hat geschneit
Schnei|fel, (auch:) Schnee-Eifel (ein Teil der Eifel)
Schnei|se die; -, -n ([gerader] Durchhieb [Weg] im Walde); **schnei|teln** (Forstw.: [Baum, Rebe] beschneiden, Nebenzweige ausschneiden); ich ...[e]le (↑R 22)

schnell; schnellstens; so - wie möglich; schneller Brüter (Kernreaktor); (ugs.:) auf die schnelle [Tour]; **Schnel|laster** [Trenn.: Schnell|la|ster, ↑R 204] (schnellfahrender Lastkraftwagen); **Schnell|läu|fer** [Trenn.: Schnell-läu|fer, ↑R 204]; **Schnell_bahn** (Abk.: S-Bahn), ...boot, ...damp|fer, ...dienst, ...drucker [Trenn.: ...druk|ker]; **¹Schnell|le** die; - (Schnelligkeit); **²Schnell|le** die; -, -n (Stromschnelle); **schnell|le|big** [Trenn.: schnell|le|big, ↑R 204]; **schnel|len; Schnel|ler** (knisperndes Geräusch, das durch Schnippen mit zwei Fingern entsteht); **Schnell|feu|er; Schnell|feu|er|ge|wehr; schnell|fü|ßig; Schnell-_gang** der, ...gast|stät|te, ...ge|richt, ...hef|ter; **Schnell|heit** (veralt. für: Schnelligkeit); **Schnel|lig|keit; Schnell_im|biß,** ...ko|cher, ...koch|plat|te, ...koch|topf, ...kraft (die; -), ...kurs, ...pa|ket; **schnell|stens; schnellst|mög|lich,** dafür besser: möglichst schnell; **Schnell_stra|ße,** ...trieb|wa|gen, ...ver|fah|ren, ...ver|kehr, ...waa|ge; **Schnell|wä|sche|rei; Schnell_zug** (Zeichen: D); **Schnell|zug-zu|schlag**
Schnep|fe die; -, -n (ein Vogel); **Schnep|fen_jagd,** ...zug
Schnep|pe die; -, -n (mitteld. für: Schnabel [einer Kanne]; schnabelförmige Spitze [eines Kleidungsstückes]; landsch. auch für: Dirne)
Schnep|per (Nebenform von: Schnäpper); **schnep|pern** (Sport: in Hohlkreuzhaltung springen); ich ...ere (↑R 22); vgl. schnäppern; **Schnep|per|sprung**
schnet|zeln (bes. schweiz. für: [Fleisch] fein zerschneiden); ich ...[e]le (↑R 22); geschnetzeltes Fleisch
Schneuß der; -es, -e (Bauw.: Fischblase [Ornament im Maßwerk])
Schneu|ze die; -, -n (früher für: Lichtputzschere); **schneu|zen;** du schneuzt (schneuzest); sich - schneuzen
schnicken [Trenn.: schnik|ken] (landsch. für: schnippen); **Schnick|schnack** der; -[e]s (törichtes Gerede; nutzloser Kleinkram)
schnie|ben (mitteld. für: schnauben); auch mit starker Beugung: du schnobst; du schnöbest; geschnoben; **schnie|fen** svw. schnieben
schnie|geln (älter für: putzen); ich ...[e]le (↑R 22); geschniegelt und gebügelt (ugs. für: fein hergerichtet)
schnie|ke (niederd., berlin. für: fein, schick)

Schnie|pel der; -s, - (verächtl. für: Angeber, Geck; Kinderspr. für: Penis)
Schnip|fel der; -s, - (landsch. für: kleines abgeschnittenes Stück); **schnip|feln** (landsch.); ich ...[e]le (↑R 22); **schnipp!; schnipp-** schnapp!; **Schnipp|chen** (mitteld. u. niederd. für: [Finger]schneller); jmdm. ein - schlagen (ugs. für: einen Streich spielen); **Schnip|pel** der od. das; -s, - (ugs. für: kleines abgeschnittenes Stück); **schnip|pel|chen; Schnip-pe|lei** (ugs.); **schnip|peln** (ugs.); ich ...[e]le (↑R 22); **schnip|pen**
schnip|pisch; -ste
schnipp, schnapp!; **Schnipp-schnapp|schnurr** das; -[s] (ein [Karten]spiel); **schnips!; Schnip-sel** der od. das; -s, - (ugs.); **Schnip|sel|lei** (ugs.); **schnip|seln** (ugs. für: in kleine Stücke zerschneiden); ich ...[e]le (↑R 22) **schnip|sen;** du schnipst (schnipsest)
Schnitt der; -[e]s, -e; **Schnitt_blu-me,** ...boh|ne, ...brot; **Schnitt|te** die; -, -n (österr. auch für: Waffel); **Schnitt|ter; Schnitt|te|rin** die; -, -nen; **schnitt|fest;** -este **Schnitt_flä|che,** ...holz; **schnitt|ig** (auch für: rassig); ein -es Auto **Schnitt_kä|se,** ...lauch (der; -[e]s) ...li|nie, ...men|ge (Math.), ...muster; **Schnitt|mu|ster|bo|gen; Schnitt_punkt,** ...stel|le (Datenverarbeitung: Verbindungsstelle zweier Geräte- od. Anlagenteile) **Schnitt_wa|re; schnitt|wei|se; Schnitt_wun|de; Schnitz** der; -es, -e (landsch. für: [Obst]schnitt-chen), **Schnitz_ar|beit** (Schnitzerei), ...bank (Plur. ...bänke) ...bild; **¹Schnit|zel** das; -s, - (Rippenstück); Wiener Schnitzel **²Schnit|zel** das (österr. nur so od. der; -s, - (ugs. für: abgeschnittenes Stück); **Schnit|zel-bank** (Plur. ...bänke; veralt. für: Bank zum Schnitzen; Bänkelsängerverse mit Bildern); **Schnit-ze|lei; Schnit|zel_jagd,** ...mes|se das; **schnit|zeln;** ich ...[e]l (↑R 22); **schnit|zen;** du schnitzt (schnitzest); **Schnit|zer** (ugs. auch für: Fehler); **Schnit|ze|rei; Schnitz|ler; Schnitz_mes|ser** das; ...werk
schno|bern (Nebenform von: schnuppern); ich ...ere (↑R 22)
schnöd; -este; vgl. schnöde **Schnod|der** der; -s (derb für: Nasenschleim); **schnod|de|rig, schnodd|rig** (ugs. für: in respektloser Weise vorlaut); -e Bemerkungen; **Schnod|de|rig|keit, Schnodd|rig|keit** (ugs.)
schnö|de; schnöd; schnöder Gewinn, Mammon; **schnö|de-**

(schweiz. für: schnöde reden); **Schnöd|heit** (seltener für: Schnödigkeit); **Schnö|dig|keit**; **schno|feln** (österr. ugs. für: schnüffeln; durch die Nase sprechen); ich ...[e]le (↑ R 22) **Schnor|chel** der; -s, - (Luftrohr für das tauchende U-Boot; Teil eines Sporttauchgerätes); **schnor|cheln** (mit dem Schnorchel tauchen); ich ...[e]le (↑ R 22) **Schnör|chel** der; -s (eine Geflügelkrankheit) **Schnör|kel** der; -s, -; **Schnör|ke|lei**; **schnör|kel|haft**; **schnör|ke|lig**, **schnörk|lig**; **Schnör|kel|kram**; **schnör|keln**; ich ...[e]le (↑ R 22); **Schnör|kel|schrift** **schnor|ren**, schnur|ren (ugs. für: [er]betteln); **Schnor|rer**, Schnurrer (ugs.) **Schnö|sel** der; -s, - (ugs. für: dummfrecher junger Mensch); **schnö|se|lig** (ugs.) **Schnucke**[1] die; -, -n (Schaf einer bestimmten Rasse); **Schnuckelchen**[1] (Schäfchen; Koseworf); **schnucke|lig**[1], **schnuck|lig** (ugs. für: nett, süß; appetitlich); **Schnucki**[1] das; -s, -s (svw. Schnuckelchen); **Schnucki|putz**[1] der; -es, -e (svw. Schnuckelchen) **schnud|de|lig**, **schnudd|lig** (ugs.: unsauber; landsch.: lecker) **Schnüf|fe|lei**; **schnuf|feln**, schnüffeln; ich ...[e]le (↑ R 22); **Schnüffler** **schnul|len** (landsch. für: saugen); **Schnul|ler** (Gummisauger) **Schnul|ze** die; -, -n (ugs. für: sentimentales Kino-, Theaterstück, Lied); **schnul|zig** **schnup|fen**; **Schnup|fen** der; -s, -; **Schnup|fer**; **Schnup|fe|rin** die; -, -nen; **Schnupf|ta|bak**; **Schnupfta|bak|s|do|se**; **Schnupf|tuch** (Plur. ...tücher) **schnup|pe** (ugs. für: gleichgültig); es ist mir -; **Schnup|pe** die; -, -n (niederd. u. mitteld. für: verkohlter Docht) **schnup|pern**; ich ...ere (↑ R 22) **Schnur** die; -, Schnüre u. (im Buchw., sonst selten: Schnuren (Bindfaden, Kordel) **Schnur** der; -, -en (veralt. für: Schwiegertochter) **Schnür|bo|den** (Plur. ...böden; Theater); **Schnür|chen**, Schnürlein; das geht wie am Schnürchen (ugs. für: das geht reibungslos); **schnü|ren** (auch von der Gangart des Fuchses); **schnurge|ra|de**[2]; **Schnur|ke|ra|mik** die; - (Kulturkreis der jüngeren Steinzeit); **Schnur_leib**, ...**leib|chen**;

Trenn.: ...k|k...
Vgl. die Anmerkung zu „gerade".

Schnür|lein, Schnür|chen; **Schnürl_re|gen** (österr.), ...**samt** (österr. für: Kord); **Schnür|mie|der** **Schnur|rant** der; -en, -en; ↑ R 197 (veralt. für: [Bettel]musikant); **Schnur|bart**; **schnurr|bär|tig**; **Schnur|re** die; -, -n (Posse, Albernheit); [1]**schnur|ren** (ein brummendes, summendes Geräusch von sich geben); [2]**schnur|rer** vgl. schnorren; **Schnurr|rer** vgl. Schnorrer. Schnorrer; **Schnurr|haar** (bei Raubtieren, bes. bei Katzen) **Schnür|rie|men** (Schnürsenkel) **schnur|rig**; ein -er Kauz; **Schnurrig|keit** **Schnur|rock**, Schnür|rock (früher für: Männerrock mit Schnüren) **Schnurr|pfei|fe|rei** (veralt. für: närrische Idee, Handlung) **Schnür_schuh**, ...**sen|kel**, ...**stiefel**; **schnur|stracks**; **Schnü|rung** **schnurz** (ugs. für: gleich[gültig]; das ist mir -; **schnurz|pie|pe** (ugs.); **schnurz|piep|egal** (ugs.) **Schnüt|chen**, **Schnüt|lein**; **Schnu|te** die; -, -n (niederd. für: Schnauze; ugs. für: [Schmoll]mund, unwilliger Gesichtsausdruck) **Scho|ber** der; -s, - (südd., österr. für: geschichteter Getreidehaufen, kleine Scheune); **Schö|berl** das; -s, -n (österr.; eine Suppeneinlage); **scho|bern**, **schö|bern** (bes. österr. für: in Schober setzen); ich ...ere (↑ R 22) **Scho|chen** der; -s, Schöchen (südwestd. u. schweiz. für: kleinerer Heuhaufen) [1]**Schock** das; -[e]s, -e (60 Stück); 3 - Eier (↑ R 129) [2]**Schock** der; -[e]s, -e (selten: -e) (engl.) (plötzliche [Nerven]erschütterung); **schockant**[1] (franz.) (anstößig); **Schock|be|hand|lung**; **schocken**[1] (engl.) (Nervenkranke mit künstlichem Schock behandeln; ugs. für: schockieren); **Schocker**[1] der; -s, - (ugs. für: Schauerroman, Schauerfilm); **Schock|far|be** (besonders grelle Farbe); **schock|far|ben**; **schockie|ren**[1] (franz.) (einen Schock versetzen, in Entrüstung versetzen); **schocking**[1] vgl. shokking **Schock|schwe|re|not!** **Schock|the|ra|pie** die; - **schock|wei|se**; dreischockweise **Schof** der; -[e]s, -e (Strohbündel [zum Dachdecken]; Jägerspr.: Kette [von Gänsen od. Enten]) **scho|fel**, **scho|fe|lig**, **schof|lig** (jidd.) (ugs. für: gemein; geizig); eine schof[e]le od. schof[e]lige Person; er hat ihn schofel behan-

---

Trenn.: ...k|k...

---

delt; **Scho|fel** der; -s, - (ugs. für: schlechte Ware) **Schöf|fe** der; -n, -n (↑ R 197); **Schöf|fen|bank** (Plur. ...bänke); **Schöf|fen_ge|richt**, ...**stuhl**; **Schöf|fin** die; -, -nen **Schof|för** der; -s, -e (eindeutschend für: Chauffeur) **schof|lig** vgl. schofelig **Scho|ko** die; -, -s (ugs. kurz für: Schokolade); **Scho|ko|la|de** die; -, -n ⟨mexik.⟩; **scho|ko|la|den** (aus Schokolade); **scho|ko|la|de[n]braun**; **Scho|ko|la|de[n]_eis**, ...**fabrik**; **scho|ko|la|de[n]_far|ben** od. ...**far|big**; **Scho|ko|la|de[n]_guß**, ...**oster|ha|se**, ...**pud|ding**, ...**sei|te** (ugs. für: die Seite, die am vorteilhaftesten aussieht; jmds. angenehme Wesenszüge), ...**streusel**, ...**ta|fel**, ...**tor|te**; **Scho|ko|rie|gel** **Scho|lar** der; -en, -en (↑ R 197) ⟨griech.⟩ ([fahrender] Schüler, Student [im MA.]); **Schol|arch** der; -en, -en; ↑ R 197 (mittelalterl. Schulvorsteher); **Scho|la|stik** die; - (mittelalterl. Philosophie; engstirnige Schulweisheit); **Scho|la|sti|ker** (Anhänger, Lehrer der Scholastik; abschätzig für: spitzfindiger Mensch); **scho|la|stisch** (-ste; **Scho|la|sti|zis|mus** der; - (einseitige Überbewertung der Scholastik; abschätzig für: Spitzfindigkeit) **Scho|li|ast** der; -en, -en (↑ R 197) ⟨griech.⟩ (Verfasser von Scholien); **Scho|lie** [...iᵉ] die; -, -n und **Scho|li|on** das; -s, ...lien [...iᵉn] (Anmerkung [zu griech. u. röm. Schriftstellern], Erklärung) **Schol|le** die; -, -n ([Erd-, Eis]klumpen; [Heimat]boden; ein Fisch); **Schol|len_bre|chen**, ...**ge|bir|ge**; **schol|lern** (dumpf rollen, tönen) **schol|li**, nur in: mein lieber -! (ugs. Ausruf des Erstaunens od. der Ermahnung) **scholl|lig** (zu: Scholle) **Schöll|kraut** (Nebenform von: Schellkraut) **Scho|lo|chow** (sowjet. Dichter) **Schol|ti|sei** die; -, -en (niederd. veralt. für: Amt des Gemeindevorstehers) **schon**; obschon, wennschon; wennschon – dennschon **schön**; I. *Kleinschreibung:* **a)** (↑ R 157:) die schöne Literatur; die schönen Künste; das schöne (weibliche) Geschlecht; gib die schöne (ugs. für: rechte) Hand!; **b)** (↑ R 65:) am schönsten; auf das od. aufs schönste (schönstens). II. *Großschreibung:* **a)** (↑ R 65:) die Schönste unter ihnen; die Schönste der Schönen; die Welt des Schönen; das Gefühl für das Schöne und Gute; **b)**

(↑R 65:) etwas Schönes; nichts Schöneres; **c)** (↑R 133:) Schön Rotraud; Philipp der Schöne. **III.** *In Verbindung mit Verben* (↑R 205 f.): **a)** *Getrenntschreibung,* wenn „schön" in selbständiger Bedeutung gebraucht wird, z. B. schön sein, werden, anziehen, singen usw.; **b)** *Zusammenschreibung,* wenn ein neuer Begriff entsteht; vgl. schönfärben, schönmachen, schönreden, schönschreiben, schöntun **Schön|berg,** Arnold (österr. Komponist) **Schön|druck** (*Plur.* ...drucke; Bedrucken der Vorderseite des Druckbogens); ¹**Schö|ne** *die;* -n, -n; ↑R 7 ff. (schöne Frau); ²**Schö-ne** *die;* - (dicht. für: Schönheit) **scho|nen;** sich - **schö|nen** ([Färbungen] verschönern [vgl. avivieren]; [Flüssigkeiten] künstlich klar machen) **Scho|nen** (hist. Provinz u. Halbinsel im Süden Schwedens) ¹**Scho|ner** (Schutzdeckchen) ²**Scho|ner** *der;* -s, - ⟨engl.⟩ (mehrmastiges Segelschiff) **schön|fär|ben;** ↑R 205 f. ([zu] günstig darstellen); ich färbe schön; schöngefärbt; schönzufärben; aber: das Kleid wurde [besonders] schön gefärbt; **Schön|fär-ber; Schön|fär|be|rei;** ([zu] günstige Darstellung) **Schon.frist,** ...**gang Schon|gau|er** (dt. Maler u. Kupferstecher) **Schön|geist** (*Plur.* ...geister); **Schön|gei|ste|rei; schön|gei|stig; Schön|heit; Schön|heits.farm,** ...**feh|ler,** ...**fleck,** ...**ide|al,** ...**kö-ni|gin,** ...**mit|tel das,** ...**ope|ra|ti-on,** ...**pfla|ster|chen,** ...**pfle|ge** (*die;* -), ...**sinn** (*der;* -[e]s); **schön-heits|trun|ken; Schön|heits|wett-be|werb Schon|kost** (für: Diät) **Schön|ling** (abwertend); **schön-ma|chen;** ↑R 205 f. (verschönern, herausputzen); sie hat sich schöngemacht; der Hund hat schöngemacht (hat Männchen gemacht); aber: das hat er [besonders] schön gemacht; **schön-re|den;** ↑R 205 f. (schmeicheln); er hat schöngeredet; aber: der Vortragende hat schön geredet; **Schön|red|ner; Schön.re|de|rei** od. ...**red|ne|rei; schön|red|ne-risch;** -ste; **schön|schrei|ben;** ↑R 205 f. (Schönschrift schreiben); sie haben in der Schule schöngeschrieben; aber: er hat diesen Aufsatz [besonders] schön geschrieben; **Schön|schreib.heft,** ...**übung; Schön|schrift** *die;* -; **schön|stens; Schön|tu|er; Schön-tue|rei** (↑R 180); **schön|tue|risch;**

-ste (↑R 180); **schön|tun;** ↑R 205 (schmeicheln); er hat bei ihr immer schöngetan; **Schön-und-Wi-der|druck-Ma|schi|ne;** ↑R 41 (Druckmaschine) **Scho|nung** (Nachsicht, Gnade; neu bepflanzter Forstbezirk) **Schö|nung** ⟨zu: schönen⟩ **scho|nungs|be|dürf|tig; scho-nungs|los;** -este; **Scho|nungs|lo-sig|keit** *die;* - **Schön|wet|ter|la|ge Schon|zeit Scho|pen|hau|er** (dt. Philosoph); **Scho|pen|haue|ria|ner;** ↑R 180 (Anhänger Schopenhauers); **scho|pen|haue|lrisch** (↑R 180), **scho|pen|hau|ersch;** -es Denken (nach Art von Schopenhauer), aber (↑R 134): **Scho|pen|hau-erisch** (↑R 180), **Scho|pen|hau-ersch;** ein -es Werk (ein Werk von Schopenhauer) **Schopf** *der;* -[e]s, Schöpfe (Haarbüschel); landsch. u. schweiz. auch für: Wetterdach; Nebengebäude, [Wagen]schuppen **Schopf|bra|ten** (österr. für eine Schweinefleischsorte) **Schopf|brun|nen Schöpf|chen, Schöpf|lein** (kleiner Schopf) **Schöp|fe** *die;* -, -n (veralt. für: Gefäß zum Schöpfen; Platz zum Schöpfen); **Schöpf|ei|mer;** ¹**schöp|fen** (Flüssigkeit entnehmen) ²**schöp|fen** (veralt. für: erschaffen) ¹**Schöp|fer** (Schöpfgefäß) ²**Schöp|fer** (Erschaffer, Urheber); **Schöpf|fer.geist** (*der;* -[e]s), ...**hand** (*die;* -); **schöp|fe|risch;** -ste; schöpferische Arbeit leisten; **Schöp|fer|kraft** *die* **Schöpf.ge|fäß,** ...**kel|le Schöpf|lein, Schöpf|chen Schöpf|löf|fel Schöpf|fung; Schöp|fungs.akt,** ...**be|richt,** ...**ge|schich|te,** ...**tag Schöp|pchen, Schöpp|lein** (kleiner Schoppen) **Schöp|pe** *der;* -n, -n; ↑R 197 (niederd. für: Schöffe) **schöp|peln** (mdal. für: gern oder auch gewohnheitsmäßig [einen Schoppen] trinken); ich ...[e]le (↑R 22) **schop|pen** (südd., österr. u. schweiz. mdal. für: hineinstopfen, nudeln, zustecken) **Schop|pen** *der;* -s, - (Flüssigkeitsmaß [für Bier, Wein]; südd. u. schweiz. auch: Babyflasche; landsch. für: Schuppen) **Schöp|pen|stedt** (Stadt in Niedersachsen); **Schöp|pen|sted|ter** (↑R 147); **schöp|pen|sted|tisch Schöp|pen|wein; schop|pen|wei|se; Schöpp|lein, Schöpp|chen Schöps** *der;* -es, -e (ostmitteld. u.

österr. für: Hammel); **Schöps-chen, Schöps|lein; Schöp|sen-.bra|ten,** ...**fleisch; Schöp|ser|ne** *das;* -n (österr. für: Hammelfleisch) **scho|ren** (mdal. für: umgraben) **Schorf** *der;* -[e]s, -e; **schorf|ar|tig schor|fig Schörl** *der;* -[e]s, -e (Turmalin) **Schor|le, Schor|le|mor|le** *die;* -, -n seltener: *das;* -s, -s (ein Getränk **Schorm** *der;* -[e]s, -e (südwestd für: wind- und regengeschützte Stelle) **Schorn|stein; Schorn|stein|fe|ger Schorsch** (volkstüml. Form von Georg) **Scho|lse** *die;* -, -n ⟨franz.⟩ (eindeut schende Schreibung für: Chose ¹**Schoß** *der;* -es, Schöße (beim Sit zen durch Oberschenkel un Unterleib gebildeter Winkel dichter. für: Mutterleib; Teil de Kleidung); ²**Schoß** *die;* -, Scho ßen u. Schöße (österr. für: Frau enrock) ³**Schoß** *der;* Schosses, Schosse[r u. Schösse[r] (veralt. für: Zol Steuer, Abgabe); ⁴**Schoß** *der* Schosses, Schosse (junger Trieb **Schoß|brett** (bayr. für: Schutz brett) **Schöß|chen** (an der Taille eine Frauenkleides angesetzter [ge kräuselter] Stoffstreifen); **Schö ßel** *der* (auch: *das*), -s, - (österr für: Schößchen; Frackschoß) **schos|sen** (austreiben [statt Kno len o. ä. zu bilden]); die Pflanz schoßt, schoßte, hat geschoßt **Schos|ser** *der;* -s, - (verfrüht blü hende Pflanze) **Schoß.hund,** ...**kind Schöß|ling** (Ausläufer, Trieb eine Pflanze) **Scho|sta|ko|witsch** (sowjet. Kom ponist) **Schot** *die;* -, -en; vgl. ²Schote ²**Schote Schöt|chen, Schöt|lein** (klein ³Schote) ¹**Scho|te** *der;* -n, -n (↑R 197) ⟨jidd (mdal. für: Narr, Einfaltspinse ²**Scho|te** *die;* -, -n (in Segelleine) ³**Scho|te** *die;* -, -n (Fruchtform **scho|ten|för|mig; Scho|ten|fruc Schott** *der;* -s, -s ⟨arab.⟩ (mit Salz schlamm gefülltes Becken [i Atlasgebirge]) ¹**Schott** *das;* -[e]s, -en (selten auch -e; Seemannsspr.: wasserdicht [Quer]wand im Schiff) ¹**Schot|te** *der;* -n, -n; ↑R 197 (Be wohner von Schottland) ²**Schot|te** *die;* -n, -n; ↑R 197 (nie derd. für: junger Hering) ³**Schot|te** *der;* - (südd., schwei für: Molke); ¹**Schot|ten** *der;* - (südd., westösterr. für: Quark) ²**Schot|ten** *der;* -s, - (ein Gewebe **Schot|ten.rock,** ...**witz**

Schot|ter der; -s, - (zerkleinerte Steine; auch: von Flüssen abgelagerte kleine Steine); **Schot|ter|decke** [Trenn.: ...dek|ke]; **schot|tern** (mit Schotter belegen); ich ...ere (↑R 22); **Schot|ter|stra|ße**; **Schot|te|rung**

Schot|tin die; -, -nen; **schot|tisch**; **Schot|tisch**, **Schot|ti|sche** der; ...schen, ...schen; ↑R 7ff. (ein Tanz); einen Schottischen tanzen; **Schott|land**; **Schott|län|der**; **Schott|län|de|rin** die; -, -nen; **schott|län|disch**

Schraf|fe die; -, -n; meist Plur. (Strich einer Schraffur); **schraf|fen**, **schraf|fie|ren** (mit Schraffen versehen; stricheln); **Schraf|fie|rung**, **Schraf|fung**, (meist:) **Schraf|fur** die; -, -en (feine parallele Striche, die eine Fläche hervorheben)

schräg; - halten, stehen, stellen, liegen; - gegenüber; (ugs.:) schräge Musik; **Schräg|bau** (der; -[e]s; Bergmannsspr.: ein Abbauverfahren in steil gelagerten Flözen); **Schrä|ge** die; -, -n; **schra|gen** (veralt. für: zu Schragen verbinden); **schrä|gen** (schief abkanten); **Schra|gen** der; -s, - (veralt. für: schräg od. kreuzweise zueinander stehende Holzfüße od. Pfähle; auch für: Sägebock; Totenbahre); **Schräg|heit** die; -; **schräg|hin**; **Schräg|la|ge**; **schräg|lau|fend**; **Schräg_schnitt**, ...schrift, ...strei|fen, ...strich; **schräg|über**; **Schrä|gung**

schral (Seemannsspr.: ungünstig); -er Wind; **schra|len** (Seemannsspr.); der Wind schralt

Schram der; -[e]s, Schräme (Bergmannsspr.: Einschnitt im Flöz, der parallel zum Hangenden u. Liegenden verläuft); **Schrambohrer**, **Schräm|boh|rer**; **schrä|men** (Bergmannsspr.: Schräme machen); **Schräm|ma|schi|ne** (Bergmannsspr.: Maschine zur Herstellung eines Schrams); **Schram|me** die; -, -n

schram|mel|mu|sik (↑R 135) (nach den österr. Musikern Johann u. Josef Schrammel)

chram|men; **schram|mig**

Schrank der; -[e]s, Schränke; **Schrank|bett**; **Schränk|chen**, **Schränk|lein**; **Schran|ke** die; -, -n; **Schränk|ei|sen** (Gerät zum Schränken der Säge); **schrän|ken** (die Zähne eines Sägeblattes wechselweise abbiegen; Jägerspr.: die Tritte etwas versetzt hintereinandersetzen [vom Rothirsch]); **Schran|ken** der; -s, - (mdal. u. österr. für: Schrank); **schran|ken|los**; **Schran|ken|lo|sig|keit**; **Schran|ken|wär|ter**; **Schrank|fach**; **schrank|fer|tig**;

-e Wäsche; **Schrank|kof|fer**; **Schränk|lein**, **Schränk|chen**; **Schrank_spie|gel**, ...tür, ...wand

Schran|ne die; -, -n (südd. veralt. für: Fleischer-, Bäckerladen; Getreidemarkt); **Schran|nen|platz**

Schranz der; -es, Schränze (südd., schweiz. mdal. für: Riß); **Schran|ze** die; -, -n, auch: der; -n, -n; meist Plur. (verächtl. für: Höfling)

Schral|pe die; -, -n (Gerät zum Schaben); **schra|pen** (niederd. für: schrappen)

Schrap|nell das; -s, -e u. -s (nach dem engl. Artillerieoffizier H. Shrapnel) (früher: Sprenggeschoß mit Kugelfüllung; verächtl. für: häßliche Frau)

Schrapp|ei|sen; **schrap|pen** (landsch. für: [ab]kratzen); **Schrap|per** (ein Fördergefäß); **Schrap|sel** das; -s, - (niederd. für: das Abgekratzte)

Schrat, **Schratt** der; -[e]s, -e u. **Schrä|tel** der; -s, - (zottiger Waldgeist)

Schrat|te die; -, -n (Geogr.: Rinne, Schlucht in Kalkgestein); **Schrat|ten|kalk** der; -[e]s

Schräub|chen, **Schräub|lein**; **Schrau|be** die; -, -n; **Schrau|bel** die; -, -n (schraubenförmiger Blütenstand); **schrau|ben**; **Schrau|ben_damp|fer**, ...dre|her (fachspr., in der DIN-Normung eingeführte Bez. für: Schraubenzieher), ...fe|der, ...flü|gel, ...ge|win|de, ...kopf, ...li|nie, ...mut|ter (Plur. ...muttern), ...pres|se, ...rad, ...sal|to (Turnen), ...schlüs|sel, ...zie|her; **Schräub|lein**, **Schräub|chen**; **Schraub|stock** (Plur. ...stöcke), ...ver|schluß, ...zwin|ge

Schrau|ber der; -s, - (österr. ugs. für: Schraube; hohe Niederlage im Sport)

Schre|ber|gar|ten (↑R 135) (nach dem Leipziger Arzt Schreber) (Kleingarten in Gartenkolonien)

Schreck der; -[e]s, -e u. Schrecken[1] der; -s, -; **Schreck|bild**; **Schrecke**[1] die; -, -n (Heupferdchen; Marktelkönig); [1]**schrecken**[1] (in Schrecken geraten: nur noch in erschrecken [du erschrickst, erschrakst, bist erschrocken] u. in Zusammensetzungen wie auf-, hoch-, zurück-, zusammenschrecken [vgl. d.]); du schrickst, auch: schreckst; du schrakst (schrakest), auch: schrecktest, er schrak, auch: schreckte; du schräkest, auch: schrecktest; geschrocken, auch: geschreckt; schrick!, auch: schreck! u.

schrecke!; [2]**schrecken**[1] (in Schrecken [ver]setzen; Jägerspr. für: schreien); du schreckst, er schreckt; du schrecktest; geschreckt; schreck! u. schrecke!; **Schrecken**[1] vgl. Schreck; **schrecken|er|re|gend**[1] (↑R 209); **schreckens**[1]_blaß, ...bleich; **Schreckens**[1]_bot|schaft, ...herrschaft, ...nach|richt, ...tat, ...zeit; **schreck|er|füllt**; **Schreck|ge|spenst**; **schreck|haft**; -este; **Schreck|haf|tig|keit** die; -; **schreck|lich**; **Schreck|lich|keit**; **Schreck|nis** das; -ses, -se; **Schreck_schrau|be** (ugs. abschätzig für: unbeliebte, unangenehme Frau), ...schuß, ...schuß|pi|sto|le, ...se|kun|de

Schred|der vgl. Shredder

Schrei der; -[e]s, -e; **Schrei|ad|ler** (ein Raubvogel)

Schreib_be|darf, ...block (vgl. Block); **Schrei|be** die; - (Geschriebenes; Schreibstil); **schrei|ben**; du schriebst (schriebest); du schriebest; geschrieben; schreib[e]!; er hat mir sage und schreibe (tatsächlich; Ausdruck der Entrüstung) zwanzig Mark abgenommen; **Schrei|ben** das; -s, - (Schriftstück); **Schrei|ber**; **Schrei|be|rei** (ugs.); **Schrei|be|rin** die; -, -nen; **Schrei|ber|ling**, **Schrei|ber|see|le** (abwertend für: bürokratischer, oft kleinlicher Mensch); **schreib|faul**; **Schreib_faul|heit** (die; -), ...fe|der, ...feh|ler, ...heft, ...kraft die, ...krampf, ...map|pe, ...ma|schi|ne; **Schreib|ma|schi|nen_pa|pier**, ...schrift; **Schreib_pa|pier**, ...pult, ...schrift, ...stu|be, ...tisch; **Schreib|tisch|tä|ter** (jmd., der den Befehl zu einem Verbrechen vom Schreibtisch aus gibt); **Schreib|übung**; **Schrei|bung**; **Schreib_un|ter|la|ge**, ...un|ter|richt, ...wa|ren Plur., ...wa|ren|ge|schäft, ...wei|se die, ...zeug (z. B. Bleistift, Kugelschreiber)

schrei|en; du schriest; du schrie[st]e; geschrie[e]n; schrei[e]!; die schreiendsten Farben; **Schrei|er**; **Schreie|rei** (ugs.); **Schrei_hals** (abschätzig), ...krampf

Schrein der; -[e]s, -e (lat.) (veralt. für: Schrank; Sarg [Reliquien]behältnis); **Schrei|ner** (südd., westd. für: Tischler); **Schrei|ne|rei** (südd., westd.); **schrei|nern** (südd., westd.); ich ...ere (↑R 22)

Schreit_bag|ger; **schrei|ten**; du schrittst (schrittest); du schrittest; geschritten; schreit[e]!; **Schreit_tanz**, ...vo|gel, ...wan|ze

Schrenz der; -es, -e (veralt. für:

---

[1] Trenn.: ...k|k...

[1] Trenn.: ...k|k...

minderwertiges Papier, Lösch-
papier; biegsame Pappe)
Schrieb der; -s, -e (ugs., meist abschätzig für: Brief); **Schrift** die; -,
-en; die deutsche, gotische, lateinische, griechische, kyrillische -;
Schrift_art, ...**bild;** **schrift-
deutsch; Schrift|deutsch** das; -[s];
Schrift|deut|sche das; -n; **Schrif-
ten** Plur. (schweiz. auch für: Aus-
weispapiere); **Schrif|ten.rei|he,**
...**ver|zeich|nis; Schrift_fäl|scher,**
...**form,** ...**füh|rer,** ...**ge|lehr|te;**
schrift|ge|mäß; Schrift|gie|ßer;
Schrift|gie|ße|rei; Schrift_grad,
...**hö|he,** ...**lei|ter** der, ...**lei|tung;**
schrift|lich; schriftliche Arbeit;
schriftliche Prüfung; schriftliche
Überlieferung; etwas Schriftli-
ches (↑R 65) geben; **Schrift|lich-
keit** die; - (schriftliche Nieder-
legung); **Schrift_pro|be,** ...**rol|le,**
...**sach|ver|stän|di|ge,** ...**satz,**
...**set|zer,** ...**spie|gel,** ...**spra|che;**
**schrift|sprach|lich; Schrift|stel-
ler; Schrift|stel|le|rei** die; -;
Schrift|stel|le|rin die; -, -nen;
**schrift|stel|le|risch; schrift|stel-
lern;** ich ...ere (↑R 22); geschrift-
stellert; **Schrift|stück; Schrift-
tum** das; -s; **Schrift_typ,**
...**ver|kehr; schrift|ver|stän|dig;**
Schrift_wech|sel, ...**zei|chen,**
...**zug**
schrill; schril|len
schrin|nen (niederd. für: schmer-
zen); die Wunde schrinnt
Schrip|pe die; -, -n (berlin. für:
Weißbrötchen)
Schritt der; -[e]s, -e; 5 - weit
(↑R 129); - für -; auf - und Tritt; -
fahren, - halten; **Schritt|tanz**
[Trenn.: Schritt|tanz, ↑R 204];
Schritt|tem|po [Trenn.: Schritt-
tem..., ↑R 204]; **Schritt_ge-
schwin|dig|keit,** ...**kom|bi|na|ti-
on,** ...**län|ge,** ...**ma|cher,** ...**ma-
cher|ma|schi|ne; Schritt|mes|ser**
der; **schritt|wei|se; Schritt_wei|te**
(bei der Hose), ...**zäh|ler**
Schro|fen der; -s, - (südd., österr.
für: Felsklippe); **schroff;** -[e]ste;
Schroff der; -[e]s u. -en, -en (↑R
197) u. **Schrof|fen** vgl. Schrofen;
Schroff|heit
schroh; -[e]ste (fränk. u. hess. für:
rauh, roh, grob)
**schröp|fen; Schröp|fer; Schröpf-
kopf**
Schropp|ho|bel vgl. Schrupp|ho-
bel
Schrot der od. das; -[e]s, -e; vgl.
Schrott; **Schrot_blatt** (mittelalterl. Kunstblatt in Metallschnitt),
...**brot; schro|ten** (grob zerklei-
nern); geschrotet (älter: geschro-
ten); vgl. schrotten; **Schrö|ter**
(ein Käfer). veralt. für:
[Bier]fuhrmann); **Schrot|flin|te**
Schroth|kur ⟨nach dem österr. Na-

turheilkundler J. Schroth⟩ ([Ab-
magerungs]kur mit wasserarmer
Diät)
Schrot|ku|gel; Schröt|ling (Me-
tallstück zum Prägen von Mün-
zen); **Schrot_mehl,** ...**müh|le,**
...**sä|ge,** ...**schuß; Schrot|schuß-
krank|heit** (eine Pilzkrankheit);
Schrott der; -[e]s, -e (Alteisen);
vgl. Schrot; **schrot|ten** (zu
Schrott machen); **Schrott_han-
del,** ...**händ|ler,** ...**pres|se;**
schrott|reif; Schrott_trans|port
(↑R 204), ...**wert; Schrot|waa|ge**
(Vorrichtung zur Prüfung waagerechter Flächen)
schrub|ben (mit einem Schrubber
reinigen); vgl. schruppen;
Schrub|ber ([Stiel]scheuerbür-
ste); **Schrub|be|sen** der; -s, -
[Trenn.: Schrubb|be..., ↑R 204]
Schrul|le die; -, -n (Laune, unbere-
chenbarer Einfall; ugs. verächtl.
für: eigensinnige alte Frau);
schrul|len|haft; -este; **schrul|lig;**
Schrul|lig|keit die; -
schrumm!; schrumm|fi|de|bumm!
Schrum|pel die; -, -n (niederd. u.
mitteld. für: Falte, Runzel; alte
Frau); **schrum|pe|lig,** schrump-
lig (niederd., mitteld.); **schrum-
peln** (niederd., mitteld. für:
schrumpfen); ich ...[e]le (↑R 22);
schrumpf|be|stän|dig; -e Stoffe;
**schrumpf|fen; Schrumpf|ger|ma-
ne** (ugs. abschätzig für: klein-
wüchsiger Mensch); **schrumpf-
fig; Schrumpf_kopf** (eine Art
Kopftrophäe), ...**le|ber,** ...**nie|re;**
Schrumpf|fung; schrumpf|lig,
schrum|pe|lig
Schrund der; -[e]s, Schründe
(südd., österr., schweiz. für:
[Gletscher]spalte); **Schrun|de**
die; -, -n (Riß, Spalte); **schrun|dig**
(rissig)
schrup|pen (grob hobeln); vgl.
schrubben; **Schrupp|fei|le;**
Schrupp|ho|bel, Schropp|ho|bel;
Schrupp|stahl
Schub der; -[e]s, Schübe
Schub|be|jack der; -s, -s (niederd.
für: Schubiack); **schub|ben** (nie-
derd. für: kratzen)
Schu|ber der; -s, - (für: [Buch]-
schutzkarton; österr. auch für:
Absperrvorrichtung, Schieber)
Schu|bert, Franz (österr. Kompo-
nist)
Schub|fach
Schu|bi|ack der; -s, -s u. -e (ugs.
abwertend für: Lump, nieder-
trächtiger Mensch)
Schub_kar|re[n], ...**kas|ten,** ...**kraft**
die, ...**la|de; schub|la|di|sie|ren**
(schweiz. für: unbearbeitet able-
gen); **Schub_leh|re** (Längenmeß-
instrument), ...**leich|ter** (Schiff),
...**lei|stung,** ...**Schüb|lig** (schweiz.
mdal.) u. **Schüb|ling** (südd.,

westösterr., schweiz. für: [leicht
geräucherte] lange Wurst);
Schub|mo|dul der; -s, -n (Begrif
der Elastizitätslehre); **Schubs**
der; -es, -e (ugs. für: Stoß);
Schub|schiff (Binnenschiffahrt);
schub|sen (ugs. für: [an]stoßen);
du schubst (schubsest); **Schub-
stan|ge; schub|wei|se; Schub|wir-
kung**
schüch|tern; Schüch|tern|heit
die; -
schuckeln [Trenn.: schuk|keln
(landsch. für: schaukeln); ich
...[e]le (↑R 22)
Schuf|fel die; -, -n (Gartengerät)
Schuft der; -[e]s, -e
schuf|ten (ugs. für: hart arbeiten);
Schuf|te|rei
schuf|tig; Schuf|tig|keit
Schuh der; -[e]s, -e; 3 - lang
(↑R 129); **Schuh_an|zie|her,**
...**band** (das; Plur. ...bänder)
...**bür|ste; Schuh|chen, Schüh-
chen,** Schüh|lein; **Schuh_creme**
...**fa|brik,** ...**ge|schäft,** ...**grö|ße**
...**haus,** ...**kar|ton,** ...**la|den;**
Schüh|lein, Schuh|chen, Schüh-
chen; **Schuh_lei|sten,** ...**löf|fe**
...**ma|cher; Schuh|ma|che|rei**
Schuh_ma|cher|lehr|ling, ...**num-
mer,** ...**platt|ler** (ein Volkstanz)
...**put|zer,** ...**rie|men,** ...**soh|le**
...**span|ner,** ...**werk,** ...**wich|s**
(ugs.), ...**zeug** (ugs.)
Schu|ko ⓦ (Kurzw. für: Schutz-
kontakt), in Verbindungen wie
Schu|ko|stecker [Trenn.: ...stek-
ker] (Kurzw. für: Stecker mit besonderem Schutzkontakt)
Schu|lam|mit vgl. ²Sulamith
Schul_ab|gän|ger, ...**amt,** ...**an-
fän|ger,** ...**ar|beit** (österr. svw
Klassenarbeit), ...**arzt; schul-
ärzt|lich; Schul_at|las,** ...**auf|ga-
be; Schul|auf|sichts|be|hör|de**
Schul_bank (Plur. ...bänke), ...**be-
ginn,** ...**bei|spiel,** ...**be|such,** ...**bil-
dung,** ...**bub** (südd., österr. für
Schuljunge), ...**buch,** ...**bus**
Schuld die; -, -en; [die] Schuld tra
gen; es ist meine Schuld; Schul
den haben; jmdm. die Schuld ge
ben, aber (↑R 64): schuld gebe
haben, sein; sich etwas zuschu
den (↑R 208) kommen lasse
Schuld_ab|än|de|rung (Wirtsch.)
...**an|er|kennt|nis** (das; Wirtsch.
...**bei|tritt** (Wirtsch.), ...**be|kennt
nis; schuld|be|la|den** (↑R 209)
Schuld|be|weis; Schuld|be|wuß
(↑R 209); **Schuld|be|wußt
sein; Schuld_buch|for|de|run**
(Wirtsch.); **schuld|den; schul|den
frei;** ↑R 209 (ohne Schulden)
Schul|den|haf|tung (Wirtsch.)
**schul|den|halber; Schuld_en
last,** ...**schuld|fä|hig** (Rechtsspr.)
Schuld|fra|ge; schuld|frei
↑R 209 (ohne Schuld); **Schuld**

ge|fühl; schuld|haft; -este; Schuld|haft die; - (hist.)

Schul|dienst der; -[e]s; im - [tätig] sein (als Lehrer unterrichten)

schul|dig; der -e Teil; auf - plädieren (Schuldigsprechung beantragen); eines Verbrechens - sein; jmdn. - sprechen; Schul|di|ge der u. die; -n, -n (↑R 7 ff.); Schul|diger (bibl. für: Schuldner); schuldi|ger|ma|ßen; Schul|dig|keit die; -; Schul|dig|spre|chung; Schuldkom|plex; schuld|los; -este; Schuld|lo|sig|keit die; -; Schuldner; Schuld|ne|rin die; -, -nen; Schuld|ner.mehr|heit (Wirtsch.), ...schutz, ...ver|zug (Rechtsw.); Schuld.recht, ...schein; Schuldschein|dar|le|hen; Schuld.spruch, ...über|nah|me, ...umwand|lung, ...ver|hält|nis, ...verschrei|bung, ...wech|sel, ...zins (Plur. ...zinsen)

Schu|le die; -, -n; (↑R 157:) die Hohe Schule (vgl. d.); aber: die höhere Schule (vgl. höher); Schule machen (Nachahmer finden); schu|len; schul.ent|las|sen, ...ent|wach|sen; Schü|ler; Schü|ler|aus|tausch; schü|ler|haft; Schü|le|rin die; -, -nen; Schü|lerlot|se (Schüler, der als Verkehrshelfer eingesetzt ist); Schü|ler.mit|ver|ant|wor|tung, ...mit|verwal|tung (Abk.: SMV); Schü|lerpar|la|ment, ...Schü|ler|schaft; Schü|ler.spra|che, ...zei|tung; Schul.fach, ...fe|ri|en Plur.; schul|frei; Schul.freund, ...funk, ...gang der, ...geld; Schul|geldfrei|heit die; -; Schul.ge|meinsam|keit, ...ge|mein|de, ...ge|setz, ...haus, ...heft, ...hof, ...hy|giene; schul|lisch; Schul.jahr, ...jugend, ...jun|ge der, ...ka|me|rad, ...kennt|nis|se Plur., ...kind, ...klas|se, ...land|heim, ...leh|rer, ...leh|re|rin, ...lei|ter der, ...mädchen; schul|mä|ßig, Schul.me|dizin, ...mei|ster; schul|mei|sterlich; schul|mei|stern; ich ...ere (↑R 22); geschulmeistert; zu -; Schul.mu|sik, ...ord|nung

Schulp der; -[e]s, -e (Schale der Tintenfische)

Schul|pflicht die; -; schul|pflichtig; -es Alter; -es Kind; Schulpfor|ta ([früher: Fürstenschule] bei Naumburg); Schul.po|li|tik, ...psy|cho|lo|ge, ...ran|zen, ...rat (Plur. ...räte), ...recht, ...rei|fe, ...sack (schweiz. für: Schulranzen), ...schiff, ...schluß (der; ...schlusses), ...spei|sung, ...spre|cher, ...spre|che|rin, ...streß, ...stun|de, ...sy|stem, ...ta|sche

Schul|ter die; -, -n; Schul|terblatt; schul|ter|frei; Schul|terge|lenk, ...schul|te|rig, ...schultrig (z. B. breitschult[e]rig); Schulter|klap|pe; schul|ter|lang; -es Haar; schul|tern; ich ...ere (↑R 22); Schul|ter.pol|ster, ...riemen, ...schluß (der; ...schlus|ses; das Zusammenhalten [von Interessengruppen u. a.]), ...sieg (beim Ringen)

Schult|heiß der; -en, -en; ↑R 197 (früher für: Gemeindevorsteher; im Kanton Luzern: Präsident des Regierungsrates); Schulthei|ßen|amt

...schult|rig vgl. ...schulterig; Schul|tü|te (am ersten Schultag); Schu|lung; Schu|lungs|kurs; Schul.un|ter|richt, ...ver|waltung, ...weg, ...weis|heit, ...wei|sen (das; -s)

Schul|ze der;-n, -n; ↑R 197 (früher für: Gemeindevorsteher)

Schul|zeit

Schul|zen|amt

Schul.zen|trum, ...zeug|nis

Schu|man (franz. Politiker)

Schu|mann (dt. Komponist)

Schum|me|lei (ugs.), schum|meln (ugs. für: [leicht] betrügen); ich ...[e]le (↑R 22)

Schum|mer der; -s, - (landsch. für: Dämmerung); schum|me|rig, schumm|rig (landsch. für: dämmerig, halbdunkel); schum|mern (landsch. für: dämmern; [Landkarte] schattieren), ich ...ere (↑R 22); (↑R 68:) im Schummern (landsch. für: in der Dämmerung); Schum|mer|stun|de; Schum|me|rung (Schattierung); schumm|rig vgl. schummerig

Schum|mel|lied (obersächs. für: Liebeslied, derbes Volkslied); schum|pern (lausitz. für: auf dem Schoße schaukeln); ich ...ere (↑R 22)

Schund der; -[e]s (verächtl. für: Wertloses); Schund|li|te|ra|tur (verächtl.)

schun|keln (schaukeln; [sich] hin u. her wiegen); ich ...[e]le (↑R 22); Schun|kel|wal|zer

Schupf der; -[e]s, -e (südd., schweiz. mdal. für: Schub, Stoß, Schwung); schup|fen, schup|pen (südd. mdal. für: schieben

Schup|fer (österr. ugs. für: Stoß, Schub)

¹Schu|po die; - (Kurzw. für: Schutzpolizei); ²Schu|po der; -s, -s (Kurzw. für: Schutzpolizist)

Schupp der; -[e]s, -e (nordd. für: Schub, Stoß, Schwung)

Schüpp|chen, Schüpp|lein (kleine Schuppe); Schup|pe die; -, -n (Haut-, Hornplättchen)

Schüp|pe die; -, -n (landsch. für: Schippe)

Schüp|pel der; -s, - (bayr. u. österr. mdal. für: Büschel)

schüp|peln (veralt. für: schiebend bewegen); ich ...[e]le (↑R 22);

¹schup|pen, schup|fen

²schup|pen ([Fisch]schuppen entfernen)

schüp|pen (landsch. für: schippen)

Schup|pen der; -s, - (Raum für Holz u. a.); vgl. Schupfen

Schüp|pen Plur. (landsch. svw. Schippen)

Schup|pen.bil|dung, ...flech|te, ...pan|zer, ...tier; schup|pig; Schüpp|lein, Schüppchen

Schups der; -es, -e (südd. für: Schubs); schup|sen (südd. für: schubsen); du schupst (schupsest)

Schur die; -, -en (Scheren [der Schafe])

Schür|ei|sen; schü|ren; Schü|rer

Schurf der; -[e]s, Schürfe (veralt. für: Suche nach nutzbaren Lagerstätten); schürf|bar; Schür|fer; Schürf|kü|bel (ein Fördergerät); Schürf.loch, ...recht; Schürfung; Schürf|wun|de

schür|gen (mdal. für: schieben, stoßen, treiben)

Schür|ha|ken

...schü|rig (z. B. dreischürig, mit Ziffer: 3schürig; ↑R 212)

Schu|ri|gel|lei (ugs.); schu|ri|geln (ugs. für: quälen; zurechtweisen); ich ...[e]le (↑R 22)

Schur|ke der; -n, -n (↑R 197); Schur|ken.streich, ...tat; Schur|ke|rei; Schur|kin die; -, -nen; schur|kisch; -ste

Schür|re die; -, -n (landsch. für: [Holz]gleitbahn, Rutsche); schur|ren (landsch. für: mit knirschendem Geräusch über den Boden gleiten, scharren); Schurr|murr der;-s (landsch. für: Durcheinander; Gerümpel)

Schur|wol|le

Schurz der; -es, -e; Schür|ze die; -, -n; schür|zen; du schürzt (schürzest); Schür|zen.band (das; Plur. ...bänder), ...jä|ger (spött. für: Mann, der den Frauen nachläuft); Schurz|fell

Schusch|nigg (österr. Politiker)

Schuß der; Schusses, Schüsse; 2 - Rum (↑R 128 u. 129); 2 - (auch: Schüsse) abgeben; in Schuß (ugs. für: Ordnung) halten, haben; Schuß.ab|ga|be, ...be|reich der; schuß|be|reit

Schus|sel der; -s, - od. die; -, -n (mdal. für: fahrige, unruhige Person)

Schüs|sel die;-, -n; Schüs|sel|chen, Schüs|sel|lein; schüs|sel|för|mig

schus|se|lig, schußlig (ugs. für: fahrig, unruhig); schus|seln (ugs. für: fahrig, unruhig sein); ich schussele u. schußle (↑R 22)

Schus|ser (landsch. für: Spielkügelchen); schus|sern (landsch.); ich schussere u. schußre (↑R 22)

Schuß·fa|den (Weberei), ...fahrt,
...feld; schuß|fer|tig; schuß|fest;
-este (kugelsicher; Jägerspr.: an
Schüsse gewöhnt); Schuß|garn
(Weberei); schuß|ge|recht;
Schuß|ge|rin|ne (Wasserbau)
schus|sig (mdal. für: [über]eilig,
hastig); Schuß|ler (landsch. für:
mit Schussern Spielender;
österr. ugs. svw. Schussel)
schuß|lig vgl. schusselig
Schuß.li|nie, ...schwä|che (bes.
Fuß-, Handball), ...stär|ke (bes.
Fuß-, Handball), ...ver|let|zung,
...waf|fe, ...wech|sel, ...wei|te,
...zahl
Schu|ster; Schu|ster·ah|le,
...draht; Schu|ste|rei (veralt.);
Schu|ster|jun|ge (der veralt.);
schu|stern (landsch., sonst veralt.
für: das Schuhmacherhandwerk
ausüben; abschätzig für: Pfusch-
arbeit machen); ich ...ere
(↑ R 22); Schu|ster·pal|me (eine
Pflanze), ...pech, ...pfriem,
...werk|statt
Schu|te die; -, -n (flaches, offenes
Wasserfahrzeug; haubenartiger
Frauenhut)
Schutt der; -[e]s; Schutt|ab|la|de-
platz; Schütt.be|ton, ...bo|den;
Schüt|te die; -, -n (Bund [Stroh]);
eine - Stroh; Schüt|tel.frost,
...läh|mung; schüt|teln; ich
...[e]le (↑ R 22); Schüt|tel·reim,
...rut|sche; schüt|ten
schüt|ter (lose; gelichtet)
schüt|tern (schütteln); der Wagen
schüttert
Schütt|gut; Schutt.hal|de, ...hau-
fen, ...ke|gel; Schütt·ofen,
...stein (schweiz. für: Ausguß),
...stroh; Schüt|tung
Schutz der; -es, -e; zu - und
Trutz
¹Schütz der; -en, -en; ↑ R 197 (veralt. für: ¹Schütze)
²Schütz der; -es, -e (Elektrotechnik: ferngesteuerter Schalter);
³Schütz das; -es, -e u. Schüt|ze
die; -, -n (bewegliches Wehr)
Schutz·an|strich, ...an|zug, ...auf-
sicht; schutz|be|dürf|tig; Schutz-
be|foh|le|ne der u. die; -n, -n
(↑ R 7 ff.); Schutz.be|haup|tung,
...blech, ...brief, ...bril|le,
...bünd|nis, ...dach
¹Schüt|ze der; -n, -n; ↑ R 197
(Schießender)
²Schüt|ze vgl. ³Schütz
schüt|zen; du schützt (schützest)
Schüt|zen der; -s, - (Weberei: Ge-
rät zur Aufnahme der Schußspu-
len)
Schüt|zen.bru|der, ...fest
Schutz|en|gel
Schüt|zen.ge|sell|schaft, ...gil|de,
...gra|ben, ...haus, ...hil|fe, ...kö-
nig, ...lie|sel (die; -, -; ↑ R 138),
...li|nie, ...pan|zer, ...platz

Schütz|zen|steue|rung, Schütz-
steue|rung (Elektrotechnik)
Schüt|zen.ver|ein, ...wie|se
Schüt|zer; Schutz.far|be, ...fär-
bung, ...film, ...frist, ...ge|biet,
...ge|bühr, ...geist (Plur. ...gei-
ster), ...ge|mein|schaft, ...git|ter,
...glas (Plur. ...gläser), ...ha|fen
(vgl. ²Hafen), ...haft die, ...hei|li-
ge, ...herr, ...herr|schaft, ...hül-
le; schutz|imp|fen; ich schutz-
impfe; schutzgeimpft; schutz-
zuimpfen; Schutz.imp|fung,
...klau|sel; Schütz|ling; schutz-
los; -este; Schutz|lo|sig|keit die;
-; Schutz.macht, ...mann (Plur.
...männer u. ...leute), ...mar|ke,
...mas|ke, ...mit|tel das, ...pa-
tron, ...po|li|zei (Kurzw.: ¹Schu-
po), ...po|li|zist (Kurzw.: ²Schu-
po), ...raum
Schutz|steue|rung, Schütz|zen-
steue|rung (Elektrotechnik)
Schutz.trup|pe, ...trupp|ler, ...um-
schlag; Schutz-und-Trutz-Bünd-
nis (↑ R 41); Schutz.ver|trag,
...vor|rich|tung, ...wall, ...weg
(österr. für: Fußgängerüberweg),
...wehr die, ...zoll (↑ R 204);
schutz|zöll|ne|risch (↑ R 204);
Schutz|zoll|po|li|tik
Schw. = Schwester
Schwa|bach (Stadt in Mittelfran-
ken); ¹Schwa|ba|cher (↑ R 147);
²Schwa|ba|cher die; - (eine
Schriftgattung); Schwa|ba|cher
Schrift die; - -
Schwab|be|lei (ugs. für: Wackelei;
Geschwätz); schwab|be|lig,
schwabb|lig (ugs. für: schwam-
mig, fett; wackelnd); schwab-
beln (ugs. für: wackeln; übertr.
für: schwätzen); ich ...[e]le
(↑ R 22); Schwab|ber der; -s, -
(mopähnlicher Besen auf Schif-
fen); schwab|bern; ich ...ere (↑ R
22); schwabb|lig, schwab|be|lig
¹Schwa|be der; -n, -n; ↑ R 197 (Ein-
wohner von Schwaben)
²Schwa|be vgl. ³Schabe
Schwä|beln (schwäbisch spre-
chen); ich ...[e]le (↑ R 22); Schwa-
ben; Schwa|ben.al|ter (das; -s;
scherzh. für: 40. Lebensjahr),
...spie|gel (der; -s; Rechtssamm-
lung des dt. MA.), ...streich;
Schwä|bin die; -, -nen; schwä-
bisch, aber (↑ R 146): die Schwä-
bische Alb; Schwä|bisch Gmünd
(Stadt in Baden-Württemberg);
Schwä|bisch Hall (Stadt in
Baden-Württemberg); schwä-
bisch-häl|lisch
schwach; schwächer, schwächste;
das -e (weibliche) Geschlecht;
eine -e Stunde (Sprachw.:) -e
Deklination; ein -es Verb;
(↑ R 65:) das schwache Schwa-
chen; schwach|at|mig; schwach-
be|tont; eine schwachbetonte

Silbe (↑ jedoch R 209), aber: di
Silbe ist [nur] schwach be
tont; schwach|be|völ|kert; di
schwachbevölkerte Gegend (↑ je
doch R 209), aber: die Gegen
ist schwach bevölkert; schwach
be|wegt; die schwachbewegt
See (↑ jedoch R 209), aber: di
See war schwach bewegt; Schwä
che die; -, -n; Schwä|che|an|fal
schwäl|chen; Schwä|che.punkt
...zu|stand; Schwach|heit
schwach|her|zig; Schwach|kopf
schwach|köp|fig; schwäch|lich
Schwäch|lich|keit; Schwäch|ling
Schwach|ma|ti|kus der; -, -s
(scherzh. für: Schwächling)
Schwach|punkt; schwach|sich
tig; Schwach|sich|tig|keit die; -
Schwach|sinn der; -[e]s; schwach
sin|nig; Schwach|sin|ni|ge
Schwach|strom.lei|tung, ...tech
nik; Schwä|chung
Schwa|de die; -, -n u. ¹Schwal|de
der; -s, - (Reihe abgemähte
Grases od. Getreides)
²Schwa|den der; -s, - (Dampf
Dunst; schlechte [gefährliche
Grubenluft)
schwa|den|wei|se ⟨zu: Schwade⟩
schwa|dern (südd. für: plätschern
schwatzen); ich ...ere (↑ R 22)
Schwa|dron die; -, -en ⟨ital.⟩ (frü
her beim Militär: Reiterabte
lung); Schwa|dro|nen|wei|s
schwadro|nen|wei|se
Schwa|dro|neur [...nör] der; -s, -
⟨franz.⟩ (jmd., der schwadro
niert); schwa|dro|nie|ren (prahle
risch schwatzen)
Schwa|drons|chef; schwa|drons
wei|se, schwa|dro|nen|wei|se
Schwa|fe|lei (ugs. für: törichte
Gerede); schwa|feln; ich ...[e]
(↑ R 22)
Schwa|ger der; -s, Schwäger (ve
alt. auch für: Postkutscher
Schwä|ge|rin die; -, -nen; schw
ger|lich; Schwä|ger|schaf
Schwä|her der; -s, - (veralt. fü
Schwiegervater); Schwä|he
schaft (veralt.)
schwa|ien vgl. schwoien
Schwa|ige die; -, -n (bayr. u. öste
für: Sennhütte); schwai|ge
(bayr. u. westösterr. für: ein
Schwaige betreiben, Käse bere
ten); Schwai|ger (bayr. u. sw
österr. für: Almhirt); Schwai
hof (bayr. u. österr.)
Schwäl|chen, Schwälb|lei
Schwal|be die; -, -n; Schwal|be
_nest, ...schwanz
schwa|l|chen (veralt. für: qua
men); Schwalk der; -[e]s, -e (ni
derd. für: Dampf, Qualm; Bö
schwa|l|ken (niederd. für: herum
bummeln)
Schwall der; -[e]s, -e (Gewog
Welle, Guß [Wasser])

Schwalm *die;* - (Fluß u. Landschaft in Hessen); **Schwäl|mer** (↑R 147); **Schwäl|me|rin** *die;* -, -nen

Schwamm *der;* -[e]s, Schwämme (südd. u. österr. auch für: Pilz); Schwamm drüber! (ugs. für: vergessen wir das!); **Schwämm|chen,** Schwämm|lein; **Schwamm|merl** *das;* -s, -[n] (bayr. u. österr. ugs. für: Pilz); **schwam|mig; Schwam|mig|keit; Schwämm|lein,** Schwämm|chen; **Schwamm|spin|ner** (ein Schmetterling), **...tuch**

Schwan *der;* -[e]s, Schwäne (ein Vogel); **Schwän|chen,** Schwänlein

schwa|nen (unpersönl. ugs.:) es schwant mir (ich ahne)

Schwa|nen.ge|sang, **...hals; Schwa|nen|jung|frau,** Schwanjung|frau (Mythol.); **Schwa|nenteich; schwa|nen|weiß**

Schwang *der,* nur in: im -[e] (sehr gebräuchlich) sein

schwan|ger; Schwan|ge|re *die;* -n, -n; **Schwan|ge|ren.be|ra|tung, ...für|sor|ge, ...geld; schwängern;** ich ...ere (↑R 22); **Schwänger|schaft; Schwan|ger|schafts- ab|bruch, ...gym|na|stik, ...test** (Test zum Nachweis einer bestehenden Schwangerschaft), **...unter|bre|chung, ...ur|laub, ...verhütung; Schwän|ge|rung**

Schwan|jung|frau, Schwanenjung|frau (Mythol.)

schwank (dicht. u. gehoben für: biegsam, unsicher); **Schwank** *der;* -[e]s, Schwänke; **schwanken; Schwank|fi|gur; Schwankung; Schwan|kungs|rück|stellung** (Wirtsch.)

Schwän|lein, Schwän|chen

Schwanz *der;* -es, Schwänze; **Schwänz|chen,** Schwänz|lein; **Schwän|ze|lei; schwän|zeln** (geziert gehen); ich ...[e]le (↑R 22); **schwän|zen** (ugs. für: [die Schule u. a.] absichtlich versäumen); du schwänzt (schwänzest); **Schwän|zen|de; Schwän|zer** (ugs.); **Schwanz.fel|der, ...flos|se, ...schwän|zig** (z. B. langschwänzig); **schwan|zig|la|stig** (Flugwesen); **Schwänz|lein,** Schwänzchen; **Schwanz.lurch, ...spit|ze, ...stück, ...wir|bel**

schwapp!, schwaps!; **Schwapp** *der;* -[e]s, -e u. Schwaps *der;* -es, -e (ugs. für: Klatsch, Schlag); **schwap|pen,** schwap|sen (ugs. von Flüssigkeiten: in schwankender Bewegung sein); **schwaps!,** schwapp!; **Schwaps** vgl. Schwapp; **schwap|sen;** du schwapst (schwapsest); vgl. schwappen

Schwär *der;* -[e]s, -e (älter für: Schwäre); **Schwä|re** *die;* -, -n (Geschwür); **schwä|ren** (Schwären bekommen; eitern); es schwärt (veralt.: schwiert); es schwärte (veralt.: schwor); geschwärt (veralt.: geschworen); schwär[e]! (veralt.: schwier!); **Schwä|ren** *der;* -s, - (älter für: Schwäre); **schwä|rig**

Schwarm *der;* -[e]s, Schwärme; **schwär|men;**   **Schwär|mer; Schwär|me|rei;**   **Schwär|me|rin** *die;* -, -nen; **schwär|me|risch;** **-ste; Schwarm|geist** (*Plur.* ...geister); **Schwärm|zeit** (bei Bienen)

Schwar|te *die;* -, -n (dicke Haut; ugs. für: altes [minderwertiges] Buch; zur Verschalung dienendes rohes Brett); **schwar|ten** (ugs. für: verprügeln); **Schwar|ten.magen** (eine Wurstart); **schwar|tig**

schwarz; schwärzer, schwärzeste; vgl. blau. **I.** *Kleinschreibung:* **a)** (↑R 65:) schwarz auf weiß; aus schwarz weiß machen wollen; **b)** (↑R 157:) schwarze Pocken; schwarze Blattern; ein schwarzes (verbotenes) Geschäft; eine schwarze Messe; der schwarze Star; der schwarze Mann (Schornsteinfeger; Schreckgestalt); das schwarze Schaf; die schwarze Liste; die schwarze Rasse; ein schwarzer Tag; ein schwarzer Freitag, vgl. aber: der Schwarze Freitag (II, c); schwarzer Markt; schwarzer Humor; schwarzer Tee. **II.** *Großschreibung:* **a)** (↑R 65:) ein Schwarzer (dunkelhäutiger, -haariger Mensch); das Schwarze; die Farbe Schwarz; **b)** (↑R 146:) das Schwarze Meer; **c)** (↑R 157:) das Schwarze Brett (Anschlagbrett); der Schwarze Erdteil (Afrika); die Schwarze Kunst (Buchdruck; Zauberei); Schwarze Magie (böse Zauberei); die Schwarze Hand (ehemaliger serb. Geheimbund); Schwarzer September (palästinens. Untergrundorganisation); Schwarzer Peter (Kartenspiel); der Schwarze Tod (Beulenpest im MA.); Schwarze Witwe (eine Spinne); der Schwarze Freitag (Name eines Freitags mit großen Börsenstürzen in den USA); **d)** (↑R 65:) ins Schwarze treffen. **III.** *In Verbindung mit Verben* (↑R 205 f.): **a)** *Getrenntschreibung* in ursprünglicher Bedeutung, z. B. schwarz färben, werden; **b)** *Zusammenschreibung,* wenn durch die Verbindung ein neuer Begriff entsteht; vgl. schwarzarbeiten, schwarzfahren, schwarzgehen, schwarzhören, schwarzschlachten, schwarzsehen. **IV.** *In Verbindung mit dem 2. Partizip*

Getrennt- oder Zusammenschreibung: ein schwarzgestreifter Stoff (↑jedoch R 209), aber: der Stoff ist schwarz gestreift, ist schwarz und weiß gestreift; schwarzgefärbtes Haar (↑jedoch R 209), aber: auffallend schwarz gefärbtes Haar, das Haar ist schwarz gefärbt. **V.** *Farbenbezeichnungen:* ↑R 40; **Schwarz** *das;* -[es], - (Farbe); in - ; (Kartenspiel:) er spielte - aus; in - (Trauerkleidung) gehen; Frankfurter -; vgl. Blau; **Schwarz|ach** (↑R 178); **Schwarzafri|ka** (die Staaten Afrikas, die von Schwarzen bewohnt und regiert werden); **Schwarz|ar|beit** *die;* - ; **schwarz|ar|bei|ten;** ↑R 205 (unerlaubte Lohnarbeit verrichten); ich arbeite schwarz; schwarzgearbeitet; schwarzzuarbeiten; **Schwarz|äu|gig; Schwarzbee|re** (südd. und österr. neben: Heidelbeere); **schwarz|braun; Schwarz.bren|ner, ...bren|ne|rei, ...brot, ...bul|che; schwarz|bunt;** eine -e Kuh; **Schwarz.dorn** (*Plur.* ...dorne), **...dros|sel;** **¹Schwar|ze** *der* u. *die;* -n, -n; ↑R 7 ff. (Neger; dunkelhäutiger, -haariger Mensch); **²Schwar|ze** *der;* -n (Teufel); **³Schwar|ze** *das;* -n; ↑R 7 ff. (schwarze Stelle); ins - treffen (↑R 65); **⁴Schwar|ze** *der;* -n, -n; ↑R 7 ff. österr. für: Mokka ohne Milch); **Schwär|ze** *die;* -, -n (das Schwarzsein [nur *Sing.*]; Farbe zum Schwarzmachen); **schwär|zen** (schwarz färben; mdal. für: schmuggeln; hintergehen); du schwärzt (schwärzest); **Schwär|zer** (Schwarzmacher; mdal. für: Schmuggler); **Schwär|zer|de** (dunkler Humusboden); **schwarz|fah|ren;** ↑R 205 (ohne Berechtigung ein [öffentl.] Verkehrsmittel benutzen); sie ist schwarzgefahren; **Schwarz.fahrer, ...fahrt, ...fäu|le** (eine Pflanzenkrankheit), **...fil|ter, ...fleisch** (landsch. für: durchwachsener geräucherter Speck); **schwarz|gehen;** ↑R 205 (ugs. für: wildern; unerlaubt über die Grenze gehen); er ist schwarzgegangen; **schwarz|ge|streift;** vgl. schwarz IV; **schwarz|haa|rig; Schwarzhan|del;**   **Schwarz|han|dels|geschäft;**   **Schwarz|händ|ler; schwarz|hö|ren;** ↑R 205 (Hochschule, Rundfunk: ohne Genehmigung mithören); er hat schwarzgehört; **Schwarz.hö|rer, ...kit|tel** (Wildschwein; abschätzig für: kath. Geistlicher), **...kunst** (*die;* -), **...künst|ler; schwärz|lich;** schwärzlichbraun u. a. (↑R 40); **schwarz|ma|len;** ↑R 209 (ugs. für: pessimistisch

sein); er hat immer nur schwarz-
gemalt; Schwarz|ma|ler (ugs. für:
Pessimist); Schwarz|ma|le|rei
(ugs. für: Pessimismus);
Schwarz_markt, ...markt|preis,
...meer|flot|te (die; -), ...meer|ge-
biet (das; -[e]s; ↑R 149), ...plätt-
chen (ein Vogel), ...pul|ver,
...rock (abschätzig für: kath.
Geistlicher); schwarz|rot|gol|den
(↑R 40); eine schwarzrot-
gold[e]ne Fahne, aber: die Fahne Schwarz-Rot-Gold; Schwarz-
sau|er das; -s (ein nordd. Gericht
aus Fleischragout od. Gän-
seklein); schwarz|schlach|ten;
↑R 205 (ohne amtliche Genehmigung heimlich schlachten); er
hat oft schwarzgeschlachtet;
Schwarz|schlach|tung; schwarz-
se|hen; ↑R 205 (ugs. für: ungün-
stig beurteilen; ohne behördliche Anmeldung fernsehen); sie
hat schwarzgesehen; Schwarz|se-
her (ugs. für: Pessimist; jmd., der
ohne behördliche Anmeldung
fernsieht); Schwarz|se|he|rei
(ugs. für: Pessimismus);
schwarz|se|he|risch (ugs. für: pes-
simistisch); Schwarz_sen|der,
...specht; Schwär|zung; Schwarz-
wald der; -[e]s (dt. Gebirge);
Schwarz|wald|bahn die; - (↑R
149); Schwarz|wäl|der (↑R
147); Schwarzwälder Kirsch;
Schwarz|wäl|de|rin die; -, -nen;
schwarz|wäl|de|risch; Schwarz-
wald|haus; Schwarz|wald|hoch-
stra|ße; die; - (↑R 149); Schwarz-
was|ser|fie|ber (schwere Mala-
ria); schwarz|weiß (↑R 40); ein -
verzierter Rand; - geringelte Sok-
ken; Schwarz|weiß_fern|se|hen,
...fern|se|her, ...film, ...fo|to|gra-
fie, ...kunst (die; -); schwarz-
weiß|ma|len (grob vereinfacht,
mit starken Kontrasten darstellen); schwarzweißgemalt;
Schwarz|weiß|ma|le|rei; schwarz-
weiß|rot (↑R 40); aber: die Far-
ben, die Fahne Schwarz-Weiß-
Rot; Schwarz|weiß|zeich|nung;
Schwarz|wild (Wildschweine);
Schwarz|wurz die; - (eine Heil-
pflanze); Schwarz|wur|zel (eine
Gemüsepflanze)
Schwatz der; -es, -e (ugs. für: Ge-
plauder, Geschwätz); Schwatz-
ba|se; Schwätz|chen; schwat|zen,
schwät|zen; du schwatzt (schwat-
zest), du schwätzt (schwätzest);
Schwät|zer; Schwät|ze|rei;
Schwät|ze|rin die; -, -nen;
schwät|ze|risch; -ste; schwatz-
haft; -este; Schwatz|haf|tig|keit
die; -; Schwatz|maul (derb)
Schwaz (österr. Stadt im Inntal)
Schwe|be die; -; Schwe|be_bahn,
...bal|ken, ...baum (ein Turnge-
rät); schwe|ben; Schwe|be_stoff,

...stütz, ...teil|chen, ...zu|stand;
Schwe|bung (Physik)
Schwe|de der; -n, -n (↑R 197);
Schwe|den; Schwe|den_kü|che,
...plat|te, ...punsch, ...schan|ze;
Schwe|din die; -, -nen; schwe-
disch; (↑R 148:) -e Gardinen
(ugs. für: [Gitterfenster im] Gefängnis); vgl. deutsch; Schwe-
disch das; -[s] (Sprache); vgl.
Deutsch; Schwe|di|sche das; -n;
vgl. Deutsche
Schwe|fel der; -s (chem. Grund-
stoff; Zeichen: S); schwe|fel|ar-
tig; Schwe|fel_ban|de (ugs. für:
zu Streichen aufgelegte Gesell-
schaft), ...blu|me od. ...blü|te
(die; -; Chemie), ...di|oxyd (vgl.
Oxyd), ...far|be; schwe|fel_far-
ben od. ...far|big, ...gelb, ...hal-
tig; Schwe|fel_holz od. ...hölz-
chen (veralt. für: Streich-, Zünd-
holz); schwe|fe|lig, schwef|lig;
schwef[e]lige Säure; Schwe|fel-
kies (ein Mineral); Schwe|fel-
koh|len|stoff; Schwe|fel_kopf
(ein Pilz), ...kur, ...le|ber (eine
Schwefelverbindung); schwe-
feln; ich ...[e]le (↑R 22); Schwe-
fel_quel|le, ...sal|be; schwe|fel-
sau|er; Schwe|fel_säu|re die; -;
Schwe|fe|lung; Schwe|fel_was-
ser|stoff; schwef|lig, schwe|fe|lig
Schwe|gel, Schwie|gel der; -, -n
(mittelalterl. Querpfeife; Flöten-
werk an älteren Orgeln);
Schweg|ler (Schwegelbläser)
Schweif der; -[e]s, -e; schwei|fen;
Schweif_säge, ...stern (veralt.
für: Komet; vgl. ²Stern); Schwei-
fung; schweif|we|deln (veralt.
auch für: kriecherisch schmei-
cheln); ich ...[e]le (↑R 22); ge-
schweifwedelt; zu -; Schweif-
wed|ler (veralt. für: Kriecher,
Schmeichler)
Schwei|ge_geld, ...marsch, ...mi-
nu|te; schwei|gen (still sein); du
schwiegst (schwiegest); du
schwiegest; geschwiegen;
schweig[e]!; die schweigende
Mehrheit; Schwei|gen das; -s;
Schwei|ge|pflicht die; -; Schwei-
ger; (↑R 133:) der Große Schwei-
ger (Bez. für Moltke); schweig-
sam; Schweig|sam|keit die; -
Schwein das; -[e]s, -e (im Sing. ugs.
auch für: Glück); kein - (ugs.
für: niemand); Schwei|ne_bauch,
...bra|ten, ...fett, ...fleisch;
Schwei|ne|hund (ugs. für:
Lump); der innere - (ugs.: Feig-
heit, Bequemlichkeit), Schwei-
ne_kol|ben od. ...kol|fen, ...mast
die, ...mä|ste|rei, ...pest; Schwei-
ne|rei; Schwei|ne|ripp|chen;
schwei|nern (vom Schwein stam-
mend); Schwei|ner|ne das; -n;
↑R 7 ff. (landsch. für: Schweine-
fleisch); Schwei|ne_schmalz,

...schnit|zel (vgl. ¹Schnitzel);
...stall, ...zucht
Schwein|furt (Stadt am Main);
Schwein|fur|ter (↑R 147);
Schwein|fur|ter Grün das; - -s
(ein Farbstoff)
Schwein|igel (ugs. für: schmutzi-
ger od. unflätiger Mensch);
Schwein|ige|lei; schwein|igeln
(ugs. für: Zoten reißen); ich
...[e]le (↑R 22); geschweinigelt;
zu -; schwei|nisch; -ste;
Schweins_bor|ste, ...bra|ten
(südd., österr. u. schweiz. für:
Schweinebraten); Schweins|ga-
lopp; im - (ugs. für: ungeschickt
rennend); Schweins_keu|le,
...kopf, ...le|der; schweins|le-
dern; Schweins_ohr (auch für:
ein Gebäck), ...rücken [Trenn.:
...rük|ken], ...schnit|zel (österr.
für: Schweineschnitzel), ...stel|ze
(österr. für: Eisbein)
Schweiß der; -es, -e (Jägerspr.
auch: Wildblut); Schweiß_ap-
pa|rat, ...aus|bruch, ...band;
schweiß|be|deckt; (↑R 209);
Schweiß_bil|dung, ...blatt (veralt.
für: Armblatt), ...bren|ner,
...draht, ...drü|se; schwei|ßen
(bluten [vom Wild]; Metalle
durch Hämmern od. Aneinan-
derschmelzen bei Weißglut verbinden); du schweißt (schwei-
ßest); du schweißtest; ge-
schweißt; Schwei|ßer (Fachar-
beiter für Schweißarbeiten);
Schweiß_fäh|r|te, ...fleck, ...fuß;
schweiß|ge|ba|det (↑R 209);
Schweiß|hund; schwei|ßig;
Schweiß_le|der, ...naht, ...per|le,
...po|re, ...stahl; schweiß|trei-
bend; schweiß|trie|fend (↑R 209);
Schweiß_trop|fen, ...tuch (Plur.
...tücher); schweiß|über|strömt;
Schwei|ßung
Schweit|zer, Albert (elsäss. Mis-
sionsarzt u. Theologe)
Schweiz die; - (↑R 146:) die französische, welsche - (franz. Teil
der -), aber: die Holsteinische -
¹Schwei|zer (Bewohner der
Schweiz; auch für: Melker; Tür-
hüter; Aufseher in kath. Kir-
chen); ²Schwei|zer; ↑R 151
(schweizerisch): - Bürger; - Jura
(Gebirge); - Käse; - Kühe; - Land
(schweizerisches Gebiet); aber:
Schweizerland; - Reise;
Schwei|zer|de|gen (jmd., der so-
wohl als Schriftsetzer als auch
als Drucker ausgebildet ist);
schwei|zer|deutsch; ↑R 155
(schweizerisch mundartlich);
vgl. deutschschweizerisch;
Schwei|zer|deutsch das; -[s];
↑R 155 (deutsche Mundart[en]
der Schweiz); Schwei|zer_gar|de
(↑R 151), ...häus|chen; Schwei|ze-
rin die; -, -nen; schwei|ze|risch;

die -en Eisenbahnen; -e Post; aber (↑R 157): die Schweizerische Eidgenossenschaft; Schweizerische Bundesbahnen (Abk.: SBB); **Schwei|zer|land** *das;* -[e]s, ↑R 155 (Land der Schweizer); vgl. aber: Schweizer Land; **Schweiz|rei|se**

Schwejk [*schwaik*] (Held eines Romans des tschech. Schriftstellers J. Hašek)

Schwelch|malz (an der Luft getrocknetes Malz)

schwe|len (langsam flammenlos [ver]brennen; glimmen); schwelender Haß; **Schwel|le|rei**

schwel|gen; **Schwel|ger**; **Schwel|ge|rei**; **schwel|ge|risch**; -ste

Schwel_koh|le, ...koks

¹**Schwel|le** *die;* -, -n

¹**schwel|len** (größer, stärker werden, sich ausdehnen); du schwillst, er schwillt; du schwollst (schwollest); du schwöllest; geschwollen, schwill!; ihr Hals ist geschwollen; die Brust schwoll ihm vor Freude; ²**schwel|len** (größer, stärker machen, ausdehnen); du schwellst; du schwelltest; geschwellt; schwell[e]!; der Wind schwellte die Segel, der Stolz hat seine Brust geschwellt; mit geschwellter Brust

Schwel|len_angst (*die;* -; Psych.: Hemmung eines potentiellen Käufers, eine Ladenschwelle zu überschreiten), **...land** (relativ weit industrialisiertes Entwicklungsland), **...wert** (Psych.)

Schwel|ler (Teil der Orgel u. des Harmoniums); **Schwell|kopp** *der;* -s, ...köppe (mdal. für: übergroßer Maskenkopf); **Schwell|kör|per**; **Schwel|lung**; **Schwell|werk** (Schweller)

Schwel|teer; **Schwe|lung**

Schwemm|bo|den; **Schwem|me** *die;* -, -n (Badeplatz für das Vieh; einfaches [Bier]lokal; österr. für: Warenhausabteilung mit niedrigen Preisen); **schwem|men** (österr. auch für: Wäsche spülen); **Schwemm_land** (*das;* -[e]s), **...sand**; **Schwemm|sel** *das;* -s (Angeschwemmtes); **Schwemm|stein**

Schwen|de *die;* -, -n (durch Abbrennen urbar gemachter Wald, Rodung); **schwen|den**

Schwen|gel *der;* -s, -; **Schwenk** *der;* -[e]s, -s, selten: -e (Filmw.: durch Schwenken der Kamera erzielte Einstellung); **schwenk|bar**; **Schwenk|büh|ne** (Bergmannsspr.); **Schwen|ke** *die;* -, -n (lausitz. für: Schaukel); **Schwen|ker** (Kognakglas); **Schwenk_glas, ...kran, ...seil**; **Schwen|kung**

---

schwer; (↑R 157:) -e Musik; -es Wasser (Sauerstoff-Deuterium-Verbindung); -e Artillerie; -er Kreuzer; ein -er Junge (ugs. für: Gewaltverbrecher); ihr Tod war ein -er Schlag (großer Verlust) für die Familie; mit -er Zunge sprechen. **I.** *Schreibung in Verbindung mit dem 2. Partizip oder einem Adjektiv* (↑R 209), z.B. schwerbeschädigt (vgl. d.), schwerbewaffnet (vgl. d.), schwerkrank (vgl. d.). **II.** *Schreibung in Verbindung mit Verben* (↑R 205 f.): **a)** *Getrenntschreibung* in ursprünglicher Bedeutung, z.B. schwer fallen; er ist sehr schwer gefallen; **b)** *Zusammenschreibung,* wenn durch die Verbindung ein neuer Begriff entsteht, z.B. schwerfallen; diese Aufgabe ist ihr schwergefallen; aber: *Getrenntschreibung* in Verbindung mit einem Gradadverb: diese Aufgabe ist ihr allzu schwer gefallen; da es ihr nicht so schwer fällt; vgl. schwerfallen, schwerhalten, schwernehmen, schwernehmen; **Schwer_ar|bei|ter, ...ath|let, ...ath|le|tik; schwer|be|hin|dert**¹ (durch gesundheitl. Schädigung nur beschränkt erwerbsfähig); **Schwer|be|hin|der|te** *der* u. *die;* -n, -n (↑R 7 ff.); **Schwer|be|hin|der|ten-_aus|weis, ...ge|setz; schwer|be|la|den; schwerer, am schwersten beladen; ein schwerbeladener Wagen (↑ jedoch R 209), aber: ein überaus schwer beladener Wagen; der Wagen ist schwer beladen; **schwer|be|schä|digt**¹ (älter für: schwerbehindert); aber: der Wagen wurde schwer beschädigt; **schwer|be|waff|net**¹; ein schwerbewaffneter Soldat (↑ jedoch R 209), aber: ein schwer bewaffneter Soldat; **Schwer|be|waff|ne|te** *der;* -n, -n (↑R 7 ff.); **schwer|blü|tig; Schwer|blü|tig|keit** *die;* -; **Schwe|re** *die;* - (Gewicht); **Schwe|re|feld; schwere|los; -er Zustand; **Schwe|re|lo|sig|keit; Schwe|re|not** *die,* nur in verhüllten Fügungen wie: - [noch einmal]!; daß dich die -! **Schwe|re|nö|ter** (Schürzenjäger; Leichtfuß; schweiz. meist sww. schlauer, durchtriebener Geselle); **schwer|er|zieh|bar**¹; ein schwererziehbares Kind (↑ jedoch R 209), aber: ein sehr schwer erziehbares Kind; das Kind ist schwer erziehbar; **Schwer|er|zieh|ba|re** *der* u. *die;* -n, -n (↑R 7 ff.); **schwer|fal|len;** ↑R 205 f. (Mühe verursachen); es

---

fällt schwer; es ist schwergefallen; schwerzufallen; vgl. schwer, II; **schwer|fäl|lig; Schwer_fäl|lig|keit** (*die;* -), **...ge|wicht** (Körpergewichtsklasse in der Schwerathletik; **schwer|ge|wich|tig; Schwer|ge|wicht|ler; Schwer|ge|wichts_mei|ster, ...mei|ster|schaft; schwer|hal|ten;** ↑R 205 f. (schwierig sein); es hat schwergehalten, ihn davon zu überzeugen; vgl. schwer, II; **schwer|hö|rig; Schwer|hö|rig|keit** *die;* -

Schwe|rin (Stadt in der DDR)

Schwer_in|du|strie, ...in|du|stri|el|le, ...kraft (*die;* -); **schwer|krank** (Jägerspr. auch: angeschossen); sie hat ein schwerkrankes Kind (↑ jedoch R 209), aber: das Kind ist schwer krank; **Schwer|kran|ke; schwer|kriegs|be|schä|digt; Schwer|kriegs|be|schä|dig|te; schwer|lich** (kaum); **schwer|lös|lich**¹; eine schwerlösliche Substanz (↑ jedoch R 209), aber: die Substanz ist schwer löslich; **schwer|ma|chen;** ↑R 205 f. (Schwierigkeiten machen); er hat ihm das Leben schwergemacht; vgl. schwer, II; **Schwer|me|tall; Schwer|mut** *die;* -; **schwer|mü|tig; Schwer|mü|tig|keit** *die;* - (veralt. für: Schwermut); **schwer|neh|men;** ↑R 205 f. (ernst nehmen); er hat diese Nachricht schwergenommen; vgl. schwer, II; **Schwer|öl; Schwer|punkt; schwer|punkt|mä|ßig; Schwer|punkt|streik; schwer|reich** (ugs. für: sehr reich); ein schwerreicher Mann (↑ jedoch R 209), aber: der Mann ist schwer reich; **Schwer|spat** (ein Mineral); **Schwerst_ar|bei|ter; Schwerst|be|schä|dig|te** *der* u. *die;* -n, -n (↑R 7 ff.)

Schwert *das;* -[e]s, -er; **Schwer|tel** *der* (österr.: *das*); -s, - (Gartenzierpflanze, Gladiolenart; auch für: Schwertlilie); **Schwert|ter-_ge|klirr** od. **Schwert_ge|klirr; Schwert|fisch; schwert|för|mig; Schwert_fort|satz** (Teil des Brustbeins), **...knauf, ...lei|te** (hist.), **...li|lie** (²Iris), **...schlucker** [*Trenn.:* ...schluk|ker], **...tanz, ...trä|ger** (ein Fisch)

schwer|tun, sich; ↑R 205 f., ich habe mir oder mich schwergetan, aber: ich habe mir oder mich allzu schwer getan; vgl. schwer, II; **Schwer|ver|bre|cher; schwer|ver|dau|lich**¹; eine schwerverdauliche Speise (↑ jedoch R 209), aber: eine sehr schwer verdauliche Speise; die Speise ist schwer verdaulich; **schwer|ver|letzt**¹ usw. vgl. schwerverwundet usw.;

---

¹Zur Steigerung vgl. schwerbeladen.

¹Vgl. Sp. 2, Anm. 1.

schwer|ver|ständ|lich[1]; eine schwerverständliche Sprache († jedoch R 209), aber: eine überaus schwer verständliche Sprache; die Sprache ist schwer verständlich; **schwer|ver|träg|lich**[1]; ein schwerverträglicher Wein († jedoch R 209), aber: ein überaus schwer verträglicher Wein; der Wein ist schwer verträglich; der Wein ist schwer verträglich; ein schwerverwundeter Soldat († jedoch R 209), aber: ein sehr schwer verwundeter Soldat; der Soldat war schwer verwundet; **Schwer|ver|wun|de|te** der u. die; -n, -n († R 7 ff.); **schwer|wie|gend**; -ste; schwerwiegendere od. schwerer wiegende Bedenken, aber (mit besonderem Nachdruck nur): viel schwerer wiegende Bedenken

Schwe|ser der; -s (niederd. für: Bries, Kalbsmilch)

Schwe|ster die; -, -n (Abk.: Schw.); **Schwe|ster_an|stalt** (gleichartige Anstalt), **...fir|ma, ...kind; schwe|ster|lich; Schwe|ster|lie|be** (Liebe, die von der Schwester ausgeht); **Schwe|stern|lie|be** (Liebe zwischen Schwestern); **Schwe|stern_or|den, ...paar; Schwe|stern|schaft** (alle Schwestern); **Schwe|stern_schu|le, ...schü|le|rin, ...tracht, ...wohn|heim; Schwe|stern|schiff**

Schwet|zin|gen (Stadt südl. von Mannheim); **Schwet|zin|ger** († R 147)

Schwib|bo|gen (zwischen zwei Mauerteilen frei stehender Bogen)

Schwie|bus (Stadt in Ostbrandenburg); **Schwie|bus|ser,** (auch:) **Schwie|bu|ser** († R 147); **schwie|bus|isch,** (auch:) **schwie|bu|sisch**

Schwie|gel vgl. Schwegel

Schwie|ger die; -, -n (veralt. für: Schwiegermutter); **Schwie|ger_el|tern** Plur., **...mut|ter** (Plur. ...mütter), **...sohn, ...toch|ter, ...va|ter**

Schwie|le die; -, -n; **schwie|lig**

Schwie|mel der; -s, - (niederd. u. mitteld. für: Rausch; leichtsinniger Mensch, Zechbruder); **Schwie|me|ler, Schwiem|ler** (niederd., mitteld. für: Zechbruder); **schwie|me|lig, schwiem|lig** (niederd., mitteld. für: taumelig); **Schwie|mel|kopf** (niederd., mitteld. abschätzig für: Zechbruder, Herumtreiber); **schwie|meln** (niederd., mitteld. für: taumeln; bummeln, leichtsinnig leben); ich ...[e]le († R 22); **Schwiem|ler, Schwie|me|ler; schwiem|lig, schwie|me|lig**

---

schwie|rig; Schwie|rig|keit; Schwie|rig|keits|grad

Schwimm_bad, ...bas|sin, ...becken [Trenn.: ...bek|ken], **...bla|se, ...dock; Schwim|mei|ster** [Trenn.: Schwimm|mei..., † R 204]; **schwim|men;** du schwammst (schwammest); du schwömmest (auch: schwämmest); geschwommen; schwimm[e]!; **Schwim|mer; Schwim|me|rei** (ugs.); **Schwim|me|rin** die; -, -nen; **Schwimm_flos|se, ...fuß, ...gür|tel, ...hal|le, ...haut, ...kä|fer, ...kom|paß, ...leh|rer, ...sand, ...sport, ...sta|di|on, ...stil, ...vo|gel, ...we|ste**

Schwin|del der; -s (ugs. auch für: unnützes Zeug; Erlogenes); **Schwin|del|an|fall; Schwin|de|lei** (ugs.); **schwin|del_er|re|gend, ...frei; Schwin|del|ge|fühl; schwin|del|haft;** -este; **schwin|de|lig, schwind|lig; schwin|deln;** ich ...[e]le († R 22); es schwindelt mir; **schwin|den;** du schwandst (schwandest); du schwändest; geschwunden; schwind[e]!; **Schwind|ler; Schwind|le|rin** die; -, -nen; **schwind|le|risch;** -ste; **schwind|lig, schwin|de|lig; Schwind_maß** (das; Gießereitechnik), **...span|nung, ...sucht** (die; -); **schwind|süch|tig; Schwin|dung** die; - (Technik)

Schwing_ach|se, ...blatt (für: Membrane), **...büh|ne** (Technik); **Schwin|ge** die; -, -n; **Schwin|gel** der; -s, - (eine Grasgattung)

schwin|gen (schweiz. auch für: in bes. Weise ringen); du schwangst (schwangest); du schwängest; geschwungen; schwing[e]!; **Schwin|gen** das; -s (schweiz. für: eine Art des Ringens); **Schwin|ger** (Boxschlag mit gestrecktem Arm; schweiz. für: jmd., der das Schwingen betreibt); **Schwin|get** der; -s (schweiz. für: Schwingveranstaltung); **Schwing_fest** (schweiz.), **...kreis** (Elektrotechnik), **...quarz** (Technik), **...tür; Schwin|gung; Schwin|gungs_dämp|fer, ...dau|er, ...kreis** (Technik), **...zahl**

schwipp!; schwipp, schwapp!; **Schwip|pe** die; -, -n (mdal., sonst veralt. für: biegsames Ende [einer Gerte, Peitsche]; Peitsche); **schwip|pen** (landsch.); **Schwipp_schwa|ger** (ugs. für: Schwager des Ehepartners od. des Bruders bzw. der Schwester), **...schwä|ge|rin; schwipp, schwapp!; Schwips** der; -es, -e (ugs. für: leichter Rausch)

schwir|bel|lig, schwirb|lig (landsch. für: schwindlig); **schwir|beln** (landsch. für: schwindeln; sich

---

im Kreise drehen); ich ...[e]l[e] († R 22)

Schwirl der; -[e]s, -e (ein Vogel)

schwir|ren; Schwirr|vo|gel (Kolibri)

Schwitz|bad; Schwit|ze die; -, -n (Einbrenne [zum Sämigmachen von Speisen]); **schwit|zen;** du schwitzt (schwitzest); du schwitztest; geschwitzt; schwitzig; **Schwitz_ka|sten, ...kur**

Schwof der; -[e]s, -e (ugs. für: öffentl. Tanzvergnügen); **schwo|fen** (ugs.)

schwoi|en, schwo|jen (niederl. (von Schiffen: sich [vor Anker] drehen); das Schiff schwoit, hat geschwoit, geschwojet; schwojet

schwö|ren; du schworst (veralt. schwurst); du schwürest; geschworen; schwör[e]!; auf je manden, auf eine Sache -

Schwuch|tel die; -, -n (ugs. abwertend für: [femininer] Homosexueller)

schwul (ugs. für: homosexuell); **schwül; Schwü|le** die; -; **Schwu|le** der; -n, -n († R 7 ff. (ugs. für: Homosexueller); **Schwu|li|bus,** nur in: in - sein (ugs. scherzh. für: bedrängt sein); **Schwu|li|tät** die; -, -en (ugs. für: Verlegenheit, Klemme); in großen - en sein

Schwulst der; -[e]s, Schwülste; **schwul|stig** (aufgeschwollen, aufgeworfen; österr. für: schwülstig); **schwül|stig** ([in Gedanken u. Ausdruck] überladen, weitläufig); ein -er Stil; ein -er Ausdruck; **Schwül|stig|keit**

schwum|me|rig, schwumm|rig (mdal. für: schwindelig; unbehaglich)

Schwund der; -[e]s; **Schwund_ausgleich** (Technik), **...stu|fe** (Sprachw.)

Schwung der; -[e]s, Schwünge; in - kommen; **Schwung_brett, ...fe|der; schwung|haft;** -este; **Schwung|kraft** die; -; **schwung|los;** -este; **Schwung_rad, ...rie|men; schwung|voll;** eine -e Rede

schwupp!; Schwupp der; -[e]s, -e u. **Schwups** der; -es, Schwüpse (ugs. für: Stoß); **schwupp|di|wupp!; schwups!**

Schwur der; -[e]s, Schwüre; **Schwur_ge|richt; Schwur_ge|richts|ver|hand|lung**

Schwyz [schwiz] (Kanton u. Stadt der Schweiz); **Schwy|zer** († R 147); **schwy|ze|risch; Schwy|zer|dütsch, Schwy|zer|tütsch** das, -[s] (schweiz. mdal. für: Schweizerdeutsch)

Sci|ence-fic|tion [ßai'nßfiksch'n] die; - (abenteuerlich-phantastische Dichtung utopischen Inhalts auf naturwissenschaftlich-

---

technischer Grundlage); **Sci-ence-fic|tion-Ro|man**
scil., sc. = scilicet
sci|li|cet [ßz_ilizät_] ⟨lat.⟩ ⟨nämlich; Abk.: sc., scil.)
Sci|pio [ßz_i..._] (Name berühmter Römer)
Scoop [ßk_u̯p_] der; -s, -s ⟨engl.⟩ (Exklusivmeldung, sensationeller [Presse]bericht)
Scor|da|tu|ra die; - u. **Skor|da|tur** die; - ⟨ital.⟩ (Umstimmen von Saiten der Streich- u. Zupfinstrumente)
Scotch [ßk_ọtsch_] der; -s, -s ⟨engl.⟩ (schottischer Whisky); **Scotch-ter|ri|er** (schottischer Jagdhund)
Sco|tis|mus [ßk_o..._] der; - ⟨philos. Lehre nach dem Scholastiker Duns Scotus); **Sco|tist** der; -en, -en; ↑ R 197
Scot|land Yard [ßk_ọtl_end _ja'd_] der; - - ⟨engl.⟩ (Londoner Polizei[gebäude])
Scott, Walter (schottischer Dichter)
Scrab|ble [ßkräb_el_] das; -s, -s ⟨engl.⟩ (ein Gesellschaftsspiel)
Scrip [ßkrip] der; -s, -s ⟨engl.⟩ (Gutschein über nicht gezahlte Zinsen)
Scu|do [ßk_u̯do_] der; -, ...di ⟨ital.⟩ (alte ital. Münze)
sculp|sit [ßk_ụlp..._] ⟨lat.⟩ („hat [es] gestochen"; Abk.: sc., sculps.)
Scyl|la [ßz_üla_] ⟨lat.⟩ (Form von: Szylla, griech. Skylla)
s. d. = sieh[e] dort!
SDI = strategic defense initiative [ßträ_i̯dsch_ik difänß inisch-'ti̯w] (US-amerik. Forschungsprojekt zur Stationierung von [Laser]waffen im Weltraum)
S. D., S. Dak. = Süddakota
SDR = Süddeutscher Rundfunk
SDS = Societatis Divini Salvatoris [sozi-e... diwini ...wa...] („von der Gesellschaft vom Göttlichen Heiland"; Salvatorianer)
Se = chem. Zeichen für: Selen
Se., S. = Seine (Exzellenz usw.)
Seal [ßil] der od. das; -s, -s ⟨engl.⟩ (Fell der Pelzrobbe; ein Pelz); **Seal|man|tel**
Seals|field [ßilsfild] (österr. Schriftsteller)
Seal|skin [ßil...] der od. das; -s, -s ⟨engl.⟩ (svw. Seal; Plüschgewebe als Nachahmung des Seals)
Sé|an|ce [ße_angß_e] die; -, -n ⟨franz.⟩ ([spiritistische] Sitzung)
Se|at|tle [ßi_ätl_] (Stadt in den USA)
Se|bald, Se|bal|dus (m. Vorn.)
Se|ba|sti|an (m. Vorn.)
Se|ba|sto|pol vgl. Sewastopol
Se|bor|rhö[1], Se|bor|rhöe die; -, ...rrh_öen_ ⟨lat.; griech.⟩ (Med.:

---

[1] Vgl. die Anm. zu „Diarrhö, Diarrhöe".

---

krankhaft gesteigerte Absonderung der Talgdrüsen)
[1]sec = Sekans; Sekunde (vgl. d.)
[2]sec [ßäk] ⟨franz.⟩ ([von franz. Schaumweinen:] trocken)
Se|cen|tis|mus [ßetschän...] der; -⟨ital.⟩ (Stilrichtung schwülstiger Barockpoesie im Italien des 17. Jh.s); **Se|cen|tist** der; -en, -en; ↑ R 197 (Dichter, Künstler des Secentos); **Se|cen|to** das; -[s] (toskan. Form von: Seicento)
Sech das; -[e]s, -e (Pflugmesser)
sechs; wir sind zu sechsen od. zu sechst, wir sind sechs; vgl. acht; **Sechs** die; -, -en (Zahl); er hat eine Sechs gewürfelt; er hat in Latein eine Sechs geschrieben; vgl. Eins u. [1]Acht; **Sechs|ach|ser** (Wagen mit sechs Achsen; mit Ziffer: 6achser; ↑ R 212); **sechs|ach|sig** (mit Ziffer: 6achsig; ↑ R 212); **Sechs|ach|tel|takt** der; -[e]s (mit Ziffern: %-Takt; ↑ R 43); im -; **Sechs|eck;** **sechs|eckig** [Trenn.: ...ek|kig]; **sechs|ein|halb,** sechsundeinhalb; **Sechs|en|der** (Jägerspr.); **Sech|ser** (landsch. für: Fünfpfennigstück); ich gebe keinen Sechser (nichts) mehr für sein Leben; vgl. Achter; **sech-ser|lei;** auf - Art; **Sech|ser.pack** (Plur. -s u. -e), ...packung [Trenn.: ...pak|kung], ...rei|he (in -n); **sechs|fach;** **Sechs|fa|che** das; -n; vgl. Achtfache; **sechs|flach** das; -[e]s, -e u. **Sechs|fläch|ner** (für: Hexaeder); **sechs|hun|dert;** vgl. hundert; **Sechs|kant** das od. der; -[e]s, -e (↑ R 212); **Sechs|kant|ei|sen** (↑ R 212); **sechs|kan|tig;** **Sechs|ling;** **sechs|mal;** vgl. achtmal; **sechs|ma|lig;** **Sechs|paß** der; ...passes, ...passe (Maßwerkfigur in der Hochgotik); **Sechs|spän|ner;** **sechs|spän|nig;** **sechs|stel-lig;** **Sechs|stern** (sechsstrahliger Stern der Volkskunst); vgl. [2]Stern; **sechst;** vgl. sechs; **Sechsta|ge|ren|nen** (↑ R 68 u. R 41); **sechs|tau|send;** vgl. tausend; **sechs|ste;** er hat den sechsten Sinn (im Gespür) dafür; vgl. achte; **sechs|stel;** vgl. achtel; **Sechs|tel** das (schweiz. meist: der); -s, -; vgl. Achtel; **sechs|tens;** **Sechs|und|drei|ßig|flach** das; -[e]s, -e u. **Sechs|und|drei|ßig-fläch|ner** (für: Triakisdodekaeder); **sechs|und|ein|halb,** sechseinhalb; **Sechs|und|sech|zig** des; - (ein Kartenspiel); **sechs|und-zwan|zig;** vgl. acht; **Sechs|zy|lin-der[1]** (ugs. für: Sechszylindermotor od. damit ausgerüstetes Kraftfahrzeug); **Sechs|zy|lin|der-mo|tor[1];** **sechs|zy|lin|drig[1]** (mit Ziffer: 6zylindrig; ↑ R 212)

---

[1] ...zül..., auch: ...zil...

Sęch|ter der; -s, - ⟨lat.⟩ (altes [Getreide]maß; österr.: Eimer, Milchgefäß)
sęch|zehn; vgl. acht; **sęch|zehn-hun|dert;** **Sech|zehn|me|ter|raum** (Fußball); **sęch|zig** usw. vgl. achtzig usw; **sęch|zig|jäh|rig;** vgl. achtjährig
Se|cond|hand|shop [ßäk-ndhänd-schop] der; -s, -s ⟨engl.⟩ (Laden, in dem gebrauchte Kleidung u. a. verkauft wird)
Se|cret Ser|vice [ßikrit ßö'wiß] der; - - ⟨engl.⟩ (brit. [polit.] Geheimdienst)
SED = Sozialistische Einheitspartei Deutschlands (DDR)
Se|da (Plur. von: Sedum)
se|da|tiv (Med.: beruhigend, schmerzstillend); **Se|da|tiv** das; -s, -e [...w_e_] u. **Se|da|ti|vum** [...wum] das; -s, ...va [...wa] (Med.: Beruhigungsmittel)
Se|dez das; -es ⟨lat.⟩ (Sechzehntelbogengröße [Buchformat]; Abk.: 16°); **Se|dez|for|mat**
Se|dia ge|sta|to|ria [- dsehä...] die; - - ⟨ital.⟩ (Tragsessel des Papstes bei feierl. Aufzügen)
Se|di|mẹnt das; -[e]s, -e ⟨lat.⟩ (Ablagerung, Schicht); **se|di|men|tär** (durch Ablagerung entstanden); **Se|di|men|tär|ge|stein;** **Se|di-men|ta|ti|on** [...zion] die; -, -en (Ablagerung); **Se|di|mẹnt|ge-stein; se|di|men|tie|ren**
Se|dis|va|kạnz [...wa...] die; -, -en ⟨lat.⟩ (Zeitraum, während dessen das Amt des Papstes od. eines Bischofs unbesetzt ist)
Se|dum das; -s, Seda ⟨lat.⟩ (Pflanzengattung der Dickblattgewächse [Fetthenne])
[1]See der; -s, -n [se'n]; ↑ R 180 (Landsee); **[2]See** die; -, -n [se'n]; ↑ R 180 (Meer [nur Sing.]; Sturzwelle); **See.aal,** ...ad|ler, ...amt; **see|ar|tig,** **See.bad,** ...bär, ...bei|ben, **see|be|schä|digt** (für: havariert); **See-Ele|fant** (↑ R 36)*; **see|er|fah|ren** (↑ R 36); **See-Er|fah|rung** (↑ R 36); **See-Er|ze** Plur. (↑ R 36); **see|fah-rend;** **See.fah|rer,** ...fahrt; **See-fahrt|buch[1];** **See|fahrt|schu|le[1];** **see|fest;** -este; **See.fisch;** See-fracht; **See|fracht|ge|schäft;** **See|gang** der; -[e]s; **See Ge|ne|za-reth,** (ökum.:) Gen|ne|sa|ret der; -s - (bibl. Name für den See von Tiberias); **See|gfrör|ni,** (auch:) **See|ge|frör|ne** die; -, ...nen (schweiz. mdal. für: Zugefrieren, Zugefrorensein eines Sees); **See-gras; See|gras|ma|trat|ze;** **See-.gur|ke** (Stachelhäuter), ...ha|fen

---

[1] So die amtl. Schreibung ohne Fugen-s.

(vgl. ²Hafen), ...han|del (vgl. ¹Handel), ...heil|bad, ...herr|schaft (die; -), ...hund; See|hunds_fän|ger, ...fell; See|igel (↑ R 36); See|igel|kak|tus; See_jung|fer (eine Libelle), ...jung|frau, ...ka|dett, ...kar|te, ...kas|se (Versicherung für alle in der Seefahrt beschäftigten Personen); see|klar; ein Schiff - machen; See|kli|ma; see|krank; See_krank|heit (die; -), ...krieg, ...kuh, ...lachs

See|land (dän. Insel; niederl. Provinz)

See|l|chen; See|le die; -, -n; meiner Seel! (↑ R 18); die unsterbliche Seele; See|len_ach|se (in Feuerwaffen), ...adel, ...amt (kath. Religion: Totenmesse), ...arzt, ...blind|heit (Med.), ...bräu|ti|gam (bes. Mystik: Christus), ...frie|de|n] (der; ...dens), ...grö|ße (die; -), ...gü|te, ...heil, ...inf, ...kun|de (die; -; für: Psychologie); see|len_kun|dig, ...kund|lich (für: psychologisch); See|len_le|ben, ...leh|re; see|len|los, -este; See|len_mas|sa|ge (ugs.), ...mes|se, ...qual, ...ru|he; see|len|ru|hig; see|len[s]|gut; see|len|stark; see|len|ver|gnügt (ugs. für: heiter); See|len|ver|käu|fer; see|len|ver|wandt; See|len|ver|wandt|schaft; see|len|voll; See|len_wan|de|rung, ...zu|stand; see|lisch; das -e Gleichgewicht; die -en Kräfte; See|l|sor|ge die; -; See|l|sor|ger; see|l|sor|ge|risch; See|l|sor|ger|lich, see|l|sorg|lich

See_luft, ...macht, ...mann (Plur. ...leute); see|män|nisch; -ste; See|manns_amt, ...brauch; See|mann|schaft (die; -; seemännisches Verhalten); See|manns_garn (das; -[e]s), ...heim, ...le|ben, ...los (das; -es), ...spra|che; See_mei|le (Zeichen: sm), ...mi|ne; seen|ar|tig, see|ar|tig; See|kun|de die; - (für: Limnologie); See|not die; -; See|not|ret|tungs|dienst; See|not|zei|chen; See|n|plat|te

s. e. e. o., s. e. et o. = salvo errore et omissione ⟨lat.⟩ (Irrtum und Auslassung vorbehalten)

See_pferd, ...pferd|chen, ...pocke ([Trenn.: ...pok|ke]; ein Krebstier), ...räu|ber, ...recht, ...rei|se, ...ro|se, ...sack, ...sand, ...schei|de (ein Manteltier), ...schlacht, ...schlan|ge, ...sper|re, ...stern (vgl. ²Stern), ...stra|ße, ...stra|ßen|ord|nung, ...stück (Gemälde mit Seemotiv), ...tang

s. e. et o. vgl. s. e. e. o.

see|tüch|tig; See|ufer (↑ R 36); See_ver|si|che|rung, ...war|te; die Deutsche - in Hamburg; see_wärts; See_weg, ...we|sen, ...wet-

---

ter|dienst, ...zei|chen, ...zoll|ha|fen, ...zun|ge (ein Fisch)

Sef|fi (Kurzform von: Josephine)

Se|gel das; -s, -; Se|gel|boot; se|gel|fer|tig; se|gel|flie|gen (nur im Infinitiv gebräuchlich); Se|gel_flie|ger, ...flug, ...flug|zeug; se|gel|los; se|geln; ich ...[e]le (↑ R 22); Se|gel_oh|ren (Plur.; ugs. für: abstehende Ohren), ...re|gat|ta, ...schiff, ...sport, ...sur|fen (das; -s), ...tuch (Plur. ...tuche)

Se|gen der; -s, -; se|gen|brin|gend (↑ R 209); se|gen|spen|dend (↑ R 209); se|gens|reich; Se|gens_spruch; se|gens|voll; Se|gens_wunsch

Se|ger (dt. Technologe); Se|ger_ke|gel Ⓦ (↑ R 135; Zeichen: SK), ...por|zel|lan

Se|ge|stes (Cheruskerfürst; Vater der Thusnelda)

Seg|ge die; -, -n (niederd. für: Riedgras, Sauergras)

Se|ghers, Anna (dt. Schriftstellerin)

Seg|ler

Seg|ment das; -[e]s, -e ⟨lat.⟩ (Abschnitt, Glied); seg|men|tal (in Form eines Segmentes); seg|men|tär (aus Abschnitten gebildet); seg|men|tie|ren; Seg|men|tie|rung (Gliederung in Abschnitte)

seg|nen; gesegnete Mahlzeit!; Seg|nung

Se|gre|gat das; -[e]s, -e ⟨lat.⟩ (veralt. für: Ausgeschiedenes); ¹Se|gre|ga|ti|on [...zion] die; -, -en (Biol.: Aufspaltung der Erbfaktoren während der Reifeteilung der Geschlechtszellen; veralt. für: Ausscheidung, Trennung); ²Se|gre|ga|ti|on [ßägrigē'sch'n] die; -, -s ⟨engl.⟩ (amerik. Bez. für: Absonderung einer Bevölkerungsgruppe; Rassentrennung)

Seh|ach|se; se|hen; du siehst, er sieht; ich sah, du sahst; du sähest; gesehen; sieh!, bei Verweisen u. als Ausrufewort: sieh[e]!; sieh[e] da!; ich habe es gesehen, aber: ich habe es kommen sehen (selten: gesehen); (↑ R 68:) ich kenne ihn nur vom Sehen; ihm wird Hören u. Sehen (auch: hören u. sehen) vergehen (ugs.); se|hens_wert (-este), ...wür|dig; Se|hens|wür|dig|keit; Se|her (Jägerspr. auch: Auge des Raubwildes); Se|her|ga|be die; -; Se|he|rin die; -, -nen; se|he|risch; Seh_feh|ler, ...kraft (die; -), ...kreis, ...lin|se, ...loch (für: Pupille)

Seh|ne die; -, -n

seh|nen, sich; (↑ R 68:) stilles Sehnen

Seh|nen_riß, ...schei|de; Seh|nen_schei|den|ent|zün|dung; Seh|nen_zer|rung

---

Seh|nerv

seh|nig

sehn|lich; -st; Sehn|sucht die; -, ...süchte; sehn|süch|tig; sehn|suchts|voll

Seh_öff|nung, ...or|gan (Auge), ...pro|be, ...prü|fung

sehr; so -; zu -; gar -; - fein (Abk.: ff); - viel, - vieles; - bedauerlich; er hat die Note „sehr gut" erhalten; vgl. ausreichend

seh|ren (veralt. aber noch mal. für: verletzen)

Seh_rohr, ...schär|fe, ...schwä|che, ...stäb|chen, ...stö|rung, ...test, ...ver|mö|gen, ...zen|trum

Sei|ber, Sei|fer der; -s (landsch. für: ausfließender Speichel [bes. bei kleinen Kindern]); sei|bern, sei|fern (landsch.); ich ...ere (↑ R 22)

Sei|cen|to [ße-itschänto] das; -[s] ⟨ital.⟩ ([Kunst]zeitalter des 17. Jh.s in Italien); vgl. Secento

Seich der; -[e]s u. Sei|che die; - (derb für: Harn; seichtes Geschwätz; schales Getränk); sei|chen (derb)

Seiches [ßäsch] Plur. ⟨franz.⟩ (periodische Niveauschwankungen von Seen usw.)

seicht; -este; -es Gewässer; Seicht|heit, Seich|tig|keit

seid (2. Pers. Plur. Indikativ Präs. von ²sein); ihr seid; seid vorsichtig!; vgl. aber: seit

Sei|de die; -, -n (ein Gespinst; ein Schmarotzer)

Sei|del das; -s, - ⟨lat.⟩ (Gefäß; Flüssigkeitsmaß); 3 - Bier (↑ R 129)

sei|den (aus Seide); sei|den|ar|tig; Sei|den_at|las (Plur. -se), ...bau (der; -[e]s), ...fa|den, ...glanz, ...pa|pier, ...rau|pe, ...spin|ner; sei|den|weich; sei|dig

Sei|fe die; -, -n (Waschmittel; Geol.: Ablagerung); grüne -; sei|fen; sei|fen|ar|tig; Sei|fen_bla|se, ...gebir|ge (erz- od. edelsteinhaltiges Gebirge), ...ki|sten|ren|nen, ...lau|ge, ...napf, ...oper (triviale, rührselige Rundfunk- od. Fernsehserie), ...pul|ver, ...schalle, ...schaum, ...sie|der (in der Wendung: jmdm. geht ein Seifensieder auf [ugs. für: jmd. begreift etwas]), ...was|ser

Sei|fer vgl. Seiber; sei|fern vgl. seibern

sei|fig; Seif|ner (veralt. für: Erzwäscher)

Sei|ge die; -, -n (Bergmannsspr.: vertiefte Rinne, in der das Grubenwasser abläuft); sei|ger (Bergmannsspr.: senkrecht); Sei|ger der; -s, - (landsch. für: Uhr); sei|gern (veralt. für: seihen, sikkern; Hüttenw.: [sich] ausscheiden; ausschmelzen); ich ...ere (↑ R 22); Sei|ger.riß (bildl. Durchschnitt eines Bergwerks); ...schacht (senkrechter Schacht); Sei|ge|rung (Hüttenw.)

Seilgneur [*ßänjör*] der; -s, -s (franz.) (veralt. für: vornehmer Weltmann)

Sei|he die; -, -n (landsch.); sei|hen (durch ein Sieb gießen, filtern); Sei|her (Sieb für Flüssigkeiten); Seih|tuch (Plur. ...tücher; veralt.)

Seil das; -[e]s, -e; auf dem Seil tanzen (vgl. aber: seiltanzen); über das Seil springen (vgl. aber: seilspringen); über das Seil hüpfen (vgl. aber: seilhüpfen), Seil.an|spra|che (Bergsteigen), ...bahn; ¹sei|len (veralt. für: mit einem Seil binden)

²sei|len (niederd. für: segeln)

Sei|ler; Sei|le|rei; Sei|ler|mei|ster; seil|hüp|fen; seilgehüpft (vorwiegend im Infinitiv u. 2. Partizip gebräuchlich); vgl. Seil; seil-_hüp|fen (das; -s), ...schaft (die; die durch ein Seil verbundenen Bergsteiger), ...schwe|be|bahn; seil|sprin|gen; seilgesprungen (vorwiegend im Infinitiv u. 2. Partizip gebräuchlich); vgl. Seil; Seil_sprin|gen (das; -s), ...steue|rung; seil|tan|zen; seilgetanzt (vorwiegend im Infinitiv u. 2. Partizip gebräuchlich); vgl. Seil; Seil_tän|zer, ...tän|ze|rin, ...trom|mel, ...win|de, ...zie|hen (das; -s), ...zug

Seim der; -[e]s, -e (dicker [Honig]saft); sei|mig (dickflüssig)

¹sein, sei|ne, sein; aber (↑ R 72): Seine (Abk.: S[e].), Seiner (Abk.: Sr.) Exzellenz; (↑ R 66:) jedem das Seine; er muß das Seine dazu beitragen, tun; sie ist die Seine; er sorgte für die Seinen; vgl. dein

²sein; ich bin, du bist, er ist, wir sind, ihr seid, sie sind; ich sei, du seist (seiest), er sei, wir seien, ihr seiet, sie seien; ich war, du warst, er war, wir waren, ihr wart (waret), sie waren; ich wäre, du wärst (wärest), er wäre, wir wären, ihr wärt (wäret) sie wären; seiend; gewesen; sei!; seid!; Sein das; -s - und das Nichtsein; das wahre, vollkommene -

sei|ne, sei|ni|ge; vgl. deine, deinige

Sei|ne [*ßän'*] die; - (franz. Fluß)

sei|ner|seits; sei|ner|zeit; ↑ R 205 (damals, dann; Abk.: s. Z.); sei|ner|zei|tig; sei|nes|glei|chen; Leute -; er hat nicht -; sei|net|hal|ben; sei|net|we|gen; sei|net|wil|len; um -; sei|ni|ge vgl. seine

sein|las|sen; ich möchte das lieber seinlassen (ugs. für: nicht tun); er hat es seinlassen; aber: er wollte ihn Sieger sein lassen

Sei|sing vgl. Zeising

Seis|mik die; - (griech.) (Erdbebenkunde); seis|misch (auf Erdbeben bezüglich); Seis|mo|gramm das; -s, -e (Aufzeichnung der Erdbebenwellen); Seis|mo|graph der; -en, -en; ↑ R 197 (Gerät zur Aufzeichnung von Erdbeben); Seis|mo|lo|ge der; -n, -n (↑ R 197); Seis|mo|lo|gie die; - (svw. Seismik); seis|mo|lo|gisch; Seis|mo|me|ter das; -s, - (Gerät zur Messung der Erdbebenstärke); seis|mo|me|trisch

seit; Präp. mit Dat.: - dem Zusammenbruch; - alters (↑ R 61), - damals, - gestern, - heute; (↑ R 65:) - kurzem, langem; Konjunktion: - ich hier bin; vgl. aber: seid

seit|ab

seit|dem; Adverb: seitdem ist er gesund; Konjunktion: seitdem (od. seit) ich hier bin

Sei|te die; -, -n (Abk.: S.); die linke, rechte Seite; von allen Seiten; von zuständiger Seite; zur Seite treten, stehen; abseits; allerseits; meinerseits; deutscherseits; mütterlicherseits; (↑ R 208:) beiseite; seitens (den Gen.); auf seiten, von seiten, zu seiten; vgl. aber: Saite; Sei|ten_al|tar, ...an|sicht, ...aus (Sportspr.), ...ausgang, ...bau (Plur. ...bauten), ...blick, ...ein|gang, ...flü|gel, ...gang der, ...ge|wehr, ...hal|bie|ren|de (die; -n, -n; zwei -), ...hieb; sei|ten|lang, aber: vier Seiten lang; Sei|ten_leit|werk, ...li|nie, ...por|tal, ...ram|pe, ...ru|der; sei|tens (↑ R 62); mit Gen.: - des Angeklagten (dafür besser: von dem Angeklagten) wurde folgendes eingewendet; Sei|ten_schiff, ...schnei|der (ein Werkzeug), ...sprung, ...ste|chen (das; -s), ...stra|ße, ...strei|fen, ...stück, ...teil das, ...tür; sei|ten|ver|kehrt; Sei|ten_wa|gen, ...wahl (Sportspr.), ...wech|sel (Sportspr.), ...wind, ...zahl

seit|her (von einer gewissen Zeit an bis jetzt); seit|he|rig

...sei|tig (z. B. allseitig); seit|lich; seit|lings; Seit|pferd (Turnen); seit|wärts; - gehen

Sei|wal (norw.) (eine Walart)

Sejm [*ßäim, saim*] der; -s (poln.) (poln. Volksvertretung)

sek, Sek. = Sekunde (vgl. d.)

Se|kans der; -, - (auch: Sekanten) (lat.) (Seitenverhältnis im Dreieck; Zeichen: sec); Se|kan|te die; -, -n (Gerade, die eine Kurve schneidet)

Se|kel, (auch:) Sche|kel der; -s, - (hebr.) (altbabylon. u. hebr. Gewichts- u. Münzeinheit)

sek|kant; -este (ital.) (veralt., noch österr. für: lästig, zudringlich); Sek|ka|tur die; -, -en (veralt., noch österr. für: Quälerei, Belästigung); sek|kie|ren (veralt., noch österr. für: quälen, belästigen)

Se|kond|hieb (ital.; dt.) (ein Fechthieb)

se|kret; -este (lat.) (veralt. für: geheim; abgesondert); ¹Se|kret das; -[e]s, -e (Absonderung; selten: vertrauliche Mitteilung); ²Se|kret die; - (Stillgebet des Priesters während der Messe); Se|kre|tar der; -s, -e (Geschäftsführer, Abteilungsleiter gelehrter Körperschaften; sonst selten für: Sekretär); Se|kre|tär der; -s, -e (Beamter des mittleren Dienstes; Funktionär in einer Partei, Gewerkschaft o. ä.; kaufmännischer Angestellter; Schreibschrank; ein Greifvogel); vgl. Sekretar; Se|kre|ta|ri|at das; -[e]s, -e (Kanzlei, Geschäftsstelle); Se|kre|tä|rin die; -, -nen; se|kre|tie|ren (absondern; verschließen); Se|kre|ti|on [...zion] die; -, -en (Absonderung); se|kre|to|risch (die Sekretion betreffend)

Sekt der; -[e]s, -e (ital.) (Schaumwein)

Sek|te die; -, -n (lat.) ([kleinere] Glaubensgemeinschaft); Sek|ten|we|sen das; -s

Sekt_fla|sche, ...früh|stück, ...glas (Plur. ...gläser)

Sek|tie|rer (lat.) (jmd., der von einer politischen, religiösen o. ä. Richtung abweicht); Sek|tie|re|risch; -ste; Sek|tie|rer|tum das; -s

Sek|ti|on [...zion] die; -, -en (lat.) (Abteilung, Gruppe, Zweig[verein]; Med.: Leichenöffnung; Sek|ti|ons_be|fund, ...chef (Abteilungsvorstand; in Österr.: höchster Beamtentitel); sek|ti|ons|wei|se; Sek|tor der; -s, ...oren ([Sach]gebiet, Bezirk; Ausschnitt); Sek|to|ren|gren|ze

Sekt_scha|le, ...steu|er die

Se|kund die; -, -en (lat.) (bes. österr. svw. Sekunde [Musik]); Se|kun|da (Kaufmannsspr. veralt. für: zweiter Güte; die Ware ist - ; Se|kun|da die; -, ...den (veraltende Bez. für die 6. u. 7. [in Österr. 2.] Klasse an höheren Lehranstalten); Se|kun|d|ak|kord (Musik); Se|kun|da|ner (Schüler einer Sekunda); Se|kun|dant der; -en, -en; ↑ R 197 (Beistand, Zeuge [im Zweikampf]; Berater, Betreuer eines Sportlers); se|kun|där (franz.) (zur zweiten Ordnung gehörend; in zweiter Linie in Betracht kommend; nachträglich hinzukommend; Neben...); Se|kun|där|arzt (österr. für: Assistenzarzt, Unterarzt an einem Krankenhaus); Se|kun|där_elek|tron (Physik: durch Beschuß mit einer primären Strahlung aus einem festen Stoff ausgelöstes Elektron), ...emis|si|on (Physik: Auslösung von Sekundärelektronen aus der Oberfläche eines festen Stoffes durch Beschuß des Körpers mit schnellen Elektronen); Se|kun|där|leh|rer (schweiz.); Se|kun|där|li|te|ra|tur (wiss. u. krit. Literatur über Dichter, Dichtungen, Dichtungsepochen; Ggs.: Primärliteratur); Se|kun|dar|schu|le (schweiz. für: höhere Volksschule); Se|kun|där|sta|ti|stik; Se|kun|där|strom (Nebenstrom); Se|kun|dar|stu|fe (ab dem 5. Schuljahr); Se|kun|där_wicke|lung [Trenn.: ...wik|ke|lung], ...wick|lung (Elektrotechnik); Se|kun|da|wech|sel (Bankw.); Se|kund|chen, Se|künd|lein; Se|kun|de (¹⁄₆₀ Minute, Abk.: Sek. [Zeichen: s; veralt.: sec, sek]; Geometrie: ¹⁄₆₀ Minute [Zeichen: ″]; Musik: zweiter Ton [vom Grundton an]; Druckerspr.: die am Fuß der dritten Seite eines Bogens stehende Zahl mit Sternchen); se|kun|den|lang, aber: vier Sekunden lang; Se|kun|den_pen|del, ...schnel|le (in -), ...zei|ger; se|kun|die|ren (beistehen [im Zweikampf]; helfen, schützen); Se|künd|lein, Se|künd|chen; se|künd|lich, (auch:) se|kund|lich (in jeder Sekunde); Se|kun|do|ge|ni|tur die; -, -en (Besitz[recht] des zweitgeborenen Sohnes u. seiner Linie)

Se|ku|rit Ⓦ das; -s ⟨nlat.⟩ (nicht splitterndes Glas); Se|ku|ri|tät die; -, -en ⟨lat.⟩ (Sicherheit, Sorglosigkeit)

sel. = selig

se|la! (hebr.) (ugs. für: abgemacht!, Schluß!); Se|la das; -s, -s (Musikzeichen in den Psalmen)

Se|la|chi|er [...ehi°r] der; -s, - (meist Plur.) ⟨griech.⟩ (Haifisch)

Se|la|don [auch: säl..., franz. Ausspr.: ...dong] der; -s, -s (Name aus einem franz. Schäferroman (veralt. für: schmachtender Liebhaber); Se|la|don|por|zel|lan (chin. Porzellan aus der Zeit des Mittelalters)

Se|la|gi|nel|le die; -, -n ⟨ital.⟩ (Moosfarn)

Se|lam vgl. Salam; Se|lam|lik der; -s, -s ⟨arab.-türk.⟩ (Empfangsraum im oriental. Haus)

selb; zur -en Stunde, zur -en Zeit; selb|an|der (veralt. für: zu zweit); selb|dritt (veralt. für: zu dritt); sel|ber (alltagssprachl. für: selbst); Sel|ber|ma|chen das; -s

(↑R 68); sel|big (veralt.); zu -er Stunde, zur -en Stunde; selbst (vgl. auch: selber); von -; - wenn (↑R 126); selbst (sogar) bei Glatteis fährt er schnell; Selbst das; -; ein Stück meines -; Selbst_ab|hol|ler (Bankw.), ...ach|tung (die; -), ...ana|ly|se; selb|stän|dig; sich - machen; Selb|stän|di|ge der u. die; -n, -n (↑R 7 ff.); Selb|stän|dig|keit die; -; Selbst_an|fer|ti|gung (Wirtsch.), ...an|kla|ge, ...an|le|ger (Druckw.), ...an|schluß; Selbst|an|schluß|be|trieb der; -[e]s (Fernspr.); Selbst_an|steckung [Trenn.: ...stek|kung], ...an|zei|ge, ...auf|op|fe|rung, ...aus|le|ger (Druckw.), ...aus|lö|ser (Fotogr.), ...be|die|nung (Plur. selten), ...be|die|nungs|la|den, ...be|frie|di|gung, ...be|fruch|tung, ...be|halt (der; -[e]s, -e; Versicherungswesen), ...be|herr|schung, ...be|kennt|nis, ...be|sin|nung, ...be|stä|ti|gung, ...be|stim|mung, ...be|stim|mungs|recht (das; -[e]s), ...be|tei|li|gung, ...be|trug, ...be|weih|räu|che|rung (ugs.); selbst|be|wußt; -este; Selbst_be|wußt|sein, ...bild|nis, ...bin|der, ...bio|gra|phie, ...darstel|lung, ...dis|zi|plin, ...einschät|zung, ...ein|tritt (Wirtsch.), ...ent|fal|tung, ...ent|zün|dung, ...er|fah|rung, ...er|hal|tung (die; -), ...er|hal|tungs|trieb, ...erkennt|nis, ...er|nied|ri|gung, ...erzeu|ger, ...er|zie|hung, ...fah|rer, ...fi|nan|zie|rung; selbst|ge|fäl|lig; selbst_ge|fäl|lig|keit (die; -), ...ge|fühl (das; -[e]s); selbst_ge|macht (-e Marmelade; aber: hat die Marmelade selbst gemacht), ...ge|nüg|sam, ...ge|recht (-este), ...ge|schrie|ben (-er Brief; aber: er hat den Brief selbst geschrieben); Selbst|ge|spräch; selbst|ge|strickt (-er Pullover; aber: hat den Pullover selbst gestrickt); selbst|herr|lich; Selbst_herr|lich|keit (die; -), ...hil|fe, ...hil|fe|grup|pe, ...in|dak|ti|on, ...iro|nie; selb|stisch; -ste; Selbst|ju|stiz; selbst|kle|bend; Selbst|ko|sten Plur.; Selbst|ko|sten_preis (vgl. ²Preis), ...rech|nung; Selbst|kri|tik; selbst|kri|tisch; Selbst_la|der, ...laut (für: Vokal); selbst|lau|tend; Selbst|lob; selbst|los; -este; -er Verzicht; Selbst|lo|sig|keit die; -; Selbst_mit|leid, ...mord, ...mör|der; selbst|mör|de|risch; selbst|mord|ge|fähr|det; Selbst_mord|ver|such; Selbst|por|trät; selbst|quä|le|risch; -ste; selbst|re|dend (ugs. für: selbstverständlich); Selbst|reg|ler; Selbst|rei|ni|gung (ein biol. Vor-

gang in gesunden Gewässern); biologische -; Selbst_schrei|ber, ...schuß, ...schutz; selbst|si|cher; Selbst_si|cher|heit (die; -), ...stel|ler (Polizeiw.), ...stu|di|um (das; -s), ...sucht (die; -); selbst_süch|tig, ...tä|tig; Selbst_täu|schung, ...über|schät|zung, ...über|windung, ...un|ter|richt, ...ver|ach|tung (die; -), ...ver|brau|chen, ...ver|bren|nung; selbst|ver|dient (-es Geld; aber: er hat das Geld selbst verdient); selbst|ver|gessen; Selbst_ver|lag (der; -[e]s), ...ver|leug|nung, ...ver|sor|ger; selbst|ver|ständ|lich; Selbst_ver|ständ|lich|keit, ...ver|ständ|nis, ...ver|stüm|me|lung, ...ver|such (Experiment am eigenen Körper), ...ver|tei|di|gung, ...ver|trauen, ...ver|wal|tung, ...ver|wirk|li|chung, ...vor|wurf; Selbst|wähler|nummer|n (Fernspr.); selbst wenn (↑R 126); selbst|zer|stö|re|risch; Selbst|zer|stö|rung; Selbst|zucht die; -; selbst|zu|frie|den; Selbst_zu|frie|den|heit, ...zün|der, ...zweck (der; -[e]s)

sel|chen (bayr. u. österr. für: räuchern); Sel|cher (bayr. u. österr. für: jmd., der mit Geselchtem handelt); Sel|che|rei (bayr. u. österr. für: Fleisch- u. Wurstäucherei); Selch_fleisch, ...kammer (bayr. u. österr.), ...kar|ree (bayr. u. österr., -s, -s; österr. für: Kasseler Rippenspeer)

Sel|dschu|ke der; -n, -n; ↑R 197 (Angehöriger eines türk. Volksstammes)

Se|lek|ta die; -, ...ten ⟨lat.⟩ (früher: Oberklasse, Begabtenklasse); Se|lek|ta|ner (Schüler einer Selekta); Se|lek|ta|ne|rin die; -, -nen; se|lek|tie|ren (auswählen [für züchterische Zwecke]); Se|lek|ti|on [...zion] die; -, -en ⟨Auslese; Zuchtwahl); se|lek|tio|nie|ren (svw. selektieren); Se|lek|ti|ons_leh|re, ...theo|rie; se|lek|tiv (auswählend; mit Auswahl; Funkwesen: trennscharf); vgl. elektiv; Se|lek|ti|vi|tät [...wi...] die; - (Trennschärfe bei Rundfunkempfängern)

Se|len das; -s ⟨griech.⟩ (chem. Grundstoff; Zeichen: Se); Se|le|nat das; -[e]s, -e (Salz der Selensäure); Se|le|ne (griech. Mondgöttin); Se|le|nit das; -s, -e (Salz der seleniigen Säure); Se|le|no|gra|phie die; - (Beschreibung u. Darstellung der topographischen u. physikalischen Beschaffenheit des Mondes); Se|le|no|lo|gie die; - (Mondkunde, bes. Mondgeologie); se|le|no|lo|gisch; Se|len|zel|le (Gerät, das Lichtimpulse in elektr. Stromschwankungen umwandelt)

Sel|leu|ki|de *der;* -n, -n; ↑R 197 (Angehöriger einer makedon. Dynastie in Syrien); Sel|leu|zi|de vgl. Seleukide

Self... ⟨engl.⟩ (Selbst...); Self|ak|tor [*sälf-...*] *der;* -s, -s (Spinnmaschine); Self|made|man [*ßälfme'dmän*] *der;* -s, ...men [...*m'n*] (jmd., der sich aus eigener Kraft hochgearbeitet hat)

se|lig (Abk.: sel.); ein -es Ende haben; -e Weihnachtszeit. *Schreibung in Verbindung mit Verben:* selig sein, machen, werden; vgl. aber: seligpreisen, seligsprechen

...se|lig (z. B. armselig)

Se|li|ge *der* u. *die;* -n, -n (↑R 7 ff.); Se|lig|keit; se|lig|prei|sen (↑R 205); ich preise selig; seliggepriesen; seligzupreisen; Se|lig|prei|sung; se|lig|spre|chen (↑R 205); zur Beugung vgl. seligpreisen; Se|lig|spre|chung; Se|lig|zu|spre|chen|de *der* u. *die;* -n, -n (↑R 7 ff.)

Sel|le|rie *der;* -s, -[s] od. *die;* -, - (österr.: ...*rie,* ...*rie,* ...*rien*) ⟨griech.⟩ (eine Gemüse- und Gewürzpflanze); Sel|le|rie|sa|lat

Sel|ma (w. Vorn.)

Sel|mar (m. Vorn.)

sel|ten; seltener, -ste; -e Erden (Chemie: Oxide der Seltenerdmetalle; unrichtige Bez. für die Seltenerdmetalle selbst); - gut (ugs. für: besonders gut); ein -er Vogel (ugs. auch für: sonderbarer Mensch); Sel|ten|erd|me|tall (Chemie); Sel|ten|heit; Sel|ten|heits|wert *der;* -[e]s

Sel|ters (Name versch. Orte); Selterser Wasser; Sel|ters|was|ser (*Plur.* ...wässer; Mineralwasser); sel|t|sam; selt|sa|mer|wei|se; Selt|sam|keit

Sem (bibl. m. Eigenn.)

Se|man|tik *die;* - ⟨griech.⟩ (Wortbedeutungslehre); se|man|tisch; Se|ma|phor *das* od. *der* (österr. nur: *der*); -s, -e (Signalmast; opt. Telegraph); se|ma|pho|risch; Se|ma|sio|lo|gie *die;* - (Wortbedeutungslehre); se|ma|sio|lo|gisch; Se|meio|gra|phie *die;* - (veralt. für: Lehre von den [musikal.] Zeichen; Notenschrift); Se|meio|tik *die;* -; ↑R 180 (Bedeutungslehre, Lehre vom Ausdruck)

Se|me|ster *das;* -s, - ⟨lat.⟩ ([Studien]halbjahr); Se|me|ster-fe|ri|en *Plur.,* ...zeug|nis; se|me|stral (veralt. für: halbjährig; halbjährlich); Se|me|stral|prü|fung; se|me|strig (z. B. sechssemestrig)

Se|mi... ⟨lat.⟩ (Halb...); Se|mi|fi|na|le (Sportspr.)

Se|mi|ko|lon *das;* -s, -s u. ...la ⟨lat.; griech.⟩ (Strichpunkt); se|mi|lu-nar ⟨lat.⟩ (halbmondförmig); Se|mi|lu|nar|klap|pe (eine Herzklappe)

Se|mi|nar *das;* -s, -e (österr. u. schweiz. auch: -ien [...*i'n*]) (früher, aber noch schweiz.: Lehrerbildungsanstalt; kath. Priesterausbildungsanstalt; Hochschulinstitut; Übungskurs im Hochschulunterricht); Se|mi|nar|ar|beit; Se|mi|na|rist *der;* -en, -en; ↑R 197 (Seminarschüler); se|mi|na|ri|stisch; Se|mi|nar|übung

Se|mio|lo|gie *die;* - u. Se|mio|tik *die;* - (↑R 180) ⟨griech.⟩ (Lehre von den Krankheitsanzeichen; Semasiologie; Semeiotik)

se|mi|per|mea|bel ⟨lat.⟩; ↑R 180 (Chemie, Biol.: halbdurchlässig); ...a|ble Membran

Se|mi|ra|mis (assyrische Königin)

Se|mit *der;* -en, -en (↑R 197) ⟨nach Sem, dem Sohne Noahs⟩ (Angehöriger einer eine semitische Sprache sprechenden Völkergruppe); Se|mi|tin *die;* -, -nen; se|mi|tisch; Se|mi|tist *der;* -en, -en; ↑R 197 (Erforscher der alt- u. der neusemit. Sprachen u. Literaturen); Se|mi|ti|stik *die;* -; se|mi|ti|stisch

Se|mi|vo|kal (Halbvokal)

Sem|mel *die;* -, -n; sem|mel|blond; Sem|mel-brö|sel, ...kloß, ...knö|del, ...mehl

Sem|mel|weis (österr. Arzt)

Sem|me|ring *der;* -[s] (Alpenpaß)

Sem|pach (schweiz. Ortsn.); Sem|pa|cher See *der;* - -s (See im Schweizer Mittelland)

Sem|per (dt. Baumeister)

sem|pern (österr. ugs. für: nörgeln, jammern); ich ...ere (↑R 22)

Sem|stwo *das;* -s, -s ⟨russ.⟩ (ehem. russ. Selbstverwaltungsorgan)

Sen *der;* -[s], -[s]; ↑R 129 (jap. Münze; 100 Sen = 1 Yen; indones. Münze; Abk.: S; 100 Sen = 1 Rupiah)

sen. = senior

Se|nat *der;* -[e]s, -e ⟨lat.⟩ (Rat [der Alten] im alten Rom; Teil der Volksvertretung, z. B. in den USA; Regierungsbehörde in Hamburg, Bremen u. West-Berlin; akadem. Verwaltungsbehörde; Richterkollegium bei Obergerichten); Se|na|tor *der;* -s, ...oren (Mitglied des Senats; Ratsherr); se|na|to|risch; Se|nats-be|schluß, ...prä|si|dent, ...sit|zung, ...spre|cher, ...ver|wal|tung, ...vor|la|ge; Se|na|tus Po|pu|lus|que Ro|ma|nus („Senat und Volk von Rom"; Abk.: S. P. Q. R.)

Sen|cken|berg [zur *Trenn.:* ↑R 179] (dt. Arzt u. Naturforscher); sen|cken|ber|gisch [zur *Trenn.:*

↑R 179]; aber (↑R 134): Sen|cken|ber|gisch [zur *Trenn.:* ↑R 179]; Senckenbergische Stiftung; Senckenbergische Naturforschende Gesellschaft (↑R 157)

Send *der;* -[e]s, -e (früher für: [Kirchen]versammlung; geistl. Gericht)

Send|bo|te; Sen|de-an|la|ge, ...ein|rich|tung, ...fol|ge, ...ge|biet, ...haus, ...lei|ter; sen|den; du sandtest u. sendetest; (selten:) du sendetest; gesandt und gesendet; send[e]!; in der Bedeutung „[vom Rundfunk] übertragen" nur: er sendete, hat gesendet; Sen|de-pau|se, ...plan (vgl. [2]Plan); Sen|der; (↑R 157:) Sender Freies Berlin (Abk.: SFB); Sen|der|an|la|ge; Sen|de-raum, ...rei|he; Sen|der|such|lauf (Rundfunktechnik); Sen|de-schluß, ...sta|ti|on; Sen|de- und Emp|fangs|ge|rät (↑R 32); Sen|de-zei|chen, ...zeit

Send|ge|richt ⟨zu: Send⟩

Send|schrei|ben; Sen|dung; Sen|dungs|be|wußt|sein

Se|ne|ca [...*ka,* auch: *säneka*] (röm. Dichter und Philosoph)

Se|ne|fel|der (österr. Erfinder des Steindruckes)

[1]Se|ne|gal *der;* -[s] (afrik. Fluß); [2]Se|ne|gal (Staat in Afrika); Se|ne|ga|le|se *der;* -n, -n (↑R 197), (auch:) Se|ne|ga|ler *der;* -s, -; se|ne|ga|le|sisch, (auch:) se|ne|ga|lisch

Se|ne|ga|wur|zel *die;* - ⟨indian.; dt.⟩ (ein Arzneimittel)

Se|nes|blät|ter *die;* vgl. Sennesblätter usw.

Se|ne|schall *der;* -s, -e ⟨franz.⟩ (Oberhofbeamter im merowing. Reich)

Se|nes|zenz *die;* - ⟨lat.⟩ (Med.: Altern; Altwerden)

Senf *der;* -[e]s, -e ⟨griech.⟩; senf|far|ben, senf|far|big; Senf-gur|ke, ...korn (*Plur.* ...körner), ...pfla|ster, ...so|ße, ...tun|ke

Sen|ge *Plur.* (nordd. u. mitteld. ugs. für: Prügel); - beziehen; sen|gen; sen|ge|rig, seng|rig (ugs. für: brenzlig; angebrannt)

Sen|hor [*ßänjor*] *der;* -s, -es ⟨port.⟩ (port. Bez. für: Herr; Gebieter, Besitzer); Se|nho|ra *die;* -, -s (port. Bez. für: Dame, Frau; Herrin, Besitzerin); Se|nho|ri|ta *die;* -, -s (port. Bez. für: Fräulein)

se|nil ⟨lat.⟩ (greisenhaft); Se|ni|li|tät *die;* - (Greisenhaftigkeit); se|ni|or (älter, hinter Namen: der Ältere; Abk.: sen.); Karl Meyer senior; Se|ni|or *der;* -s, ...oren (Ältester; Vorsitzender; Altmeister; Sprecher; Sportler etwa zwischen 20 u. 30 Jahren; nur *Plur.:* ältere Menschen); Se|niorat *das;* -[e]s, -e (veralt. für: Ältestenwürde, Amt des Vorsitzenden; auch für: Majorat, Ältestenrecht); Se|ni|or|chef; Se|nioren.heim, ...klas|se (Sportspr.), ...kon|vent (student.), ...treff; Senio|rin *die;* -, -nen

Senk|blei *das;* Sen|ke *die;* -, -n; Sen|kel *der;* -s, - (Schnürband; schweiz. auch für: Senkblei); etwas, jmdn. in den - stellen (schweiz. für: etwas zurechtrükken, jmdn. zurechtweisen); senken; Sen|ker (ein Werkzeug); Senk.fuß, ...gru|be, ...ka|sten, ...lot; senk|recht; eine -e Wand; - [herunter]fallen, stehen; (↑ R 157) das ist das einzig Senkrechte (ugs. für: Richtige); Senk|rech|te *die;* -n, -n; zwei -[n]; Senk|recht.start, ...star|ter (ein Flugzeugtyp); Senk|rücken [*Trenn.:* ...rükken]; Sen|kung; Sen|kungs|abszeß; Senk|waa|ge

Senn *der;* -[e]s, -e u. Sen|ne *der;* -n, -n; ↑ R 197 (bayr., österr. und schweiz. für: Bewirtschafter einer Sennhütte, Almhirt)

Sen|na *die;* - (arab.) (Blätter mehrerer Kassiaarten); vgl. Kassia

¹Sen|ne vgl. Senn; ²Sen|ne *die;* -, -n (bayr. u. österr. für: Weide)

³Sen|ne *die;* - (südwestl. Vorland des Teutoburger Waldes)

sen|nen (bayr. u. österr. für: Käse bereiten); ¹Sen|ner svw. Senn

²Sen|ner (Pferd aus der ³Senne)

Sen|ne|rei (bayr., österr. u. schweiz. für: Sennhütte, Käserei in den Alpen); Sen|ne|rin *die;* -, -nen (Nebenform von: Sennin)

Sen|nes.blät|ter (arab.; dt.) (*Plur.;* ein Abführmittel), ...pflan|ze, ...schol|te

Senn|hüt|te; Sen|nin *die;* -, -nen (weibl. Senn); vgl. Sennerin; Senn|wirt|schaft

Se|non *das;* -s (nach dem kelt. Stamm der Senonen) (Geol.: Name für drei Stufen der oberen Kreideformationen)

Se|ñor [*ßänjor*] *der;* -s, -es (span.) (Herr); Se|ño|ra *die;* -, -s (Frau); Se|ño|ri|ta *die;* -, -s (Fräulein)

Sen|sal *der;* -s, -e (ital.) (österr. für: freiberufl. Handelsmakler); Sen|sa|lie, Sen|sa|rie *die;* -, ...ien (Maklergebühr, Courtage)

Sen|sa|ti|on [...*zion*] *die;* -, -en (franz.) (Empfindung; aufsehenerregendes Ereignis); sen|sa|tionell (aufsehenerregend); Sen|sati|ons|be|dürf|nis *das;* -ses; sensa|ti|ons|lü|stern; Sen|sa|ti|ons.ma|che (abwertend), ...meldung, ...nach|richt, ...pres|se, ...pro|zeß, ...sucht (*die;* -)

Sen|se *die;* -, -n; [jetzt ist aber] Sense! (ugs. für: Schluß!, aus!, jetzt ist es genug!); sen|sen (mit

---

der Sense mähen); Sen|sen.mann (*der;* -[e]s; Symbol des Todes), ...schmied, ...wurf (Sensenstiel)

sen|si|bel (franz.) (empfindlich, empfindsam; feinfühlig); ...i|ble Nerven; Sen|si|bel|chen (ugs. für: sehr sensibler Mensch); Sensi|bi|li|sa|tor *der;* -s, ...oren (lat.) (die Lichtempfindlichkeit der fotograf. Platte verstärkender Farbstoff); sen|si|bi|li|sie|ren ([licht]empfindlich[er] machen); Sen|si|bi|li|sie|rung; Sen|si|bi|lität *die;* - (franz.) (Empfindlichkeit, Empfindsamkeit; Feinfühligkeit); sen|si|tiv (lat.(-franz.)) (sehr empfindlich; leicht reizbar; feinnervig); Sen|si|ti|vi|tät [...*wi...*] *die;* - ([Über]empfindlichkeit); Sen|si|to|me|ter *das;* - (lat.; griech.) (Fotografie: Lichtempfindlichkeitsmesser); Sen|si|to|me|trie *die;* - (Lichtempfindlichkeitsmessung); Sensor *der;* -s, Sensoren (Meßfühler; auf Licht, Wärme u.a. ansprechende Vorrichtung); Sen|so|rien [...*i*ⁿ] *Plur.* (Med.: Gebiete der Großhirnrinde, in denen Sinnesreize bewußt werden); sen|sorisch (die Sinne betreffend); Sen|so|ri|um *das;* -s (Gespür; Med. veralt. für: Bewußtsein; vgl. Sensorien); Sen|sor|ta|ste (Elektronik); Sen|sua|lis|mus *der;* -; ↑ R 180 (Lehre, nach der alle Erkenntnis allein auf Sinneswahrnehmung zurückführbar ist); Sen|sua|list *der;* -en, -en; ↑ R 197 (Vertreter des Sensualismus); sen|sua|li|stisch (↑ R 180); Sen|sua|li|tät *die;* -; ↑ R 180 (Med.: Empfindungsvermögen); sen|su|ell (franz.) (die Sinne betreffend, sinnlich wahrnehmbar)

Sen|ta (w. Vorn.)

Sen|te *die;* -, -n (niederd. für: [dünne, biegsame] Latte)

Sen|tenz *die;* -, -en (lat.) (einprägsamer Ausspruch, Denkspruch; Sinnspruch; [richterliches] Urteil); sen|tenz|ar|tig (einprägsam, in der Art einer Sentenz); senten|zi|ös; -este (franz.) (sentenzartig; sentenzenreich)

Sen|ti|ment [*ßangtimang*] *das;* -s, -s (franz.) (Empfindung, Gefühl); sen|ti|men|tal [*ßantimäntal*] (engl.) (empfindsam; rührselig); sen|ti|men|ta|lisch (veralt. für: sentimental); naive und -e Dichtung; Sen|ti|men|ta|li|tät *die;* -, -en (Empfindsamkeit, Rührseligkeit)

Se|nus|si *der;* - u. ...ssen (Anhänger eines islam. Ordens)

Se|oul [*ße-ul,* auch: *se-ul; sä-ul*] korean. Ausspr.: *saul*] (Hptst. von Südkorea)

se|pa|rat (lat.) (abgesondert; ein-

---

zeln); Se|pa|rat.druck (*Plur.* ...drucke; Sonderdruck), ...eingang, ...frie|de[n]; Se|pa|ra|ti|on [...*zion*] *die;* -, -en (veralt. für: Absonderung; Trennung; Flurbereinigung); Se|pa|ra|tis|mus *der;* - (Streben nach Loslösung eines Gebietes aus dem Staatsganzen); Se|pa|ra|tist *der;* -en, -en (↑ R 197); se|pa|ra|ti|stisch; Se|pa|ra|tor *der;* -s, ...oren (Trennschleuder, Zentrifuge); Sé|pa|rée [...*re*] *das;* -s, -s (franz.) (Sonderraum, Nische in einem Lokal; Chambre séparée); se|parie|ren (absondern)

Se|phar|dim [auch: ...*dim*] *Plur.* (Bez. für die span. u. port., heute auch für die orientalischen Juden); se|phar|disch

se|pia (griech.) (graubraunschwarz); Se|pia *die;* -, ...ien [...*i*ⁿ] (Tintenfisch; nur *Sing.:* ein Farbstoff); Se|pia.kno|chen, ...schal|le, ...zeich|nung; Se|pie [...*i*ᵉ] *die;* -, -n (Sepia [Tintenfisch])

Sepp, Sepp|l (Kurzformen von: Josef)

Sep|sis *die;* -, Sepsen (griech.) (Med.: „Fäulnis"; allgemeine, durch Bakterien verursachte Blutvergiftung)

Sept. = September

Sep|ta (*Plur.* von: Septum)

Sep|ta|rie [...*i*ᵉ] *die;* -, -n (lat.) (Geol.: Knolle mit radialen Rissen in kalkhaltigen Tonen); Septa|ri|en|ton *der;* -[e]s

Sep|tem|ber *der;* -[s], - (lat.) (der neunte Monat des Jahres, Herbstmond, Scheiding; Abk.: Sept.); Sep|tem|ber-Ok|to|berHeft (↑ R 41); Sep|tett *das;* -[e]s, -e (ital.) (Musikstück für sieben Stimmen od. Instrumente; auch die Ausführenden)

Sept|hä|mie, Sep|tik|ä|mie, Septik|hä|mie *die;* -, ...ien (griech.) (svw. Sepsis)

Sep|tim *die;* -, -en (lat.) (österr. svw. Septime); Sep|ti|ma *die;* -, ...en (österr. für: siebte Klasse des Gymnasiums); Sep|ti|me *die;* -, -n (Musik: siebter Ton [vom Grundton an]); Sep|ti|men|akkord

sep|tisch (griech.) (Med.: die Sepsis betreffend; mit Keimen behaftet)

Sep|tua|ge|si|ma *die;* - (↑ R 180) (lat.) (neunter Sonntag vor Ostern); Sonntag- od. Septuagesimä; Sep|tua|gin|ta *die;* -; ↑ R 180 ([angeblich] von siebzig Gelehrten angefertigte Übersetzung des A. T. ins Griechische); Sep|tum *das;* -s, ...ta u. ...ten (lat.) (Med.: Scheidewand, Zwischenwand in einem Organ)

seq. = sequens; seqq. = sequentes

se|quens ⟨lat.⟩ (veralt. für: folgend; Abk.: seq.); vgl. vivat sequens; se|quen|tes (veralt. für: die folgenden; Abk.: seqq.); vgl. vivant sequentes; se|quen|ti|ell [...ziäl] (EDV: fortlaufend, nacheinander zu verarbeiten); Se|quenz die; -, -en ([Aufeinander]folge, Reihe; kirchl. Chorlied; Wiederholung einer musikal. Figur auf verschiedenen Tonstufen; kleinere filmische Handlungseinheit; Serie aufeinanderfolgender Spielkarten; EDV: Folge von Befehlen, Daten)

¹Se|que|ster das; -s, - ⟨lat.⟩ (svw. Sequestration; abgestorbenes Knochenstück); ²Se|que|ster der; -s, - ([Zwangs]verwalter); Se|que|stra|ti|on [...zion] die; -, -en (Beschlagnahme; [Zwangs]verwaltung); se|que|strie|ren

Se|quo|ie [...j'] die; -, -n ⟨indian.⟩ (ein Nadelbaum, Mammutbaum)

Se|ra (Plur. von: Serum)

Sé|rac [βerak] der; -s, -s ⟨franz.⟩ (Geogr.: zacken- od. turmartiges Gebilde an Bruchstellen des Gletschereises)

Se|ra|fim Plur. (ökum. für: Seraphim); vgl. Seraph

¹Se|rail [...raj, auch: ...rail] der; -s, -s ⟨pers.⟩ (Wolltuch); ²Se|rail das; -s, -s (Palast [des Sultans])

Se|ra|pei|on das; -s, ...eia ⟨ägypt.-griech.⟩ (svw. Serapeum); Se|ra|pe|um das; -s, ...peen (Serapistempel)

Se|raph der; -s, -e u. -im ⟨hebr.⟩ ([Licht]engel des A. T.); vgl. Serafim; Se|ra|phi|ne (w. Vorn.); Se|ra|phi|nen|or|den; se|ra|phisch (zu den Engeln gehörend, engelgleich; verzückt)

Se|ra|pis (altägypt. Gott)

Ser|be der; -n, -n; ↑ R 197 (Angehöriger eines südslaw. Volkes)

ser|beln (schweiz. neben: kränkeln, welken); ich ...[e]le (↑ R 22)

Ser|bi|en [...i'n] (Gliedstaat Jugoslawiens); Ser|bin die; -, -nen; ser|bisch; Ser|bisch das; -[s]; vgl. Deutsch; Ser|bi|sche das; -n; vgl. Deutsche

ser|bo|kro|a|tisch (↑ R 155 u. R 180); Ser|bo|kro|a|tisch das; -[s]; ↑ R 180 (Sprache); vgl. Deutsch; Ser|bo|kro|a|ti|sche das; -n (↑ R 180); vgl. Deutsche das

Se|ren (Plur. von: Serum)

Se|re|na|de die; -, -n ⟨franz.⟩ (Abendmusik, -ständchen)

Se|ren|g|ge|ti-Na|tio|nal|park der; -s (Wildpark in Tansania)

Se|re|ni|tät die; - (veralt. für: Heiterkeit)

Serge [βärseh, auch: särseh] die (österr. auch: der); -, -n [...seh'n] ⟨franz.⟩ (ein Gewebe)

Ser|ge|ant [särsehant, auch: βär...; engl. Ausspr.: βadseh'nt] der; -en, -en (bei engl. Ausspr.: der; -s, -s); ↑ R 197 ⟨franz.⟩ (-engl.)⟩ (Unteroffizier[sdienstgrad])

Ser|gi|us (m. Vorn.)

Se|rie [...i'] die; -, -n ⟨lat.⟩ (Reihe; Folge; Gruppe gleichartiger Dinge); se|ri|ell (serienmäßig; in Reihen, Serien; von einer Sonderform der Zwölftonmusik: eine Reihentechnik verwendend, die vorgegebene, konstruierte Tonreihen zugrunde legt); -e Musik; Se|ri|en.an|fer|ti|gung, ...bild, ...fa|bri|ka|ti|on, ...fer|ti|gung; se|ri|en|mä|ßig; Se|ri|en-.pro|duk|ti|on, ...rei|fe, ...schal|ter, ...schal|tung (Reihung, Reihenschaltung), ...täl|ter (Kriminalistik); se|ri|en|wei|se

Se|ri|fe die; -, -n (meist Plur.) ⟨engl.⟩ (kleiner Abschlußstrich bei Schrifttypen); se|ri|fen|los

Se|ri|gra|phie die; - ⟨griech.⟩ (Siebdruck)

se|ri|ös; -este ⟨franz.⟩ (ernsthaft, anständig); Se|rio|si|tät die; -

Ser|mon der; -s, -e ⟨lat.⟩ (veralt. für: Rede; heute meist: langweiliges Geschwätz; [Straf]predigt)

Se|ro|dia|gno|stik die; -, -en ⟨lat.; griech.⟩ (Med.: Erkennen einer Krankheit durch Untersuchung des Serums); Se|ro|lo|gie die; - (Lehre vom Blutserum); se|ro|lo|gisch; se|rös ⟨lat.⟩ (aus Serum bestehend, Serum absondernd)

Ser|pel die; -, -n ⟨lat.⟩ (röhrenbewohnender Borstenwurm); Ser|pen|tin der; -s, -e (ein Mineral, Schmuckstein); Ser|pen|ti|ne die; -, -n ([in] Schlangenlinie [ansteigender Weg an Berghängen]; Windung); Ser|pen|ti|nen|stra|ße; Ser|pen|tin|g|lein|stein

Ser|ra|dẹl|la, Ser|ra|dẹl|le die; -, ...llen ⟨port.⟩ (eine Futterpflanze)

Se|rum das; -s, ...ren u. ...ra ⟨lat.⟩ (wäßriger Bestandteil des Bluts; Impfstoff); Se|rum.be|hand|lung, ...kon|ser|ve, ...krank|heit

Ser|val [...wal] der; -s, -e u. -s ⟨franz.⟩ (ein Raubtier); Ser|val|ti|us [...waziuß], Ser|vaz [...waz] (ein Heiliger)

Ser|vel|la die od. der; -, -s (schweiz. -) ⟨franz.⟩ (mdal. für: Zervelatwurst; schweiz. neben: Cervelat); Ser|vel|lat|wurst vgl. Zervelatwurst

¹Ser|vice [...wiß] das; - [...wiß] u. -s [...wißβ'β], - [...wiß od. ...wiß'] ⟨franz.⟩ ([Tafel]geschirr); ²Service [βö'wiß] der od. das; -, -s

---

[...wiß od. ...wißis] ⟨engl.⟩ ([Kunden]dienst, Bedienung, Kundenbetreuung; Tennis: Aufschlag[ball]); Ser|vice|netz [βö'wiß...] (Kundendienstnetz); ser|vie|ren [...wir'n] ⟨franz.⟩ (bei Tisch bedienen; auftragen; Tennis: den Ball aufschlagen; einem Mitspieler den Ball [zum Torschuß] genau vorlegen [bes. beim Fußball]); Ser|vie|re|rin die; -, -nen; Ser|vier.tisch, ...toch|ter (schweiz. für: Serviererin, Kellnerin), ...wa|gen; Ser|viet|te die; -, -n; Ser|vi|let|ten|ring

ser|vil [...wil] ⟨lat.⟩ (unterwürfig, kriechend, knechtisch); Ser|vi|lis|mus der; -, ...men (Unterwürfigkeit, Kriecherei); Ser|vi|li|tät die; - (Unterwürfigkeit)

Ser|vis [...wiß] der; - ⟨franz.⟩ (veralt. für: Quartier-, Verpflegungsgeld; Wohnungs-, Ortszulage)

Ser|vit [...wit] der; -en, -en (↑ R 197) ⟨lat.⟩ (Angehöriger eines Bettelordens; Abk.: OSM); Ser|vi|tin [...wi...] die; -, -nen ⟨lat.⟩ (Angehörige des weibl. Zweiges der Serviten); Ser|vi|ti|um [...wizium] das; -s, ...ien [...i'n] (veralt. für: Dienstbarkeit; Sklaverei); Ser|vi|tut [...wi...] das; -s, -[e]s, -e; schweiz. noch häufig: die; -, -en (Dienstbarkeit, Grundlast); Ser|vo_brem|se [...wo...] (Bremse mit einer die Bremswirkung verstärkenden Vorrichtung), ...len|kung, ...mo|tor (Hilfsmotor); Ser|vus! [...wuß] („[Ihr] Diener"; österr. Gruß)

Se|sam der; -s, -s ⟨semit.⟩ (eine Ölpflanze; Sesam, öffne dich! [Zauberformel]; Se|sam.bein (eine Knochenform), ...brot, ...öl (das; -[e]s), ...pflan|ze

Se|schel|len vgl. Seychellen

Se|sel der; -s, - ⟨griech.⟩ (eine Heil- u. Gewürzpflanze, Bergfenchel)

Ses|sel der; -s, - ([gepolsterter] Stuhl mit Armlehnen; österr.: einfacher Stuhl); Ses|sel.leh|ne, ...lift

Ses|si|on die; -, -en ⟨lat.⟩ (Sitzung[szeit], Sitzungsdauer)

Se|ster der; -s, - ⟨lat.⟩ (altes Hohlmaß)

Se|sterz der; -es, -e ⟨lat.⟩ (altröm. Münze); Se|ster|zi|um das; -s, ...ien [...i'm] (1000 Sesterze)

Se|sti|ne die; -, -n ⟨ital.⟩ (eine Lied- u. Strophenform)

¹Set der das. der; -[s], -s ⟨engl.⟩ (Satz [= Zusammengehöriges]; Platzdeckchen); ³Set das; -[s] (Bez. der Dickteneinheit bei den Monotypeschriften)

Seth, (ökum.:) Set (bibl. m. Eigenn.); Sel|thit *der;* -en, -en; ↑R 197 (Abkömmling von Seth)

Set|te|cen|to [*ßätetschänto*] *das;* -[s] ⟨ital.⟩ ([Kunst]zeitalter des 18.Jh.s in Italien)

Set|ter *der;* -s, - ⟨engl.⟩ (Hund einer bestimmten Rasse)

Setz..ar|beit (Bergmannsspr.: nasse Aufbereitung), ...ei; set|zen (Jägerspr. auch: gebären [von Hasen u. einigem Hochwild]); du setzt (setzest); sich -; Set|zer (Schriftsetzer); Setz|ze|rei; Setzer_lehr|ling, ...saal; Setz_feh|ler (Druckw.), ...gut (*das;* -[e]s; Landw.), ...ham|mer (ein Schmiedehammer), ...hal|se (Jägerspr.), ...holz (Gartengerät), ...ka|sten, ...kopf (Nietkopf), ...lat|te (Richtscheit); Setz|ling (junge Pflanze; Zuchtfisch); Setz_li|nie (Druckw.), ...ma|schi|ne (Druckw.), ...mei|ßel (Schmiedewerkzeug); Setz|zung; Setz|waa|ge

Seu|che *die;* -, -n; Seu|chen_be|kämp|fung, ...ge|fahr; seu|chen|haft; Seu|chen|herd

seuf|zen; du seufzt (seufzest); Seuf|zer; Seuf|zer|brücke *die;* - [*Trenn.:* ...brük|ke] (in Venedig)

Seu|rat [*ßöra*] (franz. Maler)

Se|ve|rin [auch, österr. nur: *sewe-rin*], Se|ve|ri|nus (m. Vorn.)

Se|ve|rus [...*we*...] (röm. Kaiser)

Se|vil|la [*sewilja*] (span. Stadt)

Sèvres [*ßäwr*] (Vorort von Paris); Sèvres|por|zel|lan (↑R 149)

Se|wa|sto|pol [russ. Ausspr.: ...*ßto-pol*] (Stadt auf der Krim)

Sex [*s...,* auch: *ß...*] *der;* -[es] ⟨engl.⟩ (Geschlecht[lichkeit]; Sex-Appeal)

Se|xa|ge|si|ma *die;* - ⟨lat.⟩ ([*Gen.* bei Gebrauch ohne Artikel auch: ...mä] achter Sonntag vor Ostern); Sonntag - u. Sexagesimä; se|xa|ge|si|mal (sechzigteilig, auf sechzig als Grundzahl zurückgehend); Se|xa|ge|si|mal|sy|stem (Zahlensystem, das auf der Basis 60 aufgebaut ist)

Sex-Ap|peal [...'*pil*] *der;* -s ⟨engl.-amerik.⟩ (sexuelle Anziehungskraft); Sex_bom|be (ugs. spött. für: Frau mit starkem sexuellem Reiz [meist von Filmdarstellerinnen]), ...bou|tique, ...film; Se|xis|mus *der;* - ([Diskriminierung auf der Grundlage der] Theorie, nach der Frauen und Männer auf Grund ihrer biologischen Unterschiede auch unterschiedliche geistige und seelische Eigenschaften besitzen); se|xi|stisch; Sex|mes|se; Se|xo|lo|ge *der;* -n, -n; ↑R 197 (Sexualforscher); Se|xo|lo|gie *die;* -; Sex-shop [...*schop*]

Sext *die;* -, -en ⟨lat.⟩ (drittes Tages-

gebet des Breviers; Musik: svw. Sexte); Sex|ta *die;* -, ...ten (veraltende Bez. für: erste [in Österr.: sechste] Klasse einer höheren Lehranstalt); Sext|ak|kord (erste Umkehrung des Dreiklangs mit der Terz im Baß); Sex|ta|ner (Schüler der Sexta); Sex|ta|ner|bla|se (ugs. scherzh. für: schwache Blase); Sex|ta|ne|rin *die;* -, -nen; Sex|tant *der;* -en, -en; ↑R 197 (Winkelmeßinstrument); Sex|te *die;* -, -n (sechster Ton [vom Grundton an]); Sex|tett *das;* -[e]s, -e ⟨ital.⟩ (Musikstück für sechs Stimmen od. sechs Instrumente; auch die sechs Ausführenden); Sex|til|li|on *die;* -, -en ⟨lat.⟩ (sechste Potenz einer Million); Sex|to|le *die;* -, -n (Musik: Figur von 6 Noten gleicher Form mit dem Zeitwert von 4 od. 8 Noten)

se|xu|al ⟨lat.⟩ (meist in Zusammensetzungen, sonst seltener für: sexuell); Se|xu|al_er|zie|hung, ...ethik, ...for|schung, ...hor|mon, ...hy|gie|ne; se|xua|li|sie|ren; ↑R 180 (die Sexualität in einem bestimmten Bereich) überbetonen); Se|xua|li|sie|rung (↑R 180); Se|xua|li|tät *die;* -; ↑R 180 (Geschlechtlichkeit); Se|xu|al_kun|de, ...kun|de|un|ter|richt, ...päd|ago|gik, ...pa|tho|lo|gie, ...psy|cho|lo|gie, ...trieb, ...ver|bre|chen (Sittlichkeitsverbrechen); se|xu|ell ⟨franz.⟩ (den Sexus betreffend, geschlechtlich); Se|xus *der;* -, - [*säxuß*] ⟨lat.⟩ (Geschlecht); se|xy ⟨engl.⟩ (ugs. für: erotisch-attraktiv)

Sey|chel|len [*ßeschäl...*] *Plur.* (Inselgruppe u. Staat im Indischen Ozean); vgl. Seschellen; Sey|chel|len|nuß; ↑R 149 (Frucht der Seychellennußpalme)

Seyd|litz (preuß. Reitergeneral)

se|zer|nie|ren ⟨lat.⟩ (Med.: [ein Sekret] absondern); Se|zer|nie|rung (Med.: Absonderung)

Se|zes|si|on *die;* -, -en ⟨lat.⟩ (Absonderung, Trennung von einer [Künstler]gemeinschaft; Abfall der amerik. Südstaaten); Se|zes|sio|nist *der;* -en, -en; ↑R 197 u. R 180 (Angehöriger einer Sezession; früher für: Angehöriger der Südstaaten Nordamerikas); se|zes|sio|ni|stisch; ↑R 180 (der Sezession angehörend); Se|zes|si|ons|krieg (1861–65), ...stil (um -[e]s)

se|zie|ren ⟨lat.⟩ ([eine Leiche] öffnen, anatomisch zerlegen); Se|zier|mes|ser *das*

sf = sforzando, sforzato

SFB = Sender Freies Berlin

S-för|mig; ↑R 37 (in der Form eines S)

sfor|zan|do, sfor|za|to ⟨ital.⟩ (Musik: verstärkt, stark [hervorgehoben]; Abk.: sf); Sfor|zan|do *das;* -s, -s u. ...di u. Sfor|za|to *das;* -s, -s u. ...ti

sfr, (schweiz. nur:) sFr.; vgl. ²Franken

sfu|ma|to ⟨ital.⟩ (bild. Kunst: duftig; mit verschwimmenden Umrissen [gemalt])

SG = Sportgemeinschaft

S.g. = Sehr geehrt... (österr. veralt. in Briefanschriften)

Sgraf|fi|to *das;* -s, -s u. ...ti ⟨ital.⟩ (Kratzputz [Wandmalerei])

's-Gra|ven|ha|ge [*ßchraf'nhaeh'*] (offz. niederl. Form von: Den Haag)

sh, s = Shilling

Shag [*schäg,* meist: *schäk*] *der;* -s, -s ⟨engl.⟩ (eine Tabaksorte); Shag_pfei|fe, ...ta|bak

¹Shake [*sche'k*] *der;* -s, -s ⟨engl.⟩ (ein Mixgetränk); ²Shake *das;* -s, -s (starkes Vibrato im Jazz); Shake|hands [*sche'khänds*] *das;* -, -; meist *Plur.* (Händedruck, Händeschütteln); Sha|ker [*sche'k'r*] *der;* -s, - (Mixbecher)

Shake|speare [*schēkßpir*] (englischer Dichter); shake|spearesch [*schēkßpirsch*], shake|spea|risch (nach Art von Shakespeare): -e Lebensnähe, aber (↑R 134): Shake|spearesch, Shake|spea|risch; -e Dramen, Sonette (Dramen, Sonette von Shakespeare)

Sham|poo usw. [*schämpu,* auch: *schampu*] ⟨Hindi-engl.⟩ vgl. Schampon usw.; Sham|poon usw. [*schämpun,* auch, österr. meist: *schampon*] vgl. Schampon usw.

Shang|hai vgl. Schanghai

Shan|non [*schän'n*] *der;* -[s] (irländ. Fluß)

Shan|tung [*schan...*] *der;* -, -s (fachspr. für: Schantungseide)

Shan|ty [*schänti,* auch: *schanti*] *das;* -s, -s u. ...ties [*schäntis*] ⟨engl.⟩ (Seemannslied)

Sha|ping|ma|schi|ne [*sche'p...*] ⟨engl.; griech.⟩ (Metallhobelmaschine, Schnellhobler)

Share [*schä'*] *der;* -, -s ⟨engl.⟩ (engl. Bez. für: Aktie)

Shaw [*schå*] (ir.-engl. Dichter)

Shed|bau usw. vgl. Schedbau usw.

Shef|field [*schäfild*] (engl. Stadt)

Shell Ⓦ [*schäl*] *das;* -s (eine Kraftstoffmarke)

Shel|ley [*schäli*] (engl. Dichter)

She|riff [*schä...*] *der;* -s, -s ⟨engl.⟩ (Verwaltungsbeamter in England; höchster Vollzugsbeamter in den USA)

Sher|lock Holmes [*schö'lok ho"ms,* auch: *schärlok holmß*] (engl. Romanfigur [Detektiv])

Sher|pa [*sch...*] *der;* -s, -s ⟨tibet.-

engl.) (Angehöriger eines tibet. Volksstammes, der als Lastträger bei Expeditionen im Himalajagebiet arbeitet; Lastträger)

Sher|ry [*schäri*] *der;* -s, -s ⟨engl.⟩ (span. Wein, Jerez)

Shet|land [*schätlant,* engl. Ausspr.: *schätl'nd*] *der;* -[s], -s ⟨nach dem schott. Inseln⟩ (ein graumelierter Wollstoff); **Shet·land·in|seln** (*Plur.;* Inselgruppe nordöstl. von Schottland), ...**po·ny**, ...**wol|le** (*die;* -; ↑ R 149)

Shil|ling [*schil*...] *der;* -s, -s ⟨engl.⟩ (frühere Münzeinheit in Großbritannien; 20 Shilling = 1 Pfund Sterling; Abk.: s od. sh); 10 - (↑ R 129); vgl. **aber:** Schilling

Shim|my [*schimi*] *der;* -s, -s ⟨amerik.⟩ (Gesellschaftstanz der 20er Jahre)

Shirt [*schö²t*] *das;* -s, -s ⟨engl.⟩ ([kurzärmeliges] Baumwollhemd)

Shit [*schit*] *der* u. *das;* -s ⟨engl.⟩ (ugs. für: Haschisch)

shocking [*schok...; Trenn.:* shokking] ⟨engl.⟩ (anstößig; peinlich)

Shod|dy [*schodi*] *das* (auch: *der*); -s, -s ⟨engl.⟩ (Reißwolle [aus Trikotagen])

Shoo|ting-Star [*schuting ßta²*] *der;* -s, -s ⟨engl.⟩ (neuer, sehr schnell erfolgreicher Schlager[sänger])

Shop [*schop*] *der;* -s, -s ⟨engl.⟩ (Laden, Geschäft); **Shop|ping** [*schoping*] *das;* -s, -s (Einkaufsbummel); **Shop|ping-Cen|ter** [...*ßänt'r*] *das;* -s, - (Einkaufszentrum)

Shorts [*schorz,* auch: *schậ²z*] *Plur.* ⟨engl.⟩ (kurze Hose); **Short sto|ry** [*schậ²t ßtậri*] *die;* - -, - -stories (angelsächs. Bez. für: Kurzgeschichte u. Novelle); **Shor|ty** [*schậ²ti*] *das* (auch: *der*); -s, -s (Damenschlafanzug mit kurzer Hose)

Show [*schoʷ*] *die;* -, -s ⟨engl.⟩ (Schau, Darbietung, Vorführung; buntes, aufwendiges Unterhaltungsprogramm); **Show·busi|neß** [*schoʷbisniß*] *das;* - („Schaugeschäft", Vergnügungsindustrie); **Show·down** [*schoʷ-daun*] *der;* -s, -s (Entscheidungskampf [im Wildwestfilm]); **Show|ge·schäft** [*schoʷ*...]; **Show·man** [*schoʷm'n*] *der;* -s, ...men (im Showgeschäft Tätiger; geschickter Propagandist); **Show|ma|ster** [*schoʷ*...] *der;* -s, - ⟨anglisierend⟩ (Unterhaltungskünstler, der eine Show präsentiert)

Shred|der [*sch*...], Schredder *der;* -s, - ⟨engl.⟩ (technische Anlage zum Verschrotten von Autowracks)

Shrimp [*schr*...] *der;* -s, -s (meist *Plur.*) ⟨engl.⟩ (Krabbe)

Shunt [*schant*] *der;* -s, -s ⟨engl.⟩ (elektr. Nebenschlußwiderstand)

Shy|lock [*schai*...] *der;* -[s], -s ⟨nach der Figur in Shakespeares „Kaufmann von Venedig") (hartherziger Geldverleiher)

Si = chem. Zeichen für: Silicium

SI = Système International d'Unités [*ßißtäm ängtärnaßjonal dünite*] (Internationales Einheitensystem)

SIA = Schweizerischer Ingenieur- und Architektenverein

Si|al *das;* -[s] (Geol.: oberer Teil der Erdkruste)

Si|am (alter Name von Thailand); **Sia|me|se** *der;* -n, -n (↑ R 197 u. 180); **Sia|me|sin** *die;* -, -nen (↑ R 180); **sia|me|sisch** (↑ R 180); -e Zwillinge; **Si|am|kat|ze;** **Sia·mo|sen** *Plur.;* ↑ R 180 (Schürzenstoffe)

Si|be|li|us (finn. Komponist)

Si|bi|lant *der;* -en, -en (↑ R 197) ⟨lat.⟩ (Sprachw.: Zischlaut, Reibelaut, z. B. s)

Si|bi|rer (svw. Sibirier); **Si|bi|ri|en** [...*i'n*]; **Si|bi|ri|er** [...*i'r*]; **si|bi·risch**

Si|bju (rumän. Name von: Hermannstadt)

Si|byl|la, ¹**Si|byl|le** [...*bi*...] (w. Vorn.); ²**Si|byl|le** *die;* -, -n ⟨griech.⟩ (weissagende Frau, Wahrsagerin); **si|byl|li|nisch** (wahrsagerisch; geheimnisvoll), **aber** (↑ R 134): **Si|byl|li|nisch;** die Sibyllinischen Bücher (der Sibylle von Cumae [*kumä*])

sic! [*sik* od. *sik*] ⟨lat.⟩ (so!, wirklich so!)

sich; Sich|aus|wei|nen *das;* -s (↑ R 68)

Si|chel *die;* -, -n; **si|chel|för|mig;** **si|cheln** (mit der Sichel abschneiden); ich ...[e]le (↑ R 22); **Si|chel-wa|gen** (früherer Streitwagen)

si|cher; ein sicheres Geleit; sichere Quelle; - sein; (↑ R 65:) im sichern (geborgen) sein; es ist das sicherste, am sichersten (ganz sicher), wenn ...; es ist das Sicherste, was du tun kannst; wir suchen etwas Sicheres; auf Nummer Sicher sein (ugs. für: im Gefängnis sein); auf Nummer Sicher gehen (ugs. für: nichts wagen); **I.** *Schreibung in Verbindung mit Verben* (↑ R 205 f.): **a)** *Getrenntschreibung in ursprünglicher Bedeutung,* z. B. sicher sein, werden, gehen; über diese Brücke ist er sicher gegangen; sich sicher fühlen; **b)** *Zusammenschreibung,* wenn durch die Verbindung ein neuer Begriff entsteht; vgl. sichergehen, sicherstellen. **II.** *Schreibung in Verbindung mit einem Partizip* (↑ R 209); vgl. sicherwirkend; **si|cher|ge|hen;** ↑ R

205 f. (Gewißheit haben); ich gehe sicher; sichergegangen; sicherzugehen; **aber:** er kann noch sicher gehen (ohne Gefahr od. Schwanken gehen); **Si|cher-heit;** **Si|cher|heits·ab|stand,** ...**au|to,** ...**be|auf|trag|te,** ...**be-hör|de,** ...**bin|dung,** ...**fach** (für: Safe), ...**glas** (*Plur.* ...gläser), ...**gurt;** **si|cher|heits|hal|ber;** **Si|cher|heits·ket|te,** ...**lei|stung** (Wirtsch.), ...**maß|nah|me,** ...**na-del,** ...**rat** (*der;* -[e]s; UNO-Behörde), ...**ri|si|ko** (jmd. od. etwas die Sicherheit Gefährdendes), ...**schloß,** ...**schwel|le** (Statistik), ...**ven|til,** ...**ver|schluß,** ...**vor|keh-rung;** **si|cher|lich;** **si|chern;** ich ...**ere** (↑ R 22); **si|cher|stel|len;** ↑ R 205 (sichern; feststellen; in polizeilichen Gewahrsam geben oder nehmen); das Motorrad wurde sichergestellt; **Si|cher-stel|lung;** **Si|che|rung;** **Si|che-rungs·ab|tre|tung** (Wirtsch.), ...**ge|ber** (Wirtsch.), ...**grund-schuld** (Rechtsw.), ...**hy|po|thek** (Rechtsw.), ...**neh|mer** (Wirtsch.), ...**über|eig|nung** (Rechtsw.), ...**ver|wah|rung** (Rechtsw.); **si-cher|wir|kend;** sicherer, am sichersten wirkend; ein -es Mittel, **aber** (↑ R 209): ein ganz sicher wirkendes Mittel

Sich|ge|hen|las|sen *das;* -s (↑ R 68)

Sich|ler (ein Vogel)

Sicht *die;* -; auf, bei - (Kaufmannsspr. auch: für: a vista); nach - (Kaufmannsspr.); auf lange -; außer, in - kommen, sein; **sicht|bar;** **Sicht|bar|keit** *die;* -; **sicht|bar|lich** (veralt.); **Sicht·be-ton,** ...**blen|de,** ...**ein|la|ge** (Bankw.)

¹**sich|ten** (auswählen, durchsehen)

²**sich|ten** (erblicken); **Sicht|gren|ze** (auch für: Horizont); **sich|tig** (Seemannsspr.: klar); -es Wetter; **Sicht|kar|te** (Zeitkarte im Personenverkehr); **sicht|lich** (offenkundig); **Sicht|li|nie**

Sicht|ma|schi|ne (Sortiermaschine); ¹**Sicht|tung** (Ausscheidung)

²**Sich|tung** (das Erblicken); **Sicht-.ver|hält|nis|se** *Plur.,* ...**ver|merk;** **sicht|ver|merk|frei;** **Sicht·wech-sel,** ...**wei|te,** ...**wer|bung**

¹**Sicke** *die;* -, -n (Technik: rinnenförmige Biegung, Kehlung; Randverzierung, -versteifung)

²**Sicke¹, Sie|ke** *die;* -, -n (Jägerspr.: Vogelweibchen)

sicken¹ (mit ¹Sicken versehen); gesickt; **Sicken|ma|schi|ne¹** (Technik)

Sicker|gru|be¹; sickern¹; das Wasser sickert; **Sicker|was|ser¹**

sic tran|sit glo|ria mun|di! ⟨lat.⟩ (so

---

¹ *Trenn.:* ...k|k...

vergeht die Herrlichkeit der Welt!)

Sid|dhar|tha [*sidárta*] ⟨sanskr.⟩ (weltl. Name Buddhas)

Side|board [*ßaidbá'd*] *das;* -s, -s ⟨engl.⟩ (Anrichte, Büfett)

si|de|risch ⟨lat.⟩ (auf die Sterne bezüglich; Stern...); siderisches Jahr (Sternenjahr), **aber** (↑R 157): das Siderische Pendel

Si|de|rit *der;* -s, -e ⟨griech.⟩ (gelbbraunes Eisenerz); **Si|de|ro|lith** *der;* -s u. -en, -e[n]; ↑R 197 (Eisensteinmeteorit)

Si|don (phöniz. Stadt); **Si|do|nia, Si|do|nie** [...*i'*] (w. Vorn.); **Si|do|ni|er** [...*i'r*] (Bewohner von Sidon); **si|do|nisch**

sie; - kommt, - kommen; **¹Sie;** ↑R 72 (veralt. Anrede an eine Person weibl. Geschlechts:) höre Sie!; ↑R 72 (Höflichkeitsanrede an eine Person od. mehrere Personen gleich welchen Geschlechts:) kommen Sie bitte!; jmdn. mit Sie anreden; (↑R 66:) das steife Sie; **²Sie** *die;* -, -s (ugs. für: Mensch od. Tier weibl. Geschlechts); es ist eine Sie; ein Er u. eine Sie saßen dort

Sieb *das;* -[e]s, -e; **sieb|ar|tig; Sieb|bein** (ein Knochen); **Sieb|druck** *der;* -[e]s (Druckw.: Schablonierverfahren); vgl. Serigraphie; **¹sie|ben** (durchsieben)

²sie|ben (Zahlwort); I. *Kleinschreibung* (↑R 66): wir sind zu sieben od. zu siebt (älter: siebent), wir sind sieben; er kommt mit sieben[en]; die sieben Sakramente; die sieben Todsünden; ein Buch mit sieben Siegeln (unverständliches Buch); die sieben fetten u. die sieben mageren Jahre; sieben auf einen Streich; um sieben Ecken (ugs. für: weitläufig) mit jmdm. verwandt sein. II. *Großschreibung:* **a)** (↑R 66:) der Zug der Sieben gegen Theben; **b)** (↑R 157:) die Sieben Raben (Märchen); die Sieben Schwaben (Schwank); die Sieben Freien Künste; die Sieben Weltwunder; die Sieben Weisen; vgl. acht; **Sie|ben** *die;* -, -, auch: -en (Zahl); eine böse -; vgl. ¹Acht (Zahl); **sie|ben|ar|mig;** -er Leuchter; **Sie|ben|bür|gen** (hist. Gebiet in Rumänien); **Sie|ben|bür|ger** (↑R 147); **sie|ben|bür|gisch; Sie|ben|eck; sie|ben|eckig** [*Trenn.:* ...ek|kig]; **sie|ben|ein|halb,** sie|ben|und|ein|halb; **Sie|be|ner;** vgl. Achter; **sie|ben|er|lei;** auf - Art; **Sie|ben|fach; Sie|ben|fa|che** *das;* -n; vgl. Achtfache; **Sie|ben|ge|bir|ge** *das;* -s; **Sie|ben|ge|stirn** *das;* -[e]s (Sterngruppe); **sie|ben|hun|dert;** vgl. hundert; **sie|ben|jäh|rig, aber** (↑R 157): der Sie-benjährige Krieg; **Sie|ben|kampf** (Mehrkampf der Frauen in der Leichtathletik); **sie|ben|köp|fig;** ein -es Gremium; **Sie|ben|ling; sie|ben|mal;** vgl. achtmal; **sie|ben|ma|lig; Sie|ben|mei|len...schritt** (meist *Plur.*), ...stie|fel *Plur.;* **Sie|ben|me|ter** *der;* -s, - (Hallenhandball); **Sie|ben|mo|nats|kind; Sie|ben|sa|chen** *Plur.* (ugs. für: Habseligkeiten; auch: kleines Gepäck); seine - packen; **Sie|ben.schlä|fer** (Nagetier; im *Plur.* auch: Heilige), ...schritt (*der;* -[e]s; ein Volkstanz); **sie|ben|stel|lig; Sie|ben|stern** (eine Pflanzengattung; vgl. ²Stern); **sie|bent** (älter für: siebt); **sie|ben|tau|send; sie|ben|te** vgl. tausend; **sie|ben|te** vgl. siebte; **sie|ben|tel** vgl. sieb-tel; **Sie|ben|tel** vgl. Siebtel; **sie|ben|tens; sie|ben|tens; sie|ben|und|ein|halb,** sie|ben|ein|halb; **sie|ben|und|sieb|zig;** vgl. acht; **Sie|ben|zahl** *die;*-

sieb|för|mig; Sieb.ma|cher, ...ma|schi|ne, ...mehl (gesiebtes Mehl), ...röh|re (Bot.), ...schal|tung (Elektrotechnik)

siebt; vgl. ²sieben; **sieb|te,** auch: **sie|ben|te;** vgl. achte; **sieb|tel;** vgl. achtel; **Sieb|tel** *das* (schweiz. meist *der*); -s, -; **sieb|tens,** (auch:) **sie|ben|tens; sieb|zehn;** vgl. acht; **sieb|zehn|hun|dert; sieb|zehn|te;** (↑R 157:) Siebzehnter (17.) Juni (Tag des Gedenkens an den 17. Juni 1953, den Tag des Aufstandes in der DDR); vgl. achte; **Sieb|zehn|und|vier** *das;* - (ein Kartenglücksspiel); **sieb|zig;** vgl. achtzig; **sieb|zig|jäh|rig;** vgl. achtjährig

siech (veralt.); **sie|chen** (siech sein); **Sie|chen|haus** (veralt.); **Siech|tum** *das;* -s

Sie|de *die;* - (landsch. für: eingesottenes Viehfutter; Häcksel); **sie|de|heiß; Sie|de|hit|ze**

sie|deln; ich ...[e]le (↑R 22)

sie|den; du sottest u. siedetest; du söttest u. siedetest; gesotten u. gesiedet; sied[e]!; siedendheiß od. siedend heiß (↑R 209); **Sie|de|punkt; Sie|der; Sie|de|rei; Sied|fleisch** (südd., schweiz. für: Suppenfleisch)

Sied|ler; Sied|lung; Sied|lungs-bau (meist *Plur.* ...bauten), ...form, ...ge|biet, ...geo|gra|phie, ...haus, ...kun|de (*die;* -), ...po|li-tik, ...pro|gramm

¹Sieg *der;* -[e]s, -e

²Sieg *die;* - (r. Nebenfluß des Rheins)

Sie|gel *das;* -s, - ⟨lat.⟩ (Stempelabdruck; [Brief]verschluß; Bekräftigung); **Sie|gel|be|wah|rer; Sie|gel|ler, Sieg|ler; Sie|gel|lack; sie-geln;** ich ...[e]le (↑R 22); **Sie|gel-ring; Sie|gel|lung, Sieg|lung**

sie|gen; **Sie|ger; Sie|ger|eh|rung; Sie|ge|rin** *die;* -, -nen; **Sie|ger-kranz, Sie|ges|kranz**

Sie|ger|land *das;* -[e]s (Landschaft); **Sie|ger|län|der; sie|ger-län|disch**

sie|ges|be|wußt; -este; **Sie|ges.bot-schaft,** ...fei|er; **sie|ges|froh; Sie-ges|ge|schrei; sie|ges|ge|wiß;** ...gewisser, ...gewisseste; **Sie|ges-ge|wiß|heit,** ...göt|tin; **Sie|ges-kranz,** Sie|ger|kranz; **Sie|ges-lauf** (*der;* -[e]s), ...preis (vgl. ²Preis), ...säu|le, ...se|rie; **sie|ges-si|cher; Sie|ges.tor,** ...tref|fer; **sie|ges|trun|ken; Sie|ges_wil|le,** ...zug

Sieg|fried (germ. Sagengestalt; m. Vorn.); ↑R 133: Jung-

sieg|ge|wohnt; -este; **sieg|haft;** -este

Sieg|hard (m. Vorn.)

Sieg|ler, Sie|ge|ler

Sieg|lind, Sieg|lin|de (w. Vorn.)

sieg|los

Sieg|lung, Sie|ge|lung

Sieg|mund, Sig|is|mund (m. Vorn.)

Sieg|prä|mie; sieg|reich

Sieg|wurz (Gladiole)

sie|he! (Abk.: s.); - da!; **sie|he dort!** (Abk.: s. d.); **sie|he oben!** (Abk.: s. o.); **sie|he un|ten!** (Abk.: s. u.)

SI-Ein|heit (internationale Basiseinheit; vgl. SI)

Sie|ke vgl. ²Sicke

Siel *der* od. *das;* -[e]s, -e (Röhrenleitung für Abwässer; kleine Deichschleuse)

Sie|le *die;* -, -n; meist *Plur.* (Riemen[werk der Zugtiere]); in den -n sterben

sie|len, sich (mdal. für: sie suhlen; auch: sich behaglich wälzen)

Sie|len|ge|schirr; Sie|len|zeug, Siel|zeug

¹Sie|mens (Familienn., ⓦ); **²Sie-mens** *das;* -, - (elektr. Leitwert; Zeichen: S); **Sie|mens-Mar-tin-Ofen;** ↑R 135 (zur Stahlerzeugung; Abk.: SM-Ofen); **Sie-mens|ofen** (↑R 135); **Sie|mens-stadt** (Stadtteil von Berlin)

sie|na (↑R 180) ⟨ital.⟩ (rotbraun); ein - Muster; vgl. blau; **Sie|na;** ↑R 180 (ital. Stadt); **Sie|na|er|de** *die;* -; ↑R 149 u. R 180 (Malerfarbe); **Sie|ne|se** [*si-e...*] *der;* -n, -n (↑R 197 u. R 180); **Sie|ne|ser** (↑R 147 u. R 180)

Sien|kie|wicz [*ßjängkjäwitsch*] (poln. Schriftsteller)

Si|er|ra [β...] *die;* - ...rren u. -s ⟨span.⟩ (Gebirgskette); **Si|er|ra Leo|ne;** ↑R 180 (Staat in Afrika); **Si|er|ra|leo|ner** (↑R 180); **si|er|ra-leo|nisch** (↑R 180); **Si|er|ra-Ne-va|da** [- ...*wa*...] *die;* - - („Schneegebirge"; span. u. amerik. Gebirge)

Sie|sta die; -, ...sten u. -s (↑R 180) ⟨ital.⟩ ([Mittags]ruhe)

Siet|land das; -[e]s, ...länder (niederd. für: tiefliegendes Marschland); Siet|wen|dung (Binnendeich)

sie|zen (ugs. für: mit „Sie" anreden); du siezt (siezest)

Sif (nord. Mythol.: Gemahlin Thors)

Sif|flö|te ⟨franz.⟩ (hohe Orgelstimme)

Si|gel das; -s, ⟨lat.⟩ u. Si|gle [sig'l] die; -, -n ⟨franz.⟩ (festgelegtes Abkürzungszeichen, Kürzel)

Sight|see|ing [ßáitßiing] das; - ⟨engl.⟩ (Besichtigung von Sehenswürdigkeiten)

Si|gi (Koseform von: Siegfried od. Sieglind[e])

Si|gill das; -s, -e ⟨lat.⟩ (veralt. für: Siegel); Si|gil|la|rie [...iᵉ] die; -, -n (fossile Pflanzengattung)

Si|gis|mund vgl. Siegmund

Si|gle vgl. Sigel

Sig|ma das; -[s], -s ⟨griech. Buchstabe: Σ, σ, ς⟩

Sig|ma|rin|gen (Stadt a. d. Donau); Sig|ma|rin|ger (↑R 147); sig|ma|rin|ge|risch

sign. = signatum

Si|gna (Plur. von: Signum)

Si|gnal [signal, ugs. auch: singnal] das; -s, -e ⟨lat.⟩ (Zeichen mit festgelegter Bedeutung; [Warn]zeichen; Anstoß); - geben; Si|gnal-_an|la|ge, ...buch; Si|gna|le|ment [...mang, schweiz.: ...mänt] das; -s, -s (schweiz. auch: -e) ⟨franz.⟩ ([Personen]beschreibung; Kennzeichnung); Si|gnal_far|be, ...feu|er, ...flag|ge, ...gast (Matrose; Plur. ...gasten), ...glocke [Trenn.: ...glok|ke], ...horn (Plur. ...hörner); si|gna|li|sie|ren ⟨franz.⟩ (Signal, Signalzeichen geben; ankündigen); Si|gnal_knopf, ...lam|pe, ...mast der, ...pa|tro|ne, ...pfiff, ...reiz (svw. Schlüsselreiz), ...ring (im Auto), ...sy|stem, ...ver|bin|dung; Si|gna|tar der; -s, -e ⟨lat.⟩ (selten für: Unterzeichner); Si|gna|tar|macht ([einen Vertrag] unterzeichnende Macht); si|gna|tum (unterzeichnet; Abk.: sign.); Si|gna|tur (Kurzzeichen als Auf-, Unterschrift, Namenszug; Künstlerzeichen; symbol. Landkartenzeichen; Druckw.: runde od. eckige Einkerbung an Drucktypen; Nummer eines Druckbogens; [Buch]nummer in einer Bibliothek); Si|gnet [sinjé, auch dt. Ausspr.: signát] das; -s, -s u. (bei dt. Ausspr.:) -e ⟨franz.⟩ (Buchdrucker-, Verlegerzeichen; übertr. für: Aushängeschild, Visitenkarte; veralt. für: Handsiegel, Petschaft); si|gnie|ren ⟨lat.⟩ (mit einer Signatur versehen); si|gni|fi|kant; -este (bedeutsam); Si|gni|fi|kanz die; - (Bedeutsamkeit); si|gni|fi|zie|ren (selten für: bezeichnen; anzeigen)

Si|gnor [ßinjor], Si|gno|re [ßinjore] der; -, ...ri ⟨ital.⟩ (Herr); Si|gno|ra die; -, ...re [...jore] u. -s (Frau); Si|gno|ria [...jória], Si|gno|rie [...jo-rí] die; -, ...ien (die höchste [leitende] Behörde der ital. Stadtstaaten, bes. der Rat in Florenz); Si|gno|ri|na [...na] die; -, -s; selten: ...ne (Fräulein); Si|gno|ri|no der; -, -s, auch: ...ni (junger Herr)

Si|gnum das; -s, ...gna ⟨lat.⟩ (Zeichen; verkürzte Unterschrift)

Sig|rid (w. Vorn.)

Sig|rist der; -en, -en (↑R 197) ⟨lat.⟩ (schweiz. für: Küster, Mesner)

Sig|run (w. Vorn.)

Sig|urd (m. Vorn.)

Si|ka|hirsch (jap.; dt.) (ostasiat. Hirsch)

Sikh der; -[s], -s (Angehöriger einer Religionsgemeinschaft im Pandschab)

Sik|ka|tiv das; -s, -e [...wᵉ] ⟨lat.⟩ (Trockenmittel für Ölfarben)

Sik|kim (ind. Bundesstaat im Himalaja); Sik|ki|mer; sik|ki|misch

Si|ku|ler der; -s, - (Angehöriger eines antiken Volkes auf Sizilien)

Si|la|ge ⟨franz.⟩ vgl. Ensilage

Sil|be die; -, -n; Sil|ben_maß das, ...rät|sel, ...ste|cher (ugs. abschätzig), ...tren|nung; ...sil|ber vgl. ...silb|ler

Sil|ber das; -s (chem. Grundstoff, Edelmetall; Zeichen: Ag); vgl. Argentum; Sil|ber_bar|ren, ...berg|werk, ...blick (dicht. für: hervorbrechender Glanz; volkstüml. für: Schielen), ...bro|kat, ...di|stel, ...draht; sil|ber|far|ben, sil|ber|far|big; Sil|ber_fisch|chen (ein Insekt), ...fuchs, ...geld, ...glanz; sil|ber_glän|zend, ...grau, ...haa|rig, ...hal|tig, ...hell; Sil|ber_hoch|zeit; sil|be-rig, silb|rig; Sil|ber|ling (alte Silbermünze); Sil|ber_lö|we (Puma), ...me|dail|le, ...mö|we, ...mün|ze; sil|bern (aus Silber); -e Hochzeit, aber (↑R 157): Silberner Sonntag; Silbernes Lorbeerblatt (Auszeichnung für besondere Sportleistungen); Sil|ber-_pa|pier, ...schmied, ...stift (ein Zeichenstift), ...strei|fen (im: Silberstreifen am Horizont [Zeichen beginnender Besserung]), ...tan|ne; sil|ber|ver|gol|det; ein -er Pokal (ein silberner Pokal, der vergoldet ist); sil|ber|weiß; Sil|ber|zeug (ugs. für: Silberbesteck, -gerät)

...sil|big (z. B. dreisilbig); sil|bisch (eine Silbe bildend); ...silb|ler,

...sil|ber (z. B. Zweisilber, -silbler)

silb|rig, sil|be|rig

Sild der; -[e]s, -[e] ⟨skand.⟩ ([eingelegter] Fisch)

Si|len der; -s, -e ⟨griech.⟩ (Fabelwesen der griech. Sage, als älterer Satyr Erzieher des Dionysos); Si|le|nos; vgl. Silen

Si|len|ti|um! [...zium] ⟨lat.⟩ (Ruhe!)

Sil|ge die; -, -n ⟨griech.⟩ (Name verschiedener Pflanzen)

Sil|hou|et|te [siluät'] die; -, -n ⟨franz.⟩ (Schattenriß, -bild, Scherenschnitt); sil|hou|et|tie|ren (als Schattenriß darstellen)

Si|li|kat usw. vgl. Silikat usw.; Si|li|ci|um, Si|li|zi|um [...zium] das; -s ⟨lat.⟩ (chem. Grundstoff, Nichtmetall; Zeichen: Si)

si|li|zie|ren ⟨span.⟩ ([Futterpflanzen] im Silo einlagern)

Si|li|fi|ka|ti|on [...zion] die; -, -en ⟨lat.⟩ (Verkieselung); si|li|fi|zie|ren; Si|li|kat, (fachspr.:) Si|li|cat das; -[e]s, -e (Salz der Kieselsäure); Si|li|kon, (fachspr.:) Si|li|con das; -s, -e (Kunststoff von großer Wärme- u. Wasserbeständigkeit); Si|li|ko|se die; -, -n (Med.: Steinstaublunge); Si|li|zi|um vgl. Silicium

Sil|ke (w. Vorn.)

Sill der; -s, -e (schwed. Form von: Sild)

Si|lo der (auch: das); -s, -s ⟨span.⟩ (Großspeicher [für Getreide, Erz u. a.]; Gärfutterbehälter); Si|lo-_fut|ter (vgl. ¹Futter), ...turm

Sils (Name mehrerer Dörfer in der Schweiz)

Sil|lu|min ⓌⒿ das; -[s] (Leichtmetalllegierung aus Aluminium u. Silicium)

Si|lur das; -s (Geol.: eine Formation des Paläozoikums); Si|lu|rer (Angehöriger eines vorkelt. Volksstammes in Wales); si|lu|risch (das Silur betreffend; im Silur entstanden)

Sil|van, Sil|va|nus [...wa...] (m. Vorn.)

Sil|va|ner [...wa...] (Rebensorte)

¹Sil|ve|ster [...wä...] (m. Vorn.)

²Sil|ve|ster der od. das; -s, - (nach dem Fest des Papstes Silvester I. am 31. Dezember) (letzter Tag im Jahr); Sil|ve|ster_abend, ...ball, ...fei|er, ...nacht

Sil|via [...wia] (w. Vorn.)

Sil|vret|ta, Sil|vret|ta|grup|pe [...wr...] die; - (Gebirgsgruppe der Zentralalpen); Sil|vret-ta-Hoch|al|pen|stra|ße die; - (↑R 149)

¹Si|ma die; -s u. ...men ⟨griech.⟩ (Traufrinne antiker Tempel)

²Si|ma das; -[s] ⟨nlat.⟩ (Geol.: unterer Teil der Erdkruste)

Si|mandl *der* od. *das;* -s, - ⟨eigtl.: Mann, der durch eine Frau (eine „Sie") beherrscht wird⟩ (bayr. und österr. ugs. für: Pantoffelheld)

Sim|bab|we (Staat in Afrika); **Sim-bab|wer; sim|bab|wisch**

Si|me|on (bibl. m. Eigenn. u. Vorn); Si|me|ons|kraut (*das;* -[e]s)

Si|mi|li|stein ⟨lat.; dt.⟩ (unechter Schmuckstein)

Sim|men|tal (schweiz. Landschaft); **Sim|men|ta|ler** (↑R 147)

Sim|mer *das;* -s, - (altes Getreidemaß)

Sim|mer|ring ⓦ (Antriebswellendichtung)

Si|mon (Apostel; m. Vorn.); **Si-mo|ne** (w. Vorn.)

Si|mo|ni|des (griech. Lyriker)

Si|mo|nie *die;* -, ...ien ⟨nach dem Zauberer Simon⟩ (Kauf od. Verkauf von geistl. Ämtern); **si|mo-nisch;** ↑R 134 (nach Art Simons)

sim|pel (franz.) (einfach, einfältig); **simple** Frage; **Sim|pel** *der;* -s, - (mdal. für: Dummkopf, Einfaltspinsel); **sim|pel|haft;** -este; **sim|peln** (mdal. für: unvernünftig, töricht reden; stieren); ich ...[e]le (↑R 22); vor sich hin -

Sim|plex *das;* -, -e u. ...plizia ⟨lat.⟩ (einfaches, nicht zusammengesetztes Wort); **Sim|pli|cis|si|mus** (eingedeutscht:) Sim|pli|zis|simus *der;* - ⟨nlat.⟩ (Titel[held] eines Romans von Grimmelshausen; frühere polit.-satir. Wochenschrift); **sim|pli|ci|ter** [...zi...] ⟨lat.⟩ (veralt. für: schlechthin); **Sim|pli|fi|ka|ti|on** [...*zion*] *die;* -, -en (seltener für: Simplifizierung); **sim|pli|fi|zie-ren** (in einfacher Weise darstellen; [stark] vereinfachen); **Sim-pli|fi|zie|rung** (Vereinfachung); **Sim|pli|zia** (*Plur.* von: Simplex); **Sim|pli|zia|de** *die;* -, -n; ↑R 180 (Abenteuerroman um einen einfältigen Menschen, in Nachahmung des „Simplicissimus" von Grimmelshausen); **Sim|pli|zis|si-mus** vgl. Simplicissimus; **Sim-pli|zi|tät** *die;* - (Einfachheit; Einfalt)

Sim|plon *der;* -[s], (auch:) **Sim-plon|paß** *der;* ...passes (↑R 149); **Sim|plon_stra|ße** (*die;* -; ↑R 149), **...tun|nel** (*der;* -s; ↑R 149)

Sim|rock (dt. Germanist, Dichter u. Schriftsteller)

Sims *der* od. *das;* -es, -e ⟨lat.⟩ (vorspringender Rand; Leiste)

Sim|sa|la|bim [auch: *simsalabim*] (Zauberwort)

Sim|se *die;* -, -n (eine Pflanze; mdal. für: Binse)

Sims|ho|bel

Sim|son (bibl. m. Eigenn.)

Si|mu|lant *der;* -en, -en (↑R 197) ⟨lat.⟩ (jmd., der eine Krankheit vortäuscht); **Si|mu|la|ti|on** [...*zion*] *die;* -, -en (Vortäuschung [von Krankheiten]; Nachahmung im Simulator o. ä.); **Si|mu-la|tor** *der;* -s, ...oren (Gerät, in dem tatsächlich od. fiktiv auftretende Bedingungen u. [Lebens]verhältnisse wirklichkeitsgetreu herstellbar sind); **si-mu|lie|ren** (vorgeben; sich verstellen; übungshalber im Simulator o. ä. nachahmen; ugs. auch für: nachsinnen, grübeln)

si|mul|tan ⟨lat.⟩ (gemeinsam; gleichzeitig); **Si|mul|tan_büh|ne** (Theater), **...dol|met|scher; Si-mul|ta|nei|tät** [...*ne-i*...] (↑R 180), **Si|mul|ta|ni|tät** *die;* -, -en (Gemeinsamkeit, Gleichzeitigkeit); **Si|mul|tan_kir|che** (Kirchengebäude für mehrere Bekenntnisse), **...schu|le** (Schule mit konfessionell getrennten Religions-, sonst gemeinsamem Unterricht), **...spiel** (Schachspiel gegen mehrere Gegner gleichzeitig)

sin = Sinus

Si|nai [*sina-i*] *der;* -[s] (Gebirgsmassiv auf der gleichnamigen ägypt. Halbinsel); **Si|nai_ge|bir-ge** (*das;* -s; ↑R 149), **...halb|in|sel** (*die;* -; ↑R 149)

Sin|an|thro|pus *der;* -, ...pi (griech.) (Pekingmensch)

Si|nau *der;* -s, -e (dem Frauenmantel ähnliche Pflanze)

si|ne an|no *der;* (veralt. Hinweis bei Buchtitelangaben: ohne Angabe des Jahres; Abk.: s. a.); **si-ne ira et stu|dio** („ohne Zorn u. Eifer"; sachlich)

Si|ne|ku|re *die;* -, -n ⟨lat.⟩ (müheloses, einträgliches Amt; Pfründe ohne Amtsgeschäfte)

si|ne lo|co [- *loko*] ⟨lat.⟩ (veralt. Hinweis bei Buchtitelangaben: ohne Angabe des Ortes; Abk.: s. l.); **si|ne lo|co et an|no** (veralt. Hinweis bei Buchtitelangaben: ohne Angabe von Ort und Jahr; Abk.: s. l. e. a.); **si|ne tem|po|re** (ohne akadem. Viertel, d. h. pünktlich; Abk.: s. t.); vgl. cum tempore

Sin|fo|nie, Sym|pho|nie [*süm*...] *die;* -, ...ien (griech.) (mehrsätziges, auf das Zusammenklingen des ganzen Orchesters hin angelegtes Instrumentalmusikwerk); **Sin|fo|nie|or|che|ster**, Sym|pho-nie|or|che|ster; **Sin|fo|ni|et|ta** *die;* -, ...tten (ital.) (kleine Sinfonie); **Sin|fo|ni|ker**, Sym|pho|ni|ker (Verfasser von Sinfonien; Mitglied eines Sinfonieorchesters); **sin|fo|nisch**, sym|pho|nisch (sinfonieartig); -e Dichtung

Sing. = Singular

Sing|aka|de|mie

Sin|ga|pur [*singga*..., auch: *...pur*] (Staat u. Stadt an der Südspitze der Halbinsel Malakka); **Sin|ga-pu|rer** (↑R 147); **sin|ga|pu|risch**

sing|bar; **Sing|dros|sel; sin|gen;** du sangst (sangest); du sängest; gesungen; sing[e]!; die Singende Säge (ein Musikinstrument)

Sin|gen (Ho|hen|twiel) (Stadt im Hegau); **Sin|ge|ner** (↑R 147)

Sin|ge|rei *die;* -; **Sin|ge|stun|de** vgl. Singstunde

Sin|gha|le|se [...*ngg*...] *der;* -n, -n; ↑R 197 (Angehöriger eines Volkes auf Sri Lanka); **sin|gha-le|sisch**

¹**Sin|gle** [*ßingg'l*] *das;* -[s], -[s] ⟨engl.⟩ ([Tisch]tennis; Einzelspiel); ²**Sin|gle** [*ßingg'l*] *die;* -, -[s] (kleine Schallplatte); ³**Sin|gle** [*ßingg'l*] *der;* -[s], -s (alleinstehender Mensch)

Sin|grün *das;* -s (Immergrün)

Sing|sang *der;* -[e]s (ugs.)

Sing-Sing [*sing*...] (Staatsgefängnis von New York bei den Industriestadt Ossining [frühere Name der Stadt: Sing Sing])

Sing_spiel, ...stim|me, ...stun|de

Sin|gu|lar [auch: *singgular*] *der;* -s, -e ⟨lat.⟩ (Sprachw.: Einzahl; Abk.: Sing.); **sin|gu|lär** (vereinzelt [vorkommend]; selten); **Sin-gu|la|re|tan|tum** *das;* -s, -s u. Sin-gularia|tan|tum (Sprachw.: nur in der Einzahl vorkommendes Wort, z. B. „das All"); **sin|gu|la-risch** (in der Einzahl [gebraucht, vorkommend]); **Sin|gu|la|ris|mus** *der;* - (Philos.); **Sin|gu|la|ri|tät** *die;* -, -en; meist *Plur.* (vereinzelte Erscheinung; Besonderheit)

Sing_vo|gel, ...wei|se *die*

sin|ni|ster ⟨lat.⟩ (selten für: unheilvoll, unglücklich)

sin|ken; er sinkt; ich sank, du sankst (sankest); du sänkest; gesunken; sink[e]!; **Sink_ka|sten** (bei Abwasseranlagen), **...stoff** (Substanz, die sich im Wasser absetzt)

Sinn *der;* -[e]s, -e; bei, von -en sein; **sinn|be|tö|rend; Sinn|bild; sinn|bild|lich; sin|nen;** du sannst (sannest); du sännest (veralt.: sönnest); gesonnen; sinn[e]!; vgl. gesinnt u. gesonnen; **sin|nen-froh;** -este; **Sin|nen_lust, ...mensch, ...rausch, ...reiz** (Reiz auf die Sinne, sinnlicher Reiz); **sinn_ent|leert, ...ent|stel|lend** (↑R 209); **Sin|nen|welt** *die;* -; **Sin|ner|gän|zung; Sin|nes_än|de-rung, ...art, ...ein|druck, ...or-gan, ...reiz** (Reiz, der auf ein Sinnesorgan einwirkt), **...stö|rung, ...täu|schung, ...wahr|neh|mung, ...wan|del, ...zel|le; sinn|fäl|lig; Sinn_fäl|lig|keit** (*die;* -), **...ge-bung, ...ge|dicht, ...ge|halt** *der;*

sinn|ge|mäß; -este; sin|nie|ren (ugs. für: in Nachdenken versunken sein); Sin|nie|rer; sin|nig; ein -er Brauch; sin|ni|ger|wei|se; Sin|nig|keit die; -; Sinn|kopp|lung; sinn|lich; Sinn|lich|keit die; -; sinn|los; -este; Sinn|lo|sig|keit; sinn|reich; eine -e Deutung; Sinn|spruch; sinn_ver|wandt, ...ver|wir|rend, ...voll, ..wid|rig; Sinn_wid|rig|keit, ...zu|sam|men|hang

Si|no|lo|ge der; -n, -n (↑R 197) ⟨griech.⟩ (Chinakundiger, bes. Lehrer u. Erforscher der chin. Sprache); Si|no|lo|gie die; -; si|no|lo|gisch

sin|te|mal (veralt. für: da, weil); in altertümelnder Sprache: - und alldieweil

Sin|ter der; -s, - (mineral. Ablagerung aus Quellen); Sin|ter|glas; sin|tern ([durch]sickern; Sinter bilden; auch: erhitzen [von sand- od. pulverförmigen Metallen od. keramischen Massen]); Sin|ter|ter|ras|se

Sint|flut („allgemeine, dauernde Flut"); vgl. Sündflut

Sin|to der; -, ...ti (meist Plur.) ⟨Zigeunersprache⟩ (deutschstämmiger Zigeuner)

Si|nus der; -, - [sinuß] u. -se ⟨lat.⟩ (Med.: Ausbuchtung, Hohlraum, bes. in Schädelknochen; Math.: Winkelfunktion im rechtwinkligen Dreieck, die das Verhältnis der Gegenkathete zur Hypotenuse darstellt; Zeichen: sin); Si|nu|si|tis die; -, ...iti|den (Med.: Entzündung der Nasennebenhöhle); Si|nus_kur|ve, ...schwin|gung

Si|on vgl. Zion

Si|oux [siukß] der; -, - (Angehöriger einer Sprachfamilie der nordamerik. Indianer)

Si|pho der; -s, ...onen ⟨griech.⟩ (Atemröhre der Schnecken, Muscheln u. Tintenfische); Si|phon [sifong, österr.: sifon] der; -s, -s (Geruchsverschluß bei Wasserausgüssen; Getränkegefäß, bei dem die Flüssigkeit durch Kohlensäure herausgedrückt wird; österr. ugs. für: Sodawasser); Si|pho|no|pho|re die; -, -n (meist Plur.) ⟨griech.⟩ (Staats- od. Röhrenqualle); Si|phon|ver|schluß (Geruchsverschluß)

Sip|pe die; -, -n; Sip|pen_for|schung, ...haf|tung, ...kun|de (die; -); sip|pen|kund|lich; Sip|pen|ver|band; Sipp|schaft (abschätzig)

Sir [ßö̈r] der; -s, -s ⟨engl.⟩ (engl. Anrede [ohne Namen]: „Herr"; vor Vorn.: engl. Adelstitel)

Si|rach (bibl. m. Eigenn.); vgl. Jesus Sirach

Sire [ßir] ⟨franz.⟩ (Anrede an einen Monarchen)

Si|re|ne die; -, -n ⟨griech.⟩ (Meerwesen der griech. Sage [meist Plur.]; übertr. für: Verführerin; eine Seekuh; Nebelhorn, Warngerät); Si|re|nen_ge|heul, ...ge|sang; si|re|nen|haft; -este (verführerisch); Si|re|nen|pro|be

Si|ri|us der; - ⟨griech.⟩ (ein Stern); si|ri|us|fern

Sir|rah die; - ⟨arab.⟩ (ein Stern)

sir|ren (hell klingen[d surren])

Sir|ta|ki der; - ⟨griech.⟩ (ein griech. Volkstanz)

Si|rup der; -s, -e ⟨arab.⟩ (dickflüssiger Zuckerrübenauszug; Lösung aus Zucker u. Fruchtsaft)

Si|sal der; -s; Si|sal|hanf; ↑R 149 (nach der mexik. Stadt Sisal) (Faser aus Agavenblättern)

si|stie|ren (lat.) ([Verfahren] einstellen; jmdn. zur Feststellung seiner Personalien auf die Polizeiwache bringen); Si|stie|rung

Si|strum das; -s, Sistren ⟨griech.⟩ (Rasselinstrument der alten Ägypter)

Si|sy|phos ⟨griech.⟩; vgl. Sisyphus; Si|sy|phus (Gestalt der griech. Sage); Si|sy|phus|ar|beit; ↑R 135 (vergebliche Arbeit)

Si|tar der; -[s], -[s] ⟨iran.⟩ (Gitarreninstrument)

Sit-in [ßi...] das; -[s], -s ⟨amerik.⟩ (Sitzstreik)

Si|ta (Kurzform von: Sidonie)

Sit|te die; -, -n

Sit|ten (Hptst. des Kantons Wallis)

Sit|ten_de|zer|nat, ...ge|mäl|de, ...ge|schich|te (die; -), ...ge|setz, ...ko|dex, ...leh|re; sit|ten|los; -este; Sit|ten|lo|sig|keit; Sit|ten|po|li|zei; sit|ten|rein; Sit|ten_rich|ter, ...schil|de|rung; sit|ten|streng; Sit|ten_stren|ge, ...strolch, ...ver|derb|nis; sit|ten|wid|rig

Sit|tich der; -s, -e (ein Papagei)

sit|tig (veralt.); sitt|lich; -e Forderung; -er Maßstab; -er Wert; Sitt|lich|keit die; -; Sitt|lich|keits_de|likt, ...ver|bre|chen; sitt|sam; Sitt|sam|keit die; -

Si|tu|a|ti|on [...zion] die; -, -en ⟨lat.⟩ ↑R 180 ([Sach]lage, Stellung, Zustand); Si|tu|a|ti|ons_ethik, ...ko|mik, ...plan (Lageplan; vgl. ²Plan), ...stück; si|tu|a|tiv; ↑R 180 (durch die Situation bedingt); si|tu|ie|ren (franz.) (in einen Zusammenhang stellen; einbetten); Si|tu|la die; -, ...ulen ⟨lat.⟩ (bronzezeitl. Eimer)

Si|tus der; -, - [situß] ⟨lat.⟩ (Med.: Lage [von Organen]); in situ (lat.) (man verzeihe das Wort!; Abk.: s. v. v.)

Sitz der; -es, -e; Sitz_bad, ...ecke [Trenn.: ...ek|ke]; sit|zen; du sitzt (sitzest), er sitzt; du saßest, er saß; du säßest; gesessen; sitz[e]!; ich habe (südd.: bin) gesessen; einen - haben (ugs. für: betrunken sein); ich habe den Vorwurf nicht auf mir sitzen lassen (nicht unwidersprochen gelassen); (↑R 68:) ich bin noch nicht zum Sitzen gekommen; sit|zen|blei|ben; ↑R 205 f. (ugs. für: in der Schule nicht versetzt werden; nicht geheiratet werden); auf etwas - (ugs. für: etwas nicht verkaufen); ich bleibe sitzen, sitzengeblieben; sitzenzubleiben; aber: er soll auf seinem Platz sitzen bleiben; Sit|zen|blei|ber; sit|zend; -e Lebensweise; sit|zen|las|sen; ↑R 205 f. (ugs. für: in der Schule nicht versetzen; im Stich lassen); ich lasse sitzen; ich habe ihn sitzenlassen, (seltener:) sitzengelassen; sitzenzulassen, ...sit|zer (z. B. Zweisitzer); Sitz_flä|che, ...fleisch (ugs.), ...ge|le|gen|heit, ...grup|pe; ...sit|zig (z. B. viersitzig); Sitz_kis|sen, ...ord|nung, ...platz, ...rie|se (ugs. scherzh. für: jmd. mit kurzen Beinen u. langem Oberkörper), ...stan|ge, ...streik; Sit|zung; Sit|zungs_be|richt, ...geld, ...saal, ...zim|mer

Si|wa|h| die; - (eine Oase)

Six! = meiner Six! (veraltete Beteuerung: meiner Seel!)

Six|ti|na die; - (nach Papst Sixtus IV.) (Kapelle im Vatikan); six|ti|nisch, aber (↑R 134): Six|ti|nisch; -e Kapelle, -e Madonna; Six|tus (m. Vorn.)

Si|zi|lia|ne die; -, -n ⟨ital.⟩ (eine Versform); Si|zi|lia|ner, Si|zi|li|er [...iⁱr] (Bewohner von Sizilien); si|zi|lia|nisch, si|zi|lisch, aber (↑R 157): Sizilianische Vesper (Volksaufstand in Palermo während der Ostermontagsvesper 1282); Si|zi|li|en [...iⁱn] (südital. Insel); Si|zi|li|en|ne [...liän] die; - ⟨franz.⟩ (svw. Eolienne); Si|zi|li|er vgl. Sizilianer; si|zi|lisch vgl. sizilianisch

SJ = Societatis Jesu [sozi-e...] ⟨lat.⟩ („von der Gesellschaft Jesu", d. h. Jesuit); vgl. Societas Jesu

SK = Segerkegel

Ska|bi|es [...biäß] die; - ⟨lat.⟩ (Med.: Krätze); ska|bi|ös (krätzig); Ska|bio|se die; -, -n (eine Wiesenblume)

Ska|ger|rak das od. der; -s (Meeresteil zwischen Norwegen u. Jütland)

skål! [ßkol] ⟨skand.⟩ (skand. für: prost!, zum Wohl!)

Ska|la die; -, ...len u. -s ⟨ital.⟩

("Treppe"; Maßeinteilung [an Meßgeräten]; Tonleiter); vgl. Skale u. Scala; Ska|la|hö|he; ska|lar (Math.: durch reelle Zahlen bestimmt); Ska|lar der; -s, -e (Math.: durch einen reellen Zahlenwert bestimmte Größe; Zool.: ein Buntbarsch)

Skal|de der; -n, -n (↑R 197) ⟨altnord.⟩ (altnord. Dichter u. Sänger); Skal|den|dich|tung; skal|disch

Ska|le die; -, -n (in der Bedeutung „Maßeinteilung" bes. fachspr. eindeutschend für: Skala)

Ska|le|no|e|der das; -s, - ⟨griech.⟩ (Kristallform mit 12 ungleichseitigen Dreiecken als Oberfläche)

Ska|len|zei|ger

Skalp der; -s, -e ⟨skand.-engl.⟩ (früher bei den Indianern: abgezogene Kopfhaut des Gegners als Siegeszeichen)

Skall|pell das; -s, -e ⟨lat.⟩ ([kleines chirurg.] Messer [mit feststehender Klinge])

skal|pie|ren ⟨skand.-engl.⟩ (den Skalp nehmen)

Skan|dal der; -s, -e ⟨griech.⟩ (Ärgernis; Aufsehen; Lärm); Skan|dal|ge|schich|te; skan|da|li|sie|ren (veralt. für: lärmen); skan|da|li|sie|ren (veralt. für: Ärgernis geben, Anstoß nehmen); sich über etwas - (an etwas Ärgernis nehmen); skan|da|lös; -este (ärgerlich; anstößig; unerhört); skan|dal_süch|tig, ...um|wit|tert

skan|die|ren ⟨lat.⟩ (taktmäßig nach Versfüßen lesen)

Skan|di|na|vi|en [...wi^en]; Skan|di|na|vi|er [...wi^er]; Skan|di|na|vie|rin die; -, -nen; skan|di|na|visch [...wisch], aber (↑R 146): die Skandinavische Halbinsel

Skal|po|lith der; -s od. -en, -e[n] (↑R 197) ⟨lat.; griech.⟩ (ein Mineral)

Skal|pul|lier das; -s, -e ⟨lat.⟩ (bei der Mönchstracht Überwurf über Brust u. Rücken)

Ska|ra|bä|en|gem|me; Ska|ra|bä|us der; -, ...äen ⟨griech.⟩ (Pillendreher, Mistkäfer des Mittelmeergebietes; altägypt. geschnittener Siegelstein mit Nachbildung des Mistkäfers)

Ska|ra|muz der; -es, -e ⟨ital.⟩ (Gestalt des ital. Lustspiels; prahlerischer Soldat)

Skarn der; -s, -e ⟨schwed.⟩ (Geol.: Lagerstätte mit Eisen u. Edelmetallen)

skar|tie|ren ⟨ital.⟩ (österr. Amtsdt. für: alte Akten u.a. ausscheiden); Skat der; -[e]s, -e u. -s (ein Kartenspiel; zwei verdeckt liegende Karten beim Skatspiel); Skat|bru|der (ugs.)

Skate|board [βkĕ'tbå'd] das; -s, -s

⟨engl.⟩ (Rollerbrett für Spiel u. Sport); Skate|boar|der (Rollerbrettfahrer)

ska|ten (ugs. für: Skat spielen); Ska|ter (ugs. für: Skatspieler)

Ska|tol das; -s ⟨griech.; lat.⟩ (eine chem. Verbindung); Ska|to|pha|ge usw. vgl. Koprophage usw.

Skat_par|tie, ...run|de, ...spiel, ...spie|ler, ...tur|nier

Skeet|schie|ßen [βkit...] das; -s ⟨engl.; dt.⟩ (Wurftaubenschießen mit Schrotgewehren)

Skel|lett ⟨griech.⟩ (teilweise noch im med. Fachschrifttum gebrauchte Nebenform von: ¹Skelett); Skel|le|ton [βkăl't^en] das; -s, -s ⟨engl.⟩ (niedriger Sportrennschlitten); ¹Skel|lett das; -[e]s, -e ⟨griech.⟩ (Knochengerüst, Gerippe; Rahmen; in Zusammensetzungen: Ripp[en]...); ²Skel|lett die; - (eine Schrift[art]); Skel|lett_bau (Plur. ...bauten; Gerüst-, Gerippebau), ...bau|wei|se, ...bo|den (Geol.), ...form; ske|let|tie|ren (das Skelett bloßlegen)

Skep|sis die; - ⟨griech.⟩ (Zweifel, Bedenken; Zurückhaltung; Ungläubigkeit); Skep|ti|ker (mißtrauischer Mensch; Zweifler); skep|tisch (zum Zweifel neigend; mißtrauisch; kühl u. streng prüfend; -ste; Skep|ti|zis|mus der; - (Zweifel [an der Möglichkeit sicheren Wissens]; skeptische Haltung)

Sketch [βkätsch] der; -[es], -e[s] od. -s ⟨engl.⟩ ("Skizze"; kurze, effektvolle Bühnenszene im Kabarett od. Varieté); Sketsch der; -[e]s, -e (eindeutschende Schreibung für: Sketch)

Ski [schi], Schi der; -s, -er (auch: -) ⟨norw.⟩ (ein Wintersportgerät); (↑R 207:) - fahren, - laufen; (↑R 32:) Ski und eislaufen, aber: eis- und Ski laufen; Ski Heil! (↑R 206)

Skia|gra|phie die; -, -ien ⟨griech.⟩ (Schattenmalerei auf Gemälden) Ski|a|kro|bal|tik, Schi|akro|bal|tik

Skia|sko|pie die; -, ...ien ⟨griech.⟩ (Med.: Verfahren zur Feststellung von Brechungsfehlern des Auges)

Ski|bob [schi...], Schi|bob (lenkbarer, einkufiger Schlitten); Ski|fah|rer, Schi|fah|rer

Skiff das; -[e]s, -e ⟨engl.⟩ (Sport: nord. Einmannruderboot)

Ski|flie|gen [schi...], Schi|flie|gen das; -s; Ski|flug, Schi|flug; Ski|fu|ni der; -, -s ⟨norw.; roman.⟩ (schweiz. für: großer Schlitten, der im Pendelbetrieb [Drahtseilbahnprinzip] Skifahrer bergaufwärts befördert); Ski|gym|na|stik, Schi|gym|na|stik; Ski|ha|serl, Schi|ha|serl das; -s, -[n] (ugs.

für: Anfänger[in] im Skilaufen); Ski|kjö|ring [schijöring], Schikjö|ring das; -s, -s ⟨norw.⟩ (Skilauf mit Pferde- od. Motorradvorspann); Ski|kurs, Schi|kurs; Ski|lauf, Schi|lauf; Ski|lau|fen, Schi|lau|fen das; -s; Ski|läu|fer, Schi|läu|fer; Ski|läu|fe|rin, Schi|läu|fe|rin; Ski|leh|rer, Schi|leh|rer; Ski|lift, Schi|lift

Skin|head [βkinhäd] der; -s, -s ⟨engl.⟩ ([zur Gewalttätigkeit neigender] Jugendlicher mit kahlgeschorenem Kopf)

Skink der; -[e]s, -e ⟨griech.⟩ (Glattod. Wühlechse)

Ski|no|lid Ⓦ das; -s; -[e]s (ein lederähnlicher Kunststoff)

Ski|pi|ste [schi...], Schi|pi|ste

Skip|per ⟨engl.⟩ (Kapitän eines mittelgroßen [Sport]bootes)

Ski|sport [schi...], Schi|sport der; -[e]s; Ski|sprin|ger, Schi|springer; Ski|sprung, Schi|sprung; Ski|spur, Schi|spur; Ski|stock, Schi|stock (Plur. ...stöcke); Ski|wachs, Schi|wachs

Skiz|ze die; -, -n ⟨ital.⟩ ([erster] Entwurf; flüchtige Zeichnung; kleine Geschichte); Skiz|zen_block (vgl. Block), ...buch; skiz|zen|haft; skiz|zie|ren (entwerfen; andeuten); Skiz|zie|rer; Skizzier|pa|pier; Skiz|zie|rung

Skla|ve [...w^e, auch: ...f^e] der;-n, -n (↑R 197) ⟨slaw.⟩ (Leibeigener; unfreier, entrechteter Mensch); Skla|ven|ar|beit; skla|ven|ar|tig; Skla|ven_hal|ter, ...händ|ler, ...markt, ...tum (das;-s); Skla|ve|rei; Skla|vin die; -, -nen; skla|visch; -ste; -er Gehorsam

Skle|ra die; -, ...ren ⟨griech.⟩ (Med.: Lederhaut des Auges)

Skle|ri|tis die; -, ...itiden (Med.: Entzündung der Lederhaut des Auges); Skle|ro|der|mie die; -, ...ien (krankhafte Hautverhärtung); Skle|ro|me|ter das; -s, - (Härtemesser [bei Kristallen]); Skle|ro|se die; -, -n (Med.: Verkalkung, krankhafte Verhärtung von Geweben u. Organen); skle|ro|tisch (verhärtet)

Sko|llex der; -, -, ...lizes [βkŏlizeß] ⟨griech.⟩ (Bandwurmkopf)

Sko|li|on [auch: βkŏ...] das; -s, ...ien [...i^en] ⟨griech.⟩ (altgriech. Tischlied, Einzelgesang beim Gelage)

Sko|lio|se die; -, -n ⟨griech.⟩ (Med.: seitliche Verkrümmung der Wirbelsäule)

Sko|lo|pen|der der; -s, - ⟨griech.⟩ (trop. Tausendfüßer)

skon|tie|ren ⟨ital.⟩ (Skonto gewähren); Skon|to der od. das; -s, -s, selten auch: ...ti ([Zahlungs]abzug, Nachlaß [bei Barzahlung])

Skon|tra|ti|on [...zion] die; -, -en

⟨ital.⟩ (Wirtschaft: Fortschreibung, Bestandsermittlung von Waren durch Eintragung der Zu- und Abgänge); **skon|trie|ren**; **Skon|tro** *das;* -s, ...ren (Nebenbuch der Buchhaltung zur tägl. Ermittlung von Bestandsmengen); **Skon|tro|buch**

Skoo|ter [*ßkuːtʳr*] *der;* -s, - ⟨engl.⟩ ([elektr.] Kleinauto auf Jahrmärkten)

Skop *der;* -s, -s ⟨angels.⟩ (hist.: Dichter u. Sänger in der Gefolgschaft eines angelsächsischen Fürsten)

Skop|ze *der;* -n, -n ⟨↑ R 197⟩ ⟨russ.⟩ (Angehöriger einer schwärmerischen russ. Sekte)

Skor|but *der;* -[e]s ⟨mlat.⟩ (Krankheit durch Mangel an Vitamin C); **skor|bu|tisch**

Skor|da|tur vgl. Scordatura

sko|ren ⟨engl.⟩ (österr. Sportspr. für: ins Tor schießen)

Skor|pi|on *der;* -s, -e ⟨griech.⟩ (ein Spinnentier; nur *Sing.:* ein Sternbild)

Skol|te *der;* -n, -n; ↑ R 197 (Angehöriger eines alten ir. Volksstammes in Schottland)

Skol|tom *das;* -s, -e ⟨griech.⟩ (Med.: dunkler Fleck vor dem Auge)

skr = schwedische Krone

Skri|bent *der;* -en, -en ⟨↑ R 197⟩ ⟨lat.⟩ (Schreiberling; Vielschreiber); **Skri|bi|fax** *der;* -[es], -e (selten für: Skribent); **Skript** *das;* -[e]s, -en u. (für Drehbuch meist:) -s ⟨engl.⟩ (schriftl. Ausarbeitung; Nachschrift einer Hochschulvorlesung; auch, österr. nur für: Drehbuch); **Skript|girl** [...*göːʳl*] *das;* -s, -s (Filmateliersekretärin, die die Einstellung für jede Aufnahme einträgt); **Skrip|tum** *das;* -s, ...ten u. ...ta ⟨lat.⟩ (älter, noch bes. österr. für: Skript)

Skro|fel, Skro|fu|lo|se *die;* -, -n ⟨lat.⟩ (Med.: Haut- u. Lymphknotenerkrankung bei Kindern); **skro|fu|lös**; -este

skro|tal ⟨lat.⟩ (zum Hodensack gehörend); **Skro|tal|bruch** *der;* **Skro|tum** *das;* -s, ...ta (Med.: Hodensack)

Skrub|ber [*ßkrab°r*] *der;* -s, - ⟨engl.⟩ (Waschturm zur Gasreinigung)

Skrubs [*ßkrapß*] *Plur.* ⟨engl.⟩ (minderwertige Tabakblätter)

¹**Skru|pel** *das;* -s, - ⟨lat.⟩ (altes Apothekergewicht); ²**Skru|pel** *der;* -s, -; meist *Plur.* (Zweifel, Bedenken; Gewissensbiß); **skru|pel|los**; -este; **Skru|pel|lo|sig|keit**; **skru|pu|lös**; -este (veralt. für: ängstlich; peinlich genau)

Skuld (nord. Mythol.: Norne der Zukunft)

Skull *das;* -s, -s ⟨engl.⟩ (Ruder);

Skull|boot; **skul|len** (rudern); **Skul|ler** (Sportruderer)

skulp|tie|ren ⟨lat.⟩ (ausmeißeln); **Skulp|tur** *die;* -, -en (plastisches Bildwerk; nur *Sing.:* Bildhauerkunst); **Skulp|tu|ren|samm|lung**

¹**Skunk** *der;* -s, -e od. -s ⟨indian.-engl.⟩ (Stinktier); ²**Skunk** *der;* -s, -s (meist *Plur.;* Pelz des Stinktiers)

Skup|schti|na *die;* -, -s ⟨serbokroat.⟩ (jugoslaw. Parlament)

skur|ril ⟨etrusk.-lat.⟩ (verschroben, eigenwillig; drollig); **Skur|ri|li|tät** *die;* -, -en

S-Kur|ve (↑ R 37)

Skus *der;* -, - ⟨franz.⟩ (Trumpfkarte im Tarockspiel)

Sku|ta|ri (albanische Stadt); **Sku|ta|ri|see** *der;* -s

Skye|ter|ri|er [*ßkaiteriʳr*] ⟨engl.⟩ (Hund einer bestimmten Rasse)

Skylab [*ßkailäb*] ⟨engl.⟩ (Name einer amerik. Raumstation)

Skylight [*ßkailait*] *das;* -s, -s ⟨engl.⟩ (Seemannsspr.: Oberlicht [auf Schiffen]); **Skyline** [*ßkailain*] *die;* -, -s (Horizont[linie], Kontur)

Skyl|la (griech. Form von: Szylla)

Skythe *der;* -n, -n; ↑ R 197 (Angehöriger eines alten nordiran. Reitervolkes); **Skyth|ien** [...*iʳn*] (Land); **sky|thisch**

s. l. = sine loco

Sla|lom *der;* -s, -s ⟨norw.⟩ (Ski- u. Kanusport: Torlauf; auch übertr. für: Zickzacklauf, -fahrt); **Sla|lom_kurs, ...lauf, ...läu|fer**

Slang [*ßläng*] *der;* -s, -s ⟨engl.⟩ (saloppe Umgangssprache; Jargon)

S-Laut (↑ R 37)

Slap|stick [*ßläpßtik*] *der;* -s, -s ⟨engl.⟩ (grotesk-komischer Gag vor allem im [Stumm]film)

Sla|ve [...*wʳ*] usw. vgl. Slawe usw.; **Sla|we** *der;* -n, -n ⟨↑ R 197⟩ ⟨slaw.⟩; **Sla|wen|tum** *das;* -s; **Sla|win** *die;* -, -nen; **sla|wisch**; **sla|wi|sie|ren** (slawisch machen); **Sla|wis|mus** *der;* -, ...men (slaw. Spracheigentümlichkeit in einer nichtslaw. Sprache); **Sla|wist** *der;* -en, -en; ↑ R 197 (Kenner u. Erforscher des Slawischen); **Sla|wi|stik** *die;* -; **sla|wi|stisch**; **Sla|wo|ni|en** [...*iʳn*] (Gebiet in Kroatien); **Sla|wo|ni|er** [...*iʳr*]; **sla|wo|nisch**; **Sla|wo|phi|le** *der* u. *die;* -n, -n (↑ R 7 ff.) ⟨slaw.; griech.⟩ (Slawenfreund)

s. l. e. a. = sine loco et anno

Sleip|nir ⟨altnord.⟩ (nord. Mythol.: das achtbeinige Pferd Odins)

Sle|vogt (dt. Maler u. Graphiker)

Sli|bo|witz, Sli|wo|witz *der;* -[es], -e ⟨serbokroat.⟩ (Pflaumenbranntwein)

Slice [*ßlaiß*] *der;* -, -s [...*ßis*] ⟨engl.⟩ (bestimmter Schlag beim Golf u. Tennis)

Slick *der;* -s, -s ⟨engl.⟩ (breiter Rennreifen ohne Profil)

Sli|ding-tack|ling [*ßlaidingtäk...*] vgl. Tackling

Sling|pumps [...*pömpß*] *der;* -, - ⟨engl.⟩ (Pumps, der über der Ferse mit einem Riemchen gehalten wird)

Slip *der;* -s, -s ⟨engl.⟩ (schiefe Ebene in einer Werft für den Stapellauf eines Schiffes; Unterhöschen; Technik: Vortriebsverlust); **Sli|pon** *der;* -s, -s (Herrensportmantel mit Raglanärmeln); **Slip|per** *der;* -s, -[s] (Schlupfschuh mit niedrigem Absatz)

Sli|wo|witz vgl. Slibowitz

Slo|gan [*ßloˮgᵉn*] *der;* -s, -s ⟨gälisch-engl.⟩ ([Werbe]schlagwort)

Sloop [*ßlup*] vgl. Slup

Slop *der;* -s, -s ⟨engl.-amerik.⟩ (ein Modetanz)

Slo|wa|ke *der;* -n, -n; ↑ R 197 (Angehöriger eines westslaw. Volkes); **Slo|wa|kei** *die;* - (östl. Teil der Tschechoslowakei); **slo|wa|kisch**; -e Literatur, aber (↑ R 146): Slowakisches Erzgebirge; **Slo|wa|kisch** *das;* -[s] (Sprache); vgl. Deutsch; **Slo|wa|ki|sche** *das;* -n; vgl. Deutsche *das;* **Slo|we|ne** *der;* -n, -n; ↑ R 197 (Angehöriger eines südslaw. Volkes); **Slo|we|ni|en** [...*iʳn*]; **Slo|we|ni|er** [...*iʳr*] (Slowene); **slo|we|nisch**; **Slo|we|nisch** *das;* -[s] (Sprache); vgl. Deutsch; **Slo|we|ni|sche** *das;* -n; vgl. Deutsche *das*

Slow|fox [*ßloˮ...*] *der;* -[es], -e ⟨engl.⟩ (ein Tanz)

Slum [*ßlam*] *der;* -s, -s; meist *Plur.* ⟨engl.⟩ (Elendsviertel)

Slup *die;* -, -s ⟨engl.⟩ (Küstenschiff, Segeljacht)

sm = Seemeile

Sm = chem. Zeichen für: Samarium

S. M. = Seine Majestät

Small talk [*ßmäl tåk*] *der,* auch: *das;* - -s, - - -s ⟨engl.⟩ (beiläufige Konversation)

Smal|te vgl. Schmalte

Smal|ragd *der;* -[e]s, -e ⟨griech.⟩ (ein Edelstein); **Smal|ragd|lei|dech|se**; **smal|rag|den** (aus Smaragd; grün wie ein Smaragd); **smal|ragd|grün**

smart [auch: *ßmart*] ⟨engl.⟩ (gewandt; gerieben; schneidig)

Sme|ta|na (tschech. Komponist)

SM-Ofen = Siemens-Martin-Ofen

Smog *der;* -[s], -s ⟨engl.⟩ (mit Abgasen, Rauch u. a. gemischter Dunst od. Nebel über Industriestädten); **Smog|alarm**

Smok|ar|beit (Stickerei mit Fältelung des Stoffes); smo|ken (Stoff fälteln u. besticken); gesmokt

Smo|king der; -s, -s ⟨engl.⟩ (Gesellschaftsanzug mit seidenen Revers für Herren)

Smo|lensk (sowjet. Stadt)

Smör|re|bröd das; -s, -s ⟨dän.⟩ (reich belegtes Brot)

smor|zan|do ⟨ital.⟩ (Musik: immer schwächer werdend); Smor|zan|do das; -s, -s u. ...di

Smut|je der; -s, -s (Seemannsspr.: Schiffskoch)

SMV = Schülermitverwaltung

Smyr|na [βmúrna] (türk. Stadt; heutiger Name: Izmir); Smyr|na|er; ↑ R 147 (auch: ein Teppich); smyr|na|isch; Smyr|na|tep|pich

Sn = Stannum (chem. Zeichen für: Zinn)

Snack [βnäk] der; -s, -s ⟨engl.⟩ (Imbiß); Snack|bar [βnäk...] die ⟨engl. Bez. für: Imbißstube)

Snee|witt|chen (niederd. für: Schneewittchen)

snif|fen ⟨engl.⟩ (ugs. für: [Dämpfe von Klebstoff u. a.] einatmen)

Snob der; -s, -s ⟨engl.⟩ (vornehm tuender, eingebildeter Mensch, Geck); Sno|bie|ty [...bái'ti] die; - (abwertend: vornehm tuende Gesellschaft); Sno|bis|mus der; -, ...men; sno|bi|stisch; -ste

so; - sein, - werden, - bleiben; so ein Mann; so einer, so eine, so ein[e]s; so etwas (ugs.: so was); so daß (vgl. d.); so schnell wie od. als möglich; die Meisterschaft war so gut wie gewonnen; so gegen acht Uhr; so wahr mir Gott helfe. Über Getrennt- oder Zusammenschreibung in sobald, sofern, sogleich, -soso usw. vgl. die einzelnen Stichwörter

SO = Südost[en]

s. o. = sieh[e] oben!

Soal|res [βuárisch] (port. Politiker); ↑ R 180; vgl. aber: ²Suárez

soal|ve [...we] ⟨ital.⟩ (Musik: lieblich, sanft, angenehm, süß)

so|bald; Konj.: sobald er kam, aber (Adverb): er kam so bald nicht, wie wir erwartet hatten; komme so bald (so früh) wie od. als möglich

So|brie|tät [...i-e...] die; - ⟨lat.⟩ (veralt. für: Mäßigkeit)

So|cie|tas Je|su [sozi-e... -] die; - - (lat. Gen.: Societatis Jesu) ⟨lat.⟩ („Gesellschaft Jesu", der Orden der Jesuiten; Abk.: SJ); So|cie|tas Ver|bi Di|vi|ni [- wärbi diwini] die; - - - („Gesellschaft des Göttlichen Wortes"; kath. Missionsgesellschaft von Steyl an der niederl. Provinz Limburg; Abk.: SVD)

Söck|chen; Socke¹ die; -, -n

---
¹ Trenn.: ...k|k...

⟨griech.⟩; Sockel¹ der; -s, - (unterer Mauervorsprung; Unterbau, Fußgestell, z. B. für Statuen); Sockel¹_be|trag (bei Lohnerhöhungen), ...ge|schoß (Souterrain); Socken¹ der; -s, - (landsch. für: Socke); Socken|hal|ter¹

Sod der; -[e]s, -e (veralt. für: Sieden; Sodbrennen)

Sol|da die; - u. das; -s ⟨span.⟩ (Natriumkarbonat; nur das; -: Sodawasser)

Sol|da|le der; -n, -n (↑ R 197) ⟨lat.⟩ (Mitglied einer kath. Sodalität); Sol|da|li|tät die; -, -en (kath. Genossenschaft, Bruderschaft)

Sol|da|lith der; -s, -e ⟨span.; griech.⟩ (ein Mineral)

so|dann

so daß (österr.: sodaß); er arbeitete Tag und Nacht, so daß er krank wurde, aber: er arbeitete so, daß er krank wurde

Sol|da|was|ser (Plur. ...wässer; kohlensäurehaltiges Mineralwasser)

Sol|bren|nen das; -s (bei Magenkrankheit); Sol|brun|nen (schweiz. neben: Ziehbrunnen)

Solle der; -, -n (Rasenstück; tiegelsteingroßes Stechtorfstück; veralt für: Salzsiederei)

Soldom (bibl. Stadt); - u. Gomorrha (Symbol der Sünde u. der Lasterhaftigkeit); vgl. Gomorrha; Soldo|mie die; -, ...ien ⟨nlat.⟩ (Geschlechtsverkehr mit Tieren; auch für: Päderastie); Sol|do|mit der; -en, -en; ↑ R 197 (Einwohner von Sodom; Sodomie Treibender); so|do|mi|tisch; Sol|doms|ap|fel (Gallapfel, ein Gerbemittel)

so|eben (vor einem Augenblick); er kam soeben; aber: so eben (gerade) noch; erst ist so eben dem Unglück entgangen

Soest [βóßt] (Stadt in Nordrhein-Westfalen); Soel|ster (↑ R 147); - Börde (Landstrich)

Sol|fa das; -s, -s ⟨arab.⟩; Sol|fa_ecke [Trenn.: ...ek|ke] (↑ R 36), ...kis|sen

sol|fern (falls); sol|fern er seine Pflicht getan hat, ..., aber: die Sache liegt mir so fern, daß ...

Soff der; -[e]s (Nebenform von: Suff); Söf|fel, Söf|fer der; -s, - (landsch. für: Trinker)

Sof|fit|te die; -, -n (meist Plur.) ⟨ital.⟩ (Deckendekorationsstück einer Bühne); Sof|fit|ten|lam|pe

Sol|fia [auch: so...] (Hptst. Bulgariens); Sol|fia|er [...a'r] u. Sol|fio|ter (↑ R 147, ↑ R 180); Sol|fie [auch: so...] vgl. Sophia; Sol|fio|ter vgl. Sofiaer

so|fort (in [sehr] kurzer Zeit [erfolgend], auf der Stelle); er soll so-

---
¹ Trenn.: ...k|k...

fort kommen; aber: immer so fort (immer so weiter); Sol|fort|bild|ka|me|ra; Sol|fort|hil|fe; Sol|fort|hil|fe|ge|setz; so|for|tig; Sol|fort|maß|nah|me

Soft Drink [βoft -] der; - -s, - -s ⟨engl.⟩ (alkoholfreies Getränk); Soft-Eis das; -es (sahniges Weicheis); drei -; Soft|tie der; -s, -s (ugs. für: Mann von sanftem, zärtlichem Wesen); Soft Rock der; - -[s] (leisere, melodischere Form der Rockmusik); Soft|ware [...."ä'] die; -, -s ⟨engl.⟩ (Datenverarbeitung: die nichtapparativen [„weichen"] Bestandteile der Anlage; Ggs.: Hardware)

Sog der; -[e]s, -e (unter landwärts gerichteten Wellen seewärts ziehender Meeresstrom; saugende Luftströmung)

sog. = sogenannt

so|gar (noch darüber hinaus); er kam sogar zu mir nach Hause; aber: er hat so gar kein Vertrauen zu mir

so|ge|nannt (Abk.: sog.); die sogenannten schnellen Brüter, aber (↑ R 209): der fälschlich so genannte ...

sog|gen (vom Salz in der verdampfenden Sole: sich in Kristallform niederschlagen)

so|gleich (sofort); er soll sogleich kommen; aber: sie sind sich alle so gleich, daß ...; so|hin (Amtsdt. veralt. für: somit, also), aber: er sagte es nur so hin (ohne besonderen Nachdruck)

Sohl|bank (Plur. ...bänke; Fensterbank); Sohl|le die; -, -n ⟨lat.⟩ (Fuß-, Talsohle; Bergmannsspr.: untere Begrenzungsfläche einer Strecke; landsch. auch für: Lüge); soh|len (landsch. auch für: lügen); Sohl|len|durch|näh|ma|schi|ne; Sohl|len|gän|ger (Gruppe der Säugetiere); Sohl|len|le|der, Sohl|le|der; ...sohl|lig (z. B. doppelsohlig); söh|lig (Bergmannsspr.: waagerecht); Sohl|le|der, Sohl|len|le|der

Sohn der; -[e]s, Söhne; Söhn|chen, Söhn|lein; Sohn|ne|mann (fam.); Söhn|lein, Söhn|chen; Sohn|nes_lie|be, ...pflicht

sohr (niederd. für: dürr, welk)

Sohr der; -s (niederd. für: Sodbrennen)

¹Söh|re die; - (Teil des Hessischen Berglandes)

²Söh|re der; - (niederd. für: Dürre); söh|ren (niederd. für: verdorren)

soi|gniert [βoanjirt]; -este ⟨franz.⟩ (gepflegt)

Soi|ree [βoare] die; -, ...re|en ⟨franz.⟩ (Abendgesellschaft)

Sol|ja die; -, ...jen ⟨jap.-niederl.⟩ (eiweiß- u. fetthaltige Nutzpflanze); So|ja_boh|ne, ...mehl, ...öl (*das;* -[e]s), ...so|ße

So|jus ("Bund, Bündnis"; Bez. für eine sowjetruss. Raumschiffserie)

So|kra|tes (griech. Philosoph); So|kra|tik *die;* - ⟨griech.⟩ (Lehrart des Sokrates); So|kra|ti|ker (Schüler des Sokrates; Verfechter der Lehre des Sokrates); so|kra|tisch; -e Lehrart, aber ⟨↑ R 134⟩: So|kra|tisch; -e Lehre

¹Sol (röm. Sonnengott); ²Sol *der;* -[s], -[s] (span.) (peruan. Münzeinheit); 5 - ⟨↑ R 129⟩

³Sol *das;* -s, -e (Chemie: kolloide Lösung)

so|lang, so|lan|ge (während, währenddessen); solang[e] ich krank war, bist du bei mir geblieben; lies den Brief, ich warte solang[e]; aber: so lang[e] wie od. als möglich; dreimal so lang[e] wie ...; du hast mich so lange warten lassen, daß ...; du mußt so lange warten, bis ...

So|la|nin *das;* -s ⟨lat.⟩ (giftiges Alkaloid verschiedener Nachtschattengewächse, bes. der Kartoffel); So|la|num *das;* -s, ...nen (Bot.: Nachtschattengewächs)

so|lar (lat.) (auf die Sonne bezüglich, von der Sonne herrührend); So|lar_bat|te|rie (Sonnenbatterie), ...ener|gie; So|la|ri|sa|ti|on [...*zion*] *die;* -, -en (Fotogr.: Erscheinung der Umkehrung der Lichteinwirkung bei starker Überbelichtung des Films); so|la|risch vgl. solar; So|la|ri|um *das;* -s, ...ien [...*i*ⁿn] (Anlage für künstliche Sonnenbäder unter UV-Bestrahlung); So|lar_jahr, ...kol|lek|tor, ...kon|stan|te, ...kraft|werk, ...öl (-[e]s; ein Mineralöl), ...ple|xus (auch: ...plä...; *der;* -; Med.: Nervengeflecht im Oberbauch), ...tech|nik, ...zel|le (Sonnenzelle)

So|la|wech|sel (ital.; dt.) (Wechsel, bei dem sich der Aussteller selbst zur Zahlung verpflichtet)

Sol|bad

solch; -er, -e, -es; - ein Mann; ein -er Mann; - einer, -eine, - ein[e]s; solch feiner Stoff od. solcher feine Stoff; mit - schönen Schirm, mit - einem schönen Schirm, mit einem -[en] schönen Schirm, in -er erzieherischen (gelegentlich: erzieherischer) Absicht; - gute od. -e guten (auch: gute) Menschen; das Leben - frommer Leute od. -er frommen (auch: frommer) Leute; -e Gefangenen (auch: Gefangene); sol|cher|art; - Dinge, aber: Dinge solcher Art; sol|cher|ge|stalt; aber: er war von solcher Gestalt, daß ...; sol|cher|lei; sol|cher|ma|ßen (ver-

alt.); sol|cher|wei|se; aber: in solcher Weise

Sold *der;* -[e]s, -e ⟨lat.⟩

Sol|da|nel|le *die;* -, -n ⟨ital.⟩ (Alpenglöckchen)

Sol|dat *der;* -en, -en ⟨↑ R 197⟩ ⟨lat.⟩; Sol|da|ten_fried|hof, ...le|ben (*das;* -s), ...rock, ...spra|che, ...stand (*der;* -[e]s), ...tum (*das;* -s); Sol|da|tes|ka *die;* -, ...ken (rohes, zügelloses) Kriegsvolk); Sol|da|tin *die;* -, -nen; sol|da|tisch; -ste; Sold|buch; Söld|ling (abschätzig); Söld|ner; Söld|ner|heer; Sol|do *der;* -s, -s u. ...di (frühere ital. Münze)

Sol|le *die;* -, -n (kochsalzhaltiges Wasser); Sol|lei; Sol|len|lei|tung

sol|len ⟨lat.⟩ (feierlich, festlich); Sol|len|ni|tät *die;* -, -en (veralt. für: Feierlichkeit)

Sol|le|no|id *das;* -[e]s, -e ⟨griech.⟩ (zylindrische Metallspule, die bei Stromdurchfluß wie ein Stabmagnet wirkt)

Soll|fa|ta|ra, Soll|fa|ta|re *die;* -, ...ren ⟨ital.⟩ (Ausdünstung schwefelhaltiger heißer Dämpfe in ehem. Vulkangebieten)

sol|feg|gie|ren [*solfädschir*ⁿn] ⟨ital.⟩ (Musik: Solfeggien singen); Sol|feg|gio [...*fädscho*] *das;* -s, ...ggien [...*dsch*ⁿn] (auf die Solmisationssilben gesungene Gesangsübung)

Sol|fe|ri|no (ital. Dorf)

So|li (*Plur.* von: Solo)

so|lid, so|li|de; ...deste ⟨lat.⟩ (fest; haltbar, zuverlässig; gediegen); Sol|li|dar|haf|tung (Haftung von Gesamtschuldnern); so|li|da|risch (gemeinsam, übereinstimmend, eng verbunden); so|li|da|ri|sie|ren, sich (sich solidarisch erklären); Sol|li|da|ri|sie|rung; Sol|li|da|ris|mus *der;* - (Richtung der [kath.] Sozialphilosophie); So|li|da|ri|tät *die;* - (Zusammengehörigkeitsgefühl, Gemeinsinn); So|li|da|ri|täts_er|klä|rung, ...ge|fühl, ...streik; So|li|dar|schuld|ner (Gesamtschuldner); so|li|de vgl. solid; so|li|die|ren (veralt. für: befestigen, versichern); So|li|di|tät *die;* - (Festigkeit, Haltbarkeit; Zuverlässigkeit; Mäßigkeit)

So|li|lo|qui|um *das;* -s, ...ien [...*i*ⁿn] ⟨lat.⟩ (Selbstgespräch in der antiken Bekenntnisliteratur)

So|ling *die;* -, -s ⟨engl.⟩; auch: *das* od. *der;* -s, -s (ein Rennsegelboot)

So|lin|gen (Stadt in Nordrhein-Westfalen); So|lin|ger (↑ R 147); Stahl

Sol|ip|sis|mus *der;* - ⟨lat.⟩ (philos. Lehre, nach der die Welt für den Menschen nur in seinen Vorstellungen besteht); Sol|ip|sist *der;*

-en, -en; ↑ R 197 (Vertreter des Solipsismus); sol|ip|si|stisch; So|list *der;* -en, -en; ↑ R 197 (Einzelsänger, -spieler); So|li|sten|kon|zert; So|li|stin *die;* -, -nen; so|li|stisch; So|li|tär *der;* -s, -e ⟨franz.⟩ (einzeln gefaßter Edelstein; Brettspiel für eine Person); So|li|tude [...*tüd*], So|li|tü|de *die;* -, -n ("Einsamkeit"; Name von Schlössern u. a.)

¹Soll *das;* -s, Sölle ⟨zu: Suhle⟩ (runder See eiszeitl. Herkunft)

²Soll *das;* -[s], -[s] (Bergmannsspr. auch: festgelegte Fördermenge); das - und [das] Haben; das - und das Muß; Soll-Be|stand (↑ R 33); Soll-Bei|trag (↑ R 33); Soll-Bruch|stel|le; ↑ R 33 (Technik); Soll-Ein|nah|me (↑ R 33); sol|len; ich habe gesollt, aber: ich hätte das nicht tun -

Söl|ler *der;* -s, - ⟨lat.⟩ (erhöhter offener Saal; Vorplatz im oberen Stockwerk eines Hauses, offener Dachumgang)

Söl|ling *der;* -s (Teil des Weserberglandes)

Soll-Ist-Ver|gleich; ↑ R 33 (Wirtschaft: Gegenüberstellung von Soll- und Ist-Zahlen)

Soll-Kauf|mann (↑ R 33); Soll-Ko|sten *Plur.* (↑ R 33); Soll-Ko|sten|rech|nung (↑ R 33); Soll|sei|te; Soll-Stär|ke *die;* -, -n (↑ R 33); Soll-Zahl (Wirtsch.; ↑ R 33); Soll-Zeit (Wirtsch.; ↑ R 33); Soll-Zin|sen *Plur.*

Sol|mi|sa|ti|on [...*zion*] *die;* - (Tonleitersystem mit den Silben do, re, mi, fa, sol, la, si); Sol|mi|sa|ti|ons|sil|be; sol|mi|sie|ren

Soln|ho|fen (Ort in Mittelfranken); Soln|ho|fe|ner od. Soln|ho|fer (↑ R 147); Solnhof[en]er Schiefer, Platten

so|lo (ital.) (ugs. für: allein); ganz -; - tanzen; So|lo *das;* -s, -s u. ...li (Einzelvortrag, -spiel, -tanz); ein - singen, spielen, tanzen; So|lo-_ge|sang, ...in|stru|ment, ...kan|ta|te, ...ma|schi|ne

So|lon (griech. Gesetzgeber); so|lo|nisch (weise wie Solon); -e Weisheit, aber (↑ R 134): So|lo|nisch; die -e Gesetzgebung

So|lo_part, ...sän|ger, ...sän|ge|rin, ...stim|me, ...sze|ne (Einzelauftritt, -spiel), ...tanz, ...tän|zer, ...tän|ze|rin

So|lo|thurn (Kanton u. Stadt in der Schweiz); So|lo|thur|ner (↑ R 147); so|lo|thur|nisch

Sol|özis|mus *der;* -, ...men ⟨griech.⟩ (Rhet.: grober Sprachfehler)

Sol|per *der;* -s ("Salpeter"; westmitteld. für: Salzbrühe); Sol|per|fleisch (westmitteld. für: Pökelfleisch)

Sol.quel|le, ...salz
Sol|sche|n|zyn (sowjet. Schriftsteller)
Sol|sti|ti|um [...zium] das; -s, ...ien [...i°n] ⟨lat.⟩ (Sonnenwende)
Sol|ti [scholti], György [djördj] (ung. Dirigent)
so|lu|bel ⟨lat.⟩ (Chemie: löslich, auflösbar); ...u|ble Mittel; So|lu|ti|on [...zion] die; -, -en (Arzneimittellösung); sol|va|bel [...wg...] (auflösbar; veralt. für: zahlungsfähig); ...a|ble Geschäftspartner
Sol|veig [solwaik, auch: sol...] ⟨skand.⟩ (w. Vorn.)
Sol|vens das; -, ...venzien [...i°n] u. ...ventia [...zia] ⟨lat.⟩ (Med.: [schleim]lösendes Mittel); sol|vent; -este (zahlungsfähig; tüchtig); Sol|venz die; -, -en (Zahlungsfähigkeit); sol|vie|ren (Chemie: auflösen)
Sol|was|ser [Plur. ...wässer]
Sol|ma das; -s, -ta ⟨griech.⟩ (Med.: „Körper")
So|ma|li der; -[s], -[s] od. So|mal (Angehöriger eines ostafrik. Volkes); So|ma|lia (Staat in Afrika); So|ma|li|er; So|ma|li|land das; -[e]s (nordostafrik. Landschaft); so|ma|lisch
so|ma|tisch ⟨griech.⟩ (Med.: das Soma betreffend, körperlich); so|ma|to|gen (körperlich bedingt, verursacht); So|ma|to|lo|gie die; - (Lehre vom menschl. Körper)
Som|bre|ro der; -s, -s ⟨span.⟩ (breitrandiger, leichter Tropenhut)
so|mit [auch: so...] (mithin, also); so|mit [auch: so...] bist du der Aufgabe enthoben; aber: ich nehme es so (in dieser Form, auf diese Weise) mit
Som|mer der; -s, -; - wie Winter; sommers (vgl. d.); sommersüber (vgl. d.); Som|mer.abend, ...an|fang (od. Som|mers|an|fang), ...auf|ent|halt, ...fahr|plan, ...fe|ri|en Plur., ...fest, ...fri|sche (die; -, -n; veraltend), ...frisch|ler (veraltend), ...ge|r|ste, ...halb|jahr, ...hit|ze; söm|me|rig (landsch. für: einen Sommer alt); -e Karpfen; Som|mer.kleid, ...kol|lek|ti|on (Mode); som|mer|lich; Som|mer.loch (ugs.; svw. Sauregurkenzeit), ...mo|nat; som|mern (veralt. für: sommerlich werden); es sommert; söm|mern (landsch. für: sonnen; [Vieh] im Sommer auf der Weide halten); ich ...ere (↑R 22); Som|mer.nacht; Som|mer|nachts|traum (Komödie von Shakespeare; engl. Midsummer Night's Dream [„Mittsommernachtstraum"]); Som|mer.olym|pia|de, ...pau|se, ...preis (vgl. ²Preis), ...re|gen, ...rei|se; som|mers

(↑R 61), aber: des Sommers; Som|mer|saat; Som|mers|an|fang, Som|mer|an|fang; Sommer.schluß|ver|kauf, ...se|me|ster, ...son|nen|wen|de, ...spie|le Plur., ...spros|se (meist Plur. Som|mer|spros|sig; som|mers|über, aber: den Sommer über; Som|mer[s]|zeit die; - (Jahreszeit); vgl. Sommerzeit; Som|mer|tag; som|mer|tags (↑R 61); Som|me|rung die; - (Sommergetreide); Söm|me|rung (das Sömmern); Som|mer.vo|gel (mdal. für: Schmetterling), ...weg, ...zeit (die; -; Jahreszeit; Vorverlegung der Stundenzählung während des Sommers; vgl. Sommer[s]zeit)
som|nam|bul ⟨lat.⟩ (schlafwandelnd, mondsüchtig); Som|nam|bu|le der u. die; -n, -en; ↑R 7 ff. (Schlafwandler[in]); Som|nam|bu|lis|mus der; - (Schlafwandeln; Mondsüchtigkeit)
so|nach [auch: so...] (folglich, also), aber: sprich es so nach, wie ich es dir vorspreche
So|na|gramm das; -s, -e ⟨lat.; griech.⟩ (Phonetik); So|nant der; -en, -en (↑R 197) ⟨lat.⟩ (silbenbildender Laut); So|na|te die; -, -n ⟨ital.⟩ (aus drei od. vier Sätzen bestehendes Musikstück für ein oder mehrere Instrumente); So|na|ti|ne die; -, -n (kleinere, leichtere Sonate)
Son|de die; -, -n ⟨franz.⟩ (Med.: Instrument zum Einführen in Körperhöhlen; auch: dünner Schlauch zur künstlichen Ernährung; Bergmannsspr.: Probebohrung; Physik, Meteor.: Gerät zur Erforschung der Verhältnisse in der Erdatmosphäre: Raumsonde); Son|den|hal|ter (Med.)
son|der (veralt. für: ohne); mit Akk.: - allen Zweifel, - Furcht; Son|der.ab|druck (Plur. ...drucke), ...ab|schrei|bung, ...ab|zug, ...an|fer|ti|gung, ...an|ge|bot, ...aus|füh|rung, ...aus|ga|be; son|der|bar; son|der|ba|rer|wei|se; Son|der|bar|keit; Son|der.be|auf|trag|te, ...be|hand|lung, ...brief|mar|ke, ...bund der; Son|der|bün|de|lei; Son|der|bünd|ler
Son|der.druck (Plur. ...drucke), ...ein|satz, ...fahrt, ...fall der, ...form, ...ge|neh|mi|gung, ...ge|richt; son|der|glei|chen; Son|der|heft; Son|der|heit, aber: insonderheit; Son|der.klas|se, ...kom|man|do, ...kon|to, ...ko|sten Plur.; son|der|lich; (↑R 65:) nichts Sonderliches (Ungewöhnliches); Son|der|ling; Son|der.ma|schi|ne, ...müll (gefährliche [Gift]stoffe enthaltender Müll); ¹son|dern; nicht nur ein Bruder, sondern

auch die Schwester; ²son|dern; ich ...ere (↑R 22); Son|der.num|mer, ...preis (vgl. ²Preis), ...ra|batt, ...recht, ...re|ge|lung od. ...reg|lung; son|ders; samt und -; Son|der|schu|le
Son|ders|hau|sen (Stadt im Bezirk Erfurt); Son|ders|häu|ser (↑R 147)
Son|der.spra|che (Sprachw.), ...stel|lung, ...stem|pel; Son|de|rung; Son|der.ur|laub, ...ver|kauf, ...wunsch, ...zie|hungs|recht (meist Plur.; Wirtsch.; Abk.: SZR), ...zug
son|die|ren ⟨franz.⟩ ([mit der Sonde] untersuchen; ausforschen, vorfühlen); Son|die|rung; Son|die|rungs|ge|spräch
Sol|nett das; -[e]s, -e ⟨ital.⟩ (eine Gedichtform)
Song [song] der; -s, -s ⟨engl.⟩ (Sonderform des Liedes, oft mit sozialkrit. Inhalt)
Son|ja (w. Vorn.; russ. Verkleinerungsform von: Sophia)
Sonn|abend der; -s, -e; vgl. Dienstag; sonn|abends (↑R 61); vgl. Dienstag; sonn|durch|flu|tet, sonn|nen|durch|flu|tet; Son|ne die; -, -n; (↑R 157:) Gasthof „Zur Goldenen Sonne"
Son|ne|berg (Stadt am Südrand des Thüringer Waldes)
son|nen; son|t; Son|nen.auf|gang, ...bad; son|nen|ba|den (meist nur im Infinitiv u. 2. Partizip gebr.); sonnengebadet; Son|nen.bahn, ...ball (der; -[e]s), ...bat|te|rie (Vorrichtung, mit der Sonnenenergie in elektr. Energie umgewandelt wird), ...blen|de, ...blume (die; -, -n), ...brand, ...bräu|ne, ...bril|le, ...dach, ...deck; son|nen|durch|flu|tet, sonn|durch|flu|tet; Son|nen.ener|gie, ...fin|ster|nis, ...fleck; son|nen|ge|bräunt; Son|nen.ge|flecht (für: Solarplexus), ...glast, ...glut (die; -), ...gott; son|nen|hell; Son|nen.hut, ...jahr; son|nen|klar (ugs.); Son|nen.kol|lek|tor (zur Wärmegewinnung aus Sonnenenergie), ...kö|nig (der; -s; Beiname Ludwigs XIV. von Frankreich), ...kraft|werk (Anlage zur Nutzung der Sonnenenergie), ...krin|gel, ...kult, ...licht (das; -[e]s), ...nä|he, ...öl, ...pro|tu|be|ran|zen Plur., ...rad, ...schei|be, ...schein (der; -[e]s), ...schirm, ...schutz, ...sei|te (österr.: Sonnseite); son|nen|se|lig; Son|nen.stäub|chen, ...stich, ...strahl, ...sy|stem, ...tag, ...tau (der; eine Pflanze), ...tier|chen (Einzeller), ...un|ter|gang; son|nen|ver|brannt, sonn|ver|brannt; Son|nen|war|te (Observatorium zur

Sonnenbeobachtung); Son|nen|wen|de; Son|nen|wend|fei|er, Sonn|wend|fei|er; Son|nen|zel|le (Gerät zur direkten Erzeugung von elektr. Energie aus Sonnenenergie); son|nig; Son|nseite (österr. u. schweiz. für: Sonnenseite); sonn|sei|tig (österr.); Sonn|tag; des Sonntags, aber (↑R 61:) sonntags; (↑R 32:) sonn- und alltags, sonn- und feiertags, sonn- und festtags, sonn- und werktags; vgl. Dienstag; Sonn|tag|abend (vgl. Dienstagabend); am -; sonn|täg|ig (vgl. ...tägig); sonn|täg|lich (vgl. ...täglich); sonn|tags (↑R 61); vgl. Dienstag u. Sonntag; Sonn|tags.ar|beit, ...bei|la|ge (einer Zeitung), ...fah|rer (spött.), ...jä|ger (spött.), ...kind, ...ma|ler, ...re|de (unbedeutende Rede), ...rei|ter (spött.), ...rück|fahr|kar|te, ...ru|he; sonn|ver|brannt, son|nen|ver|brannt; Sonn|wend|fei|er, Son|nen|wend|fei|er
Son|ny|boy [ßani..., auch: soni...] der; -s, -s ⟨engl.⟩ ([junger] Mann mit unbeschwert-fröhlichem Charme)
so|nor ⟨lat.⟩ (klangvoll, volltönend); So|no|ri|tät die; -
sonst; hast du sonst (außerdem) noch eine Frage, sonst noch etwas auf dem Herzen?; ist sonst jemand, sonst wer (ugs.) bereit mitzuhelfen?; *Zusammenschreibung,* wenn „sonst" die Bedeutung von „irgend" hat; vgl. sonstjemand, sonstwas, sonstwer, sonstwie, sonstwo, sonstwohin; son|stig; (↑R 66:) des (anderes); -e (andere); sonst|je|mand (ugs. für: irgend jemand); da könnte ja - kommen; sonst|was (ugs. für: irgend etwas, wer weiß was); ich hätte fast - gesagt; sonst|wer vgl. sonstjemand; sonst|wie; sonst|wo; sonst|wo|hin
Sont|ho|fen (Ort im Allgäu)
so|oft; sooft du zu mir kommst, immer ..., aber: ich habe es dir so oft gesagt, daß ...
Soon|wald der; -[e]s (Gebirgszug im südöstl. Hunsrück)
Soor der; -[e]s, -e (Pilzbelag in der Mundhöhle); Soor|pilz
So|phia, So|phie [auch: sofi^e, österr.: sofi] (w. Vorn.), auch: Sofie (vgl. d.); vgl. Sonja; So|phien|kir|che (↑R 135); So|phis|ma das; -s, ...men ⟨griech.⟩ u. So|phis|mus der; -, ...men (Trugschluß; Spitzfindigkeit); So|phist der; -en, -en; ↑R 197 ⟨urspr. griech. Wanderlehrer; dann: Scheingelehrter; Klügler, Wortverdreher); So|phi|ste|rei (Spitzfindigkeit); So|phi|stik die; - ⟨griech. philos. Lehre; Schein-

wissen; Spitzfindigkeit); so|phi|stisch; -ste
so|pho|kle|isch; -es Denken (nach Art des Sophokles), aber (↑R 134): So|pho|kle|isch; -e (von Sophokles stammenden) Tragödien; So|pho|kles (griech. Tragiker)
So|phro|sy|ne die; - ⟨griech.⟩ (antike Tugend der Selbstbeherrschung, Besonnenheit)
So|phus (m. Vorn.)
So|por der; -s ⟨lat.⟩ (Med.: starke Benommenheit); so|po|rös; -este
So|pot [ßo...] (poln. Name für: Zoppot)
So|pran der; -s, -e ⟨ital.⟩ (höchste Frauen- od. Knabenstimme; Sopransänger[in]); So|pra|nist der; -en, -en; ↑R 197 (Knabe mit Sopranstimme); So|pra|ni|stin die; -, -nen
So|pra|por|te, Su|pra|por|te die; -, -n ⟨ital.⟩ ([reliefartiges] Wandfeld über einer Tür)
So|ra|bi|stik die; - (Wissenschaft von der sorbischen Sprache u. Kultur)
So|ra|ya (w. Vorn.)
Sor|be der; -n, -n; ↑R 197 (Angehöriger einer westslaw. Volksgruppe); Sor|ben|sied|lung
Sor|bet [franz. Ausspr.: ßorbä] der od. das; -s, -s; vgl. Sorbett; Sor|bett u. Scher|bett der od. das; -[e]s, -e (arab.: (eisgekühltes Getränk, Halbgefrorenes)
Sor|bin|säu|re die (Konservierungsstoff)
sor|bisch; Sor|bisch das; -[s] (Sprache); vgl. Deutsch; Sor|bi|sche das;-n; vgl. Deutsche das
¹Sor|bit der; -s ⟨lat.⟩ (sechswertiger Alkohol; pflanzlicher Wirkstoff)
²Sor|bit der; -s (nach dem engl. Forscher Sorby [ßâ'bi]) (Bestandteil der Stähle)
Sor|bonne [ßorbon] die; - (die älteste Pariser Universität)
Sor|di|ne die; -, -n u. Sor|di|no der; -s, -s u. ...ni ⟨ital.⟩ (Musik: Dämpfer); vgl. con sordino; Sor|dun der od. das; -s, -e (Schalmei des 16. u. 17.Jh.s; früheres dunkel klingendes Orgelregister)
So|re die; -, -n ⟨Gaunerspr.⟩ (Diebesgut, Hehlerware)
Sor|ge die;-, -n; - tragen (↑R 207); sor|gen; sich -; Sor|gen|bre|cher (scherzh. für: alkohol. Getränk, bes. Wein); Sor|gen|frei; Sor|gen.kind, ...last; sor|gen.los (-este; ohne Sorgen), ...schwer, ...voll; Sor|ge.pflicht, ...recht (Rechtsw.); Sorg|falt die;-; sorg|fäl|tig; Sorg|fäl|tig|keit die; -; Sorg|falts|pflicht
Sor|gho [...go] der; -s, -s ⟨ital.⟩ u. Sor|ghum das;-s, -s (eine Getreidepflanze)

sorg|lich; sorg|los; -este (ohne Sorgfalt; unbekümmert); Sorg-lo|sig|keit die;-; sorg|sam; Sorg-sam|keit die; -
Sorp|ti|on [...zion] die; -, -en ⟨lat.⟩ (Chemie: Aufnahme eines Gases od. gelösten Stoffes durch einen anderen festen od. flüssigen Stoff)
Sor|rent (ital. Stadt)
Sor|te die; -, -n ⟨lat.⟩ (Art, Gattung; Wert, Güte); Sor|ten Plur. (Bankw. für: ausländ. Geldsorten, Devisen); Sor|ten.fer|ti|gung (Wirtsch.), ...ge|schäft, ...han|del (Börse), ...kal|ku|la|ti|on, ...kurs (Börse), ...markt (Börse), ...pro|duk|ti|on (Wirtsch.), ...ver|zeich|nis, ...zet|tel; sor|tie|ren (sondern, auslesen, sichten); Sor|tie|rer; Sor|tie|re|rin die; -, -nen; Sor|tier|ma|schi|ne; sor|tiert (auch für: hochwertig); Sor|tie|rung; Sor|tie|le|gi|um das; -s, ...ien [...i'n] (Weissagung durch Lose); Sor|ti|ment das; -[e]s, -e ⟨ital.⟩ (Warenangebot, -auswahl eines Kaufmanns; auch für: Sortimentsbuchhandel); Sor|ti|men|ter (Angehöriger des Sortimentsbuchhandels, Ladenbuchhändler); Sor|ti|ments.buch|han|del, ...buch|händ|ler
SOS (internationales Seenotzeichen, gedeutet als: save our ship [ße'w au^er schip] = Rette[t] unser Schiff! od. save our souls [ße'w au^er ßo^uls] = Rette[t] unsere Seelen!)
so|sehr; sosehr ich diesen Plan auch billige, ..., aber: er lief so sehr, daß ...; nicht so sehr ..., als [vielmehr] ...
SOS-Kin|der|dorf; ↑R 38 (besondere Art eines Kinderdorfes)
so|so (ugs. für: nicht [gerade] gut; ungünstig); es steht damit -; soso! (nun ja!)
SOS-Ruf (↑R 38); vgl. SOS
So|ße [österr.: soß] die; -, -n ⟨franz.⟩ (Brühe, Tunke; in der Tabakbereitung: Beize); vgl. Sauce; so|ßen; So|ßen.löf|fel, ...re|zept, ...schüs|sel
sost. = sostenuto
so|ste|nu|to ⟨ital.⟩ (Musik: gehalten, getragen; Abk.: sost.)
so|tan (veralt. für: so beschaffen, solch); unter - em Umständen
So|ter der; -, -e ⟨griech.⟩ (Retter, Heiland; Ehrentitel Jesu Christi); So|te|rio|lo|gie die; - (Theol.: Lehre vom Erlösungswerk Jesu Christi, Heilslehre); so|te|rio|lo|gisch
Sott der od. das; -[e]s (niederd. für: Ruß)
Sot|ti|se [...tis^e] die; -, -n ⟨franz.⟩ (veralt., aber auch mdal. für: Dummheit; Grobheit)

sọt|to vo|ce [- _wọtsche_] ⟨ital.⟩ (Musik: halblaut, gedämpft)

Sou [_ßu_] _der;_ -, -s [_ßu_] ⟨franz.⟩ (franz. Münze im Wert von 5 Centimes)

Sou|brẹt|te [_su..._, auch: _ßu..._] _die;_ -, -n ⟨franz.⟩ (Sängerin heiterer Sopranpartien in Oper u. Operette)

Sou|chong [_suschong,_ auch: _ßu..._] _der;_ -[s], -e ⟨chin.-franz.⟩ (chin. Tee mittlerer Qualität); **Sou|chong|tee**

Souf|flé [_sufle,_ auch: _ßu..._] _das;_ -s, -s ⟨franz.⟩ (Gastr.: Eierauflauf); **Souf|fleur** [_suflör,_ auch: _ßu..._] _der;_ -s, -e (Theater: jmd., der souffliert); **Souf|fleur|ka|sten; Souf|fleu|se** [..._flös^e_] _die;_ -, -n; **souf|flie|ren** (flüsternd vorsagen)

Soul [_ßo^ul_] _der;_ -s ⟨amerik.⟩ (Jazz od. Popmusik mit starker Betonung des Expressiven)

Sö|ul vgl. Seoul

Sound [_ßaund_] _der;_ -s, -s ⟨amerik.⟩ (Musik: Klang[wirkung, -richtung])

so|und|so (ugs. für: unbestimmt wie); **soundso** breit, groß, viel usw.; Paragraph **soundso**; **aber:** etwas _so_ und _so_ (so und wieder anders) erzählen; (↑ R 67:) [der] Herr Soundso; **so|und|so|viel|te;** der - Mai, Abschnitt usw., **aber** (↑ R 68): am Soundsovielten des Monats

Sound|track [_ßaundträk_] _der;_ -s, -s ⟨engl.⟩ (Tonspur eines Films; Filmmusik)

Sou|per [_supe,_ auch: _ßu..._] _das;_ -s, -s ⟨franz.⟩ (festliches Abendessen); **sou|pie|ren**

Sou|sa|phon [_susa..._] _das;_ -s, -e ⟨nach dem amerik. Komponisten J. Ph. Sousa⟩ (eine Baßtuba, vgl. ¹Helikon)

Sous|chef [_ßuschäf_] _der;_ -s, -s ⟨franz.⟩ (schweiz. für: Stellvertreter des [Bahnhofs]vorstandes)

Sou|ta|che [_sutasch^e,_ auch: _ßu- tasch^(e)_] _die;_ -, -n (schmale, geflochtene Schnur für Besatzwecke); **sou|ta|chie|ren**

Sou|ta|ne [_su...,_ auch: _ßu..._] _die;_ -, -n ⟨franz.⟩ (Gewand der kath. Geistlichen); **Sou|ta|nel|le** [..._,_ auch: _ßu..._] _die;_ -, -n (bis ans Knie reichender Gehrock der kath. Geistlichen)

Sou|ter|rain [_sutäräng_ u. _su..._, auch: _ßu..._] _das;_ -s, -s ⟨franz.⟩ (Kellergeschoß); **Sou|ter|rain- woh|nung**

South|amp|ton [_ßauthämpt^(e)n_] ⟨engl. Stadt⟩

Sou|ve|nir [_suw^e...,_ auch: _ßu..._] _das;_ -s, -s ⟨franz.⟩ ([kleines Geschenk als] Andenken, Erinnerungsstück)

sou|ve|rän [_suw^e...,_ auch: _ßu..._] ⟨franz.⟩ (unumschränkt; selb-

ständig; überlegen); ein -er Herrscher; ein -er Staat; **Sou|ve- rän** _der;_ -s, -e (Herrscher; Landes-, Oberherr; bes. schweiz.: Gesamtheit der Wähler); **Sou|ve- rä|ni|tät** _die;_ - (Unabhängigkeit; Landes-, Oberhoheit); **Sou|ve|rä- ni|täts|an|spruch**

Sove|reign [_ßowrin_] _der;_ -s, -s ⟨engl.⟩ (frühere engl. Goldpfundmünze)

so|viel; soviel ich weiß; sein Wort bedeutet soviel (dasselbe) wie ein Eid; soviel (dieses) für heute; rede nicht soviel!; du kannst haben, soviel [,wie] du willst; du kannst soviel haben, wie du willst; soviel als (Abk.: sva.); so- viel wie (Abk.: svw.); soviel wie od. als möglich; noch einmal so- viel; er hat halb, doppelt soviel Geld wie (seltener: als) du; **aber:** _so_ viel [Geld] wie du hat er auch; du weißt _so_ viel, daß ...; ich habe _so_ viel Zeit, daß ...; so viel ist daran richtig, daß ...; er mußte so viel leiden; wenn "viel" gebeugt ist, immer Getrenntschreibung: _so_ viele Gelegenheiten; _so_ vieles Schöne; **so- viel|mal, aber:** _so_ viele Male

so wahr; so wahr mir Gott helfe

so was (ugs. für: so etwas)

Sow|chos [_sofchoß, ßof.echoß_] _der_ od. _das;_ -, ...chose u. (österr. nur:) **Sow|cho|se** _die;_ -, -n ⟨russ.⟩ (Staatsgut in der Sowjetunion)

so|weit; soweit ich es beurteilen kann, wird ...; ich bin [noch nicht] soweit; es, die Sache ist so- weit; soweit es als möglich will ich nachgeben, **aber:** wirf den Ball _so_ weit wie möglich; es geht ihm soweit gut, nur ...; **aber:** so gut; so gut; ich kann den Weg _so_ weit übersehen, daß ...; eine Sache _so_ weit fördern, daß ...

so|we|nig; sowenig ich einsehen kann, daß ..., sowenig verstehe ich, daß ...; sowenig du auch gelernt hast, das wirst du doch wissen; ich bin sowenig (ebensowenig) dazu bereit wie du; tu das sowenig wie od. als möglich; ich habe sowenig Geld wie du (wir beide haben keins); **aber:** ich habe _so_ wenig (gleich wenig) Geld wie du; du hast _so_ wenig gelernt, daß du die Prüfung nicht bestehen wirst

¹**so|wie** (sobald); sowie er kommt, soll er nachsehen; **aber:** _so_, wie ich ihn kenne, kommt er nicht; es kam _so_, wie es erwartet hatte; ²**so|wie** (und, auch) wissenschaftliche und technische sowie schöne Literatur

so|wie|so

So|wjẹt¹ _der;_ -s, -s ⟨russ.⟩ ("Rat" Form der Volksvertretung in der Sowjetunion; nur _Plur._: [die Regierung der] Sowjetrussen); **So|wjẹt**¹ **_ar|mee, ...bür|ger; so- wjẹ|tisch; So|wjẹt**¹ **re|gie|rung ...re|pu|blik, ...rus|se; so|wjẹt- rus|sisch**¹; **So|wjẹt**¹ **ruß|land ...stern, ...uni|on** _(die;_ -; Abk. SU; vgl. auch: UdSSR), **...volk**

so|wohl; sowohl die Eltern als [auch] od. wie [auch] die Kinder als wie [auch] die Kinder ...; **So|wohl-Als-auch** _das;_ -

Soxh|let-Ap|pa|rat (↑ R 135) ⟨nach dem dt. Chemiker⟩ (Apparat zur Extraktion fester Stoffe)

So|zi _der;_ -s, -s (abschätzige Kurzform von: Sozialdemokrat); **So- zia** _die;_ -, -s ⟨lat.⟩ (meist scherzh. für: Beifahrerin auf einem Motorrad od. -roller); **so|zia|bel** (↑ R 180 (gesellschaftlich; gesellig; menschenfreundlich); ...able Menschen; **So|zia|bi|li|tät** _die;_ -; **so|zi|al** (die Gesellschaft die Gemeinschaft betreffend, gesellschaftlich; Gemeinschafts... Gesellschafts...; gemeinnützig wohltätig); - schwach, der oder die -Schwache (↑ R 157:) die soziale Frage; soziale Sicherheit sozialer Wohnungsbau; soziale Marktwirtschaft; **So|zi|al_ab|ga- ben** _Plur._, **...amt, ...ar|beit, ...ar- bei|ter** (Berufsbez.), **...ar|bei|te- rin** (Berufsbez.), **...be|richt, ...be- ruf, ...de|mo|krat** (Mitglied [od Anhänger] einer sozialdemokratischen Partei), **...de|mo|kra|tie** _die;_ - (Sozialdemokratie einer Partei; Gesamtheit der sozialdemokratischen Parteien); **so|zi|al- de|mo|kra|tisch, aber** (↑ R 157): Sozialdemokratische Partei Deutschlands (Abk.: SPD); **So- zi|al_ein|kom|men, ...ethik, ...fall** _der,_ **...ge|richt, ...ge|richts|bar- keit, ...ge|richts|ge|setz, ...ge- setz|ge|bung, ...hil|fe** (amtl. für Fürsorge), **...hy|gie|ne; So|zia|li- sa|ti|on** [..._zion_] _die;_ -; ↑ R 180 (Prozeß der Einordnung des Individuums in die Gesellschaft) **so|zia|li|sie|ren** (vergesellschaften, verstaatlichen); **So|zia|li|sie- rung** (Verstaatlichung, Vergesellschaftung der Privatwirtschaft) **So|zia|lis|mus** _der;_ - ↑ R 180 (Gesamtheit der Theorien u. polit Bewegungen, die auf gemeinschaftlichen od. staatlichen Besitz der Produktionsmittel u. eine gerechte Verteilung der Güter hinzielen; Gesellschaftssystem mit gemeinschaftlichem od staatlichem Besitz der Produktionsmittel); **So|zia|list** _der;_ -en ...

---

¹ Auch: _sọw..._ usw.

-en (↑R 197); so|zia|li|stisch; -er Realismus (eine auf dem Marxismus gründende künstler. Richtung in den kommunist. Ländern), aber (↑R 157): die Sozialistische Internationale; Sozialistische Einheitspartei Deutschlands (DDR; Abk.: SED); So|zi|al|kri|tik; so|zi|al|kri|tisch; So|zi|al_kun|de (die; -), ...la|sten Plur., ...lei|stun|gen Plur.; so|zi|al|li|be|ral; So|zi|al_lohn, ...öko|no|mie, ...päd|ago|gik, ...part|ner, ...plan, ...po|li|tik, ...po|li|ti|ker; so|zi|al|po|li|tisch; So|zi|al_pre|sti|ge, ...pro|dukt, ...psy|cho|lo|gie, ...recht, ...re|form, ...ren|te, ...rent|ner, ...staat (Plur. ...staaten), ...sta|ti|stik, ...struk|tur, ...ta|rif, ...the|ra|pie, ...tou|ri|stik, ...ver|mö|gen (Wirtsch.), ...ver|si|che|rung, ...ver|si|che-rungs|bei|trag, ...wis|sen|schaften Plur., ...woh|nung, ...zu|la|ge; So|zie|li|tät [...zi-e...] die; -, -en; ↑R 180 (Gesellschaft; Genossenschaft); So|zio|gra|phie die; - (Soziologie: Darstellung der Formen menschlichen Zusammenlebens innerhalb bestimmter Räume u. Zeiten); So|zio|lekt der; -[e]s, -e (Sprachw.: Sprachgebrauch von Gruppen, Schichten, Institutionen o. ä.); So|zio|lin|gu|i|stik (Sprachw.: wissenschaftl. Betrachtungsweise des Sprechverhaltens verschiedener Gruppen, Schichten o. ä.); so|zio|lin|gu|i|stisch; So|zio|lo|ge der; -n, -n (↑R 197) ⟨lat.; griech.⟩ (Erforscher u. Lehrer der Soziologie); So|zio|lo|gie die; - (Gesellschaftslehre, -wissenschaft); so|zio|lo|gisch; So|zio|me|trie die; - (soziolog. Verfahren zur testmäßigen Erfassung der Gruppenstruktur); so|zio|me-trisch; so|zio|öko|no|misch; So|zi|us der; -, -se ⟨lat.⟩ (Teilhaber; Beifahrer[sitz]); So|zi|us|sitz (Rücksitz auf dem Motorrad) so|zu|sa|gen (man könnte es so nennen, gewissermaßen; aber: er versucht, es so zu sagen, daß es verständlich ist)

Sp. = Spalte (Buchw.)

Spa (belg. Stadt)

Space|lab [ßpe͜ßläb] das; -s, -s ⟨engl.⟩ (von ESA und NASA entwickeltes Raumlabor)

Spach|tel, Spa|tel der; -s, - od. die; -, -n (österr. nur: Spachtel die od. Spatel der; kleines spaten- od. schaufelähnliches Werkzeug); **Spach|tel_ma|le|rei**, ...mas|se; spach|teln (ugs. auch für: [tüchtig] essen); ich ...[e]le (↑R 22)

spack (landsch. für: dürr; eng)

Spal|da die; -, -s ⟨ital.⟩ (ital. Bez. für: Degen [Sportwaffe]); Spa-

dil|le [ßpadilje] die; -, -n (höchste Trumpfkarte im Lomber)

Spa|er ⟨zu: Spa⟩ (↑R 147)

¹Spa|gat der (österr. nur so) od. das; -[e]s, -e ⟨ital.⟩ (Gymnastik: Körperhaltung, bei der die Beine so weit gespreizt sind, daß sie eine Gerade bilden)

²Spa|gat der; -[e]s, -e ⟨ital., südd., österr. für: Bindfaden); **Spa-ghet|ti** [...gäti, auch: ßpa...] Plur. (Fadennudeln)

spä|hen; **Spä|her**; **Spä|he|rei** (abwertend)

Spa|hi der; -s, -s ⟨pers.⟩ („Krieger"; früher: [adliger] Reiter im türk. Heer; Angehöriger einer aus nordafrik. Reitertruppe gebildeten franz. Reitertruppe)

Späh|trupp (für: Patrouille)

Spal|ke die; -, -n (niederd. für: Hebel, Hebebaum); **spal|kig** (niederd. für: faulig, schimmelig, stockfleckig)

Spal|la|to (ital. Form von: Split)

Spal|lett das; -[e]s, -e ⟨ital.⟩ (österr. für: hölzerner Fensterladen)

Spal|ler das; -s, -e ⟨ital.⟩ (Gitterwand; Doppelreihe von Personen als Ehrengasse); - bilden, stehen; **Spa|lier|baum**; spa|lier-bil|dend; Spa|lier|obst

Spalt der; -[e]s, -e; spalt|bar; Spalt|bar|keit die; -; spalt|breit; eine -e Öffnung; Spalt|breit der; -; die Tür einen - öffnen; Spält-chen, Spält|lein; Spal|te die; -, -n (österr. auch für: Schnitz, Scheibe; Abk.: [Buchw.]: Sp.); spal|ten; gespalten und gespaltet; in adjektivischem Gebrauch fast nur: gespalten; gespaltenes Holz, eine gespaltene Zunge; Spal|ten|brei|te; spal|ten|lang; ein -er Artikel, aber: drei Spalten lang; spal|ten|wei|se; spalt-er|big (Biol.); Spalt|fuß; spal|tig (z. B. zweispaltig); Spält|le-der; Spält|lein, Spält|chen; Spalt_pilz, ...pro|dukt (bei der Atomkernspaltung); Spal|tung

Span der; -[e]s, Späne; span|ab|he-bend (↑R 209); Spän|chen, Spänlein

Span|dril|le die; -, -n ⟨ital.⟩ (Bauw.: Bogenzwickel)

spa|nen (Späne abheben); spanen-de Werkzeuge; ¹spä|nen (mit Metallspänen abreiben)

²spä|nen (mdal. für: säugen; auch für: entwöhnen); Span|fer|kel (ein vom Muttertier noch nicht entwöhntes Saugferkel)

Späng|chen; Span|ge die; -, -n; **Spän|gel|chen, Spän|ge|lein** (dicht.), Späng|lein; Span|gen-schuh

Spa|ni|el [...i-äl; auch in engl. Ausspr.: ßpänjel] der; -s, -s ⟨engl.⟩ (ein

Stöberhund); **Spa|ni|en**

[...i°n]; **Spa|ni|er** [...i°r]; **Spa|ni|ol** der; -s, -e ⟨span.⟩ (span. Schnupftabak); **Spa|ni|o|le** der; -n, -n; ↑R 197 (Nachkomme von einst aus Spanien vertriebenen Juden); **spa|nisch**; das kommt mir - (ugs. für: seltsam) vor; (↑R 148:) -e Fliege (Insekt); -es Rohr; -er Reiter (milit. Bez. für ein bestimmtes Hindernis); -er Stiefel (ein Folterwerkzeug); -e Wand, aber (↑R 157): der Spanische Erbfolgekrieg; die Spanische Reitschule (in Wien); **Spa|nisch** das; -[s] (Sprache); vgl. Deutsch; **Spa|ni|sche** das; -n; vgl. Deutsche; **Spa|nisch|flie|gen|pfla-ster; Spa|nisch-Gui|nea** (↑R 152)

Span|korb; Spän|lein, Spän|chen

Spann der; -[e]s, -e (oberer Teil, Rist des menschl. Fußes); **Spann|be|ton**; **Spann|be|ton_brücke** [Trenn.: ...brük|ke], ...kon|struk|ti|on; **Spann|dienst** (hist.: Frondienst; auch: Gemeinschaftsdienst); Hand- und Spanndienst leisten; **Spän|ne** die; -, -n (altes Längenmaß); spannen; **spän|nend** -ste; span|nen-lang, aber : vier Spannen lang; **Spän|ner; **...spän|ner (z. B. Einspänner); **spann|fä|hig; **Spann-gar|di|ne; ...spän|nig (z. B. zweispännig); **Spann_kraft** (die; -), ...rah|men (Buchbinderei); **Spann|nung; Span|nungs_ab|fall** (Elektrotechnik), ...feld; span|nung[s]|füh|rend; **Span|nungs_ge-biet, ...ko|ef|fi|zi|ent** (Physik); **span|nungs|los; -este; Span-nungs_mes|ser** der; ...mo|ment, ...prü|fer, ...reg|ler, ...ver|hält-nis, ...zu|stand; **Spann_vor|rich-tung, ...wei|te**

Span_plat|te (Bauw.), ...schach|tel

Spant das (in der Luftfahrt auch: der); -[e]s, -en; meist Plur. (rippenähnl. Bauteil zum Verstärken der Außenwand von Schiffs- und Flugzeugrümpfen); **Span-ten|riß** die. Schiffskonstruktionszeichnung)

Spar_bei|trag, ...bren|ner, ...buch, ...büch|se, ...ein|la|ge; spa|ren; Spa|rer; Spar_flam|me, ...för|de-rung

Spar|gel der; -s, -; schweiz.: die; -, -n (Gemüse[pflanze]); **Spar|gel_beet, ...grün, ...ge|mü|se, ...kraut** (das; -s)

Spar|gi|ro|ver|kehr [...sehiro...]; **Spar_gro|schen, ...gut|ha|ben**

Spark der; -[e]s (Futterpflanze)

Spar_kas|se, ...kas|sen|buch, ...kon|to; spär|lich; Spär|lich-keit; Spar_maß|nah|me (meist Plur.), ...pfen|nig, ...prä|mie, ...pro|gramm, ...quo|te

Spar|ren der; -, -n (für: Sparren)

spar|ren ⟨engl.⟩ (Boxsport: mit einem Sparringspartner boxen); er hat zwei Runden gesparrt

Spar|ren der; -s, -; Spar|ren|dach; spar|rig (fachspr. für: sperrig)

Spar|ring das; -s (Boxtraining); Spar|rings.kampf (Übungsboxkampf mit dem Sparringspartner), ...part|ner

spar|sam; Spar|sam|keit; Spar-_schwein, ...strumpf

Spart der od. das; -[e]s, -e (svw. Esparto)

Spar|ta (altgriech. Stadt)

Spar|ta|kia|de die; -, -n (in den Ostblockstaaten: Sportlertreffen mit Wettkämpfen); Spar|ta|kist der; -en, -en; ↑R 197 (Angehöriger des Spartakusbundes); Spar|ta|kus (Führer eines röm. Sklavenaufstandes); Spar|ta|kus|bund der; -[e]s (kommunist. Kampfbund 1917/18)

Spar|ta|ner (Bewohner von Sparta); spar|ta|nisch; -e (strenge, harte) Zucht

Spar|te die; -, -n (Abteilung, Fach, Gebiet; Geschäfts-, Wissenszweig; Zeitungsspalte)

Spar|te|rie die; - ⟨franz.⟩ (Flechtwerk aus Spänen od. Bast)

Spart|gras (svw. Espartogras)

Spar|ti|at der; -en, -en; ↑R 197 (dorischer Vollbürger im alten Sparta)

spar|tie|ren ⟨ital.⟩ (Musik: [ein nur in den einzelnen Stimmen vorhandenes Werk] in Partitur setzen)

Spar- und Dar|le|hens|kas|se (↑R 32); Spar|zins (Plur. ...zinsen)

spas|ma|tisch (griech.) (selten für: spasmisch); spas|misch (Med.: krampfhaft, -artig); spas|mo-disch (svw. spasmisch); spas|mo-gen (Med.: krampferzeugend); Spas|mo|ly|ti|kum das; -s, ...ka (Med.: krampflösendes Mittel); spas|mo|ly|tisch; Spas|mus der; -, ...men (Med.: Krampf)

Spaß der; -es, Späße; - machen; Späß|chen, Späß|lein; spa|ßen; du spaßt (spaßest); Spa|ße|rei; spa|ßes|hal|ber; Spa|ßet|tel[n] Plur. (österr. ugs. für: Witz, Scherz); - machen; spaß|haft; Spaß|haf|tig|keit die; -; spa|ßig; Spa|ßig|keit; Späß|lein, spaß|chen; Spaß_ma|cher, ...ver|der-ber, ...vo|gel (scherzh.)

Spa|sti|ker (griech.) (jmd., der an einer spasmischen Krankheit leidet); Spa|sti|ke|rin die; -, -nen; spa|stisch (svw. spasmisch)

spat (veralt. für: spät)

¹Spat der; -[e]s, -e u. Späte (ein Mineral)

²Spat der; -[e]s (Pferdekrankheit)

spät; -er, -est; -estens; spät sein, werden; zu spät kommen; von [morgens] früh bis [abends] spät;

am, zum -esten (↑R 65); (↑R 61:) spätabends, spätnachmittags usw., aber: eines Spätabends, Spätnachmittags; spät|abends vgl. spät; Spät|aus|sied|ler; Spät-ba|rock; Spä|te die; - (veralt.); in der -

Spa|tel vgl. Spachtel; Spa|ten der; -s, -; Spa|ten_for|schung (die; -; Vorgeschichtsforschung durch Ausgrabungen), ...stich

Spät|ent|wick|ler; spä|ter; spä|ter-hin; spä|te|stens; Spät_ge|burt, ...go|tik

Spa|tha die; -, ...then ⟨griech.⟩ (Blütenscheide kolbiger Blütenstände)

spat|hal|tig

Spät|herbst; spät|herbst|lich

Spa|ti|en [...zi⁰n] (Plur. von: Spatium); Spa|ti|en_brei|te (Druckw.), ...keil (Druckw.)

spa|tig (spatkrank; vgl. ²Spat)

spa|ti|ie|ren [...zi...] ⟨lat.⟩ (seltener für: spationieren); spa|tio|nie|ren (Druckw.: [mit Zwischenräumen] durchschießen, sperren); spa|ti|ös (vom Druck: weit, geräumig); Spa|ti|um das; -s, ...ien [...i⁰n] (Druckw.: schmales Ausschlußstück; Zwischenraum)

Spät_jahr, ...la|tein; spät|la|tei-nisch; Spät|le|se; Spät|ling; Spät|mit|tel|al|ter; Spät_nach-mit|tag; eines -s, aber: eines späten Nachmittags; spät|nach-mit|tags vgl. spät; Spät_nach-rich|ten Plur., ...ro|man|tik, ...scha|den, ...schicht, ...som|mer, ...vor|stel|lung, ...werk

Spatz der; -en (auch: -es), -en; Spätz|chen, Spätz|lein; Spat|zen-_hirn (ugs. abwertend), ...nest; Spätz|lin die; -, -nen; Spätz|le Plur. (schwäb. Mehlspeise); Spätz|lein, Spätz|chen; Spätz|li (schweiz. für: Spätzle)

Spät|zün|der (ugs. für: jmd., der nur sehr langsam begreift); Spät-zün|dung

spa|zie|ren ⟨lat.⟩ (sich ergehen); (↑R 205:) spa|zie|ren_fah|ren (ich fahre spazieren; ich bin spazierengefahren), ...füh|ren (vgl. spazieren-fahren), ...ge|hen (vgl. spazieren-fahren); spa|zie|ren|ge|hen das; -s (↑R 68); spa|zie|ren|rei|ten; vgl. spazierenfahren; Spa|zier-_fahrt, ...gang der, ...gän|ger, ...ritt, ...stock (Plur. ...stöcke), ...weg

SPD = Sozialdemokratische Partei Deutschlands

Specht der; -[e]s, -e (ein Vogel); Specht|mei|se (svw. Kleiber)

Speck der; -[e]s, -e; speck|bäu-chig; Speck|hals; spe|ckig¹;

Speck_ku|chen, ...nacken¹, ...schwar|te, ...sei|te, ...soß|e, ...stein (für: Steatit)

spe|die|ren ⟨ital.⟩ ([Güter] versenden, befördern, verfrachten); Spe|di|teur [...tör] der; -s, -e (Transportunternehmer); Spe|di-ti|on [...zion] die; -, -en (gewerbsmäßige Verfrachtung, Versendung [von Gütern]; Transportunternehmen; Versand[abteilung]); Spe|di|ti|ons.fir|ma, ...ge|schäft, spe|di|ti|v (schweiz. für: rasch vorankommend)

Speech [ßpitsch] der; -es, -e u. -es [...tschis] ⟨engl.⟩ (Rede; Ansprache)

¹Speed [ßpid] der; -s, -s ⟨engl.⟩ (Sportspr.: [Steigerung der] Geschwindigkeit, Spurt); ²Speed das; -s, -s (Jargon: Aufputsch-Rauschmittel); Speed|way|ren-nen [...ᵉeᵉ...] (Motorsport)

Speer der; -[e]s, -e; den - werfen Speer_län|ge, ...schaft (vgl ¹Schaft), ...wer|fen (das; -s ↑R 68), ...wer|fer, ...wurf

spei|ben (bayr. u. österr. mdal. für erbrechen); er hat gespieben

Spei|che die; -, -n

Spei|chel der; -s; Spei|chel_drü|se ...fluß, ...lecker¹ (abschätzig) ...leck|er|ei¹ (abschätzig); spei-cheln; ich ...[e]le (↑R 22)

Spei|chel|kranz

Spei|cher der; -s, - ⟨lat.⟩; Spei|cher-_ka|pa|zi|tät, ...mög|lich|keit spei|chern; ich ...ere (↑R 22) Spei|cher|ofen (für: Regenerativofen); Spei|che|rung

spei|en; du spiest; du spieest; ge spie[e]n; spei[e]t; Spei|gat|t] (See mannsspr.: rundes Loch in de Schiffswand zum Wasserablauf Mörtel); Speis die; -, -n (auch für Mörtel); Speis und Tran [...]

Speik der; -[e]s, -e ⟨lat.⟩ (Nam verschiedener Pflanzenarten)

Speil der; -s, -e (Holzstäbche [zum Verschließen des Wurst darmes]); spei|len

¹Speis der; -es ⟨lat.⟩ (landsch. für Mörtel); ²Speis die; -, -en (bayr u. österr. ugs. für: Speisekam mer); Spei|se die; -, -n (auch für Mörtel); Speis und Tran (↑R 18); Spei|se.brei, ...eis ...gast|stät|te, ...haus (veralt.) ...kam|mer; Spei|se|kar|te, Spei sen|kar|te; spei|sen; du speist (speisest); er speiste; gespeist (schweiz. übertr. od. schweiz mdal. auch scherzh.: gespiesen) Spei|sen_auf|zug, ...fol|ge; Spei sen|kar|te, Spei|se|kar|te; Spei sen|wa|gen (Wagen zur Beförde rung von Speisen); Spei|se.öl ...op|fer, ...rest, ...röh|re, ...saa ...schrank, ...täub|ling (ein Pilz ...wa|gen (bei der Eisenbahn

---

¹ Trenn.: ...k|k...

...was|ser (*Plur.* ...wässer; für Dampfkessel), ...wür|ze, ...zet|tel, ...zim|mer; Speis|ko|balt (ein Mineral); Spei|sung

Spei‗täub|ling, ...teu|fel (ein Pilz); spei|übel (ugs.)

Spek|ta|bi|li|tät *die; -, -en* ⟨lat.⟩ (veralt.: an Hochschulen Anrede an den Dekan); Eure (Abk.: Ew.) -; ¹Spek|ta|kel *der; -s, -* (ugs. für: Krach, Lärm); ²Spek|ta|kel *das; -s, -* (geh. für: Schauspiel); Spek|ta|kel|ma|cher (abschätzig); spek|ta|keln (veralt. für: lärmen); ich ...[e]le (↑R 22); spek|ta|ku|lär (aufsehenerregend)

Spek|tra (*Plur.* von: Spektrum); spek|tral ⟨lat.⟩ (auf das Spektrum bezüglich od. davon ausgehend); Spek|tral‗ana|ly|se, ...ap|pa|rat, ...far|be, ...klas|se (Astron.), ...li|nie; Spek|tren (*Plur.* von: Spektrum); Spek|tro|me|ter *das; -s, -* ⟨lat.; griech.⟩ (Vorrichtung zum genauen Messen von Spektren); Spek|tro|skop *das; -s, -e* (Vorrichtung zum Bestimmen der Wellenlängen von Spektrallinien); Spek|tro|sko|pie *die; -*; spek|tro|sko|pisch; Spek|trum *das; -s, ...tren u. ...tra* ⟨lat.⟩ (durch Lichtzerlegung entstehendes farbiges Band)

Spe|ku|la (*Plur.* von: Spekulum); Spe|ku|lant *der; -en, -en* (↑R 197) ⟨lat.⟩ (jmd., der spekuliert); Spe|ku|la|ti|on [...*zion*] *die; -, -en* (auf Mutmaßungen beruhende Erwartung; auf Gewinne aus Preisveränderungen abzielende Geschäftstätigkeit; Philos.: Vernunftstreben nach Erkenntnis jenseits der Sinnenwelt); Spe|ku|la|ti|ons‗bank (*Plur.* ...banken), ...ge|schäft, ...ge|winn, ...kauf, ...pa|pier, ...steu|er *die*, ...wert; Spe|ku|la|ti|us *der; -, -* ⟨niederl.⟩ (ein Gebäck); spe|ku|la|tiv ⟨lat.⟩ (auf Mutmaßungen beruhend; auf Gewinne aus Preisveränderungen abzielend; Philos.: in reinen Begriffen denkend); spe|ku|lie|ren (Spekulationsgeschäfte machen; mit etwas rechnen); Spe|ku|lum *das; -s, ...la* (Med.: Spiegel)

Spe|läo|lo|ge *der; -n, -n* (↑R 197) ⟨griech.⟩; Spe|läo|lo|gie *die; -* (Höhlenkunde); spe|läo|lo|gisch

Spelt *der; -[e]s, -e u.* Spelz *der; -es, -e* (eine Getreideart)

Spe|lun|ke *die; -, -n* ⟨griech.⟩ (verrufene Kneipe)

Spelz vgl. Spelt; Spel|ze *die; -, -n* (Hülse des Getreidekorns; Teil des Gräserblütenstandes); spel|zig

Spen|cer [*ßpänßˀr*] (engl. Philosoph); vgl. aber: Spenser

pen|da|bel ⟨lat.⟩ (ugs. für: freige-

big); ...a|ble Laune; Spen|de *die; -, -n*; spen|den (für wohltätige o. ä. Zwecke Geld geben); Spen|den_ak|ti|on, ...be|schei|ni|gung, ...kon|to; Spen|der; Spen|de|rin *die; -, -nen*; spen|die|ren (freigebig für jmdn. bezahlen); Spen|dier|ho|sen, in: die - anhaben (ugs. für: freigebig sein); Spen|dung

Spen|gler (westmitteld., südd., österr., schweiz. für: Klempner)

Spen|ser [*ßpänßˀr*] (engl. Dichter); vgl. aber: Spencer

Spen|zer *der; -s, -* ⟨engl.⟩ (kurzes, enganliegendes Jäckchen)

Sper|ber *der; -s, -* (ein Greifvogel); sper|bern (schweiz. für: scharf blicken); ich ...ere (↑R 22)

Spe|ren|zi|chen, Spe|ren|zi|en [...*iˀn*] *Plur.* ⟨lat.⟩ (ugs. für: Umschweife, Schwierigkeiten; [keine] - machen

Sper|gel, Spör|gel *der; -s, -* (eine Futterpflanze)

Sper|ling *der; -s, -e*; Sper|lings|vo|gel

Sper|ma *das; -s, ...men u. -ta* ⟨griech.⟩ (Biol.: männl. Samenzellen enthaltende Flüssigkeit); Sper|ma|to|ge|ne|se *die; -* (Samenbildung im Hoden); Sper|ma|tor|rhö¹, Sper|ma|tor|rhöe *die; -, ...rrhöen* (Med.: Samenfluß ohne geschlechtl. Erregung); Sper|ma|to|zo|on *das; -s, ...oen* (svw. Spermium); Sper|men (*Plur.* von: Sperma); Sper|mi|en (*Plur.* von: Spermium); Sper|mio|ge|ne|se *die; -* (svw. Spermatogenese); Sper|mi|um *das; -s, ...ien* [...*iˀn*] (Samenfaden, männl. Keimzelle); Sperm‗öl *das; -[e]s* (Walratöl)

Sper|rad *das; -[e]s, ...räder* [*Trenn.:* Sperr|rad, ↑R 204]; sperr|an|gel|weit (ugs.); Sperr‗bal|ken, ...bal|lon, ...bat|te|rie, ...baum, ...be|trag; Sper|re *die; -, -n*; sper|ren (südd., österr. auch für: schließen); Sperr‗feu|er, ...frist, ...ge|biet, ...ge|trie|be, ...gür|tel, ...gut, ...gut|ha|ben, ...holz, ...holz|plat|te; Sper|rie|gel *der; -s, -* [*Trenn.:* Sperr|rie..., ↑R 204]; sper|rig; Sperr‗jahr (Wirtsch.), ...ket|te, ...klau|sel, ...klin|ke (Technik), ...kon|to, ...kreis; Sperr|ling (veralt. für: Holzstück zum Sperren); Sperr‗mau|er, ...mi|no|ri|tät (Wirtsch.), ...müll, ...sitz, ...stun|de; Sper|rung; sperr|weit (ugs.); Sperr‗zeit (Polizeistunde), ...zoll (*Plur.* ...zölle)

Spe|sen *Plur.* ⟨ital.⟩ ([Un]kosten; Auslagen); spe|sen|frei; Spe|sen‗platz (Bankw.), ...rech|nung

Spes|sart *der; -s* („Spechtswald"; Bergland im Mainviereck)

spet|ten ⟨ital.⟩ (schweiz. für: [im Haushalt, in einem Geschäft] aushelfen); Spet|te|rin *die; -, -nen* (schweiz. für: Stundenhilfe)

Spey|er (Stadt am Rhein); Spey|le|rer (↑R 147); spey|le|risch

Spe|ze|rei (meist *Plur.*) ⟨ital.⟩ (veralt. für: Gewürz[ware]); Spe|ze|rei‗händ|ler (veralt. für: Kolonialwarenhändler), ...hand|lung, ...wa|ren (*Plur.*; veralt. für: Lebensmittel, Gemischtwaren)

Spe|zi [*schpe...*] *der; -s, -[s]* ⟨lat.⟩ (südd., österr. kurz für: Freund); spe|zi|al (veralt. für: speziell); Spe|zi|al *der; -s, -e* (mdal. für: Busenfreund; [kleinere Menge] Tageswein, Schankwein); Spe|zi|al... (Sonder..., Einzel..., Fach...); Spe|zi|al‗arzt (Facharzt), ...aus|bil|dung, ...aus|füh|rung, ...dis|zi|plin, ...fach, ...fahr|zeug, ...gebiet, ...ge|schäft; Spe|zia|li|en [...*iˀn*] *Plur.*; ↑R 180 (veralt. für: Besonderheiten, Einzelheiten); Spe|zia|li|sa|ti|on [...*zion*] *die; -, -en*; ↑R 180 (seltener für: Spezialisierung); spe|zia|li|sie|ren (gliedern, sondern, einzeln anführen, unterscheiden); sich - (sich [beruflich] auf ein Teilgebiet beschränken); Spe|zia|li|sie|rung; Spe|zia|list *der; -en, -en*; ↑R 197, R 180 (Facharbeiter, Fachmann; bes. Facharzt); Spe|zia|li|sten|tum *das; -s*; Spe|zia|li|tät *die; -, -en*; ↑R 180 (Besonderheit; Fachgebiet; Liebhaberei, Stärke); Spe|zia|li|tä|ten|re|stau|rant; Spe|zi|al_sla|lom (Wettbewerbsart im alpinen Skisport), ...sprung|lauf (Skispringen), ...trai|ning; spe|zi|ell (besonders, eigentümlich; eigens; einzeln); ↑R 65: im - (im einzelnen); Spe|zi|es [...*iäß*] *die; -, -* (besondere Art einer Gattung, Tier- od. Pflanzenart); Spe|zi|es|ta|ler [...*iäß...*] (früher: ein harter Taler im Gegensatz zu Papiergeld); Spe|zi|fi|ka|ti|on [...*zion*] *die; -, -en* (Einteilung der Gattung in Arten; Einzelaufzählung); Spe|zi|fi|ka|ti|ons|kauf (Wirtsch.); Spe|zi|fi|kum *das; -s, ...ka* (Besonderes, Entscheidendes; gegen eine bestimmte Krankheit wirksames Mittel); spe|zi|fisch (einem Gegenstand seiner Eigenart nach zukommend; kennzeichnend, eigentümlich); -es Gewicht (Physik: Gewicht der Volumeneinheit, Wichte), -e Wärme, -er Widerstand (Physik); -es Volumen (Physik); Spe|zi|fi|tät *die; -, -en* (Eigentümlichkeit, Besonderheit); spe|zi|fi|zie|ren (einzeln

---
¹ Vgl. die Anmerkung zu „Diarrhö, Diarrhöe".

aufführen; zergliedern); Spe|zi|fi|zie|rung; Spe|zi|men [österr.: ...zi...] das; -s, ...imina (veralt. für: [Probe]arbeit)

Sphä|re die; -, -n ⟨griech.⟩ (Himmelsgewölbe; [Gesichts-, Wirkungs]kreis; [Macht]bereich); Sphä|ren_har|mo|nie, ...mu|sik; Sphä|rik die; - (Math.: Geometrie von Figuren, die auf Kugeloberflächen durch größte Kreise gebildet sind); sphä|risch (die [Himmels]kugel betreffend); -e Trigonometrie (Math.: Berechnung von Dreiecken auf der Kugeloberfläche); -es Dreieck (Math.); Sphä|ro|id das; -[e]s, -e (kugelähnl. Figur, Rotationsellipsoid); sphä|ro|i|disch (kugelähnlich); Sphä|ro|lith der; -s u. -en, -e[n]; ↑R 197; kugeliges Mineralgebilde), ...lo|gie (die; -; Lehre von der Kugel), ...me|ter (das; -s, -; Kugelmesser, Dickenmesser), ...si|de|rit (der; -s, -e; ein Mineral)

Sphen der; -s, -e ⟨griech.⟩ (ein Mineral); Sphe|no|lid das; -[e]s, -e (eine Kristallform); sphe|no|i|dal; ↑R 180 (keilförmig)

Sphink|ter der; -s, ...ere ⟨griech.⟩ (Med.: Schließmuskel)

¹Sphinx die; - (geflügelter Löwe mit Frauenkopf in der griech. Sage; Sinnbild des Rätselhaften); ²Sphinx die; -, -e; in der archäolog. Fachspr. meist: der; -, -e u. Sphingen (ägypt. Steinbild in Löwengestalt, meist mit Männerkopf; Symbol des Sonnengottes od. des Königs)

Sphra|gi|stik die; - ⟨griech.⟩ (Siegelkunde)

Sphyg|mo|gramm das; -s, -e ⟨griech.⟩ (Med.: durch den Sphygmographen aufgezeichnete Pulskurve); Sphyg|mo|graph der; -en, -en; ↑R 197 (Pulsschreiber)

Spick der; -[e]s, -e (Schülerspr.: Spickzettel)

Spick|aal (niederd. für: Räucheraal)

Spickel¹ der; -s, - (schweiz. für: Zwickel an Kleidungsstücken)

¹spicken¹ (Fleisch zum Braten mit Speckstreifen durchziehen)

²spicken¹ (Schülerspr.: in der Schule abschreiben); Spicker¹ (svw. Spickzettel)

Spick|gans (niederd. für: geräucherte u. gepökelte Gänsebrust)

Spick|na|del

Spick|zet|tel (Schülerspr.: zum Spicken vorbereiteter Zettel)

Spi|der [ßpaid'r] der; -s, - ⟨engl.⟩ (offener Sportwagen)

Spie|gel der; -s, - ⟨lat.⟩; Spie|gel-

---

bild; spie|gel|bild|lich; spie|gel-blank; Spie|gel_ei, ...fech|ter; Spie|gel|fech|te|rei; Spie|gel_flä-che, ...ge|wöl|be (Bauw.), ...glas (Plur. ...gläser); spie|gel|glatt; spie|ge|lig (veralt. für: spiegelartig, glänzend); spie|geln; ich ...[e]le (↑R 22); Spie|gel|re-flex|ka|me|ra; Spie|gel_saal, ...schrift, ...strich (waagrechter Strich vor Unterabsätzen in Briefen), ...te|le|skop; Spie|ge|lung, Spieg|lung; spie|gel|ver|kehrt

Spie|ker der; -s, - (nordd. für: großer [Schiffs]nagel); spie|kern (nordd.); ich ...ere (↑R 22)

Spie|ker|oog (eine ostfries. Insel)

Spiel das; -[e]s, -e; Spiel_al|ter, ...art, ...au|to|mat, ...ball, ...bank (Plur. ...banken), ...bein (Sport, bild. Kunst; Ggs.: Standbein), ...do|se; spie|len; - gehen; Schach -; sich mit etwas - (österr. für: etwas nicht ernsthaft betreiben; etwas spielend leicht bewältigen); Spie|ler; Spie|le|rei; Spie|le|rin die; -, -nen; spie|le|risch; -ste (ohne Anstrengung); mit -er Leichtigkeit; Spiel_feld, ...fi|gur, ...film, ...flä|che, ...fol|ge; spiel-frei; Spiel_füh|rer (Sport), ...ge|fähr|te, ...ge|fähr|tin, ...geld, ...hahn (Birkhahn), ...höl|le, ...hös|chen; Spiel|lio|thek (↑R 180); vgl. Spielothek; Spiel_ka-me|rad, ...kar|te, ...ka|si|no, ...klas|se, ...lei|den|schaft, ...lei-ter der, ...ma|cher (Mannschaftssport), ...mann (Plur. ...leute); Spiel|manns_dich|tung (die; -), ...zug; Spiel_mar|ke, ...mi|nu|te (Sport), ...oper; Spiel|lo|thek, Spiel|lio|thek die; -, -en (Einrichtung zum Verleih von Spielzeug); Spiel|pha|se, ...plan (vgl. ²Plan), ...platz, ...rat|te (ugs. für: leidenschaftlich spielendes Kind), ...raum, ...re|gel, ...saal, ...sa|chen Plur., ...schuld, ...schu-le, ...stand; spiel|stark (Sport); eine besonders -e Mannschaft; Spiel_stär|ke (Sport), ...stra|ße, ...teu|fel, ...tisch (auch: Teil der Orgel), ...uhr, ...ver|bot (Sport), ...ver|der|ber, ...ver|ei|ni|gung (Abk.: Spvg., Spvgg.); Spiel|wa-ren Plur.; Spiel|wa|ren_händ|ler, ...hand|lung, ...in|du|strie; Spiel_wei|se, ...werk, ...wie|se, ...witz (der; -es), ...zeit, ...zeug, ...zeug-ei|sen|bahn, ...zim|mer

spien|zeln (schweiz. mdal. für: prahlerisch, foppend vorzeigen); ich ...[e]le (↑R 22)

Spier der od. das; -[e]s, -e (niederd. für: Spitze; Grasspitze); Spier|chen (niederd. für: Grasspitzchen); ein spierchen (↑R 63; nordd. für: ein wenig); Spie|re die; -, -n (Seemannsspr.: Rund-

---

holz, Segelstange); Spier|ling (ein Fisch); Spier|strauch

Spieß der; -es, -e (Kampf-, Jagd-spieß; Bratspieß; Erstlingsform des Geweihs der Hirscharten; Soldatenspr.: Kompaniefeldwebel; Druckw.: im Satz zu hoch stehendes, deshalb mitdruckendes Ausschlußstück); Spieß|bock (einjähriger Rehbock); Spieß-bür|ger, Spie|ßer (abwertend für: engstirniger Mensch); spieß|bür-ger|lich; Spieß_bür|ger|lich|keit, ...bür|ger|tum (das; -s); Spieß-chen; spie|ßen; du spießt (spie-ßest); sich - (österr. für: sich nicht bewegen lassen; übertr. für: stocken); Spie|ßer vgl. Spieß|bür|ger; spie|ßer|haft; spie|ße|risch; -ste; spieß|för|mig; Spieß_ge|sel|le (veralt. für: Waffengefährte; heute abschätzig für: Mittäter), ...glanz (der; -es, -e; Name veralteter Minerale); spie|ßig; Spie|ßig|keit; Spieß|ru|te; -n laufen (↑R 207); Spieß|ru|ten|lau|fen das; - (↑R 68)

Spi|ka die; - ⟨lat.⟩ („Ähre"; ein Stern); Spi|ke die; -, -n (Lavendelart)

Spike [ßpaik] der; -s, -s ⟨engl.⟩ (Dorn für Laufschuhe od. Autoreifen); Spikes [ßpaikß] Plur. (Laufschuhe; Spikesreifen)

Spike[s]|rei|fen

Spill das; -[e]s, -e ([Anker]winde)

Spill|la|ge [...laseh‘, österr. ...laseh] die; -, -n (Wertverlust der bei falsch verpackter trockener Ware durch Eindringen von Feuchtigkeit entsteht); Spill|le die; -, -n (mdal. für: Spindel)

spil|le|rig; spill|rig (landsch. für dürr); Spill|geld (landsch. für Nadelgeld); Spil|ling der; -s, -e (gelbe Pflaume)

Spin der; -s, -s ⟨engl.⟩ (Phys. Drehimpuls der Elementarteilchen im Atom)

spi|nal ⟨lat.⟩ (die Wirbelsäule, das Rückenmark betreffend); -e Kinderlähmung

Spi|nat der; -[e]s, -e ⟨pers.-arab.⟩ (ein Gemüse); Spi|nat|wach|tel (ugs. abschätzig für: schrullige [alte] Frau)

Spind der u. das; -[e]s, -e (einfacher, schmaler Schrank)

Spin|del die; -, -n; Spin|del|baum (Evonymus); spin|del|dürr Spin|del_la|ger (Plur. ...lager), ...schnecke [Trenn.: ...schnek|ke Spi|nell der; -s, -e ⟨ital.⟩ (ein Mineral)

Spi|nett das; -[e]s, -e ⟨ital.⟩ (alte Form des Klaviers)

Spin|na|ker der; -s, - ⟨engl.⟩ (Seemannsspr. für: großes Beisegel)

Spinn|dü|se (bei Textilmaschi-

---

nen); Spin|ne die; -, -n; spin|ne-
feind (ugs.); jmdm. - sein; spin-
nen); du spinnst; du spannst
(spannest); du spönnest (auch:
spännest); gesponnen; spinn[e]!;
Spin|nen|ge|we|be, Spinn|ge|we-
be; Spin|nen|netz; Spin|ner;
Spin|ne|rei; Spin|ne|rin die; -,
-nen; Spin|ner|lied; Spinn.fa|ser,
...ge|we|be od. Spin|nen|ge|we-
be; Spinn.ma|schi|ne, ...rad,
...rocken [Trenn.: ...rok|ken],
...stoff, ...stu|be, ...we|be (die; -,
-n; landsch. für: Spinnengewe-
be), ...wir|tel
spi|nös; -este (lat.) (schwierig; hei-
kel, sonderbar)
Spi|no|za [βpinoza od. schpi..., βpi-
nosa] (niederl. Philosoph); spi-
no|za|lisch; -e Lehre, aber (↑ R
134): Spi|no|za|lisch; -e Schrif-
ten; Spi|no|zis|mus der; - (Lehre
des Spinoza); Spi|no|zist der;
-en, -en (↑ R 197); spi|no|zi|stisch
Spint der od. das; -[e]s, -e
(landsch. für: Fett; weiche
Holz); spin|tig (landsch. für: fet-
tig; weich)
spin|ti|sie|ren (ugs. für: grübeln);
Spin|ti|sie|re|rei
Spi|on der; -s, -e (ital.) (Späher,
Horcher, heiml. Kundschafter;
Spiegel außen am Fenster; Be-
obachtungsglas in der Tür);
Spio|na|ge [...aseh⁵] die; - (franz.)
(Auskundschaftung von Ge-
heimnissen, Späh[er]dienst);
Spio|na|ge.ab|wehr, ...af|fä|re,
...film, ...netz, ...ring; spio|nie-
ren (ugs.); Spio-
nin die; -, -nen
spi|räe die; -, -n (griech.) (Pflan-
zengattung der Rosengewächse,
Spierstrauch)
spi|ral (griech.) (schneckenförmig
gedreht); Spi|ral|boh|rer (fälsch-
lich für: Wendelbohrer); Spi|ra-
le die; -, -n; Spi|ra|len|an|ord-
nung; Spi|ral|fe|der; spi|ral|för-
mig; spi|ra|lig (schrauben-,
schneckenförmig); Spi|ral.li|nie,
...ne|bel
spi|rans die; -, ...ranten u. Spi|rant
der; -en, -en (↑ R 197) (lat.)
(Sprachw.: Reibelaut, Frikativ-
laut, z. B. f); spi|ran|tisch
spi|ril|le die; -, -n (meist Plur.)
(griech.) (Bakterie von gedrehter
Form, Schraubenbakterie)
spi|rit [βp...] der; -s, -s (lat.-engl.)
(Geist [eines Verstorbenen]);
Spi|ri|tis|mus der; - (lat.) (Glaube
an vermeintl. Erscheinungen von
Seelen Verstorbener; Geisterleh-
re); Spi|ri|tist der; -en, -en
(↑R197); spi|ri|ti|stisch; spi|ri|tu-
al (geistig; übersinnlich); Spi|ri-
tu|al der; -s u. -e, -en; ↑R 197
(Seelsorger, Beichtvater in kath.
theol. Anstalten u. Klöstern);

²Spi|ri|tu|al [βpiritjuⁱl] das (auch:
der); -s, -s (amerik.) (geistliches
Volkslied der im Süden Nord-
amerikas lebenden afrikani-
schen Neger mit schwermütiger,
synkopierter Melodie); Spi|ri-
tua|li|en [...iⁱn] Plur. ⟨lat.⟩ (geistl.
Dinge); spi|ri|tua|li|sie|ren (ver-
geistigen); Spi|ri|tua|lis|mus der;
- (Lehre von der Wirklichkeit u.
Wirksamkeit des Geistes); Spi-
ri|tua|list der; -en, -en (↑ R 197);
Spi|ri|tua|li|tät die; - (Geistigkeit,
geistiges Wesen); spi|ri|tu|ell
⟨franz.⟩ (geistig; geistlich); spi|ri-
tu|os, spi|ri|tu|ös; -este (Wein-
geist enthaltend, geistig); -e Ge-
tränke; Spi|ri|tuo|sen Plur. (gei-
stige, d. h. alkohol. Getränke);
¹Spi|ri|tus [βp...] der; -, - [βpiri-
tuß] ⟨lat.⟩ (Hauch, Atem, [Le-
bens]geist); ²Spi|ri|tus [schp...]
der; -, -se (Weingeist, Alkohol);
Spi|ri|tus fa|mi|li|a|ris [βp... -]
der; - - (guter Hausgeist; Vertrau-
te[r] der Familie); Spi|ri|tus|ko-
cher [schp...]; Spi|ri|tus rec|tor
[βp... -] der; - - (leitende, treibende Kraft)
Spi|ro|chä|te [...chätⁱ] die; -, -n
⟨griech.⟩ (Med.: ein Krankheitserreger)
Spi|ro|me|ter das; -s, - ⟨lat.;
griech.⟩ (Atemmesser)
Spir|re die; -, -n (Blütenstand)
Spis|sen das; -s (Balz-, Lockruf
des Haselhahns)
Spi|tal das; -s, ...täler ⟨lat.⟩
(landsch., bes. schweiz. für:
Krankenhaus; veralt. für: Alters-
heim, Armenhaus); Spi|ta|ler,
Spi|tal|ler (veralt., noch
landsch.: Insasse eines Spitals)
Spital an der Drau (Stadt in
Kärnten)
Spi|tel das (auch: der); -s, - (Spi-
tal)
Spit|te|ler (schweiz. Dichter)
Spitt|ler vgl. Spitaler
spitz; -er, -este; eine -e Zunge haben (gehässig reden); ein -er
Winkel; Spitz der; -es, -e (Hund
einer bestimmten Rasse; ugs.
für: leichter Rausch); Spitz|bart;
spitz|bär|tig; Spitz|bau|ch; spitz-
be|kom|men; ↑ R 206 (ugs. für:
merken, durchschauen); ich be-
komme etwas spitz; ich habe etwas spitzbekommen; spitzzube-
kommen
Spitz|ber|gen (Inselgruppe im
Nordpolarmeer)
Spitz|bo|gen; spitz|bo|gig; Spitz-
_boh|rer, ...bu|be; Spitz|bü|be-
rei; Spitz|bü|bin; spitz|bü|bisch;
-ste; Spit|ze die; -, -n; Spit|zel
der; -s, - (Aushorcher, Spion);
spit|zeln; ich ...[e]le (↑ R 22); spit-
zen; du spitzt (spitzest); Spit-
zen_er|zeug|nis, ...fah|rer, ...film,

...funk|tio|när, ...gar|ni|tur, ...ge-
schwin|dig|keit, ...grup|pe,
...kan|di|dat, ...klas|se, ...klöp-
pe|lei, ...klöpp|le|rin, ...kraft,
...lei|stung, ...lohn, ...or|ga|ni|sa-
ti|on, ...po|li|ti|ker, ...po|si|ti|on,
...rei|ter, ...spiel (Sport), ...sport-
ler, ...tanz, ...tech|no|lo|gie,
...tuch (Plur. ...tücher), ...ver-
band, ...ver|kehr; Spit|zer (kurz
für: Bleistiftspitzer); spit|zfin-
dig; Spitz.fin|dig|keit, ...fuß,
...hacke [Trenn.: ...hak|ke],
...ham|mer; spit|zig; Spitz|keh-
re; spitz|krie|gen; ↑ R 206 (ugs.
für: merken, durchschauen); ich
kriege etwas spitz; ich habe etwas spitzgekriegt; spitzzukrie-
gen); Spitz.mar|ke (Druckw.),
...maus, ...na|me; spitz|oh|rig;
Spitz|pfei|ler (für: Obelisk);
Spitz|weg (dt. Maler)
Spitz|we|ge|rich (eine Pflanze);
spitz.win|ke|lig, ...wink|lig,
...zün|gig
Splanch|no|lo|gie [βp...] die; -
⟨griech.⟩ (Med.: Lehre von den
Eingeweiden)
Spleen [schplin, seltener: βplin]
der; -s, -e u. -s ⟨engl.⟩ (phantast.
Einfall; verrückte Angewohn-
heit, seltsame Eigenart, Ver-
schrobenheit); splee|nig
Splei|ße die; -, -n (landsch. für:
Span, Splitter); splei|ßen
(landsch. für: fein spalten; Seemannsspr.: Tauenden miteinander verflechten); du spleißt
(spleißest); du splissest od.
spleißtest; gesplissen od. ge-
spleißt; spleiß[e]!
Splen der; - ⟨griech.⟩ (Med.: Milz)
splen|did ⟨lat.⟩ (freigebig; glanz-
voll; kostbar); Splen|did iso|la-
tion [βplándid aiß⁵le'sch⁵n] die; - -
⟨engl.⟩ (Bez. für die Bündnislo-
sigkeit Englands im 19. Jh.);
Splen|di|di|tät die; - (veralt. für:
Freigebigkeit)
Spließ der; Splisses, Splisse
(landsch. für: Splitter; kleiner
Abschnitt); splis|sen (landsch.
für: spleißen); du splißt (splissest); du splißtest; gesplißt;
splisse! u. spliß!
Split [βplit] (Stadt in Jugoslawien); vgl. Spalato
Split|t der; -[e]s, -e (zerkleinertes
Gestein für den Straßenbau; niederd. für: Span, Schindel); split-
ten ⟨engl.⟩ (das Splitting anwen-
den); gesplittet; Split|ter der; -s,
-; split|ter|fa|ser|nackt (ugs. für:
völlig nackt); Split|ter|grup|pe;

split|te|rig, splitt|rig; split|tern; ich ...ere (↑ R 22); split|ter|nackt (ugs. für: völlig nackt); Split|ter|par|tei; split|ter|si|cher; Split-ting, Split|ting|sy|stem das; -s ⟨engl.⟩ (Form der Haushaltsbe-steuerung, bei der das Einkom-men der Ehegatten zusammen-gezählt und beiden zu gleichen Teilen angerechnet wird); splitt-rig, split|te|rig

Splü|gen der; -s, (auch:) Splü|gen-paß der; ...passes (Paß von Chia-venna nahe dem Comer See in das Hinterrheintal)

SPÖ = Sozialistische Partei Österreichs

Spo|di|um das; -s ⟨griech.⟩ (Che-mie: Knochenkohle); Spo|du-men der; -s, -e (ein Mineral)

Spoerl [schpörl], Heinrich (dt. Schriftsteller)

Spoi|ler [ßpeul'r] der; -s, - ⟨ame-rik.⟩ (Luftleitblech [an Autos])

Spö|ken|kie|ker (niederd. für: Geisterseher, Hellseher)

Spo|li|en|recht [...iᵉn...] ⟨lat.; dt.⟩ (im MA. das Recht, den Nachlaß kath. Geistlicher einzuziehen); Spo|li|um das; -s, ...ien [...iᵉn] (altröm. Beutestück, erbeutete Waffe)

Spom|pa|na|de[l]n Plur. ⟨österr. ugs. für: Dummheiten, Abenteu-er)

spon|de|isch ⟨griech.⟩ (in, mit Spondeen); Spon|de|us der; -, ...deen (ein Versfuß)

spon|die|ren ⟨lat.⟩ (österr. für: den Magistertitel erwerben); vgl. Sponsion)

Spon|dyl|ar|thri|tis ⟨griech.⟩ (Med.: Entzündung der Wirbel-gelenke); Spon|dy|li|tis die; -, ...itiden (Med.: Wirbelentzün-dung); Spon|dy|lo|se die; -, -n (Med.: krankhafte Veränderung an den Wirbelkörpern u. Band-scheiben)

Spon|gia die; -, ...ien [...iᵉn] ⟨griech.⟩ (Schwamm); Spon|gin das; -s (Stoff, aus dem das Ske-lett der Hornschwämme be-steht); spon|gi|ös -este (schwam-mig; locker)

Spon|sa|li|en [...iᵉn] Plur. ⟨lat.⟩ (Rechtsw.: Verlöbnis, Verlo-bungsgeschenke); spon|sern (als Sponsor fördern); ich ...ere; Spon|si|on die; -, -en (österr. für: [akad. Feier zur] Verleihung des Magistertitels); Spon|sor [...sᵉr] der; -s, -s ⟨engl.⟩ (Berater, Förde-rer; Geldgeber im Sport; Person, Gruppe, die Rundfunk- od. Fernsehsendungen [zu Reklame-zwecken] finanziert)

spon|tan ⟨lat.⟩ (von selbst; von in-nen heraus, freiwillig, aus eige-nem plötzl. Antrieb); Spon|ta-nei|tät [...ne-i-...], Spon|ta|ni|tät die; -, -en (Selbsttätigkeit ohne äußere Anregung; Unwillkür-lichkeit; eigener, innerer An-trieb); Spon|ti der; -s, -s (Ange-höriger einer undogmatischen linksgerichteten Gruppe); Spon-ti|grup|pe

Spor der; -[e]s, -e (landsch. für: Schimmel[pilz])

Spo|ra|den Plur. ⟨griech.⟩ (Inseln im Ägäischen Meer); spo|ra-disch (vereinzelt [vorkommend], zerstreut, gelegentlich); Spor|an-gi|um [...ngg...] das; -s, ...ien [...iᵉn] (Bot.: Sporenbildner u. -behälter)

spor|co [...ko] ⟨ital.⟩ (mit Verpak-kung); vgl. Sporko

Spo|re die; -, -n ⟨griech.⟩ (unge-schlechtl. Fortpflanzungszelle der Pflanzen; Dauerform von Bakterien)

Spo|ren (Plur. von: Sporn)

Spo|ren.be|häl|ter, ...pflan|ze, ...schlauch, ...tier|chen

Spör|gel vgl. Spergel

spo|rig (landsch. für: schimmelig)

Spor|ko das; -s ⟨ital.⟩ (Bruttoge-wicht); vgl. sporco

Sporn der; -[e]s, Sporen u. (bes. fachspr.) -e; spor|nen; Sporn-räd|chen; sporn|streichs (↑ R 61)

Spo|ro|phyt der; -en, -en (↑ R 197) ⟨griech.⟩ (Sporenpflanze); Spo-ro|zo|on das; -s, ...zoen; meist Plur. (Sporentierchen)

Sport der; -[e]s, (selten:) -e ⟨engl.⟩ (Spiel, Leibesübungen; Liebha-berei); Sport.ab|zei|chen, ...art, ...ar|ti|kel, ...arzt; sport|be|gei-stert; Sport.be|rich|ter|stat|tung, ...dreß

Spor|tel die; -, -n (meist Plur.) ⟨griech.⟩ (im. MA. Teil des Be-amteneinkommens [eingenom-mene Gebühren]); Spor|tel|frei-heit die; - (Kostenfreiheit)

Sport.er|eig|nis, ...feld, ...fi|schen ⟨das; -s⟩, ...flug|zeug, ...freund, ...geist ⟨der; -[e]s⟩, ...ge|mein-schaft (Abk.: SG); sport|ge-recht; Sport.hal|le, ...hemd, ...herz, ...hoch|schu|le, ...ho|se, ...ho|tel; spor|tiv ⟨franz.⟩ (sport-lich); Sport.jour|na|list, ...ka|no-ne (ugs.), ...klei|dung, ...klub, ...leh|rer; Sport|ler; Sport|ler-herz; Sport|le|rin die; -, -nen; sport|lich; Sport|lich|keit die; -; sport|mä|ßig, sports|mä|ßig; Sport.me|di|zin, ...mel|dung, ...mo|tor, ...müt|ze, ...nach|rich-ten Plur., ...platz, ...re|por|ter, ...schuh; Sports.freund (ugs. An-rede), ...geist, ...mann (Plur. ...leute, auch: ...männer); sports-mä|ßig, sport|mä|ßig; Sport-_spra|che, ...strumpf, ...stu|dent; sport|trei|bend; Sport.un|fall, ...ver|band, ...ver|ein (Abk.: SV ↑R 32: Turn- und Sportverein Abk.: TuS), ...ver|let|zung, ...wa-gen, ...welt ⟨die; -⟩, ...wis|sen-schaft ⟨die;-⟩, ...zei|tung, ...zwei-sit|zer

Spot [ßpot] der; -s, -s ⟨engl.⟩ (Wer-bekurzfilm; in Tonfunksendun-gen eingeblendeter Werbetext kurz für: Spotlight); Spot|ge-schäft (Geschäft gegen sofortige Lieferung u. Kasse im Ge-schäftsverkehr der internationa-len Warenbörsen); Spot|light [...lait] das; -s, -s (auf einen Punkt gerichtetes Bühnenlicht); Spot|markt (Markt, auf dem Rohöl frei verkauft wird)

Spott der; -[e]s; Spott|bild, spott-bil|lig (ugs.); Spott|dros|sel; spöt|te|lei; spöt|teln; ich ...[e]l (↑R 22); spot|ten; Spöt|ter; Spöt-te|rei; Spott.ge|burt, ...ge|dicht ...geld ⟨das; -[e]s⟩; spöt|tisch -ste; Spott.lust, ...na|me, ...preis ...sucht ⟨die; -⟩, ...vo|gel

S.P.Q.R. = Senatus Populusque Romanus

Sprach.at|las (Kartenwerk zur Sprachgeographie; Forschungs-stätte in Marburg; vgl. ⁴Atlas) ...bar|rie|re (Sprachw.), ...bau ⟨der; -[e]s⟩, ...be|ra|tung, ...denk-mal; Spra|che die; -, -n; Sprach-ecke [Trenn.: ...ek|ke] (in Zeitun-gen und Zeitschriften); Spra-chen.fra|ge, ...kampf, ...rech-lung, ...fa|mi|lie, ...feh|ler sprach|fer|tig; Sprach.fer|tig-keit, ...for|scher, ...füh|rer, ...ge-biet, ...ge|brauch, ...ge|fühl ⟨das; -[e]s⟩, ...ge|nie, ...geo|gra|phie ...ge|schich|te, ...ge|setz; sprach-.ge|stört, ...ge|wal|tig, ...ge-wandt; Sprach.ge|wandt|heit, ...gren|ze, ...gut ⟨das; -[e]s⟩, ...heil|mat, ...spra|chig ⟨z. B. fremdsprachig [vgl. d.]); Sprach-.in|sel, ...ken|ner, ...kennt|nis-se Plur., ...kri|tik, ...kun|de, ...kund|ler; sprach_kun|dig ...künd|lich; Sprach.kunst ⟨die -⟩, ...la|bor, ...leh|re; sprach|lich ...sprach|lich (z. B. fremdsprach-lich [vgl. d.]); sprach|los; Sprach-lo|sig|keit; Sprach.pfle|ge ...phi|lo|so|phie, ...re|ge|lung ...rein|heit; sprach|rich|tig Sprach.rich|tig|keit, ...roh-...schatz, ...schicht, ...schnit|ze-...sil|be, ...so|zio|lo|gie, ...still ...stö|rung, ...stu|di|um, ...ta|len-...übung, ...un|ter|richt, ...ver-...ver|glei|chung; sprach|wid|rig Sprach.wis|sen|schaft, ...wis|sen-schaft[ler]; sprach|wis|sen|schaf-lich; Sprach|zen|trum (Teil des Gehirns)

sprat|zen (Hüttenw.: Gasblasen

auswerfen [von flüssigem Metall])

Spray [ßpre' od. schpre'] der od. das; -s, -s ⟨engl.⟩ (in feinsten Tröpfchen versprühte Flüssigkeit); **Spray|do|se; spray|en;** gesprayt

Sprech_an|la|ge, ...bla|se (in Comics), **...büh|ne, ...chor** der; **spre|chen;** du sprichst; du sprachst (sprachest); du sprächest; gesprochen; sprich!; vor sich hin sprechen; (↑R 68:) das lange Sprechen strengt mich an; **Spre|cher; Spre|che|rin** die; -, -nen; **spre|che|risch; Sprech_er|zie|hung, ...funk, ...funk|ge|rät, ...ge|sang, ...kun|de** (die; -); **sprech|kund|lich; Sprech_kunst** (die; -), **...mu|schel** (am Telefon), **...plat|te** (Schallplatte mit gesprochenem Text), **...sil|be, ...stö|rung, ...stun|de, ...stun|den|hil|fe, ...übung, ...un|ter|richt, ...wei|se** (die; -, -n), **...werk|zeu|ge** Plur., **...zeit, ...zel|le** (Telefon), **...zim|mer**

Spree die; - (l. Nebenfluß der Havel); **Spree-Athen** (scherzh. für: Berlin); **Spree|wald** der; -[e]s (↑R 149); ¹**Spree|wäl|der** (↑R 147); - Tracht; ²**Spree|wäl|der** (Bewohner des Spreewaldes); **Spree_wäl|de|rin, ...wäl|le|rin** die; -, -nen

Spre|he die; -, -n (westmitteld. u. nordwestd. für: ³Star)

Sprei|ßel der (österr.: das); -s, - (südd. u. mitteld. für: Splitter, Span); **Sprei|ßel|holz** (österr. für: Kleinholz)

Spreit|decke [Trenn.: ...dek|ke] od. **Sprei|te** die; -, -n (landsch. für: Lage [Getreide zum Dreschen]; [Bett]decke); **sprei|ten** (ausbreiten); **Sprei|tla|ge**

spreiz|bei|nig; Sprei|ze die; -, -n (Strebe, Stütze; eine Turnübung; bayr. auch für: Zigarette); **sprei|zen;** du spreizt (spreizest); gespreizt; **Spreiz_fuß, ...sprung** (Turnen); **Sprei|zung**

Spren|gel der; -s, - (Amtsgebiet [eines Bischofs, Pfarrers]); **spren|gen; Spreng_ge|schoß, ...ka|psel, ...kopf, ...kör|per, ...la|dung, ...laut** (für: Explosiv), **...mei|ster, ...mit|tel** das, **...pul|ver, ...punkt, ...satz; Spreng|sel** der od. das; -s, - (Sprenkel; landsch. für: Heuschrecke); **Spreng|stoff; Spreng_stoff|an|schlag, ...spreng|stoff|hal|tig; Spren|gung; Spreng_wa|gen, ...werk** (Bauw.: Träger mit Streben), **...wir|kung**

Spren|kel der; -s, - (Fleck, Punkt, Tupfen; früher für: Rute zum Vogelfang); **spren|ke|lig, sprenk|lig; spren|keln; ich ...[e]le** (↑R 22); gesprenkelt (getupft);

ein gesprenkeltes Fell, Kleid; **sprenk|lig, spren|ke|lig**

spren|zen (südwestd. für: stark sprengen: regnen); du sprenzt (sprenzest)

Spreu die; -; **spreu|lig**

Sprich|wort (Plur. ...wörter); **Sprich|wör|ter|samm|lung; sprich|wört|lich;** -e Redensart

Sprie|gel der; -s, - (mdal. für: Aufhängeholz der Fleischer; Bügel für das Wagenverdeck)

Sprie|ße die; -, -n (Stütze, Quer-, Stützbalken, Strebe); **Sprie|ßel** das; -s, -[n] (österr. ugs. für: Sprosse); ¹**sprie|ßen** (stützen); du sprießt (sprießest); du sprießt; gesprießt; sprieß[e]!; ²**sprie|ßen** (hervorwachsen); es sprießt; es sproß u. es sprösse; gesprossen; sprieß[e]!; **Spriet** das; -[e]s, -e (Seemannsspr.: dünne Spiere)

¹**Spring** der; -[e]s, -e (landsch. für: das Sprudeln; Quelle); ²**Spring** die; -, -e (Seemannsspr.: zum ausgeworfenen Anker führende Trosse); **Spring_blen|de** (Fotogr.), **...brun|nen; sprin|gen;** du springst; du sprangst (sprangest); du sprängest; gesprungen; spring[e]!; etwas - lassen (ugs. für: ausgeben); **Sprin|ger; Spring|ger|le** (südd.), **Sprin|ger|li** (schweiz.) das; -s, - (ein Gebäck); **Spring_flut, ...form** (eine Kuchenform), **...in|sel** (scherzh.); **Spring_käl|ber, ...kraut** (das; -[e]s; Nolimetangere, eine Pflanze); **spring|le|ben|dig; Spring_maus, ...pferd, ...prü|fung, ...rei|ten, ...rei|ter; Spring_seil, Sprung|seil** (ein Spiel- und Gymnastikgerät); **Spring|til|de**

Sprink|ler der; -s, - ⟨engl.⟩ (Berieselungsgerät); **Sprink|ler|an|la|ge** (Berieselungsanlage)

Sprint der; -s, -s ⟨engl.⟩ (Sport: Kurzstreckenlauf); **sprin|ten** (Sport: über kurze Strecken laufen); **Sprin|ter** der; -s, - (Sport: Kurzstreckenläufer); **Sprin|te|rin** die; -, -nen; **Sprint_strecke** [Trenn.: ...strek|ke], **...ver|mö|gen**

Sprit der; -[e]s, -e (Kurzform von: Spiritus; ugs. für: Treibstoff); **spri|tig** (spritähnlich)

Spritz_ap|pa|rat, ...ar|beit, ...be|ton, ...dü|se; Sprit|ze die; -, -n; **sprit|zen;** du spritzt (spritzest); **Spritz_zen_haus** (veralt.); **...mei|ster** (veralt.); **Sprit|zer; Spritz_ge|backe|ne** [Trenn.: ...bak|ke...], **...fahrt** (ugs.), **...guß** (Technik); **sprit|zig;** -er Wein; **Spritz_ku|chen, ...lackie|rung** [Trenn.:...lak|kie...], **...ma|le|rei, ...pi|sto|le, ...tour** (ugs.)

spröd, sprö|de; ¹**Sprö|de** die; - (älter für: Sprödigkeit); ²**Sprö|de**

die; -n, -n; ↑R 7 ff. (sprödes Mädchen); **Srö|dig|keit** die; -

Sproß der; Sprosses, Sprosse u. (Jägerspr.:) Sprossen (Nachkomme; Pflanzentrieb; Jägerspr.: Teil des Geweihs); **Sprö|ß|chen,** Spröß|lein; **Spro|sse** die; -, -n (Querholz der Leiter; Hautfleck; auch für: Sproß [Geweihteil]); **spros|sen;** du sproßt (sprossest), er sproßt; du sproßtest; gesproßt; sprosse! u. sproß!; **Spros|sen_kohl** (österr. für: Rosenkohl), **...wand** (ein Turngerät)

Spros|ser der; -s, - (ein Vogel)

Sprö|ß|ling, Spros|sung; Sprot|te die; -, -n (ein Fisch); Kieler Sprotten; (↑R 147 (dafür landsch. auch: Kieler Sprott, der)

Spruch der; -[e]s, Sprüche; **Spruch_band** (das; Plur. ...bänder), **...buch, ...dich|tung; Sprü|chel|chen, Sprüch|lein; Spruch_kam|mer** (frühere Entnazifizierungsbehörde); **spruch|reif**

Spru|del_kopf (abschätzig); **spru|deln** (österr. auch für: quirlen); ich ...[e]le (↑R 22); **Spru|del_quel|le** (veralt.), **...stein** (für: Aragonit); **Sprud|ler** (österr. für: Quirl)

Sprue [ßpru] die; - ⟨engl.⟩ (Med.: durch Mangel an Vitamin B₂ verursachte Krankheit)

Sprüh_do|se; sprü|hen; Sprüh_feu|er, ...fla|sche, ...re|gen, ...was|ser (Plur. ...wässer)

Sprung der; -[e]s, Sprünge; auf dem - sein; jmdn. auf einen - besuchen; **Sprung_an|la|ge, ...bein; sprung|be|reit; Sprung_brett, ...fe|der, ...fe|der|ma|trat|ze; sprung|fer|tig; Sprung_ge|lenk, ...gru|be; sprung|haft; Sprung_haf|tig|keit; Sprung_hö|he, ...hü|gel, ...lauf** (Skisport), **...schan|ze** (Skisport), **...seil** (vgl. Springseil), **...stab** (Stabhochsprung), **...tuch** (Plur. ...tücher), **...turm, ...wurf** (Handball, Basketball)

SPS = Sozialdemokratische Partei der Schweiz

Spucke die; - [Trenn.: Spuk|ke] (ugs. für: Speichel); **spucken** [Trenn.: spuk|ken] (speien); **Spuck|napf**

Spuk der; -[e]s, (selten:) -e (Gespenst[ererscheinung]); **spu|ken** (gespensterhaftes Unwesen treiben); **Spu|ke|rei** (ugs.); **Spuk_ge|schich|te, ...ge|stalt; spuk|haft**

Spül_au|to|mat, ...becken [Trenn.: ...bek|ken]

Spü|le die; -, -n; **spü|len**

Spü|le die; -, -n; **spü|len**

Spü|ler (an der Nähmaschine)

Spü|ler; Spü|le|rin die; -, -nen; **Spü|licht** das; -s, -e (Spülwasser)

Spulmaschine

Spul|ma|schi|ne
Spül_ma|schi|ne, ...mit|tel das
Spul_rad, ...spin|del
Spül_stein, ...tisch; Spü|lung;
Spül|was|ser (Plur. ...wässer)
Spul|wurm
Spu|man|te [βp...] der; -s, -s (ital.) (Kurzform für: Asti spumante)
[1]Spund der; -[e]s, Spünde (ital.) (Faßverschluß; Tischlerei; Feder)
[2]Spund der; -[e]s, -e (ugs. für: junger Kerl)
Spund_ap|pa|rat, ...boh|rer; spun|den (mit Spund versehen; [Bretter] durch Feder und Nut verbinden); eine gespundete Tür; spun|dig (landsch. für: nicht richtig durchgebacken); Spund|loch; Spun|dung; Spund_wand (wasserdichte Bohlen- od. Eisenwand), ...zap|fen
Spur die; -, -en; spür|bar; Spur_brei|te; spu|ren (Skisport: die erste Spur legen; ugs. für: sich einordnen, gefügig sein); spü|ren; Spu|ren_ele|men|te (Plur.; anorgan. chem. Grundstoffe, die in geringster Mengen lebensnotwendig sind), ...le|ger (Skisport), ...nach|weis, ...si|che|rung; Spü|rer; Spür|hund; ...spu|rig (z. B. schmalspurig); Spur|kranz; spur|los; Spür|na|se (übertr. ugs.); Spur|ril|le (Verkehrsw.); spür|si|cher; Spür|sinn der; -[e]s
Spurt der; -[e]s, -s (selten: -e) (engl.) (schneller Lauf [über einen Teil einer Strecke]); spur|ten; spurt_schnell, ...stark
Spur|wei|te
Spu|ta (Plur. von: Sputum)
spu|ten, sich (sich beeilen)
Sput|nik der; -s, -s (russ.) („Gefährte"; Bez. für die ersten sowjet. Erdsatelliten)
Spu|tum das; -s, ...ta (lat.) (Med.: Auswurf)
Spvg., Spvgg. = Spielvereinigung
Square [βkwä'] der od. das; -[s], -s (engl.) (engl. Bez. für: Quadrat; Platz); Square dance [- danβ] der; - -, - -s [- ...βis] (amerik. Volkstanz)
Squash [βkwosch] das; - (engl.) (Fruchtsaft mit Fruchtfleisch; dem Tennis ähnl. Ballspiel)
Squat|ter [βkwoťr] der; -s, - (engl.) (amerik. Ansiedler, der ohne Rechtsanspruch auf unbebautem Land siedelt)
Squaw [βkwä] die; -, -s (indian.-engl.) (nordamerik. Indianerfrau)
Squi|re [βkwai'r] der; -[s], -s (engl.) (engl. Gutsherr)
sr = Steradiant
Sr = chem. Zeichen für: Strontium
SR = Saarländischer Rundfunk

Sr. = Seiner (Durchlaucht usw.)
Srbik [śirbik] (österr. Historiker)
SRG = Schweizerische Radio- und Fernsehgesellschaft
Sri Lan|ka [- langka] (singhal.) (Inselstaat im Indischen Ozean); Sri|lan|ker; sri|lan|kisch
SRI vgl. Riyal
SS. = Sante, Santi
SSD = Staatssicherheitsdienst (DDR)
SSO = Südsüdost[en]
SSR = Sozialistische Sowjetrepublik
SSSR (für russ. CCCP) = Union der Sozialistischen Sowjetrepubliken
SSW = Südsüdwest[en]
SS 20 (sowjet. Mittelstreckenrakete); SS-20-Ra|ke|te
st! (beim Anruf: Achtung!; Ruhe!)
St = [2]Saint: Stratus
St. = Sankt; [1]Saint; Satang; Stück; Stunde
s. t. = sine tempore
S. T. = salvo titulo
Sta. = Santa
[1]Staat der; -[e]s, -en (lat.); von -s wegen; [2]Staat der; -[e]s (ugs. für: Prunk); - machen (mit etwas prunken); staa|ten|bil|dend; -e Insekten; staa|ten|los; Staa|ten|lo|se der u. die; -n, -n (↑R 7 ff.); Staa|ten|lo|sig|keit die; -; staat|lich; Staats_af|fä|re, ...akt, ...ak|ti|on, ...ama|teur (Amateursportler, der vom Staat so sehr gefördert wird, daß er den Sport wie ein Profi betreiben kann), ...an|ge|hö|ri|ge der u. die; ...an|ge|hö|rig|keit (die; -, -en), ...an|lei|he, ...an|walt, ...an|walt|schaft, ...ap|pa|rat, ...ar|chiv, ...auf|sicht, ...bank (Plur. ...banken), ...bank|rott, ...be|am|te, ...be|gräb|nis, ...be|such, ...be|trieb, ...bib|lio|thek, ...bür|ger; Staats|bür|ger|kun|de die; -; staats|bür|ger|lich; -e Rechte; Staats_bür|ger|schaft, ...bürg|schaft, ...dienst; staats|ei|gen; Staats|ei|gen|tum; staats|er|hal|tend; Staats_ex|amen, ...fei|er|tag; staats|feind|lich; Staats_fi|nan|zen (Plur.), ...flag|ge, ...form, ...ge|biet; staats|ge|fähr|dend; -e Schriften; Staats_ge|fähr|dung, ...ge|heim|nis, ...ge|richts|hof (der; -[e]s), ...ge|walt (die; -), ...gren|ze, ...haus|halt, ...ho|heit (die; -), ...kanz|lei, ...ka|pi|ta|lis|mus, ...ka|ros|se, ...kir|che, ...kleid (ugs. für: Festtagskleid), ...ko|sten (Plur.; auf -), ...kunst (die; -), ...lot|te|rie, ...mann (Plur. ...männer), ...staats|män|nisch, ...mi|ni|ster, ...ober|haupt, ...ord|nung, ...or|gan, ...pa|pier, ...par|tei, ...po|li|tik; staats|po|li|tisch; Staats-

_prä|si|dent, ...prü|fung (die erste, die zweite -), ...qual|le (ein Nesseltier), ...rai|son od. ...rä|son, ...rat (Plur. ...räte), ...rats|vor|sit|zen|de, ...recht (das; -[e]s), ...re|li|gion, ...schrei|ber (schweiz. für: Vorsteher der Staatskanzlei), ...schul|den Plur., ...se|kre|tär, ...se|kre|tä|rin, ...si|cher|heit (die; -); Staats|si|cher|heits|dienst der; -[e]s (polit. Geheimpolizei in der DDR; Abk.: SSD); Staats_so|zia|lis|mus, ...steu|er die, ...stra|ße, ...streich, ...thea|ter, ...ver|bre|chen, ...ver|trag, ...volk, ...we|sen, ...wirt|schaft, ...wis|sen|schaft, ...wohl
Stab der; -[e]s, Stäbe; 25 - Rohei|sen (↑R 128 f.); Stab|an|ten|ne
Stab|bat mal|ter das; - -, - - (lat.) („die Mutter [Jesu] stand [am Kreuze]"; Anfangsworte einer kath. Sequenz)
Stäb|chen, Stäb|lein; Stab|ei|sen
Sta|bel|le die; -, -n (roman.) (schweiz. für: Schemel)
sta|bend (für: alliterierend)
Sta|berl der; -s (Gestalt der Wiener Posse)
stab|för|mig; Stab|füh|rung (musikal. Leitung); unter der - von ...; Stab|hoch|sprin|ger; Stab|hoch|sprung (Sport)
sta|bil (lat.) (beständig, dauerhaft, fest, haltbar; [körperlich] kräftig, widerstandsfähig); Sta|bil|le das; -s, -s (engl.) (Kunstwerk in Form einer [im Gegensatz zum Mobile] auf dem Boden stehenden metallenen Konstruktion); Sta|bi|li|sa|ti|on [...zion] die; -, -en; Sta|bi|li|sa|tor der; -s, ...oren (Gerät zur Gleichhaltung elektr. Größen; Vorrichtung zur Verringerung der Kurvenneigung bei Kraftwagen; Zusatz, der die Zersetzung chem. Verbindungen verhindern soll); sta|bi|li|sie|ren (stabil, beständig machen); Sta|bi|li|sie|rung; Sta|bi|li|sie|rungs_flä|che (Flugw.), ...flos|se (bei [Renn]wagen); Sta|bi|li|tät die; - (Beständigkeit, [Stand]festigkeit); Sta|bi|li|täts|po|li|tik
Stab|lam|pe; Stäb|lein; Stäb|chen; Stab|reim (Anlautreim, Alliteration); stab|rei|mend (für: alliterierend); Stabs_arzt, ...feld|we|bel; stab|sich|tig (für: astigmatisch); Stab|sich|tig|keit die; (für: Astigmatismus); Stabs_of|fi|zier, ...stel|le, ...vel|te|ri|när ...wacht|mei|ster; Stab|ta|schen|lam|pe; Stab|werk (got. Bauk.)
stacc. = staccato; sta|cca|to [βta|kato] (ital.) (Musik: abgestoßen Abk.: stacc.); Stac|ca|to vgl. Stakkato
Sta|chel der; -s, -n; Sta|chel_bee|re, ...draht, ...draht|ver|hau

...hals|band, ...häu|ter; sta|che-
lig, stach|lig; Sta|che|lig|keit,
Stach|lig|keit die; -; sta|cheln;
ich ...[e]le (↑R 22); Sta|chel-
_schwein, ...zaun (veralt.)

Sta|ches, Sta|chus (Kurzform
von: Eustach[ius]); ²Sta|ches der;
-, - (schwäb. für: widerspensti-
ger, närrischer Kerl)

stach|lig, sta|chelig; Stäch|lig-
keit, Sta|che|lig|keit die; -

Sta|chus vgl. ¹Staches

Stack das; -[e]s, -e (niederd. für:
Buhne); Stack|deich

tad (österr. u. bayr. ugs. für: still,
ruhig)

Sta|del der; -s, - u. (schweiz.:) Stä-
del (südd., österr., schweiz. für:
Scheune, kleines [offenes] Gebäude)

sta|den der; -s, - (südd. für:
Ufer[straße])

Sta|di|on das; -s, ...ien [...i⁽ⁿ⁾]
(griech.) (altgriech. Wegmaß;
Kampfbahn, Sportfeld); Sta|di-
on|spre|cher; Sta|di|um das; -s,
...ien [...i⁽ⁿ⁾] ([Zu]stand, [Entwick-
lungs]stufe, Abschnitt)

Stadt der; -, Städte¹; Stadt|ar|chiv;
stadt|aus|wärts; Stadt_au|to-
bahn, ...bahn, ...bau (städt. Bau;
Plur. ...bauten), ...be|bau|ung, ...be-
bekannt; Stadt_be|völ|ke|rung,
...be|woh|ner, ...be|zirk, ...bi-
blio|thek, ...bild, ...bum|mel
(ugs.); Städt|chen¹, Städt|lein¹;
Stadt|di|rek|tor; Städ|te|bau¹
der; -[e]s (Anlage u. Planung von
Städten); städ|te|bau|lich¹; Städ-
te_bild|er¹ Plur., ...bund¹ der;
stadt|ein|wärts; Städ|te_kampf¹,
...part|ner|schaft¹; Städ|ter¹;
Städ|te|rin¹ die; -, -nen; Städ|te-
tag¹; Stadt_fahrt, ...flucht (vgl.
¹Flucht), ...gas, ...ge|biet, ...ge-
spräch, ...gue|ril|la, ...haus, ...in-
dia|ner (jmd., der seine Ableh-
nung der bestehenden Gesellschaft durch auffällige Kleidung
[u. Gesichtsbemalung] zum Aus-
druck bringt); städ|tisch¹; -es Le-
ben; -e Verwaltung; Stadt_käm-
me|rer, ...kern, ...klatsch (ab-
schätzig), ...kreis; stadt|kun|dig;
stadt- und landkundig (↑R 32);
Städt|lein¹, Städt|chen¹; Stadt-
_mau|er, ...mis|si|on, ...mit|te,
...park, ...plan (vgl. ²Plan), ...pla-
nung, ...prä|si|dent (schweiz.
svw. Oberbürgermeister), ...rand,
...rand|sied|lung, ...rat (Plur.
...räte), ...recht, ...rund|fahrt,
..schrei|ber, ...staat (Plur. ...staa-
ten), ...strei|cher, ...strei|che|rin
die; -, -nen), ...teil der, ...thea-
ter, ...tor das, ...vä|ter Plur.,
...ver|kehr, ...ver|ord|ne|te der u.
die; -n, -n (↑R 7 ff.); Stadt|ver-

¹Auch: schtä...

ord|ne|ten|ver|samm|lung; Stadt-
_ver|wal|tung, ...vier|tel, ...wer|ke
Plur., ...zen|trum

Staël [ʃtal], Madame de (franz.
Schriftstellerin)

Sta|fel der; -s, Stäfel ⟨roman.⟩
(schweiz. für: Alpweide, -hütte)

Staf|et|te die; -, -n ⟨ital.⟩ (früher
für: [reitender] Eilbote, Melde-
reiter; Sport: Staffel, Staffellauf
in der Leichtathletik); Staf|fet-
ten|lauf (Staffellauf)

Staf|fa|ge [...aʃᵉ, österr.: ...aʃᵉ]
die; -, -n (französierende Bildung) (Beiwerk, Belebung [eines
Bildes] durch Figuren; Neben-
sächliches, Ausstattung)

Staf|fel die; -, -n; (↑R 43:)
4 × 100-m-Staffel oder 4mal-
100-Meter-Staffel; Staf|fel_an-
lei|he (Wirtsch.), ...be|tei|li|gung
(Wirtsch.); Staf|fe|lei; staf|fel-
för|mig; Staf|fel|lig, staff|lig;
Staf|fel|lauf (Leichtathletik, Ski-
sport); Staf|fel_mie|te; staf|feln;
ich ...[e]le (↑R 22); Staf|fel_preis
(vgl. ²Preis), ...rech|nung, ...span-
ne (Wirtsch.); Staf|fe|lung, Staff-
lung; staf|fel|wei|se

staf|fie|ren ⟨franz.⟩ (österr. für:
schmücken, putzen; einen Stoff
auf einen anderen aufnähen;
veralt. für: ausstaffieren); Staf-
fie|rer; Staf|fie|rung

staff|lig, staf|fel|lig; Staff|lung,
Staffelung

Stag das; -[e]s, -e[n] (Seemannsspr.: Halte-, Stütztau auf
Schiffen)

Stag|fla|ti|on [...zion] die; -, -en
(aus „Stagnation“ u. „Inflation“; von wirtschaftlichem Stillstand begleitete Inflation)

Stag|io|ne [ʃtadʒoːnᵉ] die; -, -n
(Spielzeit ital. Operntheater)

Stag|na|ti|on [...zion] die; -, -en
⟨lat.⟩ (Stockung, Stillstand); sta-
gnie|ren; Stag|nie|rung

Stag|se|gel (Seemannsspr.: an ei-
nem Stag gefahrenes Segel)

¹Stahl der; -[e]s, Stähle u. (selten:)
Stahle (schmiedbares Eisen)

²Stahl der; -[e]s u. -en, Stähle u.
-en; ↑R 197 (niederd. für: Muster, Probe)

Stahl_ar|bei|ter, ...bad, ...band
(das; Plur. ...bänder), ...bau (Plur.
...bauten), ...be|ton; stahl|blau;
Stahl|draht; stäh|len; stäh|lern
(aus Stahl); -e Waffe; -er Wille;
Stahl_er|zeu|gung, ...fe|der,
...flach|stra|ße od. ...stra|ße
(Straßenbau), ...fla|sche; stahl-
_grau, ...hart; Stahl|helm (vgl.
¹Helm), ...kam|mer, ...ko|cher
(ugs. für: Stahlarbeiter), ...rohr,
...rohr|mö|bel, ...roß (scherzh.
für: Fahrrad), ...ske|lett|bau|wei-
se, ...stich, ...stra|ße (vgl. Stahl-
flachstraße), ...trä|ger, ...werk

stahn (veralt. für: stehen)

Sta|ke die; -, -n u. Sta|ken der; -s, -
(landsch. für: Stange zum Schie-
ben von Flößen, Kähnen); staken (landsch. für: mit Staken
fortbewegen; ugs. für: mit stei-
fen Schritten gehen); Sta|ket
das; -[e]s, -e ⟨niederl.⟩ (Latten-
zaun, Gestäke); Sta|ke|te die; -,
-n (österr. für: Latte); Sta|ke|ten-
zaun

Stak|ka|to das; -s, -s u. ...ti ⟨ital.⟩
(Musik: kurz abgestoßener Vortrag); vgl. staccato

stak|sen (ugs. für: mit steifen
Schritten gehen); du stakst (stak-
sest); stak|sig

Stal|lag|mit der; -s u. -en, -e[n]
(↑R 197) ⟨griech.⟩ (Tropfstein
vom Boden her, Auftropfstein);
sta|lag|mi|tisch; Stal|lak|tit der;
-s u. -en, -e[n]; ↑R 197 (Tropfstein an Decken, Abtropfstein);
sta|lak|ti|ten|ge|wöl|be (islam.
Baukunst); sta|lak|ti|tisch

Sta|lin (sowjet. Staatsmann); Sta-
lin|grad vgl. Wolgograd; Sta|li-
nis|mus der; -; Sta|li|nist der; -en,
-en (↑R 197); sta|li|ni|stisch; Sta-
lin|or|gel (früher: sowjet. Rake-
tenwerfer; ↑R 135)

Stall der; -[e]s, Ställe; Stal|la|ter|ne
[Trenn.: Stall|la..., ↑R 204]; Stall-
bur|sche; Ställ|chen; Ställ|dün-
ger (natürl. Dünger); stal|len;
Stall_füt|te|rung, ...ha|se (Haus-
kaninchen), ...knecht, ...magd;
Stal|lung

Stam|bul (Stadtteil von Istanbul)

Stamm der; -[e]s, Stämme; Stam-
m|ak|tie; Stam|mann|schaft
[Trenn.: Stamm|ma..., ↑R 204];
Stamm_baum, ...bel|leg|schaft,
...buch; stamm|bür|tig (Bot.:
[von Blüten] unmittelbar am
Stamm ansetzend); Stämm|chen,
Stämm|lein; Stamm|dal|ten Plur.
(Datenverarbeitung); Stamm-
ein|la|ge (Wirtsch.)

stam|meln; ich ...[e]le (↑R 22)
stam|men

stam|mern (niederd. für: stam-
meln); ich ...ere (↑R 22)

Stam|mes_be|wußt|sein, ...ge-
schich|te, ...kun|de (die; -), ...na-
me, ...sa|ge; Stam|mes|sen;
Stam|mes_spra|che, ...ver|band,
...zu|ge|hö|rig|keit; Stamm-
_form, ...gast (Plur. ...gäste),
...ge|richt, stamm|haft; Stamm-
_hal|ter, ...haus; Stamm|mie|te
[Trenn.: Stamm|mie|te, ↑R 204];
Stamm|mieter [Trenn.: Stamm|mie-
ter, ↑R 204]; stäm|mig; Stäm-
mig|keit die; -; Stamm_ka|pi|tal,
...knei|pe (ugs.), ...kun|de der,
...kund|schaft; Stämm|lein,
Stämm|chen

Stamm|ler

Stamm_lo|kal, ...per|so|nal, ...re-gi|ster (Bankw.), ...rol|le (milit.), ...sil|be, ...spiel|ler, ...ta|fel, ...tisch, ...ton (Musik); Stammutter (Plur. ...mütter) [Trenn.: Stamm|mut..., ↑R 204]; Stammval|ter; stamm|ver|wandt; Stamm-_ver|wandt|schaft, ...vo|kal, ...wäh|ler, ...wort (Plur. ...wörter), ...wür|ze

Sta|mo|kap der; -[s] (Kurzw. für: staatsmonopolistischer Kapitalismus)

Stam|per der; -s, - (Schnapsglas ohne Fuß); Stam|perl das; -s, -n (bayr. u. österr. für: Stamper)

Stampf|bel|ton; Stamp|fe die; -, -n; stamp|fen; Stamp|fer; Stampfkar|tof|feln Plur. (landsch. für: Kartoffelbrei)

Stam|pi|glie [...pilj°] die; -, -n ⟨ital.⟩ (österr. für: Gerät zum Stempeln; Stempelaufdruck)

Stan [ßtän] (kurz. für: Stanley)

Stand der; -[e]s, Stände; einen schweren Stand haben; standhalten (vgl. d.); ↑R 208: außerstande, imstande sein, aber: er ist gut im Stande (bei guter Gesundheit); instand halten, aber: etwas [gut] im Stande (in gutem Zustande) erhalten; instand setzen (ausbessern, wiederherstellen), aber: jmdn. in den Stand setzen, etwas zu tun; zustande bringen, kommen

Stan|dard der; -s, -s ⟨engl.⟩ (Normalmaß, Durchschnittsmuster; Richtschnur, Norm); Stan|dard-_aus|rü|stung, ...brief, ...far|be, ...form; stan|dar|di|sie|ren (normen; vereinheitlichen); Standar|di|sie|rung; Stan|dard_kal|ku|la|ti|on (Wirtsch.), ...ko|sten (Plur.; Wirtsch.), ...ko|sten|ab|rech|nung (Wirtsch.), ...ko|sten|rech|nung (Wirtsch.), ...preis (vgl. ²Preis), ...si|tua|ti|on (z. B. Freistoß, Eckstoß im Fußball), ...spra|che, ...tanz, ...werk (mustergültiges Sach- od. Fachbuch), ...wert (Festwert)

Stan|dar|te die; -, -n ⟨franz.⟩ (Banner; Feldzeichen; Fahne berittener u. motorisierter Truppen; Jägerspr.: Schwanz des Fuchses); Stan|dar|ten|trä|ger

Stand_bein (Sport, bild. Kunst; Ggs.: Spielbein), ...bild; Ständchen, Ständ|lein; Stan|de die; -, -n (landsch. u. schweiz.) u. Standen der; -, - (landsch. für: ²Kufe, Bottich); Stän|de Plur. (ständische Volksvertretung); Stän|dekam|mer; Stän|den vgl. Stande; Stän|de_ord|nung, ...or|ga|ni|sa|ti|on

Stan|der der; -s, - (Dienstflagge am Auto z. B. von hohen Regierungsbeamten; Seemannsspr.: kurze, dreieckige Flagge)

Stän|der der; -s, - (Jägerspr. auch: Fuß des Federwildes); Stän|de-_rat der; -[e]s, ...räte (in der Schweiz: Vertretung der Kantone in der Bundesversammlung u. deren Mitglied, ...recht; Stän|der|lam|pe (schweiz. für: Stehlampe); Stan|des|amt; stan|des-amt|lich; -e Trauung; Stan|des-be|am|te; stan|des|be|wußt; Standes_be|wußt|sein, ...dün|kel ...ehre; stan|des|ge|mäß; -es Auskommen; -e Heirat; Stan|des-_herr, ...herr|schaft, ...per|son, ...pflicht, ...recht; Stän|de|staat (Plur. ...staaten); Stan|des_un|ter|schied, ...wür|de; stan|des-wür|dig; Stan|des|zu|ge|hö|rig-keit; Stän|de_tag, ...we|sen (das; -s); stand|fest; Stand_fe|stig|keit (die; -), ...fo|to (Filmw.), ...fuß-ball (ugs.), ...gas (das; -es; Kfz-Technik), ...geld (Marktgeld), ...ge|richt (Militär), ...ge|wicht, ...glas (Plur. ...gläser; Meßzylinder); stand|haft; Stand|haf|tig-keit die; -; stand|hal|ten (↑R 207); er hält stand (↑R 64); hat standgehalten; standzuhalten; stän|dig (dauernd); -er Aufenthalt; -e Wohnung; -es Mitglied, -e Vertretung, aber (↑R 157): Ständiger Internationaler Gerichtshof; Ständige Konferenz der Kultusminister der Länder; stän|disch (die Stände betreffend); nach Ständen gegliedert); -er Aufbau; Ständl der; -s, -n (bayr., österr. ugs. für: Verkaufsstand); Stand-licht (bei Kraftfahrzeugen); Stand|ort der; -[e]s, -e (im milit. Sprachgebrauch auch für: Garnison); Stand|ort_äl|te|ste (der; ↑R 7 ff.), ...be|stim|mung, ...fak|tor (Wirtsch.), ...leh|re (Wirtsch.), ...ori|en|tie|rung (Wirtsch.); Stand_pau|ke (ugs. für: Strafrede), ...punkt, ...quar|tier, ...recht (Kriegsstrafrecht); stand|recht|lich; -e Erschießung; Stand|re|de (Strafrede); stand|si-cher; Stand_si|cher|heit (die; -), ...spur, ...uhr, ...vo|gel, ...waa|ge

Stan|ge die; -, -n (Jägerspr. auch: Stamm des Hirschgeweihs; Schwanz des Fuchses; von der Stange kaufen (Konfektionsware kaufen); Stan|gel|chen, Stäng|lein; stän|geln (mit Stangen versehen, an Stangen anbinden); ich ...[e]le (↑R 22); Stan|gen_gen.boh|ne, ...holz, ...pferd (an der Deichsel gehendes Pferd eines Gespanns), ...rei|ter (Reiter auf dem Stangenpferd), ...spar|gel, ...weiß|brot; Stäng|lein; Stän|gel|chen

Sta|nis|laus, Sta|nis|law [...laf] (m. Vorn.)

Sta|nit|zel od. Sta|nitzl das; -s, - (bayr. u. österr. für: spitze Tüte)

Stank der; -[e]s (ugs. für: Zank); Stän|ke|rei (ugs.); Stän|k|e|r|e (verächtl.); stän|ke|rig, stänk|rig (ugs.); stän|kern (ugs.); ich ...er (↑R 22)

Stan|ley [ßtänli] (engl. m. Vorn.)

Stan|ni|ol das; -s, -e ⟨nlat.⟩ (ein silberglänzende Zinnfolie, ugs auch für: silberglänzende Aluminiumfolie); Stan|ni|ol_blätt chen, ...pa|pier; Stan|num das; (Zinn; chem. Zeichen: Sn)

Stans (Hauptort des Halbkanton Unterwalden nid dem Wald'

Stan|ser Horn das; - -[e]s (ei Berg)

stan|te pe|de ⟨lat.⟩ (ugs. scherzl für: „stehenden Fußes"; sofor ¹Stan|ze die; -, -n ⟨ital.⟩ (achtzeil ge Strophenform)

²Stan|ze die; -, -n (Ausschneide werkzeug, -maschine für Blech u. a.; Prägestempel); stan|zen du stanzt (stanzest); Stanz|for|m Stan|zi (Kurzform von: Konstan ze)

Stanz|ma|schi|ne

Sta|pel der; -s, - (Schiffsbau|ge rüst; Platz od. Gebäude für di Lagerung von Waren; aufge schichteter Haufen; Faserlän ge); vom (auch: von) - gehe lassen, laufen; Sta|pel_fa|se ...glas (Plur. ...gläser), ...holz

Sta|pel|lie [...i°] die;-, -n (nach de niederl. Arzt J. B. van Stape (Aasblume od. Ordenskaktus) ...sta|pel|ig (z. B. langstapelig Sta|pel|lauf; sta|peln; ich ...[e] (↑R 22); Sta|pel|platz; Sta|pe lung die; -; Sta|pel|wa|re

Sta|p|fe die;-, -n u. Sta|p|fen der; - (Fußspur); stap|fen

Sta|phy|lo|kok|kus der; -, -kke (meist Plur.) ⟨griech.⟩ (Med traubenförmige Bakterie)

Stap|ler (kurz für: Gabelstapler Stap|ler|fah|rer

Staps der;-es, -e (sächs. für: ung lenker Bursche)

¹Star der; -[e]s, -e ⟨zu: starr⟩ (A genkrankheit); (↑R 157:) d graue, grüne, schwarze Star (A genkrankheiten)

²Star der; -s, -s ⟨engl.⟩ („Stern berühmte Persönlichkeit [bei Theater, Film]; kurz für: Sta boot)

³Star der; -[e]s, -e (ein Vogel)

Stär der; -[e]s, -e (landsch. fü Widder)

Star_al|lü|ren (Plur.; eitles, la nenhaftes Benehmen, Eigenhe ten eines Stars [vgl. ²Star]), ...a walt (berühmter Anwalt), ...a set|zung

star|bind

Star|boot ⟨engl.; dt.⟩ (ein Sports gelboot)

Star|bril|le

stä|ren (landsch. für: brünstig sein nach dem Stär)
Sta|ren|ka|sten, Star|ka|sten
Star|figh|ter [*βta'fait'r*] der; -s, - ⟨amerik.⟩ (amerik. Kampfflugzeug)
Star|hem|berg [*schtạr'm*...] (Name eines österr. Adelsgeschlechtes)
stark; stärker, stärkste; das -e (männliche) Geschlecht; eine -e Natur; er hat -e Nerven; (Sprachw.:) -e Deklination; ein -es Zeitwort; (↑R 65:) das Recht des Starken. In Verbindung mit Verben immer getrennt, z.B. stark sein, werden, machen; stark erhitzt; stark gehopftes Bier, stark verdünnter Alkohol
Star|ka|sten, Sta|ren|ka|sten
Stark|bier; Stär|ke die; -, -n; Stär|ke_fa|brik, ...mehl; stär|ken
Star|ken|burg (Südteil des Regierungsbezirks Darmstadt); star|ken|bur|gisch
Stär|ke|zucker [*Trenn.:* ...zuk|ker]
Star|king [*βta'king*] der; -s, -s (eine Apfelsorte)
stark_kno|chig, ...lei|big; Stark|strom der; -[e]s; Stark|strom_lei|tung, ...tech|nik, ...tech|ni|ker
Star|kult ⟨zu ²Star⟩
Stär|kung; Stär|kungs|mit|tel das
Star|let[t] [*βta'lät*] das; -s, -s ⟨engl.⟩ („Sternchen"; Nachwuchsfilmschauspielerin)
Star|matz (scherzh. für: Star [als Käfigvogel])
Starn|ber|ger See der; - -s (↑R 147)
Sta|rost der; -en, -en (↑R 197) ⟨poln.⟩ (in Polen früher: Kreishauptmann, Landrat); Sta|ro|stei (Amt[sbezirk] eines Starosten)
starr; ein -es Gesetz; ein -es Prinzip; Star|re die; -; star|ren; von od. vor Schmutz -; Starr|heit die; -; Starr|kopf (abschätzig für: Eigensinniger); starr|köp|fig; Starr|krampf der; -[e]s; Starr|sinn der; -[e]s; starr|sin|nig; Starr|sucht die; -
Start der; -[e]s, -s (selten: -e) ⟨engl.⟩ (Beginn; Ablauf-, Abfahrt-, Abflug[stelle]); fliegender -; stehender -; Start_au|to|ma|tik, ...bahn; start|be|reit; Start|block (*Plur.* ...blöcke); star|ten (einen Flug, einen Wettkampf, ein Rennen beginnen; auch: beginnen lassen; übertr. für: etwas anfangen, losgehen lassen); Star|ter (Sport: Person, die das Zeichen zum Start gibt, Rennwart; jmd., der startet; Anlasser eines Motors); Start_er|laub|nis, ...flag|ge, ...geld, ...hil|fe, ...hil|fe|ka|bel, ...ka|pi|tal; start|klar; Start_läu|fer (Sport), ...läu|fe|rin (Sport), ...li|nie, ...loch, ...ma|schi|ne (Pferdesport), ...num-

mer, ...platz, ...ram|pe, ...schuß, ...sprung; Start-und-Lan|de-Bahn; Start_ver|bot, ...zei|chen; Start-Ziel-Sieg
Sta|se, Sta|sis die; -, Stasen ⟨griech.⟩ (Med.: Stauung)
¹Sta|si (Kurzform von: Anastasia)
²Sta|si die (selten: der); - (DDR: ugs. kurz für: Staatssicherheitsdienst)
Sta|sis vgl. Stase
Staß|furt (Stadt im Süden der Magdeburger Börde); Staß|fur|ter (↑R 147)
sta|ta|risch ⟨lat.⟩ (stehend, verweilend; langsam fortschreitend), in der Wendung: -e Lektüre
State De|part|ment [*βte't dipa't-m'nt*] das; - - ⟨engl.⟩ (das Außenministerium der USA)
State|ment [*βte'tm'nt*] das; -s, -s ⟨engl.⟩ (Erklärung, Verlautbarung)
sta|tie|ren ⟨lat.⟩ (als Statist tätig sein)
Stä|tig|keit die; - (von Pferden: Störrigkeit); vgl. aber: Stetigkeit
Sta|tik die; - ⟨griech.⟩ (Lehre von den Kräften im Gleichgewicht); Sta|ti|ker (Bauingenieur mit speziellen Kenntnissen in der Statik)
Sta|ti|on [...*zion*] die; -, -en ⟨lat.⟩ (Haltestelle; Bahnhof; Haltepunkt, Aufenthalt; Bereich, Krankenhausabteilung; Ort, an dem sich eine techn. Anlage befindet); sta|tio|när (an einen festen Standort gebunden; unverändert; die Behandlung, den Aufenthalt in einem Krankenhaus betreffend); -e Behandlung; sta|tio|nie|ren (an bestimmte Plätze stellen; aufstellen); Sta|tio|nie|rung; Sta|tio|nie|rungs|ko|sten *Plur.;* Sta|tio|ns_arzt (Abteilungsarzt), ...ko|sten *Plur.,* ...schwe|ster, ...vor|stand (österr. u. schweiz. für: Stationsvorsteher), ...vor|ste|her (Bahnhofsvorsteher)
sta|ti|ös [...*ziös*] -este ⟨lat.⟩ (mdal. für: prunkend; stattlich)
sta|tisch ⟨griech.⟩ (die Statik betreffend; stillstehend, ruhend); -e Gesetze; -e Organe (Gleichgewichtsorgane)
stä|tisch; -ste (von Pferden: störrisch, widerspenstig)
Sta|tist der; -en, -en (↑R 197) ⟨lat.⟩ (Theater u. übertr.: stummer Person; Nebenfigur); Sta|ti|ste|rie die; -, ...ien (Gesamtheit der Statisten); vgl. statieren; Sta|ti|stik die; -, -en (vergleichende) zahlenmäßige Erfassung, Untersuchung u. Darstellung von Massenerscheinungen); Sta|ti|sti|ker (Bearbeiter u. Auswerter von

Statistiken); sta|ti|stisch (zahlenmäßig), aber (↑R 157): das Statistische Bundesamt (in Wiesbaden); Sta|tiv das; -s, -e [...*w'*] ([dreibeiniges] Gestell für Apparate)
Sta|to|blast der; -en, -en (↑R 197) ⟨griech.⟩ (Biol.: ungeschlechlicher Fortpflanzungskörper der Moostierchen); Sta|to|lith der; -s u. -en, -e[n] (meist *Plur.*); ↑R 197 (Steinchen im Gleichgewichtsorgan; Stärkekorn in Pflanzenwurzeln)
Sta|tor der; -s, ...oren ⟨lat.⟩ (feststehender Teil einer elektr. Maschine, Ständer)
statt, an|statt; ↑R 62; Präp. mit Gen.: - dessen, - meiner, - eines Rates; veralt. od. ugs. mit Dat.: - einem Stein; - dem Vater; hochsprachlich mit Dat., wenn der Gen. nicht erkennbar wird: - Worten will ich Taten sehen; Konj.: - mit Dröhnungen versucht er es mit Ermahnungen, statt daß ... (↑R 126); statt zu ... (↑R 107); die Nachricht kam an mich - an dich; er gab das Geld ihm - mir; Statt die; -; an meiner -; an Eides, an Kindes, an Zahlungs -; Stät|te die; -, -n; statt|fin|den (↑R 207); es findet statt (↑R 64), aber: es findet eine gute Statt (veralt.); es hat stattgefunden; stattzufinden; statt|ge|ben (↑R 207); zur Beugung vgl. stattfinden; statt|ha|ben (↑R 207); es hat statt (↑R 64); es hat stattgehabt; stattzuhaben; statt|haft; Statt|hal|tig|keit die; -; Statt|hal|ter (Stellvertreter); Statt|hal|ter|schaft
statt|lich (zu: ²Staat (Prunk)) (ansehnlich); Statt|lich|keit die; -
sta|tua|risch (↑R 180) ⟨lat.⟩ (auf die Bildhauerkunst bezüglich, statuenhaft); Sta|tue [...*u'*] die; -, -n (Standbild, Bildsäule); sta|tu|en|haft; Sta|tu|et|te die; -, -n ⟨franz.⟩ (kleine Statue); sta|tu|ie|ren ⟨lat.⟩ (aufstellen; festsetzen; bestimmen); ein Exempel - (ein warnendes Beispiel geben); Sta|tur die; -, -en (Gestalt; Wuchs); Sta|tus [*βt*... od. *scht*...] der; -, - [...*ạtuß*] (Zustand, Stand; Lage, Stellung); Sta|tus nas|cen|di [- ...*zändi*] der; - - (Zustand chem. Stoffe im Augenblick ihres Entstehens); vgl. aber: in statu nascendi; Sta|tus quo der; - - (gegenwärtiger Zustand); Sta|tus quo an|te der; - - - (Zustand vor dem bezeichneten Zeitpunkt, Ereignis); Sta|tus|sym|bol; Sta|tut das; -[e]s, -en ([Grund]gesetz; Satzung); sta|tu|ta|risch (auf Statut beruhend, satzungs-, ordnungsgemäß); Sta|tu|ten|än|de-

rung; sta|tu|ten.ge|mäß, ...wid-
rig
Stau der; -[e]s, -s oder -e; Stau|an-
la|ge (↑ R 36)
Staub der; -[e]s, (Technik:) -e u.
Stäube; - saugen oder staubsau-
gen (vgl. d.); staub|ab|wei|send;
ein -es Gewebe; staub|be|deckt;
ein -er Tisch; Staub_be|sen,
...beu|tel, ...blatt; Stäub|chen,
Stäub|lein; staub|dicht; Staub-
ecke [Trenn.: ...ek|ke]
Stau|becken [Trenn.: ...bek|ken]
stau|ben (Staub von sich geben);
es staubt; stäu|ben (zerstieben)
Stau|be|ra|ter (vom ADAC einge-
setzter Motorradfahrer, der im
Stau steckenden Autofahrern
Beratung u. kleinere Hilfelei-
stungen anbietet)
stäu|bern (landsch. für: Staub ent-
fernen); ich ...ere (↑ R 22); Staub-
_ex|plo|si|on, ...fa|den, ...fän|ger
(ugs.); staub|frei; Staub_ge|bo-
ren; Staub_ge|bo|re|ne, ...ge|bor-
ne der u. die; -n, -n (↑ R 7 ff.);
Staub|ge|fäß; staub|ig; Staub-
_kamm, ...korn (Plur. ...körner),
...lap|pen, ...la|wi|ne; Stäub|lein,
Stäub|chen; Stäub|ling (ein
Pilz); Staub_lun|ge, ...man|tel,
...pin|sel; staub|sau|gen (er
staubsaugte, hat staubgesaugt)
oder Staub saugen (er saugte
Staub, hat Staub gesaugt);
Staub_sau|ger, ...tuch (Plur.
...tücher), ...we|del, ...wol|ke,
...zucker [Trenn.: ...zuk|ker]
Stau|che die; -, -n (meist Plur.;
südd. ugs. für: Pulswärmer);
stau|chen; Stau|cher (ugs. für:
Zurechtweisung); Stau|chung
Stau|damm
Stau|de die; -, -n; stau|den (veralt.
für: krautig wachsen); stau|den-
ar|tig; Stau|den.ge|wächs, ...sa-
lat (landsch. für: Kopfsalat);
stau|dig
stau|en ([fließendes Wasser] hem-
men; Seemannsspr.: [Ladung
auf Schiffen] unterbringen); sich
-; das Eis, das Wasser staut sich;
Stau|er (jmd., der Schiffe be- u.
entlädt)
Stauf der; -[e]s, -e (veralt. für:
Humpen; Flüssigkeitsmaß); 5 -
(↑ R 129)
Stau|fe der; -n, -n (↑ R 197) und
Stau|fer der; -s, - (Angehöriger
eines schwäb. Fürstengeschlech-
tes); Stau|fer|zeit die; -
Stauf|fer_büch|se (↑ R 135) (nach
dem Hersteller) (Schmiervor-
richtung), ...fett (das; -[e]s)
stau|fisch (zu: Staufe)
Stau|mau|er
stau|nen; Stau|nen das; -s; - erre-
gen; stau|nen|er|re|gend; eine -e
Fingerfertigkeit; stau|nens|wert;
mit -em Fleiß

¹**Stau|pe** die; -, -n (eine Hunde-
krankheit)
²**Stau|pe** die; -, -n (veralt. für: öf-
fentliche Züchtigung); stäu|pen
(veralt. für: auspeitschen)
Stau_raum, ...see der, ...strahl-
trieb|werk (Flugw.), ...stu|fe;
Stau|ung; Stau|ungs|be|hand-
lung; Stau_was|ser (Plur. ...was-
ser), ...wehr, ...werk
St. Chri|stoph und Ne|vis (Staat
auf den Westindischen Inseln)
Std. = Stunde
Ste = Sainte
Steak [ßtek] das; -s, -s ⟨engl.⟩
(rasch gebratene Fleischschnitte)
Stea|mer [ßtim'r] der; -s, - ⟨engl.⟩
(engl. Bez. für: Dampfer)
Stea|rin der; -s, -e ⟨griech.⟩ (festes
Gemisch aus Stearin- u. Palmi-
tinsäure; Rohstoff für Kerzen);
Stea|rin|ker|ze; Stea|tit der; -s, -e
(ein Talk; Speckstein); Stea|to-
py|gie die; - (Med.: starker Fett-
ansatz am Gesäß); Stea|to|se die;
- (Med.: Verfettung)
Stech|ap|fel;   **Stech|becken**¹,
Stech|becken¹ (veralt. für: Bett-
pfanne); Stech_bei|tel, ...ei|sen;
ste|chen; du stichst; du stachst
(stachest) du stächest; gesto-
chen; stich!; er sticht ihn (auch:
ihm) ins Bein; Ste|chen das; -s, -
(Sportspr.); Ste|cher; Stech_flie-
ge, ...hel|ber, ...kar|te (Karte für
die Stechuhr), ...mücke¹, ...pad-
del, ...pal|me, ...schritt, ...uhr (ei-
ne Kontrolluhr), ...vieh (österr.
für: Kälber u. Schweine)
Steck|becken¹,   Stech|becken¹;
Steck|brief; steck|brief|lich;
jmdn. - suchen; Steck|do|se;
¹**stecken**¹ (sich irgendwo, in etwas befinden, dort festsitzen, befestigt sein); du steckst; du
stecktest u. (mehr geh.:) stakst
(stakest); du stecktest u. (mehr
geh.:) stäkest; gesteckt; steck[e]!;
²**stecken**¹ (etwas in etwas einfü-
gen, hineinbringen, etwas fest-
heften); du stecktest; gesteckt;
steck[e]!; Stecken¹ der; -s, -
(Stock); stecken|blei|ben¹ (↑ R
205); ich bleibe stecken; steckengeblieben; steckenzubleiben;
der Nagel ist steckengeblieben;
er ist während des Vortrages
steckengeblieben; Stecken|blei-
ben¹ das; -s; steck|en|las|sen¹; ↑
R 205 f. (vergessen; im Stich
lassen); er hat den Schlüssel
steckenlassen, (seltener:) steck-
kengelassen; aber: du sollst ihn
die Bohnen stecken lassen;
Stecken|pferd¹; Stecker¹; Steck-
_kis|sen (↑ R 204), ...kon|takt
(↑ R 204), ...lei|ter die; Steck|ling
(abgeschnittener   Pflanzenteil,

¹ Trenn.: ...k|k...

der, in Erde od. Wasser gesteckt,
neue Wurzeln bildet); Steck.mu-
schel, ...na|del, ...reis das, ...rü-
be, ...schach, ...scha|le (in der
Blumenbinderei),   ...schlüs|sel,
...schuß, ...schwamm (in der Blu-
menbinderei), ...tuch (österr. für:
Kavalierstaschentuch),   ...zwie-
bel
Ste|din|gen, (auch:) Ste|din|ger
Land (Marsch zwischen der
Hunte u. der Weser unterhalb
von Bremen); Ste|din|ger („Ge-
stadebewohner"); Ste|din|ger
Land das; - -[e]s (svw. Stedingen)
Stee|ple|chase [ßtip'ltsche'ß] die; -
-n [...tsche'ß'n] ⟨engl.⟩ (Wettren-
nen mit Hindernissen, Jagdren-
nen); Steep|ler [ßtipl'r] der; -s, -
(Pferd für Hindernisrennen)
Stef|fan vgl. Stephan; Stef|fa|nia
Stef|fa|nie vgl. Stephanie; Stef-
fen vgl. Stephan; Stef|fi (Kurz-
form von: Stephanie)
Steg der; -[e]s, -e; Schreibung i.
Straßennamen: ↑ R 190
Stegl|odon der; -s, ...donten
(griech.) (urweltl. Rüsseltier)
Ste|go|sau|ri|er [...i'r] (urweltl.
Kriechtier); Ste|go|ze|pha|le der;
-n, -n; ↑R 197 (urweltl. Panzer-
lurch)
Steg|reif („Steigbügel"); vgl.
²**Reif**; aus dem - (unvorbereitet)
Steg|reif_dich|ter,   ...ko|mö|die
...spiel, ...zwei|zei|ler
Steh|auf der; -, - (ein altes Trink-
gefäß);   Steh_auf|männ|chen
...bier|hal|le, ...bünd|chen (a
Blusen od. Kleidern), ...emp-
fang; ste|hen; du stehst; d
standst (standest); du stündes
(häufig auch:) ständest; gestan
den; steh[e]!; ich habe (südd.
bin) gestanden; zu Diensten, z
Gebote, zur Verfügung -; da
wird dich (auch: dir) teuer zu ste
hen kommen; auf jmdn., auf et
was stehen (ugs.: für jmdn., fü
etwas eine besondere Vorlieb
haben); (↑R 68:) sie schläft in
Stehen; ihr fällt das Stehe
schwer; ein guter Platz zum Ste
hen; zum Stehen bringen; ste
stehend; ste|hen|blei|ben; ↑
205 f. (nicht weitergehen; übrig
bleiben); ich bleibe stehen; st
hengeblieben; stehenzubleiben
die Uhr ist stehengeblieben; de
Fehler ist leider stehengeblie
ben; aber: du sollst bei der B
grüßung stehen bleiben; Steh|hen
blei|ben das; -s; ste|hend; -en Fu
ßes; das -e Heer (vgl. Miliz
(↑R 65:) alles in ihrer Macht Ste
hende; ste|hen|las|sen; ↑R 205
(nicht anrühren; vergessen); e
hat die Suppe stehenlassen, e
hat den Schirm stehenlasse
man hat ihn einfach stehenla

sen, (seltener:) ste̲hengelassen; a̲ber: du sollst ihn bei dieser Arbeit ste̲hen lassen; Ste̲her (Radrennfahrer auf Langstrecken hinter einem Schrittmacher; Rennpferd für lange Strecken; österr. für: [Zaun]pfosten); Ste̲her|ren|nen (Radsport); Pferdesport); Ste̲h_gei̲l|ger, ...kon|vent (scherzh. für: Gruppe von Personen, die sich stehend unterhalten), ...kra̲|gen, ...lam|pe, ...lei̲ter *die*

ste̲h|len; du stiehlst, er stiehlt; du stahlst; du stähltest (seltne: stählest); gestohlen; stiehl!; Ste̲h|ler (selten für: Dieb); Ste̲hl|trieb *der; -[e]s*

Ste̲h_platz, ...pult, ...satz (*der; -es*; Druckw.), ...ver|mö|gen

Stei̲e|rin *die; -, -nen*; Stei̲er|mark *die; -* (österr. Bundesland); Stei̲er|mär|ker; stei̲er|mär|kisch; vgl. Steirer, steirisch, Steyr

steif; ein -er Hals; ein -er Gang; ein -er Grog; ein -er Wind; - sein, werden, machen, kochen, schlagen usw.; vgl. a̲ber: steifhalten; stei̲f|bei̲nig; Stei̲fe *die; -, -n* (Steifheit; Stütze); stei̲|fen; steif|hal|ten; ↑ R 205 (ugs.); die Ohren steifhalten (sich nicht entmutigen lassen); er hat den Nacken steifgehalten (er hat sich behauptet); a̲ber: du sollst das Bein steif halten; Stei̲f|heit; stei̲f|keit; steif|lei̲nen (aus steifem Leinen); Stei̲f_lei̲nen, ...lein|wand; Stei̲f|fung

Steig *der; -[e]s, -e* (steiler, schmaler Weg); Stei̲g|bü|gel; Stei̲ge *die; -, -n* (steile Fahrstraße; Lattenkistchen [für Obst]); stei̲gen; stei̲g|gen; du stiegst (stiegest); du stiegest; gestiegen; steig[e]!; (↑ R 68:) das Steigen der Kurse; Stei̲ger (Aufsichtsbeamter im Bergbau); Stei̲ge|rer (jmd., der bei einer Versteigerung bietet); stei̲gern; ich ...ere (↑ R 22); Stei̲ge|rung (auch für: Komparation; schweiz. auch für: Versteigerung); Stei̲gerungs|ra|te (Wirtsch.); Stei̲gerungs|stu|fe; erste - (für: Komparativ); zweite - (für: Superlativ); Steig_fä̲hig|keit (bei Kraftfahrzeugen), ...hö̲|he, ...lei̲ter *die*, ...lei̲tung, ...rie̲men (am Pferdesattel), ...rohr, ...übung; Stei̲gung; Stei̲gungs|ta|fel; Stei̲g_wachs

steil; Stei̲l|ab|fahrt (Skisport); Stei̲le *die; -, -n*; stei̲len (dicht. für: steil emporsteigen, -ragen); Stei̲l|feu|er; Stei̲l|feu|er|geschütz; Stei̲l|hang; Stei̲l|heit *die; -*; Stei̲l_kur|ve, ...kü|ste, ...paß (Sport), ...rand, ...schrift, ...spiel (*das; -[e]s*; Sport), ...ufer, ...vor-

la̲|ge (Sport), ...wand, ...wand-zelt

Stein *der; -[e]s, -e*; eine zwei - starke Mauer (↑ R 129); Stein|ad|ler; stein|alt (ugs. für: sehr alt); Stein_axt, ...bank (*Plur. ...bänke*), ...bau (*Plur. ...bauten*), ...bau|ka|sten, ...bei̲ßer (ein Fisch), ...block (vgl. Block), ...bock, ...bo|den, ...boh|rer, ...brech (*der; -[e]s, -e*; Saxifraga, Pflanzengattung), ...bre|cher (Maschine, die Gestein zerkleinert), ...bruch *der*, ...butt (ein Fisch), ...damm, ...druck (für: Druckverfahren nur *Sing.*; für: Erzeugnis dieses Druckverfahrens auch *Plur. ...drucke*), ...ei̲che; stei̲nen (veraltet. für: ab-, umgrenzen); stei̲nern (aus Stein); ein -es Kreuz; ein -es (mitleidsloses) Herz, a̲ber (↑ R 146): Steinernes Meer; Stein|er|wei̲chen *das*, nur in: zum - (ugs.); Stein_flie̲|se, ...frucht, ...fuß|bo|den, ...gar|ten (Felsengarten), ...grab, ...gut (*das; -[e]s, -e*); stein|hart; Stein|hau|er; Stein|hau|er|lun|ge; Stein_hau|fen, ...holz (ein Fußbodenbelag)

Stein|hu|der Meer *das; - -[e]s* (See zwischen Weser u. Leine)

stei̲nig; stei̲ni|gen; Stei̲ni|gung; Stein_kauz, ...klee, ...koh|le; Stein_koh|len|berg|werk, ...förde|rung, ...for|ma|ti|on (*die; -*; Geol.: eine Formation des Paläozoikums), ...in|du|strie, ...lager, ...teer, ...ze|che, ...zeit (*die; -*; Karbon); Stein_mar|der, ...metz (*der; -en, -en*; ↑ R 197), ...nel|ke, ...obst, ...öl (*das; -[e]s*; veralt. für: Petroleum), ...pilz; [1]stein|rei̲ch; -er Boden; [2]stein|rei̲ch; -er Mann; Stein_salz (*das; -es*), ...sarg, ...schlag, ...schleu|der, ...schmät|zer (ein Vogel), ...schnei̲de|kunst (*die; -*), ...set|zer (Pflasterer), ...wein (ein Frankenwein), ...werk (Steinbruch[groß]betrieb), ...wild, ...wurf, ...wü|ste, ...zeich|nung, ...zeit (*die; -*); stein|zeit|lich; Stein_zeit|mensch, ...zeug

Stei̲per *der; -s, -* (mdal. für: [untergestellte] Stütze)

Stei̲rer; ↑ R 147 (Bewohner der Steiermark); Stei̲rer|an|zug (österr. Trachtenanzug); stei̲risch; vgl. Steierin

Steiß *der; -es, -e*; Steiß_bein, ...la|ge

Stel|le *die; -, -n* (griech.) (altgriech. Grabsäule mit Inschrift od. mit dem Bildnis des Toten)

Stel|la (w. Vorn.)

Stel|la|ge [*schtäla̲sch[e]*, österr.: ...la̲sch*] die; -, -n* (niederl.) (Gestell, Ständer); Stel|la|ge|geschäft (Börsentermingeschäft)

stel|lar ⟨lat.⟩ (die Fixsterne betreffend); Stel|lar|astro|nom ⟨lat.; griech.⟩ (Fixsternforscher); Stel|lar|astro|no|mie

Stell|dich|ein *das; -[s], -[s]* (veralt. für: Verabredung); Stel|le *der; -, -n*; an Stelle, (jetzt häufig:) anstelle (vgl. an Stelle u. ↑ R 208) von Worten; an - (anstelle des Vaters, an - (an die Stelle des Vaters ist der Vormund getreten; zur Stelle sein; an erster, zweiter Stelle; stel|len; Stel|len_an|ge-bot, ...be|set|zung, ...bil|dung, ...dienst|al|ter, ...ge|such; stel|len|los; Stel|len|lo|sig|keit *die; -*; Stel|len_nach|weis, ...plan (vgl. [2]Plan), ...ver|mitt|lung; stel|len|wei|se; Stel|len|wert; Stell_flä|che, ...he|bel; ...stel|lig (z. B. vierstellig, mit Ziffer: 4stellig; ↑ R 212); Stell_ma|cher (landsch. für: Wagenbauer), ...ma|che|rei, ...netz, ...pro|be (Theater), ...rad, ...schrau|be; Stel|lung; - nehmen; Stel|lung|nah|me *die; -*; Stel|lungs|krieg; stel|lungs|los; Stel|lungs|lo|se *der u. die; -n, -n* (↑ R 7 ff.); Stel|lungs|lo|sig|keit *die; -*; Stel|lungs|spiel (Sport); *die; -*; Stel|lungs|su|chen|de; Stel|lung[s]su|chen|de *der u. die; -n, -n* (↑ R 7 ff.); stell|ver|tre|tend; der -e Vorsitzende; Stell_ver|tre|ter, ...ver|tre|tung, ...wand, ...werk; Stell|werks|mei|ster

St.-E̲lms-Feu̲er (↑ R 135); vgl. Elmsfeuer u. Sankt

Stelz_bein (abschätzig); Stel|ze *die; -, -n* (österr. auch kurz für: Schweinsstelze [Eisbein]); -n laufen (↑ R 207); stel|zen (meist iron.); du stelzt (stelzest); Stel|zen|läu|fer; Stelz|fuß (abschätzig); stel|zig; Stelz_vo|gel, ...wur|zel (Bot.)

Stem|ma *das; -s, -ta* (Stammbaum, bes. der verschiedenen Fassungen eines literar. Denkmals)

Stem|bol|gen (Skisport); Stem|me *die; -, -n*; Stemm|ei|sen; Stemm|mei|ßel *der; -s, - [Trenn.: Stemm|mei..., ↑ R 204]; stem|men; sich gegen etwas -

Stem|pel *der; -s, -*; Stem|pel_far-be, ...geld (ugs. für: Arbeitslosenunterstützung), ...kis|sen, ...mar|ke; stem|peln; ich ...[e]le (↑ R 22); - gehen (ugs. für: Arbeitslosenunterstützung beziehen); stem|pel|pflich|tig (österr. für: gebührenpflichtig); Stem|pel_schnei|der (Berufsbez.), ...stän|der, ...steu|er *die*; Stem|pe|lung, Stemp|lung; Stem|pen *der; -s, -* (bayr. für: kurzer Pfahl, Pflock)

Sten|dal (Stadt in der Altmark) Sten|del *der; -s, - u. Sten|del|wurz (Orchideengattung)

Sten|dhal [ßtäŋdál] (franz. Schriftsteller)

Sten|ge die; -, -n (Seemannsspr.: Verlängerung des Mastes); **Sten|gel** der; -s, - (Teil der Pflanze); **Sten|gel|blatt; Sten|gel|chen, Sten|ge|lein, Steng|lein;** ...**sten|ge|lig,** ...**steng|lig** (z. B. kurzstenge[l]ig); **sten|gel|los**

ste|no... ⟨griech.⟩ ⟨eng...⟩; **Ste|no...** (Eng...); **¹Ste|no** die; - (ugs. Kurzw. für: Stenographie); **²Ste|no** das; -s, -s (ugs. Kurzw. für: Stenogramm); **Ste|no|block** (vgl. Block; ugs. svw. Stenogrammblock); **Ste|no|dak|ty|llo** die; -, -s (schweiz. neben: Stenotypistin); **Ste|no|graf** usw. (eindeutschende Schreibung von: Stenograph usw.); **Ste|no|gramm** das; -s, -e (Text in Kurzschrift); **Ste|no|gramm_block** (vgl. Block), ...**hal|ter; Ste|no|graph** der; -en, -en; ↑R 197 (Kurzschriftler); **Ste|no|gra|phie** die; -, ...**ien** (Kurzschrift); **ste|no|gra|phie|ren; Ste|no|gra|phin** die; -, -nen; **ste|no|gra|phisch; Ste|no|kar|die** die; -, ...**ien** (Med.: Herzbeklemmung [bei Angina pectoris]); **Ste|no|kon|to|ri|stin** die; -, -nen; **Ste|no|se, Ste|no|sis** die; -, ...osen (Med.: Verengung [der Blutgefäße]); **ste|no|therm** (Biol.: nur geringe Temperaturschwankungen ertragend [von Pflanzen u. Tieren]); **ste|no|top** (Biol.: begrenzt verbreitet); **ste|no|ty|pie|ren** (in Kurzschrift aufnehmen u. danach in Maschinenschrift übertragen); **Ste|no|ty|pist** der; -en, -en; ↑R 197 (Kurzschriftler u. Maschinenschreiber); **Ste|no|ty|pi|stin** die; -, -nen

Sten|tor (stimmgewaltiger Held der griech. Sage); **Sten|tor|stim|me** (↑R 135)

Stenz der; -es, -e (Geck, Flaneur)

Step der; -s, -s ⟨engl.⟩ (ein Tanz); - tanzen

¹Ste|phan, (↑R 131:) **Ste|fan, Stef|fen** (m. Vorn.); **²Ste|phan** (Organisator des dt. Postwesens); **Ste|pha|nia, Ste|fa|nia, Ste|pha|nie, Ste|fa|nie** [...*i*ᵉ, auch: *schtäfani*, österr.: *schtefani*] (w. Vorn.); **Ste|pha|nit** der; -s, -e (ein Mineral); **Ste|pha|ni|tag; Ste|phans-dom** (in Wien), ...**tag**

Ste|phen|son [ßtiw*ⁿß'n*] (Begründer des engl. Eisenbahnwesens)

Stepp|decke [Trenn.: ...dek|ke] **Step|pe** die; -, -n ⟨russ.⟩ (baumlose, wasserarme Pflanzenregion)

¹step|pen (Stofflagen zusammennähen)

²step|pen ⟨engl.⟩ (Step tanzen) **Step|pen|tier**

Step|per (Steptänzer)

Step|pe|rei ⟨zu: ¹steppen⟩ (Tätigkeit [u. Ort] des Steppens); **¹Step|pe|rin** die; -, -nen; **²Step|pe|rin** die; -, -nen (Steptänzerin)

Stepp|ke der; -[s], -s (ugs., bes. berlin. für: kleiner Kerl)

Stepp_ma|schi|ne, ...naht, ...sei|de, ...stich

Step.schritt, ...tanz, ...tän|zer, ...tän|ze|rin

Ster der; -s, -e u. -s ⟨griech.⟩ (veraltetes Raummaß für Holz); 3 - (↑R 129)

Ste|ra|di|ant der; -en, -en (↑R 197) ⟨griech.; lat.⟩ (Math.: Einheit des Raumwinkels; Abk.: sr)

Ster|be_ab|laß, ...bett, ...da|tum, ...fall der, **...geld, ...glocke** [Trenn.: ...glok|ke], **...hil|fe, ...kas|se, ...ker|ze, ...kreuz; ster|ben;** du stirbst; du starbst, du stürbest; gestorben (vgl. d.); stirb!; Ster|ben das; -s; im - liegen; das große - (die Pest); es ist zum Sterben langweilig (ugs. für: sehr langweilig); **Ster|bens|angst; ster|bens.elend, ...krank, ...lang|wei|lig** (ugs.); **Ster|bens-wort, Ster|bens|wört|chen** (ugs.), nur in: kein -; **Ster|be.ort, ...sa|kra|men|te** Plur., **...stun|de; Ster|bet** der; -s (schweiz. neben: [Massen]sterben); **Ster|be.tag, ...ur|kun|de, ...zim|mer; sterb|lich; Sterb|li|che** der u. die; -n, -n (↑R 7 ff.); **Sterb|lich|keit** die; -; **Sterb|lich|keits|zif|fer**

ste|reo... ⟨griech.⟩ (starr, massiv, unbeweglich; räumlich, körperlich); **Ste|reo...** (Fest..., Raum..., Körper...); **Ste|reo** das; -s, -s (Kurzw. für: Stereotypplatte u. Stereophonie); **Ste|reo_an|la|ge** (Anlage für den stereophonen Empfang), ...**che|mie** (Lehre von der räuml. Anordnung der Atome im Molekül), ...**film** (stereoskop. Film), ...**fo|to|gra|fie** (die; -; Herstellung von Stereoskopbildern), ...**kom|pa|ra|tor** (Instrument zur Ausmessung stereoskopischer Fotografien); **Ste|reo|me|ter** das; -s, - (opt. Gerät zur Messung des Volumens fester Körper); **Ste|reo|me|trie** die; - (Lehre von der Berechnung der geometrischen Körper); **ste|reo|me|trisch** (körperlich, Körper...); **ste|reo|phon, ste|reo|pho|nisch; Ste|reo|pho|nie** die; - (Technik der räuml. wirkenden Tonübertragung); **ste|reo|pho|nisch, ste|reo|phon; Ste|reo|pho|to-gram|me|trie** [Trenn.: ...gramm-me...] (Auswertung u. Ausmessung von räuml. Meßbildern bei der Geländeaufnahme); **Ste|reo-pho|to|gra|phie** vgl. Stereofotografie; **Ste|reo|plat|te** (stereophonische Schallplatte); **Ste|reo-**sen|dung (in Rundfunk od. Fernsehen); **Ste|reo|skop** das; -s, -e (Vorrichtung, durch die man Bilder plastisch sieht); **Ste|reo|sko|pie** die; - (Raumbildtechnik); **ste|reo|sko|pisch** (von Bildern: plastisch erscheinend, raumbildlich); **Ste|reo|ton** der; -[e]s, ...töne (räuml. wirkender Ton); **ste|reo|typ** ([fest]stehend, unveränderlich; übertr.: ständig [wiederkehrend], leer, abgedroschen; mit feststehender Schrift gedruckt); **Ste|reo|typ** das; -s, -e (Psych.: oft vereinfachtes, stereotypes Urteil); **Ste|reo|typ|druck** (Druck von der Stereotypplatte; für: Erzeugnis dieses Druckes auch Plur. ...drucke); **Ste|reo|ty|peur** [...*pör*] der; -s, -e ⟨franz.⟩ (Druckw.: jmd., der Matern herstellt u. ausgießt); **Ste|reo|ty|pie** die; -, ...ien ⟨griech.⟩ (Druckw.: Herstellung u. Ausgießen von Matern [nur Sing.]; Arbeitsraum der Stereotypeure); **ste|reo|ty|pie|ren; Ste|reo|typ.me|tall, ...plat|te** (feste Druckplatte)

ste|ril ⟨lat.⟩ (unfruchtbar; keimfrei); **Ste|ri|li|sa|tion** [...zion] die; -, -en (Unfruchtbarmachung; Entkeimung); **Ste|ri|li|sa|tor** der; -s, ...oren (Entkeimungsapparat); **Ste|ri|li|sier|ap|pa|rat; ste|ri|li|sie|ren** (haltbar machen [von Nahrungsmitteln; zeugungsunfähig machen); **Ste|ri|li|sie|rung; Ste|ri|li|tät** die; - (Unfruchtbarkeit; Keimfreiheit; übertr. für: geistiges Unvermögen, Unproduktivität)

Ste|rin das; -s, -e ⟨griech.⟩ (eine organische chemische Verbindung)

Ster|ke die; -, -n (niederd. für: Färse)

Ster|let[t] der; -s, -e ⟨russ.⟩ (ein Fisch)

Ster|ling [ßtär... od. ßtö*...*, auch: *schtär...*] der; -s, -e (engl. Münzeinheit); Pfund - (Zeichen u. Abk.: £, £Stg); 2 Pfund -

¹Stern der; -s, -e ⟨engl.⟩ (Hinterteil des Schiffes)

²Stern der; -[e]s, -e (Himmelskörper); **Stern.bild, ...blu|me, ...deu|ter; Stern|deu|te|rei; Stern|deu|tung; Ster|nen|ban|ner; ster|nen|hell, stern|hell; Ster|nen|him|mel, Stern|him|mel** der; -s; **ster|nen|klar, stern|klar; Ster|nen|licht** das; -[e]s; **ster|nen|los, ...wärts; Ster|nen|zelt** das; -[e]s (dicht.); **Stern|fahrt** (Rallye); **stern|för|mig; Stern.for|scher, ...ge|wöl|be** (Baukunst), ...**gucker** [Trenn.: ...guk|ker] (ugs.), **stern|ha|gel|voll** (ugs. für: sehr betrunken); **stern|hell, ster|nen|hell; Stern|him|mel, Ster-**

nen|him|mel; Stern|kar|te; stern|klar, ster|nen|klar; Stern|kun|de die; -; stern|kun|dig; Stern_mo|tor, ...ort (der; -[e]s, ...örter), ...schnup|pe, ...sin|gen (das; -s; Volksbrauch zur Dreikönigs-zeit), ...sin|ger, ...stun|de (glück-liche Schicksalsstunde), ...sy|stem, ...war|te, ...zei|chen, ...zeit
Stert der; -[e]s, -e (niederd. für: ²Sterz [Schwanz usw.])
Sterz der; -es, -e (südd. u. österr. für: eine [Mehl]speise)
²Sterz der; -es, -e (Schwanz[ende]; Führungs- u. Haltevorrichtung an Geräten); ster|zeln (von Bie-nen: den Hinterleib aufrichten)
stet; -e Vorsicht; Ste|te die; -; Stet|heit die; -
Ste|tho|skop das; -s, -e (griech.) (med. Hörrohr)
ste|tig; Ste|tig|keit die; -; vgl. aber: Stätigkeit; stets; stets|fort (schweiz. für: fortwährend)
Stet|tin (Hafenstadt a. d. Oder); vgl. Szczecin; Stet|ti|ner (↑ R 147); Stet|ti|ner Haff das; - -[e]s, (auch:) Oderhaff das; -[e]s
¹Steu|er das; -s, - (Lenkvorrich-tung); ²Steu|er die; -, -n (Abga-be); direkte, indirekte, staatliche -; Steu|er_ab|zug, ...än|de|rungs-ge|setz, ...an|pas|sungs|ge|setz, ...an|spruch, ...auf|kom|men, ...auf|sicht, ...aus|gleichs|kon|to, ...aus|schuß; steu|er|bar (Amts-spr.: zu versteuern); das -e Ein-kommen; steu|er|be|gün|stigt; -es Sparen; Steu|er_be|hör|de, ...be|ra|ter, ...be|scheid, ...be-trag, ...be|voll|mäch|tig|te der u. die, ...bi|lanz; steu|er|bord[s]; Steu|er|bord das; -[e]s, -e (rechte Schiffsseite); Steu|e|rer, Steu|rer; Steu|er_er|hö|hung, ...er|klä-rung, ...er|laß, ...er|leich|te|rung, ...er|mä|ßi|gung, ...er|mitt|lungs-ver|fah|ren, ...fahn|dung, ...flucht (die; -); steu|er|frei; -er Be-trag; Steu|er_ge|biet Plur., ...ge-rät (Teil einer Stereoanlage), ...ge|setz, ...hel|fer, ...hin|ter-zie|hung, ...kar|te, ...klas|se, ...knüp|pel, ...kurs|wert, ...leh|re; steu|er|lich; Steu|er_mann (Plur. ...leute, auch: ...männer), ...mar-ke; steu|ern; ich ...ere (↑ R 22); ein Boot -; dem Übel -; Steu|er-oa|lse (Land mit bes. günstigen steuerlichen Verhältnissen für Ausländer); steu|er|pflich|tig; Steu|er_po|li|tik, ...pro|gres|si-on, ...prü|fer, ...pult, ...rad, ...recht, ...re|form, ...ru|der, ...satz, ...schrau|be, ...sen|kung, ...straf|recht, ...sy|stem, ...ta|bel-le, ...ta|rif, ...trä|ger; Steu|e-rung; Steu|er_ven|til, ...ver|an|la-gung, ...ver|ge|hen, ...ver|gün|sti-gung, ...ver|gü|tung, ...vor|aus-

zah|lung, ...vor|rich|tung, ...zah-ler, ...zet|tel, ...zu|schlag; Steu|rer, Steu|e|rer
Ste|ven [...w'n] der; -s, - (niederd. für: das Schiff vorn u. hinten be-grenzender Balken)
Ste|ward [ßtju'rt] der; -s, -s ⟨engl.⟩ (Betreuer an Bord von Wasser- u. Luftfahrzeugen u. a.); Ste|war-deß [ßtju'rdäß, auch: ...däß] die; -, ...dessen (Betreuerin an Bord von Flugzeugen, Schiffen u. a.)
Steyr (oberösterr. Stadt)
Stg., St. = Satang
StGB = Strafgesetzbuch
Sthe|nie die; - ⟨griech.⟩ (Med.: Körperkraft); sthe|nisch (kraft-voll)
sti|bit|zen (ugs.); du stibitzt (stibit-zest); er hat stibitzt
Sti|bi|um das; -s ⟨griech.⟩ (Anti-mon)
Stich der; -[e]s, -e; im - lassen; et-was hält - (erweist sich als ein-wandfrei); Stich_bahn (Eisen-bahnw.), ...blatt (Handschutz bei Fechtwaffen), ...bo|gen (flacher Rundbogen); Sti|chel der; -s, - (ein Werkzeug); Sti|che|lei (meist übertr. für: [boshafte] Neckerei); sti|chel|haa|rig; ein -er Hund; sti|cheln (auch übertr. für: mit Worten necken, hetzen); ich ...[e]le (↑ R 22); (↑ R 68:) er kann das Sticheln nicht lassen; stich|fest; hieb- und stichfest (↑ R 32); Stich_flam|me, ...fra|ge, ...gra|ben; stich|hal|ten (österr. für: Stich halten; vgl. Stich); stich|hal|tig, (österr.:) stich|häl-tig; Stich|hal|tig|keit, (österr.:) Stich|häl|tig|keit die; - ; sti|chig (einen Stich habend, säuerlich); ...sti|chig (z. B. wurmstichig); Stich_jahr, ...kampf (Sport), ...ka|nal, ...kap|pe (Bauw.); Stich|ler ⟨zu: sticheln⟩; Stich|ling (ein Fisch); Stich_pro|be; stich-pro|ben|wei|se; Stich_punkt, ...säl|ge, ...tag, ...waf|fe, ...wahl, ...wort (für: [an der Spitze eines Artikels stehendes] erläuterndes Wort od. erläuterter Begriff in Nachschlagewerken Plur.: ...wörter; für: Einsatzwort für den Schauspieler od. für kurze Aufzeichnung aus einzelnen wichtigen Wörtern Plur.: ...wor-te); Stich|wort|ver|zeich|nis; Stich|wun|de
Stickel¹ der; -s, - (südd. u. schweiz. für: Stecken; Stützstange für Erbsen, Reben u. a.)
sticken¹; ¹Sticker¹ (jmd., der stickt)
²Sticker¹ [ßt...] der; -s, - ⟨engl.⟩ (Aufkleber)
Sticke|rei¹; Sticke|rin¹ die; -,

-nen; Stick|garn; Stick_hu|sten; stickig¹; Stick_luft (die; -), ...ma-schi|ne, ...mu|ster, ...mu|ster|tuch (Plur. ...tücher), ...oxyd (chem. fachspr.: ...oxid), ...rah|men, ...stoff (der; -[e]s: chem. Grund-stoff; Zeichen: N; vgl. Nitrogen-nium); Stick|stoff_bak|te|ri|en Plur., ...dün|ger; stick|stoff|frei (↑ R 204), stick|stoff|hal|tig
stie|ben; du stobst (stobest; auch: stiebtest); du stöbest (auch: stiebtest); gestoben (auch: ge-stiebt); stieb[e]!
Stief|bru|der
Stie|fel der; -s, - (Fußbekleidung; Trinkglas in Stiefelform); Stie-fel|chen, Stie|fe|lein; Stie|fe|let-te die; -, -n (Halbstiefel); Stie|fel-knecht; stie|feln (ugs. für: gehen, stapfen, trotten); ich ...[e]le (↑ R 22); Stie|fel|schaft der
Stief_el|tern Plur., ...ge|schwi|ster, ...kind, ...mut|ter (Plur. ...müt-ter), ...müt|ter|chen (eine Zier-pflanze); stief|müt|ter|lich
Stie|fo_gra|fie, ...gra|phie die; - ⟨nach dem Stenographen H. Stief⟩ (ein Kurzschriftsystem)
Stief_schwe|ster, ...sohn, ...toch-ter, ...va|ter
Stie|ge die; -, -n (Treppe; Ver-schlag, Kiste; Zählmaß [20 Stück]); Stie|gen_be|leuch|tung, ...haus
Stieg|litz der; -es, -e ⟨slaw.⟩ (Di-stelfink)
stie|kum (jidd.) (landsch. für: heimlich, leise)
Stiel der; -[e]s, -e (Handhabe; Griff; Stengel); mit Stumpf und -; Stiel_au|ge (ugs. scherzh. in: -n machen), ...bel|sen, ...bril|le (ver-alt. für: Lorgnette); stie|len (sel-ten für: mit Stiel versehen); vgl. gestielt; ...stie|lig (z. B. kurzstie-lig); stiel|los; vgl. aber: stillos; Stiel_mus (rhein. für: Gemüse aus Rübenstielen u. -blättern); Stiel|stich der; -[e]s (Stickerei)
stie|men (niederd. für: dicht schneien, qualmen); Stiem|wet-ter (niederd. für: Schneesturm)
stier (starr; österr., schweiz. ugs. auch für: ohne Geld)
Stier der; -[e]s, -e
¹stie|ren (starr blicken)
²stie|ren (von der Kuh: nach dem Stier verlangen); stie|rig (von der Kuh: brünstig); Stier_kampf, ...kampf|are|na, ...kämp|fer, ...nacken¹); stier|nackig¹
Stie|sel, Stie|ßel der; -s, - (ugs. für: ungeschickter Mensch, Dumm-kopf); stie|se|lig, sties|lig, stie-ße|lig, stieß|lig
¹Stift der; -[e]s, -e (Bleistift; Na-gel)

---

¹ Trenn.: ...k|k...

Stift

²Stift der; -[e]s, -e (ugs. für: halb-
wüchsiger Junge, Lehrling)

³Stift das; -[e]s, -e, selten: -er
(fromme Stiftung; auch: Alters-
heim); stif|ten

stif|ten|ge|hen (ugs. für: sich heim-
lich, schnell u. unauffällig entfernen)

¹Stif|ter, Adalbert (österr. Schrift-
steller)

²Stif|ter; Stif|ter|fi|gur (bild.
Kunst); Stif|ter|ver|band; - für
die Deutsche Wissenschaft; stif-
tisch (veralt. für: zu einem ³Stift
gehörend); Stift|ler (veralt. für:
Stiftsangehöriger); Stifts_da|me,
...fräu|lein, ...herr, ...kir|che,
...schu|le; Stif|tung; Stif|tungs-
_brief, ...fest, ...rat (Plur. ...räte;
kath. Kirche: dem Pfarrer unter-
stehender Gemeindeausschuß
zur Verwaltung des Kirchenver-
mögens), ...ur|kun|de

Stift|zahn

Stig|ma das; -s, ...men und -ta
(griech.) ("Stich"; [Wund-,
Brand]mal; Bot.: Narbe der Blü-
tenpflanzen; Zool.: äußere Öffnung der Tracheen; Augenfleck
der Einzeller); Stig|ma|ti|sa|ti|on
[...zion] die; -, -en (Auftreten der
fünf Wundmale Christi; Brand-
markung der Sklaven im Alter-
tum); stig|ma|ti|sie|ren; Stig|ma-
ti|sier|te der u. die; -n, -n
(↑R 7 ff.); Stig|ma|ti|sie|rung

Stil der; -[e]s, -e ⟨lat.⟩ (Einheit der
Ausdrucksformen [eines Kunst-
werkes, eines Menschen, einer
Zeit]; Darstellungsweise, Art
[Bau-, Schreibart usw.]); (Zeit-
rechnung:) alten -s (Abk.: a. St.),
neuen -s (Abk.: n. St.); Stil|art

Stilb das; -s, - ⟨griech.⟩ (Physik
früher: Einheit der Leuchtdich-
te; Zeichen: sb); 4 -

Stil_blü|te, ...bruch der, ...ele-
ment, ...emp|fin|den, ...ent|wick-
lung

Sti|lett das; -s, -e ⟨ital.⟩ (kleiner
Dolch)

Stilf|ser Joch das; - -[e]s (ein Al-
penpaß)

Stil|ge|fühl das; -[e]s; stil|ge-
recht; sti|li|sie|ren ⟨lat.⟩ (nur in
den wesentlichen Grundstruktu-
ren darstellen); Sti|li|sie|rung;
Sti|list der; -en, -en; ↑R 197
(jmd., der guten Stil beherrscht);
Sti|li|stik die; -, -en (Stilkunde);
sti|li|stisch; Stil|kun|de die; -,
-en; stil|kund|lich

still; I. Kleinschreibung: a)
(↑R 65:) im stillen (unbemerkt);
b) (↑R 157: Kaufmannsspr.:) stil-
ler Teilhaber, stille Reserven,
Rücklagen, stille Beteiligung,
(ugs. scherzh.:) das stille Örtchen
(Toilette); kath. Kirche: eine stille Messe. II. Großschreibung: a)

(↑R 146:) der Stille Ozean; b)
(↑R 157:) der Stille Freitag (Kar-
freitag); die Stille Woche (Kar-
woche). III. Schreibung in Verbindung mit Verben (↑R 205 f.):
still sein, werden, sitzen, stehen,
halten; vgl. aber: stillbleiben,
stillegen, stillhalten, stilliegen,
stillschweigen, stillsitzen, stillste-
hen; still|blei|ben (↑R 205); ich
bleibe still; stillgeblieben; still-
zubleiben; stil|le (ugs. für: still);
Stil|le die; -; in aller, in der -;
Stil|le|ben das; -s, - [Trenn.: Still-
le..., ↑R 204] (Malerei: Darstellung lebloser Gegenstände in
künstl. Anordnung); stil|le|gen
(↑R 205) [Trenn.: stilll|le...,
↑R 204] (außer Betrieb setzen);
ich lege still; stillgelegt; stillzule-
gen; die Fabrik wurde stillge-
legt; Stil|le|gung [Trenn.: Still-
le..., ↑R 204]

Still|leh|re

still|len; Still|geld (Unterstützung
für stillende Mütter); still|ge-
stan|den!; Still|hal|te|ab|kom-
men; still|hal|ten; ↑R 205 (sich
nicht bewegen; erdulden, gedul-
dig ertragen); sie hat beim Zahn-
arzt tapfer stillgehalten; aber:
du mußt die Lampe still (ruhig)
halten; Still|hal|tung die; -;
stil|lie|gen (↑R 205) [Trenn.: still-
lie..., ↑R 204] (außer Betrieb
sein); die Fabrik hat stillgelegen;
aber: das Kind hat still (ruhig)
gelegen

still|los; -este; vgl. aber: stiellos;
Still|lo|sig|keit

still|schwei|gen (↑R 205); er hat
stillgeschwiegen; Still|schwei-
gen; jmdm. - auferlegen; still-
schwei|gend; still|sit|zen (↑R 205
(nicht beschäftigt sein); aber: er
sollte still (ruhig) sitzen; Still-
stand der; -[e]s; still|ste|hen;
↑R 205 (in der Bewegung aufhören); sein Herz hat stillgestan-
den; aber: das Kind hat lange
still (ruhig) gestanden; Still|lung;
still|ver|gnügt

Stil_mö|bel, ...no|te, ...übung,
...un|ter|su|chung; stil_voll,
...wid|rig; Stil|wör|ter|buch

Stimm_ab|ga|be, ...auf|wand,
...band (das; Plur. ...bänder);
stimm|be|rech|tigt; Stimm|be-
rech|tig|te der u. die; -n, -n
(↑R 7 ff.); Stimm_be|rech|ti|gung,
...be|zirk, ...bil|dung, ...bruch
(der; -[e]s), ...bür|ger (schweiz.);
Stimm|chen, Stimm|lein; Stim-
me die; -, -n; stim|men; Stim-
men_ge|winn, ...ge|wirr, ...gleich-
heit, ...mehr|heit; Stimm|ent|hal-
tung; Stim|men_ver|hält|nis,
...ver|lust; Stim|mer (eines Mu-
sikinstrumentes); stimm|fä|hig;
Stimm_füh|rung (Musik), ...ga-

bel; stimm|ge|wal|tig; stimm|haft
("weich" auszusprechen)
Stimm|haf|tig|keit die; -; stim-
mig (passend, richtig, [über-
ein]stimmend); ...stim|mig (z. B.
vierstimmig, mit Ziffer: 4stim-
mig); Stim|mig|keit die; -;
Stimm|it|tel das; -s, - [Trenn.:
Stimm|mit..., ↑R 204]; Stimm-
la|ge; Stimm|lein, Stimm|chen;
stimm|lich; stimm|los ("hart"
auszusprechen); Stimm|lo|sig-
keit die; -; Stimm_recht, ...rit|ze
...schlüs|sel (Gerät zum Klavier
stimmen), ...stock (in Streich
instrumenten); Stim|mung
Stim|mungs_ba|ro|me|ter, ...bild
...ka|pel|le, ...ma|che, ...um
schwung; stim|mungs|voll
Stimm_vieh (verächtl.), ...zet|te
Sti|mu|lans das; -, ...lantia [...zia
u. ...lanzien [...zi⁰n] ⟨lat.⟩ (Med.
anregendes Mittel; Reizmittel)
Sti|mu|la|ti|on [...zion] die; -, -en
(seltener für: Stimulierung); sti
mu|lie|ren; Sti|mu|lie|rung (Erre
gung, Anregung, Reizung); Sti
mu|lus der; -, ...li (veralt. für
Reiz, Antrieb)
Sti|ne (Kurzform von: Christin
u. Ernestine)
Stink|bom|be; stin|ken; du stanks
(stankest); du stänkest; gestun
ken; stink[e]!; Stin|ker (ugs.)
stink|faul (ugs.); Stink|fritz de
-en, -en; ↑R 197 (ugs.); stin|kig
Stink|kä|fer; stink|lang|wei|lig
(ugs.); Stink_mar|der, ...mor
chel; stink|sau|er (ugs.); Stink
tier; stink|vor|nehm (ugs.)
Stink|wan|ze; Stink|wut (derb)
Stint der; -[e]s, -e (ein Fisch)
Sti|pen|di|at der; -en, -en (↑R 197
⟨lat.⟩ (ein Stipendium Empfän
gender, Unterstützter); Sti|pen
di|en|ver|wal|tung; Sti|pen|di|um
das; -s, ...ien [...i⁰n] ⟨lat.⟩ (Stiftung
Geldbeihilfe für Schüler, Studie
rende, Gelehrte)
Stipp der; -[e]s, -e u. Stip|pe die; -
-n (landsch. für: Kleinigkeit
Punkt, Pustel, Tunke); auf de
Stipp (sofort); Stipp|be|suc
(ugs. für: kurzer Besuch); Stipp
chen, Stipp|lein; stip|pen (ugs
für: tupfen, tunken); stip|pi
(ugs. für: gefleckt; mit Pustel
besetzt); Stip|pig|keit (ugs.)
Stipp|vi|si|te (ugs. für: kurzer Be
such)
Sti|pu|la|ti|on [...zion] die; -, -e
⟨lat.⟩ (röm. Recht: durch mündl
Vereinbarung rechtswirksa
werdender Vertragsabschluß)
sti|pu|lie|ren; Sti|pu|lie|rung
Stirn die; -, -en, (geh.:) Stir|ne di
-, -n; Stirn_band (das; Plur
...bänder), ...bein; Stir|ne vg
Stirn; Stirn_fal|te, ...flä|che
...glat|ze, ...höh|le; Stirn|höh

len.ent|zün|dung, ...ver|ei|te-
rung; ...stir|nig (z. B. breitstir-
nig); Stirn_reif, ...rie|men, ...run-
zeln (das; -s); stirn|run|zelnd;
Stirn_seil|te, ...wand, ...zie|gel
St. Lu|cia (Inselstaat im Bereich
der Westindischen Inseln); vgl.
Lucianer
Sto. = Santo
Stoa die; - ⟨griech.⟩ (altgriech. Phi-
losophenschule)
Stö|ber der; -s, - (Jägerspr.: Hund,
der zum [Auf]stöbern des Wildes
gebraucht wird); Stö|be|rei
(mdal. für: Großreinemachen);
Stö|ber|hund; stö|bern (ugs. für:
[hastig, heimlich] durchsuchen;
Jägerspr.: aufjagen; flockenartig
umherfliegen; mdal. für: rein
machen); ich ...ere (↑ R 22); es
stöbert
Sto|cha|stik [...cha...] die; -
⟨griech.⟩ (Betrachtungsweise der
analyt. Statistik nach der Wahr-
scheinlichkeitstheorie); sto|cha-
stisch
Sto|cher der; -s, - (Werkzeug zum
Stochern; Feuerhaken); stochern; ich ...ere (↑ R 22)
¹Stock der; -[e]s, Stöcke (Stab u. ä.,
Baumstumpf); über - und Stein;
in den - (Fußblock) legen; ²Stock
der; -[e]s, - (nach Zahlenanga-
ben) u. Stockwerke (Stockwerk);
das Haus hat zwei -, ist zwei -
hoch; ein Haus von drei -
³Stock [ßtŏk] der; -s, -s ⟨engl.⟩
(Vorrat, Warenlager; Bankw.:
Grundkapital)
Stock|aus|schlag (Forstw.: Sproß-
bildung an Baumstümpfen);
stock_be|trun|ken (ugs. für: völ-
lig betrunken), ...blind (ugs. für:
völlig blind); Stöck|chen, Stöck-
lein; Stock|de|gen; stock_dumm
(ugs. für: sehr dumm), ...dun|kel
(ugs. für: völlig dunkel); Stock-
ei|sen; ¹Stöckel der; -s, - (ugs.
für: hoher Absatz); ²Stöckel
das; -s, - (österr. für: Nebenge-
bäude, bes. von Schlössern od.
Bauernhäusern); Stöckel|ab-
satz¹; stöckeln (ugs. für: auf
¹Stöckeln laufen); ich ...[e]le
(↑ R 22); Stöckel|schuh¹; stocken
(nicht vorangehen; bayr. u.
österr. auch für: gerinnen);
(↑ R 68:) ins Stocken geraten,
kommen; gestockte Milch (bayr.
u. österr. für: Dickmilch); Stock-
en|te; Stockerl¹ das; -s, -n (bayr.
u. österr. für: Hocker); Stock-
_fäu|le, ...feh|ler ([Eis]hockey);
stock|fin|ster (ugs. für: völlig fin-
ster); Stock_fisch, ...fleck; stock-
fleckig¹; stock|hei|ser (ugs. für:
sehr heiser)
Stock|holm [auch: ...hŏlm] (Hptst.

von Schweden); Stock|hol|mer
[auch: ...hŏlm...] (↑ R 147)
stockig¹ (stockfleckig); ...stöckig¹
(z. B. vierstöckig, mit Ziffer:
4stöckig; ↑ R 212); stock|kon|ser-
va|tiv (ugs. für: sehr konserva-
tiv); Stöck|lein, Stöck|chen;
Stöck|li das; -s, - (schweiz. mdal.
für: Altenteil); stock|nüch|tern
(ugs. für: ganz nüchtern); Stock-
_punkt (Temperatur der Zähig-
keitszunahme von Ölen), ...ro|se
(eine Heil- u. Gewürzpflanze;
Malve); stock|sau|er (ugs. für:
sehr verärgert); Stock_schirm,
...schla|gen (das; -s; Eishockey),
...schnup|fen, ...schwämm|chen
(ein Pilz); stock_steif (ugs. für:
völlig steif), ...taub (ugs. für:
völlig taub); Stock|uhr (österr.
veralt. für: Standuhr); Stok-
kung; Stock|werk; Stock|zahn
(südd., österr., schweiz. für: Bak-
kenzahn)
Stoff der; -[e]s, -e; Stoffar|be
[Trenn.: Stoff|far..., ↑ R 204];
Stoff_bahn, ...be|hang
¹Stof|fel (Kurzform von: Chri-
stoph); ²Stof|fel (ugs. für: unge-
schickter, unhöflicher Mensch,
Tölpel) der; -s, -; stof|fe|lig,
stoff|lig (ugs. für: tölpisch, un-
höflich)
Stoffet|zen [Trenn.: Stoff|fet...,
↑ R 204] der; -s, -; stoff|hal|tig;
stoff|lich (materiell); Stoff|lich-
keit die; -
stoff|lig vgl. stoffelig
Stoffül|le [Trenn.: Stoff|fül...,
↑ R 204] die; -; Stoff_rest, ...wech-
sel; Stoff|wech|sel|krank|heit
stöh|nen; (↑ R 68:) leises Stöhnen
stoi! [ßteu] ⟨russ.⟩ (halt!)
Stoi|ker ⟨griech.⟩ (Anhänger der
Stoa; Vertreter des Stoizismus);
sto|isch (zur Stoa gehörend; un-
erschütterlich, gleichmütig);
Stoi|zis|mus der; - (Lehre der
Stoiker; Unerschütterlichkeit,
Gleichmut)
Sto|la die; -, ...len ⟨griech.⟩ (alt-
röm. Ärmelgewand; gottes-
dienstl. Gewandstück des kath.
Geistlichen; langer, schmaler
Umhang)
Stoll|berg/Harz (Stadt im Bezirk
Halle); Stol|berg (Rhld.) (Stadt
bei Aachen)
Stol|ge|büh|ren Plur. (Pfarramts-
nebenbezüge)
Stoll|berg/Erzgeb. (Stadt im Be-
zirk Karl-Marx-Stadt)
Stol|le die; -, -n od. ¹Stol|len der;
-s, - (Weihnachtsgebäck); ²Stol-
len der; -s, - (Zapfen am Hufei-
sen, an [Fußball]schuhen; Bergmannsspr.: waagerechter Gru-
benbau, der zu Tage ausgeht; ei-

ne Strophe des Aufgesangs im
Meistersang); Stol|len_bau (der;
-[e]s), ...gang der, ...mund|loch
(Bergmannsspr.)
Stol|per der; -s, - (sächs. für: Fehl-
tritt); Stol|per|draht; Stol|pe|rer;
stol|pe|rig, stolp|rig; stol|pern
(strauchen); ich ...ere (↑ R 22)
stolz; -este; Stolz der; -es
Stol|ze (Erfinder eines Kurz-
schriftsystems); Stol|ze-Schrey;
das Kurzschriftsystem Stolze-
Schrey
stolz|ge|schwellt (ugs.); mit -er
Brust; stol|zie|ren (stolz einher-
schreiten)
Sto|ma [auch: ßto...] das; -s, -ta
⟨griech.⟩ (Med.: Mund-, Spaltöffnung; künstlicher Darmaus-
gang o. ä.; Biol.: Spaltöffnung
des Pflanzenblattes); sto|ma|chal
[...chal] (Med.: durch den Magen gehend, den Magen betref-
fend); Sto|ma|ti|tis die; -, ...itiden
(Med.: Entzündung der Mund-
schleimhaut); Sto|ma|to|lo|gie
die; - (Lehre von den Erkrankun-
gen der Mundhöhle); sto|ma|to-
lo|gisch
Stone|henge [ßto°nhändseh] (Kult-
stätte der Jungsteinzeit u. frühen
Bronzezeit in Südengland)
stop! ⟨engl.⟩ (halt! [auf Verkehrs-
schildern]; im Telegrafenverkehr
für: Punkt); vgl. stopp!; Stop
der; -s, -s (bes. Tennis: Stopp-
ball)
Stopf|buch|se oder Stopf|büch|se
(Maschinenteil); stop|fen; Stop-
fen der; -s, - (landsch. für: Stöp-
sel, Kork); Stop|fer; Stopf_garn,
...na|del, ...pilz; Stopf|fung
stopp! (halt!); vgl. stop!; Stopp
der; -s, -s (Halt, Unterbrechung);
Stopp|ball (Sport)
¹Stop|pel der; -s, - (österr. für:
Stöpsel)
²Stop|pel die; -, -n; Stop|pel_bart
(ugs.), ...feld, ...haar; stop|pe-
lig, stopp|lig; Stop|pe|lig|keit,
Stopp|lig|keit die; -; stop|peln
(Ähren u. ä. aufsammeln); ich
...[e]le (↑ R 22)
Stop|pel|zie|her (österr. für: Kor-
kenzieher)
stop|pen (anhalten; mit der Stopp-
uhr messen); Stop|per (Fußball:
Mittelläufer); Stopp|kurs (Börse)
Stopp|ler
stopp|lig, stop|pe|lig; Stopp|lig-
keit, Stop|pe|lig|keit
Stopp_preis (vgl. ²Preis; ↑ R 204),
...schild das, ...stra|ße, ...uhr
Stöp|sel der; -s, - (österr. neben:
Stöpsel); Stöp|sel der; -s, -; stöp-
seln; ich ...[e]le (↑ R 22)
¹Stör der; -[e]s, -e (ein Fisch)
²Stör die; -, -en (bayr., österr. u.
schweiz. für: Arbeit, die ein Ge-

¹ Trenn.: ...k|k...

werbetreibender im Hause des Kunden verrichtet); auf der - arbeiten; auf die od. in die - gehen
³Stör die; - (Fluß in Schleswig-Holstein)
Stör|ak|ti|on; stör|an|fäl|lig; ein -es Gerät; Stör|an|fäl|lig|keit
Sto|rax vgl. Styrax
Storch der; -[e]s, Störche; Storch|bein; storch|bei|nig; Stör|chel|chen, Störch|lein; stor|chen (ugs. für: wie ein Storch einherschreiten); Stor|chen|nest; Storch|nest; Stör|chin die; -, -nen; Storch|schna|bel (eine Pflanze; Gerät zum mechan. Verkleinern od. Vergrößern von Zeichnungen)
¹Store [schtor, ßtor, schweiz.: schtor⁶] der; -s, -s, schweiz.: die; -, -n (franz.) (Fenstervorhang; schweiz. für: Markise; Sonnenvorhang aus Segeltuch od. aus Kunststofflamellen); Sto|ren [schtor⁶n] der; -s, - (schweiz. neben: ¹Store)
²Store [ßtå'] der; -s, -s ⟨engl.⟩ (engl. Bez. für: Vorrat, Lager; Laden)
¹stö|ren (bayr. u. österr. für: auf der ²Stör arbeiten od. auf die, in die ²Stör gehen)
²stö|ren (hindern, belästigen); sich -; ich störte mich an seinem Benehmen; Stö|ren|fried der; -[e]s, -e (abwertend); ¹Stö|rer
²Stö|rer (bayr. u. österr. für: auf der ²Stör Arbeitender; Landfahrer)
Stö|re|rei (ugs.); Stör|fall der; stör|frei
stor|gen (fränk., mitteld. für: im Lande umherziehen); Stor|ger (fränk., mitteld. für: Landstreicher)
Storm (dt. Dichter)
Stör|ma|nö|ver
Stor|marn (Gebiet u. Landkreis im südl. Holstein); Stor|mar|ner (↑ R 147); stor|marnsch
stor|nie|ren ⟨ital.⟩ (Kaufmannsspr.: Fehler [in der Buchung] berichtigen; allg. [österr. nur für: rückgängig machen); Stor|no der u. das; -s, ...ni (Berichtigung; Rückbuchung, Löschung); Stor|no|bu|chung
stör|rig (seltener für: störrisch); Stör|rig|keit die; -; stör|risch; -ste; Stör|risch|keit (seltener für: Störrigkeit)
Stör|schnei|de|rin (zu: ²Stör)
Stör_schutz (gegen Rundfunkstörungen), ...sen|der, ...stel|le
Stör|te|bel|ker (ein Seeräuber)
Stor|ting [ßtor..., norw. Ausspr.: ßtur...] das; -s, -e u. -s ⟨norw.⟩ (Volksvertretung)
Stö|rung; Stö|rungs|feu|er (Militär); stö|rungs|frei (frei von Rundfunkstörungen); Stö|rungs|stel|le (für Störungen im Fern-

sprechverkehr zuständige Abteilung bei der Post)
Sto|ry [ßtåri] die; -, -s u. ...ries ⟨engl.⟩ ([Kurz]geschichte)
Stoß der; -es, Stöße (Bergmannsspr. auch für: seitl. Begrenzung eines Grubenbaus); Stöß|chen, Stöß|lein; Stoß_dämp|fer, ...de|gen; Stö|ßel der; -s, - (Stoßgerät); stoß|emp|find|lich; sto|ßen; du stößt (stößest), er stößt; du stießest; gestoßen; stoß[e]!; er stößt ihn (auch: ihm) in die Seite; Stö|ßer (auch für: Sperber); Sto|ße|rei (ugs.); stoß|fest; Stoß|ge|bet; stö|ßig (vom Vieh); Stoß|kraft die; -; stoß|kräf|tig; Stöß|lein, Stöß|chen; Stoß_rich|tung, ...seuf|zer; stoß|si|cher; Stoß_stan|ge, ...the|ra|pie, ...trupp (Militär), ...trupp|ler (der; -s, -), ...ver|kehr (Verkehr zur Zeit der stärksten Verkehrsdichte), ...waf|fe; stoß|wei|se; Stoß_zahn, ...zeit
Sto|tin|ka die; -, ...ki ⟨bulgar.⟩ (bulgar. Münze; 100 Stotinki = 1 Lew)
Stot|te|rei (ugs.); Stot|te|rer; stot|te|rig, stott|rig; stot|tern; ich ...ere (↑ R 22); ↑ R 68: ins Stottern geraten; etwas auf Stottern (ugs. für: auf Ratenzahlung) kaufen; Stot|te|rin die; -, -nen; stott|rig, stot|te|rig
Stotz der; -es, -e u. ¹Stot|zen der; -s, - (südd., österr. für: [Baum]stumpf; schweiz. für: Keule eines Schlachttiers); ²Stot|zen der; -s, - (südd. u. mitteld. für: Bottich); stot|zig (südwestd. u. schweiz. für: steil)
Stout [ßtaut] der; -s, -s ⟨engl.⟩ (dunkles engl. Bier)
Stov|chen, Stöv|chen (niederd. für: Kohlenbecken; Wärmevorrichtung für Tee od. Kaffee)
Sto|ve die; -, -n (niederd. für: Trockenraum); sto|wen (niederd. für: dämpfen, dünsten); gestowtes Obst
StPO = Strafprozeßordnung
Str. = Straße
stra|ban|zen, stra|wan|zen (bayr. u. österr. mdal. für: sich herumtreiben); Stra|ban|zer, Stra|wan|zer
Stra|bo[n] (griech. Geograph u. Geschichtsschreiber)
Strac|chi|no [ßtrakino] der; -[s] ⟨ital.⟩ (ein ital. Käse)
strack (südd. für: gerade, straff, steif); stracks (geradeaus; sofort)
Strad|dle [ßträd'l] der; -[s], -s ⟨engl.⟩ (ein Sprungstil im Hochsprung)
¹Stra|di|va|ri [ßtradiwari] (ital. Meister des Geigenbaues); ²Stra|di|va|ri die; -, -[s] u. Stra|di-

va|ri|us die; -, - (Stradivarigeige); Stra|di|va|ri|gei|ge (↑ R 135)
Straf_ak|ti|on, ...an|dro|hung, ...an|stalt, ...an|trag, ...an|zei|ge, ...ar|beit, ...auf|he|bung, ...aufhe|bungs|grund, ...auf|schub, ...aus|set|zung, ...bank (Eishockey, Handball); straf|bar; -e Handlung; Straf|bar|keit die; -; Straf_be|fehl, ...be|fug|nis, ...bescheid; Stra|fe die; -, -n; Straf_ecke (Sport) [Trenn.: ...ek|ke]; stra|fen; Straf|ent|las|se|ne der u. die; -n, -n (↑ R 7 ff.); Straf|er|laß; straf|er|schwe|rend; straf|ex|er|zie|ren; nur im Infinitiv u. Partizip gebr.
straff; -[e]ste
straf|fäl|lig; Straf|fäl|lig|keit die; -
straf|fen (straff machen); sich - (sich recken); Straff|heit
straf|frei; Straf_frei|heit (die; -), ...ge|fan|ge|ne, ...ge|richt, ...ge|richts|bar|keit, ...ge|setz, ...ge|setz|buch (Abk.: StGB), ...ge|setz|ge|bung, ...ge|walt, ...kammer, ...kol|lo|nie; sträf|lich; -er Leichtsinn; Sträf|lich|keit die; -; Sträf|ling; Sträf|lings|klei|dung; straf|los; Straf|lo|sig|keit die; -; Straf_man|dat, ...maß das; straf_mil|dernd, ...mün|dig; Straf_por|to, ...pre|digt, ...pro|zeß, ...pro|zeß|ord|nung (Abk.: StPO), ...punkt (Sport), ...raum (Sport), ...recht, ...recht|ler (der; -s, -); straf|recht|lich; Straf_rechts|re|form, ...re|gi|ster, ...sa|che, ...se|nat, ...stoß (Sport), ...tat, ...tä|ter, ...til|gung, ...til|gungs|grund, ...um|wand|lung, ...ver|bü|ßung, ...ver|fah|ren, ...ver|fü|gung (Strafmandat); straf|ver|schär|fend; straf|ver|set|zen; nur im Infinitiv u. 2. Partizip „strafversetzt" gebr.; Straf_ver|tei|di|ger, ...voll|streckung [Trenn.: ...strek|kung], ...voll|zug, ...voll|zugs|an|stalt; straf|wei|se; straf|wür|dig; Straf_zet|tel, ...zu|mes|sung
Strahl der; -[e]s, -en; Strahl|an|trieb; Strahl|le|mann Plur. ...män|ner (ugs. für: jmd., der ein [übertrieben] fröhliches Gesicht macht); strah|len
sträh|len (mdal. für: kämmen)
Strah|len_be|hand|lung, ...bio|lo|gie, ...bre|chung, ...bün|del, ...che|mie; strah|lend; -ste; strah|len|för|mig; Strah|len_krank|heit, ...kranz, ...pilz, ...schä|di|gung, ...schutz, ...the|ra|pie, ...tier|chen; Strah|ler (schweiz. auch für: Kristallsucher); Strahl_flug|zeug (Düsenflugzeug); strah|lig; ...strah|lig (z. B. achtstrahlig, mit Ziffer: 8strahlig; ↑ R 212); Strahl_kraft die; -, ...rich|tung, ...rohr, ...stär-

ke, ...trieb|werk; Strahl|lung; Strahl|lungs-ener|gie, ...gür|tel, ...in|ten|si|tät, ...wär|me

Strähn der; -[e]s, -e (österr. für: Strähne); Sträh|ne die; -, -n; sträh|nig; ...sträh|nig (z. B. dreisträhnig, mit Ziffer: 3strähnig; ↑R 212)

Strak das; -s, -e (Schiffsbau: der Verlauf der Linien eines Bootskörpers); stra|ken (Schiffsbau-Technik: vorschriftsmäßig verlaufen [von einer Kurve]; streichen, strecken)

Stral|sund [auch: ...sunt] (Hafenstadt an der Ostsee); Stral|sunder [auch: ...sund'r] (↑R 147)

Stral|zie|rung, (österr.:) Stral|zio der; -s, -s ⟨ital.⟩ (Kaufmannsspr. veralt. für: Liquidation)

Stra|min der; -s, -e ⟨niederl.⟩ (Gittergewebe für Kreuzstickerei); Stra|min|decke [Trenn.: ...dek|ke]

stramm; ein -er Junge; -er Max (Spiegelei u. Schinken auf Brot o. ä.); Schreibung in Verbindung mit Verben: vgl. strammstehen und strammziehen; stram|men (landsch. für: straff anziehen); Stramm|heit die; -; stramm|stehen (↑R 205); ich stehe stramm, strammgestanden; strammzustehen; stramm|zie|hen (↑R 205); ich ziehe ihm die Hose stramm; strammgezogen; strammzuziehen

Stram|pel|hös|chen; stram|peln; ich ...[e]le (↑R 22); stram|pfen (südd. u. österr. für: stampfen; strampeln); Stramp|ler

Strand der; -[e]s, Strände; Strand-.an|zug, ...bad, ...di|stel; stranden; Strand.gut, ...ha|fer, ...kleid, ...korb, ...krab|be, ...läufer (ein Vogel), ...recht; Strandung; Strand|wehr

Strang der; -[e]s, Stränge; über die Stränge schlagen (ugs.); Stran|ge die; -, -n (schweiz. für: Strang, Strähne); eine - Garn, Wolle; strän|gen ([Pferd] anspannen)

Stran|gu|la|ti|on [...zion] die; -, -en, Stran|gu|lie|rung ⟨griech.⟩ (Erdrosselung; Med.: Abklemmung); stran|gu|lie|ren; Strangurie die; -, ...ien (Med.: Harnzwang)

Stra|paz... (österr. für: Strapazier..., z. B. Strapazhose); Strapa|ze die; -, -n ⟨ital.⟩ ([große] Anstrengung, Beschwerlichkeit); stra|paz|fä|hig (österr. für: strapazierfähig); Stra|paz|ho|se (österr. für: Strapazierhose); stra|pa|zie|ren (übermäßig anstrengen, in Anspruch nehmen; abnutzen); sich - (ugs. für: sich [ab]mühen); stra|pa|zier|fä|hig; Stra|pa|zier.ho|se (strapazierfähige Hose für den Alltag),

...schuh; stra|pa|zi|ös; -este (anstrengend); Stra|paz|schuh (österr. für: Strapazierschuh)

Straps [auch: ßträpß] der; -es, -e ⟨engl.⟩ (Strumpfhalter)

Stras|bourg [ßtraßbur] (franz. Schreibung von: Straßburg)

Stras|burg (Stadt in der nördl. Uckermark)

Straß der; - u. Strasses, Strasse (nach dem Erfinder Straßer) (Edelsteinimitation aus Glas)

straß|auf, straß|ab

Straß|burg (Stadt im Elsaß); Straß|bur|ger (↑R 147); - Münster; - Eide; straß|bur|gisch; vgl. Strasbourg

Sträß|chen, Sträß|lein; Stra|ße die; -, -n (Abk.: Str.); Schreibung in Straßennamen: ↑R 190; Straßen.an|zug, ...ar|bei|ter, ...bahn, ...bah|ner (ugs. für: Angestellter der Straßenbahn); Stra|ßenbahn.hal|te|stel|le, ...schaff|ner, ...wa|gen; Stra|ßen.ban|kett (vgl. ²Bankett), ...bau (Plur. ...bauten), ...bau|amt, ...be|gren|zungsgrün, ...be|kannt|schaft, ...beleucht|tung, ...bö|schung, ...ca|fé, ...damm, ...decke [Trenn.: ...dekke], ...dorf, ...ecke [Trenn.: ...ekke], ...fel|ger (nordd.; auch für: attraktive Fernsehsendung), ...füh|rung, ...gra|ben, ...han|del, ...kar|te, ...keh|rer (mitteld. u. oberd.), ...kreu|zer (ugs. für: großer Pkw), ...kreu|zung, ...la|ge, ...lärm, ...la|ter|ne, ...mäd|chen (Prostituierte), ...na|me, ...netz, ...pfla|ster, ...raub, ...rei|ni|gung, ...ren|nen (Radsport), ...rol|ler (svw. Culemeyer), ...sän|ger, ...schild das, ...sei|te, ...sper|re, ...sper|rung, ...thea|ter, ...überfüh|rung, ...ver|kehr, ...ver|kehrsord|nung (die; -; Abk.: StVo); Stra|ßen|ver|kehrs-Zu|las|sungs-Ord|nung (die; -; Abk.: StVZO); Stra|ßen.wal|ze, ...zug, ...zustand, ...zu|stands|be|richt; Straße-Schie|ne-Ver|kehr (der; -[e]s; ↑R 41); Sträß|lein, Straß|lein

Stra|tel|ge der; -n, -n (↑R 197) ⟨griech.⟩ (jmd., der strategisch vorgeht, Strategie beherrscht); Stra|te|gie die; -, ...ien (Kriegskunst; genau geplantes Vorgehen); stra|te|gisch; -e Verteidigung

Stra|ti|fi|ka|ti|on [...zion] die; -, -en ⟨lat.⟩ (Geol.: Schichtung; Landw.: Schichtung von Saatgut in feuchtem Sand od. Wasser); stra|ti|fi|zie|ren (Geol.: die Reihenfolge der Schichten feststellen; Landw.: [Saatgut] schichten); Stra|ti|gra|phie die; - ⟨lat.; griech.⟩ (Geol.: Schichtenkunde); stra|ti|gra|phisch; Stra|tosphä|re die; - (die Luftschicht in

einer Höhe von etwa 12 bis 80 km); Stra|to|sphä|ren|flug; stra|to|sphä|risch; Stra|tus der; -, ...ti ⟨lat.⟩ (Meteor.: tiefer hängende, ungegliederte Schichtwolke; Abk.: St); Stra|tus|wol|ke

sträu|ben; sich -; (↑R 68:) da hilft kein Sträuben; strau|big (mdal. für: struppig)

Strau|bin|ger; Bruder - (veralt. scherzh. für: Landstreicher)

Strauch der; -[e]s, Sträucher; strauch|ar|tig; Strauch|dieb (veralt. abschätzig); Sträu|chel|chen, Sträuch|lein; sträu|cheln; ich ...[e]le (↑R 22); strau|chig; Sträuch|lein, Sträu|chel|chen

Strauch.rit|ter (veralt. abschätzig), ...werk

Strauss, Oscar (österr. Komponist)

Strauss|berg (Stadt östl. von Berlin)

¹Strauß, David Friedrich (dt. ev. Theologe)

²Strauß (Name mehrerer österr. Komponisten)

³Strauß der; -es, -e ⟨griech.⟩ (ein Vogel); Vogel -; vgl. Vogel-Strauß-Politik

⁴Strauß der; -es, Sträuße (Blumenstrauß; geh. für: Kampf)

Strauss, Richard (dt. Komponist)

Sträuß|chen, Sträuß|lein

Strau|ßen.ei, ...farm, ...fe|der

Strau|ßen|wirt|schaft (landsch. für: durch Zweige [Strauß] kenntlich gemachter Ausschank für eigenen [neuen] Wein)

stra|wan|zen usw. vgl. strabanzen usw.

Stra|win|sky[1] (russ. Komponist)

Stra|z|za die; -, ...zzen ⟨ital.⟩ (Abfall bei der Seidenverarbeitung); Stra|z|ze die; -, -n ⟨Kaufmannsspr.: Kladde)

Streb der; -[e]s, -e (Bergmannsspr.: Kohlenabbaufront zwischen zwei Strecken); Strebbau der; -[e]s (bergmann. Gewinnungsverfahren); Stre|be die; -, -n (schräge Stütze); Stre|be.balken, ...bo|gen; stre|ben; (↑R 68:) das Streben nach Geld; Stre|bepfei|ler; Stre|ber (abschätzig); Stre|be|rei die; - (abschätzig); stre|ber|haft; stre|be|risch; Streber|tum das; -s (abschätzig); Stre|be|werk (Bauw.); streb|sam; Streb|sam|keit die; -; Stre|bung

streck|bar; Streck|bar|keit die; -; Streck|bett (Med.); Strecke[2] die; -, -n (Bergmannsspr. auch: meist

---

[1] So die eigene Schreibung des Komponisten. Nach dem vom Duden verwendeten russ. Transkriptionssystem müßte Strawinski geschrieben werden.

[2] Trenn.: ...k|k...

waagrecht vorgetriebener Grubenbau); zur - bringen (Jägerspr.: erlegen); strecken[1]; jmdn. zu Boden -; Strecken[1]_abschnitt, ...ar|bei|ter, ...flug, ...netz, ...re|kord (Sport), ...strich (Drucktype), ...wär|ter; strecken|wei|se; Streck|er[1] (Streckmuskel); Streck_me|tall (Technik), ...mus|kel; Streckung[1]; Streck_ver|band, ...win|kel (für: Supplementwinkel)

Streh|ler (ein Werkzeug zum Gewindeschneiden)

Streich der; -[e]s, -e; **Streich|bür|ste**; **Strei|che** die; -, -n (früher: Flanke einer Festungsanlage); **Strei|chel|ein|heit** (scherzh. für: freundliche Zuwendung, Lob); strei|cheln; ich ...[e]le (↑R 22); **Strei|che|ma|cher**; strei|chen; du strichst (strichest); du strichest; gestrichen; streich[e]!; **Strei|chen** das; -s (der nach der Himmelsrichtung angegebene Verlauf der Streichlinie); **Strei|cher** (Spieler eines Streichinstrumentes); **Strei|che|rei** (ugs.); streich|fä|hig; **Streich_flä|che**, ...form, ...garn, ...holz (Zündholz), ...holz|schach|tel, ...in|stru|ment, ...kä|se, ...kon|zert, ...li|nie (waagrechte Linie auf der Schichtfläche einer Gebirgsschicht), ...mu|sik, ...or|che|ster, ...quar|tett, ...quin|tett, ...trio; **Strei|chung; Streich|wurst**

Streif der; -[e]s, -e (Nebenform von: Streifen); **Streif|band** das (Plur. ...bänder; Postw.); **Strei|fe** die; -, -n (zur Kontrolle eingesetzte kleine Militär- od. Polizeieinheit, auch: Fahrt, Gang einer solchen Einheit); strei|fen; **Strei|fen** der; -s, -; **Strei|fen_dienst**, ...wa|gen; streifen|wei|se; **Strei|fe|rei** (Streifzug); streifig; **Streif|licht** (Plur. ...lichter); **Streif|ling** (Apfel mit rötl. Streifen); **Streif_schuß, ...zug**

Streik der; -[e]s, -s ⟨engl.⟩ (Arbeitsniederlegung); **Streik_bre|cher, ...bruch** der; **streik|brü|chig**; strei|ken; **Streik|en|de** der u. die; -n, -n (↑R 7ff.); **Streik_geld, ...kas|se, ...po|sten, ...recht, ...wel|le**

Streit der; -[e]s, -e; **Streit|axt**; streit|bar; **Streit|bar|keit** die; -; strei|ten; du strittst (strittest); du strittest; gestritten; streit[e]!; **Strei|ter; Strei|te|rei; Streit_fall** der, ...fra|ge, ...ge|gen|stand, ...ge|spräch, ...hahn (ugs. für: streitsüchtiger Mensch), ...ham|mel (ugs. abschätzig für: streitsüchtiger Mensch), ...han|sel od. ...han|sl (der; -s, -n; österr. ugs.

---

für: streitsüchtiger Mensch); strei|tig, strit|tig; die Sache ist streitig od. strittig; aber nur: jmdm. etwas streitig machen; **Strei|tig|kei|ten** Plur.; **Streit_kräf|te** Plur., ...lust (die; -); **streit|lu|stig; Streit_macht** (die; -), ...ob|jekt, ...punkt, ...roß, ...sa|che, ...schrift, ...sucht (die; -); **streit|süch|tig; Streit_ver|kün|dung** (Rechtsspr.), ...wa|gen, ...wert

Strei|mel der; -s, - (nordd. für: [langer] Streifen); seinen - wegarbeiten (ugs. für: zügig arbeiten)

strem|men (landsch. ugs. für: zu eng, zu straff sein; beengen); es stremmt; sich - (landsch. für: sich anstrengen)

streng; (↑R 65:) auf das od. aufs strengste; strengstens. *Schreibung in Verbindung mit Verben* (↑R 205 f.): streng sein, bestrafen, urteilen usw.; vgl. aber: strengnehmen; **Stren|ge** die; -; eine drakonische -; straff anziehen); **streng|ge|nom|men; streng|gläu|big; Streng|gläu|big|keit** die; -; **streng|neh|men**; ↑R 205 (genau nehmen); ich nehme streng; strenggenommen; strengzunehmen; er hat seine Aufgabe strenggenommen; **streng|stens**

stren|zen (südd. ugs. für: stehlen); du strenzt (strenzest)

Strep|to|kok|kus der; -, ...kken (meist Plur.) ⟨griech.⟩ (kettenbildende Bakterie); **Strep|to|my|cin**, (eingedeutscht:) **Strep|to|my|zin** das; -s (ein Antibiotikum)

[1]**Stre|se|mann** (dt. Staatsmann); [2]**Stre|se|mann** der; -s (ugs. Bez. für einen bestimmten Gesellschaftsanzug)

Streß der; ...sses, ...sse ⟨engl.⟩ (Med.: starke körperliche u. seelische Belastung, die zu Schädigungen führen kann; Überbeanspruchung, Anspannung); **stres|sen** (ugs. für: als Streß wirken, überbeanspruchen); der Lärm streßt; gestreßt; **streß|sig** (ugs. für: aufreibend, anstrengend); **Streß|si|tua|ti|on**

Stretch [βträtsch] der; -[e]s, -es [...is] ⟨engl.⟩ (ein elastisches Gewebe, bes. für Strümpfe)

Streu die; -, -en; **Streu|büch|se**; **Streu|e** die; -, -n (schweiz. neben: Streu); **streu|en; Streu|er** (Streubüchse); **Streu_ge|biet**, ...kol|lon|ne, ...kü|gel|chen

streu|nen (sich umhertreiben); **Streu|ner** (ugs.)

Streu_pflicht, ...salz, ...sand; Streu|sel der od. das; -s, - (meist Plur.); **Streu|sel|ku|chen; Streu_sied|lung; Streu|ung; Streu|ungs-**

_ko|ef|fi|zi|ent (Statistik), ...maß (das; Statistik)

Strich der; -[e]s, -e (südd. u. schweiz. mdal. auch für: Zitze); **Strich_ät|zung, ...ein|tei|lung; Stri|chel|chen, Strich|lein; stri|cheln** (feine Striche machen; mit feinen Strichen versehen); ich ...[e]le (↑R 22); **Stri|cher** (ugs. für: Strichjunge); **Strich_jun|ge, Strich|kode** (Verschlüsselung bestimmter Angaben [auf Waren] in Form paralleler Striche); **strich|lie|ren** (österr. für: stricheln); **Strich_mäd|chen, ...männ|chen, ...punkt** (für: Semikolon), ...re|gen, ...vo|gel; strich|wei|se; **Strich_zeich|nung, ...zeit** (der Strichvögel)

Strick der; -[e]s, -e (ugs. auch scherzh. auch für: Lausejunge, Spitzbube); **Strick_beu|tel; stricken[1]; Stricker[1]; Strick|e|rei[1]; Stricke|rin[1]** die; -, -nen; **Strick_garn, ...jacke** [Trenn.: ...jak|ke], ...kleid, ...lei|ter die, ...leit|er|ner|ven|sy|stem (Zool.), ...ma|schi|ne, ...mu|ster, ...na|del, ...stoff, ...strumpf, ...wa|ren Plur., ...we|ste, ...zeug

Stri|du|la|ti|ons|or|gan [...zjonß...] ⟨lat.; griech.⟩ (Werkzeug mancher Insekten zur Erzeugung zirpender Töne)

Strie|gel der; -s, - ⟨lat.⟩ (Schabeisen [zum Pferdeputzen]); **strie|geln** (ugs. auch für: hart behandeln); ich ...[e]le (↑R 22)

Strie|me die; -, -n (selten) u. **Strie|men** der; -s, -; **strie|mig**

[1]**Strie|zel** der; -s, - (ugs. für: Lausbub)

[2]**Strie|zel** der; -s, - (landsch., bes. südd., österr.: eine Gebäckart)

strie|zen (ugs. für: quälen; nordd. ugs. für: stehlen); du striezt (striezest)

strikt; -este ⟨lat.⟩ (streng; genau; auch für: strikte); **strik|te** (Adverb; streng, genau); etw. - befolgen; **Strik|ti|on** [...zjon] die; -, -en (selten für: Zusammenziehung); **Strik|tur** die; -, -en (Med.: [krankhafte] Verengung von Körperkanälen)

Strind|berg (schwed. Dichter)

string. = stringendo; **strin|gen|do** [βtrindsch**e**ndo] ⟨ital.⟩ (Musik: schneller werdend)

strin|gent; -este ⟨lat.⟩ (bündig, zwingend); **Strin|genz** die; -

Strip [βtrip] der; -s, -s ⟨engl.-amerik.⟩ (ugs. für: Striptease)

Strip|pe die; -, -n (ugs. für: Bindfaden; Band; Schnürsenkel; scherzh. für: Fernsprechleitung)

strip|pen [βtri...] ⟨engl.-amerik.⟩ (ugs. für: einen Striptease vor-

---

führen; Druckw.: [Zeilen] im Film montieren); **Strip|pe|rin** *die; -,* -nen (ugs. für: Stripteasetänzerin); **Strip|tease** *[ßtriptis] der* (auch: *das*); - (Entkleidungsvorführung [in Nachtlokalen]); **Strip|tease_lo|kal,** ...**tän|ze|rin,** ...**vor|füh|rung**

stri|scian|do *[ßtrischando]* ⟨ital.⟩ (Musik: schleifend); **Stri|sciando** *das; -s, -s u. ...di*

Stritt *der; -[e]s* (bayr. für: Streit); **strit|tig** vgl. streitig

Stritt|mat|ter, Erwin (dt. Schriftsteller)

Strizl|zi *der; -s, -s* (bes. südd. u. schweiz. mdal., österr. ugs. für: Strolch, leichtsinniger Mensch; Zuhälter)

Stro|bel *der; -s, -* (ugs. für: wirrer Haarschopf); **stro|bel|lig, strob-lig, strubl|be|lig, strubb|lig** (ugs.); **Stro|bel|kopf,** (landsch:) Strub-bel|kopf; **stro|beln** (ugs. für: struppig machen; struppig sein); ich ...[e]le ⟨↑R 22⟩; **strob|lig** (ugs.); vgl. strobelig

Stro|bo|skop *das; -s, -e* ⟨griech.⟩ (ein opt. Gerät); **stro|bo|sko-pisch**

Stroh *das; -[e]s*; **stroh|blond; Stroh_blu|me,** ...**bund** *das,* ...**dach; stroh|dumm; stro|hern** (aus Stroh); **stroh_far|ben,** ...**far-big; Stroh_feim** od. ...**fei|me** od. ...**fei|men,** ...**feu|er,** ...**halm; stro|hig** (auch für: wie Stroh, saftlos, trocken); **Stroh_hut,** ...**hüt|le,** ...**kopf** (ugs. scherzh. für: Dummkopf), ...**mann** (*Plur.* ...männer; vorgeschobene Person), ...**pup|pe,** ...**sack,** ...**schuh,** ...**wisch,** ...**wit|we** (ugs.), ...**wit|wer** (ugs.)

Strolch *der; -[e]s, -e;* **strol|chen; Strol|chen|fahrt** (schweiz. für: Fahrt mit einem gestohlenen Wagen)

Strom *der; -[e]s, Ströme;* der elektrische, magnetische -; es regnet in Strömen; **strom|ab; strom|auf-wärts; Strom_ab|nah|me,** ...**ab-neh|mer; stromlan; stromlauf, stromlauf|wärts; Strom_aus|fall,** ...**bett**

¹**Strom|bo|li** *[ßt...]* (eine der Liparischen Inseln); ²**Strom|bo|li** *der; -* (Vulkan auf dieser Insel)

strö|men

Stro|mer (ugs. für: Landstreicher); **stro|mern;** ich ...ere ⟨↑ R 22⟩

Strom|er|zeu|gung; strom|füh-rend; Strom_ka|bel, ...**kreis; Ström|ling** (eine Heringsart); **Strom_li|nie; Strom|li|ni|en|form** *die; -;* **strom|li|ni|en|för|mig; Strom_li|ni|en|wa|gen; Strom-_men|ge,** ...**mes|ser** *der,* ...**netz,** ...**re|gu|lie|rung,** ...**schie|ne,**

...**schnel|le,** ...**sper|re,** ...**spu|le** ...**stär|ke,** ...**stoß; Strö|mung; Strö|mungs|leh|re; Strom_un|ter-bre|cher,** ...**ver|brauch,** ...**ver|sor-gung; strom|wei|se; Strom_wen-der,** ...**zäh|ler**

Stron|ti|um *[...zium] das; -s* ⟨nach dem schott. Dorf Strontian *[ßtr°nti°n]*⟩ (chem. Grundstoff, Metall; Zeichen: Sr)

Stroph|an|thin *das; -s, -e* ⟨griech.⟩ (ein Arzneimittel); **Stroph|an-thus** *der; -, -* ⟨Heilpflanze, die das Strophanthin liefert⟩

Stro|phe *die; -, -n* ⟨griech.⟩ (sich in gleicher Form wiederholender Liedteil, Gedichtabschnitt); **Stro|phen_an|fang,** ...**form,** ...**ge-dicht,** ...**lied; ...stro|phig** (z. B. dreistrophig, mit Ziffer: 3stro-phig; ↑R 212); **stro|phisch** (in Strophen geteilt)

Stropp *der; -[e]s, -s* ⟨See-mannsspr.: Ring od. Schlinge aus Tau; Kette, Draht; scherzh. für: kleines Kind⟩

Stros|se *die; -, -n* ⟨Bergmannsspr.: Stufe, Absatz⟩

strot|zen; du strotzt (strotzest); er strotzt vor od. von Energie

strub; strüber, strübste (schweiz. mdal. für: struppig; schwierig); **strub|bel|lig, strubb|lig** (ugs.); vgl. strobelig; **Strub|bel|kopf** vgl. Strobelkopf

Struck *[engl. Ausspr.: ßtrak] das* (österr. auch: *der*); *-[s]* ⟨ein Gewebe⟩

Stru|del *der; -s, -* ⟨[Wasser]wirbel; Gebäck); **Stru|del|kopf** (veralt. für: Wirrkopf); **stru|deln;** das Wasser strudelt; **Stru|del|topf** (Kolk, Gletschermühle)

Struk|tur *die; -, -en* ⟨lat.⟩ ⟨[Sinn]ge-füge, Bau; Aufbau, innere Glie-derung; Geol.: Gefüge von Ge-steinen; geol. Bauform); **struk-tu|ral** (seltener für: strukturell)

Struk|tu|ra|lis|mus *der; -* ⟨Lehre von der Struktur der Sprache); **Struk|tu|ra|list** *der; -en, -en;* ↑R 197 (Vertreter des Struktura-lismus); **struk|tu|ra|li|stisch** (den Strukturalismus betreffend); vgl. Strukturalismus

Struk|tur_ana|ly|se (Chemie: Un-tersuchung des inneren Aufbaus von Körpern mittels Röntgen-strahlen; Wirtsch.: Erfassung u. Systematisierung der Struktur-elemente einer Volkswirtschaft); **Struk|tur_än|de|rung, struk|tur-be|stim|mend; struk|tu|rell; Struk|tur_for|mel** (Chemie), ...**ge|we|be; struk|tu|rie|ren** (mit einer Struktur versehen); **Struk-tu|rie|rung; Struk|tur_kri|se,** ...**po|li|tik,** ...**re|form; struk|tur-schwach** (industriell nicht ent-wickelt); **Struk|tur_ta|pe|te,** ...**wan|del**

---

strul|len (bes. nordd. ugs. für: har-nen)

Strul|ma *die; -, ...men u. ...mae* *[...mä]* ⟨lat.⟩ (Med.: Kropf); **stru-mös** (kropfartig)

Strumpf *der; -[e]s, Strümpfe;* **Strumpf|band** *das* (*Plur.* ...bän-der); **Strümpf|chen, Strümpf-lein; Strumpf_fa|brik,** ...**hal|ter,** ...**ho|se,** ...**mas|ke,** ...**wir|ker,** ...**wir|ke|rei**

Strunk *der; -[e]s, Strünke;* **Strünk-chen, Strünk|lein**

Stru|pfe *die; -, -n* (südd. veralt. für: [Stiefel]strippe, Schuh-lasche); **strup|fen** (südd. u. schweiz. mdal. für: [ab]streifen); **Strup|fer** (schwäb. für: Pulswär-mer)

strup|pig; Strup|pig|keit *die; -*

Struw|wel|kopf (landsch. für: Strobelkopf); **Struw|wel|pe|ter** *der; -s, -* ⟨Gestalt aus einem Kin-derbuch)

Strych|nin *das; -s* ⟨griech.⟩ (ein gif-tiges Alkaloid; ein Arzneimittel)

Stu|art *der; -s, -s* (Angehöriger ei-nes schott. Geschlechts); **Stu-art|kra|gen**

Stu|bai|er Al|pen *Plur.;* **Stu|bai-[tal]** *das; -s* (Tiroler Alpental)

Stüb|ben *der; -s, -* (niederd. für: [Baum]stumpf)

Stub|ben|kam|mer *die; -* ⟨Kreide-felsen auf Rügen)

¹**Stüb|chen** *das; -s, -* ⟨ehem. Flüs-sigkeitsmaß)

²**Stüb|chen,** Stüb|lein (kleine Stu-be); **Stu|be** *die; -, -n;* **Stu|ben_ar-rest,** ...**dienst,** ...**flie|ge,** ...**ge-lehr|te,** ...**hocker**¹ (ugs. abschät-zig); **Stu|ben|hocke|rei**¹ (ugs. ab-schätzig); **Stu|ben_mäd|chen; stu|ben|rein; Stu|ben|wa|gen** (Kinderwagen für die Stube)

Stü|ber *der; -s, -* (niederl.) ⟨ehem. niederrhein. Münze; Nasenstü-ber)

Stüb|lein, Stüb|chen

Stubs|na|se (Nebenform von: Stupsnase)

Stuck *der; -[e]s* ⟨ital.⟩ (aus einer Gipsmischung hergestellte Or-namentik); vgl. Stukkateur usw.

Stück *das; -[e]s, -e* (Abk.: St.); ↑R 128 f.: 5 - Zucker; [ein] Stük-ker zehn (ugs. für: ungefähr zehn)

Stück|ar|beit; vgl. Stukkateur usw.

Stück|ar|beit (Akkordarbeit); **stückeln**¹; ich ...[e]le ⟨↑R 22⟩; **Stücke|lung**¹, Stück|lung

stuc|ken¹ (österr. ugs. für: büffeln, angestrengt lernen)

stücken¹ (selten für: zusammen-, aneinanderstücken); **Stücker**¹ vgl. Stück

---

¹ *Trenn.: ...k|k...*

stucke|rig¹; stu̱ckern¹ (holpern, rütteln; ruckweise fahren)

Stücke|schrei|ber¹ (Schriftsteller, der Theaterstücke, Fernsehspiele o. ä. verfaßt); Stück_faß (ein Weinmaß), ...ge|wicht, ...gut (stückweise verkaufte od. als Frachtgut aufgegebene Ware)

stuckie|ren¹ (ital.) (selten für: [Wände] mit Stuck versehen); vgl. Stukkateur usw.

Stück_koh|le, ...lohn; Stück|lung; Stücke|lung; Stück_no|tie|rung (Börse), ...rech|nung (Wirtsch.); stück|wei|se; Stück_werk, ...zahl (Kaufmannsspr.), ...zin|sen Plur. (Wirtsch.: bis zu einem Zwischentermin aufgelaufene Zinsen)

stud. = studiosus, z. B. - medicinae [- ...zi̱nä] ⟨lat.⟩ (Student der Medizin; Abk.: stud. med.); vgl. Studiosus; Stu|de̱nt der; -en, -en ⟨† R 197⟩ ⟨lat.⟩ (Hochschüler; österr. auch für: Schüler einer höheren Schule); vgl. Studiosus; Stu|de̱n|ten_be|we|gung, ...blu|me (Name verschiedener Pflanzen), ...bu|de (ugs.), ...fut|ter (ugs.; ¹Futter), ...ge|mein|de, ...heim, ...pfar|rer; Stu|de̱n|ten|schaft; Stu|de̱n|ten_spra|che, ...un|ru|hen Plur., ...ver|bin|dung, ...wohn|heim; Stu|de̱n|tin die; -, -nen; stu|de̱n|tisch; Stu|die [...iᵉ] die; -, -n (Entwurf, kurze [skizzenhafte] Darstellung; Vorarbeit [zu einem Werk der Wissenschaft od. Kunst]); Stu|di|en (Plur. von: Studie u. Studium); Stu|di|en_as|ses|sor, ...as|ses|so|rin, ...di|rek|tor, ...di|rek|to|rin, ...freund; stu|di|en|hal|ber; Stu|di|en_platz, ...pro|fes|sor (in Bayern noch üblicher Titel), ...rat (Plur. ...räte), ...rä|tin, ...re|fe|ren|dar, ...re|fe|ren|da|rin, ...rei|se, ...zeit, ...zweck (zu -en); stu|die|ren ([er]forschen, lernen; die Hochschule [österr. auch: höhere Schule] besuchen; ein studierter Mann; ⟨† R 68:⟩ Probieren (auch: probieren) geht über Studieren (auch: studieren); Stu|die|ren|de der u. die; -n, -n ⟨† R 7 ff.⟩; Stu|dier|stu|be; Stu|dier|te der u. die; -n, -n; † R 7 ff. (ugs. für: jmd., der studiert hat); Stu|dier|zim|mer; Stu|di|ker (ugs. scherzh. für: Student); Stu|dio das; -s, -s ⟨ital.⟩ (Studierstube; Atelier; Film- u. Rundfunk: Aufnahmeraum; Versuchsbühne); Stu|dio_büh|ne, ...film; Stu|dio|sus der; -, ...si (veralt.:) ...sen (scherzh. für: Studierender; Student); vgl. stud.; Stu|di|um das; -s, ...ien [...iᵉn] (wissenschaftl. [Er]forschung;

geistige Arbeit; Hochschulbesuch, -ausbildung); Stu|di|um ge|ne|ra|le das; - - (frühe Form der Universität im MA.; Vorlesungen allgemeinbildender Art an der Hochschule)

Stu|fe die; -, -n; stu|fen; Stu|fen_bar|ren, ...dach, ...fol|ge; stu|fen|för|mig; Stu|fen_füh|rer|schein (für Motorradfahrer), ...gang der, ...heck (vgl. ¹Heck), ...lei|ter die, ...py|ra|mi|de; stu|fen|wei|se; stu|fig (mit Stufen versehen); stu|fig (z. B. fünfstufig, mit Ziffer: 5stufig; † R 212); Stu|fung

Stuhl der; -[e]s, Stühle; der Heilige, der Päpstliche - († R 157); Stuhl|bein; Stühl|chen; Stuhl|fei|er die; -; Petri - (kath. Fest); Stuhl_gang der; -[e]s), ...ge|flecht, ...leh|ne

Stu|ka [auch: schtu̱...] der; -s, -s (Sturzkampfflugzeug)

Stuk|ka|teur [...tọ̈r] der; -s, -e ⟨franz.⟩ (Stuckarbeiter, -künstler) vgl. Stuck, stuckieren; Stuk|ka|tor der; -s, ...oren ⟨ital.⟩ (Stuckkünstler); Stuk|ka|tur die; -, -en (Stuckarbeit)

Stul|le die; -, -n (nordd.: Brotschnitte [mit Aufstrich, Belag])

Stül|pe die; -, -n; stül|pen; Stül|p[en]_är|mel, ...hand|schuh, ...stiel|fel; Stülp|na|se

stumm; - sein, werden, machen; Stu̱m|me der u. die; -n, -n († R 7 ff.)

Stu̱m|mel der; -s, -; Stu̱m|mel|af|fe; Stu̱m|mel|chen, Stüm|mel|chen; stüm|meln (selten für: verstümmeln); landsch.: Bäume stark zurückschneiden); ich ...[e]le († R 22); Stu̱m|mel_pfei|fe, ...schwanz

Stu̱mm|film; Stu̱mm|heit die; -

Stumpf der; -[e]s, -e (niederd. u. mitteld. für: [Baum]stumpf); Stümp|chen, Stümp|lein; Stu̱m|pe der; -n, -n u. ¹Stu̱m|pen der; -s, - (südd. für: [Baum]stumpf); ²Stu̱m|pen der; -s, - (Grundform des Filzhutes; Zigarre); Stüm|per (ugs. für: Nichtskönner); Stüm|pe|rei (ugs.); stüm|per|haft; Stüm|pe|rin die; -, -nen (ugs.); stüm|per|mä|ßig; stüm|pern (ugs.); ich ...ere († R 22); stumpf; Stumpf der; -[e]s, Stümpfe; mit - und Stiel; Stümpf|chen, Stümpf|lein; stump|fen (stumpf machen); Stumpf|heit; Stumpf_näs|chen od. ...näs|lein od. ...na|se (landschaftl.); stumpf|na|sig; Stumpf_sinn der; -[e]s; stumpf_sin|nig, ...win|ke|lig, ...wink|lig; Stümp|lein, Stümpchen

Stünd|chen, Stünd|lein; Stun|de die; -, -n (Abk.: Std.; Zeichen: h

[Astron.: ʰ]); eine halbe Stunde, eine viertel Stunde (vgl. Viertelstunde); von Stund an; vgl. stundenlang; stun|den (Zeit, Frist zur Zahlung geben); Stun|den_buch ([Laien]gebetbuch des MA.), ...frau (landsch. für: Frau die einige Stunden im Haushalt hilft), ...ge|bet, ...ge|schwin|dig|keit, ...glas (Sanduhr), ...halt (schweiz. für: [stündl.] Marschpause), ...ho|tel; Stun|den|ki|lo|me|ter (für: Kilometer je Stunde; vgl. km/h); stun|den|lang, aber: eine Stunde lang, ganze Stunden lang; Stun|den_lohn, ...plan (vgl. ²Plan), ...schlag, stun|den|wei|se; stun|den|weit, aber: drei Stunden weit; Stun|den|zei|ger (bei der Uhr); ...stün|dig (z. B. zweistündig, mit Ziffer: 2stündig [zwei Stunden dauernd]; † R 212); Stünd|lein, Stünd|chen; stünd|lich (jede Stunde); ...stünd|lich (z. B. zweistündlich, mit Ziffer: 2stündlich [alle zwei Stunden wiederkehrend]; † R 212); Stun|dung

Stunk der; -s (ugs. für: Zank, Unfrieden, Nörgelei)

Stunt [ßtant] der; -s, -s ⟨engl.⟩ (gefährliches, akrobatisches Kunststück [als Filmszene]); Stunt|girl [ßtant...] das; -s, -s u. Stunt|man [ßtantmän] der; -s, ...men (Film: Double für gefährliche, akrobatische o. ä. Szenen)

stu|pend; -este ⟨lat.⟩ (erstaunlich)

Stupf der; -[e]s, -e (südd., schweiz. mdal. für: Stoß); stup|feln, stup|fen (südd., österr. ugs., schweiz. mdal. neben: stoßen, stupsen); Stup|fer (österr. ugs. für: Stoß)

stu|pid (österr. nur so), stu|pi|de; stupide ⟨lat.⟩ (dumm, stumpfsinnig); Stu|pi|di|tät die; -, -en; Stu|por der; -s ⟨Med.: Starrheit, Regungslosigkeit)

Stupp die; - (österr. für: Streupulver, Puder); stup|pen (österr. für: einpudern)

Stu|prum das; -s, ...pra (Schändung; Vergewaltigung)

Stups der; -es, -e (ugs. für: Stoß); stup|sen (ugs. für: stoßen); du stupst (stupsest); Stups|na|se (ugs.); vgl. Stubsnase

stur (ugs. für: stier, unbeweglich, hartnäckig); Stur|heit die; - (ugs.)

sturm (südwestd. u. schweiz. für: verworren, schwindelig); ¹Sturm der; -[e]s, Stürme; Sturm laufen; Sturm läuten; ²Sturm der; -[e]s (österr. für: in Gärung übergegangener Most); Sturm_an|griff, ...band (das; Plur. ...bänder); sturm_be|flü|gelt, ...be|reit; Sturm_bö[e], ...bock, ...deich; stür|men; Stür|mer; Stür|me|rei (ugs.); Stür|mer und Drän|ger *der;* -s - -s, - - -; Stur|mes|brau|sen *das;* -s; Sturm.fah|ne, ...flut; sturm|frei; Sturm|glocke [*Trenn.:* ...glok|ke]; die Stürm|hau|be; die Große -, Kleine - (Gipfel im Riesengebirge); Sturm|hut *der;* -[e]s (Eisenhut [eine Arzneipflanze]); stür|misch; -ste; Sturm_la|ter|ne, ...läu|ten (*das;* -s), ...lei|ter *die,* ...rei|he (Sport), ...schritt, ...si|gnal, ...spit|ze (Sport), ...tief (Meteor.); Sturm und Drang *der;* - - -[e]s u. - - -; Sturm-und-Drang-Zeit *die;* - (↑ R 41); Sturm.vo|gel, ...war|nung, ...wind, ...zei|chen Sturz *der;* -es, Stürze (für: Oberschwelle auch: Sturze; jäher Fall; Bauw.: Oberschwelle); Sturz.acker [*Trenn.:* ...ak|ker], ...bach; sturz|be|trun|ken (ugs. für: völlig betrunken); Stür|ze *die;* -, -n (landsch. für: Deckel); Sturz|zel, Stür|zel *der;* -s, - (landsch. für: stumpfes Ende, [Baum]stumpf); stür|zen; du stürzt (stürzest); Sturz_flug, ...flut, ...ge|burt (Med.), ...gut (z. B. Kohle, Schotter), ...helm (vgl. ¹Helm), ...kampf|flug|zeug (Abk.: Stuka), ...pflug, ...re|gen, ...see (*die;* -, -n)

Stuß *der;* Stusses (jidd.) (ugs. für: Narrheit, Unsinn); - reden

Stut|buch (Stammtafeln der zur Zucht verwendeten Pferde); Stu|te *die;* -, -n

Stut|en (österr.) (für: [längliches] Weißbrot); Stu|ten|bäcker [*Trenn.:* ...bäk|ker] (niederd.)

Stu|ten|zucht; Stu|te|rei (Gestüt); Stut|foh|len (weibl. Fohlen)

Stutt|gart (Stadt am Neckar); Stutt|gart-Bad Cann|statt (↑ R 153); Stutt|gar|ter (↑ R 147)

Stutz *der;* -es, -e u. (schweiz. auch:) Stütze (landsch. für: Stoß; Gewehr; verkürztes Ding [Federstutz u. a.]; Wandbrett; schweiz. mdal. für: steiler Hang, bes. steiles Wegstück); auf den - (mdal. für: plötzlich; sofort)

Stütz *der;* -es, -e (Turnen); Stütz|bal|ken; Stütz|ze *die;* -, -n

stut|zen (erstaunt, argwöhnisch sein; verkürzen); du stutzt (stutzest); stut|zen *der;* -s, - (kurzes Gewehr; Wadenstrumpf; Ansatzrohrstück)

stüt|zen; du stützt (stützest)

Stut|zer (schweiz. auch für: Stutzen [Gewehr]); stut|zer|haft; Stut|zer|haf|tig|keit *die;* -; stut|zer|mä|ßig; Stut|zer|tum *das;* -s

Stutz|flü|gel (Musik: kleiner, kurzer Flügel)

Stütz|ge|we|be (Med.)

stut|zig; stüt|zig (südd. für: stutzig; widerspenstig)

Stütz_keh|re (Turnen), ...mau|er, ...pfei|ler, ...punkt, ...rad (beim Pflug)

Stutz|uhr (kleine Standuhr)

Stüt|zung; Stüt|zungs|kauf (Finanzw.); Stütz|ver|band (Med.)

St. Vin|cent und die Gre|na|di|nen (Inselstaat auf den Westindischen Inseln); vgl. Vincenter

StVO = Straßenverkehrsordnung

StVZO = Straßenverkehrs-Zulassungs-Ordnung

sty|gisch (zum Styx gehörend; schauerlich, kalt)

styl|len [*βtail'n*] ⟨engl.⟩ (entwerfen, gestalten); gestylt; Styl|ling [*βtai-ling*] *das;* -s, -s (Formgebung; äußere Gestaltung); Styl|list [*βtai-liβt*] *der;* -en, -en; ↑ R 197 (Formgestalter; jmd., der das Styling [bes. von Autos] entwirft)

Styl|it *der;* -en, -en (↑ R 197) ⟨griech.⟩ (frühchristl. Säulenheiliger)

Stym|pha|li|den Plur. ⟨griech.⟩ (in der griech. Sage: Vogelungeheuer)

Sty|rax, Sto|rax *der;* -[es], -e ⟨griech.⟩ (eine Heilpflanze; Balsam)

Sty|rol *das;* -s ⟨griech.; arab.⟩ (einen chem. Verbindung)

Sty|ro|por W̵ *das;* -s ⟨griech.; lat.⟩ (ein Kunststoff)

Styx *der;* - (in der griech. Sage: Fluß der Unterwelt)

SU = Sowjetunion

s. u. = sieh[e] unten!

Sua|da (österr. nur so), Sua|de *die;* -, ...den; ↑ R 180 ⟨lat.⟩ (Beredsamkeit, Redefluß)

¹Sua|he|li, Swa|hi|li *der;* -[s], -[s]; ↑ R 180 (Afrikaner, dessen Muttersprache ²Suaheli ist); ²Sua|he|li, Swa|hi|li *das;* -[s]; ↑ R 180 (Sprache); vgl. Kisuaheli

¹Suá|rez [*βuaräh*], Francisco; ↑ R 180 (span. Theologe, Jesuit) ²Suá|rez [*βuaräh*], Adolfo; ↑ R 180 (span. Politiker); vgl. aber: Soares

sua|so|risch; -ste (↑ R 180) ⟨lat.⟩ (überredend)

sub... ⟨lat.⟩ (unter...); Sub... (Unter...)

sub|al|pin, (auch:) sub|al|pi|nisch ⟨lat.⟩ (Geogr.: räumlich an die Alpen anschließend; bis zur Nadelwaldgrenze reichend)

sub|al|tern ⟨lat.⟩ (untergeordnet; unselbständig); Sub|al|tern|be|am|te; Sub|al|ter|ne *der* u. *die;* -n, -n (↑ R 7 ff.)

sub|ant|ark|tisch ⟨lat.; griech.⟩ (Geogr.: zwischen Antarktis und gemäßigter Klimazone gelegen); sub|ark|tisch ⟨Geogr.: zwischen Arktis u. gemäßigter Klimazone gelegen); subarktische Zone

Sub|dia|kon ⟨lat.; griech.⟩ (kath.

Kirche früher: Inhaber der untersten der höheren Weihen)

Sub|do|mi|nan|te (Musik: die Quart vom Grundton aus)

sub|fos|sil ⟨lat.⟩ (in geschichtl. Zeit ausgestorben)

sub|gla|zi|al ⟨lat.⟩ (unter dem Gletschereis befindlich)

Sub|jekt *das;* -[e]s, -e ⟨lat.⟩ (Sprachw.: Satzgegenstand; Philos.: wahrnehmendes, denkendes Wesen; Person [meist verächtl.]; gemeiner Mensch); Sub|jek|ti|on [...*zion*] *die;* -, -en (Rhet.: Aufwerfen einer Frage, die man selbst beantwortet); sub|jek|tiv (dem Subjekt angehörend, in ihm begründet; persönlich; einseitig, parteiisch, unsachlich); Sub|jek|ti|vis|mus [...*wiß*...] *der;* - (philos. Lehre, nach der das Subjekt für die Geltung der Erkenntnis entscheidend ist; auch: Ichbezogenheit); sub|jek|ti|vi|stisch [...*wi*...]; Sub|jek|ti|vi|tät [...*wi*...] *die;* - (persönl. Auffassung, Eigenart; Einseitigkeit); Sub|jekt|satz

Sub|junk|tiv [auch: ...*tif*] *der;* -s, -e [...*w'*] ⟨lat.⟩ (selten für: Konjunktiv)

Sub|kon|ti|nent ⟨lat.⟩ (geogr. geschlossener Teil eines Kontinents, der auf Grund seiner Größe u. Gestalt eine gewisse Eigenständigkeit hat); der indische -

Sub|kul|tur ⟨lat.⟩ (bes. Kulturgruppierung innerhalb eines übergeordneten Kulturbereichs)

sub|ku|tan ⟨lat.⟩ (Med.: unter der Haut befindlich)

sub|lim ⟨lat.⟩ (erhaben; fein; nur einem feineren Verständnis od. Empfinden zugänglich); Sub|li|mat *das;* -[e]s, -e (Ergebnis einer Sublimation; eine Quecksilberverbindung); Sub|li|ma|ti|on [...*zion*] *die;* -, -en (Chemie: unmittelbarer Übergang eines festen Stoffes in den Gaszustand u. umgekehrt); sub|li|mie|ren (erhöhen; läutern, verfeinern; Chemie: der Sublimation unterwerfen); Sub|li|mie|rung; Sub|li|mi|tät *die;* - (selten für: Erhabenheit)

sub|ma|rin ⟨lat.⟩ (Biol.: unterseeisch)

Sub|mer|si|on *die;* -, -en ⟨lat.⟩ (veralt. für: Untertauchung, Überschwemmung)

Sub|mis|si|on *die;* -, -en ⟨lat.⟩ (öffentl. Ausschreibung; Vergabe an denjenigen, der das günstigste Angebot macht; veralt. für: Ehrerbietigkeit, Unterwürfigkeit; Unterwerfung); Sub|mis|si|ons.kar|tell (Wirtsch.), ...weg (im -[e]); Sub|mit|tent *der;* -en, -en; ↑ R 197 (Bewerber [um einen

Auftrag]; [An]bieter); **sub|mit-tie|ren** (sich [um einen Auftrag] bewerben)

Sub|or|di|na|ti|on [...*zion*] *die;* -, -en ⟨lat.⟩ (Sprachw.: Unterordnung; veraltend für: Unterordnung, Gehorsam); **sub|or|di|nie-ren**; subordinierende Konjunktion (unterordnendes Bindewort, z. B. „weil")

sub|po|lar ⟨lat.⟩ (Geogr.: zwischen Polarzone u. gemäßigter Klimazone gelegen)

sub|se|quent ⟨lat.⟩ (Geogr.: den weicheren Schichten folgend [von Nebenflüssen])

sub|si|di|är, sub|si|dia|risch ⟨lat.⟩ (helfend, unterstützend; zur Aushilfe dienend); **Sub|si|dia-ris|mus** *der;* - u. **Sub|si|dia|ri|tät** *die;* - (gegen den Zentralismus gerichtete Anschauung, die dem Staat nur die helfende Ergänzung der Selbstverantwortung kleiner Gemeinschaften, bes. der Familie, zugestehen will); **Sub-si|dia|ri|täts|prin|zip; Sub|si|di|en** [...*i^{e}n*] *Plur.* (veralt. für: Hilfsgelder)

Sub|si|stenz *die;* -, -en ⟨lat.⟩ (veralt. für: [Lebens]unterhalt); **Sub|si-stenz|wirt|schaft** (bäuerl. Produktion nur für den eigenen Bedarf)

Sub|skri|bent *der;* -en, -en (↑ R 197) ⟨lat.⟩ (Vorausbesteller von Büchern); **sub|skri|bie|ren; Sub-skrip|ti|on** [...*zion*] *die;* -, -en (Vorausbestellung von später erscheinenden Büchern); **Sub-skrip|ti|ons_ein|la|dung, ...preis** (vgl. ²Preis)

sub spe|cie aeter|ni|ta|tis [- *βpezi-e ät...*] ⟨lat.⟩ (unter dem Gesichtspunkt der Ewigkeit); **Sub|spe|zi-es** [...*iäß*] ⟨lat.⟩ (Biol.: Unterart)

Sub|stan|dard *der;* -s ⟨engl.⟩ (österr.: unterdurchschnittliche [Wohn]qualität); **Sub|stan|dard-woh|nung**

Sub|stan|tia|li|tät [...*ßtanzia...*] *die;* - ⟨lat.⟩ (Wesentlichkeit, Substanzsein); **sub|stan|ti|ell** (wesenhaft, wesentlich; stofflich; materiell; nahrhaft); **sub|stan|ti|ie|ren** (Philos.: etwas als Substanz unterlegen, begründen); **Sub|stan-tiv** [auch: ...*tif*] *das;* -s, -e (Sprachw.: Hauptwort, Dingwort, Nomen, z. B. „Haus, Wald, Ehre"); **sub|stan|ti|vie|ren** [...*wi-r^{e}n*] (Sprachw.: zum Hauptwort machen; als Hauptwort gebrauchen, z. B. „das Schöne, das Laufen"); **sub|stan|ti|viert; Sub|stan-ti|vie|rung; sub|stan|ti|visch** [auch: ...*iwisch*] (hauptwörtlich); **Sub|stanz** *die;* -, -en (Wesen; körperl. Masse, Stoff, Bestand[teil]; Philos.: Dauerndes, Beharren-

des, bleibendes Wesen, Wesenhaftes, Urgrund, auch: Materie); **Sub|stanz|ver|lust**

sub|sti|tu|ie|ren ⟨lat.⟩ (Philos.: einen Begriff an die Stelle eines anderen setzen; austauschen, ersetzen); **Sub|sti|tu|ie|rung; Sub-sti|tut** *der;* -en, -en; ↑ R 197 (Stellvertreter, Untervertreter; Verkaufsleiter); **Sub|sti|tu|tin** *die;* -, -nen; **Sub|sti|tu|ti|on** [...*zion*] *die;* -, -en (Stellvertretung, Ersetzung); **Sub|sti|tu|ti|ons_ef|fekt** (Wirtsch.), **...gü|ter** *Plur.*

Sub|strat *das;* -[e]s, -e ⟨lat.⟩ (Grundlage; überlagerte sprachliche Grundschicht; Nährboden)

sub|su|mie|ren ⟨lat.⟩ (ein-, unterordnen; unter einem Thema zusammenfassen); **Sub|sum|ti|on** [...*zion*] *die;* -, -en; **sub|sum|tiv** (Philos.: unterordnend; einbegreifend)

Sub|teen [*βätin*] *der;* -s, -s (meist *Plur.*) ⟨amerik.⟩ (ugs. für: Mädchen od. Junge im Alter von etwa zehn Jahren)

sub|til ⟨lat.⟩ (zart, fein, sorgsam; spitzfindig, schwierig); **Sub|ti|li-tät** *die;* -, -en

Sub|tra|hend *der;* -en, -en (↑ R 197) ⟨lat.⟩ (abzuziehende Zahl); **sub-tra|hie|ren** (Math.: abziehen); **Sub|trak|ti|on** [...*zion*] *die;* -, -en (Abziehen); **Sub|trak|ti|ons|ver-fah|ren**

Sub|tro|pen *Plur.* ⟨lat.; griech.⟩ (Geogr.: Gebiete des Übergangs von den Tropen zur gemäßigten Klimazone und zur gemäßigten Zone gelegen) **sub|tro|pisch** [auch: ...*tro...*] (Geogr.: zwischen Tropen u. gemäßigter Zone gelegen)

Sub|urb [*βabö'b*] *die;* -, -s ⟨engl.⟩ (engl. Bez. für: Vorstadt; amerik. Trabantenstadt); **sub|ur|bi|ka-risch** ⟨lat.⟩ (vor Rom gelegen); -es Bistum

Sub|ven|ti|on [...*zion*] *die;* -, -en ⟨lat.⟩ (zweckgebundene Unterstützung aus öffentl. Mitteln); **sub|ven|tio|nie|ren; Sub|ven|ti-ons|be|geh|ren**

Sub|ver|si|on [...*wär...*] *die;* -, -en ⟨lat.⟩ (Umsturz); **sub|ver|siv** (zerstörend, umstürzlerisch)

sub vo|ce [- *woze*] ⟨lat.⟩ (unter dem [Stich]wort; Abk. s. v.)

Such...k|ti|on, ...ar|beit, ...bild, ...dienst; Su|che *die;* -, (Jägerspr.:) -n; auf der - sein; auf die - gehen; **su|chen; Su|cher; Su|che|rei** (ugs.); **Such_hund, ...lis|te, ...mel|dung, ...schein-wer|fer**

Sucht *die;* -, Süchte od. Suchten (Krankheit; krankhaftes Verlangen [nach Rauschgift]); **süch|tig; Süch|tig|keit** *die;* -

Such|trupp

suckeln [*Trenn.:* suk|keln] (mdal.

für: [in kleinen Zügen] saugen); ich ...[e]le (↑ R 22)

¹Su|cre [*βukr^{e}*] (Hauptstadt von Bolivien)

²Su|cre [*βukr^{e}*] *der;* -, - ⟨span.⟩ (ecuadorian. Münzeinheit; 1 Sucre = 100 Centavos)

Sud *der;* -[e]s, -e (veralt., aber noch mdal. für: Sieden; Wasser, in dem etwas gekocht worden ist)

¹Süd (Himmelsrichtung; Abk.: S); Nord und Süd; (fachspr.:) der Wind kommt aus -; Autobahnausfahrt Frankfurt-Süd; vgl. Süden; **²Süd** *der;* -[e]s, (selten:) -e (dicht. für: Südwind); der warme Süd blies um das Haus; **Süd|afri-ka**; Republik -; **Süd|afri|ka|ner; süd|afri|ka|nisch**, aber (↑ R 146): die Südafrikanische Union (ehem. Bez. für: Republik Südafrika); **Süd|ame|ri|ka; Süd|ame-ri|ka|ner; süd|ame|ri|ka|nisch**

Su|dan [auch: *sud...*] *der;* -[s] ⟨arab.⟩ ([auch ohne Artikel] Staat in Mittelafrika); **Su|da|ner** vgl. Sudanese; **Su|da|ne|se** *der;* -n, -n; ↑ R 197 (Bewohner des Sudans); **su|da|ne|sisch; su|da|nisch** vgl. sudanesisch

süd|asia|tisch; Süd|asi|en

Su|da|ti|on [...*zion*] *die;* - ⟨lat.⟩ (Med.: Schwitzen)

Süd|aus|tra|li|en; Süd|ba|den; vgl. Baden; **Süd|da|ko|ta** (Staat in den USA; Abk.: S. Dak., S. D.); **süd|deutsch;** vgl. deutsch; **Süd-deut|sche** *der* u. *die;* **Süd|deutsch-land**

Su|del *der;* -s, - (schweiz. für: flüchtiger Entwurf, Kladde); **Su-de|lei** (ugs.); **Su|de|ler, Sud|ler** (ugs.); **su|de|lig, sud|lig** (ugs.); **su|deln** (ugs.); ich ...[e]le (↑ R 22); **Su|del|wet|ter** (landsch.)

Sü|den *der;* -s (Himmelsrichtung; Abk.: S); der Wind kommt aus -; gen Süden; vgl. Süd; **Sü|der|dith-mar|schen** (Teil von Dithmarschen); **Sü|der|oog** (eine Hallig)

Su|de|ten *Plur.* (Gebirge in Mitteleuropa); **su|de|ten|deutsch; Su-de|ten|land; su|de|tisch** (die Sudeten betreffend)

Süd|eu|ro|pa; süd|eu|ro|pä|isch; Süd|frank|reich; Süd|frucht (meist *Plur.*); **Süd|früch|ten-_händ|ler** (österr.), **...hand|lung** (österr.)

Sud|haus (bei der Bierherstellung) **Süd|hol|land; Süd|ita|li|en; Süd-ka|ro|li|na** (Staat in den USA; Abk.: S. C.); **Süd-Ko|rea**, (meist:) **Süd|ko|rea** (↑ R 152); **Süd|kü|ste; Süd|län|der; Süd-län|de|rin** *die;* -, -nen; **süd|län-disch; [südl]. Br.** = südlicher Breite

Süd|ler, Su|de|ler (ugs.) **süd|lich; -er Breite** (Abk.: s[üdl].

Br.); - des Waldes, - vom Wald; - von München (selten: - Münchens); -er Sternenhimmel, aber (↑R 157): das Südliche Kreuz (Sternbild)

sud|lig, su|de|lig (ugs.)

Süd|nord|ka|nal der; -s (Kanal in Nordwestdeutschland); ¹Süd|ost (Himmelsrichtung; Abk.: SO); ²Süd|ost der; -[e]s, -e (Wind); Süd|ost|asi|en; Süd|osten der; -s (Abk.: SO); gen Südosten; Südost; süd|öst|lich; Süd|ost|wind; Süd|pol der; -s; Süd|po|lar-...ex|pe|di|ti|on, ...meer; Süd|rho|de|si|en (bis 1964 Name von Rhodesien); Süd|see die; - (Pazifischer Ozean, bes. der südl. Teil); Süd|see|in|su|la|ner (↑R 36); Süd|sei|te; Süd|sla|we der; -n, -n (↑R 197); Süd|sla|win; süd|sla|wisch; Süd|staa|ten Plur. (in den USA); Süd|süd|ost (Himmelsrichtung; Abk.: SSO); Süd-süd|osten der; -s (Abk.: SSO); Süd|süd|west (Himmelsrichtung; Abk.: SSW); Süd|süd|we|sten der; -s (Abk.: SSW); Süd|ti|rol (Gebiet der Provinz Bozen; hist.: der 1919 an Italien gefallene Teil des altösterr. Kronlandes Tirol); Süd|ti|ro|ler; süd|ti|ro|lisch; Süd-Vi|et|nam, (meist:) Süd|vi|et|nam [auch: ...wiät...] (↑R 180; ↑R 152); Süd|vi|et|na|me|se; süd-vi|et|na|me|sisch; süd|wärts; Süd|wein; ¹Süd|west (Himmelsrichtung; Abk.: SW); ²Süd|west der; -[e]s, -e (Wind); süd|west|afri|ka vgl. Namibia; süd|west|deutsch; vgl. deutsch; Süd|west|deutschland; Süd|we|sten der; -s (Abk.: SW); gen Südwesten; Süd|we|ster der; -s (wasserdichter Seemannshut); süd|west|lich; Süd-west.staat (der; -[e]s; anfängl. Bez. des Landes Baden-Württemberg), ...wind; Süd|wind

Su|es (ägypt. Stadt); vgl. Suez; Su|es|ka|nal der; -s; ↑R 149 (Kanal zwischen Mittelmeer u. Rotem Meer)

Sue|vie [...wᵉ] usw. vgl. Swebe usw.

Su|lez usw. (franz. Schreibung von: Sues usw.)

Suff der; -[e]s (ugs.); der stille -; Süf|fel der; -s, - (landsch. für: Säufer); süf|feln (ugs. für: gern trinken); ich ...[e]le (↑R 22); süf|fig (ugs. für: gut trinkbar, angenehm schmeckend); ein -er Wein

Süf|fi|sance [...saŋß] die; - (franz.) (Selbstgefälligkeit; Spott); süf|fi|sant -este (selbstgefällig; spöttisch); Süf|fi|sanz die; - (svw. Süffisance)

Suf|fix das; -es, -e (lat.) (Sprachw.: Nachsilbe, z. B. "-heit" in "Weisheit"); Suf|fi|xo|id das; -[e]s, -e (einem Suffix ähnliches Wortbildungsmittel; z. B. „-papst" in „Literaturpapst")

suf|fi|zi|ent ⟨lat.⟩ (Med.: hinlänglich, genügend, ausreichend); Suf|fi|zi|enz die; - (Med.: Hinlänglichkeit, ausreichende Leistungsfähigkeit)

Süff|ler, Süff|ling (landsch. selten für: jmd., der gern u. viel trinkt)

Suf|fra|gan der; -s, -e ⟨lat.⟩ (einem Erzbischof unterstellter Diözesanbischof); Suf|fra|get|te die; -, -n ⟨engl.⟩ (engl. Frauenrechtlerin)

Suf|fu|si|on die; -, -en ⟨lat.⟩ (Med.: Blutaustritt unter die Haut)

Su|fi der; -[s], -s ⟨arab.⟩ (Anhänger des Sufismus; Su|fis|mus der; - (asketisch-mystische Richtung im Islam)

Su|gam|brer der; -s, - (Angehöriger eines germ. Volkes)

sug|ge|rie|ren ⟨lat.⟩ (seelisch beeinflussen; einreden); sug|ge|sti|bel (beeinflußbar); ...i|ble Menschen; Sug|ge|sti|bi|li|tät die; - (Empfänglichkeit für Beeinflussung); Sug|ge|sti|on die; -, -en (seelische Beeinflussung); sug|ge|stiv (seelisch beeinflussend; verfänglich); Sug|ge|stiv|fra|ge (Frage, die eine bestimmte Antwort suggeriert)

Suhl (Stadt am SW-Rand des Thüringer Waldes)

Suh|le die; -, -n (Lache; feuchte Bodenstelle); suh|len, sich (Jägerspr. vom Rot- und Schwarzwild: sich in einer Suhle wälzen)

Süh|ne die; -, -n; Süh|ne.al|tar, ...geld, ...ge|richt, ...maß|nah|me; süh|nen; Süh|ne.op|fer (svw. Sühnopfer), ...rich|ter, ...ter|min, ...ver|such; Süh|nop|fer; Süh|nung

sui ge|ne|ris ⟨lat.⟩ (nur durch sich selbst eine Klasse bildend, einzig, besonders)

Suite [ßwitᵉ] die; -, -n ⟨franz.⟩ (Gefolge [eines Fürsten]; Folge von [Tanz]sätzen; vgl. à la suite; Sui|tier [ßwitie] der; -s, -s (veralt. für: lustiger Bursche; Schürzenjäger)

Sui|zid der (auch: das); -[e]s, -e ⟨lat.⟩ (Selbstmord); sui|zi|dal (selbstmörderisch); Sui|zi|dent der; -en, -en; ↑R 197 (Selbstmörder)

Su|jet [ßüsche] das; -s, -s ⟨franz.⟩ (Gegenstand; Stoff; [künstler.] Aufgabe, Thema)

Suk|ka|de die; -, -n ⟨roman.⟩ (kandierte Fruchtschale)

Suk|ku|bus der; -, ...kuben ⟨lat.⟩ (weibl. Buhlteufel des mittelalterl. Volksglaubens; vgl. Inkubus

suk|ku|lent ⟨lat.⟩ (Biol.: saftvoll, fleischig); Suk|ku|len|te die; -, -n (Pflanze trockener Gebiete); Suk|ku|lenz die; - (Bot.: Saftfülle)

Suk|zes|si|on die; -, -en ⟨lat.⟩ ([Rechts]nachfolge; Thronfolge); Suk|zes|si|ons|staat (Plur. ...staaten; Nachfolgestaat); suk-zes|siv (allmählich eintretend; auch für: sukzessive); suk|zes|si|ve [...ßiwᵉ] (Adverb: allmählich, nach und nach)

¹Su|la|mith [auch: ...mit] (w. Vorn.); ²Su|la|mith, (ökum.:) Schu|lam|mit (bibl. w. Eigenn.)

Su|lei|ka (w. Vorn.)

Sul|fat das; -[e]s, -e ⟨lat.⟩ (Salz der Schwefelsäure); Sul|fid das; -[e]s, -e (Salz der Schwefelwasserstoffsäure); sul|fi|disch (Schwefel enthaltend); Sul|fit das; -[e]s, -e (Salz der schwefligen Säure); Sul|fit|lau|ge

Sülf|mei|ster (veralt. für: Besitzer eines Salzwerkes; niederd. für: Pfuscher)

Sul|fon|amid das; -[e]s, -e; meist Plur. (chemotherapeutisches Heilmittel gegen Infektionskrankheiten); Sul|fur das; -s ⟨lat.⟩ (Schwefel, chem. Grundstoff; Zeichen: S)

Sul|ky [engl. Aussspr.: ßalki] das; -s, -s ⟨engl.⟩ (zweirädriger Wagen für Trabrennen)

Süll der od. das; -[e]s, -e (niederd. für: Unterschwelle, Rand; Seemannsspr.: Lukeneinfassung)

Sul|la (röm. Feldherr u. Staatsmann)

Sul|tan der; -s, -e ⟨arab.⟩ („Herrscher"; Titel mohammedan. Herrscher); Sul|ta|nat das; -[e]s, -e (Sultansherrschaft); Sul|ta|nin die; -, -nen; Sul|ta|ni|ne die; -, -n (große kernlose Rosine)

Sulz die; -, -en u. Sul|ze die; -, -n (südd., österr., schweiz. für: Sülze); Sül|ze der; -, -n (Fleisch od. Fisch in Gallert); sul|zen (südd., österr., schweiz. für: sülzen); du sulzt (sulzest); gesulzt; sül|zen; du sülzt (sülzest); gesülzt; Sülz-ko|te|lett

Su|mach der; -s, -e ⟨arab.⟩ (Schmach [Gerbstoffe liefernde Holzgewächs])

Su|ma|tra [auch: su...] (zweitgrößte der Großen Sundainseln)

Su|mer (das alte Südbabylonien); Su|me|rer der; -s, - (Angehöriger des ältesten Kulturvolkes in Südbabylonien); su|me|risch; vgl. deutsch; Su|me|risch das; -[s] (Sprache); vgl. Deutsch; Su|me|ri|sche das; -n; vgl. Deutsche der

summ!; summ, summ!

Sum|ma die; -, Summen ⟨lat.⟩ (in der Scholastik die zusammenfassende Darstellung von Theologie u. Philosophie; veralt. für: Sum-

me; Abk.: Sa.); vgl. in summa;
sum|ma cum lau|de [- _kum_ -]
(höchstes Prädikat bei Doktorprüfungen: mit höchstem Lob,
ausgezeichnet); Sum|n₁and _der;_
-en, -en; ↑R 197 (hinzuzuzählende Zahl); sum|ma|risch; -ste
(kurz zusammengefaßt); Summa|ri|um _das;_ -s, ...ien
(veralt. für: kurze Inhaltsangabe,
Inbegriff); sum|ma sum|ma|rum
(alles in allem); Sum|ma|ti|on
[..._zion_] _die;_ -, -en (Math.: Bildung einer Summe, Aufrechnung); Süm|m|chen, Sümm|lein;
Sum|me _die;_ -, -n; ¹sum|men, sich
(veralt. für: sich summieren)
²sum|men (leise brummen)
Sum|men_.bi|lanz (Wirtsch.),
...ver|si|che|rung (Wirtsch.)
Sum|mer (Apparat, der Summtöne erzeugt); Sum|mer|zei|chen
sum|mie|ren ⟨lat.⟩ (zusammenzählen, vereinigen); sich - (anwachsen); Sum|mie|rung; Sümm|lein,
Sümm|chen
Summ|ton
Sum|mum bo|num _das;_ - - ⟨lat.⟩
(Philos.: höchstes Gut; Gott);
Sum|mus Epi|sco|pus [- ...βko...]
der; - - (oberster Bischof, Papst;
früher: Landesherr als Oberhaupt einer ev. Landeskirche in
Deutschland)
Su|mo _das;_ - ⟨jap.⟩ (japanische
Form des Ringkampfes)
Sum|per _der;_ -s, - (österr. ugs. für:
Spießer, Banause)
Sumpf _der;_ -[e]s, Sümpfe; Sumpf_-bi|ber (Nutria), ...blü|te (abschätzig), ...bo|den; Sümpf|chen,
Sümpf|lein; Sumpf|dot|ter|blu-
me; sump|fen (ugs. für: liederlich leben); sümp|fen (Bergmannsspr.: entwässern; Töpferei: Ton mit Wasser ansetzen);
Sumpf_.fie|ber (für: Malaria),
...gel|gend, ...huhn (auch scherzh.
ugs. für: unsolider Mensch);
sump|fig; Sumpf|land _das;_ -[e]s;
Sümpf|lein, Sümpflein; Sumpf_-ot|ter (_der;_ Nerz), ...pflan|ze,
...zy|pres|se
Sums _der;_ -es (nordd. u. mitteld.
für: Gesums); [einen] großen -
(ugs. für: Aufhebens) machen
Sund _der;_ -[e]s, -e (Meerenge, bes.
die zwischen Ostsee u. Kattegat)
Sun|da|in|seln _Plur.;_ ↑R 149 (südostasiat. Inselgruppe); die Großen, die Kleinen -
Sün|de _die;_ -, -n; Sün|den_.ba|bel
(_das;_ -s; meist scherzh.), ...be-
kennt|nis, ...bock (ugs.), ...fall
der; ...last, ...lohn; sün|den|los,
sündlos; Sün|den|lo|sig|keit,
Sündllo|sig|keit _die;_ -; Sün|den_-pfuhl (verächtl. od. scherzh.),
...re|gi|ster (ugs.), ...ver|ge|bung;
Sün|der; Sün|de|rin _die;_ -, -nen;

Sün|der|mie|ne (ugs.); Sünd|flut
(volksmäßige Umdeutung von:
Sintflut; vgl. d.); sünd|haft;
(ugs.:) - teuer (überaus teuer);
Sünd|haf|tig|keit _die;_ -; sün|dig;
sün|di|gen; sünd|lich (landsch.);
sünd|los, sün|den|los; Sünd|lo-
sig|keit, Sün|den|lo|sig|keit _die;_
-; sünd|teu|er (österr. für: überaus teuer)
Sun|nit _der;_ -en, -en; ↑R 197
(Angehöriger der orthodoxen
Hauptrichtung des Islams)
Sün|tel _der;_ -s (Bergzug im Weserbergland)
¹Suo|mi; ↑R 180 (finn. Name für:
Finnland); ²Suo|mi _das;_ - (finn.
Sprache)
su|per ⟨lat.⟩ (ugs. für: hervorragend, großartig); das war -, eine -
Schau; er hat - gespielt; ¹Su|per
der; -s, - (Kurzform von: Superheterodynempfänger); ²Su|per
das; -s (kurz für: Superbenzin);
su|per... (über...); Su|per...
(Über...); su|perb (bes. österr.),
sü|perb ⟨franz.⟩ (vorzüglich,
prächtig); Su|per|cup (Fußball);
su|per|fein (sehr fein); Su|per|het
der; -s, -s (Kurzform von: Superheterodynempfänger); Su|per-
he|te|ro|dyn|emp|fän|ger ⟨lat.;
griech.; dt.⟩ (Rundfunkempfänger mit hoher Verstärkung, guter
Reglung u. hoher Trennschärfe);
Su|per|in|ten|dent [auch: _supᵉr_...]
der; -en, -en (↑R 197) ⟨lat.⟩ (höherer ev. Geistlicher); Su|per|in-
ten|den|tur _die;_ -, -en (Superintendentenamt, -wohnung); Su-
pe|ri|or _der;_ -s, ...oren (Oberer,
Vorgesetzter, bes. in Klöstern);
Su|pe|rio|rin _die;_ -, -nen; Su|pe-
rio|ri|tät _die;_ - (Überlegenheit;
Übergewicht); Su|per|kar|go _der;_
-s, -s ⟨lat.; span.⟩ (Seemannsspr.
u. Kaufmannsspr.: bevollmächtigter Frachtbegleiter); su|per-
klug (ugs.); Su|per|la|tiv [auch:
...tif] _der;_ -s, -e [...wᵉ] (Sprachw.:
2. Steigerungsstufe, Höchststufe,
Meiststufe, z. B. „schönste";
bildl.: Übersteigerung); su|per-
la|ti|visch [auch: ...tiwisch]; su-
per|leicht (sehr leicht); Su|per-
macht; Su|per|mann _der_ (_Plur._
...männer); Su|per|mar|ket [_ßu-
pᵉrma'k't_] _der;_ -s, -s ⟨amerik.⟩ u.
Su|per|markt (großes Warenhaus mit Selbstbedienung u. umfangreichem Sortiment); su|per-
mo|dern (sehr modern); Su|per-
na|tu|ra|lis|mus usw. vgl. Supranaturalismus usw.; Su|per|no|va
(Astron.: bes. lichtstarke Nova);
vgl. ¹Nova; Su|per|phos|phat
⟨lat.; griech.⟩ (phosphorhaltiger
Kunstdünger); Su|per|re|vi|si|on
[..._wi_...] (Wirtsch.: Nach-, Überprüfung); su|per|schnell (sehr

schnell); Su|per|star (bes. großer, berühmter Star); vgl. ²Star;
Su|per|sti|ti|on [..._zion_] _die;_ - (veralt. für: Aberglaube); Su|per-
strat _das;_ -[e]s, -e (bodenständig
gewordene Sprache eines Eroberervolkes); vgl. Substrat; Su|per-
zei|chen (Kybernetik)
Su|pi|num _das;_ -s, ...na (lat. Verbform)
Süpp|chen, Süpp|lein; Sup|pe _die;_
-, -n
Sup|pé [_βupe_] (österr. Komponist)
Sup|pen_.fleisch, ...grün (_das;_ -s),
...huhn, ...kas|par (_der;_ -s; Gestalt aus dem Struwwelpeter;
↑R 138), ...kas|per (ugs. für:
Kind, das seine Suppe nicht essen will), ...kel|le, ...kno|chen,
...kraut, ...löf|fel, ...nu|del,
...schüs|sel, ...tel|ler, ...ter|ri|ne,
...wür|fel; sup|pig
Sup|ple|ant _der;_ -en, -en (↑R 197)
⟨franz.⟩ (schweiz. für: Ersatzmann [in einer Behörde])
Süpp|lein, Süpp|chen
Sup|ple|ment _das;_ -[e]s, -e ⟨lat.⟩
(Ergänzung[sband, -teil]; Ergänzungswinkel); Sup|ple|ment_-band _der;_ ...lie|fe|rung, ...win-
kel (Streckwinkel, gestreckter
Winkel); Sup|plent _der;_ -en, -en;
↑R 197 (österr. veralt. für: Aushilfslehrer); sup|ple|to|risch (veralt. für: ergänzend, stellvertretend, nachträglich)
Sup|plin|burg, Lothar von (dt.
Kaiser)
sup|po|nie|ren ⟨lat.⟩ (voraussetzen;
unterstellen)
Sup|port _der;_ -[e]s, -e ⟨lat.⟩ (schlittenförmiger Werkzeugträger auf
dem Bett einer Drehbank); Sup-
port|dreh|bank
Sup|po|si|ti|on [..._zion_] _die;_ -, -en
⟨lat.⟩ (Voraussetzung; Unterstellung); Sup|po|si|to|ri|um _das;_ -s,
...ien [..._iᵉn_] (Med.: Arzneizäpfchen); Sup|po|si|tum _das;_ -s, ...ta
(veralt. für: Vorausgesetztes, Annahme)
Sup|pres|si|on _die;_ -, -en ⟨lat.⟩
(Med.: Unterdrückung; Zurückdrängung); sup|pres|siv (unterdrückend, zurückdrängend);
sup|pri|mie|ren (unterdrücken;
zurückdrängen)
Su|pra|lei|ter _die_ (elektr. Leiter,
der bei einer Temperatur nahe
dem absoluten Nullpunkt fast
unbegrenzt leitfähig wird)
su|pra|na|tio|nal ⟨lat.⟩ (übernational [von Kongressen, Gemeinschaften, Parlamenten u. a.])
Su|pra|na|tu|ra|lis|mus, Super|na-
tu|ra|lis|mus _der;_ - ⟨lat.⟩ (Glaube
an Übernatürliches); su|pra|na-
tu|ra|lis|tisch, su|per|na|tu|ra|li-
stisch
Su|pra|por|te vgl. Sopraporte

Su|pre|mat *der* od. *das;* -[e]s, -e ⟨lat.⟩ u. Su|pre|ma|tie *die;* -, ...ien ([päpstl.] Obergewalt; Überordnung); Su|pre|mat[s]|eid

Su|re *die;* -, -n ⟨arab.⟩ (Kapitel des Korans)

Surf|brett [*ßö̈'f...*] ⟨engl.; dt.⟩; sur|fen (auf dem Surfbrett fahren); Sur|fer; Sur|fe|rin *die;* -, -nen; Sur|fing [*ßö̈'fing*] *das;* -s (Wellenreiten, Brandungsreiten [auf einem Brett])

Sur|fleisch (österr. für: Pökelfleisch)

Surf|ri|ding [*ßö̈'fraiding*] ⟨engl.⟩ vgl. Surfing

¹Su|ri|nam *der;* -[s] (Fluß im nördl. Südamerika); ²Su|ri|nam (Republik im nördl. Südamerika); Su|ri|na|mer; su|ri|na|misch

Sur|plus [*ßö̈'plⁱß*] *das;* -, - ⟨engl.⟩ (engl.-amerik. Bez. für: Überschuß, Gewinn)

Sur|rea|lis|mus [auch: *sür...*] ⟨franz.⟩ (Kunst- u. Literaturrichtung, die das Traumhaft-Unbewußte künstlerisch darstellen will); Sur|rea|list *der;* -en, -en (↑ R 197); sur|rea|li|stisch

sur|ren

Sur|ro|gat *das;* -[e]s, -e ⟨lat.⟩ (Ersatz[mittel, -stoff], Behelf; Rechtsw.: Ersatz für einen Gegenstand, Wert); Sur|ro|ga|ti|on [*...zion*] *die;* -, -en (Rechtsw.: Austausch eines Vermögensgegenstandes gegen einen anderen, der dem gleichen Rechtsverhältnissen unterliegt)

Su|sa (altpers. Stadt)

Su|san|na, Su|san|ne (w. Vorn.); Sus|chen (Koseform von: Susanna, Susanne); Su|se, Su|si (Kurzformen von: Susanna, Susanne)

Su|si|ne *die;* -, -n ⟨ital.⟩ (eine ital. Pflaume)

su|spekt (verdächtig)

sus|pen|die|ren ⟨lat.⟩ (zeitweilig aufheben; [einstweilen] des Dienstes entheben; Med.: anheben, aufhängen; Chemie: eine Suspension herbeiführen); Sus|pen|si|on *die;* -, -en ([einstweilige] Dienstenthebung; zeitweilige Aufhebung; Med.: Anhebung, Aufhängung; Chemie: Aufschwemmung feinstverteilter fester Stoffe in einer Flüssigkeit); sus|pen|siv (aufhebend, -schiebend); Sus|pen|so|ri|um *das;* -s, ...ien [*...iⁿn*] (Med.: Tragverband [für den Hodensack]; Sport: Schutz der für die männl. Geschlechtsteile)

süß; -este; am -esten; süß-sauer (↑ R 39); es ist ein süß-saures Bonbon; **Süß** *das;* -es (Druckw.: geleistete, aber noch nicht bezahlte Arbeit); **Sü|ße** *die;* -; sü|ßen (süß machen; veralt. für: süß

werden); du süßt (süßest); **Süß|holz** (eine Pflanzengattung; Droge); **Süß|holz|rasp|ler** (ugs. für: jmd., der jmdm. mit schönen Worten schmeichelt); **Sü|ßig|keit; süß|lich; Süß|lich|keit** *die;* -; **Süß|ling** (veralt. für: fader, süßlich tuender Mensch); **Süß-most, ...mo|ster, ...mo|ste|rei; Süß|rahm|but|ter; süß-sau|er;** vgl. süß; **Süß-spei|se, ...stoff, ...wa|ren** *Plur.,* ...was|ser *(Plur.* ...wasser); **Süß|was|ser|tier; Süß-wein**

Syst *die;* -, -en (früher schweiz. für: öffentl. Rast- u. Lagerhaus)

Su|sten *der;* -s, (auch:) **Su|sten|paß** *der;* ...passes

sus|zep|ti|bel ⟨lat.⟩ (veralt. für: empfänglich; reizbar); ...i|ble Natur; **Sus|zep|ti|on** [*...zion*] *die;* -, -en (Reizaufnahme der Pflanze); **sus|zi|pie|ren** (von der Pflanze: einen Reiz aufnehmen)

Sul|ta|ne vgl. Soutane

Sul|tasch vgl. Soutache

Süt|ter|lin|schrift *die;* - (↑ R 135) (nach dem dt. Pädagogen u. Graphiker L. Sütterlin) (eine Schreibschrift)

Sul|tur *die;* -, -en ⟨lat.⟩ (Med.: [Knochen-, Schädel]naht)

su|um cui|que [- *ku...*] ⟨lat.⟩ (jedem das Seine)

¹**Su|va** [*ßuwa*] (Hptst. v. Fidschi)

SUVA, ²Su|va = Schweizerische Unfallversicherungsanstalt

s. v. = salva venia; sub voce

SV = Sportverein

sva. = soviel als

Sval|bard [*ßwalbar*] ⟨norw.⟩ (norw. Besitzungen im Nordpolarmeer)

SVD = Societas Verbi Divini

Sven [*ßwän*] (m. Vorn.)

SVP = Schweizerische Volkspartei

s. v. v. = sit venia verbo

svw. = soviel wie

SW = Südwest[en]

Swa|hi|li vgl. ¹,²Suaheli

Swa|mi *der;* -s, -s ⟨Hindi⟩ (hinduistischer Mönch, Lehrer)

Swap|ge|schäft [*ßⁿop...*] ⟨engl.; dt.⟩ (Börsenwesen: Devisenaustauschgeschäft)

SWAPO = South West African People's Organization [*ßauth 'äßt äfrik'n pipls à'g'nai̯se̱'-sch'n*] (südwestafrikanische Befreiungsbewegung)

Swa|si *der;* -, - (Bewohner von Swasiland); **Swa|si|land** (in Südafrika); **swa|si|län|disch**

Swa|sti|ka *die;* -, ...ken ⟨sanskr.⟩ (altind. Bez. des Hakenkreuzes)

Swea|ter [*ßwet'r*] *der;* -s, - ⟨engl.⟩ (ältere Bez. für: Pullover); **Sweat|shirt** [*ßwätschö't*] (weit geschnittener Pullover)

Swe|be *der;* -n, -n; ↑ R 197 (Ange-

höriger eines Verbandes westgerm. Stämme); **swe|bisch**

Swe|den|borg (schwed. Naturphilosoph); **Swe|den|bor|gia|ner;** ↑ R 180 (Anhänger Swedenborgs)

SWF = Südwestfunk

Swid|bert (m. Vorn.)

Swift (engl.-ir. Schriftsteller)

Swim|ming|pool, auch noch: **Swim|ming-pool** [*ßwimmingpul*] *der;* -s, -s ⟨engl.⟩ (Schwimmbecken)

Swi|ne *die;* - (Hauptmündungsarm der Oder)

Swi|ne|gel *der;* -s, - (niederd. für: Igel)

Swi|ne|mün|de (Hafenstadt u. Seebad auf der Insel Usedom)

Swing *der;* -[s] ⟨engl.⟩ (Stil in der modernen Tanzmusik, bes. im Jazz; Kreditgrenze bei bilateralen Handelsverträgen); **swin|gen;** swingte; geswingt; **Swing|fox**

Swiss|air [*...ßär*] *die;* - ⟨franz.⟩ (schweiz. Luftfahrtgesellschaft)

Sy|ba|ris [*sü...*] (antike griech. Stadt in Unteritalien); **Sy|ba|rit** *der;* -en, -en; ↑ R 197 (Einwohner von Sybaris; veralt. für: Schlemmer); **sy|ba|ri|tisch** (Sybaris od. den Sybariten betreffend; veralt. für: genußsüchtig)

Sy|bel [*sü...*] (dt. Geschichtsforscher)

Syd|ney [*ßidni*] (Hptst. von Neusüdwales in Australien)

Sye|ne [*sü...*] (alter Name von Assuan); **Sye|nit** *der;* -s, -e ⟨griech.⟩ (ein Tiefengestein); **Sye|nit-gneis, ...por|phyr**

Sy|ko|mo|re [*sü...*] *die;* -, -n ⟨griech.⟩ (ägypt. Maulbeerfeigenbaum); **Sy|ko|mo|ren|holz; Sy|ko|phant** *der;* -en, -en; ↑ R 197 (im alten Athen gewerbsmäßiger Ankläger; veralt. für: Verräter, Verleumder); **sy|ko|phan|tisch;** -ste (veralt. für: anklägerisch, verräterisch, verleumderisch)

Sy|kose [*sü...*] *die;* -, -n ⟨griech.⟩ (Med.: Bartflechte[nbildung])

syll... [*sül...*] ⟨griech.⟩ (mit..., zusammen...); **Syll...** (Mit..., Zusammen...)

syl|la|bisch [*sü...*] ⟨griech.⟩ (veralt. für: silbenweise); **Syl|la|bus** *der;* -, -u...bi (Zusammenfassung; Verzeichnis [der durch den Papst verurteilten Lehren]); **Syl|lep|se, Syl|lep|sis** *die;* -, ...epsen (Rhet.: „Zusammenfassung", eine Form der Ellipse); **syl|lep|tisch**

Syl|lo|gis|mus [*sü...*] *der;* -, ...men ⟨griech.⟩ ([Vernunft]schluß vom Allgemeinen auf das Besondere); **syl|lo|gi|stisch**

¹**Syl|phe** [*sülf'r*] *der;* -n, -n (↑ R 197), auch: -, -n ⟨lat.⟩ ([männl.] Luftgeist des mittelalterl. Zauberglaubens); ²**Syl|phe** *die;* -, -n

(ätherisch zartes weibliches Wesen); **Syl|phi|de** *die;* -, -n (weibl. Luftgeist; schlankes, leichtfüßiges Mädchen); **syl|phi|den|haft** (zart, schlank)
Sylt [*sült*] (eine nordfries. Insel)
Syl|ve|ster vgl. ¹Silvester
Syl|vin [*sülwin*] *das* (auch: *der*); -s, -e ⟨nach dem franz. Arzt Sylvius⟩ (ein Mineral)
sym... [*süm...*] ⟨griech.⟩ (mit..., zusammen...); **Sym...** (Mit..., Zusammen...)
Sym|bi|ont [*süm...*] *der;* -en, -en (↑R 197) ⟨griech.⟩ (Partner einer Symbiose); **Sym|bio|se** *die;* -, -n; ↑R 180 (Biol.: „Zusammenleben" ungleicher Lebewesen zu gegenseitigem Nutzen); **sym|bio|tisch** (in Symbiose lebend)
Sym|bol [*süm...*] *das;* -s, -e ⟨griech.⟩ ([Wahr]zeichen; Sinnbild; christl. Bekenntnisschrift; Zeichen für eine physikal. Größe); **Sym|bol|cha|rak|ter** *der;* -s; **sym|bol|haft; Sym|bo|lik** *die;* - (sinnbildl. Bedeutung od. Darstellung; Bildersprache; Verwendung von Symbolen); **sym|bo|lisch**; -ste (sinnbildlich); -e Bücher (Bekenntnisschriften); -e Logik (Behandlung log. Gesetze mit Hilfe von mathemat. Symbolen); **sym|bo|li|sie|ren** (sinnbildlich darstellen); **Sym|bo|li|sie|rung; Sym|bo|lis|mus** *der;* - (von Frankreich ausgehende Strömung in Literatur und bildender Kunst als Reaktion auf Realismus und Naturalismus); **Sym|bo|list** *der;* -en, -en (↑R 197); **sym|bo|li|stisch; Sym|bol|kraft** *die;* -; **sym|bol|träch|tig; Sym|bol|träch|tig|keit** *die;* -
Sym|ma|chie [*süm...*] *die;* -, ...ien ⟨griech.⟩ (Bundesgenossenschaft der altgriech. Stadtstaaten)
Sym|me|trie [*süm...*] *die;* -, ...ien ⟨griech.⟩ (Gleich-, Ebenmaß); **Sym|me|trie_ach|se** (Math.: Spiegelachse), **...ebe|ne** (Math.), **...ver|hält|nis; sym|me|trisch;** -ste (gleich-, ebenmäßig)
sym|pa|the|tisch [*süm...*] ⟨griech.⟩ (von geheimnisvoller Wirkung); -e Kur (Wunderkur); -es Mittel (Geheimmittel); -e Tinte (unsichtbare Geheimtinte); **Sym|pa|thie** *die;* -, ...ien ([Zu]neigung; Wohlgefallen); **Sym|pa|thie|kund|ge|bung; Sym|pa|thi|kus** *der;* - (Med.: Grenzstrang, Teil des vegetativen Nervensystems); **Sym|pa|thi|sant** *der;* -en, -en; ↑R 197 (jmd., der einer Gruppe od. einer Anschauung wohlwollend gegenübersteht); **sym|pa|thisch;** -ste (gleichgestimmt; anziehend); ansprechend; zusagend); **sym|pa|thi|sie|ren** (über-

einstimmen; gleiche Anschauungen haben); mit jemandem, mit einer Partei -
Sym|pho|nie usw. vgl. Sinfonie usw.
Sym|phy|se [*süm...*] *die;* -, -n ⟨griech.⟩ (Med.: Verwachsung; Knochenfuge); **sym|phy|tisch** (zusammengewachsen)
Sym|ple|ga|den [*süm...*] *Plur.* (in der griech. Sage: „zusammenschlagende" Felsen vor dem Eingang ins Schwarze Meer)
Sym|po|si|on, Sym|po|si|um [*süm...*] *das;* -s, ...ien [...*ien*] ⟨griech.⟩ (Trinkgelage im alten Griechenland; Tagung, auf der in zwanglosen Vorträgen u. Diskussionen bestimmte Themen erörtert werden)
Sym|ptom [*süm...*] *das;* -s, -e ⟨griech.⟩ (Anzeichen; Vorbote; Kennzeichen; Merkmal; Krankheitszeichen); **sym|pto|ma|tisch;** -ste (anzeigend, warnend; bezeichnend); **Sym|pto|ma|to|lo|gie** *die;* - (svw. Semiotik)
syn... [*süm...*] ⟨griech.⟩ (mit..., zusammen...); **Syn...** (Mit..., Zusammen...)
syn|ago|gal [*süm...*] ⟨griech.⟩ (den jüd. Gottesdienst od. die Synagoge betreffend); **Syn|ago|ge** [*süm...*] *die;* -, -n (gottesdienstl. Versammlungsstätte der Juden)
syn|al|lag|ma|tisch [*süm...*] ⟨griech.⟩ (Rechtsw.: gegenseitig); ein -er Vertrag
Syn|alö|phe [*sünalöf²*] *die;* -, -n ⟨griech.⟩ (Verslehre: Verschmelzung zweier Silben)
syn|an|drisch [*süm...*] ⟨griech.⟩ (Bot.: mit verwachsenen Staubblättern); -e Blüte
Syn|äre|se, Syn|äre|sis [*süm...*] *die;* -, ...resen ⟨griech.⟩ (Zusammenziehung [zweier Selbstlaute zu einer Silbe])
Syn|äs|the|sie [*süm...*] *die;* -, ...ien ⟨griech.⟩ (Med.: Miterregung eines Sinnesorgans bei Reizung eines andern; Stilk.: sprachliche Verschmelzung mehrerer Sinneseindrücke); **syn|äs|the|tisch**
syn|chron [*sünkron*] ⟨griech.⟩ (gleichzeitig, zeitgleich, gleichlaufend); **Syn|chron|ge|trie|be; Syn|chro|nie** *die;* - (Sprachw.: Darstellung des Sprachzustandes eines bestimmten Zeitraums); **Syn|chro|ni|sa|ti|on** [...*zion*] *die;* -, -en u. Syn|chro|ni|sie|rung (Herstellen des Synchronismus - Zusammenstimmung von Bild, Sprechton u. Musik im Film; bild- und bewegungsechte Übertragung fremdsprachiger Sprechpartien eines Films); **syn|chro|nisch** (die Synchronie betreffend); **syn|chro|ni-**

sie|ren (Verb zu: Synchronisation); **Syn|chro|ni|sie|rung** vgl. Synchronisation; **Syn|chro|nis|mus** *der;* -, ...men (Gleichzeitigkeit; Gleichlauf; zeitl. Übereinstimmung); **syn|chro|ni|stisch** (Gleichzeitiges zusammenstellend); -e Tafeln; **Syn|chron_ma|schi|ne, ...mo|tor, ...uhr; Syn|chro|tron** *das;* -s, -e, auch: -s (Kernphysik: Beschleuniger für geladene Elementarteilchen)
Syn|dak|ty|lie [*süm...*] *die;* -, ...ien ⟨griech.⟩ (Med.: Verwachsung von Fingern od. Zehen)
syn|de|tisch ⟨griech.⟩ (Sprachw.: durch Bindewort verbunden)
Syn|di|ka|lis|mus [*süm...*] *der;* - ⟨griech.⟩ (Bez. für sozialrevolutionäre Bestrebungen mit dem Ziel der Übernahme der Produktionsmittel durch autonome Gewerkschaften); **Syn|di|ka|list** *der;* -en, -en (↑R 197); **Syn|di|kat** *das;* -[e]s, -e (Amt eines Syndikus; Verkaufskartell; Bez. für geschäftlich getarnte Verbrecherorganisation in den USA); **Syn|di|kus** *der;* -, -se u. ...dizi ([meist angestellter] Rechtsbeistand einer Körperschaft)
Syn|drom [*süm...*] *das;* -s, -e ⟨griech.⟩ (Med.: Krankheitsbild)
Syn|echie [*sün-ächi*] *die;* -, -n ⟨griech.⟩ (Med.: Verwachsung)
Syn|edri|on [*süm...*] *das;* -s, ...ien [...*i²n*] ⟨griech.⟩ (altgriech. Ratsbehörde; svw. Synedrium); **Syn|edri|um** *das;* -s, ...ien [...*i²n*] (Hoher Rat der Juden in der griech. u. röm. Zeit)
Syn|ek|do|che [*sün-äkdoehe*] *die;* -, -n [...*doeh'n*] ⟨griech.⟩ (Rhet.: Setzung des engeren Begriffs für den umfassenderen)
syn|er|ge|tisch [*süm...*] ⟨griech.⟩ (zusammen-, mitwirkend); **Syn|er|gie** *die;* - (Zusammenwirken); **Syn|er|gis|mus** *der;* - (Theol.: Lehre vom Zusammenwirken des menschl. Willens u. der göttl. Gnade; Chemie, Med.: Zusammenwirken von Substanzen od. Faktoren); **syn|er|gi|stisch**
Syn|esis [*süm...*] *die;* -, ...esen ⟨griech.⟩ (Sprachw.: sinngemäße richtige Wortfügung, die streng genommen nicht grammatischen Regeln entspricht, z. B. „die Fräulein Meier" statt „das Fräulein Meier")
Syn|kar|pie [*süm...*] *die;* - ⟨griech.⟩ (Bot.: Zusammenwachsen der Fruchtblätter zu einem einzigen Fruchtknoten)
syn|kli|nal [*süm...*] ⟨griech.⟩ (Geol.: zum Muldenkern hin einfallend [von der Gesteinslagerung]); **Syn|kli|na|le,** (auch:) **Syn|kli|ne** *die;* -, -n (Geol.: Mulde)

Syn|ko|pe [*sünkope*, Musik nur: ...*kop'*] die; -, ...open ⟨griech.⟩ (Sprachw.: Ausfall eines unbetonten Selbstlautes zwischen zwei Mitlauten im Wortinnern, z. B. „ich handle" statt „ich handele"; Verslehre: Ausfall einer Senkung im Vers; Med.: plötzl. Herzstillstand; Musik: Betonung eines unbetonten Taktwertes); syn|ko|pie|ren; syn|ko|pisch Syn|kre|tis|mus [*sün...*] der; - ⟨griech.⟩ (Vermischung [von Lehren od. Religionen]); Syn|kre|tist der; -en, -en (↑ R 197); syn|kre|ti|stisch

Syn|od [*sün...*] der; -[e]s, -e ⟨griech.⟩ (früher: oberste Behörde der russ. Kirche); Heiliger -; syn|odal (die Synode betreffend); Syn|oda|le der od. die; -n, -n; ↑ R 7 ff. (Mitglied einer Synode); Syn|odal.ver|fas|sung, ...ver|samm|lung; Syn|ode die; -, -n (Kirchenversammlung, bes. die evangelische); syn|odisch (seltener für: synodal)

syn|onym ⟨griech.⟩ (Sprachw.: sinnverwandt); -e Wörter; Synonym das; -s, -e (Sprachw.: sinnverwandtes Wort, z. B. „Frühjahr, Lenz, Frühling"); Synony|mie die; - (Sinnverwandtschaft [von Wörtern u. Wendungen]); Syn|onymik die; - (Sprachw.: Lehre von den sinnverwandten Wörtern); syn|ony|misch (älter für: synonym)

Syn|op|se, Syn|op|sis [*sün...*] die; -, ...opsen ⟨griech.⟩ (knappe Zusammenfassung; vergleichende Übersicht; Nebeneinanderstellung von Texten, bes. der Evangelien des Matthäus, Markus u. Lukas); Syn|op|tik die; - (Meteor.: für eine Wettervorhersage notwendige großräumige Wetterbeobachtung); Syn|op|ti|ker (einer der Evangelisten Matthäus, Markus u. Lukas); syn|op|tisch ([übersichtlich] zusammengestellt, nebeneinandergereiht); -e Evangelien

Syn|özie [*sün...*] die; -, ...ien ⟨griech.⟩ (Zusammenleben verschiedener Organismen, das den Wirtstieren weder schadet noch nützt; auch für: Monözie)

Syn|tag|ma [*sün...*] das; -s, ...men od. -ta ⟨griech.⟩ (Sprachw.: syntaktisch gefügte Wortgruppe, in der jedes Glied seinen Wert erst durch die Fügung bekommt); syn|tag|ma|tisch (das Syntagma betreffend); syn|tak|tisch (die Syntax betreffend); -er Fehler (Fehler gegen die Syntax); -e Fügung; Syn|tax die; -, -en (Sprachw.: Lehre vom Satzbau, Satzlehre)

Syn|the|se [*sün...*] die; -, ...thesen ⟨griech.⟩ (Aufhebung des sich in These u. Antithese Widersprechenden in eine höhere Einheit; Zusammenfügung [einzelner Teile zu einem Ganzen]; Aufbau [einer chem. Verbindung]); Syn|the|se|pro|dukt (Kunststoff); Syn|the|si|zer [*sint'ßais'r* od. *ßinthi...*] der; -s, - ⟨griech.-engl.⟩ (ein elektron. Musikgerät); Syn|the|tics [*süntetikß*] Plur. (Sammelbez. für synthet. erzeugte Kunstfasern u. Produkte daraus); Syn|the|tik das; -s (meist ohne Artikel gebraucht; [Gewebe aus] Kunstfaser); syn|the|tisch ⟨griech.⟩ (zusammensetzend; Chemie: künstlich hergestellt); -es Urteil; syn|the|ti|sie|ren (Chemie: aus einfacheren Stoffen herstellen)

Syn|zy|ti|um [*sün...*] das; -s, ...ien [...*i'n*] ⟨griech.⟩ (mehrkernige, durch Zellenfusion entstandene Plasmamasse)

Sy|phi|lis [*sü...*] die; - (nach dem Titel eines lat. Lehrgedichts des 16. Jh.s) (eine Geschlechtskrankheit); sy|phi|lis|krank; Sy|phi|lis-sym|ptom; sy|phi|li|ti|ker (an Syphilis Leidender); sy|phi|li|tisch (die Syphilis betreffend)

Sy|ra|kus [*sü...*] (Stadt auf Sizilien); Sy|ra|ku|ser (↑ R 147); sy|ra|ku|sisch

Sy|rer [*sü...*], (auch:) Sy|ri|er [...*i'r*]; Sy|ri|en [...*i'n*] (Staat im Vorderen Orient)

Sy|rin|ge [*süring'*] die; -, -n ⟨griech.⟩ (Flieder); [1]Sy|rinx (griech. Nymphe); [2]Sy|rinx die; -, ...ingen (Hirtenflöte; Stimmorgan der Vögel)

sy|risch [*sü...*] (aus Syrien; Syrien betreffend), aber (↑ R 146): die Syrische Wüste

Syr|jä|ne [*sür...*] der; -n, -n; ↑ R 197 (Angehöriger eines finnischugrischen Volkes)

Sy|ro|lo|ge [*sü...*] der; -n, -n (↑ R 197) ⟨griech.⟩ (Erforscher der Sprachen, der Geschichte u. der Altertümer Syriens); Sy|ro|lo|gie die; -

Syr|te [*sürt'*] die; -, -n ⟨griech.⟩ (veralt. für: Untiefe, Sandbank); die Große u. die Kleine - (zwei Meeresbuchten an der Küste Nordafrikas)

Sy|stem [*sü...*] das; -s, -e ⟨griech.⟩ (Gliederung, Aufbau; Ordnungsprinzip; einheitlich geordnetes Ganzes; Lehrgebäude; Regierungs-, Staatsform; Einordnung [von Tieren, Pflanzen u. a.] in verwandte od. ähnlich gebaute Gruppen); Sy|stem.ana|ly|se, ...ana|ly|ti|ker (Fachmann in der elektron. Datenverarbeitung);

Sy|ste|ma|tik die; -, -en (planmäßige Darstellung, einheitl. Gestaltung); Sy|ste|ma|ti|ker (auch für: jmd., der systematisch vorgeht); sy|ste|ma|tisch; -ste (das System betreffend; in ein System gebracht, planmäßig); sy|ste|ma|ti|sie|ren (in ein System bringen; in einem System darstellen); Sy|ste|ma|ti|sie|rung; sy|stem.feindlich, ...fremd, ...im|ma|nent, ...kon|form; Sy|stem.kri|ti|ker, ...leh|re; sy|stem|los; -este (planlos); Sy|stem.ma|na|ge|ment (systematische Unternehmensführung), ...ver|än|de|rer, ...zwang

Sy|sto|le [*süßtole*, auch: ...*tol'*] die; -, ...olen (Med.: Zusammenziehung des Herzmuskels); sy|stolisch; -er Blutdruck (Med.)

Sy|zy|gie [*sü...*] die; -, ...ien ⟨griech.⟩ (Astron.: Konjunktion u. Opposition von Sonne u. Mond)

s. Z. = seinerzeit

Szcze|cin [*schtschäzjin*] (poln. Name von: Stettin)

Sze|ged ⟨ung.⟩, (dt.:) **Sze|ge|din** [*ßä...*] ⟨ung. Stadt⟩

Szek|ler [*ße...*, auch: *ßä...*] der; -s, - (Angehöriger eines ung. Volksstammes)

Sze|nar das; -s, -e ⟨griech.⟩ (seltener für: Szenario, Szenarium); **Sze|na|rio** das; -s, -s ⟨ital.⟩ ([in Szenen gegliederter] Entwurf eines Films; auch für: Szenarium); **Sze|na|ri|um** das; -s, ...ien [...*i'n*] (Übersicht über Szenenfolge, szenische Ausstattung u. a. eines Theaterstücks); **Sze|ne** die; -, -n (Bühne, Schauplatz, Gebiet; Auftritt als Unterabteilung des Aktes; Vorgang, Anblick; Zank, Vorhaltungen); **Sze|nen.fol|ge, ...wech|sel; Sze|ne|rie** die; -, ...ien (Bühnen-, Landschaftsbild); **sze|nisch** (bühnenmäßig)

Szep|ter (veralt., noch österr. für: Zepter)

szi|en|ti|fisch [*ßzian...*] ⟨lat.⟩ (wissenschaftlich); **Szi|en|tis|mus** der; - (auf dem Wissen u. Wissenschaft gegründete Haltung; Lehre der Szientisten); **Szi|en|tist** der; -en, -en; ↑ R 197 (Angehöriger einer christl. Sekte); **szi|en|ti|stisch**

Szil|la die; -, ...llen ⟨griech.⟩ (eine Heil- u. Zierpflanze, Blaustern)

Szin|til|la|ti|on [...*zion*] die; -, -en ⟨lat.⟩ (Funkeln [von Sternen]; Lichtblitze beim Auftreffen radioaktiver Strahlung auf fluoreszierende Stoffe); **Szin|til|la|ti|ons|me|tho|de; szin|til|lie|ren** (Astron., Physik: funkeln, leuchten, flimmern)

SZR = Sonderziehungsrecht

Szyl|la [*ßzüla*] die; - ⟨griech.⟩ (eindeutschend für lat. Scylla, griech. Skylla; bei Homer Seeungeheuer in einem Felsenriff in der Straße von Messina); zwischen - und Charybdis (in einer auswegslosen Lage)

Szy|ma|now|ski [*schimano̱fski*], Karol (poln. Komponist)

Szy|the usw. vgl. **Skythe** usw.

T

T (Buchstabe); das T; des T, die T, aber: das t in Rate (↑R 82); der Buchstabe T, t

t = Tonne

T, τ = Tau

Θ, ϑ = Theta

T = Tera...; Tesla; chem. Zeichen für: Tritium

T. = Titus

Ta = chem. Zeichen für: Tantal

Tab [engl. Ausspr.: *täb*] *der;* -[e]s, -e u. (bei engl. Ausspr.:) *der;* -s, -s (vorspringender Teil einer Karteikarte zur Kenntlichmachung bestimmter Merkmale)

Ta|bak [auch: *ta̱...* u. (bes. österr.:) *...a̱k*] *der;* -s, (für Tabaksorten:) -e ⟨span.⟩; **Ta|bak.bau** (*der;* -[e]s), **...blatt**, **...brü|he**, **...in|du-strie**, **...mo|no|pol**, **...pflan|ze**, **...pflan|zer**, **...pflan|zung**, **...plan|ta|ge**, **...rau|cher**; **Tabaks.beu|tel**, **...do|se**, **...pfei|fe**; **Ta|bak.steu|er** *die,* **...strauch**; **Ta|bak.tra|fik** (österr.: Laden für Tabakwaren, Briefmarken, Zeitungen u. ä.), **...tra|fi|kant** (österr.: Besitzer einer Tabaktrafik); **Ta|bak|wa|ren** *Plur.*

Ta|bas|co ⓦ [*...ba̱ßko*] *der;* -s ⟨span.⟩ (eine scharfe Würzsoße); **Ta|bas|co|so|ße**

Ta|ba|tie|re *die;* -, -n ⟨franz.⟩ (früher für: Schnupftabaksdose; österr. auch noch für: Zigaretten-, Tabaksdose)

ta|bel|la|risch ⟨lat.⟩ (in der Anordnung einer Tabelle; übersichtlich); **ta|bel|la|ri|sie|ren** (übersichtlich in Tabellen [an]ordnen); **Ta|bel|la|ri|sie|rung; Ta|bel|le** *die;* -, -n; **Ta|bel|len.en|de**, **...er|ste**, **...form**; **ta|bel|len|för-mig; Ta|bel|len.füh|rer**, **...letz|te**, **...platz**, **...spit|ze**, **...stand** (*der;* -[e]s; Sportspr.); **ta|bel|lie|ren** (eine Tabelliermaschine einstellen und bedienen); **Ta|bel|lie-rer; Ta|bel|lier|ma|schi|ne** (Lochkartenmaschine, die Tabellen ausdruckt)

Ta|ber|na|kel *das* (auch, bes. in der kath. Kirche: *der*); -s, - ⟨lat.⟩ (in der kath. Kirche Aufbewahrungsort der Eucharistie [auf dem Altar]; Ziergehäuse in der got. Baukunst); **Ta|ber|ne** (veralt. Nebenform von: Taverne)

Ta|bes *die;* - ⟨lat.⟩ ([Rückenmarks]schwindsucht); **Ta|bi|ker** (Tabeskranker); **ta|bisch**

Ta|blar [*tablar*] *das;* -s, -e ⟨franz.⟩ (schweiz. für: Gestellbrett); **Ta-bleau** [*tablo̱*] *das;* -s, -s (wirkungsvoll gruppiertes Bild, bes. im Schauspiel; veralt. für: Gemälde; österr. auch: übersichtliche Zusammenstellung von einzelnen Tafeln, die einen Vorgang darstellen); **Ta|ble d'hôte** [*tabl´-do̱t*] *die;* - - ([gemeinschaftliche] Gasthaustafel); **Ta|blett** *das;* -[e]s, -s (auch: -e); **Ta|blet|te** *die;* -, -n (als kleines, flaches Stück gepreßtes Arzneimittel); **Ta|blet-ten|röhr|chen; ta|blet|tie|ren** (in Tablettenform bringen); **Ta|bli-num** *das;* -s, ...na ⟨lat.⟩ (getäfelter Hauptraum des altröm. Hauses)

¹Ta|bor *der;* -[s] (Berg in Israel)

²Ta|bor (tschech. Stadt); **Ta|bo|rit** *der;* -en, -en (↑R 197) (nach der Stadt Tabor) (strenger Hussit)

Tä|bris *der;* -, - (nach der iran. [in Persien]spin)

ta|bu (polynes.) („verboten"; unverletzlich, unantastbar); nur prädikativ: das ist -; **Ta|bu** *das;* -s, -s (bei Naturvölkern die zeitweilige od. dauernde Heiligung eines Menschen oder Gegenstandes mit dem Verbot, ihn anzurühren; allgem.: etwas, wovon man nicht sprechen darf); es ist für ihn ein -; **ta|bu|ie|ren u. ta-bui|sie|ren** (für tabu erklären, als ein Tabu behandeln); **Ta|bu|ie-rung u. Ta|bui|sie|rung** (↑R 180)

Ta|bu|la ra|sa *die;* - - ⟨lat.: „abgeschabte Tafel"⟩ (meist übertr.: unbeschriebenes Blatt); aber: tabula rasa machen (reinen Tisch machen, rücksichtslos Ordnung schaffen); **Ta|bu|la|tor** *der;* -s, ...oren (Spaltensteller an der Schreibmaschine)

Ta|bu|rett *das;* -[e]s, -e ⟨arab.-franz.⟩ (schweiz., sonst veralt. für: niedriger Stuhl ohne Lehne)

Ta|chel|les [jidd.], nur in: - reden (ugs. für: offen miteinander reden, jmdm. seine Meinung sagen)

ta|chi|nie|ren (österr. ugs. für: faulenzen); **Ta|chi|nie|rer** (österr. ugs. für: Faulenzer)

Ta|chis|mus [*taschi...*] *der;* - ⟨nlat.⟩ (Richtung der abstrakten Malerei, die Empfindungen durch spontanes Auftragen von Farbflecken auszudrücken sucht)

Ta|cho *der;* -s, -s (ugs. kurz für: Tachometer); **Ta|cho|graph, Ta-chy|graph** *der;* -en, -en (↑R 197) ⟨griech.⟩ (selbstschreibender Tachometer); **Ta|cho|me|ter** *der* (auch: *das*); -s, - (Instrument an Maschinen zur Messung der Augenblicksdrehzahl, auch mit Anzeige der Kilometer je Stunde; Geschwindigkeitsmesser [mit Kilometerzähler] bei Fahrzeugen); **Ta|chy|graph** vgl. Tachograph; **Ta|chy|gra|phie** *die;* -, ...ien (aus Zeichen für Silben bestehendes Kurzschriftsystem des Altertums); **ta|chy|gra|phisch; Ta|chy|kar|die** *die;* - ⟨Med.: beschleunigter Herzschlag); **Ta-chy|me|ter** *das;* -s, - (Schnellmesser für Geländeaufnahmen); **Ta-chy|on** *das;* -s, ...onen (meist *Plur.*); ↑R 180 (hypothet. Elementarteilchen, das Überlichtgeschwindigkeit besitzen soll)

ta|ci|te|isch [*tazi...*], aber (↑R 134): **Ta|ci|te|isch; Ta|ci|tus** (altröm. Geschichtsschreiber)

Tack|ling [*täk...*] ⟨eigtl. Sliding-Tackling [*ßlaiding...*]⟩ *das;* -s, -s ⟨engl.⟩ (Fußball: Verteidigungstechnik, bei der der Verteidigende in die Füße des Gegners hineinrutscht)

Täcks, Täks *der;* -es, -e ⟨engl.⟩ (kleiner keilförmiger Stahlnagel zur Verbindung von Oberleder und Brandsohle beim Schuh)

Tad|dä|us vgl. Thaddäus

Ta|del *der;* -s, -; **Ta|de|lei** (ugs.); **ta|del|frei; ta|del|haft; ta|del|los; -este; ta|deln;** ich ...[e]le (↑R 22); **ta|delns.wert**, **...wür|dig; Ta|del-sucht** *die;* -; **ta|del|süch|tig; Tad-ler; Tad|le|rin** *die;* -, -nen

Ta|dschi|ke *der;* -n, -n; ↑R 197 (Angehöriger eines iran. Volkes in Mittelasien); **ta|dschi|kisch**

Tadsch Ma|hal *der;* - -[s] (Mausoleum bei Agra in Indien)

Tae|kwon|do [*tä...*] *das;* - ⟨korean.⟩ (Kampfsport, korean. Abart des Karate)

Tael [*täl*] *das;* -s, -s (früheres chin. Gewicht); 5 - (↑R 129)

Taf. = Tafel; **Ta|fel** *die;* -, -n; **ta|fel|ar|tig; Ta|fel.auf|satz**, **...berg**, **...bild; Tä|fel|chen, Tä-fel|lein**, **Täf|lein; Ta|fel|en|te; ta|fel.fer|tig**, **...för|mig; Ta|fel-.freu|den** *Plur.*, **...gel|bir|ge**, **...geschirr**, **...glas** (*Plur.* ...gläser), **...leuch|ter**, **...ma|le|rei**, **...musik; ta|feln** (speisen); ich ...[e]le (↑R 22); **tä|feln** (mit Steinplatten, Holztafeln verkleiden); ich ...[e]le (↑R 22); **Ta|fel.obst**, **...öl**, **...run|de**, **...schei|re** (Technik), **...spitz** (österr.; eine Rindfleischspeise), **...tuch** (*Plur.* ...tücher); **Tä|fe|lung, Täf|lung; Ta|fel.waa-ge**, **...was|ser** (*Plur.* ...wässer), **...wein**, **...werk; Tä|fer** *das;* -s, -

(schweiz. für: Täfelung); **tä|fern** (schweiz. für: täfeln); ich ...ere (↑ R 22); **Tä|fe|rung** (schweiz. u. westösterr. für: Täfelung); **Täf|lein, Tä|fe|lein, Tä|fel|chen; Täf|lung,** Tä|fe|lung

Taft *der;* -[e]s, -e ⟨pers.⟩ ([Kunst]seidengewebe in Leinwandbindung); **taf|ten** (aus Taft); **Taft|kleid**

Tag *der;* -[e]s, -e. **I.** *Großschreibung:* am, bei Tage; heute über acht Tage, in acht Tagen, vor vierzehn Tagen; von Tag zu Tag; Tag für Tag; des Tags; eines [schönen] Tag[e]s; nächsten Tag[e]s, nächster Tage; im Laufe des heutigen Tag[e]s; (Bergmannsspr.:) über Tag, unter Tage; unter Tags, österr.: untertags (den Tag über); vor Tag[e], vor Tags; den ganzen Tag; guten Tag sagen, bieten; Tag und Nacht. **II.** *Kleinschreibung* (↑ R 61): tags; tags darauf, tags zuvor; tagsüber; tagaus, tagein; tagtäglich; heutigentags (vgl. d.); heutzutage; tagelang (vgl. d.); zutage bringen, fördern, kommen, treten; **Tag...** (– südd., österr. u. schweiz. in Zusammensetzungen für: Tage..., z. B. Tagbau, Tagblatt, Tagdieb, Taglohn u. a.); **tag|aus, tag|ein; Tag|dienst** (Ggs.: Nachtdienst); **Ta|ge_ar|beit** (früher für: Arbeit des Tagelöhners), **...bau** (Plur. ...baue; vgl. Tag...), **...blatt** (vgl. Tag...), **...buch; Ta|ge|buch|num|mer** (Abk.: Tgb.-Nr.); **Ta|ge.dieb** (abschätzig; vgl. Tag...), **...geld; ta|ge|lang,** aber: ganze, mehrere, zwei Tage lang; **Ta|ge.lied, ...lohn** (vgl. Tag...), **...löh|ner** (vgl. Tag...); **ta|ge|löh|nern** (vgl. Tag...); ich ...ere (↑ R 22); **Ta|ge|marsch** vgl. Tagesmarsch; **ta|gen; Ta|ge|rei|se; Ta|ges_ab|lauf, ...an|bruch, ...ar|beit** (Arbeit eines Tages), **...be|darf, ...be|fehl, ...decke** [*Trenn.:* ...dek|ke], **...dienst** (Dienst an einem bestimmten Tag), **...ein|nah|me, ...er|eig|nis, ...ge|sche|hen, ...gespräch; ta|ges|hell,** tag|hell; **Ta|ges_kar|te, ...kas|se, ...kurs, ...lauf, ...lei|stung, ...licht** (das; -[e]s), **...lo|sung, ...marsch** der, -[e]s), **...mut|ter** (Plur. ...mütter), **...ord|nung, ...po|li|tik, ...pres|se** (die; -), **...ra|ti|on, ...raum, ...stät|te, ...zeit, ...zei|tung**

Ta|ge|tes die; -, - ⟨lat.⟩ (Studentenod. Samtblume)

ta|ge|wei|se; Ta|ge|werk, Tag|werk (früheres Feldmaß; tägliche Arbeit, Aufgabe; Bauw.: Arbeitstag, Abk.: Tgw.); **Tag_fahrt** (Bergmannsspr.: Ausfahrt aus dem Schacht), **...fal|ter, ...ge-**

bäu|de (Bergmannsspr.: Schachtgebäude); **tag|hell, ta|ges|hell; ...tä|gig** (z. b. sechstägig, mit Ziffern: 6tägig [sechs Tage alt, dauernd]; ↑ R 212)

Ta|glia|tel|le [*talja...*] Plur. ⟨ital.⟩ (dünne ital. Bandnudeln)

täg|lich (alle Tage); -es Brot; -e Zinsen; -er Bedarf, aber (↑ R 157): die Täglichen Gebete [kath.]; **...täg|lich** (z. B. sechstäglich, mit Ziffer: 6täglich [alle sechs Tage wiederkehrend]; ↑ R 212); **Tag|lohn** vgl. Tag...

Ta|go|re [...*gor⁽ᵉ⁾*], Ra|bin|dra|nath (ind. Dichter u. Philosoph)

Tag|raum (österr. für: Tagesraum); **tags;** - darauf, - zuvor; vgl. Tag; **Tag_sat|zung** (österr. für: behördlich bestimmter Termin; schweiz. [früher] für: Tagung der Ständevertreter), **...schicht** (Ggs.: Nachtschicht), **...sei|te; tags|über; tag|täg|lich; Tag|traum; Tag|und|nacht|glei|che** die; -, -n; Frühlings-Tagundnachtgleiche; **Ta|gung; Ta|gungs_ort, ...teil|neh|mer; Tag|wa|che** (österr., schweiz. für: Weckruf der Soldaten); **Tag|wacht** (schweiz. für: Weckruf der Soldaten); **Tag|werk** vgl. Tagewerk

Ta|hi|ti (die größte der Gesellschaftsinseln)

Tai vgl. Thai

Tai|fun *der;* -s, -e ⟨chin.⟩ (trop. Wirbelsturm in Südostasien)

Tai|ga die; - ⟨russ.⟩ (sibirischer Waldgürtel)

Taille [*talj⁽ᵉ⁾*, österr.: *tailjᶜ*] die; -, -n ⟨franz.⟩ (schmalste Stelle des Rumpfes; Gürtelweite; veralt. für: Mieder; Kartenspiel: Aufdecken der Blätter für Gewinn oder Verlust); **Tail|len|wei|te; ¹Tail|leur** [*tajör*] der; -s, -s ⟨franz. Bez. für: Schneider⟩; **²Tail|leur** das; -s, -s (schweiz. für: Jackenkleid); **tail|lie|ren** [*tajir'n*]; **tail|liert** ...**tail|lig** [...*taljich*] (z. B. kurztaillig); **Tai|lor|made** [*te⁽ᶦ⁾r-me'd*] das; -, -s ⟨engl.⟩ (im konventionellen Stil geschneidertes Kostüm)

Taine [*tän*] (franz. Geschichtsschreiber)

Tai|peh [auch: ...*pe*] (Hptst. Taiwans)

Tai|wan [auch: ...*wan*] (Republik China; chin. u. jap. Name für: Formosa); **Tai|wa|ner; tai|wa|nisch**

Ta|jo [*taeho*] der; -[s] (span.-port. Fluß); vgl. Tejo

Take [*te⁽ᶦ⁾k*] der od. das; -s, -s ⟨engl.⟩ (Film, Fernsehen: einzelne Szenenaufnahme, Szenenabschnitt)

Ta|kel das; -s, - (niederd. für: schwere Talje; Takelage); **Ta|ke-**

la|ge [...*asch⁽ᵉ⁾*, österr.: ...*asch*] die; -, -n ⟨mit franz. Endung⟩ (Segelausrüstung eines Schiffes); **Ta|kel|ler, Tak|ler** (im Takelwerk Arbeitender); **ta|keln;** ich ...[e]le (↑ R 22); **Ta|ke|lung, Tak|lung; Ta|kel|werk** das; -[e]s

Täks vgl. Täcks

¹Takt *der;* -[e]s, -e ⟨lat.⟩ (das abgemessene Zeitmaß einer rhythmischen Bewegung; musikalisches Maß- und Bezugssystem, das die Akzentuierung und zeitliche Ordnung der Töne regelt; Metrik: Entfernung von Hebung zu Hebung im Vers; Technik: einer von mehreren Arbeitsgängen in Motor, Hub; Arbeitsabschnitt in der Fließbandfertigung oder in der Automation); - halten; **²Takt** *der;* -[e]s ⟨franz.⟩ (Feingefühl; Lebensart; Zurückhaltung); **tak|ten** (Techn.: in Arbeitstakten bearbeiten); **Takt|feh|ler; takt|fest; Takt|ge|fühl** das; -[e]s; **¹tak|tie|ren** (den Takt angeben)

²tak|tie|ren ⟨zu: Taktik⟩ (taktisch vorgehen); (franz.) (Feingefühl; übertr. für: kluges Verhalten, planmäßige Ausnutzung einer Lage); **Tak|ti|ker** (franz.); **Tak|tik** die; -, -en ⟨griech.⟩ (Truppenführung; übertr. für: kluges Verhalten, planmäßige Ausnutzung einer Lage); **Tak|ti|ker; tak|tisch;** -ste; **takt|lo; tak|tlo|sig|keit; Takt|maß** das; **takt|mä|ßig; Takt.mes|ser** der, **...stock** (Plur. ...stöcke), **...stra|ße** (Technik), **...strich** (Trennstrich zwischen den Takten); **takt|voll**

Tal das; -[e]s, Täler (dicht. veralt.: -e); zu -[e] fahren; **tal|ab|wärts**

Tal|lar der; -s, -e ⟨ital.⟩ (langes Amtskleid); **tal|lar|ar|tig; tal|auf|wärts; tal|aus; Tal_bo|den, ...brücke** [*Trenn.:* brük|ke]; **Täl|chen; Tal|en|ge** (Schlucht, Verengung eines Tales)

Ta|lent das; -[e]s, -e ⟨griech.⟩ (altgriech. Gewichts- und Geldeinheit; Begabung, Fähigkeit); **ta|len|tiert** (begabt); **ta|lent|los; ta|lent|los|sig|keit;** -este; **Ta|lent|pro|be; ta|lent|voll**

Ta|ler der; -s, - (ehem. Münze); vgl. Joachimstaler; **Ta|ler|groß; Ta|ler|stück**

Tal|fahrt (Fahrt abwärts auf Flüssen, Bergbahnen o. ä.)

Talg der; -[e]s, (Talgarten:) -e (starres [Rinder-, Hammel]fett); **talg|ar|tig; Talg|drü|se; tal|gen; tal|gig; Talg|licht** [Plur. ...lichter]

Ta|li|on die; -, -en ⟨lat.⟩ (Vergeltung [durch das gleiche Übel]); **Ta|li|ons|leh|re** die; - (Rechtslehre von der Wiedervergeltung)

Ta|lis|man der; -s, -e ⟨griech.⟩ (zauberkräftiger, glückbringender Gegenstand)

Tal|je die; -, -n ⟨niederl.⟩ (Seemannsspr.: Flaschenzug); **tal|jen** (Seemannsspr.: aufwinden); er taljet, hat getaljet; **Tal̩lje̩reep** (Seemannsspr.: über die Talje laufendes starkes Tau)

Ta̩lk der; -[e]s ⟨arab.⟩ (ein Mineral)

Ta̩lk|ma|ster [ˈtɔːk...] (Moderator einer Talk-Show)

Ta̩lk.er|de (die; -), ...pu|der

Talk-Show [ˈtɔːkʃoʊ] die; -, -s ⟨engl.⟩ (Unterhaltungssendung, in der bekannte Persönlichkeiten interviewt werden)

Ta̩l|kum das; -s ⟨arab.⟩ (feiner weißer Talk als Streupulver); **tal|ku|mie|ren** (Talkum einstreuen)

Tal̩l|ey|rand [talärã] (franz. Staatsmann)

Ta̩l|lin (Hptst. der Estnischen SSR); **Ta̩l|linn** (estn. Schreibung von: Tallin); vgl. Reval

ta̩l|mi (franz.) (österr. für: unecht); vgl. talmin; **Ta̩l|mi** das; -s (vergoldete [Kupfer-Zink-]Legierung; übertr. für: Unechtes); **Ta̩l̩mi_glanz**, ...gold; **ta̩l|min** (selten für: aus Talmi; unecht); vgl. talmi; **Ta̩l|mi|wa|re**

Ta̩l|mud der; -[e]s, -e ⟨hebr.⟩ („Lehre"; Sammlung der Gesetze und religiösen Überlieferungen des nachbibl. Judentums); **tal|mu|disch; Tal̩|mu|dis|mus** der; -; **Tal̩|mu|dist** der; -en, -en; ↑ R 197 (Talmudkenner) **Tal̩|mul|de**

Ta̩l|lon [taˈlõ, österr.: ...ˈlõ] der; -s, -s ⟨franz.⟩ (Kartenrest [beim Geben], Kartenstamm [bei Glücksspielen]; Kaufsteine [beim Dominospiel]; Erneuerungsschein bei Wertpapieren; Musik: Griffende [„Frosch"] des Bogens)

Ta̩l.schaft (schweiz. u. westösterr.: Land und Leute eines Tales; Geogr.: Gesamtheit eines Tales und seiner Nebentäler), ...schi (vgl. Talski), ...sen|ke; **Ta̩l|ski**, Ta̩l|schi (bei der Fahrt am Hang der unter Ski); **Tal̩.soh|le**, ...sper|re; **Ta̩l|lung** (Geogr.); **ta̩l|wärts**

Ta̩l|ma̩|ra (russ. w. Vorn.)

Ta̩l|ma|rin|de die; -, -n ⟨arab.⟩ (trop. Pflanzengattung)

Ta̩l|ma|ris|ke die; -, -n ⟨vulgärlat.⟩ (Pflanze mit kleinen Blättern u. rosafarbenen Blüten)

Ta̩m|bour [...bur, auch: ...buːr] der; -s, -e (schweiz.: -en [ˈtámbuːrˀn]) ⟨pers.⟩ (Trommler; Trommel; Zwischenstück bei Kuppelgewölben; mit Stahlzähnen besetzte Trommel an Krempeln [Spinnerei]; Trommel zum Aufrollen von Papier); **Ta̩m|bour|ma|jor** [auch: ...buːr...] (Leiter eines Spielmannszuges); **Ta̩m|bur** der; -s, -e (Stickrahmen; Stichfeld); **tam|bu|rie|ren** (mit Tamburiersti-

chen sticken; bei der Perückenherstellung: Haare zwischen Tüll und Gaze einknoten); **Tam|bu|rier|stich** (flächenfüllender Zierstich); **Tam|bu|rin** [auch: tam...] das; -s, -e (kleine Hand-, Schellentrommel; Stickrahmen)

Ta̩|mil das; -[s] (Sprache der Tamilen); **Ta̩|mi|le** der; -n, -n; ↑ R 197 (Angehöriger eines vorderind. Volkes); **ta|mi|lisch;** -e Sprache

Ta̩mp der; -s, -e u. **Ta̩m|pen** der; -s, - (Seemannsspr.: Tau-, Kettenende)

Tam|pi|ko|fa|ser ⟨nach der mex. Stadt Tampico⟩; ↑ R 149 (Agavenfaser)

Ta̩m|pon [österr.: ...põ; franz. Aussprache: tãˈpõ] der; -s, -s (Med.: [Watte-, Mull]bausch; Druckw.: Einschwärzballen für den Druck gestochener Platten); **Tam|po|na|de** die; -, -n (Med.: Aus-, Zustopfung); **Tam|po|na|ge** [...ˈnaːʃ] die; -, -n (Technik: Abdichtung eines Bohrlochs); **tam|po|nie|ren** (Med.: [mit Tampons] dicht machen)

Tam|tam [auch: tamtam] das; -s, -s ⟨Hindi⟩ (chinesisches, mit einem Klöppel geschlagenes Becken; Gong; nur Sing. ugs. für: laute, Aufmerksamkeit erregende Betriebsamkeit)

Ta̩|mu|le usw. vgl. Tamile usw.

tan, (auch:) tang, tg = Tangens

Ta̩|na|gra [auch: tan..., neugriech. Ausspr.: tanaˈɛhra] (altgriech. Stadt); **Ta̩|na|gra|fi|gur** [auch: tan...]; ↑ R 149 (Tonfigur aus Tanagra)

Ta̩nd der; -[e]s ⟨lat.⟩ (wertloses Zeug); **Tän|de|lei; Tän|de|ler,** Tänd|ler (Schäker; landsch. für: Trödler); **Tän|del|markt** (österr. für: Tändelmarkt); **Tän|del|markt** (landsch. für: Trödelmarkt); **tän|deln;** ich ...[e]le (↑ R 22); **Tän|del|schür|ze** (kleine, weiße [Servier]schürze)

Tan|dem das; -s, -s ⟨lat.-engl.⟩ (Wagen mit zwei hintereinandergespannten Pferden; Zwei- oder Dreirad mit zwei Sitzen hintereinander; Technik: zwei hintereinandergeschaltete Antriebe); **Tan|dem|stra|ße** (Technik)

Tand|ler der (bayr. u. österr. ugs. für: Tänd[e]ler); **Tänd|ler** (vgl. Tändeler)

tang vgl. tan

Ta̩ng der; -[e]s, -e ⟨nord.⟩ (Bezeichnung mehrerer größerer Arten der Braunalgen)

¹Ta̩n|ga [tanga] der; -s, -s ⟨Tupi⟩ (sehr knapper Bikini od. Slip)

²Ta̩n|ga [tanga] (Stadt in Tanganjika); **Tan|ga|nji|ka** (Teilstaat der Vereinigten Republik

Tansania); **Tan|ga|nji|ka|see** der; -s (↑ R 149)

Tan|gens [tanggänß] der; -, - ⟨lat.⟩ (ein Seitenverhältnis im Dreieck; Zeichen: tan, auch: tang od. tg); **Ta̩n|gens_kur|ve**, ...satz; **Tan|gen|te** der; -, -n (Gerade, die eine gekrümmte Linie in einem Punkt berührt); **Tan|gen|ten|flä|che; tan|gen|ti|al** [...zial] (eine gekrümmte Linie od. Fläche berührend)

Ta̩n|ger (marokkan. Hafenstadt)

tan|gie|ren (berühren [auch übertr.])

Ta̩n|go [tanggo] der; -s, -s ⟨span.⟩ (ein Tanz)

Ta̩n|ja (Koseform von: Tatjana)

Ta̩nk der; -s, -s (seltener: -e) ⟨engl.⟩; **tan|ken; Ta̩n|ker** (Tankschiff); **Ta̩n|ker|flot|te; Ta̩nk_fahr|zeug**, ...fül|lung, ...in|halt, ...la|ger

Ta̩nk|red (m. Vorn.)

Ta̩nk_säu|le, ...schiff, ...stel|le, ...uhr, ...wa|gen, ...wart

Ta̩nn der; -[e]s, -e (dicht. für: [Tannen]forst, [Tannen]wald); im dunklen -

Ta̩n|nast (schweiz. neben: Tannenast)

Ta̩n|nat das; -[e]s, -e ⟨franz.⟩ (Gerbsäuresalz)

Tänn|chen, Tänn|lein; **Ta̩n|ne** die; -, -n; **ta̩n|nen** (aus Tannenholz); **Ta̩n|nen.ast**, ...baum

Ta̩n|nen|berg (Ort in Ostpreußen)

Ta̩n|nen_hä|her, ...harz das, ...holz, ...mei|se, ...na|del, ...wald; **Ta̩n|nen|zap|fen**, Tan|zap|fen

Ta̩nn|häu|ser (ein Minnesänger)

Ta̩n|nicht, Tän|nicht das; -[e]s, -e (veralt. für: Tannenwäldchen)

tan|nie|ren ⟨franz.⟩ (mit Tannin behandeln); **Tan|nin** das; -s, -e (Gerbsäure); **Tan|nin|bei|ze**

Tänn|ling, Tänn|chen; **Tänn|ling** (junge Tanne); **Ta̩nn|zap|fen**, Tan|nen|zap|fen

Tan|sa|nia [auch: ...nia] (Staat in Afrika); **Tan|sa|ni|er** [...i̯r]; **tan|sa|nisch; Tan|sa|nit** der; -s, -e (ein Edelstein)

Ta̩n|se die; -, -n (schweiz. für: Rückentraggefäß für Milch, Wein, Trauben u. ä.)

Ta̩n|tal das; -s ⟨griech.⟩ (chem. Grundstoff, Metall; Zeichen: Ta); **Ta̩n|ta|li|de** der; -n, -n (meist Plur.); ↑ R 197 (Nachkomme des Tantalus); **Ta̩n|ta|lus** (in der griech. Sage König in Phrygien); **Ta̩n|ta|lus|qua|len** Plur. (↑ R 135)

Ta̩nt|chen; Ta̩n|te die; -, -n; **Ta̩n|te-E̩m|ma-La|den; tan|ten|haft** (abschätzig)

Ta̩n|tes vgl. Dantes

Tan|ti|e|me [tangtiˈeːmˀ] die; -, -n (Kaufmannsspr.: Gewinnanteil,

Vergütung nach der Höhe des Geschäftsgewinnes)

Tan|tra *das;* -[s] (Lehrsystem einer religiösen Strömung in Indien)

Tanz *der;* -es, Tänze; **Tanz_abend,** ...**bar** *die,* ...**bär,** ...**bein** (in der Wendung: das - schwingen [ugs. für: tanzen]), ...**bo|den** (*Plur.* ...**böden),** ...**cal|fé; Tänz|chen,** **Tänz|lein; Tanz|die|le; tän|zeln;** ich ...[e]le (↑ R 22); **tan|zen;** du tanzt (tanzest); **Tän|zer; Tan|ze-rei; Tän|ze|rin** *die;* -, -nen; **tän-ze|risch; Tanz_flä|che,** ...**girl,** ...**grup|pe,** ...**ka|pel|le,** ...**kar|te,** ...**kunst,** ...**kurs** od. ...**kur|sus,** ...**leh|rer; Tänz|lein,** **Tänz|chen; Tanz_lied,** ...**lo|kal; tanz|lu|stig; Tanz_mu|sik,** ...**part|ner,** ...**part-ne|rin,** ...**platz,** ...**saal,** ...**schritt,** ...**schu|le,** ...**sport,** ...**stun|de,** ...**tee,** ...**tur|nier,** ...**un|ter|richt**

Tao [*tau*] *das;* - 〈chin.〉 („der Weg"; das All-Eine, das absolute, vollkommene Sein in der chin. Philosophie); **Tao|is|mus** *der;* - (chin. Volksreligion)

Tape [*te'p*] *das* (auch: *der*); -, -s 〈engl.〉 (Band, Tonband); **Tape-deck** *das;* -s, -s (Tonbandgerät ohne Verstärker u. Lautsprecher)

Ta|per|greis (ugs. abschätzig); **ta-pe|rig,** tap|rig (niederd. für: unbeholfen, gebrechlich); **ta|pern** (niederd. für: sich unbeholfen bewegen); ich ...ere (↑ R 22)

Ta|pet *das* 〈griech.〉 (veralt. für: [Tisch]decke), noch in: etwas aufs - (ugs. für: zur Sprache) bringen; **Ta|pe|te** *die;* -, -n (Wandverkleidung); **Ta|pe|ten-bahn,** ...**rol|le,** ...**tür,** ...**wech|sel;** **Ta|pe|zier** *der;* -s, -e 〈ital.〉 (in Süddeutschland bevorzugte Form für: Tapezierer); **Ta|pe-zier|ar|beit, Ta|pe|zie|rer|ar|beit; ta|pe|zie|ren; Ta|pe|zie|rer; Ta-pe|zie|rer|werk|statt, Ta|pe|zier-werk|statt**

Tap|fe *die;* -, -n u. **Tap|fen** *die;* -s, -; meist *Plur.* (Fußspur)

tap|fer; Tap|fer|keit *die;* -; **Tap-fer|keits|me|dail|le**

Ta|pio|ka *die;* - 〈indian.〉 (gereinigte Stärke aus Maniokwurzeln); **Ta|pio|ka|stär|ke** *die;* -

Ta|pir [österr. ...*ir*] *der;* -s, -e (indian.) (südamerik. u. asiat. Unpaarhufer)

Ta|pis|se|rie *die;* -, ...**ien** 〈franz.〉 (teppichartige Stickerei; Verkaufsstelle für Handarbeiten)

tapp!; tapp, tapp!

Tapp *das;* -s (ein Kartenspiel)

tap|pen; tap|prig (landsch.); **täp-pisch;** -ste; **tapp|rig** (Nebenform von: taperig); **tap|rig** vgl. taperig; **Taps** *der;* -es, -e (landsch. für: Schlag; ugs. für: täppischer Bursche); Hans -; **tap|sen** (ugs.

---

für: plump auftreten); du tapst (tapsest); **tap|sig** (ugs.)

Ta|ra *die;* -, ...ren 〈arab.〉 (die Verpackung u. deren Gewicht)

Ta|ran|tel *die;* -, -n 〈ital.〉 (südeurop. Wolfsspinne); **Ta|ran|tel|la** *die;* -, -s u. ...llen (südital. Volkstanz)

Tar|busch *der;* -[e]s, -e 〈pers.〉 (arab. Bez. für: Fes)

tar|dan|do 〈ital.〉 (Musik: zögernd, langsam); **Tar|dan|do** *das;* -s, -s u. ...di

Ta|ren (*Plur.* von: Tara)

Ta|rent (ital. Stadt); **Ta|ren|ter,** **Ta|ren|ti|ner** (↑ R 147); **ta|ren|ti-nisch**

Tar|gi *der;* -[s], Tuareg (Angehöriger berberischer Volksstämme in der Sahara); vgl. Tuareg

Tar|hon|ya [*tarhonja*] *die;* 〈ung.〉 (eine ung. Mehlspeise)

ta|rie|ren 〈arab.〉 (Gewicht eines Gefäßes oder einer Verpackung bestimmen oder ausgleichen); **Ta|rier|waa|ge**

Ta|rif *der;* -s, -e 〈arab.-franz.〉 (planvoll geordnete Zusammenstellung von Güter- oder Leistungspreisen, auch von Steuern und Gebühren; Preis-, Lohnstaffel; Gebührenordnung); **ta|ri|fa-risch,** ta|ri|fisch (seltener für: tariflich); **Ta|rif_au|to|no|mie,** ...**er|hö|hung,** ...**grup|pe; ta|ri|fie-ren** (die Höhe einer Leistung durch Tarif bestimmen; in einen Tarif aufnehmen); **Ta|rif|fie-rung; ta|ri|fisch** vgl. tarifarisch; **Ta|rif|kom|mis|si|on; ta|rif|lich; Ta|rif|lohn; ta|rif|los; ta|rif|mä-ßig; Ta|rif_ord|nung,** ...**part|ner,** ...**ren|te,** ...**satz,** ...**ver|hand|lung,** ...**ver|trag**

Tar|la|tan *der;* -s, -e 〈franz.〉 (feines Baumwoll- od. Zellwollgewebe)

Tarn_an|strich, ...**an|zug; tar|nen;** sich -; **Tarn_far|be,** ...**kap|pe,** ...**man|tel,** ...**netz; Tar|nung**

Ta|ro *der;* -s, -s 〈polynes.〉 (eine trop. Knollenfrucht)

Ta|rock *das* (österr. nur so) *od.* *der;* -s, -s 〈ital.〉 (ein Kartenspiel); **tarockieren** [*Trenn.:* ta|rok|kie-ren]; **Ta|rock|spiel**

Tar|pan *der;* -s, -e 〈russ.〉 (ausgestorbenes Wildpferd)

Tar|pe|ji|sche Fels *der;* -n -en od. **Tar|pe|ji|sche Fel|sen** *der;* -n -s (Richtstätte im alten Rom)

Tar|quin, Tar|qui|ni|us (in der röm. Sage Name zweier Könige); **Tar|qui|ni|er** [...*i'r*] *der;* -s, - (Angehöriger eines etrusk.-röm. Geschlechtes)

[1]**Tar|ra|go|na** (span. Stadt); [2]**Tar-ra|go|na** *die;* -s, -s (ein span. Wein); **Tar|ra|go|ne|se** *der;* -n, -n (↑ R 197)

Tar|ser; tar|sisch; [1]**Tar|sus** 〈griech.〉 (Stadt in Kleinasien) [2]**Tar|sus** *der;* -, ...sen 〈griech.〉 (Fußwurzel; Lidknorpel; aus mehreren Abschnitten bestehender „Fuß" des Insektenbeines)

Tar|tan|bahn [*ta'r'n...*] 〈zu dem Kunstwort Tartan ⓦ〉 (Leichtathletik: Kunststofflaufbahn)

Tar|ta|ne *die;* -, -n 〈ital.〉 (Fischerfahrzeug im Mittelmeer)

tar|ta|re|isch 〈griech.〉 (zur Unterwelt gehörend, unterweltlich); **Tar|ta|ros;** vgl. [1]Tartarus; [1]**Tar-ta|rus** *der;* - (Unterwelt in der griechischen Mythologie) [2]**Tar|ta|rus** *der;* - 〈mlat.〉 (Weinstein); **Tar|trat** *das;* -[e]s, -e (Salz der Weinsäure)

Tar|tsche *die;* -, -n 〈franz.〉 (ein mittelalterliches Schild)

Tar|tu (estn. Name von: Dorpat)

Tar|tüff *der;* -s, -e (nach einer Gestalt bei Molière) (Heuchler)

Tar|zan (Dschungelheld in Büchern von E. R. Bourroughs)

Täsch|chen, Täsch|lein; **Ta|sche** *die;* -, -n; **Tä|schel|kraut** *das;* -[e]s; **Ta|schen_aus|ga|be,** ...**buch,** ...**dieb,** ...**fahr|plan,** ...**for|mat,** ...**geld,** ...**kal|en|der,** ...**kamm,** ...**krebs,** ...**lam|pe,** ...**mes|ser** *das,* ...**rech|ner,** ...**spiel|gel,** ...**spie|ler,** ...**spie|le|rei; ta|schen|spie|le|risch;** ich ...ere (↑ R 22); **ta|schen-spie|le|risch;** ich ...ere (↑ R 22); ...**ta|schen_tuch** (*Plur.* ...**tücher),** ...**uhr,** ...**wör|ter|buch; Ta|scherl** *das;* -s, -n (bayr. u. österr. auch für: kleine Tasche, auch: eine Süßspeise); **Täsch-lein,** Täsch|chen; **Taschner** (österr.) u. **Täsch|ner** (südd. für: Taschenmacher)

Tas|ma|ni|en [...*i'n*] (austral. Insel); **Tas|ma|ni|er; tas|ma|nisch**

TASS *die;* - (Nachrichtenagentur der UdSSR)

Täß|chen, Täß|lein; **Tas|se** *die;* -, -n (österr. auch für: Tablett)

Tas|sen_kopf, ...**rand**

Tas|so (ital. Dichter)

Ta|sta|tur *die;* -, -en 〈ital.〉; **tast-bar; Ta|ste** *die;* -, -n; **Tast|emp-fin|dung; ta|sten** (Druckw. auch für: den Taster bedienen); **Ta-sten_scho|ner,** ...**te|le|fon; Ta|ster** (ein Abtastgerät; Zoologie: svw. Palpe; Druckw.: schreibmaschinenähnl. Teil der Setzmaschine; Setzer, der den Taster bedient); **Tast_or|gan,** ...**sinn** (*der;* -[e]s)

Tat *die;* -, -en; in der - [1]**Ta|tar** *der;* -en, -en; ↑ R 197 (Angehöriger eines Mischvolkes im Wolgagebiet in Südrußland, der Ukraine u. Westsibirien); [2]**Ta|tar** *das;* -[s] und **Ta|tar|beef|steak** (nach den Tataren (rohes, geschabtes Rindfleisch mit Ei und Gewürzen); **Ta|ta|rei** *die;* - (die innerasiatische Heimat der Tataren); (↑R 146:) die Große, die Kleine -; Ta|ta|ren|nach|richt (früher für: unwahrscheinliche Schreckensnachricht); **ta|ta|risch**, aber (↑R 157:) Tatarische Autonome Sozialistische Sowjetrepublik

ta|tau|ie|ren ⟨tahit.⟩ (in der Völkerkunde übliche Form von: tätowieren)

Tat_be|stand, ...ein|heit; in - mit ... (Rechtsspr.); **tal|ten**, nur in: raten und -; **Tal|ten_drang, ...durst; ta|ten|dur|stig; ta|ten|froh, tat|froh; ta|ten|los, -este; Ta|ten|lo|sig|keit** die; -; **ta|ten|lu|stig; Tä|ter; Tä|te|rin** die; -, -nen; **Tä|ter|schaft** die; -; **Tat|form,** Tätigkeits|form (für: Aktiv); **tat|froh,** ta|ten|froh; **Tat|her|gang**

Ta|ti|an [...zian] (frühchristl. Schriftsteller)

tä|tig; tä|ti|gen (Kaufmannsspr.); einen Abschluß tätigen (dafür besser: abschließen); **Tä|tig|keit; Tä|tig|keits_be|reich, ...be|richt, ...drang, ...form** od. Tat|form (vgl. d.); **Tä|tig|keits|wort** (*Plur.* ...wörter; für: Verb); **Tä|ti|gung** (Kaufmannsspr.)

Tat|ja|na (russ. w. Vorn.)

Tat|kraft die; -; **tat|kräf|tig; tät|lich**; - werden; -er Angriff; **Tät|lich|keit**; meist *Plur.;* **Tat_mensch, ...mo|tiv, ...ort** (der; -[e]s, ...orte)

tä|to|wie|ren ⟨tahit.⟩ (Zeichnungen mit Farbstoffen in die Haut einritzen); **Tä|to|wie|rer; Tä|to|wie|rung** (Hautzeichnung)

Ta|tra die; - (Gebirgskette der Karpaten); (↑R 146:) die Hohe, die Niedere -

Tat|sa|che; Tat|sa|chen_be|richt, ...ent|schei|dung (Sport: vom Schiedsrichter während des Spiels gefällte Entscheidung), **...ma|te|ri|al; tat|säch|lich** [auch: ...säch...]; **Tat|säch|lich|keit** [auch: ...säch...]

Tätsch der; -[e]s, -e (südd. für: Brei; Backwerk)

Tat|sche die; -, -n (landsch. für: Hand; leichter Schlag, Berührung); **tät|scheln;** ich ...[e]le (↑R 22); **tat|schen** (ugs. für: plump anfassen); du tatschst (tatschest)

Tatsch|kerl (ostösterr. ugs. svw. Tascherl [Speise])

Tat|tedl vgl. Thaddädl

Tat|ter|greis (ugs.); **Tat|te|rich** der; -[e]s (ugs. für: [krankhaftes] Zittern); **tat|te|rig, tatt|rig** (ugs.); **tat|tern** (ugs. selten für: zittern); ich ...ere (↑R 22)

Tat|ter|sall der; -s, -s ⟨nach dem ersten Gründer eines solchen Unternehmens⟩ (geschäftl. Un-

---

ternehmen für Reitsport; Reitbahn, -halle)

Tat|too [tätu] das; -[s], -s ⟨engl.⟩ (Zapfenstreich)

tat|trig, tat|te|rig
tal|tü|ta|ta!

Tat|ver|dacht; tat|ver|däch|tig; Tat_ver|däch|ti|ge, ...waf|fe

Tätz|chen, Tätz|lein; **Tat|ze** die; -, -n (Pfote, Fuß der Raubtiere; ugs. für: plumpe Hand)

Tat|zeit

Tat|zel|wurm der; -[e]s (sagenhaftes Kriechtier im Volksglauben einiger Alpengebiete); **Tätz|lein,** Tätz|chen

¹**Tau** der; -[e]s (Niederschlag)

²**Tau** das; -[e]s, -e (starkes [Schiffs]seil)

³**Tau** das; -[s], -s (griech. Buchstabe: *T, τ*)

taub; -e (leere) Nuß; -es Gestein (Bergmannsspr.: Gestein ohne Erzgehalt)

Täub|chen, Täub|lein; ¹**Tau|be** die; -, -n

²**Tau|be** der u. die; -n, -n (↑R 7 ff.)

tau|ben|blau (blaugrau); **Tau|ben**ei

tau|ben|netzt ⟨zu: ¹Tau⟩

tau|ben|grau (blaugrau); **Tau|ben_haus, ...ko|bel** (südd., österr. für: Taubenschlag), **...nest, ...post, ...schlag, ...stö|ßer** (Wanderfalke), **...zucht;** ¹**Tau|ber,** **Täu|ber** der; -s, - u. Tau|be|rich, Täu|be|rich, -s, -e

²**Tau|ber** die; - (linker Nebenfluß des Mains); **Tau|ber|bi|schofs|heim** (Stadt an der ²Tauber)

Tau|be|rich, Täu|be|rich vgl. ¹Tauber

Taub|heit die; -

Täu|bin die; -, -nen; **Täub|lein,** Täub|chen

Täub|ling (Apfel; Pilz)

Taub|nes|sel (eine Heilpflanze); **taub|stumm; Taub|stum|me; Taub|stum|men_leh|rer, ...spra|che, ...un|ter|richt; Taub|stumm|heit**

Tauch|boot (Unterseeboot); **tau|chen; Tau|chen** das; -s; **Tauch|en|te; Tau|cher; Tau|cher_an|zug, ...bril|le, ...glocke [Trenn.:** ...glok|ke], **...helm** (vgl. ¹Helm); **Tau|che|rin** die; -, -nen; **Tau|cher|ku|gel**

Tauch|nitz (dt. Verleger)

Tauch_sie|der, ...sta|ti|on, ...tie|fe

¹**tau|en;** es taut

²**tau|en** (niederd. für: mit einem Tau vorwärts ziehen; schleppen); **Tau|en|de**

¹**Tau|ern** der; -s, - (Bez. für Übergänge in den Tauern); ²**Tau|ern** *Plur.* (Gruppe der Ostalpen); ↑R 146: die Hohen -, die Niederen -; **Tau|ern_bahn** (die; -; ↑R 149), **...ex|preß, ...tun|nel**

Tauf_becken [**Trenn.:** ...bek|ken], **...be|kennt|nis, ...brun|nen; Tau|fe** die; -, -n; **tau|fen;** getauft (vgl. d.); **Täu|fer; Tauf_for|mel, ...ge|lüb|de; Tauf|ge|sinn|te** der u. die; -n, -n; ↑R 7 ff. (svw. Mennonit); **Tauf|kleid; Täuf|ling; Tauf_na|me, ...pa|te** der u. die, ...pa|tin, ...re|gi|ster**

tau|frisch

Tauf_scha|le, ...schein, ...stein

tau|gen; Tau|ge|nichts der; - u. -es, -e; **taug|lich; Taug|lich|keit** die; -

Tau|mel der; -s; **Tau|mel|bie|ne, Tau|mel|ler; tau|me|lig, taum|lig; tau|meln;** ich ...[e]le (↑R 22)

Tau|mel|lolch (ein Getreideunkraut); **tau|meln;** ich ...[e]le (↑R 22)

tau|naß (zu: ¹Tau)

Tau|nus der; - (Teil des Rheinischen Schiefergebirges); **Tau|nus|punkt** der; -[e]s

Tau|ri|en [...i'n] (früheres russ. Gouvernement); **Tau|ri|ler** [...i'r]

Tau|ris (alter Name für die Krim)

Tau|rus der; - (Gebirge in Kleinasien)

Tausch der; -[e]s, -e; **tau|schen;** du tauschst (tauschest); **täu|schen;** du täuschst (täuschest); täuschend ähnlich; **Täu|scher; Tau|sche|rei** (ugs.); **Tausch_ge|schäft, ...han|del** (vgl. ¹Handel)

tau|schie|ren ⟨arab.-franz.⟩ (Edelmetalle in unedle Metalle einhämmern); **Tau|schie|rung**

Tausch|ob|jekt; Täu|schung; Täu|schungs|ma|nö|ver; Tausch_ver|fah|ren, ...ver|trag; tausch|wei|se; Tausch_wert, ...wirt|schaft (die; -)

tau|send (als röm. Zahlzeichen: M); zur *Groß-* und *Kleinschreibung* vgl. hundert; Land der tausend Seen (Finnland); tausend und aber (abermals) tausend (österr.: tausend und abertausend); tausend und aber (abermals) Tausende (österr.: Tausende und Abertausende); vgl. aber: ¹**Tau|send** der (veralt. für: Teufel), nur noch in: ei der Tausend!, potztausend!; ²**Tau|send** die; -, -en (Zahl); vgl. ¹Acht; ³**Tau|send** das; -s, -e (Maßeinheit; Abk.: Tsd.); das ist ein Tausend Zigarren (eine Kiste mit einem Tausend Zigarren), aber: das sind eintausend Zigarren (1000 Stück, unverpackt); einige Tausend Zigarren (z. B. drei- oder viertausend; auch ugs. für: tausend und einige Zigarren); [fünf] von Tausend (Abk.: v. T., p. m.; Zeichen: ‰); vgl. tausend; **Tau|send|blatt** das; -[e]s (eine Pflanze); **tau|send|ein, tau|send|und-**

ein (vgl. d.); tau|send|eins, tau|send|und|eins; Tau|sen|der; vgl. Achter; tau|sen|der|lei; tau|send|fach; Tau|send|fa|che *das;* -n; vgl. Achtfache; tau|send|fäl|tig; Tau|send_fuß (veralt.), ...fü|ßer, ...füß|ler; Tau|send|gul|den|kraut, Tau|send|gül|den|kraut *das;* -[e]s (eine Heilpflanze); tau|send|jäh|rig, aber (↑R 157): das Tausendjährige Reich (bibl.), jedoch klein, weil kein Name: das tausendjährige Reich (ironisch für die Zeit der nationalsoz. Herrschaft); vgl. achtjährig; Tau|send|künst|ler; tau|send|mal; vgl. achtmal u. hundertmal; tau|send|mal|lig; Tau|send|mark|schein; vgl. Hundertmarkschein; tau|send|sacker|ment [*Trenn.:* ...sak|ker...] (veralt.); Tau|send|sa|sa, (auch:) Tau|send|sas|sa *der;* -s, -[s] (ugs. für: Schwerenöter; leichtsinniger Mensch; auch: Alleskönner, Mordskerl); Tau|send|schön *das;* -s, -e u. Tau|send|schön|chen (eine Pflanze); tau|send|sei|tig; tau|send|ste; vgl. achte u. hundertste; tau|send|stel; vgl. achtel; Tau|send|stel *das* (schweiz. meist: *der*); -s, -; vgl. Achtel; tau|send|stel|se|kun|de; tau|send|stens; tau|send|und|ein; vgl. hundert[und]ein; (↑R 158): ein Märchen aus Tausendundeiner Nacht; tau|send|und|eins

Tau|to|lo|gie *die;* -, ...ien (Fügung, die einen Sachverhalt doppelt wiedergibt, z. B. „runder Kreis, schwarzer Rappe"); tau|to|lo|gisch; tau|to|mer (der Tautomerie unterliegend); Tau|to|me|rie *die;* -, ...ien (Chemie: Art der chem. Isomerie)

Tau|trop|fen
Tau|werk *das;* -[e]s
Tau_.wet|ter (*das;* -s), ...wind
Tau|zie|hen *das;* -s (auch übertr. für: Hin und Her)

Ta|ver|ne [*tawärn^e*] *die;* -, -n ⟨ital.⟩ (italienisches Wirtshaus)

Ta|xa|me|ter *so. der* ⟨lat.; griech.⟩ (Fahrpreisanzeiger in Taxis; veralt. für: ²Taxe, Taxi); Tax|amt; Ta|xa|ti|on [...*zion*] *die;* -, -en, Ta|xie|rung (lat.) ([Ab]schätzung, Wertermittlung); Ta|xa|tor *der;* -s, ...oren ([Ab]schätzer, Wertermittler); ¹Ta|xe *die;* -, -n ([Wert]schätzung; [amtlich] festgesetzter Preis; Gebühr[en-ordnung]); ²Ta|xe *die;* -, -n (svw. Taxi); tax|frei (gebührenfrei); Ta|xi *das* (schweiz. auch: *der*); -s, -s (Kurzw. für: Taxameter; Mietauto); Ta|xi|chauf|feur; ta|xie|ren ([ab]schätzen, den Wert ermitteln); Ta|xie|rung vgl. Taxation; Ta|xi_fah|rer, ...stand;

Tax|ler (österr. ugs. für: Taxifahrer); Tax|preis (geschätzter Preis)

Ta|xus *der;* -, - ⟨lat.⟩ (Eibe); Ta|xus|hecke [*Trenn.:* ...hek|ke]

Tax|wert (Schätzwert)

Tay|lor|sy|stem [*te'l'r*...] *das;* -s (↑R 179) ⟨nach dem Amerikaner F. W. Taylor⟩ (System der Betriebsführung zur bestmöglichen Ausnutzung der menschl. Arbeitskraft)

Ta|zet|te *die;* -, -n ⟨ital.⟩ (eine Narzissenart)

Taz|zel|wurm vgl. Tatzelwurm

Tb = chem. Zeichen für: Terbium

Tb, Tbc = Tuberkulose

Tbc-krank, Tb-krank; ↑R 38 u. 83 (tuberkulosekrank); **Tbc-Kran|ke, Tb-Kran|ke** *der* u. *die;* -n, -n (↑R 7 ff. u. R 38)

Tbi|lis|si (grusinische Form von: Tiflis)

T-bone-Steak [*tibo"n-*] ⟨engl.⟩ (Steak aus dem Rippenstück des Rinds)

Tc = chem. Zeichen für: Technetium

TCS = Touring-Club der Schweiz

Te = chem. Zeichen für: Tellur

Teach-in [*titsch-in*] *das;* -[s], -s ⟨amerik.⟩ (Protestdiskussion)

Teak [*tik*] *das;* -s ⟨engl.⟩ (kurz für: Teakholz); **Teak|baum** (südostasiat. Baum mit wertvollem Holz); **tea|ken** [*tik^en*] (aus Teakholz); **Teak|holz**

Team [*tim*] *das;* -s, -s ⟨engl.⟩ (Arbeitsgruppe; Sport: Mannschaft, österr. auch: Nationalmannschaft); **Team|ar|beit, ...chef; Team|work** [*tim"ö'k*] *das;* -s (Gemeinschaftsarbeit)

Tea-Room [*tirum*] *das;* -s, -s ⟨engl.⟩ (Teestube [in Hotels]; schweiz. für: Café, in dem kein Alkohol ausgeschenkt wird)

Tech|ne|ti|um [...*zium*] *das;* -s ⟨griech.⟩ (chem. Grundstoff; Metall; Zeichen: Tc)

tech|ni|fi|zie|ren ⟨griech.; lat.⟩ (technisch gestalten); **Tech|ni|fi|zie|rung; Tech|nik** *die;* -, -en ⟨griech.⟩ (Herstellungsverfahren, Arbeitsweise; Kunstfertigkeit; österr. Kurzw. für: techn. Hochschule: nur *Sing.:* Ingenieurwissenschaften); **Tech|ni|ker; Tech|ni|ke|rin** *die;* -, -nen; **Tech|ni|kum** *das;* -s, ...ka, auch: ...ken (technische Fachschule, Ingenieurfachschule); **tech|nisch** ⟨griech.-franz.⟩ (zur Technik gehörend, sie betreffend, mit der Technik vertraut; kunstgerecht, fachgemäß); -e Atmosphäre (vgl. Atmosphäre); -er Ausdruck (Fachwort, Kunstausdruck); [eine] -e Hochschule, [eine] -e Universität, -es Zeichen,

aber (↑R 157): die Technische Hochschule (Abk.: TH) Darmstadt, die Technische Universität (Abk.: TU) Berlin; [er wird] technischer Zeichner (als Titel auch groß: Hans Meyer, Technischer Zeichner); Technisches Hilfswerk (Name einer Hilfsorganisation; Abk.: THW); Technischer Überwachungs-Verein[1] (Abk.: TÜV); **tech|ni|sie|ren** (für technischen Betrieb einrichten); **Tech|ni|sie|rung; Tech|ni|zis|mus** *der;* -, ...men (technische Ausdrucksweise); **Tech|no|krat** *der;* -en, -en; ↑R 197 (Vertreter der Technokratie); **Tech|no|kra|tie** *die;* - ([Lehre von der] Vorherrschaft der Technik über Wirtschaft u. Politik); **Tech|no|lo|ge** *der;* -n, -n (↑R 197); **Tech|no|lo|gie** *die;* -, ...ien (Gesamtheit der techn. Prozesse in einem Fertigungsbereich; techn. Verfahren; nur *Sing.:* Lehre von der Umwandlung von Rohstoffen in Fertigprodukte); **Tech|no|lo|gie|park** (Gelände, auf dem Firmen angesiedelt sind, die moderne Technologien entwickeln); **Tech|no|lo|gie|trans|fer** (Weitergabe technologischer Forschungsergebnisse); **tech|no|lo|gisch**

Tech|tel|mech|tel *das;* -s, - (ugs. für: Liebelei)

Teckel *der;* -s, - [*Trenn.:* Tek|kel] (Dackel)

TED *der;* -s ⟨Kurzwort aus „Tele-dialog"⟩ (Computer, der telefonische Stimmabgaben [z. B. von Fernsehzuschauern] annimmt u. hochrechnet)

Ted|dy *der;* -s, -s ⟨engl.⟩ ⟨Koseform von: Theodor⟩ (Stoffbär als Kinderspielzeug); **Ted|dy_bär** (*der;* -en, -en), ...fut|ter (vgl. ²Futter), ...man|tel

Te|de|um *das;* -s, -s ⟨lat.⟩ (Bez. des altkirchl. Lobgesangs „Te Deum laudamus" = „Dich, Gott, loben wir!")

TEE = Trans-Europ-Express

Tee *der;* -s, -s ⟨chin.⟩; schwarzer, grüner, russischer -; **Tee_abend** (↑R 36), ...bäcke|rei ([*Trenn.:* ...k|k...]; österr. für: Teegebäck), ...beu|tel, ...blatt, ...brett, ...but|ter (österr. für: Markenbutter); **Tee-Ei** (↑R 36); **Tee-Ern|te** (↑R 36); **Tee_ge|bäck, ...ge|sell|schaft, ...haus, ...kan|ne, ...kes|sel, ...licht** (*Plur.* ...lichter u. ...lichte), ...löf|fel; **tee|löf|fel|wei|se**

Teen [*tin*] *der;* -s, -s (meist *Plur.*) ⟨amerik.⟩ und **Teen|ager** [*tin-e'dsch'r*] *der;* -s, - (ugs. für: Junge od. Mädchen im Alter zwischen

---

[1] So die offizielle Schreibung.

13 und 19 Jahren, Halbwüchsige[r]); Tee|nie, Tee|ny [*tini*] *der; -s, -s* (jüngerer) Teen)

Teer *der; -[e]s, -e*; Teer.dach|pap|pe, ...decke [*Trenn.:* ...dek|ke]; tee|ren; - und federn; Teer.far|be, ...farb|stoff; teer|hal|tig; tee|rig; Teer|jacke [*Trenn.:* ...jak|ke] (scherzh. für: Matrose)

Tee|ro|se (eine Rosensorte); Teer|pap|pe; Teer|schwel|le|rei; Teer.sei|fe, ...stra|ße; Tee|rung

Tee.ser|vice (vgl. ¹Service), ...sieb, ...stu|be, ...tas|se, ...tisch, ...wagen, ...was|ser, ...wurst

Tel|fil|la *die; -* ⟨hebr.⟩ (jüd. Gebet[buch]); Tel|fil|lin *Plur.* (Gebetsriemen der Juden)

Tef|lon ⓦ *das; -s* ⟨Kunstwort⟩ (hitzefeste Kunststoffbeschichtung in Pfannen, Töpfen u. a.); tef|lon|be|schich|tet; Tef|lon|pfan|ne

¹Tel|gel *der;-s* (kalkreicher Ton)

²Tel|gel (Ortsteil von Berlin); -er Schloß, -er See

Tel|gern|see (See [*der; -s*] u. Stadt in Oberbayern); Tel|gern|seer [...*se⁴r*] (↑ R 147, 151 u. 180)

Tel|gu|ci|gal|pa [...*ßi*...] (Hptst. von Honduras)

Tel|he|ran [auch: *te...*] (Hptst. von Iran)

Teich *der; -[e]s, -e* (Gewässer); Teich.huhn, ...molch, ...mu|schel

Tei|cho|sko|pie *die; -* ⟨griech.⟩ ("Mauerschau"; Schilderung von Ereignissen durch einen Schauspieler, der diese außerhalb der Bühne zu sehen scheint)

Teich.pflan|ze, ...rol|se, ...schilf

teig (landsch. für: überreif, weich); Teig *der; -[e]s, -e*; den - gehen lassen; Teig|far|be; teigig; Teig.mas|se, ...wa|ren *Plur.*

Teil *der od. das; -[e]s, -e*. I. *Großschreibung:* zum Teil (Abk.: z. T.); ein großer Teil des Tages; jedes Teil (Stück) prüfen; das (selten: der) bessere Teil; er hat sein Teil getan; ein gut Teil; sein[en] Teil dazu beitragen; ich für mein[en] Teil. II. *Kleinschreibung:* **a)** (↑ R 61:) teils (vgl. d.); eines-, meines-, ander[e]nteils, großen-, größten-, meistenteils; **b)** (↑ R 208:) zuteil werden; vgl. auch: teilhaben, teilnehmen; Teil.an|sicht, ...as|pekt; teil|bar; Teil|bar|keit *die; -*; Teil.be|reich *der, ...be|trag*; Teil|chen; Teil|chen|be|schleu|ni|ger (Kernphysik); tei|len; geteilt; zehn geteilt durch fünf ist, macht, gibt (nicht: sind, machen, geben) zwei; sich -; Tei|ler; größter gemeinsamer - (Abk.: g. g. T., ggT); tei|ler|fremd; -e Zahlen (Math.); Teil|le|zu|rich|ter (Anlernberuf); Teil.fa|bri|kat, ...ge|biet; Teil.ha|be

die; -; teil|ha|ben (↑ R 207); du hast teil (↑ R 64), aber: du hast keinen Teil; teilgehabt; teilzuhaben; Teil|ha|ber; Teil|ha|be|rin *die; -, -nen*; Teil|ha|ber.schaft *(die; -)*, ...ver|si|che|rung; teil|haft oder für: teilhaftig); teil|haf|tig [auch: ...*haf*...]; einer Sache - sein, werden; ...tei|lig (z. B. zehnteilig, mit Ziffern: 10teilig; ↑ R 212); teil.kas|ko|ver|si|chert; Teil|kas|ko|ver|si|che|rung; Teil.ko|sten|rech|nung; Teil|lei|stung; Teil|men|ge (Math.); teil|mö|bliert; Teil|nah|me *die; -*; Teil-nah|me|be|din|gung; teil|nah|me|be|rech|tigt; teil|nah|me|los, -este; Teil|nahms|lo|sig|keit *die; -*; teil|nahms|voll; teil|neh|men (↑ R 207); du nimmst teil (↑ R 64); teilgenommen; teilzunehmen; teil|neh|mend; -ste; Teil|neh|mer; Teil|neh|mer|feld; Teil|neh|me|rin *die; -, -nen*; Teil|neh|mer|zahl; teils (↑ R 61); - gut, - schlecht; ...teils (z. B. einesteils); vgl. Teil, II, a; Teil|schuld|ver|schrei|bung (für: Partialobligation); Teil.strecke [*Trenn.:* ...strek|ke], ...strich, ...stück; Teilung; Teil|lungs|ver|hält|nis; teil|wei|se; Teil|zah|lung; Teil|zeit|ar|beit

Teint [*täng*] *der;-s, -s* ⟨franz.⟩ (Gesichts-, Hautfarbe; [Gesichts]haut)

T-Ei|sen; ↑ R 37 (von T-förmigem Querschnitt)

Teil|ste *die; -, -n* (ein Vogel)

Tel|ja[s] (letzter Ostgotenkönig)

Tel|jo [*teⁱschu*] (port. Form von: Tajo)

Tek|to|nik *die; -* ⟨griech.⟩ (Lehre von der Zusammenfügung von Bauteilen zu einem Gefüge; Geol.: Lehre vom Bau der Erdkruste); tek|to|nisch

Tek|tur *die; -, -en* ⟨lat.⟩ (Buchw.: Deckblatt, -streifen)

Tel Aviv-Jaf|fa [*tälawif*-] (Stadt in Israel)

tel|le... ⟨griech.⟩ (fern...); Tel|le... (Fern...)

Tel|le|brief (über Fernsprechkabel od. [Satelliten]funk übermittelter Brief)

Tel|le|dia|log vgl. TED

Tel|le|fax *das; -* ⟨Kunstw.⟩ (Fernkopiersystem der Deutschen Bundespost)

Tel|le|fon *das; -s, -e* ⟨griech.⟩; Tel|le|fon.an|ruf, ...an|schluß; Tel|le|fo|nat *das; -[e]s, -e* (Ferngespräch, Anruf); Tel|le|fon.buch, ...ge|spräch; tel|le|fo|nie|ren; tel|le|fo|nisch; Tel|le|fo|nist *der; -en, -en; ↑ R 197* (Angestellter im Fernsprechverkehr); Tel|le|fo|ni|stin *die; -, -nen*; Tel|le|fon-

.netz, ...num|mer, ...rech|nung ...schnur, ...seel|sor|ge, ...ver|bin|dung, ...zel|le, ...zen|tra|le

Tel|le.fo|to (kurz für: Telefotografie), ...fo|to|gra|fie (fotograf Fernaufnahme)

tel|le|gen ⟨griech.⟩ (für Fernsehauf nahmen geeignet)

Tel|le|graf *der; -en, -en; ↑ R 19⁷* ("Fernschreiber"; Apparat zu Übermittlung von Nachrichter durch vereinbarte Zeichen); Tel|le|gra|fen.amt, ...bü|ro, ...draht, ...lei|tung, ...mast *der, ...netz*, ...stan|ge; Tel|le|gra|fie *die; -* (elektrische Fernübertragung von Nachrichten mit vereinbarten Zeichen); tel|le|gra|fie|ren tel|le|gra|fisch; -e Antwort (Drahtantwort); Tel|le|gra|fist *der;-en, -en; ↑ R 197* (Telegrafenbeamter); Tel|le|gra|fi|stin *die; - -nen*

Tel|le|gramm *das; -s, -e* ⟨griech.⟩ (telegrafisch beförderte Nachricht); Tel|le|gramm.adres|se, ...bo|te, ...stil (im -)

Tel|le|graph usw. vgl. Telegraf usw.

Tel|le|ka|me|ra

Tel|le|ki|ne|se *die; -* ⟨griech.⟩ (das angebl. Bewegtwerden von Gegenständen in der Parapsychologie)

Tel|le|kol|leg (unterrichtende Sendereihe im Fernsehen)

Tel|le|kom|mu|ni|ka|ti|on (Kommunikation mit Hilfe der [neuen] elektronischen Medien)

Tel|le|ko|pie|rer (Fernkopierer)

Tel|le|kra|tie *die; -* ⟨griech.⟩ (Herrschaft der [neuen] elektronischer Medien)

Tel|le|mach (Sohn des Odysseus)

Tel|le|mann (dt. Komponist)

¹Tel|le|mark (norw. Verwaltungsgebiet); ²Tel|le|mark *der; -s, -s* (früher üblicher Bremsschwung im Skilauf); Tel|le|mark|schwung

Tel|le|me|ter *das; -s, -e* ⟨griech.⟩ (Entfernungsmesser); Tel|le|me|trie *die; -* (Entfernungsmessung); tel|le|me|trisch; -e Daten

Tel|le|ob|jek|tiv ⟨griech.; lat.⟩ (Linsenkombination für Fernaufnahmen)

Tel|leo|lo|gie *die; -* ⟨griech.⟩ (Lehre vom Zweck u. von der Zweckmäßigkeit); tel|leo|lo|gisch (durch den Zweck bestimmt; aus der Zweckmäßigkeit der Welt; zweckhaft); -er Gottesbeweis

Tel|le|path *der; -en, -en* (↑ R 197) ⟨griech.⟩ (für Telepathie Empfänglicher); Tel|le|pa|thie *die; -* (Fernfühlen ohne körperliche Vermittlung); tel|le|pa|thisch

Tel|le|phon usw. vgl. Telefon usw.

Tel|le|pho|to|gra|phie vgl. Telefotografie

Te|lle|plạs|ma ⟨griech.⟩ (im Spiritismus: angeblich von Medien abgesonderter Stoff)
Te|lle|skop *das;* -s, -e ⟨griech.⟩ (Fernrohr); **Te|lle|skop_au|ge,** ...fisch; **te|lle|sko|pisch** (das Teleskop betreffend; [nur] durch das Teleskop sichtbar); **Te|lle|skop|mast** *der* (Mast, der aus aus- u. einziehbaren Teilen besteht)
Te|lle|spiel (elektron. Spiel, das auf dem Fernsehbildschirm abläuft)
Te|lle|vi|si|on [engl. Aussspr.: *täliwiseh'n*] *die;* - ⟨griech.⟩ (Fernsehen; Abk.: TV); **Te|lex** *das* (schweiz.: *der*); -, -[e] ⟨engl. Kurzw. aus: teleprinter exchange [*täliprint'r ikßtsehe'ndseh*]⟩ (Fernschreiben; nur *Sing.:* Fernschreiber[teilnehmer]netz); **te|lle|xen** (als Fernschreiben übermitteln); du telext (telexest)
Tell (Schweizer Volksheld)
Tel|ler *der;* -s, -; **Tel|ler_brett, ...ei|sen** (Fanggerät für Raubwild), **...fleisch** (eine Speise); **tel|ler|för|mig; tel|lern** (in Rückenlage mit Handbewegungen schwimmen); ich ...ere (↑R 22); **Tel|ler_tuch** (*Plur.* ...tücher), **...wä|scher**
Tells|ka|pel|le *die;* -
Tel|lur *das;* -s ⟨lat.⟩ (chem. Grundstoff, Halbmetall; Zeichen: Te); **tel|lu|rig** (Chemie); -e Säure; **tel|lu|risch** (auf die Erde bezüglich, von ihr herrührend); -e Kräfte (Geol.); **Tel|lu|rit** *das;* -s, -e (Salz der tellurigen Säure); **Tel|lu|ri|um** *das;* -s, ...ien [...*i'n*] (Astron.: Gerät zur Veranschaulichung der Bewegung der Erde um die Sonne)
Tel|lo|pha|se *die;* -, -n ⟨griech.⟩ (Biol.: Endstadium der Kernteilung)
¹Tel|tow [*tälto*] (Stadt bei Berlin); **²Tel|tow** *der;* -s (Gebiet südl. von Berlin); **Tel|tow|er** (↑R 147 u. R 180); Teltower Rübchen; **Tel|tow|ka|nal** *der;* -s (↑R 149)
Tem|pel *der;* -s, - ⟨lat.⟩; **Tem|pel_bau** (*Plur.* ...bauten), **...ge|sell|schaft** (eine Sekte), **...herr** (Templer), **...or|den** (*der;* -s; Templerorden), **...pro|sti|tu|ti|on, ...rit|ter** (Tem|pel|ra_far|be ⟨ital.⟩ (eine Deckfarbe), **...ma|le|rei**
Tem|pe|ra|ment *das;* -[e]s, -e ⟨lat.⟩ (Wesens-, Gemütsart; nur *Sing.:* Lebhaftigkeit, Schwung, Feuer); **tem|pe|ra|ment|los; Tem|pe|ra|ment|lo|sig|keit** *die;* -; **Tem|pe|ra|ment|s|aus|bruch; tem|pe|ra|ment|voll**
Tem|pe|ra|tur *die;* -, -en ⟨lat.⟩ (Wärme[grad, -zustand]; [leichtes] Fieber); **Tem|pe|ra|tur_an|stieg, ...er|hö|hung, ...reg|ler, ...rück|gang, ...sturz, ...wech|sel;**

Tem|pe|renz *die;* - (selten für: Mäßigkeit, bes. im Alkoholgenuß); **Tem|pe|renz|ler** (Anhänger der Mäßigkeits- oder der Enthaltsamkeitsbewegung); **Tem|pe|renz|ver|ein; Tem|per|guß** ⟨engl.; dt.⟩ (schmiedbares Gußeisen); **tem|pe|rie|ren** ⟨lat.⟩ (mäßigen; Temperatur regeln); **Tem|per|koh|le** *die;* -; **tem|pern** (Hüttenw.: Eisen in Glühkisten unter Hitze halten, um es schmiedbar zu machen); ich ...ere (↑R 22)
Tem|pest|boot [*tämpißt...*] ⟨engl.⟩ (ein Sportsegelboot)
Tem|pi pas|sa|ti *Plur.* (vergangene Zeiten)
Tem|pel|se *der;* -n, -n (meist *Plur.;* ↑R 197) ⟨franz.⟩ (Gralsritter); **Tem|p|ler** (Angehöriger des Templerordens; Mitglied der Tempelgesellschaft); **Tem|p|ler|or|den** *der;* -s (geistl. Ritterorden des Mittelalters)
Tem|po *das;* -s, -s u. ...pi ⟨ital.⟩ (Zeit[maß], Takt; nur *Sing.:* Geschwindigkeit, Schnelligkeit; **Tem|po|li|mit** (allgemeine Geschwindigkeitsbegrenzung); **Tem|po|ral** *das/der.* von: Tempus); **tem|po|ral** ⟨lat.⟩ (zeitlich; das Tempus betreffend; veralt.: weltlich; Med.: zu den Schläfen gehörend); temporale Bestimmung (Sprachw.); **Tem|po|ra|li|en** [...*i'n*] *Plur.* (mit der Verwaltung eines kirchl. Amtes verbundene weltl. Rechte und Einkünfte der Geistlichen); **Tem|po|ral|satz** (Sprachw.: Umstandssatz der Zeit); **tem|po|rär** ⟨franz.⟩ (zeitweilig, vorübergehend); **tem|po|rell** (veralt. für: zeitlich, weltlich); **Tem|po_sün|der, ...ver|lust; Tem|pus** *das;* -, ...pora ⟨lat.⟩ (Sprachw.: Zeitform [des Verbs])
ten. = tenuto
Te|na|kel *das;* -s, - ⟨lat.⟩ (Druckw.: Gerät zum Halten des Manuskriptes beim Setzen, Blatthalter); **Te|na|zi|tät** *die;* - (Chemie, Physik: Zähigkeit; Ziehbarkeit)
Ten|denz *die;* -, -en ⟨lat.⟩ (Streben nach bestimmtem Ziel, Absicht; Neigung, Strömung; Zug, Richtung, Entwicklung[slinie]); **Ten|denz_be|trieb, ...dich|tung; ten|den|zi|ell** (der Tendenz nach, entwicklungsmäßig); **ten|den|zi|ös;** -este (etwas bezweckend, beabsichtigend; parteiisch zurechtgemacht, gefärbt); **Ten|denz|stück**
Ten|der *der;* -s, - ⟨engl.⟩ (Vorratswagen der Lokomotive [für Kohle u. Wasser]; Seew.: Begleitschiff, Hilfsfahrzeug)
ten|die|ren ⟨lat.⟩ (streben; gerichtet sein auf ...; neigen zu ...); vgl. aber: tentieren

Te|ne|ri|fe (span. Form von: Teneriffa); **Te|ne|rif|fa** (eine der Kanarischen Inseln)
Te|niers [...*njrß*] (niederl. Malergeschlecht)
Tenn *das;* -s, -e (schweiz. Nebenform von: Tenne)
Tenn. = Tennessee
Ten|ne *die;* -, -n; **Ten|nen|raum**
¹Ten|nes|see [...*ßi,* auch: *tän...*] *der;* -[s] (l. Nebenfluß des Ohio); **²Ten|nes|see** (Staat in den USA; Abk.: Tenn.)
Ten|nis *das;* - ⟨engl.⟩ (Ballspiel); spielen (↑R 207); **Ten|nis_arm** (svw. Tennisellbogen), **...ball, ...ell|bo|gen** (Med.: Entzündung am Ellbogengelenk [durch Überanstrengung]), **...platz, ...schlä|ger, ...schuh, ...spie|ler, ...spie|le|rin, ...tur|nier**
Ten|no *der;* -s, -s ⟨jap.⟩ (jap. Kaisertitel); vgl. Mikado
Ten|ny|son [*tänißⁿn*] (engl. Dichter)
¹Te|nor *der;* -s ⟨lat.⟩ (Haltung; Inhalt, Sinn, Wortlaut); **²Te|nor** *der;* -s, ...nöre ⟨ital.⟩ (hohe Männerstimme; Tenorsänger); **Te|nor_buf|fo, ...horn** (*Plur.* ...hörner); **Te|nor|ist** *der;* -en, -en; ↑R 197 (Tenorsänger); **Te|nor|schlüs|sel**
Ten|sid *das;* -[e]s, -e (meist *Plur.*) ⟨lat.⟩ (aktiver Stoff in Waschmitteln u. ä.); **Ten|si|on** *die;* -, -en (Physik: Spannung der Gase und Dämpfe; Druck)
Ten|ta|kel *der od. das;* -s, -s (meist *Plur.*) ⟨lat.⟩ (Fanghaar fleischfressender Pflanzen; Fangarm); **Ten|ta|ku|lit** *der;* -en, -en; ↑R 197 (fossile Flügelschnecke); **Ten|ta|men** *das;* -s, ...mina (Vorprüfung [z. B. beim Medizinstudium]; Med.: Versuch); **ten|tie|ren** (veralt., aber noch mdal. für: prüfen; versuchen, unternehmen; österr. ugs. für: beabsichtigen); vgl. aber: tendieren
Te|nü od. **Te|nue** [*tönü*] *das;* -s, -s ⟨franz.⟩ (schweiz. für: Art u. Weise, wie jmd. gekleidet ist; Anzug, Uniform)
Te|nu|is [...*uiß*] *die;* -, ...ues [...*ueß*] ⟨lat.⟩ (stimmloser Verschlußlaut, z. B. p)
te|nu|to ⟨ital.⟩ (Musik: ausgehalten; Abk.: ten.); ben - (gut ausgehalten)
Teo vgl. Theo; **Teo|bald** vgl. Theobald; **Teo|de|rich** vgl. Theoderich
Te|pi|da|ri|um *das;* -s, ...ien [...*i'n*] ⟨lat.⟩ (Raum im römisch-irischen Bad)
Tep|li|ce [*täplizä*] (tschech. Form von: Teplitz); **Tep|litz** (Kurort in Böhmen); früher: Teplitz-Schönlau (↑R 154)

Tepp vgl. Depp; tep|pert vgl. deppert

Tep|pich der; -s, -e; Tep|pich‿boden, ...kehr|ma|schi|ne, ...klopfer, ...mu|ster, ...stan|ge

Te|qui|la [tekila] der; -[s] ⟨span.⟩ (mexik. Branntwein)

Te|ra... ⟨griech.⟩ (das Billionenfache einer Einheit, z. B. Terameter = 10^{12} Meter; Zeichen: T)

Te|ra|to|lo|gie die; - ⟨griech.⟩ (Lehre von den Mißbildungen der Lebewesen)

Ter|bi|um das; -s ⟨nach dem schwed. Ort Ytterby⟩ (chem. Grundstoff, Metall; Zeichen: Tb)

Te|re|bin|the die; -, -n ⟨griech.⟩ (Terpentinbaum)

Te|renz (altröm. Lustspieldichter)

Term der;-s, -e ⟨lat.⟩ (Math.: Glied einer Formel, bes. einer Summe; Physik: ein Zahlenwert von Frequenzen od. Wellenzahlen eines Atoms, Ions od. Moleküls; Sprachw. für: Terminus); Ter|me der; -n, -n ⟨veralt. für: Grenzstein); Ter|min der; -s, -e (Frist; [Liefer-, Zahlungs-, Gerichtsverhandlungs]tag, Zeit[punkt]); ter|mi|nal (veralt. für: die Grenze, das Ende betreffend; Math.: am Ende stehend); Ter|mi|nal [tö'mi-n'l] der (auch, für Datenendstation nur: das); -s, -s ⟨engl.⟩ (Abfertigungshalle für Fluggäste; Zielbahnhof für Containerzüge; EDV: Datenendstation, Abfragestation); ter|min‿ge|mäß, ...ge|recht; Ter|min|ge|schäft (Kaufmannsspr.: Lieferungsgeschäft); Ter|mi|ni (Plur. von: Terminus); ter|mi|nie|ren (befristen; zeitlich festlegen); Ter|mi|nie|rung; Termin|ka|len|der; ter|min|lich; Ter|mi|no|lo|ge der; -n, -n (↑ R 197) ⟨lat.); Ter|mi|no|lo|gie die;-, ...ien (Gesamtheit, Systematik eines Fachwortschatzes); ter|mi|no|lo|gisch; Ter|mi|nus der; -, ...ni ⟨lat.⟩ (Fachwort, -ausdruck); Ter|minus tech|ni|cus [- ...kuß] der; - -, ...ni ...ci [...zi] (Fachwort, -ausdruck)

Ter|mi|te die; -, -n (meist Plur.) ⟨lat.⟩ (ein Insekt); Ter|mi|ten‿hü|gel, ...staat

ter|när ⟨lat.⟩ (Chemie: dreifach; Dreistoff...); -e Verbindung; Terne die;-, -n ⟨ital.⟩ (Reihe von drei gesetzten od. gewonnenen Nummern in der alten Zahlenlotterie); Ter|no der; -s, -s ⟨österr. svw. Terne)

Ter|pen das; -s, -e ⟨griech.⟩ (Bestandteil ätherischer Öle); ter|pen|frei; Ter|pen|tin das ⟨österr. meist: der); -s, -e (ein Harz); Ter|pen|tin|öl

Ter|psi|cho|re [...chore] (griech.

Muse des Tanzes und des Chorgesanges)

Ter|ra di Sie|na die; - - - ⟨ital.⟩ (Sienaerde, braune Farbe)

Ter|rain [...räng] das; -s, -s ⟨franz.⟩ (Gebiet; [Bau]gelände, Grundstück); Ter|rain|be|schrei|bung

Ter|ra in|co|gni|ta [- inko...] die; - - ⟨lat.⟩ ([meist übertr.:] unbekanntes Land; Unerforschtes); Ter|ra|kot|ta die;-, ...tten (österr. nur so) u. Ter|ra|kot|te die;-, -n ⟨ital.⟩ (gebrannter Ton [nur Sing.]; Gefäß od. Bildwerk daraus)

Ter|ra|ri|en|kun|de [...i'n] die; -; Ter|ra|ri|um des; -s, ...ien [...i'n] ⟨lat.⟩ (Behälter für die Haltung kleiner Lurche u. ä.)

Ter|ras|se die; -, -n ⟨franz.⟩; ter|ras|sen|ar|tig; Ter|ras|sen|dach; ter|ras|sen|för|mig; Ter|ras|sen‿gar|ten, ...haus; ter|ras|sie|ren (terrassenförmig anlegen, erhöhen); Ter|ras|sie|rung; Ter|raz|zo der; -[s], ...zzi ⟨ital.⟩ (mosaikartiger Fußbodenbelag); Ter|raz|zo|fuß|bo|den

ter|re|strisch ⟨lat.⟩ (die Erde betreffend; Erd...); -es Beben (Erdbeben)

ter|ri|bel ⟨lat.⟩ (veralt. für: schrecklich); ...i|ble Zustände

Ter|ri|er [...i'r] der; -s, - ⟨engl.⟩ (kleiner bis mittelgroßer engl. Jagdhund)

ter|ri|gen ⟨lat.; griech.⟩ (Biol.: vom Festland stammend)

Ter|ri|ne die; -, -n ⟨franz.⟩ ([Suppen]schüssel)

ter|ri|to|ri|al ⟨lat.⟩ (zu einem Gebiet gehörend, ein Gebiet betreffend); -e Verteidigung; Ter|ri|to|ri|al‿ge|walt (die;-), ...ge|wäs|ser, ...ho|heit (die; -); Ter|ri|to|ri|a|li|tät die; -; ↑ R 180 (Zugehörigkeit zu einem Staatsgebiet); Ter|ri|to|ria|li|täts|prin|zip; Ter|ri|to|ri|al|staat; Ter|ri|to|ri|um das; -s, ...ien [...i'n] (Grund; Bezirk; [Staats-, Hoheits]gebiet)

Ter|ror der; -s ⟨lat.⟩ (Gewaltherrschaft; rücksichtsloses Vorgehen); Ter|ror‿akt, ...an|schlag, ...herr|schaft; ter|ro|ri|sie|ren ⟨franz.⟩ (Terror ausüben; unterdrücken); Ter|ro|ri|sie|rung; Ter|ro|ris|mus der; - (Schreckensherrschaft); Ter|ro|rist der; -en, -en (↑ R 197); Ter|ro|ri|stin die; -, -nen; ter|ro|ri|stisch; -ste; Ter|ror‿ju|stiz, ...me|tho|de

[1]Ter|tia [...zia] die; -, ...ien [...i'n] ⟨lat.⟩ ("dritte"; veraltete Bez. [Unter- u. Obertertia] für die 4. u. 5. [in Österr.: 3.] Klasse an höheren Lehranstalten); [2]Ter|tia die; - (ein Schriftgrad); Ter|ti|al das; -s, -e (veralt. für: Jahresdrittel); Ter|tia|na|fie|ber (Med.: Dreitagewechselfieber); Ter|tia|ner

(Schüler der [1]Tertia); Ter|tia|ne|rin die; -, -nen; ter|ti|är ⟨franz.⟩ (die dritte Stelle in einer Reihe einnehmend; das Tertiär betreffend); Ter|ti|är das; -s (Geol.: der ältere Teil der Erdneuzeit); Ter|ti|är|for|ma|ti|on; Ter|tia|rier vgl. Terziar; Ter|ti|um com|pa|ra|tio|nis [- komparazioniß] das; - -, ...ia - ⟨lat.⟩ (Vergleichspunkt)

Ter|tul|li|an (röm. Kirchenschriftsteller)

Terz die; -, -en ⟨lat.⟩ (ein Fechthieb; Musik: dritter Ton [vom Grundton aus]); Ter|zel der; -s, - ⟨Jägerspr.: männl. Falke); Ter|ze|rol der; -s, -e ⟨ital.⟩ (kleine Pistole); Ter|zett das; -[e]s, -e (dreistimmiges Gesangstück); dreizeilige Strophe des Sonetts; Ter|zi|ar der; -s, -en ⟨lat.⟩ u. Ter|tia|rier [...ziari'r] (Angehöriger des Dritten Ordens); Ter|zi|ne die; -, -n (meist Plur.) ⟨ital.⟩ (Strophe von drei Versen)

Te|sa|film Ⓦ (ein Klebeband)

Te|sching das; -s, -e u. -s ⟨kleine Handfeuerwaffe)

Tes|la die; -, - ⟨nach dem amerik. Physiker⟩ (gesetzl. Einheit der magnet. Induktion; Zeichen: T); Tes|la|strom; ↑ R 135 (Elektrotechnik: Hochfrequenzstrom sehr hoher Spannung)

Tes|sar Ⓦ das; -s, -e (ein lichtstarkes fotogr. Objektiv)

[1]Tes|sin der; -s ⟨schweiz.-ital. Fluß); [2]Tes|sin das; -s ⟨schweiz. Kanton); Tes|si|ner (↑ R 147); tes|si|nisch

Test der; -[e]s, -s (auch: -e) ⟨engl.⟩ (Probe; Prüfung; psycholog. Experiment; Untersuchung)

Te|sta|ment das; -[e]s, -e ⟨lat.⟩ (letztwillige Verfügung; Bund Gottes mit den Menschen, danach das Alte u. das Neue Testament der Bibel); ↑ R 157: Altes - (bibl.; Abk.: A. T.), Neues - (bibl.; Abk.: N. T.); te|sta|men|ta|risch (durch letztwillige Verfügung, letztwillig); -e Verfügung; Te|sta|ments‿er|öff|nung, ...voll|strecker [Trenn.: ...strek|ker]; Te|stat das; -[e]s, -e (Zeugnis, Bescheinigung); Te|sta|tor der; -s, ...oren (Person, die ein Testament errichtet; Erblasser)

Te|sta|zee das; -, -n (meist Plur.) ⟨lat.⟩ (Biol.: schalentragende Amöbe, Wurzelfüßer)

Test|bild (Fernsehen); te|sten (zu: Test); Te|ster (jmd., der testet); Test‿fah|rer, ...fall der, ...fra|ge; te|stie|ren ⟨lat.⟩ (ein Testat geben, bescheinigen; Rechtsw.: ein Testament errichten); Te|stie|rung

Te|sti|kel der; -s, - ⟨lat.⟩ (Med.: Hode)

Te|sti|mo|ni|um *das;* -s, ...ien [...i^en] u. ...ia ⟨lat.⟩ (Rechtsw.: Zeugnis); Te|sti|mo|ni|um pau|per|tal|tis *das;* - -, ...ia - ([amtl.] Armutszeugnis)

Test_me|tho|de, ...ob|jekt

Te|sto|ste|ron *das;* -s ⟨lat.⟩ (Med.: männliches Keimdrüsenhormon)

Test_pi|lot, ...rei|he, ...sa|tel|lit, ...se|rie, ...strecke [Trenn.: ...strek|ke]

Te|stu|do *die;* -, ...dines ⟨lat.⟩ (Schildkröte; im Altertum Schutzdach [bei Belagerungen]; Med.: Schildkrötenverband)

Te|stung; Test|ver|fah|ren

Te|ta|nie *die;* -, ...ien ⟨griech.⟩ (schmerzhafter Muskelkrampf); te|ta|nisch; Te|ta|nus [auch: *tä...*] *der;* - (Med.: Wundstarrkrampf); Te|ta|nus_imp|fung, ...se|rum

Te|te [*tät'*] *die;* -, -n ⟨franz.⟩ („Kopf"; veralt. für: Anfang, Spitze [eines Truppenkörpers]); tête-à-tête [*tätatät*] (veralt. für: vertraulich, unter vier Augen); Tête-à-tête *das;* -, -s (Gespräch unter vier Augen; zärtliches Beisammensein)

'Te|thys (in der altgriech. Mythol. Gattin des Okeanos u. Mutter der Gewässer); vgl. aber: Thetis; ²Te|thys, *die;* - (urzeitliches Meer)

Te|tra *der;* -s (Kurzw. für: Tetrachlorkohlenstoff); Te|tra|chlor|koh|len|stoff ⟨griech.; dt.⟩ (ein Lösungsmittel); Te|tra|chord [...*kort*] *der* od. *das;* -[e]s, -e (Folge von vier Tönen einer Tonleiter); Te|tra|eder *der;* -s, - (Vierflächner, dreiseitige Pyramide); Te|tra|gon *das;* -s, -e (Viereck); Te|tra|kis|he|xa|eder (vierundzwanzigflächige Kristallform)

Te|tra|lin ⟨W⟩ *das;* -s (ein Lösungsmittel)

Te|tra|lo|gie *die;* -, ...ien ⟨griech.⟩ (Folge von vier eine Einheit bildenden Dichtwerken, Kompositionen u. a.); Te|tra|me|ter *der;* -s, - (aus vier Einheiten bestehender Vers); Te|tra|po|die *die;* - (Vierfüßigkeit [der Verse]); Te|trarch *der;* -en, -en; ↑ R 197 („Vierfürst"; im Altertum Herrscher über den vierten Teil eines Landes); Te|trar|chie *die;* -, ...ien (Vierfürstentum); Te|tro|de *die;* -, -n (Vierpolröhre)

Tet|zel (Ablaßprediger zur Zeit Luthers)

Teu|chel *der;* -s, - (südd. u. schweiz. für: hölzerne Wasserleitungsröhre)

'teu|er; teurer, -ste; ein teures Kleid; das kommt mir od. mich teuer zu stehen; Teue|rung;

Teue|rungs_ra|te, ...wel|le, ...zuschlag

Teul|fe *die;* -, -n (Bergmannsspr. für: Tiefe)

Teu|fel *der;* -s, -; zum - jagen (ugs.); zum -! (ugs.); auf - komm raus (ugs. für: ohne Vorsicht, bedenkenlos); Teu|fe|lei; Teu|fe|lin *die;* -, -nen; Teu|fels_aus|trei|bung, ...bra|ten (ugs.), ...brut (ugs.), ...kerl (ugs.), ...kreis, ...kunst, ...werk, ...zeug (*das;* -s; ugs.)

teu|fen (Bergmannsspr.: einen Schacht herstellen)

teuf|lisch; -ste; -er Plan

Teu|to|bur|ger Wald *der;* - -[e]s (Höhenzug des Weserberglandes); Teu|to|ne *der;* -n, -n; ↑ R 197 (Angehöriger eines germ. Volksstammes); Teu|to|nia (lat. Bezeichnung für: Deutschland); teu|to|nisch (auch abschätzig für: deutsch)

tex = Tex; Tex *das;* -, - ⟨lat.⟩ (internationales Maß für die längenbezogene Masse textiler Fasern u. Garne; Zeichen: tex)

Tex. = Texas; Te|xa|co [...*ko*] ⟨W⟩ *das;* -[s] ⟨engl.⟩ (ein Kraftstoff); Te|xa|ner; Te|xas (Staat in den USA; Abk.: Tex.); Te|xas|fie|ber; ↑ R 149 (Rindermalaria); Te|xas Ran|gers [- *re'ndsch'rs*] vgl. Ranger; Te|xas|seu|che (↑ R 149)

'Text *der;* -[e]s, -e ⟨lat.⟩ (Wortlaut, Beschriftung; [Bibel]stelle); ²Text *das;* -[e]s (ein Schriftgrad); Text_ab|druck (*Plur.* ...drucke), ...au|to|mat, ...buch, ...dich|ter; tex|ten (einen [Schlager-, Werbe]text gestalten); Tex|ter (Verfasser von [Schlager-, Werbe]texten); Tex|ter|fas|sung; text|ge|mäß; Text|ge|stal|tung; tex|tie|ren (selten für: mit einer [Bild]unterschrift versehen); Tex|tie|rung; tex|til (die Textiltechnik, die Textilindustrie betreffend; Gewebe...); Tex|til_ar|bei|ter, ...be|trieb, ...che|mi|ker, ...fa|brik, ...fa|bri|kant; tex|til|frei (scherzh. für: nackt); Tex|til|ge|wer|be; Tex|til|groß|han|del; (↑ R 32:) Textilgroß- u. -einzelhandel; Tex|ti|li|en [...*i^en*] *Plur.* (Gewebe, Faserstofferzeugnisse [außer Papier]); Tex|til_in|du|strie, ...wa|ren *Plur.* ...wer|ker; Text|kri|tik; text|lich; Text_lin|gui|stik, ...sor|te (Sprachw.), ...stel|le; Tex|tur *die;* -, -en (Chemie, Technik: Gewebe, Verbindung); tex|tu|rie|ren (im Höchstmaß an textilen Eigenschaften verleihen); Text_ver|ar|bei|tung, ...wort (*Plur.* ...worte)

Te|zett [auch: *tezät*] *das* (Buchstabenverbindung „tz"), in: bis ins, bis zum - (ugs. für: vollständig)

T-för|mig; ↑ R 37 (in Form eines lat. T)

tg vgl. tan

Tgb.-Nr. = Tagebuchnummer

TGL = Technische Normen, Gütevorschriften und Lieferbedingungen (Zeichen für techn. Standards der DDR, z. B. TGL 11801)

Tgw. = Tagewerk

Th = chem. Zeichen für: Thorium

TH = technische Hochschule; vgl. technisch

Thacke|ray [*thäk'ri*] (engl. Schriftsteller)

Thad|dä|us, (ökum.:) Tad|dä|us (Apostel); Thad|dädl *der;* -s, -[n] (österr. ugs. für: willensschwacher, einfältiger Mensch)

'Thai *der;* -[s], -[s] (Bewohner Thailands; Angehöriger einer Völkergruppe in Südostasien); ²Thai *das;* - (Sprache der Thai); Thai|land („Land der Freien"; Staat in Hinterindien); Thai|län|der; thai|län|disch

Tha|is [*ta-iß*] (altgriech. Hetäre)

Thal|la|mus *der;* -, ...mi ⟨griech.⟩ (Hauptteil des Zwischenhirns)

thal|las|so|gen ⟨griech.⟩ (Geogr.: durch das Meer entstanden); Thal|las|so|me|ter *das;* -s, - (Meerestiefenmesser; Meßgerät für Ebbe und Flut); Thal|lat|ta, Thal|lat|ta! („das Meer, das Meer!"; Freudenruf der Griechen nach der Schlacht von Kunaxa, als sie das die Nähe der Heimat anzeigende Meer erblickten)

Tha|le (Harz) (Stadt an den Bode); Tha|len|ser (↑ R 147)

Tha|les (altgriech. Philosoph)

Tha|lia (Muse der heiteren Dichtkunst u. des Lustspieles; eine der drei griech. Göttinnen der Anmut, der Chariten)

Thal|li|um *das;* -s ⟨griech.⟩ (chem. Grundstoff, Metall; Zeichen: Tl); Thal|lus *der;* -, ...lli (Pflanzenkörper ohne Wurzel, Stengel u. Blätter)

Thäl|mann (dt. kommunist. Politiker)

Tha|na|to|lo|gie *die;* - ⟨griech.⟩ (Med., Psych.: Sterbekunde)

Thanks|gi|ving Day [*thängkßgi|wing de'*] *der;* - -, - -s (Erntedanktag in den USA [4. Donnerstag des November])

Thal|randt (Stadt südwestl. von Dresden); Tha|rand|ter (↑ R 147)

That|cher [*thätsch'r*], Margaret [*ma'g'rit*] (engl. Politikerin)

Thal|ya *der;* - (niederösterr. Fluß)

Thea (Kurzform von: Dorothea)

Thea|ter *das;* -s, - ⟨griech.⟩ (Schauspielhaus, Opernhaus; [Schauspiel-, Opern]aufführung; ugs. nur *Sing.* für: Unruhe, Aufre-

gung; Vortäuschung); **Thea|ter-
‐abon|ne|ment**, **...auf|füh|rung**,
...bau (Plur. ...bauten), **...de|ko-
ra|ti|on**, **...ge|schich|te** (die; -),
...kar|te, **...kas|se**, **...kri|ti|ker**,
...pro|be, **...raum**, **...re|gis|seur**,
...ring (Besucherorganisation),
...saal, **...stück**, **...vor|stel|lung**,
...wis|sen|schaft
Thea|ti|ner der; -s, - (Angehöriger
eines ital. Ordens)
Thea|tra|lik die; - ⟨griech.⟩ (über-
triebenes schauspielerisches We-
sen); **thea|tra|lisch** -ste (büh-
nenmäßig; übertrieben schau-
spielermäßig)
The|ba|is (altgriech. Bez. des südl.
Ägyptens); **The|ba|ner** (Bewoh-
ner der griech. Stadt Theben);
the|ba|nisch; **The|ben** (Stadt im
griech. Böotien; im Altertum
auch: Stadt in Oberägypten)
Thé dan|sant [te dangßang] der; - -,
-s -s [te dangßang] ⟨franz.⟩
(„Tanztee"; kleiner [Haus]ball);
The|in das; -s ⟨chin.-nlat.⟩ (chem.
fachspr. älter für: Koffein)
The|is|mus der; - ⟨griech.⟩ (Glaube
an einen persönlichen, außer-
weltlichen Gott)
Theiß die; - (l. Nebenfluß der Donau)
The|ist der; -en, -en (↑R 197)
⟨griech.⟩ (Anhänger des Theis-
mus); **the|is|tisch** (↑R 180)
The|ke die; -, -n ⟨griech.⟩ (Schank-
tisch; auch: Ladentisch)
The|kla (w. Vorn.)
The|ma das; -s, ...men u. -ta
⟨griech.⟩ (Aufgabe, Gegenstand;
Gesprächsstoff; Leitgedanke
[bes. in der Musik]); **The|ma|tik**
die; -, -en (Themenstellung; Aus-
führung eines Themas); **the|ma-
tisch** (dem Thema entspre-
chend); **the|ma|ti|sie|ren** (zum
Thema machen); **The|men.be-
reich** der, **...ka|ta|log**, **...kreis**,
...stel|lung, **...wahl**
The|mis (griech. Göttin des Rech-
tes)
The|mi|sto|kles (athenischer
Staatsmann)
Them|se die; - (Fluß in England)
Theo, **Teo** (Kurzform von: Theobald, Theodor u. a.)
Theo|bald; ↑R 131 (m. Vorn.)
Theo|bro|min das; -s ⟨griech.⟩ (Al-
kaloid der Kakaobohnen)
Theo|de|rich; ↑R 131 (m. Vorn.)
Theo|di|zee die; -, ...een ⟨griech.⟩
(Rechtfertigung Gottes hinsichtlich des von ihm in der Welt zu-
gelassenen Übels)
Theo|do|lit der; -[e]s, -e (ein Win-
kelmeßgerät)
Theo|dor (m. Vorn.); **Theo|do|ra**,
Theo|do|re (w. Vorn.)
Theo|do|sia (w. Vorn.); **Theo|do-
sia|nisch**; ↑R 134 (von Kaiser

Theodosius herrührend); **Theo-
do|si|us** (röm. Kaiser)
Theo|gno|sie die; - ⟨griech.⟩ (Got-
teserkenntnis); **Theo|go|nie** die; -,
...ien (myth. Lehre von Entste-
hung und Abstammung der Göt-
ter); **Theo|krat** der; -en, -en;
↑R 197 (selten für: Anhänger der
Theokratie); **Theo|kra|tie** die; -,
...ien („Gottesherrschaft"; Herr-
schaftsform, bei der die Staatsgewalt allein religiös legitimiert
ist); **theo|kra|tisch**; -ste
Theo|krit (altgriech. Idyllendich-
ter); **theo|kri|tisch**, aber
(↑R 134): **Theo|kri|tisch**
Theo|lo|ge der; -n, -n (↑R 197)
⟨griech.⟩ (Gottesgelehrter, wissenschaftl. Vertreter der Theolo-
gie); **Theo|lo|gie** die; -, ...ien
(Wissenschaft von Gott u. seiner
Offenbarung, von den Glau-
bensvorstellungen einer Reli-
gion); **theo|lo|gisch**; **theo|lo|gi-
sie|ren** (etwas unter theologi-
schem Aspekt erörtern); **Theo-
ma|nie** die; -, ...ien (religiöser
Wahnsinn); **Theo|man|tie** die; -,
...ien (Weissagung durch göttli-
che Eingebung); **theo|morph**,
theo|mor|phisch (in göttlicher
Gestalt [auftretend, erschei-
nend]); **Theo|pha|nie** die; -, ...ien
(Gotteserscheinung); **Theo|phil**,
Theo|phi|lus (m. Vorn.)
Theor|be die; -, -n ⟨ital.⟩ (tiefge-
stimmte Laute des 16. bis
18.Jh.s)
Theo|rem das; -s, -e ⟨griech.⟩ ([ma-
themat., philos.] Lehrsatz);
Theo|re|ti|ker (Ggs.: Praktiker);
theo|re|tisch; -ste; **theo|re|ti|sie-
ren** (etwas rein theoretisch erwä-
gen); **Theo|rie** die; -, ...ien; **Theo-
ri|en|streit**
Theo|soph der; -en, -en (↑R 197)
⟨griech.⟩ (Anhänger der Theoso-
phie); **Theo|so|phie** die; -, ...ien
(„Gottesweisheit"; Erlösungs-
lehre, die durch Meditation über
Gott den Sinn des Weltgesche-
hens erkennen will); **theo|so-
phisch**
The|ra|peut der; -en, -en (↑R 197)
⟨griech.⟩ (behandelnder Arzt,
Heilkundiger); **The|ra|peu|tik**
die; - (Lehre von der Behandlung
der Krankheiten); **The|ra|peu|ti-
kum** das; -s, ...ka (Heilmittel);
The|ra|peu|tin die; -, -nen; **the|ra-
peu|tisch**; **The|ra|pie** die; -, ...ien
(Krankenbehandlung, Heil-
handlung); **The|ra|pie|for|schung**
The|res|chen (Koseform von: The-
rese, Theresia); **The|re|se**, **The-
re|sia** (w. Vorn.); **The|re|sia-
nisch**; ↑R 134 (von der Kaiserin
Maria Theresia herrührend); -e
Akademie (in Wien); **The|re|si-
en|stadt** (Stadt in der Tschecho-

---

slowakei; Konzentrationslager
der Nationalsozialisten)
The|ri|ak der; -s (↑R 180) ⟨griech.⟩
(ein Heilmittel des MA.); **The|ri-
ak|s||wur|zel**
therm... ⟨griech.⟩ (warm...);
Therm... (Wärme...); **ther|mal**
(auf Wärme, auf warme Quellen
bezogen); **Ther|mal.bad** (Warm-
[quell]bad), **...quel|le**, **...salz**;
Ther|me die; -, -n (warme Quel-
le); **Ther|men** Plur. (warme Bä-
der im antiken Rom); **Ther|mi-
dor** der; -[s], -s ⟨franz.⟩ („Hitze-
monat" der Franz. Revolution:
19.Juli bis 17. Aug.); **Ther|mik**
die; - ⟨griech.⟩ (Meteor.: auf-
wärtsgerichtete Warmluftbewe-
gung); **Ther|mik|se|gel|flug**;
ther|misch (die Wärme betref-
fend, Wärme...); -e Ausdehnung
(Physik); -r Äquator (Meteor.);
Ther|mit ⓦ das; -s, -e (große
Hitze entwickelndes Metallge-
misch; **Ther|mit|schwei|ßen** das
-s (ein Schweißverfahren); **Ther-
mo|che|mie** (Untersuchung der
Wärmeumsetzung bei chem
Vorgängen); **ther|mo|che|misch**;
Ther|mo|chro|se [...krosᵉ] die; -
(Chemie: Wärmefärbung); **Ther-
mo|dy|na|mik** (Wärmelehre);
ther|mo|dy|na|misch; -e Tempe
raturskala; **ther|mo|elek|trisch**
-er Ofen; **Ther|mo|elek|tri|zi|tät**
(durch Wärmeunterschied er
zeugte Elektriziät); **Ther|mo|ele
ment** (ein Temperaturmeßgerät)
Ther|mo|graph der; -en, -en
↑R 197 (Temperaturschreiber)
Ther|mo|kau|ter der; -s, - (Med.
Glüheisen, -stift für Operatio
nen); **ther|mo|me|ter** das (österr
auch: der); -s, - (ein Temperatur
meßgerät); **ther|mo|nu|kle|a**
(Physik: die bei der Kettenreak
tion auftretende Wärme betref
fend); -e Reaktion; **Ther|mo
nu|kle|ar|waf|fe**; **Ther|mo|pan**
[...peⁿ] das; - (ein Isolier
glas); **Ther|mo|pane|fen|ster**
ther|mo|phil (Biol.: wärmelie
bend); **Ther|mo|phor** der; -s, -ᵉ
(Med.: Wärmflasche, Heizkis
sen); **Ther|mo|plast** der; -[e]s, -
(bei höheren Temperature
formbarer Kunststoff); **Ther|mo
py||len** Plur. (Engpaß im alte
Griechenland); **Ther|mos|fla
sche** ⓦ (Warmhaltegefäß)
Ther|mo|stat der; -[e]s u. -en
-e[n]; ↑R 197 (Temperaturregler
Apparat zur Herstellung von ko
stanter Temperatur in eine
Raum)
Ther|si|tes (schmäh- u. streitsüch
tiger Grieche vor Troja)
The|sau|rie|ren ⟨griech.⟩ (Geld od
Edelmetalle horten); **The|sau
rie|rung**; **The|sau|rus** der; -, ...ren

u. ...ri ([Wort]schatz, Titel wissenschaftlicher Sammelwerke)

The|se *die;* -, -n ⟨griech.⟩ (aufgestellter [Leit]satz, Behauptung); vgl. aber: Thesis

The|sei|on *das;* -s (Heiligtum des Theseus in Athen); The|seus [...*seuß*] ⟨griech. Sagenheld⟩

The|sis [auch: *tä...*] *die;* -, Thesen ⟨griech.⟩ (Verskunst: Senkung)

Thes|pis (Begründer der altathen. Tragödie);   Thes|pis|kar|ren; ↑ R 135 (Wanderbühne)

Thes|sa|li|en [...*i'n*] (Landschaft in Nordgriechenland); Thes|sa|li|er [...*i'r*]; thes|sa|lisch; Thes|sa|lo|nich (alte Form von: Thessaloniki); Thes|sa|lo|ni|cher; Thes|sa|lo|ni|ki ⟨griech. Name für: Saloniki); thes|sa|lo|nisch

The|ta *das;* -[s], -s ⟨griech. Buchstabe: Θ, ϑ⟩

The|tis (Meernymphe der griech. Sage, Mutter Achills); vgl. aber: Tethys

Thi|dreks|sa|ga *die;* -; ↑ R 135 (norw. Sammlung dt. Heldensagen um Dietrich von Bern)

Thig|mo|ta|xis *die;* -, ...xen ⟨griech.⟩ (Biol.: durch Berührungsreiz ausgelöste Orientierungsbewegung bei Tieren u. niederen Pflanzen)

Thil|de (Kurzform von: Mathilde)

Thil|lo, Ti|lo (m. Vorn.)

Thim|bu [*thimbu*] (Hptst. von Bhutan)

Thil|mig (österr. Schauspielerfamilie)

Thing *das;* -[e]s, -e ⟨nord. Form von: Ding) (germ. Volksversammlung); vgl. ²Ding; Thing|platz

thio|phen *das;* -s ⟨griech.⟩ (schwefelhaltige Verbindung im Steinkohlenteer)

thi|xo|tro|pie *die;* - ⟨griech.⟩ (Verflüssigung von Gallerten durch Rühren, Schütteln u. ä.)

ho|los [auch: *to...*] *die* (auch: *der*); -, ...loi [...*eu*] u. ...len ⟨griech.⟩ (altgriech. Rundbau mit Säulenumgang)

Tho|ma, Hans (dt. Maler)

Tho|ma, Ludwig (dt. Schriftsteller)

Tho|mas (m. Vorn.); ²Tho|mas (bibl. ökum.:) To|mas (Apostel); ungläubiger Thomas, ungläubige Thomasse; Tho|mas a Kem|pis (mittelalterl. Theologe); Tho|mas|kan|tor (Leiter des Thomaschores an der Thomaskirche in Leipzig); Tho|mas|mehl *das;* -[e]s; ↑ R 135 (Düngemittel); Tho|mas|ver|fah|ren; ↑ R 135 (Eisenverhüttungsverfahren); Tho|mas von Aquin (mittelalterl. Kirchenlehrer); Tho|mis|mus *der;* - (Lehre des Thomas von Aquin); Tho-

mist *der;* -en, -en; ↑ R 197 (Vertreter des Thomismus); tho|mistisch

Thon *der;* -s, -s ⟨franz.⟩ (schweiz. für: Thunfisch)

Thor (nord. Mythol.: Sohn Odins); vgl. Donar

Tho|ra [auch, österr. nur: *tora*] *die;* - ⟨hebr.⟩ („Lehre"; die 5 Bücher Mosis, das mosaische Gesetz)

tho|ra|kal ⟨griech.⟩ (Med.: den Brustkorb betreffend); Tho|ra-ko|pla|stik (Operation mit Rippenentfernung)

Tho|ra|rol|le (Rolle mit dem Text der Thora)

Tho|rax *der;* -[es], -e ⟨griech.⟩ (Brustkorb [auch der Wirbeltiere]; mittleres Segment bei Gliederfüßern])

Tho|ri|um *das;* -s ⟨nach dem Gott Thor⟩ (chem. Grundstoff, Metall; Zeichen: Th)

Thorn (poln. Stadt; vgl. Toruń)

Thor|sten vgl. Torsten

Thor|vald|sen [...*wals'n*], (auch eindeutschend:) Thor|wald|sen (dän. Bildhauer)

Thot[h] (ägypt. Gott)

Thra|ker (Bewohner von Thrakien); Thra|ki|en [...*i'n*] (Gebiet auf der Balkanhalbinsel); thra|kisch; Thra|zi|er [...*i'r*] usw. vgl. Thraker usw.

Thren|o|die *die;* -, ...ien ⟨griech.⟩ (altgriech. Trauergesang)

Thril|ler [*thril'r*] *der;* -s, - ⟨amerik.⟩ (ganz auf Spannungseffekte abgestellter Film, Roman u. ä.)

Thrips *der;* -, -e ⟨griech.⟩ (Blasenfüßer)

Throm|bo|se *die;* -, -n ⟨griech.⟩ (Med.: Verstopfung von Blutgefäßen durch Blutgerinnsel); Throm|bo|se_nei|gung, ...ver|hü-tung; throm|bo|tisch; Throm|bo-zyt *der;* -en, -en (meist *Plur.*); ↑ R 197 (Med.: Blutplättchen); Throm|bus *der;* -, ...ben (Med.: Blutgerinnsel, Blutpfropf)

Thron *der;* -[e]s, -e ⟨griech.⟩; Thron_an|wär|ter, ...be|stei|gung; thro|nen; Thron_er|be *der,* ...fol|ge, ...fol|ger, ...him|mel, ...prä-ten|dent, ...räu|ber, ...re|de, ...saal, ...ses|sel

Thrym (in der nord. Mythol. ein Riese)

thu|ky|di|de|isch usw. vgl. thukydideisch usw.

Thu|ja, (österr. auch:) Thu|je *die;* -, ...jen ⟨griech.⟩ (Pflanzengattung, Lebensbaum)

thu|ky|di|de|isch ⟨griech.⟩, aber (↑ R 134): Thu|ky|di|de|isch; Thu|ky|di|des (altgriech. Geschichtsschreiber)

Thu|le (in der Antike sagenhafte Insel im hohen Norden); Thu|li-

um *das;* -s ⟨chem. Grundstoff, Metall; Zeichen: Tm)

Thun (schweiz. Stadt); Thu|ner

See *der;* - -s

Thun|fisch ⟨griech.; dt.⟩

Thur *die;* - - (l. Nebenfluß des Hochrheins); Thur|gau *der;* -s (schweiz. Kanton); Thur|gau|er (↑ R 147); thur|gau|isch

Thü|rin|gen; Thü|rin|ger (↑ R 147); - Wald; thü|rin|gisch

Thurn und Ta|xis (Adelsgeschlecht); die Thurn-und-Taxissche Post (↑ R 137)

Thus|nel|da (Gattin des Arminius)

THW = Technisches Hilfswerk

Thy|mi|an *der;* -s, -e ⟨griech.⟩ (eine Gewürz- u. Heilpflanze)

Thy|mus|drü|se ⟨griech.; dt.⟩ (hinter dem Brustbein gelegene innere Brustdrüse, Wachstumsdrüse)

Thy|reo|i|di|tis *die;* -, ...itiden ⟨griech.⟩ (Med.: Schilddrüsenentzündung)

Thy|ri|stor *der;* -s, ...oren ⟨griech.-lat.⟩ (steuerbares Halbleiterventil); Thy|ri|stor|schal|tung

Thyr|sos *der;* -, ...soi [...*eu*] u. Thyr|sus *der;* -, ...si ⟨griech.⟩ (Bacchantenstab); Thyr|sos|stab, Thyr|sus|stab

Ti = chem. Zeichen für: ²Titan

Ti|a|ra *die;* -, ...ren ⟨pers.⟩ (Kopfbedeckung der altpers. Könige; dreifache Krone des Papstes)

Ti|ber *der;* -[s] (ital. Fluß)

Ti|be|ri|as (Stadt am See Genezareth)

Ti|be|ri|us (röm. Kaiser)

¹Ti|bet (Hochland in Zentralasien); ²Ti|bet *der;* -[e]s, -e (ein Wollgewebe; eine Reißwollart); Ti|be|ta|ner vgl. Tibeter; ti|be|ta-nisch vgl. tibetisch; Ti|be|ter [auch: *ti...*]; ti|be|tisch [auch: *ti...*]

Tic [*tik*] *der;* -s, -s ⟨franz.⟩ (krampfartiges Zusammenziehen der Muskeln; Zucken); Tick *der;* -[e]s, -s (wunderliche Eigenart, Schrulle; auch für: Tic)

ti|cken [*Trenn.:* tik|ken]; Ti|cker [*Trenn.:* Tik|ker] (ugs. für: Fernschreiber)

Ti|cket *das;* -s, -s ⟨engl.⟩ [*Trenn.:* Tik|ket] („Zettel"; engl. Bez. für: Fahr-, Eintrittskarte)

tick|tack!; Tick|tack *das;* -s

Til|de *die;* -, -n ⟨niederd. für: die regelmäßig wechselnde Bewegung der See; Flut); Ti|de|hub vgl. Tidenhub; Ti|den *Plur.* (Gezeiten); Ti|den|hub (Wasserstandsunterschied bei den Gezeiten)

Tie-Break [*taibre'k*] *der* od. *das;* -s, -s ⟨engl.⟩ (Tennis: Satzverkürzung [beim Stand 6 : 6])

Tieck (dt. Dichter)

tief; auf das, aufs -ste beklagen

(↑ R 65); zutiefst; tiefblau usw.; tief sein, werden, graben, stehen, bohren (vgl. aber: tiefbohren); ein tief ausgeschnittenes Kleid; **Tief** das; -s, -s (Fahrrinne; Meteor.: Tiefstand [des Luftdrucks]); Tief_aus|läu|fer (Meteor.), ...bau (der; -[e]s); Tief|bau|amt; tief|be|wegt; der tiefbewegte alte Mann (↑ jedoch R 209), aber: er ist tief bewegt; tief|blau; tief|boh|ren ([nach Erdöl] bis in große Tiefe bohren); ↑ R 205 f.; Tief_boh|rung, ...bun|ker, ...decker [Trenn.: ...dek|ker] (Flugzeugtyp); Tief|druck der; -[e]s, (Druckw.:) -e; Tief|druck|ge|biet (Meteor.); Tie|fe der; -, -n; Tief|ebe|ne; tief|emp|fun|den; die tiefempfundenen Verse (↑ jedoch R 209), aber: die Verse sind tief empfunden; Tie|fen_be-strah|lung, ...ge|stein, ...in|ter-view, ...mes|sung, ...psy|cho|lo-gie, ...rausch, ...schär|fe, ...wir-kung; tief|ernst; tief|er|schüt-tert; der tieferschütterte Mann (↑ R 209), aber: aber der Mann ist tief erschüttert; Tief_flie|ger (Flugzeug), ...flie|ger|an|griff, ...flug, ...gang (der; -[e]s); Tief|gang|mes|ser der; Tief|ga|ra|ge; tief|ge|frie|ren (bei tiefer Temperatur schnell einfrieren); ↑ R 205 f.; tief|ge|fühlt; tiefstgefühlter Dank; tief|ge|hend; tiefer gehend, am tiefsten gehend od. tiefstgehend; tief|ge|kühlt; (↑ R 209:) tiefgekühltes Gemüse od. Obst; das Obst ist tiefge-kühlt; tief|grei|fend; vgl. tiefge-hend; tief|grün|lig; -ste; Tief-kühl_fach, ...ket|te, ...kost, ...tru|he; Tief|la|der (kurz für: Tiefladewagen, Wagen mit tief-liegender Ladefläche); Tief|land (Plur. ...lande u. ...länder); Tief-land|bucht; tief|lie|gend; vgl. tiefgehend; Tief_punkt, ...schlaf, ...schlag ([Box]hieb unterhalb der Gürtellinie); tief|schür|fend; vgl. tiefgehend; tief|schwarz; Tief|see die; -; Tief|see-for-schung, ...tau|cher; tief|sinn der; -[e]s; tief|sin|nig; -ste; Tief|sin-nig|keit; Tief|stand der; -[e]s; Tief|sta|pe|lei; tief|sta|peln (Ggs.: hochstapeln); ich stap[e]le tief (↑ R 22); ich habe tiefgesta-pelt; um tiefzustapeln; Tief|stap-ler; Tief|start (Sportspr.); tief-ste|hend; vgl. tiefgehend; Tief-st_flug, ...preis; Tief|strah|ler; Tiefst_stand, ...tem|pe|ra|tur, ...wert; tief|trau|rig

Tie|gel der; -s, -; Tie|gel|druck (Plur. ...drucke); Tie|gel|druck-pres|se; Tie|gel_guß, ...ofen

Tien|gen/Hoch|rhein [*ting⁽ᵉ⁾n*] (Stadt in Baden-Württemberg)

Ti|en|schan der; -[s]; ↑ R 180 (Ge-birgssystem Innerasiens)

Ti|en|tsin; ↑ R 180 (chin. Stadt)

Tier das; -[e]s, -e; Tier_art, ...arzt; tier|ärzt|lich; [eine] -e Hochschu-le, aber (↑ R 157): die Tierärztli-che Hochschule Hannover; Tier-_asyl, ...bän|di|ger, ...bild, ...buch, ...fa|bel, ...freund, ...gar-ten, ...gärt|ner, ...ge|schich|te, ...ge|stalt (in -); tier|haft; Tier-_hal|ter, ...hand|lung, ...heil|kun-de, ...heim, tie|risch; Tier|kör-per|be|sei|ti|gungs|an|stalt (amts-spr. Bez. für: Abdeckerei); Tier|kreis (Astron.); Tier|kreis-zei|chen; Tier|kun|de (die; -; für: Zoologie); tier|lieb; Tier|lie|be; tier|lie|bend; Tier_me|di|zin, ...park, ...pfle|ger, ...quä|ler, ...quä|le|rei, ...reich (das; -[e]s), ...schau, ...schutz, ...schutz|ver-ein, ...ver|such, ...welt (die; -), ...zucht, ...züch|ter

Tif|lis [auch: *ti...*] (Hptst. der Gru-sinischen SSR)

Ti|fo|so der; -, ...si (meist Plur.) (ital.) (italienischer [Fußball]fan)

Ti|ger der; -s, -; Ti|ger_au|ge (ein Mineral), ...fell, ...kat|ze; ti|gern (bunt, streifig machen; ugs. für: eilen); ich ...ere (↑ R 22)

Ti|gris der; - (Strom in Vorder-asien)

Ti|gu|ri|ner (Angehöriger eines Stammes der kelt. Helvetier)

Ti|kal der; -[s], -[s] (malai.) (alte Münzeinheit in Thailand)

Til|bu|ry [*...bᵉri*] der; -s, -s ⟨engl.⟩ (früher üblicher leichter zweiräd-riger Wagen in Nordamerika)

Til|de die; -, -n ⟨span.⟩ (span. Aus-sprachezeichen auf dem n [ñ]; [Druckw.:] Wiederholungszei-chen: ~)

til|g|bar; til|gen; Til|gung; Til-gungs_an|lei|he, ...ka|pi|tal, ...ra-te, ...sum|me

Til|la (w. Vorn.)

Till Eu|len|spie|gel (niederd. Schelmengestalt)

Til|ly (Feldherr im Dreißigjähri-gen Krieg)

Til|mann (m. Vorn.)

Til|lo, Thil|lo (m. Vorn.)

Til|sit (Stadt an der Memel); ¹Til-si|ter (↑ R 147); - Friese[n], - Kä-se; ²Til|si|ter der; -s, - (ein Käse)

Tim|bre [*tᵃⁿgbrᵉ*] das; -s, -s ⟨franz.⟩ (Klangfarbe der Gesangsstim-me); tim|brie|ren (Klangfarbe geben); timbriert

Tim|buk|tu (Stadt in ²Mali)

ti|men [*taim⁽ᵉ⁾n*] ⟨engl.⟩ (Sport: mit der Stoppuhr messen; zeitlich abstimmen); ein gut getimter Ball; Time-out [*taim|aut*] das; -[s], -s (Basketball, Volleyball: Auszeit); Times [*taims*] Plur.; auch: die; - („Zeiten“; engl. Zei-

tung); Ti|ming [*taiming*] das; -s, -s ⟨engl.⟩ (zeitliches Abstimmen von Abläufen)

Ti|mo|kra|tie die; -, ...ien ⟨griech.⟩ (Herrschaft der Besitzenden)

Ti|mon; - von Athen (athen. Philo-soph u. Sonderling; Urbild des Menschenhassers); ti|mo|nisch (veralt. für: menschenfeindlich)

Ti|mor (eine Sundainsel)

Ti|mo|the|us [...*e-uß*]; ↑ R 180 (Ge-hilfe des Paulus)

Ti|mo|the|us|gras [...*e-uß...*] das; -es (ein Futtergras)

Tim|pa|no der; -s, ...ni ⟨griech.⟩ ([Kessel]pauke)

Ti|mur, Ti|mur-Leng (mittelasiat. Eroberer)

Ti|na, Ti|ne, Ti|ni (Kurzformen von: Christine, Ernestine usw.)

Tin|chen (Koseform von: Tine)

Ti|ne vgl. Tina

tin|geln (ugs. für: Tingeltangel spielen; im Tingeltangel auftre-ten); ich ...[e]le (↑ R 22); Tin|gel-tan|gel [österr. ...*tang⁽ᵉ⁾l*] der u. (österr. nur:) das; -s, - (ugs. für niveaulose Unterhaltungsmusik; Musikkneipe)

Ti|ni vgl. Tina

Tink|ti|on [...*zion*] die; -, -en ⟨lat.⟩ (Chemie: Färbung); Tink|tur die; -, -en ([Arznei]auszug)

Tin|nef der; -s ⟨jidd.⟩ (ugs. für Schund; dummes Zeug)

Tin|te die; -, -n; Tin|ten_faß, ...fisch, ...fleck, ...klecks, ...kleck|ser (ugs. abschätzig: ...ku|li, ...lö|scher, ...stift (vgl. ¹Stift), ...wi|scher; tin|tig; Tint|ling (Tintenpilz)

Tin|to|ret|to (ital. Maler)

Tip der; -s, -s ⟨engl.⟩ (nützlicher Hinweis; Vorhersage bei Lotto u. Toto)

Ti|pi das; -s, -s ⟨Indianerspr.⟩ (ke-gelförmiges Indianerzelt)

Tip|pel der; -s, - (niederd. für Punkt; österr. ugs. für: Beule; vgl. Dippel; Tip|pel|bru|der (ve-alt. für: wandernder Handwerk bursche; ugs. für: Landstre-cher); Tip|pel|chen (landsch. für Tüpfelchen; bis aufs -; Tip|p-lei die; - (ugs.); Tip|pel|lig, tipp|l (mdal. für: kleinlich); tip|pel (landsch. für: mit kleinen Schr ten laufen; ugs. für: zu Fuß g hen, wandern); ich ...[e]le (↑ R 2

¹tip|pen (ugs. für: maschineschre ben; niederd., mitteld. für: leic berühren; Dreiblatt spielen); hat ihm (auch: ihn) auf d Schulter getippt

²tip|pen ⟨engl.⟩ (wetten); er h richtig getippt

Tip|pen das; -s (ein Kartenspiel)

Tip|per (zu: ²tippen)

Tip|pett [*tipit*], Michael (en Komponist)

Tipp-Ex ⓦ *das;* - (ein Korrekturlack)

Tipp.feh|ler (ugs. für: Fehler beim Maschineschreiben), **...fräu|lein** (ugs. scherzh. für: Maschinenschreiberin)

Tipp|ge|mein|schaft ⟨zu: ²tippen⟩

tipp|lig vgl. tip|pe|lig

Tipp|se *die; -, -n* (ugs. abwertend für: Maschinenschreiberin)

tipp|topp ⟨engl.⟩ (ugs. für: hochfein; tadellos)

Tipp|zet|tel (Wettzettel)

Ti|ra|de *die; -, -n* ⟨franz.⟩ (Wortschwall; Musik: Lauf schnell aufeinanderfolgender Töne)

Ti|ra|na (Hptst. von Albanien)

Ti|raß *der; ...sses, ...sse* ⟨franz.⟩ (Jägerspr.: Deckgarn, -netz); **ti|ras|sie|ren** ([Vögel] mit dem Tiraß fangen)

ti|ri|li! (Naturlaut); **Ti|ri|li** *das;* -s; **ti|ri|lie|ren** (von Vögeln: pfeifen, singen)

ti|ro! ⟨franz.⟩ („schieße hoch!"; Zuruf an den Schützen, wenn Federwild vorbeistreicht)

Ti|ro (Freund Ciceros)

Ti|rol (österr. Bundesland); **Ti|ro|ler** (↑ R 147); **Tiroler Ache** (↑ R 151); **Ti|ro|le|rin** *die; -, ...in*nen; **ti|ro|le|risch** (österr. nur so); **Ti|ro|li|enne** *[...liän] die; -, -n* ⟨franz.⟩ (Tiroler Lied, Tiroler Tanz); **ti|ro|lisch**

Ti|ro|ni|sche No|ten *Plur.* (↑ R 134) ⟨zu: Tiro⟩ (altröm. Kurzschriftsystem)

Ti|ryns (altgriech. Stadt); **Ti|ryn|ther; ti|ryn|thisch**

Tisch *der; -[e]s, -e;* bei - (beim Essen) sein; am - sitzen; zu - gehen; Gespräch am runden -; **Tisch-_bein, ...bel|sen, ...da|me, ...decke** [*Trenn.:* ...dek|ke]; **ti|schen** (landsch. für: den Tisch bereiten); du tischst (tischest); **Tisch-fern|spre|cher; tisch|fer|tig; Tisch_fuß|ball|spiel, ...ge|bet, ...ge|sell|schaft, ...ge|spräch, ...herr, ...kan|te, ...kar|te, ...lam-pe, ...läu|fer; Tisch|lein|deck-dich** *das; -;* **Tisch|ler; Tisch|ler-ar|beit; Tisch|le|rei; tisch|lern;** ich ...ere (↑ R 22); **Tisch|ler_plat-te, ...werk|statt; Tisch_nach|bar, ...ord|nung, ...plat|te, ...rand** (*Plur.* ...ränder), **...rech|ner, ...re-de, ...rücken** (*das; -s* [*Trenn.:* ...rük|ken]), **...sel|gen, ...tel|le|fon, ...ten|nis, ...ten|nis|ball, ...ten-nis|plat|te, ...tuch** (*Plur.* ...tücher), **...tuch|klam|mer, ...vor|la-ge, ...wein, ...zeit**

Ti|si|pho|ne [*...ne*] (eine Erinnye)

Tit. = Titel

Ti|tan, Ti|ta|ne *der; ...nen, ...nen* (meist *Plur.*); ↑ R 197 (einer der riesenhaften, von Zeus gestürzten Götter der griech. Sage;

übertr. für: großer, starker Mann); **²Ti|tan** *das;* -s ⟨griech.⟩ (chem. Grundstoff, Metall; Zeichen: Ti); **Ti|ta|ne** vgl. ¹Titan; **Ti|tan|ei|sen|erz; ti|ta|nen|haft** (riesenhaft); **Ti|ta|nia** (Titanentochter, Göttin; Gemahlin Oberons); **Ti|ta|nic** *die;* - (engl. Schnelldampfer, der 1912 nach Zusammenstoß mit einem Eisberg unterging); **Ti|ta|ni|de** *der; -n, -n* (↑ R 197) ⟨griech.⟩ (Abkömmling der Titanen); **ti|ta|nisch** (riesenhaft); **Ti|ta|no|ma|chie** *[...ehi] die;* - (Kampf der Titanen gegen Zeus in der griech. Sage); **Ti|tan-Ra-ke|te** ⟨zu: ¹Titan⟩

Ti|tel *der; -s,* - ⟨lat.⟩ (Überschrift; Aufschrift; Amts-, Dienstbezeichnung; [Ehren]anrede[form]; Rechtsgrund; Abschnitt; Abk.: Tit.); **Ti|tel_an|wär|ter, ...auf|la-ge, ...bild, ...blatt, ...bo|gen; Ti-tel|lei** (Gesamtheit der den Textbeginn vorangehenden Seiten mit den Titelangaben eines Druckwerkes); **Ti|tel_ge|schich-te, ...held, ...kampf** (Sportspr.), **...kir|che** (Kirche eines Kardinalpriesters in Rom); **ti|tel|los; ti|teln** ([einen Film] mit Titel versehen); ich ...[e]le (↑ R 22); **Ti|tel-rol|le, ...schrift, ...schutz, ...sei-te, ...sucht** (*die; -*); **ti|tel|süch|tig; Ti|tel_trä|ger, ...ver|tei|di|ger** (Sportspr.), **...zei|le**

Ti|ter *der; -s,* - ⟨eindeutschend für: Titre⟩ (Feinheit eines Seiden-, Reyonfadens; Gehalt einer Lösung)

Ti|thon *das;* -s ⟨griech.⟩ (Geol.: oberste Stufe des Malms)

Ti|ti|ca|ca|see *[...kaka...] der; -s* (See in Südamerika)

Ti|ti|see *der;* -s (See im südl. Schwarzwald)

Ti|to|is|mus *der; -* ⟨nach dem jugoslaw. Staatspräsidenten Josip Broz Tito⟩ (die in Jugoslawien entwickelte kommunistische, aber von der Sowjetunion unabhängige Politik u. Staatsform); **Ti|to|ist** *der; -en, -en;* ↑ R 197 (Vertreter des Titoismus)

Ti|tra|ti|on *[...zion] die; -, -en* ⟨lat.⟩ (Bestimmung des Titers, Ausführung einer chem. Maßanalyse); **Ti|tre** *[titᵉr] der;* -s, -s (veralt. für: Titer; im franz. Münzwesen Bez. für: Korn); **ti|trie|ren**

tit|schen (landsch. für: eintauchen); du titschst (titschest)

Tit|te *die; -, -n* (meist *Plur.;* derb für: weibl. Brust)

Ti|tu|lar *der;* -s, -e ⟨lat.⟩ (veralt. für: Titelträger); **Ti|tu|lar_bi-schof, ...rat** (*Plur.* ...räte); **Ti|tu-la|tur** *die; -, -en* (Betitelung); **ti-tu|lie|ren** (Titel geben; betiteln); **Ti|tu|lie|rung; Ti|tu|lus** *der;*

-, ...li (mittelalterliche Bildunterschrift [meist in Versform])

Ti|tus (röm. Kaiser; altröm. m. Vorn. [Abk.: T.])

Tiu (altgerm. Gott); vgl. Tyr, Ziu

¹Ti|vo|li [*...wo...*] (ital. Stadt); **²Ti-vo|li** *das; -[s],* -s (Vergnügungsort; Gartentheater; italienisches Kugelspiel)

Ti|zi|an (ital. Maler); **ti|zi|a|nisch,** aber (↑ R 134): **Ti|zia|nisch; ti|zi-an|rot**

tja! [auch: *tja*]

Tjalk *die; -, -en* ⟨niederl.⟩ (einmastiges Küstenfahrzeug)

Tjost *der; -es; der; -[e]s, -e* ⟨franz.⟩ (Turnierzweikampf der Ritter mit scharfen Waffen)

tkm = Tonnenkilometer

Tl = Zeichen für: Thallium

TL = ²Lira

Tm = Zeichen für: Thulium

Tme|sis *die; -, ...sen* ⟨griech.⟩ (Sprachw.: Trennung eigentlich zusammengehörender Wortteile, z. B. „ich *vertraue* dir ein Geheimnis *an*")

TNT = Trinitrotoluol

Toast *[toßt] der; -[e]s, -e u. -s* ⟨engl.⟩ (geröstete Weißbrotschnitte; Trinkspruch); **Toast-brot; toa|sten** ([Weißbrot] rösten); einen Trinkspruch ausbringen); **Toa|ster** (elektr. Gerät zum Rösten von Weißbrotscheiben)

To|ba|go vgl. Trinidad

To|bak *der; -[e]s, -e* (alte, heute nur noch scherzh. gebrauchte Form von: Tabak); vgl. Anno

To|bel *der* (österr. nur so) *od. das;* -s, - (südd., österr., schweiz. für: enge [Wald]schlucht)

to|ben; To|be|rei

Tob|jas (m. Vorn.)

To|bog|gan *der; -s,* -s ⟨indian.⟩ (kufenloser [kanad. Indianer]schlitten)

Tob|sucht *die; -;* **tob|süch|tig; Tob-suchts|an|fall**

Toc|ca|ta vgl. Tokkata

Töch|te|rchen; Töch|ter (schweiz. auch für: Mädchen, Fräulein, Angestellte); **Töch|ter|chen, Töch|ter|lein; Töch|ter_fir|ma, ...ge|schwulst** (für: Metastase), **...ge|sell|schaft** (Wirtsch.); **Töch-ter|heim; Töch|ter|kir|che; Töch-ter|lein, Töch|ter|chen; töch|ter-lich; Töch|ter|schu|le** (veralt.); höhere -; **Töch|ter_stadt** (Zweigsiedlung), **...zel|le** (Med.)

Tod *der; -[e]s, (selten:) -e;* zu -e fallen, hetzen, erschrecken; **tod-_bang, ...be|reit; tod|blaß, ...ten-blaß; tod|bleich, to|ten|bleich; tod|brin|gend** (↑ R 209)

Tod|dy *der; -[s],* -s (Hindi-engl.) (Palmwein; grogartiges Getränk)

tod_elend (ugs.), **...ernst** (ugs.); **To|des_angst, ...an|zei|ge, ...art,**

...be|reit|schaft, ...da|tum, ...fall
der, ...fol|ge (nur *Sing.;*
Rechtsspr.), ...furcht, ...ge|fahr,
...jahr, ...kampf, ...kan|di|dat;
to|des|mu|tig; To|des_nach|richt,
...not (in Todesnöten), ...op|fer,
...qual, ...ritt, ...schüt|ze, ...spi-
ra|le (Eiskunstlauf), ...stoß,
...stra|fe, ...stun|de, ...tag, ...ur-
sa|che, ...ur|teil, ...ver|ach|tung;
to|des|wür|dig; To|des|zeit; tod-
feind; Tod|feind; tod|ge|weiht;
tod_krank, ...lang|wei|lig (ugs.);
töd|lich; tod_matt (ugs.), ...mü|de
(ugs.), ...schick (ugs. für: sehr
schick), ...si|cher (ugs.: so sicher
wie der Tod), ...ster|bens|krank
(ugs.); tod|still, to|ten|still; Tod-
sün|de

Tod|moos (Ort im Schwarzwald)
tod_trau|rig, ...un|glück|lich,
...wund

Toe-loop [*tó"lup*] *der;* -[s], -s ⟨engl.⟩
(Drehsprung beim Eiskunstlauf)

töff; töff, töff!; Töff *der* u. *das;* -s,
- (schweiz. ugs. für: Motorrad)

Tof|fee [*tofi*] *das;* -s, -s ⟨engl.⟩ (eine
Weichkaramelle)

Tof|fel; Töf|fel *der;* -s, - (Kurz-
form von: Christoph[el]; dummer Mensch)

töff|sen (veralt.); töff, töff!; Töff-
töff *das;* -s, -s (veralt. scherzh.
für: Kraftfahrzeug)

To|ga *die;* -, ...gen ⟨lat.⟩ ([altröm.]
Obergewand)

Tog|gen|burg *das;* -s (schweiz.
Talschaft)

To|go (Staat in Westafrika); To-
go|er [...*o"r*] *der;* -s, -, (auch:) To-
go|le|se *der;* -n, -n (↑R 197); to-
go|isch [...*o-isch*], (auch:) to|go-
le|sisch

To|hu|wa|bo|hu *das;* -[s], -s ⟨hebr.⟩
(„wüst und leer"; Wirrwarr,
Durcheinander)

Toi|let|te [*toal...*] *die;* -, -n ⟨franz.⟩
(Frisiertisch; [feine] Kleidung;
Ankleideraum; Abort u. Wasch-
raum); - machen (sich [gut] an-
ziehen); Toil|let|ten¹_ar|ti|kel,
...frau, ...pa|pier, ...raum, ...sei-
fe, ...spie|gel, ...tisch, ...was|ser
(*Plur.* ...wässer)

Toise [*toas*] *die;* -, -n [*toas'n*]
⟨franz.⟩ (früheres franz. Längenmaß)

toi, toi, toi! [*teu, teu, teu*] (ugs. für:
unberufen!)

To|ka|dil|le [...*dilj'*] *das;* -s ⟨span.⟩
(ein Brettspiel)

To|kai|er, To|ka|jer ⟨nach der ung.
Stadt Tokaj⟩ (ung. Natursüß-
wein); To|kai|er_ od. To|ka|jer-
_trau|be, ...wein; To|kaj [*tokai*]
(ung. Stadt)

---

¹ Die Form Toiletteartikel [*toa-
lät...*] usw. ist österr. u. kommt
sonst nur gelegentlich vor.

To|kio (Hptst. von Japan); To|kio-
er [...*o"r*], To|kio|ter (↑R 147;
R 180)

Tok|ka|ta, (auch:) Toc|ca|ta *die;* -,
...ten ⟨ital.⟩ (ein Musikstück)

To|ko|go|nie *die;* -, ...ien ⟨griech.⟩
(Biol.: Elternzeugung, ge-
schlechtl. Fortpflanzung)

Töl|le *die;* -, -n ⟨niederd., ugs. ver-
ächtl. für: Hund, Hündin)

Tol|le|da|ner (↑R 147); - Klinge;
Tol|le|do (span. Stadt)

tol|le|ra|bel ⟨lat.⟩ (erträglich, zuläs-
sig); ...ble Werte

tol|le|rant; -este ⟨lat.⟩ (duldsam;
nachsichtig; weitherzig); To|le-
ranz *die;* -, (Technik:) -en (Dul-
dung, Duldsamkeit; Technik:
Unterschied zwischen Größt-
und Kleinstmaß, zulässige Ab-
weichung); To|le|ranz_do|sis (für
den Menschen zulässige Strah-
lungsbelastung), ...edikt, ...gren-
ze; to|le|rie|ren (dulden, gewäh-
ren lassen); To|le|rie|rung

toll; toll|dreist

Tol|le *die;* -, -n (ugs. für: Büschel;
Haarschopf; selten für: Quaste)

tol|len; Toll_haus, ...häus|ler (ver-
alt.), ...heit; Tol|li|tät *die;* -, -en
(Fastnachtsprinz od. -prinzes-
sin); Toll|kir|sche; toll|kühn;
Toll_kühn|heit, ...wut; toll|wü|tig

Toll|patsch *der;* -[e]s, -e (ung.) (ugs.
für: ungeschickter Mensch); toll-
pat|schig (ugs.)

Töl|pel *der;* -s, - (ugs.); Töl|pe|lei
(ugs.); töl|pel|haft; töl|peln (sel-
ten für: einherstolpern); ich
...[e]le (↑R 22); töl|pisch; -ste

Tol|stoi [...*ßteu*] (russischer Dich-
ter)

Tölt *der;* -s ⟨isländ.⟩ (Gangart des
Islandponys zwischen Schritt u.
Trab mit sehr rascher Fußfolge)

Tol|tel|ke *der;* -n, -n; ↑R 197 (An-
gehöriger eines altmexikani-
schen Kulturvolkes); tol|tel|kisch

To|lu|bal|sam *der;* -s (↑R 149)
⟨nach der Hafenstadt Santiago
de Tolú in Kolumbien⟩ (Pflan-
zenbalsam); To|lui|din *das;* -s
(eine Farbstoffgrundlage); To-
lu|ol *das;* -s (ein Lösungsmittel)

To|ma|hawk [*tómahak,* auch:
...*håk*] *der;* -s, -s ⟨indian.⟩ (Streit-
axt der [nordamerik.] Indianer)

To|mas vgl. Thomas

To|ma|te *die;* -, -n ⟨mex.⟩ (Gemü-
sepflanze; Frucht); gefüllte -n;
To|ma|ten_ketch|up, ...mark *das,*
...saft, ...sa|lat, ...so|ße; to|ma|ti-
sie|ren (Gastr.: mit Tomaten-
mark versehen)

Tom|bak *der;* -s ⟨malai.⟩ (Legie-
rung)

Tom|bo|la *die;* -, -s, (selten:) ...len
⟨ital.⟩ (Verlosung bei Festen)

Tom|my [*tomi*] *der;* -s, -s ⟨engl.⟩
(Verkleinerungsform von: Tho-

---

mas; Spitzname des engl. Soldaten)

To|mo|gra|phie *die;* - ⟨griech.⟩
(schichtweises Röntgen)

Tomsk (westsibir. Stadt)

¹Ton *der;* -[e]s, (Tonsorten *Plur.:*)
-e (Verwitterungsrückstand ton-
erdehaltiger Silikate)

²Ton *der;* -[e]s, Töne ⟨griech.⟩
(Laut usw.); den - angeben; - in
-gemustert; Ton|ab|neh|mer; to-
nal (auf einen Grundton bezo-
gen); To|na|li|tät *die;* - (Bezogen-
heit aller Töne auf einen Grund-
ton); ton|an|ge|bend (↑R 209);
Ton|arm; ¹Ton|art

²Ton|art ⟨zu: ¹Ton⟩; ton|ar|tig

Ton_auf|nah|me, ...band (*das*
Plur. ...bänder); Ton|band_auf-
nah|me (kurz: Bandaufnahme),
...ge|rät

Ton|bank (*Plur.* ...bänke; niederd
für: Ladentisch, Schanktisch)

Ton_bild, ...blen|de

Tøn|der [*tön'r*] (dän. Form von
Tondern); Ton|dern (dän. Stadt

Ton|dich|ter

Ton|do *das;* -s, -s u. ...di ⟨ital.
(Rundbild, bes. in der Florenti
ner Kunst des 15. u. 16. Jh.s)

to|nen (Fotogr.: den Farbton ver
bessern); ¹tö|nen (färben)

²tö|nen (klingen)

Ton|er|de; essigsaure - (↑R 157)

tö|nern (aus ¹Ton); es klingt
(hohl); -es Geschirr

Ton_fall (*der;* -[e]s), ...film, ...fol
ge, ...fre|quenz

Ton|ga [*tongga*] (Inselstaat im Pa
zifik); Ton|ga|er (↑R 147); Ton
ga|in|seln *Plur.;* ton|ga|isch; Ton
ga|spra|che *die;* -

Ton|ge|bung

Ton_ge|fäß, ...ge|schirr; ton|ha
tig; -e Erde

Ton|hö|he

To|ni (Kurzform von: Anton u
Antonie)

To|nic [*tonik*] *das;* -[s], -s ⟨engl.
(Mineralwasser mit Chininzu
satz)

to|nig (zu: ¹Ton) (tonartig)

...tö|nig (z. B. hochtonig); ...töl|ni
(z. B. eintönig)

To|ni|ka *die;* -, ...ken ⟨griech
(Grundton eines Tonstücks; e
ste Stufe der Tonleiter)

To|ni|kum *das;* -s, ...ka ⟨griech
(Med.: stärkendes Mittel)

Ton|in|ge|nieur

to|nisch ⟨zu: Tonikum⟩

Ton|ka|boh|ne ⟨indian.; dt.⟩ (ei
Aromatisierungsmittel)

Ton_ka|bi|ne, ...ka|me|ra, ...kon
ser|ve, ...kopf, ...kunst (*die;* -
...künst|ler, ...la|ge, ...lei|ter *di*
ton|los; -e Stimme; Ton|lo|sig
keit *die;* -; Ton|ma|le|rei; Ton
_meis|ter (Film, Rundfunk
...mö|bel

Ton|na|ge [...*ạseh*ᵉ, österr.: ...*ạseh*] die; -, -n (Rauminhalt eines Schiffes; Schiffs-, Frachtraum); **Tönn|chen, Tönn|lein; Tọn|ne** die; -, -n ⟨mlat.⟩ (auch Maßeinheit für Masse: 1000 kg; Abk.: t); **Ton|neau** [...*ṇọ*] der; -s, -s ⟨franz.⟩ (veralt. für: Schiffslast von 1000 kg); **Tọn|nen‿ge|halt** (der; Raumgehalt eines Schiffes), ...**ge|wöl|be**, ...**ki|lo|me|ter** (Maßeinheit für Frachtsätze; Zeichen: tkm), ...**le|ger** (Fahrzeug, das schwimmende Seezeichen [Tonnen] auslegt); **tọn|nen|wei|se;** ...**ton|ner** (z. B. Dreitonner [Laster mit 3 t Ladegewicht]; mit Ziffer: 3tonner; ↑ R 212); **Tönn|lein, Tönn|chen**

Tọn‿schnei|der (beim Tonfilm), ...**set|zer** (für: Komponist)

Tọn|sil|le die; -, -n (meist Plur.) ⟨lat.⟩ (Med.: Gaumen-, Rachenmandel); **Ton|sill|ek|to|mie** (operative Entfernung der Gaumenmandeln); **Ton|sil|li|tis** die; -, ...**iti|den** (Med.: Mandelentzündung)

Tọn‿spur (Film), ...**stö|rung,** ...**stück** (Musikstück)

Ton|sur die; -, -en ⟨lat.⟩ (Haarausschnitt als Standeszeichen der kath. Kleriker); **ton|su|rie|ren** (die Tonsur machen)

Tọn‿ta|fel, ...**tau|be** (Wurftaube); **Ton|tau|ben|schie|ßen** das; -s

Tọn‿tech|ni|ker, ...**trä|ger**

Tö|nung (Art der Farbgebung)

Tọ|nus der; - ⟨griech.⟩ (Med.: Spannungszustand der Gewebe, bes. der Muskeln)

Tọn|wa|re

Tọn‿wert, ...**zei|chen**

Tọp das; -s, -s ⟨engl.⟩ ([ärmelloses] Oberteil)

Tọp... ⟨engl.⟩ (in Zusammensetzungen = Spitzen..., z. B. Topmodell, Topstar)

Tọ|pas [österr.: *topạß*] der; -es, -e ⟨griech.⟩ (ein Halbedelstein); **to‿pạs‿far|ben** od. ...**far|big**

Tọpf der; -[e]s, Töpfe; **Topf‿blu|me,** ...**bra|ten; Töpf|chen, Töpf|lein; tọp|fen** (in einen Topf pflanzen); getopft; **Tọp|fen** der; -s (bayr. u. österr. für: Quark); **Tọp|fen‿knö|del** (bayr. u. österr.), ...**kol|lat|sche** (österr.), ...**pa|la|tschin|ke** (österr.); ...**ta|scherl** (bayr. u. österr.); **Töp|fer; Töp|fe|rei; Töp|fer‿er|de,** ...**hand|werk,** ...**markt,** ...**mei|ster;** ¹**töp|fern** (irden, tönern); ²**töp|fern** (Töpferwaren machen); ich ...ere (↑ R 22); **Töp|fer‿schei|be,** ...**ton** (Plur. ...tone), ...**wa|re; Topf‿gucker** [Trenn.: ...**guk|ker]**

ọpf|fit ⟨engl.⟩ (in bester [körperlicher] Verfassung)

ọpf‿ku|chen, ...**lap|pen; Töpf‿**

---

lein, Töpf|chen; Topf‿markt, ...**pflan|ze,** ...**rei|ni|ger,** ...**schla|gen** (das; -s; ein Spiel)

Tọ|pik die; - ⟨griech.⟩ (Lehre von den Topoi; vgl. Topos)

Tọ|pi|nam|bur der; -s, -s u. -e od. die; -, -en ⟨bras.⟩ (Gemüse- u. Futterpflanze mit stärkereichen Knollen)

to|pisch ⟨griech.⟩ (Med.: örtlich, äußerlich wirkend)

top|less [*topl'ß*] ⟨engl.-amerik.⟩ („oben ohne", busenfrei); **Topless|nacht|klub; Top|ma|nage-ment** (Wirtsch.: Spitze der Unternehmensleitung); **To|po|graph** der; -en, -en (↑ R 197) ⟨griech.⟩ (Vermessungsingenieur); **To|po|gra|phie** die; -, ...**ien** (Ortskunde; Orts-, Lagebeschreibung); **to|po|gra|phisch; -e** Karte (Geländekarte); **Tọ|poi** [...*eu*] (Plur. von: Topos); **To|po|lo|gie** die; - (Lehre von der Lage u. Anordnung geometrischer Gebilde im Raum); **Tọ|pos** der; -, ...**poi** [...*eu*] (Sprachw.: feste Wendung, immer wieder gebrauchte Formulierung, z. B. „wenn ich nicht irre")

topp! (zustimmender Ausruf)

Tọpp der; -s, -e[n] u. -s (oberstes Ende eines Mastes oder einer Stenge; ugs. scherzh. für: oberster Rang im Theater); **Tọpp|pel** der; -s, - (landsch. für: Kopfbäuschel bei Vögeln]); **Tọp|pel|en|te;** **tọp|pen** (Seemannsspr.: [die Rahen] zur Mastspitze ziehen); **Tọpp‿flag-ge,** ...**la|ter|ne,** ...**se|gel; Tọpps-gast** (Plur. ...gasten; Matrose, der im Topp arbeitet)

top-se|cret [*topßikrit*] ⟨engl.⟩ (streng geheim); **Tọp|spin** (bes. Golf, [Tisch]tennis: starker Drall des Balls in Flugrichtung); **Tọp-star** (Spitzenstar); **Tọp tẹn** die; - -, - -s (Hitparade [aus zehn Titeln, Werken u. a.])

Toque [*tọk*] die; -, -s ⟨span.⟩ (kleiner barettartiger Frauenhut)

¹**Tọr** der; -[e]s, -e (große Tür; Angriffsziel [beim Fußballspiel u. a.]; Schreibung in Straßennamen: ↑ R 190

²**Tọr** der; -en, -en; ↑ R 197 (töricher Mensch)

Tọr‿aus (Sport), ...**bo|gen,** ...**chan-ce** (Sport)

Tọrd|alk der; -[e]s od. -en, -e[n] (↑ R 197) ⟨schwed.⟩ (arkt. Seevogel)

Tọr|dif|fe|renz (Sport)

Tọr|rea|dor der; -s u. -en, -e[n] (↑ R 197) ⟨span.⟩ ([berittener] Stierkämpfer)

Tọr|ein|fahrt

Tọ|re|ro der; -[s], -s ⟨span.⟩ (nicht berittener Stierkämpfer)

Tọ|reut der; -en, -en (↑ R 197) ⟨griech.⟩ (Künstler, der Metalle ziseliert od. „treibt"); **Tọ|reu|tik** die; - (Metallbildnerei)

Tọrf der; -[e]s, (Torfarten:) -e (verfilzte, vermoderte Pflanzenreste); **Tọrf‿bo|den,** ...**er|de,** ...**feue|rung,** ...**ge|win|nung; tọr-fig; Tọrf‿moor,** ...**moos** (Plur. ...moose), ...**mull**

Tọrf‿ste|cher, ...**stich,** ...**streu**

Tọr|gau (Stadt a. d. mittleren Elbe); **Tọr|gau|er** (↑ R 147); **tọr|gau-isch**

tọrg|gel|len ⟨zu: ¹Torkel⟩ (südtirol. für: im Spätherbst die neuen Wein trinken); ich ...[e]le (↑ R 22)

Tọr|heit

Tọr‿hö|he, ...**hü|ter**

tö|richt; tö|rich|ter|wei|se

Tọ|ries [*tạris,* auch: *tọris*] Plur. ([früher:] die Konservative Partei in England); vgl. Tory

Tö|rin die; -, -nen

To|ri|no (ital. Form von: Turin)

Tọr|jä|ger (Sport)

¹**Tọr|kel** der; -s, - od. die; -, -n (bes. im Bodenseegebiet: Weinkelter);

²**Tọr|kel** der; -s, - (landsch. für: ungeschickter Mensch; nur Sing.: Taumel; unverdientes Glück); **tọr|keln** (ugs. für: taumeln); ich ...[e]le (↑ R 22)

Tọrl das; -s, - (österr. für: Felsendurchgang; Gebirgsübergang); **Tọr‿lauf** (für: Slalom), ...**li|nie; tọr|los;** eins ohne Unentschieden; **Tọr|mann** (Plur. ...männer, auch: ...leute; svw. Torwart, -hüter)

Tọr|men|till der; -s ⟨lat.⟩ (Blutwurz, eine Heilpflanze)

Tọrn der; -s, -s ⟨engl.⟩ (Seemannsspr.: Fahrt mit einem Segelboot)

Tor|na|do der; -s, -s ⟨engl.⟩ (Wirbelsturm in Nordamerika)

Tor|ni|ster der; -s, - ⟨slaw.⟩ ([Fell-, Segeltuch]ranzen, bes. des Soldaten)

To|ron|to (kanad. Stadt)

tor|pe|die|ren ⟨lat.⟩ (mit Torpedo[s] beschießen, versenken); übertr. für: durchkreuzen); **Tor|pe|die-rung; Tor|pe|do** der; -s, -s ⟨Unterwassergeschoß⟩; **Tor|pe|do|boot**

Tor‿pfei|ler, ...**pfo|sten**

Tor|qua|tus (altröm. m. Eigenn. [Ehrenname])

tor|quie|ren ⟨lat.⟩ (Technik: krümmen, drehen)

Tọrr das; -s, - ⟨nach E. Torricelli; vgl. d.⟩ (frühere Maßeinheit des Luftdruckes)

Tọr|ren|te der; -, -n ⟨ital.⟩ (Geogr.: Gießbach, Regenbach)

Tọr|res|stra|ße die; - (↑ R 149) ⟨nach dem span. Entdecker⟩ (Meerenge zwischen Australien u. Neuguinea)

ᵔ*

Tor|ri|cel|li [*toritschäli*] (ital. Physiker); tor|ri|cel|lisch, aber (↑R 134): Tor|ri|cel|lisch; -e Leere (im Luftdruckmesser)

Tor|schluß *der;* ...schlusses; vor -; Tor|schluß|pa|nik; Tor|schüt|zen|kö|nig (Sport)

Tor|si|on *die;* -, -en ⟨lat.⟩ (Verdrehung, Verdrillung, Verwindung); Tor|si|ons_ela|sti|zi|tät, ...fe|stig|keit (Technik: Verdrehungsfestigkeit), ...mo|dul (Technik: Materialkonstante, die bei der Torsion auftritt), ...waa|ge (Drehwaage)

Tor|so *der;* -s, -s u. ...si ⟨ital.⟩ (allein erhalten gebliebener Rumpf einer Statue; Bruchstück, unvollendetes Werk)

Tor|sten, Thor|sten (m. Vorn.)

Tort *der;* -[e]s ⟨franz.⟩ (Kränkung, Unbill); jmdm. einen - antun; zum -

Tört|chen, Tört|lein; Tor|te *die;* -, -n ⟨ital.⟩; Tor|te|lett *das;* -s, -s u. Tor|te|let|te *die;* -, -n (Törtchen aus Mürbeteigboden)

Tor|tel|li|ni *Plur.* ⟨ital.⟩ (gefüllte, ringförmige Nudeln)

Tor|ten_bo|den, ...guß, ...he|ber, ...schau|fel

Tor|til|la [...*tilja*] *die;* -, -s ⟨span.⟩ (Fladenbrot; Omelette)

Tört|lein, Tört|chen

Tor|tur *die;* -, -en ⟨lat.⟩ (Folter, Qual)

To|ruń [*torujn*] (poln. Form von: Thorn)

Tor_ver|hält|nis (Sport), ...wa|che, ...wäch|ter, ...wart (Sport), ...wär|ter, ...weg

To|ry [*tári,* auch: *tori*] *der;* -s, -s u. ...ries [*táris,* auch: *tóris*] (Vertreter der konservativen Politik in England); vgl. Tories; To|rys|mus [...*riß...*] *der;* -; to|ry|stisch

Tos|becken [*Trenn.:* ...bek|ken] (Wasserbau)

Tos|ca|ni|ni [...*ka...*] (ital. Dirigent)

to|sen; der Bach to|ste

To|si|sche Schloß *das;* -n Schlosses, -n Schlösser (nach dem ital. Schlosser Tosi) ⟨ein Sicherheitsschloß⟩

Tos|ka|na (ital. Region); Tos|ka|ner (↑R 147); tos|ka|nisch

tot; der tote Punkt; ein totes Gleis; toter Mann (Bergmannsspr.: abgebaute Teile der Grube); toter Briefkasten (Agentenversteck für Mitteilungen u. a.). **I.** *Großschreibung:* **a)** (↑R 65:) etwas Starres und Totes; der, die Tote (vgl. d.); **b)** (↑R 146:) das Tote Gebirge (in Österr.), das Tote Meer; **c)** (↑R 157:) die Tote Hand (öffentlich-rechtliche Körperschaft oder Stiftung, bes. Kirche, Klö-

ster, im Hinblick auf ihr nicht veräußerbares od. vererbbares Vermögen). **II.** *Schreibung in Verbindung mit dem 2. Partizip;* vgl. totgeboren. **III.** *Schreibung in Verbindung mit Verben* (↑R 205 f.): tot sein; vgl. aber: totarbeiten, totfahren usw.

to|tal ⟨franz.⟩ (gänzlich, völlig; Gesamt...); To|tal *das;* -s, -e (schweiz. für: Gesamt, Summe); To|tal_an|sicht, ...aus|ver|kauf; To|tal|le *die;* -, -n (Film: Kameraeinstellung, die das Ganze einer Szene erfaßt); To|ta|li|sa|tor *der;* -s, ...oren (amtliche Wettstelle auf Rennplätzen; Kurzw.: Toto); to|ta|li|sie|ren (Wirtsch.: zusammenzählen); to|ta|li|tär (die Gesamtheit umfassend, ganzheitlich; vom Staat: alles erfassend u. seiner Kontrolle unterwerfend); To|ta|li|ta|ris|mus *der;* - ⟨lat.⟩; To|ta|li|tät *die;* -, -en ⟨franz.⟩ (Gesamtheit, Ganzheit); To|ta|li|täts|an|spruch; To|tal|scha|den

tot|ar|bei|ten, sich; ↑R 205 (ugs. für: angestrengt arbeiten); ich arbeite mich tot; totgearbeitet; totzuarbeiten; tot|är|gern, sich; ↑R 205 (ugs. für: sich sehr ärgern); ich habe mich totgeärgert; To|te *der* u. *die;* -n, -n; ↑R 7 ff.

To|tem *das;* -s, -s ⟨indian.⟩ (bes. bei nordamerik. Indianern das Ahnentier u. Stammeszeichen der Sippe); To|tem_fi|gur, ...glau|be; To|te|mis|mus *der;* - (Glaube an die übernatürliche Kraft des Totems und seine Verehrung); to|te|mi|stisch; To|tem_pfahl, ...tier

tö|ten; To|ten|acker [*Trenn.:* ...ak|ker] (veralt. dicht.); to|ten|ähn|lich; To|ten_amt, ...bah|re, ...baum (schweiz. veralt. neben: Sarg), ...be|schwö|rung, ...bett; to|ten|blaß, tod|blaß; To|ten|bläs|se; to|ten|bleich, tod|bleich; To|ten_eh|rung, ...fei|er, ...fest, ...glocke [*Trenn.:* ...glok|ke], ...grä|ber, ...hemd, ...kla|ge, ...kopf, ...kopf|schwär|mer (ein Schmetterling), ...mas|ke, ...mes|se (vgl. ¹Messe), ...op|fer, ...schä|del, ...schein, ...sonn|tag, ...star|re; to|ten|still, tod|still; To|ten_stil|le, ...tanz, ...vo|gel, ...wa|che; Tö|ter; Tot|er|klär|te *der* u. *die;* -n, -n (↑R 7 ff.); tot|fah|ren (↑R 205); er hat ihn totgefahren; tot|fal|len, sich (↑R 205); er hat sich totgefallen; tot|ge|bo|ren; ein totgeborenes Kind (↑ jedoch R 209), aber: das Kind ist tot geboren; Tot|ge|burt; Tot|ge|glaub|te *der* u. *die;* -n, -n (↑R 7 ff.); Tot|ge|sag|te *der* u. *die;* -n, -n (↑R 7 ff.)

To|ti|la (Ostgotenkönig)

tot|krie|gen; ↑R 205 (ugs.); er ist nicht totzukriegen (er hält viel aus); tot|la|chen, sich; ↑R 205 (ugs. für: heftig lachen); ich habe mich [fast, halb] totgelacht; (↑R 68:) das ist zum Totlachen; tot|lau|fen, sich; ↑R 205 (ugs. für: von selbst zu Ende gehen); es hat sich totgelaufen; Tot|lie|gen|de *das;* -n (Geol.: Rotliegendes); tot|ma|chen; ↑R 205 (ugs. für: töten); er hat den Käfer totgemacht; Tot|mann_brem|se, ...knopf (Bremsvorrichtung)

To|to *das* (auch: *der*); -s, -s (Kurzw. für: Totalisator; Sport-Fußballtoto); To|to_er|geb|nis (meist *Plur.*), ...ge|winn, ...schein

Tot|punkt (toter Punkt); Tot|rei|fe (Landw.); tot|sa|gen (↑R 205); er wurde totgesagt; tot|schie|ßen (↑R 205); der Hund wurde totgeschossen; Tot|schlag *der;* -[e]s ...schläge; tot|schla|gen (↑R 205) er wurde [halb] totgeschlagen; er hat seine Zeit totgeschlagen (ugs für: nutzlos verbracht); Tot|schlä|ger; tot|schwei|gen (↑R 205); er hat den Vorfall totgeschwiegen; tot|stel|len, sich (↑R 205); ich hatte mich totgestellt; tot|stür|zen, sich (↑R 205) er hat sich totgestürzt; tot|tre|ter (↑R 205); er hat den Käfer totgetreten; Tö|tung; fahrlässige - Tö|tungs_ab|sicht, ...ver|such

Touch [*tatsch*] *der;* -s, -s ⟨engl.⟩ (Anstrich; Anflug, Hauch); tou|chie|ren [*tusch...*] ⟨franz.⟩ (Springreiten, Fechten, Billard [nur leicht] berühren)

Toul|lon [*tulong*] (franz. Stadt)

Toul|louse [*tulus*] (franz. Stadt)

Toul|louse-Lau|trec [*tulusloträk*] (franz. Maler u. Graphiker)

Tou|pet [*tupe*] *das;* -s, -s ⟨franz.⟩ (Halbperücke; Haarersatz); tou|pie|ren (dem Haar durch Auflockern ein volleres Aussehen geben); Tou|pie|rung

Tour [*tur*] *die;* -, -en ⟨franz.⟩ (Umlauf, [Um]drehung, z. B. eine Maschinenteils; Wendung, Runde, z. B. beim Tanz; Ausflug, Wanderung; [Geschäfts]reise, Fahrt, Strecke; ugs. für: Art u. Weise); in ei|ner - (ugs. für: oh ne Unterbrechung); auf -en kommen (hohe Geschwindigkeit erreichen; übertr.: mit großem Eifer etwas betreiben)

Tou|raine [*turän,* auch: *turän*] *die;* - (westfranz. Landschaft)

Tour de France [*turd'frangß*] *die;* - - (in Frankreich alljährlich vor Berufsradsportlern ausgetragenes schweres Etappenrennen)

Tou|ren_schi, ...ski [*tur...*]; Tou|ren_wa|gen, ...zahl (Umdre hungszahl in der Zeiteinheit), ...**zähller** (Zähler zur Feststellung der Tourenzahl); **Toulrismus** der; - ⟨engl.⟩ (Fremdenverkehr, Reisewesen); **Toulrist** der; -en, -en; ↑R 197 (Ausflügler, Reisender); **Toulrilstenlklaslse** die; - (preiswerte Reiseklasse im See- u. Luftverkehr); **Toulrilstik** die; - (Reisewesen, Touristenverkehr); **toulrilstisch**

Tourlnai [*turnä*] (belg. Stadt); **Tourlnailteplpich** (↑R 149)

Tourlné [*turne*] das; -s, -s ⟨franz.⟩ (Kartensp.: aufgedecktes Kartenblatt, dessen Farbe als Trumpffarbe genommen wird); **Tourlneldos** [*turn'do*] das; - [*turn'do(ß)*], - [*turn'doß*] ⟨franz.⟩ (runde Lendenschnitte); **Tournee** die; -, -s u. ...neen (Gastspielreise von Künstlern)

tour-reltour [*tur-retur*] ⟨franz.⟩ (österr. veralt. für: hin und zurück)

Tolwalrischtsch der; -[s], -s (auch: -i) ⟨russ.⟩ (russ. Bez. für: Genosse)

Tower [*tau'r*] der; -s, - ⟨engl.⟩ („Turm"; ehemalige Königsburg in London [nur *Sing.*]; Flughafenkontrollturm); **Towerlbrücke** die; - [*Trenn.:* ...brük|ke]

Foxlallbulmin ⟨griech.; lat.⟩ (Chemie: giftiger Eiweißstoff); **Tolxikollolge** der; -n, -n ⟨↑R 197⟩ ⟨griech.⟩; **Tolxilkollolgie** die; - (Lehre von den Giften u. den Vergiftungen); **tolxillkollolgisch**; **Tolxilkum** das; -s, ...ka (Med.: Gift); **Tolxin** das; -s, -e (organischer Giftstoff, insbes. Bakteriengift); **tolxisch**; **Tolxilziltät** die; - (Giftigkeit)

Toynlbee [*teunbi*] (engl. Historiker)

TP = Triangulationspunkt, trigonometrischer Punkt

Trab der; -[e]s; - laufen, rennen, reiten (↑R 207)

Tralbant der; -en, -en; ↑R 197 (früher: Begleiter; Diener; Leibwächter; Astron.: Mond; Technik: künstl. Erdmond, Satellit); **Tralbanltenlstadt** (selbständige Randsiedlung einer Großstadt) **ralben**; **Tralber** (Pferd); **Tralberbahn**; **Trablrennlbahn**, ...**renlnen**

Trablzon [...*son*] (türk. Form von: Trapezunt)

Tralchea [*traehea*, auch: *tra*...] die; -, ...een (Med.: Luftröhre); **Trachee** die; -, ...een (Atmungsorgan der meisten Gliedertiere; durch Zellfusion entstandenes Gefäß der Pflanzen)

Tracht die; -, -en; eine - Holz, eine - Prügel

rachlten; nach etwas -

Trachlten_fest, ...**gruplpe** (vgl.

'Gruppe), ...**jacke** [*Trenn.:* ...jak|ke], ...**kalpellle**, ...**kolstüm**; **trächltig**; **Trächltiglkeit** die; -; **Trachtller** (Tracht tragender Teilnehmer an einem Trachtenfest); **Tracht|lelrin** die; -, -nen

Tralchyt [...*ehüt*] der; -s, -e ⟨griech.⟩ (ein Ergußgestein)

Trade|mark [*tre'd*...] die; -, -s ⟨engl.⟩ (engl. Bez. für: Warenzeichen)

Traldeslkanltie [...*zi^e*] die; -, -n (nach dem Engländer Tradescant [*tre'dskänt*]) (Dreimasterblume, eine Zierpflanze)

Trade-Unilon [*tre'djunj^en*] die; -, -s ⟨engl.⟩ (engl. Bez. für: Gewerkschaft)

traldielren ⟨lat.⟩ (überliefern); **Traldiltilon** [...*zion*] die; -, -en (Überlieferung; Herkommen; Brauch); **Traldiltiolnallislmus** der; - (bewußtes Festhalten an der Tradition); **Traldiltiolnallist** der; -en, -en (↑R 197); **traldiltionallilstisch**; **traldiltiolnell** ⟨franz.⟩ (überliefert, herkömmlich); **traldiltilons.belwußt**, ...**gelbunlden**, ...**gelmäß**, ...**reich**

träf (schweiz. neben: treffend)

Trallfallgar (Kap an der span. Atlantikküste südöstl. von Cádiz)

Trallfik die; -, -en ⟨franz.⟩ (bes. österr. für: [Tabak]laden); **Tralfikant** der; -en, -en (↑R 197); **Trallfilkanltin** die; -, -nen; vgl. Tabaktrafik usw.

Tralfo der; -[s], -s (Kurzw. für: Transformator); **Tralfolstaltilon** die; -, -en ⟨poln.⟩ (nordostd. für: großes Floß auf der Weichsel); **Trafltenlfühlrer**

träg, **trälge**

Tralgant der; -[e]s, -e ⟨griech.⟩ (eine Pflanze; Gummisubstanz als Bindemittel)

Trag_bahlre, ...**band** (das; *Plur.* ...bänder); **traglbar**; **Tragldecke** [*Trenn.:* ...dek|ke]; **Tralge** die; -, -n (Gestell zum Tragen; Bahre) **trälge**, **träg**

Tragleelaph der; -en, -en (↑R 197) ⟨griech.⟩ („Bockhirsch"; altgriech. Fabeltier)

tralgen; du trägst u. trägt; du trugst; du trügest; getragen; trag[e]!; (↑R 68:) zum Tragen kommen; **Trälger**; **Trälgelrin** die; -, -nen; **Trälger.kleid**, ...**kollonne**, ...**lohn**; **trälgerllos**; ein - Abendkleid; **Trälger.ralkelte**, ...**rock**, ...**schürlze**, ...**wellle** (Elektrotechnik); **Tralge.talsche**, ...**tülte**; **Tralgelzeit**, **Tragzeit** (Dauer der Trächtigkeit); **tragfälhig**; **Tragfälhiglkeit** die; -; **traglfest**; **Trag_felstiglkeit**, ...**flälche**; **Tragflälchenlboot**

Trägheit die; -, -en; **Trägheits-_gelsetz** (das; -es), ...**molment** das

Trag_himlmel (Baldachin), ...**holz** (fruchttragendes Holz der Obstbäume)

tralgielren ⟨griech.⟩ (eine Rolle [tragisch] spielen); **Tralgik** die; - (Kunst des Trauerspiels; erschütterndes Leid); **Tralgilker** (Trauerspieldichter); **Tralgilkomik**; **tralgilkolmisch** (halb tragisch, halb komisch); **Tralgilkomöldie** (Schauspiel, in dem Tragisches u. Komisches miteinander verbunden sind); **tralgisch**; -ste (die Tragik betreffend; erschütternd, ergreifend)

Trag_korb, ...**kraft** (die; -); **tragkräfltig**; **Trag_last**, ...**luftlhallle**

Tralgölde der; -n, -n (↑R 197) ⟨griech.⟩ (Heldendarsteller); **Tralgöldie** [...*i^e*] die; -, -n (Trauerspiel; übertr. für: Unglück); **Tralgöldilen_darlstelller**, ...**dichlter**; **Tralgöldin** die; -, -nen

Tralrielmen, ...**seslsel**, ...**tier**, ...**weilte** (die; -), ...**werk** (Bauw., Flugzeugbau); **Traglzeit** vgl. Tragezeit

Traid_bolden, ...**kalsten** (österr. für: Getreidespeicher)

Traililer [*tre'l^er*] der; -s, - ⟨engl.⟩ (Anhänger [zum Transport von Booten, Containern u.a.]; als Werbung für einen Film gezeigte Ausschnitte)

Train [*träng*, österr. auch: *trän*] der; -s, -s ⟨franz.⟩ (Troß, Heeresfuhrwesen)

Traillner [*trän*... od. *tren*...] der; -s, - ⟨engl.⟩ (jmd., der Menschen od. Pferde systematisch auf Wettkämpfe vorbereitet; schweiz. auch Kurzform für: Trainingsanzug); **Traillnerlbank**; **trailnielren**; **Traillning** [*trän*... od. *tren*...] das; -s, -s (systematische Vorbereitung [auf Wettkämpfe]); **Trainings_anlzug**, ...**holse**, ...**jacke** [*Trenn.:* ...jak|ke], ...**lalger** (*Plur.* ...lager), ...**melthol de**, ...**möglllichkeit**, ...**zeit**

Traljan [österr.: *tra*...], **Traljalnus** (röm. Kaiser); **Traljans.säulle** [österr.: *tra*...] (die; -; ↑R 135), ...**wall** (der; -[e]s); **Traljalnus** vgl. Trajan

Traljekt der od. das; -[e]s, -e ⟨lat.⟩ ([Eisenbahn]fährschiff; veralt. für: Überfahrt); **Traljektldampfer**; **Traljektlolrilen** [...*i^n*] *Plur.* (Math.: Linien, die jede Kurve einer ebenen Kurvenschar unter gleichbleibendem Winkel schneiden)

Tralkehlnen (Ort in Ostpreußen); '**Tralkehlner** (↑R 147); - Hengst; 2**Tralkehlner** (Pferd)

Trakl, Georg (österr. Dichter)

Trakt der; -[e]s, -e ⟨lat.⟩ (Gebäudeteil; Zug, Strang, Gesamtlänge; Landstrich); **trakltalbel** (veralt.

für: leicht zu behandeln, umgänglich); ...a|bler Mensch; Trak|ta|ment das; -s, -e (veralt., noch mdal. für: Behandlung; Bewirtung; veralt. für: Sold); Trak|tan|den|li|ste (schweiz. für: Tagesordnung); Trak|tan|dum das; -s, ...den (schweiz. für: Verhandlungsgegenstand); Trak|tat der od. das; -[e]s, -e ([wissenschaftliche] Abhandlung; Bes.: religiöse Schrift usw.; veralt. für: Vertrag); Trak|tät|chen, Trak|tät|lein (abwertend für: kleine Schrift [mit religiösem Inhalt]); trak|tie|ren (veralt. für: großzügig bewirten; plagen, quälen); Trak|tie|rung; Trak|tor der; -s, ...oren (Zugmaschine, Trecker, Schlepper); Trak|to|rist der; -en, -en ⟨lat.-russ.⟩ (DDR: Traktorfahrer); Trak|to|ri|stin die; -, -nen

Tral|je die; -, -n ⟨niederl.⟩ (landsch. für: Gitter[stab])

tral|la!; tral|la|la|la! [auch: tra...]

Träl|le|borg (frühere Schreibung für: Trelleborg)

träl|lern; ich ...ere (↑ R 22)

¹Tram der; -[e]s, -e u. Träme (österr. svw. Tramen); ²Tram die; -, -s (schweiz.: das; -s, -s) ⟨engl.⟩ (südd. u. österr. veraltend, schweiz. für: Straßenbahn[wagen]); Tram|bahn (südd. für: Straßenbahn); Trä|mel der; -s, - (landsch. für: Balken; Stock); Tra|men der; -s, - (südd. für: Balken); vgl. ¹Tram

Tra|min (Ort in Südtirol); ¹Tra|mi|ner (↑ R 147); - Wein; ²Tra|mi|ner (ein Wein)

Tra|mon|ta|na, Tra|mon|ta|ne die; -, ...nen ⟨ital.⟩ („von jenseits des Gebirges"; kalter Nordwind in Italien)

Tramp [trämp, älter: tramp] der; -s, -s ⟨engl.⟩ (engl. Bez. für: Landstreicher); Tram|pel der od. das; -s, - (ugs. für: plumper Mensch, meist von Frauen gesagt); tram|peln (mit den Füßen stampfen); ich ...[e]le (↑ R 22); Tram|pel|pfad, ...tier (zweihöckeriges Kamel; ugs. für: plumper Mensch); tram|pen [trämp⁽ᵉ⁾n] ⟨engl.⟩ (eigtl.: als Tramp leben; übertr. für: per Anhalter reisen); Tram|per [trämp⁽ᵉ⁾r]; Tramp|fahrt (Fahrt eines Trampschiffes); Tram|po|lin [auch: ...lin] das; -s, -e ⟨ital.⟩ (Sprunggerät); Tram|po|lin|sprung; Tramp_schiff, ...schiff|fahrt [Trenn.: ...schifffahrt, ↑ R 204] (nicht an feste Linien gebundene Frachtschifffahrt); tramp|sen (ugs. für: trampeln); du trampst (trampsest)

Tram|way [tramwai] die; -, -s

(engl.) (österr. veralt. für: Straßenbahn[wagen])

Tran der; -[e]s, (Transorten:) -e (flüssiges Fett von Seesäugetieren, Fischen)

Tran|ce [trangß⁽ᵉ⁾, selten: tranß] die; -, -n [...ß⁽ᵉ⁾n] ⟨franz.⟩ (schlafähnlicher Zustand [in Hypnose]); Tran|ce|zu|stand

Tranche [trangsch] die; -, -n [...sch⁽ᵉ⁾n] ⟨franz.⟩ (fingerdicke Fleisch- od. Fischschnitte; Teilbetrag einer Wertpapieremission)

Trän|chen, Trän|lein (kleine Träne)

tran|chie|ren [...schir⁽ᵉ⁾n], (österr. auch:) tran|schie|ren ⟨franz.⟩ ([Fleisch, Geflügel, Braten] zerlegen); Tran|chier|mes|ser, (österr. auch:) Tran|schier|mes|ser das (Vorlegemesser)

Trä|ne die; -, -n; trä|nen; Trä|nen-_bein (Med.), ...drü|se; trä|nen.er-stickt, ...feucht; Trä|nen.fluß, ...gas (das; -es), ...gru|be (Jägerspr.); trä|nen|reich; Trä|nen-_sack, ...schlei|er

Tran_fun|sel, ...fun|zel (ugs. für: schlecht brennende Lampe); tra-nig (voller Tran; wie Tran)

Trank der; -[e]s, Tränke; Tränk-chen, Tränk|lein; Tränk|ke die; -, -n (Tränkplatz für Tiere); trän-ken; Trank_op|fer, ...sa|me (die; -; schweiz. neben: Getränk); Tränk|stoff; Tränk|kung

Trän|lein, Trän|chen (kleine Träne)

Tran|quil|li|zer [trängkᵘilais⁽ᵉ⁾r] der; -s, - ⟨engl.⟩ (beruhigendes Medikament); tran|quil|lo ⟨ital.⟩ (Musik: ruhig)

trans..., Trans... ⟨lat.⟩ ([nach] jenseits); Trans|ak|ti|on [...zion] die; -, -en (größeres finanzielles Unternehmen)

trans_al|pin, ...al|pi|nisch ⟨lat.⟩ ([von Rom aus] jenseits der Alpen liegend)

trans|at|lan|tisch (überseeisch)

Trans|bai|ka|li|en [...i⁽ᵉ⁾n] (Landschaft östl. vom Baikalsee)

tran|schie|ren usw. vgl. tranchieren usw.

Tran|sept der od. das; -[e]s, -e ⟨mlat.⟩ (Querhaus einer Kirche)

Trans-Eu|rop-Ex|press (Fernschnellzug, der nur Wagen erster Klasse führt; Abk.: TEE)

Trans|fer der; -s, -s ⟨engl.⟩ (Zahlung ins Ausland in fremder Währung; Sport.: Wechsel eines Berufsspielers zu einem anderen Verein); Trans|fer|ab|kom|men; trans|fe|rie|ren (Geld in eine fremde Währung umwechseln; österr. Amtsspr.: [dienstlich] versetzen); Trans|fe|rie|rung;

Trans|fer_li|ste, ...stra|ße (Technik)

Trans|fi|gu|ra|ti|on [...zion] die; -, -en ⟨lat.⟩ ([Darstellung der] Verklärung Christi)

Trans|for|ma|ti|on [...zion] die; -, -en ⟨lat.⟩ (Umformung; Umwandlung); Trans|for|ma|ti|ons-gram|ma|tik (Sprachw.); Trans-for|ma|tor der; -s, ...oren (elektr. Umspanner; Kurzw.: Trafo). Trans|for|ma|tor|an|la|ge; Trans-for|ma|to|ren|häus|chen, Trans-for|ma|tor|häus|chen; trans|for-mie|ren (umformen, umwandeln; umspannen); Trans|for-mie|rung

Trans|fu|si|on die; -, -en ⟨lat.⟩ ([Blut]übertragung)

Tran|si|stor der; -s, ...oren ⟨engl.⟩ (Elektronik: ein Halbleiterbauelement); Tran|si|stor|ge|rät tran|si|sto|rie|ren oder tran|si-sto|ri|sie|ren; Tran|si|stor|ra|dio Tran|sit [auch: ...it, transit] der; -s -e ⟨ital.⟩ (Wirtsch.: Durchfuh von Waren od. Durchreise von Personen); Tran|sit|han|del tran|si|tie|ren (Wirtsch.: durch gehen, durchführen); tran|si|tiv [auch: ...if] ⟨lat.⟩ (Sprachw.: zum persönlichen Passiv fähig; zie lend; -es Verb; Tran|si|tiv [auch ...if] das; -s, -e [...wᵉ] (zielende Verb; z. B. [den Hund] „schla gen"); tran|si|to|risch (vorübe gehend); Tran|si|to|ri|um das; -s ...ien [...iᵉn] (vorübergehende Haushaltsposten [für die Daue eines Ausnahmezustandes] Trans|sit_rei|sen|de, ...ver|bo (Durchfuhrverbot), ...ver|kehr ...wa|re, ...weg, ...zoll

Trans|jor|da|ni|en (früherer Nam für: Jordanien)

Trans|kau|ka|si|en [...i⁽ᵉ⁾n] (Land schaft zwischen Schwarzer Meer u. Kaspischem Meer) trans|kau|ka|sisch

Trans|kei (auch mit Artikel: die; Republik in Südafrika [jenseits des Flusses Kei])

trans|kon|ti|nen|tal ⟨lat.⟩ (eine Erdteil durchquerend) trans|skri|bie|ren ⟨lat.⟩ (einen Tex in eine andere Schrift, z. B. ein phonet. Umschrift, übertragen Wörter aus Sprachen, die kein Lateinschrift haben, annähern lautgerecht in Lateinschrift wie dergeben; vgl. Transliteration Musik: umsetzen); Tran|skrip|ti on [...zion] die; -, -en

Trans|lei|tha|ni|en [...i⁽ᵉ⁾n] (ir ehem. Österreich-Ungarn di Länder der ung. Krone [jenseit der Leitha]); trans|lei|tha|nisc Trans|li|te|ra|ti|on die; -, -en ⟨lat.⟩ (buchstabengetreu Umsetzung eines Textes in ein

andere Schrift [bes. aus nichtlateinischer in lat. Schrift] mit zusätzlichen Zeichen); **trans|li|te|rie|ren**
Trans|lo|ka|ti|on [...*zion*] die; -, -en ⟨lat.⟩ (veralt. für: Ortsveränderung, Versetzung; Biol.: Verlagerung eines Chromosomenbruchstückes in ein anderes Chromosom); **trans|lo|zie|ren** (veralt. für: [an einen anderen Ort] versetzen; Biol.: sich verlagern)
trans|ma|rin, ...ma|ri|nisch ⟨lat.⟩ (veralt. für: überseeisch)
Trans|mis|si|on die; -, -en ⟨lat.⟩ ([Vorrichtung zur] Kraftübertragung u. -verteilung auf mehrere Arbeitsmaschinen); **Trans|mis|si|ons|rie|men** (Treibriemen); **trans|mit|tie|ren** (übertragen, übersenden)
trans|ozea|nisch; ↑ R 180 (jenseits des Ozeans liegend)
trans|pa|da|nisch ⟨lat.⟩ ([von Rom aus] jenseits des Po liegend)
trans|pa|rent ⟨lat.-franz.⟩ (durchscheinend; durchsichtig; auch übertr.); **Trans|pa|rent** das; -[e]s, -e (durchscheinendes Bild; Spruchband); **Trans|pa|rent|pa|pier** (Pauspapier); **Trans|pa|renz** die; - (Durchscheinen; Durchsichtigkeit; auch übertr.)
Tran|spi|ra|ti|on [...*zion*] die; - ⟨lat.⟩ (Schweiß; [Haut]ausdünstung; Bot.: Abgabe von Wasserdampf durch die Spaltöffnungen der Pflanzen); **tran|spi|rie|ren**
Trans|plan|tat das; -[e]s, -e ⟨lat.⟩ (überpflanztes Gewebestück); **Trans|plan|ta|ti|on** [...*zion*] die; -, -en (Med.: Überpflanzung von Organen od. Gewebeteilen auf andere Körperstellen od. auf einen anderen Organismus; Bot.: Pfropfen, Okulation); **trans|plan|tie|ren**
trans|po|nie|ren ⟨lat.⟩ (Musik: [ein Musikstück] umsetzen, übertragen); **Trans|po|nie|rung**
Trans|port der; -[e]s, -e ⟨lat.⟩ (Beförderung); **trans|por|ta|bel** (tragbar, beförderbar); ...a|bler Ofen; **Trans|port|an|la|ge** (Förderanlage), ...ar|bei|ter; **Trans|por|ta|ti|on** [...*zion*] die; -, -en (seltener für: Transportierung; **Trans|port_band** (Plur. ...bänder), ...be|häl|ter; **Trans|por|ter** der; -s, - ⟨engl.⟩ (Transportauto, -flugzeug, -schiff); **Trans|por|teur** [...*tör*] der; -s, -e ⟨franz.⟩ (jmd., der etwas transportiert; veralt. für: Winkel-, Gradmesser; Zubringer an der Nähmaschine); **trans|port|fä|hig; Trans|port-**
_flug|zeug, ...füh|rer, ...ge|fähr-
dung, ...ge|wer|be; trans|por|tie-
ren (befördern); **Trans|por|tie-**
rung; Trans|port_ka|sten, ...ki-

ste, ...ko|sten Plur., ...mit|tel das, ...schiff, ...un|ter|neh|men, ...wesen (das; -s)
Trans|po|si|ti|on [...*zion*] die; -, -en ⟨lat.⟩ (Übertragung eines Musikstückes in eine andere Tonart)
trans|si|bi|risch (Sibirien durchquerend), aber (↑ R 157): die Transsibirische Eisenbahn
Trans|sil|va|ni|en [...*wani*ᵉ*n*] (alter Name von: Siebenbürgen); **trans|sil|va|nisch**, aber (↑ R 146): die Transsilvanischen Alpen
Trans|sub|stan|tia|ti|on [...*ziazion*] die; -, -en ⟨lat.⟩ (Umwandlung [von Brot und Wein in Leib und Blut Christi]); **Trans|sub|stan|tia|ti|ons|leh|re** die; -
Trans|su|dat das; -[e]s, -e ⟨lat.⟩ (Med.: abgesonderte Flüssigkeit in Gewebelücken od. Körperhöhlen)
Trans|syl|va|ni|en [...*wa*...] usw. vgl. Transsilvanien usw.
Trans|uran die; -s, -e (meist Plur.) ⟨lat.; griech.⟩ (künstlich gewonnener radioaktiver Grundstoff mit höherem Atomgewicht als Uran)
Tran|su|se die; -, -n (ugs. abschätzig für: langweiliger Mensch)
Trans|vaal [...*wal*] (Prov. der Republik Südafrika)
trans|ver|sal [...*wär*...] ⟨lat.⟩ (quer verlaufend, schräg); **Trans|ver|sa|le** die; -, -n (geometr. Gerade, die eine Figur durchschneidet; drei -[n]; **Trans|ver|sal|wel|le**
Trans|ve|stis|mus vgl. Transvestitismus; **Trans|ve|stit** der; -en, -en (↑ R 197); **Trans|ve|sti|tis|mus** [...*wäß*...] der; - ⟨lat.⟩ (Med., Psych.: vom normalen sexuellen Verhalten abweichende Neigung, Kleidung des anderen Geschlechts zu tragen)
tran|szen|dent ⟨lat.⟩ (übersinnlich, -natürlich); **tran|szen|den|tal** (sww. transzendent [in der Scholastik]; die a priori mögliche Erkenntnisart von Gegenständen betreffend [Kant]); -e Logik; **Tran|szen|denz** die; - ⟨das Überschreiten der Grenzen der Erfahrung, des Bewußtseins); **tran|szen|die|ren**
Tra|pez das; -es, -e ⟨griech.⟩ (Viereck mit zwei parallelen, aber ungleich langen Seiten; Schaukelreck); **Tra|pez|akt** (am Trapez ausgeführte Zirkusnummer); **tra|pez|för|mig; Tra|pez_künst-ler, ...li|nie; Tra|pe|zo|eder** das; -s, - (Math.: Körper, der von gleichschenkeligen Trapezen begrenzt wird); **Tra|pe|zo|id** das; -[e]s, -e (Viereck ohne parallele Seiten)
Tra|pe|zunt (türk. Stadt); vgl. Trabzon

trapp!; trapp, trapp!
Trapp der; -[e]s, -e ⟨schwed.⟩ (großflächige, in mehreren Lagen [„treppen"artig] übereinanderliegende Basaltergüsse)
'Trap|pe der; -n ⟨Jägerspr. auch: der; -n, -n; ↑ R 197) ⟨slaw.⟩ (ein Steppenvogel)
²Trap|pe die; -, -n (mdal. für: [schmutzige] Fußspur); **trap|peln** (mit kleinen Schritten rasch gehen); ich ...[e]le (↑ R 22); **trap|pen** (schwer auftreten)
Trap|per der; -s, - ⟨engl.⟩ („Fallensteller"; nordamerikanischer Pelzjäger)
Trap|pist der; -en, -en (↑ R 197) ⟨nach der Abtei La Trappe [*la-trap*]⟩ (Angehöriger des Ordens der reformierten Zisterzienser mit Schweigegelübde); **Trap|pi-sten_klo|ster, ...or|den** (der; -s)
Trap|schie|ßen ⟨engl.-dt.⟩ (Wurftaubenschießen mit Schrotgewehren)
trap|sen (ugs. für: sehr laut auftreten); du trapst (trapsest)
tra|ra!; Tra|ra das; -s (ugs. für: Lärm; großartige Aufmachung, hinter der nichts steckt)
Tra|si|me|ni|sche See der; -n -s (in Italien)
Traß der; Trasses, Trasse ⟨niederl.⟩ (vulkanisches Tuffgestein)
Tras|sant der; -en, -en (↑ R 197) ⟨ital.⟩ (Aussteller eines gezogenen Wechsels); **Tras|sat** der; -en, -en; ↑ R 197 (Wechselbezogener); **Tras|se** die; -, -n ⟨franz.⟩ (im Gelände abgesteckte Linie, bes. im Straßen- u. Eisenbahnbau); **Tras|see** das; -s, -s ⟨schweiz. für: Trasse; auch svw. Bahnkörper, Bahn-, Straßendamm); **tras|sie-ren** (eine Trasse abstecken, vorzeichnen; einen Wechsel auf jmdn. ziehen od. ausstellen); **Tras|sie|rung**
Tras|te|ve|re [...*tewere*] das; -[s] (röm. Stadtteil „jenseits des Tibers"); **Tras|te|ve|ri|ner** (↑ R 147)
Tratsch der; -[e]s (ugs. für: Geschwätz, Klatsch); **trat|schen** (ugs.); du tratschst (tratschest); **trät|schen** (landsch. für: tratschen); du trätschst (trätschest); **Trat|sche|rei** (ugs.)
Trat|te die; -, -n ⟨ital.⟩ (gezogener Wechsel)
Trat|to|ria die; -, ...ien ⟨ital.⟩ (ital. Bez. für: Wirtshaus)
Trau|al|tar
Träub|chen, Träub|lein; Trau|be die; -, -n; **trau|ben|för|mig; Trau-ben_hol|lun|der, ...kamm** (Stiel der Weintraube), ...kir|sche, ...kur, ...le|se, ...most, ...saft, ...zucker [Trenn.: ...zuk|ker]; **trau|big; Träub|lein, Träub|chen**
Traud|chen, Trau|de[l], Trud|chen,

Trulde (Koseformen von: Gertrud[e], Gertraud[e])
traulen; der Pfarrer traut das Paar; jmdm. - (vertrauen); sich -; ich traue mich nicht (selten: mir nicht), das zu tun
Trauler die; -; Trauler-anlzeilge, ...arlbeit (Psych.), ...binlde, ...botlschaft, ...brief, ...delkolratilon, ...fall der, ...feiler, ...flor, ...gelfollge, ...gelmeinlde, ...haus, ...jahr, ...kleildung, ...kloß (ugs. scherzh. für: langweiliger, energieloser Mensch ohne Unternehmungsgeist), ...manltel (ein Schmetterling), ...marsch der, ...mielne; traulern; ich ...ere (↑R 22); Trauler-nachlricht, ...rand, ...schleiler, ...spiel, ...weilde, ...zeit, ...zug
Traulfe die; -, -n; träulfeln; ich ...[e]le (↑R 22); träulfen (landsch. für: träufeln)
Traulgott (m. Vorn.)
traullich; ein -es Heim; Traullichlkeit die; -
Traum der; -[e]s, Träume
Traulma das; -s, ...men u. -ta ⟨griech.⟩ (starke seelische Erschütterung; Med.: Wunde); traulmaltisch (das Trauma betreffend)
Traum.bild, ...buch, ...deulter, ...deultung, ...dichltung
Traulmen (Plur. von: Trauma)
träulmen; ich träumte von meinem Bruder; mir träumte von ihm; es träumte mir; das hätte ich mir nicht - lassen (ugs. für: hätte ich nie geglaubt); Träulmer; Träulmelrei; Träulmelrin die; -, -nen; träulmelrisch; -ste; Traum.falbrik (Welt des Films), ...gelbillde, ...gelsicht (Plur. ...gesichte); traumlhaft
Traulmilnet der; -s, -s (österr. ugs. für: Feigling)
Traum.nolte, ...tänlzer (abwertend für: wirklichkeitsfremder Mensch); traum.verllolren, ...verlsunlken, ...wandllelrisch
traun! (veralt. für: fürwahr!)
Traun die; - (r. Nebenfluß der Donau); Traulner der; -s, - (österr. für: ein flaches Lastschiff); Traunlsee (oberösterr. See); Traunlvierltel das; -s (oberösterr. Landschaft)
traulrig; Traulriglkeit
Trau.ring, ...schein
traut; ein -es Heim
Trautlchen vgl. Traudchen; 'Traulte (w. Vorn.); vgl. Traude[l]
²Traulte die; - (volksm. für: Vertrauen, Mut); keine - haben
Traultolnilum Ⓦ das; -s, ...ien [...i⁴n] ⟨nach dem Erfinder F. Trautwein⟩ (elektr. Musikinstrument)
Traulung; Traulzeulge

Tralvelllerlscheck [träw'l'r...] ⟨engl.⟩ (Reisescheck)
tralvers [...wärß] ⟨franz.⟩ (quer [gestreift]); -e Stoffe; Tralvers [...wär, ...wärß] der; - (Gangart beim Schulreiten); Tralverlse [...wärs'] die; -, -n (Querbalken, -träger, Ausleger; Querverbinder zweier fester oder parallel beweglicher Maschinenteile; Querbau zur Flußregelung; Bergsteigen: Querungsstelle an einer Wand); tralverlsielren (Reiten: eine Reitbahn in der Diagonale durchreiten; Fechten: durch Seitwärtstreten dem Hieb od. Stoß des Gegners ausweichen; Bergsteigen: horizontal eine Wand od. einen Hang entlanggehen od. -klettern); Tralverlsielrung
Tralverltin [...wär...] der; -s, -e ⟨ital.⟩ (mineralischer Kalkabsatz bei Quellen u. Bächen)
Tralvelstie [...wä...] die; -, ...ien ⟨lat.⟩ ([scherzhafte] Umgestaltung [eines Gedichtes]); tralvelstielren (auch: ins Lächerliche ziehen); Tralvelstielshow ⟨engl.⟩ (Darbietung, bei der vorwiegend Männer in weiblicher Kostümierung auftreten)
Trawl [trål] das; -s, -s ⟨engl.⟩ (Grundschleppnetz); Trawller der; -s, - (Fischdampfer)
Trax der; -es, -e (schweiz. für: fahrbarer Bagger)
Treatlment [tritm'nt] das; -s, -s ⟨engl.⟩ (Vorstufe des Drehbuchs)
Trelbe das (in der Wendung: auf [die] - gehen (ugs. für: sich herumtreiben); Trelbelgänlger (jugendlicher Herumtreiber); Trelbelgänlgelrin die; -, -nen
Trelber Plur. (Rückstände [beim Keltern und Bierbrauen])
Trelcenltist [...tschän...] der; -en, -en (↑R 197) ⟨ital.⟩ (Dichter, Künstler des Trecentos); Trelcenlto [tretschänto] das; -[s] (Kunstzeitalter in Italien: 14. Jh.)
Treck der; -s, -s ([Aus]zug, Auswanderung); trecken [Trenn.: treklken] (ziehen); Treklker [Trenn.: Treklker] ([Motor]zugmaschine, Traktor); Trecklschulte (Zugschiff)
'Treff der; -s, -s ⟨franz.⟩ (Kleeblatt, Eichel [im Kartenspiel])
²Treff der; -[e]s, -e (veralt. für: Schlag, Hieb; Niederlage)
³Treff der; -s, -s (ugs. für: Treffen, Zusammenkunft)
Trefflas [auch: ...aß] (zu: 'Treff)
treflfen; du triffst; du trafst (trafest); du träfest; getroffen; triff!; Treflfen das; -s, -; treflfend; -ste; Trefffer; Trefflerlquolte; trefflich; Trefflichlkeit die; -; Trefflnis das; -ses, -se (schweiz. für:

Anteil); Trefflpunkt; treflflsilcher; Trefflsilcherlheit die; -
Treib.arlbeit, ...eis, treilben; du triebst; du triebest; getrieben; treib[e]!; zu Paaren -; Treilben das; -s, (für: Treibjagd auch Plur.:) -; Treilber; Treilbelrei; Treib.fäulstel (der; -s, -; Bergmannsspr.: schwerer Bergmannshammer), ...gas, ...gut, ...haus; Treiblhaus.eflfekt, ...kulltur, ...luft; Treib.holz, ...jagd, ...laldung, ...mitltel das, ...öl, ...rielmen, ...sand, ...satz, ...stoff
Treildel der; -s, -n (Zugtau zum Treideln); Treildellei die; - (Treidlergewerbe); Treildellei, Treidller; treildeln (ein Wasserfahrzeug vom Ufer aus stromaufwärts ziehen); ich ...[e]le (↑R 22); Treidel.pfad, ...weg (Leinpfad); Treidller, Treildellei
treilfe (jidd.) (unrein; verboten [von Speisen]; Ggs.: koscher)
Treklking das; -s, -s ⟨engl.⟩ (mehrtägige Wanderung od. Fahrt [durch ein unwegsames Gebiet])
Trelllelborg [schwed. Ausspr.: trä-l'borj] (schwed. Stadt)
Trelma das; -s, -s u. -ta ⟨griech.⟩ (Trennpunkte, Trennungszeichen [über einem von zwei getrennt auszusprechenden Selbstlauten, z. B. franz. naïf „naiv"]; Med.: Lücke zwischen den mittleren Schneidezähnen)
Trelmaltolde die; -, -n; meist Plur. (Biol.: Saugwurm)
trelmolllanldo ⟨ital.⟩ (Musik: bebend, zitternd); trelmolllielren, trelmulllielren (beim Gesang [fehlerhaft] beben und zittern); Trelmolllo das; -s, -s u. ...li (Musik: Beben, Zittern); Trelmor der; -s, ...ores ⟨lat.⟩ (Zittern der Erde; Med.: Zittern)
Tremlse die; -, -n (nordd. für: Kornblume)
Trelmullant der; -en, -en (↑R 197) ⟨lat.⟩ (Orgelhilfsregister); trelmullielren vgl. tremolieren
Trenchlcoat [träntschko⁴t] der; -[s], -s ⟨engl.⟩ (Wettermantel)
Trend der; -s, -s ⟨engl.⟩ (Grundrichtung einer Entwicklung)
trenldeln (mdal. für: nicht vorankommen); ich ...[e]le (↑R 22)
Trendlsetlter der; -s, - ⟨engl.⟩ (jmd., der den Trend bestimmt)
trennlbar; Trennlbarlkeit die; -; ...melsser das, ...punklte (für: 'Trema); trennlscharf (Funkw.); Trennlschärlfe; Trenlnung; Trennungs.entlschäldilgung, ...lilnie, ...schmerz, ...strich, ...wand, ...zeilchen; Trennlwand
Trenlse die; -, -n (niederl.) (leichter Pferdezaum); Trenlsenlring

Trente-et-qua|rante [*trangteka-rangt*] *das;* - ⟨franz.⟩ ("dreißig und vierzig"; Kartenglücksspiel)

Tren|to (ital. Form von: Trient)

tren|zen (vom Hirsch: in besonderer Weise röhren)

Tre|pang *der;* -s, -e u. -s ⟨malai.⟩ (getrocknete Seegurke [chinesisches Nahrungsmittel])

trepp|ab; trepp|auf; -, treppab laufen; Trepp|chen, Trepp|lein; Trep|pe *die;* -, -n; -n steigen

Trep|pel|weg (bayr., österr. für: Treidelweg)

Trep|pen.ab|satz, ...be|leuch|tung, ...flur u. ...ge|län|der, ...haus, ...lei|ter *die,* ...po|dest, ...stu|fe, ...wan|ge (Seitenverkleidung einer [Holz]treppe), ...witz; Trepp|lein, Treppe|chen

Tre|sen *der;* -s, - (nieder- u. mitteld. für: Laden-, Schanktisch)

Tre|sor *der;* -s, -e ⟨franz.⟩ (Panzerschrank; Stahlkammer); Tre|sor-_raum, ...schlüs|sel

Tres|pe *die;* -, -n (ein Gras); tres|pig (vom Korn: voller Trespen)

Tres|se *die;* -, -n ⟨franz.⟩ (Borte); Tres|sen.rock, ...stern (vgl. ²Stern), ...win|kel; tres|sie|ren (Perückenmacherei: kurze Haare mit Fäden aneinanderknüpfen)

Tre|ster *der;* -s, - (Tresterbrannt-wein; *Plur.:* Rückstände beim Keltern); Tre|ster|brannt|wein

Tret|boot (mit Pedalantrieb); tre|ten; du trittst; du tratst (tratest); du trätest; getreten; tritt!; er tritt ihn (auch: ihm) auf den Fuß; beiseite treten; Tre|ter (ugs. für: Schuh); Tre|te|rei (ugs.); Tret-_mi|ne, ...müh|le (ugs.), ...rad, ...rol|ler, ...schlit|ten

treu; -er, -[e]ste; zu -en Händen übergeben ([ohne Rechtssicherheit] anvertrauen, vertrauensvoll zur Aufbewahrung übergeben). I. *Getrenntschreibung in Verbindung mit Verben:* treu sein, bleiben. II. *Schreibung in Verbindung mit dem 2. Partizip:* ein mir treuergebener Freund (↑ jedoch R 209), aber: der Freund ist mir treu ergeben; treuer, am treu[e]ste ergeben; Treu|bruch *der;* treu|brü|chig; treu|doof (ugs. für: naiv u. ein wenig dümmlich); Treue *die;* -; (schweiz.:) in guten -n (im guten Glauben); auf Treu und Glauben (↑ R 18); meiner Treu!; Treu|eid; Treue-pflicht, Treu|pflicht; Treue_prä-mie, ...ra|batt; treu|er|ge|ben; vgl. treu, II; Treue|schwur, Treu-schwur; treu|ge|sinnt; vgl. treu, II; Treu|hand *die;* - (Treuhandgesellschaft); Treu|hän|der (jmd., dem etwas "zu treuen Händen" übertragen wird); Treu|hän|der|de|pot; treu|hän|de|risch; Treu-

hand.ge|schäft, ...ge|sell|schaft, ...kon|to; treu|her|zig; Treu|her-zig|keit *die;* -; treu|lich; treu|los; -este; Treu|lo|sig|keit *die;* -; Treu|pflicht, Treue|pflicht; Treu|schwur, Treue|schwur; treu|sor|gend; vgl. treu, II

Tre|vi|ra ⓦ [...*wira*] *das;* -s (ein aus synthetischer Faser hergestelltes Gewebe)

Tre|vi|sa|ner [...*wi*...] (↑ R 147); Tre|vi|so (ital. Stadt)

Tria|de *die;* -, -n (↑ R 180) ⟨griech.⟩ (Dreizahl, Dreiheit)

Tria|ge [...*aseh°*] *die;* -, -n; ↑ R 180 (Ausschuß [bei Kaffeebohnen])

Tria|kis.do|de|ka|eder ⟨griech.⟩ (Sechsunddreißigflächner), ...ok-ta|eder (Vierundzwanzigflächner)

Tri|al [*trai°l*] *das;* -s, -s ⟨engl.⟩ (Geschicklichkeitsprüfung von Motorradfahrern)

Tri|an|gel [österr.: ...*ang*...] *der* (österr.: *das*); -s, - ⟨lat.⟩ (Musik: ein Schlaggerät); tri|an|gu|lär [...*angulär*] (dreieckig); Tri|an-gu|la|ti|on [...*zion*] *die;* -, -en (Festlegung eines Netzes von Dreiecken zur Landvermessung); Tri|an|gu|la|ti|ons|punkt (Zeichen: TP); tri|an|gu|lie|ren; Tri|an|gu|lie|rung

Tria|non [...*nong*] *das;* -s, -s (Name zweier Versailler Lustschlösser)

Tria|ri|er [...*i°r*]; ↑ R 180 ⟨lat.⟩ (altröm. Legionsveteran in der 3. [letzten] Schlachtreihe)

Tri|as *die;* -, - ⟨griech.⟩ ("Dreiheit"; Geol. nur *Sing.*: unterste Formation des Mesozoikums; Musik für: Dreiklang); Tri|as-for|ma|ti|on; tri|as|sisch (zur Trias gehörend)

Tri|ath|lon *das;* -s, -s ⟨griech.⟩ (Mehrkampf aus Schwimmen, Radfahren u. Laufen an einem Tag; Skisport: Mehrkampf aus Langlauf, Schießen u. Riesenslalom)

Tri|ba|de *die;* -, -n ⟨griech.⟩ (lesbischer Liebe ergebene Frau); Tri|ba|die *die;* - (lesbische Liebe)

Tri|ba|lis|mus *der;* - ⟨lat.-engl.⟩ (Stammesbewußtsein, Stammesegoismus [in Afrika]); tri|ba|li|stisch

Tri|bun *der;* -s u. -en, -e[n] (↑ R 197) ⟨lat.⟩ ([altröm.] Volksführer); Tri|bu|nal *das;* -s, -e ([hoher] Gerichtshof); Tri|bu|nat *das;* -[e]s, -e (Amt, Würde eines Tribunen); Tri|bü|ne *die;* -, -n ⟨franz.⟩ ([Redner-, Zuhörer-, Zuschauer]bühne; auch: Zuhörer-, Zuschauerschaft); Tri|bü|nen|platz; tri|bu|ni|zisch ⟨lat.⟩ (Tribunen...); -e Gewalt; Tri|bus *die;* -, - [*tríbuß*] (Wahlbezirk im alten Rom; sy-

stemat. Begriff zwischen Gattung u. Familie in der Biologie); tri|bu|tär *der;* -[e]s, -e (Opfer, Beisteuer, Zwangsabgabe; Anerkennung); tri|bu|tär (früher für: steuer-, zinspflichtig); Tri|but-last; tri|but|pflich|tig; Tri|but-ver|pflich|tung

Tri|chi|ne *die;* -, -n ⟨griech.⟩ (schmarotzender Fadenwurm); tri|chi|nen|hal|tig; Tri|chi|nen-_schau, ...schau|er (vgl. ²Schauer); tri|chi|nös (mit Trichinen behaftet); Tri|chi|no|se *die;* -, -n (Trichinenkrankheit)

Tri|cho|to|mie *die;* -, ...ien ⟨griech.⟩ (Dreiteilung); tri|cho|to|misch

Trich|ter *der;* -s, -; trich|ter|för-mig; Trich|ter|ling (ein Pilz); Trich|ter|mün|dung; trich|tern; ich ...ere (↑ R 22)

Trick *der;* -s, -s (auch: -e) ⟨engl.⟩ (Kunstgriff; Kniff; Stich bei Kartenspielen); Trick_be|trü-ger, ...dieb, ...film, ...ki|ste; Trick|schi|lau|fen vgl. Trickski-laufen; trick|sen (ugs.: mit Tricks arbeiten, um Tricks bewerkstelligen); Trick|ski|lau|fen *das;* -s (artistische Schwünge, Sprünge u. ä. auf [besonderen] Skiern)

Trick|track *das;* -s, -s ⟨franz.⟩ (ein Brett- und Würfelspiel)

Tri|dent *der;* -[e]s, -e ⟨lat.⟩ (Dreizack)

Tri|den|ti|ner (↑ R 147) ⟨zu: Trient⟩; - Alpen; tri|den|ti|nisch, aber (↑ R 157): das Tridentinische Konzil; das Tridentinische Glaubensbekenntnis; Tri|den|ti|num *das;* -s (Tridentinisches Konzil)

Tri|du|um [...*du-um*] *das;* -s, ...du-en [...*u°n*] ⟨lat.⟩ (Zeitraum von drei Tagen)

Trieb *der;* -[e]s, -e; trieb|ar|tig; Trieb_be|frie|di|gung, ...fe|der; trieb|haft; Trieb|haf|tig|keit *die;* -; Trieb_hand|lung, ...kraft, ...le-ben; trieb|mä|ßig; Trieb_rad, ...sand, ...tä|ter, ...wa|gen, ...werk

Trief|au|ge; trief|äu|gig; trie|fen; du triefst; du trieftest (geh.: troffst [troffest]); du trieftest (geh.: tröffest); getrieft (selten noch: getroffen); trief[e]!; trief-naß

¹Triel *der;* -[e]s, -e (ein Vogel)

²Triel *der;* -[e]s, -e (südd. für: Wamme; Maul); trie|len (südd. für: sabbern); Trie|ler (südd. für: Sabberlätzchen)

Tri|en|ni|um *das;* -s, ...ien [...*i°n*] ⟨lat.⟩ (Zeitraum von drei Jahren)

Tri|ent (ital. Stadt); vgl. Trento u. Tridentiner

Trier (Stadt an der Mosel)

Trie|re *die;* -, -n (↑ R 180) ⟨griech.⟩ (Kriegsschiff mit drei übereinanderliegenden Ruderbänken)

Trie|rer ⟨zu: Trier⟩ (↑ R 147); **trie-
risch**

Tri|est (Stadt an der Adria); **Trie-
ster** (↑ R 147; R 180)

Tri|eur [...ör] der; -s, -e ⟨franz.⟩
(Maschine zur Getreidereini-
gung)

trie|zen (ugs. für: quälen, plagen);
du triezt (triezest)

Tri|fle [traifl] das; -[s], -s ⟨engl.⟩
(engl. Süßspeise)

Tri|fo|li|um das; -s, ...ien [...iᵉn]
⟨lat.⟩ (Drei-, Kleeblatt)

Tri|fo|ri|um das; -s, ...ien [...iᵉn]
⟨lat.⟩ (säulengetragene Galerie in
Kirchen)

Trift die; -, -en (Weide; Holzflö-
ßung; auch svw. Drift); **trif|ten**
(loses Holz flößen); ¹**trif|tig**
(hochd. für: driftig)

²**trif|tig** ([zu]treffend); -er Grund;
Trif|tig|keit die; -

Tri|ga die; -, -s u. ...gen ⟨lat.⟩ (Drei-
gespann)

Tri|ge|mi|nus der; -, ...ni ⟨lat.⟩
(Med.: aus drei Ästen bestehen-
der fünfter Hirnnerv); **Tri|ge|mi-
nus|neur|al|gie**

Tri|glyph der; -s, -e u. **Tri|gly|phe**
die; -, -n ⟨griech.⟩ (Bauw.: dreitei-
liges Feld am Fries des dori-
schen Tempels); **tri|go|nal** (drei-
eckig); **Tri|go|nal|zahl** (Drei-
eckszahl); **Tri|go|no|me|trie** die; -
(Dreiecksmessung, -berech-
nung); **tri|go|no|me|trisch**; -er
Punkt (Zeichen: TP)

tri|klin ⟨griech.⟩; -es System (ein
Kristallsystem); **Tri|kli|ni|um**
das; -s, ...ien [...iᵉn] (altröm. Eßtisch, an drei Seiten von Speise-
sofas umgeben)

Tri|ko|li|ne die; - (ein Gewebe);
tri|ko|lor ⟨lat.⟩ (dreifarbig); **Tri-
ko|lo|re** die; -, -n ⟨franz.⟩ („drei-
farbige" [franz.] Fahne)

¹**Tri|kot** [...ko, auch: triko] der (sel-
ten: das); -s, -s ⟨franz.⟩ (maschi-
nengestrickter od. gewirkter
Stoff); ²**Tri|kot** das; -s, -s (engan-
liegendes gewirktes [auch ge-
webtes] Kleidungsstück); **Tri|ko-
ta|ge** [... aseh⁽ᵉ⁾, österr.: ...aseh] die;
-, -n [...aseh'n] (Wirkware); **Tri-
kot|wer|bung** (Werbung auf den
Trikots von Sportlern)

Tril|ler ⟨ital.⟩; **tril|lern**; ich ...ere
(↑ R 22); **Tril|ler|pfei|fe**

Tril|li|on die; -, -en ⟨lat.⟩ (eine Mil-
lion Billionen)

Tri|lo|bit der; -en, -en (↑ R 197)
⟨griech.⟩ (urweltliches Krebstier)

Tri|lo|gie die; -, ...ien ⟨griech.⟩
(Folge von drei [zusammengehö-
renden] Dichtwerken, Kompositionen u. a.)

Tri|ma|ran der; -s, -e ⟨lat.; tamil.-
engl.⟩ (Segelboot mit drei Rümp-
fen)

Tri|me|ster das; -s, - ⟨lat.⟩ (Zeit-

raum von drei Monaten; Drittel-
jahr eines Unterrichtsjahres)

Tri|me|ter der; -s, - ⟨griech.⟩ (aus
drei Versfüßen bestehender
Vers)

Trimm der; -[e]s ⟨engl.⟩ (Seemannsspr.: Lage eines Schiffes
bezüglich Tiefgang u. Schwer-
punkt; ordentlicher u. gepflegter
Zustand eines Schiffes); **Trimm-
ak|ti|on**; **Trimm-dich-Pfad**;
trim|men (Seemannsspr.: zweck-
mäßig verstauen, in die optimale
Lage bringen; Funktechnik: auf
die gewünschte Frequenz ein-
stellen; [Hunden] das Fell scheren; ugs. für: [mit besonderer
Anstrengung] in einen ge-
wünschten Zustand bringen;
ein auf akt getrimmter Schrank;
sich -; trimm dich durch Sport!;
Trim|mer (Seemannsspr.: Arbei-
ter, der auf Schiffen die Ladung
trimmt, Kohlen vor die Kessel
schafft usw.; Technik: verstell-
barer Kleinkondensator; ugs.:
Person, die sich trimmt); **Trimm-
spi|ra|le** (Testkarte der Trimm-
Aktion); **Trimm|trab**; **Trim-
mung** (Längsrichtung eines
Schiffes)

tri|morph ⟨griech.⟩ (dreigestaltig
[z. B. von Pflanzenfrüchten]);
Tri|mor|phis|mus der; - (Dreige-
staltigkeit [z. B. von Früchten])

¹**Tri|ne** (Kurzform von: Kathari-
ne); ²**Tri|ne** die; -, -n (ugs.
Schimpfwort); dumme -

Tri|ni|dad (südamerik. Insel); **Tri-
ni|dad und Tol|ba|go** (Stadt im
Karibischen Meer)

Tri|ni|ta|ri|er [...iᵉr] der; -s, - ⟨lat.⟩
(Bekenner der Dreieinigkeit;
Angehöriger eines kath. Bettel-
ordens); **Tri|ni|tät** die; - (Dreiei-
nigkeit, Dreifaltigkeit); **Tri|ni|ta-
tis|fest** (Sonntag nach Pfingsten)

Tri|ni|tro|to|lu|ol das; -s; ↑ R 180
(stoßunempfindlicher Spreng-
stoff; Abk.: TNT); vgl. Trotyl

trink|bar; **Trink|bar|keit** die; -;
Trink_be|cher, **...brannt|wein**;
trin|ken; du trankst (trankest);
du tränkest; getrunken; trink[e]!;
Trin|ker; **Trin|ker_für|sor|ge**,
...heil|an|stalt; **trink|fest**; **Trink_
-fla|sche**, **...ge|fäß**, **...ge|la|ge**,
...geld, **...glas** (vgl. ¹Glas), **...hal-
le**, **...halm**, **...lied**, **...schal|le**,
...spruch, **...was|ser** (das; -s),
...was|ser|ver|sor|gung

Tri|nom das; -s, -e ⟨griech.⟩ (drei-
gliedrige Zahlengröße); **tri|no-
misch**

Trio das; -s, -s ⟨ital.⟩ (Musikstück
für drei Instrumente; auch: die
drei Ausführenden; Dreizahl
[von Menschen]; **Tri|ode** die; -,
-n ⟨griech.⟩ (Verstärkerröhre mit
drei Elektroden); **Trio|le** die; -,

-n ⟨ital.⟩ (Musik: Figur von 3 Tönen im Taktwert von 2 oder 4 Tönen; auch ugs. für: Geschlechts-
verkehr zu dritt); **Trio|lett** das;
-[e]s, -e ⟨franz.⟩ (eine bestimmte
Gedichtform)

Trip der; -s, -s ⟨engl.⟩ (Ausflug,
Reise; Rauschzustand durch
Drogeneinwirkung, auch: die
dafür benötigte Dosis)

¹**Tri|pel** das; -s, - ⟨franz.⟩ (die Zu-
sammenfassung dreier Dinge,
z. B. Dreieckspunkte); ²**Tri|pel**
der; -s, - (veralt. für: dreifacher
Gewinn)

³**Tri|pel** der; -s ⟨nach Tripolis⟩
(Geol.: Kieselerde)

Tri|pel|al|li|anz (Dreibund)

Tri|phthong der; -s, -e ⟨griech.⟩
(Dreilaut, drei eine Silbe bilden-
de Selbstlaute, z. B. ital. miei
„meine")

Tri|plé [...lé] das; -s, -s ⟨franz.⟩
(Billardspiel: Zweibandenball);
Tri|plik die; -, -en ⟨lat.⟩ (selten
für: die Antwort des Klägers auf
eine Duplik); **Tri|pli|kat** das;
-[e]s, -e (selten für: dritte Ausfer-
tigung); **Tri|pli|zi|tät** die; - (sel-
ten für: dreifaches Vorkommen,
Auftreten)

Trip|ma|dam die; -, -en ⟨franz.⟩
(eine Fetthenne)

Tri|po|den (Plur. von: Tripus)

Tri|po|lis (Hptst. von Libyen);
Tri|po|li|ta|ni|en [...iᵉn] (Gebiet in
Libyen); **tri|po|li|ta|nisch**

trip|peln (mit kleinen, schnellen
Schritten gehen); ich ...[e]le
(↑ R 22); **Trip|pel|schritt**

Trip|per der; -s, - ⟨zu niederd.
drippen = tropfen⟩ (eine Ge-
schlechtskrankheit)

Trip|tik (eindeutschend für: Tri-
ptyk); **Tri|pty|chon** das; -s,
...chen u. ...cha ⟨griech.⟩ (dreitei-
liger Altaraufsatz); **Tri|ptyk**, **Tri-
ptik** das; -s, -s ⟨engl.⟩ (dreiteiliger
Grenzübertrittsschein für Wohn-
anhänger und Wasserfahrzeu-
ge); **Tri|pus** der; -s, ...poden
⟨griech.⟩ (Dreifuß, altgriech. Gestell für Gefäße)

Tri|re|me die; -, -n ⟨lat.⟩ (svw. Trie-
re)

Tris|me|gis|tos der; - ⟨griech.⟩
(„der dreimalgrößte" [nämlich
wundertätige] ägypt. Hermes)

trist; -este ⟨franz.⟩ (traurig, öde,
trostlos)

Tri|stan (mittelalterl. Sagenge-
stalt)

Tri|ste die; -, -n (bayr., österr. u.
schweiz. für: um eine Stange auf-
gehäuftes Heu od. Stroh)

Tri|stesse [trißtäß] die; -, -n [...ß'n]
⟨franz.⟩ (Traurigkeit, trübe Stim-
mung); **Tri|sti|en** [...iᵉn] Plur.
⟨lat.⟩ (Trauergedichte [Ovids])

Tri|t|ago|nist der; -en, -en (↑ R 197)

⟨griech.⟩ (dritter Schauspieler auf der altgriech. Bühne)

Tri|ti|um [...*zium*] *das;* -s ⟨griech.⟩ (schweres Wasserstoffisotop; Zeichen: T); **¹Tri|ton** *das;* -s, ...onen (schwerer Wasserstoffkern)

²Tri|ton (griech. fischleibiger Meergott, Sohn Poseidons); **³Tri|ton** *der;* ...onen, ...onen; ↑ R 197 (Meergott im Gefolge Poseidons; Biol.: Salamander einer bestimmten Gattung)

Tri|to|nus *der;* -, - ⟨griech.⟩ (Musik: übermäßige Quart [3 Ganztonschritte])

Tritt *der;* -[e]s, -e; - halten; **Tritt|brett;** **tritt|fest;** **Tritt|lei|ter** *die;* **tritt|si|cher** (Bergsteigen)

Tri|umph *der;* -[e]s, -e ⟨lat.⟩ (Siegesfreude, -jubel; großer Sieg, Erfolg); **tri|um|phal** (herrlich, sieghaft); **Tri|um|pha|tor** *der;* -s, ...oren (feierlich einziehender Sieger); **Tri|umph|bo|gen;** **tri|umph|ge|krönt;** **Tri|umph|ge|schrei;** **tri|um|phie|ren** (als Sieger einziehen; jubeln); **Tri|umph|zug**

Tri|um|vir [...*wir*] *der;* -s u. -n, -n (↑ R 197) ⟨lat.⟩ (Mitglied eines Triumvirats); **Tri|um|vi|rat** *das;* -[e]s, -e (Dreimännerherrschaft [im alten Rom])

tri|va|lent [...*wa*...] ⟨lat.⟩ (Chemie: dreiwertig)

tri|vi|al [...*wi*...] ⟨lat.⟩ (platt, abgedroschen); **Tri|via|li|tät** *die;* -, -en; ↑ R 180 (Plattheit); **Tri|vi|al|li|te|ra|tur;** **Tri|vi|um** *das;* -s („Dreiweg"; Grammatik, Dialektik u. Rhetorik umfassender Lehrgang mittelalterl. Schulen)

Trix, Tri|xi (Kurzform von: Beatrix)

Tri|zeps *der;* -[es], -e ⟨lat.⟩ („Dreiköpfiger"; Med.: Oberarmmuskel)

Tro|as *die;* - (im Altertum kleinasiat. Landschaft)

Tro|ca|de|ro [...*ka*...] *der;* -[s] (ein Palast in Paris)

tro|chä|isch [*troch*...] ⟨griech.⟩ (aus Trochäen bestehend); **Tro|chä|us** *der;* -, ...äen ([antiker] Versfuß)

Tro|chi|lus [*troch*...] *der;* -, ...ilen ⟨griech.⟩ (Hohlkehle an der Basis ionischer Säulen)

Tro|chit [*troch*...] *der;* -s u. -en, -en (↑ R 197) ⟨griech.⟩ (Stengelglied versteinerter Seelilien); **Tro|chi|ten|kalk;** **Tro|cho|pho|ra** *die;* -, ...phoren (Biol.: Larve der Ringelgelwürmer)

trocken¹; ↑ R 22. **I. Großschreibung** (↑ R 65): auf dem Trock[e]nen (auf trockenem Boden) stehen, im Trock[e]nen (auf trockenem Boden) sein. **II. Kleinschreibung**

---
¹ Trenn.: ...k|k...

(↑ R 65) in folgenden Fügungen: auf dem trock[e]nen sein (ugs. für: festsitzen; nicht weiterkommen, erledigt sein); im trock[e]nen (geborgen) sein (ugs.); auf dem trock[e]nen sitzen (ugs. für: nicht flott, in Verlegenheit sein); sein Schäfchen im trock[e]nen haben, ins trock[e]nhe bringen (ugs.: sich wirtschaftlich gesichert haben, sichern). **III. Schreibung in Verbindung mit Verben** (↑ R 205 f.): trocken sein, werden; trocken (= in trockenem Zustand, an trockener Stelle) legen, liegen, stehen, sitzen, reiben; vgl. aber: trockenlegen, trockenreiben, trockensitzen, trockenstehen; **Trocken¹_an|la|ge,** ...ap|pa|rat, ...bee|ren|aus|le|se, ...bo|den, ...dock, ...ei (*das;* -[e]s; Eipulver), ...eis (feste Kohlensäure), ...ele|ment, ...far|be, ...fut|ter, ...füt|te|rung, ...ge|mü|se, ...ge|stell, ...hau|be; **Trocken-heit¹; trocken|le|gen¹;** ↑ R 205 (mit frischen Windeln versehen); die Mutter hat das Kind trockengelegt; vgl. aber: trocken III; **Trocken¹_le|gung, ...milch, ...ofen, ...platz, ...ra|sie|rer** (ugs.), ...raum; **trocken|rei|ben¹;** ↑ R 205 (durch Reiben trocknen); das Kind wurde nach dem Bad trockengerieben; vgl. aber: trocken III; **Trocken¹_schi|kurs,** ...ski|kurs; **Trocken|schleu|der¹; trocken|schleu|dern¹** (durch Schleudern trocknen); die Wäsche wurde trockengeschleudert; **trocken|sit|zen¹;** ↑ R 205 (ugs. für: ohne Getränke sitzen); sie ließen uns bei diesem Fest -; vgl. aber: trocken III; **Trocken¹_ski|kurs,** ...schi|kurs; **Trocken|spi|ri|tus¹; trocken|ste|hen¹;** ↑ R 205 (keine Milch geben); die Kuh hat mehrere Wochen trockengestanden; vgl. aber: trocken III; **Trocken¹_wäl|sche, ...zeit; Tröck|ne** *die;* - (schweiz. für: anhaltende Trockenheit); **trock|nen;** **Trock|ner; Trock|nung** *die;* -

Tröd|del *die;* -, -n (Quaste); **Tröd|del|chen, Tröd|del|chen**

Trö|del *der;* -s (ugs.); **Trö|del|bu|de** (ugs. abschätzig); **Trö|de|lei** (ugs.); **Trö|del_frit|ze** (ugs.), ...kram (ugs.), ...la|den; **trö|deln** (ugs.); ich ...[e]le (↑ R 22); **Trö|de|ler; Tröd|le|rin** *die;* -, -nen

Tro|jer vgl. Trojaner

Trog *der;* -[e]s, Tröge

Tro|glo|dyt *der;* -en, -en (↑ R 197) ⟨griech.⟩ (Höhlenbewohner)

Troi|er vgl. Troyer

Troi|ka [*treuka,* auch: *troika*] *die;* -, -s ⟨russ.⟩ (russ. Dreigespann)

---
¹ Trenn.: ...k|k...

---

tro|isch vgl. trojanisch

Trois|dorf [*troß*...] (Stadt in Nordrhein-Westfalen)

Tro|ja (antike kleinasiat. Stadt); **Tro|ja|ner** (Bewohner von Troja); **tro|ja|nisch;** die trojanischen Helden, aber (↑ R 157): der Trojanische Krieg; das Trojanische Pferd

Tröl|bu|ße (schweiz.); **trö|len** (schweiz. für: [den Gerichtsgang] leichtfertig od. frevelhaft verzögern); **Trö|le|rei** *die;* - (schweiz.); **Tröll** *der;* -[e]s, -e (Kobold); **Tröll-blu|me; tröl|len,** sich (ugs.)

Trol|ley|bus [*troli*...] ⟨engl.⟩ (schweiz. für: Oberleitungsbus)

Tröll|hät|tan (Wasserfall u. Kraftwerk am Götaälv in Schweden)

Tröl|lin|ger *der;* -s, - (eine Reb- u. Weinsorte)

Trom|be *die;* -, -n ⟨ital.(-franz.)⟩ (Wasser-, Sand-, Windhose)

Trom|mel *die;* -, -n; **Tröm|mel|chen; Trom|mel|lei** (ugs.); **Trom|mel_fell, ...feu|er; trom|meln;** ich ...[e]le (↑ R 22); **Trom|mel_re|vol|ver, ...schlag, ...schlä|ger, ...schle|gel, ...wasch|ma|schi|ne, ...wir|bel; Tromm|ler**

Trom|pe|te *die;* -, -n ⟨franz.⟩; **trompe|ten;** er hat trompetet; **Trompe|ten_baum, ...si|gnal, ...stoß; Trom|pe|ter; Trom|pe|ter|vo|gel**

Troms|sø [*tromsö,* norw. Ausspr.: *trumßö*] (norw. Stadt)

Trond|heim (norw. Schreibung von: Drontheim)

Tro|pe *die;* -, -n u. Tro|pus *der;* -, ...pen ⟨griech.⟩ („Wendung"; Vertauschung des eigentlichen Ausdrucks mit einem bildlichen, z. B. „Bacchus" statt „Wein"); **Tro|pen** Plur. (heiße Zone zwischen den Wendekreisen); **Tro|pen_an|zug,** ...fie|ber (*das;* -s), ...helm, ...in|sti|tut, ...kli|ma, ...kol|ler (*der;* -s), ...krank|heit, ...me|di|zin, ...pflan|ze

¹Tropf *der;* -[e]s, Tröpfe (ugs. für: Dummkopf); **²Tropf** *der;* -[e]s, -e (Med. ugs. für: Tropfinfusion); **tropf|bar; tropf|bar|flüs|sig; Tröpf|chen,** Tröpf|lein; **Tröpf-chen_in|fek|ti|on; tröpf|chen|wei|se; tröp|feln;** ich ...[e]le (↑ R 22); **tropf|fen; Tropf|fen** *die;* -s, -; **Tropf|fen_fän|ger, ...form; tropfen_för|mig, ...wei|se; Tröpf|ferl-bad** (ostösterr. ugs. für: Brausebad); **Tropf_fla|sche, ...in|fu|si|on; Tröpf|lein; Tropf_naß, Tropf_röhr|chen, ...stein; Tropf|stein|höh|le**

Tro|phäe *die;* -, -n ⟨griech.⟩ (Siegeszeichen [erbeutete Waffen, Fahnen u. ä.]; Jagdbeute [z. B. Geweih])

tro|phisch ⟨griech.⟩ (Med.: mit der Ernährung zusammenhängend)

Tro|pi|cal [...k*l] der; -s, -s ⟨griech.-engl.⟩ („tropisch"; luftdurchlässiger Anzugstoff in Leinenbindung); Tro|pi|ka die; - ⟨griech.⟩ (schwere Form der Malaria); tro|pisch (zu den Tropen gehörend; südlich, heiß; Rhetorik: bildlich); Tro|pis|mus der; -, ...men (Biol.: Krümmungsbewegung der Pflanze, die durch äußere Reize hervorgerufen wird) Tro|po|sphä|re [auch: tropo...] die; - (Meteor.: unterste Schicht der Atmosphäre)

Tro|pus der; -, Tropen ⟨griech.⟩ (svw. Trope; im Gregorianischen Gesang der Kirchenton u. die Gesangsformel für das Schlußamen; melodische Ausschmückung von Texten im Gregorianischen Choral; Rhetorik: bildliche Rede)

troß! (landsch. für: schnell!)

Troß der; Trosses, Trosse ⟨franz.⟩ (der die Truppe mit Verpflegung u. Munition versorgende Wagenpark; übertr.: Gefolge, Haufen); Troß|se die; -, -n (starkes Tau; Drahtseil); Troß_knecht, ...schiff

Trost der; -es; trost_be|dürf|tig, ...brin|gend; trö|sten; sich -; Trö|ster; Trö|ste|rin die; -, -nen; tröst|lich; trost|los, -este; Trost|lo|sig|keit die; -; Trost_pfla|ster, ...preis (vgl. ²Preis); trost|reich; Trost|spruch; Trö|stung; trost|voll; Trost|wort [Plur. ...worte]

Trö|te die; -, -n (ugs. für: Blasinstrument, bes. [Kinder]trompete); trö|ten

Trott der; -[e]s, -e (lässige Gangart; ugs. für: langweiliger, routinemäßiger [Geschäfts]gang; eingewurzelte Gewohnheit); Trott|baum (Teil der [alten] Weinkelter); Trott|te die; -, -n (südwestd. u. schweiz. für: [alte] Weinkelter)

Trött|tel der; -s, - (ugs. für: einfältiger Mensch, Dummkopf); Trott|te|lei; trott|tel|haft; trot|te|lig; trott|te|lig|keit die; - trott|teln (ugs. für: langsam [u. unaufmerksam] gehen); ich ...[e]le (↑ R 22); trott|ten (ugs. für: schwerfällig gehen); Trott|teur [...tör] der; -s, -e ⟨franz.⟩ (Laufschuh mit niedrigem Absatz); Trott|ti|nett das; -s, -e ⟨franz.⟩ (schweiz. für: Kinderroller); Trott|toir [...toar] das; -s, -e u. -s (veralt., aber noch mdal. u. schweiz. für: Bürgersteig, Geh-, Fußweg)

Tro|tyl das; -s (svw. Trinitrotoluol)

trotz (↑ R 62); Präp. mit Gen.: - des Regens, - vieler Ermahnungen; auch bes. südd., schweiz. u. österr. mit Dat.: - dem Regen; mit Dat. oft auch, wenn der Artikel fehlt, und immer, wenn der Gen. Plur. nicht erkennbar ist: - nassem Asphalt, - Atomkraftwerken; ebenso in: - all[e]dem, - allem; ein stark gebeugtes Substantiv im Sing. ohne Artikel u. Attribut bleibt oft schon ungebeugt: - Regen [und Kälte], - Umbau; Trotz der; -es; aus -; dir zum -; - bieten; Trotz|al|ter; trotz|dem [auch: trozdem]; - ist es falsch; (auch schon:) - (älter: - daß) du nicht rechtzeitig eingegriffen hast; trot|zen; du trotzt (trotzest); Trot|zer (auch Bot.: zweijährige Pflanze, die im zweiten Jahr keine Blüten bildet); trot|zig

Trotz|ki (russ. Revolutionär); Trotz|kis|mus der; - (im kommunistischen Sprachgebrauch: im Sinne Trotzkis von der offiziellen Parteirichtlinie abweichende Haltung); Trotz|kist der; -en, -en; ↑ R 197 (Anhänger des Trotzkismus); trotz|ki|stisch

Trotz|kopf; trotz|köp|fig; Trotz|re|ak|ti|on

Trou|ba|dour [trubadur, auch: ...dur] der; -s, -e u. -s ⟨franz.⟩ (provenzal. Minnesänger des 12. bis 14. Jh.s)

Trou|ble [trab'l] der; -s ⟨engl.⟩ (ugs. für: Ärger, Unannehmlichkeiten)

Trou|pier [trupie] der; -s, -s ⟨franz.⟩ (altgedienter Soldat)

Troy|er, Troi|er [treu'r] der; -s, - (Matrosenunterhemd)

Troyes [troa] (franz. Stadt)

Troy|ge|wicht [treu...] das (zu: Troyes) (Gewicht für Edelmetalle u. a. in England u. in den USA)

Trub der; -[e]s (fachsprachl.: Bodensatz beim Wein, Bier); trüb, trü|be; (↑ R 65:) im trüben fischen; Trü|be die; -

Tru|bel der; -s

trü|ben; sich -; Trüb|heit die; -; Trüb|nis die; -, -se (veralt.); Trüb|sal die; -, -e; trüb|se|lig; Trüb|se|lig|keit die; -; Trüb|sinn der; -[e]s; trüb|sin|nig; Trüb|stof|fe Plur.; vgl. Trub; Trü|bung

Truch|seß der; ...sesses u. (älter:) ...sessen, ...sesse (im Mittelalter für Küche u. Tafel zuständiger Hofbeamter)

Truck [trak] der; -s, -s ⟨engl.⟩ (amerik. Bez. für: Lastkraftwagen)

Truck|sy|stem das; -s ⟨engl.⟩ (frühere Form der Lohnzahlung in Waren, Naturalien)

Trud|chen, Tru|de vgl. Traudchen

tru|deln (Fliegerspr.: drehend niedergehen od. abstürzen; auch landsch. für: würfeln); ich ...[e]le (↑ R 22)

Trüf|fel die; -, -n (ugs. meist: der; -s, -) ⟨franz.⟩ (ein Pilz; eine kugelförmige Praline); Trüf|fel|le|ber; trüf|feln (mit Trüffeln anrichten); ich ...[e]le (↑ R 22); Trüf|fel|wurst

Trug der; -[e]s; Lug und -; Trug_bild, ...dol|de; trü|gen; du trogst (trogest); du trögest; getrogen; trüg[e]!; trü|ge|risch; -ste; Trug|ge|bil|de; Trug|schluß

Tru|he die; -, -n; Tru|hen|deckel [Trenn.: ...dek|kel]

Trum das od. das; -[e]s, -e u. Trümer (Bergmannsspr. [auch: Trumm, s. d.]: Abteilung eines Schachtes; kleiner Gang; Maschinenbau: frei laufender Teil des Förderbandes od. des Treibriemens)

Tru|man [trum'n] (Präsident der USA)

¹Trumm der od. das; -[e]s, -e u. Trümmer; vgl. Trum; ²Trumm das; -[e]s, Trümmer (mdal. für: Ende, Stück; Brocken, Fetzen); Trüm|mer Plur. ([Bruch]stücke); etwas in - schlagen; Trüm|mer_feld, ...flo|ra, ...ge|stein, ...grund|stück; trüm|mer|haft; Trüm|mer_hau|fen, ...mar|mor

Trumpf der; -[e]s, Trümpfe ⟨lat.⟩ (eine der [wahlweise] höchsten Karten beim Kartenspielen, mit denen Karten anderer Farben gestochen werden können); Trumpf|as; trumpf|fen; Trumpf_far|be, ...kar|te, ...kö|nig

Trunk der; -[e]s, (selten:) Trünke; Trünk|chen; trun|ken; er ist vor Freude -; Trun|ken|bold der; -[e]s, -e (abschätzig); Trun|ken|heit die; -; Trünk|lein; Trunk|sucht die; -; trunk|süch|tig

Trupp der; -s, -s ⟨franz.⟩; Trüpp|chen; Trup|pe die; -, -n; Trup|pen Plur.; Trup|pen_ab|zug, ...be|we|gung, ...ein|heit, ...füh|rer, ...pa|ra|de, ...teil der, ...übungs|platz; Trüpp|lein; trupp|wei|se

Trust [traßt] der; -[e]s, -e u. -s ⟨engl.⟩ (Konzern); trust|ar|tig; Tru|stee [traßti] der; -s, -s ⟨engl. Bezeichnung für: Treuhänder); trust|frei

Trut_hahn, ...hen|ne, ...huhn

Trutz der; -es; zu Schutz und -; Schutz-und-Trutz-Bündnis (vgl. d.); trut|zen (veralt.); du trutzt (trutzest); trut|zig (veralt.)

Try|pa|no|so|ma das; -s, ...men ⟨griech.⟩ (Geißeltierchen)

Tryp|sin das; -s ⟨griech.⟩ (Med.: Ferment der Bauchspeicheldrüse)

Tsa|tsi|ki [auch: der; -s, -s ⟨griech.⟩ (Joghurt mit Knoblauch u. Gurkenstückchen)

Tschad [tschat] (auch mit Artikel: der; -s; Staat in Afrika; auch für:

Tschadsee); **Tschạl|der; tschạ-
disch**

Tscha|l|dor der; -s, -s ⟨pers.⟩ ([von persischen Frauen getragener] langer Schleier)

Tschạd|see der; -s (See im mittleren Sudan)

Tschai|kow|sky¹ [...*kọffßki*] (russ. Komponist)

Tschạl|ko der; -s, -s ⟨ung.⟩ (Kopfbedeckung [der Polizisten])

Tschạn|du das; -s ⟨Hindi⟩ (zum Rauchen zubereitetes Opium)

Tschạp|ka die; -, -s ⟨poln.⟩ (Kopfbedeckung der Ulanen)

Tschạp|perl das; -s, -n ⟨österr. ugs. für: tapsiger Mensch⟩

Tschạr|dasch vgl. Csárdás

tschau! vgl. ciao!

Tschẹl|che der; -n, -n; ↑R 197 (Angehöriger eines westslaw. Volkes); **Tschẹl|cherl** das; -s, -n (ostösterr. ugs. für: kleines, einfaches Gast-, Kaffeehaus); **Tschẹ-chin** die; -, -nen; **tschẹl|chisch; Tschẹl|chisch** das; -[s] (Sprache); vgl. Deutsch; **Tschẹl|chi|sche** das; -n; vgl. Deutsche; **Tsche|cho-slo|wa|ke** der; -n, -n (↑R 197); **Tsche|cho|slo|wa|kei** die; - (Staat in Mitteleuropa; Abk.: ČSSR); **Tsche|cho|slo|wa|kin** die; -, -nen; **tsche|cho|slo|wa|kisch** (↑R 155); (↑R 146:) die Tschechoslowakische Sozialistische Republik

Tsche|chow [*tschächof*] (russ. Schriftsteller)

Tschẹ|ki|ang; ↑R 180 (chin. Prov.)

Tscher|kẹs|se der; -n, -n; ↑R 197 (Angehöriger einer Gruppe kaukas. Volksstämme); **Tscher|kẹs-sin** die; -, -nen; **tscher|kẹs|sisch**

Tscher|no|sem [...*sjom*] u. **Tscher-no|sjom** das; -s ⟨russ.⟩ („Schwarzerde", s. d.)

Tsche|ro|kẹ|se der; -n, -n; ↑R 197 (Angehöriger eines nordamerik. Indianerstammes)

Tschẹr|per der; -s, - (Bergmannsspr. veralt.: kurzes Messer)

Tscher|wo|nez der; -, ...wọnzen (ehem. russ. Münzeinheit); 3 - (↑R 129)

Tsche|tsche|ne der; -n, -n; ↑R 197 (Angehöriger eines kaukas. Volkes)

Tschi|ang|kai|schẹk, Tschi|ang Kai-schẹk vgl. Chiang Kai-shek

Tschi|buk [österr.: *tschi*...] der; -s, -s ⟨türk.⟩ (lange türkische Tabakspfeife)

Tschịck der; -s, - ⟨ital.⟩ (österr. ugs. für: Zigarette[nstummel])

¹So die eigene Schreibung des Komponisten. Nach dem vom Duden verwendeten Transkriptionssystem müßte Tschaikowski geschrieben werden.

Tschi|l|kosch [auch: *tschi*...] vgl. Csikós

tschil|l|pen (vom Sperling: zwitschern)

Tschi|l|neļl|len Plur. ⟨ital.⟩ (Becken [messingenes Schlaginstrument])

tsching!; tsching|bum!

Tschịs|ma der; -s, ...men ⟨ung.⟩ (niedriger, farbiger ung. Stiefel)

Tschoju En-lai vgl. Chou En-lai

Tschụk|tsche der; -n, -n; ↑R 197 (Angehöriger eines altsibir. Volkes)

tschüs! [auch: *tschüß*] ⟨franz.⟩ (ugs. für: auf Wiedersehen!)

Tschusch der; -en, -en ⟨slaw.⟩ (österr. ugs. abschätzig für: Ausländer, Fremder; bes. Südslawe, Slowene)

Tschu|wa|sche der; -n, -n; ↑R 197 (Angehöriger eines ostfinn.-turk-tatar. Mischvolkes)

Tsd. = ³Tausend

Tse|l|tse.flie|ge (Überträger der Schlafkrankheit u. a.), **...pla|ge**

T-Shirt [*tischö't*] ⟨engl.⟩ ([kurzärmliges] Oberteil aus Trikot)

Tsi|nan (chin. Stadt)

Tsing|tau (chin. Stadt)

Tsi|tsi|kar (chin. Stadt)

Tsjao der; -[s], -[s] ⟨chin.⟩ (chin. Münze); 10 - (↑R 129)

Tsu|ga die; -, -s u. ...gen ⟨jap.⟩ (Schierlings- od. Hemlocktanne)

T-Trä|ger der; -s, -; ↑R 37 (Bauw.)

TU = technische Universität; vgl. technisch

Tua|reg [auch: *tua*...] Plur. (Gruppe berber. Volksstämme); vgl. Targi

Tu|ba die; -, ...ben ⟨lat.⟩ (Blechblasinstrument; Med.: Eileiter, Ohrtrompete)

Tüb|bing der; -s, -s (Bergmannsspr.: Tunnel-, Schachtring)

Tu|be die; -, -n ⟨lat.⟩ (röhrenförmiger Behälter [für Farben u. a.]; Med. auch für: Tuba); **Tu|ben** (Plur. von: Tuba u. Tubus); **Tu-ben|schwan|ger|schaft**

Tu|bẹr|kel der; -, - (österr. auch: die; -, -n) ⟨lat.⟩ (Med.: Knötchen); **Tu|ber|kel.bak|te|rie, ...ba|zil|lus; tu|ber|ku|lar** (knotig); **Tu|ber|ku|lin** das; -s (Substanz zum Nachweis von Tuberkulose); **tu|ber|ku|lös** (mit Tuberkeln durchsetzt; schwindsüchtig); **Tu|ber|ku|lo|se** die; -, -n (Schwindsucht; Abk.: Tb, Tbc); **Tu|ber|ku|lo|se|für|sor|ge; tu-ber|ku|lo|se|krank** (Abk.: Tbc-krank od. Tb-krank; ↑R 38 u. R 83)

Tu|be|ro|se die; -, -n ⟨lat.⟩ (aus Mexiko stammende stark duftende Zierpflanze)

Tü|bin|gen (Stadt am Neckar); **Tü|bin|ger** (↑R 147)

tu|bu|lär, tu|bu|lös ⟨lat.⟩ (Med.: röhrenförmig); -e Drüsen; **Tu-bus** der; -, ...ben u. -se (bei optischen Geräten das linsenfassende Rohr; bei Glasgeräten der Rohransatz)

Tuch das; -[e]s, Tücher u. (Tucharten:) -e; **Tuch|art; tuch|ar|tig; Tuch|bahn; Tü|chel|chen, Tüchlein; tu|chen** (aus Tuch)

Tụ|chent die; -, -en ⟨österr. für: mit Federn gefüllte Bettdecke)

Tuch.fa|brik, ...füh|lung (die; -; leichte Berührung zwischen zwei Personen), **...han|del** (zu ¹Handel); **Tüch|lein, Tü|chel|chen**

Tu|choļl|sky [...*ki*], Kurt (dt. Journalist u. Schriftsteller)

Tuch|rock

tüch|tig; Tüch|tig|keit die; -

Tücke die; -, -n [Trenn.: Tük|ke]

tuckern [Trenn.: tuk|kern] (vom Motor)

tückisch -ste [Trenn.: tük|kisch]; eine -e Krankheit; **tück|schen** (ostmitteld. u. nordd. für: heimlich zürnen), du tückschst (tückschest)

tuck|tuck! (Lockruf für Hühner)

Tül|der der; -s, - (niederd. für: Seil zum Anbinden von Tieren auf der Weide); **tül|dern** (niederd. für: Tiere auf der Weide anbinden; in Unordnung bringen); ich ...ere (↑R 22)

Tul|dor [*tjud'r*, auch dt. Aussprache: *tudor*] der; -[s], -s (Angehöriger eines engl. Herrschergeschlechtes); **Tul.dor.bo|gen** (Bauw.), **...stil** (der; -[e]s)

Tue|rei (ugs. für: Sichzieren)

Tuff der; -s, -e (ein Gestein); **Tuffels, Tuffel|sen** [Trenn.: Tuff-fe..., ↑R 204]; **tuf|fig; Tuff|stein**

Tüf|te|l|ar|beit; Tüf|te|l|ei (ugs.); **Tüf|te|ler, Tüft|ler; tüf|te|l|ig, tüf|t|lig; tüf|teln** (ugs. für: mühsam und lange an etwas arbeiten, über etwas nachdenken); ich ...[e]le (↑R 22)

Tuf|ting [*taf*...] ⟨engl.⟩ (in Zus.: Spezialfertigungsart für Auslegeware u. Teppiche, wobei der Schlingenfaden in das Grundgewebe eingenäht werden); **Tuf|ting.schlin-gen|wa|re, ...tep|pich, ...ver|fah-ren**

Tüft|ler, Tüftleller

Tu|gend die; -, -en; **Tu|gend|bold** der; -[e]s, -e (spött. für: tugendhafter Mensch); **tu|gend|haft; -este; Tu|gend|haf|tig|keit** die; -; **Tu|gend|held** (auch spött.); **tu-gend|lich** (veralt.); **tu|gend|los; -este; Tu|gend|sam; Tu|gend-wäch|ter**

Tuil|le|ri|en [*tüil'ri'n*] Plur. („Ziegeleien"; ehem. Residenzschloß der franz. Könige in Paris)

Tu|is|ko, (richtiger:) **Tu|is|to;**

↑ R 180 (germ. Gottheit, Stammvater der Germanen)

Tu|kan [auch: ...*an*] *der;* -s, -e ⟨indian.⟩ (Pfefferfresser [mittel- u. südamerik. Vogel mit großem, farbigem Schnabel])

Tu|la (sowjet. Stadt); **Tu|la_ar|beiten** *Plur.,* ...sil|ber (↑ R 149)

Tu|lar|ä|mie *die;* - ⟨indian.; griech.; erster Wortteil nach der kaliforn. Landschaft Tulare⟩ (Hasenpest, die auf Menschen übertragen werden kann)

Tu|li|pa|ne *die;* -, -n ⟨pers.⟩ (veralt. für: Tulpe)

Tüll *der;* -s, (Tüllarten:) -e ⟨nach der franz. Stadt Tulle [*tül*]⟩ (netzartiges Gewebe); **Tüll|blu|se**

Tül|le *die;* -, -n (landsch. für: [Ausguß]röhrchen; kurzes Rohrstück zum Einstecken)

Tüll|gar|di|ne

Tul|lia (altröm. w. Eigenn.); **Tul|li|us** (altröm. m. Eigenn.)

Tüll|vor|hang

Tul|pe *die;* -, -n ⟨pers.⟩; **Tul|pen-zwie|bel**

...tum (z. B. Besitztum *das*[1]; -s, ...tümer)

tumb (scherzh. altertümelnd für: einfältig); **Tumb|heit** *die;* -

Tum|ba *der;* -, ...ben ⟨griech.⟩ (Scheinbahre beim kath. Totengottesdienst; Überbau eines Grabes mit Grabplatte)

...tüm|lich (z. B. eigentümlich)

Tum|mel *der;* -s ⟨mdal. für: Rausch); **tum|meln** (bewegen); sich - ([sich be]eilen; auch für: herumtollen); ich ...[e]le (↑ R 22) [mich]; **Tum|mel|platz**; **Tumm-ler** ("Taumler"; hist.: Trinkgefäß mit abgerundetem Boden, Stehauf); **Tümm|ler** (Delphin; eine Taube)

Tu|mor [ugs. auch: *tumor*] *der;* -s, ...oren (ugs. auch: ...ore) ⟨lat.⟩ (Med.: Geschwulst); **Tu|mor-_wachs|tum, ...zel|le**

Tüm|pel *der;* -s, -

Tu|mu|li (*Plur.* von: Tumulus)

Tu|mult *der;* -[e]s, -e ⟨lat.⟩ (Lärm; Unruhe; Auflauf; Aufruhr); **Tu-mul|tu|ant** *der;* -en, -en; ↑ R 197 (Unruhestifter; Ruhestörer, Aufrührer); **tu|mul|tua|risch;** - ↑ R 180 (lärmend, unruhig, erregt); **tu|mul|tu|ös;** -este (svw. tumultuarisch)

Tu|mu|lus *der;* -, ...li ⟨lat.⟩ (vorgeschichtlicher Hügelgrab)

tun; ich tue od. tu', du tust, er tut, wir tun, ihr tut, sie tun; du tatst

---

[1] Die auf „tum" ausgehenden Substantive waren ursprünglich Maskulina, wie heute noch „Irrtum" und „Reichtum"; die meisten dieser Wörter sind heute jedoch Neutra.

(tatest), er tat; du tätest; tuend; getan; tu[e]!, tut!; vgl. dick[e]tun, guttun, schöntun, übeltun, wohltun; **Tun** *das;* -s; das - und Lassen; das - und Treiben

Tün|che *die;* -, -n; **tün|chen; Tün-cher; Tün|cher|mei|ster**

Tun|dra *die;* -, ...dren ⟨finn.-russ.⟩ (baumlose Kältesteppe jenseits der arktischen Waldgrenze); **Tun|dren|step|pe**

Tu|nell *das;* -s, -e (landsch., vor allem südd. u. österr. svw. Tunnel)

tu|nen [*tjun'n*] ⟨engl.⟩ (die Leistung [eines Motors] nachträglich steigern); ein getunter Wagen; **Tu-ner** [*tjun'r*] *der;* -s, - (Rundfunk, Fernsehen: Kanalwähler)

Tu|ne|si|er [...*i'r*]; **Tu|ne|si|en** [...*i'n*] (Staat in Nordafrika); **tu-ne|sisch**

Tun|gu|se *der;* -n, -n; ↑ R 197 (svw. Ewenke)

tu|nicht|gut *der;* - u. -[e]s, -e

Tu|ni|ka *die;* -, ...ken ⟨lat.⟩ (altröm. Untergewand)

Tu|ning [*tju...*] *das;* -s ⟨engl.⟩ (nachträgliche Erhöhung der Leistung eines Kfz-Motors)

Tu|nis (Hptst. von Tunesien); **Tu-ni|ser** (↑ R 147); **tu|ni|sisch**

Tun|ke *die;* -, -n; **tun|ken**

tun|lich; tunlichst bald; **Tun|lich-keit** *die;* -

Tun|nel *der;* -s, - u. -s ⟨engl.⟩; vgl. auch: Tunell

Tun|te *die;* -, -n (ugs. abschätzig für: Frau; Homosexueller); **tun-tig**

Tu|pa|ma|ro *der;* -s, -s (meist *Plur.*) ⟨nach dem Inkakönig Túpac Amaru⟩ (uruguayischer Stadtguerilla)

Tupf *der;* -[e]s, -e (südd., österr. u. schweiz. für: Tupfen); **Tüpf-chen,** Tüpf|lein (für od. das; -s, - (Pünktchen); **Tüpfel-chen;** das I-Tüpfelchen (↑ R 37), aber (weil das Tüpfelchen nur auf dem i stehen kann): das Tüpfelchen auf dem i (↑ R 82); **Tüp-fel|farn;** **tüp|fe|lig,** tüpf|lig; **tüp-feln;** ich ...[e]le (↑ R 22); **tup|fen; Tup|fen** *der;* -s, - (Punkt; [kreisrunder] Fleck); **Tup|fer; Tüpf-lein,** Tüpfchen

[1]Tul|pi *der;* -[s], -[s] (Angehöriger einer südamerik. Sprachfamilie); **[2]Tu|pi** *das;* - (indian. Verkehrssprache in Südamerika)

Tür *die;* -, -en; von - zu -; du kriegst die - nicht zu! (ugs.)

Tu|ran (Tiefland in Mittelasien)

Tu|ran|dot (Titelheldin bei Schiller)

Tür|an|gel

Tu|ra|ni|er [...*i'r*]; **tu|ra|nisch** (aus Turan)

Tu|ras *der;* -, -se (Kettenstern [bei Baggern])

Tur|ban *der;* -s, -e ⟨pers.⟩ ([mohammedan.] Kopfbedeckung); **tur|ban|ar|tig**

Tur|bel|la|rie [...*i'r*] *die;* -, -n (meist *Plur.*) ⟨lat.⟩ (Strudelwurm); **tur-bie|ren** (veralt. für: beunruhigen, stören); **Tur|bi|ne** *die;* -, -n ⟨franz.⟩ (eine Kraftmaschine); **Tur|bi|nen_an|trieb, ...flug|zeug, ...haus; Tur|bo_ge|ne|ra|tor** ⟨lat.⟩, **...kom|pres|sor** (Kreiselverdichter), **...la|der** (Technik); **Tur-bo-Prop-Flug|zeug** (Turbinen-Propeller-Flugzeug); **Tur|bo|ven-til|la|tor** (Kreisellüfter); **tur|bu-lent;** -este (stürmisch, ungestüm); **Tur|bu|lenz** *die;* -, -en (Auftreten von Wirbeln in einem Luft-, Gas- od. Flüssigkeitsstrom; turbulentes Geschehen)

Tür|chen, Tür|lein; **Tür|drücker** [*Trenn.:* ...drük|ker]; **Tül|re** *die;* -, -n (landsch. neben: Tür)

Turf *der;* -s ⟨engl.⟩ („Rasen"; Rennbahn; Pferdesport)

Tür_fal|le (schweiz. für: Türklinke), **...flü|gel, ...fül|lung**

Tur|gen|jew [...*gänjäf*] (russ. Dichter)

Tur|gor *der;* -s ⟨lat.⟩ (Med.: Spannungszustand des Gewebes; Bot.: Innendruck der Pflanzenzellen)

Tür-griff, ...he|ber, ...hü|ter; ...tü-rig (z. B. eintürig)

Tu|rin (ital. Stadt); vgl. Torino; **Tu|ri|ner** (↑ R 147); **tu|ri|nisch**

Tür|ke *der;* -n, -n; ↑ R 197 (auch: [nach]gestellte Szene im Fernsehen); einen -n bauen (ugs.: etwas vortäuschen, vorspielen); **Tür-kei** *die;* -; **tür|ken** (ugs. für: vortäuschen, fälschen); **Tür|ken** *der;* -s (südostösterr. für: Mais); **Tür-ken_bund** *der;* -[e]s, ...bünde; Lilienart), **...pfei|fe, ...sä|bel, ...sitz** (*der;* -es), **...tau|be; Tür|ke|stan** [auch: ...*ßtan*] (innerasiat. Gebiet)

Tur|key [*tö'ki*] *der;* -s, -s ⟨engl.⟩ (unangenehmer Zustand, nachdem die Wirkung eines Rauschgiftes nachgelassen hat)

Tür|kin *die;* -, -nen; **tür|kis** ⟨franz.⟩ (türkisfarben); das Kleid ist -; **[1]Tür|kis** *der;* -es, -e (ein Edelstein); **[2]Tür|kis** *das;* - (türkisfarbener Ton); **tür|kisch;** -es Pfund (Abk.: Ltq); **Tür|kisch** *das;* -[s] (Sprache); vgl. Deutsch; **Tür|ki-sche** *das;* -n; vgl. Deutsche *das;* **Tür|kisch|rot; tür|kis|far|ben, tür|kis|far|big; tur|ki|sie|ren** (türkisch machen)

Tür_klin|ke, ...klop|fer

Turk|me|ne *der;* -n, -n; ↑ R 197 (Angehöriger eines Turkvolkes); **Turk|me|ni|en** [...*i'n*] vgl. turkmenisch; **turk|me|nisch,** aber (↑ R 157): Turkmenische SSR

(Sowjetrepublik); **Turk|me|ni|stan** [auch: ...*tạn*] vgl. turkmenisch; **Tur|ko|lo|ge** *der;* -n, -n (↑ R 197) ⟨türk.; griech.⟩ (Wissenschaftler auf dem Gebiet der Turkologie); **Tur|ko|lo|gie** *die;* - (Erforschung der Turksprachen u. -kulturen); **Tụrk_spra|che, ...stamm, ...ta|ta|ren** (*Plur.;* Turkvolk der Tataren), **...volk** (Volk mit einer türk. Sprache) **Tür|lein, Tür|chen**

Tụrm *der;* -[e]s, Türme
Tur|ma|lin *der;* -s, -e ⟨singhal.-franz.⟩ (ein Edelstein)
Tụrm|bau (*Plur.* ...bauten); **Türmchen, Türm|lein; Tụrm|dreh|kran;** [1]**tür|men** (aufeinanderhäufen)
[2]**tür|men** ⟨hebr.⟩ (ugs. für: weglaufen, ausreißen)
Tür|mer; Tụrm_fal|ke, ...hau|be; tụrm|hoch [auch: *tụrmhoeh*]; **...tür|mig** (z. B. zweitürmig); **Türm|lein, Türm|chen; Tụrm_sprin|gen** (Sport), **...uhr, ...wäch|ter**
Turn [*tö'n*] *der;* -s, -s ⟨engl.⟩ (Kehre im Kunstfliegen); vgl. a b e r : Törn
Turn|an|zug; tur|nen; Tụr|nen *das;* -s; **Tụr|ner; Tur|ne|rei** *die;* -, -en; **Tur|ne|rin** *die;* -, -nen; **tur|ne|risch; Tụr|ner|schaft; Tụrn_fest, ...ge|rät, ...hal|le, ...hemd, ...ho|se**
Tur|nier *das;* -s, -e ⟨franz.⟩ (früher ritterliches, jetzt sportliches Kampfspiel; Wettkampf); **Tur|nie|ren** (veralt.); **Tur|nier_rei|ter, ...tanz, ...tän|zer**
Turn_leh|rer, ...schuh, ...schuh|ge|ne|ra|ti|on (*die;* -; Generation von Jugendlichen, die lässige Kleidung bevorzugt), **...stun|de, ...übung, ...un|ter|richt**
Tụr|nus *der;* -, -se ⟨griech.⟩ (Reihenfolge; Wechsel; Umlauf; österr. auch für: Arbeitsschicht, praktische Ausbildungszeit des Arztes); im - ; **Tụr|nus|arzt** (österr.); **tụr|nus|ge|mäß**
Tụrn_va|ter, ...ver|ein (Abk.: TV); (↑ R 32:) Turn- und Sportverein (Abk.: TuS); **Tụrn_wart, ...zeug**
Tür|öff|ner (elektr. Anlage)
Tu|ron *das;* -s (Geol.: zweitälteste Stufe der oberen Kreide)
Tür_pfo|sten, ...rah|men, ...rie|gel, ...schlie|ßer, ...schloß, ...schnal|le (österr. u. bayr. für: Türklinke), **...schwel|le, ...spalt, ...ste|her, ...stock** (*Plur.* ...stöcke; Bergmannsspr.: senkrecht aufgestellter Holzpfahl, Streckenausbauteil; österr.: [Holz]einfassung der Türöffnung), **...sturz** (*Plur.* -e und ...stürze)
tụr|teln (girren); ich' ...[e]le (↑ R 22); **Tụr|tel|tau|be** ·

TuS = Turn- und Sportverein
Tusch *der;* -[e]s, -e (Musikbegleitung bei einem Hoch); einen - blasen
Tu|sche *die;* -, -n ⟨franz.⟩ (Zeichentinte)
Tu|sche|lei; tu|scheln (heimlich [zu]flüstern); ich ...[e]le (↑ R 22)
[1]**tu|schen** ⟨franz.⟩ (mit Tusche zeichnen); du tuschst (tuschest)
[2]**tu|schen** (mdal. für: zum Schweigen bringen, stillen); du tuschst (tuschest)
Tusch|far|be; tu|schie|ren (ebene Metalloberflächen [nach Markierung mit Tusche] herstellen); **Tusch_ka|sten, ...ma|le|rei, ...zeich|nung**
Tus|ku|lum *das;* -s, ...la ⟨lat.; nach dem altröm. Tusculum⟩ (ruhiger, behaglicher] Landsitz)
Tus|nel|da vgl. Thusnelda
Tus|si *die;* -, -s (ugs., oft abwertend für: Mädchen, Frau, Freundin)
tut!; tut, tut!
Tut|anch|amun, (auch:) **Tut|ench|amun** (ägypt. König)
Tüt|chen, Tüt|lein; Tu|te *die;* -, -n (ugs. für: Tuthorn; mdal. auch für: Tüte; Technik: Eisenblechzylinder); **Tü|te** *die;* -, -n
Tu|tel *die;* -, -n ⟨lat.⟩ (Vormundschaft); **tu|te|la|risch** (vormundschaftlich)
tu|ten; (↑ R 68:) von Tuten und Blasen keine Ahnung haben (ugs.)
Tut|ench|amun vgl. Tutanchamun
Tut|horn (*Plur.* ...hörner)
Tüt|lein, Tüt|chen
Tu|tor *der;* -s, ...oren ⟨lat.⟩ (jmd., der Studienanfänger betreut; im röm. Recht für: Vormund)
Tüt|tel *der;* -s, - (veralt., aber noch mdal. für: Pünktchen); **Tüt|tel|chen** (ugs. für: ein Geringstes); kein - preisgeben
tụt|ti ⟨ital.⟩ (Musik: alle), **Tụt|ti** *das;* -[s], -[s] (Musik: „alle" Stimmen); **Tut|ti|frụt|ti** *das;* -[s], -[s] (Gericht als von „allen Früchten"; veralt. für: Allerlei)
tụt, tụt!
Tu|tu [*tütü*] *das;* -[s], -s ⟨franz.⟩ (Ballettröckchen)
TÜV [*tüf*] = Technischer Überwachungs-Verein (vgl. technisch)
Tu|va|lu (Inselstaat im Pazifik)
Tu|va|lu|er; tu|va|lu|isch
Tu|wort (*Plur.* ...wörter; für: Verb)
TV = Turnverein
TV [*tefau*, engl.: *tiwi*] = Television
Tweed [*twit*] *der;* -s, -s u. -e ⟨engl.⟩ (ein Gewebe); **tweed|ähn|lich**
Twen *der;* -[s], -s ⟨anglisierend⟩ (junger Mann; auch Mädchen um die Zwanzig)

Twen|ter *das;* -s, - (nordwestd. für: zweijähriges Schaf od. Pferd)
Twie|te *die;* -, -n (niederd. für: Zwischengäßchen)
Twill *der;* -s, -s u. -e ⟨engl.⟩ (Baumwollgewebe [Futterstoff]; Seidengewebe)
Twin|set *das,* auch: *der;* -[s], -s ⟨engl.⟩ (Pullover u. Jacke von gleicher Farbe u. aus gleichem Material)
[1]**Twist** *der;* -es, -e ⟨engl.⟩ (mehrfädiges Baumwoll[stopf]garn);
[2]**Twist** *der;* -s, -s ⟨amerik.⟩ (ein Tanz); **twi|sten** (Twist tanzen)
Two|step [*tußtäp*] *der;* -s, -s („Zweischritt"; ein Tanz)
[1]**Ty|che** [*tüche*] ⟨griech. Göttin des Glücks u. des Zufalls); [2]**Ty|che** *die;* - (Schicksal, Zufall, Glück)
Ty|coon [*taikụn*] *der;* -s, -s ⟨jap.-amerik.⟩ (mächtiger Geschäftsmann od. Parteiführer)
Tym|pa|non, [1]Tym|pa|num *das;* -s, ...na ⟨griech.⟩ (Giebelfeld über Fenster u. Türen [oft mit Reliefs geschmückt]); [2]**Tym|pa|num** *das;* -s, ...na (Handpauke; trommelartiges Schöpfrad in der Antike; Med.: Paukenhöhle [im Ohr])
[1]**Typ** *der;* -s, -en ⟨griech.⟩ (Philos.: nur ⟨Sing.⟩: Urbild, Beispiel; Psychol.: bestimmte psych. Ausprägung; Technik: Gattung, Bauart, Muster, Modell); [2]**Typ** *der;* -s (auch: -en), -en; ↑ R 197 (ugs. für: Mensch, Person); **Ty|pe** *die;* -, -n ⟨franz.⟩ (gegossener Druckbuchstabe; Letter; ugs. für: komische Figur; seltener, aber bes. österr. svw. Typ [Technik]); **ty|pen** (industrielle Artikel in bestimmten notwendigen Größen herstellen); **Ty|pen_druck** (*Plur.* ...drucke), **...he|bel, ...leh|re, ...psy|cho|lo|gie, ...rad** (für Schreibmaschinen), **...setz|ma|schi|ne**
Ty|phli|tis *die;* -, ...itiden ⟨griech.⟩ (Med.: Blinddarmentzündung)
ty|phös ⟨griech.⟩ (typhusartig); **Ty|phus** *der;* - (eine Infektionskrankheit); **Ty|phus_epi|de|mie, ...er|kran|kung**
Ty|pik *die;* -, -en ⟨griech.⟩ (Lehre vom Typ [Psych.]); **ty|pisch** -ste (gattungsmäßig; kenn-, bezeichnend; ausgeprägt; eigentümlich, üblich; veralt. für: mustergültig, vorbildlich); **ty|pi|sie|ren** (typisch darstellen, gestalten, auffassen; typen); **Ty|pi|sie|rung; Ty|po|graph**[1] *der;* -en, -en; ↑ R 197 (Schriftsetzer; Zeilensetzmaschine); **Ty|po|gra|phie**[1] *die;* -, ...ien (Buchdruckerkunst); **ty|po|gra|phisch**[1]; er **Ty|po|lo|gie** *die;* -, ...ien

---

[1] Auch eindeutschend: Typograf, Typografie, typografisch.

(Lehre von den Typen, Einteilung nach Typen; auch swv. Typik); **ty|po|lo|gisch; Ty|po|skript** *das;* -[e]s, -e (maschinengeschriebenes Manuskript); **Ty|pung** (zu: typen); **Ty|pus** *der;* -, Typen (swv. Typ [Philos., Psych.])

Tyr (altgerm. Gott); vgl. Tiu, Ziu **Ty|rann** *der;* -en, -en (↑R 197) ⟨griech.⟩ (Gewaltherrscher; herrschsüchtiger Mensch); **Ty|ran|nei** *die;* -, -en (Gewaltherrschaft; Willkür[herrschaft]); **Ty|ran|nen|tum** *das;* -s; **Ty|ran|nin** *die;* -, -nen; **Ty|ran|nis** *die;* - (Gewaltherrschaft, bes. im alten Griechenland); **ty|ran|nisch;** -ste (gewaltsam, willkürlich); **ty|ran|ni|sie|ren** (gewaltsam, willkürlich behandeln; unterdrücken); **Ty|ran|ni|sie|rung**

Ty|ras (ein Hundename)

Ty|ri|er [...*i^r*], (ökum.:) **Ty|rer** (Bewohner von Tyros); **ty|risch; Ty|ros** (phöniz. Stadt)

Tyr|rhe|ner (Bewohner Etruriens); **tyr|rhe|nisch,** aber (↑R 146): das Tyrrhenische Meer (Teil des Mittelländischen Meeres)

tyr|tä|isch, aber (↑R 134): **Tyr|tä|isch; Tyr|tä|us** (altgriech. Elegiker)

Ty|rus (lat. Name von: Tyros) **Tz** vgl. Tezett

U

U (Buchstabe); das U; des U, die U, aber: das u in Mut (↑R 82); der Buchstabe U, u

Ü (Buchstabe; Umlaut); das Ü; des Ü, die Ü, aber: das ü in Mütze (↑R 82); der Buchstabe Ü, ü

U = Unterseeboot; chem. Zeichen für: Uran

u., (in Firmen auch:) **&** = und **u. a.** = und and[e]re, und and[e]res, unter ander[e]m, unter ander[e]n

u. ä. = und ähnliche[s]

u. a. m. = und and[e]re mehr, und and[e]res mehr

u. [od. **U.**] **A. w. g.** = um [od. Um] Antwort wird gebeten

U-Bahn; *die;* -, -en; ↑R 37 (kurz für: Untergrundbahn); **U-Bahn|hof;** (↑R 41:) **U-Bahn-Netz, U-Bahn-Tun|nel**

übel; übler, übelste; üble Nachrede; übler Ruf. **I.** *Großschreibung* (↑R 65): er hat mir nichts, viel Übles getan. **II.** *Schreibung in Verbindung mit dem 2. Partizip*

(↑R 209), z. B. übelberaten (vgl. d.). **III.** *Schreibung in Verbindung mit Verben* (↑R 205f.): übel sein, werden, riechen; vgl. aber: übelnehmen, übeltun, übelwollen; **Übel** *das;* -s, -; das ist von (geh.: vom) -; **übel|be|ra|ten;** der übelberatene Herrscher (↑jedoch R 209), aber: der Herrscher war übel beraten; **übel|ge|launt;** der übelgelaunte Mann (↑jedoch R 209), aber: der Mann ist übel gelaunt; **übel|ge|sinnt;** der übelgesinnte Nachbar (↑jedoch R 209), aber: der Nachbar ist übel gesinnt; **Übel|keit; übel|lau|nig; Übel|lau|nig|keit; übel|neh|men** (↑R 205); er nimmt übel; übelgenommen; übelzunehmen; **Übel|neh|me|rei; übel|neh|me|risch;** -ste; **übel|rie|chend;** -ste; **Übel_sein** *(das;* -s), ...stand, ...tat, ...tä|ter; **übel|tun** (↑R 205); er hat ihm übelgetan; **übel|wol|len** (↑R 205); er hat ihm übelgewollt; **Übel|wol|len** *das;* -s; **übel|wol|lend;** -ste

¹**üben** (ein Klavierstück -; sich -²**üben** (mdal. für: drüben)

über (österr. Kanzleispr. auch swv. auf [über Wunsch = auf Wunsch]); *Präp.* mit *Dat.* u. *Akk.:* das Bild hängt über dem Sofa, aber: das Bild über das Sofa hängen; überm, übers (vgl. d.); über Gebühr; über die Maßen; über Nacht; (Bergmannsspr.:) über Tag; über kurz oder lang (↑R 65); Kinder über acht Jahre; Gemeinden über 10 000 Einwohner; über dem Lesen ist er eingeschlafen; über die Wahl bin ich sehr erfreut; über einen Witz lachen; *Adverb:* über und über (sehr; völlig); die ganze Zeit [über]; es waren über (= mehr als) 100 Gäste; wir mußten über (= mehr als) zwei Stunden warten; Gemeinden von über (= mehr als) 10 000 Einwohnern; die über Siebzigjährigen; er ist mir über (überlegen)

über... *in Verbindung mit Verben:* **a)** *unfeste Zusammensetzungen,* z. B. überbauen (vgl. d.), und baut über, hat übergebaut; überzubauen; **b)** *feste Zusammensetzungen,* z. B. überbauen (vgl. d.), er überbaut, hat überbaut; zu überbauen

über|all; über|all|her [auch: ...*al|her,* ...*alher*], aber: von überall her; **über|all|hin** [auch: ...*alhin,* ...*alhin*]

über|äl|tert; Über|äl|te|rung Über|an|ge|bot

über|ängst|lich

über|an|stren|gen; sich -; ich habe mich überanstrengt; **Über|an|stren|gung**

über|ant|wor|ten (übergeben, überlassen); die Gelder wurden ihm überantwortet; **Über|ant|wor|tung**

über|ar|bei|ten; sie hat einige Stunden übergearbeitet; **über|ar|bei|ten** sich -; du hast dich völlig überarbeitet; er hat den Aufsatz überarbeitet (nochmals durchgearbeitet); **Über|ar|bei|tung** (gründliche Durcharbeitung; Erschöpfung)

über|aus [auch: ...*auß, üb^e rauß*]

über|backen [*Trenn.:* ...bak|ken] (Kochk.); das Gemüse wird überbacken

¹**Über|bau** *der;* -[e]s, -e u. -ten (vorragender Oberbau, Schutzdach; Rechtsspr.: Bau über die Grundstücksgrenze hinaus); ²**Über|bau** *der;* -[e]s, (selten:) -e (Marxismus: die auf den wirtschaftl. u. sozialen Grundlagen basierenden Anschauungen einer Gesellschaft u. die entsprechenden Institutionen); **über|bau|en;** er hat übergebaut (über die Baugrenze); **über|bau|en;** er hat die Brücke (mit einem Dach) überbaut; **Über|bau|ung**

über|be|an|spru|chen; du überbeanspruchst den Wagen; er ist überbeansprucht; überzubeanspruchen; **Über|be|an|spru|chung**

über|be|hal|ten (ugs. für: übrigbehalten); wir behalten nichts über, haben nichts überbehalten; überzubehalten

Über|bein (Geschwulst an einem [Hand]gelenk)

über|be|kom|men; ich bekam das fette Essen bald über, habe es überbekommen; überzubekommen

über|be|la|sten; du überbelastest den Wagen, er ist überbelastet; überzubelasten; **Über|be|la|stung**

über|be|le|gen; der Raum war überbelegt; überzubelegen; selten: er überbelegt den Raum; **Über|be|le|gung**

über|be|lich|ten (Fotogr.); du überbelichtest die Aufnahme, sie ist überbelichtet; überzubelichten; **Über|be|lich|tung**

Über|be|schäf|ti|gung

über|be|to|nen; sie überbetont diese Entwicklung; er hat sie überbetont; überzubetonen; **Über|be|to|nung**

über|be|trieb|lich; -e Mitbestimmung

Über|be|völ|ke|rung

über|be|wer|ten; er überbewertet diese Vorgänge; er hat sie überbewertet; überzubewerten; **Über|be|wer|tung**

über|be|zah|len; er ist überbezahlt; überzubezahlen; selten: er überbezahlt ihn; Über|be|zah|lung

über|biet|bar; über|bie|ten; sich -; der Rekord wurde überboten; Über|bie|tung

über|bin|den (Musik); diese Töne müssen übergebunden werden; über|bin|den (schweiz. für: [eine Verpflichtung] auferlegen); die Aufgabe wurde ihr überbunden

über|bla|sen (Musik: bei Holz- u. Blechblasinstrumenten durch stärkeres Blasen die höheren Töne hervorbringen)

über|blat|ten (Hölzer in bestimmter Weise verbinden); der Schrank wird überblattet; Über|blat|tung

über|blei|ben (ugs. für: übrigbleiben); es bleibt nichts über, es ist nichts übergeblieben; überzubleiben; Über|bleib|sel das; -s, -

über|blen|den; die Bilder werden überblendet; Über|blen|dung (Film: die Überleitung eines Bildes in ein anderes)

Über|blick der; -[e]s, -e; über|blicken[1]; er hat den Vorgang überblickt; über|blicks|wei|se

über|bor|den („über die Ufer treten"; schweiz. für: über das Maß hinausgehen, ausarten); der Betrieb ist (auch: hat) überbordet

über|bra|ten, in: jmdm. eins - (ugs. für: einen Schlag, Hieb versetzen)

Über|brettl das; -s, - (Kleinkunstbühne)

über|brin|gen; er hat die Nachricht überbracht; Über|brin|ger; Über|brin|gung

über|brücken[1] (meist bildl.); sie hat den Gegensatz klug überbrückt; Über|brückung[1]; Über|brückungs[1]_[bei]|hil|fe, ...kre|dit

über|bür|den; er ist mit Arbeit überbürdet; Über|bür|dung

Über|chlor|säu|re die; -

Über|dach; über|da|chen; der Bahnsteig wurde überdacht; Über|da|chung

Über|dampf der; -[e]s (der nicht für den Gang der Maschine notwendige Dampf)

über|dau|ern; die Altertümer haben Jahrhunderte überdauert

Über|decke[1]; über|decken[1] (ugs.); ich habe das Tischtuch übergedeckt; über|decken[1]; mit einem Tuch überdeckt; Über|deckung[1]

über|deh|nen; [bis zum Zerreißen] stark auseinanderziehen); das Gummiband ist überdehnt

über|den|ken; sie hat es lange überdacht

über|deut|lich

über|dies

¹ *Trenn.: ...k|k...*

über|di|men|sio|nal; über|di|men|sio|niert; Über|di|men|sio|nie|rung

über|do|sie|ren; er überdosiert das Medikament, hat es überdosiert; überzudosieren; Über|do|sie|rung; Über|do|sis; eine - Schlaftabletten

über|dre|hen; die Uhr ist überdreht

¹Über|druck der; -[e]s, ...drücke (zu starker Druck); ²Über|druck der; -[e]s, ...drucke (nochmaliger Druck auf Geweben, Papier u. ä.); Über|druck|at|mo|sphä|re (veralt.); über|drucken[1]; die Briefmarke wurde noch einmal überdruckt; Über|druck_ka|bi|ne (↑ R 204), ...tur|bi|ne, ...ven|til

Über|druß der; ...drusses; Über|druß|ge|sell|schaft; über|drüs|sig; des Lebens, des Liebhabers - sein; seiner - sein; (gelegentlich, besonders beim persönl. Fürw. in bezug auf Personen, auch Akk.:) ich bin ihn -

über|durch|schnitt|lich

Über|eck; - stellen

Über|ei|fer; über|eif|rig

über|eig|nen (überweisen; zu eigen [über]geben); das Haus wurde ihm übereignet; Über|eig|nung

Über|ei|le; über|ei|len; sich -; du hast dich übereilt; über|eilt (verfrüht); ein übereilter Schritt; Über|ei|lung

über|ein|an|der; *Schreibung in Verbindung mit Verben* (↑ R 205 f.): übereinander (über sich gegenseitig) reden, sprechen, die Dosen übereinander aufstellen, aber: übereinanderlegen, übereinanderliegen, übereinanderschichten, [die Beine] übereinanderschlagen, übereinanderstellen, übereinanderwerfen, vgl. aneinander; übereinander stehen (nicht liegen)

über|ein|kom|men; ich komme überein; übereingekommen; übereinzukommen; Über|ein|kom|men (Abmachung); Über|ein|kom|men (größeres Einkommen als zu erwarten war); Über|ein|kunft die; -, ...künfte

über|ein|stim|men; Nachfrage und Angebot stimmen überein, haben übereingestimmt; übereinzustimmen; Über|ein|stim|mung

über|ein|tref|fen; vgl. übereinkommen

über|emp|find|lich; Über|emp|find|lich|keit

über|er|fül|len (DDR); sie übererfüllt ihr Soll; übererfüllt; überzuerfüllen; Über|er|fül|lung

¹ *Trenn.: ...k|k...*

Über|er|näh|rung

über|er|reg|bar; Über|er|reg|bar|keit; -

über|es|sen; ich habe mir die Speise übergegessen (ich mag sie nicht mehr); vgl. überbekommen; über|es|sen, sich; ich habe mich übergessen (zuviel gegessen)

über|fach|lich

über|fah|ren; ich bin übergefahren (über den Fluß); über|fah|ren; das Kind ist - worden; er hätte mich bei den Verhandlungen fast - (ugs. für: überrumpelt); Über|fahrt; Über|fahrts|geld

Über|fall der; über|fal|len (nach der anderen Seite fallen); über|fal|len; man hat ihn -; Über|fall|ho|se; über|fäl|lig (von Schiffen u. Flugzeugen: zur erwarteten Zeit noch nicht eingetroffen); ein -er (verfallener) Wechsel; Über|fall|kom|man|do, (österr.:) Über|falls|kom|man|do

Über|fang (farbige Glasschicht auf Glasgefäßen); über|fan|gen (mit einem Überfang versehen); die Vase ist blau -; Über|fang|glas; vgl. ¹Glas

über|fär|ben (abfärben); die Druckschrift hat übergefärbt; über|fär|ben; der Stoff braucht nur überfärbt zu werden

über|fein; über|fei|nern; ich ...ern (↑ R 22); überfeinert; Über|fei|ne|rung

über|fir|nis|sen; der Schrank wurde überfirnißt

über|fi|schen (den Fischbestand durch zu viel Fischerei bedrohen); überfischt; Über|fi|schung

Über|fleiß; über|flei|ßig

über|flie|gen (ugs. für: nach der anderen Seite fliegen); die Hühner sind übergeflogen; über|flie|gen; er hat die Alpen überflogen; ich habe das Buch überflogen

über|flie|ßen; das Wasser ist übergeflossen; er floß über von Dankesbezeigungen; über|flie|ßen; die Wiese ist von Wasser überflossen

Über|flug der; -[e]s (das Überfliegen); über|flü|geln; er hat seinen Lehrmeister überflügelt; der Feind wurde überflügelt; Über|flü|ge|lung, Über|flüg|lung

Über|fluß der; ...flusses; Über|fluß|ge|sell|schaft; über|flüs|sig; über|flüs|si|ger|wei|se

über|flu|ten; das Wasser ist übergeflutet; über|flu|ten; der Strom hat die Dämme überflutet; Über|flu|tung

über|for|dern (mehr fordern, als man leisten kann); er hat mich überfordert; Über|for|de|rung

Über|fracht; über|fräch|ten;
Über|fräch|tung
über|fra|gen (Fragen stellen, auf
die man nicht antworten kann);
über|fragt; ich bin -
über|frem|den; ein Land ist über-
fremdet; Über|frem|dung (Ein-
dringen Fremder, fremder Ein-
flüsse)
über|fres|sen; du hast dich - (derb)
über|frie|ren; die Straße ist über-
froren; überfrierende Nässe
Über|fuhr die; -, -en (österr. für:
Fähre)
über|füh|ren, über|füh|ren (an ei-
nen anderen Ort führen); die
Leiche wurde nach ... überge-
führt od. überführt; über|füh|ren
(einer Schuld); der Mörder wur-
de überführt; Über|füh|rung; -
der Leiche; - einer Straße; - eines
Verbrechers; Über|füh|rungs|ko-
sten Plur.
Über|fül|le; über|fül|len; der
Raum ist überfüllt; Über|fül|-
lung
Über|funk|ti|on; - der Schilddrüse
über|füt|tern; eine überfütterte
Katze; Über|füt|te|rung
Über|ga|be; Über|ga|be|ver|hand|-
lun|gen Plur.
Über|gang der (auch: Brücke; Be-
sitzwechsel); Über|gangs_bahn-
hof, ...be|stim|mung, ...er|schei|-
nung; über|gangs|los; Über|-
gangs.lö|sung, ...man|tel, ...pe|ri|-
ode, ...pha|se, ...sta|di|um, ...sta|-
ti|on, ...stel|le, ...stil, ...stu|fe,
...zeit, ...zu|stand
Über|gar|di|ne (meist Plur.)
über|ge|ben; (ugs.:) ich habe ihm
ein Tuch übergegeben (gegen die
Kälte); ich habe ihm eins übergegeben (ugs. für: ich habe ihn
geschlagen); über|ge|ben; er hat
die Festung -; ich habe mich -
(erbrochen)
Über|ge|bot (höheres Gebot bei
einer Versteigerung)
Über|ge|bühr; vgl. aber: Gebühr
über|ge|hen; er ist zum Feind
übergegangen; wir gingen zum
nächsten Thema über; das
Grundstück ist in andere Hände
übergegangen; die Augen gingen
ihm über (ugs. für: er war über-
wältigt; geh. für: er weinte);
über|ge|hen (unbeachtet lassen);
sie hat den Einwand übergan-
gen; Über|ge|hung die; -; mit -
über|ge|meind|lich
über|ge|nau
über|ge|nug; genug und -
Über|ge|nuß (österr. Amtsspr. für:
Überzahlung)
über|ge|ord|net
Über_ge|päck (Flugw.), ...ge|wicht
(das; -[e]s); über|ge|wich|tig
über|gie|ßen (in ein anderes Gefäß
gießen; über einen Gefäßrand
hinausgießen); sie hat aus Verse-
hen übergegossen; über|gie|ßen
(oberflächlich gießen; oben be-
gießen); sie hat die Blumen nur
übergossen; übergossen mit ...,
aber (↑R 146): die Übergossene
Alm (Gletscher auf dem Hoch-
könig in den Alpen); Über|gie|-
ßung
über|gip|sen; die Wand wurde
übergipst; Über|gip|sung
über|gla|sen (mit Glas decken); du
überglast (überglasest); er
übergla|ste; der Balkon ist über-
glast; Über|gla|sung
über|glück|lich
über|gol|den (auch bildl.); der
Ring wurde übergoldet
über|grei|fen; das Feuer, die Seu-
che hat übergegriffen; Über|griff
über|groß; Über|grö|ße
Über|guß
über|ha|ben (ugs. für: satt haben;
übrig haben; angezogen haben);
er hat die ständigen Wiederho-
lungen übergehabt; er hat den
Mantel übergehabt
über|hal|ten (ugs. für: darüberhal-
ten); er hat die Hand übergehal-
ten, z. B. über den Kopf; über-
hal|ten (österr. veralt. für: jmdn.
beim Einkauf übervorteilen);
man hat ihn überhalten; Über-
häl|ter (Forstw.: starker Baum,
der beim Abholzen stehengelas-
sen wird)
Über|hand|nah|me die; -; über-
hand|neh|men; etwas nimmt
überhand, es hat überhandge-
nommen, überhandzunehmen
Über|hang; - der Zweige, des Ob-
stes, der Felsen; (übertr. auch:) -
der Waren; ¹über|hän|gen; die
Felsen hingen über; vgl. ¹hän-
gen; ²über|hän|gen; sie hat den
Mantel übergehängt; vgl. ²hän-
gen; über|hän|gen; sie hat den
Käfig mit einem Tuch über-
hängt; vgl. ²hängen; Über|hang-
man|dat (in Direktwahl gewon-
nenes Mandat, das über die Zahl
der einer Partei nach dem Stim-
menverhältnis zustehenden Par-
lamentssitze hinausgeht); Über-
hangs|recht das; -[e]s
über|happs (österr. ugs. für: über-
eilt; ungefähr)
über|hart; -er Einsatz
über|ha|sten; das Tempo ist über-
hastet; Über|ha|stung
über|häu|fen; sie war mit Arbeit
überhäuft; der Tisch ist mit Pa-
pieren, Zeitungen überhäuft;
Über|häu|fung
über|haupt
über|he|ben (ugs. für: hinüberhe-
ben); er hat das Kind übergeho-
ben; über|he|ben; wir sind der
Sorge um ihn überhoben; sich -;
ich habe mich überhoben; über-
heb|lich (anmaßend); Über|heb|-
lich|keit; Über|he|bung
über|hei|zen (zu stark heizen); das
Zimmer ist überheizt
über|hin (oberflächlich); etwas -
prüfen
über|hit|zen (zu stark erhitzen); du
überhitzt (überhitzest); der Ofen
ist überhitzt; Über|hit|zung
über|hö|hen; die Kurve ist über-
höht; Über|hö|hung
über|ho|len; (Seemannsspr.:) die
Segel wurden übergeholt; das
Schiff hat übergeholt (sich auf
die Seite gelegt); über|ho|len
(hinter sich bringen, lassen;
übertreffen; Technik, auch allg.:
nachsehen, ausbessern, wiederherstellen); er hat ihn überholt;
diese Anschauung ist überholt;
die Maschine ist überholt wor-
den; Über|hol.ma|nö|ver, ...spur;
Über|ho|lung; über|ho|lungs|be-
dürf|tig; Über|hol_ver|bot, ...ver-
such, ...vor|gang
über|hö|ren; das möchte ich über-
hört haben!
Über-Ich; ↑R 35 (Psychoanalyse)
über|in|di|vi|du|ell
über|ir|disch
über|jäh|rig (veralt.)
über|kan|di|delt (ugs. für: über-
spannt)
Über|ka|pa|zi|tät
über|kip|pen; er ist nach vorn
übergekippt
über|kle|ben; überklebte Plakate
Über|kleid; über|klei|den; der
Balken wird überkleidet (über-
deckt); Über|klei|dung (Über-
kleider); Über|klei|dung (eines
Wandschadens u. ä.)
über|klet|tern; er hat den Zaun
überklettert
über|klug
über|ko|chen; die Milch ist über-
gekocht; über|ko|chen; das Ein-
gemachte mußte nochmals über-
kocht werden
über|kom|men (landsch. für: etw.
endlich fertigbringen od. sagen);
er ist damit übergekommen;
über|kom|men; eine überkom-
mene Verpflichtung; der Ekel
überkam ihn, hat ihn überkom-
men
Über|kom|pen|sa|ti|on; über|kom-
pen|sie|ren (mehr als ausglei-
chen)
über Kreuz; vgl. Kreuz; über-
kreu|zen; sich -
über|kro|nen; der Zahn wurde
überkront
über|kru|sten; die Nudeln werden
überkrustet
über|küh|len (österr. für: [lang-
sam] abkühlen); Speisen - lassen
über|la|den (hinüberladen); die
Kisten werden übergeladen; vgl.

¹laden; **über|la|den;** das Schiff war überladen; vgl. ¹laden; **Über|la|dung** (Hinüberladung); **Über|la|dung** (übermäßige Beladung)

über|la|gern; überlagert; sich -; **Über|la|ge|rung; Über|la|ge|rungs|emp|fän|ger** (ein Rundfunkgerät)

Über|land_bahn [auch: ...länt...], ...**fahrt,** ...**kraft|werk,** ...**lei|tung** (Leitung zur Übertragung von elektrischem Strom über weite Strecken)

über|lang; Über|län|ge

über|lap|pen; überlappt; **Über|lap|pung**

über|las|sen (ugs. für: übriglassen); sie hat ihm etwas übergelassen; **über|las|sen** (abtreten; anheimstellen); überlaß mir das Haus -; **Über|las|sung**

über|la|sten; über|la|stet; über|la|stig; Über|la|stung

Über|lauf (Ablauf für überschüssiges Wasser); **über|lau|fen;** das Wasser läuft über; er ist zum Feind übergelaufen; die Galle ist ihm übergelaufen; **über|lau|fen;** der Arzt wird von Kranken -; es hat mich kalt -; **Über|läu|fer** (Fahnenflüchtiger; Jägerspr.: Wildschwein im zweiten Jahr)

über|laut

über|le|ben; er hat seine Frau überlebt; diese Vorstellungen sind überlebt; **Über|le|ben|de** der u. die; -n, -n (↑ R 7 ff.); **Über|le|bens|chan|ce** (meist Plur.); **über|le|bens|groß; Über|le|bens|grö|ße** die; -; **Über|le|bens|trai|ning**

über|le|gen (ugs. für: darüberlegen); sie hat ein Tuch übergelegt; du gehörst **über|ge|legt** (übers Knie gelegt); ¹**über|le|gen** (bedenken); er hat lange überlegt; ich habe mir das überlegt; (↑ R 68:) nach reiflichem Überlegen; ²**über|le|gen;** sie ist mir -; mit -er Miene; **Über|le|gen|heit** die; -; **über|legt** (auch für: sorgsam); **Über|le|gung;** mit -

über|lei|ten; ein Lied leitete zum zweiten Teil über; **Über|lei|tung**

über|le|sen ([schnell] durchlesen; [bei oberflächlichem Lesen] nicht bemerken); er hat den Brief nur -; er hat diesen Druckfehler -

über|lie|fern; diese Gebräuche wurden uns überliefert; **Über|lie|fe|rung;** schriftliche -

über|lie|gen (von Schiffen: länger als vorgesehen in einem Hafen liegen); **Über|lie|ge|zeit**

Über|lin|gen (Stadt am Bodensee); **Über|lin|ger See** der; - -s; ↑ R 151 (Teil des Bodensees)

über|li|sten; der Feind wurde überlistet; **Über|li|stung**

überm; ↑ R 17 (ugs. für: über dem); - Haus[e]

über|ma|chen (veraltend für: zukommen lassen; auch: letztwillig vermachen); er hat ihm sein Vermögen übermacht

Über|macht die; -; **über|mäch|tig**

über|ma|len; (ugs.:) sie hat [über den Rand] übergemalt; **über|ma|len;** das Bild war übermalt; **Über|ma|lung**

über|man|gan|sau|er; übermangansaures Kali (älter für: Kaliumpermanganat)

über|man|nen; der Feind wurde übermannt; die Rührung hat ihn übermannt; **über|manns|hoch**

Über|man|tel

über|mar|chen (schweiz., sonst veralt. für: eine festgesetzte Grenze überschreiten)

Über|maß das; -es; im -; **über|mä|ßig**

über|mä|sten; übermästete Tiere **Über|mensch** der; **Über|men|schen|tum** das; -s; **über|mensch|lich**

Über|mi|kro|skop (für: Elektronen-, Ultramikroskop)

über|mit|teln (mit-, zuteilen); ich ...[e]le (↑ R 22); er hat diese freudige Nachricht übermittelt; **Über|mit|te|lung, Über|mitt|lung**

über|mor|gen; - abend (↑ R 61)

über|mü|de; über|mü|den; über|mü|det; - sein; **Über|mü|dung**

Über|mut; über|mü|tig

übern; ↑ R 17 (ugs. für: über den); - Graben

über|näch|ste; am -n Freitag

über|nach|ten (über Nacht bleiben); er hat bei uns übernachtet; **über|näch|tig,** (österr. nur so, sonst häufiger:) **über|näch|tigt** (von langem Aufbleiben müde); **Über|näch|tler** (schweiz. für: in Stall, Schuppen usw. Übernachtender); **Über|nach|tung**

Über|nah|me die; -, -n; **Über|nahms|stel|le** (österr. für: Annahmestelle)

Über|na|me (Spitzname)

über|na|tio|nal

über|na|tür|lich

über|neh|men; er hat das Gewehr übergenommen; **über|neh|men;** sie hat das Geschäft übernommen; ich habe mich übernommen; **Über|neh|mer**

über|ord|nen; er ist ihm übergeordnet; **Über|ord|nung**

Über|or|ga|ni|sa|ti|on (Übermaß von Organisation); **über|or|ga|ni|siert**

über|ört|lich

über|par|tei|lich

Über|pflan|ze (Biol.: Schmarotzer); **über|pflan|zen;** überpflanzt mit ...; ein Organ -;

Über|pflan|zung (für: Transplantation)

Über|pin|seln

Über|preis

Über|pro|duk|ti|on

über|prüf|bar; über|prü|fen; sein Verhalten wurde überprüft; **Über|prü|fung; Über|prü|fungs|kom|mis|si|on**

über|quel|len (überfließen); der Eimer quoll über; der Teig ist übergequollen; überquellende Freude, Dankbarkeit

über|quer (veralt. für: über Kreuz); **über|que|ren;** er hat den Platz, den Fluß überquert; **Über|que|rung**

über|ra|gen (hervorstehen); der Balken hat übergeragt; ein überragender Balken; **über|ra|gen;** er hat alle überragt; ein überragender Erfolg

über|ra|schen; du überraschst (überraschest); er wurde überrascht; **über|ra|schend,** -ste; **über|ra|schen|der|wei|se; Über|ra|schung; Über|ra|schungs|er|folg,** ...**mo|ment** das, ...**sieg**

über|rech|nen (rechnerisch überschlagen); das Vorhaben wurde überrechnet

über|re|den; sie hat mich überredet; **Über|re|dung; Über|re|dungs|kunst**

über|re|gio|nal

über|reich

über|rei|chen; überreicht

über|reich|lich

Über|rei|chung

Über|reich|wei|te (von [Rundfunk]sendern)

über|reif; Über|rei|fe

über|rei|ten; sie haben den Gegner überritten

über|rei|zen; seine Augen sind überreizt; **Über|reizt|heit** die; -; **Über|rei|zung**

über|ren|nen; er wurde überrannt

Über|re|prä|sen|ta|ti|on; über|re|prä|sen|tiert

Über|rest

über|rie|seln; das Wasser ist übergerieselt; **über|rie|seln;** überrieselte Wiesen; **Über|rie|se|lung, Über|ries|lung**

Über|rock

Über|roll|bü|gel (bes. bei Sport- u. Rennwagen); **über|rol|len;** er wurde überrollt

über|rum|peln; der Feind wurde überrumpelt; **Über|rum|pe|lung, Über|rump|lung**

über|run|den (im Sport); er wurde überrundet; **Über|run|dung**

übers; ↑ R 17 (ugs. für: über das); - Wochenende

über|sä|en (besäen); übersät (dicht bedeckt); der Himmel ist mit Sternen übersät

über|satt; über|sät|ti|gen; er ist

übersättigt; eine übersättigte Lösung (Chemie); Über|sät|ti|gung
über|säu|ern; Über|säue|rung
Über|schall_flug, ...flug|zeug, ...ge|schwin|dig|keit
Über|schar die; -, -en (Bergmannsspr.: zwischen Bergwerken liegendes, wegen geringen Ausmaßes nicht zur Bebauung geeignetes Land)
über|schat|ten; Über|schat|tung
über|schät|zen; überschätzt; Über|schät|zung
Über|schau die; -; über|schau|bar; Über|schau|bar|keit die; -; über|schau|en; überschaut
über|schäu|men; der Sekt war übergeschäumt; überschäumende Lebenslust
Über|schicht (zusätzliche Arbeitsschicht)
über|schie|ßen (übrigbleiben; überfließen); der überschießende Betrag
über|schläch|tig; -es [Wasser]rad (mit Zuleitung von oben her)
über|schla|fen; das muß ich erst -
Über|schlag der; -[e]s, ...schläge; über|schla|gen; die Stimme ist übergeschlagen; ich habe die Kosten -; er hat sich -; ²über|schla|gen; das Wasser ist überschlagen (lauwarm); über|schlä|gig (ungefähr; etwa); vgl. überschläglich; Über|schlag|la|ken (Teil der Bettwäsche); über|schläg|lich svw. überschlägig
über|schlie|ßen (Druckw.); einige Wörter wurden übergeschlossen
über|schnap|pen; der Riegel des Schlosses, das Schloß hat od. ist übergeschnappt; die Stimme ist übergeschnappt; du bist wohl übergeschnappt (ugs. für: du hast wohl den Verstand verloren)
über|schnei|den; sich -; ihre Arbeitsgebiete haben sich überschnitten; Über|schnei|dung
über|schnei|en; die überschneiten Dächer
über|schnell
über|schrei|ben; das Gedicht ist nicht überschrieben; die Forderung ist überschrieben (übereignet); Über|schrei|bung (Übereignung [einer Forderung usw.])
über|schrei|en; er hat ihn überschrie[e]n
über|schrei|ten; du hast die Grenze überschritten; (↑R 68:) das Überschreiten der G[e]leise ist verboten; Über|schrei|tung
Über|schrift
Über|schuh
über|schul|det (mit Schulden übermäßig belastet); Über|schul|dung
Über|schuß; über|schüs|sig; Über|schuß_land, ...pro|dukt
über|schüt|ten (ugs.); sie hat etwas

übergeschüttet; über|schüt|ten; sie hat mich mit Vorwürfen überschüttet; Über|schüt|tung
Über|schwang der; -[e]s; im - der Gefühle
über|schwap|pen (ugs. für: sich über den [Teller]rand ergießen); die Suppe ist übergeschwappt
über|schwem|men; die Uferstraße ist überschwemmt; Über|schwem|mung; Über|schwem|mungs_ge|biet, ...ka|ta|stro|phe
über|schweng|lich; Über|schweng|lich|keit
über|schwer
Über|see (die „über See" liegenden Länder; ohne Artikel); nach - gehen; Waren von -, aus -; Briefe für -; Über|see_brücke [Trenn.: ...brük|ke], ...damp|fer, ...ha|fen (vgl. ²Hafen); über|see|isch; -er Handel
über|seh|bar; über|se|hen (ugs. für: zu oft sehen u. deshalb überdrüssig werden); du hast dieses Kleid übergesehen; über|se|hen; ich habe den Fehler -; er konnte vom Fenster aus das Tal -
über|sen|den; der Brief wurde ihr übersandt; Über|sen|dung
über|setz|bar; Über|setz|bar|keit die; -; über|set|zen (überfahren); ich habe den Wanderer übergesetzt; über|set|zen (in eine andere Sprache übertragen); ich habe den Satz übersetzt; Über|set|ze|rin die; -, -nen; über|setzt (landsch., bes. schweiz. für: überhöht); -e Preise, -e Geschwindigkeit; Über|set|zung ([schriftliche] Übertragung; Kraft-, Bewegungsübertragung); Über|set|zungs_ar|beit, ...bü|ro, ...deutsch, ...feh|ler
Über|sicht die; -, -en; über|sich|tig (veralt. für: weitsichtig); er hat -e Augen; Über|sich|tig|keit die; -; über|sicht|lich (leicht zu überschauen); Über|sicht|lich|keit die; -; Über|sichts_kar|te, ...ta|fel
über|sie|deln, (auch:) über|sie|deln (den Wohnort wechseln); ich sied[e]le über (auch: ich übersied[e]le; ich bin übergesiedelt (auch: übersiedelt); Über|sied|ler, (auch:) Über|sied|ler; Über|sied|lung, (auch:) Über|sied|lung
über|sie|den (überkochen)
über|sinn|lich; Über|sinn|lich|keit
Über|soll
über|son|nt
über|span|nen; ich habe den Bogen überspannt; über|spannt (übertrieben); -e Anforderungen; -es (verschrobenes) Wesen; Über|spannt|heit; Über|span|nung (zu hohe Spannung in einer elektr. Anlage); Über|span|nung; Über|span|nungs|schutz

über|spie|len (besser, rascher spielen als ein anderer; auf einen Tonträger übertragen); er hatte seinen Gegner völlig überspielt; er hat den Schlager vom Tonband auf eine Schallplatte überspielt; über|spielt (Sportspr.: durch [zu] häufiges Spielen überanstrengt; österr. für: häufig gespielt, nicht mehr neu [vom Klavier]); Über|spie|lung
über|spit|zen (übertreiben); über|spitzt (übermäßig); Über|spitzt|heit; Über|spit|zung
über|spre|chen (Rundfunk, Fernsehen: in eine aufgenommene [fremdsprachige] Rede einen anderen Text hineinsprechen)
über|spren|keln; übersprenkelt
über|sprin|gen; der Funke ist übergesprungen; über|sprin|gen; ich habe eine Klasse übersprungen; Über|sprin|gung
über|spru|deln
Über|sprung|hand|lung (Verhaltensforschung: bestimmte Verhaltensweise in Konfliktsituationen)
über|spü|len; das Ufer ist überspült
über|staat|lich
Über|stän|der (Forstw.: überalteter, nicht mehr wachsender Baum); über|stän|dig; -e Bäume
über|stark
über|ste|chen (im Kartenspiel eine höhere Trumpfkarte drauflegen); er hat übergestochen; über|ste|chen; er hat ihn überstochen
über|ste|hen; der Felsen hat übergestanden; über|ste|hen; die Gefahr ist überstanden
über|steig|bar; über|stei|gen (ugs.); sie ist übergestiegen; über|stei|gen; sie hat den Grat überstiegen; das übersteigt meinen Verstand
über|stei|gern (überhöhen); die Preise sind übersteigert; Über|stei|ge|rung
Über|steig|ung
über|stel|len (Amtsspr.: [weisungsgemäß] einer anderen Stelle übergeben); er wurde überstellt; Über|stel|lung
über|stem|peln
Über|sterb|lich|keit die; - (höhere Sterblichkeit, als erwartet wurde)
über|steu|ern (Funk- u. Radiotechnik: einen Verstärker überlasten, so daß der Ton verzerrt wird; Kraftfahrzeugw.: zu starke Wirkung des Lenkradeinschlags zeigen); Über|steue|rung
über|stim|men; er wurde überstimmt; Über|stim|mung
über|stra|pa|zie|ren (zu häufig gebrauchen); ein überstrapaziertes Schlagwort

über|strei|chen (übermalen); eine überstrichene Wand

über|strei|fen; sie hat den Handschuh übergestreift

über|streu|en; mit Zucker überstreut

über|strö|men; er ist von Dankesworten übergeströmt; über|strö|men; der Fluß hat die Felder weithin überströmt

Über|strumpf (Gamasche)

über|stül|pen

Über|stun|de; -n machen; Über|stun|den.geld, ...zu|schlag

über|stür|zen (übereilen); er hat die Angelegenheit überstürzt; die Ereignisse überstürzten sich; Über|stür|zung (Übereilung)

über|ta|rif|lich; -e Bezahlung

über|täu|ben; das hat seinen Schmerz übertäubt; Über|täu|bung

über|tau|chen (österr. ugs. für: überstehen)

über|teu|ern; ich ...ere (↑ R 22); überteuerte Ware; Über|teue|rung

über|töl|peln (ugs.); er wurde übertölpelt; Über|töl|pe|lung, Über|töl|p|lung (ugs.)

über|tö|nen; Über|tö|nung

Über|topf (für Blumentöpfe)

Über|trag der; -[e]s, ...träge (Übertragung auf die nächste Seite); über|trag|bar; Über|trag|bar|keit die; -; ¹über|tra|gen (auftragen; anordnen; übergeben; im Rundfunk wiedergeben); er hat mir das -; ich habe ihm das Amt -; sich - (übergehen) auf ...; die Krankheit hat sich auf mich -; ²über|tra|gen; -e Bedeutung; - (österr. für: gebrauchte, abgetragene) Kleidung; Über|tra|ger (Fernmeldewesen für: Transformator); Über|träger; Über|tra|gung; Über|tra|gungs_ver|merk, ...wa|gen, ...wei|se die

über|trai|niert (überanstrengt durch übermäßiges Training)

über|tref|fen; seine Leistungen haben alles übertroffen

über|trei|ben; sie hat die Sache übertrieben; Über|trei|bung

über|tre|ten (von einer Gemeinschaft in eine andere; Sport: über die Absprunglinie u. ä. treten); er ist zur evangelischen Kirche übergetreten; sie hat, ist beim Weitsprung übergetreten; über|tre|ten; ich habe das Gesetz -; ich habe mir den Fuß -; Über|tre|tung; Über|tre|tungs|fall der; im -[e]

über|trie|ben; vgl. übertreiben; Über|trie|ben|heit

Über|tritt

über|trump|fen (überbieten, ausstechen); übertrumpft

über|tun (ugs.); ich habe mir einen Mantel übergetan; über|tun, sich (landsch. für: sich übernehmen); du hast dich übertan

über|tün|chen; die Wand wurde übertüncht

über|über|mor|gen

über|ver|si|chern; ich überversichere (↑ R 22); die Schiffsladung war überversichert; Über|ver|si|che|rung

über|völ|kert; diese Provinz ist -; Über|völ|ke|rung

über|voll

über|vor|sich|tig

über|vor|tei|len; er wurde übervorteilt; Über|vor|tei|lung

über|wach (mehr als wach; fast hellseherisch); mit -en Augen; über|wa|chen (beaufsichtigen); er wurde überwacht

über|wach|sen; mit Moos -

über|wäch|tet (von einem Schneeüberhang bedeckt); -e Gletscherspalten

Über|wa|chung; Über|wa|chungs_dienst, ...stel|le, ...sy|stem

über|wal|len (geh. für: sprudelnd überfließen); das Wasser ist übergewallt; über|wal|len; von Nebel überwallt

über|wäl|ti|gen (bezwingen); der Gegner wurde überwältigt; über|wäl|ti|gend (ungeheuer groß); Über|wäl|ti|gung

über|wal|zen; die Panzer überwalzten die Gräben; über|wäl|zen (abwälzen); die Kosten wurden auf die Gemeinden überwälzt

über|wech|seln (hinüberwechseln); das Wild ist in das Nachbarrevier übergewechselt

Über|weg

über|wei|sen (übergeben; [Geld] anweisen; österr. veralt. für: überführen); er hat das Geld überwiesen; (österr. veralt.:) der überwiesene Dieb

über|wei|ßen (hell überstreichen); er hat die Wand überweißt; Über|wei|ßung

Über|wei|sung (Übergabe; [Geld]anweisung); Über|wei|sungs_auf|trag, ...schein

über|weit; Über|wei|te; Kleider in Überweiten

Über|welt; über|welt|lich (über die Welt hinaus)

über|wend|lich; - nähen (so nähen, daß die Fäden über die aneinandergelegten Stoffkanten hinweggehen); -e Naht; über|wend|lings; - nähen

über|wer|fen; er hat den Mantel übergeworfen; über|wer|fen; wir haben uns überworfen (verfeindet); Über|wer|fung

über|wert; über|wer|ten; diese Gedanken werden überwertet; über|wer|tig; Über|wer|tig|keit

die; -; Über|wer|tung; Über|wer|tungs|ge|fühl

Über|we|sen

über|wie|gen (ugs.: ein zu hohes Gewicht haben); der Brief wiegt über; über|wie|gen ([an Zahl od. Einfluß] stärker sein); die Mittelmäßigen haben überwogen; über|wie|gend [auch: üb...]

über|wind|bar; über|win|den (bezwingen); der Gegner wurde überwunden; sich -; Über|win|der; über|wind|lich (veralt.); Über|win|dung

über|win|tern; ich ...ere (↑ R 22); das Getreide hat gut überwintert; Über|win|te|rung

über|wöl|ben; der Raum wurde überwölbt; Über|wöl|bung

über|wu|chern; das Unkraut hat den Weg überwuchert; Über|wu|che|rung

Über|wurf (Umhang; Ringen: ein Hebegriff; österr. auch für: Zierdecke)

Über|zahl; über|zah|len (zu hoch bezahlen); über|zäh|len (nachzählen); sie hat den Betrag noch einmal überzählt; über|zäh|lig; Über|zah|lung

über|zeich|nen (ugs. für: über den vorgesehenen Rand zeichnen); übergezeichnete Buchstaben; über|zeich|nen; die Anleihe ist überzeichnet; Über|zeich|nung

Über|zeit|ar|beit, die; - (schweiz. für: Überstunden[arbeit])

über|zeu|gen; er hat ihn überzeugt; sich -; ein überzeugter (unbedingter) Anhänger; über|zeu|gend; -ste; Über|zeu|gung; Über|zeu|gungs_kraft (die; -), ...tä|ter (Rechtsspr.: jmd., der um einer [politischen, religiösen o. ä.] Überzeugung willen straffällig geworden ist); über|zeu|gungs|treu

über|zie|hen; er hat den Rock übergezogen; über|zie|hen; überzogen mit Rost; er hat sein Konto überzogen; Über|zie|her; Über|zie|hungs|kre|dit

über|züch|tet; ein -er Hund

über|zuckern [Trenn.: ...zuk|kern]; das Gebäck ist überzuckert

Über|zug; Über|zugs|pa|pier

über|zwerch (mdal. für: quer, über Kreuz; verschroben)

U|bi|er der; -s, - (Angehöriger eines germ. Volksstammes)

U|bi|quist der; -en, -en; ↑ R 197 (lat.) (Biol.: auf der gesamten Erdkugel verbreitete Pflanzen- od. Tierart); u|bi|qui|tär (überall verbreitet)

üb|lich (↑ R 65:) seine Rede enthielt nur das Übliche, aber: es ist das übliche (üblich), daß ein Olympiasieger in seinem Heimatort feierlich empfangen

wird; ...üb|lich (z. B. ortsüblich);
üb|li|cher|wei|se; Üb|lich|keit
die; -
U-Bo|gen (↑R 37)
U-Boot¹; ↑R 37 (Unterseeboot;
Abk.: U); U-Boot-Krieg (↑R 41)
üb|rig; übriges Verlorenes; übrige
kostbare Gegenstände; (↑R 65:)
ein übriges tun (mehr tun, als nötig ist); im übrigen (sonst, ferner); das, alles übrige (andere);
die, alle übrigen (anderen);
*Schreibung in Verbindung mit
Verben* (↑R 205 f.): übrig haben,
sein; vgl. aber: übrigbehalten,
übrigbleiben, übriglassen; üb-
rig|be|hal|ten (↑R 205); ich habe
wenig übrigbehalten; üb|rig|blei-
ben (↑R 205); es ist wenig übrig-
geblieben; übrig bleibt nur noch,
... (↑R 206); üb|ri|gens; üb|rig-
las|sen; du läßt (lässest) übrig;
übriggelassen; übrigzulassen
Übung; Übungs.an|zug, ...ar|beit,
...auf|ga|be, ...buch; übungs|hal-
ber; Übungs.platz, ...schie|ßen,
...stück
Ücht|land vgl. Üechtland
Ucker|mark² die; - (Gebiet im
Norden von Brandenburg);
Ucker|mär|ker² (↑R 147); ucker-
mär|kisch²
u. d. ä. = und dem ähnliche[s]
u. desgl. [m.] = und desgleichen
[mehr]; u. dgl. [m.] = und dergleichen [mehr]
u. d. M. = unter dem Meeresspie-
gel; ü. d. M. = über dem Mee-
resspiegel
Udo (m. Vorn.)
UdSSR = Union der Sozialistischen Sowjetrepubliken
u. E. = unseres Erachtens
Üecht|land [*ü⁰cht*...], (auch:) Ücht-
land das; -[e]s (Teil des Schweizer Mittellandes); vgl. Freiburg
im Üechtland
U-Ei|sen; ↑R 37 (Walzeisen von
U-förmigem Querschnitt); U-Ei-
sen-för|mig (↑R 41)
Uel|zen [*ül*...] (Stadt in der Lüne-
burger Heide); Uel|ze|ner, Uel-
zer (↑R 147)
Uer|din|gen [*ür*...] (Stadtteil von
Krefeld)
Ufa Ⓦ die; - (Universum-Film-
AG); Ufa-Film (↑R 38);
Ufa-Thea|ter (↑R 38)
Ufer die; -s, -; *Schreibung in Straßennamen:* ↑R 190 ff.; Ufer.bau
(*Plur.* ...bauten), ...be|fe|sti|gung,
...bö|schung, ...geld (Hafenge-
bühr), ...land|schaft, ...läu|fer
(ein Vogel); ufer|los; (↑R 65:)
das Uferlose; seine Niederge-
schlagenheit grenzt ans Uferlose; a b e r: seine Pläne gingen ins

¹ Bundeswehramtlich: Uboot.
² *Trenn.:* ...k|k...

uferlose (allzu weit); Ufer-
.pro|me|na|de, ...schnep|fe,
...schwal|be
uff!
u. ff. = und folgende [Seiten]
Uf|fi|zi|en [...*iᵉn*] *Plur.* (Palast mit
Gemäldesammlung in Florenz)
Uffz. = Unteroffizier
UFO, Ufo das; -[s], -s (Kurzwort
für: unbekanntes Flugobjekt [für
engl.: unidentified flying object])
U-för|mig; ↑R 37 (in Form eines
lat. U)
...uf|rig (z. B. linksufrig)
Ugan|da (Staat in Afrika); Ugan-
der; ugan|disch
ugrisch vgl. finnisch-ugrisch
uh!
U-Haft; ↑R 38 (Untersuchungs-
haft)
U-Ha|ken (↑R 37)
Uhr die; -, -en; Punkt, Schlag acht
Uhr; es ist zwei Uhr nachts; es
ist ein Uhr, a b e r: es ist eins; es
ist 6.30 [Uhr], 6³⁰ [Uhr] (gesprochen: sechs Uhr dreißig); es
schlägt 12 [Uhr]; um fünf [Uhr]
(volkstümlich: um fünfe) aufste-
hen; ich komme um 20 Uhr; der
Zug fährt um halb acht [Uhr]
abends; ich wartete bis zwei Uhr
nachmittags; Achtuhrzug (mit
Ziffer: 8-Uhr-Zug; ↑R 43); vgl.
hora; Uhr|band das (*Plur.* ...bän-
der); Uhr|chen, Uhr|lein; Uh-
ren|in|du|strie; Uhr.ket|te, ...ma-
cher; Uhr|ma|che|rei; Uhr.ta-
sche, ...werk, ...zei|ger; Uhr|zei-
ger|sinn der; -[e]s (Richtung des
Uhrzeigers); (häufig in:) im -;
Uhr|zeit
Uhu der; -s, -s (ein Vogel)
ui! [*uⁱ*] ui je! (österr. für: oje!)
Ujung Pan|dang [*udseh...* -] vgl.
Makassar
Ukas der; -ses, -se ⟨russ.⟩ (früher:
Erlaß des Zaren; allg.: Verord-
nung, Vorschrift, Befehl)
Uke|lei der; -s, -e u. -s ⟨slaw.⟩ (ein
Weißfisch)
Ukrai|ne¹ die; - (Unionsrepublik
der UdSSR; Abk.: USSR);
Ukrai|ner¹; ukrai|nisch¹; Ukrai-
nisch¹ das; -[s] (Sprache); vgl.
Deutsch; Ukrai|ni|sche¹ das; -n;
vgl. Deutsche
Uku|le|le die od. das; -, -n (hawai-
isch) (kleine, viersaitige Gitarre)
UKW = Ultrakurzwelle; UKW-
Emp|fän|ger (↑R 38); UKW-
Sen|der (↑R 38)
Ul die; -en (niederd. für: Eule;
Handbesen)
Ulan der; -en, -en (↑R 197) ⟨türk.⟩
(Lanzenreiter)
Ulan Ba|tor (Hptst. der Mongolei)

¹ Auch: ukr*ai...*; zur *Trennung*
↑R 180.

Ulan|ka die; -, -s (Waffenrock der
Ulanen)
Ule|ma der; -s, -s ⟨arab.⟩ (eigtl.
Plur.: „Stand der Gelehrten“; is-
lamischer [Rechts-, Gottes]ge-
lehrter)
Ulen|flucht die; -, -en ⟨„Eulen-
flug“⟩ (niederd. für: Dachöff-
nung des westfäl. Bauernhauses;
nur *Sing.:* Dämmerung); Ulen-
spie|gel (Nebenform von: Eulen-
spiegel)
Ul|fi|las, Wul|fi|la (Bischof der
Westgoten)
Uli [auch: *u̯li*] (Kurzform von: Ulrich)
Ulix|es, Ulys|ses (lat. Name von:
Odysseus)
Ulk der; -s (seltener: -es), -e
(Spaß; Unfug)
Ulk der; -[e]s, -e (niederd. für: Il-
tis)
ul|ken; Ul|ke|rei; ul|kig
Ul|kus das; -, Ulzera ⟨lat.⟩ (Med.:
Geschwür)
Ul|la (Kurzform von: Ursula od.
Ulrike)
¹Ulm (Stadt an der Donau)
²Ulm, ¹Ul|me die; -, ...men (Berg-
mannsspr.: seitliche Fläche im
Bergwerksgang)
²Ul|me die; -, -n ⟨lat.⟩ (ein Laub-
baum); Ul|men|blatt
Ul|mer; ↑R 147 (aus ¹Ulm); Ul-
mer Weiß das; - -[es]
Ul|rich (m. Vorn.); Ul|ri|ke (w.
Vorn.)
¹Ul|ster [engl. Ausspr.: *a̯lßt⁰r*]
⟨engl.⟩ (histor. Provinz im Nor-
den der Insel Irland); ²Ul|ster
der; -s, - (weiter Herrenmantel;
schwerer Mantelstoff)
ult. = ultimo
Ul|ti|ma ra|tio [- -*razio*] die; - - ⟨lat.⟩
(letztes Mittel); ul|ti|ma|tiv (in
Form eines Ultimatums; nach-
drücklich); Ul|ti|ma|tum das; -s,
...ten (österr. nur so) u. -s („Letzte“, äußerste Aufforderung); ul-
ti|mo („am Letzten“ [des Mo-
nats]; Abk.: ult.); - März; Ul|ti-
mo der; -s, -s („Letzter“ [des Mo-
nats]); Ul|ti|mo|ge|schäft
Ul|tra der; -s, -s ⟨lat.⟩ (polit. Fana-
tiker, Rechtsextremist); ul|tra-
hart; ul|tra|kurz; Ul|tra|kurz-
wel|le (elektromagnetische Welle
unter 10 m Länge; Abk.: UKW);
Ul|tra|kurz|wel|len.emp|fän|ger,
...sen|der, ...the|ra|pie
ul|tra|lang
ul|tra|ma|rin ⟨lat. „übers Meer“
(eingeführt)⟩ (kornblumenblau);
Ul|tra|ma|rin das; -s
Ul|tra|mi|kro|skop (Mikroskop
zur Beobachtung kleinster Teilchen)
ul|tra|mon|tan ⟨lat.⟩ („jenseits der
Berge [Alpen]“; streng päpstlich
gesinnt); Ul|tra|mon|ta|nis|mus

der; - (streng päpstliche Gesinnung [im ausgehenden 19. Jh.])

U̱l|tra|rot (svw. infrarot)

U̱l|tra|schall der; -[e]s (mit dem menschlichen Gehör nicht mehr wahrnehmbarer Schall); U̱l|tra|schall..be|hand|lung, ...schwei|ßung, ...the|ra|pie, ...wel|le (meist Plur.)

U̱l|tra|strah|lung (kosmische Höhenstrahlung)

ul|tra|vio|lett [...wi...] ([im Sonnenspektrum] über dem violetten Licht; Abk.: UV); -e Strahlen (Abk.: UV-Strahlen; ↑ R 38)

Ulys|ses vgl. Ulixes

U̱l|ze|ra (Plur. von: Ulkus); Ul|ze|ra|ti|on [...zion] die; -, -en ⟨lat.⟩ (Med.: Geschwürbildung); ul|ze|rie|ren (Med.: geschwürig werden); ul|ze|rös (Med.: geschwürig); -es Organ

um; I. Präp. mit Akk.: um vieles, nichts, ein Mehrfaches; um alles in der Welt [nicht]; einen Tag um den anderen; um Rat fragen; ich komme um 20 Uhr (vgl. Uhr); (österr.:) ich gehe um Milch (um Milch zu holen); (↑ R 65:) um ein bedeutendes, ein beträchtliches, ein erkleckliches (sehr); um ... willen (mit Gen.): um einer Sache willen, um jemandes willen, um Gottes willen, um meinetwillen; umeinander; umsonst; um so größer; um so mehr (vgl. d.), um so weniger (vgl. d.); ums (um das); vgl. ums. II. Adverb: um und um; links um! (vgl. links); es waren um [die] (= etwa) zwanzig Mädchen; Gemeinden von um (= etwa) 10 000 Einwohnern. III. Infinitivkonjunktion: um zu; er kommt, um uns zu helfen (↑ R 107). IV. Großschreibung (↑ R 67): das Um und Auf (österr. für: das Ganze, das Wesentliche)

um... in Verbindung mit Verben: a) unfeste Zusammensetzungen, z. B. u̱mbauen (vgl. d.), u̱mgebaut; b) feste Zusammensetzungen, z. B. umba̱uen (vgl. d.), umba̱ut

u̱m|ackern [Trenn.: ...ak|kern]; u̱mgeackert

u̱m|adres|sie|ren; u̱madressiert

u̱m|än|dern; u̱mgeändert; U̱m|än|de|rung

um [od. Um] A̱nt|wort wi̱rd ge|be|ten (Abk.: u. [od. U.] A w. g.)

u̱m|ar|bei|ten; der Anzug wurde u̱mgearbeitet; U̱m|ar|bei|tung

um|a̱r|men; er hat sie umarmt; sie umarmten sich; Um|a̱r|mung

U̱m|bau der; -[e]s, -e u. -ten; u̱mbau|en (anders bauen); das Theater wurde völlig umgebaut; umba̱u|en (mit Bauten umschließen); er hat seinen Hof mit Ställen umba̱ut; umba̱uter Raum

u̱m|be|hal|ten (ugs.); sie hat den Schal -

u̱m|be|nen|nen; u̱mbenannt; U̱m|be|nen|nung

¹U̱m|ber vgl. Umbra

²U̱m|ber der; -s, -n ⟨lat.⟩ (dem Barsch ähnlicher Speisefisch des Mittelmeeres)

Um|be̱r|to (ital. Form von: Humbert)

u̱m|be|schrie|ben (Math.); der -e Kreis (Umkreis)

u̱m|be|set|zen; die Rolle wurde u̱mbesetzt (einem anderen Darsteller übertragen); U̱m|be|set|zung

u̱m|be|sin|nen, sich (seine Meinung ändern); ich habe mich u̱mbesonnen

u̱m|bet|ten (einen Kranken u̱mlagern; auch: einen Fluß verlegen); wir haben ihn u̱mgebettet; U̱m|bet|tung

u̱m|bie|gen; er hat den Draht u̱mgebogen

u̱m|bil|den; das Ministerium wurde u̱mgebildet; U̱m|bil|dung

u̱m|bin|den; er hat ein Tuch u̱mgebunden; um|bi̱n|den; er hat den Finger mit Leinwand umbu̱nden

u̱m|bla|sen; sie hat das Kartenhaus u̱mgeblasen; um|bla̱|sen; von Winden -

U̱m|blatt (inneres Hüllblatt der Zigarre); u̱m|blät|tern; u̱mgeblättert

U̱m|blick; u̱m|blicken [Trenn.: ...blik|ken], sich; du hast dich u̱mgeblickt

U̱m|bra die; - u. ¹U̱m|ber der; -s ⟨lat.⟩ (ein brauner Farbstoff)

U̱m|bra̱l|glas Ⓦⓩ (getöntes Brillenglas)

um|bra̱n|den; von Wellen u̱mbrandet

um|bra̱u|sen; von Beifall umbra̱ust

u̱m|bre|chen; den Acker -; Zaun ist u̱mgebrochen worden; um|bre̱|chen (Druckw.: den Drucksatz in Seiten einteilen); er umbri̱cht den Satz; der Satz wird umbro̱chen, ist noch zu -; Um|bre̱|cher (Druckw.: Metteur)

U̱m|brer der; -s, - (Angehöriger eines italienischen Volksstamms)

U̱m|bri|en [...i¹n] (ital. Region)

u̱m|brin|gen; u̱mgebracht; sich -

u̱m|brisch (aus Umbrien)

U̱m|bruch der; -[e]s, ...brüche (Druckw.; allg.: [grundlegende] Änderung); U̱m|bruch_kor|rek|tur, ...re|vi|si|on

u̱m|bu|chen; der Betrag wurde u̱mgebucht; U̱m|bu|chung

u̱m|den|ken (die Grundlage seines Denkens ändern); U̱m|den|k|pro|zeß, U̱m|den|kungs|pro|zeß

u̱m|deu|ten (anders deuten); U̱m|deu|tung

u̱m|di|ri|gie|ren; wir haben den Transport u̱mdirigiert

u̱m|dis|po|nie|ren (seine Pläne ändern); ich habe u̱mdisponiert

um|drän|gen; er wurde von allen Seiten umdrängt

u̱m|dre|hen; sich -; er hat jeden Pfennig u̱mgedreht; er hat den Spieß u̱mgedreht (ugs. für: ist seinerseits zum Angriff übergegangen); du hast dich u̱mgedreht; U̱m|dre|hung; U̱m|dre|hungs..ge|schwin|dig|keit, ...zahl

U̱m|druck (Vervielfältigungsverfahren; auch Plur. ...drucke; Ergebnis dieses Verfahrens); im -; U̱m|druck|ver|fah|ren

um|dü|stern, sich

um|ein|an|der; Schreibung in Verbindung mit Verben (↑ R 206): sich umeinander (gegenseitig um sich) kümmern; vgl. aneinander

um|er|zie|hen; sie wurden politisch umerzogen; Um|er|zie|hung

um|fä|cheln; der Wind hat mich umfächelt

u̱m|fah|ren (fahrend umwerfen; landsch. für: fahrend einen Umweg machen); er hat das Verkehrsschild u̱mgefahren; ich bin [beinahe eine Stunde] u̱mgefahren; um|fa̱h|ren (um etwas herumfahren); er hat die Insel -; U̱m|fahrt; Um|fa̱h|rung (österr. u. schweiz. auch svw. Umgehungsstraße); Um|fa̱h|rungs|stra|ße (österr.)

U̱m|fall der; -[e]s (ugs. für: plötzlicher Gesinnungswandel); u̱m|fal|len; er ist tot u̱mgefallen; bei der Abstimmung ist er doch u̱mgefallen; (↑ R 68:) sie war zum U̱mfallen müde (ugs.)

U̱m|fang; u̱m|fan|gen; ich habe ihn -; um|fäng|lich; um|fang|reich; U̱m|fangs|be|rech|nung; u̱m|fangs|mä|ßig

u̱m|fas|sen (anders fassen); der Schmuck wird u̱mgefaßt; um|fa̱s|sen (umschließen; in sich begreifen); ich habe ihn umfa̱ßt; die Sammlung umfa̱ßt alles Wesentliche; um|fa̱s|send; -ste; Um|fa̱s|sungs|mau|er

U̱m|feld (Umwelt, Umgebung)

um|fir|mie|ren (einen anderen Handelsnamen annehmen); wir haben u̱mfirmiert

um|flech|ten; eine umflochtene Weinflasche

um|flie|gen (landsch. für: fliegend einen Umweg machen; ugs. für: hinfallen); das Flugzeug war eine weite Strecke u̱mgeflogen; das Schild ist u̱mgeflogen; um|flie̱|gen; er hat die Stadt umflo̱gen

um|flie̱|ßen; umflossen von ...

um|flo̱rt (geh.); mit -em (von Tränen getrübtem) Blick

ụm|for|men; er hat den Satz ụmgeformt; das Leben hat ihn ụmgeformt; Ụm|for|mer (Elektrotechnik); ụm|for|mu|lie|ren; sie hat den Text ụmformuliert; Ụmfor|mung

Ụm|fra|ge; - halten; ụm|fra|gen; die Meinungsforscher haben wieder ụmgefragt

um|frie|den, umfrie̱det u. um|frie̱di|gen, umfrie̱digt (mit einem Zaun umgeben); er hat seinen Garten umfrie̱det oder umfrie̱digt; Um|frie̱di|gung; Um|frie̱dung

ụm|fül|len; er hat den Wein ụmgefüllt; Ụm|fül|lung

ụm|funk|tio|nie|ren (die Funktion von etwas ändern; zweckentfremdet einsetzen); die Veranstaltung wurde zu einer Protestversammlung ụmfunktioniert; Ụm|funk|tio|nie|rung

Ụm|gang der; -[e]s; ụm|gäng|lich; Ụm|gäng|lich|keit die; -; Ụmgangs.form (meist Plur.), ...sprache; ụm|gangs|sprach|lich

um|gar|nen; sie hat ihn umgạrnt; Um|gạr|nung

um|gau|keln; der Schmetterling hat die Blüten umgạukelt; Umgau|ke|lung, Um|gạuk|lung

ụm|ge|ben; er hat mir den Mantel ụmgegeben (umgehängt); um|ge̱ben; sie war von Kindern -; sich - mit ...; Um|ge̱bung

Ụm|ge|gend

ụm|ge|hen; er ist ụmgegangen (landsch. für: hat einen Umweg gemacht); ich bin mit ihm ụmgegangen (habe mit ihm verkehrt); es geht dort um (es spukt); um|ge̱hen; er hat das Gesetz umgangen; um|ge̱hend; mit -er (nächster) Post; Um|ge̱hung; Um|ge̱hungs|stra|ße

ụm|ge|kehrt; es verhält sich -, als du denkst

ụm|ge|schaf|fen; sie ist wie - (umgewandelt)

ụm|ge|stal|ten; er hat den Park völlig ụmgestaltet; Ụm|ge|stal|tung

ụm|gie|ßen; sie hat den Wein ụmgegossen

ụm|git|tern; umgịttert

ụm|glän|zen; von Licht umglạ̈nzt

ụm|gol|den; umgoldet

ụm|gra|ben; er hat das Beet ụmgegraben; Ụm|gra|bung

ụm|grei|fen (in einen anderen Griff wechseln); er hat bei der Riesenfelge ụmgegriffen; um|grei|fen (svw. umfassen); er hatte den Stock fest umgriffen

um|gren|zen; der Platz ist von Steinen umgrẹnzt; umgrẹnzte Vollmachten; Um|grẹn|zung

ụm|grup|pie|ren; umgruppiert; Ụm|grup|pie|rung

ụm|gu|cken [Trenn.: ...guk|ken], sich (ugs.)

ụm|gür|ten; ich habe mir das Schwert ụmgegürtet; um|gür|ten; sich -; mit dem Schwert umgürtet

ụm|ha|ben (ugs.); er hat nichts um, er hat nicht einmal einen Mantel ụmgehabt

ụm|hacken [Trenn.: ...hak|ken]; der Baum wurde ụmgehackt

um|hä|keln; ein umhä̱keltes Taschentuch

um|hal|sen; sie hat ihn umhạlst; Um|hạl|sung

Ụm|hang; ụm|hän|gen; ich habe mir das Tuch ụmgehängt; ich habe die Bilder ụmgehängt (anders gehängt); vgl. [2]hängen; um|hän|gen (hängend umgeben); das Bild war mit Flor umhạ̈ngt; vgl. [2]hängen; Ụm|hän|ge|ta|sche, Ụm|häng|ta|sche; Ụm|hän|ge|tuch, Ụm|hang|tuch, Ụm|häng|tuch (Plur. ...tücher)

ụm|hau|en (abschlagen, fällen usw.); er hieb (ugs. auch: haute) den Baum um; das hat mich ụmgehauen (ugs. für: das hat mich in großes Erstaunen versetzt)

um|he̱ben (Druckw.); Silben, Wörter od. Zeilen werden umho̱ben

um|he̱gen; umhegt; Um|he̱gung

ụm|her (im Umkreis); ụm|her... (bald hierhin, bald dorthin ...), z. B. ụm|her_blicken ([Trenn.: ...blik|ken]; ich blicke umher, umhergeblickt, umherzublicken), ...fah|ren, ...flie|gen, ...gehen, ...gei|stern, ...ir|ren, ...jagen, ...lau|fen, ...lie|gen, ...reisen, ...schlei|chen, ...schlen|dern, ...schwei|fen, ...strei|fen, ...tragen, ...zie|hen

ụm|hin|kön|nen; ich kann nicht umhin [, es zu tun]; ich habe nicht ụmhingekonnt; nicht ụmhinzukönnen

ụm|hö|ren, sich; ich habe mich danach ụmgehört

um|hül|len; umhüllt mit ...; Um|hül|lung

Umiak der od. das; -s, -s ⟨eskim.⟩ (Boot der Eskimofrauen)

U/min = Umdrehungen pro Minute

Ụm|in|ter|pre|ta|ti|on; ụm|in|terpre|tie|ren (umdeuten)

ụm|ju|beln; umjubelt

ụm|kämp|fen; die Festung war hart umkämpft

Ụm|kar|ton (Verpackungsmittel)

Ụm|kehr die; -; ụm|kehr|bar; ụm|keh|ren; sich -; sie ist ụmgekehrt; sie hat die Tasche ụmgekehrt; ụmgekehrt! (im Gegenteil!); Ụm|kehr|film (Film, der beim Entwickeln ein Positiv liefert); Ụm|keh|rung

ụm|kip|pen; er ist mit dem Stuhl ụmgekippt; er ist bei den Verhandlungen ụmgekippt (ugs. für: hat seinen Standpunkt geändert); Ụm|kip|pen das; -s (biolog. Absterben eines Gewässers)

um|klạm|mern; er hielt ihre Hände umklạmmert; der Feind wurde umklạmmert; Um|klạm|me|rung

ụm|klap|pen; er hat den Deckel ụmgeklappt; er ist ụmgeklappt (ugs. für: ohnmächtig geworden)

Ụm|klei|de die; -, -n (Umkleideraum); Ụm|klei|de|ka|bi|ne; ụm|klei|den, sich; ich habe mich ụmgekleidet (anders gekleidet); um|klei|den (umgeben, umhüllen); umkleidet mit, von ...; Ụm|klei|de|raum; Ụm|klei|dung die; -; Um|klei|dung

ụm|knicken [Trenn.: ...knik|ken]; sie ist [mit dem Fuß] ụmgeknickt

ụm|kom|men; er ist im Krieg ụmgekommen; (↑ R 68:) die Hitze ist ja zum Ụmkommen (ugs.)

um|ko|pie|ren (Fototechnik)

um|krän|zen; umkränzt; Umkrän|zung

Ụm|kreis der; -es; um|krei|sen; der Storch hat das Nest umkreist; Um|krei|sung

ụm|krem|peln; er hat die Ärmel ụmgekrempelt

Ụm|la|de|bahn|hof; ụm|la|den; vgl. [1]laden; die Säcke wurden ụmgeladen; Ụm|la|dung

Ụm|la|ge (Steuer; Beitrag); ụm|lagern (an einen anderen Platz bringen [zum Lagern]); die Waren wurden ụmgelagert; um|lagern (umgeben, eng umschließen); umlagert von ...; vgl. lagern; Ụm|la|ge|rung, Ụm|la|ge|rung

Ụm|land das; -[e]s (ländliches Gebiet um eine Großstadt)

Ụm|lauf (auch für: Fruchtfolge; Med.: eitrige Entzündung an Finger oder Hand); in - geben, sein (von Zahlungsmitteln); Ụm|lauf|bahn; ụm|lau|fen (laufend umwerfen; landsch. für: einen Umweg machen; weitergegeben werden); wir sind ụmgelaufen; eine Nachricht ist ụmgelaufen; (Druckw.:) der Text läuft um (greift auf die nächste Zeile od. Seite über); um|lau|fen; ich habe den Platz -; Ụm|lauf|mit|tel (Plur.; Geld); Ụm|lauf[s]_ge|schwin|dig|keit, ...zeit; Ụm|laufver|mö|gen (Wirtsch.)

Ụm|laut (Sprachw.: Veränderung, Aufhellung eines Selbstlautes unter Einfluß eines i oder j der Folgesilbe, z. B. ahd. „turi" wird zu nhd. „Tür"; Umlaute sind ä, ö, ü); ụm|lau|ten; ein ụmgelautetes U ist ein Ü

Ụm|le|ge|kra|gen; ụm|le|gen (derb

auch für: töten); er hat den Mantel um|gelegt; er hat die Karten umgelegt (gewendet od. anders gelegt); **um|le|gen;** ein Braten, umlegt mit Gemüse; **Um|le|gung** (auch für: Flurbereinigung); **Um|le|gung**

um|lei|ten (Verkehr auf andere Straßen führen); der Verkehr wurde umgeleitet; **Um|lei|tung; Um|lei|tungs|schild** *das*

um|len|ken; die Pferde wurden umgelenkt; **Um|len|kung**

um|ler|nen; sie hat umgelernt

um|lie|gend; -e Ortschaften

Um|luft *die;* - (aufbereitete, zurückgeleitete Luft)

um|man|teln; ich ...[e]le (↑ R 22); ein ummanteltes Kabel; **Um|man|te|lung**

um|mau|ern (mit Mauerwerk umgeben); das Tiergehege wurde ummauert; **Um|maue|rung**

um|mel|den; ich habe mich polizeilich umgemeldet; **Um|mel|dung**

um|mo|deln; umgemodelt; **Um|mo|de|lung, Um|mod|lung**

um|mün|zen (umprägen); das Hartgeld wurde umgemünzt; **Um|mün|zung**

um|nach|tet (geisteskrank); **Um|nach|tung**

um|nä|hen; sie hat den Saum umgenäht (eingeschlagen u. festgenäht); **um|nä|hen;** eine umnähte (eingefaßte) Kante

um|ne|beln; ich ...[e]le (↑ R 22); er hat ihn mit seinem Zigarrenrauch umnebelt; **Um|ne|be|lung, Um|neb|lung**

um|neh|men; sie hat den Schal umgenommen

Um|or|ga|ni|sa|ti|on; um|or|ga|ni|sie|ren; der Betrieb wurde umorganisiert

um|packen [Trenn.: ...pak|ken] (anders packen); der Koffer wurde umgepackt

um|pflan|zen (anders pflanzen); die Blumen wurden umgepflanzt; **um|pflan|zen** (mit Pflanzen umgeben); umpflanzt mit ...; **Um|pflan|zung; Um|pflan|zung**

um|pflü|gen (ein Feld mit dem Pflug aufreißen; niedrigen Pflanzenwuchs durch den Pflug vernichten); er hat den Acker umgepflügt; **um|pflü|gen** (mit Furchen umziehen; mit dem Pflug vorbeipflügen [z. B. an Bäumen in einem Feld]); er hat die Bäume umpflügt; **Um|pflü|gung; Um|pflü|gung**

um|po|len (Plus- u. Minuspol vertauschen; verändern, umdenken); umgepolt

um|prä|gen; die Goldstücke wurden umgeprägt; **Um|prä|gung**

um|pro|gram|mie|ren

um|quar|tie|ren (in ein anderes Quartier legen); er wurde umquartiert; **Um|quar|tie|rung**

um|rah|men (mit anderem Rahmen versehen); das Bild muß umgerahmt werden; **um|rah|men** (mit Rahmen versehen, einrahmen); die Vorträge wurden von musikalischen Darbietungen umrahmt; **Um|rah|mung; Um|rah|mung**

um|ran|den; er hat den Artikel mit Rotstift umrandet; **um|rän|dert;** seine Augen waren rot umrändert; **Um|ran|dung**

um|ran|gie|ren [...rangsehir*n*] (Eisen-, Straßenbahnwagen umordnen); umrangiert

um|ran|ken; von Rosen umrankt; **Um|ran|kung**

um|räu|men; wir haben das Zimmer umgeräumt; **Um|räu|mung**

um|rech|nen; er hat DM in Schweizer Franken umgerechnet; **Um|rech|nung; Um|rech|nungs|kurs**

um|rei|sen; er hat die Erde umreist

um|rei|ßen (einreißen; zerstören); er hat den Zaun umgerissen; **um|rei|ßen** (im Umriß zeichnen; andeuten); mit wenigen Zügen umrissen

um|rei|ten (reitend umwerfen); er hat den Mann umgeritten; **um|rei|ten;** er hat das Feld umritten

um|ren|nen; er hat das Kind umgerannt

um|rin|gen (umgeben); du umringtest; von Kindern umringt

Um|riß; Um|riß|zeich|nung

Um|ritt

um|rüh|ren; umgerührt

um|run|den; das Raumschiff hat den Mond umrundet

um|rüst|bar; um|rü|sten (für bestimmte Aufgaben technisch verändern); die Maschine wurde umgerüstet; **Um|rü|stung**

ums; ↑ R 17 (um das); es geht ums Ganze; ein Jahr ums od. um das andere; aber (↑ R 16): um's (ugs. für: um des) Himmels willen!; vgl. auch: Himmel

um|sä|gen; er hat den Baum umgesägt

um|sat|teln (übertr. ugs. auch für: einen anderen Beruf ergreifen); er hat das Pferd umgesattelt; der Student hat umgesattelt (ein anderes Studienfach gewählt); **Um|sat|te|lung, Um|satt|lung**

Um|satz; Um|satz_ana|ly|se (Wirtsch.), **...an|stieg, ...pro|vi|si|on, ...rück|gang, ...stei|ge|rung, ...steu|er** *die,* **...ver|gü|tung** (für: Umsatzbonus, -prämie, -provision)

um|säu|men; das Kleid muß noch umgesäumt werden (der Saum

muß umgelegt u. genäht werden); **um|säu|men;** das Dorf ist von Bergen umsäumt (umgeben)

um|schaf|fen (umformen); sie hat ihren Roman umgeschaffen; vgl. [2]schaffen; **Um|schaf|fung**

um|schal|ten (Elektrotechnik); er hat den Motor umgeschaltet; **Um|schal|ter; Um|schalt|he|bel; Um|schal|tung**

Um|schal|tung

um|schat|ten; ihre Augen waren umschattet

Um|schau *die;* -; - halten; **um|schau|en,** sich; ich habe mich umgeschaut

Um|schicht (Bergmannsspr.: Wechsel); **um|schich|ten;** das Heu wurde umgeschichtet; **um|schich|tig** (wechselweise); **Um|schich|tung; Um|schich|tungs|pro|zeß**

um|schif|fen (in ein anderes Schiff bringen); die Passagiere wurden umgeschifft; **um|schif|fen;** er hat die Klippe umschifft (die Schwierigkeit umgangen); **Um|schif|fung; Um|schif|fung**

Um|schlag (auch für: Umladung); **um|schla|gen** (umsetzen; umladen); die Güter wurden umgeschlagen; das Wetter ist (auch: hat) umgeschlagen; **um|schla|gen** (einpacken); die Waren sind nur leicht -; die Druckbogen werden - (Druckw.: gewendet); **Um|schlag_bahn|hof, ...ent|wurf; Um|schla|ge|tuch, Um|schlag|tuch** (*Plur.* ...tücher); **Um|schlag_ha|fen** (vgl. [2]Hafen), **...platz, ...zeich|nung**

um|schlei|chen (belauern); das Haus wurde umschlichen

um|schlie|ßen; von einer Mauer umschlossen; **Um|schlie|ßung**

um|schlin|gen; ich habe mir das Tuch umgeschlungen; **um|schlin|gen;** sie hielt ihn fest umschlungen; **Um|schlin|gung; Um|schlin|gung**

Um|schluß (gegenseitiger Besuch od. gemeinsamer Aufenthalt von Häftlingen in einer Zelle)

um|schmei|cheln; sie wird von der Katze umschmeichelt

um|schmei|ßen (ugs.); er hat den Tisch umgeschmissen

um|schmel|zen (durch Schmelzen umformen); das Altmetall wurde umgeschmolzen

um|schnal|len; umgeschnallt

um|schrei|ben (neu, anders schreiben); übertragen); er hat den Aufsatz umgeschrieben; die Hypothek wurde umgeschrieben; **um|schrei|ben** (mit anderen Worten ausdrücken); sie hat unsere Aufgabe mit wenigen Worten umschrieben; **Um|schrei|bung** (Neuschreibung; andere Buchung); Um|schrei|bung (andere Form des Ausdrucks); um|schrie|ben (Med.: auch für: deutlich abgegrenzt, bestimmt, zirkumskript; eine -e Hautflechte; **U̲m|schrift**

u̲m|schul|den (Wirtsch.: Kredite umwandeln); u̲mgeschuldet; **U̲m|schul|dung**

u̲m|schu|len; u̲mgeschult; **U̲m-schü|ler; U̲m|schu|lung**

u̲m|schüt|ten; u̲mgeschüttet

um|schwär|men; umschwärmt

um|schwe|ben; der Schmetterling hat die Blume umschwe̲bt

U̲m|schwei̲|fe Plur.; ohne -e (geradeheraus); **um|schwei̲|fen;** umschwei̲ft

um|schwen|ken; er ist plötzlich u̲mgeschwenkt

u̲m|schwin|gen (im Kreis schwingen, umherschwingen); er hat das Lasso u̲mgeschwungen

um|schwi̲r|ren; von Mücken umschwi̲rrt

U̲m|schwung der; -s, ...schwünge (schweiz. [nur Sing.] auch: Umgebung des Hauses)

u̲m|se|geln (segelnd umwerfen); er hat das Boot u̲mgesegelt; **um|se-geln;** er hat die Insel umse̲gelt; **U̲m|se|ge|lung, Um|se̲g|lung**

u̲m|se|hen, sich; ich habe mich danach u̲mgesehen; **U̲m|se|hen** das; -s; im - (plötzlich, sofort)

u̲m|sein (ugs. für: vorbei sein); die Zeit ist um; die Zeit ist u̲mgewesen, aber: daß die Zeit um ist, um war

u̲m|sei̲|tig; u̲m|seits (Amtsdt.)

u̲m|setz|bar; **u̲m|set|zen** (anders setzen; verkaufen); sich -; die Pflanzen wurden u̲mgesetzt; er hat alle Waren u̲mgesetzt; ich habe mich u̲mgesetzt; **um|se̲t-zen;** umse̲tzt mit ...; **U̲m|set-zung; U̲m|se̲t|zung**

U̲m|sich|grei̲|fen das; -s (↑ R 68)

U̲m|sicht; u̲m|sich|tig; U̲m|sich-tig|keit die; -

u̲m|sie|deln; u̲mgesiedelt; **U̲m|sie-de|lung; U̲m|sied|ler; U̲m|sied-lung**

u̲m|sin|ken; er ist vor Müdigkeit u̲mgesunken

um so ... (österr.: umso ...); **um so** (österr.: umso) **eher|,| als** (↑ R 127); **um so me̲hr** (österr.: umso mehr, auch: umsomehr) **|,| als** (↑ R 127)

um|sonst

u̲m|sor|gen; umso̲rgt

um so we̲ni|ger (österr.: umso weniger, auch: umsoweniger) **|,| als** (↑ R 127)

u̲m|span|nen (neu, anders spannen; auch für: transformieren); **u̲m|span|nen** (umfassen); sein Geist hat viele Wissensgebiete umspa̲nnt; **U̲m|span|ner** (für:

Transformator); **U̲m|span|nung; U̲m|span|nung; U̲m|spann|werk**

um|spie̲|len (Sportspr.); er hat die Abwehr umspie̲lt

um|spin|nen; umspo̲nnener Draht

u̲m|sprin|gen; der Wind ist u̲mgesprungen; er ist übel mit dir u̲mgesprungen; **um|sprin|gen** (springend umgeben); umspru̲ngen von Kindern; **U̲m|sprung**

u̲m|spu|len; das Tonband wird u̲mgespult

um|spü|len (umlegen); die Wellen haben die Pflanzen umspü̲lt; **um|spü|len;** von Wellen umspü̲lt

U̲m|stand; unter Umständen (Abk.: u. U.); in anderen Umständen (verhüllend für: schwanger); mildernde Umstände (Rechtsspr.); keine Umstände machen; gewisser Umstände halber, eines gewissen Umstandes halber, aber: umstandehalber, umstandshalber; **u̲m|stän-de|hal|ber;** vgl. Umstand; **u̲m-ständ|lich;** **U̲m|ständ|lich|keit; U̲m|stands_an|ga|be,** **...be|stim-mung,** **...er|gän|zung,** **...für|wort; u̲m|stands|hal|ber;** vgl. Umstand; **U̲m|stands_ka|sten** (ugs.: allzu umständlich handelnder Mensch), **...kleid,** **...klei|dung,** **...krä|mer** (ugs.), **...satz,** **...wort** (Plur. **...wörter;** für: Adverb); **u̲m|stands|wört|lich** (für: adverbial)

u̲m|ste|chen; wir haben das Beet u̲mgestochen; **um|ste|chen** (mit Stichen befestigen); die Stoffkanten werden umsto̲chen

u̲m|stecken [Trenn.: ...stek|ken] (anders stecken); sie hat die Pflanzen u̲mgesteckt; vgl. 2stek-ken; **um|stecken** [Trenn.: ...stek-ken]; umste̲ckt mit ...; vgl. 2stek-ken

u̲m|ste|hen (landsch. für: sterben; verderben); u̲mgestanden (von Flüssigkeiten: verdorben; von Tieren: verendet); **um|ste|hen;** umsta̲nden von ...; **um|ste|hend;** (↑ R 65:) im umstehenden (umstehend) finden sich die näheren Erläuterungen (↑ R 66:) er soll umstehendes (jenes [auf der anderen Seite]) beachten, aber (↑ R 65): das Umstehende (auf der anderen Seite Gesagte), die Umstehenden (Zuschauer); vgl. folgend

U̲m|stei|ge|kar|te; u̲m|stei|gen; er ist u̲mgestiegen; **U̲m|stei|ger; U̲m|steig|kar|te**

U̲m|stell|bahn|hof; u̲m|stell|bar; u̲m|stell|bar (anders stellen); der Schrank wurde u̲mgestellt; sich -; **um|ste̲l|len** (umgeben); die Polizei hat das Haus umste̲llt; **U̲m|stel|lung; U̲m|ste̲l|lung; U̲m|stel|lungs|pro|zeß**

u̲m|stem|peln (neu, anders stempeln); der Paß wurde u̲mgestempelt; **um|ste̲m|peln** (mit Stempeln umgeben); das Paßbild ist umste̲mpelt; vgl. stempeln

u̲m|steu|ern (verändern, anders ausrichten); der Satellit soll u̲mgesteuert werden; **U̲m|steu̲e|rung**

u̲m|stim|men; er hat sie u̲mgestimmt; **U̲m|stim|mung**

u̲m|sto|ßen; er hat den Stuhl u̲mgestoßen

um|strah|len; umstrahlt von ...

u̲m|stricken¹ (neu, anders strik-ken); sie hat den Pullover u̲mgestrickt; **um|stri̲cken¹;** umstri̲ckt ([unlösbar] umgeben, umgarnt) von ...; **U̲m|strickung¹;** **Um-stri̲ckung¹**

um|stri̲t|ten

um|strö|men; umströmt von ...

um|struk|tu|rie|ren; um|struktu-riert; **U̲m|struk|tu|rie|rung**

u̲m|stül|pen; er hat das Faß u̲mgestülpt; **um|stül|pen** (Druckw.); er hat das Papier umstü̲lpt; **U̲m-stül|pung**

U̲m|sturz (Plur. ...stürze); **U̲m-sturz|be|we|gung;** **um|stür|zen;** das Gerüst ist u̲mgestürzt; **U̲m-stür|zler; u̲m|stürz|le|risch; U̲m-stür|zung; U̲m|sturz|ver|such**

um|tan|zen; sie haben das Feuer umta̲nzt

um|tau|fen; er wurde u̲mgetauft

U̲m|tausch der; -[e]s, (selten:) -e; **u̲m|tau|schen;** u̲mgetauscht; **U̲m|tausch|recht**

u̲m|tip|pen (ugs. für: neu, anders tippen)

um|ti̲|teln; der Film wurde u̲mgetitelt

u̲m|top|fen; der Gärtner hat die Blume u̲mgetopft

um|to|sen; umto̲st von ...

u̲m|trei|ben (planlos herumtreiben); u̲mgetrieben; **U̲m|trieb** (Zeit vom Pflanzen eines Baumbestandes bis zum Fällen, Nutzungszeit bei Reben, Geflügel, Vieh; Bergmannsspr.: Strecke, die an Schächten vorbei- od. um sie herumführt); **U̲m|trie|be** Plur. (umstürzlerische Aktivitäten)

U̲m|trunk

u̲m|tun (ugs.); sich -; ich habe mich danach u̲mgetan

U-Mu|sik (kurz für: Unterhaltungsmusik); Ggs.: E-Musik

u̲m|ver|tei|len; die Lasten werden u̲mverteilt; **U̲m|ver|tei|lung**

u̲m|wach|sen; bei Gebüsch -

um|wal|len; von Nebel umwa̲llt

U̲m|wal|lung (zu: 2Wall)

U̲m|wälz|an|la|ge (Anlage für den Abfluß verbrauchten u. den Zustrom frischen Wassers); **u̲m-wäl|zen;** er hat den Stein u̲mge-

¹ Trenn.: ...k|k...

wälzt; Um|wälz|pum|pe; Um-
wäl|zung
um|wan|deln (ändern); sie war wie
umgewandelt; um|wan|deln (geh.
für: um etwas herumwandeln);
sie hat den Platz umwandelt;
Um|wand|lung, (seltener:) Um-
wan|de|lung (Änderung); Um-
wand|lungs|pro|zeß
um|wech|seln; er hat das Geld um-
gewechselt; Um|wechs|lung, (sel-
tener:) Um|wech|se|lung
Um|weg
um|we|hen (durch Wehen zu Fall
bringen); die Hütte wurde umge-
weht; um|we|hen; umweht von ...
Um|welt; Um|welt|au|to (ugs. für:
umweltfreundlicheres Auto);
um|welt|be|dingt; Um|welt|be-
din|gun|gen Plur., ...be|la|stung,
...ein|fluß, ...for|schung; um-
welt|freund|lich; Um|welt|kri|mi-
na|li|tät; um|welt|neu|tral; Um-
welt|pa|pier (Recyclingpapier);
um|welt|schäd|lich; Um|welt-
_schutz, ...schüt|zer, ...sün|der
(ugs.), ...ver|schmut|zung
um|wen|den; er wandte od. wen-
dete die Seite um, hat sie umge-
wandt od. umgewendet; sich -;
Um|wen|dung
um|wer|ben; umworben; vgl. viel-
umworben
um|wer|fen; er hat den Tisch um-
geworfen; diese Nachricht hat
ihn umgeworfen (ugs. für: er-
schüttert); um|wer|fend; -e Ko-
mik
um|wer|ten; alle Werte wurden
umgewertet; Um|wer|tung
um|wickeln¹ (neu, anders wik-
keln); er hat die Schnur umge-
wickelt; um|wickeln¹; umwickelt
mit ...; Um|wicke|lung¹, Um-
wick|lung; Um|wicke|lung¹, Um-
wick|lung
um|wid|men (Amtsspr.: für einen
anderen Zweck bestimmen); in
Industriegelände umgewidmetes
Agrarland; Um|wid|mung
um|win|den; sie hat das Tuch um-
gewunden; um|win|den; umwun-
den mit ...
um|wit|tern; von Geheimnissen,
Gefahren umwittert
um|wo|ben; von Sagen -
um|wo|gen; umwogt von ...
um|woh|nend; (↑R 65:) die Um-
wohnenden; Um|woh|ner
um|wöl|ken; seine Stirn war vor
Unmut umwölkt; Um|wöl|kung
um|wüh|len; umgewühlt; Um-
wüh|lung
um|zäu|nen; der Garten wurde
umzäunt; Um|zäu|nung
um|zeich|nen (anders zeichnen);
sie hat das Bild umgezeichnet
um|zie|hen; sich -; ich habe mich

¹ Trenn.: ...k|k...

umgezogen; wir sind umgezo-
gen; um|zie|hen; der Himmel hat
sich umzogen; umzogen mit ...
um|zin|geln; der Feind wurde um-
zingelt; Um|zin|ge|lung, Um-
zing|lung
um zu; vgl. um, III
Um|zug; um|zugs|hal|ber; Um-
zugs_ko|sten Plur., ...tag
um|zün|geln; umzüngelt von
Flammen
UN = United Nations [junaitid
ne'sch'ns] Plur. ⟨engl.⟩ (Vereinte
Nationen); vgl. auch UNO u.
VN
un|ab|än|der|lich [auch: un...];
Un|ab|än|der|lich|keit¹ die; -
un|ab|ding|bar [auch: un...]; Un-
ab|ding|bar|keit¹ die; -; un|ab-
ding|lich [auch: un...]
un|ab|hän|gig; Un|ab|hän|gig|keit
die; -; Un|ab|hän|gig|keits|er|klä-
rung
un|ab|kömm|lich [auch: un...];
Un|ab|kömm|lich|keit¹ die; -
un|ab|läs|sig [auch: un...]
un|ab|seh|bar [auch: un...]; die
Kosten steigern sich ins unab-
sehbare (↑R 65); -e Folgen; Un-
ab|seh|bar|keit¹ die; -
un|ab|sicht|lich
un|ab|weis|bar [auch: un...]; Un-
ab|weis|lich [auch: un...]
un|ab|wend|bar [auch: un...]; ein
-es Verhängnis; Un|ab|wend|bar-
keit¹ die; -
un|acht|sam; Un|acht|sam|keit
un|ähn|lich; Un|ähn|lich|keit die; -
un|an|fecht|bar [auch: un...]; Un-
an|fecht|bar|keit¹ die; -
un|an|ge|bracht; eine -e Frage
un|an|ge|foch|ten
un|an|ge|mel|det
un|an|ge|mes|sen; Un|an|ge|mes-
sen|heit die; -
un|an|ge|nehm
un|an|ge|paßt; Un|an|ge|paßt|heit
die; -
¹un|an|ge|se|hen (nicht angese-
hen); ²un|an|an|ge|se|hen (Amtsdt.:
ohne Rücksicht auf); mit Gen.
od. Akk.: - der Umstände od. -
die Umstände
un|an|ge|ta|stet; - bleiben
un|an|greif|bar [auch: un...]; Un-
an|greif|bar|keit¹ die; -
un|an|nehm|bar [auch: un...]; Un-
an|nehm|bar|keit¹ die; -; Un|an-
nehm|lich|keit
un|an|sehn|lich; Un|an|sehn|lich-
keit die; -
un|an|stän|dig; Un|an|stän|dig-
keit

¹ Für die Substantive gilt, soweit
nichts anderes angegeben, die
gleiche schwankende Betonung
wie das zugehörige Adjektiv
od. Partizip.

un|an|stö|ßig; Un|an|stö|ßig|keit
die; -
un|an|tast|bar [auch: un...]; Un-
an|tast|bar|keit¹ die; -
un|ap|pe|tit|lich; Un|ap|pe|tit|lich-
keit die; -
¹Un|art (Unartigkeit); ²Un|art der;
-[e]s, -e (veralt. für: unartiges
Kind); un|ar|tig; Un|ar|tig|keit
un|ar|ti|ku|liert (ungegliedert; un-
deutlich ausgesprochen)
un|äs|the|tisch (unschön, absto-
ßend)
un|auf|dring|lich; Un|auf|dring-
lich|keit die; -
un|auf|fäl|lig; Un|auf|fäl|lig|keit
die; -
un|auf|find|bar [auch: un...]
un|auf|ge|for|dert
un|auf|ge|klärt
un|auf|halt|bar [auch: un...]; un-
auf|halt|sam [auch: un...]; Un-
auf|halt|sam|keit¹ die; -
un|auf|hör|lich [auch: un...]; Un-
auf|hör|lich|keit¹ die; -
un|auf|lös|bar [auch: un...]; un|auf-
lös|lich [auch: un...]; Un|auf|lös-
lich|keit¹ die; -
un|auf|merk|sam; Un|auf|merk-
sam|keit die; -
un|auf|rich|tig; Un|auf|rich|tig-
keit
un|auf|schieb|bar [auch: un...];
Un|auf|schieb|bar|keit¹ die; -; un-
auf|schieb|lich [auch: un...]
un|aus|bleib|lich [auch: un...]
un|aus|denk|bar [auch: un...]
un|aus|führ|bar [auch: un...]; Un-
aus|führ|bar|keit¹ die; -
un|aus|ge|bil|det
un|aus|ge|füllt; Un|aus|ge|füllt-
sein das; -s
un|aus|ge|gli|chen; Un|aus|ge|gli-
chen|heit die; -
un|aus|ge|go|ren
un|aus|ge|schla|fen
un|aus|ge|setzt (unaufhörlich)
un|aus|ge|spro|chen
un|aus|lösch|lich [auch: un...]; ein
-er Eindruck
un|aus|rott|bar [auch: un...]; ein
-es Vorurteil
un|aus|sprech|bar [auch: un...];
un|aus|sprech|lich [auch: un...]
un|aus|steh|lich [auch: un...]; Un-
aus|steh|lich|keit¹ die; -
un|aus|tilg|bar [auch: un...]
un|aus|weich|lich [auch: un...]
Un|band der; -[e]s, -e u. ...bände
(landsch. für: Wildfang); un|bän-
dig; -er Zorn
un|bar (bargeldlos)
un|barm|her|zig; Un|barm|her|zig-
keit die; -
un|be|ab|sich|tigt
un|be|ach|tet; un|be|acht|lich
(Rechtsspr.)
un|be|an|stan|det

¹ Vgl. Anm. 1, Sp. 2.

un|be|ant|wort|bar [auch: un...];
un|be|ant|wor|tet
un|be|ar|bei|tet
un|be|baut
un|be|dacht; eine -e Äußerung;
Un|be|dacht|heit; un|be|dacht-
sam; un|be|dach|ter|wei|se; Un|be-
dacht|sam|keit
un|be|darft; -este (ugs. für: uner-
fahren; naiv); Un|be|darft|heit
die; -
un|be|denk|lich; Un|be|denk|lich-
keit die; -; Un|be|denk|lich|keits-
be|schei|ni|gung (Rechtsspr.)
un|be|deu|tend; -ste; Un|be|deu-
tend|heit die; -
un|be|dingt [auch: ...dingt]; ein -er
Reflex; Un|be|dingt|heit die; -
un|be|ein|druckt [auch: un...]
un|be|ein|fluß|bar [auch: un...];
Un|be|ein|fluß|bar|keit[1] die; -;
un|be|ein|flußt
un|be|fahr|bar [auch: un...]
un|be|fan|gen; Un|be|fan|gen|heit
die; -
un|be|fleckt, aber (↑R 157): die
Unbefleckte Empfängnis [Ma-
riens]
un|be|frie|di|gend; seine Arbeit
war -; un|be|frie|digt; Un|be|frie-
digt|heit die; -
un|be|fri|stet; -es Darlehen
un|be|fugt; Un|be|fug|te der u. die;
-n, -n (↑R 7 ff.)
un|be|gabt; -este; Un|be|gabt|heit
die; -
un|be|greif|lich [auch: un...]; un|be-
greif|li|cher|wei|se; Un|be-
greif|lich|keit[1]
un|be|grenzt [auch: ...gränzt]; -es
Vertrauen; Un|be|grenzt|heit[1]
die; -
un|be|grün|det; ein -er Verdacht
un|be|haart
Un|be|ha|gen; un|be|hag|lich; Un|be-
hag|lich|keit
un|be|hau|en; aus -en Steinen
un|be|haust
un|be|hel|ligt [auch: un...]
un|be|herrscht; Un|be|herrscht-
heit
un|be|hilf|lich (unbeholfen)
un|be|hin|dert [auch: un...]
un|be|hol|fen; Un|be|hol|fen|heit
die; -
un|be|irr|bar [auch: un...]; Un|be-
irr|bar|keit[1] die; -; un|be|irrt
[auch: un...]; Un|be|irrt|heit[1]
die; -
un|be|kannt; -este; ein -er Mann,
aber (↑R 133): das Grab des Un-
bekannten Soldaten; [nach] unbekannt verzogen; (↑R 65:) der
große Unbekannte; eine Gleichung mit mehreren Unbekann-
ten (Math.); ein Verfahren gegen
Unbekannt; un|be|kann|ter|wei-
se; Un|be|kannt|heit die; -

un|be|klei|det
un|be|küm|mert [auch: un...]; Un-
be|küm|mert|heit[1] die; -
un|be|la|stet
un|be|lebt; eine -e Straße
un|be|leckt; -este; von etwas - sein
(ugs. für: von etwas nichts wissen, verstehen)
un|be|lehr|bar [auch: un...]; Un-
be|lehr|bar|keit[1] die; -
un|be|lich|tet
un|be|liebt; Un|be|liebt|heit die; -
un|be|mannt
un|be|merkt
un|be|mit|telt
un|be|nom|men [auch: un...]; es
bleibt ihm -
un|be|nutz|bar [auch: un...]; un|be-
nutzt
un|be|ob|ach|tet
un|be|quem; Un|be|quem|lich|keit
un|be|re|chen|bar [auch: un...];
Un|be|re|chen|bar|keit[1] die; -
un|be|rech|tigt; un|be|rech|tig|ter-
wei|se
un|be|rück|sich|tigt [auch: un...]
un|be|ru|fen; in unberufene Hän-
de gelangen; un|be|ru|fen! [auch:
un...]
un|be|rührt; Un|be|rührt|heit die; -
un|be|scha|det [auch: un...] (ohne
Schaden für ...); mit Gen.: unbe-
schadet seines Rechtes od. seines
Rechtes unbeschadet; un|be-
schä|digt
un|be|schäf|tigt
un|be|schei|den; Un|be|schei|den-
heit die; -
un|be|schol|ten; Un|be|schol|ten-
heit die; -; Un|be|schol|ten|heits-
zeug|nis
un|be|schrankt; -er Bahnüber-
gang; un|be|schränkt [auch:
un...] (nicht eingeschränkt); vgl.
EGmuH; Un|be|schränkt|heit[1]
die; -
un|be|schreib|lich [auch: un...];
Un|be|schreib|lich|keit[1] die; -;
un|be|schrie|ben; ein -es Blatt
sein (ugs. für: unbekannt, uner-
fahren sein)
un|be|schützt [auch: un...]
un|be|schwert; -este; Un|be-
schwert|heit die; -
un|be|seelt
un|be|se|hen [auch: un...]
un|be|sieg|bar [auch: un...]; Un-
be|sieg|bar|keit[1] die; -; un|be-
sieg|lich [auch: un...]; Un|be-
sieg|lich|keit[1] die; -; un|be|siegt
[auch: un...]
un|be|son|nen; Un|be|son|nen|heit
un|be|sorgt [auch: ...so...]
un|be|spiel|bar [auch: un...]; der
Platz war -; un|be|spielt; eine -e
Kassette
un|be|stän|dig; Un|be|stän|dig|keit
die; -

un|be|stä|tigt [auch: ...schtä...];
nach -en Meldungen
un|be|stech|lich [auch: un...]; Un-
be|stech|lich|keit[1] die; -
un|be|stimm|bar [auch: un...]; Un-
be|stimm|bar|keit[1] die; -; un|be-
stimmt; -es Fürwort (für: Indefi-
nitpronomen); Un|be|stimmt-
heit die; -; Un|be|stimmt|heits|re-
la|ti|on (Begriff der Quanten-
theorie)
un|be|streit|bar [auch: un...]; un|be-
stri|ten [auch: ...schtri...]
un|be|tei|ligt [auch: un...]
un|be|tont
un|be|trächt|lich [auch: un...]; Un-
be|trächt|lich|keit[1] die; -
un|be|tre|ten
un|be|ug|bar [auch: un...]; un|be-
ug|sam [auch: un...]; -er Wille;
Un|beug|sam|keit[1] die; -
un|be|wacht
un|be|waff|net
un|be|wäl|tigt [auch: ...wäl...]; die
-e Vergangenheit
un|be|weg|lich [auch: ...weg...];
Un|be|weg|lich|keit[1] die; -; un|be-
wegt
un|be|weibt (scherzh. für: ohne
[Ehe]frau)
un|be|wie|sen; eine -e Behauptung
un|be|wohn|bar [auch: un...]; un|be-
wohnt
un|be|wußt; Un|be|wuß|te das; -n
(↑R 7 ff.); Un|be|wußt|heit die; -
un|be|zahl|bar [auch: un...]; Un-
be|zahl|bar|keit[1] die; -; un|be-
zahlt; -er Urlaub
un|be|zähm|bar [auch: un...]; Un-
be|zähm|bar|keit[1] die; -
un|be|zwei|fel|bar [auch: un...]
un|be|zwing|bar [auch: un...]; un|be-
zwing|lich [auch: un...]
Un|bil|den Plur. (Unannehmlich-
keiten); die - der Witterung; Un-
bil|dung die; - (Mangel an Wis-
sen); Un|bill die; - (Unrecht); un-
bil|lig; -e Härte (Rechtsspr.);
Un|bil|lig|keit die; -
un|blu|tig; eine -e Revolution
un|bot|mä|ßig; Un|bot|mä|ßig|keit
un|brauch|bar; Un|brauch|bar-
keit die; -
un|bü|ro|kra|tisch
un|buß|fer|tig; Un|buß|fer|tig|keit
die; -
un|christ|lich; Un|christ|lich|keit
die; -
Uncle Sam [angkl ßäm] (scherzh.
für: USA)
und (Abk.: u., bei Firmen auch:
&); - ähnliche[s] (Abk.: u. ä.); -
dem ähnliche[s] (Abk.: u. d. ä.); -
and[e]re, and[e]res (Abk.: u. a.);
und and[e]re mehr, und and[e]res
mehr (Abk.: u. a. m.); drei und
drei ist, macht, gibt (nicht: sind,
machen, geben) sechs

[1] Vgl. Anm. 1, S. 711, Sp. 2.

Un|dank; un|dank|bar; eine -e Aufgabe; Un|dank|bar|keit die; -
un|da|tiert
und der|glei|chen [mehr] (Abk.: u. dgl. [m.]); und des|glei|chen [mehr] (Abk.: u. desgl. [m.])
un|de|fi|nier|bar [auch: un...]
un|de|kli|nier|bar [auch: un...]
un|de|mo|kra|tisch [auch: un...]
un|denk|bar; un|denk|lich
Un|der|ground [and'rgraund] der; -s ⟨engl.⟩ („Untergrund"; avantgardistische künstlerische Protestbewegung)
Un|der|state|ment [and'rßte'tm'nt] das; -s ⟨engl.⟩ (Untertreibung)
un|deut|lich; Un|deut|lich|keit die; -
Un|de|zi|me die; -, -n ⟨lat.⟩ (Musik: elfter Ton [vom Grundton an])
un|dicht; Un|dich|tig|keit die; -
un|dif|fe|ren|ziert; -este; -e Kritik
Un|di|ne die; -, -n ⟨lat.⟩ (weibl. Wassergeist)
Un|ding das; -[e]s, -e (Unmögliches; Unsinniges); das ist ein -
un|dis|ku|ta|bel [auch: un...]
un|dis|zi|pli|niert (zuchtlos); Un|dis|zi|pli|niert|heit die; -
un|dog|ma|tisch
un|dra|ma|tisch; ein -es Finale
Und|set, Sigrid (norw. Dichterin)
und so fort (Abk.: usf.); und so wei|ter (Abk.: usw.)
Un|du|la|ti|on [...zion] die; -, -en ⟨lat.⟩ (Physik: Wellenbewegung; Geol.: Sattel- u. Muldenbildung durch Gebirgsbildung); Un|du|la|ti|ons|theo|rie die; - (Physik: Wellentheorie); un|du|la|to|risch (Physik: wellenförmig)
un|duld|sam; Un|duld|sam|keit die; -
un|du|lie|ren ⟨lat.⟩ (Med., Biol.: sich wellenförmig bewegen)
un|durch|dring|bar [auch: un...]; un|durch|dring|lich [auch: un...]; Un|durch|dring|lich|keit die; -
un|durch|führ|bar [auch: un...]; Un|durch|führ|bar|keit die; -
un|durch|läs|sig; Un|durch|läs|sig|keit die; -
un|durch|schau|bar [auch: un...]; Un|durch|schau|bar|keit die; -
un|durch|sich|tig; Un|durch|sich|tig|keit die; -
und vie|le[s] an|de|re [mehr] (Abk.: u. v. a. [m.]); und zwar (Abk.: u. zw.); ↑R 98
un|eben; Un|eben|heit
un|echt; -e Brüche (Math.); Un|echt|heit die; -
un|edel; unedle Metalle
un|egal (landsch. für: uneben)
un|ehe|lich; ein -es Kind; vgl. nichtehelich; Un|ehe|lich|keit die; -
Un|eh|re die; -; un|eh|ren|haft;

Un|eh|ren|haf|tig|keit die; -; un|ehr|er|bie|tig; Un|ehr|er|bie|tig|keit die; -; un|ehr|lich; Un|ehr|lich|keit die; -
un|ei|gen|nüt|zig; Un|ei|gen|nüt|zig|keit die; -
un|ei|gent|lich
un|ein|ge|schränkt [auch: ...ä...]; -este
un|ein|ge|weiht
un|ei|nig; Un|ei|nig|keit
un|ein|nehm|bar [auch: un...]; Un|ein|nehm|bar|keit die; -
un|eins; - sein
un|ein|sich|tig; Un|ein|sich|tig|keit die; -
un|emp|fäng|lich; Un|emp|fäng|lich|keit die; -
un|emp|find|lich; Un|emp|find|lich|keit die; -
un|end|lich; (↑R 65:) bis ins unendliche (unaufhörlich, immerfort), aber: der Weg scheint bis ins Unendliche (bis ans Ende der Welt) zu führen; (Math.:) von eins bis unendlich (Zeichen: ∞); aber: im, aus dem Unendlichen (im, aus dem unendlichen Raum); un|end|li|che|mal, un|end|lich|mal, aber: unendliche Male; Un|end|lich|keit die; -
un|ent|behr|lich [auch: un...]; Un|ent|behr|lich|keit die; -
un|ent|deckt [auch: un...]
un|ent|gelt|lich [auch: un...]
un|ent|rinn|bar [auch: un...]; Un|ent|rinn|bar|keit die; -
un|ent|schie|den; Un|ent|schie|den das; -s, - (Sport u. Spiel); Un|ent|schie|den|heit die; -
un|ent|schlos|sen; Un|ent|schlos|sen|heit die; -
un|ent|schuld|bar [auch: un...]; un|ent|schul|digt
un|ent|wegt [auch: un...]
un|ent|wirr|bar [auch: un...]
un|er|ach|tet (veraltend für: ungeachtet); mit Gen.: der Bitten
un|er|bitt|lich [auch: un...]; Un|er|bitt|lich|keit die; -
un|er|fah|ren; Un|er|fah|ren|heit die; -
un|er|find|lich [auch: un...] (unbegreiflich)
un|er|forsch|lich [auch: un...]
un|er|freu|lich
un|er|füll|bar [auch: un...]; Un|er|füll|bar|keit die; -; un|er|füllt; Un|er|füllt|heit die; -
un|er|gie|big; Un|er|gie|big|keit die; -
un|er|gründ|bar [auch: un...]; Un|er|gründ|bar|keit die; -; un|er|gründ|lich [auch: un...]; Un|er|gründ|lich|keit die; -
un|er|heb|lich; Un|er|heb|lich|keit die; -
[1]un|er|hört (unglaublich); sein

Verhalten war -; [2]un|er|hört; seine Bitte blieb -
un|er|kannt
un|er|klär|bar [auch: un...]; Un|er|klär|bar|keit die; -; un|er|klär|lich [auch: un...]; Un|er|klär|lich|keit die; -
un|er|läß|lich [auch: un...] (unbedingt nötig, geboten)
un|er|laubt; eine -e Handlung
un|er|le|digt
un|er|meß|lich [auch: un...]; vgl. unendlich; Un|er|meß|lich|keit die; -
un|er|müd|lich [auch: un...]; Un|er|müd|lich|keit die; -
un|ernst
un|er|quick|lich; Un|er|quick|lich|keit
un|er|reich|bar [auch: un...]; Un|er|reich|bar|keit die; -; un|er|reicht [auch: un...]
un|er|sätt|lich [auch: un...]; Un|er|sätt|lich|keit die; -
un|er|schlos|sen
un|er|schöpf|lich [auch: un...]; Un|er|schöpf|lich|keit die; -
un|er|schrocken [Trenn.: ...schrok-ken]; Un|er|schrocken|heit die; - [Trenn.: ...schrok|ken...]
un|er|schüt|ter|lich [auch: un...]; Un|er|schüt|ter|lich|keit die; -
un|er|schwing|lich [auch: un...]; -e Preise
un|er|setz|bar [auch: un...]; un|er|setz|lich [auch: un...]; Un|er|setz|lich|keit die; -
un|er|sprieß|lich [auch: un...]
un|er|träg|lich [auch: un...]; Un|er|träg|lich|keit die; -
un|er|wähnt; es soll nicht - bleiben, daß ...
un|er|war|tet [auch: ...war...]
un|er|weis|bar [auch: un...]; un|er|weis|lich [auch: un...]
un|er|wi|dert
un|er|wünscht
un|er|zo|gen
UNESCO die; - ⟨engl.; Kurzwort für: United Nations Educational, Scientific, and Cultural Organization [junaitid ne'sch'ns ädjuke'sch'n'l, ßai'ntifik 'nd kaltsch'r'l ä'g'naise'sch'n]⟩ (Organisation der Vereinten Nationen für Erziehung, Wissenschaft und Kultur)
un|fä|hig; Un|fä|hig|keit die; -
un|fair [unfär] (unlauter; unsportlich; unfein); Un|fair|neß
Un|fall der; Un|fall_arzt, ...be|tei|lig|te der u. die; Un|fäl|ler der; -s, - (bes. Psych.: jmd., der häufig in Unfälle verwickelt ist); Un|fall-_fah|rer, ...flucht (vgl. [2]Flucht), ...fol|gen Plur.; un|fall|frei; -es Fahren; Un|fall_ge|schä|dig|te der u. die, ...hil|fe, ...ort, ...quo-

---

[1] Vgl. Anm. 1, S. 711, Sp. 2.

te, ...ra|te, ...schutz, ...sta|ti|on,
...stel|le, ...tod, ...to|te *der* u. *die*
(meist *Plur.*); **un|fall|träch|tig;**
eine -e Kurve; **Un|fall...ur|sa|che,**
...ver|hü|tung, ...ver|letz|te *der* u.
die, ...ver|si|che|rung, ...wa|gen
(Wagen, der einen Unfall hatte;
Rettungswagen), ...zeit, ...zeu|ge
un|faß|bar [auch: *un...*]; **un|faß-**
lich [auch: *un...*]
un|fehl|bar [auch: *un...*]; **Un|fehl-**
bar|keit[1] *die;* -; **Un|fehl|bar|keits-**
glau|be[n][1]
un|fein; Un|fein|heit *die;* -
un|fern; mit Gen. od. mit „von"; -
des Hauses, - von dem Hause
un|fer|tig; Un|fer|tig|keit *die;* -
Un|flat *der;* -[e]s; **un|flä|tig; Un-**
flä|tig|keit
un|flek|tiert (ungebeugt)
un|flott (ugs.); nicht - aussehen
un|folg|sam; Un|folg|sam|keit
die; -
Un|form; un|för|mig (formlos,
mißgestaltet); **un|förm|lich**
(formlos, plump)
un|fran|kiert (unfrei [Gebühren
nicht bezahlt])
un|frei; Un|frei|heit *die;* -; **un|frei-**
wil|lig
un|freund|lich; ein -er Empfang;
er war - zu ihm (selten: gegen
ihn); **Un|freund|lich|keit**
Un|frie|de[n] *der;* ...dens
un|fromm
un|frucht|bar; Un|frucht|bar|keit
die; -; **Un|frucht|bar|ma|chung**
Un|fug *der;* -[e]s
...ung (z. B. Prüfung *die;* -, -en)
un|ga|lant; -este
Un|gar [*unggar*] *der;* -n, -n
(↑R 197); **un|ga|risch,** aber
(↑R 157): die Ungarische Rhap-
sodie [von Liszt]; **Un|ga|risch**
das; -[s] (Sprache); vgl. Deutsch;
Un|ga|ri|sche *das;* -n; vgl. Deut-
sche *das;* **un|gar|län|disch; Un-**
garn
un|gast|lich; **Un|gast|lich|keit**
die; -
un|ge|ach|tet [auch: *...aeh...*]
(nicht geachtet); *Präp.* mit Gen.:
- wiederholter Bitten od. wiederholter Bitten; dessenungeachtet
od. desungeachtet; - daß, aber: -
dessen, daß (↑R 126)
un|ge|ahn|det [auch: *...an...*] (un-
bestraft)
un|ge|ahnt [auch: *...ant*] (nicht
vorhergesehen)
un|ge|bär|dig; Un|ge|bär|dig|keit
die; -
un|ge|be|ten; -er Gast
un|ge|beugt
un|ge|bil|det
un|ge|bo|ren; -es Leben
un|ge|bräuch|lich; un|ge|braucht
un|ge|bro|chen

[1] Vgl. Anm. 1, S. 711, Sp. 2.

Un|ge|bühr *die;* -; **un|ge|büh|rend**
[auch: *...bür...*]; -ste; **un|ge|bühr-**
lich [auch: *...bür...*]; **Un|ge|bühr-**
lich|keit[1]
un|ge|bun|den; ein -es Leben; **Un-**
ge|bun|den|heit *die;* -
un|ge|deckt; -er Scheck
un|ge|dient (Militär: ohne gedient
zu haben); **Un|ge|dien|te** *der;* -n,
-n (↑R 7 ff.)
un|ge|druckt
Un|ge|duld; un|ge|dul|dig
un|ge|eig|net
un|ge|fähr [auch: *...fär*]; von - (zu-
fällig); **Un|ge|fähr**[1] *das;* -s (Zu-
fall); **un|ge|fähr|det** [auch:
...fär...]; **un|ge|fähr|lich; Un|ge-**
fähr|lich|keit *die;* -
un|ge|fäl|lig; **Un|ge|fäl|lig|keit**
die; -
un|ge|fragt
un|ge|früh|stückt (ugs. für: ohne
gefrühstückt zu haben)
un|ge|fü|ge (unförmig)
un|ge|ges|sen (nicht gegessen; ugs.
für: ohne gegessen zu haben)
un|ge|glie|dert
un|ge|hal|ten (ärgerlich); **Un|ge-**
hal|ten|heit *die;* -
un|ge|hei|ßen
un|ge|heizt
un|ge|hemmt
un|ge|heu|er [auch: *...heu...*]; un-
geheuer, -ste; eine ungeheure
Verschwendung; (↑R 65:) die
Kosten steigen ins ungeheure;
Un|ge|heu|er *das;* -s, -; **un|ge|heu-**
er|lich [auch: *un...*]; **Un|ge|heu-**
er|lich|keit[1]
un|ge|hin|dert
un|ge|ho|belt [auch: *...ho...*] (auch
übertr. für: ungebildet; grob)
un|ge|hö|rig; ein -es Benehmen;
Un|ge|hö|rig|keit; un|ge|hört
un|ge|hor|sam; Un|ge|hor|sam
Un|ge|ist *der;* -[e]s; **un|gei|stig**
un|ge|kämmt
un|ge|klärt
un|ge|kocht
un|ge|krönt; (auch übertr.:) der -e
König der Ausbrecher
un|ge|kün|digt; in -er Stellung
un|ge|kün|stelt
un|ge|kürzt
Un|geld (veralt. für: Abgabe, Steu-
er)
un|ge|le|gen (unbequem); sein Be-
such kam mir -; **Un|ge|le|gen|heit**
un|ge|leh|rig; un|ge|lehrt
un|ge|lenk, un|ge|len|kig
un|ge|lernt; ein -er Arbeiter; **Un-**
ge|lern|te *der* u. *die;* -n, -n
(↑R 7 ff.)
un|ge|liebt; -este
un|ge|lo|gen
un|ge|löst; eine -e Aufgabe
Un|ge|mach *das;* -[e]s (veraltend
für: Unannehmlichkeit, Ärger)

[1] Vgl. Anm. 1, S. 711, Sp. 2.

un|ge|mäß
un|ge|mein [auch: *...main*]
un|ge|mes|sen [auch: *...mä...*];
(↑R 65:) seine Ansprüche steigen
ins ungemessene
un|ge|mischt
un|ge|müt|lich; Un|ge|müt|lich-
keit *die;* -
un|ge|nannt
un|ge|nau; Un|ge|nau|ig|keit
un|ge|niert [*...sehe...*, auch: *...nirt*]
(zwanglos); **Un|ge|niert|heit**[1] *die,*
- (Zwanglosigkeit)
un|ge|nieß|bar [auch: *...niß...*]; ei-
ne -e Speise; **Un|ge|nieß|bar|keit**[1]
die; -
Un|ge|nü|gen *das;* -s; **un|ge|nü-**
gend; vgl. ausreichend
un|ge|nutzt, un|ge|nützt
un|ge|ord|net
un|ge|pflegt; Un|ge|pflegt|heit
die; -
un|ge|prüft
un|ge|rächt
un|ge|ra|de, (ugs.:) **un|gra|de;** -
Zahl (Math.)
un|ge|ra|ten; ein -es Kind
un|ge|rech|net; *Präp.* mit Gen.: -
des Schadens
un|ge|recht; un|ge|rech|ter|wei|se;
un|ge|recht|fer|tigt; un|ge|recht-
fer|tig|ter|wei|se; Un|ge|rech|tig-
keit
un|ge|re|gelt; ein -es Leben
un|ge|reimt (nicht im Reim gebun-
den; verworren, sinnlos); **Un|ge-**
reimt|heit
un|gern
un|ge|rührt; Un|ge|rührt|heit *die;* -
un|ge|rupft; er kam - davon (ugs.
für: er kam ohne Verlust davon)
un|ge|sagt; vieles blieb -
un|ge|sal|zen
un|ge|sät|tigt; -e Lösung
un|ge|säu|ert; -es Brot
[1]**un|ge|säumt** [auch: *...seumt*] (oh-
ne Verzug)
[2]**un|ge|säumt** (ohne Saum)
un|ge|schält; -er Reis
un|ge|sche|hen; etwas - machen
un|ge|scheut [auch: *...scheut*] (geh.
für: frei, ohne Scheu)
Un|ge|schick *das;* -[e]s; **un|ge-**
schick|lich; Un|ge|schick|lich-
keit; un|ge|schickt; -este; **Un|ge-**
schickt|heit
un|ge|schlacht; -este (plump,
grobschlächtig); ein -er Mensch;
Un|ge|schlacht|heit *die;* -
un|ge|schla|gen (unbesiegt)
un|ge|schlecht|lich; -e Fortpflan-
zung
un|ge|schlif|fen (auch übertr.: un-
erzogen); **Un|ge|schlif|fen|heit**
un|ge|schmä|lert (ohne Einbuße)
un|ge|schmei|dig
un|ge|schminkt; -este (auch: rein
den Tatsachen entsprechend)

[1] Vgl. Anm. 1, S. 711, Sp. 2.

un|ge|scho|ren
un|ge|schrie|ben; ein -es Gesetz
un|ge|schult; -este
un|ge|schützt; -este
un|ge|se|hen; sich - anschleichen
un|ge|sel|lig; Un|ge|sel|lig|keit die; -
un|ge|setz|lich; Un|ge|setz|lich|keit
un|ge|sit|tet
un|ge|stalt (mißgestaltet); -er Mensch; un|ge|stal|tet (nicht gestaltet); -e Masse
un|ge|stem|pelt; -e Briefmarken
un|ge|stillt
un|ge|stört; Un|ge|stört|heit die; -
un|ge|straft
un|ge|stüm (schnell, heftig); Un|ge|stüm das; -[e]s; mit -
un|ge|sühnt; ein -er Mord
un|ge|sund; ein -es Aussehen
un|ge|süßt; -er Tee
un|ge|tan
un|ge|teilt
un|ge|treu; -[e]ste
un|ge|trübt; -este
Un|ge|tüm das; -[e]s, -e
un|ge|übt; -este
un|ge|wandt; -este; Un|ge|wandt|heit die; -
un|ge|wa|schen
un|ge|wiß; ungewisser, ungewisseste; I. *Kleinschreibung* (↑R 65): ins ungewisse leben, im ungewissen (ungewiß) bleiben, lassen, sein. II. *Großschreibung* (↑R 65): das Gewisse fürs Ungewisse nehmen; ins Ungewisse steigern; eine Fahrt ins Ungewisse; Un|ge|wiß|heit
Un|ge|wit|ter
un|ge|wöhn|lich; Un|ge|wöhn|lich|keit die; -; un|ge|wohnt; -este; Un|ge|wohnt|heit die; -
un|ge|wollt
un|ge|zählt (auch für: unzählig)
un|ge|zähmt
Un|ge|zie|fer das; -s
un|ge|zie|mend; -ste
un|ge|zo|gen; Un|ge|zo|gen|heit
un|ge|zuckert [*Trenn.:* ...zuk|kert]
un|ge|zü|gelt
un|ge|zwun|gen; ein -es Benehmen; Un|ge|zwun|gen|heit die; -
un|gif|tig; Un|gif|tig|keit die; -
Un|glau|be[n]; un|glaub|haft; -este; un|glau|big; ein ungläubiger Thomas (ugs. für: jmd., der an allem zweifelt); Un|glau|bi|ge der u. die; -n, -n (↑R 7 ff.); un|glaub|lich [auch: *un*...]; es geht ins, grenzt ans Unglaubliche (↑R 65); un|glaub|wür|dig; Un|glaub|wür|dig|keit die; -
un|glei|ch|ar|tig, ...förbig (für: heterozygot), ...för|mig, ...ge|schlecht|lich (Biol.); Un|gleich|ge|wicht; Un|gleich|heit; un|gleich|mä|ßig; Un|gleich|mä|ßig|keit; Un|glei|chung (Math.)

Un|glimpf der; -[e]s; un|glimpf|lich
Un|glück das; -[e]s, -e; un|glück|lich; Un|glück|li|che der u. die; -n, -n (↑R 7 ff.); un|glück|li|cher|wei|se; Un|glücks|bo|te; un|glück|se|lig; un|glück|se|li|ger|wei|se; Un|glücks_fah|rer, ...fall der, ...kind, ...mensch der, ...ra|be (ugs.); un|glücks|schwan|ger; Un|glücks_tag, ...wa|gen, ...wurm (der; -[e]s, ...würmer; ugs.)
Un|gna|de die; -; un|gnä|dig
un|grad (landsch.), un|gra|de vgl. ungerade
un|gra|zi|ös
Un|gu|la|ten *Plur.* ⟨lat.⟩ (Zool.: Huftiere)
un|gül|tig; Un|gül|tig|keit die; -; Un|gül|tig|keits|er|klä|rung; Un|gül|tig|ma|chung (Amtsdt.)
Un|gunst; zu seinen, zu seines Freundes Ungunsten, a b e r (↑R 208): zuungunsten der Arbeiter; un|gün|stig
un|gu|sti|ös vgl. gustiös
un|gut; nichts für -
un|halt|bar [auch: ...ha...]; -e Zustände; Un|halt|bar|keit[1] die; -; un|hal|tig (Bergmannsspr.: kein Erz usw. enthaltend)
un|hand|lich; Un|hand|lich|keit die; -
un|har|mo|nisch
Un|heil; un|heil|bar [auch: ...hail...]; eine -e Krankheit; Un|heil|bar|keit[1] die; -; un|heil|brin|gend; un|heil|dro|hend; un|heil|ig; un|heil|schwan|ger; Un|heil|stif|ter; un|heil_ver|kün|dend, ...voll
un|heim|lich (nicht geheuer; unbehaglich); Un|heim|lich|keit die; -
un|hi|sto|risch
un|höf|lich; Un|höf|lich|keit
un|hold (abgeneigt; feindselig); Un|hold der; -[e]s, -e (böser Geist; Wüstling); Un|hol|din die; -, -nen
un|hör|bar [auch: *un*...]; Un|hör|bar|keit[1] die; -
un|hy|gie|nisch
uni [üni, auch: üni] ⟨franz.⟩ (einfarbig; nicht gemustert); [1]Uni [üni, auch: üni] das; -s, -s (einheitliche Farbe); in verschiedenen Unis
[2]Uni die; -, -s (stud. Kurzw. für: Universität)
UNICEF [unizäf] die; - ⟨engl.⟩ Kurzw. für: United Nations International Children's Emergency Fund [*junaitid ne'sch'ns int'rnäsch'n'l tschild'rns imö'r-dsch'nßi fand*] (Weltkinderhilfswerk der UNO)
unie|ren [*uni'r'n*] ⟨franz.⟩ (vereinigen [bes. von Religionsgemein-

schaften]); unierte Kirchen (die mit der röm.-kath. Kirche wiedervereinigten Ostkirchen; die ev. Unionskirchen); Uni|fi|ka|ti|on [...*zion*] die; -, -en (seltener für: Unifizierung); uni|fi|zie|ren (vereinheitlichen); Uni|fi|zie|rung (Vereinheitlichung, Vereinigung); uni|form (gleich-, einförmig; gleichmäßig); Uni|form [österr.: *uni*...] die; -, -en (einheitl. Dienstkleidung); uni|for|mie|ren (einheitlich [ein]kleiden; gleichförmig machen); Uni|for|mie|rung; uni|for|mi|tät die; -, -en (Einförmigkeit; Gleichmäßigkeit); Uni|form|ver|bot; uni|ge|färbt [*üni*..., auch: *üni*...] (einfarbig, nicht gemustert); Uni|kat [*u*...] das; -[e]s, -e ⟨lat.⟩ (einzige Ausfertigung eines Schriftstückes); Uni|kum [auch: *u*...] das; -s, ...ka, auch: -s ([in seiner Art] Einziges, Seltenes; ugs. für: Sonderling); uni|la|te|ral (einseitig)
un|in|ter|es|sant; -este (langweilig, reizlos); un|in|ter|es|siert; -este (ohne innere Anteilnahme); Un|in|ter|es|siert|heit die; -
Unio my|sti|ca [- ...*ka*] die; - - ⟨lat.⟩ (Mystik: geheimnisvolle Vereinigung mit Gott); Uni|on die; -, -en (Bund, Vereinigung, Verbindung [bes. von Staaten]); - der Sozialist. Sowjetrepubliken (Sowjetunion; dt. Abk.: UdSSR); Christlich-Demokratische Union [Deutschlands] (Abk.: CDU); Christlich-Soziale Union (Abk.: CSU); Junge Union (vgl. jung); Unio|nist der; -en, -en; ↑R 197 (Anhänger einer Union, z. B. der amerikanischen im Unabhängigkeitskrieg 1776/83); Union Jack [*junj'n dsehäk*] der; - -, - -s ⟨engl.⟩ (brit. Nationalflagge); Uni|ons_kir|che, ...par|tei|en (*Plur.*; zusammenfassende Bez. für CDU u. CSU)
uni|pe|tal ⟨lat.; griech.⟩ (Bot.: einblättrig); uni|po|lar (Elektrotechnik; einpolig); -e Leitfähigkeit; uni|po|lar|ma|schi|ne
un|ir|disch (nicht irdisch)
Uni|sex ⟨engl.⟩ (Verwischung der Unterschiede zwischen den Geschlechtern [im Erscheinungsbild]); uni|so|no [auch: *uni*...] ⟨ital.⟩ (Musik: auf demselben Ton od. in der Oktave [zu spielen]); Uni|so|no [auch: *uni*...] das; -s, -s u. ...ni (Einklang aller Stimmen [in demselben Ton oder in der Oktave])
Uni|ta|ri|er [...*i'r*] der; -s, - ⟨lat.⟩ (Leugner der Dreifaltigkeit); uni|ta|risch (Einigung bezweckend); Uni|ta|ris|mus der; - (Streben nach Stärkung der Zentralgewalt; Lehre der Unitarier)

---

[1] Vgl. Anm. 1, S. 711, Sp. 2.

Uni|ted Na|tions [*junaitid ne'-sch'ns*] usw. vgl. UN, UNO, UNESCO, VN; Uni|ted Press In|ter|na|tio|nal [*junaitid präß int'r-näsch'n'l*] die; - - - ⟨engl.⟩ (eine US-amerik. Nachrichtenagentur; Abk.: UPI); Uni|ted States [of Ame|ri|ca] [*junaitid ßte'z ('w 'märik')*] *Plur.* (Vereinigte Staaten [von Amerika]; Abk.: US[A]) uni|ver|sal [...*wär*...], uni|ver|sell ⟨lat.⟩ (allgemein, gesamt; [die ganze Welt] umfassend); Uni|ver|sal_er|be der, ...ge|nie, ...ge|schich|te (die; -; Weltgeschichte); Uni|ver|sa|li|en [...*i'n*] *Plur.* (die fünf obersten Allgemeinbegriffe in der Scholastik); Uni|ver|sa|lis|mus der; - (Vorrang des Allgemeinen, Ganzen; All-, Vielseitigkeit); Uni|ver|sa|li|tät die; - (Allgemeinheit, Gesamtheit; Allseitigkeit; alles umfassende Bildung); Uni|ver|sal|mit|tel das (Allerweltsmittel, Allheilmittel); uni|ver|sell vgl. universal; Uni|ver|sia|de die; -, -n; ↑ R 180 (Studentenwettkämpfe nach dem Vorbild der Olympischen Spiele); uni|ver|si|tär (die Universität betreffend); Uni|ver|si|tät die; -, -en (Hochschule); Uni|ver|si|täts_bi|blio|thek, ...buch|hand|lung, ...in|sti|tut, ...kli|nik, ...lauf|bahn, ...pro|fes|sor, ...stadt, ...stu|di|um; Uni|ver|sum das; -s ([Welt]all)

un|ka|me|rad|schaft|lich

Un|ke die; -, -n (Froschlurch); un|ken (ugs. für: Unglück prophezeien); Un|ken|art

un|kennt|lich; Un|kennt|lich|keit die; -; Un|kennt|nis die; -

Un|ken_ruf, ...teich

un|keusch; Un|keusch|heit die;-

un|kind|lich

un|kirch|lich

un|klar; (↑ R 65:) im -en (ungewiß) bleiben, lassen, sein; Un|klar|heit

un|kleid|sam

un|klug

un|kol|le|gi|al

un|kom|pli|ziert; -este

un|kon|trol|lier|bar [auch: ...*lir*...]; un|kon|trol|liert

un|kon|ven|tio|nell

un|kon|zen|triert; -este

un|kör|per|lich

un|kor|rekt; -este; Un|kor|rekt|heit

Un|ko|sten *Plur.*; sich in - stürzen (ugs.); Un|ko|sten|bei|trag

Un|kraut

un|kri|tisch

Unk|ti|on [...*zion*] die; -, -en ⟨lat.⟩ (Med.: Einreibung, Einsalbung)

un|kul|ti|viert [...*tiw*...]; -este; Un|kul|tur die; -

un|künd|bar [auch: ...*kün*...]; ein

-es Darlehen; Un|künd|bar|keit[1] die; -

un|kun|dig

Un|land das; -[e]s, Unländer (seltener für: landwirtschaftlich nicht nutzbares Land)

un|lau|ter; -er Wettbewerb

un|leid|lich; Un|leid|lich|keit

un|le|ser|lich [auch: ...*le*...]; Un|le|ser|lich|keit[1] die; -

un|leug|bar [auch: ...*leu*...]

un|lieb; un|lie|bens|wür|dig; un|lieb|sam; Un|lieb|sam|keit

un|li|mi|tiert (unbegrenzt)

un|li|niert

un|lo|gisch

un|lös|bar [auch: *un*...]; Un|lös|bar|keit[1] die; -; un|lös|lich [auch: *un*...]

Un|lust die; -; Un|lust|ge|fühl; un|lu|stig

un|ma|nier|lich

un|männ|lich

Un|maß das; -es (Unzahl, übergroße Menge)

Un|mas|se (sehr große Menge)

un|maß|geb|lich [auch: ...*ge*...]; un|mä|ßig; Un|mä|ßig|keit die; -

un|me|lo|disch

Un|men|ge

Un|mensch der; -en, -en (grausamer Mensch); un|mensch|lich [auch: *unmänsch*...]; Un|mensch|lich|keit[1]

un|merk|lich [auch: *un*...]

un|mi|li|tä|risch

un|miß|ver|ständ|lich [auch: ...*ständ*...]

un|mit|tel|bar; Un|mit|tel|bar|keit die; -

un|mö|bliert

un|mo|dern; un|mo|disch

un|mög|lich [auch: *unmök*...]; nichts Unmögliches (↑ R 65) verlangen; vgl. unendlich; Un|mög|lich|keit[1] die; -

Un|mo|ral; un|mo|ra|lisch

un|mo|ti|viert [...*tiw*...] (unbegründet)

un|mün|dig; Un|mün|dig|keit die; -

un|mu|si|ka|lisch

Un|mut der; -[e]s; un|mu|tig; un|muts|voll

un|nach|ahm|lich [auch: ...*am*...]

un|nach|gie|big; eine -e Haltung; Un|nach|gie|big|keit die; -

un|nach|sich|tig; Un|nach|sich|tig|keit die; -; un|nach|sich|tig (älter für: unnachsichtig)

un|nah|bar [auch: *un*...]; Un|nah|bar|keit[1] die; -

Un|na|tur die; -; un|na|tür|lich; Un|na|tür|lich|keit die; -

un|nenn|bar [auch: *un*...]

un|nor|mal

un|nö|tig; un|nö|ti|ger|wei|se

un|nütz; un|nüt|zer|wei|se

UNO die; - ⟨engl.; Kurzwort für: United Nations Organization [*junaitid ne'sch'ns â'g'naise'sch'n*] (Organisation der Vereinten Nationen); vgl. UN u. VN

un|öko|no|misch

un|or|dent|lich; Un|or|dent|lich|keit die; -; Un|ord|nung die; -

un|or|ga|nisch; un|or|ga|ni|siert

un|or|tho|dox; -este

un|or|tho|gra|phisch

un|paar; Un|paar|hu|fer; un|paa|rig; Un|paar|ze|her

un|päd|ago|gisch

un|par|tei|lich (neutral, nicht parteiisch); ein -es Urteil; Un|par|tei|ische der u. die; -n, -n (↑ R 7 ff.); un|par|tei|lich (keiner bestimmten Partei angehörend); Un|par|tei|lich|keit die; -

un|paß (als *Adverb:* ungeschickt, zu unrechter Zeit; als *Adjektiv* nur im Prädikat: unpäßlich); un|pas|send; -ste

un|pas|sier|bar [auch: ...*ßir*...]

un|päß|lich ([leicht] krank; unwohl); Un|päß|lich|keit

un|pa|the|tisch

Un|per|son ([von den Medien] bewußt ignorierte Person); un|per|sön|lich; -es Zeitwort (für: Impersonale); Un|per|sön|lich|keit die;-

un|pfänd|bar [auch: ...*pfänt*...]

un|pla|ziert (Sport); -este - (ungezielt) schießen

un|poe|tisch

un|po|liert

un|po|li|tisch

un|po|pu|lär

un|prak|tisch

un|prä|ten|ti|ös; -este

un|prä|zi|se; -este; un|prä|zi|se

un|pro|ble|ma|tisch

un|pro|duk|tiv; Un|pro|duk|ti|vi|tät die; -

un|pro|por|tio|niert; -este; Un|pro|por|tio|niert|heit die; -

un|pünkt|lich; Un|pünkt|lich|keit die; -

un|qua|li|fi|ziert; -este (auch abwertend für: unangemessen, ohne Sachkenntnis)

un|ra|siert

[1]Un|rast der; -[e]s, -e (ruheloser Mensch, bes. Kind); [2]Un|rast die; - (Ruhelosigkeit)

Un|rat der; -[e]s (Schmutz)

un|ra|tio|nell; ein -er Betrieb

un|rat|sam

un|re|al; un|rea|li|stisch (↑ R 180)

un|recht; in unrechte Hände gelangen; am unrechten Platze sein. *Großschreibung* (↑ R 65): etwas Unrechtes; an den Unrechten kommen; vgl. recht. Un|recht das; -[e]s; mit, zu Unrecht; besser Unrecht leiden als Unrecht tun; es geschieht ihm Unrecht; ein Unrecht begehen; im Un-

---

[1]Vgl. Anm. 1, S. 711, Sp. 2.

recht sein; jmdn. ins Unrecht set-zen; jmdm. ein Unrecht [an]tun. *Kleinschreibung* (↑R 64): unrecht bekommen, geben, haben, sein, tun; vgl. Recht; un|recht|mä|ßig; -er Besitz; un|recht|mä|ßig|er|wei|se; Un|recht|mä|ßig|keit; Un|rechts|be|wußt|sein un|re|di|giert [von Zeitungsarti-keln u. dgl.] vom Herausgeber nicht überarbeitet)
un|red|lich; Un|red|lich|keit
un|re|ell
un|re|flek|tiert; -este (ohne Nach-denken [entstanden]; spontan)
un|re|gel|mä|ßig; -e Verben (Sprachw.); Un|re|gel|mä|ßig-keit
un|re|gier|bar [auch: *un...*]
un|reif; Un|rei|fe
un|rein; ins unreine schreiben (↑R 65); Un|rein|heit; un|rein-lich; Un|rein|lich|keit *die;* - un|ren|ta|bel; Un|ren|ta|bi|li|tät *die;* -
un|rętt|bar [auch: *un...*]; sie waren - verloren
un|rich|tig; un|rich|ti|ger|wei|se; Un|rich|tig|keit
un|rit|ter|lich
Un|ruh *die;* -, -en (Teil der Uhr, des Barometers usw.); Un|ru|he (fehlende Ruhe; auch nichtfach-männ. für: Unruh); Un|ru|he-herd, Un|ruh|herd; Un|ru|he|stif-ter, Un|ruh|stif|ter; Un|ruh|herd, Un|ru|he|herd; un|ru|hig
un|rühm|lich; Un|rühm|lich|keit *die;* -
Un|ruh|stif|ter, Un|ru|he|stif|ter
un|rund (Technik)
uns
un|sach|ge|mäß; un|sach|lich; Un-sach|lich|keit *die;* -
un|sag|bar; un|säg|lich
un|sanft; -este
un|sau|ber; Un|sau|ber|keit
un|schäd|lich; ein -es Mittel; Un-schäd|lich|keit *die;* -; Un|schäd-lich|ma|chung *die;* -
un|scharf; ...schärfer, ...schärfste; Un|schär|fe; Un|schär|fe|be-reich, ...re|la|ti|on (Physik)
un|schätz|bar [auch: *un...*]
un|schein|bar; Un|schein|bar|keit *die;* -
un|schick|lich (ungehörig); Un-schick|lich|keit
un|schlag|bar [auch: *un...*]
Un|schlitt *das;* -[e]s, -e (Talg); Un-schlitt|ker|ze
un|schlüs|sig; Un|schlüs|sig|keit *die;* -
un|schmelz|bar [auch: *un...*]
un|schön
Un|schuld *die;* -; un|schul|dig; ein -es Mädchen; aber (↑R 157): Unschuldige Kinder (kath. Fest); Un|schul|di|ge *der* u. *die;* -n, -n (↑R 7ff.); un|schul|di|ger-

wei|se; Un|schulds.be|teue|rung (meist *Plur.*), ...en|gel (scherzh.), ...lamm (scherzh.), ...mie|ne; un-schulds|voll
un|schwer (leicht)
Un|se|gen (geh.)
un|selb|stän|dig; Un|selb|stän|dig-keit *die;* -
un|se|lig (geh.); ein -es Geschick; un|se|li|ger|wei|se
¹un|ser, uns[e]re, unser; unser Tisch, unserm, uns[e]rem Tisch[e]; unser von allen unter-schriebener Brief (↑R 7); unseres Wissens (Abk.: u. W.); (↑R 157:) Unsere Liebe Frau (Maria, Mut-ter Jesu); Uns[e]rer Lieben Frau[en] Kirche; vgl. dein; ²un-ser (*Gen.* von „wir"); unser (nicht: unserer) sind drei; geden-ke, erbarme dich unser (nicht: unserer); un|se|re, uns|re, un|se-ri|ge, uns|ri|ge; (↑R 66:) die Un-ser[e]n, Unsren, Unsrigen; das Uns[e]re, Unsrige; vgl. deine, deinige; un|se|rei|ner, un|ser-eins; un|se|rer|seits, un|ser|seits, uns|rer|seits; un|se|res|glei|chen, uns|ers|glei|chen, uns|res|glei-chen; un|se|res|teils, un|ser-teils; un|se|ri|ge, uns|ri|ge vgl. unsere
un|se|ri|ös; -este
un|ser|seits, un|se|rer|seits, uns-rer|seits, un|sers|glei|chen, un|se-res|glei|chen, uns|res|glei|chen; un|sert|hal|ben; un|sert|we|gen; un|sert|wil|len; um -
Un|ser|va|ter *das;* -s, - (↑R 157:) (in der schweiz. reformierten Kirche auch für: Vaterunser)
un|si|cher; im -n (zweifelhaft) sein (↑R 65); Un|si|cher|heit; Un|si-cher|heits|fak|tor
un|sicht|bar; Un|sicht|bar|keit *die;* -; un|sich|tig (trüb, undurchsich-tig); die Luft wird -
un|sink|bar [auch: *...si...*]
Un|sinn *der;* -[e]s; un|sin|nig; un-sin|ni|ger|wei|se; Un|sin|nig|keit; un|sinn|lich
Un|sit|te; un|sitt|lich; ein -er An-trag; Un|sitt|lich|keit
un|so|lid; -este; un|so|li|de; un|so-li|di|tät *die;* -
un|so|zi|al; -es Verhalten
un|spe|zi|fisch
un|spiel|bar [auch: *un...*] (Musik, Sport)
un|sport|lich; Un|sport|lich|keit
uns|re vgl. unsere; uns|rer|seits, un|ser|seits, un|se|rer|seits; uns-res|glei|chen, un|se|res|glei|chen, uns|ers|glei|chen; uns|res|teils, un|se|res|teils; uns|ri|ge vgl. un-sere
un|sta|bil; Un|sta|bi|li|tät
un|stän|dig; - Beschäftigte
Un|stä|te *die;* - [in mittelhochd. Schreibweise erneuert; vgl.

aber: unstet] (veralt. für: Ruhe-losigkeit, Unruhe)
un|statt|haft; -este
un|sterb|lich; die -e Seele; Un-sterb|lich|keit *die;* -; Un|sterb-lich|keits|glau|be[n]
Un|stern *der;* -[e]s (Unglück)
un|stet; -este; ein -es Leben; vgl. aber: Unstäte; un|ste|tig (älter für: unstet); Un|ste|tig|keit *die;* -
un|still|bar [auch: *un...*]
un|stim|mig; Un|stim|mig|keit
un|sträf|lich [auch: *...schträf...*] (veralt. für: untadelig)
un|strei|tig [auch: *...schtrai...*] (si-cher, bestimmt), un|strit|tig [auch: *...schtrit...*]
Un|strut *die;* - (l. Nebenfluß der Saale)
Un|sum|me (große Summe)
un|sym|me|trisch
un|sym|pa|thisch
un|sy|ste|ma|tisch
un|ta|del|lig, un|tad|lig [auch: *...ta...*]; ein -es Leben
un|tal|len|tiert; -este
Un|tat (Verbrechen); Un|tät|chen (landsch. für: kleiner Makel); nur in: es ist kein - an ihm
un|tä|tig; Un|tä|tig|keit *die;* -
un|taug|lich; Un|taug|lich|keit *die;* -
un|teil|bar [auch: *un...*]; Un|teil-bar|keit[1] *die;* -; un|teil|haf|tig
un|ten; nach, von, bis -; nach - hin; nach - zu; von - her; von - hinauf; weiter -; man wußte kaum noch, was - und was oben war; - sein, - bleiben, - liegen, - stehen; vgl. durchsein; un|ten-an; - stehen, - sitzen; un|ten-drun|ter (ugs.); un|ten|durch; vgl. aber: durchsein; un|ten|her, aber: von unten her; un|ten|her-um (ugs. für: im unteren Teil; unten am Körper); un|ten|hin, aber: nach unten hin; un|ten-lie|gend; un|ten|rum sww. unten-herum; un|ten|ste|hend; (↑R 65:) im -en (weiter unten); (↑R 66:) -es (jenes folgende), aber (↑R 65): das Untenstehende; vgl. folgend
un|ter; *Präp.* mit *Dat.* u. *Akk.:* un-ter dem Strich (in der Zeitung) stehen, aber: unter den Strich setzen; - der Bedingung, daß (↑R 125:) Kinder unter zwölf Jahren haben keinen Zutritt; un-ter ander[e]m, unter ander[e]n (Abk.: u. a.); unter einem (österr. für: zugleich); (Bergmannsspr.:) unter Tage; unter üblichem Vor-behalt (bei Gutschrift von Schecks; Abk.: u. ü. V.); unter Umständen (Abk.: u. U.); *Ad-verb:* es waren unter (= weniger als) 100 Gäste; unter (= noch

[1] Vgl. Anm. 1, S. 711, Sp. 2.

nicht) zwölf Jahre alte Kinder; Gemeinden von unter (= weniger als) 10 000 Einwohnern Ụnǀter der; -s, - (Spielkarte) unǀter... in Verbindung mit Verben: a) unfeste Zusammensetzungen, z. B. ụnterhalten (vgl. d.), er hält ụnter, hat ụntergehalten; ụnterzuhalten; b) feste Zusammensetzungen, z. B. unterhalten (vgl. d.), er unterhält, hat unterhalten; zu unterhalten
Ụnǀterǀabǀteiǀlung
Ụnǀterǀarm
Ụnǀterǀbau (Plur. ...bauten)
Ụnǀterǀbauch
unǀterǀbauǀen; er hat den Sockel unterbaut; Unǀterǀbauǀung
Ụnǀterǀbeǀgriff
unǀterǀbeǀlegt; ein -es Hotel
unǀterǀbeǀlichǀten (Fotogr.); du unterbelichtest; die Aufnahme ist unterbelichtet; unterzubelichten; Ụnǀterǀbeǀlichǀtung
unǀterǀbeǀsetzt; die Dienststelle ist - (hat nicht genug Personal)
Ụnǀterǀbett
unǀterǀbeǀwerǀten; er unterbewertet diese Leistung; er hat sie unterbewertet; unterzubewerten; Ụnǀterǀbeǀwerǀtung
unǀterǀbeǀwußt; Ụnǀterǀbeǀwußtǀsein
unǀterǀbeǀzahǀlen; er ist unterbezahlt; unterzubezahlen; selten: er unterbezahlt ihn; Ụnǀterǀbeǀzahǀlung
unǀterǀbieǀten; er hat die Rekorde unterboten; Ụnǀterǀbieǀtung
Ụnǀterǀbiǀlanz (Fehlbetrag; Verlustabschluß)
unǀterǀbinǀden (ugs.); sie hat ein Tuch untergebunden; unǀterǀbinǀden; der Handelsverkehr ist unterbunden; Ụnǀterǀbinǀdung
unǀterǀbleiǀben; die Buchung ist leider unterblieben
Ụnǀterǀboǀden_schutz, ...wäǀsche
unǀterǀbreǀchen; sie hat die Reise unterbrochen; jmdn., sich -; Ụnǀterǀbreǀcher (Elektrotechnik); Ụnǀterǀbreǀcherǀkonǀtakt; Ụnǀterǀbreǀchung
unǀterǀbreiǀten (ugs.); er hat das Tuch untergebreitet; unǀterǀbreiǀten (darlegen; vorschlagen); er hat ihm einen Vorschlag unterbreitet; Unǀterǀbreiǀtung
unǀterǀbrinǀgen; er hat das Gepäck im Wagen untergebracht; Ụnǀterǀbrinǀgung
Ụnǀterǀbruch der; -[e]s, ...brüche (schweiz. neben: Unterbrechung)
unǀterǀbutǀtern (ugs. für: rücksichtslos unterdrücken; zusätzlich verbrauchen); das Geld wurde noch mit untergebuttert
unǀterǀchloǀrig [...klo...]
Ụnǀterǀdeck (Schiffsteil)

Ụnǀterǀdeckung[1] (Kreditwesen)
unǀterǀderǀhand; ↑ R 208 (im stillen, heimlich); etwas unterderhand tun, aber: unter der Hand (in Arbeit) haben
unǀterǀdẹs, unǀterǀdẹsǀsen
Ụnǀterǀdruck der; -[e]s, ...drücke
unǀterǀdrüǀcken[1]; er hat den Aufstand unterdrückt; Unǀterǀdrüǀcker[1]; unǀterǀdrüǀckeǀrisch[1]; Ụnǀterǀdruckǀkamǀmer; Ụnǀterǀdrüǀckung[1]
unǀterǀduǀcken[1] (ugs.); sie hat ihn im Bad untergeduckt
unǀterǀdurchǀschnittǀlich
unǀterǀe; untere Kreide (geolog. Formation); vgl. unterste
unǀterǀeinǀanǀder; Schreibung in Verbindung mit Verben (↑ R 205 f.): untereinander tauschen usw., aber: untereinanderstehen, -stellen, vgl. aneinander
Ụnǀterǀeinǀheit
unǀterǀentǀwickelt[1]; Ụnǀterǀentǀwickǀlung
unǀterǀerǀnährt; Ụnǀterǀerǀnähǀrung die; -
Ụnǀterǀfaǀmiǀlie (Biol.)
unǀterǀfanǀgen; du hast dich -; die Mauer wird -; Ụnǀterǀfanǀgen das; -s (Wagnis)
unǀterǀfasǀsen (ugs.); sie gehen untergefaßt
unǀterǀferǀtiǀgen (Amtsdt. für: unterschreiben); unterfertigt; unterfertigtes Protokoll; Unǀterǀferǀtigǀte der u. die; -n, -n (↑ R 7 ff.)
Ụnǀterǀfeueǀrung (Technik)
unǀterǀflieǀgen; er hat den Radarschirm unterflogen
unǀterǀflur; etwas - einbauen; Ụnǀterǀflur_hyǀdrant (unter der Straßendecke liegende Zapfstelle), ...moǀtor (unter dem Fahrzeugboden eingebauter Motor)
Ụnǀterǀfranǀken
unǀterǀfühǀren; die Straße wird unterführt; ein Wort -; Ụnǀterǀfühǀrer; Unǀterǀfühǀrung; Unǀterǀfühǀrungsǀzeiǀchen (für gleiche untereinanderstehende Wörter; Zeichen: „,)
Ụnǀterǀfunkǀtiǀon
Ụnǀterǀgang der; -[e]s, (selten:) ...gänge
unǀterǀgäǀrig; -es Bier; Ụnǀterǀgäǀrung
unǀterǀgeǀben; Unǀterǀgeǀbeǀne der u. die; -n, -n (↑ R 7 ff.)
unǀterǀgeǀhen; die Sonne ist untergegangen; (↑ R 68:) sein Stern ist im Untergehen [begriffen]
unǀterǀgeǀordǀnet
Ụnǀterǀgeǀschoß
Ụnǀterǀgeǀstell
Ụnǀterǀgeǀwicht das; -[e]s; unǀterǀgeǀwichǀtig
unǀterǀglieǀdern; Unǀterǀglieǀde-

rung (das Untergliedern); Ụnǀterǀglieǀdeǀrung (Unterabteilung)
unǀterǀgraǀben; er hat den Dünn untergegraben; unǀterǀgraǀben; das hat seine Gesundheit -; Unǀterǀgraǀbung die; -
Ụnǀterǀgrund der; -[e]s, (selten:) ...gründe; Ụnǀterǀgrund_bahn (Kurzform: U-Bahn; ↑ R 37), ...beǀweǀgung; unǀterǀgrünǀdig; Ụnǀterǀgrundǀorǀgaǀniǀsaǀtiǀon
Ụnǀterǀgrupǀpe
unǀterǀhaǀken (ugs.); sie hatten sich untergehakt
unǀterǀhalb; mit Gen.: - des Dorfes
Ụnǀterǀhalt der; -[e]s; unǀterǀhalǀten (ugs.); er hat die Hand untergehalten, z. B. unter den Wasserhahn; unǀterǀhalǀten; ich habe mich gut -; er wird vom Staat -; Unǀterǀhalǀter; unǀterǀhaltǀsam (fesselnd); Unǀterǀhaltǀsamǀkeit die; -; Ụnǀterǀhaltsǀbeiǀtrag; unǀterǀhaltsǀbeǀrechǀtigt; Ụnǀterǀhaltsǀpflicht; unǀterǀhaltsǀverǀpflichtet; Ụnǀterǀhaltsǀzahǀlung; Unǀterǀhalǀtung; Unǀterǀhalǀtungsǀbeiǀlaǀge, ...elekǀtroǀnik, ...film, ...koǀsten Plur., ...liǀteǀraǀtur, ...muǀsik, ...proǀgramm, ...roǀman, ...senǀdung, ...teil de
unǀterǀhanǀdeln; er hat über den Abschluß des Vertrages unterhandelt; Ụnǀterǀhändǀler; Unǀterǀhandǀlung
Ụnǀterǀhaus das; -es (Verfassungswesen; das britische -; Ụnǀterǀhaus_mitǀglied, ...sitǀzung
unǀterǀheǀben; dann wird der Eischnee vorsichtig untergehober
Ụnǀterǀhemd
Ụnǀterǀhitǀze; bei - backen
unǀterǀhöhǀlen; unterhöhlt
Ụnǀterǀholz das; -es (niedriges Gehölz im Wald)
Ụnǀterǀhoǀse
Ụnǀterǀinǀstanz
unǀterǀirǀdisch
Ụnǀterǀitaǀliǀen (↑ R 152)
Ụnǀterǀjacke [Trenn.: ...jakǀke]
unǀterǀjoǀchen; die Minderheiter wurden unterjocht; Unǀterǀjoǀchung
unǀterǀjuǀbeln (ugs.); das hat e ihm untergejubelt (heimlich [m] etwas anderem] zugeschoben)
unǀterǀkant (schweiz.); mit Gen.: des Fensters; auch: - Fenster
unǀterǀkelǀlern; ich ...ere (↑ R 22) das Haus wurde nachträglic unterkellert; Unǀterǀkelǀleǀrung
Ụnǀterǀkieǀfer der; Ụnǀterǀkieǀfer _dräuǀse, ...knoǀchen
Ụnǀterǀkleid, ...kleiǀdung
unǀterǀkomǀmen (bes. österr. auch für: vorkommen); er ist gut un tergekommen; das ist mir noc nie untergekommen; Ụnǀter komǀmen das; -s, (selten:) -

---

[1] Trenn.: ...kǀk...

Un|ter|kör|per

un|ter|köl|tig (mdal. für: eitrig entzündet)

un|ter|krie|chen (ugs.); er ist bei Freunden untergekrochen

un|ter|krie|gen (ugs. für: bezwingen; entmutigen); ich lasse mich nicht -

un|ter|küh|len (Technik: unter den Schmelzpunkt abkühlen); unterkühlt; Un|ter|küh|lung

Un|ter|kunft die; -, ...künfte

Un|ter|la|ge

Un|ter|land das; -[e]s (tiefer gelegenes Land; Ebene); Un|ter|län|der der; -s, - (Bewohner des Unterlandes)

Un|ter|län|ge

Un|ter|laß der, nur in: ohne -; un|ter|las|sen; er hat es -; Un|ter|las|sung; Un|ter|las|sungs_kla|ge, ...sün|de

Un|ter|lauf der; -[e]s, ...läufe; un|ter|lau|fen; er hat ihn unterlaufen (Ringkampf); es sind einige Fehler unterlaufen (seltener: untergelaufen); un|ter|läu|fig; -e Mahlgänge; Un|ter|lau|fung (Blutunterlaufung)

un|ter|le|gen; untergelegter Stoff; er hat etwas untergelegt; diese Absicht hat man mir untergelegt; [1]un|ter|le|gen; der Musik wurde ein anderer Text unterlegt; [2]un|ter|le|gen (2. Partizip zu: unterliegen; vgl. d.); Un|ter|le|gen|heit die; -; Un|ter|leg|schei|be (Technik); Un|ter|le|gung (einer Absicht); Un|ter|le|gung (Verstärkung, Vermehrung usw.)

Un|ter|leib; Un|ter|leib|chen (Kleidungsstück); Un|ter|leibs_krank|heit, ...lei|den, ...ope|ra|ti|on

Un|ter|lid

un|ter|lie|gen (ugs.); das Badetuch hat (südd.: ist) untergelegen; un|ter|lie|gen; er ist seinem Gegner unterlegen

Un|ter|lip|pe

un|term; ↑R 17 (ugs. für: unter dem); - Dach

un|ter|ma|len; das gesprochene Wort wurde durch Musik untermalt; Un|ter|ma|lung die; -

Un|ter|mann der; -[e]s, ...männer (Sport, Artistik: unterster Mann bei einer akrobatischen Übung)

Un|ter|maß das (selten für: nicht ausreichendes Maß)

un|ter|mau|ern; er hat seine Beweisführung gut untermauert; Un|ter|mau|e|rung (↑R 180)

un|ter|mee|risch (in der Tiefe des Meeres befindlich)

Un|ter|men|ge (Math.)

un|ter|men|gen; die schlechte Ware wurde mit untergemengt; un|ter|men|gen (vermischen); untermengt mit ...

Un|ter|mensch (abschätzig)

Un|ter|mie|te; zur - wohnen; Un|ter|mie|ter

un|ter|mi|nie|ren; die Stellung des Ministers war schon lange unterminiert; Un|ter|mi|nie|rung

un|ter|mi|schen; er hat das Wertlose mit untergemischt; un|ter|mi|schen; untermischt mit ...; Un|ter|mi|schung (von etwas Wertlosem); Un|ter|mi|schung (mit etwas)

un|ter|mo|to|ri|siert (mit einem zu schwachen Motor ausgestattet)

un|ter|n; ↑R 17 (ugs. für: unter den); - Tisch fallen

Un|ter|näch|te Plur. (landsch. für: die Zwölf Nächte)

un|ter|neh|men (ugs. für: unter den Arm nehmen); er hat den Sack untergenommen; un|ter|neh|men; er hat nichts unternommen; Un|ter|neh|men das; -s, -, Un|ter|neh|mung; un|ter|neh|mend; -ste (aus, mit Unternehmungsgeist); Un|ter|neh|mens_be|ra|tung, ...for|schung, ...lei|ter der, ...po|li|tik; Un|ter|neh|mer; Un|ter|neh|mer_frei|heit, ...geist (der; -[e]s), ...ge|winn; Un|ter|neh|me|rin die; -, -nen; un|ter|neh|me|risch; Un|ter|neh|mer_schaft, ...tum (das; -s), ...ver|band; Un|ter|neh|mung vgl. Unternehmen; Un|ter|neh|mungs_geist (der; -[e]s), ...lust (die; -); un|ter|neh|mungs|lu|stig

Un|ter|of|fi|zier (Abk.: Uffz., in der Schweiz: Uof); Un|ter|of|fi|ziers[1]_mes|se, ...schu|le

un|ter|ord|nen; er ist ihm untergeordnet; un|ter|ord|nend; Un|ter|ord|nung

Un|ter|pfand

Un|ter|pfla|ster|stra|ßen|bahn (dafür kurz: U-Strab)

un|ter|pflü|gen; untergepflügt

un|ter|pri|ma [auch: ...prima]; un|ter|pri|vi|le|giert; Un|ter|pri|vi|le|gier|te u. der u. die (↑R 7 ff.)

un|ter|que|ren; das Atom-U-Boot hat den Nordpol unterquert

un|ter|re|den, sich; du hast dich mit ihm unterredet; Un|ter|re|dung

un|ter|re|prä|sen|tiert; Frauen sind im Parlament -

un|ter|rich|ten der; -[e]s, (selten:) -e; un|ter|rich|ten; er ist gut unterrichtet; sich -; un|ter|richt|lich; Un|ter|richts_auf|ga|be, ...brief, ...ein|heit, ...fach, ...ge|gen|stand, ...kun|de (die; -); un|ter|richts|kund|lich; Un|ter|richts_me|tho|de, ...pro|gramm, ...schritt, ...stun|de, ...wei|se die, ...ziel; Un|ter|rich|tung

Un|ter|rock

un|ter|rüh|ren; die Flüssigkeit wird vorsichtig untergerührt

un|ters; ↑R 17 (ugs. für: unter das); - Bett

Un|ter|saat (Landw.: Zwischenfrucht)

un|ter|sa|gen; das Rauchen ist untersagt; Un|ter|sa|gung

Un|ter|satz; fahrbarer - (scherzh. für: Auto)

Un|ters|berg der; -[e]s (Bergstock der Salzburger Kalkalpen); Un|ters|ber|ger Kalk|stein der; - -[e]s

un|ter|schät|zen; unterschätzt

un|ter|scheid|bar; un|ter|schei|den; die Bedeutungen müssen unterschieden werden; sich -; Un|ter|schei|dung; Un|ter|schei|dungs_merk|mal, ...ver|mö|gen

Un|ter|schen|kel

Un|ter|schicht

[1]un|ter|schie|ben (darunterschieben); er hat ihr ein Kissen untergeschoben; [2]un|ter|schie|ben, (auch:) un|ter|schie|ben; er hat ihm eine schlechte Absicht untergeschoben, (auch:) unterschoben; ein untergeschobenes Kind

Un|ter|schied der; -[e]s, -e; zum - von; im - zu; un|ter|schie|den (verschieden); un|ter|schied|lich; Un|ter|schied|lich|keit; Un|ter|schieds|be|trag (für: Differenz); un|ter|schieds|los

un|ter|schläch|tig (durch Wasser von unten getrieben); ein -es Mühlrad

Un|ter|schlag der; -[e]s, ...schläge (Schneidersitz; Druckw.: äußerstes [unteres] Ende der Seite); un|ter|schla|gen; mit untergeschlagenen Beinen; un|ter|schla|gen (veruntreuen); er hat [die Beitragsgelder] unterschlagen; Un|ter|schla|gung

Un|ter|schleif der; -[e]s, -e (veralt. für: Unterschlagung)

un|ter|schlie|ßen (Druckw.); der Setzer hat hier und da ein Wort untergeschlossen

Un|ter|schlupf; un|ter|schlüp|fen od. (südd. ugs.:) un|ter|schlup|fen; er ist untergeschlüpft

un|ter|schnei|den; den Ball stark -([Tisch]tennis); das Gesims wurde unterschnitten (an der Unterseite abgeschrägt)

un|ter|schrei|ben; ich habe den Brief unterschrieben

un|ter|schrei|ten; die Einnahmen haben den Voranschlag unterschritten; Un|ter|schrei|tung

Un|ter|schrift; Un|ter|schrif|ten_map|pe, ...samm|lung; un|ter|schrift|lich (selten für: mit od. durch Unterschrift); Un|ter|schrifts_be|stä|ti|gung, ...pro|be; un|ter|schrifts|reif

Un|ter|schuß (für: Defizit)

un|ter|schwef|lig; -e Säure

---

[1] Vgl. die Anm. zu „Offizier".

un|ter|schwel|lig (unterhalb der Bewußtseinsschwelle [liegend])

Un|ter|see der; -s (Teil des Bodensees)

Un|ter|see|boot (Abk.: U-Boot, U); Un|ter|see|boot|krieg (Abk.: U-Boot-Krieg); un|ter|see|isch (↑R 36)

Un|ter|sei|te

Un|ter|se|kun|da [auch: ...*kunda*]

un|ter|set|zen; ich habe den Eimer untergesetzt; un|ter|set|zen; untersetzt (gemischt) mit ...; Un|ter|set|zer (Schale für Blumentöpfe u. a.); un|ter|setzt; -este (von gedrungener Gestalt); Un|ter|setzt|heit die; -; Un|ter|setz|zung; Un|ter|set|zungs|ge|trie|be

un|ter|sin|ken; das Schiff ist untergesunken

un|ter|spick|t (österr. für: mit Fett durchzogen); -es Fleisch

un|ter|spie|len (als nicht so wichtig hinstellen); die Sache wurde unterspielt

un|ter|spü|len; die Fluten hatten den Damm unterspült

un|terst vgl. unterste

Un|ter|staats|se|kre|tär [auch: *un...*] (früher)

Un|ter|stand; Un|ter|stän|der (Stützbalken; Wappenk.: unterer Teil des Schildes); un|ter|stän|dig; -er Fruchtknoten; -er Baumwuchs; Un|ter|stands|bau der; -[e]s, -ten; un|ter|stands|los (österr. neben: obdachlos)

un|ter|ste; der unterste Knopf, aber (↑R 65): das Unterste zuoberst, das Oberste zuunterst kehren

un|ter|ste|hen (unter einem schützenden Dach stehen); er hat beim Regen unterstanden; un|ter|ste|hen; er unterstand einem strengen Lehrmeister; es hat keinem Zweifel unterstanden; es gab keinen Zweifel); du hast dich unterstanden (gewagt); untersteh dich [nicht], das zu tun!

un|ter|stel|len; ich habe den Wagen untergestellt; sich -; ich habe mich während des Regens untergestellt; un|ter|stel|len; er ist meinem Befehl unterstellt; man hat ihm etwas unterstellt ([fälschlich] behauptet, [Unbewiesenes] als wahr angenommen); Un|ter|stel|lung (das Unterstellen); Un|ter|stel|lung (befehlsmäßige Unterordnung; [falsche] Behauptung)

un|ter|steu|ern (zu schwache Wirkung des Lenkradeinschlags zeigen); der Wagen hat untersteuert

Un|ter|stock der; -[e]s; Un|ter|stock|werk

un|ter|stop|fen; ein untergestopftes Kissen

un|ter|strei|chen; sie hat mehrere

Wörter unterstrichen; sie hat diese Behauptung nachdrücklich unterstrichen (betont); (↑R 8:) etwas durch Unterstreichen hervorheben; Un|ter|strei|chung

Un|ter|strö|mung

Un|ter|stu|fe

un|ter|stüt|zen; er hat den Arm [unter das Kinn] untergestützt; un|ter|stüt|zen; ich habe ihn mit Geld unterstützt; der zu Unterstützende; un|ter|stüt|zungs|be|dürf|tig; Un|ter|stüt|zungs|emp|fän|ger, ...geld, ...kas|se, ...satz

Un|ter|such der; -s, -e (schweiz. neben: Untersuchung); un|ter|su|chen; der Arzt hat mich untersucht; Un|ter|su|chung; Un|ter|su|chungs_aus|schuß, ...be|fund, ...ge|fan|ge|ne, ...ge|fäng|nis, ...haft (die; Abk.: U-Haft), ...kom|mis|si|on, ...rich|ter, ...ver|fah|ren

Un|ter|tag|ar|bei|ter, Un|ter|ta|ge|ar|bei|ter; Un|ter|tag|bau, Un|ter|ta|ge|bau der; -[e]s; un|ter|tags österr. u. schweiz.: un|ter|tags (tagsüber)

un|ter|tan (veraltet für: untergeben); Un|ter|tan der; -s (älter: -en), -en (↑R 197); Un|ter|ta|nen-_geist, ...pflicht; un|ter|tä|nig (ergeben); Un|ter|tä|nig|keit die;-

Un|ter|tas|se; fliegende -

un|ter|tau|chen; der Schwimmer ist untergetaucht; der Verbrecher war schnell untergetaucht (verschwunden); un|ter|tau|chen; die Robbe hat das Schleppnetz untertaucht

Un|ter|teil das od. der; Un|ter|tei|len; die Skala ist in 10 Teile unterteilt; Un|ter|tei|lung

Un|ter|tem|pe|ra|tur

Un|ter|ter|tia [auch: ...*tärzia*]

Un|ter|ti|tel; un|ter|ti|teln; ein untertiteltes Foto

Un|ter|ton (Plur. ...töne)

un|ter|tou|rig [...*tu*...] (mit zu niedriger Drehzahl); der Wagen darf nicht - gefahren werden

un|ter|trei|ben; er hat untertrieben; Un|ter|trei|bung

un|ter|tun|neln; ich ...[e]le (↑R 22); der Berg wurde untertunnelt; Un|ter|tun|ne|lung

un|ter|ver|mie|ten; sie hat ein Zimmer untervermietet; Un|ter|ver|mie|tung

un|ter|ver|si|chern (zu niedrig versichern); die Möbel sind unterversichert; Un|ter|ver|si|che|rung

un|ter|ver|sor|gen; unterversorgte Gebiete; Un|ter|ver|sor|gung

Un|ter|wal|den nid dem Wald (schweiz. Halbkanton; Kurzform: Nidwalden); Un|ter|wal|den ob dem Wald (schweiz. Halbkanton; Kurzform: Obwalden);

Un|ter|wald|ner (↑R 147); un|ter|wald|ne|risch

un|ter|wan|dern (sich [als Fremder od. heimlicher Gegner] unter eine Gruppe mischen); die Partei wurde unterwandert; Un|ter|wan|de|rung

un|ter|wärts (ugs.)

un|ter|wa|schen; das Ufer ist -; Un|ter|wa|schung

Un|ter|was|ser das; -s (Grundwasser); Un|ter|was|ser_ar|chäo|lo|gie, ...auf|nah|me, ...be|hand|lung, ...ka|me|ra, ...mas|sa|ge, ...streit|kräf|te Plur.

un|ter|wegs (auf dem Wege)

un|ter|wei|len (veralt. für: bisweilen; unterdessen)

un|ter|wei|sen; er hat sie beide unterwiesen; Un|ter|wei|sung (schweiz. auch für: Konfirmandenunterricht)

un|ter|welt; un|ter|welt|lich

un|ter|wer|fen; sich -; das Volk wurde unterworfen; du hast dich dem Richterspruch unterworfen; Un|ter|wer|fung

Un|ter|werks|bau der; -[e]s (Bergmannsspr.: Abbau unterhalb der Fördersohle)

un|ter|wer|tig; Un|ter|wer|tig|keit die; -

un|ter|win|den (veralt.); sich einer Sache (Gen.) -; unterwunden

un|ter|wür|fig [auch: *un...*]; Un|ter|wür|fig|keit[1] die; -

un|ter|zeich|nen; er hat den Brief unterzeichnet; sich -; Un|ter|zeich|ner; Un|ter|zeich|ne|te der u. die; -n, -n (↑R 7 ff.); (bei Unterschriften) der rechts, links Unterzeichnete od. der Rechts-Linksunterzeichnete; Un|ter|zeich|nung

Un|ter|zeug das; -[e]s (ugs.)

un|ter|zie|hen; ich habe eine wollene Jacke untergezogen; un|ter|zie|hen; du hast dich diesem Ve. hör unterzogen

un|tief (seicht); Un|tie|fe (seichte Stelle; sehr große Tiefe)

Un|tier (Ungeheuer)

un|til|g|bar [auch: *un...*]

Un|to|te (Vampir)

un|trag|bar [auch: *un...*]; Un|trag|bar|keit[1] die; -

un|trai|niert [...*trä*...]

un|trenn|bar [auch: *un...*]

un|treu; Un|treue

un|tröst|lich [auch: *un...*]

un|trüg|lich [auch: *un...*]

Un|tu|gend

un|tun|lich (veraltend)

un|ty|pisch

un|über|biet|bar [auch: *un...*]

un|über|brück|bar [auch: *un...*]

un|über|hör|bar [auch: *un...*]

[1] Vgl. Anm. 1, S. 711, Sp. 2.

un|über|legt; -este; Un|über|legt|heit
un|über|schau|bar [auch: un...]
un|über|schreit|bar [auch: un...]
un|über|seh|bar [auch: un...]
un|über|setz|bar [auch: un...]
un|über|sicht|lich; Un|über|sicht|lich|keit die; -
un|über|steig|bar [auch: un...]
un|über|trag|bar [auch: un...]
un|über|treff|lich [auch: un...]; Un|über|treff|lich|keit[1] die; -; un|über|trof|fen [auch: un...]
un|über|wind|bar [auch: un...]; un|über|wind|lich [auch: un...]
un|üb|lich
un|um|gäng|lich [auch: un...]; Un|um|gäng|lich|keit[1] die; -
un|um|schränkt [auch: un...]; -este
un|um|stöß|lich [auch: un...]; Un|um|stöß|lich|keit[1] die; -
un|um|strit|ten [auch: un...]
un|um|wun|den [auch: ...wun...] (offen, freiheraus)
un|un|ter|bro|chen [auch: ...bro...]
un|ver|än|der|lich [auch: un...]; Un|ver|än|der|lich|keit[1] die; -; un|ver|än|dert [auch: ...än...]
un|ver|ant|wort|lich [auch: un...]; Un|ver|ant|wort|lich|keit[1] die; -
un|ver|äu|ßer|lich [auch: un...]
un|ver|bau|bar [auch: un...]; -er Fernblick
un|ver|bes|ser|lich [auch: un...]; Un|ver|bes|ser|lich|keit[1] die; -
un|ver|bil|det
un|ver|bind|lich [auch: ...bin...]; Un|ver|bind|lich|keit[1]
un|ver|blümt [auch: un...]; -este (offen; ohne Umschweife)
un|ver|braucht; -este
un|ver|brüch|lich [auch: un...]; -e Treue
un|ver|bürgt [auch: un...]
un|ver|däch|tig [auch: ...däch...]
un|ver|dau|lich [auch: ...dau...]; Un|ver|dau|lich|keit[1] die; -; un|ver|daut [auch: ...daut]
un|ver|dient [auch: ...dint]; un|ver|dien|ter|ma|ßen; un|ver|dien|ter|wei|se
un|ver|dor|ben; Un|ver|dor|ben|heit die; -
un|ver|dros|sen [auch: ...dro...]
un|ver|dünnt [auch: ...dünt]
un|ver|ehe|licht
un|ver|ein|bar [auch: un...]; Un|ver|ein|bar|keit[1]
un|ver|fälscht [auch: ...fä...]; -este; Un|ver|fälscht|heit[1] die; -
un|ver|fäng|lich [auch: ...fä...]
un|ver|fro|ren [auch: ...fro...] (keck; frech); Un|ver|fro|ren|heit[1]
un|ver|gäng|lich [auch: ...gäng...]; Un|ver|gäng|lich|keit[1] die; -
un|ver|ges|sen; un|ver|geß|lich [auch: un...]

un|ver|gleich|bar [auch: un...]; un|ver|gleich|lich [auch: un...]
un|ver|go|ren; -er Süßmost
un|ver|hält|nis|mä|ßig [auch: ...hält...]
un|ver|hei|ra|tet
un|ver|hofft [auch: ...ho...]
un|ver|hoh|len [auch: ...ho...]
un|ver|hüllt [auch: ...ült]
un|ver|käuf|lich [auch: ...käuf...]; Un|ver|käuf|lich|keit[1] die; -
un|ver|kenn|bar [auch: un...]
un|ver|langt; -e Manuskripte werden nicht zurückgesandt
un|ver|letz|bar [auch: un...]; un|ver|letz|lich [auch: un...]; un|ver|letzt
un|ver|lier|bar [auch: un...]; -er Besitz
un|ver|lösch|lich [auch: un...]
un|ver|mählt
un|ver|meid|bar [auch: un...]; un|ver|meid|lich [auch: un...]
un|ver|min|dert
un|ver|mischt
un|ver|mit|telt; Un|ver|mit|telt|heit die; -
Un|ver|mö|gen das; -s (Mangel an Kraft, Fähigkeit); un|ver|mö|gend; Un|ver|mö|gend|heit die; - (Armut); un|ver|mö|gen|heit die; - (veralt. für: Unvermögen); Un|ver|mö|gens|fall der; -[e]s; im -[e]
un|ver|mu|tet
Un|ver|nunft; un|ver|nünf|tig
un|ver|öf|fent|licht
un|ver|putzt [auch: ...uzt]; der Neubau ist noch -
un|ver|rich|tet; un|ver|rich|te|ter|din|ge (auch: unverrichteter Dinge); un|ver|rich|te|ter|sa|che (auch: unverrichteter Sache)
un|ver|rück|bar [auch: un...]
un|ver|schämt; -este; Un|ver|schämt|heit
un|ver|schlos|sen [auch: ...oß'n]
un|ver|schul|det [auch: ...schul...]; un|ver|schul|de|ter|ma|ßen; un|ver|schul|de|ter|wei|se
un|ver|se|hens [auch: ...se...] (plötzlich)
un|ver|sehrt [auch: ...sert]; Un|ver|sehrt|heit[1] die; -
un|ver|sieg|bar [auch: un...]; un|ver|sieg|lich [auch: un...]
un|ver|söhn|lich [auch: ...sön...]; Un|ver|söhn|lich|keit[1] die; -
un|ver|sorgt
Un|ver|stand; un|ver|stan|den; un|ver|stän|dig (unklug); Un|ver|stän|dig|keit die; -; un|ver|ständ|lich (undeutlich; unbegreiflich); Un|ver|ständ|lich|keit; Un|ver|ständ|nis
un|ver|stellt [auch: ...schtält]
un|ver|steu|ert [auch: ...schteu...]
un|ver|sucht [auch: ...sucht]; nichts - lassen

un|ver|träg|lich [auch: ...trä...]; Un|ver|träg|lich|keit[1] die; -
un|ver|wandt; -en Blick[e]s
un|ver|wech|sel|bar [auch: un...]; Un|ver|wech|sel|bar|keit[1] die; -
un|ver|wehrt [auch: un...]
un|ver|weilt [auch: ...wailt] (veraltend)
un|ver|wes|lich [auch: ...weß...]
un|ver|wisch|bar [auch: un...]
un|ver|wund|bar [auch: un...]
un|ver|wüst|lich [auch: un...]; Un|ver|wüst|lich|keit[1] die; -
un|ver|zagt; -este; Un|ver|zagt|heit die; -
un|ver|zeih|bar [auch: un...]; un|ver|zeih|lich [auch: un...]
un|ver|zicht|bar [auch: un...]
un|ver|zins|lich [auch: un...]
un|ver|zollt
un|ver|züg|lich [auch: un...]
un|voll|en|det [auch: ...än...]
un|voll|kom|men [auch: ...kom...]; Un|voll|kom|men|heit[1]
un|voll|stän|dig [auch: ...schtä...]; Un|voll|stän|dig|keit[1] die; -
un|vor|be|rei|tet
un|vor|denk|lich; seit -en Zeiten
un|vor|ein|ge|nom|men; Un|vor|ein|ge|nom|men|heit die; -
un|vor|greif|lich [auch: un...] (veralt. für: ohne einem anderen vorgreifen zu wollen)
un|vor|her|ge|se|hen
un|vor|schrifts|mä|ßig
un|vor|sich|tig; un|vor|sich|tig|ler|wei|se; Un|vor|sich|tig|keit
un|vor|stell|bar [auch: un...]
un|vor|teil|haft; -este
un|wäg|bar [auch: un...]; Un|wäg|bar|keit[1] die; -, -en
un|wahr; un|wahr|haf|tig; Un|wahr|haf|tig|keit; Un|wahr|heit; Un|wahr|schein|lich; Un|wahr|schein|lich|keit
un|wan|del|bar [auch: un...]; Un|wan|del|bar|keit[1] die; -
un|weg|sam
un|weib|lich
un|wei|ger|lich [auch: un...]
un|weit; mit Gen. od. mit „von"; - des Flusses od. - von dem Flusse
un|wert; Un|wert der; -[e]s
Un|we|sen das; -s; er trieb sein -; un|we|sent|lich
Un|wet|ter
un|wich|tig; Un|wich|tig|keit
un|wi|der|leg|bar [auch: un...]; un|wi|der|leg|lich [auch: un...]
un|wi|der|ruf|lich [auch: un...]; zum - letzten Mal
un|wi|der|spro|chen [auch: un...]
un|wi|der|steh|lich [auch: un...]; Un|wi|der|steh|lich|keit[1] die; -
un|wie|der|bring|lich [auch: un...]; Un|wie|der|bring|lich|keit[1] die; -
Un|wil|le[n] der; Unwillens; un|wil|lent|lich; un|wil|lig; un|will-

[1] Vgl. Anm. 1, S. 711, Sp. 2.   [1] Vgl. Anm. 1, S. 711, Sp. 2.   [1] Vgl. Anm. 1, S. 711, Sp. 2.

21 Rechtschreibung 19

unwillkürlich
722

kom|men; un|will|kür|lich [auch: ...*kür*...]; un|wirk|lich; Un|wirk|lich|keit *die;* -; un|wirk|sam; Un|wirk|sam|keit *die;* - un|wirsch; -[e]ste (unfreundlich) un|wirt|lich (unbewohnt, einsam; unfruchtbar); eine -e Gegend; Un|wirt|lich|keit *die;* - un|wirt|schaft|lich; Un|wirt|schaft|lich|keit *die;* - un|wis|send; -ste; Un|wis|sen|heit *die;* -; un|wis|sen|schaft|lich; un|wis|sent|lich un|wohl; ich bin -; mir ist -; - sein; Un|wohl|sein *das;* -s; wegen -s Un|wucht *die;* -, -en (ungleich verteilte Massen an einem Rad) un|wür|dig; Un|wür|dig|keit *die;* - Un|zahl *die;* - (sehr große Zahl); un|zähl|bar [auch: *un*...]; un|zäh|lig [auch: *un*...] (sehr viel); -e Notleidende; un|zäh|li|ge|mal [auch: *un*...], aber: unzählige Male un|zähm|bar [auch: *un*...] ¹Un|ze *die;* -, -n ⟨lat.⟩ (Gewicht) ²Un|ze *die;* -, -n ⟨griech.⟩ (selten für: Jaguar) Un|zeit *die* (unrechte Zeit), noch in: zur -; un|zeit|ge|mäß; un|zei|tig (auch vom Obst: unreif) un|zen|siert un|zen|wei|se un|zer|brech|lich [auch: *un*...]; Un|zer|brech|lich|keit[1] *die;* - un|zer|kaut un|zer|reiß|bar [auch: *un*...] un|zer|stör|bar [auch: *un*...]; un|zer|stört un|zer|trenn|bar [auch: *un*...]; un|zer|trenn|lich [auch: *un*...]; zwei -e Freunde Un|zi|al|buch|sta|be; Un|zi|al|le *die;* -, -n (↑ R 180) ⟨lat.⟩ (zollgroßer Buchstabe); Un|zi|al|schrift *die;* - un|zie|mend; -ste; un|ziem|lich un|zi|vi|li|siert; -este Un|zucht *die;* -; un|züch|tig; Un|züch|tig|keit un|zu|frie|den; Un|zu|frie|den|heit *die;* - un|zu|gäng|lich; Un|zu|gäng|lich|keit *die;* - un|zu|kömm|lich (österr. für: nicht ausreichend); eine -e Nahrung; Un|zu|kömm|lich|keit *die;* -, -en (österr. für: Mißstand) un|zu|läng|lich; Un|zu|läng|lich|keit un|zu|läs|sig; Un|zu|läs|sig|keit *die;* - un|zu|mut|bar; Un|zu|mut|bar|keit un|zu|rech|nungs|fä|hig; Un|zu|rech|nungs|fä|hig|keit *die;* - un|zu|rei|chend

[1] Vgl. Anm. 1, S. 711, Sp. 2.

un|zu|sam|men|hän|gend un|zu|stän|dig; Un|zu|stän|dig|keit *die;* - un|zu|stell|bar; -e Sendungen un|zu|träg|lich; Un|zu|träg|lich|keit *die;* - un|zu|tref|fend un|zu|ver|läs|sig; Un|zu|ver|läs|sig|keit *die;* - un|zweck|mä|ßig; Un|zweck|mä|ßig|keit *die;* - un|zwei|deu|tig; Un|zwei|deu|tig|keit *die;* - un|zwei|fel|haft [auch: ...*zwei*...] Upa|ni|schad *der;* -, ...schaden (meist *Plur.*) ⟨sanskr.⟩ (Gruppe altind. philosophisch-theologischer Schriften) UPI [*jupiai*] = United Press International Up|per|class [*ápᵉrklaß*] *die;* - ⟨engl.⟩ (Oberschicht) Up|per|cut [*apᵉrkat*] *der;* -s, -s ⟨engl.⟩ (Boxsport: Aufwärtshaken) üp|pig; Üp|pig|keit *die;* - Upp|sa|la (schwed. Stadt); Upp|sa|la|er [...*aᵉr*] (↑ R 147) up to date [*ap tu deᵗt*] (zeitgemäß, auf der Höhe) Ur *der;* -[e]s, -e (Auerochse) Ur|ab|stim|mung (Abstimmung aller Mitglieder einer Gewerkschaft über die Ausrufung eines Streiks; schweiz. für: schriftliche Umfrage in einem Verein) Ur|adel Ur|ahn, ...ah|ne (*der;* Urgroßvater; Vorfahr), ...ah|ne (*die;* Urgroßmutter) Ural *der;* -[s] (Gebirge zwischen Asien u. Europa; Fluß); ural|al|ta|isch; -e Sprachen; Ural|ge|biet; ural|isch (aus der Gegend des Ural) ur|alt; Ur|al|ter *das;* -s; von uralters her (↑ R 61) Ur|lä|mie *die;* - ⟨griech.⟩ (Med.: Harnvergiftung); ur|lä|misch Uran *das;* -s (nach dem Planeten Uranus) (chem. Grundstoff, Metall; Zeichen: U); Uran.berg|werk, ...bren|ner (svw. Reaktor), ...erz Ur|an|fang; ur|an|fäng|lich Ur|angst Ura|nia (Muse der Sternkunde; Beiname der Aphrodite); Ura|nis|mus *der;* - ⟨nach Aphrodite Urania, der nach der griech. Sage vom Gott Uranos ohne Mithilfe einer Frau erschaffenen Tochter⟩ (Homosexualität); Ura|nist *der;* -en, -en; ↑ R 197 (Homosexueller); Uran.mi|ne, ...pech|blen|de (radiumhaltiges Mineral); Ura|nos, ¹Ura|nus (griech. Gott); ²Ura|nus *der;* - (Planet) uras|sen (österr. ugs. für: verschwenden); du uraßt (urassest)

Urat *das;* -[e]s, -e ⟨griech.⟩ (Harnsäuresalz); ura|tisch (mit Harnsäure zusammenhängend) ur|auf|füh|ren; nur im Infinitiv u. 2. Partizip gebräuchlich: die Oper wurde uraufgeführt; Ur|auf|füh|rung Urä|us|schlan|ge ⟨griech.; dt.⟩ (afrik. Hutschlange, als Sonnensymbol am Diadem der altägypt. Könige) ur|ban ⟨lat.⟩ (städtisch; gebildet; weltmännisch); Ur|ban (m. Vorn.); Ur|ba|ni|sa|ti|on [...*zion*] *die;* -, -en; ur|ba|ni|sie|ren (verstädtern); Ur|ba|ni|sie|rung; Ur|ba|ni|stik *die;* - (Wissenschaft des Städtebaus); Ur|ba|ni|tät *die;* - (Bildung; städtische Atmosphäre) ur|bar; - machen; Ur|bar [auch: *urbar*] *das;* -s, -e u. Ur|ba|ri|um *das;* -s, ...ien [...*iᵉn*] (im MA. das Grund-, Grundsteuer- u. Hypothekenbuch); ur|ba|ri|sie|ren (schweiz. neben: urbar machen); Ur|ba|ri|sie|rung (schweiz. für: Urbarmachung); Ur|bar|ma|chung Ur|be|deu|tung Ur|be|ginn; von - der Welt Ur|be|stand|teil *der* Ur|be|völ|ke|rung Ur|be|woh|ner ur|bi et or|bi ⟨lat.⟩ („der Stadt [d. i. Rom] und dem Erdkreis"); etwas - - - (allgemein) verkünden Ur|bild; ur|bild|lich ur|chig (schweiz. für: urwüchsig, echt) Ur|chri|sten|tum; ur|christ|lich Urd (nord. Mythol.: Norne der Vergangenheit) Ur|darm (erschlossene Urform in Haeckels Entwicklungstheorie); Ur|darm|tier (für: Gasträa) Ur|druck (*Plur.* ...drucke; Erstveröffentlichung eines Schachproblems) Ur|du *das;* - (eine neuind. Sprache, Amtssprache in Pakistan) Ur|eid *das;* -[e]s, -e ⟨griech.⟩ (vom Harnstoff abgeleitete chem. Verbindung) ur|ei|gen; ur|ei|gen|tüm|lich Ur|ein|woh|ner Ur|el|tern Ur|en|kel; Ur|en|ke|lin Ure|ter *der;* -s, ...teren (auch: -)⟩ ⟨griech.⟩ (Med.: Harnleiter); Ure|thra *die;* -, ...thren (Med.: Harnröhre); ure|tisch (Med.: harntreibend) Ur|fas|sung Ur|feh|de (im MA. eidliches Friedensversprechen mit Verzicht auf Rache); - schwören Ur|form Urft *die;* - (r. Nebenfluß der Rur); Urft|tal|sper|re *die;* - (↑ R 149)

Ur|ge|mein|de (urchristliche Gemeinde)

ur|ge|müt|lich

ur|gent; -este ⟨lat.⟩ (selten für: dringend); Ur|genz die; -, -en (selten für: Dringlichkeit)

ur|ger|ma|nisch

Ur|ge|schich|te (die; -; allerälteste Geschichte); Ur|ge|schicht|ler; ur|ge|schicht|lich

Ur|ge|stalt

Ur|ge|stein

Ur|ge|walt

ur|gie|ren ⟨lat.⟩ (bes. noch österr. für: drängen)

Ur-|groß|el|tern Plur., ...groß|mut|ter; ur|groß|müt|ter|lich; Ur-|groß|va|ter; ur|groß|vä|ter|lich

Ur|grund

Ur|he|ber; Ur|he|be|rin die; -, -nen; Ur|he|ber|recht; ur|he|ber|recht|lich; Ur|he|ber|schaft die; -; Ur|he|ber|schutz

Ur|hei|mat

Uri (schweiz. Kanton)

Uria, Uri|as, (ökum.:) Uri|ja (bibl. m. Eigenn.); vgl. Uriasbrief

Uri|an der; -s, -e (unwillkommener Gast; nur Sing.: Teufel)

Uri|as vgl. Uria; Uri|as|brief (Brief, der dem Überbringer Unheil bringt); Uri|el [...iäl] (einer der Erzengel)

urig (urtümlich; komisch)

Uri|ja vgl. Uria

Urin der; -s, -e ⟨lat.⟩ (Harn); Uri|nal das; -s, -e (Harnflasche; Becken zum Urinieren für Männer); uri|nie|ren (harnen); Urin|un|ter|su|chung

Ur|in|stinkt

Ur|kan|ton (Kanton der Urschweiz)

Ur|kir|che

Ur|knall der; -[e]s (Explodieren der Materie bei der Entstehung des Weltalls)

ur|ko|misch

Ur|kraft

Ur|kun|de die; -, -n; ur|kun|den (in Urkunden schreiben; urkundlich erscheinen); Ur|kun|den-fäl|schung, ...for|schung, ...samm|lung; ur|kund|lich; Ur|kunds-be|am|ter, ...re|gi|ster

Ur|land|schaft

Ur|laub der; -[e]s, -e; in od. im - sein; ur|lau|ben; Ur|lau|ber; Ur|laubs|geld, ...ge|such; ur|laubs|reif; Ur|laubs-rei|se, ...schein, ...sper|re, ...tag, ...ver|tre|tung, ...zeit

Ur|meer

Ur|mensch der; ur|mensch|lich

Ur|me|ter das; -s (in Paris lagerndes, ursprüngliches Normalmaß des Meters)

Ur|mut|ter (Plur. ...mütter; Stammmutter)

Ur|ne die; -, -n ⟨lat.⟩ ([Aschen]ge-

fäß; Behälter für Stimm- und Wahlzettel); Ur|nen-fried|hof, ...grab

Ur|ner; ↑R 147 (von Uri); - See (Teil des Vierwaldstätter Sees); ur|ne|risch (aus Uri)

Ur|ning der; -s, -e (svw. Uranist)

uro|ge|ni|tal ⟨griech.; lat.⟩ (zu den Harn- und Geschlechtsorganen gehörend); Uro|ge|ni|tal|sy|stem; Uro|lith der; -s u. -en, -e[n] (↑R 197) ⟨griech.⟩ (Harnstein); Uro|lo|ge der; -n, -n; ↑R 197 (Arzt für Krankheiten der Harnorgane); Uro|lo|gie die; - (Lehre von den Erkrankungen der Harnorgane); uro|lo|gisch; Uro-sko|pie die; -, ...ien (Harnuntersuchung)

Ur|pflan|ze

ur|plötz|lich

Ur|pro|duk|ti|on (Gewinnung von Rohstoffen)

Ur|quell, Ur|quel|le

Urs (m. Vorn.)

Ur|sa|che; Ur|sa|chen|for|schung; ur|säch|lich; Ur|säch|lich|keit

Ur|schel die; -, -n (landsch. für: törichte [junge] Frau)

ur|schen (ostmitteld. für: vergeuden; verschwenderisch umgehen); du urschst (urschest)

Ur|schlamm der; -[e]s

Ur|schleim der; -[e]s

Ur|schrift; ur|schrift|lich

Ur|schweiz (Gebiet der ältesten Eidgenossenschaft [Uri, Schwyz, Unterwalden])

Ur|sel (Koseform von: Ursula)

Ur|sen|dung (erstmalige Sendung im Funk od. Fernsehen)

Ur|se|ren|tal das; -[e]s, (auch:) Ur-se|ren (Tal der oberen Reuß im Kanton Uri); Urs|ner (↑R 147)

urspr. = ursprünglich

Ur|spra|che

Ur|sprung; ur|sprüng|lich [auch: ...schprüng...] (Abk.: urspr.); Ur-sprüng|lich|keit [auch: ur...] die; -; Ur|sprungs-ge|biet, ...land, ...nach|weis, ...zeug|nis

Ur|stand der; -[e]s, Urstände; Ur-stän|d die; - (veralt. für: Auferstehung); noch scherzh. in: fröhliche - feiern (aus der Vergessenheit wieder auftauchen)

Ur|stoff; ur|stoff|lich

Ur|strom|tal

Ur|su|la (w. Vorn.); Ur|su|li|ne die; -, -n u. Ur|su|li|ne|rin die; -, -nen (nach der Märtyrerin Ursula) (Angehörige eines kath. Ordens); Ur|su|li|nen|schu|le

Ur|teil das; -s, -e

Ur|teil|chen (Elementarteilchen)

ur|teilen; Ur|teils|be|grün|dung; ur|teils|fä|hig; Ur|teils_fä|hig-keit (die; -), ...fin|dung, ...kraft die; ur|teils|los; Ur|teils_spruch, ...ver|kün|dung, ...ver|mö|gen,

...voll|streckung [Trenn.: ...strek-kung], ...voll|zug

Ur|text

Ur|tier|chen (einzelliges tierisches Lebewesen)

Ur|trieb

ur|tüm|lich (ursprünglich; natürlich); Ur|tüm|lich|keit die; -

Ur|typ, Ur|ty|pus

¹Uru|guay [...g"ai, auch: urugwai] der; -[s] (Fluß in Südamerika); ²Uru|guay (Staat in Südamerika); Uru|gua|yer (↑R 147); uru-gua|y|isch

Ur|ur-ahn, ...en|kel

Ur|va|ter (Stammvater); ur|vä|ter-lich; Ur|vä|ter|zeit; seit -en

ur|ver|wandt; Ur|ver|wandt|schaft

Ur|viech, Ur|vieh (ugs. scherzh. für: origineller Mensch)

Ur|vo|gel

Ur|volk

Ur-wahl, ...wäh|ler

Ur|wald; Ur|wald|ge|biet

Ur|welt; ur|welt|lich

ur|wüch|sig; Ur|wüch|sig|keit die; -

Ur|zeit; seit -en; ur|zeit|lich

Ur|zel|le

Ur|zeu|gung (elternlose Entstehung von Lebewesen)

Ur|zi|dil (österr. Schriftsteller)

Ur|zu|stand; ur|zu|ständ|lich

u. s. = ut supra

US[A] = United States [of America] [junaitid ßte'z (°w 'märik°)] Plur. (Vereinigte Staaten [von Amerika]); Neues aus den USA

Usam|ba|ra [auch: ...ba...] (Gebirgszug in Tanganjika); Usam-ba|ra|veil|chen [auch: ...ba...] (↑R 149)

US-Ame|ri|ka|ner; US-ame|ri|ka-nisch (↑R 38 u. R 83)

Usance [üsangß] die; -, -n [...ß°n] ⟨franz.⟩ (Brauch, Gepflogenheit im Geschäftsverkehr); usance-mä|ßig, Usan|cen|han|del (Devisenhandel in fremder Währung); Usanz die; -, -en (schweiz. für: Usance)

Us|be|ke der; -n, -n; ↑R 197 (Angehöriger eines Turkvolkes); us|be-kisch; Us|be|ki|sche SSR (Unionsrepublik der UdSSR); Us|be-ki|stan (kurz für: Usbekische SSR)

Use|dom (Insel in der Ostsee)

User [jus°r] der; -s, - ⟨engl.⟩ (jmd., der Drogen nimmt)

usf. = und so fort

Uso der; -s ⟨ital.⟩ ([Handels]brauch, Gewohnheit); vgl. Usus

USSR = Ukrainische Sozialistische Sowjetrepublik

U-Strab die; -, -s (kurz für: Unterpflasterstraßenbahn)

usu|ell ⟨franz.⟩ (gebräuchlich, üblich); Usur|pa|ti|on [...zion] die; -, -en ⟨lat.⟩ (widerrechtliche Besitz-, Machtergreifung); Usurpa|tor der; -s, ...oren (eine Usurpation Erstrebender; Thronräuber); usur|pa|to|risch; usur|pie|ren; Usus der; - (Brauch, Gewohnheit, Sitte)

usw. = und so weiter

Ut. = Utah; Utah [juta] (Staat in den USA; Abk.: Ut.)

Ute (in der dt. Heldensage: Mutter der Nibelungenkönige; w. Vorn.)

Uten|sil das; -s, -ien [...i^n] (meist Plur.) ⟨lat.⟩ ([notwendiges] Gerät, Gebrauchsgegenstand)

ute|rin ⟨lat.⟩ (Med.: auf die Gebärmutter bezüglich); Ute|rus der; -, ...ri ⟨Med.: Gebärmutter⟩

Üt|gard (in der nord. Mythol.: Reich der Dämonen u. Riesen)

uti|li|tär ⟨lat.⟩ (auf den Nutzen bezüglich); Uti|li|ta|ri|er [...i^r] (svw. Utilitarist); Uti|li|ta|ris|mus der; - (Nützlichkeitslehre, -standpunkt); Uti|li|ta|rist der; -en, -en; ↑R 197 (nur auf den Nutzen Bedachter; Vertreter des Utilitarismus; uti|li|ta|ri|stisch; Uti|li|tät die; - (veralt. für: Nützlichkeit); Uti|li|täts|leh|re

Ut|lan|de Plur. („Außenlande"; Landschaftsbez. für die Nordfries. Inseln, bes. die Halligen mit Pellworm u. Nordstrand)

Uto|pia, Uto|pi|en [...i^n] das; -s (meist ohne Artikel) ⟨griech.⟩ (erdachtes Land); Uto|pie die; -, ...ien (als unausführbar geltender Plan; Zukunftstraum); Uto|pi|en vgl. Utopia; uto|pisch (schwärmerisch; unerfüllbar); Uto|pis|mus der; -, ...men (Neigung zu Utopien; utopische Vorstellung); Uto|pist der; -en, -en; ↑R 197 (Schwärmer)

Utra|quis|mus der; - ⟨lat.⟩ (Lehre der Utraquisten); Utra|quist der; -en, -en; ↑R 197 (Angehöriger einer hussitischen Richtung, die das Abendmahl in beiderlei Gestalt [Brot u. Wein] forderte); utra|qui|stisch

Ut|recht [niederl. Ausspr.: üträeht] (niederl. Provinz u. Stadt); Ut|rech|ter (↑R 147)

Utril|lo [...iljo] (franz. Maler)

ut su|pra ⟨lat.⟩ (Musik: wie oben; Abk.: u.s.)

Utz (Kurzform von: Ulrich)

u.U. = unter Umständen

u.ü.V. = unter üblichem Vorbehalt

UV = ultraviolett (in: UV-Strahlen u.a.)

u.v.a. = und viele[s] andere

u.v.a.m. = und viele[s] andere mehr

UV-Fil|ter (Fotogr.: Filter zur Dämpfung der ultravioletten Strahlen); UV-Lam|pe; ↑R 38 (Höhensonne); UV-Strah|len

Plur.; ↑R 38 (Abk.: für: ultraviolette Strahlen); UV-Strah|lung die; - (Höhenstrahlung)

Uvu|la [uwula] die; -, ...lae [...lä] ⟨lat.⟩ (Med.: Gaumenzäpfchen)

u.W. = unseres Wissens

Ü-Wa|gen (kurz für: Übertragungswagen)

Uwe (m. Vorn.)

u.Z. = unsere[r] Zeitrechnung

Uz der; -es, -e (ugs. für: Neckerei); Uz|bru|der (ugs. für: jmd., der gern andere neckt); uzen (ugs.); du uzt (uzest); Uze|rei (ugs.); Uz|na|me (ugs.)

u.zw. = und zwar

V

V (Buchstabe); das V; des V, die V, aber: das v in Steven (↑R 82); der Buchstabe V, v

v = velocitas [welozi...] ⟨lat.⟩ (Geschwindigkeit)

V = chem. Zeichen für: Vanadium

V = Volt; Volumen (Rauminhalt)

V (röm. Zahlzeichen) = 5

V, vert. = vertatur

v. = vom; von; vor (vgl. d.)

v. = vide; vidi

V. = Vers

VA = Voltampere

Va. = ²Virginia

v.a. = vor allem

va banque [wabangk] ⟨franz.⟩ („es gilt die Bank"); - - spielen (alles aufs Spiel setzen); Va|banque-spiel das; -[e]s

va|cat [wakat] ⟨lat.⟩ („es fehlt"; nicht vorhanden, leer); vgl. Vakat

Vache|le|der [wasch...] ⟨franz.; dt.⟩ (glaciertes Sohlenleder)

Va|de|me|kum [wa...] das; -s, -s ⟨lat.⟩ (Taschenbuch; Leitfaden, Ratgeber)

Va|di|um [wa...] das; -s, ...ien [...i^n] (germ.-mlat.) (im älteren dt. Recht: symbolisches Pfand)

va|dos [wa...] ⟨lat.⟩ (Geol.: in bezug auf Grundwasser: von Niederschlägen herrührend)

Va|duz [faduz, auch: waduz] (Hptst. des Fürstentums Liechtenstein)

vae vic|tis! [wä wik...] ⟨lat.⟩ (wehe den Besiegten!)

vag vgl. vage; Va|ga|bon|da|ge [wabagondasch^e, österr.: ...asch] die; - ⟨franz.⟩ (Landstreicherei); Va|ga|bund der; -en, -en; ↑R 197 (Landstreicher); Va|ga|byn|den_|le|ben (das; -s), ...tum (das; -s);

va|ga|bun|die|ren ([arbeitslos] umherziehen, herumstrolchen); vagabundierende Ströme (Elektrotechnik); Va|gant der; -en, -en; ↑R 197 (umherziehender, fahrender Student od. Kleriker im MA.); Va|gan|ten_dich|tung, ...lied; va|ge [wag^e], vag [wak] (unbestimmt; ungewiß); Vag|heit (Unbestimmtheit, Ungewißheit); va|gie|ren (geh.: umherschweifen, -ziehen)

Va|gi|na [wa...; auch: wa...] die; -, -nen ⟨lat.⟩ (Med.: weibl. Scheide); va|gi|nal (die Scheide betreffend); Va|gi|nis|mus der; - (Med.: Scheidenkrampf)

Va|gus [wa...] der; - ⟨lat.⟩ (ein Hirnnerv)

va|kant [wa...] ⟨lat.⟩ (leer; unbesetzt, offen, frei); Va|kanz die; -, -en (freie Stelle); mdal. für: Ferien); Va|kat das; -[s], -s (Druckw.: leere Seite); vgl. vacat; Va|kuo|le die; -, -n; ↑R 180 (Biol.: mit Flüssigkeit od. Nahrung gefülltes Bläschen im Zellplasma, insbesondere die Einzeller); Va|ku|um das; -s, ...kua od. ...kuen (nahezu luftleerer Raum); Va|ku|um_ap|pa|rat, ...brem|se, ...me|ter (das; -s, -Unterdruckmesser), ...pum|pe ([Aus]saugpumpe), ...röh|re; va|ku|um|ver|packt

Vak|zin [wak...] das; -s, -e ⟨lat.⟩ (svw. Vakzine); Vak|zi|na|ti|on [...zion] die; -, -en, Vak|zi|nie rung (Med.: Schutzimpfung); Vak|zi|ne die; -, -n (Med.: Impfstoff aus Krankheitserregern); vak|zi|nie|ren; Vak|zi|nie|rung vgl. Vakzination

Va|land [fa...] (ältere Nebenform von: Voland)

val|le! [wale] ⟨lat.⟩ (lebe wohl!)

Va|len|cia [walänzia] (span. Stadt)

Va|len|ci|en|nes|spit|ze [walangßi än...] (nach der franz. Stadt (sehr feine Klöppelspitze)

Va|lens [wa...] (röm. Kaiser); Va|len|tin (m. Vorn.); Va|len|ti|ne (w. Vorn.); Va|len|tins|tag (14. Febr.)

Va|lenz [wa...] die; -, -en ⟨lat. (Chemie: Wertigkeit; Sprachw. Eigenschaft des Verbs, im Satz Ergänzungsbestimmungen zu fordern)

Va|le|ri|an, Va|le|ria|nus [wa...] ↑R 180 (m. Vorn.); Va|le|ria|na die; -, ...nen; ↑R 180 (Baldrian) Va|le|rie [...i^e] (w. Vorn.); Va|le|ri|us (röm. Kaiser)

Va|lé|ry [waleri] (franz. Dichter)

Va|les|ka [wa...] (w. Vorn.)

Va|let [walät, auch: walet] das; -s -s ⟨lat.⟩ (Lebewohl; veraltete Abschiedsgruß); - sagen, jmdm das - geben

Vatikan

Val|let [*wale*] *der;* -s, -s ⟨franz.⟩ (Bube im franz. Kartenspiel)
Val|leur [*walör*] *der;* -s, -s (auch: *die;* -, -s) ⟨franz.⟩ (veralt. für: Wert[papier]; Malerei [meist *Plur.*]: Ton-, Farbwerte, Abstufung); **Val|li|di|tät** *die;* - ⟨lat.⟩ (Rechtsgültigkeit; Gültigkeit eines wissenschaftl. Versuchs)
val|le|ra! [*fa*... od. *wa*...]; **val|le|ri, val|le|ra!**
Val|let|ta [*wa*...] (Hptst. von Malta)
Va|lo|ren [*wa*...] *Plur.* ⟨lat.⟩ (Wert-, Schmucksachen, Wertpapiere); **Va|lo|ren|ver|si|che|rung; Va|lo|ri|sa|ti|on** [...*zion*] *die;* -, -en (staatl. Preisbeeinflussung zugunsten der Produzenten); **va|lo|ri|sie|ren** (Preise durch staatl. Maßnahmen zugunsten der Produzenten beeinflussen); **Va|lo|ri|sie|rung** (svw. Valorisation)
Val|pa|rai|ser [*wal*...] (↑R 147); **Val|pa|rai|so** [oft: ...*raiso*] (Stadt in Chile)
Va|lu|ta [*wa*...] *die;* -, ...ten ⟨ital.⟩ (Geld in ausländischer Währung; [Gegen]wert; [nur *Plur.*:] Zinsscheine von ausländ. Effekten, deren Zinsen usw. in fremder Währung geleistet werden); **Va|lu|ta.an|lei|he, ...klau|sel, ...kre|dit; Va|lu|ta-Mark** *die;* - (Rechnungseinheit in der DDR); **va|lu|tie|ren** (ein Datum festsetzen, das für den Zeitpunkt der Leistung maßgebend ist; den Wert angeben, bewerten)
Val|va|ti|on [*walwazion*] *die;* -, -en ⟨franz.⟩ ([Ab]schätzung [von Münzen]; Wertbestimmung); **val|vie|ren** (veralt. für: valutieren)
Vamp [*wämp*] *der;* -s, -s ⟨engl.⟩ (verführerische, kalt berechnende Frau); **Vam|pir** [*wam*... od. ...*pir*] *der;* -s, -e ⟨serbokroat.⟩ Gespenst; Fledermausgattung; selten für: Wucherer, Blutsauger)
van [*wan* od. *..fan*] ⟨niederl.⟩ (von); z. B. - Dyck
Va|na|din|um [*wa*...] *das;* -s ⟨nlat.⟩ (chem. Grundstoff, Metall; Zeichen: V)
Van-Al|len-Gür|tel [*wänälin*...] *der;* -s (↑R 135) ⟨nach dem amerik. Physiker J. van Allen⟩ (ein Strahlungsgürtel, der in großer Höhe um den Äquator der Erde liegt)
Van|cou|ver [*wänkuw⁰r*] (Insel u. Stadt in Kanada)
Van|da|le usw. vgl. Wandale usw.
van-Dyck-Braun [*wan*... od. *fandaik*...] *das;* -s (↑R 135); vgl. Dyck
Va|nil|le [*wanil(j)⁰*] *die;* - ⟨franz.⟩ (trop. Orchideengattung; Gewürz); **Va|nil|le.eis, ...kip|ferl**

(*das;* -s, -n; österr.: Gebäck mit Vanille), **...so|ße, ...zucker** [*Trenn.:* ...*zuk|ker*]; **Va|nil|lin** *das;* -s (Riechstoff; Vanilleersatz)
Va|nua|tu [*wän⁰atú*] (Inselstaat im Pazifik)
Va|peurs [*wapörß*] *Plur.* ⟨franz.⟩ (veralt. für: Blähungen; Launen); **Va|po|ri|me|ter** *das;* -s, - ⟨lat.; griech.⟩ (Alkoholmesser); **Va|po|ri|sa|ti|on** [...*zion*] *die;* - ⟨lat.⟩ (Med.: Anwendung von Wasserdampf zur Blutstillung); **va|po|ri|sie|ren** (verdampfen; den Alkoholgehalt in Flüssigkeiten bestimmen)
var. = Varietät (bei naturwiss. Namen)
VAR = Vereinigte Arabische Republik; vgl. vereinigen
Va|ra|na|si [*wa*...] (Stadt in Indien)
Var|an|ger|fjord [*wa*...] *der;* -[e]s (der nordöstlichste Fjord in Norwegen)
Va|rel [*fa*...] (Stadt in Niedersachsen)
Va|ria [*wa*...] *Plur.* ⟨lat.⟩ (Buchw.: Vermischtes, Allerlei); **va|ria|bel** (↑R 180) ⟨franz.⟩ (veränderlich, [ab]wandelbar, schwankend); ...alble Kosten; **Va|ria|bi|li|tät** *die;* -, -en; ↑R 180 (Veränderlichkeit); **Va|ria|ble** *die;* -n, -n (ohne Artikel fachspr. auch: -); ↑R 180 (Math.: veränderliche Größe); **Va|ri|an|te** *die;* -, -n (Abweichung, Abwandlung; verschiedene Lesart; Abart, Spielart); **va|ri|an|ten|reich; Va|ri|a|ti|on** [...*zion*] *die;* -, -en (Abwechslung; Abänderung; Abwandlung); **Va|ri|a|ti|ons|brei|te; va|ri|a|ti|ons|fä|hig; Va|ri|a|ti|ons|mög|lich|keit; Va|ri|e|tät** [*wari-e*...] *die;* -, -en; ↑R 180 (Naturw.: geringfügig abweichende Art, Spielart; Abk.: var.); **Va|ri|e|té¹** [*wari-ete*] *das;* -s, -s (↑R 180) ⟨franz.⟩ (Theater mit einem bunten künstlerischen u. artistischen Programm); **Va|ri|e|té|thea|ter¹; va|ri|ie|ren** (verschieden sein; abweichen; verändern; [ab]wandeln)
va|ri|kös [*wa*...]; -este ⟨lat.⟩ (Med.: krampfaderig); **Va|ri|ko|si|tät** *die;* -, -en (Med.: Krampfaderbildung); **Va|ri|kol|ze|le** *die;* -, -n ⟨lat.; griech.⟩ (Med.: Krampfaderbruch)
Va|ri|nas [*wa*..., auch: *wari*...] *der;* -, - ⟨nach der heutigen Stadt Barinas in Venezuela⟩ (südamerik. Tabak)
Va|ri|o|la [*wa*...] *die;* -, ...lä u. ...olen u. **Va|ri|o|le** *die;* -, -n (↑R 180) ⟨lat.⟩ (Med.: Pocken [In-

fektionskrankheit]); **Va|ri|o|la|ti|on** [...*zion*] *die;* -, -en; ↑R 180 (Pockenimpfung)
Va|rio|me|ter [*wa*...] *das;* -s, - ⟨lat.; griech.⟩ (Vorrichtung zur Messung von Luftdruck- od. erdmagnetischen Schwankungen)
Va|ris|ki|sche od. **Va|ris|zi|sche Ge|bir|ge** [*wa*... -] *das;* -n -s (mitteleurop. Gebirge der Steinkohlenzeit)
Va|ri|stor [*wa*...] *der;* -s, ...oren ⟨engl.⟩ (spannungsabhängiger Widerstand)
Va|ri|ty|per [*wäritaip⁰r*] *der;* -s, - ⟨engl.⟩ (auf dem Schreibmaschinenprinzip aufgebaute Setzmaschine)
Va|rix [*wa*...] *die;* -, Varizen ⟨lat.⟩ (Med.: Krampfader, Venenknoten); **Va|ri|ze** *die;* -, -n (svw. Varix); **Va|ri|zel|le** *die;* -, -n (meist *Plur.*; Med.: Windpocken)
Va|rus [*wa*...] (altrömischer Feldherr)
Va|sall [*wa*...] *der;* -en, -en (↑R 197) ⟨franz.⟩ (Lehnsmann); **Va|sal|len.staat** (*Plur.* ...staaten), **...tum** (*das;* -s)
Väs|chen, Väs|lein (zu: Vase)
Vas|co da Ga|ma [*wąßko* - -] (port. Seefahrer)
Va|se [*wa*...] *die;* -, -n ⟨franz.⟩ ([Zier]gefäß); **Vas|ek|to|mie** *die;* -, ...ien ⟨lat.; griech.⟩ (Med.: operative Entfernung eines Stückes des Samenleiters, Sterilisation)
Va|se|lin *das;* -s u. **Va|se|li|ne** [*wa*...] *die;* - ⟨Kunstwort⟩ (Salbengrundlage)
va|sen|för|mig [*wa*...]; **Va|sen|kun|de** *die;* -; **Va|sen|ma|le|rei; Väs|lein, Väs|chen; Va|so|mo|to|ren** *Plur.* ⟨lat.⟩ (Med.: Gefäßnerven); **va|so|mo|to|risch**
Va|ter *der;* -s, Väter; **Vä|ter|chen, Vä|ter|lein; Va|ter.fi|gur, ...haus, ...land** (*Plur.* ...länder), **va|ter|län|disch; Va|ter|lands|lie|be; va|ter|lands.lie|bend, ...los; Va|ter|lands|ver|tei|di|ger; Vä|ter|lein, Vä|ter|chen; va|ter|lich; ein -er Freund; das -e Geschäft; vä|ter|li|cher|seits; Vä|ter|lich|keit** *die;* -; **va|ter|los; Va|ter|mör|der** (ugs. auch für: hoher, steifer Kragen); **Va|ter|na|me, Va|ters|na|me** (Familien-, Zuname); **Va|ter|recht; Va|ters|bru|der; Va|ter|schaft** *die;* -; die natürliche -; **Va|ter|schafts.be|stim|mung, ...kla|ge; Va|ters|na|me** vgl. Vatername; **Va|ters|schwe|ster; Va|ter.stadt, ...stel|le, ...tag** (scherzh.); **Va|ter|un|ser** [auch: ...*un*...] *das;* -s, -; aber als Gebet: Vater unser, der du bist ...; **Va|ti** [*wa*...] *der;* -s, -s (Koseform von: Vater)
Va|ti|kan [*wa*...] *der;* -s (Papstpalast in Rom; oberste Behörde der

---

¹ In der Schweiz: Varieté usw.

kath. Kirche); **va|ti|ka|nisch,** aber (↑ R 157): die Vatikanische Bibliothek, das Vatikanische Konzil; **Va|ti|kan|stadt** die; -

Vau|de|ville [*wod‿wil*] das; -s, -s ⟨franz.⟩ (franz. volkstüml. Lied; Singspiel)

Vaughan Wil|li|ams [*wån ‿ili‿ms*], Ralph [*rälf*] (engl. Komponist)

V-Aus|schnitt (↑ R 37)

v. Chr. = vor Christo, vor Christus; **v. Chr. G.** = vor Christi Geburt

v. d. = vor der (bei Ortsnamen, z. B. Bad Homburg v. d. H. [vor der Höhe])

VDE = Verband Deutscher Elektrotechniker; VDE-geprüft (↑ R 38 u. R 83)

VDI = Verein Deutscher Ingenieure

VdK = Verband der Kriegs- und Wehrdienstopfer, Behinderten und Sozialrentner

VDM = Verbi Divini Minister od. Ministra ⟨lat.⟩ (schweiz. für: ordinierter reformierter Theologe od. ordinierte reformierte Theologin)

VDS = Verband Deutscher Studentenschaften, (jetzt:) Vereinigte Deutsche Studentenschaften

vdt. = vidit

VEB = volkseigener Betrieb (DDR); vgl. volkseigen

Vech|ta [*fächta*] (Stadt bei Oldenburg)

Vech|te [*fächt‿*] die; - (ein Fluß)

Vel|da [*we...*] vgl. Weda

Vel|det|te [*we...*] die; -, -n ⟨franz.⟩ (svw. ²Star; früher für: vorgeschobener Reiterposten)

vel|disch [*we...*] vgl. wedisch

Vel|du|te [*we...*] die; -, -n ⟨ital.⟩ (Malerei: naturgetreue Darstellung einer Landschaft)

ve|ge|ta|bil [*we...*] vgl. vegetabilisch; **Ve|ge|ta|bi|li|en** [...*bili‿n*] Plur. ⟨lat.⟩ (pflanzl. Nahrungsmittel); **ve|ge|ta|bi|lisch** (pflanzlich, Pflanzen...); **Ve|ge|ta|ri|a|ner;** ↑ R 180 (svw. Vegetarier); **Ve|ge|ta|ri|er** [...*i‿r*] (Pflanzenkostesser); **ve|ge|ta|risch** (pflanzlich, Pflanzen...); **Ve|ge|ta|ris|mus** der; - (Ernährung durch Pflanzenkost); **Ve|ge|ta|ti|on** [...*zion*] die; -, -en (Pflanzenwelt, -wuchs); **Ve|ge|ta|ti|ons|ge|biet, ...kult, ...or|gan, ...pe|ri|o|de, ...punkt;** **ve|ge|ta|tiv** (zur Vegetation gehörend, pflanzlich; ungeschlechtlich; Med.: unbewußt); -es Nervensystem (dem Einfluß des Bewußtseins entzogenes Nervensystem); **ve|ge|tie|ren** (kümmerlich [dahin]leben)

ve|he|ment [*we...*]; -este ⟨lat.⟩ (heftig, ungestüm); **Ve|he|menz** die; -

Ve|hi|kel [*we...*] das; -s, - ⟨lat.⟩ (ugs. für: schlechtes, altmodisches Fahrzeug; Hilfsmittel)

Veil|gel|lein (veralt. für: Veilchen); **Veil|gerl** das; -s, -n (bayr., österr. für: Veilchen)

Veil [*wáj*], Simone (franz. Politikerin)

Veil|chen; veil|chen|blau; Veil|chen_duft, ...strauß, ...wur|zel

Veit [*fait*] (m. Vorn.); vgl. Vitus; **Veits_boh|ne, ...tanz** (der; -es; Nervenleiden)

Vek|tor [*wäk...*] der; -s, ...oren ⟨lat.⟩ (physikal. od. math. Größe, die durch Pfeil dargestellt wird u. durch Angriffspunkt, Richtung und Betrag festgelegt ist); **vek|to|ri|ell; Vek|tor|rech|nung**

Vel|la (Plur. von: Velum); **Vel|lar** [*we...*] der; -s, -e ⟨lat.⟩ (Sprachw.: Gaumensegellaut, Hintergaumenlaut, z. B. k)

Ve|laz|quez [*welaßkäß*], (span. Schreibung:) **Ve|láz|quez** [*belath-käth*] (span. Maler)

Vel|lin [*we..., auch franz. Ausspr.: welàng*] das; -s ⟨franz.⟩ (weiches Pergament; ungeripptes Papier)

Ve|lo [*welo*] das; -s, -s (verkürzt aus: Velociped) ⟨schweiz. für: Fahrrad); Velo fahren (radfahren); **Ve|lo|drom** das; -s, -e (geschlossene) Radrennbahn); **Ve|lo|fah|ren** das; -s

¹Vel|lours [*we‿lur, auch: welur*] der; - [...*lurß*], - [...*lurß*] (Samt; Gewebe mit gerauhter, weicher Oberfläche); **²Vel|lours** [*w‿lur, auch: welur*] das; - [...*lurß*], - [...*lurß*] (samtartiges Leder); **Vel|lours|le|der**

Vel|lo|zi|ped [*we...*] das; -[e]s, -e ⟨franz.⟩ (veralt. für: Fahrrad); **Vel|lo|zi|pe|dist** der; -en, -en; ↑ R 197 (veralt.)

Vel|pel [*fäl...*] der; -s, - ⟨ital.⟩ (Nebenform von: Felbel)

Vel|ten [*fäl...*] (Kurzform von: Valentin); potz -! (veralt.)

Velt|lin [*wält...;* auch, bes. schweiz.: *fält...*] das; -s (Talschaft oberhalb des Comer Sees); **¹Velt|li|ner** (↑ R 147); - Wein; **²Velt|li|ner** (Wein)

Ve|lum [*we...*] das; -s, ...la ⟨lat.⟩ (Teil der gottesdienstl. Kleidung kath. Priester; Kelchtuch; weicher Gaumen); **Ve|lum pal|la|ti|num** das; - -, ...la ...na (Med.: „Gaumensegel"; weicher Gaumen)

Vel|vet [*wälw‿t*] der od. das; -s, -s ⟨engl.⟩ (Baumwollsamt)

Ven|dee [*wangde‿*], (franz. Schreibung:) **Ven|dée** die; - (franz. Departement); **Ven|deer** (↑ R 147 u. R 151); **Ven|de|mi|aire** [*wangd‿miär*] der; -[s], -s [...s] ⟨lat.⟩ („Weinmonat" der Franz. Revolution: 22. Sept. bis 21. Okt.)

Ven|det|ta [*wän...*] die; -, ...tten ⟨ital.⟩ ([Blut]rache)

Ve|ne [*we...*] die; -, -n ⟨lat.⟩ (Blutgefäß, das zum Herzen führt)

Ve|ne|dig [*we...*] (ital. Stadt); vgl. Venezia; **Ve|ne|di|ger|grup|pe** die; - (Gebirgsgruppe)

Ve|nen|ent|zün|dung [*we...*]

Ve|ne|ra|bi|le [*we...*] das; -[s] ⟨lat.⟩ (Allerheiligstes in der kath. Kirche)

ve|ne|risch [*we...*] ⟨zu: ¹Venus⟩ (auf die Geschlechtskrankheiten bezogen); -e Krankheiten

Ve|ne|ter [*we...*] (Bewohner von Venetien); **Ve|ne|ti|en** [...*zi‿n*] (ital. Region); **Ve|ne|zia** [*ital. Form von: Venedig); **Ve|ne|zia|ner;** ↑ R 147 u. R 180 (Bewohner von Venedig); **ve|ne|zia|nisch** (↑ R 180)

Ve|ne|zo|la|ner [*we...*], **Ve|ne|zue|ler** (↑ R 147); **ve|ne|zo|la|nisch, ve|nezue|lisch; Ve|ne|zue|la;** ↑ R 180 (Staat in Südamerika); **Ve|ne|zue|ler, Ve|ne|zo|la|ner** (↑ R 147 u. R 180); **ve|ne|zue|lisch** (↑ R 180), **ve|ne|zo|la|nisch**

Ve|nia le|gen|di [*we... -*] die; - ⟨lat.⟩ (Erlaubnis, an Hochschulen zu lehren)

ve|ni, vi|di, vi|ci [*weni, widi, wizi*] ⟨lat.⟩ (ich kam, ich sah, ich siegte)

Venn [*fän*] das; -s; (↑ R 146:) Hohes Venn (Teil der Eifel)

Ven|ner [*fä...*] der; -s, - ⟨schweiz. für: ein Grad bei den Pfadfindern; hist.: Fähnrich; Bezirkskommandant)

ve|nös [*we...*]; -este ⟨lat.⟩ (Med.: die Vene[n] betreffend; venenreich)

Ven|til [*wän...*] das; -s, -e ⟨lat.⟩ (Absperrvorrichtung; Luft-Dampfklappe); **Ven|til|la|ti|on** [...*zion*] die; -, -en (Lüftung, Luftwechsel); **Ven|til|la|tor** der; -s, ...oren; **Ven|til|gum|mi** da (auch: der); **ven|ti|lie|ren** (lüften übertr.: sorgfältig erwägen) **Ven|ti|lie|rung; Ven|til_kol|ben, ...spiel, ...steue|rung; Ven|tos** [*wangtos*] der; -[s], -s („Windmonat" der Franz. Revolution: 19. Febr. bis 20. März)

ven|tral [*wän...*] ⟨lat.⟩ (den Bauch betreffend; bauchwärts); **Ven|tri|kel** der; -s, - (Med.: Kammer [in Herz, Hirn usw.]); **ven|tri|ku|lar** (den Ventrikel betreffend) **Ven|tri|lo|quist** der; -en, -en ↑ R 197 (Bauchredner)

¹Ve|nus [*we...*] (röm. Liebesgöttin); **²Ve|nus** die; - (ein Planet) **Ve|nus_berg** (weiblicher Schamberg), **...flie|gen|fal|le** (ein fleischfressende Pflanze), **...son|de** (Raumsonde zur Erforschung des Planeten Venus)

ver... (Vorsilbe von Verben, z. B.

verankern, du verankerst, verankert, zu verankern)

Ve|ra [*wera*] (w. Vorn.)

ver|aa|sen (ugs. für: verschleudern, vergeuden)

ver|ab|fol|gen (aus-, abgeben)

ver|ab|re|den; ver|ab|re|de|ter|ma|ßen; Ver|ab|re|dung

ver|ab|rei|chen; Ver|ab|rei|chung

ver|ab|säu|men (besser nur: versäumen)

ver|ab|scheu|en; ver|ab|scheu|ens|wert; -este; Ver|ab|scheu|ung; ver|ab|scheu|ungs|wür|dig

ver|ab|schie|den; Ver|ab|schie|dung

ver|ab|so|lu|tie|ren; Ver|ab|so|lu|tie|rung

ver|ach|ten; ver|ach|tens|wert; -este; Ver|äch|ter; ver|äch|tlich; Ver|ächt|lich|ma|chung die; -; Ver|ach|tung die; -; ver|ach|tungs|voll

Ve|ra|cruz, (eindeutschend:) Ve|ra|kruz [*werakruß*] (Staat u. Stadt in Mexiko)

ver|al|bern; Ver|al|be|rung

ver|all|ge|mei|nern; ich ...ere (↑R 22); Ver|all|ge|mei|ne|rung

ver|al|ten; veraltend; veraltet

Ve|ran|da [*we...*] die; -, ...den ⟨engl.⟩ (überdachter u. an den Seiten verglaster Anbau, Vorbau); ve|ran|da|ar|tig (↑R 36); Ve|ran|da|auf|gang (↑R 36)

ver|än|der|bar; ver|än|der|lich; das Barometer steht auf „veränderlich"; Ver|än|der|li|che die; -n, -n; ↑R 7 ff. (eine mathemat. Größe, deren Wert sich ändern kann; Ggs.: Konstante); zwei -; Ver|än|der|lich|keit; ver|än|dern; sich -; Ver|än|de|rung

ver|äng|sti|gen; ver|äng|stigt

ver|an|kern; Ver|an|ke|rung

ver|an|la|gen (einschätzen); ver|an|lagt; gut, schlecht, künstlerisch - sein; Ver|an|la|gung (Einschätzung; Begabung); Ver|an|la|gungs|steu|er der

ver|an|las|sen; du veranlaßt (veranlassest), er veranlaßt; du veranlaßtest; veranlaßt; veranlasse!; sich veranlaßt sehen; Ver|an|las|ser; Ver|an|las|sung; (Amtsdt.:) zur weiteren - (Abk.: z. w. V.); Ver|an|las|sungs|wort (Plur. ...wörter; für: Kausativ)

ver|an|schau|li|chen; Ver|an|schau|li|chung

ver|an|schla|gen; du veranschlagtest; er hat die Kosten viel zu niedrig veranschlagt; Ver|an|schla|gung

ver|an|stal|ten; Ver|an|stal|ter; Ver|an|stal|tung; Ver|an|stal|tungs|ka|len|der

ver|ant|wor|ten; ver|ant|wort|lich; [voll] - sein für etwas; eine -e Stellung; Ver|ant|wort|lich|keit;

Ver|ant|wor|tung; ver|ant|wor|tungs|be|wußt; -este; Ver|ant|wor|tungs|be|wußt|sein das; -s; ver|ant|wor|tungs|freu|dig; Ver|ant|wor|tungs|ge|fühl das; -[e]s; ver|ant|wor|tungs|los; -este; Ver|ant|wor|tungs|lo|sig|keit die; -; ver|ant|wor|tungs|voll

ver|äp|peln (ugs. für: verhöhnen); ich ...[e]le ihn (↑R 22)

ver|ar|bei|ten; Ver|ar|beit|bar|keit die; -; ver|ar|bei|ten; Ver|ar|bei|tung

ver|ar|gen

ver|är|gern; Ver|är|ge|rung

ver|ar|men; Ver|ar|mung

ver|ar|schen (derb für: jmdn. zum besten haben, verspotten)

ver|arz|ten (ugs. für: [ärztl.] behandeln); Ver|arz|tung (ugs.)

ver|aschen (Chemie: ohne Flamme verbrennen); du veraschst (veraschest)

ver|ästeln, sich; der Baum verästelt sich; Ver|äste|lung, Ver|äst|lung

ver|ät|zen (ätzend beschädigen, verletzen); Ver|ät|zung

ver|auk|tio|nie|ren (versteigern); Ver|aus|ga|ben (ausgeben); sich -; Ver|aus|ga|bung

ver|aus|la|gen ([Geld] auslegen); Ver|aus|la|gung

ver|äu|ßer|lich (verkäuflich); ver|äu|ßer|li|chen (äußerlich, oberflächlich machen, werden); Ver|äu|ßer|li|chung; ver|äu|ßern (verkaufen); Ver|äu|ße|rung

Verb [*wärp*] das; -s, -en ⟨lat.⟩ (Sprachw.: Zeitwort, Tätigkeitswort, z. B. „arbeiten, laufen, bauen"); ver|bal (zeitwörtlich, als Zeitwort gebraucht; wörtlich; mündlich); -e Klammer; Ver|ba|le das; -s, ...lien [...*i'n*]; meist Plur. (Sprachw.: von einem Zeitwort abgeleitetes Wort; veralt. für: wörtl. Äußerung); Ver|bal|in|ju|rie die; -, -n (Beleidigung mit Worten); ver|ba|li|sie|ren (in Worten ausdrücken; zu einem Verb umbilden); Ver|ba|lis|mus der; - (Vorherrschaft des Wortes statt der Sache im Unterricht); Ver|ba|list der; -en, -en; ↑R 197 (jemand, der sich zu sehr ans Wort klammert); ver|ba|li|stisch; ver|ba|li|ter (veralt. für: wörtlich)

ver|ball|hor|nen ⟨nach dem Buchdrucker Bal[l]horn⟩ (verschlimmbessern); Ver|ball|hor|nung

Ver|bal|no|te [*wär...*] ⟨lat.⟩ (zu mündlicher Mitteilung bestimmte, nicht unterschriebene, vertrauliche diplomatische Note); Ver|bal|stil (Stil, der das Zeitwort, das Verb, bevorzugt; Ggs.: Nominalstil); Ver|bal|sub|stan|tiv (zu einem Verb gebildetes

Substantiv, das [zum Zeitpunkt der Bildung] eine Geschehensbezeichnung ist, z. B. „Gabe, Zerrüttung")

Ver|band der; -[e]s, ...bände; Ver|bands|kas|se; Ver|bands|ka|sten; Ver|bands|lei|ter der; Ver|band[s]_ma|te|ri|al, ...päck|chen, ...platz, ...stoff; Ver|bands.vor|sit|zen|de, ...vor|stand; Ver|band[s]_wat|te, ...zeug (das; -[e]s), ...zim|mer

ver|ban|nen; Ver|ban|nung

ver|bar|ri|ka|die|ren

Ver|bas|kum [*wär...*] das; -s, ...ken (lat.) (Königskerze, Wollkraut)

ver|bau|en

ver|bau|ern (ugs. für: [geistig] abstumpfen); ich ...ere (↑R 22); Ver|baue|rung die; -; ↑R 180 (ugs.)

Ver|bau|ung

ver|be|am|ten; Ver|be|am|tung die; -

ver|bei|ßen; die Hunde hatten sich ineinander verbissen; sich den Schmerz - (ugs. für: sich den Schmerz nicht anmerken lassen); sich in eine Sache - (ugs. für: hartnäckig an einer Sache festhalten)

ver|bel|len (Jägerspr.: durch Bellen zum verwundeten od. verendeten Wild führen); tot -

Ver|be|ne [*wär...*] die; -, -n ⟨lat.⟩ (Eisenkraut)

ver|ber|gen; Ver|ber|gung

Ver|bes|se|rer, Ver|beß|rer; ver|bes|sern; Ver|bes|se|rung, Ver|beß|rung; Ver|bes|se|rungs|vor|schlag

ver|beu|gen, sich; Ver|beu|gung

ver|beu|len

ver|bie|gen; Ver|bie|gung

ver|bie|stern, sich (ugs. für: sich in eine Meinung verrennen); ich ...ere mich (↑R 22); ver|bie|stert (ugs. für: verstört, verärgert)

ver|bie|ten; Betreten verboten!; vgl. verboten

ver|bil|den; ver|bild|li|chen; Ver|bild|li|chung; Ver|bil|dung

ver|bil|li|gen; Ver|bil|li|gung

ver|bim|sen (ugs. für: verprügeln)

ver|bin|den; ver|bind|lich (höflich, zuvorkommend; Kaufmannsspr.: verpflichtend); eine -e Zusage; Ver|bind|lich|keit; Ver|bind|lich|keits|er|klä|rung; Ver|bin|dung; Ver|bin|dungs.gra|ben, ...li|nie, ...mann (Plur. ...männer u. ...leute; Abk.: V-Mann), ...of|fi|zier, ...stel|le, ...stra|ße, ...stück, ...tür

Ver|biß der; ...bisses, ...bisse (Abbeißen von Knospen, Trieben u. ä. durch Wild); ver|bis|sen; er ist ein -er (zäher) Gegner; ein -es (griesgrämiges, zorniges) Gesicht; Ver|bis|sen|heit die; -

ver|bit|ten; ich habe mir eine solche Antwort verbeten
ver|bit|tern; ich ...ere (↑ R 22); Ver|bit|te|rung
ver|bla|sen (schwülstig, verschwommen); ein -er Stil; Ver|bla|sen|heit
ver|blas|sen; du verblaßt (verblassest); die Erinnerungen an die Kindheit sind verblaßt
ver|blät|tern; eine Seite -
Ver|bleib der; -[e]s; ver|blei|ben; Ver|blei|ben das; -s; dabei muß es sein - haben (Papierdt.)
ver|blei|chen (bleich werden); du verblichst (verblichest); du verblichest; verblichen; vgl. ²bleichen
ver|blei|en (mit Blei versehen, auslegen; auch für: plombieren [mit einer Bleiplombe versehen]); Ver|blei|ung
ver|blen|den (auch: [Mauerwerk mit besserem Baustoff] verkleiden); Ver|blen|dung
ver|bleu|en (ugs. für: verprügeln)
ver|bli|chen; -es Bild; Ver|bli|che|ne der u. die; -n, -n; ↑ R 7 ff. (Tote)
ver|blö|den; Ver|blö|dung die; -
ver|blüf|fen (bestürzt machen); ver|blüf|fend; -ste; Ver|blüfft|heit die; -; Ver|blüf|fung
ver|blü|hen
ver|blümt; -este (andeutend)
ver|blu|ten; sich -; Ver|blu|tung
ver|bocken [Trenn.: ...bok|ken] (ugs. für: fehlerhaft ausführen; verderben, verpfuschen)
Ver|bod|mung (Bodmerei)
ver|bohrt; -este; er ist - (ugs. für: starrköpfig); Ver|bohrt|heit die; -
¹ver|bor|gen (ausleihen)
²ver|bor|gen; eine - Gefahr; (↑ R 65:) im verborgenen (unbemerkt) bleiben, aber: im Verborgenen wohnen; das Verborgene, ins Verborgene sehen; Ver|bor|gen|heit die; -
ver|bö|sern (scherzh. für: schlimmer machen); ich ...ere (↑ R 22)
Ver|bot das; -[e]s, -e; ver|bo|ten; -er Eingang; -e Früchte; ver|bo|te|ner|wei|se; Ver|bots|schild (Plur. ...schilder), ...ta|fel; ver|bots|wid|rig; Ver|bots|zei|chen
ver|brä|men (am Rand verzieren; übertr. für: [eine Aussage] verschleiern); Ver|brä|mung
ver|bra|ten (ugs. für: verbrauchen); beim Neubau wurden große Summen verbraten
Ver|brauch der; -[e]s, (gelegentl. fachspr.:) ...bräuche; ver|brau|chen; Ver|brau|cher; Ver|brau|cher.be|ra|tung, ...ge|nos|sen|schaft (für: Konsumgenossenschaft), ...preis (vgl. ²Preis), ...ver|band, ...zen|tra|le; Ver-

brauchs.gut (meist Plur.), ...len|kung (die; -), ...pla|nung; Ver|brauchs|steu|er, Ver|brauch|steu|er die (↑ R 54)
ver|bre|chen; Ver|bre|chen das; -s, -; Ver|bre|chens|be|kämp|fung die; -; Ver|bre|cher; Ver|bre|cher|al|bum; Ver|bre|che|rin die; -, -nen; ver|bre|che|risch; -ste; Ver|bre|cher|tum das; -s
ver|brei|ten; er hat diese Nachricht verbreitet; sich - (etwas ausführlich darstellen); Ver|brei|ter; ver|brei|tern (breiter machen); ich ...ere (↑ R 22); sich - (breiter werden); Ver|brei|te|rung; Ver|brei|tung die; -; Ver|brei|tungs|ge|biet
ver|brenn|bar; ver|bren|nen; das Holz ist verbrannt; du hast dir den Mund verbrannt (ugs. für: dir durch Reden geschadet); Ver|bren|nung; Ver|bren|nungs-.ma|schi|ne, ...mo|tor
ver|brie|fen ([urkundlich] sicherstellen); ein verbrieftes Recht
ver|brin|gen; Ver|brin|gung
ver|brü|dern, sich; ich ...ere mich (↑ R 22); Ver|brü|de|rung
ver|brü|hen; Ver|brü|hung
ver|bu|chen (in das [Geschäfts]buch eintragen); dafür meist: buchen (vgl. ²buchen); Ver|bu|chung
ver|bud|deln (ugs. für: vergraben)
Ver|bum [wär...] das; -s, ...ba u. ...ben (lat.) (svw. Verb)
ver|bum|fie|deln (ugs. für: verschwenden); ich ...[e]le (↑ R 22)
ver|bum|meln; er hat seine Zeit verbummelt (ugs. für: nutzlos vertan); ver|bum|melt (ugs. für: heruntergekommen); ein -es Genie
Ver|bund der; -[e]s, -e (Verbindung); ver|bün|den, sich; Ver|bun|den|heit die; -; Ver|bünd|te der u. die; -n, -n (↑ R 7 ff.); Ver|bund|glas (das; -es), ...kar|te (im Lochkartensystem), ...lam|pe (Bergmannsspr.: elektr. Lampe in Verbindung mit einer Wetterlampe), ...ma|schi|ne, ...netz (die miteinander verbundenen Hochspannungsleitungen), ...pfla|ster|stein, ...sy|stem, ...wirt|schaft (Zusammenschluß mehrerer Betriebe [der Energiewirtschaft] zur Steigerung der Wirtschaftlichkeit)
ver|bür|gen; sich -
ver|bür|ger|li|chen; Ver|bür|ger|li|chung die; -
Ver|bür|gung
ver|bü|ßen; eine Strafe -
ver|bü|xen (landsch. für: verprügeln); du verbüxt (verbüxest)
Ver|bzu|satz [wärp...] (Sprachw.: der nichtverbale Bestandteil einer unfesten Zusammensetzung

mit einem Verb als Grundwort, z. B. „durch" in „durchführen, führe durch")
ver|char|tern [...(t)schart...] (ein Schiff od. Flugzeug vermieten)
ver|chro|men [...kro...] (mit Chrom überziehen); Ver|chro|mung
Ver|cin|ge|to|rix [wärzingge...] (Gallierfürst)
Ver|dacht der; -[e]s, -e u. Verdächte; ver|däch|tig; Ver|däch|ti|ge der u. die; -n, -n (↑ R 7 ff.); ver|däch|ti|gen; Ver|däch|ti|gung; Ver|dachts.grund, ...mo|ment das
ver|dam|men; ver|dam|mens|wert; -este; Ver|damm|nis die; -; verdammt (ugs. auch für: sehr); - schnell; Ver|dam|mung
ver|damp|fen; Ver|damp|fer; Ver|damp|fung; Ver|damp|fungs|an|la|ge
ver|dan|ken (schweiz. Amtsspr. auch für: Dank abstatten)
ver|da|ten (in Daten umsetzen)
ver|dat|tert (ugs. für: verwirrt)
ver|dau|en; ver|dau|lich; eine leichtverdauliche, schwerverdauliche Speise (↑ jedoch R 209), aber: die Speise ist leicht verdaulich, schwer verdaulich; Ver|dau|lich|keit die; -; Ver|dau|ung die; -; Ver|dau|ungs.ap|pa|rat, ...be|schwer|den Plur., ...ka|nal, ...or|gan, ...stö|rung
Ver|deck das; -[e]s, -e; ver|decken [Trenn.: ...dek|ken]; ver|deck|ter|wei|se
Ver|den (Al|ler) [fer...] (Stadt an der Aller); Ver|de|ner (↑ R 147)
ver|den|ken; jmdm. etwas -
Ver|derb der; -[e]s; auf Gedeih und -; ver|der|ben (schlechter werden; zugrunde richten); du verdirbst, du verdarbst; du verdürbest; verdorben; verdirb!; das Fleisch ist verdorben (schlecht geworden); aber: er hat mir den ganzen Ausflug verdorben (verleidet); Ver|der|ben das; -s; ver|der|ben|brin|gend (↑ R 209); Ver|der|ber; ver|derb|lich; -e Eßwaren; Ver|derb|lich|keit die; -; Ver|derb|nis die; -, -se; ver|derbt; -este (verdorben [von Stellen in alten Handschriften]); Ver|derbt|heit die; -
ver|deut|li|chen; Ver|deut|li|chung
ver|deut|schen; du verdeutschst (verdeutschest); Ver|deut|schung
Ver|di [wärdi] (ital. Komponist)
ver|dicht|bar; ver|dich|ten; Ver|dich|ter (Technik); Ver|dich|tung
ver|dicken [Trenn.: ...dik|ken]; Ver|dickung [Trenn.: ...dik|kung]
ver|die|nen (↑ R 68:) das Verdienen (der Gelderwerb) wird schwerer; Ver|die|ner; ¹Ver|dienst der; -[e]s, -e (Lohn, Gewinn); ²Ver|dienst das; -[e]s, -e (Anspruch auf Dank u. Anerken-

nung); Ver|dienst_aus|fall, ...be-
schei|ni|gung, ...gren|ze; ver-
dienst|lich; Ver|dienst_mög|lich-
keit, ...or|den, ...span|ne; ver-
dienst|voll; ver|dient; -este; -er
Mann, aber in Titeln (↑ R 75):
Verdienter Aktivist (DDR); ver-
dien|ter_ma|ßen, ...wei|se
ver|die|seln (Eisenbahnw.: mit
Diessellokomotiven ausstatten);
ich ...[e]le (↑ R 22)
Ver|dikt [wär...] das; -[e]s, -e ⟨lat.⟩
(Urteil)
Ver|ding der; -[e]s, -e (svw. Verdin-
gung); Ver|ding|bub (schweiz.
für: durch die Waisenbehörde
gegen Entschädigung bei Pflege-
eltern untergebrachter Junge);
ver|din|gen (veralt.); du verding-
test; du verdingtest; verdungen
(auch: verdingt); verding[e]!;
sich als Gehilfe -; ver|ding|li-
chen; Ver|ding|li|chung; Ver|din-
gung (veralt.)
ver|dol|len (zu: Dole)
ver|dol|met|schen; er hat das Ge-
spräch verdolmetscht; Ver|dol-
met|schung
ver|don|nern (ugs. für: verurtei-
len); ich ...ere (↑ R 22); ver|don-
nert (ugs. veraltend für: erschreckt, bestürzt)
ver|dop|peln; Ver|dop|pe|lung,
Ver|dopp|lung
ver|dor|ben; Ver|dor|ben|heit die; -
ver|dor|ren; verdorrt
ver|dö|sen (ugs.); die Zeit -; vgl.
dösen
ver|drah|ten (mit Draht verschlie-
ßen; Elektronik: mit Schaltdräh-
ten verbinden)
ver|drän|gen; Ver|drän|gung
ver|dre|cken [Trenn.: ...drek|ken]
(ugs. für: verschmutzen)
ver|dre|hen; Ver|dre|her; ver-
dreht; -este (ugs. für: verschro-
ben); -este (ugs. für: verschro-
ben); Ver|dreht|heit (ugs.); Ver-
dre|hung
ver|drei|fa|chen
ver|dre|schen (ugs. für: schlagen,
verprügeln)
ver|drie|ßen; du verdrießt (ver-
drießest), er verdrießt; du ver-
drossest, du verdroß; du verdrös-
sest; verdrossen; verdrieß[e]!; es
verdrießt mich; ich lasse es mich
nicht -; ver|drieß|lich; Ver|drieß-
lich|keit
ver|dril|len (miteinander verdre-
hen); Ver|dril|lung (für: Torsion)
Ver|dross, Alfred [fär...] (österr.
Rechtsgelehrter)
ver|dros|sen [Trenn.:...dros|sen|heit
ver|drucken [Trenn.: ...druk|ken]
ver|drücken [Trenn.: ...drük|ken]
(ugs. auch für: essen); sich - (ugs.
für: sich heimlich entfernen)
Ver|druß der; ...drusses, ...drusse
ver|duf|ten; [sich] - (ugs. für: sich
entfernen)

ver|dum|men; Ver|dum|mung die; -
ver|dump|fen; Ver|dump|fung
Ver|dun [wärdöng] (franz. Stadt)
ver|dun|keln; ich ...[e]le (↑ R 22);
Ver|dun|ke|lung; Ver|dunk|lung;
Ver|dun|ke|lungs|ge|fahr, Ver-
dunk|lungs|ge|fahr
ver|dün|nen; ver|dün|ni|sie|ren,
sich (ugs. für: sich entfernen);
Ver|dün|nung
ver|dun|sten (zu Dunst werden);
langsam verdampfen); ver|dün-
sten (zu Dunst machen); Ver-
dun|stung; Ver|dün|stung; Ver-
dun|stungs|mes|ser der
Ver|du|re [wärdür'] die; -, -n
⟨franz.⟩ (ein in grünen Farben
gehaltener Wandteppich [des
MA.])
ver|dur|sten
ver|dü|stern; ich ...ere (↑ R 22)
ver|dutzt; -este (ugs. für: verwirrt)
ver|eb|ben
ver|edeln; ich ...[e]le (↑ R 22); Ver-
ede|lung, Ver|ed|lung; Ver|ede-
lungs|ver|fah|ren, Ver|ed|lungs-
ver|fah|ren
ver|ehe|li|chen, sich; Ver|ehe|li-
chung
ver|eh|ren; Ver|eh|rer; Ver|eh|re-
rin die; -, -nen; Ver|eh|rung die;
-; ver|eh|rungs_voll, ...wür|dig
ver|ei|den, (älter für:) ver|ei|di|gen;
vereidigte Sachverständige; Ver-
ei|di|gung; Ver|ei|dung (älter für:
Vereidigung)
Ver|ein der; -[e]s, -e; im - mit ...;
- Deutscher Ingenieure (Abk.:
VDI); vgl. eingetragen; ver|ein-
bar; ver|ein|ba|ren; ver|ein|bar-
ter|ma|ßen; Ver|ein|ba|rung; ver-
ein|ba|rungs|ge|mäß; ver|ei|nen,
ver|ei|ni|gen; vereint (vgl. d.);
sich vereinen, vereinigen
ver|ein|fa|chen; Ver|ein|fa|chung
ver|ein|heit|li|chen; Ver|ein|heit|li-
chung
ver|ei|ni|gen; (↑ R 157:) die Verei-
nigten Staaten [von Amerika];
vgl. United States [of America];
vgl. US[A] u. Ver. St. v. A.; Vereinigte Arabische Republik (hist.)
[Abk.: VAR]; Vereinigte Arabische Emirate; Vereinigtes Königreich Großbritannien u.
Nordirland; Ver|ei|ni|gung; Ver-
ei|ni|gungs|frei|heit die; -
ver|ein|nah|men (einnehmen, als
Einnahme in Empfang nehmen);
Ver|ein|nah|mung
ver|ein|sa|men; Ver|ein|sa|mung
ver|ein|sei|ti|gen (in einseitiger
Weise darstellen)
Ver|eins_elf die, ...haus, ...lei-
tung, ...lo|kal (Vereinsraum,
-zimmer), ...mann|schaft, ...mei-
er (ugs. abschätzig), ...meie|rei
(ugs. abschätzig), ...wech|sel,
...we|sen (das; -s); ver|eint; mit
-en Kräften, aber (↑ R 157): die

Vereinten Nationen (Abk.: UN,
VN); vgl. auch: UNO, UNESCO
ver|ein|zeln; ich ...[e]le (↑ R 22);
ver|ein|zelt; -e Niederschläge;
Ver|ein|ze|lung
ver|ei|sen (von Eis bedeckt wer-
den; Med.: durch Kälte unemp-
findlich machen); die Tragflä-
chen verei|sten; ver|eist; -e (eis-
bedeckte) Wege; Ver|ei|sung
ver|ei|teln; ich ...[e]le (↑ R 22); Ver-
ei|te|lung, Ver|eit|lung
ver|ei|tern; Ver|ei|te|rung
ver|ekeln; jmdm. etwas -; Ver|eke-
lung, Ver|ek|lung
ver|elen|den; Ver|elen|dung; Ver-
elen|dungs|theo|rie (Theorie,
nach der sich die Lebensverhältnisse der Arbeiterklasse im Ka-
pitalismus ständig verschlech-
tern)
Ve|re|na [we...] (w. Vorn.)
ver|en|den; Ver|en|dung
ver|en|gen; ver|en|gern; ich ...ere
(↑ R 22); Ver|en|ge|rung; Ver|en-
gung
ver|er|ben; ver|erb|lich; Ver|er-
bung; Ver|er|bungs_gang der,
...leh|re
ver|estern (zu Ester umwandeln);
ich ...ere (↑ R 22); Ver|este|rung
ver|ewi|gen; sich -; Ver|ewig|te der
u. die; -n, -n (↑ R 7 ff.); Ver|ewi-
gung
ver|fah|ren (vorgehen, handeln);
ich bin so -, daß ...; so darfst du
nicht mit ihr - (umgehen); eine -e
Geschichte; sich - (einen falschen Weg fahren); ich habe
mich -; (↑ R 68:) ein Verfahren ist
auf dieser Strecke kaum möglich; Bergmannsspr.: eine
Schicht - (eine Schicht machen);
Ver|fah|ren das; -s, -; ein neues -;
Ver|fah|rens|recht|lich; Ver|fah-
rens_re|gel, ...tech|nik, ...wei|se
die
Ver|fall der; -[e]s; in - geraten;
ver|fal|len; das Haus ist -; er ist
dem Tode -; die Strafe ist -; Ver-
fall|er|klä|rung (Rechtsspr.);
Ver|falls_da|tum, ...er|schei-
nung; Ver|fall[s]_tag, ...zeit
ver|fäl|schen; je hat den Wein ver-
fälscht; Ver|fäl|schung
ver|fan|gen; sich -; du hast dich in
Widersprüche -; ver|fäng|lich;
eine - Frage, Situation; Ver-
fäng|lich|keit
ver|fär|ben; sich -; Ver|fär|bung
ver|fas|sen; sie hat diesen Brief
verfaßt; Ver|fas|ser; Ver|fas-
ser|schaft die; -; Ver|fas|sung;
ver|fas|sung|ge|bend (↑ R 209);
Ver|fas|sungs_än|de|rung, ...be-
schwer|de; ver|fas|sungs_feind-
lich, ...ge|mäß; Ver|fas|sungs_ge-
richt; ver|fas|sungs|mä|ßig; Ver-
fas|sungs_ord|nung, ...recht (das;
-[e]s), ...schutz; ver|fas|sungs-

treu; Ver|fas|sungs|ur|kun|de;
ver|fas|sungs|wid|rig
ver|fau|len; Ver|fau|lung
ver|fech|ten (verteidigen); er hat
sein Recht tatkräftig verfochten;
Ver|fech|ter; Ver|fech|tung
ver|feh|len (nicht treffen); sich -
(geh. für: sich vergehen); Ver-
feh|lung
ver|fein|den; sich mit jmdm. -;
Ver|fein|dung
ver|fei|nern; ich ...ere (↑ R 22);
Ver|fei|ne|rung
ver|fe|men (für vogelfrei erklären;
ächten); Ver|fe|mung
ver|fer|ti|gen; Ver|fer|ti|gung
ver|fe|sti|gen; Ver|fe|sti|gung
ver|fet|ten; Ver|fet|tung
ver|feu|ern; ich ...ere (↑ R 22)
ver|fil|men; Ver|fil|mung
ver|fil|zen; die Decke ist verfilzt;
Ver|fil|zung
ver|fin|stern; sich -; Ver|fin|ste-
rung
ver|fit|zen (ugs. für: verwirren);
sie hat die Wolle verfitzt
ver|fla|chen; Ver|fla|chung
ver|flech|ten; Ver|flech|tung
ver|flie|gen (verschwinden); der
Zorn ist verflogen; sich - (mit
dem Flugzeug vom Kurs abkom-
men)
ver|flie|ßen; vgl. verflossen
ver|flixt (ugs. für: verflucht; auch:
unangenehm, ärgerlich)
Ver|floch|ten|heit
ver|flos|sen; verflossene od. ver-
floßne Tage
ver|flu|chen; Ver|flu|chung
ver|flüch|ti|gen (in den gasförmi-
gen Zustand überführen); sich -
(in den gasförmigen Zustand
übergehen; ugs.: sich heimlich
entfernen); Ver|flüch|ti|gung
ver|flüs|si|gen; Ver|flüs|si|gung
Ver|folg der; -[e]s (Amtsdt. für:
Fortgang), fast nur noch in: im
od. in - der Sache; ver|fol|gen;
Ver|fol|ger; Ver|fol|gte der u. die;
-n, -n (↑ R 7 ff.); Ver|fol|gung;
Ver|fol|gungs.jagd, ...ren|nen
(Radsport), ...wahn
ver|for|men; Ver|for|mung
ver|frach|ten; Ver|frach|ter; Ver-
frach|tung
ver|fran|zen, sich (Fliegerspr.:
sich verfliegen; auch übertr.:
sich verirren); du verfranzt (ver-
franzest) dich
ver|frem|den; Ver|frem|dung; Ver-
frem|dungs|ef|fekt
ver|fres|sen (ugs. für: gefräßig);
Ver|fres|sen|heit die; - (ugs.)
ver|fro|ren
ver|frü|hen, sich; ver|früht; sein
Dank kam -; Ver|frü|hung
ver|füg|bar; Ver|füg|bar|keit die;
-; ver|fü|gen (bestimmen, anord-
nen; besitzen)
ver|fu|gen; Ver|fu|gung

Ver|fü|gung; (↑ R 32:) zur Verfü-
gung u. bereithalten, aber: be-
reit- u. zur Verfügung halten;
Ver|fü|gungs.ge|walt, ...recht
ver|füh|ren; Ver|füh|rer; ver|füh-
re|risch; -ste; Ver|füh|rung; Ver-
füh|rungs|kunst
ver|fuhr|wer|ken (bes. schweiz.
für: verpfuschen)
ver|füt|tern (als ¹Futter verwen-
den)
Ver|ga|be die; -, (selten:) -n; - von
Arbeiten; ver|ga|ben (schweiz.
für: schenken, vermachen); Ver-
ga|bung (schweiz. für: Schen-
kung, Vermächtnis)
ver|gack|ei|ern (ugs. für: verspot-
ten, verulken); ich ...ere (↑ R 22)
ver|gaf|fen, sich (ugs. für: sich ver-
lieben); du hast dich in sie ver-
gafft
ver|gagt [...gäkt] (dt.; engl.-ame-
rik.) (voller Gags)
ver|gäl|len (verbittern; ungenieß-
bar machen); er hat ihm die
Freude vergällt; vergällter Spiri-
tus; Ver|gäl|lung
ver|ga|lop|pie|ren, sich (ugs. für:
[sich] irren, einen Mißgriff tun)
ver|gam|meln (ugs. für: verbum-
meln; alt werden; schlecht werden); vergammeltes Obst
Ver|gan|gen|heit; Ver|gan|gen-
heits|be|wäl|ti|gung die; -; ver-
gäng|lich; Ver|gäng|lich|keit
die; -
ver|gan|ten ⟨zu: Gant⟩ (südd.,
österr. mdal. veralt., schweiz.
für: zwangsversteigern); Ver-
gan|tung
ver|ga|sen (Chemie: in gasförmi-
gen Zustand überführen; mit
[Kampf]gasen verseuchen, tö-
ten); Ver|ga|ser (Apparat zur Er-
zeugung des Brenngemisches für
Verbrennungskraftmaschinen);
Ver|ga|sung
ver|gat|tern (mit einem Gatter ver-
sehen; ugs. für: jmdn. zu etwas
verpflichten); ich ...ere (↑ R 22);
Ver|gat|te|rung
ver|ge|ben; er hat diese Arbeit -;
seine Sünden sind -; er hat seiner
Ehre nichts -; ver|ge|bens; Ver-
ge|ber; ver|geb|lich; Ver|geb-
lich|keit; Ver|ge|bung
ver|ge|gen|ständ|li|chen; Ver|ge-
gen|ständ|li|chung
ver|ge|gen|wär|ti|gen; Ver|ge|gen-
wär|ti|gung
ver|ge|hen; die Jahre sind vergan-
gen; sich - (gegen Gesetze verstoßen); du hast dich an diesem
Mädchen vergangen; Ver|ge|hen
das; -s, -
ver|gei|len (ugs. für: zu einem
Mißerfolg machen)
ver|gei|len (durch Lichtmangel
aufschießen [von Pflanzen]);
Ver|gei|lung

ver|gei|sti|gen; Ver|gei|sti|gung
ver|gel|ten; sie hat immer Böses
mit Gutem vergolten; vergilt!,
einem ein „Vergelt's Gott!" zu-
rufen; Ver|gel|tung; Ver|gel-
tungs.maß|nah|me, ...schlag,
...waf|fe
ver|ge|sell|schaf|ten; Ver|ge|sell-
schaf|tung
ver|ges|sen; du vergißt (vergis-
sest), er vergißt; du vergaßest;
du vergäßest; vergessen; ver-
giß!; etwas -; die Arbeit über
dem Vergnügen vergessen; auf
an etwas - (landsch., bes. südd.
[österr. nur: auf] für: an etwas
nicht rechtzeitig denken); Ver-
ges|sen|heit die; -; in - geraten;
ver|geß|lich; Ver|geß|lich|keit
die; -
ver|geu|den; ver|geu|de|risch; -ste;
Ver|geu|dung
ver|ge|wal|ti|gen; Ver|ge|wal|ti-
gung
ver|ge|wis|sern, sich; ich vergewis-
sere u. vergewiße mich seines
Verantwortungsgefühls; Ver|ge-
wis|se|rung, Ver|ge|wiß|rung
ver|gie|ßen
ver|gif|ten; Ver|gif|tung; Ver|gif-
tungs|er|schei|nung
Ver|gil [wär...] (altröm. Dichter)
ver|gil|ben; vergilbte Papiere,
Gardinen
Ver|gi|li|us [wär...] vgl. Vergil
ver|gip|sen; du vergipst (vergip-
sest)
Ver|giß|mein|nicht das; -[e]s, -[e]
(eine Blume)
ver|git|tern; ich ...ere (↑ R 22)
ver|gla|sen; du verglast (vergla-
sest); er verglaste; verglaste
(glasige, starre) Augen; Ver|gla-
sung
Ver|gleich der; -[e]s, -e; im - mit,
zu; ein gütlicher -; ver|gleich-
bar; Ver|gleich|bar|keit die; -;
ver|glei|chen; sie hat diese bei-
den Bilder verglichen; sich -; die
Parteien haben sich verglichen;
die vergleichende Anatomie;
vergleich[e]! (Abk.: vgl.); Ver-
gleichs.gläu|bi|ger, ...mög|lich-
keit, ...ob|jekt, ...schuld|ner,
...ver|fah|ren; ver|gleichs|wei|se;
Ver|gleichs|zahl; Ver|glei|chung
ver|glet|schern; Ver|glet|sche|rung
ver|glim|men
ver|glü|hen
ver|gnatzt (landsch. für: verärgert)
ver|gnü|gen, sich; ver|gnügt; Ver-
gnü|gen das; -s, -; viel -!; ein diebisches -;
ver|gnüg|lich; ver|gnügt; -este; Ver|gnü-
gung (meist Plur.); ver|gnü-
gungs|hal|ber; Ver|gnü|gungs.in-
du|strie, ...park; Ver|gnü|gungs-
steu|er die (↑ R 54); Ver|gnü-
gungs|sucht die; -; ver|gnü|gungs-
süch|tig

ver|gol|den; Ver|gol|der; Ver|gol|dung

ver|gön|nen ([aus Gunst] gewähren); es ist mir vergönnt

ver|got|ten (zum Gott machen); ver|göt|tern (wie einen Gott verehren); ich ..ere (↑R 22); Ver|göt|te|rung; ver|gött|li|chen (vergotten); Ver|gött|li|chung; Ver|got|tung

ver|gra|ben; er hat sich -; er ist tief in seine Bücher -; er hat seine Hände in den Hosentaschen -

ver|grä|men (verärgern; [Wild] verscheuchen); ver|grämt; -este

ver|grät|zen (landsch. für: verärgern); du vergrätzt (vergrätzest)

ver|grau|len (ugs. für: verärgern [u. dadurch vertreiben])

ver|grei|fen; sich an jmdm., an einer Sache -; du hast dich an fremdem Gut, im Ton vergriffen

ver|grei|sen; du vergreist (vergreisest); er vergreiste; Ver|grei|sung die; - (das Vergreistsein; Überalterung)

ver|grel|len (landsch. für: zornig machen); man hat ihn vergrellt

ver|grif|fen; das Buch ist - (nicht mehr lieferbar)

ver|grö|bern; ich ...ere (↑R 22); Ver|grö|be|rung

Ver|grö|ße|rer, Ver|größ|rer; ver|grö|ßern; ich ...ere (↑R 22); Ver|grö|ße|rung; Ver|grö|ße|rungs|ap|pa|rat, ...glas

ver|gucken [Trenn.: ...guk|ken], sich (ugs. für: sich verlieben)

ver|gül|den (dicht. für: vergolden)

Ver|gunst (veralt. für: Erlaubnis), nur noch in: mit - (mit Verlaub); ver|gün|sti|gen (veralt.); Ver|gün|sti|gung

ver|gül|ten (auch für: veredeln); Ver|gü|tung

verh. (Zeichen: ∞) = verheiratet

Ver|hack der; -[e]s, -e (veralt. für: Verhau); Ver|hackert [Trenn.: ...hak|kert] das; -s (österr.; Brotaufstrich aus Schweinefett u. a.); ver|hack|stücken [Trenn.: ...stük|ken] (ugs. für: bis ins kleinste besprechen u. kritisieren)

Ver|haft der; -[e]s (veralt. für: Verhaftung); ver|haf|ten; ver|haf|tet (auch [mit Dat.] für: eng verbunden); Ver|haf|te|te der u. die; -n, -n (↑R 7 ff.); Ver|haf|tung; Ver|haf|tungs|wel|le

ver|ha|geln; das Getreide ist verhagelt

ver|ha|ken, sich; die Geweihe verhakten sich ineinander

ver|hal|len; sein Ruf verhallte

Ver|halt der; -[e]s, -e (veralt. für: Verhalten; Sachverhalt); [1]ver|hal|ten (stehenbleiben; zurückhalten; schweiz. Amtsspr.: zu etwas verpflichten, anhalten); sie verhielt auf der Treppe; er verhält den Harn, den Atem, das Lachen; sich - (sich benehmen); ich habe mich abwartend -; [2]ver|hal|ten; ein -er (gedämpfter, unterdrückter) Zorn, Trotz; -er (verzögerter) Schritt; -er (gezügelter) Trab; Ver|hal|ten das; -s; Ver|hal|ten|heit die; -; Ver|hal|tens.for|schung, ...fra|ge, ver|hal|tens|ge|stört; Ver|hal|tens_maß|re|gel, ...mu|ster (Psych.), ...re|gel, ...steue|rung, ...stö|rung (Med., Psych.), ...wei|se die; Ver|hält|nis das; -ses, -se; geordnete Verhältnisse; ein geometrisches -; ver|hält|nis|mä|ßig; Ver|hält|nis|mä|ßig|keit; die - der Mittel; Ver|hält|nis_wahl, ...wahl|recht, ...wort (Plur. ...wörter; für: Präposition), ...zahl; Ver|hal|tung; Ver|hal|tungs|maß|re|gel (svw. Verhaltensmaßregel)

ver|han|deln; über (selten: um) etwas -; Ver|hand|lung; Ver|hand|lungs|ba|sis; ver|hand|lungs|be|reit; -este; Ver|hand|lungs.be|reit|schaft, ...part|ner; ver|hand|lungs|tisch, in: sich an den - setzen; an den - zurückkehren

ver|han|gen; ein -er Himmel; ver|hän|gen; vgl. [2]hängen; mit verhängten (locker gelassenen) Zügeln; ver|häng|nis das; -ses, -se; ver|häng|nis|voll; ein -er Fehler; Ver|hän|gung

ver|harm|lo|sen; du verharmlost (verharmlosest); er verharmloste

ver|härmt; -este

ver|har|ren; Ver|har|rung

ver|har|schen; Ver|här|schung

ver|här|ten; Ver|här|tung

ver|has|peln (verwirren); sich - (ugs. für: sich beim Sprechen verwirren); Ver|has|pe|lung, Ver|hasp|lung

ver|haßt; -este

ver|hät|scheln (ugs. für: verzärteln); Ver|hät|sche|lung, Ver|hätsch|lung

ver|hatscht; -este (österr. ugs. für: ausgetreten); -e Schuhe

Ver|hau der od. das; -[e]s, -e; ver|hau|en (ugs. für: durchprügeln); er verhaute ihn; sich - (ugs. für: sich gröblich irren)

ver|he|ben, sich; ich habe mich verhoben

ver|hed|dern (ugs. für: verwirren); ich ...ere (↑R 22); sich -

ver|hee|ren; ver|hee|rend; -ste; (ugs.:) das ist - (sehr unangenehm; furchtbar); -e Folgen haben; Ver|hee|rung

ver|heh|len; er hat die Wahrheit verhehlt; vgl. verhohlen

ver|hei|len; Ver|hei|lung

ver|heim|li|chen; Ver|heim|li|chung

ver|hei|ra|ten; sich -; ver|hei|ra|tet (Abk.: verh.; Zeichen: ∞); Ver-

hei|ra|te|te der u. die; -n, -n (↑R 7 ff.); Ver|hei|ra|tung

ver|hei|ßen; er hat mir das -; vgl. [1]heißen; Ver|hei|ßung; ver|hei|ßungs|voll

ver|hei|zen; Kohlen -; jmdn. - (ugs. für: jmdn. rücksichtslos einsetzen [u. opfern])

ver|hel|fen; jmdm. zu etwas -; er hat mir dazu verholfen

ver|herr|li|chen; Ver|herr|li|chung

ver|het|zen; er hat die Nachbarn verhetzt; Ver|het|zung

ver|heu|ern (Seemannsspr. veralt. für: jmdn. anmustern); ich ...ere (↑R 22)

ver|heult (ugs. für: verweint); mit -en Augen

ver|he|xen; (ugs.:) das ist wie verhext; Ver|he|xung

Ver|hieb (Bergmannsspr.: Art u. Richtung, in der der Kohlenstoß abgebaut wird)

ver|him|meln (ugs. für: vergöttern)

ver|hin|dern; Ver|hin|de|rung; Ver|hin|de|rungs|fall der; im -[e]

ver|hoch|deut|schen

ver|hof|fen (vom Wild: sichern)

ver|hoh|len (verborgen); mit kaum verhohlener Schadenfreude

ver|höh|nen; ver|hoh|ne|pi|peln (ugs. für: verspotten, verulken); ich ...[e]le (↑R 22); Ver|höh|nung

ver|hö|kern (ugs. für: [billig] verkaufen)

Ver|hol|bo|je (Seemannsspr.); ver|ho|len ([ein Schiff] an eine andere Stelle bringen)

ver|hol|zen; Ver|hol|zung

Ver|hör das; -[e]s, -e; ver|hö|ren

ver|hu|deln (ugs. für: durch Hast, Nachlässigkeit verderben)

ver|hül|len; ver|hüllt; eine kaum -e Drohung; Ver|hül|lung

ver|hun|dert|fa|chen

ver|hun|gern; (↑R 68:) vor dem Verhungern retten

ver|hun|zen (ugs. für: verderben; verunstalten; verschlechtern); du verhunzt (verhunzest); Ver|hun|zung (ugs.)

ver|hu|ren (derb für: [sein Geld] bei Prostituierten ausgeben); ver|hurt; -este (derb für: sexuell ausschweifend)

ver|huscht; -este (ugs. für: scheu u. zaghaft)

ver|hü|ten (verhindern)

ver|hüt|ten (Erz auf Hüttenwerken verarbeiten); Ver|hüt|tung

ver|hü|tungs|mit|tel das

ver|hut|zelt (zusammengeschrumpft); ein -es Männchen

Ve|ri|fi|ka|ti|on [verifikazion] die; -, -en (lat.); ve|ri|fi|zier|bar (nachprüfbar); Ve|ri|fi|zier|bar|keit die; -; ve|ri|fi|zie|ren (durch Überprüfen die Richtigkeit bestätigen)

ver|in|ner|li|chen; Ver|in|ner|li|chung
ver|ir|ren, sich; Ver|ir|rung
Ve|ris|mus [we...] der; - ⟨lat.⟩ (kraß wirklichkeitsgetreue künstlerische Darstellung); Ve|rist der; -en, -en (↑ R 197); ve|ri|stisch; -ste
ve|ri|ta|bel [we...] ⟨franz.⟩ (wahrhaft; echt); ...a|ble Größe
ver|ja|gen
ver|jaz|zen; ein verjazztes Kirchenlied
ver|jäh|ren; Ver|jäh|rung; Ver|jäh|rungs|frist
ver|ju|beln (ugs. für: [sein Geld] für Vergnügungen ausgeben)
ver|jün|gen; er hat das Personal verjüngt; sich -; die Säule verjüngt sich (wird [nach oben] dünner); Ver|jün|gung; Ver|jün|gungs_kur, ...trank
ver|ju|xen (ugs. für: vergeuden); du verjuxt (verjuxest)
ver|ka|beln (mit Kabeln anschließen); Ver|ka|be|lung
ver|kad|men vgl. kadmieren
ver|kal|ben; die Kuh hat verkalbt
ver|kal|ken (auch ugs. für: alt werden, die geistige Frische verlieren); Ver|kal|kung
ver|kal|ku|lie|ren, sich (sich verrechnen, falsch veranschlagen)
ver|ka|mi|so|len (ugs. veralt. für: schlagen, verprügeln)
ver|kannt; -este; ein -es Genie
ver|kan|ten
ver|kap|pen (unkenntlich machen); ver|kappt; ein -er Spion, Betrüger; Ver|kap|pung
ver|kap|seln; ich ...[e]le (↑ R 22); Ver|kap|se|lung, Ver|kaps|lung
ver|kar|sten (zu ²Karst werden); Ver|kar|stung
ver|kar|ten (für eine Kartei auf Karten schreiben); Ver|kar|tung
ver|ka|se|mal|tuckeln [Trenn.: ...tuk|keln] (ugs. für: verkonsumieren; genau erklären); ich ...[e]le (↑ R 22)
ver|kä|sen (zu Käse werden)
ver|kä|steln (einschachteln); ver|kä|sten (Bergbau: auszimmern); Ver|kä|sung
ver|ka|tert (ugs.: an den Folgen übermäßigen Alkoholgenusses leidend)
Ver|kauf der; -[e]s, ...käufe; der - von Textilien, (in der Kaufmannsspr. gelegentl. auch:) der - in Textilien; ver|kau|fen; du verkaufst; er verkauft, verkaufte, hat verkauft (inkorrekt ist der landsch. Gebrauch: du verkäufst; er verkäuft); Ver|käu|fer; Ver|käu|fe|rin die; -, -nen; ver|käuf|lich; Ver|käuf|lich|keit die; -; Ver|kaufs_ab|tei|lung, ...be|din|gung, ...fah|rer; ver|kaufs|för|dernd; Ver|kaufs_ge|spräch, ...lei|ter der; ver|kaufs|of|fen; -er

Sonntag; Ver|kaufs_preis (vgl. ²Preis), ...raum, ...schla|ger, ...stand
Ver|kehr der; -s (seltener: -es), (fachspr.:) -e; im - mit ...; in - treten; ver|keh|ren; Ver|kehrs_ader, ...am|pel, ...amt, ...auf|kom|men; ver|kehrs|be|ru|higt; eine -e Straße; Ver|kehrs_be|trieb (meist Plur.), ...bü|ro, ...cha|os, ...de|likt, ...dich|te, ...dis|zi|plin (die; -), ...er|zie|hung; ver|kehrs_frei, ...gün|stig; Ver|kehrs_hin|der|nis, ...in|sel, ...kno|ten|punkt, ...mel|dung, ...mi|ni|ster, ...mit|tel das, ...netz, ...plan (vgl. ²Plan), ...pla|nung, ...po|li|zei, ...recht (das; -[e]s), ...re|ge|lung od. ...reg|lung; ver|kehrs|reich; Ver|kehrs_schrift (erster Grad der Kurzschrift), ...schutz|mann; ver|kehrs|si|cher; Ver|kehrs_si|cher|heit (die; -), ...spra|che, ...stär|ke, ...sta|ti|stik, ...stau, ...stockung [Trenn.: ...stok|kung], ...stö|rung, ...sün|der (ugs.), ...teil|neh|mer, ...to|te (der; meist Plur.; ↑ R 7 ff.), ...un|fall, ...ver|bin|dung, ...ver|bund, ...ver|ein, ...wert, ...we|sen (das; -s); ver|kehrs|wid|rig; Ver|kehrs|zei|chen; ver|kehrt; -este; seine Antwort ist -; - herum; Kaffee - (ugs. für: mehr Milch als Kaffee); Ver|kehrt|heit; Ver|keh|rung
ver|kei|len; einen Balken -; die Autos verkeilten sich [ineinander]; jmdn. - (ugs. für: jmdn. verhauen)
ver|ken|nen; er wurde von allen verkannt; vgl. verkannt; Ver|ken|nung
ver|ket|ten; Ver|ket|tung
Ver|ket|ze|rer; ver|ket|zern (verurteilen, schmähen); ich ...ere (↑ R 22); Ver|ket|ze|rung
ver|kie|seln (von Kieselsäure durchtränkt werden); Ver|kie|se|lung
ver|kit|schen (kitschig gestalten; ugs. für: [billig] verkaufen)
ver|kit|ten (mit Kitt befestigen)
ver|kla|gen
ver|klam|mern; Ver|klam|me|rung
ver|klap|pen ([Abfallstoffe] ins Meer versenken); Ver|klap|pung
ver|klä|ren (nordd. für: [mühsam] erklären)
ver|klä|ren (ins Überirdische erhöhen)
Ver|kla|rung (gerichtliche Feststellung bei Schiffsunfällen)
Ver|klä|rung
ver|klat|schen (ugs. für: heimlich angeben); man hat ihn verklatscht
ver|klau|su|lie|ren (schwer verständlich formulieren; mit vielen Vorbehalten versehen); Ver|klau|su|lie|rung

ver|kle|ben; Ver|kle|bung
ver|kleckern [Trenn.: ...klek|kern] (ugs.); ich ...ere (↑ R 22)
ver|klei|den; Ver|klei|dung
ver|klei|nern; ich ...ere (↑ R 22); Ver|klei|ne|rung; Ver|klei|ne|rungs_form, ...sil|be
ver|klei|stern (ugs. für: verkleben); Ver|klei|ste|rung (ugs.)
ver|klem|men; ver|klemmt; -este
ver|klickern [Trenn.: ...klik|kern] (ugs. für: erklären)
ver|klin|gen
ver|klop|pen (ugs für: schlagen; verkaufen); sie haben ihn tüchtig verkloppt; der Schüler hat seine Bücher verkloppt
ver|klüf|ten, sich (Jägerspr.: sich im Bau vergraben)
ver|klum|pen (klumpig werden); Ver|klum|pung
ver|knacken [Trenn.: ...knak|ken] (jidd.) (ugs. für: verurteilen)
ver|knack|sen (ugs. für: verstauchen; verknacken); du verknackst (verknacksest)
ver|knal|len, sich (ugs. für: sich verlieben); du hast dich, du bist in sie verknallt
ver|knap|pen; Ver|knap|pung
ver|kna|sten (ugs. für: verurteilen)
ver|knäu|len (ugs.)
ver|knaut|schen (ugs.); du verknautschst (verknautschest)
ver|knei|fen (ugs.); den Schmerz -; sich etwas - (ugs. für: entsagen, verzichten); ver|kniff|en (verbittert, verhärtet); Ver|kniff|en|heit die; -
ver|knit|tern; ich ...ere (↑ R 22)
ver|knö|chern; ich ...ere (↑ R 22); ver|knö|chert (ugs. auch für: alt, geistig unbeweglich); Ver|knö|che|rung
ver|knor|peln; Ver|knor|pe|lung, Ver|knorp|lung
ver|kno|ten
ver|knüp|fen; Ver|knüp|fung
ver|knu|sen, nur noch in: jmdn. nicht verknusen (ugs. für: nicht ausstehen) können
ver|ko|chen ([zu] lange kochen)
¹ver|koh|len (jidd.) (ugs. für: scherzhaft belügen)
²ver|koh|len (in Kohle umwandeln); Ver|koh|lung
ver|ko|ken (zu Koks machen, werden); Ver|ko|kung
ver|kom|men; er verkam im Schmutz; -er Mensch; Ver|kom|men|heit die; -; Ver|komm|nis das; -ses, -se (schweiz. veralt. für: Abkommen, Vertrag)
ver|kom|pli|zie|ren ([unnötig] kompliziert machen)
ver|kon|su|mie|ren (ugs. für: aufessen, verbrauchen)
ver|kop|peln; Ver|kop|pe|lung, Ver|kopp|lung
ver|kor|ken (mit einem Korken

vermählt

verschließen); ver|kork|sen (ugs. für: verpfuschen); du verkorkst (verkorksest)

ver|kör|nen (auch für: granulieren [Technik])

ver|kör|pern; ich ...ere (↑R 22); Ver|kör|pe|rung

ver|ko|sten (kostend prüfen); Wein -; Ver|ko|ster; ver|kost|gel|den (schweiz. für: in Kost geben); ver|kö|sti|gen

ver|kra|chen (ugs. für: scheitern); sich - (ugs. für: sich entzweien); ver|kracht (ugs. auch für: nicht zum Ziel gelangt); ein -er Student; eine -e Existenz

ver|kraf|ten (ugs. für: etwas ertragen können)

ver|kral|len, sich; das Eichhörnchen verkrallte sich in der Rinde

ver|kra|men (ugs. für: verlegen)

ver|kramp|fen, sich; ver|krampft; -este; Ver|kramp|fung

ver|krat|zen

ver|krie|chen, sich

ver|kröp|fen (Bauw.); Ver|kröp|fung (Kröpfung)

ver|krü|meln, sich (ugs. für: sich unauffällig entfernen)

ver|krüm|men; sich -; Ver|krüm|mung

ver|krum|peln (landsch. für: zerknittern); ich ...[e]le (↑R 22)

ver|krüp|peln; ich ...[e]le (↑R 22); Ver|krüp|pe|lung, Ver|krüpp|lung

ver|kru|sten; etwas verkrustet

ver|küh|len, sich (sich erkälten); Ver|küh|lung

ver|küm|mern; ver|küm|mert; Ver|küm|me|rung

ver|kün|den; Ver|kün|der; ver|kün|di|gen; Ver|kün|di|ger; Ver|kün|di|gung, Ver|kün|dung, das kath. Fest Mariä Verkündigung (ugs.: Maria Verkündigung)

ver|kup|fern; ich ...ere (↑R 22); Ver|kup|fe|rung

ver|kup|peln; Ver|kup|pe|lung, Ver|kupp|lung

ver|kür|zen; verkürzte Arbeitszeit; Ver|kür|zung

ver|la|chen (auslachen)

Ver|lad der; -s (schweiz. für: Verladung); Ver|la|de.bahn|hof, ...brücke [Trenn.: ...brük|ke], ...kran; ver|la|den; vgl. ¹laden; Ver|la|der; Ver|la|de|ram|pe; Ver|la|dung

Ver|lag der; -[e]s, -e (von Büchern usw.; schweiz. auch: Herumliegen [von Gegenständen]); ver|la|gern; Ver|la|ge|rung; Ver|lags-_an|stalt, ...[buch]|hand|lung, ...haus, ...pro|gramm, ...pro|spekt, ...recht, ...ver|trag, ...we|sen (das; -s)

Ver|laine [wärlän] (franz. Dichter)

ver|lan|den (von Seen usw.); Ver|lan|dung

ver|lan|gen; Ver|lan|gen das; -s, -; auf -

ver|län|gern; ich ...ere (↑R 22); ver|län|gert; -er Rücken (ugs. scherzh. für: Gesäß); Ver|län|ge|rung; Ver|län|ge|rungs|schnur

ver|lang|sa|men; Ver|lang|sa|mung

ver|läp|pern (ugs. für: [Geld] vergeuden); Ver|läp|pe|rung (ugs.)

Ver|laß der; ...lasses; es ist kein - auf ihn; ¹ver|las|sen; sich auf eine Sache, einen Menschen -; er hatte sich auf ihn -; ²ver|las|sen (vereinsamt); das Dorf lag -; Ver|las|sen|heit die; -; Ver|las|sen|schaft (mdal., österr. und noch schweiz. neben: Hinterlassenschaft); ver|läs|sig (veralt. für: zuverlässig); ver|läs|si|gen, sich (landsch. für: sich vergewissern); ver|läß|lich (zuverlässig); Ver|läß|lich|keit die; -

ver|lä|stern; Ver|lä|ste|rung

Ver|laub der, nur noch in: mit -

Ver|lauf; im -; ver|lau|fen; die Sache ist gut verlaufen; sich - er hat sich verlaufen; Ver|laufs-form (Sprachw.: sprachl. Fügung, die angibt, daß ein Geschehen gerade abläuft, z. B. „er ist beim Arbeiten")

ver|lau|sen; Ver|lau|sung

ver|laut|ba|ren; es hat verlautbart (besser: es ist bekanntgeworden); man hat verlautbart (besser: bekanntgemacht); Ver|laut|ba|rung; ver|lau|ten; wie verlautet; nichts - lassen

ver|le|ben; ver|le|ben|di|gen (lebendig machen); Ver|le|ben|di|gung; ver|lebt; -este; (ein -es Gesicht

¹ver|le|gen ⟨zu: legen⟩ (zu: einen anderen Platz legen; auf einen anderen Zeitpunkt festlegen; im Verlag herausbringen; Technik: [Rohre u. a.] legen, zusammenfügen); (↑R 68:) [das] Verlegen von Rohren; ²ver|le|gen ⟨zu: legen⟩ (befangen, unsicher); sie war -; Ver|le|gen|heit; in tödlicher -; Ver|le|gen|heits|lö|sung; Ver|le|ger; ver|le|ge|risch; Ver|le|ger|zei|chen; Ver|le|gung

ver|lei|den (leid machen); es ist mir alles verleidet; Ver|lei|der (schweiz. für: Überdruß); er hat den - bekommen

Ver|leih der; -[e]s, -e; ver|lei|hen; er hat das Buch verliehen; (↑R 68:) [das] Verleihen von Geld; Ver|lei|her; Ver|lei|hung

ver|lei|men (durch Leim verbinden)

ver|lei|ten (verführen)

ver|leit|ge|ben ⟨zu Leitgeb⟩ (mdal. für: Bier od. Wein ausschenken)

Ver|lei|tung

ver|ler|nen

ver|le|sen (ablesen; falsch lesen; sondern [z. B. Erbsen]); er hat den Text verlesen; ver|le|sung

ver|letz|bar; Ver|letz|bar|keit die; -; ver|let|zen; er ist verletzt; ver|letzend; -ste; ver|letz|lich; Ver|letz|lich|keit; ver|letzt; Ver|letz|te der u. die; -n, -n (↑R 7 ff.); Ver|letz|zung; Ver|letz|ungs|ge|fahr

ver|leug|nen; Ver|leug|nung

ver|leum|den; Ver|leum|der; ver|leum|de|risch; Ver|leum|dung

ver|lie|ben, sich; ver|liebt; -este; ein -es Paar; ver|liebte der u. die; -n, -n (↑R 7 ff.); Ver|liebt|heit

ver|lie|ren; du verlorst; du verlörest!; sich -; verloren sein; verloren geben; vgl. aber: verlorengehen; vgl. verloren; Ver|lie|rer; Ver|lies das; -es, -e ([unterird.] Gefängnis, Kerker)

ver|lo|ben; sich -; ver|löb|nis das; -ses, -se; Ver|lob|te der u. die; -n, -n (↑R 7 ff.); Ver|lo|bung; Ver|lo|bungs.an|zei|ge, ...ring, ...zeit

ver|locken [Trenn.: ...lok|ken]; Ver|lockung [Trenn.: ...lok|kung]

ver|lo|dern

ver|lo|gen (lügenhaft); Ver|lo|gen|heit

ver|lo|hen (dicht. für: erlöschen)

ver|loh|nen; sich -; es verlohnt sich zu leben; vgl. lohnen

ver|lo|ren; -e Eier (in kochendem Wasser ohne Schale gegarte Eier); der -e Sohn; auf -em Posten stehen; - sein; das Spiel ist längst verloren gewesen; - geben; sie haben das Spiel frühzeitig verloren gegeben; ver|lo|ren|ge|ben; es ist viel Vertrauen verlorengegangen; Ver|lo|ren|heit die; -

¹ver|lö|schen; eine Schrift - (auslöschend verwischen); vgl. ¹löschen; ²ver|lö|schen; die Kerze verlischt; vgl. ²löschen

ver|lo|sen; Ver|lo|sung

ver|lö|ten; einen Blechkanister -; einen - (ugs: für: Alkohol trinken)

ver|lot|tern (ugs. für: verkommen); Ver|lot|te|rung (ugs.)

ver|lu|dern (ugs. für: verkommen)

ver|lum|pen (ugs. für: verkommen)

Ver|lust der; -[e]s, -e; Ver|lust_be-trieb, ...ge|schäft

ver|lu|stie|ren, sich (ugs. scherzh. für: sich vergnügen)

ver|lu|stig; einer Sache verlustig gehen (besser: eine Sache verlieren, preisgegeben müssen); Ver|lust|li|ste; ver|lust|reich

verm. (Zeichen: ∞) = vermählt

ver|mach|en (ugs. für: überlassen); Ver|mächt|nis das; -ses, -se; Ver|mächt|nis|neh|mer (Rechtsspr.)

ver|mah|len (zu Mehl machen); vgl. aber: vermalen

ver|mäh|len; sich -; ver|mählt

(Abk.: verm. [Zeichen: ∞]); Ver|mähl|te *der* u. *die;* -n, -n (↑ R 7 ff.); Ver|mäh|lung; Ver|mäh|lungs|an|zei|ge
ver|mah|nen (ernst ermahnen); Ver|mah|nung
ver|ma|le|dei|en (veralt. für: verfluchen, verwünschen); Ver|ma|le|dei|ung
ver|ma|len ([Farben] malend verbrauchen); vgl. aber: vermahlen
ver|männ|li|chen
ver|man|schen (ugs. für: vermischen)
ver|mar|ken (vermessen)
ver|markt|en (Wirtsch.: [bedarfsgerecht zubereitet] auf den Markt bringen); Ver|mark|tung
Ver|mar|kung (Vermessung)
ver|mas|seln (jidd.) (Gaunerspr., ugs. für: verderben, zunichte machen); ich vermassele u. vermaßle (↑ R 22)
ver|mas|sen (ins Massenhafte steigern); du vermaßt (vermassest); vermaßt; Ver|mas|sung
ver|mau|ern
Ver|meer [van De̱lft] [wᵉ'r...], Jan (niederl. Maler)
ver|meh|ren; Ver|meh|rung
ver|meid|bar; ver|mei|den; sie hat diesen Fehler vermieden; ver|meid|lich; Ver|mei|dung
ver|meil [wärmä̱j] (franz.) (hochrot); Ver|meil *das;* -s (vergoldetes Silber)
ver|mei|nen (glauben; oft für: irrtümlich glauben); ver|meint|lich
ver|men|gen; Ver|men|gung
ver|mensch|li|chen; Ver|mensch|li|chung
Ver|merk *der;* -[e]s, -e; ver|mer|ken; etwas am Rande -
¹ver|mes|sen; Land -; sich - (sich beim Messen irren; sich unterfangen); er hat sich -, alles zu sagen; ²ver|mes|sen; ein -es (tollkühnes) Unternehmen; Ver|mes|sen|heit (Kühnheit); ver|mes|sent|lich (veralt.); Ver|mes|sung; Ver|mes|sungs.in|ge|nieur (Abk.: Verm.-Ing.), ...schiff, ...ur|kun|de
ver|mi̱ckert [*Trenn.:* ...mik|kert], ver|mie|kert (landsch. für: klein, schwächlich)
ver|mie|sen (jidd.) (ugs. für: verleiden); du vermiest (vermiesest); er vermie̱ste
ver|mie|ten; Ver|mie|ter; Ver|mie|te|rin *die;* -, -nen; Ver|mie|tung
Ver|mil|li̱on [wärmijo̱ng] *das;* -s (franz.) (feinster Zinnober)
ver|min|dern; Ver|min|de|rung
ver|mi̱|nen (Minen legen; durch Minen versperren)
Verm.-Ing. = Vermessungsingenieur
Ver|mi̱|nung
ver|mi̱|schen; Ver|mi̱|schung

ver|mis|sen; als vermißt gemeldet; Ver|mi̱ß|te *der* u. *die;* -n, -n (↑ R 7 ff.); Ver|mi̱ß|ten|an|zei|ge
ver|mit|teln; ich ...[e]le (↑ R 22); ver|mit|tels[t]; mit *Gen.:* - des Eimers (besser: mit dem Eimer od. mit Hilfe des Eimers); Ver|mitt|ler; Ver|mitt|ler|rol|le; Ver|mitt|lung; Ver|mitt|lungs.amt, ...ge|bühr, ...stel|le, ...ver|such
ver|mö|beln (ugs. für: verprügeln); ich ...[e]le (↑ R 22)
ver|mo|dern; Ver|mo|de|rung, Ver|mod|rung
ver|mö|ge; mit *Gen.:* - seines Geldes; ver|mö|gen; Ver|mö|gen *das;* -s, -; ver|mö|gend; -ste; Ver|mö|gens.ab|ga|be, ...be|ra|ter, ...be|steue|rung, ...bil|dung, ...er|klä|rung, ...la|ge; ver|mö|gens|los; Ver|mö|gens|recht; Ver|mö|gens.steu|er, Ver|mö|gens|steu|er *die* (↑ R 54); Ver|mö|gens.ver|si|che|rung, ...ver|tei|lung, ...ver|wal|tung; ver|mö|gens|wirk|sam; - Leistungen; Ver|mö|gens|zu|wachs; ver|mög|lich (südd. u. schweiz. für: wohlhabend)
Ver|mo̱nt [wär...] (Staat in den USA; Abk.: Vt.)
ver|mor|schen; vermorscht
ver|mo̱t|tet
ver|mü̱ckert [*Trenn.:* ...mük|kert], ver|mü̱|kert (landsch. für: klein, schwächlich)
ver|mu̱m|men; Ver|mu̱m|mung; Ver|mu̱m|mungs|ver|bot
¹ver|mu̱|ren (zu: Mure) (durch Schutt verwüsten)
²ver|mu̱|ren (engl.) ([ein Schiff] vor zwei Anker legen); vgl. muren u. Muring
ver|mu̱rk|sen (ugs. für: verderben)
ver|mu̱|ten; ver|mu̱t|lich; Ver|mu̱|tung; ver|mu|tungs|wei|se
ver|nach|läs|sig|bar; ver|nach|läs|si|gen; Ver|nach|läs|si|gung
ver|na|geln; ver|na|gelt (ugs. auch für: äußerst begriffsstutzig); Ver|na|ge|lung, Ver|nag|lung
ver|nä|hen; eine Wunde -; sie hat das Garn vernäht
ver|nar|ben; ver|nar|bung
ver|nar|ren; sich -; in jmdn., in etwas vernarrt sein; Ver|narrt|heit
ver|na̱|schen; sein Geld -; ein Mädchen - (ugs. für: mit ihm schlafen)
ver|ne̱|beln; ich ...[e]le (↑ R 22); Ver|ne̱|be|lung, Ver|neb|lung
ver|ne̱hm|bar; ver|ne̱h|men; er hat das Geräusch vernommen; der Angeklagte wurde vernommen; Ver|ne̱h|men *das;* -s; dem - nach; Ver|ne̱hm|las|sung (schweiz. für: Stellungnahme, Verlautbarung); ver|ne̱hm|lich; Ver|ne̱h|mung ([gerichtl.] Befragung); ver|ne̱h|mungs|fä|hig
ver|nei|gen, sich; Ver|nei|gung

ver|nei|nen; eine verneinende Antwort; Ver|nei|ner; Ver|nei|nung; Ver|nei|nungs|fall *der;* im -[e]
ver|net|zen (miteinander verbinden, verknüpfen); Ver|net|zung
ver|nich|ten; eine vernichtende Kritik; Ver|nich|ter; Ver|nich|tung; Ver|nich|tungs_werk, ...wut
ver|ni̱ckeln [*Trenn.:* ...nik|keln]; ich ...[e]le (↑ R 22); Ver|ni̱cke|lung [*Trenn.:* ...nik|ke...], Ver|ni̱ck|lung
ver|nie̱d|li|chen; Ver|nie̱d|li|chung
ver|nie̱|ten (mit Nieten verschließen); Ver|nie̱|tung
Ver|nis|sa|ge [wärni̱ßaseʰ] *die;* -, -n (franz.) (Ausstellungseröffnung)
Ver|nu̱nft *die;* -; ver|nu̱nft|be|gabt; Ver|nu̱nft|ehe; Ver|nü̱nf|te|lei; ver|nü̱nf|teln; ich ...[e]le (↑ R 22); ver|nu̱nft|ge|mäß; Ver|nu̱nft_glau|be[n], ...hei|rat; ver|nü̱nf|tig; ver|nü̱nf|tig|er|wei|se; Ver|nü̱nf|tler; Ver|nu̱nft|mensch *der;* ver|nu̱nft|wid|rig; -es Verhalten
ver|nu̱|ten (durch Nut verbinden); Ver|nu̱|tung
ver|ö̱den; Ver|ö̱dung
ver|öf|fent|li|chen; Ver|öf|fent|li|chung
ver|ö̱len (ölig werden)
Ve|ro̱|na [we...] (ital. Stadt); ¹Ve|ro̱|ne|ser [we...] *der;* -s, -n (↑ R 197) u. Ve|ro̱|ne|ser; ↑ R 147 (Einwohner von Verona); ²Ve|ro̱|ne|ser (ital. Maler); Ve|ro̱|ne|ser Er|de *die;* - - (Farbe); Ve|ro̱|ne|ser Ge̱lb *das;* - -; ve|ro̱|ne|sisch
¹Ve|ro̱|ni|ka [we...] (w. Vorn.); ²Ve|ro̱|ni|ka *die;* -, ...ken (nach der hl. Veronika) (Ehrenpreis [Pflanze])
ver|o̱rd|nen; Ver|o̱rd|ne|te *der* u. *die;* -n, -n (↑ R 7 ff.); Ver|o̱rd|nung; Ver|o̱rd|nungs|blatt
ver|paa|ren, sich (Biol.); ver|paart
ver|pa̱ch|ten; Ver|pä̱ch|ter; Ver|pa̱ch|tung
ver|pa̱cken¹; Ver|pa̱ckung¹; Ver|pa̱ckungs|ma|te|ri|al¹
ver|pä̱p|peln (ugs. für: verzärteln); du verpäppelst dich
ver|pa̱s|sen (versäumen); sie hat den Zug verpaßt; ²ver|pa̱s|sen (ugs. für: geben; schlagen); die Uniform wurde ihm verpaßt; dem werde ich eins -
ver|pa̱t|zen (ugs. für: verderben); er hat die Arbeit verpatzt
ver|pe̱n|nen (ugs. für: verschlafen)
ver|pe̱s|ten; Ver|pe̱s|tung
ver|pe̱t|zen (ugs. für: verraten); er hat ihn verpetzt
ver|pfä̱n|den; Ver|pfä̱n|dung
ver|pfei|fen (ugs. für: verraten); er hat ihn verpfiffen
ver|pflan|zen; die Blumen wurden verpflanzt; Ver|pflan|zung

¹ *Trenn.:* ...k|k...

ver|pfle|gen; Ver|pfle|gung; Ver|pfle|gungs_geld; ...satz

ver|pflich|ten; sich -; sie ist mir verpflichtet; Ver|pflich|tung; eine moralische -; Ver|pflich|tungs|ge|schäft (Rechtsw.)

ver|prün|den (südd. u. schweiz. für: durch lebenslänglichen Unterhalt versorgen); Ver|pfrün|dung

ver|pfu|schen (ugs. für: verderben); er hat die Zeichnung verpfuscht; ein völlig verpfuschtes Leben

ver|pi|chen (mit Pech ausstreichen)

ver|pie|seln, sich (landsch. für: sich entfernen, davonlaufen); ich ...[e]le mich (↑R 22)

ver|pim|peln (ugs. für: verzärteln); du verpimpelst dich

ver|pis|sen, sich (derb für: davonlaufen)

ver|pla|nen (falsch planen; auch für: in einen Plan einbauen)

ver|plap|pern, sich (ugs. für: etwas voreilig u. unüberlegt heraussagen)

ver|plat|ten (mit Platten versehen); Ver|plat|tung

ver|plau|dern (mit Plaudern verbringen)

ver|plem|pern (ugs. für: verschütten; vergeuden); du verplemperst dich

ver|plom|ben (mit einer Plombe versiegeln)

ver|pö|nen ⟨dt.; lat.⟩ (mißbilligen; veralt. für: verbieten); ver|pönt; -este (verboten, nicht statthaft)

ver|pop|pen; ein verpoppter (mit den Mitteln der Popkunst veränderter) Klassiker

ver|pras|sen; er hat das Geld verpraßt

ver|prel|len (verwirren, einschüchtern)

ver|prole|ta|ri|sie|ren; Ver|prole|ta|ri|sie|rung

ver|pro|vi|an|tie|ren [...wiantir'n] (mit Mundvorrat, mit Lebensmitteln versorgen); Ver|pro|vi|an|tie|rung die; -

ver|prü|geln (ugs.)

ver|puf|fen ([schwach] explodieren; auch für: ohne Wirkung bleiben); Ver|puff|ung

ver|pul|vern (ugs. für: unnütz verbrauchen)

ver|pup|pen, sich; Ver|pup|pung (Umwandlung der Insektenlarve in die Puppe)

ver|pu|sten; sich - (ugs. für: Luft schöpfen)

Ver|putz (Mauerbewurf); ver|put|zen (ugs. auch für: [Geld] durchbringen, vergeuden; [Essen] verzehren); jmdn. nicht - (ugs. für: nicht ausstehen können); Ver|put|zer

---

ver|qual|men (ugs.: mit Rauch, Qualm erfüllen)

ver|quält; -este; -e (von Sorgen gezeichnete) Züge; - aussehen

ver|qua|sen (nordd. ugs. für: vergeuden); du verquast (verquasest); er verqua|ste; ver|quast; -este (ugs. für: verworren, unausgegoren)

ver|quat|schen, sich (ugs. für: sich versprechen, verraten)

ver|quel|len; das Fenster verquillt; vgl. verquollen u. ¹quellen

ver|quer; mir geht etwas - (ugs. für: es mißlingt mir)

ver|quicken [Trenn.: ...quik|ken] (vermischen; in enge Verbindung bringen); Ver|quickung [Trenn.: ...quik|kung]

ver|quir|len (mit einem Quirl o. ä. verrühren)

ver|qui|sten (niederd. für: vergeuden)

ver|quol|len; -e Augen; -es Holz

ver|ram|meln, ver|ram|men; Ver|ram|me|lung, Ver|ramm|lung, Ver|ram|mung

ver|ram|schen (ugs. für: zu Schleuderpreisen verkaufen); vgl. ¹ramschen

ver|rannt (ugs. für: vernarrt; festgefahren); in jmdn., in etwas - sein

Ver|rat der; -[e]s; ver|ra|ten; sich -; dadurch hast du dich verraten; Ver|rä|ter; Ver|rä|te|rei; Ver|rä|te|rin die; -, -nen; ver|rä|te|risch

ver|ratzt; - sein (ugs. für: verloren, in einer schwierigen, ausweglosen Lage sein)

ver|rau|chen; ver|räu|chern

ver|rau|schen; der Beifall verrauschte

ver|rech|nen (in Rechnung bringen; abrechnen); sich - (sich beim Rechnen irren); Ver|rech|nung; Ver|rech|nungs_ein|heit, ...kon|to, ...preis (vgl. ²Preis), ...scheck

ver|recken [Trenn.: ...rek|ken] (derb für: verenden; elend zugrunde gehen)

ver|reg|nen; verregnet

ver|rei|ben; Ver|rei|bung

ver|rei|sen (auf die Reise gehen); sie ist verreist

ver|rei|ßen; er hat das Theaterstück verrissen (ugs. für: völlig negativ beurteilt)

ver|rei|ten, sich (einen falschen Weg reiten; sich hat sich verritten

ver|ren|ken; sich -; die Tänzer verrenkten sich auf der Bühne; ich habe mir den Fuß verrenkt; Ver|ren|kung

ver|ren|nen; sich in etwas - (ugs. für: hartnäckig an etwas festhalten)

ver|ren|ten (Amtsdt.); Ver|ren|tung (Amtsdt.)

---

ver|rich|ten (ausführen); Ver|rich|tung

ver|rie|geln; Ver|rie|ge|lung, Ver|rieg|lung

ver|rin|gern; ich ...ere (↑R 22); Ver|rin|ge|rung die; -

ver|rin|nen

Ver|riß der; Verrisses, Verrisse; vgl. verreißen

ver|ro|hen

ver|roh|ren (mit Rohren versehen; Rohre verlegen)

ver|roht; Ver|ro|hung die; -

ver|rol|len; der Donner verrollt in der Ferne

ver|ro|sten

ver|rot|ten (verfaulen, modern; zerfallen); Ver|rot|tung die; -

ver|rucht; -este; Ver|rucht|heit die; -

ver|rücken [Trenn.: ...rük|ken]; ver|rückt; -este; Ver|rück|te der u. die; -n, -n (↑R 7 ff.); Ver|rückt|heit; Ver|rückt|wer|den das; -s; das ist zum -; Ver|rückung [Trenn.: ...rük|kung]

Ver|ruf der (schlechter Ruf), nur noch in: in - bringen, geraten, kommen; ver|ru|fen; die Gegend ist -

ver|rüh|ren; zwei Eier -

ver|run|zelt (runzelig)

ver|ru|ßen; der Schornstein ist verrußt; Ver|ru|ßung

ver|rut|schen

Vers [färß, österr. auch: wärß] der; -es, -e ⟨lat.⟩ (Zeile, Strophe eines Gedichtes; Abk.: V.)

ver|sach|li|chen; Ver|sach|li|chung die; -

ver|sacken [Trenn.: ...sak|ken] (wegsinken; ugs. für: liederlich leben)

ver|sa|gen; er hat ihr keinen Wunsch versagt; seine Beine haben versagt; sich -; ich versagte mir diesen Genuß; (↑R 68:) das Unglück ist auf menschliches Versagen zurückzuführen; Ver|sa|ger (nicht fähige Person; nicht explodierende Patrone usw.); Ver|sa|gung

Ver|sail|ler [wärßaj'r] (↑R 147); - Vertrag; Ver|sailles [wärßaj] (franz. Stadt)

Ver|sal [wär...] der; -s, -ien [...i°n] (meist Plur.) ⟨lat.⟩ (großer [Anfangs]buchstabe); Ver|sal|buch|sta|be

ver|sal|zen (auch übertr. ugs.: verderben, die Freude an etwas nehmen); versalzt u. (übertr. nur:) versalzen; wir haben ihm das Fest versalzen

ver|sam|meln; Ver|samm|lung; Ver|samm|lungs_frei|heit (die; -), ...lo|kal, ...recht (das; -[e]s)

Ver|sand der; -[e]s (Versendung); Ver|sand|ab|tei|lung; ver|sand|be|reit; Ver|sand|buch|han|del ver|san|den (voll Sand werden; übertr. für: nachlassen, aufhören)

ver|sand|fer|tig; Ver|sand_ge|schäft, ...gut, ...han|del, ...haus, ...haus|ka|ta|log, ...ko|sten *Plur.*; ver|sandt, ver|sen|det; vgl. senden

Ver|san|dung *die;* -

Vers_an|fang, ...art

Ver|satz *der;* -es (Versetzen, Verpfänden; Bergmannsspr.: Steine, mit denen Hohlräume ausgefüllt werden); Ver|satz_amt (bayr. u. österr. für: Leihhaus), ...stück (bewegliche Bühnendekoration; österr. auch für: Pfandstück)

ver|sau|beu|teln (ugs. für: beschmutzen; verlegen, verlieren); ver|sau|en (derb für: verschmutzen; verderben)

ver|sau|ern (sauer werden; auch: die [geistige] Frische verlieren); ich ...ere (↑R 22)

ver|sau|fen

ver|säu|men; Ver|säum|nis *das;* -ses, -se (veralt.: *die;* -, -se); Ver|säum|nis|ur|teil; Ver|säu|mung

Vers|bau *der;* -[e]s

ver|scha|chern (ugs. für: verkaufen)

ver|schach|teln; ein -er Satz

ver|schaf|fen; vgl. ¹schaffen; sich -; du hast dir Genugtuung verschafft

ver|scha|len (mit Brettern verschlagen)

ver|schal|ken (Seemannsspr.: [Luken] schließen)

Ver|scha|lung (Auskleidung mit Brettern; Bedeckung mit einer Schale)

ver|schämt; -este; - tun; Ver|schämt|heit *die;* -; Ver|schämt-tun *das;* -s

ver|schan|deln (ugs. für: verunzieren); ich ...[e]le (↑R 22); Ver|schan|de|lung, Ver|schand|lung

ver|schan|zen; das Lager wurde verschanzt; sich -; du hast dich hinter Ausreden verschanzt; Ver|schan|zung

ver|schär|fen; die Lage verschärft sich; Ver|schär|fung

ver|schar|ren

ver|schät|zen, sich

ver|schau|en, sich (bes. österr.: sich irren; sich verlieben)

ver|schau|keln (ugs. für: betrügen, hintergehen)

ver|schei|den (geh. für: sterben); er ist verschieden

ver|schei|ßen (derb für: mit Kot beschmutzen); ver|schei|ßern (derb für: zum Narren halten); ich ...ere (↑R 22)

ver|sche|nken

ver|scher|beln (ugs. für: verkaufen)

ver|scher|zen ([durch Leichtsinn]

verlieren); sich etwas -; du hast dir ihre Liebe verscherzt

ver|scheu|chen

ver|scheu|ern (ugs. für: verkaufen)

ver|schi|cken [*Trenn.:* ...schik|ken]; Ver|schi|ckung [*Trenn.:* ...schik|kung]

ver|schieb|bar; Ver|schie|be|an|la|ge (Rangieranlage), ...bahn|hof; ver|schie|ben (z. B. Eisenbahnwagen, Waren); die Wagen wurden verschoben; Ver|schie|bung

¹ver|schie|den (geh. für: gestorben)

²ver|schie|den; verschieden lang. I. *Kleinschreibung* (↑R 66): verschiedene (einige) sagen ...; verschiedenes (manches) war mir unklar. II. *Großschreibung:* a) (↑R 65:) diese Vorschriften lassen nicht Verschiedenes (Dinge verschiedener Art) zu (aber: lassen verschiedenes [manches] nicht zu; vgl. I.); Ähnliches und Verschiedenes; b) (↑R 65:) etwas Verschiedenes; ver|schie|den|ar|tig; Ver|schie|den|ar|tig|keit *die;* -; ver|schie|de|ne|mal, aber : verschiedene Male; ver|schie|de|ner|lei; ver|schie|den_far|big, ...ge|stal|tig; Ver|schie|den|heit; ver|schie|dent|lich

ver|schie|ßen (auch: ausbleichen); vgl. verschossen

ver|schif|fen; Ver|schif|fung; Ver|schiff|fungs|ha|fen; vgl. ²Hafen

ver|schil|fen ([mit Schilf] zuwachsen)

ver|schim|meln

ver|schimp|fie|ren (veralt. für: verunstalten; beschimpfen)

Ver|schiß *der* (derb für: schlechter Ruf), nur noch in: in - geraten; ver|schis|sen; es [sich] bei jmdm. - haben (derb für: bei jmdm. in Ungnade gefallen sein)

ver|schla|cken [*Trenn.:* ...schlak|ken]; der Ofen ist verschlackt; Ver|schla|ckung [*Trenn.:* ...schlak|kung]

¹ver|schla|fen (ich habe [mich] verschlafen; er hat den Morgen verschlafen; ²ver|schla|fen; er sieht - aus; Ver|schla|fen|heit *die;* -

Ver|schlag *der;* -[e]s, Verschläge; ¹ver|schla|gen; der Raum wurde mit Brettern -; es verschlägt (nützt) nichts; ²ver|schla|gen ([hinter]listig); ein -er Mensch; Ver|schla|gen|heit *die;* -

ver|schlam|men; der Fluß ist verschlammt; ver|schläm|men (mit Schlamm füllen); die Abfälle haben das Rohr verschlämmt; Ver|schlam|mung; Ver|schläm|mung

ver|schlam|pen (ugs. für: verkommen lassen)

ver|schlan|ken (verkleinern, reduzieren)

ver|schlech|tern; ich ...ere (↑R 22); sich -; Ver|schlech|te|rung

ver|schlei|ern; ich ...ere (↑R 22); Ver|schleie|rung (↑R 180); Ver|schleie|rungs_tak|tik, ...ver|such

ver|schlei|men; ver|schleimt; Ver|schlei|mung

Ver|schleiß *der;* -es, -e (Abnutzung; österr. auch für: Kleinverkauf, Vertrieb); ver|schlei|ßen; etwas - (etwas [stark] abnutzen); jmdn. - (jmdn. für eigene Zwecke rücksichtslos einsetzen); Waren verschleißen (österr. für: verkaufen, vertreiben); du verschließt (verschlissest); verschlissen; Ver|schlei|ßer (österr. veralt. für: Kleinhändler); Ver|schlei|ße|rin *die;* -, -nen (österr. veralt.); Ver|schleiß_er|schei|nung, ...prü|fung, ...teil

ver|schlem|men (verprassen)

ver|schlep|pen; einen Prozeß -; eine verschleppte Grippe; Ver|schlep|pung; Ver|schlep|pungs-_ma|nö|ver, ...tak|tik

ver|schleu|dern

ver|schließ|bar; ver|schlie|ßen; vgl. verschlossen; Ver|schlie|ßung

ver|schlimm|bes|sern (ugs.); er hat alles nur verschlimmbessert; Ver|schlimm_bes|se|rung und ...beß|rung (ugs.); ver|schlim|mern; ich ...ere (↑R 22); Ver|schlim|me|rung

ver|schlin|gen; Ver|schlin|gung

ver|schlos|sen (zugesperrt; verschwiegen); Ver|schlos|sen|heit *die;* -

ver|schlucken [*Trenn.:* ...schluk|ken]; sich -

ver|schlu|dern (ugs.)

Ver|schluß; Ver|schluß_deckel [*Trenn.:* ...dek|kel], ...kap|pe; ver|schlüs|seln; Ver|schlüs|se|lung, Ver|schlüß|lung; Ver|schluß_laut (für: Explosiv), ...sa|che, ...schrau|be, ...strei|fen

ver|schmach|ten

ver|schmä|hen; Ver|schmä|hung *die;* -

ver|schmä|lern; sich -

ver|schmau|sen

¹ver|schmel|zen (flüssig werden; ineinander übergehen); vgl. ¹schmelzen; ²ver|schmel|zen (zusammenfließen lassen; ineinander übergehen lassen); vgl. ²schmelzen; Ver|schmel|zung

ver|schmer|zen

ver|schmie|ren; Ver|schmie|rung

ver|schmitzt; -este (schlau, verschlagen); Ver|schmitzt|heit *die;* -

ver|schmockt; -este (ugs. für: vordergründig, effektvoll, ohne wirklichen Gehalt)

ver|schmust; -este (ugs. für: gern schmusend)

ver|schmut|zen; das Kleid ist verschmutzt; ver|schmutzt; -este; Ver|schmut|zung

ver|schnap|pen, sich (veralt. ugs. für: sich verplappern)
ver|schnau|fen; sich -; Ver|schnauf|pau|se
ver|schnei|den (auch für: kastrieren); verschnitten; Ver|schnei|der; Ver|schnei|dung
ver|schneit; -e Wälder
Ver|schnitt der; -[e]s, -e (auch: Mischung alkoholischer Flüssigkeiten); Ver|schnitt|tel|ne der; -n, -n (↑ R 7 ff.)
ver|schnör|keln; verschnörkelt; Ver|schnör|ke|lung, Ver|schnörk|lung
ver|schnup|fen; ver|schnupft; -este (erkältet; übertr.: gekränkt); Ver|schnup|fung
ver|schnü|ren; Ver|schnü|rung
ver|schol|len (unauffindbar und für tot, verloren gehalten); Ver|schol|len|heit die; -
ver|scho|nen; er hat mich mit seinem Besuch verschont; ver|schönen; sie hat das Fest verschönt; ver|schö|nern; ich ...ere (↑ R 22); Ver|schö|ne|rung; Ver|schonung; Ver|schö|nung
ver|schor|fen; die Wunde verschorft; Ver|schor|fung
ver|schos|sen (ausgebleicht); ein -es Kleid; (ugs.:) in jmdn. - (verliebt) sein
ver|schram|men; ver|schrammt
ver|schrän|ken; mit verschränkten Armen; Ver|schrän|kung
ver|schrau|ben; Ver|schrau|bung
ver|schre|cken [Trenn.: ...schrek|ken] (ängstigen, verstört machen); vgl. ²schrecken; ver|schreckt; die -e Konkurrenz
ver|schrei|ben (falsch schreiben; gerichtlich übereignen; mit Rezept verordnen); sich -; Ver|schrei|bung; ver|schrei|bungs|pflich|tig; Ver|schrieb der; -s, -e (schweiz. neben: Verschreibung, falsche Schreibung)
ver|schrie|en, ver|schri|en; er ist als Geizhals -
ver|schro|ben (seltsam; wunderlich); Ver|schro|ben|heit
ver|schro|ten (zu Schrot machen)
ver|schrot|ten (zu Schrott machen, als Altmetall verwerten); Ver|schrot|tung
ver|schrum|peln; Ver|schrum|pelung, Ver|schrump|lung; ver|schrump|fen (seltener für: verschrumpeln); Ver|schrump|fung
ver|schüch|tern; ich ...ere (↑ R 22); das Kind war völlig verschüchtert; Ver|schüch|te|rung
ver|schul|den; Ver|schul|den das; -s; ohne [sein] -; ver|schul|det; ver|schul|de|ter|ma|ßen; Ver|schul|dung die; -
ver|schu|len (Sämlinge ins Pflanzbeet umpflanzen); Ver|schu|lung
ver|schup|fen (südwestd., schweiz.

u. schles. für: fort-, verstoßen, stiefmütterlich behandeln)
ver|schüt|ten
ver|schütt|ge|hen (Gaunerspr.) (ugs. für: verlorengehen)
ver|schüt|tung
ver|schwä|gert; Ver|schwä|ge|rung
ver|schwei|gen; Ver|schwei|gung die; -
ver|schwei|ßen; Ver|schwei|ßung
ver|schwen|den; Ver|schwen|der; Ver|schwen|de|rin die; -, -nen; ver|schwen|de|risch; -ste; Ver|schwen|dung; Ver|schwen|dungs|sucht die; -; ver|schwen|dungs|süch|tig
ver|schwie|gen; Ver|schwie|gen|heit die; -
ver|schwim|men; die Berge sind im Dunst verschwommen
ver|schwin|den; Ver|schwin|den das; -s
ver|schwi|stert (auch: zusammengehörend); Ver|schwi|ste|rung
ver|schwit|zen (ugs. auch für: vergessen); verschwitzt
ver|schwom|men; -e Vorstellungen; Ver|schwom|men|heit die; -
ver|schwö|ren; sich -; Ver|schwo|re|ne, Ver|schwor|ne der u. die; -n, -n (↑ R 7 ff.); Ver|schwö|rer; ver|schwö|re|risch; Ver|schwö|rung
ver|se|hen; er hat seinen Posten treu -; sich - (sich versorgen; sich irren); ich habe mich mit Nahrungsmitteln -; ich habe mich - (geirrt); Ver|se|hen das; -s, - (Irrtum); ver|se|hent|lich (aus Versehen); Ver|seh|gang der; -[e]s, ...gänge (Gang des kath. Priesters zur Spendung der Sakramente an Kranke, bes. an Sterbende)
ver|seh|ren (veralt. für: verletzen, beschädigen); versehrt; Ver|sehr|te der u. die; -n, -n; ↑ R 7 ff. (Körperbeschädigte[r]); Ver|sehr|ten|sport; Ver|sehrt|heit die; -
ver|sei|fen; Ver|sei|fung (Spaltung der Fette in Glyzerin u. Seifen durch Kochen in Alkalien)
ver|selb|stän|di|gen, sich; Ver|selb|stän|di|gung
Ver|se|ma|cher (abschätzig)
ver|sen|den; versandt u. versendet; vgl. senden; Ver|sen|der; Ver|sen|dung
ver|sen|gen; die Hitze hat den Rasen versengt; Ver|sen|gung
ver|senk|bar; eine -e Nähmaschine; Ver|senk|büh|ne; ver|sen|ken (untertauchen, zum Sinken bringen); sich [in etwas] - (sich [in etwas] vertiefen); Ver|sen|kung
Ver|se|schmied (abschätzig)
ver|ses|sen (eifrig bedacht, erpicht); Ver|ses|sen|heit die; -
ver|set|zen (Bergmannsspr. auch für: einen durch Abbau entstandenen Hohlraum mit Steinen

ausfüllen); der Schüler wurde versetzt; er hat sie versetzt (ugs. für: vergeblich warten lassen); er hat seine Uhr versetzt (ugs. für: verkauft, ins Pfandhaus gebracht); Ver|set|zung; Ver|set|zungs|zei|chen (Musik: Zeichen vor einer Note)
ver|seu|chen; Ver|seu|chung
Vers_form, ...fuß
ver|si|che|rer; ver|si|chern; ich versichere mich gegen Unfall; ich versichere dich meines Vertrauens, (seltener auch:) ich versichere dir mein Vertrauen; ich versichere dir (älter: dich), daß ...; Ver|si|cher|te der u. die; -n, -n (↑ R 7 ff.); Ver|si|che|rung; Ver|si|che|rungs_agent, ...an|spruch, ...bei|trag, ...be|trug, ...fall der, ...ge|sell|schaft, ...kar|te, ...neh|mer, ...pflicht; ver|si|che|rungs|pflich|tig; ver|si|che|rungs_po|li|ce, ...prä|mie, ...recht, ...schein, ...schutz; Ver|si|che|rungs|steu|er, Ver|si|che|rung|steu|er die (↑ R 54); Ver|si|che|rungs_sum|me, ...trä|ger, ...ver|tre|ter, ...wert, ...we|sen (das; -s)
ver|si|ckern [Trenn.: ...sik|kern]; Ver|si|cke|rung [Trenn.: ...sik-ke...]
ver|sie|ben (ugs. für: verderben, verlieren, vergessen); er hat [ihm] alles versiebt
ver|sie|geln; Ver|sie|ge|lung, (seltener:) Ver|sieg|lung
ver|sie|gen (austrocknen); versiegte Quelle; Ver|sie|gung die; -
ver|siert [wär...]; -este ⟨lat.⟩; in etwas - (erfahren, bewandert) sein; Ver|siert|heit die; -
Ver|si|fex [wär...] der; -es, -e ⟨lat.⟩ (Verseschmied); Ver|si|fi|ka|ti|on [...zion] die; -, -en (Umformung in Verse; Versbildung); ver|si|fi|zie|ren (in Verse bringen)
Ver|sil|be|rer; ver|sil|bern (mit Silber überziehen; ugs. scherzh. für: veräußern); ich ...ere (↑ R 22); Ver|sil|be|rung
ver|sim|peln (ugs. für: zu sehr vereinfachen; dumm werden); Ver|sim|pe|lung
ver|sin|ken; versunken
ver|sinn|bil|den; ver|sinn|bild|li|chen; Ver|sinn|bild|li|chung; ver|sinn|li|chen; Ver|sinn|li|chung
Ver|si|on [wär...] die; -, -en (franz.) (Fassung; Lesart; Ausführung; veralt. für: Übersetzung)
ver|sip|pt (verwandt); Ver|sip|pung
ver|sit|zen ([die Zeit] mit Herumsitzen verbringen; verdrücken [von Kleidern]); vgl. versessen
ver|skla|ven [...w⁵n, auch: ...f⁵n]; Ver|skla|vung
Vers_kunst (die; -), ...leh|re, ...maß das
ver|slu|men [färßlam⁵n] ⟨dt.; engl.⟩

(zum Slum werden); ver|slumte Stadtteile

ver|snobt; -este ⟨dt.; engl.⟩ (abschätzig für: extravagant im Anspruch, um gesellschaftliche Exklusivität bemüht)

Ver|so [*wär*...] *das;* -s, -s ⟨lat.⟩ ([Blatt]rückseite)

ver|sof|fen (derb für: trunksüchtig)

ver|soh|len (ugs. für: verprügeln)

ver|söh|nen; sich -; Ver|söh|ner; Ver|söhn|ler (DDR abwertend für: jmd., der von der Parteilinie abweichende Strömungen nicht entschieden bekämpft; Opportunist); ver|söhn|lich; Ver|söhn|lich|keit *die;* -; Ver|söh|nung; Ver|söh|nungs_fest, ...tag

ver|son|nen (träumerisch); Ver|son|nen|heit *die;* -

ver|sor|gen; Ver|sor|gung *die;* -; Ver|sor|gungs_amt, ...an|spruch, ...aus|gleich; ver|sor|gungs|be|rech|tigt; Ver|sor|gungs_be|rech|tig|te (*der u. die;* -n, -n; ↑ R 7 ff.), ...la|ge, ...netz, ...schwie|rig|kei|ten *Plur.*

ver|sot|ten (von Kaminen: durch sich ablagernde Rauchrückstände verunreinigt werden); versottet; Ver|sot|tung

ver|spakt (niederd. für: angefault, stockfleckig, verschimmelt)

ver|span|nen; Ver|span|nung

ver|spä|ten, sich; ver|spä|tet; sein Dank kam etwas -; Ver|spä|tung

ver|spei|sen; er hat den Braten verspeist; Ver|spei|sung *die;* -

ver|spe|ku|lie|ren

ver|sper|ren; Ver|sper|rung

ver|spielen; ver|spielt; -este; ein -er Junge

ver|spie|ßern (zum Spießer werden); ich ...ere (↑ R 22)

ver|spil|lern (vergeilen); die Pflanze verspillert; Ver|spil|le|rung

ver|spin|nen; versponnen

ver|spot|ten; Ver|spot|tung

ver|spre|chen; er hat ihr die Heirat versprochen; sich - (beim Sprechen einen Fehler machen); ich habe mich nur versprochen; Ver|spre|chen *das;* -s, -; Ver|spre|cher; Ver|spre|chung (meist *Plur.*)

ver|spren|gen; Ver|spreng|te *der;* -n, -n; ↑ R 7 ff. (Militär); Ver|spren|gung

ver|sprit|zen

ver|spro|che|ner|ma|ßen, ver|sproch|ner|ma|ßen

ver|spru|deln (österr. für: verquirlen)

ver|sprü|hen (zerstäuben)

ver|spun|den, ver|spün|den (mit einem Spund schließen); ein Faß -

ver|spü|len

ver|staat|li|chen (in Staatseigentum übernehmen); Ver|staat|li|chung

ver|städ|tern [auch: ...*schtä*...] (städtisch machen, werden); ich ...ere (↑ R 22); Ver|städ|te|rung [auch: ...*schtä*...] *die;* -; Ver|stadt|li|chung (selten für: Übernahme in städtischen Besitz)

ver|stäh|len ([Druckplatten] mit einer Stahlschicht überziehen); Ver|stäh|lung

Ver|stand *der;* -[e]s; ver|stan|des|mä|ßig; Ver|stan|des_mensch *der,* ...schär|fe; ver|stän|dig (besonders); ver|stän|di|gen; siche -; ver|stän|dig|keit *die;* - (Klugheit); Ver|stän|di|gung; Ver|stän|di|gungs_be|reit|schaft, ...ver|such; ver|ständ|lich; ver|ständ|li|cher|wei|se; Ver|ständ|lich|keit *die;* - (Klarheit); Ver|ständ|nis *das;* -ses, (selten) -se; ver|ständ|nis_in|nig, ...los (-este); Ver|ständ|nis|lo|sig|keit *die;* -; ver|ständ|nis|voll

ver|stän|kern (ugs.); ich ...ere (↑ R 22); mit dem Käse verstänkerst du das ganze Zimmer!

ver|stär|ken; in verstärktem Maße; Ver|stär|ker; Ver|stär|ker|röh|re; Ver|stär|kung; Ver|stär|kungs|pfei|ler

ver|stäl|ten (schweiz. für: festmachen, bes. das Fadenende)

ver|stat|ten (älter für: gestatten); Ver|stat|tung *die;* - (veralt.)

ver|stau|ben

ver|stau|chen; ich habe mir den Fuß verstaucht; Ver|stau|chung

ver|stau|en ([auf relativ engem Raum] unterbringen)

Ver|steck *das* (selten: *der*); -[e]s, -e; ver|stecken[1]; vgl. [2]stecken; ver|stecken[1]; vgl. [2]stecken; sie hat die Ostereier versteckt; sich -; du hattest dich hinter der Mutter versteckt; ver|stecken[1] *das;* -s; Verstecken spielen; Ver|stecken|spiel[en] *das;* -s; ver|stecken|spiel[1] *das;* -s (österr. neben: Versteckenspielen); Ver|steck|spiel *das;*-[e]s; Ver|steckt|heit *die;* -

ver|ste|hen; verstanden; sich zu einer Sache -; jmdm. etwas zu - geben; Ver|stehen *das;* -s

ver|stei|fen (Bauw.: abstützen, unterstützen); sich - auf etwas (auf etwas beharren); Ver|stei|fung

ver|stei|gen, sich; er hatte sich in den Bergen verstiegen; du verstiegst dich zu der übertriebenen Forderung; vgl. verstiegen

Ver|stei|ge|rer; ver|stei|gern; Ver|stei|ge|rung

ver|stei|nen (veralt.: mit Grenzsteinen versehen); ver|stei|nern (zu Stein machen, werden); ich ...ere

(↑ R 22); wie versteinert; Ver|stei|ne|rung

ver|stell|bar; Ver|stell|bar|keit *die;* -; ver|stel|len; verstellt; sich -; Ver|stel|lung; Ver|stel|lungs|kunst

ver|step|pen (zu Steppe werden); das Land ist versteppt; Ver|step|pung

ver|ster|ben; (nur noch:) verstarb, verstorben (vgl. d.)

Ver|ste|ti|gung (Wirtsch.); - des Wachstums

ver|steu|ern; Ver|steue|rung (↑ R 180)

ver|stie|ben (veralt. für: in Staub zerfallen; wie Staub verfliegen); der Schnee ist verstoben

ver|stie|gen (überspannt); Ver|stie|gen|heit

ver|stim|men; ver|stimmt; -este; Ver|stimmt|heit *die;* -; Ver|stim|mung

ver|stockt; -este (uneinsichtig, störrisch, starrsinnig); Ver|stockt|heit *die;* -

ver|stoh|len; ver|stoh|le|ner|ma|ßen; ver|stoh|le|ner|wei|se

ver|stol|pern (Sport); er hat den Ball, den Sieg verstolpert

ver|stop|fen; Ver|stop|fung

ver|stor|ben (Zeichen: †); Ver|stor|be|ne *der u. die;* -n, -n (↑ R 7 ff.)

ver|stört; -este; Ver|stört|heit *die;* -

Ver|stoß *der;* -es, ...stöße; ver|sto|ßen; Ver|sto|ßung

ver|stre|ben; Ver|stre|bung

ver|strei|chen (auch für: vorübergehen; vergehen); verstrichen

ver|streu|en

ver|stricken[1]; sich [in Widersprüche] -; Ver|strickung[1]

ver|strö|men; einen Duft -

ver|stro|men (zur Gewinnung elektrischer Energie verbrauchen); Kohle -; Ver|stro|mung

ver|stüm|meln; ich ...ele (↑ R 22); Ver|stüm|me|lung, Ver|stümm|lung

ver|stum|men

Ver. St. v. A. = Vereinigte Staaten von Amerika

Ver|such *der;* -[e]s, -e; ver|su|chen; Ver|su|cher; Ver|suchs_ab|tei|lung, ...an|ord|nung, ...bal|lon, ...ka|nin|chen (ugs.), ...lei|ter *der,* ...per|son (Psych.; Abk.: Vp., VP), ...sta|ti|on, ...tier; ver|suchs|wei|se; Ver|su|chung

ver|süh|nen (veraltend für: versöhnen)

ver|sump|fen; Ver|sump|fung

ver|sün|di|gen, sich; Ver|sün|di|gung

ver|sun|ken; in etwas - sein; Ver|sun|ken|heit *die;* -

---

[1] *Trenn.:* ...k|k...

ver|sus [wär...] ⟨lat.⟩ (gegen; Abk.: vs.)

ver|sü|ßen; Ver|sü|ßung

Vers|wis|sen|schaft (für: Metrik)

vert. (Druckw.: V) = vertatur

ver|tä|feln; ich ...[e]le (↑ R 22); Ver|tä|fe|lung, Ver|täf|lung

ver|ta|gen (aufschieben); Ver|ta|gung

ver|tän|deln (nutzlos [die Zeit] verbringen)

ver|ta|tur! [wär...] ⟨lat.⟩ (man wende!, man drehe um!; Abk.: vert. [Druckw.: V])

Ver|tau|bung (Bergmannsspr.: Taubwerden des Erzganges)

ver|täu|en (Seemannsspr.: durch Taue festmachen); das Schiff ist vertäut

ver|tausch|bar; ver|tau|schen; Ver|tau|schung

ver|tau|send|fa|chen; ver|tau|send|fäl|ti|gen (veraltend)

Ver|täu|ung (Seemannsspr.)

ver|te! [wärte] ⟨lat.⟩ (wende um!, wenden! [das Notenblatt beim Spielen]); ver|te|bral (Med.: zur Wirbelsäule gehörend, auf sie bezüglich); Ver|te|bra|ten Plur. (Wirbeltiere)

ver|tei|di|gen; Ver|tei|di|ger; Ver|tei|di|ge|rin die; -, -nen; Ver|tei|di|gung; Ver|tei|di|gungs_bei|trag, ...drit|tel (Eishockey), ...fall der, ...mi|ni|ster, ...pakt, ...schrift, ...stel|lung, ...waf|fe, ...zu|stand

ver|tei|len; Ver|tei|ler; Ver|tei|ler_do|se, ...netz, ...schlüs|sel, ...ta|fel; Ver|tei|lung; Ver|tei|lungs|stel|le

ver|te|le|fo|nie|ren (ugs.); sie hat zwanzig Mark vertelefoniert

ver|te, si pla|cet! [wärte - plazät] ⟨lat.⟩ (bitte wenden! [das Notenblatt]; Abk.: v. s. pl.)

ver|teu|ern; sich -; ich ...ere (↑ R 22); Ver|teue|rung (↑ R 180)

ver|teu|feln; jmdn., etwas - (als böse, schlecht hinstellen); ich ...[e]le (↑ R 22); ver|teu|felt (ugs. für: verzwickt; über die Maßen verwegen); Ver|teu|fe|lung, Ver|teuf|lung

ver|tie|fen; sich in eine Sache -; Ver|tie|fung

ver|tie|ren (zum Tier werden, machen); ver|tiert (tierisch)

ver|ti|kal [wär...] (senkrecht, lotrecht); Ver|ti|ka|le die; -, -n; vier -[n]; Ver|ti|kal_ebe|ne, ...kreis (Astron.)

Ver|ti|ko [wär...] das (selten: der); -s, -s ⟨angeblich nach dem Tischler Vertikow⟩ (kleiner Zierschrank)

ver|ti|ku|tie|ren [wär...] ⟨lat.⟩ ([Rasen] lüften, entfilzen); Ver|ti|ku|tie|rer; Ver|ti|ku|tier|ge|rät

ver|til|gen; Ver|til|gung die; -, (sel-

---

ten:) -en; Ver|til|gungs|mit|tel das

ver|tip|pen (ugs. für: falsch tippen); sich -; vertippt

ver|to|nen; das Gedicht wurde vertont; Ver|to|ner (selten); ¹Ver|to|nung (Musikschöpfung)

²Ver|to|nung (Zeichnung des Bildes einer Küstenstrecke)

ver|tor|fen; Ver|tor|fung (Torfbildung)

ver|trackt; -este (ugs. für: verwickelt; peinlich); Ver|trackt|heit (ugs.)

Ver|trag der; -[e]s, ...träge; ver|tra|gen; er hat den Wein gut -; sich -; die Kinder werden sich schon -; (schweiz.:) Zeitungen - (austragen); Ver|trä|ger (schweiz. für: jmd., der Zeitungen u. ä. austrägt); ver|trag|lich (dem Vertrage nach; durch Vertrag); ver|träg|lich (nicht zänkisch; bekömmlich); er ist sehr -; die Speise ist leicht, gut -; Ver|träg|lich|keit; Ver|trags_ab|schluß, ...bruch der; ver|trags|brü|chig; Ver|trags|brü|chi|ge der u. die; -n, -n (↑ R 7 ff.); ver|trags|ge|mäß; ver|trags|los; ein -er Zustand; Ver|trags_part|ner, ...spie|ler, ...text, ...werk|statt; ver|trags|wid|rig

ver|trau|en; Ver|trau|en das; -s; ver|trau|en|er|weckend [Trenn.: ...wek|kend] (↑ R 209); Ver|trau|ens_arzt, ...be|weis; ver|trau|ens|bildend; -e Maßnahmen; Ver|trau|ens_bruch der, ...fra|ge, ...frau, ...mann (Plur. ...männer u. ...leute; Abk.: V-Mann), ...per|son, ...sa|che; ver|trau|ens|se|lig; Ver|trau|ens|se|lig|keit die; -), ...stel|lung; ver|trau|ens|voll; Ver|trau|ens|vo|tum; ver|trau|ens|wür|dig; Ver|trau|ens|wür|dig|keit die; -

ver|trau|ern

ver|trau|lich; Ver|trau|lich|keit

ver|träu|men; ver|träumt; -este; Ver|träumt|heit die; -

ver|traut; -este; jmdn., sich mit etwas - machen; Ver|trau|te der u. die; -n, -n (↑ R 7 ff.); Ver|traut|heit

ver|trei|ben; Ver|trei|bung

ver|tret|bar; -e Sache (BGB); ver|tre|ten; Ver|tre|ter; Ver|tre|ter_be|such; Ver|tre|te|rin die; -, -nen; Ver|tre|tung; in - (Abk.: i. V., I. V. [vgl. d.]); Ver|tre|tungs|stun|de; ver|tre|tungs|wei|se

Ver|trieb der; -[e]s, -e (Verkauf); Ver|trie|be|ne der u. die; -n, -n (↑ R 7 ff.); Ver|triebs_ab|tei|lung, ...ge|sell|schaft, ...ko|sten Plur., ...lei|ter der, ...recht

ver|trim|men (ugs. für: verprügeln)

ver|trin|ken

---

ver|trock|nen

ver|trö|deln (ugs. für: [seine Zeit] unnütz hinbringen); Ver|trö|de|lung, Ver|tröd|lung die; - (ugs.)

ver|trö|sten; Ver|trö|stung

ver|trot|teln (ugs. für: zum Trottel werden); ich ...[e]le (↑ R 22); ver|trot|telt

ver|tru|sten [...traßt*n] (zu einem Trust vereinigen); die Betriebe sind vertrustet; Ver|tru|stung

ver|tü|dern (niederd. für: verwirren); sich -

Ver|tum|na|li|en [wärtumnali*n] Plur. (altröm. Fest)

ver|tun (ugs. für: verschwenden); vertan

ver|tu|schen (ugs. für: verheimlichen); du vertuschst (vertuschest); Ver|tu|schung (ugs.)

ver|übeln (übelnehmen); ich ...[e]le (↑ R 22)

ver|üben

ver|ul|ken

ver|un|eh|ren (veralt.)

ver|un|ei|ni|gen; Ver|un|ei|ni|gung (selten)

ver|un|fal|len (verunglücken); Ver|un|fall|te der u. die; -n, -n (↑ R 7 ff.)

ver|un|glimp|fen (schmähen); Ver|un|glimp|fung

ver|un|glücken [Trenn.: ...glük|ken]; Ver|un|glück|te der u. die; -n, -n (↑ R 7 ff.)

ver|un|krau|ten; der Acker ist verunkrautet

ver|un|mög|li|chen (bes. schweiz. für: verhindern, vereiteln)

ver|un|rei|ni|gen; Ver|un|rei|ni|gung

ver|un|si|chern (unsicher machen); Ver|un|si|che|rung

ver|un|stal|ten (entstellen); Ver|un|stal|tung

ver|un|treu|en (unterschlagen); Ver|un|treu|er; Ver|un|treu|ung

ver|un|zie|ren; Ver|un|zie|rung

ver|ur|sa|chen; Ver|ur|sa|cher; Ver|ur|sa|cher|prin|zip; Ver|ur|sa|chung die; -

ver|ur|tei|len; Ver|ur|tei|lung

Ver|ve [wärw*] die; - ⟨franz.⟩ (Begeisterung, Schwung)

ver|viel|fa|chen; Ver|viel|fa|chung; ver|viel|fäl|ti|gen; Ver|viel|fäl|ti|ger; Ver|viel|fäl|ti|gung; Ver|viel|fäl|ti|gungs|ap|pa|rat

ver|vier|fa|chen

ver|voll|komm|nen; sich -; Ver|voll|komm|nung; ver|voll|komm|nungs|fähig

ver|voll|stän|di|gen; Ver|voll|stän|di|gung

verw. = verwitwet

¹ver|wach|sen; die Narbe ist verwachsen; mit etwas - (innig verbunden) sein; sich - (mit dem Wachsen verschwinden); ²ver|wach|sen; ein -er (verkrüppelter,

buckliger) Mensch; Ver|wạch|sung

ver|wạckeln [Trenn.:...wak|keln]

ver|wäh|len, sich (beim Telefonieren)

Ver|wahr der, nur in: in - geben, nehmen; ver|wah|ren; es ist alles wohl verwahrt; sich - gegen ... (etwas ablehnen); Ver|wah|rer; ver|wahr|lo|sen; du verwahrlost (verwahrlosest); Ver|wahr|lo|ste der u. die; -n, -n († R 7 ff.); Ver|wahr|lo|sung die; -; Ver|wahr|sam der; -s; in - geben, nehmen; Ver|wah|rung

ver|wai|sen (elternlos werden; einsam werden); du verwaist (verwaisest); er verwai|ste; ver|waist; ein ver|wai|stes Haus

ver|wal|ken (ugs. für: verprügeln)

ver|wal|ten; Ver|wal|ter; Ver|wal|tung; Ver|wal|tungs_akt, ...ap|pa|rat, ...be|am|te, ...be|zirk, ...dienst, ...ge|bäu|de, ...ge|richt, ...ge|richts|hof, ...ko|sten Plur., ...rat (Plur. ...räte), ...recht (das; -[e]s), ...re|form; ver|wal|tungs_tech|nisch; Ver|wal|tungs|vor|schrift

ver|wam|sen (ugs. für: verprügeln); du verwamst (verwamsest)

ver|wan|deln; Ver|wand|lung; Ver|wand|lungs|künst|ler; ver|wand|lungs|reich; ver|wandt (zur gleichen Familie, Art gehörend); Ver|wand|te der u. die; -n, -n († R 7 ff.); Ver|wandt|schaft; ver|wandt|schaft|lich; Ver|wandt|schafts|grad

ver|wanzt

ver|war|nen; Ver|war|nung

ver|wa|schen

ver|wäs|sern; Ver|wäs|se|rung, Ver|wäß|lung

ver|we|ben; (meist schwach gebeugt, wenn es sich um die handwerkliche Tätigkeit handelt:) bei dieser Matte wurden Garne unterschiedlicher Stärke verwebt; (meist stark gebeugt bei übertragener Bedeutung:) zwei Melodien sind miteinander verwoben

ver|wech|sel|bar; ver|wech|seln; († R 68:) zum Verwechseln ähnlich; Ver|wech|se|lung, Ver|wechs|lung

ver|we|gen; Ver|we|gen|heit die; -

ver|we|hen; vom Winde verweht

ver|weh|ren; jmdm. etwas - (untersagen); Ver|weh|rung die; -

Ver|we|hung

ver|weich|li|chen; Ver|weich|li|chung die; -

ver|wei|gern; Ver|wei|ge|rung; Ver|wei|ge|rungs|fall der; im -[e]

Ver|weil|dau|er (fachspr.); ver|wei|len; sich -

ver|weint

Ver|weis der; -es, -e (ernste Zurechtweisung; Hinweis); [1]ver|

wei|sen (tadeln); jmdm. etwas -; er hat dem Jungen seine Frechheit verwiesen; [2]ver|wei|sen (einen Hinweis geben; verbannen); durch diese Fußnote wird der Leser auf eine frühere Stelle des Buches verwiesen; der Verbrecher wurde des Landes verwiesen; Ver|wei|sung (Hinweis, Verweis; Ausweisung)

ver|wel|ken

ver|welt|li|chen (weltlich machen); Ver|welt|li|chung

ver|wend|bar; Ver|wend|bar|keit die; -; ver|wen|den; ich verwandte od. verwendete, habe verwandt od. verwendet; Ver|wen|dung; zur besonderen Verwendung (Abk.: z.b.V.); ver|wen|dungs|fä|hig; Ver|wen|dungs_mög|lich|keit, ...wei|se, ...zweck

ver|wer|fen; der Plan wurde verworfen; (schweiz.:) die Arme - (heftig gestikulieren); ver|werf|lich; Ver|werf|lich|keit die; -; Ver|wer|fung (auch: geol. Schichtenstörung)

ver|wert|bar; ver|wer|ten; verwertet; Ver|wer|ter; Ver|wer|tung

[1]ver|we|sen (sich zersetzen, in Fäulnis übergehen)

[2]ver|we|sen (veralt. für: stellvertretend verwalten); du verwest (verwesest); Ver|we|ser

ver|wes|lich; Ver|wes|lich|keit die; -; Ver|we|sung die; -; Ver|we|sungs|ge|ruch

ver|wet|ten

ver|wi|chen (veralt. für: vergangen); im -en Jahre

ver|wich|sen (ugs. für: schlagen; [Geld] vergeuden)

ver|wickeln[1]; ver|wickelt[1]; Ver|wicke|lung[1], Ver|wick|lung

ver|wie|gen (wiegen)

ver|wil|dern; ver|wil|dert; Ver|wil|de|rung

ver|win|den (über etwas hinwegkommen); verwunden; den Schmerz -; Ver|win|dung

ver|win|kelt (winklig)

ver|wir|ken; sein Leben -

ver|wirk|li|chen; Ver|wirk|li|chung

Ver|wir|kung

ver|wir|ren; ich habe das Garn verwirrt; ich bin ganz verwirrt; vgl. verworren; Ver|wirr|spiel; Ver|wirrt|heit die; -; Ver|wir|rung

ver|wirt|schaf|ten (mit etwas schlecht wirtschaften); Ver|wirt|schaf|tung die; -

ver|wi|schen; die Unterschrift war verwischt; Ver|wi|schung

ver|wit|tern (durch den Einfluß der Witterung angegriffen werden); das Gestein ist verwittert; Ver|wit|te|rung; Ver|wit|te|rungs|pro|dukt

ver|wit|wet (Witwe[r] geworden; Abk.: verw.)

ver|wo|ben (eng verknüpft mit ...); vgl. verweben

ver|woh|nen (durch Wohnen abnutzen); verwohnte Räume

ver|wöh|nen; ver|wöhnt; -este; Ver|wöhnt|heit die; -; Ver|wöh|nung die; -

ver|wor|fen; ein verworfenes Gesindel; Ver|wor|fen|heit die; -

ver|wor|ren; ein -er Kopf; vgl. verwirren; Ver|wor|ren|heit die; -

ver|wund|bar; Ver|wund|bar|keit die; -; [1]ver|wun|den (verletzen)

[2]ver|wun|den; vgl. verwinden

ver|wun|der|lich; ver|wun|dern; es ist nicht zu -; sich -; Ver|wun|de|rung die; -

ver|wun|det; Ver|wun|de|te der u. die; -n, -n († R 7 ff.); Ver|wun|de|ten|trans|port; Ver|wun|dung

ver|wun|schen (verzaubert); ein -es Schloß; ver|wün|schen (verfluchen; verzaubern); er hat sein Schicksal oft verwünscht; ver|wünscht (verflucht); - sei diese Reise!; Ver|wün|schung

Ver|wurf (svw. Verwerfung [Geol.])

ver|wur|steln (ugs. für: durcheinanderbringen, verwirren)

ver|wur|zeln; Ver|wur|ze|lung, Ver|wur|ze|lung

ver|wü|sten; Ver|wü|stung

ver|za|gen; ver|zagt; -este; Ver|zagt|heit die; -

ver|zäh|len, sich

ver|zah|nen (an-, ineinanderfügen); Ver|zah|nung

ver|zan|ken, sich (ugs. für: in Streit geraten)

ver|zap|fen (ausschenken; durch Zapfen verbinden; ugs. für: etwas [Unsinniges] vorbringen, mitteilen); Ver|zap|fung

ver|zär|teln; Ver|zär|te|lung die; -

ver|zau|bern; Ver|zau|be|rung die; -

ver|zäu|nen; Ver|zäu|nung

ver|zehn|fa|chen; ver|zehn|ten (veralt. für: den Zehnten von etwas zahlen)

Ver|zehr der; -[e]s (Verbrauch, Verbrauchtes; Zeche); ver|zeh|ren; Ver|zeh|rer; Ver|zeh|rung die; -; Ver|zehr|zwang der; -[e]s

ver|zeich|nen (vermerken; falsch zeichnen); Ver|zeich|nis das; -ses, -se; Ver|zeich|nung; ver|zeich|nungs|frei (für: orthoskopisch)

ver|zei|gen (schweiz. für: gegen jmdn. Strafanzeige erstatten)

ver|zei|hen; er hat ihm zu verziehen; ver|zeih|lich; Ver|zei|hung die; -

ver|zer|ren; Ver|zer|rung

[1]ver|zet|teln (für eine Kartei auf Zettel schreiben)

[2]ver|zet|teln (vergeuden); sich -

¹Ver|zet|te|lung, ¹Ver|zett|lung (Aufnahme auf Zettel für eine Kartei)

²Ver|zet|te|lung, ²Ver|zett|lung *die;* - (Vergeudung)

Ver|zicht *der;* -[e]s, -e; - leisten; ver|zich|ten; Ver|zicht...er|klä|rung, ...lei|stung, ...po|li|tik

ver|zie|hen; die Eltern - ihr Kind; er ist nach Frankfurt verzogen; Rüben -; sich -; wir haben uns still verzogen (ugs. für: sind still verschwunden); Ver|zie|hung

ver|zie|ren; Ver|zie|rung

ver|zim|mern (Bauw.); Ver|zim|me|rung

¹ver|zin|ken (Gaunerspr.: verraten, anzeigen)

²ver|zin|ken (mit Zink überziehen); Ver|zin|kung

ver|zins|nen; Ver|zin|nung

ver|zins|bar; ver|zin|sen; ver|zins|lich; Ver|zins|lich|keit *die;* -; Ver|zin|sung

ver|zo|gen; ein -er Junge; vgl. auch: verziehen

ver|zö|gern; Ver|zö|ge|rung; Ver|zö|ge|rungs_mit|tel *das,* ...tak|tik

ver|zol|len; Ver|zol|lung

ver|zücken¹

ver|zuckern¹; Ver|zucke|rung¹

ver|zückt; -este; Ver|zückt|heit *die;* -; Ver|zückung¹; in -

Ver|zug *der;* -[e]s (Bergmannsspr. auch: gitterartige Verbindung zwischen den Ausbaurahmen); im - sein (im Rückstand sein); in - geraten, kommen; in - setzen; ohne - (sofort); Ver|zugs|zin|sen *Plur.*

ver|zwat|zeln (südd. für: [vor Ungeduld] vergehen, verzweifeln)

ver|zwei|feln; (↑R 68:) es ist zum Verzweifeln; ver|zwei|felt; Ver|zweif|lung; Ver|zweif|lungs|tat

ver|zwei|gen, sich; Ver|zwei|gung

ver|zwickt; -este (ugs. für: verwickelt, schwierig); eine -e Geschichte; Ver|zwickt|heit *die;* -

ver|zwir|nen (Garne zusammendrehen)

Ve|si|ka|to|ri|um [*we...*] *das;* -s, ...ien [...*i'n*] ⟨lat.⟩ (Med.: blasenziehendes Mittel, Zugpflaster)

Ves|pa ⓦ [*wäßpa*] *die;* -, -s ⟨ital.⟩ (ein Motorroller)

Ves|pa|si|an, Ves|pa|sia|nus [*wäß...*]; ↑R 180 (röm. Kaiser)

Ves|per [*fäß...*] *die;* -, -n (für Zwischenmahlzeit südd. auch: *das;* -s, -) ⟨lat.⟩ (Zeit gegen Abend; Abendandacht; Stundengebet; bes. südd. u. westösterr. für Zwischenmahlzeit, bes. am Nachmittag); Ves|per_bild, ...brot; ves|pern (südd. u. westösterr. für: [Nachmittags-, Abend]imbiß einnehmen); ich ...ere (↑R 22)

Ves|puc|ci [*wäßputschi*], Amerigo (ital. Seefahrer)

Ve|sta [*wäßta*] (röm. Göttin des häusl. Herdes); Ve|sta|lin *die;* -, -nen (Priesterin der Vesta)

Ve|ste [*fä...*] *die;* -, -n (veralt. für: Feste); Veste Coburg

Ve|sti|bül [*wäß...*] *das;* -s, -e ⟨franz.⟩ (Vorhalle); Ve|sti|bu|lum *das;* -s, ...la ⟨lat.⟩ (Vorhalle des altröm. Hauses)

Ve|sti|tur [*wäß...*] *die;* -, -en ⟨lat.⟩ (svw. Investitur)

Ve|ston [*wäßtong*] *das;* -s, -s ⟨franz.⟩ (schweiz.: sportliches Herrenjackett)

Ve|suv [*wesuf*] *der;* -[s] (Vulkan bei Neapel); Ve|su|vi|an [*wesuwian*] *der;* -s, -e (ein Mineral); ve|su|visch [*wesuwisch*]

Ve|te|ran [*we...*] *der;* -en, -en (↑R 197) ⟨lat.⟩ (altgedienter Soldat; im Dienst Ergrauter, Bewährter); Ve|te|ra|nen|heim (DDR: Altersheim)

ve|te|ri|när [*we...*] ⟨franz.⟩ (tierärztlich); Ve|te|ri|när *der;* -s, -e (Tierarzt); Ve|te|ri|när|arzt; ve|te|ri|när|ärzt|lich; Ve|te|ri|när_me|di|zin (Tierheilkunde), ...rat [*Plur.* ...räte]

Ve|to [*weto*] *das;* -s, -s ⟨lat.⟩ (Einspruch[srecht]); Ve|to|recht

Vet|tel [*fär'l*] *die;* -, -n (abschätzig für: unordentliche [alte] Frau)

Vet|ter *das;* -s, -n; Vet|te|rin *die;* -, -nen (veralt.); vet|ter|lich; Vet|ter|li|wirt|schaft *die;* - (schweiz. für: Vetternwirtschaft); Vet|ter[n]|schaft; Vet|tern|wirt|schaft *die;* - (abschätzig)

Ve|xier|bild [*wä...*] ⟨lat.; dt.⟩; ve|xie|ren ⟨lat.⟩ (irreführen; quälen; necken); Ve|xier_rät|sel, ...spie|gel

Ve|zier vgl. Wesir

V-för|mig; ↑R 37 (in der Form eines V)

vgl. = vergleich[e]!

v., g., u. = vorgelesen, genehmigt, unterschrieben (vgl. i. A. [Fußnote])

v. H., p. c., % = vom Hundert; vgl. Prozent, pro centum

via [*wia*] ⟨lat.⟩ ([auf dem Wege] über); - Triest; Via Ap|pia *die;* - - (Straße bei Rom); Via|dukt [*wia...*] *der* (auch: *das*); -[e]s, -e; ↑R 180 (Talbrücke, Überführung); Via Ma|la *die;* - - (Schlucht in Graubünden); Via|ti|kum *das;* -s, ...ka u. ...ken; ↑R 180 (kath. Kirche: dem Sterbenden gereichte letzte Kommunion)

Vi|bra|phon [*wi...*] *das;* -s, -e ⟨lat.; griech.⟩ (ein Musikinstrument); Vi|bra|pho|nist *der;* -en, -en (↑R 197); Vi|bra|ti|on [...*zion*] *die;* -, -en ⟨lat.⟩ (Schwingung, Be-

ben, Erschütterung); Vi|bra|ti|ons|mas|sa|ge; vi|bra|to ⟨ital.⟩ (Musik: bebend); Vi|bra|to *das;* -s, -s u. ...ti; Vi|bra|tor *der;* -s, ...oren ⟨lat.⟩ (Gerät, das Schwingungen erzeugt); vi|brie|ren (schwingen; beben, zittern); Vi|bro|mas|sa|ge (kurz für: Vibrationsmassage)

vi|ce ver|sa [*wize wärsa*] ⟨lat.⟩ (umgekehrt; Abk.: v. v.)

Vi|co [*wiko*] (ital. m. Vorn.)

Vi|comte [*wikongt*] *der;* -s, -s ⟨franz. Adelstitel); Vi|com|tesse [*wikongtäß*] *die;* -, -n [...*ß'n*] (dem Vicomte entsprechender weibl. Adelstitel)

¹Vic|to|ria [engl. Aussspr.: *wiktāri'*] (Gliedstaat des Australischen Bundes); ²Vic|to|ria (Hptst. der Seychellen); Vic|to|ria|fäl|le [*wik...*] *Plur.* (große Wasserfälle des Sambesi)

Vic|to|ria re|gia [*wik...* -] *die;* - -, - -s (südamerik. Seerose)

vi|de! [*wide*] ⟨lat.⟩ (veralt. für: siehe!; Abk.: v.); Vi|deo *das;* -s, -s ⟨engl.⟩ (ugs. für: Videoband, -film; nur *Sing.:* Videotechnik); Vi|deo_band, ...clip (kurzer Videofilm mit einem Popmusikstück), ...film, ...ka|me|ra, ...kas|set|te, ...re|cor|der (Speichergerät für Fernsehaufnahmen), ...tech|nik, ...text ([geschriebene] Information, die auf Abruf über den Fernsehbildschirm vermittelt wird); Vi|deo|thek *die;* -, -en (Sammlung von Videofilmen od. Fernsehaufzeichnungen); vi|di (veralt. für: ich habe gesehen; Abk.: v.); vi|die|ren (veralt., aber noch österr.: beglaubigen, unterschreiben); Vi|di|ma|ti|on [...*zion*] *die;* -, -en (Beglaubigung); vi|dit (veralt. für: hat [es] gesehen; Abk.: vdt.)

Viech *das;* -[e]s, -er (mdal. für: Vieh; ugs. als Schimpfwort); Vie|che|rei (ugs. für: Gemeinheit, Niedertracht; große Anstrengung); Vieh *das;* -[e]s; Vieh_be|stand, ...fut|ter (vgl. ¹Futter), ...hal|ter, ...han|del (vgl. ¹Handel), ...händ|ler, ...her|de; vie|hisch; -ste (veralt.); Vieh_salz (*das;* -es), ...wa|gen, ...wei|de, ...zeug (ugs.), ...zucht, ...züch|ter

viel; (↑R 66:) in vielem, mit vielem, um vieles; wer vieles bringt, ...; ich habe viel[es] erlebt; um vieles gebe ich das nicht hin; die vielen, viele sagen ...; (↑R 65:) viel Gutes od. vieles Gute; vielen Schlafes; mit viel Gutem od. mit vielem Guten; vieler schöner Schnee; mit vieler natürlicher Anmut; vieles milde Nachsehen; mit vielem kalten Wasser; viel[e] gute Nachbildungen; vieler gu-

---

¹ Trenn.: ...k|k...

ter (seltener: guten) Nachbildungen; (↑R 8:) viele Begabte, vieler Begabter (seltener: Begabten); viel[e] Menschen; die vielen Menschen; so viel arbeiten, daß ...; soviel (vgl. d.); soviel ich weiß ...; vielmal[s]; vieltausendmal tausend; vielmehr (vgl. d.); wir haben gleich viel; gleichviel ob du kommst oder nicht; soundso viel; am soundsovielten Mai; zuviel (vgl. d.), aber: zu viel; zu viele Menschen; viel zuviel; viel zuwenig; viel zu teuer; es gab noch vieles, was (nicht: das od. welches) besprochen werden sollte; allzuviel (vgl. allzu). In Verbindung mit dem 2. Partizip: a) Getrenntschreibung (↑R 209): der Fall wurde viel besprochen; b) Zusammenschreibung (↑jedoch R 209): vielbesprochen (häufig besprochen, in aller Munde), z. B. ein vielbesprochener Fall; **Viel** das; -s; viele Wenig machen ein Viel

viel|**bän**|**dig**; ein -es Werk; **viel**|**be**|**fah**|**ren**; eine vielbefahrene Straße (↑jedoch R 209); aber: die Straße wird viel befahren; **viel**|**be**|**schäf**|**tigt**; ein vielbeschäftigter Mann (↑jedoch R 209), aber: der Mann ist viel beschäftigt; **viel**|**be**|**spro**|**chen** (häufig besprochen, in aller Munde); ein vielbesprochener Fall (↑jedoch R 209), aber: der Fall wurde viel besprochen; **viel**|**deu**|**tig**; **viel**|**deu**|**tig**|**keit**; **Viel**|**eck**; **viel**|**eckig** [Trenn.: ...ek|kig]; **Viel**|**ehe**; **vie**|**len**|**orts**, **vie**|**ler**|**orts**; **vie**|**ler**|**lei**; **vie**|**ler**|**ör**|**tert**; ein vielerörtertes Ereignis (↑jedoch R 209), aber: das Ereignis wurde viel erörtert; **vie**|**ler**|**orts**, **vie**|**len**|**orts**; **viel**|**fach**; um ein Vielfaches übertreffen; **Viel**|**fa**|**che** das; -n (↑R 7ff.); das kleinste gemeinsame - (Abk.: k. g. V., kgV); vgl. Achtfache; **Viel**|**fach**|**ge**|**rät**; **Viel**|**falt** die; -; **viel**|**fal**|**tig** (mit vielen Falten); **viel**|**fäl**|**tig** (mannigfaltig, häufig); **Viel**|**fäl**|**tig**|**keit** die; -; **Viel**|**far**|**big**; ein -es Muster; **Viel**|**flach** das; -[e]s, -e u. **Viel**|**fläch**|**ner** (für: Polyeder); **viel**|**flä**|**chig**; **Viel**|**fraß** der; -es, -e (Marderart; ugs. für: jmd., der unmäßig ißt); **viel**|**ge**|**braucht**; ein vielgebrauchtes Fahrrad (↑jedoch R 209), aber: das Fahrrad wurde viel gebraucht; **viel**|**ge**|**kauft**; ein vielgekauftes Buch (↑jedoch R 209), aber: das Buch wird viel gekauft; **viel**|**ge**|**nannt**; ein vielgenannter Mann (↑jedoch R 209), aber: der Mann wurde viel genannt; **viel**|**ge**|**prie**|**sen**; ein vielgepriesener Autor (↑jedoch R 209), aber: der Autor wurde

viel gepriesen; **viel**|**ge**|**reist**; ein vielgereister Mann (↑jedoch R 209), aber: der Mann ist viel gereist; **Viel**|**ge**|**rei**|**ste** der u. die; -n, -n (↑R 7ff.); **viel**|**ge**|**schmäht**; ein vielgeschmähter Mann (↑jedoch R 209), aber: der Mann wurde viel geschmäht; **viel**|**ge**|**stal**|**tig**; **Viel**|**ge**|**stal**|**tig**|**keit** die; -; **viel**|**glie**|**de**|**rig**, **viel**|**glied**|**rig**; **Viel**|**glie**|**de**|**rig**|**keit**, **Viel**|**glied**|**rig**|**keit** die; -; **Viel**|**göt**|**te**|**rei** die; - (für: Polytheismus); **Viel**|**heit** die; -; **viel**|**hun**|**dert**|**mal**, aber: viele hundert Male; vgl. Mal; **viel**|**köp**|**fig**; **viel**|**leicht**; **viel**|**lieb** (veralt. für: sehr geliebt)

Viel|**lieb**|**chen** ⟨Umdeutung aus dem w. Vorn. Valentine bzw. Philippine⟩ (doppelter Mandelkern, den zwei Personen gemeinsam essen, wobei sie wetten, wer den andern am nächsten Tag zuerst daran erinnert)

viel|**mal**, **viel**|**mals**; **viel**|**ma**|**lig**; **viel**|**mals**, **viel**|**mal**; **Viel**|**män**|**ne**|**rei** die; -; **viel**|**mehr** [auch: fil...]; er ist nicht dumm, weiß vielmehr gut Bescheid, aber: er weiß viel mehr als du; **viel**|**sa**|**gend**; vgl. viel; **viel**|**schich**|**tig**; **Viel**|**schich**|**tig**|**keit** die; -; **Viel**|**schrei**|**ber** (abschätzig); **viel**|**sei**|**tig**; **Viel**|**sei**|**tig**|**keit** die; -; **Viel**|**sei**|**tig**|**keits**|**prü**|**fung** (Reitsport); **viel**|**sil**|**big**, ...**spra**|**chig**, ...**stim**|**mig**; **viel**|**tau**|**send**|**mal**, aber: viele tausend Male; vgl. Mal; **viel**|**tau**|**send**|**stim**|**mig**; **viel**|**um**|**wor**|**ben**; ein vielumworbenes Mädchen (↑jedoch R 209), aber: das Mädchen ist viel umworben; **viel**|**ver**|**spre**|**chend**; -ste; **Viel**|**völ**|**ker**|**staat** (Plur. ...staaten); **viel**|**wei**|**be**|**rei** die; -; **Viel**|**wis**|**ser**; **Viel**|**zahl** die; -; **Viel**|**zel**|**ler** (Biol.); **viel**|**zel**|**lig**

Vien|**tiane** [wjäntjan] (Hptst. von Laos)

vier; Kleinschreibung (↑R 66): die vier Elemente; die vier Jahreszeiten; die vier Evangelisten; die vier Mächte (die Staaten USA, UdSSR, England u. Frankreich [als Sieger im 2. Weltkrieg]); etwas in alle vier Winde [zer]streuen; in seinen vier Wänden (ugs. für: zu Hause) bleiben; sich auf seine vier Buchstaben setzen (ugs. scherzh. für: sich hinsetzen); unter vier Augen etwas besprechen; alle viere von sich strecken (um tüchtig zu schlafen [ugs]; ugs. auch für: tot sein); auf allen vieren; wir sind zu vieren oder zu viert; ein Grand mit vier[en]; vgl. acht, drei; **Vier** die; -, -en (Zahl); eine Vier würfeln; er hat in Latein eine Vier geschrieben; vgl. ¹Acht u. Eins;

Vier|**ach**|**ser** (Wagen mit vier Achsen; mit Ziffer: 4achser; ↑R 212); **vier**|**ar**|**mig**; **Vier**|**bei**|**ner**; **vier**|**bei**|**nig**; **vier**|**blät**|**te**|**rig**, **vier**|**blätt**|**rig**; **Vier**|**bund** der (für: Quadrupelallianz); **vier**|**di**|**men**|**sio**|**nal** (zur vierten Dimension gehörend); **Vier-drei-drei-System** das; -s; ↑R 41 (mit Ziffern: 4-3-3-System; Sportspr.: eine bestimmte Art der Mannschaftsaufstellung); **Vier**|**eck**; **vier**|**eckig** [Trenn.: ...ek|kig]; **vier**|**ein**|**halb**, **vier**|**und**|**ein**|**halb**; **Vie**|**rer**; vgl. Achter; **Vie**|**rer**|**ban**|**de** die; - (abwertende Bez. für vier chin. Politiker, die nach dem Tod Mao Tse-tungs entmachtet wurden); **Vie**|**rer**|**bob**; **vie**|**rer**|**lei**; **Vie**|**rer**|**rei**|**he**; in -n; **Vie**|**rer**|**zug**; **vier**|**fach**; **Vier**|**fa**|**che** das; -n; vgl. Achtfache; **Vier**|**far**|**ben**|**druck** (Plur. ...drucke); **Vier**|**far**|**ben**|**ku**|**gel**|**schrei**|**ber**, **Vier**|**farb**|**ku**|**gel**|**schrei**|**ber**; **Vier**|**flach** das; -[e]s, -e u. **Vier**|**fläch**|**ner** (für: Tetraeder); **Vier**|**fürst** (für: Tetrarch); **vier**|**fü**|**ßig**; **Vier**|**fü**|**ßer**, ...**füß**|**ler**, ...**ge**|**spann**, ...**hän**|**der**; **vier**|**hän**|**dig** - spielen; **vier**|**hun**|**dert**; vgl. hundert; **Vier**|**jah**|**res**|**plan**; **vier**|**kant** (Seemannsspr.: waagerecht); **Vier**|**kant** das od. der; -[e]s, -e; **Vier**|**kant**|**ei**|**sen**; **vier**|**kan**|**tig**; **Vier**|**län**|**de** Plur. (hamburgische Landschaft); **Vier**|**ling**; **Vier**|**mäch**|**te**|**kon**|**fe**|**renz**; **vier**|**mal**; vgl. achtmal; **vier**|**ma**|**lig**; **Vier**|**ma**|**ster**, ...**mast**|**zelt**; **vier**|**mo**|**to**|**rig**; **Vier**|**paß** der; ...passes, ...passe (Bauw.: Verzierungsform mit vier Bogen); **Vier**|**plät**|**zer** (schweiz. für: Viersitzer); **vier**|**plät**|**zig** (schweiz. für: viersitzig); **Vier**|**rad**|**an**|**trieb**, ...**brem**|**se**; **vier**|**rä**|**de**|**rig**, **vier**|**räd**|**rig**; **Vier**|**ru**|**de**|**rer** (für: Quadrireme); **vier**|**sai**|**tig**; ein -es Streichinstrument; **vier**|**schrö**|**tig** (stämmig); **vier**|**sei**|**tig**; **Vier**|**sit**|**zer**; **vier**|**sit**|**zig**; **Vier**|**spän**|**ner**; **vier**|**spän**|**nig**; **vier**|**stel**|**lig**; **vier**|**stim**|**mig** (Musik); im -er Satz; - singen; **vier**|**stöckig** [Trenn.: ...stök|kig]; **viert**; vgl. vier; **Vier**|**takt**|**mo**|**tor**; **vier**|**tau**|**send**; vgl. tausend; **vier**|**te**; - Dimension; der - Stand (Arbeiterschaft); vgl. achte; **vier**|**tei**|**len**; geviertteilt; **vier**|**tei**|**lig**; **vier**|**tel** [fir...]; eine - Million; vgl. achtel; **Vier**|**tel** [fir...] das (schweiz. meist: der); -s, -; es ist [ein] - vor, nach eins; es hat [ein] - eins geschlagen; es ist fünf Minuten vor drei -; wir treffen uns um - acht, um drei - acht; drei - od. dreiviertel der Bevölkerung; vgl. Achtel u. dreiviertel; **Vier**|**tel**|**fi**|**na**|**le** [fir...] (Sportspr.), ...**ge**|**viert**; **Vier**|**tel**-

-jahr [fir...], ...jahr|hun|dert; vier-tel|jäh|rig [fir..., auch: firt'ljä...] (ein Vierteljahr alt, dauernd); -e Kündigung (mit einer ein Vier-teljahr dauernden Frist); vier-tel|jähr|lich [fir..., auch: firt'ljä...] (alle Vierteljahre wiederkeh-rend); -e Kündigung (alle Vier-teljahre mögliche Kündigung); Vier|tel|li|ter [auch: ...fir...]; vgl. achtel; vier|teln [fir...] (in vier Teile zerlegen); ich ...[e]le (↑R 22); Vier|tel|no|te [fir...]; Vier|tel|pfund [fir..., auch: firt'l-pfunt]; vgl. achtel; Vier|tel|stun-de; eine Viertelstunde, auch: ei-ne viertel Stunde; vgl. dreivier-tel; vier|tel|stün|dig [fir..., auch: firt'lschtü...] (eine Viertelstunde dauernd); vier|tel|stünd|lich [fir..., auch: firt'lschtü...] (alle Viertelstunden wiederkehrend); Vier|tels|wen|dung [fir...]; Vier-tel|ton [fir...] (Plur. ...töne); Vier-tel|zent|ner; vgl. achtel; vier-tens; viert|letzt; vgl. drittletzt; vier|tü|rig; vier|und|ein|halb; vier|und|zwan|zig; vgl. acht; Vier|und|zwan|zig|flach das;-[e]s, -e u. Vier|und|zwan|zig|fläch|ner (für: Ikositetraeder); Vie|rung (Geviert; Viereck); Vie|rungs-_kup|pel, ...pfei|ler; Vier|vier|tel-takt [...fir...] der; -[e]s; vgl. Ach-tel; Vier|wald|stät|ter See der; - -s (See am Nordrand der Alpen bei Luzern); vier|wer|tig; vier|zehn [fir...]; vgl. acht; Vier|zehn|hei|li-gen (Wallfahrtskirche südl. von Lichtenfels); vier|zehn|hun|dert [fir...]; vier|zehn_tä|gig ([fir...]; vgl. ...tägig), ...täg|lich (vgl. ...täg-lich); Vier|zei|ler; vier|zig [fir...] usw.; vgl. achtzig usw.; vier|zig-jäh|rig [fir...]; vgl. achtjährig; Vier|zig|stun|den|wo|che (mit Ziffer: 40-Stunden-Woche; ↑R 43); Vier|zim|mer|woh|nung (mit Ziffer: 4-Zimmer-Wohnung; ↑R 43); Vier-zwei-vier-Sy|stem das; -s; ↑R 41 (mit Ziffern: 4-2-4-System; Sportspr.: eine be-stimmte Art der Mannschafts-aufstellung); vier|zy|lin|der [...zül..., auch: ...zil...] (ugs. für: Vierzylindermotor od. damit ausgerüstetes Kraftfahrzeug); Vier|zy|lin|der|mo|tor; Vier|zy-lin|drig (mit Ziffer: 4zylindrig; ↑R 212)

Vi|et|cong [wiätkong] der; -s, -[s] ⟨vietnames.⟩ (polit. Bewegung im früheren Südvietnam [nur Sing.]; Mitglied dieser Bewe-gung); Vi|et|nam [wiätnam, auch: wiät...] (Staat in Indochi-na); Vi|et|na|me|se der; -n, -n (↑R 197); vi|et|na|me|sisch; Vi|et-na|mi|sie|rung die; - (Einschrän-kung der Beteiligung am Krieg in Vietnam auf die Vietname-sen); Vi|et|nam|krieg der; -[e]s

vif [wif] ⟨franz.⟩ (veralt., aber noch mdal. für: lebendig, lebhaft)

Vi|gil [wi...] die; -, -ien [...i•n] ⟨lat.⟩ (Vortag hoher kath. Feste); vi|gi-lant; -este (mdal. für: ober-schlau, pfiffig, aufgeweckt); Vi-gi|lanz die; - (mdal.); Vi|gi|lie [...i•] die; -, -n (bei den Römern die Nachtwache des Heeres); vi-gi|lie|ren (mdal. für: wachsam sein, aufpassen); auf etwas -

Vi|gnet|te [winjät•] die; -, -n ⟨franz.⟩ (Zier-, Titelbildchen, Randverzierung [in Druckschrif-ten]; Fotogr.: Maskenband zur Verdeckung bestimmter Stellen des Negativs beim Kopieren; Gebührenmarke für die Auto-bahnbenutzung in der Schweiz)

Vi|go|gne [wigonj•] die; -, -n ⟨in-dian.-franz.⟩ (Mischgarn aus Wolle und Baumwolle); Vi|go-gne|wol|le

vi|go|ro|so [wi...] ⟨ital.⟩ (Musik: kräftig, stark, energisch)

Vi|kar [wi...] der; -s, -e ⟨lat.⟩ (Stell-vertreter in einem geistl. Amt [kath. Kirche]; Kandidat der ev. Theologie nach der ersten Prü-fung; schweiz. auch: Stellvertre-ter eines Lehrers); Vi|ka|ri|at das; -[e]s, -e (Amt eines Vikars); vi|ka|ri|ie|ren (das Amt eines Vi-kars versehen; veralt. für: jmdn. vertreten); Vi|ka|rin die; -, -nen (ev. weibl. Vikar)

Vik|tor [wik...] ⟨lat.⟩ (m. Vorn.); Vik|tor Ema|nu|el (Name mehre-rer ital. Könige); 'Vik|to|ria (Sieg); - rufen; 'Vik|to|ria vgl. Vic|to|ria; 'Vik|to|ria vgl. Vik|to-ria; vik|to|ria|nisch, aber (↑R 134): Vik|to|ria|nisch; -e Zeit (der engl. Königin Viktoria

Vik|tua|li|en [wiktuali•n] Plur. (↑R 180) ⟨lat.⟩ (veralt. für: Le-bensmittel); Vik|tua|li|en|markt

Vi|ku|nja [wi...] das; -s, -s u. ...jen ⟨indian.⟩ (höckerloses süd-amerik. Kamel); Vi|ku|nja|wol|le

Vi|la (Hptst. von Vanuatu)

Vil|la [wila] die; -, -llen ⟨lat.⟩ (vor-nehmes Einzelwohnhaus)

Vil|lach [fil...] (Stadt in Kärnten)

Vil|la|nell [wila...] das; -s, -e u. Vil|la|nel|le die; -, -n ⟨ital.⟩ (ital. Bauern-, Hirtenliedchen, bes. des 16. u. 17. Jh.s)

vil|len|ar|tig; -es ... eine Haus; Vil-len|vier|tel

Vil|lin|gen-Schwen|nin|gen [fil...-] (Stadt an der Brigach)

Vil|lon [wijong] (franz. Lyriker)

Vil|ma [wi...] (ung. Form von: Wilhelmine)

Vil|mar [fil...] (dt. Theologe, Sprach- u. Literaturforscher)

Vils|ho|fen [fi...] (Stadt in Bayern)

Vi|mi|nal [wi...] der; -s („Viminali-scher Hügel" in Rom)

Vin|ai|gret|te [winägrät^(•)] die; -, -n ⟨franz.⟩ (mit Essig bereitete So-ße)

Vin|cen|ter [winz...] (Einwohner des Staates St. Vincent und die Grenadinen); vin|cen|tisch

Vin|ci [wintschi], Leonardo da (ital. Künstler)

Vin|de|li|zi|er [windelizi^•r] der; -s, - (Angehöriger einer kelt. Volks-gruppe); vin|de|li|zisch; aber: Vindelizische Schwelle (Geol.: Landschwelle im Süddeutsch-land des Erdmittelalters)

Vin|di|ka|ti|on [windikazion] die; -, -en ⟨lat.⟩; Vin|di|zie|rung (Rechtsw.: Herausgabeanspruch des Eigentümers einer Sache ge-genüber deren Besitzer); vin|di-zie|ren

Vi|ne|ta [wi...] ⟨verderbt aus: Jum-neta⟩ (sagenhafte untergegange-ne Stadt an der Ostseeküste)

Vingt-et-un [wängteöng], Vingt-un [wängtöng] das; - ⟨franz.⟩ („ein-undzwanzig"; ein Kartenglücks-spiel)

Vin|ku|la|ti|on [wingkulazion] die; -, -en ⟨lat.⟩ (Bindung des Rechtes der Übertragung eines Wertpa-piers an die Genehmigung des Emittenten); vin|ku|lie|ren; Vin-ku|lie|rung

Vintsch|gau [fi...] der; -[e]s (Tal-schaft oberhalb von Meran)

Vin|zen|tia [winzänzia] (w. Vorn.); Vin|zenz (m. Vorn.)

'Vi|o|la [wi...] u. Vi|ol|le die; -, Vio-len ⟨lat.⟩ (↑R 180) (Bot.: Veil-chen); 'Vi|o|la [wio..., auch: wi...] (↑R 180) (w. Vorn.)

'Vi|o|la [wi...] die; -, ...len (↑R 180) ⟨ital.⟩ (Bratsche); Vi|o|la da brac-cio [- - bratscho] die; - - -, ...le - - (Bratsche); Vi|o|la da gam|ba die; - - -, ...le - - (Gambe); Vi|o|la d'amo|re die; - -, ...le - - (Gamben-art in Altlage)

Vi|ol|le vgl. 'Viola; Vi|o|len (Plur. von: 1, 3 Viola)

vio|lent [wi...]; -este (↑R 180) ⟨lat.⟩ (veralt. für: heftig, gewaltsam); Vio|lenz die; - (veralt. für: Hef-tigkeit, Gewaltsamkeit)

vio|lett [wi...] (↑R 180) ⟨franz.⟩ (veilchenfarbig); vgl. blau; Vio-lett das; -s, - u. (ugs.:) -s (violette Farbe); vgl. Blau; Vio|let|te die (ital. Verkleinerungsform von: 'Viola)

Vio|lin|bo|gen (↑R 180); Vio|li|ne [wi...] die; -, -n ⟨ital.⟩ (Geige); Vio|li|nist der; -en, -en; ↑R 197 (Geiger); Vio|lin_kon|zert, ...schlüs|sel; Vio|lon|cel|lo das; -s, -s u. ...celli (Kniegeige, Klein-baß); Vio|lon|cel|list der; -en, -en; ↑R 197 (Cellist); Vio|lo|ne der;-[s], -s u. ...ni (Kontrabaß; eine Orgelstimme); **Viollophon** *das;* -s, -e (im Jazz gebräuchliche Violine)

VIP od. **V. I. P.** = very important person[s] [*wäri impä'''t'nt pö'β'n(s)*] ⟨engl.⟩ (sehr wichtige Person[en], Persönlichkeit[en])

Viper [*wi...*] *die;* -, -n ⟨lat.⟩ (Giftschlange)

Viraginität [*wi...*] *die;* - ⟨lat.⟩ (Med.: männliches Fühlen der Frau); **Virago** *die;* -, -s u. ...gines (Med.: Mannweib)

Virchow [*fircho*] (dt. Arzt)

Virement [*wir'mãŋ*] *das;* -s, -s ⟨franz.⟩ (im Staatshaushalt die Übertragung von Mitteln von einem Titel auf einen anderen oder auf ein anderes Haushaltsjahr)

Viren (*Plur.* von: Virus)

Virgil [*wir...*] (veraltete Schreibung von: Vergil)

¹Virginia [*wir...*] (w. Vorn.); **²Virginia** [*wirgi...*], auch, österr. nur: *wirdsehi...;* engl. Aussprache: *w'rdsehinj'*] (Staat in den USA; Abk.: Va.); **³Virginia** [*wirgi...*], auch: *wirdsehi...*] *die;* -, -s (Zigarre einer bestimmten Sorte); **Virginiatabak;** **Virginier** [*...i'r*]; **virginisch;** **Virginität** *die;* - (Jungfräulichkeit; Unberührtheit)

viril [*wi...*] ⟨lat.⟩ (Med.: männlich); **Virilismus** *der;* - (Vermännlichung); **Virilität** *die;* - (Med.: männliche Kraft; Mannbarkeit)

Virolloge [*wi...*] *der;* -en, -en (↑ R 197) ⟨lat.; griech.⟩ (Virusforscher)

virtuell ⟨franz.⟩ (der Kraft od. Möglichkeit nach vorhanden, scheinbar); -es Bild (Optik); -e Verrückung (Mech.)

virtulos [*wir...*]; -este ⟨ital.⟩ (meisterhaft, technisch vollkommen); **Virtuose** *der;* -n, -n; ↑ R 197 u. R 180 ([techn.] hervorragender Meister, bes. Musiker); **Virtuosentum** *das;* -s; **Virtuosität** *die;* - (Kunstfertigkeit; Meisterschaft, bes. als Musiker); **Virtus** *die;* - ⟨lat.⟩ (Ethik: Tüchtigkeit, Tapferkeit; Tugend)

virulent [*wi...*]; -este ⟨lat.⟩ (krankheitserregend, aktiv, ansteckend [von Krankheitserregern]; giftig); **Virulenz** *die;* - (Ansteckungsfähigkeit [von Bakterien]); **Virus** *das* (außerhalb der Fachspr. auch: *der*); -, ...ren (kleinster Krankheitserreger); **Virusinfektion, ...krankheit**

Visa (*Plur.* von: Visum)

Visage [*wisaseh'*, österr.: *...aseh*] *die;* -, -n ⟨franz.⟩ (ugs. verächtlich für: Gesicht); **Visagist** [*...sehißt*] *der;* -en, -en; ↑ R 197

(Kosmetiker, Gesichts-, Maskenbildner); **Visagistin** [*...sehi...*] *die;* -, -nen; **vis-à-vis** [*wisawi*] (gegenüber); **Visavis** [*wisawi*] *das;* - [*...wi(β)*], - [*...wiβ*] (Gegenüber)

Viscount [*waikaunt*] *der;* -s, -s ⟨engl.⟩ (engl. Adelstitel); **Viscountess** [*...tiß*] *die;* -, -es [*...tißis*] (weibliche Form von Viscount)

Visen (*Plur.* von: Visum); **Visier** *das;* -s, -e ⟨franz.⟩ (beweglicher, das Gesicht deckender Teil des Helmes; Zielvorrichtung); **visieren** (auf etwas zielen); **Visierfernrohr, ...linie**

Vision [*wi...*] *die;* -, -en ⟨lat.⟩ (Erscheinung; Traumbild; Zukunftsentwurf); **visionär;** ↑ R 180 (traumhaft; seherisch); **Visionär** *der;* -s, -e (Seher); **Visionsradius** (Optik: Sehachse)

Visitation [*wisitazion*] *die;* -, -en ⟨lat.⟩ (Durchsuchung, z. B. des Gepäcks oder der Kleidung; Besuchsdienst des vorgesetzten Geistlichen in den ihm unterstellten Gemeinden); **Visite** *die;* -, -n ⟨franz.⟩ (Krankenbesuch des Arztes; veralt. noch scherzh. für: Besuch); **Visitenkarte** (Besuchskarte); **visitieren** (durch-, untersuchen; besichtigen); **Visitkarte** (österr. neben: Visitenkarte)

viskos, (selten:) **viskös** [*wiß...*] ⟨lat.⟩ (zäh[flüssig], leimartig); -e Körper; **Viskose** *die;* - (Celluloseverbindung); **Viskosimeter** *das;* -s, - ⟨lat.; griech.⟩ (Zähigkeitsmesser); **Viskosität** *die;* - ⟨lat.⟩ (Zähflüssigkeit)

Vis major [*wiß -*] *die;* - - ⟨lat.⟩ (in der jurist. Fachsprache Bez. für: höhere Gewalt)

Vista [*wi...*] *die;* - ⟨ital.⟩ (Sicht, Vorzeigen eines Wechsels); vgl. a vista u. a prima vista; **Vistawechsel** (Sichtwechsel)

visualisieren [*wi...*]; ↑ R 180 ⟨lat.⟩ (optisch darstellen); **Visualisierung;** **visuell** ⟨franz.⟩ (das Sehen betreffend); -er Typ (jmd., der Gesehenes besonders leicht in Erinnerung behält); **Visum** [*wi...*] *das;* -s, ...sa u. ...sen ⟨lat.⟩ (Ein- od. Ausreiseerlaubnis; Sichtvermerk im Paß); **Visumantrag;** **visumfrei;** **Visumzwang** *der;* -[e]s

viszeral [*wiß...*] ⟨lat.⟩ (Med.: Eingeweide...)

Vita [*wita*] *die;* -, Viten u. Vitae [*witä*] ⟨lat.⟩ (hist.: Lebens[laut, -beschreibung); **vital** [*wi...*] ⟨lat.⟩ (lebenskräftig, -wichtig; frisch, munter); **Vitalfärbung** (Mikroskopie: Färbung lebender Zellen u. Gewebe)

Vitalianer [*wi...*] *Plur.* (↑ R 180) ⟨lat.; zu: Viktualien⟩ (selten für:

Vitalienbrüder); **Vitalienbrüder** [*...i'n...*] *Plur.* (Seeräuber in der Nord- u. Ostsee im 14. u. 15. Jh.)

Vitalismus [*wi...*] *der;* - ⟨lat.⟩ (philos. Lehre von der „Lebenskraft"); **Vitalist** *der;* -en, -en; ↑ R 197 (Anhänger des Vitalismus); **vitalistisch;** **Vitalität** *die;* - (Lebendigkeit, Lebensfülle, -kraft); **Vitamin** *das;* -s, -e ([lebenswichtiger] Wirkstoff); - C; des Vitamin[s] C; **vitaminarm;** **Vitamin-B-haltig** [*...be...*] (↑ R 41); **Vitamin-B-Mangel** [*...be...*] *der;* -s (↑ R 41); **Vitamin-B-Mangel-Krankheit** [*...be...*] *die;* -, -en (↑ R 41); **vitaminisieren, vitaminisieren** (mit Vitaminen anreichern); **Vitaminmangel, ...präparat; vitaminreich;** -e Kost; **Vitaminstoß** (Zufuhr von großen Vitaminmengen auf einmal)

vite [*wit*] ⟨franz.⟩ (Musik: schnell, rasch); **vitement** [*wit'mãŋ*] (Musik: schnell, rasch)

Vitellius [*wi...*] (röm. Kaiser)

Vitium [*wizium*] *das;* -s, ...tia ⟨lat.⟩ (Med.: Fehler)

Vitrine *die;* -, -n ⟨franz.⟩ (gläserner Schaukasten, Schauschrank); **Vitriol** *das;* -s, -e ⟨lat.⟩ (veralt. Bez. für: kristallisiertes, kristallwasserhaltiges Sulfat von Zink, Eisen od. Kupfer); **vitriolhaltig; Vitriollösung**

Vitruv [*witruf*] (altröm. Baumeister); **Vitruvius** [*witruwiuß*] vgl. Vitruv

Vitus [*wi...*] (lat. Form von: Veit)

Vitzliputzli [*wizli...*] *der;* -[s] (aus „Huitzilopochtli") (Stammesgott der Azteken; Schreckgestalt, Kinderschreck; volkstümlich auch für: Teufel)

vivace [*wiwatsche*] ⟨ital.⟩ (Musik: munter, lebhaft); **Vivace** *das;* -, - (Musik: lebhaftes Tempo); **vivacissimo** [*wiwatschiß...*] (Musik: sehr lebhaft); **Vivacissimo** *das;* -s, -s u. ...mi (Musik: äußerst lebhaftes Zeitmaß)

Vivaldi [*wiwaldi*] (ital. Komponist)

vivant! [*wiwant*] ⟨lat.⟩ (sie sollen leben!); **Vivarium** *das;* -s, ...ien [*...i'n*] (Aquarium mit Terrarium; auch: Gebäude hierfür); **vivat!** [*wiwat*] (er lebe!); **Vivat** *das;* -s, -s (Hochruf); ein - ausbringen, rufen; **vivat, crescat, floreat!** [-, ...kat, -] (er [sie, es] lebe, blühe und gedeihe!); **vivipar** [*wiwi...*] (lebendgebärend); **Vivisektion** *die;* -, -en (Eingriff am lebenden Tier zu wissenschaftl. Versuchszwecken); **vivisezieren**

Vize... [*fiz'*, seltener: *wiz'*] ⟨lat.⟩ („an Stelle von"; stellvertretend); **Vize-kanzler, ...könig,**

...kon|sul, ...mei|ster (Sportspr.), ...prä|si|dent

Viz|tum [*fiz...*, auch: *wiz...*] *der;* -s, -e ‹lat.› (im MA. Verwalter weltl. Güter von Geistlichen u. Klöstern)

v. J. = vorigen Jahres

Vla|me [*fla...*] usw. vgl. Flame usw.

Vlies [*fliß*] *das;* -es, -e ‹niederl.› ([Schaf]fell; Rohwolle; Spinnerei: breite Faserschicht); ↑ R 157: das Goldene Vlies

Vlie|se|li|ne ⓦ [*fli...*] *die;* - (Einlage zum Verstärken von Kragen und Manschetten)

Vlis|sin|gen [*fli...*] (niederl. Stadt)

vm. vgl. vorm.

v. M. = vorigen Monats

V-Mann = Vertrauensmann, Verbindungsmann

VN = Vereinte Nationen *Plur.;* vgl. UN u. UNO

v. o. = von oben

Vöck|la|bruck [*fö...*] (oberösterr. Stadt)

VOEST-ALPINE AG (österr. Industrieunternehmen)

Vo|gel *der;* -s, Vögel; Vo|gel|bau|er *das* (seltener: *der*); -s, - (Käfig); Vo|gel|beer|baum; Vo|gel|bee|re; Vö|gel|chen, Vögel|lein; Vo|gel|dunst *der;* -es (feinstes Schrot); Vo|gel|ler vgl. Vogler; Vo|gel|fän|ger, ...flug; Vo|gel|flug|li|nie *die;* - (kürzeste Verkehrsverbindung zwischen Hamburg u. Kopenhagen); vo|gel|frei (rechtlos); Vo|gel|fut|ter, ...häus|chen, ...herd (Fangplatz), ...kir|sche, ...kun|de (die; -; für: Ornithologie), ...mie|re (eine Pflanze); vö|geln (derb für: Geschlechtsverkehr ausüben); ich ...[e]le (↑ R 22); Vo|gel|per|spek|ti|ve *die;* - (Vogelschau); Vo|gels|berg *der;* -[e]s (Teil des Hessischen Berglandes); Vo|gel|schau (*die;* -), ...scheu|che, ...schutz, ...schutz|ge|biet, ...schwarm, ...stel|ler (Vogelfänger), ...stim|me; Vo|gel-Strauß-Po|li|tik *die;* (↑ R 41); Vo|gel|war|te, ...welt (*die;* -), ...züch|ter, ...zug; Vo|ger|l|sa|lat (österr. für: Feldsalat, Rapunzel)

Vo|gel|sen [*wo...*] *Plur.* (Gebirgszug westl. des Oberrheins)

Vög|lein, Vö|gel|lein, Vö|gel|chen; Vog|ler (Vogelfänger)

Vogt *der;* -[e]s, Vögte (früher für: Schirmherr; Richter; Verwalter; schweiz. auch für: Vormund); Vog|tei (früher für: Amtsbezirk, Sitz eines Vogtes); vog|tei|lich; Vög|tin *die;* -, -nen; Vogt|land *das;* -[e]s (Bergland zwischen Frankenwald, Fichtelgebirge u. Erzgebirge); Vogt|län|der (↑ R 147); vogt|län|disch; Vogt|schaft

voi|là! [*woala*] ‹franz.› (sieh da!; da haben wir es!)

Voile [*woal*] *der;* -, -s ‹franz.› (durchsichtiger Stoff); Voile|kleid

Vo|ka|bel [*wo...*] *die;* -, -n (österr. auch: *das;* -s, -) ‹lat.› ([einzelnes] Wort); Vo|ka|bel|heft, ...schatz (*der;* -es); Vo|ka|bu|lar *das;* -s, -e u. (älter:) Vo|ka|bu|la|ri|um *das;* -s, ...ien [...*i*ⁿn] (Wörterverzeichnis)

vo|kal [*wo...*] ‹lat.› (Musik: die Singstimme betreffend, gesangsmäßig); Vo|kal *der;* -s, -e (Sprachw.: Selbstlaut, z. B. a, e); Vo|ka|li|sa|ti|on [...*zion*] *die;* -, -en (Aussprache eines Konsonanten in der Art eines Vokals; die Aussprache der Vokale, bes. beim Gesang); vo|ka|lisch (selbstlautend); Vo|ka|li|se *die;* -, -n ‹franz.› (Musik: Gesangsübung, -stück auf einen oder mehrere Vokale; vo|ka|li|sie|ren (einen Konsonanten wie einen Vokal sprechen; beim Singen die Vokale bilden u. aussprechen); Vo|ka|li|sie|rung; Vo|ka|lis|mus *der;* - (Vokalbestand einer Sprache); Vo|ka|list *der;* -en, -en (↑ R 197 (Sänger); Vo|ka|li|stin *die;* -, -nen (Sängerin); Vo|kal-mu|sik (Gesang), ...stück; Vo|ka|tiv [*wo...*, auch: *wo...* od. wo|ka|tif*] *der;* -s, -e [...*wᵉ*] (Sprachw.: Anredefall)

vol. = Volumen (Schriftrolle, Band)

Vol.-% = Volumprozent

Vol|land [*fo...*] *der;* -[e]s (alte Bez. für: Teufel); Junker -

Vollant [*wolang*, schweiz.: *wo...*] *der* (schweiz. meist: *das*); -s, -s ‹franz.› (Besatz an Kleidungsstücken, Falbel; Lenkrad, Steuer [am Kraftwagen])

Vo|la|pük [*wo...*] *das;* -s (künstliche Weltsprache)

Vol-au-vent [*wolowang*] *der;* -, -s [...*wang*] ‹franz.› (Pastete aus Blätterteig, gefüllt mit Ragout)

Vo|lie|re [*wol...*] *die;* -, -n ‹franz.› (Vogelhaus)

Volk *das;* -[e]s, Völker

Vol|kard vgl. Volkhard

volk|arm; Völk|chen, Völk|lein

Vol|ker (Spielmann der Nibelungen; m. Vorn.)

Völ|ker|ball (*der;* -[e]s; Ballspiel), ...bund (*der;* -[e]s, ...e), ...kun|de (*die;* -), ...kund|ler; völ|ker|kund|lich; Völ|ker|mord, ...recht *das;* -[e]s; völ|ker|recht|lich; Völ|ker-rechts|kund|ler

Vol|kert vgl. Volkhard

Völ|ker|ver|stän|di|gung, ...wan|de|rung

Volk|hard, Vol|kard, Vol|kert (m. Vorn.)

völ|kisch; Völk|lein, Völk|chen; volk|lich (das Volk betreffend)

Volk|mar (m. Vorn.)

volk|reich; Volks-ab|stim|mung, ...ak|tie, ...ak|tio|när, ...ar|mee (*die;* -; DDR), ...ar|mist (*der;* -en, -en; ↑ R 197; DDR), ...aus|ga|be, ...bank (*Plur.* ...banken), ...be-fra|gung, ...be|geh|ren, ...bel|lu-sti|gung, ...bi|blio|thek; volks-bil|dend; Volks-bil|dung (*die;* -), ...brauch, ...buch, ...bü|che|rei, ...de|mo|kra|tie (Staatsform kommunist. Länder, bei der die gesamte Staatsmacht in den Händen der Partei liegt), ...deut|sche (*der u. die;* -n, -n; ↑ R 7 ff.), ...dich|tung; volks|ei|gen (DDR); ein -es Gut, ein -er Betrieb, aber (↑ R 157): „Volkseigener Betrieb Leipziger Druckhaus"; (Abk.: VEB ...); Volks-ei|gen|tum (DDR), ...ein|kom|men, ...emp-fin|den (*das;* -s), ...ent|scheid, ...ety|mo|lo|gie (Bez. für die naive Verdeutlichung eines unbekannten Wortes durch dessen Anlehnung an bekannte, klangähnliche Wörter, z. B. „Hängematte" an „hängen" u. „Matte" statt an indianisch „hamaca"), ...feind; volks|feind|lich; Volks-_fest, ...front (Bündnis der linken bürgerlichen Parteien mit den Kommunisten), ...ge|sund-heit (*die;* -), ...glau|be[n], ...held, ...herr|schaft, ...hoch|schu|le, ...kam|mer (höchstes staatl. Machtorgan der DDR), ...kir-che, ...kun|de (*die;* -), ...kund|ler (*das;* -s), ...lied, ...mär|chen; volks|mä|ßig; Volks-men|ge, ...mund (*der;* -[e]s), ...mu|sik, ...nah|rungs|mit|tel *das,* ...po|li|zei (*der;* -; DDR; Abk.: VP), ...po|li|zist (DDR), ...red|ner, ...re|pu|blik (Abk.: VR), ...schau-spie|ler, ...schicht, ...schu|le, ...schü|ler, ...schü|le|rin, ...schul-leh|rer, ...see|le (*die;* -), ...sport, ...spra|che; volks|sprach|lich; Volks-stamm, ...stück, ...tanz, ...tracht, ...trau|er|tag, ...tri|bun, ...tum (*das;* -s); volks|tüm|lich; Volks-tüm|lich|keit (*die;* -); volks-ver|bun|den; Volks|ver|bun|den-heit (*die;* -), ...ver|mö|gen, ...ver-tre|ter, ...ver|tre|tung, ...wa|gen ⓦ (Abk.: VW); Volks|wa|gen-werk; Volks_wei|se, ...weis|heit, ...wirt, ...wirt|schaft; Volks|wirt-schaf|ter (schweiz. überwiegend für: Volkswirtschaftler); Volks-wirt|schaft|ler; volks|wirt|schaft-lich; Volks_wirt|schafts|leh|re, ...wohl, ...zäh|lung

voll; voll Wein[es], voll [des] süßen Weines; voll[er] Angst; ein

Faß voll[er] Öl; der Saal war voll[er] Menschen, voll von Menschen; voll heiligem Ernst; (↑R 65:) aus dem vollen schöpfen; im vollen leben; ein Wurf in die vollen (auf 9 Kegel); in die vollen gehen (ugs. für: etwas mit Nachdruck betreiben); ins volle greifen; zehn Minuten nach voll (ugs.: nach der vollen Stunde); voll verantwortlich sein; ein Armvoll (vgl. d.), eine Handvoll (vgl. d.), ein Mundvoll (vgl. d.). Schreibung in Verbindung mit Verben (↑R 205 f.): voll sein, werden; jmdm. die Hucke voll hauen (ugs. für: jmdn. verprügeln); jmdm. die Hucke voll lügen (ugs.: jmdn. sehr belügen); jmdm. nicht für voll nehmen (ugs. für: nicht ernst nehmen); den Mund recht voll nehmen (ugs. für: prahlen); etwas voll (ganz) begreifen; vgl. aber: volladen, vollaufen, vollbringen, vollenden, vollführen, vollfüllen, vollgießen, vollmachen, vollsaufen, vollschenken, vollschlagen, vollschmieren, vollschreiben, vollstopfen, vollstrecken, volltanken, vollziehen

voll|la|den [Trenn.: voll|la..., ↑R 204] (↑R 205); ich lade den Wagen voll; vollgeladen; vollzuladen; vgl. ¹laden

voll|lauf [auch: ...lauf]; - genug haben

voll|lau|fen [Trenn.: voll|lau..., ↑R 204] (↑R 205); es läuft voll; vollgelaufen; vollzulaufen; du hast dich - lassen (ugs.: hast dich betrunken); vgl. laufen

voll|au|to|ma|tisch; voll|au|to|ma|ti|siert

Voll|bad

Voll|bart

voll|be|schäf|tigt; Voll|be|schäf|ti|gung die; -

Voll|be|sitz; im - seiner Kräfte

Voll|blut das; -[e]s (Pferd aus einer bestimmten Reinzucht); Voll|blü|ter; voll|blü|tig; Voll|blü|tig|keit die; -; Voll|blut|pferd

Voll|brem|sung

voll|brin|gen; ↑R 205 (ausführen; vollenden); ich vollbringe; vollbracht; zu -; Voll|brin|gung

voll|bu|sig

Voll|dampf der; -[e]s

Völ|le|ge|fühl das; -s

vol|lei|big [Trenn.: voll|lei..., ↑R 204]

voll|ela|stisch

voll|elek|tro|nisch

voll|en|den (↑R 205); ich vollende; vollendet; zu -; Voll|en|der; vollends; Voll|en|dung

vol|ler vgl. voll

Völ|le|rei

voll|es|sen, sich (ugs.); ↑R 205; ich

esse mich voll; vollgegessen; vollzuessen

vol|ley [*woli*] ⟨engl.⟩; einen Ball - (aus der Luft) nehmen; Vol|ley der; -s, -s (Tennis: Flugball); Vol|ley|ball [*woli...*] der; -[e]s (ein Ballspiel; Flugball)

voll|fres|sen, sich; ↑R 205; der Hund frißt sich voll; vollgefressen; vollzufressen

voll|füh|ren (↑R 205); ich vollführe; vollführt; zu -; Voll|füh|rung

voll|fül|len (↑R 205); ich fülle voll; vollgefüllt; vollzufüllen

Voll|gas das; -es; - geben

Voll|gat|ter (Säge)

Voll|ge|fühl; im -

voll ge|pfropft, ...ge|stopft

voll|gie|ßen (↑R 205); ich gieße voll; vollgegossen; vollzugießen

voll|gül|tig

Voll|idi|ot (ugs.)

völ|lig

voll|in|halt|lich

voll|jäh|rig; Voll|jäh|rig|keit die; -; Voll|jäh|rig|keits|er|klä|rung

Voll|ju|rist

voll|kas|ko|ver|si|chert; Voll|kas|ko|ver|si|che|rung

Voll|kauf|mann

voll|kli|ma|ti|siert

voll|kom|men [auch: *fol...*]; Voll|kom|men|heit [auch: *fol...*] die; -

Voll|korn|brot

Voll|kraft die; -

voll|ma|chen (↑R 205); ich mache voll; vollgemacht; vollzumachen

Voll|macht die; -, -en; Voll|macht|ge|ber; Voll|machts|ur|kun|de

voll|mast; - flaggen; auf - stehen

Voll|ma|tro|se

Voll|milch; Voll|milch|scho|ko|la|de

Voll|mond der; -[e]s; Voll|mond|ge|sicht (Plur. ...gesichter; ugs. scherzh. für: rundes Gesicht)

voll|mun|dig (voll im Geschmack)

Voll|nar|ko|se

voll|pa|cken (↑R 205) [Trenn.: ...k|k...]; ich packe voll; vollgepackt; vollzupacken

Voll|pap|pe (massive Pappe)

Voll|pen|si|on

Voll|rausch

voll|reif; Voll|rei|fe

voll|sau|fen, sich (ugs.); ↑R 205; ich saufe mich voll; vollgesoffen; vollzusaufen; aber: sich die Hucke voll saufen

voll|schen|ken (↑R 205) ich schenke voll; vollgeschenkt; vollzuschenken

voll|schla|gen, in: sich den Bauch -; ↑R 205 (ugs.: sehr viel essen); du schlägst dir den Bauch voll; vollgeschlagen; vollzuschlagen

voll|schlank

voll|schmie|ren (ugs.); ↑R 205; ich schmiere voll; vollgeschmiert; vollzuschmieren

voll|schrei|ben (↑R 205); ich schreibe voll; vollgeschrieben; vollzuschreiben

Voll|sinn; im - des Wortes

Voll|spur die; - (bei der Eisenbahn); voll|spu|rig

voll|stän|dig; Voll|stän|dig|keit die; -

voll|stock; - flaggen; auf - stehen

voll|stop|fen (↑R 205); ich stopfe voll; vollgestopft; vollzustopfen

voll|streck|bar; Voll|streck|bar|keit die; -; voll|strecken¹; ich vollstrecke; vollstreckt; zu -; Voll|strecker¹; Voll|streckung¹; Voll|streckungs¹|be|am|te, ...be|scheid

voll|tan|ken (↑R 205); ich tanke voll; vollgetankt; vollzutanken

voll|tö|nend; voll|tö|nig

Voll|tref|fer

voll|trun|ken; Voll|trun|ken|heit die; -

Voll|ver|samm|lung

Voll|wai|se

Voll|wasch|mit|tel

voll|wer|tig; Voll|wer|tig|keit die; -; Voll|wert|kost die; -

voll|wich|tig (volles Gewicht habend)

voll|zäh|lig; Voll|zäh|lig|keit die; -

voll|zeich|nen (↑R 205); der Bogen ist vollgezeichnet, aber: die Anleihe war sofort voll gezeichnet

voll|zieh|bar; Voll|zieh|bar|keit die; -; voll|zie|hen (↑R 205); ich vollziehe; vollzogen; zu -; Voll|zie|her; Voll|zie|hung; Voll|zie|hungs|be|am|te; Voll|zug der; -[e]s (Vollziehung); Voll|zugs|an|stalt (Gefängnis), ...be|am|te, ...ge|walt

Vo|lon|tär [*wolongtär*, auch: wolontär] der; -s, -e ⟨franz.⟩ (ohne od. nur gegen eine kleine Vergütung zur berufl. [bes. kaufmänn.] Ausbildung Arbeitender; Anwärter); Vo|lon|tä|rin die; -, -nen; Vo|lon|ta|ri|at das; -[e]s, -e (Ausbildungszeit, Stelle eines Volontärs); vo|lon|tie|ren (als Volontär arbeiten)

Vols|ker [*wolß...*] der; -s, - (Angehöriger eines italischen Volksstammes in Mittelitalien); vols|kisch

Volt [*wolt*] das; - u. -[e]s, - ⟨nach dem ital. Physiker Volta⟩ (Einheit der elektr. Spannung; Zeichen: V); 220 - (↑R 129); Vol|ta|ele|ment (↑R 135)

Vol|taire [*woltär*] (franz. Schriftsteller); Vol|tai|ria|ner; ↑R 180 (Anhänger Voltaires)

vol|ta|isch [*wol...*] (nach Volta benannt; galvanisch), aber (↑R 134): Vol|ta|isch (von Volta stammend); Vol|ta|me|ter das;

---

¹ Trenn.: ...k|k...

-s, - (Stromstärkemesser); vgl.
aber: Voltmeter; **Volt|am|pere**
[...*pär*] (Maßeinheit der elektr.
Leistung; Zeichen: VA)
Vol|te [*wolt'*] *die;* -, -n ‹franz.›
(Reitfigur; Kunstgriff beim Kartenmischen; Verteidigungsart
beim Fechtsport); die - schlagen;
Vol|ten|schlä|ger; Vol|te|schlagen *das;* -s; **vol|ti|e|ren** (svw. voltigieren); **Vol|ti|ge** [...*tiseh'*] *die;* -,
-n (Sprung eines Kunstreiters auf
das Pferd); **Vol|ti|geur** [...*sehör*]
der; -s, -e (Kunstspringer); **vol|ti|gie|ren** [...*tisehir'n*] (eine Volte
ausführen; Luft-, Kunstsprünge,
Turnübungen auf dem [trabenden] Pferd ausführen)
Volt|me|ter [*wolt*...] *das;* -s, -
(Elektrotechnik: Spannungsmesser); vgl. aber: Voltameter
Vol|u|men [*wo*...] *das;* -s, - u. ...mina ‹lat.› (Rauminhalt [Zeichen:
V]; Schriftrolle, Band [Abk.:
vol.]; Stromstärke einer Fernsprech- od. Rundfunkübertragung); **Vol|u|men|ge|wicht** vgl.
Volumgewicht; **Vol|u|men|pro|zent** vgl. Volumprozent; **Vol|u|me|trie** *die;* - (Messung von
Rauminhalten); **Vol|um|ge|wicht**
(spezifische Gewicht, Raumgewicht); **vol|u|mi|nös;** -este
‹franz.› (umfangreich, massig);
Vol|um|pro|zent (Hundertsatz
vom Rauminhalt; Abk.: Vol.-%)
Vol|un|ta|ris|mus [*wo*...] *der;* -
‹lat.› (philos. Lehre, die allein
den Willen als maßgebend betrachtet); **Vol|un|ta|rist** *der;* -en,
-en (↑R 197); **vol|un|ta|ri|stisch**
Völ|lu|spa [*wö*...] *die;* - ‹altnord.›
(Eddalied vom Ursprung u. vom
Untergang der Welt)
Vol|u|te [*wo*...] *die;* -, -n ‹lat.› (spiralförmige Einrollung am Kapitell ionischer Säulen)
Vol|vu|lus [*wolwu*...] *der;* -, ...li
‹lat.› (Med.: Darmverschlingung)
vom (von dem; Abk.: v.)
Vom|hun|dert|satz; vgl. Hundertsatz
vo|mie|ren [*wo*...] ‹lat.› (Med.: sich
erbrechen)
Vom|tau|send|satz (Promillesatz)
von (Abk.: v.[1]); mit *Dat.:* - dem
Haus; - der Art; - [ganzem] Herzen; - [großem] Nutzen, Vorteil
sein; - Gottes Gnaden; - Hand
zu Hand; - Sinnen; - seiten (vgl.
d.); - neuem; - nah u. fern; eine
Frau - heute; - links, - rechts; -
oben (Abk.: v.o.); - unten (Abk.:
v.u.); - ungefähr; - vorn[e]; -
vornherein; - jetzt an (ugs.: ab); -
klein auf; - Grund auf od. aus; -

---

mir aus; - Haus[e] aus; - Amts
wegen; - Rechts wegen; mit Grüßen - Haus zu Haus; - weit her; -
alters her; - dorther; - jeher; -
dannen, hinnen gehen; - wegen!
(ugs. für: daraus wird nichts);
von|ein|an|der; *Schreibung in
Verbindung mit Verben* (↑R 205):
etwas voneinander haben, voneinander wissen, scheiden usw.,
aber: voneinander gehen (sich
trennen), vgl. aneinander
von|nö|ten; ↑R 208 ([dringend] nötig); - sein
von oben (Abk.: v.o.)
von Rechts we|gen (Abk.: v.R.w.)
von sei|ten; mit *Gen.:* - - seines Vaters
von|stat|ten (↑R 208); - gehen
von un|ten (Abk.: v.u.)
von we|gen! (ugs. für: auf keinen
Fall!)
[1]**Vol|po** *der;* -s, -s (ugs. kurz für:
Volkspolizist); [2]**Vol|po** *die;* - (ugs.
kurz für: Volkspolizei)
vor (Abk.: v.); mit *Dat.* u. *Akk.:*
vor dem Zaun stehen, aber:
sich vor den Zaun stellen; vor allem (vgl. d.); vor diesem; vor alters (vgl. d.); vor der Zeit; von
Zeiten; Gnade vor Recht ergehen lassen; vor sich gehen; vor
sich hin brummen usw.; vor
Christi Geburt (Abk.: v.Chr.
G.); vor Christo od. Christus
(Abk.: v.Chr.); vor allem[,]
wenn/weil (vgl. d.)
vor... (*in Zus. mit Verben,* z.B. vorsingen, du singst vor, vorgesungen, vorzusingen)
vor|ab (zunächst, zuerst)
Vor|ab|druck (*Plur.* ...drucke)
Vor_abend, ...ah|nung
vor al|lem (Abk.: v.a.); vor allem[,]
wenn/weil (↑R 127)
Vor|al|pen *Plur.*
vor al|ters; ↑R 61 (in alter Zeit)
vor|an; der Sohn voran, der Vater
hinterdrein; **vor|an**... (z.B. vorangehen); **vor|an|ge|hen;** ich gehe voran; vorangegangen; vor-
anzugehen; **vor|an|ge|hend;**
(↑R 66:) -es; (↑R 65:) im -en (weiter oben), aber: der, die, das
Vorangehende; vgl. folgend;
vor|an|kom|men
Vor|an|kün|di|gung, vor|an|mel|den (nur im Infinitiv u. 2. Partizip gebr.); vorangemeldet; **Vor-
_an|mel|dung,** ...an|schlag
vor|an|stel|len, ...trei|ben
Vor_an|zei|ge, ...ar|beit; **vor|ar|bei|ten; Vor|ar|bei|ter**
Vor|arl|berg[1] (österr. Bundesland); **Vor|arl|ber|ger**[1] (↑R 147);
vor|arl|ber|gisch[1]
vor|auf; er war allen vorauf; **vor|auf**... (z.B. voraufgehen); **vor-**

---

auf|ge|hen; ich gehe vorauf; vor-
aufgegangen; voraufzugehen
vor|aus; (↑R 65:) im, zum - [auch:
fo...]; er war allen voraus; **Voraus** *der;* - (Rechtsw.: besonderer
Erbanspruch eines überlebenden
Ehegatten); **vor|aus**... (z.B. vorausgehen); **Vor|aus|ab|tei|lung;
vor|aus|be|din|gen;** ich bedinge
voraus; vorausbedingen; **Vor-
auszubedingen; Vor|aus|be|din-
gung; vor|aus|be|rech|nen; vor-
aus|be|zah|len; Vor|aus|be|zah-
lung; vor|aus|da|tie|ren** (mit einem späteren Datum versehen);
**vor|aus|fah|ren; vor|aus|ge|hen;
vor|aus|ge|hend;** (↑R 66:) -es;
(↑R 65:) im -en (weiter oben),
aber: der, die, das Vorausgehende; vgl. folgend; **vor|aus|ge|setzt,
daß** (↑R 125); **vor|aus|ha|ben;**
jmdm. etwas -; **Vor|aus..kas|se,**
...kor|rek|tur; **Vor|aus|sa|ge; vor-
aus|sa|gen; Vor|aus|schau; vor-
aus|schau|en**
Vor|aus|schei|dung (Sport)
vor|aus|schi|cken [*Trenn.:* ...ik-
ken]; **vor|aus|seh|bar; vor|aus|se-
hen; vor|aus|set|zen; Vor|aus|set-
zung; vor|aus|set|zungs|los; Vor-
aus|sicht** *die;* - aller - nach; in
der -, daß ...; **vor|aus|sicht|lich**
Vor|aus|wahl (vorläufige Auswahl)
**vor|aus|wis|sen; vor|aus|zah|len;
Vor|aus|zah|lung**
Vor|bau (*Plur.* ...bauten); **vor|bau-
en** (auch ugs. für: vorbeugen);
ein kluger Mann baut vor
vor|be|dacht; nach einem vorbedachten Ziele; **Vor|be|dacht** *der,*
nur in: mit, ohne - handeln
Vor|be|deu|tung
Vor|be|din|gung
Vor|be|halt *der;* -[e]s, -e (Bedingung); mit, unter, ohne -; **vor|be-
hal|ten;** ich behalte es mir vor;
ich habe es mir -; vorbehalten;
vor|be|halt|lich, (schweiz.:) **vor-
be|hält|lich;** mit *Gen.;* (Amtsdt.:)
- unserer Rechte; **vor|be|halt|los;
Vor|be|halts_gut,** ...ur|teil
Vor|be|mer|kung
Vor|be|ra|tung
vor|be|rei|ten;   Vor|be|rei|tung;

---

[1] Über die Schreibung in Familiennamen ↑R 78.

[1] Auch: ...*arl*...

[1] Auch: ...*arl*...

Vor|be|rei|tungs_kurs od. ...kur-
sus
Vor|be|richt
vor|be|sagt (veraltend für: eben
genannt)
Vor|be|scheid
Vor|be|sit|zer
Vor|be|spre|chung
vor|be|stel|len; Vor|be|stel|lung
vor|be|straft; Vor|be|straf|te (der
u. die; -n, -n; ↑R 7 ff.)
vor|be|ten; Vor|be|ter
Vor|be|u|gel|haft die (Rechtsw.);
vor|beu|gen; (↑R 68:) Vorbeugen
(auch: vorbeugen) ist besser als
Heilen (auch: heilen); Vor|beu-
gung; Vor|beu|gungs|maß|nah-
me
vor|be|zeich|net (veraltend für:
eben genannt, eben aufgeführt)
Vor|bild; vor|bil|den; vor|bild-
lich; Vor|bild|lich|keit die; -;
Vor|bil|dung die; -
vor|bin|den; eine Schürze -
Vor|blick
Vor|bör|se die; - (der eigtl. Börsen-
zeit vorausgehende Börsenge-
schäfte); vor|börs|lich
Vor|bo|te
vor|brin|gen
Vor|büh|ne
vor Chri|sti Ge|burt (Abk.:
v.Chr.G.); vor|christ|lich; vor
Chri|sto, vor Chri|stus (Abk.:
v.Chr.)
Vor|dach
vor|da|tie|ren (mit einem früheren
Datum versehen [vgl. zurückda-
tieren]; mit einem späteren Datum versehen [vgl. vorausdatie-
ren]); Vor|da|tie|rung
vor|dem [auch: for...] (früher)
Vor|den|ker (jmd., der kommende
Entwicklungen erkennt, auf sie
hinweist)
Vor|der_ach|se, ...an|sicht; vor-
der|asia|tisch (↑R 180); Vor|der-
_asi|en (↑R 152), ...bein, ...deck;
vor|de|re, aber (↑R 152): der
Vordere Orient; vgl. vorderst;
Vor|der_front, ...fuß, ...gau|men-
laut (für: Palatal); Vor|der-
grund; vor|der|grün|dig
vor|der|hand [auch: for... oder
...hant] (↑R 208) ⟨zu: vor⟩ (einst-
weilen)
Vor|der|hand die; - ⟨zu: vordere⟩
Vor|der|haus
Vor|der|in|di|en; ↑R 152 (südasiat.
Subkontinent)
Vor|der_la|der (Feuerwaffe),
...mann (Plur. ...männer), ...pfo-
te, ...rad; Vor|der|rad_an|trieb,
...brem|se; Vor|der_satz, ...schin-
ken, ...sei|te, ...sitz
vor|derst; zu vorderst; der vorder-
ste Mann, aber (↑R 65): die Vor-
dersten sollen sich setzen
Vor|der_ste|ven, ...teil (das od.
der), ...tür

vor|drän|geln, sich; ich ...[e]le
mich vor; vor|drän|gen; sich -
vor|drin|gen; vor|dring|lich (be-
sonders dringlich); Vor|dring-
lich|keit
Vor|druck (Plur. ...drucke)
vor|ehe|lich
vor|ei|lig; Vor|ei|lig|keit
vor|ein|an|der; Schreibung in Ver-
bindung mit Verben (↑R 206): sich
voreinander fürchten, sich voreinander hüten, sich voreinander
hinstellen usw.; vgl. aneinander
vor|ein|ge|nom|men; Vor|ein|ge-
nom|men|heit die; -
Vor|ein|sen|dung; gegen - des Be-
trages in Briefmarken
vor|eis|zeit|lich
Vor|el|tern Plur.
vor|ent|hal|ten; ich enthalte vor;
ich habe vorenthalten; vorzuent-
halten; Vor|ent|hal|tung
Vor|ent|scheid; Vor|ent|schei-
dung; Vor|ent|schei|dungs|kampf
¹Vor|er|be der; ²Vor|er|be das
vor|erst [auch: ...erst]
vor|er|wähnt (Amtsdt.)
Vor|es|sen (schweiz. für: Ragout)
vor|ex|er|zie|ren (ugs.)
Vor|fahr der; -en, -en (↑R 197) u.
Vor|fah|re der; -n, -n (↑R 197)
vor|fah|ren; Vor|fah|rin die; -,
-nen; Vor|fahrt; [die] - haben,
beachten; vor|fahrt[s]|be|rech-
tigt; Vor|fahrt[s]_recht (das;
-[e]s), ...re|gel, ...schild das,
...stra|ße, ...zei|chen
Vor|fall der; vor|fal|len
Vor|feld
Vor|film
vor|fi|nan|zie|ren; Vor|fi|nan|zie-
rung
vor|fin|den
Vor|flu|ter (Abzugsgraben; Ent-
wässerungsgraben)
Vor|freu|de
vor|fri|stig; etwas - liefern
Vor|früh|ling
vor|füh|len
Vor|führ|da|me; vor|füh|ren; Vor-
füh|rer; Vor|führ|raum; Vor|füh-
rung; Vor|führ|rungs|raum; Vor-
führ|wa|gen
Vor|ga|be (Sport: Vergünstigung
für Schwächere; Bergmannsspr.:
das, was an festem Gestein [od.
Kohle] durch einen Sprengschuß
gelöst werden soll)
Vor|gang; Vor|gän|ger; vor|gän-
gig (schweiz. für: zuvor); Vor-
gangs|wei|se (österr. für: Vorge-
hensweise)
Vor|gar|ten
vor|gau|keln; ich gauk[e]le vor
(↑R 22)
vor|ge|ben
Vor|ge|bir|ge
vor|geb|lich
vor|ge|faßt; -e Meinung
vor|ge|fer|tigt; -e Bauteile

Vor|ge|fühl
Vor|ge|gen|wart (für: Perfekt)
vor|ge|hen; Vor|ge|hen das; -s
vor|gel|a|gert; -e Inseln
Vor|ge|län|de
Vor|ge|le|ge (Technik: Übertra-
gungsvorrichtung)
vor|ge|le|sen, ge|neh|migt, un|ter-
schrie|ben (gerichtl. Formel;
Abk.: v., g., u.)
vor|ge|nannt (Amtsdt.)
vor|ge|ord|net (früher auch für:
übergeordnet)
Vor|ge|plän|kel
Vor|ge|richt (Vorspeise)
vor|ger|ma|nisch
Vor|ge|schich|te die; -; Vor|ge-
schicht|ler; vor|ge|schicht|lich;
Vor|ge|schichts|for|schung
Vor|ge|schmack der; -[e]s
vor|ge|schrit|ten; in -em Alter
Vor|ge|setz|te der u. die; -n, -n
(↑R 7 ff.); Vor|ge|setz|ten|ver-
hält|nis
Vor|ge|spräch
vor|ge|stern; - abend (↑R 61); vor-
gest|rig
vor|glü|hen (beim Dieselmotor)
vor|grei|fen; vor|greif|lich (ver-
alt.); vgl. unvorgreiflich; Vor-
griff
vor|ha|ben; etwas -; Vor|ha|ben
das; -s, - (Plan, Absicht)
Vor|hal|le
Vor|halt (Musik: ein harmonie-
fremder Ton, der an Stelle eines
benachbarten Akkordtones
steht, in den er sich auflöst;
schweiz. neben: Vorhaltung);
vor|hal|ten; Vor|hal|tung (meist
Plur.; ernste Ermahnung)
Vor|hand die; - (bes. [Tisch]tennis:
ein bestimmter Schlag; beim
Pferd: auf den Vorderbeinen ru-
hender Rumpfteil; Kartenspie-
ler, der beim Austeilen die erste
Karte erhält); in [der] - sein, sitzen; die - haben
vor|han|den; - sein; Vor|han|den-
sein das; -s (↑R 68)
Vor|hang der; -[e]s, ...hänge; ¹vor-
hän|gen; das Kleid hing unter
dem Mantel vor; vgl. ¹hängen;
²vor|hän|gen; er hat das Bild vor-
gehängt; vgl. ²hängen; Vor|hän-
ge|schloß (Vorhang), Vor-
hang_stan|ge,
...stoff
Vor_haus (landsch. für: Hausein-
fahrt, -flur), ...haut (für: Präputi-
um)
vor|hei|zen
vor|her [auch: ...her]; vorher (frü-
her) war es besser; einige Tage
vorher. Schreibung in Verbindung
mit Verben (↑R 205f.): a) Getrenntschreibung, wenn „vorher“
im Sinne von früher gebraucht
wird, z. B. vorher (früher) gehen;
b) Zusammenschreibung, wenn
„vorher“ im Sinne von voraus

verwendet wird; vgl. vorherbe-
stimmen, vorhergehen, vorhersa-
gen, vorhersehen; Vor|her|be-
stim|men; ↑R 205 (vorausbestim-
men); er bestimmt vorher; vor-
herbestimmt; vorherzubestim-
men; aber: er hat den Zeitpunkt vorher (früher, im voraus)
bestimmt; Vor|her|be|stim-
mung; vor|her|ge|hen; ↑R 205
(voraus-, vorangehen); es geht
vorher; vorhergegangen; vorher-
zugehen; vgl. vorher a); vor|her-
ge|hend; (↑R 66:) -es; (↑R 65:) im
-en (weiter oben), aber: der,
die, das Vorhergehende; vgl. fol-
gend; vor|he|rig [auch: _for..._]
'vor|herr|schaft; vor|herr|schen
or|her|sag|bar; Vor|her|sa|ge _die;_
-, -n; vor|her|sa|gen; ↑R 205 (vor-
aussagen); ich sage vorher;
vorhergesagt; vorherzusagen;
(↑R 65:) das Vorhergesagte; vgl.
aber vorher a): das _vorher Ge-
sagte_ (↑R 65)
or|her|seh|bar; vor|her|se|hen;
↑R 205 (ahnen, im voraus erkennen); ich sehe vorher; vorhergesehen; vorherzusehen; vgl. vorher a)
or|hin [auch: _...hin_]
or|hin|ein; im - (bes. österr. für:
im voraus); vgl. vornhinein
'or_hof, ...höl|le, ...hut _die;_ -, -en
o|rig; vorigen Jahres (Abk.: v. J.);
vorigen Monats (Abk.: v. M.);
(↑R 66:) der, die, das -e; (↑R 65:)
im -en (weiter oben); aber:
die Vorigen (Personen des Theaterstückes), das Vorige (die vorigen Ausführungen; die Vergangenheit); vgl. folgend
or|in|do|ger|ma|nisch
'or|jahr; vor|jäh|rig; Vor|jah|res-
sie|ger
or|jam|mern (ugs.)
'or_kal|ku|la|ti|on (Kaufmanns-
spr.), ...kam|mer, ...kämp|fer
or|kau|en (ugs. auch für: in allen
Einzelheiten erklären)
'or|kauf; Vor|käu|fer; Vor|kaufs-
recht
'or|kehr _die;_ -, -en (schweiz.
für: Vorkehrung); vor|keh|ren
(schweiz. für: vorsorglich anord-
nen); Vor|keh|rung ([sichernde]
Maßnahme); -[en] treffen
'or|keim (Bot.)
'or|kennt|nis (meist _Plur._)
'or|knöp|fen (ugs. für: jmdn. zu-
rechtweisen)
'or|koh|len (ugs. für: jmdm. etwas
vorlügen); vgl. ²kohlen
'or|kom|men; Vor|kom|men _das;_
-s, -; vor|kom|men|den|falls; vgl.
Fall _der;_ Vor|komm|nis _das;_ -ses,
-se
'or|kost (Vorspeise)
'or|kra|gen (Bauw.: herausragen;
[seltener:] herausragen lassen)

Vor|kriegs_er|schei|nung, ...wa|re,
...zeit; vor|kriegs|zeit|lich
vor|la|den; vgl. ²laden; Vor|la|de-
schein; Vor|la|dung
Vor|la|ge
Vor|land _das;_ -[e]s
Vor|las|sen
Vor|lauf (Chemie: erstes Destil-
lat; Sport: Ausscheidungslauf);
Vor|läu|fer; vor|läu|fig; Vor|läu-
fig|keit _die;_ -
vor|laut; -este
Vor|le|ben _das;_ -s (früheres Leben)
vor|le|gen; Vor|le|ge_be|steck,
...ga|bel; Vor|le|ger (kleiner Tep-
pich); Vor|le|ge|schloß; Vor|le-
gung
Vor|leh|nen, sich
Vor|lei|stung
vor|le|sen; Vor|le|se|pult; Vor|le-
ser; Vor|le|se|wett|be|werb; Vor-
le|sung; Vor|le|sungs_ge|bühr,
...ver|zeich|nis
vor|letzt; zu -; der -e [Mann],
aber (↑R 66:) er ist der Vorletzte
[der Klasse]
vor|lieb vgl. fürlieb; Vor|lie|be _die;_
-, -n; vor|lieb|neh|men; ich neh-
me vorlieb; vorliebgenommen;
vorliebzunehmen; vgl. fürlieb-
nehmen
vor|lie|gen; vor|lie|gend; (↑R 66:)
-es; (↑R 65:) im -en (hier), aber:
das Vorliegende; vgl. folgend
vor|lings (Turnspr.: dem Gerät
[mit der Vorderseite des Körpers]
zugewandt)
vor|lü|gen
vorm; ↑R 17 (meist ugs. für: vor
dem); - Haus[e]
'vorm. = vormals
²vorm., (bei Raummangel:) vm. =
vormittags
vor|ma|chen (ugs. für: jmdm. et-
was vorlügen; jmdn. täuschen)
Vor|macht; Vor|macht|stel|lung
vor|ma|len
vor|ma|lig; vor|mals (Abk.: vorm.)
Vor|mann (_Plur._ ...männer)
Vor|marsch _der_
Vor|märz _der;_ -[e]s; vor|märz|lich
Vor|mau|er
Vor|mensch _der_ (Bez. für den
Menschen der frühesten faßba-
ren Stufe im Entwicklungsgang
der Menschheit)
Vor|merk|buch; vor|mer|ken; Vor-
mer|kung (auch: vorläufige Ein-
tragung in Grundbuch)
Vor|mie|ter
Vor|mit|tag; vormittags; ↑R 16
(Abk.: vorm., [bei Raummangel:]
vm.), aber: des Vormittags;
heute vormittag; vgl. 'Mittag;
vor|mit|tä|gig; vgl. ...tägig; vor-
mit|täg|lich; vgl. ...täglich; vor-
mit|tags; vgl. Vormittag; Vor-
mit|tags_stun|de, ...vor|stel|lung
Vor|mo|nat
Vor|mund _der;_ -[e]s, -e u. ...mün-

der; Vor|mund|schaft; Vor-
mund|schafts|ge|richt
'vorn, vor|ne; noch einmal von -
beginnen
²vorn; ↑R 17 (ugs. für: vor den); -
Kopf
Vor|nah|me _die;_ -, -n (Ausführung)
Vor|na|me
vorn|an¹ [auch: _fo..._]; vor|ne vgl.
'vorn
vor|nehm; (↑R 65:) vornehm und
gering (veralt. für: jedermann),
aber: Vornehme und Geringe;
vornehm tun
vor|neh|men; sich etwas -
Vor|nehm|heit _die;_ -; vor|nehm|lich
(besonders); Vor|nehm|tue|rei
die; - (abschätzig)
vor|nei|gen; sich -
vor|ne|weg [auch: _...wäk_], vorn|weg
[auch: _...wäk_]
vorn|her|ein¹ [auch: _fornhärain_];
von -; vorn|hin¹ [auch: _fornhin_];
vorn|hin|ein¹ [auch: _fornhinain_];
im - (mdal. für: von vornherein,
im voraus); vgl. vorhinein; vorn-
über¹; vorn|über... (z. B. vorn-
überfallen; er ist vornübergefal-
len); vorn|weg vgl. vorneweg
Vor|ort _der;_ -[e]s, -orte; Vor-
ort[s]_ver|kehr, ...zug
Vor|platz
Vor|po|sten
vor|prel|len (nach vorn eilen;
übereilt handeln)
vor|pre|schen
Vor|pro|gramm; vor|pro|gram-
miert
Vor|prü|fung
vor|quel|len
Vor|rang _der;_ -[e]s; vor|ran|gig;
Vor|rang|stel|lung
Vor|rat _der;_ -[e]s, ...räte; vor|rä|tig;
Vor|rats_hal|tung, ...kam|mer,
...raum
Vor_raum; vor|rech|nen; jmdm.
etwas -; Vor_recht, ...re|de,
...red|ner, ...rei|ter
vor|re|vo|lu|tio|när (↑R 180)
vor|rich|ten; Vor|rich|tung
vor|rücken [_Trenn.:_ ...rük|ken]
Vor|ru|he|stand (freiwilliger vor-
zeitiger Ruhestand); Vor|ru|he-
stands_geld, ...re|ge|lung
Vor|run|de (Sportspr.); Vor|run-
den|spiel (Sportspr.)
vors; ↑R 17 (meist ugs. für: vor
das); - Haus
Vors. = Vorsitzende[r], Vorsitzer
Vor|saal (landsch. für: Diele)
vor|sa|gen; Vor|sa|ger
Vor_sai|son, ...sän|ger
Vor|satz² _der;_ -es, Vorsätze; Vor-
satz|blatt (sww. Vorsatzpapier);
vor|sätz|lich; Vor|sätz|lich|keit
die; -; Vor|satz|pa|pier (Druckw.)

_____
¹ Ugs.: vorne...
² In der Bedeutung von „Vorsatz-
papier" fachspr. auch: _das._

Vorschaltgesetz

Vor|schalt_ge|setz (vorläufige gesetzliche Regelung), ...wi|derstand (Elektrotechnik)
Vor|schau
Vor|schein der, nur noch in: zum -kommen, bringen
vor|schie|ben
vor|schie|ßen (Geld leihen)
Vor|schiff
vor|schla|fen (ugs.)
Vor|schlag; auf -; vor|schlagen; Vor|schlag|ham|mer; Vorschlags|recht das; -[e]s
Vor|schluß|run|de (Sport)
Vor|schmack der; -[e]s (veraltend für: Vorgeschmack); vorschmecken [Trenn.: ...k|k...]
vor|schnell; - urteilen
Vor|schot|mann (Plur.: ...männer u. ...leute; Segeln)
vor|schrei|ben; Vor|schrift; Dienst nach -; vor|schrifts_ge|mäß, ...mä|ßig, ...wid|rig
'Vor|schub, nur noch in: - leisten (begünstigen, fördern); ²Vorschub der; -[e]s, Vorschübe (Technik: Maß der Vorwärtsbewegung eines Werkzeuges); Vorschub|lei|stung
Vor|schul|al|ter; Vor|schu|le; Vorschul|er|zie|hung; vor|schu|lisch; Vor|schu|lung
Vor|schuß; vor|schuß|wei|se; Vorschuß|lor|bee|ren Plur. (im vorhinein erteiltes Lob); Vor|schußzahl|ung
vor|schüt|zen (als Vorwand angeben); Vor|schüt|zung
vor|schwe|ben; mir schwebt etwas Bestimmtes vor
vor|se|hen; Vor|se|hung
vor|set|zen
vor sich ... vgl. vor
Vor|sicht; vor|sich|tig; Vor|sichtig|keit die; -; vor|sichts|hal|ber; Vor|sichts|maß|re|gel
Vor|sil|be
vor|sin|gen
vor|sint|flut|lich (meist ugs. für: längst veraltet, unmodern); vgl. Sintflut
Vor|sitz der; -es; vor|sit|zen; einem Ausschuß -; Vor|sit|zen|de der u. die; -n, -n; ↑ R 7 ff. (im Aktienrecht nur so; Abk.: Vors.); Vor|sit|zer (Vorsitzender; Abk.: Vors.); Vor|sit|ze|rin die; -, -nen
Vor|som|mer
Vor|sor|ge die; -; vor|sor|gen; Vorsor|ge|un|ter|su|chung; vor|sorglich
Vor|spann der; -[e]s, -e (auch für: Titel, Darsteller- u. Herstellerverzeichnis beim Film, Fernsehen; Einleitung eines Presseartikels, Aufhänger); vgl. Nachspann; vor|span|nen; Vor|spannmu|sik (Film, Fernsehen)
Vor|spei|se
vor|spie|geln; ich spieg[e]le

(↑ R 22) vor; Vor|spie|ge|lung, Vor|spieg|lung
Vor|spiel; vor|spie|len; Vor|spieler
Vor|spinn|ma|schi|ne (Flyer)
vor|spre|chen
vor|sprin|gen
Vor|spruch
Vor|sprung
Vor|sta|di|um
Vor_stadt, ...städ|ter; vor|städtisch; Vor|stadt_ki|no, ...thea|ter
Vor|stand der; -[e]s, Vorstände (österr. auch svw. Vorsteher); Vor|stands_mit|glied, ...vor|sitzen|de, ...sit|zung
Vor|stecker [Trenn.: ...stek|ker] (Vorsteckkeil); Vor|steck_keil (↑ R 204), ...na|del
vor|ste|hen; vor|ste|hend; (↑ R 66:) -es; (↑ R 65:) im -en (weiter oben), aber: das Vorstehende; vgl. folgend: Vor|ste|her; Vorste|her|drü|se (für: Prostata); Vor|ste|he|rin die; -, -nen; Vorsteh|hund
vor|stell|bar; das ist kaum -; vorstel|len; sich etwas -; vor|stel|lig; - werden; Vor|stel|lung; Vor|stellungs_ge|spräch, ...kraft (die; -), ...ver|mö|gen (das; -s), ...welt
Vor|stel|ven (Seew.)
Vor|stop|per (Fußball)
Vor|stoß; vor|sto|ßen
Vor|stra|fe; Vor|stra|fen|re|gi|ster
vor|strecken [Trenn.: ...k|k...]; kannst du mir das Geld -?
vor|strei|chen; Vor|streich|far|be
Vor|stu|fe
vor|sünd|flut|lich; vgl. Sündflut
Vor|tag
vor|tan|zen; Vor|tän|zer
vor|täu|schen; Vor|täu|schung
Vor|teil der; -s, -e; von -; im - sein; vor|teil|haft; -este
Vor|trab der; -[e]s, -e (veralt.)
Vor|trag der; -[e]s, ...träge; vor|tragen; Vor|tra|gen|de der u. die; -n, -n (↑ R 7 ff.); Vor|trags_be|zeichnung (Musik), ...fol|ge, ...kunst (die; -), ...künst|ler, ...rei|he
vor|treff|lich; Vor|treff|lich|keit die; -
vor|tre|ten
Vor|trieb (Physik, Technik [nur Sing.]; Bergmannsspr.); Vortriebs|ver|lust
Vor|tritt der; -[e]s (schweiz. auch für: Vorfahrt); jmdm. den - lassen
Vor|tuch das; -[e]s, ...tücher (landsch. für: Schürze)
vor|tur|nen; Vor|tur|ner; Vor|turner|rie|ge
vor|über; es ist alles vorüber; vorüber|ge|hen; ich gehe vorüber; vorübergegangen; vorüberzugehen; im Vorübergehen (↑ R 68); vor|über|ge|hend; vor|über|ziehen

Vor|übung
Vor|un|ter|su|chung
Vor|ur|teil; vor|ur|teils_frei, ...los -este; Vor|ur|teils|lo|sig|keit die;
Vor|va|ter (meist Plur.); zur Zeit unserer Vorväter
vor|ver|gan|gen (veraltet); Vor|vergan|gen|heit die; - (für: Plusquamperfekt)
Vor|ver|hand|lung (meist Plur.) die -en führen
Vor|ver|kauf der; -[e]s; Vor|verkaufs|stel|le
vor|ver|le|gen
Vor|ver|stär|ker (Elektrotechnik)
Vor|ver|trag
vor|vor|ge|stern; vor|vo|rig (vor letzt); -e Woche
vor|wa|gen; sich; sie hat sich zu weit vorgewagt
Vor|wahl; vor|wäh|len; Vor|wählnum|mer
vor|wal|ten (veraltet); unter der vorwaltenden Umständen
Vor|wand der; -[e]s, ...wände
vor|wär|men; Vor|wär|mer (Technik)
vor|war|nen; Vor|war|nung; er schoß ohne -
vor|wärts; vor- und rückwärts (↑ R 32); Schreibung in Verbindung mit Verben (↑ R 205 f.): I. Getrenntschreibung in ursprünglicher Bedeutung, z. B. vorwärts gehen; er ist stets vorwärts (nach vorn) gegangen. II. Zusammenschreibung, wenn durch die Verbindung ein neuer Begriff entsteht; vgl. vorwärtsbringen, vorwärtsgehen, vorwärtskommen; vor|wärts|brin|gen; ↑ R 205 f. (fördern); er hat das Unternehmen vorwärtsgebracht; aber: er hat den Wagen nur mühsam vorwärts gebracht; vor|wärts|ge|hen; ↑ R 205 f. (besser werden); nach der schlimmen Zeit ist es endlich wieder vorwärtsgegangen; aber: er ist immer vorwärts gegangen; vor|wärts|kom|men; ↑ R 205 f. (im Beruf u. a. vorankommen); er ist in der letzten Zeit schnell vorwärtsgekommen; (↑ R 68:) es ist kein Vorwärtskommen; aber: er konnte im Schneesturm kaum vorwärts kommen; Vor|wärts|ver|tei|digung (offensiv geführte Verteidigung)
Vor|wä|sche; Vor|wasch|gang
vor|weg; Vor|weg|nah|me die; -; vor|weg|neh|men; ich nehme vorweg; vorweggenommen; vorwegzunehmen
Vor|weg|wei|ser (Verkehrsw.)
vor|weih|nacht|lich; Vor|weihnachts|zeit die;
Vor|weis der; -es, -e; vor|wei|sen; Vor|wei|sung
Vor|welt die; -; vor|welt|lich

vor|wer|fen
Vor|werk
vor|wie|gend
vor|wis|sen; ohne mein -
Vor|witz; vgl. Fürwitz; vor|wit|zig; vgl. fürwitzig
vor|wo|che; vor|wö|chig
vor|wöl|ben; Vor|wöl|bung
¹Vor|wort das; -[e]s, -e (Vorrede in einem Buch); ²Vor|wort das; -[e]s, ...wörter (österr., sonst veralt. für: Verhältniswort)
Vor|wurf; vor|wurfs_frei, ...voll
Vor|zei|chen; vor|zeich|nen; Vor|zeich|nung
vor|zeig|bar; vor|zei|gen; Vor|zei|ge|ver|merk; Vor|zei|gung (Papierdt.)
Vor|zeit; vor|zei|ten, aber: vor langen Zeiten; vor|zei|tig; Vor|zei|tig|keit (Sprachw.); vor|zeit|lich (der Vorzeit angehörend); Vor|zeit|mensch der
vor|zie|hen; etwas, jmdn. -
Vor|zim|mer (österr. auch für: Hausflur, Diele, Vorraum); Vor|zim|mer_da|me, ...wand (österr. für: Garderobe, Kleiderablage)
Vor|zin|sen Plur. (für: Diskont)
Vor|zug; vor|züg|lich; Vor|züg|lich|keit die; -; Vor|zugs_ak|tie, ...milch, ...preis (vgl. ²Preis), ...schü|ler (österr.: Schüler mit sehr guten Noten), ...stel|lung; vor|zugs|wei|se
Vor|zu|kunft die; - (für: Futurum exaktum)
Voß (dt. Dichter); Voß' Übersetzung (↑ R 139)
Vol|ta (Plur. von: Votum); Vol|tant [wo...] der; -en, -en (↑ R 197) ⟨lat.⟩ (der Votierende); Vol|ten (Plur. von: Votum); vol|tie|ren (sich entscheiden, stimmen für; abstimmen); Vo|tiv_bild (einem od. einer Heiligen als Dank geweihtes Bild), ...gal|be, ...ka|pel|le, ...kir|che, ...mes|se; Vo|tum das; -s, ...ten u. ...ta (Gelübde; Urteil; Stimme; Entscheid[ung])
Vou|cher [wautsch'r] das od. der; -s, -[s] ⟨engl.⟩ (DDR: Gutschein für im voraus bezahlte Leistungen)
Vou|te [wut'] die; -, -n ⟨franz.⟩ (Bauw.: Verstärkungsteil; Hohlkehle zwischen Wand u. Decke)
vox po|pu|li vox Dei [wokß - wokß -] ⟨lat.⟩ (Volkes Stimme [ist] Gottes Stimme)
Voya|geur [woajaschör] der; -s, -s u. -e ⟨franz.⟩ (veralt. für: Reisender); vgl. Commis voyageur
Voy|eur [woajör] der; -s, -e ⟨franz.⟩ (jmd., der als Zuschauer bei sexuellen Betätigungen anderer Befriedigung erfährt)
Vp., VP = Versuchsperson
VP = Volkspolizei (DDR)
VR = Volksrepublik

Vro|ni [wro..., auch: fro...] (südd. Kurzform von: Veronika)
v. R. w. = von Rechts wegen
vs. = versus
V. S. O. P. = very special old pale [wäri ßpäsch'l o'ld pe'l] ⟨engl.⟩ („ganz besonders alt und blaß"; Gütekennzeichen für Cognac od. Weinbrand)
v. s. pl. = verte, si placet! (bitte wenden!)
v. T., p. m., ‰ = vom Tausend; vgl. pro mille
Vt. = Vermont
vu = von unten
vul|gär [wul...] ⟨lat.⟩ (gewöhnlich; gemein; niedrig); Vul|ga|ri|tät die; -, -en; Vul|gär_la|tein (Volkslatein), ...spra|che; Vul|ga|ta die; - (vom Konzil zu Trient für authentisch erklärte lat. Bibelübersetzung des hl. Hieronymus); Vul|gi|val|ga [...waga] die; - („Umherschweifende"; herabsetzender Beiname der Liebesgöttin Venus); Venus -; vul|go (gemeinhin, [so genannt])
¹Vul|kan [wul...] (röm. Gott des Feuers); ²Vul|kan der; -s, -e ⟨lat.⟩ (feuerspeiender Berg); Vul|kan_aus|bruch; Vul|kan|fi|ber die; - (Ersatzmasse für Leder und Kautschuk); vul|ka|ni|sa|ti|on [...zion] die; -, -en, Vul|ka|ni|sie|rung (Anlagerung von Schwefel an Kautschuk); vul|ka|ni|sch (durch Vulkanismus entstanden, von Vulkanen herrührend); Vul|ka|ni|seur [...sör] der; -s, -e (Facharbeiter in der Gummiherstellung); vul|ka|ni|sier|an|stalt; vul|ka|ni|sie|ren (Kautschuk durch Schwefel festigen); Vul|ka|ni|sie|rung vgl. Vulkanisation; Vul|ka|nis|mus der; - (zusammenfassende Bezeichnung für vulkanische Tätigkeit aller Art)
Vul|va [wulwa] die; -, Vulven ⟨lat.⟩ (Med.: weibl. Scham)
v. v. = vice versa
VW ⟨Ⓦ⟩ der; -[s], -s (Volkswagen); VW-Fah|rer (↑ R 38)
VWD = Vereinigte Wirtschaftsdienste

W

W (Buchstabe); das W; des W, die W, aber: das w in Löwe (↑ R 82); der Buchstabe W, w
W = Watt; Werst; West[en]; chem. Zeichen für: Wolfram
Waadt [wat, auch: wat] (schweiz. Kanton); Waadt|land

das; -[e]s (svw. Waadt); Waadt|län|der (↑ R 147); waadt|län|disch
¹Waag die; - (bayr. für: Flut, Wasser)
²Waag die; - (l. Nebenfluß der Donau in der Tschechoslowakei)
Waa|ge die; -, -n; Waa|ge_amt, ...bal|ken, ...geld, ...mei|ster; Waa|gen|fa|brik; waa|ge|recht, waag|recht; Waa|ge|rech|te, Waag|rech|te die; -n, -n; vier -[n]; Waag|scha|le
Waal die; - (Mündungsarm des Rheins)
wab|be|lig, wabb|lig (ugs. für: gallertartig wackelnd; unangenehm weich); wab|beln (ugs. für: hin u. her wackeln); der Pudding wabbelt
Wal|be die; -, -n (Zellenbau des Bienenstockes); Wa|ben|ho|nig
Wa|ber|lo|he (altnord. Dichtung: flackernde, leuchtende Flamme, Glut); wa|bern (veralt., aber noch landsch. für: sich hin u. her bewegen, flackern)
wach; Schreibung in Verbindung mit Verben (↑ R 205 f.): a) Getrenntschreibung in ursprünglicher Bedeutung, z. B. wach blei|ben, [er]halten, sein, werden; er ist wach geblieben; b) Zusammenschreibung, wenn durch die Verbindung ein neuer Begriff entsteht; vgl. wachhalten, wachrufen, wachrütteln
Wach|au die; - (Engtal der Donau zwischen Krems u. Melk)
Wach_ab|lö|sung, ...boot, ...buch, ...dienst; Wal|che die; -, -n; -halten, stehen; Wal|che|be|am|te (österr. Amtsspr. für: Polizist); wal|chen; über jmdn. -; Wal|che-ste|hen das; -s; wal|che|ste|hend (↑ R 209); Wach|feu|er; wach|ha|bend; Wach|ha|ben|de der u. die; -n, -n (↑ R 7 ff.); wach|hal|ten; ↑ R 205 f. (lebendig erhalten); ich habe ein Interesse wachgehalten; aber: er hat sich mühsam wach gehalten (er ist nicht eingeschlafen); Wach|heit die; -; Wach_hund, ...lo|kal, ...mann (Plur. ...leute u. ...männer), ...mann|schaft
Wal|chol|der der; -s, - (eine Pflanze; ein Branntwein); Wal|chol|der_baum, ...bee|re, ...schnaps, ...strauch
Wach|po|sten, Wacht|po|sten
wach|ru|fen; ↑ R 205 (hervorrufen; in Erinnerung bringen); das hat seinen Ehrgeiz wachgerufen; das hat längst Vergessenes in ihm wieder wachgerufen; wach|rüt|teln; ↑ R 205 (aufrütteln); diese Nachricht hat ihn wachgerüttelt; aber: wir haben ihn wach gerüttelt (geweckt)
Wachs das; -es, -e; Wachs|ab|guß

wach|sam; Wach|sam|keit die; -
Wachs|bild; wachs|bleich; Wachs-
_blu|me, ...boh|ne
wach|seln (österr. Sportspr. für:
[Skier] wachsen); ich ...[e]le
(↑ R 22)
¹wach|sen (größer werden, im
Wachsen sein); du wächst
(wächsest), er wächst; du wuchs-
sest, er wuchs; du wüchsest; ge-
wachsen; wachs[e]!
²wach|sen (mit Wachs glätten); du
wachst (wachsest), er wachst; du
wachstest; gewachst; wachs[e]!;
wäch|sern (aus Wachs); Wachs-
fi|gur; Wachs|fi|gu|ren|ka|bi-
nett; Wachs_ker|ze, ...lein|wand
(österr. ugs. für: Wachstuch),
...licht (Plur. ...lichter), ...ma|le-
rei, ...mal|stift, ...mo|dell, ...pa-
pier, ...plat|te, ...stock (Plur.
...stöcke), ...ta|fel
Wachs|stu|be
Wachs|tuch
Wachs|tum das; -s; wachs|tums-
_för|dernd, ...hem|mend (↑ R
209); Wachs|tums_hor|mon,
...stö|rung, ...ra|te
wachs|weich; Wachs|zie|her
Wacht die; -, -en (geh. für: Wa-
che); - halten
Wäch|te die; -, -n (überhängende
Schneemasse; schweiz. auch für:
Schneewehe)
Wach|tel die; -, -n (ein Vogel);
Wach|tel_hund, ...kö|nig (ein Vo-
gel), ...ruf, ...schlag
Wäch|ten|bil|dung
Wäch|ter; Wäch|ter|ruf; Wacht-
_mei|ster, ...pa|ra|de; Wacht|po-
sten, Wach|pol|sten; Wacht-
traum; Wacht|turm, Wach|turm;
Wach- und Schließ|ge|sell|schaft
(↑ R 32); Wach_zim|mer (österr.
für: Polizeibüro), ...zu|stand
Wacke¹ die; -, -n (veralt., noch
mdal. für: bröckeliges Gestein)
Wackel|ei¹ die; -; wackellig¹,
wack|lig; - stehen (auch ugs. für:
dem Bankrott nahe sein);
Wackel|kon|takt¹; wackeln¹; ich
...[e]le (↑ R 22); Wackel|pud|ding¹
(ugs.)
wacker¹
Wacker|stein¹ (südd. für: Ge-
steinsbrocken)
wack|lig vgl. wackelig
Wad das; -s ⟨engl.⟩ (ein Mineral)
Wa|dai (afrik. Landschaft)
Wad|di|ke die; - (niederd. für:
Molke, Käsewasser)
Wa|de die; -, -n; Wa|den_bein,
...krampf, ...wickel¹
Wa|di das; -s, -s ⟨arab.⟩ (wasserlo-
ses Flußtal in Nordafrika u. im
Vorderen Orient)
Wa|di-Qum|ran [...kumran] vgl.
Kumran

Wäd|li das; -s, - (schweiz. für: Eis-
bein)
Wa|fer ['e⁽f⁾r] der; -s, -[s] ⟨engl.⟩
(kleine runde Scheibe für die
Herstellung von Mikrochips)
Waf|fe die; -, -n; atomare, kon-
ventionelle, nukleare Waffen
Waf|fel die; -, -n ⟨niederl.⟩ (ein
Gebäck); Waf|fel|ei|sen
Waf|fen_be|sitz, ...bru|der, ...brü-
der|schaft; waf|fen|fä|hig; Waf-
fen_gang der, ...gat|tung, ...ge-
walt (die; -), ...la|ger, ...lie|fe-
rung; waf|fen|los; Waf|fen_platz
(schweiz. für: Truppenausbil-
dungsplatz), ...ru|he, ...schein,
...schmied, ...still|stand; Waf-
fen|still|stands|li|nie; Waf|fen-
_sy|stem, ...tanz (Völkerk.); waff-
nen (veralt.); sich -
wäg (veralt. für: tüchtig, gut);
(schweiz. geh.:) die Wägsten u.
Besten (↑ R 65)
Wa|ga|du|gu (Hptst. von Burkina
Faso)
wäg|bar
Wa|ge|hals (veralt.); wa|ge|hal|sig
usw. vgl. waghalsig usw.
¹Wä|gel|chen, Wä|gel|lein (kleiner
Wagen)
²Wä|gel|chen, Wäg|lein (kleine
Waage)
Wa|ge|mut; wa|ge|mu|tig; wa|gen;
du wagtest; gewagt; sich -
Wa|gen der; -s, - (südd. auch: Wä-
gen)
wä|gen (selten, aber fachspr. u.
noch dicht. für: das Gewicht bestimmen; übertr. für: prüfend
bedenken, nach der Bedeutung
einschätzen); du wägst; du
wogst; du wögest; gewogen;
wäg[e]!; (selten schwache Beugung: du wägtest; gewägt); vgl.
²wiegen
Wa|gen_bau|er (der; -s, -), ...burg,
...füh|rer, ...he|ber, ...ko|lon|ne,
...la|dung, ...park, ...pla|ne,
...rad, ...ren|nen, ...schlag,
...schmie|re, ...typ, ...wä|sche
Wa|ge|stück, Wag|stück (geh.)
Wag|gerl (österr. Erzähler)
Wag|gon [...gong, dt. Ausspr.:
...gong; österr.: ...gon] der; -s, -s
(österr. auch: -e) ⟨engl.⟩ ([Eisen-
bahn]wagen); wag|gon|wei|se
wag|hal|sig, wa|ge|hal|sig; Wag-
hal|sig|keit, Wa|ge|hal|sig|keit
Wäg|lein, Wä|gel|chen (kleine
Waage)
¹Wag|ner der; -s, - (südd., österr. u.
schweiz. für: Wagenbauer, Stell-
macher)
²Wag|ner (dt. Komponist); Wag-
ne|ria|ner; ↑ R 180 (Anhänger
Wagners); Wag|ner-Oper die; -,
-n (↑ R 135)
Wag|nis das; -ses, -se; Wag|stück,
Wa|ge|stück (geh.)
Wä|gung

Wä|he die; -, -n (südwestd.;
schweiz. für: flacher Kuchen mit
süßem od. salzigem Belag)
Wah|ha|bit [waha...] der; -en, -en
(↑ R 197) ⟨arab.⟩ (Angehöriger einer Reformsekte des Islams)
Wahl die; -, -en; Wahl_al|ter,
...an|zei|ge, ...auf|ruf, ...aus-
schuß; wähl|bar; Wähl|bar|keit
die; -; Wahl_be|ein|fluss|sung,
...be|nach|rich|ti|gung; wahl|be-
rech|tigt; Wahl_be|rech|tig|te,
...be|rech|ti|gung, ...be|tei|li-
gung, ...be|zirk, ...el|tern (österr.
neben: Adoptiveltern); wäh|len;
Wäh|ler; Wahl_er|folg, ...er|geb-
nis; Wäh|ler|in|itia|ti|ve; wäh|le-
risch; -ste; Wäh|ler_li|ste,
...schaft, ...wil|le; Wahl|fach;
wahl|frei; Wahl_frei|heit (die; -),
...gang der, ...ge|heim|nis (das;
-ses), ...ge|schenk, ...ge|setz,
...hei|mat, ...hel|fer
wäh|lig (niederd. für: wohlig;
munter, übermütig)
Wahl_ka|bi|ne, ...kampf, ...kind
(österr. neben: Adoptivkind),
...kreis, ...lei|ter der, ...li|ste,
...lo|kal, ...lo|ko|mo|ti|ve (als
zugkräftig angesehener Kandi-
dat einer Partei); wahl|los;
Wahl_mann (Plur. ...männer),
...nie|der|la|ge, ...pa|rol|le, ...par-
ty, ...pe|ri|o|de, ...pflicht, ...pla-
kat, ...pro|pa|gan|da, ...recht
(das; -[e]s), ...re|de, ...sieg,
...spruch
Wahl|statt (Ort in Schlesien);
Fürst von - (Blücher)
Wahl|sy|stem
Wähl|ton (beim Telefon)
Wahl_ur|ne, ...ver|samm|lung;
wahl|ver|wandt; Wahl|ver|wandt-
schaft; wahl|wei|se; Wahl_wer-
ber (österr. für: Wahlkandidat),
...zuckerl ([Trenn.: ...uk|k...];
österr. ugs.: politisches Zuge-
ständnis vor einer Wahl)
Wahn der; -[e]s; Wahn|bild; wäh-
nen; Wahn|fried (Wagners Haus
in Bayreuth); Wahn_idee, ...kan-
te (schiefe Kante am Bauholz);
wahn|schaf|fen (niederd. für:
häßlich, mißgestaltet)
Wahn|sinn der; -[e]s; wahn|sin|nig;
Wahn|sinns|tat; Wahn_vor|stel-
lung, ...witz (der; -es); wahn|wit-
zig
wahr (wirklich); nicht -?; - od.
nicht -, es wird geglaubt; sein -es
Gesicht zeigen; der -e Jakob
(ugs.: der rechte Mann); das ist
-; aber: ich, er war (vgl. ²sein);
Schreibung in Verbindung mit
Verben (↑ R 205): a) Getrenntschreibung in ursprünglicher Bedeutung, z. B. für wahr halten,
wahr machen, bleiben, werden,
sein; er hat diese Erzählung für
wahr gehalten); b) Zusammen-

schreibung, wenn durch die Verbindung ein neuer Begriff entsteht; vgl. wahrhaben, wahrsagen

²wah|ren (bewahren); er hat den Anschein gewahrt

²wäh|ren (dauern); aber: wir, sie wären gern gekommen (vgl. ²sein); wäh|rend; *Konj.:* er las, - sie strickte; *Präp.* mit *Gen.:* - des Krieges; der Zeitraum, - dessen das geschah; veralt. od. ugs. mit *Dat.:* - dem Schießen; hochspr. mit *Dat.,* wenn der *Gen.* nicht erkennbar ist: - fünf Jahren, elf Monaten, aber: - zweier, dreier Jahre; wäh|rend|dem| wäh|rend|des, wäh|rend|des|sen

wahr|ha|ben († R 205); er will es nicht - (nicht gelten lassen); wahr|haft (wahrheitsliebend; wirklich); wahr|haf|tig; Wahr|haf|tig|keit *die;* -; Wahr|heit; Wahr|heits_be|weis, ...fin|dung (bes. Rechtsspr.), ...ge|halt *(der; -[e]s);* wahr|heits_ge|mäß, ...ge|treu; Wahr|heits|lie|be *die;* -; wahr|heits|lie|bend; Wahr|heits_sinn *(der; -[e]s),* ...su|cher; wahr|lich

wahr|nehm|bar; Wahr|nehm|bar|keit *die;* -; wahr|neh|men; ich nehme wahr; wahrgenommen; wahrzunehmen; Wahr|neh|mung

Wahr|sa|ge|kunst *die;* -; wahr|sa|gen; ↑ R 205 (prophezeien); du sagtest wahr od. du wahrsagtest; er hat wahrgesagt od. gewahrsagt; Wahr|sa|ger; Wahr|sa|ge|rei; Wahr|sa|ge|rin *die;* -, -nen; wahr|sa|ge|risch; Wahr|sa|gung

wahr|schaft (schweiz. für: Gewähr bietend; dauerhaft, echt); Währ|schaft (schweiz. für: Gewähr, Mängelhaftung)

Wahr|schau *die;* - (Seemannsspr.: Warnung); Wahrschau! (Vorsicht!); wahr|schau|en (Seemannsspr.: warnen); ich wahrschaue; gewahrschaut; zu -; Wahr|schau|er

wahr|schein|lich, auch: wahrscheinlich; Wahr|schein|lich|keit; Wahr|schein|lich|keits_grad, ...rech|nung, ...theo|rie

Wäh|rung *die;* - (Aufrechterhaltung, Behauptung)

²Wäh|rung (staatl. Ordnung des Geldwesens; Zahlungsmittel); Wäh|rungs_aus|gleich, ...aus|gleichs|fonds, ...block *(Plur.* ...blöcke, selten: ...blocks), ...ein|heit, ...kri|se, ...po|li|tik, ...re|form, ...re|ser|ve (meist *Plur.),* ...schlan|ge (Verbund der EG-Staaten zur Begrenzung der Wechselkursschwankungen)

Wahr|zei|chen

Waib|lin|gen (Stadt nordöstl. von Stuttgart); Waib|lin|ger *der;* -s, - (Beiname der Hohenstaufen)

waid..., Waid... in der Bedeutung „Jagd"; vgl. weid..., Weid...

Waid *der;* -[e]s, -e (eine [Färber]pflanze; blauer Farbstoff)

Wai|se *die;* -, -n (elternloses Kind; einzelne reimlose Gedichtzeile); Wai|sen_geld, ...haus, ...kind, ...kna|be, ...ren|te, ...va|ter (Waisenpfleger)

Wa|ke *die;* -, -n (niederd. für: Öffnung in der Eisdecke)

Wake|field [*"ḗ'kfīld*] (engl. Stadt)

Wal *der;* -[e]s, -e (Seesäugetier)

Wa|la *die;* -, Walen (altnord. Weissagerin)

Wa|la|che *der;* -n, -n; ↑ R 197 (Bewohner der Walachei); Wa|la|chei *die;* - (rumän. Landschaft); († R 146:) die Große -, die Kleine -; wa|la|chisch

Wal|burg, Wal|bur|ga (w. Vorn.)

Wal|chen|see *der;* -s (See u. Ort in den bayerischen Voralpen)

Wald *der;* -[e]s, Wälder; Wald_amei|se, ...ar|bei|ter, ...bo|den, ...brand; Wäld|chen, Wäld|lein

Wald|deck (Gebiet des ehem. dt. Fürstentums Waldeck in Hessen; Landkreis in Hessen; Stadt am Edersee); Wald|decker († R 147) [*Trenn.:* ...dek|ker]; wal|deckisch [*Trenn.:* ...dek|kisch]

Wald|ein|sam|keit

Wal|del|mar, Wol|del|mar (m. Vorn.)

Wal|den|ser (nach dem Lyoner Kaufmann Waldus) (Angehöriger einer ev. Kirche in Oberitalien, die auf eine südfranz. vorreformator. Bewegung zurückgeht)

Wald|erd|bee|re; Wal|des_dun|kel, ...rand, Wald|rand, ...rau|schen *(das;* -s); Wald_farn, ...fre|vel, ...geist *(Plur.* ...geister), ...horn *(Plur.* ...hörner), ...hü|ter; wal|dig; Wald_in|ne|re, ...lauf, ...lehr|pfad; Wäld|lein, Wäld|chen; Wald|lich|tung; Wald|mei|ster *der;* -s (eine Pflanze); Wald|mei|ster|bow|le

Wal|do (Kurzform von: Waldemar)

Wald|ohr|eu|le

Wald|dorf|sa|lat (Gastr.); Wal|dorf|schu|le (Privatschule mit besonderem Unterrichtssystem)

Wald|rand, Wal|des|rand; Wald_re|be (eine Pflanze); wald|reich; Wald|schrat[t] (Waldgeist); Wald|städ|te *Plur.* (vier Städte am Rhein: Rheinfelden, Säckingen, Laufenburg u. Waldshut); Wald|statt *die;* -, ...stätte; meist *Plur.* (einer der drei Urkantone [Uri, Schwyz, Unterwalden], auch Luzern); Wald_ster|ben *(das;* -s), ...tau|be; Wald|dung; Wald|vier|tel *das;* -s (nieder-

österr. L...
lein (ein...
Wald|r...
Wa|le...
Wale...
de...
fang_flot...
trei|bend († jed...
fisch vgl. Wal

Wäl|ger|holz (mdal.); ... (mdal. für: [Teig] glattrollen), ...ere (↑ R 22)

Wal|hall [auch: walhal] *das;* -s (altnord.), ²Wal|hal|la *das;* -[s] u. *die;* - (nord. Mythol.: Halle Odins, Aufenthalt der im Kampf Gefallenen); ²Wal|hal|la *die;* - (Ruhmeshalle bei Regensburg)

Wa|li|ser (Bewohner von Wales); wa|li|sisch

Wal|ke *die;* -, -n (Verfilzmaschine; Vorgang des Verfilzens); wal|ken (Textilwesen: verfilzen; ugs. für: kneten; prügeln); Wal|ker

Wal|kie-tal|kie [*"ákitáki*] *das;* -[s], -s ‹engl.› (tragbares Funksprechgerät); Walk|man ⟨W⟩ [*"ákm'n*] *der;* -s, ...men [...*m'n*] (kleiner Kassettenrecorder mit Kopfhörern)

Walk|müh|le

Wal|kü|re [auch: wal...] *die;* -, -n ‹altnord.› (nord. Mythol.: eine der Botinnen Odins, die die Gefallenen nach Walhall geleiten)

¹Wall *der;* -[e]s, - u. -e (altes Stückmaß [bes. für Fische]; 80 Stück); 2 - († R 129)

²Wall *der;* -[e]s, Wälle ‹lat.› (Erdaufschüttung, Mauerwerk usw.)

Wal|la|by [*"ol'bi*] *das;* -s, -s ‹engl.› (Känguruhart)

Wal|lace [*"ol'ß*], Edgar (engl. Schriftsteller)

Wal|lach *der;* -[e]s, -e (kastrierter Hengst)

¹wal|len (sprudeln, bewegt fließen)

²wal|len (veralt. für: pilgern)

wäl|len (landsch. für: wallen lassen); gewällte Kartoffeln

Wal|len|stein (Heerführer im Dreißigjährigen Krieg)

¹Wal|ler vgl. ²Wels

²Wal|ler (veralt. für: Wallfahrer; dicht. veralt. für: Wanderer); wall|fah|ren; du wallfahrst; du wallfahrtest; gewallfahrt; zu -; vgl. wallfahrten; Wall|fah|rer; Wall|fah|re|rin *die;* -, -nen; Wall|fahrt; wall|fahr|ten (wallfahren); ich wallfahrtete; gewallfahrtet; zu -; vgl. Wallfahrts_kir|che, ...ort *(der;* -[e]s, -e)

Wall|gra|ben

Wall|holz (schweiz. für: Nudelholz)

Wal|li (Kurzform von: Walburg, Walburga, Walpurga)

Wallis das
Wallis(er)
Wallise
Allpen
Wallo
(Na...ter)

(schweiz. Kanton); ... (↑R 147); **Wal|li|ser** *Plur.;* **wal|li|se|risch** ...e *der;* -n, -n; ↑R 197 ...nkomme romanisierter Kelin Belgien u. Nordfrank...ich); **Wal|lo|ni|en** [...*i'n*]; **wal|lo|nisch;** -e Sprache; **Wal|lonisch** *das;* -[s] (Sprache); vgl. Deutsch; **Wal|lo|ni|sche** *das;* -n; vgl. Deutsche *das*

Wall|street [ˈạ̈lßtri̱t] *die;* - ‹amerik.› (Geschäftsstraße in New York [Bankzentrum]; übertr. für: Geld- u. Kapitalmarkt der USA)

Wall|lung

Wall|wurz *die;* - (eine Heilpflanze)

Wall|ly vgl. Walli

¹**Walm** *der;* -[e]s (elsäss. für: [Wasser]wirbel, Wallen); ²**Walm** *der;* -[e]s, -e (Dachfläche); **Walm|dach**

Wal|nuß (ein Baum; eine Frucht); **Wal|nuß|baum**

Wal|lo|ne *die;* -, -n ‹ital.› (Gerbstoff enthaltender Fruchtbecher der Eiche)

Wal|per|tin|ger vgl. Wolpertinger

Wall|platz [auch: *wal...*] (veralt. für: Kampfplatz)

Wall|pur|ga, Wall|pur|gis (w. Vorn.); vgl. Walburg[a]; **Wal|pur|gis|nacht**

Wall|rat *der* od. *das;* -[e]s ([aus dem Kopf von Pottwalen gewonnene] fettartige Masse); **Wall|ratöl** *das;* -[e]s; **Wall|roß** *das;* ...rosses, ...rosse (eine Robbe)

¹**Wal|ser,** Martin (dt. Schriftsteller); ²**Wal|ser,** Robert (schweiz. Lyriker u. Erzähler)

Wall|ser|tal *das;* -[e]s ‹benannt nach den im 13. Jh. eingewanderten Wallisern) (Tal in Vorarlberg); (↑R 146:) das Große -; das Kleine -

Wall|statt [auch: *wal...*] *die;* -, ...stätten (veralt. für: Kampfplatz; Schlachtfeld)

wall|ten (gebieten; sich sorgend einer Sache annehmen); Gnade - lassen; (↑R 68:) das Walten der Naturgesetze

Wall|ter, (auch:) **Wall|ther;** ↑R 131 (m. Vorn.)

Wall|tha|ri|lied [auch: ...*ta*...] *das;* -[e]s; ↑R 135 (Heldenepos)

Wall|ther vgl. Walter

Wall|ther von der Vo|gel|wei|de (dt. Dichter des MA.)

Wall|traud, Wall|traud (w. Vorn.); **Wall|traut** (alte Schreibung von: Waltraud)

Walt|run (w. Vorn.)

Wall|va|ter [auch: *wal...*] (Bez. für: Odin)

Walz|blech; Wal|ze *die;* -, -n; **wal|zen;** du walzt (walzest); **wäl|zen;** du wälzt (wälzest); sich -; **Wal|zen|bruch** *der;* -[e]s, ...brüche; **wal|zen|för|mig; Wal|zen-mühle, ...spin|ne, ...stra|ße** od. **Walzstra|ße; Wal|zer** (auch: Tanz); **Wäl|zer** (ugs. für: dickleibiges Buch); **Wal|zer-mu|sik, ...tänzer; wal|zig** (walzenförmig); **Wälz|la|ger; Walz_stahl, ...straße** od. **Wal|zen|stra|ße, ...werk; Walz|werk|er|zeug|nis**

Wam|me *die;* -, -n (vom Hals herabhängende Hautfalte [des Rindes]); **Wam|pe** *die;* -, -n (svw. Wamme; ugs. abschätzig auch für: dicker Bauch); **wam|pert** (österr. ugs. abschätzig für: dickbäuchig)

Wam|pum [auch: ...*pum*] *der;* -s, -e ‹indian.› (bei nordamerik. Indianern Schnur [Gürtel] mit Muschelschalen u. Schnecken, als Zahlungsmittel u. ä. dienend)

Wams *das;* -es, Wämser (veralt., aber noch mdal. für: Jacke); **Wäms|chen, Wäms|lein; wam|sen** (ugs. für: prügeln); du wamst (wamsest)

Wand *die;* -, Wände

Wan|da (w. Vorn.)

Wan|dal|le, Van|dal|le *der;* -n, -n; ↑R 197 (Angehöriger eines germ. Volksstammes; übertr. für: zerstörungswütiger Mensch); **wan|dal|lisch, van|dal|lisch** (auch für: zerstörungswütig); **Wan|da|lismus, Van|da|lis|mus** *der;* - (Zerstörungswut)

Wand_be|hang, ...be|span|nung, ...bord (vgl. ¹Bord), **...brett**

Wan|del *der;* -s; **Wan|del|an|lei|he** (Wirtsch.); **wan|del|bar; Wandel|bar|keit; Wan|del-gang** *der,* **...hal|le, ...mo|nat** od. **...mond** (alte Bez. für: April); **wan|deln;** ich ...[e]le (↑R 22); sich -; **Wandel_ob|li|ga|ti|on** (Wandelanleihe, Wandelschuldverschreibung), **...schuld|ver|schrei|bung, ...stern** (veralt. für: Planet); **Wan|de|lung** (bes. Rechtsspr.)

Wan|der_amei|se, ...ar|bei|ter, ...aus|stel|lung, ...büh|ne, ...düne; Wan|de|rer, Wand|rer; Wander_fahrt, ...fal|ke, ...ge|wer|be (für: ambulantes Gewerbe), **...heu|schrecke** [*Trenn.:* ...schrekke]; **Wan|de|rin, Wand|re|rin** *die;* -, -nen; **Wan|der-jahr** (meist *Plur.*), **...kar|te, ...le|ber, ...lust** (*die;* -); **wan|der|lu|stig; wandern;** ich ...ere (↑R 22); (↑R 68:) das Wandern ist des Müllers Lust; **Wan|der_nie|re, ...po|kal, ...pre|di|ger, ...preis** (vgl. ²Preis), **...rat|te; Wan|der|schaft; Wanders|mann** (*Plur.* ...leute); **Wander|stab; Wan|de|rung; Wan|der_vo|gel, ...weg, ...zir|kus**

Wand_fach, ...ge|mäl|de; ...wandig (z.B. dünnwandig); **Wand_ka|len|der, ...kar|te**

Wand|ler (Technik); **Wand|lung;** vgl. Wandelung; **wand|lungs|fähig; Wand|lungs|pro|zeß**

Wand|ma|le|rei

Wand|rer, Wan|de|rer; Wand|rerin, Wan|de|rin *die;* -, -nen

Wands|becker¹ [*Trenn.:* ...bek|ker] **Bol|te** *der;* - -n (ehem. Zeitung); **Wands|bek** (Stadtteil von Hamburg)

Wand_schirm, ...schrank, ...ta|fel, ...tel|ler, ...tep|pich, ...uhr; Wandung; Wand_ver|klei|dung, ...zeitung

Wa|ne *der;* -n, -n (meist *Plur.*); ↑R 197 (nord. Mythol.: Gott aus dem Wanengeschlecht)

Wan|ge *die;* -, -n; **Wan|gen-knochen, ...mus|kel**

Wan|ger|oog [...*ok,* auch *wang'r*...] (früher auch für: Wangerooge); **Wan|ger|oo|ge** [...*og°,* auch *wang'r*...] (eine ostfries. Insel)

...wan|gig (z.B. rotwangig)

Wank *der;* -[e]s (veralt. für: Wanken); keinen - tun (schweiz. mdal. für: sich nicht bewegen, keinen Finger rühren)

Wan|kel (dt. Ingenieur u. Erfinder; als Ⓦ für einen Motor); **Wan|kel|mo|tor** (↑R 135)

Wan|kel|mut; wan|kel|mü|tig; Wan|kel|mü|tig|keit *die;* -; **wanken;** (↑R 68:) ins Wanken geraten

wann

Wän|ne; Wänn|lein; Wan|ne *die;* -, -n

Wan|ne-Eickel [*Trenn.:* ...Eik|kel]; ↑R 154 (Stadt im Ruhrgebiet)

wan|nen; von - (veralt. für: woher)

Wan|nen|bad; Wänn|lein, Wännchen

Wann|see *der;* -s (Havelsee im Südwesten von Berlin)

Wanst *der;* -es, Wänste; **Wänstchen, Wänst|lein**

Want *die;* -, -en; meist *Plur.* (Seemannsspr.: starkes [Stahl]tau zum Verspannen des Mastes)

Wan|ze *die;* -, -n (auch übertr. für: Abhörgerät); **wan|zen** (volkstümlich für: von Wanzen reinigen); du wanzt (wanzest); **Wan|zenver|til|gungs|mit|tel** *das*

Wa|pi|ti *der;* -[s], -s ‹indian.› (eine nordamerik. Hirschart)

Wap|pen *das;* -s, -; **Wap|pen-brief, ...feld, ...kun|de** (*die;* -), **...schild** *der* od. *das,* **...spruch, ...tier; wapp|nen** (bewaffnen); sich -

Wa|rä|ger *der;* -s, - ‹schwed.› (Wikinger)

Wa|ran *der;* -s, -e ‹arab.› (trop. Echse)

---

¹ In alter Schreibung des Stadtnamens.

War|dein der; -[e]s, -e ⟨niederl.⟩ (früher für: [Münz]prüfer); war|die|ren ([Wert der Münzen] prüfen)

Wa|re die; -, -n; Wa|ren_an|ge|bot, ...aus|fuhr, ...aus|tausch, ...au|to|mat, ...be|gleit|schein, ...be|lei|hung (Bankw.), ...be|stand, ...ex|port, ...han|del, ...haus, ...im|port, ...korb (Statistik), ...kre|dit, ...kre|dit|brief (Bankw.), ...kun|de (die; -), ...la|ger, ...pro|be, ...rück|ver|gütung, ...sor|ti|ment, ...stem|pel, ...test, ...um|schlie|ßung (für: Verpackung[sgewicht]), ...zei|chen, ...zoll

Warf der od. das; -[e]s, -e (Weberei: Aufzug)

Warf|t] die; -, -en (Wurt in Nordfriesland)

War|hol ['ậ'ho"l], Andy [ậndi] (amerik. Maler u. Graphiker)

arm; wärmer, wärmste; -e Würstchen; -e Miete (ugs.: einschließlich Heizung); auf kalt und - reagieren; (↑R 205 f.:) das Essen warm halten, machen, stellen; vgl. aber den neuen Begriff: warmhalten; Warm_bier (das; -[e]s), ...blut (das; -[e]s; ein Pferd einer bestimmten Rasse), ...blü|ter; warm|blü|tig; Wär|me die; -, (selten:) -n; Wär|me_behand|lung, ...däm|mung, ...deh|nung, ...ein|heit, ...ener|gie, ...grad; wär|me|hal|tig; wär|me_iso|lie|rend (↑R 209); Wär|me_ka|pa|zi|tät, ...leh|re (die; -), ...lei|ter der, ...leit|zahl, ...mes|ser der; wär|men; sich -; Wär|me_pum|pe, ...quel|le, ...reg|ler, ...schutz, ...spei|cher, ...strah|len Plur., ...tech|nik (die; -), ...ver|lust, ...zäh|ler; Wärm|fla|sche; Warm|front (Meteor.); warm_hal|ten; ↑R 205 f. (ugs. für: sich jmds. Gunst erhalten); er hat sich diesen Geschäftsfreund besonders warmgehalten; aber: der Koch hat die Suppe lange warm gehalten; Warm_hal|te_plat|te; Warm|haus (Gewächshaus für Pflanzen mit hohen Wärmeansprüchen); warm|her|zig; Warm|her|zig|keit die; -; warm|lau|fen (von Motoren: im Leerlauf auf günstige Betriebstemperaturen kommen); den Motor - lassen, aber: ich habe mich warm gelaufen; Warm_lau|en (das; -s), ...luft (die; -); Warm|luft|hei|zung; Warm|was|ser das; -s; Warm|was|ser_be|hei|ter, ...hei|zung, ...ver|sor|gung

ar|na (bulg. Stadt)

arn|anlla|ge; Warn|blink_an|la|ge, ...leuch|te; Warn|drei|eck

arndt der; -es (Berg- u. Hügel-and westl. der Saar)

ar|nen; Warner; Warn_kreuz,

...leuch|te, ...licht (Plur. ...lich|ter), ...ruf, ...schild das, ...schuß, ...si|gnal, ...streik; War|nung; Warn|zei|chen

¹Warp der od. das; -s, -e ⟨engl.⟩ (Kettgarn)

²Warp der; -[e]s, -e ⟨niederl.⟩ (Seemannsspr.: Schleppanker); Warp|an|ker (Seemannsspr.); war|pen (Seemannsspr.: durch Schleppanker fortbewegen); Warp|schiff|fahrt die; - [Trenn.: ...schiff|fahrt, ↑R 204]

Warp|we|ber; vgl. ¹Warp

War|rant [warant, engl. Ausspr.: 'or'nt] der; -s, -s ⟨engl.⟩ (Lager[pfand]schein)

War|schau (Hptst. Polens); War|schau|er (↑R 147); War|schau|er Pakt; War|schau|er-Pakt-Staaten (↑R 41); war|schau|isch

Wart der; -[e]s, -e (veralt. für: Aufsichtsführender)

Wart|burg die; -; Wart|burg|fest das; -[e]s (1817)

War|te die; -, -n (Wartturm u. a.); War|te_frau, ...hal|le, ...li|ste; war|ten; auf sich - lassen; (↑R 68:) das Warten auf ihn hat ein Ende; eine Maschine - (pflegen, bedienen); Wär|ter; War|te_raum; War|te|rei; Wär|te|rin die; -, -nen; War|te_saal (schweiz. auch: Wart|saal), ...stand (der; -[e]s), ...zeit, ...zim|mer

War|the der; - (r. Nebenfluß der unteren Oder)

...wärts (z. B. anderwärts)

Wart|saal, (schweiz. neben:) Wartesaal; Wart|turm; War|tung; war|tungs|frei

war|um [auch: wa...]; - nicht?; nach dem Warum fragen (↑R 67)

Wär|zi|chen, Wärz|lein; War|ze die; -, -n; war|zen|för|mig; War|zen_hof, ...schwein; war|zig

was; was ist los?; er will wissen, was los ist; was für ein; was für einer; (ugs. auch für: etwas:) was Neues (↑R 65), irgendwas; das ist das Schönste, was ich je erlebt habe; all das Schöne, das Gute, etwas anderes, Erschütterndes, was wir erlebt haben; nichts, vieles, allerlei, manches, sonstiges usw., was ..., aber: das Werkzeug, das ...; das Kleine, das sie im Arm hielt

Wa|sa der; -[s], - (Angehöriger eines mehreren schwed. Königsgeschlechtes)

wasch|ak|tiv; -e Substanzen; Wasch_an|stalt, ...au|to|mat; wasch|bar; Wasch_bär, ...becken [Trenn.: ...bek|ken], ...ben|zin, ...ber|ge (Plur.; Bergmannsspr.: Steine, die bei Aufbereitung der Kohle anfallen), ...be|ton, ...brett, ...büt|te; Wä|sche die; -, -n; Wä|sche_beu|tel; wasch|echt; Wä|sche_ge|schäft, ...klam|mer,

---

...knopf, ...lei|ne, du w wäsch sche' sich die; -, -... ...schrank, Wäscheaufhänge... ...trock|ner, ...zei|chen, _frau, ...ge|le|gen|heit, ...kes|sel, ...korb od. Wä|sche-korb, ...kü|che, ...lap|pen (auch ugs. verächtl. für: Mensch ohne Tatkraft), ...le|der; wasch|le|dern (aus Waschleder); Wasch|ma|schi|ne; wasch|ma|schi|nen|fest; Wasch_mit|tel das, ...pul|ver, ...raum, ...rum|pel (landsch. für: Waschbrett), ...schüs|sel, ...sei|de, ...stra|ße, ...tag, ...tisch, ...trog; Wa|schung; Wasch_was|ser (das; -s), ...weib (derb für: geschwätzige Frau), ...zet|tel (vom Verlag selbst stammende Bücherempfehlung), ...zeug (das; -s), ...zu|ber, ...zwang (der; -[e]s)

¹Wa|sen Plur. (nordd. für: Reisigbündel)

²Wa|sen der; -s, - (Rasen; feuchter Boden; landsch. auch: feuchter Dunst)

Wa|serl das; -s, -n (österr. ugs. für: unbeholfener Mensch)

Was|gau der; -[e]s; Was|gen|wald der; -[e]s (veralt. dt. Bez. für: Vogesen)

Wash. = Washington (Staat in den USA)

wash and wear ["osch 'nd "ä'] ⟨engl.⟩ („waschen und tragen"; Bezeichnung von Textilien, die nach dem Waschen [fast] ohne Bügeln wieder getragen werden können)

¹Wa|shing|ton ["oschingt'n] (erster Präsident der USA); ²Wa|shing|ton (Staat in den USA [Abk.: Wash.]; Bundeshauptstadt der USA)

Was|ser das; -s, - u. (für Mineral-, Spül-, Speise-, Abwasser u. a. Plur.:) Wässer; leichtes-, schweres -; zu - und zu Land[e]; was|ser_ab|sto|ßend, ...ab|wei|send, ...arm; Was|ser_auf|be|rei|tung, ...bad, ...ball, ...bau (der; -[e]s), ...bett, ...bom|be, ...burg; Wäs|ser|chen, Wäs|ser|lein; Was|ser_dampf; was|ser|dicht; Was|ser_fahr|zeug, ...fall der, ...far|be; was|ser|fest; Was|ser_fla|che, ...fla|sche, ...floh, ...flug|zeug; was|ser|ge|kühlt; ein -er Motor (↑R 209); Was|ser_glas (Plur. ...gläser; Trinkglas; [nur Sing.:] Kalium- od. Natriumsilikat), ...glät|te (Aquaplaning), ...gra|ben, ...hahn, ...haus|halt, ...heil|ver|fah|ren, ...ho|se (Wasser mit-

Wirbelsturm; ...huhn;
...g, wäßlrig; Wäslselrigläßlrigkeit; Wgslser.jungibelle), ...kanlte (die; -; selfür: Waterkant), ...keslsel, klolsett (Abk.: WC [vgl. d.]), ...kopf, ...kraft die, ...kunst, ...lache, ...lauf, ...läulfer; wgslserllebend (Zool.); ↑R 209; Wgslserleilche; Wäslserllein, Wäslserchen; Wgslser.leiltung, ...linlse; wgslserllöslich; Wgslser.mann (der; -[e]s; ein Sternbild), ...mühle; wgslsern (auf das Wasser niedergehen); ich wassere u. waßre (↑R 22); wäslsern (in Wasser legen; mit Wasser versorgen; Wasser absondern); ich wässere u. waßre (↑R 22); Wgslser.nilxe, ...not (die; -; veralt. für: Mangel an Wasser; vgl. aber: Wassersnot), ...pest (die; -; eine Wasserpflanze), ...pfeilfe, ...pflanlze, ...pilstolle, ...pollilzei, ...pumlpe, ...rad, ...ratlte (ugs. scherzh. auch für: Seemann, jmd., der sehr gerne schwimmt), ...recht (das; -[e]s); wgslserlreich; Wgslser.relserlvoir, ...rohr, ...säulle, ...schalden, ...scheilde; wgslserscheu; -[e]ste; Wgslser.scheu, ...schi (vgl. Wasserski), ...schlange, ...schlauch, ...schloß, ...schutzlgelbiet; Wgslserlski, Wgslserlschi der (als Sportart: das); Wgslserslnot (veralt. für: Überschwemmung; vgl. aber: Wassernot); Wgslser.schwall, ...speiler, ...spielgel, ...spiel (meist Plur.), ...sport; wgslsersportllich; Wgslser.spülllung, ...stand; Wgslserlstands.anlzeiger, ...mellldung (meist Plur.), ...regller; Wgslser.stoff der; -[e]s (chem. Grundstoff; Zeichen: H); wgslserlstoffblond; Wgslserstoffbomlbe (H-Bombe); Wgslserlstoffflamlme (↑R 204); Wgslserlstofflsulperloxyd das; -[e]s; vgl. Oxid; Wgslser.strahl, ...stralße, ...sucht (die; -; für: Hydropsie); wgslserlsüchltig; Wgslser.temlpelraltur, ...trälger (ugs. für: jmd., der einem anderen Hilfsdienste leistet), ...treiten (das; -s), ...troplfen, ...turm, ...uhr; Wgslselrung; Wäslselrung; Wgslser.verldränlgung, ...waalge, ...weg, ...werlfer, ...werk, ...wirtlschaft (die; -), ...zähller, ...zeilchen (im Papier); wäßlrig, wäslselrig; Wäßlriglkeit, Wäslselriglkeit

Wgsltl (südd. Kurzform von: Sebastian)

walten; gewatet

Walterlkant die; - (scherzh. für: nordd. Küstengebiet)

Walterlloo (Ort in Belgien)

Walterlproof ['ǫt'rpruf] der; -s, -s (engl.) (wasserdichter Stoff; Regenmantel)

Watlsche [auch: wat...] die; -, -n u. Watlschen [auch: -, - (bayr., österr. ugs. für: Ohrfeige)

watlschellig, watschllig [auch: wat...] (ugs.); watlscheln [auch: wat...] (ugs. für: wackelnd gehen); ich ...[e]le (↑R 22)

watlschen [auch: wat...] (bayr., österr. ugs. für: ohrfeigen); Watlsche; Watlschen [auch: wat...] vgl. Watlsche; Watlschenlmann [auch: wat...] (österr.: Figur im Wiener Prater; übertr.: Zielscheibe der Kritik)

watschllig, watlschellig [auch: wat...]

¹Watt ['ǫt] (Erfinder der verbesserten Dampfmaschine); ²Watt das; -s, - (Einheit der physikal. Leistung; Zeichen: W); 40 -

³Watt das; -[e]s, -en (seichter Streifen der Nordsee zwischen Küste u. vorgelagerten Inseln)

Watlte die; -, -n (niederl.)

Watlteau [watǫ] (franz. Maler)

Watlteau [watǫ] (franz. Maler)

Watltelbausch

Watlten das; -s (österr.: ein Kartenspiel)

Watltenlmeer

Watltenlscheid (Stadt im Ruhrgebiet)

watltielren (mit Watte füttern); Watltielrung; watltig (watteartig); Watt.melter (das; -s, -; elektr. Meßgerät), ...selkunlde (physikal. Arbeitseinheit; Abk.: Ws)

Wattlwanldelrung

Watlvolgel (am Wasser, im Moor o.ä. lebender Vogel)

WC [weze] = water closet ['ǫt'rklosit] das; -[s], -[s] (engl.) (Wasserklosett)

WDR = Westdeutscher Rundfunk

Welbe die; -, -n (österr. für: Gewebe [für Bettzeug]); Welbelleilne (Seemannsspr.: „gewebte" Sprosse der Wanten); welben; du webtest (geh. u. übertr.: wobst [wobst]); du webtest (geh. u. übertr.: wöbtest); geweb[t] (geh. u. übertr.: gewoben); web[e]!

¹Welber, Carl Maria von (dt. Komponist)

²Welber; Welbelrei; Welberknecht (ein Spinnentier); Welberlknolten; Welberlschifflchen, Weblschifflchen

Welbern, Anton von (österr. Komponist)

Welberlvolgel; Weblfehller, ...garn, ...kanlte, ...pelz; Weblschifflchen, Welberlschifflchen; Weblstuhl, ...walren Plur.

Wechlsel der; -s, -; Wechlsel.bad ...balg (der; mißgebildetes unter geschobenes Kind), ...bank (Plur. ...banken), ...belzielhung wechlsellbelzüglllich; -es Fürwor (für: reziprokes Pronomen) Wechlsel.bürglschaft, ...fälll Plur., ...fälllschung, ...fielbe (das; -s; Malaria), ...geld, ...ge sang; wechlsellhaft; -este; Wechlsel.jahlren Plur., ...kaslse, ...kredit, ...kurs; wechlselln; ich ...[e]l (↑R 22); (↑R 68:) Wäsche zum Wechseln; Wechlsel.rahlmen ...relde (auch für: Diskussion) ...relgreß; Wechlsellreiltelre (unlautere Wechselausstellung) Wechlsel.schalter, ...schritt wechlsellseiltig; Wechlsellseiltigkeit die; -; Wechlsel.steuler die ...strom, ...sumlme; Wechlselung, Wechsllung; Wechlsellverkehr (Verkehrsw.); wechlsellvoll Wechlsel.wähller, ...warmblüte (Zool.); wechlsellweilse; Wechsellwirlkung; Wechsller

¹Weck (Familienn.; als ⓦ fü Einkochgeräte)

²Weck der; -[e]s, -e u. Wecke¹ di -, -n u. Wecken¹ der; -s, - (südd österr. für: Weizenbrötchen Brot in länglicher Form)

Wecklamin das; -s, -e (stimulie rendes Kreislaufmittel)

Wecklaplpalrat ⓦ (↑R 135)

Wecklldienst (per Telefon)

Wecke¹ vgl. Weck

wecken¹; ¹Wecken¹ das; -s

²Wecken¹ vgl. Weck

Wecker¹

Weckerl¹ das; -s, -n (bayr., österr für: längliches Weizenbrötchen vgl. ²Weck

Wecklglas ⓦ (Plur. ...gläser; ↑ 135)

Wecklruf

Welda der; -[s], ...den u. (sanskr.) (Name für heilig Schriften der alten Inder)

Weldellkind (dt. Dramatiker)

Weldel der; -s, -; Weldellkurs (Sk sport); weldelln; ich ...[e]le (↑R 2 weldler; - er noch sie haben (auc hat) davon gewußt

Wedglwoodlwalre ['ädsheud ud. (↑R 135) (nach dem engl. Erfi der) (berühmtes englisch Steingut)

weldisch (auf die Weden bezü lich)

Weeklend ['ĩk...] das; -[s], -s (eng (Wochenende)

Weft das; -[e]s, -e (engl.) (hart g drehtes Kammgarn)

weg; weg da! (fort!); sie ist ga weg (ugs. für: begeistert, ve liebt); frisch von der Leber w (ugs. für: geradezu, offen); er

---

¹ Trenn.: ...k|k...

längst darüber weg (hinweg); er wird schon weg sein, wenn ...

Weg der; -[e]s, -e; _Schreibung in Straßennamen:_ ↑ R 190 ff.; es hat gute -e; im Weg[e] stehen; wohin des Weg[e]s?; gerade[n]wegs; keineswegs; alle[r]wege, allerwegen; unterwegs; (↑ R 208:) zuwege bringen; vgl. zuwege

weg... (in Zus. mit Verben, z. B. weglaufen, du läufst weg, weggelaufen, wegzulaufen)

Wel|ga die; - (arab.) (ein Stern)

weg|ar|bei|ten; sie hat alles weggearbeitet; **weg|be|kom|men;** die Regel hatte er - (ugs. für: verstanden); er hat einen Schlag - (ugs. für: erhalten)

Weg.be|rei|ter, ...**bie|gung**

weg|bla|sen; er hat den Zigarrenrauch weggeblasen; er war wie weggeblasen (ugs. für: er war spurlos verschwunden); **weg|blei|ben** (ugs.); sie ist auf einmal weggeblieben; **weg|brin|gen** (ugs.); **weg|dis|ku|tie|ren** (ugs.)

Wel|ge|bau (Plur. ...bauten); **Wegel|geld,** Weg|geld; **Wel|ge|la|ge|rer;** wel|ge|la|gern; ich ...ere (↑ R 22); gewegelagert; zu -; **Wegel|la|ge|rung**

vel|gen (↑ R 62); _Präp. mit Gen.:_ - Diebstahls, - Mangels, - des Vaters od. (geh.:) des Vaters -, - der hohen Preise, der Leute -; (noch landsch.:) - meiner; ein alleinstehendes, stark gebeugtes Substantiv steht im _Sing._ oft schon ungebeugt; - Umbau - Diebstahl; ugs. mit _Dat.:_ - dem Kind, - mir; hochspr. mit _Dat._ in bestimmten Verbindungen u. wenn bei Pluralformen der _Gen._ nicht erkennbar ist: - etwas anderem, - manchem, - Vergangenem; - Geschäften; Abk.: wg.; (Zusammensetzungen u. Fügungen:) des- od. dessentwegen, meinet-, deinet-, seinet-, ihret-, unsert-, euret- od. euertwegen; von Amts -, von Rechts -, von Staats -; von -! (ugs. für: auf keinen Fall!)

Wegen|le|ge

Wel|ger der; -s, - (Schiffsplanke)

Wel|ge|recht

Wel|ge|rich der; -s, -e (eine Pflanze)

vel|gern (Schiffbau: die Innenseite der Spanten mit Wegern belegen); ich ...ere (↑ R 22); **Wel|ge|rung**

veg|es|sen; er hat mir alles weggegessen

weg|fah|ren; Weg|fall der; -[e]s; in - kommen (dafür besser: wegfallen); **weg|fal|len** (nicht mehr in Betracht kommen); **weg|fel|gen; weg|fi|schen** (ugs. auch für: vor der Nase wegnehmen); er hat

---

ihm die besten Bissen weggefischt; **weg|flie|gen; weg|fres|sen; weg|füh|ren**

Weg|ga|be|lung, Weg|gab|lung

Weg|gang der; -[e]s; **weg|ge|ben; weg|ge|hen**

Weg|geld, We|ge|geld

Weg|gen der; -s, - (schweiz. für: ²Wecken)

Weg|ge|nos|se

Weggli das; -s, - (schweiz. für: eine Art Brötchen)

weg|gucken [Trenn.: ...guk|ken] (ugs.); **weg|ha|ben;** sie hat einen weggehabt (ugs. für: sie war betrunken, nicht ganz bei Verstand); sie hat das weggehabt (ugs. für: gründlich beherrscht); die Ruhe - (ugs. für: sich nicht aus der Fassung bringen lassen); **weg|hän|gen;** vgl. ²hängen; **weg|ho|len; weg|hö|ren** (ugs.); **weg|ja|gen; weg|keh|ren; weg|kom|men** (ugs. für: verschwinden); **weg|krat|zen**

Weg|kreuz

weg|krie|gen

weg|kun|dig

weg|las|sen; weg|lau|fen; er ist weggelaufen; **weg|le|gen**

Weg|lei|tung (schweiz. für: Anweisung); **weg|los**

weg|ma|chen (ugs. für: entfernen)

Weg|mar|ke; weg|mü|de (geh.)

weg|müs|sen (ugs. für: weggehen müssen, nicht mehr bleiben können); weggemußt

Weg|nah|me die; -, -n; **weg|neh|men;** weggenommen; **weg|packen** [Trenn.: ...pak|ken]; **weg|put|zen** (ugs. auch für: verschwinden lassen; aufessen); er hat das ganze Fleisch weggeputzt; **weg|ra|die|ren**

Weg|rand

weg|ra|tio|na|li|sie|ren; weg|räu|men; weg|rei|ßen; weg|ren|nen; weg|rol|len

weg|sam (veralt.)

weg|schaf|fen; vgl. ¹schaffen

Weg|scheid der; -[e]s, -e (österr.: die; -, -en) u. **Weg|schei|de** die; -, -n (Straßengabelung)

weg|schel|ren, sich (ugs. für: weggehen); scher dich weg!; **weg|scheu|chen; weg|schicken** [Trenn.: ...schik|ken]; **weg|schlei|chen;** er ist weggeschlichen; du hast dich weggeschlichen; **weg|schlie|ßen; weg|schmei|ßen** (ugs.); **weg|schnap|pen** (ugs.); **weg|schnei|den; weg|schüt|ten; weg|set|zen;** das Geschirr - -; du hast dich über den Ärger weggesetzt; **weg|stecken** [Trenn.: ...k|k...] (ugs.); er hat das Geld weggesteckt; so einen Schicksalsschlag kann man nicht einfach - (verkraften); **weg|steh|len,** sich -; du hast dich weggestohlen

---

(heimlich entfernt); **weg|stel|len; weg|sto|ßen**

Weg|strecke [Trenn.: ...strek|ke]

weg|strei|chen; weg|trei|ben; weg|tre|ten; weggetreten!; **weg|trin|ken; weg|tun**

Weg.über|füh|rung, ...**un|ter|füh|rung,** ...**wart** (veralt. für: Straßenwart), ...**war|te** (eine Pflanze); **weg|wei|send; Weg|wei|ser**

weg|wer|fen; sie hat alles weggeworfen; sich -; **weg|wer|fend; Weg|werf.fla|sche,** ...**ge|sell|schaft; weg|wi|schen**

Weg.zeh|rung, ...**zei|chen**

weg|zie|hen; Weg|zug

¹weh; (↑ R 64:) weh tun; hast du dir weh getan?; er hat einen wehen Finger; es war ihm weh ums Herz; vgl. wehe; **²weh** vgl. wehe; **Weh** das; -[e]s, -e; (↑ R 67:) mit Ach und -; vgl. ²Wehe; **²Wehe,** we|he, weh; weh[e] dir!; o weh!; sich und weh schreien, aber: ein „Wehe!" ausrufen; **¹We|he** die; -, -n; meist Plur. (Schmerz bei der Geburt); **²We|he** das; -s (Nebenform von: Weh)

³We|he die; -, -n (zusammengewehte Anhäufung von Schnee od. Sand); **we|hen**

Weh.ge|schrei, ...**kla|ge; weh|kla|gen;** ich wehklage; gewehklagt; zu -

Wehl das; -[e]s, -e u. **Weh|le** die; -, -n (niederd. für: an der Binnenseite eines Deiches gelegener Teich)

weh|lei|dig; Weh|lei|dig|keit

Weh|mut die; -; **weh|mü|tig; Weh|mü|tig|keit** die; -; **weh|muts|voll**

Weh|mut|ter (Plur. ...mütter; veralt. für: Hebamme)

Wehl|ne die; -, -n (niederd. für: Beule)

¹Wehr die; -, -en (Befestigung, Verteidigung, Abwehr; kurz für: Feuerwehr); sich zur - setzen; **²Wehr** das; -[e]s, -e (Stauwerk); **wehr|bar; Wehr.be|auf|trag|te** der, ...**be|reich,** ...**be|reichs|kom|man|do,** ...**dienst,** ...**dienst|ver|wei|ge|rer; wehr|en;** sich -; **wehr|fä|hig; Wehr.fä|hig|keit** (die; -), ...**gang** der, ...**ge|hän|ge,** ...**ge|henk,** ...**ge|rech|tig|keit,** ...**ge|setz; wehr|haft;** -este; **Wehr|haf|tig|keit** die; -; **Wehr|kir|che** (burgartig gebaute Kirche); **wehr|los;** -este; **Wehr|lo|sig|keit** die; -; **Wehr|macht** die; - (früher für: Gesamtheit der [dt.] Streitkräfte); **Wehr|macht[s]|an|ge|hö|ri|ge** der u. die; **Wehr.mann** (Plur. ...männer; schweiz. für: Soldat), ...**paß,** ...**pflicht** (die; -; die allgemeine -); **wehr|pflich|tig; Wehr|übung**

Weh|weh [auch: wewe] das; -s, -s (Kinderspr. für: Schmerz; kleine

Wunde); **Weh|weh|chen** *das;* -s, - (scherzh.)

Weib *das;* -[e]s, -er; **Weib|chen** *das;* -s, - u. Weiberchen od. Weiblein (ugs.); -s, - u. Weiberlein **Wei|bel** *der;* -s, - (schweiz., sonst veralt. für: Amtsbote); **wei|beln** (schweiz. für: werbend umhergehen); ich ...ble (↑ R 22)

Wei|ber|chen (*Plur.* von: Weibchen); **Wei|ber.fas|t|l|nacht** (vgl. Altweiberfastnacht), **...feind,** **...ge|schich|ten** *Plur.,* **...held** (verächtl.); **Wei|ber|lein** (*Plur.* von: Weiblein); **wei|bisch;** -ste; **Weib|lein;** Männlein und Weiblein; vgl. Weibchen; **weib|lich;** -es Geschlecht; **Weib|lich|keit** *die;* -; **Weibs|bild** (ugs. verächtl. für: weibl. Person); **Weib|sen** *das;* -s, - (ugs. verächtl. für: Frau); **Weibs.leu|te** (*Plur.;* ugs. verächtl. für: Frauen), **...per|son** u. **...stück** (ugs. verächtl. für: Frau)

weich; weich klopfen, kochen usw.; vgl. aber: weichmachen; *Schreibung in Verbindung mit dem 2. Partizip,* z. B. weichgekochtes Fleisch (↑ jedoch R 209), aber: das Fleisch ist weich gekocht

Weich|bild (Randbezirke; hist.: Ortsgebiet; Bezirk, wo das Ortsrecht gilt) ¹**Wei|che** *die;* -, -n (Umstellvorrichtung bei Gleisen) ²**Wei|che** *die;* -, -n (Weichheit [nur *Sing.*]; Körperteil) ¹**wei|chen** (ein-, aufweichen, weich machen, weich werden); du weichtest; geweicht; weich[e]! ²**wei|chen** (zurückgehen; nachgeben); du wichst (wichest); du wichest; gewichen; weich[e]! **Wei|chen.stel|ler, ...wär|ter** **weich|ge|dün|stet,** weicher, am weich[e]sten gedünstet; weichgedünstetes Gemüse (↑ jedoch R 209), aber: das Gemüse ist weich gedünstet; **weich|ge|klopft,** weicher, am weich[e]sten geklopft; weichgeklopftes Fleisch (↑ jedoch R 209), aber: das Fleisch ist weich geklopft; **weich|ge|kocht,** weicher, am weich[e]sten gekocht; ein weichgekochtes Ei (↑ jedoch R 209), aber: das Ei ist weich gekocht; **Weich|heit; weich|her|zig; Weich|her|zig|keit; Weich.holz, ...käl|se; weich|lich; Weich|lich|keit** *die;* -; **Weich|ling** (abschätzig); **weich|lö|ten** (Technik); nur im Infinitiv u. im 2. Partizip gebr.; weichgelötet; **weich|ma|chen;** ↑ R 205 (ugs. für: zermürben); er wird mich mit seinen Fragen noch -; aber: einen Stoff weich machen; **Weich|ma|cher** (Chemie); **weich|mü|tig;**

Weich|mü|tig|keit *die;* -; **weich|scha|llig** ¹**Weich|sel** *die;* - (osteurop. Strom) ²**Weich|sel** *die;* -, -n (ein Obstbaum); **Weich|sel.kir|sche, ...rohr** (Pfeifenrohr aus Weichselholz) **Weich|sel|zopf** (Haarverfilzung durch Kopfläuse) **Weich_spül|mit|tel, ...tei|le** *Plur.,* **...tier** (für: Molluske), **...wer|den** (*das;* -s), **...zeich|ner** (fotograf. Vorsatzlinse) ¹**Wei|de** *die;* -, -n (ein Baum) ²**Wei|de** *die;* -, -n (Grasland); **Wei|de|land** (*Plur.* ...länder); **Wei|del-gras** *das;* -es (auch für: Raigras); **Wei|de|mo|nat** (alte dt. Bez., meist für den Mai); **wei|den;** sich an etwas - **Wei|den.baum, ...busch, ...ger|te, ...kätz|chen, ...rös|chen** **Wei|de|platz** **Wei|de|rich** *der;* -s, -e (Name verschiedener Pflanzen) **Wei|de.rind, ...wirt|schaft** (*die;* -) **weid|ge|recht¹; weid|lich** ("jagdgerecht"; gehörig, tüchtig); **Weid|ling** *der;* -s, -e (südwestd. u. schweiz. für: Fischerkahn); **Weid|loch¹** (After beim Wild); **Weid|mann¹** (*Plur.* ...männer); **weid|män|nisch¹;** -ste; **Weid-manns|dank¹¹; Weid|manns-heil¹¹; Weid|mes|ser¹** *das;* **Weid-ner¹** *der;* -s, - (veralt. für: Weidmann; Jagdmesser); **Weid|sack¹** (Jagdtasche); **Weid|spruch¹** (altd. Rätselfrage der Jägerei); **Weid-werk¹** *das;* -[e]s; **weid|wund¹** (verwundet durch Schuß in die Eingeweide) **Wei|fe;** -, -n (Garnwinde); **wei-fen** ([Garn] haspeln) **Weil|gand** *der;* -[e]s, -e (veralt. für: Kämpfer, Held) **wei|gern** sich; ich ...ere mich (↑ R 22); **Wei|ge|rung; Wei|ge-rungs|fall** *der;* im -[e] **Weih** vgl. ¹Weihe **Weih|bi|schof** ¹**Wei|he** *die;* -, -n u. **Weih** *der;* -[e]s, -e (ein Greifvogel) ²**Wei|he** *die;* -, -n (Weihung); **Wei-he|akt; wei|hen** **Wei|hen|ste|phan** (Stadtteil von Freising) **Wei|her** *der;* -s, - ⟨lat.⟩ (Teich) **Wei|he.re|de, ...stun|de; wei|he-voll; Weih_ga|be, ...kes|sel** (Weihwasserkessel); **Weih|ling** (Person, die geweiht wird) **Weih|nacht** *die;* -; **weih|nach|ten;** es weihnachtet; geweihnachtet; **Weih|nach|ten** *das;* -, - (Weih-

---

nachtsfest); - ist bald vorbei; - war kalt; (landsch., bes. österr. u. schweiz. als *Plur.*:) die[se] - waren verschneit; nach den -; (im Wunschformeln auch allg. als *Plur.*:) fröhliche Weihnachten!; zu - (bes. nordd.), an - (bes. südd.); **weih|nacht|lich; Weih-nachts.abend, ...baum, ...fei|er, ...fei|er|tag, ...fe|ri|en** *Plur.,* **...fest, ...geld, ...ge|schenk, ...ge-schich|te, ...gra|ti|fi|ka|ti|on, ...krip|pe, ...lied, ...mann** (*Plur.* ...männer), **...markt, ...pa|pier, ...spiel, ...stol|le** od. **...stol|len** (vgl. ¹Stollen; Backwerk), **...tag, ...tel|ler, ...tisch, ...zeit** (*die;* -) **Weih|rauch** (duftendes Harz); **weih|räu|chern;** ich ...ere (↑ R 22) **Weih|ung; Weih|was|ser** *das;* -s; **Weih|was|ser|kes|sel; Weih|we-del** **weil;** [all]dieweil (veralt.) **weil.** = weiland **wei|land** (veralt., noch scherzh. für: vormals; Abk.: weil.) **Weil|chen;** warte ein -!; ein - ruhen; **Wei|le** *die;* -; Lang[e]weile Kurzweil; alleweil[e], bisweilen, zuweilen; [all]dieweil; einstweilen; mittlerweile; **wei|len** (geh für: sich aufhalten, bleiben) **Wei|ler** *der;* -s, - ⟨lat.⟩ (mehrere beieinander liegende Gehöfte; kleine Gemeinde) **Weil|mar** (Stadt a. d. Ilm); **Wei-ma|rer** (↑ R 147); **wei|ma|risch** **Wei|muts|kie|fer** vgl. Weymouthskiefer **Wein** *der;* -[e]s, -e ⟨lat.⟩; **Wein|bau** *der;* -[e]s; **wein|bau|end; Wein-_bau|er** (*der;* -n u. [selten] -s, -n) **...bee|re, ...bei|ßer** (österr. u. ...ne Lebkuchenart; Weinkenner), **...berg; Wein|berg[s]|be|sit|zer; Wein|berg|schnecke** [*Trenn.* ...schnek|ke]; **Wein|brand** *der;* -s, ...brände (ein Branntwein) **wei|nen;** (↑ R 68:) in Weinen ausbrechen; ihr war das Weinen näher als das Lachen; das ist zum Weinen!; **wei|ner|lich** **Wein.es|sig, ...faß, ...fla|sche, ...gar|ten** (landsch. für: Weinberg), **...gärt|ner** (landsch. für: Winzer), **...geist** (*Plur.* [für Sorten:] ...geiste), **...glas** (*Plur.* ...gläser), **...gut, ...hau|er** (österr. für: Winzer), **...haus, ...hel|fe; wei|nig** (weinhaltig; weinartig); **Wein-_kar|te, ...kauf** (Trunk bei Besiegelung eines Geschäftes; Draufgabe), **...kel|ler, ...ken|ner** **Wein|krampf** **Wein.kö|ni|gin, ...la|ge, ...le|se, ...lo|kal, ...mo|nat** od. **...mond** (alte dt. Bez. für: Oktober), **...pan|scher** (abschätzig), **...pro-be, ...re|be, ...rot; Wein-schaum|creme; wein|se|lig,**

---

¹ Obwohl etymologisch nur „ei" gerechtfertigt ist, findet sich fachsprachlich oft die Schreibung mit „ai".

Wein_stein (der; -[e]s; kalium-
saures Salz der Weinsäure);
...steu|er die, ...stock (Plur.
...stöcke), ...stu|be, ...trau|be,
...zierl (der; -s, -n; ostösterr.
mdal. für: Winzer, Weinbauer),
...zwang (der; -[e]s; Verpflichtung, in einem Lokal Wein zu bestellen)
¹ei|se; -ste (klug); die - Frau (ver-
alt. für: Hebamme; Wahrsage-
rin); ¹Wei|se der u. die; -n, -n;
↑ R 7 ff. (kluger Mensch); die Sieben -n (↑ R 157)
²Wei|se die; -, -n (Art; Singweise);
auf diese -
.wei|se; Zusammensetzung: a)
aus Adjektiv u. ...weise (z. B. klu-
gerweise) nur Adverb: klugerwei-
se sagte er nichts dazu, aber: in
kluger Weise; b) aus Substantiv
u. ...weise (z. B. probeweise) Adverb: er wurde probeweise einge-
stellt; auch Adjektiv bei Bezug
auf ein Substantiv, das ein Geschehen ausdrückt: eine probeweise Einstellung
Wei|sel der; -s, - (Bienenkönigin)
wei|sen (zeigen; anordnen); du
weist (weisest), er weist; du wie-
sest, er wies; gewiesen; weis[e]!;
Wei|ser; Weis|heit; weis|heits-
voll; Weis|heits|zahn; weis|lich
(wohl erwogen); weis|ma|chen
(ugs. für: vormachen, belügen;
einreden usw.); ich mache weis;
weisgemacht; weiszumachen;
jmdm. etwas -
·eiß; -este (Farbe); vgl. blau. I.
Kleinschreibung: a) (↑ R 65:) etwas schwarz auf weiß (schrift-
lich) haben, nach Hause tragen;
aus schwarz weiß, aus weiß
schwarz machen; b) (↑ R 157:)
die weiße Fahne hissen (als Zeichen des Sichergebens); ein weißer Fleck auf der Landkarte (un-
erforschtes Gebiet); weißer Fluß
(svw. Weißfluß); weiße Kohle
(Wasserkraft); die weiße Rasse;
der weiße Sport (Tennis; Ski-
sport); ein weißer Rabe (eine
Seltenheit); eine weiße Weste
haben (ugs. für: unschuldig
sein); weiße Mäuse sehen (ugs.
für: übertriebene Befürchtungen
haben); weiße Maus (ugs. Bez.
für: Verkehrspolizist). II. Großschreibung: a) (↑ R 65:) ein Weißer (weißer Mensch); eine Weiße (Berliner Bier); die Weiße;
die Farbe Weiß; b) (↑ R 146:) das
Weiße Meer; der Weiße Berg; c)
(↑ R 157:) die Weiße Frau (Unglück kündende Spukgestalt in
Schlössern); das Weiße Haus
(Amtssitz des Präsidenten der
USA in Washington); die Weiße
Rose (Name einer Widerstands-
gruppe während der Zeit des Na-

tionalsozialismus); der Weiße
Sonntag (Sonntag nach Ostern);
der Weiße Tod (Erfrieren). III.
Schreibung in Verbindung mit
Verben (↑ R 205 f.): a) Getrenntschreibung in ursprünglicher Bedeutung, z. B. weiß machen, waschen, werden; b) Zusammenschreibung, wenn durch die Verbindung ein neuer Begriff entsteht; vgl. weißnähen, weißwa-
schen. IV. In Verbindung mit dem
2. Partizip Getrennt- oder Zusammenschreibung: ein weißgekleidetes Mädchen (↑ jedoch R 209),
aber: das Mädchen ist weiß gekleidet. V. Farbenbezeichnungen:
↑ R 40; ¹Weiß das; -[es], - (weiße
Farbe); in -, mit -; in - gekleidet;
mit - bemalt; Stoffe in -
²Weiß, Ernst (österr. Schriftsteller)
³Weiß, Konrad (dt. Lyriker, Dramatiker u. Essayist)
Weiss, Peter (dt. Schriftsteller)
weis|sa|gen; ich weissage; gewis-
sagt; zu -; Weis|sa|ger; Weis|sa-
ge|rin die; -, -nen; Weis|sa|gung
Weiß.bier, ...bin|der (landsch.
für: Böttcher; auch: Anstrei-
cher), ...blech, weiß|blond;
Weiß_blu|ten (in der Wendung:
bis zum - [ugs. für: sehr, in ho-
hem Maße]), ...brot, ...buch (Do-
kumentensammlung der dt. Regierung zu einer bestimmten Fra-
ge), ...bu|che (Hainbuche),
...dorn (Plur. ...dorne); ¹Wei|ße
die; -, -n; ↑ R 7 ff. (Bierart; auch:
ein Glas Weißbier); ²Wei|ße der
u. die; -n, -n; ↑ R 7 ff. (Mensch
mit heller Hautfarbe); ³Wei|ße
die; - (Weißsein); Weiße-Kra-
gen-Kri|mi|na|li|tät die; - (ugs.);
Wei|ßeln (südd. u. schweiz. für: wei-
ßen); ich ...[e]le (↑ R 22); wei|ßen
(weiß färben, machen; tünchen);
du weißt (weißest), er weißt; du
weißtest; geweißt; weiß[e]!
Wei|ße|ritz die; - (l. Nebenfluß der
mittleren Elbe)
Weiß.fisch, ...fluß (der; ...flusses;
Med.: weißlicher Ausfluß aus
der Scheide); weiß|ge|klei|det;
ein weißgekleidetes Mädchen
(↑ jedoch R 209), aber: das
Mädchen ist weiß gekleidet;
Weiß|ger|ber; Weiß|ger|be|rei
(Alaungerberei); weiß|glü|hend;
Weiß_glut (die; -), ...gold
weiß Gott!; für weiß Gott was halten (ugs.)
weiß_grau (↑ R 40), ...haa|rig;
Weiß_herbst (hell gekelterter
Wein aus blauen Trauben), ...kä-
se (Quark), ...kohl, ...kraut (das;
-[e]s); weiß|lich; Weiß|lie|gen|de
das; -n; ↑ R 7 ff. (Geol.: oberste
Schicht des Rotliegenden);
Weiß|ling (ein Schmetterling;

svw. Wittling); Weiß|ma|cher
(Werbesprache: optischer Auf-
heller in einem Waschmittel);
weiß|nä|hen; ↑ R 205 (Wäsche nä-
hen); ich nähe weiß; weißge-
näht; weißzunähen; Weiß_näh-
he|rin, ...pap|pel
Weiß|rus|se; weiß|rus|sisch;
Weiß|ruß|land (Gebiet in West-
rußland)
Weiß_sucht (die; -; für: Albinis-
mus), ...tan|ne; Wei|ßung (Weiß-
färbung, Tünchung); Weiß-
_wand|rei|fen, ...wa|ren Plur.;
weiß|wa|schen (↑ R 205); sich,
jmdn. - (ugs. für: sich od. jmdn.
von einem Verdacht od. Vorwurf
befreien); meist nur im Infinitiv
u. 2. Partizip (weißgewaschen)
gebräuchlich; aber: Wäsche
weiß waschen; Weiß_wein,
...wurst, ...zeug (das; -[e]s)
Weis|tum das; -s, ...tümer (Auf-
zeichnung von Rechtsgewohn-
heiten u. Rechtsbelehrungen im
MA.); Wei|sung (Auftrag, Be-
fehl); Wei|sungs|be|fug|nis; wei-
sungs|ge|bun|den; Wei|sungs-
recht
weit; weiter, weiteste. I. Kleinschreibung: a) (↑ R 134:) am weitesten; im weiteren, des weiter[e]n darlegen, berichten; b)
(↑ R 65:) bei, von weitem; ohne
weiteres (österr. auch: ohnewei-
ters); bis auf weiteres; - und
breit; so -, so gut. II. Großschreibung: a) (↑ R 65:) das Weite suchen (sich [rasch] fortbegeben);
sich ins Weite verlieren (übertr.
gebraucht); das Weitere hierüber
folgt alsbald; [ein] Weiteres (das
Genauere, Ausführlichere) findet sich bei ihm; als Weiteres
(weitere Sendungen) erhalten
Sie; des Weiter[e]n enthoben
sein; b) (↑ R 65:) alles, einiges
Weitere demnächst. III. In Verbindung mit dem 2. Partizip, z. B.
weitgereist, am weitesten
gereist; ein weitgereister Mann
(↑ jedoch R 209), aber: der
Mann ist weit gereist; das ist weit
hergeholt. IV. Schreibung in Verbindung mit Verben immer getrennt, z. B. weit fahren, springen, bringen. V. Zus.: weitgehend (vgl. d.); meilenweit (vgl.
d.); weither (vgl. d.); soweit (vgl.
d.), insoweit (vgl. d.), inwie-
weit er recht hat; Weit (das; -[e]s,
-e (größte Weite [eines Schiffes]);
weit|ab; weit|aus; - größer; Weit-
blick der; -[e]s; weit|blickend
[Trenn.: ...blik|kend]; vgl. weitge-
hend; Wei|te die; -, -n; wei|ten
(weit machen, erweitern); sich -;
wei|ter; I. Klein- u. Großschrei-
bung: vgl. weit, I. u. II. II. In Verbindung mit Verben (↑ R 205 f.):1.

Getrenntschreibung: **a)** wenn ein Umstand des Grades (d. h. weiter als) ausgedrückt wird; we̱iter gehen; er kann we̱iter gehen als ich; **b)** wenn „weiter" betont im Sinne von „weiterhin" gebraucht wird; we̱iter helfen; er hat dir we̱iter (weiterhin) geho̱lfen; **2.** *Zusammenschreibung:* **a)** wenn „weiter" in der Bedeutung von „vorwärts", „voran" (auch im übertragenen Sinne) gebraucht wird, z. B. we̱iterbefördern; we̱iterhelfen; **b)** wenn die Fortdauer eines Geschehens od. eines Zustandes ausgedrückt wird, z. B. we̱iterspielen, we̱iterbestehen

We̱i|ter|ar|beit; we̱i|ter|ar|bei|ten; vgl. weiter, II
we̱i|ter|be|för|dern; ich befördere weiter; der Spediteur hat die Kiste nach Berlin we̱iterbefördert; aber: der Kraftverkehr kann Stückgüter we̱iter befördern als die Eisenbahn; vgl. weiter, II; **We̱i|ter|be|för|de|rung**
we̱i|ter|be|ste|hen (fortbestehen); vgl. weiter, II
we̱i|ter|bil|den (fortbilden); vgl. weiter, II; **We̱i|ter|bil|dung**
we̱i|ter|brin|gen; vgl. weiter, II
we̱i|ter|emp|feh|len; vgl. weiter, II
we̱i|ter|ent|wickeln [*Trenn.:* ..wikkeln]; vgl. weiter, II; **We̱i|ter|ent|wick|lung**
we̱i|ter|er|zäh|len; vgl. weiter, II
we̱i|ter|fah|ren (schweiz. auch neben: fortfahren); vgl. weiter, II; in seiner Rede -; **We̱i|ter|fahrt** *die; -*
we̱i|ter|flie|gen; vgl. weiter, II; **We̱i|ter|flug**
we̱i|ter|füh|ren; vgl. weiter, II; **we̱i|ter|füh|rend** († R 209); die -en Schulen
We̱i|ter|ga|be
We̱i|ter|gang *der; -[e]s* (Fortgang, Entwicklung)
we̱i|ter|ge|ben; vgl. weiter, II
we̱i|ter|ge|hen (vorangehen); die Arbeiten sind gut we̱itergegangen; bitte weitergehen!; aber: ich kann we̱iter gehen als du; vgl. weiter, II; **we̱i|ter|ge|hend** (österr.) vgl. weitgehend
we̱i|ter|hel|fen; vgl. weiter, II
we̱i|ter|hin
we̱i|ter|kom|men; vgl. weiter, II
we̱i|ter|kön|nen (ugs. für: weitergehen, weiterarbeiten können); vgl. weiter, II
we̱i|ter|lau|fen; vgl. weiter, II u. weitergehen
we̱i|ter|le|ben; vgl. weiter, II
we̱i|ter|lei|ten; vgl. weiter, II; **We̱i|ter|lei|tung**
we̱i|ter|ma|chen; vgl. weiter, II
we̱i|tern (selten für: erweitern); ich ...ere († R 22)

We̱i|ter|rei|se; we̱i|ter|rei|sen; vgl. weiter, II
we̱i|ters (österr. für: weiterhin)
we̱i|ter|sa|gen; vgl. weiter, II
we̱i|ter|se|hen; vgl. weiter, II
we̱i|ter|spie|len; vgl. weiter, II
we̱i|ter|trat|schen (ugs.); vgl. weiter, II
we̱i|ter|trei|ben; vgl. weiter, II
We̱i|te|rung; meist *Plur.* (Schwierigkeit, Verwicklung)
we̱i|ter|ver|brei|ten; er hat das Gerücht we̱iterverbreitet; aber: diese Krankheit ist heute we̱iter verbre̱itet als früher; vgl. weiter, II; **We̱i|ter|ver|brei|tung**
We̱i|ter|ver|kauf; we̱i|ter|ver|kaufen; vgl. weiter, II
we̱i|ter|ver|mie|ten (in Untermiete geben); vgl. weiter, II
we̱i|ter|ver|mit|teln; vgl. weiter, II
we̱i|ter|ver|wen|den; vgl. weiter, II
we̱i|ter|wis|sen; vgl. weiter, II
we̱i|ter|wol|len (ugs. für: weitergehen wollen); vgl. weiter, II
we̱i|ter|zah|len; vgl. weiter, II
we̱i|ter|zie|hen; vgl. weiter, II
weit|ge|hend; Steigerung: weiter gehend (österr.: weitergehend) u. weitgehender, weitestgehend u. weitgehendst; († R 209:) das scheint mir zu we̱itgehend, aber: eine zu we̱it gehende Erklärung, das scheint mir zu we̱it zu gehen
weit|ge|reist; weiter, am weitesten gereist; ein we̱itgereister Mann († jedoch R 209), aber: der Mann ist we̱it gereist
weit|grei|fend; -e Pläne
weit|her (aus großer Ferne), aber: von weit her; damit ist es nicht weit her (das ist nicht bedeutend)
weit|her|zig; Weit|her|zig|keit *die; -*
weit|hin; weit|hin|aus
weit|läu|fig; Weit|läu|fig|keit
Weit|ling *der; -s, -e* (bayr., österr. für: große Schüssel)
weit|ma|schig
weit|räu|mig
weit|rei|chend; zur Steigerung vgl. weitgehend: -er Einfluß
weit|schau|end; vgl. weitgehend
weit|schich|tig
Weit|schuß (Sport)
weit|schwei|fig; Weit|schwei|fig|keit
Weit|sicht *die; -;* **weit|sich|tig; Weit|sich|tig|keit** *die; -*
weit|sprin|gen (nur im Infinitiv gebr.); **Weit|sprin|gen** *das; -s;* **Weit|sprung**
weit|tra|gend; zur Steigerung vgl. weitgehend
weit|um
Wei|tung
weit|ver|brei|tet; zur Steigerung vgl. weitgehend; eine we̱itverbreitete Zeitung († jedoch R 209),

aber: die Zeitung ist we̱it verbre̱itet; we̱it|ver|zweigt; zur Steigerung vgl. weitgehend; eine weitverzweigte Familie († jedoc R 209), aber: die Familie i̱s weit verzwe̱igt
Weit|win|kel|ob|jek|tiv
We̱i|zen *der; -s,* (fachspr.:) -; **We̱i zen_bier, ...feld, ...korn, ...meh ...preis** (vgl. [2]Preis)
Weiz|mann, Chaim [*chaim*] (is rael. Staatsmann)
[1]**We̱iz|säcker** († R 179), Carl Frie rich Freiherr von (dt. Physiker u. Philosoph); [2]**We̱iz|säcker** († 179), Richard Freiherr vo (sechster dt. Bundespräsident)
welch; -er, -e, -es; - ein Held; Wunder; - große Männer; we ches reizende Mädchen; welch großen (kaum noch: große Männer; welche Stimmberech tigten; welches od. welche Staates?, welches Zeugen?; **we̱l che** (ugs. für: etliche, einige); e sind - hier; **we̱l|cher|art;** wir wis sen nicht, welcherart (was fü ein) Interesse sie veranlaßt .. aber: wir wissen nicht, welche Art (Sorte, Gattung) diese Bi cher sind; **we̱l|cher|ge|stalt; we̱ cher|lei;** **we̱l|ches** (ugs. auch fü etwas); hat noch jemand Brot Ich habe -.
Welf *der; -[e]s, -e* od. *das; -[e]s, -* (Nebenform von: Welpe)
We̱l|fe *der; -n, -n;* († R 197 (Ange höriger eines dt. Fürstenge schlechtes); **we̱l|fisch**
welk; -e Blätter; **we̱l|ken**
We̱ll_baum (um seine Achse be weglicher Balken [am Mühlra u. a.]), **...blech; we̱l|le** *der; -, -r* **we̱l|len;** gewelltes Blech, Haa **we̱l|len|ar|tig;** **We̱l|len_ba ...berg, ...bre|cher; we̱l|len|fö mig; We̱l|len_gang** *(der; -[e]s* **...kamm, ...län|ge, ...li|nie, ...re ten** *(das; -s;* Wassersport), **...s lat** (ugs. für: Nebeneinander sic gegenseitig störender Sender **...schlag** *(der; -[e]s),* **...sit|tich** (e Vogel), **...tal; We̱l|ler** *der; -s,* (mit Stroh vermischter Lehm zu Ausfüllung von Fachwerk); **we̱ lern** (Weller herstellen, [Fach werk] mit Weller ausfüllen); ic **...ere** († R 22); **We̱l|ler|wan** (Fachwerkwand); **We̱ll|fleisch We̱ll|horn|schnecke** [*Trenn ...schnek|ke*]; **we̱l|lig** (wellena tig, gewellt); **We̱l|lig|keit** *die;* **We̱l|li|né** [...*ne̱* ...] *der; -[s], -s* (e Gewebe)
We̱l|ling|ton [engl. Ausspr *"ä̱lingt'n*] (brit. Feldmarschal Hptst. von Neuseeland); **We Ling|to|nia** *die; -,* ...ien [...*i̱*n (svw. Sequoie)
We̱ll_pap|pe, ...rad; We̱l|lung

Wel|pe der; -n, -n; ↑R 197 (das Junge von Hund, Fuchs, Wolf)
Wels der; -es, -e (ein Fisch)
Wels (oberösterr. Stadt)
welsch (kelt.) (keltisch, dann: romanisch, französisch, italienisch; fremdländisch [heute veraltet]; schweiz. meist svw. welsch-schweizerisch); **Wel|sche** der u. die; -n, -n; ↑R 7 ff. (veralt.); **wel|schen** (veralt.: viele entbehrliche Fremdwörter gebrauchen); du welschst (welschest); **Welsch-kraut** (das; -[e]s; obersächs. für: Wirsing), **...land** (das; -[e]s; schweiz. für: franz. Schweiz), **...schwei|zer** (Schweizer mit franz. Muttersprache); **welsch-schwei|ze|risch** (die franz. Schweiz betreffend)
Welt die; -, -en; die dritte - (die Entwicklungsländer); **welt|ab|ge|wandt**; **Welt|all**; **welt|an|schau|lich**; **Welt_an|schau|ung**, **...at|las**, **...aus|stel|lung**, **...bank** (die; -); **welt_be|kannt**, **...be|rühmt**, **...be|ste**; **Welt|best|lei|stung** (Sport), **...zeit** (Sport); **welt|be|we|gend** (↑R 209); **Welt_bild**, **...bumm|ler** od. **Wel|ten|bumm|ler**, **...bund**, **...bür|ger**, **...chro|nik**, **...cup** (Sport); **Wel|ten_bumm|ler**, **...raum** (geh. für: Weltraum); **welt|ent|rückt**; **welt|en|um|span|nend** vgl. weltumspannend; **Welt|er|folg**
Vel|ter|ge|wicht (engl.; dt.) (Körpergewichtsklasse in der Schwerathletik)
elt_er|schüt|ternd (↑R 209), **...fern** (Welt|flucht (vgl. [2]Flucht); **welt|fremd**, -este; **Welt_fremd|heit**, **...frie|de[n]**, **...geist** (der; -[e]s), **...geist|li|che** (der, **...gel|tung**, **...ge|richt** (das; -[e]s), **...ge|sche|hen**, **...ge|schich|te** (die; -); **welt|ge|schicht|lich**; **Welt|ge|sund|heits|or|ga|ni|sa|ti|on** (die; -); **welt|ge|wandt**; **Welt_ge|werk|schafts|bund** (der; -[e]s; Abk.: WGB), **...han|del** (vgl. [1]Handel), **...herr|schaft** (die; -), **...hilfs|spra|che**; **Welt|jah|res_best|lei|stung** (Sport), **...best|zeit** (Sport); **Welt_kar|te**, **...kir|chen|kon|fe|renz**, **...klas|se** (Sport); **welt|klug**; **Welt|krieg**; der erste -, der zweite -; **Welt|lauf**; **welt|läu|fig**; **welt|lich**; **Welt_li|te|ra|tur**, **...macht**, **...mann** (Plur. ...männer); **welt|män|nisch**; **Welt_mar|ke**, **...meer**, **...mei|ster**, **...mei|ste|rin**, **...mei|ster|schaft** (Abk.: WM); **welt|of|fen**; **Welt_öf|fent|lich|keit**, **...ord|nung**; **welt|po|li|tisch**; **Welt|post|ver|ein** der; -s; **Welt_pres|se**, **...prie|ster**,

...raum (der; -[e]s); **Welt|raum-_fah|rer**, **...fahr|zeug**, **...flug**, **...for|schung**, **...son|de**, **...sta|ti|on**; **Welt_reich**, **...rei|se**, **...re|kord**, **...re|li|gi|on**, **...re|vo|lu|ti|on** (die; -), **...ruf** (der; -[e]s; Berühmtheit), **...ruhm**, **...schmerz** (der; -es), **...si|cher|heits|rat** (der; -[e]s), **...spar|tag**, **...spra|che**, **...stadt**, **...um|se|ge|lung**, **...um-seg|lung**; **welt|um|span|nend**, **wel|ten|um|span|nend** (↑R 209); ein -er Geist; **Welt_un|ter|gang**, **...ver|bes|se|rer**, **...wäh|rungs-kon|fe|renz**; **welt|weit**; **Welt_wirt|schaft** (die; -), **...wirt|schafts|kri|se**, **...wun|der**, **...zeit|uhr**
wem; **Wem|fall** der (für: Dativ)
wen
[1]**Wen|de** die; -, -n (Drehung, Wendung; Turnübung)
[2]**Wen|de** der; -n, -n; ↑R 197 (Sorbe; [nur Plur.:] frühere dt. Bez. für die Slawen)
Wen|de_hals (ein Vogel), **...ham|mer** (am Ende einer Sackgasse), **...kreis**; **Wen|del** die; -, -n (schraubenförmige Linie); **Wen|del|boh|rer**
Wen|de|lin (m. Vorn.)
Wen|del_rut|sche (Bergmannsspr.: Rutschenspirale zum Abwärtsfördern von Kohlen u. Steinen), **...trep|pe**; **wen|den**; du wandtest u. wendetest; du wendetest; gewandt u. gewendet; wend[e]!; in der Bed. „die Richtung während der Fortbewegung ändern" [z. B. mit dem Auto] u. „umkehren, umdrehen [u. die andere Seite zeigen]", z. B. „einen Mantel usw., Heu wenden", nur: er wendete, hat gewendet; ein gewendeter Rock; sonst: sie wandte (seltener: wendete) sich zu ihm, hat sich zu ihm gewandt (seltener: gewendet); ein gewandter (geschickter) Mann; sich - ; bitte wenden! (Abk.: b. w.); **Wen|de_platz**, **...punkt**, **...schal|tung** (Elektrotechnik); **wen|dig** (sich leicht lenken, steuern lassend; geschickt, geistig regsam, sich schnell anpassend); **Wen|dig|keit** die; -
Wen|din die; -, -nen; **wen|disch**
Wen|dung
Wen|fall der (für: Akkusativ)
we|nig; (↑R 66:) ein weniges (etwas, ein bißchen), ein weniges; mit ein wenig Geduld; ein klein wenig; einiges wenige; das, dies, dieses wenige; dieses Kleine u. weniges; weniges genügt; die wenigen; wenige glauben; einige wenige; mit wenig[em] auskommen; in dem wenigen, was erhalten ist; fünf weniger drei ist, macht, gibt (nicht: sind, machen, geben) zwei; um so weniger

(österr.: umso weniger, auch: umsoweniger); nichts weniger als; nicht[s] mehr u. nicht[s] weniger; nichtsdestoweniger; du weißt nicht, wie wenig ich habe; wie wenig gehört dazu!; (↑R 65:) wenig Gutes od. weniges Gutes, wenig Neues; (↑R 66:) es ist das wenigste; das wenigste, was du tun kannst, ist ...; am, zum wenigsten; (↑R 66:) er beschränkt sich auf das wenigste; des wenigsten; wenigstens; du hast für dieses Amt zu wenig Erfahrung, aber: du hast zuwenig Erfahrung; ein Zuwenig an Fleiß. *Beugung der Adjektive in Verbindung mit „wenige":* mit weniger geballter Energie; mit wenigen guten Getränk; wenige gute Nachbildungen; wenige guter Menschen; wenige Gute gleichen viel[e]Schlechte aus; das Leiden weniger Guter; **We|nig** das; -s, -; viele - machen ein Viel; **We|nig|keit**; meine -; **we|nig|stens**
wenn wenn auch; wenngleich (doch auch durch ein Wort getrennt, z. B. wenn ich gleich Hans heiße) wennschon; wennschon – dennschon; aber: wenn schon das einmal nicht geht; (↑R 114:) komme doch [,] wenn möglich [,] schon um 17 Uhr; (↑R 67:) **Wenn** das; -s, -; das - u. das Aber; die - u. die Aber; viele - u. Aber; ohne - und Aber; **wenn|gleich**; vgl. wenn; **wenn|schon**; vgl. wenn
[1]**Wen|zel** (m. Vorn.); [2]**Wen|zel** der; -s, - (Kartenspiel: Bube, Unter); **Wen|zels|kro|ne** die; - (böhm. Königskrone); **Wen|zes|laus** (m. Vorn.)
wer (fragendes, bezügliches u. [ugs.] unbestimmtes Pronomen; Halt! Wer da? (vgl. Werda); wer (derjenige, welcher) das tut, [der] ...; (ugs.:) ist wer (jemand) gekommen?; - alles; irgendwer (vgl. irgend); wes (vgl. d.)
We|ra vgl. Vera
Wer|be_ab|tei|lung, **...agen|tur**, **...an|teil** (für: Provision), **...etat**, **...fach|mann**, **...fern|se|hen**, **...film**, **...funk**, **...ge|schenk**, **...gra|phi|ker**, **...kam|pa|gne**, **...ko|sten** (Plur.; Kosten für die Werbung); **wer|be|kräf|tig**; **Wer-be_lei|ter** der, **...mit|tel** das; **wer|ben**; du wirbst; du warbst; du würbest; geworben; wirb!; **Wer-ber**; **wer|be|risch**; **Wer|be_slo-gan**, **...spot**, **...spruch**, **...text**, **...tex|ter** (jmd., der Werbetexte verfaßt), **...trä|ger**, **...trom|mel**; **wer|be|wirk|sam**; **Wer|be|wirk-sam|keit**; **werb|lich** (die Werbung betreffend); **Wer|bung**; **Wer|bungs|ko|sten** Plur. (steuer-

lich absetzbare Aufwendungen zur Erhaltung und Sicherung des Einkommens)

Wer|da *das;* -[s], -s (Postenanruf)

Wer|dan|di (nord. Mythol.: Norne der Gegenwart)

Wer|da|ruf

Wer|de|gang *der;* wer|den; du wirst, er wird; du wurdest (dicht. noch: wardst), er wurde (dicht. noch: ward), wir wurden; du würdest; als Vollverb: geworden; er ist groß geworden; als Hilfsverb: worden; er ist gelobt worden; werd[e]!; (↑ R 68:) das ist noch im Werden; wer|dend; eine werdende Mutter

Wer|der *der* (selten: *das*); -s, - (Flußinsel; Landstrich zwischen Fluß u. stehenden Gewässern)

Wer|der (Havel) (Stadt westl. von Potsdam)

Wer|fall *der* (für: Nominativ)

Wer|fel, Franz. (österr. Schriftsteller)

wer|fen (von Tieren auch: gebären); du wirfst; du warfst (warfest); du würfest; geworfen; wirf!; sich -; Wer|fer

Werft *die;* -, -en ‹niederl.› (Anlage zum Bauen u. Ausbessern von Schiffen); Werft|ar|bei|ter

Werg *das;* -[e]s (Flachs-, Hanfabfall)

Wer|geld (Sühnegeld für Totschlag im germ. Recht)

wer|gen (aus Flachs- od. Hanfabfall); wergene Stricke

Werk *das;* -[e]s, -e; ans -! ans -, zu -e gehen; ins - setzen; Werk_an|ge|hö|ri|ge[1], ...an|la|ge[1], ...ar|beit, ...arzt[1], ...bank (*Plur.* ...bänke), ...bü|che|rei[1], ...bund *der* (Deutscher -); werk|ei|gen[1]; Wer|kel *das;* -s, - [n] (österr. ugs. für: Leierkasten, Drehorgel); Wer|kel|mann (*Plur.* ...männer; österr. für: Drehorgelspieler); wer|keln (landsch. für: [angestrengt] werken); ich ...[e]le (↑ R 22); Werk|tag (veralt. für: Werktag); wer|ken (tätig sein; [be]arbeiten); ...wer|ker (z. B. Handwerker, Heimwerker); Werk_fah|rer[1], ...ga|ran|tie[1], ...ge|rech|tig|keit (Theol.); werk|ge|treu; Werk_hal|le[1], ...kin|der|gar|ten[1], ...kü|che[1], ...lei|ter[1] *der,* ...lei|tung[1]; werk|lich (veralt.); Werk_mei|ster, ...schu|le, ...schutz, ...spio|na|ge[1]; werk|sei|tig[1] (von seiten des Werks); Werk|statt, Werk|stät|te *die;* -, ...stätten (↑ R 204); Werk_stoff, werk|stoff|ge|recht; Werk|stoff|in|ge|nieur; Werk_stoffor|schung *die;* - [*Trenn.:* ...stoff|for..., ↑ R 204]; Werk-

[1] Auch, österr. nur: Werks..., werks...

stoff|prü|fung; Werk_stück, ...stu|dent; Werk|tag (Wochentag); des Werktags, aber (↑ R 61): werktags; werk|täg|lich; werk|tags; vgl. Werktag; Werk_tags|ar|beit; werk|tä|tig; Werk|tä|ti|ge *der* u. *die;* -n, -n (↑ R 7 ff.); Werk_treue, ...un|ter|richt, ...ver|zeich|nis (Musik), ...woh|nung (auch: Werks...), ...zeit|schrift (auch: Werks...), ...zeug; Werk_zeug_ka|sten, ...ma|cher, ...ma|schi|ne, ...stahl (vgl. ¹Stahl)

Wer|mut *der;* -[e]s, -s (eine Pflanze; Wermutwein); Wer|mut[s]|trop|fen; Wer|mut|wein

Wer|ner (m. Vorn.); vgl. Wernher

Wern|hard (m. Vorn.); Wern|her (alte Form von: Werner)

Wer|ra *die;* - (Quellfluß der Weser)

Wer|re *die;* -, -n (südd., österr. u. schweiz. mdal. für: Maulwurfsgrille; Gerstenkorn)

Werst *die;* -, -en ‹russ.› (altes russ. Längenmaß; Zeichen: W); 5 - (↑ R 129)

wert; - sein; du bist keinen Schuß Pulver wert (ugs.); das ist keinen Heller wert (ugs.); in der Bedeutung „würdig" mit *Gen.:* das ist höchster Bewunderung wert; es ist nicht der Rede wert; jmdn. des Vertrauens [für] wert (würdig) achten, halten, vgl. aber: wertachten, werthalten, wertschätzen; Wert *der;* -[e]s, -e (Bedeutung, Geltung); auf etwas - legen; von - sein; wert|ach|ten; (↑ R 205 (veralt. für: hochachten); ich achte wert; wertgeachtet; wertzuachten, aber: jmdn. des Vertrauens [für] wert (würdig) achten; vgl. wert; Wert_ach|tung, ...an|ga|be, ...ar|beit (*die;* -); wert|be|stän|dig; Wert_be|stän|dig|keit *die;* -; Wert|brief; wer|ten; Wert|er|mitt|lung (für Taxation); wert|frei; Wert_ge|gen|stand; wert|hal|ten; ↑ R 205 (veralt. für: hochschätzen); vgl. wert; zur Beugung vgl. wertachten

Wer|ther (Titelgestalt eines Romans von Goethe)

...wer|tig (z. B. minderwertig; Wer|tig|keit; Wert|leh|re (Philos.); wert|los, -este; Wert|lo|sig|keit *die;* -; Wert_mar|ke, ...maß *das;* wert|mä|ßig, Wert_mes|ser *der,* ...min|de|rung, ...pa|ket, ...pa|pier; Wert|pa|pier|bör|se; Wert_sa|che (meist *Plur.*), wert|schät|zen (veraltend; ↑ R 205); du schätzt (schätzest) wert; wertgeschätzt; wertzuschätzen; Wert_schät|zung, ...schrift (schweiz. für: Wertpapier), ...sen|dung, ...stei|ge|rung, ...stel|lung (Bankwesen); Wer|tung; Wer|tungs-

lauf (Motorsport); Wert|ur|teil wert|voll; Wert_vor|stel|lung ...zei|chen, ...zu|wachs; Wert|zu wachs|steu|er *die*

wer|wei|ßen (schweiz. für: hin u her raten); du werweißt (werwei ßest); gewerweißt

Wer|wolf *der* (im Volksglauben Mensch, der sich zeitweise in einen Wolf verwandelt)

wes (ältere Form von: wessen); das Herz voll ist, des geht der Mund über; - Brot ich ess'!, de Lied ich sing'!; weshalb (vgl. d.) weswegen (vgl. d.)

We|sel (Stadt am Niederrhein)

we|sen (veralt. für: als lebend Kraft vorhanden sein); du wes (wesest); er weiste; We|sen *das* -s, -; viel -[s] machen; sein - trei ben; we|send (in reiner Daseins form bestehend); We|sen|haft We|sen|heit *die;* -; we|sen|los -este; We|sen|lo|sig|keit *die;* - We|sens|art; we|sens_ei|gen ...fremd, ...ge|mäß, ...gleich ...not|wen|dig; we|sens|ver|wandt We|sens|zug; we|sent|lich (we senhaft, wirklich; hauptsäch lich); (↑ R 65:) im wesentlichen aber: das Wesentliche; etwas nichts Wesentliches

We|ser *die;* - (dt. Strom); We|ser berg|land *das;* -[e]s (↑ R 149); We ser|ge|bir|ge *das;* -s; ↑ R 149 (Hö henzug im Weserbergland)

Wes|fall *der* (für: Genitiv); wes halb [auch: ...wäß...]

We|sir *der;* -s, -e ‹arab.› (früher Minister des türk. Sultans)

Wes|ley [‚äsli] (engl. Stifter de Methodismus); Wes|leya|ne (↑ R 180)

Wes|pe *die;* -, -n; Wes|pen-nes ...stich, ...tail|le (scherzh.)

Wes|sel|bu|ren (Stadt in Schles wig-Holstein)

Wes|sel|ly, Paula (österr. Schau spielerin)

wes|sen; vgl. wes; wes|sent|we|ge (veralt. für: weswegen); wes|sen wil|len; um -

Wes|so|brunn (Ort in Oberbay ern); Wes|so|brun|ner (↑ R 147); das - Gebet

¹West (Himmelsrichtung; Abk. W); Ost u. West; (fachspr.:) de Wind kommt aus -; Autobahn ausfahrt Frankfurt-West; vg Westen; ²West *der;* -[e]s, (selten -e (dicht. für: Westwind); de kühle West blies um das Haus We|staf|ri|ka [auch: ...af... ...au|stra|li|en; West-Ber|li (↑ R 152); West|ber|li|ner (↑ R 14 u. R 152); west|deutsch, abe (↑ R 157): Westdeutsche Rekto renkonferenz; West|deut|sch|lan (vgl. Deutschland); West|deut|sch land *der;* - (Himmelsrich

tung; Abk.: W); gen -; vgl.
¹West; Wilder - († R 157)

Wẹst|end [engl. Ausspr.: *"äßt...*]
das; -s, -s 〈engl.〉 (vornehmer
Stadtteil Londons u. anderer
Großstädte)

Wẹ|sten.fut|ter (vgl. ²Futter), ...ta-
sche; Wẹ|sten|ta|schen|for|mat;
im - (scherzh. für: klein; unbe-
deutend)

Wẹ|stern *der;* -[s], - 〈amerik.〉
(Film, der im sog. Wilden We-
sten [Amerikas] spielt); Wẹ|ster-
ner (Held eines Westerns)

Wẹ|ster|wald *der;* -[e]s (Teil des
Rheinischen Schiefergebirges);
Wẹ|ster|wäl|der *der;* wẹ|ster|wäl-
disch; -e Mundarten

Wẹst|eu|ro|pa; wẹst|eu|ro|pä|isch;
-e Zeit (Abk.: WEZ); aber
(† R 157): die Westeuropäische
Union (Abk.: WEU)

West|fa|le *der;* -n, -n (†R 197);
West|fa|len; West|fä|lin *die;* -,
-nen; west|fä|lisch; († R 148 u.
R 157:) -er Schinken, aber
(† R 146): die Westfälische Pforte
(vgl. ¹Porta Westfalica); († R
157:) der Westfälische Friede[n];
West|fä|li|sche Pfor|te vgl. ¹Porta
Westfalica

Wẹst|flan|dern (belg. Provinz)

Wẹst|geld (Geld in westlicher
Währung)

wẹst|ger|ma|nisch

Wẹst|in|di|en; wẹst|in|disch, aber
(† R 146): die Westindischen Inseln

Wẹ|sting|house|brem|se ⓦ [*wäß-
tinghauß...*] († R 135)

wẹ|stisch; -e Kunst, -e Rasse;
Wẹst|kü|ste; Wẹst|ler; wẹst|le-
risch ([betont] westlich einge-
stellt); wẹst|lich; - des Waldes, -
vom Wald; -er Länge (Abk.: -
w. L.); die -e Hemisphäre; Wẹst-
li|che Dwị|na *die;* -n -; † R 146
(russ.-lett. Strom; vgl. Dwina)

Wẹst|mäch|te Plur.

Wẹst|mark *die;* -, - (ugs. für: Mark
der Bundesrepublik Deutsch-
land)

Wẹst|min|ster|ab|tei *die;* - (in Lon-
don)

¹Wẹst|nord|wẹst (Himmelsrich-
tung; Abk.: WNW) u. **West-
nord|wẹ|sten** *der;* -s (Abk.:
WNW); **²Wẹst|nord|wẹst** *der;*
-[e]s, -e (Wind; Abk.: WNW)

wẹst|öst|lich; westöstlicher Wind,
aber († R 157:) ²Westöstlicher Di-
wan (Gedichtsammlung Goe-
thes); Wẹst-Ọst-Ver|kehr († R 41)

Wẹst|over [*...ow'r*] *der;* -s, - (ärmel-
loser Pullover mit [spitzem] Aus-
schnitt)

Wẹst|rom; wẹst|rö|misch, aber
(† R 157): das Weströmische
Reich

West|sa|moa (Inselstaat im Pazifi-

schen Ozean); **Wẹst|sa|moa|ner**
(† R 180); wẹst|sa|moa|nisch

¹Wẹst|süd|wẹst (Himmelsrich-
tung; Abk.: WSW) u. **Wẹst|süd-
wẹ|sten** *der;* -s (Abk.: WSW);
²Wẹst|süd|wẹst *der;* -[e]s, -e
(Wind; Abk.: WSW)

Wẹst Vir|gi|nia [- *wirgi...,* auch,
österr. nur: *wirdschi...*]; engl.
Aussspr.: *"äßt w'rdschinj'*] (Staat
in den USA; Abk.: W. Va.)

wẹst|wärts; Wẹst|wind
wes|we|gen; vgl. wessentwegen

wẹtt; - sein; vgl. aber: wetteifern,
wettlaufen, wettmachen, wett-
rennen, wettstreiten, wetturnen;
Wẹtt.an|nah|me, ...be|werb (*der;*
-[e]s, -e), ...be|wer|ber; wẹtt|be-
werb|lich; Wẹtt|be|werbs.be|din-
gung, ...be|schrän|kung; wẹtt|be-
werbs|fä|hig; Wẹtt|be|werbs.ver-
zer|rung, ...wirt|schaft (*die;* -);
Wẹtt|bü|ro; Wẹt|te *die;* -, -n; um
die - laufen; Wẹtt_ei|fer, ...ei|fe-
rer; wẹtt|ei|fern; ich wetteifere
(† R 22); gewetteifert; zu -; wẹt-
ten; ¹Wẹt|ter *der* (jmd., der wettet)

²Wẹt|ter *das;* -s, - (Bergmannsspr.
auch: alle in der Grube vorkom-
menden Gase); schlagende, böse, matte - (Bergmannsspr.);
Wẹt|ter_amt, ...an|sa|ge
Wẹt|ter|au *die;* - (Senke zwischen
dem Vogelsberg u. dem Taunus)
Wẹt|ter_aus|sicht (meist Plur.),
...be|richt, ...bes|se|rung; wẹtter-
be.stän|dig, ...be|stim|mend;
Wẹt|ter_dach, ...dienst, ...fah-
ne; wẹt|ter|fest; Wẹt|ter_fleck
(österr. für: Lodencape), ...for-
schung, ...frosch; wẹt|ter|füh|lig;
Wẹt|ter_füh|lig|keit (*die;* -),
...füh|lung (Bergmannsspr.),
...glas (Plur.:...gläser; veralt. für:
Barometer), ...hahn, ...häus-
chen, ...kar|te, ...kun|de (*die;* -;
für: Meteorologie); wẹt|ter|kun-
dig; wẹt|ter|kund|lich (für: me-
teorologisch); Wẹt|ter|la|ge; wẹt-
ter|leuch|ten († R 207); es wetter-
leuchtet; gewetterleuchtet; zu -;
Wẹt|ter|leuch|ten (*das;* -s); wẹt-
tern (stürmen, donnern u. blit-
zen; laut schelten); ich ...ere
(† R 22); es wettert; Wẹt|ter_pro-
gno|se, ...re|gel, ...sa|tel|lit,
...schei|de, ...sei|te, ...sturz,
...um|schlag, ...vor|her|sa|ge,
...war|te; wẹt|ter|wen|disch; -ste
Wẹtteu|fel [*Trenn.:* Wett|teu...,
† R 204] *der;* -s, - ...fahrt
Wẹt|tin (Stadt a. d. Saale); Haus -
(ein dt. Fürstengeschlecht); Wẹt-
ti|ner *der;* -s, - (↑ R 147); wẹt|ti-
nisch, aber († R 157): die Wetti-
nischen Erblande
Wẹtt.kampf, ...kämp|fer, ...lauf;
wẹtt|lau|fen (nur im Infinitiv
gebr.); Wẹtt|lau|fen *das;* -s;
Wẹtt|läu|fer; wẹtt|ma|chen (aus-

gleichen); ich mache wett; wett-
gemacht; wettzumachen; wẹtt-
ren|nen (vgl. wettlaufen); Wẹtt-
_ren|nen, ...ru|dern (*das;* -s),
_rü|sten (*das;* -s), ...schwim|men
(*das;* -s), ...spiel, ...streit; wẹtt-
strei|ten (vgl. wettlaufen);
wẹttur|nen [*Trenn.:* wett|tur...,
† R 204] (vgl. wettlaufen);
Wẹttur|nen *das;* -s, - [*Trenn.:*
Wett|tur..., † R 204]
wẹt|zen; du wetzt (wetzest)
Wẹtz|lar (Stadt an der Lahn)
Wẹtz_stahl (vgl. ¹Stahl), ...stein
WEU = Westeuropäische Union
Wey|mouths|kie|fer [*"e'm'th...*],
(auch:) Wei|muts|kie|fer 〈nach
Lord Weymouth〉 (eine nord-
amerik. Kiefer)
WEZ = westeuropäische Zeit
WG = Wohngemeinschaft
wg. = wegen
WGB = Weltgewerkschaftsbund
Whig [*"ig*] *der;* -s, -s 〈engl.〉 (engl.
Politiker, der in Opposition zu
den Konservativen steht); vgl.
Tory
Whip|cord [*"ipko'd*] *der;* -s, -s
〈engl.〉 (Anzugstoff mit Schräg-
rippen)
Whirl|pool [*"ö'lpul*] *der;* -s, -s
〈engl.〉 (Bassin mit sprudelndem
Wasser)
Whis|key [*"iβki*] *der;* -s, -s 〈gälisch-
engl.〉 (amerik. od. irischer Whis-
ky); **Whis|ky** [*"iβki*] *der;* -s, -s
[schott.] Branntwein aus Getreide od. Mais); - pur
Whist [*"iβt*] *das;* -[e]s 〈engl.〉 (ein
Kartenspiel); **Whịst|spiel**
White|cha|pel [*"ait-tschäp'l*]
(Stadtteil von London)
Whit|man [*"itm'n*], Walt [*"ält*]
(amerik. Lyriker)
Whit|worth|ge|win|de [*"it"ö'th...*];
† R 135 (einheitliches Gewinde-
system des engl. Ingenieurs
Whitworth)
WHO = World Health Organization [*"ö'ld hälth ā'g'naise'sch'n*]
(Weltgesundheitsorganisation)
Who's who [*hus hu*] 〈engl.〉 („Wer
ist wer?"; Titel biograph. Lexi-
ka)
wib|be|lig (landsch. für: nervös)
Wịchs *der;* -es, -e; österr.: *die;* -,
-en (Festkleidung der Korpsstu-
denten); in vollem -; sich in -
werfen; **Wịchs|bür|ste; Wịch|se**
die; -, -n (ugs. für: Schuhwichse;
Prügel [nur *Sing.*]); - kriegen (ge-
prügelt werden); **wịch|sen** (auch
derb für: onanieren); du wichst
(wichsest); **Wịch|ser** (derbes
Schimpfwort); **Wịchs|lein|wand**
(österr. ugs. für: Wachstuch)
Wịcht *der;* -[e]s, -e (Wesen; Kobold; verächtl. für: elender Kerl)
Wịch|te *die;* -, -n (spezifisches Ge-
wicht)

Wich|tel *der;* -s, -, Wich|tel|männchen (Heinzelmännchen)

Wich|tel|zahl

wich|tig; am wichtigsten; (↑ R 65:) alles Wichtige, etwas, nichts Wichtiges, Wichtigeres; [sich] - tun; sich - machen; etwas, sich - nehmen; Wich|tig|keit; Wich|tig|ma|cher (österr. für: Wichtigtuer); wich|tig|tu|end; Wich|tig|tu|er; Wich|tig|tu|e|rei (↑ R 180); wich|tig|tu|e|risch; -ste (↑ R 180)

Wicke[1] *die;* -, -n ⟨lat.⟩ (eine Pflanze)

Wickel[1] *der;* -s, -; Wickel[1]-kind, ...kom|mo|de; wickeln[1]; ich ...[e]le (↑ R 22); Wickel[1]-rock, ...tisch, ...tuch (*Plur.* ...tücher); Wicke|lung[1], Wick|lung

Wicken[1]-blü|te, ...duft

Wick|ler; Wick|lung, Wicke|lung[1]

Wi|dah *die;* -, -s ⟨nach dem Ort Ouidah [*wida*] in Afrika⟩ (ein afrikan. Vogel); Wi|dah|vo|gel

Wid|der *der;* -s, - (männl. Zuchtschaf; Sternbild [nur *Sing.*])

wi|der (⟨ent|gegen⟩); mit *Akk.:* das war - meinen ausdrücklichen Wunsch; - alles Erwarten; - Willen; vgl. aber: wieder; das Für und [das] Wider

wi|der... *in Verbindung mit Verben:* **a)** *in unfesten Zusammensetzungen, z.B.* wi|der|hallen (vgl. d.), widergehallt; **b)** *in festen Zusammensetzungen, z.B.* widersprechen (vgl. d.), widersprochen

wi|der|bor|stig (ugs. für: hartnäckig widerstrebend)

Wi|der|christ *der;* -[s] (der Teufel) u. -en, -en; ↑ R 197 (Gegner des Christentums)

Wi|der|druck *der;* -[e]s, ...drucke (Druckw.: Bedrucken der Rückseite des Druckbogens [vgl. Schöndruck]); vgl. aber: Wiederdruck

wi|der|ein|an|der; Schreibung in Verbindung mit Verben (↑ R 205 f.): widereinander arbeiten, kämpfen usw., aber: widereinanderstoßen, vgl. aneinander

wi|der|fah|ren; mir ist ein großes Unglück -

Wi|der|ha|ken

Wi|der|hall *der;* -[e]s, -e (Echo); wi|der|hal|len; das Echo hat widergehallt

Wi|der|halt *der;* -[e]s (Widerstand, Gegenkraft)

Wi|der|hand|lung (schweiz. für: Zuwiderhandlung)

Wi|der|kla|ge (Gegenklage)

Wi|der|klang; wi|der|klin|gen; der Schall hat widergeklungen

Wi|der|la|ger (massiver Baukörper, der den Druck von Bogen, Trägern, bes. bei Brücken, auf-

nimmt); wi|der|leg|bar; wi|der|le|gen; er hat diesen Irrtum widerlegt; Wi|der|le|gung

wi|der|lich; Wi|der|lich|keit; Wi|der|ling (widerlicher Mensch); wi|dern (ekeln); es widert mich

wi|der|na|tür|lich; Wi|der|na|tür|lich|keit

Wi|der|part *der;* -[e]s, -e (Gegner[schaft]); - geben, bieten

wi|der|ra|ten; ich habe [es] ihm -

wi|der|recht|lich; Wi|der|recht|lich|keit

Wi|der|re|de; wi|der|re|den; er hat widerredet

Wi|der|rist (erhöhter Teil des Rückens bei Vierfüßern)

Wi|der|ruf; bis auf -; wi|der|ru|fen (zurücknehmen); er hat sein Gestandenes widerrufen; die [...*ruf*...] (Rechtsspr.); Wi|der|ruf|lich|keit [auch: ...*ruf*...] *die;* -; Wi|der|ru|fung (veraltend)

Wi|der|sa|cher *der;* -s, -

wi|der|schal|len (veraltend für: widerhallen); der Ruf ist widergeschallt

Wi|der|schein (Gegenschein); wi|der|schei|nen; das Licht hat widergeschienen

Wi|der|see *die* (Seemannsspr.: rücklaufende Brandung)

wi|der|set|zen, sich; ich habe mich dem Plan widersetzt; wi|der|setz|lich; Wi|der|setz|lich|keit

Wi|der|sinn *der;* -[e]s (Unsinn; logische Verkehrtheit); wi|der|sin|nig; Wi|der|sin|nig|keit

wi|der|spen|stig; Wi|der|spen|stig|keit

wi|der|spie|geln; die Sonne hat sich im Wasser widergespiegelt; Wi|der|spie|ge|lung; Wi|der|spieg|lung

Wi|der|spiel

wi|der|spre|chen; mir wird widersprochen; sich -; du widersprichst dir; Wi|der|spruch; wi|der|sprüch|lich; Wi|der|spruch|lich|keit; Wi|der|spruchs_geist (*der;* -[e]s; für jmd., der widerspricht, auch *Plur.:* ...geister), ...kla|ge; wi|der|spruchs|los; wi|der|spruchs|voll

Wi|der|stand; Wi|der|stands|be|we|gung; wi|der|stands|fä|hig; Wi|der|stands_fä|hig|keit (*die;* -), ...kämp|fer, ...kraft *die,* ...li|nie; wi|der|stands|los; Wi|der|stands|lo|sig|keit *die;* -; Wi|der|stands_nest, ...pflicht (*die;* -), ...recht (*das;* -[e]s), ...wil|le; wi|der|ste|hen; sie hat der Versuchung widerstanden

Wi|der|strahl; wi|der|strah|len; das Licht hat widergestrahlt

wi|der|stre|ben (entgegenwirken); es hat ihm widerstrebt; Wi|der|stre|ben *das;* -s; wi|der|stre|bend (ungern)

Wi|der|streit; im - der Meinungen; wi|der|strei|ten; er hat ihm widerstritten

wi|der|wär|tig; Wi|der|wär|tig|keit

Wi|der|wil|le, (seltener:) Wi|der|wil|len; wi|der|wil|lig; Wi|der|wil|lig|keit

Wi|der|wort (*Plur.* ...worte); Widerworte geben

wid|men; sie hat ihm ihr letztes Buch gewidmet; ich habe mich der Kunst gewidmet; Wid|mung; Wid|mungs|ta|fel

Wi|do (m. Vorn.); vgl. Guido

wid|rig (zuwider); übertr. für: unangenehm); ein -es Geschick; wid|ri|gen|falls; vgl. Fall *der;* Wid|rig|keit

Wil|du|kind, Wit|te|kind (Sachsenherzog)

Wi|dum *das;* -s, -e (österr. veralt. für: Pfarrgut)

wie; wie geht es dir?; sie ist so schön wie ihre Freundin, aber (bei Ungleichheit): sie ist schöner als ihre Freundin; (↑ R 104:) er ist so stark wie Ludwig; so schnell wie od. als möglich; im Krieg wie [auch] und [auch]) im Frieden; die Auslagen[,] wie [z.B.] Post- und Fernsprechgebühren sowie Eintrittsgelder[,] ersetzen wir; ich begreife nicht, wie so etwas möglich ist; komm so schnell, wie du kannst; (↑ R 114:) er legte sich[,] wie üblich[,] ins Bett; wieso; wiewohl (vgl. d.); wie sehr; wie lange; wie oft; wie [auch] immer; (↑ R 67:) es kommt auf das Wie an

Wie|bel *der;* -s, - (Kornwurm, -käfer); wie|beln (landsch. für: sich lebhaft bewegen; ostmitteld. für: sorgfältig flicken, stopfen); ich ...[e]le (↑ R 22); vgl. wiefeln

Wie|chert (dt. Schriftsteller)

[1]Wied *die;* - (r. Nebenfluß des Mittelrheins); [2]Wied (mittelrhein. Adelsgeschlecht)

Wie|de *die;* -, -n (südd., südwestd. für: Weidenband)

Wie|de|hopf *der;* -[e]s, -e (Vogel)

wie|der (nochmals, erneut; zurück); um - für nichts und wieder nichts; hin und wieder (zuweilen); wieder einmal; vgl. wider. *In Verbindung mit Verben:* I. Zusammenschreibung: **a)** wenn in „wieder" der Begriff „zurück" erkennbar ist, z.B. wiederbringen (zurückbringen); **b)** wenn in „wieder" der Begriff „erneut", „nochmals" erkennbar ist und übertragene Bedeutung vorliegt (↑ R 205), z.B. wiederaufrichten (innerlich stärken). In der *Beugung* sind diese Zusammensetzungen unfest: ich bringe wieder, wiedergebracht, wiederzubringen; ich richte wieder auf,

Wiederkunft

wiederaufgerichtet, wiederaufzurichten. **II.** *Getrenntschreibung,* wenn in „wieder" der Begriff „erneut", „nochmals" erkennbar ist und ursprünglicher Bedeutung vorliegt, z. B. wieder bringen (nochmals bringen) **Wie|der|ab|druck**
Wie|der_an|pfiff (*der;* -[e]s; Sportspr.), ...an|spiel (*das;* -[e]s), ...an|stoß (*der;* -es)
Wie|der|auf|bau *der;* -[e]s; Wieder|auf|bau|ar|beit; wie|der|aufbau|en; vgl. wieder, I, b; wir bauen den zerrütteten Staat wieder auf; der zerrüttete Staat wurde wiederaufgebaut; aber (vgl. wieder, II): er wird die Mauer wieder aufbauen
wie|der|auf|be|rei|ten; vgl. wieder, I, b (zur Wiederverwendung aufbereiten); **Wie|der|auf|be|reitung; Wie|der|auf|be|rei|tungsan|la|ge**
Wie|der|auf|füh|rung
wie|der|auf|he|ben; vgl. wieder, I, a (rückgängig machen); ich hebe wieder auf; die Verordnungen wurden wiederaufgehoben; aber (vgl. wieder, II): du sollst den Ball wieder aufheben
Wie|der|auf|nah|me; Wie|der|aufnah|me|ver|fah|ren (Rechtsspr.); **wie|der|auf|neh|men;** vgl. wieder I, b (sich mit einer Sache erneut befassen); er hat seine Arbeiten wiederaufgenommen; aber (vgl. wieder, II): sie hat den Korb wieder aufgenommen
wie|der|auf|rich|ten; vgl. wieder, I, b (trösten); ich richte ihn wieder auf; aber (vgl. wieder, II): der Mast wurde wieder aufgerichtet; **Wie|der|auf|rich|tung**
wie|der|auf|su|chen[1]; vgl. wieder, I, b (erneut besuchen)
wie|der|auf|tau|chen; vgl. wieder, I, b (sich wiederfinden); das verschwundene Buch ist wiederaufgetaucht; aber (vgl. wieder II): die Ente ist wieder aufgetaucht
Wie|der|be|ginn
wie|der|be|kom|men; vgl. wieder, I, a (zurückerhalten); ich habe das Buch -; aber (vgl. wieder, II): er wird diesen Ausschlag nicht wieder (nicht ein zweites Mal) bekommen
wie|der|be|le|ben; vgl. wieder, I, b (zu neuem Leben erwecken); in der Renaissance wurde die Antike wiederbelebt; aber (vgl. wieder, II): das hat die Wirtschaft wieder (erneut) belebt; **Wie|derbe|le|bung; Wie|der|be|le|bungsver|such**
wie|der|brin|gen; vgl. wieder, I, a

(zurückbringen); sie hat das Buch wiedergebracht (vgl. aber: wieder, II)
Wie|der|druck *der;* -[e]s, -e (Neudruck); vgl. aber: Widerdruck
wie|der|ein|fal|len; vgl. wieder, I, b (erneut ins Gedächtnis kommen); es fällt mir wieder ein (vgl. aber: wieder, II)
wie|der|ein|set|zen; vgl. wieder, I, b (wieder mit einem früheren Amt, Posten betrauen); er wurde in sein Amt wiedereingesetzt; aber (vgl. wieder, II): sie haben den gleichen Betrag wieder eingesetzt; **Wie|der|ein|set|zung;** - in den vorigen Stand (Rechtsw.)
Wie|der|ein|tritt
Wie|der|ent|deckung[1]
wie|der|er|hal|ten; vgl. wieder, I, a (zurückbekommen)
wie|der|er|ken|nen; vgl. wieder, I, b; er hat ihn wiedererkannt
wie|der|er|lan|gen; vgl. wieder, I, a (zurückbekommen)
wie|der|er|obern; vgl. wieder, I, a (zurückgewinnen); der Verein hat seine führende Stellung wiedererobert; **Wie|der|er|obe|rung**
wie|der|er|öff|nen; vgl. wieder, I, b; das Geschäft hat gestern wiedereröffnet; **Wie|der|er|öff|nung**
wie|der|er|set|zen; vgl. wieder, I, a (zurückgeben); er hat den Schaden wiederersetzt
wie|der|er|stat|ten; vgl. wieder, I, a (zurückgeben); sie hat das Geld wiedererstattet; **Wie|der|er|stattung**
wie|der|er|wecken[1]; vgl. wieder, I, a (ins Leben zurückrufen); die wiedererweckte Natur; **Wie|derer|weckung[1]**
wie|der|er|zäh|len; vgl. wieder, I, b (wiedergeben; weitererzählen); er hat das Geheimnis wiedererzählt; aber: die Großmutter hat das gleiche Märchen wieder (nochmals) erzählt
wie|der|fin|den; vgl. wieder, I, a (zurückerlangen); ich finde wieder; er hat das Geld wiedergefunden
wie|der|for|dern; vgl. wieder, I, a (zurückfordern); ich fordere wieder; er hat das Geld wiedergefordert; aber: wir wurden vom Gegner wieder (erneut) gefordert
Wie|der|ga|be; die - eines Konzertes auf Tonband; **wie|der|ge|ben;** vgl. wieder, I, a u. b (zurückgeben; darbieten); ich gebe wieder; die Freiheit wurde ihm wiedergegeben; er hat das Gedicht vollendet wiedergegeben; aber: er hat ihm die Pistole schon wieder (nochmals) gegeben
wie|der|ge|bo|ren; Wie|der|ge|burt

wie|der|ge|win|nen; vgl. wieder, I, a (zurückgewinnen); ich gewinne alles wieder; er hat sein verlorenes Geld wiedergewonnen; aber: wieder gewinnen (nochmals gewinnen)
wie|der|gut|ma|chen; vgl. wieder, I, b (erneut in Ordnung bringen); er hat seinen Fehler wiedergutgemacht; aber (vgl. wieder, II): er hat seine Aufgaben wieder gut gemacht; **Wie|der|gut|ma|chung; Wie|der|gut|ma|chungs|ge|setz**
wie|der|ha|ben (ugs. für: zurückbekommen); ich habe das Buch wieder; er hat es wiedergehabt
wie|der|her|rich|ten[1]; vgl. wieder, I, b (etwas erneut in Ordnung bringen); ich richte wieder her; er hat sein Haus wiederhergerichtet
wie|der|her|stel|len; vgl. wieder, I, b (etwas in einen bereits gewesenen Zustand versetzen); sie hat die Beziehungen wiederhergestellt; aber: wieder herstellen (nochmals anfertigen); **Wie|derher|stel|lung; Wie|der|her|stellungs|ko|sten** Plur.
wie|der|hol|bar; wie|der|ho|len; vgl. wieder, I, a (zurückholen); ich hole wieder; er hat seine Bücher wiedergeholt; aber (vgl. wieder, II): wieder holen (nochmals holen); **wie|der|ho|len;** vgl. wieder, I, b (erneut sagen); ich wiederhole; sie hat ihre Forderungen wiederholt; **wie|der|holt** (noch-, mehrmals); **Wie|der|holung** (Zurückholung); **Wie|derhol|lung** (nochmaliges Sagen, Tun); **Wie|der|hol|lungs_fall** *der* (im -[e]), ...kurs (schweiz.: jährl. Militärübung; Abk.: WK), ...spiel (Sport), ...tä|ter (Rechtsw.), ...zei|chen
Wie|der|hö|ren *das;* -s; auf -! (Grußformel im Fernsprechverkehr u. im Rundfunk)
Wie|der|in|be|sitz|nah|me *die;* -
Wie|der|in|stand|set|zung
wie|der|käu|en; vgl. wieder, I, b; die Kuh käut wieder; **Wie|derkäu|er**
Wie|der|kauf (Rückkauf); **wie|derkau|fen;** vgl. wieder, I, a (zurückkaufen, einlösen); **Wie|derkaufs|recht** (Rechtsspr.)
Wie|der|kehr *die;* -; **wie|der|kehren;** vgl. wieder, I, a (zurückkommen)
wie|der|kom|men; vgl. wieder, I, a (zurückkommen); ich komme wieder; sie ist heute wiedergekommen; aber: wieder kommen (nochmals kommen); **Wieder|kunft** *die;* - (Rückkehr)

Wie|der|schau|en das; -s (landsch.); auf -!

wie|der|sche|n|ken; vgl. wieder, I, a (zurückgeben)

wie|der|se|hen; vgl. wieder, I, b (erneut zusammentreffen); ich sehe ihn wieder; wir haben ihn einmal wiedergesehen; aber (vgl. wieder, II): nach der Operation konnte er wieder sehen; Wie|der|se|hen das; -s, -; auf -!; auf - sagen; Wie|der|se|hens|freu|de

Wie|der_tau|fe, ...täu|fer

wie|der|tun[1]; vgl. wieder, I, b (wiederholen); ich tue das nicht wieder; er hat das nicht wiedergetan

wie|der|um

wie|der|ver|ei|ni|gen; vgl. wieder, I, a (die verlorene Einheit wiederherstellen); Deutschland muß wiedervereinigt werden; aber (vgl. wieder, II): nach langer Trennung wurde die Familie wieder vereinigt (erneut zusammengeführt); Wie|der|ver|ei|ni|gung

wie|der|ver|gel|ten; vgl. wieder, I, a; er hat wiedervergolten; Wie|der|ver|gel|tung

Wie|der|ver|hei|ra|tung

Wie|der|ver|käu|fer (Händler)

wie|der|ver|wen|den; vgl. wieder, I, b (erneut dem Produktionsprozeß zuführen); vgl. aber: wieder, II; Wie|der|ver|wen|dung; zur - (Abk.: z. Wv.)

Wie|der|vor|la|ge die; -; (Amtsdt.:) zur Wiedervorlage (Abk.: z. Wv.)

Wie|der|wahl; wie|der|wäh|len; vgl. wieder, I, b (jmdn. in das frühere Amt od. in die frühere Würde wählen); sie wurde wiedergewählt; aber (vgl. wieder, II): wieder (nochmals) wäh|len

Wie|de|wit|le die; -, -n (niederd. für: Champignon)

wie|feln (landsch. u. schweiz. für: vernähen, stopfen); ich ...[e]le (↑ R 22); vgl. wiebeln

wie|fern (inwiefern)

Wie|ge die; -, -n; wie|geln (landsch. für: leise wiegen; selten für: aufwiegeln); ich ...[e]le (↑ R 22); Wie|ge|mes|ser das; [1]wie|gen (schaukeln; zerkleinern); du wiegst; du wiegtest; gewiegt; sich - ; [2]wie|gen (das Gewicht feststellen; [fachspr. nur:] Gewicht haben); du wiegst; du wogst; du wögest; gewogen; wieg[e]!; ich wiege das Brot; das Brot wiegt (hat ein Gewicht von) zwei Kilo; vgl. wägen

Wie|gen_druck (Plur. ...drucke), ...fest (scherzh.), ...lied

wie|hern; ich ...ere (↑ R 22)

[1] Auch Getrenntschreibung möglich.

Wiek die; -, -en (niederd. für: [kleine] Bucht an der Ostsee)

[1]Wie|land (Gestalt der germ. Sage)

[2]Wie|land (dt. Dichter); wie|län|disch, wie|lan|disch, aber (↑ R 134): Wie|lan|disch, Wie|landsch

Wie|lands|lied das; -[e]s

wie lang, wie lan|ge; - - ist das her?; - - ist das her!

Wie|ling die; -, -e (Seemannsspr.: Fender für Boote)

Wie|men der; -s, - (niederd., westd. für: Latte, Lattengerüst zum Trocknen u. Räuchern; Schlafstange der Hühner)

Wien (Hptst. Österreichs); Wie|ner (↑ R 147): - Kalk; - Schnitzel; - Würstchen; wie|ne|risch; Wie|ner|le das; -s, - (landsch.), Wie|ner|li das; -s, - (schweiz. für: Wiener Würstchen); wie|nern (ugs. für: blank putzen); ich ...ere (↑ R 22); Wie|ner Neu|stadt; ↑ R 147 (österr. Stadt); Wie|ner|stadt die; - (volkstüml. Bez. Wiens); Wie|ner|wald der; -[e]s; ↑ R 151 (nordöstl. Ausläufer der Alpen)

wie oben (Abk.: w. o.)

Wie|pe die; -, -n (niederd. für: Strohwisch)

Wies|ba|den (Stadt im Vorland des Taunus); Wies|ba|de|ner, Wies|bad|ner (↑ R 147); wies|ba|densch, wies|ba|disch; Wies|ba|den Süd (↑ R 154)

Wies|baum, Wie|se|baum (Stange über dem beladenen [Heu]wagen, Heubaum); Wies|baum, Wies|lein; Wie|se die; -, -n

wie sehr (als Konjunktion österr.: wie|sehr)

Wie|sel das; -s, - (ein Marder); wie|sel|flink; wie|seln (sich [wie ein Wiesel] eilig, schnell bewegen); ich ...[e]le (↑ R 22)

Wie|sen_blu|me, ...cham|pi|gnon, ...grund, ...schaum|kraut, ...tal, ...wachs od. Wies|wachs (der; -es; veralt., noch mdal. für: Grasertrag der Wiesen); Wies|land das; -[e]s (schweiz.); Wies|lein, Wies|chen

wie|so

Wies|wachs vgl. Wiesenwachs

wie|ten (mdal. für: Unkraut jäten)

wie|viel [auch: wi...]; wieviel Personen, aber: wie viele Personen, wievielmal [auch: ...fil...], aber: wie viele Male; ich weiß nicht, wieviel er hat, aber (bei besonderer Betonung): wenn du wüßtest, wie viel ich verloren habe; [um] wieviel mehr; wie|vie|ler|lei [auch: wi...]; wie|viel|mal [auch: wi...], aber: wie viele Male; vgl. Mal u. wieviel; wie|viel|te [auch: wi...]; zum n Male ich das schon gesagt habe, aber

---

(↑ R 66): den Wievielten haben wir heute?

wie|weit (inwieweit); ich bin im Zweifel, wieweit ich mich darauf verlassen kann, aber: wie weit ist es von hier bis ...?

wie we|nig; vgl. wenig

wie|wohl; die einzige, wiewohl wertvolle Belohnung, aber: wie wohl du aussiehst!

Wight [„ait] (engl. Insel)

Wig|wam der; -s, -s ⟨indian.-engl.⟩ (Zelt, Hütte nordamerikanischer Indianer)

Wi|king der; -s, -er u. Wi|kin|ger [auch: wi...] ⟨altnord.⟩ (Normanne); Wi|kin|ger_sa|ge (die; -; ↑ R 151), ...schiff (↑ R 151); wi|kin|gisch [auch: wi...]

Wy|klif vgl. Wyclif; Wi|kli|fit der; -en, -en; ↑ R 197 (Anhänger Wyclifs)

Wi|la|jet das; -[e]s, -s ⟨arab.-türk.⟩ (türk. Verwaltungsbezirk)

wild; -este; -wachsen; wilde Ehe; wildes Fleisch; wildes (Bergmannsspr.: taubes) Gestein; wilder Streik; wildes Tier; wilder Wein; er spielt den wilden Mann (ugs.); (↑ R 157:) Wilder Westen; die Wilde Jagd (Geisterheer); der Wilde Jäger (eine Geistergestalt); (↑ R 146:) Wilder Kaiser; Wilde Kreuzspitze; (↑ R 65:) sich wie ein Wilder gebärden (ugs.; vgl. [2]Wilde); Wild das; -[e]s; Wild_bach, ...bahn; wild|bre[?] das; -s (Fleisch des geschossenen Wildes); Wild|dieb; wild|die|ben; ich wilddiebe; gewilddiebt; zu -: Wild|die|be|rei

[1]Wil|de [„aild], Oscar (engl. Dichter)

[2]Wil|de der u. die; -n, -n (↑ R 7 ff.); Wild_eber, ...en|te; wil|den|zen (landsch. für: stark nach Wild riechen); Wil|de|rei; Wil|de|rer (Wilddieb); wil|dern (unbefugt jagen); ich ...ere (↑ R 22); Wild_fang (ausgelassenes Kind); wild_fremd (ugs. für: völlig fremd); Wild_gans, ...he|ger, ...heit, ...heu|er (der; jmd., der an gefährlichen Hängen in den Alpen Heu macht), ...hü|ter, ...ka|nin|chen, ...kat|ze; wild|le|bend; Wild|le|der (Rehleder, Hirschleder u. ä.); Wild|ling (Unterlage für die Veredelung von Obst u. Ziergehölzen; Forstw.: wild gewachsenes Bäumchen; ungezähmtes Tier; sich wild gebärdender Mensch); Wild|nis die; -, -se; Wild_park, ...pferd; wild_reich; Wild|reich|tum; wild|ro|man|tisch; Wild_sau, ...scha|l|den; Wild|schütz der (Jäger, Wilddieb); Wild|schwein; wild|wach|send; Wild_was|ser (Wildbach), ...wech|sel; Wild|west (ohne Arti-

kel); **Wild|west|film**; **Wild-
wuchs**; **wild|wüch|sig**; **Wild|zaun**
Wil|fried (m. Vorn.)
Wil|helm (m. Vorn.); **Wil|hel|ma,
Wil|hel|mi|ne** (w. Vorn.); **wil|hel-
mi|nisch**, aber (↑R 134): **Wil-
hel|mi|nisch**; das -e Zeitalter (des
Kaisers Wilhelm II.); **Wil|helms-
ha|ven** [...*haf'n*] (Hafenstadt an
der Nordsee); **Wil|helms|ha|ve-
ner** (↑R 147)
Will (Kurzform von: Wilhelm)
Wil|le *der;* -ns, (selten:) -n; der
Letzte - (↑R 157); wider -n;
jmdm. zu -n sein; voll guten -ns;
willens sein (vgl. d.)
Wil|le|gis, Wil|li|gis (m. Vorn.)
wil|len; um ... willen (↑R 62:) um
Gottes willen, um seiner selbst -,
um meinet-, deinet-, dessent-, de-
rent-, seinet-, ihret-, unsert-, eu-
retwillen; **Wil|len** *der;* -s, (sel-
ten:) - (Nebenform von: Wille)
wil|len|los; -este; **Wil|len|lo|sig-
keit** *die* -; **Wil|lens_akt,** ...**äu|ße-
rung,** ...**bil|dung,** ...**er|klä|rung,**
...**frei|heit** (*die;*-), ...**kraft** (*die;*-);
wil|lens|schwach; ...schwächer,
...schwächste; **Wil|lens|schwä-
che** *die;* -; **wil|lens sein**; ↑R 64
(beabsichtigen); **wil|lens|stark;**
...stärker, ...stärkste; **Wil|lens-
stär|ke** *die;* -; **wil|lent|lich**
will|fah|ren, (auch:) **will|fah|ren**;
(zu willfahren:) willfahrte od. (zu
willfahren:) gewillfahrt; zu -;
will|fäh|rig [auch: ...*fä*...]; **Will-
fäh|rig|keit** [auch: ...*fä*...]
Wil|li (Kurzform von: Wilhelm);
Wil|liam [*"ilj'm*] (engl. Form von:
Wilhelm); **Wil|liams Christ|bir-
ne** (wohlschmeckende Tafelbir-
ne); **Wil|li|bald** (m. Vorn.); **Wil-
li|brord** (m. Vorn.)
wil|lig (bereit); **wil|li|gen** (geh.); er
willigte in die Heirat
Wil|li|gis vgl. Willegis
Wil|li|ram (m. Vorn.)
Will|komm *der;*-s, -e u. **Will|kom-
men** *das* (auch: *der;* österr. nur:
das); -s, -; einen Willkomm zu-
rufen; ein fröhliches Willkom-
men!; **will|kom|men**; - heißen, -
sein; herzlich -! **Will|kom|mens-
_gruß,** ...**trunk**
Wil|kür *die;* -; **Will|kür_akt,**
...**herr|schaft**; **will|kür|lich;
Will|kür|maß|nah|me** (meist
Plur.)
Wil|ly (engl. Kurzform von: Wil-
liam); **Wilm** (Kurzform von:
Wilhelm); **Wil|ma** (Kurzform
von: Wilhelma); **Wil|mar** (m.
Vorn.)
Wil|pert *das;* -[e]s (thüring. für:
Wildbret)
Wil|son [*"ilß'n*] (Präsident der
USA)
Wil|ster (Ortsn.); **Wil|ster|marsch**

die; - (²Marsch nördl. der Nie-
derelbe)
Wil|traud, Wil|trud (w. Vorn.)
Wim (Kurzform von: Wilhelm)
Wim|ble|don [*"imb'ld'n*] (Villen-
vorort von London; Austra-
gungsort eines berühmten Ten-
nisturniers)
wim|meln; es wimmelt von Amei-
sen
wim|men ⟨lat.⟩ (schweiz. für: Trau-
ben lesen); gewimmt
¹**Wim|mer** *der;* -s, - (Knorren; Ma-
ser[holz]; auch, bes. südd.:
Schwiele, kleine Warze)
²**Wim|mer** *die;* -, -n ⟨lat.⟩ (mdal.
für: Weinlese); ³**Wim|mer** *der;*-s,
- (mdal. für: Winzer)
Wim|mer|holz (scherzh. ugs. für:
Geige, Laute); **wim|me|rig**
Wim|merl *das;* -s,-n (bayr. u.
österr. ugs. für: Hitze- od. Eiter-
bläschen)
wim|mern; ich ...ere (↑R 22);
(↑R 68:) das ist zum Wimmern
(ugs. für: das ist furchtbar, auch
für: das ist zum Lachen)
Wim|met *der;* -s ⟨lat.⟩ (schweiz.
für: Weinlese)
Wim|pel *der;* -s, - ([kleine] drei-
eckige Flagge)
Wim|per *die;* -, -n
Wim|perg *der;*-[e]s, -e u. **Wim|per-
ge** *die;* -, -n (Bauw.: got. Spitzgie-
bel)
**Wim|pern|tu|sche; Wim|per|tier-
chen** (einzelliges Lebewesen)
Win|ckel|mann [zur Trenn. ↑R 179]
(dt. Altertumsforscher)
wind (veralt. für: verkrümmt); nur
noch in: - u. web (südwestd. u.
schweiz. für: höchst unbehag-
lich, sterbenselend)
Wind *der;* -[e]s, -e; - bekommen
(ugs. für: heimlich, zufällig er-
fahren); **Wind|ab|wei|ser** (am
Autofenster od. -dach); **Wind-
bäcke|rei** [Trenn.: ...bäk|ke...]
(österr. für Schaumgebäck);
Wind|beu|tel (ein Gebäck;
übertr. ugs. für: leichtfertiger
Mensch); **Wind|beu|te|lei** (ugs.);
Wind_bö od. ...**böe,** ...**bruch** *der,*
...**büch|se** (Luftgewehr)
Win|de *die;* -, -n (Hebevorrich-
tung; eine Pflanze)
Wind|ei (Zool.: Vogelei mit wei-
cher Schale; Med.: abgestorbene
Leibesfrucht)
Wind|del *die;* -, -n; **win|deln** (in
Windeln wickeln); ich ...[e]le
(↑R 22); **win|del|weich**; er hat ihn
- geprügelt
¹**win|den** (drehen); du wandest; du
wändest; gewunden; wind[e]!;
sich -
²**win|den** (windig sein; wittern); es
windet; das Wild windet; **Wind-
er|hit|zer** (Hüttenw.); **Win|des-
_ei|le** (in, mit -), ...**flü|gel** (auf

-n); **Wind|fang**; **wind|ge|schützt**;
-este; **Wind_har|fe,** ...**hauch,**
...**ho|se** (Wirbelsturm)
Wind|huk (Hptst. von Namibia)
Wind|hund (auch übertr. ugs. für:
leichtfertiger Mensch)
win|dig (windverfüllt; übertr. ugs.
für: nicht solide, zweifelhaft)
win|disch (veralt. für: slowenisch);
Win|di|sche *der u. die;* -n, -n;
↑R 7 ff. (veralt. für: Slowene)
Wind_jacke [Trenn.: ...jak|ke],
...**jam|mer** (*der;* -s, -; großes Se-
gelschiff), ...**ka|nal** (an der Or-
gel), ...**licht** (*Plur.* ...lichter),
...**ma|cher** (ugs. für: Wichtigtu-
er), ...**ma|che|rei** (ugs. für: Wich-
tigtuerei), ...**ma|schi|ne,** ...**mo-
tor,** ...**müh|le,** ...**müh|len|flü|gel**
(meist *Plur.*), ...**pocken** (*Plur.;*
Trenn.: ...pok|ken; eine Kinder-
krankheit), ...**rad,** ...**rich|tung,**
...**rös|chen** (Bot.: Anemone),
...**ro|se** (Windrichtungs-, Kom-
paßscheibe), ...**sack** (an einer
Stange aufgehängter Beutel, der
Richtung u. Stärke des Windes
anzeigt); **Winds|braut** *die;* -
(dicht. für: heftiger Wind);
Wind|schat|ten *der;* -s (Leeseite
eines Berges; geschützter Bereich hinter einem fahrenden
Fahrzeug)
wind|schief (ugs. für: krumm, ver-
zogen)
wind_schlüp|fig, ...**schnit|tig** (für:
aerodynamisch); **Wind|schutz-
schei|be**
Wind|sor [*"ins'r*] (engl. Stadt; Na-
me des engl. Königshauses)
Wind|spiel (kleiner Windhund)
**Wind|stär|ke; wind|still; Wind-
_stil|le,** ...**stoß**; **wind|sur|fen**
[...*ßö'f'n*] (nur im Infinitiv gebr.);
Wind|sur|fer [...*ßö'f'r*] *der;* -s, -
⟨dt.; engl.); **Wind|sur|fing** *das;* -s
(Segeln auf einem Surfbrett)
Win|dung
Wind|zug *der;* -[e]s
Win|fried (m. Vorn.)
Win|gert *der;* -s, -e (südd., westd.
u. schweiz. für: Weingarten,
Weinberg)
Win|golf [*winggolf*] *der;* -s, -e
("Freundeshalle" der nord. Mythol.)
Wink *der;* -[e]s, -e; **win|ke**, nur in:
winke, winke machen (Kin-
derspr.)
Win|kel *der;* -s, -; **Win|kel_ad|vo-
kat** (abwertend), ...**ei|sen,**
...**funk|ti|on** (Math.), ...**ha|ken**
(Druckw.), ...**hal|bie|ren|de** (*die;*
-n, -n; ↑R 7 ff.); **win|kel|lig, wink-
lig; Win|kel_maß** *das,* ...**mes|ser**
der; **win|kel|n**; ich ...[e]le den Arm
(↑R 22); **win|kel|recht** (veralt.)
Win|kel|ried (schweiz. Held)
Win|kel|zug (meist *Plur.*)
win|ken; gewinkt; **Win|ker; Win-**

ker_flag|ge, ...krab|be; win|ke, win|ke vgl. winke

wink|lig, win|ke|lig

Win|ne|tou [...tu] (idealisierte Indianergestalt bei Karl May)

Win|ni|peg ["ini...] (kanad. Stadt); Win|ni|peg|see der; -s

Winsch die; -, -en ⟨engl.⟩ (Seemannsspr.: Winde zum Heben schwerer Lasten)

Win|se|lei (ugs. für: das Winseln); Win|se|ller; Wins|ler; win|seln; ich ...[e]le (↑ R 22)

Win|ter; Sommer wie -; winters (vgl. d.); wintersüber (vgl. d.); Win|ter|an|fang, Win|ters|an|fang; Win|ter_ap|fel, ...bau (der; -[e]s; das Bauen im Winter), ...cam|ping, ...ein|bruch, ...fahr|plan; win|ter|fest; -e Kleidung; Win|ter_fri|sche (die; -, -n; veralt.), ...frucht, ...gar|ten, ...ge|trei|de, ...ha|fen (vgl. ²Hafen), ...halb|jahr; win|ter|hart; -e Pflanzen; Win|ter_kar|tof|fel, ...kleid, ...kohl, ...kol|lek|ti|on (Mode), ...land|schaft; win|ter|lich; Win|ter|ling (eine Pflanze); Win|ter|man|tel; ¹Win|ter|mo|nat (in die Winterzeit fallender Monat); ²Win|ter_mo|nat od. ...mond (alte dt. Bez. für: Dezember; schweiz. [früher] für: November); win|tern; es wintert; Win|ter_nacht, ...obst; win|ter|of|fen; -e Pässe; Win|ter_olym|pia|de, ...pau|se, ...quar|tier, ...rei|fen, ...rei|se; winters (↑ R 61), aber: des Winters: Win|ter_saat, ...sal|chen (Plur.; Kleidung für den Winter), ...sai|son; Win|ters|an|fang, Win|ter|an|fang; Win|ter_schlaf, ...schluß|ver|kauf, ...se|me|ster, ...son|nen|wen|de, ...spie|le (Plur.; die Olympischen -), ...sport; win|ters|über; aber: den Winter über; Win|ter[s]|zeit die; -; Win|ter|tag; win|ter|taug|lich; Win|ter|taug|lich|keit die; -

Win|ter|thur (schweiz. Stadt)

Win|zer der; -s, -; Win|zer_ge|nos|sen|schaft, ...mes|ser das

win|zig; Win|zig|keit; Win|zling (ugs.)

Wip|fel der; -s, -; wip|fe|lig, wipf|lig

Wip|pe die; -, -n (Schaukel); wip|pen; Wip|per; vgl. ¹Kipper (Münzverschlechterer); wip|pern (landsch. für: wackeln, schwanken); ich ...ere (↑ R 22); Wipp|sterz (landsch. für: Bachstelze)

wir (von Herrschern: Wir); - alle, - beide; (↑ R 7:) - bescheidenen Leute; - Armen; - Deutschen (auch: - Deutsche)

Wir|bel der; -s, -; wir|be|lig, wirb|lig; wir|bel|los; Wir|bel|lo|se Plur. (Zool.: zusammenfassende Bez. für alle Vielzeller außer den Wirbeltieren); wir|beln; ich ...[e]le (↑ R 22); Wir|bel_säu|le, ...sturm (vgl. ¹Sturm), ...tier, ...wind; wirb|lig, wir|be|lig

wir|ken; (↑ R 68:) sein segensreiches Wirken; Wir|ker; Wir|ke|rei; Wir|ke|rin die; -, -nen; Wirk_kraft (Wirkungskraft), ...lei|stung (Elektrotechnik). Wirkl. Geh. Rat = Wirklicher Geheimer Rat; wirk|lich; Wirk|li|che Ge|hei|me Rat der; -n -n -[e]s, -n -n Räte (Abk.: Wirkl. Geh. Rat); Wirk|lich|keit; wirk|lich|keits|fern; Wirk|lich|keits|form (für: Indikativ); wirk|lich|keits_fremd, ...ge|treu; Wirk|lich|keits|mensch; wirk|lich|keits|nah; Wirk|lich|keits|sinn der; -[e]s; er hat viel -; wirk|sam; Wirk|sam|keit die; -; Wirk|stoff; Wir|kung; Wir|kungs_be|reich der, ...feld, ...grad, ...kraft die, ...kreis; wir|kungs|los; -este; Wir|kungs_lo|sig|keit (die; -) ...me|cha|nis|mus; wir|kungs_reich, ...voll; Wir|kungs|wei|se die; Wirk|wa|ren Plur. (gewirkte Waren)

wirr; Wir|ren Plur.; wir|rig; wir|rig (mdal. für: verworren; zornig); Wirr|kopf (abwertend); Wirr|nis die; -, -se; Wirr|sal das; -[e]s, -e u. die; -, -se; Wir|rung; Irrungen u. Wirrungen; Wirr|warr der; -s; wirsch; -este (landsch. für: aufgeregt; ärgerlich)

Wir|sing der; -s ⟨ital.⟩ u. Wir|sing|kohl der; -[e]s

Wirt der; -[e]s, -e

Wir|tel der; -s, - (Schwunggewicht an der Spindel; Quirl); wir|tel|för|mig; wir|te|lig, wirt|lig (quirlförmig)

wir|ten (schweiz. für: eine Gastwirtschaft führen); Wir|tin die; -, -nen; wirt|lich (gastlich); Wirt|lich|keit die; -

wirt|lig vgl. wirtelig

Wirt|schaft; wirt|schaf|ten; gewirtschaftet; Wirt|schaf|ter (Verwalter); Wirt|schaf|te|rin die; -, -nen; Wirt|schaft|ler (Wirtschaftskundler; leitende Persönlichkeit in Handel u. Industrie); Wirt|schaft|le|rin die; -, -nen; wirt|schaft|lich; Wirt|schaft|lich|keit die; -; Wirt|schafts_ab|kom|men, ...auf|schwung, ...aus|schuß, ...be|ra|ter, ...block (Plur. ...blöcke, selten: ...blocks), ...di|rek|tor, ...flücht|ling, ...ge|bäu|de, ...geld, ...ge|mein|schaft (Europäische -; Abk.: EWG), ...geo|gra|phie, ...ge|schich|te (die; -), ...gym|na|si|um, ...hil|fe, ...hoch|schu|le, ...jahr, ...jour|na|list, ...kam|mer, ...krieg, ...kri|se, ...la|ge, ...le|ben (das; -s), ...leh-

re, ...len|kung, ...mi|ni|ster, ...ord|nung, ...po|li|tik; wirt|schafts|po|li|tisch; Wirt|schafts_prü|fer, ...prü|fung, ...raum, ...re|form, ...spio|na|ge, ...sy|stem, ...teil (einer Zeitung), ...theo|rie, ...wachs|tum, ...wis|sen|schaft, ...wun|der (ugs.), ...zweig

Wirts_haus; Wirts_leu|te Plur., ...ord|nung (Biol.), ...pflan|ze, ...stu|be, ...tier

Wirz der; -es (schweiz. für: Wirsing)

Wis. = ²Wisconsin

Wisch der; -[e]s, -e; wi|schen; du wischst (wischest); Wi|scher (ugs. auch für: Tadel); Wi|scher_blatt (am Scheibenwischer); wisch|fest; wi|schig (nordd. für: zerstreut, kopflos); Wi|schi|wa|schi das; -s (ugs. für: unpräzise Darstellung); Wisch|lap|pen

Wisch|nu (einer der Hauptgötter des Hinduismus)

Wisch|tuch (Plur. ...tücher)

¹Wis|con|sin ["ißkonßin] der; -[s] (l. Nebenfluß des Mississippis); ²Wis|con|sin (Staat in den USA); Abk.: Wis.)

Wi|sent der; -s, -e (Wildrind)

Wis|mut, (chem. fachspr. auch:) Bis|mut das; -[e]s (chem. Grundstoff, Metall; Zeichen: Bi); wis|mu|ten (von Wismut)

wis|peln (landsch. für: wispern); ich ...[e]le (↑ R 22); wis|pern (flüstern); ich ...ere (↑ R 22)

Wiß|be|gier[|de] die; -; wiß|be|gie|rig; wis|sen; du weißt, er weiß, ihr wißt; du wußtest, du wüßtest; gewußt; wisse!; (altertümelnd:) jmdm. etwas kund u. zu - tun; wer weiß!; Wis|sen das; -s; meines -s (Abk.: m. W.) ist es so; wider besseres -; wider u. Willen; ohne -; Wis|sen|de der u. die; -n, -n; ↑ R 7 ff. (Eingeweihte[r]); Wis|sen|schaft; Wis|sen|schaft|ler (schweiz., österr. auch, sonst veralt. für: Wissenschaftler); Wis|sen|schaft|ler; Wis|sen|schaft|le|rin die; -, -nen; wis|sen|schaft|lich; (↑ R 75:) Wissenschaftlicher Rat (Titel); Wis|sen|schaft|lich|keit die; -; Wis|sen|schafts_be|griff, ...be|trieb (der; -[e]s); wis|sen|schafts|gläu|big; Wis|sens_drang (der; -[e]s), ...durst; wis|sens|dur|stig; Wis|sens_ge|biet, ...stoff (der; -[e]s); wis|sens|wert; wis|sent|lich

Wiss|mann (dt. Afrikaforscher)

Wiß|manns|ruf: links!

Wit|frau (schweiz., sonst veralt.); Wi|tib, (österr.:) Wit|tib die; -, -e (veralt. für: Witwe); Wit|mann (Plur. ...männer), (österr.:) Wit|tiber (veralt. für: Witwer)

Wi|told (m. Vorn.)

wit|schen (ugs. für: schlüpfen, huschen); du witschst (witschest)
Vit|te|kind vgl. Widukind
Wit|tels|bach (oberbayr. Stammburg); Haus - (Herrschergeschlecht); **Wit|tels|ba|cher** *der;* -s, - (Angehöriger eines dt. Herrschergeschlechtes)
Wit|ten|berg (Stadt an der mittleren Elbe); **Wit|ten|ber|ge** (Stadt im Bezirk Schwerin); **Wit|ten|ber|ger** (von Wittenberg od. Wittenberge) ↑R 147; **wit|ten|ber|gisch** (von Wittenberg od. Wittenberge), aber (↑R 157): die Wittenbergische Nachtigall (Bez. für: Luther)
wit|tern ([mit dem Geruch] wahrnehmen); ich ...ere (↑R 22); **Wit|te|rung; wit|te|rungs|be|dingt; Wit|te|rungs_ein|fluß, ...um-schlag, ...ver|hält|nis|se** *Plur.*
Witt|gen|stein (österr. Philosoph)
Wit|tib vgl. Witib; **Wit|ti|ber** vgl. Witmann
Witt|ling (ein Fisch)
Witt|rung (Jägerspr.: das Wittern u. der vom Wild wahrzunehmende Geruch)
Wit|tum *das;* -[e]s, ...tümer (veralt. für: der Witwe zustehender Besitz)
Wit|we *die;* -, -n (Abk.: Wwe.); **Wit|wen_geld, ...ren|te, ...schaft, ...schlei|er, ...tum** *(das;* -s); **Wit|wer** (Abk.: Wwr.); **Wit|wer-_schaft, ...tum** *(das;* -s)
Witz *der;* -es, -e; **Witz_blatt, ...blätt|fi|gur, ...bold** *(der;* -[e]s, -e); **Wit|ze|lei; wit|zeln;** ich ...[e]le (↑R 22); **Wit|zi|fi|gur** (abschätzig); **wit|zig; Wit|zig|keit** *die;* -; **wit|zlos**, -este; **witz|sprü|hend;** eine -e Rede (↑R 209); **Witz|wort** *(Plur. ...worte)*
WK = Wiederholungskurs
w. L. = westlicher Länge
Wla|di|mir [auch: *wla...*] (m. Vorn.); **Wla|dis|laus, Wla|dis|law** (m. Vorn.); **Wla|di|wo|stok** [auch: *...woß...*] (Stadt in der UdSSR)
WM = Weltmeisterschaft
WNW = Westnordwest[en]
wo; wo ist er?; wo immer er auch sein mag; er geht wieder hin, wo er hergekommen ist; der Tag, wo (an dem) er sie das erstemal sah; (↑R 67:) das Wo spielt keine Rolle; vgl. woanders, woher, wohin, wohinaus, womöglich, wo nicht
w. o. = wie oben
wo|an|ders (irgendwo sonst; an einem anderen Ort); ich werde ihn woanders suchen, aber: ich werde ihn wo anders (wo sonst) als hier suchen; **wo|an|ders|hin**
wob|beln (Funktechnik: Frequenzen verschieben); die Welle wobbelt; **Wob|bel|span|nung**

wo|bei
Wo|che *die;* -, -n; **Wo|chen_bett, ...blatt, ...en|de; Wo|chen|end-haus; Wo|chen|end|ler; Wo|chen|kar|te; wo|chen|lang; Wo|chen_spiel|plan, ...tag; wo|chen|tags** (↑R 61), aber: des Wochentags; **wö|chent|lich** (jede Woche); **...wö|chent|lich** (z. B. dreiwöchentlich [alle drei Wochen wiederkehrend]; mit Ziffer: 3wöchentlich; ↑R 212); **wo|chen|wei-se; Wo|chen|zei|tung; ...wo|chig** vgl. ...wöchig; **...wö|chig** (z. B. dreiwöchig [drei Wochen alt, dauernd]; mit Ziffer: 3wöchig; ↑R 212); **Wöch|ne|rin** *die;* -, -nen
Wocken *der;* -s, - [*Trenn.:* Wok-ken] (niederd. für: Rocken)
Wo|dan (höchster germ. Gott); vgl. Odin u. Wotan
Wod|ka *der;* -s, -s ‹russ.› („Wässerchen"; Branntwein)
Wo|du *der;* - ‹kreol.› (Geheimkult auf Haiti)
wo|durch; wo|fern; wo|für
Wo|ge *die;* -, -n
wo|ge|gen
wo|gen
wo|her; woher es kommt, weiß ich nicht; er geht wieder hin, woher er gekommen ist, aber: er geht wieder hin, wo er hergekommen ist; **wo|her|um; wo|hin;** ich weiß nicht, wohin er geht; sieh, wohin er geht, aber: sieh, wo er hin-geht; **wo|hin|auf; wo|hin|aus;** ich weiß nicht, wohinaus du willst, aber: ich weiß nicht, wo du hin-auswillst; **wo|hin|ein; wo|hin|ge-gen; wo|hin|ter; wo|hin|un|ter**
wohl; besser, beste u. wohler, wohlste; wohl ihm!; wohl od. übel (ob er wollte od. nicht) mußte er zuhören; das ist wohl das beste; leben Sie wohl!; wohl bekomm's!; ich bin wohl; mir ist wohl, wohler, am wohlsten; wohl sein (vgl. d.); sich wohl fühlen; es ist mir immer wohl ergangen; sie wird es wohl (wahrscheinlich) tun; vgl. aber: wohltun; sie wird es wohl (wahrscheinlich) wollen; vgl. aber: wohl-wollen; gleichwohl; obwohl; sowohl; wiewohl; **Wohl** *das;* -[e]s; auf dein -!; aufs -!; zum -!
wohl|an!; wohl|an|stän|dig; eine -e Gesellschaft; **Wohl|an|stän|dig-keit** *die;* -; **wohl|auf!;** wohlauf sein; **wohl|aus|ge|wo|gen**
wohl|be|dacht; ein -er Plan; **Wohl-_be|fin|den, ...be|ha|gen**
wohl|be|hal|ten; er kam - an
wohl|be|hü|tet
wohl|be|kannt; besser bekannt, bestbekannt; ein -er Vorgang
wohl|be|ra|ten
wohl|be|stallt; ein -er Beamter

wohl|durch|dacht
wohl|er|fah|ren; ein -er Mann
Wohl|er|ge|hen *das;* -s
wohl|er|hal|ten
wohl|er|wo|gen; ein -er Plan
wohl|er|wor|ben; -e Rechte
wohl|er|zo|gen; ein -es Kind; **Wohl|er|zo|gen|heit** *die;* -
Wohl|fahrt *die;* -; **Wohl|fahrts-_mar|ke, ...pfle|ge, ...staat**
wohl|feil; -er, -ste; eine -e Ware
wohl|ge|baut; die -e Stadt
wohl|ge|bo|ren; Euer Wohlgebo-ren (veralt. Anrede)
Wohl|ge|fal|len *das;* -s; **wohl|ge-fäl|lig;** -er, -ste; er hat dieses Werk - betrachtet
wohl|ge|formt
Wohl|ge|fühl *das;* -[e]s
wohl|ge|lit|ten; -er, -ste; er ist we-gen seiner Hilfsbereitschaft -
wohl|ge|meint; -er Rat
wohl|ge|merkt!
wohl|ge|mut; -er, -este; sie ist -
wohl|ge|nährt
wohl|ge|ord|net
wohl|ge|ra|ten; -er, -ste; ein -es Werk
Wohl_ge|ruch, ...ge|schmack
wohl|ge|setzt; -er, -este; in -en Worten
wohl|ge|sinnt; -er, -este; er ist mir -
wohl|ge|stalt (seltener für: wohl-gestaltet); **wohl|ge|stal|tet;** -er, -ste; eine -e Form
wohl|ge|tan; die Arbeit ist -; vgl. wohltun
wohl|ha|bend; -er, -ste; er ist -; **Wohl|ha|ben|heit** *die;* -
wohl|lig; ein -es Gefühl; **Wohl|lig-keit** *die;* -
Wohl|klang; wohl|klin|gend; -er, -ste; -e Töne
Wohl|laut; wohl|lau|tend; -er, -ste
Wohl|le|ben *das;* -s
wohl|mei|nend; -er, -ste; ein -er
wohl|pro|por|tio|niert (↑R 180)
wohl|rie|chend; -er, -ste; -e Blu-men
wohl|schmeckend; -er, -ste [*Trenn.:* ...schmek|kend]; eine -e Speise
wohl sein; laß es dir wohl sein!; **Wohl|sein** *das;* -s; zum -!
wohl|si|tu|liert
Wohl|stand *der;* -[e]s; im - le-ben; **Wohl|stands_ge|sell|schaft, ...kri|mi|na|li|tät, ...müll**
Wohl|tat, ...tä|ter, ...tä|te|rin; wohl|tä|tig; -er, -ste; ein -er Mann; **Wohl|tä|tig|keit** *die;* -; **Wohl|tä|tig|keits_ba|sar, ...ver-an|stal|tung, ...ver|ein**
Wohl|tem|pe|rier|te Kla|vier *das;* -n -s (Sammlung von Präludien u. Fugen von J. S. Bach)
wohl|tu|end (angenehm); -er, -ste; die Ruhe ist -; **wohl|tun;** ↑R 205 f. (angenehm sein; Wohltaten er-weisen); ich tue wohl (↑R 64); das hat mir, er hat vielen wohlge-

tan; wohlzutun; jmdm. wohltun; aber: er wird es wohl (wahrscheinlich) tun; **Wohl|tun** das; -s
wohl|über|legt; besser überlegt, bestüberlegt; ein -er Plan
wohl|un|ter|rich|tet; besser unterrichtet, bestunterrichtet; ein -er Mann
wohl|ver|dient; ein -er Urlaub
Wohl|ver|hal|ten
Wohl|ver|leih der; -[e]s, -[e] (Arnika)
wohl|ver|sorgt; besser versorgt, bestversorgt; eine -e Familie
wohl|ver|stan|den; ein -es Wort
wohl|ver|wahrt; besser verwahrt; bestverwahrt; -e Dokumente
wohl|weis|lich; sie hat sich - gehütet
wohl|wol|len (↑R 205f.); er will mir wohl; er hat mir stets wohlgewollt; wohlzuwollen; aber: er wird es wohl (wahrscheinlich) wollen; **Wohl|wol|len** das; -s; **wohl|wol|lend**; -er, -ste
Wohn_an|hän|ger, ...bau (Plur. ...bauten), ...block (vgl. Block), ...die|le, ...ein|heit; **woh|nen**; **Wohn_flä|che**, ...ge|bäu|de, ...geld, ...geld|ge|setz, ...ge|mein|schaft** (Abk.: WG); **wohn|haft** (wohnend); **Wohn_haus**, ...heim, ...kü|che, ...kul|tur** (die; -), ...lage**; **wohn|lich**; **Wohn|lich|keit** die; -; **Wohn_ort**, ...raum, ...sitz, ...stu|be**; **Woh|nung**; **Woh|nungs_amt**, ...bau** (der; -[e]s), ...bau|ge|nos|sen|schaft**, ...ein|rich|tung, ...geld; **woh|nungs|los**; **Woh|nungs_markt**, ...not, ...schlüs|sel, ...su|che**; **woh|nungs|s|su|chend**; **Woh|nung|s|s|su|chen|de** der u. die; -n, -n (↑R 7 ff.); **Woh|nungs_tausch**, ...tür, ...wech|sel, ...zwangs|wirt|schaft**; **Wohn_vier|tel**, ...wa|gen, ...zim|mer**
Wöhr|de die; -, -n (niederd. für: um das Wohnhaus gelegenes Ackerland)
Woi|lach [weu...] der; -s, -e ⟨russ.⟩ (wollene [Pferde]decke)
Woi|wod, **Woi|wo|de** [weu...] der; ...den, ...den; ↑R 197 (poln.) (früher: Fürst; heute: oberster Beamter einer poln. Provinz); **Woi|wod|schaft** (Amt[sbezirk] eines Woiwoden)
Wok der; -, -s ⟨chin.⟩ (schalenförmiger, runder Kochtopf)
wöl|ben; sich -; **Wöl|bung**
Wol|de|mar vgl. Waldemar
¹**Wolf** (Kurzform von: Wolfgang, Wolfhard, Wolfram)
²**Wolf**, Hugo (österr. Komponist)
³**Wolf** der; -[e]s, Wölfe (ein Raubtier)
Wolf|diet|rich [auch: wolf...] (m. Eigenn.)
wöl|fen (von Wolf u. Hund: gebären)

Wolf|gang (m. Vorn.); **Wolf|gang-see** der; -s; vgl. Sankt-Wolfgang-See; **Wolf|hard** (m. Vorn.)
Wöl|fin die; -, -nen; **wöl|fisch**; **Wölf|lein**, Wölf|chen; **Wölf|ling** (junger Pfadfinder)
¹**Wolf|ram** (m. Vorn.)
²**Wolf|ram** das; -s (chem. Grundstoff, Metall; Zeichen: W); **Wolf|ra|mit** das; -s (Wolframerz)
Wolf|ram von Eschen|bach (dt. Dichter des MA.); **Wolf|ram-von-Eschen|bach-Aus|ga|be** (↑R 135)
Wolfs_gru|be (überdeckte Grube zum Fangen von Wölfen), ...hund (einem Wolf ähnlicher dt. Schäferhund), ...hun|ger (ugs. für: großer Hunger), ...milch (eine Pflanze), ...ra|chen (angeborene Gaumenspalte), ...schlucht, ...spitz (eine Hunderasse)
Woll|ga die; - (Strom in der UdSSR)
Woll|go|grad (Stadt in der UdSSR; früher: Stalingrad)
Wo|lhy|ni|en usw. vgl. Wolynien usw.
Wölk|chen, Wölk|lein; **Wol|ke** die; -, -n; **wöl|ken**; sich -; **Wol|ken_bruch** der, ...decke (die; -) [Trenn.: ...dek|ke], ...krat|zer (Hochhaus); **Wol|ken|ku|ckucks-heim** das; -[e]s [Trenn.: ...kuk-kucks...] (Luftgebilde, Hirngespinst); **wol|ken|los**; **Wol|ken-wand** die; -; **wol|kig**; **Wölk|lein**, Wölk|chen
Wol|lap|pen der; -s, - [Trenn.: Woll|lap..., ↑R 204]; **Wol|laus** die; -, ...läuse [Trenn.: Woll|laus, ↑R 204]; **Woll|decke** [Trenn.: ...dek|ke]; **Wol|le** die; -, - (für: Wollarten auch Plur.:) -n; ¹**wol|len** (aus Wolle)
²**wol|len**; ich will, du willst; du wolltest (Indikativ); du wolltest (Konjunktiv); gewollt; wolle!; ich habe das nicht gewollt, aber: ich habe helfen wollen
wöl|len (Jägerspr.: das Gewölle auswerfen)
Woll_fal|den, ...garn, ...ge|we|be, ...han|del**; **Woll|hand|krab|be**; **woll|lig**
Woll|lin (eine Ostseeinsel)
Woll|käm|mer (Berufsbez.); **Woll_kleid**, ...knäu|el, ...maus** (ugs. für: größere Staubflocke auf dem Fußboden), ...sie|gel, ...stoff
Woll|lust die; -, Wollüste (für: wollüstig); **Woll|lüst|ling**
Woll|wa|ren Plur.
Wol|per|tin|ger der; -s, - (ein bayr. Fabeltier)
Wo|ly|ni|en [...i⁽ᵉ⁾n] (ukrain. Landschaft); **wo|ly|nisch**; -es Fieber (Fünftagefieber)
Wol|zo|gen (Adelsgeschlecht)

Wom|bat der; -s, -s ⟨austral.⟩ (austral. Beuteltier)
wo|mit; **wo|mög|lich**; **womöglich** (vielleicht) kommt sie, aber: wo möglich (wenn es irgendwie möglich ist) [,] kommt sie; **wo|nach**; **wo|ne|ben**; **wo nicht**; er will ihn erreichen, wo nicht übertreffen
Won|ne die; -, -n; **Won|ne_ge|fühl**, ...mo|nat** od. ...mond (für: Mai), ...prop|pen (der; -s, -; landsch. für: niedliches, wohlgenährtes [Klein]kind); **won|ne|trun|ken**; **won|ne|voll**; **won|nig**; **won|nig|lich** (veralt.)
Woog der; -[e]s, -e (mdal. für: Teich; tiefe Stelle im Fluß)
wor|an; **wor|auf**; **wor|auf|hin**; **wor|aus**
¹**Worb** der; -[e]s, Wörbe u. ²**Worb**, **Wor|be** die; -, ...ben (mdal. für: Griff am Sensenstiel)
Worce|ster|so|ße [ʼußt⁽ᵉ⁾r...]; ↑R 149 ⟨nach der engl. Stadt Worcester⟩ (scharfe Würztunke)
Words|worth [ʼ⁽öʼ⁾ds⁽ʼöʼ⁾⁴h] (engl. Dichter)
wor|ein
wor|feln (Getreide reinigen); ich ...[e]le (↑R 22)
Wörgl (österr. Stadt)
wor|in
Wö|ris|ho|fen, Bad (Stadt in Bayern)
Work|aho|lic [ʼö⁽ʼk⁾ʼhölik] der; -s, -s ⟨engl.⟩ (Psych.: jmd., der zwanghaft ständig arbeitet); **Work-shop** [ʼö⁽ʼkschop⁾] der; -s, -s (Seminar, Arbeitsgruppe)
World|cup [ʼö⁽ʼldkap⁾] der; -s, -s ⟨engl.⟩ ([Welt]meisterschaft [in verschiedenen sportlichen Disziplinen]); **World Wild|life Fund** [ʼö⁽ʼld ʼaildlaif fand⁾] der; - - - (internationale Naturschutzorganisation; Abk. WWF)
Wör|litz (Stadt im Bezirk Halle, DDR); **Wörlitzer Park**
Worms (Stadt am Rhein); **Worm-ser** (↑R 147); - Konkordat; **worm-sisch**
Worps|we|de (Ort im Teufelsmoor, nördl. von Bremen)
Wort das; -[e]s, Wörter u. Worte. Plur. Wörter für: Einzelwort od. vereinzelte Wörter ohne Rücksicht auf den Zusammenhang z. B. Fürwörter; dies Verzeichnis enthält 100 000 Wörter; Plur. Worte für: Äußerung, Ausspruch, Beteuerung, Erklärung; Begriff, Zusammenhängendes. z. B. Begrüßungsworte; auch für bedeutsame einzelne Wörter, z. B. drei Worte nenn' ich euch, inhaltsschwer; mit ander[e]n -en (Abk.: m. a. W.); mit guten, mit wenigen -en; dies waren seine [letzten] -e; ich will nicht viel[e]

-e machen; geflügelte, goldene -e; aufs -; - für -; von - zu -; - halten; beim -[e] nehmen; zu -[e] kommen; Wort_art, ...aus|wahl, ...be|deu|tung; Wort|be|deu|tungs|leh|re die; - (für: Semasiologie); Wort_bild, ...bil|dung, ...bruch der; wort|brü|chig; Wört|chen, Wört|lein; Wor|te|ma|che|rei (abschätzig); Wör|ter-_buch, ...ver|zeich|nis; Wort_fa|mi|lie, ...feld, ...fet|zen, ...fol|ge, ...for|schung, ...füh|rer, ...ge|fecht, ...ge|klin|gel (abschätzig), ...geo|gra|phie, ...ge|plän|kel, ...ge|schich|te; wort_ge|treu, ...ge|wal|tig, ...ge|wandt (-este)

Wör|ther See der; - -s, (auch:) **Wör|ther|see** der; -s (See in Kärnten)

Wörth|see der; -s (See im oberbayr. Alpenvorland)

wort|karg; Wort_karg|heit (die; -), ...klau|ber (abschätzig); Wort-klau|be|rei (abschätzig); Wort-_kreu|zung (für: Kontamination), ...laut (der; -[e]s), ...leh|re; Wört|lein, Wört|chen; wört|lich; -e Rede; wort|los; Wort_mel|dung, ...re|gi|ster, ...reich; Wort_reich|tum (der; -s), ...schatz (Plur. ...schätze [fachspr.]), ...schöp|fung, ...schwall (der; -[e]s), ...sinn, ...spiel, ...stamm, ...streit, ...wech|sel; wort|wört|lich (Wort für Wort); Wort|zei|chen (als Warenzeichen schützbares Emblem)

wor|über; wor|um; ich weiß nicht, - es geht; wor|un|ter; wo|selbst

Wo|tan (Nebenform für: Wodan)

Wo|tru|ba, Fritz (österr. Bildhauer)

wo|von; wo|vor; wo|zu; wo|zwischen

Woy|zeck [*weuzäk*] (Titel[held] eines Dramenfragments von G. Büchner); **Woz|zeck** (Titel[held] einer Oper von A. Berg)

wrack (Seemannsspr.: völlig defekt, beschädigt; nicht mehr ausbesserungsfähig; Kaufmannsspr.: schlecht [von der Ware]); - werden; Wrack das; -[e]s, -s, selten: -e (gestrandetes od. stark beschädigtes, auch altes Schiff; übertr. für: jmd., dessen körperliche Kräfte völlig verbraucht sind)

Wra|sen der; -s, - (niederd. für: Dampf, Dunst); Wra|sen|ab|zug (über dem Küchenherd)

wricken [*Trenn.:* wrik|ken] u. wrig|gen (niederd. für: ein Boot durch einen am Heck hin u. her bewegten Riemen fortbewegen)

wrin|gen (nasse Wäsche auswinden); du wrangst (wrangest) u. wrängst; gewrungen; wring[e]!

Wroc|ław [*wroz"af*] (poln. Name von: Breslau)

Wru|ke [auch: *wruk"*] die; -, -n (nordostd. für: Kohlrübe)

Ws = Wattsekunde

WSW = Westsüdwest[en]

Wul|cher der; -s Wul|cher|blu|me (Margerite); Wu|che|rei; Wu|che|rer; Wul|che|rin die; -, -nen; wu|che|risch; -ste; wu|chern; ich ...ere (↑ R 22); Wul|cher|preis; vgl. ²Preis; Wul|cher|tum das; -s; Wu|che|rung; Wul|cher|zin|sen Plur.

Wuchs der; -es; ...wüch|sig (z. B. urwüchsig); Wuchs|stoff (hormonartiger, das Wachstum der Zellen fördernder Stoff)

Wucht die; -; Wucht|baum (landsch. für: Hebebaum); wuch|ten (ugs. für: schwer heben); wuch|tig; Wuch|tig|keit die; -

Wühl|ar|beit; wüh|len; Wühl|er; Wühl|le|rei (ugs. für: ständiges Wühlen, Aufhetzen); wüh|le|risch; Wühl_maus, ...tisch (ugs.; bes. in Kaufhäusern)

Wuh|ne vgl. Wune

Wuhr das; -[e]s, -e u. Wuh|re die; -, -n (bayr., südwestd. u. schweiz. für: ²Wehr; Buhne); Wuhr|baum

Wul|fe|nit das; -s (ein Mineral)

Wul|fi|la vgl. Ulfilas

Wulst der; -es, Wülste (fachspr. auch -e) od. die; -, Wülste; Wülst|chen, Wülst|lein; wul|stig; Wulst|ling (ein Pilz)

wumm!; wum|mern (ugs. für: dumpf dröhnen); es wummert

wund; -este; - sein, werden; sich - laufen, reiben; sich den Mund - reden; vgl. aber: wundliegen; Wund_arzt (veralt.); Wund|brand; Wun|de die; -, -n

wun|der das; s. Wunder. Wun|der das; -s, -; - tun, wirken; kein -; was -, wenn ...; du wirst dein blaues - erleben; (↑ R 61:) er glaubt, wunder was getan zu haben; er glaubt, wunder[s] wie geschickt er sei; wun|der|bar; wun|der|ba|rer|wei|se; Wun|der_blu|me, ...dok|tor, ...glau|be; wun|der_gläu|big, ...hold (veralt. dicht.), ...hübsch; Wun|der_ker|ze, ...kind, ...kraft die, ...kur; Wun|der|lam|pe (in Märchen); wun|der|lich (eigenartig); Wun|der|lich|keit; wun|der|mild (veralt. dicht.); Wun|der|mit|tel das; wun|dern; es wundert mich, daß ...; mich wundert, daß ...; sich -; ich ...ere mich (↑ R 22); wun|der|neh|men (↑ R 64); es nimmt mich wunder (schweiz. auch für: ich möchte wissen); es hat dich wundergenommen, braucht dich nicht wunderzunehmen; wun|ders vgl. Wunder; wun|der|sam; wun|der|schön; Wun|der_tat, ...tä|ter, ...tier (scherzh. ugs.

---

auch vom Menschen), ...tü|te; wun|der|voll; Wun|der|werk

Wund_fie|ber, ...in|fek|ti|on; wund|lie|gen, sich; Wund_mal (das; -[e]s, -e), ...sal|be, ...starr-krampf

Wundt (dt. Psychologe u. Philosoph)

Wu|ne, Wuh|ne die; -, -n (ins Eis gehauenes Loch)

Wunsch der; -[e]s, Wünsche; wünsch|bar (schweiz. für: wünschenswert); Wunsch_bild, ...den|ken (das; -s); Wün|schel|ru|te; Wün|schel|ru|ten|gän|ger; wün|schen; du wünschst (wünschest); wün|schens|wert; -este; Wunsch_form, ...geg|ner; wunsch|ge|mäß; Wunsch_kind, ...kon|zert, ...li|ste; wunsch|los; -este; - glücklich; Wunsch-_traum, ...vor|stel|lung, ...zet|tel

Wuo|tan (ahd. Form von: Wodan)

wupp|dich! (ugs. für: husch!; geschwind!); Wupp|dich der, in der Wendung: mit einem - (ugs. für: schnell, gewandt); ↑ R 67

Wup|per die; - (r. Nebenfluß des Rheins); ¹Wup|per|tal das; -[e]s ²Wup|per|tal (Stadt an der Wupper)

Wür|de die; -, -n; wür|de|los; -este; Wür|de|lo|sig|keit; Wür|den|trä|ger; wür|de|voll; wür|dig; wür|di|gen; Wür|dig|keit die; -; Wür|di|gung

Wurf der; -[e]s, Würfe; jmdm. in den - kommen; Wurf|bahn; Würf|chen, Würf|lein; Würfel der; -s, -; Wür|fel|be|cher; Wür|fel|chen, Würf|el|lein; wür|fe|lig, würflig; wür|feln; ich ...[e]le (↑ R 22); gewürfeltes Muster; Würf|fel_spiel, ...zucker [*Trenn.:* ...zuk|ker]; Wurf_ge|schoß, ...kreis (Handball); Würf|lein, Würf|chen; würf|lig, würf|fel|lig; Wurf_pfeil, ...sen|dung, ...tau|be

Wür|ge|griff, ...mal (Plur. ...male, seltener: ...mäler); wür|gen; (↑ R 68:) mit Hängen und Würgen (ugs. für: mit knapper Not); Wür|ge[n]|gel; Wür|ger (Würgender; ein Vogel)

Wurm der (für: hilfloses Kind ugs. auch: das); -[e]s, Würmer (veralt. dicht. noch: Würme [riesenhafte Untiere]); Würm|chen, Würmlein; Wür|me[i]; wur|men (ugs. für: ärgern); es wurmt mich; Wurm_farn, ...fort|satz (am Blinddarm), ...fraß; wur|mig; Wurm_krank|heit; Würm|lein, Würm|chen; Wurm|mit|tel das

Würm|see der; -s (früher für: Starnberger See)

wurm|sti|chig

Wurst die; -, Würste; das ist mir -, (auch:) Wurscht (ugs. für: ganz gleichgültig); - wider -! (ugs.: wie

du mir, so ich dir!); es geht um die - (ugs. für: um die Entscheidung); mit der - nach der Speckseite werfen (ugs. für: mit Kleinem Großes erreichen wollen); **Wurst_brot,** ...brü|he; **Würstchen, Würst|lein; Würst|chen|bude; Wur|stel** der; -s, - (bayr. u. österr. für: Hanswurst); **Wür|stel** das; -s, - (österr. für: Würstchen); **Wur|ste|le|i** (ugs. für: Schlendrian); **wur|steln** (ugs. für: ohne Überlegung u. Ziel arbeiten); ich ...[e]le (↑R 22); **Wur|stelpra|ter** der; -s (Vergnügungspark im Wiener Prater); **wur|sten** (Wurst machen); **Wurst|fin|ger** (abwertend); **wur|stig** (ugs. für: gleichgültig); **Wur|stig|keit** die; - (ugs.); **Wurst|kü|che; Würst|lein, Würst|chen; Wur|ster, Wurst|ler** (mdal. für: Wurstmacher, -händler; auch für: Fleischer); **Wur|ste|rei, Wurst|le|rei** (mdal. für: Wurstmacherei); **Wurst_sal|lat, ...sup|pe, ...wa|ren** Plur., **...zip|fel Wurt** der; -, -en, (auch:) **Wur|te** die; -, -n (niederd. für: aufgeschütteter Erdhügel als Wohnplatz [zum Schutz vor Sturmfluten]); vgl. Warf[t]
Würt|tem|berg; Würt|tem|ber|ger (↑R 147); **würt|tem|ber|gisch Wurt|zit** der; -s, -e (nach dem franz. Chemiker Wurtz) (ein Mineral)
Wurz die; -, -en (landsch. für: Wurzel)
Würz|burg (Stadt am Main); **Würz|bur|ger** (↑R 147); **würz|bur|gisch Wür|ze** die; -, -n; **Wur|zel** die; -, -n (Math. auch: Grundzahl einer Potenz); **Wur|zel_bal|len, ...behand|lung** (Zahnmed.), **...bürste; Würzel|chen, Wür|zel|lein, Würz|lein; wur|zel|echt;** -e Pflanze (Pflanze mit eigenen Wurzeln); **Wur|zel_fa|ser, ...füßer** (ein Urtierchen), **...haut; Wur|zel|haut|ent|zün|dung; wur|ze|lig, wurz|lig; wur|zel|los;** -este; **Wur|zel|lo|sig|keit** die; -; **wur|zeln;** die Eiche wurzelt tief [im Boden]; **Wur|zel_sil|be, ...stock** (Plur. ...stöcke), **...werk** (das; -[e]s), **...zei|chen** (Math.), **...zie|hen** (das; -s; Math.); **wur|zen** (bayr. u. österr. ugs. für: ausbeuten); du wurzt (wurzest); **wür|zen** (mit Würze versehen); du würzt (würzest); **Würz|fleisch; wür|zig; Würz|lein, Würze|lein, Wür|zel|chen; wurz|lig, wur|ze|lig; Würz|mi|schung; Würz|jung**
Wu|sche die; -, -n (nordostd. für: Filzschuh, Pantoffel)
Wu|schel die; -, -n (landsch. für: lockiges od. unordentliches Haar); **wu|sche|lig** (ugs.); **Wu|schel|kopf**

wu|se|lig (landsch.); **wu|seln** (landsch. für: sich schnell bewegen; geschäftig hin u. her eilen; wimmeln); ich ...[e]le (↑R 22)
WUSt, Wust = Warenumsatzsteuer (in der Schweiz)
Wust der; -[e]s (ugs. für: Durcheinander, ungeordnete Menge); **wüst;** -este; **Wü|ste** die; -, -n; **wüsten** (ugs. für: verschwenderisch umgehen); **Wü|ste|nei; Wü|sten_fuchs, ...kö|nig** (dicht. für: Löwe), **...sand, ...schiff** (scherzh. für: Kamel), **...tier; Wüst|ling** (zügelloser Mensch); **Wü|stung** (verlassene Siedlung und Flur; Bergw.: verlassene Lagerstätte)
Wut die; -; **Wut_an|fall, ...ausbruch; wü|ten; wü|tend;** ein -er Mann, aber (↑R 157): das Wütende (Wodans) Heer; **wut|ent|brannt; Wü|ter; Wü|te|rich** der; -s, -e; **Wut|ge|heul**
wut|schäu|mend (↑R 209)
wut|schen (ugs. für: schnell, eilig sein); du wutschst (wutschest)
wut|schnau|bend (↑R 209)
Wutz die; -, -en, auch: der; -en, -en (landsch. für: Schwein); **Wutzchen**
wu|zeln (bayr. u. österr. ugs. für: drehen, wickeln; sich drängen)
W. Va. = West Virginia
Wwe. = Witwe
WWF = World Wildlife Fund
Wwr. = Witwer
Wy. = Wyoming
Wy|an|dot ["ai"n...] der; -, -s (Angehöriger eines nordamerik. Indianerstammes); **Wy|an|dot|te** das; -, -s od. die; -, -n (amerik. Haushuhnrasse)
Wy|clif ["iklif] (engl. Reformator)
Wyk auf Föhr [wik - -] (Stadt auf der Nordseeinsel Föhr)
Wyo|ming ["aio"...] (Staat in den USA; Abk.: Wy.)
 = Warenzeichen

X

X [ikß] (Buchstabe); das X; des X, die X, aber: das x in Faxe (↑R 82); der Buchstabe X, x; jmdm. ein X für ein U vormachen (ugs. für: täuschen)
X (röm. Zahlzeichen) = 10
X das; -, - (unbekannte Größe; unbekannter Name); ein Herr, eine Frau X; der Tag, die Stunde X; in math. Formeln usw. klein geschrieben: $3x = 15$
X, χ = Chi
Ξ, ξ = Xi
x-Ach|se; ↑R 37 (Math.: Abszis-

senachse im [rechtwinkligen] Koordinatensystem)
Xan|ten (Stadt im Niederrhein. Tiefland); **Xan|te|ner** (↑R 147)
Xan|thin das; -s (griech.) (eine organ. Verbindung)
¹Xan|thip|pe (Gattin des Sokrates); **²Xan|thip|pe** die; -, -n (ugs. für: zanksüchtiges Weib)
Xan|tho|phyll das; -s (griech.) (gelber Farbstoff der Pflanzenzellen)
Xa|ver [kßaw"r] (m. Vorn.); **Xa|ve|ria** [...we...] (w. Vorn.)
X-Bei|ne Plur. (↑R 37); **X-bei|nig** (↑R 37)
x-be|lie|big (↑R 37); jeder -e (↑R 66); vgl. beliebig
X-Chro|mo|som; ↑R 37 (geschlechtsbestimmendes Chromosom); **X-Ein|heit;** ↑R 37 (Längeneinheit für Röntgenstrahlen)
Xe = chem. Zeichen für: Xenon
Xe|nia (w. Vorn.)
Xe|nie [...i⁸] die; -, -n (griech.) u. **Xe|ni|on** [auch: xän...] das; -s, ...ien [...i⁸n] (kurzes Sinngedicht); **Xe|no|kra|tie** die; -, ...ien (selten für: Fremdherrschaft); **Xe|non** das; -s (chem. Grundstoff, Edelgas; Zeichen: Xe)
Xe|no|pha|nes (altgriech. Philosoph)
Xe|no|phon [auch: xän...] (altgriech. Schriftsteller); **xe|no|phon|tisch;** -er Stil, aber (↑R 134): **Xe|no|phon|tisch;** -e Schriften
Xe|res usw. vgl. Jerez usw.
Xe|ro|gra|phie die;-,...ien (griech.) (Druckw.: ein Vervielfältigungsverfahren); **xe|ro|gra|phisch; Xe|ro|ko|pie** die; -, ...ien (xerographisch hergestellte Kopie); **xe|ro|ko|pie|ren; xe|ro|phil** (von Pflanzen: die Trockenheit liebend); **Xe|ro|phyt** der; -en, -en; ↑R 197 (an trockene Standorte angepaßte Pflanze)
Xer|xes (Perserkönig)
x-fach (Math.: x-mal so viel); ↑R 37; **X-Fa|che** das; -n; ↑R 7 ff. u. R 37 (übertr. für: das unbestimmte Vielfache); vgl. Achtfache
X-Ha|ken; ↑R 37 (Aufhängehaken für Bilder)
Xi das; -[s], -s (griech. Buchstabe Ξ, ξ)
x-mal (↑R 37)
X-Strah|len; Plur.; ↑R 37 (Röntgenstrahlen)
x-te (↑R 37); x-te Potenz; zum x-tenmal, aber: zum x-ten Male
Xy|lo|graph der; -en, -en (↑R 197) (griech.) (Holzschneider); **Xy|lo|gra|phie** die;-,...ien (Holzschneidekunst [nur Sing.]; Holzschnitt); **xy|lo|gra|phisch** (in Holz geschnitten); **Xy|lol** das; -s (griech.; arab.) (ein Lösungsmit-

tel); **Xy|lo|me|ter** *das; -s, -* (Gerät zur Bestimmung des Rauminhalts unregelmäßig geformter Hölzer); **Xy|lo|phon** *das; -s, -e* (ein Musikinstrument); **Xy|lo|se** *die; -* (Holzzucker)

Y

(Selbstlaut u. Mitlaut)

Y [*üpßilon;* österr. auch, bes. als math. Unbekannte: *üpßilon*] (Buchstabe); das Y; des Y, die Y, aber: das y in Doyen (↑R 82); der Buchstabe Y, y

Y *das; -, -* (Bez. für eine veränderliche od. unbekannte math. Größe); in math. Formeln usw. klein geschrieben: y = 2x²

Y = chem. Zeichen für: Yttrium

¥ = Yen

Y, υ = ²Ypsilon

y., yd. = Yard

y-Ach|se; ↑R 37 (Math.: Ordinatenachse im [rechtwinkligen] Koordinatensystem)

Yacht vgl. Jacht

Yak vgl. Jak

Ya|ma|shi|ta [*...schita*] *der; -[s], -s* ⟨nach dem jap. Kunstturner Yamashita⟩ (bestimmter Sprung am Langpferd)

Ya|mous|sou|kro [*jamußukrọ*] (Hptst. der ²Elfenbeinküste)

Yams|wur|zel vgl. Jamswurzel

Yang *das; -[s]* ⟨chin.⟩ (männl., schöpferisches Prinzip in der chin. Philosophie)

Yan|kee [*jängki*] *der; -s, -s* ⟨amerik.⟩ (Spitzname für den US-Amerikaner); **Yan|kee-doodle** [*jängkidudl*] *der; -[s]* ([früheres] Nationallied der US-Amerikaner); **Yan|kee|tum** *das; -s*

Yard *das; -s, -s* ⟨engl.⟩ (angelsächs. Längenmaß; Abk.: y. od. yd., *Plur.* yds.); 5 -[s] (↑R 129)

Ya|ren (Hptst. von Nauru)

Yawl [*jạl*] *die; -, -e* u. *-s* ⟨engl.⟩ (zweimastiges [Sport]segelfahrzeug)

Yb = chem. Zeichen für: Ytterbium

¹Ybbs [*ipß*] *die; -* (r. Nebenfluß der Donau); **²Ybbs an der Do|nau** (österr. Stadt)

Y-Chro|mo|som; ↑R 37 (geschlechtsbestimmendes Chromosom)

yd., y. = Yard; **yds.** = Yards

Yel|low|stone-Na|tio|nal|park [*jälo"ßto"n...*] *der; -[e]s* (Naturschutzgebiet in den USA)

Yen *der; -[s], -[s]* ⟨jap.⟩ (Währungs-

---

einheit in Japan; 1 Yen = 100 Sen; Abk.: ¥); 5 - (↑R 129)

Ye|ti *der; -s, -s* ⟨nepal.⟩ (legendärer Schneemensch im Himalajagebiet)

Ygg|dra|sil (nord. Mythol.: Weltesche, Weltbaum)

Yin *das; -[s]* ⟨chin.⟩ (weibl., empfangendes Prinzip in der chin. Philosophie)

Yip|pie [*jipi*] *der; -s, -s* ⟨amerik.⟩ (aktionistischer, ideologisch radikalisierter Hippie)

Ylang-Ylang-Öl [*ilang-ilang...*] *das; -[e]s* ⟨malai.; dt.⟩ (Öl eines trop. Baumes [als Duftstoff verwendet])

Y-Li|nie (↑R 37)

YMCA [*"ai äm ßi e'*] = Young Men's Christian Association [*jang mäns krißtj'n 'ßo"ßie'sch'n*] (Christlicher Verein Junger Männer)

Ymir (nord. Mythol.: Ahnherr der Reifriesen)

Yol|ga, Joga *der* u. *das; -[s]* ⟨sanskr.⟩ (ind. philos. System [mit körperlichen u. geistigen Übungen]); **Yol|ga|übung**

Yol|ghurt vgl. Joghurt

Yol|gi, Jolgi, Yol|gin, Jolgin *der; -s,* ⟨sanskr.⟩ (Anhänger des Yoga)

Yol|him|bin *das; -s* ⟨Bantuspr.⟩ (Alkaloid aus der Rinde eines westafrik. Baumes)

Yol|ko|ha|ma (Stadt in Japan)

Yonne [*jọn*] (l. Nebenfluß der Seine)

Yorck von War|ten|burg (preuß. Feldmarschall)

York (engl. Stadt u. Grafschaft)

Young|plan [*jang...*] ⟨nach dem amerik. Finanzmann Owen Young⟩; ↑R 135 (Plan zur Regelung der dt. Reparationen 1930 bis 1932)

Young|ster [*jangßt'r*] *der; -s, -[s]* ⟨engl.⟩ (junger Sportler)

Yo-Yo vgl. Jo-Jo

Ypern (belg. Stadt)

¹Yp|si|lon [*üpßilon*]; vgl. Y (Buchstabe); **²Yp|si|lon** *das; -[s], -s* ⟨griech. Buchstabe: Y, υ⟩; **³Yp|si|lon** *das; -s, -s u.* **Yp|si|lon|eu|le** *die; -, -n* (ein Nachtschmetterling)

Ysop [*isop*] *der; -s, -e* ⟨semit.⟩ (eine Heil- u. Gewürzpflanze)

Ytong ⟨Ⓦ⟩ *der; -s, -s* (dampfgehärteter Leichtkalkbeton)

Yt|ter|bi|um *das; -s* ⟨nach dem schwed. Ort Ytterby⟩ (chem. Grundstoff, seltene Erde; Zeichen: Yb); **Yt|ter|er|den** *Plur.* (seltene Erden, die hauptsächlich in den Erdmineralien von Ytterby vorkommen); **Yt|tri|um** *das; -s* (chem. Grundstoff, seltene Erde; Zeichen: Y)

Yu|an *der; -[s], -[s]* ⟨chin.⟩ (Wäh-

---

rungseinheit der Volksrepublik China); 5 - (↑R 129)

Yu|ca|tán [*jukatan*] vgl. Yukatan

Yuc|ca [*juka*] *die; -, -s* ⟨span.⟩ (Palmlilie)

Yu|ka|tan, (offz. Landesschreibung:) **Yu|ca|tán** [*jukatạn*] (mex. Halbinsel u. Staat)

¹Yu|kon *der; -* (nordamerik. Fluß); **²Yu|kon** (kanad. Territorium); **Yu|kon-Ter|ri|to|ri|um** *das; -s*

Yun, Isang (korean. Komponist)

Yup|pie [*jupi*] *der; -s, -s* ⟨amerik.⟩ (junger karrierebewußter, großstädtischer Mensch)

Yver|don [*iwärdọng*] (schweiz. Stadt)

Yvonne [*iwọn*] (w. Vorn.)

YWCA [*"ai dábl̠ju ßi e'*] = Young Women's Christian Association [*jang "imins krißtj'n 'ßo"ßie'sch'n*] (Christlicher Verein Junger Mädchen)

Z

Vgl. auch C und K

Z (Buchstabe); das Z; des Z, die Z, aber: das z in Gazelle (↑R 82); der Buchstabe Z, z; von A bis Z (vgl. A)

Z, ζ = Zeta

Z. = Zahl; Zeile

Za|ba|io|ne *die; -, -s* ⟨ital.⟩ (Weinschaumcreme)

Za|cha|ri|as (m. Vorn.); vgl. Sacharja

Za|chä|us (bibl. Eigenn.)

zack! zack, zack!; **Zack** *der,* in der Wendung: auf - sein (ugs. für: schnell, aufgeweckt, fähig sein); **Zäck|chen**, **Zäck|lein**; **Zacke¹** *die; -, -n* (Spitze); **zacken¹** (mit Zacken versehen); gezackt; **Zaken** *der; -s, -* (bes. südd., österr. Nebenform von: Zacke); **zacken|ar|tig¹**; **Zacken¹-kro|ne, ...li|nie**

zackern¹ (südwestd., westmitteld. für: „zu Acker fahren"; ackern); ich ...ere (↑R 22)

zackig¹ (ugs. auch für: schneidig); **Zäckig|keit¹** *die; -*; **Zäck|lein**, **Zäck|chen**; **zack, zack!**

zag (dicht. für: scheu)

Za|gel *der; -s, -* (mdal. für: Schwanz; Büschel)

za|gen (geh.); **zag|haft**; -este; **Zag|haf|tig|keit** *die; -*; **Zag|heit** *die; -*

Za|greb [*sagräp*] (Stadt in Jugoslawien)

zäh; zäher, am zäh[e]sten; **Zä|heit** *die; -*

---

¹ *Trenn.:* ...k|k...

die; - (↑ R 178); **zäh|flüs|sig; Zäh-flüs|sig|keit** *die;* -; **Zä|hig|keit** *die;* -

Zahl *die;* -, -en (Abk.: Z.); natürliche Zahlen (Math.); **Zahl|ad|jektiv; Zahl|ap|pa|rat;** zahl|bar zur [be]zahlen); **zähl|bar** (was gezählt werden kann); **Zähl|brett** **zäh|le|big** **zah|len;** er hat pünktlich gezahlt (häufig auch: bezahlt); Lehrgeld -; **zäh|len;** bis drei -; **Zah|len.an-ga|be,** ...fol|ge, ...ge|dächt|nis, ...lot|te|rie, ...lot|to; **zah|len|mä-ßig; Zah|len.ma|te|ri|al** *(das;* -s), ...my|stik, ...rei|he, ...schloß; **Zah|ler; Zäh|ler; Zahl|gren|ze; Zähl|kam|mer** (Glasplatte mit Netzeinteilung zum Zählen von Blutkörperchen); **Zahl.kar|te,** ...kell|ner; zahl|los; **Zähl|maß** (Kaufmannsspr.: Maßeinheit für zählbare Mengen, z. B. Dutzend); **Zahl|mei|ster; zahl|reich; Zähl|rohr** (Gerät zum Nachweis radioaktiver Strahlen); **Zahl.stel|le,** ...tag; **Zahl|lung;** - leisten (Kaufmannsspr.: zahlen); an -s Statt; **Zäh|lung; Zah|lungs-an|wei|sung,** ...auf|for|de|rung, ...auf|schub, ...be|din|gun|gen *Plur.,* ...be|fehl** (vgl. Mahnbescheid), ...bi|lanz, ...er|leich|te-rung; **zah|lungs|fä|hig; Zah-lungs.fä|hig|keit** *(die;* -), ...frist; **zah|lungs|kräf|tig** (ugs.); **Zah-lungs.mit|tel** *das,* ...ter|min (Zahlungsfrist); **zah|lungs|un|fä-hig; Zah|lungs.un|fä|hig|keit** *(die;* -), ...ver|kehr, ...ver|pflich-tung, ...wei|se; **Zähl|werk; Zahl-wort** *(Plur.* ...wörter), ...zei|chen **zahm;** ein -es Tier; **zähm|bar; Zähm|bar|keit** *die;* -; **zäh|men; Zahm|heit** *die;* -; **Zäh|mung**

Zahn *der;* -[e]s, Zähne; ein hohler -; künstliche Zähne; **Zahn.arzt,** ...ärz|tin; **zahn|ärzt|lich; Zahn-arzt|stuhl; Zahn.be|hand|lung,** ...bein (für: Dentin), ...be|lag, ...bett, ...bür|ste; **Zähn|chen,** Zähn|lein; **Zahn.creme,** ...durch-bruch** (für: Dentition); **zäh|ne-flet|schend;** ein zähnefletschender Hund (↑ R 209); **Zäh|ne|klap-pern** *das;* -s; **zäh|ne|klap|pernd** (↑ R 209); **zäh|ne|knir|schend** (↑ R 209); **zäh|neln** (selten für: zähnen); ich ...[e]le (↑ R 22); **zäh-nen** (Zähne bekommen); **zäh|nen** (mit Zähnen versehen); **Zahn.er-satz,** ...fäu|le, ...fi|stel; **Zahn-fleisch; Zahn|fleisch.blu|ten** *(das;* -s), ...ent|zün|dung; **Zahn-.füll|ung,** ...hals, ...heil|kun|de *(die;* -); **zah|nig** (selten für: mit Zähnen versehen), ...zah|nig, ...zäh|nig (z. B. scharfzähnig; scharfzähnig); **Zahn|klemp|ner** (ugs. scherzh. für: Zahnarzt);

zahn|krank; Zahn|laut; Zähn-lein, Zähn|chen; **zahn|los; Zahn-lo|sig|keit** *die;* -; **Zahn|lücke¹; zahn|lückig¹; Zahn.me|di|zin,** ...pa|sta, (auch:) ...pa|ste, ...pfle-ge, ...pul|ver, ...rad; **Zahn|rad-bahn; Zahn.schmelz,** ...schmerz, ...sei|de, ...span|ge, ...stein, ...sto-cher, ...tech|ni|ker, ...tech|ni|ke-rin; **Zäh|nung** (Philatelie); **Zahn-.wal,** ...weh *(das;* -s), ...wur|zel **Zäh|re** *die;* -, -n (veralt. dicht., noch mdal. für: Träne)

Zäh|rin|ger *der;* -s, - (Angehöriger eines südd. Fürstengeschlechtes)

Zähr|te (fachspr. für: ¹Zärte)

Zain *der;* -[e]s, -e (mdal. für: Zweig, Weidengerte; Metallstab; Rute; Jägerspr.: Schwanz des Dachses); **Zai|ne** *die;* -, -n (veralt., aber noch mdal. für: Flechtwerk, Korb); **zai|nen** (veralt., noch mdal. für: flechten)

Za|ire *[sair]* (Staat in Afrika); **Zai-rer; zai|risch** (↑ R 180)

Za|ko|pa|ne *[sakopan';* poln.: *sa-kopanä*] (polnischer Wintersportplatz, Luftkurort)

Zam|ba *[βamba]* *die;* -, -s (span.) (weibl. Nachkomme eines schwarzen u. eines indianischen Elternteils); **Zam|bo** *[βambo]* *der;* -s, -s (männl. Nachkomme eines schwarzen u. eines indianischen Elternteils)

Zam|pa|no *der;* -s, -s (nach einer Figur des ital. Films „La Strada") (prahlerischer Mann)

Zan|der *der;* -s, - (slaw.) (ein Fisch)

Za|nel|la *der;* -s, -s (ital.) (ein Gewebe)

Zan|ge *die;* -, -n; **Zän|gel|chen,** Zäng|lein; **Zan|gen|be|we|gung; zan|gen|för|mig; Zan|gen|ge-burt; Zäng|lein,** Zän|gel|chen

Zank *der;* -[e]s; **Zank|ap|fel** *der;* -s; **zan|ken; sich -; Zän|ker; Zan|ke|rei** (ugs. für: wiederholtes Zanken); **Zän|ke|rei** (meist *Plur.:* kleinlicher Streit); **zän-kisch; Zank|sucht** *die;* -; **zank-süch|tig**

Za|no|ge|ne|se *die;* -, -n (griech.) (Auftreten von Besonderheiten während der stammesgeschichtl. Entwicklung der Tiere); **za|no-ge|ne|tisch**

Zapf *der;* -[e]s, Zäpfe (seltene Nebenform von: Zapfen; südd. selten für: Ausschank); **¹Zäpf|chen** (Teil des weichen Gaumens); **²Zäpf|chen,** Zäpf|lein (kleiner Zapfen); **Zäpf|chen-R** (↑ R 37); **zäp|fen; Zapf|en** *der;* -s, -; **zap-fen|för|mig; Zapf|en|streich** (Militär: Abendsignal zur Rückkehr in die Unterkunft); der Große -

(↑ R 157); **Zap|fen|zie|her** (südwestd. u. schweiz. für: Korkzieher); **Zap|fer; Zapf|hahn; Zäpf-lein,** Zäpf|chen (kleiner Zapfen); **Zapf.säu|le** (bei Tankstellen), ...stel|le

za|po|nie|ren (mit Zaponlack überziehen); **Za|pon|lack** (farbloser Lack [als Metallschutz])

Zap|pe|ler, Zapp|ler; **zap|pe|lig,** zapp|lig; **zap|peln;** ich ...[e]le (↑ R 22); **Zap|pel|phil|ipp** *der;* -s, -e u. -s ⟨nach einer Figur aus einem Kinderbuch⟩ (zappeliges, unruhiges Kind)

zap|pen|du|ster (ugs. für: sehr dunkel; aussichtslos)

Zapp|ler, Zap|pe|ler; **Zapp|le|rin** *die;* -, -nen; **zapp|lig,** zap|pe|lig

Zar *der;* -en, -en (↑ R 197) ⟨lat.⟩ (ehem. Herrschertitel bei Russen, Serben, Bulgaren)

Za|ra|go|za *[*þaragoþa*]* (dt. auch:) Sa|ra|gos|sa (span. Stadt)

Za|ra|thu|stra (Neugestalter der altiran. Religion); vgl. Zoroaster

Za|ren.fa|mi|lie, ...reich; **Za|ren-tum** *das;* -s; **Za|re|witsch** *der;* -[e]s, -e (Sohn eines russ. Zaren; russ. Kronprinz); **Za|rew|na** *die;* -, -s (Tochter eines russ. Zaren)

Zar|ge *die;* -, -n (Handw.: Einfassung; Seitenwand)

Za|rin *die;* -, -nen; **Za|ris|mus** *der;* - (uneingeschränkte Zarenherrschaft); **za|ri|stisch**

zart; -er, -este; zartblau usw.; **zart|be|sai|tet;** *Steigerung:* zartbesaiteter, zartbesaitetste od.: zarter besaitet, zartest besaitet; **zart|bit|ter;** -e Schokolade **¹Zär|te** *die;* -, -n (slaw.) (ein Fisch); vgl. Zährte

²Zär|te *die;* - (veralt. für: Zartheit); **Zär|te|lei; zär|teln** (selten für: Zärtlichkeiten austauschen); ich ...[e]le (↑ R 22); **zart-fühlend;** -er, -ste; **Zart|ge|fühl** *das;* -[e]s; **Zart|heit; zärt|lich; Zärt|lich|keit; zart|ro|sa**

Za|sel, Za|ser *die;* -, -n (veralt., aber noch mdal. für: Faser); **Za-sel|chen,** Zä|ser|chen (nordd.); **Zä|ser|lein** (südd.); **za|se|rig** (veralt.); **za|sern** (veralt. für: fasern); ich ...ere (↑ R 22)

Zas|pel *die;* -, -n (mdal.; ein Garnmaß)

Za|ster *der;* -s ⟨sanskr.-zigeun.⟩ (ugs. für: Geld)

Zä|sur *die;* -, -en ⟨lat.⟩ (Versbau: Einschnitt [im Vers]; Musik: Ruhepunkt)

zat|schen, zät|schen (obersächs. für: krähen, kläglich tun); du ...schst (...schest)

Zä|tel|tracht *die;* - (mittelalterl. Kleidermode)

Zau|ber *der;* -s, -; **Zau|be|rei; Zau|be|rer,** Zaub|rer; **Zau|ber-**

---
¹ *Trenn.:* ...k|k...

.flö|te, ...for|mel; zau|ber|haft; -este; Zau|be|rin, Zaub|re|rin die; -, -nen; zau|be|risch; Zau|ber_ka|sten, ...kraft die; zau|ber|kräf|tig; Zau|ber_kunst, ...künst|ler, ...kunst|stück; zau|bern; ich ...ere (↑R 22); Zau|ber_nuß (Hamamelis), ...spruch, ...stab, ...trank, ...wort (Plur. ...worte); Zaub|rer, Zau|be|rer; Zaub|re|rin vgl. Zauberin

Zau|che die; -, -n (veralt., aber noch mdal. für: Hündin; liederliches Frauenzimmer)

zau|de|rei; Zau|de|rer, Zaud|rer; Zau|de|rin, Zaud|re|rin die; -, -nen; zau|dern; ich ...ere (↑R 22); (↑R 68:) da hilft kein Zaudern; Zaud|rer, Zau|de|rer; Zaud|re|rin vgl. Zauderin

Zaum der; -[e]s, Zäume (Kopflederzeug für Zug- u. Reittiere); im - halten; Zäum|chen, Zäum|lein; Zäu|mung; Zau|mzeug

Zaun der; -[e]s, Zäune; Zäun|chen, Zäun|lein; zaun|dürr (österr. ugs. für: sehr mager); Zaun|ei|dech|se; zäu|nen (einzäunen); Zaun_gast (Plur. ...gäste), ...kö|nig (ein Vogel); Zäun|lein, Zäun|chen; Zaun|pfahl; mit dem - winken (ugs. für: recht deutlich werden); Zaun_re|be (Name einiger Pflanzen, bes. des Waldnachtschattens), ...schlüp|fer (südd. u. rhein. für: Zaunkönig)

zau|pe die; -, -n (süd- u. westmitteld. für: Hündin; liederliches Frauenzimmer)

au|sen; du zaust (zausest); er zauste; zau|sig (österr. für: zerzaust); -e Haare

Zä|zi|lie vgl. Cäcilie

. B. = zum Beispiel

. b. V. = zur besonderen Verwendung

. D. = zur Disposition

. d. A. = zu den Akten (erledigt)

ZDF = Zweites Deutsches Fernsehen

. E. = zum Exempel

Zea die; - ⟨griech.⟩ (Bot.: Mais)

Ze|ba|oth, (ökum.:) Ze|ba|ot Plur. ⟨hebr.⟩ („himmlische Heerscharen") ; der Herr - (alttest. Bez. Gottes)

Ze|be|dä|us (bibl. Eigenn.)

Ze|bra die; -s, -s ⟨afrik.⟩ (gestreiftes südafrik. Wildpferd); ze|bra|ar|tig; Ze|bra|strei|fen (Kennzeichen einer Fußgängerüberwegen); Ze|bro|id das; -[e]s, -e ⟨afrik.; griech.⟩ (Kreuzung aus Zebra und Pferd)

Ze|bu der od. das; -s, -s ⟨tibet.⟩ (asiat. Buckelrind)

Zech|bru|der; Ze|che die; -, -n; die - prellen; ze|chen; Ze|chen|stille|gung [Trenn.: ...still|le..., ↑R 204];

Ze|cher; Ze|che|rei; Zech|ge|la|ge

Ze|chi|ne die; -, - ⟨ital.⟩ (alte venezian. Goldmünze)

Zech_kum|pan, ...prel|ler; Zech|prel|le|rei

Zech|stein der; -[e]s (Geol.: Abteilung des Perms)

Zech|tour

¹Zeck der od. das; -[e]s (landsch.: ein Kinderspiel [Haschen])

²Zeck der; -[e]s, -e (südd. u. österr. [Trenn.: Zek|ke] (Spinnentier)

ze|cken [Trenn.: zek|ken] (landsch. für: ¹Zeck spielen; mdal. für: necken, reizen); necken u. -; Zeck|spiel das; -[e]s

Ze|de|kia, (ökum.:) Zid|ki|ja (bibl. Eigenn.)

Ze|dent der; -en, -en (↑R 197) ⟨lat.⟩ (Gläubiger, der seine Forderung an einen Dritten abtritt)

Ze|der die; -, -n ⟨griech.⟩ (immergrüner Nadelbaum); ze|dern (aus Zedernholz); Ze|dern|holz

ze|die|ren ⟨lat.⟩ (eine Forderung an einen Dritten abtreten)

Ze|dre|la|holz ⟨span.; dt.⟩ (Holz des westind. Zedrelabaums)

Ze|e|se die; -, -n (Schleppnetz [der Ostseefischer])

Zel|fan|ja vgl. Zephanja

Zeh die; -, -n, (auch:) Zeh der; -s, -en; die kleine, große Zehe, der kleine, große Zeh; Zeh_en|gän|ger (Gruppe der Säugetiere), ...na|gel, ...spit|ze, ...stand; ...ze|her (z. B. Paarzeher); ...ze|hig (z. B. fünfzehig; mit Ziffer: 5zehig; ↑R 212)

zehn; wir sind zu zehnen od. zu zehnt; sich alle zehn Finger nach etwas lecken (ugs. für: sehr begierig auf etwas sein); ↑R 157: die Zehn Gebote; vgl. acht; Zehn die; -, -en (Zahl) vgl. ¹Acht; Zehn|eck; zehn|eckig [Trenn.: ...ek|kig]; zehn|ein|halb, zehn|und|ein|halb; Zehn|en|der (Jägerspr.); Zeh|ner (ugs. auch für: Zehnpfennigstück); vgl. Achter; Zeh|ner_bruch, Zeh|ner_jau|se (österr. ugs. für: Gabelfrühstück); Zeh|ner_kar|te (↑R 212); zeh|ner|lei; auf - Art; Zeh|ner_packung [Trenn.: ...pak-kung], ...stel|le; zehn|fach; vgl. achtfach; Zehn|fa|che das; -n; vgl. Achtfache; Zehn_fin|ger-Blind_schrei|be|me|tho|de, ...schreib|me|tho|de die; -; Zehn_fin|ger|sy|stem das; -s; Zehn_flach das; -[e]s, -e, Zehn|fläch|ner (für: Dekaeder); Zehn|fuß|krebs (für: Dekapode); Zehn_jah|res_feier, ...jahr|fei|er; Zehn|jah|res|plan (mit Ziffern: 10-Jahres-Plan; ↑R 43 u. ²Plan); zehn|jäh|rig; vgl. achtjährig; Zehn_kampf, ...kämp|fer; zehn|mal;

---

vgl. achtmal; zehn|ma|lig; Zehn_mark|schein (↑R 43); Zehn_me|ter|brett (mit Ziffern: 10-Meter-Brett; od. 10-m-Brett); ↑R 43; Zehn|pfen|nig_brief|mar|ke, ...stück (↑R 43); zehnt; vgl. zehn; Zehnt, Zehn|te der; ...ten, ...ten (früher: [Steuer]abgabe); den Zehnten fordern, geben; zehn_tau|send; die oberen Zehntausend (↑R 66); vgl. tausend; zehn|te; vgl. achte u. Muse; Zehn|te (in zehn Teile zerlegen); ich ...[e]le (↑R 22); Zehn|tel_gramm, ...se|kun|de; zehn|ten (urspr.: den zehnten Mann hinrichten; den Zehnten fordern, geben); zehn|tens; Zehn|ton|ner (mit Ziffer: 10tonner; ↑R 212); Zehnt_recht das; -[e]s; zehn_[und]ein_halb

zeh|ren; Zehr_geld, ...pfen|nig; Zeh|rung

Zei|chen das; -s, -; - setzen; Zei|chen_block (vgl. Block), ...brett, ...fe|der, ...film, ...heft, ...leh|rer, ...pa|pier, ...saal, ...schutz (für: Warenzeichen), ...set|zung (die; -; für: Interpunktion), ...spra|che, ...stift der, ...stun|de, ...trick|film, ...un|ter|richt; zeich|nen; Zeich|nen das; -s; Zeich|ner; Zeich|ne|rin die; -, -nen; zeich|ne|risch; Zeich|nung; zeich|nungs|be|rech|tigt; Zeich|nungs|be|rech|ti|gung

Zei|del|mei|ster (veralt. für: Bienenzüchter); zei|deln (veralt. für: Honigwaben ausschneiden); ich ...[e]le (↑R 22); Zeid|ler (veralt. für: Bienenzüchter); Zeid|le|rei (veralt. für: Bienenzucht)

Zei|ge_fin|ger, (schweiz. auch:) Zeig|fin|ger; zei|gen; etwas -; sich [großzügig] -; Zei|ger; Zei|ge|stock (Plur. ...stöcke); Zeig_fin|ger vgl. Zeigefinger

zei|hen (geh.); du zeihst; du ziehest; geziehen; zeih[e]!

Zei|le die; -, -n (Abk.: Z.); Zei|len_ab|stand, ...gieß|ma|schi|ne od. ...guß|ma|schi|ne, ...ho|no|rar, ...län|ge, ...maß das, ...schal|ter (an der Schreibmaschine), ...sprung (Versl.); zei|len|wei|se; ...zei|ler (z. B. Zweizeiler, mit Ziffer: 2zeiler; ↑R 212); ...zei|lig (z. B. sechszeilig, mit Ziffer: 6zeilig; ↑R 212)

Zei|ne die; -, -n (schweiz. für: großer Korb mit zwei Griffen, z. B. für Wäsche); die Zaine

Zeis|chen, Zeis|lein (kleiner Zeisig)

Zei|sel|bär (mdal. für: Tanzbär); ¹zei|seln (eilen, geschäftig sein); ich ...[e]le (↑R 22)

²zei|seln (schwäb. für: anlocken);
ich ...[e]le (↑R 22)
Zei|sel|wa|gen (zu: ¹zeiseln) (mdal.
für: Leiterwagen)
zei|sen (bayr. für: Verworrenes
auseinanderzupfen); du zeist
(zeisest); er zei|ste
Zei|sig der; -s, -e ⟨tschech.⟩ (ein
Vogel); **Zei|sig|fut|ter**; vgl. ¹Fut-
ter; **zei|sig|grün**
Zei|sing der; -s, -e (Seemannsspr.
für: Segeltuchstreifen, Tauende)
Zeis|lein vgl. Zeischen
Zeiss (Familienn.; Ⓦ): opt. u. fotogr. Erzeugnisse); **Zeisssche** Er-
zeugnisse; **Zeiss|glas** (Plur. ...glä-
ser; ↑R 135)
zeit; mit Gen.: - meines Lebens;
Zeit die; -, -en; zu meiner, seiner,
uns[e]rer -; zu aller Zeit (aber:
all[e]zeit); zur Zeit (Abk.: z.Z.,
z.Zt.); vgl. zurzeit; auf Zeit
(Abk.: a.Z.); eine Zeitlang,
aber: einige, eine kurze Zeit
lang; es ist an der Zeit; von Zeit
zu Zeit; Zeit haben; beizeiten;
vorzeiten; zuzeiten (bisweilen),
aber: zu der Zeit, zu Zeiten
Karls d.Gr.; jederzeit, aber: zu
jeder Zeit; derzeit; seinerzeit
(Abk.: s.Z.), aber: alles zu seiner Zeit; zeitlebens; (Sportspr.:)
auf Zeit spielen; **Zeit.ab|schnitt,
...al|ter, ...an|ga|be** (Sprachw.:
Umstandsangabe der Zeit), **...an-
sa|ge** (Rundfunk), **...ar|beit,
...auf|nah|me** (Fotografie), **...auf-
wand, ...bom|be, ...druck** (der;
-[e]s), **...ein|heit; Zei|ten.fol|ge**
(die; -; für: Consecutio tempo-
rum), **...wen|de** od. **Zeit|wen|de;
Zeit.er|spar|nis, ...fah|ren** (das;
-s; Sportspr.), **...feh|ler** (Reit-
sport), **...form** (für: Tempus),
**...fra|ge; zeit|fremd; zeit|ge|bun-
den; Zeit.ge|fühl, ...geist** (der;
-[e]s); **zeit|ge|mäß; Zeit|ge|nos-
se; zeit|ge|nös|sisch; zeit|ge|recht**
(österr. neben: rechtzeitig); **Zeit-
.ge|schäft** (Kaufmannsspr.),
...ge|sche|hen, ...ge|schich|te (die;
-), **...ge|schmack, ...ge|winn; zeit-
gleich; zeit|her** (veralt., aber
noch mdal. für: seither, bisher);
zeit|he|rig (veralt., aber noch
mdal.); **zei|tig; zei|ti|gen** (hervor-
bringen); Erfolge -; **Zeit|kar|te;
zeit|kri|tisch; Zeit|lang** die, nur
in: eine Zeitlang, aber: einige
Zeit lang, eine kurze Zeit lang;
Zeit|lauf der; -[e]s, ...läufte od.
...läufe (meist Plur.); **Zeit|läuf|te**
(Plur. von: Zeitlauf); **zeit|le-
bens; zeit|lich** (österr. ugs. auch
für: zeitig, früh); das Zeitliche
(↑R 65) segnen (sterben); **Zeit-
lich|keit** die; - (Leben auf Erden,
irdische Vergänglichkeit); **Zeit-
lohn; zeit|los; Zeit|lo|se** die; -, -n
(Pflanze [meist für: Herbstzeitlo-

se]); **Zeit.lu|pe** (die; -), **...lu|pen-
tem|po** (das; -s), **...man|gel,
...maß** das, **...mes|ser** (der; veralt.
für: Uhr); **Zeit|mes|sung; zeit-
.nah, ...na|he; Zeit.neh|mer**
(Sportspr.), **...not** (die; -), **...per-
so|nal, ...punkt, ...raf|fer** (Film);
zeit|rau|bend (↑R 209); **Zeit-
.raum, ...rech|nung; zeit|schnell**
(Sportspr.); die -sten Läufer;
**Zeit|schrift; Zeit|schrif|ten.auf-
satz, ...ver|le|ger; Zeit.sinn** (der;
-[e]s), **...span|ne; zeit|spa|rend**
(↑R 209); **Zeit|sprin|gen** (Pferde-
sport); **Zeit.ta|fel, ...takt** (Fern-
sprechwesen); **Zei|tung; Zei-
tung|le|sen** das; -s; **Zei|tungs.ab-
la|ge, ...an|non|ce, ...an|zei|ge,
...ar|ti|kel, ...aus|schnitt, ...be-
richt, ...en|te, ...frau, ...in|se|rat,
...ki|osk, ...kor|re|spon|dent,
...le|ser, ...mel|dung, ...no|tiz,
...pa|pier, ...ro|man, ...trä|ger,
...ver|käu|fer, ...ver|lag, ...we|sen,
...wis|sen|schaft; zeit|ver|geu-
dend** (↑R 209); **Zeit.ver|geu-
dung, ...ver|lust, ...ver|schwen-
dung; zeit|ver|setzt**; eine -e Fern-
sehübertragung; **Zeit|ver|treib**
(der; -[e]s, -e); **zeit|wei|lig, ...wei-
se; Zeit.wen|de** od. **Zei|ten|wen-
de, ...wert, ...wort** (Plur. ...wör-
ter), **...wort|form; zeit|wört|lich**
Zeitz (Stadt im Bezirk Halle)
Zeit|zei|chen
Zeit|zer (↑R 147)
Zeit|zün|der
Zel|le|brant der; -en, -en (↑R 197)
(lat.) (die Messe lesender Prie-
ster); **Zel|le|bra|ti|on** [...zion] die;
-, -en (Feier [des Meßopfers]);
zel|le|brie|ren (feierlich begehen;
die Messe lesen); **Zel|le|bri|tät**
die; -, -en (selten für: Berühmt-
heit)
Zel|ge die; -, -n (südd. für: [be-
stelltes] Feld, Flurstück)
Zell (Name mehrerer Städte)
Zel|la-Meh|lis; ↑R 154 (Stadt im
Thüringer Wald)
Zell|at|mung die; -; **Zel|le** die; -, -n
⟨lat.⟩; **Zel|lehre** [Trenn.: Zell|leh-
re, ↑R 204], **Zel|llen|leh|re** die; -
(für: Zytologie); **Zel|leib** [Trenn.:
Zell|leib, ↑R 204]; **Zel|len|bil-
dung; zel|len|för|mig; Zel|len|ge-
we|be, Zell|ge|we|be; Zel|len-
.leh|re** (vgl. Zellehre), **...schmelz**
Zel|ler der; -s (österr. ugs. für: Sel-
lerie)
**Zell|ge|we|be, Zel|len|ge|we|be;
Zel|llge|webs|ent|zün|dung; Zell-
glas** das; -es (eine Folie); **zel|lig;
Zell.kern, ...mem|bran; Zel|loi-
din|pa|pier** [...o-i...] (↑R 180)
⟨lat.; griech.⟩ (Kollodium-
schichtträger für Bromsilber für
fotogr. Filmen); **Zel|llo|phan** vgl.
Cellophan; **Zell|stoff** (Zellulo-
se); **Zell|stoffa|brik** die; -, -en

[Trenn.: ...stoff|fa..., ↑R 204]
Zell|tei|lung; zel|lu|lar ⟨lat.⟩ (au
Zellen gebildet); **Zel|lu|lar|pa
tho|lo|gie** (Auffassung vor
Krankheiten als Störungen der
normalen Zellebens); **Zel|lu|li
tis** die; -, ...itiden (Entzündun
des Zellgewebes); **Zel|lu|lo|id**
(chem. fachspr.:) **Cel|lu|lo|i-**
[meist: ...leut] das; -[e]s ⟨lat.
griech.⟩ (Kunststoff, Zellhorn)
Zel|lu|lo|se, (chem. fachspr.:
Cel|lu|lo|se die; -, -n (lat.
(Hauptbestandteil pflanzl. Zell
wände; Zellstoff); **Zel|lwol|l**
die; -
Ze|lot der; -en, -en (↑R 197
⟨griech.⟩ ([Glaubens]eiferer); **ze
lo|tisch** [glaubens]eifrig); **Ze|lo
tis|mus** der; -
¹**Zelt** der; -[e]s (wiegende Gangar
von Pferden)
²**Zelt** das; -[e]s, -e; **Zelt|bahn
Zelt|bla|che** (schweiz. für: Zelt
bahn); **Zelt|blatt** (österr. für
Zeltbahn); **Zel|te** der; -n, -
(↑R 197) u. **Zel|ten** der; -s,
(südd., österr. für: kleiner, fla
cher [Leb]kuchen); **zel|ten** (ir
Zelten übernachten, wohnen)
gezeltet; ¹**Zel|ter** (selten für
Zeltler)
²**Zel|ter** der; -s, - (auf Paßgan
abgerichtetes Damenreitpferd)
Zelt|gang der (Paßgang)
Zelt.he|ring, ...la|ger (Plur. ...la
ger); **Zelt|lein|wand; Zelt|le**
(jmd., der zeltet)
Zelt|li das; -s, - (schweiz. mdal
für: Bonbon)
Zelt.mast der, **...mis|si|on
...pflock, ...pla|ne, ...platz
...stock** (Plur. ...stöcke), **...wan**
Ze|ment der (für: Zahnbestand
teil: das); -[e]s, -e ⟨lat.⟩ (Binde
mittel; Baustoff; Bestandteil der
Zähne); **Ze|men|ta|ti|on** [...zion
die; -, -en (Härtung der Stah
oberfläche; Abscheidung vor
Metallen aus Lösungen); **Ze
ment.bo|den, ...dach; ze|men|tie
ren** (mit Zement ausfüllen, ver
putzen; eine Zementation durch
führen; übertr. für: [einen Zu
stand, Standpunkt u. dgl.] starr u
unverrückbar festlegen); **Ze
men|tie|rung; Ze|ment.röh|re
...sack, ...si|lo**
Zen [sän] das; -[s] (jap. Richtun,
des Buddhismus)
Ze|ner|di|o|de (nach dem Physike
C. Zener) (eine Halbleiterdiode
Ze|nit der; -[e]s ⟨arab.⟩ (Scheitel
punkt [des Himmels]); **Ze|ni
höhle**
Ze|no[n] (Name zweier altgriech
Philosophen; byzant. Kaiser)
Ze|no|taph vgl. Kenotaph
zen|sie|ren ⟨lat.⟩ (benoten; [auf un
erlaubte Inhalte] prüfen); **Zen**

          zerfließen

sie|rung; Zen|sor *der;* -s, ...oren (altröm. Beamter; Beurteiler, Prüfer); zen|so|risch (den Zensor betreffend); Zen|sur *die;* -, -en (behördl. Prüfung [und Verbot] von Druckschriften u. a. [nur *Sing.*]; [Schul]zeugnis, Note); zen|su|rie|ren (österr. für: prüfen, beurteilen); Zen|sus *der;* -, - (Schätzung; Volkszählung) Zent *die;* -, -en ‹lat.› („Hundertschaft"; germ. Gerichtsverband) Zen|taur *der;* -en, -en (↑ R 197) ‹griech.› (Wesen der griech. Sage: halb Pferd, halb Mensch) Zen|te|nar *der;* -s, -e ‹lat.› (Hundertjähriger); Zen|te|nar_aus|ga|be, ...fei|er; Zen|te|na|ri|um *das;* -s, ...ien [...i⁽ᵉ⁾n] (Hundertjahrfeier); zen|te|si|mal (hundertteilig); Zen|te|si|mal|waa|ge; zent|frei (dem Hundertschaftsgericht nicht unterworfen); Zent_ge|richt, ...graf; Zen|ti... (Hundertstel...; ein Hundertstel einer Einheit, z. B. Zentimeter = 10⁻² Meter; Zeichen: c); Zen|ti|fo|lie [...i⁽ᵉ⁾] *die;* -, -n (eine Rosenart); Zen|ti|grad¹, ...gramm¹ (¹/₁₀₀ g; Zeichen: cg), ...li|ter¹ (¹/₁₀₀ l; Zeichen: cl), ...me|ter¹ (Zeichen: cm); Zen|ti|me|ter|maß *das;* Zent|ner *der;* -s, - (100 Pfund = 50 kg; Abk.: Ztr.; Österreich u. Schweiz: 100 kg [Meterzentner], Zeichen: q); Zent|ner_ge|wicht, ...last; zent|ner_schwer, ...wei|se zen|tral ‹griech.› (in der Mitte; im Mittelpunkt befindlich, von ihm ausgehend; Mittel..., Haupt..., Gesamt...); Zen|tral|afri|ka; Zen|tral|afri|ka|ner; zen|tral|afri|ka|nisch, aber (↑ R 157): die Zentralafrikanische Republik; Zen|tral|ame|ri|ka (festländischer Teil Mittelamerikas); Zen|tral_bank (*Plur.* ...banken), ...be|hör|de (oberste Behörde); Zen|tra|le *die;* -, -n (zentrale Stelle; Geometrie: Mittelpunktslinie; Hauptort, -geschäft, -stelle; Fernsprechvermittlung [in einem Großbetrieb]; Zen|tral_fi|gur, ...flug|ha|fen (Flugw.: Flughafen, der nach allen Flugrichtungen offen ist und allen Fluggesellschaften dient), ...ge|walt, ...hei|zung (Sammelheizung); Zen|tra|li|sa|ti|on [...zion] *die;* -, -en ‹franz.› (Zentralisierung); zen|tra|li|sie|ren (zusammenziehen, in einem [Mittel]punkt vereinigen); Zen|tra|li|sie|rung (Zusammenziehung, Vereinigung in einem [Mittel]punkt); Zen|tra|lis|mus *der;* - ‹griech.› (Streben nach Zusammenziehung [der Verwaltung u. a.]); zen|tra|li-

stisch (nach Zusammenziehung strebend; vom Mittelpunkt, von den Zentralbehörden aus bestimmt); Zen|tra|li|tät *die;*- (Mittelpunktslage von Orten); Zen|tral_ko|mi|tee (oberstes Organ der kommunist. u. mancher sozialist. Parteien; Abk.: ZK), ...kraft (*die;* Physik), ...ner|ven|sy|stem, ...or|gan, ...per|spek|ti|ve, ...pla|teau (*das;*-s; in Frankreich), ...pro|blem, ...stel|le, ...ver|band, ...ver|wal|tung; zen|trie|ren (auf die Mitte einstellen); sich -; Zen|trie|rung; Zen|trier|vor|rich|tung; zen|tri|fu|gal ‹griech.; lat.› (vom Mittelpunkt wegstrebend); Zen|tri|fu|gal-_kraft *die,* ...pum|pe (Schleuderpumpe); Zen|tri|fu|ge *die;* -, -n (Schleudergerät zur Trennung von Flüssigkeiten); zen|tri|fu|gie|ren (mit Hilfe der Zentrifuge zerlegen); zen|tri|pe|tal (zum Mittelpunkt hinstrebend); Zen|tri|pe|tal|kraft *die;* zen|trisch ‹griech.› (im Mittelpunkt befindlich, mittig); Zen|tri|win|kel (Mittelpunktswinkel); Zen|trum *das;* -s, ...tren (Mittelpunkt; Innenstadt [postal. Zeichen: C]; Haupt-, Sammelstelle; nur *Sing.:* kath. Partei des Bismarckreiches u. der Weimarer Republik); Zen|trums|par|tei *die;* - Zen|tu|rie [...i⁽ᵉ⁾] *die;* -, -n ‹lat.› (altröm. Soldatenabteilung von 100 Mann); Zen|tu|rio *der;* -s, ...onen (Befehlshaber einer Zenturie) Zen|zi (Kurzform von: Vinzentia u. Kreszentia) Zeo|lith *der;* -s u. -en, -e[n] (↑ R 197) ‹griech.› (ein Mineral) Zelphan|ja, (ökum.:) Zelfan|ja (bibl. Prophet) Ze|phir (österr. nur so), Ze|phyr *der;* -s, -e (österr.: ...ire) ‹griech.› (ein Baumwollgewebe; veralt. dicht., nur *Sing.:* milder Wind); ze|phi|risch (österr. nur so), ze|phy|risch (veralt. dicht. für: säuselnd, lieblich, sanft); Ze|phir_wol|le, Ze|phyr|wol|le ¹Zep|pe|lin (Familienn.); ²Zep|pe|lin *der;* -s, -e (Luftschiff); Zep|pe|lin|luft|schiff (↑ R 135) Zep|ter *das* (seltener: *der;*) -s, - ‹griech.› (Herrscherstab) zer... (Vorsilbe von Verben, z. B. zerbröckeln, du zerbröckelst, zerbröckelt, zu zerbröckeln) Ze|rat *das;* -[e]s, -e ‹lat.› (Wachssalbe) Zer|be vgl. Zirbe zer|bei|ßen zer|ber|sten Zer|be|rus *der;*-, -se ‹griech. Sage: der den Eingang der Unterwelt bewachende Hund; scherzh. für: grimmiger Wächter)

zer|beu|len
zer|bom|ben
zer|bre|chen; zer|brech|lich; Zer|brech|lich|keit *die;*-
zer|bröckeln [*Trenn.:* ...brök|keln]; Zer|bröcke|lung [*Trenn.:* ...brök-ke...], Zer|bröck|lung
Zerbst (Stadt in Anhalt); Zerb|ster (↑ R 147)
zer|deh|nen
zer|dep|pern (ugs. für: [durch Werfen] zerstören); ich ...ere (↑ R 22)
zer|drücken [*Trenn.:* ...drük|ken]
Ze|rea|lie [...i⁽ᵉ⁾] *die;* -, ...ien [...i⁽ᵉ⁾n] (meist *Plur.*); ↑ R 180 ‹lat.› (Getreide; Feldfrucht)
Ze|re|bel|lum, (med. fachspr.:) Ce|re|bel|lum [ze...] *das;*-s, ...bel-la ‹lat.› (Kleinhirn); ze|re|bral (das Zerebrum betreffend; Gehirn...); Ze|re|bral *der;* -s, -e (Sprachw.: mit der Zungenspitze am Gaumen gebildeter Laut); ze|re|bro|spi|nal (Med.: Hirn u. Rückenmark betreffend); Ze|re|brum, (med. fachspr.:) Ce|re|brum [ze...] *das;* -s, ...bra (Großhirn, Gehirn)
Ze|re|mo|nie [auch, österr. nur: ...mo|ni⁽ᵉ⁾] *die;*-, ...ien [auch: ...mo|ni⁽ᵉ⁾n] ‹lat.› (feierl. Handlung; Förmlichkeit); ze|re|mo|ni|ell (feierlich; förmlich, gemessen; steif, umständlich); Ze|re|mo|ni|ell *das;*-s, -e ([Vorschrift für] feierliche Handlungen); Ze|re|mo|ni|en|mei|ster [...i⁽ᵉ⁾n...]; ze|re|mo|ni|ös; -este (steif, förmlich)
Ze|re|sin *das;* -s ‹lat.› (gebleichtes Erdwachs aus hochmolekularen Kohlenwasserstoffen)
Ze|re|vis [...wiß] *das;* -, - ‹kelt.› (Studentenspr. veralt. für: Bier; Käppchen der Verbindungsstudenten)
¹zer|fah|ren; die Wege sind -; ²zer|fah|ren (verwirrt; gedankenlos); Zer|fah|ren|heit *die;*-
Zer|fall *der;* -[e]s, ...fälle (Zusammenbruch, Zerstörung [nur *Sing.*]; Atomphysik: spontane Spaltung des Atomkerns); zer|fal|len; die Mauer ist sehr -; sie ist mit der ganzen Welt - (nichts ist ihr recht); Zer|falls_er|schei|nung, ...pro|dukt, ...stoff (meist *Plur.*)
zer|fa|sern
zer|fet|zen; Zer|fet|zung
zer|flat|tern
zer|fled|dern vgl. zerfledern; zer|fle|dern (ugs.: durch häufigen Gebrauch [an den Rändern] abnutzen, zerfetzen [von Büchern, Zeitungen o. ä.]); ich ...ere (↑ R 22)
zer|flei|schen (zerreißen); du zerfleischst (zerfleischest); Zer|flei|schung
zer|flie|ßen

zer|fran|sen
zer|fres|sen
zer|furcht; -este; eine -e Stirn
zer|ge|hen
zer|gen (mitteld. u. nordostd. für:
necken)
zer|glie|dern; Zer|glie|de|rung
zer|grü|beln; ich zergrübelte mir
den Kopf
zer|hacken [*Trenn.:* ...hak|ken]
zer|hau|en
zer|kau|en
zer|klei|nern; ich ...ere (↑R 22);
Zer|klei|ne|rung die; -; Zer|klei-
ne|rungs|ma|schi|ne
zer|klüf|tet; -es Gestein; Zer|klüf-
tung
zer|knal|len
zer|knäu|len (ugs.)
zer|knaut|schen
zer|knirscht; -este; ein -er Sünder;
Zer|knirscht|heit die; -; Zer|knir-
schung die; -
zer|knit|tern; zer|knit|tert; nach
der Strafpredigt war er ganz -
(ugs. für: gedrückt)
zer|knül|len
zer|ko|chen
zer|kör|nen (für: granulieren
[Technik])
zer|krat|zen
zer|krü|meln
zer|las|sen; -e Butter
zer|lau|fen
zer|leg|bar; zer|le|gen; Zer|leg-
spiel; Zer|le|gung
zer|le|sen; ein zerlesenes Buch
zer|lö|chern
zer|lumpt; -este (ugs.); -e Kleider
zer|mah|len
zer|mal|men; Zer|mal|mung
zer|man|schen (ugs. für: völlig zer-
drücken, zerquetschen)
zer|mar|tern, sich; ich habe mir
den Kopf zermartert
Zer|matt (schweiz. Kurort)
zer|mür|ben; zer|mürbt; -es Le-
der; Zer|mür|bung
zer|na|gen
zer|nepft; -este (ostösterr. mdal.
für: zerzaust, verwahrlost)
zer|nich|ten (veralt. für: vernich-
ten)
zer|nie|ren (veralt. für: durch
Truppen einschließen)
Ze|ro [*sero*] die; -, -s od. das; -s, -s
⟨arab.⟩ (Null, Nichts; im Roulett:
Gewinnfeld des Bankhalters)
Ze|ro|graph der; -en, -en (↑R 197)
⟨griech.⟩ (die Zerographie Aus-
übender); Ze|ro|gra|phie die; -,
...ien (Wachsgravierung); Ze|ro-
pla|stik (Wachsbildnerei); Ze|ro-
tin|säu|re die; - (Bestandteil des
Bienenwachses)
zer|pflücken [*Trenn.:* ...pflük|ken]
zer|plat|zen
zer|pul|vern (für: pulverisieren)
zer|quält; ein -es Gesicht
zer|quet|schen; Zer|quet|schung

zer|rau|fen
Zerr|bild
zer|rei|den
zer|reib|bar; zer|rei|ben; Zer|rei-
bung
zer|rei|ßen; sich -; zer|reiß|fest;
Zer|reiß|pro|be; Zer|rei|ßung
zer|ren; Zer|re|rei
zer|rin|nen
zer|ris|sen; ein -es Herz; Zer|ris-
sen|heit die; -
Zerr|spie|gel; Zer|rung
zer|rup|fen
zer|rüt|ten (zerstören); zer|rüt|tet;
eine -e Ehe; Zer|rüt|tung
zer|sä|gen
zer|schel|len (zerbrechen); zer-
schellt; Zer|schel|lung
zer|schie|ßen
zer|schla|gen; sich -; alle Glieder
sind mir wie -; Zer|schla|gen|heit
die; -; Zer|schla|gung
zer|schlei|ßen
zer|schlit|zen
zer|schmei|ßen
zer|schmet|tern; zer|schmet|tert;
-e Glieder; Zer|schmet|te|rung
zer|schnei|den; Zer|schnei|dung
zer|schrammt; -e Hände
zer|schrün|det ([völlig] von
Schrunden, Rissen zerfurcht);
ein -es Gletscherfeld
zer|schun|den; seine Haut war
ganz -
zer|set|zen; Zer|set|zung; Zer|set-
zungs_er|schei|nung, ...pro|dukt,
...pro|zeß
zer|sie|deln ([die Natur] durch
Siedlungen zerstören)
zer|sin|gen (den ursprüngl. Wort-
laut eines Volksliedes durch un-
genaue Überlieferung ändern)
zer|spal|ten; zerspalten u. zerspal-
tet; vgl. spalten; Zer|spal|tung
zer|spa|nen; Zer|spa|nung
zer|spei|len ([völlig] [auf]spalten)
zer|spel|len (veralt. für: [völlig]
spalten)
zer|splei|ßen (veralt. für: [völlig]
[auf]spalten)
zer|split|tern (in Splitter zerschla-
gen; in Splitter zerfallen); sich -
(sich vielen Dingen widmen, daher nichts Rechtes erreichen);
Zer|split|te|rung
zer|sprat|zen (Geol.: sich aufblä-
hen u. zerbersten [von glühenden
Gesteinen])
zer|spren|gen; Zer|spren|gung
zer|sprin|gen
zer|stamp|fen
zer|stäu|ben; Zer|stäu|ber (Gerät
zum Versprühen von Flüssigkei-
ten); Zer|stäu|bung
zer|ste|chen
zer|stie|ben
zer|stör|bar; zer|stö|ren; Zer|stö-
rer; zer|stö|re|risch; Zer|stö-
rung; Zer|stö|rungs_trieb, ...wut
zer|sto|ßen

zer|strah|len; Zer|strahl|lung
zer|strei|ten, sich
zer|streu|en; sich - (sich leicht un-
terhalten, ablenken, erholen);
zer|streut; -este; ein -er Profes-
sor; -es (diffuses) Licht; Zer-
streut|heit; Zer|streu|ung; Zer-
streu|ungs|lin|se (Optik)
zer|stückeln [*Trenn.:* ...stük|keln];
Zer|stücke|lung [*Trenn.:* ...stük-
ke...], Zer|stück|lung
zer|talt (durch Täler stark geglie-
dert); ein -es Gelände
zer|tei|len; Zer|tei|lung
zer|tep|pern vgl. zerdeppern
Zer|ti|fi|kat das; -[e]s, -e ⟨lat.⟩
([amtl.] Bescheinigung, Zeugnis,
Schein); zer|ti|fi|zie|ren ([amtl.]
bescheinigen); zertifiziert
zer|tram|peln
zer|tren|nen; Zer|tren|nung
zer|tre|ten; Zer|tre|tung
zer|trüm|mern; ich ...ere (↑R 22);
Zer|trüm|me|rung
Zer|ve|lat|wurst [*zärw^e...*, auch:
särw^e...] ⟨ital.; dt.⟩ (eine Dauerwurst)
zer|wer|fen, sich (sich entzweien,
verfeinden)
zer|wir|ken (Jägerspr.: die Haut
des Wildes abziehen u. das Wild
zerlegen)
zer|wüh|len
Zer|würf|nis das; -ses, -se
zer|zau|sen; Zer|zau|sung
zer|zup|fen
zes|si|bel ⟨lat.⟩ (Rechtsw.: abtret-
bar); Zes|si|on die; -, -en
(Rechtsw.: Übertragung eines
Anspruchs von den bisherigen
Gläubiger auf einen Dritten);
vgl. zedieren; Zes|sio|nar der; -s,
-e; ↑R 180 (jmd., an den eine
Forderung abgetreten wird)
Ze|ta das; -[s], -s ⟨griech. Buchsta-
be: Z, ζ⟩
Ze|ter das (veralt. für: Ruf um
Hilfe; Wehgeschrei), noch in:
Zeter u. Mord[io] schreien (ugs.);
Ze|ter|ge|schrei (ugs.); ze|ter-
mor|dio! (veralt.), noch in: zeter-
mordio schreien (ugs.); Ze|ter|
mor|dio das; -s (ugs.); ze|tern
(ugs. für: wehklagend schreien);
ich ...ere (↑R 22)
Zett; vgl. Z (Buchstabe)
¹Zet|tel der; -s, - (Weberei: Kette;
Reihenfolge der Kettfäden)
²Zet|tel der; -s, - ⟨lat.⟩ (Streifen,
kleines Blatt Papier); Zet|tel-
bank (*Plur.* ...banken; veralt. für:
Notenbank); Zet|te|lei (Aufnah-
me in Zettelform, karteimäßige
Bearbeitung; verächtl. für: Zet-
telkram; unübersichtliches Ar-
beiten); Zet|tel_kar|tei, ...ka-
sten, ...kram (abschätzig); zet-
teln (landsch. für: verstreuen,
weithin ausbreiten); ich ...[e]le
(↑R 22); vgl. ²verzetteln

zeuch!, **zeuchst**, **zeucht** (veralt. dicht. für: zieh[e]!, ziehst, zieht)
Zeug das; -[e]s, -e; jmdm. etwas am - flicken (ugs. für: an jmdm. kleinliche Kritik üben); **Zeug-_amt** (veralt.: Lager für [Heeres]gerät), ...**druck** (Plur. ...drukke; gefärbter Stoff); **Zeu|ge** der; -n, -n (↑R 197); ¹**zeu|gen** (hervorbringen; erzeugen); ²**zeu|gen** (bezeugen); es zeugt von Fleiß (es zeigt Fleiß); **Zeu|gen_aus|sa|ge**, ...**bank** (Plur. ...bänke), ...**be|einflus|sung**, ...**schaft** (die; -), ...**stand**, ...**ver|neh|mung**; **Zeughaus** (veralt.); **Zeug|in** die; -, -nen **Zeug|ma** das; -s, -s u. -ta (griech.) (Sprachw.: unpassende Beziehung eines Satzgliedes auf andere Satzglieder [z. B. er schlug die Stühl' und Vögel tot]) **Zeug|nis** das; -ses, -se; **Zeug|nis_ab|schrift**, ...**ver|wei|ge|rung** **Zeugs** das; - (ugs. abschätzig für: Gegenstand, Sache); so ein - **Zeu|gung**; **Zeu|gungs|akt**; **zeugungs|fä|hig**; **Zeu|gungsfä|higkeit** (die; -), ...**glied**; **zeu|gungsun|fä|hig**; **Zeu|gungs|un|fä|higkeit** die; -
Zeus (höchster griech. Gott); **Zeus|tem|pel** (↑R 135)
Zeu|te die; -, -n (rhein., hess. für: Zotte [Schnauze])
Zeu|xis (altgriech. Maler)
ZGB (in der Schweiz) = Zivilgesetzbuch
z. H., z. Hd. = zu Händen, zuhanden
Zjb|be die; -, -n (nordd., mitteld. mdal. für: Mutterschaf, -kaninchen; verächtl.: Frau, Mädchen)
Zi|be|be die; -, -n (arab.-ital.) (bes. südd. für: große Rosine)
Zi|be|li|ne die; - (slaw.) (Wollgarn, -gewebe)
Zi|bet der; -s (arab.) (als Duftstoff verwendete Drüsenabsonderung der Zibetkatze); **Zi|bet|kat|ze**
Zi|bo|ri|um das; -s, ...ien [...i⁰n] (griech.) (in der röm.-kath. Kirche Aufbewahrungsgefäß für Hostien; Altarbaldachin)
Zi|cho|rie [...i⁰] die; -, -n (griech.) (Pflanzengattung der Korbblütler mit zahlreichen Arten [z. B. Wegwarte]; Kaffeezusatz); **Zicho|ri|en|kaf|fee** der; -s
Zicke die; -, -n (weibl. Ziege); vgl. Zicken; **Zickel¹** (das; -s, -[n]), **Zickel|chen¹**, **Zick|lein**; **zickeln¹** (von der Ziege: Junge werfen); **Zicken¹** Plur. (ugs. für: Dummheiten); **zickig¹** (ugs. für: geziert, altjüngferlich)
Zick|zack der; -[e]s, -e; im Zickzack laufen, a b e r : zickzack laufen; **zick|zacken** [Trenn. ...zak-

---

ken]; gezickzackt; **Zick|zack_kurs**, ...**kur|ve**, ...**li|nie**
Zid|ki|ja Vgl. Zedekia
Zil|der der; -s ⟨hebr.⟩ (Obst-, bes. Apfelwein); vgl. Cidre
Zie|che die; -, -n (mdal. für: Bettbezug u. a.); vgl. Züchen
Ziech|ling (Ziehklinge, Schaber des Tischlers)
Zie|fer das; -s, - (südwestd. für: Federvieh)
zie|fern (mitteld. für: wehleidig sein; frösteln; vor Schmerz zittern; bayr. für: leise regnen); ich ...ere (↑R 22)
Zie|ge die; -, -n
Zie|gel der; -s, -; **Zie|gel_bren|ner**, ...**bren|ne|rei**, ...**dach**; **Zie|ge|lei**; **zie|geln** (veralt. für: Ziegel machen); ich ...ele (↑R 22); **zie|gelrot**; **Zie|gel_stein**, ...**strei|cher**
Zie|gen_bart (auch: ein Pilz), ...**bock**, ...**her|de**, ...**kä|se**, ...**leder**, ...**lip|pe** (ein Pilz), ...**mel|ker** (ein Vogel), ...**milch**; **Zie|gen|peter** der; -s, - (Mumps)
Zie|ger der; -s, - (südwestd., bayr. für: Quark, Kräuterkäse)
Zie|gler (Ziegelbrenner)
Zieh_brun|nen, **Zie|he** die; - (landsch. für: Pflege u. Erziehung); ein Kind in - geben; **Zieh|el|tern** Plur.; **zie|hen**; du zogst (zogest); du zögest; gezogen; zieh[e]!; vgl. zeuch! usw.; nach sich ...; **Zie|her** (Gerät zum Herausziehen [von Korken usw.]; Ball beim Billardspiel); **Zieh_har|mo|ni|ka**, ...**kind** (Pflegekind), ...**mut|ter** (Pflegemutter), ...**pfla|ster** (svw. Zugpflaster), ...**sohn**, ...**va|ter** (Pflegevater)
Ziel das; -[e]s, -e; **ziel|band-_das** (Plur.: ...bänder); **ziel|be|wußt**; **Ziel_be|wußt|heit**, ...**ein|richtung**; **ziel|len**; **ziel|lend**; -es Zeitwort (für: Transitiv); **Ziel_fahrt** (Motorsport: kleinere Sternfahrt), ...**fern|rohr**, ...**fo|to|grafie**, ...**ge|ra|de** (Sport: letztes gerades Bahnstück vor dem Ziel); **ziel|ge|rich|tet**; **Ziel_grup|pe**, ...**ka|me|ra**, ...**kauf** (Wirtsch.), ...**li|nie**; **ziel|los**, -este; **Ziel_losig|keit** (die; -), ...**rich|ter**, ...**schei|be**, ...**set|zung**; **ziel|sicher**; **Ziel|si|cher|heit**; **ziel|strebig**; **Ziel|stre|big|keit** die; -; **Ziel_vor|rich|tung**
Ziem der; -[e]s, -e (oberes Keulenstück [des Rindes])
zie|men; es ziemt sich, es ziemt mir
Zie|mer der; -s, - (Rückenbraten [vom Wild]; kurz für: Ochsenziemer)
ziem|lich (fast, annähernd)
Ziep|chen, **Zie|pel|chen** (landsch. für: Hühnchen); **zie|pen** (ugs.

---

für: zupfend ziehen; einen Pfeifton von sich geben)
Zier die; -; **Zie|rat** der; -[e]s, -e; **Zier|de** die; -, -n; **zie|ren**; sich -; **Zie|re|rei**; **Zier_fisch**, ...**gar|ten**, ...**gras**, ...**kür|bis**, ...**lei|ste**; **zierlich**; **Zier|lich|keit**; **Zier_pflanze**, ...**pup|pe**, ...**rand**, ...**schrift**, ...**stich**, ...**strauch**, ...**stück**
Zie|sel der (österr.: das); -s, - ⟨slaw.⟩ (ein Nagetier)
Ziest der; -[e]s, -e ⟨slaw.⟩ (eine Heilpflanze)
Zie|t[h]en (preuß. Reitergeneral)
Ziff. = Ziffer
Zif|fer die; -, -n ⟨arab.⟩ (Zahlzeichen; Abk.: Ziff.); arabische, römische -n; **Zif|fer|blatt**; ...**zif|ferig**, ...**ziff|rig** (z. B. zweiziff[e]rig, mit Ziffer: 2ziff[e]rig; ↑R 212); **Zif|fer[n]|ka|sten** (Druckw.); **ziffern|mä|ßig**; **Zif|fer|schrift**
zig, -zig (ugs.); zig (auch: -zig) Mark; mit zig (auch: -zig) Sachen in die Kurve; in Zusammensetzungen nur ohne Bindestrich: zigfach, zighundert, zigmal, zigtausend; ein Zigfaches; Zigtausende von Menschen
Zi|ga|ret|te die; -, -n ⟨franz.⟩; **Ziga|ret|ten_asche**, ...**au|to|mat**, ...**etui**, ...**fa|brik**, ...**kip|pe**, ...**länge** (auf eine - [ugs.]), ...**pa|pier**, ...**pau|se**, ...**rauch**, ...**rau|cher**, ...**schach|tel**, ...**spit|ze**, ...**stummel**; **Zi|ga|ril|lo** [selten auch: ...riljo] der (auch: das); -s, -s (ugs. auch: die;-, -s) ⟨span.⟩ (kleine Zigarre); **Zi|gär|rchen**, **Zigärr|lein**; **Zi|gar|re** die; -, -n; **Zigar|ren_ab|schnei|der**, ...**asche**, ...**fa|brik**, ...**ki|ste**, ...**spit|ze**, ...**stum|mel**
Zi|ger der; -s, - (schweiz. Schreibweise für: Zieger)
Zi|geu|ner¹ der; -s, -; **zi|geu|nerhaft**; **Zi|geu|ne|rin** die; -, -nen; **zi|geu|ne|risch**; **Zi|geu|ner_kapel|le**, ...**la|ger** (Plur. ...lager), ...**le|ben** (das; -s), ...**mu|sik**; **zigeu|nern** (ugs. für: sich herumtreiben, auch: herumlungern); ich ...ere (↑R 22); **Zi|geu|ner_primas**, ...**schnit|zel** (Gastr.), ...**sprache**
zig|fach; **zig|hun|dert**; **zig|mal**; **zig|tau|send**; vgl. zig
Zi|ka|de die; -, -n ⟨lat.⟩ (ein Insekt); **Zi|ka|den|männ|chen**
zi|li|ar (lat.) (Med.: die Wimpern betreffend); **Zi|li|ar_kör|per** (Med.), ...**neur|al|gie** (Med.: Schmerzen in Augapfel u. Augenhöhle); **Zi|li|a|ten** Plur. (Wimpertierchen [Einzeller]); **Zi|lie** [...i⁰] die;-, -n (Med.: Wimper)

---

¹ Vom Zentralrat Deutscher Sinti und Roma als diskriminierend abgelehnte Bezeichnung.

---

¹ *Trenn.:* ...k|k...

Zi|li|zi|en usw. vgl. Kilikien usw.

¹Zil|le (dt. Zeichner)

²Zil|le *die;* -, -n ‹slaw.› (ostd., österr. für: leichter, flacher [Fracht]kahn); Zil|len|schlep|per (Schleppschiff)

Zil|ler|tal *das;* -[e]s; Zil|ler|ta|ler (↑R 147); - Alpen

Zil|li (Kurzform von: Cäcilie)

Zim|bal *das;* -s, -e u. -s ‹griech.› (mit Hämmerchen geschlagenes Hackbrett; Vorläufer des Cembalos); Zim|bel *die;* -, -n (gemischte Orgelstimme; bei den Römern eine Art kleines Becken)

Zim|ber, Kim|ber *der;* -s, -n (Angehöriger eines germ. Volksstammes); zim|brisch, kim|brisch, aber nur: die zimbrischen Sprachinseln u. (↑R 146): die Zimbrische Halbinsel (Jütland)

Zi|ment *das;* -[e]s, -e ‹lat.› (bayr. u. österr. veralt. für: metallenes zylindr. Maßgefäß [der Wirte])

Zi|mier *das;* -s, -e ‹griech.› (Helmschmuck)

Zim|mer *das;* -s, -; Zim|mer|an|ten|ne; Zim|mer|ar|beit, Zim|me|rer|ar|beit; Zim|mer|decke [*Trenn.:* ...dek|ke]; Zim|me|rei; Zim|mer|ein|rich|tung; Zim|me|rer; Zim|me|rer|ar|beit, Zimmer|ar|beit; Zim|me|rer|hand|werk (seltener für: Zimmerhandwerk); Zim|mer|flucht (zusammenhängende Reihe von Zimmern; vgl. ¹Flucht), ...hand|werk, ...herr (möbliert wohnender Herr); ...zim|me|rig, ...zimm|rig (z. B. zweizimm[e]rig; mit Ziffer: 2zimm[e]rig; ↑R 212); Zim|mer|-kell|ner, ...laut|stär|ke, ...lin|de; Zim|mer|ling (Bergmannsspr.: Zimmermann); Zim|mer|mäd|chen, ...mann (*Plur.* ...leute); zim|mern; ich ...ere (↑R 22); Zim|mer_num|mer, ...pflan|ze, ...su|che, ...tan|ne, ...tem|pe|ra|tur, ...thea|ter; Zim|me|rung; ...zimm|rig vgl. ...zimmerig

zim|per|lich; Zim|per|lich|keit; Zim|per|lie|se *die;* -, -n (landsch. für: zimperliches Mädchen)

zim|pern (landsch. für: [leise] weinen; zimperlich sein, tun); ich ...ere (↑R 22)

Zimt *der;* -[e]s, -e ‹semit.› (ein Gewürz); Zimt|baum; zimt_far|ben od. ...farb|ig; Zimt_stan|ge, ...stern

Zin|cke|nit *der;* -s (↑R 179) ‹nach dem dt. Bergdirektor Zincken› (ein Mineral)

Zin|cum *das;* -s (latinis. Nebenform von: Zink)

Zin|del|taft ‹griech.; pers.› (ein Gewebe)

Zin|der *der;* -s, - (meist *Plur.*) ‹engl.› (ausgeglühte Steinkohle)

Zi|ne|ra|ria, Zi|ne|ra|rie [...iʳ] *die;* -, ...ien [...iⁿn] ‹lat.› (Zierpflanze)

¹Zin|gel *der;* -s, - [n] (ein Fisch)

²Zin|gel *der;* -s, - ‹lat.› (veralt. für: Ringmauer); Zin|gu|lum [...ŋg...] *das;* -s, -s u. ...la (Gürtel[schnur] der Albe [liturg. Gewand])

¹Zink *das;* -[e]s (chem. Grundstoff, Metall; Zeichen: Zn); vgl. Zincum

²Zink *der;* -[e]s, -en; ↑R 197 (ein hist. Blasinstrument)

Zink_ät|zung, ...blech, ...blen|de

Zin|ke *die;* -, -n (²Zink; Zacke); Zin|ken *der;* -s, - ([Gauner]zeichen; mdal. für: Weiler; ugs. für: große Nase); ¹zin|ken (mit Zinken, Zeichen versehen)

²zin|ken (von, aus Zink)

Zin|ken|blä|ser; Zin|ke|nist *der;* -en, -en; ↑R 197 (schwäb., sonst veralt. für: Zinkenbläser, Stadtmusikant); Zin|ker (ugs. für: Falschspieler, Spitzel); ...zin|kig (z. B. dreizinkig)

Zink|leim|ver|band (Med.); Zinko|gra|phie¹ *die;* -, ...ien ‹dt.; griech.› (Zinkflachdruck); Zinko|ty|pie *die;* -, ...ien (Zinkhochätzung); Zink_oxyd od. (chem. fachsprachl.:) ...oxid, ...sal|be, ...sul|fat, ...wan|ne, ...weiß (Malerfarbe)

Zinn *das;* -[e]s (chem. Grundstoff, Metall; Zeichen: Sn); vgl. Stannum

Zin|na|mom *der;* -s ‹semit.› (Zimt[baum])

Zin|ne|be|cher

Zin|ne *die;* -, -n (zahnartiger Mauerabschluß)

zin|nern (von, aus Zinn); Zinn_fi|gur, ...fo|lie (Blattzinn)

Zin|nie [...iⁿ] *die;* -, -n (nach dem dt. Botaniker Zinn) (eine Gartenblume)

Zinn|kraut *das;* -[e]s (Ackerschachtelhalm)

Zin|no|ber *der;* -s, - ‹pers.› (eine rote Farbe [österr. nur: *das*]; ugs. für: Blödsinn [nur *Sing.*]; ein Mineral); zin|no|ber|rot; Zin|no|ber|rot

Zinn_sol|dat, ...tel|ler

Zinn|wal|dit *der;* -s ‹nach dem Ort Zinnwald› (ein Mineral)

¹Zins *der;* -es, -en ‹lat.› (Ertrag; Abgabe); ²Zins *der;* -es, -e (südd., österr. u. schweiz. für: Miete); zins|bar; zin|sen (schweiz., sonst veralt. für: Zins[en] zahlen); du zinst (zinsest); Zin|sen|dienst; Zin|se|ner, Zins|ner (veralt. für: Zinspflichtiger); Zins_er|hö|hung, ...er|trag; Zin|ses|zins (*Plur.* ...zin-

---

sen); Zin|ses|zins|rech|nung; Zins_fuß (*Plur.* ...füße), ...gro|schen (hist.); zins|gün|stig; Zins_-haus (südd., österr. u. schweiz. für: Mietshaus), ...herr|schaft (*die;* -), ...knecht|schaft; zins|los; Zins|ner vgl. Zinsener; zins_pflich|tig; Zins_po|li|tik, ...satz, ...sen|kung, ...ter|min (Zinszahlungstag), ...wu|cher, ...zahl (Abk.: Zz.)

Zin|zen|dorf (Stifter der Herrnhuter Brüdergemeine)

Zi|on *der;* -[s] ‹hebr.› (Tempelberg in Jerusalem; auch [ohne Artikel]: Jerusalem); Zio|nis|mus *der;* -; ↑R 180 (Bewegung zur Gründung u. Sicherung eines nationalen jüdischen Staates); Zio|nist *der;* -en, -en; ↑R 197 u. R 180 (Anhänger des Zionismus); zio|ni|stisch (↑R 180); Zio|nit *der;* -en, -en; ↑R 197, R 180 (Angehöriger einer schwärmerischen christl. Sekte des 18. Jh.s)

¹Zipf *der;* -[e]s (südd. u. ostmitteld. für: Pips)

²Zipf *der;* -[e]s, -e (österr. ugs. für: Zipfel; fader Kerl)

Zip|fel *der;* -s, -; zip|fe|lig; zipf|lig; Zip|fel|müt|ze

Zi|pol|le *die;* -, -n ‹lat.› (niederd., auch mdal. für: Zwiebel)

Zipp ⓦ *der;* -s, -s (österr. für: Reißverschluß)

Zipp|dros|sel, Zip|pe *die;* -, -n (landsch. für: Singdrossel)

Zip|per|lein *das;* -s (veralt. für: Fußgicht)

Zip|pus *der;* -, - u. Zippen ‹lat.› (antiker Grabstein-, Grenzstein)

Zipp|ver|schluß ‹engl.; dt.› (österr. für: Reißverschluß); vgl. Zipp ⓦ

Zips *die;* - (Gebiet in der Slowakei; Zip|ser (↑R 147)

Zir|be, Zir|bel *die;* -, -n (landsch. für: eine Kiefer); Zir|bel_drü|se, ...kie|fer (*die;* vgl. Arve), ...nuß

Zir|co|ni|um vgl. Zirkonium

zir|ka [eindeutsche Schreibung für lat. circa] (ungefähr; Abk.: ca.); Zir|ka|auf|trag (Börsenauftrag, bei dem der Kommissionär um ¼ od. ½ % vom gesetzten Limit abweichen darf)

Zir|kas|si|en [...iⁿn] (Land der Zirkassier); Zir|kas|si|er [...iʳ] (alter Name für: Tscherkesse); Zir|kas|sie|rin *die;* -, -nen; zir|kas|sisch

Zir|kel *der;* -s, - ‹griech.› (Gerät zum Kreiszeichnen u. Strecken[ab]messen; [gesellschaftlicher] Kreis); Zir|kel|ka|sten; zir|keln (Kreis ziehen; genau einteilen, [ab]messen); ich ...[e]le (↑R 22); zir|kel|rund; Zir|kel|schluß

Zir|kon *der;* -s, -e ‹nlat.› (ein Mi-

---

¹ Auch eindeutschend: Zinkographie.

neral); **Zir|ko|ni|um,** (chem. fachspr.:) **Zir|co|ni|um** *das;* -s (chem. Grundstoff, Metall; Zeichen: Zr)

zir|ku|lar, zir|ku|lär ⟨griech.⟩ (kreisförmig); **Zir|ku|lar** *das;* -s, -e (veralt. für: Rundschreiben); **Zir|ku|lar|no|te** (eine mehreren Staaten gleichzeitig zugestellte Note gleichen Inhalts); **Zir|ku|la|ti|on** [...*zion*] *die;* -, -en (Kreislauf, Umlauf); **zir|ku|lie|ren** (im Umlauf sein, kreisen)

zir|kum... ⟨griech.⟩ (um..., herum...); **Zir|kum...** (Um..., Herum...); **zir|kum|flek|tie|ren** (mit Zirkumflex versehen); **Zir|kum|flex** *der;* -es, -e (ein Dehnungszeichen: ˆ, z. B. â); **Zir|kum|po|lar|stern** (Stern, der für den Beobachtungsort nie untergeht); vgl. ²Stern; **zir|kum|skript** (Med.: umschrieben, [scharf] abgegrenzt); **Zir|kum|zi|si|on** (Med.: Beschneidung); **Zir|kus** *der;* -, -se (großes Zelt od. Gebäude, in dem Tierdressuren u. a. gezeigt werden; ugs. verächtl., nur *Sing.* für: Durcheinander, Trubel); **Zir|kus_clown, ...di|rek|tor, ...domp|teur, ...rei|ter, ...zelt**

Zirm, Zirn *der;* -[e]s, -e (tirol. für: Zirbelkiefer)

Zir|pe *die;* -, -n (volkstüml. für: Grille, Zikade); **zir|pen**

Zir|ren (*Plur.* von: Zirrus)

Zir|rho|se *die;* -, -n ⟨griech.⟩ (Med.: chronische Wucherung von Bindegewebe mit nachfolgender Verhärtung u. Schrumpfung)

Zir|ro|ku|mu|lus ⟨lat.⟩ (Meteor.: feingegliederte, federige Wolke in höheren Luftschichten, „Schäfchen"); **Zir|ro|stra|tus** (ungegliederte Streifenwolke in höheren Luftschichten); **Zir|rus** *der;* -, - u. Zirren (Federwolke); **Zir|rus|wol|ke**

zir|zen|sisch ⟨griech.⟩ (den Zirkus betreffend, in ihm abgehalten); -e Spiele (altröm. Zirkusspiele)

zis|al|pin, zis|al|pi|nisch ⟨lat.⟩ ([von Rom aus] diesseits der Alpen liegend)

Zi|sche|lei; zi|scheln; ich ...[e]le (↑ R 22); **zi|schen;** du zischst (zischest); **Zisch|laut**

Zi|se|leur [...*lör*] *der;* -s, -e ⟨franz.⟩ (u. **Zi|se|lie|rer** [Metallstecher]; **zi|se|lie|ren** [in Metall] mit Punze, Ziselierhammer [kunstvoll] einarbeiten); **Zi|se|lie|rung**

¹**Zis|ka** (dt. Form von tschech. Žižka; Hussitenführer)

²**Zis|ka** (Kurzform von Franziska)

Zis|la|weng *der* ⟨franz.⟩, in der Fügung: mit einem - (ugs. für: mit Schwung)

Zis|lei|tha|ni|en [...*i'n*] (ehem. Bez. für den österr. Anteil der habsburgischen Doppelmonarchie im Lande diesseits der Leitha); **zis|lei|tha|nisch; zis|pa|da|nisch** ([von Rom aus] diesseits des Pos liegend)

Zis|sa|li|en [...*i'n*] *Plur.* ⟨lat.⟩ (fehlerhafte Münzen, die wieder eingeschmolzen werden)

Zis|soi|de *die;* -, -n ⟨griech.⟩ (Math.: „Efeublattkurve"; ebene Kurve dritter Ordnung)

Zi|sta, Zi|ste *die;* -, Zisten ⟨griech.⟩ (altgriech. zylinderförmiger Korb; frühgeschichtl. Urne)

Zi|ster|ne *die;* -, -n ⟨griech.⟩ (Behälter für Regenwasser); **Zi|ster|nen|was|ser** *das;* -s

Zi|ster|zi|en|ser *der;* -s, - (Angehöriger eines kath. Ordens); **Zi|ster|zi|en|ser|or|den** *der;* -s

Zist|rös|chen, Zist|ro|se ⟨griech.; dt.⟩ (eine Pflanze)

Zi|ta (w. Vorn.)

Zi|ta|del|le *die;* -, -n ⟨franz.⟩ (Befestigungsanlage innerhalb einer Stadt od. einer Festung)

Zi|tat *das;* -[e]s, -e ⟨lat.⟩ (wörtlich angeführte Belegstelle; auch: bekannter Ausspruch); **Zi|ta|ten_le|xi|kon, ...schatz; Zi|ta|ti|on** [...*zion*] *die;* -, -en (veralt. für: [Vor]ladung vor Gericht; auch für: Zitierung)

Zi|ther *der;* -, -n ⟨griech.⟩ (ein Saiteninstrument); **Zi|ther|spiel** *das;* -[e]s

zi|tie|ren ⟨lat.⟩ ([eine Textstelle] wörtlich anführen; vorladen); **Zi|tie|rung**

Zi|trat, (chem. fachspr.:) **Ci|trat** [*zi...*] *das;* -[e]s, -e ⟨lat.⟩ (Salz der Zitronensäure); ¹**Zi|trin** *der;* -s, -e (gelber Bergkristall); ²**Zi|trin** *das;* -s (Wirkstoff im Vitamin P); **Zi|tro|nat** *das;* -[e]s, -e ⟨franz.⟩ (kandierte Fruchtschale einer Zitronenart); **Zi|tro|ne** *die;* -, -n ⟨ital.⟩ (Baum od. Strauch mit immergrünen Blättern; dessen Frucht); **Zi|tro|nen_baum, ...fal|ter; zi|tro|nen_far|ben** od. **...far|big, ...gelb; Zi|tro|nen_li|mo|na|de, ...pres|se, ...saft** *der;* -[e]s), **...säu|re** *die;* -), **...scha|le, ...was|ser** *das;* -s); **Zi|trul|le** *die;* -, -n ⟨franz.⟩ (veralt. für: Wassermelone); **Zi|trus|frucht** ⟨lat.; dt.⟩ (Zitrone, Apfelsine, Mandarine u. a.), **...öl, ...pflan|ze**

Zit|scher|ling (veralt. für: Birkenzeisig)

Zit|ter_aal, ...gras; zit|te|rig, zitt|rig; zit|tern; ich ...ere (↑ R 22); ↑ R 68: ein Zittern ging durch ihren Körper; er hat das Zittern (ugs.); **Zit|ter_pap|pel, ...ro|chen** (ein Fisch); **zitt|rig, zit|te|rig**

Zit|wer *der;* -s, - ⟨pers.⟩ (Korbblütler, dessen Samen als Wurmmittel verwendet werden)

Zit|ze *die;* -, -n (Organ zum Säugen bei weibl. Säugetieren)

Ziu (altgerm. Gott); vgl. Tiu, Tyr

zi|vil [*ziwil*] ⟨lat.⟩ (bürgerlich); -e (niedrige) Preise; -er Bevölkerungsschutz, Ersatzdienst; **Zi|vil** *das;* -s (bürgerl. Kleidung); **Zi|vil_an|zug, ...be|ruf, ...be|schä|dig|te** (*der* u. *die;* -n, -n; ↑ R 7 ff.), **...be|völ|ke|rung, ...cou|ra|ge; Zi|vil|dienst; Zi|vil|dienst_be|auf|trag|te** (*der;* -n, -n; ↑ R 7 ff.), **...leis|ten|de** (*der;* -n, -n; ↑ R 7 ff.); **Zi|vil|ehe** (standesamtl. geschlossene Ehe), **...fahn|dung, ...ge|setz|buch** (Abk. [in der Schweiz:] ZGB); **Zi|vi|li|sa|ti|on** [...*zion*] *die;* -, -en (die durch den Fortschritt der Wissenschaft u. Technik verbesserten Lebensbedingungen); **Zi|vi|li|sa|ti|ons|krank|heit** (meist *Plur.*); **Zi|vi|li|sa|ti|ons|mü|de; zi|vi|li|sa|to|risch; zi|vi|li|sie|ren** (der Zivilisation zuführen); **zi|vi|li|siert;** -este; **Zi|vi|li|siert|heit** *die;* -; **Zi|vi|li|sie|rung** *die;* -; **Zi|vi|list** *der;* -en, -en; ↑ R 197 (Bürger, Nichtsoldat); **zi|vi|lis|tisch; Zi|vil_kam|mer** (Spruchabteilung für privatrechtl. Streitigkeiten bei den Landgerichten), **...kla|ge, ...klei|dung, ...le|ben, ...lis|te** (für den Monarchen bestimmter Betrag im Staatshaushalt), **...per|son, ...pro|zeß** (Gerichtsverfahren, dem die Bestimmungen des Privatrechts zugrunde liegen); **Zi|vil|pro|zeß_ord|nung** (Abk.: ZPO), **...recht; Zi|vil|recht** *das;* -[e]s; **zi|vil|recht|lich; Zi|vil|schutz** (schweiz. für: Familien-, Personenstand); **Zi|vil|stand** (schweiz. für: Standesamt); **Zi|vil|stands|amt** (schweiz. für: Standesamt); **Zi|vil|trau|ung**

zi|zer|lweis (bayr. u. österr. ugs. für: nach und nach, ratenweise)

Žižka [*sehischka*]; vgl. ¹Ziska

ZK = Zentralkomitee

Zl, Zł = Zloty, Złoty

Zlo|ty [*ßloti*], poln. **Złoty** [*sⁿoti*] *der;* -s, -s ⟨poln.⟩ (Münzeinheit in Polen; 1 Zloty = 100 Groszy; Abk.: Zl, Zł); 5 - (↑ R 129)

Zn = chem. Zeichen für: Zink

Znaim (mähr. Stadt)

Znü|ni *der* od. *das;* -s (bes. schweiz. mdal. für: Vormittagsimbiß)

Zo|bel *der;* -s, - ⟨slaw.⟩ (Marder; Pelz); **Zo|bel|pelz**

Zo|ber *der;* -s, - (mdal. für: Zuber)

zöck|eln [Trenn.: zök|keln] (svw. zuckeln); ich ...[e]le (↑ R 22)

Zo|cker *der;* -s, - [Trenn.: Zok|ker] ⟨jidd.⟩ (Gaunerspr. für: Glücksspieler)

Zo|dia|kal|licht das; -[e]s, -er
(↑ R 180) ⟨griech.⟩ (Tierkreislicht,
pyramidenförmiger Lichtschein
in der Richtung des Tierkreises);
Zo|dia|kus der; -; ↑ R 180 (Tier-
kreis)
Zoe (Name byzant. Kaiserinnen)
Zöf|chen, Zöf|lein; Zo|fe die; -,
-n; Zo|fen|dienst
Zoff der; -s (ugs. für: Ärger, Streit,
Unfrieden)
zö|ger|lich (zögernd); zö|gern; ich
...ere (↑ R 22); ↑ R 68: nach an-
fänglichem Zögern; ohne Zögern einspringen
Zög|ling
Zo|lhe die; -, -n (südwestd. für:
Hündin)
Zo|la [sola] (franz. Schriftsteller)
¹Zöl|le|stin der; -s,-e ⟨lat.⟩ (ein Mi-
neral); ²Zöl|le|stin, Zöl|le|sti|nus
(m. Vorn.); Zöl|le|sti|ne (w.
Vorn.); Zöl|le|sti|ner der; -s, -
(Angehöriger eines ehem. kath.
Ordens); zö|le|stisch (veralt. für:
himmlisch)
Zöl|li|bat das (Theologie: der);
-[e]s ⟨lat.⟩ (pflichtmäßige Ehelo-
sigkeit aus religiösen Gründen,
bes. bei kath. Geistlichen); zö|li-
ba|tär; Zöl|li|bats|zwang der; -[e]s
¹Zoll der; -[e]s, Zölle ⟨griech.⟩ (Ab-
gabe)
²Zoll der; -[e]s, - (Längenmaß;
Zeichen: ″); 3 - (↑ R 129) breit
Zoll_ab|fer|ti|gung, ...amt; zoll-
amt|lich
zol|lang [Trenn.: zoll|lang, ↑ R 204],
aber: einen Zoll lang
Zoll|an|mel|dung; zoll|bar; Zoll-
_be|am|te, ...be|hör|de
zoll|breit; ein zollbreites Brett,
aber: das Brett ist einen Zoll
breit; Zoll|breit der; -, -; keinen -
zurückweichen
Zoll_bürg|schaft, ...de|kla|ra|ti-
on, ...ein|neh|mer
zol|len; jmdm. Bewunderung -
...zöl|ler (z. B. Achtzöller)
Zoll_er|klä|rung, ...fahn|dungs-
stel|le; zoll|frei; Zoll_ge|biet,
...grenz|be|zirk, ...gren|ze
zoll|hoch, aber: einen Zoll hoch;
zöl|lig (veralt. für: einen Zoll
dick); ...zol|lig u. (österr. nur:)
...zöl|lig (z. B. vierzollig, vierzöl-
lig, mit Ziffer: 4zollig, 4zöllig;
↑ R 212)
Zoll|in|halts|er|klä|rung; Zoll|nie
die; -, -n [Trenn.: Zoll|li...,
↑ R 204]; Zöll|ner (veralt. für:
Zoll-, Steuereinnehmer); Zoll-
ord|nung; zoll|pflich|tig; Zoll-
_recht, ...schran|ke
Zoll|stock (Plur. ...stöcke)
Zoll_ta|rif, ...uni|on, ...ver|trag
Zö|lom das; -s, -e ⟨griech.⟩ (Lei-
beshöhle, Hohlraum zwischen
Darm u. Körperwand)
Zom|bie der; -[s], -s ⟨afrikan. Wort⟩

(Toter, der durch Zauberei wieder zum Leben erweckt wurde
[und willenloses Werkzeug des
Zauberers ist])
Zö|me|te|ri|um das; -s, ...ien [...i°n]
⟨griech.⟩ (Ruhestätte, Friedhof,
auch für: Katakombe)
zo|nal ⟨griech.⟩ (zu einer Zone ge-
hörend, eine Zone betreffend);
Zo|ne die; -, -n (abgegrenztes Ge-
biet; festgelegter Bereich; Besat-
zungszone); Zo|nen_ta|rif, ...zeit
Zö|no|bit der; -en, -en (↑ R 197)
⟨griech.⟩ (im Kloster lebender
Mönch); Zö|no|bi|um das; -s,
...ien [...i°n] (Kloster; Biol.: Zell-
kolonie)
Zoo [zo] der; -s, -s ⟨griech.⟩ (Kurzform für: zoologischer Garten);
zoo|gen [zo-o...] (bei Gesteinen:
aus tierischen Resten gebildet);
Zoo|gra|phie die; -, ...ien (Benen-
nung u. Einordnung der Tierar-
ten); Zoo|hand|lung [zo...]; Zoo-
la|trie [zo-o...] die; -, ...ien (Tier-
kult); Zoo|lith der; -s od. -en,
-e[n]; ↑ R 197 (Tierversteine-
rung); Zoo|lo|ge der; -n, -n;
↑ R 197 (Tierforscher); Zoo|lo|gie
die; - (Tierkunde); zoo|lo|gisch
(tierkundlich); -er Garten, aber
(↑ R 157): der Zoologische Garten Frankfurt
Zoom [sum] das; -s, -s ⟨engl.⟩ (Ob-
jektiv mit veränderlicher Brenn-
weite; Vorgang, durch den der
Aufnahmegegenstand näher an
den Betrachter herangeholt oder
weiter von ihm entfernt wird);
zoo|men [sum°n]; gezoomt
Zo|on po|li|ti|kon das; - - ⟨griech.⟩
(der Mensch als Gemeinschaftswesen [bei Aristoteles]); Zoo-Or-
che|ster [zo-or...] (↑ R 36); zoo-
phag [zo-ofak] (fleischfressend
[von Pflanzen]); Zoo|pha|ge der;
-n, -n; ↑ R 197 (fleischfressende
Pflanze); Zoo|phyt [zo-o...] der
od. das; -en, -en; ↑ R 197 (veralt. Bez. für Hohltier oder
Schwamm); Zoo|to|mie die; -
(Tieranatomie)
Zopf der; -[e]s, Zöpfe; ein alter -
(ugs. für: ein veralteter, überleb-
ter Brauch); Zöpf|chen, Zöpf-
lein; zop|fig; Zopf_mu|ster,
...stil (der; -[e]s), ...zeit (die; -)
Zop|pot (Ort an der Danziger
Bucht); vgl. Sopot; Zop|pol|ter
(↑ R 147)
Zo|res der; - ⟨jidd.⟩ (ugs., bes. süd-
westd. für: Ärger; Gesindel)
Zo|ril|la die; -s, -s (auch: die; -, -s)
⟨span.⟩ (afrik. Marderart)
Zorn der; -[e]s; Zorn_ader, ...aus-
bruch, ...bin|kel (der; -s, -; österr.
ugs.: jähzorniger Mensch); zorn-
ent|brannt (↑ R 209); Zor|nes-
_ader, ...aus|bruch (geh. für:
Zorn_ader, ...aus|bruch); zor-

nig; zorn|mü|tig (geh.: zu Zorn
neigend); Zorn|rö|te; zorn-
schnau|bend (↑ R 209)
Zo|ro|as|ter; ↑ R 180 (Nebenform
von: Zarathustra); zo|ro|as|trisch,
aber (↑ R 134): Zo|ro|as|trisch
Zos|se der; -n, -n u. Zos|sen der; -,
- ⟨jidd.⟩ (ugs. für: Pferd)
Zo|ster der; -[s], - ⟨griech.⟩ (Gürtel-
rose)
Zo|te die; -, -n (unanständiger
Ausdruck; unanständiger Witz);
zo|ten; Zo|ten|rei|ßer; zo|tig
Zot|te die; -, -n (südwestd. u. mit-
teld. für: Schnauze, Ausgießer)
Zot|tel die; -, -n (Haarbüschel;
Quaste, Troddel u. a.); Zot|tel-
_bär, ...haar; zot|tel|ig, zott|lig;
zot|teln (ugs. für: langsam ge-
hen); ich ...[e]le (↑ R 22); zot|tig
ZPO = Zivilprozeßordnung
Zr = chem. Zeichen für: Zirkoni-
um
Zri|nyi [zrini, auch: zrinji] (ung.
Feldherr)
Zschok|ke (schweiz. Schriftstel-
ler)
z. T. = zum Teil
Ztr. = Zentner (50 kg)
zu; mit Dat.: zu dem Garten; zum
Bahnhof; zu zwei[e]n, zu zweit;
vier zu eins (4 : 1), zu viel, aber:
zuviel (vgl. d.); zu wenig, aber:
zuwenig (vgl. d.); zuletzt, aber:
zu guter Letzt; zuäußerst; zu-
oberst; zutiefst; zuunterst; zu
weit; zu spät; zu Haus[e] (vgl. d.)
sein; zuzeiten (bisweilen), aber:
zu meinen Zeiten; zu seiten (vgl.
d.); zu Berge stehen; zu Ende gehen; zu Herzen gehen; zu Ohren
kommen; zu Rate gehen, ziehen;
zurecht, aber: zu Recht bestehen; zu Werke gehen; zu Willen
sein; sich jmdn. zu Dank verpflichten; zu herzlichstem Dank
verpflichtet; zu eigen geben;
zum (zu dem) vgl. zum); zur (zu
der; vgl. zur); bilden „zu“,
„zum“, „zur“ den ersten Bestandteil eines Gebäudenamens,
so sind sie groß zu schreiben
(↑ R 157), z. B. Zum Löwen (Gasthaus), Zur Alten Post (Gasthaus), das Gasthaus [mit dem
Namen] „Zum Löwen“, „Zur Alten Post“, aber: das „Gasthaus
zum Löwen“; bei Familiennamen schwankt die Schreibung,
z. B. Familie Zur Nieden, (auch:)
Familie zur Nieden; zu dem
Verb: er befahl ihm zu gehen,
aber: er befahl ihm, sofort zu
gehen (zum Komma ↑ R 107 ff.);
er hofft, pünktlich zu kommen,
aber: er hofft, pünktlich anzu-
kommen; entsprechend: der zu
versichernde Angestellte, der zu
Versichernde, aber: der aufzu-
nehmende Fremde, der Aufzu-

nehmende; (*zu* als *„Vorwort"* des
Verbs:) der Hund ist mir zuge-
laufen, der Vogel ist mir zugeflo-
gen, **aber** (*zu* als *Adverb*): sie
sind der Stadt zu (= stadtwärts)
gegangen
zu... (*in Zus. mit Verben, z. B.* zunehmen, du nimmst zu, zuge-
nommen, zuzunehmen)
**zu|al|ler|al|ler|letzt; zu|al|ler|erst;
zu|al|ler|letzt; zu|al|ler|meist;
zu|äu|ßerst**
Zua|ve [...*w^e*] *der;* -n, -n (↑ R 197 u.
180) ⟨franz.⟩ (Angehöriger einer
ehem. aus Berberstämmen rekru-
tierten franz. [Kolonial]truppe)
zu|bal|lern; er hat die Tür zuge-
ballert (ugs. für: heftig ins
Schloß geworfen)
Zu|bau (österr. für: Anbau); **zu-
bau|en;** zugebaut
Zu|be|hör *das* (seltener: *der*); -[e]s,
-e (schweiz. auch: -den); vgl. Zu-
gehör; **Zu|be|hör|in|du|strie; Zu-
be|hör|teil** *das;* -[e]s, -e
zu|bei|ßen; zugebissen
zu|be|kom|men (ugs. für: dazu be-
kommen; ugs. für: schließen
können); zubekommen
zu|be|namt, zu|be|nannt (veralt.)
Zu|ber *der;* -s, - (Gefäß; altes
Hohlmaß)
zu|be|rei|ten; zubereitet; **Zu|be-
rei|ter; Zu|be|rei|tung**
zu|be|to|nie|ren; sie haben den
Hof zubetoniert
Zu|bil|lig|gen *das;* -s; vor dem -
zu|bil|li|gen; zugebilligt; **Zu|bil|li-
gung**
Zu|bin|den
Zu|biß
zu|blei|ben (ugs. für: geschlossen
bleiben); zugeblieben
zu|blin|zeln; zugeblinzelt
zu|brin|gen; zugebracht; **Zu|brin-
ger; Zu|brin|ger_dienst, ...stra|ße**
Zu|brot *das;* -[e]s (landsch. für:
zusätzlicher Verdienst)
Zu|bu|ße (veralt.: Geldzuschuß)
zu|but|tern (für: [Geld] zuset-
zen); zugebuttert
Zuc|chet|to [*zuk...*] *der;* -s, ...tti
(meist *Plur.*) ⟨ital.⟩ (schweiz. sel-
ten für: Zucchini); **Zuc|chi|no**
[*zuk...*] *der;* -, ...ni (meist *Plur.;*
gurkenähnl. Gemüse)
Zü|chen *der;* -s (mdal. für: Bettbe-
zug, Bettbezugsstoff); vgl. Zie-
che
Zucht *die;* -, -s, (landwirtschaftlich
für: Zuchtergebnisse); -en;
**Zucht_buch, ...bul|le, ...eber;
züch|ten; Züch|ter; Zucht|er-
folg; züch|te|risch; Zucht_haus,
...häus|ler; Zucht|haus|stra|ße;
Zucht|hengst; züch|tig** (sittsam,
verschämt); **züch|ti|gen; Züch-
tig|keit** *die;* -; **Züch|ti|gung;
zucht|los;** -este; **Zucht|lo|sig-
keit; Zucht_mit|tel** *das,* **...per|le,**

...**stier,** ...**tier; Züch|tung;
zucht_vieh, ...wahl**
zuck! (schnell!; los!); **Zuck** *der;*
-[e]s, -e (ugs.); in einem -;
zuckeln [1] (ugs. für: langsam trot-
ten, fahren); ich ...[e]le (↑ R 22);
vgl. auch: zockeln; **Zuckel|trab** [1]
(ugs.); im -; **zucken** [1]; **der Blitz**
zuckt; **zücken** [1] (rasch [heraus]zie-
hen); das Portemonnaie -
Zucker [1] *der;* -s, (für: Zuckersor-
ten:) - ⟨sanskr.⟩; **Zucker|bäcker** [1]
(südd. u. österr., sonst veralt. für:
Konditor); **Zucker|bäcker|stil** [1]
(abwertend für einen bestimmten Baustil in den Ostblocklän-
dern); **Zucker|brot** [1]; **Zucker-
chen** [1] (landsch. für: Bonbon);
Zucker_cou|leur (*die;* -; ge-
brannter Zucker zum Färben von
Getränken), ...**do|se,** ...**erb|se,**
...**fa|brik,** ...**guß; zucker|hal|tig** [1];
Zucker|harn|ruhr [1] (Zucker-
krankheit); **Zucker|hut** [1] *der;*
zucke|lig [1], **zuck|rig; Zucker-
kand** [1] *der;* -[e]s u. **Zucker|kan-
dis** [1] *der;* - (volkstüml. für: Kan-
diszucker); **Zucker|kandl** [1] *das;*
-s, -[n] (österr. veralt. für: Kan-
diszucker); **zucker|krank** [1];
Zucker [1] *das;* -s, -n (österr. für:
Bonbon); **Zucker|lecken** [1] *das;*
in: kein - sein (unangenehm, an-
strengend sein); **zuckern** [1] (mit
Zucker süßen); ich ...ere (↑ R 22);
Zucker [1] **raf|fi|ne|rie,** ...**rohr,**
...**rü|be; Zucker|schlecken** [1] *das*
(Zuckerlecken); **zucker|süß** [1];
Zucker [1] **tü|te,** ...**was|ser,** ...**wat-
te,** ...**zan|ge**
Zuck|fuß *der;* -es (fehlerhafter
Gang des Pferdes)
Zuck|may|er, Carl (dt. Schriftstel-
ler u. Dramatiker)
Zuck|mücke [1]
zuck|rig, zucke|rig [1]
Zuckung [1]
Zu|decke [1] (ugs. für: Bettdecke)
zu|decken [1]; zugedeckt
zu|dem (überdies)
zu|die|nen (schweiz. für: Handrei-
chung tun); zugedient
zu|dik|tie|ren; zudiktiert
zu|dre|hen; zugedreht
zu drei|en, zu dritt
zu dritt; zu drei|en
zu|drücken [1]; zugedrückt
zu eilen; - - geben; sich - - ma-
chen; **zu|eig|nen** ([ein Buch] wid-
men; zu eigen geben); zugeeig-
net; **Zu|eig|nung**
zu|ein|an|der; *Schreibung in Ver-
bindung mit Verben* (↑ R 205 f.):
zueinander sprechen, zueinander passen, **aber:** zueinander-
finden (zusammenfinden), vgl.
aneinander

zu En|de man erkannte mir
die Berechtigung zu; zuerkannt;
Zu|er|ken|nung
zu|erst; der zuerst genannte Ver-
fasser ist nicht mit dem zuletzt
genannten zu verwechseln; zuerst einmal; **aber:** zu zweit
zu|er|tei|len; zuerteilt
zu|fä|cheln; zugefächelt
zu|fah|ren; zugefahren; **Zu|fahrt;
Zu|fahrts_stra|ße,** ...**weg**
Zu|fall *der;* **zu|fal|len;** zugefallen;
**zu|fäl|lig; zu|fäl|li|ger|wei|se;
Zu|fäl|lig|keit; Zu|falls_aus-
wahl** (Statistik), ...**be|kannt-
schaft,** ...**er|geb|nis,** ...**streu|be-
reich** (Statistik), ...**streu|ung** (Sta-
tistik), ...**tref|fer**
zu|fas|sen; zugefaßt
zu|flie|gen; zugeflogen
zu|flie|ßen; zugeflossen
Zu|flucht *die;* -; **Zu|flucht|nah|me**
die; -; **Zu|fluchts_ort** (*der;* -[e]s,
-e), ...**stät|te**
Zu|fluß
zu|flü|stern; zugeflüstert
zu|fol|ge (↑ R 208); demzufolge
(vgl. d.); (bei Nachstellung mit
Dat.:) dem Gerücht -, **aber** (bei
Voranstellung mit *Gen.*): - des
Gerüchtes
zu|frie|den; - mit dem Ergebnis;
*Schreibung in Verbindung mit
Verben* (↑ R 205 f.): **a)** *Getrenntschreibung* in ursprünglicher Bedeutung, z. B. zufrieden machen,
sein, werden; er hat ihn zufrieden gemacht; **b)** *Zusammenschreibung,* wenn durch die Verbindung ein neuer Begriff entsteht; vgl. zufriedengeben, zu-
friedenlassen, zufriedenstellen;
zu|frie|den|ge|ben (↑ R 205), sich
(sich begnügen); ich gebe mich
zufrieden; **zufriedengegeben;**
zufriedenzugeben; **Zu|frie|den-
heit** *die;* -; **zu|frie|den|las|sen;**
↑ R 205 (in Ruhe lassen); vgl. zu-
friedengeben; **zu|frie|den|stel-
len;** ↑ R 205 (befriedigen); vgl.
zufriedengeben; **Zu|frie|den|stel-
lung** *die;* -
zu|frie|ren; zugefroren
zu|fü|gen; Zu|fü|gung
Zu|fuhr *die;* -, -en (Herbeischaf-
fen); **zu|füh|ren;** zugeführt; **Zu-
füh|rung; Zu|füh|rungs_lei|tung,**
...**rohr**
Zu|fuß|ge|hen *das;* -s
¹Zug *der;* -[e]s, Züge; im -e des
Wiederaufbaus; - um -; Dreiuhr-
zug (mit Ziffer: 3-Uhr-Zug;
↑ R 43)
²Zug (Kanton u. Stadt in der
Schweiz)
Zu|ga|be
Zug_ab|teil (vgl. Zugsabteil),
...**be|glei|ter,** ...**brücke** [*Trenn.:*
...brük|ke]

---

[1] *Trenn.: ...k|k...*

Zu|gang; zu|gan|ge (↑ R 208); - sein; zu|gän|gig (seltener für: zugänglich); zu|gäng|lich (leicht Zugang gewährend); Zu|gäng|lich|keit die; -

zu|ge|ben; zugegeben (vgl. d.)

zu|ge|dacht; diese Auszeichnung war eigentlich ihm -

zu|ge|ge|ben; zugegeben, daß dein Freund recht hat; zu|ge|ge|be|ner|ma|ßen

zu|ge|gen; - bleiben, sein

zu|ge|hen; auf jmdn. -; auf dem Fest ist es lustig zugegangen; der Koffer geht nicht zu (ugs.); Zu|ge|he|rin die; -, -nen (südd., westösterr. für: Aufwartefrau); Zu|geh|frau

Zu|ge|hör das; -[e]s; schweiz.: die; - (österr. u. schweiz. neben, sonst veralt. für: Zubehör); zu|ge|hö|ren (geh.); zugehört; zu|ge|hö|rig; Zu|ge|hö|rig|keit die; -; Zu|ge|hö|rig|keits|ge|fühl das; -[e]s

zu|ge|knöpft; sie war sehr - (ugs. für: verschlossen); Zu|ge|knöpft|heit die; -

Zü|gel der; -s, -; Zü|gel_hand (linke Hand des Reiters), ...hil|fe; zü|gel|los, -este; Zü|gel|lo|sig|keit; zü|geln (schweiz. mdal. auch für: umziehen); ich ...[e]le (↑ R 22); Zü|ge|lung, Zügl|lung

Zu|ge|mü|se (veralt. für: Gemüsebeilage)

Zu|ger (von, aus ²Zug; ↑ R 147)

Zu|ge|rei|ste der u. die; -n, -n (↑ R 7 ff.)

Zu|ger See der; - -s; zu|ge|risch

zu|ge|sel|len; zugesellt; sich -

zu|ge|stan|den; zugestanden, daß dich keine Schuld trifft; zu|ge|stan|de|ner|ma|ßen; Zu|ge|ständ|nis; zu|ge|ste|hen; zugestanden

zu|ge|tan (auch: wohlwollend, freundlich gesinnt); er ist ihm von Herzen -

zu|ge|wandt; zu|ge|wen|det vgl. zu-wenden

Zu|ge|winn; Zu|ge|winn|ge|mein|schaft (Form des Güterrechts)

Zug_fe|stig|keit (die; -), ...fol|ge, ...füh|rer (vgl. Zugsführer)

Zug|hub der; -[e]s, -e (Bergmannsspr.: ein Hebegerät)

zu|gie|ßen; zugegossen

zu|gig (windig); zü|gig (in einem Zuge; schweiz. auch für: kräftig ziehen könnend); ...zü|gig (z. B. zweizügig [von Schulen]); Zug-_kon|trol|le, ...kraft die; zug|kräf|tig

zu|gleich

Zug|lei|ne; Zügllle|te die; -, -n (schweiz. mdal. für: Umzug, Übersiedlung); Zug|luft die; -

Züg|llung, Zügl|lung

Zug_ma|schi|ne, ...num|mer, ...per|so|nal, ...pferd ...pfla|ster

zu|grei|fen; zugegriffen; Zu|griff

der; -[e]s, -e; zu|grif|fig (schweiz. für: zugreifend, tatkräftig)

zu|grun|de (↑ R 208); zugrunde gehen, legen, liegen, richten; es scheint etwas anderes zugrunde zu liegen; Zu|grun|de_ge|hen (das; -s), ...le|gung (unter - von ...); zu|grun|de|lie|gend (↑ aber R 209)

Zugs|ab|teil (österr.)

Zug|scheit (Plur. ...scheite (landsch. für: Ortscheit)

Zugs|füh|rer (österr.)

Zug|spit|z|bahn; Zug|spit|ze die; - (höchster Berg Deutschlands); Zug|spitz|platt das; -s

Zug|stück

Zugs_ver|kehr (österr., auch schweiz.), ...ver|spä|tung (österr.)

Zug|tier

zu|gucken [Trenn.: ...guk|ken] (ugs.); zugeguckt

Zug-um-Zug-Lei|stung; ↑ R 41 (Rechtswesen)

zu|gun|sten (↑ R 208); (bei Voranstellung mit Gen.:) - bedürftiger Kinder, aber (bei seltener Nachstellung mit Dat.): dem Freund -; vgl. Gunst

zu|gut; - haben (schweiz. für: gut-haben); zu|gu|te (↑ R 208); zugute halten, kommen, tun

zu gu|ter Letzt; vgl. Letzt

Zug_ver|bin|dung, ...ver|kehr (vgl. Zugsverkehr), ...vieh, ...vo|gel, ...vor|rich|tung; zug|wei|se; Zug-_wind, ...zwang; unter - stehen

zu|ha|ben (ugs. für: geschlossen haben)

zu|hacken [Trenn.: ...hak|ken]; zugehackt

zu|ha|ken; zugehakt

zu|hal|ten; zugehalten; Zu|häl|ter; Zu|häl|te|rei die; -; zu|häl|te|risch

¹zu|han|den (↑ R 208); zuhanden kommen, sein; ²zu|han|den, zu Hän|den (↑ R 208; Abk.: z. H., z. Hd.); zuhanden od. zu Händen des Herrn ..., (meist:) zuhanden od. zu Händen von Herrn ..., (auch:) zuhanden od. zu Händen Herrn ...

zu|hän|gen; vgl. ²hängen

zu|hau|en; zur Beugung vgl. hauen

zu|hauf (↑ R 208); - legen, liegen

zu Haus, zu Hau|se; vgl. Haus; sich wie zu Hause fühlen; etwas für zu Hause mitnehmen; ich freue mich auf zu Hause, aber: auf mein Zuhause; Zu|hau|se das; -[s]; er hat kein - mehr; aber: ein bißchen zu Hause od. Haus; Zu|hau|se|ge|blie|be|ne der u. die; -n, -n (↑ R 7 ff.)

zu|hef|ten; zugeheftet

zu|hei|len; zugeheilt

Zu|hil|fe|nah|me die; -; unter - von

zu|hin|terst

zu|höchst

zu|hor|chen (landsch. für: zuhö-ren); zugehorcht

zu|hö|ren; zugehört; Zu|hö|rer; Zu|hö|rer|bank (Plur. ...bänke); Zu|hö|re|rin die; -, -nen; Zu|hö|rer|schaft

Zui|der|see [seud...] die; - od. der; -s; vgl. IJsselmeer

zu|in|nerst

zu|ju|beln; zugejubelt

Zu|kauf (bes. Finanzw.); zu|kau|fen; wir haben weitere Bezugsrechte zugekauft

zu|keh|ren; zugekehrt

zu|klap|pen; zugeklappt

zu|kle|ben; zugeklebt

zu|knal|len; zugeknallt

zu|knei|fen; zugekniffen

zu|knöp|fen; zugeknöpft (vgl. d.)

zu|kno|ten; zugeknotet

zu|kom|men; zugekommen; er ist auf mich zugekommen; er hat ihm das Geschenk zukommen lassen, (seltener:) gelassen; ihm etwas zukommen zu lassen

zu|kor|ken; zugekorkt

Zu|kost

Zu|kunft die; -, (selten:) Zukünf-te; zu|künf|tig; Zu|künf|ti|ge der u. die; -n, -n; ↑ R 7 ff. (Verlobte[r]); Zu|kunfts_aus|sich|ten Plur., ...for|schung; zu|kunfts-gläu|big; Zu|kunfts_mu|sik (ugs.), ...per|spek|ti|ve, ...plä|ne Plur.; zu|kunfts|reich; Zu|kunfts-_ro|man, ...staat (Plur. ...staa-ten); zu|kunfts_träch|tig, ...voll; zu|kunft[s]|wei|send

zu|lä|cheln; zugelächelt

zu|la|chen; zugelacht

Zu|la|ge

zu|lan|de; ↑ R 208 (daheim); bei uns zulande, hierzulande, aber: zu Wasser u. zu Lande

zu|lan|gen; zugelangt; zu|läng|lich (hinreichend); Zu|läng|lich|keit die; -

zu|las|sen; zugelassen; zu|läs|sig (erlaubt); Zu|läs|sig|keit die; -; Zu|las|sung; Zu|las|sungs|stel|le

zu Last|sten vgl. Last

zu|lau|fen; zu|lau|fen; zugelaufen

zu|le|gen; zugelegt

zu|leid, zu|lei|de (↑ R 208); - tun

zu|lei|ten; zugeleitet; Zu|lei|tung; Zu|lei|tungs|rohr

zu|ler|nen (ugs.); zugelernt

zu|letzt, aber: zu guter Letzt

zu|lie|be, (österr. auch:) zu|lieb (↑ R 208); dem -; - tun

Zu|lie|fe|rant der; -en, -en, Zu|lie|fe|rer (Wirtschaft); Zu|lie|fe|rin|du|strie, Zu|lie|fer|in|du|strie; Zu|lie|fe|rung

zu|llen (fränk. für: lutschend saugen); Zulp der; -[e]s, -e (ostmitteld.: für: Schnuller); zul|pen (ostmitteld. für: saugen)

Zu|lu der; -[s], -[s] (Angehöriger eines Bantustammes in Natal)

Zu|luft die; - (Technik: zugeleitete Luft)

um; ↑ R 17 (zu dem); - höchsten, mindesten, wenigsten; - ersten, - zweiten, - dritten; - ersten Mal[e] od. - erstenmal; - letzten Mal[e] od. - letztenmal; - Teil (Abk.: z. T.); (↑ R 65:) - besten geben, haben, halten; es steht nicht - besten (nicht gut), aber (↑ R 65): - Besten der Armen; - Besten kehren, lenken, wenden; (↑ R 68:) das ist - Weinen, - Totlachen. Über die Schreibung von „zum" als Teil von *Eigennamen* vgl. zu

zu|ma|chen (schließen); zugemacht; auf- und zumachen, aber: es ist nichts zu machen

zu|mal (↑ R 208); - [da]

um Bei|spiel (Abk.: z. B.); ↑ R 98

zu|mau|ern; zugemauert

zu|meist

zu|mes|sen; zugemessen

zum Exem|pel (zum Beispiel; Abk.: z. E.)

zu|min|dest, aber: zum mindesten

zum Teil (Abk.: z. T.)

zu|mut|bar; Zu|mut|bar|keit

zu|mu|te (↑ R 208); mir ist gut, schlecht -

zu|mu|ten; zugemutet; **Zu|mu|tung**

zum vor|aus [auch: - *forauß*] (seltener für: im voraus); ↑ R 65

zu|nächst; - ging er nach Hause; mit *Dat.*: - dem Hause od. dem Hause -; **Zu|nächst|lie|gen|de** *das;* -n (↑ R 7 ff.)

zu|na|geln; zugenagelt

zu|nä|hen; zugenäht

Zu|nah|me die; -, -n (Vermehrung)

Zu|na|me der; -ns, -n (Familienname; veralt. für: Beiname)

Zünd|ap|pa|rat; zünd|bar; Zünd|blätt|chen; Zun|del der; -s (veralt. für: Zunder); **zün|deln** (bes. österr. ugs. für: mit dem Feuer spielen); ich ...[e]le (↑ R 22); **zün|den; zün|dend;** -ste; **Zün|der** der; -s, - (ein Pilz; Zündmittel; Metallkunde: Oxydschicht [vgl. Oxyd]); **Zün|der** ([Gas-, Feuer]anzünder; Zündvorrichtung in Sprengkörpern; österr. auch svw. Zündhölzer); **Zun|der|pilz; Zünd_flam|me, ...holz, ...hölz|chen, ...hüt|chen, ...ka|bel, ...ker|ze, ...la|dung, ...na|del; Zünd|na|del|ge|wehr** (hist.); **Zünd_plätt|chen, ...schloß, ...schlüs|sel, ...schnur, ...stoff; Zün|dung; Zünd_ver|tei|ler, ...vor|rich|tung, ...zeit|punkt** (Kfz-Technik)

zu|neh|men; zugenommen; vgl. ab

zu|nei|gen; zugeneigt; **Zu|nei|gung**

Zunft die; -, Zünfte; **Zunft|ge|nos|se; zünf|tig** (ugs. auch für: ordentlich, tüchtig); **Zünft|ler** (frü-

---

her: Angehöriger einer Zunft); **Zunft_mei|ster, ...ord|nung, ...recht, ...zwang**

Zun|ge die; -, -n; **Zün|gel|chen; Züng|lein; zün|geln; Zun|gen|bre|cher; zun|gen|fer|tig; Zun|gen_fer|tig|keit** (die; -), **...kuß, ...laut** (für: Lingual); **Zun|gen-R** (↑ R 37); **Zun|gen_schlag, ...spit|ze, ...wurst; Züng|lein, Zün|gel|chen**

zu|n|ich|te (↑ R 208); - machen, werden

zu|nicken [*Trenn.:* ...nik|ken]; zugenickt

zu|nie|derst

Züns|ler der; -s, - (Kleinschmetterling)

zu|nut|ze (↑ R 208); sich etwas - machen, aber: zu Nutz u. Frommen

zu|ober|st

zu|or|den|bar; zu|ord|nen; zugeordnet; **Zu|ord|nung**

zu|packen [*Trenn.:* ...pak|ken]; zugepackt

zu|par|ken; ein zugeparkter Hof

zu|paß, zu|pas|se (↑ R 208); zupaß od. zupasse kommen

zup|fen; Zupf|gei|ge (ugs. veralt. für: Gitarre); **Zupf|gei|gen|hansl** der; -s, - (Liedersammlung); **Zupf|in|stru|ment**

zu|pfla|stern; zugepflastert

zu|pres|sen; zugepreßt

zu|pro|sten; zugeprostet

zur; ↑ R 17 (zu der); - Folge haben; sich - Ruhe begeben; sich - Ruhe setzen; - Schau stellen; zur Zeit (Abk.: z. Z., z. Zt.; vgl. Zeit). Über die Schreibung von „zur" als Teil eines *Eigennamens* vgl. zu

zu|ra|ten; zugeraten

zu|rau|nen; zugeraunt

Zür|cher; ↑ R 147 (schweiz. Form von: Züricher); **zür|che|risch** (schweiz. Form von: züricherisch)

zur Dis|po|si|ti|on [- ...*zion*] (zur Verfügung; Abk.: z. D.); - - stellen; **Zur|dis|po|si|ti|on[s]|stel|lung**

Zu|re|chen|bar|keit die; -; **zu|rech|nen;** zugerechnet; **Zu|rech|nung; zu|rech|nungs|fä|hig; Zu|rech|nungs|fä|hig|keit** die; -

zu|recht; *nur in Zus. mit Verben,* z. B. zurechtkommen usw., aber: zu Recht bestehen; **zu|recht_ba|steln, ...bie|gen, ...fin|den, sich, ...kom|men, ...le|gen, ...ma|chen** (ugs.), **...rücken** [*Trenn.:* ...rük|ken], **...set|zen, ...stel|len, ...stut|zen, ...wei|sen; Zu|recht|wei|sung; zu|recht|zim|mern**

zu|re|den; zugeredet; **Zu|re|den** *das;* -s; auf vieles -; trotz allem -, trotz allen oder alles -

---

zu|rei|chen; zugereicht; **zu|rei|chend;** -e Gründe

zu|rei|ten; zugeritten

Zü|rich [schweiz.: *zürich*] (Kanton u. Stadt in der Schweiz); vgl. Biet; **Zü|ri|cher,** in der Schweiz nur: Zür|cher (↑ R 147); **zü|ri|che|risch,** in der Schweiz nur: zür|che|risch; **Zü|rich|see** der; -s

Zu|rich|te|bo|gen (Druckw.); **zu|rich|ten;** zugerichtet; **Zu|rich|ten** *das;* -s; **Zu|rich|ter; Zu|rich|te|rei; Zu|rich|tung**

zu|rie|geln; zugeriegelt

zür|nen

zu|rol|len; zugerollt

zur|ren ⟨niederl.⟩ (Seemannsspr.: festbinden); **Zur|ring** der; -s, -s u. -e (Seemannsspr.: Leine zum Zurren)

Zur|schau|stel|lung

zu|rück; - sein; (↑ R 67:) es gibt kein Zurück mehr

zu|rück... (*in Zus. mit Verben,* z. B. zurücklegen, du legst zurück, wenn du zurücklegst, zurückgelegt, zurückzulegen)

zu|rück|be|hal|ten; er hat es zurückbehalten; **Zu|rück|be|hal|tung; Zu|rück|be|hal|tungs|recht** *das;* -[e]s

zu|rück|be|kom|men; sie hat es zurückbekommen

zu|rück|be|ru|fen; man hat ihn zurückberufen; **Zu|rück|be|ru|fung**

zu|rück|beu|gen; zurückgebeugt

zu|rück|bil|den; zurückgebildet; sich -

zu|rück|blei|ben; zurückgeblieben

zu|rück|blicken [*Trenn.:* ...blik|ken]; zurückgeblickt

zu|rück|brin|gen; zurückgebracht

zu|rück|däm|men; er hat zurückgedämmt

zu|rück|da|tie|ren (mit einem früheren Datum versehen); zurückdatiert

zu|rück|den|ken; zurückgedacht

zu|rück|drän|gen; er hat zurückgedrängt; **Zu|rück|drän|gung**

zu|rück|dre|hen; zurückgedreht

zu|rück|dür|fen (ugs.); zurückgedurft

zu|rück|er|bit|ten; zurückerbeten

zu|rück|er|hal|ten; wir haben alles zurückerhalten

zu|rück|er|obern; zurückerobert

zu|rück|er|stat|ten; zurückerstattet; **Zu|rück|er|stat|tung**

zu|rück|fah|ren; zurückgefahren

zu|rück|fal|len; zurückgefallen

zu|rück|flie|gen; zurückgeflogen

zu|rück|for|dern; zurückgefordert

zu|rück|fra|gen; zurückgefragt

zu|rück|füh|ren; zurückgeführt; **Zu|rück|füh|rung**

zu|rück|ge|ben; zurückgegeben

zu|rück|ge|hen; zurückgegangen

zu|rück|ge|win|nen; zurückgewonnen

zu|rück|ge|zo|gen; Zu|rück|ge|zo-gen|heit die; -

zu|rück|grei|fen; zurückgegriffen

zu|rück|ha|ben; etwas - wollen

zu|rück|hal|ten; zurückgehalten; zu|rück|hal|tend; Zu|rück|hal-tung

zu|rück|ho|len; zurückgeholt

zu|rück|keh|ren; zurückgekehrt

zu|rück|kom|men; zurückgekom-men

zu|rück|kön|nen (ugs.); zurückge-konnt

zu|rück|krie|gen (ugs.); zurückge-kriegt

zu|rück|las|sen; zurückgelassen; Zu|rück|las|sung; unter -

zu|rück|le|gen; (österr. auch für: [ein Amt] niederlegen); zurück-gelegt

zu|rück|leh|nen, sich; zurückge-lehnt

zu|rück|lie|gen; zurückgelegen

zu|rück|müs|sen (ugs.); zurückge-mußt

Zu|rück|nah|me die; -, -n; zu|rück-neh|men; zurückgenommen

zu|rück|pral|len; zurückgeprallt

zu|rück|ru|fen; zurückgerufen; ru-fen Sie bitte zurück!

zu|rück|schaf|fen; vgl. ¹schaffen

zu|rück|schal|ten; zurückgeschal-tet

zu|rück|schau|dern; zurückge-schaudert

zu|rück|schau|en; zurückgeschaut

zu|rück|scheu|en; zurückgescheut

zu|rück|schicken [Trenn.: ...schik-ken]; zurückgeschickt

zu|rück|schla|gen; zurückgeschla-gen

zu|rück|schnei|den; die Rosen wurden zurückgeschnitten

¹zu|rück|schrecken¹; er schrak zu-rück; er ist zurückgeschreckt, (selten:) er ist zurückgeschrok-ken; vgl. ¹schrecken; aber (übertr.): - vor etwas (etwas nicht wagen); er schreckte vor etwas zurück, ist vor etwas zurückge-schreckt; ²zu|rück|schrecken¹; das schreckte ihn zurück; vgl. ²schrecken

zu|rück|seh|nen, sich; zurückge-sehnt

zu|rück|sen|den; zurückgesandt u. zurückgesendet

zu|rück|set|zen; zurückgesetzt; Zu|rück|set|zung

zu|rück|spie|len; er hat den Ball zurückgespielt

zu|rück|stecken¹; zurückgesteckt

zu|rück|ste|hen; zurückgestanden

zu|rück|stel|len; (österr. auch für: zurückgeben, -senden); zurück-gestellt; Zu|rück|stel|lung

zu|rück|sto|ßen; zurückgestoßen

zu|rück|strah|len; zurückge-strahlt; Zu|rück|strah|lung

zu|rück|stu|fen; zurückgestuft; Zu|rück|stu|fung

zu|rück|trei|ben; zurückgetrieben

zu|rück|tre|ten; zurückgetreten

zu|rück|tun (ugs.); zurückgetan; einen Schritt -

zu|rück|ver|fol|gen; zurückver-folgt

zu|rück|ver|lan|gen; zurückver-langt

zu|rück|ver|set|zen; zurückver-setzt; sich -

zu|rück|ver|wei|sen; zurückver-wiesen

zu|rück|wei|chen; zurückgewichen

zu|rück|wei|sen; ein Angebot, ei-nen Vorwurf -; zurückgewiesen; Zu|rück|wei|sung

zu|rück|wer|fen; zurückgeworfen

zu|rück|wol|len (ugs.); zurückge-wollt

zu|rück|zah|len; zurückgezahlt; Zu|rück|zah|lung

zu|rück|zie|hen; zurückgezogen; sich -; Zu|rück|zie|her (seltener für: Rückzieher)

zu|rück|zucken¹; zurückgezuckt

Zu|ruf; zu|ru|fen; zugerufen

Zur|ver|fü|gung|stel|lung (Pa-pierdt.)

zur Zeit (Abk.: z. Z., z. Zt.); vgl. Zeit; er ist zur Zeit (derzeit, au-genblicklich) krank; er lebte zur Zeit (zu der Zeit) Goethes; schweiz. häufig u. österr.: zur-zeit; er ist zurzeit krank, aber: er lebte zur Zeit Goethes

Zu|sa|ge die; -, -n; zu|sa|gen; es sagt mir zu; zugesagt; zu|sa|gend (passend, willkommen)

zu|sam|men; - mit; Schreibung in Verbindung mit Verben (↑R 205 f.): 1. Getrenntschrei-bung, wenn „zusammen" bedeu-tet „gemeinsam, gleichzeitig", z. B. zusammen binden (gemein-sam, gleichzeitig binden); 2. Zu-sammenschreibung, wenn das mit „zusammen" verbundene Verb „vereinigen" bedeutet, z. B. zu-sammenbinden (in eins binden); ich binde zusammen; zusam-mengebunden; zusammenzubin-den

Zu|sam|men|ar|beit; zu|sam|men-ar|bei|ten (Tätigkeiten auf ein Ziel hin vereinigen); die beiden Firmen sind übereingekommen zusammenzuarbeiten; aber: es ist fraglich, ob die beiden zusam-men (gemeinsam) arbeiten kön-nen (vgl. zusammen u. ↑R 205)

zu|sam|men|bal|len (verdichten); die Wolken haben sich, das Ver-hängnis hat sich zusammenge-ballt (vgl. zusammen, 2 u. ↑R 205); Zu|sam|men|bal|lung

Zu|sam|men|bau (Plur. -e; für: Montage); zu|sam|men|bau|en; zusammengebaut (vgl. zusam-men, 2 u. ↑R 205)

zu|sam|men|bei|ßen; sie hat die Zähne zusammengebissen (vgl. zusammen, 2 u. ↑R 205)

zu|sam|men|bin|den (in eins bin-den); er hat die Blumen zusam-mengebunden (vgl. zusammen u. ↑R 205)

zu|sam|men|blei|ben (sich nicht wieder trennen); wir lieben uns und wollen zusammenbleiben; aber: wir können ja noch zu-sammen bleiben und uns die Bil-der ansehen (vgl. zusammen, 2 u. ↑R 205)

zu|sam|men|brau|en (ugs. für: aus verschiedenen Dingen mischen); was für ein Zeug hast du da zu-sammengebraut! (vgl. zusam-men, 2 u. ↑R 205); sich -

zu|sam|men|bre|chen (einstürzen; schwach werden); die Brücke ist zusammengebrochen; sein Vater ist völlig zusammengebrochen; (vgl. zusammen, 2 u. ↑R 205)

zu|sam|men|brin|gen (vereinigen); er hat die Gegner zusammenge-bracht; aber: sie werden das Gepäck zusammen (gemeinsam) bringen (vgl. zusammen u. ↑R 205)

Zu|sam|men|bruch der; -[e]s, ...brüche

zu|sam|men|drän|gen (auf engem Raum vereinigen); die Menge wurde von der Polizei zusam-mengedrängt (vgl. zusammen, 2 u. ↑R 205); sich -

zu|sam|men|drücken [Trenn.: ...drük|ken] (durch Drücken ver-kleinern); er hat die Schachtel zusammengedrückt; aber: sie haben die Schulbank zusammen (gemeinsam) gedrückt (vgl. zu-sammen u. ↑R 205); zu|sam|men-drück|bar

zu|sam|men|fah|ren (aufeinander-stoßen; erschrecken); die Rad-fahrer sind zusammengefahren; er ist bei dem Knall zusammen-gefahren; aber: sie sind zusam-men (gemeinsam) gefahren (vgl. zusammen u. ↑R 205)

Zu|sam|men|fall der; -[e]s; zu|sam-men|fal|len (einstürzen; gleich-zeitig erfolgen); das Haus ist zu-sammengefallen; Sonn- und Fei-ertag sind zusammengefallen; aber: die Kinder sind zusam-men gefallen (vgl. zusammen, 2 u. ↑R 205)

zu|sam|men|fal|ten; hast du das Papier zusammengefaltet? (vgl. zusammen, 2 u. ↑R 205)

zu|sam|men|fas|sen (raffen); er hat

---

¹ Trenn.: ...k|k...

¹ Trenn.: ...k|k...

den Inhalt der Rede zusammengefaßt; aber: sie haben den Verbrecher zusammen (gemeinsam) gefaßt (vgl. zusammen u. ↑R 205); Zu|sam|men|fas|sung
zu|sam|men|fin|den, sich (sich treffen); sie haben sich zu gemeinsamer Arbeit zusammengefunden (vgl. zusammen, 2 u. ↑R 205)
zu|sam|men|flicken [Trenn.: ...flik|ken] (ugs. für: notdürftig flicken; kunstlos zusammenfügen; auch übertr.:) der Arzt hat ihn wieder zusammengeflickt (vgl. zusammen, 2 u. ↑R 205)
zu|sam|men|flie|ßen (sich vereinen); wo Fulda und Werra zusammenfließen (vgl. zusammen, 2 u. ↑R 205); Zu|sam|men|fluß
zu|sam|men|fü|gen (vereinigen); er hat alles schön zusammengefügt (vgl. zusammen, 2 u. ↑R 205); sich -; Zu|sam|men|fü|gung
zu|sam|men|füh|ren (zueinander hinführen); die Flüchtlinge wurden zusammengeführt; aber: wir werden den Blinden zusammen (gemeinsam) führen (vgl. zusammen u. ↑R 205); Zu|sam|men|füh|rung
zu|sam|men|ge|hö|ren (eng verbunden sein); wir beide haben immer zusammengehört; aber: das Auto wird uns zusammen (gemeinsam) gehören (vgl. zusammen u. ↑R 205); zu|sam|men|ge|hö|rig; Zu|sam|men|ge|hö|rig|keit die;-; Zu|sam|men|ge|hö|rig|keits|ge|fühl
zu|sam|men|ge|setzt; -es Wort (für: Kompositum); -er Satz
zu|sam|men|ge|wür|felt
zu|sam|men|ha|ben (ugs. für: gesammelt haben); ich bin froh, daß wir jetzt das Geld dafür zusammenhaben (vgl. zusammen, 2 u. ↑R 205)
Zu|sam|men|halt; zu|sam|men|hal|ten (sich nicht trennen lassen; vereinigen); die beiden Freunde haben immer zusammengehalten; er hat die beiden Stoffe [vergleichend] zusammengehalten; aber: sie werden den Baumstamm zusammen (gemeinsam) halten (vgl. zusammen u. ↑R 205)
Zu|sam|men|hang; im od. in - stehen; ¹zu|sam|men|hän|gen; Ursache und Wirkung hängen zusammen; vgl. ¹hängen; ²zu|sam|men|hän|gen; er hängte die Bilder zusammen; vgl. ²hängen; (vgl. zusammen, 2 u. ↑R 205); zu|sam|men|hän|gend; zu|sam|men|hang[s]|los; Zu|sam|men|hang[s]|lo|sig|keit die;-
zu|sam|men|hau|en (ugs. für: schwer verprügeln; grob, un-

sachgemäß anfertigen); sie haben ihn in der Kneipe zusammengehauen; er hatte den Tisch in fünf Minuten zusammengehauen (vgl. zusammen, 2 u. ↑R 205)
zu|sam|men|hef|ten (durch Heften vereinigen); sie hat die Stoffreste zusammengeheftet (vgl. zusammen, 2 u. ↑R 205)
zu|sam|men|keh|ren (auf einen Haufen kehren); hast du die Krumen zusammengekehrt?; aber: wir können die Straße zusammen (gemeinsam) kehren (vgl. zusammen u. ↑R 205)
zu|sam|men|klap|pen (falten; ugs. für: zusammenbrechen); er hat den Fächer zusammengeklappt; er ist vor Erschöpfung zusammengeklappt (vgl. zusammen, 2 u. ↑R 205)
zu|sam|men|knei|fen (durch Kneifen [fast] schließen); er hat die Augen zusammengekniffen (vgl. zusammen, 2 u. ↑R 205)
zu|sam|men|knül|len (zu einer Kugel o. ä. knüllen); sie knüllte die Zeitung zusammen (vgl. zusammen, 2 u. ↑R 205)
zu|sam|men|kom|men (sich begegnen); die Mitglieder sind alle zusammengekommen; aber: wenn möglich, wollen wir zusammen (gemeinsam) kommen (vgl. zusammen u. ↑R 205)
zu|sam|men|krat|zen (ugs.); er hat sein Geld zusammengekratzt (vgl. zusammen, 2 u. ↑R 205)
Zu|sam|men|kunft die; -, ...künfte
zu|sam|men|läp|pern, sich (ugs.: sich aus kleinen Mengen ansammeln); die Ausgaben haben sich ganz schön zusammengeläppert (vgl. zusammen, 2 u. ↑R 205)
zu|sam|men|lau|fen (sich treffen; ineinanderfließen) die Menschen sind zusammengelaufen; die Farben sind zusammengelaufen; aber: wir wollen ein Stück zusammen (gemeinsam) laufen (vgl. zusammen u. ↑R 205)
zu|sam|men|le|ben; sie haben lange zusammengelebt (einen gemeinsamen Haushalt geführt); sie haben sich gut zusammengelebt (sich aufeinander eingestellt); (vgl. zusammen, 2 u. ↑R 205); Zu|sam|men|le|ben das;-s
zu|sam|men|leg|bar; zu|sam|men|le|gen (vereinigen; falten); die Grundstücke wurden zusammengelegt; das Tischtuch wurde zusammengelegt; (vgl. zusammen u. ↑R 205); Zu|sam|men|le|gung
zu|sam|men|le|sen (sammeln); er hat die Früchte zusammengelesen; aber: wir wollen das Buch

zusammen (gemeinsam) lesen (vgl. zusammen u. ↑R 205)
zu|sam|men|neh|men, sich (sich beherrschen); du hast dich heute sehr zusammengenommen (vgl. zusammen, 2 u. ↑R 205)
zu|sam|men|packen [Trenn.: ...pak|ken]; du kannst deine Sachen zusammenpacken; aber: wir wollten doch zusammen (gemeinsam) packen; (vgl. zusammen u. ↑R 205)
zu|sam|men|pas|sen; das hat gut zusammengepaßt (vgl. zusammen, 2 u. ↑R 205)
zu|sam|men|pfer|chen; wir wurden in einem kleinen Raum zusammengepfercht (vgl. zusammen, 2 u. ↑R 205)
Zu|sam|men|prall; zu|sam|men|pral|len (mit Wucht aneinanderstoßen); zwei Autos sind auf der Kreuzung zusammengeprallt (vgl. zusammen, 2 u. ↑R 205)
zu|sam|men|pres|sen (mit Kraft zusammendrücken); sie hatte die Hände zusammengepreßt (vgl. zusammen, 2 u. ↑R 205)
zu|sam|men|raf|fen (gierig an sich bringen); er hat ein großes Vermögen zusammengerafft (vgl. zusammen, 2 u. ↑R 205)
zu|sam|men|rau|fen (ugs. für: sich einigen); man hatte sich schließlich zusammengerauft (vgl. zusammen, 2 u. ↑R 205)
zu|sam|men|rei|men; ich kann mir das nicht zusammenreimen; wie reimt sich das zusammen?; zu|sam|men|gereimt (vgl. zusammen, 2 u. ↑R 205)
zu|sam|men|rei|ßen, sich (ugs. für: sich zusammennehmen); ich habe mich zusammengerissen (vgl. zusammen, 2 u. ↑R 205)
zu|sam|men|rol|len; sich -; ein zusammengerolltes Plakat (vgl. zusammen, 2 u. ↑R 205)
zu|sam|men|rot|ten, sich; die Meuterer hatten sich zusammengerottet (vgl. zusammen, 2 u. ↑R 205)
zu|sam|men|sacken [Trenn.: ...sak|ken] (ugs. für: zusammenbrechen); er ist unter der Last zusammengesackt (vgl. zusammen, 2 u. ↑R 205)
Zu|sam|men|schau die; -
zu|sam|men|schla|gen (ugs. für: schwer verprügeln); er hat ihn brutal zusammengeschlagen (vgl. zusammen, 2 u. ↑R 205)
zu|sam|men|schlie|ßen, sich (sich vereinigen); verschiedene Firmen haben sich zusammengeschlossen (vgl. zusammen, 2 u. ↑R 205); Zu|sam|men|schluß
zu|sam|men|schmel|zen (in eins schmelzen; kleiner werden); die Metalle wurden zusammenge-

schmolzen; ihr Vermögen ist zusammengeschmolzen (vgl. zusammen, 2 u. ↑R 205)

zu|s<u>a</u>m|men|schnü|ren (miteinander verbinden; einengen); sie hat die Kleidungsstücke zusammengeschnürt; die Angst hat seine Kehle zusammengeschnürt (vgl. zusammen, 2 u. ↑R 205)

zu|s<u>a</u>m|men|schrecken [*Trenn.:* ...schrek|ken]; vgl. ¹schrecken

zu|s<u>a</u>m|men|schrei|ben (in eins schreiben; aus anderen Büchern od. Schriftstücken zusammenstellen); die beiden Wörter werden zusammengeschrieben; dieses Buch ist aus anderen Büchern zusammengeschrieben; **aber:** wir wollen dieses Buch zusammen (gemeinsam) schreiben (vgl. zusammen u. ↑R 205); **Zu|s<u>a</u>m|men|schrei|bung**

zu|s<u>a</u>m|men|schrump|fen (kleiner werden); der Vorrat ist zusammengeschrumpft (vgl. zusammen, 2 u. ↑R 205)

zu|s<u>a</u>m|men|schwei|ßen (durch Schweißen verbinden; eng vereinigen); die Schienen wurden zusammengeschweißt; die Gefahr hat diese beiden Männer noch mehr zusammengeschweißt (vgl. zusammen, 2 u. ↑R 205)

zu|s<u>a</u>m|men|sein; wir werden den ganzen Tag zusammensein; sie sind immer zusammengewesen; **aber:** solange wir mit ihm zusammen sind, zusammen waren; **Zu|s<u>a</u>m|men|sein** *das;* -s

zu|s<u>a</u>m|men|set|zen (nebeneinandersetzen, zueinanderfügen); sie haben das Bild zusammengesetzt; sich - (vgl. zusammen, 2 u. ↑R 205); **Zu|s<u>a</u>m|men|set|zung**

zu|s<u>a</u>m|men|sit|zen (nebeneinandersitzen, gemeinsam irgendwo sitzen); sie haben den ganzen Abend zusammengesessen (vgl. zusammen, 2 u. ↑R 205)

Zu|s<u>a</u>m|men|spiel *das;* -[e]s (Sport); **zu|s<u>a</u>m|men|spie|len** (planvoll, aufeinander abgestimmt spielen); **aber:** die Kinder haben schön zusammen gespielt (gemeinsam gespielt); (vgl. zusammen u. ↑R 205)

zu|s<u>a</u>m|men|stau|chen (ugs. für: zurechtweisen); er hat ihn mal richtig zusammengestaucht (vgl. zusammen u. ↑R 205)

zu|s<u>a</u>m|men|ste|hen (gemeinsam irgendwo stehen; zusammenhalten); sie haben immer zusammengestanden (vgl. zusammen, 2 u. ↑R 205)

zu|s<u>a</u>m|men|stel|len (nebeneinanderstellen; zueinanderfügen); die Kinder haben sich zusammengestellt; das Menü wurde zusammengestellt (vgl. zusam-

men, 2 u. ↑R 205); **Zu|s<u>a</u>m|men|stel|lung**

zu|s<u>a</u>m|men|stim|men (übereinstimmen, harmonieren); seine Angaben, die Instrumente haben nicht zusammengestimmt (vgl. zusammen, 2 u. ↑R 205); **Zu|s<u>a</u>m|men|stim|mung**

Zu|s<u>a</u>m|men|stoß; zu|s<u>a</u>m|men|sto|ßen (aufeinanderprallen); zwei Autos sind zusammengestoßen (vgl. zusammen, 2 u. ↑R 205)

zu|s<u>a</u>m|men|strö|men (sich in großer Zahl vereinigen); die Menschen sind zusammengeströmt (vgl. zusammen, 2 u. ↑R 205)

zu|s<u>a</u>m|men|stür|zen (einstürzen); das Gerüst ist zusammengestürzt (vgl. zusammen, 2 u. ↑R 205)

zu|s<u>a</u>m|men|su|chen (von überallher suchend zusammentragen); ich mußte das Werkzeug erst zusammensuchen; **aber:** laßt uns zusammen (gemeinsam) suchen! (vgl. zusammen u. ↑R 205)

zu|s<u>a</u>m|men|tra|gen (sammeln); sie haben das Holz zusammengetragen; **aber:** ihr sollt den Sack zusammen (gemeinsam) tragen (vgl. zusammen u. ↑R 205)

zu|s<u>a</u>m|men|tref|fen (begegnen); sie sind im Theater zusammengetroffen (vgl. zusammen, 2 u. ↑R 205); **Zu|s<u>a</u>m|men|tref|fen** *das;* -s

zu|s<u>a</u>m|men|trom|meln (ugs. für: herbeirufen); er hat alle Freunde zusammengetrommelt (vgl. zusammen, 2 u. ↑R 205)

zu|s<u>a</u>m|men|tun (vereinigen); sie haben sich zusammengetan; **aber:** wir wollen das zusammen (gemeinsam) tun (vgl. zusammen u. ↑R 205)

zu|s<u>a</u>m|men|wach|sen (in eins wachsen); der Knochen ist wieder zusammengewachsen (vgl. zusammen, 2 u. ↑R 205)

zu|s<u>a</u>m|men|wir|ken (vereint wirken); hier haben alle Kräfte zusammengewirkt (vgl. zusammen, 2 u. ↑R 205); **Zu|s<u>a</u>m|men|wir|ken** *das;* -s

zu|s<u>a</u>m|men|zäh|len (addieren); sie hat die Zahlen zusammengezählt (vgl. zusammen, 2 u. ↑R 205); **Zu|s<u>a</u>m|men|zäh|lung**

zu|s<u>a</u>m|men|zie|hen (verengern; vereinigen; addieren); sie hat das Loch im Strumpf zusammengezogen; die Truppen wurden zusammengezogen; er hat die Zahlen zusammengezogen; sich -; **aber:** sie haben den Wagen zusammen (gemeinsam) gezogen (vgl. zusammen u. ↑R 205); **zu|s<u>a</u>m|men|zie|hend;** -es Mittel; **Zu|s<u>a</u>m|men|zie|hung**

zu|s<u>a</u>m|men|zucken [*Trenn.:* ...zuk|ken] (eine zuckende Bewegung

machen); ich bin bei dem Knall zusammengezuckt (vgl. zusammen, 2 u. ↑R 205)

zu|s<u>a</u>mt (veralt.); mit *Dat.:* - den Rindern

Zu|satz; Zu|satz_ab|kom|men, ...be|stim|mung, ...brems|leuch|te (Kfz-Technik), **...ge|rät; zu|sätz|lich** (hinzukommend); **Zu|satz_steu|er** *die,* **...ta|rif, ...ver|si|che|rung, ...zahl** (beim Lotto)

zu|schan|den (↑R 208); - machen, werden

zu|schan|zen (ugs. für: jmdm. zu etwas verhelfen); zugeschanzt

zu|schau|en; zugeschaut; **Zu|schau|er; Zu|schaue|rin** *die;* -, -nen (↑R 180); **Zu|schau|er_ku|lis|se** (Sport), **...rang, ...raum, ...tri|bü|ne, ...zahl**

zu|schau|feln; zugeschaufelt

zu|schicken [*Trenn.:* ...schik|ken]; zugeschickt

zu|schie|ben (ugs. auch für: [heimlich] zukommen lassen); er hat ihm diesen Vorteil zugeschoben

zu|schie|ßen (beisteuern); sie hat schon eine Menge Geld zugeschossen

Zu|schlag; zu|schla|gen ([sich] laut schließen; [bei einer Versteigerung] zuerteilen; losschlagen); zugeschlagen; **zu|schlag|frei; Zu|schlag|kar|te; zu|schlag|pflich|tig; Zu|schlag[s]_kal|ku|la|ti|on, ...satz; Zu|schlag|stoff** (Technik)

zu|schlie|ßen; zugeschlossen

zu|schnap|pen; zugeschnappt

zu|schnei|den; zugeschnitten; **Zu|schnei|der; Zu|schnitt**

zu|schnü|ren; zugeschnürt

zu|schrau|ben; zugeschraubt

zu|schrei|ben; die Schuld an diesem Unglück wird ihm zugeschrieben; **Zu|schrift**

zu|schul|den (↑R 208); sich etwas - kommen lassen

Zu|schuß; Zu|schuß_be|trieb, ...bo|gen, ...wirt|schaft (*die;* -)

zu|schu|stern (ugs. für: jmdm. etwas heimlich zukommen lassen; zusetzen); zugeschustert

zu|schüt|ten; zugeschüttet

zu|se|hen; zugesehen; (↑R 68:) bei genauerem Zusehen; **zu|se|hends** (rasch; offenkundig); **Zu|se|her** (österr. neben: Zuschauer)

zu|sein (ugs. für: geschlossen sein; der Laden ist zu, ist zugewesen, **aber:** ... daß der Laden zu ist, zu war

zu sei|ten (↑R 208); mit *Gen.:* - des Festzuges

zu|sen|den; vgl. senden; **Zu|sen|dung**

zu|set|zen; er hat mir tüchtig zugesetzt

zu|si|chern; zugesichert; **Zu|si|che|rung**

Zu|spät|kom|men|de der u. die; -n, -n (↑ R 7 ff.)

Zu|spei|se (österr., sonst veralt.)

zu|sper|ren; zugesperrt

Zu|spiel das; -[e]s (Sport); **zu|spie-len;** zugespielt

zu|spit|zen; die Lage hat sich zugespitzt; **Zu|spit|zung**

zu|spre|chen; zugesprochen; **Zu|spre|chung; Zu|spruch** der; -[e]s (Anklang, Zulauf; Trost); gro-ßen -, viel - haben

Zu|stand; zu|stan|de (↑ R 208); - bringen, kommen; **Zu|stan|de-brin|gen** das; -s; **Zu|stan|de|kom-men** das; -s; **zu|stän|dig** (maßge-bend); (österr.:) - sein nach (an-sässig sein in); **zu|stän|di|gen-orts; Zu|stän|dig|keit; zu|stän-dig|keits|hal|ber; zu|ständ|lich** (selten für: dem Zustand ent-sprechend; in dem Zustand ver-harrend); **Zu|stands.än|de|rung, ...glei|chung** (Physik), **...pas|siv** (Sprachw.)

zu|stat|ten; - kommen

zu|stecken [Trenn.:...stek|ken]; zu-gesteckt

zu|ste|hen; zugestanden

zu|stei|gen; zugestiegen

zu|stel|len; zugestellt; **Zu|stel|ler** (Amtsspr.); **Zu|stell|ge|bühr** (Postw.); **Zu|stel|lung; Zu|stell-ver|merk** (Postw.)

zu|steu|ern; zugesteuert

zu|stim|men; zugestimmt; **Zu-stim|mung**

zu|stop|fen; zugestopft

zu|sto|ßen; es ist ihm ein Unglück zugestoßen

zu|stre|ben; zugestrebt

Zu|strom der; -[e]s; **zu|strö|men;** zugeströmt

zu|stut|zen; zugestutzt

zu|ta|ge (↑ R 208); - bringen, för-dern, treten

Zu|tat (meist Plur.)

zu|teil (↑ R 208); - werden; **zu|tei-len;** zugeteilt; **Zu|tei|lung**

zu|tiefst (völlig; im Innersten)

zu|tra|gen (heimlich berichten); zugetragen; sich - (geschehen); **Zu|trä|ger; Zu|trä|ge|rei; zu-träg|lich; Zu|träg|lich|keit** die; -

zu|trau|en; er hat es mir zuge-traut; **Zu|trau|en** das; -s; **zu|trau-lich; Zu|trau|lich|keit**

zu|tref|fen; zugetroffen; **zu|tref-fend;** -ste; **Zu|tref|fen|de** das; - m (↑ R 7 ff.); Nichtzutreffendes streichen; **zu|tref|fen|den|falls;** vgl. Fall der

zu|trei|ben; zugetrieben

zu|trin|ken; zugetrunken

Zu|tritt der; -[e]s

zut|schen (landsch. für: lutschen, saugen); du zutschst (zutschest); er zutschte

zu|tu|lich, zu|tun|lich (zutraulich, anschmiegend); **zu|tun** (hinzufü-gen; schließen); ich habe kein Auge zugetan; **Zu|tun** das (Hilfe, Unterstützung), noch in: ohne mein -; **zu|tun|lich** vgl. zutulich

zu|un|gun|sten (zum Nachteil); ↑ R 208 (bei Voranstellung mit Gen.:) - vieler Antragsteller, (bei seltener Nachstellung mit Dat.:) dem Antragsteller -; vgl. Gunst

zu|un|terst; das Oberste - kehren

zu|ver|läs|sig; Zu|ver|läs|sig|keit die; -; **Zu|ver|läs|sig|keits.fahrt, ...prü|fung, ...test**

Zu|ver|sicht die; -; **zu|ver|sicht-lich; Zu|ver|sicht|lich|keit** die; -

zu|viel, zu viel; zuviel des Guten, aber: es sind zu viele Men-schen; er weiß zuviel, aber: er weiß viel, ja zu viel davon; du hast viel zuviel gesagt; besser zu-viel als zuwenig; **Zu|viel** das; -s (↑ R 67); ein Zuviel ist besser als ein Zuwenig

zu vie|ren, zu viert

zu|vor (vorher); meinen herzli-chen Glückwunsch -! *Schreibung in Verbindung mit Verben* (↑ R 205 f.): **a)** *Getrenntschreibung in ursprünglicher Bedeutung,* z. B. du sollst zuvor (vorher) kommen; **b)** *Zusammenschrei-bung,* wenn durch die Verbin-dung ein neuer Begriff entsteht, vgl. zuvorkommen, zuvortun

zu|vor|derst (ganz vorn); **zu|vör-derst** (veraltend für: zuerst)

zu|vor|kom|men; ↑ R 205 (schneller sein); ich komme ihm zuvor; zu-vorgekommen; zuvorzukom-men; aber: du sollst zuvor kommen (vorher kommen); **zu-vor|kom|mend;** -ste (liebenswür-dig); **Zu|vor|kom|men|heit** die; -

zu|vor|tun; ↑ R 205 (besser tun); ich tue es ihm zuvor; zuvorge-tan; zuvorzutun; aber: du sollst diese Arbeit zuvor (vorher) tun

Zu|waa|ge die; - (bayr., österr. für: Knochen[zugabe] zum Fleisch)

Zu|wachs der; -es, (fachspr.:) Zu-wächse (Vermehrung, Erhö-hung); **zu|wach|sen** (größer wer-den); es ist städtig Vermögen zu-gewachsen; **Zu|wachs|ra|te**

Zu|wan|de|rer; zu|wan|dern; zuge-wandert; **Zu|wan|de|rung**

zu|war|ten (untätig warten); zuge-wartet; **Zu|war|ten** das; -s

zu|we|ge; ↑ R 208 (fertig, gut im-stande) - bringen; [gut] - sein

zu|we|hen; zugeweht

zu|wei|len

zu|wei|sen; zugewiesen; **Zu|wei-sung**

zu|wen|den; er wandte od. wen-dete mich ihr zu; er hat sich ihr zugewandt od. zugewendet; **Zu-wen|dung**

zu|we|nig, zu wenig; du weißt zu-wenig, du weißt viel zuwenig, aber: du weißt auch zu wenig!; **Zu|we|nig** das; -s (↑ R 67); ein Zu-viel ist besser als ein Zuwenig

zu|wer|fen; zugeworfen

zu|wi|der; - sein, werden; dem Ge-bot -; das, er ist mir -; aber (↑ R 205): **zu|wi|der|han|deln** (Verbotenes tun); ich handle (handle) zuwider; zuwiderge-handelt; zuwiderzuhandeln; **zu-wi|der|han|delnd; Zu|wi|der|han-deln|de** der u. die;-n, -n (↑ R 7 ff.); **Zu|wi|der|hand|lung; zu|wi|der-lau|fen;** ↑ R 205 (entgegense-hen); sein Verhalten läuft mei-nen Absichten zuwider; zuwi-dergelaufen; zuwiderzulaufen

zu|win|ken; zugewinkt

zu|zah|len; zugezahlt; **zu|zäh|len;** zugezählt; **Zu|zah|lung; Zu|zäh-lung**

zu|zei|ten; ↑ R 208 (bisweilen), aber: zu Zeiten Karls d. Gr.

zu|zeln (bayr. u. österr. ugs. für: lutschen; lispeln); vgl. ...[e]le (↑ R 22)

zu|zie|hen; zugezogen; sich -; **Zu-zie|hung** die; -; **Zu|zug** (Zuzie-hen); **Zu|zü|ger** (schweiz. für: Zuzügler); **Zu|züg|ler; zu|züg-lich** (Kaufmannsspr.: unter Hin-zurechnung); *Präp. mit Gen.:* - der Transportkosten; ein allein-stehendes, stark gebeugtes Sub-stantiv steht im *Sing.* ungebeugt: - Porto; **Zu|zugs|ge|neh|mi|gung**

zu zwei|en, zu zweit

zu|zwin|kern; zugezwinkert

Zvie|ri [zfi'ri] der od. das; -s (bes. schweiz. mdal. für: Nachmit-tagsimbiß)

zwäcken [Trenn.: zwak|ken] (ugs. für: kneifen)

Zwang der; -[e]s, Zwänge; **zwän-gen** (bedrängen; klemmen; ein-pressen; nötigen); sich -; **zwang-haft;** -este; **Zwang|huf** der; -[e]s (eine Hufkrankheit); **zwang|läu-fig** (Technik); vgl. aber: zwangsläufig; **Zwang|läu|fig|keit** die; - (Technik); vgl. aber: Zwangsläufigkeit; **zwang|los;** -este; **Zwang|lo|sig|keit** die; -; **Zwangs_an|lei|he, ...ar|beit** (die; -), **...be|wirt|schaf|tung; Zwang-schie|ne** (bei Gleiskrümmungen, Weichen u. a.); **Zwangs_ein|wei-sung, ...er|näh|rung, ...hand|lung, ...hy|po|thek, ...jacke** [Trenn.: ...jak|ke], **...kurs** (Bankw.), **...la-ge; zwangs|läu|fig;** vgl. aber: zwangläufig; **Zwangs|läu|fig|keit** die; -; vgl. aber: Zwangläufig-keit; **Zwangs|li|zenz; zwangs|mä-ßig; Zwangs_maß|nah|me, ...mit-tel** das, **...neu|ro|se, ...räu|mung, ...re|gu|lie|rung** (Börse), **...spa-ren** (das; -s); **zwangs|um|sie|deln;** zwangsumgesiedelt; nur im Infi-nitiv u. 2. Partizip gebräuchlich; Zwangs_ver|fah|ren, ...ver|gleich; zwangs|ver|schicken[1]; vgl. zwangsumsiedeln; Zwangs|ver|si|che|rung; zwangs|ver|stei|gern; vgl. zwangsumsiedeln; Zwangs_ver|stei|ge|rung, ...ver|wal|tung, ...voll|streckung[1], ...vor|füh|rung, ...vor|stel|lung; zwangs|wei|se; Zwangs|wirt|schaft

zwan|zig usw. vgl. achtzig usw.; zwan|zi|ger; die goldenen - Jahre, die goldenen Zwanziger; Zwan|zig|flach das; -[e]s, -e, Zwan|zig|flä|ch|ner (für: Ikosaeder); zwan|zig|jäh|rig vgl. achtjährig; Zwan|zig|mark|schein (mit Ziffern: 20-Mark-Schein; ↑R 43); Zwan|zig|pfen|nig|mar|ke (mit Ziffern: 20-Pfennig-Marke, 20-Pf-Marke; ↑R 43); zwan|zig|ste; (↑R 157:) Zwanzigster (20.) Juli (20. Juli 1944, der Tag des Attentats auf Hitler); vgl. achte; zwan|zig|tau|send; Zwan|zig|uhr|nach|rich|ten Plur.; Zwan|zig|uhr|vor|stel|lung

zwar; er ist zwar alt, aber rüstig; viele Sorten, und zwar ...

zwät|ze|lig (südwestd., bayr., westmitteld. für: zappelig); zwät|zeln (südwestd., bayr., westmitteld. für: zappeln, unruhig sein); ich ...[e]le (↑R 22)

Zweck der; -[e]s, -e (Ziel[punkt]; Absicht; Sinn); zwecks (vgl. d.); zum Zweck[e]; Zweck_auf|wand (Finanzw.), ...bau (Plur. ...bauten), ...bin|dung (Finanzw.); zweck|dien|lich; Zweck|dien|lich|keit die; -; Zwęcke die; -, -n [Trenn.: Zwek|ke] (Nagel, Metallstift); zwecken [Trenn.: zwek|ken] (veralt. für: mit Zwecken befestigen); zweck|ent|frem|den; zweckentfremdet; meist nur im Infinitiv u. 2. Partizip gebr.; Zweck|ent|frem|dung; zweck-_ent|spre|chend (-ste), ...frei, ...ge|bun|den, ...ge|mäß, ...haft, ...los (-este); Zweck|lo|sig|keit die; -; zweck|mä|ßig; zweck|mä|ßi|ger|wei|se; Zweck|mä|ßig|keit die; -; Zweck|mä|ßig|keits|er|wä|gung; Zweck_op|ti|mis|mus, ...pes|si|mis|mus, ...pro|pa|gan|da; zwecks; ↑R 62 (Amtsdt. für: zum Zweck von); mit Gen.: zwecks eines Handels (dafür besser der Präp. „zu" od. Nebensatz); Zweck_satz (für: Finalsatz), ...spa|ren (das; -s), ...steu|er die, ...stil, ...ver|band (Vereinigung von [wirtschaftlichen] Unternehmungen), ...ver|mö|gen (Rechtsw.); zweck_voll, ...wid|rig

zween vgl. zwei

Zweh|le die; -, -n (westmitteld. für: Tisch-, Handtuch)

_____
[1] Trenn.: ...k|k...

---

zwei[1]; Gen. zweier, Dat. zweien, zwei; wir sind zu zweien od. zu zweit; herzliche Grüße von uns zweien (↑R 66); (↑R 8:) zweier guter (selten: guten) Menschen; zweier Liebenden (seltener: Liebender); vgl. acht, drei; Zwei die; -, -en (Zahl); eine Zwei würfeln; er hat in Latein eine Zwei geschrieben; vgl. [1]Acht u. Eins; Zwei|ach|ser (Wagen mit zwei Achsen; mit Ziffer: 2achser; ↑R 212); zwei_ach|sig, ...ak|tig, ...ar|mig, ...bei|nig; Zwei|bett|zim|mer (mit Ziffer: 2-Bett-Zimmer; ↑R 43)

Zwei|brücken[2] (Stadt in Rheinland-Pfalz); Zwei|brücker[2], Zwei|brücke|ner[2] (↑R 147)

Zwei_bund (der; -[e]s; hist.), ...decker [Trenn.: ...dek|ker] (Flugzeug); zwei_deu|tig; Zwei|deu|tig|keit; zwei|di|men|sio|nal; Zwei|e|drit|tel|mehr|heit; zwei|ei|ig; zwei|ein|halb, zwei|und|ein|halb; Zweier; vgl. Achter; Zwei_er_be|zie|hung, ...bob, ...ka|jak; zwei|er|lei; Zwei|er|rei|he; zwei|fach; vgl. zwiefach; Zwei|fa|che das; -n; vgl. Achtfache; Zwei_fa|mi|li|en|haus, ...far|ben|druck (Plur. ...drucke); zwei|far|big

Zwei|fel der; -s, -; zwei|fel.haft (-este), ...los; zwei|feln; ich ...[e]le (↑R 22); Zwei|fels|fall der; im -[e]s; Zwei|fels|fra|ge; zwei|fels|frei; zwei|fels|oh|ne; Zwei|fels|sucht die; -; Zweif|ler; zwei|fle|risch

zwei.flü|ge|lig, ...flüg|lig; Zwei|flüg|ler der; -s, - (Zool.); Zwei|fron|ten|krieg

[1]Zweig, Arnold (dt. Schriftsteller)

[2]Zweig, Stefan (österr. Schriftsteller)

[3]Zweig der; -[e]s, -e; Zweig|bahn zwei|ge|lei|sig, zwei|glei|sig; zwei|ge|schlech|tig, Zwei-ge|schlech|tig|keit (die; -), ...ge|spann, ...ge|spräch (veralt., aber noch mdal. für: Zwiegespräch); zwei|ge|stri|chen (Musik); -e Note

Zweig|ge|schäft

zwei|glei|sig; zwei|ge|lei|sig

_____
[1] Die Formen „zween" für das männliche, „zwo" für das weibliche Geschlecht sind veraltet. Wegen der leichteren Unterscheidbarkeit von „drei" ist „zwo" (ohne Unterschied des Geschlechtes) in neuerer Zeit im Fernsprechverkehr üblich geworden und von da in die Umgangssprache gedrungen. Die veraltete Form „zwote" für die Ordnungszahl „zweite" ist gleichfalls sehr verbreitet.

[2] Trenn.: ...k|k...

---

zwei.glie|de|rig, ...glied|rig

Zweig_li.li|nie, ...nie|der|las|sung, ...post|amt, ...stel|le, ...werk

Zwei|hän|der (Schwert, das mit beiden Händen geführt wird); zwei|hän|dig; zwei|häu|sig (Bot.: mit männl. u. weibl. Blüten nicht auf einer Pflanze); Zwei|heit die; - (für: Dualismus); zwei_hen|ke|lig, ...henk|lig; zwei|hun|dert; vgl. hundert; Zwei_kam|mer|sy|stem; Zwei|kampf; zwei|keim|blät|te|rig, zwei|keim|blätt|rig (Bot.); -e Pflanzen (Pflanzen mit zwei Keimblättern); zwei|köp|fig; Zwei_kreis_brem|se, ...sy|stem (Finanzw.); zwei|mäh|dig (svw. zweischürig); zwei|mal; (↑R 32:) ein- bis zweimal (1- bis 2mal); vgl. achtmal; zwei|ma|lig; Zwei|mann|boot (mit Ziffer: 2-Mann-Boot; ↑R 43); Zwei|mark|stück (mit Ziffer: 2-Mark-Stück; ↑R 43); Zwei|ma|ster (Segelschiff); zwei_mo|to|rig; Zwei|par|tei|en|sy|stem; Zwei_phasen|strom; 2π-fach [...pi...] (↑R 37); Zwei|rad; zwei|rad|in|du|strie; zwei_räde|rig, ...räd|rig; Zwei_rei|her, ...rei|hig; zwei|sam (dicht.); Zwei|sam|keit (dicht.); zwei|schlä|fe|rig, zwei|schlä|f|rig; zwei|schläf|rig vgl. ein|schlä|ferig; zwei|schnei|dig; zwei|schü|rig (von der Wiese: zwei Ernten liefernd); zwei|sei|tig, zwei|sil|big; Zwei|sit|zer (Wagen, Motorrad u. a. mit zwei Sitzen); zwei|sitzig; zwei|spal|tig; Zwei|spän|ner (Wagen mit zwei Zweigespann); zwei_spän|nig, ...spra|chig; Zweisprachig|keit die; -; zwei|spu|rig; zwei|stel|lig; -e Zahlen; zwei_stim|mig; zwei|stöckig [Trenn. ...stök|kig]; zwei|strah|lig; Zwei_strom|land; zwei_stück|wei|se (↑R 41), zwei|stu|fen|ra|ke|te; zwei|stu|fig; zwei|stün|dig (zwei Stunden dauernd); -e Fahrt zwei|stünd|lich (alle zwei Stunden [wiederkehrend]); - einer Eßlöffel voll; vgl. zwei; Zwei|tak|ter (ugs. für: Zweitaktmotor od. damit ausgerüstetes Kraftfahrzeug); Zwei|takt|mo|tor; zwei|tau|send; vgl. tausend; Zweit_aus|fer|ti|gung; zweit|be|ste; Zweit|druck (Plur. ...drucke); zwei|te[1]; I Kleinschreibung (↑R 66): er hat wie kein zweiter (anderer) gearbeitet; zum ersten, zum zweiten, zum dritten; die zweite Geige spielen; er ist zweiter Geiger; et was aus zweiter Hand kaufen; e ist sein zweites Ich (beste

_____
[1] Über die veraltete Form „zwote" vgl. Anm. Sp. 2.

Freund); in zweiter Linie; zweites Mittelwort, Partizip (vgl. d.); das ist ihm zur zweiten Natur geworden; das zweite Programm; der zweite Rang; er singt die zweite Stimme; der zweite Stock eines Hauses; die zweite Bundesliga; der zweite (häufig bereits als Name: Zweite) Weltkrieg. **II.** *Großschreibung:* **a)** (↑R 66:) es ist noch ein Zweites zu erwähnen; **b)** (↑R 157:) Zweites Deutsches Fernsehen (Abk.: ZDF); die Zweite Gesicht (Gabe, Zukünftiges vorauszusehen); die Zweite Republik (Staatsform Österreichs nach 1945); vgl. achte u. erste; **zwei|teillig; Zwei|teilung; zwei|tens; Zwei|te[r]-Klas-se-Ab|teil** (↑R 41); **Zweit.fahr-zeug, ...fri|sur** (Perücke), **...ge-rät; zweit.größ|te, ...höch|ste; zweit|klas|sig; Zweit|klaß|wa|gen** (schweiz.); **zweit|letz|te;** vgl. drittletzte; **Zwei|tou|ren|ma|schi-ne** [...*tu*...] (Druckw.); **zwei|tou-rig** [...*tu*...]; **zweit|ran|gig; zweit-schlech|te|ste; Zweit.schlüs|sel, ...schrift, ...stim|me, ...wa|gen, ...woh|nung; zwei|[und]ein|halb; zwei|und|zwan|zig;** vgl. acht; **zwei|wer|tig; Zwei.zei|ler, ...zü-ger** (*der;* -s, -; mit zwei Zügen zu lösende Schachaufgabe), **...zy-lin|der** (ugs. für: Zweizylinder-motor od. damit ausgerüstetes Kraftfahrzeug; **Zwei|zy|lin|der-mo|tor; zwei|zy|lin|drig** (mit Ziffer: 2zylindrig; ↑R 212)
ˈwen|ke *die;* -, -n (ein Süßgras)
werch (quer); **Zwerch|fell; zwerch|fell|at|mung** *die;* -; **zwerch|fell|er|schüt|ternd**
werg *der;* -[e]s, -e; **zwerg|ar|tig;** **Zwerg|baum; zwer|gen|haft,** -este; **Zwer|gen|kö|nig; zwerg-haft,** -este; **Zwerg|haf|tig|keit** *die;* -; **Zwerg|huhn; zwerg|ig; Zwer|gin** *die;* -, -nen; **Zwerg.kie-fer** *die,* ...obst, ...pin|scher, ...pu-del, **...staat** (*Plur.* ...staaten), **...volk, ...wuchs**
wet|sche *die;* -, -n; **Zwet|schen-mus, ...schnaps; Zwetsch|ge** (südd., schweiz. u. fachspr. für: Zwetsche); **Zwetsch|ke** (bes. österr. für: Zwetsche); **Zwetsch-ken-knö|del** (österr.), **...rö|ster** *der;* -s, -; österr. für: gedünstete Pflaumen)
ˈwickau (↑R 179 (Stadt im Bezirk Karl-Marx-Stadt)); **Zwickau|er** ˈ↑R 147, R 179)
wicke[*die;* -, -n (Zange zum Zwicken; auch: als Zwilling mit einem männl. Kalb geborenes ˈKuhkalb; veralt. für: Zwecke); **Zwickel[** *der;* -s, -s (keilförmiger

Trenn.: ...k|k...

Stoffeinsatz; Bauw.: dreieckiges Verbindungsstück); **zwicken**[(ugs. für: kneifen); er zwickt ihn (auch: ihm) ins Bein; **Zwicker[** (Klemmer, Kneifer); **Zwick-müh|le** (Stellung im Mühlespiel) **Zwie|back** *der;* -[e]s, ...bäcke u. -e **Zwie|bel** *die;* -, -n ⟨lat.⟩; **Zwie|bel-chen, Zwie|be|lein; Zwie|bel-fisch** (meist *Plur.;* Druckw.: fälschlich aus anderen Schriften gesetzte Buchstaben od. durch-einanderliegende Buchstaben verschiedener Schrifttypen), **...ge|wächs, ...hau|be** (Turmdach-form), **...ku|chen, ...mu|ster** (*das;* -s; beliebtes Muster der Meißner Porzellanmanufaktur); **zwie|beln** (ugs. für: quälen; übertrieben Anforderungen stellen); ich ...[e]le (↑R 22); **Zwie|bel.ring, ...scha|le, ...sup|pe, ...turm**
Zwie|bra|che *die;* -, -n (veralt. für: zweites Pflügen des Brachackers im Spätjahr); **zwie|fach,** zwei-fach (vgl. d.); **zwie|fäl|tig; Zwie-ge|sang; Zwie|ge|spräch;** vgl. Zweigespräch; **Zwie|laut** (für: Diphthong); **Zwie|licht** *das;* -[e]s; **zwie|lich|tig; Zwie|na|tur**
ˈ**Zwie|sel** (Stadt in Bayern)
²**Zwie|sel** *die;* -, -n, auch: *der;* -s, - (mdal. für: Gabelzweig; Gabe-lung); **Zwie|sel.bee|re** (mdal. für: Vogelkirsche), **...dorn** (*Plur.* ...dörner; mdal. für: Stechpal-me); **zwie|se|lig, zwies|lig** (mdal. für: gespalten); **zwie|seln, sich** (mdal. für: sich gabeln, spalten) **Zwie|spalt** *der;* -[e]s, (selten:) -e u. ...spälte; **zwie|späl|tig; Zwie-späl|tig|keit** *die;* -; **Zwie|spra-che; Zwie|tracht** *die;* -; **zwie-trächtig**
Zwilch *der;* -[e]s, -e (svw. Zwil-lich); **zwil|chen** (aus Zwilch); **Zwilch|ho|se**
Zwil|le *die;* -, -n (niederd. für: Holzgabel; kleine Schleuder)
Zwil|lich *der;* -s, -e (Gewebe)
Zwil|ling *der;* -s, -e; **Zwil|lings-bru|der, ...for|mel** (Sprachw.), **...for|schung, ...frucht, ...ge|burt, ...paar, ...rei|fen, ...schwe|ster**
Zwing.burg; Zwin|ge *die;* -, -n (Metallklappe, -schließe); **zwin-gen;** du zwangst (zwangest); du zwängest; gezwungen; zwing[e]!; **zwin|gend; Zwin|ger** (Gang, Platz zwischen innerer u. äußerer Burgmauer; fester Turm; Käfig für wilde Tiere; umzäunter Aus-lauf für Hunde); Dresdener Zwin-ger (Barockbauwerk in Dres-den); **Zwing.herr, ...herr|schaft Zwing|li** (schweiz. Reformator); **Zwing|lia|ner;** ↑R 180 (Anhänger der Lehre Zwinglis)

ˈ *Trenn.:* ...k|k...

zwin|ken (veralt. für: zwinkern); **zwin|kern;** ich ...ere (↑R 22) **zwir|beln;** ich ...[e]le (↑R 22) **Zwirn** *der;* -[e]s, (Kaufmannsspr. für: Zwirnarten:) -e; ˈ**zwir|nen** (von, aus Zwirn); ²**zwir|nen** (Gar-ne zusammendrehen); **Zwir|ne-rei** (Zwirnarbeit; Zwirnfabrik); **Zwirns|fa|den** (*Plur.* ...fäden) **zwi|schen;** mit *Dat.* od. *Akk.:* - den Tischen stehen, aber: - die Ti-sche stellen; inzwischen; die Ge-gensätze zwischen den Arbeitge-bern und den Arbeitnehmern (= zwischen der Arbeitgeberschaft u. der Arbeitnehmerschaft), aber: die Gegensätze zwischen den Arbeitgebern (= innerhalb der Arbeitgeberschaft) und zwi-schen den Arbeitnehmern (= in-nerhalb der Arbeitnehmer-schaft); **Zwi|schen|akt; Zwi-schen|akt|mu|sik; Zwi|schen.ap-plaus, ...aus|lands|ver|kehr** (*der;* -s; für: Transitverkehr), **...be-mer|kung, ...be|scheid, ...bi|lanz; zwi|schen|blen|den** (Film); zwi-schengeblendet; nur im Infinitiv u. 2. Partizip gebräuchlich; **Zwi-schen.buch|han|del, ...deck, ...ding; zwi|schen|drein** (ugs.: Frage: wohin?); - legen; **zwi-schen|drin** (ugs.: Frage: wo?); - liegen; **zwi|schen|durch** (ugs.): - fallen; **zwi|schen|ein** (seltener für: zwischendurch); **Zwi|schen-er|geb|nis, ...fall** *der,* **...fi|nan-zie|rung, ...fra|ge, ...gas, ...ge-richt** (Gastr.), **...ge|schoß, ...glied, ...grö|ße, ...han|del, ...händ|ler; zwi|schen|hin|ein** (ugs.); **Zwi|schen.hirn, ...hoch** (Meteor.); **zwi|schen|in|ne** (mdal.); **Zwi|schen.kie|fer[kno-chen], ...knor|pel, ...la|ge|rung; zwi|schen|lan|den;** zwischenge-landet; (selten:) das Flugzeug landet in Rom zwischen; meist nur im Infinitiv u. 2. Partizip ge-bräuchlich; **Zwi|schen.lan|dung, ...lauf** (Sport), **...lö|sung, ...mahl-zeit; zwi|schen|mensch|lich; Zwi-schen.prü|fung, ...raum, ...reich, ...ruf, ...ru|fer, ...run|de, ...satz** (Sprachw.), **...spiel, ...spurt; zwi-schen|staat|lich** (auch für: inter-national); **Zwi|schen.sta|ti|on, ...stu|fe, ...trä|ger, ...wand, ...wirt** (Biol.), **...zeit; zwi|schen|zeit-lich; Zwi|schen.zeug|nis, ...zin-sen** *Plur.*
Zwist *der;* -es, -e; **zwi|stig** (veralt.); **Zwi|stig|keit**
zwit|schern; ich ...ere (↑R 22) **Zwit|ter** *der;* -s, - (Wesen mit männl. u. weibl. Geschlechts-merkmalen); **Zwit|ter.bil|dung, ...blü|te, ...form; zwit|ter|haft; Zwit|ter|haf|tig|keit** *die;* -; **zwit-te|rig, zwittrig; Zwit|ter.stel-**

lung, ...we|sen (das; -s); zwitt|rig, zwit|te|rig; Zwitt|rig|keit die; - zwo vgl. zwei
zwölf; wir sind zu zwölfen od. zu zwölft; es ist fünf [Minuten] vor zwölf (ugs. auch übertr. für: es ist allerhöchste Zeit); die zwölf Apostel; (↑R 157:) die Zwölf Nächte (nach Weihnachten), auch „Zwölften“ genannt; vgl. acht; Zwölf die; -, -en (Zahl); vgl. ¹Acht; Zwölf|lach|ser (Wagen mit zwölf Achsen; mit Ziffern: 12achser; ↑R 212); zwölf|ach|sig (mit Ziffern: 12achsig; ↑R 212); Zwölf|eck; zwölf|eckig [Trenn.: ...ek|kig]; zwölf|ein|halb, zwölf- und|ein|halb; Zwölf|en|der; Zwölf|fer; vgl. Achter; zwölf|fer|lei; zwölf|fach; Zwölf|fa|che das; -n; vgl. Achtfache; Zwölf|fin|ger|darm; Zwölf|flach das; -[e]s, -e, Zwölf|fläch|ner (für: Dodekaeder); Zwölf|kampf (Turnen); zwölf|mal; vgl. achtmal; zwölf- ma|lig; Zwölf|mei|len|zo|ne; zwölft; vgl. zwölf; Zwölf|ta|fel|ge|set|ze Plur.; zwölf|tau|send; vgl. tausend; zwölf|te; vgl. achte; zwölf|tel; vgl. achtel; Zwölf|tel das (schweiz. meist: der); -s, -; vgl. Achtel; Zwölf|ten Plur. (die „Zwölf Nächte“; vgl. zwölf); zwölf|tens; Zwölf|tö|ner (Vertreter der Zwölftonmusik); Zwölf- ton|mu|sik die; - (Kompositionsstil; Zwölf|ton|ner (mit Ziffern: 12tonner; ↑R 212); zwölf|[und]- ein|halb; Zwölf|zy|lin|der (ugs. für: Zwölfzylindermotor od. damit ausgerüstetes Kraftfahrzeug); Zwölf|zy|lin|der|mo|tor; zwölf|zy|lin|drig (mit Ziffern: 12zylindrig; ↑R 212)
zwol|te vgl. zwei
z. Wv. = zur Wiederverwendung; zur Wiedervorlage
z.w.V. = zur weiteren Veranlassung
Zy|an (chem. fachspr.:) Cy|an [zü...] das; -s ⟨griech.⟩ (chem. Verbindung aus Kohlenstoff u. Stickstoff); Zya|ne die; -, -n; ↑R 180 (Kornblume); Zya|nid das; -s, -e (Salz der Blausäure); Zy|an|kali, (älter:) Zy|an|ka|lium das; -s (stark giftiges Kaliumsalz der Blausäure); Zya|no|se die; -, -n; ↑R 180 (Med.: bläuliche Verfärbung der Haut);

Zya|no|ty|pie die; -, ...ien; ↑R 180 (spez. Lichtpausverfahren [nur Sing.]; Kopie nach diesem Verfahren)
Zya|thus vgl. Kyathos
Zy|go|ma [auch: zügóma] das; -s, ...omata ⟨griech.⟩ (Jochbogen [Schädelknochen]); zy|go|morph (Bot.: mit nur einer Symmetrieebene [von Blüten]); Zy|go|te die; -, -n (Biol.: die befruchtete Eizelle nach der Verschmelzung der beiden Geschlechtskerne)
Zy|kla|den vgl. Kykladen; Zy|kla|me die; -, -n ⟨griech.⟩ (österr. für: Zyklamen); Zy|kla|men das; -s, - (Alpenveilchen); Zy|klen (Plur. von: Zyklus); Zy|kli|de die; -, -n (Math.: Fläche vierten Grades); Zy|kli|ker [auch: zü...] (altgriech. Dichter von Epen, die später zu einem Zyklus mit Ilias und Odyssee als Mittelpunkt gestaltet wurden); zy|klisch [auch: zü...], (chem. fachspr.:) cy|clisch (kreisläufig, -förmig; sich auf einen Zyklus beziehend; regelmäßig wiederkehrend); Zy|kloi|de die; -, -n (math. Kurve); Zy|klo- id|schup|pe (dünne Fischschuppe mit hinten abgerundetem Rand); Zy|klon der; -s, -e ⟨engl.⟩ (Wirbelsturm; Fliehkraftabscheider [für Staub]); Zy|klo|ne die; -, -n (Meteor.: Tiefdruckgebiet); Zy|klop der; -en, -en; ↑R 179 (einäugiger Riese der griech. Sage); Zy|klo|pen|mau|er (frühgeschichtl. Mauer aus unbehauenen Bruchsteinen); Zy|klo|pie die; - (Med.: Gesichtsmißbildung); zy|klo|pisch (riesenhaft); zy|klo|thym (Psych.: [seelisch] aufgeschlossen, gesellig mit wechselnder Stimmung); Zy|klo|tron [auch: zü..., ...trón] das; -s, -s, auch: ...one (Beschleuniger für positiv geladene Elementarteilchen); Zy|klus [auch: zü...] der; -, Zyklen (Kreis[lauf]; Folge; Reihe)
Zy|lin|der [zi... auch: zü...] der; -s, - ⟨griech.⟩ (Walze; röhrenförmiger Hohlkörper; Stiefel [bei Pumpen]; hoher Herrenhut); Sechszylinder (ugs. für: Sechszylindermotor od. damit ausgestattetes Kraftfahrzeug); Zy|lin|der- block (Plur. ...blöcke), ...glas (nur in einer Richtung gekrümm-

tes Brillenglas), ...hut der ...kopf, ...pro|jek|ti|on (Kartendarstellung besonderer Art) ...zy|lin|drig (z. B. zweizylindrig mit Ziffer: 2zylindrig [mit 2 Zy lindern versehen]; ↑R 212); zy lin|drisch (walzenförmig)
Zy|ma|se die; - ⟨griech.⟩ (Gärung bewirkende Fermente); Zy|mo lo|gie die; - (Gärungslehre); Zy mo|tech|nik die; - (Gärungstech nik; zy|mo|tisch (Gärung bewir kend)
Zy|ni|ker ⟨griech.⟩ (zynische Mensch); vgl. aber: Kyniker zy|nisch (auf grausame, beleidi gende Weise spöttisch); Zy|nis mus der; -, ...men (philos. Rich tung der Kyniker [nur Sing.]; zy nische Einstellung [nur Sing.] zynische Äußerung)
Zy|per.gras (einjähriges Ried gras), ...kat|ze; Zy|pern (Insel staat im Mittelmeer); Zy|per wein; Zy|prer (Bewohner voi Zypern)
Zy|pres|se die; -, -n ⟨griech.⟩ (ei Nadelbaum); zy|pres|sen (au Zypressenholz); Zy|pres|sen -hain, ...holz
Zy|pri|an, Zy|pri|ot der; -en, -e vgl. Zyprer; zy|pri|o|tisch (↑ 180), zy|prisch (von Zypern) zy|ril|lisch vgl. ↑R 180 (ein Heilige zy|ril|lisch vgl. kyrillischen
Zyst|al|gie die; -, ...ien ⟨griech (Med.: Blasenschmerz); Zy|st die; -, -n (Med.: Blase; G schwulst); Zyst|ek|to|mie die -n [...i'n] (Med.: operative En fernung einer Zyste); zy|stisc (Med.: blasenartig; auf die Zys bezüglich); Zy|sto|skop das; -e (Med.: Blasenspiegel)
Zy|to|de die; -, -n ⟨griech.⟩ (kernle ses Protoplasmaklümpchen); z to|gen (von der Zelle gebildet Zy|to|lo|gie die; - (Zellenlehre Zy|to|plas|ma (Zellplasma); Zy to|sta|ti|kum das; -s, ...ka (Med das Zellwachstum hemmenc Substanz); Zy|to|stom das; -s, - u. Zy|to|sto|ma das; -s, -ta (Biol Zellmund der Einzeller); zy|lte to|xisch (Med., Biol.: [die Zell schädigend, vergiftend)
Zz. = Zinszahl
z. Z., z. Zt. = zur Zeit; vgl. Zeit

Wußten Sie, daß es insgesamt zehn DUDEN-Bände gibt? Daß die Rechtschreibung, der berühmte DUDEN, der erste Band dieser Reihe ist?

Band 2: Das Stilwörterbuch
Grundlegend für gutes Deutsch

6., völlig neu bearbeitete und stark erweiterte Auflage. Bearbeitet von Günther Drosdowski unter Mitwirkung folgender Mitarbeiter der DUDEN-Redaktion: D. Berger, M. Dose, J. Ebner, D. Mang, C. Schrupp, J. Werlin. 846 Seiten.

Wie es verbindliche Formen des Umgangs gibt, so gibt es auch verbindliche sprachliche Umgangsformen. Voraussetzung für einen guten persönlichen Stil ist die Vertrautheit mit diesen Umgangsformen, ist die Kenntnis des Zusammenspiels der Wörter, die Sicherheit in der Wortwahl und die Beherrschung der stilistischen Mittel. Das Stilwörterbuch bietet jedem die Möglichkeit, ein gewandter Stilist zu werden. Es löst alle Probleme, wenn man Korrespondenz zu erledigen hat, einen Aufsatz schreiben oder eine Rede halten muß.

Das Stilwörterbuch stellt die Ausdrucksmöglichkeiten der deutschen Sprache dar. Außer den üblichen und typischen Wortverbindungen enthält dieser Band zahlreiche Wendungen, Redensarten und Sprichwörter. Er ist geradezu eine Fundgrube für idiomatisches Deutsch von der Dichtersprache bis zur derben Umgangssprache.

Band 3: Das Bildwörterbuch
Die Gegenstände
und ihre Benennung

3., vollständig neu bearbeitete Auflage. Bearbeitet von Kurt Dieter Solf und Joachim Schmidt in Zusammenarbeit mit den Fachredaktionen des Bibliographischen Instituts. 784 Seiten mit 384 zum Teil mehrfarbigen Bildtafeln und einem Register mit 27 500 Stichwörtern.

Häufig ist es unmöglich, Wörter ohne Zuhilfenahme des Bildes zu erklären. Die herkömmlichen Bedeutungsangaben und Definitionen sind oft ungenau und vermitteln keine Anschauung von dem, was mit dem Wort bezeichnet ist. Deshalb erklärt dieser Band, der schon das „reichhaltigste Bilderbuch der Welt" genannt worden ist, Wörter – vor allem Tausende von Fachausdrücken – durch das Bild. Um den Informationswert zu erhöhen, stehen die Wörter aus dem gleichen Anwendungsbereich zusammen auf einer Seite und einer Bildtafel.

Sprache wird in diesem Buch mit Leben erfüllt. Der Benutzer kann sich ansehen, welcher Teil beim Boot mit „Plicht" bezeichnet wird, wie ein Tukan oder ein Wassermolch aussieht, wie die Werkzeuge heißen, mit denen ein Böttcher arbeitet, oder wie ein Atommeiler gebaut ist. Das Bildwörterbuch macht uns die Welt, die uns umgibt, vertrauter und vermittelt uns eine Fülle von Wissen.

Band 4: Die Grammatik
Unentbehrlich für richtiges Deutsch

4., völlig neu bearbeitete und erweiterte Auflage. Herausgegeben und bearbeitet von Günther Drosdowski in Zusammenarbeit mit Gerhard Augst, Hermann Gelhaus, Hans Wellmann und Christian Winkler. 804 Seiten mit ausführlichem Sach-, Wort- und Zweifelsfälleregister.

Durch die Neubearbeitung wird die DUDEN-Grammatik auch in den kommenden Jahren die führende Gesamtdarstellung der deutschen Gegenwartssprache sein. Von den Grundeinheiten Wort und Satz ausgehend, werden alle sprachlichen Erscheinungen wissenschaftlich exakt und umfassend behandelt, z. B. die Laute, die Formen und Funktionen der Wörter (Deklination, Konjugation usw.), die Wortbildung, die Gliederung des Wortschatzes, die Baupläne unserer Sätze und die Wortstellung. Umfangreiche Register am Schluß des Bandes bieten dem Benutzer die Möglichkeit, sich schnell über einen bestimmten Gegenstand zu informieren und sich über grammatische Zweifelsfragen Klarheit zu verschaffen.

Die DUDEN-Grammatik hat sich überall hervorragend bewährt; Schule und Universität haben ihr höchstes Lob gezollt. Sie ist zuverlässig, umfassend und klar – im besten Sinne des Wortes eine moderne Grammatik.

Bibliographisches Institut
Mannheim/Wien/Zürich

Band 5:
Das Fremdwörterbuch
Notwendig für das Verständnis fremder Wörter

4., neu bearbeitete und erweiterte Auflage. Bearbeitet von Wolfgang Müller unter Mitwirkung von Rudolf Köster, Marion Trunk-Nußbaumer und weiteren Mitarbeitern der DUDEN-Redaktion sowie zahlreichen Fachwissenschaftlern.
813 Seiten, rund 265 000 Angaben über Aussprache, Betonung, Silbentrennung, Herkunft und Grammatik zu 48 000 Fremdwörtern mit 100 000 Bedeutungsangaben.

In den letzten Jahrzehnten sind sich die Völker der Erde immer nähergekommen, und es findet ein reger Sprachaustausch statt. Auch in die deutsche Sprache sind sehr viele Wörter aus anderen Sprachen übernommen worden, und ständig kommen neue hinzu.
Durch die Massenmedien Presse, Film, Funk und Fernsehen und am Arbeitsplatz kommen wir täglich mit Fremdwörtern und Fachausdrücken in Berührung, über die wir Bescheid wissen müssen.
Curriculum, Dialyse, Evaluation, Infothek, Ökotrophologie, Oligopson, Parablacks, Solarium, Spoiler...
Diese und über 48 000 andere Fremdwörter erklärt das DUDEN-Fremdwörterbuch.
Es gibt ihre Bedeutungen und Anwendungsbereiche an, unterrichtet über Aussprache und Herkunft und macht zuverlässige grammatische Angaben. Der Fremdwörter-DUDEN – das moderne Wörterbuch, wissenschaftlich exakt und umfassend.

Band 6:
Das Aussprachewörterbuch
Unerläßlich für die richtige Aussprache

2., völlig neu bearbeitete und erweiterte Auflage. Bearbeitet von Max Mangold in Zusammenarbeit mit der DUDEN-Redaktion.
791 Seiten mit ca. 130 000 Stichwörtern.

Nicht nur die Schreibung, auch die Aussprache der Wörter und Namen bereitet oft Schwierigkeiten. Wie spricht man Skylab, Cholesterin oder Thatcher aus? Wo betont man den Familiennamen Nobel oder den Stammesnamen Massai?

Mit etwa 130 000 Stichwörtern unterrichtet der Band 6 des DUDEN in 10 Bänden über die Aussprache des deutschen Grundwortschatzes und der Fremdwörter sowie zahlreicher Personennamen und geographischer Namen aus Deutschland, Europa und der übrigen Welt. Die Angaben der Aussprache sind in der Internationalen Lautschrift (IPA) gesetzt. Die Einleitung, die etwa 100 Seiten umfaßt, gibt eine Einführung in die Phonetik und behandelt dann die deutsche Standardaussprache mit ihrem Vokal- und Konsonantensystem, ihrer Silbentrennung und Wortbetonung. Daran schließen sich Anmerkungen zur Aussprachelehre einiger Fremdsprachen an.
Das DUDEN-Aussprachewörterbuch ist unentbehrlich für die Sprecherziehung und den Deutschunterricht, vor allem für den Deutschunterricht im Ausland.

Band 7:
Das Herkunftswörterbuch
Die Etymologie der deutschen Sprache

Bearbeitet von Günther Drosdowski, Paul Grebe und weiteren Mitarbeitern der DUDEN-Redaktion. In Fortführung der „Etymologie der neuhochdeutschen Sprache" von Konrad Duden. 816 Seiten.

Wörter haben ihr Schicksal – und die Biographie eines Wortes ist oft erregender als die einer bedeutenden Persönlichkeit. Dieser Band stellt die Geschichte unserer Wörter dar, sowohl der deutschen als auch der Lehn- und Fremdwörter. Er gibt Antwort auf die Frage, woher ein Wort kommt und was es ursprünglich bedeutete, woher z. B. das Wort „Pferd" stammt, was eigentlich „Pumpernickel" bedeutet, warum der vorstehende Schildknorpel des Mannes „Adamsapfel" heißt oder wie sich die Wendung „auf dem Holzweg sein" erklärt. Besonders sorgfältig arbeitet der Band die Wortfamilien heraus, um die mannigfaltigen verwandtschaftlichen Beziehungen der Wörter und die weitreichenden sprachlichen Zusammenhänge sichtbar zu machen.
Das Herkunftswörterbuch, das das wechselvolle Schicksal der Wörter beschreibt, läßt Sprache zum Erlebnis werden.

Bibliographisches Institut
Mannheim/Wien/Zürich